劳动力市场关键指标

第六版

国际劳工局・日内瓦

中国财政经济出版社

图书在版编目（CIP）数据

劳动力市场关键指标/国际劳工局编；中国财政经济出版社组织翻译.—北京：中国财政经济出版社，2010.11
书名原文：Key Indicators of the Labour Market，Sixth Edition
ISBN 978-7-5095-2460-2

Ⅰ.①劳… Ⅱ.①国… ②中… Ⅲ.①劳动市场-研究报告-世界 Ⅳ.①F249.1

中国版本图书馆 CIP 数据核字（2010）第 170614 号

责任编辑：吴　敏　　唐　堂　　　　责任校对：张　凡
版式设计：文　通　　　　　　　　　封面设计：文　通

中国财政经济出版社出版
URL：http：//www.cfeph.cn
E-mail：cfeph@cfeph.cn

社址：北京市海淀区阜成路甲 28 号　邮政编码：100142
发行处电话：88190406　财经书店电话：64033436
涿州市新华印刷有限公司印刷　各地新华书店经销
880×1230 毫米　16 开　60 印张　1 000 000 字
2010 年 11 月第 1 版　2010 年 11 月涿州第 1 次印刷
定价：228.00 元
ISBN 978-7-5095-2460-2/F·2093
图字：01-2010-0909
（图书出现印装问题，本社负责调换）

劳动力市场关键指标（KILM），第六版

KILM 1：劳动力参与率
KILM 2：就业人口比率
KILM 3：就业状况
KILM 4：按部门划分的就业
KILM 5：非全职工作者
KILM 6：工时
KILM 7：非正规部门就业
KILM 8：失业
KILM 9：青年失业
KILM 10：长期失业
KILM 11：按受教育程度划分的失业
KILM 12：与工作时间相关的不充分就业
KILM 13：非经济活动率
KILM 14：受教育程度和文盲
KILM 15：制造业工资指数
KILM 16：职业工资和收入指数
KILM 17：每小时薪酬成本
KILM 18：劳动生产率
KILM 19：就业弹性
KILM 20：贫困、工作贫困和收入分配

目　录

表

专栏表

专栏

图

专栏图

概　要

《劳动力市场关键指标》（KILM）现已成为关注劳动力市场发展状况的研究者的主要信息渠道……

10年前，国际劳工组织（ILO）首次发布了《劳动力市场关键指标》（KILM）。自此以后，KILM便成为了国际劳工组织的标志性指标，并被世界各地的研究者和决策者经常使用。从国家层面上看，统计信息通常由各国统计部门收集和分析。从国际层面上看，国际劳工组织在汇编和传播劳动力市场信息和相关分析方面发挥着至关重要的作用。从这个意义上讲，KILM完全实现了其在1999年确定的两大主要目标：（1）提供一套核心的劳动力市场指标；（2）增强监测就业最新发展趋势的指标的可获取性。但这两个目标并非KILM的全部内容。事实上，KILM已经演变成为一个主要的研究工具，它不仅提供了分析手段（即数据），而且提供了对相关指标和数据发展趋势进行解读的指导。

为寻求开展自主分析的研究者提供及时的数据与分析

以及对全球、地区和国家层面的趋势进行原创性分析。

此外，KILM已成为一种重要的分析渠道，每次新版的KILM都会就“劳动力市场中的关键议题”进行研究。包括下面将要详细阐述的KILM第六版在内的KILM系列报告进一步揭示了国际劳工组织的研究主题，即确定就业市场所面临的各种挑战，其中一项挑战就是全世界急需增加体面就业的机会。

科学的决策需要可靠的最新劳动力市场信息……

要确定国家的劳动力市场战略，首先需要收集、发布和评估可靠的最新劳动力市场信息。[1]一旦确定劳动力市场战略，接下来的重中之重就是继续收集和分析信息，以监控目标的完成进度，并对相关政策进行必要调整。必须将劳动力市场的信息收集和分析视为制定综合战略的首要因素。综合战略的目的是推动在工作、生产性就业、社会保障和对话方面的标准、基本原则和权利，同时探讨性别和发展的综合性问题——这正是KILM的切入点。

如KILM所提供的信息。

KILM收集了有关劳动力市场的20项关键指标，涉及就业以及与就业相关的变量（就业状况、部门、工时等）、工作机会的匮乏以及求职者的特征、受教育程度、薪酬成本、劳动生产力以及工作贫困等问题。这些指标综合在一起，为探讨与生产性就业和体面工作有关的主要问题奠定了坚实的基础。

当前的经济危机和复苏未能明确体现在各个单项指标中

鉴于收集和处理劳动力市场数据存在一定的滞后性，加之KILM仅是年度估算汇总，因此最新的数据仍是2008年的，甚至只是关于部分国家和指标的数据。这意味着目前出现在单个国家层面的表格

1　有关劳动力市场信息必要性的更多具体内容，以及如何利用这些信息来制定相关政策，见本书“KILM指南”中的内容。

……

中的数据不能反映当前的经济危机（其迹象从2008年夏季开始显现）。2009年的数据将在2010年年中的KILM更新中发布。

但各个章节中有对该问题的具体探讨。

不过，这并不是说KILM不能作为评估经济危机对就业状况影响的一种工具。事实上，认识到问题的紧迫性以及各方面对获取最新信息的要求，国际劳工组织决定在本期的“关键议题”一章中专门增加一节，即议题一：经济危机及其对劳动力市场的影响。本节对2009年出现的失业、脆弱性就业以及工作贫困状况进行了估算和预测的更新。本节的内容同时出现在最近出版的《全球就业趋势》报告中。[2] 这些更新基于新近获得的劳动力市场数据及最新的GDP增长预测数据。

KILM第六版令国际劳工组织进一步完善了对国家层面MDG的具体目标（使所有人都享受充分的生产性就业和体面工作）实现进展的衡量……

第一章的其他章节对劳动力市场信息领域进行了同等重要的相关研究。这两部分内容有助于推动人们认识到劳动力市场信息和分析在衡量“联合国千年发展目标”（MDG）目标1下的新的具体目标（使所有人，包括妇女和青年人，都享受充分的生产性就业和体面工作）实现进展的重要性。

议题二：通过家庭调查分析贫困与就业之间的联系：建立国际工作贫困数据库，专门针对监测MDG目标1的进度的四个指标中的工作贫困指标（生活在贫困线以下的就业人口在就业总人口中的比例）。该节内容提出了国际劳工组织将采纳的一项改进的评估方法，通过与世界银行的合作，国际劳工组织将显著增强衡量全世界“体面工作”的指标的有效性和深度。

并倡导将就业指标纳入国家和国际劳动力市场的监测体系之中。

议题三：千年发展目标就业指标——国别案例，展示了如何利用MDG中的四个就业指标来分析各国实现目标1的进展情况。该节内容分析了经济和社会发展状况截然不同的几个国家（博茨瓦纳、巴基斯坦和乌克兰）的最新就业数据，以展示如何以利用MDG就业指标为起点，基于一系列更为广泛的指标来全面分析劳动力市场的状况。

强调当前劳动力市场主要发展趋势

本章节仅提供了KILM第六版分析性章节中确定的重要分析结果的部分摘要内容。[3]

尽管从2008年年底开始，各国为应对经济危机实施了前所未有的公共干预政策，但很多国家的劳动力市场状况仍然持续恶化。

- 国际劳工组织预测，2007—2009年间，全球失业人口将增加6100万人，脆弱性就业人员将增加1.08亿人，而可能陷入贫困的人员将达到2.22亿人（第一章议题一）。

2 国际劳工组织：《全球就业趋势》，2009年1月；《全球妇女就业趋势》，2009年3月；《全球最新就业趋势》，2009年5月（日内瓦）。以上报告可从http://www.ilo.org/trends上获取。

3 有关劳动力市场概念及其发展趋势的更多信息和具体情况，见括号中所标明的KILM相应指标。

低收入国家中的劳动力参与率和就业人口比率相对较高。

- 最贫困国家中的劳动力参与率通常是最高的。在这些国家中，仅有一小部分达到工作年龄的人口（包括妇女和青年人）能承受退出劳动力市场的后果。撒哈拉以南非洲的大部分国家拥有全世界最高的总体劳动力参与率，其中一些国家的女性劳动力参与率也为世界最高（KILM 1）。
- 发达经济体和欧盟的绝大多数国家的就业人口比率在50%—70%之间，而东欧、北非和中东绝大多数国家的就业人口比率则在50%以下。更有一些国家的就业人口比率超过75%，其中有10个是撒哈拉以南非洲国家（安哥拉、布基纳法索、布隆迪、埃塞俄比亚、几内亚、马达加斯加、莫桑比克、卢旺达、坦桑尼亚联合共和国和乌干达），1个是东南亚国家（老挝人民民主共和国），有2个是中东国家（卡塔尔和阿联酋）。如上文所述，这些国家的绝大部分人口仍在继续与贫困做斗争，并依靠其唯一可以利用的手段——自身的劳动——来维持基本的生活水平（KILM 2）。

经济发展水平也明显体现于就业特征（如就业状况、部门和工时）。

- 在经济处于初期到中期发展阶段的经济体中，工薪阶层在整个就业人口中的比重相对较低，而自营工作者和无报酬家庭工作者的比重相对较高。在应对经济风险以及防止经济风险的制度安排强度方面，后两类人员被视为脆弱性就业群体（KILM 3）。
- 尽管在几乎所有经济体中农业就业人口的数量持续下降，但其仍是绝大多数发展中国家最大的经济部门，因而发展中经济体在制定经济和就业政策时不能忽视这一点。在全球155个经济体中，有28个仍以农业为主导部门，其中10个国家（8个是撒哈拉以南非洲国家，以及柬埔寨和老挝人民民主共和国）的总就业人口中至少有2/3从事农业生产。这些国家尚未向生产力更高的经济活动转型，因此贫困率仍然很高（KILM 4）。
- KILM表6a中的数据初步印证了此前的一个假设，即在低收入国家中工作者工作的时间相对更长，他们利用延长工作时间来弥补低收入。在低收入国家，如埃塞俄比亚和秘鲁，分别有41.1%和49.1%的工作者每周的工作时间常常达到或超过50个小时。而在加拿大和西班牙，仅有8.9%和11.5%的工作者是如此（KILM 6）。

劳动力参与和就业特征（如就业状况、不充分就业和工资水平）中的性别差异仍然存在，女性通常不及男性。

- 在中东、北非以及部分东南亚国家中，无论是按绝对数量还是与男性劳动力参与率相比，女性劳动力参与率都是最低的。在这些地区的绝大多数国家中，这种性别差异近年来有所缩小，但为了使女性劳动力参与率相对于男性出现持续的上升，还必须继续缩小这种差距（KILM 1）。
- 从全球范围来看，在家庭企业中，男性比女性更可能成为雇主，女性更可能在家庭企业从事没有报酬的工作（KILM 3）。
- 在意大利和德国，女性更多地承受着与时间相关的不充分就业，后者是指实际工作的小时数低于其愿意工作的小时数。在这两个国家中，女性不充分就业的比重一直都超过70%。这种现象几乎在全世界所有国家都存在，发达国家尤其如此。在发达国家中，女性不充分就业的比率至少是男性的两倍（KILM 12）。

近年来，全球经济增长对就业的拉动有所降低。

- 从全球范围来看，近年来经济增长对就业的拉动有所降低：1996—2000年期间，GDP每增长1个百分点，就会带动就业率增长0.37个百分点。2000—2004年期间，在经历了互联网泡沫破灭以及“9·11”事件后的经济衰退后，全球就业弹性降至0.34%，与此同时全球GDP的年增长率也从2000年的3.7%降至3.3%，使得全球就业增长率同步下滑。2004—2008年期间，全球就业弹性继续微幅走低，降至0.33%；不过，全球GDP年平均增长率增至4.4%。这一期间全球劳动力市场的表现好于上一时期，就业增长率和生产率增长率双双加快（KILM 19）。

极高的失业率（至少1/5的劳动力正在求职）比较少见且主要集中在某些地区。

- 全球失业率最高的国家主要集中在巴尔干地区，该地区有四个国家的失业率超过29%（2007年波黑共和国的失业率为29%，2007年科索沃的失业率为46.3%，2008年前南斯拉夫马其顿共和国的失业率为33.8%，2005年黑山共和国的失业率为30.3%）。其他两个失业率较高的地区分别是南部非洲（纳米比亚和南非）以及法属安的列斯群岛（瓜德罗普岛、马提尼克岛和留尼旺岛）（KILM 8）。
- 在很多发达国家中，寻找工作需要花费的时间往往很长。在17个发达国家中，超过1/3的失业人员至少已花费一年多的时间来寻找工作。在8个国家（比利时、保加利亚、克罗地亚、捷克、德国、希腊、意大利、罗马尼亚和斯洛伐克）中，这一比重甚至达到50%乃至50%以上。相反，根据KILM表10中几个发展中国家的最新年度数据显示，没有一个国家的长期失业率超过50%（KILM 10）。

青年人在求职时仍然面临诸多劣势，在某些地区尤其如此。

- 在绝大多数国家中，青年失业率通常是成年失业率的2—3倍。在比率接近2倍的国家中，失业问题对于所有人都或多或少是一个挑战。不过，青年人受失业的影响不及成年人那么严重。然而在亚洲、北非和中东的某些国家中，与成年人相比，青年求职者的失业状况显然更为严重。比如埃及、印度尼西亚和斯里兰卡等国家的青年失业率是成年失业率的5倍多，超过1/5的青年人处于失业状态。在这些国家中，男性的失业率高于女性（KILM 9）。
- 在亚洲的三个地区中，显然绝大部分青年人并未受到失业问题的困扰（这些地区青年人平均失业率约为4%）。但对于那些求职的青年人而言，在此过程中确实存在不少障碍。在南亚，有接近50%的求职者是青年人，因此对于数量有限的空缺职位的争夺必然非常激烈。而在北非，青年人的就业状况更为糟糕，青年失业率约为10%，而在总的失业人口中，超过一半（51.4%）的是青年人（KILM 9）。

最新进入劳动力市场的年轻一代体现了劳动力受教育程度的提高……

- 对比一下成年人（30岁以上）和年轻成人（25—29岁）之间的差异，可以明显看出，接受过中等和高等教育的年轻成人数量超过上一代人（现为成年的一代人）。举例来说，在毛里求斯、墨西哥和巴基斯坦，尽管劳动力的受教育程度仍然相对较低，但和仅接受过初等教育的成年人相比，仅接受过初等教育的年轻成人比例相对较低。这表明劳动力的受教育程度正逐步得到改善，今后年轻成人和成年人中将有越来越多接受过高等教育的劳动力。在此方面，巴基斯坦所取得的成就尤其突出，其接受过初等教育或以下层次教育的年轻成人的比例比成年人低18个百分点（KILM 14）。

受教育程度仍然对寻找工作有着重要影响。

- 在绝大部分提供数据的国家中，仅接受过初等教育的工作者通常在总失业人口中所占的比例最大。不过，在按受教育程度来统计失业率（按照受教育程度划分的失业人口在拥有同等教育水平的劳动力中所占的比例）时，未必就是受教育程度越低则失业率越高。在某些低收入国家中，接受过中等和高等教育的工作者的失业率甚至大大超过仅接受过初等教育的工作者。这一点可能反映出该国那些仅接受过初等教育的工作者较高的贫困发生率。这类工作者很多因为收入较低而不敢失去自己的工作（KILM 11）。

在劳动生产率方面，美国一直位居榜首。

- 数十年来，美国以工作者人均所创造的GDP衡量的劳动生产率一直高居榜首。2008年也不例外，美国的人均劳动生产率仍是全球最高的，达到65480美元。其次是中国香港（58605美元）和爱尔兰（56701美元），与美国相比尚有一定差距（KILM 18）。

并且与其他国家之间的差距还在继续扩大。

- 同样值得注意的是，1998—2008年间，除3个发达经济体（挪威、波兰和罗马尼亚）以外，其余提供劳动生产率数据的国家（和地区）与美国之间的劳动生产率差距进一步加大（KILM 18）。
- 2008年最终演变成了目前的经济和金融危机的经济放缓局面对2007—2008年间的平均增长率带来了不利影响，很多国家的劳动生产率增长减缓，发达经济体和欧盟地区尤其如此。在全世界提供相应数据的123个国家中，有28个国家的工作者人均所创造的GDP出现了下降。不过，2008年美国的劳动生产率仍然保持强劲增长，但目前还不确定这种势头能否在2009年继续得以保持（KILM 18）。

KILM 第六版中出现了一些振奋人心的进展……

最后，我们要提及自最新版 KILM 所出现的一些值得关注的进展：

其中包括某些指标的改进，

指标的改进：

- 为了进一步推动对青年就业问题的研究，我们已按照年龄段制定了众多的细分指标。现在，用户可以在 KILM 表 1a 和 1b（劳动力参与率）、表 2a（就业人口比率）、表 6a（按每周工时划分的就业人口分布）、表 10（长期失业）、表 13（非经济活动率）、表 14a（按受教育程度划分的劳动力公布）和表 14b（文盲率）中直接得到有关某个类别的青年人（以及同一类别的成年人）就业状况的数据。
- 表 11b 中增加了按受教育程度划分的失业率数据，以补充表 11a 中按受教育程度划分的总失业人口分布情况的数据。
- 通过增加其他的数据来源，如欧盟统计局以及国际劳工组织拉丁美洲和加勒比地区劳动力信息系统（Quipustat），使得某些指标的时效性和覆盖度得到了改进。

KILM 软件……

交互式软件的功能得到了改进：

- 交互式软件是一款基于 CD 的程序（可从 www. ilo. org/kilm 下载），它可以对相关的劳动力市场信息进行快捷的搜索和分析。最新的版本提供了一个简化的用户界面，用户可以更为快速和安全地下载最新的数据，同时它还具备查询和显示等多种功能。

以及 KILM 首个在线数据库（KILMnet）的发布。

发布 KILMnet：

- 随着基于互联网的 KILM 数据库（KILMnet）的发布，用户将更为方便地获取 20 个劳动力市场关键指标的国家层面的数据，以及阐释这些指标的用途、定义和基本趋势的说明性文本。现在，用户可以快速方便地搜索 KILM 指标，并直接在互联网上（http://kilm. ilo. org/kilmnet）以不同格式显示和转换这些数据。

致　谢

KILM 第六版是国际劳工组织（ILO）就业趋势工作组的研究成果，该组现由 Lawrence Jeff Johnson 领导。Sara Elder 与工作组（成员包括 Jon Beaulieu、Philippe Blet、Souleima El Achkar、Isabelle Guillet、Steven Kapsos、Julia Lee、Theo Sparreboom 和 Alan Wittrup）协调了本书的编撰。在此期间提供协助的还包括 Evangelia Bourmpoula、Thomas Debrouwer 和 Francisco Guerreiro。在本书的电子版本方面，Philippe Blet 开发了 KILM 互联网数据库（KILMnet），Alan Wittrup 则开发了交互式软件。

此项工作得到国际劳工组织总干事办公室和就业部管理层的全程支持，在此特别感谢 José Manuel Salazar-Xirinachs 和 Duncan Campbell。

KILM 的编撰有赖于与国际劳工组织统计部（STATISTICS）的持续合作。该部门提供了来自国际劳工组织 LABORSTA 统计数据库的宝贵信息，并分享了如何提高信息的技术准确性的经验。

工作组还受益于与国际劳工组织地区和亚地区办公室的合作，尤其是在通过劳动力市场指标图书馆（LMIL）网络分享来自国家和地区渠道的信息这一方面。已出版的大量信息是因为持续与其他机构的合作并受到其支持才能够获取的，这些机构包括世界大型企业联合会、欧盟统计局（Eurostat）、经济合作与发展组织（OECD）、联合国教科文组织统计研究所、美国劳工统计局（BLS）和世界银行。我们对众多机构花费时间与我们分享其数据表示深深的谢意。

该书的准备与完成过程中，文档和出版、印刷和经销部门的工作者贡献巨大，在这里感谢他们在排版和印制工作方面的协助和专业工作。最后，KILM 工作组成员向所有未在此列出的，在该项目开发和实施期间提供帮助和指导的任何个人与组织致以深深的感谢。

KILM 指南

KILM 的发展历程

用于监测和评估当前劳动力市场现状所必需的数据，对于制定和实施劳动力相关战略的所有组织、机构或者政府部门均具有不可或缺的作用。正是由于意识到了这一点，国际劳工组织（ILO）于1999年正式启动了“劳动力市场关键指标”（KILM）计划，以弥补常规数据收集计划[1]的不足，改善世界劳动力市场关键指标相关数据的发布状况。

KILM最初的两大主要目标是：（1）提供一整套核心的劳动力市场指标；（2）改善用于监测最新就业趋势的指标的可获取性。这些指标是国际劳工组织就业部和统计部与来自国际劳工组织的驻地办公室、经济合作与发展组织（OECD）的专家以及来自部分国家劳动部和统计局的代表共同合作所选定的。这些指标的遴选标准包括：（a）概念相关性；（b）数据可获取性；（c）不同国家和地区之间的相对可比性。自第一版发布以来，核心指标的设计和发布形式不断发展。第二版（2001—2002年）增加了两个新的指标：职业工资和收入指数（KILM 16）以及劳动力市场流动率（KILM 19）。在第四版中，KILM 19的原有指标为“就业弹性”所取代，并引入了对全球和地区的估算数据。此后，尽管这些指标的内容和发布形式不断得到改进，但这20个指标的名称一直保持不变（指标的最新发展见本书“概要”）。

1 该问题通常与KILM和国际劳工组织《劳工统计年鉴》（以下简称“年鉴”）之间的关系有关。在过去的60年间，《年鉴》一直是国际劳工组织有关劳工统计的主要资料来源。自1921年以来，国际劳工组织统计部一直在收集和传播有关全球就业人口特征以及工作和生活条件的劳工统计数据。这些数据每年公布于《年鉴》中，并在互联网（http://laborsta.ilo.org）上发布（更多信息见专栏1）。KILM与《年鉴》在范围和内容方面均存在差异。首先，《年鉴》是各国汇报的劳工统计数据的最佳来源，只有当国际劳工组织认为其他渠道的数据更为准确或者更为完备，并且具有更好的国际可比性时，才会利用KILM对《年鉴》进行补充。其次，由于KILM在利用各国报告的数据方面不会受到限制，因此能够也确实致力于报告那些在不同时间和国家之间更具可比性的指标序列。事实上，KILM提供了三个“协调一致”的指标序列，即具有严格可比性的指标序列：劳动力参与率（表1）、就业人口比率（表2）和非经济活动率（表13）。其他指标尚不具有严格的可比性，但国际劳工组织还是尽力选择那些提供尽可能明晰和具有可比性的指标的渠道和方法。在定义和方法论方面出现差异的情况下，这些指标会被明确地列在表格注释之中。最后，尽管某些指标在《年鉴》和KILM中同时出现，不过每个报告中列出的指标清单并不完全一致。比如，劳动生产率和与时间相关的不充分就业仅包含在KILM中，但并未出现在《年鉴》中。而罢工和停工的数据在《年鉴》中有，但在KILM中则没有。此外，KILM还可以发布估算的数据，并将其与（所报告的）实际数据进行综合，形成新的指标，如就业弹性和工作贫困指标等。

KILM 在劳动力市场分析中的作用

确定和量化劳动力市场中的无效状况（和最佳实践）——如劳动力利用的不足和体面工作的缺乏——是制定旨在同时提高工人福利、促进经济增长的就业政策的首要步骤。这种关于工作的广阔视界要求对劳动力市场信息进行全面的收集、组织和分析。在此背景下，KILM可以作为一种工具，用以监测和评估关于劳动力市场职能的众多问题。以下是国际劳工组织的主要研究领域中有关如何利用KILM为相关政策制定提供信息支持的部分范例：

推动国际劳工组织的《体面工作议程》

国际劳工组织的《体面工作议程》旨在为女性和男性获得在自由、平等、安全和有尊严的条件下从事生产性工作提供更多的机会。[2]

2 自从《国际劳工组织总干事报告：体面工作》（日内瓦，国际劳工组织，1999）出版以来，“体面工作”这一目标便成为国际劳工组织的核心要求，其还将之与有关工作、就业、社会保障和社会对话的标准、基本原则和权利纳入各种旨在“确保世界各地的女性和男性都拥有体面工作”的政策和计划制定过程之中。

专栏 1　国际劳工组织统计部

自从国际劳工组织成立以来，统计便成为其工作中必不可少的一部分。1919 年，国际劳工组织组建了“统计处”，负责“收集和发布与经国际调整的劳工生活和劳动力状况有关的所有主题的信息”（《凡尔赛和约》第 396 条和国际劳工组织章程第 10（1）条）。在过去的 90 年间，尽管世界格局不断变化，但统计处（现已成为一个独立的技术部门，称为“统计部”）仍致力于完成其任务。此外，它还通过制定国际相关标准和提供技术援助的方式，不断提高国际劳工组织成员国收集和利用基本劳动力统计数据，以及对其进行汇编、分析和传播的能力。

在联合国体系内，国际劳工组织统计部是负责劳动力统计的中心。20 世纪 50 年代初以来，该部门一直与其他国际组织（如世界银行、OECD 和欧盟）的统计部门密切合作。

国际劳工组织统计部涉及的主题相当广泛，不仅与就业和工作条件有关，也与人们的生活条件有关。由于社会经济政策与劳工统计数据之间的联系非常紧密，所以统计部在特定时期的活动和研究主题在很大程度上取决于这些社会经济政策的要求。随着国际劳工组织以及各国的计划和政策的新动向产生新的需求，国际劳工组织统计部的活动也随之变化。

国际劳工组织最早的《劳工统计年鉴》发布于 1935 年，其包括有关就业、失业、工时、工资、生活成本和零售价格、工作者家庭预算、侨居和移民以及产业关系等的时间序列数据。其覆盖范围随时间变化，以反映当前的焦点和发展。此后其增加了食品消费、社会保障、工伤、国民收入、国际移民、经济活动人口、家庭收入和支出、劳动生产率以及劳动力成本等指标。《劳工统计年鉴》中的序列的月度或季度更新最早刊登于《国际劳工评论》及其统计增刊上。自 1965 年开始，这些更新刊登于《劳工统计公报》（季刊）及其增刊上。《劳工统计公报》还刊载有关统计实践和方法的短文，以及国际劳工组织统计局开展的特定项目的研究结果。有关《劳工统计年鉴》的数据和元数据以及《劳工统计公报》的劳工统计数据和统计部的其他研究成果，现在可以从网上数据库 LABORSTA 中获取，网址为 http：//laborsta. ilo. org。

资料来源：改编自国际劳工组织：“75 年的国际劳工统计”，《劳工统计年鉴》（日内瓦，1994 年）和国际劳工组织统计部网站：http：//www. ilo. org/stat。

鉴于越来越多的政府、雇主和工作者开始探讨设计遵从体面工作原则的政策的不同方案，决策者将有可能寻求解释“体面”这一术语的途径。“体面”这一概念是否适用于所有形式的经济活动仍是一个值得讨论的问题。比如，每个人对何谓体面工资的看法存在很大差异。但是，某些工作条件几乎被普遍视为是“恶劣”的，例如虽然参加工作但收入不足以使人脱离贫困线，或者工作的基本原则和权利[3]得不到尊重。

3　国际劳工组织的《关于工作中基本原则和权利宣言》旨在确保社会的进步与经济的进步和发展齐头并进。更多信息见 http：//www. ilo. org/declaration。

在制定相关政策前，我们必须对人们的工作现状进行细致的实证研究和量化评估。鉴于此，作为众多劳动力市场指标的集合，KILM 可以作为评估许多关于国际劳工组织《体面工作议程》问题的工具。

KILM 有助于确定何处出现劳动力利用不足以及体面工作缺乏的情况，尤其是在以下的衡量方式下，即不仅按照虽有工作但仍然无法使其自身及其家庭摆脱最低贫困线的人口（工作贫困——KILM 20）来衡量，而且按照工作质量或者根本没有任何工作的情况来衡量。“根本没有任何工作”可以利用失业率（KILM 8 和 9）以及更广泛的“非经济活动”（KILM 13）指标来进行确定。我们可以利用一系列指标来确定工作质量的缺失，比如确定个人是否处于脆弱性就业（利用状况和部门指标——KILM 3 和 4）、超时工作（KILM 6）、在非正规部门工作（KILM 7）、不充分就业（KILM 12）或生产率低的工种（KILM 18）。

监测实现联合国“千年发展目标”的进展情况

联合国决定将全面实现充分的生产性就业和体面工作的目标列为国家和国际政策及其国家发展战略的核心，使其作为实现“千年发展目标”（MDG）工作中的组成部分。[4]正是由于认识到所有人的体面的生产性工作是应对贫困和饥饿问题的关键，MDG1 纳入了新的具体目标 1. B（于 2008 年通过），即“使所有人，包括妇女和青年人，都实现充分和体面的就业”。事实上，用来监测 MDG 具体目标 1. B 完成进展的 4 个指标在 KILM 中都可以找到，其分别为：就业率、生活在贫困线以下的就业人口比例（工作贫困率）、自雇工作者和家庭工作者在总就业人口中的比例（脆弱性就业率）和劳动生产力增长率，分别对应于 KILM 2、20、3 和 18。第一章议题三阐述了如何结合 MDG 的 4 项就业指标对国家层面上实现具体目标 1. B 的进展情况进行基础分析。

监测劳动力市场的性别平等状况

女性在获得体面工作的过程中常常面临一些特殊挑战。KILM 的大部分指标都按照性别进行了分解，从而可以比较男性和女性在劳动力市场中的机会。与具体指标相关的很多“趋势”分析都聚焦于劳动力市场中机会平等以及公平待遇目标的实现进展（或缺乏）情况。

评估全球化世界中的就业状况

全球化具有惠及所有人的潜力，但迄今为止，它并未惠及足够的人群。因此，我们的目标是在迎接全球化的同时，使其有助于为所有人创造体面工作的机会。[5]方法之一是使就业成为宏观经济和社会政策的主要目标。在这方面，KILM 的指标可以通过监测与全球化相关的就业动态来发挥其作用。比如，有研究表明，全球化已经对就业创造/失业以及工资和劳动生产力（以及由此导致的国际竞争力）的变动状况带来影响。如果这些指标反映出全球化具有负面影响，那么一国政府就可以寻求变更宏观经济政策的途径，以便最大限度地降低调整成本，从而以更公平的方式分配全球化的收益。

国际劳工组织在最新一期的《世界就业报告》[6]的研究中采用了 KILM 中的劳动生产力、就业和失业信息，其在监测这些方面的动态以及制定宏观和微观干预政策方面发挥了一定程度的作用。该报告表明，从长期来看，生产力的增长和就业率的增长之间未必存在此消彼长的关系，因而其呼吁在短期和中期内采取政策干预措施，以便缓解所有对工作者的“调整成本”。其次，随着全球化的发展，兼顾体面就业目标的宏观经济政策将有助于任何缓解不必要的短期调整成本。

确定“最佳实践”

KILM 能有助于确定众多议题的最佳国家范例，这些议题包括：什么情况下男女的工资不存在差距或者差距很小；什么情况下年轻人在找工作时不会处于劣势；什么情况下劳动生产力和劳动薪酬之间的平衡有助于增

4 联合国：《2005 年世界首脑会议成果》，第 60 届联合国大会高层全体会议（A/60/L. 1），2005 年 9 月 20 日，第 47 段。作为《联合国千年宣言》“在国家和全球层面上创建一个促进发展和消除贫困的环境”中的一部分，国际社会采纳了一系列旨在减少收入贫困和提高人类发展水平的“千年发展目标”。随后，由联合国秘书处、国际劳工组织、国际货币基金组织、经济合作与发展组织和世界银行的专家组成的专家组通过了一个由八大目标、18 个具体目标和 48 项指标构成的“千年发展目标”实施进度评估框架。这些指标之间相互关联，体现了发达经济体和发展中经济体之间的合作关系。关于“千年发展目标”的详细信息见 http：//www. un. org/millenniumgoals/。

5 全球化社会层面世界理事会：《公平的全球化：为所有人创造机会》（日内瓦，2004 年）；http：//www. ilo. org/public/english/fairglobalization/index. htm。

6 国际劳工组织：《2004—2005 年世界就业报告》（日内瓦，国际劳工组织，2005 年）；http：//www. ilo. org/public/english/employment/strat/wer2004. htm。

强国际竞争力；什么情况下经济增长与就业机会的扩大相辅相成；以及什么情况下一国将降低高失业率，等等。因此，关键是确认那些已产生积极劳动力市场成果的政策，并将其列为可被推广至其他地区的可能的最佳实践。

利用多个 KILM 指标开展劳动力市场分析

尽管越来越多的国家正在编制国家失业和总就业数据，但在单独利用这些统计数据时必须注意这些数据的限制因素，并更加全面地看待劳动力市场的发展，从而必须采纳更广泛的数据。比如，对于很多国家而言，使用总失业率的一大好处就在于这些数据便于收集和比较。但是，仅仅分析失业率（或者其他任何一种劳动力市场指标），就会忽略其他更加难以量化的劳动力市场要素。必须意识到，失业率仅仅是劳动力状况的一个方面。

因此，劳动力市场分析的首要步骤是确定总人口中劳动力状况的分类。[7] 工作年龄人口可以细分为以下几种类别，即非经济活动人口（不属于劳动力的人口，KILM 13）、就业人口（KILM 2），以及没有工作但正在找工作的人口（失业人口，KILM 8）。大量的人口处于失业或非经济活动状态，或两者兼而有之，表明某国潜在劳动力及其经济发展潜力存在显著的利用不足。面临这一状况的各国政府应在可能的情况下努力分析造成非经济活动的原因，从而有可能制定出为改善这种状况的必要政策措施。

如果一国大部分的非经济活动人口都由因家庭负担而无法工作的妇女组成，那么该国政府可以建立儿童日间保育中心，或者采用灵活的工作时间制度，以鼓励创建一个有利于促进女性参与经济活动的就业环境。同样，如果残疾问题成为非经济活动的一个普遍原因，那么各种有利于促进残疾人口就业的计划就可能有助于降低非经济活动率。不过，要让那些因为“自信心受挫”而离开劳动力市场的人重新就业相对更难，可能只有参加技能培训和接受求职辅导，他们的自信心才可能得到激发。这些人之所以感觉找不到适宜工作，要么是因为觉得自身不具备适宜的条件，要么是不知道如何求职。无论如何，只有通过具体分析非经济活动的各种原因，才能设计出各种适宜的政策组合。

同样，为了更好地认识失业人口的组成情况，从而有针对性地制定解决失业问题的相应政策，还应按性别（KILM 8）、年龄（KILM 9）、时间（KILM 10）和受教育程度（KILM 11）来分析失业状况。对于其他未在 KILM 中得到体现的失业人口的特征（如社会经济背景、工作经验等）而言，如果能够获取到这些数据，也应该进行分析，从而确定哪类群体面临何种具体的困难。但是，低失业率有可能大大掩盖一国实际的贫困状况（见 KILM 20），而高失业率也可能发生在那些经济发展显著和贫困发生率较低的国家中。在那些没有建立失业保险和福利金的社会保障体系的国家中，很多人尽管家庭紧密团结也无法承担失业所带来的经济压力。相反，他们必须尽力维持生计，并且通常是在非正规的经济组织中工作，或者面对正规经济中的非正规工作安排。在那些建立了良好的社会保障计划或者个人有存款或其他支持手段的国家中，人们可以更好地承受失业带来的经济压力，从而有时间去寻找更为理想的工作。因此，对于很多发展中经济体而言，其所面临的主要问题不是失业，而是就业人口缺乏体面的生产性工作机会。

在并非所有工作都是“体面工作”的这一前提下，为了评估工作人口的福利情况，我们必须对总就业人口进行仔细的剖析。如果工作人口主要是由自雇工作者或者无报酬家庭工作者（见 KILM 3）构成，那么仅仅分析总就业人口指标（KILM 2）就失去了其作为标准评测指标的价值。这些人就业了吗？如果按照国际通行的定义，确实如此。他们从事的是体面工作吗？可能未必。某些

7　有关如何采用 KILM 指标分析劳动力市场的具体国家案例，见 KILM 第四版附录 F。

自雇工作者和无报酬家庭工作者尽管从技术层面讲处于就业状态，但其所从事的工作脆弱性很高，就业和失业之间往往只是一线之隔。如果有在正规经济中就业并获得稳定收入的机会，这些临时性劳动力就会“趋之若鹜”地去争取。同时，必须对主要从事传统农业活动（KILM 4）、在非正规市场出售货物且没有就业保障（KILM 7）、超时工作（KILM 6a）或者希望增加工时（KILM 12）的人们是否处于普遍贫困（KILM 20）开展进一步的评估。

在理想状况下，可以获取每个国家的各项指标数据，那么采用诸如 KILM 中的一系列指标来分析劳动力市场状况将是一件轻而易举的事情。然而，现实情况却迥然不同。KILM 表 E2 显示了每个经济体 KILM 数据的可获得性。从该表可以看出，尽管近年来各国的统计项目以及收集这些 KILM 数据的效率有所改善，但仍有很多数据无法获取。表中所列的国家没有一个能提供所有 20 个 KILM 指标的完整数据。做得最好的是波兰，仅缺少就业弹性数据（KILM 19），其次是哥斯达黎加、俄罗斯联邦、斯洛文尼亚和土耳其（缺少 KILM 17 和 KILM 19），捷克共和国（缺少 KILM 7 和 KILM 19），以及墨西哥（缺少 KILM 12 和 KILM 19）。

在非洲各国中，KILM 指标的覆盖尤为不足。鉴于这些国家深受经济贫困和政治动荡的困扰，因而对开展劳动力调查可能不会给予很大程度的重视，这一点可以理解。然而，我们正是需要从这一地区获取更多劳动力市场信息，从而令国际捐赠资金和国家政策能有效改善该地区的人口状况，使他们可以“通过工作摆脱贫困”。[8] 目前，许多发展中国家都迫切需要制定国家层面的统计计划。因此，我们敦促捐赠方将统计能力建设方面的援助作为资金的一个重大的合理用途，并呼吁各国政府优先发展统计计划。

KILM 的组织和覆盖范围

联合国统计署为全球大约 230 个国家和地区汇总统计数据。[9] 在每一版 KILM 中，国际劳工组织总是尽力将更多的国家和地区有关劳动力指标的数据汇集在一起。如果某个指标没有某国的信息，常常是由于该国无法提供有关该指标的信息。在某些情况下，即便获取到了有关某一指标的信息，这些信息也可能不是最新的，或者无法满足纳入 KILM 中的其他条件。

按照不同的发展水平以及地域分布，KILM 共分为六大类。必须注意的是，为 KILM 专门进行的分类完全是为了便于分析，而并不是为了评定或者评估某国目前所处的发展阶段。按照发展程度划分的类别只有一个，即发达经济体和欧盟，而按照地域划分的类别共有六个，分别为中欧、东南欧（非欧盟）和独联体，亚洲和太平洋地区，拉丁美洲和加勒比地区，非洲，北非，中东和撒哈拉以南非洲。每个国家只出现在一个类别中。比如，日本被归入发达经济体，因而就不包括在亚洲和太平洋地区之列。KILM 封面的内页展示了按照主要类别分类的国家分布图。为便于分析，除两个地区（北非和中东）外，其他几个地区在表格中又细分为多个亚地区。

鉴于在印刷出版物中呈现如此大容量信息所受的限制，本书中的信息仅限于 1980 年、1999 年、2000 年的信息和/或随后 5 年的最新可得信息。不过，KILM 的交互式软件和在线平台（KILMnet）提供了 1980 年及其以后所有年度的相关指标。考虑到排版和印刷所需要的时间，印刷版在年度覆盖的时效性方面可能不及电子版。KILM 电子版的数据将定期得到更新。

如果在本版 KILM 印制时未能获得有关某经济体或某年度的信息，则在相应的表格中找不到该经济体或该年度的信息。只在少

8 国际劳工组织强烈倡导各国将就业问题纳入减贫战略的核心内容，并特别指出“完全、逐步和长期消除贫困的关键是就业”。国际劳工组织发表的“为摆脱贫困而工作”，《国际劳工组织总干事报告》，第 9 届国际劳工大会（日内瓦，2003 年）。

9 国际标准 ISO 3166－1，《各国和地区名称表示代码》第 1 部分：《国家代码》，1997 年（日内瓦，国际标准化组织，1997 年）；http://www.un.org/Depts/unsd/methods/m49.htm。

数几个例外的情况下，这些指标被表示为比率或者百分比变动，如劳动力参与率、非全日制工作者在总就业人口中的比重、失业率、非经济活动率，以及制造业工资指数等。鉴于版面的限制，KILM 印刷版中往往无法提供用来计算这些指标的所有分子和分母数，但其在 KILM 电子版中都能找到。

最后，我们需对翻译问题加以说明：国际劳工组织尽力提供除英文原版以外的法语和西班牙语 KILM 印刷版本。其他语言的 KILM 报告仅提供电子版。KILM 软件的用户可以从文档的菜单中选择英语、法语或西班牙语版本，并在这几种语言间随时进行切换。

信息库和方法论信息

在汇集 KILM 的过程中，国际劳工组织主要侧重于汇总来自国际信息库的信息。换句话说，KILM 团队很少直接从国家层面的渠道直接收集信息，而是主要利用各个组织现有的数据汇编，这些组织包括：

- 国际劳工组织统计部
- 经济合作与发展组织
- 欧盟统计局
- 世界银行
- 美国经济咨商局
- 联合国教科文组织统计研究所
- 美国劳工统计局

这些组织机构所拥有的信息通常来自各个国家层面上的渠道，或者基于各国的官方出版物。

当信息来自多个信息库时，国际劳工组织会对每个信息库的信息和背景文件进行评估，从中选出最适宜纳入 KILM 的信息。其评估的依据是：来源的总体可靠性、有关覆盖范围的方法论和注释的可获取性、按照性别和年龄划分的信息的可获取性、历史覆盖度。少数情况下，我们可能会选择两个数据信息库来描述一个国家的情况，历史数据所存在的任何变动情况也会被及时地指出。

对于那些劳动力市场信息系统比较落后的国家（比如某些发展中经济体）而言，决策者和社会合作伙伴可能难以获得有关劳动力市场的信息，而这对于那些寻求汇编全球数据集的国际组织来说可能更是难上加难。不过，这些国家中有很多通过家庭和机构调查、人口普查以及行政记录来收集有关劳动力市场的信息。因此，主要问题仍是如何将此类信息传递至国际社会。在此方面，国际劳工组织“劳动力市场指标图书馆（LMIL）”计划可以发挥其作用。LMIL 是一个在国际劳工组织地区办公室和总部之间共享信息的系统。由于国际劳工组织地区办公室在地理位置上更加接近最初的数据来源，因而能够有效弥补总部所存在的众多（用来编制 KILM 的）数据不足的状况。该计划持续帮助 KILM 和国际劳工组织的其他出版物和研究计划扩展其指标的国家和年度覆盖面（有关 LMIL 更多的信息，见专栏 2）。

注释和“变动”

我们在收集劳动力市场指标时常常面临两难境地，即如何保持在特定时期最大限度地提高地域覆盖范围与确保最大程度的可比性或一致性两者间的平衡？要实现覆盖面和可比性两者之间的有效平衡是一件困难的事情，应对该问题的唯一可行办法是在尽可能多地提供方法论信息的同时，“重点标出”那些希望对统计方法和定义可能并非在所有方面均匹配的国家之间进行有效对比的使用者所面临的问题。每个指标都有一个有关“可比性的限制”的章节，同时我们在每个表格中也尽可能地对相关方法和资料来源进行明确的注释。

劳动力市场信息的历史连续性对于很多使用者而言非常重要。指标表格的重要性自不待言，但必须提醒用户的是，这些信息每年的来源、定义或覆盖面可能发生显著变化。我们在每个按时间顺序排列的“变动”点上用“b”标注，代表某国所使用的信息收集方法、覆盖范围和/或资料来源类型发生了变化。[10]

10　当某国调查的参考期已发生变化时，则不会指出序列出现的变动。不过，数据的用户应意识到，可比性问题确实是由数据观测的频率所导致的。当未包括整个年度时，计算年均值的方法以及某种程度的季节性因素可能会影响计算的结果。

专栏 2　劳动力市场指标图书馆（LMIL）网络

通过增强其亚地区办公室作为地区劳动力市场信息收集中心的能力，国际劳工组织希望从其驻地构建中受益。KILM 团队与国际劳工组织统计局及亚地区办公室合作，引入了一个名为“劳动力市场指标图书馆（LMIL）网络”的项目，该项目旨在高效地汇编、维护和分析劳动力市场指标及其评估方法，所有合作方均可共享信息资源，并可获取 LMIL 数据库中储存的信息用于分析和传播。在编制 KILM 的过程中，LMIL 网络针对劳动力市场指标的获取性提供了一个综合全面的分析，使团队成员得以弥补当前信息中存在的不足，并识别国家和地区劳动力市场信息新的缺口，从而制定有助于改善这些不足之处的发展战略。表格中的“LMIL”数据信息库表明这些信息来自驻地办公室，并通过 LMIL 网络传输至总部。该信息共享体系显著降低了国家、地区和全球范围的信息收集和传输之间的时间延迟。

LMIL 网络受到一个以电子形式实现驻地与总部信息交换的系统的支持，信息汇编方式遵照国际劳工组织的方法标准。这些指标之后再与元信息汇编在一起，后者通常是评估这些指标的准确性以及分析其在不同经济体和不同时期之间的可比性所必需的。该系统包括由国际信息库（见有关“信息库”的章节）搜索结果、国际劳工组织统计局《劳工统计年鉴》中的其余变量，以及对驻地办公室和地区有价值的变量生成的整个 KILM 数据库。国际劳工组织的各个办公室之间可以共享该系统。国际劳工组织驻地办公室仍然负责确认、征求和评估这些信息，以弥补 LMIL 数据集中的序列所存在的缺口，并提供来自地区或国家渠道的最新信息。

在编制这个最新版本以及此前的五个版本的过程中，KILM 团队利用 LMIL 网络扩展了所获得的信息集。LMIL 网络促进了劳动力市场信息的可获取性和时效性，同时扩大了这些信息的地域覆盖范围，尤其是覆盖了非洲、亚洲、中东、中东欧、中美洲和拉丁美洲以及加勒比地区的部分国家。希望今后 LMIL 网络将继续推动最新数据和相关劳动力市场指标的汇编、分析和传输工作，以便为决策者提供监测就业状况和制定劳动力市场政策的适宜的信息和工具。

无论信息来源于其他国际信息库、地区性劳动力市场指标集，还是直接来自于官方渠道，国际劳工组织都尽力与信息渠道和信息提供方之间建立和保持联系。在印刷版或者网站上，使用者还有可能找到信息提供方的联系方式或链接。

国际可比性

正如上文所提到的，关于衡量方法方面总有一些需要提示的重要环节。这就要求我们在开展合理的国际比较前必须花时间和精力来理顺这一问题。各个指标可比性的限制因素往往各不相同，但是对每个指标都需要注意某些具有共性的问题。例如，每个国家和每个年度测度的精确性、资料来源在收集方法、定义、覆盖范围和参考期的方面差异显然都将影响到可比性。

为了最大限度地减少曲解的情况，国际劳工组织提供了详细的注释，标注了信息库和来源的类型（家庭和劳动力调查、人口普查、行政记录等）、覆盖面（如年龄段和地域界限——全国、城市、首都等）的变动或偏差。当使用者在分析或者参考某个具体指标时，我们建议其仔细阅读“可比性的限制”这一章节以及数据表中的注释。

全球和地区估算数据

我们对以下指标的全球和地区状况进行了估算，这些指标包括：劳动力参与率（KILM 1）、就业人口比率（KILM 2）、就业状况（KILM 3）、按部门划分的就业（KILM 4）、失业率（KILM 8）、青年失业率（KILM 9）、

专栏 3　国际劳工组织对劳动力市场指标进行国际和地区估算的方法

国际劳工组织在对劳动力市场指标进行国际和地区总体估算方面所面临的最大挑战是数据的缺失。理想情况下，在对劳动力市场指标（如就业指标）进行国际和地区估算时，只需将全球或某个地区内所有经济体的就业人口总数相加即可。然而，由于并非所有国家每年都报告相关数据，甚至有些国家从未报告过相关数据，因而不可能通过简单地将各国的数据相加就能得出对劳动力市场指标的总体估算值。

为了解决数据缺失的问题，国际劳工组织“就业趋势研究组”开发和完善了三个计量经济模型，以估算缺乏真实数据的国家和年度的劳动力市场指标。第一个模型称为“全球就业趋势模型”（GET 模型），用来估算按年龄组和性别划分的就业人口比率、就业状况、按部门划分的就业、失业、青年失业、劳动生产率和就业弹性等指标（即 KILM 2、3、4、8、9、18 和 19）。第二个模型称为“劳动力趋势模型”（TLF 模型），用来估算 KILM 1 和 KILM 13 的全球和地区数据。第三个模型称为“工作贫困趋势模型”（TWP 模型），用来估算 KILM 20 中工作贫困的数据。这三个模型统称为“趋势计量经济模型”。

这三个模型均采用多元回归分析技术来推算国家层面的缺失数据。第一步，三个模型将每个指标真实信息的各个已知部分（即每个真实数据点）汇集在一起。只有那些覆盖全国范围并在各国和不同时期之间具有可比性的数据才能作为输入信息。在运行这些模型时，该遴选标准具有重要的作用，因为这些模型旨在利用各种劳动力市场指标与其宏观经济关联因素（如人均 GDP、GDP 增长率、人口增长趋势、是否为“重债穷国倡议”（HIPC）的成员国、地域指标以及国家和时间的虚拟变量等）之间的相互关系来估算那些缺失相应数据的劳动力市场指标。因此，作为推算模型中输入量的劳动力市场数据的可比性对于确保这些模型准确把握劳动力市场指标与宏观经济变量之间的相互关系而言至关重要。

一旦将包括真实和推算劳动力市场数据的数据集汇总完毕，便进入估算过程的最后一个步骤。在该步骤中，模型将来自不同国家的数据汇总在一起，从而生成最终的全球和地区估算数据。如需了解有关“趋势计量经济模型”的更多信息，读者可以通过以下网址查询相关技术背景报告：http：//www. ilo. org/public/english/employment/strat/wrest. htm。

非经济活动率（KILM 13）、就业弹性（KILM 19）和工作贫困（KILM 20）。这些估算数据列在每个指标正文后的专栏中，并对全球和地区的发展趋势进行了分析。国际劳工组织开发了 3 个采用多元回归技术的模型，以推导出国家层面上所缺少的数值，根据需要采用这 3 个模型中的一个，我们将得出上述估算数据。专栏 3 具体描述了国际劳工组织全球和地区估算模型所采用的步骤。

对国际劳工组织 20 个劳动力市场关键指标的概述

KILM 第六版提供了有关劳动力、就业、失业、受教育程度、工资和薪酬成本、生产率和人工成本、就业弹性和贫困的 20 个指标。这 20 个指标按照大的主题分为八大章节。每个指标简要描述如下。

KILM 1：劳动力参与率

劳动力参与率是指一国工作年龄人口中通过工作或者求职积极参与劳动力市场的人口所占比例。它可以用来衡量可参与货物和劳务生产的劳动力供给的相对数值。按照性别和年龄组对劳动力进行细分，我们可以大致了解一国经济活动人口的分布状况。

表 1 按照性别对各个标准化年龄组（即 15 岁以上、15—24 岁、15—64 岁、25—54 岁、25—34 岁、35—54 岁、55—64 岁和 65 岁以上）在 1980—2008 年间的劳动力参与率进行了估算。考虑到各国的数据收集和制

表方法不同，同时某些国家存在一些特殊的因素（如对服兵役的要求），我们对各国的劳动力参与率进行了统一。该数据序列包括国家报告数据，而且估算数据也是全国性的，因此在覆盖面方面没有地域界限。

KILM 2：就业人口比率

就业人口比率可以反映某个经济体创造就业的能力。对于很多国家而言，该指标往往比失业率更有参考价值。尽管较高的总就业率普遍被视为一个积极正面的指标，但该指标本身并不足以评估就业者享有或者缺乏体面工作的程度。要评估诸多问题，如收入、工时、非正规部门就业、不充分就业和工作条件等，还必须借助其他指标。按照性别进行细分的就业人口比率具有特殊意义，这是因为男性和女性的就业比率可以提供有关某一国家劳动力市场活动中性别差异的信息。根据性别进行细分的就业人口比率分别按照工作年龄人口（15 岁及以上）和青年人（15—24 岁）进行列示。

就业人口比率是一国工作年龄人口中的就业人口所占比例（青年就业人口比率是参加就业的青年人占整个青年人口——15—24 岁——的比例）。高就业人口比率表明一国的大部分人口都处于就业状态，而低就业人口率则意味着该国大部分的人口未直接参与与市场相关的经济活动，这些人要么处于失业状态，要么就是脱离了劳动力市场（这种可能性更高）。

KILM 3：就业状况

就业状况指标是区分三类主要就业者的重要指标，这三类就业者分别是：（a）工薪工作者；（b）自雇工作者；（c）无报酬家庭工作者，每个类别都以其在总就业人口中的比例来表示。按照就业状况进行分类有助于我们认识劳动力市场动态以及各国的发展水平。随着一国经济的发展，就业人口普遍将从农业转入工业和服务业，同时工薪工作者的数量将相应增加，而以前在农业部门工作的自雇工作者和无报酬家庭工作者的数量将会减少。

按照就业状况划分就业人口的方法主要基于 1993 年的《国际就业状况分类》（ICSE），后者按照个人在某一时间点与他人或者组织机构达成的正式或非正式劳动合同类型对的就业状况进行了分类。就业状况分类反映了人们的经济风险程度（这是个人与其工作之间的联系紧密程度的一个要素），并反映了某人目前具有或今后将拥有对企业和其他工作者的管理权力类型。

KILM 4：按部门划分的就业

该指标将就业部门分为三大类，即农业、工业和服务业，并按照每个类别占整个就业人口的百分比来表示。该指标在大的部门层面上反映就业的增减状况，同时重点突出了发达国家和发展中国家在就业发展趋势和水平上的差异。部门就业流动是生产率发展趋势分析的一个重要因素，这是因为我们需要区分部门内部的生产率增长和从生产率低的行业转向生产率高的部门所带来的生产率增长。表 4b 和表 4c 中列出了行业的具体情况，有助于体现各个经济部门内部的就业发展趋势。

经济活动部门的定义依据《所有经济活动的国际标准行业分类》（ISIC）修订版第二版（1968 年）和修订版第三版（1990 年），这两个修订版的内容详见附件 C。

KILM 5：非全职工作者

在过去的数十年间，发达经济体的非全职工作者数量出现了迅猛增长。这一发展趋势与女性在劳动力市场中的数量增加有关；同时，面对行业内部工作组织的日益变化和服务业的发展，劳动力市场不断尝试增加灵活性，而这也推动了非全职工作者数量的增加。

有关非全职工作者的指标主要关注那些总工时不及“全职工作”的人员占总就业人口的比例。由于没有全职工作每周最低小时数的国际标准定义，其分界线要么依据各个国家的具体情况，要么使用特殊的估算方法。该指标下主要包括以下两个评定方法：一是总的非全职工作者占总就业人口的比例（有时称为“非全职就业率”），二是非全职工作者中女性的百分比。

KILM 6：工时

工时的长短不仅对于工作者的身心健康和福利有影响，同时对企业的生产率和劳动力成本也有影响。因此，衡量社会、不同就业群体以及个人工时的长短和发展趋势，对于监测人们的工作和生活状况以及分析经济发展状况具有重要作用。

KILM 6 中包含了有关工时的两种衡量方法，从总体上描绘全球就业者投入工作活动中的时间。第一个衡量方法是就业人口每周的工时（表 6a）。就业人口的每周工时分为以下几个时间段：低于 25 小时、25—35 小时、35—39 小时、40—48 小时、49—59 小时、40 小时及以上、50 小时及以上、60 小时及以上。该数据尽可能地按性别、年龄组（总就业人口、青年人和成年人）以及就业状况（总就业人口、工薪工作者和自雇工作者）进行了细分。第二个评定方法是人均年实际工时（表 6b）。

KILM 7：非正规部门就业

非正规部门就业率是非正规部门就业人员的估计数与总就业人口的比值。从规模和增长率来看，非正规部门在绝大多数的发展中经济体以及部分发达经济体的经济、社会和政治领域中发挥着重要的作用。在那些人口增长率或城市化率较高的国家中，非正规经济往往吸纳了绝大部分日益增长的劳动力。该指标旨在体现利用其他指标，如失业率（KILM 8）和与工作时间相关的不充分就业（KILM 12）等无法充分覆盖的劳动力市场状况。

第 15 届国际劳动统计学家大会（ICLS）将“非正规部门”定义为由家庭拥有的非公司企业内的生产单位。在非正规经济行业中就业的人员包括所有那些在某一既定参照期间至少在一个满足非正规部门指导方针标准的生产单位内就业的人员，无论其是何种就业身份以及这是他们的主要或次要职业。ICLS 的决议允许某些国家在该定义方面有所变动。因此，有关该指标的信息往往基于各国对非正规经济的具体定义和评估方法。

KILM 8：失业

失业率可能是最广为人知的劳动力市场指标，毫无疑问也是很多国家的媒体最广泛引用的指标之一。该指标与劳动力参与率（KILM 1）和就业人口比率（KILM 2）是那些定期收集劳动力信息的经济体提供的最为广泛的有关劳动力市场经济活动和就业状况的几个指标。失业率是没有工作且正在积极寻找工作的劳动力占整个劳动力的比例。不过，不应将失业率误解为评估经济困难程度的一项指标，尽管这两者之间往往存在相互关联。表 8a 提供了有关总失业率的信息，而表 8b 仅提供了有关登记失业率的信息。

第 13 届国际劳动统计学家大会通过了有关统计经济活动人口、就业、失业和不充分就业的决议。决议将失业人口定义为所有在参照期间没有工作、有工作意愿并正在寻找工作的超过一定年龄的人口。不过需要注意的是，在有关临时被辞退的人员、对就业前景失去信心或者首次求职人员的年龄限制、求职标准和待遇等方面，各国对失业的定义或覆盖范围可能存在差异。

KILM 9：青年失业

青年失业是很多国家面临的一项重要政策性问题，无论这些国家处于何种发展阶段。在该指标中，青年人是指年龄在 15—24 岁之间的人口，而成年人是指年龄在 25 岁及以上的人口。该指标通过以下方式体现青年失业状况：（a）青年失业率；（b）青年失业率与成年失业率的比率；（c）青年失业人口占总失业人口的比重；（d）青年失业人口占青年总人口的比重。

KILM 9 的几个评估方法必须共同使用，单独使用某一个方法进行分析都可能歪曲真实状况。例如，一国的青年失业率与成年失业率的比率可能很高，但青年失业人口占总失业人口的比重却可能很低。较高的青年失业人口占青年总人口的比重反映了大量的青年人从劳动力以外的人口转变为失业人口。这四个指标综合在一起才能相对全面地反映青年人在求职过程中所面临的各种问题。

KILM 10：长期失业

失业持续的时间越长，它所带来的影响往往愈发严重。短期失业问题通常可以借助失业补偿金、积蓄以及家庭成员的帮助而得以解决。但是，如果失业持续一年或者更长时间，就可能造成很大的经济困境，当个人没有失业救济金或者失业救济金已经用完的时候情况更是如此。在发展中经济体中，长期失业通常不是一项主要的指标，这是因为发展中国家的很多人口没有失业补偿金，同时绝大部分的人口无力承担长期失业的经济负担，致使失业的持续时间通常较短。因此，该项指标的主要信息来自于发达经济体。该项数据在尽可能的情况下按照性别和年龄组（总人口、青年人和成年人）进行了细分。

长期失业指标的基本假设是：失业持续时间达到一年或者更久就太长了，这一现象有必要引起特别重视。长期失业包括两个单独的评估方法：(a) 失业时间达到或超过一年的失业人口占劳动力总人口的比例；(b) 失业时间达到或超过一年的失业人口占总失业人口的比例（长期失业发生率）。

KILM 11：按照受教育程度划分的失业

该项指标将有助于深入了解不同国家就业人口和失业人口的受教育程度之间的相互关系。该项指标使研究人员可以识别某国或某地区失业劳动力的关键特征，从而有助于确定不同的工作者群体遭遇失业的可能性。该指标的信息也可以用来推断就业需求的相关变化。表 11a 列出了有关总的失业人口中不同受教育程度的分布情况，而表 11b 分别列出了按初等教育或以下、中等教育和高等教育划分的失业率。

该指标的信息按照受教育程度划分为以下五大类型，即受教育少于一年、学前教育、初等教育、中等教育和高等教育，并报告了每个类型的失业人口在总失业人口中的比例。从概念设计上讲，该指标所使用的类型主要基于《国际教育标准分类》(ISCED)，该分类详见附录 D。《国际教育标准分类》由联合国教科文组织制定，并作为一个整合、汇编和报告国家和国际层面上有关教育程度的可比指标和统计数据的工具。

KILM 12：与工作时间相关的不充分就业

不充分就业是指劳动力生产能力的利用不足。鉴于与工作时间相关的不充分就业指标是迄今为止国际劳动统计界一致通过并合理界定的体现不充分就业状况的唯一指标，因此它也是目前所能获得的有关劳动力利用不足的最佳代表数据。该指标对于改善对就业问题的描述以及评估在某国生产过程中人力资源的利用程度具有重要的作用。此外，该指标还能为设计和评估就业、收入和社会保障计划提供有价值的参照信息。它主要包括两个评估方法，即与工作时间相关的不充分就业人口占整个劳动力的百分比，以及其占整个就业人口的百分比。

国际社会对与工作时间相关的不充分就业的定义最早是在 1982 年召开的第 13 届国际劳动统计学家大会上通过的，1998 年召开的第 16 届国际劳动统计学家大会上又对其进行了修订。不充分就业人口包括所有工时“与个人愿意且能够参与的其他就业岗位相比不足”的就业人口。

KILM 13：非经济活动率

非经济活动率是指既未工作也未寻找工作的人口（即非劳动力）在总人口中的比例。表 13 显示了不同年龄组（15 岁以上、15—24 岁、15—64 岁、25—54 岁、25—34 岁、35—54 岁、55—64 岁以及 65 岁以上）中人群的非经济活动率。由于 25—54 岁的年龄组被视为“成年人”组，因此这类人群尤其具有研究价值。人们通常期望处于“成年”组别的个人能够加入劳动力之中。同时，由于这类人群通常已经接受完教育，并且尚未达到退休年龄，研究这些潜在劳动力参与者无经济活动的原因也具有很大的价值。特别是女性的非经济活动率有助于我们了解一国的社会习俗、公众对女性就业的态度以及，总体的家庭结构。

某类人群的非经济活动率加上该类人群

的劳动力参与率（KILM 表 1）即为 100%。考虑到各国的数据收集和制表方法不同，且某些国家存在一些特殊的因素（如对服兵役的要求），我们对表 13 中的数据进行了统一。该数据系列包括国家报告和推算的数据，以及国家性的估算数据，也就是说，在覆盖度方面没有地域界限。

KILM 14：受教育程度和文盲

劳动力的技能水平现已成为各国劳动力市场绩效和国家竞争力的一个日益重要的组成部分。而有关受教育程度的信息是目前所能获得的有关劳动力技能水平的最佳指标。劳动力技能水平的高低决定着一国能否成功参与国际市场竞争以及能否有效利用快速进步的技术，也决定着劳动力的就业能力。

KILM 14 反映了劳动力及所有人口的知识和技能水平及分布情况。表 14a 提供了劳动力的受教育程度信息，并尽可能地按照性别和年龄组（总人口、青年人、年轻成人和成年人）对数据进行了细分。表 14b 列出了有关各类人口（总人口、青年人和成年人）中的文盲指标。与按照受教育程度计算的失业指标（KILM 11）一样，KILM 14 也是按照《国际教育标准分类》提供信息的（见附录 D）。

KILM 15：制造业工资指数

工资是一项被广为使用的评估工作者收入总体水平的指标。此类信息往往用于经济政策的制定、实施和监控，更具体地说，用于解决诸如人力资源规划、劳动力的使用、工资的确定、社会保障和劳动力成本等与劳动力有关的问题。该指标包括制造业实际工资指数（不过，基于在 KILM 15 中详细阐述的原因，在不同地区和不同时期，制造业活动中有酬工作的重要性并不完全一致）。

人们普遍将经济活动中的实际工资视为工作者购买力的一项主要指标，无论其在经济活动中从事何种具体的工作，这都代表了其收入水平。工资在不同时期和不同国家间的购买力所存在的重大差异反映了现代经济社会的发展状况。对实际工资变动状况的比较可以评估工人们物质生活水平进步（或倒退）的状况。

KILM 16：职业工资和收入指数

KILM 15 反映的是工业部门（即制造业）的工资平均变化趋势，而 KILM 16 分析的则是某些具体行业的职业工资（即工资率或收入）的变化趋势及差异。某个行业或部门平均工资的变动可能不仅是由于工资率或收入水平的变动，也可能是由于就业人口的职业结构和男性和女性就业人口比例的变动所致。分析具体职业的工资状况可以避免仅仅使用平均工资指标所造成的某些局限，而劳动力构成和结构的变化可能对平均工资的变更记录带来影响。

该项指标共有两个工资指数表，即与名义和实际工资率有关的表 16a，以及与名义和实际收入有关的表 16b。我们共选择了 19 个职业来代表在不同经济活动部门中拥有不同技能水平的不同职业其实际工资率和收入的发展状况。

KILM 17：每小时薪酬成本

每小时平均薪酬成本用来衡量雇主支付给雇员每小时劳动的薪资福利。这些福利可以由雇员直接获取（即以总收入的形式），也可以间接获取（通过雇主的各种缴款，包括强制性的、合同规定的及私人性质的社会保障计划、养老金计划、意外伤害保险或人寿保险计划，以及其他福利计划）。在讨论雇主的支出时，雇员间接获取的福利通常被称为“非工资福利”或“非工资人工成本”。

KILM 17 的指标包括制造业中的雇主为雇员支付的每小时薪酬成本的水平、发展趋势和结构。表 17a 列出了所有类型雇员的每小时薪酬成本，表 17c 单独列出了生产工人的每小时薪酬成本。从国家和国际层面上讲，人工成本均是体现各个企业和国家竞争力的关键因素。具体到制造业，薪酬成本则是体现产品全球市场竞争力的一项指标。

KILM 18：劳动生产率

劳动生产率和每小时薪酬成本可用来评

估某国劳动力市场的国际竞争力。某国或某个部门的经济增长可以归功于就业人口的增长或者就业人口工作效率的提高。而就业人口工作效率的提高可以通过劳动生产率数据来体现。因此，劳动生产率是体现经济绩效的一项重要指标。了解劳动生产率的驱动力，尤其是机器与设备的增加、组织方式和物质性、制度性基础设施的改善、工作者健康状况和技能的提高（人力资本），以及新技术的产生，对于制定促进经济增长的政策具有重要的作用。

劳动生产率是指每单位劳动投入的产出。表 18 列出了两项指标，即工作者人均 GDP 和每工时 GDP，两项指标均按 1990 年定值美元计算，1990 年的指数为 100。

KILM 19：就业弹性

就业弹性是衡量就业增长如何随经济产出增长的变化而变化的量化指标，即 1 个百分点的经济增长率可以带动的就业增长率。就业弹性可以作为评估经济产出和就业增长如何长期共同发展的有效手段。同时，借助该指标将有助于深入了解某一经济体中不同类型的人群就业机会的增加存在何种差异，并有助于确定和分析就业的长期结构性变化。就业弹性与其他指标（如经济增长率、劳动力增长、贫困、工时和工资等）可以为深入了解劳动力市场发展趋势提供重要的参考数据。

表 19a 列出了不同时期（1992—1996 年、1996—2000 年、2000—2004 年以及 2004—2008 年）按照性别划分的总经济增长率每增加 1 个百分点所带动的就业百分比的变动状况。

KILM 20：贫困、工作贫困和收入分配

当个人无法通过劳动获得足够的收入来维持最低生活标准时，就会出现贫困。因此，贫困程度可以视为劳动力市场运转的结果。由于劳动力常常是处于贫困的个人所拥有的最重要的（如果不是唯一的）资产，因而提高个人福利水平的最为有效的途径，便是通过教育和培训提高就业机会和劳动生产率。

对一国贫困人口的估算，常常取决于对贫困临界值的选择。不过，满足最低基本生活需求的这一临界值往往具有很大的主观性，因文化不同和国家优先考虑因素的不同而存在差异。各国的定义存在差异，导致难以进行国际比较。因此，除了国家贫困测度外，该指标还提供了按照世界银行国际贫困线（即每人每天 1.25 美元和 2 美元）提供的数据。贫困差距被用以总体衡量贫困程度。KILM 20 还提供了基尼指数，该指数可以很方便地评估人们在收入或支出方面的总体不平等程度。此外，我们还列出了对“工作贫困率”的估算数据。工作贫困率是指其家庭成员估计处于贫困线以下的就业人口在总就业人口中的比例。

《KILM》电子版

国际劳工组织希望通过电子版和印刷版的形式使 KILM 拥有更多读者，不同版本可以满足不同用户的需求。正如此前的版本一样，本期的 KILM 电子版也包含了所有指标的数据集以及交互式软件，用户通过该软件可以按照国别、年度、来源类型和用户根据特定需求定义的其他功能来选择和查询这些指标。电子版既包括印刷版中的所有内容，也包括 1980 年以后各个年度的信息，以及用来计算这些指标的所有基本统计数据。每当用户打开程序（如果与互联网连接）时，系统将自动下载最新的数据。如果用户无法接入互联网，只要填写了一份注册表，系统就将通过电子邮件告之何时可以获取最新数据。可以通过 www. ilo. org/kilm 下载 KILM 程序。

随着该版本基于互联网的 KILM 数据库（KILMnet）的发布，获取 20 个劳动力市场关键指标国家层面的数据，以及阐释这些指标的用途、定义和基本趋势的说明性文本，将比以往更为方便。现在，用户可以直接从互联网上方便快捷地搜索 KILM 指标，并以各种不同的格式显示和输出这些数据。KILMnet 的网址为：www. ilo. org/kilmnet。

第一章　劳动力市场关键议题

本章的主旨是强调与世界劳动力市场相关的“热点议题”，以及展示劳动力市场信息是如何被用于分析劳动力市场议题并指导政策建议的。不同的议题将出现在 KILM 今后的版本中。本版 KILM 所选定的三个议题是：（1）经济危机及其对劳动力市场的影响；（2）利用家庭调查分析贫困与就业之间的关系：建立国际工作贫困数据库；（3）千年发展目标就业指标：国别案例。以上三个议题反复出现的主题为：衡量迈向充分而体面的生产性就业的工作进展是一项艰巨的任务，需要使用多重定量和定性的指标和信息。

议题一：经济危机及其对劳动力市场的影响[1]

1. 引言

2008 年年末开始的经济危机对发达经济体的劳动力市场产生了巨大影响，2009 年这一影响进一步加剧，并殃及新兴和发展中经济体，这主要体现为国际贸易急剧萎缩。尽管各国所受影响不同，但是很少有哪个经济体可以幸免于难。虽然前所未有的公共干预使得经济下滑的速度有所减缓，但是许多经济体的劳动力市场状况仍在继续恶化。

最新的《全球就业趋势》发布了对 2009 年失业、脆弱性就业及工作贫困状况的估算和预测，本文据此对这些数据进行了更新。[2] 这些更新是基于最新获得的劳动力市场数据和 GDP 增长预测得出的。[3]

国际劳工组织预计，在 2007—2009 年期间，全球失业人口可能将增加 3900 万，最糟情境下可能达到 6100 万，脆弱性就业人口可能会增加 1.08 亿人，全球大概有 2.22 亿人将面临步入工作贫困人口行列的风险。

本议题结构如下：第二部分分析了 2009 年经济增长前景的变化情况，并根据最新获得的数据，更新了国际劳工组织关于世界范围的失业、脆弱性就业及工作贫困状况的全球情境分析。第三部分进行了地区性的总结。第四部分得出结论。为了便于对新兴劳动力市场的趋势进行比较和估测，第五部分给出了最新的全球及地区数据图表。

2. 经济危机对劳动力市场的影响：关于失业、脆弱性就业及工作贫困状况的全球分析

截至 2009 年中期，随着该年度经济增长预测的不断下调（已经低于最初的预期水平），劳动力市场状况也在继续恶化。2009 年的增长预测已从 2008 年 10 月 3% 的正增长到 2009 年 1 月 0.5% 的正增长，再到 4 月 1.3% 的负增长，最后到 7 月 1.4% 的负增长。2009 年 4—7 月预测值的调整幅度相对较小，反映了近期经济前景的不确定性因素正在减少，下滑的风险仍然存在，但也存在经济增长比预计更快的可能性。[4]

与此同时，在 2009 年 7 月份发布的最新预期中，最新的 GDP 增长预测已经从该年度 4 月份预计的 1.9% 的正增长上调到 2.5%，由此显示 2010 年的经济复苏势头将会比此前预期的更为强劲（见图 A1）。

1　Souleima ElAchkar 在就业趋势工作组成员的帮助下负责完成本议题的分析部分。

2　国际劳工组织：《全球就业趋势》，2009 年 1 月；《全球妇女就业趋势》，2009 年 3 月；《全球就业趋势（更新）》，2009 年 5 月（日内瓦）；详见：http://www.ilo.org/trends。

3　目前的《全球就业趋势报告》参考了 19 个国家最新发布和修订的年度失业率以及 51 个国家最新发布和修订的月度或季度失业率数据。

4　在 4 月和 10 月出版的《世界经济展望》中，国际货币基金组织会按照惯例一年公布两次关于经济增长的估计和预测。但是自从 2008 年第四季度以来，由于全球经济的急剧萎缩，国际货币基金组织不得不频繁地修订预测。除了 2008 年 10 月和 2009 年 4 月正常发布的《世界经济展望》外，国际货币基金组织已经于 2008 年 11 月、2009 年 1 月以及 2009 年 7 月对其预期进行了更新。由于 2008 年 11 月的预期中不包括对 2010 年所做的更新，所以图 A1 中已经不包括 2008 年 11 月的预期。在对 2008 年 11 月份的《世界经济展望》进行的更新中，2009 年的 GDP 的增长预期为 2.2%。

图 A1 全球 GDP 增长估算和预测

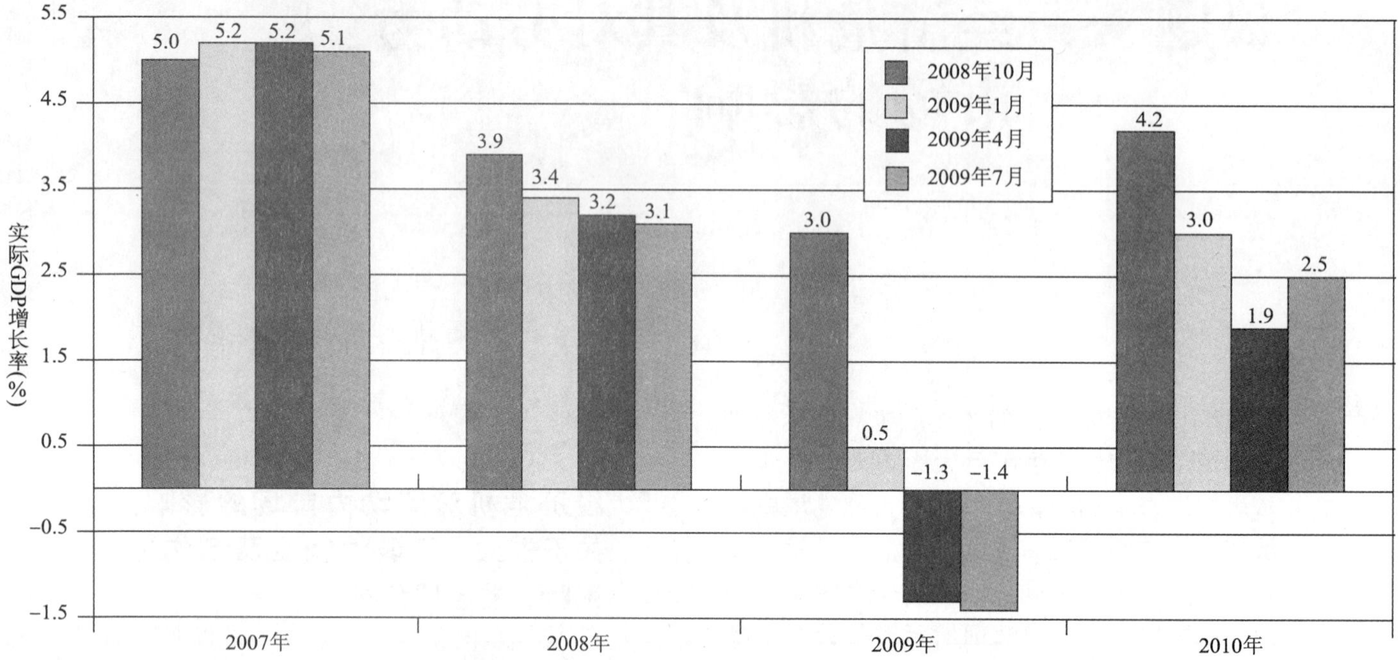

资料来源：国际货币基金组织：《世界经济展望》，各种数据库情况见 http：//www. imf. org/external/ns/cs. aspx? id =28。

根据最新获得的劳动力市场数据以及最近修订的 GDP 增长预测，国际劳工组织对其发布的 2009 年全球失业情境分析进行了更新。在目前做出的预测中，2007—2009 年期间失业人口的区间比之前的预测有所扩大，为 3100 万（情境 1）—6100 万（情境 3）（详见第五部分表 A6）。相应地，2009 年全球失业率为 6.5%—7.4%。在情境 2 中，2009 年的失业人口预计比 2007 年增加 3900 万，2009 年的失业率相应将达到 6.8%，总失业人口将达到 2.19 亿。2009 年 1 月对全球失业人口的估算值与目前估算值之间的变化在图 A2 中以图形方式显示。

最新的估算证实，2008 年年末开始的大规模失业情况在 2009 年上半年变得更加严重。国际劳工组织估计全球失业人口在 2008 年增加了近 800 万，其中发达经济体和欧盟，中欧、东南欧（非欧盟）和独联体，东亚地区的增幅最大。据预测，全球失业人口的大幅增长将主要出现在 2009 年。在情境 1 中，预计将增加 2300 万，情境 2 中预计将增加 3100 万，而情境 3 为最糟糕的情况，预计将增加 5300 万。

由于经济增长预测具有相当大的波动性和不确定性，所以很难准确得出全球及地区失业人口的增长数据。从 2009 年 5 月发布的《全球就业趋势（更新）》中可以看到，目前全球就业危机严重，意味着许多国家的失业率明显创下历史新高。考虑到这一点，根据 GDP 增长与失业之间的历史关联而得出的最低失业情境就不太可能提供准确的预测。同时也要注意的是，许多国家政府实施的重大政策回应（包括财政刺激以及其他措施）将减少新增失业人口接近情境 3 所给出的上限的可能性。

当前的估算反映了对劳动力市场状况和增长预测所做出的修订，并与 2009 年 5 月的估计和预期大体一致。根据最新的信息，国际劳工组织预计 2009 年全球失业人口的增加值大致与情境 2 相一致。该情境从 2009 年 5 月更新以后只有小幅改动。

对性别的影响

不论是有工作的、正在找工作的，还是不属于劳动力的男性和女性，都正在受到经济危机的影响。与男性相比，在全球的就业

图 A2　国际劳工组织全球失业人口情境演变

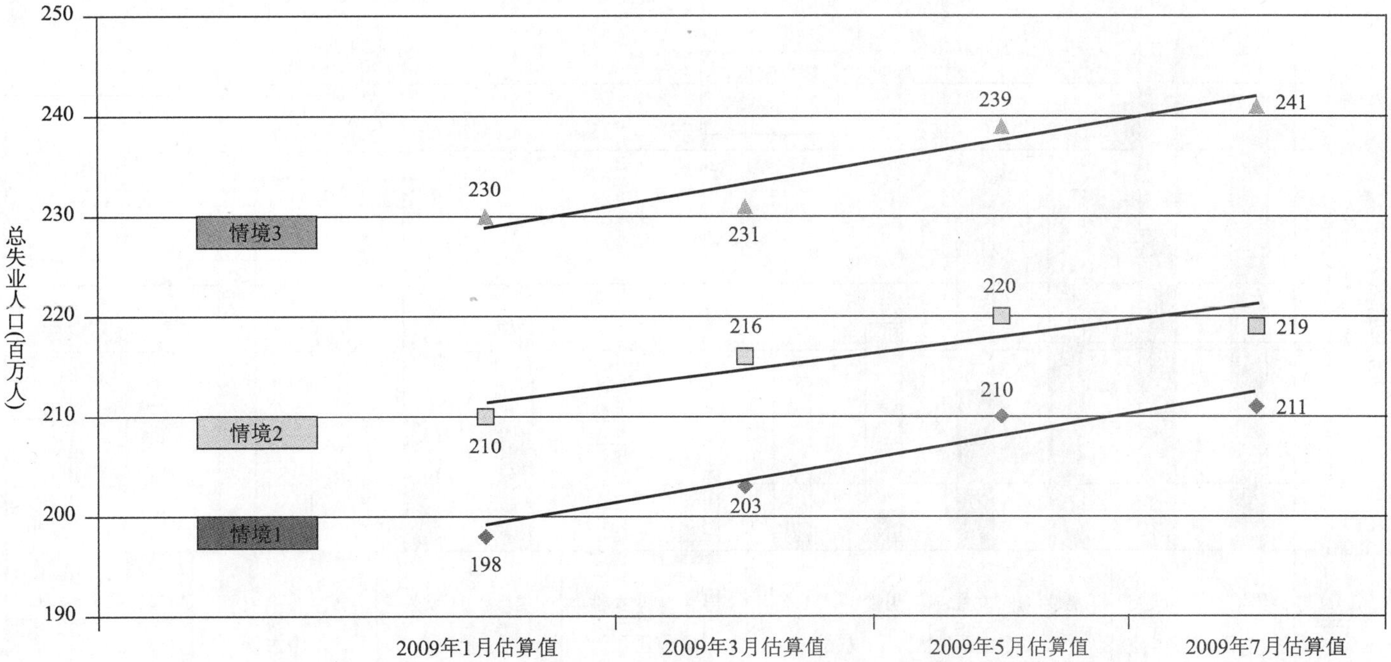

资料来源：国际劳工组织，趋势计量经济模型，2009 年 1 月、3 月、5 月和 7 月。

情境 1：根据 1991—2008 年间国家层面的经济增长与失业人口之间的历史关联以及国际货币基金组织发布的 2009 年 GDP 增长预期进行的估计和预测。

情境 2：根据每个国家经济衰退最严重时期观察所得的经济增长与失业人口之间的关系，再参考国际货币基金组织发布的 2009 年 GDP 增长预期而得出的预测。

情境 3：根据观察得到的每个国家失业率的最高年度增长率，假设 2009 年所有发达国家的失业率将同时达到这个程度而得出的预测。考虑到经济危机对发展中经济体的影响有一定的滞后效应，所以对于这些经济体来说，有一半左右的大规模可见的增长将发生在 2009 年。

市场中女性处于劣势，3 月发布的《全球妇女就业趋势报告》就证实了这一点。该报告还指出，在不同的国家和地区之间，金融危机对不同性别的影响也大不相同。

通常，对于在金融危机之前女性就比男性更有可能失业的地区而言，其女性失业率的上升预期将高于男性。在这些地区，妇女在进入劳动力市场时就面临巨大阻碍，寻求就业时更是困难重重，而经济危机可能会加剧男女之间现有的差距。男性与女性失业率比率表明：金融危机开始时，北非地区女性失业的可能性比男性高出将近 90%，拉丁美洲和加勒比地区女性失业的可能性比男性高出 60%，中东地区女性失业的可能性比男性高 40%。上述 3 个地区 2008 年和 2009 年之间增加的失业人口中女性多于男性，如图 A3 所示。

从就业机会来看，在经济危机之前，发达经济体和欧盟，中欧、东南欧（非欧盟）和独联体，东亚等地区性别差距较小，但是经济危机的冲击使得男性失业人口显著增加，从而促使这些地区的男性和女性失业率趋同。另外，由于女性往往在临时就业人口中占有极高的比例，随着公司逐渐缩小规模，她们可能更容易失去工作。除此之外，由于困难的经济形势和由于伴侣失去工作而造成的收入损失，之前处于劳动力人口之外的女性开始加入找工作的行列。在当今工作机会有限的情形下，这些新加入劳动力行列的女性通常更容易进入失业的行列，导致失业率的上升。

经济危机对性别的影响最终取决于这些因素以及其他抵消因素的相对规模，而这在各国之间存在差异。平均看来，预计 2008—

图 A3 部分地区男性与女性失业率的预测变化（2008—2009 年）

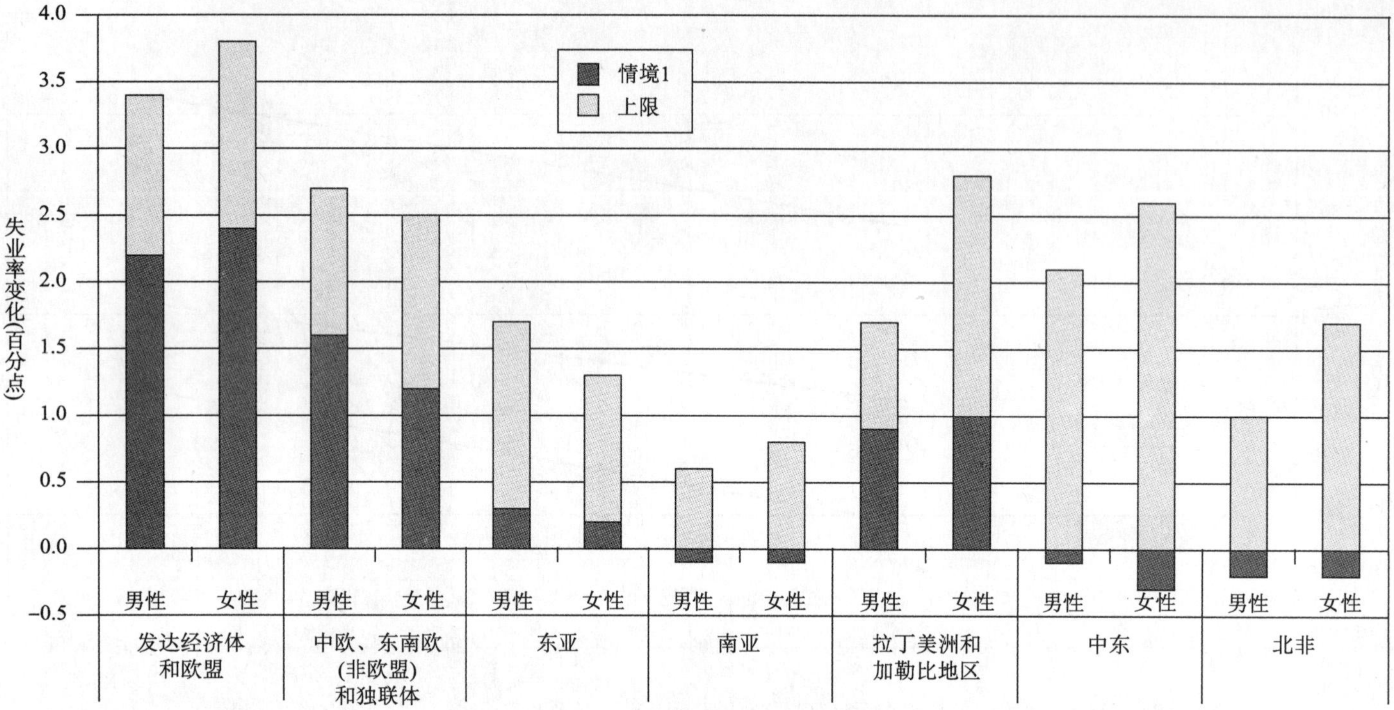

注：情境 3 给出了预测的失业率上限，但是拉丁美洲和加勒比地区（男性与女性的比率）以及北非（仅有女性比率）除外，情境 2 将给出其失业率的上限。

资料来源：国际劳工组织，趋势计量经济模型，2009 年 7 月。

2009 年间发达经济体和欧盟女性失业率的增长高于男性，而在东亚，中欧、东南欧（非欧盟）和独联体，女性失业率的增长则低于男性（见图 A3）。

对青年人的影响

值得关注的是，经济危机对青年人的影响可能尤为严重。在青年人想要进入劳动力市场的时候，正是各个公司面临着缩小规模、辞退有经验雇员等压力的时候，可想而知，他们面对的只能是就业机会的锐减。

根据上述 3 种情境来看，2008—2009 年间青年失业人口预计将增加 500 万—1820 万。而 2009 年的青年失业率也将由 2008 年的 12.3%增长到 13.1%—15.2%。而作为劳动力市场中的主力军，成年劳动力的失业率也将由 4.4%增长到 5.0%—5.6%。

2008—2009 年间，预计以下地区青年失业人数的增加将尤为严重：中欧、东南欧（非欧盟）和独联体（预计增长 2.6—9.0 个百分点），发达经济体和欧盟（预计增长 3.7—6.5 个百分点）。拉丁美洲和加勒比地区以及中东的青年失业率将增长高达 4.9 个百分点，北非将增长高达 3.9 个百分点，东亚将增长高达 3.2 个百分点。（见图 A4）

考虑到在经济危机开始之前，全球层面青年人的平均失业率已经是成年人的 2.8 倍，当前形势下青年失业的上升将更加令人担忧。在青年失业率相对较高的地区，经济危机将促使情况更加恶化。据估计，经济危机使东南亚和太平洋地区的青年与成年失业者的比率由经济危机前的 4.9 上升至 2009 年的 5.4—5.6。类似地，北非的这一比率在经济危机前就已经是 4.0 了，2009 年可能达到 4.2。而中欧、东南欧（非欧盟）和独联体，中东，南亚的青年失业率预计约为成年人的 3 倍。

图 A4　部分地区青年与成年失业率的预测变化（2008—2009 年）

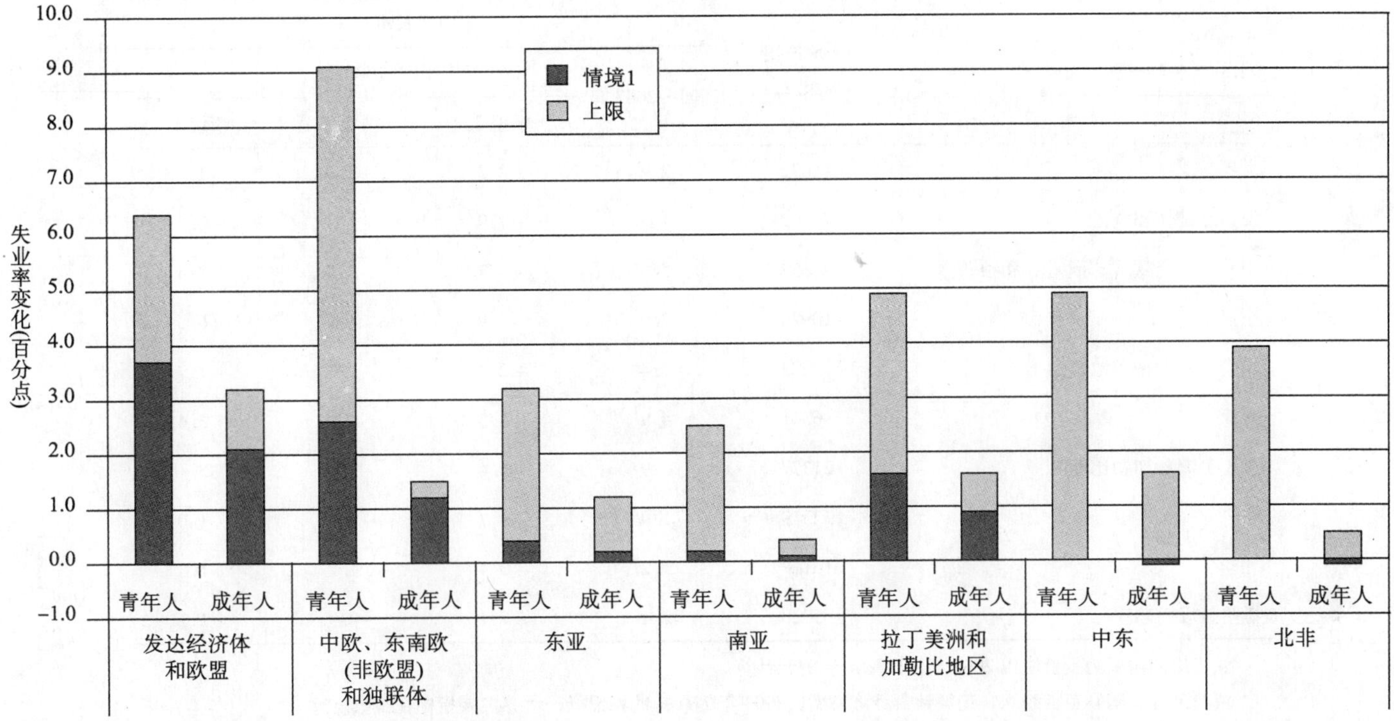

注：情境 2 既给出了拉丁美洲和加勒比地区青年失业率的上限，又给出了其成年失业率上限，但是只给出了东南亚和太平洋地区成年失业率上限，而北非只给出了青年失业率上限。情境 3 将给出所有其他地区的失业率上限。

资料来源：国际劳工组织，趋势计量经济模型，2009 年 7 月。

对总就业的影响

1991 年以来的数据显示，在创造就业机会方面，2009 年全球的情况将是最差的一年。2000—2007 年间全球的年均就业增长率为 1.8%，到 2008 年下降为 1.4%，预计到 2009 年将会下降到 1% 以下（见表 A7）。情境 3 甚至认为 2009 年的全球就业可能出现负增长（－0.1%）。在此需要谨记的是，如果就业增长要与人口增长保持一致，全球就业增长率就必须为正。2000—2007 年间年均人口增长率为 1.8%（与年均就业增长率几乎相同）。

发达经济体及欧盟 2009 年的就业净增长预计为负值，在－1.5 %—－3.3% 之间。2009 年，中欧、东南欧（非欧盟）和独联体的就业增长率预计也为负增长，在－0.9%—－2.2% 之间。2008 年，这两个地区的就业增长率为 0.2%。最糟情境中东亚（情境 3 中增长率为－0.7%）、拉丁美洲和加勒比地区会出现就业率负增长（情境 2 中为－0.6%）。

对劳动生产力的影响

GDP 增长的严重下滑可能会导致很多地区劳动生产率增长的大幅下降。不但失业率不断攀升，有些地区生产率甚至呈负增长趋势。生产率以每个工人的产出来衡量。2009 年全球的生产率预计会下降 1.3%—2.3%（图 A5）。生产力降幅最大的地区预计为中欧、东南欧（非欧盟）和独联体，拉丁美洲和加勒比地区，发达经济体和欧盟，还有东南亚和太平洋地区。

经济紧缩初期，生产率增长有所下降乃普遍现象，因为就业受到的负面冲击常常会紧随产出所受的冲击。复苏初期的情况正好相反：随着产出的逐渐复苏，生产率快速增长，因为企业售出了多余的存货，而就业增长却相对滞后。因此，劳动生产率的下降被预期为只是短期现象，并且随着经济的复苏

图 A5 人均产出、水平及年均增长率

地区	人均产出 2008 年	年均增长率			
		2000—2007 年	2009 年		
			情境 1	情境 2	情境 3
世界	21022	2.2	-2.3	-2.0	-1.3
发达经济体和欧盟	71102	1.4	-1.9	-2.3	-0.5
中欧、东南欧（非欧盟）和独联体	24652	5.3	-4.7	-4.5	-3.4
东亚	10920	7.9	4.9	4.9	6.3
东南亚和太平洋地区	9222	3.4	-2.4	-1.8	-1.7
南亚	6341	4.9	2.5	3.0	3.4
拉丁美洲和加勒比地区	21377	0.9	-3.4	-2.1	-3.1
中东	32319	1.9	-1.7	-1.1	1.0
北非	16117	1.2	0.4	1.7	1.8
撒哈拉以南非洲	5028	2.4	-1.1	-0.9	-1.1

注：按照购买力平价法以 2005 年的国际定值美元计算。

资料来源：国际劳工组织，趋势计量经济模型，2009 年 7 月；世界银行，世界发展指标在线数据库。

便会很快消失。

然而，这种下降会对工作条件产生巨大压力，而这种压力即使在经济开始复苏时仍然持续存在。因为从长远来说，劳动生产率的增长是决定生活水平的重要因素，生产率的任何持续下降都会产生严重的影响。虽然更高的生产率并不总是产生更高的收入或更好的福利，但其可以让此类工作条件的改善成为可能。

脆弱性就业和工作贫困

对于发达国家而言，对失业的监测是评估经济危机对劳动力市场影响的关键，而另一个同等重要的指标（尤其是对于发展中国家来说）便是处于脆弱性就业的人数。脆弱性就业是自营工作者和无报酬家庭工作者的总和。这样的人拥有正式工作安排的可能性较低，因此很难享有体面工作所带来的好处，如充分的社会保障和有效社会对话机制的帮助。[5]通常脆弱性就业的特点是收入不足、生产率较低，以及工作条件较差。这常常让他们无法享有最基本的劳动权利。据估计，在经济危机刚开始的时候，南亚和东亚处于脆弱性就业的人口是失业人口的 14 倍，东南亚和太平洋地区是 10 倍以上，撒哈拉以南非洲约为 9 倍。

在此前《全球就业趋势》对经济危机的报告中，国际劳工组织发布了 3 种关于 2009 年经济危机将如何影响全球及地区脆弱性就业的情境分析。因为工厂都相应缩减产量或者停产，而且受影响的工人都试图弥补收入的损失，所以自雇工作和农业就业就成为很多发展中经济体的最后补救措施之一。这样就导致脆弱性就业的人数不断增加。

基于这三种情境分析及最新可得的劳动力市场和 GDP 增长数据所做出的当前预测显示，脆弱性工作者在 2009 年全球就业人口总数中所占的比例为 49.1%—52.8%（见表 A6）。[6]也就是说，全球脆弱性就业人口为 14.9 亿—16.1 亿。

5 脆弱性就业的定义在以下资料中有详细说明：《全球就业趋势》，2009 年 1 月（日内瓦，2009），第 14 页。必须注意的是工薪工作者（雇员）也可能面临较高的经济风险，特别是临时工及签订临时合同的人常常在公司裁员时最先被裁掉。

图 A6 根据三种情境预测的全球脆弱性就业人口

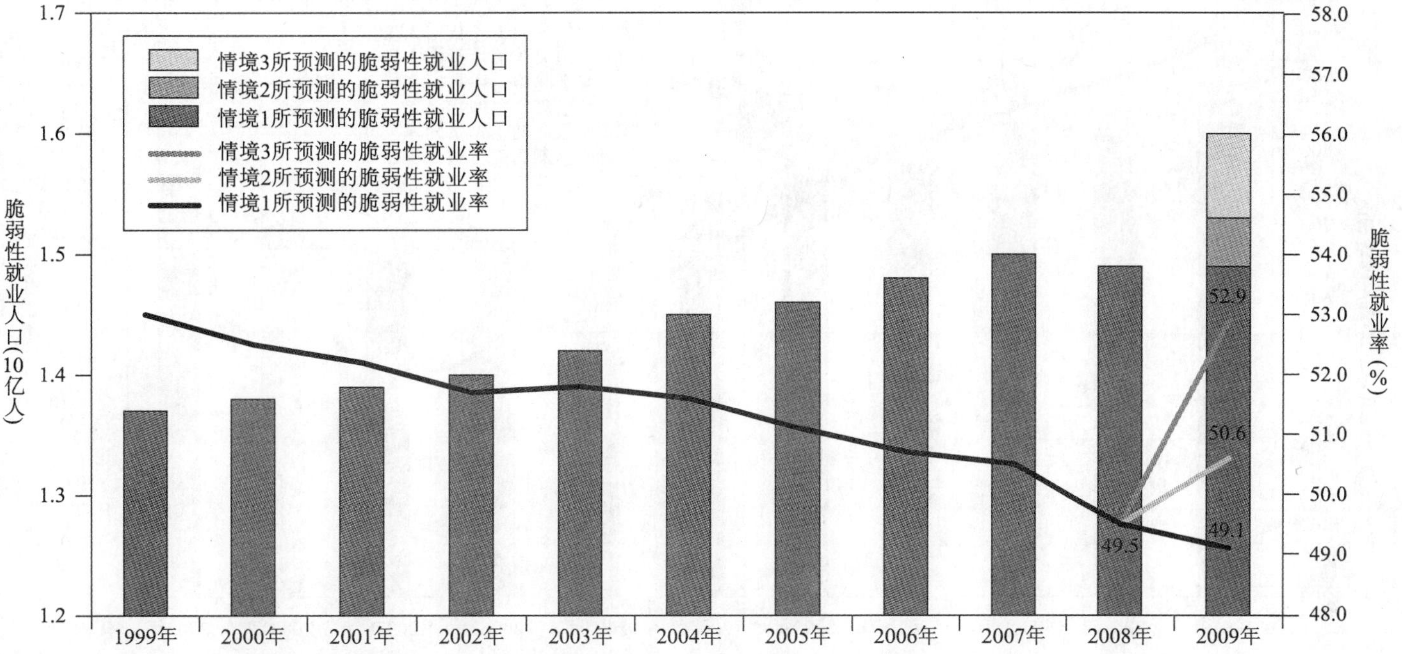

注：2008 年数据为初步估算数据。

资料来源：国际劳工组织，趋势计量经济模型，2009 年 7 月。

情境 1：根据 1991—2008 年间国家层面的经济增长与失业人数之间的历史关联以及国际货币基金组织发布的 2009 年 GDP 增长预期进行的估计和预测。

情境 2：根据每个国家经济衰退最严重时期观察所得的经济增长与失业人数之间的关系，再参考国际货币基金组织发布的 2009 年 GDP 增长预期而得出的预测。

情境 3：根据观察得到的每个国家失业率的最高年度增长率，假设 2009 年所有发达国家的失业率将同时达到这个程度而得出的预测。

值得注意的是，虽然脆弱性工作者的数量有所增加，但是其在总就业人口中所占的比重长期呈下降趋势，如表 A6 所示。2007 年，在经济危机发生以前，全球工作者中的 50.4%（或者说有 15 亿人）处于脆弱性就业状态。

脆弱性就业的增长加上劳动生产率的下降可能将造成处于工作贫困状态的人口有所增长。《全球就业趋势（更新）》（2009 年 5 月）构建的关于工作贫困的三种情境也根据最新的 GDP 增长预测及最新可得的有关国家贫困率的数据对其进行了更新。

6 脆弱性就业是一个往往会滞后于 GDP 增长变化的长期趋势指标。因此，第一种情境的结果（基于每个国家的脆弱性就业人数同 GDP 增长之间的历史关系）应该被视作在经济危机开始前世界走过的长期道路，而不是对 2009 年情况的估计。

虽然在过去 10 年间处于工作贫困状态的人口已经稳步下降，但据估计，2007 年经济危机发生前，全球超过 6.5 亿的工作者及其家人每人每天的生活费不足 1.25 美元，处于极度贫困之中。因此，令人担忧的情况是，2007 年这些工作者（占全球工作者总数的 22%，自 2000 年起下降了 10 多个百分点）的比重可能正在上升。国际劳工组织的最新估算表明，2007—2008 年间还有 3.5% 的工作者面临跌入贫困线以下的风险，而在 2007—2009 年间共有 6.8% 的工作者面临这一风险（见表 A10）。

极端工作贫困人口占总就业人口比重的新范围是：2008 年占全球劳动力人口的 21.3%（情境 1）至 25.4%（情境 3）之间；2009 年在 21.1%（情境 1）至 28.7%（情境

图 A7 工作贫困情境（1.25 美元）

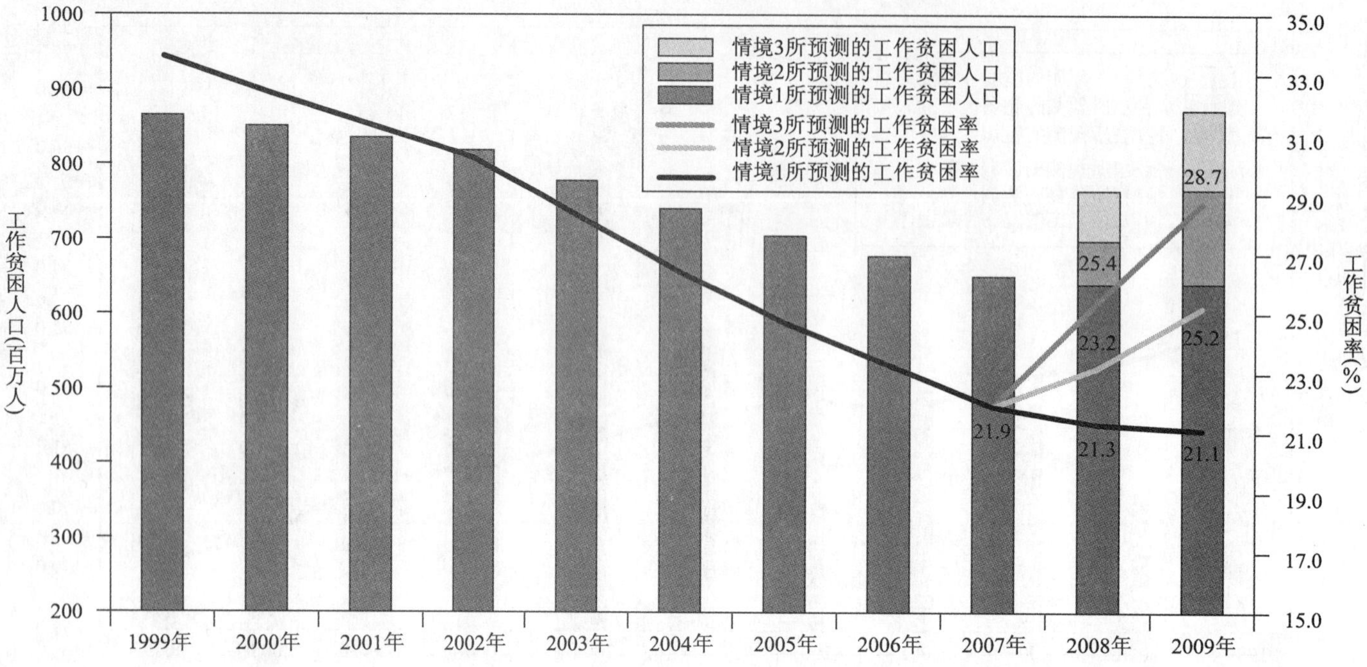

资料来源：国际劳工组织，趋势计量经济模型，2009 年 7 月。

情境 1：基于贫困率与人均 GDP 数字之间的关系（通过对各地区层面的数据进行回归分析来确定 1980—2006 年间这些变量间的平均关系），在新的 GDP 增长预测的基础上进行进一步的预测。

情境 2：假设生活在贫困边缘的人们（生活水平在 2008 年仅比贫困线高 5%，2009 年比贫困线高 10%）会跌入贫困线以下，对于工作贫困人口的预测就是基于这一假设。

情境 3：假设 2008 年生活水平比贫困线高 10%，而 2009 年比贫困线高 20% 的人们将会跌入贫困线以下。对于工作贫困人口的预测就是基于这一假设。

3）之间（见图 A7）。[7]由于人们对经济增长的预期有所下降，而且又获得了新的劳动力市场数据，这些范围表示《全球就业趋势（更新）》（2009 年 5 月）对工作贫困人口的估算略有提高。

在最乐观的情境 1 中，处于极端工作贫困状态的人口可能将持续减少，虽然速度极为缓慢。然而，另外两种情境估算出的数据非常令人担忧：2008 年和 2009 年全球有超过 1/4 的工作者生活在极端贫困状态。情境 2 中，2007—2009 年间处于工作贫困状态的人口增加了 1.15 亿，而情境 3 中，还将有 2.22 亿的工作者生活在极度贫困状态。这些情境表明了那些勉强生活在贫困线以上的人们滑到贫困线以下所带来的影响（见图 A7 下方的注释）。

据估算，2007 年有 12 亿工作者——占世界上全部工作者的 40% 以上——及其家人每人每天的生活费不足 2 美元。目前的预测表明，2008 年全球每天生活费低于 2 美元的工作者的比例介于 39.9%（情境 1）和 43.2% 之间（情境 3），而 2009 年处于这条贫困线以下的人的比例介于 39.7% 和 43.2% 之间（见图 A8）。

最悲观的情境是 2009 年约有 14 亿工作者生活在每天 2 美元的贫困线以下，比 2007 年增加了近 1.8 亿人。根据这 3 种情境，每天生活费在 2 美元以下的处于工作贫困状态的人口预计在 2009 年会有所增长。情境分析强调有大量的人将面临极度贫困的严峻威胁。

7 本文所提供的地区和全球的工作贫困数据仍然是初步的估算数据，因为各国有关贫困调查所采用的时期与各国官方贫困估算数据的国际可比性之间存在着明显的时间间隔。

图 A8　工作贫困情境（2 美元）

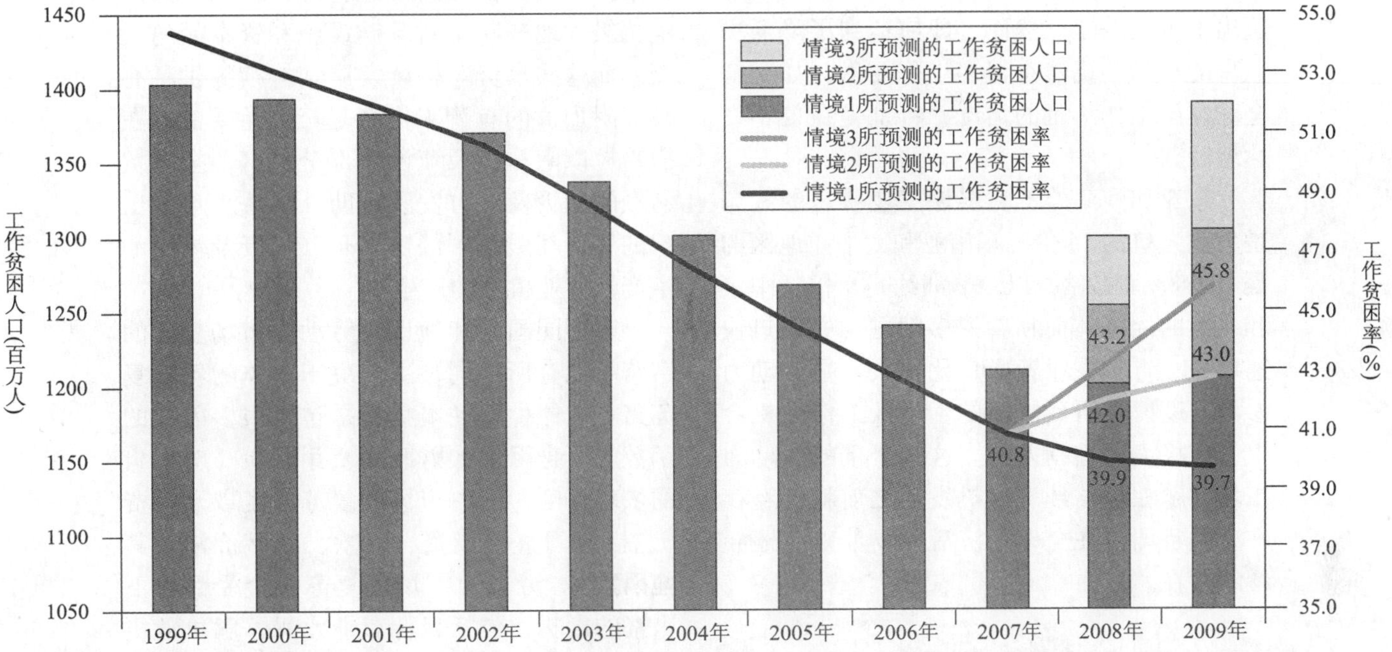

见图 A7 下的注释对情境的详细解释。在图 A7 中，“贫困线”为每天 1. 25 美元，而这里所指的贫困线是每天 2 美元。

3. 地区总结

各地区的估算和预测反映了不同地区的综合情况。发达地区同发展中地区之间存在着明显的区别，而在经济危机对产出和就业的影响方面，经济发展水平相近的国家和地区之间同样存在差异。

从经济增长所受的冲击这一角度来说，受经济危机影响最大的是中欧、东南欧（非欧盟）和独联体，还有发达经济体和欧盟。这两个地区的经济增长在 2009 年均呈现快速负增长态势（见表 A1）。发达经济体和欧盟是第一个受到经济危机影响的地区。

拉丁美洲和加勒比地区是下一个受影响最严重的地区。虽然 2008 年该地区的经济增长相对好转，然而 2009 年又出现了严重的经济紧缩。

东亚和南亚的发展相对较好，因为中国和印度仍然是促进经济发展的引擎，不仅对其地区来说如此，同时对于全球而言也是如此。这两个地区 2009 年的增长率预计达到 5% 左右。由于东南亚和太平洋地区有大量出口型经济体，因此所受的影响比亚洲其他地区更加严重。今年可能会出现少量的负增长。

对于许多中亚、北非及撒哈拉以南非洲的经济体（特别是那些对出口和外资流入依赖性较低的经济体）而言，它们受到经济危机负面影响的时间要晚于前面提到的地区。2009 年这 3 个地区预计仍然保持正增长，但商品价格的下跌显然已经产生了不良影响，目前增长的速度正在大幅下降。

简而言之，虽然各地区和各国受经济危机影响的程度存在差异，但是没有任何一个地区能够逃脱全球经济危机的不利影响。

经济危机对各地区劳动力市场的相对影响如何？发达经济体和欧盟还有中欧、东南欧（非欧盟）和独联体地区的失业率大幅增长（见表 A5）。拉丁美洲和加勒比地区、东亚地区的失业率虽然不是迅速增长，但是增幅也很大。东南亚和太平洋及撒哈拉以南非洲的涨幅为中等。2007—2009 年间，中亚、北非及南亚的失业率未发生明显增长，但 2009 年这 3 个地区的失业人数都有所增加。

劳动力市场明显受到了很大冲击，这由全球和各地区失业率的剧增可以看出。如果就业机会能够增加并把失业率降低到危机前的水平，就意味着向劳动力市场的最终复苏迈出了重大一步。然而，即使达到了降低失业率的目的，仍然有很多工作要做，如缓解全球体面工作不足的情况，特别是在最不发达地区。

东亚和南亚处于脆弱性就业状态的人口是失业人口的14倍，东南亚和太平洋地区约是10倍，而撒哈拉以南非洲约是9倍。中东和北非的经济体面临着许多问题，如人口快速增长、青年失业者人口比重大、在劳动力参与程度以及得到体面的生产性工作的机会上存在极大的性别差距。这些严重的劳动力市场问题在全球经济危机发生之前就已经存在，并且即使在全球经济活动复苏以后还会继续存在。

4. 结论

2009年中期，全球劳动力市场持续低迷。就业前景受限，主要职业得不到保障，劳动力市场指标还有继续恶化的危险。

在发展中国家，劳动力市场条件可能仍然较差，脆弱性就业率仍然较高，大量的工作者面临贫困的威胁。这些经济体中，经济危机极大地威胁了对基础设施和资本品的投资。而这些投资对持续发展和持续提供具有较高附加值的有酬工作都是至关重要的。在撒哈拉以南非洲及亚洲大部分地区，全球贸易额的减少及官方发展援助（ODA）可能出现的下降都威胁到经济增长、投资及体面的生产性就业机会的产生。

在不同国家和地区，劳动力市场复苏的道路可能有所不同，这取决于整体的经济复苏路径。这种路径本身就是包含很多因素的函数，所含因素如财政和货币政策、对出口的依赖程度、国内市场的复苏力度以及投资（包括外国直接投资、汇款、商品价格及其他因素）。劳动力市场的复苏也会受到以下因素的影响，包括目标就业水平、解决危机影响的劳动政策，还有经济危机可能造成的制度变化等。

根据第98届国际劳工大会通过的《全球就业公约》（2009年6月），各国政府必须加快实施政策措施（包括社会保护措施和教育培训），以促进体面的生产性就业，从而帮助那些无力应对危机负面影响的人们。

5. 表格

表 A1　世界及地区实际 GDP 年度增长率，选自国际货币基金组织数据库

	GDP 增长率							
《世界经济展望》，2009 年 7 月	**2003 年**	**2004 年**	**2005 年**	**2006 年**	**2007 年**	**2008 年**	**2009 年 p**	**2010 年 p***
世界	3.6	4.9	4.5	5.1	5.1	3.1	−1.4	2.6
发达经济体和欧盟	1.9	3.1	2.5	3.0	2.6	0.9	−3.8	0.5
中欧、东南欧（非欧盟）和独联体	7.0	8.3	7.0	7.9	7.6	4.5	−5.5	1.8
东亚	8.1	8.9	8.9	10.0	11.2	7.3	4.8	7.1
东南亚和太平洋地区	5.7	6.5	5.9	6.2	6.5	4.4	−0.7	3.4
南亚	6.5	7.6	8.8	9.1	8.7	6.6	4.9	6.2
拉丁美洲和加勒比地区	2.2	6.0	4.7	5.7	5.7	4.2	−2.6	2.5
中东	7.5	6.4	5.9	5.5	6.1	4.9	1.6	3.9
北非	5.7	4.7	5.0	6.1	5.8	5.5	3.2	3.8
撒哈拉以南非洲	5.0	7.2	6.2	6.3	6.7	5.4	1.3	4.1
《世界经济展望》，2009 年 4 月	**2003 年**	**2004 年**	**2005 年**	**2006 年**	**2007 年**	**2008 年**	**2009 年 p**	**2010 年 p**
世界	3.6	4.9	4.5	5.1	5.2	3.2	−1.3	1.9
发达经济体和欧盟	1.9	3.1	2.5	3.0	2.6	0.9	−3.6	0.0
中欧、东南欧（非欧盟）和独联体	7.0	8.3	7.0	7.9	7.6	4.5	−5.0	1.2
东亚	8.1	8.9	8.8	10.0	11.2	7.4	4.0	6.1
东南亚和太平洋地区	5.7	6.5	5.9	6.2	6.6	4.5	−0.7	2.2
南亚	6.5	7.6	8.8	9.1	8.7	7.0	4.3	5.3
拉丁美洲和加勒比地区	2.2	6.0	4.7	5.7	5.7	4.2	−1.5	1.6
中东	7.5	6.4	5.9	5.5	6.1	5.6	2.3	3.7
北非	5.7	4.7	5.0	6.1	5.8	5.8	3.2	3.6
撒哈拉以南非洲	5.0	7.2	6.2	6.4	6.7	5.4	1.6	3.8
《世界经济展望》，2009 年 2 月	**2003 年**	**2004 年**	**2005 年**	**2006 年**	**2007 年**	**2008 年**	**2009 年 p**	
世界	3.6	4.9	4.5	5.1	5.2	3.4	0.5	
发达经济体和欧盟	1.9	3.1	2.5	2.9	2.6	1.1	−1.7	
中欧、东南欧（非欧盟）和独联体	7.0	8.3	7.0	7.7	7.6	4.8	−0.5	
东亚	8.1	8.9	8.9	10.0	11.2	7.4	4.4	
东南亚和太平洋地区	5.7	6.5	5.9	6.2	6.6	5.0	2.2	
南亚	6.5	7.6	8.6	9.1	8.7	7.0	4.8	
拉丁美洲和加勒比地区	2.2	6.1	4.7	5.6	5.7	4.6	1.1	
中东	7.6	6.5	5.9	5.6	6.3	5.8	3.5	
北非	5.7	4.7	5.0	6.1	5.8	6.0	4.1	
撒哈拉以南非洲	4.9	7.0	6.2	6.3	6.7	5.2	3.3	

注：“p”表示预测。

*　表示 2009 年 7 月《世界经济展望》中关于 2010 年的数据是基于 2009 年各国的预测而得出的，并根据各地区组别的预测对其进行了调整，因为 7 月的《世界经济展望》中没有刊登 2010 年的国家预测。

资料来源：国际货币基金组织：《世界经济展望》，2009 年 2 月、4 月和 7 月。

表 A2 世界及地区失业率（%）

总失业率	1998 年	1999 年	2000 年	2001 年	2002 年	2003 年	2004 年	2005 年	2006 年	2007 年	2008 年 e
世界	6.3	6.4	6.2	6.3	6.4	6.5	6.4	6.3	6.0	5.7	5.9
发达经济体和欧盟	7.1	6.9	6.6	6.7	7.3	7.3	7.1	6.8	6.3	5.7	6.1
中欧、东南欧（非欧盟）和独联体	12.2	12.5	10.6	10.3	10.0	10.0	9.7	9.3	9.1	8.4	9.0
东亚	4.7	4.6	4.5	4.5	4.3	4.2	4.2	4.2	4.0	3.8	4.3
东南亚和太平洋地区	4.8	5.1	5.0	5.8	6.1	6.3	6.5	6.6	6.2	5.6	5.5
南亚	4.1	4.4	4.6	4.6	4.5	4.7	5.3	5.4	5.2	5.1	4.9
拉丁美洲和加勒比地区	8.4	8.7	8.6	8.9	9.1	9.1	8.5	8.1	7.4	7.1	7.2
中东	9.4	9.1	9.0	10.6	10.8	12.1	9.2	9.8	10.1	9.4	9.0
北非	12.8	13.3	14.1	13.6	13.4	13.1	12.3	11.5	10.5	10.3	10.0
撒哈拉以南非洲	7.7	7.8	7.8	8.0	8.1	8.1	7.9	7.9	7.8	7.7	7.6
男性失业率	**1998 年**	**1999 年**	**2000 年**	**2001 年**	**2002 年**	**2003 年**	**2004 年**	**2005 年**	**2006 年**	**2007 年**	**2008 年 e**
世界	6.0	6.2	6.0	6.2	6.2	6.3	6.2	6.1	5.8	5.5	5.7
发达经济体和欧盟	6.6	6.5	6.2	6.4	7.1	7.2	6.9	6.6	6.0	5.5	6.0
中欧、东南欧（非欧盟）和独联体	12.0	12.2	10.3	10.2	10.1	10.4	9.9	9.4	9.3	8.6	9.1
东亚	5.4	5.3	5.1	5.1	5.0	4.8	4.8	4.8	4.6	4.4	4.9
东南亚和太平洋地区	4.5	4.8	5.1	5.6	5.7	5.7	6.0	6.1	5.7	5.3	5.1
南亚	3.9	4.3	4.5	4.5	4.5	4.5	5.1	5.1	4.9	4.8	4.6
拉丁美洲和加勒比地区	6.9	7.1	7.2	7.4	7.6	7.5	6.8	6.5	5.9	5.7	5.7
中东	8.4	8.1	8.1	9.5	9.5	11.0	8.2	8.6	8.9	8.6	8.0
北非	11.1	11.7	12.3	11.7	11.4	11.0	10.1	9.3	8.4	8.3	8.0
撒哈拉以南非洲	7.2	7.2	7.4	7.5	7.5	7.6	7.5	7.5	7.4	7.2	7.2
女性失业率	**1998 年**	**1999 年**	**2000 年**	**2001 年**	**2002 年**	**2003 年**	**2004 年**	**2005 年**	**2006 年**	**2007 年**	**2008 年 e**
世界	6.7	6.7	6.4	6.6	6.7	6.7	6.8	6.7	6.4	6.0	6.2
发达经济体和欧盟	7.8	7.5	7.2	7.1	7.6	7.5	7.4	7.2	6.6	6.0	6.1
中欧、东南欧（非欧盟）和独联体	12.4	12.8	10.9	10.3	9.8	9.6	9.5	9.2	9.0	8.2	8.8
东亚	3.9	3.9	3.7	3.7	3.6	3.5	3.5	3.5	3.3	3.2	3.6
东南亚和太平洋地区	5.2	5.4	4.9	6.1	6.6	7.0	7.3	7.2	6.8	6.0	6.1
南亚	4.4	4.7	4.8	4.8	4.8	5.0	6.0	6.2	6.0	5.9	5.7
拉丁美洲和加勒比地区	11.0	11.2	10.8	11.3	11.4	11.6	10.9	10.4	9.6	9.2	9.4
中东	13.3	13.1	12.5	14.3	15.2	15.7	12.9	14.1	14.0	12.2	12.3
北非	18.0	18.2	19.6	19.3	19.3	19.0	18.3	17.7	16.1	15.4	15.1
撒哈拉以南非洲	8.4	8.5	8.3	8.6	8.7	8.7	8.5	8.4	8.3	8.2	8.1

注：“e”表示初步估算数据。

资料来源：国际劳工组织，趋势计量经济模型，2009 年 7 月。

表 A2（续） 世界及地区失业率（%）

成年失业率	1998 年	1999 年	2000 年	2001 年	2002 年	2003 年	2004 年	2005 年	2006 年	2007 年	2008 年 e
世界	4.7	4.7	4.6	4.7	4.7	4.8	4.8	4.7	4.5	4.2	4.4
发达经济体和欧盟	5.9	5.8	5.6	5.6	6.2	6.2	6.1	5.8	5.3	4.8	5.0
中欧、东南欧（非欧盟）和独联体	10.1	10.5	8.9	8.5	8.2	8.2	7.9	7.6	7.4	6.8	7.3
东亚	3.5	3.6	3.4	3.4	3.3	3.3	3.2	3.2	3.1	2.9	3.3
东南亚和太平洋地区	2.5	2.5	2.6	3.5	3.2	3.5	3.6	3.5	3.3	3.1	2.9
南亚	2.4	2.6	2.7	2.7	2.7	3.0	3.7	3.8	3.7	3.6	3.4
拉丁美洲和加勒比地区	6.0	6.3	6.3	6.6	6.7	6.7	6.1	5.8	5.3	5.1	5.2
中东	6.0	5.8	6.0	7.1	7.0	8.2	6.1	6.4	6.8	6.8	6.1
北非	8.3	8.8	9.3	8.8	8.9	8.5	7.5	6.7	6.4	6.3	6.2
撒哈拉以南非洲	6.1	6.1	6.2	6.4	6.4	6.5	6.3	6.4	6.3	6.2	6.2
青年失业率	**1998 年**	**1999 年**	**2000 年**	**2001 年**	**2002 年**	**2003 年**	**2004 年**	**2005 年**	**2006 年**	**2007 年**	**2008 年 e**
世界	12.3	12.7	12.5	12.7	13.1	13.1	13.0	13.0	12.5	11.9	12.3
发达经济体和欧盟	13.9	13.8	13.1	13.4	14.3	14.5	14.2	13.9	13.0	12.2	13.1
中欧、东南欧（非欧盟）和独联体	22.6	22.3	19.5	19.3	19.4	20.1	19.5	18.9	18.8	17.9	18.5
东亚	9.5	9.5	9.3	9.3	9.1	9.0	8.9	8.9	8.6	8.4	9.1
东南亚和太平洋地区	12.7	13.7	13.3	13.9	16.4	16.4	17.4	18.3	17.5	15.2	16.0
南亚	9.0	10.0	10.4	10.4	10.2	9.9	10.5	10.6	10.2	10.1	10.1
拉丁美洲和加勒比地区	15.7	15.8	15.8	16.3	17.0	17.5	16.6	16.2	15.2	14.8	15.2
中东	19.5	18.8	18.0	20.5	21.7	23.6	18.7	20.3	20.4	18.3	18.8
北非	26.4	26.4	29.1	29.2	28.2	28.1	28.2	28.0	25.1	24.9	24.4
撒哈拉以南非洲	11.8	11.8	11.6	11.9	12.0	12.1	11.8	11.6	11.5	11.4	11.3

注："e"表示初步估算数据。

资料来源：国际劳工组织，趋势计量经济模型，2009 年 7 月。

表 A3 世界失业人口（百万人）

	1998 年	1999 年	2000 年	2001 年	2002 年	2003 年	2004 年	2005 年	2006 年	2007 年	2008 年 e
总失业人口	170	176	173	180	186	190	192	193	187	180	188
男性	98	102	102	105	108	111	111	110	107	104	108
女性	72	74	72	75	78	80	82	82	80	77	80
青年	71	73	72	74	77	77	78	78	76	73	76
成年	99	102	101	106	109	113	115	114	111	107	113

注：因为四舍五入，各数字相加或与总数不同。"e"表示初步估算数据。

资料来源：国际劳工组织，趋势计量经济模型，2009 年 7 月。

表 A4 世界及地区脆弱性就业比例（%）

总和	1998 年	2002 年	2003 年	2004 年	2005 年	2006 年	2007 年	2008 年 e
世界	53.2	53.0	52.5	52.2	51.7	51.8	51.6	51.1
发达经济体和欧盟	11.3	11.1	10.8	10.6	10.3	10.3	10.4	10.3
中欧、东南欧（非欧盟）和独联体	21.0	24.1	23.7	23.3	22.1	22.2	22.3	21.2
东亚	61.6	60.2	59.0	57.8	57.0	56.6	56.8	56.5
东南亚和太平洋地区	63.4	65.7	65.0	64.4	64.9	64.8	63.2	62.7
南亚	80.3	79.8	80.4	80.0	78.9	79.1	78.9	78.9
拉丁美洲和加勒比地区	34.0	34.2	33.6	34.0	34.4	34.7	34.1	32.7
中东	45.3	40.5	37.7	38.5	37.3	36.6	37.2	33.7
北非	45.6	43.2	41.7	41.6	41.3	41.5	42.8	41.2
撒哈拉以南非洲	80.3	79.8	79.4	79.5	78.6	78.0	76.9	75.6
男性	**1998 年**	**2002 年**	**2003 年**	**2004 年**	**2005 年**	**2006 年**	**2007 年**	**2008 年 e**
世界	51.3	51.2	50.9	50.8	50.4	50.4	50.2	49.7
发达经济体和欧盟	11.7	11.7	11.4	11.3	11.1	11.1	11.4	11.3
中欧、东南欧（非欧盟）和独联体	21.6	23.9	23.7	23.4	22.2	22.5	22.9	21.6
东亚	56.4	55.3	54.3	53.2	52.6	52.2	52.4	52.2
东南亚和太平洋地区	59.6	61.9	61.3	60.7	61.3	61.3	59.7	59.5
南亚	76.7	76.2	77.2	77.1	75.9	76.3	75.9	75.9
拉丁美洲和加勒比地区	34.0	34.3	34.0	34.2	34.6	34.9	34.2	33.3
中东	42.2	36.8	33.9	35.0	33.9	33.1	34.2	30.1
北非	42.5	40.2	37.9	38.8	39.2	38.2	38.1	36.4
撒哈拉以南非洲	75.8	75.3	74.7	74.9	73.6	72.6	70.9	69.4
女性	**1998 年**	**2002 年**	**2003 年**	**2004 年**	**2005 年**	**2006 年**	**2007 年**	**2008 年 e**
世界	55.9	55.8	55.0	54.3	53.8	53.7	53.7	53.2
发达经济体和欧盟	10.7	10.3	10.1	9.8	9.3	9.3	9.2	9.1
中欧、东南欧（非欧盟）和独联体	20.3	24.3	23.7	23.3	22.1	21.8	21.6	20.7
东亚	67.7	66.1	64.6	63.1	62.2	61.7	61.8	61.5
东南亚和太平洋地区	68.8	71.0	70.2	69.6	69.9	69.7	68.2	67.1
南亚	89.5	89.1	88.6	87.3	86.4	86.4	86.5	86.3
拉丁美洲和加勒比地区	34.0	34.0	33.1	33.6	34.0	34.4	33.9	31.7
中东	57.7	55.0	52.6	51.9	50.5	49.5	48.4	46.8
北非	55.9	52.8	53.7	50.4	48.0	51.4	56.9	55.6
撒哈拉以南非洲	86.3	85.9	85.6	85.5	85.2	85.1	84.7	83.6

注："e"表示初步估算数据。

资料来源：国际劳工组织，趋势计量经济模型，2009 年 7 月。

表 A5　2009 年失业情境（比率）

地区	2007 年	2008 年 e	2009 年		
			情境 1	情境 2	情境 3
世界	5.7	5.9	6.5	6.8	7.4
发达经济体和欧盟	5.7	6.1	8.3	8.0	9.6
中欧、东南欧（非欧盟）和独联体	8.4	9.0	10.3	10.5	11.5
东亚	3.8	4.3	4.5	4.5	5.8
东南亚和太平洋地区	5.6	5.5	5.6	6.3	6.3
南亚	5.1	4.9	4.8	5.2	5.6
拉丁美洲和加勒比地区	7.1	7.2	8.2	9.4	8.5
中东	9.4	9.0	8.8	9.3	11.2
北非	10.3	10.0	9.8	10.9	11.0
撒哈拉以南非洲	7.7	7.6	8.1	8.3	8.1
地区		变化	变化	变化	变化
		2007—2008 年	2007—2009 年	2007—2009 年	2007—2009 年
世界		0.2	0.8	1.0	1.7
发达经济体和欧盟		0.3	2.6	2.3	3.9
中欧、东南欧（非欧盟）和独联体		0.5	1.9	2.0	3.1
东亚		0.5	0.7	0.7	2.0
东南亚和太平洋地区		-0.1	0.0	0.7	0.7
南亚		-0.2	-0.3	0.1	0.5
拉丁美洲和加勒比地区		0.1	1.1	2.3	1.3
中东		-0.4	-0.6	-0.1	1.8
北非		-0.3	-0.5	0.6	0.8
撒哈拉以南非洲		0.0	0.5	0.6	0.4

注：2008 年数据为初步估算数据。

资料来源：国际劳工组织，趋势计量经济模型，2009 年 7 月。

表 A6 2009 年失业人口情境（百万人）

地区	2007 年	2008 年 e①	2009 年		
			情境 1	情境 2	情境 3
世界	180.4	188.3	211.2	219.3	241.1
发达经济体和欧盟	29.0	30.9	42.8	41.0	49.5
中欧、东南欧（非欧盟）和独联体	15.0	16.0	18.6	18.9	20.8
东亚	32.0	36.2	38.6	38.3	49.3
东南亚和太平洋地区	16.1	16.1	16.8	18.7	18.9
南亚	32.1	31.8	31.7	34.5	36.7
拉丁美洲和加勒比地区	19.1	19.8	22.9	26.3	23.5
中东	6.4	6.3	6.4	6.7	8.1
北非	7.1	7.1	7.2	7.9	8.0
撒哈拉以南非洲	23.6	24.2	26.5	27.0	26.3
地区		变化	变化	变化	变化
		2007—2008 年	2007—2009 年	2007—2009 年	2007—2009 年
世界		7.9	30.8	38.9	60.7
发达经济体和欧盟		1.8	13.8	12.0	20.4
中欧、东南欧（非欧盟）和独联体		1.0	3.6	3.9	5.8
东亚		4.1	6.5	6.3	17.3
东南亚和太平洋地区		0.0	0.6	2.6	2.7
南亚		-0.3	-0.4	2.3	4.6
拉丁美洲和加勒比地区		0.7	3.8	7.2	4.5
中东		-0.1	0.0	0.3	1.7
北非		0.0	0.0	0.8	0.9
撒哈拉以南非洲		0.6	2.9	3.4	2.7
地区			变化	变化	变化
			2008—2009 年	2008—2009 年	2008—2009 年
世界			22.9	31.0	52.8
发达经济体和欧盟			11.9	10.1	18.6
中欧、东南欧（非欧盟）和独联体			2.6	2.9	4.8
东亚			2.4	2.2	13.1
东南亚和太平洋地区			0.6	2.6	2.7
南亚			-0.1	2.7	4.9
拉丁美洲和加勒比地区			3.1	6.5②	3.8
中东			0.1	0.4	1.8
北非			0.0	0.8	0.9
撒哈拉以南非洲			2.3	2.8	2.1

注：①2009 年 1 月，国际劳工组织发布了初步估算，2008 年全球的失业人口比 2007 年增加了 1400 万人。制作该估算的时候，许多国家 2008 年的官方失业估算数据还无法得到。鉴于 2008 年年底的几个月内全球经济受到了很大的冲击，当时预计 2008 年第四季度的失业率会大幅增长。从现已得到的许多国家的官方数据中，可以清楚地看出，虽然 2008 年 9 月份以来危机对失业的总体影响甚至比原先预测的还要大，但失业人口的增长主要是发生在 2009 年的第一季度，2008 年第四季度增长相对较少。因此，2008 年的失业率比原先预测的要低。

②情境 2 中，拉丁美洲和加勒比地区新增 650 万失业者的根据是，20 世纪 90 年代受到大的经济冲击时，一些国家的失业率出现历史性的大幅增长。

注：因为四舍五入，各数字相加或与总数不同。2008 年数据为初步估算数据。

资料来源：国际劳工组织，趋势计量经济模型，2009 年 7 月。

表 A7　2009 年就业增长情境（年增长率）

地区	2000—2007 年	2008 年 e	2009 年		
			情境 1	情境 2	情境 3
世界	1.8	1.4	0.9	0.6	-0.1
发达经济体和欧盟	0.8	0.2	-1.9	-1.5	-3.3
中欧、东南欧（非欧盟）和独联体	1.2	0.2	-0.9	-1.0	-2.2
东亚	1.2	0.5	0.7	0.7	-0.7
东南亚和太平洋地区	1.9	2.0	1.7	1.0	1.0
南亚	2.3	2.4	2.4	1.9	1.5
拉丁美洲和加勒比地区	2.6	1.8	0.8	-0.6	0.5
中东	3.5	3.7	3.2	2.6	0.5
北非	3.4	2.9	2.7	1.5	1.3
撒哈拉以南非洲	2.9	2.9	2.4	2.2	2.4

注：因为四舍五入，各数字相加或与总数不同。2008 年数据为初步估算数据。

资料来源：国际劳工组织，趋势计量经济模型，2009 年 7 月。

表 A8　2009 年脆弱性就业情境（比率）

地区	2007 年	2008 年 e	2009 年		
			情境 1	情境 2	情境 3
世界	50.5	49.5	49.1	50.6	52.9
发达经济体和欧盟	10.0	9.9	10.0	10.6	10.9
中欧、东南欧（非欧盟）和独联体	20.4	19.2	17.0	21.3	25.5
东亚	56.0	53.4	52.0	53.5	56.6
东南亚和太平洋地区	62.1	61.1	59.9	62.1	64.4
南亚	78.0	77.1	76.4	77.6	78.7
拉丁美洲和加勒比地区	31.2	31.4	31.8	32.5	34.8
中东	33.4	33.1	33.0	33.8	39.7
北非	38.3	37.4	37.0	41.4	43.3
撒哈拉以南非洲	74.2	73.6	74.0	75.3	78.6

地区	变化	变化	变化	变化
	2007—2008 年	2007—2009 年	2007—2009 年	2007—2009 年
世界	-1.0	-1.3	0.2	2.4
发达经济体和欧盟	-0.1	0.1	0.6	1.0
中欧、东南欧（非欧盟）和独联体	-1.2	-3.5	0.9	5.1
东亚	-2.6	-4.1	-2.5	0.6
东南亚和太平洋地区	-1.0	-2.2	0.0	2.3
南亚	-1.0	-1.6	-0.4	0.7
拉丁美洲和加勒比地区	0.2	0.7	1.3	3.6
中东	-0.4	-0.4	0.4	6.3
北非	-0.9	-1.3	3.1	5.0
撒哈拉以南非洲	-0.5	-0.2	1.2	4.4

注：因为四舍五入，各数字相加或与总数不同。2008 年数据为初步估算数据。

资料来源：国际劳工组织，趋势计量经济模型，2009 年 7 月。

表 A9 2009 年脆弱性就业情境（百万人）

地区	2007 年	2008 年 e	2009 年		
			情境 1	情境 2	情境 3
世界	1498	1491	1493	1538	1606
发达经济体和欧盟	48	47	47	50	51
中欧、东南欧（非欧盟）和独联体	33	31	27	34	41
东亚	448	430	421	433	459
东南亚和太平洋地区	169	170	169	175	182
南亚	466	472	479	486	494
拉丁美洲和加勒比地区	78	80	81	83	89
中东	21	21	22	22	26
北非	24	24	24	27	29
撒哈拉以南非洲	211	216	222	226	236
地区		变化	变化	变化	变化
		2007—2008 年	2007—2009 年	2007—2009 年	2007—2009 年
世界		-7.2	-4.9	39.9	108.4
发达经济体和欧盟		-0.2	-0.5	2.1	3.8
中欧、东南欧（非欧盟）和独联体		-1.9	-5.8	1.2	8.0
东亚		-18.5	-27.4	-15.0	10.3
东南亚和太平洋地区		0.6	0.3	6.4	12.9
南亚		5.5	12.4	20.1	27.3
拉丁美洲和加勒比地区		2.0	3.7	5.3	11.3
中东		0.5	1.2	1.7	5.6
北非		0.1	0.5	3.4	4.7
撒哈拉以南非洲		4.6	10.7	14.8	24.6

注：因为四舍五入，各数字相加或与总数不同。2008 年数据为初步估算数据。

资料来源：国际劳工组织，趋势计量经济模型，2009 年 7 月。

表 A10 2009 年工作贫困情境（1.25 美元，比率）

地区	2007 年	2008 年			2009 年		
		情境 1	情境 2	情境 3	情境 1	情境 2	情境 3
世界	21.9	21.3	23.2	25.4	21.1	25.2	28.7
中欧、东南欧（非欧盟）和独联体	4.6	4.4	5.1	5.2	4.5	5.3	6.4
东亚	12.6	11.1	12.7	14.2	10.1	13.0	16.0
东南亚和太平洋地区	25.5	24.5	26.9	29.3	24.3	29.1	33.9
南亚	46.0	44.8	49.2	53.4	43.9	52.5	60.2
拉丁美洲和加勒比地区	7.0	6.6	7.4	8.1	7.1	8.5	9.9
中东	9.0	8.7	9.9	21.7	8.8	22.0	23.4
北非	11.3	11.1	12.5	20.2	11.2	20.3	21.7
撒哈拉以南非洲	59.0	58.5	61.0	63.8	58.6	64.0	68.2

表 A10（续） 2009 年工作贫困情境（1.25 美元，比率）

地区	变化 2007—2008 年（百分点）	变化 2007—2008 年（百分点）	变化 2007—2008 年（百分点）	变化 2007—2009 年（百分点）	变化 2007—2009 年（百分点）	变化 2007—2009 年（百分点）
世界	-0.7	1.3	3.5	-0.8	3.3	6.8
中欧、东南欧（非欧盟）和独联体	-0.2	0.4	0.6	-0.1	0.7	1.8
东亚	-1.5	0.0	1.5	-2.6	0.3	3.4
东南亚和太平洋地区	-1.0	1.4	3.8	-1.1	3.6	8.4
南亚	-1.2	3.2	7.4	-2.0	6.5	14.2
拉丁美洲和加勒比地区	-0.3	0.5	1.1	0.1	1.6	3.0
中东	-0.3	0.8	12.7	-0.2	13.0	14.4
北非	-0.1	1.3	8.9	-0.1	9.0	10.5
撒哈拉以南非洲	-0.5	2.1	4.9	-0.3	5.1	9.2

注：因为四舍五入，各数字相加或与总数不同。

资料来源：国际劳工组织，趋势计量经济模型，2009 年 7 月。

表 A11 2008 年 9 月工作贫困情境（1.25 美元，百万人）

地区	2007 年	2008 年			2009 年		
		情境 1	情境 2	情境 3	情境 1	情境 2	情境 3
世界	651	640	698	765	640	766	873
中欧、东南欧（非欧盟）和独联体	8	7	8	9	7	9	10
东亚	101	90	102	114	82	105	130
东南亚和太平洋地区	69	68	75	81	69	82	96
南亚	275	274	301	327	276	329	378
拉丁美洲和加勒比地区	17	17	19	20	18	22	25
中东	6	6	6	14	6	14	15
北非	7	7	8	13	7	13	14
撒哈拉以南非洲	168	171	179	187	176	192	205

地区	变化 2007—2008 年	变化 2007—2008 年	变化 2007—2008 年	变化 2007—2009 年	变化 2007—2009 年	变化 2007—2009 年
世界	-11	47	114	-10	116	222
中欧、东南欧（非欧盟）和独联体	0	1	1	0	1	3
东亚	-11	1	13	-19	4	29
东南亚和太平洋地区	-1	5	12	-1	13	26
南亚	-1	26	52	1	54	103
拉丁美洲和加勒比地区	-1	1	3	1	4	8
中东	0	1	8	0	9	10
北非	0	1	6	0	6	7
撒哈拉以南非洲	3	11	19	8	24	37

注：因为四舍五入，各数字相加或与总数不同。

资料来源：国际劳工组织，趋势计量经济模型，2009 年 7 月。

表 A12 2008 年 9 月工作贫困情境（2 美元，比率）

地区	2007 年	2008 年			2009 年		
		情境 1	情境 2	情境 3	情境 1	情境 2	情境 3
世界	40.8	39.9	41.6	43.2	39.7	43.0	45.8
中欧、东南欧（非欧盟）和独联体	13.1	13.1	14.6	14.8	13.6	15.5	17.9
东亚	32.3	29.7	31.8	33.8	27.6	31.4	35.0
东南亚和太平洋地区	53.6	52.4	55.4	58.3	52.5	58.4	63.0
南亚	80.1	79.2	81.3	83.2	78.5	82.6	85.7
拉丁美洲和加勒比地区	16.1	15.5	16.8	18.0	16.4	18.9	21.4
中东	21.7	21.3	23.4	25.3	21.3	25.3	29.3
北非	30.5	29.7	32.8	36.0	29.4	35.6	42.0
撒哈拉以南非洲	82.0	81.6	83.1	84.5	81.8	84.7	86.8
地区	变化 2007—2008 年	变化 2007—2008 年	变化 2007—2008 年	变化 2007—2009 年	变化 2007—2009 年	变化 2007—2009 年	
世界	-0.9	0.9	2.4	-1.1	2.2	5.0	
中欧、东南欧（非欧盟）和独联体	0.0	1.5	1.7	0.5	2.4	4.8	
东亚	-2.7	-0.5	1.5	-4.8	-0.9	2.7	
东南亚和太平洋地区	-1.2	1.8	4.7	-1.1	4.8	9.4	
南亚	-0.9	1.3	3.1	-1.6	2.5	5.6	
拉丁美洲和加勒比地区	-0.6	0.7	1.9	0.3	2.8	5.4	
中东	-0.5	1.6	3.6	-0.5	3.6	7.6	
北非	-0.8	2.3	5.5	-1.1	5.1	11.5	
撒哈拉以南非洲	-0.4	1.1	2.5	-0.2	2.7	4.9	

注：因为四舍五入，各数字相加或与总数不同。

资料来源：国际劳工组织，趋势计量经济模型，2009 年 7 月。

表 A13　2008 年 9 月工作贫困情境（2 美元，百万人）

地区	2007 年	2008 年			2009 年		
		情境 1	情境 2	情境 3	情境 1	情境 2	情境 3
世界	1210	1201	1254	1300	1206	1305	1390
中欧、东南欧（非欧盟）和独联体	21	21	24	24	22	25	29
东亚	259	239	256	272	223	254	284
东南亚和太平洋地区	146	146	154	162	148	165	178
南亚	479	485	498	510	492	518	537
拉丁美洲和加勒比地区	40	39	43	46	42	48	55
中东	13	14	15	16	14	17	19
北非	19	19	21	23	19	23	28
撒哈拉以南非洲	233	239	244	248	245	254	261
地区	变化 2007—2008 年	变化 2007—2008 年	变化 2007—2008 年	变化 2007—2009 年	变化 2007—2009 年	变化 2007—2009 年	
世界	-9	43	89	-4	94	179	
中欧、东南欧（非欧盟）和独联体	0	2	3	1	4	8	
东亚	-20	-3	13	-35	-4	25	
东南亚和太平洋地区	0	8	16	2	19	32	
南亚	6	19	31	13	39	58	
拉丁美洲和加勒比地区	-1	2	6	2	8	15	
中东	0	2	3	1	3	6	
北非	0	2	4	0	4	9	
撒哈拉以南非洲	6	10	14	12	21	27	

注：因为四舍五入，各数字相加或与总数不同。

资料来源：国际劳工组织，趋势计量经济模型，2009 年 7 月。

议题二：利用家庭调查分析贫困与就业之间的联系：建立国际工作贫困数据库[1]

1. 引言

联合国“千年发展目标”（MDG）目标1为“消除极端贫困和饥饿”，其中一个明确的具体目标是“使所有人，包括妇女和青年人，都享受充分的生产性就业和体面工作”。该目标认识到贫困与就业之间的重要联系，即只有扩大生产性就业机会，使全世界的贫困人口得以通过劳动获得足够的收入，才能减少贫困状况。MDG利用4个指标来监测该具体目标的实施进度，这4个指标分别为：（1）就业人口人均GDP增长率（用以衡量劳动生产率）；（2）就业人口比率（用以衡量可获得的就业机会的程度）；（3）自营工作者和无报酬家庭工作者占总就业人口的比例（用以衡量“脆弱性”就业在整个经济中的比重；（4）生活在贫困线以下的就业人口占总就业人口的比例（直接评估工作贫困程度的指标）。[2]

上述前3个指标的相应数据在很多国家都可以获得。利用GDP估算值（来自国家统计部门的经济核算数据）除以就业人口估算值（通常来自劳动力调查，或者通过人口普查获得），就可得到就业人口的人均GDP。通过对劳动力调查数据进行标准化制表，就可方便地估算出就业人口比例和脆弱性就业率。不过，鉴于以下将详细阐述的各种因素，我们已证实获得国家层面关于工作贫困的数据要困难得多，因此，相关监测主要基于宏观经济模型对各地区和全球的发展趋势进行估算，而不是根据国家调查数据对国家层面的发展趋势进行分析。

议题二旨在介绍国际劳工组织与世界银行目前正在开展的一个新项目，该项目对国家工作贫困估算值、贫困状态与其他相关劳动力市场指标进行交叉制表，从而弥补与工作贫困相关的数据缺口。该项目的最终目的是基于一个一致性的方法建立有关国家工作贫困数据的国际信息库，该信息库既包括全面的元数据，也可用于开展全面深入的比较研究。鉴于人们发现基于家庭调查（微观数据）的有关工作贫困的估算值优于根据宏观经济模型得出的估算值，在国家和地方层面上尤其如此（家庭调查直接针对就业和贫困之间的关系进行评估），因此该项目在此方面是一项重大进展。[3]

本议题第二部分描述了用于估算全球工作者贫困状况的“宏观”法，并对该方法的关键假设和潜在局限性进行了阐述。第三部分探讨了基于“微观”家庭调查的工作贫困估算值所具有的优势及其潜在不足，并重点强调了那些导致无法普遍产生此类估算值的限制性因素。第四部分介绍了国际劳工组织和世界银行目前正在开展的相关活动，这些活动针对上述限制性因素，因而可以生成更多基于家庭调查的国家性工作贫困估算值。该部分对处于试点阶段的少量国家制成表格的数

1　本章节由国际劳工组织就业趋势工作组的 Steven Kapsos 编写，Francisco Guerreiro 提供了有益的帮助。

2　第一章议题三提供了利用这些指标进行分析的范例。MDG 指标的官方名单可从以下网址获取：http：//mdgs. un. org/unsd/mdg/Host. aspx？Content = Indicators/OfficialList. htm。

3　S. Kapsos 等：“基于微观和宏观方法评估工作贫困”（2007），论文由联合国亚洲及太平洋经济社会委员会出版；http：//www. unescap. org/pdd/CPR/CPR2007/English/CPR4_5E. pdf。

据进行了描述和基本分析，并重点列举了在这一过程中所汲取的经验教训。第五部分介绍了今后将开展的相关工作，这些工作旨在进一步增加有关基于家庭调查的工作贫困人口估算值的可获取程度和用途，从而实现更好地监测和更深入地认识国家和国际层面上的贫困与就业之间的相互关系这一最终目标。第六部分对来自试点项目的数据进行了列表汇总。

所采用的定义

工作贫困人口是指虽然参加工作，但其家庭总收入在贫困线以下的就业人口。世界银行所采用的国际贫困线分为日均 1.25 美元和 2 美元，不过本报告中所采用的基于家庭调查的工作贫困人口估算值将主要针对日均 1.25 美元的贫困线。国际贫困线基于国家性的收入/支出调查数据，以及采用“国际比较项目”的购买力平价估算值换算出来的国家贫困线。[4]一国的工作贫困人口除以总就业人口，就可得到工作贫困者占总就业人口的比重。

2. 用于估算全球及地区工作贫困人口的“宏观”法[5]

背景信息

国际劳工组织定期出版有关工作贫困人口的全球及地区估算值。[6]由于无法获得很多国家的具有国际可比性的贫困率和就业状况信息来进行制表，国际劳工组织开发了宏观经济估算模型，以便估算各地区和全球的工作贫困人口状况。该模型主要基于：（1）国家和地区层面贫困与人均 GDP 和人口变量之间的相互关系；（2）有关贫困状况与就业状况之间相互关系的假设。

“宏观”模型的第一步是估算出没有相关国家和年份数据的全国日生活费低于 1.25 美元和 2 美元的贫困率。具体地说，就是采用以下线性普通最小二乘法（OLS）模型估算出缺失相关数据的国家的全国贫困率：

$$Y_{it}^{T} = \ln\left(\frac{y_{it}}{1-y_{it}}\right) = \alpha_i + x'_{it}\beta + e_{it}$$

Y_{it}^{T}是指 i 国在 t 时期根据逻辑推理得出的贫困率，x_{it}是指解释贫困率的变量集，其中包括人均 GDP（按国际定值美元估算）、0—14 岁人口在总人口中的比重，以及用来获取拥有贫困数据的国家关于其平均贫困率观察值的虚拟变量。我们对不同地区单独进行回归分析，地区分类的依据既有地域相临性，也有经济发展水平的相似性。[7]

第二步是通过利用对贫困和劳动力市场状况之间相互关系的不同假设来估算工作贫困率。[8]

- 将一国的贫困率乘以该国的劳动力人口可得到工作贫困人数的下限估值。该定义假设：（1）工作年龄人口（15 岁及以上）的贫困率等于整体人口的贫困率；（2）贫困人口的劳动力参与率等于整体工作人口的劳动力参与率；（3）所有从事经济活动的贫困人口都处于就业状态，也就是说，这类贫困人口无法承担失业带来的后果，因此其失业率可以忽略不计。
- 将一国的贫困率乘以该国的工作年龄人口可得到工作贫困人数的上限估值。除了下限估值中的第一个假设外，支持上限估值的关键假设是：所有达到工作年龄的贫困人口都处于就业状态。该假设的实质是认为贫困人口无法承担不从事经济活动所带来的后果。

4 更多信息见世界银行：《贫困数据：2008 年世界发展指标增补》（华盛顿特区，2008 年）；http://siteresources.worldbank.org/DATASTATISTICS/Resources/WDI08supplement1216.pdf。

5 本章节取材于此前所引用的由 S. Kapsos 等人所著的论文。

6 KILM 20 提供了最新的全球及地区估算值（专栏 20a）。《全球就业趋势》出版物定期对该估算值进行更新；http://www.ilo.org/trends。

7 如需了解所用方法的具体描述，见 S. Kapsos：“估算降低工作贫困所需的经济增长：全世界能在 2015 年前将工作贫困人口减半吗?”，就业战略论文，第 14 号（国际劳工组织，日内瓦，2004 年）。

8 S. Berger 和 C. Harasty：“全球及地区就业展望：在 2010 年前将全世界的工作贫困人口减半”，就业论文，第 38 号（日内瓦，国际劳工组织，2002 年）。

- 对下限估值和上限估值进行加权平均（其中下限估值的权重相对大些），[9] 就可得到一国的单一估算值。综合这些数据就可得到地区和全球层面的估算值。

宏观估算方法的相对优势和缺点

宏观估算方法的优势在于，其可以基于标准化的国际可比贫困估算值和经过统一的劳动力和就业估算值序列得出年度估算值。因此，这种方法可以对不同地区和不同时期的工作贫困总体趋势进行比较，这对于监测全球和地区趋势以及 MDG 中目标的实现进展状况具有重要的作用。当有新的输入数据时，这种宏观估算方法也能相对简便地得到更新。

不过，这种宏观估算方法也存在一些明显的劣势。其一，从上述讨论中可以明显看出，这种方法依赖于很多简单化的假设，这些假设涉及工作年龄人口的贫困状况与整体人口贫困状况的关系，以及贫困状况和经济活动、就业与失业之间的相互关系。如果这些假设存在问题，其估算结果就可能出现偏差。其二，这种方法无法分析细分人群（如女性和男性、青年人和成年人、在农村和在城市工作的人员）的工作贫困。这是因为主要的国际贫困数据信息库中没有按年龄和性别划分的贫困数据。其三，宏观估算方法不适宜于开展国家层面的监测，这是因为各国无法获得跨国回归模型（重要的是，该模型的目的不是为了生成官方的国家估算值）。此外，在那些提供了有关贫困和就业数据的国家中，基于家庭调查的国家工作贫困估算值可能不同于利用宏观模型假设所获得的国家工作贫困估算值。最后，宏观估算值是基于 15 岁及以上的劳动力人口，因此不包含 15 岁以下的处于工作贫困状况的儿童，在存在童工的地方，该估算值就将低估工作贫困人口数量。

9　根据国家层面的验证情况选出权重。由家庭调查数据估算出工作贫困人口的下限和上限估值，并与基于宏观估算值进行对比。随着其他家庭调查数据的获取，可能需要对权重进行进一步的修订。

3. 基于家庭调查的工作贫困估算：优势、缺点及限制因素

微观估算方法的优势

上面所列举的宏观估算方法的劣势正是基于家庭调查的工作贫困估算方法的相对优势所在。其一，在可获得有关贫困和就业状况估算值的家庭调查中，工作贫困的微观估算值相较宏观估算方法得出的估算值更为可靠，这是因为前者基于直接的家庭度量数据，无需像后者那样简化假设条件。其二，基于家庭调查的估算可以对不同的人口群体进行细分，因此可以按照年龄、性别、农村/城市、经济部门、就业状况等对贫困和就业之间的相互关系进行分析。其三，由于家庭调查是由国家层面的利益相关方开展的，各国可以自我监控，因此，国际组织和其他民间社会可以将有限的技术合作资源集中用于支持各国构建自身的数据和分析。这反过来将有助于确保国家性数据的收集、分析和传播活动为有效的政策制定和监测提供支持。

基于家庭调查的工作贫困估算的限制因素

尽管基于家庭调查的工作贫困评估具有诸多优势，但由于缺乏可用的微观数据观察值，采用宏观估算模型是必不可少的。制约基于家庭调查的工作贫困估算值大量生成、传播和分析的因素包括以下几点：

- **缺乏获取与工作贫困人口有关的数据的单一调查工具。**如果利用得当，我们通过一次有代表性的国家性家庭调查就可以获得有关贫困状况和就业状况的可靠统计数据，由此对工作贫困进行估算也将是一件简单明了的事情。然而，世界上绝大多数国家并不采用单一的调查工具，而是采用多个单独的调查来衡量贫困状况和就业状况。[10]劳动力调查（LFS）

10　一个突出的例外是菲律宾，该国开展季度性的 LFS，且每三年开展一次家庭收入和支出调查（FIES）。更重要的是，LFS 和 FIES 调查的是从该国基于最新人口普查“主样本”中抽取的同一组家庭。这便消除了阻碍该国生成可靠的工作贫困宏观估算值的主要障碍。

是获取劳动力相关数据的最可靠工具，其目的并非是提供对贫困状况的可靠估算，因此通常不可能通过LFS获得可靠的工作贫困估算值。同时，与贫困有关的家庭调查［如家庭收入和支出调查（HIES）和生活水平衡量调查（LSMS）］通常可以提供相关的贫困数据，但有时其不含与就业状况相关的调查问题。而那些包含此类问题的家庭调查往往远比典型的LFS缺少劳动力相关模块，同时也很不详尽，因此，这些家庭调查中用来计算就业和失业状况的定义通常不同于LFS中所使用的。不过，在HIES或者LSMS中，如果存在与就业有关的调查问题，只要有关就业的定义得以明晰，且对照国际准则对就业进行了合理定义，我们就有可能获得有关工作贫困的估算值。

- **缺乏有关基于家庭调查的工作贫困数据的国际信息库。**目前，世界银行维护着定义明确的“世界发展指标”数据库和PovcalNet数据库，这两个数据库都对应于总人口及经国际购买力平价（PPP）调整的贫困线提供基于家庭调查的国家贫困估算值。为加强这些数据生成活动，世界银行向发展中国家提供了在开展调查和编制调查数据标准制表方面的技术和资金支持，以便使这些数据能用于国家政策制定以及提供给国际贫困数据信息库。此外，此类数据库及其相应的元数据和国家数据生成的技术指南，可以使各国对其自身的数据生成方法与国际标准进行对比，并在数据收集、制表、分析和发布等方面不断做出改进。然而令人遗憾的是，目前基于家庭调查的工作贫困数据国际信息库尚不存在。
- **工作贫困仍是国际发展领域一个相对较新的概念。**全球有关工作贫困人口的首个估算值是于2001年产生的，[11]尽管随后发布了更为精确的数据和出版物，但有关工作贫困的概念并未纳入最初的MDG框架之中，而是仅仅出现在了2008年初的MDG指标官方名单中。因此，直到最近，与MDG相关的国家数据收集和监测工作并未考虑监测工作贫困状况的必要性。截至目前，向那些希望监测不同工作者群体贫困趋势的国家提供的技术支持也仅限于一些临时倡议。

微观估算方法的潜在缺点

即便那些基于家庭调查的工作贫困估算的限制性因素能够成功地得到解决，且我们可以利用收入/支出或其他类型的调查对国家工作贫困估算值进行列表，这种估算方法仍至少存在以下两个潜在的缺点：

- 来自HIES和LSMS的就业估算值（以及工作贫困估算值）可能存在偏差。HIES或LSMS中与劳动力市场相关的问题相对较少，并且内容不同，其所带来的重大影响就是有关就业的估算值可能存在偏差。如果不对受访者在参考期内的活动开展详尽的调查，就可能无法掌握自营就业、无报酬家庭就业或者非正规就业等就业方式的情况。这有可能导致对总就业的低估，从而使得工作贫困估算值出现向下的偏差。这一点可能非常重要，尤其是在非正规就业类型的信息未被调查工具充分获取的情况下，这可能导致其被归入低收入组别，从而可能致使工作贫困人口出现过高的比重。此外，在HIES或LSMS中采用的劳动力市场指标参考期可能与LFS中采用的不一致。[12]这可能导致基于这两种不同类型的调查的就业估算值之间出现更大的差异。
- **不同国家和不同时期之间缺乏可比性。**一方面，各国在劳动力调查的结构和内容方面存在差异，另一方面，各国在不同时期用来评估贫困的调查类型可能存在更大的差异。贫困状况是按照收入还

11 N. Majid：“发展中国家的工作贫困人口规模”，就业论文，第16号（国际劳工组织，日内瓦，2001年）。

12 例如，泰国LFS中有关就业和失业问题的参考期与国际建议的一周的标准保持一致，但家庭社会经济调查（HSES）中有关这些变量的参考期则为过去的12个月。

是按照支出来确定，是贫困调查中一个重大的不同之处。人们通常将支出视为评定贫困的更为可靠的指标，这是因为其考虑到了家庭资产（某些家庭在家庭收入较低的时期可以利用其现有的存款）。不同类型的问卷调查设计也可能导致所获得的贫困估算值出现重大的差异。[13]如果在一国内部或者不同国家之间采用不同类型的调查，并且这些调查所使用的有关就业的覆盖范围、定义或参考期也存在不同，那么就业数据和工作贫困估算值就可能不具有可比性。

总而言之，尽管这些潜在的缺点并不意味着收入/支出调查不应该用于生成国家工作贫困的估算值，但其表明我们必须采用全面的元数据，以涵盖各种调查类型，从而确定是基于收入还是支出来评估贫困状况，所使用的就业和失业定义（明确指出未包含在内的工作者群体），以及劳动力市场变量的参考期。

正如菲律宾的案例那样，理想的状况是各国的 LFS 和收入/支出调查将调查同一组家庭，这将消除基于微观方法的工作贫困估算的绝大多数潜在缺点。为此，我们鼓励那些正在评估其总体统计规划的国家考虑采取相应措施，将用于劳动力和收入/支出调查的标准家庭样本合二为一。

4. 当前在拓展基于家庭调查的工作贫困估算方面的工作

联合国将与就业有关的四个指标纳入其 MDG 目标 1 之中，这提高了国际社会对这些指标及其所监测的重大问题的关注程度。MDG 框架中的一个重点是协助各国衡量、监测和报告 MDG 的实施进展，其首要目标是加强国家统计体系的建设。[14]为了支持这项工作，并依据以往在国家层面衡量工作贫困所面临的困难，目前国际劳工组织正与世界银行合作，努力克服对广泛生成基于家庭调查的工作贫困估算值的限制性因素。本章节的其他部分将探讨这一过程中正在开展的初步措施，并分析该项工作的部分早期成果。

有关国际劳工组织和世界银行在工作贫困数据制表工作方面的背景

世界银行最新一期的贫困估算数据发布于 PovcalNet 在线数据库，其来自 1981—2005 年间全球 116 个发展中国家 675 项有关家庭收入/支出调查的数据。[15]在这 675 项调查中，有 417 项调查可以对家庭支出进行估算。[16]因此，大量有关贫困的历史数据均可从现有的调查中获取到。PovcalNet 数据库包括各国的国家贫困估算值，使用者可以按照不同的贫困线（缺省值被设置为日均 1.25 美元）生成不同年度的全球及地区贫困总体估算值。目前，PovcalNet 中尚没有按年龄和性别细分的贫困率数据，不过该数据库包括某些国家按农村/城市划分的贫困估算值。

国际劳工组织“就业趋势工作组”目前所开展的工作（世界银行对此提供支持）仅是上述家庭调查的一个起点。这些活动主要针对以下内容：

- 分析与家庭收入/支出相关的数据集，以便确定相应的调查类型，这些调查包括必要的调查问题，并且拥有充分的观测值，可以生成按照年龄和性别细分的、具有统计可靠性的就业和失业估算值。
- 分析调查问卷，整理“就业”、“失业”和“经济活动”变量，并生成获得变量定义不符合国际标准的特殊方式的元数据。
- 生成基于 1.25 美元和 2 美元贫困线的贫困人口（总人口/贫困人口/非贫困人口）与总人口、经济活动人口（劳动力）、非经济活动人口、就业人口和失业人口之间的交叉制表。

13 S. Chen 和 M. Ravallion：“发展中世界的贫困程度超过我们的想象，但是其降低贫困的努力已经相当成功了”，政策研究工作论文 4703（世界银行，2008 年）。

14 见联合国《2008 年千年发展目标报告》，第 50 页（纽约，2008）；http://unstats. un. org/unsd/mdg/Resources/Static/Products/Progress2008/MDG_Report_2008_En. pdf。

15 PovcalNet 可从以下网址中获取：http://go. worldbank. org/NT2A1XUWP0。

16 Chen 和 Ravallion，出处同上。

图 B1 试点项目中的调查：就业和失业的定义

国家	调查名称	年份	就业参考期	失业参考期	其他研究	覆盖年龄段	注/非国际定义
贝宁	2003 年基本福利指标问卷调查	2003 年	过去的一周	过去的一个月	无	5 岁以上	无
不丹	2003 年生活水平调查	2003 年	过去的一周	过去的一周	无	10 岁以上	失业人口不含在此前 12 个月就业的人口
布隆迪	优先调查——全国人口生活状况调查	1998 年	过去的一周	过去的一周	无	5 岁以上	失业问题忽略了可随时参加工作的标准
刚果	刚果家庭调查	2005 年	过去的一周	过去的一周	有	10 岁以上	无
刚果民主共和国	非正规经济部门及家庭生活状况第 1—2—3 调查	2005 年	过去的一周	过去的一个月	有	10 岁以上	无
肯尼亚	综合预算调查	2005 年	过去的一周	过去的一个月	有	5 岁以上	无
马里	基本福利指标问卷调查	2006 年	过去的一周	过去的一周	有	5 岁以上	无
尼日尔	基本福利指标问卷调查	2005 年	过去的一周	过去的一个月	无	5 岁以上	无

国际劳工组织计划发布重新设计的 KILM 20 的估算值，其将被作为最新数据提供给 KILM 的使用者。因此，KILM 将成为首个拥有基于家庭调查的工作贫困估算值的国际信息库。最新数据有望在 2010 年初发布，其他数据将随时添加。

数据生成初步试点项目：不同调查工具的比较

首轮数据生成试点活动主要针对拥有国家代表性调查的 8 个国家，分别是：贝宁（2003 年）、不丹（2003 年）、布隆迪（1998 年）、刚果（2005 年）、刚果民主共和国（2005 年）、肯尼亚（2005 年）、马里（2006 年）和尼日尔（2005 年）。试点工作主要的目的是定义就业和失业、确定就业和失业的参考期，并指出所有不同于国际标准定义的显著例外情况。图 B1 提供了所获得的主要信息。

有关就业和失业的国际标准实践是将过去的一周作为参考期。如果某个人在过去的一周为了工资、利润或家庭收入而工作的时间超过 1 小时，那么其就会被归为就业人口。如果个人满足以下几项条件，就会被归为失业人口：（1）未被划归为就业人口；（2）在参考期内可随时工作；（3）在参考期内积极求职。很多发展中国家常常忽略了第三项标准。

这 8 个国家的调查均采用过去的一周为就业参考期。其中 4 个国家同样将过去的一周作为失业参考期，另外 4 个国家将过去的一个月作为失业参考期。与将过去的一周作为失业参考期相比，将过去的一个月作为失业参考期往往导致失业率相对更高，不过差异通常不会太大。重要的是，这不会影响就业人口的估算值，相反只会影响失业人口和经济活动人口的估算值。

在不丹，其过去一年中被划分为就业人口的个人就不会被划分为失业人口，与国际标准定义相比，这往往会导致该国失业率的估算值出现向下的偏差。布隆迪则没有包含失业人口可随时工作这一标准（即在个人是否正在积极求职的标准之外增加个人实际上可以随时参加工作的标准），这很可能导致失业率与国际标准定义相比出现适度向上的偏差。由于这两个例外情况都与就业估算值无关，因此不会影响就业贫困的估算值，但可能对失业估算值造成某些影响。

不同的调查在就业问题设置方面的不同也可能影响可比性。在上述8个国家中，有4个国家新增加了试探性提问，其目的是降低参与经济活动的各个未能将自己视为就业人员的估算误差。这些试探性问题通常询问个人是否从事过以下活动，如自营就业、为家庭企业工作、半工半读等，而这些受访者最初可能认为自己不会被划归就业人口之列。因此，拥有此类新增试探性提问的调查所产生的就业估算值应该更加可靠，而没有这些提问的调查的就业估算值往往出现向下的偏差，以非正规方式就业的某些工作者群体可能被低估。

最后，这些调查在询问就业起始年龄方面也存在差异。在其中5项调查中，有关就业的问题针对的是5岁及以上年龄的所有家庭成员，而在其他的3项调查中，这些问题仅仅针对10岁及以上年龄的家庭成员。纳入涉及15岁以下儿童的就业问题为评估童工以及工作儿童的贫困程度提供了重要工具。那些将10岁定为调查分界线的国家在开展调查时不计算10岁以下的童工，因此在将其与那些调查分界线设定得更低的国家进行比较时将仅限于10岁及以上年龄的童工。

总而言之，本项目试点阶段所包括的8个国家所采用的调查工具确实存在部分差异，这些差异包括失业参考期、是否存在与就业有关的试探性问题，以及就业问题所包含的最早年龄。尽管这些差异对主要估算值的影响无法得到准确推算，但我们可以确定出潜在的偏差方向，这将有助于我们在对不同国家不同时期的数据进行比较时了解其差异所在。对这8个国家的调查工具开展分析所得出的主要结论是，这种方法论的差异表明在对基于微观调查的贫困和劳动力状况信息进行交叉制表时，必须补充具体的元数据。

数据生成初步试点项目：不同制表数据的对比

图B2提供了8个国家按性别划分的工作贫困率数据。[17]其中布隆迪的工作贫困率估算值最高，在该国，大约85%的工作者的家庭日生活费不足1.25美元。不过必须指出的是，布隆迪的估算值是1998年的数据，而其他7个国家的估算值均是2003—2006年间的数据。鉴于往往贫困率随着时间的推移而降低，布隆迪现在的数据很有可能降低，但其工作贫困率仍有可能是这8个国家中最高的。在这8个国家中，不丹和肯尼亚的人均GDP水平分别是最高和第三高，这两个国家的工作贫困率也是最低的。这8个国家中有7个的女性工作贫困率超过男性，其中刚果、马里和刚果民主共和国在工作贫困方面的性别差异最大。

这些国家的微观数据对宏观模型中的主要假设进行了验证：

- 第一，在所有这8个国家中，工作年龄人口的贫困率均低于总人口贫困率，这一点与宏观工作贫困模型的假设相背离（见第6部分）。不过，这一点从本质上讲合乎情理，因为很多发展中国家的往往家庭越贫困，子女越多。该假设的背离意味着基于宏观模型的估算值可能出现向上的偏差。
- 第二，某些失业贫困人口的存在与宏观模型中的假设背离。这往往将导致基于宏观模型的工作贫困估算值出现向上的偏差。
- 第三，在这8个国家中，贫困人口的劳动力参与率均高于总人口劳动力参与率。这与宏观模型估算值下限中贫困人口和非贫困人口的劳动力参与率相同的假设相背离。这可能导致宏观模型中的下限估算值出现向下的偏差。
- 第四，贫困人口的劳动力参与率并非是100%，这与宏观模型上限估算值中的假设相背离。这将导致宏观模型所产生的上限估算值出现向上的偏差。

17　第6部分提供了与试点项目中生成的众多交叉制表所对应的比率和人数，其中包括按照年龄、农村/城市地区、就业（按年龄组）和失业划分的贫困状况，以及劳动力参与率。

图 B2 试点阶段中获得的按性别划分的各国工作贫困率数据

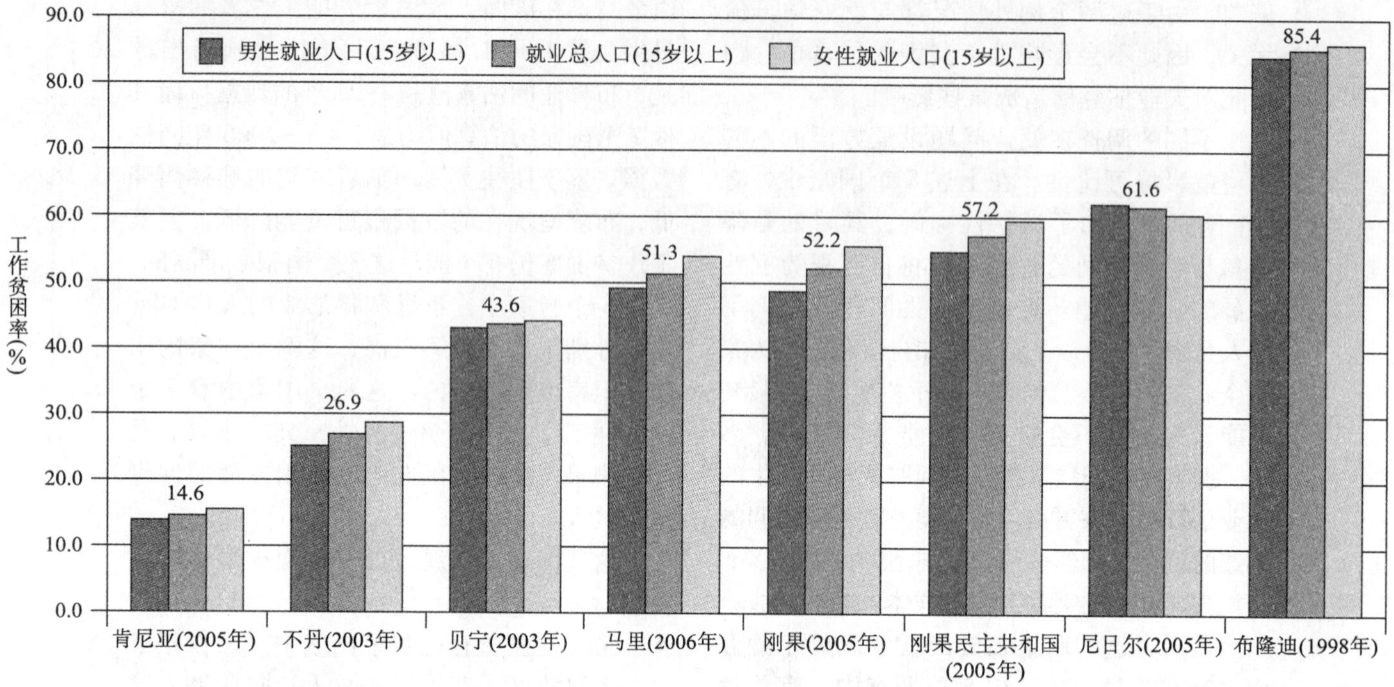

资料来源：各国家庭支出调查。

- 第五，工作贫困儿童的存在（见专栏 B1）在这 8 个国家中都得到证实，这意味着宏观模型得出的估算值可能出现向下的偏差。

此外，微观数据也可以对不同工作者群体的贫困状况进行更为详细的分析。图 B3 对上述 8 个国家的工作贫困人口按年龄进行了细分。在刚果和刚果民主共和国，绝大部分的工作贫困人口处于成年（25—54 岁），只有不到 1/4 的工作贫困人口年龄在 25 岁以下。在马里和布隆迪，年龄在 25 岁以下的工作贫困人口的比例超过 40%。不丹的 15—24 岁工作贫困青年占整个工作贫困人口的比重是这 8 个国家中最高的。必须注意的是，所分析的国家的基本人口构成（儿童比例大，青年人和成年人比例小）是图 B3 中的结果的主要驱动因素之一。

图 B4 提供了有关城市地区和农村地区的工作贫困人口比例。在这些国家中，极端工作贫困现象相对更为普遍，这既有生活在农村地区的人口比例相对更高的原因，也有农村地区的贫困率相对更高的原因。在不丹和布隆迪，超过 99% 的工作贫困人口生活在农村地区，其农村人口比例分别为 81% 和 95%。在刚果，64% 的工作贫困人口生活在农村地区，而其农村人口比例仅为 42%。

总而言之，与基于宏观模型的工作贫困估算相比，基于家庭调查的工作贫困估算具有更多的优势。最为重要的是，基于家庭调查的工作贫困估算可以对各个国家的工作者和不同的工作者群体（如女性和男性、不同年龄和生活在不同地区的工作者）的贫困程度进行更为充分的估算。不过，上述有关家庭调查数据的分析并非穷举性的，其只是让我们一窥通过各国现有的公开国家调查可以获得哪些类型的信息。

5. 结论及前瞻

尽管构建各国工作贫困估算值的国际信息库的工作现仍处于初期阶段，但试点项目阶段在 8 个国家开展的对基于家庭调查的工作贫困估算分析表明，这项工作很有可能在促进我们理解贫困和就业之间相互关系的方

专栏 B1　评估工作贫困人口中的儿童贫困程度

试点项目中列表的数据可以用来估算童工的贫困率和使用童工的严重程度。从下图的数据中可以明显看出，童工的贫困率相当高，并且往往大大高于成年就业者的贫困率。鉴于贫困儿童最有可能参加工作，贫困与就业之间的联系在儿童中与在成年人中相比可能更为密切，这一点是可预期的。必须指出的是，由于这些调查未设计与童工有关的试探性提问，因此其可能低估了儿童的就业人数。

同样可以明显看出的是，对 15 岁及以上工作年龄人口的工作贫困宏观估算值未计算大量处于就业状态的贫困儿童。比如，马里的工作贫困儿童与工作贫困成年人之比超过 35%，刚果和布隆迪的这一比例也接近 20%。未计算工作贫困儿童意味着基于宏观模型的工作贫困估算值将会出现大幅的向下偏差。

儿童工作贫困指标

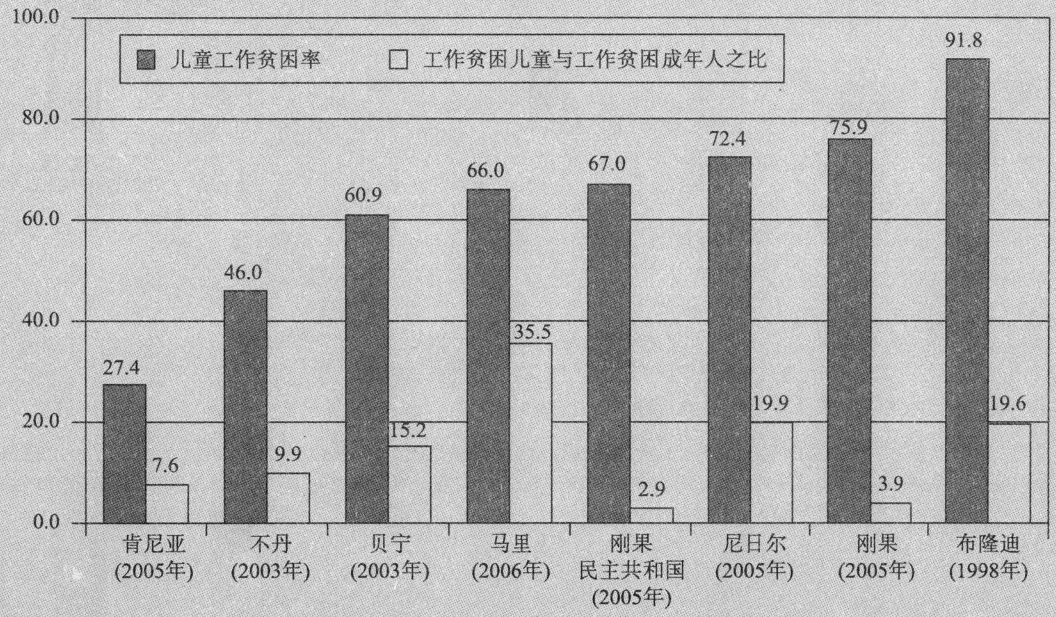

资料来源：各国家庭支出调查。

面取得成效。

对试点调查项目中包含的 8 个国家的调查工具开展分析的结果证实，来自现有的家庭收入/支出调查中的劳动力市场指标往往与这些指标的国际标准定义相当的一致。不过，这些调查在设计与就业相关的问题、就业和失业评估中所使用的参考期，以及劳动力市场问题中所包含的年龄组等方面存在差异，这表明必须在根据这些微观家庭调查进行制表的基础上增加全面的元数据。国际工作贫困数据信息库应同时包括清楚明了和深入全面的元数据。

对这 8 个国家的工作贫困宏观估算的假设进行分析后表明，这些假设未必成立。进一步收集微观估算值应该能够在必要的时候对这些假设进行修订，从而改善宏观模型。不过在此之前，我们必须获得世界其他国家的相关数据。值得注意的是，本试点项目所包括的国家并不能代表全世界不同地区的状况，因此，与宏观模型假设有关的分析结果也不得视为决定性的结论。此外，由于不同假设的背离导致不同方向的偏差，现在尚无法确定现有的宏观估算是低估、夸大还是准确描述了全球工作贫困的程度。因此，必须

图 B3 工作贫困中各年龄组所占比重

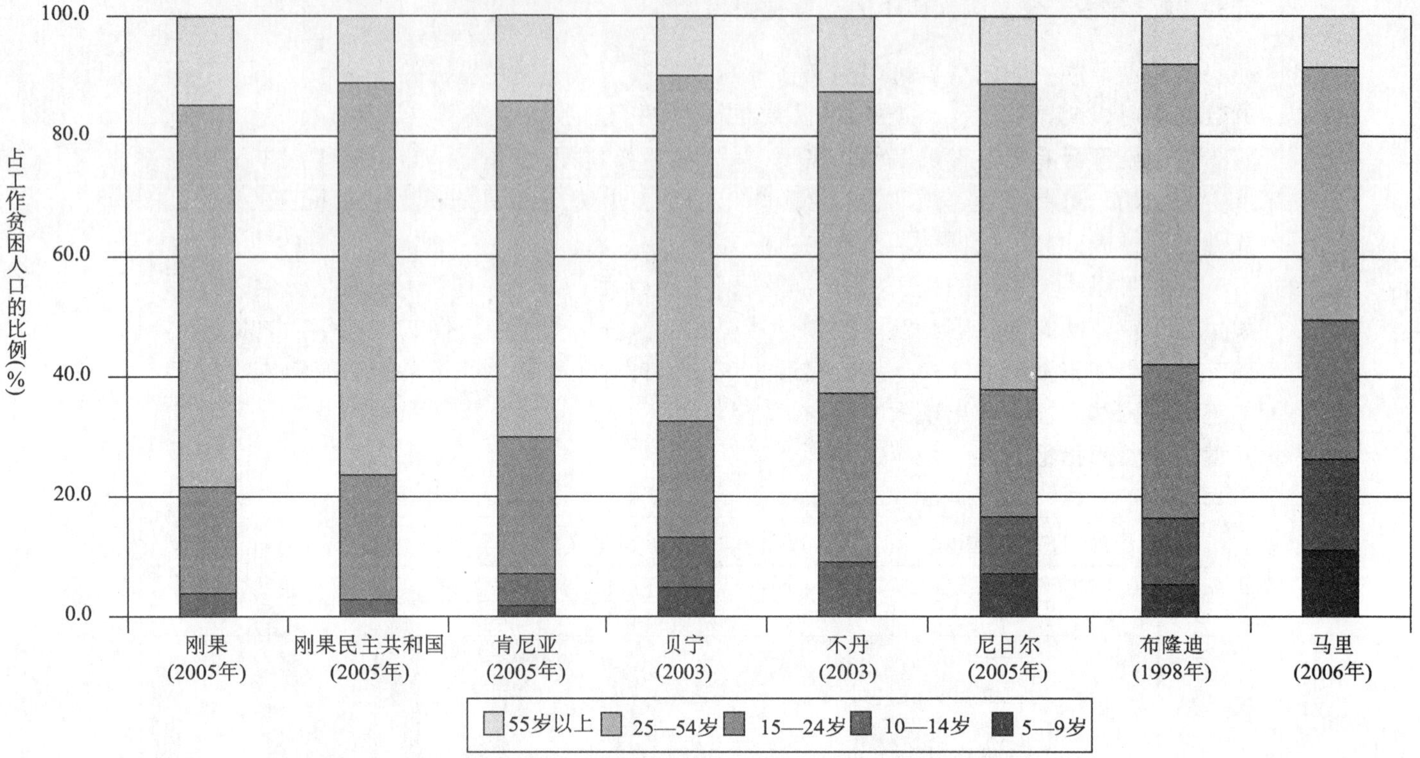

资料来源：各国家庭支出调查。

图 B4 城市与农村地区工作贫困人口所占比重

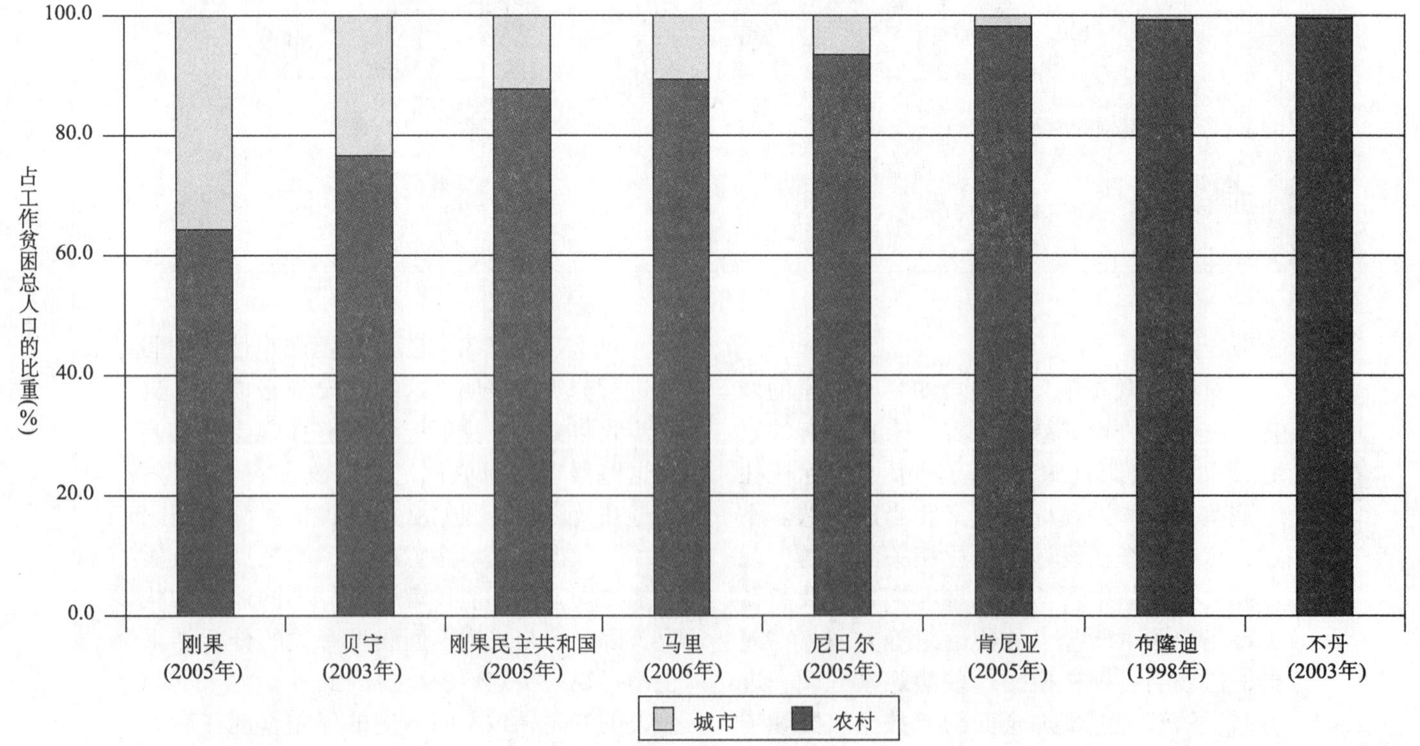

资料来源：各国家庭支出调查。

根据更多的基于家庭调查的工作贫困估算值对宏观模型中的假设进行验证和改进。

国际劳工组织和世界银行当前正在开展的合作应为改善宏观模型和生成新的国家层面数据提供必要的数据。在此方面，双方现有的举措包括：(1)确定与家庭收入/支出相关的相应数据集；(2)利用全面的元数据生成具有统计可靠性的工作贫困微观估算值。今后，经过重新设计的 KILM 20 将把最新数据提供给 KILM 使用者。因此，KILM 将成为首个有关基于家庭调查的工作贫困估算值的国际信息库，有望提高我们对全世界贫困与就业之间相互关系的认知度。

6. 试点项目数据汇总表

表 B1 交叉制表：贫困率

	不丹（2003 年）			刚果民主共和国（2005 年）			刚果（2005 年）		
	总人口	男性	女性	总人口	男性	女性	总人口	男性	女性
贫困率（0 岁以上）	26.3	26.4	26.1	59.2	59.0	59.5	54.0	53.1	54.9
贫困率（15 岁以上）	25.2	25.4	25.0	55.1	54.3	55.8	50.8	48.6	52.7
贫困率（农村地区，15 岁以上）	30.6	31.0	30.3	64.0	63.5	64.5	63.8	62.8	64.7
贫困率（城镇地区，15 岁以上）	0.9	0.9	1.0	32.6	31.4	33.8	42.5	40.1	44.8
就业人口贫困率（10 岁以上）	27.9	26.4	29.4	57.4	55.1	59.7	52.9	49.2	56.3
就业人口贫困率（15 岁以上）	26.9	25.1	28.7	57.2	54.8	59.5	52.2	48.7	55.6
童工贫困率（10—14 岁）	46.0	56.1	39.7	67.0	69.0	65.5	75.9	71.5	79.3
青年就业者贫困率（15—24 岁）	35.1	33.8	36.0	59.1	58.1	59.9	58.7	58.6	58.8
成年就业者贫困率（25 岁以上）	24.3	22.9	25.9	56.6	54.1	59.4	51.0	46.8	55.0
就业人口贫困率（55 岁以上）	24.3	26.0	21.9	51.8	51.7	52.0	56.1	54.1	57.8
就业人口贫困率（农村地区，15 岁以上）	31.0	30.7	31.4	63.1	62.0	64.3	62.8	61.5	64.0
就业人口贫困率（城市地区，15 岁以上）	0.8	0.9	0.5	34.3	30.7	38.8	40.6	36.5	45.1
失业人口贫困率（15 岁以上）	19.1	30.4	5.4	44.5	44.6	44.3	48.0	50.0	46.4
贫困人口失业率（15 岁以上）	1.3	2.4	0.3	2.4	3.1	1.9	18.1	18.5	17.8
非贫困人口失业率（15 岁以上）	2.0	1.9	2.2	4.0	4.5	3.4	20.8	17.7	23.9
总失业率（15 岁以上）	1.9	2.0	1.7	3.1	3.7	2.5	19.4	18.1	20.6
劳动力参与率（贫困人口）	75.5	75.0	75.9	75.4	74.5	76.3	70.1	71.1	69.3
劳动力参与率（非贫困人口）	69.7	75.7	64.2	70.5	74.4	66.6	68.4	70.2	66.6
劳动力参与率（总人口）	71.1	75.5	67.2	73.2	74.4	72.0	69.3	70.6	68.0

	贝宁（2003 年）			马里（2006 年）			尼日尔（2005 年）		
	总人口	男性	女性	总人口	男性	女性	总人口	男性	女性
贫困率（0 岁以上）	47.3	47.5	47.1	51.4	51.6	51.2	65.8	65.8	65.9
贫困率（15 岁以上）	42.0	41.7	42.2	48.3	47.5	48.9	61.5	61.0	62.0
贫困率（农村地区，15 岁以上）	51.1	50.8	51.3	62.9	62.3	63.3	69.5	69.1	69.9
贫困率（城镇地区，15 岁以上）	28.2	28.2	28.1	20.2	20.0	20.3	26.1	25.4	26.8
就业人口贫困率（10 岁以上）	45.5	45.0	46.0	55.0	53.3	57.1	63.2	63.6	62.4
就业人口贫困率（15 岁以上）	43.6	43.0	44.1	51.3	49.1	54.0	61.6	62.1	60.5
童工贫困率（10—14 岁）	64.6	64.9	64.3	69.0	69.2	68.8	72.7	74.4	70.1
青年就业者贫困率（15—24 岁）	46.0	49.5	43.4	54.9	55.6	54.2	63.1	64.4	60.3
成年就业者贫困率（25 岁以上）	42.9	41.5	44.3	49.8	46.5	54.0	61.2	61.3	60.7
就业人口贫困率（55 岁以上）	40.7	44.0	35.3	55.2	55.0	55.6	59.6	60.6	56.3
就业人口贫困率（农村地区，15 岁以上）	52.0	51.1	52.9	62.6	61.0	64.3	68.6	68.5	68.9
就业人口贫困率（城市地区，15 岁以上）	28.9	29.2	28.6	21.7	21.5	21.9	26.3	26.7	25.3
失业人口贫困率（15 岁以上）	39.7	38.2	40.8	40.9	50.0	34.0	62.2	58.3	66.3
贫困人口失业率（15 岁以上）	3.3	2.8	3.8	5.4	5.4	5.3	16.0	11.1	26.7
非贫困人口失业率（15 岁以上）	3.9	3.5	4.3	8.0	5.2	11.4	15.7	12.8	22.1
总失业率（15 岁以上）	3.6	3.2	4.1	6.7	5.3	8.2	15.9	11.8	24.9
劳动力参与率（贫困人口）	80.1	78.6	81.5	78.9	87.7	71.0	64.1	90.7	39.0
劳动力参与率（非贫困人口）	75.4	74.8	76.0	71.8	82.3	61.8	63.4	88.4	39.0
劳动力参与率（总人口）	77.4	76.4	78.3	75.2	84.9	66.3	63.8	89.8	39.0

表 B1（续）交叉制表：贫困率

	布隆迪（1998 年）			肯尼亚（2005 年）		
	总人口	男性	女性	总人口	男性	女性
贫困率（0 岁以上）	86.4	86.6	86.3	19.7	19.6	19.8
贫困率（15 岁以上）	83.8	83.3	84.2	16.8	16.2	17.3
贫困率（农村地区，15 岁以上）	87.6	87.8	87.5	20.8	20.3	21.3
贫困率（城市地区，15 岁以上）	23.0	20.0	26.1	2.5	2.5	2.6
就业人口贫困率（10 岁以上）	86.5	85.5	87.3	15.1	14.5	15.8
就业人口贫困率（15 岁以上）	85.4	84.3	86.2	14.6	13.9	15.5
童工贫困率（10—14 岁）	92.8	91.9	93.6	25.4	27.5	22.7
青年就业者贫困率（15—24 岁）	86.8	87.9	85.9	16.3	16.4	16.3
成年就业者贫困率（25 岁以上）	84.8	82.8	86.3	14.2	13.2	15.3
就业人口贫困率（55 岁以上）	78.4	79.4	77.5	16.0	16.6	15.3
就业人口贫困率（农村地区，15 岁以上）	87.7	87.6	87.7	18.1	17.8	18.5
就业人口贫困率（城市地区，15 岁以上）	20.3	17.7	24.3	1.3	1.3	1.4
失业人口贫困率（15 岁以上）	37.4	46.7	16.7	20.1	20.8	19.7
贫困人口失业率（15 岁以上）	0.2	0.5	0.1	18.2	15.2	21.1
非贫困人口失业率（15 岁以上）	2.3	2.9	1.9	13.1	10.0	16.7
总失业率（15 岁以上）	0.6	0.9	0.3	13.9	10.7	17.4
劳动力参与率（贫困人口）	86.8	85.3	87.9	58.8	62.0	55.9
劳动力参与率（非贫困人口）	78.4	80.9	76.2	65.0	70.0	60.3
劳动力参与率（总人口）	85.4	84.6	86.0	64.0	68.7	59.6

资料来源：各国家庭支出调查。

表 B2　交叉制表：总人数

	不丹（2003 年）			刚果民主共和国（2005 年）			刚果（2005 年）		
	总人口	男性	女性	总人口	男性	女性	总人口	男性	女性
贫困总人口（0 岁以上）	143654	69543	74111	30351930	15058133	15293796	1919372	911352	1008020
贫困总人口（15 岁以上）	89758	43134	46624	14803117	7167946	7635171	1097394	495937	601458
贫困总人口（农村地区，15 岁以上）	89144	42840	46304	12319877	5991045	6328832	534510	240750	293760
贫困总人口（城市地区，15 岁以上）	614	295	320	2483240	1176901	1306339	562884	255187	307698
贫困人口（5 岁以上）	73460	34682	38778	11201846	5317581	5884265	654901	297618	357283
贫困人口（15 岁以上）	66829	31568	35260	10890733	5176692	5714041	630119	287406	342713
贫困人口（5—14 岁）	6632	3114	3518	311114	140889	170224	24783	10212	14571
贫困人口（农村地区，15 岁以上）	66558	31356	35203	9529885	4510093	5019792	397314	177319	219994
贫困人口（城市地区，15 岁以上）	271	213	58	1360847	666599	694249	232805	110087	122718
失业人口（15 岁以上）	4695	2569	2126	613563	367881	245682	290480	130238	160242
贫困失业人口（15 岁以上）	897	782	115	272932	164096	108836	139470	65178	74292
非贫困失业人口（15 岁以上）	3798	1787	2011	340631	203786	136845	151010	65060	85950
劳动力人口（15 岁以上）	253294	128202	125092	19669044	9820944	9848100	1496664	720578	776085
贫困劳动力人口（15 岁以上）	67726	32350	35376	11163665	5340788	5822877	769588	352584	417005
非贫困劳动力人口（15 岁以上）	185568	95851	89716	8505379	4480156	4025223	727075	367994	359081

表 B2（续）交叉制表：总人数

	贝宁（2003 年）			马里（2006 年）			尼日尔（2005 年）		
	总人口	男性	女性	总人口	男性	女性	总人口	男性	女性
贫困总人口（0 岁以上）	3188054	1641224	1546830	6333360	3173735	3159625	8314558	4141112	4173446
贫困总人口（15 岁以上）	1516690	743120	773570	3099877	1463041	1636836	3862020	1870845	1991175
贫困总人口（农村地区，15 岁以上）	1112377	540426	571951	2656661	1247180	1409481	3559481	1727084	1832397
贫困总人口（城市地区，15 岁以上）	404313	202694	201619	443216	215861	227355	302539	143761	158778
工作贫困人口（5 岁以上）	1352065	651537	700528	3135602	1668594	1467008	2492178	1760992	731186
工作贫困人口（15 岁以上）	1173854	567227	606627	2313351	1213228	1100123	2077857	1507945	569912
工作贫困人口（5—14 岁）	178211	84310	93901	822251	455366	366885	414321	253047	161274
工作贫困人口（农村地区，15 岁以上）	888925	425709	463216	2044077	1051830	992247	1932004	1407976	524028
工作贫困人口（城市地区，15 岁以上）	284929	141518	143411	269274	161398	107876	145853	99969	45884
失业人口（15 岁以上）	101605	43469	58136	321974	139322	182652	637287	324570	312717
贫困失业人口（15 岁以上）	40365	16624	23741	131755	69663	62092	396473	189233	207240
非贫困失业人口（15 岁以上）	61240	26845	34395	190219	69659	120560	240814	135337	105477
劳动力人口（15 岁以上）	2796685	1361610	1435075	4830736	2612690	2218046	4008248	2754255	1253993
贫困劳动力人口（15 岁以上）	1214219	583851	630368	2445106	1282891	1162215	2474330	1697178	777152
非贫困劳动力人口（15 岁以上）	1582466	777759	804707	2385630	1329799	1055831	1533918	1057077	476841

表 B2（续）交叉制表：总人口

	布隆迪（1998 年）			肯尼亚（2005 年）		
	总人口	男性	女性	总人口	男性	女性
贫困总人口（0 岁以上）	5206360	2456369	2749991	6996516	3436353	3560163
贫困总人口（15 岁以上）	2573595	1149454	1424141	3450993	1628247	1822746
贫困总人口（农村地区，15 岁以上）	2531043	1131084	1399959	3334525	1570587	1763938
贫困总人口（城市地区，15 岁以上）	42552	18370	24182	116468	57660	58808
工作贫困人口（5 岁以上）	2664836	1167745	1497092	1786777	932425	854352
工作贫困人口（15 岁以上）	2227214	976280	1250934	1660348	856308	804040
工作贫困人口（5—14 岁）	437622	191465	246157	126428	76117	50312
工作贫困人口（农村地区，15 岁以上）	2209104	966696	1242408	1629783	838289	791495
工作贫困人口（城市地区，15 岁以上）	18110	9584	8526	30565	18019	12545
失业人口（15 岁以上）	14643	10069	4574	1835059	738966	1096092
贫困失业人口（15 岁以上）	5470	4705	765	368852	153349	215503
非贫困失业人口（15 岁以上）	9173	5363	3809	1466207	585617	880589
劳动力人口（15 岁以上）	2623878	1168038	1455840	13181419	6889279	6292140
贫困劳动力人口（15 岁以上）	2232684	980985	1251699	2029200	1009657	1019543
非贫困劳动力人口（15 岁以上）	391194	187052	204141	11152219	5879622	5272597

资料来源：各国家庭支出调查。

议题三：千年发展目标就业指标：国别案例[1]

1. 引言

2007 年，联合国秘书长在社会发展委员会发起了一项为期两年的计划，该计划以面向所有人推动充分的生产性就业和提供体面工作为优先主题。“千年发展目标”（MDG）指标的跨机构专家组（IAEG）[2]的成员在相关决议的指导下开展工作，致力于扩展 MDG 的范围，提出了一项新的就业目标和 4 个新的就业指标。[3]上述的新目标和新指标是在《劳动力市场关键指标》第五版[4]中提出的。

2010 年的高级审查会议是衡量 MDG 进展情况的下一个基准。作为面向所有人推动充分的生产性就业和体面工作的联合国机构，国际劳工组织在确保在国家和国际劳动市场监测体系中落实新的就业指标方面承担中心责任。[5]将这些指标纳入国家发展战略也是“体面劳动国别计划”的基石。当前的全球经济危机及其对劳动市场的冲击进一步凸显了对劳动市场议题加强监测和提出更为全面的指标的重要性。

因此，相关方面出台了关于 MDG 指标的指导原则，覆盖了新指标的定义、数据来源、计算和分析等方面。[6]关于新指标的全球及地区分析也已经包含在上一版的 KILM 中，该版 KILM 已经针对《2009 年千年发展目标报告》[7]进行了更新。另外，组织召开了研讨会，为对指标进行国家层面的分析提供支持，[8]强调了 MDG 就业指标同国际劳工组织目前正在讨论的各类体面工作指标之间的关联性。[9]

本文以具体国家为例阐述了新 MDG 就业指标的情况：

- 就业人口比率
- 脆弱性就业率
- 生活在贫困线以下的就业人口比例
- 劳动生产率增长率

本部分内容分析了 3 个国家（博茨瓦纳、乌克兰和巴基斯坦）的上述指标，这 3 个国家代表了不同的地区以及完全不同的经济与社会环境。进行分析的目的是演示如何以使用 MDG 就业指标作为起点，依据更为广泛的指标集进行更全面的劳动力市场分析。

---

1 本部分由国际劳工组织就业趋势工作组的 Theo Sparreboom 编写，Thomas Debrouwer 和 Evangelia Bourmpoula 协助编写。

2 IAEG 负责为监测 MDG 进展情况准备数据和分析，同时还负责评审和制定同上述指标相关的方法，提供指导意见，帮助确定优先性和战略，以便为相关国家提供数据收集、分析及 MDG 情况报告方面的支持。

3 联合国：社会发展委员会，关于第 45 会议（2006 年3 月22 日和2007 年2 月7—16 日）的报告（纽约，2007 年）；http：//www. un. org/esa/socdev/csd/2007/documents/final-report-eng. pdf。

4 国际劳工组织：《劳动力市场关键指标》第五版（日内瓦，2007 年）。

5 本职责还关注 MDG3（促进两性平等和赋予妇女权益）下的指标：妇女在非农业部门有酬工作中所占的比例。

6 国际劳工组织：《新千年发展目标就业指标指南》（日内瓦，2009 年 6 月）；http：//www. ilo. org/public/english/employment/download/mdg_en. pdf。

7 联合国：《2009 年千年发展目标报告》（纽约，2009 年）；http：//mdgs. un. org/unsd/mdg/Resources/Static/Products/Progress2009/MDG_Report_2009_En. pdf。

8 第一次关于“增强劳动力市场信息，监测非洲体面工作进程”的技术研讨会于 2009 年7 月在亚的斯亚贝巴举行，会中针对 MDG 就业指标进行了国家分析；其他研讨会正在计划中。

9 关于正在筹划中的体面工作指标，见 http：//www. ilo. org/integration/resources/mtgdocs/lang--en/docName--WCMS_098027/index. htm。

2. 博茨瓦纳

稳健的经济管理和丰富的钻石资源使博茨瓦纳成为世界上增长最快的经济体之一，1980—1995 年间，该国的年均经济增长率达到了 8.8%，1996—2006 年间增长速度虽然有所放缓，但仍然达到了 6.5%。[10]博茨瓦纳的对外贸易开放程度很高，但高度依赖于钻石贸易，钻石贸易占其年均出口额的 3/4，在 GDP 中所占的比例超过了 1/3。[11]大量同钻石相关的收入被用来建设现代化的交通和通信基础设施，以及投入到卫生医疗和教育事业中。

就业人口比率

就业人口比率是指在相应年龄组及性别的人口中就业人口所占的百分比。在 1996—2006 年间，博茨瓦纳的就业人口比率从 36.3% 上升到了 46.8%，增幅超过了 10 个百分点（见表 C1），其中男性的增幅（11.7%）要高于女性的增幅（9.8%）。这一增长反映出了这一时期的净就业创造率较高，年均达到了 4.6%。这使得失业率从 1996 年的 21.5% 下降到了 2006 年 17.5%。2006 年女性失业率为 19.7%，男性为 15.3%。

与 10 年前相比，2006 年的就业人口比率相当于 15 岁以上人口中有 50%—70% 实现了就业，但这仍显著低于撒哈拉以南非洲的平均水平（见图 C1）。[12]后者相对较高部分是因为该地区许多国家的收入水平都很低，并且需要人们在缺乏社会保障的情况下工作。

10 依据《世界经济展望》（国际货币基金组织，华盛顿，2009 年 4 月）得出的平均值。

11 O. Basdevant：“钻石恒久远吗？使用永久性收入假说来分析博茨瓦纳对钻石收入的依赖”，国际货币基金组织工作文件（国际货币基金组织，华盛顿，2008 年）。

12 由于已公布的数据有限，表 C1 和图 C1 中关于博茨瓦纳的就业人口比率是针对 12 岁及以上的人口计算的，更高年龄段人口的就业人口比率可能会高于这个水平。

但是，博茨瓦纳还拥有尚未得到释放的劳动力潜力，“怯志求职者”的巨大数量反映了这种潜力，如果在计算失业率时将怯志求职者包括在内，则 2006 年的失业率将达到 31.6%，其中女性失业率为 37.6%，男性为 24.9%。[13]

对于青年来说，1996—2006 年间就业人口比率增长了 6.8%，男性增长同样高于女性（见表 C2）。2006 年，该国青年就业人口比率为 28.2%，显著低于撒哈拉以南非洲地区的平均水平，而且表现出相反的趋势。[14]这可能是因为博茨瓦纳多年来青年入学率一直较高，[15]使青年就业比例保持在较低水平，同时，经济扩张也给青年人提供了更多新的就业机会。但是，青年失业在博茨瓦纳仍然非常普遍，从广义上看（包括怯志求职者），20—24 岁的青年占总失业人数的 1/4 以上。[16]

博茨瓦纳的失业率虽然存在性别差异，但就业机会中的性别差异却较为有限。2006 年的该国就业人口比率的性别差异为 13.8%。低于撒哈拉以南非洲以及发达经济体和欧盟的平均水平。与此类似，劳动力调查数据显示，女性在非农业有酬就业中所占的比重几乎同男性相当（1996 年为 46.6%，2006 年增长至 49.3%）。同时，机构调查显示，2007 年 9 月有酬工作中的女性就业比重为 43.2%。[17]

13 博茨瓦纳中央统计局，哈博罗内：《2005/06 年劳动力报告》（2008 年 2 月）。

14 关于青年就业的地区趋势，见国际劳工组织：《全球青年就业趋势》，第 2 节，2008 年 10 月（日内瓦，2008 年）。

15 博茨瓦纳在 2000 年的中等教育入学率为 75%，撒哈拉以南非洲为 25%。见联合国教科文组织统计研究所：“ISCED 水平的入学率”；http：//stats. uis. unesco. org/unesco/TableViewer/tableView. aspx？ReportId = 182。

16 博茨瓦纳中央统计局，哈博罗内：《2005/06 年劳动力报告》（2008 年 2 月）。

17 博茨瓦纳中央统计局，哈博罗内：《2007 年劳动力报告》；http：//www. cso. gov. bw/images/stories/Labour/2007%20labour%20report. pdf（2009 年 6 月 15 日）。本次调查覆盖 CSO 的《企业和机构登记簿》中列出的企业的就业者，不包括雇员数少于 5 人的企业。

图 C1　1996 年和 2006 年博茨瓦纳及部分地区就业人口比率

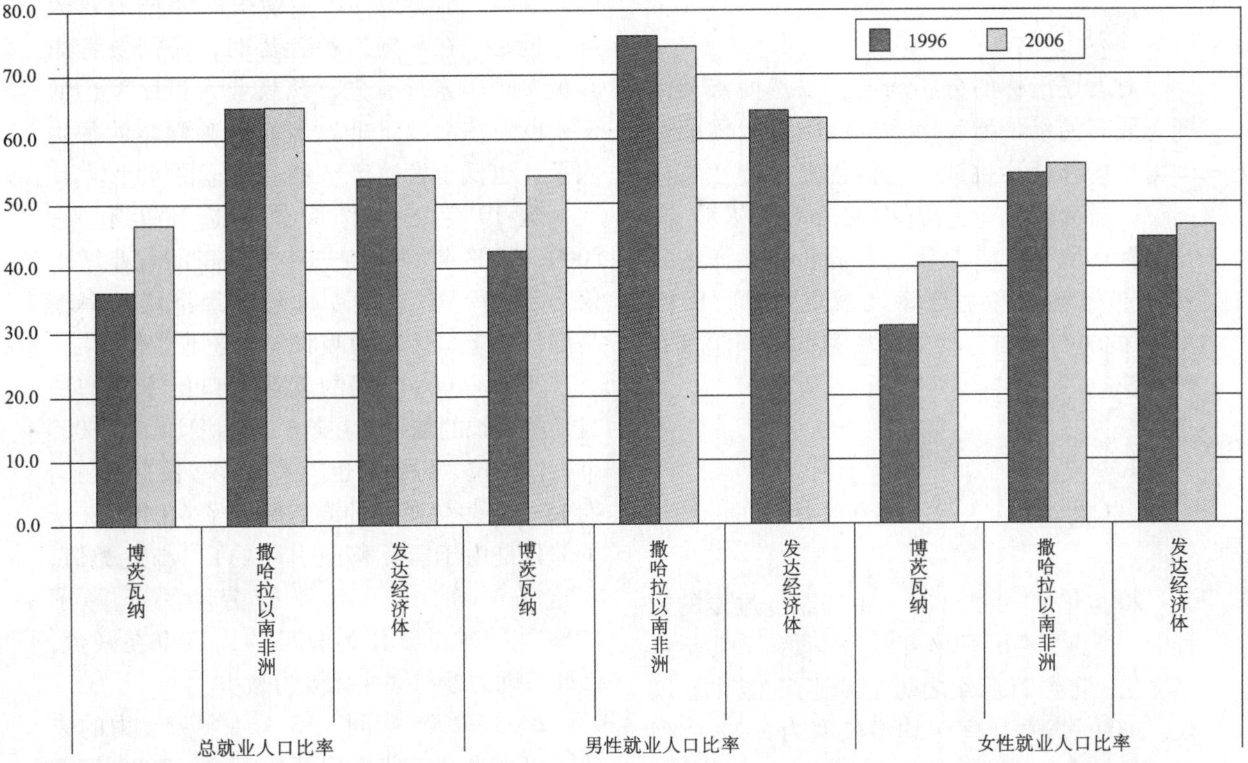

资料来源：《博茨瓦纳劳动力调查》（博茨瓦纳中央统计局，哈博罗内，多年数据）；地区趋势计量经济模型，2009 年 7 月。

注：博茨瓦纳的就业人口比率按 12 岁及以上人口计算，撒哈拉以南非洲以及发达经济体和欧盟的就业人口比率按 15 岁及以上人口计算。

脆弱性就业率

脆弱性就业率是指无报酬家庭工作者和自营工作者在相关组别总就业人口中所占的百分比。[18]这部分工作者拥有正规工作安排的可能性较低，因此缺乏与体面工作相关的要素，如充分的社会保障以及工作中的话语权等，而工薪工作者以及雇主们却可以享有这些要素所带来的利益。1996 年和 2006 年在博茨瓦纳进行的劳动力调查显示，工薪工作者以及雇主的绝对数量从 285000 人增加到了 346000 人，但是这一增长并没有赶上总体经济增长。换句话说，脆弱性就业率从 1996 年的 17.4% 增长到了 2006 年的 35.8%。这主要是因为女性和男性都出现了自营工作的增长（见表 C3）。在女性方面，无报酬家庭工作也表现了强劲增长，在总就业中所占的比例从 1996 年 1.1% 升至 2006 年的 4.3%。

生产率和工作贫困

1996—2006 年期间，博茨瓦纳每个就业者的 GDP 的年均增长率为 1.9%，意味着相当大的一部分就业人口一直在从事低生产率的活动，这一点也与脆弱性就业率所反映的情况相符。工作贫困方面的信息虽然比较零散，但也反映出了这种趋势。国际信息库中仅有 1994 年的国家贫困率的数据，其显示生活在 1 美元贫困线之下的人口比例为 31.2%。[19]这样的数据意味着，博茨瓦纳的就业人口有很大一部分处于工作贫困状态，但是要精确地评估工作贫困率，还需要进行

18　国际劳工组织：《劳动力市场关键指标》第五版（日内瓦，2007 年），第一章。

19　《2006/07 年度贫困监测报告》（哈博罗内，减少贫困多部门委员会秘书处农村发展协调分部贫困战略组，2007 年 8 月）。

更多的研究。[20]

评估

对上述指标的分析表明，虽然博茨瓦纳拥有较高的经济增长率，但面临着严峻的劳动力市场和社会挑战，包括创造生产性工作岗位，摆脱经济对钻石相关活动的依赖等。在这种环境下，应深化这种分析，并详细研究分部门就业和生产率发展。同时，HIV/AIDS 的流行也对劳动力市场和贫困问题具有严重影响。[21]

3. 乌克兰

20 世纪 90 年代，在向市场经济过渡的过程中，乌克兰经历了 10 年的经济萎缩和生活水平恶化，直到 21 世纪之初才实现了经济的正增长，2000—2008 年间年均增长率为 6.9%。[22]但是，乌克兰在 2007 年的人均 GDP 为 1123 美元，仍然低于大多数独联体（CIS）经济体。[23]其实际人均 GDP 可能要高于经济数据所显示的水平，因为在乌克兰的家庭总收入中，估计有 15%—45% 来自于“非官方”或“影子”经济，[24]而这些收入则没有反映在经济数据中。

就业人口比率

在 20 世纪 90 年代经济改革的初始阶段，乌克兰的就业机会大幅减少，这一点同其他过渡性经济体类似。表 C1 显示，15—64 岁人口的就业人口比率从 2000 年的 59.0% 上升到 2008 年的 63.4%，这种上升趋势表明，乌克兰在这个 10 年期内的经济绩效较好。但是，在评判这种趋势时，还需要考虑其他多种因素。首先，该就业人口比率还低于中欧、东南欧（非欧盟）和独联体的平均水平，也低于发达经济体和欧盟的水平。[25]其次，这 10 年的工作岗位创造还很有限，2000—2008 年间，15—64 岁人口的就业增长仅为年均 0.4%，表明即使在经济增长率较高的形势下，劳动力吸收能力还非常低。

2000—2008 年间的就业人口比率的增加是经济增长的结果，在这一时期增加了 630000 个工作岗位，但同时也同人口负增长有关，同期 15—64 岁年龄段的人口减少了 4.0%[26]（至少部分是由于国际移民引起的）。[27]与此类似，在这一时期，15—70 岁的劳动力下降了 1.9%，同时由于作为分母的人口也在减少，因此劳动力参与率变化极为微小。[28]

2000—2003 年间，15—64 岁劳动力的失业率出现上升，但之后开始下降，2008 年降至 7.4%。[29]换言之，乌克兰的就业增长虽然同经济增长相比还处于较低水平，但足以推动失业率走低。另外，2000—2008 年间，在失业率下降的趋势下，失业期和求职期也大幅降低。[30]然而，移民同样可能是推动失业率

---

20 假设 2006 年的贫困率为 30%，利用《新千年发展目标就业指标指南》中建议的简化方法与劳动力调查数据将得出全国工作者的贫困率为 36%。

21 《2007/2008 年非洲经济展望》（巴黎，OECD 和非洲开发银行，2008 年）。

22 基于《世界经济展望》的平均值（国际货币基金组织，华盛顿，2009 年 4 月）。

23 以 2000 年定值美元为单位，见《劳动力市场关键指标》第六版附录的表 A1（国际劳工组织，日内瓦，2009 年）。

24 UNDP:《2008 年乌克兰人力发展报告》、《人力发展与乌克兰的欧洲选择》（基辅，2008 年）。

25 使用 15—70 岁年龄组的就业数据，配合以乌克兰国家统计委员会的 15 岁及以上人口估算，可以得出，2000 年的就业人口比率为 50.0%，到 2008 年则上升至 52.8%。而中欧、东南欧（非欧盟）和独联体在 2000 年的 15 岁及以上平均就业人口比率为 52.3%，2008 年为 54.1% [国际劳工组织：《全球就业趋势》，2009 年 1 月（日内瓦，2009 年）]。发达经济体和欧盟在这两个年份的平均就业人口比率都要高于上述数字。因为就业数据不统计 70 岁以上的就业人群，因此这个计算方法对乌克兰稍显不公，但即使将这部分就业者计算在内，乌克兰的就业人口比率也是相对低的。

26 除非特别说明，否则所述数据均来自乌克兰国家统计委员会；http://www.ukrstat.gov.ua/。

27 其他解释性因素包括生育率和死亡率。

28 15—70 岁人士的劳动力参与率在 2000 年为 63.2%，在 2008 年为 63.3%。

29 15—70 岁年龄组的失业率在 2000—2008 年间持续下降，从 2000 年的 11.6% 降至 2008 年的 6.4%。

30 15—70 岁年龄组的平均失业期从 2000 年的 23 个月降至 2008 年的 11 个月，平均求职期从 2000 年的 10 个月降至 2008 年的 6 个月。

降低的一个重要因素，乌克兰很多具有工作能力却无法获得工作机会的人倾向于到其他国家寻找工作，这有助于国内就业人口保持工作稳定。现有数据显示，也有一些怯志求职者在放弃寻找工作后离开了劳动力市场，但仍然留在国内，成为经济上的非就业人口，此类人口所占的比例很低，在2008年仅为1.1%。然而，“从事国内工作”的非就业人口的比例却从2000年的11.6%上升到2008年的17.7%，其中有些人以往可能曾被纳入怯志工作者的范畴中。

青年就业人口比率远低于成年人，部分是因为许多青年人在接受全日制教育。在乌克兰，2008年的青年人就业人口比率为37.3%（间表C2）。既非接受教育又未就业的青年人所占的比重（即NEET率）在2000年为21.4%，到2008年则下降到了16.0%。这种下降在很大程度上是因为乌克兰拥有相当发达的、利用程度相当高的教育体系，乌克兰的初等和高等教育入学率要高于中欧、东南欧（非欧盟）和独联体的平均水平。[31,32]虽然该国青年失业率的下降趋势明显，但同总体失业率相比仍然较高，[33]教育在其中发挥了什么样的作用还不清楚。很可能某些青年人“藏在”教育体系中，推迟了走出校门的时间，以此来回避艰难的求职过程。另一方面，乌克兰的低人口增长甚至负增长也可能为一些青年人提供了新机遇。

脆弱性就业率

就业人口比率仅能反映就业的规模，如果要了解就业的质量，就需要详细考察就业状况。同无报酬工作者或者自营工作者相比，工薪工作者更便于享受到与体面就业相关的要素所带来的利益，如就业保护、社会保障，以及在工作中的话语权。在乌克兰，工薪工作者在总就业人口所占的比重一直在显著下降，从2000年的89.9%下降到了2007年的80.7%，降幅达9.2个百分点。[34]其中女性的降幅（9.7%）要大于男性（8.8%），但是男性和女性就业人口中的有酬工作的比例相当接近（分别为81.8%和79.5%）。从绝对数量上讲，在2000—2007年间，就业人口减少了近130万，只有包括雇主在内的自雇工作者实现了数量上的增长。

生产率和工作贫困

乌克兰在减少贫困方面取得了明显的进步，处于1.25美元的国际贫困线以下的人口比例已经降至1%以下。按照这个贫困线，工作贫困现象在这个10年中已经变得微不足道。2005年以来，即使按照2美元的国际贫困线计算，也表现为这种形式。世界银行2007年发布的一份报告使用了国家贫困线，这个贫困线是按照对粮食以及非粮食货物和服务的最低需求计算得出的。[35]按照2003年物价计算，这个贫困线为1813乌克兰克里夫纳，根据这一基准，该国贫困率从2001年的31.7%下降到了2005年的7.9%。这个贫困线较低，而议会设定的最低生活水平要高得多。如果使用较高的贫困线计算，贫困率会明显增高，但是世界银行的报告显示，对贫困线的选择并不会显著影响对贫困降低速度的计算。

快速增长的生产力水平可以推动工资增长和社会转型，从而有助于降低贫困。图C2显示出，在20世纪90年代的大部分时间中，该国生产力都处于负增长，直到1998年才实现正增长。在2000—2005年间，该国年均生产率增长为7.2%，在某些年份超过了10%，这与1990—1999年间的平均-6.9%的水平形成鲜明反差。

虽然工作贫困人口在减少，但乌克兰的工资水平仍然存在问题。[36]虽然脆弱性相对较低，但有酬工作仍然难以实现可接受的生

31 见国际劳工组织：《全球青年就业趋势》，2008年10月（日内瓦，2008年）第9节。

32 资料来源：UNESCO统计研究所：“ISCED水平的入学率”；http://stats.uis.unesco.org/unesco/TableViewer/tableView.aspx?ReportId=167。

33 青年失业率从2000年的24.2%降至2008年的13.3%。

34 国际劳工组织：《劳动力市场关键指标》，第五版（日内瓦，2007年）。

35 《乌克兰：最新贫困数据》，第39887-UA报告（世界银行，华盛顿，2007年6月）。

36 E. Libanova：《体面工作国别报告——乌克兰》（国际劳工组织，欧洲和中亚地区办公室，2008年3月）。

图 C2 巴基斯坦和乌克兰的劳动生产率增长率（以购买力平价按 1990 年定值美元计算）

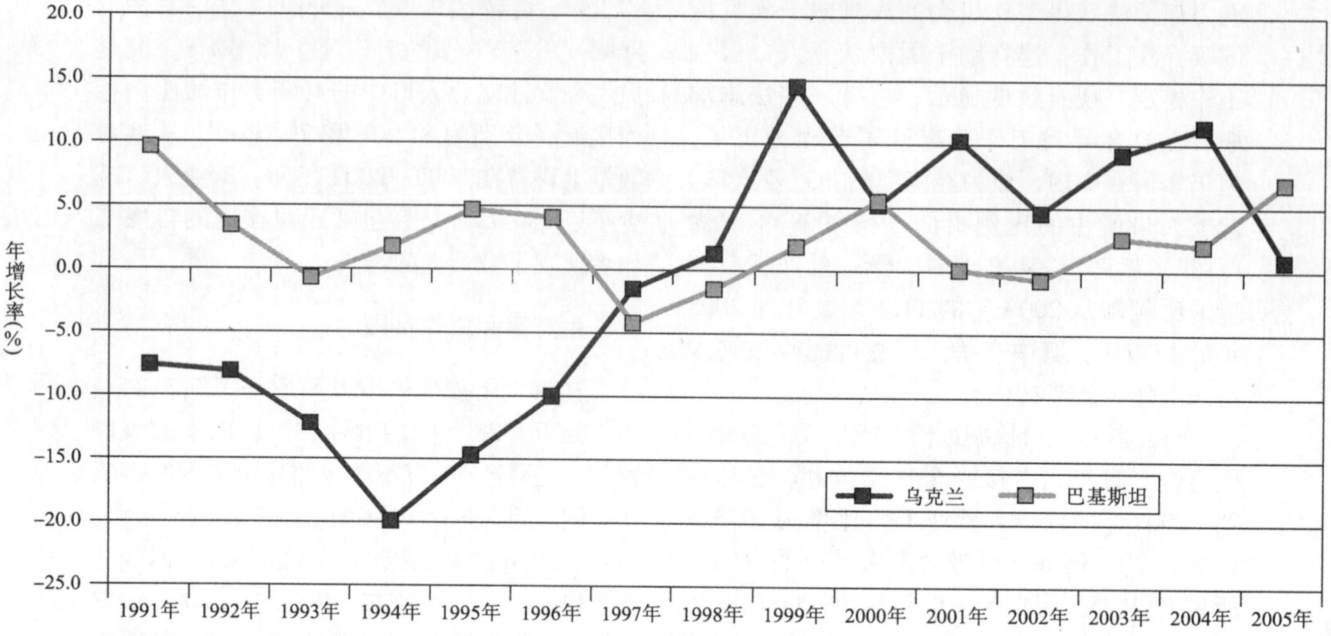

资料来源：《劳动力市场关键指标》第五版（国际劳工组织，日内瓦，2007 年）。

活水平。世界银行的报告援引以前的数据表明，2005 年的该国工作贫困率（使用国家贫困线计算）为 5.6%，同 2003 年的 14.3% 相比有明显下降，但同 2005 年的 7.9% 的国家贫困率相比则下降幅度不是特别明显。雇主的工作贫困率（1.9%）和自雇工作者的工作贫困率（4.7%）都有所降低，而在无报酬家庭工作者中则没有贫困。失业者中的贫困人口比例较高（15.0%），这一点并不令人惊异。这份报告从另一个角度阐述了贫困，在所有穷人当中，雇员所占的比例为 30.2%，失业者所占的比例为 18.1%，学生占 20.4%，退休人员占 16.4%。

评估

对上述就业指标的分析表明，乌克兰在经历了 20 世纪 90 年代剧烈的经济过渡期后，在近 10 年实现了较为有利的劳动力市场发展。就业机会得到扩大，就业人口比率和失业率等劳动力市场指标显著改善。但是，虽然乌克兰在近 10 年实现了高经济增长率，但就业创造能力一直比较有限，劳动力市场的改善至少在部分上得益于移民。另外，从脆弱性就业的工作者所占比例来看，乌克兰在 2000—2008 年间在提高就业机会质量方面几乎没有进步。因此，这个国家不仅在创造就业方面面临挑战，而且在为已就业者改善工作条件方面也面临挑战。在近期的全球经济危机中，乌克兰是受打击最大的国家之一，因此这些挑战变得更为严峻。

4. 巴基斯坦

2000 年以来，巴基斯坦政府推出了一系列经济改革计划。近年来，改革政策与官方及私人转型共同促成了其相对较高的经济增长率（年均 6%—8%），超过了 20 世纪 90 年代的年均增长率（4.6%）。[37] 在这种经济形势下，该国劳动力市场也有所改善，但是仍然有一定数量的结构性挑战需要应对，MDG 就业指标也证实了这些挑战的存在。

就业人口比率

多数国家的就业人口比率都在 50%—

37 巴基斯坦政府财政部：《2007—2008 年经济普查》（伊斯兰堡，2008 年）。

70%之间，但是如表 C1 所示，巴基斯坦的就业人口比率却非常低，在 2007 年仅为 49.8%，其主要原因是女性的就业人口比率非常低，仅为 19.4%，是男性的 1/5。但是，近 10 年以来女性就业人口比率明显上升，上升幅度约为 6 个百分点，男性和女性之间的就业人口比率的差距正在缩小，但是，即使以南亚的标准进行比较，这个差距仍然是非常大的。2000—2007 年之间的男性就业人口比率的增长非常小，仅为 1 个百分点，但是绝对水平则较高，为 79.6%。

2000—2007 年间，由于女性在劳动力市场中的地位不断增强，青年人的就业人口比率增长了近 6 个百分点。青年女性的就业人口比率从 2000 年的 7.2% 升至 2007 年的 16.8%（见表 C2）。与总体比率类似，青年就业人口比率也存在很大的性别差异，表明女性在巴基斯坦的劳动力市场中处于劣势。初中和高中教育入学率的性别差异以及 NEET 率也反映了这种模式，2006 年，青年女性的 NEET 率为 64.3%，而青年男性的 NEET 率则仅为 9.3%。[38]

脆弱性就业率

构成巴基斯坦脆弱性就业的两个群体在劳动力市场表现出模式差异巨大。2000—2007 年间，无报酬家庭工作在所有就业中所占的比重增长了 5.2 个百分点，而自营工作则下降了 7.6 个百分点（见表 C4）。总体上看，这也导致脆弱性就业降低了 2.4 个百分点。这种降低主要体现在雇员方面，而雇主所占的比例则几乎没有变化。

男性和女性在劳动力市场中再次表现出截然不同的发展趋势（见图 C3），对男性而言，脆弱性就业强势下跌，无报酬家庭工作小幅增长；对女性而言，无报酬家庭工作大幅上升，雇员在女性就业人口中所占的比重从 2000 年的 1/3 下降到 2007 年的约 1/4。从女性就业人口比率上升中可以明显看出，近年来进入劳动力市场的女性有很大一部分被吸入到脆弱性就业中。

青年劳动力市场的发展同劳动力市场的总体趋势差别不大，青年脆弱性就业下降了 1.9 个百分点，但这种下降是男性脆弱性就业强势下降的结果，而与此同时，女性脆弱性就业的上升甚至有所增加（见表 C5）。总体的正面成果（即脆弱性就业的下降）是青年男性在青年劳动力市场中占主体地位的结果。

生产率和工作贫困

脆弱性就业、工作贫困和劳动生产率之间具有很强的关联性。劳动生产率被用来评判某一经济环境下创造和保持薪酬公平合理的体面就业机会的能力。通过投资、贸易、技术进步以及工作机构变化实现的生产率的提高可以推动增强社会保障和减少贫困，从而在减少脆弱性就业和工作贫困方面发挥作用。生产率增长并不能确保在这些领域实现改进，但是若没有生产率增长及其带来的经济增长，实现改进的可能性是极低的。

在巴基斯坦，若使用日生活费 1 美元的国际贫困线，则工作贫困人口的比重在 1999—2002 年间增加了 6 个百分点，占就业人口的近 1/4。之后这一比重迅速降低，到 2005 年，仅有 1/8 的工作者被划分为工作贫困人口。[39]生产率的增长并没有显示出明确的模式，在 20 世纪 90 年代后半段中的某些年份，其表现为负增长（见图 C2）。近年来，生产率增长出现一定的好转，但是仍然具有很强的不稳定性。

评估

良好的生产率增长是实现体面工作和减少工作贫困的基础，巴基斯坦的经济和社会政策改革都取得了显著成绩，较高的经济增长率为实现 MDG 铺平了道路。所有四个指标都显示了正面的发展，但同时也强调了该国所面临的重大挑战，其中尤为重要的是，成人和青年就业者的主体仍然属于脆弱性就业，而且有 1/8 的就业者属于工作贫困人口。在

38 国际劳工组织：《全球青年就业趋势》，2008 年 10 月（日内瓦，2008 年）。

39 国际劳工组织：《劳动力市场关键指标》第五版（日内瓦，2007 年）。

图 C3 巴基斯坦的就业状况分布（2000 年和 2007 年）

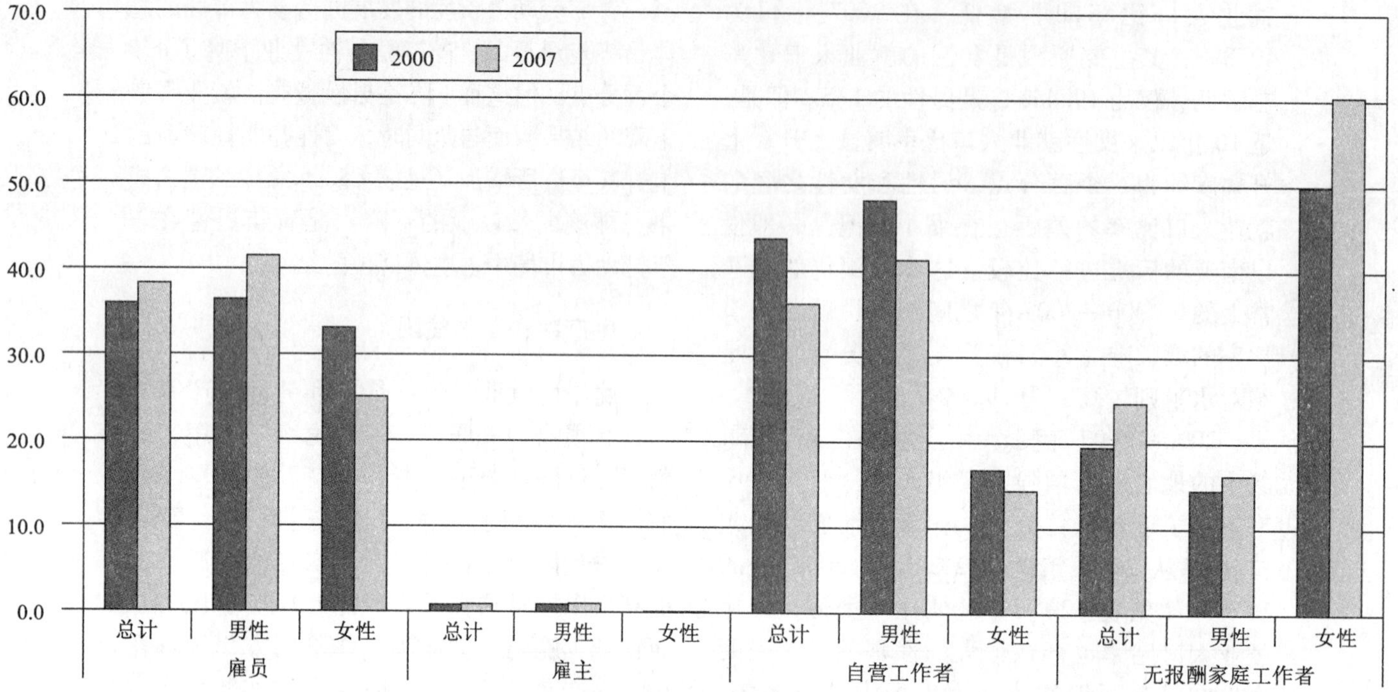

资料来源：《劳动力调查》（巴基斯坦联邦统计局，伊斯兰堡，不同年份）。

这种形势下，该国需要出台政策来加速实现体面的就业，并将经济增长转化为更好的劳动市场成果。生产率是其中的关键因素，因此该国需要积极投资来保持良好的生产率增长率。要为制定具体的劳动力市场政策提供信息支持，还需要对更多的劳动力市场数据进行分析。[40]同时，巴基斯坦面临着严峻的性别差异形势，对性别差距的分析表明，巴基斯坦需要持续努力提高女性在劳动力市场中的地位，并提高其进入劳动力市场和获得高品质工作的能力。

5. 经济危机和劳动力市场监测需求

博茨瓦纳、乌克兰和巴基斯坦都受到了全球经济危机的沉重打击。博茨瓦纳和乌克兰的经济都依赖于出口，而且这种依赖性都集中在某种单一的出口商品上，其价格和需求已经在世界市场上出现锐减。博茨瓦纳的经济增长率在 2008 年降至 2.9%，预计 2009 年的经济增长率为 -14.0%。[41]乌克兰的经济增长率在 2008 年降至 2.7%，预计在 2009 年将收缩 10.0%。[42]巴基斯坦虽然拥有较大的国内市场，但也依赖于纺织品出口，预计 2009 年的经济增长为 -0.9%。[43]从全球层面看，虽然有复苏信号，但目前还不能断言会出现可以惠及这些国家出口的转折。

相应的，这 3 个国家的经济和劳动力市场政策的重点都是缓解经济危机的冲击，乌克兰和巴基斯坦的政策是以与国际货币基金组织达成的协议为导向的。因此，需要持续监测其就业和劳动力市场，不仅从危机本身的角度进行观察，而且需要评估这些政策的有效性。换言之，需要实施劳动力市场监测

40 如需对巴基斯坦就业市场信息进行更为细致的分析，见《巴基斯坦就业趋势》（劳动和人力部，伊斯兰堡；http：//www. molm. gov. pk）。

41 《国别报告之博茨瓦纳》（经济学人智库，伦敦，2009 年 5 月）。

42 《国别报告之乌克兰》（经济学人智库，伦敦，2009 年 5 月）。

43 《国别报告之巴基斯坦》（经济学人智库，伦敦，2009 年 5 月）。

战略，可以参照这3个国家的情况实施，并将MDG就业指标作为劳动力市场监测的起点。[44]

监测战略的第一个要素是关于经济和劳动力市场发展的数据和信息，乌克兰可以以月度或季度为单位依据劳动力调查使用就业人口比率和脆弱性就业率来监测就业情况，而在博茨瓦纳，可获取的此类调查的间隔非常长（10年）。巴基斯坦可以使用年度机构调查来监测就业水平。但是，这些调查仅覆盖了部分就业情况，同时，若要在危机期间定期评估劳动力市场，年度数据并不充分。巴基斯坦目前正在着手开展季度性劳动力调查，但尚未公布任何数据。

现有的劳动力调查数据不足以实现对国家劳动生产率和工作贫困进行准确估算，因为在评估工作贫困时，需要使用关于收入和支出的调查数据，而此类数据通常是经过精心构建却非经常性的收入和支出调查收集的，所以很难用以在经济危机的形势下生成最新的估算。[45]因此，需要考虑实施同时覆盖就业和收入支出的调查。即使有充分的数据和信息来开展月度或季度劳动力市场评估，也需要收集更多的数据来测算经济危机对劳动力市场中特定群体所造成的影响，或分析劳动力市场中出现的新问题。

实施劳动力市场监测战略的其他要素包括用以分析数据和信息的技术能力和基础设施，以及用以评估分析结果的制度性协定。通过此类协定，可以定期与劳动力市场的利益相关者进行磋商，解答关于监测体系进一步发展的问题，即何为劳动力市场信息和分析的目标和范围，以及国家经济和政策中所需的要素。依据磋商和协定，可以扩展数据收集（覆盖范围、内容、频率），并引入新的数据收集方法或新的分析技术（模块、预测等）。

大多数发展中国家都不具备先进的统计计划以及劳动力市场信息和分析系统，这严重限制了对经济危机的评估，在这种情况下，应考虑通过收集新数据或采用其他方法来建立可用的数据来源（家庭调查、机构调查以及行政档案等）。例如，在博茨瓦纳和巴基斯坦，提高现有劳动力调查的频率要较引入新的数据收集方式更为有效，这种方法不仅可以保持跨期的连贯性，从而实现稳健的影响评估，还可以为未来的统计和信息发展打下基础，为制定政策（包括经济恢复政策）提供信息。

---

44 国际劳工组织正在制定关于劳动力市场监测战略发展的更为全面的指南。

45 关于更为详细的探讨见第一章议题二。

6. 表格

表 C1 就业人口比率（%）

	1996 年	2000 年	2001 年	2002 年	2003 年	2004 年	2005 年	2006 年	2007 年	2008 年
博茨瓦纳（12 岁以上）										
总计	36.3							46.8		
男性	42.6							54.3		
女性	30.8							40.6		
乌克兰（15—64 岁）										
总计		59.0	58.6	59.1	59.7	60.4*	61.5	62.1	62.9	63.4
男性		63.3	62.5	62.9	63.2	64.1*	66.1	67.1	67.9	68.6
女性		55.1	55.0	55.7	56.5	56.9*	57.3	57.5	58.3	58.5
巴基斯坦（15 岁以上）										
总计		46.8		46.5		47.0		49.7	49.8	
男性		78.6		77.6		77.6		79.6	79.6	
女性		13.7		13.6		15.6		19.0	19.4	

资料来源：博茨瓦纳：《劳动力调查》（博茨瓦纳中央统计局，哈博罗内，不同年份）。

乌克兰：乌克兰国家统计委员会，家庭调查。

巴基斯坦：《劳动力调查》（巴基斯坦联邦统计局，伊斯兰堡，不同年份）。

注：①依据 2004 年以后所使用方法对 1999—2003 年间的数据进行了修改，人口分布结构数据来自于 2001 年乌克兰人口普查。

②* 因从季度调查转变为月度调查而对序列进行了分拆。

表 C2 青年就业人口比率（%）

15—24 岁	1996 年	2000 年	2001 年	2002 年	2003 年	2004 年	2005 年	2006 年	2007 年	2008 年
博茨瓦纳										
总计	21.3							28.2		
男性	24.7							33.7		
女性	18.4							23.1		
乌克兰										
总计		30.4	30.1	31.1	31.5	33.9	34.2	35.1	36.6	37.3
男性		32.8	32.2	33.6	33.9	36.3	37.9	39.4	41.0	41.8
女性		27.8	27.9	28.6	29.1	31.3	30.4	30.6	32.0	32.5
巴基斯坦										
总计		35.1		37.6		38.5		42.0	40.9	
男性		61.6		61.8		62.7		66.1	64.2	
女性		7.2		11.8		13.7		16.8	16.8	

资料来源：博茨瓦纳：《劳动力调查》（博茨瓦纳中央统计局，哈博罗内，不同年份）

乌克兰：乌克兰国家统计委员会，家庭调查。

巴基斯坦：《劳动力调查》（巴基斯坦联邦统计局，伊斯兰堡，不同年份）。

注：①依据 2004 年以后所使用方法对 1999—2003 年间的数据进行了修改，人口分布结构数据来自于 2001 年乌克兰人口普查。

②* 因从季度调查转变为月度调查而对序列进行了分拆。

表 C3　博茨瓦纳：按就业状况划分的就业情况（%）

12 岁以上	1996 年	2006 年	1996—2006 年的变化（百分点）
雇员			
总计	79.9	60.5	-19.4
男性	81.6	62.2	-19.4
女性	77.9	58.6	-19.3
雇主			
总计	2.7	3.7	+1.0
男性	3.4	4.8	+1.4
女性	1.9	2.5	+0.6
自营工作者			
总计	16.4	32.6	+16.2
男性	14.2	30.8	+16.6
女性	19.2	34.6	+15.4
无报酬家庭工作者			
总计	0.9	3.2	+2.3
男性	0.8	2.1	+1.3
女性	1.1	4.3	+3.2

资料来源：《劳动力报告》（博茨瓦纳中央统计局，哈博罗内，不同年份）。

表 C4　巴基斯坦：按就业状况划分的就业情况（%）

15 岁以上	2000 年	2002 年	2004 年	2006 年	2007 年	2000—2007 年的变化（百分点）
雇员						
总计	35.9	40.4	38.5	38.4	38.3	+2.4
男性	36.4	40.9	39.8	41.2	41.5	+5.1
女性	33.1	37.1	31.5	26.6	25.1	-8.0
雇主						
总计	0.8	0.9	0.9	0.9	0.9	+0.1
男性	0.9	0.9	1.1	1.1	1.0	+0.1
女性	0.1	0.3	0.1	0.1	0.1	0.0
自营工作者						
总计	43.7	39.9	38.6	36.8	36.1	-7.6
男性	48.2	43.8	42.9	41.5	41.3	-6.9
女性	16.8	16.5	17.0	16.2	14.4	-2.4
无报酬家庭工作者						
总计	19.5	18.8	22.0	23.9	24.7	+5.2
男性	14.5	14.3	16.2	16.2	16.2	+1.7
女性	49.9	46.1	51.4	57.0	60.4	+10.5

资料来源：《劳动力报告》（巴基斯坦联邦统计局，伊斯兰堡，不同年份）。

表 C5　巴基斯坦：按就业状况划分的青年就业情况（%）

15—24 岁	2000 年	2002 年	2004 年	2006 年	2007 年	2000—2007 年的变化（百分点）
雇员						
总计	39.6	44.0	40.6	40.3	41.6	+1.9
男性	39.5	44.3	42.0	43.0	44.8	+5.3
女性	40.8	42.4	33.8	29.3	28.7	-12.1
雇主						
总计	0.1	0.1	0.3	0.2	0.2	+0.1
男性	0.1	0.1	0.3	0.2	0.2	+0.1
女性	0.0	0.4	0.0	0.1	0.2	+0.2
自营工作者						
总计	20.5	19.1	18.6	18.0	16.5	-4.0
男性	21.3	20.7	20.2	19.7	18.4	-2.9
女性	13.6	10.4	11.7	11.4	9.1	-4.5
无报酬家庭工作者						
总计	39.5	36.7	40.4	41.1	41.7	+2.2
男性	38.9	34.8	37.4	36.7	36.5	-2.3
女性	45.5	46.8	54.6	59.0	61.9	+16.4

资料来源：《劳动力调查》（巴基斯坦联邦统计局，伊斯兰堡，不同年份）。

第二章　工作参与情况（KILM 1）

KILM 1：劳动力参与率

引　言

劳动力参与率是指一国工作年龄人口中通过工作或者求职的方式积极参与到劳动力市场中的人数比例。它可以用来衡量可参与生产货物和劳务的劳动力供给的相对规模。按照性别和年龄组的不同来对劳动力进行细分，可以大致了解一国经济活动人口的分布状况。

劳动力参与率是劳动力人口数量占工作年龄人口数量的百分比。劳动力是就业人口数量与失业人口数量之和。而工作年龄人口是指处于某一特定年龄之上的人口，其可以用于评估经济特性。

表1按照性别对以下的标准年龄组（即15岁以上、15—24岁、15—64岁、25—54岁、25—34岁、35—54岁、55—64岁和65岁以上[1]）的劳动力参与率进行了估算。该序列涵盖了1980—2008年之间190个经济体的数据。考虑到各经济体的数据和覆盖范围存在差异，数据收集和制表方法也不尽相同，同时由于某些经济体存在一些特殊的因素（如对服兵役的要求），[2]我们对劳动力参与率的统计方法进行了统一。该序列包括各国实际报告的数据和推算数据，而且都是全国性数据，也就是说，数据覆盖中不存在地域界限。

1　有两个年龄组（15—64岁和25—54岁）未列入KILM的印刷版本的表格上，但在电子版本（光盘和在线KILMnet）中可以找到上述两组的数据。电子版本包括与劳动力参与率相关的两个表格：基于国际劳工组织估算值的表1a（印刷版本中也收录了此表）和基于各国估算值的表1b。本章中有关指标来源和估算方法的其他说明仅针对经过统一的数据序列（电子版中的表1a）。

2　用于对各种估算值进行统一校准的方法的更多信息，见S. Kapsos：《劳动力参与率的世界和地区发展趋势：方法论与关键结果》，就业与劳动力市场论文，第1号（国际劳工组织，2007），http://www.ilo.org/public/english/employment/strat/wrest.htm。

指标的用途

劳动力参与率在研究一国人力资源规模和构成的决定因素以及预测劳动力的未来供给方面起着至关重要的作用。该指标同样还可用来制定就业政策、确定培训需求，以及计算男性和女性人口的预期工作年限、开始参加经济活动人口和退休人口的比率——对于为社会保障体系进行财政规划而言，该指标非常关键。

该指标还可用于了解不同类型人口的劳动力市场行为。有一种理论认为，劳动力参与的程度和方式取决于就业机会以及收入需求，而不同类型人群在此方面可能存在差异。比如，有研究表明，在任何一个年龄段，女性的劳动力参与率随着其婚姻状况和受教育程度的不同而存在系统性的差异。同时，城镇和农村人口之间、不同社会经济状况的人群之间的劳动力参与率也存在重大的差异。

营养不良、残疾和慢性疾病可能影响人的工作能力，因此也被视为决定劳动力参与率的主要因素，在低收入状况下尤其如此。人口统计学者深入研究的另一个方面是人口生育率与女性劳动力参与率之间的相互关系。利用这种相互关系可以依据女性参与经济活动的现有格局来预测生育率的演变状况。[3]

对处于不同发展阶段的国家的总劳动力参与率进行比较会发现一种U型关系。在欠发达经济体中，劳动力参与率可能在经济增长初期阶段有所下降。经济增长会带来受

3　如见国际劳工组织：“女性劳动力参与率和生育率”，《劳动力市场关键指标》第三版，第一章（日内瓦，2003年）。

教育机会的扩大、人们投入学习的时间延长、劳动力从劳动密集型的农业活动转向城镇经济活动，以及收入机会的增加——尤其是相对于家庭其他成员而言，处于成年（25—54岁之间）的男性收入机会增加，因此家庭中收入潜力较低的其他成员就可能选择不去工作。这些因素综合在一起往往会降低男性和女性的总劳动力参与率，不过这些因素对女性劳动力参与率的影响相对较小，并且这些因素的影响存在很大的差异。

而在更高的发展阶段，劳动力参与率的发展趋势刚好相反：由于各类人群的就业机会都有所增加，同时男性和女性对收入的要求也都有所提高，使得总体的劳动力参与率有所增加。在很多发达经济体中，对于女性来说仍然存在着这种发展趋势，但对于男性来说并非如此（年轻男性除外），这表明 U 型关系在最高发展阶段会出现某种程度的变形。[4]

按照年龄组对男性和女性的劳动力参与率进行分析也具有一定的意义。青年人（15—24 岁之间）的劳动情况可以体现教育机会的可获取程度，而老年人（55—64 岁之间或65 岁及以上）的劳动情况可以体现人们对待退休的态度以及退休人员社会保障体系的建立情况。

在每个年龄组中，女性劳动力参与率普遍低于男性（这一点在随后的“趋势”章节中将得到印证）。在成年年龄组中，女性劳动力参与率不仅低于男性，而且表现出某种不同的特征。在生命周期的这一阶段，女性为了生儿育女往往不得不离开劳动力市场，当孩子长大后再重新参加经济活动——但该比率相对较低。不过，在发达经济体中，女性劳动力参与状况日益接近男性，并且其劳动力参与率也正接近男性。

从某种程度上讲，对劳动力进行衡量的尺度可能会对人们（包括男性和女性）是否被纳入劳动力统计数据产生一定影响。除非针对数据采集工具开展专门研究，否则某些群体的工作者数量可能被低估，尤其是以下就业人群的数量：（a）在参考期内仅工作几个小时的人员，尤其是那些不是经常这样做的人员；（b）处于无报酬就业状态的人员；（c）在家中或离家很近的地方工作的人员，他们白天的工作和个人生活混杂在一起。鉴于处于上述状况的女性数量超过男性，因此相对于就业男性的数量而言，预计就业女性的数量往往在更大程度上被低估了，进而导致劳动力人口被低估。

定义和来源

劳动力参与率是指劳动力人口与工作年龄人口的比率，以百分比表示。劳动力是指就业人口数量和失业人口数量的总和。[5] 因此，要统计劳动力参与率就必须首先统计出就业和失业人口的数量。原则上，就业人口应包括武装部队人员，即正规军人和临时应征入伍的人员。

根据上述定义可以看出，劳动力参与率还与劳动力市场的其他指标有关。百分之百减去劳动力参与率即为非经济活动率（KILM 13）。KILM 表 13 显示的是根据表 1 中使用的标准年龄组所统计的人员的非经济活动率。劳动力参与率计算公式中，从分子中减去失业人口，所得即为就业人口比率（KILM 2）。失业率（KILM 8）与劳动力参与率和就业人口比例相关，已知其中任何两个指标的值，即可推导出第三个指标的值。

为了获取用于确定劳动力参与率及相关指标的综合数据，要开展针对家庭或个人的专业调查——通常称之为劳动力调查。此类调查可以涵盖一个国家几乎所有的有行为能力人口、所有的经济活动分类、所有的经济部门以及所有类型的工作者（包括自营人员、无报酬家庭工作者、临时工和身兼数职的人员）。

4 G. Standing：《劳动力参与和发展》（日内瓦，国际劳工组织，1978 年）。

5 关于经济活动人口、就业、失业和不充分就业统计数据的决议，第 13 届国际劳动统计学家大会，日内瓦，1982 年 10 月；http://www.ilo.org/global/What_we_do/Statistics/standards/resolutions/lang--en/docName--WCMS_087481/index.htm（就业摘要见专栏 2a；失业摘要见专栏 8a。就业人口和失业人口相加即为“劳动力”人口——当前经济活动人口）。

此外，该调查通常可以在一个统一的框架内同时统计就业、失业和非经济活动的状况。

人口普查是关于劳动力及其组成部分的另一个重要数据来源。但是，从人口普查中获得的劳动力参与率往往较低，因为人口普查的大规模运作方式不能保证所有调查员都是训练有素的，也不可能对受访者的劳动力市场活动进行详细调查。

表1不仅包括实际的（报告的）劳动力参与率（当它们达到可比性的要求时），而且包括国际劳工组织（ILO）趋势研究小组使用经济计量模型技术根据各国具有代表性的劳动力或人口普查数据而推算出的劳动力参与率。[6]GDP水平及增长率、人口年龄结构变量与获取时间变化趋势的虚变量、地区特定趋势与国家固定影响都是用来推算劳动力参与率的解释变量。以5年为一个年龄段，分别估算其参与率，同时按性别分别估算。

可比性的限制

因为各国的定义和统计方法不同，所以可能无法将各国的劳动力参与率数据进行对比。数据可比性的最重要因素就是数据来源的性质问题。从人口普查中获得的劳动力数据往往是基于非常有限的一些关于个人经济特征的问题，很少有深入探究的可能。因此，所得出的结果往往不能与相应的劳动力调查数据保持一致，而且国与国之间也可能相差甚远；这取决于人口普查中所用到的问题的数量和类型。

机构普查与调查只能（就其性质而言）提供关于就业人口的数据，而无法考虑失业人口的情况。而且，在许多国家，在小型机构或非正式经济体工作的人员都不在调查或普查的范围之内。

对于劳动力数据的国际比较而言，最全面的数据来源无疑是劳动力调查。各国的劳动力调查在一些基本特征上往往还是很相似的，而且这样得来的数据比从其他来源或者综合不同来源得来的数据更具有可比性。然而，尽管劳动力调查数据具有优势，但是就调查范围与覆盖面而言，劳动力调查数据也可能含有一些无法比较的因素，这主要是因为有些国家将农村地区纳入其中，而有些则把农村地区排除在外，以及有些国家把军人包括在内，而有些则不包括军人在内。而且，各国对劳动力概念的定义也有不同，尤其是对“无报酬家庭工作者”与“失业但未找工作的人员”的统计处理不同。

统计经济活动人口时所采用的年龄限制的差异也可能导致不可比性。一些国家在统计劳动力时采用非标准的年龄上限，把年龄上限定在65岁或者70岁，这会影响与其他国家对比的结果，其中也包括与更高年龄上限国家的对比结果。最后，数据统计时的参考日期不同，以及计算多年数据（表面上指同一时期）平均值的方法不同，也可能导致统计结果不可比。

在很大程度上，这些可比性问题在制表过程中就已经被纳入到考虑因素之列，因为劳动力参与率只有在不同国家之间具有充分可比性的前提下才会被采用。[7]为此，在进行估算的过程中只采用了能够代表整个国家（没有地域界限）的家庭劳动力调查与人口普查数据。如果某些国家具有一种以上调查来源，则只采用其中一种来源。如果一个国家进行了家庭劳动力调查，那么会优先选用由该项调查获取的劳动力参与率，而非来自人口普查的劳动力参与率。

趋　　势

最贫穷国家的劳动力参与率往往最高。在这些国家中，只有一小部分处于工作年龄的人口（包括妇女和青年人）可以不用进行劳动，大多数人则都属于劳动力范围，而且往往是为了生存而进行工作。这些国家的低失业率与高劳动力参与率表明：这里脆弱性就业工人的比例非常高，而且这些就业者处于贫困状态。这就是许多撒哈拉以南非洲地

6　详细信息见“KILM指南”中的专栏3。

7　可比性的问题同样完全适用于电子版本（见本章脚注1）中KILM表1b（各国估算）的情况。

图 1a　2008 年劳动力参与率

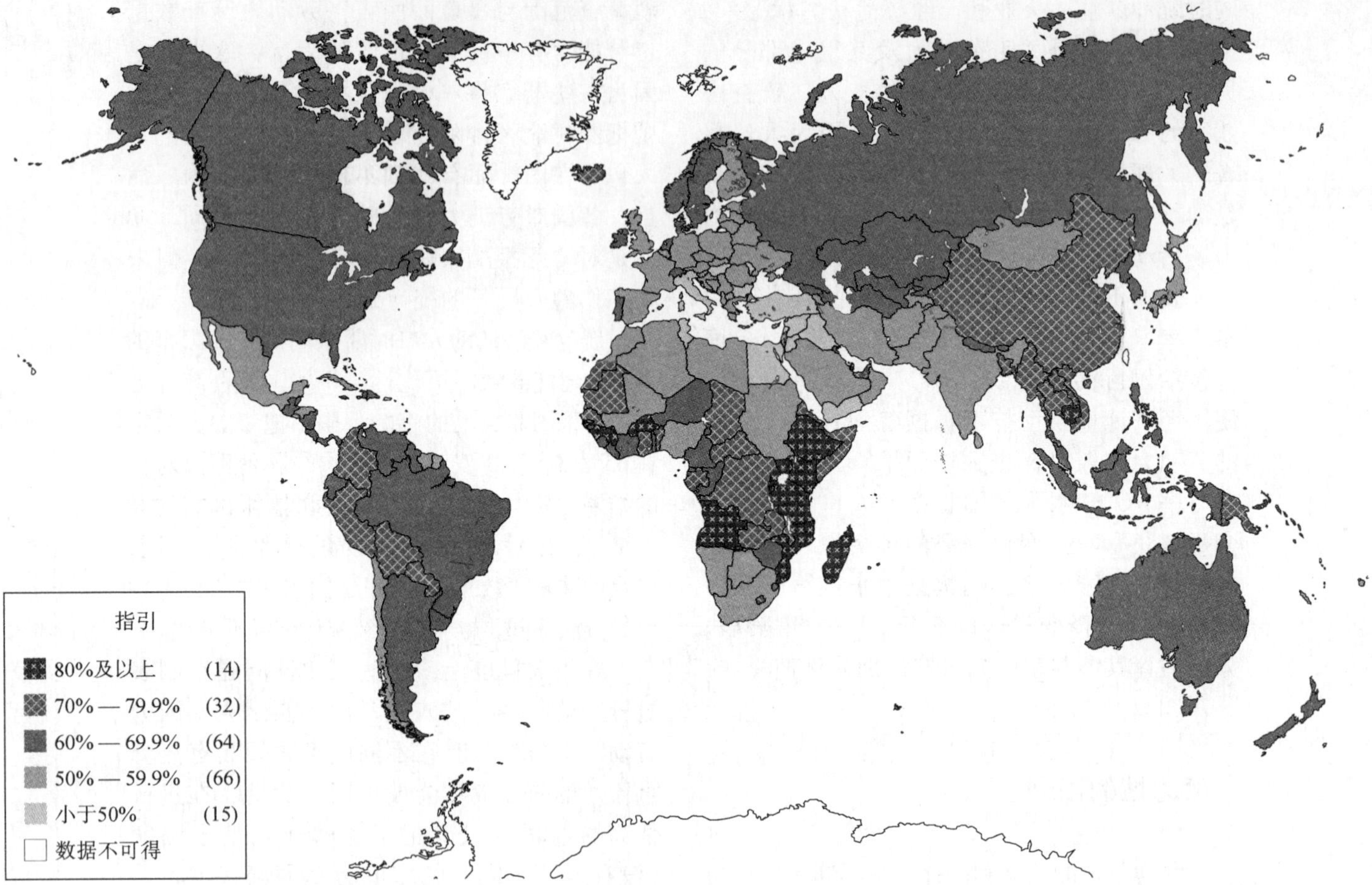

资料来源：KILM 表 1a。

区经济体的情况，它们的整体劳动力参与率在世界上都是最高的（见图 1a），而且一些经济体的女性劳动力参与率也是最高的（见图 1b）。对于所有经济体来说，女性劳动力参与率比男性低，但是莫桑比克与卢旺达除外，莫桑比克的女性劳动力参与率比男性高出 10 个百分点，卢旺达的女性劳动力参与率也稍高一点（不到 2 个百分点）。在其他一些国家，比如布隆迪、加纳和塞拉利昂，女性和男性劳动力参与率基本相同。

在中东、北非以及部分南亚经济体中（见图 1b），女性劳动力参与率无论是从绝对数字来看，还是相对于男性，在全世界都是最低的。在这些经济体中，妇女进入劳动力市场时通常面临更多的壁垒，在教育、文化和制度方面均是如此。此外，包括社会、文化和法律因素在内的众多因素决定了妇女的活动能否被视为经济活动。在伊拉克、约旦和巴勒斯坦被占领土，妇女劳动力参与率仅为 14%—15%。在这些地方中，总的劳动力参与率也相对较低，仅为 40%—44%，这反映了劳动力市场的就业机会有限。在中东和北非的所有经济体中，男性和女性劳动力参与率之间的性别差异仍然很大，这从图 1b 男女劳动力参与率的数据点之间的差距以及性别同位线中可见一斑。其中，参与率性别差异最大的国家是阿富汗、巴基斯坦和沙特阿拉伯，在这些国家中，2008 年男性劳动力参与率比女性高出 60 个百分点以上。

在东亚，中欧、东南欧（非欧盟）和独联体，发达经济体和欧盟，劳动力参与率的平均性别差异是最低的。在这三个地区以及撒哈拉以南非洲国家中，男性和女性劳动力参与率之间呈现正相关关系，这表明决定男

图 1b　依据性别及 KILM 划分地区统计的劳动力参与率（2008 年）

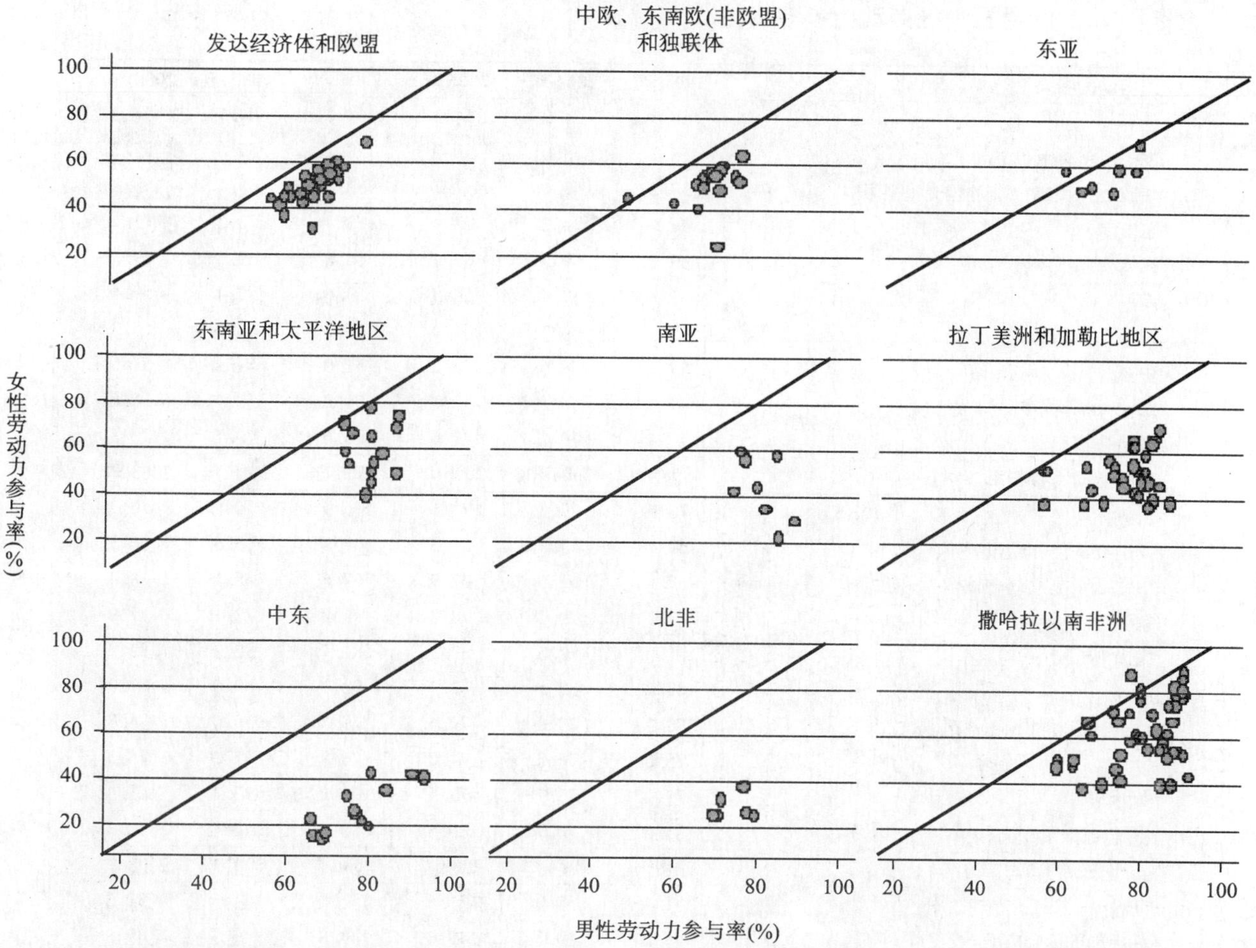

资料来源：KILM 表 1a。

注：45°线为性别同位线，表示男性和女性的劳动参与率相同。几乎所有经济体的数据点都位于该线之下，即女性劳动力参与率低于男性。

女劳动力参与率的经济、社会和其他因素总体上是一致的。

在中东，劳动力参与率的性别差异长期存在，而这种相关关系（即一国的男性劳动力参与率越高，女性劳动力参与率也越高）却表现得更为显著，这似乎有悖常理。一种简单的解释是：尽管该地区由于结构性因素导致女性劳动力参与率仍旧比男性低很多，但是还有一些其他因素促使男性与女性的劳动力参与率都有所提高。随着时间的推移，该地区内大多数国家的性别差异都有所缩小（见专栏 1a），但是若要进一步缩小差异，女性劳动力参与率相对于男性还要持续增长。

在拉丁美洲和加勒比地区，北非、东南亚和太平洋地区，男女劳动力参与率之间存在着微弱的正相关关系。但是，在南亚地区，男女劳动力参与率之间却呈现负相关，如男性劳动力参与率最高的国家（阿富汗和巴基斯坦），女性参与率最低。

专栏 1a 世界及地区劳动力参与率估算

总劳动力参与率（%）	1998 年	2004 年	2005 年	2006 年	2007 年	2008 年*
世界	64.9	64.2	64.2	64.2	64.1	64.1
发达经济体和欧盟	58.7	58.0	58.0	58.2	57.8	57.7
中欧、东南欧（非欧盟）和独联体	59.2	57.5	57.7	57.5	58.1	58.2
东亚	76.6	74.2	73.8	73.4	73.3	73.2
东南亚和太平洋地区	69.2	69.5	69.4	68.8	69.3	69.3
南亚	59.9	59.4	59.5	59.6	59.4	59.4
拉丁美洲和加勒比地区	62.5	64.7	64.9	65.2	65.2	65.3
中东	49.8	50.6	50.8	51.0	51.2	51.5
北非	49.8	50.1	50.1	50.2	50.4	50.6
撒哈拉以南非洲	70.4	70.5	70.6	70.6	70.7	70.8
男性劳动力参与率（%）	**1998 年**	**2004 年**	**2005 年**	**2006 年**	**2007 年**	**2008 年***
世界	78.6	77.3	77.1	76.9	76.8	76.7
发达经济体和欧盟	69.2	67.3	67.3	67.3	66.6	66.3
中欧、东南欧（非欧盟）和独联体	69.5	67.6	67.9	67.6	68.1	68.3
东亚	82.4	79.2	78.7	78.2	78.1	77.9
东南亚和太平洋地区	81.6	82.5	82.1	81.7	82.3	82.2
南亚	83.2	82.5	82.3	82.1	82.0	81.9
拉丁美洲和加勒比地区	80.2	79.6	79.4	79.4	79.0	78.8
中东	75.6	74.8	74.8	74.8	75.0	75.1
北非	75.1	73.7	73.5	73.2	73.4	73.4
撒哈拉以南非洲	81.6	80.7	80.6	80.4	80.4	80.3
女性劳动力参与率（%）	**1998 年**	**2004 年**	**2005 年**	**2006 年**	**2007 年**	**2008 年***
世界	51.4	51.3	51.5	51.6	51.5	51.6
发达经济体和欧盟	49.2	49.5	49.6	49.8	49.8	49.8
中欧、东南欧（非欧盟）和独联体	50.2	48.8	48.9	48.7	49.4	49.5
东亚	70.7	68.9	68.7	68.5	68.3	68.2
东南亚和太平洋地区	57.3	57.0	57.1	56.4	56.8	56.8
南亚	35.1	35.0	35.4	35.9	35.6	35.8
拉丁美洲和加勒比地区	45.6	50.5	51.0	51.8	52.0	52.4
中东	21.5	23.8	24.2	24.6	25.0	25.4
北非	24.6	26.8	27.0	27.4	27.7	28.1
撒哈拉以南非洲	59.6	60.7	60.9	61.1	61.2	61.5
青年劳动力参与率（%）	**1998 年**	**2004 年**	**2005 年**	**2006 年**	**2007 年**	**2008 年***
世界	54.3	51.5	51.2	50.8	50.9	50.9
发达经济体和欧盟	53.2	50.6	50.6	50.9	50.6	50.5
中欧、东南欧（非欧盟）和独联体	44.8	40.7	40.6	40.0	40.6	40.9
东亚	68.1	59.7	58.8	57.9	58.3	58.3
东南亚和太平洋地区	54.0	54.8	54.4	53.2	54.0	53.8
南亚	48.8	47.3	47.1	47.0	46.8	46.7
拉丁美洲和加勒比地区	55.3	54.5	54.2	54.1	53.6	53.3
中东	36.3	36.8	36.9	36.9	37.0	37.0
北非	37.4	36.0	35.6	35.3	35.0	34.8
撒哈拉以南非洲	57.8	56.8	56.7	56.4	56.5	56.5

资料来源：国际劳工组织劳动力趋势模型，2009 年 7 月（关于估算方法的详细信息见“KILM 指南”中的专栏 3）。* 表示 2008 年数据为初步估算数据。

专栏 1a（续）

近年来，全球劳动力参与率有所下降，反映出劳动力的增长速度低于工作年龄人口的增长速度。1998—2008 年间，尽管全球劳动力增长了近 5 亿人，但是全球劳动力参与率却下降了 0.8 个百分点，降至 64.1%。

所有地区的劳动力参与率都有所下降，但中东、东南亚和太平洋地区、撒哈拉以南非洲除外。2008 年，东亚仍是劳动力参与率最高的地区（很大程度上是因为中国的高参与率），其次是撒哈拉以南非洲。

对于全球而言，除了中欧、东南欧（非欧盟）和独联体，东亚，东南亚和太平洋地区以外，其他所有地区的女性劳动力参与率都有所增长，而男性劳动力参与率有所下降，导致劳动力参与率的性别差异缩小。中欧、东南欧（非欧盟）和独联体以及东亚的女性劳动力参与率下降幅度低于男性的下降幅度，因此也导致这两个地区的劳动力参与率的性别差异缩小。但是，东南亚和太平洋地区却是个例外，女性劳动力参与率有所下降，而男性劳动力参与率有所增长，因此其在过去 10 年中是唯一的性别差异扩大的地区。

拉丁美洲和加勒比地区的劳动力参与率增长最为显著，女性劳动力参与率增长了 6.8 个百分点，而北非、中东次之，女性劳动力参与率分别增长了 3.9 个百分点和 3.4 个百分点。

根据 KILM 所划分地区统计的 15 岁及以上人口劳动力参与率的男女性别差异（1998 年和 2008 年）

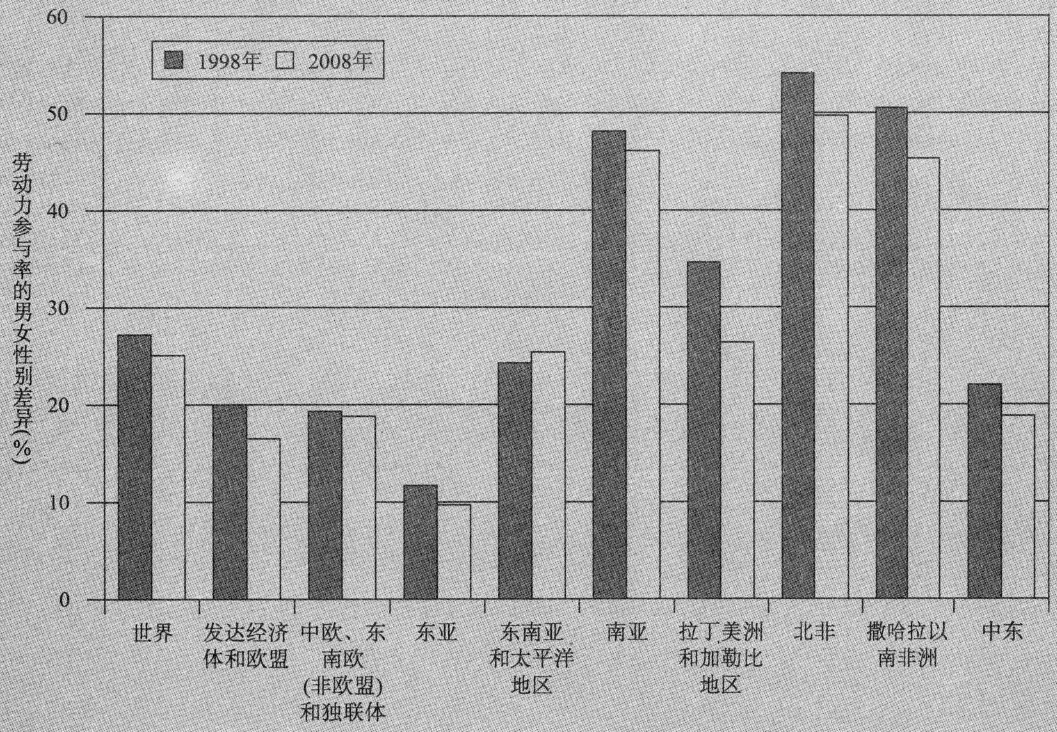

专栏 1a（续）

世界范围内的青年劳动力参与率都有所下降，主要原因是青年人的受教育程度有所提高。这种情况在一些亚洲经济体中尤为普遍，因此可以将其视为一种积极的发展态势。[1] 所有地区的青年劳动力参与率都有所下降，但是中东地区除外，该地区上升了 0.6 个百分点，其之前的参与率相对较低。北非、中东是劳动力参与率最低的两个地区。

在过去的 10 年间，东亚地区的青年劳动力参与率下降了 9.8 个百分点，但是仍旧是最高的地区，其平均劳动力参与率为 58.3%。撒哈拉以南非洲的青年劳动力参与率也相对较高，2008 年达到 56.5%。

根据 KILM 所划分地区统计的青年劳动力参与率（1998 年和 2008 年）

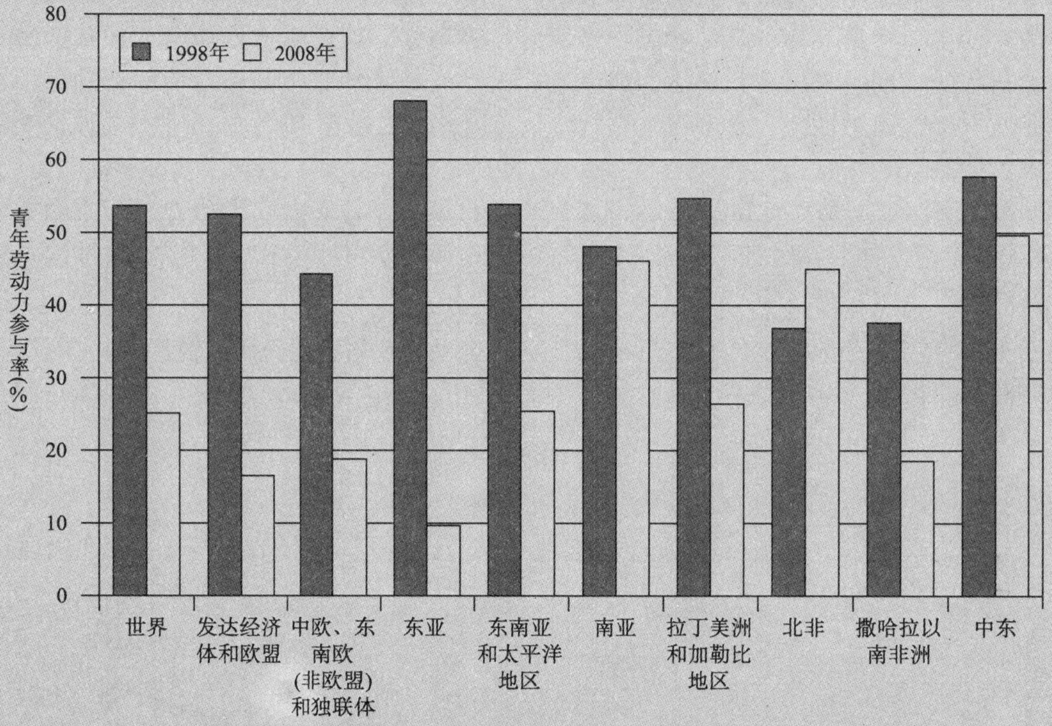

1 详见 KILM 9，以及国际劳工组织：《全球青年就业趋势》，2008 年 10 月（日内瓦，2008 年）；http：//www. ilo. org/trends。

表 1　按年龄组划分的劳动力参与率

	年份	年龄组																		统计类型
		15 +			15—24			25—34			35—54			55—64			65 +			
		MF	M	F	MF	M	F	MF	M	F	MF	M	F	MF	M	F	MF	M	F	
发达经济体和欧盟																				
欧盟																				
奥地利	1980	54.0	71.9	38.6	62.3	68.5	56.0	76.5	94.9	57.8	75.9	96.8	55.2	36.1	59.3	20.4	2.0	3.3	1.2	ILO
	1990	53.4	68.0	40.8	63.3	66.3	60.1	79.8	92.5	66.8	78.9	95.6	62.2	26.3	39.0	15.0	1.4	2.2	1.1	R
	2000	55.6	66.8	45.8	55.8	61.2	50.2	85.2	91.9	78.4	84.7	94.1	75.2	29.7	42.6	17.5	2.6	4.3	1.6	R
	2004	55.7	65.2	47.3	57.4	61.6	53.0	86.7	92.7	80.8	86.1	93.0	79.1	31.0	42.0	20.7	2.2	3.8	1.2	R
	2005	56.2	65.5	48.0	59.1	63.5	54.6	86.1	92.5	79.6	86.6	93.0	80.1	33.1	43.1	23.7	2.9	5.0	1.7	R
	2006	56.9	65.9	48.8	59.5	63.9	55.0	86.1	93.1	79.1	87.5	93.2	81.7	35.6	45.8	26.0	3.5	5.5	2.2	R
	2007	56.5	65.2	48.8	57.4	62.5	52.1	86.8	92.7	80.7	87.8	93.2	82.4	36.5	45.5	28.1	2.9	4.9	1.6	ILO
	2008	56.7	64.9	49.3	57.4	62.6	52.0	86.8	92.7	80.9	88.1	93.0	83.2	38.0	46.0	30.4	2.9	5.0	1.6	ILO
比利时	1980	49.6	65.8	34.4	46.3	48.7	43.7	83.4	96.3	70.0	67.4	93.7	41.2	30.7	51.9	11.4	1.8	3.0	1.0	ILO
	1990	46.3	59.4	34.5	35.8	37.5	34.0	84.9	95.3	74.2	71.6	90.3	52.5	22.1	35.3	9.9	1.1	1.9	0.6	R
	2000	50.0	59.8	41.1	35.7	38.7	32.6	89.7	95.6	83.7	79.3	90.4	68.0	26.0	36.5	15.9	1.6	2.2	1.1	R
	2004	49.5	58.3	41.4	33.6	35.4	31.7	88.1	93.9	82.3	80.3	89.8	70.6	31.2	40.9	21.7	1.2	2.4	0.5	R
	2005	50.3	58.5	42.7	33.1	34.8	31.3	88.2	94.0	82.3	82.7	90.8	74.4	33.4	43.2	23.9	1.4	2.2	0.8	R
	2006	50.0	58.3	42.4	32.5	36.2	28.7	89.2	93.9	84.4	82.5	91.0	73.8	32.3	40.3	24.5	1.7	2.8	1.0	R
	2007	50.0	58.0	42.7	33.2	35.9	30.4	87.9	93.3	82.5	83.2	90.7	75.6	33.3	41.8	25.0	1.5	2.5	0.8	ILO
	2008	50.0	57.7	43.0	33.2	35.9	30.4	87.9	93.2	82.5	83.6	90.6	76.5	33.7	41.7	25.8	1.5	2.6	0.8	ILO
保加利亚	1980	68.4	72.1	64.7	62.0	55.0	69.5	98.7	99.1	98.3	91.9	93.3	90.5	41.3	62.9	21.1	8.7	14.4	3.9	ILO
	1990	59.0	62.8	55.5	51.3	45.7	57.1	96.2	96.7	95.8	91.7	92.7	90.6	25.9	42.0	11.0	4.2	6.4	2.6	ILO
	2000	46.3	51.7	41.3	27.6	29.3	25.8	74.6	80.8	68.1	81.1	82.3	79.9	24.0	37.5	12.0	1.2	2.2	0.4	R
	2004	48.8	54.7	43.3	30.6	33.3	27.7	77.0	83.1	70.6	81.0	82.7	79.4	36.9	47.8	27.4	3.3	5.3	1.9	R
	2005	48.8	55.0	43.1	30.1	33.7	26.3	77.1	83.8	70.1	81.4	82.8	80.0	38.5	50.1	28.3	2.5	4.0	1.4	R
	2006	50.7	56.8	45.1	31.7	34.6	28.7	79.4	85.6	72.9	83.3	84.6	81.9	43.6	54.0	34.4	2.7	4.6	1.5	R
	2007	48.9	55.0	43.4	29.9	33.3	26.3	76.2	82.5	69.6	80.5	81.8	79.3	42.2	51.9	33.7	3.2	5.3	1.9	ILO
	2008	49.1	55.2	43.5	30.3	33.9	26.5	76.1	82.4	69.4	80.4	81.7	79.2	43.1	52.1	35.3	3.4	5.4	2.0	ILO
塞浦路斯	1980	61.0	84.0	38.5	63.2	77.1	48.4	70.1	97.1	42.2	69.0	98.2	41.1	64.1	93.2	37.4	22.4	34.6	12.3	ILO
	1990	62.7	79.7	46.3	61.7	72.9	50.0	80.6	96.8	64.1	79.4	98.9	60.1	57.5	85.7	32.4	15.2	23.1	8.7	R
	2000	59.3	72.1	47.3	48.2	56.0	40.2	85.8	96.2	76.1	79.6	94.9	64.7	50.9	69.5	33.4	10.0	17.2	4.4	R
	2004	60.0	69.6	51.2	41.3	43.7	38.8	88.7	96.1	82.0	84.5	94.9	75.0	52.7	74.5	32.0	10.6	17.8	4.9	R
	2005	59.7	69.6	50.6	41.2	43.8	38.4	88.2	95.8	81.1	84.1	95.0	74.1	52.2	73.0	32.7	11.3	19.6	4.8	R
	2006	59.7	69.4	50.9	40.8	43.4	38.1	88.5	95.7	81.8	84.4	94.9	75.0	52.3	72.6	33.1	11.2	19.3	4.7	ILO
	2007	59.8	68.5	51.8	39.6	41.3	37.8	89.3	95.4	83.5	85.0	94.0	77.0	51.4	70.2	33.8	11.7	20.8	4.6	ILO
	2008	59.8	68.4	52.0	39.3	40.9	37.6	89.5	95.3	83.9	85.4	93.8	77.8	51.4	69.9	34.0	11.8	21.1	4.6	ILO
捷克共和国	1980	69.1	79.7	59.4	83.7	91.1	76.1	90.7	99.0	82.2	93.6	96.6	90.7	33.1	57.3	12.6	10.0	14.2	7.3	ILO
	1990	68.2	78.7	58.9	90.3	96.6	83.6	91.9	99.3	84.3	94.5	97.1	91.9	24.4	45.1	6.7	7.6	10.9	5.7	ILO
	2000	58.8	68.7	49.8	46.0	51.2	40.5	83.4	96.0	70.1	91.0	94.4	87.7	38.2	54.4	23.6	4.0	6.8	2.4	R
	2004	57.3	67.1	48.4	35.7	39.8	31.4	82.2	95.5	68.3	91.2	94.0	88.3	45.1	60.2	31.3	3.7	6.0	2.3	R
	2005	57.3	67.2	48.3	33.7	38.5	28.6	82.7	95.5	69.3	91.7	94.5	88.9	46.9	62.1	33.0	3.8	6.3	2.3	R
	2006	57.2	67.1	48.2	33.3	37.4	28.9	81.8	94.7	68.2	92.0	94.9	89.1	47.6	62.6	33.9	4.0	6.7	2.4	R
	2007	57.1	66.4	48.6	32.4	35.7	29.0	84.6	95.2	73.4	92.0	94.9	89.0	46.4	61.4	32.6	3.5	5.7	2.2	ILO
	2008	56.8	65.9	48.4	31.9	34.8	28.7	84.8	95.0	74.0	92.0	95.0	89.0	46.3	61.0	32.8	3.4	5.5	2.2	ILO
丹麦	1980	65.7	74.0	57.8	68.9	71.9	65.7	91.4	94.2	88.4	87.0	94.0	79.9	55.7	72.1	40.5	7.5	13.2	3.3	ILO
	1990	65.6	73.5	58.3	73.6	76.8	70.3	91.4	94.1	88.6	91.0	94.8	87.2	57.2	69.3	45.8	7.2	13.0	3.4	R
	2000	62.9	69.6	56.6	72.1	75.4	68.6	87.5	92.4	82.4	88.3	91.1	85.4	56.3	64.3	48.4	2.5	3.9	1.6	R
	2004	63.1	69.8	56.8	66.8	69.5	63.9	86.7	89.9	83.4	88.8	91.9	85.6	64.6	73.0	56.2	4.3	7.9	1.8	R
	2005	62.5	69.3	56.2	67.3	70.7	63.8	85.2	89.6	80.9	88.8	91.8	85.7	62.4	69.8	55.1	5.3	9.4	2.4	R
	2006	63.0	69.0	57.3	69.1	68.3	69.9	86.7	90.5	82.8	89.2	92.1	86.2	63.5	71.7	55.4	5.1	8.4	2.8	R
	2007	62.5	68.5	57.0	66.3	66.1	66.6	86.6	90.5	82.6	89.5	92.3	86.6	63.6	70.5	56.7	5.7	9.6	2.9	ILO
	2008	62.3	68.1	56.9	66.1	65.8	66.4	86.6	90.4	82.7	89.5	92.3	86.8	63.7	70.6	56.9	6.0	10.2	3.0	ILO
爱沙尼亚	1980	66.3	71.8	61.8	52.4	51.8	53.1	90.4	92.5	88.4	87.7	88.7	86.9	55.3	66.5	48.6	14.9	20.4	12.4	ILO
	1990	64.0	70.6	58.6	50.7	50.4	51.0	90.4	92.5	88.3	87.8	88.8	86.9	52.6	63.4	44.5	14.3	19.5	12.1	R
	2000	58.3	67.2	51.2	41.5	47.3	35.5	86.3	95.0	77.7	87.1	88.0	86.2	48.3	61.8	38.0	12.6	16.4	10.9	R
	2004	56.5	64.4	50.2	34.9	39.9	29.8	82.6	91.5	73.7	87.3	87.8	86.8	58.6	64.2	54.3	10.5	16.3	7.8	ILO
	2005	57.6	64.3	52.3	34.1	38.6	29.5	82.7	92.1	73.3	87.2	86.8	87.6	59.9	63.2	57.3	16.0	20.2	14.1	R
	2006	56.9	63.3	51.8	31.8	35.7	27.8	82.1	91.5	72.7	86.8	86.1	87.5	61.8	64.1	60.1	15.2	19.2	13.3	ILO
	2007	57.3	64.3	51.8	33.3	37.4	29.1	82.6	90.5	74.6	85.5	86.9	84.3	64.8	67.0	63.2	15.9	20.3	13.8	ILO
	2008	57.6	64.3	52.3	33.5	37.1	29.7	82.5	90.0	74.9	85.4	86.8	84.2	66.5	67.5	65.7	16.2	20.7	14.2	ILO

	年份	年龄组																		统计类型
		15+			15—24			25—34			35—54			55—64			65+			
		MF	M	F	MF	M	F	MF	M	F	MF	M	F	MF	M	F	MF	M	F	
芬兰	1980	64.8	73.1	57.2	54.8	57.1	52.4	87.9	93.6	81.8	88.0	94.3	81.7	49.5	56.9	43.8	9.7	17.0	5.6	ILO
	1990	62.8	69.7	56.5	57.5	58.2	56.9	88.3	93.8	82.5	90.6	92.4	88.7	43.8	47.1	40.9	5.4	9.2	3.4	R
	2000	59.1	65.0	53.7	50.6	50.6	50.7	85.1	91.7	78.2	89.1	90.4	87.7	47.1	48.8	45.4	3.3	6.3	1.6	R
	2004	57.9	63.1	53.2	48.0	47.2	48.8	84.6	91.1	77.8	88.3	89.4	87.2	54.8	55.2	54.3	4.3	7.4	2.4	R
	2005	58.3	63.2	53.8	49.2	48.1	50.3	85.1	91.2	78.8	88.9	89.9	87.8	56.2	56.5	55.9	4.8	7.3	3.2	R
	2006	58.7	63.4	54.3	50.1	49.5	50.8	85.2	91.2	78.9	89.0	89.9	88.1	58.5	58.7	58.3	5.7	7.7	4.4	R
	2007	58.6	63.5	54.1	52.0	50.8	53.1	85.5	91.3	79.4	88.9	90.1	87.8	58.2	58.9	57.5	5.7	8.5	3.9	ILO
	2008	58.5	63.4	54.0	52.2	51.1	53.4	85.6	91.3	79.6	89.0	90.1	87.8	58.5	59.3	57.7	6.1	8.8	4.4	ILO
法国	1980	57.1	71.1	44.1	47.7	52.4	43.0	83.0	96.8	68.7	78.5	96.3	60.4	54.0	69.1	40.3	5.3	8.4	3.4	R
	1990	52.2	62.8	42.8	36.4	39.7	33.0	85.7	95.4	76.2	83.2	95.4	70.8	38.3	46.0	31.2	2.3	3.7	1.5	R
	2000	52.3	60.4	45.0	29.5	32.8	26.0	86.1	93.7	78.6	86.3	94.4	78.3	37.0	41.4	32.7	1.3	1.9	0.9	R
	2004	52.9	60.3	46.3	34.0	37.7	30.2	86.0	93.2	78.7	87.4	94.0	81.0	43.9	48.1	39.9	1.2	1.8	0.9	R
	2005	52.6	59.8	46.2	33.8	37.5	30.0	86.0	93.2	78.7	87.8	94.1	81.6	43.5	47.0	40.1	1.2	1.7	0.9	R
	2006	52.4	59.4	46.1	33.7	37.7	29.6	85.8	92.8	78.7	88.3	94.3	82.3	43.5	46.6	40.6	1.1	1.6	0.8	R
	2007	52.2	59.1	46.1	35.7	39.3	31.9	85.9	92.7	79.0	87.9	93.7	82.3	43.0	46.2	40.0	1.1	1.5	0.8	ILO
	2008	52.0	58.7	46.0	36.2	39.9	32.4	85.9	92.5	79.1	88.1	93.6	82.7	42.3	45.2	39.5	1.1	1.5	0.8	ILO
德国	1980	55.5	73.1	40.0	60.1	64.4	55.4	77.3	93.1	60.6	75.3	96.7	53.6	44.0	67.6	28.4	4.6	7.4	3.0	R
	1990	56.5	71.4	43.4	62.4	64.7	59.9	80.7	91.3	69.4	80.9	96.1	65.2	43.3	59.7	28.1	3.1	5.2	2.0	R
	2000	56.0	66.5	46.6	52.1	55.5	48.5	83.9	91.9	75.5	86.1	94.2	77.7	42.8	52.4	33.4	2.6	4.4	1.5	R
	2004	55.4	64.6	47.1	48.0	50.9	44.9	83.5	89.8	77.0	87.7	94.4	80.8	48.7	58.6	39.0	2.7	4.4	1.6	R
	2005	55.8	65.2	47.4	50.2	53.6	46.7	82.4	90.7	74.0	88.0	94.7	81.0	51.9	61.0	43.0	3.3	5.1	2.2	R
	2006	56.2	65.1	48.1	50.9	54.0	47.6	83.9	91.1	76.4	88.5	94.9	81.8	53.9	62.7	45.2	3.4	5.1	2.3	R
	2007	55.7	64.2	48.0	49.1	52.0	46.1	82.9	89.4	76.3	88.8	94.6	82.8	55.0	64.2	46.0	3.2	4.8	2.1	ILO
	2008	55.8	64.0	48.3	49.2	51.9	46.3	82.9	89.2	76.4	89.1	94.5	83.4	57.1	66.1	48.2	3.2	4.9	2.2	ILO
希腊	1980	52.1	71.4	34.1	44.9	53.0	36.5	72.2	96.2	48.2	67.9	94.2	43.5	46.0	69.0	25.5	12.3	18.8	7.2	ILO
	1990	49.4	65.1	34.7	41.4	46.2	36.6	77.1	95.2	59.3	70.6	93.9	47.6	41.3	59.4	24.1	7.7	11.8	4.5	R
	2000	51.3	63.9	39.2	40.2	43.8	36.4	83.2	94.7	71.2	75.6	94.4	57.2	40.9	57.9	25.5	5.3	8.4	2.7	R
	2004	52.2	63.8	41.0	38.4	41.9	34.5	85.0	95.0	74.2	79.2	94.6	63.9	41.4	59.0	25.3	4.2	6.9	2.0	R
	2005	52.0	63.4	41.1	34.3	37.5	30.8	85.3	94.4	75.4	79.8	94.9	64.7	43.3	60.8	27.3	4.2	6.9	1.9	R
	2006	52.3	63.6	41.4	33.7	37.4	29.7	85.5	94.1	76.3	80.2	94.9	65.4	44.1	61.4	28.2	4.4	7.4	2.1	R
	2007	52.4	63.3	41.9	35.9	39.0	32.5	85.8	94.1	76.8	80.7	94.8	66.5	42.7	59.4	27.1	3.8	6.2	1.9	ILO
	2008	52.4	63.1	42.1	35.2	38.2	32.0	86.1	94.1	77.4	81.2	94.8	67.5	42.5	58.9	27.3	3.7	5.9	1.9	ILO
匈牙利	1980	60.5	71.9	50.1	61.3	70.9	51.1	86.8	98.3	75.0	85.5	93.3	78.2	31.2	50.6	15.0	3.5	4.0	3.2	R
	1990	54.3	64.3	45.5	51.4	58.0	44.5	82.4	93.7	70.9	85.2	89.5	81.1	17.0	33.0	3.8	6.7	8.9	5.3	ILO
	2000	47.9	57.2	40.0	37.5	42.2	32.6	77.0	90.0	63.6	77.5	81.4	73.8	22.3	33.9	13.1	2.6	3.9	1.8	R
	2004	48.1	56.8	40.6	28.2	31.7	24.5	77.4	89.8	64.6	78.2	82.3	74.3	32.1	39.9	25.8	2.8	4.4	2.0	R
	2005	48.5	57.2	41.0	27.2	30.4	23.8	78.5	90.4	66.1	79.0	82.8	75.5	34.1	42.2	27.4	2.5	4.2	1.6	R
	2006	48.8	57.7	41.2	26.7	30.1	23.2	79.5	91.2	67.4	79.9	83.9	76.0	34.4	42.5	27.8	2.6	4.3	1.6	R
	2007	48.7	57.4	41.3	25.9	28.4	23.2	79.4	90.6	67.8	79.9	83.9	76.2	35.2	43.8	28.1	2.9	4.7	2.0	ILO
	2008	48.6	57.4	41.2	25.4	27.6	23.1	79.7	90.8	68.2	80.2	84.2	76.4	35.8	44.5	28.5	3.0	4.9	2.1	ILO
爱尔兰	1980	52.8	76.5	29.2	60.7	67.8	53.4	67.0	97.0	35.5	59.3	94.3	22.9	49.1	79.9	19.3	13.4	24.0	4.8	ILO
	1990	51.0	68.4	34.3	50.2	53.2	47.1	76.4	94.0	58.9	64.2	90.9	36.7	42.7	66.6	19.4	8.9	16.4	3.4	ILO
	2000	57.4	70.0	45.5	51.8	56.4	47.0	85.6	94.0	77.1	74.5	90.9	58.1	46.5	64.8	27.9	7.8	14.7	2.9	R
	2004	58.6	70.0	47.7	48.7	52.9	44.4	84.2	92.5	75.7	77.3	91.3	63.3	50.7	66.5	34.5	7.5	13.7	3.1	R
	2005	60.0	70.8	49.6	50.4	53.4	47.3	85.1	92.8	77.1	78.5	91.8	65.0	53.2	67.8	38.4	8.1	14.6	3.3	R
	2006	60.9	71.7	50.5	52.2	56.8	47.5	85.9	93.2	78.4	78.7	91.7	65.5	54.7	68.4	40.9	8.5	14.5	4.2	R
	2007	61.2	71.5	51.3	51.2	56.0	46.3	85.6	92.5	78.4	80.1	91.7	68.2	55.8	68.8	42.6	7.9	14.0	3.4	ILO
	2008	61.7	71.6	52.1	51.3	56.1	46.3	85.7	92.4	78.8	80.8	91.8	69.5	56.9	68.8	44.9	7.9	13.8	3.5	ILO
意大利	1980	50.3	70.0	32.3	47.1	51.5	42.6	74.7	95.7	53.9	67.1	96.1	39.3	36.9	60.5	16.6	7.2	12.6	3.5	ILO
	1990	48.2	64.3	33.9	45.2	47.9	42.5	78.8	93.4	64.0	71.1	94.5	48.1	33.3	53.0	15.5	4.1	7.1	2.2	R
	2000	45.8	59.9	33.3	39.4	44.5	34.2	75.3	87.5	63.0	73.6	92.3	55.1	28.8	42.6	16.0	3.2	5.8	1.6	R
	2004	46.7	59.2	35.5	35.6	39.4	31.7	78.0	88.3	67.5	77.2	92.9	61.7	32.2	44.4	20.7	3.1	6.0	1.2	R
	2005	46.2	58.8	35.0	33.5	38.1	28.6	77.2	87.3	66.8	77.5	93.1	62.0	32.6	44.3	21.6	3.0	6.0	1.1	R
	2006	46.3	58.7	35.1	32.5	37.8	26.9	77.2	87.4	66.8	78.2	93.3	63.1	33.1	44.6	22.2	3.2	6.1	1.2	R
	2007	46.7	58.4	36.1	32.2	36.8	27.4	78.6	87.7	69.1	79.3	93.6	65.0	33.5	43.5	24.0	3.0	5.9	1.1	ILO
	2008	46.7	58.1	36.6	31.6	35.9	27.0	79.0	87.8	69.9	80.0	93.6	66.3	33.8	43.1	25.1	3.0	5.9	1.1	ILO
拉脱维亚	1980	71.0	77.0	66.1	56.5	56.6	56.5	94.9	97.1	92.8	94.8	96.0	93.9	61.8	76.6	53.1	16.7	23.9	13.1	ILO
	1990	67.1	75.5	60.3	55.3	57.1	53.4	94.4	97.0	91.7	94.2	95.4	93.2	52.4	69.4	40.4	13.3	19.1	10.8	ILO
	2000	54.5	63.1	47.7	36.9	42.4	31.1	85.1	90.9	79.3	86.1	85.9	86.3	41.2	54.8	31.0	7.4	10.9	5.8	R
	2004	57.1	65.6	50.3	37.0	42.9	30.7	84.8	91.4	78.0	87.0	88.7	85.5	52.6	60.9	46.5	13.0	18.3	10.7	R
	2005	57.0	66.1	49.8	37.1	43.0	30.8	83.2	89.6	76.7	86.7	89.1	84.6	53.7	61.5	47.9	14.1	22.5	10.4	R
	2006	59.0	68.1	51.8	40.9	47.5	34.0	84.5	90.8	78.1	87.2	89.7	84.9	56.3	64.0	50.6	17.4	24.9	14.0	R
	2007	58.7	67.8	51.4	39.5	44.0	34.7	84.2	92.1	76.2	87.2	90.3	84.3	60.2	64.5	57.0	15.4	24.4	11.3	ILO
	2008	59.4	68.7	52.1	40.5	45.3	35.6	84.1	92.0	76.1	87.2	90.3	84.4	62.7	66.5	59.9	16.8	27.1	12.3	ILO

	年份	年龄组																		统计类型
		15 +			15—24			25—34			35—54			55—64			65 +			
		MF	M	F	MF	M	F	MF	M	F	MF	M	F	MF	M	F	MF	M	F	
立陶宛	1980	67.3	73.5	62.0	47.4	49.8	44.9	92.9	96.5	89.4	92.8	95.5	90.5	58.0	75.4	46.5	12.0	18.1	8.3	ILO
	1990	64.4	72.9	57.2	49.6	53.6	45.5	92.9	96.7	89.1	92.8	95.3	90.6	47.1	65.8	33.2	9.4	14.3	6.9	ILO
	2000	58.2	65.4	52.3	36.9	42.6	30.9	88.2	90.9	85.6	89.1	89.3	89.0	45.0	58.1	35.1	7.8	11.3	6.1	R
	2004	55.5	62.6	49.7	26.2	30.7	21.6	88.5	93.5	83.5	88.6	89.1	88.2	52.8	63.8	44.5	3.9	6.4	2.6	R
	2005	54.7	61.9	48.9	25.1	29.5	20.6	87.0	91.4	82.5	88.3	89.3	87.3	53.0	64.0	44.8	3.8	6.4	2.6	R
	2006	54.0	60.7	48.6	26.3	29.5	23.1	86.7	90.2	83.2	85.9	87.9	84.0	53.0	60.0	47.8	4.4	7.0	3.2	R
	2007	53.6	59.8	48.5	21.7	22.3	21.2	86.7	90.8	82.5	87.0	88.4	85.7	55.8	64.1	49.6	3.8	6.2	2.6	ILO
	2008	53.3	59.5	48.2	21.0	21.1	20.9	86.7	90.8	82.4	86.8	88.2	85.4	56.7	64.3	50.9	3.6	5.8	2.6	ILO
卢森堡	1980	51.6	70.9	33.5	58.3	61.6	55.0	75.8	96.7	53.8	66.0	95.3	35.1	28.4	42.3	17.1	4.2	6.3	2.8	ILO
	1990	48.9	66.8	32.5	45.3	46.1	44.5	77.9	94.2	61.0	69.3	95.2	42.0	28.3	43.7	13.8	2.0	3.5	1.1	R
	2000	51.2	64.4	39.0	34.3	37.8	30.6	84.8	93.8	75.7	77.2	94.4	59.1	27.4	38.4	16.7	1.6	2.2	1.2	R
	2004	52.4	63.3	42.3	28.3	29.7	26.8	87.2	95.6	78.8	81.1	95.2	66.6	30.9	38.9	22.7	0.7	1.1	0.4	R
	2005	53.1	63.6	43.3	29.2	32.4	25.8	86.9	94.3	79.4	82.7	96.0	69.0	32.2	39.3	25.0	0.6	1.0	0.3	R
	2006	53.1	63.3	43.5	28.6	31.7	25.4	87.1	94.3	79.8	82.9	96.0	69.5	32.9	40.0	25.7	0.5	0.9	0.3	ILO
	2007	53.6	62.6	45.1	27.8	30.4	25.1	88.4	94.6	82.2	83.4	95.2	71.2	36.1	40.4	31.8	0.5	0.9	0.3	ILO
	2008	53.8	62.3	45.9	27.4	29.9	24.7	89.0	94.6	83.3	84.2	95.3	72.8	37.2	40.6	33.7	0.5	0.8	0.3	ILO
马耳他	1980	48.0	76.7	21.5	76.2	80.0	72.1	51.4	90.7	14.2	46.4	94.0	6.2	35.4	68.1	5.6	5.5	10.7	1.3	ILO
	1990	46.0	72.5	21.0	67.8	71.4	64.0	58.0	89.7	24.9	52.2	92.7	12.9	29.5	56.6	6.8	4.4	8.6	1.3	ILO
	2000	47.6	69.7	26.8	58.6	61.5	55.4	72.7	97.1	47.0	59.4	93.1	25.1	30.0	51.4	10.2	2.9	5.5	1.1	ILO
	2004	47.6	67.7	28.5	56.2	60.0	52.1	76.2	96.2	55.0	61.6	92.4	29.9	31.3	52.5	10.9	1.6	3.4	0.5	ILO
	2005	47.6	67.2	29.0	55.6	57.5	53.5	77.0	96.7	56.1	61.5	92.3	29.8	33.0	54.2	12.5	1.4	2.9	0.3	R
	2006	48.3	67.2	30.3	54.5	58.0	50.9	80.2	96.3	63.2	63.3	93.4	32.2	32.0	52.5	12.0	1.8	3.8	0.3	R
	2007	48.1	65.9	31.1	53.8	56.0	51.5	79.8	96.2	62.5	64.6	92.3	35.8	31.5	51.5	11.8	1.3	2.8	0.3	ILO
	2008	48.0	65.3	31.4	53.5	55.6	51.3	80.4	96.2	63.6	65.2	92.3	37.1	30.8	50.2	11.5	1.2	2.5	0.3	ILO
荷兰	1980	49.0	68.6	30.1	48.4	49.4	47.3	68.4	94.4	40.9	63.4	92.2	33.6	37.5	63.2	14.4	2.5	4.8	0.9	R
	1990	54.7	68.9	41.5	61.4	61.9	60.9	80.7	95.1	65.7	73.6	92.3	54.0	30.9	45.7	16.9	2.0	4.1	0.7	ILO
	2000	60.2	70.8	50.3	70.8	71.7	69.9	87.3	94.7	79.8	81.0	92.5	69.1	38.4	50.8	26.0	3.0	5.5	1.5	R
	2004	60.5	69.4	52.1	69.4	70.1	68.8	87.5	93.5	81.4	82.9	91.1	74.5	46.2	58.2	34.1	3.9	6.6	2.1	R
	2005	60.3	68.6	52.6	68.3	68.6	68.0	87.6	92.5	82.6	83.4	90.8	75.7	47.1	58.0	36.0	4.2	7.4	2.0	R
	2006	60.7	68.9	53.0	69.1	69.9	68.3	87.8	92.8	82.9	83.9	91.2	76.5	49.2	59.4	38.7	4.5	8.0	2.1	R
	2007	61.1	69.0	53.6	70.5	71.3	69.7	88.0	92.7	83.3	84.7	91.6	77.8	50.1	61.1	38.9	4.7	7.5	2.7	ILO
	2008	61.0	68.6	53.9	70.7	71.5	69.8	88.2	92.6	83.8	85.1	91.5	78.6	50.6	61.2	39.9	4.9	7.7	2.9	ILO
波兰	1980	65.2	74.1	57.0	50.3	55.2	45.2	84.9	95.5	74.2	84.8	90.2	79.6	50.6	63.4	40.5	23.7	32.7	18.0	ILO
	1990	62.1	71.3	53.8	44.6	49.6	39.4	84.7	95.1	74.0	85.4	90.4	80.5	45.1	56.0	35.9	18.4	25.2	14.6	ILO
	2000	54.9	62.7	47.9	36.5	39.9	33.1	85.4	94.0	76.6	81.2	85.8	76.6	31.3	40.4	23.7	7.9	12.4	5.2	R
	2004	53.1	61.1	46.0	33.1	37.1	29.0	85.5	93.2	77.6	80.5	85.3	75.9	31.7	41.4	23.3	6.1	9.2	4.2	R
	2005	53.2	61.4	45.8	32.5	36.2	28.7	85.4	93.1	77.6	81.4	86.6	76.3	32.5	43.1	23.3	5.9	9.3	3.9	R
	2006	52.5	61.1	44.8	34.6	38.1	31.0	85.0	92.8	77.0	80.0	85.6	74.5	30.5	42.3	20.2	5.1	8.1	3.3	R
	2007	52.2	60.2	45.1	32.8	36.0	29.4	86.1	92.9	79.1	79.8	84.7	75.1	30.4	41.1	21.1	4.9	7.5	3.4	ILO
	2008	51.9	59.9	44.8	32.4	35.3	29.3	86.3	92.8	79.7	79.8	84.7	75.0	29.8	40.5	20.4	4.6	7.0	3.2	ILO
葡萄牙	1980	61.1	79.3	44.9	70.0	78.6	61.2	79.9	95.6	64.9	69.8	93.3	48.7	51.5	74.5	31.6	16.5	28.1	8.6	R
	1990	59.3	72.2	47.9	60.2	66.2	54.0	86.3	95.1	77.8	78.4	93.7	64.3	48.0	66.2	32.2	12.6	19.9	7.7	R
	2000	59.4	68.6	51.1	45.8	50.6	40.8	87.5	92.6	82.5	83.2	92.4	74.5	52.4	64.4	41.9	18.0	25.0	13.3	R
	2004	59.8	68.1	52.4	43.4	47.5	39.2	88.8	92.0	85.7	84.9	92.4	77.8	53.1	62.7	44.6	17.8	25.6	12.4	R
	2005	60.1	67.9	53.2	42.6	46.6	38.5	89.7	92.6	86.7	85.6	92.3	79.1	53.6	62.3	45.9	17.9	24.6	13.2	R
	2006	60.4	68.1	53.4	42.4	46.2	38.3	89.7	92.8	86.6	86.6	92.9	80.6	53.4	62.6	45.1	17.9	24.6	13.2	R
	2007	60.4	68.1	53.5	42.5	46.2	38.6	89.1	92.2	85.9	86.3	92.7	80.0	54.4	62.6	47.1	18.3	25.2	13.7	ILO
	2008	60.4	68.0	53.6	42.0	45.6	38.2	89.2	92.2	86.1	86.6	92.6	80.7	54.7	62.4	47.8	18.3	25.2	13.7	ILO
罗马尼亚	1980	64.5	70.5	58.9	58.7	61.1	56.2	87.2	91.6	82.8	87.5	93.1	82.1	31.0	38.0	25.1	10.2	13.5	7.8	ILO
	1990	59.7	65.6	54.2	52.2	55.0	49.4	85.7	90.3	80.8	86.7	92.0	81.5	32.7	38.0	27.7	10.7	13.8	8.5	R
	2000	62.8	70.3	55.8	44.5	50.7	38.1	84.3	91.3	77.0	82.0	89.0	75.1	49.9	56.8	43.9	35.7	40.8	32.1	R
	2004	53.8	61.5	46.7	36.6	42.2	30.8	79.5	86.6	72.1	77.7	85.2	70.3	38.2	45.3	32.1	14.9	17.1	13.4	R
	2005	53.0	60.8	45.8	31.8	36.9	26.4	78.6	85.8	71.2	77.9	85.7	70.3	40.6	48.6	33.6	14.5	16.8	13.0	R
	2006	53.9	61.7	46.7	31.1	36.0	26.0	79.4	85.9	72.6	80.1	87.8	72.6	42.8	51.9	34.8	14.2	16.6	12.6	R
	2007	51.7	58.9	45.0	30.1	34.2	25.8	77.5	84.0	70.7	76.9	84.8	69.1	37.8	43.6	32.7	14.2	15.5	13.3	ILO
	2008	51.1	58.2	44.6	29.5	33.2	25.7	77.1	83.4	70.4	76.7	84.7	68.9	37.3	42.8	32.5	12.9	13.7	12.3	ILO
斯洛伐克	1980	72.9	79.3	66.9	78.5	79.0	78.0	100.0	100.0	100.0	94.4	97.9	91.1	36.5	63.6	12.7	5.8	9.7	3.0	ILO
	1990	70.5	77.9	63.8	78.9	79.9	77.9	100.0	100.0	99.9	95.2	98.3	92.2	29.1	52.8	9.2	4.9	8.5	2.7	ILO
	2000	58.8	67.1	51.2	46.0	49.4	42.4	86.2	94.9	77.2	89.4	93.3	85.6	24.3	40.9	10.7	1.1	2.0	0.6	R
	2004	58.6	67.4	50.7	39.7	43.5	35.7	86.0	95.2	76.5	90.4	92.8	88.1	32.3	52.9	15.0	1.3	2.2	0.8	R
	2005	57.9	67.3	49.4	36.7	40.9	32.4	83.8	94.7	72.6	90.2	93.2	87.3	35.5	55.7	18.3	1.4	2.4	0.9	R
	2006	57.4	67.0	48.7	35.1	39.3	30.6	84.1	95.7	72.2	89.5	92.7	86.3	36.6	55.1	20.9	1.1	1.9	0.7	R
	2007	58.2	67.5	49.7	37.9	41.4	34.2	84.2	95.0	72.9	90.7	93.0	88.5	36.4	56.8	18.9	1.2	2.0	0.7	ILO
	2008	58.2	67.6	49.7	37.3	40.5	33.9	84.1	95.0	72.8	90.9	93.1	88.8	37.9	58.2	20.2	1.2	2.0	0.7	ILO

	年份	年龄组																		统计类型
		15 +			15—24			25—34			35—54			55—64			65 +			
		MF	M	F	MF	M	F	MF	M	F	MF	M	F	MF	M	F	MF	M	F	
斯洛文尼亚	1980	68.3	76.4	61.1	74.2	75.2	73.2	96.0	96.6	95.4	83.9	91.9	76.2	25.5	44.9	12.3	18.1	20.6	16.6	ILO
	1990	65.9	74.9	58.0	78.6	79.9	77.1	96.7	97.3	96.1	85.5	92.4	78.4	20.5	37.2	6.9	14.2	16.2	13.2	ILO
	2000	56.8	64.1	50.2	38.5	41.5	35.4	92.4	93.6	91.2	85.9	90.3	81.3	23.7	32.9	15.2	8.6	12.4	6.6	ILO
	2004	57.2	64.5	50.6	39.2	42.7	35.5	91.5	92.8	90.2	87.1	89.8	84.4	32.6	44.4	21.3	6.9	10.5	4.9	R
	2005	57.0	64.5	50.1	36.9	41.6	31.8	91.2	93.5	88.9	87.9	89.7	86.1	32.8	45.9	20.2	7.2	10.8	5.2	R
	2006	57.8	64.5	51.8	41.3	43.7	38.8	89.9	89.3	90.5	89.0	90.4	87.5	34.4	47.1	22.0	8.0	12.3	5.7	R
	2007	56.7	64.2	49.8	36.1	41.3	30.6	91.1	92.3	89.7	88.9	90.7	87.2	33.7	46.9	20.6	7.0	10.3	5.1	ILO
	2008	56.6	64.1	49.7	36.2	41.7	30.5	91.1	92.3	89.8	89.3	90.8	87.7	34.2	47.5	21.1	6.9	10.3	5.1	ILO
西班牙	1980	51.3	76.2	28.1	58.2	68.9	47.1	65.7	96.0	35.2	60.9	94.8	27.7	46.7	75.9	21.1	7.6	12.7	4.0	R
	1990	49.4	67.7	32.7	53.2	60.0	46.0	77.4	94.7	59.8	66.2	94.2	38.6	40.1	62.5	19.4	2.5	3.8	1.7	R
	2000	51.0	64.4	38.7	46.8	51.8	41.5	83.1	92.5	73.3	74.8	93.3	56.5	40.9	60.4	22.6	1.6	2.6	1.0	R
	2004	53.2	65.2	42.1	47.3	52.8	41.5	85.0	92.3	77.3	77.9	92.7	63.1	44.3	62.5	27.1	1.6	2.4	1.0	R
	2005	54.1	65.9	43.2	50.3	55.4	44.9	84.9	92.2	77.3	78.4	92.5	64.3	45.9	63.2	29.6	2.0	3.2	1.1	R
	2006	54.9	66.1	44.5	50.8	55.2	46.2	85.9	92.4	78.9	79.8	92.6	66.8	46.9	63.6	31.0	2.0	3.3	1.2	R
	2007	54.5	65.6	44.1	48.6	53.8	43.1	85.4	92.0	78.5	79.7	92.2	67.0	47.6	64.1	31.9	1.8	2.9	1.1	ILO
	2008	54.8	65.6	44.7	48.8	54.0	43.2	85.7	92.0	79.0	80.4	92.1	68.4	48.5	64.3	33.4	1.8	3.0	1.1	ILO
瑞典	1980	66.4	74.1	58.9	70.1	70.6	69.6	88.3	94.8	81.3	90.1	95.9	84.1	66.8	78.6	55.4	8.4	14.3	3.8	R
	1990	64.6	70.0	59.6	67.4	67.5	67.4	91.0	93.4	88.5	93.7	95.3	92.1	70.5	75.5	65.8	8.1	12.3	5.1	R
	2000	60.5	66.2	55.3	50.5	51.1	49.9	85.3	88.5	81.9	89.5	91.5	87.4	69.4	72.9	66.0	9.8	15.0	6.3	R
	2004	60.1	65.1	55.5	49.4	48.9	50.0	85.7	89.2	82.1	88.7	90.5	86.8	73.0	75.9	70.0	8.9	12.7	6.2	R
	2005	61.4	66.8	56.2	52.8	51.5	54.0	87.8	91.6	84.0	90.3	92.7	87.7	72.8	76.4	69.2	9.5	14.6	5.9	R
	2006	61.5	66.7	56.6	54.3	53.1	55.5	88.0	91.7	84.2	90.1	92.9	87.2	73.2	76.4	70.0	9.8	14.1	6.8	R
	2007	61.4	66.5	56.6	55.2	53.7	56.8	87.1	90.4	83.8	89.8	92.6	87.0	73.3	76.7	69.9	10.3	14.7	7.1	ILO
	2008	61.4	66.5	56.7	56.3	54.6	58.0	87.3	90.5	84.1	89.8	92.6	86.9	73.5	77.0	70.0	10.5	14.9	7.4	ILO
英国	1980	61.6	77.8	46.7	72.1	77.9	66.0	76.2	97.0	55.0	81.7	97.0	66.4	60.1	83.5	38.7	6.5	10.8	3.7	ILO
	1990	61.1	73.4	50.1	77.4	82.6	72.0	83.2	96.1	70.2	84.3	94.0	74.6	53.0	68.1	38.6	5.4	8.8	3.4	R
	2000	59.5	68.8	51.2	69.0	72.7	65.3	84.4	93.7	75.3	83.7	90.9	76.6	52.8	63.3	42.6	5.2	7.8	3.4	R
	2004	59.4	67.7	51.7	66.6	69.2	63.9	83.4	91.9	75.0	84.1	90.5	77.7	57.9	67.9	48.2	5.9	8.8	4.0	R
	2005	59.4	67.6	51.9	66.0	69.0	62.8	83.7	91.9	75.6	84.2	90.6	78.0	58.2	67.9	48.9	6.3	9.0	4.4	R
	2006	59.8	67.8	52.4	65.7	68.0	63.3	84.7	92.9	76.5	84.8	91.1	78.6	59.0	68.3	50.1	6.8	10.0	4.5	R
	2007	59.6	67.4	52.4	65.5	68.1	62.8	84.2	92.0	76.4	84.7	90.8	78.7	59.6	68.7	50.8	6.5	9.4	4.4	ILO
	2008	59.6	67.3	52.6	65.3	67.8	62.7	84.3	91.9	76.7	84.8	90.7	79.0	59.9	68.8	51.3	6.7	9.7	4.6	ILO
北美洲																				
加拿大	1980	63.9	78.1	50.1	68.6	73.1	63.9	79.2	95.1	63.2	76.0	94.0	57.5	52.6	74.5	32.6	7.9	13.2	3.9	R
	1990	65.0	74.7	55.9	70.0	72.5	67.4	85.4	93.5	77.1	83.6	92.8	74.3	49.2	64.0	34.9	6.5	10.8	3.6	R
	2000	63.2	70.6	56.1	64.5	66.0	62.8	85.7	91.7	79.6	84.4	90.8	78.0	50.9	60.7	41.4	5.9	9.5	3.3	R
	2004	64.7	71.3	58.4	66.8	67.6	66.0	86.9	92.0	81.8	86.4	91.4	81.3	57.4	66.1	48.9	7.5	11.8	4.4	R
	2005	64.3	70.9	58.1	65.8	65.9	65.6	86.6	91.7	81.3	86.2	91.4	81.1	57.9	66.7	49.4	7.9	12.1	5.0	R
	2006	64.2	70.4	58.3	66.2	66.2	66.2	86.4	91.4	81.2	86.2	91.0	81.3	58.6	66.2	51.2	8.1	12.1	5.2	R
	2007	65.1	71.0	59.4	68.2	67.9	68.4	87.1	91.9	82.3	87.0	91.5	82.6	61.3	68.4	54.5	8.0	12.1	5.1	ILO
	2008	65.2	70.9	59.8	68.5	68.0	69.0	87.3	91.9	82.6	87.3	91.5	83.1	62.7	69.0	56.5	8.3	12.4	5.4	ILO
美国	1980	63.8	77.3	51.1	67.3	73.4	61.1	80.4	95.2	65.5	78.0	93.5	62.8	55.9	72.1	41.3	12.4	19.0	8.1	R
	1990	64.2	74.5	54.8	66.3	70.6	61.9	83.8	94.1	73.5	83.5	92.9	74.3	56.1	67.8	45.3	11.7	16.3	8.6	R
	2000	64.6	72.8	57.0	64.7	67.4	61.9	84.8	93.4	76.1	83.9	90.8	77.0	59.3	67.3	51.9	12.8	17.7	9.4	R
	2004	63.2	71.0	56.0	59.3	61.5	57.0	82.9	91.9	73.6	82.8	89.8	76.0	62.4	68.7	56.4	14.3	19.0	11.1	R
	2005	63.2	70.9	56.0	59.0	60.9	57.0	82.9	91.7	73.9	82.8	89.9	75.9	62.9	69.2	57.0	14.9	19.8	11.5	R
	2006	63.3	71.1	56.1	59.0	61.5	56.5	83.2	91.7	74.4	83.0	90.1	75.9	63.5	69.4	58.0	15.2	20.3	11.7	R
	2007	63.0	70.6	56.0	58.4	60.6	56.2	82.7	91.6	73.6	82.8	89.7	75.9	63.8	69.2	58.7	15.4	20.2	12.0	ILO
	2008	62.9	70.3	55.9	58.1	60.2	55.8	82.6	91.6	73.4	82.7	89.6	75.9	64.2	69.2	59.4	15.7	20.5	12.3	ILO
其他发达经济体																				
澳大利亚	1980	61.5	78.5	44.8	72.3	78.2	66.2	74.4	95.9	52.4	74.0	93.7	53.4	44.9	69.1	21.8	6.4	11.2	2.8	R
	1990	62.1	74.4	50.3	72.2	75.4	68.8	80.1	94.4	65.7	80.2	92.6	67.5	44.0	62.9	24.9	5.2	9.2	2.4	R
	2000	61.2	70.7	52.2	70.7	72.3	68.9	81.0	92.2	69.8	80.2	89.5	70.9	48.4	60.9	35.7	6.0	10.0	3.1	R
	2004	61.4	70.0	53.2	70.5	71.6	69.3	81.0	91.3	70.6	80.8	89.2	72.6	53.9	64.9	42.7	6.6	10.6	3.6	R
	2005	62.2	70.4	54.4	71.2	72.3	69.9	81.9	91.3	72.5	82.1	89.8	74.4	55.5	66.3	44.6	7.4	11.6	4.2	R
	2006	62.5	70.5	54.8	71.1	72.4	69.6	82.2	91.7	72.7	82.4	89.7	75.2	57.4	67.4	47.4	7.7	12.4	4.2	R
	2007	62.0	69.7	54.7	70.9	72.0	69.8	82.0	90.9	73.1	82.2	89.4	75.1	57.3	66.4	48.1	7.5	11.8	4.2	ILO
	2008	62.1	69.5	55.0	70.9	71.9	69.8	82.2	90.7	73.5	82.4	89.4	75.5	58.3	66.9	49.7	7.7	12.0	4.3	ILO

	年份	年龄组																		统计类型
		15 +			15—24			25—34			35—54			55—64			65 +			
		MF	M	F	MF	M	F	MF	M	F	MF	M	F	MF	M	F	MF	M	F	
以色列	1980	50.5	65.4	36.1	33.9	36.7	30.9	68.9	85.3	52.3	67.6	90.8	45.7	47.7	73.0	25.1	16.7	27.9	6.6	ILO
	1990	50.6	61.4	40.2	30.6	32.2	28.9	70.8	82.6	58.9	73.3	87.8	59.2	50.4	73.7	30.4	12.6	20.2	6.4	R
	2000	53.2	59.9	46.9	34.9	33.5	36.3	75.0	82.1	67.9	76.7	85.2	68.7	50.4	64.1	38.0	8.4	14.2	4.2	R
	2004	53.6	59.6	47.9	32.1	30.2	34.2	75.8	80.9	70.6	77.5	84.9	70.4	55.7	68.2	44.2	9.6	15.5	5.4	R
	2005	53.8	59.7	48.2	32.6	30.8	34.5	75.8	80.2	71.2	77.5	84.6	70.8	56.4	68.4	45.4	10.1	16.3	5.7	R
	2006	54.2	60.2	48.6	32.8	30.9	34.9	75.8	80.5	70.9	78.0	84.9	71.4	58.6	70.1	48.0	9.9	16.5	5.2	R
	2007	53.7	59.3	48.4	31.8	29.5	34.2	75.3	80.3	70.0	77.7	84.1	71.6	57.8	67.6	48.8	9.7	15.6	5.4	ILO
	2008	53.8	59.2	48.7	31.7	29.3	34.2	75.4	80.2	70.3	77.8	83.9	72.0	58.0	67.2	49.7	9.7	15.7	5.5	ILO
日本	1980	63.2	79.8	47.6	43.2	42.7	43.7	73.0	97.0	48.7	79.1	97.0	61.4	62.9	85.3	45.3	26.3	41.0	15.5	R
	1990	62.2	76.5	48.9	43.8	43.0	44.6	77.5	98.0	56.6	82.4	97.3	67.5	64.7	83.2	47.2	24.1	36.5	16.2	R
	2000	60.6	75.1	47.3	46.7	47.1	46.3	80.5	96.7	63.9	82.6	97.3	67.8	66.5	84.1	49.7	22.3	34.1	14.4	R
	2004	58.3	72.0	45.9	44.2	44.1	44.3	81.6	95.3	67.3	82.6	96.6	68.4	66.7	83.3	50.7	19.4	29.0	12.9	R
	2005	58.2	71.8	45.9	44.6	44.2	45.0	81.9	95.1	68.3	82.9	96.6	69.0	66.8	83.3	50.9	19.4	29.4	12.7	R
	2006	58.0	71.5	45.8	44.8	44.5	45.1	82.3	95.3	68.7	83.2	96.6	69.7	66.7	83.0	50.9	19.5	29.3	13.0	R
	2007	57.0	70.1	45.2	43.9	43.4	44.4	82.5	94.9	69.6	82.8	96.3	69.2	65.7	81.7	50.2	18.3	26.5	12.7	ILO
	2008	56.4	69.2	44.9	43.6	43.0	44.2	82.9	94.8	70.5	82.9	96.2	69.4	65.1	80.8	49.9	17.8	25.4	12.7	ILO
新西兰	1980	58.1	77.7	39.0	65.0	73.1	56.6	68.8	97.3	40.6	73.8	97.0	49.9	45.3	69.7	22.0	5.9	11.3	2.0	ILO
	1990	62.0	73.1	51.6	68.9	72.8	65.0	77.4	93.6	61.5	83.9	93.4	74.4	43.8	56.8	30.8	6.4	10.4	3.6	R
	2000	62.9	71.9	54.5	62.9	65.9	59.9	79.1	91.1	67.8	84.0	91.5	76.7	59.9	72.2	47.9	7.5	11.8	4.4	R
	2004	64.4	72.7	56.8	62.5	65.8	59.2	80.0	91.2	69.4	84.8	91.8	78.0	68.9	78.3	59.8	11.0	15.6	7.5	R
	2005	65.2	73.2	57.8	62.8	65.5	59.9	81.4	91.4	71.8	85.6	92.9	78.5	71.0	79.6	62.4	11.4	16.2	7.9	R
	2006	65.8	73.8	58.3	65.1	67.9	62.2	81.7	91.4	72.4	85.6	92.9	78.6	71.7	81.3	62.2	12.5	17.5	8.7	R
	2007	65.2	72.8	58.2	62.5	65.2	59.6	81.2	90.8	71.9	85.6	92.5	79.0	71.4	78.6	64.2	13.3	18.9	9.1	ILO
	2008	65.4	72.8	58.5	62.5	65.2	59.6	81.4	90.8	72.2	85.7	92.6	79.2	72.0	78.6	65.5	14.1	19.7	9.7	ILO
西欧（非欧盟）																				
冰岛	1980	73.4	81.7	65.0	65.0	66.5	63.4	84.1	96.6	70.6	91.1	98.4	83.7	85.9	94.5	77.5	27.1	39.4	17.1	ILO
	1990	72.5	79.6	65.5	59.4	60.0	58.7	85.6	95.7	75.2	93.3	97.7	88.8	87.3	93.6	81.1	26.7	37.8	18.2	ILO
	2000	74.5	80.1	69.1	71.8	70.3	73.3	89.5	93.6	85.3	93.5	97.4	89.6	85.7	94.7	76.8	19.4	28.9	12.0	R
	2004	72.6	78.0	67.4	71.6	70.9	72.4	86.0	90.9	81.0	91.7	95.9	87.5	84.3	89.7	78.8	17.3	24.4	11.7	R
	2005	73.7	78.9	68.6	76.9	74.7	79.2	87.5	92.4	82.4	90.9	95.3	86.3	86.1	90.1	81.9	17.2	25.2	10.9	R
	2006	74.7	80.3	69.2	79.4	77.3	81.6	88.9	94.5	83.1	91.7	96.5	86.8	85.9	89.9	81.7	16.9	25.1	10.4	R
	2007	73.4	78.2	68.6	72.5	71.6	73.3	89.2	93.4	84.7	92.1	95.2	88.8	85.1	89.4	80.6	15.8	22.5	10.6	ILO
	2008	73.4	78.1	68.5	72.6	72.1	73.2	89.3	93.3	84.8	92.1	95.0	88.8	85.0	89.1	80.6	15.4	21.5	10.5	ILO
挪威	1980	63.1	75.4	51.3	58.9	63.6	54.0	76.6	89.5	62.9	84.5	95.5	73.2	64.2	79.5	49.8	21.9	34.3	12.7	R
	1990	62.4	71.2	54.1	59.0	62.2	55.7	84.1	91.2	76.6	86.9	93.0	80.6	63.3	72.9	53.9	17.2	25.0	12.0	R
	2000	64.3	71.1	57.9	63.5	66.0	60.8	86.4	91.0	81.7	88.2	91.7	84.5	67.9	74.5	61.4	10.7	14.2	8.5	R
	2004	63.9	69.8	58.4	60.0	60.1	59.9	85.2	89.2	81.2	87.1	90.5	83.5	68.7	74.3	63.0	13.7	17.0	11.6	R
	2005	63.8	69.7	58.3	58.6	59.2	58.1	85.5	89.5	81.4	87.2	90.4	83.8	69.0	74.8	63.1	13.8	17.4	11.5	R
	2006	63.7	69.6	58.1	58.2	58.2	58.2	86.4	90.4	82.3	87.3	90.6	83.9	68.4	74.3	62.4	13.4	17.7	10.6	R
	2007	64.0	69.2	59.1	60.1	58.9	61.2	85.6	89.2	81.9	86.9	90.1	83.7	68.6	73.6	63.4	15.0	18.5	12.6	ILO
	2008	63.9	69.0	59.2	60.1	58.8	61.5	85.5	89.0	81.9	86.9	90.0	83.7	68.3	73.2	63.3	15.4	18.9	13.0	ILO
瑞士	1980	59.9	79.1	42.1	66.7	70.1	63.3	75.1	96.7	53.6	74.1	98.3	50.1	59.7	88.7	33.6	8.9	15.0	4.8	R
	1990	61.0	76.8	46.7	68.7	71.0	66.4	81.2	95.8	66.3	81.5	98.3	64.4	61.7	87.9	37.8	5.5	9.2	3.2	R
	2000	64.5	75.6	54.5	68.2	70.3	66.0	87.2	95.5	78.9	87.4	97.1	77.6	65.5	79.5	52.0	9.3	14.4	6.1	R
	2004	64.1	73.5	55.6	67.1	67.7	66.5	88.5	95.2	81.8	88.2	95.8	80.4	67.2	78.8	55.9	8.0	12.8	5.0	R
	2005	63.8	72.6	55.7	65.7	66.4	64.9	88.8	95.3	82.4	88.3	95.8	80.9	67.6	77.6	57.7	7.4	11.2	4.9	R
	2006	64.1	72.8	56.1	68.7	70.1	67.3	88.8	95.3	82.3	88.2	95.6	80.8	67.6	76.8	58.7	8.1	12.1	5.5	R
	2007	63.7	72.2	55.9	67.7	69.0	66.3	88.6	95.0	82.4	88.6	95.5	81.7	67.3	76.8	58.1	7.7	11.6	5.1	ILO
	2008	63.4	71.7	56.0	67.7	68.9	66.4	88.7	94.8	82.6	88.8	95.5	82.1	67.4	76.3	58.7	7.6	11.5	5.0	ILO
中欧、东南欧（非欧盟）和独联体																				
中欧和东南欧																				
阿尔巴尼亚	1980	75.6	83.7	67.1	82.7	84.4	80.8	93.1	98.1	87.6	86.6	96.1	76.1	25.9	49.1	5.1	10.2	19.2	3.2	ILO
	1990	75.1	83.7	66.1	81.8	83.8	79.6	92.7	98.0	87.0	86.5	96.0	76.0	29.8	53.5	5.8	10.3	19.8	3.4	ILO
	2000	60.6	72.4	49.5	52.3	58.1	46.8	74.2	85.2	64.1	79.2	91.6	66.6	44.8	63.1	25.8	16.7	27.8	8.2	ILO
	2004	59.5	71.1	48.6	50.7	56.4	45.2	74.6	85.7	64.7	79.8	92.2	67.5	45.3	63.9	26.2	15.5	26.1	7.4	ILO
	2005	59.2	70.7	48.4	50.2	55.9	44.6	74.7	85.8	64.8	79.8	92.3	67.7	45.5	64.1	26.5	15.1	25.6	7.2	ILO
	2006	58.9	70.4	48.1	49.8	55.5	44.1	74.7	85.8	64.9	79.9	92.4	67.7	45.7	64.3	26.7	14.8	25.3	7.0	ILO
	2007	59.0	70.3	48.4	50.3	56.0	44.6	75.1	86.0	65.4	80.2	92.4	68.4	45.6	64.2	26.7	14.3	24.0	7.1	ILO
	2008	58.9	70.1	48.4	50.3	56.0	44.5	75.2	86.0	65.6	80.3	92.5	68.7	45.6	64.2	26.8	13.9	23.2	7.0	ILO

	年份	年龄组 15+ MF	15+ M	15+ F	15—24 MF	15—24 M	15—24 F	25—34 MF	25—34 M	25—34 F	35—54 MF	35—54 M	35—54 F	55—64 MF	55—64 M	55—64 F	65+ MF	65+ M	65+ F	统计类型
波斯尼亚和黑塞哥维那	1980	80.2	85.9	74.8	97.1	97.0	97.2	98.4	99.9	96.9	87.6	92.9	82.6	16.1	40.1	0.1	1.5	2.8	0.5	ILO
	1990	75.0	81.8	68.4	92.8	92.7	92.8	97.9	99.8	95.9	89.3	94.2	84.4	18.3	38.3	0.4	2.5	4.8	1.1	ILO
	2000	60.9	67.8	54.7	44.4	48.5	40.3	84.8	91.9	78.6	87.3	91.5	83.3	37.1	51.8	23.8	9.4	13.3	6.6	ILO
	2004	59.5	66.3	53.4	41.9	45.9	37.8	84.9	91.8	78.7	87.2	91.4	83.4	40.6	56.2	26.8	8.6	12.3	5.9	ILO
	2005	59.2	66.0	53.1	41.3	45.3	37.3	84.9	91.8	78.6	87.2	91.4	83.4	41.7	57.4	27.8	8.3	12.0	5.7	ILO
	2006	59.0	65.8	52.9	41.0	44.9	37.0	84.9	91.7	78.6	87.2	91.3	83.5	42.5	58.1	28.6	8.1	11.7	5.5	ILO
	2007	59.0	65.8	53.0	42.0	45.9	38.0	85.1	91.8	78.8	87.1	90.9	83.6	42.6	58.2	28.7	8.0	11.4	5.6	ILO
	2008	59.0	65.8	53.0	42.5	46.3	38.6	85.1	91.8	78.8	87.1	90.9	83.7	42.8	58.2	29.0	7.9	11.1	5.6	ILO
克罗地亚	1980	64.7	76.3	54.2	56.0	59.9	52.1	92.5	97.6	87.0	83.9	96.2	71.8	34.4	55.6	19.5	16.2	22.8	12.0	ILO
	1990	61.8	74.2	50.7	55.9	60.3	51.3	92.9	98.1	87.6	85.0	96.5	73.4	31.5	50.1	15.5	14.1	20.1	11.0	ILO
	2000	52.4	62.1	43.8	42.4	45.2	39.4	86.4	92.0	80.6	79.6	88.7	70.6	25.2	37.6	14.5	7.3	10.7	5.3	ILO
	2004	51.6	60.8	43.4	39.9	42.4	37.3	85.8	91.2	80.2	79.1	87.6	70.7	28.3	41.2	16.8	7.9	10.1	6.6	ILO
	2005	51.2	60.4	43.0	38.8	41.1	36.3	85.6	91.0	80.0	79.0	87.4	70.7	29.1	41.9	17.7	7.7	9.9	6.4	ILO
	2006	50.8	60.0	42.7	37.6	39.8	35.3	85.4	90.9	79.9	78.9	87.3	70.6	29.7	42.3	18.4	7.5	9.7	6.3	ILO
	2007	50.5	59.3	42.7	37.8	39.8	35.7	85.3	90.5	80.0	79.1	86.9	71.4	29.1	41.3	17.8	7.0	8.8	6.0	ILO
	2008	50.1	58.8	42.5	37.1	38.9	35.2	85.2	90.4	79.9	79.1	86.7	71.7	29.0	40.9	17.9	7.0	8.7	6.0	ILO
前南斯拉夫马其顿共和国	1980	66.0	74.5	57.4	56.6	59.9	53.1	90.9	94.4	87.3	80.7	93.7	67.8	32.3	52.4	13.5	14.0	21.8	6.5	ILO
	1990	63.0	72.6	53.5	51.7	55.5	47.8	89.4	93.8	84.9	81.2	93.8	68.7	33.0	51.9	15.6	14.1	22.1	7.1	ILO
	2000	52.2	64.6	40.1	38.4	45.5	30.9	76.3	90.2	61.9	74.8	89.0	60.4	30.4	47.0	15.1	4.0	6.0	2.4	ILO
	2004	50.6	62.2	39.2	33.1	39.0	26.8	74.2	86.3	61.5	74.0	87.1	60.6	33.5	50.9	17.4	5.0	7.2	3.4	ILO
	2005	51.9	63.1	41.0	33.0	38.3	27.4	75.4	86.5	63.7	76.6	89.2	63.6	36.6	53.3	21.2	4.7	6.8	3.2	R
	2006	53.0	65.5	40.8	35.9	42.2	29.3	76.6	89.8	62.8	77.5	91.6	63.0	38.3	56.2	21.8	3.8	5.8	2.3	R
	2007	52.5	64.7	40.7	32.8	38.5	26.8	76.4	89.7	62.5	77.6	91.3	63.6	39.1	56.7	22.8	4.7	6.2	3.6	ILO
	2008	52.5	64.7	40.7	32.6	38.3	26.5	76.5	89.7	62.7	77.8	91.4	63.9	40.0	57.5	23.7	4.7	6.2	3.6	ILO
塞尔维亚和黑山共和国	1980	72.5	79.0	66.3	98.8	98.8	98.8	98.6	100.0	97.1	85.0	91.2	79.0	17.3	38.0	–	0.9	1.6	0.2	ILO
	1990	68.2	75.4	61.3	96.5	96.4	96.7	98.2	99.9	96.4	88.6	93.7	83.6	16.0	33.6	0.1	1.6	3.1	0.6	ILO
	2000	57.7	65.0	50.8	47.3	52.3	42.2	81.7	88.3	74.8	82.6	86.5	78.7	38.0	52.3	25.1	14.3	18.9	10.8	ILO
	2004	57.9	65.6	50.6	48.8	53.7	43.7	82.8	89.5	75.9	83.4	87.7	79.0	39.6	55.4	25.1	13.3	17.9	9.9	ILO
	2005	57.9	65.7	50.5	49.1	54.0	44.0	83.1	89.8	76.2	83.6	88.1	79.2	40.0	56.1	25.1	13.1	17.6	9.7	ILO
	2006	57.9	65.8	50.4	49.4	54.3	44.3	83.4	90.0	76.5	84.0	88.4	79.5	40.2	56.5	25.0	12.8	17.2	9.4	ILO
	2007	57.9	65.8	50.4	49.9	54.5	45.0	83.6	90.2	76.7	84.2	88.6	79.7	40.3	56.5	25.0	12.7	16.9	9.5	ILO
	2008	57.9	65.9	50.4	50.2	54.7	45.5	83.8	90.4	77.0	84.4	88.8	80.0	40.2	56.4	24.9	12.5	16.6	9.5	ILO
土耳其	1980	55.7	82.5	28.7	55.5	72.2	37.9	62.4	99.0	24.3	60.2	93.2	27.6	51.2	76.2	26.7	23.3	38.3	11.1	ILO
	1990	57.4	80.7	34.1	56.9	73.8	39.4	67.2	97.4	36.1	64.2	92.3	36.0	44.1	61.7	26.7	19.0	30.9	9.3	R
	2000	49.9	73.3	26.5	43.5	58.4	27.9	62.0	92.5	30.6	57.7	87.2	27.6	36.9	53.5	21.6	20.9	32.5	11.3	R
	2004	48.6	72.0	25.3	40.8	55.1	26.0	62.4	93.6	30.3	56.9	86.0	27.3	34.1	49.2	19.9	16.6	26.1	8.7	R
	2005	48.3	71.9	24.7	40.4	55.2	25.1	62.5	93.9	30.2	57.0	86.3	27.3	31.8	47.6	17.0	15.1	24.2	7.6	R
	2006	47.9	71.1	24.7	39.7	54.3	24.7	62.5	93.0	31.0	56.8	85.6	27.6	31.2	46.5	16.8	13.5	22.0	6.6	R
	2007	47.1	70.0	24.2	38.0	51.0	24.5	62.2	92.9	30.4	56.0	85.0	26.6	30.9	46.1	16.5	13.6	21.7	7.1	ILO
	2008	46.7	69.6	24.0	37.2	49.8	24.2	62.1	92.8	30.4	55.8	84.8	26.4	30.5	45.6	16.1	13.0	20.7	6.9	ILO
独立国家联合体（独联体）																				
亚美尼亚	1980	74.9	81.0	69.3	76.2	77.1	75.4	96.2	99.0	93.6	89.7	94.3	85.4	24.2	52.6	4.9	5.7	10.0	3.1	ILO
	1990	71.4	78.4	65.1	71.9	73.1	70.7	95.5	98.6	92.5	90.3	94.8	86.2	25.1	45.4	7.0	6.5	11.3	3.8	ILO
	2000	59.4	66.0	53.9	46.3	50.7	42.2	82.4	89.6	76.1	84.5	88.7	81.0	33.2	46.8	22.4	13.0	17.8	9.9	ILO
	2004	59.4	66.1	53.9	46.0	50.2	42.0	83.9	91.3	77.6	86.0	90.7	82.3	37.7	55.4	24.2	10.5	14.9	7.7	ILO
	2005	59.1	65.9	53.7	45.3	49.4	41.3	84.1	91.6	77.8	86.2	90.9	82.5	39.7	58.3	25.5	9.9	14.2	7.2	ILO
	2006	58.9	65.7	53.4	44.5	48.6	40.5	84.2	91.7	78.0	86.3	91.1	82.6	41.0	59.9	26.7	9.3	13.5	6.7	ILO
	2007	59.6	66.5	54.0	46.9	50.8	43.1	85.0	92.3	78.9	86.8	91.7	83.0	40.7	60.2	26.1	8.9	12.4	6.8	ILO
	2008	59.7	66.7	54.2	47.7	51.3	44.0	85.4	92.6	79.4	87.0	92.0	83.2	40.5	59.9	25.9	8.5	11.5	6.7	ILO
阿塞拜疆	1980	70.6	77.1	64.7	64.3	65.9	62.6	94.5	98.1	91.1	90.5	94.7	86.6	28.8	56.8	11.6	7.5	13.0	4.7	ILO
	1990	71.2	77.6	65.3	61.5	62.9	60.1	93.7	97.6	90.1	90.6	94.8	86.6	33.8	55.3	15.1	8.4	14.1	5.4	ILO
	2000	64.3	70.6	58.6	46.7	51.0	42.5	82.8	89.9	76.6	85.6	89.5	82.0	35.6	50.4	23.1	12.7	17.4	9.6	ILO
	2004	64.5	70.5	59.2	45.9	50.0	41.6	84.3	91.4	78.0	86.9	91.0	83.2	37.1	53.1	23.4	10.6	15.0	7.7	ILO
	2005	64.1	69.9	58.9	43.8	47.8	39.6	84.7	91.8	78.4	87.4	91.5	83.7	38.8	55.3	24.8	9.5	13.6	6.8	ILO
	2006	63.3	68.9	58.2	40.6	44.4	36.6	84.8	91.8	78.4	87.7	91.7	84.1	41.5	57.7	27.5	8.4	12.2	5.9	ILO
	2007	64.7	70.6	59.4	44.7	48.7	40.7	85.9	92.9	79.6	88.2	92.5	84.4	41.8	59.2	26.7	7.6	10.3	5.9	ILO
	2008	64.9	70.8	59.5	45.1	49.0	41.0	86.3	93.2	79.9	88.4	92.8	84.5	42.9	60.8	27.4	7.0	9.1	5.7	ILO
白俄罗斯	1980	68.6	75.9	62.7	57.7	57.8	57.5	96.6	98.1	95.1	94.7	95.9	93.6	40.5	67.4	25.2	7.2	12.2	4.9	ILO
	1990	65.4	74.2	58.2	52.4	52.9	51.9	95.6	97.3	94.0	94.6	95.7	93.5	42.3	62.6	27.2	7.0	11.8	4.9	ILO
	2000	57.5	64.9	51.3	44.4	48.1	40.6	86.8	88.9	84.6	88.9	88.9	88.9	29.7	45.9	17.5	2.6	5.1	1.5	ILO
	2004	57.5	64.8	51.5	42.3	45.4	39.1	86.9	89.0	84.8	89.1	89.0	89.1	35.1	52.9	21.5	2.3	4.5	1.3	ILO
	2005	57.5	64.8	51.5	41.7	44.5	38.7	86.8	88.9	84.8	89.1	89.0	89.1	36.7	54.5	23.0	2.2	4.3	1.2	ILO
	2006	57.5	64.7	51.6	41.0	43.5	38.3	86.8	88.8	84.7	89.1	88.9	89.2	37.8	55.3	24.3	2.1	4.1	1.1	ILO
	2007	57.3	64.8	51.2	42.2	45.1	39.2	86.2	88.2	84.1	88.5	88.9	88.2	36.3	53.6	22.9	2.0	3.8	1.2	ILO
	2008	57.4	65.0	51.2	42.6	45.5	39.6	86.0	88.1	84.0	88.5	88.8	88.1	36.1	52.9	23.1	1.9	3.6	1.1	ILO

	年份	年龄组																		统计类型
		15 +			15—24			25—34			35—54			55—64			65 +			
		MF	M	F	MF	M	F	MF	M	F	MF	M	F	MF	M	F	MF	M	F	
格鲁吉亚	1980	72.6	80.2	66.1	46.4	48.9	44.0	91.1	98.9	83.9	93.7	98.7	89.1	71.8	88.4	61.9	37.6	52.0	29.9	ILO
	1990	73.2	82.3	65.5	52.0	54.2	49.7	92.6	99.5	86.3	93.3	98.6	88.6	68.4	84.6	54.8	34.9	50.3	27.3	ILO
	2000	63.3	73.8	54.4	35.9	43.7	28.1	71.0	84.9	57.5	80.1	88.6	72.5	69.7	82.5	59.2	49.2	60.2	42.7	R
	2004	63.5	73.0	55.4	30.7	37.7	23.7	73.7	88.1	60.3	82.5	90.5	75.6	76.7	87.6	67.8	47.9	57.4	42.1	R
	2005	63.2	73.0	55.0	32.4	40.3	24.4	73.6	88.0	60.3	82.6	91.9	74.5	74.1	83.6	66.4	47.0	54.8	42.3	R
	2006	63.2	73.0	54.9	32.6	40.5	24.6	74.1	88.4	60.8	83.1	92.2	75.0	74.1	83.7	66.3	45.8	53.8	40.9	ILO
	2007	63.4	73.7	54.8	32.0	41.2	22.9	74.6	89.3	61.0	82.3	91.8	74.1	76.8	87.1	68.4	47.0	55.3	41.9	ILO
	2008	63.5	73.9	54.8	32.1	41.7	22.5	74.7	89.4	61.2	82.3	91.9	74.0	76.8	87.1	68.5	46.8	55.0	41.8	ILO
哈萨克斯坦	1980	69.4	77.7	61.9	57.0	61.4	52.4	93.3	97.8	88.9	92.1	96.6	87.8	34.1	59.7	19.2	5.3	9.1	3.6	ILO
	1990	68.8	77.5	61.0	53.5	57.6	49.2	92.9	97.5	88.3	92.1	96.4	88.0	36.6	56.0	21.5	5.9	10.0	4.3	ILO
	2000	69.3	75.9	63.5	51.9	55.1	48.7	91.7	96.0	87.5	92.0	95.1	89.3	47.5	61.7	36.8	12.1	17.4	9.7	ILO
	2004	68.3	74.6	62.9	49.5	52.8	46.2	91.2	95.6	86.9	91.3	94.4	88.5	55.8	70.7	44.9	9.3	13.0	7.5	R
	2005	67.9	74.0	62.5	47.4	50.5	44.2	91.1	95.5	86.9	91.3	94.4	88.6	58.8	72.9	48.5	8.8	12.4	7.1	ILO
	2006	67.5	73.6	62.3	45.7	48.7	42.7	91.0	95.4	86.8	91.3	94.3	88.7	60.8	74.0	51.1	8.4	11.9	6.7	ILO
	2007	68.6	74.7	63.4	48.2	51.0	45.4	90.9	95.3	86.7	91.5	94.3	88.9	62.1	74.4	53.1	10.2	15.3	7.8	ILO
	2008	68.8	75.0	63.5	48.4	51.1	45.6	90.9	95.2	86.6	91.4	94.3	89.0	62.4	74.2	53.8	10.0	15.1	7.7	ILO
吉尔吉斯斯坦	1980	63.4	72.1	55.6	51.1	53.4	48.7	92.0	97.0	87.1	87.9	95.4	80.8	22.3	52.4	4.2	3.3	6.0	1.9	ILO
	1990	65.1	73.7	57.3	49.9	52.7	47.0	90.7	96.7	84.9	89.2	95.7	83.0	36.5	57.3	19.2	6.1	10.3	4.1	ILO
	2000	64.4	73.8	55.6	48.4	54.6	42.0	82.8	93.5	71.9	84.8	91.7	78.3	47.0	63.3	32.7	14.7	22.3	10.3	ILO
	2004	62.9	73.9	52.7	45.6	54.5	36.5	80.7	93.2	68.1	84.3	92.3	76.8	52.2	71.4	35.4	11.3	18.2	7.2	R
	2005	62.8	73.8	52.5	45.6	54.5	36.4	80.4	93.0	67.8	83.9	91.9	76.2	53.7	72.8	37.0	11.4	18.3	7.3	ILO
	2006	63.1	74.1	52.8	45.8	54.8	36.7	80.5	93.1	68.0	84.0	92.1	76.4	54.0	73.4	37.3	11.4	18.3	7.2	ILO
	2007	63.1	74.5	52.5	45.8	55.0	36.4	79.4	92.9	66.0	83.8	91.9	76.1	55.4	74.1	39.3	13.5	22.5	8.0	ILO
	2008	63.2	74.7	52.4	45.8	55.3	36.2	79.2	92.9	65.7	83.8	91.9	76.0	55.0	74.0	38.9	13.5	22.6	8.0	ILO
摩尔多瓦	1980	69.0	75.9	63.1	62.0	62.6	61.4	95.5	97.9	93.3	91.7	95.5	88.4	30.4	58.9	10.6	4.6	8.1	2.5	ILO
	1990	65.9	73.3	59.6	51.7	52.7	50.8	93.4	96.1	90.8	91.7	95.2	88.6	34.8	58.2	16.9	5.8	10.0	3.5	ILO
	2000	55.7	60.6	51.4	31.6	33.2	30.0	75.5	77.3	73.8	80.7	82.4	79.2	45.9	61.4	33.9	12.3	16.8	9.7	ILO
	2004	49.0	51.9	46.5	23.4	25.0	21.8	62.0	60.7	63.3	72.5	72.2	72.7	54.2	65.6	44.5	15.0	19.1	12.7	R
	2005	48.9	51.5	46.7	21.2	22.5	19.9	50.0	47.1	52.6	77.8	77.7	77.9	58.2	70.0	47.9	16.9	20.8	14.6	R
	2006	49.1	51.9	46.7	21.8	23.1	20.5	50.3	47.5	52.9	78.2	78.3	78.1	58.3	70.2	47.9	16.5	20.5	14.3	ILO
	2007	47.0	49.0	45.2	20.1	21.4	18.8	49.1	45.6	52.5	73.4	73.3	73.4	57.3	66.0	49.8	18.4	21.9	16.4	ILO
	2008	46.6	48.3	45.0	19.3	20.6	18.1	46.9	43.0	50.7	73.0	72.9	73.1	58.1	66.0	51.2	19.3	22.6	17.4	ILO
俄罗斯联邦	1980	68.8	76.8	62.2	54.5	56.0	52.9	94.1	96.5	91.7	93.5	95.5	91.7	43.9	64.0	33.4	9.2	15.5	6.9	ILO
	1990	65.8	75.2	58.1	49.8	51.4	48.1	92.7	95.4	90.0	93.6	95.7	91.6	40.7	57.5	28.3	9.8	16.1	7.7	ILO
	2000	59.2	67.5	52.4	41.0	45.4	36.4	86.4	91.4	81.3	88.0	90.1	86.1	33.3	45.1	24.6	10.0	14.7	8.1	ILO
	2004	59.6	67.2	53.4	38.3	41.9	34.6	85.4	90.4	80.5	89.2	91.1	87.5	42.6	54.4	34.0	11.0	15.4	9.1	R
	2005	60.0	67.5	53.9	38.6	41.8	35.3	86.0	91.0	81.1	89.4	91.4	87.6	45.0	56.1	36.7	11.4	15.8	9.5	R
	2006	59.8	67.1	53.8	37.7	40.7	34.6	85.8	90.7	80.9	89.2	91.1	87.6	46.1	56.7	38.3	11.0	15.4	9.1	ILO
	2007	61.0	68.4	55.0	38.9	42.4	35.4	87.2	91.4	82.9	88.8	91.3	86.5	54.9	63.2	48.7	10.3	14.3	8.6	ILO
	2008	61.2	68.7	55.2	39.5	42.9	35.8	87.1	91.4	82.9	88.8	91.4	86.5	55.1	63.5	48.8	10.3	14.1	8.6	ILO
塔吉克斯坦	1980	79.7	84.9	74.7	91.5	91.1	91.9	98.0	99.7	96.3	89.0	93.9	84.0	16.7	41.8	0.5	2.8	5.1	1.1	ILO
	1990	78.2	83.1	73.5	88.1	87.9	88.3	97.6	99.6	95.6	90.3	94.6	85.8	18.4	37.2	1.0	3.4	6.3	1.5	ILO
	2000	50.2	53.5	47.0	27.9	31.4	24.2	68.5	72.7	64.4	69.2	69.7	68.7	47.1	55.4	38.4	20.3	25.0	16.6	ILO
	2004	55.5	60.0	51.3	35.8	40.2	31.5	74.7	80.7	69.1	76.1	78.4	74.0	44.8	55.6	33.9	17.9	22.8	14.3	ILO
	2005	56.3	61.0	51.9	37.2	41.7	32.8	75.6	81.7	69.9	77.0	79.6	74.7	44.7	56.2	33.4	17.4	22.3	13.9	ILO
	2006	57.1	61.9	52.6	38.6	43.1	34.0	76.3	82.6	70.4	77.8	80.5	75.3	44.5	56.7	32.8	17.1	22.0	13.6	ILO
	2007	60.9	66.7	55.4	44.2	49.0	39.3	79.3	87.4	71.7	81.9	86.0	78.3	43.1	56.4	30.8	16.4	21.3	12.8	ILO
	2008	62.0	68.1	56.4	46.2	51.1	41.2	80.1	88.7	72.1	82.8	87.1	79.0	42.6	56.4	30.2	16.1	21.0	12.5	ILO
土库曼斯坦	1980	67.4	73.6	61.6	52.8	55.3	50.2	91.8	96.4	87.3	91.0	94.9	87.1	39.0	62.5	24.2	10.4	16.0	7.0	ILO
	1990	68.2	74.3	62.4	50.6	53.3	47.7	91.2	96.1	86.7	91.4	95.1	87.8	43.1	61.3	27.0	10.7	16.6	7.5	ILO
	2000	64.9	71.4	58.8	46.8	51.3	42.3	84.5	91.2	77.6	87.0	91.1	83.3	36.1	51.1	22.6	10.7	15.3	8.0	ILO
	2004	64.5	70.6	58.6	43.0	47.2	38.8	85.0	91.8	78.3	87.7	91.8	83.9	40.5	57.1	26.0	9.1	13.3	6.6	ILO
	2005	64.2	70.3	58.4	41.9	46.0	37.8	85.1	91.8	78.3	87.8	91.8	84.0	41.8	58.5	27.3	8.8	12.8	6.2	ILO
	2006	64.0	70.1	58.3	41.1	45.1	37.0	85.0	91.8	78.3	87.8	91.9	84.0	42.7	59.4	28.2	8.5	12.4	6.0	ILO
	2007	64.4	70.2	58.8	41.4	45.0	37.7	85.8	92.5	79.1	88.1	91.9	84.5	42.6	59.4	28.2	7.5	10.0	6.0	ILO
	2008	64.5	70.3	59.0	41.3	44.9	37.7	86.0	92.7	79.2	88.2	91.9	84.7	42.8	59.4	28.7	7.1	9.0	6.0	ILO
乌克兰	1980	65.1	72.6	59.1	49.3	48.2	50.4	94.3	96.8	91.8	93.5	95.0	92.1	38.5	61.8	25.5	6.8	11.7	4.7	ILO
	1990	62.0	70.6	55.1	47.1	46.4	47.7	93.4	96.2	90.7	93.0	94.6	91.6	37.0	55.0	23.3	7.0	11.8	5.1	ILO
	2000	55.3	63.3	48.8	40.4	43.3	37.5	85.8	90.3	81.4	85.4	87.9	83.1	35.4	48.1	25.9	5.5	7.9	4.5	R
	2004	55.9	62.9	50.3	40.8	43.9	37.6	83.3	89.2	77.3	82.7	85.2	80.5	37.1	46.0	30.6	16.0	18.4	14.8	R
	2005	56.6	64.4	50.3	40.6	45.2	35.8	82.2	88.9	75.4	82.5	85.0	80.3	40.5	52.5	31.7	19.1	22.7	17.3	R
	2006	56.4	64.2	50.1	40.0	44.5	35.4	82.1	88.9	75.3	82.5	85.0	80.3	41.4	53.4	32.7	18.4	22.0	16.6	ILO
	2007	56.9	64.0	51.1	39.3	43.6	34.9	83.3	89.3	77.1	83.6	86.8	80.8	44.0	49.6	40.0	16.9	19.5	15.7	ILO
	2008	57.2	64.4	51.5	39.6	43.9	35.2	83.2	89.3	76.9	83.6	86.9	80.8	44.3	49.5	40.5	17.8	20.3	16.6	ILO

	年份	年龄组 15 +			15—24			25—34			35—54			55—64			65 +			统计类型
		MF	M	F	MF	M	F	MF	M	F	MF	M	F	MF	M	F	MF	M	F	
乌兹别克斯坦	1980	79.9	85.8	74.3	93.5	93.2	93.9	98.2	99.8	96.6	88.6	93.7	83.5	15.8	41.4	0.3	2.2	4.4	0.9	ILO
	1990	79.1	84.5	74.1	90.9	90.6	91.2	97.8	99.7	95.9	90.1	94.6	85.7	17.3	36.1	0.6	2.7	5.4	1.2	ILO
	2000	60.6	66.4	55.0	42.7	47.5	37.8	78.9	85.4	72.5	80.8	84.1	77.7	39.1	51.7	27.2	15.6	20.7	12.4	ILO
	2004	61.8	67.8	56.2	44.3	49.0	39.4	80.2	86.8	73.6	81.9	85.5	78.5	41.2	55.5	27.8	15.0	19.9	11.6	ILO
	2005	62.3	68.3	56.5	45.0	49.7	40.1	80.7	87.4	74.0	82.3	86.0	78.8	41.6	56.6	27.8	14.7	19.6	11.4	ILO
	2006	62.8	68.8	56.9	45.7	50.4	40.8	81.2	87.9	74.4	82.7	86.5	79.1	41.8	57.4	27.5	14.3	19.2	11.1	ILO
	2007	63.6	69.7	57.7	47.0	51.6	42.3	81.7	88.5	74.8	83.5	87.5	79.8	41.6	57.5	27.3	14.0	18.2	11.1	ILO
	2008	64.0	70.2	58.0	47.8	52.4	43.1	82.0	88.9	75.1	83.8	87.8	79.9	41.4	57.6	27.0	13.7	17.6	11.0	ILO
亚洲和太平洋地区																				
东亚																				
中国	1980	79.3	87.4	70.8	85.4	84.5	86.4	93.9	98.9	88.6	86.3	96.9	74.4	50.2	74.4	25.4	15.8	30.6	4.5	ILO
	1990	78.6	84.7	72.3	78.3	77.4	79.2	94.7	98.2	90.9	90.6	97.5	83.0	56.5	74.5	37.0	19.1	32.7	8.0	R
	2000	77.0	82.0	71.7	67.0	63.9	70.2	95.3	97.4	92.9	91.4	97.6	84.7	58.3	75.4	39.6	19.5	28.0	12.1	ILO
	2004	74.9	79.6	70.1	60.9	57.2	64.8	95.4	97.2	93.5	91.5	97.6	85.1	59.5	76.5	41.3	19.8	26.4	14.0	ILO
	2005	74.5	79.0	69.8	59.9	56.1	64.0	95.4	97.1	93.6	91.6	97.6	85.3	59.8	76.7	41.7	19.9	26.0	14.5	ILO
	2006	74.1	78.5	69.6	59.0	55.0	63.4	95.4	96.9	93.8	91.8	97.6	85.6	60.1	77.0	42.2	20.0	25.6	15.2	ILO
	2007	74.0	78.4	69.4	59.4	55.5	63.8	95.4	97.0	93.8	91.9	97.7	85.8	60.2	77.0	42.5	20.0	25.3	15.3	ILO
	2008	73.9	78.2	69.3	59.5	55.5	63.9	95.5	96.9	93.9	92.0	97.7	86.1	60.3	77.1	42.9	20.0	24.9	15.7	ILO
中国香港	1980	64.4	81.6	45.6	63.5	66.2	60.5	77.7	98.4	53.2	72.7	97.3	42.7	52.3	75.0	28.8	20.2	32.7	11.8	R
	1990	62.9	79.0	46.3	57.0	58.2	55.8	82.7	98.6	66.5	75.2	97.5	49.8	46.7	68.7	22.7	12.3	21.2	5.9	R
	2000	59.5	72.1	48.0	47.1	47.2	47.0	88.0	97.2	80.5	75.5	95.8	56.5	41.8	60.7	21.0	5.7	10.7	1.7	R
	2004	59.3	70.0	49.9	45.7	45.1	46.2	88.2	96.4	81.7	77.7	94.9	62.7	45.3	63.1	26.2	5.3	9.6	1.9	R
	2005	59.0	69.3	49.9	44.4	43.6	45.2	88.6	96.2	82.4	77.7	94.4	63.3	46.2	64.1	27.5	5.4	9.7	2.0	R
	2006	58.8	68.9	50.0	43.2	42.4	44.0	88.9	96.3	83.0	78.0	94.2	64.3	46.8	64.7	28.3	5.6	10.2	1.8	R
	2007	58.9	67.8	51.1	42.5	41.7	43.2	89.3	96.0	83.9	79.1	93.7	66.9	47.2	62.9	31.2	5.0	9.0	1.8	ILO
	2008	58.7	67.0	51.4	41.4	40.6	42.2	89.6	95.9	84.4	79.6	93.3	68.3	47.3	62.1	32.5	4.9	8.7	1.8	ILO
朝鲜	1980	62.9	80.1	47.4	48.3	53.4	42.9	75.2	96.3	53.4	73.7	96.4	53.8	52.7	78.0	37.9	26.5	40.6	19.9	ILO
	1990	64.3	79.2	50.4	49.8	55.6	43.7	77.5	95.0	59.5	76.7	95.5	58.3	58.4	77.9	44.9	34.1	42.9	30.2	ILO
	2000	64.9	77.9	52.8	38.8	42.9	34.5	81.3	93.3	69.0	81.3	95.5	66.9	61.0	78.6	45.3	28.9	36.0	25.8	ILO
	2004	66.8	78.0	56.3	43.3	48.1	38.3	83.4	92.7	73.7	84.1	95.5	72.5	63.6	79.5	49.0	31.6	38.9	27.9	ILO
	2005	67.2	78.0	57.1	44.3	49.2	39.2	83.8	92.5	74.8	84.6	95.4	73.6	64.2	79.6	49.9	32.4	39.6	28.6	ILO
	2006	67.5	78.0	57.8	44.7	49.7	39.4	84.2	92.2	75.8	85.0	95.2	74.6	64.6	79.7	50.5	33.1	40.2	29.4	ILO
	2007	67.4	77.6	57.8	44.1	49.1	38.9	84.4	92.0	76.4	85.4	95.1	75.5	63.1	79.2	48.1	32.8	40.1	29.0	ILO
	2008	67.7	77.5	58.4	44.1	49.0	38.9	84.6	91.7	77.3	85.8	95.0	76.5	63.1	79.0	48.3	33.2	40.6	29.3	ILO
韩国	1980	59.4	76.1	43.3	47.6	51.2	43.8	66.2	96.2	35.9	74.9	95.1	55.3	57.0	73.1	43.3	24.5	42.2	13.9	ILO
	1990	59.8	73.2	46.7	38.2	35.3	41.2	70.4	94.5	46.0	77.7	94.7	60.4	62.0	77.1	49.6	25.9	39.3	18.4	R
	2000	60.5	73.1	48.4	34.8	32.6	37.1	71.3	90.0	52.4	77.5	93.6	61.2	59.4	71.2	48.7	29.4	40.6	22.8	R
	2004	60.9	73.4	49.1	35.5	32.1	39.1	72.6	88.5	56.7	77.3	93.5	61.2	59.7	73.7	46.7	29.5	41.4	22.2	R
	2005	60.9	73.0	49.4	34.5	30.6	38.8	72.6	87.6	57.7	77.5	93.3	61.7	60.0	74.5	46.5	29.7	41.2	22.5	R
	2006	60.7	72.6	49.5	32.1	28.8	35.8	73.0	86.3	59.8	77.7	93.3	62.2	60.4	74.9	47.0	30.1	41.9	22.7	R
	2007	60.3	72.4	48.8	31.8	28.6	35.3	72.6	87.2	58.0	77.3	93.0	61.6	59.4	72.9	46.8	30.1	41.7	22.8	ILO
	2008	60.0	72.2	48.5	30.6	27.5	34.0	72.8	86.8	58.7	77.2	92.9	61.5	59.3	72.8	46.6	30.2	41.7	22.9	ILO
中国澳门	1980	56.0	71.8	39.7	61.2	65.6	56.7	64.7	81.9	43.2	63.4	85.2	40.2	38.2	62.0	17.9	17.8	33.2	7.9	ILO
	1990	57.3	72.0	44.2	49.2	51.0	47.9	67.1	82.3	54.0	72.0	87.4	53.6	39.8	62.1	20.4	13.0	24.5	5.6	ILO
	2000	63.6	74.6	54.0	41.4	39.7	43.0	84.9	97.5	76.4	79.9	94.2	65.6	46.9	62.4	28.2	7.7	13.9	3.6	R
	2004	63.1	72.1	55.1	36.1	34.2	37.9	86.1	94.4	79.7	79.8	93.0	68.1	57.0	70.7	39.9	10.3	17.8	5.1	R
	2005	64.3	72.6	57.0	39.0	36.8	41.0	88.3	95.2	82.7	80.9	92.9	70.4	56.8	71.5	38.6	9.5	16.8	4.2	R
	2006	66.2	74.5	58.9	40.9	40.0	41.7	89.5	96.1	83.9	83.4	94.6	73.7	59.1	74.7	39.8	10.1	18.1	4.2	R
	2007	65.4	73.3	58.4	37.9	36.1	39.7	90.4	96.7	85.1	82.7	94.1	73.0	58.6	73.6	40.3	9.4	16.0	4.5	ILO
	2008	65.8	73.5	59.0	38.7	36.9	40.3	90.8	96.7	85.8	83.0	94.0	73.9	58.6	73.5	40.5	9.3	15.6	4.5	ILO
蒙古	1980	60.8	65.7	56.0	49.9	53.4	46.3	77.0	79.2	74.8	70.1	71.8	68.5	43.8	65.2	24.5	28.8	48.6	13.6	ILO
	1990	59.7	65.1	54.4	49.3	52.8	45.8	76.9	78.8	75.1	70.0	71.5	68.5	45.0	66.3	24.9	30.3	51.9	15.3	ILO
	2000	61.8	66.2	57.5	50.4	53.8	46.9	75.5	78.3	72.8	71.6	73.1	70.1	47.3	63.7	31.5	31.9	47.1	21.4	ILO
	2004	60.7	62.5	59.0	46.2	47.1	45.2	72.2	72.9	71.6	72.7	72.5	73.0	54.8	66.5	44.0	34.4	45.5	26.5	ILO
	2005	60.1	62.3	57.9	44.5	46.7	42.4	72.8	73.3	72.3	71.8	72.1	71.5	54.1	65.4	43.8	34.9	45.0	27.7	ILO
	2006	59.8	61.8	57.9	43.5	45.6	41.3	72.7	72.8	72.7	71.9	72.1	71.6	54.2	65.2	44.2	35.3	44.5	28.8	ILO
	2007	59.5	61.0	58.1	43.2	44.8	41.5	71.7	71.9	71.5	71.8	71.1	72.4	53.6	63.5	44.7	35.1	44.2	28.7	ILO
	2008	59.5	60.7	58.2	42.7	44.2	41.3	71.5	71.5	71.6	71.7	70.8	72.5	53.5	63.1	45.0	35.2	43.8	29.0	ILO

	年份	年龄组																		统计类型
		15 +			15—24			25—34			35—54			55—64			65 +			
		MF	M	F	MF	M	F	MF	M	F	MF	M	F	MF	M	F	MF	M	F	
太平洋岛国																				
斐济	1980	53.8	84.1	23.1	48.6	72.6	24.6	61.4	96.6	26.4	59.9	96.0	22.8	48.2	78.5	15.6	23.5	40.5	6.0	ILO
	1990	56.4	83.4	28.9	48.2	68.1	27.7	64.7	95.5	33.4	63.3	95.2	30.9	50.3	77.6	22.3	30.7	49.8	13.0	ILO
	2000	59.1	78.9	38.9	45.7	58.7	31.9	69.6	92.9	45.2	69.8	93.8	45.4	55.2	76.1	35.5	35.8	52.1	22.6	ILO
	2004	59.1	78.7	39.2	45.3	58.4	31.5	70.1	92.6	46.3	70.0	93.8	46.0	55.4	76.2	36.0	35.8	51.3	23.8	ILO
	2005	59.1	78.8	39.2	45.3	58.4	31.4	70.1	92.5	46.3	70.0	93.7	46.0	55.4	76.2	36.0	35.8	51.2	23.9	ILO
	2006	59.0	78.6	39.2	45.0	57.9	31.1	70.2	92.5	46.6	70.0	93.7	46.1	55.5	76.2	36.1	35.8	51.0	24.2	ILO
	2007	59.0	78.7	39.1	45.0	57.9	31.1	70.2	92.5	46.4	70.0	93.6	45.9	55.4	76.2	36.0	35.7	51.1	24.0	ILO
	2008	58.9	78.5	39.0	44.6	57.5	30.8	70.2	92.5	46.5	70.0	93.6	45.9	55.4	76.2	36.0	35.7	51.0	24.1	ILO
法属波利尼西亚	1980	61.9	78.0	43.6	53.8	66.4	39.6	77.1	95.3	56.5	73.2	93.4	49.4	39.8	54.3	23.6	8.5	11.4	5.6	ILO
	1990	61.8	73.8	48.6	50.8	58.8	42.0	78.9	92.0	64.4	74.0	89.2	56.5	39.8	51.9	26.1	8.4	10.7	6.5	ILO
	2000	61.2	73.4	48.2	48.8	56.9	40.5	78.8	91.9	64.7	74.0	89.4	57.0	40.0	52.2	26.3	8.5	10.6	6.6	ILO
	2004	59.8	71.9	47.2	48.1	55.6	40.4	78.7	91.8	64.9	73.6	89.2	56.7	38.7	50.4	25.6	8.5	10.5	6.7	ILO
	2005	59.6	71.6	47.2	48.2	55.5	40.7	78.8	91.8	65.2	73.5	89.2	56.8	38.8	50.4	25.7	8.5	10.5	6.8	ILO
	2006	59.6	71.4	47.2	48.6	55.8	41.2	78.8	91.7	65.3	73.5	89.1	56.8	39.1	50.8	26.0	8.5	10.4	6.9	ILO
	2007	59.6	71.5	47.4	49.5	56.5	42.2	78.7	91.7	65.4	73.4	89.1	56.7	39.5	51.5	26.4	8.5	10.4	6.9	ILO
	2008	59.7	71.5	47.5	50.4	57.3	43.2	78.7	91.6	65.6	73.4	89.0	56.7	40.1	52.2	26.8	8.6	10.3	7.0	ILO
关岛	1980	62.6	76.3	47.3	41.8	45.6	37.5	76.1	96.1	55.1	77.6	95.8	56.6	61.0	78.5	40.1	31.5	44.0	20.5	ILO
	1990	66.5	80.8	49.7	51.9	60.0	41.7	77.9	95.4	57.2	78.8	96.1	58.2	60.3	76.8	41.7	32.4	41.2	24.5	ILO
	2000	66.6	80.0	52.7	46.7	53.6	39.7	80.2	94.6	64.4	80.0	95.8	63.5	60.2	78.3	42.4	29.3	37.7	21.7	ILO
	2004	66.8	78.9	54.4	45.7	52.3	38.8	81.6	93.9	69.0	82.1	95.6	67.6	62.7	79.6	45.6	30.3	39.3	22.7	ILO
	2005	66.7	78.5	54.6	45.3	51.8	38.6	81.9	93.8	69.7	82.4	95.5	68.3	63.1	79.8	46.2	30.7	39.6	23.1	ILO
	2006	66.6	78.2	54.7	44.9	51.2	38.5	82.0	93.7	70.2	82.6	95.5	68.7	63.3	79.8	46.7	31.1	39.9	23.5	ILO
	2007	66.6	77.9	55.1	45.2	51.7	38.5	82.1	93.5	70.5	83.0	95.3	69.8	62.8	78.2	47.3	31.1	40.2	23.4	ILO
	2008	66.6	77.6	55.4	45.1	51.5	38.6	82.3	93.4	70.9	83.3	95.3	70.5	63.1	78.0	48.1	31.3	40.5	23.5	ILO
新喀里多尼亚	1980	54.9	66.8	42.0	43.8	46.4	40.9	71.0	86.6	54.4	67.8	86.9	46.2	33.9	42.5	24.3	8.3	12.5	4.4	ILO
	1990	59.9	73.3	46.1	52.7	59.2	46.0	77.8	94.5	61.0	73.0	91.4	52.5	33.7	43.9	22.7	8.1	11.7	5.2	ILO
	2000	58.4	72.4	44.2	48.9	55.7	41.9	77.6	94.8	60.4	72.2	91.1	52.2	33.8	44.2	22.3	8.1	11.9	5.0	ILO
	2004	57.2	71.1	43.3	48.0	54.9	41.0	77.5	94.7	60.6	71.9	91.2	52.4	34.0	44.1	22.6	8.0	11.8	5.1	ILO
	2005	57.0	70.8	43.2	48.1	54.9	41.1	77.5	94.6	60.8	71.9	91.2	52.5	34.0	44.0	22.7	8.0	11.8	5.1	ILO
	2006	56.8	70.6	43.1	48.3	55.0	41.3	77.5	94.5	60.9	71.9	91.3	52.5	33.9	43.8	22.7	8.0	11.7	5.2	ILO
	2007	56.5	70.4	42.7	48.3	55.2	41.2	77.4	94.7	60.7	71.7	91.2	52.3	33.7	43.6	22.5	8.0	11.8	5.1	ILO
	2008	56.3	70.2	42.6	48.6	55.4	41.4	77.4	94.7	60.7	71.7	91.2	52.2	33.5	43.3	22.4	8.0	11.8	5.1	ILO
巴布亚新几内亚	1980	72.4	73.9	70.6	61.0	59.8	62.3	80.0	82.7	76.8	82.8	85.0	79.8	74.6	76.4	70.7	56.5	60.0	47.0	ILO
	1990	73.1	74.8	71.3	63.3	62.0	64.5	79.8	83.3	76.2	82.5	85.0	79.4	73.9	76.3	70.5	55.3	60.6	45.8	ILO
	2000	72.5	73.7	71.3	59.4	58.0	60.7	79.7	82.0	77.5	82.7	85.2	80.1	73.8	76.5	70.7	54.3	59.4	48.5	R
	2004	72.1	73.0	71.0	57.6	56.3	58.9	79.7	81.4	78.1	82.8	85.2	80.4	74.1	76.8	71.3	54.3	58.8	49.6	ILO
	2005	72.2	73.2	71.1	58.0	56.7	59.3	79.8	81.5	78.0	82.8	85.2	80.3	74.1	76.8	71.3	54.1	58.9	49.4	ILO
	2006	72.1	73.2	71.1	57.9	56.6	59.2	79.8	81.5	78.0	82.7	85.2	80.4	74.2	76.8	71.3	54.1	58.9	49.5	ILO
	2007	72.3	73.4	71.2	58.4	57.1	59.7	79.8	81.6	77.9	82.7	85.2	80.3	74.1	76.8	71.3	54.0	59.0	49.2	ILO
	2008	72.3	73.4	71.2	58.4	57.1	59.7	79.8	81.6	77.9	82.7	85.2	80.3	74.1	76.8	71.2	53.9	59.0	49.1	ILO
萨摩亚	1980	59.4	76.6	41.4	41.0	53.0	28.5	80.2	98.3	60.4	77.4	98.1	54.3	54.7	84.4	31.4	11.9	25.8	1.6	ILO
	1990	58.8	76.2	39.4	45.7	57.7	30.8	78.6	98.6	56.4	74.8	97.6	52.0	55.9	83.5	27.5	14.1	28.2	1.2	ILO
	2000	59.9	77.4	41.0	41.3	52.5	28.3	80.2	98.3	60.3	77.3	98.0	54.7	56.0	84.0	28.1	12.3	25.6	1.6	ILO
	2004	58.2	75.6	39.5	38.5	49.4	25.8	81.2	98.2	61.2	77.4	98.0	55.1	55.7	84.2	28.2	11.7	25.0	1.7	ILO
	2005	57.7	74.9	39.2	37.7	48.5	25.3	81.6	98.1	61.7	77.5	97.9	55.4	55.9	84.3	28.5	11.5	24.8	1.8	ILO
	2006	57.4	74.5	38.8	37.5	48.2	25.1	81.9	98.1	62.0	77.6	97.9	55.5	56.1	84.5	28.8	11.4	24.6	1.8	ILO
	2007	57.1	74.1	38.7	37.4	47.9	25.4	82.1	98.1	62.4	77.7	97.9	55.6	56.4	84.6	29.2	11.3	24.4	1.8	ILO
	2008	56.9	73.8	38.6	37.3	47.7	25.6	82.4	98.0	62.7	77.8	97.8	55.8	56.7	84.7	29.7	11.1	24.2	1.9	ILO
所罗门群岛	1980	70.7	81.5	58.9	61.6	66.6	56.5	81.4	96.1	66.6	82.4	95.5	67.8	64.2	81.2	42.1	35.2	50.3	10.5	ILO
	1990	70.4	81.7	58.4	64.1	69.2	58.6	80.0	96.3	64.2	81.3	95.6	66.0	62.3	80.3	41.7	36.1	52.4	12.8	ILO
	2000	69.2	81.7	56.0	61.4	67.0	55.3	79.3	96.2	61.4	79.5	95.8	63.4	61.6	80.0	41.7	33.7	50.2	15.0	ILO
	2004	68.4	81.3	54.6	59.0	64.5	52.9	79.1	96.2	60.4	79.0	95.8	62.2	60.5	79.2	41.1	32.5	48.4	15.6	ILO
	2005	68.2	81.2	54.3	58.4	63.9	52.4	79.0	96.2	60.2	79.0	95.9	62.0	60.3	79.1	41.0	32.3	48.1	15.8	ILO
	2006	68.0	81.1	54.0	57.8	63.3	51.8	78.9	96.2	60.0	78.9	95.9	61.8	60.2	79.0	40.9	32.1	47.7	16.1	ILO
	2007	67.6	80.6	53.7	56.8	62.0	51.1	78.8	96.1	59.9	78.9	95.9	61.6	59.9	78.7	40.8	31.1	45.7	16.2	ILO
	2008	67.3	80.4	53.5	56.1	61.2	50.6	78.7	96.1	59.7	78.9	96.0	61.5	59.8	78.7	40.7	30.6	44.6	16.4	ILO

	年份	年龄组																		统计类型
		15 +			15—24			25—34			35—54			55—64			65 +			
		MF	M	F	MF	M	F	MF	M	F	MF	M	F	MF	M	F	MF	M	F	
汤加	1980	45.9	71.7	20.2	38.9	51.9	24.9	53.0	85.9	23.2	49.3	87.2	12.7	48.6	75.9	19.7	45.4	73.1	20.1	ILO
	1990	49.9	72.7	27.6	41.3	53.9	27.7	61.6	88.6	34.9	54.7	89.9	24.1	52.3	80.3	26.0	41.8	63.8	22.0	ILO
	2000	60.0	73.3	46.8	40.0	48.7	30.7	77.0	92.3	60.8	77.7	94.3	62.9	67.9	86.6	50.9	39.9	55.4	26.7	ILO
	2004	63.3	74.2	52.6	40.7	47.0	33.9	79.0	91.7	65.9	82.3	95.0	70.2	72.2	87.3	58.6	43.0	58.7	29.7	ILO
	2005	63.6	74.4	53.0	40.7	47.0	34.0	79.0	91.6	66.1	82.4	94.9	70.3	72.3	87.3	58.7	43.0	58.5	29.9	ILO
	2006	63.8	74.6	53.1	40.6	46.8	33.9	78.9	91.5	66.2	82.5	94.9	70.4	72.3	87.3	58.8	43.0	58.5	30.0	ILO
	2007	63.9	73.4	54.6	38.4	42.4	34.1	78.6	90.4	66.9	83.7	94.6	73.0	73.2	86.6	61.1	44.9	61.3	31.3	ILO
	2008	63.9	73.1	55.0	37.4	40.8	33.7	78.5	90.1	67.2	84.1	94.5	73.8	73.6	86.6	61.8	45.2	61.8	31.7	ILO
瓦努阿图	1980	83.4	87.5	78.7	76.0	79.2	72.7	88.3	94.8	81.5	90.1	93.7	85.8	88.1	92.2	82.5	70.4	73.4	66.0	ILO
	1990	84.2	88.8	79.4	79.3	82.3	76.3	87.6	95.3	80.4	89.7	93.7	85.3	87.4	91.9	81.9	69.6	74.4	63.4	ILO
	2000	83.1	87.3	78.8	75.0	78.2	71.7	88.1	94.7	81.7	89.9	93.8	86.0	87.7	92.1	82.6	70.2	73.1	66.6	ILO
	2004	83.6	87.9	79.1	77.0	80.1	73.7	87.9	95.0	81.1	89.7	93.7	85.7	87.6	92.3	82.4	69.8	73.7	65.2	ILO
	2005	83.4	87.7	79.1	76.4	79.6	73.0	88.0	94.9	81.3	89.8	93.7	85.8	87.7	92.4	82.5	69.9	73.5	65.7	ILO
	2006	83.4	87.6	79.0	76.1	79.3	72.7	88.1	94.8	81.4	89.8	93.7	85.9	87.6	92.3	82.5	69.9	73.4	66.0	ILO
	2007	83.8	88.1	79.3	77.4	80.4	74.1	88.0	95.0	81.1	89.7	93.7	85.7	87.4	92.2	82.3	69.7	73.7	65.1	ILO
	2008	83.8	88.2	79.4	77.5	80.6	74.3	88.1	95.0	81.1	89.7	93.7	85.7	87.3	92.1	82.3	69.6	73.8	65.0	ILO
南亚																				
阿富汗	1980	59.4	86.7	29.9	54.1	73.8	32.5	68.4	97.4	36.3	64.8	97.3	29.0	50.6	85.6	15.1	28.5	53.9	4.7	ILO
	1990	58.8	87.1	28.2	54.2	74.7	31.9	67.1	97.5	33.6	63.7	97.6	26.2	51.6	87.4	14.6	30.7	58.0	5.4	ILO
	2000	58.4	87.5	26.9	54.3	75.5	31.4	66.1	97.6	31.4	62.6	97.7	24.1	52.0	88.6	14.0	32.4	60.9	5.7	ILO
	2004	58.8	87.5	27.8	55.0	75.7	32.5	66.5	97.6	32.4	62.9	97.8	24.6	52.4	88.9	14.4	32.9	61.6	5.9	ILO
	2005	59.0	87.5	28.1	55.1	75.7	32.9	66.7	97.7	32.7	63.0	97.8	24.8	52.5	89.0	14.6	33.0	61.8	6.0	ILO
	2006	59.1	87.5	28.4	55.3	75.7	33.2	66.9	97.7	33.2	63.1	97.8	25.1	52.6	89.0	14.7	33.1	61.8	6.0	ILO
	2007	59.6	88.6	28.2	55.6	75.7	33.8	66.7	97.7	32.8	63.0	97.9	24.8	53.2	92.6	12.1	41.5	80.9	4.5	ILO
	2008	59.7	88.6	28.5	55.9	75.7	34.4	66.8	97.7	33.1	63.0	97.9	24.8	53.2	92.7	12.1	41.7	81.1	4.5	ILO
孟加拉国	1980	74.5	89.8	57.9	69.6	80.5	58.2	77.9	96.9	57.8	79.8	98.1	59.4	74.5	91.3	55.0	63.0	72.3	52.8	ILO
	1990	75.5	88.6	61.8	69.5	78.8	59.8	80.8	96.7	64.2	82.7	97.9	66.7	74.6	89.7	57.8	57.2	67.3	46.7	ILO
	2000	70.4	85.9	54.5	62.2	72.4	51.9	79.3	97.1	61.3	80.8	98.1	63.0	64.7	88.4	40.8	36.9	56.6	17.4	R
	2004	71.1	85.6	56.3	61.9	71.1	52.5	80.3	96.9	63.5	82.0	97.9	65.7	64.7	87.6	42.4	35.9	54.2	18.0	ILO
	2005	71.2	85.5	56.6	61.6	70.6	52.4	80.5	96.8	63.9	82.3	97.8	66.3	64.8	87.4	42.9	35.6	53.5	18.2	ILO
	2006	71.2	85.3	56.9	61.2	70.0	52.1	80.6	96.7	64.2	82.5	97.8	66.9	65.0	87.1	43.5	35.3	52.6	18.5	ILO
	2007	70.8	84.2	57.2	61.3	70.0	52.2	80.7	96.7	64.4	82.9	97.5	67.9	61.7	81.8	42.0	28.6	39.7	18.0	ILO
	2008	70.8	84.0	57.4	61.1	69.6	52.3	80.8	96.7	64.7	83.1	97.4	68.5	61.5	81.1	42.1	27.2	37.0	17.9	ILO
不丹	1980	59.2	84.1	31.6	49.8	69.4	28.8	70.6	96.8	40.1	67.6	95.4	36.1	47.3	76.6	16.1	21.3	39.0	3.5	ILO
	1990	55.4	83.6	25.1	46.0	67.2	24.1	64.7	96.8	30.5	64.9	96.5	28.4	50.7	82.4	16.8	28.1	49.1	7.5	ILO
	2000	53.5	82.1	23.9	42.8	63.0	22.3	60.8	96.5	24.7	62.1	97.3	24.4	57.5	88.0	23.5	44.8	63.5	26.9	ILO
	2004	59.6	81.5	34.7	48.1	62.9	31.2	70.1	96.1	39.8	69.7	97.2	37.7	61.0	85.9	32.2	42.8	57.7	28.2	ILO
	2005	60.8	81.1	37.3	48.7	62.4	33.0	72.3	95.9	43.6	71.5	97.1	41.4	61.4	84.8	34.1	41.2	55.2	27.5	ILO
	2006	61.6	80.7	39.5	48.7	61.5	34.3	74.0	95.8	46.8	73.0	96.8	44.8	61.3	83.4	35.7	39.3	52.3	26.5	ILO
	2007	62.6	79.4	43.1	48.7	61.0	35.2	76.5	95.7	51.8	74.7	97.1	48.1	59.0	75.9	39.5	38.4	38.8	38.0	ILO
	2008	63.0	79.3	44.1	48.5	60.1	36.0	77.2	95.6	53.1	75.1	97.0	49.1	58.9	75.4	40.0	38.2	38.4	38.0	ILO
印度	1980	61.7	86.7	34.5	55.3	74.6	34.1	68.4	97.5	36.5	70.2	97.5	40.5	59.6	87.8	28.1	30.8	52.2	9.0	ILO
	1990	60.8	84.6	35.0	51.1	69.7	30.8	69.6	97.1	39.2	71.3	97.2	43.3	58.4	85.6	29.7	29.0	48.0	9.9	ILO
	2000	59.2	82.5	34.3	46.5	64.7	26.8	69.0	96.7	38.8	71.2	96.7	43.5	57.6	82.7	32.5	29.0	45.2	13.8	ILO
	2004	58.7	82.1	33.9	45.3	64.2	24.9	69.0	96.8	38.7	70.9	96.4	43.3	56.9	80.7	33.1	28.9	43.1	16.0	ILO
	2005	58.7	81.8	34.2	44.9	63.6	24.7	69.0	96.7	39.0	71.1	96.3	43.9	57.0	80.3	33.7	28.7	42.5	16.4	ILO
	2006	58.8	81.5	34.6	44.6	63.0	24.6	69.2	96.6	39.4	71.4	96.2	44.6	57.2	80.0	34.3	28.5	41.7	16.8	ILO
	2007	58.5	81.5	34.1	44.5	63.1	24.2	68.9	96.7	38.7	70.9	96.2	43.7	56.9	79.2	34.4	29.1	41.6	18.0	ILO
	2008	58.4	81.4	34.2	44.3	62.9	23.9	68.9	96.7	38.7	70.9	96.2	43.7	56.7	78.5	34.7	29.2	41.0	18.7	ILO
马尔代夫	1980	50.9	75.8	22.7	40.4	61.6	17.1	54.7	86.3	19.1	59.6	88.1	25.7	56.6	79.1	30.1	47.7	54.6	40.0	ILO
	1990	49.4	77.0	20.3	39.9	62.8	18.3	55.3	90.4	20.4	58.5	90.5	23.7	55.5	77.6	23.1	36.6	51.4	13.6	R
	2000	54.7	71.4	37.5	39.8	48.8	30.3	65.6	89.8	42.9	67.3	91.0	43.1	61.6	79.0	43.3	41.7	52.5	26.8	R
	2004	61.3	74.5	47.9	48.8	56.0	41.4	72.6	89.9	55.3	72.6	91.5	54.3	64.8	80.1	49.1	41.9	53.9	27.2	ILO
	2005	63.1	75.3	50.6	51.2	57.8	44.3	74.3	89.9	58.4	74.0	91.6	57.1	65.8	80.5	50.7	42.0	54.2	27.3	ILO
	2006	64.8	76.2	53.2	53.5	59.5	47.2	75.9	89.9	61.4	75.4	91.7	59.8	66.9	81.1	52.3	42.0	54.5	27.4	R
	2007	65.2	75.9	54.2	53.7	58.3	49.0	76.0	89.7	61.8	75.4	91.7	59.9	67.4	81.2	53.0	42.7	54.4	29.6	ILO
	2008	66.2	76.5	55.7	55.0	59.1	50.7	76.7	89.7	63.2	76.1	91.7	61.2	68.2	81.7	54.1	42.9	54.4	30.3	ILO

	年份	年龄组																		统计类型
		15 +			15—24			25—34			35—54			55—64			65 +			
		MF	M	F	MF	M	F	MF	M	F	MF	M	F	MF	M	F	MF	M	F	
尼泊尔	1980	66.8	87.2	45.4	63.9	77.1	49.7	70.0	94.2	44.2	70.6	95.7	44.6	65.4	88.3	41.9	51.4	68.7	35.1	ILO
	1990	64.2	80.1	48.1	58.1	64.7	51.1	73.4	93.7	52.9	73.2	94.8	51.8	57.2	79.9	35.2	27.9	42.8	14.3	ILO
	2000	64.2	76.6	52.5	52.5	57.1	47.8	76.1	92.6	60.6	78.0	95.4	62.5	60.5	79.2	43.6	25.4	39.4	13.5	ILO
	2004	65.8	76.1	56.0	52.7	55.9	49.2	78.6	92.4	65.5	80.7	95.4	67.9	61.5	78.1	46.8	25.3	38.3	14.3	ILO
	2005	66.4	76.0	57.3	52.9	55.7	50.0	79.5	92.4	67.2	81.6	95.3	69.7	62.0	77.9	47.9	25.2	38.0	14.6	ILO
	2006	67.0	75.9	58.7	53.2	55.5	50.8	80.5	92.4	69.0	82.6	95.3	71.6	62.7	77.9	49.4	25.2	37.7	14.9	ILO
	2007	67.0	75.8	58.7	52.5	54.9	49.9	80.1	92.2	68.4	82.4	95.4	71.2	65.5	78.2	54.4	26.9	37.5	18.1	ILO
	2008	67.3	75.7	59.3	52.5	54.7	50.1	80.5	92.1	69.1	82.8	95.4	71.9	66.4	78.4	55.9	27.3	37.3	19.1	ILO
巴基斯坦	1980	50.1	86.5	8.6	42.0	75.5	6.0	55.6	96.6	11.2	57.5	97.0	11.3	53.8	89.7	6.1	35.6	59.8	3.2	R
	1990	49.8	84.9	11.1	42.2	72.0	10.5	56.1	98.0	11.0	57.5	97.3	14.2	52.0	86.6	10.4	32.5	55.7	2.4	R
	2000	51.1	83.7	16.0	41.4	70.5	10.3	58.9	96.4	18.8	60.6	96.9	21.5	52.1	84.5	17.2	32.8	51.7	10.5	R
	2004	51.8	83.4	17.8	44.4	71.0	16.1	58.6	96.3	18.3	60.4	96.6	21.4	51.6	83.7	18.2	30.5	48.7	9.8	R
	2005	52.8	84.1	19.3	45.5	72.0	17.3	59.6	96.7	19.9	61.4	97.0	23.1	52.6	84.2	19.8	30.9	49.0	10.6	ILO
	2006	53.8	84.7	20.8	46.7	73.1	18.6	60.6	97.0	21.6	62.4	97.3	24.9	53.7	84.7	21.5	31.4	49.2	11.5	R
	2007	53.7	84.5	20.8	46.7	74.0	17.7	60.6	96.7	22.1	63.0	97.0	26.4	51.7	82.9	19.1	29.6	46.8	10.8	ILO
	2008	54.1	84.7	21.6	47.3	74.6	18.3	61.0	96.6	23.0	63.5	97.0	27.6	51.8	82.7	19.5	29.2	46.0	10.9	ILO
斯里兰卡	1980	61.9	83.2	39.6	55.4	69.6	40.8	73.1	96.8	48.8	70.2	96.3	42.8	53.1	79.7	22.9	29.2	48.2	8.6	ILO
	1990	62.1	78.9	45.1	52.5	59.9	44.9	78.7	97.0	60.2	72.7	96.4	48.9	48.4	70.0	26.8	27.3	42.7	11.6	ILO
	2000	57.4	77.3	38.0	44.3	57.2	31.1	71.4	94.7	48.4	70.0	94.4	46.2	48.9	70.3	28.8	26.7	39.2	15.6	ILO
	2004	57.6	75.0	40.9	45.0	56.0	33.7	71.7	95.0	49.7	72.5	92.7	52.9	47.3	64.2	31.2	21.4	32.4	12.5	ILO
	2005	56.8	74.3	40.1	43.1	56.4	29.4	71.1	94.5	49.2	72.7	92.1	54.0	46.4	62.1	31.5	20.3	30.6	11.9	ILO
	2006	57.2	73.4	41.7	45.0	55.3	34.5	72.4	95.0	51.1	72.6	91.4	54.6	45.2	59.6	31.6	19.2	28.8	11.6	ILO
	2007	57.7	74.4	42.0	43.6	56.1	30.7	74.1	95.0	54.2	74.0	93.3	55.6	46.7	60.5	33.7	19.2	28.5	11.9	ILO
	2008	57.7	74.1	42.3	43.5	56.2	30.4	74.3	95.0	54.5	74.3	93.2	56.3	46.5	59.5	34.3	18.5	27.1	11.7	ILO
东南亚																				
文莱达鲁萨兰国	1980	59.5	83.4	30.8	49.5	64.1	32.8	71.6	97.9	39.9	65.9	98.2	25.5	55.5	87.5	11.4	32.7	54.4	8.9	ILO
	1990	64.7	82.2	44.6	47.1	56.3	37.4	80.4	97.7	60.5	75.6	97.8	47.4	45.8	74.5	15.7	18.1	32.5	3.2	ILO
	2000	67.2	78.6	54.8	48.8	54.2	43.2	84.8	96.4	73.8	79.3	94.6	60.2	36.5	50.9	14.8	7.9	14.3	2.2	ILO
	2004	66.9	76.6	56.5	47.7	52.2	43.0	85.7	96.0	75.9	79.5	93.4	63.4	33.9	45.1	15.6	6.5	11.4	1.9	ILO
	2005	66.8	76.1	56.8	47.4	51.7	42.8	86.0	96.0	76.5	79.6	93.1	64.3	33.3	44.0	15.8	6.3	10.9	1.9	ILO
	2006	66.7	75.5	57.2	47.2	51.4	42.8	86.3	95.9	77.2	79.8	92.8	65.3	32.7	42.9	16.1	6.1	10.4	1.8	ILO
	2007	66.5	74.6	57.8	47.5	51.4	43.4	86.6	95.7	78.1	79.8	92.1	66.2	30.8	40.1	16.0	4.8	7.6	2.0	ILO
	2008	66.3	73.9	58.1	47.4	51.3	43.4	86.9	95.5	78.7	79.8	91.8	66.9	30.4	39.4	16.1	4.5	7.0	2.0	ILO
柬埔寨	1980	80.9	84.4	78.1	76.7	72.3	80.5	88.3	97.0	81.2	90.5	97.6	85.8	72.2	84.2	63.4	32.0	48.5	18.1	ILO
	1990	80.5	84.5	77.2	73.8	70.2	77.3	89.3	96.5	83.0	91.5	97.7	86.7	72.0	85.9	64.1	31.1	46.7	20.5	ILO
	2000	79.3	84.3	75.0	72.2	70.7	73.8	89.0	95.7	82.7	90.1	96.6	84.8	73.3	85.9	64.9	30.7	46.0	22.4	ILO
	2004	80.5	86.4	75.1	77.8	79.2	76.4	87.9	95.2	80.8	87.8	94.9	81.9	72.7	84.3	64.4	41.9	54.6	35.2	R
	2005	80.2	86.1	75.0	77.2	78.7	75.7	88.0	95.1	80.9	87.8	94.9	82.0	72.8	84.3	64.4	42.1	54.3	35.7	ILO
	2006	79.8	85.5	74.6	75.7	77.1	74.3	88.0	94.9	81.2	88.0	94.9	82.1	73.0	84.4	64.7	42.6	53.8	36.6	ILO
	2007	80.2	86.5	74.6	78.1	80.1	76.1	87.5	94.9	80.2	86.9	94.2	80.6	72.4	83.2	64.5	43.4	54.8	37.4	ILO
	2008	80.2	86.5	74.5	78.1	80.2	76.0	87.4	94.8	80.0	86.6	94.0	80.3	72.4	82.8	64.6	44.0	54.9	38.1	ILO
东帝汶	1980	69.1	82.8	55.2	62.1	68.2	56.2	77.0	96.4	57.6	78.8	95.9	60.2	61.2	79.5	41.6	33.6	51.4	17.9	ILO
	1990	66.8	81.0	52.0	56.6	61.4	51.6	75.7	96.6	54.5	77.1	95.9	57.2	58.7	78.3	38.9	32.4	47.1	16.6	ILO
	2000	67.6	80.2	54.6	55.9	60.0	51.2	80.0	96.4	63.0	79.8	95.7	64.5	59.8	80.8	38.1	26.7	47.1	9.1	ILO
	2004	68.4	81.1	55.4	60.7	65.8	55.1	80.4	96.4	62.2	79.4	95.5	64.0	59.1	79.8	40.2	29.9	49.6	12.0	ILO
	2005	68.5	81.2	55.5	61.2	66.6	55.5	80.3	96.4	62.0	79.3	95.5	63.8	59.1	79.7	40.5	30.4	49.9	12.6	ILO
	2006	68.6	81.3	55.5	61.4	66.8	55.6	80.3	96.4	62.0	79.4	95.5	63.8	59.1	79.8	40.6	30.7	50.0	12.8	ILO
	2007	69.9	82.3	57.1	63.8	69.3	58.0	81.2	96.3	64.1	79.9	95.4	65.0	59.6	80.3	41.0	30.8	51.4	11.7	ILO
	2008	70.2	82.5	57.4	64.3	69.8	58.5	81.4	96.3	64.6	80.1	95.4	65.2	59.9	80.5	41.3	31.0	51.8	11.8	ILO
印度尼西亚	1980	63.2	82.9	43.8	51.8	65.4	37.8	70.9	96.8	44.8	74.6	96.8	53.4	63.7	82.8	45.3	38.9	58.3	22.6	ILO
	1990	65.6	81.2	50.1	51.3	60.3	42.1	75.5	95.1	55.3	78.9	97.6	60.8	66.7	84.5	50.3	39.1	56.3	25.0	ILO
	2000	67.3	84.9	50.0	55.3	66.6	43.7	75.1	96.6	53.5	79.2	98.2	60.2	67.4	88.1	49.0	39.4	56.4	25.8	ILO
	2004	67.2	85.3	49.4	54.6	64.8	44.2	74.4	97.9	50.8	78.9	98.5	58.9	68.7	89.5	50.2	39.6	55.8	26.6	ILO
	2005	67.3	85.4	49.6	54.6	64.7	44.2	74.4	98.0	50.7	79.1	98.6	59.4	69.1	89.8	50.6	39.7	55.6	27.0	ILO
	2006	66.5	84.7	48.6	53.5	62.9	43.8	72.6	95.3	50.0	78.6	99.3	57.7	68.4	91.5	47.6	39.7	55.3	27.4	ILO
	2007	67.4	85.9	49.3	55.3	65.5	44.8	73.8	97.6	50.0	78.7	98.8	58.5	69.8	91.1	50.4	39.5	55.6	26.9	ILO
	2008	67.5	86.1	49.3	55.3	65.5	45.0	73.7	97.7	49.8	78.7	98.9	58.5	70.2	91.4	50.6	39.5	55.5	27.0	ILO

	年份	年龄组																		统计类型
		15+			15—24			25—34			35—54			55—64			65+			
		MF	M	F	MF	M	F	MF	M	F	MF	M	F	MF	M	F	MF	M	F	
老挝人民民主共和国	1980	82.6	85.0	80.3	79.8	73.4	86.2	94.8	97.9	91.8	92.7	97.2	88.3	66.9	81.2	54.4	30.8	49.0	17.1	ILO
	1990	81.5	83.4	79.7	76.9	70.2	83.7	95.1	97.7	92.3	93.1	97.4	89.1	67.3	81.3	54.7	31.1	47.6	18.7	ILO
	2000	80.2	81.4	79.1	70.8	63.7	78.0	95.2	97.3	93.2	93.7	97.6	90.0	68.1	81.7	56.0	32.1	45.2	22.0	ILO
	2004	79.4	80.2	78.7	68.4	61.2	75.8	95.3	97.1	93.5	93.7	97.5	90.1	68.6	82.1	56.8	32.5	44.4	23.3	ILO
	2005	79.1	79.7	78.4	67.2	60.0	74.6	95.3	97.0	93.6	93.8	97.5	90.2	68.8	82.3	57.2	32.7	43.9	24.0	ILO
	2006	78.8	79.4	78.3	66.4	59.2	73.7	95.3	96.9	93.7	93.8	97.5	90.3	69.1	82.5	57.5	32.8	43.6	24.5	ILO
	2007	78.9	79.5	78.2	66.4	59.5	73.5	95.3	96.9	93.7	93.8	97.5	90.4	69.3	82.6	57.7	32.9	43.4	24.8	ILO
	2008	78.8	79.5	78.1	66.1	59.5	72.9	95.3	96.9	93.7	93.9	97.5	90.4	69.6	82.8	57.9	33.0	43.1	25.2	ILO
马来西亚	1980	59.7	78.4	41.1	49.8	60.1	39.7	70.6	94.7	46.5	72.3	95.1	48.9	49.9	70.6	30.0	28.2	50.1	6.8	ILO
	1990	61.6	80.4	42.6	51.5	60.8	42.1	73.5	96.1	50.4	72.8	96.5	47.8	48.2	67.0	29.9	25.0	44.8	7.9	ILO
	2000	62.5	80.7	44.0	48.8	57.0	40.4	77.8	98.2	56.8	74.1	97.5	49.3	48.0	69.1	26.1	24.6	42.2	9.6	ILO
	2004	62.4	80.5	43.9	49.0	57.0	40.7	78.0	98.1	57.2	74.0	97.4	49.4	48.7	69.6	26.5	24.7	42.0	9.8	ILO
	2005	62.3	80.4	43.9	48.8	56.8	40.6	78.1	98.1	57.5	73.9	97.4	49.5	48.8	69.7	26.6	24.7	41.9	10.0	ILO
	2006	62.2	80.1	43.9	48.4	56.3	40.4	78.2	98.0	57.8	74.0	97.4	49.6	48.8	69.8	26.7	24.6	41.6	10.1	ILO
	2007	62.3	80.0	44.3	49.1	56.8	41.1	79.4	98.2	60.1	73.7	97.0	49.6	46.6	67.2	24.9	24.5	41.5	10.0	ILO
	2008	62.4	79.9	44.6	49.0	56.6	41.2	79.9	98.2	61.1	73.9	97.0	49.9	46.5	67.1	24.9	24.5	41.4	10.0	ILO
缅甸	1980	79.2	89.1	69.7	74.9	82.3	67.7	85.8	97.6	74.2	86.2	95.8	77.0	78.2	88.4	68.5	53.4	67.7	41.2	ILO
	1990	77.7	87.3	68.5	69.2	77.8	60.7	86.8	97.2	76.7	86.9	96.0	78.2	78.6	88.6	69.4	54.7	65.9	45.4	ILO
	2000	77.0	86.2	68.3	63.0	72.9	53.1	87.7	96.7	78.8	87.6	96.1	79.5	79.3	89.1	70.4	56.4	63.8	50.2	ILO
	2004	77.1	86.1	68.6	61.1	71.5	50.8	87.9	96.6	79.5	87.6	96.0	79.7	79.7	89.3	70.9	56.9	63.1	51.8	ILO
	2005	77.1	86.0	68.7	60.5	71.0	50.1	88.0	96.5	79.8	87.6	96.0	79.8	79.8	89.4	71.0	57.0	62.9	52.3	ILO
	2006	76.9	85.6	68.7	58.7	69.4	48.1	88.1	96.3	80.3	87.8	96.0	80.1	80.0	89.6	71.4	57.5	62.3	53.7	ILO
	2007	77.2	86.0	69.0	59.5	70.2	48.9	88.1	96.4	80.1	87.7	96.0	80.0	80.0	89.6	71.4	57.3	62.5	53.2	ILO
	2008	77.3	86.0	69.1	59.1	69.8	48.5	88.1	96.3	80.3	87.8	96.0	80.1	80.1	89.7	71.5	57.5	62.3	53.6	ILO
菲律宾	1980	65.3	80.4	50.1	52.0	60.7	43.0	74.2	93.5	54.2	78.5	97.1	59.7	70.9	88.1	56.1	42.3	60.4	27.6	ILO
	1990	65.0	82.6	47.3	50.9	61.8	39.7	74.0	96.5	51.0	77.8	98.1	57.1	69.5	89.3	51.0	41.0	59.3	27.2	R
	2000	64.9	81.5	48.4	48.4	58.8	37.6	75.6	96.8	54.1	78.0	97.3	58.6	68.8	84.9	53.4	40.6	55.7	28.9	R
	2004	65.7	81.8	49.6	47.5	57.8	36.8	75.9	97.3	54.0	80.0	98.1	61.9	72.3	88.2	56.9	40.6	54.0	30.2	ILO
	2005	64.5	79.6	49.5	47.1	57.4	36.5	74.4	94.7	53.7	79.0	95.5	62.6	67.9	81.2	54.9	39.1	51.6	29.4	ILO
	2006	64.0	79.3	48.7	46.7	56.9	36.2	74.0	94.7	52.8	78.4	95.2	61.6	66.8	80.2	53.7	38.3	50.6	28.7	ILO
	2007	64.9	80.2	49.6	47.2	56.4	37.5	73.5	95.7	50.8	80.3	97.1	63.6	69.7	83.6	56.1	39.3	51.0	30.1	ILO
	2008	64.9	80.0	49.8	47.0	55.9	37.6	73.5	95.7	50.8	80.4	97.0	64.0	69.5	83.1	56.3	39.0	50.3	30.1	ILO
新加坡	1980	63.4	81.5	44.7	66.7	69.6	63.7	75.5	97.8	52.3	64.9	96.1	32.4	40.3	65.5	14.2	17.3	29.7	7.2	R
	1990	64.3	78.8	50.0	57.8	58.7	56.8	82.9	96.0	69.7	72.5	95.5	48.9	38.0	59.5	16.9	12.1	21.3	4.9	ILO
	2000	64.6	78.0	51.4	47.9	46.7	49.2	88.0	97.5	78.6	77.2	96.2	58.0	43.0	63.1	23.0	10.5	18.5	4.1	R
	2004	64.5	76.9	52.3	42.7	42.7	42.8	88.5	96.7	80.1	79.9	96.4	63.4	52.1	71.5	32.7	12.9	20.8	6.6	ILO
	2005	64.4	76.5	52.5	41.4	41.6	41.2	88.6	96.4	80.4	80.6	96.4	64.8	54.1	73.1	35.1	13.7	21.4	7.4	ILO
	2006	64.3	76.0	52.6	39.9	40.4	39.4	88.7	96.2	80.9	81.2	96.5	66.1	55.9	74.4	37.5	14.4	22.0	8.3	R
	2007	63.9	75.4	52.5	40.6	40.8	40.3	89.4	96.4	82.1	81.4	96.2	66.6	55.6	74.0	37.3	13.7	21.3	7.5	ILO
	2008	63.6	74.8	52.6	39.9	40.3	39.5	89.7	96.3	82.6	81.9	96.2	67.7	56.6	74.5	38.7	14.0	21.4	8.1	ILO
泰国	1980	81.6	87.4	75.8	76.9	78.6	75.2	92.1	97.8	86.4	92.6	98.3	86.9	71.1	85.4	57.3	32.9	50.3	17.9	ILO
	1990	81.0	87.0	75.2	77.4	79.2	75.5	91.0	97.3	85.0	91.4	97.8	85.3	70.8	83.7	58.9	34.9	44.2	27.2	ILO
	2000	73.6	81.1	66.5	52.5	56.7	48.2	88.0	95.3	81.3	89.0	97.1	81.3	67.5	81.7	54.1	33.7	38.1	30.2	ILO
	2004	73.5	81.1	66.3	51.8	58.5	45.0	89.0	96.1	82.2	88.6	96.2	81.5	68.1	81.7	55.5	33.8	37.0	31.3	ILO
	2005	73.5	80.7	66.7	51.7	57.6	45.5	89.1	95.9	82.4	88.9	95.9	82.4	68.2	82.4	55.3	33.9	36.8	31.6	ILO
	2006	72.9	80.5	65.7	49.0	57.1	40.4	88.8	95.3	82.5	89.1	96.1	82.5	68.8	82.5	56.3	33.9	36.6	31.7	ILO
	2007	72.7	80.2	65.5	48.7	56.2	40.8	89.0	95.4	82.7	88.6	96.0	81.7	69.0	82.6	56.6	33.7	36.1	31.9	ILO
	2008	72.5	80.0	65.3	48.0	55.8	39.9	89.0	95.3	82.8	88.5	95.9	81.7	69.2	82.7	57.0	33.7	35.9	32.0	ILO
越南	1980	77.5	82.1	73.5	84.3	83.5	85.0	92.4	97.6	87.7	84.0	89.0	79.5	52.9	62.6	45.0	18.4	28.6	11.6	ILO
	1990	76.8	81.4	72.9	79.2	78.7	79.6	92.8	97.2	88.8	85.9	90.7	81.7	54.9	64.0	47.3	18.8	27.2	13.6	ILO
	2000	72.5	76.8	68.6	59.1	58.6	59.6	93.5	97.4	89.7	91.2	96.1	86.8	55.2	65.6	47.3	15.6	21.0	12.0	R
	2004	71.7	76.1	67.6	57.3	57.8	56.8	92.9	96.3	89.6	90.8	95.3	86.6	54.5	64.5	46.8	13.7	17.3	11.4	R
	2005	71.5	75.8	67.5	56.2	56.6	55.7	92.9	96.2	89.8	90.8	95.3	86.6	54.9	64.9	47.2	13.9	17.0	11.7	ILO
	2006	71.4	75.6	67.4	55.2	55.6	54.8	93.0	96.1	89.9	90.8	95.2	86.7	55.5	65.5	47.6	14.0	16.8	12.1	ILO
	2007	71.1	75.4	67.1	54.3	54.8	53.8	93.2	96.3	90.2	91.1	95.5	86.8	53.8	64.7	45.0	12.5	14.6	11.2	ILO
	2008	71.0	75.3	67.0	53.7	54.3	53.0	93.3	96.3	90.2	91.1	95.6	86.8	54.2	65.3	45.2	12.3	13.9	11.1	ILO

	年份	年龄组																		统计类型
		15 +			15—24			25—34			35—54			55—64			65 +			
		MF	M	F	MF	M	F	MF	M	F	MF	M	F	MF	M	F	MF	M	F	
拉丁美洲和加勒比地区																				
加勒比地区																				
巴哈马	1980	67.8	78.5	57.5	58.1	64.4	51.6	83.9	94.2	74.0	79.9	93.5	67.0	60.2	78.5	43.9	25.5	38.9	15.7	R
	1990	71.0	78.7	63.7	57.7	62.7	52.5	86.0	91.1	80.9	84.9	94.0	76.5	69.3	82.6	57.5	24.0	37.0	15.4	R
	2000	71.7	78.1	65.6	53.6	55.6	51.7	86.5	91.1	82.1	87.3	94.0	80.9	73.4	86.6	61.4	20.5	31.5	13.1	ILO
	2004	71.8	78.5	65.6	54.5	57.0	52.0	86.8	91.2	82.5	87.6	94.0	81.5	73.5	86.6	61.6	20.4	31.6	12.9	ILO
	2005	71.9	78.3	66.0	54.5	56.8	52.2	87.0	91.1	83.1	87.9	93.9	82.2	73.6	86.1	62.2	20.3	31.0	13.0	ILO
	2006	71.9	78.1	66.2	54.2	56.4	52.0	87.2	90.9	83.6	88.1	93.9	82.7	73.7	85.8	62.7	20.1	30.6	13.0	ILO
	2007	71.7	77.8	66.1	53.5	55.4	51.7	87.2	90.9	83.6	88.2	93.8	83.0	73.6	85.5	62.8	20.3	31.2	12.8	ILO
	2008	71.6	77.6	66.1	52.9	54.7	51.1	87.3	90.9	83.9	88.4	93.7	83.3	73.7	85.2	63.2	20.2	31.2	12.8	ILO
巴巴多斯	1980	63.3	76.9	51.6	63.9	73.0	54.7	85.7	94.9	76.9	77.6	94.8	63.6	57.0	79.9	39.2	13.7	23.5	7.2	R
	1990	67.4	76.4	59.5	64.9	68.2	61.6	91.0	95.0	87.1	87.5	95.7	80.0	52.5	76.4	35.1	7.5	13.8	3.7	R
	2000	68.5	76.2	61.6	58.1	61.3	54.7	91.5	94.9	87.9	89.8	94.8	85.0	58.5	71.2	48.6	5.4	9.5	3.1	ILO
	2004	69.5	76.9	62.8	55.8	61.0	50.4	91.1	94.3	87.8	90.9	95.2	86.7	66.3	75.9	58.1	7.7	10.9	5.9	R
	2005	69.6	76.8	63.1	56.0	60.9	50.9	91.2	94.2	88.1	91.0	95.1	87.0	66.5	75.5	58.8	7.6	10.7	5.9	ILO
	2006	69.6	76.6	63.4	56.2	60.8	51.4	91.3	94.1	88.5	91.2	95.0	87.5	66.6	74.8	59.4	7.4	10.4	5.8	ILO
	2007	69.7	77.1	63.0	54.9	59.9	49.7	91.3	94.3	88.2	91.2	95.4	87.1	68.0	76.6	60.4	8.6	12.7	6.3	ILO
	2008	69.7	77.2	63.0	54.7	60.1	49.2	91.2	94.2	88.2	91.4	95.5	87.3	68.4	76.6	61.1	8.9	13.0	6.7	ILO
古巴	1980	52.0	71.3	32.4	36.8	48.7	24.5	73.7	95.1	51.6	70.5	95.4	45.2	43.1	74.0	13.2	11.6	21.3	2.0	ILO
	1990	53.8	72.1	35.6	42.6	55.7	29.1	72.7	92.2	53.2	72.3	95.0	50.0	43.2	71.8	14.9	10.1	19.1	1.7	ILO
	2000	56.9	71.1	43.0	34.7	43.8	25.1	75.0	89.3	60.3	80.8	94.8	67.1	43.0	69.6	17.5	8.7	17.0	1.2	ILO
	2004	56.2	69.4	43.1	32.6	40.5	24.3	75.0	87.8	61.6	81.3	94.7	68.2	42.6	68.6	17.9	8.4	16.3	1.2	ILO
	2005	56.1	69.0	43.3	33.1	40.7	25.0	75.3	87.7	62.3	81.5	94.6	68.7	42.5	68.1	18.2	8.3	15.9	1.3	ILO
	2006	56.2	68.4	44.0	33.5	40.6	25.9	75.7	87.3	63.6	82.1	94.4	70.0	42.2	67.0	18.7	7.9	15.2	1.3	ILO
	2007	55.9	68.0	43.8	33.2	40.3	25.6	75.5	87.0	63.5	82.3	94.4	70.4	42.1	66.7	18.9	7.8	15.1	1.3	ILO
	2008	55.6	67.6	43.7	33.4	40.3	26.0	75.3	86.6	63.3	82.5	94.3	70.8	42.0	66.1	19.1	7.6	14.8	1.3	ILO
多米尼加共和国	1980	54.1	77.5	30.1	42.1	58.8	25.7	62.3	87.8	37.0	61.8	90.1	31.4	60.2	88.3	27.2	55.7	80.1	29.0	ILO
	1990	54.4	82.1	26.3	44.7	64.7	24.9	64.2	93.5	35.2	61.6	95.1	26.7	52.7	87.4	14.5	40.0	67.4	11.0	ILO
	2000	60.7	75.9	45.4	48.7	59.8	37.7	74.4	88.6	60.4	73.0	89.4	56.4	55.7	81.0	29.3	26.7	45.0	8.3	ILO
	2004	63.2	74.6	51.9	49.6	58.3	40.9	76.4	85.8	67.2	75.7	86.0	65.4	58.0	79.0	36.5	36.2	56.0	17.0	ILO
	2005	63.4	74.4	52.4	49.5	58.0	40.9	76.8	85.7	68.1	76.2	85.9	66.5	58.1	78.7	36.9	35.9	55.5	17.0	ILO
	2006	64.1	73.5	54.7	49.3	56.5	42.0	78.2	85.1	71.3	77.9	85.5	70.2	58.2	77.5	38.5	35.0	53.3	17.4	ILO
	2007	63.8	72.1	55.6	49.6	55.7	43.5	78.6	85.0	72.3	78.1	85.0	71.2	57.7	76.1	39.1	30.6	44.9	16.9	ILO
	2008	63.9	71.8	56.1	49.6	55.1	44.0	78.9	84.9	73.0	78.4	84.8	72.0	57.2	74.8	39.4	30.6	44.9	16.9	ILO
瓜德罗普	1980	57.9	67.4	49.1	50.2	52.7	47.5	79.7	91.7	68.8	74.5	90.5	60.0	49.2	62.1	37.5	5.4	7.5	3.8	ILO
	1990	59.0	66.9	51.7	44.5	45.6	43.5	86.4	94.6	78.2	81.8	94.9	69.7	42.4	51.1	34.8	3.1	3.9	2.5	ILO
	2000	57.6	62.2	53.6	28.8	30.8	26.8	87.7	90.9	84.9	84.5	89.9	79.6	44.5	51.6	38.3	2.9	4.2	2.0	ILO
	2004	54.7	57.5	52.1	29.3	30.8	27.7	88.3	90.9	86.1	85.0	89.6	81.1	45.6	51.5	40.1	2.9	4.0	2.0	ILO
	2005	54.2	56.6	52.0	29.4	30.8	28.1	88.5	90.7	86.5	85.2	89.5	81.6	45.5	50.9	40.6	2.9	3.9	2.0	ILO
	2006	54.1	56.0	52.3	29.6	30.7	28.5	88.8	90.5	87.3	85.6	89.3	82.4	45.3	49.7	41.3	2.9	3.7	2.1	ILO
	2007	53.9	55.9	52.0	29.1	30.6	27.7	88.8	90.4	87.3	85.5	89.0	82.6	45.3	50.0	41.1	2.8	3.8	2.0	ILO
	2008	54.0	56.1	52.1	29.1	30.7	27.6	88.8	90.2	87.5	85.6	88.8	82.9	45.1	49.4	41.2	2.8	3.8	2.0	ILO
圭亚那	1980	55.1	84.3	27.0	52.7	78.4	28.0	64.2	97.6	31.8	61.0	96.5	26.7	46.9	75.0	18.4	24.9	36.1	15.2	ILO
	1990	57.8	81.5	36.1	52.7	73.0	33.1	67.8	95.0	44.2	67.6	95.7	42.2	50.7	76.6	27.1	23.4	36.2	12.8	ILO
	2000	61.1	80.4	43.6	52.3	69.2	35.3	72.4	93.4	52.4	73.6	94.3	56.1	54.3	77.6	35.3	20.9	34.4	10.7	ILO
	2004	63.6	81.5	45.6	50.3	70.2	30.6	73.9	93.5	54.5	79.7	94.2	64.6	58.6	78.5	36.3	20.6	34.4	9.3	ILO
	2005	64.0	81.6	45.9	49.7	70.3	29.3	74.1	93.5	54.6	80.8	94.2	66.3	59.2	78.5	36.4	20.6	34.5	9.0	ILO
	2006	64.9	81.3	47.9	49.0	69.5	28.5	75.3	93.4	57.0	83.1	94.1	70.8	59.8	78.2	37.4	20.3	33.9	8.9	ILO
	2007	64.6	81.3	47.1	48.5	69.3	27.7	75.1	93.4	56.4	82.5	94.1	69.4	59.7	78.1	37.2	20.4	34.1	8.8	ILO
	2008	64.6	81.1	47.3	48.0	68.7	27.0	75.4	93.4	56.8	83.0	94.1	70.6	59.6	77.9	37.4	20.3	34.1	8.6	ILO
海地	1980	69.9	80.0	60.5	53.8	57.4	50.3	79.9	93.8	67.1	83.1	96.0	71.3	73.5	91.3	57.3	56.0	67.7	45.8	ILO
	1990	64.4	80.8	49.0	51.6	59.5	44.0	74.2	92.9	56.6	71.5	94.3	50.6	69.7	90.8	51.0	54.8	74.3	38.0	R
	2000	60.1	81.3	40.2	52.8	61.9	43.8	67.3	93.2	43.2	62.7	94.7	33.1	67.3	91.5	45.4	55.2	78.5	35.9	ILO
	2004	59.5	82.1	38.3	54.5	64.1	44.9	65.6	93.3	39.8	60.3	94.7	28.7	66.6	91.6	44.2	54.9	79.8	34.6	ILO
	2005	59.7	82.1	38.6	54.7	64.2	45.2	65.8	93.3	40.1	60.3	94.7	28.9	66.7	91.6	44.3	54.6	79.7	34.2	ILO
	2006	59.8	82.2	38.7	54.8	64.3	45.2	66.1	93.3	40.5	60.5	94.7	29.4	66.7	91.6	44.5	54.3	79.6	33.6	ILO
	2007	60.1	82.4	39.1	55.7	64.4	47.0	65.9	93.3	39.9	60.5	94.7	29.3	66.7	91.7	44.4	54.6	79.7	34.1	ILO
	2008	60.2	82.6	39.1	55.9	64.4	47.3	65.8	93.3	39.7	60.3	94.7	29.0	66.7	91.8	44.4	54.6	79.7	34.0	ILO

	年份	年龄组																		统计类型
		15+			15—24			25—34			35—54			55—64			65+			
		MF	M	F	MF	M	F	MF	M	F	MF	M	F	MF	M	F	MF	M	F	
牙买加	1980	74.6	82.3	67.4	61.4	66.5	56.5	92.7	97.5	88.0	90.8	97.6	84.5	76.6	88.3	65.8	46.0	65.2	29.7	ILO
	1990	71.6	79.6	64.2	58.7	64.8	52.6	89.7	95.4	84.6	90.5	95.8	85.4	71.9	84.0	60.6	36.7	53.6	23.6	R
	2000	67.5	76.0	59.6	45.9	51.7	40.2	86.9	94.1	80.3	88.0	94.1	82.3	69.2	85.1	53.6	31.2	47.3	17.8	ILO
	2004	64.5	74.5	55.3	42.0	48.4	35.8	83.3	94.0	73.7	85.6	94.2	77.5	65.6	81.4	49.1	27.8	41.4	17.3	R
	2005	64.6	74.3	55.6	42.1	48.1	36.2	83.4	93.9	74.0	85.6	94.1	77.6	65.6	81.1	49.5	27.5	40.8	17.4	ILO
	2006	64.5	74.0	55.7	42.1	47.8	36.4	83.4	93.8	74.2	85.6	94.0	77.6	65.6	80.8	49.8	27.3	40.4	17.4	ILO
	2007	63.3	73.6	53.9	40.5	46.6	34.3	82.4	93.6	72.4	84.7	94.4	75.6	64.9	81.2	47.9	26.5	39.8	16.5	ILO
	2008	62.9	73.2	53.4	39.9	46.0	33.7	82.1	93.6	71.7	84.5	94.4	75.3	64.3	80.7	47.4	26.1	39.0	16.4	ILO
马提尼克	1980	56.1	64.6	48.4	45.1	49.4	40.6	83.5	92.2	75.9	75.9	89.9	63.7	46.4	58.5	35.9	4.8	5.9	4.0	ILO
	1990	58.2	64.6	52.5	41.1	44.8	37.4	88.7	93.2	84.4	83.9	91.8	77.0	45.0	54.4	36.7	3.6	4.6	2.9	R
	2000	56.6	60.7	53.1	26.0	28.5	23.4	88.6	91.0	86.4	87.0	91.3	83.3	44.6	50.4	39.6	2.4	3.5	1.7	ILO
	2004	55.4	59.0	52.5	25.7	28.1	23.4	89.0	91.0	87.4	86.9	91.0	83.4	45.8	50.5	41.7	2.5	3.3	1.9	ILO
	2005	55.1	58.4	52.4	25.9	28.1	23.7	89.1	90.8	87.7	86.9	90.8	83.7	46.0	50.2	42.3	2.5	3.2	1.9	ILO
	2006	54.9	57.7	52.5	26.1	28.0	24.2	89.3	90.5	88.4	87.2	90.6	84.4	46.0	49.2	43.2	2.4	3.0	2.0	ILO
	2007	54.3	57.3	51.9	25.5	27.5	23.5	89.2	90.5	88.2	87.2	90.6	84.5	46.1	49.5	43.1	2.3	3.0	1.9	ILO
	2008	54.0	56.9	51.6	25.6	27.4	23.7	89.3	90.3	88.4	87.3	90.5	84.6	46.0	49.2	43.4	2.3	3.0	1.9	ILO
荷属安的列斯	1980	56.5	74.6	40.4	54.5	60.7	48.2	71.2	90.6	54.0	61.2	88.5	37.4	38.3	62.2	17.8	29.6	50.3	14.9	ILO
	1990	55.8	67.7	45.3	46.1	49.5	42.7	77.4	86.1	69.6	67.3	85.9	51.1	35.5	53.6	19.3	7.2	12.8	3.4	ILO
	2000	58.9	65.8	53.0	36.0	37.0	35.1	85.0	89.3	81.4	79.5	88.0	72.5	44.1	57.6	32.5	8.2	14.0	3.9	R
	2004	58.8	65.3	53.4	36.5	37.1	35.9	85.9	89.4	82.9	80.2	87.9	73.9	44.4	56.9	33.8	7.8	13.4	4.0	ILO
	2005	58.9	65.0	53.8	36.6	36.9	36.3	86.2	89.3	83.5	80.6	87.7	74.8	44.3	56.2	34.2	7.6	13.1	3.9	ILO
	2006	59.2	64.6	54.7	36.4	36.2	36.5	86.6	88.9	84.6	81.3	87.4	76.3	44.1	55.1	35.0	7.4	12.6	3.9	ILO
	2007	59.2	66.4	53.3	35.9	35.0	36.8	86.1	88.0	84.6	80.9	91.6	72.1	46.0	57.1	36.9	7.9	13.4	4.2	ILO
	2008	59.3	66.3	53.5	35.5	34.2	36.7	86.1	87.5	85.0	80.9	91.7	72.1	46.2	56.9	37.4	8.0	13.5	4.2	ILO
波多黎各	1980	41.6	61.3	23.5	30.0	39.5	20.9	60.2	88.3	35.5	55.1	84.2	29.3	33.7	55.9	13.2	8.0	14.5	2.1	ILO
	1990	43.8	59.4	29.8	30.9	41.2	20.7	65.8	86.2	47.4	61.3	82.0	43.2	31.7	49.5	16.3	8.4	14.5	3.4	R
	2000	45.3	58.3	33.7	35.6	43.8	27.4	72.0	89.0	56.0	61.5	77.8	47.4	32.0	46.4	19.7	8.4	13.0	4.8	R
	2004	45.7	57.2	35.5	37.2	45.9	28.3	73.7	87.7	60.4	63.6	76.8	52.1	31.8	44.0	21.5	7.3	11.7	4.1	ILO
	2005	46.1	57.4	36.1	39.4	48.1	30.4	74.1	87.5	61.3	64.0	76.6	53.0	31.7	43.4	21.8	7.5	12.1	4.2	ILO
	2006	45.7	56.2	36.5	36.0	44.3	27.5	74.6	87.0	62.8	64.6	76.1	54.5	31.4	42.2	22.3	8.3	12.5	5.3	ILO
	2007	46.1	56.5	36.9	37.3	44.8	29.5	74.9	87.0	63.2	66.2	77.9	55.8	30.4	41.1	21.4	7.7	11.5	5.0	ILO
	2008	45.9	56.2	37.0	37.1	44.3	29.7	75.2	86.7	64.0	66.3	77.8	56.1	30.0	40.4	21.3	7.7	11.3	5.1	ILO
圣卢西亚	1980	58.1	83.1	35.8	59.4	76.8	42.4	68.6	94.6	45.3	61.2	93.9	33.5	51.9	84.7	23.0	28.5	53.1	9.7	ILO
	1990	61.3	77.2	46.3	58.2	70.1	46.7	78.0	92.0	64.8	73.7	92.0	55.7	53.5	76.3	31.7	22.5	38.3	10.1	ILO
	2000	62.6	76.8	49.3	58.1	68.4	48.0	79.6	91.5	68.5	76.1	91.8	60.9	52.8	74.4	33.3	20.5	35.9	8.1	ILO
	2004	63.3	77.9	49.8	59.5	69.4	49.9	79.5	91.6	68.2	75.2	91.8	59.2	53.0	75.1	33.5	20.4	36.3	7.5	ILO
	2005	63.7	77.7	50.6	59.7	69.0	50.7	79.9	91.4	69.1	75.5	91.6	60.0	53.1	74.6	34.0	19.9	35.5	7.4	ILO
	2006	64.1	77.5	51.6	59.9	68.6	51.4	80.3	91.2	70.1	75.9	91.4	61.1	53.3	74.0	34.5	19.4	34.6	7.3	ILO
	2007	64.0	78.0	50.9	60.0	69.2	51.1	80.1	91.4	69.4	75.2	91.5	59.7	53.6	74.6	34.3	19.5	35.3	7.0	ILO
	2008	64.2	78.2	51.1	60.3	69.2	51.5	80.1	91.3	69.5	75.0	91.5	59.5	53.8	74.6	34.4	19.4	35.2	6.9	ILO
圣文森特和格林纳丁斯	1980	56.5	83.2	33.1	58.1	79.5	36.7	68.0	97.4	43.1	61.7	95.9	33.4	49.6	82.0	24.2	23.6	43.1	9.6	ILO
	1990	61.6	80.0	43.8	58.0	73.6	41.9	78.5	96.2	60.5	74.4	94.8	54.5	50.9	74.2	30.9	17.4	30.4	8.1	ILO
	2000	63.7	79.8	47.6	59.2	72.1	46.0	81.0	95.8	65.2	77.2	94.8	58.7	51.7	71.0	32.8	16.2	27.4	7.7	ILO
	2004	64.9	79.6	50.0	59.8	71.3	48.1	82.3	95.5	68.2	78.5	94.5	61.3	53.4	70.4	35.8	15.0	25.5	7.0	ILO
	2005	65.2	79.4	50.9	59.7	70.8	48.4	82.7	95.4	69.4	79.1	94.3	62.6	53.6	69.8	36.7	14.6	24.7	6.8	ILO
	2006	65.7	79.0	52.2	59.4	69.9	48.8	83.4	95.2	71.1	79.9	94.1	64.7	53.5	68.8	37.8	14.0	23.6	6.7	ILO
	2007	65.7	79.1	52.1	59.8	70.0	49.4	83.3	95.2	70.9	79.3	94.1	63.5	53.5	68.9	37.8	14.1	23.7	6.7	ILO
	2008	65.9	79.0	52.7	59.7	69.5	49.7	83.6	95.1	71.7	79.6	93.9	64.1	53.3	68.3	38.2	13.9	23.1	6.7	ILO
苏里南	1980	49.9	68.1	31.5	37.1	48.8	25.0	72.5	94.7	49.6	65.5	92.2	38.6	37.1	56.1	18.1	9.7	16.2	3.8	ILO
	1990	51.9	67.6	36.1	37.4	44.0	30.3	71.7	91.4	50.9	68.6	91.9	45.4	35.8	52.7	19.8	7.9	14.3	2.7	ILO
	2000	50.7	65.5	35.9	26.9	38.9	14.3	69.6	80.0	58.4	73.5	93.4	53.3	32.4	52.5	14.1	5.5	8.3	3.3	ILO
	2004	51.0	65.5	36.5	27.7	39.6	15.4	70.2	80.0	60.1	74.2	93.2	54.4	32.6	52.4	14.6	5.4	8.0	3.5	ILO
	2005	51.3	65.5	37.2	27.9	39.7	15.7	70.6	79.8	61.1	74.7	93.2	55.5	32.8	52.3	14.9	5.3	7.8	3.5	ILO
	2006	51.8	65.3	38.3	27.9	39.4	16.0	71.3	79.3	62.9	75.5	93.0	57.4	32.8	51.8	15.5	5.1	7.4	3.4	ILO
	2007	51.2	65.5	37.1	28.1	40.0	15.8	71.4	79.1	63.4	73.8	92.8	54.1	31.2	51.2	12.9	5.2	7.4	3.6	ILO
	2008	51.4	65.7	37.3	28.2	40.1	16.0	71.6	78.9	64.0	73.8	92.9	54.1	31.4	51.5	13.0	5.2	7.3	3.6	ILO
特立尼达和多巴哥	1980	60.2	78.1	42.5	53.5	72.7	34.0	72.9	83.9	61.7	73.2	92.6	54.2	55.8	82.9	27.3	18.4	31.3	8.1	ILO
	1990	56.4	75.8	38.2	50.5	64.3	36.8	71.5	92.7	50.8	68.5	91.7	46.2	39.9	61.9	20.7	10.0	18.2	4.3	R
	2000	60.8	76.4	46.5	51.6	61.5	41.4	78.4	94.3	62.9	75.8	93.8	58.8	43.3	63.3	26.2	9.8	16.0	6.1	R
	2004	63.3	76.3	51.4	52.8	60.7	44.7	84.1	95.5	72.7	78.5	93.8	64.3	47.5	63.5	33.8	8.5	14.7	4.9	ILO
	2005	64.5	76.6	53.3	54.1	61.9	46.1	85.3	95.4	75.3	79.4	93.5	66.3	49.5	63.1	37.9	8.9	15.8	4.8	R
	2006	65.3	75.9	55.6	54.2	61.0	47.3	86.4	94.7	78.0	81.0	92.9	69.9	49.4	60.6	39.7	8.3	14.3	4.8	ILO
	2007	65.1	77.3	53.8	54.3	61.4	47.1	86.0	95.5	76.5	80.1	94.9	66.5	49.9	64.7	37.2	8.1	14.0	4.7	ILO
	2008	65.7	77.6	54.7	54.8	61.5	47.9	86.5	95.5	77.4	80.7	94.9	67.5	50.6	64.8	38.5	8.1	14.0	4.7	ILO

	年份	年龄组 15 +			15—24			25—34			35—54			55—64			65 +			统计类型
		MF	M	F	MF	M	F	MF	M	F	MF	M	F	MF	M	F	MF	M	F	
美属维尔京群岛	1980	64.2	70.1	59.1	43.2	44.3	42.2	84.2	91.0	78.7	83.4	91.5	76.1	50.5	63.0	39.3	11.8	17.0	7.7	ILO
	1990	65.4	69.8	61.5	43.4	45.1	41.7	85.9	89.7	82.6	85.6	90.6	81.3	50.4	59.6	41.7	10.2	15.1	6.3	ILO
	2000	63.6	66.8	60.8	38.1	42.2	34.3	87.5	89.0	86.2	88.2	89.8	86.8	52.3	58.5	46.4	9.5	13.4	6.5	ILO
	2004	61.5	64.4	59.1	41.0	44.5	37.8	87.9	88.7	87.3	87.9	89.6	86.4	51.4	56.3	46.8	10.4	12.8	8.6	ILO
	2005	60.9	63.5	58.7	41.5	44.7	38.7	88.0	88.4	87.7	87.9	89.5	86.5	51.1	55.4	47.1	10.7	12.5	9.3	ILO
	2006	60.3	62.1	58.7	41.6	44.1	39.3	88.2	87.9	88.4	88.1	89.2	87.1	50.7	53.9	47.8	10.9	11.9	10.2	ILO
	2007	59.5	61.5	57.8	41.0	43.9	38.3	88.1	87.9	88.2	88.2	89.4	87.1	50.4	53.7	47.5	11.2	12.1	10.5	ILO
	2008	58.7	60.5	57.2	40.7	43.4	38.2	88.0	87.6	88.3	88.1	89.3	87.1	50.1	53.0	47.6	11.3	12.0	10.8	ILO
中美洲																				
伯利兹	1980	50.9	82.1	18.9	47.6	74.4	19.9	59.3	93.8	23.8	58.1	93.6	20.6	47.9	82.1	12.3	28.9	54.7	5.3	ILO
	1990	52.3	81.2	22.9	47.7	72.1	22.7	61.5	93.4	28.7	60.4	93.3	26.6	47.2	79.7	13.7	26.0	49.5	4.8	ILO
	2000	60.5	81.6	39.3	49.7	64.9	34.1	74.1	97.0	50.8	71.2	95.9	45.9	56.4	84.4	28.4	27.6	47.1	10.7	ILO
	2004	62.1	80.8	43.2	51.3	64.4	37.7	76.4	96.3	56.0	73.6	95.9	51.0	56.2	81.8	30.6	24.9	42.6	9.7	ILO
	2005	62.5	80.6	44.2	51.6	64.2	38.6	76.9	96.0	57.3	74.2	95.8	52.3	56.1	81.0	31.2	24.2	41.5	9.5	R
	2006	62.8	80.4	45.1	51.6	63.8	39.1	77.4	95.9	58.5	74.8	95.7	53.6	56.1	80.6	31.7	23.7	40.7	9.4	ILO
	2007	62.9	80.5	45.2	51.8	63.5	39.7	77.4	96.0	58.4	75.0	96.5	53.2	55.4	79.1	31.9	22.9	39.0	9.4	ILO
	2008	63.1	80.4	45.7	51.8	63.1	40.2	77.7	95.9	59.1	75.3	96.5	53.7	55.2	78.5	32.2	22.4	38.0	9.3	ILO
哥斯达黎加	1980	58.0	82.6	32.6	54.1	74.3	32.6	68.6	96.6	39.6	66.7	96.1	37.3	51.3	80.6	20.4	23.4	37.7	9.6	ILO
	1990	60.0	84.1	35.4	55.5	75.0	34.9	70.2	96.5	42.3	69.8	96.3	43.0	50.8	81.3	20.7	21.9	38.5	6.9	ILO
	2000	61.0	80.8	40.7	51.6	67.3	35.2	73.7	95.8	50.6	74.8	95.8	53.0	50.3	76.8	24.5	18.2	31.5	6.8	ILO
	2004	59.6	79.2	39.6	48.7	62.9	33.6	74.7	95.8	52.8	73.7	95.6	50.9	49.5	76.3	23.4	16.0	29.5	4.4	R
	2005	60.3	78.9	41.3	49.9	61.8	37.3	76.1	96.2	55.1	74.0	95.6	51.7	49.6	76.0	23.8	15.7	29.0	4.4	ILO
	2006	60.7	78.5	42.6	50.0	61.3	38.1	77.0	96.0	57.2	74.9	95.4	53.6	49.5	75.0	24.6	15.1	27.7	4.4	ILO
	2007	60.5	78.3	42.3	49.6	60.9	37.6	77.4	96.0	58.0	74.5	95.2	53.0	49.6	75.5	24.1	14.9	27.1	4.4	ILO
	2008	60.4	78.0	42.5	49.5	60.2	38.1	77.6	96.0	58.4	74.6	95.1	53.2	49.5	75.2	24.1	14.6	26.6	4.4	ILO
萨尔瓦多	1980	61.8	84.4	40.7	54.3	72.4	36.8	70.7	94.3	48.9	71.1	94.9	49.1	57.0	90.3	26.3	37.9	63.0	17.4	R
	1990	64.4	79.8	50.7	51.6	63.4	40.5	79.6	95.2	66.1	79.1	95.6	64.3	58.9	83.1	37.6	34.8	51.3	21.6	R
	2000	60.3	78.7	44.5	47.9	64.0	32.7	74.6	93.5	58.7	74.5	94.4	58.0	55.9	80.6	35.5	30.2	46.0	18.0	ILO
	2004	58.9	77.3	43.5	46.3	62.3	31.4	74.3	93.1	58.9	73.4	94.0	56.8	55.3	78.8	36.1	28.4	44.2	16.1	R
	2005	58.8	77.0	43.7	45.9	61.9	31.0	74.5	93.1	59.4	73.8	94.0	57.7	55.3	78.6	36.4	28.0	43.9	15.7	ILO
	2006	58.8	76.5	44.1	45.6	61.3	31.0	74.8	92.9	60.2	74.3	93.9	58.7	55.3	78.2	36.8	27.6	43.3	15.6	ILO
	2007	58.6	75.7	44.4	44.9	59.3	31.4	75.4	93.3	61.0	74.8	94.1	59.6	54.8	79.2	35.3	26.7	41.1	15.6	ILO
	2008	58.3	75.1	44.5	44.5	58.4	31.5	75.5	93.3	61.3	74.8	94.0	59.8	54.7	79.0	35.3	26.3	40.1	15.6	ILO
危地马拉	1980	60.4	89.3	31.1	55.3	81.7	28.4	67.6	97.7	37.0	65.9	96.8	34.5	57.3	90.0	24.3	35.4	58.3	13.7	ILO
	1990	58.3	89.0	27.6	55.2	82.5	27.5	64.0	97.4	31.0	64.0	97.5	30.6	56.3	91.0	22.1	35.4	59.9	12.4	ILO
	2000	50.1	76.4	26.0	52.6	77.2	28.8	55.3	83.2	31.0	53.3	82.5	26.9	41.9	70.3	14.4	22.1	39.2	6.9	ILO
	2004	62.9	85.7	42.3	56.0	77.7	35.1	71.8	94.1	52.8	70.7	94.3	50.2	63.2	92.3	35.7	43.9	66.7	23.7	R
	2005	63.0	85.7	42.6	56.0	77.7	35.2	72.0	94.0	53.1	70.8	94.3	50.7	63.1	92.2	35.9	43.7	66.4	23.6	ILO
	2006	63.2	85.4	43.2	56.1	77.4	35.5	72.5	93.9	54.1	71.2	94.2	51.7	63.1	91.9	36.3	43.3	65.7	23.6	ILO
	2007	63.5	84.5	44.7	54.9	74.6	35.7	74.8	94.1	58.0	72.1	94.4	53.4	63.0	91.8	36.5	43.2	65.5	23.5	ILO
	2008	63.6	84.0	45.3	54.2	73.0	35.9	75.5	94.3	59.2	72.5	94.5	54.2	63.0	91.6	36.8	43.0	65.3	23.5	ILO
洪都拉斯	1980	59.4	87.3	31.6	53.9	80.1	27.6	65.4	94.6	36.5	66.5	95.0	37.2	57.9	89.1	27.9	41.5	66.7	19.9	R
	1990	61.5	86.8	36.6	53.3	76.3	30.3	69.4	96.0	43.4	70.8	96.3	45.3	61.9	90.8	32.9	42.7	70.1	19.4	ILO
	2000	65.5	87.6	44.0	57.7	78.7	36.8	74.3	96.8	52.9	75.8	97.3	54.6	63.7	89.9	37.2	40.3	64.4	19.5	ILO
	2004	60.2	83.6	37.6	49.6	70.7	28.6	70.8	94.6	48.3	71.5	96.2	47.4	60.3	87.7	32.9	36.7	60.1	16.6	ILO
	2005	59.0	83.0	35.9	47.6	68.4	26.8	69.9	95.3	45.8	70.5	95.9	45.6	59.8	87.6	31.9	36.8	60.9	16.1	ILO
	2006	59.5	82.8	37.0	47.7	68.1	27.4	70.8	95.3	47.5	71.2	95.9	47.3	60.0	87.5	32.5	36.5	60.4	16.1	ILO
	2007	58.6	81.8	36.2	46.4	66.0	26.8	69.9	94.8	46.2	71.0	95.9	47.0	58.4	86.3	30.6	35.1	59.3	14.5	ILO
	2008	58.3	81.3	35.9	45.6	64.6	26.5	69.9	94.7	46.1	70.8	95.8	46.7	58.0	86.1	30.0	34.8	59.0	14.1	ILO
墨西哥	1980	58.6	81.8	36.1	50.7	67.6	33.9	69.9	95.2	44.5	67.7	96.1	40.1	50.8	81.1	24.4	35.7	56.3	18.8	ILO
	1990	58.2	83.5	34.0	52.5	70.6	34.8	67.8	96.3	40.4	67.1	96.8	37.4	52.2	84.6	24.2	32.3	56.2	13.8	ILO
	2000	59.8	82.3	38.4	52.7	69.0	36.6	70.3	95.4	46.3	69.4	95.0	44.7	53.4	79.8	28.2	29.1	48.5	14.2	R
	2004	60.2	81.3	40.2	48.9	64.5	33.6	71.7	95.2	49.1	71.9	95.2	49.8	55.2	79.4	31.8	28.3	46.2	14.3	R
	2005	60.1	80.8	40.5	48.0	62.6	33.8	71.8	94.7	49.7	72.3	95.4	50.3	54.6	79.3	30.8	28.5	46.2	14.4	R
	2006	60.9	81.5	41.6	49.0	63.6	34.7	72.8	95.3	50.9	73.0	95.6	51.5	56.7	81.9	32.3	28.5	45.8	14.7	R
	2007	59.6	79.7	40.7	46.0	59.0	33.3	71.8	94.3	50.1	72.6	95.4	51.1	55.6	80.3	31.7	27.5	44.5	14.0	ILO
	2008	59.5	79.1	41.0	45.1	57.2	33.2	71.9	94.0	50.7	73.0	95.4	51.8	55.8	80.4	32.2	27.1	43.6	13.9	ILO

	年份	年龄组																		统计类型
		15 +			15—24			25—34			35—54			55—64			65 +			
		MF	M	F	MF	M	F	MF	M	F	MF	M	F	MF	M	F	MF	M	F	
尼加拉瓜	1980	59.3	80.0	39.0	48.9	64.8	33.0	72.7	94.6	50.6	70.0	94.1	45.9	54.5	82.1	30.1	30.4	51.5	14.0	ILO
	1990	61.4	84.6	38.9	50.9	68.9	32.9	74.4	99.1	50.5	71.9	98.5	45.6	57.4	87.0	29.6	33.7	58.4	14.8	ILO
	2000	60.2	86.4	35.1	51.5	75.9	27.3	69.5	96.1	44.1	70.7	98.4	44.4	61.2	91.0	32.4	34.0	58.5	14.1	ILO
	2004	60.6	86.5	36.0	51.8	76.1	27.5	70.0	96.0	45.5	71.1	98.3	45.4	61.1	90.5	33.0	33.6	58.1	13.3	ILO
	2005	60.5	86.7	35.6	51.8	76.4	27.3	69.8	96.1	45.0	70.8	98.4	44.9	61.0	90.7	32.9	33.6	58.4	12.9	ILO
	2006	60.8	86.6	36.3	51.7	76.1	27.4	70.3	96.0	46.0	71.4	98.3	46.0	61.2	90.8	33.4	33.3	58.0	12.8	ILO
	2007	61.4	86.8	37.4	52.4	76.5	28.4	71.1	96.0	47.8	71.9	98.3	47.1	61.6	91.1	34.0	33.6	58.5	12.9	ILO
	2008	61.7	86.8	37.9	52.6	76.5	28.7	71.5	96.0	48.6	72.2	98.3	47.7	61.9	91.3	34.5	33.6	58.5	12.9	ILO
巴拿马	1980	57.6	78.2	36.3	43.7	59.0	28.1	72.7	96.1	48.5	72.0	95.6	47.2	52.6	80.2	22.9	27.8	43.3	12.3	ILO
	1990	58.8	80.7	36.5	48.9	64.2	33.1	72.6	96.7	48.3	69.8	96.0	42.9	52.5	82.3	21.9	28.0	46.8	10.3	ILO
	2000	62.7	80.8	44.5	50.4	64.3	36.1	77.8	97.1	58.1	76.3	95.4	57.2	52.3	78.1	26.4	22.8	38.4	8.3	ILO
	2004	63.7	80.8	46.5	49.3	63.5	34.6	79.3	96.7	61.6	79.0	96.3	61.7	53.9	77.8	29.9	22.8	38.5	8.4	R
	2005	63.9	80.5	47.3	49.5	62.5	36.1	79.3	96.9	61.4	79.6	96.1	63.0	53.8	76.6	31.0	23.1	39.5	8.1	R
	2006	63.1	80.1	46.0	47.4	60.9	33.3	79.0	96.9	60.6	78.8	95.9	61.7	53.4	77.3	29.5	24.1	39.6	10.0	R
	2007	63.4	79.6	47.2	48.3	61.3	34.7	80.0	96.8	63.0	79.7	96.0	63.5	52.9	76.0	29.9	20.9	35.4	7.7	ILO
	2008	63.4	79.4	47.4	48.1	61.0	34.8	80.2	96.7	63.4	80.0	96.0	63.9	52.8	75.6	30.2	20.5	34.8	7.6	ILO
南美洲																				
阿根廷	1980	52.2	76.6	29.0	50.9	63.0	38.5	67.6	96.6	38.2	62.7	96.1	30.5	40.9	65.0	19.1	11.1	20.2	4.2	R
	1990	52.1	77.8	28.2	54.2	71.0	37.1	70.0	96.7	42.9	63.9	95.6	33.0	39.4	68.3	14.3	11.2	23.5	2.9	R
	2000	58.9	75.4	43.7	50.5	60.2	40.6	77.6	93.9	61.1	77.1	94.7	59.7	56.5	78.1	37.3	16.7	27.9	9.7	ILO
	2004	60.3	75.3	46.5	47.6	56.1	39.0	79.5	93.7	65.0	80.0	95.3	65.0	61.9	81.2	44.3	17.1	28.2	10.3	ILO
	2005	60.6	75.3	47.2	46.9	55.0	38.5	79.9	93.7	66.0	80.8	95.5	66.2	63.2	81.9	46.1	17.3	28.3	10.5	ILO
	2006	60.9	75.2	47.9	46.2	54.0	38.2	80.4	93.6	67.0	81.5	95.6	67.5	64.5	82.5	47.8	17.4	28.3	10.7	R
	2007	60.9	75.0	47.9	45.6	53.1	38.0	80.5	93.6	67.2	81.6	95.7	67.7	64.3	82.3	47.7	17.5	28.3	10.9	ILO
	2008	61.0	74.8	48.3	45.1	52.3	37.8	80.8	93.6	67.8	82.0	95.7	68.4	64.6	82.4	48.3	17.6	28.3	11.0	ILO
玻利维亚	1980	62.0	85.7	39.6	53.2	69.4	37.3	67.9	94.3	42.7	69.3	96.5	43.6	64.5	95.8	35.9	49.9	78.6	26.1	ILO
	1990	64.5	84.5	45.4	53.3	66.9	39.7	72.5	96.1	49.5	74.2	97.9	51.9	65.0	88.7	43.5	51.2	71.3	35.0	R
	2000	70.6	82.0	59.6	52.3	60.4	44.1	81.9	94.1	69.9	84.9	98.0	72.5	74.6	87.3	63.2	52.5	68.3	39.9	R
	2004	72.5	81.7	63.6	52.4	59.2	45.4	84.4	94.4	74.5	87.7	98.0	77.9	78.0	87.4	69.6	54.8	68.6	44.0	ILO
	2005	73.1	81.6	64.9	52.4	58.8	45.9	85.2	94.4	76.1	88.6	98.0	79.6	79.1	87.3	71.6	55.6	68.7	45.3	ILO
	2006	73.7	81.5	66.3	52.3	58.1	46.4	86.1	94.6	77.7	89.5	98.0	81.5	80.2	87.3	73.7	56.5	68.8	46.7	ILO
	2007	74.1	82.7	65.7	53.8	61.6	45.9	86.6	95.3	78.0	89.2	98.0	80.8	79.6	87.5	72.5	55.3	69.2	44.5	ILO
	2008	74.4	82.9	66.2	54.1	61.9	46.0	87.1	95.3	79.0	89.6	98.0	81.6	79.8	87.4	72.9	55.5	69.4	44.7	ILO
巴西	1980	59.4	84.4	34.7	62.7	81.2	44.1	69.4	96.3	42.6	60.9	92.0	30.4	41.8	72.8	12.0	19.9	36.9	4.7	ILO
	1990	60.9	84.4	38.3	64.3	81.6	47.0	71.9	95.8	48.3	63.8	92.2	36.5	42.4	71.6	15.7	19.9	36.6	6.2	ILO
	2000	66.9	81.4	53.2	62.9	74.0	51.6	80.3	94.8	66.2	76.7	92.0	62.2	52.3	70.9	35.7	23.8	37.2	13.2	ILO
	2004	68.7	81.2	56.9	64.4	74.0	54.6	82.9	94.8	71.3	79.6	92.3	67.6	54.7	72.2	39.1	23.2	35.1	14.1	R
	2005	68.9	81.2	57.3	64.3	73.7	54.6	83.1	94.7	71.8	80.1	92.5	68.4	55.7	72.9	40.4	23.5	35.3	14.5	ILO
	2006	69.0	81.3	57.5	64.2	73.7	54.5	83.2	94.7	72.1	80.4	92.6	68.9	56.5	73.5	41.3	23.8	35.4	14.9	ILO
	2007	69.4	80.9	58.6	63.8	72.6	54.9	83.9	94.7	73.3	81.2	92.5	70.7	56.8	72.9	42.5	24.2	35.2	15.9	ILO
	2008	69.6	80.7	59.1	63.8	72.1	55.2	84.2	94.7	74.0	81.6	92.5	71.3	57.2	73.0	43.1	24.2	34.7	16.3	ILO
智利	1980	50.1	73.1	28.3	39.4	52.7	25.9	67.9	94.6	41.2	61.9	92.8	32.8	39.6	68.6	15.0	15.4	28.2	6.2	R
	1990	53.4	76.5	31.7	39.8	53.8	25.4	69.3	95.6	42.9	67.7	95.5	40.9	46.1	72.2	23.8	14.8	28.9	5.4	R
	2000	53.8	73.7	34.9	32.3	40.7	23.7	71.4	93.5	49.1	71.0	95.1	47.2	50.1	76.9	25.8	13.4	24.4	6.0	R
	2004	54.8	72.6	38.0	31.9	39.7	23.7	74.1	92.0	56.0	73.3	95.2	51.7	54.2	78.3	32.1	13.9	24.6	6.6	R
	2005	54.3	72.1	37.5	31.5	38.7	24.1	73.8	92.0	55.5	72.6	94.9	50.7	53.5	77.1	31.7	14.4	25.5	6.7	R
	2006	55.0	71.7	39.1	31.5	38.1	24.7	74.8	91.7	57.7	73.9	94.9	53.2	55.0	77.4	34.3	14.8	25.6	7.4	ILO
	2007	54.0	70.8	38.0	29.8	36.4	23.0	73.9	90.6	57.1	73.5	94.8	52.5	54.8	78.0	33.5	13.6	23.6	6.7	ILO
	2008	53.9	70.3	38.3	29.4	35.6	23.0	74.0	89.9	57.8	73.7	94.7	53.0	55.3	78.0	34.3	13.5	23.2	6.7	ILO
哥伦比亚	1980	55.0	75.2	35.6	47.0	59.0	34.7	75.1	94.3	56.4	64.0	96.0	34.6	37.8	69.4	9.0	10.6	22.4	1.0	ILO
	1990	59.5	76.2	43.7	48.9	59.2	38.5	79.3	94.5	64.5	72.4	95.5	51.0	38.0	66.1	13.5	11.1	23.2	1.7	ILO
	2000	67.3	78.1	57.0	54.5	60.9	48.0	89.2	95.4	83.1	81.5	95.3	68.8	44.1	70.3	21.4	11.5	23.4	2.5	ILO
	2004	68.8	77.9	60.3	54.7	59.6	49.7	91.1	95.1	87.1	84.6	95.3	74.8	47.4	71.3	26.6	11.9	23.7	3.1	ILO
	2005	69.2	77.7	61.3	54.6	58.9	50.1	91.6	95.0	88.2	85.5	95.3	76.5	48.3	71.5	28.0	12.1	23.8	3.2	ILO
	2006	69.6	77.4	62.2	54.2	57.8	50.5	92.1	94.9	89.3	86.5	95.3	78.4	49.3	71.8	29.6	12.3	24.1	3.4	ILO
	2007	70.0	77.9	62.6	55.4	58.9	51.9	91.9	95.4	88.6	87.1	95.7	79.2	49.7	71.8	30.3	12.4	23.9	3.7	ILO
	2008	70.2	77.9	63.0	55.7	58.8	52.5	92.1	95.5	88.9	87.6	95.8	80.1	50.1	71.8	31.2	12.5	23.9	3.9	ILO
厄瓜多尔	1980	55.8	84.0	27.7	51.0	69.4	32.3	61.2	92.8	29.2	59.0	94.3	23.8	58.1	91.9	25.5	46.4	77.7	19.2	R
	1990	55.2	78.2	32.4	45.1	59.0	30.9	65.0	90.9	38.7	63.3	92.6	34.1	55.6	84.8	27.5	39.2	62.9	19.0	R
	2000	60.9	77.8	44.3	47.2	58.0	36.2	72.2	90.7	53.5	72.1	92.5	51.9	64.8	84.5	46.0	37.6	55.2	22.6	ILO
	2004	63.7	78.3	49.4	46.6	56.1	36.9	75.0	91.2	58.7	75.6	92.9	58.5	69.5	85.7	53.9	45.8	61.0	32.8	ILO
	2005	64.3	78.3	50.5	46.4	55.6	37.0	75.7	91.3	60.0	76.5	93.0	60.1	70.7	86.0	55.9	46.6	61.1	34.1	ILO
	2006	64.9	78.3	51.7	46.3	55.1	37.2	76.4	91.4	61.3	77.3	93.1	61.8	71.9	86.4	57.9	47.4	61.3	35.5	ILO
	2007	65.0	78.4	51.7	46.5	55.4	37.4	76.4	91.4	61.4	77.4	93.1	62.0	71.8	86.3	57.8	46.7	61.2	34.3	ILO
	2008	65.3	78.4	52.3	46.5	55.1	37.6	76.8	91.5	62.1	77.9	93.1	62.8	72.2	86.5	58.6	46.9	61.3	34.5	ILO

	年份	年龄组																		统计类型
		15+			15—24			25—34			35—54			55—64			65+			
		MF	M	F	MF	M	F	MF	M	F	MF	M	F	MF	M	F	MF	M	F	
法属圭亚那	1980	65.3	78.1	51.2	47.6	57.7	36.4	82.4	95.6	67.7	81.0	94.7	64.7	63.9	78.6	47.5	10.8	17.1	5.6	ILO
	1990	63.6	74.7	51.2	41.6	47.7	35.0	80.6	92.0	67.7	80.3	93.5	64.7	56.8	69.6	41.4	8.7	14.3	4.0	R
	2000	60.5	67.2	53.3	29.0	32.1	25.3	78.0	86.5	70.2	80.8	90.0	70.6	53.7	63.1	42.7	5.6	7.8	3.6	ILO
	2004	60.2	66.8	53.5	30.7	32.5	28.9	78.5	86.3	71.3	80.4	89.8	70.8	53.9	62.5	44.1	5.5	7.4	3.9	ILO
	2005	60.1	66.5	53.8	31.0	32.4	29.6	78.8	86.1	71.9	80.4	89.7	71.2	53.8	61.9	44.6	5.5	7.3	4.0	ILO
	2006	60.0	66.1	54.1	31.0	32.0	29.9	79.0	85.9	72.5	80.6	89.5	71.7	53.7	61.3	45.2	5.4	7.1	4.1	ILO
	2007	59.6	65.6	53.7	30.0	31.2	28.8	78.9	85.7	72.5	80.8	89.6	72.1	53.4	60.8	45.3	5.3	6.8	4.0	ILO
	2008	59.3	65.1	53.7	29.6	30.7	28.5	79.0	85.5	72.8	80.9	89.6	72.4	53.2	60.3	45.6	5.3	6.6	4.1	ILO
巴拉圭	1980	68.9	84.6	53.1	63.4	73.5	53.1	80.7	97.6	63.0	78.2	96.7	59.5	60.0	82.0	39.5	28.5	47.1	13.5	ILO
	1990	66.7	82.2	51.1	59.5	68.4	50.4	80.1	96.9	62.7	77.1	97.3	56.0	57.9	79.7	36.8	25.9	35.6	18.0	R
	2000	73.3	84.3	62.1	63.3	68.5	57.9	86.6	98.6	74.4	84.9	97.4	71.9	68.0	84.2	51.5	38.9	57.0	23.8	ILO
	2004	75.7	83.9	67.4	64.9	68.4	61.2	89.2	98.6	79.7	88.2	97.2	79.0	72.2	83.5	60.7	41.4	55.7	29.2	ILO
	2005	76.2	83.8	68.6	65.2	68.4	61.9	89.8	98.6	80.8	88.9	97.1	80.4	73.2	83.4	62.7	42.2	55.7	30.6	ILO
	2006	76.7	83.7	69.6	65.2	68.0	62.4	90.2	98.6	81.7	89.6	97.1	81.8	74.2	83.5	64.6	43.0	55.9	31.9	ILO
	2007	77.0	83.8	70.0	65.8	68.3	63.2	90.7	98.6	82.6	89.7	97.1	82.1	73.8	82.6	64.6	42.7	56.1	31.1	ILO
	2008	77.2	83.8	70.6	66.0	68.3	63.7	91.0	98.6	83.3	90.0	97.1	82.7	73.9	82.4	65.2	42.8	56.1	31.3	ILO
秘鲁	1980	55.6	78.3	32.9	41.9	55.4	28.1	66.9	93.9	39.4	67.7	95.3	40.0	55.2	87.2	25.0	34.4	57.6	14.8	R
	1990	61.5	75.1	48.0	49.2	55.4	42.9	75.6	89.9	61.1	74.9	93.4	56.4	56.3	79.9	33.7	23.3	35.7	13.2	ILO
	2000	68.6	80.9	56.5	56.5	65.3	47.5	79.8	93.8	65.5	80.8	95.0	66.8	66.4	82.4	51.0	38.8	45.5	33.3	ILO
	2004	71.3	81.4	61.3	56.9	64.5	49.1	82.0	94.4	69.3	83.9	95.4	72.5	71.5	83.5	60.0	45.5	48.1	43.3	ILO
	2005	71.8	81.0	62.7	56.2	62.8	49.4	82.6	94.4	70.7	84.8	95.4	74.3	73.0	83.8	62.6	46.9	48.6	45.5	ILO
	2006	72.3	80.6	64.1	55.5	61.1	49.8	83.3	94.3	72.1	85.7	95.5	76.0	74.4	84.1	65.0	48.3	49.0	47.8	ILO
	2007	72.8	82.1	63.6	57.7	65.5	49.8	83.3	94.9	71.5	85.1	95.4	74.8	74.2	84.2	64.7	48.8	50.4	47.5	ILO
	2008	73.1	82.2	64.2	57.9	65.6	50.0	83.7	95.1	72.1	85.4	95.4	75.5	74.8	84.3	65.8	49.5	51.1	48.1	ILO
乌拉圭	1980	58.3	75.0	42.6	54.3	64.0	44.6	81.1	97.6	65.1	74.9	95.4	55.3	43.9	66.0	23.5	10.7	18.6	4.8	ILO
	1990	55.4	70.5	41.8	49.6	58.5	40.5	72.8	84.3	61.7	78.9	96.5	62.3	49.5	73.0	28.7	10.5	17.8	5.7	ILO
	2000	60.9	74.2	49.1	57.8	65.8	49.5	85.0	96.0	73.9	83.7	96.8	71.5	56.8	75.1	41.0	11.4	17.9	7.2	ILO
	2004	61.2	74.2	49.6	53.5	61.4	45.5	84.9	95.4	74.4	85.3	97.8	73.6	61.7	79.0	46.6	12.2	19.1	8.0	ILO
	2005	61.2	74.2	49.7	52.5	60.2	44.5	84.9	95.3	74.5	85.7	98.0	74.1	62.8	79.9	48.0	12.5	19.4	8.2	ILO
	2006	61.2	74.1	49.9	51.5	59.2	43.6	84.9	95.1	74.6	86.0	98.1	74.6	64.0	80.7	49.4	12.7	19.7	8.5	R
	2007	61.1	73.4	50.2	50.5	57.1	43.7	84.7	94.4	74.9	86.2	97.9	75.2	64.9	80.4	51.3	12.6	19.5	8.5	ILO
	2008	61.0	73.1	50.5	49.8	55.9	43.6	84.6	94.1	75.1	86.5	98.0	75.6	65.8	80.6	52.8	12.7	19.6	8.6	ILO
委内瑞拉玻利瓦尔共和国	1980	54.4	80.7	27.8	42.5	61.4	23.1	67.1	95.1	38.2	64.7	96.7	32.0	50.6	85.3	16.9	27.3	51.9	6.5	ILO
	1990	56.5	81.5	31.4	43.6	62.4	24.2	69.5	95.0	43.5	67.1	96.6	37.3	50.9	83.4	19.5	27.1	49.1	9.2	ILO
	2000	61.8	80.6	43.2	44.6	60.3	28.4	77.0	95.2	58.7	75.8	96.3	55.2	58.7	83.3	34.9	26.7	42.4	13.7	ILO
	2004	64.5	80.7	48.5	45.5	60.0	30.6	80.0	95.1	64.8	79.4	96.2	62.6	62.5	82.9	42.7	30.2	45.8	17.2	ILO
	2005	65.0	80.5	49.7	45.2	59.1	30.8	80.7	95.1	66.1	80.3	96.2	64.5	63.6	83.1	44.6	30.7	46.1	18.0	ILO
	2006	65.4	80.2	50.8	44.6	57.8	31.0	81.3	94.9	67.4	81.2	96.2	66.2	64.7	83.6	46.4	31.3	46.6	18.7	ILO
	2007	65.9	80.7	51.1	46.4	60.3	32.0	81.0	95.2	66.7	81.5	96.2	67.0	64.2	82.6	46.3	30.8	45.2	18.7	ILO
	2008	66.2	80.8	51.8	46.7	60.5	32.5	81.3	95.2	67.2	82.1	96.2	68.1	64.5	82.4	47.0	30.9	45.2	19.0	ILO
非洲																				
北非																				
阿尔及利亚	1980	44.7	70.9	19.0	33.1	46.2	19.6	57.4	93.9	21.5	57.0	96.7	19.4	44.6	73.3	17.7	17.5	27.2	9.0	ILO
	1990	48.6	74.6	22.8	38.7	55.0	21.8	61.6	94.3	27.7	59.4	96.0	24.3	45.8	73.3	19.6	18.3	27.4	11.1	ILO
	2000	54.8	78.5	31.1	45.2	63.8	25.8	68.1	94.7	40.7	64.8	95.3	34.1	46.8	71.4	24.3	22.6	27.4	18.7	ILO
	2004	56.1	78.0	34.1	45.5	62.3	28.0	70.2	94.3	45.5	66.5	94.7	37.7	45.8	69.3	24.5	22.3	26.3	19.2	ILO
	2005	56.3	77.8	34.8	45.3	61.6	28.4	70.6	94.2	46.5	66.8	94.4	38.5	45.4	68.6	24.4	22.0	25.9	18.9	ILO
	2006	56.7	77.8	35.4	45.4	61.3	28.8	71.1	94.1	47.4	67.1	94.3	39.2	45.5	68.4	24.5	22.0	25.8	19.1	ILO
	2007	57.0	77.2	36.7	44.2	58.2	29.6	71.9	93.8	49.5	67.7	94.3	40.5	46.8	71.6	23.9	22.6	25.7	20.1	ILO
	2008	57.1	76.7	37.5	43.3	56.1	30.1	72.5	93.5	50.8	68.1	94.2	41.4	47.0	71.4	24.0	22.6	25.6	20.3	ILO
埃及	1980	45.2	75.9	15.1	29.9	51.4	8.2	52.8	85.9	20.0	59.6	98.3	21.0	47.6	88.6	9.9	31.9	52.7	14.7	ILO
	1990	48.8	73.8	24.1	33.6	41.3	25.9	63.9	94.7	33.6	60.4	98.0	21.4	43.1	77.9	10.4	25.6	41.5	12.7	ILO
	2000	46.3	71.7	21.1	31.6	43.7	19.2	61.3	92.9	30.5	61.4	97.4	24.6	39.5	70.9	8.7	13.0	26.1	2.3	ILO
	2004	46.4	69.9	23.0	31.2	40.2	21.9	64.8	96.5	33.6	61.8	97.2	26.3	37.4	66.3	8.3	8.0	16.1	1.4	ILO
	2005	46.5	69.8	23.3	31.2	39.9	22.2	65.0	96.3	34.1	61.8	97.1	26.5	37.3	66.0	8.4	7.9	16.0	1.3	ILO
	2006	46.6	69.7	23.6	31.3	39.6	22.7	65.1	96.0	34.4	61.7	97.0	26.7	36.8	64.9	8.2	7.8	15.8	1.2	ILO
	2007	47.1	70.3	24.0	31.3	39.6	22.8	65.4	96.4	34.6	61.9	96.9	27.3	37.0	65.2	8.4	10.6	20.1	2.7	ILO
	2008	47.3	70.5	24.3	31.6	39.7	23.3	65.6	96.4	34.9	62.0	96.8	27.6	36.3	64.0	8.2	10.6	20.1	2.8	ILO

	年份	年龄组 15+ MF	15+ M	15+ F	15—24 MF	15—24 M	15—24 F	25—34 MF	25—34 M	25—34 F	35—54 MF	35—54 M	35—54 F	55—64 MF	55—64 M	55—64 F	65+ MF	65+ M	65+ F	统计类型
利比亚	1980	51.6	80.6	15.5	36.9	56.9	14.9	63.0	96.2	19.8	64.0	97.0	16.1	48.6	81.9	8.6	21.8	40.3	3.6	ILO
	1990	49.8	77.8	16.8	34.8	53.6	15.3	63.9	96.1	23.0	63.1	96.7	18.3	48.7	79.8	8.9	21.0	39.0	3.6	ILO
	2000	50.6	75.9	22.7	33.8	51.0	16.0	66.0	95.4	35.5	65.8	95.9	27.0	46.4	75.5	10.3	19.9	36.7	3.7	ILO
	2004	51.8	77.0	24.2	35.1	52.6	16.9	66.7	95.2	37.2	65.0	95.5	28.3	45.5	73.0	10.2	19.2	35.7	3.7	ILO
	2005	51.9	77.2	24.4	35.2	52.7	17.1	66.6	95.1	37.2	64.7	95.3	28.3	45.1	72.2	10.1	19.0	35.3	3.7	ILO
	2006	51.9	77.2	24.5	35.0	52.1	17.1	66.5	95.0	36.9	64.3	95.0	28.3	44.4	71.1	10.0	18.8	34.8	3.7	ILO
	2007	52.5	77.3	25.6	34.7	51.5	17.2	67.4	94.8	39.0	64.6	94.8	29.7	44.0	70.2	10.3	18.6	34.4	3.8	ILO
	2008	52.6	77.2	26.1	34.2	50.6	17.1	67.7	94.7	39.6	64.4	94.6	30.1	43.4	69.3	10.4	18.5	34.0	3.8	ILO
摩洛哥	1980	52.0	82.9	21.8	48.9	72.2	26.0	60.6	95.0	26.4	56.2	96.7	20.1	51.6	87.7	11.3	24.9	45.3	3.4	ILO
	1990	52.4	81.6	24.1	48.4	68.5	28.0	61.5	94.5	30.3	58.1	96.0	23.0	47.2	85.4	11.0	23.4	43.3	3.5	ILO
	2000	52.8	80.6	26.3	46.7	65.3	28.3	62.4	93.1	34.0	61.5	96.3	28.0	46.0	84.4	12.1	22.1	42.6	3.5	ILO
	2004	52.1	80.0	25.7	44.1	63.1	25.4	63.5	94.2	36.0	60.9	95.6	27.4	46.8	83.3	12.3	21.0	41.5	3.5	ILO
	2005	51.6	79.7	25.1	42.7	62.0	23.6	63.2	94.0	35.6	60.9	95.6	27.7	47.2	83.4	12.5	20.9	41.4	3.5	ILO
	2006	51.6	79.3	25.6	42.4	61.0	24.0	63.5	93.7	36.4	60.9	95.3	28.2	46.9	82.4	12.3	20.5	40.7	3.5	ILO
	2007	51.1	79.5	24.5	41.4	61.1	21.8	62.5	93.6	34.5	60.8	95.3	28.2	47.4	82.5	12.7	20.4	40.7	3.5	ILO
	2008	51.1	79.4	24.4	41.1	60.9	21.4	62.6	93.6	34.5	60.6	95.2	28.3	47.4	82.1	12.9	20.1	40.5	3.5	ILO
苏丹	1980	58.0	86.0	30.5	49.8	70.4	28.9	62.2	94.6	29.9	64.6	96.8	33.1	62.3	93.7	33.4	50.2	78.7	26.2	ILO
	1990	50.3	77.5	23.5	35.3	49.6	20.6	59.0	91.3	26.5	61.8	97.7	26.6	56.7	93.4	22.7	40.3	71.6	14.3	R
	2000	51.6	73.7	29.6	33.5	40.9	25.8	64.5	88.0	40.6	64.1	97.4	31.2	55.9	92.8	21.6	38.8	72.5	10.7	ILO
	2004	51.3	72.8	29.9	31.5	38.2	24.5	65.1	87.6	42.2	64.8	97.3	32.6	55.8	92.3	21.8	38.2	71.2	10.5	ILO
	2005	51.2	72.2	30.3	30.7	36.9	24.2	65.4	87.1	43.2	65.2	97.2	33.5	55.7	92.0	21.9	38.0	70.9	10.4	ILO
	2006	51.1	71.4	30.9	29.6	35.1	23.9	65.8	86.4	44.7	65.7	97.0	34.7	55.6	91.5	22.0	37.7	70.7	10.1	ILO
	2007	51.4	71.7	31.2	29.8	35.5	23.9	65.8	86.6	44.6	66.4	97.1	36.0	55.5	91.2	22.2	37.9	70.7	10.2	ILO
	2008	51.5	71.5	31.6	29.5	35.0	23.8	66.0	86.5	45.2	66.9	97.1	36.9	55.5	90.9	22.3	37.8	70.6	10.2	ILO
突尼斯	1980	49.8	80.2	19.1	48.0	70.6	24.3	57.7	96.4	21.8	55.2	96.9	15.6	42.9	71.3	11.1	19.8	32.5	4.1	R
	1990	47.9	75.1	20.6	41.4	56.1	26.3	60.9	95.8	26.4	55.9	96.4	17.4	38.5	68.2	9.1	19.0	33.0	3.2	ILO
	2000	47.7	71.6	23.8	36.6	47.7	24.9	63.4	92.0	35.7	59.6	95.1	24.0	36.2	63.2	10.0	18.0	32.8	3.4	ILO
	2004	47.4	70.0	24.8	33.6	44.6	22.2	64.3	89.1	39.2	60.0	93.8	27.2	35.7	61.1	10.5	16.9	31.4	3.5	ILO
	2005	47.3	69.6	25.1	33.0	43.9	21.6	64.4	88.3	40.1	60.2	93.4	28.1	35.6	60.6	10.6	16.6	31.0	3.5	ILO
	2006	47.4	69.5	25.5	32.9	43.4	21.8	64.7	88.2	40.8	60.3	93.2	28.6	35.3	59.8	10.7	16.3	30.6	3.5	ILO
	2007	47.5	69.8	25.3	32.5	42.7	21.8	65.6	89.0	41.6	59.6	93.3	27.3	36.5	61.5	11.1	16.2	30.4	3.5	ILO
	2008	47.6	69.9	25.6	32.3	42.2	21.9	66.0	88.9	42.3	59.7	93.2	27.7	36.6	61.5	11.2	16.0	30.2	3.6	ILO
撒哈拉以南非洲																				
东非																				
布隆迪	1980	86.6	87.0	86.3	78.5	78.1	78.9	96.0	96.3	95.7	94.9	95.7	94.3	90.4	91.2	89.7	63.6	70.4	59.0	ILO
	1990	90.4	90.1	90.6	81.7	79.0	84.4	97.1	98.0	96.3	97.4	98.5	96.5	93.6	94.9	92.7	75.8	78.8	73.8	R
	2000	91.3	92.1	90.6	85.4	84.3	86.5	96.9	98.6	95.4	96.9	98.8	95.2	94.0	96.3	92.5	78.4	81.0	76.9	ILO
	2004	90.1	90.5	89.8	82.6	81.3	83.8	97.1	98.5	95.7	97.2	98.8	95.7	94.0	95.9	92.6	77.4	78.2	76.9	ILO
	2005	90.0	90.4	89.6	82.1	81.0	83.2	97.1	98.6	95.7	97.2	98.8	95.8	94.0	95.9	92.7	77.3	77.4	77.2	ILO
	2006	89.9	90.2	89.5	81.6	80.5	82.7	97.1	98.5	95.8	97.3	98.8	95.9	94.0	95.8	92.7	77.1	76.9	77.2	ILO
	2007	89.9	90.5	89.5	81.6	80.8	82.4	97.1	98.5	95.8	97.2	98.8	95.8	94.1	95.9	92.8	77.1	77.1	77.2	ILO
	2008	89.9	90.5	89.3	81.1	80.5	81.8	97.1	98.5	95.8	97.3	98.8	95.9	94.1	95.8	92.8	77.1	76.9	77.2	ILO
科摩罗	1980	75.4	87.0	64.1	65.4	71.6	59.1	83.1	97.2	68.6	85.7	98.0	73.6	78.1	95.2	63.0	56.7	81.3	37.6	R
	1990	74.9	86.1	63.8	63.3	69.2	57.3	83.5	97.2	69.7	86.3	98.0	74.6	78.2	95.0	63.2	56.0	80.4	37.4	ILO
	2000	72.4	82.9	62.0	55.8	62.0	49.5	84.2	97.3	70.9	87.4	98.1	76.6	78.8	94.7	64.0	54.8	75.8	38.8	ILO
	2004	72.9	83.3	62.7	55.4	61.7	48.9	84.5	97.3	71.5	87.7	98.1	77.3	78.9	94.5	64.2	54.5	74.7	38.9	ILO
	2005	73.1	83.5	62.9	55.2	61.5	48.8	84.5	97.3	71.7	87.8	98.1	77.5	78.9	94.5	64.2	54.4	74.5	38.9	ILO
	2006	73.3	83.7	63.0	55.0	61.3	48.5	84.5	97.3	71.7	87.8	98.1	77.5	79.0	94.5	64.4	54.4	74.2	39.0	ILO
	2007	73.5	83.6	63.5	54.3	60.3	48.1	84.8	97.3	72.3	88.1	98.1	78.2	79.2	94.4	64.7	54.0	73.4	39.0	ILO
	2008	73.7	83.7	63.8	53.7	59.6	47.7	85.0	97.2	72.6	88.3	98.1	78.6	79.3	94.4	64.9	53.9	73.0	39.0	ILO
吉布提	1980	71.3	82.0	61.0	61.2	67.2	55.3	82.3	94.5	70.2	82.9	95.6	70.4	70.4	87.2	55.6	12.3	24.6	2.9	ILO
	1990	70.3	81.5	59.5	59.7	66.4	52.8	82.1	94.8	69.5	82.9	95.9	70.2	70.8	87.5	55.8	11.6	22.8	3.1	ILO
	2000	68.9	79.3	58.7	54.1	60.5	47.5	83.0	94.7	71.2	84.1	95.9	72.5	70.9	86.6	56.5	10.3	19.6	3.1	ILO
	2004	67.7	77.7	57.8	50.2	56.6	43.7	83.5	94.9	72.0	84.8	96.0	73.7	70.9	86.1	56.9	9.4	17.4	3.2	ILO
	2005	67.4	77.2	57.7	49.1	55.4	42.8	83.7	94.8	72.4	85.0	96.0	74.2	70.9	85.9	57.0	9.2	16.9	3.2	ILO
	2006	67.1	76.6	57.8	48.0	53.9	41.9	83.9	94.7	73.0	85.3	96.0	74.9	70.7	85.4	57.1	9.0	16.4	3.2	ILO
	2007	67.1	76.8	57.5	48.0	54.2	41.7	83.9	94.9	72.6	85.4	96.1	74.8	70.9	86.1	56.9	8.7	15.6	3.3	ILO
	2008	67.0	76.6	57.5	47.5	53.6	41.3	83.9	94.9	72.7	85.5	96.1	75.2	70.9	86.1	56.8	8.4	14.9	3.3	ILO

	年份	年龄组																		统计类型
		15 +			15—24			25—34			35—54			55—64			65 +			
		MF	M	F	MF	M	F	MF	M	F	MF	M	F	MF	M	F	MF	M	F	
厄立特里亚	1980	71.6	89.6	55.0	67.9	80.1	56.8	75.4	97.4	56.8	77.1	97.3	57.2	73.1	92.1	54.5	48.0	64.9	32.7	ILO
	1990	70.5	87.6	54.8	66.1	77.5	54.5	76.4	97.3	57.3	76.3	97.3	58.0	72.1	92.0	54.7	45.8	63.7	32.8	ILO
	2000	70.4	86.2	55.9	65.3	76.7	53.9	78.7	96.8	60.5	77.1	97.0	61.3	71.1	91.2	55.2	43.2	62.8	31.2	ILO
	2004	70.1	85.7	55.7	61.4	72.8	50.2	79.4	96.8	61.9	78.7	97.1	63.1	70.7	90.5	55.5	42.1	59.6	31.5	ILO
	2005	70.1	85.7	55.7	60.8	72.2	49.7	79.4	96.8	62.0	78.9	97.1	63.4	70.6	90.4	55.6	42.0	59.2	31.5	ILO
	2006	70.2	85.9	55.7	60.7	72.1	49.5	79.4	96.9	61.9	79.1	97.2	63.3	70.5	90.4	55.6	42.0	59.0	31.7	ILO
	2007	70.0	85.8	55.3	59.8	71.6	48.2	79.4	97.2	61.8	79.0	97.3	62.7	70.5	90.4	55.9	41.2	53.6	33.8	ILO
	2008	70.0	85.8	55.3	59.5	71.4	47.8	79.5	97.3	61.8	79.1	97.4	62.7	70.4	90.4	56.0	41.0	51.5	34.7	ILO
埃塞俄比亚	1980	72.3	86.5	58.6	64.2	71.1	57.3	78.0	95.3	60.9	79.6	97.0	62.6	74.1	93.0	56.7	55.3	76.6	37.6	ILO
	1990	75.8	88.8	63.2	70.0	77.3	62.8	80.9	95.8	66.3	81.8	97.5	66.6	76.4	93.5	60.6	58.0	78.6	41.2	ILO
	2000	81.5	90.8	72.5	79.0	83.7	74.2	89.6	97.8	81.4	87.0	97.6	76.8	74.3	92.5	57.6	46.7	67.6	29.4	ILO
	2004	83.9	91.0	77.1	79.3	82.7	75.8	91.5	97.4	85.6	90.6	98.2	83.4	81.0	95.0	68.1	54.5	74.7	37.7	ILO
	2005	84.4	91.0	78.1	79.3	82.5	76.1	91.9	97.3	86.5	91.4	98.3	84.8	82.5	95.5	70.4	56.4	76.3	39.9	R
	2006	84.3	90.4	78.3	78.5	81.3	75.7	92.2	97.2	87.3	91.8	98.2	85.7	82.4	95.3	70.5	56.0	76.1	39.4	ILO
	2007	84.9	90.8	79.1	79.5	82.5	76.6	92.7	97.5	87.9	92.8	98.3	87.5	81.0	94.8	68.2	55.6	75.9	38.7	ILO
	2008	85.2	90.8	79.8	79.6	82.4	76.8	93.0	97.5	88.5	93.4	98.3	88.7	81.7	94.9	69.6	56.3	76.1	39.9	ILO
肯尼亚	1980	82.5	90.5	74.7	77.2	83.8	70.6	87.9	97.2	78.8	90.8	97.1	84.6	83.9	93.2	74.3	60.0	76.7	44.6	ILO
	1990	82.1	89.8	74.6	75.9	82.3	69.5	88.2	97.1	79.6	91.0	97.2	85.1	83.5	93.0	74.4	59.3	75.7	44.1	ILO
	2000	81.1	88.0	74.4	73.0	78.0	67.9	88.9	97.0	80.7	91.2	97.0	85.7	82.4	92.6	73.1	56.2	72.7	41.4	ILO
	2004	80.5	87.2	73.9	70.8	75.9	65.7	89.3	97.0	81.4	91.5	97.0	86.3	82.7	92.4	73.9	55.2	71.1	41.3	ILO
	2005	80.5	87.2	73.9	70.7	75.8	65.6	89.3	97.0	81.4	91.5	97.0	86.3	82.7	92.4	74.0	55.1	71.0	41.4	ILO
	2006	80.6	87.2	74.1	70.7	75.7	65.7	89.4	96.9	81.6	91.6	97.0	86.5	82.7	92.3	74.0	54.9	71.1	41.1	ILO
	2007	80.5	87.1	74.0	70.3	75.3	65.2	89.5	97.0	81.8	91.7	97.0	86.6	82.6	92.4	73.8	54.4	69.8	41.2	ILO
	2008	80.6	87.2	74.1	70.1	75.1	65.1	89.5	96.9	82.0	91.8	97.0	86.7	82.5	92.4	73.8	54.1	69.3	41.1	ILO
马达加斯加	1980	81.9	84.4	79.5	67.4	65.3	69.5	91.8	94.5	89.0	93.2	98.3	88.0	88.6	92.9	83.2	71.2	82.6	59.4	ILO
	1990	82.1	84.9	79.2	68.0	67.1	68.9	91.8	95.1	88.5	92.9	98.5	87.4	88.2	93.1	83.2	72.2	82.0	61.4	ILO
	2000	82.6	86.0	79.2	68.6	68.6	68.6	91.7	95.4	87.9	92.7	98.6	86.9	87.9	93.2	83.0	72.1	81.3	63.0	ILO
	2004	84.8	87.8	81.8	70.8	71.2	70.5	93.6	97.3	90.0	95.0	99.3	90.7	94.1	96.5	91.9	68.1	78.3	58.5	ILO
	2005	86.5	89.1	83.9	73.7	74.1	73.2	95.1	98.4	91.8	96.4	99.5	93.4	97.2	98.1	96.3	64.0	75.7	53.1	R
	2006	86.3	88.8	83.8	73.1	73.3	72.8	95.2	98.4	92.0	96.5	99.5	93.6	97.2	98.0	96.3	63.7	75.5	53.0	ILO
	2007	85.1	88.3	82.0	71.6	72.6	70.6	94.4	98.0	90.7	95.6	99.4	91.9	96.1	97.7	94.6	61.8	74.0	50.7	ILO
	2008	85.5	88.5	82.7	72.3	73.2	71.4	94.8	98.3	91.3	96.1	99.5	92.8	96.9	97.9	96.0	61.0	73.1	50.2	ILO
马拉维	1980	87.7	89.7	85.9	79.6	78.5	80.7	93.5	97.2	90.2	94.0	97.2	91.2	90.4	94.1	87.3	77.5	85.2	71.3	ILO
	1990	77.8	79.8	76.0	55.9	51.5	60.2	87.4	94.4	81.0	92.2	97.4	87.4	92.5	96.6	88.9	83.5	90.1	78.1	ILO
	2000	77.8	79.4	76.3	54.7	50.4	58.9	88.6	95.2	82.6	93.0	98.1	88.2	94.0	97.6	90.4	88.7	94.2	84.0	ILO
	2004	78.4	80.1	76.8	56.1	51.8	60.4	88.5	95.0	82.2	92.7	98.1	87.9	93.9	97.7	90.3	88.9	94.8	83.8	ILO
	2005	78.4	80.1	76.8	56.1	51.8	60.4	88.5	95.0	82.2	92.7	98.1	87.9	93.9	97.7	90.3	88.9	94.8	83.8	ILO
	2006	78.2	79.7	76.9	55.6	50.9	60.3	88.7	94.8	82.5	92.8	98.0	88.2	93.8	97.6	90.3	88.7	94.9	83.4	ILO
	2007	78.4	80.1	76.7	56.2	51.9	60.4	88.6	95.2	82.0	92.6	98.1	87.8	94.0	97.8	90.4	89.1	95.0	84.1	ILO
	2008	78.3	80.0	76.6	56.1	51.8	60.4	88.7	95.2	82.0	92.6	98.1	87.8	93.9	97.8	90.4	89.1	95.0	84.2	ILO
毛里求斯	1980	59.6	85.9	34.6	58.8	82.6	34.9	70.9	98.5	43.9	65.8	95.5	37.7	41.4	65.0	20.6	7.1	13.8	2.8	ILO
	1990	60.5	82.0	39.6	56.5	72.6	40.0	73.9	96.9	49.4	70.7	95.9	46.0	42.2	62.8	23.7	10.7	18.3	5.8	R
	2000	59.6	79.9	40.0	49.3	62.6	35.6	75.1	96.8	52.8	73.0	95.9	49.8	42.0	63.4	23.6	9.8	18.2	4.4	ILO
	2004	57.7	77.2	38.9	45.5	55.6	35.1	74.7	96.3	52.8	72.6	95.4	49.4	39.6	60.8	20.7	7.3	13.1	3.6	R
	2005	58.1	76.4	40.4	44.3	53.0	35.4	76.6	95.6	57.3	73.1	95.1	50.6	41.0	61.7	22.4	7.8	13.4	4.1	R
	2006	57.9	75.7	40.7	44.3	51.9	36.6	77.0	95.5	58.3	72.8	94.5	50.6	41.4	61.9	23.0	7.5	13.4	3.7	R
	2007	58.4	76.2	41.3	48.0	54.6	41.2	77.0	95.8	58.0	73.5	95.8	50.7	39.7	58.9	22.3	6.5	10.8	3.8	ILO
	2008	58.0	75.3	41.4	47.1	52.9	41.3	77.4	95.7	58.8	73.5	95.8	50.9	39.0	57.4	22.2	5.9	9.3	3.7	ILO
莫桑比克	1980	87.3	88.5	86.2	74.1	70.5	77.5	94.3	98.2	90.7	95.8	98.8	93.0	93.4	97.7	89.8	84.4	92.1	78.5	R
	1990	85.3	84.2	86.3	74.0	68.4	79.3	92.5	93.9	91.3	93.8	95.6	92.3	91.0	94.2	88.4	81.8	87.7	77.6	ILO
	2000	83.6	79.4	87.3	73.8	65.7	81.6	89.4	85.8	92.2	90.8	89.1	92.3	88.0	89.0	87.3	79.3	83.8	75.9	ILO
	2004	83.3	78.2	87.8	73.2	63.6	82.6	89.2	84.7	93.0	90.9	88.5	92.9	87.6	88.3	87.1	78.4	84.5	74.0	ILO
	2005	83.2	77.8	88.0	73.0	63.0	82.9	89.1	84.4	93.2	90.9	88.3	93.0	87.5	88.2	87.0	78.2	84.6	73.5	ILO
	2006	83.1	77.5	88.0	72.8	62.4	83.1	89.0	84.1	93.3	90.9	88.2	93.1	87.4	88.0	86.9	78.0	84.8	73.1	ILO
	2007	83.1	77.5	88.1	72.7	62.5	83.0	88.9	84.0	93.4	90.9	88.0	93.3	87.7	88.5	87.1	78.0	84.7	73.1	ILO
	2008	83.0	77.4	88.1	72.7	62.3	83.0	88.8	83.8	93.4	91.0	87.9	93.4	87.7	88.5	87.0	77.9	84.8	72.9	ILO
留尼汪	1980	53.5	71.8	36.5	50.6	59.9	41.7	69.7	93.0	47.6	62.6	88.1	37.9	35.7	53.8	19.9	2.6	5.7	0.6	ILO
	1990	54.9	67.0	43.6	43.3	47.7	39.0	78.9	92.3	65.8	70.2	86.9	53.7	29.1	40.6	18.8	1.7	3.6	0.5	R
	2000	57.7	66.1	49.8	35.0	37.7	32.2	83.4	92.3	75.3	78.0	88.8	67.3	34.2	41.6	27.4	2.2	3.4	1.4	ILO
	2004	57.2	65.0	50.0	34.5	36.7	32.3	84.0	91.9	76.6	78.5	88.3	68.9	34.1	40.8	28.2	2.1	3.2	1.4	ILO
	2005	57.1	64.6	50.1	34.5	36.5	32.4	84.2	91.8	77.0	78.6	88.1	69.4	34.2	40.7	28.4	2.1	3.2	1.4	ILO
	2006	56.9	64.3	50.1	34.4	36.4	32.4	84.4	91.7	77.4	78.6	88.0	69.7	34.3	40.6	28.7	2.0	3.1	1.4	ILO
	2007	57.0	64.2	50.4	34.3	36.2	32.4	84.7	91.8	77.9	79.2	88.1	70.7	35.0	41.0	29.7	2.1	3.1	1.5	ILO
	2008	56.9	63.9	50.4	34.3	36.1	32.5	84.9	91.7	78.3	79.4	88.0	71.2	35.2	41.1	30.1	2.1	3.1	1.6	ILO

	年份	年龄组 15+			15—24			25—34			35—54			55—64			65+			统计类型
		MF	M	F	MF	M	F	MF	M	F	MF	M	F	MF	M	F	MF	M	F	
卢旺达	1980	83.6	83.5	83.7	72.0	70.3	73.6	94.6	95.0	94.3	96.1	97.0	95.3	86.3	88.3	84.8	54.5	59.0	51.7	ILO
	1990	86.6	87.8	85.5	78.9	78.5	79.2	94.5	95.5	93.6	95.7	97.2	94.4	86.0	89.3	83.3	57.1	64.5	52.2	ILO
	2000	84.3	85.2	83.5	73.9	73.7	74.1	94.7	95.8	93.7	96.0	97.4	94.8	86.0	89.0	83.7	56.0	60.2	53.5	ILO
	2004	81.2	81.0	81.5	67.5	66.2	68.8	94.9	95.3	94.6	96.4	97.2	95.6	85.8	87.5	84.5	53.7	54.8	53.0	ILO
	2005	80.9	80.4	81.3	66.6	65.0	68.2	94.9	95.1	94.7	96.4	97.2	95.8	85.7	87.2	84.6	53.2	53.9	52.8	ILO
	2006	80.8	80.2	81.4	66.1	64.3	68.0	94.9	95.0	94.8	96.4	97.1	95.8	85.7	86.9	84.7	52.9	53.4	52.6	ILO
	2007	80.7	80.1	81.2	65.0	63.3	66.7	95.0	95.0	94.9	96.4	97.2	95.8	86.0	87.8	84.8	52.3	51.5	52.8	ILO
	2008	80.8	80.1	81.4	64.6	62.7	66.5	95.0	95.0	95.0	96.5	97.1	95.9	86.1	87.7	84.9	51.9	50.6	52.7	ILO
索马里	1980	71.1	90.0	53.0	68.3	81.8	55.1	75.1	97.9	53.0	75.3	97.7	53.7	72.9	93.1	54.4	48.0	63.3	35.5	ILO
	1990	70.2	89.4	51.8	66.3	80.5	52.2	74.8	98.0	52.2	75.1	97.9	53.4	73.2	93.2	54.6	47.6	60.8	36.8	ILO
	2000	70.5	88.7	53.0	64.5	78.4	50.7	76.3	97.8	55.3	76.8	97.7	56.8	72.7	92.4	55.1	46.2	59.2	35.5	ILO
	2004	70.5	88.2	53.6	63.3	76.3	50.3	76.9	97.6	56.7	77.3	97.6	58.0	72.7	92.1	55.1	45.8	59.6	34.6	ILO
	2005	70.6	88.1	53.7	63.1	76.0	50.2	77.0	97.5	57.0	77.5	97.5	58.3	72.7	92.0	55.1	45.8	59.7	34.3	ILO
	2006	70.6	88.0	53.9	63.1	75.9	50.4	77.1	97.5	57.2	77.6	97.5	58.5	72.6	92.0	55.1	45.7	59.9	34.1	ILO
	2007	70.8	88.2	54.1	63.9	76.4	51.4	77.1	97.6	57.0	77.5	97.5	58.4	72.7	92.1	55.1	45.7	59.9	34.2	ILO
	2008	70.9	88.2	54.3	64.2	76.5	51.9	77.1	97.5	57.1	77.6	97.5	58.5	72.7	92.1	55.1	45.7	59.9	34.2	ILO
坦桑尼亚联合共和国	1980	91.1	93.2	89.2	84.9	85.1	84.6	95.7	97.7	93.8	95.9	97.7	94.2	90.7	96.7	85.4	86.4	99.6	76.0	ILO
	1990	90.7	92.7	88.9	84.0	84.1	84.0	95.8	97.6	94.0	96.0	97.7	94.4	90.7	96.6	85.5	86.1	99.5	75.6	ILO
	2000	89.0	91.2	86.9	82.2	82.2	82.1	95.9	97.6	94.2	96.1	97.7	94.7	90.7	96.5	85.7	67.6	84.3	54.3	ILO
	2004	88.5	90.2	86.8	81.6	80.9	82.2	96.0	97.3	94.6	96.3	97.5	95.1	90.5	96.1	85.6	63.0	78.4	50.6	ILO
	2005	88.4	90.0	86.8	81.4	80.5	82.3	96.0	97.2	94.7	96.3	97.5	95.2	90.4	96.0	85.5	62.8	78.5	50.3	ILO
	2006	88.3	89.9	86.8	81.3	80.3	82.3	96.0	97.2	94.8	96.3	97.4	95.2	90.3	95.9	85.5	62.7	78.5	50.0	ILO
	2007	88.4	90.1	86.7	82.0	81.8	82.1	96.0	97.2	94.8	96.3	97.4	95.1	90.1	95.7	85.3	59.9	72.2	50.0	ILO
	2008	88.3	90.1	86.7	82.0	81.8	82.2	96.0	97.1	94.8	96.3	97.4	95.2	89.9	95.5	85.2	59.2	70.7	50.0	ILO
乌干达	1980	85.8	91.3	80.3	79.0	84.2	73.9	91.1	97.5	84.9	94.0	97.5	90.6	86.9	93.8	80.6	62.0	76.1	50.0	ILO
	1990	85.6	91.4	80.0	79.6	84.7	74.5	91.0	97.5	84.7	93.9	97.5	90.5	86.9	93.9	80.4	62.1	76.5	50.1	ILO
	2000	85.8	90.8	81.0	80.9	84.5	77.3	91.5	96.9	86.0	94.1	97.0	91.3	86.3	93.2	80.2	61.4	79.1	46.6	ILO
	2004	85.7	90.5	81.0	80.6	83.9	77.2	91.7	96.7	86.5	94.2	97.0	91.6	85.8	92.8	79.9	61.0	79.1	46.0	ILO
	2005	85.6	90.3	81.0	80.4	83.6	77.1	91.7	96.7	86.6	94.3	96.9	91.6	85.7	92.7	79.9	60.8	79.1	45.8	ILO
	2006	85.6	90.2	81.0	80.2	83.3	77.0	91.7	96.6	86.8	94.3	96.9	91.8	85.6	92.6	79.9	60.7	79.0	45.7	ILO
	2007	85.7	90.2	81.2	80.4	83.4	77.4	91.7	96.5	86.9	94.4	96.9	91.8	85.6	92.6	79.9	60.7	79.2	45.6	ILO
	2008	85.7	90.1	81.3	80.3	83.2	77.4	91.8	96.4	87.0	94.4	96.8	91.9	85.5	92.5	79.9	60.6	79.2	45.5	ILO
赞比亚	1980	65.3	84.3	46.8	55.1	72.6	37.6	70.1	92.0	48.3	72.4	91.5	53.8	72.8	92.2	55.3	63.1	78.4	50.3	ILO
	1990	69.9	81.4	58.7	58.0	68.9	47.1	77.8	89.9	65.9	78.9	91.2	67.0	74.4	83.2	66.3	63.0	76.0	52.5	ILO
	2000	69.9	81.1	59.1	58.7	69.2	48.2	77.9	89.4	66.3	78.5	91.6	66.3	73.9	81.2	67.1	63.8	75.1	54.5	ILO
	2004	70.1	80.4	60.0	58.8	68.4	49.1	78.5	88.9	67.8	79.1	91.1	68.0	73.6	80.7	67.2	63.4	75.9	53.1	ILO
	2005	70.1	80.2	60.3	58.6	68.0	49.1	78.7	88.7	68.4	79.4	91.0	68.6	73.6	80.6	67.3	63.2	75.9	52.8	ILO
	2006	70.1	79.9	60.5	58.3	67.5	49.1	78.9	88.5	69.0	79.6	90.8	69.1	73.5	80.5	67.3	63.0	76.0	52.4	ILO
	2007	70.3	80.7	60.1	59.4	68.8	50.0	78.5	89.2	67.4	79.3	91.4	67.8	73.5	80.7	67.2	63.1	76.0	52.6	ILO
	2008	70.4	80.7	60.3	59.7	68.8	50.5	78.5	89.2	67.5	79.5	91.3	68.0	73.4	80.7	67.1	63.1	76.0	52.5	ILO
津巴布韦	1980	73.8	79.6	68.1	56.8	57.2	56.5	82.7	92.0	73.5	88.0	97.7	78.6	86.5	93.4	80.1	70.1	82.5	59.7	ILO
	1990	73.9	79.9	68.0	54.7	56.4	53.0	84.6	94.4	75.1	89.3	97.5	81.4	86.3	92.3	80.7	68.4	79.2	59.3	ILO
	2000	70.9	78.4	63.9	54.6	59.7	49.5	82.9	95.6	70.6	86.3	95.0	79.3	81.1	86.4	76.4	61.7	70.3	54.6	ILO
	2004	69.2	77.9	61.4	55.4	61.2	49.7	82.9	96.6	69.2	84.4	95.3	76.5	78.4	86.8	71.9	51.0	60.5	43.4	ILO
	2005	68.8	77.5	60.9	54.7	60.7	48.7	82.9	96.7	69.1	84.4	95.3	76.6	78.3	86.8	72.0	50.8	59.7	43.7	ILO
	2006	68.3	77.3	60.3	54.0	60.4	47.6	82.9	96.8	68.9	84.4	95.4	76.5	78.3	86.9	72.1	50.6	58.8	44.1	ILO
	2007	67.9	77.5	59.4	55.2	61.9	48.5	82.4	96.7	68.1	83.0	94.6	74.8	76.1	85.7	69.6	46.7	56.7	38.9	ILO
	2008	67.8	77.6	59.1	55.1	62.1	48.3	82.3	96.7	68.0	82.9	94.5	74.5	75.7	85.6	69.4	45.8	55.9	38.0	ILO
中非																				
安哥拉	1980	81.4	90.8	72.5	77.6	85.4	69.9	85.6	96.8	74.9	87.9	96.5	79.7	79.7	88.5	72.1	54.7	70.5	42.4	ILO
	1990	81.7	90.1	73.9	78.0	84.3	71.8	86.5	96.1	77.2	88.5	96.1	81.4	79.1	87.3	71.9	53.9	72.4	39.6	ILO
	2000	81.6	90.7	72.9	78.0	85.3	70.7	85.9	96.7	75.4	88.0	96.5	80.0	79.6	88.2	72.0	54.5	71.2	41.6	ILO
	2004	81.5	90.1	73.3	77.2	84.1	70.4	86.4	96.4	76.6	88.4	96.3	81.1	79.3	87.6	72.0	53.9	71.1	40.7	ILO
	2005	81.4	89.7	73.6	76.8	83.3	70.3	86.6	96.2	77.4	88.7	96.1	81.7	79.1	87.1	72.0	53.6	71.2	40.0	ILO
	2006	81.4	88.9	74.2	76.1	81.9	70.4	87.1	95.8	78.6	89.1	95.9	82.8	78.8	86.4	72.1	53.0	71.4	38.7	ILO
	2007	81.6	89.2	74.4	76.3	82.4	70.2	87.5	96.1	79.1	89.4	95.9	83.3	78.7	85.5	72.6	53.0	71.1	39.0	ILO
	2008	81.7	88.8	74.8	76.0	81.9	70.2	87.8	96.0	79.9	89.8	95.8	84.0	78.5	84.7	73.1	52.9	71.1	38.8	ILO
喀麦隆	1980	67.5	78.3	57.2	53.2	57.0	49.5	76.5	87.0	66.2	80.9	94.9	67.6	64.8	83.3	48.2	50.4	75.1	30.2	ILO
	1990	65.6	79.0	52.8	49.2	59.6	38.7	74.1	89.4	59.1	81.1	95.8	66.9	72.6	89.1	57.6	49.4	62.1	39.1	ILO
	2000	64.9	77.7	52.5	45.2	55.7	34.6	74.6	89.6	59.5	81.9	96.0	68.2	72.7	88.6	58.1	60.1	69.3	52.6	ILO
	2004	64.7	76.8	52.7	43.6	53.7	33.4	75.1	89.4	60.5	82.5	95.9	69.5	72.5	88.0	58.4	61.6	69.9	54.9	ILO
	2005	64.6	76.6	52.8	43.1	53.1	33.1	75.2	89.3	60.8	82.7	95.9	69.8	72.5	87.9	58.5	61.4	69.4	54.8	ILO
	2006	64.5	76.3	52.8	42.6	52.4	32.7	75.3	89.2	61.1	82.9	95.8	70.2	72.4	87.7	58.6	61.1	68.9	54.6	ILO
	2007	63.7	75.3	52.3	41.9	50.8	32.8	75.4	89.0	61.6	83.1	95.7	70.7	72.6	87.7	58.9	51.8	61.8	43.6	ILO
	2008	63.7	75.0	52.5	41.4	50.0	32.7	75.5	88.9	61.9	83.3	95.7	71.0	72.6	87.5	59.1	51.8	61.8	43.6	ILO

	年份	年龄组																		统计类型
		15 +			15—24			25—34			35—54			55—64			65 +			
		MF	M	F	MF	M	F	MF	M	F	MF	M	F	MF	M	F	MF	M	F	
中非共和国	1980	78.0	86.5	69.8	62.3	68.4	56.3	83.4	96.0	71.1	89.2	98.0	80.9	86.4	92.9	80.5	72.1	81.9	64.2	ILO
	1990	78.1	87.6	69.1	65.0	72.0	58.2	82.5	96.4	69.1	88.3	98.1	79.1	86.5	93.5	80.3	72.9	82.7	65.2	ILO
	2000	77.5	87.3	68.4	64.1	71.5	56.9	82.5	96.6	68.8	88.2	98.2	78.9	86.6	93.6	80.4	72.9	82.0	65.8	ILO
	2004	77.3	87.6	67.7	64.5	72.7	56.5	82.0	96.9	67.4	87.7	98.3	77.9	86.7	93.9	80.4	73.4	81.7	66.9	ILO
	2005	77.3	87.5	67.7	64.3	72.5	56.3	82.1	96.8	67.5	87.8	98.3	78.1	86.7	93.9	80.4	73.3	81.6	66.8	ILO
	2006	77.2	87.3	67.7	64.0	72.0	56.0	82.2	96.8	67.9	88.0	98.3	78.4	86.6	93.8	80.4	73.2	81.5	66.7	ILO
	2007	77.3	87.6	67.6	64.4	72.7	56.3	82.1	96.8	67.5	87.8	98.3	78.1	86.6	93.8	80.4	73.3	81.6	66.8	ILO
	2008	77.3	87.7	67.6	64.4	72.8	56.3	82.1	96.9	67.5	87.8	98.3	78.0	86.6	93.9	80.4	73.3	81.6	66.9	ILO
乍得	1980	60.1	91.3	30.4	52.9	81.5	24.8	62.8	98.1	28.0	61.7	97.8	26.9	68.0	93.7	45.6	69.0	83.7	57.7	ILO
	1990	70.1	84.1	56.8	56.5	64.0	49.1	75.5	94.0	57.7	79.9	97.3	62.9	79.1	94.2	65.9	68.3	85.7	55.1	ILO
	2000	72.4	80.2	64.9	57.1	56.8	57.4	79.0	91.3	66.9	84.9	97.0	73.3	82.8	94.6	72.0	68.8	85.8	55.8	ILO
	2004	74.1	77.5	70.8	55.8	52.0	59.5	83.5	89.3	77.7	89.8	96.1	83.7	82.9	92.9	73.7	66.1	86.8	50.1	ILO
	2005	74.2	77.2	71.3	55.6	51.5	59.7	83.9	89.1	78.7	90.2	96.0	84.6	82.9	92.7	73.9	65.9	86.9	49.6	ILO
	2006	74.1	77.3	71.1	55.6	51.7	59.6	83.7	89.2	78.2	90.0	96.1	84.2	82.9	92.8	73.9	66.1	86.9	49.9	ILO
	2007	74.0	77.3	70.8	55.6	51.6	59.7	83.8	89.2	78.5	89.9	96.1	83.9	81.2	93.2	70.3	66.1	86.9	49.7	ILO
	2008	74.1	77.2	71.2	55.6	51.4	59.7	84.1	89.1	79.1	90.2	96.0	84.5	81.1	93.2	70.3	66.0	86.9	49.5	ILO
刚果	1980	70.7	85.9	56.0	57.8	70.4	45.2	75.2	97.9	52.7	81.1	97.8	65.0	79.3	87.9	71.4	65.3	70.2	61.1	ILO
	1990	69.9	83.4	56.7	54.5	65.5	43.4	76.9	97.5	56.5	82.8	97.6	68.5	78.7	86.2	71.7	63.7	69.2	59.2	ILO
	2000	68.4	81.3	55.9	50.6	61.5	39.6	77.8	97.5	57.8	83.5	97.6	70.2	78.4	85.4	72.1	62.5	66.1	59.5	ILO
	2004	68.5	81.9	55.5	50.9	62.3	39.4	77.6	97.6	57.2	83.4	97.7	69.7	78.5	85.7	72.1	62.6	65.7	60.1	ILO
	2005	68.6	81.8	55.7	50.8	62.0	39.5	77.7	97.5	57.6	83.6	97.7	70.0	78.4	85.5	72.1	62.5	65.8	59.8	ILO
	2006	68.7	81.7	55.9	50.5	61.5	39.5	77.9	97.5	58.0	83.8	97.7	70.3	78.3	85.3	72.1	62.4	65.8	59.5	ILO
	2007	68.7	82.0	55.6	50.7	62.0	39.3	77.6	97.6	57.2	83.5	97.7	69.6	78.5	85.7	72.2	62.8	65.3	60.8	ILO
	2008	68.7	82.1	55.6	50.7	62.0	39.2	77.6	97.7	57.2	83.6	97.8	69.6	78.5	85.7	72.2	62.9	65.1	61.1	ILO
刚果民主共和国	1980	72.4	85.0	60.9	63.9	70.9	57.0	81.3	95.0	68.0	81.2	95.9	68.0	69.7	88.1	55.2	42.2	66.5	25.7	ILO
	1990	72.4	86.0	59.7	65.6	73.6	57.8	80.5	95.5	65.8	80.4	96.2	65.8	70.4	89.1	54.9	43.2	66.9	26.8	ILO
	2000	71.3	89.2	54.4	68.1	80.4	56.0	76.4	97.5	55.6	76.2	97.5	56.1	72.0	92.5	54.5	46.5	64.4	33.6	ILO
	2004	71.4	89.2	54.3	68.4	80.7	56.1	76.2	97.6	55.2	76.1	97.5	55.7	72.1	92.6	54.4	46.8	64.5	33.8	ILO
	2005	71.5	89.1	54.5	68.5	80.6	56.4	76.4	97.5	55.7	76.3	97.5	56.1	72.0	92.5	54.4	46.7	64.7	33.4	ILO
	2006	71.5	89.1	54.7	68.6	80.6	56.6	76.5	97.5	55.8	76.4	97.5	56.2	72.0	92.4	54.4	46.7	64.9	33.3	ILO
	2007	71.4	89.4	54.1	68.6	81.1	56.1	76.1	97.6	54.8	76.0	97.6	55.3	71.9	92.5	54.1	47.2	64.4	34.4	ILO
	2008	71.4	89.4	54.1	68.7	81.2	56.1	76.0	97.6	54.7	76.0	97.6	55.2	72.0	92.5	54.1	47.3	64.3	34.7	ILO
赤道几内亚	1980	63.6	86.9	42.2	64.1	84.3	43.9	67.7	96.8	38.5	69.9	96.7	47.1	68.9	93.4	48.5	35.9	53.5	22.7	ILO
	1990	65.4	91.2	41.0	66.3	88.6	44.4	67.0	96.6	38.4	70.5	97.3	44.5	69.5	93.9	48.2	37.1	55.5	22.9	ILO
	2000	67.4	92.0	43.9	68.3	88.0	48.7	71.2	96.6	46.6	69.5	97.4	42.4	69.9	94.3	47.9	38.1	57.3	23.0	ILO
	2004	67.6	91.8	44.4	68.4	88.0	48.9	71.9	96.6	47.7	69.3	97.3	42.4	70.1	94.3	47.9	38.2	57.4	23.1	ILO
	2005	67.6	91.8	44.5	68.3	88.1	48.7	72.1	96.7	48.1	69.3	97.2	42.5	70.2	94.3	47.9	38.2	57.3	23.1	ILO
	2006	67.7	91.8	44.5	68.2	88.1	48.4	72.2	96.7	48.2	69.4	97.2	42.7	70.3	94.3	47.8	38.2	57.2	23.0	ILO
	2007	66.9	91.9	42.9	68.2	88.5	48.1	68.0	96.7	39.9	69.3	97.2	42.5	70.4	94.3	47.8	38.3	57.4	23.1	ILO
	2008	67.0	92.0	42.9	68.2	88.7	47.9	68.1	96.7	39.9	69.3	97.2	42.5	70.4	94.4	47.8	38.3	57.4	23.1	ILO
加蓬	1980	71.7	80.9	62.9	57.0	61.1	53.2	84.6	95.6	73.5	85.4	95.2	75.8	71.0	82.2	61.0	44.7	56.2	35.5	ILO
	1990	72.6	83.2	62.5	62.9	67.9	58.1	83.1	96.0	70.7	84.5	95.6	72.7	71.1	83.8	60.2	47.1	60.5	36.3	ILO
	2000	71.8	81.4	62.5	59.3	64.2	54.5	83.6	96.0	71.6	84.8	95.6	74.1	72.2	83.9	60.8	45.8	57.5	36.6	ILO
	2004	70.9	79.7	62.3	55.1	59.8	50.4	84.2	96.0	72.9	85.5	95.5	75.6	72.3	83.0	61.5	44.4	53.8	36.9	ILO
	2005	70.7	79.5	62.0	54.2	59.1	49.2	84.3	96.1	72.8	85.6	95.6	75.7	72.4	83.0	61.6	44.2	52.7	37.4	ILO
	2006	70.4	79.1	61.9	53.1	58.0	48.2	84.4	96.0	73.0	85.7	95.6	76.0	72.4	82.8	61.8	43.9	51.8	37.5	ILO
	2007	70.3	79.1	61.7	52.3	57.5	47.1	84.5	96.1	73.2	85.6	95.6	75.9	71.9	82.7	61.0	46.0	55.1	38.6	ILO
	2008	70.2	78.9	61.6	51.6	56.8	46.3	84.7	96.1	73.4	85.7	95.6	76.1	71.9	82.7	61.0	46.3	55.0	39.0	ILO
圣多美和普林西比	1980	58.6	81.6	36.8	48.9	64.2	33.7	71.7	97.8	47.8	70.5	95.8	45.6	59.0	91.7	28.0	33.0	61.9	11.2	ILO
	1990	56.8	77.8	36.8	44.3	60.7	27.4	72.2	95.6	51.2	71.9	96.4	49.2	57.5	85.9	29.3	24.3	41.7	10.1	ILO
	2000	53.6	70.1	37.9	35.9	49.1	22.5	76.5	94.1	58.6	75.6	95.9	58.2	53.3	80.5	29.6	21.1	34.9	9.2	ILO
	2004	55.0	70.9	39.9	36.5	49.4	23.4	77.1	93.6	60.2	76.4	95.6	59.7	52.8	80.9	30.8	20.6	34.6	8.9	ILO
	2005	55.4	71.2	40.4	36.4	49.1	23.4	77.2	93.5	60.6	76.6	95.6	60.0	53.0	81.3	31.2	20.5	34.5	8.8	ILO
	2006	55.7	71.1	41.0	35.9	48.1	23.3	77.5	93.4	61.3	77.0	95.5	60.7	53.3	81.5	31.6	20.2	34.4	8.7	ILO
	2007	56.1	70.5	42.3	34.4	45.4	23.1	78.2	93.2	63.2	78.3	95.6	63.1	53.7	81.2	32.4	19.9	33.8	8.7	ILO
	2008	56.4	70.4	43.1	33.4	43.8	22.8	78.7	93.0	64.2	78.9	95.6	64.0	54.0	81.1	32.8	19.7	33.6	8.7	ILO

	年份	年龄组																		统计类型
		15 +			15—24			25—34			35—54			55—64			65 +			
		MF	M	F	MF	M	F	MF	M	F	MF	M	F	MF	M	F	MF	M	F	
南部非洲																				
博茨瓦纳	1980	63.0	81.6	46.1	60.6	69.6	51.5	72.2	91.7	53.0	64.2	92.0	41.1	57.0	86.7	34.9	35.9	61.9	19.7	ILO
	1990	60.0	77.6	43.7	49.3	59.1	39.4	74.9	92.6	57.5	67.3	91.2	45.4	51.7	80.5	30.9	35.1	59.5	19.7	ILO
	2000	59.0	69.1	49.3	39.0	42.5	35.4	75.8	87.4	63.8	74.9	89.2	61.3	59.0	76.3	44.7	35.7	52.8	24.9	R
	2004	55.3	63.4	47.4	35.7	37.8	33.6	77.2	83.9	69.9	70.3	83.1	58.3	46.6	63.8	32.0	23.0	37.4	13.7	ILO
	2005	55.1	62.7	47.8	34.8	36.2	33.3	77.3	83.4	70.7	70.6	82.8	59.2	46.4	63.0	32.2	22.8	36.8	13.5	ILO
	2006	55.1	62.4	48.0	34.2	35.3	33.0	77.4	83.2	71.1	70.9	82.7	59.6	46.4	62.7	32.5	22.5	36.2	13.5	ILO
	2007	55.6	63.5	47.9	35.0	36.2	33.8	77.3	83.5	70.5	70.5	83.2	58.3	47.3	64.4	32.7	24.7	39.8	14.6	ILO
	2008	55.8	63.5	48.1	34.9	35.9	33.8	77.2	83.3	70.7	70.6	83.1	58.4	47.3	64.3	32.9	24.9	39.9	14.7	ILO
莱索托	1980	75.2	86.2	66.9	71.4	81.4	62.2	79.3	92.2	71.1	80.3	92.7	72.1	75.4	89.0	65.2	63.7	71.0	58.5	ILO
	1990	75.2	85.2	67.6	70.9	79.9	62.7	80.3	91.3	72.9	81.2	92.6	73.6	75.6	88.1	65.2	62.8	71.7	56.8	ILO
	2000	73.0	78.8	68.4	63.9	69.6	58.4	82.4	87.6	78.5	84.1	90.6	80.0	73.7	83.8	65.7	59.4	69.1	52.5	ILO
	2004	71.9	76.2	68.4	60.9	65.4	56.6	82.9	86.3	80.1	84.9	90.0	81.9	73.2	82.8	66.2	58.2	67.6	51.4	ILO
	2005	71.7	75.9	68.3	60.4	64.7	56.2	83.0	86.2	80.3	85.1	89.9	82.1	73.2	82.6	66.3	58.0	67.3	51.3	ILO
	2006	71.4	75.1	68.5	59.6	63.3	55.9	83.0	85.6	80.8	85.3	89.7	82.6	72.9	82.1	66.4	57.6	67.1	50.7	ILO
	2007	70.9	75.0	67.6	58.8	62.5	55.2	83.3	85.8	81.1	84.2	90.6	80.3	72.6	83.4	65.2	56.8	64.9	50.9	ILO
	2008	70.8	74.6	67.6	58.2	61.7	54.9	83.5	85.8	81.4	84.3	90.6	80.4	72.4	83.1	65.2	56.3	63.9	50.8	ILO
纳米比亚	1980	56.5	62.7	50.8	37.2	36.8	37.6	74.8	81.4	68.8	74.2	84.5	64.4	50.0	65.2	36.8	27.8	36.5	21.7	ILO
	1990	56.1	64.3	48.5	37.2	39.9	34.5	74.8	85.3	65.1	73.9	87.2	62.1	51.0	67.5	36.4	28.2	33.2	24.6	ILO
	2000	55.7	63.6	48.3	30.6	33.2	28.0	74.2	83.9	64.8	76.2	89.4	64.8	54.8	68.8	42.8	32.8	39.5	27.8	R
	2004	54.8	60.9	49.2	26.6	27.6	25.7	75.0	82.4	67.5	77.7	88.8	68.1	53.7	65.8	43.5	30.8	35.8	27.2	ILO
	2005	54.6	60.2	49.4	25.7	26.2	25.1	75.2	82.1	68.2	78.1	88.6	68.9	53.4	65.0	43.8	30.3	34.7	27.1	ILO
	2006	54.4	59.5	49.6	24.6	24.7	24.6	75.4	81.7	68.9	78.6	88.4	69.9	53.1	64.1	44.0	29.7	33.6	26.9	ILO
	2007	54.8	60.2	49.8	24.9	25.3	24.5	75.6	82.2	68.8	79.5	89.1	71.0	53.2	64.7	43.9	30.1	34.3	27.0	ILO
	2008	54.9	60.0	50.1	24.5	24.8	24.2	75.8	82.1	69.5	80.0	89.1	71.7	53.0	64.3	43.9	29.9	33.9	27.0	ILO
南非	1980	55.0	66.4	43.9	41.3	48.4	34.1	70.5	80.9	59.9	68.1	81.2	55.1	42.1	59.5	26.8	17.0	34.7	5.9	ILO
	1990	53.6	63.7	44.0	36.3	40.4	32.3	71.3	81.8	60.8	69.4	82.2	56.9	42.1	58.4	27.4	11.7	22.5	5.2	ILO
	2000	52.9	61.2	45.0	29.7	32.3	27.1	72.6	81.8	63.6	71.6	82.5	61.3	40.5	55.0	28.0	9.8	15.0	6.5	ILO
	2004	52.9	60.4	45.8	28.4	30.2	26.5	73.1	80.7	65.3	72.0	81.7	63.0	39.7	53.1	28.2	15.6	25.5	9.5	ILO
	2005	52.8	59.9	46.1	28.0	29.5	26.6	73.2	80.1	66.0	72.2	81.3	63.7	39.5	52.4	28.4	15.4	25.4	9.3	ILO
	2006	52.8	59.5	46.4	27.8	28.9	26.6	73.2	79.6	66.6	72.3	81.0	64.2	39.3	51.9	28.5	15.3	25.3	9.2	ILO
	2007	53.3	60.1	46.8	27.7	29.0	26.4	73.4	79.7	66.7	72.6	81.1	64.5	39.9	52.5	29.1	21.0	32.0	14.4	ILO
	2008	53.4	60.0	47.1	27.5	28.7	26.4	73.4	79.4	67.1	72.7	80.9	65.0	39.9	52.3	29.4	22.3	33.3	15.6	ILO
斯威士兰	1980	72.6	82.4	64.6	66.1	69.3	63.2	80.4	92.5	72.3	82.2	94.5	71.4	68.6	85.3	54.7	42.1	71.9	21.5	ILO
	1990	71.4	78.9	65.4	61.5	62.6	60.5	81.9	91.1	75.5	83.3	93.7	75.3	68.4	83.8	55.1	40.8	70.2	20.1	ILO
	2000	68.5	74.1	63.6	52.5	52.7	52.4	83.7	90.7	78.0	85.2	93.6	78.4	68.4	81.3	56.0	38.8	64.4	20.2	ILO
	2004	66.1	70.6	62.0	47.0	46.4	47.5	84.6	90.4	79.4	86.2	93.6	80.3	67.8	80.4	56.8	36.8	60.4	20.3	ILO
	2005	65.5	69.8	61.7	45.8	45.1	46.6	84.7	90.3	79.7	86.5	93.5	80.7	67.6	80.1	57.0	36.3	59.5	20.3	ILO
	2006	65.0	69.1	61.4	44.9	44.0	45.8	84.9	90.1	79.9	86.7	93.5	81.1	67.4	79.8	57.2	36.0	58.7	20.2	ILO
	2007	64.7	68.5	61.2	44.3	43.5	45.1	85.0	90.0	80.3	87.0	93.4	81.8	67.2	79.1	57.4	34.9	56.1	20.2	ILO
	2008	64.4	68.1	61.1	43.8	43.0	44.6	85.2	89.9	80.6	87.3	93.4	82.2	67.0	78.5	57.6	34.3	54.5	20.2	ILO
西非																				
贝宁	1980	59.6	84.1	38.1	50.6	68.1	32.9	67.8	96.7	41.7	67.6	96.7	44.5	53.0	81.0	31.7	52.3	79.8	32.2	ILO
	1990	68.6	87.9	51.0	62.6	76.6	48.3	75.1	96.1	54.1	75.3	97.5	56.5	64.2	87.3	47.5	55.9	82.9	37.5	ILO
	2000	72.5	87.8	57.8	63.8	75.4	52.0	79.6	95.6	63.1	81.5	97.8	65.7	70.3	88.4	56.5	56.7	82.4	39.8	ILO
	2004	72.3	86.8	57.9	61.4	72.7	49.8	80.3	95.4	64.6	82.8	97.7	67.5	70.3	87.8	56.7	56.2	81.3	39.6	ILO
	2005	72.2	86.6	57.9	60.9	72.1	49.2	80.5	95.4	64.9	83.0	97.7	67.8	70.3	87.6	56.8	56.1	81.1	39.6	ILO
	2006	72.1	86.4	57.9	60.3	71.5	48.7	80.6	95.4	65.1	83.2	97.7	68.2	70.4	87.5	56.8	56.1	80.8	39.6	ILO
	2007	72.1	86.0	58.3	59.8	70.4	48.9	80.8	95.2	65.7	83.5	97.6	68.8	70.7	87.9	56.8	55.8	80.1	39.5	ILO
	2008	72.1	85.7	58.5	59.4	69.6	48.8	81.0	95.2	66.1	83.7	97.6	69.3	70.9	87.7	56.8	55.6	79.5	39.5	ILO
布基纳法索	1980	83.9	92.4	75.8	82.1	88.6	75.6	88.4	97.4	80.2	88.7	97.5	81.2	80.4	92.8	68.9	55.6	72.4	39.0	ILO
	1990	83.8	91.1	77.2	79.8	85.0	74.6	89.6	97.5	82.3	91.1	98.3	85.2	80.8	92.6	71.4	54.2	72.6	38.4	ILO
	2000	83.9	90.7	77.6	78.6	83.3	73.8	90.2	97.4	83.2	91.9	98.4	86.3	80.7	92.3	72.0	52.2	72.4	37.5	ILO
	2004	83.9	90.3	77.8	77.4	81.8	72.8	90.7	97.3	84.1	92.5	98.4	87.2	80.4	91.8	71.8	51.2	71.5	36.9	ILO
	2005	83.9	90.2	77.8	77.1	81.5	72.5	90.8	97.2	84.3	92.6	98.3	87.4	80.4	91.7	71.8	50.9	71.3	36.8	ILO
	2006	83.9	90.1	77.9	76.7	81.1	72.3	90.9	97.2	84.5	92.7	98.3	87.6	80.4	91.6	71.8	50.7	71.1	36.6	ILO
	2007	83.9	90.1	78.0	76.8	81.0	72.4	90.9	97.1	84.6	92.8	98.3	87.7	80.4	91.5	71.9	50.6	70.9	36.7	ILO
	2008	83.9	90.0	78.1	76.6	80.7	72.3	91.0	97.1	84.7	92.9	98.3	87.9	80.4	91.4	72.0	50.4	70.7	36.6	ILO

	年份	年龄组 15+			15—24			25—34			35—54			55—64			65+			统计类型
		MF	M	F	MF	M	F	MF	M	F	MF	M	F	MF	M	F	MF	M	F	
佛得角	1980	57.4	80.5	40.0	58.0	74.2	43.9	69.1	96.0	52.6	63.0	94.1	42.8	54.0	88.1	26.5	30.8	55.8	12.2	ILO
	1990	60.6	85.1	41.3	63.5	79.8	47.5	71.3	96.1	51.0	61.4	94.6	41.8	51.8	89.0	26.5	31.1	58.3	12.2	R
	2000	59.5	79.5	43.0	52.4	66.1	39.1	76.2	95.0	58.7	70.0	94.3	52.0	47.0	84.6	26.7	26.5	51.8	11.1	ILO
	2004	58.8	77.1	43.4	47.6	60.3	35.1	77.1	94.7	61.2	72.1	94.1	54.7	48.1	84.3	27.6	24.1	47.5	11.0	ILO
	2005	58.8	76.1	44.2	46.1	57.9	34.5	77.7	94.2	63.0	73.1	93.7	56.5	48.3	83.7	28.0	23.5	47.0	10.6	ILO
	2006	58.8	75.6	44.5	45.1	56.4	33.9	78.1	94.0	63.8	73.6	93.5	57.3	48.7	83.5	28.6	23.0	46.2	10.5	ILO
	2007	59.1	74.7	45.8	43.4	53.2	33.7	78.6	93.9	64.8	75.5	93.7	60.4	49.7	84.3	29.6	22.8	46.0	10.6	ILO
	2008	59.2	74.2	46.4	42.3	51.1	33.6	79.0	93.8	65.6	76.2	93.6	61.5	50.2	84.4	30.4	22.5	45.7	10.5	ILO
科特迪瓦	1980	67.4	87.6	44.0	53.5	70.3	35.8	74.7	96.6	48.3	78.2	97.9	53.1	68.4	89.7	44.0	48.1	73.6	22.6	ILO
	1990	66.9	88.5	42.1	55.6	73.9	36.8	72.7	97.1	44.7	76.8	98.1	49.3	69.6	90.8	43.6	49.7	74.1	24.1	ILO
	2000	64.5	86.3	40.5	51.0	70.0	31.8	72.2	97.3	45.0	76.5	98.2	50.6	69.9	90.5	44.1	48.4	69.9	25.3	ILO
	2004	63.7	85.8	39.8	49.4	68.8	29.9	71.8	97.4	44.5	76.0	98.3	50.6	69.8	90.5	44.2	47.9	68.0	26.2	ILO
	2005	63.5	85.6	39.7	49.0	68.4	29.4	71.7	97.5	44.5	76.0	98.3	50.7	69.8	90.5	44.3	47.7	67.5	26.3	ILO
	2006	63.2	85.3	39.6	48.4	67.8	28.9	71.7	97.5	44.6	76.0	98.3	50.9	69.6	90.4	44.4	47.5	67.0	26.4	ILO
	2007	63.1	85.2	39.5	48.0	67.4	28.5	71.6	97.5	44.5	75.9	98.3	50.7	70.6	90.8	46.1	47.4	66.6	26.7	ILO
	2008	62.9	85.1	39.5	47.6	67.0	28.2	71.5	97.6	44.5	75.9	98.3	50.8	70.5	90.8	46.4	47.4	66.3	27.0	ILO
冈比亚	1980	78.5	87.1	70.3	65.6	67.4	63.9	82.9	94.5	72.0	85.7	96.3	75.4	82.4	94.1	71.2	74.2	88.0	61.4	ILO
	1990	78.0	85.9	70.3	65.3	66.7	63.9	83.1	94.2	72.5	85.9	96.1	76.1	82.3	93.9	71.3	73.8	88.1	60.9	ILO
	2000	77.2	85.1	69.7	63.3	65.0	61.7	83.3	94.3	72.7	86.1	96.2	76.4	82.3	93.8	71.5	73.5	87.2	61.5	ILO
	2004	76.9	84.5	69.7	62.1	63.5	60.6	83.6	94.2	73.2	86.4	96.2	77.0	82.2	93.6	71.6	73.1	86.8	61.4	ILO
	2005	76.8	84.3	69.6	61.7	63.1	60.3	83.6	94.2	73.4	86.4	96.2	77.2	82.2	93.6	71.6	73.0	86.7	61.3	ILO
	2006	76.7	83.9	69.8	61.1	62.2	60.0	83.8	94.0	73.8	86.6	96.1	77.6	82.1	93.4	71.7	72.8	86.6	61.0	ILO
	2007	76.7	83.5	70.2	60.8	61.6	59.9	84.2	93.8	74.8	87.0	96.1	78.3	82.2	93.3	72.1	72.7	86.6	60.9	ILO
	2008	76.7	83.2	70.4	60.4	61.0	59.8	84.4	93.6	75.3	87.2	96.0	78.8	82.3	93.2	72.3	72.6	86.5	60.8	ILO
加纳	1980	73.7	74.2	73.3	49.2	43.2	55.3	85.8	89.7	81.8	90.0	94.4	85.5	82.4	88.1	76.8	81.5	82.6	80.6	ILO
	1990	73.3	73.9	72.7	48.9	43.4	54.5	85.7	90.0	81.3	90.0	94.6	85.3	82.6	88.3	76.9	81.5	81.6	81.5	ILO
	2000	74.5	76.5	72.4	53.9	53.5	54.3	86.4	88.7	84.0	91.0	94.2	87.9	81.9	86.4	77.5	59.0	66.7	52.2	R
	2004	73.2	74.1	72.2	49.4	47.4	51.3	86.6	87.8	85.3	91.5	93.9	89.1	81.5	85.3	77.8	57.9	64.8	51.7	ILO
	2005	72.9	73.5	72.2	48.2	45.9	50.7	86.6	87.6	85.6	91.6	93.8	89.3	81.3	84.9	77.8	57.6	64.4	51.5	ILO
	2006	72.5	72.9	72.2	47.0	44.2	50.0	86.6	87.3	86.0	91.7	93.7	89.7	81.1	84.5	77.8	57.3	63.9	51.3	ILO
	2007	72.6	73.5	71.7	48.1	46.1	50.2	86.6	87.5	85.8	91.8	93.8	89.8	81.0	84.1	77.8	51.8	61.3	43.1	ILO
	2008	72.5	73.3	71.7	47.7	45.7	49.8	86.6	87.3	85.9	91.9	93.7	90.0	80.7	83.7	77.8	50.9	60.8	41.9	ILO
几内亚	1980	84.5	89.5	79.6	77.0	80.0	73.9	92.7	96.9	88.5	93.6	96.8	90.6	82.1	92.2	72.9	51.6	74.4	31.7	ILO
	1990	84.8	90.1	79.5	78.4	81.5	75.1	92.6	97.0	88.1	93.5	96.9	90.2	81.9	92.4	72.6	51.7	75.4	31.9	ILO
	2000	84.5	89.6	79.3	77.6	80.5	74.6	92.7	96.8	88.4	93.7	96.8	90.6	82.2	92.4	73.3	50.6	75.0	31.5	ILO
	2004	84.2	89.3	79.1	76.8	79.6	73.9	92.8	96.8	88.7	93.8	96.8	90.8	81.9	92.1	72.7	50.1	74.5	31.4	ILO
	2005	84.1	89.1	79.1	76.6	79.3	73.7	92.8	96.8	88.8	93.9	96.8	90.9	81.8	92.0	72.7	50.0	74.4	31.3	ILO
	2006	84.0	89.0	79.0	76.4	79.1	73.5	92.9	96.7	88.8	93.9	96.8	90.9	81.8	92.0	72.7	49.9	74.2	31.3	ILO
	2007	83.9	88.8	79.0	76.0	78.5	73.3	92.9	96.7	89.0	94.0	96.7	91.1	81.9	91.8	72.8	49.6	73.7	31.3	ILO
	2008	83.8	88.6	79.0	75.7	78.2	73.1	93.0	96.7	89.1	94.0	96.7	91.2	81.9	91.7	73.0	49.4	73.3	31.2	ILO
几内亚比绍	1980	71.1	88.2	54.7	63.1	75.6	50.7	77.7	97.3	58.5	78.2	97.4	59.8	72.4	91.6	55.2	45.3	60.0	33.4	ILO
	1990	70.6	86.4	55.4	62.1	72.5	51.8	78.5	96.9	60.4	78.9	97.2	61.3	72.1	91.0	55.0	45.3	62.5	31.4	ILO
	2000	71.9	89.1	55.3	67.9	79.7	56.1	77.3	97.1	57.8	77.3	97.2	58.2	72.4	91.9	54.7	46.6	64.4	32.3	ILO
	2004	71.7	90.1	54.1	69.0	81.4	56.6	76.1	97.6	55.0	76.0	97.4	55.6	72.6	92.6	54.4	47.6	64.8	33.7	ILO
	2005	71.8	90.1	54.1	69.2	81.5	56.9	76.1	97.6	54.9	75.9	97.4	55.5	72.6	92.6	54.4	47.7	65.0	33.7	ILO
	2006	71.8	90.2	54.1	69.4	81.7	57.1	76.0	97.6	54.8	75.9	97.4	55.3	72.6	92.7	54.3	47.8	65.2	33.7	ILO
	2007	71.5	90.4	53.3	69.8	82.6	57.1	75.4	97.7	53.4	75.2	97.5	53.9	70.9	91.5	52.1	49.0	65.1	36.1	ILO
	2008	71.5	90.4	53.2	70.0	82.9	57.2	75.3	97.7	53.1	75.0	97.6	53.5	70.8	91.6	51.9	49.5	65.1	36.7	ILO
利比里亚	1980	68.8	84.0	54.3	58.0	65.0	51.2	77.2	97.4	57.4	80.0	97.7	63.0	69.2	90.9	49.9	49.3	76.8	27.8	ILO
	1990	69.7	86.1	54.2	60.5	68.4	52.8	76.5	97.5	56.1	79.2	97.8	61.5	69.3	91.3	49.7	49.8	77.6	28.2	ILO
	2000	69.4	85.1	54.2	59.3	66.7	52.0	76.8	97.5	56.5	79.4	97.8	61.9	69.5	91.2	49.8	49.7	77.3	28.2	ILO
	2004	69.6	85.0	54.7	59.4	66.4	52.4	77.1	97.4	57.1	79.7	97.8	62.6	69.3	90.9	49.7	49.6	77.5	27.7	ILO
	2005	69.6	85.0	54.9	59.5	66.3	52.6	77.2	97.3	57.3	79.8	97.7	62.8	69.2	90.8	49.7	49.5	77.7	27.5	ILO
	2006	69.7	85.1	55.0	59.6	66.4	52.9	77.3	97.3	57.4	79.9	97.7	62.9	69.2	90.7	49.7	49.6	77.9	27.3	ILO
	2007	69.7	85.0	55.1	59.4	66.2	52.7	77.4	97.2	57.7	80.0	97.7	63.1	69.1	90.7	49.7	49.6	77.8	27.4	ILO
	2008	69.8	84.9	55.2	59.4	66.1	52.8	77.5	97.2	58.0	80.1	97.6	63.4	69.0	90.6	49.7	49.6	77.8	27.3	ILO
马里	1980	51.8	68.0	35.7	37.7	47.1	28.3	63.4	84.4	43.2	64.9	85.3	44.2	50.4	70.2	29.2	23.2	32.6	13.6	ILO
	1990	52.0	70.2	34.4	41.8	53.4	30.2	62.3	86.1	39.8	62.4	86.3	40.5	50.6	72.5	28.6	24.6	34.4	14.4	ILO
	2000	51.9	69.4	35.4	42.2	52.9	31.5	62.3	85.0	40.9	61.9	85.9	41.2	49.1	71.8	28.8	24.8	36.0	13.7	ILO
	2004	51.5	67.5	36.5	40.4	49.6	31.0	62.9	83.6	43.2	62.8	84.9	43.7	47.7	69.7	29.0	24.0	35.6	13.1	R
	2005	51.5	67.2	36.7	40.0	49.1	30.9	63.0	83.3	43.5	63.0	84.8	44.1	47.4	69.4	29.0	23.8	35.5	13.0	ILO
	2006	51.5	67.0	36.8	39.7	48.6	30.8	63.0	83.1	43.9	63.2	84.6	44.5	47.1	69.1	29.0	23.6	35.4	12.9	ILO
	2007	51.6	66.5	37.5	38.9	46.6	31.1	63.4	82.9	44.7	64.1	85.1	45.7	47.6	70.3	29.0	23.6	35.8	12.7	ILO
	2008	51.5	66.2	37.7	38.3	45.6	31.1	63.6	82.8	45.1	64.2	85.1	46.0	47.4	70.3	28.9	23.5	35.8	12.6	ILO

	年份	年龄组 15 +			15—24			25—34			35—54			55—64			65 +			统计类型
		MF	M	F	MF	M	F	MF	M	F	MF	M	F	MF	M	F	MF	M	F	
毛里塔尼亚	1980	71.5	83.4	59.9	61.0	68.3	53.1	81.5	95.3	68.0	81.5	96.1	68.4	71.1	88.2	55.6	43.4	63.4	26.7	ILO
	1990	70.9	83.9	58.4	60.5	69.0	51.6	81.2	95.8	66.3	81.0	96.5	67.1	71.0	88.8	55.6	42.7	61.8	28.1	ILO
	2000	70.4	81.6	59.5	55.9	62.8	48.5	82.8	95.0	70.0	83.5	96.1	71.2	69.8	87.1	56.2	40.4	59.4	26.7	ILO
	2004	70.3	81.0	59.7	53.7	60.3	46.6	83.2	94.9	71.0	84.3	96.0	72.5	69.8	86.6	56.5	39.4	57.7	26.5	ILO
	2005	70.3	80.2	60.3	52.6	58.4	46.4	83.6	94.5	72.3	84.8	95.8	73.7	69.6	85.9	56.6	38.9	57.6	25.8	ILO
	2006	70.2	79.7	60.8	51.7	56.9	46.1	84.0	94.2	73.2	85.2	95.6	74.7	69.5	85.4	56.6	38.5	57.4	25.2	ILO
	2007	70.3	80.1	60.4	51.7	57.3	45.8	83.8	94.6	72.6	85.1	95.9	74.2	69.7	85.8	56.4	38.2	56.2	25.6	ILO
	2008	70.3	79.8	60.7	51.2	56.5	45.5	84.0	94.5	73.0	85.3	95.8	74.7	69.8	85.6	56.4	37.8	55.6	25.6	ILO
尼日尔	1980	64.2	86.6	43.1	51.8	71.7	36.8	69.9	90.8	47.2	73.9	95.6	50.9	62.8	90.0	36.3	49.2	77.2	25.0	ILO
	1990	62.8	87.4	40.5	53.4	75.4	36.1	68.0	92.3	43.0	70.9	96.3	47.1	63.5	90.9	36.0	50.8	76.5	27.2	ILO
	2000	62.9	87.8	39.1	53.8	76.0	34.7	65.2	93.2	41.4	73.4	96.6	45.6	62.7	91.9	36.0	50.9	75.3	28.6	ILO
	2004	63.0	87.8	39.2	54.3	76.1	35.1	65.6	93.1	41.3	72.9	96.6	45.5	63.4	91.8	36.1	50.4	75.6	28.5	ILO
	2005	63.0	87.7	39.3	54.4	76.1	35.2	65.7	93.1	41.4	72.7	96.6	45.6	63.6	91.8	36.2	50.3	75.7	28.4	ILO
	2006	63.0	87.6	39.4	54.5	76.0	35.3	65.8	93.0	41.6	72.6	96.6	45.8	63.9	91.7	36.3	50.1	75.7	28.3	ILO
	2007	63.0	87.6	39.4	54.6	76.2	35.2	65.8	93.1	41.4	72.4	96.6	45.6	64.2	91.7	36.4	50.0	75.7	28.4	ILO
	2008	63.0	87.6	39.4	54.8	76.2	35.2	65.8	93.1	41.4	72.3	96.6	45.6	64.5	91.6	36.4	50.0	75.7	28.4	ILO
尼日利亚	1980	57.0	75.9	38.6	30.4	42.3	18.5	67.8	92.8	42.9	76.3	97.5	55.7	75.5	91.8	60.8	43.0	73.7	18.9	ILO
	1990	56.0	75.3	37.4	32.1	43.8	20.3	64.9	94.0	36.3	77.2	98.5	56.6	69.2	89.3	51.0	38.8	50.8	29.2	ILO
	2000	55.1	73.6	37.0	31.0	42.3	19.6	65.2	93.9	36.8	77.6	98.5	57.4	69.4	89.2	51.2	38.6	49.9	29.3	ILO
	2004	54.9	72.0	38.2	28.9	38.5	19.2	66.2	93.0	39.3	79.1	98.3	60.5	68.9	88.1	51.2	37.6	49.4	27.9	ILO
	2005	54.9	71.9	38.2	28.6	38.1	19.0	66.3	93.0	39.4	79.2	98.3	60.7	68.9	88.1	51.2	37.6	49.1	27.9	ILO
	2006	54.9	71.6	38.4	28.1	37.2	18.9	66.5	92.9	40.0	79.5	98.3	61.2	68.9	87.9	51.3	37.3	48.9	27.7	ILO
	2007	54.9	71.1	38.9	27.5	35.9	18.9	66.9	92.7	41.0	79.8	98.2	61.8	68.9	87.8	51.6	37.3	48.9	27.7	ILO
	2008	54.9	70.7	39.4	26.9	34.7	18.9	67.3	92.4	41.9	80.1	98.2	62.5	69.0	87.7	51.8	37.2	48.8	27.5	ILO
塞内加尔	1980	76.0	89.5	62.0	68.1	81.5	54.6	79.5	95.7	62.8	85.0	97.7	71.3	76.2	86.4	65.5	53.8	63.0	44.9	ILO
	1990	75.7	90.0	61.5	69.2	83.5	55.0	80.1	97.6	63.1	84.7	97.9	71.2	75.7	86.9	63.9	54.0	63.5	45.1	ILO
	2000	74.6	88.8	60.8	66.7	81.3	52.1	80.5	97.5	64.3	84.7	97.9	72.3	75.2	86.2	64.2	52.8	61.2	45.2	ILO
	2004	74.2	87.9	61.1	64.5	78.9	50.2	81.3	97.3	66.0	85.4	97.9	74.0	74.6	85.2	64.4	51.7	59.8	44.6	ILO
	2005	74.1	87.5	61.2	63.9	78.1	49.7	81.6	97.2	66.6	85.6	97.8	74.5	74.4	84.9	64.4	51.4	59.5	44.3	ILO
	2006	74.0	87.4	61.2	63.4	77.6	49.2	81.7	97.2	66.7	85.7	97.9	74.7	74.3	84.8	64.4	51.2	59.0	44.3	ILO
	2007	74.1	87.0	61.8	62.9	76.8	48.9	82.2	97.1	67.7	86.4	97.8	76.1	73.9	83.9	64.7	50.8	58.2	44.3	ILO
	2008	74.2	86.8	62.1	62.4	76.2	48.6	82.4	97.0	68.4	86.8	97.8	76.9	73.7	83.3	64.8	50.5	57.7	44.3	ILO
塞拉利昂	1980	66.3	65.5	67.0	38.3	29.9	45.7	78.8	75.3	82.1	86.6	88.8	84.4	73.1	81.3	64.7	37.3	50.1	22.6	ILO
	1990	65.8	64.9	66.6	40.1	32.3	47.2	78.5	75.5	81.2	86.2	89.1	83.5	73.4	82.1	64.5	38.0	51.5	22.9	ILO
	2000	67.1	70.6	63.9	46.1	44.1	47.9	78.8	83.1	75.0	84.6	91.9	78.1	75.3	86.5	64.4	39.3	51.0	27.5	ILO
	2004	66.8	67.2	66.3	44.2	38.9	49.2	78.6	78.7	78.5	85.4	90.4	81.1	74.2	84.4	64.5	38.5	52.6	24.5	R
	2005	66.8	67.0	66.6	44.1	38.6	49.4	78.6	78.3	78.8	85.5	90.2	81.4	74.0	84.2	64.5	38.4	52.8	24.3	ILO
	2006	66.9	66.8	66.9	44.0	38.1	49.6	78.5	77.8	79.1	85.6	90.0	81.6	73.8	83.9	64.5	38.4	53.1	24.0	ILO
	2007	67.0	67.3	66.7	44.3	38.7	49.6	78.6	78.1	78.9	85.3	90.6	80.6	73.7	84.1	64.4	38.4	53.0	24.1	ILO
	2008	67.1	67.3	66.9	44.3	38.6	49.7	78.6	77.9	79.3	85.3	90.4	80.8	73.6	83.9	64.4	38.3	53.1	24.1	ILO
多哥	1980	70.9	87.6	55.1	63.1	73.6	52.8	77.3	96.9	58.2	78.7	97.4	60.8	71.1	92.0	52.6	52.8	77.2	33.8	R
	1990	70.5	88.4	53.3	64.5	76.4	52.7	75.9	97.4	54.7	77.2	97.7	57.5	71.5	92.9	52.5	53.8	76.9	36.0	ILO
	2000	69.4	87.3	52.3	61.1	73.8	48.6	76.2	97.5	55.1	77.7	97.8	58.5	71.8	92.7	52.9	53.1	74.2	37.0	ILO
	2004	69.1	86.9	52.0	59.7	72.6	46.9	76.4	97.6	55.4	78.0	97.8	59.1	71.8	92.6	53.1	52.8	73.0	37.4	ILO
	2005	69.1	86.8	52.0	59.3	72.1	46.5	76.6	97.6	55.6	78.2	97.8	59.3	71.7	92.5	53.1	52.6	72.7	37.4	ILO
	2006	69.0	86.7	51.9	58.9	71.8	46.0	76.6	97.6	55.7	78.3	97.8	59.5	71.7	92.5	53.2	52.5	72.3	37.5	ILO
	2007	68.9	86.8	51.7	58.8	71.8	45.8	76.4	97.7	55.2	78.2	97.8	59.3	71.1	92.2	52.3	52.4	71.6	37.8	ILO
	2008	68.9	86.8	51.6	58.5	71.6	45.6	76.5	97.7	55.2	78.3	97.9	59.4	71.1	92.2	52.3	52.3	71.1	38.0	ILO
中东																				
巴林	1980	59.8	85.4	17.5	43.5	63.1	18.6	76.5	98.4	26.8	66.7	98.1	11.7	47.0	78.3	2.9	24.2	42.4	4.0	ILO
	1990	64.8	88.2	28.2	43.3	61.1	23.6	77.2	98.5	40.4	74.8	99.0	26.5	45.0	78.6	3.6	21.6	36.8	4.0	ILO
	2000	65.0	85.9	33.8	41.5	55.5	25.1	80.5	98.6	51.3	75.7	98.1	35.4	40.3	74.0	3.6	19.4	33.8	4.0	ILO
	2004	64.7	85.1	34.2	39.6	52.5	24.4	80.8	98.5	52.1	75.2	97.7	35.9	42.6	74.2	3.4	18.3	32.1	4.1	ILO
	2005	64.6	85.0	34.3	39.2	52.0	24.2	80.7	98.5	52.4	75.2	97.7	36.1	43.3	74.1	3.4	18.1	31.9	4.1	ILO
	2006	64.4	84.7	34.2	38.5	51.2	23.6	80.4	98.4	52.3	75.2	97.5	36.0	43.4	72.9	3.4	17.8	31.4	4.1	ILO
	2007	64.5	84.4	35.0	38.3	50.5	24.2	80.6	98.4	53.3	75.6	97.3	36.8	43.7	72.1	3.4	17.6	31.2	4.1	ILO
	2008	64.4	84.1	35.1	37.9	49.9	24.1	80.4	98.4	53.6	75.7	97.1	37.0	43.7	71.0	3.4	17.4	30.8	4.1	ILO

	年份	年龄组																		统计类型
		15+			15—24			25—34			35—54			55—64			65+			
		MF	M	F	MF	M	F	MF	M	F	MF	M	F	MF	M	F	MF	M	F	
伊朗（伊斯兰共和国）	1980	50.9	80.3	20.4	43.7	65.6	20.5	57.5	94.7	23.7	59.6	93.5	22.2	50.4	79.9	15.4	28.5	52.4	6.2	ILO
	1990	51.8	80.1	21.5	42.2	62.0	21.4	60.9	95.5	25.0	59.8	95.3	23.2	52.8	82.7	15.9	35.6	58.2	7.5	ILO
	2000	51.4	73.6	28.4	40.9	52.6	28.8	64.2	93.1	34.9	61.4	92.6	29.3	46.5	73.6	18.1	31.0	48.2	11.6	ILO
	2004	52.3	73.7	30.1	42.6	54.2	30.9	66.3	93.5	37.5	61.7	91.9	30.6	44.4	69.8	18.8	28.1	42.1	12.5	ILO
	2005	52.6	73.9	30.6	43.1	54.7	31.5	66.7	93.7	38.1	61.8	91.7	30.9	43.9	68.8	19.0	27.3	40.6	12.7	R
	2006	53.0	74.0	31.3	43.3	54.6	31.9	67.0	93.5	39.1	62.0	91.3	31.6	43.5	68.1	19.1	27.2	40.2	12.9	ILO
	2007	53.5	74.5	31.8	44.2	55.5	32.6	67.5	94.1	39.8	62.1	91.1	31.8	42.7	66.3	19.4	25.5	37.0	13.2	ILO
	2008	54.0	74.9	32.4	44.8	56.1	33.2	67.8	94.4	40.6	62.1	90.8	32.2	42.1	65.0	19.6	24.7	35.3	13.4	ILO
伊拉克	1980	41.8	71.8	11.0	32.5	55.8	8.3	57.0	94.3	18.0	50.1	88.4	11.7	33.8	61.3	6.3	13.5	24.2	2.7	ILO
	1990	41.9	73.3	11.1	33.6	57.7	8.2	56.8	94.3	18.1	51.2	90.3	12.4	34.1	65.3	7.2	12.6	25.3	4.9	ILO
	2000	41.4	70.9	12.5	30.8	52.4	8.1	55.1	90.2	18.8	52.8	88.8	16.7	33.2	61.5	8.0	10.5	23.8	3.1	ILO
	2004	41.2	69.4	13.3	29.4	49.6	8.1	54.1	87.9	19.1	53.3	87.8	18.6	32.7	58.7	8.2	10.1	22.9	2.4	R
	2005	41.3	69.2	13.5	29.2	49.2	8.2	54.2	87.8	19.4	53.4	87.5	19.0	32.5	58.3	8.3	10.0	22.7	2.2	ILO
	2006	41.2	68.9	13.7	28.9	48.5	8.3	54.3	87.6	19.7	53.4	87.2	19.5	32.4	57.8	8.4	9.7	22.4	2.1	ILO
	2007	41.4	69.1	13.9	28.7	48.0	8.4	54.3	88.0	19.2	54.0	87.6	20.1	33.1	58.8	8.9	9.7	22.5	2.2	ILO
	2008	41.4	68.9	14.1	28.5	47.5	8.5	54.3	87.9	19.3	54.3	87.7	20.6	33.3	59.0	9.3	9.6	22.3	2.1	ILO
约旦	1980	39.5	67.5	9.7	28.1	44.6	9.6	56.5	93.0	18.2	49.6	90.7	7.5	32.8	61.5	3.0	14.3	28.8	0.1	ILO
	1990	40.8	67.9	10.8	31.2	48.5	10.7	58.6	93.1	20.0	49.9	91.2	7.7	34.1	64.5	3.2	15.5	30.0	0.2	ILO
	2000	44.2	72.2	13.6	30.2	49.0	9.8	64.5	97.7	26.9	52.7	92.2	10.8	34.5	63.1	4.2	7.9	15.2	0.3	ILO
	2004	43.3	70.3	14.5	28.0	45.1	9.7	65.1	97.4	29.6	53.0	91.6	12.3	32.5	59.6	4.3	7.1	13.8	0.5	ILO
	2005	43.4	70.2	14.9	27.8	44.6	9.8	65.3	97.3	30.3	53.1	91.4	12.7	32.0	58.8	4.3	7.0	13.6	0.5	ILO
	2006	43.6	70.2	15.4	27.6	44.2	10.0	65.6	97.2	31.1	53.2	91.1	13.1	31.5	58.1	4.3	6.9	13.5	0.5	ILO
	2007	43.3	69.8	15.2	26.1	41.8	9.6	65.4	97.2	30.8	53.2	91.2	13.1	32.0	59.3	4.4	6.3	12.1	0.5	ILO
	2008	43.4	69.8	15.5	25.5	40.7	9.5	65.5	97.1	31.2	53.3	91.0	13.3	31.7	59.1	4.4	6.2	11.7	0.6	ILO
科威特	1980	55.6	77.5	20.5	28.0	39.6	13.1	72.9	97.9	31.4	70.2	94.3	21.7	37.6	57.9	5.8	5.8	10.4	1.3	ILO
	1990	62.0	80.6	33.7	30.8	39.7	21.6	81.2	98.3	52.7	73.3	94.4	32.7	47.0	66.9	11.1	7.5	14.0	0.9	ILO
	2000	68.8	83.4	42.7	33.2	39.7	25.7	87.2	98.2	65.5	77.0	93.7	41.0	43.3	60.1	12.0	7.8	12.8	2.0	ILO
	2004	67.4	81.6	42.7	33.3	40.0	25.2	86.7	98.0	66.1	75.9	92.8	41.1	39.8	55.9	11.4	7.7	11.9	2.5	ILO
	2005	67.1	81.3	42.6	33.3	39.9	25.2	86.6	97.9	66.2	75.6	92.6	41.0	39.2	55.3	11.3	7.7	11.7	2.6	ILO
	2006	66.7	81.0	42.5	33.0	39.5	25.1	86.5	97.9	66.1	75.2	92.4	40.9	38.8	54.8	11.2	7.7	11.7	2.7	ILO
	2007	66.7	80.9	42.9	33.0	39.1	25.7	86.7	97.9	66.9	75.1	92.3	41.3	38.8	54.6	11.4	7.8	11.7	2.8	ILO
	2008	66.4	80.6	42.9	32.5	38.3	25.6	86.7	97.9	67.2	74.8	92.0	41.3	38.3	53.8	11.3	7.8	11.5	2.9	ILO
黎巴嫩	1980	50.4	82.9	19.5	40.5	67.8	13.5	64.5	97.4	33.6	59.5	98.3	22.9	51.7	91.1	13.4	24.0	48.3	3.3	ILO
	1990	50.8	82.7	22.0	40.6	67.6	13.6	65.9	97.4	37.7	58.6	98.3	26.1	51.5	90.2	14.0	23.2	47.6	3.3	ILO
	2000	49.9	78.2	23.6	35.4	56.8	14.3	66.9	96.3	40.4	61.0	97.0	29.2	45.6	80.7	11.9	21.4	40.2	3.6	ILO
	2004	49.6	77.0	24.1	34.7	54.3	14.9	67.4	95.8	41.0	60.8	96.2	29.7	42.7	77.1	11.3	20.2	38.0	3.6	ILO
	2005	49.8	77.1	24.4	34.8	54.4	14.9	67.8	95.8	41.5	60.9	96.2	29.9	42.6	77.2	11.4	20.1	37.9	3.6	ILO
	2006	50.0	77.3	24.6	34.9	54.6	14.9	68.3	95.8	42.2	61.1	96.2	30.2	42.7	77.5	11.5	20.0	38.0	3.6	ILO
	2007	49.9	77.0	24.7	34.6	53.7	15.0	68.4	95.7	42.3	61.0	96.0	30.3	42.2	76.7	11.5	19.7	37.5	3.6	ILO
	2008	49.9	76.9	24.8	34.3	53.1	15.0	68.6	95.7	42.6	61.0	95.9	30.5	42.0	76.2	11.5	19.4	37.2	3.6	ILO
阿曼	1980	52.7	80.6	19.7	39.5	55.6	22.0	71.6	98.5	29.3	58.6	97.2	15.4	33.8	72.3	4.9	12.4	26.6	1.1	ILO
	1990	56.1	81.2	19.6	37.1	51.3	20.7	72.8	98.0	29.4	68.0	95.8	16.4	33.5	64.2	4.6	9.9	23.2	0.8	ILO
	2000	58.0	79.4	23.4	37.4	50.3	22.6	77.3	97.7	36.5	71.5	95.0	20.4	35.7	59.0	4.9	11.1	21.7	1.3	ILO
	2004	56.5	78.0	24.5	35.3	46.9	23.1	74.6	97.6	38.5	71.3	94.1	21.3	34.5	55.8	4.6	11.2	21.0	1.5	ILO
	2005	56.3	77.7	24.8	35.1	46.5	23.2	74.2	97.5	39.0	70.9	93.9	21.5	34.5	55.2	4.6	11.2	20.8	1.5	ILO
	2006	56.0	77.2	25.0	35.2	46.6	23.1	74.0	97.5	39.4	70.1	93.5	21.8	34.3	54.4	4.6	11.1	20.5	1.6	ILO
	2007	56.0	77.1	25.7	36.0	47.4	23.6	74.4	97.4	40.6	69.4	93.4	22.4	34.9	54.6	4.7	11.2	20.4	1.7	ILO
	2008	55.9	76.8	26.1	36.7	48.2	23.9	74.7	97.4	41.3	68.4	93.1	22.9	35.1	54.3	4.8	11.2	20.2	1.8	ILO
巴勒斯坦被占领土	1980	37.5	64.4	9.7	27.5	46.8	5.5	51.2	87.2	13.1	48.1	86.1	13.6	32.2	56.4	7.9	13.7	20.4	7.4	ILO
	1990	38.9	66.4	9.7	29.2	50.0	5.2	52.0	88.0	12.1	49.1	87.6	12.1	32.0	59.1	7.7	19.4	21.3	17.5	ILO
	2000	38.9	67.0	10.3	27.5	47.7	6.1	51.7	87.0	14.0	51.5	86.3	14.8	29.4	55.9	8.0	10.4	19.2	3.7	ILO
	2004	40.2	66.6	13.3	25.2	42.2	7.4	55.1	88.0	20.1	55.4	89.9	18.8	31.2	56.1	8.4	9.5	17.8	3.6	R
	2005	40.7	66.9	13.8	25.6	42.7	7.5	55.6	88.7	20.5	55.7	89.7	19.7	32.6	57.1	9.6	9.4	17.8	3.4	ILO
	2006	41.1	67.3	14.3	26.0	43.3	7.8	56.1	89.3	20.9	56.0	89.4	20.6	33.9	58.0	11.1	9.3	17.8	3.3	R
	2007	40.5	66.5	13.8	24.9	41.3	7.6	55.6	88.4	20.8	56.1	90.2	19.7	33.0	57.2	9.7	8.7	17.4	2.7	ILO
	2008	40.7	66.6	14.3	24.8	40.9	8.0	56.0	88.6	21.4	56.6	90.6	20.2	33.2	57.3	9.9	8.6	17.3	2.6	ILO

	年份	年龄组																		统计类型
		15 +			15—24			25—34			35—54			55—64			65 +			
		MF	M	F	MF	M	F	MF	M	F	MF	M	F	MF	M	F	MF	M	F	
卡塔尔	1980	68.3	89.2	21.1	41.7	64.4	5.3	81.0	98.8	30.8	80.3	98.9	33.0	64.2	86.2	10.4	30.0	52.4	2.7	ILO
	1990	75.7	92.5	29.7	38.9	61.1	6.5	84.8	98.6	39.3	85.5	99.0	41.7	68.3	89.5	13.0	34.7	54.6	3.5	ILO
	2000	72.7	89.1	35.1	31.2	48.1	8.2	84.1	97.7	47.6	84.6	98.3	48.3	70.2	90.0	14.3	34.6	53.7	3.6	ILO
	2004	77.6	89.6	38.7	46.7	59.2	15.2	89.7	98.6	54.9	87.5	98.7	48.8	72.9	91.1	16.1	32.3	52.2	3.0	R
	2005	78.4	89.6	39.1	48.6	60.4	15.6	90.1	98.5	55.2	88.1	98.7	48.9	73.2	90.8	16.1	32.2	51.9	3.2	ILO
	2006	78.7	89.4	38.9	49.5	60.7	15.4	90.2	98.4	54.6	88.3	98.6	48.6	73.0	90.1	15.8	32.0	51.1	3.4	ILO
	2007	80.0	90.0	41.1	52.2	62.1	20.0	91.3	99.2	56.3	88.8	98.7	49.1	74.7	91.4	17.1	31.0	49.3	3.0	ILO
	2008	80.5	90.3	42.0	53.1	62.6	21.5	91.7	99.4	56.8	89.1	98.8	49.3	75.4	91.6	17.5	30.7	48.3	2.9	ILO
沙特阿拉伯	1980	45.2	71.7	10.4	25.7	42.3	4.5	66.8	95.7	20.1	56.5	91.1	13.1	29.8	55.9	2.5	13.6	27.7	1.0	ILO
	1990	53.4	80.1	14.6	30.5	50.6	7.3	70.7	97.2	26.2	67.7	96.0	17.5	41.4	71.7	3.4	16.6	34.2	0.9	ILO
	2000	53.3	79.6	16.5	30.1	49.6	7.9	72.1	97.1	30.3	66.1	95.7	19.5	39.7	70.0	3.6	17.7	33.6	1.1	ILO
	2004	54.0	80.2	18.0	29.2	48.6	8.3	71.2	97.1	32.6	67.9	95.3	20.8	39.6	70.1	3.8	17.6	33.4	1.4	ILO
	2005	53.9	80.0	18.2	28.6	47.8	8.2	70.8	97.0	33.0	68.0	95.1	21.0	39.6	69.4	3.7	17.4	33.0	1.4	ILO
	2006	53.8	79.9	18.5	28.3	47.4	8.3	70.7	97.0	33.5	68.0	94.9	21.2	39.9	69.3	3.7	17.2	32.8	1.5	ILO
	2007	54.0	80.1	19.0	28.5	47.6	8.7	70.9	97.1	34.8	68.1	95.1	21.4	41.5	71.3	3.6	17.5	33.2	1.6	ILO
	2008	53.9	80.0	19.3	28.5	47.5	9.0	70.9	97.1	35.6	67.9	95.1	21.5	42.2	71.4	3.6	17.5	33.1	1.6	ILO
阿拉伯叙利亚共和国	1980	44.3	76.6	12.0	33.4	53.1	13.2	55.5	95.2	15.5	54.0	97.3	11.1	46.1	86.5	5.8	23.0	48.1	1.7	ILO
	1990	49.4	81.1	18.0	43.7	66.7	20.1	59.2	95.6	22.7	56.5	97.1	16.4	43.6	80.9	8.6	22.4	45.1	2.9	ILO
	2000	49.2	80.0	18.4	41.8	63.6	19.2	59.4	95.3	22.7	56.5	96.5	16.9	42.0	75.7	10.1	30.5	55.3	9.9	ILO
	2004	49.0	78.3	19.5	40.9	61.8	19.4	60.6	95.1	25.1	57.9	95.7	20.4	38.7	69.6	9.0	17.9	35.4	3.6	ILO
	2005	49.3	78.6	20.0	41.1	61.8	19.6	60.8	95.1	25.8	58.2	95.6	20.8	38.8	69.5	9.1	17.9	35.2	3.6	ILO
	2006	49.7	78.8	20.4	41.2	61.8	19.9	61.1	95.1	26.3	58.4	95.6	21.3	38.8	69.4	9.2	17.8	35.1	3.5	ILO
	2007	49.6	78.3	20.9	40.7	59.3	21.5	60.9	95.0	26.0	58.3	95.5	21.1	39.6	70.1	10.3	18.0	34.7	4.2	ILO
	2008	49.7	78.1	21.2	40.2	57.9	22.0	61.0	95.0	26.3	58.4	95.4	21.3	39.7	70.1	10.6	17.8	34.2	4.3	ILO
阿拉伯联合酋长国	1980	75.6	94.5	15.9	58.2	81.7	10.4	84.2	99.3	23.1	81.9	98.6	16.4	56.9	85.6	4.6	37.2	62.5	4.5	R
	1990	72.7	91.7	25.1	46.3	64.9	16.1	81.2	99.0	35.9	82.8	99.0	25.8	62.6	91.0	7.2	23.2	42.4	1.5	ILO
	2000	76.2	92.0	34.5	48.1	64.6	24.4	86.1	98.8	48.9	85.7	99.2	34.8	68.4	92.8	9.1	18.6	33.1	1.1	ILO
	2004	77.4	92.4	38.5	51.5	67.1	27.9	86.9	98.8	53.3	85.4	99.1	37.0	72.8	92.6	9.7	18.9	32.5	1.5	ILO
	2005	77.6	92.5	39.0	51.5	67.2	28.2	86.8	98.8	53.5	85.1	99.0	37.1	73.0	92.5	9.7	18.9	32.3	1.6	ILO
	2006	77.5	92.7	38.7	50.7	66.6	27.5	86.5	98.7	53.0	84.8	99.0	36.8	72.5	92.1	9.4	18.8	31.9	1.7	ILO
	2007	78.1	93.2	40.2	50.6	66.4	28.6	86.7	98.8	54.7	84.9	99.1	38.1	72.6	92.5	9.8	19.2	32.3	1.9	ILO
	2008	78.3	93.5	40.7	49.6	65.4	28.6	86.6	98.8	55.2	84.8	99.0	38.5	71.9	92.4	9.8	19.3	32.2	2.1	ILO
也门	1980	41.0	67.5	16.1	28.0	41.1	14.2	52.5	88.2	18.0	53.3	94.1	19.7	45.0	82.0	14.5	24.9	49.6	5.9	ILO
	1990	41.8	69.8	14.5	28.2	43.2	12.5	53.3	89.2	15.8	53.8	95.0	16.9	44.7	84.1	14.3	28.4	51.1	11.7	ILO
	2000	43.1	67.7	18.1	27.8	39.4	15.5	54.9	87.9	21.1	57.7	93.7	22.8	47.2	80.7	15.3	25.0	48.7	4.2	ILO
	2004	43.6	66.4	20.5	27.9	37.8	17.4	56.4	87.0	24.4	59.0	92.8	26.4	46.2	78.4	16.1	23.2	47.3	2.4	ILO
	2005	43.7	66.0	21.3	27.9	37.3	18.0	56.8	86.8	25.4	59.5	92.5	27.5	46.0	77.7	16.4	22.7	46.9	2.0	ILO
	2006	43.9	65.9	21.6	27.9	37.3	18.2	57.1	86.7	25.9	59.7	92.5	28.0	45.9	77.5	16.6	22.6	46.7	1.9	ILO
	2007	43.8	66.0	21.4	27.9	37.1	18.3	57.0	86.6	26.0	59.5	92.5	27.5	45.2	78.0	14.7	22.4	46.7	1.8	ILO
	2008	43.9	65.9	21.7	27.9	36.8	18.6	57.1	86.4	26.4	59.6	92.4	27.8	45.0	77.8	14.8	22.2	46.5	1.7	ILO

表1　按年龄组划分的劳动力参与率（注）

1. 说明

劳动力参与率是指一国工作年龄人口中通过工作或者求职的方式积极参与到劳动力市场中的人数比例。它可以用来衡量可参与生产货物和服务的劳动力供给的相对规模。表1按照性别对以下的标准年龄组（即15岁以上、15—24岁、15—64岁、25—54岁、25—34岁、35—54岁、55—64岁和65岁及以上）在1980—2008年间的劳动力参与率进行了估算。考虑到各国的数据收集和制表方法不同，同时由于某些国家存在一些特殊因素（如对服兵役的要求），我们对劳动力参与率的统计方法进行了统一。该序列包括各国报告和估算的数据，这些数据都是国家层面的，也就是说，数据覆盖中不存在地域界限。

2. 信息库

经济活动人口估计与预测（EAPEP）数据库，第5版（2008年修订版）

国际劳工局统计部，瑞士，日内瓦

http：//laborsta. ilo. org

EAPEP数据库第5版（2008年修订版）包含了全世界、各地区和各国对总人口、活动率和经济活动人口（劳动力）的估计和预测，按性别和组距为5岁的年龄组划分。人口估计数来自联合国《世界人口展望》2008年修订版数据库。

3. 数据类型

ILO　国际劳工组织估算

R　如报告所示

4. 符号

MF　男性和女性

M　男性

F　女性

第三章　就业指标（KILM 2—7）

在 KILM 的 20 项指标中，有 6 项指标与就业的统计有关。对于劳动力市场的分析人员来说，就业指标的重要性是毋庸置疑的，因为劳动力市场政策的大部分内容都与就业和就业岗位不足有关（如果将就业作为目标的话）。然而，仅仅探究就业数量是不够的，特别是在国际劳工组织“体面工作议程”的框架下（见“KILM 指南”），我们还需要考虑与就业质量相关的各个方面。为了更好地评估工作条件，我们必须理解工作的基本概念是非常宽泛的，其中包含各种各样的经济活动，例如自我雇佣、无报酬家庭工作以及在正规和非正规部门的有酬就业等等。本章中的指标将会详细描述就业的一些具体特征，并提供一个更好的框架来判定就业的“体面”程度。

尽管这 6 项就业指标无法涵盖就业质量中的所有可能特征，却可以反映出拥有一份工作的大部分重要方面，所以应将它们一并考察以便深入剖析一国人口的工作生涯，并评估体面工作目标的实现程度。这些指标涵盖的范围从总体就业率（KILM 2）到就业人员的各种特征（KILM 3—6），再到一些通常难以统计甚至难以识别的特殊部门——非正规经济部门（KILM 7）。重要的工作分类方法有三个，上述就业特征包含了其中的两个：就业状况（KILM 3）和按部门划分的就业（KILM 4）。第三种重要的分类方法是将就业按职业分类，但在本书中未对其进行探讨，不过 KILM 将来的版本可能会将其纳入进来。其中有两个指标与就业人员的工作时间相关：非全职工作者（KILM 5）和工时（KILM 6）。总体来讲，这 6 项指标将对一个国家的就业状况提供一个全面和详实的评估。

KILM 2：就业人口比率

引　言

就业人口比率[1]是指一国工作年龄人口的就业比例。高比率意味着一国人口中就业者的比重较大，而低比率则意味着有较大比重的人口没有直接参与到和市场相关的活动中，这部分人口可能处于失业状态，而更大的可能是他们完全退出了劳动力市场。

事实上，世界上每一个收集劳动力市场情况信息的经济体理论上都应该具备计算就业人口比率的信息，即工作年龄人口和总就业人口数据。不过，各国并不总是公布这两项数据，或者有时无法获取一国人口的年龄分类数据，这就导致就业数据缺乏各年龄段的相应比率。表2显示了178个经济体中工作年龄人口（15岁及以上）、青年（15—24岁）和成年（25岁及以上）人口的就业人口比率。[2]

指标的用途

就业人口比率反映了一个经济体创造就业的能力。对于许多国家来说，该指标通常比失业率更能说明问题。虽然人们通常认为总体比率较高是积极信号，但单凭该指标还不足以评估体面工作的水平和缺乏程度，[3]还需要引入其他指标来评估收入、工时、非正规部门就业、不充分就业、工作条件等方面的情况。事实上，就业人口比率较高，其原因并不一定是积极的。例如，如果教育选择有限，年轻人就会随意地去从事一份工作，而不是留在学校里积累他们的人力资本。因此，在评估一国的劳动力市场政策时，必须综合考虑各项指标。

就业人口比率日益成为不同国家和国家集团之间进行劳动力市场比较的基础。仅凭就业人数还不足以进行比较，还需要计算出就业人数占可工作人口的比重。有人可能会认为，拥有3000万就业人口的国家比拥有300万就业人口的国家状况要好，但是，如果引入工作年龄人口这一要素，则可能出现另外的情形：如果拥有300万就业人口的国家A其可工作人口大约为500万人（即就业人口比率为60%），而拥有3000万就业人口的国家B其可工作人口大约为7000万人（即就业人口比率为43%），则表明国家A比国家B更能有效利用就业资源。该比率的使用有助于判定一个国家或国家集团中从事货物和服务生产的人口比重。

对于按照性别分别计算出的就业人口比率，我们应予以特别关注，因为男性和女性的就业人口比率能够反映出某个特定国家在劳动力市场活动中的性别差异情况。需要强调的是，这一指标带有性别偏见：存在这样一种趋势，一些女性不将自身工作视为“就业”，或者不被他人视为“就业”，所以女性就业人口数量可能会被低估。妇女的主要任务通常是照看孩子，负责各项家务，这就妨碍了她们去寻找有酬工作的机会；在没有相应的社会文化观念和/或家庭友好政策与项目帮助她们平衡工作和家庭责任的情况下，这种情况尤甚。

1　有时也称为“就业率”。在本书中，我们有时也将其称为“就业比率”。

2　KILM电子版本（光盘和在线KILMnet）中包含两个与就业人口比率相关的表格：基于国际劳工组织估算值的表2a（本书中也收录了此表）和基于国家估算值的表2b。本章中有关指标来源和估算方法的其他说明仅针对经过统一的数据序列（电子版本中的表2a）。

3　自从国际劳工组织在第87届国际劳工大会（日内瓦，1999年）的《国际劳工组织总干事报告：体面工作》出版之后，“体面工作”这一目标就成为了国际劳工组织的核心要求，并通过制定政策和规划“确保世界各地的男性和女性都拥有体面工作”，从而将工作的标准、原则和权利以及就业、社会保障和社会对话等融合在一起。更多信息见http：//www. ilo. org/decentwork。

定义和来源

就业人口比率是指一国工作年龄人口的就业比例。青年就业比率是指国家的青年人（15—24 岁之间）的就业比例，而成年就业比率是指国家的成年人（25 岁及以上）的就业比例。

在第 13 届国际劳动统计学家大会（ICLS）上通过的决议中，就业被定义为：在某一参考期内，一定年龄以上的为报酬或利润（或实物形式的支付）而从事任何种类工作的人员，或者由于疾病、产假或育儿假、假期、培训或劳资纠纷而暂时离开工作岗位的人员[4]（见专栏 2a.）。该决议也作出规定，每天工作一小时以上的无报酬家庭工作者应被纳入就业范围，尽管在许多国家的就业定义中的工作时间都高于这个标准。

大多数国家都将 15 岁及以上人口定义为工作年龄人口，尽管这一定义在不同国家之间可能略有出入。国际劳工组织采用的年龄下限是 15 岁。对于许多国家来说，这一年龄正好对应其教育和工作资格的社会标准。然而，一些国家，尤其是发展中国家，通常更适合将年龄不足 15 岁的工作者也纳入其中，因为在这些国家，“工作年龄”可以而且往往开始得更早。在这种情况下，一些国家采用较低的官方年龄限制，把年龄更小的工作者也纳入到统计范围之内。与此类似，一些国家还规定了工作年龄上限，比如 65 岁或者 70 岁，尽管这一要求很少得到执行。

除了与年龄相关的问题之外，不同国家统计就业比率的人口基数也可能存在不同。大多数情况下，人口基数采用的是生活在私人家庭、有行为能力的工作年龄人口，而不包括那些武装部队人员以及精神病院住院病人、惩教机构在押人员以及其他该类机构的人员。然而，许多国家在统计就业比率时把武装部队人员也作为人口基数的一部分，甚至在他们不被纳入就业数据时同样如此。

在 KILM 表 2 中，就业数据来源于各经济体报告的数据，以及用于 KILM 表 1 计算的那些经过统一的劳动力人口数据。对劳动力人口数据进行统一的原因是各国数据的覆盖范围、数据收集与制表方法存在差异，同时各个国家还存在其他特有因素，如对服兵役要求等（更多信息见 KILM 1）。各国报告的数据只有在符合国际可比性及地域界限方面的严格标准时才会被采用。如果无法获取国家的报告数据，或者获取的数据不符合要求，就会采用模型估计。人口数据也是出自用于 KILM 表 1 计算的那些经过统一的数据序列。然后我们可以通过计算就业人口占相应年龄组别（工作年龄或者青年）人口的百分比来获得就业人口比率。由于采用的基准不同，这一比率可能与各国报告的数字有轻微的差别。

可比性的限制

影响不同国家之间就业比率可比性的最显著因素是各国用来统计就业与人口数据的定义存在差别（如上节所述）。最大的差别可能在于年龄范围的不同界定，比如劳动力人口工作活动的年龄上限和下限。另外，由于各国在是否将武装部队人员计算在内这一问题上口径不一，从而也致使就业与人口的估算可能存在差异。

各国对特殊劳动者群体处理方式的不同也有可能使统计出现差别。如前所述，国际定义要求将所有在参考期内工作时间 1 小时以上的人员都包括在就业人口之内。工作者可以参加有酬工作，也可以是自雇工作，还可以从事形式不太明显的工作。针对所有这些类型的工作，决议都进行了详细区分，比如无报酬家庭工作、学徒制以及非市场生产。劳动力调查不能覆盖所有就业人员的多数例外情况都与各国采取的对待替代性就业状态的做法和国际建议存在细微差别有关。例如，有些国家仅统计有酬劳动的就业人员，而有

4 关于经济活动人口、就业、失业和不充分就业统计数据的决议，第 13 届国际劳动统计学家大会，日内瓦，1982 年；http://www.ilo.org/global/What_we_do/Statistics/standards/resolutions/lang--en/docName--WCMS_087481/index.htm。

些国家仅统计“所有参与收入分配的人员”，即有酬雇员和基于公司股份享有薪酬的经营业主。此外，将无报酬家庭工作者归入就业人口的工时下限定义为大于1小时，也是一种对统计总就业人数相关“标准”所做出的改变——虽然这有些无关紧要。[5]

大多数情况下，各国采用的都是家庭劳动力调查，此类调查提供的估算与国际劳工组织的定义和收集标准一致。还有一小部分国家采用其他来源，比如人口普查或者官方估算，这就可能导致国际可比性的问题。

在很大程度上，这些可比性问题在制表过程中就已经解决，因为就业人口比率只有在不同国家之间具有充分可比性的前提下才会被采用。[6] 为此，在估算的过程中只采用了能够代表整个国家（没有地域界限）的家庭劳动力调查与人口普查数据。如果某些国家具有一种以上调查来源，则只采用其中一种。如果一个国家进行了家庭劳动力调查，那么会优先选用由该项调查获取的劳动力参与率，而非来自人口普查的劳动力参与率。

趋 势

2008年全球就业人口比率范围为30.2%（巴勒斯坦被占领土）至84.2%（布隆迪）（见表2a）。由此可以发现一些地区特征：大多数发达经济体和欧盟的就业人口比率在50%—70%之间，而东欧、北非以及中东大多数国家的就业人口比率都降至50%以下。还有一些国家处在另一个极端，该比率超过了75%，其中10个是撒哈拉以南非洲国家（安哥拉、布基纳法索、布隆迪、埃塞俄比亚、几内亚、马达加斯加、莫桑比克、卢旺达、坦桑尼亚联合共和国和乌干达），1个是东南亚国家（老挝人民民主共和国），还有2个中东国家（卡塔尔和阿拉伯联合酋长国）。正是在许多此类国家中，很大比例的人口还在继续与贫困做斗争，他们赖以为生的唯一手段就是他们自己的劳动。对于穷人来说，工作不是一种选择，而是事关生存。较高的就业人口比率往往只是对此类事实的一个印证。

在10个就业比率最低的经济体中，有5个位于北非与中东，即伊拉克、约旦、突尼斯、也门和巴勒斯坦被占领土。这些国家中男性就业与女性就业之间存在的巨大差距是其就业比率普遍较低的一个原因。而在就业比率较低的另外5个国家——亚美尼亚、前南斯拉夫马其顿共和国、瓜德罗普岛、波多黎各和南非——就业比率的性别差异不是那么显著（前面5个国家中男性与女性就业比例平均差距为42个百分点，而这5个国家此类差距仅为13个百分点），这说明在这些国家中，对于全部人口来说，无论男女，就业机会都比较少。

图2b证实了在中东与北非的许多国家中，低就业比率也伴随着显著的性别差异，这很可能是因为妇女的经济贡献受到法律、标准、行为规范和传统习俗等社会制度的制约。该解释同样也符合孟加拉国、印度和巴基斯坦的情况。相比之下，撒哈拉以南非洲（埃塞俄比亚、马达加斯加、坦桑尼亚和乌干达）的就业人口比率则显示了男性与女性对追逐收入的经济活动的参与情况大致相当。

在1997—2007年这10年间，有73个经济体的就业人口比率（根据国际劳工组织的估算）都有显著增长（超过1个百分点），有46个经济体的就业人口比率下降了1个或1个以上百分点。剩下的57个经济体，就业人口比率基本上保持稳定状态（变化不到1个百分点）。其中，增长最大超过10个百分点的有阿尔及利亚、危地马拉、莱索托、西班牙和塔吉克斯坦，下降最多的是摩尔多瓦共和国、罗马尼亚和坦桑尼亚联合共和国。总体来说，过去10年中男性就业比率有所下降，而女性就业比率有所上升。女性就业比

5 与就业有关的所有KILM表格中的“覆盖范围”一栏均已注明这种例外情况。用于统计无报酬家庭工作者的较高最低工时与1954年召开的国际劳动统计学家大会（ICLS）所采用的国际标准一致。根据1954年的ICLS，无报酬家庭工作者的工作时间应至少达到就业人员正常工时的1/3。该项特殊规定在1982年召开的国际劳工大会上被废除。

6 可比性的问题同样完全适用于电子版本（见脚注1）中KILM表2b（国家估算）的情况。

图 2a 2008 年就业人口比率

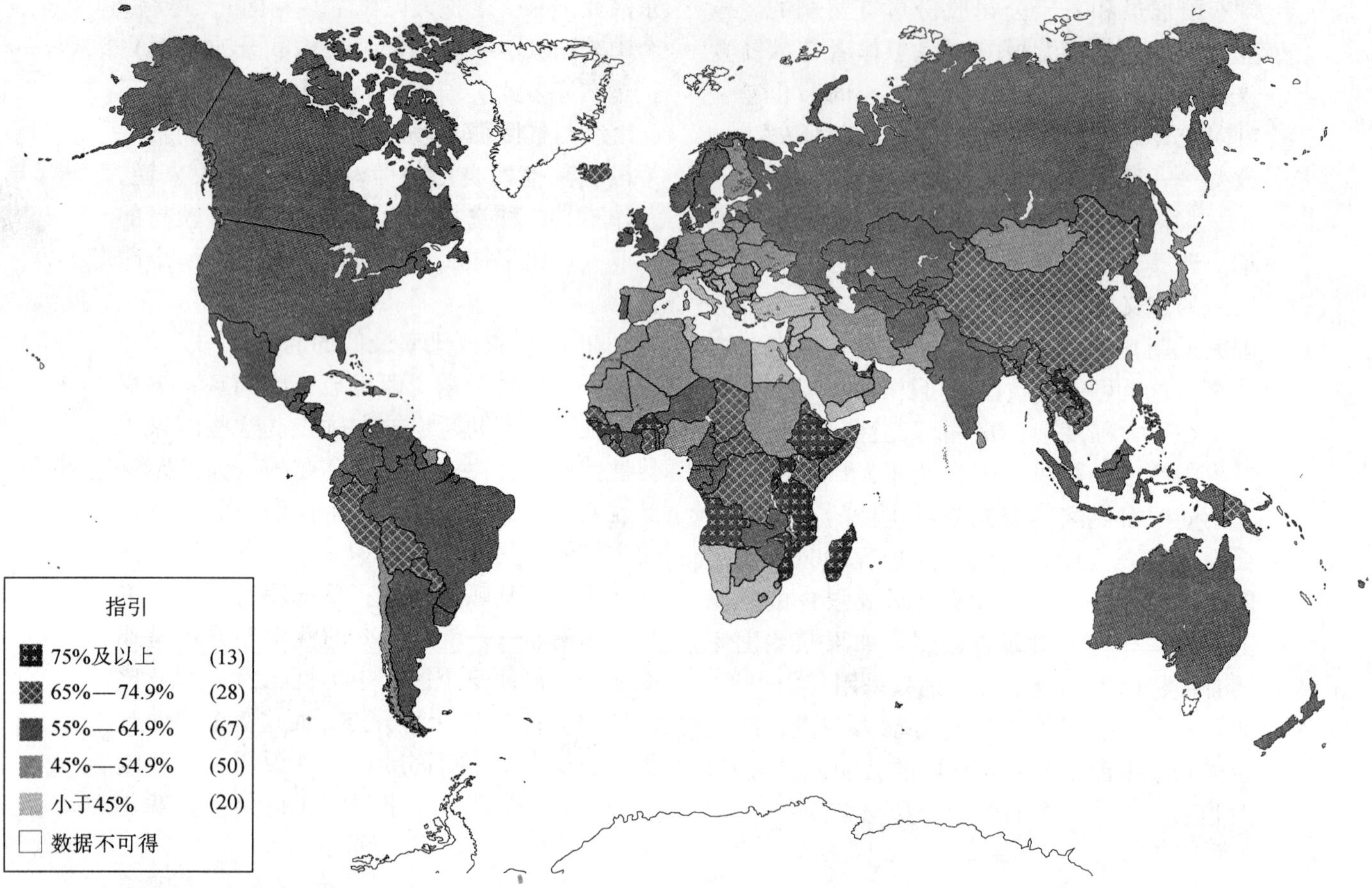

资料来源：KILM 表 2a（国际劳工组织的估算）。

率的增长有多方面的因素，如女性受教育比例提高（存在滞后效应）、禁止性别歧视的法律的颁布，以及职业与教育中的性别成见的降低。

虽然大多数的就业人口比率变化都来自于女性就业比率的变化，但是不能忽视青年人（包括男性和女性）就业模式变化所带来的影响。2000—2008 年间，大多数经济体内 15—24 岁人口的就业比率有所下降。图 2c 展示了部分撒哈拉以南非洲国家的时间变化趋势。图中大多数国家都呈轻微的下降趋势（下降最多的为博茨瓦纳，下降了 7 个百分点）。即使在青年就业人口比率有所增长的 4 个国家中，增长也比较轻微（增长最多的为津巴布韦，增长了 2 个百分点）。

青年就业人口比率有所下降可以被视为一种积极的态势，但前提条件是，该比率的下降是由于更多的青年延长了受教育的时间，所以没有进入劳动力大军，而不是成为了失业人员。在大多数国家，青年就业比率的下降的原因都与教育趋势最为相关，这一点通过图 2d 可以得到证实。图 2d 对图 2c 中出现的撒哈拉以南非洲国家的青年就业比率与高等教育的入学率进行了对比。通过对比显示，两个指标之间呈现很强的负相关。像安哥拉与莫桑比克这样有着较高青年就业比率的国家，其高等教育入学率都相对较低（分别为 2.9% 与 1.5%）。与此相反，位于象限左上方的国家中的青年人则得益于较高的平均受教育程度；比如，尼日利亚和南非的高等教育入学率分别为 10% 和 15%，而且具有较低的青年就业比率。不过，在对这些调查结果进行解释时，建议读者应扩大视野，同时参考其他指标进行分析。例如，2007 年南非的青年失业比例（源自 KILM 表 9）高达 46.9%，

图 2b　近年来部分国家就业人口比率中的性别差距

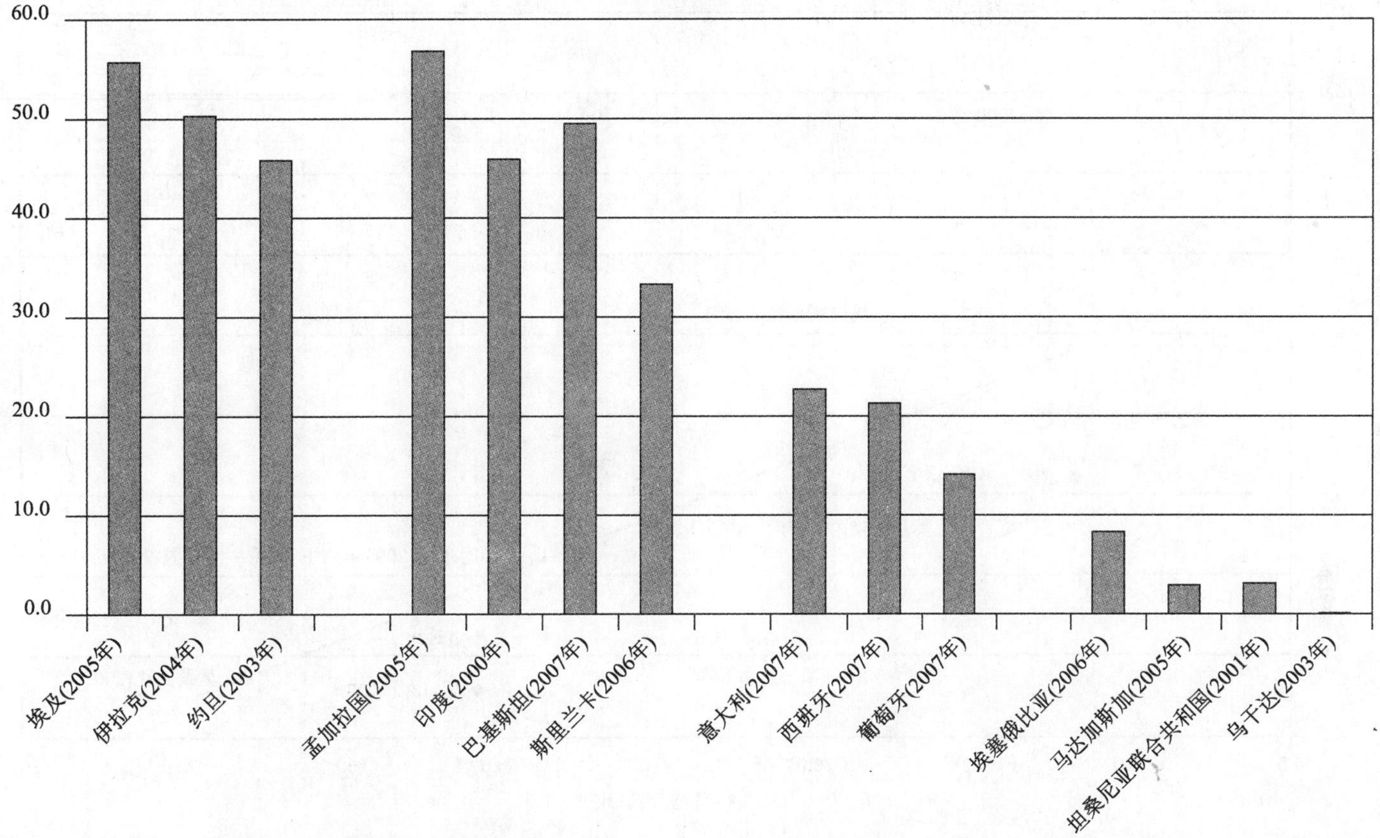

注：括号中为获取数据的最近年份。

资料来源：KILM 表 2b（国家估算）。

图 2c　部分撒哈拉以南非洲国家的青年就业人口比率（2000—2008 年）

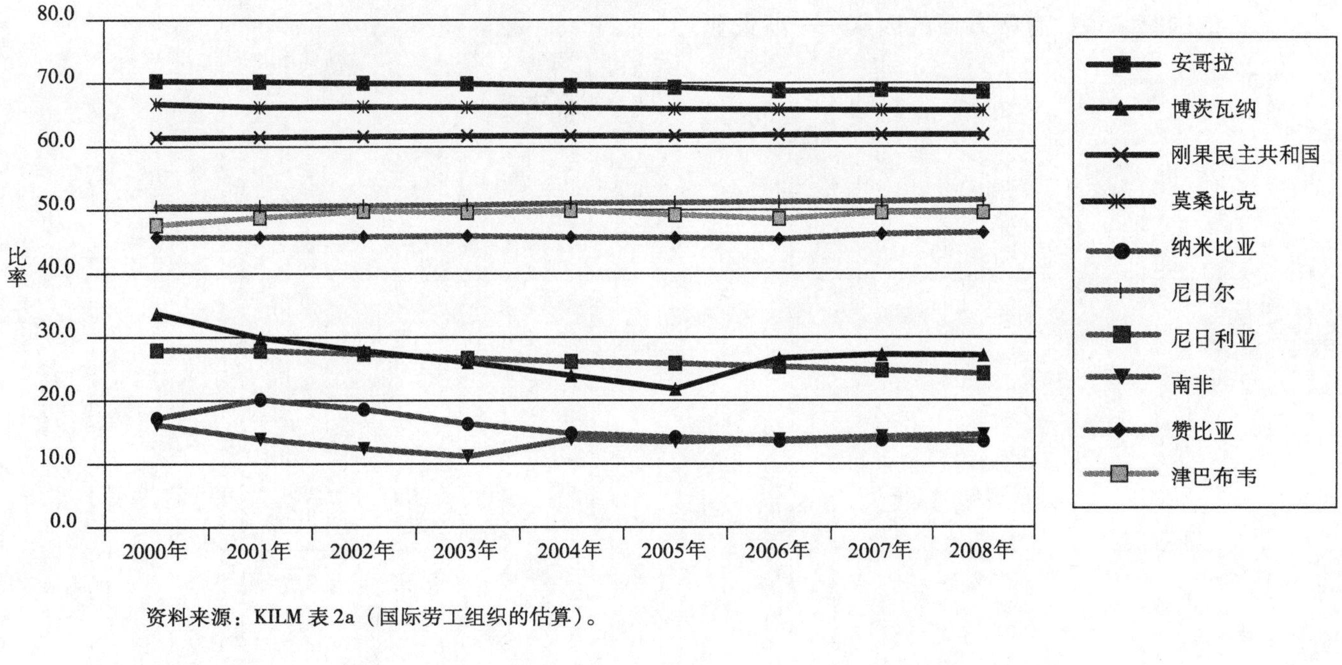

资料来源：KILM 表 2a（国际劳工组织的估算）。

图 2d　部分撒哈拉以南非洲国家的青年就业人口比率与高等教育总入学率的关系

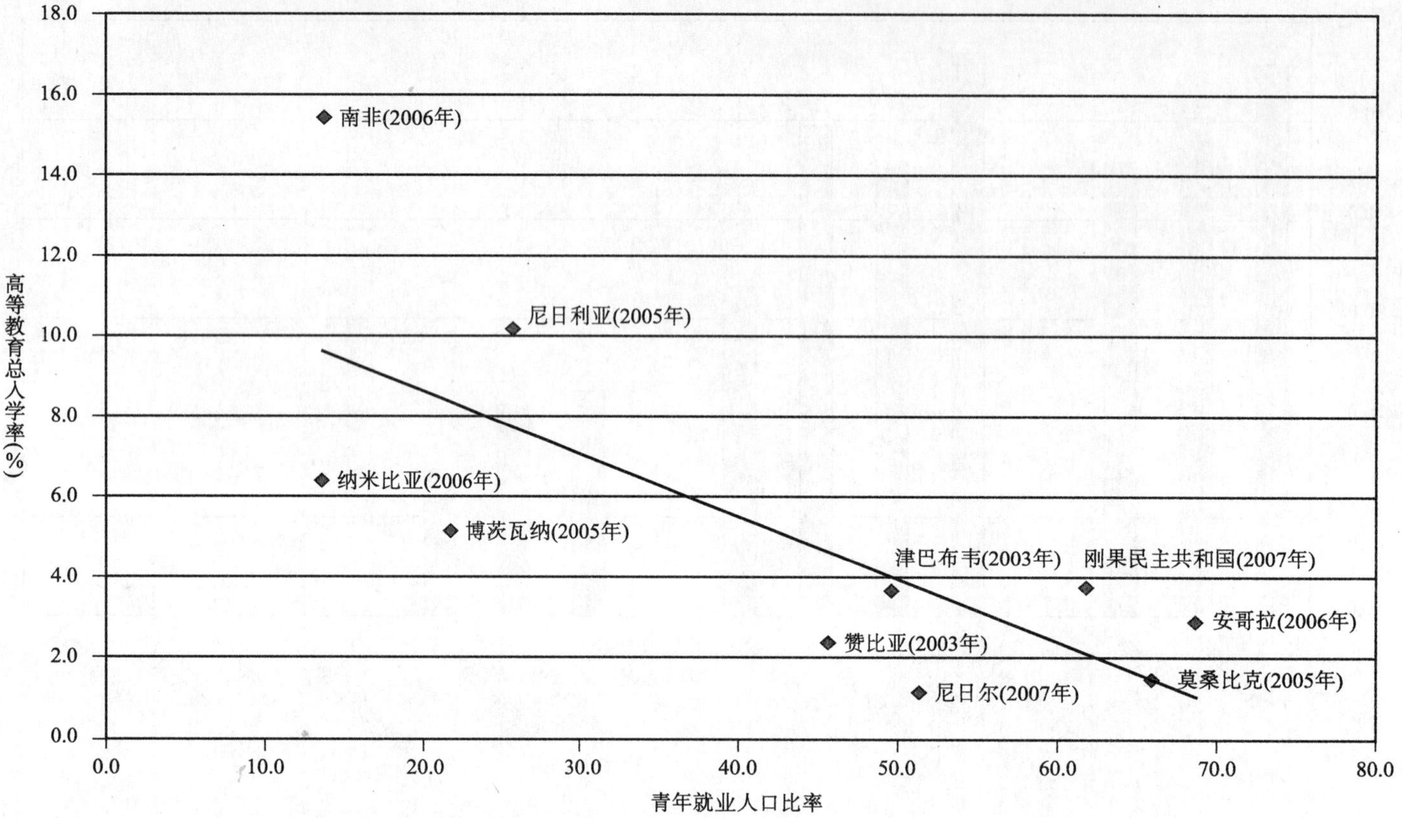

注：括号内为年份。

资料来源：KILM 表 2a（EPR）与联合国教科文组织统计研究所（总入学率）。

为世界上（相关数据可获取的国家中）失业比例最高的国家之一。很明显，对于南非这样的国家来说，有两方面的因素——高失业率与高入学率——决定了青年人的低就业人口比率。

专栏2a 第13届国际劳动统计学家大会（1982年10月）通过的关于经济活动人口、就业、失业及不充分就业统计的决议（相关段落）

概念与定义

就业（第9段）

1. “就业者”包括在某一特定短暂时期内（1周或1天），属于以下情况的所有超过规定年龄的人员：
   a. “有酬工作者”：
      i. “在职”：在参考期内，为获得工资或薪水（以现金或实物形式）而从事一些工作；
      ii. “有工作但未在职”：在现在的岗位工作过，但在参考期内暂时离开，并且具有正式的工作附加条款，其应根据下列一个或多个标准参考各国情况而定：（i）继续收到工资或薪水；（ii）保证相应的偶发事件结束后重返工作岗位，或者约定返回的具体日期；（iii）暂离工作期间，无论身在何处，能够收到薪酬福利而无接受其他工作的义务。
   b. “自雇工作者”：
      i. “在职”：在参考期内，为获得利润或家庭收益（以现金或实物形式）而从事一些工作；
      ii. “有公司但没有在职”：拥有一家公司，如商业公司、农场或者服务性企业，由于任何一种特殊原因而在参考期内暂时离开工作岗位的人员。
2. 出于可操作性的考虑，“一些工作”的概念可以被理解为至少工作一小时。
3. 由于疾病或伤害、节日或假期、罢工或闭厂、教育或培训、产假或育儿、经济活动减少，或者由于恶劣天气、机械或电力故障、原材料或燃料短缺所造成的暂时性混乱或停工，抑者其他暂时离职（请假或未请假）的人员应被视为有酬工作者，只要他们具有正规的工作附加条款。
4. 雇主、自营工作者与生产合作社成员应被视为自雇工作者，并视情况而定，分为“在职”或“不在职”。
5. 在工作的无报酬家庭工作者应被视为自雇工作者，而无需考虑其在参考期内的工作时间。对于那些出于特殊原因，为了将无报酬家庭工作者归为就业人员而设定最低工作时间标准的国家，应明确区分出那些低于规定时间的工作者，并对其进行单独分类。
6. 为了自用与家庭消费而从事生产经济货物和劳务的人员，如果该生产对于家庭总消费具有重大贡献，应被视为自雇工作者。
7. 收到现金或实物报酬的学徒应被视为有酬工作者，并参照其他有酬工作者的标准将其分为“在职”或“不在职”。
8. 在参考期内，属于上述第（1）小节中规定的有酬工作者或者自雇工作者的学生、家庭主妇和其他主要从事非经济活动的人员应依照与其他就业人员类别的相同标准而被视为就业人员，并在可能的情况下将其进行单独区分。
9. 武装部队人员应被归入有酬工作者之列。根据最新修订的国际标准职业分类（ISCO），武装部队人员还包括正式人员与临时人员。

专栏 2b 世界及地区就业人口比率估算

总就业人口比率（%）	1998 年	2004 年	2005 年	2006 年	2007 年	2008 年*
世界	60.8	60.1	60.1	60.3	60.4	60.3
世界青年就业比率	47.6	44.8	44.5	44.5	44.9	44.6
发达经济体和欧盟	54.5	53.8	54.1	54.5	54.5	54.2
中欧、东南欧（非欧盟）和独联体	52.0	51.9	52.3	52.2	53.2	53.0
东亚	73.0	71.1	70.7	70.5	70.5	70.0
东南亚和太平洋地区	65.9	65.0	64.8	64.6	65.4	65.5
南亚	57.5	56.2	56.3	56.5	56.4	56.5
拉丁美洲和加勒比地区	57.2	59.2	59.6	60.4	60.5	60.5
中东	45.1	45.9	45.8	45.8	46.4	46.8
北非	43.4	44.0	44.3	44.9	45.3	45.6
撒哈拉以南非洲	65.0	64.9	65.1	65.1	65.3	65.4
男性就业人口比率（%）	**1998 年**	**2004 年**	**2005 年**	**2006 年**	**2007 年**	**2008 年***
世界	73.9	72.5	72.4	72.4	72.6	72.4
世界青年就业比率	54.9	51.8	51.5	51.3	51.7	51.4
发达经济体和欧盟	64.6	62.6	62.8	63.2	63.0	62.4
中欧、东南欧（非欧盟）和独联体	61.2	60.9	61.5	61.4	62.2	62.1
东亚	78.0	75.4	75.0	74.6	74.7	74.1
东南亚和太平洋地区	77.9	77.5	77.1	77.0	77.9	78.1
南亚	79.9	78.3	78.1	78.1	78.1	78.1
拉丁美洲和加勒比地区	74.7	74.2	74.3	74.8	74.6	74.3
中东	69.3	68.7	68.4	68.2	68.6	69.1
北非	66.8	66.3	66.7	67.1	67.4	67.5
撒哈拉以南非洲	75.7	74.7	74.6	74.4	74.6	74.5
女性就业人口比率（%）	**1998 年**	**2004 年**	**2005 年**	**2006 年**	**2007 年**	**2008 年***
世界	48.0	47.9	48.0	48.3	48.4	48.4
世界青年就业比率	40.0	37.4	37.3	37.3	37.7	37.5
发达经济体和欧盟	45.4	45.8	46.0	46.5	46.8	46.8
中欧、东南欧（非欧盟）和独联体	44.0	44.1	44.4	44.3	45.3	45.1
东亚	67.9	66.5	66.3	66.2	66.1	65.8
东南亚和太平洋地区	54.3	52.9	53.0	52.6	53.4	53.4
南亚	33.6	32.9	33.2	33.8	33.5	33.7
拉丁美洲和加勒比地区	40.6	45.0	45.7	46.8	47.3	47.5
中东	18.6	20.8	20.8	21.2	21.9	22.3
北非	20.2	21.9	22.2	23.0	23.4	23.8
撒哈拉以南非洲	54.6	55.5	55.8	56.0	56.2	56.5
就业比例的性别差异（百分点）	**1998 年**	**2004 年**	**2005 年**	**2006 年**	**2007 年**	**2008 年***
世界	25.9	24.6	24.4	24.2	24.1	24.0
青年	15.0	14.4	14.2	14.0	14.0	13.9
发达经济体和欧盟	19.2	16.8	16.8	16.7	16.2	15.6
中欧、东南欧（非欧盟）和独联体	17.2	16.8	17.2	17.0	16.9	17.0
东亚	10.0	8.9	8.7	8.4	8.5	8.3
东南亚和太平洋地区	23.6	24.7	24.1	24.4	24.5	24.7
南亚	46.4	45.4	44.9	44.3	44.6	44.4
拉丁美洲和加勒比地区	34.2	29.2	28.5	28.0	27.3	26.8
中东	50.7	47.9	47.6	47.0	46.6	46.9
北非	46.6	44.4	44.5	44.0	43.9	43.7
撒哈拉以南非洲	21.1	19.2	18.7	18.4	18.4	18.0

资料来源：国际劳工组织，趋势计量经济模型，2009 年 7 月（关于估算方法的详细信息见“KILM 指南”中的专栏 3）。* 表示 2008 年数据为初步估算数据。

专栏 2b（续）

1998—2008 年全球的就业人口比率并没有太大变化。[1] 在大多数地区，男性就业人口比率的下降至少部分地被女性就业人口比率的增长所弥补。其中，降幅最大地区为东亚（下降 3.0 个百分点），增幅最大地区为拉丁美洲和加勒比地区（增长 3.3 个百分点）。尽管有所下降，但是东亚的就业人口比率仍旧最高，其次为东南亚及太平洋地区与撒哈拉以南非洲地区。就业人口比率最低的地区为中东和北非。

由于就业人口比率可以反映一个经济体创造就业机会的能力，所以较低的就业人口比率表明该地区的就业需求强劲和/或具有巨大的尚未开发的潜在劳动力。如果低就业人口比率与高失业率并存，则第一种情形会很明显，即就业需求强劲；而后一种情形则可能与该地区的低劳动力参与率相关。这两种情形下的国家应加强政策导向，创造更多的就业机会，或者为目标人口群体提供富有成效的替代方式，比如说可以鼓励青年人接受教育。教育机构升学率的提高会降低就业人口比率，只要教育是为青年人提供劳动力市场所需的技能，而非导致“过度教育”，这种降低就是积极的。[2] 另一方面，增加就业机会将导致就业人口比率增长，而且如果这些就业机会是“体面的”，也同样构成一种良性发展。

1998—2008 年，全球男性就业人口比率除了 3 个地区［中欧、东南欧（非欧盟）和独联体，北非，东南亚和太平洋地区］之外均略有下降。在过去的 10 年中，除东亚、东南亚和太平洋地区外，所有地区的女性就业人口比率都有所增长。因此，所有地区就业人口比率的性别差距都有所减小，但东亚除外。不过，东亚同时也是就业人口比率的性别差异最小的地区，其次是发达经济体和欧盟，中欧、东南欧（非欧盟）和独联体。

因为许多青年人仍然在校读书，青年人的就业人口比率自然低于成年人。在过去的几年中，青年人（包括男性和女性）的就业人口比率一直持续下降，这在很大程度上是由于升学率的不断上升。然而，事实上所有地区的青年失业率都远远高于成年人的失业率（见 KILM 9 中的专栏 9a），这说明有必要将教育与劳动力市场需求进行更好的匹配，并为那些有工作意愿的人员创造体面工作机会。[3]

---

1 关于 2009 年就业与失业的预测，见第一章议题一。

2 一些分析家指出，过度教育正影响着欧洲经济体和美国相当高比例的就业者；见 T. Korpi 和 M Tålin：“教育错配、工资与工资增长：1974—2000 年间瑞典的过度教育”中的讨论和参考文献，《劳动经济学》，2009 年第 16 卷，第 2 章，第 183—193 页。

3 见国际劳工组织：《全球青年就业趋势》，2008 年 10 月（日内瓦）；http：//www.ilo.org/trends。

表2 按年龄组划分的就业人口比率

	年份	年龄组 总计（15+） MF	M	F	青年人（15—24） MF	M	F	成年人（25+） MF	M	F
发达经济体和欧盟										
欧盟										
奥地利	1995	54.1	66.3	43.5	57.0	61.2	52.7	53.6	67.2	42.0
	2000	53.7	64.6	44.0	53.0	58.2	47.6	53.8	65.8	43.5
	2004	53.0	62.2	44.7	51.9	55.9	47.7	53.1	63.4	44.3
	2005	53.3	62.3	45.4	53.0	56.7	49.2	53.4	63.3	44.8
	2006	54.2	63.0	46.2	54.2	58.3	49.9	54.2	63.9	45.7
	2007	54.1	62.6	46.4	52.4	57.4	47.3	54.3	63.5	46.3
	2008	54.5	62.5	47.3	52.8	57.7	47.7	54.8	63.4	47.2
比利时	1995	43.7	55.1	33.3	26.3	28.6	23.9	46.7	60.1	34.8
	2000	46.7	56.7	37.7	30.3	33.8	26.6	49.4	60.7	39.4
	2004	45.8	54.4	38.0	27.7	29.8	25.5	48.8	58.7	39.9
	2005	46.2	54.2	38.9	26.5	27.6	25.3	49.4	58.8	40.9
	2006	45.8	53.8	38.6	26.4	29.5	23.1	49.0	58.0	40.9
	2007	46.2	54.1	39.0	26.9	30.1	23.5	49.3	58.2	41.3
	2008	46.5	53.9	39.7	27.2	29.7	24.7	49.6	58.1	41.9
保加利亚	1995	44.2	47.7	41.0	28.0	26.4	29.7	47.6	52.5	43.2
	2000	38.4	42.6	34.4	17.9	17.6	18.2	42.4	47.9	37.4
	2004	42.9	47.9	38.4	22.7	24.4	20.9	46.6	52.5	41.3
	2005	43.8	49.3	38.8	23.4	25.9	20.8	47.5	53.9	41.8
	2006	46.1	51.9	40.9	25.6	28.1	22.9	49.7	56.4	43.8
	2007	45.6	51.4	40.2	25.4	28.5	22.2	49.0	55.7	43.1
	2008	46.3	52.2	41.0	26.5	29.3	23.5	49.6	56.3	43.7
塞浦路斯	1995	58.4	73.6	43.7	50.2	56.1	44.2	60.3	77.9	43.6
	2000	56.5	69.9	43.9	44.3	53.5	34.6	59.4	74.1	46.0
	2004	57.2	67.1	48.1	37.1	39.7	34.3	61.9	74.0	51.0
	2005	56.5	66.5	47.3	35.4	37.9	32.8	61.3	73.6	50.4
	2006	56.9	66.6	48.1	36.7	39.5	33.8	61.5	73.3	51.1
	2007	57.4	66.1	49.4	35.7	37.0	34.4	62.3	73.2	52.6
	2008	57.5	66.1	49.7	35.7	37.2	34.1	62.4	73.1	52.9
捷克共和国	1995	57.2	67.8	47.8	46.6	54.5	38.3	59.8	71.3	49.9
	2000	53.6	63.7	44.5	38.2	42.7	33.5	57.0	68.6	46.7
	2004	52.5	62.3	43.6	28.4	31.4	25.3	56.9	68.5	46.7
	2005	52.8	62.9	43.6	27.2	31.0	23.1	57.3	69.0	46.9
	2006	53.1	63.2	43.9	27.5	31.2	23.5	57.6	69.2	47.2
	2007	54.0	63.6	45.3	29.0	32.0	25.8	58.3	69.5	48.4
	2008	54.3	63.7	45.7	28.8	31.5	25.9	58.7	69.6	48.8
丹麦	1995	58.1	66.9	49.9	66.1	71.2	60.8	56.6	66.1	48.0
	2000	60.0	66.8	53.8	67.2	70.5	63.8	58.9	66.1	52.3
	2004	59.8	66.3	53.7	61.6	63.6	59.4	59.5	66.7	52.9
	2005	59.5	66.5	53.0	62.0	66.3	57.5	59.2	66.5	52.4
	2006	60.5	66.7	54.7	63.8	63.1	64.6	60.0	67.3	53.3
	2007	60.3	66.3	54.7	61.5	61.0	62.0	60.1	67.1	53.6
	2008	60.3	66.1	54.8	61.0	61.2	60.8	60.2	67.0	53.9
爱沙尼亚	1995	55.1	63.8	48.2	41.2	46.9	35.2	57.9	67.8	50.5
	2000	50.9	58.2	45.1	32.3	36.8	27.6	54.7	63.4	48.2
	2004	51.1	57.7	45.7	27.4	31.4	23.2	56.2	64.5	49.9
	2005	53.0	58.6	48.6	28.7	32.2	25.0	58.3	65.4	52.9
	2006	53.5	59.3	48.9	28.0	32.1	23.7	59.0	66.3	53.5
	2007	54.7	60.8	49.8	29.9	32.7	26.9	59.8	67.8	53.8
	2008	54.5	60.6	49.6	29.3	32.3	26.2	59.5	67.4	53.6
芬兰	1995	49.2	54.6	44.3	30.0	32.0	28.0	52.5	58.8	46.9
	2000	53.3	59.2	48.0	40.2	40.9	39.5	55.6	62.7	49.4
	2004	52.8	57.8	48.4	38.5	37.8	39.3	55.3	61.4	49.8
	2005	53.4	58.1	49.1	39.8	39.1	40.4	55.7	61.6	50.5
	2006	54.2	58.9	49.9	41.1	41.0	41.3	56.4	62.1	51.3
	2007	54.6	59.5	50.1	43.7	43.2	44.1	56.4	62.4	51.0
	2008	54.7	59.5	50.4	43.6	42.3	45.0	56.6	62.6	51.2
法国	1995	45.7	54.7	37.7	22.4	26.3	18.3	50.2	60.7	41.2
	2000	47.0	55.3	39.6	23.4	26.8	19.9	51.3	60.9	42.9
	2004	48.2	55.5	41.7	27.2	30.5	23.8	51.9	60.3	44.6
	2005	47.9	55.0	41.7	26.9	30.2	23.5	51.7	59.7	44.6
	2006	47.8	54.6	41.7	26.4	30.0	22.7	51.5	59.3	44.7
	2007	48.1	54.7	42.2	29.0	32.2	25.6	51.4	58.9	44.8
	2008	47.9	54.4	42.2	29.3	32.2	26.2	51.1	58.5	44.6

	年份	总计（15+）			青年人（15—24）			成年人（25+）		
		MF	M	F	MF	M	F	MF	M	F
德国	1995	51.1	63.0	40.5	49.2	52.3	45.9	51.4	64.7	39.8
	2000	51.7	61.5	42.8	47.7	50.4	44.9	52.3	63.3	42.5
	2004	49.7	57.8	42.4	41.9	43.7	40.0	50.9	60.1	42.7
	2005	49.6	57.8	42.2	42.6	44.9	40.1	50.6	59.9	42.5
	2006	50.4	58.4	43.2	44.0	46.3	41.6	51.3	60.3	43.4
	2007	50.9	58.7	43.7	43.4	45.6	41.0	52.0	60.8	44.1
	2008	51.7	59.3	44.8	44.3	46.3	42.1	52.8	61.3	45.2
希腊	1995	44.9	60.2	30.4	28.5	35.2	21.2	48.4	66.0	32.2
	2000	45.3	58.8	32.4	28.1	33.4	22.3	48.7	64.3	34.3
	2004	46.8	59.7	34.5	28.4	34.1	22.3	49.9	64.3	36.5
	2005	47.0	59.7	34.9	25.8	31.0	20.1	50.4	64.6	37.1
	2006	47.7	60.0	35.8	25.5	31.0	19.7	51.1	64.8	38.2
	2007	48.2	60.2	36.6	28.2	33.7	22.4	51.1	64.4	38.6
	2008	48.4	59.9	37.3	27.6	31.9	22.9	51.3	64.1	39.2
匈牙利	1995	42.9	51.5	35.4	32.4	36.7	28.0	45.2	55.2	36.9
	2000	44.9	53.2	37.7	32.7	36.4	29.0	47.4	57.1	39.3
	2004	45.2	53.4	38.1	23.8	26.6	20.9	49.0	58.8	40.8
	2005	45.0	53.2	38.0	21.9	24.5	19.2	49.0	58.8	40.9
	2006	45.2	53.6	38.0	21.6	24.5	18.6	49.2	59.1	40.9
	2007	45.1	53.3	38.1	21.2	23.4	18.9	49.1	59.0	41.0
	2008	44.8	53.0	37.9	20.4	22.3	18.3	48.9	58.7	40.8
爱尔兰	1995	45.8	58.8	33.6	37.2	39.4	34.9	48.3	64.7	33.2
	2000	55.0	67.0	43.5	48.5	53.0	43.7	56.7	70.9	43.5
	2004	56.1	66.6	45.9	44.8	48.3	41.1	58.7	71.1	47.0
	2005	57.4	67.5	47.7	46.2	48.4	43.9	60.0	72.1	48.5
	2006	58.3	68.4	48.4	47.8	51.7	43.8	60.6	72.2	49.4
	2007	58.4	68.1	49.1	46.7	50.7	42.7	60.9	71.9	50.4
	2008	57.8	66.2	49.7	44.4	47.1	41.7	60.5	70.2	51.2
意大利	1995	39.8	55.1	26.1	27.6	33.9	21.1	42.0	59.4	26.9
	2000	41.0	55.1	28.5	27.7	33.2	22.0	43.0	58.6	29.4
	2004	42.9	55.4	31.8	27.2	31.2	23.0	45.0	58.9	32.8
	2005	42.7	55.1	31.5	25.4	29.9	20.7	44.9	58.7	32.8
	2006	43.1	55.5	32.0	25.5	30.6	20.0	45.3	59.0	33.4
	2007	43.8	55.6	33.3	25.7	30.1	21.0	46.1	59.0	34.7
	2008	43.6	54.9	33.4	24.7	29.0	20.2	45.9	58.4	34.9
拉脱维亚	1995	53.7	63.1	46.3	43.2	50.0	36.1	55.8	66.2	48.0
	2000	46.9	53.8	41.6	28.4	33.1	23.7	50.6	58.7	44.6
	2004	51.2	58.8	45.1	30.0	35.9	24.0	55.8	64.7	49.0
	2005	52.1	60.2	45.6	32.3	37.9	26.4	56.4	65.9	49.2
	2006	55.0	63.1	48.5	35.5	42.2	28.6	59.2	68.5	52.2
	2007	55.2	63.5	48.5	35.0	38.8	31.1	59.4	69.7	51.7
	2008	55.0	63.2	48.4	35.1	39.2	30.9	59.1	69.1	51.5
立陶宛	1995	50.8	58.0	44.7	34.0	38.3	29.5	54.4	62.8	47.7
	2000	48.7	53.2	44.9	25.5	28.8	22.2	53.5	59.0	49.1
	2004	49.2	55.7	43.9	20.3	23.9	16.7	55.5	63.8	49.0
	2005	50.2	56.8	44.8	21.2	24.8	17.4	56.6	65.0	50.0
	2006	51.0	57.2	45.9	23.7	26.5	20.8	56.9	65.0	50.7
	2007	51.3	57.3	46.4	19.9	20.7	19.0	58.1	66.5	51.5
	2008	50.2	56.0	45.5	18.0	18.3	17.8	57.1	65.3	50.6
卢森堡	1995	46.8	63.1	31.8	37.6	38.8	36.3	48.3	67.4	31.1
	2000	50.0	63.2	37.8	32.1	35.6	28.4	52.8	67.9	39.2
	2004	49.7	60.9	39.3	23.6	26.2	20.9	53.9	66.9	42.0
	2005	50.7	61.4	40.8	25.2	28.6	21.6	54.8	67.0	43.7
	2006	50.5	60.9	40.9	23.7	26.0	21.3	54.9	67.0	43.8
	2007	51.5	60.1	43.5	23.9	25.1	22.6	56.0	66.2	46.7
	2008	51.2	59.8	43.1	22.7	26.1	19.3	55.9	65.7	46.8
马耳他	1995	42.8	65.4	21.4	54.6	57.7	51.3	40.1	67.3	15.1
	2000	44.5	65.2	24.8	50.6	52.4	48.7	43.1	68.3	19.8
	2004	44.3	63.5	26.0	46.8	50.4	42.9	43.8	66.5	22.6
	2005	44.2	62.8	26.4	46.5	47.9	45.0	43.7	66.1	22.8
	2006	44.9	63.0	27.6	45.6	47.7	43.4	44.7	66.3	24.6
	2007	45.1	62.3	28.7	45.9	46.7	45.2	45.0	65.6	25.6
	2008	45.2	61.7	29.4	47.2	47.9	46.4	44.8	64.5	26.3

	年份	年龄组								
		总计（15+）			青年人（15—24）			成年人（25+）		
		MF	M	F	MF	M	F	MF	M	F
荷兰	1995	53.0	65.1	41.7	56.1	57.5	54.6	52.5	66.6	39.4
	2000	58.4	69.1	48.3	66.5	67.9	65.0	57.0	69.3	45.8
	2004	57.4	65.9	49.4	63.0	63.3	62.7	56.5	66.4	47.4
	2005	57.2	65.3	49.7	61.8	62.1	61.4	56.5	65.8	47.8
	2006	58.1	66.2	50.5	63.9	65.0	62.7	57.1	66.4	48.6
	2007	58.9	66.8	51.4	65.4	66.7	64.1	57.8	66.8	49.4
	2008	59.3	66.9	52.3	66.8	67.5	66.1	58.1	66.7	50.1
波兰	1995	49.6	57.6	42.4	26.9	31.1	22.6	55.2	64.7	46.9
	2000	46.1	53.6	39.2	23.8	26.7	20.9	51.8	61.2	43.6
	2004	43.1	49.9	36.9	19.7	22.8	16.6	48.6	57.1	41.3
	2005	43.8	51.2	37.1	20.3	23.0	17.5	49.2	58.4	41.2
	2006	45.3	53.2	38.2	24.3	27.3	21.2	49.9	59.6	41.6
	2007	47.2	54.8	40.4	25.7	28.8	22.5	51.8	61.0	43.9
	2008	48.2	56.1	41.3	26.8	30.0	23.5	52.7	62.0	44.6
葡萄牙	1995	53.4	63.3	44.5	37.3	42.0	32.5	57.1	68.7	47.0
	2000	57.0	66.5	48.6	41.8	47.5	36.0	60.1	70.6	50.9
	2004	55.9	64.1	48.5	36.8	41.1	32.3	59.1	68.4	51.0
	2005	55.6	63.3	48.6	35.8	40.2	31.1	58.8	67.5	51.2
	2006	55.8	63.7	48.7	35.5	39.5	31.3	59.0	67.8	51.2
	2007	55.5	63.6	48.3	35.4	39.9	30.8	58.6	67.5	50.8
	2008	55.7	63.5	48.8	35.1	39.6	30.5	58.8	67.4	51.3
罗马尼亚	1995	61.1	68.2	54.5	42.2	48.6	35.6	65.9	73.6	59.0
	2000	58.3	64.9	52.3	36.2	40.7	31.6	63.6	71.1	56.8
	2004	49.5	56.0	43.5	28.9	32.7	25.0	53.9	61.5	47.2
	2005	49.2	56.1	42.9	25.5	29.3	21.5	54.3	62.3	47.1
	2006	50.0	56.7	43.8	24.5	28.2	20.7	55.3	63.1	48.3
	2007	48.4	54.7	42.6	24.0	26.9	21.0	53.3	60.8	46.6
	2008	48.1	54.3	42.5	24.0	26.9	21.0	52.8	60.1	46.4
斯洛伐克	1995	50.8	59.3	43.0	35.0	38.7	31.2	55.0	65.3	45.9
	2000	47.7	54.4	41.7	29.0	29.9	28.2	52.7	61.4	45.0
	2004	48.0	55.7	41.0	26.7	28.6	24.7	53.0	62.7	44.5
	2005	48.5	57.0	40.9	25.7	28.3	23.1	53.8	64.2	44.6
	2006	49.7	58.8	41.6	25.7	29.0	22.3	55.1	66.1	45.5
	2007	51.8	60.9	43.5	30.3	33.0	27.5	56.4	67.5	46.6
	2008	52.6	61.9	44.2	30.2	33.1	27.3	57.3	68.6	47.5
斯洛文尼亚	1995	53.4	60.5	46.9	33.5	37.1	29.6	57.7	66.2	50.4
	2000	52.7	59.5	46.6	31.2	34.1	28.1	57.1	65.2	50.1
	2004	53.8	60.9	47.2	33.5	37.7	29.0	57.5	65.6	50.3
	2005	53.7	61.1	47.0	32.6	37.1	27.9	57.5	65.7	50.2
	2006	54.5	61.4	48.3	34.9	37.5	32.3	57.9	65.9	50.8
	2007	54.0	61.9	47.0	33.1	38.1	27.8	57.5	66.1	49.9
	2008	54.1	61.6	47.3	32.3	37.4	27.0	57.5	65.8	50.2
西班牙	1995	37.7	52.0	24.6	26.9	32.4	21.1	40.2	56.9	25.3
	2000	43.9	58.2	30.8	34.8	41.4	28.0	45.7	61.8	31.3
	2004	47.4	59.9	35.8	37.0	43.0	30.6	49.1	62.9	36.6
	2005	49.2	61.2	37.9	40.5	46.2	34.5	50.5	63.8	38.5
	2006	50.2	61.9	39.4	41.8	47.0	36.3	51.5	64.3	39.8
	2007	50.0	61.4	39.3	39.8	45.6	33.6	51.5	63.9	40.1
	2008	48.6	59.0	38.9	36.8	41.3	32.1	50.2	61.7	39.8
瑞典	1995	55.1	59.7	50.8	40.9	40.2	41.6	57.5	63.2	52.3
	2000	57.0	62.1	52.3	44.5	44.8	44.3	59.0	65.0	53.5
	2004	56.2	60.6	52.1	41.1	40.3	42.0	58.6	64.1	53.6
	2005	56.6	61.6	52.0	41.2	39.9	42.5	59.2	65.4	53.4
	2006	57.2	62.2	52.5	42.9	42.1	43.7	59.6	65.8	53.9
	2007	57.6	62.6	53.0	44.9	44.0	45.9	59.8	66.0	54.1
	2008	57.6	62.6	53.0	45.2	44.1	46.3	59.8	66.0	54.0
英国	1995	53.8	62.5	46.1	58.3	60.1	56.4	53.0	62.9	44.4
	2000	56.3	64.6	48.7	61.1	63.3	58.8	55.4	64.9	47.2
	2004	56.6	64.4	49.6	59.5	61.2	57.7	56.1	65.0	48.2
	2005	56.6	64.2	49.8	58.1	59.8	56.3	56.4	65.0	48.7
	2006	56.6	63.9	49.8	56.8	57.5	56.1	56.5	65.1	48.8
	2007	56.4	63.6	49.9	56.4	57.6	55.1	56.4	64.8	49.0
	2008	56.3	63.1	49.9	55.8	56.6	55.0	56.3	64.4	49.1

	年份	年龄组								
		总计（15+）			青年人（15—24）			成年人（25+）		
		MF	M	F	MF	M	F	MF	M	F
北美洲										
加拿大	1995	56.6	63.9	49.6	53.8	54.3	53.3	57.1	66.0	48.9
	2000	58.9	65.7	52.4	56.3	56.9	55.7	59.3	67.5	51.8
	2004	60.0	66.0	54.4	57.9	57.5	58.3	60.4	67.7	53.7
	2005	60.0	65.9	54.3	57.6	56.5	58.7	60.4	67.7	53.6
	2006	60.2	65.8	54.8	58.5	57.7	59.4	60.5	67.5	54.0
	2007	61.1	66.5	56.1	60.5	59.6	61.6	61.3	67.8	55.1
	2008	61.2	66.4	56.4	60.6	59.1	62.1	61.3	67.8	55.4
美国	1995	60.6	69.0	52.9	57.5	60.6	54.4	61.3	70.8	52.7
	2000	62.0	69.9	54.7	58.8	61.0	56.5	62.6	71.9	54.3
	2004	59.7	66.9	53.0	52.3	53.8	50.8	61.2	69.9	53.4
	2005	60.0	67.3	53.2	52.4	53.5	51.3	61.6	70.4	53.5
	2006	60.4	67.8	53.5	52.9	54.7	51.1	61.9	70.7	54.0
	2007	60.1	67.2	53.5	52.4	53.7	51.0	61.7	70.2	53.9
	2008	59.2	66.0	52.9	50.7	51.7	49.7	61.0	69.1	53.5
其他发达经济体										
澳大利亚	1995	56.4	66.0	47.2	60.9	62.2	59.5	55.4	66.9	44.6
	2000	57.3	66.1	49.0	62.1	63.1	61.1	56.4	66.8	46.7
	2004	58.0	66.2	50.2	62.3	63.0	61.5	57.1	66.8	48.1
	2005	59.0	66.9	51.5	63.4	64.3	62.5	58.2	67.5	49.5
	2006	59.5	67.2	52.1	63.9	64.8	63.0	58.6	67.7	50.1
	2007	59.3	66.9	52.1	64.3	65.2	63.3	58.3	67.2	50.1
	2008	59.4	66.5	52.7	64.1	64.6	63.5	58.5	66.9	50.7
以色列	1995	48.6	57.6	40.3	30.4	31.3	29.4	54.6	66.9	43.5
	2000	48.5	54.9	42.6	29.0	27.8	30.2	54.4	63.7	46.0
	2004	48.0	53.9	42.5	25.6	24.2	26.9	54.3	62.9	46.5
	2005	49.0	54.6	43.7	26.8	25.6	28.1	55.1	63.2	47.7
	2006	49.7	55.4	44.2	26.7	25.4	28.1	55.9	64.2	48.3
	2007	49.8	55.3	44.6	26.7	25.1	28.4	55.9	64.0	48.6
	2008	50.4	55.8	45.4	27.1	25.2	29.0	56.6	64.4	49.4
日本	1995	60.1	74.4	46.9	44.7	45.0	44.4	63.3	80.8	47.4
	2000	57.8	71.4	45.2	42.4	42.2	42.7	60.3	76.7	45.6
	2004	55.6	68.5	43.9	40.0	39.4	40.7	57.8	73.0	44.3
	2005	55.6	68.5	43.9	40.7	39.8	41.6	57.7	72.8	44.2
	2006	55.6	68.4	44.0	41.2	40.5	41.8	57.5	72.5	44.3
	2007	54.8	67.3	43.5	40.6	39.9	41.3	56.6	71.2	43.8
	2008	54.2	66.4	43.2	40.4	39.7	41.2	55.9	70.0	43.4
新西兰	1995	58.5	68.1	49.7	59.4	62.9	55.9	58.3	69.4	48.3
	2000	59.1	67.6	51.3	54.6	56.6	52.7	60.1	70.0	51.1
	2004	61.9	70.2	54.3	56.6	60.0	53.2	63.1	72.5	54.5
	2005	62.8	70.7	55.5	56.8	59.5	54.0	64.1	73.2	55.8
	2006	63.3	71.2	56.0	58.8	61.5	56.0	64.3	73.5	55.9
	2007	62.9	70.4	55.9	56.4	58.9	53.7	64.3	73.0	56.4
	2008	62.7	69.9	56.0	56.3	58.7	53.7	64.1	72.5	56.5
西欧（非欧盟）										
冰岛	1995	70.4	76.0	64.9	55.2	55.7	54.6	74.2	81.3	67.4
	2000	72.8	78.7	67.1	68.4	66.2	70.6	73.9	81.7	66.3
	2004	70.4	75.5	65.5	66.0	64.5	67.6	71.4	78.0	65.0
	2005	71.8	76.9	66.9	71.6	68.6	74.7	71.9	78.8	65.2
	2006	72.5	78.0	67.0	73.1	70.5	75.8	72.3	79.7	65.2
	2007	71.7	76.4	67.0	67.3	66.0	68.7	72.7	78.7	66.6
	2008	71.2	75.8	66.5	67.1	65.8	68.5	72.0	78.0	66.0
挪威	1995	58.2	65.1	51.8	47.9	49.4	46.3	60.2	68.2	52.8
	2000	62.1	68.5	56.1	57.1	59.8	54.2	62.9	70.1	56.4
	2004	61.1	66.4	56.1	53.1	52.7	53.6	62.4	68.8	56.5
	2005	60.8	66.3	55.7	51.5	51.7	51.3	62.4	68.9	56.4
	2006	61.5	67.2	56.1	53.1	53.2	53.0	62.9	69.8	56.6
	2007	62.4	67.4	57.6	55.6	54.3	57.0	63.6	69.9	57.7
	2008	62.3	67.1	57.7	55.7	54.1	57.4	63.4	69.5	57.8
瑞士	1995	62.5	75.2	50.9	62.2	63.4	60.9	62.5	77.2	49.4
	2000	62.8	73.9	52.8	64.9	66.3	63.5	62.5	75.1	51.3
	2004	61.3	70.6	52.9	61.9	62.2	61.7	61.3	72.0	51.6
	2005	60.9	69.8	52.9	59.9	60.9	58.9	61.1	71.3	52.0
	2006	61.5	70.4	53.4	63.6	64.6	62.4	61.2	71.3	52.1
	2007	61.3	70.0	53.3	62.9	64.4	61.4	61.1	71.0	52.2
	2008	61.2	69.4	53.6	63.1	64.0	62.0	60.9	70.3	52.4

	年份	年龄组								
		总计（15+）			青年人（15—24）			成年人（25+）		
		MF	M	F	MF	M	F	MF	M	F
中欧、东南欧（非欧盟）和独联体										
中欧和东南欧										
阿尔巴尼亚	1995	47.7	60.4	35.2	36.4	38.3	34.6	51.4	67.5	35.4
	2000	47.2	59.6	35.4	34.0	33.9	34.1	51.3	67.6	35.8
	2004	45.9	58.0	34.5	32.7	32.8	32.6	50.3	66.7	35.1
	2005	45.8	58.1	34.3	33.1	34.1	32.2	50.1	66.5	35.0
	2006	45.8	58.4	34.1	33.8	35.9	31.8	49.9	66.3	34.9
	2007	46.3	59.0	34.3	35.7	39.2	32.2	49.8	66.0	35.0
	2008	46.2	59.0	34.4	35.9	39.5	32.2	49.6	65.8	35.0
波斯尼亚和黑塞哥维那	1995	40.7	47.2	34.8	17.0	18.9	15.0	46.7	54.7	39.5
	2000	41.3	47.3	36.0	14.8	15.3	14.3	47.4	55.2	40.6
	2004	40.6	46.6	35.3	14.3	15.0	13.5	46.6	54.4	39.9
	2005	40.5	46.5	35.0	14.4	15.7	13.2	46.2	54.0	39.5
	2006	40.2	46.5	34.6	15.2	17.7	12.7	45.6	53.3	39.0
	2007	41.5	48.0	35.7	17.5	20.5	14.4	46.6	54.4	39.9
	2008	41.5	48.0	35.7	17.6	20.7	14.5	46.3	54.1	39.7
克罗地亚	1995	48.5	59.1	39.0	31.2	34.8	27.5	51.9	64.3	41.1
	2000	44.0	53.2	35.8	26.9	30.1	23.6	47.3	58.1	37.9
	2004	44.5	53.5	36.4	26.5	29.9	23.1	47.7	58.2	38.7
	2005	44.7	53.5	36.9	26.0	28.6	23.4	48.0	58.4	39.1
	2006	45.1	54.2	37.2	26.7	29.0	24.4	48.3	59.0	39.2
	2007	45.5	54.4	37.7	28.6	31.5	25.5	48.4	58.7	39.6
	2008	45.9	54.8	38.1	28.7	31.3	26.0	48.8	59.1	40.0
前南斯拉夫马其顿共和国	1995	35.9	46.0	26.0	18.7	22.7	14.6	40.5	52.5	28.9
	2000	35.4	44.9	26.2	15.5	19.2	11.7	40.7	52.0	29.8
	2004	31.8	39.4	24.4	11.6	13.7	9.4	36.8	46.0	27.9
	2005	32.6	40.0	25.3	12.3	14.2	10.4	37.5	46.6	28.7
	2006	33.9	42.4	25.6	14.5	17.3	11.5	38.5	48.7	28.8
	2007	34.2	42.5	26.1	13.7	16.2	11.1	38.9	48.9	29.4
	2008	34.8	43.3	26.5	12.8	15.1	10.3	39.8	50.1	30.1
塞尔维亚和黑山共和国	1995	49.2	56.7	42.0	29.5	34.4	24.3	53.7	62.1	45.8
	2000	50.5	58.2	43.1	32.5	37.6	27.1	54.6	63.1	46.5
	2004	47.2	55.1	39.6	28.7	33.7	23.5	51.2	60.1	42.9
	2005	45.9	53.9	38.3	27.1	32.0	22.0	49.9	58.8	41.6
	2006	45.8	54.2	38.0	27.0	32.4	21.3	49.8	59.0	41.2
	2007	47.5	55.5	39.9	29.8	34.2	25.1	51.1	60.1	42.7
	2008	47.4	55.5	39.8	29.9	34.4	25.3	51.0	60.0	42.6
土耳其	1995	50.2	71.7	28.7	42.3	54.4	29.8	53.7	79.6	28.2
	2000	46.7	68.5	24.8	37.9	50.7	24.7	50.3	76.0	24.9
	2004	43.6	64.4	22.9	33.0	44.4	21.2	47.5	71.8	23.4
	2005	43.3	64.5	22.2	32.8	44.8	20.4	47.1	71.7	22.8
	2006	43.1	64.1	22.2	32.5	44.7	19.9	46.8	71.0	22.9
	2007	42.4	63.2	21.7	30.7	41.3	19.8	46.3	70.6	22.4
	2008	42.3	63.0	21.7	30.7	41.0	20.0	46.1	70.3	22.2
独立国家联合体（独联体）										
亚美尼亚	1995	35.8	43.2	29.6	21.2	27.6	15.2	39.6	47.6	33.0
	2000	37.4	44.4	31.7	23.1	28.5	18.1	41.7	49.6	35.5
	2004	38.2	45.2	32.5	23.8	29.4	18.4	42.9	51.1	36.6
	2005	38.6	45.7	32.8	23.9	29.5	18.4	43.4	51.8	37.0
	2006	38.4	45.7	32.6	23.7	29.5	18.0	43.2	51.7	36.8
	2007	39.0	46.4	33.0	25.3	31.4	19.2	43.4	52.0	36.9
	2008	38.1	45.6	32.1	25.4	31.9	18.9	42.1	50.7	35.7
阿塞拜疆	1995	54.8	59.5	50.5	36.1	37.9	34.3	61.4	68.0	55.8
	2000	57.3	61.6	53.4	37.3	38.6	36.0	64.3	70.2	59.1
	2004	59.1	63.4	55.2	38.3	40.0	36.6	66.9	73.0	61.6
	2005	58.6	62.8	54.9	36.5	38.1	34.8	67.0	73.1	61.8
	2006	59.0	63.2	55.2	34.7	36.5	32.9	68.1	74.3	62.9
	2007	60.5	64.9	56.4	38.6	40.4	36.7	68.7	75.1	63.2
	2008	60.0	64.5	55.9	38.6	40.6	36.5	67.9	74.4	62.4
白俄罗斯	1995	54.1	61.6	47.9	38.6	40.3	36.8	57.4	66.9	50.1
	2000	52.0	58.4	46.8	35.9	38.8	32.9	55.7	63.6	49.6
	2004	52.5	58.7	47.3	34.6	37.0	32.0	56.7	64.7	50.4
	2005	52.3	58.6	47.2	33.9	36.2	31.6	56.6	64.7	50.4
	2006	52.4	58.6	47.3	33.4	35.4	31.3	56.8	64.8	50.5
	2007	52.1	58.6	46.9	34.3	36.6	31.9	56.1	64.4	49.8
	2008	52.3	58.8	47.0	34.7	37.0	32.3	56.1	64.4	49.8

	年份	年龄组								
		总计（15+）			青年人（15—24）			成年人（25+）		
		MF	M	F	MF	M	F	MF	M	F
格鲁吉亚	1995	55.7	63.3	49.2	23.0	27.8	18.1	63.3	72.6	55.7
	2000	56.4	65.6	48.7	28.4	34.4	22.4	63.1	73.7	54.4
	2004	55.4	63.2	48.9	22.1	28.3	15.9	63.7	72.9	56.2
	2005	54.5	62.2	48.0	23.3	29.6	17.0	62.2	71.3	54.9
	2006	54.6	62.5	48.0	22.9	29.4	16.3	62.4	71.7	55.0
	2007	55.0	63.4	48.0	22.1	29.7	14.5	63.1	72.8	55.4
	2008	54.3	62.7	47.2	22.0	30.1	13.8	62.1	71.6	54.5
哈萨克斯坦	1995	60.8	69.3	53.3	43.6	47.7	39.5	66.3	76.9	57.3
	2000	60.4	67.6	54.2	41.7	45.1	38.2	66.5	75.7	58.9
	2004	62.6	69.4	56.7	42.5	46.0	39.1	69.4	78.4	62.0
	2005	62.4	69.1	56.5	40.9	44.2	37.5	69.7	78.7	62.4
	2006	62.3	68.9	56.6	39.6	42.8	36.3	70.0	79.0	62.7
	2007	63.6	70.3	57.9	42.1	45.2	39.0	70.9	80.0	63.5
	2008	63.5	70.3	57.7	42.1	45.3	38.9	70.7	79.8	63.3
吉尔吉斯斯坦	1995	57.7	66.4	49.7	40.3	44.7	35.9	65.0	76.2	55.2
	2000	58.2	67.4	49.7	40.4	46.5	34.2	65.8	76.8	55.9
	2004	57.5	68.0	47.8	38.6	47.2	30.0	65.8	77.6	55.1
	2005	57.7	68.3	47.8	39.0	47.3	30.5	65.9	78.1	54.9
	2006	57.8	68.4	48.0	39.2	47.4	30.7	65.9	78.1	55.0
	2007	58.2	69.2	48.0	39.4	48.0	30.7	66.3	78.9	55.0
	2008	58.3	69.4	47.9	39.5	48.3	30.5	66.2	78.9	54.8
摩尔多瓦共和国	1995	55.2	60.0	51.1	33.1	33.6	32.6	61.1	67.8	55.5
	2000	51.0	54.5	47.8	25.6	26.5	24.6	57.9	63.0	53.7
	2004	45.0	46.7	43.5	18.8	19.6	17.9	52.7	55.3	50.4
	2005	45.4	47.1	43.9	17.2	18.1	16.2	53.7	56.4	51.4
	2006	45.5	47.2	43.9	18.0	18.8	17.1	53.6	56.3	51.2
	2007	44.6	46.0	43.4	17.1	18.1	16.1	52.6	54.8	50.8
	2008	44.7	45.8	43.7	16.9	17.8	16.0	52.6	54.6	51.0
俄罗斯联邦	1995	54.7	63.2	47.8	36.9	39.4	34.3	58.6	69.2	50.3
	2000	53.4	60.8	47.3	33.1	37.4	28.7	58.1	67.1	51.1
	2004	55.0	61.8	49.4	31.7	35.1	28.2	60.7	69.5	53.9
	2005	55.7	62.6	50.1	32.5	35.7	29.2	61.4	70.2	54.6
	2006	55.5	62.1	50.1	31.4	34.1	28.5	61.2	69.9	54.6
	2007	57.3	64.0	51.8	33.2	36.2	30.1	62.8	71.4	56.2
	2008	56.7	63.5	51.3	32.7	35.9	29.5	62.0	70.6	55.5
塔吉克斯坦	1995	45.4	48.8	42.1	23.7	26.7	20.5	56.1	60.1	52.4
	2000	45.4	48.0	42.8	22.6	25.5	19.7	57.2	60.0	54.5
	2004	50.0	53.7	46.5	29.2	32.7	25.7	61.8	66.2	57.8
	2005	50.5	54.3	46.9	30.2	33.7	26.6	62.1	66.8	57.9
	2006	51.1	55.1	47.4	31.2	34.8	27.6	62.6	67.5	58.3
	2007	54.4	59.2	49.9	35.8	39.7	32.0	65.2	71.3	59.8
	2008	55.4	60.4	50.7	37.5	41.4	33.5	65.8	72.2	60.1
土库曼斯坦	1995	56.4	62.3	51.0	37.5	41.2	33.7	65.1	72.5	58.4
	2000	59.1	64.5	53.9	38.6	42.3	35.0	68.2	75.1	62.0
	2004	58.5	63.7	53.6	35.3	38.6	31.9	69.1	75.8	62.9
	2005	58.2	63.4	53.3	34.3	37.6	31.0	69.1	75.8	63.0
	2006	58.0	63.1	53.1	33.5	36.7	30.3	69.1	75.8	63.0
	2007	58.3	63.2	53.6	33.8	36.7	30.8	69.4	75.9	63.4
	2008	58.3	63.2	53.7	33.7	36.5	30.8	69.4	75.9	63.5
乌克兰	1995	56.9	63.8	51.4	39.8	39.0	40.6	60.5	69.8	53.4
	2000	48.9	55.7	43.3	32.1	34.2	29.9	52.5	61.2	45.9
	2004	51.1	57.3	46.1	34.4	36.9	31.8	54.8	62.6	48.8
	2005	52.5	59.5	46.9	34.5	38.2	30.6	56.5	65.0	49.9
	2006	52.6	59.7	46.9	34.4	38.2	30.6	56.5	65.1	49.9
	2007	53.2	59.7	48.0	34.0	37.6	30.3	57.2	65.2	51.2
	2008	53.5	60.0	48.3	34.3	37.9	30.5	57.4	65.3	51.4
乌兹别克斯坦	1995	51.7	56.8	46.8	32.1	36.0	28.3	60.7	67.0	55.0
	2000	54.2	59.1	49.5	34.4	38.2	30.5	63.3	69.2	57.9
	2004	55.5	60.5	50.8	35.9	39.7	32.1	64.8	70.8	59.2
	2005	55.9	60.9	51.1	36.4	40.2	32.6	65.1	71.2	59.4
	2006	56.3	61.4	51.4	37.0	40.8	33.2	65.4	71.6	59.6
	2007	57.1	62.3	52.2	38.3	41.9	34.5	66.0	72.4	60.1
	2008	57.5	62.7	52.5	38.9	42.5	35.1	66.1	72.6	60.2

	年份	年龄组								
		总计（15+）			青年人（15—24）			成年人（25+）		
		MF	M	F	MF	M	F	MF	M	F
亚洲和太平洋地区										
东亚										
中国	1995	75.2	79.7	70.4	68.1	65.3	71.1	77.4	84.3	70.2
	2000	73.9	78.1	69.5	61.4	57.6	65.5	77.2	83.5	70.6
	2004	72.1	76.0	68.1	56.0	51.7	60.6	76.5	82.8	70.1
	2005	71.7	75.5	67.8	55.1	50.7	59.9	76.3	82.6	69.9
	2006	71.5	75.2	67.7	54.4	49.8	59.4	76.2	82.4	69.9
	2007	71.5	75.2	67.6	55.0	50.5	59.9	76.1	82.3	69.6
	2008	71.0	74.6	67.2	54.5	49.9	59.7	75.5	81.6	69.2
中国香港	1995	58.5	72.8	44.8	47.0	47.4	46.6	61.0	78.4	44.4
	2000	56.5	68.1	46.1	41.9	41.6	42.2	59.4	73.5	46.8
	2004	55.3	64.6	47.1	40.2	38.3	42.0	58.0	69.7	47.9
	2005	55.7	64.8	47.7	39.6	37.7	41.7	58.5	69.9	48.7
	2006	56.0	65.0	48.1	38.7	37.0	40.4	59.0	70.3	49.3
	2007	56.5	64.7	49.4	38.6	37.1	40.1	59.5	69.9	50.8
	2008	56.6	64.2	50.0	37.8	36.3	39.4	59.7	69.3	51.6
朝鲜	1995	63.1	76.8	50.4	44.2	48.3	39.9	68.8	85.9	53.3
	2000	61.6	73.3	50.6	34.5	37.4	31.4	68.1	82.7	55.0
	2004	63.3	73.4	53.9	38.6	42.0	35.0	69.6	82.0	58.4
	2005	63.6	73.3	54.6	39.3	42.9	35.6	69.9	81.6	59.2
	2006	64.0	73.3	55.3	39.7	43.4	35.9	70.3	81.5	60.0
	2007	63.9	73.0	55.4	39.3	42.9	35.5	70.3	81.4	60.2
	2008	63.9	72.6	55.8	39.0	42.5	35.3	70.4	80.9	60.8
韩国	1995	60.1	73.3	47.3	36.2	33.0	39.7	67.5	86.7	49.5
	2000	57.8	69.4	46.7	31.0	28.3	33.9	64.7	80.8	49.7
	2004	58.7	70.5	47.6	31.8	28.3	35.6	64.6	80.5	50.0
	2005	58.6	70.0	47.8	31.0	27.0	35.4	64.4	80.0	50.2
	2006	58.6	69.8	48.1	29.0	25.5	32.7	64.7	79.7	51.0
	2007	58.3	69.8	47.5	29.0	25.5	32.9	64.2	79.4	50.2
	2008	58.1	69.5	47.3	27.7	24.4	31.4	64.0	79.1	50.1
中国澳门	1995	56.8	68.7	46.3	47.5	48.1	47.1	58.7	72.8	46.1
	2000	59.4	68.2	51.6	37.3	34.1	40.1	64.2	75.8	54.1
	2004	60.0	68.1	52.9	32.2	29.4	34.9	66.7	77.8	57.1
	2005	61.6	69.4	54.8	35.8	32.8	38.5	67.9	78.6	58.6
	2006	63.7	71.8	56.6	38.0	36.5	39.3	70.0	80.6	60.7
	2007	63.4	70.9	56.8	35.5	32.8	38.1	70.1	80.3	61.2
	2008	63.9	70.9	57.7	36.1	33.5	38.5	70.3	79.8	62.1
蒙古	1995	52.3	56.8	48.0	42.0	45.1	38.9	57.6	63.0	52.5
	2000	51.0	54.1	48.0	38.8	41.5	36.1	56.9	60.4	53.6
	2004	53.0	54.5	51.4	37.8	38.8	36.8	60.2	62.3	58.2
	2005	51.7	53.6	49.8	35.9	37.9	33.9	59.1	61.3	57.1
	2006	51.8	53.5	50.2	35.3	37.2	33.3	59.5	61.4	57.7
	2007	52.0	53.3	50.7	35.3	36.9	33.7	59.5	61.0	58.1
	2008	51.6	52.7	50.6	34.7	36.1	33.3	59.1	60.3	57.9
中国台湾省	1995	56.2	70.2	43.1	32.6	30.1	34.9	63.4	82.2	45.5
	2000	54.3	65.5	43.4	29.8	27.1	32.5	61.2	76.2	46.5
	2004	54.0	62.9	45.4	27.2	24.0	30.2	60.6	72.3	49.2
	2005	54.2	62.6	46.0	26.9	23.8	29.8	60.9	71.8	50.0
	2006	54.4	62.3	46.7	26.5	23.5	29.4	61.1	71.3	50.9
	2007	54.5	61.8	47.2	26.1	23.1	28.9	61.1	70.6	51.6
	2008	54.4	61.2	47.7	25.6	22.7	28.3	61.1	69.8	52.3
太平洋岛国										
斐济	1995	55.6	76.3	34.6	39.5	52.9	25.5	62.7	86.7	38.5
	2000	55.7	75.3	35.9	39.9	52.3	26.8	62.8	85.8	39.9
	2004	56.4	75.8	36.7	40.3	52.9	26.9	63.1	85.8	40.7
	2005	56.4	75.8	36.7	40.3	52.9	26.9	63.0	85.7	40.6
	2006	56.4	75.7	36.8	40.0	52.5	26.6	63.0	85.5	40.7
	2007	56.3	75.8	36.7	40.0	52.4	26.6	62.8	85.4	40.5
	2008	56.3	75.7	36.6	39.7	52.1	26.4	62.7	85.3	40.4
巴布亚新几内亚	1995	69.1	71.0	67.1	53.1	53.1	53.1	77.7	80.2	74.9
	2000	70.4	72.2	68.5	55.1	54.9	55.3	77.9	80.8	74.9
	2004	70.0	71.6	68.4	53.5	53.3	53.8	77.9	80.6	75.3
	2005	70.1	71.8	68.4	53.8	53.6	54.1	77.9	80.6	75.1
	2006	70.1	71.7	68.4	53.8	53.6	54.0	77.9	80.6	75.1
	2007	70.2	71.9	68.5	54.2	54.0	54.4	77.8	80.7	75.0
	2008	70.2	72.0	68.5	54.2	54.0	54.5	77.8	80.7	75.0

	年份	总计（15+）			青年人（15—24）			成年人（25+）		
		MF	M	F	MF	M	F	MF	M	F
所罗门群岛	1995	67.2	78.8	54.9	58.7	64.2	52.7	72.4	87.9	56.3
	2000	66.0	78.3	53.0	55.4	60.8	49.5	72.0	88.3	54.9
	2004	65.3	78.1	51.8	53.3	58.6	47.4	71.7	88.5	54.1
	2005	65.2	78.0	51.6	52.7	58.1	46.9	71.6	88.5	54.0
	2006	65.0	77.9	51.4	52.2	57.5	46.4	71.6	88.5	53.8
	2007	64.7	77.5	51.1	51.3	56.3	45.7	71.4	88.4	53.7
	2008	64.5	77.3	50.9	50.7	55.7	45.3	71.3	88.3	53.6
南亚										
阿富汗	1995	53.8	81.3	24.0	44.9	63.6	24.6	58.8	91.2	23.7
	2000	53.7	81.4	23.7	45.1	63.9	24.6	58.6	91.4	23.2
	2004	53.9	81.2	24.4	45.6	64.1	25.6	58.7	91.2	23.7
	2005	54.0	81.1	24.6	46.4	64.8	26.4	58.3	90.5	23.6
	2006	54.4	81.7	25.0	46.5	64.9	26.6	59.1	91.5	24.1
	2007	54.7	82.4	24.8	46.8	64.9	27.1	59.3	92.7	23.4
	2008	55.2	83.0	25.1	46.9	64.9	27.4	60.0	93.6	23.7
孟加拉国	1995	69.9	84.8	54.5	58.7	67.5	49.7	76.0	94.2	57.1
	2000	68.1	83.1	52.7	56.6	65.7	47.4	74.1	92.3	55.6
	2004	67.9	82.2	53.3	57.5	66.1	48.6	72.9	90.0	55.6
	2005	68.1	83.0	53.0	56.4	66.0	46.6	73.6	91.0	56.0
	2006	68.2	82.8	53.3	56.1	65.4	46.4	73.8	90.9	56.5
	2007	67.8	81.8	53.6	56.1	65.4	46.4	73.0	89.1	56.8
	2008	67.9	81.6	53.9	56.0	65.1	46.5	73.0	88.8	57.1
不丹	1995	50.6	80.7	19.2	40.0	61.7	17.9	55.7	89.6	19.9
	2000	51.8	79.6	23.1	40.3	59.5	20.7	57.8	89.9	24.3
	2004	57.7	79.0	33.6	45.2	59.4	29.0	64.4	89.2	36.0
	2005	58.9	78.7	36.0	45.7	58.9	30.6	65.7	88.8	38.9
	2006	59.7	78.3	38.1	45.8	58.1	31.8	66.8	88.3	41.4
	2007	60.0	76.2	41.3	45.8	57.6	32.8	67.1	85.0	45.7
	2008	61.1	77.0	42.6	45.5	56.8	33.4	68.5	86.2	47.3
印度	1995	57.5	79.6	33.7	43.9	60.2	26.1	63.4	88.1	36.9
	2000	56.7	78.9	32.9	41.9	58.3	24.1	62.9	87.7	36.5
	2004	55.8	78.1	32.1	40.6	57.5	22.2	62.0	86.6	36.1
	2005	55.7	77.7	32.4	40.2	57.0	22.1	62.0	86.2	36.4
	2006	55.7	77.4	32.7	39.9	56.4	22.0	62.0	85.9	36.9
	2007	55.5	77.5	32.3	39.8	56.5	21.6	61.7	85.9	36.4
	2008	55.6	77.4	32.4	39.6	56.4	21.4	61.8	85.8	36.6
马尔代夫	1995	46.4	68.8	23.0	30.5	45.4	15.3	55.2	81.7	27.3
	2000	49.0	66.9	30.7	31.2	41.2	20.7	59.5	82.2	36.4
	2004	53.9	69.3	38.2	38.1	47.3	28.5	63.3	82.5	44.0
	2005	56.7	70.8	42.3	39.5	48.8	30.0	66.8	83.9	49.5
	2006	55.5	70.1	40.5	41.6	50.2	32.7	63.5	81.8	45.0
	2007	56.3	70.7	41.7	41.4	49.1	33.4	64.7	83.0	46.2
	2008	57.3	71.4	42.9	42.4	49.9	34.6	65.4	83.3	47.3
尼泊尔	1995	59.9	72.8	47.6	49.8	52.9	46.7	65.0	83.4	48.0
	2000	59.3	70.3	48.9	46.6	48.9	44.2	65.7	81.9	51.1
	2004	60.1	69.0	51.6	46.0	47.0	45.0	67.0	80.7	54.6
	2005	60.8	69.1	52.9	46.2	46.8	45.6	67.9	80.9	56.1
	2006	61.3	69.0	54.1	46.5	46.6	46.4	68.5	80.7	57.6
	2007	61.3	68.9	54.2	45.9	46.2	45.6	68.8	80.8	58.1
	2008	61.5	68.7	54.7	45.9	46.0	45.8	69.0	80.6	58.6
巴基斯坦	1995	46.8	79.9	10.7	36.1	61.8	8.6	52.1	88.7	11.8
	2000	47.5	79.0	13.5	35.8	62.6	7.3	53.3	87.2	16.6
	2004	47.9	78.2	15.5	39.1	63.0	13.6	52.5	86.0	16.4
	2005	48.7	78.6	16.8	40.1	63.9	14.9	53.1	86.0	17.7
	2006	50.5	80.2	18.8	42.6	66.9	16.8	54.6	87.0	19.8
	2007	51.0	80.9	19.0	43.2	68.7	16.1	54.9	87.1	20.5
	2008	51.5	81.3	19.8	43.7	69.2	16.6	55.4	87.3	21.3
斯里兰卡	1995	49.1	67.9	30.4	29.9	38.6	20.9	56.2	78.9	33.8
	2000	53.0	72.7	33.7	34.2	46.5	21.8	59.4	82.0	37.7
	2004	52.8	70.2	36.1	34.3	45.0	23.3	59.0	79.0	40.2
	2005	52.4	69.8	35.8	33.2	45.6	20.5	58.7	78.1	40.6
	2006	53.5	69.9	37.8	35.8	46.2	25.3	59.0	77.8	41.6
	2007	54.3	71.0	38.5	34.9	47.0	22.5	60.2	78.7	43.1
	2008	54.7	71.2	39.1	35.5	47.8	22.8	60.3	78.4	43.6

	年份	年龄组								
		总计（15+）			青年人（15—24）			成年人（25+）		
		MF	M	F	MF	M	F	MF	M	F
东南亚										
文莱达鲁萨兰国	1995	63.0	76.9	47.5	41.6	48.2	34.7	71.2	87.4	52.6
	2000	64.1	75.2	52.1	43.5	48.6	38.3	71.7	84.5	57.4
	2004	63.9	73.3	53.8	42.6	46.8	38.2	71.2	82.2	59.2
	2005	63.8	72.8	54.1	42.3	46.4	38.0	71.0	81.6	59.7
	2006	63.7	72.3	54.6	42.1	46.0	38.0	70.9	80.9	60.2
	2007	63.5	71.3	55.1	42.4	46.1	38.6	70.4	79.6	60.6
	2008	63.3	70.7	55.4	42.3	45.9	38.5	70.2	78.8	61.0
柬埔寨	1995	76.4	80.8	72.7	62.6	59.9	65.3	82.3	90.9	75.6
	2000	77.4	82.3	73.0	68.0	66.5	69.4	82.1	91.2	74.7
	2004	74.7	80.5	69.6	67.8	69.0	66.7	78.8	88.1	71.2
	2005	74.5	80.2	69.5	67.3	68.5	66.2	78.8	88.0	71.2
	2006	74.2	79.7	69.2	66.1	67.2	64.9	79.0	87.9	71.5
	2007	74.6	80.5	69.1	68.1	69.8	66.4	78.3	87.5	70.6
	2008	74.6	80.6	69.1	68.2	69.9	66.4	78.2	87.3	70.5
东帝汶	1995	64.3	78.4	49.6	50.6	55.9	44.7	70.8	89.6	51.7
	2000	64.8	77.2	52.0	50.5	54.5	45.8	71.6	88.7	54.7
	2004	65.3	77.7	52.5	54.8	59.8	49.4	71.3	88.4	54.2
	2005	65.4	77.8	52.5	55.3	60.5	49.7	71.2	88.3	54.1
	2006	65.4	77.9	52.5	55.5	60.7	49.8	71.2	88.3	54.1
	2007	66.6	78.8	54.0	57.6	63.0	51.9	71.9	88.4	55.2
	2008	66.8	79.0	54.3	58.1	63.5	52.4	72.0	88.4	55.4
印度尼西亚	1995	61.7	78.0	45.5	41.6	49.3	33.7	70.5	91.0	50.6
	2000	63.2	79.9	46.8	45.1	54.5	35.5	70.4	90.4	51.2
	2004	60.5	78.3	43.2	39.0	48.0	29.9	68.4	89.6	47.9
	2005	59.8	77.3	42.6	36.7	45.8	27.3	68.0	88.8	47.9
	2006	59.6	77.5	42.1	37.1	45.4	28.6	67.4	88.9	46.7
	2007	61.3	79.0	43.9	41.4	50.0	32.6	68.0	89.1	47.6
	2008	61.8	80.0	44.0	40.8	49.7	31.6	68.7	90.3	48.0
老挝人民民主主义共和国	1995	79.1	80.2	77.9	70.2	62.8	77.8	83.8	89.9	78.0
	2000	78.7	79.5	77.9	67.3	59.6	75.1	84.6	90.3	79.3
	2004	78.2	78.7	77.7	65.4	57.6	73.3	85.0	90.4	79.9
	2005	78.0	78.4	77.6	64.6	56.9	72.5	85.1	90.4	80.2
	2006	77.7	78.1	77.4	63.8	56.1	71.7	85.2	90.4	80.4
	2007	77.8	78.2	77.4	63.9	56.5	71.4	85.3	90.4	80.5
	2008	77.7	78.2	77.3	63.6	56.5	70.8	85.3	90.4	80.6
马来西亚	1995	59.8	78.5	40.8	45.2	53.4	36.7	65.8	88.7	42.5
	2000	60.7	78.4	42.6	44.6	52.2	36.9	67.0	88.7	44.8
	2004	60.2	77.7	42.3	44.1	51.3	36.7	66.4	87.9	44.5
	2005	60.1	77.6	42.3	44.0	51.1	36.7	66.3	87.8	44.5
	2006	60.1	77.5	42.4	43.8	50.8	36.6	66.3	87.7	44.6
	2007	60.3	77.5	42.8	44.0	51.2	36.6	66.4	87.4	45.0
	2008	60.5	77.4	43.2	44.5	51.3	37.4	66.3	87.1	45.3
缅甸	1995	73.9	83.1	65.2	59.2	68.3	50.2	80.5	89.9	71.7
	2000	74.0	82.9	65.5	56.9	66.3	47.5	81.1	90.0	72.7
	2004	74.1	82.9	65.9	55.2	65.0	45.5	81.3	90.0	73.4
	2005	74.2	82.9	66.0	54.7	64.6	44.9	81.4	90.0	73.6
	2006	74.0	82.6	66.1	53.1	63.1	43.1	81.6	89.9	74.1
	2007	74.3	82.9	66.3	53.8	63.8	43.9	81.6	89.9	73.9
	2008	74.4	83.0	66.5	53.4	63.4	43.5	81.6	89.9	74.0
菲律宾	1995	60.6	76.9	44.3	43.3	53.7	32.5	69.1	88.6	50.0
	2000	58.3	73.2	43.5	38.3	47.4	28.9	67.8	85.7	50.2
	2004	58.5	73.3	43.8	37.2	46.7	27.3	68.2	85.6	51.1
	2005	59.8	73.7	45.9	39.5	48.9	29.7	68.9	85.2	52.9
	2006	59.2	73.2	45.4	38.9	47.9	29.6	68.3	84.7	52.2
	2007	60.8	75.1	46.6	40.2	48.7	31.4	69.9	87.1	53.1
	2008	60.1	74.2	46.0	39.2	47.6	30.5	69.2	86.1	52.6
新加坡	1995	61.8	76.2	47.6	48.4	48.5	48.3	64.8	82.5	47.5
	2000	60.8	73.7	48.0	43.7	43.7	43.7	64.0	79.5	48.8
	2004	60.8	72.3	49.3	39.3	40.0	38.4	64.7	78.5	51.2
	2005	60.7	72.0	49.5	37.9	38.9	36.7	64.9	78.4	51.7
	2006	61.4	72.9	50.0	36.4	37.8	34.9	66.1	79.7	52.7
	2007	61.3	72.6	50.2	37.0	38.0	35.9	66.0	79.5	52.8
	2008	61.6	72.4	50.9	37.6	38.4	36.7	66.2	79.3	53.5

	年份	年龄组								
		总计（15+）			青年人（15—24）			成年人（25+）		
		MF	M	F	MF	M	F	MF	M	F
泰国	1995	73.9	82.4	65.8	60.8	65.1	56.6	78.5	88.8	68.9
	2000	71.8	79.1	64.9	48.8	52.5	45.2	78.2	86.9	70.3
	2004	72.4	79.8	65.4	49.4	55.7	43.0	78.5	86.6	71.0
	2005	72.5	79.5	65.9	49.2	54.8	43.4	78.7	86.5	71.5
	2006	72.0	79.5	65.0	46.6	54.6	38.3	78.7	86.4	71.6
	2007	71.8	79.2	64.8	46.5	53.6	39.1	78.4	86.2	71.1
	2008	71.5	78.8	64.5	45.6	53.0	38.0	78.0	85.8	70.9
越南	1995	74.4	78.2	71.0	69.1	68.1	70.0	76.8	83.2	71.4
	2000	70.9	75.0	67.1	56.3	55.8	56.9	77.0	83.7	71.1
	2004	70.2	74.7	66.0	54.7	55.3	54.1	76.2	82.7	70.3
	2005	70.0	74.4	65.9	53.6	54.2	53.1	76.2	82.6	70.5
	2006	69.7	74.0	65.7	52.5	53.0	51.9	76.2	82.4	70.5
	2007	69.5	73.8	65.4	51.7	52.3	51.0	76.0	82.3	70.3
	2008	69.4	73.8	65.3	51.1	51.8	50.3	76.0	82.3	70.3
拉丁美洲和加勒比地区										
加勒比地区										
巴哈马	1995	64.1	72.7	55.9	46.8	53.4	40.0	70.6	80.4	61.6
	2000	66.5	73.7	59.7	45.3	49.3	41.3	73.7	82.4	65.7
	2004	64.5	71.1	58.3	42.0	45.8	38.2	71.7	79.7	64.4
	2005	64.6	71.2	58.5	43.5	47.3	39.8	71.2	79.1	64.1
	2006	66.5	72.9	60.5	45.7	49.0	42.4	72.9	80.6	65.9
	2007	66.1	72.7	60.0	43.3	46.2	40.5	73.0	81.2	65.6
	2008	65.4	71.9	59.4	42.2	45.0	39.4	72.3	80.3	65.1
巴巴多斯	1995	55.5	64.3	47.7	40.6	46.0	35.2	59.6	69.7	50.8
	2000	62.1	70.7	54.5	46.5	50.3	42.5	65.7	75.8	57.0
	2004	62.7	70.9	55.3	42.9	48.4	37.2	67.1	76.4	59.1
	2005	63.2	71.2	56.1	43.6	49.0	38.2	67.6	76.6	59.8
	2006	63.6	71.3	56.6	44.1	49.2	38.9	67.9	76.6	60.3
	2007	64.2	72.3	56.8	43.7	49.1	38.1	68.6	77.8	60.6
	2008	64.4	72.6	57.1	43.8	49.5	38.0	68.8	77.9	60.8
古巴	1995	51.5	67.1	36.0	36.9	47.2	26.2	55.2	72.2	38.4
	2000	53.9	67.4	40.5	31.7	40.1	22.8	58.2	72.9	43.8
	2004	55.1	68.2	42.1	31.1	38.8	23.0	59.9	74.3	45.8
	2005	55.0	67.8	42.4	31.7	39.1	23.9	59.8	73.9	46.0
	2006	55.0	67.2	43.0	32.2	39.1	24.9	59.7	73.2	46.6
	2007	54.8	66.8	42.9	31.8	38.5	24.7	59.6	72.9	46.5
	2008	54.4	66.2	42.7	31.9	38.4	25.0	59.0	72.2	46.2
多米尼加共和国	1995	47.6	74.1	20.8	30.9	50.7	11.0	55.1	84.5	25.2
	2000	52.0	69.3	34.8	37.3	50.0	24.7	58.2	77.3	39.0
	2004	55.7	69.2	42.1	39.1	49.8	28.3	62.2	77.0	47.5
	2005	56.4	69.6	43.2	39.7	50.2	29.1	63.0	77.3	48.8
	2006	57.7	69.4	46.0	40.2	49.7	30.7	64.5	77.1	51.9
	2007	53.8	65.7	42.0	34.5	44.2	24.7	61.3	74.0	48.6
	2008	53.3	64.8	41.8	33.5	42.9	24.1	60.8	73.1	48.5
瓜德罗普	1995	42.8	49.2	37.0	17.8	19.2	16.4	50.0	58.4	42.5
	2000	42.8	48.1	38.2	14.1	15.5	12.6	49.3	56.1	43.5
	2004	41.2	45.0	37.7	14.9	16.1	13.6	47.0	51.9	42.7
	2005	40.1	43.6	37.0	14.4	15.5	13.3	45.8	50.3	41.8
	2006	39.3	42.5	36.4	14.0	15.0	12.9	44.9	49.0	41.3
	2007	41.7	44.8	38.8	15.6	16.8	14.4	47.3	51.3	43.7
	2008	40.9	44.0	38.1	15.1	16.3	13.9	46.3	50.3	42.8
圭亚那	1995	52.8	74.0	33.6	40.7	57.0	24.6	58.8	82.9	37.8
	2000	55.2	74.9	37.5	41.9	57.2	26.6	61.1	83.2	41.9
	2004	56.4	73.3	39.5	38.5	55.9	21.2	62.7	79.3	45.9
	2005	56.6	73.2	39.7	37.5	55.3	19.8	63.0	79.0	46.3
	2006	58.2	73.7	41.9	38.0	56.1	20.1	64.6	79.2	49.1
	2007	57.9	73.8	41.3	37.8	55.9	19.5	64.2	79.2	48.3
	2008	57.8	73.4	41.5	37.0	55.1	18.8	64.2	78.9	48.6
海地	1995	53.4	76.9	31.4	39.0	52.6	25.6	60.4	89.0	34.1
	2000	55.4	75.9	36.1	44.4	53.5	35.4	61.2	88.4	36.4
	2004	53.8	75.4	33.5	44.4	53.8	34.9	58.8	87.6	32.8
	2005	55.0	76.8	34.6	46.3	55.7	36.9	59.7	88.7	33.4
	2006	55.3	77.0	34.8	46.5	55.9	37.0	59.9	88.7	33.7
	2007	55.8	77.5	35.3	47.6	56.4	38.8	60.0	89.0	33.6
	2008	55.4	77.2	35.0	47.0	55.7	38.4	59.7	88.6	33.3

	年份	年龄组								
		总计（15+）			青年人（15—24）			成年人（25+）		
		MF	M	F	MF	M	F	MF	M	F
牙买加	1995	59.7	69.7	50.4	33.9	42.8	25.2	70.1	80.9	60.3
	2000	57.0	68.5	46.3	30.0	38.5	21.7	66.8	79.6	54.9
	2004	57.1	68.5	46.6	30.0	37.6	22.6	66.4	79.6	54.5
	2005	57.5	69.3	46.7	30.5	38.6	22.4	66.7	80.3	54.6
	2006	58.3	69.8	47.7	31.4	39.3	23.6	67.5	80.8	55.6
	2007	57.4	69.5	46.2	30.3	38.4	22.2	66.8	80.9	54.1
	2008	56.2	68.4	45.1	29.1	37.1	21.0	65.7	80.1	53.0
马提尼克	1995	42.7	48.5	37.6	19.8	24.2	15.5	48.5	55.4	42.8
	2000	41.7	46.5	37.6	14.1	17.1	11.1	47.3	53.1	42.6
	2004	43.0	47.4	39.4	15.3	18.2	12.4	48.5	53.9	44.2
	2005	43.2	47.3	39.7	15.7	18.5	12.8	48.6	53.8	44.5
	2006	41.0	44.9	37.9	14.6	17.2	11.9	46.3	51.1	42.5
	2007	42.8	46.7	39.6	15.6	18.2	12.9	48.3	53.2	44.4
	2008	41.7	45.4	38.6	15.2	17.8	12.7	47.1	51.8	43.3
荷属安的列斯	1995	49.9	61.1	40.1	28.9	33.2	24.6	54.9	68.4	43.5
	2000	50.6	58.0	44.4	26.2	27.8	24.7	55.4	64.4	47.9
	2004	49.3	55.5	44.2	23.2	24.4	22.1	54.4	62.2	48.2
	2005	48.2	54.2	43.3	20.7	22.9	18.5	53.6	60.9	47.7
	2006	50.5	57.4	44.8	22.6	25.1	20.3	55.8	64.2	49.1
	2007	52.1	59.9	45.7	27.1	27.2	26.9	56.7	66.6	48.8
	2008	51.6	59.3	45.3	26.2	26.1	26.3	56.1	65.9	48.4
波多黎各	1995	38.7	49.8	28.8	24.6	30.3	18.8	42.7	55.8	31.5
	2000	40.7	51.4	31.3	28.4	33.7	23.1	43.9	56.3	33.2
	2004	41.0	50.6	32.4	29.5	35.9	22.9	43.7	54.4	34.5
	2005	40.9	50.4	32.5	30.2	36.3	24.1	43.3	54.0	34.2
	2006	40.7	49.9	32.6	28.0	34.2	21.6	43.6	53.7	34.9
	2007	41.0	49.8	33.3	29.2	34.3	24.1	43.7	53.6	35.2
	2008	40.6	49.0	33.3	28.5	33.5	23.4	43.3	52.7	35.3
苏里南	1995	45.6	62.2	28.9	21.7	29.9	13.0	54.6	74.6	34.7
	2000	43.3	58.2	28.4	17.0	26.6	6.9	52.5	69.5	35.7
	2004	46.2	60.7	31.8	21.5	32.0	10.7	54.9	71.1	39.0
	2005	46.1	60.2	32.1	21.2	31.6	10.6	54.8	70.6	39.4
	2006	46.6	60.1	33.1	21.3	31.4	10.8	55.3	70.4	40.6
	2007	46.2	60.4	32.1	21.5	32.0	10.7	54.5	70.3	39.1
	2008	46.5	60.8	32.4	21.7	32.2	10.9	54.6	70.3	39.2
特立尼达和多巴哥	1995	49.3	64.2	35.5	35.8	45.1	26.5	54.2	71.7	38.6
	2000	53.5	68.6	39.5	39.7	49.1	30.1	58.7	76.6	42.9
	2004	58.1	71.6	45.6	44.1	52.7	35.4	63.3	79.3	49.2
	2005	59.3	72.2	47.5	45.4	54.2	36.4	64.5	79.4	51.3
	2006	62.0	73.2	51.7	47.8	55.3	40.1	67.0	80.0	55.6
	2007	60.8	73.6	49.0	46.3	54.1	38.4	65.7	80.8	52.4
	2008	60.7	73.1	49.3	45.7	53.2	38.1	65.5	80.0	52.6
中美洲										
伯利兹	1995	51.9	74.6	29.0	39.2	56.0	22.0	58.5	84.2	32.6
	2000	53.8	74.9	32.6	39.3	54.6	23.6	61.0	85.2	36.9
	2004	55.5	74.7	36.3	41.0	54.8	26.8	62.8	84.7	40.9
	2005	55.6	74.6	36.5	41.7	55.4	27.5	62.5	84.2	40.9
	2006	56.9	75.1	38.6	42.2	55.3	28.6	64.1	85.0	43.3
	2007	56.3	74.4	38.1	41.4	54.1	28.3	63.5	84.4	42.7
	2008	56.9	74.8	38.8	41.8	54.2	29.1	64.0	84.7	43.4
哥斯达黎加	1995	58.1	79.4	36.3	47.7	64.0	30.7	61.9	85.2	38.3
	2000	57.8	77.3	38.0	45.8	61.0	29.9	62.4	83.6	41.0
	2004	55.8	75.0	36.1	41.6	55.2	27.4	61.1	82.6	39.4
	2005	56.3	75.0	37.2	42.4	54.8	29.2	61.5	82.7	40.1
	2006	57.1	75.1	38.8	42.9	54.6	30.6	62.3	82.8	41.7
	2007	57.7	75.8	39.3	44.0	55.6	31.8	62.6	83.2	41.9
	2008	57.2	74.9	39.1	43.1	54.1	31.5	62.1	82.5	41.7
萨尔瓦多	1995	56.9	76.2	40.0	44.6	61.4	28.5	62.5	83.4	44.9
	2000	56.1	71.9	42.5	41.5	54.5	29.3	62.0	79.6	47.6
	2004	54.9	70.5	41.8	40.9	54.3	28.4	60.5	77.5	46.8
	2005	54.9	70.3	42.0	40.4	53.8	28.0	60.6	77.4	47.2
	2006	55.0	70.1	42.4	39.9	52.9	27.8	61.0	77.5	47.8
	2007	54.9	69.4	42.8	39.4	51.3	28.2	61.1	77.4	48.2
	2008	54.3	68.4	42.6	38.8	50.1	28.1	60.6	76.6	48.0

	年份	年龄组								
		总计（15+）			青年人（15—24）			成年人（25+）		
		MF	M	F	MF	M	F	MF	M	F
危地马拉	1995	51.1	80.3	23.2	49.2	74.8	24.2	52.2	83.4	22.7
	2000	49.4	75.6	25.4	50.9	75.3	27.4	48.6	75.7	24.3
	2004	61.0	83.6	40.5	52.1	73.4	31.7	65.8	89.5	45.1
	2005	61.5	84.1	41.1	52.9	74.2	32.3	66.1	89.7	45.6
	2006	62.1	84.3	42.1	53.5	74.7	33.1	66.6	89.7	46.7
	2007	62.5	83.4	43.7	52.5	72.1	33.5	67.8	89.8	48.8
	2008	62.4	82.8	44.1	51.6	70.3	33.4	68.1	89.8	49.4
洪都拉斯	1995	61.9	84.8	39.5	51.7	73.6	29.8	67.7	91.2	44.9
	2000	63.0	84.3	42.2	53.6	73.5	34.0	68.1	90.3	46.7
	2004	56.6	79.5	34.5	44.5	65.1	24.0	63.0	87.3	39.9
	2005	56.6	80.3	33.6	44.2	64.7	23.7	63.1	88.7	38.7
	2006	57.7	80.5	35.5	45.0	64.9	25.1	64.2	88.9	40.8
	2007	56.8	79.6	34.7	43.7	62.9	24.5	63.5	88.4	39.9
	2008	56.3	78.8	34.4	42.8	61.3	24.2	63.2	88.1	39.5
墨西哥	1995	55.3	77.7	34.0	48.6	65.7	31.8	58.6	83.8	35.0
	2000	58.3	80.5	37.2	50.1	66.0	34.3	61.7	86.8	38.3
	2004	57.9	78.8	38.3	45.1	60.6	29.9	62.7	85.6	41.2
	2005	57.9	78.0	39.0	44.8	58.7	31.3	62.6	85.0	41.7
	2006	59.0	79.1	40.1	45.9	60.2	32.1	63.5	85.8	42.8
	2007	57.6	77.2	39.1	42.9	55.3	30.8	62.6	84.8	41.9
	2008	57.1	76.2	39.1	41.6	53.4	30.1	62.3	84.0	42.1
尼加拉瓜	1995	54.2	78.9	30.5	43.6	65.8	21.7	60.3	86.6	35.6
	2000	56.5	81.6	32.5	46.9	70.4	23.5	62.0	88.1	37.4
	2004	56.7	80.9	33.6	46.7	69.3	24.0	62.1	87.4	38.5
	2005	57.1	81.9	33.6	47.4	70.5	24.3	62.3	88.1	38.3
	2006	57.6	81.9	34.5	47.4	70.0	24.8	62.8	88.2	39.3
	2007	58.1	81.9	35.5	47.9	70.3	25.6	63.3	88.1	40.3
	2008	58.3	82.0	36.0	48.0	70.2	25.9	63.5	88.0	40.8
巴拿马	1995	52.7	73.1	32.1	37.7	52.1	23.0	58.9	81.9	35.8
	2000	54.1	71.6	36.4	35.3	47.7	22.5	60.9	80.5	41.3
	2004	55.8	73.1	38.3	36.0	49.2	22.4	62.5	81.5	43.7
	2005	57.3	74.0	40.6	38.4	51.0	25.4	63.7	81.9	45.7
	2006	57.3	74.3	40.3	37.7	51.3	23.6	63.9	82.2	45.8
	2007	59.1	75.5	42.7	40.2	53.5	26.5	65.3	82.9	48.0
	2008	58.7	74.7	42.6	39.5	52.4	26.1	64.9	82.1	47.8
南美洲										
阿根廷	1995	46.3	62.7	31.1	33.8	43.0	24.3	50.2	69.3	33.1
	2000	50.0	64.8	36.5	36.4	44.7	27.9	54.3	71.5	38.9
	2004	52.7	66.9	39.6	34.3	41.9	26.5	58.0	74.7	43.1
	2005	54.2	68.4	41.1	35.4	43.0	27.6	59.5	76.2	44.7
	2006	55.2	69.3	42.2	35.1	43.4	26.6	60.8	77.1	46.3
	2007	55.6	69.5	42.8	35.7	43.1	28.1	61.1	77.4	46.7
	2008	56.5	70.3	43.9	36.2	43.4	28.7	62.1	78.3	47.7
玻利维亚	1995	60.3	72.3	48.8	41.7	47.6	35.9	69.2	84.7	54.8
	2000	67.2	78.7	56.1	48.0	56.3	39.5	76.0	89.5	63.4
	2004	69.4	79.0	60.3	48.4	55.6	41.1	78.9	90.0	68.5
	2005	69.1	78.0	60.6	47.6	54.3	40.7	78.8	89.1	69.2
	2006	70.0	78.0	62.2	47.7	53.9	41.4	80.0	89.4	71.1
	2007	70.3	79.2	61.6	49.1	57.1	41.0	79.7	89.7	70.4
	2008	70.7	79.5	62.2	49.4	57.5	41.2	80.2	89.8	71.2
巴西	1995	60.6	79.1	42.9	58.1	71.5	44.8	61.6	82.2	42.2
	2000	60.6	75.1	46.8	51.5	63.0	39.9	64.0	80.0	49.3
	2004	62.6	75.7	50.2	52.8	63.5	41.9	66.1	80.3	53.0
	2005	62.5	75.4	50.3	52.0	62.6	41.1	66.1	80.1	53.3
	2006	63.2	76.1	51.2	52.8	63.4	42.0	66.8	80.5	54.1
	2007	63.8	75.9	52.4	52.8	62.8	42.5	67.4	80.5	55.4
	2008	63.9	75.8	52.8	52.6	62.3	42.7	67.5	80.3	55.7
智利	1995	52.2	73.4	32.2	35.2	46.2	24.0	57.4	82.2	34.6
	2000	49.3	67.8	31.8	25.9	33.5	18.0	55.9	78.0	35.4
	2004	50.6	67.6	34.4	26.0	33.0	18.7	57.6	78.1	38.6
	2005	50.5	67.7	34.2	26.0	32.8	19.0	57.5	78.2	38.4
	2006	51.7	67.8	36.3	26.7	32.8	20.4	58.8	78.4	40.6
	2007	50.1	66.3	34.6	24.0	30.3	17.6	57.5	77.2	39.2
	2008	49.6	65.2	34.9	23.7	29.5	17.8	57.0	75.9	39.5

	年份	年龄组								
		总计（15+）			青年人（15—24）			成年人（25+）		
		MF	M	F	MF	M	F	MF	M	F
哥伦比亚	1995	54.5	69.7	40.1	37.8	48.1	27.4	61.5	79.3	45.2
	2000	58.9	70.8	47.8	41.7	49.7	33.5	65.8	79.7	53.1
	2004	59.4	69.7	49.8	40.9	47.6	33.9	66.3	78.4	55.4
	2005	61.3	71.1	52.0	42.1	48.6	35.5	68.3	79.8	57.8
	2006	60.7	70.0	52.0	40.8	46.7	34.8	67.9	78.9	57.8
	2007	62.4	71.3	54.1	43.9	49.6	38.1	68.9	79.4	59.4
	2008	62.0	71.2	53.5	42.9	48.4	37.1	68.8	79.6	58.9
厄瓜多尔	1995	54.2	74.0	34.7	40.5	52.9	27.9	60.6	84.0	37.8
	2000	56.5	73.6	39.6	40.7	51.7	29.4	63.3	83.2	43.9
	2004	58.8	74.1	43.7	39.6	49.9	29.1	66.4	84.0	49.3
	2005	59.3	74.1	44.7	39.4	49.4	29.2	67.0	84.0	50.6
	2006	59.9	74.1	45.8	39.3	49.0	29.4	67.7	84.1	51.9
	2007	60.1	74.4	46.1	39.7	49.3	29.8	67.8	84.1	52.0
	2008	60.5	74.5	46.7	39.7	49.1	30.1	68.2	84.2	52.7
巴拉圭	1995	68.7	82.9	54.5	58.0	65.8	49.9	73.6	90.7	56.5
	2000	67.7	78.9	56.4	54.4	60.6	48.0	74.0	87.7	60.3
	2004	70.6	78.9	62.2	57.0	61.2	52.6	77.0	87.4	66.7
	2005	72.0	80.5	63.4	57.4	62.7	51.8	78.8	88.9	68.7
	2006	72.1	79.7	64.3	57.4	61.7	52.9	78.8	88.1	69.5
	2007	72.6	80.5	64.7	57.7	62.8	52.3	79.4	88.7	70.2
	2008	72.8	80.5	65.1	57.7	62.7	52.6	79.6	88.5	70.6
秘鲁	1995	60.8	72.9	48.7	47.6	54.6	40.4	66.9	81.6	52.5
	2000	63.6	74.9	52.4	49.8	58.0	41.4	69.5	82.3	56.9
	2004	66.4	75.7	57.2	50.6	57.7	43.2	72.7	83.0	62.6
	2005	67.1	75.6	58.7	50.3	56.5	43.9	73.7	83.2	64.4
	2006	67.7	75.3	60.2	49.9	55.2	44.4	74.6	83.3	66.1
	2007	68.3	76.8	59.8	52.1	59.4	44.7	74.4	83.7	65.5
	2008	68.8	77.1	60.5	52.5	59.7	45.1	74.9	83.9	66.2
乌拉圭	1995	54.3	69.3	41.0	46.9	56.6	36.8	56.3	73.1	42.0
	2000	54.7	68.7	42.3	42.8	51.8	33.5	57.7	73.4	44.3
	2004	54.8	68.6	42.7	39.0	47.8	30.0	58.5	74.0	45.4
	2005	55.4	69.1	43.3	39.1	47.6	30.3	59.1	74.6	46.0
	2006	54.8	68.4	42.8	37.0	45.6	28.2	58.8	74.2	45.8
	2007	55.5	68.7	43.9	37.8	45.3	30.1	59.5	74.7	46.8
	2008	56.4	69.3	45.1	38.6	45.7	31.4	60.5	75.3	48.0
委内瑞拉玻利瓦尔共和国	1995	52.7	73.5	31.8	34.5	49.8	18.7	60.3	83.8	37.2
	2000	53.6	70.4	37.0	33.6	46.6	20.2	61.8	80.4	43.7
	2004	54.8	70.0	39.7	33.8	46.7	20.5	63.0	79.4	47.1
	2005	56.4	71.1	41.8	34.7	47.4	21.7	64.7	80.5	49.4
	2006	59.3	73.5	45.2	37.0	49.5	24.1	67.8	83.0	53.1
	2007	60.9	75.0	47.0	39.7	52.7	26.4	68.9	83.6	54.5
	2008	61.3	75.6	47.2	39.5	52.7	25.9	69.4	84.3	54.9
非洲										
北非										
阿尔及利亚	1995	37.9	56.8	19.0	23.1	33.7	12.1	45.7	69.5	22.6
	2000	38.4	55.5	21.4	22.0	31.5	12.1	46.9	68.2	26.1
	2004	44.8	62.8	26.8	27.2	37.8	16.1	53.3	75.1	31.8
	2005	47.7	66.3	29.1	31.5	43.2	19.3	55.3	77.3	33.6
	2006	49.7	68.5	30.9	34.8	47.2	21.8	56.5	78.3	34.9
	2007	49.1	66.9	31.3	31.1	41.4	20.5	56.9	78.3	35.8
	2008	49.4	66.6	32.1	30.6	39.9	20.8	57.3	78.1	36.6
埃及	1995	41.7	68.1	15.5	22.8	35.7	9.7	50.6	83.7	18.1
	2000	42.1	67.8	16.6	23.9	36.5	10.8	51.1	83.5	19.4
	2004	41.4	65.6	17.4	21.4	31.5	11.0	51.2	82.8	20.4
	2005	41.3	65.4	17.3	19.8	30.8	8.6	51.7	82.7	21.4
	2006	41.6	65.5	17.8	21.2	31.6	10.4	51.3	82.1	21.3
	2007	42.8	66.9	19.0	22.7	32.3	12.8	52.1	83.3	21.7
	2008	43.2	67.2	19.3	23.1	32.6	13.3	52.2	83.2	22.0
利比亚	1995	46.2	71.5	17.4	28.1	43.5	12.2	56.7	86.6	20.7
	2000	46.4	70.0	20.2	27.2	41.6	12.3	56.9	84.8	24.8
	2004	47.5	71.2	21.7	28.2	42.9	13.0	56.6	84.0	25.9
	2005	47.6	71.3	21.8	28.3	43.0	13.0	56.2	83.6	25.9
	2006	47.7	71.5	21.9	28.1	42.5	13.1	56.0	83.3	25.8
	2007	48.3	71.7	23.1	27.9	42.0	13.1	56.3	83.0	27.1
	2008	48.6	71.9	23.5	27.4	41.2	13.1	56.4	82.8	27.5

	年份	年龄组								
		总计（15+）			青年人（15—24）			成年人（25+）		
		MF	M	F	MF	M	F	MF	M	F
摩洛哥	1995	47.0	72.9	22.1	40.9	57.7	23.9	49.9	80.4	21.2
	2000	45.6	69.6	22.7	37.3	51.3	23.5	49.4	78.3	22.4
	2004	46.4	71.5	22.7	37.3	53.2	21.7	50.4	79.8	23.1
	2005	45.9	71.1	22.2	36.0	52.0	20.2	50.2	79.6	23.0
	2006	46.6	71.6	23.1	35.5	50.4	20.7	51.3	80.8	24.1
	2007	46.0	71.5	22.1	34.1	50.1	18.3	50.8	80.5	23.5
	2008	46.1	71.9	22.0	34.7	51.0	18.5	50.6	80.5	23.3
苏丹	1995	47.0	70.1	24.2	29.5	39.2	19.4	56.3	86.9	26.6
	2000	47.1	68.3	26.1	26.7	33.4	19.8	57.7	86.9	29.3
	2004	47.0	67.6	26.5	25.1	31.2	18.8	58.1	86.6	30.3
	2005	46.9	67.1	26.9	24.4	30.1	18.5	58.3	86.3	31.0
	2006	46.8	66.3	27.4	23.5	28.6	18.3	58.5	85.6	31.9
	2007	47.1	66.6	27.7	23.7	29.0	18.3	58.8	85.8	32.3
	2008	47.3	66.5	28.1	23.4	28.5	18.2	59.1	85.8	32.9
突尼斯	1995	40.6	62.8	18.3	27.1	34.9	19.1	46.3	74.7	17.9
	2000	40.2	60.9	19.5	24.8	31.9	17.4	46.6	73.2	20.3
	2004	40.6	60.5	20.8	23.2	30.3	15.8	47.4	72.7	22.7
	2005	40.6	60.5	20.8	22.8	30.1	15.3	47.4	72.5	22.8
	2006	40.7	60.3	21.1	22.7	29.7	15.4	47.4	72.2	23.2
	2007	40.7	60.7	20.9	22.5	29.3	15.4	47.4	72.6	22.8
	2008	41.0	60.9	21.2	22.3	28.9	15.4	47.6	72.6	23.2
撒哈拉以南非洲										
东非										
布隆迪	1995	85.7	85.6	85.8	76.2	74.1	78.2	90.7	92.1	89.5
	2000	85.5	85.6	85.3	77.1	75.5	78.5	90.5	92.2	89.1
	2004	84.3	84.2	84.4	74.5	72.9	76.1	90.6	92.0	89.5
	2005	84.2	84.1	84.3	74.0	72.6	75.5	90.7	92.0	89.6
	2006	84.1	84.0	84.2	73.7	72.2	75.1	90.7	92.0	89.6
	2007	84.2	84.2	84.2	73.7	72.4	74.9	90.8	92.0	89.7
	2008	84.2	84.3	84.1	73.2	72.2	74.3	90.8	92.1	89.7
科摩罗	1995	69.2	79.3	59.2	54.1	59.4	48.7	78.0	91.1	65.2
	2000	67.9	77.5	58.5	50.3	55.6	44.9	78.5	90.9	66.5
	2004	68.5	77.9	59.2	49.9	55.3	44.4	78.9	90.9	67.3
	2005	68.7	78.1	59.4	49.8	55.2	44.3	79.0	90.9	67.4
	2006	68.9	78.4	59.5	49.5	55.0	44.0	79.0	90.9	67.5
	2007	69.2	78.3	60.0	48.9	54.1	43.7	79.3	90.8	68.1
	2008	69.4	78.5	60.3	48.5	53.5	43.4	79.4	90.8	68.4
厄立特里亚	1995	65.7	79.6	53.1	60.2	68.9	51.4	69.9	88.9	54.3
	2000	65.7	80.0	52.6	58.8	68.6	49.0	70.8	89.1	55.0
	2004	65.6	79.8	52.5	55.3	65.2	45.6	71.9	89.4	56.5
	2005	65.7	79.9	52.5	54.8	64.7	45.1	72.1	89.4	56.7
	2006	65.8	80.1	52.5	54.7	64.6	44.9	72.2	89.5	56.7
	2007	65.6	80.1	52.2	53.9	64.2	43.8	72.1	89.4	56.7
	2008	65.6	80.1	52.2	53.6	64.0	43.4	72.2	89.4	56.8
埃塞俄比亚	1995	72.4	86.4	58.8	66.0	75.9	56.2	75.7	92.1	60.1
	2000	75.0	86.9	63.5	70.0	78.2	61.8	77.6	91.6	64.4
	2004	78.4	87.8	69.2	71.9	78.4	65.3	81.9	93.1	71.3
	2005	79.9	88.5	71.6	73.3	79.1	67.5	83.5	93.7	73.8
	2006	79.7	87.9	71.8	72.5	77.9	67.1	83.7	93.5	74.3
	2007	80.3	88.3	72.5	73.5	79.0	67.9	84.1	93.6	74.9
	2008	80.6	88.3	73.1	73.5	78.9	68.1	84.5	93.6	75.9
肯尼亚	1995	73.2	79.4	67.1	61.6	65.2	58.1	80.5	88.6	72.7
	2000	73.2	79.2	67.4	61.1	64.3	57.8	80.9	88.9	73.3
	2004	72.7	78.6	67.0	59.3	62.6	55.9	81.2	88.8	73.9
	2005	72.8	78.6	67.0	59.2	62.6	55.8	81.3	88.8	73.9
	2006	72.9	78.7	67.2	59.2	62.4	55.9	81.3	88.8	74.0
	2007	72.9	78.7	67.2	58.8	62.1	55.5	81.4	88.8	74.1
	2008	73.0	78.7	67.3	58.7	61.9	55.4	81.4	88.8	74.3
马达加斯加	1995	79.2	83.3	75.2	65.5	65.8	65.3	86.8	93.1	80.7
	2000	80.4	84.5	76.4	66.9	67.3	66.6	87.4	93.6	81.4
	2004	81.6	85.3	77.8	67.6	68.2	66.9	88.6	94.1	83.3
	2005	84.2	87.5	81.0	72.0	72.8	71.2	90.4	95.1	85.9
	2006	84.0	87.2	80.9	71.4	72.1	70.7	90.5	95.1	86.0
	2007	82.9	86.7	79.1	70.0	71.4	68.6	89.5	94.8	84.4
	2008	83.3	86.9	79.8	70.7	72.0	69.4	89.9	94.9	85.1

	年份	年龄组								
		总计（15+）			青年人（15—24）			成年人（25+）		
		MF	M	F	MF	M	F	MF	M	F
马拉维	1995	71.2	74.2	68.3	46.4	43.1	49.6	85.1	91.8	78.7
	2000	71.8	74.7	69.1	47.7	45.0	50.4	85.6	92.2	79.4
	2004	72.3	75.3	69.5	48.9	46.3	51.6	85.3	92.1	79.1
	2005	72.3	75.3	69.5	48.9	46.2	51.6	85.3	92.1	79.0
	2006	72.1	74.9	69.5	48.5	45.5	51.5	85.4	92.0	79.2
	2007	72.2	75.3	69.4	49.0	46.4	51.6	85.3	92.2	79.0
	2008	72.1	75.1	69.3	49.0	46.3	51.6	85.3	92.2	79.0
毛里求斯	1995	53.7	74.6	33.4	40.3	53.4	27.0	58.4	82.3	35.5
	2000	54.2	75.2	34.0	38.0	50.9	24.9	59.1	82.7	36.6
	2004	52.8	72.7	33.6	34.0	43.6	24.1	57.8	80.8	36.0
	2005	52.5	72.0	33.7	32.8	42.1	23.2	57.6	80.1	36.4
	2006	52.6	71.6	34.4	34.1	42.5	25.4	57.4	79.4	36.6
	2007	53.4	72.2	35.4	36.8	44.3	29.0	57.7	79.6	37.0
	2008	53.8	72.2	36.1	37.3	44.2	30.2	57.9	79.6	37.6
莫桑比克	1995	79.4	76.7	81.6	67.6	60.7	73.5	85.8	85.6	86.1
	2000	78.5	74.1	82.2	66.7	58.9	74.1	84.8	83.0	86.3
	2004	78.2	73.0	82.8	66.1	57.1	75.0	84.6	82.3	86.5
	2005	78.1	72.7	82.9	65.9	56.6	75.3	84.5	82.1	86.6
	2006	78.0	72.4	82.9	65.8	56.0	75.5	84.5	81.9	86.6
	2007	78.0	72.4	83.0	65.7	56.0	75.4	84.5	81.9	86.7
	2008	77.9	72.3	83.0	65.7	55.9	75.4	84.4	81.8	86.7
留尼汪	1995	39.6	48.6	31.3	21.1	23.8	18.4	45.7	57.2	35.4
	2000	36.6	44.1	29.7	15.9	18.0	13.8	42.8	52.4	34.1
	2004	38.0	45.3	31.4	17.0	18.8	15.1	44.1	53.5	35.8
	2005	39.2	46.4	32.6	17.9	19.7	16.0	45.3	54.6	37.1
	2006	40.3	47.5	33.7	18.8	20.6	17.0	46.5	55.8	38.2
	2007	43.2	50.4	36.6	20.9	22.7	19.0	49.6	58.9	41.3
	2008	43.1	50.2	36.6	20.9	22.6	19.0	49.4	58.6	41.3
卢旺达	1995	86.9	88.7	85.4	79.9	80.3	79.6	90.6	93.5	88.3
	2000	83.8	84.5	83.2	73.4	73.0	73.7	90.6	92.6	89.0
	2004	80.8	80.3	81.2	67.0	65.5	68.5	90.6	91.8	89.7
	2005	80.4	79.7	81.0	66.1	64.3	67.8	90.7	91.6	89.8
	2006	80.4	79.5	81.1	65.7	63.6	67.6	90.7	91.6	89.9
	2007	80.2	79.4	80.9	64.5	62.7	66.4	90.8	91.6	90.1
	2008	80.3	79.5	81.1	64.1	62.1	66.2	90.8	91.5	90.3
索马里	1995	65.2	81.6	49.4	56.4	68.3	44.5	70.2	89.4	52.1
	2000	66.0	82.8	49.9	58.1	70.3	46.0	70.2	89.5	51.9
	2004	66.1	82.4	50.5	57.0	68.5	45.6	70.6	89.4	52.8
	2005	66.2	82.3	50.6	56.9	68.1	45.6	70.7	89.4	53.0
	2006	66.2	82.3	50.8	56.9	68.0	45.8	70.8	89.4	53.2
	2007	66.4	82.4	51.0	57.6	68.5	46.7	70.7	89.4	53.0
	2008	66.5	82.4	51.2	57.9	68.6	47.1	70.8	89.4	53.1
坦桑尼亚联合共和国	1995	86.4	88.9	83.9	77.2	77.8	76.5	91.6	95.4	88.0
	2000	84.9	87.3	82.6	75.7	76.0	75.3	90.2	93.9	86.6
	2004	81.1	83.2	79.0	71.7	71.5	71.9	86.4	90.1	82.9
	2005	79.6	81.8	77.6	70.5	70.2	70.9	84.8	88.5	81.2
	2006	78.0	80.2	75.9	69.4	68.9	69.8	82.9	86.7	79.2
	2007	78.0	80.4	75.8	70.0	70.3	69.7	82.6	86.2	79.2
	2008	78.0	80.3	75.8	70.0	70.3	69.7	82.5	86.0	79.1
乌干达	1995	81.9	87.8	76.1	73.2	78.0	68.4	87.1	93.9	80.7
	2000	81.9	87.4	76.5	73.8	77.8	69.7	87.1	93.7	80.7
	2004	82.9	88.1	77.9	75.6	79.3	72.0	87.7	94.0	81.7
	2005	82.9	88.0	77.9	75.5	79.0	71.9	87.8	94.0	81.7
	2006	82.8	87.9	77.9	75.3	78.8	71.8	87.8	94.0	81.8
	2007	82.9	87.9	78.1	75.5	78.8	72.1	87.9	94.0	81.9
	2008	83.0	87.8	78.1	75.4	78.6	72.2	87.9	94.0	82.0
赞比亚	1995	57.8	65.3	50.6	41.8	48.2	35.4	67.1	75.4	59.2
	2000	60.9	69.1	52.9	45.7	52.8	38.5	69.7	78.9	61.0
	2004	61.0	68.5	53.7	45.7	52.2	39.2	70.0	78.4	62.1
	2005	61.0	68.3	53.9	45.6	51.8	39.3	70.2	78.3	62.4
	2006	61.0	68.1	54.2	45.4	51.5	39.2	70.3	78.1	62.8
	2007	61.1	68.7	53.7	46.2	52.5	39.9	70.0	78.6	61.7
	2008	61.2	68.7	53.9	46.4	52.5	40.3	70.1	78.6	61.8

	年份	年龄组								
		总计（15+）			青年人（15—24）			成年人（25+）		
		MF	M	F	MF	M	F	MF	M	F
津巴布韦	1995	69.9	75.0	65.1	47.6	48.5	46.7	83.5	91.7	75.8
	2000	67.1	73.1	61.5	47.6	50.4	44.8	79.9	89.1	71.9
	2004	66.3	73.7	59.7	49.9	53.7	46.2	78.0	89.2	68.6
	2005	65.9	73.3	59.2	49.2	53.2	45.3	77.9	89.1	68.5
	2006	65.5	73.1	58.7	48.6	53.0	44.3	77.7	89.1	68.3
	2007	65.0	73.2	57.7	49.6	54.2	45.0	76.2	88.3	66.2
	2008	64.9	73.3	57.4	49.6	54.5	44.9	75.9	88.2	65.8
中非										
安哥拉	1995	76.4	85.0	68.2	71.2	77.7	64.8	79.3	89.3	70.0
	2000	76.3	84.4	68.5	70.3	76.5	64.2	79.7	89.2	71.0
	2004	76.2	83.9	68.9	69.6	75.5	63.9	80.1	89.0	71.8
	2005	76.2	83.6	69.2	69.3	74.9	63.8	80.2	88.8	72.2
	2006	76.1	82.9	69.7	68.7	73.6	63.9	80.5	88.5	73.0
	2007	76.3	83.1	69.9	68.9	74.1	63.7	80.7	88.5	73.4
	2008	76.4	82.8	70.3	68.6	73.5	63.7	81.0	88.4	74.1
喀麦隆	1995	58.8	70.7	47.2	36.6	45.1	28.1	70.6	84.8	57.2
	2000	60.2	71.4	49.3	36.6	45.0	28.2	73.2	86.3	60.6
	2004	59.9	70.5	49.5	35.1	43.0	27.1	73.7	86.1	61.7
	2005	59.8	70.3	49.6	34.7	42.6	26.8	73.8	86.0	61.9
	2006	59.8	70.1	49.6	34.3	42.0	26.5	73.9	85.9	62.2
	2007	59.1	69.2	49.2	33.7	40.8	26.6	73.1	85.1	61.4
	2008	59.1	69.0	49.4	33.4	40.1	26.6	73.2	85.1	61.6
中非共和国	1995	73.0	81.8	64.7	58.1	64.5	51.8	80.3	90.6	70.8
	2000	72.8	81.6	64.6	57.8	64.1	51.7	80.3	90.6	70.9
	2004	72.6	81.9	63.9	58.2	65.2	51.3	80.0	90.8	70.2
	2005	72.6	81.8	63.9	58.0	65.0	51.1	80.1	90.8	70.3
	2006	72.5	81.6	63.9	57.7	64.6	50.9	80.2	90.7	70.4
	2007	72.6	81.9	63.8	58.1	65.2	51.1	80.1	90.8	70.2
	2008	72.6	81.9	63.8	58.1	65.3	51.1	80.1	90.8	70.2
乍得	1995	68.2	75.3	61.4	51.4	50.7	52.0	77.2	88.9	66.3
	2000	68.0	75.1	61.2	51.5	50.9	52.1	77.2	88.9	66.1
	2004	69.6	72.7	66.6	50.4	46.8	54.1	80.4	87.7	73.5
	2005	69.7	72.3	67.2	50.2	46.2	54.2	80.8	87.6	74.4
	2006	69.7	72.4	67.0	50.2	46.3	54.1	80.7	87.7	74.2
	2007	69.6	72.4	66.8	50.2	46.3	54.2	80.5	87.7	73.8
	2008	69.7	72.3	67.1	50.2	46.1	54.3	80.7	87.6	74.2
刚果	1995	65.0	76.0	54.4	46.3	54.4	38.1	75.2	88.0	63.0
	2000	64.3	76.1	52.8	45.6	55.2	36.0	74.7	88.1	61.9
	2004	64.4	76.6	52.5	45.9	55.8	35.8	74.6	88.3	61.5
	2005	64.5	76.5	52.6	45.8	55.6	35.9	74.7	88.3	61.6
	2006	64.5	76.4	52.9	45.6	55.1	35.9	74.8	88.3	61.9
	2007	64.5	76.7	52.6	45.7	55.5	35.7	74.7	88.4	61.5
	2008	64.6	76.8	52.6	45.6	55.6	35.6	74.7	88.5	61.4
刚果民主共和国	1995	67.3	82.1	53.3	60.8	69.9	51.7	70.9	89.2	54.2
	2000	66.7	83.1	51.1	61.4	72.0	50.8	69.7	89.7	51.3
	2004	66.7	83.2	50.9	61.7	72.4	51.0	69.6	89.7	50.9
	2005	66.8	83.1	51.2	61.7	72.3	51.2	69.8	89.7	51.2
	2006	66.9	83.0	51.3	61.8	72.3	51.4	69.9	89.7	51.3
	2007	66.7	83.3	50.8	61.9	72.7	51.0	69.6	89.8	50.7
	2008	66.7	83.3	50.8	61.9	72.8	51.0	69.6	89.8	50.7
赤道几内亚	1995	62.0	86.3	38.7	60.7	80.1	41.5	62.4	88.4	37.9
	2000	63.3	86.2	41.4	61.6	79.0	44.3	63.9	88.7	40.4
	2004	63.3	85.8	41.7	61.7	79.2	44.4	64.0	88.8	40.5
	2005	63.3	85.7	41.8	61.6	79.0	44.2	64.1	88.8	40.8
	2006	63.3	85.6	41.9	61.4	79.0	44.0	64.2	88.8	40.9
	2007	62.6	85.8	40.3	61.5	79.5	43.6	63.1	88.9	38.6
	2008	62.6	85.8	40.3	61.5	79.6	43.5	63.2	89.0	38.7
加蓬	1995	59.6	67.0	52.4	39.9	42.5	37.4	68.5	78.2	59.2
	2000	58.9	66.0	52.2	37.9	40.6	35.3	69.0	78.3	60.2
	2004	58.6	64.9	52.4	35.3	37.9	32.6	69.7	78.1	61.7
	2005	58.4	64.7	52.3	34.7	37.5	31.9	69.8	78.2	61.9
	2006	58.3	64.4	52.3	34.0	36.8	31.2	70.0	78.1	62.2
	2007	58.3	64.6	52.2	33.6	36.6	30.6	70.2	78.4	62.3
	2008	58.2	64.4	52.1	33.1	36.1	30.1	70.3	78.5	62.5

	年份	年龄组								
		总计（15+）			青年人（15—24）			成年人（25+）		
		MF	M	F	MF	M	F	MF	M	F
南部非洲										
博茨瓦纳	1995	43.9	52.7	35.6	22.5	26.9	18.1	56.1	68.0	45.2
	2000	49.6	58.9	40.7	33.7	36.9	30.5	58.6	71.9	46.3
	2004	40.0	47.4	32.8	23.9	26.3	21.4	49.0	59.5	39.0
	2005	37.7	44.5	31.1	21.8	23.8	19.7	46.5	56.2	37.2
	2006	45.4	52.7	38.4	26.6	28.4	24.9	55.5	66.1	45.4
	2007	45.8	53.5	38.3	27.2	29.0	25.4	55.6	66.7	44.9
	2008	46.0	53.6	38.5	27.1	28.8	25.4	55.6	66.5	45.0
莱索托	1995	45.5	57.4	36.2	36.4	47.5	26.0	50.7	64.0	41.4
	2000	56.6	66.0	49.2	45.3	55.3	35.7	63.6	73.8	56.5
	2004	55.8	63.9	49.3	43.2	52.0	34.6	63.8	72.8	57.4
	2005	51.5	59.1	45.3	39.5	47.6	31.6	59.0	67.6	52.9
	2006	58.4	66.2	52.0	44.9	53.5	36.7	66.8	75.5	60.5
	2007	55.6	63.5	49.2	42.0	50.2	34.1	64.0	73.1	57.4
	2008	54.1	61.6	47.9	40.4	48.1	32.9	62.5	71.3	56.0
纳米比亚	1995	44.7	51.7	38.3	23.1	25.3	21.0	56.8	67.5	47.5
	2000	44.4	51.3	37.9	17.2	19.3	15.1	58.8	69.4	49.4
	2004	42.7	49.0	36.8	14.8	16.8	12.8	57.4	66.8	48.8
	2005	42.6	48.5	37.1	14.2	15.9	12.5	57.5	66.5	49.3
	2006	42.5	48.0	37.3	13.6	15.0	12.3	57.6	66.2	49.8
	2007	42.9	48.5	37.5	13.8	15.4	12.2	58.0	66.7	50.1
	2008	42.9	48.5	37.7	13.6	15.0	12.1	58.2	66.6	50.5
南非	1995	44.0	53.4	35.2	21.5	24.9	18.3	54.5	67.1	42.8
	2000	38.7	46.1	31.8	16.2	18.3	14.1	48.6	58.8	39.3
	2004	39.1	46.6	32.0	13.9	16.1	11.6	49.8	60.2	40.3
	2005	38.7	45.9	31.9	13.5	15.5	11.4	49.4	59.4	40.2
	2006	39.3	46.3	32.7	13.8	15.7	11.9	50.0	59.7	41.0
	2007	41.0	48.3	34.2	14.3	16.3	12.4	52.1	62.1	42.8
	2008	41.1	48.1	34.6	14.6	16.5	12.7	52.0	61.6	43.1
斯威士兰	1995	55.6	61.8	50.4	35.1	35.3	34.9	67.7	78.5	58.9
	2000	53.2	59.3	48.0	30.5	32.3	28.9	67.3	77.5	58.9
	2004	51.6	56.8	47.0	27.3	28.4	26.2	67.5	77.0	59.6
	2005	51.2	56.2	46.7	26.7	27.6	25.7	67.5	76.8	59.7
	2006	50.8	55.7	46.5	26.1	27.0	25.3	67.5	76.7	59.8
	2007	50.6	55.2	46.4	25.8	26.7	24.9	67.5	76.3	60.1
	2008	50.4	54.8	46.4	25.5	26.4	24.6	67.5	76.0	60.3
西非										
贝宁	1995	72.1	87.9	57.0	65.6	77.3	53.6	75.5	93.9	58.8
	2000	71.9	86.9	57.6	63.2	74.5	51.7	76.6	93.8	60.5
	2004	71.8	86.1	57.7	60.9	71.9	49.5	77.5	93.8	61.8
	2005	71.7	85.9	57.7	60.3	71.4	48.9	77.7	93.8	62.1
	2006	71.6	85.7	57.7	59.8	70.8	48.4	77.8	93.7	62.4
	2007	71.6	85.3	58.0	59.3	69.7	48.6	78.0	93.6	62.8
	2008	71.6	85.0	58.2	58.9	68.9	48.5	78.2	93.5	63.1
布基纳法索	1995	81.7	88.1	75.9	76.6	80.9	72.2	85.0	93.0	78.0
	2000	81.9	88.0	76.2	76.2	80.2	72.0	85.4	93.2	78.6
	2004	81.9	87.6	76.4	75.0	78.8	71.0	86.0	93.2	79.5
	2005	81.8	87.5	76.4	74.7	78.5	70.7	86.1	93.2	79.7
	2006	81.8	87.3	76.5	74.4	78.1	70.5	86.3	93.2	79.9
	2007	81.9	87.4	76.6	74.4	78.0	70.6	86.3	93.2	80.0
	2008	81.9	87.3	76.7	74.2	77.7	70.6	86.4	93.1	80.2
佛得角	1995	56.8	78.1	39.6	53.8	67.5	40.7	58.4	84.8	39.1
	2000	55.7	74.1	40.5	47.2	59.3	35.5	60.8	84.1	43.1
	2004	55.1	72.0	40.9	42.9	54.1	31.9	62.4	84.0	45.7
	2005	55.2	71.0	41.7	41.6	51.9	31.4	63.2	83.8	47.2
	2006	55.2	70.6	42.0	40.7	50.6	30.8	63.6	83.8	47.9
	2007	55.5	69.8	43.3	39.1	47.7	30.6	64.9	84.1	49.7
	2008	55.7	69.4	43.9	38.1	45.9	30.5	65.4	84.1	50.6
科特迪瓦	1995	63.1	84.0	39.6	51.9	69.6	33.7	69.0	91.0	42.9
	2000	61.9	82.4	39.3	48.5	66.2	30.5	68.9	90.4	44.2
	2004	61.1	81.9	38.6	47.0	65.1	28.7	68.3	90.0	43.9
	2005	60.9	81.7	38.5	46.5	64.7	28.3	68.2	90.0	44.0
	2006	60.7	81.4	38.4	46.0	64.1	27.8	68.1	89.8	44.1
	2007	60.5	81.3	38.4	45.6	63.7	27.4	68.1	89.8	44.2
	2008	60.4	81.2	38.3	45.3	63.4	27.1	68.0	89.8	44.2

	年份	年龄组								
		总计（15+）			青年人（15—24）			成年人（25+）		
		MF	M	F	MF	M	F	MF	M	F
冈比亚	1995	72.9	80.6	65.5	58.6	60.3	57.0	79.5	90.1	69.4
	2000	72.6	79.7	65.8	57.2	58.3	56.0	79.8	89.9	70.2
	2004	72.3	79.1	65.8	56.0	57.0	55.1	79.9	89.8	70.6
	2005	72.2	79.0	65.7	55.7	56.5	54.8	80.0	89.7	70.8
	2006	72.1	78.6	65.9	55.1	55.8	54.5	80.1	89.6	71.1
	2007	72.2	78.3	66.3	54.8	55.3	54.4	80.4	89.5	71.8
	2008	72.1	78.0	66.5	54.5	54.8	54.3	80.5	89.4	72.2
加纳	1995	66.8	68.0	65.6	42.4	39.9	45.0	80.0	83.5	76.6
	2000	66.8	68.8	64.7	45.1	44.9	45.4	78.0	81.5	74.6
	2004	65.7	66.8	64.6	41.3	39.8	42.9	78.1	80.8	75.4
	2005	65.5	66.3	64.6	40.4	38.5	42.3	78.1	80.6	75.6
	2006	65.2	65.7	64.6	39.4	37.1	41.8	78.1	80.4	75.9
	2007	65.2	66.3	64.2	40.3	38.7	41.9	77.6	80.2	75.1
	2008	65.2	66.1	64.2	39.9	38.4	41.6	77.6	80.1	75.1
几内亚	1995	82.2	86.8	77.5	75.5	78.1	72.8	85.6	91.5	79.9
	2000	81.9	86.3	77.5	74.6	76.8	72.3	85.7	91.3	80.1
	2004	81.6	85.9	77.3	73.9	76.0	71.6	85.7	91.2	80.2
	2005	81.5	85.8	77.2	73.6	75.7	71.5	85.7	91.2	80.2
	2006	81.4	85.7	77.2	73.4	75.5	71.3	85.7	91.2	80.2
	2007	81.3	85.4	77.2	73.0	75.0	71.0	85.7	91.1	80.3
	2008	81.2	85.3	77.1	72.8	74.7	70.9	85.6	91.0	80.3
几内亚比绍	1995	67.0	81.7	52.9	59.9	69.7	50.1	70.9	88.6	54.3
	2000	67.4	83.3	52.1	61.2	71.5	50.9	70.3	89.0	52.6
	2004	67.3	84.2	51.0	62.2	73.0	51.4	69.5	89.4	50.8
	2005	67.3	84.2	51.0	62.4	73.1	51.7	69.5	89.4	50.7
	2006	67.3	84.2	51.0	62.6	73.2	51.9	69.4	89.4	50.6
	2007	67.0	84.4	50.2	62.9	74.1	51.8	68.8	89.3	49.4
	2008	66.9	84.5	50.1	63.1	74.3	51.9	68.7	89.3	49.3
利比里亚	1995	65.3	79.6	51.7	56.1	62.5	49.9	70.0	88.5	52.5
	2000	65.4	79.3	52.0	56.4	62.8	50.1	70.2	88.4	53.0
	2004	65.5	79.2	52.4	56.5	62.6	50.4	70.4	88.4	53.4
	2005	65.6	79.2	52.6	56.6	62.5	50.7	70.5	88.3	53.6
	2006	65.7	79.3	52.7	56.8	62.6	50.9	70.5	88.3	53.6
	2007	65.9	79.4	52.9	56.7	62.5	50.9	70.7	88.5	53.9
	2008	65.9	79.4	53.0	56.7	62.4	50.9	70.8	88.5	54.1
马里	1995	48.4	64.8	32.7	39.0	49.1	28.9	53.7	74.2	34.8
	2000	49.1	65.3	33.9	39.6	49.2	29.9	54.8	75.3	36.2
	2004	47.0	61.0	33.8	36.3	44.1	28.5	53.5	71.9	36.9
	2005	47.0	60.8	34.0	36.0	43.6	28.4	53.7	71.8	37.3
	2006	47.0	60.6	34.2	35.7	43.1	28.3	53.8	71.8	37.5
	2007	47.1	60.2	34.8	35.0	41.4	28.5	54.4	72.2	38.4
	2008	47.0	59.9	34.9	34.5	40.5	28.5	54.6	72.2	38.6
毛里塔尼亚	1995	66.3	76.9	56.0	52.4	58.6	45.9	74.1	87.7	61.3
	2000	66.1	76.2	56.1	50.3	56.3	44.1	74.8	87.7	62.4
	2004	47.1	52.6	41.7	24.8	26.3	23.2	58.8	67.0	50.9
	2005	47.1	52.1	42.1	24.2	25.3	23.0	59.0	66.7	51.6
	2006	47.1	51.9	42.3	23.8	24.8	22.7	59.1	66.4	51.9
	2007	47.1	52.0	42.3	23.5	24.5	22.5	59.2	66.5	51.9
	2008	47.2	51.9	42.4	23.2	24.1	22.3	59.2	66.4	52.2
尼日尔	1995	59.3	82.2	38.0	50.6	70.3	33.3	64.1	88.5	40.7
	2000	59.7	82.9	37.6	50.6	71.0	33.0	64.6	88.7	40.2
	2004	59.8	82.8	37.7	51.1	71.2	33.4	64.5	88.7	40.2
	2005	59.8	82.7	37.8	51.2	71.2	33.5	64.5	88.7	40.3
	2006	59.8	82.6	37.9	51.3	71.1	33.6	64.5	88.6	40.4
	2007	59.8	82.6	37.8	51.4	71.2	33.5	64.4	88.6	40.3
	2008	59.8	82.6	37.8	51.6	71.3	33.5	64.4	88.6	40.3
尼日利亚	1995	52.3	70.2	35.0	29.1	39.7	18.4	65.1	87.4	43.8
	2000	51.9	69.1	35.1	27.9	38.0	17.8	65.3	87.1	44.5
	2004	51.8	67.6	36.2	26.1	34.5	17.5	66.0	86.5	46.3
	2005	51.8	67.6	36.3	25.8	34.2	17.3	66.0	86.4	46.4
	2006	51.8	67.3	36.5	25.3	33.4	17.1	66.2	86.3	46.8
	2007	51.8	66.9	36.9	24.7	32.2	17.2	66.4	86.2	47.4
	2008	51.8	66.5	37.4	24.2	31.1	17.1	66.7	86.1	48.0

	年份	年龄组								
		总计（15+）			青年人（15—24）			成年人（25+）		
		MF	M	F	MF	M	F	MF	M	F
塞内加尔	1995	66.4	78.3	54.8	59.8	71.4	48.1	70.5	82.6	58.8
	2000	66.0	77.4	54.8	57.9	69.5	46.3	70.9	82.4	59.9
	2004	65.6	76.6	55.0	56.0	67.5	44.6	71.4	82.3	61.1
	2005	65.6	76.4	55.2	55.5	66.8	44.2	71.6	82.3	61.6
	2006	65.8	76.7	55.4	55.4	66.8	44.0	72.0	82.8	62.0
	2007	65.9	76.3	56.0	54.9	66.1	43.7	72.5	82.6	63.0
	2008	66.0	76.1	56.3	54.5	65.5	43.4	72.7	82.6	63.6
塞拉利昂	1995	64.2	64.8	63.6	40.9	35.7	45.6	76.3	80.0	72.9
	2000	64.8	67.3	62.5	43.6	40.9	46.2	76.3	81.9	71.1
	2004	64.5	64.1	64.8	41.9	36.1	47.5	76.6	79.6	73.9
	2005	64.5	63.9	65.1	41.8	35.7	47.7	76.7	79.5	74.2
	2006	64.6	63.7	65.4	41.7	35.3	47.9	76.7	79.2	74.5
	2007	64.7	64.2	65.1	42.0	35.9	47.9	76.6	79.6	74.0
	2008	64.8	64.2	65.4	42.0	35.7	47.9	76.7	79.4	74.2
多哥	1995	65.4	82.2	49.3	57.0	68.0	46.1	70.2	90.5	51.1
	2000	65.0	81.4	49.2	55.1	66.1	44.1	70.6	90.3	52.1
	2004	64.8	81.2	49.0	53.8	65.1	42.6	70.8	90.2	52.4
	2005	64.7	81.1	49.0	53.4	64.7	42.2	70.9	90.2	52.6
	2006	64.7	81.0	48.9	53.0	64.4	41.8	70.9	90.2	52.7
	2007	64.6	81.1	48.7	53.0	64.4	41.6	70.7	90.1	52.4
	2008	64.6	81.1	48.7	52.7	64.2	41.4	70.8	90.1	52.4
中东										
巴林	1995	61.4	82.8	27.6	31.0	44.4	15.1	70.3	92.5	32.2
	2000	61.0	81.7	30.1	31.4	43.8	17.0	70.2	91.9	35.1
	2004	61.3	81.8	30.7	31.7	43.5	17.9	70.4	92.1	35.5
	2005	61.3	81.6	30.8	31.4	43.0	17.7	70.4	92.1	35.7
	2006	61.1	81.4	30.7	30.8	42.3	17.3	70.4	92.0	35.7
	2007	61.1	81.1	31.4	30.7	41.8	17.7	70.7	91.8	36.6
	2008	61.0	80.8	31.6	30.3	41.3	17.6	70.7	91.7	36.9
伊朗（伊斯兰共和国）	1995	46.0	69.2	22.0	32.0	44.5	19.2	53.5	82.4	23.5
	2000	45.6	66.6	23.9	32.3	43.3	20.9	53.1	79.7	25.6
	2004	46.9	67.4	25.7	34.2	45.4	22.9	53.9	79.4	27.2
	2005	46.6	67.0	25.4	33.4	44.5	22.2	53.6	78.8	27.2
	2006	46.7	66.8	26.1	33.6	44.5	22.7	53.5	78.1	27.8
	2007	47.8	67.4	27.5	36.1	47.0	25.0	53.5	77.3	28.8
	2008	48.9	69.1	28.0	36.2	47.3	24.9	54.6	79.0	29.4
伊拉克	1995	36.6	63.9	10.1	25.8	44.5	6.3	43.1	76.4	12.3
	2000	36.7	62.9	10.9	24.7	42.4	6.3	43.2	74.9	13.4
	2004	36.9	62.2	11.7	24.0	40.7	6.4	43.6	73.9	14.4
	2005	36.9	62.1	12.0	23.8	40.3	6.4	43.7	73.8	14.7
	2006	36.9	61.9	12.2	23.6	39.8	6.5	43.7	73.6	15.0
	2007	37.1	62.0	12.3	23.4	39.4	6.6	44.0	74.0	15.1
	2008	37.1	61.9	12.5	23.2	39.0	6.7	44.1	74.0	15.3
约旦	1995	39.0	63.6	11.3	25.7	41.7	7.8	47.1	76.9	13.4
	2000	37.0	60.8	11.1	22.4	36.6	6.9	45.2	74.3	13.5
	2004	37.9	61.7	12.5	22.0	35.7	7.3	46.3	75.4	15.2
	2005	37.9	61.4	12.8	21.7	35.1	7.4	46.1	75.0	15.6
	2006	38.0	61.5	13.1	21.5	34.8	7.5	46.2	74.8	16.0
	2007	37.3	60.5	12.8	19.9	32.2	6.9	45.7	74.2	15.6
	2008	37.9	61.2	13.3	19.8	31.9	7.1	46.4	74.9	16.2
科威特	1995	66.4	81.9	39.2	32.3	40.1	22.4	76.6	92.4	45.8
	2000	68.3	82.9	42.1	31.5	38.0	24.1	77.5	91.9	48.4
	2004	66.3	80.4	41.6	31.0	37.5	23.1	75.6	90.0	48.1
	2005	65.9	80.1	41.6	30.9	37.4	23.0	75.2	89.6	47.9
	2006	65.6	79.9	41.4	30.7	37.0	22.9	74.7	89.3	47.7
	2007	65.6	79.8	41.9	30.6	36.6	23.5	74.5	89.0	47.9
	2008	65.3	79.5	41.8	30.2	35.9	23.4	74.0	88.5	47.7
黎巴嫩	1995	45.5	71.9	20.6	30.5	49.1	11.7	51.3	81.3	23.9
	2000	45.7	71.9	21.4	29.5	47.8	11.5	51.4	80.8	24.7
	2004	45.6	70.9	22.0	29.1	45.9	12.1	51.2	80.0	25.2
	2005	45.9	71.2	22.3	29.2	45.9	12.1	51.5	80.3	25.5
	2006	46.2	71.5	22.5	29.3	46.1	12.1	51.8	80.5	25.8
	2007	45.9	71.0	22.5	29.0	45.4	12.1	51.4	79.9	25.7
	2008	45.9	70.9	22.6	28.7	44.9	12.1	51.4	79.8	25.8

	年份	年龄组								
		总计（15+）			青年人（15—24）			成年人（25+）		
		MF	M	F	MF	M	F	MF	M	F
阿曼	1995	55.5	76.3	18.2	28.4	39.4	15.4	66.0	87.7	19.8
	2000	53.3	73.7	20.3	30.0	41.0	17.3	64.5	86.5	22.3
	2004	52.1	72.7	21.4	28.2	38.2	17.7	62.8	85.1	23.7
	2005	51.9	72.4	21.7	28.1	37.9	17.7	62.3	84.6	24.0
	2006	51.6	71.9	21.9	28.1	38.0	17.7	61.7	84.1	24.2
	2007	51.6	71.7	22.5	28.8	38.7	18.1	61.4	83.8	24.9
	2008	51.4	71.4	22.9	29.4	39.3	18.3	61.0	83.3	25.4
巴勒斯坦被占领土	1995	29.0	49.2	8.4	17.9	31.3	3.6	35.0	59.5	11.0
	2000	33.4	57.0	9.3	21.3	37.2	4.5	39.8	67.9	11.8
	2004	29.5	47.8	10.7	15.2	25.7	4.1	37.2	60.1	14.1
	2005	31.2	50.7	11.2	16.6	28.1	4.4	39.1	63.3	14.8
	2006	31.4	51.0	11.4	16.7	28.4	4.4	39.5	63.6	15.1
	2007	31.8	51.9	11.2	16.1	27.2	4.4	40.4	65.7	14.8
	2008	30.2	48.4	11.5	15.2	25.5	4.5	38.4	61.2	15.3
卡塔尔	1995	71.0	87.0	31.8	35.4	52.5	4.9	79.5	94.1	40.2
	2000	70.2	86.2	33.7	28.1	43.5	7.2	79.9	94.0	43.1
	2004	74.2	85.7	36.7	41.5	52.8	13.1	83.4	94.2	45.3
	2005	75.0	85.8	37.2	43.2	53.8	13.4	84.2	94.4	45.7
	2006	75.2	85.5	37.0	44.0	54.1	13.2	84.3	94.2	45.4
	2007	76.4	86.1	39.0	46.3	55.4	17.2	85.2	94.7	46.7
	2008	76.9	86.3	39.8	47.2	55.8	18.5	85.6	94.8	47.2
沙特阿拉伯	1995	51.0	76.3	13.9	24.6	42.0	5.5	62.0	88.2	18.3
	2000	50.9	76.0	15.6	26.8	44.3	6.8	61.3	88.2	20.1
	2004	51.8	76.9	17.1	26.0	43.6	7.2	62.0	88.3	21.9
	2005	51.2	76.1	17.1	25.1	42.2	7.0	61.4	87.4	21.9
	2006	50.4	75.0	17.1	24.3	40.9	6.9	60.5	86.2	21.9
	2007	51.0	75.8	17.7	24.8	41.6	7.4	61.1	86.9	22.6
	2008	50.9	75.6	18.0	24.7	41.5	7.6	60.9	86.7	22.8
阿拉伯叙利亚共和国	1995	48.8	78.1	19.5	40.3	61.5	18.5	54.1	88.9	20.2
	2000	48.1	78.9	17.2	39.2	60.9	16.8	53.7	90.6	17.5
	2004	44.0	72.3	15.5	33.1	52.4	13.1	50.4	84.3	16.9
	2005	44.3	72.6	15.8	33.2	52.4	13.3	50.6	84.3	17.3
	2006	44.6	72.9	16.2	33.3	52.4	13.5	50.8	84.4	17.7
	2007	44.6	72.5	16.6	32.7	50.3	14.5	50.9	84.4	17.6
	2008	44.8	72.5	16.9	32.3	49.2	14.8	51.0	84.4	17.9
阿拉伯联合酋长国	1995	73.1	90.0	30.2	45.0	61.0	20.8	81.1	96.6	34.5
	2000	74.4	90.1	33.0	44.9	60.5	22.3	82.6	96.4	38.1
	2004	75.2	90.2	36.2	47.6	62.8	24.8	82.5	96.0	41.2
	2005	75.1	90.2	36.3	47.5	62.8	24.6	82.2	95.8	41.1
	2006	75.1	90.4	36.0	46.7	62.3	24.0	81.8	95.7	40.7
	2007	75.7	90.9	37.5	46.6	62.1	25.0	82.1	95.8	42.0
	2008	75.9	91.3	38.0	45.6	61.2	24.9	81.9	95.8	42.3
也门	1995	39.1	61.7	16.3	22.4	31.1	13.2	49.0	80.6	18.1
	2000	38.1	58.9	17.0	21.6	29.3	13.4	48.6	78.6	19.2
	2004	38.6	57.8	19.2	21.7	28.1	15.0	49.7	77.9	21.9
	2005	38.8	57.5	19.9	21.8	27.8	15.5	49.9	77.6	22.7
	2006	39.0	57.5	20.3	21.8	27.7	15.7	50.2	77.6	23.2
	2007	38.9	57.5	20.1	21.8	27.6	15.8	50.0	77.6	22.8
	2008	39.0	57.5	20.4	21.9	27.4	16.1	50.1	77.5	23.0

表 2 按年龄组划分的就业人口比率（注）

1. 说明

就业人口比率是指一国工作年龄人口的就业比例。就业人口比率高表示一国人口中就业者的比重较大。就业人口比率低则表示很大一部分人口没有直接参与到与市场相关的活动中，这部分人口可能处于失业状态或（更可能是）完全退出了劳动力市场。考虑到各国的数据收集和制表方法不尽相同，同时由于某些国家存在一些特殊的因素（如对服兵役的要求），我们对表 2 中国际劳工组织的估算进行了统一。该序列包括各国报告和估算的数据，这些数据都是国家层面的，也就是说，数据覆盖中不存在地域界限。

2. 信息库

全球就业趋势预测模型

国际劳工局，劳动就业部门，就业趋势小组，瑞士日内瓦

http：//www. ilo. org/empelm/what/lang--en/WCMS_114246/index. htm

国际劳工局就业趋势部门已经设计并维护了 3 个模型，用于支持在不存在真实数据的国家和年份提供劳动力市场指标预测。全球就业趋势模型是用来提供按照年龄和性别细分的失业、就业人口比率、就业状况、按部门划分的就业情况、劳动生产率以及就业弹性等指标的预测。劳动力趋势模型是劳动力评估的基础，工作贫困者趋势模型是用来提供工的贫困者的预测。详见“KILM 指南”中的专栏 2。

3. 符号

MF 男性和女性
M 男性
F 女性

KILM 3：就业状况

引　言

就业状况指标将总就业人口划分为3个类别：(a) 工薪工作者（也称雇员）；(b) 自雇工作者；(c) 无报酬家庭工作者（也称无偿家庭工作者）。本文将给出这三类工作者占总就业人口（包括男性和女性）的百分比以及按性别分别计算的百分比。有些国家没有提供自雇工作者子类别［包括聘用雇员的自雇工作者（雇主）、不聘用雇员的自雇工作者（自营工作者）和生产合作社成员］的信息，但是在此类信息可获取的情况下，我们都会将其列出。

有关该指标的信息收录入表3，至少涵盖了157个经济体。

指标的用途

该指标提供根据就业状况划分的劳动力分布信息，并且可以用于回答下述问题，如一个国家中 (a) 工薪工作者，(b) 雇佣或未雇佣劳动力的企业主，或者 (c) 家庭内的无报酬工作者占就业人口的比例分别是多少？根据《国际就业状况分类》(ICSE)，用来定义就业状况组别的基本标准是人们在工作中所面临的经济风险的类型、人们与工作之间在制度上的依附关系的强度，以及工作者根据雇佣合同明确规定或暗示的已经拥有或将会拥有的相对于公司和其他工作者的职权类别。[1]

按照就业状况来分析就业信息，为描述工作者的行为和工作条件以及定义个人所属的社会经济组别提供了统计基础。[2] 一国家较高的工薪工作者比例体现了该国先进的经济发展水平。如果自营工作者（没有聘用雇员的自雇工作者）占有相当大的比例，则可能表明该国农业所占的比重较大，且正规经济的增长缓慢。无报酬家庭工作也是一种劳动形式（一般都没有报酬，尽管报酬可能是以家庭收入的形式间接获取的），这种劳动形式支持着面向市场的生产。此类工作者通常以女性居多，如果其他家庭成员从事自我雇佣工作（特别是经营家族生意或者农场），家庭中女性从事无报酬家庭工作的现象就更为普遍。如果无报酬家庭工作者占有较大比例，那么该国家很可能不仅发展滞后、就业增长率低下，贫困现象普遍存在，而且通常属于大型的农业经济体。

自营工作者与无报酬家庭工作者具有正式工作安排的可能性较低，因此更有可能缺乏与体面就业相关的因素，比如充分的社会保障以及工作中的话语权等。将这两种就业状况汇总，就形成了一种被称为“脆弱性就业群体”的类别，该类别现在是联合国千年发展目标中就业目标的一项指标。[3] 与此相反，工薪工作者和雇主则更有可能享受上述因素所带来的好处。

该指标与按部门划分的就业指标（KILM 4）密切相关。随着经济的增长，人们预计将看到就业从农业部门向工业及服务业部门的转移，这会相应地体现为工薪工作者

1　关于国际就业状况分类的决议，第15届国际劳动统计学家大会，日内瓦，1993年；http://www.ilo.org/global/What_we_do/Statistics/standards/resolutions/lang--en/docName--WCMS_087562/index.htm。

2　联合国：《国家统计报告（按性别分类）编制指南》，社会统计与指标，序列K，第14号（纽约，1997年），第217页。

3　见第一章议题三，以及国际劳工组织：《劳动力市场关键指标》第五版（日内瓦，2007年），第一章，第一部分。

人数的增长。此外，农业部门中就业人口比重的减少将导致无报酬家庭工作者比例的下降，他们往往广泛分布于发展中经济体的农业部门。对于一国来说，自营工作者或无报酬家庭工作者比重的下降以及雇员比重相应的上升，往往伴随着该国由低收入水平和高比重的非正规或农业部门向高收入水平和高就业岗位增长模式的转变。韩国就是一个例子，该国就业状况的巨大转变同时伴随着经济的增长。

就业状况比例的变化通常不像按部门划分的就业变化那样迅猛或明显。工业和服务部门中存在大量非正规经济的国家往往比存在少量非正规经济的国家具有更高比例的自雇工作者和无报酬家庭工作者（因此脆弱性就业的比率更高）。更为适当的方法是分别考察不同部门的就业状况，这样我们可以确定不同行业就业状况的相对比重是否发生了变化。这种层面的详细信息可从各国近期的劳动力调查或者人口普查的结果中获取。

定义和来源

早在1950年以前就有人建议进行国际就业状况分类。[4]1958年，联合国统计委员会批准了国际就业状况分类（ICSE）。在1993年举行的第15届国际劳动统计学家大会（ICLS）上，对各个类别的定义进行了修订。[5]1993年的修订版保留了已有的主要类别，并尝试对进行区分的概念基础以及工薪工作者和自雇工作者的基本差别作出改进。

以下为1993年ICSE分类及其定义的部分摘录：

i. **雇员**是指所有从事被定义为“有酬就业工作”的人，这种工作的任职者持有明示的（书面或口头）或者隐含的就业合同，约定向其支付基本薪酬，且不受其工作部门的收益的直接影响。

ii. **雇主**是指那些自主经营或者与一位或若干合伙人共同工作的人，其所从事的工作被定义为“自雇工作”（即其所取得的薪酬直接取决于货物和服务生产所带来的利润），并且在这此职位上持续聘用一位或多位雇员来为其工作。

iii. **自营工作者**是指那些自主经营或者与一位或若干合伙人共同工作的人，其所从事的工作被定义为“自雇工作”（参考分类ii），但不持续聘用任何雇员为其工作。

iv. **生产合作社成员**是指那些在合作生产货物和服务的过程中从事“自雇工作”的人（参考分类ii或iii）。

v. **无报酬家庭工作者**是指那些在家庭亲属经营的市场导向型企业中，以自营工作者的形式从事“自雇工作”的人员（参考分类iii）。

vi. **无法按就业状况分类的工作者**包括那些相关资料不足和/或不能将其归为以上任何类别的人员。

就业状况指标反映了ISCE定义中的所有六类群体的情况。三个主要群体——自雇工作者、雇员和无报酬家庭工作者——涵盖了就业状况的三大类型。其余三个群体——雇主（分类ii）、自营工作者（分类iii）、生产合作社成员（分类iv）——都属于自雇工作者的子类别。请注意，根据分类标准，无报酬家庭工作者严格来说也属于自雇工作者，因此可以和其他自雇工作者类别汇总得出总的自雇工作者数据。本书把无报酬家庭工作者排除在自雇工作者群体之外，是为了强调这两种就业状况的差别，因为与这两种就业状况相关的社会经济涵义可能存在巨大差异。

表3中的百分比是通过将每一就业状况类别的人数除以总就业人口得出的。“脆弱性就业率”是无报酬家庭工作者和自营工作者的总和占总就业人口的百分比。

该指标的大部分信息汇集自三个国际性的劳动力市场数据信息库：（a）国际劳工组织统计部劳工统计年鉴（LABORSTA）数据

4　第6届国际劳动统计学家大会（1947年）与1950年召开的联合国人口委员会会议都分别对就业、失业和人口普查的统计提出了一些相关建议。

5　关于国际就业状况分类的决议，出处同上。附录B全文转载了1993年的国际就业状况分类。

库；[6]（b）经济合作与发展组织（OECD）；以及（c）劳动力市场指标图书馆（LMIL）。

可比性的限制

就业状况指标可以用来研究特定国家在一段时期内按就业状况分类的劳动力分布的变化情况、各国之间这一分布状况存在的差异，以及各国分布情况历年来的发展。但是，由于各国的信息来源和研究方法不同，所以不同国家在不同年份的定义和覆盖范围常常会出现差异，这增加了进行比较的难度。

有关覆盖范围的一些定义上的变化或差异可以忽略不计。比如，各国采用的劳动力调查数据所基于的年龄范围在定义上可能存在差异，但这种差异不太可能对这些国家之间的就业状况比较产生显著影响（通用的就业年龄定义是指15岁及以上，但是一些国家采用了不同的年龄下限或者设置了年龄上限）。此外，在个别情况下（如在捷克共和国和波兰），自雇工作者的一个分类——生产合作社成员——被归入工薪工作者。这种非标准分类方法带来的影响可能比较轻微。

更需要引起注意的是，来自劳动力调查的信息并不一定与就业信息所涵盖的内容相一致。比如，劳动力调查采用“平民就业人员”这一统计口径可能会导致就业统计中对“雇员”和“无法按就业状况分类的工作者”数量的低估，这种情况在拥有大规模武装部队的国家会更为突出。其他两个分类（自雇工作者与无报酬家庭工作者）的数量不会受到影响，但其所占比例却会受到影响。

就地域覆盖范围来讲，如果某一渠道的信息仅涵盖城市地区或者某些特定的城市，其就无法与既涵盖城市地区又涵盖农村地区（即覆盖整个国家）的信息进行客观公正地比较。鉴于此，将拉美国家的数据结果与世界上其他国家进行比较没有太大意义，因为大部分拉美国家的就业状况信息仅针对城市地区。[7] 与此类似，对于一些可获取信息非常有限的撒哈拉以南非洲国家来说，自我雇佣群体往往不包括生产合作社成员，而其他国家则可能将其包括在内。

对于“工薪工作者”，我们需要注意其所覆盖的范围。如上所述，需要指出它是仅代表平民人口还是覆盖全部人口。此外，本章中所指的就业状况没有对工作状况进行进一步的细分，换句话说，我们没有针对工作者签署的合同类型（临时合同或正式合同）以及合同对解雇提供何种类型的保护等进行细分，因为所有工薪工作者都被归为一类。

趋　势

发展中国家与发达国家的工作情况仍然存在显著区别。从图3a所示的就业状况分布情况就可以看出二者之间的两极分化。对于处在经济发展早期和中期阶段的经济体，很明显其工薪工作者在总就业人口中所占的比例较低，而自营工作者与无报酬家庭工作者所占的比例较高，而这后两种就业的脆弱性更高（对脆弱性就业的详细论述见之前的章节）。该图显示，在法国、挪威和英国，大多数的就业者都属于工薪工作者。但是，在印度尼西亚、吉尔吉斯斯坦、巴基斯坦、巴拉圭和泰国等发展中国家，自营工作者和无报酬家庭工作者二者所占的比例高达总就业人口的47%—63%。正如KILM 4中“趋势”这一节所示，如果一个国家的自我雇佣劳动力所占比重较大，则表明这个国家农业

6　关于各国统计数据收集方法的更多文献记录，见国际劳工组织：《劳工统计：资料来源与方法》，第3卷：《经济活动人口、就业、失业与工时（家庭调查）》；第5卷：《劳动力总人口与经济活动人口，就业与失业（人口普查）》。获取国家的《资料来源与方法》，请登录网站：http：//laborsta. ilo. org。

7　在查阅本表和表4a—4c中关于按部门划分的就业状况时，我们强烈建议在比较不同国家的数据时将那些未能涵盖本国所有地区的国家排除在外。如果使用软件的话，可以先查询所有数据，然后选择“地域界限”下的“仅显示全国范围”按键来细化参数即可完成该项操作。

图 3a　近年来特定国家的就业状况分布

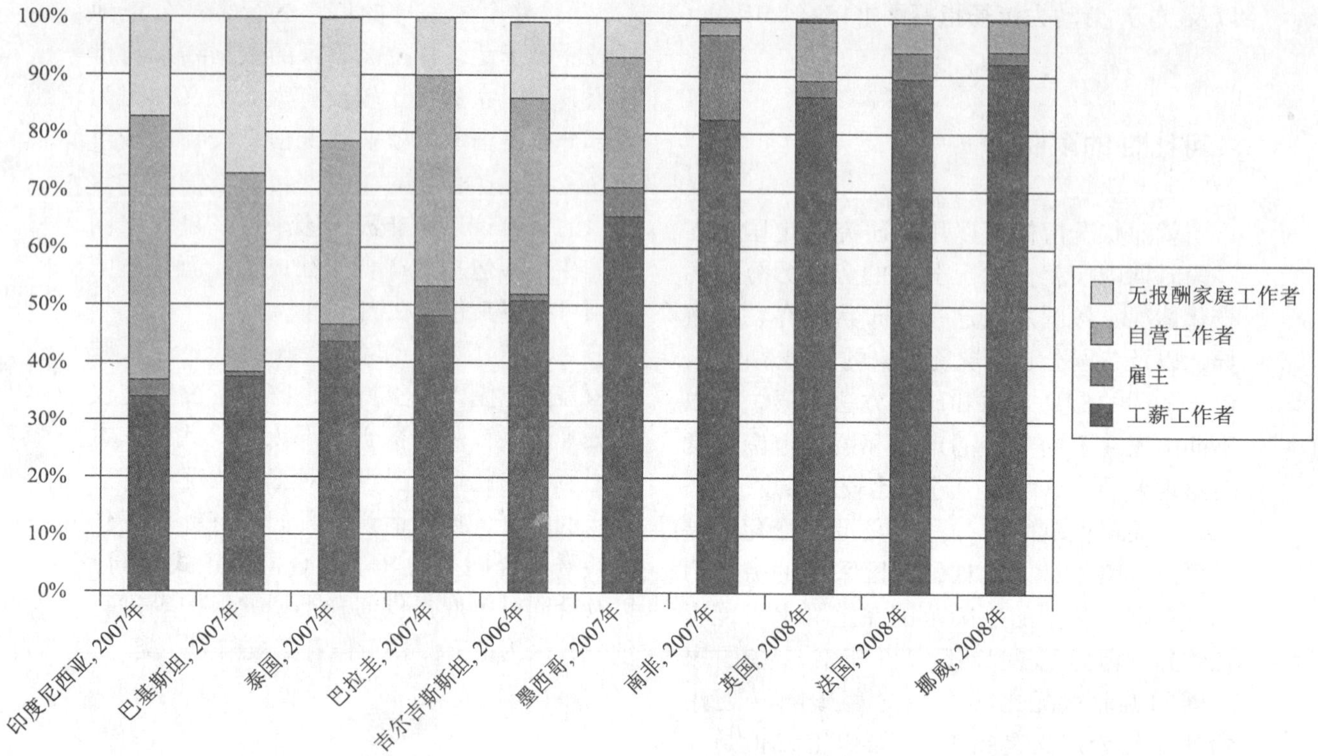

图 3b　近年来部分欧盟与撒哈拉以南非洲国家的雇主和自营工作者在总就业人口中的比重

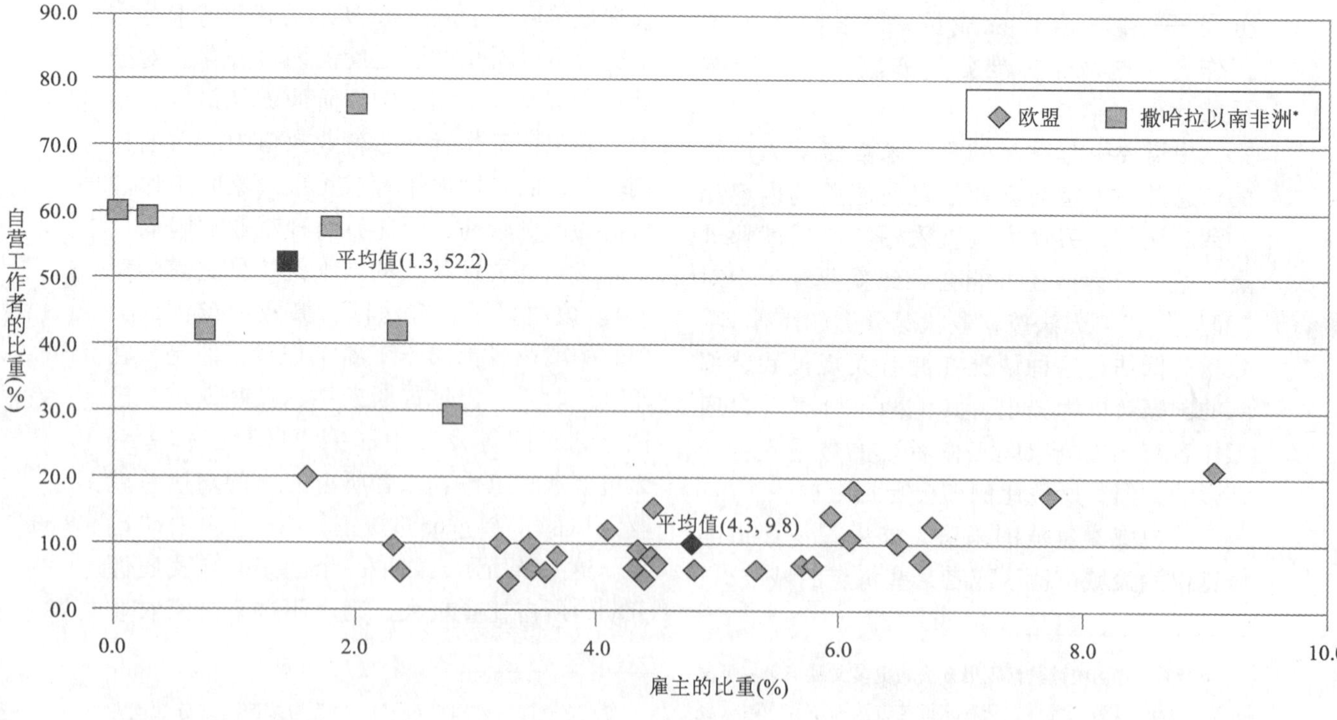

注：* 表示不包括收入水平相对较高的撒哈拉以南非洲国家（人均 GDP 高于 2500 美元，以 2005 年国际定值美元计算）。

图 3c　2008 年部分欧盟国家按性别划分的总就业人口的就业状况（不包括工薪工作者）分布

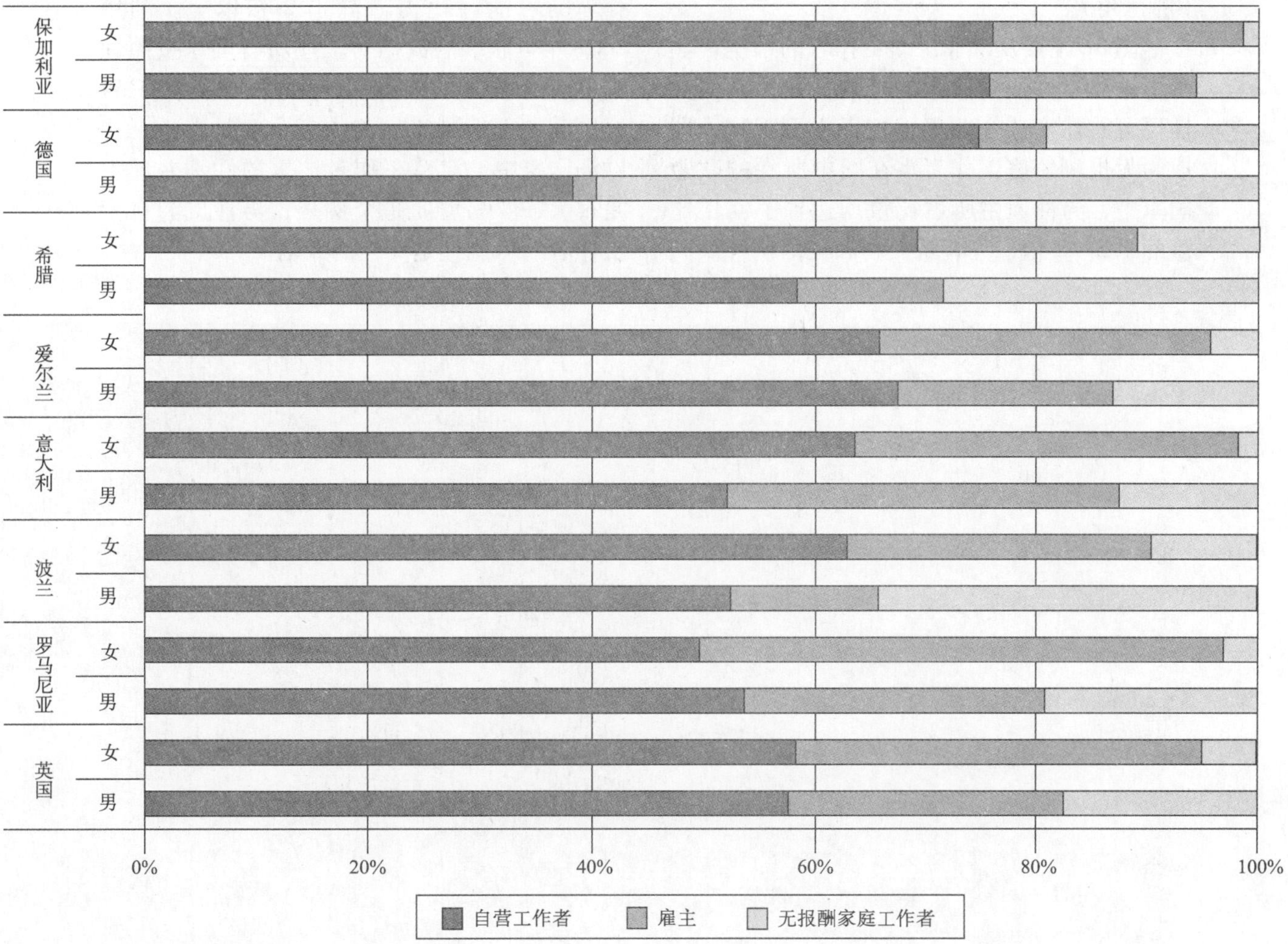

部门的比重较高，那些正规经济部门增长缓慢，并且贫困现象普遍存在。事实上，如果一个国家缺乏体面的、薪酬充足的有酬工作，为了生存，工作者就会转向自营工作和/或无报酬家庭工作。

在此有必要指出，一些收入水平较高（根据人均 GDP 衡量）的撒哈拉以南非洲国家（如博茨瓦纳、纳米比亚和南非）的就业结构（根据就业状况）比该地区其他国家更接近于发达经济体。南非 2007 年工薪工作者的比重高达 82.4%，与法国 2008 年的比重 89.5% 接近，而邻国赞比亚的最新（2003 年）数据却仅为 18.7%。与其他非洲国家相比，这些国家农业部门的工作者比例较低，而工业与服务业工作者的比例较高。

雇主在总就业人口中所占比例与以人均 GDP 指标衡量的经济发展水平之间通常呈正相关，而自营工作者比例与人均 GDP 则呈负相关。低收入撒哈拉以南非洲国家与高收入欧盟国家雇主和自营工作者所占比例的比较印证了这一结论（见图 3b）。根据可获取的最近年份的统计数据，在撒哈拉以南非洲国家中人均 GDP 低于 2500 美元（以 2005 年的国际定值美元计算）的 7 个国家——喀麦隆、佛得角、埃塞俄比亚、马达加斯加、坦桑尼亚联合共和国、乌干达和赞比亚——雇主占总就业人数的平均比重低于 1.3%，而欧盟国家的这一比重大多处于 3%—6% 之间（平均值为 4.3%）。另一方面，欧洲国家中自营工作者的比重远远低于低收入撒哈拉以南非洲国家。欧盟国家中自营工作者的最高比重为 21.3%（希腊），低于撒哈拉以南非洲国家的最低比重 29.3%（佛得角）。

图 3c 主要反映非工薪工作者的情况，显示男性比女性成为雇主的可能性更大，而女性更可能在家族企业里承担无报酬工作，即成为无报酬家庭工作者。在图中所示的欧盟国家中，男性雇主所占比重均达到了女性比重的 1.5—2 倍，只有意大利和英国例外。同时，在所有国家中，女性成为无报酬家庭工作者的可能性比男性高出 2 倍以上。利用 2007 年可获取的数据对上述所有国家按照性别进行比较，结果显示，64 个国家中有 54 个国家的无报酬家庭工作者主要是女性。在欧洲国家中，自营工作者比重的性别差异不是很大，罗马尼亚是个例外，男性成为自营工作者的可能性是女性的 2 倍。

专栏 3a 世界和地区就业状况估算

	工薪工作者		雇主		自营工作者		无报酬家庭工作者	
总体就业状况分布比重（%）	**1998 年**	**2008 年***	**1998 年**	**2008 年***	**1998 年**	**2008 年***	**1998 年**	**2008 年***
世界	44.0	48.0	2.9	2.5	32.1	33.0	21.0	16.5
发达经济体和欧盟	84.4	86.2	4.4	3.9	9.0	8.5	2.3	1.4
中欧、东南欧（非欧盟）和独联体	76.6	78.4	2.4	2.4	11.8	14.1	9.2	5.1
东亚	36.4	45.1	2.1	1.5	34.1	35.5	27.4	18.0
东南亚和太平洋地区	33.0	36.4	3.6	2.5	36.7	39.5	26.7	21.6
南亚	17.9	21.5	1.8	1.4	49.7	51.4	30.6	25.6
拉丁美洲和加勒比地区	61.8	63.5	4.2	5.1	27.6	25.5	6.4	5.9
中东	50.3	62.0	4.4	4.9	33.1	24.3	12.2	8.8
北非	45.6	54.1	8.8	8.5	18.9	15.3	26.7	22.1
撒哈拉以南非洲	18.1	24.7	1.6	1.6	48.5	44.3	31.9	29.4
男性就业状况分布比重（%）	**1998 年**	**2008 年***	**1998 年**	**2008 年***	**1998 年**	**2008 年***	**1998 年**	**2008 年***
世界	44.9	48.6	3.8	3.2	38.1	37.2	13.2	11.0
发达经济体和欧盟	82.5	83.8	5.8	5.3	10.6	10.3	1.1	0.7
中欧、东南欧（非欧盟）和独联体	75.1	77.0	3.3	3.4	15.0	16.3	6.6	3.3
东亚	40.7	48.9	2.8	1.5	39.6	36.7	16.8	12.9
东南亚和太平洋地区	35.0	38.6	5.4	3.4	47.0	46.5	12.6	11.5
南亚	21.0	24.4	2.3	1.7	59.5	59.0	17.2	14.9
拉丁美洲和加勒比地区	60.6	62.0	5.4	6.4	28.9	27.2	5.0	4.4
中东	52.6	64.8	5.2	6.0	34.6	24.6	7.6	4.7
北非	46.8	56.8	10.8	10.8	20.3	15.9	22.1	16.4
撒哈拉以南非洲	22.4	30.5	1.8	1.9	48.9	45.3	26.9	22.3
女性就业状况分布比重（%）	**1998 年**	**2008 年***	**1998 年**	**2008 年***	**1998 年**	**2008 年***	**1998 年**	**2008 年***
世界	42.7	47.0	1.4	1.5	23.1	26.8	32.9	24.6
发达经济体和欧盟	86.8	89.2	2.5	2.2	6.8	6.4	3.9	2.2
中欧、东南欧（非欧盟）和独联体	78.4	80.0	1.3	1.3	8.0	11.5	12.3	7.2
东亚	31.2	40.7	1.1	1.4	27.6	34.1	40.1	23.9
东南亚和太平洋地区	30.2	33.4	1.0	1.2	22.5	29.6	46.3	35.8
南亚	10.0	14.5	0.5	0.8	24.9	33.0	64.6	51.7
拉丁美洲和加勒比地区	63.8	65.7	2.2	3.1	25.3	22.9	8.8	8.2
中东	41.3	52.6	1.0	1.2	26.7	23.5	31.0	22.7
北非	41.6	46.4	2.5	1.9	14.2	13.8	41.7	37.9
撒哈拉以南非洲	12.5	17.3	1.2	1.3	47.9	42.9	38.4	38.5

资料来源：国际劳工组织，趋势计量经济模型，2009 年 7 月（关于估算方法的详细信息见“KILM 指南”中的专栏 3）。

注：* 表示 2008 年数据为初步估算数据。

2008 年的初步估算数据显示，自营工作者与无报酬家庭工作者总计还不到总就业人数的一半（49.5%）。脆弱性就业人口的全球平均比例反映了各地区的平均水平：南亚和撒哈拉以南非洲国家的比例非常高，约 3/4 的工作者都属于脆弱性就业人口，而发达经济体和欧盟的比例却只有 10% 左右。东亚与东南亚和太平洋地区的大多数工作者也都属于脆弱性就业人口。

在过去的 10 年间，脆弱性就业人口的比重呈下降趋势，全球每年平均下降 0.4 个百分点。[1] 其中下降最显著的地区是中东、北非与东亚（在 1998—2008 年间的下降均超过 8

专栏 3a（续）

个百分点）。撒哈拉以南非洲国家下降了 6.7 个百分点，但是脆弱性就业人口的比重仍旧处于较高水平。

就业状况指标可以用来评估女性在工作领域中取得的进步。就女性的自由和自主权而言，由无报酬家庭工作者或者低薪自营工作者向工薪工作者转变可谓是一个重大进步。2008 年，全部女性就业人口中有 51.4% 为脆弱性就业者，而男性的这一比例为 48.2%。脆弱性就业人口的性别差距最大的地区包括中东、北非、南亚和撒哈拉以南非洲地区（均超过 10 个百分点）。尽管在过去的 10 年中全球脆弱性就业的性别差距有所缩小，但是在中东、北非和撒哈拉以南非洲等地区该差距出现了扩大现象。

---

1 该趋势可能在 2009 年已发生变化，见第一章议题一。

表3 就业状况（占总就业人口的百分比）

		年份	工薪工作者（雇员）			自雇工作者：自雇工作者（总计）			自雇工作者：雇主			自雇工作者：自营工作者			无报酬家庭工作者			脆弱性就业者			注 No.
			MF	M	F	MF	M	F	MF	M	F	MF	M	F	MF	M	F	MF	M	F	
发达经济体和欧盟																					
欧盟																					
奥地利		1980	82.9	…	…	17.1	…	…	…	…	…	…	…	…	…	…	…	…	…	…	15
		1990	85.8	…	…	10.5	…	…	…	…	…	…	…	…	3.6	…	…	…	…	…	15
		2000	87.0	86.4	87.8	10.4	12.1	8.2	5.4	6.7	3.6	5.0	5.4	4.6	2.5	1.5	4.0	7.6	6.9	8.6	4
		2004	87.2	85.3	89.7	11.7	14.2	8.7	4.6	6.3	2.4	7.2	7.8	6.3	1.0	0.6	1.6	8.2	8.4	7.9	14
		2005	86.7	84.8	89.1	11.8	14.2	9.0	4.7	6.6	2.4	7.1	7.6	6.5	1.4	1.0	1.9	8.5	8.6	8.4	14
		2006	86.5	84.7	88.7	12.0	14.3	9.3	5.0	6.8	2.9	7.1	7.6	6.4	1.5	1.0	2.1	8.5	8.6	8.5	14
		2007	85.7	83.9	87.7	12.0	14.1	9.3	5.2	7.0	2.9	6.8	7.1	6.4	2.4	2.0	2.9	9.2	9.1	9.4	14
	b	2008	86.3	84.3	88.5	11.4	13.6	8.7	4.8	6.5	2.8	6.6	7.2	6.0	2.3	2.0	2.7	9.0	9.2	8.7	3
比利时		1980	83.4	83.9	82.5	13.2	15.2	9.4	…	…	…	…	…	…	3.4	0.9	8.0	…	…	…	16
		1990	81.9	81.5	82.5	14.3	17.6	9.5	…	…	…	…	…	…	3.8	0.9	8.0	…	…	…	16
		2000	84.0	82.3	86.2	14.0	17.2	9.6	4.5	6.2	2.3	9.4	11.0	7.3	2.1	0.5	4.2	11.5	11.5	11.5	3
		2004	85.3	83.0	88.3	13.0	16.5	8.4	4.5	6.3	2.2	8.5	10.2	6.2	1.7	0.5	3.3	10.2	10.7	9.4	3
		2005	84.8	82.5	87.7	13.5	17.1	8.9	4.6	6.5	2.3	8.9	10.7	6.6	1.7	0.4	3.4	10.6	11.1	9.9	3
		2006	84.9	82.4	88.2	13.5	17.2	8.9	4.7	6.4	2.4	8.9	10.8	6.4	1.5	0.4	3.0	10.4	11.2	9.4	3
		2007	85.2	82.6	88.5	13.5	17.1	9.1	4.5	6.3	2.3	9.0	10.8	6.8	1.3	0.4	2.5	10.3	11.2	9.3	3
		2008	85.8	83.0	89.2	13.0	16.6	8.6	4.2	5.9	2.1	8.8	10.7	6.5	1.2	0.4	2.2	10.0	11.1	8.7	3
保加利亚		2000	83.1	80.1	86.6	14.6	18.2	10.5	2.3	3.3	1.3	12.3	14.9	9.2	1.7	1.1	2.4	14.0	16.1	11.6	3
		2004	84.8	81.7	88.3	13.1	16.8	8.8	3.8	5.3	2.1	9.3	11.5	6.8	1.9	1.2	2.6	11.1	12.7	9.3	14
		2005	85.8	83.1	88.8	12.5	15.7	8.8	3.8	5.2	2.3	8.6	10.5	6.5	1.5	0.9	2.2	10.2	11.4	8.8	14
		2006	86.9	84.1	89.9	11.9	15.1	8.2	3.9	5.5	2.2	7.9	9.6	6.0	1.3	0.8	1.8	9.2	10.4	7.8	14
		2007	87.6	84.9	90.6	11.2	14.3	7.8	4.1	5.6	2.3	7.2	8.8	5.4	1.2	0.7	1.6	8.4	9.5	7.0	14
	b	2008	87.6	85.3	90.2	11.4	14.1	8.3	3.7	4.9	2.3	7.7	9.2	6.0	1.0	0.6	1.5	8.7	9.8	7.5	3
塞浦路斯		2000	73.0	66.4	83.3	20.7	27.6	10.0	6.1	9.0	1.7	14.6	18.6	8.3	3.0	0.6	6.8	17.6	19.3	15.0	17
		2004	76.5	70.5	84.2	20.4	28.4	10.0	6.9	10.8	1.8	13.6	17.6	8.2	3.1	1.0	5.8	16.7	18.7	14.0	17
		2005	76.8	71.3	83.9	20.5	27.5	11.3	7.4	11.5	2.1	13.1	16.0	9.2	2.8	1.2	4.8	15.8	17.2	14.0	17
		2006	78.5	73.3	85.1	19.3	25.6	11.3	6.4	10.0	1.7	13.0	15.6	9.6	2.2	1.1	3.6	15.1	16.7	13.1	17
		2007	79.7	73.9	86.8	18.6	25.2	10.4	6.1	9.5	1.8	12.5	15.7	8.7	1.7	0.9	2.7	14.3	16.6	11.4	17
	b	2008	80.0	74.4	87.2	18.1	24.7	9.9	5.5	9.0	1.3	12.5	15.7	8.6	1.9	0.9	3.0	14.4	16.7	11.5	3
捷克共和国		2000	83.9	80.1	88.9	15.5	19.7	10.1	4.1	5.6	2.2	10.3	12.8	7.0	0.6	0.2	1.0	10.8	13.0	8.0	4
		2004	82.6	78.1	88.6	16.7	21.6	10.2	4.0	5.5	2.1	12.2	15.6	7.7	0.7	0.3	1.1	12.8	15.9	8.9	4
		2005	83.5	79.1	89.3	15.7	20.5	9.4	3.7	5.0	2.0	11.6	14.9	7.1	0.7	0.3	1.3	12.3	15.3	8.4	4
		2006	83.5	79.4	88.9	15.8	20.4	9.8	4.1	5.5	2.2	11.4	14.5	7.4	0.7	0.2	1.2	12.1	14.7	8.6	4
		2007	83.5	79.2	89.2	15.8	20.5	9.7	3.7	5.2	1.8	11.8	15.0	7.6	0.6	0.2	1.1	12.4	15.3	8.7	4
	b	2008	83.9	79.8	89.4	15.5	19.9	9.6	3.6	4.8	1.9	11.9	15.1	7.7	0.6	0.3	1.0	12.5	15.4	8.7	3
丹麦		1990	88.3	…	…	9.6	…	…	…	…	…	…	…	…	2.1	…	…	…	…	…	18
		2000	90.8	87.9	94.3	8.2	11.9	3.9	4.2	6.6	1.5	4.0	5.3	2.4	0.9	0.2	1.8	4.9	5.5	4.3	3
		2004	91.2	88.1	94.8	7.9	11.6	3.7	3.5	5.3	1.3	4.5	6.3	2.4	0.9	0.3	1.5	5.3	6.6	3.9	3
		2005	91.1	88.1	94.6	8.1	11.6	4.0	3.7	5.8	1.3	4.4	5.9	2.7	0.8	0.3	1.4	5.2	6.1	4.1	3
		2006	90.9	88.1	94.2	8.4	11.7	4.6	4.0	5.9	1.8	4.4	5.7	2.8	0.7	0.2	1.2	5.1	6.0	4.0	3
		2007	90.9	87.6	94.7	8.5	12.0	4.5	4.0	6.0	1.7	4.5	6.0	2.8	0.6	0.4	0.8	5.1	6.4	3.6	3
		2008	91.1	87.6	95.0	8.5	12.1	4.5	3.9	5.9	1.6	4.6	6.2	2.9	0.4	0.3	0.5	5.0	6.5	3.4	3
爱沙尼亚		1990	96.7	96.7	96.7	1.3	2.0	0.6	0.6	1.0	0.2	0.7	1.0	0.4	1.6	0.9	2.3	2.3	1.9	2.7	19
		2000	91.0	88.5	93.6	8.3	11.0	5.6	3.1	4.4	1.7	5.2	6.6	3.8	0.7	0.6	0.9	5.9	7.1	4.7	9
		2004	90.3	87.0	93.8	9.1	12.4	5.8	3.1	4.6	1.5	6.0	7.8	4.3	0.5	0.5	0.5	6.6	8.3	4.8	9
		2005	91.9	88.8	94.9	7.9	10.9	4.9	2.7	4.1	1.3	5.2	6.8	3.6	0.2	0.3	0.2	5.4	7.1	3.8	9
		2006	92.0	88.8	95.3	7.8	11.1	4.5	2.6	4.1	1.1	5.2	7.0	3.4	0.2	–	–	5.4	7.0	3.4	9
		2007	91.1	87.5	94.6	8.7	12.3	5.1	3.2	4.8	1.5	5.6	7.5	3.6	0.2	–	–	5.8	7.5	3.6	9
	b	2008	92.3	89.5	95.1	7.6	10.4	4.7	3.2	5.0	1.5	4.3	5.5	3.2	…	…	…	…	…	…	1
芬兰		1980	82.8	81.3	84.6	13.4	16.0	10.5	…	…	…	…	…	…	3.8	2.7	5.0	…	…	…	20
		1990	83.8	79.5	88.7	…	…	…	14.0	17.4	10.2	…	…	…	1.4	1.7	1.1	…	…	…	21
		2000	86.5	82.3	91.1	12.9	17.0	8.3	4.3	6.2	2.3	8.5	10.8	6.0	0.7	0.7	0.6	9.2	11.5	6.6	1
		2004	87.5	83.7	91.7	12.0	15.8	8.0	4.2	6.0	2.3	7.9	9.8	5.7	0.4	0.5	0.3	8.3	10.3	6.0	1
		2005	87.4	83.5	91.5	12.1	15.9	8.0	3.8	5.6	2.0	8.3	10.3	6.1	0.5	0.6	0.4	8.8	11.0	6.5	1
		2006	87.1	83.0	91.5	12.3	16.4	8.0	4.0	5.8	2.2	8.3	10.6	5.8	0.5	0.6	0.5	8.8	11.2	6.3	1
		2007	87.4	83.4	91.8	12.0	16.0	7.8	4.0	5.7	2.2	8.0	10.3	5.6	0.6	0.7	0.4	8.6	10.9	6.1	1
		2008	87.2	83.3	91.4	12.3	16.1	8.1	3.8	5.5	1.9	8.5	10.6	6.2	0.5	0.6	0.4	9.0	11.2	6.6	1

		年份	工薪工作者（雇员）			自雇工作者												无报酬家庭工作者			脆弱性就业者			注 No.
						自雇工作者（总计）			雇主			自营工作者												
			MF	M	F	MF	M	F	MF	M	F	MF	M	F				MF	M	F	MF	M	F	
法国		1980	83.7	82.7	85.4	16.3	17.3	14.6	…	…	…	…	…	…				–	–	–	…	…	…	2
		1990	86.8	85.2	89.0	13.2	14.8	11.0	…	…	…	…	…	…				–	–	–	…	…	…	2
		2000	88.6	86.0	91.7	10.1	13.6	6.0	4.3	6.2	2.1	5.8	7.4	3.9				1.3	0.4	2.3	7.1	7.8	6.2	3
		2004	89.0	86.3	92.2	9.8	13.1	5.8	4.3	6.1	2.2	5.5	7.0	3.6				1.2	0.5	1.9	6.6	7.5	5.6	3
		2005	89.1	86.2	92.5	9.9	13.3	5.9	4.3	6.3	2.1	5.6	7.1	3.8				1.0	0.4	1.6	6.5	7.5	5.4	3
		2006	88.8	85.7	92.3	10.3	13.8	6.2	4.4	6.4	2.1	5.9	7.4	4.2				0.9	0.5	1.4	6.8	7.9	5.6	3
		2007	89.2	86.0	92.7	10.2	13.6	6.3	4.4	6.2	2.3	5.8	7.5	4.0				0.6	0.3	1.0	6.5	7.8	5.0	3
		2008	89.5	86.7	92.7	9.9	13.0	6.4	4.6	6.3	2.5	5.3	6.7	3.8				0.6	0.3	0.9	5.9	7.0	4.8	4
德国		1980	88.1	88.2	87.8	8.5	11.0	4.6	…	…	…	…	…	…				3.4	0.8	7.6	…	…	…	5
		1990	89.1	87.9	90.8	10.9	12.1	9.2	…	…	…	…	…	…				…	…	…	…	…	…	5
		2000	89.2	86.9	92.1	10.0	12.7	6.4	4.9	6.7	2.6	5.0	6.0	3.8				0.9	0.4	1.5	5.9	6.4	5.3	6
	b	2004	87.9	85.3	91.2	10.9	14.2	6.9	5.2	7.2	2.7	5.8	7.0	4.2				1.1	0.5	1.9	6.9	7.5	6.1	3
		2005	87.7	85.2	90.7	11.1	14.3	7.4	4.9	6.8	2.6	6.3	7.5	4.8				1.1	0.5	1.9	7.4	8.0	6.7	3
		2006	87.9	85.5	90.8	11.1	14.1	7.4	4.9	6.8	2.6	6.2	7.3	4.9				1.0	0.4	1.7	7.2	7.8	6.6	3
		2007	88.1	85.7	90.9	10.9	13.8	7.4	4.8	6.8	2.5	6.1	7.1	4.9				1.0	0.4	1.8	7.1	7.5	6.7	3
		2008	88.4	86.0	91.3	10.7	13.6	7.2	4.7	6.6	2.5	5.9	6.9	4.8				0.9	0.4	1.5	6.8	7.3	6.2	3
希腊		1980	49.7	…	…	50.3	…	…	…	…	…	…	…	…				…	…	…	…	…	…	7
		1990	52.4	52.6	51.9	34.8	42.6	20.3	…	…	…	…	…	…				12.9	4.9	27.7	…	…	…	7
		2000	58.0	56.3	61.0	32.3	38.6	21.8	8.0	10.4	3.8	24.4	28.2	17.9				9.6	5.1	17.2	34.0	33.3	35.1	8
		2004	63.4	60.6	68.0	30.2	36.2	20.6	8.0	10.6	3.8	22.2	25.5	16.8				6.3	3.2	11.4	28.6	28.7	28.3	8
		2005	63.6	60.8	68.0	30.1	35.9	20.8	8.0	10.5	4.0	22.1	25.4	16.8				6.3	3.3	11.2	28.4	28.7	28.0	8
		2006	63.6	60.9	67.9	29.8	35.3	21.1	8.2	10.8	4.1	21.6	24.5	17.0				6.5	3.7	10.9	28.2	28.3	28.0	8
		2007	64.1	61.0	68.9	29.5	35.3	20.4	8.2	10.8	4.1	21.3	24.5	16.3				6.4	3.7	10.7	27.7	28.2	27.0	8
	b	2008	64.6	61.8	69.0	29.5	34.8	21.3	8.5	11.1	4.3	21.1	23.7	16.9				5.9	3.4	9.8	27.0	27.1	26.7	3
匈牙利		2000	84.6	80.5	89.6	14.2	18.1	9.4	5.1	6.8	3.0	8.2	10.1	5.8				0.7	0.4	1.0	8.8	10.5	6.8	9
		2004	85.8	82.4	89.9	13.7	17.4	9.4	5.9	7.7	3.6	7.6	9.4	5.6				0.4	0.2	0.7	8.1	9.6	6.3	9
		2005	86.3	83.0	90.2	13.2	16.7	9.1	5.9	7.8	3.6	7.2	8.7	5.4				0.4	0.3	0.7	7.7	9.0	6.1	9
		2006	87.3	84.3	90.9	12.2	15.5	8.3	5.4	7.3	3.3	6.6	8.0	4.9				0.5	0.3	0.8	7.1	8.3	5.7	9
		2007	87.6	84.9	90.8	11.9	14.8	8.5	5.2	6.9	3.2	6.6	7.7	5.2				0.5	0.3	0.7	7.0	8.0	5.9	9
	b	2008	87.8	84.7	91.4	11.9	15.0	8.1	5.1	6.9	3.0	6.7	8.1	5.2				0.4	0.3	0.5	7.1	8.3	5.6	1
爱尔兰		1980	75.3	…	…	21.5	…	…	…	…	…	…	…	…				3.3	…	…	…	…	…	10
		1990	75.3	68.1	89.1	22.2	29.9	7.6	5.0	6.7	1.9	17.2	23.3	5.7				2.4	2.0	3.3	19.6	25.2	9.0	11
		2000	81.1	74.3	91.0	17.6	24.8	7.1	5.9	8.1	2.7	11.7	16.7	4.4				1.3	0.9	1.9	13.0	17.6	6.3	12
		2004	82.1	74.8	92.1	17.2	24.6	7.0	5.8	8.0	2.7	11.4	16.6	4.3				0.7	0.6	0.9	12.1	17.1	5.2	12
		2005	82.7	75.5	92.6	16.6	24.0	6.5	5.7	8.1	2.4	10.9	15.9	4.1				0.7	0.6	0.9	11.6	16.4	5.0	12
		2006	83.8	76.8	93.3	15.7	22.9	5.8	5.4	7.8	2.1	10.3	15.1	3.7				0.6	0.3	0.9	10.8	15.4	4.6	12
		2007	83.2	76.0	92.9	16.1	23.6	6.2	5.8	8.3	2.5	10.3	15.3	3.7				0.6	0.4	0.9	10.9	15.7	4.6	12
	b	2008	82.6	74.9	92.5	16.7	24.5	6.7	5.7	8.3	2.4	11.0	16.2	4.3				0.7	0.6	0.8	11.7	16.7	5.2	3
意大利		1980	71.4	70.7	72.9	23.3	26.7	16.0	…	…	…	…	…	…				5.4	2.6	11.1	…	…	…	13
		1990	71.3	68.9	75.9	24.5	28.8	16.6	…	…	…	…	…	…				4.1	2.3	7.5	…	…	…	13
		2000	71.8	68.2	78.1	24.2	29.0	16.1	12.8	15.4	8.4	11.4	13.6	7.8				3.9	2.8	5.8	15.4	16.4	13.6	3
		2004	71.9	68.3	77.7	25.5	29.9	18.6	7.3	9.3	4.3	18.2	20.7	14.3				2.6	1.8	3.7	20.7	22.5	18.1	3
		2005	73.3	69.3	79.4	24.9	29.4	17.8	7.2	9.3	3.9	17.7	20.1	13.8				1.9	1.2	2.8	19.5	21.4	16.7	3
		2006	73.6	69.7	79.5	24.6	29.0	17.7	7.1	9.1	4.0	17.5	19.9	13.7				1.8	1.3	2.7	19.3	21.1	16.5	3
		2007	73.9	70.0	80.0	24.3	28.8	17.4	7.0	9.0	3.9	17.3	19.7	13.5				1.8	1.3	2.6	19.1	21.0	16.1	3
		2008	74.5	70.5	80.7	23.7	28.3	16.8	6.9	8.9	3.9	16.8	19.4	13.0				1.7	1.2	2.5	18.6	20.6	15.4	3
拉脱维亚		2000	85.0	83.6	86.6	11.0	12.8	9.0	4.2	5.8	2.5	6.8	7.0	6.5				3.9	3.5	4.3	10.6	10.4	10.8	14
		2004	87.0	86.0	88.2	9.6	11.1	8.0	3.4	4.3	2.4	6.2	6.8	5.5				3.4	2.9	3.9	9.6	9.7	9.4	9
		2005	88.4	86.5	90.4	9.3	11.0	7.6	3.5	4.5	2.3	5.9	6.4	5.3				2.3	2.5	2.1	8.2	9.0	7.3	9
		2006	88.4	86.7	90.2	10.1	11.7	8.3	3.4	4.2	2.6	6.7	7.6	5.7				1.5	1.6	1.4	8.2	9.1	7.1	9
		2007	89.4	87.1	91.8	9.1	11.4	6.6	3.2	4.4	1.9	5.8	7.0	4.7				1.6	1.5	1.6	7.4	8.5	6.3	9
	b	2008	89.9	87.2	92.6	8.8	11.3	6.2	3.3	4.8	1.8	5.5	6.6	4.5				1.3	1.4	1.2	6.8	8.0	5.6	1
立陶宛		2000	80.3	77.2	83.3	16.7	20.3	13.1	1.7	2.4	1.1	14.9	17.9	12.1				3.0	2.5	3.5	18.0	20.4	15.6	22
		2004	81.1	78.2	84.2	15.8	19.8	11.5	1.8	2.5	1.1	13.9	17.3	10.4				3.1	2.0	4.2	17.0	19.3	14.6	22
		2005	83.1	80.8	85.4	14.0	17.1	10.7	2.0	2.8	1.2	12.0	14.3	9.6				3.0	2.1	3.9	14.9	16.4	13.4	22
		2006	84.3	82.4	86.2	13.3	16.3	10.3	2.2	3.0	1.3	11.2	13.3	9.0				2.4	1.3	3.4	13.5	14.6	12.4	22
		2007	86.3	83.7	89.0	11.9	15.2	8.6	2.1	3.1	1.1	9.8	12.1	7.5				1.7	1.1	2.4	11.6	13.2	9.9	22
		2008	88.5	85.8	91.2	10.1	13.2	6.8	2.2	3.3	1.0	7.9	9.9	5.8				1.5	1.0	2.0	9.4	10.9	7.8	22
卢森堡		1980	86.5	…	…	13.5	…	…	…	…	…	…	…	…				–	…	…	…	…	…	23
		1990	90.9	…	…	9.1	…	…	…	…	…	…	…	…				–	…	…	…	…	…	23
		2000	90.5	89.2	92.7	8.8	10.7	6.0	6.0	7.5	3.8	2.8	3.2	2.2				0.6	0.1	1.3	3.4	3.3	3.5	3
		2004	91.8	90.9	93.3	7.9	9.2	6.0	2.8	3.6	1.7	5.0	5.6	4.3				0.3	–	0.8	5.4	5.6	5.0	3
		2005	91.9	91.3	93.0	7.7	8.7	6.4	2.8	3.6	1.6	5.0	5.1	4.8				0.3	–	0.6	5.2	5.1	5.4	3
		2006	92.2	91.1	93.5	7.7	8.9	6.0	2.7	3.6	1.4	5.0	5.3	4.6				…	…	…	…	…	…	3
		2007	92.8	91.8	93.9	7.0	8.1	5.7	3.0	3.9	1.8	4.1	4.2	3.9				…	…	…	…	…	…	3
		2008	93.5	93.4	93.6	6.3	6.6	6.0	2.4	3.2	1.4	3.9	3.4	4.6				…	…	…	…	…	…	3

		年份	工薪工作者（雇员）			自雇工作者									无报酬家庭工作者			脆弱性就业者			注 No.
						自雇工作者（总计）			雇主			自营工作者									
			MF	M	F	MF	M	F	MF	M	F	MF	M	F	MF	M	F	MF	M	F	
马耳他		2000	87.9	85.1	94.5	11.9	14.8	5.3	3.8	4.8	1.6	8.1	10.0	3.7	…	…	…	…	…	…	3
		2004	85.9	82.5	93.5	14.1	17.4	6.0	4.6	5.8	1.8	9.4	11.7	4.2	…	…	…	…	…	…	4
		2005	86.2	82.7	94.1	13.7	16.8	8.7	4.6	5.6	2.2	9.1	11.2	6.5	…	…	…	…	…	…	4
		2006	86.4	82.7	94.2	13.6	17.2	5.6	4.4	5.7	1.5	9.2	11.5	4.2	–	–	–	9.2	11.5	4.2	4
		2007	86.2	82.9	93.0	13.8	17.0	7.0	4.6	6.0	1.6	9.2	11.0	5.5	–	–	–	9.2	11.0	5.5	4
	b	2008	86.7	83.2	93.6	13.3	16.8	6.2	4.3	5.8	1.3	9.0	11.0	4.9	…	…	…	…	…	…	3
荷兰		1980	87.8	…	…	12.2	…	…	…	…	…	…	…	…	–	…	…	…	…	…	24
		1990	88.4	…	…	9.6	…	…	…	…	…	…	…	…	2.0	…	…	…	…	…	25
		2000	88.5	87.3	90.2	10.3	12.2	7.8	3.2	4.4	1.7	7.1	7.9	6.1	0.9	0.3	1.6	8.0	8.2	7.7	26
		2004	87.9	85.9	90.4	11.6	13.9	8.8	3.7	5.1	2.0	7.9	8.8	6.8	0.5	0.2	0.9	8.4	9.0	7.6	26
		2005	87.6	85.4	90.3	11.8	14.3	8.8	3.8	5.3	1.9	8.0	9.0	6.8	0.5	0.2	1.0	8.6	9.2	7.8	26
		2006	87.2	84.9	90.1	12.2	14.9	8.9	3.9	5.4	2.0	8.3	9.5	6.9	0.5	0.2	1.0	8.9	9.7	7.9	26
		2007	86.8	84.3	90.0	12.6	15.5	9.1	3.9	5.6	2.0	8.7	9.9	7.1	0.5	0.2	0.9	9.2	10.2	8.1	26
		2008	86.8	84.2	89.9	12.7	15.6	9.3	3.7	5.4	1.8	9.0	10.2	7.5	0.4	0.2	0.8	9.4	10.4	8.3	26
波兰		1980	74.6	…	…	25.4	…	…	…	…	…	…	…	…	–	…	…	…	…	…	15
		1990	72.8	…	…	27.2	…	…	…	…	…	…	…	…	–	…	…	…	…	…	15
		2000	72.6	70.5	75.2	22.4	25.9	18.2	3.9	4.9	2.7	18.5	21.0	15.4	5.0	3.6	6.6	23.5	24.6	22.1	27
		2004	73.3	71.1	75.9	21.2	24.9	16.8	4.0	5.0	2.7	17.2	19.8	14.1	5.5	4.1	7.3	22.7	23.9	21.4	27
		2005	74.2	72.1	76.9	20.5	24.1	16.1	4.0	4.9	2.8	16.5	19.2	13.3	5.3	3.8	7.0	21.8	23.0	20.3	27
		2006	75.6	73.4	78.2	19.9	23.4	15.5	4.0	5.0	2.8	15.9	18.4	12.7	4.5	3.2	6.2	20.4	21.5	19.0	27
		2007	76.5	74.5	79.1	19.2	22.7	14.9	4.0	5.1	2.8	15.2	17.7	12.2	4.2	2.8	6.0	19.4	20.5	18.1	27
	b	2008	77.1	75.0	79.6	18.8	22.3	14.5	4.1	5.1	2.7	14.7	17.1	11.8	4.1	2.7	5.9	18.9	19.8	17.7	3
葡萄牙		1980	67.6	…	…	32.4	…	…	…	…	…	…	…	…	…	…	…	…	…	…	28
		1990	70.6	…	…	26.0	…	…	…	…	…	…	…	…	3.3	…	…	…	…	…	29
		2000	72.8	72.0	73.7	23.4	25.5	20.9	6.0	8.1	3.4	17.5	17.4	17.5	2.4	1.5	3.5	19.8	18.9	21.0	14
		2004	73.9	72.1	76.0	24.2	26.5	21.4	6.4	8.7	3.7	17.7	17.8	17.7	1.5	0.9	2.2	19.2	18.8	19.8	14
		2005	74.5	73.1	76.1	23.5	25.5	21.2	5.9	8.1	3.3	17.6	17.4	17.9	1.5	0.9	2.1	19.1	18.3	20.0	14
		2006	75.6	74.3	77.0	22.7	24.5	20.6	5.4	7.3	3.2	17.3	17.2	17.4	1.2	0.7	1.8	18.5	17.9	19.2	14
		2007	75.5	73.9	77.3	23.0	25.0	20.6	5.5	7.4	3.4	17.4	17.6	17.2	1.1	0.7	1.5	18.5	18.3	18.7	14
	b	2008	76.0	74.6	77.6	23.1	24.7	21.2	5.5	7.4	3.3	17.6	17.3	17.9	0.9	0.7	1.2	18.5	18.0	19.1	3
罗马尼亚		1990	75.1	81.3	67.9	24.9	18.7	32.1	–	–	–	8.7	7.2	10.5	…	…	…	…	…	…	30
		2000	56.1	58.2	53.7	24.6	31.2	17.0	1.1	1.6	0.5	23.1	29.2	16.1	19.3	10.6	29.3	42.4	39.8	45.5	4
		2004	65.9	65.8	66.1	20.2	26.5	12.7	1.7	2.3	1.0	18.4	24.1	11.6	13.9	7.7	21.2	32.3	31.8	32.8	4
		2005	64.7	64.4	65.2	21.4	27.8	13.5	1.7	2.3	0.9	19.6	25.4	12.6	13.8	7.8	21.2	33.5	33.2	33.8	4
		2006	66.2	65.5	67.1	20.6	27.0	13.0	1.6	2.2	0.9	19.0	24.8	12.1	13.1	7.4	19.9	32.1	32.2	32.0	4
		2007	66.3	66.0	66.6	21.1	27.5	13.5	1.5	2.1	0.7	19.7	25.4	12.8	12.6	6.5	19.9	32.2	31.8	32.7	4
	b	2008	67.4	67.2	67.6	20.8	26.8	13.4	1.3	1.9	0.7	19.4	24.9	12.7	11.8	6.0	18.9	31.2	30.9	31.7	3
斯洛伐克		2000	91.9	89.2	95.1	7.8	10.7	4.4	2.5	3.3	1.5	5.3	7.5	2.9	0.1	0.1	0.2	5.5	7.5	3.1	31
		2004	87.7	83.8	92.5	11.8	16.0	6.8	3.3	4.5	1.8	8.5	11.4	5.0	0.1	0.1	0.2	8.7	11.5	5.2	31
		2005	87.0	82.8	92.4	12.5	17.1	6.8	3.2	4.3	1.8	9.3	12.8	5.0	0.1	–	0.1	9.4	12.8	5.1	31
		2006	87.0	83.1	92.0	12.5	16.6	7.3	3.1	4.1	1.9	9.4	12.6	5.4	–	–	0.1	9.5	12.6	5.5	31
		2007	86.7	82.6	91.9	12.8	17.2	7.2	3.1	4.0	2.0	9.7	13.2	5.2	0.1	0.1	0.1	9.8	13.2	5.4	32
	b	2008	86.1	81.5	91.8	13.6	18.3	7.7	3.2	4.4	1.7	10.4	14.0	6.0	0.1	0.1	0.2	10.6	14.0	6.1	3
斯洛文尼亚		2000	83.9	81.3	86.9	11.2	15.2	6.5	3.7	5.2	1.9	7.5	10.0	4.6	4.8	3.3	6.5	12.3	13.3	11.1	33
		2004	84.4	82.2	87.1	10.1	13.5	6.0	3.5	4.9	1.6	6.7	8.6	4.4	5.5	4.3	6.9	12.2	12.9	11.3	34
		2005	85.3	83.4	87.6	10.0	13.7	5.7	3.4	4.5	2.1	6.7	9.2	3.7	4.6	3.1	6.4	11.3	12.3	10.1	34
		2006	83.6	81.4	86.2	11.5	15.4	6.7	3.6	4.6	2.2	7.8	10.7	4.5	5.1	3.3	7.1	12.9	14.0	11.6	34
		2007	83.6	81.7	85.8	11.5	14.9	7.1	3.3	4.6	1.6	8.1	10.3	5.5	4.8	3.1	7.1	13.0	13.5	12.6	34
	b	2008	85.9	83.5	88.7	9.9	13.3	5.9	3.2	4.4	1.7	6.7	8.9	4.2	4.2	3.2	5.4	11.0	12.1	9.6	3
西班牙		1980	70.0	72.2	64.5	21.6	23.9	15.5	…	…	…	…	…	…	8.1	3.5	19.6	…	…	…	35
		1990	73.7	73.9	73.4	20.6	22.9	15.7	3.8	4.8	1.6	16.1	17.3	13.5	5.4	3.0	10.6	21.5	20.3	24.2	36
		2000	79.8	77.8	83.3	18.0	20.9	12.9	5.2	6.5	2.9	12.2	13.8	9.6	2.1	1.2	3.7	14.3	15.0	13.2	36
		2004	81.9	79.5	85.6	16.5	19.5	11.9	5.4	6.8	3.1	10.7	12.2	8.3	1.4	0.8	2.4	12.1	13.0	10.7	36
	b	2005	81.7	79.2	85.4	16.5	19.5	12.1	5.2	6.5	3.1	10.9	12.5	8.6	1.6	1.1	2.4	12.6	13.6	11.0	37
		2006	82.1	79.3	86.1	16.5	19.7	11.8	5.5	6.9	3.3	10.6	12.2	8.1	1.3	0.9	1.9	11.9	13.1	10.1	36
		2007	82.3	79.4	86.5	16.5	19.8	11.9	5.5	7.0	3.3	10.6	12.3	8.3	1.1	0.7	1.6	11.7	13.0	9.9	36
	b	2008	82.3	79.2	86.7	16.6	20.0	11.8	5.8	7.4	3.5	10.8	12.6	8.4	1.0	0.8	1.4	11.8	13.4	9.8	38
瑞典		1980	92.0	89.5	95.1	7.4	10.3	4.0	…	…	…	…	…	…	0.5	0.2	0.9	…	…	…	39
		1990	90.8	87.1	94.8	…	…	…	8.8	12.7	4.7	…	…	…	0.3	0.2	0.5	…	…	…	40
		2000	88.9	84.1	94.1	10.6	15.2	5.6	3.9	5.9	1.8	6.7	9.3	3.8	0.5	0.7	0.3	7.1	9.9	4.1	41
		2004	89.5	85.0	94.4	10.1	14.5	5.2	3.7	5.6	1.5	6.4	8.9	3.7	0.4	0.5	0.4	6.9	9.4	4.1	41
		2005	89.4	85.0	94.3	10.3	14.7	5.4	4.0	6.1	1.7	6.3	8.6	3.7	0.3	0.3	0.3	6.6	8.9	4.0	41
		2006	89.3	84.8	94.2	10.4	14.8	5.5	3.9	6.0	1.6	6.5	8.9	3.9	0.3	0.3	0.2	6.8	9.2	4.1	41
		2007	89.4	85.1	94.2	10.3	14.6	5.5	3.9	6.0	1.5	6.4	8.6	4.0	0.3	0.3	0.3	6.7	8.8	4.3	41
		2008	89.6	85.6	94.1	10.2	14.2	5.6	3.8	5.7	1.6	6.4	8.5	4.1	0.3	0.2	0.3	6.6	8.7	4.4	41

		年份	工薪工作者（雇员）			自雇工作者												无报酬家庭工作者			脆弱性就业者			注
						自雇工作者（总计）			雇主			自营工作者												No.
			MF	M	F	MF	M	F	MF	M	F	MF	M	F	MF	M	F	MF	M	F				
英国		1980	91.9	89.1	96.1	8.1	10.9	3.9	…	…	…	…	…	…	…	…	…	…	…	…				42
		1990	84.9	80.1	91.1	13.3	17.9	7.4	…	…	…	…	…	…	1.8	2.0	1.5	…	…	…				43
		2000	87.6	83.8	92.1	11.9	15.8	7.2	3.2	4.5	1.7	8.7	11.3	5.6	0.4	0.2	0.6	9.1	11.5	6.2				38
		2004	86.7	82.2	92.0	12.7	17.3	7.4	3.0	4.2	1.7	9.7	13.1	5.7	0.3	0.3	0.5	10.0	13.3	6.2				38
		2005	86.8	82.4	92.0	12.7	17.2	7.4	2.9	4.1	1.5	9.7	13.1	5.8	0.3	0.2	0.5	10.1	13.3	6.3				38
		2006	86.6	82.3	91.7	12.9	17.3	7.7	2.9	4.1	1.5	10.0	13.2	6.2	0.3	0.2	0.4	10.3	13.5	6.6				38
		2007	86.4	82.1	91.6	13.1	17.5	7.8	2.9	4.0	1.5	10.2	13.5	6.3	0.3	0.2	0.5	10.5	13.7	6.7				38
		2008	86.4	82.0	91.6	13.0	17.5	7.7	2.8	4.0	1.4	10.2	13.5	6.4	0.3	0.2	0.5	10.5	13.7	6.8				38
北美洲																								
加拿大		1980	90.9	90.1	92.1	8.1	9.6	6.0	…	…	…	…	…	…	1.0	0.3	2.0	…	…	…				44
		1990	85.6	82.3	89.9	13.8	17.6	9.2	…	…	…	…	…	…	0.5	0.2	0.9	…	…	…				45
		2000	83.9	80.7	87.7	15.8	19.1	11.9	5.5	7.5	3.2	10.3	11.7	8.6	0.3	0.2	0.4	10.6	11.8	9.1				45
		2003	84.7	81.2	88.7	15.1	18.7	11.0	5.1	7.0	2.8	10.0	11.6	8.2	0.2	0.1	0.3	10.2	11.8	8.5				45
		2004	84.6	81.0	88.8	15.2	18.9	11.0	5.2	7.3	2.9	10.0	11.7	8.0	0.2	0.1	0.3	10.1	11.8	8.3				45
		2005	84.5	80.9	88.6	15.4	19.0	11.2	5.3	7.4	3.0	10.0	11.7	8.2	0.2	0.1	0.2	10.2	11.8	8.4				45
		2006	84.8	81.4	88.7	15.0	18.5	11.1	5.1	7.0	3.0	9.8	11.4	8.1	0.2	0.1	0.2	10.0	11.5	8.3				45
		2007	84.5	80.8	88.6	15.4	19.1	11.2	5.1	7.1	2.8	10.3	12.0	8.4	0.2	0.1	0.2	10.4	12.1	8.6				45
美国		1980	90.6	88.6	93.3	8.7	11.1	5.4	…	…	…	…	…	…	0.7	0.3	1.3	…	…	…				46
	b	1990	91.2	89.5	93.3	8.5	10.4	6.2	…	…	…	…	…	…	0.3	0.1	0.5	…	…	…				47
		2000	92.6	91.4	93.9	7.3	8.5	6.0	…	…	…	…	…	…	0.1	0.1	0.1	…	…	…				48
		2003	92.4	91.2	93.9	7.5	8.8	6.0	…	…	…	…	…	…	0.1	0.1	0.1	…	…	…				48
		2004	92.4	91.1	93.9	7.5	8.8	6.0	…	…	…	…	…	…	0.1	0.1	0.1	…	…	…				48
		2005	92.5	91.2	94.1	7.4	8.7	5.8	…	…	…	…	…	…	0.1	0.1	0.1	…	…	…				48
		2006	92.6	91.4	94.0	7.3	8.6	5.9	…	…	…	…	…	…	0.1	–	0.1	…	…	…				48
		2007	92.8	91.6	94.2	7.1	8.4	5.7	…	…	…	…	…	…	0.1	0.1	0.1	…	…	…				48
其他发达经济体																								
澳大利亚		1990	84.9	82.8	87.8	14.3	16.7	10.9	4.8	5.6	3.7	9.5	11.1	7.3	0.8	0.5	1.2	10.3	11.6	8.5				49
		2000	85.9	83.3	89.3	13.3	16.1	9.6	3.7	4.4	2.8	9.6	11.8	6.9	0.8	0.6	1.1	10.4	12.3	7.9				50
		2003	86.6	83.8	90.0	13.0	15.9	9.5	3.3	3.9	2.4	9.8	12.0	7.0	0.4	0.3	0.5	10.2	12.3	7.6				50
		2004	86.8	84.2	90.2	12.8	15.6	9.3	3.2	3.8	2.4	9.6	11.8	6.9	0.4	0.3	0.5	10.0	12.1	7.4				50
		2005	87.1	84.5	90.2	12.6	15.3	9.3	3.1	3.8	2.3	9.5	11.5	7.0	0.3	0.2	0.4	9.8	11.7	7.5				50
		2006	87.5	84.9	90.7	12.2	14.9	8.9	3.0	3.5	2.3	9.2	11.4	6.6	0.3	0.2	0.4	9.5	11.6	7.0				50
		2007	88.0	85.5	91.0	11.8	14.3	8.7	2.7	3.3	2.1	9.1	11.1	6.6	0.3	0.2	0.4	9.3	11.3	6.9				50
马恩岛		2001	85.4	79.7	92.3	14.6	20.3	7.7	4.5	6.1	2.4	10.1	14.2	5.3	…	…	…	…	…	…				51
以色列		2000	85.8	81.7	90.7	13.7	18.1	8.5	4.5	7.1	1.4	6.7	8.5	4.5	0.5	0.2	0.8	7.1	8.7	5.3				52
		2003	86.2	81.9	91.2	13.4	17.8	8.1	4.5	7.1	1.6	6.9	8.8	4.6	0.4	0.2	0.7	7.3	9.1	5.2				52
		2004	86.8	82.8	91.6	12.8	17.0	7.9	4.3	6.6	1.7	6.8	8.8	4.5	0.4	0.2	0.6	7.2	8.9	5.0				52
		2005	86.9	82.6	91.8	12.8	17.2	7.7	4.3	6.7	1.5	7.2	9.2	4.8	0.3	0.2	0.5	7.5	9.4	5.4				52
		2006	86.8	82.9	91.4	12.9	17.0	8.1	4.1	6.4	1.5	7.6	9.4	5.5	0.3	0.1	0.5	7.9	9.5	6.0				52
		2007	87.3	83.5	91.8	12.5	16.5	7.8	4.2	6.3	1.7	7.2	9.0	5.1	0.2	0.1	0.4	7.4	9.1	5.4				52
日本		1980	71.7	77.1	63.2	17.2	19.4	13.7	…	…	…	…	…	…	10.9	3.3	22.9	…	…	…				53
		1990	77.4	80.8	72.3	14.1	16.3	10.7	3.1	4.3	1.3	11.0	12.0	9.4	8.3	2.5	16.7	19.2	14.5	26.1				4
		2000	83.1	84.2	81.4	11.4	13.8	7.8	2.8	3.9	1.3	8.5	9.9	6.5	5.3	1.7	10.6	13.8	11.6	17.1				4
		2003	84.5	84.9	83.8	10.4	13.1	6.6	2.6	3.6	1.2	7.8	9.5	5.5	4.7	1.6	9.2	12.5	11.1	14.6				4
		2004	84.6	84.9	84.2	10.4	13.1	6.5	2.6	3.6	1.1	7.8	9.5	5.4	4.6	1.6	8.9	12.4	11.0	14.2				4
		2005	84.8	85.0	84.7	10.2	13.0	6.3	2.6	3.6	1.1	7.7	9.4	5.2	4.4	1.5	8.6	12.1	10.9	13.8				4
		2006	85.7	85.6	85.9	9.9	12.7	6.0	2.6	3.6	1.1	7.3	9.0	4.9	3.9	1.2	7.6	11.2	10.2	12.6				4
		2007	86.1	86.0	86.4	9.7	12.5	5.8	2.6	3.6	1.1	7.1	8.8	4.7	3.7	1.1	7.3	10.8	10.0	12.0				4
新西兰		1980	82.0	…	…	18.3	…	…	…	…	…	…	…	…	–	…	…	…	…	…				54
	b	1990	80.0	75.1	86.5	18.5	24.0	11.4	…	…	…	…	…	…	1.2	0.7	1.9	…	…	…				55
		2000	79.0	74.0	85.1	19.9	25.2	13.4	7.1	9.3	4.6	12.7	16.0	8.8	0.8	0.5	1.3	13.6	16.5	10.1				52
		2003	80.7	75.5	86.8	18.6	24.0	12.3	7.1	9.4	4.4	11.5	14.6	7.8	0.7	0.5	0.9	12.2	15.1	8.8				52
		2004	80.7	76.0	86.4	18.7	23.7	12.7	7.0	9.2	4.5	11.6	14.5	8.2	0.6	0.3	0.8	12.2	14.8	9.1				52
		2005	81.4	77.0	86.6	17.9	22.5	12.5	6.5	8.4	4.3	11.4	14.1	8.2	0.6	0.4	0.9	12.0	14.5	9.1				52
		2006	82.2	77.9	87.3	16.7	21.4	11.3	5.4	7.2	3.4	11.3	14.2	7.9	0.9	0.6	1.3	12.2	14.9	9.1				52
		2007	82.6	78.7	87.2	16.2	20.4	11.2	5.3	7.1	3.2	10.8	13.3	8.0	1.1	0.8	1.5	11.9	14.0	9.5				52
圣马力诺		2003	88.5	86.6	91.2	11.5	13.4	8.7	…	…	…	…	…	…	–	–	–	…	…	…				56
		2004	88.9	86.9	91.9	11.1	13.1	8.2	…	…	…	…	…	…	–	–	–	…	…	…				56
		2005	89.2	87.3	91.9	10.8	12.7	8.1	…	…	…	…	…	…	–	–	–	…	…	…				56
		2006	89.9	88.3	92.3	10.1	11.7	7.7	…	…	…	…	…	…	–	–	–	…	…	…				56
		2007	90.4	88.7	92.9	9.6	11.3	7.1	…	…	…	…	…	…	–	–	–	…	…	…				56

		年份	工薪工作者（雇员）			自雇工作者 自雇工作者（总计）			雇主			自营工作者			无报酬家庭工作者			脆弱性就业者			注 No.
			MF	M	F	MF	M	F	MF	M	F	MF	M	F	MF	M	F	MF	M	F	
西欧（非欧盟）																					
冰岛		1980	87.0	…	…	13.1	…	…	…	…	…	…	…	…	…	…	…	…	…	…	57
		1990	84.9	…	…	15.1	…	…	…	…	…	…	…	…	…	…	…	…	…	…	57
		2000	82.0	76.0	89.0	17.5	23.8	10.4	7.4	10.3	4.1	10.2	13.5	6.3	0.4	0.2	0.5	10.5	13.8	6.9	58
		2003	85.8	80.3	91.7	13.7	19.1	7.9	5.0	7.2	2.7	8.7	11.9	5.2	0.1	–	0.1	8.8	11.9	5.4	58
		2004	85.5	80.4	91.3	13.8	18.8	8.2	4.9	6.9	2.7	8.8	11.9	5.4	–	–	–	8.8	11.9	5.4	58
		2005	85.4	79.6	92.1	13.9	20.0	7.3	5.3	7.5	2.8	8.7	12.5	4.5	0.1	0.1	0.1	8.7	12.6	4.6	58
		2006	85.0	79.1	92.1	14.4	20.3	7.5	5.1	7.3	2.5	9.3	13.1	5.0	0.1	0.2	–	9.4	13.3	5.0	58
		2007	86.0	81.1	91.9	13.5	18.6	7.4	4.9	6.6	2.7	8.7	12.0	4.7	0.1	0.1	–	8.7	12.1	4.7	58
挪威		1980	85.7	83.0	89.5	10.0	14.2	4.3	…	…	…	…	…	…	4.3	2.8	6.2	…	…	…	59
		1990	88.7	85.4	92.5	9.2	13.0	4.8	…	…	…	…	…	…	2.1	1.6	2.6	…	…	…	59
		2000	92.5	90.1	95.1	7.1	9.6	4.3	1.7	2.4	1.0	5.4	7.2	3.3	0.4	0.3	0.5	5.8	7.5	3.8	60
		2004	92.4	89.5	95.6	7.2	10.1	4.0	1.6	2.1	1.0	5.6	7.9	3.1	0.3	0.2	0.4	5.9	8.2	3.4	60
		2005	92.4	89.8	95.4	7.1	9.8	4.1	1.5	2.1	0.9	5.6	7.8	3.2	0.3	0.2	0.3	5.9	8.0	3.6	60
		2006	91.5	88.2	95.1	8.1	11.4	4.4	2.0	2.8	1.1	6.1	8.6	3.3	0.4	0.3	0.5	6.4	8.8	3.7	60
		2007	92.0	89.0	95.4	7.7	10.8	4.3	2.1	2.9	1.3	5.6	7.9	3.0	0.3	0.2	0.3	5.9	8.1	3.4	60
		2008	92.2	89.2	95.5	7.5	10.5	4.1	2.1	2.8	1.2	5.4	7.7	2.9	0.3	0.2	0.4	5.7	7.9	3.3	60
瑞士		2000	82.0	79.8	84.8	15.5	18.6	11.7	7.2	9.8	3.8	8.4	8.7	7.9	2.5	1.7	3.6	10.9	10.4	11.4	61
		2003	82.5	80.2	85.3	15.1	18.1	11.6	6.6	9.2	3.6	8.5	8.9	8.1	2.3	1.7	3.1	10.9	10.6	11.1	61
		2004	83.8	81.2	86.8	14.2	17.3	10.4	6.4	9.0	3.2	7.8	8.3	7.1	2.0	1.4	2.8	9.8	9.8	9.9	61
		2005	84.0	81.8	86.6	14.0	16.9	10.5	6.4	9.0	3.3	7.6	7.8	7.3	2.0	1.3	2.9	9.6	9.2	10.2	61
		2006	84.1	82.1	86.5	13.7	16.5	10.2	6.3	8.9	3.1	7.5	7.7	7.1	2.2	1.4	3.2	9.7	9.0	10.3	61
		2007	83.8	82.0	86.0	13.8	16.3	10.7	6.0	8.2	3.3	7.8	8.1	7.4	2.4	1.7	3.2	10.1	9.7	10.6	61
中欧、东南欧（非欧盟）和独联体																					
中欧和东南欧																					
波斯尼亚		2006	72.5	72.2	73.1	21.7	25.0	15.9	…	…	…	…	…	…	5.8	3.0	11.0	…	…	…	4
和黑塞哥维那		2007	72.9	72.7	73.6	22.6	25.3	17.8	…	…	…	…	…	…	4.4	2.0	8.9	…	…	…	4
克罗地亚		2000	76.1	74.6	78.0	18.9	23.2	13.8	5.1	6.7	3.2	13.8	16.6	10.6	4.9	2.2	8.2	18.8	18.7	18.8	14
		2003	75.8	74.8	77.0	20.4	23.4	16.6	4.8	6.5	2.7	15.6	16.9	13.9	3.8	1.8	6.3	19.4	18.7	20.3	14
		2004	76.5	75.7	77.5	20.8	23.0	18.1	5.2	6.7	3.3	15.6	16.3	14.9	2.7	1.3	4.4	18.3	17.6	19.3	14
		2005	75.1	74.6	75.7	22.5	24.3	20.3	5.0	6.8	2.8	17.5	17.5	17.5	2.4	1.1	4.0	19.9	18.6	21.5	14
		2006	77.0	75.6	78.7	20.8	23.3	17.7	5.1	6.6	3.2	15.7	16.7	14.5	2.2	1.1	3.6	17.9	17.8	18.1	14
	b	2007	78.4	77.3	79.8	19.3	21.6	16.5	5.4	7.3	3.0	13.9	14.2	13.5	2.3	1.1	3.7	16.2	15.3	17.2	62
前南斯拉夫马其		2000	74.3	73.5	75.7	14.8	19.1	7.8	4.3	5.8	1.8	10.5	13.3	5.9	10.9	7.4	16.5	21.4	20.7	22.4	63
顿共和国		2003	72.7	71.8	74.2	15.8	21.2	7.8	7.6	10.0	4.0	8.2	11.2	3.8	11.4	7.0	18.1	19.7	18.2	21.9	63
		2004	75.4	72.2	80.5	16.1	21.4	7.6	5.9	7.4	3.4	10.2	14.0	4.1	8.5	6.4	12.0	18.7	20.4	16.1	52
		2005	71.8	69.2	75.9	17.7	24.3	7.5	5.7	7.6	2.9	12.0	16.8	4.6	10.4	6.4	16.7	22.4	23.2	21.3	52
		2006	70.8	68.5	74.4	18.3	24.4	8.5	5.9	7.6	3.2	12.4	16.8	5.4	10.9	7.1	17.0	23.3	23.9	22.4	52
		2007	72.3	69.3	76.9	17.6	23.7	8.2	5.5	7.0	3.3	12.1	16.7	4.8	10.1	7.0	14.9	22.2	23.7	19.8	52
黑山共和国		2005	80.5	77.1	85.4	17.3	21.1	11.9	…	…	…	…	…	…	2.2	1.9	2.6	…	…	…	64
塞尔维亚		2004	70.3	67.6	74.0	22.5	29.0	13.4	5.0	6.4	2.9	17.5	22.6	10.5	7.2	3.4	12.7	24.8	26.0	23.1	65
		2005	71.3	69.6	73.9	20.6	26.2	12.2	4.2	5.4	2.5	16.4	20.9	9.7	8.0	4.1	13.9	24.4	25.0	23.6	65
		2006	73.0	69.8	77.6	20.1	26.6	10.8	4.5	5.9	2.4	15.6	20.7	8.3	6.9	3.6	11.6	22.5	24.2	20.0	65
		2007	73.1	70.4	76.8	20.1	26.5	11.3	4.2	5.1	2.9	16.0	21.4	8.3	6.8	3.1	11.9	22.7	24.5	20.3	65
土耳其		1990	39.0	46.5	21.6	30.9	40.5	9.2	…	…	…	…	…	…	30.1	13.0	69.2	…	…	…	66
	b	2000	48.6	53.5	35.3	29.8	36.1	12.6	5.1	6.8	0.7	24.7	29.4	11.8	21.6	10.4	52.1	46.3	39.8	64.0	67
		2004	50.8	55.0	39.3	29.4	36.0	11.0	4.7	6.1	0.8	24.7	30.0	10.1	19.7	8.9	49.8	44.5	38.9	59.9	52
		2005	54.2	57.8	43.8	29.8	35.1	14.5	5.1	6.6	0.9	24.7	28.5	13.6	16.0	7.0	41.7	40.7	35.6	55.3	52
		2006	56.5	59.9	46.7	28.9	34.0	14.3	5.4	6.9	1.2	23.5	27.1	13.1	14.6	6.0	39.0	38.1	33.2	52.1	52
		2007	58.1	61.5	48.5	27.8	32.9	13.3	5.5	6.9	1.3	22.3	25.9	12.0	14.1	5.6	38.2	36.4	31.5	50.2	52
	b	2008	58.9	62.3	49.7	27.2	32.5	12.6	5.7	7.3	1.3	21.5	25.1	11.3	13.9	5.3	37.7	35.3	30.4	49.0	68
独立国家联合体（独联体）																					
亚美尼亚		2000	52.8	…	…	…	…	…	…	…	…	47.2	…	…	…	…	…	…	…	…	69
		2003	48.9	…	…	…	…	…	…	…	…	51.1	…	…	…	…	…	…	…	…	69
		2004	47.6	…	…	…	…	…	…	…	…	52.4	…	…	…	…	…	…	…	…	69
		2005	48.2	…	…	…	…	…	…	…	…	51.8	…	…	…	…	…	…	…	…	69
		2006	48.8	…	…	…	…	…	…	…	…	51.2	…	…	…	…	…	…	…	…	69
		2007	49.7	…	…	…	…	…	…	…	…	50.3	…	…	…	…	…	…	…	…	70
阿塞拜疆		2003	54.7	56.2	52.6	26.7	28.0	24.9	7.1	7.1	7.1	18.8	20.1	17.0	18.6	15.7	22.6	37.4	35.9	39.6	71
	b	2004	33.2	33.2	33.2	48.2	48.2	48.2	4.3	4.3	4.3	43.4	43.4	43.5	18.6	18.6	18.6	62.0	62.0	62.1	72
		2005	33.8	33.8	33.8	49.4	49.4	49.4	3.3	3.3	3.3	45.8	45.8	45.8	16.8	16.8	16.8	62.6	62.6	62.6	72
	b	2006	41.0	47.5	33.8	59.0	52.6	66.2	2.2	3.4	0.8	56.5	48.9	65.1	–	–	–	56.5	48.9	65.1	71
		2007	41.8	50.7	32.7	58.2	49.3	67.3	5.0	8.7	1.3	53.2	40.5	66.0	–	–	–	53.2	40.5	66.0	71

	年份	工薪工作者（雇员）			自雇工作者									无报酬家庭工作者			脆弱性就业者			注 No.
					自雇工作者（总计）			雇主			自营工作者									
		MF	M	F	MF	M	F	MF	M	F	MF	M	F	MF	M	F	MF	M	F	
格鲁吉亚	2000	37.2	37.5	36.9	32.5	38.9	25.7	1.5	2.6	0.4	30.4	35.4	25.1	29.5	22.7	36.7	59.9	58.1	61.7	52
	2003	34.1	33.8	34.4	37.1	46.2	26.8	1.2	1.8	0.5	35.9	44.5	26.3	28.8	19.9	38.8	64.7	64.4	65.0	52
	2004	33.7	32.9	34.6	38.3	48.1	27.7	1.1	1.7	0.4	37.2	46.4	27.3	27.9	18.8	37.6	65.1	65.2	64.9	52
	2005	34.4	34.3	34.5	36.8	46.4	26.2	1.1	1.6	0.4	35.7	44.7	25.8	28.5	19.0	39.0	64.2	63.8	64.8	52
	2006	34.6	…	…	36.6	…	…	0.8	…	…	35.8	…	…	28.7	…	…	64.6	…	…	52
	2007	36.7	…	…	34.9	…	…	1.1	…	…	33.8	…	…	28.4	…	…	62.2	…	…	52
哈萨克斯坦	2001	57.7	61.0	54.1	41.3	38.1	44.7	0.9	1.2	0.5	39.0	35.0	43.2	1.1	0.9	1.2	40.0	35.9	44.4	4
	2002	60.1	63.6	56.3	38.9	35.7	42.4	0.9	1.3	0.5	37.1	33.1	41.4	1.0	0.7	1.3	38.1	33.8	42.7	4
	2003	60.6	63.2	57.7	38.5	36.0	41.2	0.9	1.3	0.5	36.5	33.2	40.0	1.0	0.8	1.2	37.5	34.0	41.2	4
	2004	62.2	64.1	60.2	36.6	34.9	38.4	1.1	1.6	0.6	34.6	32.2	37.2	1.2	1.0	1.3	35.8	33.3	38.5	4
吉尔吉斯斯坦	2002	42.7	41.7	44.1	46.7	51.8	40.1	1.6	2.0	1.0	40.9	45.6	34.8	10.6	6.5	15.9	51.5	52.1	50.7	73
	2003	46.7	47.0	46.4	40.2	43.6	35.9	1.4	1.7	1.0	37.9	40.9	34.1	13.1	9.4	17.7	51.0	50.3	51.8	73
	2004	48.5	48.4	48.7	36.7	42.0	29.5	1.0	1.2	0.8	35.0	40.1	28.3	14.8	9.6	21.8	49.8	49.7	50.0	73
	2005	48.8	48.0	49.9	36.5	41.8	29.1	1.4	1.8	0.7	33.7	38.6	27.1	14.7	10.1	21.0	48.5	48.7	48.1	73
	2006	50.8	50.2	51.7	36.0	41.1	29.0	1.1	1.5	0.6	34.1	38.6	27.8	13.2	8.8	19.3	47.3	47.4	47.1	73
摩尔多瓦共和国	2000	62.8	63.7	61.9	30.0	30.8	29.3	0.5	0.9	0.2	29.3	29.6	29.0	7.2	5.5	8.8	36.5	35.1	37.8	4
	2003	64.0	62.9	65.0	33.6	35.8	31.6	0.6	0.8	0.4	33.0	34.9	31.1	2.4	1.3	3.4	35.4	36.2	34.5	4
	2004	63.9	63.2	64.6	35.1	36.3	33.9	0.6	0.8	0.5	34.4	35.4	33.5	1.0	0.5	1.5	35.4	36.0	35.0	4
	2005	63.0	61.8	64.1	35.9	37.4	34.5	0.7	1.1	0.3	35.2	36.3	34.2	1.1	0.8	1.4	36.3	37.1	35.6	4
	2006	67.0	65.2	68.8	30.0	33.2	26.9	1.0	1.4	0.5	29.0	31.7	26.4	2.9	1.6	4.3	31.9	33.2	30.7	4
	2007	66.7	63.7	69.7	31.0	35.1	27.0	0.9	1.1	0.7	30.1	33.9	26.3	2.3	1.3	3.4	32.4	35.2	29.6	4
俄罗斯联邦	2000	89.9	89.5	90.3	9.9	10.3	9.6	0.9	1.3	0.5	7.6	7.3	8.0	0.1	0.2	0.1	7.7	7.4	8.1	74
	2003	92.6	92.0	93.3	7.3	7.9	6.6	1.2	1.5	0.8	5.7	5.8	5.5	0.1	0.1	0.1	5.8	6.0	5.6	74
	2004	92.4	91.8	93.1	7.5	8.1	6.8	1.3	1.6	0.9	5.8	6.0	5.6	0.1	0.1	0.1	5.9	6.1	5.7	74
	2005	92.2	91.7	92.7	7.7	8.1	7.2	1.3	1.5	1.0	6.1	6.3	6.0	0.1	0.1	0.1	6.2	6.4	6.0	74
	2006	92.4	91.8	93.1	7.5	8.1	6.8	1.2	1.5	0.9	6.0	6.2	5.7	0.1	0.1	0.1	6.0	6.3	5.8	74
	2007	92.7	92.0	93.3	7.2	7.9	6.6	1.4	1.7	1.1	5.7	6.0	5.4	0.1	0.1	0.1	5.8	6.1	5.5	74
乌克兰	2000	89.9	90.6	89.2	9.0	8.6	9.3	…	…	…	…	…	…	1.1	0.8	1.5	…	…	…	75
	2003	87.5	87.6	87.3	10.9	11.2	10.6	…	…	…	…	…	…	1.6	1.1	2.0	…	…	…	75
	2004	83.6	83.4	83.8	15.9	16.1	15.7	…	…	…	…	…	…	0.6	0.5	0.6	…	…	…	75
	2005	81.8	82.9	80.6	17.7	16.6	18.9	…	…	…	…	…	…	0.5	0.5	0.5	…	…	…	75
	2006	81.0	81.9	80.0	18.6	17.6	19.7	…	…	…	…	…	…	0.4	0.5	0.3	…	…	…	75
	2007	80.7	81.8	79.5	18.9	17.7	20.2	…	…	…	…	…	…	0.4	0.4	0.3	…	…	…	75
亚洲和太平洋地区																				
东亚																				
	2000	89.5	85.5	95.0	9.9	14.4	3.8	4.9	7.2	1.7	5.1	7.2	2.2	0.6	0.1	1.2	5.7	7.3	3.4	76
中国香港	2003	87.3	82.5	93.3	12.0	17.3	5.4	5.0	7.5	2.0	7.0	9.8	3.4	0.7	0.2	1.3	7.7	10.0	4.8	76
	2004	87.5	83.0	93.0	11.8	16.8	5.6	4.8	7.1	1.9	7.0	9.7	3.7	0.7	0.2	1.4	7.7	9.9	5.1	76
	2005	87.7	83.1	93.3	11.5	16.7	5.4	4.6	6.9	1.8	7.0	9.8	3.5	0.7	0.2	1.4	7.7	10.0	4.9	76
	2006	87.8	83.0	93.4	11.6	16.9	5.4	4.4	6.6	1.8	7.2	10.2	3.5	0.6	0.1	1.2	7.8	10.4	4.7	76
	2007	88.7	84.2	94.0	10.7	15.7	4.9	4.1	6.2	1.7	6.6	9.5	3.2	0.6	0.1	1.1	7.1	9.6	4.3	76
韩国	1980	47.2	52.2	39.2	34.0	40.6	23.3	…	…	…	…	…	…	18.8	7.3	37.4	…	…	…	13
	1990	60.5	63.1	56.8	28.0	34.4	18.7	…	…	…	…	…	…	11.4	2.5	24.5	…	…	…	52
b	2000	63.1	64.3	61.5	27.7	33.8	19.2	6.9	9.6	3.0	20.8	24.1	16.2	9.1	2.0	19.2	30.0	26.1	35.5	67
	2003	65.1	64.7	65.5	27.3	33.9	17.8	7.4	10.3	3.2	19.9	23.7	14.6	7.7	1.3	16.7	27.6	25.0	31.3	52
	2004	66.0	65.6	66.6	27.1	33.1	18.6	7.4	10.3	3.4	19.6	22.8	15.2	6.9	1.3	14.8	26.5	24.1	30.0	52
	2005	66.4	66.0	67.1	27.0	32.8	19.0	7.3	10.0	3.5	19.7	22.8	15.4	6.6	1.3	14.0	26.3	24.1	29.4	52
	2006	67.2	66.8	67.7	26.5	32.0	18.8	7.0	9.7	3.5	19.5	22.4	15.4	6.3	1.2	13.5	25.8	23.6	28.8	52
	2007	68.2	67.7	68.8	25.8	31.1	18.5	6.7	8.9	3.5	19.1	22.2	15.0	6.0	1.2	12.7	25.2	23.4	27.7	52
中国澳门	2000	88.2	84.8	92.0	10.3	14.9	5.1	3.4	5.6	0.9	6.9	9.3	4.2	1.5	0.2	2.9	8.4	9.5	7.2	77
	2003	89.1	85.7	93.0	9.3	13.9	4.2	3.3	5.4	1.1	5.9	8.5	3.1	1.6	0.5	2.8	7.5	9.0	5.9	77
	2004	88.4	84.8	92.4	9.8	15.0	4.0	3.6	5.7	1.2	6.3	9.3	2.9	1.8	0.3	3.5	8.1	9.5	6.4	77
	2005	89.6	86.2	93.5	9.1	13.7	4.2	3.9	6.1	1.5	5.2	7.6	2.7	1.2	0.2	2.3	6.4	7.7	4.9	77
	2006	90.7	88.1	93.8	8.4	11.7	4.5	3.8	5.6	1.6	4.6	6.1	2.8	0.9	0.1	1.8	5.5	6.3	4.6	77
	2007	91.3	88.5	94.6	7.9	11.3	4.0	3.5	5.2	1.5	4.5	6.2	2.5	0.7	0.1	1.4	5.2	6.3	3.9	77
蒙古	2000	41.2	39.3	43.6	33.0	46.1	17.6	1.3	1.7	0.8	31.2	43.9	16.3	25.3	14.0	38.6	56.6	57.9	54.9	51
b	2003	39.3	37.1	41.8	35.6	44.1	26.1	0.6	0.7	0.4	35.0	43.4	25.7	24.8	18.4	31.7	59.7	61.8	57.4	78
中国台湾省	1980	64.4	…	…	24.9	…	…	4.4	…	…	20.5	…	…	10.7	…	…	31.2	…	…	79
	1990	67.6	…	…	23.4	…	…	4.8	…	…	18.6	…	…	9.0	…	…	27.6	…	…	80
	2000	71.1	…	…	21.5	…	…	5.4	…	…	16.0	…	…	7.5	…	…	23.5	…	…	52
	2003	72.1	…	…	20.7	…	…	5.2	…	…	15.5	…	…	7.3	…	…	22.8	…	…	52
	2004	72.9	…	…	20.1	…	…	5.2	…	…	14.9	…	…	7.0	…	…	21.9	…	…	52
	2005	73.8	…	…	19.5	…	…	5.1	…	…	14.5	…	…	6.7	…	…	21.2	…	…	52
	2006	74.6	…	…	19.0	…	…	5.1	…	…	13.9	…	…	6.4	…	…	20.3	…	…	52
	2007	75.1	…	…	18.6	…	…	5.1	…	…	13.6	…	…	6.2	…	…	19.8	…	…	52

		年份	工薪工作者（雇员）			自雇工作者									无报酬家庭工作者			脆弱性就业者			注
						自雇工作者（总计）			雇主			自营工作者									
			MF	M	F	MF	M	F	MF	M	F	MF	M	F	MF	M	F	MF	M	F	No.
太平洋岛国																					
美属萨摩亚		1990	97.6	97.0	98.5	2.2	2.9	1.2	2.2	2.9	1.2	–	–	–	0.2	0.1	0.3	0.2	0.1	0.3	81
斐济		2005	58.6	59.4	56.6	25.5	27.6	20.6	1.1	1.1	1.1	24.4	26.5	19.5	14.6	12.3	19.9	39.0	38.8	39.3	82
法属波利尼西亚		2002	80.6	78.7	83.6	16.9	19.2	13.4	…	…	…	…	…	…	2.5	2.1	3.0	…	…	…	51
马绍尔群岛		1999	71.3	72.9	67.7	26.7	25.7	29.0	1.0	1.4	–	25.7	24.3	29.0	1.0	1.4	–	26.7	25.7	29.0	83
新喀里多尼亚		1996	83.8	80.5	89.1	15.9	19.3	10.4	…	…	…	…	…	…	0.3	0.3	0.5	…	…	…	84
萨摩亚		2001	48.7	44.2	59.1	…	…	…	4.8	4.6	5.2	…	…	…	46.5	51.2	35.7	…	…	…	51
汤加		1996	42.2	43.5	40.2	26.4	26.7	25.8	0.5	0.6	0.3	25.9	26.1	25.5	31.1	29.7	33.6	57.0	55.7	59.1	85
图瓦卢		2002	96.2	95.5	97.5	3.5	4.2	2.3	1.7	2.2	0.8	1.8	2.0	1.5	0.1	0.2	0.1	2.0	2.1	1.7	85
南亚																					
孟加拉国		1996	12.4	14.7	8.7	29.6	43.0	7.8	0.3	0.3	0.1	29.3	42.7	7.6	40.1	17.1	77.3	69.4	59.8	85.0	86
		2000	12.6	15.2	8.3	35.3	49.8	11.0	0.2	0.3	0.1	35.1	49.6	11.0	33.8	10.1	73.2	68.9	59.7	84.2	86
		2003	13.7	13.8	13.3	65.1	73.9	34.3	0.4	0.4	0.2	64.8	73.5	34.2	18.4	9.9	48.0	83.1	83.4	82.2	87
		2005	13.9	14.5	11.7	63.6	75.1	26.5	0.3	0.3	0.1	63.3	74.8	26.4	21.7	9.7	60.1	85.0	84.5	86.5	87
不丹		2005	39.5	51.9	18.0	21.2	19.3	24.6	1.3	1.7	0.7	19.9	17.6	23.9	32.4	21.3	51.7	52.3	39.0	75.6	88
马尔代夫		1990	46.5	48.9	37.1	44.6	43.0	50.9	2.8	3.2	1.0	41.8	39.7	49.9	4.5	4.0	6.6	46.3	43.8	56.5	89
		1995	36.6	33.9	43.9	52.4	57.5	38.6	4.8	5.7	2.3	47.6	51.8	36.3	6.3	4.1	12.1	53.9	55.9	48.4	89
		2000	23.8	21.3	28.8	58.7	69.4	37.4	3.4	4.5	1.1	48.3	54.9	35.1	2.0	1.3	3.4	50.3	56.2	38.5	89
尼泊尔		2001	24.6	33.7	12.8	66.5	60.5	74.4	3.8	3.9	3.7	62.7	56.7	70.6	8.8	5.7	12.9	71.6	62.4	83.5	90
巴基斯坦		2000	35.6	36.0	33.1	43.0	47.3	16.8	0.8	0.9	0.1	42.2	46.4	16.7	21.4	16.7	50.1	63.6	63.1	66.8	91
		2003	39.9	40.3	37.1	39.3	43.3	16.0	0.8	0.9	0.3	38.5	42.4	15.7	20.8	16.4	46.9	59.3	58.8	62.6	91
		2004	37.9	39.2	31.2	38.0	42.4	16.0	0.9	1.0	0.1	37.1	41.4	15.9	24.2	18.3	52.8	61.2	59.7	68.7	91
		2005	37.9	39.2	31.2	38.0	42.4	16.0	0.9	1.0	0.1	37.1	41.4	15.9	24.2	18.3	52.8	61.2	59.7	68.7	91
		2006	37.3	40.0	25.7	35.8	40.8	15.1	0.9	1.1	0.1	35.0	39.8	15.0	26.9	19.1	59.2	61.9	58.9	74.2	91
		2007	37.4	40.6	24.6	35.3	40.8	13.5	0.8	1.0	0.1	34.5	39.8	13.4	27.2	18.6	61.9	61.8	58.4	75.3	91
斯里兰卡		2000	56.2	56.6	55.5	30.7	36.9	18.0	2.3	3.1	0.8	28.4	33.8	17.2	13.1	6.5	26.5	41.4	40.3	43.7	92
	b	2003	57.9	57.4	59.0	32.2	37.8	19.7	2.6	3.4	0.9	29.6	34.4	18.8	9.9	4.8	21.3	39.5	39.2	40.1	93
	b	2004	59.4	58.9	60.6	31.2	36.6	19.6	2.9	3.9	0.9	28.3	32.7	18.7	9.4	4.5	19.8	37.6	37.2	38.5	94
		2005	59.3	59.8	58.2	32.8	37.0	23.6	3.1	4.1	0.9	29.7	32.9	22.7	8.0	3.2	18.2	37.6	36.1	40.9	95
	b	2006	55.6	56.0	54.8	33.9	39.5	23.6	3.1	4.4	0.8	30.8	35.2	22.7	10.5	4.4	21.7	41.3	39.6	44.4	92
		2007	56.5	57.2	55.1	33.2	38.4	23.2	2.8	3.9	0.7	30.4	34.5	22.5	10.3	4.4	21.7	40.7	38.9	44.2	92
东南亚																					
文莱达鲁萨兰国		1991	94.9	94.4	96.1	4.6	5.2	3.3	1.0	1.2	0.5	3.7	4.1	2.8	0.5	0.4	0.6	4.1	4.4	3.4	96
柬埔寨		2000	15.2	18.6	12.1	41.3	54.6	28.9	0.2	0.3	–	41.1	54.3	28.9	43.4	26.6	59.0	84.5	80.9	87.9	97
		2001	16.2	19.1	13.6	40.9	49.3	33.0	0.1	0.2	0.1	40.7	49.1	32.9	42.8	31.6	53.3	83.5	80.7	86.2	97
		2004	12.9	…	…	41.2	…	…	0.2	…	…	41.0	…	…	45.7	…	…	86.7	…	…	97
印度尼西亚	b	2000	32.8	…	…	47.0	…	…	2.3	…	…	44.8	…	…	20.1	…	…	64.9	…	…	98
		2003	31.0	32.9	27.6	48.7	58.7	30.9	2.9	3.9	1.0	45.8	54.7	29.8	20.3	8.5	41.5	66.1	63.2	71.4	4
		2004	31.9	33.8	28.5	49.6	58.7	33.0	3.2	4.3	1.1	46.5	54.4	31.9	18.5	7.5	38.5	64.9	61.9	70.4	4
		2005	33.6	34.7	31.4	48.4	57.5	31.1	3.0	4.0	1.2	45.3	53.5	29.9	18.0	7.7	37.5	63.4	61.2	67.4	99
		2006	33.9	34.9	32.0	49.2	57.4	33.9	3.0	4.0	1.1	46.2	53.4	32.8	16.9	7.7	34.1	63.1	61.1	66.9	99
		2007	34.0	35.9	30.7	48.7	56.3	35.8	2.9	3.8	1.4	45.8	52.5	34.4	17.3	7.8	33.6	63.1	60.3	67.9	99
老挝人民民主共和国		1995	9.7	14.3	5.4	56.9	56.6	57.1	0.2	0.4	0.1	56.6	56.3	57.0	33.5	29.1	37.6	90.1	85.4	94.5	100
马来西亚		2000	74.3	73.0	76.4	20.1	24.3	12.5	3.0	4.2	0.8	17.1	20.1	11.6	5.7	2.7	11.1	22.8	22.8	22.7	101
		2003	76.2	75.5	77.5	18.9	22.3	12.9	3.4	4.6	1.2	15.6	17.7	11.7	4.8	2.2	9.6	20.4	19.9	21.3	101
		2004	74.6	73.4	76.7	20.4	24.2	13.6	3.6	4.8	1.3	16.8	19.3	12.3	5.0	2.4	9.6	21.8	21.8	22.0	101
		2005	75.5	73.8	78.5	20.0	23.9	13.0	3.4	4.4	1.4	16.6	19.4	11.6	4.5	2.3	8.5	21.2	21.7	20.1	101
		2006	74.3	72.2	78.1	20.7	25.1	12.9	3.9	5.2	1.5	16.9	19.9	11.3	5.0	2.8	9.0	21.9	22.7	20.3	101
		2007	74.2	72.5	77.3	20.8	24.7	13.9	3.4	4.6	1.3	17.4	20.1	12.5	4.9	2.7	8.8	22.3	22.9	21.4	101
菲律宾		2000	49.8	50.0	49.5	37.7	40.5	33.3	4.6	6.1	2.2	33.1	34.4	31.0	12.5	9.6	17.2	45.6	44.0	48.3	102
		2003	50.9	51.4	50.1	37.4	40.2	32.9	5.2	6.7	2.7	32.2	33.5	30.2	11.7	8.4	17.0	43.9	41.9	47.2	102
		2004	51.7	52.4	50.5	36.7	39.4	32.1	4.9	6.4	2.5	31.7	33.0	29.7	11.6	8.2	17.4	43.4	41.2	47.1	102
		2005	50.4	50.8	49.7	37.0	40.4	31.6	4.5	5.9	2.4	32.4	34.5	29.2	12.7	8.9	18.7	45.1	43.4	47.9	102
		2006	50.6	51.1	50.0	36.3	39.6	30.9	4.5	5.8	2.4	31.8	33.8	28.5	13.1	9.3	19.1	44.9	43.2	47.6	102
		2007	51.1	51.1	51.0	36.5	39.9	31.0	4.2	5.3	2.4	32.3	34.6	28.6	12.4	9.0	18.0	44.7	43.6	46.6	102

		年份	工薪工作者（雇员）			自雇工作者												无报酬家庭工作者			脆弱性就业者			注
						自雇工作者（总计）			雇主			自营工作者												
			MF	M	F	MF	M	F	MF	M	F	MF	M	F				MF	M	F	MF	M	F	No.
新加坡	b	2000	89.6	86.5	94.2	10.0	13.3	5.1	5.8	7.7	2.9	4.3	5.6	2.2				0.4	0.2	0.6	4.6	5.8	2.9	83
		2002	84.9	80.9	90.6	14.3	18.7	7.8	5.2	7.0	2.5	9.1	11.7	5.3				0.9	0.4	1.6	9.9	12.0	6.9	103
		2003	85.1	81.3	90.5	14.1	18.4	8.0	5.2	7.1	2.5	8.9	11.3	5.5				0.8	0.3	1.5	9.7	11.6	7.0	103
		2004	84.4	80.3	90.4	14.8	19.3	8.2	5.4	7.4	2.6	9.4	12.0	5.6				0.8	0.3	1.4	10.1	12.3	7.0	103
		2006	84.9	81.3	89.9	14.4	18.4	9.0	5.1	6.7	2.9	9.3	11.7	6.1				0.7	0.4	1.1	10.0	12.1	7.2	103
		2007	84.7	80.8	89.9	14.5	18.8	8.8	5.1	6.8	2.8	9.4	11.9	6.0				0.8	0.4	1.3	10.2	12.4	7.3	103
泰国		1990	28.4	31.0	25.6	31.0	42.0	18.3	1.2	1.8	0.6	29.8	40.2	17.7				40.6	27.0	56.1	70.3	67.2	73.9	104
		2000	39.6	40.2	38.8	33.5	43.3	21.4	3.3	4.7	1.7	30.1	38.7	19.6				26.9	16.4	39.8	57.1	55.1	59.5	104
		2003	40.5	40.9	40.2	34.9	43.2	24.7	3.3	4.8	1.4	31.5	38.4	23.1				24.6	16.0	35.2	56.1	54.3	58.3	105
		2004	43.8	44.5	42.9	34.0	40.8	25.7	3.1	4.3	1.5	30.8	36.4	24.0				22.2	14.7	31.4	53.0	51.1	55.4	105
		2005	43.7	44.5	42.7	34.8	42.0	26.4	3.1	4.5	1.5	31.5	37.4	24.8				21.6	13.5	30.8	53.1	50.9	55.6	105
		2006	43.7	44.3	42.9	34.8	41.8	26.6	3.0	4.2	1.6	31.7	37.5	24.9				21.5	13.9	30.5	53.2	51.4	55.4	105
		2007	43.6	44.6	42.4	35.1	41.4	27.7	3.0	4.2	1.5	32.0	37.1	26.0				21.4	14.0	29.9	53.3	51.1	55.9	105
越南		2000	18.4	21.7	15.1	43.2	56.0	30.3	0.2	0.3	0.1	43.0	55.7	30.2				37.0	21.2	53.1	80.1	76.9	83.2	106
		2001	20.7	24.2	17.1	40.6	52.6	28.4	0.3	0.3	0.3	40.3	52.3	28.1				37.2	21.9	52.9	77.5	74.2	81.0	106
		2002	20.4	23.8	16.9	40.8	51.9	29.5	0.4	0.5	0.3	40.4	51.4	29.2				37.9	23.6	52.6	78.3	75.0	81.8	106
		2003	21.9	25.7	17.9	41.5	51.6	30.9	0.3	0.5	0.2	41.1	51.2	30.7				35.9	21.9	50.3	77.0	73.1	81.1	106
		2004	25.6	29.8	21.2	41.7	51.4	31.6	0.5	0.7	0.3	41.2	50.7	31.3				32.7	18.9	47.2	73.9	69.5	78.5	106
拉丁美洲和加勒比地区																								
加勒比地区																								
安哥拉		1999	77.0	71.8	82.9	13.7	18.0	8.8	…	…	…	…	…	…				…	…	…	…	…	…	107
	b	2001	64.6	63.2	66.1	19.0	15.2	23.3	17.0	12.9	21.7	1.8	2.2	1.4				6.0	8.0	3.6	7.8	10.2	5.0	108
安提瓜和巴布达		1991	80.0	77.9	82.5	17.8	20.0	15.3	4.0	5.3	2.5	13.8	14.6	12.8				0.8	0.7	0.9	14.6	15.4	13.7	109
阿鲁巴		1991	92.0	89.7	95.2	7.4	9.9	4.0	3.8	4.9	2.3	3.6	5.0	1.7				0.3	0.1	0.6	3.9	5.2	2.3	110
	b	1994	90.2	87.5	93.9	…	…	…	9.4	12.3	5.3	…	…	…				0.3	–	0.6	…	…	…	4
		1997	96.8	…	…	…	…	…	2.6	…	…	…	…	…				0.5	…	…	…	…	…	4
巴哈马		1999	83.2	78.9	88.2	15.6	19.9	10.8	…	…	…	…	…	…				0.2	0.8	0.4	…	…	…	111
		2001	85.1	80.6	89.8	13.8	18.3	9.1	…	…	…	…	…	…				0.1	–	0.2	…	…	…	111
		2002	84.0	79.3	89.1	15.0	19.9	9.9	…	…	…	…	…	…				0.4	0.1	0.7	…	…	…	111
		2003	85.2	81.4	89.1	14.2	17.7	10.5	…	…	…	…	…	…				0.2	0.2	0.1	…	…	…	112
		2004	84.4	81.6	87.4	14.8	17.8	11.5	…	…	…	…	…	…				0.2	–	0.5	…	…	…	112
巴巴多斯		1990	87.5	84.6	90.7	11.8	14.4	8.6	0.9	1.0	0.6	10.9	13.3	8.0				0.8	1.0	0.6	11.7	14.4	8.6	80
		2000	87.0	82.6	91.8	12.6	16.8	7.9	0.2	0.3	0.2	12.3	16.5	7.7				0.2	0.1	0.2	12.5	16.6	7.9	52
		2001	85.6	81.3	90.6	14.0	18.4	9.2	0.6	0.9	0.3	13.4	17.6	8.9				0.1	–	0.2	13.4	17.6	9.0	52
		2002	85.6	81.1	90.5	14.0	18.2	9.2	0.4	0.4	0.2	13.6	17.7	9.0				0.1	–	–	13.7	17.7	9.0	52
		2003	85.3	80.1	91.1	14.4	19.4	8.9	0.8	1.0	0.5	13.6	18.4	8.4				–	–	–	13.6	18.4	8.4	52
		2004	84.4	79.5	89.5	15.2	19.8	10.2	1.2	1.9	0.5	13.9	17.9	9.7				0.1	–	0.2	14.0	17.9	9.9	52
英属维尔京群岛		1991	87.3	83.9	91.9	11.0	14.2	7.0	5.8	7.4	4.0	5.1	6.8	3.0				…	…	…	…	…	…	109
开曼群岛		2006	89.8	86.4	93.4	10.2	13.6	6.6	…	…	…	…	…	…				…	…	…	…	…	…	63
		2007	91.9	89.3	94.7	7.6	10.3	4.7	3.7	4.8	2.6	3.9	5.5	2.1				…	…	…	…	…	…	113
古巴		2000	81.0	75.2	91.5	…	…	…	…	…	…	11.6	15.3	4.8				…	…	…	…	…	…	114
		2003	79.7	73.3	91.3	…	…	…	…	…	…	13.9	18.7	5.5				…	…	…	…	…	…	114
		2004	79.8	73.0	91.6	…	…	…	…	…	…	14.2	19.2	5.5				…	…	…	…	…	…	114
		2005	80.4	73.8	91.8	…	…	…	…	…	…	13.9	18.8	5.4				…	…	…	…	…	…	114
		2006	82.0	76.1	92.0	…	…	…	…	…	…	12.6	17.3	4.7				…	…	…	…	…	…	114
		2007	83.1	76.7	93.5	…	…	…	…	…	…	11.9	16.6	4.2				…	…	…	…	…	…	115
多米尼克		1991	61.5	56.7	70.4	33.4	37.9	24.8	7.2	8.6	4.6	26.2	29.3	20.2				2.9	3.0	2.9	29.1	32.2	23.2	88
	b	1997	65.7	61.7	70.9	31.9	36.7	25.6	11.4	15.2	6.3	20.6	21.5	19.3				1.9	0.8	3.3	22.4	22.3	22.6	4
		1999	58.9	54.2	66.1	38.9	43.8	31.3	4.1	5.0	2.6	34.9	38.9	28.6				1.6	1.3	1.9	36.4	40.2	30.6	4
	b	2001	68.3	63.6	75.6	29.4	34.3	21.8	5.0	6.1	3.3	24.4	28.2	18.6				1.5	1.2	1.9	25.9	29.4	20.5	88
多米尼加共和国		2000	56.3	49.7	69.7	41.5	48.3	27.8	3.0	3.6	1.8	38.4	44.7	26.0				2.2	2.0	2.5	40.6	46.7	28.5	116
		2003	54.1	46.4	69.4	44.1	52.0	28.6	3.2	3.9	1.8	40.9	48.1	26.8				1.7	1.6	2.0	42.6	49.6	28.8	116
		2004	55.1	47.8	69.8	42.9	50.4	28.0	4.9	5.8	3.0	38.0	44.5	24.9				2.0	1.9	2.2	40.0	46.4	27.1	116
		2005	52.7	45.7	66.4	43.8	51.5	28.6	4.6	5.5	2.9	39.2	46.0	25.7				3.5	2.8	5.0	42.7	48.8	30.7	116
		2006	53.1	45.5	67.5	43.6	51.4	28.8	3.8	4.3	2.9	39.8	47.1	25.9				3.3	3.2	3.7	43.1	50.2	29.6	116
		2007	53.6	46.5	67.3	43.3	50.6	29.3	4.0	4.7	2.5	39.3	45.9	26.7				3.1	2.9	3.4	42.4	48.8	30.2	116
格林纳达		1988	78.4	…	…	20.9	…	…	6.2	…	…	14.8	…	…				…	…	…	…	…	…	14
	b	1991	77.7	74.0	83.6	14.9	16.8	11.7	3.7	4.7	2.2	11.1	12.1	9.5				…	…	…	…	…	…	117
	b	1996	71.9	71.1	73.0	26.1	26.4	25.7	7.0	8.5	4.9	19.2	17.9	20.8				0.9	1.1	0.6	20.0	19.0	21.4	14
		1998	71.3	68.6	75.2	22.9	23.9	21.4	5.6	6.6	4.1	17.3	17.3	17.3				1.1	0.7	1.7	18.4	18.0	19.0	14
圭亚那		1992	52.4	52.2	52.9	39.5	37.7	43.5	…	…	…	…	…	…				8.0	10.1	3.6	…	…	…	118

	年份	工薪工作者（雇员）			自雇工作者									无报酬家庭工作者			脆弱性就业者			注 No.
					自雇工作者（总计）			雇主			自营工作者									
		MF	M	F	MF	M	F	MF	M	F	MF	M	F	MF	M	F	MF	M	F	
海地	1990	18.9	17.4	21.2	67.7	68.9	65.8	…	…	…	…	…	…	11.9	12.3	11.2	…	…	…	119
牙买加	2000	59.0	54.9	64.8	38.6	43.4	31.6	2.7	3.4	1.6	35.9	40.0	29.9	2.0	1.3	3.0	37.9	41.3	33.0	77
	2002	61.3	56.7	67.7	36.9	42.3	29.4	2.5	2.9	1.9	34.4	39.4	27.4	1.4	0.7	2.5	35.8	40.1	29.9	77
	2003	61.0	56.2	67.5	37.2	42.5	29.8	2.8	3.3	1.9	34.5	39.2	27.9	1.3	0.7	2.2	35.8	39.9	30.1	77
	2004	61.1	57.7	65.8	37.4	41.5	31.7	2.6	3.2	1.7	34.8	38.3	30.0	1.3	0.5	2.4	36.1	38.8	32.4	77
	2005	62.0	58.5	66.7	36.4	40.7	30.4	3.1	4.1	1.8	33.3	36.7	28.6	1.3	0.4	2.5	34.5	37.1	31.1	77
	2006	61.2	57.6	66.1	37.3	41.7	31.3	3.1	3.8	2.1	34.2	37.9	29.2	1.2	0.5	2.2	35.4	38.4	31.4	77
蒙特赛拉特	1991	82.3	78.3	87.4	16.2	19.4	11.5	4.4	5.7	2.6	11.7	13.7	8.9	0.9	1.1	0.5	12.6	14.8	9.4	109
荷属安的列斯	2000	87.8	84.0	92.0	9.0	13.2	4.3	3.3	4.9	1.5	5.7	8.4	2.9	0.5	0.1	1.0	6.3	8.5	3.9	120
	2003	75.2	…	…	23.0	…	…	9.9	…	…	13.1	…	…	0.6	…	…	13.7	…	…	120
	2004	75.1	…	…	23.7	…	…	10.3	…	…	13.4	…	…	0.5	…	…	13.9	…	…	120
	2005	76.2	…	…	22.4	…	…	11.0	…	…	11.4	…	…	0.5	…	…	11.9	…	…	120
	2006	77.3	…	…	21.8	…	…	12.8	…	…	9.0	…	…	0.6	…	…	9.6	…	…	120
	2007	76.8	…	…	22.6	…	…	11.5	…	…	11.1	…	…	0.2	…	…	11.3	…	…	120
波多黎各	2000	85.5	80.3	92.7	13.9	19.6	6.3	…	…	…	…	…	…	0.5	0.1	1.0	…	…	…	48
	2003	85.6	80.3	92.4	13.7	19.2	6.5	…	…	…	…	…	…	0.5	0.1	1.1	…	…	…	48
	2004	85.5	80.4	91.8	14.0	19.4	7.1	…	…	…	…	…	…	0.5	0.1	0.9	…	…	…	48
	2005	85.4	80.2	92.0	14.1	19.7	6.9	…	…	…	…	…	…	0.5	0.1	0.9	…	…	…	48
	2006	84.8	79.6	91.4	15.0	20.3	8.4	…	…	…	…	…	…	–	–	–	…	…	…	48
	2007	84.6	79.5	90.8	15.2	20.5	8.9	…	…	…	…	…	…	0.2	–	–	…	…	…	48
圣基茨和尼维斯	1991	82.0	80.5	83.7	14.8	16.3	13.1	3.7	4.7	2.5	11.1	11.6	10.5	0.9	0.7	1.3	12.1	12.4	11.9	109
	2001	85.0	81.8	88.7	11.3	14.3	7.8	3.4	4.8	1.7	7.9	9.5	6.1	0.6	0.5	0.8	8.5	9.9	6.9	109
圣卢西亚	1996	61.5	56.1	68.4	33.9	39.3	27.0	7.1	9.6	4.0	26.7	29.7	23.0	2.0	1.8	2.2	28.7	31.5	25.2	4
	1997	65.1	59.4	72.3	30.6	36.2	23.3	6.2	8.6	3.2	24.3	27.6	20.1	1.8	1.5	2.2	26.2	29.1	22.3	4
	1998	65.1	59.6	72.4	31.9	36.9	25.2	6.3	7.8	4.3	25.6	29.2	20.9	1.1	1.0	1.1	26.7	30.2	22.0	4
	1999	66.1	60.6	72.4	30.7	36.7	23.9	5.9	7.9	3.5	24.8	28.7	20.4	1.1	0.6	1.6	25.9	29.4	21.9	4
	2000	64.1	58.8	70.6	33.2	38.3	26.9	5.4	7.3	3.1	27.8	30.9	23.8	0.9	0.5	1.4	28.7	31.5	25.3	4
圣文森特和格林纳丁斯	1991	74.0	71.2	79.4	23.5	26.6	17.8	5.6	6.8	3.3	17.9	19.8	14.5	2.3	2.1	2.7	20.2	21.8	17.3	109
苏里南	1994	78.5	…	…	17.1	…	…	3.1	…	…	14.0	…	…	0.7	…	…	14.7	…	…	117
b	1995	80.5	78.3	84.7	15.1	17.6	10.3	2.8	3.0	2.3	12.3	14.6	8.0	0.9	0.3	2.2	13.3	14.8	10.2	121
	1996	79.2	75.7	85.9	16.9	20.7	9.4	2.1	2.5	1.4	14.8	18.2	8.0	1.9	1.6	2.6	16.7	19.8	10.6	121
	1997	76.1	72.6	83.3	17.9	22.5	8.7	2.3	3.0	1.0	15.6	19.5	7.7	1.9	1.0	3.8	17.5	20.5	11.5	121
	1998	80.7	77.8	86.8	16.3	19.6	9.4	0.6	0.9	0.2	15.7	18.8	9.2	1.2	0.9	1.6	16.8	19.7	10.9	121
特立尼达和多巴哥	1990	74.3	72.9	77.3	21.1	23.6	16.0	3.2	3.9	1.7	17.9	19.6	14.3	3.8	2.5	6.5	21.7	22.1	20.8	4
	2000	76.7	74.7	80.1	21.0	23.6	16.4	4.7	6.0	2.6	16.3	17.7	13.9	1.4	0.6	2.9	17.7	18.2	16.8	4
	2001	76.4	74.3	80.0	21.7	24.3	17.2	5.2	6.4	3.2	16.5	17.9	14.0	1.1	0.4	2.2	17.5	18.3	16.2	4
	2002	77.3	74.2	82.4	20.8	24.3	14.9	4.9	6.4	2.5	15.8	17.9	12.3	1.0	0.5	1.9	16.8	18.4	14.3	4
	2003	78.1	75.3	82.6	20.2	23.5	14.9	4.7	6.1	2.4	15.5	17.4	12.5	1.0	0.3	2.0	16.5	17.7	14.4	4
	2004	78.6	75.2	84.0	19.5	23.4	13.3	4.4	5.8	2.4	15.0	17.6	10.9	0.9	0.3	1.8	15.9	18.0	12.7	4
	2005	79.0	76.4	83.0	19.2	22.5	14.2	4.4	5.5	2.8	14.8	17.0	11.4	0.9	0.3	1.7	15.6	17.3	13.2	4
中美洲																				
伯利兹	1996	65.6	61.7	75.1	30.0	33.9	20.6	7.4	8.9	3.9	22.6	25.0	16.7	4.0	4.0	4.1	26.6	29.0	20.9	122
	1997	64.5	61.8	70.6	31.1	33.6	25.2	…	…	…	…	…	…	4.4	4.4	4.2	…	…	…	122
	1998	66.6	64.0	72.3	29.1	32.0	22.9	…	…	…	…	…	…	4.1	3.8	4.7	…	…	…	122
	1999	65.0	62.1	71.5	31.5	34.5	24.9	…	…	…	…	…	…	3.4	3.3	3.5	…	…	…	122
b	2005	69.3	66.9	73.9	26.7	29.3	21.7	7.1	8.4	4.5	19.6	20.9	17.2	3.9	3.7	4.3	23.5	24.6	21.5	123
哥斯达黎加	1980	75.3	…	…	19.6	…	…	4.3	…	…	15.2	…	…	…	…	…	…	…	…	124
	1990	70.0	67.1	77.7	24.8	28.3	16.1	5.3	6.6	1.9	19.6	21.6	14.2	5.1	4.7	6.3	24.7	26.3	20.5	125
	2000	70.8	68.1	76.6	26.7	29.7	20.0	5.7	7.0	2.9	21.0	22.7	17.2	2.6	2.2	3.3	23.5	24.9	20.5	125
	2003	69.5	68.6	71.1	27.9	29.3	25.3	8.6	10.6	4.9	19.3	18.7	20.4	2.6	2.1	3.6	21.9	20.8	24.0	125
	2004	68.8	67.8	70.6	28.9	30.4	25.8	8.1	10.0	4.4	20.7	20.4	21.5	2.4	1.8	3.5	23.1	22.2	25.0	125
	2005	71.4	70.5	73.1	26.3	27.9	23.4	7.5	9.2	4.3	18.8	18.7	19.1	2.3	1.7	3.5	21.1	20.3	22.6	125
	2006	70.7	69.0	73.7	27.1	29.3	23.1	7.7	9.4	4.7	19.4	19.9	18.4	2.2	1.7	3.2	21.6	21.6	21.6	125
	2007	73.0	71.3	76.1	25.1	27.4	21.1	7.2	9.1	4.0	17.9	18.4	17.1	1.8	1.3	2.8	19.7	19.6	19.9	125
萨尔瓦多	2000	52.1	59.6	41.2	35.2	31.0	41.3	5.4	6.9	3.1	29.5	23.4	38.2	7.9	8.3	7.4	37.4	31.7	45.6	126
	2002	51.0	58.3	40.8	34.8	30.2	41.1	4.6	6.1	2.6	30.2	24.1	38.6	9.1	9.5	8.6	39.3	33.6	47.2	126
	2003	53.5	61.5	42.3	32.7	28.4	38.8	4.6	6.0	2.7	28.0	22.3	36.0	8.7	8.4	9.0	36.7	30.7	45.1	126
	2004	54.9	64.2	41.3	32.4	26.8	40.4	4.3	5.3	2.8	28.0	21.3	37.6	7.7	7.7	7.7	35.7	29.0	45.4	126
	2005	52.1	60.3	40.5	33.3	28.7	39.8	4.4	5.4	2.9	28.9	23.3	36.9	9.8	9.5	10.3	38.8	32.8	47.2	126
	2006	54.7	63.7	42.5	30.6	25.9	36.9	4.3	5.5	2.8	26.3	20.4	34.1	9.2	8.8	9.9	35.5	29.2	44.0	126

		年份	工薪工作者（雇员）			自雇工作者：自雇工作者（总计）			自雇工作者：雇主			自雇工作者：自营工作者			无报酬家庭工作者			脆弱性就业者			注 No.
			MF	M	F	MF	M	F	MF	M	F	MF	M	F	MF	M	F	MF	M	F	
危地马拉		1994	50.2	46.0	67.8	36.5	39.6	23.1	1.3	1.1	2.2	35.2	38.5	20.9	…	…	…	…	…	…	127
	b	1998	51.3	56.2	42.9	37.2	33.2	44.0	3.4	4.5	1.7	33.8	28.7	42.3	…	…	…	…	…	…	128
	b	2000	50.4	54.8	42.4	35.4	33.7	38.4	5.0	5.1	5.0	30.4	28.7	33.4	…	…	…	…	…	…	129
	b	2002	28.9	30.7	25.6	37.9	37.1	39.4	5.3	7.0	2.4	32.6	30.1	37.0	22.4	21.3	24.5	55.0	51.4	61.6	95
洪都拉斯		1990	49.3	49.5	48.9	40.1	38.3	44.7	1.0	1.2	0.7	39.1	37.1	43.9	9.8	11.3	6.3	48.9	48.4	50.2	130
	b	2001	45.5	44.1	48.2	…	…	…	42.5	43.7	40.3	…	…	…	12.0	12.2	11.4	…	…	…	131
	b	2002	46.5	46.0	47.5	41.2	41.0	41.5	…	…	…	…	…	…	12.3	12.9	11.0	…	…	…	132
	b	2003	47.0	47.8	45.3	43.9	42.6	46.3	3.3	3.8	2.3	40.4	38.5	44.0	8.5	9.0	7.5	48.9	47.6	51.4	133
	b	2004	48.1	47.1	50.0	…	…	…	39.8	39.2	40.9	…	…	…	12.2	13.7	9.1	…	…	…	134
		2005	49.9	48.7	52.6	39.2	39.2	39.2	…	…	…	…	…	…	10.9	12.1	8.3	…	…	…	135
墨西哥		1980	44.5	…	…	21.7	…	…	…	…	…	…	…	…	33.8	…	…	…	…	…	136
	b	1990	68.1	64.5	79.6	25.6	29.0	14.9	2.3	2.5	1.6	23.4	26.5	13.3	2.5	2.9	1.2	25.9	29.4	14.5	137
		2000	63.9	63.5	64.6	27.8	30.4	22.8	4.3	5.6	2.0	23.4	24.8	20.8	8.3	6.1	12.6	31.8	30.9	33.4	138
		2003	63.2	63.2	63.1	28.9	30.7	25.4	4.1	5.3	1.7	24.8	25.4	23.7	7.9	6.0	11.4	32.7	31.4	35.1	138
		2004	63.3	63.6	62.7	28.9	30.6	25.6	4.3	5.6	1.9	24.5	25.0	23.7	7.8	5.7	11.7	32.4	30.7	35.4	138
		2005	64.3	64.2	64.5	28.3	30.4	24.6	4.7	6.2	2.0	23.6	24.2	22.5	7.4	5.5	10.9	31.0	29.6	33.4	138
		2006	65.4	65.5	65.3	27.6	29.6	24.4	4.9	6.4	2.3	22.8	23.2	22.0	7.0	5.0	10.4	29.7	28.2	32.4	138
		2007	65.5	65.7	65.1	27.7	29.4	24.8	5.0	6.5	2.5	22.6	22.8	22.3	6.8	4.9	10.0	29.5	27.8	32.3	139
尼加拉瓜	b	2000	51.5	51.4	51.8	36.1	35.5	37.2	2.1	2.7	1.1	34.0	32.8	36.1	…	…	…	…	…	…	140
	b	2002	58.4	59.3	57.4	37.7	37.3	38.2	3.5	4.4	2.4	34.2	32.9	35.9	3.6	3.1	4.2	37.8	36.0	40.1	141
	b	2003	47.2	46.4	48.4	39.1	38.8	39.6	4.3	5.6	2.4	34.8	33.2	37.3	13.7	14.8	12.0	48.5	48.0	49.2	142
		2004	48.7	47.7	50.6	38.3	37.9	39.1	4.2	5.4	2.1	33.9	32.2	36.7	12.9	14.4	10.4	46.8	46.6	47.1	116
		2005	49.6	49.1	50.5	36.9	36.3	37.8	4.7	6.1	2.5	31.9	30.0	35.0	13.4	14.5	11.7	45.3	44.5	46.7	116
		2006	50.5	49.7	51.7	38.3	37.9	38.9	4.2	5.3	2.5	33.9	32.4	36.4	11.0	12.2	9.1	44.9	44.6	45.5	116
巴拿马		2000	66.7	60.3	79.3	30.7	36.7	18.8	2.8	3.4	1.6	27.9	33.3	17.3	2.6	3.0	1.8	30.5	36.2	19.1	99
		2003	64.9	59.5	74.9	31.7	37.4	21.1	3.1	3.8	1.7	28.6	33.6	19.4	3.4	3.1	4.0	32.0	36.7	23.4	99
		2004	65.8	60.9	74.8	31.1	36.3	21.5	3.4	4.4	1.5	27.6	31.8	20.0	3.1	2.8	3.6	30.7	34.6	23.6	99
		2005	65.0	60.9	71.9	31.3	36.3	22.5	3.2	4.1	1.7	28.0	32.2	20.8	3.8	2.8	5.5	31.8	34.9	26.3	99
		2006	66.2	62.7	72.4	30.2	34.4	22.5	3.3	4.1	1.9	26.9	30.3	20.6	3.6	2.8	5.0	30.5	33.2	25.7	99
		2007	69.1	65.9	74.6	28.0	31.8	21.4	3.2	4.0	1.8	24.8	27.8	19.6	2.9	2.3	4.0	27.7	30.1	23.5	99
南美洲																					
阿根廷		1990	69.0	68.4	70.2	29.6	30.9	27.3	5.4	6.9	2.8	24.2	24.0	24.5	…	…	…	…	…	…	143
		2000	72.3	69.6	76.4	26.4	29.6	21.7	4.8	6.0	2.9	21.7	23.6	18.7	1.2	0.7	1.8	22.8	24.3	20.6	144
		2002	71.6	67.0	78.1	27.2	32.2	20.3	3.8	5.1	1.9	23.4	27.1	18.4	1.1	0.8	1.6	24.6	27.9	20.0	144
	b	2003	73.6	69.9	78.6	24.6	28.9	18.9	3.8	4.9	2.2	20.9	23.9	16.7	1.7	1.1	2.4	22.5	25.0	19.1	145
		2004	74.1	70.8	78.6	24.5	28.4	19.2	4.1	5.4	2.4	20.4	23.0	16.8	1.4	0.7	2.2	21.8	23.8	19.0	146
		2005	74.5	71.2	79.0	24.3	28.1	19.0	4.1	5.4	2.4	20.2	22.8	16.6	1.2	0.7	1.9	21.4	23.5	18.6	146
	b	2006	75.8	72.5	80.2	23.1	26.7	18.2	4.1	5.3	2.5	19.0	21.4	15.7	1.1	0.7	1.6	20.1	22.2	17.3	147
玻利维亚		1990	56.9	62.7	48.4	38.3	33.7	44.9	3.5	5.0	1.5	34.7	28.7	43.4	4.9	3.6	6.7	39.6	32.3	50.1	148
		1997	47.1	53.1	39.1	43.6	41.2	46.7	7.1	10.3	2.8	36.1	30.3	43.8	9.3	5.7	14.2	45.5	36.0	57.9	148
	b	1999	47.6	55.8	37.3	43.6	38.4	50.1	4.3	5.9	2.2	39.1	32.2	47.9	8.8	5.8	12.6	47.9	38.0	60.5	149
		2000	49.8	54.8	43.4	42.7	40.3	45.7	3.0	4.1	1.6	39.3	35.5	44.0	7.8	5.2	11.1	47.1	40.7	55.1	149
	b	2001	34.9	40.7	27.9	41.9	46.0	37.0	2.4	3.1	1.6	39.1	42.1	35.4	23.2	13.3	35.1	62.3	55.5	70.5	150
		2002	33.3	38.5	26.5	44.4	48.9	38.6	4.8	6.8	2.2	39.3	41.6	36.4	22.3	12.6	34.8	61.6	54.2	71.2	150
巴西		1990	65.8	64.7	68.0	28.0	31.0	22.6	4.8	6.3	2.1	23.2	24.7	20.5	6.1	4.3	9.4	29.3	29.0	29.9	151
		2002	62.0	60.3	64.4	30.6	34.0	25.8	4.2	5.4	2.7	26.4	28.7	23.2	7.4	5.7	9.8	33.8	34.3	32.9	152
		2003	62.1	60.1	64.8	30.9	34.4	25.8	4.2	5.4	2.5	26.7	29.1	23.3	7.1	5.5	9.3	33.7	34.5	32.6	153
		2004	62.9	60.9	65.5	30.2	33.6	25.4	4.1	5.2	2.5	26.1	28.4	22.9	7.0	5.4	9.1	33.0	33.8	32.0	153
		2005	62.7	61.3	64.8	25.9	30.9	18.9	4.2	5.4	2.6	21.6	25.5	16.2	6.8	5.2	9.0	28.4	30.7	25.3	153
		2006	63.6	61.9	66.0	25.6	30.6	18.9	4.5	5.7	2.8	21.2	24.9	16.1	6.0	4.6	8.1	27.2	29.5	24.2	153
智利		1990	72.9	70.9	77.0	25.2	27.7	20.0	2.5	3.1	1.4	22.7	24.6	18.6	…	…	…	…	…	…	128
		2000	69.4	66.7	74.9	28.2	31.7	21.3	3.0	3.5	2.1	25.2	28.2	19.3	2.3	1.6	3.8	27.6	29.8	23.1	154
		2003	68.2	65.7	73.2	29.7	32.9	23.5	2.9	3.5	1.8	26.8	29.4	21.8	2.0	1.4	3.3	28.9	30.8	25.1	154
		2004	68.2	66.2	71.9	29.6	32.3	24.7	3.1	3.7	1.9	26.5	28.5	22.8	2.2	1.6	3.4	28.7	30.1	26.2	154
		2005	70.2	67.8	74.6	27.8	30.8	22.2	2.9	3.5	1.7	24.9	27.3	20.5	2.0	1.4	3.2	27.0	28.7	23.8	154
	b	2006	71.1	69.6	73.7	27.0	29.1	23.2	2.9	3.6	1.7	24.1	25.5	21.5	1.9	1.3	3.0	26.0	26.8	24.5	155
		2007	72.1	70.8	74.4	26.2	28.2	22.8	3.1	3.8	1.7	23.2	24.4	21.1	1.6	0.9	2.8	24.8	25.3	23.9	154
哥伦比亚		2000	60.9	57.1	65.4	38.0	42.2	32.9	4.4	5.7	2.8	33.6	36.5	30.2	1.0	0.6	1.6	34.7	37.1	31.8	156
		2003	49.8	48.6	51.5	43.9	46.9	39.7	4.7	6.0	2.7	39.2	40.8	36.9	6.0	4.3	8.5	45.3	45.1	45.4	157
		2004	48.8	47.3	51.1	45.4	48.6	40.5	5.1	6.5	3.1	40.2	42.1	37.5	5.6	3.8	8.2	45.8	45.9	45.7	157
		2005	46.0	41.9	52.1	43.3	46.1	39.1	5.2	6.7	3.0	38.1	39.5	36.1	5.2	3.4	7.7	43.3	42.9	43.8	157
		2006	53.0	52.9	53.0	42.3	43.7	40.4	4.5	5.7	2.9	37.8	38.0	37.5	4.4	3.0	6.3	42.2	41.0	43.8	157
		2007	54.3	53.0	56.1	41.2	43.6	37.6	4.6	5.7	3.1	36.6	37.9	34.6	4.4	3.2	6.1	40.9	41.1	40.7	157

		年份	工薪工作者（雇员）			自雇工作者：自雇工作者（总计）			自雇工作者：雇主			自雇工作者：自营工作者			无报酬家庭工作者			脆弱性就业者			注 No.
			MF	M	F	MF	M	F	MF	M	F	MF	M	F	MF	M	F	MF	M	F	
厄瓜多尔		1990	54.4	59.7	44.8	34.5	35.8	32.2	5.0	6.3	2.7	29.5	29.6	29.5	6.5	3.9	11.3	36.1	33.4	40.8	158
		2000	59.5	60.5	57.7	34.5	36.2	32.0	4.6	5.9	2.5	29.9	30.2	29.5	6.0	3.3	10.3	35.9	33.5	39.8	158
		2002	58.4	60.4	55.1	36.5	36.5	36.3	6.9	8.4	4.5	29.6	28.1	31.9	5.2	3.0	8.6	34.7	31.2	40.5	158
		2003	61.3	…	…	34.3	…	…	5.2	…	…	29.1	…	…	4.4	…	…	33.5	…	…	158
		2004	58.2	62.2	52.3	35.2	34.1	36.7	6.9	8.3	4.8	28.3	25.8	31.9	6.6	3.7	11.0	34.9	29.5	42.9	158
		2005	60.1	62.3	56.9	34.3	34.7	33.7	6.4	7.7	4.4	27.9	27.0	29.3	5.6	3.0	9.4	33.5	30.0	38.7	158
		2006	59.7	63.1	54.5	33.3	32.5	34.4	6.5	7.8	4.5	26.8	24.7	29.9	7.1	4.4	11.1	33.8	29.1	41.0	158
巴拉圭		1990	68.1	68.9	66.8	31.7	30.7	33.0	9.0	13.8	2.3	22.6	17.0	30.8	0.3	0.4	0.1	22.9	17.3	30.9	159
		2000	45.8	46.0	45.4	44.4	43.5	45.9	6.1	8.0	3.1	38.3	35.5	42.8	9.8	10.5	8.6	48.1	46.0	51.5	160
		2001	44.9	44.8	45.1	42.9	41.8	44.6	5.8	7.5	3.0	37.1	34.3	41.6	…	…	…	…	…	…	161
	b	2002	44.0	43.1	45.5	43.8	43.1	44.9	3.8	5.1	1.7	39.9	38.0	43.2	12.1	13.6	9.5	52.0	51.6	52.7	162
		2003	45.1	44.7	45.7	44.9	44.4	45.6	4.5	5.7	2.5	40.4	38.7	43.1	10.1	10.9	8.7	50.4	49.6	51.8	163
	b	2007	48.1	49.0	46.8	41.8	40.2	44.3	5.1	6.5	2.8	36.7	33.7	41.4	10.1	10.8	8.9	46.8	44.5	50.3	164
秘鲁		1990	59.0	63.1	52.8	35.6	34.1	38.0	4.8	6.8	1.7	30.9	27.3	36.3	5.3	2.8	9.2	36.2	30.1	45.5	165
		2000	43.4	51.5	32.6	41.9	40.2	44.1	5.6	7.7	2.9	36.3	32.5	41.2	7.4	4.9	10.7	43.7	37.5	51.9	166
		2003	51.2	55.1	46.3	39.8	38.7	41.1	5.3	7.1	2.9	34.5	31.6	38.2	8.7	5.8	12.2	43.2	37.4	50.4	167
		2004	51.6	55.9	46.2	38.6	37.2	40.4	5.5	7.5	2.9	33.1	29.6	37.4	9.5	6.7	13.0	42.5	36.3	50.4	166
		2005	51.9	56.4	46.2	39.5	37.8	41.6	6.1	7.8	3.9	33.4	29.9	37.7	8.3	5.6	11.7	41.7	35.6	49.4	166
		2006	54.0	58.7	48.2	37.6	35.6	40.1	5.4	7.0	3.5	32.2	28.6	36.5	8.1	5.4	11.4	40.2	34.1	47.9	166
		2007	53.9	58.2	48.8	38.7	36.9	41.0	6.2	8.2	3.8	32.6	28.7	37.2	7.1	4.7	9.9	39.6	33.4	47.1	166
乌拉圭	b	2000	72.9	69.5	77.4	25.5	29.6	20.0	3.7	4.8	2.2	21.8	24.8	17.8	1.5	0.8	2.3	23.3	25.6	20.1	166
		2002	68.0	65.6	71.2	30.9	33.5	27.4	4.5	4.9	3.9	26.4	28.6	23.4	1.1	0.9	1.4	27.5	29.4	24.8	166
		2003	70.2	65.5	76.4	28.5	33.6	21.6	3.4	4.6	1.9	25.0	29.0	19.8	1.4	0.9	2.0	26.4	29.8	21.8	166
		2005	71.4	67.6	76.0	27.3	31.7	21.8	3.9	5.3	2.3	23.4	26.4	19.5	1.3	0.7	2.2	24.7	27.1	21.7	166
	b	2006	69.9	67.6	73.2	27.9	31.3	23.1	4.8	6.2	2.8	23.1	25.1	20.3	2.0	1.0	3.4	25.1	26.1	23.8	168
		2007	69.9	67.7	72.7	28.1	31.3	24.0	4.8	6.3	2.9	23.3	25.1	21.0	1.8	0.9	3.0	25.1	26.0	24.0	168
委内瑞拉玻利瓦尔共和国		2000	58.0	58.0	58.1	40.3	40.6	39.7	5.1	6.9	1.9	35.2	33.7	37.7	1.7	1.4	2.3	36.9	35.1	40.0	169
		2001	59.0	60.3	57.0	38.6	37.9	39.7	6.6	8.8	3.1	32.0	29.1	36.6	2.3	1.8	3.3	34.3	30.9	39.9	169
	b	2002	55.2	55.1	55.4	42.2	43.1	40.8	5.5	7.4	2.5	31.8	29.5	35.5	2.6	1.9	3.8	34.4	31.3	39.3	170
		2003	53.9	53.5	54.4	43.4	44.5	41.7	5.1	6.8	2.3	32.6	30.6	35.8	2.7	2.0	3.9	35.3	32.6	39.7	170
	b	2006	57.9	56.7	60.1	39.9	41.4	37.4	4.4	6.0	1.9	28.9	27.6	31.1	1.2	0.8	1.8	30.1	28.4	32.9	171
		2007	59.3	58.5	60.6	39.7	41.0	37.7	4.2	5.6	1.9	28.9	27.3	31.3	1.0	0.6	1.6	29.8	27.9	32.9	171
非洲																					
北非																					
阿尔及利亚		2001	60.9	61.4	57.7	29.3	28.9	31.6	7.0	7.8	1.9	22.3	21.1	29.7	8.4	8.8	6.1	30.8	30.0	35.8	172
		2003	64.8	64.6	65.8	27.8	27.9	26.6	5.9	6.6	1.8	21.8	21.3	24.8	7.2	7.2	7.2	29.1	28.6	32.0	172
		2004	59.8	61.9	49.8	31.7	30.7	36.6	5.0	5.8	1.3	26.7	24.9	35.3	8.2	7.1	13.6	34.9	32.0	48.9	172
埃及		2000	59.9	60.6	57.2	28.5	31.3	16.8	17.1	20.1	4.5	11.4	11.2	12.3	11.5	8.2	26.0	22.9	19.4	38.3	173
		2002	60.2	58.4	67.9	29.4	33.2	12.6	17.4	20.1	5.7	11.9	13.1	6.8	10.4	8.4	19.5	22.4	21.5	26.4	173
		2003	57.9	58.2	56.5	30.0	32.8	17.7	17.9	21.1	4.3	12.1	11.8	13.4	12.2	9.0	25.8	24.3	20.8	39.1	173
		2004	56.5	58.3	49.3	29.5	32.3	18.6	17.3	20.5	4.7	12.3	11.8	13.9	14.0	9.4	32.2	26.2	21.2	46.0	173
		2005	60.0	62.2	50.8	27.0	29.3	17.7	14.7	17.3	3.8	12.3	11.9	13.9	13.0	8.5	31.5	25.3	20.5	45.4	173
		2006	61.8	63.7	53.7	25.1	27.7	13.7	13.4	15.9	2.8	11.7	11.9	10.9	13.1	8.6	32.6	24.8	20.4	43.5	173
摩洛哥	b	2000	61.6	58.2	73.7	30.9	34.2	19.0	3.6	4.2	1.3	24.6	26.7	16.8	5.5	5.5	5.5	30.0	32.2	22.3	174
		2003	38.1	39.7	33.6	31.1	37.5	13.4	2.5	3.3	0.5	26.1	31.2	12.1	29.7	21.6	52.5	55.8	52.7	64.6	4
		2004	37.2	39.3	31.4	30.7	37.6	12.4	2.3	3.0	0.4	26.1	31.6	11.3	32.0	23.1	56.1	58.1	54.6	67.4	4
		2005	37.4	39.5	31.6	30.9	37.6	12.5	2.5	3.2	0.6	26.1	31.5	11.2	31.7	22.8	55.7	57.7	54.3	66.9	4
		2006	43.2	46.8	33.4	29.3	36.1	11.1	2.5	3.3	0.6	24.5	29.9	9.8	27.4	17.0	55.3	51.9	46.9	65.1	4
		2007	44.8	48.8	34.1	28.9	34.5	13.9	2.3	3.0	0.6	24.9	29.5	12.7	26.1	16.5	51.8	51.1	46.0	64.5	4
突尼斯	b	1999	68.4	…	…	23.3	…	…	…	…	…	…	…	…	7.8	…	…	…	…	…	4
		2000	68.1	…	…	23.6	…	…	…	…	…	…	…	…	7.4	…	…	…	…	…	4
		2001	67.6	…	…	24.5	…	…	…	…	…	…	…	…	7.9	…	…	…	…	…	4
		2002	67.7	…	…	25.1	…	…	…	…	…	…	…	…	7.1	…	…	…	…	…	4
		2003	64.3	…	…	26.8	…	…	…	…	…	…	…	…	8.7	…	…	…	…	…	4
撒哈拉以南非洲																					
东非																					
吉布提		1991	75.8	75.4	78.7	17.7	19.1	15.7	1.4	2.1	0.4	16.3	17.0	15.3	…	…	…	…	…	…	175
埃塞俄比亚		1999	8.2	9.5	6.4	44.3	55.7	29.5	0.8	1.2	0.3	43.5	54.5	29.2	47.0	34.3	63.6	90.5	88.8	92.8	176
	b	2004	49.5	52.1	45.9	42.2	40.9	43.7	0.6	0.7	0.4	41.4	39.8	43.2	7.2	5.2	9.9	48.6	45.0	53.1	177
	b	2005	7.9	9.3	6.2	41.5	55.8	25.1	0.6	0.9	0.2	40.9	54.8	24.8	50.3	34.6	68.5	91.2	89.3	93.3	176
	b	2006	46.3	49.3	42.7	42.8	41.8	44.0	0.7	1.0	0.4	41.8	40.5	43.4	10.0	7.8	12.7	51.8	48.3	56.1	178

		年份	工薪工作者（雇员）			自雇工作者：自雇工作者（总计）			自雇工作者：雇主			自雇工作者：自营工作者			无报酬家庭工作者			脆弱性就业者			注 No.
			MF	M	F	MF	M	F	MF	M	F	MF	M	F	MF	M	F	MF	M	F	
马达加斯加		1993	12.9	14.5	10.5	53.9	59.4	45.8	0.7	0.6	0.7	53.1	58.6	44.9	31.2	24.3	41.6	84.3	82.9	86.6	179
	b	2003	15.0	17.8	12.0	43.7	51.6	35.4	2.1	2.5	1.7	41.6	49.2	33.7	40.6	29.7	51.9	82.2	78.9	85.6	180
		2005	13.4	16.0	10.8	…	…	…	…	…	…	34.1	51.8	16.1	52.3	32.1	73.0	…	…	…	180
马拉维		1987	16.1	29.0	3.9	83.9	71.0	96.1	–	0.1	–	83.5	70.7	95.7	…	…	…	…	…	…	127
毛里求斯		1990	84.8	82.1	91.1	13.0	16.2	5.6	3.4	4.3	1.2	9.5	11.8	4.3	2.0	1.5	3.1	11.5	13.3	7.3	181
	b	2000	83.0	79.1	90.9	15.9	20.2	7.2	3.8	4.9	1.7	12.0	15.3	5.5	0.9	0.5	1.7	12.9	15.7	7.1	181
	b	2004	80.0	77.7	84.9	17.7	21.2	10.4	3.0	4.0	1.0	14.6	17.2	9.4	2.1	0.8	4.7	16.7	18.0	14.1	182
		2005	80.4	78.6	84.1	17.3	20.4	11.1	2.6	3.4	1.0	14.6	16.8	10.0	2.1	0.9	4.7	16.7	17.7	14.7	52
		2006	80.4	78.7	83.9	17.3	20.3	11.1	2.9	3.7	1.3	14.1	16.4	9.6	2.1	0.7	4.8	16.2	17.1	14.4	52
		2007	79.2	77.2	83.2	18.0	21.2	11.6	3.2	4.1	1.4	14.7	17.0	10.1	2.2	0.9	4.7	16.8	17.9	14.7	48
卢旺达		1996	6.0	9.4	3.3	61.4	56.2	65.5	0.1	0.1	–	61.3	56.2	65.5	31.2	32.7	30.0	92.5	88.9	95.5	183
塞舌尔		1987	81.1	78.5	85.9	11.1	15.3	6.1	1.2	1.4	1.0	9.9	13.9	5.1	…	…	…	…	…	…	184
坦桑尼亚联合共和国		2001	6.9	9.8	4.0	89.3	87.2	91.4	0.9	1.3	0.6	88.4	85.9	90.8	3.8	3.0	4.6	92.2	88.8	95.5	185
	b	2006	10.5	15.3	6.1	78.1	75.0	80.9	1.8	2.6	1.0	76.3	72.4	79.9	11.4	9.7	13.0	87.7	82.1	92.9	186
乌干达		2002	14.3	20.3	8.2	54.3	60.0	48.6	0.3	0.4	0.1	54.0	59.6	48.5	31.5	19.9	43.3	85.5	79.5	91.8	187
	b	2003	14.5	22.2	7.5	59.4	67.5	52.1	0.3	0.4	0.2	59.1	67.1	51.9	26.1	10.3	40.5	85.2	77.4	92.3	188
赞比亚		1980	52.6	61.5	26.8	39.6	35.3	52.0	0.6	0.7	0.3	39.0	34.6	51.7	6.2	2.4	17.2	45.2	37.0	68.9	184
		1990	30.6	39.0	14.6	29.1	30.6	26.2	1.8	2.2	1.0	27.3	28.4	25.2	37.4	27.8	55.7	64.7	56.2	80.9	184
	b	1991	24.1	33.8	11.8	41.1	44.5	36.8	0.4	0.5	0.3	40.7	44.0	36.5	29.6	17.0	45.6	70.3	61.0	82.1	189
		1996	20.6	30.7	9.0	51.7	55.4	47.5	0.6	0.8	0.4	51.1	54.6	47.2	27.0	12.9	43.2	78.1	67.4	90.4	189
		1998	17.7	25.6	8.6	55.1	57.9	51.9	0.4	0.3	0.4	54.7	57.6	51.5	26.7	15.7	39.4	81.5	73.2	90.9	190
	b	2000	18.3	25.7	9.0	40.1	49.0	29.2	0.4	0.6	0.2	39.7	48.4	29.0	41.6	25.4	61.8	81.3	73.7	90.8	191
		2003	18.7	…	…	59.7	…	…	–	…	…	59.7	…	…	19.6	…	…	79.3	…	…	189
津巴布韦		1994	36.1	54.0	18.2	45.5	30.6	61.3	0.3	0.5	0.2	45.2	30.1	61.1	18.4	16.4	20.5	63.6	46.5	81.6	192
	b	1997	39.2	56.0	22.3	46.2	30.7	61.8	0.5	0.7	0.3	45.7	30.0	61.5	14.6	13.3	15.9	60.3	43.3	77.4	80
		1999	39.3	54.9	23.1	45.8	31.4	60.8	45.4	30.8	60.7	0.4	0.6	0.1	14.9	13.7	16.1	15.3	14.3	16.2	80
	b	2002	37.7	51.0	23.1	50.4	38.6	63.2	0.5	0.6	0.3	49.9	38.0	62.9	11.9	10.4	13.6	61.9	48.4	76.5	193
中非																					
喀麦隆		1996	14.2	22.3	5.7	68.6	65.9	71.4	3.5	5.3	1.6	65.0	60.6	69.8	15.1	8.9	21.6	80.1	69.5	91.4	4
		2001	19.2	29.3	8.7	59.3	57.0	61.7	1.6	2.1	1.1	57.7	54.9	60.6	18.2	9.5	27.2	75.9	64.4	87.8	4
乍得		1993	4.9	8.8	0.8	65.6	76.7	53.7	0.2	0.3	0.1	65.4	76.4	53.6	28.3	13.2	44.4	93.7	89.6	98.0	194
赤道几内亚		1983	21.1	30.7	6.0	38.3	51.8	16.8	…	…	…	…	…	…	39.5	16.5	76.5	…	…	…	195
加蓬		1993	45.2	58.6	29.2	45.4	35.4	57.5	0.6	0.9	0.2	44.8	34.5	57.3	3.5	2.0	5.3	48.3	36.5	62.7	196
圣多美和普林西比		1991	71.2	72.3	68.9	26.8	25.5	29.2	0.4	0.5	0.1	26.4	25.1	29.1	0.8	0.8	0.7	27.2	25.9	29.8	179
南部非洲																					
博茨瓦纳		1994	66.2	67.2	64.9	12.6	8.6	17.4	1.7	2.1	1.2	10.9	6.4	16.1	3.8	1.4	6.8	14.7	7.8	22.9	197
	b	1998	73.3	72.2	74.8	10.9	9.4	12.8	…	…	…	…	…	…	15.8	18.4	12.4	…	…	…	198
		2000	69.8	71.2	67.9	13.2	11.9	14.7	…	…	…	…	…	…	17.1	16.9	17.3	…	…	…	198
	b	2001	82.7	83.2	81.9	15.9	15.3	16.8	3.6	4.2	2.9	12.3	11.2	13.9	1.3	1.4	1.2	13.6	12.6	15.1	199
	b	2003	73.2	74.4	71.9	12.2	8.1	16.8	2.7	3.1	2.3	9.5	5.0	14.5	2.2	2.2	2.2	11.7	7.3	16.7	198
莱索托		1987	54.2	62.4	38.2	19.8	18.3	22.8	0.4	0.5	0.4	19.4	17.9	22.4	18.8	15.2	25.9	38.2	33.1	48.3	116
		1997	37.4	32.4	43.7	60.3	65.9	53.2	0.6	0.7	0.5	59.6	65.1	52.7	…	…	…	…	…	…	4
		1999	25.7	22.5	29.9	5.5	4.6	6.8	0.8	0.7	0.8	4.8	3.8	6.0	…	…	…	…	…	…	116
纳米比亚		1994	55.0	65.2	43.4	20.7	18.5	23.2	0.9	1.3	0.4	19.8	17.2	22.7	22.4	14.5	31.5	42.2	31.7	54.2	192
		1997	63.8	73.1	52.6	22.9	18.9	27.7	5.0	6.0	3.8	17.9	12.9	23.9	11.7	6.4	18.1	29.6	19.3	42.0	200
	b	2000	62.2	67.7	56.1	32.5	27.5	38.0	8.2	10.2	6.0	24.3	17.3	32.1	3.3	2.6	4.1	27.7	19.9	36.2	201
	b	2001	61.5	66.7	54.9	16.0	15.0	17.2	5.8	6.8	4.5	10.2	8.3	12.7	16.9	12.8	22.0	27.1	21.1	34.7	193
	b	2004	72.8	76.0	68.8	22.3	20.4	26.6	5.6	6.6	4.3	16.7	13.7	22.3	4.4	3.2	5.8	21.1	17.0	28.2	201
南非		2001	80.9	81.7	80.0	17.8	17.4	18.3	15.5	15.0	16.1	2.3	2.4	2.2	1.2	0.8	1.7	3.5	3.2	3.8	172
		2002	80.7	81.9	79.3	18.2	17.3	19.2	14.8	14.6	15.0	3.4	2.7	4.2	1.0	0.7	1.4	4.4	3.4	5.6	172
	b	2003	81.8	82.4	81.1	17.4	17.1	17.7	15.1	14.8	15.4	2.3	2.3	2.3	0.8	0.5	1.1	3.1	2.8	3.5	202
		2004	80.9	81.7	80.0	…	…	…	…	…	…	18.3	17.9	18.8	0.7	0.4	1.1	…	…	…	203
	b	2007	82.4	83.5	80.8	17.0	16.0	18.3	14.7	14.0	15.6	2.3	1.9	2.8	0.4	0.3	0.6	2.7	2.2	3.3	172
斯威士兰		1997	76.4	82.7	67.4	21.1	15.3	29.4	1.5	1.6	1.3	19.6	13.7	28.1	1.1	0.8	1.5	20.7	14.4	29.6	184
西非																					
布基纳法索		1985	3.2	5.4	0.9	30.3	50.0	10.0	–	0.1	–	30.3	49.9	10.0	66.2	44.1	89.1	96.4	93.9	99.0	204
	b	1994	3.6	5.8	1.4	26.3	40.7	11.0	0.3	0.5	–	26.0	40.2	11.0	69.2	52.2	87.3	95.2	92.3	98.3	205
佛得角		2000	38.9	43.8	33.0	31.8	32.6	30.9	2.5	3.3	1.6	29.3	29.4	29.2	10.3	6.5	14.8	39.6	35.9	44.0	206

	年份	工薪工作者（雇员）			自雇工作者									无报酬家庭工作者			脆弱性就业者			注 No.
					自雇工作者（总计）			雇主			自营工作者									
		MF	M	F	MF	M	F	MF	M	F	MF	M	F	MF	M	F	MF	M	F	
马里	1994	3.3	4.9	1.8	29.1	32.5	25.9	0.3	0.5	0.1	28.8	32.0	25.8	66.9	61.5	72.0	95.7	93.5	97.8	207
b	2004	13.6	15.2	11.4	71.4	66.4	78.4	…	…	…	…	…	…	15.0	18.4	10.2	…	…	…	208
塞内加尔	1991	11.3	14.4	7.5	55.4	52.7	58.7	0.6	1.0	0.1	54.8	51.7	58.6	28.5	25.3	32.4	83.3	77.0	90.9	209
塞拉利昂	2004	7.6	11.3	3.7	…	…	…	74.3	73.9	74.7	…	…	…	18.1	14.8	21.6	…	…	…	210
中东																				
伊朗（伊斯兰共和国）	1996	51.7	51.4	53.7	39.7	42.3	21.1	3.6	4.0	0.9	35.7	37.9	19.7	5.5	3.4	20.8	41.1	41.3	40.5	211
b	2005	50.3	52.4	41.5	36.2	39.9	20.7	5.9	7.1	1.2	30.2	32.8	19.5	12.9	7.2	36.9	43.2	40.0	56.4	116
	2007	51.4	53.4	42.2	37.8	40.8	24.3	5.4	6.4	0.9	32.4	34.4	23.4	10.4	5.4	32.7	42.7	39.7	56.1	116
阿曼	1993	85.8	85.3	91.3	13.0	13.5	6.3	2.1	2.2	0.5	10.9	11.3	5.8	…	…	…	…	…	…	211
b	1996	86.6	86.0	92.0	12.8	13.5	6.7	2.5	2.7	0.4	10.4	10.8	6.3	…	…	…	…	…	…	212
	2000	87.8	87.8	87.8	11.4	11.6	9.9	1.8	2.0	0.6	9.6	9.6	9.2	…	…	…	…	…	…	212
巴勒斯坦被占领土	2000	66.2	68.1	55.9	24.2	26.7	10.7	4.6	5.3	0.7	19.6	21.4	10.0	9.6	5.2	33.4	29.2	26.6	43.4	116
	2002	59.2	58.8	61.1	30.5	34.5	9.8	3.7	4.3	0.4	26.8	30.1	9.4	10.3	6.6	29.0	37.0	36.8	38.4	4
	2003	57.2	57.7	54.9	31.3	35.3	12.5	3.6	4.2	0.7	27.8	31.1	11.8	11.4	7.0	32.6	39.2	38.1	44.4	4
	2004	58.2	58.6	56.7	30.7	35.0	11.0	4.2	4.9	0.6	26.5	30.1	10.4	11.1	6.4	32.2	37.6	36.5	42.6	4
	2005	59.4	60.0	56.5	30.4	34.0	12.7	4.3	5.0	0.8	26.1	28.9	11.9	10.1	6.0	30.8	36.2	34.9	42.7	4
	2006	59.3	60.2	55.0	29.6	33.2	13.5	4.6	5.4	0.8	25.0	27.7	12.7	11.1	6.6	31.5	36.1	34.3	44.2	4
卡塔尔	1997	98.7	98.5	99.9	1.2	1.4	–	0.5	0.6	–	0.7	0.8	–	–	–	–	0.7	0.8	–	213
	2004	98.8	98.7	99.9	1.1	1.3	0.1	0.7	0.8	0.1	0.4	0.5	–	–	–	–	0.4	0.5	–	213
阿拉伯叙利亚共和国	2001	49.2	49.8	46.6	34.3	39.4	9.2	8.3	9.8	1.4	26.0	29.7	7.8	16.5	10.8	44.2	42.4	40.5	52.0	52
阿拉伯联合酋长国	2005	96.9	96.6	98.7	3.1	3.3	1.3	1.5	1.6	0.7	1.6	1.7	0.5	–	–	–	1.6	1.7	0.5	51
也门	1999	41.6	50.7	13.8	58.0	49.0	85.8	2.2	2.7	0.4	31.0	33.4	23.6	0.3	0.3	0.3	31.3	33.7	23.9	4

表 3 就业状况（占总就业人口的百分比）（注）

1. 说明

根据就业状况进行分类有助于我们了解劳动力市场的动态和各国的发展水平。随着一国的发展，就业人口通常会从农业部门转入工业和服务业部门。相应地，工薪工作者会有所增加，而以前在农业部门就业的自雇工作者和无报酬家庭工作者会有所减少。表 3 给出了按就业状况划分的三类就业人口：（a）工薪工作者，（b）自雇工作者，以及（c）无报酬家庭工作者，这三类人口均用占总就业人口的比例来表示。这里的就业状况分类是基于 1993 年《国际就业状况分类》（ICSE），此分类是按照工作者在某一时点与其他人或某组织订立的明确规定或暗示的雇佣合同的类型进行分类。这种分类可以反映经济风险的程度，从而可以间接反映工作者与工作之间依附关系的强度。这种分类还可以反映工作者已经拥有或将会拥有的相对于公司或其他工作者的职权类别。

在表 3 中，“自雇工作者（总计）”涵盖雇主、自营工作者和生产合作社成员（后者在表中未出现）。“脆弱性就业者”包括自营工作者与无报酬家庭工作者，因为这两种类型的工作者在就业性质上被认为脆弱性更高。相对于其他工作者，其具有正式工作安排的可能性较低，因此更有可能缺乏与体面就业相关的因素，如充分的社会保障以及工作中的话语权。

2. 数据库

CARIBBEAN 加勒比劳工统计数据集

国际劳工组织加勒比亚地区办公室，特立尼达和多巴哥西班牙港

这个在线数据库提供了 20 个加勒比国家关于劳工统计和劳动力市场的信息。这些数据包括就业、失业、工资、工时、职业事故、社会保障、劳资纠纷等。该数据库目前已停止运营。

欧盟统计局（EUROSTAT） 欧洲劳动力调查（EU LFS），在线数据库

欧洲共同体统计局，卢森堡

http：//epp. eurostat. ec. europa. eu/portal/page/portal/employment_unemployment_lfs/introduction

欧洲劳动力调查（EU LFS）是季度性抽样调查，其覆盖了欧盟、欧洲自由贸易联盟（列支敦士登除外）和欧盟候选国的私人家庭人口。它提供了 15 岁及以上人口的劳动参与情况及非劳动力人口的年度和季度调查结果。

劳工统计数据库（LABORSTA） 劳工统计年鉴，在线统计数据库

国际劳工局统计部，瑞士日内瓦

http：//laborsta. ilo. org

劳工统计数据库是国际劳工组织统计部的在线数据库，提供了自 1969 年以来 30 多个官方核心劳工统计表，包括经济活动人口、就业、失业、工时、工资、劳动力成本、消费者价格、工伤及罢工和停工。

LMIL 劳动力市场指标图书馆

国际劳工组织就业部，瑞士日内瓦

LMIL 网络允许国际劳工组织中各部门共享劳动力市场信息。当无法从现有的国际信息库获取信息时，就利用 LMIL 指标。驻地办公室需负责鉴别、汇集和审查劳动力市场信息，并利用从各地区或各国那里得到的最新信息来更新数据库。

OECD 劳动力统计数据库（在线）

经济合作与发展组织，法国巴黎

http：//stats. oecd. org/Index. aspx

OECD 劳动力统计在线数据库包含了按年龄和性别划分的工作年龄人口、劳动力、就业和失业，以及按年龄和性别划分的就业/人口比率、参与率、失业率等数据的详细统计资料。

SIAL 项目 SIAL（劳工分析和信息系统）

国际劳工组织拉丁美洲和加勒比地区办公室，秘鲁利马

http：//www. oitsial. org. pa

该项目组通过在拉丁美洲地区进行家庭调查取得微观数据，并利用这些微观数据分析得出国际劳工组织出版物中的劳动力市场指标。目前该项目已经停止。

3. 资料来源类型

ELFS 欧盟劳动力调查（欧盟统计局）
HS 家庭或劳动力调查
OE 官方估算
PC 人口普查

4. 覆盖范围

C 平民
T 总人口
TE 总就业人口

5. 符号

MF 男性和女性
M 男性
F 女性
b 序列发生变动
… 无法获得数据
- 忽略不计

6. 附加注释

本书 KILM 表 3 的数据总和并非全部为 100%。剩余值可能被归入“未按就业状况分类的工作者”这一类别，该类别不在此处列示（可从 KILM 软件中获取）。

注 No.	信息库	资料来源类型	覆盖范围	年龄（岁）	备注
1	EUROSTAT	HS	T	15—74	
2	OECD	HS	C	15 +	参考期：3 月 地域界限：法国大陆（不包括属地） 注：说明：估算基于不同的统计来源，包括机构调查、劳动力调查和最新的人口普查。
3	EUROSTAT	HS	T	15 +	
4	LABORSTA	HS	T	15 +	
5	OECD	OE	C	15 +	
6	LABORSTA	HS	T	15 +	参考期：5 月
7	OECD	ELFS	C	15 +	参考期：4—6 月
8	LABORSTA	HS	T	15 +	参考期：第二季度 覆盖范围：不包括应征入伍者
9	LABORSTA	HS	T	15—74	覆盖范围：不包括应征入伍者
10	OECD	HS	C	15 +	参考期：4 月
11	LABORSTA	HS	T	15 +	参考期：4 月
12	LABORSTA	HS	T	15 +	参考期：第二季度
13	OECD	HS	C	14 +	参考期：季度估算的平均值
14	LABORSTA	HS	T	15 +	覆盖范围：不包括应征入伍者

注 No.	信息库	资料来源 类型	覆盖范围	年龄 (岁)	备注
15	OECD	HS	C	15 +	参考期：季度估算的平均值
16	OECD	ELFS	C	15 +	参考期：5 月
17	LABORSTA	HS	T	15 +	地域界限：政府控制的地区 覆盖范围：不包括应征入伍者
18	OECD	ELFS	C	15 +	参考期：2—6 月
19	LABORSTA	HS	T	15—69	覆盖范围：不包括应征入伍者
20	OECD	HS	C	15—74	参考期：月度估算的平均值
21	LABORSTA	HS	T	15—74	
22	EUROSTAT	HS	T	…	
23	OECD	ELFS	C	15 +	参考期：月度估算的平均值
24	OECD	HS	C	15 +	参考期：1 月
25	OECD	HS	C	15—64	参考期：半年期估算的平均值（连续调查）
26	EUROSTAT	HS	T	15—64	
27	LABORSTA	HS	T	15 +	覆盖范围：不包括应征入伍者和住在军营的正规军人 注：自营工作者包括生产合作社成员。
28	OECD	HS	C	12 +	参考期：双年度估算的平均值 地域界限：不包括马德拉和亚速尔群岛
29	OECD	HS	C	12 +	参考期：季度估算的平均值 地域界限：不包括马德拉和亚速尔群岛
30	LABORSTA	OE	C	…	参考期：12 月 31 日 覆盖范围：政府和合作社
31	LABORSTA	HS	T	15 +	覆盖范围：不包括休育儿假的人员和应征入伍者 注：工薪工作者包括生产合作社成员。
32	LABORSTA	HS	T	15 +	覆盖范围：不包括应征入伍者 注：工薪工作者包括生产合作社成员。
33	LABORSTA	HS	T	15 +	参考期：第二季度 覆盖范围：不包括住在军营的正规军人
34	LABORSTA	HS	T	15 +	参考期：第二季度 覆盖范围：不包括应征入伍者和住在军营的正规军人
35	OECD	HS	C	16 +	参考期：季度估算的平均值 地域界限：不包括休达和梅利利亚省
36	LABORSTA	HS	T	16 +	覆盖范围：不包括应征入伍者
37	LABORSTA	HS	T	16 +	覆盖范围：不包括应征入伍者 注：方法经过修改，数据不具有严格的可比性。
38	EUROSTAT	HS	T	16 +	
39	OECD	HS	C	16—74	参考期：月度估算的平均值
40	LABORSTA	HS	T	16—64	覆盖范围：不包括应征入伍者
41	EUROSTAT	HS	T	16—64	
42	OECD	HS	C	16 +	参考期：6 月
43	OECD	HS	C	16 +	参考期：春季估算的平均值
44	OECD	HS	C	15 +	参考期：月度估算的平均值 地域界限：不包括育空和西北行政区，以及努纳武特
45	LABORSTA	HS	C	15 +	地域界限：不包括领地居民和居住在保护区的土著人口
46	OECD	HS	C	16 +	参考期：月度估算的平均值 地域界限：不包括波多黎各、关岛、美属维尔京群岛、美属萨摩亚
47	LABORSTA	HS	C	16 +	注：估算值基于 1990 年人口普查的结果。
48	LABORSTA	HS	C	16 +	
49	LABORSTA	HS	C	15 +	参考期：2 月、5 月、8 月和 11 月的平均值 注：估算值基于 1990 年人口普查的结果。

注 No.	信息库	资料来源类型	覆盖范围	年龄（岁）	备注
50	LABORSTA	HS	C	15 +	参考期：2 月、5 月、8 月和 11 月的平均值
51	LABORSTA	PC	T	15 +	
52	LABORSTA	HS	C	15 +	
53	OECD	HS	C	15 +	参考期：月度估算的平均值
54	OECD	HS	C	15 +	参考期：季度估算的平均值 地域界限：不包括查塔姆、南极领土和其他小型沿海岛屿
55	OECD	HS	C	15 +	参考期：季度估算的平均值 地域界限：不包括查塔姆、南极领土和其他小型沿海岛屿。 注：抽样框架和调查问卷经过修改。
56	LABORSTA	OE	T	15 +	参考期：12 月
57	OECD	HS	C	16—74	参考期：4 月和 11 月的平均值
58	LABORSTA	HS	C	16—74	
59	OECD	HS	C	16—74	参考期：季度估算的平均值
60	EUROSTAT	HS	T	16—74	
61	LABORSTA	HS	C	15 +	参考期：第二季度 覆盖范围：不包括季节工或边境工人
62	LABORSTA	HS	T	15 +	覆盖范围：不包括应征入伍者 注：估算值是不可靠的。
63	LABORSTA	HS	C	15 +	参考期：4 月
64	LABORSTA	HS	T	15—64	参考期：10 月
65	LABORSTA	HS	T	15 +	参考期：10 月
66	OECD	HS	C	15 +	参考期：4 月和 11 月的平均值
67	LABORSTA	HS	C	15 +	注：估算值基于 2000 年人口普查的结果。
68	EUROSTAT	HS	C	15 +	
69	LABORSTA	OE	C	…	
70	LABORSTA	OE	C	…	参考期：第三季度
71	LABORSTA	HS	C	15—61	注：数据指的是 15—61 岁的男性和 15—56 岁的女性。
72	LABORSTA	OE	C	15—61	
73	LABORSTA	HS	T	15 +	参考期：11 月
74	LABORSTA	HS	T	15—72	
75	LABORSTA	HS	T	15—70	
76	LABORSTA	HS	C	15 +	覆盖范围：不包括海军和受管辖机构内的人口
77	LABORSTA	HS	C	14 +	
78	LMIL	HS	C	15 +	参考期：上一年 10 月至当年 9 月
79	LMIL	HS	C	15 +	参考期：月度估算的平均值
80	LMIL	HS	C	15 +	
81	LABORSTA	PC	T	16 +	参考期：4 月
82	LABORSTA	HS	T	15—55	
83	LABORSTA	PC	T	15 +	参考期：6 月
84	LABORSTA	PC	T	14 +	
85	LABORSTA	PC	T	15 +	参考期：11 月
86	LABORSTA	HS	C	10 +	参考期：以所显示年份的 6 月作为年末 注：自营工作者包括生产合作社成员。
87	LABORSTA	HS	C	15 +	参考期：以所显示年份的 6 月作为年末 注：自营工作者包括生产合作社成员。
88	LABORSTA	PC	T	15 +	参考期：5 月
89	LABORSTA	PC	T	12 +	覆盖范围：不包括应征入伍者

注 No.	信息库	资料来源类型	覆盖范围	年龄（岁）	备注
90	LABORSTA	PC	T	10+	参考期：6月
91	LABORSTA	HS	C	10+	参考期：1月
92	LABORSTA	HS	C	10+	地域界限：不包括北部和东部省份
93	LABORSTA	HS	C	10+	地域界限：不包括北部省份
94	LABORSTA	HS	C	10+	地域界限：不包括穆莱蒂武和基里诺奇行政区
95	LABORSTA	HS	C	10+	
96	LABORSTA	PC	T	15+	参考期：8月
97	LABORSTA	HS	T	10+	参考期：11月
98	LMIL	HS	T	15+	参考期：8月 地域界限：不包括马鲁古省 注：无报酬家庭工作者。
99	LABORSTA	HS	T	15+	参考期：8月
100	LMIL	PC	C	12+	参考期：上一年3月至当年3月
101	LABORSTA	HS	C	15—64	
102	LABORSTA	HS	T	15+	参考期：10月 覆盖范围：不包括住在军营的正规军人
103	LABORSTA	HS	T	15+	参考期：6月 覆盖范围：数据指永久居民
104	LABORSTA	HS	C	13+	参考期：第三季度
105	LABORSTA	HS	C	15+	参考期：第三季度
106	LABORSTA	HS	T	15+	参考期：7月
107	LABORSTA	HS	C	15+	参考期：9月
108	LABORSTA	PC	C	15+	参考期：5月
109	CARIBBEAN	PC	T	15+	
110	LABORSTA	PC	T	14+	参考期：10月
111	CARIBBEAN	HS	C	15+	
112	CARIBBEAN	HS	C	15+	参考期：4月
113	LABORSTA	HS	C	15+	参考期：10月
114	LABORSTA	HS	T	17—60	参考期：12月 注：数据指的是17—60岁的男性和17—55岁的女性。自雇工作者总数不包括雇员。
115	LABORSTA	HS	T	17—60	参考期：12月 注：自雇工作者总数不包括雇员。
116	LABORSTA	HS	T	10+	
117	CARIBBEAN	HS	T	15+	
118	CARIBBEAN	HS	T	14+	
119	LABORSTA	OE	T	10+	参考期：7月
120	LABORSTA	HS	T	15+	参考期：10月 地域界限：库拉索
121	LABORSTA	HS	T	14+	
122	LABORSTA	HS	C	14+	参考期：4月
123	LABORSTA	HS	T	14+	参考期：4月
124	LMIL	HS	T	12+	参考期：7月
125	LABORSTA	HS	T	12+	参考期：7月
126	LABORSTA	HS	T	10+	参考期：12月
127	LMIL	PC	T	10+	
128	SIAL	HS	T	15+	注：数据源自微观渠道。

注 No.	信息库	资料来源类型	覆盖范围	年龄（岁）	备注
129	SIAL	HS	T	15 +	地域界限：不包括北部地区和佩滕 注：数据源自微观渠道。
130	SIAL	HS	T	15 +	参考期：9 月 地域界限：不包括格拉西亚斯—阿迪奥斯省和海湾群岛省 注：数据源自微观渠道。
131	LABORSTA	HS	C	10 +	参考期：3 月 地域界限：不包括格拉西亚斯—阿迪奥斯省和海湾群岛省 注：雇主包括自营工作者。
132	LMIL	HS	C	10 +	参考期：9 月
133	SIAL	HS	C	15 +	地域界限：不包括海湾群岛省 注：数据源自微观渠道
134	LABORSTA	HS	C	10 +	参考期：5 月 地域界限：不包括格拉西亚斯—阿迪奥斯省和海湾群岛省 注：雇主包括自营工作者。
135	LABORSTA	HS	C	10 +	参考期：3 月 地域界限：不包括格拉西亚斯—阿迪奥斯省和海湾群岛省
136	OECD	HS	C	15 +	
137	LABORSTA	PC	T	12 +	参考期：3 月
138	LABORSTA	HS	T	12 +	参考期：第二季度
139	LABORSTA	HS	T	14 +	参考期：第二季度
140	LMIL	HS	T	10 +	参考期：11 月
141	SIAL	HS	T	15 +	参考期：8 月 地域界限：40 个城市 注：数据源自微观渠道。
142	LABORSTA	HS	T	10 +	注：无报酬家庭工作者包括生产合作社成员。
143	SIAL	HS	T	10 +	参考期：10 月 地域界限：大布宜诺斯艾利斯 注：数据源自微观渠道。
144	LABORSTA	HS	T	10 +	参考期：5 月和 10 月的平均值 地域界限：28 个城市群
145	LABORSTA	HS	T	10 +	参考期：第二季度 地域界限：28 个城市群 注：方法经过修改，数据不具有严格的可比性。
146	LABORSTA	HS	T	10 +	参考期：第二季度 地域界限：28 个城市群
147	LABORSTA	HS	T	10 +	参考期：第二季度 地域界限：31 个城市群
148	LABORSTA	HS	C	10 +	参考期：11 月 地域界限：主要城镇
149	LABORSTA	HS	C	10 +	参考期：11 月 地域界限：城市地区
150	SIAL	HS	C	15 +	参考期：11 月 注：数据源自微观渠道。
151	SIAL	HS	T	15 +	参考期：9 月 地域界限：不包括朗多尼亚、阿克里、亚马孙、罗赖马、帕拉和阿马帕的农村人口 注：数据源自微观渠道。
152	LABORSTA	HS	T	10 +	参考期：9 月 地域界限：不包括朗多尼亚、阿克里、亚马孙、罗赖马、帕拉和阿马帕的农村人口
153	LABORSTA	HS	T	10 +	参考期：9 月
154	LABORSTA	HS	T	15 +	参考期：第四季度

注 No.	信息库	资料来源类型	覆盖范围	年龄（岁）	备注
155	LABORSTA	HS	T	15 +	参考期：第四季度 注：方法经过修改，数据不具有严格的可比性。
156	LABORSTA	HS	C	12 +	参考期：9 月 地域界限：7 个主要城市
157	LABORSTA	HS	C	10 +	参考期：第三季度
158	LABORSTA	HS	T	10 +	参考期：11 月 地域界限：城市地区
159	SIAL	HS	T	15 +	参考期：6—8 月 地域界限：亚松森都市地区 注：数据源自微观渠道。
160	SIAL	HS	T	15 +	参考期：以所显示年份的 9 月为年初，以下一年 8 月为年末 注：数据源自微观渠道。
161	SIAL	HS	T	10 +	注：数据源自微观渠道。
162	SIAL	HS	T	15 +	参考期：11—12 月 地域界限：不包括博客龙和上巴拉圭的政府部门 注：数据源自微观渠道。
163	SIAL	HS	T	15 +	参考期：8—11 月 地域界限：不包括博客龙和上巴拉圭的政府部门 注：数据源自微观渠道。
164	LABORSTA	HS	C	10 +	参考期：第四季度
165	SIAL	HS	T	14 +	地域界限：秘鲁首都利马 注：数据源自微观渠道。
166	LABORSTA	HS	T	14 +	地域界限：城市地区 覆盖范围：不包括应征入伍者
167	LABORSTA	HS	T	14 +	参考期：5—12 月 地域界限：城市地区 覆盖范围：不包括应征入伍者
168	LABORSTA	HS	T	14 +	覆盖范围：不包括应征入伍者
169	SIAL	HS	T	15 +	参考期：第二季度 覆盖范围：不包括土著人口 注：数据源自微观渠道。
170	SIAL	HS	T	15 +	参考期：第二季度 覆盖范围：不包括土著人口 注：工作标准的可用性没有得到验证。
171	LABORSTA	HS	C	15 +	参考期：第二季度
172	LABORSTA	HS	T	15 +	参考期：9 月
173	LABORSTA	HS	C	15—64	参考期：5 月和 11 月的平均值
174	LABORSTA	HS	T	15 +	地域界限：城市地区
175	LMIL	HS	T	15 +	注：自营工作者指的是“独立”的工作者。
176	LABORSTA	HS	C	10 +	参考期：3 月
177	LABORSTA	HS	C	10 +	参考期：4 月 地域界限：城市地区
178	LABORSTA	HS	C	10 +	参考期：7 月 地域界限：城市地区
179	LABORSTA	PC	T	10 +	参考期：8 月
180	LABORSTA	HS	C	6 +	
181	LABORSTA	PC	T	12 +	参考期：7 月
182	LABORSTA	HS	C	15 +	注：工薪工作者包括学徒。
183	LABORSTA	HS	T	15—64	

注 No.	信息库	资料来源类型	覆盖范围	年龄（岁）	备注
184	LMIL	PC	T	12 +	
185	LABORSTA	HS	T	10 +	参考期：3 月 地域界限：坦桑尼亚大陆（不包括桑给巴尔） 注：不包括从事农业生产的无报酬家庭工作者。
186	LMIL	HS	T	15 +	地域界限：坦桑尼亚大陆（不包括桑给巴尔）
187	LMIL	HS	T	10 +	参考期：上一年 5 月至当年 5 月
188	LMIL	HS	T	10 +	参考期：以所显示年份的 4 月作为年末 地域界限：不包括帕德尔和基特古姆和古卢地区的部分地区
189	LMIL	HS	T	12 +	
190	LMIL	HS	T	12 +	参考期：11—12 月
191	LABORSTA	PC	T	12 +	参考期：10 月 覆盖范围：数据指经常活动人口
192	LMIL	HS	T	15 +	
193	LMIL	PC	T	15 +	
194	LMIL	PC	T	15—64	参考期：7 月
195	LABORSTA	PC	T	6 +	参考期：7 月
196	LMIL	PC	T	15 +	参考期：7 月
197	LMIL	HS	T	12 +	参考期：上一年 11 月至当年 1 月 覆盖范围：不包括住在军营的正规军人 注：无法对农场和牧场的无报酬工作者的就业状态进行分类。
198	LABORSTA	HS	C	12 +	
199	LABORSTA	PC	C	12 +	参考期：8 月
200	LMIL	HS	T	15 +	参考期：6—7 月
201	LABORSTA	HS	T	15—69	
202	LMIL	HS	T	15—65	参考期：3 月
203	LMIL	HS	T	15—65	参考期：9 月
204	LMIL	PC	T	10 +	参考期：12 月
205	LMIL	HS	T	10 +	注：无法对志愿者的就业状态进行分类。
206	LABORSTA	PC	T	10 +	
207	LMIL	HS	TE	6 +	注：无法对志愿者的就业状态进行分类
208	LABORSTA	HS	T	15 +	注：无报酬家庭工作者包括学徒。
209	LMIL	HS	T	10 +	
210	LABORSTA	PC	T	10 +	参考期：12 月
211	LABORSTA	PC	T	…	
212	LABORSTA	HS	C	12 +	覆盖范围：仅指阿曼国民
213	LABORSTA	PC	T	15 +	参考期：3 月

KILM 4：按部门划分的就业

引　言

按部门划分的就业这一指标将就业分为三大领域的经济活动：农业、工业和服务业。表4a提供了全球176个经济体的农业、工业和服务业就业人口占总就业人口的百分比数据。尽管撒哈拉以南非洲、中东以及北非的主要经济体仅提供了1—2年的数据，但至少这些数据涵盖了所有的地区。鉴于数据使用者可能对更详细的按部门划分的就业趋势分析感兴趣，KILM还提供两个表格，以反映更为细化的按部门划分的就业情况，其中部门分类标准参照的是“所有经济活动的国际标准行业分类（ISIC）”的第二次修订版（1968年）和第三次修订版（1990年）。表4b显示的是按照最新版本进行分类的就业状况，即根据ISIC第三版的分类标准显示各个经济体不同部门就业人口占总就业人口的百分比；表4c依据的是ISIC第二版的分类标准，显示了各个经济体不同部门就业人口占总就业人口的百分比（每个ISIC版本中的部门门类代码表单，见专栏4a）。几乎所有经济体的数据都包括按照性别划分的各个部门就业人口的百分比。

指标的用途

部门分类信息尤为适用于识别就业和经济发展不同阶段的大范围变动。在教科书关于经济发展的案例中，劳动力从农业部门和其他劳动密集型的初级活动流向工业部门，并最终流向服务业。在上述过程中，工作者也相应地从农村迁移到城市。

然而按照三大产业部门对就业人口进行划分的做法，或许会妨碍我们探究产业模式的根本变化。通过对表4b和4c的分析，我们可以识别出就业人口增长或停滞的个别行业和服务部门。结合按部门分类的职位空缺信息来重新审视表4b和4c，我们可以了解劳动力需求的分布状况。此类信息还可以帮助决策者制定有关劳动技能的培训计划，用以促进劳动力供给和需求的匹配。很多研究者尤其感兴趣的是制造业的就业状况（ISIC第三版中的门类D和ISIC第二版中的第三大类）。研究者也可以研究譬如餐馆和旅馆业的就业（ISIC第三版，门类H）在瑞士、加勒比地区等地的发展状况，上述地区的旅游业是其国民产值的主要来源。

值得关注的研究还包括不同部门就业者流动与生产率变动趋势和部门就业弹性之间的关联（见KILM 19），其目的是区分不同部门内部的生产率增长（这种增长或许来自资本/技术的变化）和由于工人从低生产率部门向高生产率部门转移所导致的生产率的增长。最后，按照性别对指标进行细化有助于研究者对特定部门就业人口的性别差异进行分析。例如，某部门中男性和女性是均匀分布的吗？女性是否会集中于工资率相对低于工业部门的服务业？女性或许更多地参与低工资的服务业，这类行业的工作时间较为灵活，有助于女性在家庭责任和工作之间取得平衡。此外，女性在某些部门所遇到的阻碍可能是由文化观念造成的，这种文化观念阻碍了女性进入工业部门就业的机会。

定义和来源

为了在表4a中反映出全部产业部门的相关信息，农业、工业和服务业的定义参照国际标准行业分类（ISIC）体系（第二版和第三版）[1]

1　联合国：《所有经济活动的国际标准行业分类》，M系列，第4卷，第三版（纽约，1989；销售号E. 90. XVII. 11）。其他语言版本包括阿拉伯语、汉语、法语、俄语和西班牙语。所有版本的ISIC可通过以下网址查阅：http：//unstats. un. org/unsd/cr/registry/。

（附录 C 包含了两个 ISIC 版本的分类结构）。根据 ISIC 第二版的第一大类或 ISIC 第三版的门类 A 与 B 的内容，农业部门包括农业、狩猎业、林业和渔业的所有活动。根据 ISIC 第二版的第二至第五大类或者 ISIC 第三版的门类 C 至 F 的内容，工业部门包括采矿和采石业、制造业、建筑业和公用事业（电力、燃气及水的生产和供应业）。按照 ISIC 第二版的第六至九大类或 ISIC 第三版的门类 G 至 P 的内容，服务业包括批发与零售贸易业、餐馆和旅馆业、运输业、仓储和通信业、金融、保险、房地产和经营服务业以及社区、社会和个人服务业。通过下表可以看出全部产业部门是如何根据不同的 ISIC 版本得出的：表 4b 中 ISIC 第三版和表 4c 中 ISIC 第二版中代码为一位（数字或字母）的行业的集合。2002 年 5 月，ISIC 3.1 版取代了 ISIC 3.0 版；虽然如此，相关数据尚未能反映此次最近的更新。修订版 3.1 中的变化主要是增加了更为细化的分类层级（即代码为 2 至 4 位数字的层级）；表 4b 中的 1 位数的层级在最新的修订版中没有改变。如专栏 4a 所示，KILM 的未来版本可能将体现最新的 ISIC 第四版的变化。

该指标的信息来自多个国际信息库以及包括家庭或劳动力调查、官方估算和人口普查等多个来源的数据。仅在少数几类情形下，且仅当缺乏其他类型的数据来源时，我们才会使用保险记录和机构调查的相关信息。该指标所使用的主要信息库包括国际劳工组织的 LABORSTA 数据库和基于欧洲劳动力调查的欧盟统计局数据库。上述数据来源也通过使用不同的国际和地区信息库而得以补充和强化，这些信息库包括国际劳工组织的加勒比地区数据库和劳动力市场指标图书馆（LMIL）等。

全部产业部门	ISIC 第二版中的大类	ISIC 第三版中的门类
农业	1	A + B
工业	2 + 3 + 4 + 5	C + D + E + F
服务业	6 + 7 + 8 + 9	G + H + I + J + K + L + M + N + O + P
未充分定义的行业	0	Q + X

可比性的限制

一国按部门划分的就业状况指标所提供的信息可能会存在出入，这与统计中是否涵盖了武装部队人员、自雇工作者和无报酬家庭工作者有关。上述差异导致国与国之间产生一些不可比因素。当就业状况统计中包括武装部队人员时，通常这些人员会被归入服务业，于是，相对于在统计中涵盖武装部队人员的国家来说，没有涵盖武装部队人员的国家倾向于低估其服务业的就业者数量。企业调查所获得的信息只包括雇员（工薪工作者），因此自雇工作者和无报酬家庭工作者就被排除在外。在这种情况下，与其他报告的就业数据较为全面、没有遗漏特定就业状况群体的国家相比，使用机构调查的国家的农业部门就业所占比重会被严重低估。在表 4a 中，唯一来自机构调查的记录是埃塞俄比亚的（1994 年），之所以保留该数据，仅仅是因为其被证明是与其他年份相符的。

当报告信息涵盖一国全部就业人口或平民就业人口时，由于统计口径的相似性，按部门分类的就业状况指标在不同国家之间就有了可比性。在某些年份中，一些国家的产业信息仅仅覆盖城市地区，因此，相关统计结果几乎没有关于农业部门工作的记录。这种情况在拉美国家中较为常见。对此类数据进行分析时应该更加谨慎。[2]

1980 年以来的一段时期内，两套不同的 ISIC 体系同时得到了采用，分别是 ISIC 第二版和 ISIC 第三版（见附录 C）。至今仍有少部分国家使用 ISIC 第二版而非 ISIC 第三版。表 4a 的注释给出了各个国家不同年份所使用的 ISIC 版本。有些时候，某个国家可能会在参照 ISIC 第三版的标准构建了新的数列之后继续使用 ISIC 第二版。在这种情况下，如果基于不同分类体系的两套数列出现在同一

2　当使用依照产业对就业人口进行分类的表 4a—4c 以及反映就业状况的表 3 进行查询时，我们强烈建议在比较不同国家的数据时将那些未能覆盖本国所有地区的国家排除在外。如果使用软件，可以先查询全部数据，然后选择“地域界限”下的“仅显示全国范围”按键来细化参数即可完成该项操作。

图 4a 近年全球按主导部门划分的就业状况（1995 年以来）

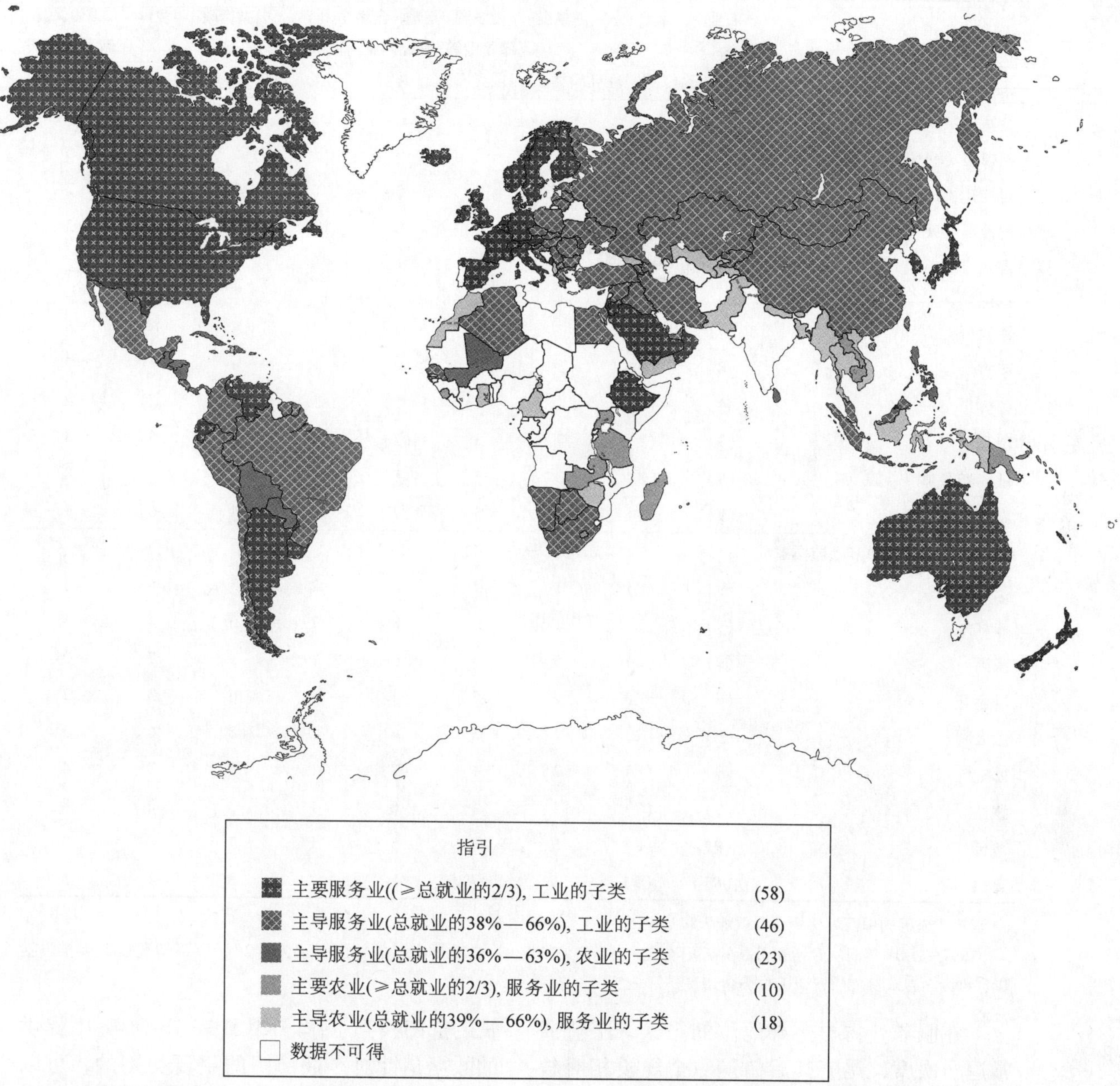

年份，表 4a 就显示 ISIC 第三版。虽然上述不同的分类体系在行业分类的细分层面上可能会有比较大的影响，但从一个 ISIC 版本切换到另一个 ISIC 版本并不会对表 4a 中三大部门的信息产生显著的影响。

趋 势

全球就业人口已经由生产货物的部门（农业和工业）转向提供服务的部门。图 4a 是一幅世界版图，根据就业方面的经济主导部门（农业、工业或服务业）对不同国家进行了颜色标记。在 155 个能够获得有效数据的经济体中，有 127 个从 1995 年（或之后的年份）至今其劳动力总人口中大部分为服务业人口。在这些经济体中，有 58 个经济体的服务业人口至少占总就业人口的 2/3。155 个经济体中的另外 28 个经济体均为农业所主导，其中 10 个经济体的总就业人口有至少 2/3 为农业吸纳（8 个为撒哈拉以南非洲国家，其余 2 个分别为柬埔寨和老挝）。上述经济体的经济还没有经历从农业生产向更具效率的生产活动的转型；因此，这些经济体依然以高贫困率为特征（见 KILM 20）。

图 4b　选定国家的部门就业增长排名*（ISIC 第三版，1997—2007 年）

	农业（门类 A）	制造业（门类 D）	建筑业（门类 F）	批发和零售业等（门类 G）	运输、仓储和通信业（门类 I）	房地产、商业活动（门类 K）	公共行政和防务等（门类 L）	教育（门类 M）	卫生保健和社会工作（门类 N）
选定的发展中经济体									
阿根廷（1996—2006 年数据）	4	8	2	7	9	3	5	1	6
哥斯达黎加	(8)	6	4	2	3	1	9	5	7
埃及（1996—2006 年数据）	5	8	4	1	2	(9)	7	6	3
吉尔吉斯斯坦（1996—2006 年数据）	(8)	5	1	2	4	(9)	3	6	(7)
墨西哥	(9)	8	1	7	3	2	4	6	5
蒙古	8	(9)	3	2	6	1	4	5	7
秘鲁	4	(9)	1	(7)	(8)	5	3	(6)	2
罗马尼亚	(9)	(8)	2	3	(7)	1	(5)	(6)	4
俄罗斯联邦	(9)	8	3	2	5	1	6	7	4
泰国	(9)	3	(8)	5	7	2	4	6	1
选定的发达经济体和欧盟国家									
澳大利亚	(9)	(8)	1	7	6	2	3	5	4
加拿大	(9)	7	1	5	8	2	6	4	3
法国	(9)	(8)	5	4	6	1	3	7	2
以色列	(8)	N/A	7	5	4	1	6	3	2
意大利	(9)	7	2	5	4	1	(8)	6	3
挪威	(9)	(8)	2	6	(7)	1	5	3	4
波兰	(9)	(7)	5	4	6	1	3	2	(8)
瑞士	(9)	(8)	6	7	5	1	2	4	3
英国	(8)	(9)	4	(7)	6	2	3	1	5

注：* 选定的部门为 9 个总计就业人口最多的部门（不同国家相加）。

1997—2007 年间就业增长最高的部门在表中标示为“1”，就业增长次高的部门标示为“2”，以下情况以此类推。括号中的数字表示该部门就业人口为负增长。

在服务业占据主导地位的国家，工业通常退居次席，尾随其后的是一个规模相对较小的农业部门（对于所有以服务业为主导的经济体，其农业就业人口占总就业人口的比例均不足 10%）。不过，也有少数国家（确切的说有 23 个），农业继续成为第二大就业产业。在农业占主导地位的地方，服务业就业人口比例总是高于工业而位居次席。

对于政府以及其他与经济和社会政策制定相关的人士而言，了解哪些部门对于推动就业发挥主导作用是十分重要的，相关信息有助于制定政策来推动目标部门的就业吸纳。例如，针对萎缩部门的被辞退工作者制定培训政策，帮助他们提升技能水平并在经济增长的部门找到工作。KILM 表 4b 和 4c 中提供的数据是针对产业部门的主要类别的，可以对按部门划分的就业进行更为细致的分析。图 4b 和 4c 是基于 KILM 表 4b 绘制的（采用 ISIC 第三版分类法），图中显示 1997—2007 年间规模最大的 9 个部门的增长率（整个期间就业人数的增加是以 1997 年就业人数为基数的百分比数值来表示）。[3]

图 4b 按照不同部门对就业增长进行的排名（数字 1 代表 1997—2007 年间就业人口增长最多的部门，数字 2 代表上述期间就业人

3　将所有选定国家每个行业部门的就业者人数相加，得出排名前 9 位的行业，由此确定规模最大的产业。

图 4c　选定的发达/发展中经济体的平均部门增长率（1997—2007 年）

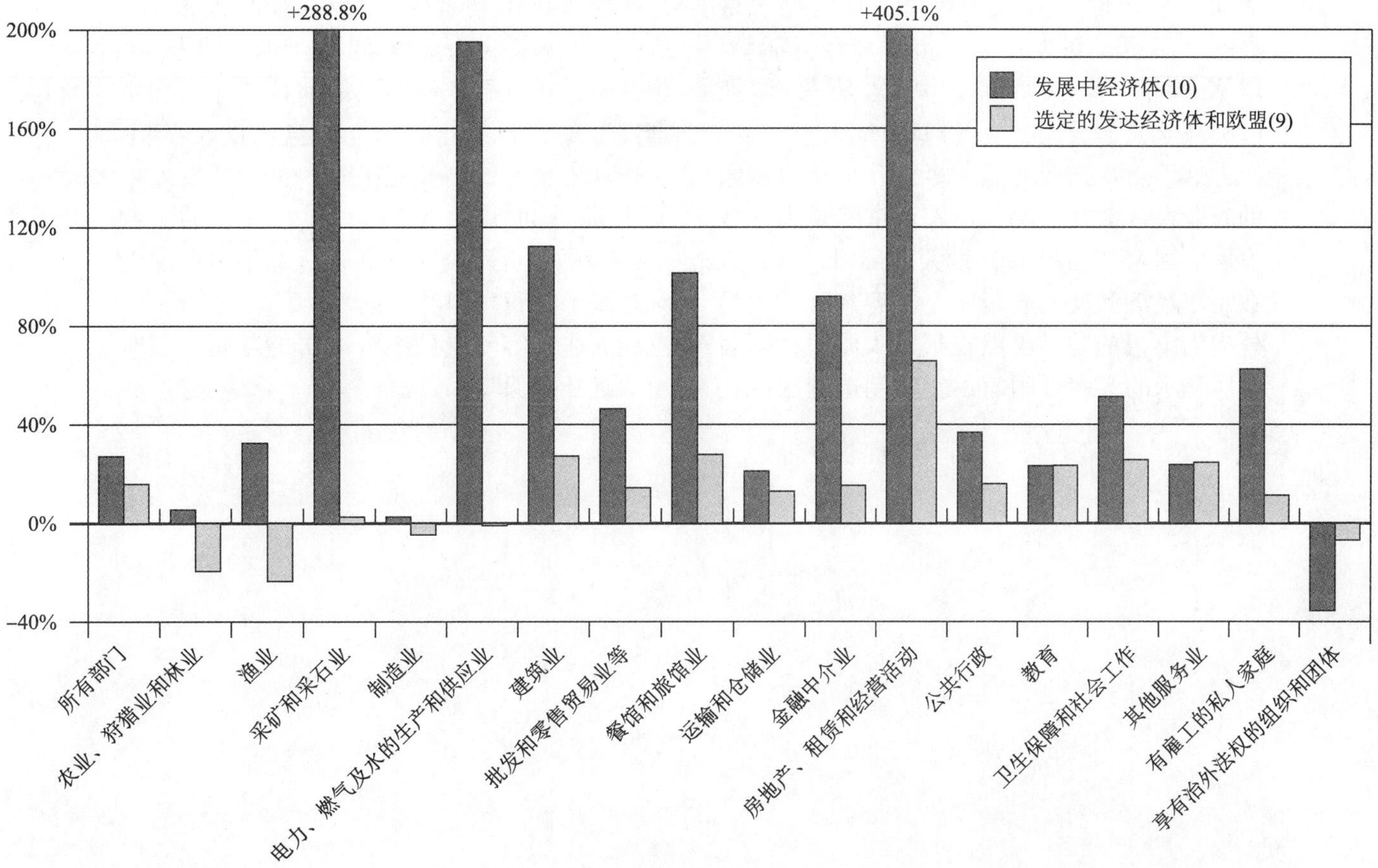

口增长次多的部门，以下数字以此类推）暗示着发达经济体和发展中经济体在部门增长模式上的差异。在我们选定的 9 个发达国家中，房地产业、租赁和经营活动是最有可能创造最大增长的部门（9 个国家中有 6 个都是如此）；紧随其后的是建筑业和公共部门（公共行政和防务、教育、卫生保健和社会工作），这一项在几乎所有选定国家都表现出强劲的增长。发达国家排名位居末尾的部门是农业和制造业，性质上都属于非服务性行业，在几乎所有情形下都呈现规模紧缩态势。

而发展中经济体的情况却不甚清晰。有 4 个国家的房地产业、租赁和经营活动的就业增长为最高，但是埃及和吉尔吉斯斯坦的该行业领域的就业增长反而呈现显著下降。对于大多数发展中经济体而言，建筑业和贸易业也是就业增长相当强劲的部门。与发达经济体类似，发展中经济体的农业和制造业通常呈现最小增长甚至是负增长，但并不全部如此。在阿根廷、埃及、蒙古和秘鲁，农业的就业人口反而增加了；另外，有 7 个国家的制造业就业人口出现了增长，泰国的制造业甚至成为该国第三大就业增长产业。值得一提的是，上述国家中只有阿根廷实现了 9 个部门的全面就业增长。

作为对前面图表的补充，图 4c 显示了 1997—2007 年间上述 19 个国家所有部门（根据 ISIC 第三版中的分类）的平均增长率（整个期间就业人口的百分比增长）。图中表明了不同部门间就业者的流动趋势，同时说明了发展中/发达经济体就业结构上的差异。上述期间内，无论是在发展中国家还是在发达国家，大多数的部门都呈现就业增长趋势，只有域外组织呈现负增长趋势。对于发达经济体而言，2007 年的农业、渔业、采矿、制造业和公用事业（水、电、气供应）就业人数也比 1997 年略有减少。总体而言，发达经济体部门就业状况的变化幅度远比发展中经济体要低。发达经济体就业增长最高的部门是房地产业、租赁和经营活动（65.8%），卫生保障和社会工作（25.7%）和其他商业活动（24.6%）；发展中经济体就业增长最高的部门也是房地产业、租赁和经营活动，增长率高达405.1%，其次是采矿业（288.8%）和公用事业（195.0%）。

这里需要强调的是，尽管几乎所有国家的农业人口都在下降，但农业依然是大多数发展中国家（见图4a）最大的部门，这一点在制定经济和就业政策时是不容忽视的。另外应当牢记的是，虽然在很多人眼里，图表中所显示的大多数国家由货物制造到服务提供的转变是经济发展的表现，但这并不完全意味着该国劳动者收入福利的增长。的确，服务业能够提供大量体面的生产性就业机会，但并不是所有服务业的工作都是“体面和生产性”的。服务业的岗位既包括收入不菲、工作环境良好的高技能工作，也包括发展中国家随处可见的大街上的交易活动。像KILM 3的分析所表明的那样，有很多劳动者都是属于自我雇佣者或者无报酬家庭工作者，这些人非常容易受到经济冲击的影响，同时也缺乏社会保障。

专栏 4a　全部经济活动的国际标准行业分类

第二版（1968 年）——主要大类

0	未充分定义的经济活动
1	农业、狩猎业、林业和渔业
2	采矿和采石业
3	制造业
4	电力、燃气及水的生产和供应业
5	建筑业
6	批发和零售贸易业以及餐馆和旅馆业
7	运输、仓储和通信业
8	金融、保险、房地产和经营服务业
9	社区，社会和个人服务业

第三版（1990 年）——门类

A	农业、狩猎业和林业
B	渔业
C	采矿和采石业
D	制造业
E	电力、燃气及水的生产和供应业
F	建筑业
G	批发和零售业；汽车、摩托车及个人和家庭用品的维修业
H	餐馆和旅馆业
I	运输、仓储和通信业
J	金融中介业
K	房地产、租赁和经营活动
L	公共行政和防务；强制性社会保障
M	教育
N	卫生保健和社会工作
O	其他社区、社会和个人服务活动
P	有雇员的私人家庭
Q	享有治外法权的组织和团体
X	无法按经济活动分类的行业

第四版（2008 年）

ISIC 第四版于 2008 年 8 月由联合国统计委员会通过，各国于 2009 年开始根据新版内容进行相关数据的报告。这次修订是为了提高 ISIC 与其他全球范围所使用的标准分类方法的关联性和可比性，同时确保其连续性。在 KILM 第六版付印时，唯一按照 ISIC 第四版提供的国家级别的行业数据是由欧盟统计局（Eurostat）提交的其成员国数据，起始年份为 2008 年。该数据目前还未反映在 KILM 中。

为保持其关联性，ISIC 第四版包含了新的经济生产结构和相关活动。另外，该版本的分类结构与 ISIC 的第 3.1 版存在很大的区别，目的是更好地反映目前全球范围经济组

专栏 4a（续）

织的状况。与此同时，新分类法结构提高了与其他标准的可比性，例如欧盟经济活动分类法（NACE）、北美行业分类体系（NAICS）以及澳大利亚和新西兰标准行业分类法（ANZSIC）。特别地，ISIC 第四版在所有类别层次上保留了与 NACE 的全面一致，在二级分类上与 NAICS 和 ANZSIC 实现了清晰的连接。

门类：

A	农业、林业和渔业
B	采矿和采石业
C	制造业
D	电力、燃气、蒸汽和空调供应业
E	供水；污水处理、废弃物管理和修复业
F	建筑业
G	批发和零售贸易业；汽车和摩托车维修业
H	运输和仓储业
I	餐馆和旅馆业
J	信息和通信业
K	金融和保险业
L	房地产业
M	专业、科学和技术活动
N	行政管理和支持服务业
O	公共行政和防务；强制性社会保障
P	教育
Q	卫生保健和社会工作
R	艺术、娱乐和消遣
S	其他服务业
T	家庭作为雇主的活动；家庭为自用所进行的无差别的货物/劳务生产活动
U	国际组织和机构的活动

欲了解最新版本的全部信息及其与之前版本的关联，请登录 http：//unstats. un. org/unsd/cr/registry/isic-4. asp。

专栏 4b　世界和地区就业状况估算（按部门分类）

	农业就业率（%）		工业就业率（%）		服务业就业率（%）	
全部	**1998 年**	**2008 年***	**1998 年**	**2008 年***	**1998 年**	**2008 年***
世界	41.6	34.5	20.0	21.6	38.4	43.8
发达经济体和欧盟	5.8	3.7	28.0	24.9	66.2	71.4
中欧、东南欧（非欧盟）和独联体	27.3	18.5	27.1	25.7	45.7	55.9
东亚	51.0	40.6	21.5	23.7	27.5	35.7
东南亚和太平洋地区	50.2	42.5	15.5	19.4	34.3	38.1
南亚	59.4	47.7	15.5	22.2	25.2	30.1
拉丁美洲和加勒比地区	22.1	17.4	20.1	19.9	57.8	62.6
中东	22.4	17.8	25.6	28.1	52.0	54.1
北非	36.9	33.2	18.9	22.6	44.3	44.1
撒哈拉以南非洲	66.7	61.0	7.9	8.9	25.4	30.2
男性	**1998 年**	**2008 年***	**1998 年**	**2008 年***	**1998 年**	**2008 年***
世界	40.4	33.6	23.1	25.6	36.5	40.8
发达经济体和欧盟	6.4	4.3	37.1	34.8	56.6	60.9
中欧、东南欧（非欧盟）和独联体	27.4	19.1	31.6	32.2	41.0	48.7
东亚	48.3	39.1	23.3	25.4	28.4	35.5
东南亚和太平洋地区	49.5	42.8	17.6	21.7	32.9	35.4
南亚	53.3	40.7	17.1	24.8	29.6	34.4
拉丁美洲和加勒比地区	27.6	23.6	24.4	25.4	48.0	51.0
中东	20.3	12.9	27.3	34.2	52.4	52.9
北非	36.5	32.0	19.5	23.4	44.0	44.6
撒哈拉以南非洲	65.6	62.0	10.5	11.6	24.0	26.4
女性	**1998 年**	**2008 年***	**1998 年**	**2008 年***	**1998 年**	**2008 年***
世界	43.5	35.9	15.3	15.8	41.2	48.3
发达经济体和欧盟	5.0	3.0	16.2	12.8	78.7	84.2
中欧、东南欧（非欧盟）和独联体	27.1	17.7	21.6	17.8	51.3	64.4
东亚	54.1	42.3	19.4	21.8	26.5	35.9
东南亚和太平洋地区	51.2	41.9	12.6	16.2	36.2	41.9
南亚	74.8	64.9	11.2	15.7	13.9	19.4
拉丁美洲和加勒比地区	12.4	8.4	12.5	11.7	75.0	79.9
中东	31.2	34.3	18.5	7.3	50.3	58.3
北非	38.2	36.7	16.6	20.4	45.2	42.9
撒哈拉以南非洲	68.2	59.6	4.5	5.4	27.3	35.0

资料来源：国际劳工组织，趋势计量经济模型，2009 年 7 月（关于估算方法的详细信息见“KILM 指南”中的专栏 3）。* 表示 2008 年数据为初步估算数据。

近年来，服务业已经超过农业，成为吸纳就业人口的主要部门。2008 年全球服务业就业人数占总就业人口的 43.8%。1998—2008 年期间，除北非地区外，服务业就业人数占总就业人口的比例几乎在全球所有地区都呈现增长趋势。与此同时，世界上大多数地区工业就业人数占总就业人口的比例也有所增长，但在工业化程度较高的地区，如发达经济体和欧盟，中欧、东南欧（非欧盟）和独联体，拉丁美洲和加勒比地区，工业就业人数占总就业人口的比例有所下降。

农业人口占总就业人口的比例在所有地区都呈现下降趋势。尽管在全球范围内，农业作为就业渠道的地位正在下降，但 2008 年农业在以下 4 个地区依然为就业主导部门，它们分别是：东亚、东南亚和太平洋地区、南亚、撒哈拉以南非洲。其中，撒哈拉以南

专栏 4b（续）

非洲是唯一的农业为主要就业部门的地区。另外，教科书中关于经济发展必然导致产业结构从农业向工业转型的理论，在撒哈拉以南非洲似乎并不奏效：该地区的发展模式更加倾向于从农业跨越工业而直接转向服务业。统计数据显示，2008 年撒哈拉以南非洲的工业就业人口占总就业人口的比例增加了 1 个百分点，同期服务业就业人口占总就业人口的比例上升了 4. 8 个百分点。

服务业的增长与女性人口占总就业人口比例的增长是相互关联的（见 KILM1 专栏 1a），该趋势似乎进一步加大了不同部门就业人口的性别差异。全球范围内，过去 10 年间女性就业人口中服务业所占比例增长了 7. 1 个百分点，同期男性仅增长了 4. 3 个百分点。与之相反，女性就业人口中工业部门所占比例在过去 10 年增长了不超过 0. 5 个百分点，同期男性却增长了 2. 5 个百分点。以上数据表明，虽然 1998 年工业就业人口的性别差距就已经相当明显，但在过去 10 年中，全世界除东亚以外所有地区的工业就业的性别差距仍进一步扩大。2008 年，发达经济体和欧盟以及中东地区有超过 34% 的男性就业人口在工业部门工作，与此同时，上述地区女性就业人口中工业部门所占比例分别仅为 12. 8% 和 7. 3% 。

虽然农业对就业的重要性有所下降，但全世界仍有超过 1/3 的女性就业人口为农业人口。在撒哈拉以南非洲地区以及南亚地区，绝大部分女性就业者依然服务于农业部门。

表 4a 按部门划分的就业（占总就业人口的百分比）

		年份	农业			制造业			服务业			未定义			ISIC	注
			MF	M	F	MF	M	F	MF	M	F	MF	M	F		No.
发达经济体和欧盟																
欧盟																
奥地利		1990	7.9	6.8	9.4	36.8	48.6	19.8	54.9	44.3	70.2	–	–	–	ISIC2	1
		2000	5.8	5.5	6.1	30.3	42.6	14.0	63.8	51.8	79.7	–	–	–	ISIC3	2
		2004	5.0	4.8	5.3	27.7	39.5	13.2	67.1	55.5	81.3	–	–	–	ISIC3	3
		2005	5.5	5.5	5.6	27.5	39.6	12.9	66.7	54.7	81.3	–	–	–	ISIC3	3
		2006	5.5	5.4	5.6	28.2	40.4	13.4	66.2	54.0	80.8	–	–	–	ISIC3	3
		2007	5.7	5.6	5.9	27.3	39.1	12.9	66.8	55.1	81.0	–	–	–	ISIC3	3
	b	2008	5.6	5.5	5.6	26.0	37.4	12.4	68.3	56.9	81.8	0.2	0.1	0.2	ISIC3	4
比利时		1980	3.1	3.7	2.0	34.3	43.0	18.2	62.6	53.3	79.9	…	…	…	ISIC2	5
		1990	3.1	3.8	1.9	30.6	39.5	15.7	65.6	56.4	80.8	–	–	0.1	ISIC2	6
		2000	1.9	2.4	1.2	25.8	36.2	11.7	71.7	60.9	86.5	0.6	0.5	0.7	ISIC3	4
		2004	2.2	2.7	1.6	24.9	35.7	10.9	72.5	61.2	87.2	0.3	0.3	0.3	ISIC3	4
		2005	2.0	2.4	1.5	24.7	35.0	11.3	72.5	61.8	86.4	0.7	0.7	0.8	ISIC3	4
		2006	1.9	2.5	1.3	24.7	35.6	10.8	72.8	61.3	87.4	0.6	0.6	0.6	ISIC3	4
		2007	1.8	2.3	1.3	24.4	35.0	11.0	73.0	61.9	86.9	0.7	0.7	0.8	ISIC3	4
		2008	1.8	2.4	1.0	24.7	36.0	10.5	72.8	60.9	87.7	0.7	0.6	0.8	ISIC3	4
保加利亚		1980	24.4	…	…	39.6	…	…	32.9	…	…	…	…	…	ISIC2	7
		1990	18.5	…	…	40.5	…	…	37.3	…	…	…	…	…	ISIC2	8
	b	2000	13.1	15.3	10.6	32.7	37.5	27.2	53.6	46.6	61.7	0.5	0.6	0.5	ISIC3	4
		2003	11.1	13.5	8.3	32.1	35.8	28.0	56.6	50.5	63.4	…	…	…	ISIC3	4
		2004	10.6	12.7	8.3	32.9	36.7	28.5	56.1	50.1	62.7	0.2	…	…	ISIC3	4
		2005	8.9	10.6	6.8	34.2	38.9	28.8	56.6	50.1	64.0	…	…	…	ISIC3	4
		2006	8.1	9.8	6.1	34.5	40.1	28.1	57.2	49.9	65.6	…	…	…	ISIC3	4
		2007	7.5	9.1	5.7	35.5	41.6	28.5	56.9	49.1	65.4	…	…	…	ISIC3	4
塞浦路斯		1980	19.2	14.9	26.7	33.8	36.5	29.1	44.7	45.6	43.0	1.2	2.5	1.6	ISIC2	9
		1990	13.5	12.0	15.9	28.7	31.3	24.5	56.3	54.8	58.8	0.6	1.2	0.8	ISIC2	9
		2000	5.2	5.6	4.8	23.3	29.7	13.2	67.4	58.5	81.4	1.4	3.5	0.6	ISIC3	10
		2004	4.8	5.7	3.7	24.0	34.2	10.7	70.6	59.4	85.1	0.2	0.4	0.3	ISIC3	10
		2005	4.7	5.7	3.5	24.1	34.4	10.6	70.3	59.0	85.3	0.2	0.5	0.5	ISIC3	10
		2006	4.3	5.3	2.9	22.6	32.4	10.2	72.3	61.4	86.2	0.2	0.5	0.4	ISIC3	10
		2007	4.4	6.0	2.4	22.5	32.9	9.6	72.4	60.1	87.5	0.2	0.5	0.2	ISIC3	10
	b	2008	4.3	5.6	2.8	22.3	32.7	9.5	72.5	60.6	87.5	0.7	1.0	0.4	ISIC3	4
捷克共和国		2000	5.1	6.1	3.7	39.5	48.7	27.5	55.3	45.1	68.7	–	–	–	ISIC3	11
		2004	4.3	5.3	3.0	39.2	48.9	26.6	56.5	45.9	70.3	–	–	–	ISIC3	11
		2005	4.0	4.8	2.8	39.5	49.4	26.5	56.5	45.8	70.7	–	–	–	ISIC3	11
		2006	3.8	4.5	2.8	40.0	49.9	27.0	56.2	45.6	70.1	–	–	–	ISIC3	11
		2007	3.6	4.4	2.5	40.2	50.3	26.8	56.2	45.3	70.7	–	–	–	ISIC3	11
	b	2008	3.3	4.0	2.4	40.5	50.7	26.9	56.1	45.2	70.7	…	…	…	ISIC3	4
丹麦		1990	5.5	7.8	2.8	27.2	36.7	15.9	66.6	54.8	80.6	–	–	0.1	ISIC2	12
		2000	3.7	5.1	2.0	25.1	35.4	13.4	70.7	58.8	84.3	0.3	0.4	0.2	ISIC3	4
		2004	3.3	4.5	1.9	23.6	33.8	12.0	72.8	61.5	85.9	0.2	0.2	0.2	ISIC3	4
		2005	3.1	4.3	1.6	23.7	33.7	12.4	72.8	61.4	85.5	0.2	…	…	ISIC3	4
		2006	3.0	4.3	1.5	23.3	33.5	11.6	73.4	61.9	86.6	…	…	…	ISIC3	4
		2007	2.9	4.0	1.5	23.2	32.5	12.3	73.7	63.0	85.9	…	…	…	ISIC3	4
		2008	2.7	4.1	1.2	22.6	31.8	12.0	74.3	63.6	86.4	0.1	…	…	ISIC3	4
爱沙尼亚		1990	21.0	26.5	15.2	36.8	41.9	31.4	41.8	31.2	53.0	–	–	–	ISIC3	13
		2000	7.2	9.7	4.6	33.3	42.5	23.9	59.5	48.0	71.4	–	–	–	ISIC3	14
		2004	5.9	8.1	3.6	34.9	44.2	25.5	59.2	47.8	70.9	–	–	–	ISIC3	14
		2005	5.3	7.2	3.5	34.0	44.0	24.2	60.7	48.8	72.3	–	–	–	ISIC3	14
		2006	5.0	6.7	3.2	33.5	45.6	21.5	61.5	47.7	75.2	–	–	–	ISIC3	14
		2007	4.7	6.4	3.0	35.2	48.2	22.0	60.1	45.4	75.0	–	–	–	ISIC3	14
	b	2008	3.7	5.1	2.3	35.5	48.2	22.7	60.3	46.1	74.8	…	…	…	ISIC3	4
芬兰		1980	13.3	14.6	11.7	34.0	43.7	22.9	52.2	41.1	65.1	–	–	–	ISIC2	15
		1990	8.8	10.8	6.7	30.0	41.7	17.1	61.0	47.4	76.3	–	–	–	ISIC3	16
		2000	6.0	7.9	3.9	27.2	39.1	13.9	66.3	52.6	81.8	–	–	–	ISIC3	16
		2004	4.9	6.6	3.0	25.4	37.4	12.4	69.3	55.7	84.3	–	–	–	ISIC3	16
		2005	4.8	6.5	2.9	25.6	37.7	12.4	69.4	55.7	84.4	–	–	–	ISIC3	16
		2006	4.6	6.3	2.8	25.4	37.8	11.8	69.7	55.7	85.1	–	–	–	ISIC3	16
		2007	4.5	6.2	2.7	25.5	38.2	11.5	69.7	55.2	85.7	–	–	–	ISIC3	16
	b	2008	4.5	6.2	2.6	25.4	38.8	11.0	69.5	54.4	85.8	0.5	0.6	0.5	ISIC3	4

		年份	农业			制造业			服务业			未定义			ISIC	注
			MF	M	F	MF	M	F	MF	M	F	MF	M	F		No.
法国		1980	8.4	9.0	7.3	35.5	44.0	22.1	56.2	47.0	70.5	…	…	…	ISIC2	9
		1990	5.6	6.4	4.5	29.6	38.8	17.1	64.8	54.8	78.4	…	…	…	ISIC2	9
		2000	4.1	5.2	2.9	26.3	36.2	14.1	69.5	58.5	82.9	0.1	0.1	0.2	ISIC3	4
		2004	3.9	4.9	2.7	24.2	34.2	12.5	71.7	60.8	84.6	0.2	0.1	0.2	ISIC3	4
		2005	3.6	4.7	2.3	23.7	33.8	12.1	72.3	61.1	85.3	0.4	0.4	0.3	ISIC3	4
		2006	3.7	5.0	2.2	23.8	34.3	11.7	72.3	60.5	85.8	0.2	0.2	0.2	ISIC3	4
		2007	3.4	4.6	2.1	23.2	33.6	11.5	73.1	61.6	86.1	0.2	0.2	0.2	ISIC3	4
		2008	3.0	4.1	1.9	23.1	33.7	11.2	72.9	61.4	86.0	0.9	0.9	1.0	ISIC3	4
德国		2000	2.6	3.0	2.1	33.5	45.4	18.3	63.7	51.5	79.5	0.1	0.1	0.1	ISIC3	4
		2004	2.3	2.9	1.7	31.3	42.9	17.0	66.3	54.1	81.2	0.1	0.1	–	ISIC3	4
		2005	2.3	2.9	1.7	29.7	41.2	16.1	67.8	55.8	82.1	0.1	0.1	0.1	ISIC3	4
		2006	2.2	2.8	1.6	29.6	40.9	16.1	68.1	56.2	82.3	0.1	…	…	ISIC3	4
		2007	2.2	2.8	1.6	29.8	41.4	16.0	67.9	55.7	82.3	0.1	…	…	ISIC3	4
		2008	2.2	2.8	1.6	29.7	41.4	15.9	68.0	55.7	82.5	0.1	…	…	ISIC3	4
希腊		1990	23.9	20.4	30.3	27.7	33.3	17.4	48.3	46.2	52.2	–	–	–	ISIC2	17
		2000	17.4	16.1	19.6	22.6	28.7	12.2	60.0	55.2	68.2	…	…	…	ISIC3	4
		2004	12.6	11.7	14.1	22.5	29.8	10.5	64.9	58.5	75.3	…	…	…	ISIC3	4
		2005	12.4	11.5	13.8	22.4	30.1	10.0	65.1	58.3	76.2	…	…	…	ISIC3	4
		2006	12.0	11.2	13.1	22.1	29.8	9.9	65.9	59.0	76.9	…	…	…	ISIC3	4
		2007	11.5	11.0	12.4	22.5	30.5	9.9	65.9	58.4	77.7	…	…	…	ISIC3	4
		2008	8.5	8.3	8.9	16.4	22.4	7.1	50.1	44.3	58.9	25.0	24.9	25.1	ISIC3	4
匈牙利		1980	22.1	24.4	19.2	41.1	45.1	36.2	36.8	30.5	44.6	…	…	…	ISIC2	18
		1990	18.2	21.2	15.0	36.8	42.8	30.4	45.0	36.0	54.6	…	…	…	ISIC2	19
		2000	6.5	9.0	3.6	33.7	40.8	25.1	59.7	50.2	71.4	–	–	–	ISIC3	20
		2004	5.3	7.5	2.6	32.8	41.5	22.6	61.9	51.1	74.8	–	–	–	ISIC3	20
		2005	5.0	6.9	2.7	32.4	41.8	21.2	62.6	51.2	76.0	–	–	–	ISIC3	20
		2006	4.9	6.7	2.7	32.3	41.8	21.0	62.8	51.6	76.3	–	–	–	ISIC3	20
		2007	4.7	6.6	2.4	32.6	42.1	21.3	62.7	51.3	76.3	–	–	–	ISIC3	20
	b	2008	4.5	6.2	2.4	32.1	41.5	21.0	63.3	52.3	76.6	…	…	…	ISIC3	4
爱尔兰		1990	15.1	20.7	4.4	28.1	33.4	18.2	56.4	45.6	77.0	–	–	0.1	ISIC3	21
		2000	7.8	11.8	2.1	28.5	37.6	15.3	62.9	50.0	81.7	–	0.1	0.1	ISIC3	22
		2004	6.3	9.9	1.5	27.6	37.9	13.2	65.6	51.7	84.8	–	0.1	0.1	ISIC3	22
		2005	5.9	9.2	1.4	27.9	39.3	12.3	65.5	50.7	85.7	–	0.1	0.1	ISIC3	22
		2006	5.6	8.8	1.3	27.5	39.3	11.4	66.3	51.2	86.8	–	0.1	0.1	ISIC3	22
	b	2007	5.4	8.5	1.3	27.5	39.9	10.8	66.7	51.1	87.5	–	–	–	ISIC3	6
	b	2008	5.6	8.8	1.5	25.7	37.7	10.3	68.1	52.9	87.7	0.5	0.5	0.5	ISIC3	4
意大利		1980	14.0	13.1	16.0	37.2	41.7	27.7	48.7	45.2	56.3	…	…	…	ISIC2	23
		1990	8.8	8.7	9.1	31.9	36.8	22.6	59.3	54.5	68.2	…	…	…	ISIC2	23
		2000	5.2	5.7	4.4	31.8	38.3	20.5	62.9	55.8	75.0	0.1	0.1	0.1	ISIC3	4
		2004	4.2	4.8	3.3	30.8	39.2	17.8	64.9	55.9	78.8	0.1	0.1	0.1	ISIC3	4
		2005	4.2	4.8	3.3	30.8	39.3	17.4	65.0	55.8	79.2	0.1	0.1	0.1	ISIC3	4
		2006	4.3	4.9	3.3	30.1	38.8	16.7	65.5	56.3	79.9	0.1	0.1	0.1	ISIC3	4
		2007	4.0	4.6	3.1	30.2	39.1	16.5	65.8	56.3	80.4	0.1	0.1	0.1	ISIC3	4
		2008	3.8	4.5	2.9	29.7	38.7	16.1	66.3	56.6	80.9	0.2	0.2	0.1	ISIC3	4
拉脱维亚		2000	14.5	16.2	12.2	26.3	34.0	18.2	59.1	49.0	69.0	…	…	…	ISIC3	24
		2004	13.2	16.0	9.9	27.3	35.5	18.2	59.4	47.7	71.1	…	…	…	ISIC3	25
		2005	12.1	15.3	8.1	25.8	34.9	16.2	61.8	49.0	74.8	…	…	…	ISIC3	25
		2006	11.1	13.6	7.9	27.5	37.4	16.4	61.3	47.7	74.8	…	…	…	ISIC3	25
		2007	9.9	11.8	7.3	28.4	39.3	15.7	61.5	47.2	76.0	…	…	…	ISIC3	25
	b	2008	7.7	9.9	5.6	28.6	40.1	16.7	63.5	49.4	77.3	…	…	…	ISIC3	4
立陶宛		2000	18.7	22.4	15.1	26.8	33.5	20.3	54.5	44.0	64.6	–	–	–	ISIC3	3
		2004	15.8	18.2	13.4	28.2	35.7	20.3	55.9	46.1	66.3	–	–	–	ISIC3	3
		2005	14.0	16.6	11.4	29.1	37.0	20.8	56.9	46.3	67.8	–	–	–	ISIC3	3
		2006	12.4	14.6	10.2	29.7	39.7	19.5	57.9	45.7	70.3	–	–	–	ISIC3	3
		2007	10.4	12.9	7.9	30.7	41.2	19.8	59.0	45.9	72.4	–	–	–	ISIC3	3
	b	2008	7.7	9.5	5.8	30.2	41.0	19.2	61.3	48.5	74.5	…	…	…	ISIC3	4
卢森堡		1980	5.5	…	…	38.1	…	…	56.5	…	…	…	…	…	ISIC2	26
		1990	3.3	3.4	2.9	30.4	41.8	8.4	66.4	54.8	88.7	…	…	…	ISIC2	26
		2000	2.4	3.1	1.5	20.7	29.9	6.5	72.1	62.5	87.1	4.5	4.2	4.8	ISIC3	4
		2004	2.0	2.3	1.4	18.7	27.3	6.5	74.1	65.6	86.3	4.9	4.5	5.4	ISIC3	4
		2005	1.8	2.2	1.1	17.2	25.4	5.7	75.9	67.1	88.4	4.9	5.1	4.6	ISIC3	4
		2006	1.8	2.3	1.2	16.6	25.2	5.2	76.5	68.3	87.3	4.9	3.9	6.3	ISIC3	4
		2007	1.8	2.4	1.1	16.9	25.8	5.5	76.0	67.5	86.8	5.2	4.1	6.6	ISIC3	4
		2008	1.8	2.3	1.3	14.9	21.6	6.1	77.7	70.6	87.2	5.2	5.0	5.5	ISIC3	4

		年份	农业			制造业			服务业			未定义			ISIC	注
			MF	M	F	MF	M	F	MF	M	F	MF	M	F		No.
马耳他		2000	1.7	2.1	0.7	32.3	35.7	24.6	65.1	61.1	74.3	…	…	…	ISIC3	4
		2004	1.9	2.4	0.7	29.0	34.1	17.2	68.0	62.4	81.2	…	…	…	ISIC3	4
		2005	1.7	2.2	0.4	29.5	35.1	17.0	67.7	61.2	82.8	…	…	…	ISIC3	4
		2006	1.6	2.3	0.2	28.0	33.8	14.9	69.3	62.8	83.8	…	…	…	ISIC3	4
		2007	1.6	2.2	0.4	25.9	31.8	13.4	71.6	65.0	86.0	…	…	…	ISIC3	4
		2008	1.7	2.4	0.4	25.1	32.2	10.9	72.4	64.4	88.4	…	…	…	ISIC3	4
荷兰		1980	4.9	6.0	2.6	31.4	39.4	13.5	63.6	54.7	83.9	…	…	…	ISIC2	27
		1990	4.5	5.2	3.4	25.9	34.8	11.3	68.6	59.0	84.4	–	–	–	ISIC2	28
		2000	3.0	3.7	2.2	20.2	28.8	8.7	70.4	61.9	81.6	6.3	5.5	7.4	ISIC3	4
		2004	3.1	4.0	2.0	19.1	28.2	7.7	72.9	62.9	85.4	4.8	4.8	4.8	ISIC3	4
		2005	3.2	4.0	2.1	19.6	28.8	8.1	72.4	62.4	84.8	4.8	4.6	4.9	ISIC3	4
		2006	3.1	4.0	2.0	19.3	28.7	7.8	73.2	62.9	85.6	4.4	4.3	4.5	ISIC3	4
		2007	3.0	3.9	1.9	19.1	28.5	7.8	73.2	63.0	85.6	4.7	4.7	4.7	ISIC3	4
		2008	2.7	3.4	1.7	18.2	27.0	7.7	73.1	63.0	85.2	6.0	6.6	5.3	ISIC3	4
波兰		1990	25.2	…	…	37.0	…	…	35.8	…	…	–	…	…	ISIC2	9
		2000	18.8	19.1	18.3	30.8	40.5	19.0	50.4	40.4	62.7	–	–	–	ISIC3	29
		2003	18.4	19.1	17.6	28.6	38.0	17.2	53.0	42.8	65.2	–	–	–	ISIC3	29
		2004	18.0	18.6	17.2	28.8	38.4	17.2	53.2	42.9	65.7	–	–	–	ISIC3	29
		2005	17.4	18.0	16.6	29.2	39.0	17.1	53.4	43.0	66.2	–	–	–	ISIC3	29
		2006	15.8	16.4	15.0	30.0	40.1	17.5	54.2	43.5	67.5	–	–	–	ISIC3	29
		2007	14.7	15.2	14.2	30.7	41.2	17.9	54.5	43.6	67.9	–	–	–	ISIC3	29
葡萄牙		1980	27.3	22.3	35.1	36.4	43.5	25.3	36.1	33.9	39.5	–	–	–	ISIC2	30
		1990	17.9	15.6	21.1	34.4	40.7	25.9	47.6	43.7	53.0	–	–	–	ISIC2	31
		2000	12.5	11.2	14.2	34.4	44.2	22.5	53.0	44.6	63.3	…	…	…	ISIC3	4
		2004	12.1	11.6	12.7	31.2	41.1	19.5	56.6	47.4	67.7	…	…	…	ISIC3	4
		2005	11.8	10.9	12.9	30.6	40.8	18.6	57.5	48.2	68.4	…	…	…	ISIC3	4
		2006	11.7	11.1	12.4	30.6	40.5	18.8	57.7	48.3	68.7	…	…	…	ISIC3	4
		2007	11.6	11.1	12.2	30.5	40.9	18.3	57.8	47.9	69.4	…	…	…	ISIC3	4
		2008	11.5	11.0	12.0	29.3	39.8	17.0	59.2	49.2	71.0	…	…	…	ISIC3	4
罗马尼亚		1980	29.8	22.4	39.3	43.8	51.6	33.9	26.3	26.0	26.7	…	…	…	ISIC2	32
	b	1990	29.1	24.6	34.3	43.5	49.4	36.5	27.4	26.0	29.2	…	…	…	ISIC3	33
		2000	42.8	40.4	45.6	26.2	30.6	21.1	31.0	29.0	33.4	…	…	…	ISIC3	34
		2004	31.6	31.0	32.3	31.2	35.5	26.1	37.2	33.5	41.6	…	…	…	ISIC3	34
		2005	32.1	31.4	33.0	30.3	34.9	24.8	37.5	33.6	42.2	…	…	…	ISIC3	34
		2006	30.5	29.7	31.4	30.6	35.1	25.3	38.8	35.1	43.3	…	…	…	ISIC3	34
		2007	29.5	28.2	31.0	31.4	37.0	24.7	39.1	34.7	44.3	…	…	…	ISIC3	34
	b	2008	28.7	27.3	30.4	31.4	37.7	23.8	39.8	35.0	45.8	…	…	…	ISIC3	4
斯洛伐克		2000	6.7	8.9	4.0	37.3	47.2	25.5	56.1	43.8	70.5	–	–	–	ISIC3	35
		2004	5.1	6.9	2.8	39.0	49.6	26.1	55.7	43.3	70.9	–	–	–	ISIC3	35
		2005	4.7	6.4	2.6	38.8	49.6	25.2	56.3	43.9	72.0	–	–	–	ISIC3	35
		2006	4.4	5.9	2.4	38.8	49.8	24.7	56.8	44.2	72.8	–	–	–	ISIC3	35
		2007	4.2	5.8	2.2	39.4	51.2	24.3	56.4	43.0	73.4	–	–	–	ISIC3	35
	b	2008	4.0	5.5	2.2	39.5	51.5	24.1	56.5	43.0	73.7	…	…	…	ISIC3	4
斯洛文尼亚		2000	9.5	9.4	9.7	37.4	45.1	28.3	52.3	44.3	61.5	0.1	0.2	0.1	ISIC3	36
		2003	8.4	8.4	8.3	36.9	45.9	25.9	54.0	44.7	65.0	0.1	0.1	0.2	ISIC3	37
		2004	9.6	9.6	9.7	35.9	45.4	25.3	53.2	44.0	64.3	0.1	0.2	0.2	ISIC3	37
		2005	8.8	8.6	9.0	37.2	47.3	25.3	53.3	43.4	65.3	0.1	0.2	0.1	ISIC3	37
		2006	9.6	9.8	9.2	35.0	44.9	23.4	55.2	44.7	67.2	–	0.1	0.1	ISIC3	37
		2007	10.2	10.0	10.4	34.2	43.5	23.1	54.7	45.0	65.4	0.1	0.2	0.2	ISIC3	37
西班牙		1980	19.3	19.6	18.4	35.9	41.8	21.3	44.7	38.5	60.2	–	–	–	ISIC2	38
		1990	11.5	12.3	9.8	33.8	41.3	17.4	54.7	46.3	72.8	–	–	–	ISIC3	39
		2000	6.7	7.8	4.8	30.8	40.3	14.5	62.5	51.9	80.7	…	…	…	ISIC3	4
		2004	5.5	6.6	3.7	30.4	41.7	12.9	64.1	51.7	83.4	…	…	…	ISIC3	4
		2005	5.3	6.4	3.6	29.7	41.2	12.4	65.0	52.3	84.0	–	–	–	ISIC3	4
		2006	4.8	5.8	3.3	29.5	41.8	11.6	65.6	52.4	85.1	–	–	–	ISIC3	4
		2007	4.5	5.6	3.0	29.3	41.6	11.6	66.2	52.8	85.4	–	…	…	ISIC3	4
		2008	4.3	5.6	2.7	27.8	39.8	11.3	67.9	54.6	86.0	…	…	…	ISIC3	4
瑞典		1980	5.6	7.6	3.1	32.2	45.3	16.2	62.2	47.0	80.6	…	…	…	ISIC2	40
		1990	3.4	4.9	1.8	29.2	43.2	14.1	67.2	51.7	84.1	–	–	–	ISIC3	41
		2000	2.4	3.5	1.2	24.5	36.6	11.4	73.0	59.7	87.3	–	–	–	ISIC3	41
		2003	2.1	3.2	0.9	22.7	34.7	9.8	75.1	61.9	89.2	–	–	–	ISIC3	41
		2004	2.1	3.2	0.9	22.6	34.5	9.8	75.1	62.1	89.2	–	–	–	ISIC3	41
	b	2005	2.0	3.0	0.9	22.0	33.7	9.3	75.7	63.1	89.5	–	–	–	ISIC3	42
		2006	2.0	3.0	0.9	22.0	33.6	9.3	75.7	63.2	89.6	–	–	–	ISIC3	41
		2007	2.2	3.4	0.9	21.6	32.8	9.1	76.0	63.5	89.8	–	–	–	ISIC3	43

		年份	农业			制造业			服务业			未定义			ISIC	注
			MF	M	F	MF	M	F	MF	M	F	MF	M	F		No.
英国		1980	2.6	3.4	1.3	37.2	46.9	22.6	58.9	47.7	76.0	–	–	–	ISIC2	44
		1990	2.1	2.9	1.1	32.3	43.6	17.4	64.8	52.5	80.9	–	–	–	ISIC3	45
		2000	1.5	2.1	0.8	25.3	36.2	11.9	72.8	61.3	87.0	–	–	–	ISIC3	45
		2004	1.3	1.9	0.6	22.2	33.0	9.5	76.3	64.7	89.6	–	–	–	ISIC3	45
		2005	1.3	1.9	0.8	22.2	33.0	9.5	76.2	64.9	89.5	–	–	–	ISIC3	45
		2006	1.3	1.9	0.6	22.0	32.7	9.6	76.4	65.1	89.5	–	–	–	ISIC3	45
		2007	1.4	1.9	0.8	22.3	33.2	9.4	76.0	64.5	89.5	–	–	–	ISIC3	45
	b	2008	1.4	1.9	0.8	21.4	31.9	9.1	76.9	65.8	89.8	0.4	0.4	0.3	ISIC3	4
北美洲																
加拿大		1980	5.4	7.0	3.2	28.5	37.0	15.7	66.0	56.0	81.2	…	…	…	ISIC2	46
		1990	4.1	5.4	2.4	24.0	33.6	12.1	71.9	61.0	85.4	–	–	–	ISIC3	47
		2000	3.3	4.5	1.9	23.1	32.7	11.9	73.5	62.8	86.1	–	–	–	ISIC3	47
		2003	2.8	3.9	1.5	22.8	32.5	11.7	74.4	63.6	86.8	–	–	–	ISIC3	47
		2004	2.7	3.7	1.5	22.8	32.7	11.6	74.5	63.6	86.9	–	–	–	ISIC3	47
		2005	2.7	3.7	1.6	22.5	32.5	11.2	74.7	63.7	87.2	–	–	–	ISIC3	47
		2006	2.6	3.6	1.5	22.0	31.9	10.8	75.3	64.4	87.6	–	–	–	ISIC3	47
		2007	2.5	3.4	1.5	21.6	31.5	10.5	75.9	65.0	88.0	–	–	–	ISIC3	47
美国		1980	3.6	5.0	1.6	30.8	39.8	18.5	65.7	55.2	79.9	…	…	…	ISIC2	48
	b	1990	2.9	4.1	1.3	26.4	36.0	14.9	70.7	59.9	83.8	…	…	…	ISIC2	49
		2000	2.6	3.5	1.4	23.2	32.6	12.3	74.3	63.9	86.2	…	…	…	ISIC2	48
	b	2003	1.7	2.3	0.9	20.9	30.4	10.1	77.5	67.3	89.0	…	…	…	ISIC3	50
		2004	1.6	2.3	0.8	20.8	30.3	9.8	77.6	67.4	89.3	…	…	…	ISIC3	50
		2005	1.6	2.2	0.8	20.6	30.2	9.6	77.8	67.6	89.6	…	…	…	ISIC3	50
		2006	1.5	2.1	0.8	20.8	30.6	9.4	77.7	67.3	89.8	…	…	…	ISIC3	50
		2007	1.4	2.0	0.7	20.6	30.3	9.4	78.0	67.6	89.9	…	…	…	ISIC3	50
其他发达经济体																
澳大利亚		1980	6.5	7.8	4.1	31.0	39.3	16.3	62.4	52.7	79.4	…	…	…	ISIC2	51
		1990	5.6	6.7	4.0	25.1	33.9	12.7	69.3	59.4	83.3	–	–	–	ISIC3	52
		2000	5.0	6.1	3.5	21.7	30.6	10.5	73.3	63.2	86.0	–	–	–	ISIC3	53
		2003	3.9	5.0	2.6	21.0	30.1	9.8	75.0	64.8	87.5	–	–	–	ISIC3	53
		2004	3.8	4.6	2.7	21.2	30.7	9.5	74.8	64.5	87.6	–	–	–	ISIC3	53
		2005	3.6	4.6	2.5	21.1	30.6	9.4	75.0	64.5	87.9	–	–	–	ISIC3	53
		2006	3.5	4.4	2.4	21.2	31.1	9.1	75.0	64.1	88.2	–	–	–	ISIC3	53
		2007	3.4	4.3	2.4	21.2	31.2	8.9	75.1	64.2	88.5	–	–	–	ISIC3	53
法罗群岛		2005	11.1	20.0	8.3	22.2	33.3	8.3	66.7	53.3	83.3	…	…	…	ISIC2	54
马恩岛		2001	1.4	2.2	0.5	16.1	25.0	5.5	82.5	72.9	94.0	…	…	…	ISIC3	55
		2006	1.9	2.9	0.7	14.8	24.0	3.9	83.3	73.0	95.4	0.1	0.3	0.1	ISIC3	56
以色列		1980	6.3	7.6	4.1	30.8	39.3	15.7	62.1	52.4	79.4	0.1	0.1	0.2	ISIC2	57
		1990	4.1	5.3	2.3	27.8	36.3	15.0	67.5	57.7	82.3	–	0.1	0.1	ISIC2	58
		2000	2.2	3.2	0.9	24.0	33.9	12.1	73.0	61.8	86.4	–	0.1	0.1	ISIC3	59
		2003	1.9	2.8	0.8	22.6	32.5	10.9	75.1	64.2	87.9	–	0.1	–	ISIC3	59
		2004	2.0	3.1	0.8	22.2	31.6	11.2	75.0	64.3	87.5	–	0.1	–	ISIC3	59
		2005	2.0	3.1	0.8	21.7	31.1	10.7	75.6	64.9	88.0	–	0.1	–	ISIC3	59
		2006	1.8	2.7	0.6	21.5	31.3	10.2	75.8	65.0	88.4	–	0.1	0.1	ISIC3	59
		2007	1.6	2.5	0.6	21.9	31.6	10.7	75.6	64.9	88.0	–	0.1	0.1	ISIC3	59
日本		1980	10.4	8.7	13.2	35.3	39.7	28.4	54.0	51.4	58.2	–	–	–	ISIC2	1
		1990	7.2	6.3	8.5	34.1	38.6	27.4	58.2	54.5	63.6	–	–	–	ISIC2	1
		2000	5.1	4.7	5.5	31.2	38.0	21.5	63.1	56.7	72.4	–	–	–	ISIC2	1
	b	2003	4.6	4.5	4.9	29.3	36.3	19.2	65.1	58.3	74.9	–	–	–	ISIC3	34
		2004	4.5	4.4	4.7	28.4	35.5	18.3	66.0	59.0	76.0	–	–	–	ISIC3	34
		2005	4.4	4.4	4.5	27.9	35.3	17.6	66.4	59.1	76.8	–	–	–	ISIC3	34
		2006	4.3	4.2	4.3	28.0	35.4	17.7	66.6	59.3	76.9	–	–	–	ISIC3	34
		2007	4.2	4.2	4.3	27.9	35.3	17.4	66.7	59.3	77.1	–	–	–	ISIC3	34
新西兰		1990	10.6	12.8	7.8	24.6	32.6	14.2	64.5	54.2	77.7	–	–	0.1	ISIC2	58
		2000	8.7	11.0	5.8	23.2	32.3	12.2	67.7	56.3	81.4	–	–	0.1	ISIC3	59
	b	2003	8.2	10.4	5.4	22.3	31.8	11.1	69.3	57.6	83.4	–	–	–	ISIC3	60
		2004	7.5	9.5	5.2	22.7	32.3	11.3	69.6	58.0	83.3	–	–	–	ISIC3	59
		2005	7.1	8.9	5.0	22.0	31.9	10.5	70.6	58.9	84.3	–	–	–	ISIC3	59
		2006	7.1	8.8	5.2	22.3	32.5	10.4	70.2	58.3	84.1	–	–	–	ISIC3	59
		2007	7.2	9.0	5.0	21.9	32.1	9.9	70.5	58.4	84.6	–	–	–	ISIC3	59
圣皮埃尔和密克隆		1986	5.0	…	…	22.3	…	…	72.3	…	…	18.9	…	…	ISIC2	61
		1989	2.1	…	…	26.6	…	…	67.0	…	…	107.1	…	…	ISIC2	61
圣马力诺		1980	5.5	5.4	5.7	49.1	52.0	43.9	45.4	42.6	50.5	…	…	…	ISIC2	62
		1990	2.5	2.4	2.7	43.8	51.6	31.7	53.7	46.0	65.7	…	…	…	ISIC2	62
		2003	0.4	0.4	0.3	41.2	52.7	24.3	58.3	46.7	75.2	–	–	–	ISIC3	63
		2004	0.4	0.5	0.3	40.9	52.4	24.2	58.7	47.2	75.5	–	–	–	ISIC3	63
	b	2005	0.5	0.6	0.3	39.3	50.4	23.4	60.2	49.1	76.3	…	…	…	ISIC3	64
		2006	0.4	0.5	0.3	38.8	49.6	23.3	60.7	49.9	76.4	…	…	…	ISIC3	64
	b	2007	0.4	0.5	0.3	37.7	48.7	22.0	61.8	50.8	77.7	0.3	0.6	0.6	ISIC3	63

	年份	农业			制造业			服务业			未定义			ISIC	注
		MF	M	F	MF	M	F	MF	M	F	MF	M	F		No.
西欧（非欧盟）															
冰岛	2000	8.3	11.7	4.4	23.0	33.4	11.0	68.0	53.8	84.2	0.4	1.0	0.6	ISIC3	65
	2003	6.9	10.3	3.1	21.7	32.0	10.3	70.9	57.0	86.1	0.2	0.6	0.4	ISIC3	65
	2004	6.4	9.3	3.0	22.4	33.0	10.7	70.9	57.1	85.9	0.2	0.6	0.4	ISIC3	65
	2005	6.5	9.6	3.0	21.7	31.4	10.6	71.4	58.5	86.1	0.2	0.5	0.3	ISIC3	65
	2006	6.3	9.2	2.7	21.4	31.6	9.3	72.1	58.7	87.6	0.1	0.4	0.2	ISIC3	65
	2007	5.9	8.8	2.5	20.6	30.8	8.3	72.9	59.7	88.6	0.3	0.5	0.6	ISIC3	65
挪威	1980	8.3	9.9	6.1	29.2	39.9	13.3	62.3	50.0	80.3	–	–	–	ISIC2	66
	1990	6.4	8.3	3.9	24.3	35.2	11.1	69.2	56.4	84.7	–	–	–	ISIC2	67
	2000	4.3	6.0	2.3	21.8	32.7	9.4	73.6	61.2	87.8	…	…	…	ISIC3	4
	2004	3.6	5.2	1.7	20.8	32.0	8.3	75.5	62.6	89.6	…	…	…	ISIC3	4
	2005	3.3	4.8	1.6	20.8	32.3	8.0	75.7	62.8	90.2	…	…	…	ISIC3	4
	2006	3.3	4.8	1.5	20.8	32.3	7.9	75.8	62.7	90.3	…	…	…	ISIC3	4
	2007	2.9	4.3	1.3	21.2	33.0	8.0	75.8	62.7	90.4	…	…	…	ISIC3	4
	2008	2.8	4.1	1.3	21.1	32.7	8.2	76.0	63.1	90.3	…	…	…	ISIC3	4
瑞士	1980	6.9	7.9	5.1	38.1	46.7	23.1	55.0	45.5	71.9	…	…	…	ISIC2	9
		6.9	7.9	5.1	38.1	46.7	23.1	55.0	45.5	71.9	…	…	…	ISIC2	68
	1990	4.2	4.8	3.5	32.2	41.1	18.3	63.6	54.2	78.2	…	…	…	ISIC2	9
	2000	4.5	5.2	3.7	25.7	35.5	13.0	69.8	59.4	83.3	…	…	…	ISIC3	9
	2003	4.1	4.8	3.1	23.8	33.1	12.1	72.1	62.0	84.8	…	…	…	ISIC3	9
	2004	3.8	4.6	2.8	23.6	32.9	12.0	72.6	62.5	85.1	…	…	…	ISIC3	9
	2005	3.8	4.6	2.8	23.7	33.2	11.9	72.5	62.2	85.4	…	…	…	ISIC3	9
	2006	3.8	4.7	2.7	23.8	33.3	11.9	72.5	62.1	85.4	…	…	…	ISIC3	9
	2007	3.9	4.8	2.8	23.8	33.6	11.6	72.4	61.8	85.6	…	…	…	ISIC3	9
中欧、东南欧（非欧盟）和独联体															
中欧和东南欧															
阿尔巴尼亚	2000	71.8	…	…	6.6	…	…	21.5	…	…	…	…	…	ISIC3	69
	2002	57.7	…	…	13.7	…	…	28.4	…	…	…	…	…	ISIC3	69
	2003	58.1	…	…	13.4	…	…	28.5	…	…	…	…	…	ISIC3	69
	2004	58.5	…	…	13.6	…	…	27.6	…	…	…	…	…	ISIC3	69
	2005	58.5	…	…	13.5	…	…	27.8	…	…	…	…	…	ISIC3	69
	2006	58.0	…	…	13.5	…	…	28.4	…	…	…	…	…	ISIC3	69
克罗地亚	2000	14.5	13.9	15.3	28.8	36.3	19.9	56.5	49.9	64.6	–	–	–	ISIC3	3
	2003	16.8	16.2	17.6	29.7	38.5	18.8	53.3	45.2	63.5	–	–	–	ISIC3	3
	2004	16.4	15.5	17.5	29.8	38.8	18.6	53.7	45.5	63.9	–	–	–	ISIC3	3
	2005	17.3	16.0	18.9	28.6	37.2	18.1	54.0	46.8	62.9	–	–	–	ISIC3	3
	2006	14.2	13.7	14.9	29.3	38.8	17.8	56.3	47.4	67.1	–	–	–	ISIC3	3
	2007	12.8	12.0	14.2	30.6	40.3	18.3	56.3	47.7	67.1	–	–	–	ISIC3	3
前德意志民主共和国（东德）	1991	6.8	8.0	5.5	41.4	52.6	28.5	51.8	39.5	66.0	…	…	…	ISIC2	6
	1992	4.9	5.6	4.1	37.6	50.7	21.5	57.5	43.7	74.4	…	…	…	ISIC2	70
	1993	4.2	4.7	3.5	36.7	51.1	18.6	59.1	44.3	77.9	…	…	…	ISIC2	6
	1994	3.9	4.3	3.4	35.9	50.6	17.5	60.2	45.1	79.1	…	…	…	ISIC2	6
前南斯拉夫马其顿共和国	2003	22.0	21.9	22.2	33.9	36.1	30.7	43.8	41.8	46.7	0.1	0.1	0.2	ISIC3	71
	2004	16.8	18.0	15.0	32.8	34.6	29.9	50.1	47.2	54.7	0.1	0.1	0.2	ISIC3	72
	2005	19.5	19.8	19.2	32.3	33.8	29.9	48.0	46.4	50.7	–	–	0.1	ISIC3	72
	2006	20.1	20.0	20.3	32.6	34.7	29.3	47.1	45.2	50.1	–	–	0.1	ISIC3	72
	2007	18.2	18.9	17.3	31.3	33.0	28.7	50.1	47.9	53.6	0.1	0.1	0.2	ISIC3	72
黑山共和国	2003	9.0	10.2	6.9	22.3	27.6	14.3	64.2	56.6	75.6	2.5	4.8	5.0	ISIC3	73
b	2005	8.6	8.5	8.9	19.2	26.1	9.2	71.9	65.0	82.0	0.1	0.4	–	ISIC3	74
塞尔维亚	2004	24.0	23.9	24.1	26.9	32.9	18.5	48.8	42.8	57.2	–	–	–	ISIC3	75
	2005	23.3	23.3	23.3	27.6	34.4	17.5	49.0	42.3	59.1	–	–	–	ISIC3	75
	2006	20.5	21.5	19.2	29.3	36.7	18.7	50.1	41.8	62.1	–	–	–	ISIC3	75
	2007	20.8	21.7	19.5	29.5	36.5	19.6	49.7	41.7	60.8	–	–	–	ISIC3	75
土耳其	1990	46.9	33.6	75.8	20.7	25.7	9.7	32.4	40.7	14.4	…	…	…	ISIC2	76
b	2000	36.0	27.0	60.5	24.0	28.0	13.2	40.0	45.0	26.3	–	–	–	ISIC3	72
	2004	34.0	25.6	57.2	23.0	26.2	14.1	43.0	48.1	28.7	–	–	–	ISIC3	72
b	2005	29.5	21.7	51.6	24.8	28.1	15.1	45.8	50.2	33.3	…	…	…	ISIC3	77
	2006	27.3	19.8	48.5	25.4	29.1	15.0	47.3	51.1	36.5	…	…	…	ISIC3	77
	2007	26.4	19.1	47.3	25.5	29.3	14.8	48.0	51.6	37.9	…	…	…	ISIC3	77
b	2008	26.2	19.0	46.0	25.7	29.7	14.7	48.1	51.3	39.3	–	–	–	ISIC3	78
独立国家联合体（独联体）															
亚美尼亚	2002	45.3	47.6	42.6	17.0	22.1	11.3	37.8	30.3	46.1	…	…	…	ISIC3	79
	2003	46.0	48.3	43.4	16.5	21.9	10.6	37.5	29.3	46.6	…	…	…	ISIC3	79
	2004	46.9	48.8	44.6	16.0	20.7	10.4	37.1	30.5	45.0	…	…	…	ISIC3	79
	2005	46.2	46.1	46.4	15.9	21.1	9.8	37.8	32.8	43.8	…	…	…	ISIC3	79
	2006	46.2	46.3	46.1	15.6	20.8	9.5	38.2	32.9	44.5	…	…	…	ISIC3	79

		年份	农业			制造业			服务业			未定义			ISIC	注
			MF	M	F	MF	M	F	MF	M	F	MF	M	F		No.
阿塞拜疆	b	1990	30.9	…	…	22.9	…	…	31.1	…	…	0.4	…	…	ISIC2	80
		2000	41.0	36.4	46.1	10.9	13.9	7.5	48.1	49.7	46.4	–	–	–	ISIC3	81
		2003	40.0	40.9	39.0	11.5	15.2	7.5	48.4	43.8	53.5	–	–	–	ISIC3	81
		2004	39.5	40.9	38.0	11.9	15.2	8.3	48.5	43.9	53.7	–	–	–	ISIC3	81
		2005	39.3	41.1	37.4	12.1	15.2	8.7	48.6	43.7	54.0	–	–	–	ISIC3	81
		2006	39.1	41.3	36.7	12.7	16.1	9.0	48.3	42.6	54.3	–	–	–	ISIC3	81
		2007	38.7	39.5	38.0	12.8	16.6	8.9	48.4	43.9	53.1	–	–	–	ISIC3	81
格鲁吉亚		2000	52.1	47.0	57.5	9.8	15.2	4.1	37.9	37.6	38.1	–	–	–	ISIC3	59
		2003	54.9	53.1	56.8	8.3	12.1	4.2	36.5	34.5	38.8	–	–	–	ISIC3	59
		2004	54.0	51.7	56.5	8.8	13.2	4.0	36.9	34.7	39.3	–	–	–	ISIC3	59
		2005	54.3	51.7	57.2	9.3	13.7	4.4	36.2	34.2	38.4	–	–	–	ISIC3	59
		2006	55.3	53.4	57.4	9.0	13.7	3.9	35.5	32.8	38.5	–	–	–	ISIC3	59
		2007	53.4	50.5	56.6	10.4	16.5	3.7	36.0	32.9	39.4	–	–	–	ISIC3	59
哈萨克斯坦		1999	26.7	33.3	17.6	20.0	24.1	14.4	53.2	42.5	67.9	–	–	–	ISIC3	82
	b	2001	35.5	36.8	34.2	16.3	22.5	9.7	48.1	40.8	56.1	–	–	–	ISIC3	2
		2002	35.5	36.2	34.7	16.3	22.4	9.7	48.2	41.4	55.6	–	–	–	ISIC3	2
		2003	35.3	36.4	34.0	17.0	23.3	10.2	47.8	40.3	55.8	–	–	–	ISIC3	2
		2004	33.5	34.9	32.0	17.4	23.9	10.4	49.1	41.1	57.6	–	–	–	ISIC3	2
吉尔吉斯斯坦		1990	32.7	…	…	27.9	…	…	39.4	…	…	…	…	…	ISIC3	83
		2000	53.1	51.7	54.8	10.5	13.0	7.3	36.5	35.3	38.0	…	…	…	ISIC3	19
	b	2002	49.1	49.4	48.7	12.0	15.5	7.4	38.9	35.1	43.9	–	–	–	ISIC3	84
		2003	43.2	43.4	43.0	15.0	19.0	9.9	41.7	37.6	47.0	–	–	–	ISIC3	84
		2004	38.9	39.1	38.7	17.6	22.5	10.9	43.5	38.4	50.3	–	–	–	ISIC3	84
		2005	38.5	39.3	37.4	17.6	23.0	10.3	43.9	37.7	52.3	–	–	–	ISIC3	84
		2006	36.3	36.9	35.4	19.4	25.7	10.7	44.3	37.4	53.8	–	–	–	ISIC3	84
摩尔多瓦		1990	33.8	…	…	29.0	…	…	33.9	…	…	0.2	…	…	ISIC2	9
		2000	50.9	52.0	49.8	13.9	17.7	10.2	35.2	30.3	40.0	–	–	–	ISIC3	11
		2003	43.0	44.3	41.7	16.0	20.4	11.9	40.9	35.2	46.3	–	–	–	ISIC3	11
		2004	40.5	41.0	40.1	16.2	21.3	11.6	43.2	37.8	48.3	–	–	–	ISIC3	11
		2005	40.6	41.1	40.3	16.0	20.9	11.5	43.3	37.9	48.2	–	–	–	ISIC3	11
		2006	33.6	35.3	31.9	18.2	24.0	12.4	48.1	40.7	55.6	–	–	–	ISIC3	11
		2007	32.8	35.5	30.1	18.7	25.2	12.4	48.4	39.3	57.5	–	–	–	ISIC3	11
俄罗斯联邦		1990	13.9	…	…	40.2	…	…	45.6	…	…	…	…	…	ISIC3	85
		2000	14.5	17.1	11.7	28.4	34.7	21.7	57.1	48.2	66.5	–	–	–	ISIC3	86
		2003	10.9	13.4	8.2	30.4	38.1	22.3	58.7	48.4	69.4	–	–	–	ISIC3	86
		2004	10.2	12.4	7.9	29.7	37.6	21.7	60.1	50.1	70.4	–	–	–	ISIC3	86
		2005	10.2	12.3	8.0	29.8	38.1	21.2	60.0	49.6	70.7	–	–	–	ISIC3	86
		2006	10.0	12.1	7.8	29.3	37.9	20.7	60.7	50.0	71.6	–	–	–	ISIC3	86
		2007	9.0	11.0	6.9	29.2	38.0	20.2	61.8	51.0	72.9	–	–	–	ISIC3	86
塔吉克斯坦		1994	54.0	…	…	18.5	…	…	23.1	…	…	…	…	…	ISIC3	87
		1995	59.1	…	…	15.5	…	…	21.6	…	…	…	…	…	ISIC3	87
		1996	59.3	…	…	15.6	…	…	21.5	…	…	…	…	…	ISIC3	87
		1997	46.2	…	…	17.4	…	…	29.1	…	…	…	…	…	ISIC3	87
	b	2004	55.5	41.8	75.1	17.9	27.1	4.8	26.2	30.8	19.7	–	–	–	ISIC3	88
乌克兰		1990	19.8	…	…	9.5	…	…	15.4	…	…	–	…	…	ISIC2	89
		2000	23.4	…	…	20.8	…	…	13.3	…	…	–	…	…	ISIC2	89
		2003	20.4	…	…	24.6	…	…	55.1	…	…	…	…	…	ISIC3	90
		2004	19.7	…	…	24.6	…	…	55.7	…	…	…	…	…	ISIC3	90
		2005	19.4	…	…	24.2	…	…	56.4	…	…	…	…	…	ISIC3	90
		2006	17.6	…	…	24.2	…	…	58.2	…	…	…	…	…	ISIC3	90
		2007	16.7	…	…	23.9	…	…	59.4	…	…	…	…	…	ISIC3	90
乌兹别克斯坦		1995	41.2	…	…	19.1	…	…	34.9	…	…	0.1	…	…	ISIC2	91
		1996	40.9	…	…	19.2	…	…	35.1	…	…	0.1	…	…	ISIC2	91
		1997	40.4	…	…	19.1	…	…	34.9	…	…	0.1	…	…	ISIC2	91
		1998	39.4	…	…	19.2	…	…	34.5	…	…	0.1	…	…	ISIC2	91
		1999	38.5	…	…	19.4	…	…	35.2	…	…	0.1	…	…	ISIC2	91
亚洲和太平洋地区																
东亚																
中国		1990	53.4	…	…	19.0	…	…	9.9	…	…	–	…	…	ISIC2	92
		1998	47.0	…	…	17.9	…	…	12.8	…	…	–	…	…	ISIC2	92
		1999	46.9	…	…	17.5	…	…	12.9	…	…	–	…	…	ISIC2	92
		2000	46.3	…	…	17.3	…	…	12.7	…	…	–	…	…	ISIC2	92
		2001	45.2	…	…	17.3	…	…	12.7	…	…	–	…	…	ISIC2	92
		2002	44.1	…	…	17.7	…	…	16.1	…	…	–	…	…	ISIC2	92

		年份	农业			制造业			服务业			未定义			ISIC	注
			MF	M	F	MF	M	F	MF	M	F	MF	M	F		No.
中国香港		1980	1.4	1.5	1.2	50.2	46.9	56.2	48.4	51.5	42.6	–	–	–	ISIC2	93
		1990	0.9	1.0	0.7	36.7	38.9	33.0	62.4	60.2	66.2	–	–	–	ISIC2	94
		2000	0.3	0.3	0.2	20.3	27.5	10.4	79.4	72.1	89.3	…	…	…	ISIC2	94
		2003	0.2	0.3	0.2	17.0	24.3	8.1	82.7	75.5	91.7	…	…	…	ISIC2	94
		2004	0.3	0.3	0.2	15.5	22.3	7.2	84.2	77.4	92.6	…	…	…	ISIC2	94
		2005	0.3	0.3	0.2	15.0	22.1	6.5	84.7	77.5	93.3	…	…	…	ISIC2	94
		2006	0.2	0.3	0.2	14.7	21.8	6.3	85.1	77.9	93.5	…	…	…	ISIC2	94
		2007	0.2	0.2	0.1	14.2	21.4	5.9	85.6	78.4	94.0	…	…	…	ISIC2	94
韩国		1980	34.0	31.0	39.0	29.0	32.2	23.8	37.0	36.9	37.2	…	…	…	ISIC2	58
		1990	17.9	16.3	20.3	35.4	39.0	30.2	46.7	44.7	49.6	…	…	…	ISIC2	58
	b	2000	10.6	9.5	12.2	28.1	34.5	19.2	61.2	55.9	68.6	–	–	–	ISIC3	95
		2003	8.8	7.9	10.1	27.6	34.4	18.0	63.5	57.6	71.8	–	–	–	ISIC3	72
		2004	8.1	7.3	9.2	27.5	34.3	17.8	64.3	58.3	72.8	–	–	–	ISIC3	72
		2005	7.9	7.2	8.9	26.8	34.1	16.6	65.1	58.5	74.4	–	–	–	ISIC3	72
		2006	7.7	7.0	8.6	26.3	33.8	16.0	65.9	59.1	75.3	–	–	–	ISIC3	72
		2007	7.4	6.7	8.3	25.9	33.3	15.6	66.6	59.9	76.1	–	–	–	ISIC3	72
中国澳门		1990	0.2	0.2	0.1	42.5	36.7	50.4	57.2	62.8	49.0	0.1	0.2	0.2	ISIC2	96
		2000	0.2	0.2	0.1	28.2	26.5	30.2	71.5	73.3	69.6	0.1	–	–	ISIC3	97
		2003	0.3	0.4	0.1	27.0	25.5	28.6	72.6	74.1	71.1	0.1	0.2	0.1	ISIC3	97
		2004	0.3	0.3	0.2	25.2	24.7	25.9	74.4	75.1	73.8	–	–	0.1	ISIC3	97
		2005	0.1	0.2	0.2	25.0	26.8	23.1	74.7	72.9	76.6	0.1	0.1	0.1	ISIC3	97
		2006	0.2	0.2	0.2	23.2	27.6	18.1	76.5	72.2	81.7	–	–	0.1	ISIC3	97
		2007	0.1	0.1	0.1	21.2	27.2	14.5	78.6	72.7	85.5	–	–	0.1	ISIC3	97
蒙古		2000	48.6	50.6	46.5	14.1	16.8	11.3	37.2	32.6	42.2	…	…	…	ISIC3	98
		2003	41.8	43.8	39.8	15.6	17.3	13.9	42.6	38.9	46.3	…	…	…	ISIC3	98
		2004	40.2	42.9	37.6	16.1	18.6	13.8	43.7	38.6	48.7	…	…	…	ISIC3	98
		2005	39.9	43.0	36.8	16.8	18.9	14.8	43.3	38.1	48.4	…	…	…	ISIC3	98
		2006	38.8	42.1	35.6	17.3	19.5	15.3	43.9	38.5	49.0	…	…	…	ISIC3	98
		2007	37.7	40.6	34.8	17.9	20.6	15.3	44.5	38.8	49.9	…	…	…	ISIC3	98
中国台湾省		2005	5.9	…	…	36.4	…	…	56.5	…	…	–	…	…	ISIC3	99
		2006	5.5	…	…	36.6	…	…	56.8	…	…	–	…	…	ISIC3	99
		2007	5.3	…	…	36.8	…	…	56.9	…	…	–	…	…	ISIC3	99
太平洋岛国																
美属萨摩亚		1990	2.2	3.8	–	44.4	43.0	44.6	40.7	51.9	25.0	93.3	16.0	510.2	ISIC2	100
法属波利尼西亚		2002	9.4	12.0	5.3	17.9	24.2	8.3	72.7	63.8	86.5	…	…	…	ISIC3	55
基里巴斯		2000	2.8	3.7	1.1	7.4	10.0	3.1	89.8	81.1	95.8	…	…	…	ISIC2	55
马绍尔群岛		1999	20.8	27.1	6.5	18.8	15.7	22.6	59.4	55.7	67.7	19.6	40.8	104.1	ISIC2	101
新喀里多尼亚		1996	7.2	9.2	4.1	23.4	32.8	8.5	68.0	56.9	85.7	2.1	2.9	7.0	ISIC3	102
纽埃		1987	11.6	…	…	22.3	…	…	66.1	…	…	…	…	…	ISIC2	103
	b	2001	9.0	11.4	5.8	20.4	28.7	8.7	69.5	58.9	84.4	159.2	267.1	393.8	ISIC3	104
北马里亚纳群岛		1984	2.0	…	…	3.5	…	…	58.1	…	…	765.6	…	…	ISIC2	105
		1985	2.0	…	…	3.5	…	…	58.1	…	…	676.2	…	…	ISIC2	105
	b	1990	2.3	4.1	–	44.6	47.3	40.2	53.1	49.3	58.0	…	…	…	ISIC2	106
		1995	1.2	2.2	–	15.5	18.8	11.3	83.7	78.3	90.6	…	…	…	ISIC2	106
巴布亚新几内亚		2000	72.3	…	…	3.6	…	…	22.7	…	…	0.1	…	…	ISIC3	107
汤加		1984	43.2	57.8	3.4	12.0	11.9	12.4	44.7	30.3	84.3	…	…	…	ISIC2	103
	b	2003	31.8	50.6	4.6	30.6	13.5	55.3	37.3	35.5	39.7	0.8	1.4	1.5	ISIC3	2
南亚																
孟加拉国		1991	66.4	54.4	84.9	13.0	15.7	8.8	16.2	25.3	2.1	–	–	–	ISIC2	108
		1996	63.2	54.4	77.5	9.6	10.8	7.6	25.0	33.7	11.0	–	–	–	ISIC2	108
		2000	62.1	53.3	76.9	10.3	11.0	9.0	23.5	30.3	12.1	–	–	–	ISIC2	109
	b	2003	51.7	49.8	58.6	13.7	12.3	18.4	34.6	37.9	23.0	…	…	…	ISIC3	110
		2005	48.1	41.8	68.1	14.5	15.1	12.5	37.4	43.0	19.4	…	…	…	ISIC3	110
不丹		2005	43.6	32.6	63.0	17.2	23.7	5.8	39.2	43.7	31.6	…	…	…	ISIC3	111
马尔代夫		1990	25.2	28.1	13.5	22.4	18.4	38.5	48.5	49.8	42.9	7.0	8.1	45.9	ISIC2	112
	b	1995	22.2	27.0	9.0	23.9	16.9	42.9	50.4	52.7	44.2	5.2	6.9	21.5	ISIC3	113
		2000	13.7	17.9	5.4	19.0	16.4	24.1	50.2	55.8	39.0	19.9	17.4	109.5	ISIC3	113
	b	2003	17.3	21.8	9.0	23.4	17.8	33.8	56.6	57.1	55.7	3.3	6.4	5.4	ISIC3	114
	b	2006	11.5	14.0	7.1	24.3	19.9	31.8	59.8	62.0	55.9	4.1	5.9	12.8	ISIC3	115
尼泊尔		1991	81.2	74.9	90.5	2.7	3.7	1.3	14.7	19.6	7.5	–	–	–	ISIC2	116
	b	1999	76.1	67.1	85.2	9.8	14.5	5.1	14.0	18.3	9.6	–	–	–	ISIC3	2
	b	2001	65.7	60.2	72.8	13.4	13.1	13.7	20.1	25.4	13.2	–	–	–	ISIC3	117

		年份	农业			制造业			服务业			未定义			ISIC	注
			MF	M	F	MF	M	F	MF	M	F	MF	M	F		No.
巴基斯坦		1980	52.7	…	…	20.3	…	…	26.8	…	…	–	…	…	ISIC2	118
		1990	51.1	48.4	72.2	19.8	20.6	14.1	28.9	30.9	13.5	–	–	–	ISIC2	119
		2000	48.4	44.4	72.9	18.0	19.5	9.0	33.5	36.1	18.1	–	–	–	ISIC2	118
		2003	42.1	38.2	64.6	20.8	21.7	15.6	37.1	40.1	19.8	–	–	–	ISIC2	118
		2004	43.0	38.1	67.3	20.3	21.4	15.0	36.6	40.5	17.6	–	–	–	ISIC2	118
		2005	43.0	38.1	67.3	20.3	21.4	15.0	36.6	40.5	17.6	–	–	–	ISIC2	118
		2006	43.4	37.2	68.8	20.7	22.1	15.0	35.9	40.6	16.2	–	–	–	ISIC2	118
		2007	43.6	36.4	72.4	21.0	23.1	12.6	35.4	40.5	15.0	–	–	–	ISIC2	120
斯里兰卡		1990	47.8	…	…	20.6	…	…	30.0	…	…	–	…	…	ISIC2	121
	b	2003	34.3	…	…	23.4	…	…	38.7	…	…	0.1	…	…	ISIC3	122
		2004	33.5	…	…	22.8	…	…	36.8	…	…	0.1	…	…	ISIC3	123
	b	2005	30.3	27.9	35.2	25.2	24.1	27.5	38.4	40.7	33.9	0.1	0.2	0.2	ISIC3	77
	b	2006	32.2	29.1	37.9	26.6	11.0	0.8	38.4	41.3	33.0	–	0.1	–	ISIC3	124
		2007	31.3	28.4	36.8	26.6	26.4	27.1	38.7	40.9	34.4	–	0.1	0.1	ISIC3	125
东南亚																
文莱达鲁萨兰国		1991	2.0	2.2	1.6	24.1	31.4	8.9	73.7	66.3	89.5	0.1	0.1	0.1	ISIC2	126
	b	2001	1.4	2.1	0.3	21.4	28.6	11.2	77.2	69.3	88.4	…	…	…	ISIC3	127
柬埔寨		1998	77.5	71.6	83.1	4.2	5.0	3.5	18.0	23.1	13.3	–	–	–	ISIC3	128
	b	2000	73.7	72.4	74.9	8.4	7.1	9.6	17.7	20.2	15.4	–	–	–	ISIC3	129
		2001	70.2	70.8	69.7	10.5	8.7	12.2	19.1	20.2	18.0	–	–	–	ISIC3	129
印度尼西亚		1980	56.4	57.5	54.2	13.1	13.1	13.1	30.4	29.4	32.7	–	–	–	ISIC2	70
		1990	55.9	55.6	56.3	13.7	14.6	12.4	30.2	29.7	31.1	–	–	–	ISIC2	70
	b	2000	45.3	44.4	46.7	17.4	19.0	15.0	37.3	36.7	38.3	–	–	–	ISIC3	1
		2003	46.4	45.7	47.5	17.7	19.1	15.2	35.9	35.1	37.3	–	–	–	ISIC3	1
		2004	43.3	42.6	44.6	18.0	20.1	14.2	38.7	37.3	41.2	–	–	–	ISIC3	1
		2005	44.0	43.8	44.3	18.7	20.3	15.9	37.2	35.9	39.7	–	–	–	ISIC3	130
		2006	42.0	42.5	41.1	18.6	20.3	15.3	39.3	37.1	43.5	–	–	–	ISIC3	130
		2007	41.2	41.1	41.4	18.8	21.0	15.0	39.9	37.8	43.5	–	–	–	ISIC3	130
老挝人民民主共和国		1995	85.4	81.2	89.3	3.5	4.4	2.7	11.1	14.4	7.9	…	…	…	ISIC3	131
马来西亚		1980	37.2	33.9	43.8	24.1	25.6	20.0	38.7	39.9	36.3	–	–	–	ISIC2	132
		1990	26.0	26.4	25.3	27.5	27.3	28.0	46.5	46.3	46.8	–	–	–	ISIC2	132
		2000	18.4	20.7	14.0	32.2	33.9	28.9	49.5	45.4	57.0	–	–	–	ISIC2	132
		2003	14.3	16.1	11.0	32.0	34.9	26.9	53.7	49.0	62.1	–	–	–	ISIC3	133
		2004	14.6	16.8	10.5	30.1	33.1	24.9	55.3	50.1	64.6	–	–	–	ISIC3	133
		2005	14.6	17.1	10.2	29.7	32.7	24.4	55.6	50.2	65.4	–	–	–	ISIC3	133
		2006	14.6	17.2	10.0	30.3	33.3	24.7	55.1	49.5	65.2	–	–	–	ISIC3	133
		2007	14.8	17.5	10.0	28.5	31.7	22.8	56.7	50.8	67.2	–	–	–	ISIC3	133
缅甸		1980	67.1	…	…	9.8	…	…	23.1	…	…	…	…	…	ISIC2	134
		1990	69.7	…	…	9.2	…	…	21.0	…	…	…	…	…	ISIC2	134
		1992	69.1	…	…	9.0	…	…	21.9	…	…	…	…	…	ISIC2	134
		1993	68.9	…	…	9.6	…	…	21.5	…	…	…	…	…	ISIC2	134
		1994	68.7	…	…	9.8	…	…	21.5	…	…	…	…	…	ISIC2	134
		1997	63.4	…	…	11.7	…	…	24.9	…	…	…	…	…	ISIC2	134
		1998	62.7	…	…	12.0	…	…	25.1	…	…	…	…	…	ISIC2	134
菲律宾		1980	51.8	59.8	37.3	15.4	15.6	14.9	32.8	24.6	47.8	–	–	–	ISIC2	135
		1990	45.2	53.1	31.3	15.0	16.3	12.8	39.7	30.5	55.8	–	–	–	ISIC2	136
		2000	37.4	45.3	24.5	16.0	17.7	13.2	46.5	37.0	62.3	–	–	–	ISIC2	136
		2003	37.2	44.7	25.1	15.7	18.0	11.9	47.1	37.2	63.1	–	–	–	ISIC3	137
		2004	37.1	44.6	24.7	15.4	17.6	11.7	47.5	37.8	63.6	–	–	–	ISIC3	137
		2005	37.0	44.7	24.8	14.9	16.9	11.7	48.1	38.5	63.5	–	–	–	ISIC3	137
		2006	36.6	44.2	24.4	14.9	17.1	11.3	48.5	38.7	64.3	–	–	–	ISIC3	137
		2007	36.1	43.8	23.8	15.1	17.5	11.1	48.8	38.7	65.0	–	–	–	ISIC3	138
新加坡		1980	1.3	1.5	0.9	35.7	33.3	40.3	62.6	64.6	58.8	–	0.1	–	ISIC2	139
	b	1990	0.4	0.6	0.1	37.9	40.2	34.3	61.7	59.2	65.6	…	…	…	ISIC2	101
	b	2000	…	…	…	33.8	42.2	20.9	65.5	56.9	78.8	–	0.1	–	ISIC3	140
		2002	0.8	1.1	0.4	25.1	28.3	20.4	74.0	70.5	79.2	…	…	…	ISIC3	141
		2003	0.9	1.1	0.5	25.0	28.3	20.2	74.1	70.6	79.3	…	…	…	ISIC3	141
		2004	0.8	1.1	0.4	24.0	27.2	19.2	75.2	71.6	80.3	…	…	…	ISIC3	141
	b	2006	1.3	1.6	0.8	22.1	26.0	16.8	76.7	72.5	82.4	…	…	…	ISIC3	142
		2007	1.1	1.6	0.5	22.6	26.4	17.6	76.2	72.1	81.9	…	…	…	ISIC3	141

		年份	农业			制造业			服务业			未定义			ISIC	注
			MF	M	F	MF	M	F	MF	M	F	MF	M	F		No.
泰国		1980	70.8	67.8	74.1	10.3	12.6	7.8	18.9	19.6	18.1	–	–	–	ISIC2	143
	b	1990	63.3	62.4	64.5	13.6	14.7	12.3	23.0	22.9	23.1	–	–	–	ISIC3	114
		2000	48.5	49.5	47.3	17.9	18.5	17.1	33.5	31.9	35.5	–	–	–	ISIC3	114
		2003	44.9	46.8	42.5	19.7	20.5	18.8	35.3	32.6	38.7	–	–	–	ISIC3	144
		2004	42.3	43.9	40.3	20.5	21.6	19.2	37.1	34.4	40.4	–	–	–	ISIC3	144
		2005	42.6	44.2	40.7	20.2	21.6	18.7	37.1	34.1	40.5	–	–	–	ISIC3	144
		2006	42.1	43.1	40.5	20.6	22.0	19.0	37.0	34.2	40.3	–	–	–	ISIC3	144
		2007	41.7	43.3	40.0	20.7	22.0	19.2	37.4	34.6	40.7	–	–	–	ISIC3	144
越南		2000	65.3	64.2	66.3	12.4	14.7	10.1	22.3	21.0	23.6	–	–	–	ISIC3	145
		2001	64.0	63.0	65.0	13.9	16.5	11.2	22.1	20.4	23.8	–	–	–	ISIC3	145
		2002	62.0	61.0	63.2	14.7	17.6	11.7	23.3	21.4	25.1	–	–	–	ISIC3	145
		2003	59.7	57.7	61.7	16.4	19.7	13.0	23.9	22.6	25.3	–	–	–	ISIC3	145
		2004	57.9	55.9	60.0	17.4	20.8	13.7	24.7	23.3	26.3	–	–	–	ISIC3	145
拉丁美洲和加勒比地区																
加勒比地区																
安哥拉		1999	2.3	3.3	1.0	20.5	32.7	6.7	67.5	53.6	83.7	154.5	315.1	299.3	ISIC3	146
	b	2001	2.9	4.8	0.7	18.9	32.1	3.7	76.7	64.4	93.9	27.0	46.2	63.7	ISIC3	147
安提瓜和巴布达		2001	2.6	4.1	1.1	14.6	24.4	4.7	74.6	63.1	86.2	22.6	46.4	44.1	ISIC3	148
阿鲁巴		1994	0.1	0.1	0.1	18.6	28.4	4.8	81.2	71.3	95.0	0.6	1.1	0.9	ISIC3	11
		1997	0.5	0.6	0.3	16.3	25.6	4.2	82.9	73.5	95.1	0.8	1.0	2.7	ISIC3	11
巴哈马		2003	3.0	5.3	0.6	15.8	25.6	5.6	80.9	68.7	93.7	0.2	0.5	0.2	ISIC3	149
		2004	4.4	8.2	0.4	16.1	26.3	5.2	79.4	65.5	94.4	0.1	0.2	0.1	ISIC3	149
		2005	3.5	6.4	0.3	17.8	29.6	5.1	78.4	63.5	94.3	0.2	0.5	0.3	ISIC3	149
		2006	2.5	4.4	0.5	18.4	30.6	5.2	79.5	64.8	94.2	0.2	0.3	0.4	ISIC3	150
		2007	2.3	4.2	0.2	17.9	29.4	5.4	79.6	66.2	94.2	0.1	0.3	0.2	ISIC3	149
巴巴多斯		1990	6.3	6.9	5.5	21.9	28.8	13.5	62.0	55.8	69.5	9.4	14.4	24.8	ISIC2	151
		2000	3.7	4.1	3.3	20.4	29.3	10.7	64.4	57.4	72.6	8.8	13.6	22.3	ISIC2	152
		2001	4.2	4.8	3.6	19.6	28.3	9.9	65.5	58.2	73.3	8.1	12.2	21.4	ISIC2	152
		2002	4.0	4.9	3.1	18.7	26.6	10.0	65.9	58.8	73.7	8.6	13.7	21.3	ISIC2	152
		2003	4.6	5.3	3.5	17.6	25.5	9.0	66.8	59.5	74.7	8.3	13.9	20.0	ISIC2	152
		2004	3.3	4.2	2.5	17.3	26.2	7.8	69.7	61.8	78.2	7.0	10.7	17.7	ISIC2	152
百慕大		2000	1.4	2.4	0.2	14.8	25.3	3.7	74.9	64.7	85.7	24.2	39.8	58.1	ISIC3	148
英属维尔京群岛		1991	2.0	3.3	0.3	21.3	33.8	5.1	76.1	62.1	94.1	6.8	12.8	14.5	ISIC3	153
开曼群岛		1991	1.1	2.1	–	18.8	34.1	2.5	80.2	64.0	97.9	…	…	…	ISIC2	76
	b	2005	1.7	2.6	0.6	22.2	39.3	3.3	75.5	57.3	95.7	1.7	4.2	2.3	ISIC3	76
		2006	2.3	3.5	1.0	21.3	37.3	3.6	76.4	59.2	95.5	–	–	–	ISIC3	149
	b	2007	1.8	3.2	0.3	19.5	33.6	4.2	76.4	61.1	93.0	6.5	11.2	15.0	ISIC3	154
古巴		2000	27.1	34.3	14.2	19.1	21.9	13.9	53.8	43.8	71.9	…	…	…	ISIC2	155
		2003	21.7	28.7	9.2	20.2	22.8	15.7	58.1	48.6	75.1	…	…	…	ISIC2	155
		2004	21.2	27.5	10.1	19.4	22.5	13.9	59.4	50.0	76.0	…	…	…	ISIC2	155
		2005	20.2	26.5	9.4	19.1	22.5	13.2	60.6	51.0	77.4	…	…	…	ISIC2	155
		2006	20.0	26.3	9.4	18.1	21.3	12.8	61.8	52.4	77.8	…	…	…	ISIC2	155
		2007	18.7	25.0	8.6	18.0	21.5	12.4	63.2	53.5	79.1	…	…	…	ISIC2	155
多米尼克		1989	28.2	38.7	12.7	32.6	35.6	27.3	39.9	29.4	54.5	26.8	41.4	82.6	ISIC2	1
	b	1991	30.8	40.2	13.2	21.6	26.5	13.2	44.7	30.7	71.0	12.5	17.3	42.6	ISIC2	156
	b	1997	23.7	31.4	13.7	18.2	24.3	10.2	53.8	40.0	72.0	16.5	29.7	37.1	ISIC2	1
		1999	27.2	34.3	16.1	17.6	21.9	10.9	54.0	42.5	72.1	4.6	8.2	10.8	ISIC2	1
	b	2001	21.0	29.4	8.3	19.8	26.5	9.8	58.8	43.9	81.5	1.3	1.8	4.2	ISIC2	156
多米尼加共和国	b	2000	15.9	22.7	2.6	23.8	26.2	19.3	60.2	51.1	78.1	–	–	…	ISIC3	157
		2004	14.8	21.2	1.9	23.0	26.8	15.3	57.8	47.6	78.4	…	…	…	ISIC3	158
		2005	14.6	20.6	2.8	22.3	26.0	15.1	58.6	48.7	78.1	…	…	…	ISIC3	158
	b	2006	14.9	21.6	2.1	21.9	26.1	14.1	63.2	52.4	83.7	–	–	–	ISIC3	159
	b		14.9	21.6	2.1	21.9	26.1	14.1	63.2	52.4	83.7	–	–	–	ISIC3	160
		2007	14.5	21.0	2.1	21.9	26.2	13.7	63.5	52.8	84.2	–	–	–	ISIC3	159
格林纳达		1988	19.8	23.7	14.8	24.5	29.9	17.3	49.4	40.2	61.7	22.3	39.2	51.8	ISIC2	24
		1994	19.4	23.4	13.2	22.4	30.9	8.7	55.8	43.2	76.2	7.7	13.7	16.8	ISIC2	24
		1996	15.5	18.2	11.9	23.1	32.8	9.9	57.0	45.4	73.0	12.6	18.1	37.3	ISIC2	24
		1998	13.8	16.5	9.7	23.9	31.8	12.2	58.6	46.3	76.6	10.9	26.0	10.4	ISIC2	24
瓜德罗普		1980	27.1	…	…	21.6	…	…	51.6	…	…	…	…	…	ISIC2	161

		年份	农业			制造业			服务业			未定义			ISIC	注
			MF	M	F	MF	M	F	MF	M	F	MF	M	F		No.
圭亚那		1997	27.9	33.5	16.3	22.6	23.7	20.4	47.9	41.8	60.4	0.7	0.7	3.6	ISIC3	11
	b	2002	21.4	27.2	7.2	24.5	29.6	12.2	50.4	39.1	77.4	1.6	2.4	4.8	ISIC3	162
海地		1980	67.5	81.3	53.1	8.0	8.2	7.9	24.4	10.5	39.0	…	…	…	ISIC2	163
		1982	65.4	76.1	49.6	8.8	8.5	9.3	23.0	13.1	37.8	0.1	0.2	0.4	ISIC2	163
		1983	65.4	76.1	49.6	8.8	8.5	9.3	23.0	13.0	37.8	0.1	0.2	0.4	ISIC2	163
		1988	66.2	76.1	49.6	8.9	8.6	9.3	22.2	12.9	37.8	0.2	0.2	0.5	ISIC2	163
		1990	65.6	76.1	49.6	8.8	8.5	9.3	22.8	13.1	37.8	0.1	0.2	0.4	ISIC2	163
	b	1999	50.5	62.5	37.3	10.8	15.1	6.0	38.7	22.4	56.7	…	…	…	ISIC2	123
牙买加		2000	20.8	28.8	9.2	16.9	24.4	6.2	62.0	46.6	84.1	–	–	0.1	ISIC2	57
		2002	20.1	27.4	9.9	17.3	25.0	6.5	62.4	47.4	83.2	–	–	0.1	ISIC2	57
		2003	20.4	28.6	8.8	17.4	25.4	6.3	62.1	45.8	84.7	–	–	–	ISIC2	57
		2004	18.5	25.5	8.8	18.3	27.6	5.4	63.2	47.0	85.7	–	–	–	ISIC2	57
		2005	18.1	25.1	8.5	17.7	26.9	5.3	64.0	47.8	86.0	–	–	0.1	ISIC2	57
		2006	18.2	25.6	8.3	17.7	27.4	4.6	63.9	46.9	86.8	–	–	0.1	ISIC2	57
马提尼克		1990	7.6	10.1	4.6	17.3	26.5	6.2	75.0	63.6	89.0	…	…	…	ISIC2	164
蒙特塞拉特		1980	10.4	…	…	27.9	…	…	61.7	…	…	1.4	…	…	ISIC2	9
		1984	10.1	…	…	27.2	…	…	62.7	…	…	…	…	…	ISIC2	9
		1985	9.9	…	…	27.5	…	…	62.6	…	…	…	…	…	ISIC2	9
		1986	9.9	…	…	29.4	…	…	60.6	…	…	…	…	…	ISIC2	9
		1987	9.6	…	…	30.9	…	…	59.5	…	…	…	…	…	ISIC2	9
	b	1991	6.6	8.8	3.7	30.1	44.7	10.0	62.8	45.8	86.3	19.6	29.1	27.7	ISIC2	55
荷属安的列斯		1980	0.4	…	…	23.5	…	…	75.7	…	…	0.5	…	…	ISIC2	165
		1990	0.7	…	…	21.9	…	…	77.3	…	…	…	…	…	ISIC2	166
		2000	1.1	2.0	0.2	18.0	28.6	5.6	80.8	69.2	93.9	0.2	0.8	1.5	ISIC3	167
		2003	0.9	…	…	16.7	…	…	82.2	…	…	0.4	…	…	ISIC3	167
		2004	0.9	…	…	15.9	…	…	83.0	…	…	0.4	…	…	ISIC3	167
		2005	0.9	…	…	15.1	…	…	83.6	…	…	0.5	…	…	ISIC3	167
		2006	1.1	…	…	15.8	…	…	83.0	…	…	0.3	…	…	ISIC3	168
		2007	1.3	…	…	16.0	…	…	82.6	…	…	0.3	…	…	ISIC3	168
波多黎各		1980	5.4	8.0	0.4	26.2	27.3	24.2	68.3	64.5	74.7	…	…	…	ISIC2	169
		1990	3.6	5.5	0.3	24.5	26.8	20.8	71.9	67.6	78.7	…	…	…	ISIC2	169
		2000	1.9	3.1	0.2	22.3	27.6	14.6	75.9	69.1	85.0	…	…	…	ISIC2	169
		2003	2.0	3.4	0.2	19.6	26.2	11.8	78.4	70.9	87.8	…	…	…	ISIC2	169
		2004	2.1	3.5	0.2	19.4	26.1	11.0	78.5	70.4	88.6	…	…	…	ISIC2	169
		2005	2.1	3.3	0.4	19.0	25.4	11.0	79.0	71.6	88.6	…	…	…	ISIC2	169
		2006	1.4	2.3	0.4	19.5	26.0	11.3	79.1	71.5	88.4	…	…	…	ISIC2	169
		2007	1.1	1.9	0.4	19.2	26.4	10.3	79.7	71.6	89.4	…	…	…	ISIC2	169
圣基茨和尼维斯		1981	50.9	…	…	12.2	…	…	36.9	…	…	–	…	…	ISIC2	91
		1982	50.7	…	…	11.6	…	…	37.0	…	…	–	…	…	ISIC2	91
		1983	29.2	…	…	19.3	…	…	44.2	…	…	48.9	…	…	ISIC2	91
		1984	29.6	40.0	13.8	24.3	28.8	17.3	43.0	28.0	65.8	21.0	36.4	52.1	ISIC2	91
圣卢西亚		1999	21.7	26.5	15.9	19.2	24.2	13.5	59.0	48.9	70.5	0.2	0.2	0.4	ISIC3	170
		2000	20.8	26.1	14.3	20.3	24.8	14.7	57.6	47.4	70.1	2.1	4.7	3.3	ISIC3	170
		2002	12.2	15.1	8.7	16.9	21.9	10.9	56.1	46.7	67.6	25.3	51.1	48.6	ISIC3	170
		2003	13.0	16.3	8.5	15.9	20.7	9.5	60.2	50.6	73.0	17.1	33.9	32.8	ISIC3	170
		2004	14.8	18.8	9.8	16.1	21.3	9.5	59.4	48.8	72.8	15.5	31.8	28.7	ISIC3	170
圣文森特和格林纳丁斯		1991	24.8	30.6	13.9	21.3	26.7	11.0	53.6	42.4	74.7	1.0	1.5	3.0	ISIC3	153
		2001	15.4	20.2	7.6	19.6	27.1	7.6	60.6	48.1	80.1	12.2	20.7	29.7	ISIC3	153
苏里南	b	1990	3.7	4.6	2.2	19.3	26.7	7.5	73.3	64.5	87.3	4.5	8.2	9.4	ISIC2	171
		1996	5.9	7.9	1.8	23.6	32.6	5.7	65.9	52.9	91.6	5.3	11.3	3.2	ISIC2	23
		1997	5.2	6.3	2.9	22.2	30.6	5.5	68.0	56.9	89.9	5.6	11.2	6.1	ISIC2	23
		1998	5.6	6.7	3.2	25.0	32.3	9.8	65.7	56.3	85.5	4.2	7.9	5.3	ISIC2	23
		1999	6.1	8.4	1.8	14.5	21.8	0.5	75.4	64.3	96.6	5.5	11.6	4.3	ISIC2	171
	b	2004	8.0	9.9	4.5	23.0	30.8	8.4	64.3	54.6	82.2	3.0	4.6	8.9	ISIC3	172
特立尼达和多巴哥		1980	10.2	10.9	8.6	36.9	43.7	21.3	52.6	45.0	70.1	0.1	0.1	–	ISIC2	173
		1990	12.3	15.2	6.3	27.2	33.5	13.5	60.5	51.1	80.0	–	–	0.1	ISIC2	1
		2000	7.2	9.8	2.9	28.0	36.7	13.3	64.6	53.4	83.7	–	–	0.1	ISIC2	1
		2001	7.8	10.6	3.1	28.8	38.1	12.6	63.1	51.1	83.8	0.1	0.1	0.2	ISIC2	1
		2002	6.9	9.8	2.0	28.4	37.0	14.1	64.4	53.0	83.7	–	0.1	0.1	ISIC2	1
		2003	5.9	8.3	2.0	28.5	38.0	13.0	65.3	53.4	84.5	0.1	0.1	0.2	ISIC2	1
		2004	4.6	6.3	2.0	30.2	40.0	15.0	64.8	53.4	82.6	0.1	0.1	0.2	ISIC2	1
		2005	4.3	6.1	1.7	31.0	41.1	15.8	64.3	52.3	82.0	0.1	0.1	0.2	ISIC2	1
特克斯和凯科斯群岛		2001	2.9	…	…	17.6	…	…	72.5	…	…	86.5	…	…	ISIC3	19
		2002	1.7	…	…	16.5	…	…	73.9	…	…	68.1	…	…	ISIC3	19
		2003	1.4	…	…	17.0	…	…	71.6	…	…	70.4	…	…	ISIC3	19
		2004	2.0	…	…	17.1	…	…	75.0	…	…	47.6	…	…	ISIC3	19
		2005	1.7	…	…	17.2	…	…	71.3	…	…	62.8	…	…	ISIC3	19

		年份	农业			制造业			服务业			未定义			ISIC	注
			MF	M	F	MF	M	F	MF	M	F	MF	M	F		No.
中美洲																
伯利兹		1996	28.7	38.4	5.0	17.0	19.7	10.3	53.0	40.3	83.7	2.2	3.4	5.3	ISIC3	174
		1997	29.9	40.3	6.1	18.2	19.6	19.8	51.4	39.7	78.2	0.7	0.9	2.4	ISIC3	174
		1998	25.0	34.1	5.4	18.0	21.3	10.9	56.5	44.1	83.3	0.6	0.9	1.9	ISIC3	174
		1999	27.5	36.9	6.4	17.0	19.3	11.9	55.3	43.5	82.5	0.4	0.5	1.4	ISIC3	174
	b	2005	19.5	28.0	3.3	17.9	21.8	10.3	61.9	49.7	85.5	0.7	0.9	2.7	ISIC3	175
哥斯达黎加		1980	27.4	34.4	5.9	24.0	25.3	20.1	48.3	40.1	73.8	–	0.1	0.1	ISIC2	176
		1990	25.9	33.6	6.4	25.9	26.5	24.4	47.5	39.2	68.7	0.1	0.1	0.2	ISIC2	177
		2000	20.4	27.3	5.4	22.3	24.9	16.5	56.5	46.9	77.4	0.1	0.1	0.2	ISIC3	178
		2003	15.1	21.0	4.1	22.2	26.3	14.5	62.1	52.0	81.0	–	0.1	0.1	ISIC3	178
		2004	14.8	20.4	4.0	22.0	26.5	13.1	62.6	52.5	82.4	–	0.1	0.1	ISIC3	178
		2005	15.2	20.8	4.8	21.5	26.4	12.6	62.8	52.3	82.2	–	–	0.1	ISIC3	178
		2006	14.0	19.4	4.4	21.7	26.7	12.8	63.9	53.6	82.3	–	–	0.1	ISIC3	178
		2007	13.2	17.9	5.1	22.2	27.5	12.9	64.2	54.2	81.6	–	–	0.1	ISIC3	178
萨尔瓦多		1980	37.5	51.0	10.2	21.0	20.9	21.2	41.5	28.1	68.6	…	…	…	ISIC2	179
		2000	21.6	33.9	3.8	24.2	24.2	24.3	54.1	41.9	71.9	–	–	–	ISIC3	180
		2002	19.7	31.9	2.7	24.2	24.7	23.5	55.7	42.7	73.7	–	–	–	ISIC3	180
		2003	18.2	28.5	3.8	24.6	26.5	21.9	57.2	44.9	74.2	–	–	–	ISIC3	180
		2004	19.1	30.0	3.4	23.7	25.1	21.6	57.2	44.9	75.0	–	–	–	ISIC3	180
		2005	20.0	30.9	4.8	22.2	23.7	20.1	57.8	45.4	75.1	…	…	…	ISIC3	180
		2006	18.9	29.3	4.8	23.0	25.9	19.0	58.2	44.8	76.2	…	…	…	ISIC3	180
危地马拉	b	1998	37.6	49.7	17.0	23.2	22.5	24.5	39.0	27.7	58.1	–	–	–	ISIC3	157
	b	2000	36.4	48.1	15.3	20.4	20.2	20.8	42.8	31.4	63.2	–	–	–	ISIC2	181
	b	2002	38.7	50.1	18.1	20.0	18.2	23.3	37.5	27.4	55.6	0.1	0.1	0.2	ISIC2	182
	b	2006	33.2	43.8	16.0	22.8	24.1	20.6	43.7	31.8	63.1	–	–	–	ISIC3	183
	b		33.2	43.8	16.0	22.8	24.1	20.6	43.7	31.8	63.1	–	–	–	ISIC3	184
洪都拉斯		1980	58.6	…	…	16.9	…	…	24.5	…	…	…	…	…	ISIC2	185
	b	1990	50.1	65.2	5.8	16.7	14.5	22.7	33.2	20.1	71.4	–	–	–	ISIC2	186
		1999	35.1	49.8	8.9	22.0	20.6	24.6	42.9	29.6	66.5	–	–	–	ISIC2	186
	b	2002	38.4	52.7	8.8	20.5	18.8	24.2	41.1	28.5	67.0	…	…	…	ISIC2	187
		2003	37.4	51.9	8.7	21.4	19.4	25.5	41.2	28.8	65.9	…	…	…	ISIC2	188
	b	2004	34.9	48.4	7.2	22.4	21.7	23.8	42.7	29.9	68.8	–	–	–	ISIC2	189
		2005	39.2	51.3	13.1	20.9	19.7	23.3	39.7	28.7	63.4	–	–	–	ISIC2	186
墨西哥	b	1990	22.6	28.6	3.4	27.8	30.0	20.8	46.1	38.7	70.3	–	–	0.1	ISIC2	190
		2000	17.6	23.2	6.9	26.9	29.4	22.2	55.1	47.0	70.7	–	–	–	ISIC3	191
		2003	16.3	22.1	5.2	25.0	27.8	19.6	58.4	49.7	75.0	–	–	–	ISIC3	191
		2004	15.9	21.6	5.6	24.8	27.9	19.3	58.9	50.0	74.9	–	–	–	ISIC3	191
		2005	14.9	20.6	4.9	25.7	29.6	18.9	58.9	49.1	75.7	–	–	–	ISIC3	191
		2006	14.3	19.9	4.7	25.8	30.1	18.4	59.2	49.2	76.2	–	–	–	ISIC3	191
		2007	13.5	18.9	4.4	25.9	30.6	18.1	59.9	49.7	76.9	–	–	–	ISIC3	191
尼加拉瓜		1990	39.3	…	…	12.9	…	…	38.2	…	…	0.8	…	…	ISIC2	192
		2000	43.5	…	…	14.7	…	…	37.9	…	…	0.2	…	…	ISIC2	192
		2001	43.4	…	…	14.7	…	…	38.2	…	…	0.2	…	…	ISIC2	192
	b	2003	30.5	43.1	10.4	18.0	18.6	17.0	51.2	38.1	72.2	–	–	–	ISIC3	159
		2004	30.3	42.0	10.6	18.4	19.4	16.6	51.1	38.4	72.6	–	–	–	ISIC3	159
		2005	28.9	41.3	8.3	19.7	20.1	19.1	51.0	38.1	72.2	–	–	0.1	ISIC3	159
		2006	29.1	41.7	8.4	19.3	20.2	17.8	51.2	37.9	73.2	–	–	0.1	ISIC3	159
巴拿马		2000	17.0	24.7	1.7	17.4	21.5	9.1	65.6	53.7	89.1	–	–	–	ISIC3	193
		2003	17.5	24.9	3.7	17.2	21.8	8.6	65.2	53.2	87.5	–	–	–	ISIC3	193
		2004	16.0	23.1	3.0	17.6	22.4	8.9	66.3	54.4	88.1	–	–	–	ISIC3	193
		2005	15.7	22.2	4.3	17.2	21.8	9.1	67.1	56.0	86.4	–	–	–	ISIC3	193
		2006	15.9	22.3	4.5	18.1	23.2	8.8	65.9	54.4	86.7	–	–	–	ISIC3	193
		2007	14.7	21.3	3.4	19.3	24.8	9.7	65.9	53.8	86.9	–	–	–	ISIC3	193
南美洲																
阿根廷	b	1990	0.4	0.5	0.2	31.6	39.4	17.9	67.6	59.7	81.6	–	–	–	ISIC2	194
		2000	0.7	1.0	0.2	22.7	31.1	10.1	76.2	67.5	89.2	–	–	–	ISIC3	195
		2002	1.0	1.3	0.5	20.2	27.9	9.4	78.5	70.5	89.7	–	–	–	ISIC3	195
	b	2003	1.4	1.7	1.0	21.7	29.2	11.4	76.3	68.3	87.1	–	–	–	ISIC3	196
		2004	1.2	1.4	0.9	23.0	31.3	11.6	75.5	66.9	87.2	–	–	–	ISIC3	197
		2005	1.1	1.5	0.6	23.5	32.7	11.0	75.1	65.6	88.0	–	–	–	ISIC3	197
	b	2006	0.8	1.2	0.3	23.7	33.1	10.9	75.2	65.5	88.5	–	–	–	ISIC3	198
玻利维亚		1980	46.5	52.1	28.2	20.6	21.2	18.8	32.9	26.7	53.0	…	…	…	ISIC2	199
		1988	47.4	54.0	28.0	12.8	13.1	12.1	39.8	32.9	60.0	…	…	…	ISIC2	199
	b	1999	37.1	37.0	37.2	19.9	26.4	11.9	43.0	36.6	50.9	–	–	…	ISIC3	200
		2000	36.8	37.9	35.3	19.5	26.8	10.3	43.6	35.2	54.4	–	–	–	ISIC3	200
		2001	41.5	42.9	39.8	16.6	22.4	9.6	41.8	34.6	50.5	–	–	–	ISIC3	200
		2002	39.6	42.3	36.2	18.8	24.5	11.3	41.5	33.1	52.4	–	–	–	ISIC3	200

		年份	农业			制造业			服务业			未定义			ISIC	注
			MF	M	F	MF	M	F	MF	M	F	MF	M	F		No.
巴西		1990	22.8	28.1	13.3	22.7	28.1	12.8	54.5	43.8	73.8	…	…	…	ISIC2	201
	b	2000	18.5	23.2	10.6	21.2	26.7	12.1	59.1	48.8	76.1	–	–	–	ISIC3	202
	b	2002	20.6	23.5	16.5	21.4	27.5	12.7	57.8	48.6	70.7	–	–	–	ISIC3	203
		2003	20.7	23.9	16.1	20.9	26.6	12.8	58.2	49.1	71.1	–	–	–	ISIC3	204
		2004	21.0	24.5	16.0	21.0	26.8	12.9	57.8	48.3	71.0	–	–	–	ISIC3	204
		2005	20.5	23.7	16.0	21.4	27.3	13.3	57.9	48.7	70.6	–	–	–	ISIC3	204
		2006	19.3	22.5	15.0	21.4	27.5	13.0	59.1	49.6	71.9	–	–	–	ISIC3	204
智利		1980	16.3	21.9	2.8	23.7	26.8	16.3	59.8	51.1	80.8	–	–	–	ISIC2	205
		1990	19.3	25.3	5.9	25.2	30.3	13.9	55.5	44.4	80.2	–	–	–	ISIC2	206
		2000	14.4	19.3	4.6	23.4	28.9	12.2	62.2	51.8	83.2	–	–	–	ISIC2	206
	b	2003	13.6	18.1	4.9	23.4	29.4	11.8	63.0	52.6	83.4	–	–	–	ISIC2	206
		2004	13.4	17.6	5.5	23.6	29.7	12.2	63.0	52.7	82.3	–	–	–	ISIC2	206
		2005	13.2	17.1	5.8	23.0	29.1	11.5	63.9	53.8	82.7	–	–	–	ISIC2	206
	b	2006	12.8	16.7	5.8	23.3	29.9	11.3	63.9	53.4	82.9	–	–	–	ISIC2	207
		2007	12.3	16.1	5.6	23.4	30.5	10.9	64.3	53.4	83.5	–	–	–	ISIC2	206
哥伦比亚		2003	21.1	30.6	7.2	18.6	20.4	16.1	60.2	49.1	76.6	–	–	–	ISIC3	208
		2004	20.3	29.4	6.8	19.7	21.1	17.5	60.1	49.5	75.7	–	–	–	ISIC3	208
		2005	22.4	31.8	8.4	18.8	20.6	16.1	58.8	47.6	75.5	–	–	–	ISIC3	208
		2006	19.4	28.2	6.7	19.3	21.8	15.8	61.0	49.7	77.4	–	–	–	ISIC3	208
		2007	18.4	26.7	6.4	19.6	22.4	15.5	61.9	50.8	78.1	–	–	–	ISIC3	208
厄瓜多尔		1990	6.9	10.3	2.5	26.8	30.0	16.5	66.3	59.7	81.0	–	–	–	ISIC2	209
			6.9	10.3	2.5	26.8	30.0	16.5	66.3	59.7	81.0	–	–	–	ISIC2	210
		2000	8.5	11.1	4.4	23.9	29.5	14.9	67.6	59.3	80.6	–	–	–	ISIC3	211
		2002	8.6	11.0	4.7	22.5	27.7	14.2	68.9	61.3	81.1	–	–	–	ISIC3	212
		2003	9.1	…	…	21.7	…	…	69.2	…	…	–	…	…	ISIC3	212
		2004	9.3	12.3	4.9	21.4	26.5	14.0	69.3	61.1	81.1	–	–	–	ISIC3	212
		2005	8.3	11.0	4.3	21.2	27.4	12.1	70.4	61.6	83.6	–	–	–	ISIC3	212
		2006	8.3	11.0	4.3	21.8	28.0	12.6	69.8	61.0	83.0	–	–	–	ISIC3	212
巴拉圭		2000	30.8	37.7	19.8	17.4	21.7	10.6	51.8	40.6	69.6	–	–	–	ISIC2	213
		2001	31.9	39.0	20.3	16.9	21.0	10.4	51.2	40.1	69.2	–	–	–	ISIC2	214
	b	2002	33.1	41.3	19.2	15.7	19.1	10.0	51.0	39.5	70.6	–	–	–	ISIC2	215
		2003	31.5	38.7	20.0	15.8	19.2	10.2	52.7	42.1	69.8	–	–	…	ISIC2	216
	b	2007	29.5	33.3	23.5	18.1	24.0	8.9	52.4	42.6	67.6	–	–	–	ISIC3	217
秘鲁	b	1990	1.2	1.7	0.6	27.3	32.2	19.7	71.5	66.1	79.7	…	…	…	ISIC2	218
		2000	6.8	8.9	3.9	18.8	24.4	11.5	74.4	66.7	84.6	–	–	–	ISIC3	219
		2003	12.1	15.5	7.8	41.1	40.7	41.6	46.8	43.8	50.6	…	…	…	ISIC3	220
		2004	11.7	14.8	7.8	41.7	40.6	43.1	46.5	44.6	49.0	…	…	…	ISIC3	219
		2005	11.8	14.7	8.1	41.5	40.8	42.4	46.8	44.6	49.5	…	…	…	ISIC3	219
		2006	11.4	14.5	7.6	41.7	40.8	42.9	46.8	44.7	49.4	…	…	…	ISIC3	219
		2007	9.3	12.3	5.7	42.1	41.3	43.0	48.6	46.4	51.2	…	…	…	ISIC3	219
乌拉圭		2006	11.1	15.4	5.2	21.2	27.5	12.5	67.5	56.9	82.3	–	–	–	ISIC3	221
		2007	11.0	15.6	4.8	21.7	28.5	12.6	67.2	56.0	82.5	–	–	–	ISIC3	221
委内瑞拉玻利瓦尔共和国		1980	15.0	19.9	2.4	27.7	31.3	18.3	57.3	48.8	79.2	–	–	–	ISIC2	222
		1990	13.4	18.5	2.2	25.3	29.6	15.5	61.2	51.7	82.2	–	–	–	ISIC2	58
		2000	10.2	15.1	1.5	22.3	28.1	12.1	67.4	56.7	86.2	–	–	–	ISIC2	58
		2001	9.5	14.3	1.5	22.2	28.4	12.0	68.2	57.2	86.3	–	–	–	ISIC2	58
		2002	9.8	14.8	1.8	20.9	26.6	11.7	69.1	58.4	86.3	–	–	–	ISIC2	58
	b	2003	10.7	16.0	2.3	19.8	25.0	11.4	69.1	58.6	86.0	–	–	–	ISIC2	223
	b	2006	9.1	13.5	1.8	22.6	29.4	11.4	67.1	55.7	85.8	–	–	–	ISIC2	222
		2007	8.7	13.1	1.8	23.3	30.4	12.0	67.7	56.3	86.0	–	–	–	ISIC2	58
非洲																
北非																
阿尔及利亚		2001	21.1	22.5	12.5	24.3	23.6	28.3	54.5	53.8	59.0	–	–	–	ISIC3	224
		2003	21.1	22.8	11.0	24.0	23.8	25.2	54.8	53.4	63.7	–	–	–	ISIC3	224
		2004	20.7	20.4	22.3	26.0	25.6	28.2	53.0	53.8	49.4	–	–	–	ISIC3	224
埃及		1980	42.4	44.9	9.5	20.1	20.6	12.7	35.7	33.2	68.9	–	–	1.3	ISIC2	225
		1990	39.0	34.9	52.0	20.7	23.9	10.2	40.1	40.9	37.5	–	–	–	ISIC2	226
		2000	29.6	27.4	39.4	21.3	24.6	6.9	49.1	48.0	53.7	–	–	–	ISIC3	227
		2002	27.5	27.5	27.6	20.6	22.9	10.4	51.9	49.6	61.9	–	–	–	ISIC3	227
		2003	29.9	27.7	39.0	19.8	22.9	6.2	50.4	49.3	54.7	–	–	–	ISIC3	227
		2004	31.8	28.1	46.5	20.0	23.5	5.9	48.2	48.4	47.5	–	–	–	ISIC3	227
	b	2005	30.9	27.1	46.5	21.5	25.4	5.0	47.5	47.2	48.4	–	–	–	ISIC3	228
		2006	31.2	28.3	43.3	22.0	25.8	6.0	46.6	45.6	50.6	–	–	–	ISIC3	228
利比亚		1980	18.9	…	…	33.7	…	…	47.4	…	…	…	…	…	ISIC2	229
		1983	15.3	…	…	40.4	…	…	44.3	…	…	…	…	…	ISIC2	229
		1985	16.8	…	…	39.4	…	…	43.8	…	…	…	…	…	ISIC2	229
		1986	19.7	…	…	30.0	…	…	50.2	…	…	…	…	…	ISIC2	229

		年份	农业			制造业			服务业			未定义			ISIC	注
			MF	M	F	MF	M	F	MF	M	F	MF	M	F		No.
摩洛哥	b	2002	44.4	40.1	57.1	20.1	20.5	19.0	35.5	39.4	23.9	–	–	–	ISIC3	230
		2003	43.9	39.2	56.8	20.2	20.7	18.6	35.9	40.0	24.5	–	–	–	ISIC3	231
		2004	45.8	40.4	60.4	19.5	20.5	16.8	34.7	39.1	22.8	–	–	–	ISIC3	231
		2005	45.4	39.6	61.4	19.5	20.8	15.9	35.0	39.5	22.6	–	–	–	ISIC3	231
		2006	43.3	36.7	61.3	20.3	22.4	14.5	36.3	40.8	24.1	–	–	–	ISIC3	231
突尼斯		1980	33.4	34.5	29.5	33.4	29.3	47.8	29.1	31.7	20.1	0.3	0.4	0.8	ISIC2	91
		1981	32.5	…	…	34.0	…	…	29.5	…	…	0.2	…	…	ISIC2	91
		1982	31.6	…	…	34.5	…	…	30.0	…	…	0.2	…	…	ISIC2	91
	b	1989	25.8	26.5	22.7	33.6	31.1	44.1	39.1	40.8	32.1	0.1	0.1	0.3	ISIC3	34
撒哈拉以南非洲																
东非																
埃塞俄比亚		1994	89.3	…	…	2.3	…	…	7.6	…	…	–	…	…	ISIC2	232
	b	2005	80.2	84.3	75.5	6.6	5.2	8.4	13.2	10.5	16.2	–	–	–	ISIC3	233
马达加斯加		2003	78.0	76.7	79.3	6.7	7.4	6.0	15.3	16.0	14.6	…	…	…	ISIC3	234
	b	2005	82.0	81.5	82.5	3.4	5.1	1.6	14.6	13.4	15.9	…	…	…	ISIC3	235
毛里求斯		1990	16.7	17.7	14.3	43.1	40.1	50.0	40.0	42.0	35.4	–	0.1	0.2	ISIC2	236
	b	2000	12.1	12.9	10.6	38.8	36.6	43.1	49.0	50.4	46.3	…	…	…	ISIC3	237
	b	2004	10.0	10.9	8.2	33.5	34.6	31.3	56.2	54.1	60.5	0.1	0.1	–	ISIC3	59
		2005	10.0	10.5	8.9	32.4	34.2	28.8	57.4	55.1	62.2	–	0.1	0.1	ISIC3	59
		2006	9.6	10.4	8.1	32.1	34.5	27.3	57.9	54.7	64.3	0.1	0.1	0.1	ISIC3	59
		2007	9.1	9.9	7.6	32.3	35.5	25.8	57.9	53.9	66.1	0.1	0.2	0.3	ISIC3	238
			9.1	9.9	7.6	32.3	35.5	25.8	57.9	53.9	66.1	0.1	0.2	0.3	ISIC3	239
卢旺达		1989	90.1	83.4	95.9	2.9	5.4	0.7	6.7	10.7	3.2	–	–	–	ISIC2	240
坦桑尼亚联合共		2001	82.1	80.2	84.0	2.6	4.0	1.2	15.3	15.7	14.8	…	…	…	ISIC2	241
和国	b	2006	74.6	71.2	78.0	5.0	7.3	2.8	20.3	21.5	19.2	…	…	…	ISIC3	1
乌干达		2003	68.7	61.8	75.7	7.8	10.3	5.3	23.5	27.6	19.2	…	…	…	ISIC3	160
赞比亚		1990	49.8	46.6	56.0	10.9	14.9	3.3	20.8	22.4	17.8	1.0	1.3	3.6	ISIC2	242
	b	1998	70.0	63.5	77.2	7.0	9.8	3.0	23.0	26.7	19.8	…	…	…	ISIC2	243
	b	2000	71.6	65.2	78.6	5.8	8.8	2.0	22.6	26.0	18.4	…	…	…	ISIC2	244
津巴布韦		1999	60.0	50.9	69.5	11.8	18.7	4.6	24.3	28.0	20.4	0.1	0.1	0.2	ISIC3	245
中非																
喀麦隆		1986	76.9	…	…	6.8	…	…	14.0	…	…	0.1	…	…	ISIC2	91
	b	2001	60.6	53.1	68.4	9.1	14.1	3.9	23.1	25.5	22.5	0.1	0.3	0.2	ISIC2	246
乍得		1993	83.0	80.3	85.9	2.1	3.3	0.7	14.5	15.8	13.1	–	–	–	ISIC2	247
赤道几内亚		1983	76.3	68.1	89.9	4.8	7.1	0.7	17.6	23.2	8.4	1.7	3.5	2.3	ISIC2	248
加蓬		1993	41.6	25.6	60.8	11.5	18.7	2.9	46.2	54.9	35.7	0.2	0.5	0.5	ISIC3	249
圣多美和普林西比		1980	54.3	42.4	72.9	23.0	32.5	8.3	22.7	25.2	18.8	…	…	…	ISIC2	91
		1982	52.0	46.2	63.1	14.5	20.2	3.7	33.5	33.7	33.1	…	…	…	ISIC2	91
		1983	60.6	56.8	67.6	13.9	18.3	5.7	25.5	24.9	26.7	…	…	…	ISIC2	91
		1984	53.5	45.8	69.7	18.2	25.3	3.2	28.3	28.9	27.1	…	…	…	ISIC2	91
	b	1991	39.9	42.3	35.0	13.6	19.2	2.5	43.4	35.6	59.0	9.1	12.7	31.0	ISIC2	250
	b	2000	27.9	30.6	22.8	19.2	26.3	5.9	52.4	42.6	70.7	1.5	2.2	4.6	ISIC3	123
南部非洲																
博茨瓦纳		1998	20.4	26.2	12.9	21.9	26.7	15.7	55.9	45.5	69.5	0.4	0.7	1.0	ISIC3	251
		2000	19.7	21.9	17.0	20.9	26.3	14.1	58.1	50.6	67.4	0.3	0.5	0.6	ISIC3	251
	b	2001	12.4	16.8	5.9	25.5	31.1	17.4	61.3	51.4	75.6	0.2	0.3	0.6	ISIC3	252
	b	2003	21.2	28.6	12.9	22.6	28.0	16.5	56.1	43.3	70.6	–	–	–	ISIC3	251
	b	2005	29.9	35.1	24.3	15.2	19.2	10.8	54.7	45.5	64.8	–	0.1	0.1	ISIC3	253
莱索托		1996	22.8	32.5	8.1	10.1	10.1	10.1	30.7	21.6	44.5	8.3	13.4	21.5	ISIC2	254
	b	1997	56.5	65.6	45.1	15.2	16.6	13.4	28.2	17.8	41.4	–	–	0.1	ISIC3	255
	b	1999	72.3	78.2	64.9	9.3	8.9	9.8	18.3	12.8	25.3	–	–	–	ISIC3	159
纳米比亚		1991	48.2	45.2	52.0	15.0	20.6	7.9	36.4	33.8	39.8	0.1	0.2	0.2	ISIC3	131
	b	1997	38.3	37.6	39.1	14.2	19.4	7.9	46.4	42.5	52.3	0.1	0.2	0.3	ISIC3	246
	b	2000	31.1	32.8	29.1	12.2	17.2	6.7	56.0	49.4	63.3	0.2	0.3	0.4	ISIC3	256
		2004	29.9	33.7	25.2	14.8	19.1	9.3	55.1	47.1	65.4	–	0.1	–	ISIC3	256
南非		2000	15.6	15.3	16.1	24.2	33.4	12.1	59.4	50.4	71.1	–	–	–	ISIC3	257
		2003	10.6	12.8	7.6	25.0	33.4	13.5	64.1	53.5	78.6	–	–	–	ISIC3	257
		2004	9.1	10.4	7.4	26.1	34.4	14.6	64.5	54.9	77.8	–	–	–	ISIC3	257
		2005	7.5	8.6	6.0	25.6	34.5	13.7	66.6	56.6	80.2	–	–	–	ISIC3	257
		2006	8.5	9.0	7.8	25.6	34.5	13.7	65.6	56.1	78.4	–	–	–	ISIC3	257
		2007	8.8	10.6	6.5	26.0	35.3	13.6	64.9	53.8	79.7	–	–	–	ISIC3	257

		年份	农业			制造业			服务业			未定义			ISIC	注
			MF	M	F	MF	M	F	MF	M	F	MF	M	F		No.
西非																
布基纳法索		1994	88.8	…	…	3.3	…	…	7.5	…	…	–	…	…	ISIC2	123
冈比亚		1993	64.7	53.7	76.5	6.1	10.7	1.3	27.8	35.0	20.1	0.3	0.3	1.1	ISIC2	258
加纳		1992	62.0	66.2	58.7	10.1	10.4	9.8	27.9	23.1	31.9	…	…	…	ISIC2	259
		1999	55.0	59.8	50.3	14.0	13.5	14.5	31.1	26.5	35.6	…	…	…	ISIC2	259
几内亚		1994	76.0	72.9	78.8	5.9	9.2	2.9	18.1	18.0	18.2	–	…	–	ISIC2	260
马里		2004	41.5	49.8	29.9	16.5	17.8	14.7	41.9	32.4	55.3	–	…	–	ISIC3	2
尼日利亚		1983	33.6	39.0	21.7	5.7	5.3	6.6	56.5	51.7	66.9	4.2	3.9	4.8	ISIC2	88
		1986	46.9	51.2	37.6	6.4	8.9	4.9	43.7	37.6	56.8	2.2	3.3	2.0	ISIC2	88
圣赫勒拿		1998	10.2	15.0	3.9	19.7	33.3	2.2	69.2	50.5	93.3	43.4	99.0	63.0	ISIC3	261
塞内加尔		2006	33.7	34.1	33.0	14.8	20.2	4.9	35.9	32.5	42.0	0.5	0.6	1.8	ISIC3	262
塞拉利昂		2004	68.5	66.0	71.1	6.5	10.3	2.5	24.8	23.4	26.3	–	–	–	ISIC3	263
中东																
巴林		1981	2.7	3.0	–	34.7	38.2	5.4	61.1	57.2	93.2	1.1	1.4	9.1	ISIC2	229
		1982	2.6	2.9	–	34.2	37.8	5.2	61.5	57.8	92.8	1.1	1.3	8.5	ISIC2	229
	b	1991	2.4	2.9	–	28.5	32.8	7.1	68.6	64.0	91.6	0.2	0.2	1.1	ISIC3	264
	b	2001	1.5	1.9	0.2	28.0	31.8	13.3	67.8	63.4	85.2	0.9	1.3	2.2	ISIC3	162
伊朗		1996	23.0	23.9	16.7	30.7	30.2	34.5	44.3	44.1	45.7	–	–	0.2	ISIC3	265
(伊斯兰共和国)	b	2005	24.9	22.8	34.2	30.4	30.9	28.4	44.6	46.3	37.4	–	–	–	ISIC3	266
		2007	22.8	20.5	33.1	32.0	32.7	29.1	45.1	46.7	37.8	–	–	–	ISIC3	266
伊拉克		2004	17.0	14.0	32.6	17.8	19.8	7.4	65.1	66.1	60.0	–	–	–	ISIC3	267
约旦		1987	6.6	6.9	3.9	17.2	18.1	8.2	76.3	75.1	87.4	…	…	…	ISIC2	246
	b	2000	4.9	5.1	3.6	21.8	23.4	11.6	72.8	71.1	83.0	0.8	0.6	7.0	ISIC3	246
		2001	4.1	4.2	2.7	21.8	23.2	13.1	73.8	72.1	82.8	0.5	0.6	3.8	ISIC3	246
		2002	3.9	4.1	2.5	21.4	23.2	10.8	74.3	72.3	85.0	0.7	0.5	9.8	ISIC3	246
		2003	3.6	3.8	2.0	21.8	23.0	12.1	74.5	72.5	84.0	0.7	0.8	11.6	ISIC3	246
科威特		1983	0.6	0.8	–	27.0	32.8	2.0	72.3	66.4	98.0	…	…	…	ISIC2	149
		1988	1.3	1.7	0.1	25.5	33.0	1.9	73.2	65.3	98.0	…	…	…	ISIC2	268
	b	1995	2.1	…	…	22.9	…	…	73.9	…	…	0.2	…	…	ISIC3	269
		2003	…	…	…	18.3	…	…	81.7	…	…	–	…	…	ISIC3	246
阿曼		1993	9.3	9.6	4.8	7.5	7.5	7.4	81.6	81.2	86.1	0.7	0.7	9.2	ISIC3	270
	b	1996	7.3	7.5	5.0	7.7	7.7	7.0	84.8	84.4	87.8	0.1	0.1	0.7	ISIC3	271
		2000	6.4	6.6	5.4	11.2	10.7	14.0	82.1	82.4	80.2	0.1	0.1	1.1	ISIC3	271
巴勒斯坦被占领土		2000	13.7	9.8	34.6	34.4	38.6	11.2	51.5	51.2	53.4	0.1	0.1	0.8	ISIC3	266
		2003	15.7	11.9	33.7	25.8	29.6	7.8	57.4	57.4	57.2	0.2	0.2	1.3	ISIC3	11
		2004	15.9	12.0	33.7	24.7	28.3	8.2	58.1	58.5	56.3	0.2	0.2	1.6	ISIC3	11
		2005	14.6	11.0	32.5	26.3	29.8	8.4	58.0	58.2	57.2	0.2	0.2	1.8	ISIC3	11
		2006	16.1	12.0	34.3	23.9	27.2	8.8	59.0	59.8	55.3	0.2	0.2	1.4	ISIC3	11
		2007	15.6	10.8	36.0	23.8	27.2	9.7	59.5	61.1	52.5	0.2	0.2	1.4	ISIC3	11
卡塔尔		1997	3.7	4.3	–	33.1	38.0	1.9	62.9	57.4	97.7	0.1	0.1	1.0	ISIC3	272
	b	2001	2.3	2.7	–	38.2	43.9	3.1	58.8	52.7	95.9	0.2	0.3	2.2	ISIC3	273
	b	2004	2.7	3.2	0.1	41.0	47.6	3.1	56.0	49.0	96.5	0.1	0.1	0.5	ISIC3	272
	b	2006	3.0	3.5	–	41.6	48.0	3.9	55.2	48.3	95.9	0.1	0.1	0.3	ISIC3	273
沙特阿拉伯		2000	6.1	6.7	2.3	19.9	22.7	1.5	73.9	70.4	96.1	–	–	–	ISIC3	11
		2001	6.0	6.8	0.8	21.0	24.1	1.1	72.7	68.8	97.5	–	–	0.1	ISIC3	11
		2002	4.7	5.3	0.6	21.0	24.0	1.2	74.2	70.5	98.1	–	–	–	ISIC3	11
		2006	4.0	4.6	0.4	20.3	23.4	1.0	75.7	71.9	98.5	–	–	–	ISIC3	21
		2007	4.7	5.4	0.4	19.8	22.9	1.1	75.4	71.6	98.5	–	–	–	ISIC3	11
阿拉伯叙利亚共和国		1999	27.8	23.4	50.2	28.3	32.0	9.7	43.7	44.4	39.9	–	–	–	ISIC3	274
		2000	32.9	26.2	61.7	26.1	30.4	7.5	40.9	43.3	45.1	–	–	–	ISIC3	274
		2001	30.6	25.5	56.7	26.2	29.8	8.0	43.1	44.7	35.2	–	–	–	ISIC3	274
		2002	31.2	24.7	61.2	27.7	32.2	7.2	41.0	43.1	31.6	–	–	–	ISIC3	274
		2003	27.0	22.6	49.1	25.6	29.1	8.1	47.3	48.3	42.7	–	–	–	ISIC3	274
阿拉伯联合酋长国		1995	8.0	9.0	0.1	33.6	36.2	13.8	58.2	54.6	85.9	–	–	0.2	ISIC3	162
	b	2000	7.9	9.0	0.1	33.4	36.2	13.8	58.6	54.6	85.9	–	–	0.1	ISIC3	275
	b	2005	4.9	5.6	0.1	39.8	44.8	6.2	54.4	48.8	92.3	–	–	0.4	ISIC3	162
也门		1991	52.6	43.5	83.1	11.3	14.0	2.2	32.1	37.7	13.4	–	–	–	ISIC2	123
	b	1994	53.6	45.0	86.9	10.8	12.9	2.9	33.6	39.9	9.4	0.1	0.1	0.1	ISIC3	128
	b	1998	56.3	46.6	85.8	10.7	8.6	3.9	31.9	39.4	9.2	–	–	0.1	ISIC3	276
	b	1999	54.1	43.1	87.8	11.1	13.8	2.9	34.7	43.0	9.2	–	–	–	ISIC3	11

表 4a 按部门划分的就业（占总就业人口的百分比）（注）

1. 说明

表 4a 将就业划分为三大部门，即农业部门、工业部门与服务业部门，并以各自占总就业人口的百分比表示。各个部门的信息尤为适用于识别就业和不同发展阶段的大范围变动。在教科书有关经济发展的案例中，劳动力从农业及其他劳动力密集型行业流向工业、并最终流向服务业。在此过程中，就业者从农村地区向城市地区迁移。这里对经济活动部门的分类参照《所有经济活动的国际标准行业分类》（ISIC）修订版第二版（1968 年）和修订版第三版（1990 年）。

2. 数据库

CARIBBEAN 加勒比劳工统计数据集

国际劳工组织加勒比亚地区办公室，特立尼达和多巴哥西班牙港

这个在线数据库提供了 20 个加勒比国家关于劳工统计和劳动力市场的信息。这些数据包括就业、失业、工资、工时、职业事故、社会保障、劳资纠纷等。该数据库目前已停止运营。

欧盟统计局（EUROSTAT） 欧洲劳动力调查（EU LFS），在线数据库

欧洲共同体统计局，卢森堡

http：//epp. eurostat. ec. europa. eu/portal/page/portal/employment_unemployment_lfs/introduction

欧洲劳动力调查（EU LFS）是季度性抽样调查，其覆盖了欧盟、欧洲自由贸易联盟（列支敦士登除外）和欧盟候选国的私人家庭人口。它提供了 15 岁及以上人口的劳动参与情况及非劳动力人口的年度和季度调查结果。

劳工统计数据库（LABORSTA） 劳工统计年鉴，在线统计数据库

国际劳工局统计部，瑞士日内瓦

http：//laborsta. ilo. org

劳工统计数据库是国际劳工组织统计部的在线数据库，提供了自 1969 年以来 30 多个官方核心劳工统计表，包括经济活动人口、就业、失业、工时、工资、劳动力成本、消费者价格、工伤及罢工和停工。

LMIL 劳动力市场指标图书馆

国际劳工组织就业部，瑞士日内瓦

LMIL 网络允许国际劳工组织中各部门共享劳动力市场信息。当无法从现有的国际信息库获取信息时，就利用 LMIL 指标。驻地办公室需负责鉴别、汇集和审查劳动力市场信息，并利用从各地区或各国那里得到的最新信息来更新数据库。

OECD 劳动力统计数据库（在线）

经济合作与发展组织，法国巴黎

http：//stats. oecd. org/Index. aspx

OECD 劳动力统计在线数据库包含了按年龄和性别划分的工作年龄人口、劳动力、就业和失业，以及按年龄和性别划分的就业/人口比率、参与率、失业率等数据的详细统计资料。

SIAL 项目 SIAL（劳工分析和信息系统）

国际劳工组织拉丁美洲和加勒比地区办公室 ，秘鲁利马

http：//www. oitsial. org. pa

该项目组通过在拉丁美洲地区进行家庭调查取得微观数据，并利用这些微观数据分析得出国际劳工组织出版物中的劳动力市场指标。目前该项目已经停止。

3. 资料来源类型

CA 与劳动力有关的机构普查

ELFS　欧盟劳动力调查（欧盟统计局）
HS　家庭或劳动力调查
OE　官方估算
PC　人口普查

4. 覆盖范围

C　平民
T　总人口
…　无法获得数据

5. ISIC 国际标准工业分类法

ISIC 2　所有经济活动的国际标准行业分类（ISIC 第二版，1968 年）
ISIC 3　所有经济活动的国际标准行业分类（ISIC 第三版，1990 年）

6. 符号

MF　男性和女性
M　男性
F　女性
b　序列发生变动
-　无法获得数据
…　忽略不计

7. 附加注释

由于四舍五入，表 4a 的数据总和可能并非全部为 100%。

注 No.	信息库	资料来源类型	覆盖范围	年龄（岁）	备注
1	LABORSTA	HS	T	15 +	
2	LABORSTA	HS	T	15 +	注：对境外组织或实体无法按经济活动分类。
3	LABORSTA	HS	T	15 +	覆盖范围：不包括应征入伍者 注：对境外组织或实体无法按经济活动分类。
4	EUROSTAT	ELFS	T	15 +	
5	LABORSTA	OE	T	15 +	参考期：6 月
6	LABORSTA	HS	T	15 +	参考期：4 月
7	LABORSTA	OE	C	15 +	覆盖范围：政府和合作社 注：农业包括兽医服务，服务业不包括仓储、广播和电视，以及维修和安装服务。
8	LABORSTA	OE	C	15 +	覆盖范围：政府和合作社 注：服务业不包括仓储、广播和电视，以及维修和安装服务。
9	LABORSTA	OE	C	15 +	
10	LABORSTA	HS	T	15 +	地域界限：政府控制的地区 覆盖范围：不包括应征入伍者 注：无法按经济活动分类，其中包括境外机构和实体。
11	LABORSTA	HS	T	15 +	注：无法按经济活动分类，其中包括境外机构和实体。
12	LABORSTA	HS	T	15—74	参考期：第二季度
13	LABORSTA	HS	T	15—69	覆盖范围：不包括应征入伍者 注：服务业不包括拥有雇员的私人家庭。

注 No.	信息库	资料来源类型	覆盖范围	年龄（岁）	备注
14	LABORSTA	HS	T	15—74	覆盖范围：不包括应征入伍者 注：服务业不包括拥有雇员的私人家庭。
15	LABORSTA	HS	T	15—74	
16	LABORSTA	HS	T	15—74	注：无法按经济活动分类，其中包括境外机构和实体。
17	LABORSTA	HS	T	15 +	参考期：第二季度 覆盖范围：不包括应征入伍者 注：行业包括维修业。
18	LABORSTA	OE	T	15 +	参考期：当年和下一年 1 月 1 日的平均值 覆盖范围：不包括领取育儿津贴的人员
19	LABORSTA	OE	T	15 +	
20	LABORSTA	HS	T	15—74	覆盖范围：不包括应征入伍者 注：无法按经济活动分类，其中包括境外机构和实体。
21	LABORSTA	HS	T	15 +	参考期：4 月 注：无法按经济活动分类，其中包括境外机构和实体。
22	LABORSTA	HS	T	15 +	参考期：第二季度 注：无法按经济活动分类，其中包括境外机构和实体。
23	LABORSTA	HS	T	14 +	
24	LABORSTA	HS	T	15 +	覆盖范围：不包括应征入伍者
25	LABORSTA	HS	T	15—74	覆盖范围：不包括应征入伍者
26	LABORSTA	OE	T	15 +	注：服务业包括未充分定义的活动。
27	LABORSTA	OE	C	15 +	参考期：1 月 注：行业包括维修和安装服务业，以及卫生服务业。
28	LABORSTA	HS	T	15—64	
29	LABORSTA	HS	T	15 +	覆盖范围：不包括应征入伍者和住在军营的正规军人 注：无法按经济活动分类，其中包括境外机构和实体。
30	LABORSTA	HS	C	10 +	参考期：第二季度
31	LABORSTA	HS	T	12 +	覆盖范围：不包括应征入伍者
32	LABORSTA	OE	C	15 +	参考期：12 月 31 日 覆盖范围：政府和合作社 注：服务业包括未充分定义的活动。
33	LABORSTA	OE	C	15 +	参考期：12 月 31 日 注：服务业不包括拥有雇员的私人家庭。
34	LABORSTA	HS	T	15 +	注：服务业不包括拥有雇员的私人家庭。
35	LABORSTA	HS	T	15 +	覆盖范围：不包括休育儿假的人员和应征入伍者 注：无法按经济活动分类，其中包括境外机构和实体。
36	LABORSTA	HS	T	15 +	参考期：第二季度 覆盖范围：不包括住在军营的正规军人
37	LABORSTA	HS	T	15 +	参考期：第二季度 覆盖范围：不包括应征入伍者和住在军营的正规军人
38	LABORSTA	HS	T	16 +	覆盖范围：不包括应征入伍者
39	OECD	HS	C	16 +	
40	LABORSTA	HS	T	16—74	参考期：11 个月的平均值 覆盖范围：不包括每周工作时间少于 15 小时的无报酬家庭工作者
41	LABORSTA	HS	T	16—64	覆盖范围：不包括应征入伍者 注：服务业包括境外组织和实体。
42	LABORSTA	HS	T	16—64	覆盖范围：不包括应征入伍者 注：方法经过修改。服务业包括境外组织和实体。

注 No.	信息库	资料来源类型	覆盖范围	年龄（岁）	备注
43	LABORSTA	HS	T	15—74	覆盖范围：不包括应征入伍者 注：服务业包括境外组织和实体。
44	LABORSTA	OE	T	16 +	参考期：6 月 覆盖范围：不包括国内私人服务业和无报酬家庭工作者
45	LABORSTA	HS	T	16 +	参考期：3—5 月 注：无法按经济活动分类，其中包括境外机构和实体。
46	LABORSTA	HS	C	15 +	地域界限：不包括领地居民和居住在保护区的土著人口 注：行业包括卫生服务业。
47	LABORSTA	HS	C	15 +	地域界限：不包括领地居民和居住在保护区的土著人口 注：对境外组织或实体无法按经济活动分类。
48	LABORSTA	HS	C	16 +	注：行业包括卫生服务业。
49	LABORSTA	HS	C	16 +	注：估算值基于 1990 年人口普查的结果。行业包括卫生服务业。
50	LABORSTA	HS	C	16 +	注：服务业包括无法按经济活动分类的境外组织、实体以及个人。
51	LABORSTA	HS	C	15 +	覆盖范围：不包括每周工作时间少于 15 小时的无报酬家庭工作者
52	LABORSTA	HS	C	15 +	参考期：2 月、3 月、8 月和 11 月的平均值 注：对境外组织或实体无法按经济活动分类。
53	LABORSTA	HS	C	15 +	参考期：2 月、3 月、8 月和 11 月的平均值 注：无法按经济活动分类，其中包括境外机构和实体。
54	LABORSTA	HS	T	16 +	参考期：9 月
55	LABORSTA	PC	T	15 +	
56	LABORSTA	PC	T	15 +	参考期：4 月
57	LABORSTA	HS	C	14 +	
58	LABORSTA	HS	C	15 +	
59	LABORSTA	HS	C	15 +	注：无法按经济活动分类，其中包括境外机构和实体。
60	LABORSTA	HS	C	15 +	注：方法经过修改，数据不具有严格的可比性。无法按经济活动分类，其中包括境外机构和实体。
61	LABORSTA	OE	T	…	参考期：12 月 31 日 覆盖范围：不包括无报酬家庭工作者
62	LABORSTA	OE	T	14 +	参考期：12 月
63	LABORSTA	OE	T	15 +	参考期：12 月 注：行业仅包括制造业和建筑业。无法按经济活动分类，其中包括境外机构和实体。
64	LABORSTA	OE	T	15 +	参考期：12 月 注：行业仅包括制造业和建筑业。服务业不包括拥有雇员的私人家庭。
65	LABORSTA	HS	C	16—74	注：无法按经济活动分类，其中包括境外机构和实体。
66	LABORSTA	HS	T	16—74	覆盖范围：不包括每周工作时间少于 10 小时的无报酬家庭工作者。
67	LABORSTA	HS	T	16—74	
68	LABORSTA	OE	C	15 +	注：行业包括制造业以及电力、燃气及水的生产和供应业（不包括第二和第五大类）。
69	LABORSTA	OE	T	15 +	注：服务业包括境外组织和实体。
70	LABORSTA	HS	T	15 +	参考期：5 月
71	LABORSTA	HS	C	15 +	参考期：4 月 注：对境外组织或实体无法按经济活动分类。
72	LABORSTA	HS	C	15 +	注：对境外组织或实体无法按经济活动分类。
73	LABORSTA	PC	T	15 +	参考期：10 月 注：无法按经济活动分类，其中包括境外机构和实体。
74	LABORSTA	HS	T	15—64	参考期：10 月 注：对境外组织或实体无法按经济活动分类。
75	LABORSTA	HS	T	15 +	参考期：10 月 注：无法按经济活动分类，其中包括境外机构和实体。

注 No.	信息库	资料来源类型	覆盖范围	年龄（岁）	备注
76	LABORSTA	HS	C	15 +	参考期：10 月
77	LABORSTA	HS	C	15 +	注：服务业包括境外组织和实体。
78	EUROSTAT	ELFS	C	15 +	
79	LABORSTA	OE	C	15 +	注：服务业不包括拥有雇员的私人家庭。
80	LABORSTA	OE	C	15—61	注：数据指的是 15—61 岁的男性和 15—56 岁的女性。包括武装部队人员在内的人员的活动未得到充分定义。
81	LABORSTA	OE	C	15—61	注：数据指的是 15—61 岁的男性和 15—56 岁的女性。服务业不包括拥有雇员的私人家庭。对境外组织或实体无法按经济活动分类。
82	LABORSTA	PC	T	15 +	参考期：2 月 注：无法按经济活动分类，其中包括境外机构和实体。
83	LABORSTA	OE	T	15 +	注：服务业不包括拥有雇员的私人家庭。
84	LABORSTA	HS	T	15 +	参考期：11 月 注：对境外组织或实体无法按经济活动分类。
85	LABORSTA	OE	T	…	注：服务业包括无法按经济活动分类的境外组织、实体以及个人。无法按经济活动分类，其中包括境外机构和实体。
86	LABORSTA	HS	T	15—72	注：对境外组织或实体无法按经济活动分类。
87	LABORSTA	OE	T	…	注：行业不包括采石和采矿业。服务业仅指批发和零售，运输、仓储和通信，教育、卫生保健和社会工作（门类 G、I、M 和 N）。
88	LABORSTA	HS	C	…	
89	LABORSTA	OE	T	…	覆盖范围：不包括自雇工作者
90	LABORSTA	HS	T	15—70	注：服务业包括境外组织和实体。
91	LABORSTA	OE	T	…	
92	LABORSTA	OE	C	…	参考期：12 月 覆盖范围：不包括再就业的退休人员 注：服务业包括商业服务。
93	LABORSTA	HS	C	15 +	覆盖范围：不包括海军和受管辖机构人口。不包括每周工作时间少于 1 小时的无报酬家庭工作者。
94	LABORSTA	HS	C	15 +	覆盖范围：不包括海军和受管辖机构人口
95	LABORSTA	HS	C	15 +	注：估算值基于 2000 年人口普查的结果。对境外组织或实体无法按经济活动分类。
96	LABORSTA	HS	C	14 +	参考期：5 月
97	LABORSTA	HS	C	14 +	注：无法按经济活动分类，其中包括境外机构和实体。
98	LABORSTA	OE	T	16 +	参考期：12 月
99	LABORSTA	HS	C	15 +	注：服务业不包括拥有雇员的私人家庭。
100	LABORSTA	PC	T	16 +	
101	LABORSTA	PC	T	15 +	参考期：6 月
102	LABORSTA	PC	T	14 +	注：对境外组织或实体无法按经济活动分类。
103	LABORSTA	HS	T	…	
104	LABORSTA	PC	T	15 +	注：服务业不包括拥有雇员的私人家庭。无法按经济活动分类，其中包括境外机构和实体。
105	LABORSTA	HS	T	16 +	
106	LABORSTA	PC	T	16 +	参考期：4 月
107	LABORSTA	PC	T	10 +	参考期：6 月 注：无法按经济活动分类，其中包括境外机构和实体。
108	LABORSTA	HS	C	10 +	参考期：以所显示年份的 6 月为年末
109	LABORSTA	HS	C	15 +	参考期：以所显示年份的 6 月为年末
110	LABORSTA	HS	C	15 +	参考期：以所显示年份的 6 月为年末 注：服务业不包括拥有雇员的私人家庭。
111	LABORSTA	PC	T	15 +	参考期：5 月 注：服务业包括无法按经济活动分类的境外组织、实体以及个人。

注 No.	信息库	资料来源类型	覆盖范围	年龄（岁）	备注
112	LABORSTA	PC	T	12 +	覆盖范围：不包括应征入伍者
113	LABORSTA	PC	T	12 +	覆盖范围：不包括应征入伍者 注：服务业包括境外组织和实体。
114	LMIL	HS	…	15 +	
115	LABORSTA	PC	T	15 +	覆盖范围：不包括应征入伍者 注：服务业不包括拥有雇员的私人家庭。无法按经济活动分类，其中包括境外机构和实体。
116	LMIL	PC	…	10 +	
117	LABORSTA	PC	T	10 +	参考期：6 月 注：无法按经济活动分类，其中包括境外机构和实体。
118	LABORSTA	HS	C	10 +	参考期：7 月
119	LABORSTA	HS	C	10 +	参考期：7 月 注：估算值由 1987—1988 年的调查结果计算得出。
120	LABORSTA	HS	C	10 +	参考期：1 月
121	LABORSTA	HS	C	10 +	
122	LABORSTA	HS	C	10 +	参考期：第一季度 地域界限：不包括北部省份 注：行业包括境外组织和实体。
123	LMIL	HS	T	10 +	
124	LABORSTA	HS	C	15 +	参考期：第一和第三季度的平均值 地域界限：不包括北部和东部省份 注：服务业包括境外组织和实体。
125	LABORSTA	HS	C	15 +	地域界限：不包括北部和东部省份 注：服务业包括境外组织和实体。
126	LABORSTA	PC	T	16 +	参考期：8 月
127	LABORSTA	PC	T	15 +	参考期：8 月
128	LMIL	PC	T	10 +	
129	LMIL	HS	T	10 +	参考期：11 月
130	LABORSTA	HS	T	15 +	参考期：8 月
131	LMIL	PC	C	10 +	
132	LABORSTA	HS	C	15—64	
133	LABORSTA	HS	C	15—64	注：对境外组织或实体无法按经济活动分类。
134	LABORSTA	OE	C	…	注：服务业包括未充分定义的活动。
135	LABORSTA	HS	T	15 +	参考期：第四季度 覆盖范围：不包括住在军营的正规军人
136	LABORSTA	HS	T	15 +	参考期：10 月 覆盖范围：不包括住在军营的正规军人
137	LABORSTA	HS	T	15 +	参考期：10 月 覆盖范围：不包括住在军营的正规军人 注：对境外组织或实体无法按经济活动分类。
138	LABORSTA	HS	T	15 +	覆盖范围：不包括住在军营的正规军人 注：对境外组织或实体无法按经济活动分类。
139	LABORSTA	HS	T	15 +	参考期：6 月 覆盖范围：数据指永久居民
140	LABORSTA	PC	T	15 +	参考期：6 月 注：行业仅指制造业和建筑业。无法按经济类别进行划分的行业包括农业、渔业及采矿和采石业。
141	LABORSTA	HS	T	15 +	参考期：6 月 覆盖范围：数据指永久居民 注：农业包括采矿和采石业，电力、燃气及水的生产和供应业，以及无法按经济活动划分的类别。行业仅指制造业和建筑业。服务业包括境外组织和实体。

注 No.	信息库	资料来源类型	覆盖范围	年龄（岁）	备注
142	LABORSTA	HS	T	15 +	参考期：6 月 覆盖范围：数据指永久居民 注：方法经过修改。农业包括采矿和采石业，电力、燃气及水的生产和供应业，以及无法按经济活动划分的类别。行业仅指制造业和建筑业。服务业包括境外组织和实体。
143	LABORSTA	HS	C	11 +	参考期：第二轮 覆盖范围：不包括每周工作时间少于 20 小时的无报酬家庭工作者 注：行业包括维修和安装服务业，以及卫生服务业。
144	LABORSTA	HS	C	15 +	参考期：第三季度 注：无法按经济活动分类，其中包括境外机构和实体。
145	LABORSTA	HS	T	15 +	参考期：7 月 注：对境外组织或实体无法按经济活动分类。
146	LABORSTA	HS	C	15 +	参考期：9 月 注：农业包括采矿和采石业。
147	LABORSTA	PC	C	15 +	参考期：5 月
148	LABORSTA	PC	T	15 +	参考期：5 月 注：无法按经济活动分类，其中包括境外机构和实体。
149	LABORSTA	HS	C	15 +	参考期：4 月
150	LABORSTA	HS	C	15 +	参考期：5 月
151	LABORSTA	HS	C	15 +	参考期：第一和第四季度的平均值 注：服务不包括餐馆及旅馆业；未被充分定义的活动是指旅游。
152	LABORSTA	HS	C	15 +	注：服务不包括餐馆及旅馆业；未被充分定义的活动是指旅游。
153	CARIBBEAN	PC	T	15 +	
154	LABORSTA	HS	C	15 +	参考期：10 月 注：无法按经济活动分类，其中包括境外机构和实体。
155	LABORSTA	HS	T	17—60	参考期：12 月 注：数据指的是 17—60 岁的男性和 17—55 岁的女性。
156	LABORSTA	PC	T	15 +	参考期：5 月
157	SIAL	HS	T	15 +	注：数据源自微观渠道。
158	LABORSTA	HS	T	10 +	注：服务业不包括社区、社会和个人服务活动以及拥有雇员的私人家庭。
159	LABORSTA	HS	T	10 +	注：对境外组织或实体无法按经济活动分类。
160	LABORSTA	HS	T	10 +	
161	LABORSTA	OE	C	…	注：服务业不包括餐馆和旅馆业。
162	LABORSTA	PC	T	15 +	注：无法按经济活动分类，其中包括境外机构和实体。
163	LABORSTA	OE	T	10 +	参考期：7 月
164	LABORSTA	PC	T	15 +	参考期：3 月
165	LABORSTA	OE	C	15 +	地域界限：包括阿鲁巴
166	LABORSTA	HS	T	15 +	参考期：10 月 地域界限：库拉索 注：农业包括采矿和采石业。
167	LABORSTA	HS	T	15 +	参考期：10 月 地域界限：库拉索 注：对境外组织或实体无法按经济活动分类。
168	LABORSTA	HS	T	15 +	地域界限：库拉索 注：对境外组织或实体无法按经济活动分类。
169	LABORSTA	HS	C	16 +	
170	LABORSTA	HS	T	15 +	注：农业不包括采矿和采石业。
171	LABORSTA	HS	T	14 +	参考期：第一季度
172	LABORSTA	PC	T	15 +	参考期：8 月 注：服务业不包括拥有雇员的私人家庭

注 No.	信息库	资料来源 类型	覆盖范围	年龄 （岁）	备注
173	LABORSTA	HS	T	15 +	参考期：第二季度
174	LABORSTA	HS	C	14 +	参考期：4 月 注：无法按经济活动分类，其中包括境外机构和实体。
175	LABORSTA	HS	T	14 +	参考期：4 月 注：无法按经济活动分类，其中包括境外机构和实体。
176	LABORSTA	HS	T	12 +	参考期：7 月 注：服务业包括电力、燃气及水的生产和供应业。
177	LABORSTA	HS	T	12 +	参考期：7 月
178	LABORSTA	HS	T	12 +	参考期：7 月 注：无法按经济活动分类，其中包括境外机构和实体。
179	LABORSTA	HS	T	10 +	参考期：12 月 注：服务业不包括餐馆和旅馆业。
180	LABORSTA	HS	T	10 +	参考期：12 月
181	SIAL	HS	T	15 +	地域界限：不包括北部地区和佩滕 注：数据源自微观渠道。
182	LMIL	HS	T	10 +	参考期：5—7 月
183	LABORSTA	HS	C	10 +	注：对境外组织或实体无法按经济活动分类。
184	LABORSTA	HS	C	10 +	注：服务业不包括拥有雇员的私人家庭，对境外组织或实体无法按经济活动分类。
185	LABORSTA	OE	T	15 +	参考期：第二季度
186	LABORSTA	HS	C	10 +	参考期：3 月 地域界限：不包括格拉西亚斯—阿迪奥斯省和海湾群岛省
187	SIAL	HS	C	15 +	参考期：9 月 地域界限：不包括海湾群岛省 注：数据源自微观渠道。
188	SIAL	HS	C	10 +	参考期：9 月 地域界限：不包括海湾群岛省 注：数据源自微观渠道。
189	LABORSTA	HS	C	10 +	参考期：5 月 地域界限：不包括格拉西亚斯—阿迪奥斯省和海湾群岛省
190	LABORSTA	PC	T	12 +	参考期：2 月
191	LABORSTA	HS	T	14 +	参考期：第二季度 注：无法按经济活动分类，其中包括境外机构和实体。
192	LABORSTA	OE	T	10 +	
193	LABORSTA	HS	T	15 +	参考期：8 月 注：对境外组织或实体无法按经济活动分类。
194	SIAL	HS	T	15 +	参考期：10 月 地域界限：大布宜诺斯艾利斯 覆盖范围：不包括每周工作时间少于 15 小时的无报酬家庭工作者 注：数据源自微观渠道。
195	LABORSTA	HS	T	10 +	参考期：4 月和 11 月的平均值 地域界限：28 个城市群 注：无法按经济活动分类，其中包括境外机构和实体。
196	LABORSTA	HS	T	10 +	参考期：第二季度 地域界限：28 个城市群 注：方法经过修改，数据不具有严格的可比性。无法按经济活动分类，其中包括境外机构和实体。
197	LABORSTA	HS	T	10 +	参考期：第二季度 地域界限：28 个城市群 注：无法按经济活动分类，其中包括境外机构和实体。

注 No.	信息库	资料来源类型	覆盖范围	年龄（岁）	备注
198	LABORSTA	HS	T	10＋	参考期：第二季度 地域界限：31 个城市群 注：无法按经济活动分类，其中包括境外机构和实体。
199	LABORSTA	OE	C	10＋	
200	SIAL	HS	C	15＋	参考期：11 月 注：数据源自微观渠道。
201	LABORSTA	HS	T	10＋	参考期：9 月 地域界限：不包括朗多尼亚、阿克里、亚马孙、罗赖马、帕拉和阿马帕的农村人口 注：行业包括卫生服务业；服务业包括未充分定义的活动，不包括国际机构。
202	LABORSTA	PC	T	15＋	参考期：8 月 注：无法按经济活动分类，其中包括境外机构和实体。
203	LABORSTA	HS	T	10＋	参考期：9 月 地域界限：不包括朗多尼亚、阿克里、亚马孙、罗赖马、帕拉和阿马帕的农村人口 注：无法按经济活动分类，其中包括境外机构和实体。
204	LABORSTA	HS	T	10＋	参考期：9 月 注：无法按经济活动分类，其中包括境外机构和实体。
205	LABORSTA	HS	T	12＋	参考期：第四季度
206	LABORSTA	HS	T	15＋	参考期：第四季度
207	LABORSTA	HS	T	15＋	参考期：第四季度 注：方法经过修改，数据不具有严格的可比性。
208	LABORSTA	HS	C	10＋	参考期：第三季度 注：服务业包括境外组织和实体。
209	LABORSTA	HS	T	10＋	参考期：11 月 地域界限：城市地区
210	LABORSTA	HS	T	10＋	参考期：11 月 地域界限：城市地区 注：农业包括采矿和采石业；工业仅指制造业和建筑业（不包括第二和第四大类）；服务业包括电力、燃气及水的生产和供应业。
211	LABORSTA	HS	T	10＋	参考期：11 月 地域界限：城市地区 注：对境外组织或实体无法按经济活动分类。
212	LABORSTA	HS	T	10＋	参考期：11 月 地域界限：城市地区 注：无法按经济活动分类，其中包括境外机构和实体。
213	SIAL	HS	T	15＋	参考期：以所显示年份的 9 月为年初，以下一年 8 月为年末 注：数据源自微观渠道。
214	SIAL	HS	T	10＋	注：数据源自微观渠道。
215	SIAL	HS	T	15＋	参考期：11—12 月 地域界限：不包括博客龙和上巴拉圭的政府部门 注：数据源自微观渠道。
216	SIAL	HS	T	15＋	参考期：8—11 月 地域界限：不包括博客龙和上巴拉圭的政府部门 注：数据源自微观渠道。
217	LABORSTA	HS	C	10＋	参考期：第四季度 注：服务业包括境外组织和实体。
218	SIAL	HS	T	14＋	地域界限：秘鲁首都利马 注：数据源自微观渠道。

注 No.	信息库	资料来源类型	覆盖范围	年龄（岁）	备注
219	LABORSTA	HS	T	14 +	地域界限：城市地区 覆盖范围：不包括应征入伍者
220	LABORSTA	HS	T	14 +	参考期：5—12 月 地域界限：城市地区 覆盖范围：不包括应征入伍者
221	LABORSTA	HS	T	14 +	覆盖范围：不包括应征入伍者 注：农业包括采矿和采石业。服务业包括境外组织和实体。
222	LABORSTA	HS	C	15 +	参考期：第二季度
223	SIAL	HS	T	15 +	参考期：第二季度 覆盖范围：不包括土著人口和每周工作时间少于 15 小时的无报酬家庭工作者 注：数据源自微观渠道。
224	LABORSTA	HS	T	15 +	参考期：9 月 注：无法按经济活动分类，其中包括境外机构和实体。
225	LABORSTA	HS	C	12—64	参考期：5 月和 11 月的平均值
226	LABORSTA	HS	C	12—64	参考期：12 月
227	LABORSTA	HS	C	15—64	参考期：5 月和 11 月的平均值
228	LABORSTA	HS	C	15—64	参考期：5 月和 11 月的平均值 注：无法按经济活动分类，其中包括境外机构和实体。
229	LABORSTA	OE	C	…	
230	LABORSTA	HS	T	7 +	注：服务业包括境外组织和实体。
231	LABORSTA	HS	T	15 +	注：服务业包括境外组织和实体。
232	LABORSTA	CA	T	10 +	
233	LABORSTA	HS	C	10 +	参考期：3 月 注：无法按经济活动分类，其中包括境外机构和实体。
234	LABORSTA	HS	C	6 +	注：服务业不包括拥有雇员的私人家庭。
235	LABORSTA	HS	C	6 +	注：服务业不包括房地产、租赁和商业活动，以及拥有雇员的私人家庭。
236	LABORSTA	PC	T	12 +	参考期：7 月
237	LABORSTA	OE	T	…	注：服务业不包括拥有雇员的私人家庭。
238	LABORSTA	HS	C	16 +	注：服务业不包括拥有雇员的私人家庭。
239	LABORSTA	HS	C	16 +	注：无法按经济活动分类，其中包括境外机构和实体。
240	LMIL	HS	T	15—64	参考期：上一年年末到当年年末
241	LABORSTA	HS	T	10 +	参考期：3 月 地域界限：坦桑尼亚大陆（不包括桑给巴尔）
242	LABORSTA	PC	T	12 +	参考期：8 月 覆盖范围：数据指经常活动人口
243	LMIL	HS	T	12 +	参考期：11—12 月
244	LABORSTA	PC	T	12 +	参考期：10 月 覆盖范围：数据指经常活动人口
245	LMIL	HS	C	15 +	参考期：6 月
246	LMIL	HS	T	15 +	
247	LMIL	PC	T	15—64	参考期：7 月
248	LABORSTA	PC	T	6 +	参考期：7 月
249	LMIL	PC	T	15 +	参考期：7 月
250	LABORSTA	PC	T	10 +	参考期：8 月
251	LABORSTA	HS	C	12 +	注：无法按经济活动分类，其中包括境外机构和实体。
252	LABORSTA	PC	C	12 +	参考期：8 月 注：无法按经济活动分类，其中包括境外机构和实体。

注 No.	信息库	资料来源类型	覆盖范围	年龄（岁）	备注
253	LMIL	HS	C	12 +	注：估算值基于9760户受访家庭（2800户来自城市、2880户来自城市乡村，4080户来自农村）。
254	LABORSTA	PC	T	10 +	参考期：4月
255	LMIL	HS	C	10 +	参考期：11月
256	LABORSTA	HS	T	15—69	注：无法按经济活动分类，其中包括境外机构和实体。
257	LABORSTA	HS	T	15 +	参考期：9月
258	LMIL	HS	…	12 +	
259	LMIL	HS	T	15 +	参考期：上年9月至当年9月
260	LMIL	HS	…	7 +	
261	LABORSTA	PC	T	15—69	参考期：3月 注：无法按经济活动分类，其中包括境外机构和实体。
262	LABORSTA	HS	T	15 +	注：服务业不包括房地产、租赁和商业活动，以及拥有雇员的私人家庭。
263	LABORSTA	PC	T	10 +	参考期：12月 注：对境外组织或实体无法按经济活动分类。
264	LMIL	PC	…	15 +	
265	LABORSTA	PC	T	10 +	注：无法按经济活动分类，其中包括境外机构和实体。
266	LABORSTA	HS	T	10 +	注：无法按经济活动分类，其中包括境外机构和实体。
267	LMIL	HS	T	15 +	参考期：5月
268	LABORSTA	HS	C	15 +	参考期：3月
269	LMIL	PC	T	15 +	
270	LABORSTA	PC	T	…	注：无法按经济活动分类，其中包括境外机构和实体。
271	LABORSTA	HS	C	12 +	覆盖范围：仅指阿曼国民 注：无法按经济活动分类，其中包括境外机构和实体。
272	LABORSTA	PC	T	15 +	参考期：3月 注：无法按经济活动分类，其中包括境外机构和实体。
273	LABORSTA	HS	T	15 +	参考期：3月 注：无法按经济活动分类，其中包括境外机构和实体。
274	LMIL	OE	…	15 +	
275	LABORSTA	OE	T	15 +	注：无法按经济活动分类，其中包括境外机构和实体。
276	LMIL	HS	…	10 +	

表 4b 按部门门类划分的就业（ISIC 第三版，1990 年，占总就业人口的百分比）

		年份	性别	A	B	C	D	E	F	G	H	I	J	K	L	M	N	O	P	Q	X	注 No.
				ISIC3 制表分类																		
发达经济体和欧盟																						
欧盟																						
奥地利		2000	MF	5.8	–	0.3	20.2	0.8	9.0	15.7	5.7	6.5	3.7	7.1	6.7	6.0	7.9	4.2	0.3	0.1	…	1
			M	5.5	–	0.4	26.4	1.2	14.6	12.6	3.6	8.6	3.3	6.2	7.5	3.3	3.5	3.2	–	0.1	…	1
			F	6.1	–	0.1	12.1	0.3	1.6	19.8	8.4	3.7	4.1	8.4	5.7	9.5	13.8	5.5	0.7	0.2	…	1
		2004	MF	5.0	–	0.2	18.6	0.8	8.1	15.8	6.1	6.4	3.7	8.7	6.8	5.6	8.7	5.0	0.2	0.2	…	2
			M	4.8	–	0.4	24.9	1.2	13.0	13.4	4.0	8.8	3.3	7.9	7.1	3.1	3.7	4.1	–	0.2	…	2
			F	5.3	–	0.1	10.8	0.3	2.1	18.8	8.5	3.4	4.3	9.8	6.4	8.7	14.8	6.1	0.5	0.2	…	2
		2005	MF	5.5	–	0.2	18.3	0.8	8.2	15.5	6.4	6.3	3.8	8.7	6.2	5.8	9.1	4.6	0.3	0.2	…	2
			M	5.5	–	0.4	24.8	1.2	13.2	12.8	4.3	8.6	3.4	8.0	6.5	3.2	4.2	3.7	–	0.2	…	2
			F	5.6	–	0.1	10.4	0.3	2.1	18.9	8.9	3.6	4.2	9.6	5.9	8.9	15.1	5.7	0.5	0.2	…	2
		2006	MF	5.5	–	0.2	18.9	0.8	8.2	15.5	6.2	6.2	3.4	8.9	6.4	5.7	8.9	4.8	0.3	0.2	…	2
			M	5.4	–	0.4	25.4	1.2	13.4	12.7	4.0	8.5	3.1	8.3	6.7	3.1	3.7	3.8	–	0.2	…	2
			F	5.6	–	0.1	11.0	0.3	2.1	19.0	8.8	3.3	3.7	9.6	6.1	8.7	15.0	6.0	0.5	0.2	…	2
		2007	MF	5.7	–	0.2	18.1	0.7	8.2	16.0	6.4	6.0	3.4	9.0	6.8	5.3	8.6	5.0	0.2	0.2	…	2
			M	5.6	–	0.3	24.6	1.1	13.1	13.8	4.2	8.0	3.1	8.5	7.0	2.7	3.7	4.1	–	0.2	…	2
			F	5.9	–	0.1	10.3	0.3	2.2	18.7	9.1	3.7	3.6	9.7	6.6	8.3	14.6	6.2	0.5	0.2	…	2
	b	2008	MF	5.6	…	0.3	17.0	0.6	8.1	16.2	6.1	6.0	3.5	9.7	6.8	5.6	8.9	5.1	0.3	0.2	…	3
	b		M	5.5	…	0.4	23.2	0.9	12.9	13.9	4.0	8.3	3.2	9.5	7.0	3.1	3.7	4.1	–	0.1	…	3
	b		F	5.6	…	0.1	9.6	0.3	2.4	19.0	8.7	3.2	3.8	10.0	6.5	8.7	15.1	6.2	0.6	0.2	…	3
比利时		2000	MF	1.9	…	0.2	18.8	0.7	6.1	14.3	3.3	7.5	3.8	8.5	10.0	8.5	11.9	3.5	0.4	0.6	…	3
			M	2.4	…	0.3	24.8	1.0	10.0	12.8	2.7	10.2	3.9	8.2	10.1	4.9	4.9	3.0	0.2	0.5	…	3
			F	1.2	…	0.1	10.4	0.3	0.8	16.3	4.1	3.9	3.7	8.9	9.9	13.2	21.4	4.2	0.7	0.7	…	3
		2004	MF	2.2	…	0.1	17.4	0.8	6.5	13.7	3.1	7.3	3.5	9.0	10.4	9.2	12.1	3.9	0.4	0.3	…	3
			M	2.7	…	0.2	23.5	1.0	10.9	12.9	2.6	10.0	3.3	9.2	9.8	5.3	4.5	3.5	0.1	0.3	…	3
			F	1.6	…	0.1	9.5	0.5	0.8	14.8	3.7	3.8	3.6	8.7	11.1	14.3	22.0	4.4	0.8	0.3	…	3
		2005	MF	2.0	…	0.2	17.2	0.8	6.5	13.4	3.4	7.4	3.8	8.7	9.9	9.2	12.2	4.0	0.5	0.7	…	3
			M	2.4	…	0.3	23.0	1.1	10.6	12.4	3.1	9.9	3.7	9.0	9.9	5.4	5.0	3.3	0.1	0.7	…	3
			F	1.5	…	0.1	9.7	0.4	1.2	14.7	3.8	4.1	4.0	8.3	9.9	14.1	21.5	4.9	1.0	0.8	…	3
		2006	MF	1.9	…	0.2	16.8	0.8	6.9	13.1	3.3	7.5	3.6	9.5	9.9	8.8	12.4	4.0	0.6	0.6	…	3
			M	2.5	…	0.3	22.7	1.2	11.4	12.3	3.0	10.2	3.4	9.5	9.4	5.0	5.1	3.3	0.1	0.6	…	3
			F	1.3	…	0.1	9.2	0.4	1.1	14.2	3.6	4.1	3.9	9.5	10.5	13.6	21.7	5.0	1.1	0.6	…	3
		2007	MF	1.8	…	0.2	16.5	0.8	6.9	13.4	3.4	7.2	3.7	9.4	9.9	8.6	12.2	4.2	0.8	0.7	…	3
			M	2.3	…	0.3	22.3	1.0	11.4	12.6	3.1	9.9	3.6	9.4	9.5	4.8	5.3	3.6	0.1	0.7	…	3
			F	1.3	…	0.1	9.2	0.5	1.2	14.5	3.8	3.8	3.8	9.5	10.3	13.5	20.9	5.0	1.6	0.8	…	3
		2008	MF	1.8	…	0.1	16.4	0.9	7.2	12.8	3.2	7.5	4.0	9.4	9.8	8.4	12.7	4.1	0.9	0.7	…	3
			M	2.4	…	0.2	22.6	1.3	12.0	12.0	2.9	10.3	3.7	9.2	9.5	4.6	5.1	3.4	0.1	0.6	…	3
			F	1.0	…	0.1	8.7	0.4	1.3	13.9	3.5	3.9	4.3	9.6	10.2	13.2	22.1	5.0	1.9	0.8	…	3
保加利亚		2000	MF	13.1	…	1.4	23.4	2.0	5.8	14.0	5.0	7.4	1.1	3.2	6.8	7.3	5.8	3.0	…	…	0.5	3
			M	15.3	…	2.2	23.2	2.7	9.4	13.1	3.9	10.1	0.7	3.0	8.0	2.7	2.5	2.6	…	…	0.6	3
			F	10.6	…	0.6	23.7	1.1	1.7	15.1	6.2	4.3	1.6	3.5	5.3	12.6	9.6	3.5	…	…	0.5	3
		2003	MF	11.1	…	1.4	23.3	2.0	5.4	14.8	4.7	7.7	1.0	3.8	7.9	7.5	5.5	3.7	…	…	…	3
			M	13.5	…	2.1	21.5	3.0	9.1	14.0	3.3	10.8	0.6	4.2	9.3	3.0	2.3	3.1	…	…	…	3
			F	8.3	…	0.5	25.4	0.9	1.1	15.9	6.2	4.3	1.4	3.5	6.5	12.5	9.0	4.3	…	…	…	3
		2004	MF	10.6	…	1.2	23.9	2.1	5.6	14.9	4.6	7.2	1.2	4.6	7.1	7.4	5.0	4.0	…	…	0.2	3
			M	12.7	…	2.0	22.1	3.0	9.6	13.8	3.5	10.1	0.7	5.0	8.3	3.1	2.2	3.5	…	…	…	3
			F	8.3	…	0.4	25.8	1.1	1.2	16.1	5.9	4.0	1.7	4.3	5.8	12.2	8.1	4.6	…	…	…	3
		2005	MF	8.9	…	1.2	24.5	2.1	6.4	15.0	5.1	7.2	1.3	4.8	7.2	6.9	5.3	3.9	…	…	…	3
			M	10.6	…	1.9	22.9	3.0	11.0	13.8	3.7	9.9	0.9	5.0	8.2	2.7	2.3	3.6	…	…	…	3
			F	6.8	…	0.4	26.2	1.2	1.1	16.4	6.6	4.0	1.7	4.4	6.0	11.8	8.9	4.2	…	…	…	3
		2006	MF	8.1	…	1.2	24.0	1.9	7.4	15.9	5.0	7.1	1.3	4.7	7.2	6.9	5.3	3.9	…	…	…	3
			M	9.8	…	1.9	22.7	2.7	12.8	14.5	3.5	9.9	0.8	5.1	7.9	2.7	2.2	3.3	…	…	…	3
			F	6.1	…	0.5	25.3	1.0	1.2	17.5	6.7	3.9	1.8	4.4	6.4	11.7	8.8	4.5	…	…	…	3
		2007	MF	7.5	…	1.1	23.6	1.9	9.0	16.0	5.0	6.8	1.3	5.0	7.3	6.7	5.0	3.6	0.2	…	…	3
			M	9.1	…	1.7	21.8	2.7	15.5	14.2	3.3	9.5	0.7	5.5	8.2	2.4	2.1	3.0	…	…	…	3
			F	5.7	…	0.4	25.6	0.9	1.6	17.9	6.9	3.6	2.1	4.5	6.4	11.6	8.2	4.3	…	…	…	3
塞浦路斯		2000	MF	5.2	…	0.2	12.8	0.9	9.8	18.3	9.6	5.8	5.7	5.9	8.8	5.8	3.7	4.5	1.9	0.8	…	3
			M	5.7	…	0.4	14.0	1.3	15.7	18.8	8.3	6.7	4.3	4.5	10.2	2.7	1.9	4.3	0.1	0.9	…	3
			F	4.7	…	–	11.1	0.4	1.6	17.6	11.5	4.6	7.6	7.9	6.7	10.0	6.4	4.9	4.4	0.7	…	3
		2004	MF	5.0	…	…	10.6	1.2	11.4	17.8	9.1	5.6	4.6	6.8	7.0	6.4	4.4	5.0	4.2	0.6	…	3
			M	5.7	…	…	12.0	1.7	19.3	17.9	7.2	6.8	3.3	6.1	8.6	3.6	2.1	4.3	0.1	0.8	…	3
			F	4.1	…	…	8.9	0.4	1.4	17.7	11.4	4.1	6.3	7.6	5.0	10.0	7.4	5.9	9.4	0.4	…	3
		2005	MF	4.6	…	0.2	11.5	0.8	11.6	17.3	7.8	5.3	5.2	7.1	7.6	6.5	4.3	5.2	4.1	0.9	…	3
			M	5.5	…	0.4	13.8	1.1	19.1	17.3	6.2	6.4	4.7	5.9	9.1	2.8	2.1	4.3	0.2	1.0	…	3
			F	3.5	…	0.1	8.5	0.3	1.7	17.3	9.9	3.9	6.0	8.6	5.6	11.3	7.1	6.4	9.2	0.7	…	3

		年份	性别	ISIC3 制表分类 A	B	C	D	E	F	G	H	I	J	K	L	M	N	O	P	Q	X	注 No.
		2006	MF	4.1	0.2	0.2	10.4	0.8	11.2	17.7	6.7	5.7	5.3	7.5	8.4	6.9	4.0	6.0	4.1	0.8	…	3
			M	5.0	0.3	0.3	12.5	1.2	18.3	18.7	5.5	6.6	4.6	5.9	10.0	3.0	2.0	4.8	0.2	1.0	…	3
			F	2.9	–	–	7.8	0.3	2.2	16.4	8.2	4.5	6.1	9.4	6.2	11.9	6.5	7.6	9.2	0.6	…	3
		2007	MF	4.2	0.2	0.1	9.8	0.7	11.8	18.0	6.3	5.9	4.9	8.3	8.3	7.0	4.5	5.0	4.2	0.7	…	3
			M	5.7	0.3	…	12.1	1.1	19.4	18.1	5.1	6.4	4.2	6.9	9.4	3.6	2.3	4.2	0.1	1.0	…	3
			F	2.3	0.1	…	7.0	0.2	2.4	17.9	7.9	5.3	5.9	10.1	6.9	11.2	7.1	5.9	9.2	0.4	…	3
		2008	MF	4.2	0.2	…	9.8	0.8	11.7	18.2	6.7	5.5	5.1	8.5	7.9	7.1	4.2	4.8	4.4	0.7	…	3
			M	5.3	0.2	…	11.8	1.2	19.6	18.2	5.9	6.3	4.0	6.9	8.7	3.5	2.6	4.3	0.1	1.0	…	3
			F	2.7	0.1	…	7.3	0.3	1.9	18.1	7.8	4.6	6.5	10.7	6.9	11.5	6.3	5.3	9.7	0.4	…	3
捷克共和国		2000	MF	5.1	…	1.5	27.1	1.6	9.3	13.0	3.3	7.9	2.1	5.6	7.2	6.3	6.1	3.7	–	–	–	4
			M	6.1	…	2.2	29.2	2.2	15.0	10.7	2.5	9.6	1.3	5.5	7.7	2.6	2.2	3.1	–	–	–	4
			F	3.7	…	0.5	24.4	0.8	1.8	16.0	4.4	5.7	3.2	5.8	6.7	11.1	11.3	4.5	0.1	–	–	4
		2004	MF	4.3	…	1.3	27.1	1.6	9.3	13.4	3.7	7.7	2.0	6.0	6.9	5.9	6.9	3.9	0.1	–	–	4
			M	5.3	…	2.0	29.5	2.3	15.1	11.6	3.1	9.2	1.2	6.0	6.8	2.4	2.3	3.3	–	–	–	4
			F	3.0	…	0.3	23.9	0.7	1.7	15.8	4.5	5.8	3.0	6.0	7.0	10.5	12.8	4.7	0.1	–	–	4
		2005	MF	4.0	…	1.0	27.2	1.6	9.6	12.9	3.8	7.6	2.0	6.0	7.0	6.2	6.9	4.0	0.1	–	–	4
			M	4.8	…	1.6	30.0	2.2	15.5	10.8	3.1	9.2	1.4	6.0	6.6	2.6	2.5	3.4	–	–	–	4
			F	2.8	…	0.3	23.5	0.8	1.9	15.7	4.7	5.3	2.9	6.1	7.5	11.0	12.6	4.7	0.1	–	–	4
		2006	MF	3.8	…	1.1	28.2	1.6	9.0	12.7	3.9	7.5	1.9	6.6	6.8	6.0	6.8	4.0	0.1	–	–	4
			M	4.5	…	1.8	31.2	2.2	14.7	10.4	3.1	9.4	1.2	6.7	6.2	2.7	2.4	3.4	–	–	–	4
			F	2.8	…	0.3	24.3	0.8	1.6	15.7	4.9	4.9	2.8	6.5	7.4	10.3	12.7	4.8	0.1	–	–	4
	b	2007	MF	3.5	0.1	1.1	28.6	1.5	9.1	12.5	3.7	7.4	2.1	7.2	6.6	5.9	6.9	3.9	0.1	–	–	1
	b		M	4.3	0.1	1.7	31.9	2.1	14.6	10.3	2.8	9.4	1.4	7.1	5.9	2.6	2.4	3.4	–	–	–	1
	b		F	2.5	…	0.3	24.1	0.7	1.7	15.3	4.8	4.8	3.0	7.2	7.6	10.3	12.8	4.7	0.1	–	–	1
	b	2008	MF	3.3	0.1	1.1	28.6	1.6	9.2	12.7	3.5	7.5	2.3	7.4	6.5	5.6	6.5	4.0	–	…	…	3
	b		M	3.9	0.1	1.7	32.2	2.1	14.7	10.5	2.8	9.4	1.6	7.1	5.9	2.4	2.2	3.3	–	…	…	3
	b		F	2.4	–	0.3	23.9	0.8	1.9	15.6	4.5	5.0	3.3	7.7	7.4	10.0	12.4	4.9	0.1	…	…	3
丹麦		2000	MF	3.5	0.1	…	18.0	0.4	6.7	14.0	2.5	6.7	3.4	9.2	5.9	6.7	17.4	4.8	0.2	…	0.3	3
			M	4.9	0.3	…	23.0	0.7	11.6	14.3	1.9	9.0	3.0	10.8	5.5	5.5	4.9	3.9	–	…	0.4	3
			F	2.0	–	…	12.3	–	1.0	13.6	3.2	4.2	3.9	7.3	6.3	8.0	31.7	5.8	0.3	…	0.2	3
		2004	MF	3.1	0.1	0.2	15.8	0.6	7.0	15.3	2.2	6.9	2.9	8.8	5.8	7.9	17.8	5.0	0.2	…	0.2	3
			M	4.2	0.3	0.3	20.6	0.9	11.9	16.9	1.8	8.8	2.6	10.0	5.3	6.2	5.2	4.6	–	…	0.2	3
			F	1.9	–	–	10.4	0.2	1.4	13.6	2.7	4.8	3.1	7.3	6.4	9.8	32.4	5.5	0.3	…	0.2	3
		2005	MF	3.1	…	…	16.1	0.6	7.0	14.7	2.5	6.4	3.2	9.3	6.0	7.9	17.3	5.2	0.1	…	0.2	3
			M	4.3	…	…	20.9	0.8	11.9	15.8	2.0	8.6	2.8	10.2	5.4	6.1	5.6	4.7	…	…	…	3
			F	1.6	…	…	10.7	0.3	1.4	13.4	3.1	3.9	3.7	8.3	6.6	10.0	30.8	5.8	…	…	…	3
		2006	MF	3.0	…	0.2	15.3	0.6	7.2	14.7	2.7	6.3	3.3	9.9	5.9	7.6	17.4	5.5	…	…	…	3
			M	4.3	…	0.3	19.9	0.9	12.5	15.5	2.2	8.4	3.0	10.8	5.6	5.9	5.1	5.3	…	…	…	3
			F	1.5	…	0.1	10.0	0.3	1.2	13.7	3.3	4.0	3.7	9.0	6.3	9.5	31.5	5.7	…	…	…	3
		2007	MF	2.9	…	0.1	15.5	0.6	7.0	14.9	2.9	6.2	3.1	9.7	5.8	7.7	17.9	5.3	0.1	…	…	3
			M	4.0	…	…	19.9	0.8	11.8	16.0	2.6	8.3	2.9	10.9	5.5	6.0	6.0	4.9	–	…	…	3
			F	1.5	…	…	10.5	0.3	1.5	13.6	3.3	3.8	3.3	8.5	6.2	9.7	31.5	5.7	0.3	…	…	3
		2008	MF	2.7	…	0.1	15.0	0.6	6.8	15.2	2.9	5.7	3.1	10.4	6.1	7.4	18.2	5.3	…	…	0.1	3
			M	4.1	…	…	19.2	0.9	11.7	16.3	2.6	7.7	2.9	11.9	5.7	5.9	5.9	4.7	…	…	…	3
			F	1.2	…	…	10.3	0.4	1.3	14.1	3.3	3.3	3.3	8.6	6.7	9.2	32.2	5.9	…	…	…	3
爱沙尼亚		1990	MF	18.0	3.1	1.5	25.1	2.3	8.0	7.6	2.1	8.1	0.5	4.0	3.8	6.0	6.0	3.6	…	…	0.4	5
			M	21.9	4.6	2.2	23.9	3.0	12.8	4.2	1.1	11.3	0.2	3.7	3.5	2.9	1.5	2.9	…	…	–	5
			F	13.8	1.4	0.7	26.4	1.5	2.8	11.3	3.3	4.7	0.9	4.2	4.1	9.3	10.8	4.5	…	…	–	5
		2000	MF	6.7	0.5	1.3	22.6	2.6	6.9	13.9	3.5	9.9	1.3	7.0	6.0	7.8	5.0	5.2	…	…	–	6
			M	8.7	1.0	2.0	24.5	3.6	12.3	11.7	1.5	13.4	1.2	7.0	5.6	2.6	1.1	3.8	…	…	–	6
			F	4.6	–	0.5	20.5	1.5	1.4	16.0	5.5	6.4	1.5	6.9	6.3	13.2	9.0	6.6	…	…	–	6
		2004	MF	5.3	0.6	1.3	23.7	2.0	7.9	13.4	2.7	8.6	1.3	6.6	6.2	9.2	6.3	4.8	…	…	–	6
			M	7.1	1.0	2.2	25.1	2.8	14.1	11.2	1.4	11.8	0.7	7.6	6.2	3.5	1.9	3.6	…	…	–	6
			F	3.5	0.2	0.5	22.2	1.2	1.6	15.8	4.0	5.5	1.9	5.7	6.2	14.9	10.8	6.1	…	…	–	6
		2005	MF	4.8	0.5	1.0	23.0	2.1	8.0	13.3	3.6	9.0	1.1	7.6	6.1	9.0	5.8	5.1	…	…	–	6
			M	6.3	0.8	1.8	24.4	3.1	14.7	11.0	1.6	12.9	0.4	9.1	5.8	3.0	1.6	3.4	…	…	–	6
			F	3.4	0.1	0.2	21.6	1.0	1.5	15.5	5.6	5.1	1.9	6.3	6.4	14.9	9.8	6.7	…	…	–	6
		2006	MF	4.6	0.3	0.8	21.1	1.9	9.7	13.7	3.5	9.5	1.1	7.4	6.0	9.1	5.8	5.3	…	…	–	6
			M	6.1	0.6	1.5	23.0	3.2	18.0	11.0	1.3	13.0	0.5	8.2	5.8	3.0	1.5	3.3	…	…	–	6
			F	3.2	0.1	0.1	19.2	0.7	1.5	16.4	5.6	6.0	1.7	6.7	6.2	15.0	10.1	7.3	…	…	–	6
		2007	MF	4.4	0.3	0.8	20.6	1.4	12.3	13.4	3.5	8.9	1.4	7.6	6.0	8.3	5.6	5.4	…	…	–	6
			M	5.9	0.5	1.5	22.0	2.5	22.2	10.9	1.2	11.8	0.8	7.8	5.5	2.7	1.3	3.4	…	…	–	6
			F	2.9	0.2	0.2	19.1	0.4	2.3	16.0	5.8	5.9	2.1	7.3	6.5	14.0	9.8	7.5	…	…	–	6
	b	2008	MF	3.7	…	0.9	21.1	1.4	12.2	14.2	3.7	8.5	1.6	7.9	5.8	9.1	4.8	4.7	…	…	…	3
	b		M	5.1	…	1.6	22.5	2.1	21.9	11.7	1.5	11.5	1.0	8.2	5.2	3.6	0.9	2.6	…	…	…	3
	b		F	2.3	…	0.2	19.6	0.6	2.2	16.8	5.9	5.4	2.2	7.6	6.5	14.6	8.8	6.9	…	…	…	3
芬兰		1990	MF	8.7	0.1	0.2	20.8	1.1	8.0	12.6	3.0	7.1	3.2	7.4	6.0	5.5	11.8	4.4	–	–	0.1	7
			M	10.5	0.2	0.3	25.9	1.7	13.8	11.7	1.4	9.7	1.5	7.7	6.6	3.5	2.3	3.1	–	0.1	0.1	7
			F	6.6	0.1	–	15.1	0.5	1.4	13.7	4.8	4.2	5.2	7.0	5.3	7.8	22.4	5.9	–	–	0.1	7

		年份	性别	ISIC3 制表分类 A	B	C	D	E	F	G	H	I	J	K	L	M	N	O	P	Q	X	注 No.
		2000	MF	5.9	0.1	0.2	19.8	0.9	6.3	11.8	3.2	7.3	2.1	10.1	5.7	6.9	13.8	5.2	0.2	–	0.3	7
			M	7.8	0.2	0.2	26.4	1.4	11.1	11.5	1.8	10.0	1.2	11.1	5.9	4.3	3.0	3.8	–	–	0.3	7
			F	3.9	–	0.1	12.5	0.5	0.9	12.1	4.9	4.2	3.1	9.0	5.4	9.9	26.1	6.8	0.4	–	0.3	7
		2004	MF	4.8	0.1	0.2	18.2	0.8	6.2	12.3	3.1	7.2	2.1	11.1	5.8	7.2	14.7	5.6	0.3	–	0.3	7
			M	6.5	0.1	0.4	24.7	1.2	11.0	12.0	1.6	10.2	1.2	12.1	6.1	4.5	3.5	4.4	0.2	0.1	0.4	7
			F	2.9	0.1	–	11.1	0.4	1.0	12.6	4.7	4.0	3.1	10.1	5.5	10.1	27.1	6.9	0.3	–	0.3	7
		2005	MF	4.7	0.1	0.2	18.0	0.8	6.5	12.4	3.2	7.1	1.9	11.4	5.4	7.0	15.1	5.6	0.3	–	0.2	7
			M	6.4	0.1	0.4	24.5	1.1	11.6	12.1	1.7	10.1	1.2	12.0	5.7	4.6	3.5	4.6	0.3	0.1	0.2	7
			F	2.8	0.1	0.1	11.0	0.4	0.9	12.7	4.7	3.9	2.8	10.7	5.1	9.6	27.8	6.7	0.3	–	0.3	7
		2006	MF	4.6	–	0.2	18.0	0.7	6.6	12.3	3.2	7.3	1.9	11.7	5.6	6.9	15.0	5.6	0.3	–	0.2	7
			M	6.2	0.1	0.4	24.6	1.0	11.8	12.0	1.6	10.2	1.2	12.5	5.9	4.3	3.4	4.3	0.2	–	0.2	7
			F	2.8	–	–	10.6	0.3	0.8	12.6	4.8	4.2	2.6	10.8	5.2	9.7	27.8	7.0	0.3	0.1	0.2	7
		2007	MF	4.4	0.1	0.2	17.7	0.6	6.9	12.4	3.3	7.0	2.0	12.3	5.5	6.6	14.8	5.6	0.3	–	0.2	7
			M	6.1	0.1	0.3	24.7	0.9	12.4	11.9	1.8	9.6	1.3	13.1	5.6	4.3	3.2	4.2	0.2	–	0.2	7
			F	2.6	0.1	0.1	10.1	0.3	0.9	12.8	5.2	4.0	2.8	11.3	5.3	9.2	27.5	7.2	0.3	–	0.2	7
	b	2008	MF	4.5	…	0.2	17.3	0.7	7.3	12.4	3.5	6.9	2.0	12.5	4.6	6.4	15.2	5.7	0.3	…	0.5	3
	b		M	6.2	…	0.3	24.4	1.0	13.0	12.4	1.7	9.5	1.3	13.7	3.9	4.1	3.1	4.3	0.3	…	0.6	3
	b		F	2.6	…	–	9.6	0.4	1.1	12.4	5.4	4.0	2.8	11.1	5.3	8.9	28.2	7.2	0.3	…	0.5	3
法国		2000	MF	4.0	0.1	0.2	18.8	0.8	6.5	13.1	3.4	6.6	3.1	9.3	9.2	7.5	10.4	4.3	2.3	0.1	–	3
			M	5.0	0.2	0.3	24.0	1.2	10.7	13.1	3.3	8.6	2.6	9.2	8.8	4.7	4.5	3.5	0.2	0.1	–	3
			F	2.8	–	0.1	12.3	0.4	1.4	13.1	3.5	4.2	3.7	9.5	9.8	11.1	17.7	5.3	5.0	0.1	–	3
		2004	MF	3.8	0.1	0.1	16.5	1.0	6.7	13.5	3.4	6.5	2.7	10.1	9.6	7.3	11.9	4.2	2.6	0.1	0.1	3
			M	4.8	0.1	0.2	21.4	1.5	11.2	13.5	3.3	8.2	2.3	10.4	9.2	4.6	5.0	3.3	1.0	–	0.1	3
			F	2.6	–	–	10.6	0.4	1.4	13.4	3.5	4.3	3.3	9.7	10.0	10.6	20.1	5.3	4.4	0.1	0.1	3
		2005	MF	3.5	0.1	0.2	16.1	0.9	6.6	13.4	3.4	6.4	3.0	10.2	9.8	7.2	12.1	4.5	2.4	0.1	0.3	3
			M	4.6	0.1	0.3	21.1	1.3	11.1	13.2	3.4	8.1	2.5	10.7	9.4	4.5	4.9	3.7	0.8	0.1	0.3	3
			F	2.3	–	0.1	10.3	0.4	1.4	13.6	3.4	4.4	3.6	9.6	10.2	10.3	20.6	5.4	4.3	0.1	0.3	3
		2006	MF	3.6	0.1	0.1	15.9	1.0	6.8	13.3	3.6	6.0	3.2	10.6	9.6	7.1	12.2	4.4	2.3	0.1	0.1	3
			M	4.9	0.1	0.2	21.2	1.4	11.5	13.5	3.5	8.0	2.5	10.9	9.0	4.2	4.6	3.6	0.6	0.1	0.1	3
			F	2.2	–	–	9.9	0.5	1.4	13.2	3.8	3.8	4.0	10.1	10.3	10.3	20.8	5.2	4.2	0.1	0.1	3
		2007	MF	3.4	0.1	0.1	15.5	0.8	6.9	13.8	3.4	6.3	3.2	10.4	10.1	6.8	12.3	4.5	2.3	0.1	0.2	3
			M	4.5	0.1	0.1	20.5	1.2	11.8	14.2	3.2	8.4	2.5	10.7	9.3	4.1	4.9	3.7	0.7	0.1	0.2	3
			F	2.1	–	–	9.8	0.4	1.3	13.5	3.7	3.9	4.1	10.1	11.0	9.8	20.6	5.4	4.1	0.1	0.1	3
		2008	MF	3.0	0.1	0.1	15.0	0.8	7.2	13.2	3.4	6.3	3.1	10.7	10.3	6.9	12.4	4.5	2.3	0.1	0.9	3
			M	3.9	0.1	0.2	20.1	1.1	12.3	13.0	3.3	8.4	2.4	11.2	9.4	4.3	4.9	3.8	0.8	0.1	0.8	3
			F	1.9	–	–	9.3	0.4	1.4	13.4	3.4	4.0	3.8	10.2	11.3	9.8	20.8	5.3	4.1	0.1	0.9	3
德国		2000	MF	2.6	…	0.4	23.8	0.8	8.5	14.3	3.3	5.5	3.7	8.0	8.2	5.3	9.9	5.3	0.4	0.1	…	3
			M	3.0	…	0.7	30.2	1.2	13.3	11.8	2.4	6.9	3.2	7.4	8.3	3.2	4.1	4.2	–	0.1	…	3
			F	2.1	…	0.1	15.4	0.3	2.5	17.5	4.5	3.6	4.3	8.7	8.1	7.9	17.4	6.7	0.8	0.1	…	3
		2004	MF	2.3	…	0.3	23.1	0.8	7.0	13.9	3.4	5.6	3.6	9.2	7.9	5.7	11.3	5.3	0.4	0.1	…	3
			M	2.9	…	0.6	30.2	1.2	10.9	11.7	2.7	7.2	3.3	8.8	8.0	3.3	4.8	4.1	–	0.1	…	3
			F	1.7	…	0.1	14.5	0.4	2.1	16.6	4.3	3.6	3.9	9.6	7.7	8.6	19.3	6.7	0.9	–	…	3
		2005	MF	2.3	…	0.3	22.0	0.9	6.6	14.5	3.6	5.4	3.6	9.7	7.8	5.8	11.2	5.9	0.5	0.1	…	3
			M	2.9	…	0.6	28.9	1.2	10.5	12.6	2.8	7.0	3.3	9.4	7.9	3.4	4.7	4.7	0.1	0.1	…	3
			F	1.7	…	0.1	13.7	0.4	1.9	16.6	4.5	3.3	4.0	10.1	7.7	8.6	19.0	7.3	1.0	0.1	…	3
		2006	MF	2.2	…	0.3	21.9	0.8	6.6	14.2	3.7	5.5	3.5	10.0	7.7	5.9	11.3	5.7	0.5	0.1	…	3
			M	2.8	…	0.5	28.7	1.2	10.5	12.4	2.9	7.2	3.2	9.7	7.8	3.5	4.9	4.6	0.1	…	…	3
			F	1.6	…	0.1	13.7	0.4	1.8	16.3	4.7	3.5	3.9	10.4	7.6	8.7	19.0	7.0	1.0	…	…	3
		2007	MF	2.2	…	0.3	22.0	0.9	6.6	14.0	3.8	5.6	3.4	10.3	7.6	5.9	11.4	5.4	0.5	0.1	…	3
			M	2.8	…	0.5	29.0	1.2	10.7	12.1	2.8	7.5	3.1	9.9	7.6	3.5	4.8	4.2	0.1	…	…	3
			F	1.6	…	0.1	13.7	0.5	1.8	16.1	4.8	3.5	3.9	10.8	7.5	8.7	19.1	6.8	1.1	…	…	3
		2008	MF	2.2	…	0.3	22.0	0.9	6.5	13.7	3.8	5.6	3.4	10.8	7.2	6.0	11.5	5.5	0.6	0.1	…	3
			M	2.8	…	0.5	29.1	1.3	10.5	11.9	2.9	7.4	3.1	10.6	7.1	3.5	4.9	4.3	0.1	…	…	3
			F	1.6	…	0.1	13.6	0.5	1.7	15.8	4.8	3.4	3.8	11.1	7.4	8.8	19.3	6.8	1.1	…	…	3
希腊		2000	MF	17.1	0.3	0.5	13.9	1.0	7.2	17.1	6.7	6.2	2.6	4.8	7.4	6.1	4.6	3.2	1.3	…	…	3
			M	15.7	0.4	0.7	15.6	1.2	11.3	17.1	6.1	8.2	2.2	4.2	7.9	3.8	2.6	2.9	0.1	…	…	3
			F	19.5	0.1	0.1	11.2	0.5	0.4	17.2	7.6	2.8	3.4	5.8	6.4	10.0	8.1	3.8	3.3	…	…	3
		2004	MF	12.3	0.3	0.3	13.2	0.9	8.1	17.3	6.5	6.3	2.6	6.5	8.2	7.3	5.1	3.6	1.5	…	…	3
			M	11.3	0.4	0.5	15.4	1.1	12.8	16.7	5.6	8.2	2.1	5.8	9.1	4.7	3.1	3.1	0.2	…	…	3
			F	14.0	0.1	–	9.5	0.5	0.4	18.2	7.9	3.2	3.4	7.7	6.8	11.7	8.3	4.4	3.7	…	…	3
		2005	MF	12.1	0.3	0.4	12.8	0.9	8.3	17.8	6.8	6.2	2.6	6.6	8.0	7.1	5.0	3.5	1.6	…	…	3
			M	11.1	0.5	0.6	15.2	1.2	13.1	17.1	6.1	8.2	2.1	5.6	8.7	4.5	2.9	3.0	0.1	…	…	3
			F	13.7	0.1	0.1	9.1	0.4	0.4	19.0	8.0	3.0	3.4	8.1	6.7	11.3	8.5	4.3	4.0	…	…	3
		2006	MF	11.7	0.3	0.4	12.6	0.9	8.1	17.7	6.7	6.3	2.6	6.5	8.5	7.4	5.1	3.4	1.6	…	…	3
			M	10.8	0.5	0.6	14.9	1.2	13.0	16.9	6.1	8.3	2.3	5.6	9.2	4.6	2.9	2.9	0.1	…	…	3
			F	13.0	0.1	0.1	8.9	0.4	0.5	19.0	7.7	3.1	3.2	7.9	7.6	11.7	8.5	4.2	4.0	…	…	3
		2007	MF	11.2	0.4	0.4	12.4	0.9	8.7	17.7	6.9	5.9	2.5	6.6	8.5	7.1	5.4	3.6	1.6	…	…	3
			M	10.5	0.5	0.6	14.7	1.2	14.0	16.8	6.2	7.8	2.1	6.0	9.0	4.4	3.1	3.1	0.2	…	…	3
			F	12.2	0.2	0.1	8.8	0.5	0.5	19.2	8.1	2.9	3.3	7.6	7.9	11.5	8.9	4.5	3.9	…	…	3

		年份	性别	A	B	C	D	E	F	G	H	I	J	K	L	M	N	O	P	Q	X	注 No.
				ISIC3 制表分类																		
		2008	MF	8.3	0.2	0.3	9.0	0.8	6.3	13.8	5.2	4.3	2.0	5.4	6.2	5.3	3.9	2.8	1.2	…	25.0	3
			M	8.0	0.3	0.4	10.9	1.0	10.1	13.1	4.7	5.6	1.6	5.1	6.4	3.1	2.2	2.4	0.1	…	24.9	3
			F	8.8	0.1	0.1	6.2	0.4	0.3	14.9	6.1	2.2	2.6	5.8	5.9	8.5	6.6	3.5	3.0	…	25.1	3
匈牙利		2000	MF	6.5	…	0.5	24.2	2.1	7.0	14.1	3.5	8.1	2.2	5.3	7.8	8.3	6.3	4.2	–	–	–	8
			M	9.0	…	0.7	25.6	2.9	11.6	12.4	3.0	10.6	1.3	5.2	7.8	3.3	2.8	3.7	–	0.1	–	8
			F	3.6	…	0.2	22.5	1.1	1.2	16.1	4.1	5.0	3.2	5.4	7.8	14.3	10.5	4.9	0.1	–	–	8
		2004	MF	5.3	…	0.4	22.9	1.6	7.9	14.0	3.8	7.6	2.1	7.0	7.7	8.5	6.9	4.3	–	–	–	8
			M	7.5	…	0.5	25.3	2.2	13.4	12.6	3.0	10.2	1.2	7.0	7.1	3.4	2.9	3.6	–	–	–	8
			F	2.6	…	0.2	20.1	1.0	1.4	15.7	4.8	4.5	3.1	6.9	8.3	14.6	11.7	5.1	0.1	–	–	8
		2005	MF	5.0	…	0.4	22.3	1.7	8.1	15.0	4.0	7.3	2.1	7.1	7.6	8.3	6.7	4.5	0.1	–	–	8
			M	6.9	…	0.6	25.1	2.3	13.9	12.6	3.3	10.0	1.3	7.2	6.9	3.4	2.8	3.6	–	0.1	–	8
			F	2.7	…	0.1	19.0	0.9	1.2	17.9	4.7	4.1	3.0	6.9	8.5	14.0	11.4	5.5	0.1	–	–	8
		2006	MF	4.9	…	0.4	22.0	1.7	8.2	14.8	4.0	7.7	2.0	7.2	7.6	8.2	6.9	4.4	–	–	–	8
			M	6.7	…	0.6	24.8	2.3	14.0	12.6	3.2	10.2	1.3	7.4	7.1	3.4	2.8	3.5	–	–	–	8
			F	2.7	…	0.1	18.7	1.1	1.2	17.4	4.9	4.6	2.9	7.0	8.3	14.0	11.7	5.4	0.1	–	–	8
		2007	MF	4.7	…	0.4	22.2	1.6	8.4	15.1	4.0	7.7	2.1	7.2	7.3	8.1	6.6	4.6	0.1	–	–	8
			M	6.6	…	0.6	24.9	2.2	14.3	12.9	3.2	10.5	1.3	7.1	6.5	3.4	2.7	3.8	–	–	–	8
			F	2.4	…	0.1	19.0	0.9	1.3	17.6	5.0	4.4	3.2	7.3	8.2	13.7	11.4	5.5	0.1	–	–	8
	b	2008	MF	4.4	0.1	0.3	22.5	1.4	7.9	15.2	4.2	7.3	2.4	7.9	7.1	7.9	6.6	4.6	…	…	…	3
	b		M	6.1	0.1	0.5	25.5	2.0	13.5	13.4	3.4	9.8	1.4	7.9	6.6	3.2	2.7	3.8	…	…	…	3
	b		F	2.4	–	0.1	18.8	0.7	1.3	17.3	5.1	4.4	3.6	7.9	7.8	13.5	11.3	5.5	…	…	…	3
爱尔兰		1990	MF	14.7	0.3	0.7	19.2	1.1	7.2	13.9	4.5	5.0	3.5	5.4	5.4	6.1	7.5	4.7	0.5	0.1	0.3	9
			M	20.2	0.5	1.1	20.4	1.4	10.5	13.2	3.2	6.3	2.6	4.7	5.7	3.4	2.7	3.6	0.1	0.1	0.3	9
			F	4.4	–	0.1	17.0	0.4	0.7	15.1	6.9	2.6	5.2	6.7	4.6	11.3	16.6	6.6	1.2	0.1	0.3	9
		2000	MF	7.7	0.2	0.4	17.5	0.7	10.0	14.1	6.5	6.0	4.1	8.6	4.7	6.1	7.9	4.4	0.4	–	0.7	10
			M	11.5	0.3	0.6	20.0	0.9	16.1	12.7	4.4	7.6	3.0	7.8	4.6	3.4	2.7	3.6	0.1	–	0.6	10
			F	2.1	–	0.1	13.8	0.3	1.1	16.2	9.5	3.7	5.7	9.7	4.7	10.1	15.5	5.6	1.0	–	0.8	10
		2004	MF	6.2	0.2	0.4	15.3	0.7	11.2	14.1	6.1	6.1	4.5	8.4	4.8	6.4	9.7	5.1	0.4	–	0.5	10
			M	9.6	0.2	0.6	18.1	1.0	18.3	12.3	4.8	8.1	3.3	8.1	4.5	3.1	3.2	4.1	0.1	–	0.5	10
			F	1.5	–	0.1	11.4	0.4	1.3	16.6	7.7	3.4	6.1	8.9	5.2	11.0	18.7	6.5	0.8	–	0.5	10
		2005	MF	5.8	0.1	0.5	14.1	0.7	12.6	13.8	6.0	6.1	4.3	8.9	5.0	6.4	9.8	4.9	0.4	–	0.7	10
			M	9.0	0.2	0.7	17.0	0.9	20.7	12.0	4.3	8.1	3.2	8.4	4.3	3.2	3.1	4.0	0.1	–	0.8	10
			F	1.4	–	0.1	10.3	0.4	1.5	16.3	8.2	3.3	5.9	9.6	5.9	10.6	18.9	6.2	0.8	–	0.6	10
		2006	MF	5.5	0.1	0.5	13.3	0.5	13.1	14.0	6.1	5.9	4.2	9.0	5.1	6.6	10.0	4.9	0.4	0.1	0.6	10
			M	8.6	0.2	0.8	16.1	0.7	21.6	12.3	4.6	7.8	3.0	8.6	4.3	3.3	3.1	4.2	0.1	–	0.7	10
			F	1.2	–	0.1	9.5	0.3	1.6	16.3	8.1	3.4	5.7	9.5	6.1	11.2	19.5	6.0	0.9	0.1	0.4	10
		2007	MF	5.3	0.1	0.5	12.9	0.6	13.4	14.0	6.3	5.8	4.3	9.3	4.8	6.6	10.1	4.9	0.5	0.1	0.4	9
			M	8.3	0.2	0.8	15.9	0.9	22.3	12.5	4.6	7.9	3.1	8.5	4.1	3.1	3.2	4.0	0.1	–	0.4	9
			F	1.3	–	0.1	8.9	0.3	1.5	16.0	8.5	3.0	6.0	10.3	5.8	11.4	19.4	6.1	1.0	0.1	0.3	9
	b	2008	MF	5.6	…	0.5	12.4	0.7	12.1	14.6	6.1	5.8	4.4	9.5	5.0	6.7	10.7	4.9	0.5	…	0.5	3
	b		M	8.8	…	0.9	15.6	1.0	20.3	12.8	4.5	8.0	3.3	9.2	4.5	3.2	3.3	4.0	–	…	0.5	3
	b		F	1.5	…	0.1	8.4	0.2	1.6	16.8	8.1	2.9	5.9	9.9	5.6	11.2	20.2	6.1	1.0	…	0.5	3
意大利		2000	MF	5.0	0.2	0.3	23.1	0.8	7.6	16.0	3.7	5.6	3.2	7.1	8.8	7.2	6.1	4.3	0.9	0.1	…	3
			M	5.4	0.3	0.4	25.5	1.1	11.4	15.8	3.1	7.1	3.2	6.5	9.1	3.3	3.9	3.5	0.4	0.1	…	3
			F	4.3	–	0.1	18.9	0.3	1.2	16.4	4.7	3.0	3.2	8.0	8.3	14.0	9.8	5.7	1.9	0.1	…	3
		2004	MF	4.1	0.1	0.2	21.8	0.6	8.2	15.4	4.6	5.6	2.8	10.2	6.5	7.4	6.6	4.6	1.1	0.1	…	3
			M	4.6	0.2	0.3	25.3	0.9	12.7	14.8	3.8	7.3	2.7	9.0	7.3	3.3	3.8	3.6	0.3	0.1	…	3
			F	3.2	–	–	16.5	0.2	1.1	16.2	5.9	3.1	2.9	11.9	5.3	13.7	11.1	6.2	2.4	0.1	…	3
		2005	MF	4.1	0.1	0.2	21.4	0.7	8.5	15.1	4.7	5.5	2.8	10.5	6.4	6.8	6.9	4.8	1.3	0.1	…	3
			M	4.6	0.2	0.3	24.9	1.0	13.1	15.0	3.9	7.0	2.8	9.5	7.0	2.9	3.8	3.7	0.3	0.1	…	3
			F	3.2	–	–	15.9	0.2	1.2	15.4	6.0	3.2	3.0	12.2	5.4	13.0	11.6	6.7	3.0	0.1	…	3
		2006	MF	4.1	0.1	0.2	21.0	0.7	8.3	15.3	4.8	5.3	2.9	10.6	6.3	6.9	6.8	5.1	1.4	0.1	…	3
			M	4.7	0.2	0.3	24.7	1.0	12.9	15.2	4.1	6.7	2.9	9.5	7.0	2.9	3.8	3.9	0.3	0.1	…	3
			F	3.3	–	0.1	15.3	0.3	1.1	15.5	6.0	3.2	3.0	12.2	5.2	13.2	11.5	6.9	3.1	0.1	…	3
		2007	MF	3.8	0.2	0.2	21.0	0.6	8.4	15.2	5.0	5.4	2.9	10.9	6.1	6.9	6.8	5.0	1.5	0.1	…	3
			M	4.3	0.2	0.2	24.9	0.8	13.2	14.8	4.2	6.9	2.8	10.1	6.8	2.9	3.6	3.9	0.3	0.1	…	3
			F	3.0	–	0.1	15.0	0.3	1.1	15.9	6.1	3.2	2.9	12.2	5.1	13.1	11.6	6.8	3.4	0.1	…	3
		2008	MF	3.7	0.2	0.2	20.5	0.6	8.4	15.1	5.0	5.5	2.8	11.2	6.1	6.8	7.1	4.9	1.8	0.2	…	3
			M	4.2	0.2	0.2	24.5	0.8	13.2	15.0	4.2	7.1	2.7	10.3	6.7	2.8	3.7	3.7	0.4	0.2	…	3
			F	2.9	–	0.1	14.6	0.3	1.2	15.3	6.4	3.2	2.9	12.5	5.2	12.7	12.2	6.6	4.0	0.1	…	3
拉脱维亚		2000	MF	14.2	0.2	–	18.1	2.2	6.0	15.4	2.3	8.4	1.3	4.8	7.5	9.2	5.1	4.7	0.3	…	…	2
			M	16.2	…	…	20.3	3.1	10.6	12.6	1.2	11.5	1.0	4.9	8.3	3.9	1.4	4.3	…	…	…	2
			F	12.2	…	…	15.8	1.3	1.1	18.4	3.6	5.1	1.6	4.6	6.8	14.8	9.0	5.1	…	…	…	2
		2004	MF	13.0	0.2	0.2	16.1	2.5	8.5	14.9	2.5	9.4	1.8	4.0	7.2	8.1	5.3	5.9	0.3	…	…	6
			M	16.0	…	…	17.2	3.5	14.8	10.8	1.4	13.2	1.6	4.1	7.6	2.7	1.4	4.8	…	…	…	6
			F	9.9	…	…	14.8	1.5	1.9	19.1	3.6	5.5	2.0	3.8	6.7	13.9	9.5	7.0	…	…	…	6
		2005	MF	11.8	0.3	–	14.9	2.2	8.7	15.2	2.7	9.1	1.9	4.7	7.9	8.7	5.6	5.6	0.4	…	…	6
			M	15.3	…	…	16.5	3.1	15.4	11.2	1.4	12.4	1.4	4.7	8.4	3.2	1.6	4.7	…	…	…	6
			F	8.1	…	…	13.2	1.3	1.7	19.5	4.1	5.7	2.5	4.8	7.4	14.6	9.8	6.4	…	…	…	6

		年份	性别	ISIC3 制表分类																		注
				A	B	C	D	E	F	G	H	I	J	K	L	M	N	O	P	Q	X	No.
		2006	MF	10.8	0.2	0.3	15.6	2.1	9.6	15.6	2.7	9.3	2.3	5.6	8.1	8.1	4.7	4.6	0.4	…	…	6
			M	13.6	…	…	16.9	3.0	17.5	11.4	0.9	12.6	1.3	5.6	8.2	2.8	1.3	3.6	…	…	…	6
			F	7.9	…	…	14.2	1.0	1.2	20.1	4.6	5.8	3.4	5.5	8.0	13.6	8.3	5.5	…	…	…	6
		2007	MF	9.6	0.3	0.6	14.7	1.8	11.2	16.5	2.8	9.3	2.0	6.6	7.5	7.3	4.5	4.8	0.3	…	…	6
			M	11.8	…	…	16.3	2.8	20.1	12.3	1.0	12.5	1.0	6.3	6.8	2.5	1.3	3.5	…	…	…	6
			F	7.3	…	…	13.0	0.8	1.9	21.0	4.7	5.9	3.0	6.9	8.2	12.4	7.8	6.1	…	…	…	6
	b	2008	MF	7.7	…	0.3	15.2	1.9	11.2	16.5	2.8	9.4	1.7	7.0	7.7	8.0	4.9	5.1	0.4	…	…	3
	b		M	9.9	…	0.5	16.6	3.0	20.0	12.1	1.0	12.8	0.9	7.4	7.3	3.1	1.4	3.3	…	…	…	3
	b		F	5.6	…	–	13.7	0.8	2.2	21.1	4.5	5.8	2.6	6.6	8.1	12.9	8.5	7.0	…	…	…	3
立陶宛		2000	MF	18.5	0.3	0.2	18.2	2.4	6.0	14.3	1.9	6.5	1.0	3.1	5.3	11.5	6.9	3.8	0.1	–	…	2
			M	22.0	0.4	0.2	18.8	3.4	11.2	13.2	1.1	9.1	0.9	3.4	5.9	5.0	2.0	3.5	–	–	…	2
			F	15.0	0.1	0.2	17.6	1.5	1.0	15.5	2.8	3.9	1.2	2.8	4.7	17.8	11.7	4.2	0.2	–	…	2
		2004	MF	15.7	0.1	0.3	17.7	2.1	8.1	15.9	2.3	6.5	1.0	3.9	5.4	9.8	6.9	3.9	0.3	–	…	2
			M	17.9	0.2	0.4	17.7	3.1	14.5	15.3	0.9	9.6	0.6	4.2	6.2	4.2	2.2	2.7	0.4	–	…	2
			F	13.4	–	0.2	17.8	0.9	1.4	16.5	3.7	3.4	1.5	3.6	4.6	15.7	11.7	5.2	0.3	–	…	2
		2005	MF	13.9	0.2	0.2	18.1	1.8	9.0	15.8	2.2	6.4	1.1	4.2	5.5	10.0	6.7	4.3	0.5	–	…	2
			M	16.3	0.3	0.3	17.9	2.8	16.0	14.8	0.9	9.1	0.6	4.6	6.0	4.7	2.3	2.9	0.4	–	…	2
			F	11.3	0.1	0.1	18.2	0.8	1.7	16.9	3.6	3.5	1.6	3.9	5.1	15.6	11.2	5.8	0.6	–	…	2
		2006	MF	12.3	0.2	0.3	17.7	1.8	9.9	17.0	2.6	6.6	1.1	5.2	5.1	8.8	7.1	4.2	0.2	–	…	2
			M	14.3	0.3	0.5	18.2	2.5	18.4	15.3	1.0	9.2	0.7	5.7	5.1	3.4	2.2	2.9	0.1	–	…	2
			F	10.2	–	0.1	17.0	1.1	1.3	18.7	4.2	3.9	1.5	4.7	5.0	14.3	12.0	5.7	0.3	–	…	2
		2007	MF	10.2	0.2	0.3	17.5	1.7	11.1	17.1	2.2	7.3	1.5	4.9	5.4	9.4	6.6	4.4	0.3	–	…	2
			M	12.5	0.3	0.6	17.8	2.5	20.4	15.1	0.8	10.3	0.9	4.9	5.5	3.4	1.9	2.9	0.3	–	…	2
			F	7.8	–	0.1	17.1	0.9	1.6	19.2	3.6	4.1	2.0	5.0	5.4	15.6	11.4	5.9	0.2	–	…	2
	b	2008	MF	7.7	…	…	17.5	1.8	10.9	18.1	2.6	6.9	1.3	6.7	5.5	9.8	6.3	4.3	…	…	…	3
	b		M	9.5	…	…	18.8	2.7	19.5	16.2	0.7	9.8	0.7	6.8	5.5	4.1	1.6	3.0	…	…	…	3
	b		F	5.8	…	…	16.2	0.9	2.1	20.0	4.4	3.9	2.0	6.5	5.4	15.6	11.1	5.5	…	…	…	3
卢森堡		2000	MF	2.4	…	…	11.6	0.7	8.5	12.9	5.0	6.6	10.0	7.1	11.0	6.5	8.1	3.0	2.0	4.5	…	3
			M	3.1	…	…	15.9	0.9	13.1	11.7	4.8	8.3	9.1	6.3	12.0	4.3	3.6	2.5	–	4.2	…	3
			F	1.5	…	…	4.8	0.3	1.4	14.9	5.5	4.1	11.2	8.3	9.6	9.8	14.9	3.8	5.1	4.8	…	3
		2004	MF	2.0	…	…	9.5	0.5	8.7	11.1	3.6	7.1	10.7	8.9	12.4	6.4	8.5	3.6	1.9	4.9	…	3
			M	2.3	…	…	13.0	0.8	13.5	10.2	3.1	9.7	10.7	7.8	13.3	4.1	3.3	3.2	–	4.5	…	3
			F	1.4	…	…	4.5	0.1	1.8	12.5	4.4	3.2	10.6	10.2	11.0	9.7	15.9	4.1	4.5	5.4	…	3
		2005	MF	1.8	…	…	8.7	0.6	7.9	11.1	3.8	6.8	11.4	8.8	12.2	7.4	9.7	2.9	1.8	4.9	…	3
			M	2.2	…	…	12.2	0.9	12.3	10.0	3.4	9.2	11.6	7.8	13.4	4.7	4.4	2.5	–	5.1	…	3
			F	1.1	…	…	4.0	0.1	1.6	12.7	4.4	3.5	11.0	10.1	10.5	11.4	17.0	3.5	4.3	4.6	…	3
		2006	MF	1.8	…	…	8.1	0.8	7.7	11.0	3.4	7.1	11.3	9.6	11.4	7.8	10.1	3.4	1.4	4.9	…	3
			M	2.3	…	…	11.9	1.2	12.2	10.4	3.2	9.7	11.2	8.9	13.1	4.5	4.6	2.8	–	3.9	…	3
			F	1.2	…	…	3.2	0.2	1.8	11.6	3.7	3.6	11.5	10.6	9.3	12.1	17.4	4.3	3.3	6.3	…	3
		2007	MF	1.8	…	…	7.8	0.6	8.4	11.0	3.5	6.6	10.5	10.4	11.0	7.7	10.0	3.4	1.7	5.2	…	3
			M	2.4	…	…	11.3	1.1	13.5	10.5	3.1	9.1	10.8	9.3	12.9	4.7	4.1	2.8	–	4.1	…	3
			F	1.1	…	…	3.6	0.1	1.8	11.5	4.0	3.4	10.2	11.9	8.6	11.5	17.5	4.1	3.9	6.6	…	3
		2008	MF	1.8	…	…	6.8	0.6	7.6	10.3	3.2	7.6	10.6	10.8	11.7	8.3	10.1	3.5	1.6	5.2	…	3
			M	2.3	…	…	9.4	1.0	11.3	10.5	2.5	10.0	11.0	10.0	13.6	4.8	5.3	2.9	–	5.0	…	3
			F	1.3	…	…	3.5	0.1	2.5	10.0	4.1	4.5	10.0	11.9	9.2	13.0	16.5	4.3	3.8	5.5	…	3
马耳他		2000	MF	1.7	…	…	22.8	2.1	7.5	14.1	7.2	8.2	3.9	4.1	7.9	8.0	7.3	4.4	…	…	…	3
			M	2.1	…	…	22.9	2.7	10.1	13.1	7.0	10.2	2.9	3.9	8.4	4.9	5.9	4.6	…	…	…	3
			F	0.7	…	…	22.5	0.7	1.4	16.1	7.8	3.9	6.2	4.4	6.7	15.2	10.3	3.7	…	…	…	3
		2004	MF	1.9	…	…	20.1	2.3	6.6	15.1	7.9	7.9	2.9	5.9	9.2	8.4	7.1	3.6	…	…	…	3
			M	2.4	…	…	22.1	2.8	9.2	16.5	7.0	8.7	2.4	5.3	9.7	4.3	5.3	3.0	…	…	…	3
			F	0.7	…	…	15.8	0.9	0.5	11.4	10.2	6.0	4.2	7.2	7.9	18.3	11.1	4.9	…	…	…	3
		2005	MF	1.7	…	…	19.3	1.9	8.4	14.2	8.3	7.7	4.1	5.3	8.6	7.7	7.6	4.2	…	…	…	3
			M	2.2	…	…	21.0	2.5	11.6	14.2	7.7	8.7	3.0	5.5	9.6	4.3	5.0	3.2	…	…	…	3
			F	0.4	…	…	15.5	0.4	1.1	14.4	9.6	5.4	6.5	5.2	6.1	15.3	13.7	6.5	…	…	…	3
		2006	MF	1.6	…	…	17.5	2.3	8.2	15.5	7.6	7.4	4.2	5.9	9.3	8.0	7.4	4.0	…	…	…	3
			M	2.3	…	…	19.1	3.1	11.6	15.4	7.7	8.3	3.3	5.8	9.5	4.5	5.0	3.4	…	…	…	3
			F	0.2	…	…	14.0	0.4	0.4	15.8	7.3	5.4	6.3	6.0	8.9	16.2	12.7	5.2	…	…	…	3
		2007	MF	1.6	…	…	16.4	2.0	7.5	15.5	8.3	7.8	4.2	7.3	8.8	8.3	7.2	4.2	…	…	…	3
			M	2.2	…	…	18.4	2.7	10.6	15.6	7.8	9.0	3.0	6.9	9.4	4.7	5.0	3.7	…	…	…	3
			F	0.4	…	…	12.2	0.4	0.8	15.4	9.2	5.4	6.8	8.4	7.6	16.0	12.0	5.2	…	…	…	3
		2008	MF	1.7	…	…	15.1	2.3	7.7	15.6	8.2	8.1	3.7	7.2	8.9	8.4	7.6	4.7	…	…	…	3
			M	2.4	…	…	17.9	3.3	11.1	15.8	7.4	9.2	2.6	7.0	8.9	4.4	5.0	4.1	…	…	…	3
			F	0.4	…	…	9.6	0.4	0.9	15.2	9.9	6.0	6.0	7.5	8.8	16.3	12.8	5.8	…	…	…	3
荷兰		2000	MF	3.0	…	0.2	13.9	0.4	5.7	15.3	3.7	5.7	3.5	11.8	6.7	6.0	13.5	4.2	…	…	6.3	3
			M	3.7	…	0.2	19.0	0.5	9.1	14.9	2.9	7.6	3.5	12.5	7.8	4.7	4.8	3.3	…	…	5.5	3
			F	2.2	…	0.1	7.1	0.2	1.3	15.8	4.7	3.3	3.4	10.9	5.2	7.8	25.2	5.3	…	…	7.4	3
		2004	MF	3.1	…	0.1	12.9	0.5	5.6	14.6	3.8	6.1	3.3	12.2	6.9	6.6	15.0	4.3	…	…	4.8	3
			M	4.0	…	0.2	18.0	0.7	9.3	13.8	3.2	7.9	3.4	13.2	7.8	4.9	5.2	3.5	…	…	4.8	3
			F	2.0	…	–	6.5	0.2	1.0	15.6	4.6	3.8	3.2	10.9	5.6	8.8	27.5	5.3	…	…	4.8	3

		年份	性别	ISIC3 制表分类																		注
				A	B	C	D	E	F	G	H	I	J	K	L	M	N	O	P	Q	X	No.
		2005	MF	3.2	…	0.1	13.0	0.5	5.9	14.2	3.9	6.1	3.3	12.0	7.0	6.7	15.3	3.9	…	…	4.8	3
			M	4.0	…	0.1	18.3	0.7	9.7	13.4	3.4	8.2	3.3	13.1	7.9	4.9	5.2	3.1	…	…	4.6	3
			F	2.1	…	–	6.6	0.3	1.2	15.1	4.6	3.5	3.3	10.7	5.9	9.1	27.7	4.9	…	…	4.9	3
		2006	MF	3.1	…	0.1	12.7	0.5	6.0	14.5	4.0	6.2	3.4	12.0	6.8	6.7	15.5	4.1	0.1	…	4.4	3
			M	4.0	…	0.1	17.9	0.7	9.9	14.0	3.5	8.2	3.2	13.2	7.6	4.7	5.1	3.3	…	…	4.3	3
			F	2.0	…	0.1	6.3	0.3	1.2	15.0	4.7	3.6	3.5	10.5	5.9	9.1	28.2	5.0	…	…	4.5	3
		2007	MF	3.0	…	0.1	12.5	0.5	6.0	14.0	4.2	6.1	3.2	12.1	6.8	6.7	15.8	4.3	0.1	…	4.7	3
			M	3.9	…	0.2	17.7	0.7	9.9	13.7	3.7	8.2	3.2	13.3	7.4	4.8	5.2	3.5	–	…	4.7	3
			F	1.9	…	0.1	6.3	0.3	1.2	14.5	4.9	3.6	3.3	10.5	6.0	9.0	28.6	5.1	0.1	…	4.7	3
		2008	MF	2.7	…	0.1	11.7	0.5	5.9	13.6	4.0	6.1	3.0	12.8	6.6	6.7	15.9	4.4	0.1	…	6.0	3
			M	3.4	…	0.2	16.2	0.7	9.9	13.1	3.5	8.2	3.0	14.4	7.2	4.8	5.3	3.5	–	…	6.6	3
			F	1.7	…	–	6.2	0.3	1.2	14.1	4.6	3.5	3.0	11.0	5.8	8.9	28.6	5.5	0.1	…	5.3	3
波兰		2000	MF	18.7	0.1	2.0	20.0	1.8	7.0	14.1	1.7	6.1	2.6	3.7	5.3	7.0	6.5	3.5	0.1	…	–	11
			M	19.0	0.1	3.1	23.1	2.6	11.7	12.1	0.9	8.4	1.5	3.8	5.2	3.2	2.1	3.2	–	…	–	11
			F	18.3	–	0.7	16.2	0.8	1.4	16.5	2.5	3.4	4.0	3.5	5.3	11.6	11.9	3.9	0.1	…	–	11
		2003	MF	18.3	0.1	1.8	19.0	1.8	5.9	14.4	1.7	6.0	2.1	5.1	6.3	7.9	6.2	3.3	0.1	…	–	11
			M	19.0	0.1	2.9	22.5	2.7	9.9	12.6	1.0	8.2	1.1	5.6	5.8	3.1	2.3	3.0	–	…	–	11
			F	17.5	–	0.5	14.9	0.8	1.1	16.6	2.5	3.4	3.2	4.5	6.8	13.7	10.8	3.6	0.1	…	–	11
		2004	MF	17.9	0.1	1.6	19.9	1.6	5.7	14.5	1.7	6.0	2.0	5.8	6.3	7.7	6.0	3.2	0.1	…	–	11
			M	18.5	0.1	2.6	23.7	2.4	9.7	12.6	1.1	8.2	1.1	6.2	5.8	3.1	2.1	2.7	–	…	–	11
			F	17.2	–	0.4	15.2	0.7	0.9	16.8	2.5	3.4	3.0	5.3	6.9	13.2	10.7	3.7	0.2	…	–	11
		2005	MF	17.3	0.1	1.6	20.1	1.6	6.0	14.3	1.7	6.1	2.1	5.8	6.3	7.8	5.8	3.3	0.1	…	–	11
			M	17.8	0.1	2.6	24.1	2.3	10.0	12.3	1.1	8.4	1.2	6.2	5.8	3.2	2.0	2.7	–	…	–	11
			F	16.6	–	0.4	15.0	0.7	0.9	16.8	2.6	3.3	3.2	5.3	7.0	13.5	10.5	3.9	0.2	…	–	11
		2006	MF	15.7	0.1	1.6	20.5	1.5	6.3	14.1	1.9	6.5	2.3	5.7	6.3	7.8	6.0	3.7	0.1	…	–	11
			M	16.3	0.1	2.6	24.6	2.1	10.7	11.9	1.1	9.1	1.2	5.8	5.7	3.2	2.1	3.4	–	…	–	11
			F	15.0	–	0.4	15.4	0.8	0.9	16.8	2.8	3.2	3.6	5.6	7.1	13.5	10.7	4.0	0.1	…	–	11
		2007	MF	14.7	0.1	1.6	20.7	1.4	6.9	14.9	1.9	6.4	2.4	6.3	6.1	7.4	5.7	3.4	0.1	…	–	11
			M	15.1	0.1	2.6	24.8	2.0	11.8	12.4	1.1	9.0	1.3	6.3	5.6	3.0	2.0	2.8	–	…	–	11
			F	14.2	–	0.5	15.8	0.7	0.9	17.9	3.0	3.1	3.7	6.2	6.9	12.8	10.3	4.0	0.2	…	–	11
葡萄牙		2000	MF	12.2	0.4	0.4	21.7	0.6	11.8	14.6	5.2	3.7	1.9	4.3	6.5	5.6	5.1	3.1	3.1	…	…	3
			M	10.6	0.6	0.6	22.0	1.0	20.5	14.8	3.7	5.3	2.1	3.9	7.5	2.5	2.0	2.8	0.1	…	…	3
			F	14.1	–	–	21.2	0.1	1.1	14.3	7.0	1.7	1.6	4.8	5.3	9.5	9.0	3.4	6.7	…	…	3
		2004	MF	11.7	0.4	0.2	19.6	0.6	10.8	15.3	5.1	4.1	2.0	5.6	6.4	6.1	6.0	3.0	3.0	…	…	3
			M	10.9	0.6	0.4	20.8	1.0	18.9	15.6	3.8	5.8	2.3	5.4	7.2	2.8	1.8	2.5	0.1	…	…	3
			F	12.6	0.1	–	18.1	0.2	1.1	15.0	6.8	2.0	1.6	5.9	5.4	10.0	11.1	3.6	6.4	…	…	3
		2005	MF	11.5	0.4	0.4	18.9	0.5	10.8	15.1	5.4	4.3	1.9	5.5	6.8	6.1	6.4	3.1	2.9	…	…	3
			M	10.3	0.6	0.6	20.3	0.7	19.1	15.7	3.9	5.9	2.0	5.4	7.8	2.7	2.2	2.5	0.1	…	…	3
			F	12.8	0.1	0.1	17.3	0.2	1.1	14.3	7.1	2.4	1.7	5.7	5.6	10.2	11.3	3.8	6.3	…	…	3
		2006	MF	11.4	0.3	0.3	19.0	0.5	10.7	14.6	5.4	4.6	1.7	5.7	6.9	6.2	6.4	3.2	3.0	…	…	3
			M	10.6	0.5	0.6	20.3	0.8	18.9	15.0	3.9	6.4	1.9	5.7	7.9	2.8	2.1	2.5	0.1	…	…	3
			F	12.3	0.1	0.1	17.5	0.2	1.1	14.0	7.3	2.6	1.6	5.7	5.7	10.2	11.4	4.0	6.3	…	…	3
		2007	MF	11.3	0.3	0.4	18.5	0.7	11.0	14.5	5.6	4.3	1.9	6.3	6.3	5.9	6.6	3.1	3.2	…	…	3
			M	10.6	0.6	0.6	19.8	0.9	19.6	14.9	4.3	6.3	1.8	5.6	7.3	2.7	2.2	2.6	0.1	…	…	3
			F	12.2	0.1	0.1	16.9	0.3	1.1	14.0	7.1	2.0	1.9	7.1	5.1	9.7	11.7	3.7	6.9	…	…	3
		2008	MF	11.1	0.3	0.3	17.6	0.6	10.7	15.0	6.1	4.3	1.8	6.5	6.6	6.6	5.9	3.1	3.4	…	…	3
			M	10.4	0.6	0.6	19.3	0.9	18.9	15.5	4.6	6.1	1.9	6.0	7.9	2.9	1.8	2.5	0.1	…	…	3
			F	12.0	–	0.1	15.7	0.3	1.0	14.4	8.0	2.2	1.8	7.0	5.0	11.0	10.6	3.7	7.2	…	…	3
罗马尼亚		1990	MF	29.0	0.1	2.4	33.3	1.2	6.5	5.0	1.7	7.1	0.4	3.6	0.8	3.8	3.0	2.2	…	…	…	12
			M	24.5	0.1	3.6	33.6	1.8	10.4	3.8	1.0	10.7	0.2	3.4	0.9	2.3	1.5	2.2	…	…	…	12
			F	34.3	–	0.9	33.1	0.6	1.9	6.3	2.6	2.8	0.5	3.8	0.7	5.5	4.7	2.3	…	…	…	12
		2000	MF	42.7	0.1	1.5	19.1	1.8	3.7	8.6	1.1	4.8	0.9	1.2	5.2	3.9	3.2	2.1	…	…	…	1
			M	40.3	0.1	2.5	19.4	2.6	6.1	7.1	0.8	6.7	0.5	1.3	7.3	2.0	1.1	2.2	…	…	…	1
			F	45.5	–	0.4	18.7	0.9	1.0	10.4	1.5	2.5	1.3	1.2	2.8	6.0	5.6	2.1	…	…	…	1
		2004	MF	31.6	–	1.5	22.4	2.1	5.2	10.3	1.6	5.0	0.9	2.5	5.9	4.4	3.9	2.6	…	…	…	1
			M	31.0	–	2.3	21.5	3.0	8.7	8.6	1.0	6.8	0.6	2.8	7.4	2.2	1.6	2.5	…	…	…	1
			F	32.3	–	0.5	23.4	1.1	1.1	12.3	2.4	2.7	1.4	2.2	4.0	7.1	6.8	2.8	…	…	…	1
		2005	MF	32.1	–	1.3	21.4	2.1	5.5	10.6	1.6	4.9	0.9	2.5	5.7	4.5	3.9	2.8	…	…	…	1
			M	31.4	–	2.0	20.8	2.9	9.2	8.9	1.0	6.8	0.6	2.8	7.0	2.2	1.6	2.7	…	…	…	1
			F	33.0	–	0.4	22.1	1.1	1.1	12.7	2.4	2.6	1.3	2.2	4.1	7.3	6.6	2.9	…	…	…	1
		2006	MF	30.5	–	1.3	21.2	2.1	6.0	11.3	1.5	5.3	1.0	3.0	5.4	4.4	4.1	2.8	…	…	…	1
			M	29.7	–	2.0	20.3	2.9	9.9	9.5	1.0	7.4	0.6	3.4	6.6	2.1	1.7	2.8	…	…	…	1
			F	31.4	–	0.4	22.4	1.2	1.3	13.4	2.1	2.7	1.5	2.6	4.1	7.2	6.9	2.9	…	…	…	1
		2007	MF	29.5	–	1.2	21.1	1.9	7.3	12.3	1.5	5.2	1.0	3.0	5.0	4.3	4.0	2.7	…	…	…	1
			M	28.2	–	1.9	20.6	2.6	11.9	10.4	0.9	7.4	0.6	3.4	5.9	2.0	1.6	2.5	…	…	…	1
			F	31.0	–	0.3	21.7	1.0	1.6	14.6	2.1	2.6	1.6	2.5	4.0	7.0	6.9	3.0	…	…	…	1
	b	2008	MF	28.7	…	1.1	20.6	1.7	8.0	12.6	1.6	5.4	1.2	3.2	5.1	4.2	4.2	2.0	0.3	…	…	3
	b		M	27.3	…	1.8	20.3	2.5	13.1	10.5	1.0	7.7	0.7	3.5	5.8	1.9	1.8	1.9	0.1	…	…	3
	b		F	30.4	…	0.3	21.0	0.8	1.7	15.1	2.4	2.7	1.8	2.8	4.2	7.0	7.2	2.1	0.4	…	…	3

		年份	性别	ISIC3 制表分类 A	B	C	D	E	F	G	H	I	J	K	L	M	N	O	P	Q	X	注 No.
斯洛伐克		2000	MF	6.7	…	1.2	25.7	2.4	8.0	12.4	3.1	8.0	1.8	4.3	7.5	7.7	7.0	4.1	0.2	–	–	13
			M	8.9	…	1.9	28.2	3.6	13.5	9.4	2.2	10.2	1.0	4.8	6.8	3.1	2.3	4.0	–	–	–	13
			F	4.0	…	0.3	22.8	0.9	1.4	15.9	4.1	5.3	2.6	3.7	8.5	13.1	12.6	4.3	0.4	–	–	13
		2004	MF	5.1	…	0.7	26.8	2.0	9.5	12.0	3.9	6.5	2.1	5.5	7.0	7.4	7.1	3.9	0.3	–	0.2	13
			M	6.9	…	1.1	29.5	2.9	16.0	9.4	2.6	8.6	1.3	5.9	6.6	2.9	2.4	3.5	0.1	–	0.2	13
			F	2.8	…	0.1	23.6	1.0	1.4	15.1	5.4	3.8	3.2	5.1	7.5	12.9	12.9	4.3	0.7	–	0.1	13
		2005	MF	4.7	…	0.7	26.7	1.9	9.5	12.2	4.1	6.6	2.2	5.8	7.0	7.4	6.8	4.0	0.3	–	0.2	13
			M	6.4	…	1.1	29.7	2.8	16.0	9.7	2.6	8.6	1.3	6.4	6.3	3.1	2.2	3.5	–	–	0.2	13
			F	2.6	…	0.1	23.0	0.8	1.3	15.2	5.9	4.2	3.2	5.1	7.8	12.7	12.5	4.6	0.7	–	0.2	13
		2006	MF	4.4	…	0.7	26.4	1.8	9.8	12.6	4.4	6.8	2.3	5.7	7.0	7.2	6.7	3.7	0.3	–	0.1	13
			M	5.9	…	1.2	29.5	2.6	16.5	10.0	2.7	9.1	1.5	5.9	6.4	3.2	2.3	3.2	–	–	0.1	13
			F	2.4	…	0.1	22.6	0.8	1.3	16.0	6.6	3.9	3.2	5.5	7.8	12.5	12.3	4.4	0.6	–	0.1	13
		2007	MF	4.2	…	0.7	26.9	1.7	10.1	12.7	4.3	7.0	2.0	6.2	6.8	6.9	6.6	3.5	0.3	–	–	13
			M	5.8	…	1.2	30.5	2.5	17.0	9.8	2.8	9.3	1.3	6.3	6.0	2.6	2.1	2.8	–	–	–	13
			F	2.2	…	0.1	22.3	0.7	1.2	16.5	6.2	4.1	2.9	6.0	7.8	12.5	12.3	4.4	0.8	0.1	–	13
	b	2008	MF	4.0	…	0.6	26.6	1.7	10.5	12.3	4.4	7.3	2.3	6.5	6.9	6.7	6.3	3.6	0.2	…	…	3
	b		M	5.5	…	0.9	30.2	2.6	17.8	9.2	3.2	9.5	1.3	6.1	6.0	2.6	2.1	3.1	–	…	…	3
	b		F	2.2	…	0.1	22.0	0.6	1.3	16.3	6.0	4.5	3.5	6.9	8.0	12.0	11.8	4.2	0.5	…	…	3
斯洛文尼亚		2000	MF	9.5	…	0.8	30.1	1.1	5.4	13.3	3.8	6.7	2.5	4.8	5.9	6.4	5.1	3.8	–	…	0.7	14
			M	9.4	…	1.2	33.3	1.7	8.9	11.9	2.9	9.6	1.5	5.2	5.4	2.5	1.9	3.5	–	…	0.8	14
			F	9.7	…	0.2	26.4	0.5	1.2	15.0	4.8	3.4	3.6	4.4	6.3	10.9	9.0	4.1	–	…	0.5	14
		2003	MF	8.4	…	0.7	29.5	1.0	5.8	13.2	4.0	6.6	2.5	5.9	5.6	6.9	5.2	4.1	–	…	0.7	15
			M	8.4	…	1.0	33.8	1.4	9.6	11.3	3.1	9.6	1.4	5.9	4.7	3.1	1.8	3.7	–	…	0.6	15
			F	8.3	…	0.2	24.2	0.2	1.2	15.4	5.1	2.9	3.7	5.9	6.4	11.5	9.3	4.9	–	…	0.7	15
		2004	MF	9.6	…	0.6	28.5	1.1	5.7	12.7	4.0	5.9	2.3	6.1	5.9	6.9	5.1	4.2	–	…	1.1	15
			M	9.6	…	1.0	32.9	1.8	9.8	11.0	2.9	8.6	1.4	6.1	5.3	3.1	1.6	4.1	–	…	1.2	15
			F	9.7	…	0.2	23.7	0.2	1.2	14.7	5.3	3.0	3.5	6.2	6.7	11.3	9.2	4.4	–	…	0.9	15
		2005	MF	8.8	…	0.5	29.4	1.1	6.2	11.7	4.3	5.6	2.4	6.5	6.2	7.2	5.4	3.9	–	…	0.5	15
			M	8.6	…	1.0	34.0	1.6	10.7	10.0	3.1	7.8	1.8	6.6	5.9	3.1	1.6	3.5	–	…	0.8	15
			F	9.0	…	–	23.9	0.5	0.9	13.8	5.7	3.0	3.2	6.4	6.7	12.2	9.9	4.4	–	…	0.2	15
		2006	MF	9.6	…	0.6	27.5	1.0	5.9	12.6	3.9	5.6	2.2	6.7	6.1	7.7	6.3	4.0	0.1	…	0.3	15
			M	9.8	…	1.0	32.2	1.5	10.2	11.1	2.3	7.5	1.5	7.3	5.6	3.5	2.3	3.6	–	…	0.4	15
			F	9.2	…	0.2	21.7	0.4	1.1	14.1	5.8	3.3	2.9	6.3	6.7	12.7	10.7	4.5	0.2	…	0.4	15
		2007	MF	10.2	…	0.4	26.8	0.9	6.1	12.0	3.7	6.0	2.3	6.6	5.9	7.8	5.7	4.4	0.1	…	1.0	15
			M	10.0	…	0.6	31.4	1.3	10.3	10.5	2.4	8.7	1.3	6.8	5.9	3.0	2.2	4.2	–	…	0.9	15
			F	10.4	…	0.2	21.3	0.4	1.1	13.5	5.3	2.9	3.3	6.2	5.8	13.7	10.0	4.4	0.2	…	1.1	15
西班牙		1990	MF	10.8	0.8	0.6	22.5	0.8	9.9	16.9	5.2	5.8	2.4	4.2	5.1	4.6	4.2	3.3	3.1	–	…	16
			M	11.3	1.1	0.9	25.4	1.0	14.0	15.2	4.7	7.5	2.7	3.6	4.8	2.6	2.0	2.8	0.5	–	…	16
			F	9.7	0.1	–	16.1	0.2	1.0	20.5	6.3	2.3	1.9	5.6	5.6	8.7	8.8	4.3	8.7	–	…	16
		2000	MF	6.3	0.4	0.4	18.7	0.6	11.0	16.2	6.6	6.0	2.7	7.2	6.3	5.5	5.3	3.9	2.8	…	…	3
			M	7.3	0.5	0.6	22.3	0.9	16.5	14.3	5.6	7.6	2.7	6.0	6.1	3.4	2.5	3.2	0.5	…	…	3
			F	4.6	0.2	0.1	12.7	0.2	1.5	19.5	8.2	3.2	2.7	9.4	6.5	9.2	10.1	5.1	6.7	…	…	3
		2004	MF	5.2	0.3	0.3	17.0	0.6	12.5	15.7	6.7	6.0	2.2	8.8	6.2	5.7	5.7	4.0	3.2	…	…	3
			M	6.3	0.4	0.5	20.9	0.8	19.5	13.6	5.5	7.6	2.3	7.2	6.2	3.2	2.5	3.2	0.5	…	…	3
			F	3.6	0.1	0.1	10.9	0.3	1.6	18.9	8.6	3.3	2.1	11.1	6.2	9.6	10.7	5.3	7.5	…	…	3
		2005	MF	5.0	0.3	0.3	16.4	0.6	12.4	15.2	6.8	5.9	2.4	8.8	6.3	5.7	6.0	4.2	3.6	–	…	3
			M	6.0	0.4	0.5	20.4	0.8	19.6	13.4	5.3	7.6	2.2	7.4	6.5	3.4	2.6	3.4	0.5	–	…	3
			F	3.4	0.2	0.1	10.4	0.3	1.7	18.0	9.0	3.3	2.7	11.0	6.1	9.3	11.0	5.4	8.2	–	…	3
		2006	MF	4.5	0.3	0.3	15.7	0.6	12.9	15.1	7.1	5.9	2.4	9.4	6.2	5.6	6.0	4.1	3.9	–	…	3
			M	5.4	0.4	0.5	20.0	0.8	20.5	13.1	5.4	7.6	2.2	8.0	6.2	3.3	2.5	3.4	0.6	–	…	3
			F	3.2	0.1	0.1	9.5	0.3	1.7	18.0	9.5	3.3	2.7	11.5	6.1	9.0	11.0	5.2	8.6	–	…	3
		2007	MF	4.3	0.3	0.3	15.2	0.5	13.3	15.4	7.1	5.8	2.5	9.9	6.1	5.5	6.0	4.2	3.8	…	…	3
			M	5.3	0.4	0.4	19.2	0.7	21.2	13.3	5.4	7.6	2.2	8.4	6.2	3.2	2.4	3.4	0.5	…	…	3
			F	2.9	0.1	0.1	9.5	0.3	1.8	18.3	9.5	3.2	2.8	12.1	5.9	8.7	11.2	5.2	8.4	…	…	3
		2008	MF	4.1	0.2	0.3	15.1	0.6	11.9	16.0	7.2	5.8	2.5	10.2	6.3	5.6	6.3	4.2	3.7	…	…	3
			M	5.2	0.3	0.4	19.4	0.8	19.2	14.1	5.5	7.7	2.4	8.7	6.4	3.5	2.5	3.4	0.5	…	…	3
			F	2.6	0.1	0.1	9.2	0.3	1.8	18.6	9.5	3.2	2.7	12.3	6.1	8.5	11.5	5.4	8.2	…	…	3
瑞典		1990	MF	3.3	0.1	0.2	21.0	0.8	7.2	13.0	2.3	7.0	2.1	7.0	5.4	6.5	19.7	4.2	…	…	0.1	17
			M	4.8	0.2	0.4	28.9	1.2	12.6	13.7	1.7	9.1	1.5	8.2	4.9	3.8	5.0	3.9	…	…	0.2	17
			F	1.8	–	0.1	12.5	0.3	1.3	12.2	3.0	4.8	2.7	5.7	5.8	9.5	35.7	4.6	…	…	–	17
		2000	MF	2.3	0.1	0.2	18.2	0.7	5.4	12.5	2.8	6.7	2.1	12.0	5.4	7.9	18.5	5.1	…	…	0.1	17
			M	3.4	0.1	0.4	25.7	1.0	9.6	13.4	2.4	9.2	1.8	14.0	5.1	4.9	4.6	4.3	…	…	0.2	17
			F	1.2	–	0.1	10.0	0.4	0.9	11.5	3.3	4.0	2.4	9.8	5.6	11.1	33.6	5.9	…	…	0.1	17
		2003	MF	2.1	–	0.2	16.3	0.6	5.6	12.4	2.8	6.5	2.1	12.9	5.7	11.1	16.2	5.2	…	…	0.1	17
			M	3.1	0.1	0.3	23.5	0.9	10.1	13.6	2.4	9.0	1.8	15.1	5.3	5.4	4.9	4.5	…	…	0.1	17
			F	0.9	–	–	8.6	0.3	0.9	11.2	3.3	3.8	2.5	10.6	6.2	17.3	28.3	5.9	…	…	–	17
		2004	MF	2.1	–	0.1	16.1	0.6	5.7	12.6	2.9	6.3	2.1	12.9	5.8	11.2	16.2	5.1	…	…	0.1	17
			M	3.2	–	0.2	23.1	0.9	10.2	13.9	2.6	8.7	1.7	15.0	5.3	5.4	5.0	4.5	…	…	0.1	17
			F	0.9	–	–	8.5	0.3	0.9	11.1	3.4	3.7	2.4	10.8	6.5	17.4	28.2	5.7	…	…	–	17

		年份	性别	ISIC3 制表分类																		注
				A	B	C	D	E	F	G	H	I	J	K	L	M	N	O	P	Q	X	No.
	b	2005	MF	2.0	–	0.2	15.3	0.6	5.9	12.5	2.7	6.3	1.9	13.7	5.6	11.1	16.6	5.3	…	…	0.2	18
	b		M	2.9	0.1	0.3	22.0	0.9	10.6	13.8	2.4	8.9	1.6	16.0	4.9	5.3	5.3	4.7	…	…	0.2	18
	b		F	0.9	–	–	8.0	0.4	0.8	11.2	3.1	3.4	2.3	11.0	6.3	17.3	28.9	6.0	…	…	0.2	18
		2006	MF	1.9	–	0.2	15.0	0.6	6.2	12.3	2.9	6.3	1.9	13.9	5.7	11.1	16.1	5.4	…	…	0.2	17
			M	2.9	0.1	0.3	21.5	0.8	11.0	13.5	2.6	8.9	1.6	16.3	5.0	5.4	5.4	4.6	…	…	0.2	17
			F	0.9	–	–	8.0	0.3	0.9	11.1	3.3	3.4	2.3	11.3	6.6	17.4	28.0	6.2	…	…	0.2	17
		2007	MF	2.2	0.1	0.2	14.5	0.6	6.4	12.3	3.1	6.2	2.0	14.6	5.7	10.8	15.9	5.3	…	…	0.2	19
			M	3.3	0.1	0.3	20.5	0.8	11.2	13.3	2.8	8.7	1.8	17.0	5.1	5.2	5.1	4.5	…	…	0.2	19
			F	0.9	–	–	7.7	0.3	1.0	11.2	3.6	3.4	2.1	12.0	6.4	17.0	28.0	6.1	…	…	0.1	19
英国		1990	MF	2.1	0.1	0.9	22.2	1.2	7.9	15.6	4.4	6.3	4.3	8.0	6.0	6.8	8.2	4.3	0.8	0.1	0.7	20
			M	2.8	0.1	1.4	27.9	1.8	12.6	13.9	2.7	8.4	3.5	7.7	6.2	3.7	2.6	3.8	0.2	0.2	0.8	20
			F	1.1	–	0.2	14.8	0.5	1.9	17.9	6.7	3.5	5.4	8.4	5.8	10.9	15.6	5.1	1.6	0.1	0.5	20
		2000	MF	1.5	0.1	0.4	17.1	0.7	7.2	15.5	4.1	6.9	4.3	11.1	6.2	8.0	10.8	5.6	0.5	0.1	0.3	20
			M	2.1	0.1	0.6	22.9	0.9	11.8	14.1	3.1	9.3	3.8	11.8	6.1	4.1	3.7	4.9	0.3	0.1	0.3	20
			F	0.8	–	0.1	9.9	0.4	1.5	17.2	5.4	3.8	5.0	10.1	6.2	12.7	19.6	6.3	0.7	0.1	0.2	20
		2004	MF	1.2	–	0.3	13.5	0.6	7.7	15.5	4.4	6.8	4.2	11.3	6.9	9.1	12.0	5.6	0.6	–	0.3	20
			M	1.8	0.1	0.5	18.7	0.9	13.0	14.4	3.6	9.6	3.8	12.3	6.5	4.8	4.4	4.9	0.4	0.1	0.3	20
			F	0.6	–	0.1	7.4	0.4	1.7	16.7	5.4	3.5	4.7	10.1	7.3	14.2	20.8	6.3	0.8	–	0.2	20
		2005	MF	1.3	–	0.4	13.3	0.6	7.9	15.2	4.4	6.9	4.2	11.5	7.0	9.1	12.1	5.5	0.4	–	0.2	20
			M	1.8	0.1	0.6	18.4	0.8	13.2	14.2	3.6	9.6	3.9	12.5	6.4	4.6	4.8	4.9	0.3	–	0.3	20
			F	0.7	–	0.1	7.3	0.4	1.8	16.4	5.2	3.7	4.6	10.2	7.6	14.3	20.8	6.2	0.6	–	0.2	20
		2006	MF	1.2	0.1	0.4	13.0	0.6	8.1	14.6	4.4	6.7	4.3	11.5	7.1	9.2	12.4	5.6	0.4	0.1	0.3	20
			M	1.8	0.1	0.6	18.0	0.8	13.3	13.7	3.6	9.5	4.0	12.6	6.5	4.8	4.7	5.2	0.4	0.1	0.3	20
			F	0.6	–	0.2	7.1	0.3	1.9	15.7	5.3	3.5	4.7	10.2	7.8	14.4	21.3	6.2	0.5	0.1	0.2	20
		2007	MF	1.3	–	0.5	12.9	0.7	8.2	14.3	4.5	6.7	4.3	12.0	7.0	9.1	11.9	5.8	0.4	–	0.4	20
			M	1.8	0.1	0.7	17.8	1.0	13.7	13.6	3.7	9.4	4.1	12.8	6.4	4.6	4.4	5.2	0.3	–	0.4	20
			F	0.7	–	0.2	7.0	0.5	1.7	15.1	5.4	3.6	4.6	11.0	7.7	14.4	20.7	6.5	0.5	–	0.4	20
	b	2008	MF	1.4	–	0.4	12.0	0.7	8.2	14.7	4.3	6.7	4.3	12.1	7.1	9.1	12.4	5.7	0.5	–	0.3	3
	b		M	1.9	0.1	0.6	16.4	1.0	13.8	13.8	3.7	9.5	4.1	13.1	6.6	4.5	4.9	5.2	0.4	…	0.4	3
	b		F	0.8	–	0.2	6.8	0.4	1.7	15.6	5.1	3.5	4.5	10.9	7.6	14.4	21.1	6.4	0.6	…	0.3	3
北美洲																						
加拿大		1990	MF	3.8	0.3	1.5	15.4	0.9	6.2	18.1	6.1	7.4	4.4	9.0	6.2	6.3	9.6	4.0	0.7	–	…	21
			M	4.9	0.5	2.3	19.9	1.3	10.0	18.0	4.6	9.3	2.7	8.9	6.4	4.6	3.3	3.0	0.2	–	…	21
			F	2.3	0.1	0.5	9.7	0.5	1.5	18.2	8.0	5.0	6.6	9.1	6.0	8.5	17.5	5.2	1.4	–	…	21
		2000	MF	3.1	0.2	1.1	15.8	0.8	5.5	17.3	6.4	6.7	4.1	11.7	5.2	6.6	10.3	4.8	0.5	–	…	21
			M	4.2	0.3	1.7	20.9	1.1	9.1	17.5	4.8	9.0	2.8	11.9	5.1	4.3	3.6	3.8	0.1	–	…	21
			F	1.8	0.1	0.4	9.9	0.4	1.3	16.9	8.2	4.1	5.8	11.4	5.3	9.3	18.1	6.0	1.1	–	…	21
		2003	MF	2.6	0.2	1.1	15.0	0.8	5.8	17.4	6.4	6.4	4.2	12.0	5.2	6.6	10.7	5.1	0.5	–	…	21
			M	3.6	0.3	1.8	19.8	1.2	9.7	17.9	4.9	8.5	2.8	12.2	5.1	4.4	3.6	4.2	0.1	–	…	21
			F	1.5	0.1	0.4	9.6	0.4	1.3	16.9	8.2	4.0	5.7	11.6	5.4	9.0	18.9	6.2	1.0	–	…	21
		2004	MF	2.5	0.2	1.2	14.9	0.8	6.0	17.4	6.3	6.4	4.3	12.0	5.2	6.5	10.9	5.1	0.4	–	…	21
			M	3.4	0.3	1.8	19.8	1.2	9.9	17.9	4.7	8.4	2.9	12.5	5.0	4.2	3.7	4.1	–	–	…	21
			F	1.4	0.1	0.4	9.2	0.5	1.5	16.8	8.2	4.1	5.9	11.5	5.4	9.1	19.0	6.1	0.8	–	…	21
		2005	MF	2.5	0.2	1.3	14.2	0.8	6.3	17.6	6.2	6.3	4.4	12.3	5.1	6.8	10.7	4.9	0.4	–	…	21
			M	3.4	0.3	2.0	18.8	1.1	10.6	17.8	4.7	8.4	3.0	12.7	5.0	4.4	3.6	4.0	0.1	–	…	21
			F	1.5	0.1	0.5	8.9	0.4	1.4	17.2	7.9	3.9	6.0	11.7	5.3	9.6	18.8	6.0	0.8	–	…	21
		2006	MF	2.5	0.2	1.5	13.3	0.7	6.5	17.5	6.2	6.3	4.5	12.6	5.1	7.0	10.8	5.0	0.4	–	…	21
			M	3.3	0.3	2.2	17.8	1.1	10.8	17.8	4.6	8.6	3.2	13.1	4.9	4.7	3.6	3.9	–	–	…	21
			F	1.5	0.1	0.6	8.3	0.4	1.6	17.2	7.9	3.8	6.0	11.9	5.3	9.6	19.0	6.1	0.7	–	…	21
		2007	MF	2.3	0.2	1.5	12.5	0.8	6.7	17.5	6.3	6.3	4.5	12.7	5.1	7.0	10.9	5.1	0.4	–	…	21
			M	3.2	0.3	2.3	16.9	1.1	11.2	17.7	4.9	8.5	3.1	13.5	4.8	4.7	3.6	4.2	–	–	…	21
			F	1.4	0.1	0.6	7.7	0.5	1.7	17.2	8.0	3.8	6.1	11.8	5.4	9.6	19.1	6.2	0.7	–	…	21
美国		2003	MF	1.7	…	0.4	12.3	0.9	7.4	15.0	6.5	4.2	5.0	12.2	4.5	8.6	11.9	9.5	…	…	…	22
			M	2.3	…	0.6	16.0	1.2	12.5	15.6	5.8	5.9	3.8	12.9	4.6	4.9	4.6	9.3	…	…	…	22
			F	0.9	…	0.1	8.0	0.4	1.5	14.4	7.4	2.2	6.3	11.4	4.5	12.8	20.3	9.7	…	…	…	22
		2004	MF	1.6	…	0.4	11.8	0.8	7.7	15.0	6.6	4.2	5.0	12.3	4.6	8.7	12.0	9.4	…	…	…	22
			M	2.3	…	0.6	15.4	1.2	13.1	15.5	5.8	6.0	3.7	13.0	4.6	5.0	4.7	9.1	…	…	…	22
			F	0.8	…	0.1	7.7	0.4	1.6	14.4	7.4	2.2	6.4	11.5	4.5	12.8	20.4	9.7	…	…	…	22
		2005	MF	1.6	…	0.4	11.5	0.8	7.9	15.1	6.6	4.4	5.0	12.3	4.6	8.7	11.9	9.3	…	…	…	22
			M	2.2	…	0.7	15.0	1.2	13.3	15.7	5.7	6.2	3.8	12.9	4.7	5.0	4.6	9.0	…	…	…	22
			F	0.8	…	0.1	7.4	0.4	1.6	14.5	7.5	2.2	6.3	11.6	4.5	12.9	20.4	9.7	…	…	…	22
		2006	MF	1.5	…	0.5	11.3	0.8	8.1	14.8	6.6	4.3	5.0	12.5	4.5	8.7	12.1	9.2	…	…	…	22
			M	2.1	…	0.8	14.9	1.2	13.7	15.2	5.7	6.1	3.9	13.1	4.6	5.0	4.7	8.9	…	…	…	22
			F	0.8	…	0.1	7.2	0.4	1.7	14.2	7.5	2.3	6.3	11.8	4.4	12.9	20.6	9.7	…	…	…	22
		2007	MF	1.4	…	0.5	11.2	0.8	8.1	14.3	6.6	4.4	5.0	12.9	4.6	8.8	12.2	9.2	…	…	…	22
			M	2.0	…	0.8	14.6	1.2	13.7	14.7	5.8	6.2	3.9	13.6	4.8	5.1	4.8	8.8	…	…	…	22
			F	0.7	…	0.1	7.2	0.4	1.7	13.9	7.5	2.4	6.3	12.1	4.5	13.1	20.7	9.5	…	…	…	22

	年份	性别	ISIC3 制表分类																		注
			A	B	C	D	E	F	G	H	I	J	K	L	M	N	O	P	Q	X	No.
其他发达经济体																					
澳大利亚	1990	MF	5.4	0.2	1.1	15.0	1.3	7.6	20.8	4.1	6.8	4.7	8.0	5.7	6.7	8.4	4.1	0.2	–	…	23
		M	6.5	0.3	1.8	18.8	2.0	11.2	19.3	3.0	9.0	3.7	7.5	6.0	4.0	3.7	3.1	–	–	…	23
		F	3.9	0.1	0.2	9.7	0.4	2.4	22.8	5.6	3.6	6.0	8.6	5.1	10.5	15.2	5.5	0.3	–	…	23
	2000	MF	4.8	0.2	0.8	12.6	0.7	7.7	19.6	5.1	6.6	3.7	11.9	5.1	6.8	9.5	4.9	0.1	–	–	23
		M	5.8	0.3	1.2	16.3	1.1	12.0	18.7	4.1	8.7	2.9	11.8	5.4	3.9	3.6	4.1	–	–	–	23
		F	3.4	0.1	0.2	7.8	0.3	2.2	20.9	6.4	3.9	4.7	11.9	4.8	10.6	16.9	5.8	0.1	–	–	23
	2003	MF	3.7	0.2	0.8	11.5	0.8	8.0	20.1	4.9	6.3	3.7	12.0	5.9	7.2	9.9	5.0	–	–	0.1	23
		M	4.7	0.3	1.3	15.1	1.2	12.6	19.3	3.8	8.4	3.0	12.0	6.0	4.2	3.9	4.2	–	–	0.1	23
		F	2.6	0.1	0.2	7.0	0.4	2.2	20.9	6.3	3.8	4.5	12.1	5.7	10.9	17.2	6.0	0.1	–	–	23
	2004	MF	3.6	0.1	0.8	11.3	0.8	8.3	19.6	5.0	6.4	3.6	11.8	5.9	7.2	10.2	5.1	–	–	0.2	23
		M	4.4	0.2	1.3	15.0	1.2	13.2	18.9	4.0	8.4	3.0	11.8	5.9	4.2	4.0	4.2	–	–	0.2	23
		F	2.6	0.1	0.2	6.7	0.3	2.2	20.5	6.3	3.9	4.4	11.7	5.9	10.9	17.9	6.1	0.1	–	0.2	23
	2005	MF	3.5	0.1	0.9	10.8	0.8	8.6	19.6	5.0	6.4	3.7	12.0	5.9	7.0	10.2	5.2	–	–	0.2	23
		M	4.4	0.2	1.5	14.4	1.2	13.6	18.6	3.9	8.6	3.0	12.1	6.0	4.0	4.0	4.2	–	–	0.3	23
		F	2.4	0.1	0.2	6.3	0.4	2.5	20.8	6.3	3.8	4.6	12.0	5.8	10.6	17.7	6.3	–	–	0.2	23
	2006	MF	3.4	0.1	1.0	10.4	0.8	8.9	19.2	4.7	6.4	3.8	12.3	6.0	7.0	10.5	5.1	–	–	0.3	23
		M	4.2	0.1	1.6	14.0	1.2	14.3	18.3	3.6	8.5	3.2	12.2	6.0	4.0	4.2	4.2	–	–	0.3	23
		F	2.4	0.1	0.3	6.1	0.4	2.4	20.4	6.1	3.8	4.4	12.3	6.0	10.8	18.3	6.2	–	–	0.2	23
	2007	MF	3.3	0.1	1.0	10.3	0.8	9.0	19.0	4.9	6.5	3.8	12.2	5.8	7.1	10.5	5.2	–	–	0.3	23
		M	4.1	0.2	1.6	13.9	1.2	14.5	17.9	4.0	8.7	3.4	12.3	5.6	4.2	3.9	4.2	–	–	0.4	23
		F	2.3	–	0.3	5.9	0.4	2.4	20.3	6.1	3.9	4.4	12.2	6.1	10.7	18.4	6.4	–	–	0.2	23
马恩岛	2001	MF	1.3	0.1	0.3	7.9	1.3	6.6	12.0	5.1	7.5	18.9	7.6	7.3	6.9	8.1	9.0	0.2	…	…	24
		M	2.0	0.2	0.5	11.1	2.0	11.3	11.1	4.6	9.6	15.3	7.5	8.2	4.1	3.1	9.4	0.1	…	…	24
		F	0.5	–	–	4.1	0.5	0.9	13.0	5.7	5.0	23.2	7.7	6.3	10.2	14.1	8.5	0.4	…	…	24
	2006	MF	1.6	0.3	0.2	5.1	1.5	7.9	12.5	3.8	7.9	16.7	11.5	6.6	6.9	10.4	6.6	0.4	…	–	25
		M	2.5	0.4	0.3	7.4	2.3	14.0	12.7	3.5	10.6	13.4	12.1	7.2	3.3	4.2	5.9	0.2	…	0.1	25
		F	0.6	0.1	0.1	2.5	0.5	0.8	12.3	4.1	4.7	20.6	10.9	5.9	11.0	17.8	7.4	0.6	…	–	25
以色列	2000	MF	2.2	…	17.9	…	0.9	5.2	13.3	4.6	6.5	3.3	11.6	5.4	12.3	9.6	4.8	1.6	0.1	0.8	26
		M	3.2	…	23.6	…	1.3	8.9	14.5	4.7	8.5	2.5	12.1	5.5	5.1	4.2	4.3	0.3	–	1.0	26
		F	0.9	…	10.9	…	0.3	0.8	11.9	4.4	4.2	4.2	11.0	5.3	20.9	16.1	5.3	3.0	0.1	0.6	26
	2003	MF	1.9	…	16.2	…	0.8	5.6	13.6	4.0	6.4	3.3	12.9	5.2	12.7	10.7	4.8	1.4	0.1	0.5	26
		M	2.8	…	21.8	…	1.2	9.5	14.8	4.3	8.6	2.5	13.8	5.4	5.6	4.7	4.3	0.3	0.1	0.5	26
		F	0.8	…	9.6	…	0.3	1.0	12.1	3.7	3.9	4.3	12.0	4.9	20.9	17.9	5.4	2.8	0.1	0.3	26
	2004	MF	2.0	…	16.1	…	0.8	5.3	13.5	4.3	6.4	3.3	13.3	4.6	12.6	10.6	4.6	1.6	0.1	0.7	26
		M	3.1	…	21.4	…	1.2	9.1	15.0	4.5	8.4	2.3	14.6	4.8	5.5	4.7	4.3	0.2	0.1	0.9	26
		F	0.8	…	9.9	…	0.4	1.0	11.7	4.0	4.1	4.4	11.8	4.4	21.1	17.7	4.9	3.2	0.1	0.4	26
	2005	MF	2.0	…	15.7	…	0.9	5.1	13.5	4.6	6.5	3.3	13.4	4.6	12.6	10.7	4.7	1.6	0.1	0.7	26
		M	3.1	…	21.1	…	1.3	8.8	14.7	5.2	8.6	2.6	14.7	4.8	5.2	4.4	4.5	0.2	0.1	0.8	26
		F	0.8	…	9.4	…	0.4	0.8	12.2	4.0	4.0	4.1	12.0	4.4	21.1	17.9	4.8	3.3	0.1	0.5	26
	2006	MF	1.8	…	15.6	…	0.7	5.2	13.1	4.7	6.7	3.4	13.8	4.5	12.7	10.2	5.0	1.8	–	0.8	26
		M	2.7	…	21.1	…	1.1	9.1	14.1	5.2	8.8	2.5	15.1	4.6	5.4	4.4	4.6	0.3	–	0.9	26
		F	0.6	…	9.2	…	0.3	0.7	11.9	4.2	4.2	4.4	12.3	4.4	21.1	17.1	5.4	3.5	–	0.7	26
	2007	MF	1.6	…	15.7	…	0.6	5.6	13.4	4.6	6.4	3.5	14.0	4.5	12.8	10.0	4.6	1.8	–	0.8	26
		M	2.5	…	20.9	…	0.9	9.8	14.6	5.0	8.3	2.6	15.0	4.7	5.6	4.3	4.4	0.3	–	1.0	26
		F	0.6	…	9.7	…	0.3	0.7	11.9	4.0	4.1	4.6	12.8	4.3	21.3	16.5	4.9	3.6	–	0.6	26
日本	2003	MF	4.2	0.4	0.1	19.1	0.5	9.6	19.0	5.5	6.3	2.5	10.2	3.6	4.4	7.9	5.6	…	…	0.9	1
		M	4.0	0.5	0.1	21.6	0.7	13.8	16.7	3.8	8.7	2.2	10.6	4.8	3.5	3.1	4.7	…	…	0.9	1
		F	4.6	0.3	–	15.6	0.2	3.4	22.2	8.0	2.8	3.1	9.6	1.8	5.7	14.9	6.9	…	…	1.0	1
	2004	MF	4.2	0.3	0.1	18.6	0.5	9.2	18.8	5.5	6.2	2.5	10.8	3.7	4.5	8.4	5.6	…	…	1.1	1
		M	4.0	0.4	0.1	21.3	0.7	13.4	16.6	3.8	8.6	2.1	11.3	5.0	3.6	3.3	4.7	…	…	1.1	1
		F	4.5	0.2	–	14.8	0.2	3.3	22.0	7.9	2.8	3.1	10.2	1.8	5.8	15.6	6.8	…	…	1.1	1
	2005	MF	4.1	0.4	–	18.4	0.6	8.9	18.7	5.4	6.1	2.5	11.5	3.6	4.5	8.7	5.6	…	…	1.2	1
		M	3.9	0.5	0.1	21.3	0.8	13.1	16.4	3.8	8.3	2.1	12.1	4.8	3.5	3.5	4.8	…	…	1.2	1
		F	4.3	0.2	–	14.3	0.2	3.1	21.9	7.7	2.8	3.0	10.6	1.9	6.0	16.1	6.8	…	…	1.2	1
	2006	MF	3.9	0.3	–	18.7	0.6	8.8	18.5	5.3	6.2	2.4	11.6	3.5	4.5	8.9	5.6	…	…	1.1	1
		M	3.8	0.4	0.1	21.6	0.9	12.8	16.2	3.6	8.5	2.1	12.2	4.7	3.5	3.6	4.8	…	…	1.1	1
		F	4.1	0.2	–	14.4	0.2	3.1	21.7	7.6	2.9	2.9	10.8	1.8	5.9	16.4	6.8	…	…	1.1	1
	2007	MF	3.9	0.3	0.1	18.7	0.5	8.6	18.4	5.3	6.2	2.4	11.9	3.5	4.4	9.0	5.5	…	…	1.2	1
		M	3.8	0.4	0.1	21.9	0.8	12.5	16.0	3.7	8.5	2.0	12.4	4.7	3.5	3.7	4.7	…	…	1.2	1
		F	4.1	0.2	–	14.2	0.1	3.0	21.7	7.7	2.9	2.9	11.1	1.9	5.8	16.5	6.6	…	…	1.2	1
新西兰	2000	MF	8.5	0.2	0.2	15.8	0.5	6.6	16.6	5.2	6.3	3.1	9.8	5.1	7.3	8.0	5.8	0.5	0.1	0.4	27
		M	10.8	0.4	0.4	20.3	0.6	11.1	16.3	3.7	8.0	2.4	9.6	4.8	3.5	2.6	5.2	0.1	0.1	0.4	27
		F	5.8	0.1	0.1	10.4	0.2	1.5	16.9	7.0	4.1	3.9	10.1	5.6	11.8	14.6	6.4	1.0	–	0.5	27
	2003	MF	7.9	0.2	0.2	14.5	0.5	7.2	18.0	4.9	5.8	2.8	10.3	5.8	7.9	9.1	4.7	0.2	–	0.2	27
		M	10.1	0.3	0.3	19.1	0.7	11.8	17.9	3.4	7.5	2.3	10.4	5.3	4.3	2.7	3.8	–	–	0.2	27
		F	5.4	0.1	0.1	9.1	0.2	1.7	18.3	6.7	3.8	3.5	10.1	6.4	12.2	16.6	5.7	0.2	–	0.1	27

		年份	性别	A	B	C	D	E	F	G	H	I	J	K	L	M	N	O	P	Q	X	注 No.
		2004	MF	7.4	0.1	0.2	14.5	0.5	7.5	17.8	4.7	5.9	3.0	10.8	5.7	8.0	8.9	4.7	0.1	–	0.2	27
			M	9.2	0.3	0.4	18.9	0.6	12.4	18.0	3.1	7.6	2.3	11.1	5.1	4.2	3.0	3.7	–	–	0.2	27
			F	5.2	0.1	–	9.2	0.2	1.8	17.6	6.6	3.9	3.8	10.4	6.4	12.6	16.1	5.9	0.2	–	0.2	27
		2005	MF	7.0	0.1	0.2	13.7	0.4	7.8	17.5	4.8	5.7	3.2	11.3	6.1	7.9	9.0	4.9	0.1	–	0.2	27
			M	8.8	0.2	0.4	18.2	0.5	12.8	17.5	3.3	7.4	2.6	11.7	5.6	4.3	2.8	3.8	–	–	0.3	27
			F	4.9	0.1	0.1	8.3	0.2	1.9	17.6	6.6	3.8	3.9	10.9	6.7	12.1	16.3	6.2	0.2	–	0.2	27
		2006	MF	7.0	0.1	0.2	13.0	0.4	8.7	17.4	4.6	5.5	3.4	11.7	6.3	7.7	9.1	4.3	0.1	–	0.4	27
			M	8.7	0.1	0.3	17.5	0.5	14.1	17.2	3.0	7.0	2.9	11.8	5.5	4.3	3.0	3.6	–	–	0.3	27
			F	5.1	–	0.1	7.8	0.2	2.4	17.6	6.5	3.8	3.8	11.5	7.3	11.7	16.4	5.2	0.3	–	0.4	27
	b	2007	MF	7.1	0.1	0.2	12.7	0.4	8.5	17.5	5.0	5.4	3.3	11.6	6.3	7.8	9.3	4.2	0.2	–	0.5	28
	b		M	8.9	0.2	0.4	17.1	0.6	14.0	17.2	3.5	7.2	2.9	11.3	5.7	4.3	2.8	3.5	–	–	0.5	28
	b		F	5.0	–	0.1	7.6	0.2	2.1	17.9	6.8	3.2	3.8	11.9	7.0	11.8	16.9	5.0	0.3	–	0.4	28
圣马力诺		2003	MF	0.4	…	…	32.5	…	8.7	16.6	–	2.4	3.5	–	11.0	0.2	5.4	19.1	–	–	–	29
			M	0.4	…	…	39.2	…	13.5	13.2	–	2.6	3.2	–	6.5	0.1	2.6	18.5	–	–	–	29
			F	0.3	…	…	22.6	…	1.7	21.8	–	2.0	3.9	–	17.4	0.4	9.5	20.1	–	–	–	29
		2004	MF	0.4	…	…	32.2	…	8.7	16.3	–	2.5	3.8	–	11.0	0.2	5.3	19.7	–	–	–	29
			M	0.5	…	…	38.9	…	13.5	13.1	–	2.7	3.4	–	6.3	0.1	2.8	18.8	–	–	–	29
			F	0.3	…	…	22.5	…	1.7	21.0	–	2.2	4.3	–	17.7	0.4	9.0	21.1	–	–	–	29
		2005	MF	0.5	…	…	30.8	…	8.6	14.8	0.8	2.5	4.0	12.7	12.1	3.2	5.6	4.6	…	…	…	29
			M	0.6	…	…	37.1	…	13.3	13.2	0.4	2.6	3.5	12.3	11.1	1.0	3.0	2.0	…	…	…	29
			F	0.3	…	…	21.7	…	1.7	17.2	1.5	2.3	4.6	13.2	13.5	6.3	9.3	8.4	…	…	…	29
		2006	MF	0.4	…	…	30.4	…	8.4	15.1	0.8	2.6	4.2	12.9	11.6	3.1	5.6	4.8	…	…	…	29
			M	0.5	…	…	36.4	…	13.2	13.5	0.4	2.7	3.8	12.4	10.7	1.0	3.0	2.3	…	…	…	29
			F	0.3	…	…	21.7	…	1.6	17.4	1.3	2.4	4.7	13.6	13.1	6.1	9.2	8.5	…	…	…	29
		2007	MF	0.4	…	…	29.9	…	7.9	15.6	0.9	2.6	4.5	13.6	18.7	0.2	0.8	4.9	–	–	0.1	29
			M	0.5	…	…	36.4	…	12.3	13.9	0.5	2.7	4.1	13.3	13.4	0.2	0.4	2.3	–	–	0.1	29
			F	0.3	…	…	20.5	…	1.5	18.1	1.4	2.4	5.0	14.1	26.3	0.2	1.5	8.5	–	–	0.1	29
西欧（非欧盟）																						
冰岛		2000	MF	4.4	3.9	0.1	15.3	0.8	6.7	14.0	4.1	6.8	4.2	8.3	4.5	6.3	13.2	6.7	–	0.5	0.1	30
			M	5.4	6.3	0.2	19.9	1.2	12.1	13.8	3.7	7.4	3.1	9.4	4.5	3.2	3.2	5.4	–	0.7	0.1	30
			F	3.3	1.1	–	10.0	0.4	0.5	14.3	4.7	5.9	5.5	7.0	4.4	9.8	24.6	8.1	–	0.3	0.1	30
		2003	MF	3.6	3.3	0.1	13.7	1.0	6.9	13.1	3.5	6.2	4.0	9.1	5.2	7.8	15.8	6.2	–	0.3	0.1	30
			M	4.6	5.7	0.2	17.6	1.6	12.6	13.8	2.8	7.5	2.3	10.7	4.9	4.9	4.2	5.9	–	0.5	–	30
			F	2.5	0.5	–	9.4	0.4	0.5	12.3	4.3	4.7	5.8	7.4	5.5	11.0	28.6	6.6	–	0.3	–	30
		2004	MF	3.5	2.9	0.1	13.9	1.0	7.4	12.7	3.4	6.9	4.4	9.3	4.9	7.8	14.7	6.7	–	0.2	0.2	30
			M	4.2	5.1	0.2	17.7	1.7	13.3	13.8	2.7	8.6	2.5	10.2	4.1	4.8	4.4	5.9	–	0.4	0.1	30
			F	2.4	0.5	–	9.6	0.3	0.8	11.5	4.2	5.0	6.5	8.2	5.7	11.0	26.2	7.5	–	0.1	0.1	30
		2005	MF	3.4	3.1	0.1	13.0	0.9	7.7	13.9	3.3	7.3	4.1	9.3	4.6	7.4	15.2	6.3	–	0.2	0.1	30
			M	4.2	5.4	0.1	16.5	1.4	13.4	15.3	2.9	8.9	2.5	10.5	4.2	4.2	4.2	5.8	–	0.2	0.2	30
			F	2.5	0.5	–	9.1	0.4	1.1	12.4	3.8	5.4	6.1	7.9	5.0	11.0	27.6	6.7	–	0.3	–	30
		2006	MF	3.8	2.5	0.1	11.8	0.9	8.7	13.9	3.6	7.1	4.3	8.9	6.0	7.4	14.5	6.4	–	0.2	–	30
			M	4.9	4.3	0.1	15.2	1.2	15.1	14.8	3.4	8.5	2.9	10.4	5.2	4.3	3.5	5.7	–	0.3	–	30
			F	2.3	0.4	–	7.9	0.4	1.0	12.9	3.7	5.3	6.1	7.0	6.7	11.0	27.6	7.4	–	0.1	–	30
		2007	MF	3.4	2.5	0.1	10.7	1.0	8.9	14.3	3.5	6.3	4.9	9.7	5.0	7.6	14.7	6.8	–	0.3	0.2	30
			M	4.3	4.5	0.1	13.8	1.3	15.6	14.8	2.6	7.7	3.7	11.8	4.7	4.8	4.0	5.7	–	0.3	0.2	30
			F	2.2	0.2	–	7.1	0.5	0.7	13.8	4.6	4.7	6.3	7.2	5.5	11.0	27.4	8.2	–	0.4	0.1	30
挪威		2000	MF	3.6	0.7	1.5	13.0	0.8	6.4	15.5	3.3	7.4	2.2	9.0	6.4	8.1	17.7	4.0	…	…	…	3
			M	4.8	1.2	2.3	18.1	1.3	11.0	16.0	2.2	9.7	2.1	10.4	6.4	5.3	5.7	3.4	…	…	…	3
			F	2.2	0.2	0.6	7.2	0.3	1.2	14.8	4.6	4.8	2.3	7.5	6.5	11.4	31.3	4.6	…	…	…	3
		2004	MF	2.9	0.7	1.4	11.6	0.7	7.1	15.0	3.1	6.6	2.1	10.0	5.9	8.5	19.9	4.3	…	…	…	3
			M	4.0	1.2	2.1	16.2	1.1	12.7	15.2	2.3	9.1	2.1	11.9	5.7	5.7	6.8	3.7	…	…	…	3
			F	1.6	0.1	0.6	6.4	0.3	1.0	14.8	4.0	3.8	2.1	7.8	6.2	11.6	34.3	5.0	…	…	…	3
		2005	MF	2.6	0.7	1.6	11.6	0.7	7.0	15.3	3.1	6.7	2.2	10.1	5.7	8.3	20.1	4.2	…	…	…	3
			M	3.7	1.1	2.4	16.4	1.1	12.4	15.3	2.3	9.4	2.2	12.2	5.8	5.4	6.9	3.4	…	…	…	3
			F	1.5	0.1	0.6	6.2	0.3	0.9	15.4	4.1	3.6	2.3	7.8	5.7	11.6	34.8	5.0	…	…	…	3
		2006	MF	2.7	0.6	1.5	11.5	0.7	7.1	15.0	2.9	6.7	2.3	10.7	5.8	8.2	20.0	4.2	…	…	…	3
			M	3.8	1.0	2.3	16.5	1.1	12.5	14.8	2.0	9.5	2.3	12.6	5.8	5.4	6.9	3.5	…	…	…	3
			F	1.4	0.1	0.6	6.0	0.3	1.1	15.2	3.9	3.6	2.4	8.5	5.8	11.4	34.7	4.8	…	…	…	3
		2007	MF	2.3	0.5	1.6	11.5	0.7	7.4	14.7	2.7	6.5	2.3	10.8	6.0	8.8	19.6	4.3	…	…	…	3
			M	3.3	1.0	2.5	16.4	1.0	13.1	14.7	1.8	9.2	2.2	12.9	5.7	6.0	6.5	3.7	…	…	…	3
			F	1.2	0.1	0.7	5.9	0.4	1.1	14.8	3.9	3.5	2.3	8.5	6.3	12.0	34.1	5.0	…	…	…	3
		2008	MF	2.2	0.5	1.7	11.4	0.7	7.3	14.4	2.7	6.2	2.2	11.3	6.1	8.8	20.0	4.3	…	…	…	3
			M	3.1	1.0	2.5	16.2	1.0	13.0	14.4	1.8	8.9	2.2	13.9	5.8	5.8	6.5	3.9	…	…	…	3
			F	1.2	0.1	0.8	6.1	0.4	0.9	14.5	3.8	3.3	2.2	8.4	6.5	12.1	35.0	4.7	…	…	…	3
瑞士		2000	MF	4.5	…	0.1	17.7	0.6	7.2	15.5	6.1	6.6	4.9	10.5	3.9	6.1	10.5	4.2	1.5	…	…	31
			M	5.2	…	0.2	22.9	1.0	11.4	13.6	4.7	7.9	5.0	11.2	4.3	4.4	4.5	3.4	0.4	…	…	31
			F	3.7	…	0.1	11.0	0.2	1.8	17.9	8.0	4.9	4.8	9.7	3.4	8.2	18.3	5.3	2.8	…	…	31

ISIC3 制表分类（A–X）

		年份	性别	ISIC3 制表分类																		注
				A	B	C	D	E	F	G	H	I	J	K	L	M	N	O	P	Q	X	No.
		2003	MF	4.1	…	0.1	16.1	0.6	6.9	15.6	5.8	6.5	5.3	11.6	4.1	6.6	11.1	4.2	1.3	…	…	31
			M	4.8	…	0.2	21.0	0.9	11.1	13.8	4.7	7.9	5.4	12.4	4.3	5.0	4.7	3.5	0.3	…	…	31
			F	3.1	…	–	10.1	0.2	1.7	17.7	7.3	4.7	5.1	10.8	3.7	8.6	19.2	5.2	2.5	…	…	31
		2004	MF	3.8	…	0.1	16.0	0.6	6.9	15.6	5.8	6.5	5.2	11.7	4.1	6.5	11.3	4.3	1.3	…	…	31
			M	4.6	…	0.2	20.7	0.9	11.1	13.9	4.6	8.0	5.4	12.5	4.4	5.0	4.8	3.6	0.3	…	…	31
			F	2.8	…	0.1	10.0	0.2	1.7	17.9	7.3	4.6	5.0	10.8	3.8	8.5	19.4	5.2	2.6	…	…	31
		2005	MF	3.8	…	0.1	16.0	0.6	7.0	15.4	5.7	6.4	5.1	11.8	4.2	6.5	11.6	4.4	1.3	…	…	31
			M	4.6	…	0.2	20.8	0.9	11.3	13.7	4.4	7.9	5.3	12.6	4.4	4.8	4.9	3.6	0.4	…	…	31
			F	2.8	…	0.1	9.9	0.2	1.7	17.5	7.4	4.5	4.9	10.7	4.0	8.6	19.9	5.4	2.4	…	…	31
		2006	MF	3.8	…	0.1	16.0	0.6	7.0	15.1	5.7	6.4	5.1	12.1	4.3	6.5	11.5	4.5	1.2	…	…	31
			M	4.7	…	0.2	21.0	0.9	11.3	13.5	4.4	7.9	5.3	12.8	4.5	4.8	4.9	3.7	0.3	…	…	31
			F	2.7	…	0.1	9.9	0.2	1.7	17.2	7.3	4.4	4.8	11.2	4.0	8.7	19.7	5.5	2.4	…	…	31
		2007	MF	3.9	…	0.1	16.0	0.6	7.0	15.1	5.6	6.3	5.2	12.2	4.4	6.4	11.5	4.5	1.1	…	…	31
			M	4.8	…	0.2	21.1	0.9	11.3	13.4	4.3	7.8	5.4	12.8	4.5	4.7	4.8	3.6	0.3	…	…	31
			F	2.8	…	0.1	9.7	0.2	1.7	17.2	7.2	4.4	4.9	11.5	4.3	8.6	19.8	5.6	2.2	…	…	31
中欧、东南欧（非欧盟）和独联体																						
中欧和东南欧																						
阿尔巴尼亚		2000	MF	71.8	…	0.8	3.2	1.4	1.2	4.6	1.8	2.4	6.2	…	…	4.4	2.2	…	…	…	…	32
		2002	MF	57.7	…	0.8	5.1	1.7	6.1	7.3	1.7	3.5	7.7	…	…	5.3	2.8	…	…	…	…	32
		2003	MF	58.1	…	0.6	5.0	1.6	6.2	7.3	1.7	3.5	7.8	…	…	5.3	2.9	…	…	…	…	32
		2004	MF	58.5	…	0.6	6.0	1.4	5.6	6.9	1.8	2.1	8.7	…	…	5.2	2.9	…	…	…	…	32
		2005	MF	58.5	…	0.6	6.0	1.3	5.6	6.9	1.6	2.0	9.7	…	…	5.0	2.6	…	…	…	…	32
		2006	MF	58.0	…	0.5	6.2	1.1	5.7	7.3	1.7	2.0	9.6	…	…	5.1	2.7	…	…	…	…	32
克罗地亚		2000	MF	14.2	0.3	0.5	20.0	1.9	6.4	14.2	5.1	7.0	2.4	4.4	8.0	5.7	5.9	3.7	0.2	–	…	2
			M	13.3	0.5	0.8	22.3	2.8	10.4	12.6	4.7	9.5	1.4	3.9	8.8	2.8	2.5	3.3	0.3	–	…	2
			F	15.2	0.1	0.1	17.3	0.9	1.6	16.0	5.6	3.9	3.6	5.0	7.0	9.1	10.0	4.2	0.2	–	…	2
		2003	MF	16.5	0.3	0.7	19.1	1.8	8.1	13.8	5.5	6.6	2.1	4.2	6.3	5.4	5.7	3.4	0.3	–	…	2
			M	15.7	0.5	1.0	21.3	2.6	13.6	12.3	4.4	9.3	1.1	3.8	6.8	2.2	2.1	3.0	0.2	–	…	2
			F	17.6	0.1	0.2	16.3	0.9	1.4	15.8	6.9	3.2	3.4	4.6	5.6	9.4	10.1	4.0	0.4	–	…	2
		2004	MF	16.1	0.3	0.6	19.3	1.8	8.2	13.8	5.5	6.6	2.0	4.0	6.5	5.8	5.6	3.7	0.2	–	…	2
			M	15.1	0.5	1.0	21.8	2.5	13.5	11.7	4.6	9.5	1.1	4.2	6.6	2.7	2.1	3.0	–	–	…	2
			F	17.4	0.1	0.1	16.0	1.0	1.5	16.4	6.7	3.0	3.1	3.8	6.4	9.7	9.9	4.5	0.4	–	…	2
		2005	MF	17.0	0.3	0.6	18.1	1.8	8.2	13.9	5.3	6.6	1.8	4.8	6.4	5.6	5.4	4.0	0.3	–	…	2
			M	15.5	0.4	1.0	20.1	2.6	13.5	12.2	4.4	9.4	1.1	4.8	6.7	2.4	2.3	3.5	–	–	…	2
			F	18.8	0.1	0.1	15.5	0.9	1.6	16.2	6.4	3.0	2.6	4.8	6.0	9.5	9.2	4.6	0.6	–	…	2
		2006	MF	14.0	0.2	0.5	19.0	1.4	8.4	14.7	5.7	6.6	2.4	5.1	6.2	5.8	5.3	4.1	0.3	–	…	2
			M	13.3	0.3	0.7	22.2	1.9	14.0	12.4	4.6	9.4	1.3	5.1	6.2	2.5	2.2	3.6	0.1	–	…	2
			F	14.9	0.1	0.2	15.2	0.8	1.6	17.5	7.0	3.1	3.9	5.1	6.3	9.8	9.2	4.7	0.5	–	…	2
	b	2007	MF	12.8	–	0.7	19.3	1.8	8.8	14.2	5.9	7.1	2.3	5.2	5.8	5.5	5.6	4.4	0.3	–	…	33
	b		M	11.6	0.4	1.0	22.1	2.4	14.6	11.8	5.1	10.0	1.3	4.9	5.9	2.6	2.3	3.8	–	–	…	33
	b		F	14.2	–	–	15.8	1.0	1.5	17.3	6.8	3.5	3.4	5.6	5.7	9.2	9.8	5.2	0.7	–	…	33
前南斯拉夫马其顿共和国		2003	MF	22.0	–	0.5	24.1	2.8	6.6	11.5	2.3	5.6	1.3	2.0	6.4	5.9	5.5	3.3	–	0.3	…	34
			M	21.9	0.1	0.6	21.5	4.0	9.9	11.0	2.6	7.8	0.8	1.9	7.4	4.0	2.5	3.8	–	0.2	…	34
			F	22.2	–	0.2	28.0	0.9	1.6	12.1	2.0	2.4	2.1	2.0	4.9	8.6	10.2	2.4	–	0.4	…	34
		2004	MF	16.8	0.1	0.5	22.2	3.0	7.0	14.2	2.4	5.9	1.5	2.6	7.6	6.4	5.7	3.8	–	0.3	…	28
			M	17.9	0.1	0.8	19.4	4.3	10.1	13.4	2.8	8.1	0.9	2.4	8.7	4.3	2.5	4.1	–	0.2	…	28
			F	15.0	–	0.1	26.7	1.1	2.0	15.4	1.9	2.4	2.4	2.9	5.8	9.8	10.9	3.3	0.1	0.4	…	28
		2005	MF	19.5	0.1	0.7	22.0	3.1	6.5	13.7	2.5	6.0	1.2	2.7	7.0	5.8	5.7	3.3	0.1	0.2	…	28
			M	19.7	0.1	1.0	18.7	4.4	9.7	13.1	2.7	8.5	0.7	2.7	8.2	4.1	2.6	3.7	–	0.1	…	28
			F	19.1	–	0.1	27.1	1.1	1.5	14.6	2.1	2.1	1.9	2.7	5.1	8.5	10.7	2.8	0.2	0.3	…	28
		2006	MF	20.1	0.1	0.7	21.6	2.8	7.6	12.8	3.3	5.3	1.2	2.7	6.9	5.9	5.7	3.2	0.1	0.2	…	28
			M	19.9	0.1	1.0	18.4	3.9	11.4	12.8	3.7	7.3	0.9	2.1	7.8	4.2	2.8	3.6	–	0.1	…	28
			F	20.3	–	0.1	26.7	1.0	1.3	12.8	2.8	2.0	1.7	3.6	5.4	8.6	10.4	2.6	0.2	0.3	…	28
		2007	MF	18.2	–	0.9	21.4	2.6	6.4	14.1	3.0	6.0	1.5	2.7	7.0	5.8	5.6	4.2	0.2	0.3	…	28
			M	18.8	0.1	1.3	18.2	3.7	9.8	13.5	3.3	8.2	1.3	2.3	8.2	3.7	2.7	4.5	0.2	0.2	…	28
			F	17.3	–	0.1	26.4	1.1	1.2	15.0	2.5	2.5	1.9	3.3	5.2	9.1	10.1	3.7	0.2	0.5	…	28
黑山共和国		2003	MF	8.8	0.1	2.0	13.7	3.0	3.5	14.3	5.8	8.3	1.3	2.3	13.2	6.9	6.2	5.8	0.1	0.1	4.2	35
			M	10.1	0.1	2.9	15.7	3.9	5.1	10.6	5.0	10.9	0.9	1.9	15.1	4.0	2.6	5.7	–	0.1	4.9	35
			F	6.9	–	0.7	10.8	1.6	1.2	20.0	6.9	4.4	2.1	2.8	10.3	11.3	11.8	5.9	–	0.1	3.2	35
	b	2005	MF	8.5	0.1	1.0	12.2	3.1	2.9	16.7	6.2	8.2	1.2	2.5	12.8	7.6	6.8	10.0	…	0.2	…	36
	b		M	8.3	0.2	0.8	16.1	4.4	4.9	13.0	6.6	10.8	0.9	2.7	13.6	4.2	3.8	9.3	…	0.4	…	36
	b		F	8.9	–	1.2	6.6	1.4	–	22.1	5.5	4.4	1.6	2.2	11.5	12.4	11.3	10.9	…	–	…	36
塞尔维亚		2004	MF	23.9	0.1	1.3	18.8	1.6	5.2	15.1	2.8	5.6	1.5	2.8	5.8	5.1	5.7	4.2	0.3	0.1	0.1	37
			M	23.8	0.2	2.0	20.9	2.2	7.8	12.8	2.4	7.8	1.1	2.4	6.5	3.0	2.4	4.3	0.1	0.2	0.1	37
			F	24.1	–	0.3	15.9	0.8	1.6	18.3	3.2	2.5	2.1	3.4	4.9	8.0	10.2	4.0	0.5	0.1	0.1	37
		2005	MF	23.2	0.1	1.2	18.2	2.1	6.1	14.9	2.9	5.6	1.6	2.6	5.8	5.2	5.8	4.4	0.2	0.1	–	37
			M	23.2	0.1	1.8	20.4	2.8	9.3	12.8	2.2	7.7	1.0	2.4	6.7	2.9	2.3	4.4	–	–	–	37
			F	23.3	–	0.3	15.0	1.0	1.3	18.0	4.0	2.5	2.5	2.8	4.6	8.7	11.0	4.5	0.5	0.1	–	37

		年	性	ISIC3 制表分类																		注
		份	别	A	B	C	D	E	F	G	H	I	J	K	L	M	N	O	P	Q	X	No.
		2006	MF	20.5	0.1	1.2	19.7	2.4	6.1	15.5	3.2	5.8	1.6	2.7	5.4	4.9	6.6	4.2	0.3	–	–	37
			M	21.4	0.1	2.0	22.1	3.3	9.3	13.5	2.8	7.7	1.1	2.1	5.9	2.2	2.4	4.1	0.1	–	–	37
			F	19.2	–	–	16.3	1.0	1.3	18.3	3.8	3.0	2.4	3.5	4.8	8.9	12.6	4.2	0.5	–	–	37
		2007	MF	20.8	–	1.6	19.6	2.2	6.1	15.0	2.7	6.4	1.6	3.3	5.3	4.4	6.3	4.3	0.2	0.1	–	37
			M	21.7	0.1	2.0	22.4	2.7	9.3	12.1	2.3	8.8	1.1	3.3	5.2	2.5	2.5	4.0	–	–	–	37
			F	19.5	–	0.9	15.7	1.5	1.5	19.1	3.4	3.1	2.3	3.4	5.5	7.2	11.5	4.8	0.5	0.1	–	37
土耳其		2000	MF	35.9	0.1	0.4	16.9	0.4	6.3	14.1	3.6	4.9	1.3	2.0	5.4	3.5	2.2	2.3	0.6	–	…	28
			M	26.9	0.1	0.5	18.5	0.5	8.4	17.2	4.5	6.3	1.1	2.0	6.4	2.9	1.6	2.7	0.4	–	…	28
			F	60.5	–	0.1	12.4	0.1	0.6	5.6	1.1	1.2	1.9	1.9	2.8	5.1	4.0	1.3	1.4	–	…	28
		2004	MF	33.8	0.1	0.5	17.4	0.4	4.7	15.2	4.0	5.0	1.1	2.5	5.7	3.8	2.2	2.7	0.8	–	…	28
			M	25.4	0.2	0.6	18.9	0.5	6.3	18.1	4.9	6.5	1.0	2.6	7.0	3.2	1.5	3.1	0.4	–	…	28
			F	57.2	–	–	13.5	0.1	0.4	7.2	1.6	1.1	1.5	2.3	2.2	5.3	4.0	1.5	2.1	–	…	28
	b	2005	MF	29.5	…	0.5	18.5	0.4	5.3	16.4	4.3	5.1	1.1	2.9	5.5	4.1	2.4	4.0	…	…	…	38
	b		M	21.7	…	0.7	20.0	0.5	7.0	19.1	5.2	6.5	1.0	3.0	6.6	3.4	1.6	3.8	…	…	…	38
	b		F	51.6	…	0.1	14.4	0.1	0.5	8.4	1.8	1.2	1.4	2.7	2.3	6.1	4.8	4.4	…	…	…	38
		2006	MF	27.3	…	0.6	18.7	0.4	5.7	16.7	4.5	5.2	1.1	3.5	5.5	4.1	2.6	4.2	…	…	…	38
			M	19.8	…	0.8	20.3	0.5	7.5	19.2	5.4	6.6	0.9	3.5	6.5	3.3	1.7	4.1	…	…	…	38
			F	48.5	…	–	14.3	0.1	0.6	9.7	2.0	1.3	1.4	3.3	2.5	6.4	5.2	4.6	…	…	…	38
		2007	MF	26.4	…	0.6	18.6	0.5	5.8	16.5	4.7	5.3	1.1	3.6	6.1	4.0	2.6	4.1	…	…	…	38
			M	19.1	…	0.8	20.2	0.6	7.6	18.9	5.5	6.7	0.9	3.7	7.1	3.1	1.6	4.0	…	…	…	38
			F	47.3	…	–	14.1	0.1	0.6	9.7	2.4	1.3	1.6	3.4	3.1	6.6	5.2	4.5	…	…	…	38
	b	2008	MF	26.0	0.1	0.6	18.9	0.4	5.7	16.3	4.6	5.0	1.1	4.1	6.0	4.2	2.7	3.2	0.9	–	…	3
	b		M	18.8	0.2	0.8	20.8	0.6	7.6	18.6	5.4	6.3	0.9	4.2	7.1	3.2	1.6	3.6	0.3	–	…	3
	b		F	45.9	–	–	13.8	0.1	0.7	10.0	2.5	1.4	1.7	3.6	3.0	7.0	5.7	1.9	2.5	–	…	3
独立国家联合体（独联体）																						
亚美尼亚	b	2002	MF	45.3	–	0.7	10.7	2.3	3.3	8.8	0.2	3.6	0.5	1.7	2.4	10.6	6.0	3.8	…	…	…	39
	b		M	47.6	–	1.1	12.3	3.3	5.4	8.9	0.1	4.6	0.5	2.1	3.1	4.6	3.0	3.4	…	…	…	39
	b		F	42.6	–	0.2	9.0	1.2	0.9	8.8	0.2	2.6	0.5	1.3	1.7	17.3	9.4	4.2	…	…	…	39
		2003	MF	45.9	–	0.7	10.3	2.1	3.4	9.2	0.4	3.8	0.5	1.8	2.5	10.1	5.4	3.9	…	…	…	39
			M	48.3	–	1.2	11.9	3.1	5.6	8.9	0.4	4.6	0.4	2.4	3.0	4.1	2.0	3.4	…	…	…	39
			F	43.4	–	0.2	8.6	1.0	0.9	9.5	0.5	2.8	0.5	1.1	1.9	16.7	9.2	4.3	…	…	…	39
		2004	MF	46.9	–	0.6	10.3	2.0	3.1	9.5	0.4	4.3	0.5	1.7	2.7	9.3	4.6	4.1	…	…	…	39
			M	48.8	–	0.9	11.8	3.0	5.0	9.2	0.3	5.8	0.4	2.2	3.1	3.8	1.9	3.6	…	…	…	39
			F	44.6	–	0.3	8.5	0.8	0.8	9.9	0.4	2.5	0.6	1.1	2.2	15.7	7.7	4.8	…	…	…	39
		2005	MF	46.2	–	0.6	10.4	1.7	3.2	9.9	0.5	4.5	0.6	1.7	2.6	9.0	4.6	4.4	…	…	…	39
			M	46.1	–	1.0	12.4	2.7	5.0	11.3	0.5	6.0	0.5	2.2	2.7	4.0	1.9	3.8	…	…	…	39
			F	46.4	–	0.2	8.1	0.6	0.9	8.3	0.6	2.7	0.7	1.2	2.4	15.0	7.8	5.2	…	…	…	39
		2006	MF	46.2	–	0.7	10.1	2.1	2.7	9.7	0.7	4.4	0.6	2.1	3.2	9.2	4.5	3.7	…	…	…	39
			M	46.2	–	1.1	12.0	3.2	4.6	11.5	0.6	5.6	0.5	2.3	3.3	4.0	1.9	3.1	…	…	…	39
			F	46.1	–	0.3	7.8	0.8	0.5	7.6	0.8	3.0	0.7	1.9	3.1	15.4	7.5	4.5	…	…	…	39
阿塞拜疆		2000	MF	41.0	0.1	1.1	4.6	1.1	4.1	16.9	0.3	4.5	0.4	2.6	7.0	8.6	4.6	3.3	…	–	…	40
			M	36.3	0.1	1.5	3.9	1.5	6.9	16.5	0.3	6.6	0.4	3.0	8.4	6.8	3.8	3.9	…	–	…	40
			F	46.1	–	0.6	5.3	0.6	1.1	17.4	0.2	2.2	0.3	2.3	5.4	10.5	5.4	2.7	…	–	…	40
		2003	MF	40.0	0.1	1.1	4.5	1.1	4.8	16.5	0.3	4.8	0.3	2.6	7.1	8.8	4.6	3.4	…	–	…	40
			M	40.8	0.1	1.7	3.8	1.5	8.2	11.9	0.4	6.6	0.4	3.0	8.7	5.2	3.5	4.1	…	–	…	40
			F	39.0	–	0.5	5.3	0.6	1.1	21.5	0.2	2.8	0.3	2.2	5.3	12.8	5.9	2.6	…	–	…	40
		2004	MF	39.5	0.1	1.1	4.8	1.0	5.0	16.6	0.3	5.0	0.3	2.6	7.1	8.7	4.6	3.3	…	–	…	40
			M	40.8	0.1	1.7	3.8	1.5	8.2	11.9	0.4	6.6	0.4	3.0	8.7	5.2	3.6	4.1	…	–	…	40
			F	38.0	0.1	0.4	5.8	0.5	1.5	21.7	0.2	3.2	0.3	2.2	5.3	12.5	5.7	2.5	…	–	…	40
		2005	MF	39.2	0.1	1.1	4.9	1.0	5.0	16.6	0.4	5.0	0.3	2.6	7.0	8.7	4.6	3.4	…	–	…	40
			M	41.0	0.1	1.7	3.8	1.5	8.2	11.8	0.4	6.6	0.4	3.0	8.7	5.2	3.6	4.1	…	–	…	40
			F	37.3	0.1	0.4	6.1	0.5	1.6	21.8	0.3	3.2	0.3	2.2	5.2	12.6	5.7	2.6	…	–	…	40
		2006	MF	39.0	0.1	1.1	4.9	1.0	5.6	16.4	0.6	5.1	0.3	2.7	6.8	8.5	4.5	3.3	…	–	…	40
			M	41.2	0.1	1.7	3.8	1.3	9.3	11.6	0.5	6.9	0.3	3.1	8.6	4.4	3.1	4.1	…	–	…	40
			F	36.6	0.1	0.5	6.1	0.7	1.6	21.5	0.6	3.1	0.4	2.2	5.0	13.0	6.1	2.5	…	–	…	40
		2007	MF	38.6	0.1	1.1	4.9	1.1	5.6	16.3	0.6	5.2	0.4	3.0	6.8	8.5	4.5	3.3	…	–	…	40
			M	39.4	0.1	1.7	4.0	1.3	9.6	11.8	0.6	7.2	0.3	3.6	8.7	4.5	3.1	4.2	…	–	…	40
			F	37.9	0.1	0.5	6.0	0.9	1.6	20.8	0.6	3.1	0.5	2.4	4.8	12.5	5.9	2.4	…	–	…	40
格鲁吉亚		2000	MF	52.1	–	0.4	5.9	1.7	1.8	10.0	0.9	4.1	0.5	2.2	6.1	6.5	4.9	2.6	0.2	0.1	0.1	28
			M	46.9	0.1	0.6	8.5	2.8	3.2	9.7	0.8	6.6	0.3	3.2	9.2	2.0	2.7	2.9	0.2	0.2	–	28
			F	57.5	–	0.1	3.2	0.4	0.3	10.3	0.9	1.5	0.7	1.0	2.7	11.4	7.2	2.2	0.1	–	0.3	28
		2003	MF	54.8	–	0.2	4.9	1.1	2.2	10.9	0.9	4.2	0.5	1.8	5.0	7.5	2.7	2.5	0.4	0.2	–	28
			M	53.1	0.1	0.2	6.0	1.6	4.1	11.7	0.7	6.8	0.5	2.0	6.6	2.9	0.8	2.3	0.1	0.3	–	28
			F	56.8	–	0.1	3.6	0.5	–	10.0	1.1	1.3	0.6	1.6	3.3	12.6	4.8	2.7	0.8	0.1	0.1	28
		2004	MF	53.9	–	0.2	5.1	1.2	2.4	11.0	1.0	4.2	0.7	1.6	4.9	7.5	3.1	2.4	0.5	0.2	0.1	28
			M	51.6	–	0.4	6.5	1.8	4.5	11.7	0.8	6.6	0.5	1.7	6.5	2.9	1.4	2.4	0.1	0.3	0.1	28
			F	56.5	–	–	3.5	0.4	0.1	10.3	1.3	1.5	0.9	1.5	3.0	12.5	4.9	2.4	0.9	0.2	0.1	28
		2005	MF	54.3	–	0.3	5.1	1.3	2.5	10.8	0.9	4.0	0.8	1.5	4.7	7.5	3.3	2.2	0.5	0.2	–	28
			M	51.7	–	0.6	6.6	2.0	4.6	11.8	0.8	6.3	0.8	1.7	6.1	3.2	1.3	2.0	0.1	0.3	–	28
			F	57.2	–	0.1	3.6	0.6	0.1	9.7	1.0	1.4	0.7	1.2	3.1	12.2	5.5	2.4	1.0	–	–	28

		年份	性别	ISIC3 制表分类																		注
				A	B	C	D	E	F	G	H	I	J	K	L	M	N	O	P	Q	X	No.
		2006	MF	55.3	–	0.2	4.7	1.1	3.1	9.6	1.0	4.5	0.8	1.5	4.5	7.6	3.0	2.4	0.7	0.1	–	28
			M	53.4	–	0.3	6.0	1.6	5.8	9.4	0.5	7.6	0.9	1.8	6.0	2.5	1.4	2.4	0.2	0.1	–	28
			F	57.4	–	0.1	3.2	0.4	0.1	9.9	1.5	0.9	0.7	1.3	2.8	13.2	4.8	2.4	1.2	0.2	–	28
		2007	MF	53.4	–	0.3	4.9	1.1	4.2	9.9	1.1	4.2	1.0	2.0	3.8	7.3	3.5	2.6	0.7	0.2	–	28
			M	50.5	–	0.5	6.8	1.7	7.5	10.0	0.8	7.4	0.9	2.4	5.4	2.4	1.0	2.5	0.2	0.1	–	28
			F	56.6	–	–	2.7	0.4	0.6	9.9	1.3	0.7	1.1	1.6	2.0	12.6	6.2	2.7	1.2	0.2	–	28
哈萨克斯坦		1999	MF	26.5	0.2	4.2	8.9	3.6	3.4	10.8	1.3	8.7	1.0	2.3	7.8	11.6	6.6	3.1	0.2	–	0.1	41
			M	33.1	0.2	5.6	9.4	4.4	4.7	9.1	0.5	10.7	0.7	2.2	9.4	4.6	2.1	2.9	0.2	–	0.1	41
			F	17.5	0.1	2.3	8.1	2.4	1.6	13.1	2.3	5.8	1.4	2.5	5.4	21.1	12.7	3.4	0.1	–	0.1	41
	b	2001	MF	35.3	0.2	2.5	7.7	2.2	3.9	15.0	0.8	7.6	0.7	3.2	4.2	8.6	4.3	2.7	1.1	–	…	1
	b		M	36.4	0.3	3.6	9.6	3.1	6.2	11.4	0.4	10.6	0.4	3.7	4.9	4.2	1.6	2.6	0.7	–	…	1
	b		F	34.1	0.1	1.3	5.6	1.3	1.6	18.9	1.2	4.2	0.9	2.6	3.4	13.3	7.2	2.9	1.4	–	…	1
		2002	MF	35.3	0.2	2.5	7.5	2.3	4.0	15.0	0.8	7.5	0.7	3.0	4.2	8.8	4.4	2.8	1.0	–	…	1
			M	35.9	0.3	3.8	9.3	3.1	6.3	11.9	0.5	10.4	0.6	3.8	4.6	4.6	1.8	2.6	0.8	–	…	1
			F	34.6	–	1.1	5.6	1.4	1.6	18.4	1.3	4.3	0.9	2.2	3.8	13.3	7.2	3.0	1.3	–	…	1
		2003	MF	35.0	0.2	2.6	7.2	2.4	4.7	14.5	1.0	7.2	0.8	3.0	4.6	9.0	4.3	2.8	0.6	–	…	1
			M	36.0	0.4	3.9	8.7	3.4	7.3	11.3	0.5	10.6	0.5	3.1	5.2	4.5	1.7	2.5	0.3	–	…	1
			F	34.0	–	1.2	5.6	1.3	2.0	18.0	1.5	3.6	1.0	2.8	3.8	13.9	7.1	3.2	0.9	–	…	1
		2004	MF	33.2	0.3	2.6	7.2	2.3	5.3	14.7	1.1	7.2	0.8	3.3	4.7	9.3	4.4	2.8	0.7	–	…	1
			M	34.5	0.4	3.9	8.9	3.0	8.1	11.4	0.6	10.5	0.6	3.2	5.2	4.8	1.8	2.5	0.5	–	…	1
			F	31.9	0.1	1.2	5.5	1.6	2.3	18.4	1.7	3.7	1.1	3.3	4.1	14.1	7.3	3.1	0.8	–	…	1
吉尔吉斯斯坦		1990	MF	32.7	…	1.3	17.0	0.8	8.7	5.0	1.6	5.4	0.4	3.1	2.4	12.3	5.6	3.6	…	…	…	42
		2000	MF	53.1	–	0.5	6.4	1.2	2.5	10.6	0.7	3.6	0.4	1.6	3.7	8.2	4.8	2.5	0.3	…	…	42
			M	51.7	–	0.8	6.9	1.6	3.8	10.6	0.7	5.2	0.4	1.9	5.2	5.3	2.6	3.1	0.3	…	…	42
			F	54.8	–	0.1	5.8	0.6	0.7	10.7	0.9	1.5	0.4	1.3	1.8	11.8	7.6	1.8	0.2	…	…	42
	b	2002	MF	49.0	0.1	0.4	6.7	1.6	3.3	11.9	1.4	4.9	0.4	1.6	4.4	7.8	4.2	2.0	0.3	–	…	43
	b		M	49.3	0.1	0.7	7.3	2.2	5.3	11.3	1.1	7.1	0.4	1.8	5.9	3.6	1.9	1.9	0.1	–	…	43
	b		F	48.6	–	0.1	6.1	0.8	0.5	12.6	1.8	1.9	0.5	1.4	2.5	13.4	7.3	2.0	0.5	–	…	43
		2003	MF	43.2	–	0.6	7.3	1.8	5.3	13.4	1.8	5.1	0.5	1.5	4.7	8.1	4.2	2.0	0.5	–	…	43
			M	43.4	–	1.0	6.7	2.5	8.7	12.2	1.0	7.6	0.4	1.6	6.5	4.3	1.7	1.7	0.6	–	…	43
			F	43.0	–	0.2	7.9	0.9	0.9	14.8	2.7	1.8	0.6	1.3	2.5	13.0	7.4	2.4	0.5	0.1	…	43
		2004	MF	38.9	–	0.7	7.7	2.0	7.2	14.1	2.2	5.7	0.4	1.9	4.6	8.1	3.7	2.1	0.6	–	…	43
			M	39.0	–	1.1	6.9	2.6	11.9	12.6	1.2	8.4	0.3	2.2	5.6	3.9	1.7	1.8	0.5	–	…	43
			F	38.6	0.1	0.2	8.7	1.1	0.9	16.2	3.6	2.0	0.6	1.6	3.2	13.8	6.3	2.5	0.6	–	…	43
		2005	MF	38.5	–	0.6	7.9	1.7	7.4	14.5	2.4	5.6	0.4	1.6	4.9	7.8	4.1	2.2	0.4	–	…	43
			M	39.3	–	0.9	7.6	2.3	12.2	12.9	1.4	8.1	0.3	1.6	5.6	3.7	1.7	2.0	0.4	–	…	43
			F	37.3	–	0.1	8.3	0.9	0.9	16.7	3.6	2.2	0.5	1.8	4.0	13.3	7.4	2.4	0.4	0.1	…	43
		2006	MF	36.3	–	0.6	8.5	1.7	8.7	14.7	2.3	5.7	0.5	1.7	4.8	7.3	4.2	2.3	0.7	–	…	43
			M	36.9	–	0.9	8.0	2.4	14.4	12.9	1.2	8.3	0.3	1.6	5.3	3.3	1.6	2.0	0.7	–	…	43
			F	35.4	–	0.1	9.2	0.7	0.8	17.2	3.9	2.2	0.6	1.9	4.2	12.8	7.6	2.7	0.7	0.1	…	43
摩尔多瓦共和国		2000	MF	50.8	0.1	0.1	9.0	1.9	2.9	9.7	1.2	4.2	0.5	1.3	4.3	6.7	4.9	1.9	0.6	–	…	1
			M	51.8	0.2	0.2	9.4	3.1	5.0	8.7	0.6	6.4	0.5	1.4	5.7	2.9	1.9	1.8	0.4	–	…	1
			F	49.8	–	–	8.6	0.7	0.9	10.7	1.8	2.1	0.6	1.1	2.8	10.4	7.8	2.0	0.7	–	…	1
		2003	MF	42.9	0.1	0.1	10.1	1.9	3.9	11.7	1.3	5.0	0.8	1.9	4.8	8.1	5.1	2.0	0.3	–	…	1
			M	44.1	0.2	0.2	10.2	3.0	7.0	10.2	0.7	8.0	0.6	2.4	6.3	3.6	2.0	1.4	0.1	–	…	1
			F	41.7	–	–	9.9	0.9	1.0	13.1	1.9	2.2	0.9	1.4	3.4	12.3	8.0	2.5	0.5	0.1	…	1
		2004	MF	40.4	0.1	0.1	10.3	1.9	4.0	12.1	1.5	5.6	1.0	2.2	4.9	8.2	5.2	2.3	0.3	–	…	1
			M	40.8	0.2	0.1	10.8	3.0	7.3	10.5	0.6	9.0	0.7	2.5	6.4	3.6	2.4	1.9	0.1	–	…	1
			F	40.1	–	–	9.8	0.9	0.9	13.6	2.2	2.4	1.3	1.9	3.5	12.4	7.9	2.7	0.4	–	…	1
		2005	MF	40.5	0.1	0.1	10.0	2.0	3.9	12.1	1.7	5.4	1.0	2.2	4.7	8.2	5.3	2.4	0.3	–	…	1
			M	40.9	0.2	0.2	10.4	3.1	7.2	11.0	0.8	8.3	0.7	2.6	6.2	3.6	2.3	2.3	0.1	0.1	…	1
			F	40.2	–	–	9.7	0.9	0.9	13.2	2.6	2.7	1.3	1.8	3.3	12.4	8.0	2.5	0.4	–	…	1
		2006	MF	33.5	0.1	0.3	10.7	1.9	5.4	13.8	1.7	5.2	1.2	2.5	5.7	9.6	5.1	2.9	0.4	0.1	…	1
			M	35.1	0.1	0.5	11.0	2.8	9.7	12.3	1.0	7.5	0.8	3.1	6.9	4.2	2.1	2.7	0.1	0.1	…	1
			F	31.9	–	–	10.4	1.0	1.0	15.4	2.5	2.9	1.6	1.8	4.5	15.0	8.1	3.1	0.6	0.1	…	1
		2007	MF	32.7	0.1	0.3	10.3	2.1	6.1	14.1	1.7	5.5	1.2	2.3	5.3	9.4	5.4	3.0	0.4	0.1	…	1
			M	35.3	0.1	0.5	10.5	3.1	11.0	12.1	0.9	7.9	0.8	2.8	6.0	3.8	2.1	2.7	0.1	0.1	…	1
			F	30.1	–	0.1	10.1	1.1	1.1	16.1	2.6	3.1	1.7	1.8	4.6	14.9	8.7	3.3	0.7	0.1	…	1
俄罗斯联邦		1990	MF	13.9	…	1.6	26.5	1.2	10.8	8.2	…	7.7	8.5	…	2.1	8.1	5.5	3.5	2.0	…	…	44
		2000	MF	14.2	0.3	2.0	18.7	2.6	5.1	12.1	1.4	8.4	1.3	3.1	7.4	9.1	6.7	7.4	–	–	…	45
			M	16.6	0.5	2.9	20.6	3.5	7.7	9.4	0.5	11.3	0.8	3.3	9.4	3.5	2.4	7.5	–	–	…	45
			F	11.6	0.1	1.1	16.7	1.6	2.4	15.0	2.4	5.4	1.8	2.9	5.3	15.0	11.4	7.3	–	–	…	45
		2003	MF	10.6	0.3	1.9	19.3	3.1	6.2	14.6	1.9	9.0	1.2	5.7	7.0	9.1	7.0	3.2	–	–	…	45
			M	13.0	0.5	2.8	21.5	4.2	9.7	11.4	0.8	12.4	0.8	6.1	8.8	3.5	2.6	2.1	–	–	…	45
			F	8.1	0.1	0.9	17.0	1.9	2.5	17.9	3.1	5.5	1.7	5.3	5.2	14.9	11.6	4.3	–	–	…	45
		2004	MF	9.9	0.3	1.8	18.8	3.0	6.1	15.1	1.8	9.3	1.4	6.1	7.0	9.1	7.2	3.1	–	–	…	45
			M	11.9	0.5	2.7	21.0	4.1	9.8	11.8	0.8	12.9	0.8	6.9	8.7	3.6	2.6	2.0	–	–	…	45
			F	7.8	0.1	0.8	16.6	1.8	2.4	18.4	2.9	5.6	1.9	5.4	5.2	14.9	11.9	4.3	–	–	…	45

		年份	性别	A	B	C	D	E	F	G	H	I	J	K	L	M	N	O	P	Q	X	注 No.
				ISIC3 制表分类																		
		2005	MF	9.9	0.2	1.8	18.4	2.9	6.7	15.2	1.9	9.2	1.4	5.9	7.1	9.1	6.9	3.3	–	–	…	45
			M	11.9	0.4	2.8	20.6	3.9	10.7	11.7	0.8	12.5	1.0	6.6	8.7	3.6	2.4	2.1	–	–	…	45
			F	7.9	0.1	0.8	16.1	1.8	2.6	18.8	3.0	5.7	1.8	5.3	5.3	14.8	11.5	4.5	0.1	–	…	45
		2006	MF	9.7	0.3	1.7	18.1	3.0	6.5	15.4	2.0	9.0	1.5	6.0	7.1	9.0	7.1	3.5	–	–	…	45
			M	11.7	0.4	2.7	20.6	4.2	10.4	11.8	0.8	12.5	1.0	6.7	8.7	3.5	2.7	2.2	–	–	…	45
			F	7.7	0.1	0.8	15.5	1.8	2.5	19.1	3.2	5.5	2.1	5.3	5.5	14.6	11.6	4.7	–	–	…	45
		2007	MF	8.7	0.3	1.9	17.5	2.9	7.0	15.7	1.9	9.3	1.8	6.2	6.9	9.1	7.3	3.5	–	–	…	45
			M	10.6	0.4	2.9	19.8	3.9	11.4	12.1	0.8	12.9	1.2	7.0	8.6	3.6	2.7	2.1	–	–	…	45
			F	6.8	0.1	0.8	15.0	1.8	2.5	19.4	3.0	5.7	2.4	5.5	5.2	14.8	12.1	4.8	–	–	…	45
塔吉克斯坦		1994	MF	54.0	…	…	11.2	1.5	5.8	4.9	…	3.4	…	…	…	9.4	5.4	…	…	…	…	46
		1995	MF	59.1	…	…	9.9	1.3	4.4	4.7	…	3.1	…	…	…	9.1	4.7	…	…	…	…	46
		1996	MF	59.3	…	…	10.5	1.2	3.9	4.0	…	3.4	…	…	…	9.3	4.9	…	…	…	…	46
		1997	MF	46.2	…	…	12.0	1.6	3.8	3.5	…	4.5	…	…	…	14.0	7.2	…	…	…	…	46
	b	2004	MF	55.5	…	0.5	4.7	0.7	12.1	8.2	1.0	2.6	0.8	0.7	2.9	5.0	2.6	2.3	0.1	…	0.4	47
	b		M	41.8	…	0.7	5.6	1.1	19.8	10.7	0.8	4.1	1.0	1.0	4.1	4.1	1.5	3.2	0.2	…	0.3	47
	b		F	75.1	…	0.1	3.4	0.1	1.1	4.8	1.1	0.5	0.4	0.2	1.1	6.3	4.1	1.0	0.1	…	0.5	47
乌克兰		2003	MF	20.4	…	20.4	…	…	4.1	18.6	…	6.8	0.9	4.5	5.8	8.1	6.8	3.5	…	…	…	48
		2004	MF	19.7	…	20.1	…	…	4.5	19.6	…	6.8	1.1	4.5	5.2	8.1	6.6	3.9	…	…	…	48
		2005	MF	19.4	…	19.7	…	…	4.6	20.2	…	6.8	1.2	4.7	5.0	8.1	6.6	3.9	…	…	…	48
		2006	MF	17.6	…	19.5	…	…	4.8	21.3	…	6.9	1.4	5.0	5.0	8.2	6.5	3.9	…	…	…	48
		2007	MF	16.7	…	19.0	…	…	4.9	21.8	…	6.9	1.6	5.4	5.0	8.1	6.5	4.0	…	…	…	48
亚洲和太平洋地区																						
东亚																						
中国		2003	MF	4.4	…	4.5	27.2	2.7	7.6	5.7	1.6	5.8	3.2	4.8	10.7	13.2	4.4	1.2	…	…	3.1	49
			M	4.5	…	5.4	24.8	3.0	10.4	5.1	1.1	6.7	2.8	5.2	12.7	11.3	3.0	1.1	…	…	3.1	49
			F	4.2	…	2.9	31.1	2.2	3.1	6.7	2.3	4.4	4.0	4.2	7.4	16.2	6.8	1.2	…	…	3.2	49
		2004	MF	4.2	…	4.5	27.5	2.7	7.6	5.3	1.6	5.7	3.2	5.0	10.8	13.2	4.5	1.1	…	…	3.2	49
			M	4.3	…	5.6	25.0	3.0	10.4	4.8	1.2	6.6	2.7	5.4	12.8	11.2	2.9	1.1	…	…	3.1	49
			F	4.1	…	2.8	31.5	2.2	3.1	6.2	2.3	4.2	4.0	4.3	7.6	16.5	6.9	1.2	…	…	3.3	49
		2005	MF	3.9	…	4.5	28.2	2.6	8.1	4.8	1.6	5.4	3.2	5.2	10.9	13.0	4.5	1.1	…	…	3.2	49
			M	4.0	…	5.6	25.6	2.9	11.2	4.3	1.2	6.3	2.6	5.6	12.8	10.9	2.9	1.0	…	…	3.1	49
			F	3.8	…	2.6	32.3	2.1	3.1	5.6	2.3	4.0	4.0	4.5	7.8	16.5	7.0	1.2	…	…	3.3	49
		2006	MF	3.7	…	4.5	28.6	2.6	8.4	4.4	1.6	5.2	3.1	5.3	10.8	12.8	4.5	1.0	…	…	3.3	49
			M	3.7	…	5.7	26.0	2.9	11.7	3.9	1.2	6.2	2.6	5.8	12.6	10.6	2.9	1.0	…	…	3.5	49
			F	3.7	…	2.6	32.9	2.1	3.1	5.2	2.2	3.7	4.0	4.6	7.8	16.5	7.0	1.1	…	…	2.8	49
		2007	MF	3.5	…	4.4	28.8	2.5	8.7	4.2	1.5	5.2	3.2	5.5	10.7	12.6	4.5	1.0	…	…	3.3	49
			M	3.6	…	5.7	26.3	2.8	12.1	3.7	1.1	6.1	2.6	5.9	12.5	10.3	2.9	1.0	…	…	3.2	49
			F	3.5	…	2.4	32.9	2.0	3.1	5.0	2.2	3.7	4.2	4.7	7.8	16.5	7.1	1.1	…	…	3.5	49
韩国	b	2000	MF	10.2	0.4	0.1	20.3	0.3	7.5	18.1	9.1	6.0	3.6	6.4	3.6	5.6	2.0	5.9	0.9	0.1	…	50
	b		M	9.0	0.5	0.1	22.3	0.4	11.7	16.6	5.0	9.0	2.8	7.6	4.3	3.7	1.0	5.9	–	0.1	…	50
	b		F	12.0	0.3	–	17.5	0.1	1.5	20.2	14.9	1.7	4.6	4.8	2.5	8.3	3.5	6.0	2.1	–	…	50
		2003	MF	8.5	0.3	0.1	19.0	0.3	8.2	17.5	8.9	6.0	3.4	7.8	3.4	6.7	2.4	6.4	0.9	0.1	…	28
			M	7.5	0.4	0.1	21.0	0.5	12.8	15.6	4.8	9.0	2.8	9.2	4.4	4.1	1.2	6.5	–	0.1	…	28
			F	9.9	0.3	–	16.2	0.1	1.6	20.1	14.8	1.8	4.2	5.8	2.1	10.5	4.2	6.2	2.1	0.1	…	28
		2004	MF	7.8	0.3	0.1	19.0	0.3	8.1	16.9	9.1	6.1	3.3	8.5	3.4	6.7	2.6	7.2	0.6	0.1	…	28
			M	6.9	0.4	0.1	21.2	0.4	12.6	15.2	4.8	9.0	2.8	10.0	4.2	3.9	1.3	6.9	–	0.1	…	28
			F	8.9	0.3	–	15.9	0.1	1.7	19.2	15.2	2.0	4.0	6.3	2.3	10.6	4.5	7.6	1.3	0.1	…	28
		2005	MF	7.6	0.3	0.1	18.5	0.3	7.9	16.4	9.0	6.3	3.3	8.9	3.5	6.9	2.8	7.6	0.6	0.1	…	28
			M	6.9	0.3	0.1	21.2	0.4	12.4	15.0	4.8	9.2	2.8	10.2	4.1	3.9	1.3	7.2	–	0.1	…	28
			F	8.7	0.2	–	14.8	0.1	1.7	18.4	14.9	2.1	3.9	7.1	2.5	11.0	5.0	8.1	1.3	0.1	…	28
		2006	MF	7.4	0.3	0.1	18.0	0.3	7.9	16.0	8.9	6.3	3.4	9.4	3.5	7.2	3.0	7.7	0.6	0.1	…	28
			M	6.7	0.3	0.1	20.8	0.4	12.4	14.8	4.7	9.5	2.8	10.6	4.0	4.0	1.3	7.3	–	0.1	…	28
			F	8.4	0.2	–	14.1	0.2	1.7	17.7	14.6	2.0	4.2	7.7	2.7	11.6	5.2	8.2	1.4	0.1	…	28
		2007	MF	7.1	0.2	0.1	17.6	0.4	7.9	15.7	8.7	6.4	3.5	10.0	3.4	7.2	3.2	7.9	0.7	0.1	…	28
			M	6.5	0.3	0.1	20.4	0.5	12.3	14.7	4.7	9.7	2.9	11.2	4.0	4.0	1.5	7.3	–	0.1	…	28
			F	8.1	0.2	–	13.7	0.2	1.8	17.1	14.4	1.9	4.3	8.4	2.6	11.6	5.6	8.7	1.6	–	…	28
中国澳门		2000	MF	0.1	0.2	–	19.5	0.4	8.3	15.4	10.8	7.5	3.5	5.4	8.4	4.1	2.7	11.0	2.7	0.1	0.1	51
			M	–	0.2	–	11.5	0.7	14.2	16.4	9.9	10.7	3.2	6.7	11.4	2.4	1.6	10.6	0.4	–	–	51
			F	–	0.1	–	28.3	0.1	1.7	14.3	11.8	4.0	3.9	3.9	5.0	6.0	3.8	11.5	5.3	–	–	51
		2003	MF	–	0.2	–	18.4	0.6	8.0	16.2	10.9	7.0	3.1	5.8	8.8	4.8	2.3	11.6	2.1	–	0.1	51
			M	–	0.4	–	10.9	0.9	13.7	16.1	10.9	9.8	2.4	7.1	11.5	2.9	1.4	11.8	0.2	0.1	0.1	51
			F	–	0.1	–	26.7	0.3	1.6	16.2	11.0	4.0	3.8	4.4	5.8	6.9	3.3	11.4	4.2	–	0.1	51
		2004	MF	0.1	0.2	–	16.5	0.5	8.3	16.1	11.0	6.8	2.8	5.8	8.3	4.8	2.3	14.3	2.3	–	–	51
			M	0.1	0.3	–	9.9	0.8	14.0	16.1	10.3	9.7	2.3	7.0	10.9	2.9	1.3	14.1	0.3	–	–	51
			F	0.1	0.1	–	23.8	0.2	1.9	16.1	11.7	3.7	3.5	4.3	5.3	6.9	3.5	14.4	4.4	–	0.1	51
		2005	MF	–	0.1	–	14.9	0.5	9.6	14.9	10.5	6.2	2.8	6.0	7.9	4.3	2.2	17.2	2.6	0.1	–	51
			M	–	0.2	–	9.5	0.8	16.5	14.9	9.3	8.8	2.3	7.2	10.1	2.4	1.1	16.5	0.2	0.1	0.1	51
			F	0.1	0.1	–	20.8	0.2	2.2	14.8	11.8	3.4	3.4	4.7	5.5	6.5	3.4	17.8	5.2	0.1	–	51

		年份	性别	A	B	C	D	E	F	G	H	I	J	K	L	M	N	O	P	Q	X	注 No.
				ISIC3 制表分类																		
		2006	MF	0.1	0.1	–	11.1	0.3	11.7	13.7	11.3	6.3	2.6	6.1	7.7	4.3	2.0	19.8	2.6	–	–	51
			M	0.1	0.1	–	7.4	0.6	19.6	12.6	10.3	8.5	2.0	7.0	9.9	2.6	1.0	18.1	0.2	–	–	51
			F	0.2	0.1	–	15.5	0.1	2.6	15.1	12.5	3.9	3.2	5.2	5.2	6.2	3.3	21.8	5.3	0.1	–	51
		2007	MF	–	–	–	8.0	0.4	12.8	12.8	11.6	5.5	2.6	6.7	7.3	4.0	2.0	23.0	3.2	–	–	51
			M	–	0.1	–	5.4	0.6	21.1	12.0	10.4	7.4	1.9	7.3	8.8	2.4	1.1	21.1	0.3	–	–	51
			F	0.1	–	–	11.0	0.1	3.4	13.7	12.9	3.2	3.4	6.1	5.6	5.8	3.1	25.2	6.5	0.1	–	51
蒙古		2000	MF	48.6	…	2.3	6.7	2.2	2.9	10.4	1.6	4.2	0.8	0.9	4.3	6.7	4.1	3.6	0.5	…	…	52
			M	50.6	…	3.1	7.7	2.6	3.3	9.3	0.9	4.6	0.6	0.8	4.6	5.0	2.6	3.6	0.6	…	…	52
			F	46.5	…	1.4	5.7	1.7	2.5	11.5	2.4	3.8	1.1	1.0	4.0	8.6	5.8	3.5	0.5	…	…	52
		2003	MF	41.8	…	3.4	5.9	2.5	3.8	14.0	2.5	4.3	1.4	1.0	4.8	6.0	4.0	4.0	0.7	…	…	52
			M	43.8	…	4.7	5.3	3.1	4.3	12.8	1.7	4.8	1.2	1.1	5.8	4.3	2.6	3.9	0.7	…	…	52
			F	39.8	…	2.2	6.6	1.8	3.3	15.2	3.3	3.7	1.6	0.9	3.9	7.6	5.4	4.0	0.6	…	…	52
		2004	MF	40.2	…	3.5	6.0	2.5	4.1	14.1	3.0	4.4	1.7	1.2	4.9	6.1	4.1	3.6	0.6	…	…	52
			M	42.9	…	5.0	5.7	3.1	4.8	11.5	2.1	5.3	1.3	1.2	5.6	4.3	2.9	3.6	0.7	…	…	52
			F	37.6	…	2.1	6.4	1.8	3.5	16.5	3.8	3.6	2.0	1.2	4.2	7.8	5.3	3.6	0.6	…	…	52
		2005	MF	39.9	…	4.1	4.7	2.9	5.1	14.7	3.0	4.4	1.7	0.9	4.8	6.1	4.1	2.8	0.9	…	…	52
			M	43.0	…	5.4	4.6	3.3	5.5	12.4	2.1	5.4	1.3	0.9	5.4	4.3	2.6	2.9	0.8	…	…	52
			F	36.8	…	2.8	4.8	2.6	4.6	16.9	3.9	3.4	2.0	1.0	4.2	7.9	5.5	2.7	1.0	…	…	52
		2006	MF	38.8	…	4.1	4.7	3.0	5.6	15.9	3.1	4.1	1.7	1.2	4.6	6.1	3.9	2.3	1.0	…	…	52
			M	42.1	…	5.4	4.4	3.3	6.4	13.1	2.1	5.2	1.4	1.2	5.3	4.1	2.5	2.4	1.0	…	…	52
			F	35.6	…	2.9	4.9	2.6	4.8	18.5	4.0	3.0	1.9	1.2	4.0	8.0	5.2	2.1	1.1	…	…	52
		2007	MF	37.7	…	4.3	4.7	3.0	5.9	15.8	3.2	4.3	1.7	1.4	4.7	6.3	3.9	1.9	1.1	…	…	52
			M	40.6	…	5.9	4.3	3.6	6.8	13.0	2.1	5.7	1.4	1.3	5.4	4.1	2.5	2.0	1.1	…	…	52
			F	34.8	…	2.8	5.0	2.5	5.0	18.6	4.2	2.9	2.0	1.5	4.1	8.4	5.3	1.8	1.2	…	…	52
中国台湾省		2005	MF	5.9	…	0.1	27.5	0.9	8.0	17.4	6.4	6.1	4.1	5.2	3.4	5.6	3.2	5.2	…	…	1.2	53
	b	2006	MF	5.5	…	0.1	27.5	0.9	8.2	17.4	6.6	6.2	4.0	5.3	3.3	5.6	3.3	5.2	…	…	1.1	53
		2007	MF	5.3	…	0.1	27.6	0.9	8.2	17.3	6.6	6.0	3.9	5.7	3.2	5.7	3.3	5.1	…	…	1.0	53
太平洋岛国																						
法属波利尼西亚		2002	MF	5.0	4.4	0.3	8.1	0.6	8.8	13.1	8.7	6.5	1.7	4.2	20.6	6.9	4.8	3.9	2.3	…	…	24
			M	6.3	5.8	0.5	8.9	0.9	13.8	12.7	6.1	6.9	1.2	4.2	22.1	4.1	2.4	3.3	0.7	…	…	24
			F	3.0	2.2	0.1	6.8	0.3	1.1	13.7	12.7	5.8	2.6	4.2	18.1	11.2	8.5	4.7	4.8	…	…	24
新喀里多尼亚		1996	MF	7.2	…	3.0	8.6	1.1	10.7	13.0	4.5	5.7	2.3	5.2	15.0	10.2	5.3	1.5	5.3	1.4	…	54
			M	9.2	…	4.6	10.5	1.4	16.2	12.5	2.9	6.8	1.5	5.3	16.0	7.0	2.8	1.3	0.8	1.2	…	54
			F	4.1	…	0.5	5.6	0.5	1.9	13.8	6.9	3.9	3.6	5.0	13.4	15.4	9.3	1.7	12.5	1.7	…	54
纽埃		2001	MF	8.3	0.8	2.6	2.9	4.1	10.9	7.2	4.4	9.7	5.3	0.5	14.5	9.5	10.9	7.7	…	0.6	0.5	24
			M	10.1	1.3	4.1	1.3	5.9	17.3	6.2	2.1	10.1	3.9	0.5	14.0	4.9	9.6	7.8	…	0.5	0.5	24
			F	5.8	–	0.4	5.1	1.4	1.8	8.7	7.6	9.1	7.2	0.4	15.2	15.9	12.7	7.6	…	0.7	0.4	24
巴布亚新几内亚		2000	MF	71.1	1.3	0.4	1.1	0.1	2.1	15.1	0.2	1.0	0.2	1.2	1.4	1.2	0.5	1.3	0.7	–	1.3	55
汤加		2003	MF	28.8	3.0	0.2	24.7	1.5	4.2	8.5	1.8	4.6	1.5	0.8	7.5	5.2	1.9	3.8	1.8	0.3	…	1
			M	46.4	4.3	0.3	4.5	1.8	6.9	6.6	1.2	5.6	1.0	0.8	9.3	3.5	1.4	4.8	1.3	0.3	…	1
			F	3.3	1.3	–	54.0	1.1	0.2	11.2	2.8	3.0	2.1	0.6	4.9	7.5	2.7	2.4	2.5	0.2	…	1
南亚																						
孟加拉国		2003	MF	49.4	2.4	0.2	9.8	0.2	3.5	13.8	1.3	6.8	0.5	0.4	2.2	2.7	1.1	5.8	…	…	…	56
			M	46.8	3.0	0.2	7.6	0.3	4.2	17.1	1.5	8.7	0.6	0.5	2.6	2.5	1.0	3.3	…	…	…	56
			F	58.5	0.2	–	17.3	0.1	1.0	2.2	0.3	0.3	0.2	0.1	0.9	3.2	1.5	14.4	…	…	…	56
		2005	MF	45.8	2.3	0.1	11.0	0.2	3.2	15.0	1.5	8.4	1.1	0.5	1.9	2.8	0.8	5.5	…	…	…	56
			M	39.3	2.5	0.1	10.9	0.2	3.9	18.6	1.8	10.8	1.1	0.6	2.2	2.7	0.7	4.6	…	…	…	56
			F	66.5	1.6	0.1	11.5	–	0.9	3.6	0.5	0.6	1.0	0.1	0.9	3.0	1.1	8.6	…	…	…	56
不丹		2005	MF	43.6	…	1.1	2.0	1.7	12.4	2.7	1.6	3.2	0.9	…	7.0	3.1	1.0	19.6	…	…	…	57
			M	32.6	…	1.4	2.1	2.4	17.9	2.2	1.4	4.7	1.0	…	10.1	3.2	1.1	20.1	…	…	…	57
			F	63.0	…	0.7	1.8	0.4	2.9	3.6	2.1	0.7	0.8	…	1.6	3.1	0.9	18.7	…	…	…	57
马尔代夫		1995	MF	3.4	18.8	0.6	18.0	1.1	4.2	8.0	10.7	9.5	3.0	…	19.2	…	…	…	…	…	3.5	58
			M	1.8	25.2	0.7	9.1	1.4	5.6	9.2	14.2	11.9	2.8	…	14.6	…	…	…	…	…	3.4	58
			F	7.8	1.2	0.1	42.2	0.4	0.2	4.6	1.4	3.1	3.7	…	31.4	…	…	…	…	…	3.9	58
		2000	MF	2.9	10.8	0.5	12.8	1.3	4.3	6.8	11.3	9.1	2.0	…	21.0	…	…		…	…	17.2	58
			M	1.8	16.0	0.8	7.5	1.8	6.3	8.4	16.1	12.5	1.9	…	16.9	…	…		…	…	10.0	58
			F	5.0	0.4	0.1	23.5	0.4	0.2	3.6	1.8	2.4	2.2	…	29.0	…	…		…	…	31.6	58
	b	2003	MF	3.8	13.5	0.3	17.7	1.5	3.8	10.4	5.7	5.9	0.5	1.4	16.3	8.7	4.1	3.1	0.5	0.1	2.6	59
	b		M	1.7	20.1	0.4	9.4	2.2	5.9	12.3	7.1	8.4	0.2	2.0	18.9	3.8	1.2	3.0	0.2	0.1	3.2	59
	b		F	8.0	1.0	0.1	33.3	0.3	…	6.9	3.2	1.1	1.0	0.3	11.4	18.0	9.5	3.2	1.1	–	1.5	59
	b	2006	MF	3.8	7.6	0.3	17.5	1.1	5.4	10.6	11.0	6.4	0.5	1.0	14.5	9.0	3.8	2.9	…	0.2	4.3	60
	b		M	2.2	11.8	0.4	9.7	1.5	8.2	10.6	15.2	8.9	0.4	1.3	16.8	3.9	1.9	3.1	…	0.2	3.9	60
	b		F	6.7	0.4	0.1	30.9	0.4	0.5	10.6	3.7	2.3	0.8	0.7	10.5	17.6	7.0	2.7	…	0.2	5.0	60

		年份	性别	ISIC3 制表分类																		注
				A	B	C	D	E	F	G	H	I	J	K	L	M	N	O	P	Q	X	No.
尼泊尔		1999	MF	76.0	0.1	0.1	5.8	0.3	3.6	4.3	1.2	1.4	0.2	0.3	0.7	1.7	0.4	0.6	3.1	0.1	…	1
			M	66.8	0.3	0.1	7.7	0.5	6.2	6.0	1.3	2.7	0.4	0.5	1.4	2.7	0.5	1.1	1.7	0.1	…	1
			F	85.2	–	–	3.9	–	1.1	2.6	1.1	0.1	–	0.1	0.1	0.8	0.1	0.1	4.4	–	…	1
	b	2001	MF	65.6	0.1	0.2	8.8	1.5	2.9	8.7	1.2	1.6	0.5	0.3	3.0	2.3	0.6	0.7	1.1	0.6	0.2	61
	b		M	60.1	0.1	0.2	8.1	0.6	4.2	9.3	1.4	2.8	0.7	0.5	4.7	3.0	0.8	1.1	1.1	1.0	0.2	61
	b		F	72.8	–	0.1	9.7	2.7	1.2	8.0	1.0	0.1	0.2	0.1	0.8	1.4	0.4	0.2	1.0	0.1	0.2	61
斯里兰卡	b	2003	MF	34.3	…	1.7	15.9	…	5.7	12.7	1.5	5.4	3.1	…	8.1	3.7	1.2	1.8	1.2	…	3.7	62
		2004	MF	33.5	…	…	17.7	…	5.2	12.3	1.6	5.6	2.4	…	7.2	3.7	1.4	1.6	0.9	…	6.8	63
	b	2005	MF	30.3	…	25.2	…	…	…	12.0	1.7	6.6	3.3	…	6.9	3.7	1.8	1.7	0.7	…	6.0	64
	b		M	27.9	…	24.1	…	…	…	13.8	1.8	9.4	3.6	…	7.5	1.5	1.1	1.8	0.1	…	7.3	64
	b		F	35.2	…	27.5	…	…	…	8.4	1.5	1.0	2.8	…	5.6	8.3	3.1	1.4	1.9	…	3.4	64
	b	2006	MF	32.2	…	7.4	19.2	…	…	13.4	1.8	6.1	3.1	…	5.6	3.9	1.5	1.7	1.1	…	2.8	65
	b		M	29.1	…	11.0	…	…	…	15.6	2.0	8.8	3.4	…	6.4	1.9	1.0	1.9	0.3	…	3.9	65
	b		F	37.9	…	0.8	…	…	…	9.5	1.4	0.9	2.6	…	4.2	7.6	2.6	1.5	2.6	…	0.9	65
		2007	MF	31.3	…	7.7	18.9	…	…	13.2	1.7	6.5	3.1	…	6.1	3.7	1.6	1.5	1.2	…	3.4	66
			M	28.4	…	11.3	15.1	…	…	14.8	1.8	9.4	3.3	…	6.6	1.7	1.1	1.7	0.6	…	4.5	66
			F	36.8	…	0.8	26.3	…	…	10.2	1.4	0.9	2.7	…	5.2	7.6	2.8	1.1	2.5	…	1.4	66
东南亚																						
文莱达鲁萨兰国		2001	MF	1.0	0.3	2.7	8.5	1.8	8.4	8.8	4.9	3.3	5.6	…	54.6	…	…	…	…	…	…	67
			M	1.6	0.5	3.7	9.1	2.6	13.2	9.9	4.4	4.0	5.9	…	45.1	…	…	…	…	…	…	67
			F	0.3	–	1.3	7.7	0.7	1.5	7.3	5.5	2.3	5.2	…	68.1	…	…	…	…	…	…	67
柬埔寨		1998	MF	76.1	1.5	0.1	3.1	0.1	0.9	6.9	0.3	2.3	–	0.1	4.6	1.7	0.5	1.4	0.2	0.2	…	68
			M	69.6	2.1	0.1	3.1	0.1	1.7	4.7	0.2	4.3	–	0.1	8.6	2.3	0.7	2.0	0.2	0.3	…	68
			F	82.2	0.9	0.1	3.1	–	0.2	9.1	0.4	0.5	–	–	0.8	1.1	0.4	0.8	0.2	0.1	…	68
	b	2000	MF	70.9	2.8	0.1	7.0	0.1	1.3	8.3	0.4	2.3	0.2	0.3	2.8	1.7	0.6	0.7	0.6	0.1	…	69
	b		M	68.0	4.4	0.1	4.5	0.1	2.4	5.1	0.3	4.5	0.3	0.2	5.3	2.3	0.9	0.8	0.7	0.2	…	69
	b		F	73.6	1.3	0.1	9.2	–	0.3	11.2	0.4	0.2	–	0.3	0.5	1.1	0.3	0.6	0.6	0.1	…	69
		2001	MF	66.0	4.2	0.2	8.7	0.1	1.5	10.3	0.2	2.7	0.1	0.3	2.4	1.4	0.4	0.9	0.4	0.2	…	69
			M	63.8	7.0	0.3	5.6	0.1	2.7	5.8	0.1	5.4	0.1	0.3	4.4	1.8	0.5	1.3	0.4	0.2	…	69
			F	68.1	1.6	0.2	11.7	–	0.3	14.5	0.2	0.2	0.1	0.2	0.5	1.0	0.3	0.5	0.5	0.1	…	69
印度尼西亚		2000	MF	43.4	1.9	0.5	13.0	0.1	3.9	16.9	3.6	5.1	0.5	0.5	3.2	2.7	0.5	2.0	2.3	–	–	1
			M	41.7	2.7	0.7	12.1	0.1	6.1	15.1	2.3	7.9	0.6	0.6	4.0	2.4	0.3	2.0	1.5	–	–	1
			F	46.2	0.5	0.2	14.3	–	0.4	19.9	5.7	0.6	0.5	0.3	1.8	3.2	0.7	2.0	3.7	–	–	1
		2003	MF	44.7	1.7	0.8	12.4	0.2	4.4	18.1	0.5	5.3	0.4	1.0	2.8	2.5	0.5	1.0	3.7	–	–	1
			M	43.2	2.5	1.1	11.2	0.2	6.6	14.9	0.4	8.0	0.5	1.1	3.5	2.0	0.3	1.2	3.2	–	–	1
			F	47.3	0.3	0.3	14.4	–	0.4	23.8	0.6	0.5	0.4	0.7	1.6	3.5	0.8	0.7	4.8	–	–	1
		2004	MF	41.5	1.8	1.1	11.8	0.2	4.8	19.7	0.7	5.8	0.5	0.7	2.9	2.8	0.6	0.9	4.0	–	–	1
			M	40.0	2.6	1.4	11.0	0.3	7.3	16.3	0.6	8.7	0.6	0.8	3.5	2.3	0.4	1.1	3.1	–	–	1
			F	44.3	0.3	0.5	13.3	0.1	0.3	26.0	0.9	0.6	0.4	0.4	1.7	3.9	1.0	0.5	5.7	–	–	1
		2005	MF	42.3	1.6	1.0	12.7	0.2	4.9	17.8	1.2	6.0	0.6	0.6	2.8	3.1	0.7	1.5	2.9	–	0.1	70
			M	41.4	2.3	1.2	11.4	0.3	7.3	14.8	1.0	8.9	0.6	0.7	3.4	2.3	0.4	1.9	1.7	–	0.1	70
			F	44.0	0.3	0.4	15.1	–	0.3	23.5	1.8	0.5	0.5	0.4	1.5	4.4	1.2	0.8	5.0	–	0.1	70
		2006	MF	40.4	1.6	1.0	12.5	0.2	4.9	18.2	1.9	5.9	0.7	0.7	3.0	3.3	0.7	2.3	2.5	–	–	70
			M	40.3	2.3	1.3	11.3	0.3	7.4	15.2	1.5	8.7	0.7	0.8	3.7	2.4	0.5	2.4	1.2	–	0.1	70
			F	40.7	0.4	0.3	14.6	0.1	0.4	23.8	2.7	0.9	0.7	0.5	1.7	5.0	1.2	2.0	5.1	–	–	70
		2007	MF	39.4	1.8	1.0	12.4	0.2	5.3	16.5	4.0	6.0	0.7	0.7	2.7	3.5	0.7	3.2	1.9	–	0.1	70
			M	38.5	2.7	1.4	11.3	0.2	8.1	13.5	3.0	8.8	0.7	0.8	3.4	2.6	0.4	3.8	0.7	–	0.1	70
			F	41.0	0.4	0.3	14.3	0.1	0.4	21.8	5.9	1.0	0.7	0.4	1.5	5.0	1.1	2.3	3.9	–	0.1	70
老挝人民民主共和国		1995	MF	85.4	–	0.2	2.2	0.2	1.0	3.5	0.2	0.9	0.1	0.1	3.2	2.0	0.5	0.6	–	…	…	71
			M	81.2	0.1	0.1	2.1	0.3	1.9	2.6	0.2	1.7	0.1	0.2	5.7	2.4	0.4	1.1	–	…	…	71
			F	89.3	–	0.2	2.3	–	0.2	4.2	0.2	0.1	0.1	0.1	0.9	1.6	0.6	0.3	–	…	…	71
马来西亚		2003	MF	13.2	1.1	0.3	21.6	0.6	9.5	16.1	6.5	4.9	2.3	4.1	6.8	6.0	2.2	2.2	2.6	–	…	72
			M	14.5	1.6	0.4	19.9	0.8	13.9	16.6	5.4	6.5	1.9	3.9	7.8	3.6	1.1	1.9	0.3	–	…	72
			F	10.9	0.1	0.1	24.7	0.3	1.9	15.3	8.6	2.0	3.0	4.4	4.9	10.3	4.2	2.7	6.8	–	…	72
		2004	MF	13.3	1.3	0.3	20.3	0.6	8.9	16.1	7.0	5.3	2.4	4.6	6.9	6.1	2.0	2.3	2.6	–	…	72
			M	14.9	1.9	0.5	18.9	0.8	12.9	16.5	5.5	7.1	1.8	4.4	7.8	3.5	1.0	2.1	0.2	–	…	72
			F	10.4	0.1	0.1	22.8	0.2	1.8	15.4	9.6	2.2	3.3	4.9	5.1	10.8	3.8	2.7	6.9	–	…	72
		2005	MF	13.5	1.1	0.4	19.8	0.6	9.0	16.1	6.7	5.4	2.5	4.6	7.3	6.0	2.1	2.3	2.6	–	…	72
			M	15.4	1.7	0.5	18.6	0.8	12.9	16.4	5.4	7.2	1.9	4.4	8.1	3.4	1.1	2.1	0.2	–	…	72
			F	10.0	0.1	0.1	22.0	0.2	2.0	15.6	9.0	2.2	3.6	4.9	5.7	10.8	4.0	2.8	6.8	–	…	72
		2006	MF	13.4	1.2	0.4	20.3	0.7	8.8	16.1	7.0	5.3	2.4	4.9	6.6	5.8	2.2	2.4	2.5	–	…	72
			M	15.3	1.9	0.5	19.2	1.0	12.6	16.3	5.8	6.8	1.8	4.8	7.4	3.2	1.1	2.0	0.3	–	…	72
			F	9.9	0.1	0.2	22.2	0.3	2.0	15.6	9.2	2.5	3.3	5.2	5.1	10.7	4.2	3.1	6.4	–	…	72
		2007	MF	13.6	1.1	0.4	18.8	0.6	8.8	16.2	7.2	5.1	2.7	5.3	6.8	6.0	2.3	2.5	2.6	–	…	72
			M	15.8	1.7	0.5	17.7	0.8	12.7	16.6	5.9	6.7	2.1	5.1	7.6	3.3	1.1	2.1	0.3	–	…	72
			F	9.8	0.1	0.2	20.6	0.2	1.8	15.6	9.6	2.3	3.7	5.7	5.3	10.8	4.3	3.2	6.7	–	…	72

		年份	性别	ISIC3 制表分类 A	B	C	D	E	F	G	H	I	J	K	L	M	N	O	P	Q	X	注 No.
菲律宾		2003	MF	32.8	4.4	0.3	9.7	0.4	5.3	17.9	2.5	7.5	1.0	2.3	4.4	2.9	1.2	2.7	4.7	–	…	73
			M	38.1	6.6	0.5	8.6	0.5	8.5	11.5	1.8	11.5	0.7	2.5	4.5	1.1	0.4	2.1	1.0	–	…	73
			F	24.2	0.9	–	11.4	0.2	0.3	28.3	3.7	0.9	1.5	1.8	4.2	5.8	2.3	3.6	10.8	–	…	73
		2004	MF	32.8	4.3	0.3	9.5	0.4	5.2	18.2	2.5	7.7	0.9	2.2	4.6	3.0	1.1	2.5	4.6	–	…	73
			M	38.2	6.4	0.4	8.5	0.5	8.1	11.7	1.8	11.7	0.7	2.4	4.6	1.2	0.5	2.1	1.1	–	…	73
			F	23.9	0.7	0.1	11.2	0.2	0.2	29.1	3.7	1.1	1.4	1.9	4.6	6.0	2.2	3.2	10.5	–	…	73
		2005	MF	32.7	4.3	0.4	9.3	0.3	4.9	18.9	2.6	7.5	1.0	2.2	4.5	3.0	1.1	2.4	4.7	–	…	73
			M	38.2	6.5	0.5	8.1	0.4	7.8	12.4	2.0	11.6	0.7	2.4	4.6	1.2	0.5	1.9	1.1	–	…	73
			F	24.0	0.8	0.1	11.1	0.2	0.3	29.3	3.7	1.1	1.6	1.9	4.4	5.8	2.1	3.1	10.5	–	…	73
		2006	MF	32.3	4.3	0.4	9.2	0.4	4.9	18.7	2.8	7.5	1.1	2.4	4.6	3.0	1.1	2.3	4.9	–	…	73
			M	37.7	6.6	0.6	8.1	0.5	7.9	12.2	2.1	11.4	0.7	2.6	4.7	1.3	0.5	1.9	1.2	–	…	73
			F	23.6	0.8	0.1	10.8	0.2	0.2	29.1	3.9	1.1	1.7	2.2	4.5	5.9	2.1	3.0	10.9	–	…	73
		2007	MF	32.0	4.1	0.4	9.1	0.4	5.2	18.3	2.7	7.7	1.1	2.6	4.7	3.1	1.2	2.3	5.0	–	…	74
			M	37.6	6.2	0.6	8.2	0.5	8.2	12.0	2.0	11.7	0.8	2.7	4.7	1.2	0.5	1.9	1.2	–	…	74
			F	22.9	0.9	0.1	10.5	0.2	0.3	28.5	3.8	1.3	1.7	2.5	4.7	6.2	2.2	3.0	11.2	–	…	74
新加坡	b	2000	MF	…	…	…	20.7	…	13.1	13.7	5.4	11.1	4.6	9.4	21.3	…	…	…	…	…	0.7	75
	b		M	…	…	…	21.9	…	20.3	13.5	4.6	13.4	3.3	9.2	12.9	…	…	…	…	…	0.9	75
	b		F	…	…	…	18.9	…	2.0	14.0	6.7	7.5	6.6	9.7	34.2	…	…	…	…	…	0.4	75
		2002	MF	0.8	…	…	19.0	…	6.1	16.3	6.6	11.7	5.8	12.6	12.6	…	3.4	5.1	…	…	…	76
			M	1.1	…	…	19.6	…	8.7	15.6	5.5	14.8	3.9	11.8	12.7	…	1.4	4.8	…	…	…	76
			F	0.4	…	…	18.1	…	2.3	17.3	8.2	7.1	8.5	13.8	12.5	…	6.3	5.5	…	…	…	76
		2003	MF	0.9	…	…	18.9	…	6.1	15.8	6.7	11.4	5.5	12.9	13.5	…	3.5	4.8	…	…	…	76
			M	1.1	…	…	19.9	…	8.4	15.0	5.6	14.4	3.7	12.3	13.7	…	1.4	4.4	…	…	…	76
			F	0.5	…	…	17.5	…	2.7	16.9	8.3	7.1	8.1	13.7	13.1	…	6.4	5.5	…	…	…	76
		2004	MF	0.8	…	…	18.3	…	5.7	16.9	6.6	11.2	5.6	13.2	13.0	…	3.8	4.8	…	…	…	76
			M	1.1	…	…	19.1	…	8.1	16.2	5.4	14.1	3.9	12.8	13.5	…	1.5	4.2	…	…	…	76
			F	0.4	…	…	17.0	…	2.2	17.9	8.3	7.2	8.0	13.8	12.3	…	7.1	5.7	…	…	…	76
	b	2006	MF	1.3	…	…	16.8	…	5.3	16.8	7.2	13.8	5.9	12.1	12.4	…	3.9	4.5	…	…	…	77
	b		M	1.6	…	…	18.5	…	7.5	15.5	6.0	17.3	4.4	11.2	12.5	…	1.6	3.9	…	…	…	77
	b		F	0.8	…	…	14.5	…	2.3	18.4	8.8	9.1	8.0	13.4	12.3	…	7.1	5.3	…	…	…	77
		2007	MF	1.1	…	…	17.0	…	5.6	15.3	6.8	14.8	6.1	12.4	12.1	…	3.9	4.7	…	…	…	76
			M	1.6	…	…	18.4	…	7.9	14.1	5.7	18.4	4.5	11.6	12.0	…	1.7	4.1	…	…	…	76
			F	0.5	…	…	15.1	…	2.5	17.0	8.3	10.0	8.2	13.5	12.4	…	6.9	5.6	…	…	…	76
泰国		1990	MF	62.1	1.2	0.2	9.7	0.3	3.4	8.8	3.3	2.4	0.6	0.5	2.3	2.3	0.8	1.3	0.6	–	0.1	59
			M	60.5	1.9	0.3	8.7	0.4	5.3	8.1	2.2	4.1	0.7	0.6	3.3	2.1	0.5	1.1	0.1	–	0.1	59
			F	64.0	0.5	0.1	11.0	0.1	1.2	9.6	4.6	0.5	0.5	0.4	1.2	2.5	1.0	1.5	1.2	–	0.1	59
		2000	MF	47.3	1.2	0.1	13.6	0.3	3.9	13.0	5.4	2.9	0.8	1.6	3.4	2.9	1.4	1.6	0.7	–	–	59
			M	47.8	1.6	0.2	11.9	0.5	6.0	12.3	3.6	4.6	0.7	1.8	4.4	2.4	0.7	1.2	0.2	–	–	59
			F	46.7	0.7	–	15.6	0.2	1.3	14.0	7.5	0.8	0.9	1.2	2.1	3.5	2.2	1.9	1.3	–	–	59
		2003	MF	43.7	1.2	0.1	14.7	0.3	4.7	14.6	6.1	2.8	0.8	1.6	2.6	2.8	1.5	1.8	0.7	–	0.1	78
			M	45.1	1.8	0.2	12.7	0.5	7.2	13.9	4.0	4.5	0.7	1.7	3.2	2.2	0.8	1.4	0.2	–	0.1	78
			F	42.0	0.5	0.1	17.1	0.1	1.5	15.4	8.6	0.9	0.9	1.5	1.9	3.4	2.4	2.3	1.4	–	0.1	78
		2004	MF	41.2	1.1	0.1	14.9	0.3	5.3	15.3	6.2	3.0	0.8	1.8	2.8	3.0	1.5	2.0	0.7	–	0.1	78
			M	42.3	1.6	0.1	12.9	0.4	8.1	14.6	4.0	4.6	0.7	2.0	3.4	2.4	0.8	1.7	0.2	–	0.1	78
			F	39.8	0.5	0.1	17.3	0.1	1.8	16.1	8.9	1.0	1.0	1.5	2.1	3.8	2.3	2.4	1.3	–	0.1	78
		2005	MF	41.3	1.2	0.1	14.7	0.3	5.1	14.6	6.3	3.0	0.9	1.8	3.0	3.1	1.7	2.0	0.7	–	0.1	78
			M	42.4	1.8	0.2	12.9	0.5	8.1	14.2	3.9	4.6	0.8	1.9	3.7	2.4	0.8	1.5	0.2	–	0.1	78
			F	40.1	0.5	0.1	16.9	0.1	1.6	15.1	9.2	1.0	1.1	1.6	2.2	3.9	2.7	2.5	1.3	–	0.1	78
		2006	MF	41.0	1.2	0.2	14.6	0.3	5.6	14.9	6.1	2.9	1.0	1.8	3.2	3.0	1.7	2.0	0.6	–	0.2	78
			M	41.3	1.7	0.2	12.6	0.4	8.7	14.3	4.0	4.5	0.8	1.9	4.0	2.3	0.7	1.6	0.2	–	0.2	78
			F	39.9	0.5	0.1	16.9	0.1	1.9	15.5	8.6	1.0	1.2	1.7	2.3	3.7	2.7	2.4	1.1	–	0.2	78
		2007	MF	40.6	1.1	0.1	15.1	0.3	5.2	14.9	6.2	2.8	0.9	1.9	3.5	2.9	1.7	1.9	0.6	–	0.1	78
			M	41.7	1.6	0.2	13.2	0.4	8.1	14.3	3.8	4.4	0.8	2.1	4.5	2.4	0.8	1.5	0.2	–	0.1	78
			F	39.4	0.5	0.1	17.2	0.1	1.9	15.6	9.0	0.9	1.2	1.8	2.3	3.6	2.9	2.4	1.2	–	0.1	78
越南		2000	MF	63.4	1.9	0.5	9.2	0.2	2.5	10.7	1.3	2.9	0.3	0.3	1.6	2.4	0.7	1.9	0.2	–	…	79
			M	61.1	3.1	0.7	9.2	0.3	4.5	7.7	0.8	5.3	0.3	0.4	2.3	1.4	0.6	2.2	0.2	–	…	79
			F	65.6	0.7	0.3	9.3	0.1	0.5	13.8	1.9	0.6	0.3	0.2	0.8	3.4	0.8	1.6	0.3	–	…	79
		2001	MF	61.2	2.8	0.7	9.7	0.3	3.2	10.2	1.3	3.0	0.3	0.3	1.4	2.5	0.7	2.0	0.4	–	…	79
			M	58.8	4.2	0.8	9.6	0.4	5.7	7.2	0.7	5.2	0.3	0.4	2.0	1.5	0.6	2.3	0.3	–	…	79
			F	63.6	1.4	0.5	9.9	0.1	0.6	13.4	1.8	0.7	0.3	0.3	0.7	3.5	0.8	1.8	0.5	–	…	79
		2002	MF	58.9	3.2	0.6	10.1	0.3	3.7	10.7	1.3	3.2	0.3	0.5	1.5	2.6	0.7	2.0	0.5	–	…	79
			M	56.3	4.7	0.8	9.7	0.5	6.7	7.5	0.7	5.5	0.3	0.6	2.1	1.6	0.6	2.3	0.3	–	…	79
			F	61.5	1.6	0.4	10.5	0.1	0.7	14.1	1.9	0.8	0.4	0.4	0.8	3.7	0.8	1.7	0.6	–	…	79
		2003	MF	56.4	3.2	0.8	11.0	0.3	4.4	10.9	1.6	3.2	0.4	0.5	1.5	2.7	0.7	1.9	0.5	–	…	79
			M	52.8	4.9	0.9	10.5	0.5	7.8	8.0	0.9	5.5	0.4	0.7	2.2	1.6	0.6	2.3	0.4	–	…	79
			F	60.2	1.5	0.6	11.4	0.1	0.8	14.0	2.2	0.7	0.4	0.4	0.8	3.8	0.8	1.5	0.7	–	…	79
		2004	MF	54.5	3.4	0.7	11.7	0.3	4.6	11.1	1.4	3.1	0.4	0.5	1.7	2.8	0.8	2.5	0.6	–	…	79
			M	51.0	4.9	0.8	11.2	0.5	8.2	8.2	0.8	5.2	0.4	0.7	2.4	1.7	0.6	2.9	0.4	–	…	79
			F	58.2	1.8	0.5	12.2	0.1	0.9	14.1	2.0	0.8	0.4	0.4	0.9	4.0	0.9	2.1	0.7	–	…	79

	年份	性别	A	B	C	D	E	F	G	H	I	J	K	L	M	N	O	P	Q	X	注 No.
拉丁美洲和加勒比地区																					
加勒比地区																					
安圭拉	1999	MF	2.3	…	…	5.5	2.1	12.9	7.8	23.1	7.6	6.8	…	8.7	8.2	…	1.8	3.6	…	9.5	80
		M	3.3	…	…	6.7	2.7	23.3	5.5	18.7	12.0	3.8	…	8.1	2.3	…	1.1	2.1	…	10.4	80
		F	1.0	…	…	4.2	1.7	0.9	10.7	28.0	2.6	10.2	…	9.5	14.9	…	2.6	5.2	…	8.7	80
b	2001	MF	1.0	1.9	0.4	2.4	1.4	14.7	9.9	28.1	6.8	3.5	4.1	11.7	4.3	2.5	2.9	2.9	…	1.5	81
b		M	1.5	3.3	0.6	2.8	2.1	26.6	8.6	20.9	9.3	2.0	6.6	10.2	1.7	1.1	2.8	1.2	…	1.4	81
b		F	0.5	0.2	0.1	1.9	0.7	1.0	11.4	36.4	3.9	5.3	4.3	13.5	7.3	4.0	3.0	4.8	…	1.7	81
安提瓜和巴布达	2001	MF	1.9	0.7	0.3	4.3	1.4	8.6	13.4	14.0	7.7	2.9	4.0	12.1	4.7	4.7	7.4	3.6	1.4	6.8	57
		M	2.7	1.4	0.5	5.1	2.3	16.5	12.5	11.2	10.0	1.8	4.4	11.6	2.2	1.6	6.5	1.3	1.7	6.8	57
		F	1.1	–	0.1	3.4	0.5	0.7	14.3	16.8	5.4	4.0	3.6	12.6	7.3	7.8	8.4	5.9	1.1	6.9	57
阿鲁巴	1994	MF	0.1	–	0.1	6.0	1.6	10.8	17.1	17.4	8.5	4.0	5.5	10.8	3.7	4.3	6.5	3.5	0.1	0.1	1
		M	–	–	0.1	8.4	2.5	17.3	14.0	15.1	10.9	2.1	5.1	12.3	2.3	1.7	7.4	0.3	–	0.2	1
		F	0.1	–	–	2.7	0.3	1.7	21.4	20.6	5.1	6.6	5.9	8.6	5.6	8.0	5.2	8.1	0.1	0.1	1
	1997	MF	0.5	–	–	6.2	1.9	8.2	17.4	16.9	8.1	3.6	7.8	10.5	3.1	5.0	7.3	3.1	–	0.3	1
		M	0.6	–	–	8.9	3.0	13.7	15.2	15.6	9.9	2.2	7.9	11.5	2.0	1.8	7.2	0.2	–	0.2	1
		F	0.3	–	–	2.7	0.3	1.1	20.4	18.6	5.8	5.4	7.6	9.1	4.6	9.1	7.5	7.0	0.1	0.4	1
巴哈马	2003	MF	3.0	…	1.4	4.4	…	10.0	15.4	18.0	7.6	10.1	…	29.8	…	…	…	…	…	0.3	82
		M	5.3	…	1.9	5.1	…	18.6	15.2	15.1	10.0	7.2	…	21.2	…	…	…	…	…	0.4	82
		F	0.6	…	0.9	3.6	…	1.1	15.5	21.0	5.1	13.1	…	38.9	…	…	…	…	…	0.1	82
	2004	MF	4.4	…	1.6	3.9	…	10.5	17.0	15.0	6.5	11.1	…	29.8	…	…	…	…	…	0.1	82
		M	8.2	…	2.3	4.7	…	19.3	15.9	11.2	8.3	8.5	…	21.6	…	…	…	…	…	0.2	82
		F	0.4	…	0.9	3.1	…	1.1	18.2	19.1	4.6	13.9	…	38.6	…	…	…	…	…	–	82
	2005	MF	3.5	…	1.3	4.7	…	11.8	14.9	18.1	6.7	10.1	…	28.7	…	…	…	…	…	0.3	82
		M	6.4	…	1.9	5.8	…	21.9	13.6	13.7	8.7	7.6	…	19.8	…	…	…	…	…	0.4	82
		F	0.3	…	0.6	3.6	…	1.0	16.3	22.8	4.5	12.7	…	38.1	…	…	…	…	…	0.2	82
	2006	MF	2.5	…	1.5	4.5	…	12.5	14.8	16.1	6.8	11.1	…	30.7	…	…	…	…	…	0.3	83
		M	4.4	…	2.3	5.8	…	22.6	14.0	12.6	8.5	9.2	…	20.5	…	…	…	…	…	0.3	83
		F	0.5	…	0.6	3.1	…	1.5	15.5	19.7	4.9	13.0	…	41.2	…	…	…	…	…	0.3	83
	2007	MF	2.3	…	1.7	3.7	…	12.4	14.5	16.0	7.7	11.8	…	29.6	…	…	…	…	…	0.2	82
		M	4.2	…	2.6	4.5	…	22.2	14.3	12.9	10.4	8.9	…	19.7	…	…	…	…	…	0.3	82
		F	0.2	…	0.8	2.9	…	1.7	14.7	19.4	4.8	14.9	…	40.3	…	…	…	…	…	0.2	82
百慕大	2000	MF	1.1	0.2	0.2	3.2	1.2	10.3	12.9	11.7	7.7	7.6	9.9	6.8	4.6	6.3	4.8	2.6	0.1	8.8	57
		M	2.0	0.4	0.4	4.1	1.8	19.0	12.5	12.6	9.7	4.3	9.1	7.2	2.0	2.4	4.2	0.8	0.1	7.5	57
		F	0.2	–	–	2.2	0.5	1.0	13.4	10.6	5.6	11.1	10.8	6.4	7.4	10.5	5.3	4.6	0.1	10.3	57
英属维尔京群岛	1991	MF	2.0	…	0.2	5.7	1.8	13.6	12.7	21.3	7.4	3.7	7.1	9.5	3.7	3.0	3.0	4.6	…	0.6	84
		M	3.3	…	0.4	7.4	2.7	23.3	10.5	15.9	9.5	1.9	7.2	10.5	1.4	1.0	2.5	1.6	…	0.6	84
		F	0.3	…	–	3.8	0.5	0.8	15.6	28.3	4.6	6.2	6.7	8.1	6.7	5.7	3.8	8.4	…	0.5	84
开曼群岛	2005	MF	1.7	…	1.3	0.9	…	19.9	14.7	8.2	4.6	8.7	12.1	5.5	8.2	…	4.8	8.8	…	0.6	85
		M	2.6	…	2.3	1.0	…	36.0	14.9	6.3	4.8	5.5	10.7	5.6	4.0	…	4.4	1.0	…	0.8	85
		F	0.6	…	0.3	0.9	…	2.1	14.4	10.2	4.3	12.2	13.6	5.4	12.7	…	5.3	17.4	…	0.4	85
	2006	MF	2.3	…	2.1	1.1	…	18.1	12.1	10.8	4.2	9.2	12.7	6.8	6.9	…	5.2	8.6	…	–	86
		M	3.5	…	3.5	1.2	…	32.6	12.4	8.7	4.7	5.2	11.5	6.3	3.1	…	5.9	1.4	…	–	86
		F	1.0	…	0.5	1.0	…	2.1	11.7	13.1	3.7	13.5	14.0	7.3	11.1	…	4.4	16.5	…	–	86
	2007	MF	1.8	…	1.6	1.9	…	16.1	10.3	10.0	5.7	9.5	12.0	7.2	8.1	…	5.7	7.9	0.1	2.2	85
		M	3.2	…	2.2	2.8	…	28.6	9.8	8.7	5.5	6.5	11.4	8.3	3.8	…	6.3	0.9	–	2.0	85
		F	0.3	…	0.9	0.8	…	2.5	10.9	11.4	6.0	12.7	12.6	5.9	12.7	…	5.1	15.6	0.1	2.4	85
多米尼加共和国	2000	MF	15.7	0.3	0.2	16.9	0.9	5.8	21.3	5.2	6.2	1.9	3.2	4.6	7.4	…	6.0	4.4	–	…	87
		M	22.4	0.4	0.3	16.1	1.1	8.6	21.7	3.3	8.5	1.4	3.3	4.7	3.2	…	4.4	0.6	–	…	87
		F	2.6	0.1	…	18.3	0.6	0.4	20.4	8.9	1.8	3.0	2.9	4.3	15.8	…	9.3	11.8	–	…	87
b	2003	MF	13.7	…	0.2	14.7	0.9	7.1	20.7	5.5	7.7	2.1	22.9	4.4	…	…	…	…	…	…	88
b		M	19.7	…	0.4	15.0	1.0	10.3	20.5	4.2	10.5	1.5	12.1	4.7	…	…	…	…	…	…	88
b		F	1.7	…	–	14.1	0.5	0.6	21.0	8.1	2.1	3.1	44.7	3.9	…	…	…	…	…	…	88
b	2004	MF	14.6	0.2	0.1	15.4	0.8	6.6	20.3	5.6	7.2	1.7	3.0	4.5	3.1	7.3	4.9	–	…	…	89
b		M	20.9	0.3	0.2	16.1	0.9	9.6	20.1	4.2	9.6	1.3	3.0	2.0	1.3	5.1	0.8	–	…	…	89
b		F	1.9	–	–	14.0	0.6	0.7	20.8	8.4	2.5	2.5	3.0	9.6	6.8	11.7	13.1	–	…	…	89
	2005	MF	14.2	0.3	0.2	14.8	0.8	6.5	21.6	5.9	7.3	1.9	3.0	4.6	3.2	6.5	4.6	–	…	…	89
		M	20.1	0.5	0.3	15.4	0.8	9.5	21.2	4.1	9.9	1.6	3.0	2.0	1.3	4.6	0.9	–	…	…	89
		F	2.8	–	–	13.7	0.8	0.6	22.5	9.4	2.1	2.5	2.8	9.7	6.8	10.3	12.0	0.1	…	…	89
	2006	MF	14.5	0.3	0.1	14.1	0.8	7.0	20.8	6.2	7.2	1.9	2.5	4.3	4.4	3.0	7.8	5.2	–	…	89
		M	21.1	0.5	0.1	14.6	0.9	10.4	21.0	4.4	10.1	1.4	2.7	4.2	1.9	1.2	4.8	0.7	–	…	89
		F	2.1	–	–	13.2	0.5	0.4	20.4	9.4	1.5	2.9	2.2	4.5	9.2	6.4	13.4	13.8	0.1	…	89
	2007	MF	14.1	0.4	0.2	13.9	0.9	7.0	20.6	6.3	7.3	2.1	2.6	4.3	4.8	2.7	7.4	5.5	–	…	89
		M	20.4	0.5	0.2	14.8	0.9	10.2	20.8	4.5	10.0	1.4	2.7	4.5	2.4	1.2	4.4	0.8	–	…	89
		F	2.1	–	–	12.3	0.7	0.6	20.2	9.7	1.9	3.3	2.6	3.9	9.4	5.6	13.1	14.4	0.1	…	89

		年份	性别	ISIC3 制表分类 A	B	C	D	E	F	G	H	I	J	K	L	M	N	O	P	Q	X	注 No.
圭亚那		1997	MF	25.2	2.6	3.0	11.6	1.0	6.9	18.0	0.7	8.4	1.8	3.3	6.3	2.8	1.3	2.0	3.4	0.1	1.5	1
			M	30.3	3.2	3.2	11.8	0.9	7.7	15.7	0.3	9.4	1.4	2.9	5.3	1.7	0.9	1.7	2.6	…	1.1	1
			F	14.8	1.5	2.6	11.2	1.3	5.3	22.4	1.4	6.3	2.6	4.8	8.4	5.0	2.0	2.5	5.0	0.4	2.5	1
	b	2002	MF	19.0	2.3	4.0	12.8	1.0	6.8	15.8	2.3	7.1	1.3	3.1	6.3	5.5	2.3	4.0	2.6	0.2	3.6	24
	b		M	24.1	3.1	5.2	13.9	1.1	9.4	13.2	1.2	8.9	0.8	2.7	5.1	1.8	0.8	3.8	0.8	0.1	3.9	24
	b		F	6.8	0.4	1.0	10.1	0.7	0.4	22.2	5.1	2.7	2.4	4.1	9.1	14.2	6.1	4.5	7.0	0.4	3.0	24
荷属安的列斯		2000	MF	1.1	…	0.3	9.0	1.7	7.1	18.9	7.0	7.7	6.6	7.7	9.6	5.6	8.1	6.3	3.3	0.1	…	90
			M	2.0	…	0.3	13.3	2.7	12.3	17.3	6.4	9.2	4.6	8.9	11.1	3.6	3.1	4.8	0.3	0.2	…	90
			F	0.2	…	0.1	3.9	0.4	1.2	20.7	7.7	6.0	8.9	6.4	7.7	7.8	13.9	7.9	6.7	0.4	…	90
		2003	MF	0.9	…	0.2	7.9	1.5	7.1	18.5	7.2	6.5	6.4	9.0	9.0	3.9	8.5	8.2	5.1	0.2	…	90
		2004	MF	0.9	…	0.1	7.6	1.4	6.8	18.8	7.7	6.2	6.9	9.4	8.4	4.2	8.6	8.1	4.7	0.2	…	90
		2005	MF	0.9	…	0.1	6.7	1.2	7.1	18.9	7.9	6.1	7.2	9.7	8.7	4.4	8.5	7.7	4.6	0.2	…	90
		2006	MF	1.1	…	0.1	6.8	1.5	7.5	18.2	8.0	6.0	7.5	9.9	9.1	4.9	8.5	6.8	3.9	0.1	…	91
		2007	MF	1.3	…	0.1	6.6	1.5	7.7	17.8	8.1	6.0	7.4	10.2	9.6	5.0	8.5	6.3	3.7	0.1	…	91
圣卢西亚		1999	MF	20.6	1.1	…	9.3	0.9	9.0	17.6	9.5	7.1	1.9	2.5	13.0	1.3	0.7	2.5	2.9	…	0.1	1
			M	24.5	2.0	…	7.2	1.4	15.7	13.3	7.9	10.4	1.1	2.4	10.3	0.4	0.3	1.8	0.9	…	0.1	1
			F	15.9	–	…	11.7	0.4	1.4	22.5	11.4	3.2	2.9	2.8	16.0	2.2	1.2	3.3	5.0	…	0.1	1
		2000	MF	19.5	1.3	…	9.8	1.1	9.4	17.9	10.4	6.5	1.6	2.1	11.9	1.8	0.9	2.4	2.3	…	1.3	1
			M	23.7	2.4	…	7.3	1.6	15.9	12.3	8.7	9.4	0.9	2.3	9.1	1.0	0.7	1.9	1.1	…	1.7	1
			F	14.2	0.1	…	12.8	0.4	1.5	24.8	12.5	2.8	2.4	1.7	15.3	2.8	1.3	2.9	3.8	…	0.9	1
		2002	MF	11.4	0.8	…	7.6	1.1	8.2	14.7	10.5	5.4	1.5	2.7	11.8	3.2	0.5	2.4	3.4	…	14.8	1
			M	13.8	1.3	…	6.1	1.6	14.2	10.7	9.0	7.4	0.9	2.8	10.0	1.4	0.2	2.7	1.6	…	16.4	1
			F	8.6	0.1	…	9.5	0.4	1.0	19.6	12.4	3.0	2.2	2.6	14.0	5.4	0.9	1.9	5.6	…	12.8	1
		2003	MF	12.0	0.9	…	7.2	0.9	7.8	16.3	10.6	6.5	1.9	3.3	11.4	3.2	0.9	2.6	3.4	…	10.9	1
			M	14.8	1.5	…	6.4	1.3	13.0	12.9	9.1	8.4	1.7	3.0	9.8	1.7	0.2	2.3	1.4	…	12.4	1
			F	8.4	0.1	…	8.3	0.3	0.9	20.8	12.5	4.0	2.3	3.8	13.7	5.3	1.9	2.9	5.9	…	9.0	1
		2004	MF	13.6	1.2	…	7.5	0.7	7.9	15.7	10.9	5.3	1.9	4.1	13.1	1.7	0.6	3.1	3.0	…	9.7	1
			M	16.9	1.9	…	6.6	1.1	13.7	12.6	8.7	7.1	1.2	4.2	10.7	0.6	0.1	3.1	0.6	…	11.1	1
			F	9.5	0.3	…	8.7	0.2	0.6	19.7	13.6	3.1	2.6	3.9	16.3	3.1	1.2	3.2	6.0	…	7.9	1
圣文森特和格林纳丁斯		1991	MF	22.8	2.0	0.3	8.4	1.8	10.8	15.5	4.0	6.9	1.6	2.7	6.6	7.0	2.9	2.2	4.3	0.3	…	84
			M	27.6	3.0	0.4	8.0	2.4	15.9	12.6	2.5	9.3	1.0	2.5	6.9	3.7	0.9	1.9	1.1	0.3	…	84
			F	13.8	0.1	0.1	9.1	0.6	1.2	21.0	6.9	2.4	2.7	3.0	6.0	13.1	6.6	2.7	10.2	0.3	…	84
		2001	MF	13.9	1.5	0.3	7.1	1.7	10.6	17.0	6.9	7.5	2.3	3.2	6.2	7.2	2.1	3.5	4.6	–	4.2	84
			M	17.9	2.3	0.3	8.1	2.3	16.4	13.6	4.8	10.1	1.3	2.2	6.5	3.8	0.8	3.2	1.9	–	4.4	84
			F	7.5	0.2	0.2	5.4	0.8	1.3	22.6	10.1	3.4	3.9	4.8	5.7	12.8	4.2	3.9	8.8	0.1	3.9	84
苏里南		2004	MF	8.0	…	5.9	7.0	1.1	9.0	16.0	3.1	5.6	1.7	4.1	17.9	5.3	4.3	6.3	…	…	4.8	92
			M	9.9	…	8.2	7.9	1.4	13.3	15.4	1.9	7.5	1.4	4.4	16.0	1.8	1.5	4.9	…	…	4.7	92
			F	4.5	…	1.7	5.3	0.5	0.9	17.0	5.3	2.0	2.4	3.5	21.4	12.0	9.6	9.0	…	…	4.9	92
特克斯和凯科斯群岛		2001	MF	1.0	2.0	–	2.0	2.0	13.7	6.9	23.5	4.9	2.9	5.9	11.8	6.9	…	9.8	…	…	8.8	93
		2002	MF	0.9	0.9	0.9	1.7	1.7	12.2	7.0	20.0	5.2	4.3	8.7	13.9	3.5	…	6.1	5.2	…	7.8	93
		2003	MF	0.7	0.7	0.7	1.4	1.4	13.5	7.1	17.7	4.3	2.8	9.2	14.2	2.8	…	7.1	6.4	…	9.9	93
		2004	MF	0.7	1.3	0.7	1.3	1.3	13.8	8.6	17.1	3.9	3.3	8.6	15.1	3.3	…	5.9	9.2	…	7.2	93
		2005	MF	0.6	1.1	0.6	1.1	1.7	13.8	7.5	16.7	4.0	2.9	9.2	13.2	2.9	…	5.7	9.2	…	10.9	93
中美洲																						
伯利兹		1996	MF	28.7	…	0.1	10.4	1.4	5.0	17.1	4.1	5.9	1.7	1.0	7.7	7.8	…	3.9	3.8	1.4	…	94
			M	38.4	…	0.2	11.3	1.5	6.8	14.5	2.5	7.0	1.1	1.0	6.9	3.5	…	3.5	0.4	1.6	…	94
			F	5.0	…	0.1	8.4	1.2	0.7	23.6	8.1	3.1	3.1	1.2	9.6	18.1	…	4.9	12.0	1.0	…	94
		1997	MF	29.9	…	0.1	11.3	1.4	5.4	15.9	5.6	5.2	1.8	1.5	5.9	7.8	…	3.5	4.1	0.5	…	94
			M	40.3	…	0.2	10.3	1.6	7.5	13.7	3.1	6.5	1.3	1.5	6.0	3.8	…	2.7	1.1	0.5	…	94
			F	6.1	…	–	18.3	0.9	0.7	20.9	11.1	2.2	3.0	1.6	5.7	17.2	…	5.5	11.0	0.5	…	94
		1998	MF	25.0	…	0.4	10.2	1.6	5.8	17.6	7.2	5.1	1.7	1.9	6.8	8.8	…	3.7	3.6	0.4	…	94
			M	34.1	…	0.5	10.5	1.9	8.3	15.6	4.6	6.6	1.2	2.1	6.9	3.7	…	2.7	0.8	0.4	…	94
			F	5.4	…	–	9.7	0.9	0.2	22.0	12.8	2.1	2.7	1.5	6.6	19.7	…	6.0	9.8	0.5	…	94
		1999	MF	27.5	…	0.4	9.4	1.3	5.9	15.8	7.1	5.4	1.9	1.8	6.3	9.0	…	4.2	3.7	0.3	…	94
			M	36.9	…	0.5	8.7	1.8	8.3	13.7	4.6	6.9	1.5	2.2	6.2	4.3	…	3.3	0.9	0.3	…	94
			F	6.4	…	0.1	10.9	0.4	0.6	20.5	13.7	2.2	2.9	1.1	6.5	19.4	…	6.3	9.8	0.3	…	94
	b	2005	MF	17.7	1.8	0.2	9.7	0.9	7.0	17.2	8.9	6.5	1.6	2.1	6.9	6.3	2.7	3.9	5.9	0.6	0.1	95
	b		M	25.7	2.3	0.3	9.9	1.2	10.4	15.9	5.0	8.4	1.0	2.4	7.1	3.2	1.0	3.4	2.3	0.5	0.1	95
	b		F	2.3	1.0	–	9.4	0.5	0.5	19.6	16.3	2.8	2.9	1.7	6.5	12.0	6.0	4.9	12.8	0.8	0.2	95
哥斯达黎加		2000	MF	19.9	0.5	0.2	14.4	0.8	6.8	15.5	4.7	6.0	1.8	0.4	12.3	5.7	3.9	…	6.2	0.1	0.7	96
			M	26.6	0.8	0.3	13.9	1.0	9.7	14.3	3.3	7.7	1.7	0.3	13.5	2.6	2.6	…	0.9	0.1	0.7	96
			F	5.4	–	–	15.5	0.4	0.5	18.1	7.9	2.1	2.1	0.6	9.8	12.4	6.8	…	17.6	–	0.6	96
		2003	MF	14.6	0.5	0.1	14.0	1.3	6.7	19.7	5.5	5.7	2.2	6.2	4.7	6.0	3.0	4.4	4.8	0.1	0.4	97
			M	20.3	0.7	0.2	14.3	1.7	10.1	19.8	3.6	7.7	2.0	6.2	4.4	2.6	1.6	3.3	0.6	0.2	0.5	97
			F	4.0	0.1	0.1	13.4	0.7	0.2	19.4	8.9	2.0	2.5	6.1	5.0	12.3	5.6	6.5	12.7	0.1	0.4	97
		2004	MF	14.3	0.5	0.2	13.9	1.4	6.5	19.9	5.5	5.8	2.2	6.2	4.7	5.8	3.1	3.8	5.5	0.2	0.3	97
			M	19.7	0.7	0.3	14.8	1.8	9.6	20.0	3.8	7.8	2.2	6.5	4.4	2.5	1.8	2.7	0.9	0.2	0.4	97
			F	3.9	0.1	0.1	11.9	0.7	0.4	19.9	8.9	2.0	2.2	5.6	5.5	12.2	5.6	5.9	14.5	0.3	0.1	97

		年份	性别	A	B	C	D	E	F	G	H	I	J	K	L	M	N	O	P	Q	X	注 No.
				ISIC3 制表分类																		
		2005	MF	14.7	0.5	0.2	13.7	1.2	6.5	18.7	5.5	6.3	2.0	5.8	4.6	5.9	3.5	3.7	6.8	0.1	0.4	97
			M	20.0	0.8	0.3	14.8	1.5	9.8	18.6	3.6	8.5	2.0	6.3	4.6	2.6	2.2	2.9	0.9	0.1	0.5	97
			F	4.7	0.1	0.1	11.6	0.4	0.4	18.8	9.0	2.3	2.2	4.8	4.5	11.9	5.9	5.0	17.8	0.2	0.2	97
		2006	MF	13.5	0.5	0.3	13.3	1.2	6.9	19.2	5.3	6.5	2.1	5.9	4.7	5.9	3.4	3.6	7.2	0.1	0.2	97
			M	18.6	0.7	0.3	14.2	1.5	10.6	19.4	3.6	8.9	2.0	6.3	4.8	2.6	2.0	2.9	1.2	0.1	0.2	97
			F	4.3	0.1	0.1	11.7	0.7	0.3	19.0	8.5	2.2	2.3	5.3	4.7	11.8	5.9	4.8	17.8	0.3	0.3	97
		2007	MF	12.7	0.5	0.1	13.1	1.1	7.9	19.0	5.6	6.5	2.6	6.3	4.6	5.7	3.3	3.8	6.7	0.1	0.3	97
			M	17.2	0.7	0.2	14.0	1.4	12.0	19.4	3.6	8.9	2.1	6.9	4.5	2.8	1.9	2.9	1.2	0.1	0.3	97
			F	5.0	0.1	–	11.5	0.6	0.8	18.4	9.1	2.4	3.4	5.3	4.8	10.9	5.8	5.2	16.3	0.1	0.4	97
萨尔瓦多		2000	MF	20.9	0.7	0.1	18.7	0.4	5.1	26.3	…	4.7	3.8	…	5.3	3.0	6.7	…	4.3	…	0.1	98
			M	32.8	1.1	0.1	14.9	0.6	8.5	17.9	…	7.3	4.4	…	6.3	1.9	3.6	…	0.5	…	0.1	98
			F	3.6	0.1	–	24.1	–	0.2	38.5	…	0.9	3.0	…	3.9	4.7	11.1	…	9.9	…	–	98
		2002	MF	19.0	0.7	0.1	18.0	0.4	5.6	28.5	…	4.3	4.1	…	4.2	3.9	6.4	…	4.3	…	0.4	98
			M	30.8	1.0	0.2	14.5	0.7	9.3	19.0	…	6.7	4.5	…	5.1	2.6	4.1	…	0.7	…	0.7	98
			F	2.5	0.1	–	22.9	0.1	0.5	41.8	…	0.9	3.5	…	2.8	5.8	9.7	…	9.3	…	0.1	98
		2003	MF	17.1	1.2	0.1	17.8	0.2	6.5	28.8	…	4.5	4.3	…	4.1	3.4	7.4	…	4.7	…	0.1	98
			M	26.8	1.8	0.1	15.1	0.4	10.8	19.5	…	7.0	5.0	…	5.1	2.2	5.2	…	0.9	…	0.1	98
			F	3.5	0.3	–	21.5	0.1	0.3	41.6	…	1.1	3.4	…	2.7	5.0	10.4	…	9.9	…	–	98
		2004	MF	18.4	0.7	0.1	16.8	0.4	6.4	29.3	…	5.0	4.1	…	3.9	3.4	6.8	…	4.7	…	–	98
			M	29.0	1.0	0.1	13.8	0.6	10.6	20.3	…	7.5	5.0	…	4.9	2.0	4.4	…	0.7	…	–	98
			F	3.2	0.2	–	21.0	0.1	0.5	42.3	…	1.3	2.7	…	2.4	5.5	10.3	…	10.5	…	–	98
		2005	MF	19.5	0.5	0.1	16.2	0.3	5.7	29.5	…	4.7	4.7	…	3.9	3.8	6.9	…	4.3	…	…	98
			M	30.0	0.8	0.2	13.6	0.4	9.6	20.8	…	7.2	5.5	…	4.7	2.1	4.4	…	0.7	…	…	98
			F	4.7	0.1	–	19.7	0.1	0.2	41.7	…	1.1	3.6	…	2.7	6.1	10.5	…	9.3	…	…	98
		2006	MF	18.3	0.6	0.1	15.8	0.4	6.8	29.9	…	4.5	4.3	…	3.9	3.5	7.1	…	5.0	…	…	98
			M	28.4	0.9	0.1	13.8	0.6	11.4	20.3	…	7.2	4.8	…	5.0	2.2	4.5	…	0.8	…	…	98
			F	4.6	0.1	–	18.4	0.1	0.5	42.8	…	0.8	3.6	…	2.5	5.3	10.5	…	10.6	…	…	98
危地马拉		1998	MF	37.1	0.4	0.2	17.2	0.4	5.4	18.4	2.1	2.8	0.7	1.5	1.9	3.2	1.4	1.9	5.0	0.2	…	87
			M	49.1	0.6	0.3	13.1	0.5	8.6	12.1	0.9	4.0	0.7	1.7	2.5	1.9	0.6	2.0	1.4	0.2	…	87
			F	17.0	0.1	–	24.2	0.2	0.1	29.0	4.2	0.8	0.7	1.3	1.0	5.4	2.8	1.8	11.1	0.3	…	87
	b	2006	MF	33.2	…	0.1	15.9	0.2	6.6	22.8	…	3.0	3.3	…	2.1	4.1	8.5	…	…	0.2	…	99
	b		M	43.8	…	0.2	13.1	0.3	10.5	15.6	…	4.4	3.9	…	2.6	2.2	3.1	…	…	0.2	…	99
	b		F	16.0	…	–	20.3	0.1	0.3	34.3	…	0.7	2.3	…	1.4	7.1	17.3	…	…	0.3	…	99
墨西哥		2000	MF	17.2	0.4	0.4	19.6	0.5	6.4	21.9	4.7	4.5	0.8	3.1	4.6	5.0	2.8	3.2	4.5	–	0.4	100
			M	22.6	0.6	0.6	18.7	0.6	9.5	20.5	3.3	6.3	0.6	3.1	4.7	3.1	1.5	3.2	0.8	–	0.5	100
			F	6.8	0.1	0.1	21.3	0.2	0.5	24.7	7.5	1.2	1.1	3.1	4.4	8.5	5.4	3.3	11.6	–	0.3	100
		2003	MF	15.8	0.4	0.3	17.4	0.5	6.7	23.5	5.4	4.7	0.7	3.4	4.6	5.2	2.9	3.5	4.7	–	0.3	100
			M	21.5	0.6	0.5	16.6	0.7	10.0	21.8	3.7	6.5	0.6	3.4	4.8	3.2	1.5	3.2	0.9	–	0.4	100
			F	5.1	0.1	0.1	18.8	0.2	0.4	26.6	8.7	1.1	0.9	3.2	4.3	8.9	5.3	4.0	11.8	–	0.2	100
		2004	MF	15.5	0.4	0.4	17.5	0.6	6.3	24.0	5.6	4.5	0.7	3.5	4.4	5.4	3.0	3.4	4.4	–	0.4	100
			M	21.1	0.5	0.6	17.1	0.7	9.5	22.0	3.8	6.4	0.6	3.7	4.6	3.4	1.5	3.1	0.8	–	0.5	100
			F	5.5	0.1	0.1	18.3	0.3	0.6	27.5	8.9	1.1	0.8	3.3	4.2	8.9	5.6	3.8	10.8	–	0.2	100
		2005	MF	14.5	0.4	0.5	16.9	0.5	7.8	22.9	6.0	4.5	0.8	4.5	4.7	5.3	2.8	3.3	4.2	–	0.6	100
			M	20.1	0.6	0.7	16.4	0.6	11.9	20.4	4.0	6.5	0.6	4.6	4.8	3.3	1.5	2.9	0.6	–	0.7	100
			F	4.8	0.1	0.2	17.9	0.2	0.7	27.2	9.4	1.1	1.0	4.3	4.5	8.9	5.1	3.9	10.3	–	0.5	100
		2006	MF	13.9	0.4	0.4	16.8	0.4	8.2	22.7	6.0	4.7	0.9	4.6	4.8	5.3	2.8	3.2	4.2	–	0.7	100
			M	19.3	0.6	0.6	16.4	0.6	12.6	20.2	3.9	6.8	0.7	4.7	5.0	3.2	1.4	2.8	0.5	–	0.8	100
			F	4.6	0.1	0.1	17.4	0.2	0.6	27.0	9.4	1.3	1.1	4.4	4.5	9.0	5.1	4.1	10.3	–	0.7	100
		2007	MF	13.1	0.3	0.4	16.6	0.5	8.4	22.9	6.2	4.5	0.9	4.8	4.8	5.4	2.8	3.2	4.3	–	0.7	100
			M	18.4	0.5	0.6	16.4	0.7	12.9	20.1	4.3	6.5	0.8	4.9	4.9	3.4	1.4	2.9	0.5	–	0.8	100
			F	4.3	–	0.1	17.0	0.2	0.7	27.6	9.5	1.3	1.2	4.5	4.5	8.8	5.2	3.7	10.7	–	0.7	100
尼加拉瓜		2003	MF	29.6	0.9	0.2	13.3	0.7	3.8	20.2	3.2	3.8	0.8	1.9	3.0	4.4	2.6	4.8	6.4	0.3	…	89
			M	41.8	1.3	0.3	11.4	0.8	6.0	15.6	1.4	5.8	0.6	2.2	3.2	2.0	1.5	4.3	1.4	0.2	…	89
			F	10.2	0.2	0.1	16.3	0.3	0.3	27.7	5.9	0.7	1.0	1.4	2.6	8.3	4.5	5.8	14.5	0.4	…	89
		2004	MF	29.7	0.6	0.3	12.9	0.3	4.8	19.9	3.7	4.1	0.9	2.2	3.5	4.4	2.8	4.3	5.4	0.2	…	89
			M	41.1	0.9	0.4	10.9	0.5	7.6	16.1	1.7	6.0	0.7	2.7	3.6	2.2	1.6	2.6	1.3	0.2	…	89
			F	10.5	0.1	0.1	16.3	0.1	0.1	26.4	7.2	0.7	1.2	1.4	3.2	8.1	5.0	7.2	12.2	0.2	…	89
		2005	MF	28.3	0.6	0.3	14.5	0.4	4.4	20.1	3.0	4.2	0.8	2.5	3.4	4.3	2.5	4.4	5.7	0.4	…	89
			M	40.4	0.9	0.3	12.1	0.6	7.0	15.5	1.3	6.2	0.7	3.1	3.7	2.2	1.4	2.7	1.4	0.5	…	89
			F	8.2	0.1	0.2	18.5	0.2	0.2	27.8	5.8	1.0	1.1	1.6	3.0	7.7	4.2	7.3	12.8	0.4	…	89
		2006	MF	28.4	0.7	0.3	13.8	0.3	4.8	19.6	3.4	4.3	0.8	2.6	3.5	4.5	2.6	4.3	5.6	0.4	…	89
			M	40.6	1.1	0.5	11.7	0.4	7.6	15.0	1.4	6.3	0.6	3.2	3.4	2.2	1.5	2.5	1.7	0.2	…	89
			F	8.3	0.1	0.1	17.3	0.2	0.2	27.2	6.9	0.9	1.1	1.5	3.7	8.4	4.4	7.1	12.1	0.6	…	89
巴拿马		2000	MF	15.9	1.0	0.1	9.2	0.7	7.4	19.2	3.7	7.6	2.8	4.0	7.5	5.9	3.4	5.8	5.7	0.1	…	70
			M	23.2	1.5	0.1	9.9	0.8	10.7	18.1	2.7	9.6	1.9	3.9	6.7	3.0	1.8	4.9	1.2	0.1	…	70
			F	1.6	0.1	–	8.0	0.4	0.8	21.3	5.5	3.7	4.7	4.2	9.1	11.7	6.7	7.7	14.5	0.1	…	70
		2003	MF	16.6	0.9	0.1	8.9	0.8	7.4	18.0	4.9	7.9	2.0	4.1	6.8	5.9	3.5	6.0	5.9	0.1	…	70
			M	23.6	1.3	0.1	9.7	1.1	10.9	16.9	3.4	10.7	1.2	4.1	6.1	2.7	2.1	5.0	1.0	0.1	…	70
			F	3.5	0.2	–	7.5	0.3	0.8	19.9	7.7	2.8	3.5	4.3	8.2	11.9	6.1	8.0	15.1	0.1	…	70

		年份	性别	A	B	C	D	E	F	G	H	I	J	K	L	M	N	O	P	Q	X	注 No.
				ISIC3 制表分类																		
		2004	MF	15.2	0.8	0.1	8.9	0.7	8.0	18.3	5.4	7.9	2.2	4.8	6.5	5.9	3.8	5.5	6.1	0.1	…	70
			M	21.9	1.2	0.1	9.2	1.0	12.1	17.7	3.6	10.4	1.2	4.4	5.8	3.0	2.0	5.1	1.1	0.1	…	70
			F	2.8	0.2	–	8.2	0.2	0.4	19.2	8.6	3.3	4.0	5.5	7.7	11.2	7.1	6.3	15.3	–	…	70
		2005	MF	14.9	0.8	0.1	8.8	0.7	7.7	19.1	5.9	7.7	2.0	5.2	5.8	5.5	4.0	6.0	5.9	–	…	70
			M	21.0	1.2	0.1	9.2	0.9	11.6	18.3	3.8	10.5	1.3	5.2	5.3	2.9	2.0	5.6	1.2	–	…	70
			F	4.2	0.1	–	8.1	0.3	0.8	20.5	9.5	2.7	3.4	5.2	6.7	10.0	7.5	6.8	14.1	0.1	…	70
		2006	MF	15.1	0.8	0.2	8.7	0.7	8.5	19.0	5.3	7.5	2.2	5.2	5.8	5.2	4.0	5.6	6.2	0.1	…	70
			M	21.1	1.2	0.3	9.4	0.9	12.8	18.5	3.2	10.0	1.4	5.2	5.4	2.6	2.0	5.0	1.0	0.1	…	70
			F	4.4	0.1	0.1	7.5	0.4	0.8	19.9	9.1	3.0	3.5	5.2	6.6	9.8	7.5	6.7	15.5	0.1	…	70
		2007	MF	14.0	0.8	0.3	8.7	0.6	9.7	19.0	5.5	7.3	2.3	5.3	6.3	5.2	4.0	5.0	6.0	0.1	…	70
			M	20.2	1.2	0.4	8.9	0.7	14.7	17.9	3.4	9.9	1.4	5.2	5.8	2.8	2.0	4.3	1.1	0.1	…	70
			F	3.3	0.1	–	8.2	0.5	1.0	21.1	9.1	2.7	3.8	5.5	7.1	9.3	7.4	6.3	14.6	0.1	…	70
南美洲																						
阿根廷		2000	MF	0.6	0.1	0.2	14.0	0.6	7.9	20.4	3.1	8.2	2.5	7.3	7.7	7.6	5.7	5.9	7.9	–	0.4	101
			M	0.8	0.1	0.3	17.1	0.8	12.8	21.7	2.9	11.9	2.6	7.7	7.9	2.8	3.1	6.0	0.8	–	0.5	101
			F	0.2	–	–	9.3	0.2	0.6	18.3	3.4	2.6	2.4	6.6	7.4	14.7	9.7	5.7	18.5	–	0.4	101
		2002	MF	0.9	0.1	0.3	13.2	0.5	6.2	19.3	2.9	7.5	2.3	6.9	9.7	9.0	6.2	7.2	7.4	–	0.3	101
			M	1.2	0.2	0.4	16.3	0.7	10.5	21.3	2.8	11.3	2.3	7.4	9.8	3.6	3.4	7.4	1.2	–	0.2	101
			F	0.5	–	0.1	8.8	0.2	0.3	16.5	3.0	2.3	2.3	6.3	9.6	16.5	10.1	7.0	15.9	0.1	0.4	101
	b	2003	MF	1.3	0.1	0.3	13.7	0.5	7.1	20.4	2.7	6.6	1.7	7.3	8.8	8.4	7.2	5.5	7.6	–	0.6	102
	b		M	1.6	0.1	0.5	16.1	0.7	12.0	22.9	2.9	9.9	1.8	8.6	9.4	3.0	3.7	5.1	0.9	–	0.7	102
	b		F	1.0	–	0.1	10.6	0.3	0.4	17.1	2.5	2.1	1.5	5.5	8.0	15.6	12.1	6.0	16.6	0.1	0.5	102
		2004	MF	1.0	0.1	0.4	14.4	0.5	7.8	20.7	3.4	6.9	1.5	7.2	8.2	7.6	6.9	5.6	7.5	–	0.3	103
			M	1.2	0.2	0.6	17.0	0.6	13.2	22.6	3.1	10.3	1.7	8.0	8.6	2.8	3.6	5.3	1.0	–	0.4	103
			F	0.8	0.1	0.1	11.0	0.3	0.4	18.0	3.9	2.2	1.3	6.1	7.7	14.0	11.5	6.1	16.4	–	0.3	103
		2005	MF	1.0	0.1	0.3	14.1	0.5	8.5	20.2	3.3	6.7	1.7	7.7	7.6	7.6	6.5	6.0	7.7	–	0.3	103
			M	1.3	0.1	0.4	17.0	0.8	14.4	22.1	3.1	9.9	1.7	8.3	7.7	3.1	3.1	5.6	1.0	–	0.3	103
			F	0.6	–	0.2	10.1	0.1	0.5	17.8	3.5	2.5	1.7	6.9	7.3	13.8	11.1	6.6	16.8	–	0.3	103
	b	2006	MF	0.7	0.1	0.4	14.1	0.4	8.8	20.1	3.8	6.4	1.9	8.1	7.7	8.0	5.9	5.4	7.9	–	0.2	104
	b		M	1.0	0.1	0.6	17.1	0.7	14.8	21.8	3.7	9.6	1.7	9.1	7.7	3.2	2.8	5.5	0.3	–	0.2	104
	b		F	0.3	–	0.1	9.9	0.1	0.7	17.8	3.9	2.0	2.2	6.6	7.6	14.6	10.0	5.4	18.3	–	0.3	104
玻利维亚		1990	MF	1.2	…	2.0	15.9	0.6	6.6	22.3	3.2	7.7	1.1	1.8	7.1	10.6	…	18.9	…	0.5	0.4	105
			M	1.9	…	3.2	19.6	1.0	10.9	12.3	1.7	12.4	1.3	2.2	9.5	8.2	…	15.3	…	0.4	0.4	105
			F	0.2	…	0.3	10.7	0.1	0.5	37.0	5.4	0.9	1.0	1.3	3.6	14.0	…	24.0	…	0.7	0.3	105
		1997	MF	5.7	–	2.6	18.0	0.6	8.4	24.0	5.9	8.1	1.0	3.0	3.9	6.4	3.1	3.5	5.4	0.1	–	106
			M	6.9	–	4.1	20.2	0.9	14.4	16.9	2.0	13.3	1.1	3.4	5.5	4.4	2.1	3.5	1.0	0.2	–	106
			F	4.0	–	0.6	15.3	0.2	0.6	33.4	10.9	1.3	0.9	2.6	1.8	9.1	4.4	3.5	11.3	0.1	–	106
	b	1999	MF	36.8	0.3	1.5	11.8	0.2	6.3	16.6	4.0	5.3	0.5	2.2	2.5	5.0	2.0	2.4	2.4	–	…	107
	b		M	36.5	0.5	2.3	12.4	0.4	11.3	11.0	1.8	9.1	0.5	2.4	3.4	4.8	1.1	2.3	0.2	0.1	…	107
	b		F	37.1	0.1	0.6	11.1	0.1	0.2	23.7	6.7	0.6	0.6	1.8	1.3	5.4	3.1	2.5	5.2	–	…	107
		2000	MF	36.4	0.3	1.5	10.5	0.5	7.0	16.0	3.9	4.6	0.6	2.8	2.4	4.8	1.6	3.1	3.9	0.1	…	107
			M	37.4	0.5	2.4	11.6	0.8	12.0	10.6	1.5	7.4	0.7	3.8	3.2	3.9	1.2	2.6	0.4	0.1	…	107
			F	35.2	0.1	0.4	9.2	0.1	0.6	23.0	6.9	1.0	0.4	1.6	1.3	6.1	2.0	3.7	8.4	0.1	…	107
		2001	MF	41.4	0.1	1.4	9.6	0.3	5.3	14.8	4.0	5.1	0.6	2.9	2.0	4.4	1.7	2.8	3.6	–	–	107
			M	42.8	0.1	2.3	10.3	0.4	9.4	10.0	1.7	8.2	0.8	3.6	2.9	3.4	1.5	2.3	0.3	–	–	107
			F	39.8	–	0.2	8.8	0.2	0.4	20.6	6.7	1.3	0.3	2.1	0.9	5.7	2.0	3.4	7.6	–	–	107
		2002	MF	39.6	0.1	1.1	11.7	0.2	5.8	14.6	4.7	4.9	0.5	2.2	2.1	4.2	1.8	3.2	3.3	0.1	…	107
			M	42.1	0.1	1.7	12.8	0.3	9.7	9.6	1.8	8.0	0.5	2.6	2.9	3.5	1.1	2.5	0.6	0.1	…	107
			F	36.2	–	0.2	10.3	0.1	0.7	21.2	8.4	0.8	0.5	1.7	1.1	5.2	2.6	4.0	6.8	0.1	…	107
巴西		2000	MF	17.9	0.5	0.4	13.3	0.5	7.0	16.6	4.7	5.1	1.3	5.7	5.4	5.8	3.3	3.6	7.6	–	1.3	108
			M	22.5	0.8	0.5	14.7	0.7	10.8	17.8	4.0	7.1	1.1	6.2	5.4	2.1	1.5	2.7	0.9	–	1.3	108
			F	10.5	0.1	0.1	11.1	0.2	0.7	14.7	5.8	1.6	1.5	4.9	5.3	12.0	6.3	5.2	18.7	–	1.2	108
	b	2002	MF	20.2	0.4	0.3	13.5	0.4	7.1	17.2	3.7	4.7	1.2	5.4	4.9	5.5	3.5	4.0	7.7	–	0.3	109
	b		M	22.9	0.6	0.5	14.6	0.6	11.8	18.4	3.2	7.1	1.1	6.1	5.4	2.0	1.4	2.9	0.9	–	0.4	109
	b		F	16.4	0.1	0.1	12.0	0.2	0.5	15.4	4.4	1.2	1.4	4.4	4.2	10.4	6.5	5.5	17.4	–	0.1	109
		2003	MF	20.2	0.4	0.4	13.6	0.4	6.5	17.7	3.6	4.6	1.3	5.6	5.0	5.4	3.5	3.7	7.7	–	0.2	110
			M	23.3	0.6	0.6	14.6	0.6	10.9	19.0	3.1	7.0	1.2	6.4	5.4	2.0	1.5	2.7	0.9	–	0.4	110
			F	15.9	0.1	0.1	12.2	0.2	0.4	15.9	4.3	1.3	1.5	4.5	4.4	10.3	6.4	5.1	17.3	–	0.1	110
		2004	MF	20.5	0.5	0.4	13.9	0.4	6.3	17.3	3.6	4.6	1.2	5.6	5.0	5.4	3.4	4.1	7.7	–	0.3	110
			M	23.8	0.7	0.6	15.0	0.6	10.6	18.4	3.1	7.0	1.1	6.2	5.4	2.0	1.4	2.9	0.9	–	0.4	110
			F	15.9	0.2	0.1	12.3	0.2	0.4	15.9	4.3	1.3	1.3	4.7	4.4	10.1	6.1	5.8	17.1	–	0.1	110
		2005	MF	19.9	0.5	0.4	14.1	0.4	6.5	17.8	3.7	4.5	1.2	5.7	4.9	5.4	3.4	3.8	7.6	–	0.2	110
			M	22.9	0.7	0.6	15.2	0.6	10.9	18.9	3.1	6.8	1.0	6.5	5.2	2.1	1.4	2.7	0.9	–	0.4	110
			F	15.8	0.2	0.1	12.7	0.2	0.4	16.2	4.4	1.4	1.4	4.5	4.5	9.9	6.2	5.3	16.9	–	–	110
		2006	MF	18.9	0.4	0.4	14.0	0.4	6.5	17.6	3.8	4.6	1.2	6.1	5.0	5.4	3.5	4.3	7.6	–	0.2	110
			M	21.8	0.7	0.6	15.2	0.6	11.0	18.7	3.2	6.9	1.0	6.9	5.4	2.1	1.5	3.0	0.9	–	0.4	110
			F	14.9	0.1	0.1	12.3	0.2	0.5	16.1	4.6	1.4	1.4	5.0	4.4	10.0	6.3	5.9	16.7	–	–	110

		年份	性别	A	B	C	D	E	F	G	H	I	J	K	L	M	N	O	P	Q	X	注 No.
				ISIC3 制表分类																		
智利		2002	MF	9.4	1.4	1.4	12.2	0.6	7.9	19.5	2.7	7.4	1.9	9.2	4.6	6.7	4.4	4.8	6.1	–	–	25
			M	12.9	1.7	2.0	14.3	0.9	11.7	20.1	2.0	9.6	1.5	9.5	5.0	3.5	2.1	2.4	0.9	–	–	25
			F	2.8	0.8	0.2	8.3	0.2	0.8	18.3	4.1	3.2	2.5	8.8	3.8	12.5	8.6	9.2	15.8	0.1	–	25
哥伦比亚		2003	MF	21.1	…	1.2	12.6	0.4	4.4	25.4	…	6.9	1.2	4.3	22.5	…	…	…	…	…	–	111
			M	30.6	…	1.6	11.1	0.5	7.2	22.4	…	10.3	0.9	4.4	11.0	…	…	…	…	…	–	111
			F	7.2	…	0.7	14.9	0.2	0.3	29.7	…	1.9	1.6	4.1	39.4	…	…	…	…	…	–	111
		2004	MF	20.3	…	1.1	13.7	0.4	4.4	24.8	…	7.3	1.3	4.4	22.2	…	…	…	…	…	–	111
			M	29.4	…	1.7	11.7	0.5	7.1	22.3	…	10.6	1.1	4.6	11.0	…	…	…	…	…	–	111
			F	6.8	…	0.3	16.6	0.2	0.4	28.4	…	2.5	1.6	4.2	38.9	…	…	…	…	…	–	111
		2005	MF	22.4	…	0.7	12.9	0.5	4.7	24.3	…	6.6	1.3	4.6	22.0	…	…	…	…	…	–	111
			M	31.8	…	1.0	11.4	0.6	7.7	21.0	…	9.3	1.0	4.9	11.3	…	…	…	…	…	–	111
			F	8.4	…	0.3	15.2	0.3	0.3	29.3	…	2.6	1.7	4.1	37.8	…	…	…	…	…	–	111
		2006	MF	19.4	…	0.7	13.1	0.4	5.1	25.1	…	7.2	1.3	5.1	22.4	…	…	…	…	…	0.3	111
			M	28.2	…	1.0	12.1	0.5	8.2	22.0	…	10.0	1.1	5.2	11.4	…	…	…	…	…	0.3	111
			F	6.7	…	0.2	14.6	0.3	0.6	29.6	…	3.2	1.4	4.9	38.3	…	…	…	…	…	0.2	111
		2007	MF	18.4	…	0.6	13.5	0.5	5.1	25.1	…	8.2	1.3	5.9	21.4	…	…	…	…	…	0.1	111
			M	26.7	…	0.9	12.6	0.7	8.2	22.1	…	11.1	1.0	5.4	11.1	…	…	…	…	…	0.1	111
			F	6.4	…	0.1	14.7	0.2	0.5	29.5	…	4.1	1.7	6.5	36.3	…	…	…	…	…	–	111
厄瓜多尔		2000	MF	7.0	1.5	0.6	15.6	0.6	7.1	26.6	4.3	6.3	1.3	4.0	4.1	6.6	3.2	4.9	6.4	–	…	112
			M	9.0	2.2	0.9	16.7	0.8	11.1	24.8	3.0	9.1	1.0	4.3	5.3	4.0	1.7	5.3	0.8	–	…	112
			F	3.9	0.4	0.2	13.8	0.3	0.6	29.5	6.5	1.7	1.8	3.4	2.2	10.7	5.3	4.3	15.2	–	…	112
		2002	MF	7.6	1.0	0.6	14.5	0.4	7.0	28.1	4.3	6.4	1.3	4.5	4.2	6.9	3.4	3.5	6.3	–	–	112
			M	9.6	1.4	0.9	15.5	0.6	10.6	25.7	3.1	9.2	1.1	5.9	5.1	4.9	2.0	3.4	0.9	–	–	112
			F	4.2	0.4	0.2	12.8	0.1	1.1	31.9	6.2	1.9	1.7	2.2	2.8	10.1	5.7	3.7	15.0	–	–	112
		2003	MF	7.8	1.3	0.6	13.8	0.5	6.8	28.3	3.7	6.6	1.5	4.4	5.1	6.6	3.3	4.9	4.6	–	–	112
		2004	MF	8.3	1.0	0.4	14.0	0.6	6.4	28.4	4.4	6.9	1.3	4.9	4.5	6.8	3.6	4.6	3.9	–	–	112
			M	10.8	1.5	0.6	14.7	0.8	10.5	25.8	2.7	10.2	1.1	6.0	5.5	4.4	2.1	3.0	0.3	0.1	–	112
			F	4.7	0.2	0.1	13.0	0.4	0.6	32.3	6.9	2.0	1.5	3.3	3.1	10.3	5.8	6.9	9.1	–	–	112
		2005	MF	7.0	1.3	0.3	13.8	0.5	6.6	28.2	4.9	7.2	1.3	5.1	4.3	6.7	3.4	4.1	5.2	–	–	112
			M	9.4	1.6	0.5	15.5	0.7	10.7	25.7	3.1	10.5	1.1	6.2	5.4	3.9	2.0	2.8	0.9	–	–	112
			F	3.5	0.8	–	11.2	0.2	0.6	32.1	7.7	2.3	1.6	3.6	2.7	10.7	5.4	6.0	11.6	–	–	112
		2006	MF	7.1	1.2	0.4	13.8	0.5	7.2	28.6	5.6	7.3	1.2	5.0	4.2	7.0	2.9	4.0	4.2	–	–	112
			M	9.2	1.7	0.6	15.2	0.6	11.5	25.8	3.5	10.4	1.0	6.1	5.2	4.1	1.8	2.7	0.4	–	–	112
			F	3.9	0.4	0.1	11.6	0.2	0.7	32.7	8.7	2.5	1.4	3.3	2.7	11.2	4.6	6.1	9.8	0.1	–	112
巴拉圭		2007	MF	29.5	…	0.3	11.8	0.3	5.7	23.5	…	3.7	3.8	…	21.3	…	…	…	…	…	–	113
			M	33.3	…	0.5	13.7	0.5	9.3	21.5	…	5.2	4.0	…	12.0	…	…	…	…	…	–	113
			F	23.5	…	–	8.7	0.1	0.1	26.7	…	1.5	3.6	…	35.8	…	…	…	…	…	–	113
秘鲁		2000	MF	6.4	0.4	0.7	13.5	0.4	4.2	28.9	6.1	9.0	0.9	5.8	4.9	6.7	2.4	5.2	4.6	…	–	114
			M	8.3	0.6	1.2	15.5	0.6	7.1	23.4	2.7	14.5	1.0	7.0	6.3	5.2	1.4	4.8	0.3	…	–	114
			F	3.8	–	0.1	10.9	0.1	0.4	36.2	10.5	1.6	0.8	4.2	3.0	8.7	3.7	5.6	10.3	…	–	114
		2003	MF	11.4	0.7	11.5	0.3	5.4	23.9	7.9	8.1	0.7	5.4	4.0	6.5	2.2	6.5	5.5	–	…	…	115
			M	14.3	1.2	13.7	0.4	9.3	17.3	3.5	13.2	0.6	6.4	5.3	4.4	1.7	8.2	0.6	–	…	…	115
			F	7.7	0.1	8.8	0.1	0.5	32.2	13.5	1.7	0.7	4.2	2.4	9.1	2.9	4.5	11.5	–	…	…	115
		2004	MF	10.7	1.0	13.0	0.2	4.9	23.6	7.4	7.8	0.6	5.1	3.9	6.7	2.6	6.8	5.5	–	…	…	114
			M	13.1	1.7	15.4	0.4	8.7	16.1	3.0	12.8	0.6	6.9	5.1	5.0	1.9	8.5	0.6	0.1	…	…	114
			F	7.6	0.2	9.9	0.1	0.1	33.1	12.9	1.5	0.7	2.8	2.2	9.0	3.6	4.6	11.7	–	…	…	114
		2005	MF	10.8	0.9	12.8	0.4	4.5	23.8	7.4	8.1	0.8	4.6	4.4	6.7	2.3	7.6	5.0	–	…	…	114
			M	13.1	1.6	14.7	0.5	7.9	17.7	3.6	13.0	0.8	5.7	5.8	4.6	1.5	9.0	0.6	–	…	…	114
			F	8.0	0.2	10.5	0.2	0.3	31.5	12.2	1.9	0.8	3.1	2.6	9.2	3.2	5.8	10.6	–	…	…	114
		2006	MF	10.3	1.1	13.1	0.3	5.0	23.4	7.3	8.6	0.9	4.9	4.6	6.3	2.3	6.5	5.5	–	…	…	114
			M	12.6	1.8	15.1	0.4	8.7	16.5	3.2	13.9	0.9	6.3	5.7	4.7	1.4	7.9	0.6	–	…	…	114
			F	7.5	0.1	10.5	0.1	0.3	32.0	12.3	2.1	0.8	3.1	3.1	8.2	3.5	4.8	11.5	–	…	…	114
		2007	MF	8.2	1.1	14.1	0.2	5.1	22.7	7.4	9.1	0.8	5.3	4.8	7.1	2.7	6.4	5.2	–	…	…	114
			M	10.5	1.8	16.0	0.4	9.2	15.8	3.4	14.7	0.8	6.3	6.3	5.2	1.7	7.4	0.5	–	…	…	114
			F	5.5	0.2	11.8	–	0.2	31.0	12.1	2.4	0.7	4.0	2.9	9.4	3.9	5.2	10.7	–	…	…	114
乌拉圭		2000	MF	4.1	…	0.2	16.0	…	8.5	22.4	…	5.8	8.2	…	7.7	6.0	6.6	5.0	9.5	…	–	116
			M	6.2	…	0.3	18.3	…	14.4	23.7	…	8.5	7.8	…	9.2	2.2	3.1	4.6	1.6	…	–	116
			F	1.1	…	–	13.0	…	0.4	20.6	…	2.1	8.7	…	5.8	11.1	11.4	5.6	20.1	…	–	116
		2003	MF	4.5	…	0.1	14.6	…	6.7	21.8	…	5.9	8.8	…	8.8	6.0	7.4	5.4	9.9	…	–	116
			M	6.7	…	0.2	16.8	…	11.6	23.9	…	8.8	9.2	…	10.4	2.4	3.2	5.3	1.6	…	0.1	116
			F	1.7	…	–	11.8	…	0.3	19.1	…	2.1	8.3	…	6.6	10.6	12.9	5.7	20.7	…	–	116
	b	2004	MF	5.0	…	…	14.8	…	6.6	22.2	…	5.8	8.6	…	8.5	6.1	7.6	5.8	9.0	…	–	117
	b		M	7.4	…	…	16.8	…	11.3	24.0	…	8.4	9.2	…	10.1	2.5	3.6	5.5	1.1	…	–	117
	b		F	1.8	…	…	12.2	…	0.4	19.7	…	2.4	7.8	…	6.3	10.9	12.9	6.3	19.3	…	–	117
		2005	MF	4.6	…	…	15.2	…	6.7	22.9	…	5.5	9.3	…	7.7	6.1	7.3	5.8	8.9	…	–	117
			M	7.1	…	…	17.3	…	11.8	24.5	…	7.9	10.3	…	9.1	2.3	3.2	5.2	1.2	…	–	117
			F	1.5	…	…	12.5	…	0.3	20.8	…	2.5	8.1	…	6.0	10.8	12.4	6.5	18.5	…	–	117

		年份	性别	A	B	C	D	E	F	G	H	I	J	K	L	M	N	O	P	Q	X	注 No.
	b	2006	MF	11.1	…	…	14.8	…	6.4	21.8	…	5.4	7.2	…	7.4	5.5	6.6	4.9	8.7	…	0.1	118
	b		M	15.4	…	…	16.8	…	10.8	22.4	…	7.5	7.4	…	8.6	2.3	3.0	4.3	1.4	…	0.1	118
	b		F	5.2	…	…	12.1	…	0.4	21.0	…	2.4	6.9	…	5.7	10.1	11.7	5.7	18.9	…	0.1	118
		2007	MF	11.0	…	…	14.8	…	6.9	21.5	…	5.7	7.7	…	6.4	5.7	6.6	5.1	8.6	…	0.1	118
			M	15.6	…	…	16.8	…	11.6	21.5	…	8.0	7.9	…	7.3	2.3	3.0	4.5	1.4	…	–	118
			F	4.8	…	…	12.1	…	0.5	21.6	…	2.4	7.5	…	5.1	10.2	11.4	5.7	18.5	…	–	118
非洲																						
北非																						
阿尔及利亚		2001	MF	19.9	1.1	1.9	10.1	1.8	10.4	12.7	1.3	5.5	1.1	1.0	16.2	9.8	3.5	3.0	0.6	0.1	–	119
			M	21.2	1.3	2.1	7.6	1.9	12.0	14.2	1.5	6.0	1.0	0.9	17.3	7.5	2.4	2.4	0.4	0.1	–	119
			F	12.3	0.1	1.0	25.5	1.2	0.7	3.1	0.5	2.0	1.5	1.1	9.3	23.4	10.0	6.8	1.4	0.2	–	119
		2003	MF	21.0	0.1	1.2	9.2	1.6	12.0	13.2	1.5	6.1	1.0	1.0	16.0	9.4	3.7	2.7	0.2	–	–	119
			M	22.7	0.1	1.4	7.1	1.6	13.7	14.8	1.7	6.7	0.9	0.9	16.7	7.0	2.5	2.2	0.1	–	–	119
			F	10.9	0.1	0.5	22.5	1.2	1.0	2.9	0.5	2.2	1.9	1.5	12.1	24.4	10.9	6.4	0.8	0.1	–	119
		2004	MF	20.3	0.4	1.7	10.9	1.0	12.4	15.1	2.1	5.6	0.9	0.9	14.2	8.1	3.0	2.7	0.4	0.1	0.2	119
			M	20.0	0.4	2.0	7.6	1.2	14.9	17.5	2.4	6.5	0.7	0.9	15.4	5.8	2.1	2.2	0.3	–	0.2	119
			F	21.8	0.5	0.7	26.4	0.3	0.8	3.3	0.8	1.2	1.7	1.2	8.4	19.3	7.4	4.9	1.2	0.1	0.2	119
埃及		2000	MF	29.1	0.6	0.3	11.9	1.2	7.9	11.7	1.6	6.5	1.1	1.8	10.6	10.4	3.1	2.0	0.3	…	–	120
			M	26.7	0.7	0.3	13.4	1.4	9.5	12.9	1.8	7.6	1.0	1.9	10.3	7.6	2.1	2.2	0.3	…	–	120
			F	39.4	–	0.1	5.5	0.6	0.8	6.3	0.4	1.8	1.3	1.4	11.7	22.4	7.3	0.9	0.2	…	–	120
		2002	MF	26.9	0.6	0.2	11.6	1.4	7.4	12.9	1.9	6.3	1.2	1.9	10.9	11.0	3.3	2.1	0.3	…	–	120
			M	26.7	0.8	0.3	12.3	1.5	8.8	14.1	2.0	7.3	1.1	2.0	10.5	8.1	2.1	2.3	0.2	…	–	120
			F	27.6	–	0.1	8.6	0.7	1.1	7.6	1.5	2.2	1.8	1.6	12.8	23.7	8.9	1.3	0.5	…	–	120
		2003	MF	29.0	0.9	0.2	10.9	1.3	7.4	11.9	1.6	6.3	1.1	1.9	11.2	10.9	3.0	2.3	0.2	…	–	120
			M	26.6	1.1	0.2	12.4	1.4	9.0	13.3	1.9	7.5	1.0	2.0	10.8	8.1	2.0	2.6	0.2	…	–	120
			F	39.0	0.1	0.1	4.8	0.6	0.8	6.3	0.4	1.5	1.4	1.4	12.8	22.5	7.3	0.9	0.2	…	–	120
		2004	MF	31.1	0.7	0.2	11.1	1.2	7.5	12.0	1.8	6.3	1.0	1.9	10.3	9.9	2.7	2.2	0.2	…	–	120
			M	27.2	0.9	0.2	12.7	1.4	9.2	13.6	2.1	7.5	1.0	2.1	10.2	7.5	1.7	2.5	0.2	…	–	120
			F	46.5	–	–	4.9	0.4	0.6	5.8	0.4	1.5	1.3	1.3	10.7	19.2	6.5	0.8	0.1	…	–	120
		2005	MF	30.1	0.8	0.1	11.5	1.3	8.5	11.1	1.9	6.8	0.9	2.1	9.6	9.9	2.6	2.4	0.3	–	0.2	120
			M	26.1	1.0	0.2	13.3	1.5	10.5	12.5	2.3	8.2	0.8	2.2	9.3	7.3	1.6	2.8	0.3	–	0.2	120
			F	46.5	–	–	4.1	0.5	0.4	5.1	0.2	1.2	1.1	1.4	10.7	20.7	6.9	0.8	0.2	–	0.1	120
		2006	MF	30.4	0.8	0.3	11.6	1.2	8.9	10.6	2.0	6.6	0.9	2.1	9.3	9.6	2.7	2.5	0.2	–	0.2	120
			M	27.4	1.0	0.3	13.2	1.4	10.9	11.9	2.4	7.9	0.8	2.3	8.9	6.9	1.6	2.9	0.2	–	0.2	120
			F	43.2	–	0.1	5.0	0.5	0.4	5.3	0.4	1.5	1.1	1.5	11.0	21.3	7.3	0.9	0.3	–	0.1	120
摩洛哥		2002	MF	44.4	…	0.5	12.3	0.4	6.8	14.5	1.8	3.5	1.2	…	5.3	9.2	…	…	…	…	–	121
			M	40.1	…	0.7	10.3	0.5	9.0	18.1	2.1	4.4	1.1	…	5.8	7.9	…	…	…	…	–	121
			F	57.1	…	0.1	18.5	0.2	0.3	3.7	1.0	0.8	1.6	…	3.7	13.1	…	…	…	…	0.1	121
		2003	MF	43.9	…	0.6	12.4	0.4	6.8	12.8	1.9	3.6	1.3	…	5.1	11.3	…	…	…	…	0.1	122
			M	39.2	…	0.7	10.4	0.5	9.1	16.0	2.1	4.5	1.2	…	5.6	10.5	…	…	…	…	0.1	122
			F	56.8	…	0.1	18.2	0.1	0.2	3.8	1.2	0.9	1.7	…	3.5	13.4	…	…	…	…	0.1	122
	b	2004	MF	45.8	…	0.4	12.0	0.3	6.7	16.4	…	3.5	1.2	…	13.5	…	…	…	…	…	0.1	123
	b		M	40.4	…	0.6	10.3	0.4	9.2	20.6	…	4.5	1.1	…	12.8	…	…	…	…	…	0.1	123
	b		F	60.4	…	–	16.4	0.1	0.2	5.2	…	0.9	1.4	…	15.4	…	…	…	…	…	–	123
		2005	MF	45.4	…	0.4	11.6	0.3	7.1	16.7	…	3.8	1.3	…	13.1	…	…	…	…	…	0.1	123
			M	39.6	…	0.6	10.2	0.4	9.7	21.0	…	4.8	1.3	…	12.5	…	…	…	…	…	0.1	123
			F	61.4	…	–	15.5	0.1	0.2	5.1	…	1.1	1.5	…	14.9	…	…	…	…	…	0.1	123
		2006	MF	43.3	…	0.4	11.5	0.4	8.0	16.1	…	4.0	1.5	…	14.6	…	…	…	…	…	0.1	123
			M	36.7	…	0.5	10.5	0.5	10.8	20.2	…	5.1	1.5	…	14.0	…	…	…	…	…	0.1	123
			F	61.3	…	–	14.1	0.1	0.2	5.2	…	1.0	1.8	…	16.1	…	…	…	…	…	0.1	123
突尼斯		1989	MF	25.8	…	1.8	19.3	…	12.5	10.8	2.5	4.8	0.8	2.6	9.0	5.3	2.1	1.1	…	…	1.6	124
			M	26.5	…	2.1	13.6	…	15.4	12.6	2.8	5.7	0.7	1.9	10.2	4.4	1.5	1.0	…	…	1.6	124
			F	22.7	…	0.4	42.9	…	0.7	3.3	1.2	1.4	1.2	5.6	3.9	9.0	4.8	1.7	…	…	1.2	124
撒哈拉以南非洲																						
东非																						
埃塞俄比亚		2004	MF	7.9	…	0.4	15.6	1.0	5.6	21.8	9.0	4.2	0.8	1.6	7.0	8.2	…	9.0	7.5	0.6	–	125
			M	10.4	…	0.6	14.6	1.3	8.7	20.0	3.3	6.7	1.0	2.1	8.6	8.5	…	12.2	1.4	0.8	–	125
			F	4.6	…	0.1	16.9	0.6	1.4	24.2	16.5	0.9	0.4	0.9	5.0	7.8	…	4.7	15.6	0.3	0.1	125
	b	2005	MF	80.2	…	0.3	4.9	0.1	1.4	5.2	2.4	0.5	0.1	0.2	1.2	1.1	0.2	1.4	0.8	0.2	–	126
	b		M	84.3	…	0.3	2.6	0.1	2.1	3.9	0.6	0.8	0.1	0.2	1.4	1.3	0.3	1.8	0.1	0.3	–	126
	b		F	75.5	…	0.2	7.4	0.1	0.7	6.8	4.6	0.1	0.1	0.1	0.9	0.9	0.2	0.9	1.5	0.2	–	126
	b	2006	MF	8.6	…	0.3	15.3	1.0	5.4	22.7	9.6	4.0	1.2	1.5	7.0	8.2	…	9.1	5.3	0.7	0.1	127
	b		M	11.7	…	0.6	15.2	1.6	9.4	23.6	3.9	7.5	1.6	2.0	9.6	9.1	…	2.5	0.7	0.8	0.1	127
	b		F	5.5	…	0.1	15.3	0.4	1.5	21.9	15.4	0.6	0.7	0.9	4.4	7.2	…	15.6	9.8	0.5	0.1	127

(ISIC3 制表分类: A–X)

		年份	性别	ISIC3 制表分类 A	B	C	D	E	F	G	H	I	J	K	L	M	N	O	P	Q	X	注 No.
马达加斯加		2003	MF	76.9	1.1	0.2	5.5	0.2	0.7	5.2	0.6	1.4	0.1	…	2.5	0.8	0.2	4.5	…	…	…	128
			M	75.2	1.5	0.1	5.5	0.4	1.3	4.1	0.5	2.6	0.1	…	3.5	0.8	0.2	4.2	…	…	…	128
			F	78.7	0.7	0.2	5.6	–	0.2	6.4	0.7	0.2	–	…	1.5	0.8	0.1	4.8	…	…	…	128
	b	2005	MF	80.9	1.0	0.2	2.8	0.3	0.1	4.9	0.7	0.9	–	…	2.1	0.5	0.1	5.4	…	…	…	129
	b		M	80.0	1.4	0.2	4.2	0.4	0.2	3.6	0.6	1.7	0.1	…	2.8	0.4	0.1	4.2	…	…	…	129
	b		F	81.8	0.7	0.2	1.3	0.1	–	6.3	0.7	0.1	–	…	1.5	0.5	0.1	6.6	…	…	…	129
毛里求斯	b	2000	MF	12.1	…	0.3	28.6	0.6	9.3	12.9	4.9	6.5	1.5	3.0	7.2	4.5	2.7	5.8	…	…	…	130
	b		M	12.9	…	0.4	21.6	0.9	13.8	13.3	5.3	8.8	1.3	3.3	8.8	3.5	2.2	3.9	…	…	…	130
	b		F	10.6	…	0.1	42.6	0.1	0.4	12.2	4.0	1.8	1.8	2.3	4.2	6.6	3.9	9.5	…	…	…	130
		2003	MF	9.9	…	0.1	26.4	0.6	9.6	14.2	5.5	7.0	1.6	3.3	7.8	5.0	2.8	6.3	…	…	…	130
			M	10.9	…	0.1	20.6	0.8	14.3	14.2	5.9	9.3	1.4	3.5	9.3	3.6	2.2	3.9	…	…	…	130
			F	7.9	…	0.1	37.8	0.1	0.4	14.3	4.6	2.3	2.0	2.9	5.0	7.9	4.0	10.8	…	…	…	130
	b	2004	MF	8.8	1.3	–	22.4	0.7	10.4	15.1	5.6	6.8	2.0	3.7	7.4	5.7	3.1	3.1	3.7	–	0.2	28
	b		M	9.3	1.6	–	18.5	1.0	15.1	14.8	6.0	8.8	1.8	4.0	8.6	3.6	2.4	3.2	0.8	0.1	0.3	28
	b		F	7.7	0.4	0.1	30.4	0.2	0.7	15.5	4.7	2.6	2.5	3.0	5.0	10.2	4.7	2.8	9.6	–	0.1	28
		2005	MF	8.8	1.2	0.1	21.1	0.8	10.4	14.0	7.0	7.0	2.0	4.3	7.4	5.8	3.3	3.2	3.4	–	0.1	28
			M	9.0	1.6	0.1	17.7	1.1	15.2	13.6	7.0	9.2	1.8	4.7	8.5	3.8	2.2	3.4	0.8	–	0.2	28
			F	8.4	0.5	–	28.1	0.1	0.6	14.9	6.9	2.7	2.5	3.3	5.1	9.8	5.5	2.9	8.7	0.1	0.1	28
		2006	MF	8.3	1.3	0.1	21.1	0.7	10.2	13.9	7.0	7.0	2.0	4.3	7.6	5.7	3.2	3.4	3.7	0.1	0.3	28
			M	8.6	1.8	0.1	18.3	1.0	15.1	13.0	7.0	9.0	1.7	4.6	8.9	3.9	2.3	3.5	0.8	0.1	0.3	28
			F	7.7	0.4	0.1	26.7	0.1	0.5	15.8	7.0	2.9	2.6	3.9	4.9	9.2	4.9	3.3	9.6	0.1	0.2	28
		2007	MF	8.0	1.1	0.1	20.4	0.8	11.1	14.2	6.9	7.1	2.1	4.3	6.9	5.8	3.6	3.3	3.7	0.1	0.6	131
			M	8.4	1.5	0.1	18.1	1.0	16.3	13.1	6.9	9.2	1.7	4.3	8.1	3.8	2.6	3.2	0.8	0.1	0.7	131
			F	7.2	0.4	0.1	24.9	0.4	0.5	16.4	6.9	3.1	2.7	4.2	4.4	9.6	5.6	3.5	9.6	0.1	0.5	131
坦桑尼亚联合共和国		2006	MF	73.5	1.2	0.6	3.1	0.1	1.2	8.8	2.1	1.4	0.1	0.5	1.0	1.3	0.6	0.7	3.9	…	…	1
			M	69.1	2.1	1.0	3.8	0.2	2.3	10.3	1.1	2.8	0.1	0.8	1.8	1.4	0.5	1.0	1.6	…	…	1
			F	77.7	0.3	0.2	2.5	–	0.1	7.3	3.0	0.1	0.1	0.1	0.3	1.1	0.6	0.4	6.1	…	…	1
乌干达		2003	MF	67.8	0.9	0.3	6.1	0.1	1.3	11.6	2.6	1.9	–	0.4	0.8	2.6	0.8	1.6	1.2	…	…	89
			M	60.1	1.7	0.4	7.3	0.1	2.5	13.8	1.4	3.8	–	0.5	1.4	3.3	0.7	2.1	0.6	…	…	89
			F	75.6	0.1	0.2	4.9	0.1	0.1	9.4	3.8	0.1	–	0.2	0.2	1.8	0.8	1.2	1.7	…	…	89
津巴布韦		1999	MF	60.0	…	1.1	8.1	0.4	2.3	7.1	…	2.2	2.6	…	1.9	3.5	1.5	…	5.6	3.8	…	132
			M	50.9	…	2.0	11.9	0.8	4.1	6.5	…	3.9	4.2	…	2.8	4.0	1.7	…	4.9	2.3	…	132
			F	69.5	…	0.1	4.2	–	0.3	7.8	…	0.4	0.9	…	0.9	2.9	1.3	…	6.2	5.4	…	132
中非																						
加蓬		1993	MF	40.6	1.1	2.0	5.5	0.9	3.1	13.6	0.6	5.1	0.6	0.9	15.6	…	…	6.1	3.5	0.7	…	133
			M	23.8	1.8	3.1	8.5	1.5	5.5	15.5	0.7	8.3	0.6	1.2	19.2	…	…	9.0	0.4	0.8	…	133
			F	60.7	–	0.6	1.8	0.2	0.2	11.4	0.4	1.3	0.7	0.6	11.3	…	…	2.8	7.3	0.7	…	133
圣多美和普林西比		2000	MF	22.3	5.5	…	9.3	1.4	8.4	16.4	1.0	3.6	0.5	…	7.4	3.5	1.8	18.2	…	…	0.6	134
			M	22.4	8.2	…	11.8	2.1	12.4	6.9	0.7	5.2	0.4	…	7.8	1.9	1.3	18.3	…	…	0.5	134
			F	22.3	0.5	…	4.7	0.2	1.0	34.4	1.6	0.5	0.5	…	6.5	6.6	2.8	17.9	…	…	0.6	134
南部非洲																						
博茨瓦纳		1998	MF	20.4	…	3.0	10.7	0.7	7.6	11.0	2.5	2.4	0.9	2.5	15.8	10.2	3.1	0.8	6.6	0.1	1.6	135
			M	26.2	…	4.7	9.1	1.1	11.9	8.5	1.2	3.4	0.7	3.2	17.5	6.6	1.7	0.7	2.0	0.1	1.5	135
			F	12.9	…	0.7	12.8	0.2	2.0	14.3	4.3	1.2	1.2	1.6	13.7	15.0	4.7	0.9	12.6	0.1	1.8	135
		2000	MF	19.7	…	2.3	8.8	0.5	9.3	13.2	2.0	2.9	0.9	3.7	15.1	8.9	2.5	4.5	4.4	0.1	1.2	135
			M	21.9	…	3.7	7.4	0.8	14.5	9.4	0.9	4.0	0.7	4.3	17.6	6.8	1.6	4.1	1.0	0.1	1.1	135
			F	17.0	…	0.6	10.7	0.1	2.8	17.9	3.5	1.4	1.1	2.9	12.0	11.3	3.6	5.1	8.6	–	1.3	135
	b	2001	MF	12.4	…	2.9	8.7	0.9	13.0	13.6	2.8	3.4	1.2	5.4	15.6	8.4	3.1	2.7	4.9	0.1	0.7	136
	b		M	16.8	…	4.5	6.7	1.2	18.6	9.8	1.5	4.4	0.8	6.1	18.4	5.4	1.8	2.4	0.7	0.1	0.6	136
	b		F	5.9	…	0.7	11.5	0.3	4.9	19.1	4.7	2.0	1.8	4.6	11.5	12.8	5.0	3.1	11.0	0.2	0.9	136
	b	2003	MF	21.2	…	3.0	9.6	1.0	9.1	13.3	3.2	2.7	1.1	3.1	14.5	8.4	3.0	2.1	4.7	–	–	135
	b		M	28.6	…	4.6	7.5	1.4	14.6	8.5	1.5	3.8	0.6	3.8	14.8	5.8	1.8	1.6	1.0	0.1	–	135
	b		F	12.9	…	1.1	12.1	0.4	2.9	18.8	5.0	1.5	1.6	2.4	14.3	11.3	4.4	2.5	8.9	–	–	135
	b	2005	MF	29.9	…	2.6	6.7	0.8	5.1	14.4	2.7	3.0	1.6	4.7	11.2	8.0	2.6	2.0	4.7	0.2	…	137
	b		M	35.1	…	4.4	5.7	0.9	8.2	9.9	1.3	3.7	1.1	5.5	12.3	5.4	1.9	1.9	2.6	0.2	…	137
	b		F	24.3	…	0.7	7.8	0.6	1.7	19.2	4.2	2.2	2.1	3.8	10.0	10.9	3.3	2.1	7.0	0.2	…	137
莱索托		1997	MF	56.5	…	1.9	5.9	0.6	6.7	8.8	1.3	2.6	0.6	1.5	2.1	4.5	1.0	0.9	5.0	–	…	138
			M	65.6	…	3.1	3.1	1.0	9.5	5.8	0.3	4.3	0.5	1.1	1.8	2.2	0.5	0.7	0.7	–	…	138
			F	45.1	…	0.5	9.5	0.2	3.3	12.6	2.6	0.6	0.8	2.0	2.3	7.4	1.6	1.1	10.5	0.1	…	138
	b	1999	MF	72.3	–	0.5	3.5	0.5	4.8	4.7	0.7	1.7	0.3	0.9	1.2	2.1	0.8	1.5	4.3	–	…	89
	b		M	78.2	–	0.7	2.3	0.5	5.5	3.2	0.3	2.7	0.3	1.0	1.5	1.5	0.6	0.5	1.3	–	…	89
	b		F	64.9	–	0.2	5.1	0.6	3.9	6.6	1.3	0.5	0.3	0.7	0.9	3.0	1.1	2.8	8.1	–	…	89
纳米比亚		1991	MF	47.5	0.7	3.7	5.8	0.8	4.7	8.6	1.0	2.4	1.0	1.2	6.9	5.7	2.7	1.5	5.5	0.2	0.2	71
			M	44.0	1.2	6.3	4.9	1.3	8.2	7.9	1.0	3.6	0.9	1.5	10.0	4.0	1.5	1.7	1.8	0.2	0.3	71
			F	51.8	0.1	0.5	7.0	0.1	0.3	9.4	1.1	0.8	1.2	0.8	2.9	7.8	4.3	1.3	10.4	0.1	0.2	71

		年份	性别	A	B	C	D	E	F	G	H	I	J	K	L	M	N	O	P	Q	X	注 No.
	b	1997	MF	36.6	1.7	1.6	6.5	1.1	4.9	8.4	0.7	3.4	1.9	5.0	5.0	6.0	2.7	6.1	7.1	0.1	0.5	139
	b		M	35.5	2.1	2.8	6.5	1.9	8.3	8.6	0.6	5.4	2.0	4.3	7.1	4.0	1.4	5.8	3.2	–	0.4	139
	b		F	38.0	1.1	0.3	6.4	0.3	0.9	8.2	0.9	0.9	1.9	5.9	3.6	8.3	4.3	6.4	11.8	0.1	0.6	139
	b	2000	MF	29.3	1.8	0.9	5.3	1.0	5.0	9.0	1.8	3.3	1.1	9.1	5.7	7.1	3.0	10.7	5.1	0.1	0.6	140
	b		M	30.8	2.1	1.4	5.0	1.6	9.1	7.6	1.3	5.4	1.1	7.9	6.8	5.2	1.3	10.7	2.1	0.1	0.5	140
	b		F	27.6	1.5	0.3	5.6	0.2	0.5	10.6	2.3	1.0	1.2	10.5	4.4	9.2	4.9	10.7	8.5	0.1	0.8	140
		2004	MF	26.6	3.3	2.0	6.2	1.6	5.1	14.0	3.4	4.1	2.0	2.4	8.0	8.1	3.6	3.3	6.2	–	0.1	140
			M	30.0	3.7	2.7	5.6	2.3	8.4	12.5	2.7	5.9	1.6	2.4	9.3	5.7	1.6	3.5	1.9	–	0.1	140
			F	22.3	2.8	1.0	6.9	0.7	0.8	15.9	4.3	1.8	2.4	2.4	6.2	11.2	6.2	3.1	11.9	–	0.1	140
南非		2000	MF	15.6	···	4.9	12.9	0.8	5.6	20.2	···	4.8	8.0	···	17.0	···	···	···	9.4	···	0.8	141
			M	15.3	···	8.4	14.7	1.1	9.1	18.3	···	7.1	8.5	···	13.4	···	···	···	3.1	···	0.9	141
			F	16.1	···	0.3	10.5	0.3	0.9	22.7	···	1.6	7.3	···	21.8	···	···	···	17.6	···	0.8	141
		2003	MF	10.6	···	4.8	13.6	0.8	5.8	21.3	···	4.7	9.6	···	19.1	···	···	···	9.4	···	0.3	141
			M	12.8	···	8.0	15.5	1.0	8.8	18.7	···	6.4	10.0	···	15.1	···	···	···	3.3	···	0.3	141
			F	7.6	···	0.5	10.8	0.5	1.7	24.8	···	2.3	9.1	···	24.6	···	···	···	17.8	···	0.3	141
		2004	MF	9.1	···	3.5	14.7	0.9	7.1	21.8	···	4.8	9.9	···	18.8	···	···	···	9.2	···	0.2	141
			M	10.4	···	5.8	16.5	1.1	11.0	19.9	···	6.5	10.3	···	14.9	···	···	···	3.4	···	0.2	141
			F	7.4	···	0.2	12.3	0.5	1.6	24.6	···	2.5	9.2	···	24.1	···	···	···	17.4	···	0.2	141
		2005	MF	7.5	···	3.3	13.9	0.8	7.6	24.6	···	5.0	10.5	···	17.8	···	···	···	8.7	···	0.2	141
			M	8.6	···	5.5	15.8	1.1	12.2	21.9	···	7.0	10.5	···	14.2	···	···	···	3.1	···	0.3	141
			F	6.0	···	0.4	11.3	0.4	1.5	28.2	···	2.4	10.6	···	22.7	···	···	···	16.2	···	0.1	141
		2006	MF	8.5	···	3.1	13.6	0.9	8.0	23.9	···	4.8	10.2	···	18.1	···	···	···	8.7	···	0.3	141
			M	9.0	···	5.1	15.7	1.3	12.4	21.6	···	6.7	10.4	···	14.4	···	···	···	3.0	···	0.3	141
			F	7.8	···	0.4	10.8	0.4	2.1	26.9	···	2.2	10.0	···	23.1	···	···	···	16.1	···	0.1	141
		2007	MF	8.8	···	3.4	13.6	0.9	8.1	22.3	···	4.5	10.1	···	18.5	···	···	···	9.4	···	0.4	141
			M	10.6	···	5.5	16.3	0.9	12.5	19.8	···	6.1	10.3	···	13.6	···	···	···	4.0	···	0.4	141
			F	6.5	···	0.6	10.0	0.8	2.1	25.7	···	2.4	9.8	···	25.1	···	···	···	16.7	···	0.4	141
西非																						
马里		2004	MF	40.0	1.5	0.5	11.5	0.2	4.3	28.2	0.3	2.3	0.2	0.2	1.7	2.3	0.9	1.5	4.4	–	···	1
			M	47.4	2.4	0.6	9.8	0.4	7.0	19.2	0.1	3.7	0.3	0.3	2.4	2.6	0.8	1.7	1.4	–	···	1
			F	29.7	0.2	0.3	13.9	–	0.5	40.9	0.6	0.4	–	0.1	0.7	1.9	1.0	1.2	8.7	0.1	···	1
圣赫勒拿		1998	MF	9.2	1.0	–	4.3	2.4	13.1	16.9	1.2	8.9	0.8	0.3	14.4	9.2	9.6	4.3	3.6	0.5	0.3	142
			M	13.3	1.7	–	6.4	4.0	22.9	12.5	0.7	9.9	0.9	0.3	11.3	3.7	4.3	3.0	4.1	0.8	0.3	142
			F	3.9	–	–	1.6	0.2	0.4	22.6	1.8	7.5	0.8	0.4	18.4	16.3	16.5	5.9	3.0	0.2	0.3	142
塞内加尔		2006	MF	31.3	2.4	0.4	7.8	0.7	5.9	24.9	0.9	4.5	0.5	···	5.0	···	···	···	···	0.2	15.4	1
			M	30.9	3.2	0.6	9.9	0.9	8.8	18.9	0.6	6.6	0.6	···	5.8	···	···	···	···	0.2	13.0	1
			F	32.1	0.9	0.2	3.8	0.3	0.6	36.0	1.5	0.5	0.4	···	3.5	···	···	···	···	0.3	19.7	1
塞拉利昂		2004	MF	65.8	2.6	3.6	0.5	0.4	2.0	13.9	0.3	0.8	0.4	0.6	1.3	1.8	1.0	4.3	0.4	0.2	···	143
			M	62.6	3.4	6.0	0.7	0.7	2.9	10.4	0.3	1.5	0.4	0.6	2.1	2.4	1.0	4.5	0.4	0.3	···	143
			F	69.2	1.9	1.0	0.2	0.1	1.1	17.7	0.2	0.1	0.3	0.6	0.5	1.2	1.1	4.1	0.5	0.1	···	143
中东																						
巴林		1991	MF	1.5	0.9	1.7	12.7	1.4	12.8	11.0	3.3	6.6	2.5	5.7	19.5	5.0	2.4	4.2	8.4	0.4	···	144
			M	1.8	1.1	2.0	14.0	1.6	15.2	12.4	3.5	6.9	2.2	6.5	21.4	2.7	1.3	4.6	2.6	0.3	···	144
			F	···	···	0.5	5.9	0.1	0.7	3.8	2.1	4.7	4.2	1.9	10.0	16.3	8.2	2.6	38.0	0.4	···	144
	b	2001	MF	0.8	0.8	1.0	17.2	0.9	9.1	11.8	4.5	4.7	2.2	5.6	18.0	4.7	2.6	3.6	10.2	0.7	1.9	24
	b		M	0.9	0.9	1.1	18.5	1.0	11.2	13.4	4.8	5.0	2.0	6.3	20.8	2.5	1.4	3.8	3.3	0.7	2.2	24
	b		F	0.1	0.1	0.3	12.1	0.2	0.7	5.6	3.2	3.6	3.1	2.6	7.1	13.1	7.3	3.0	36.6	0.8	0.5	24
伊朗（伊斯兰共和国）		1996	MF	22.8	0.3	0.8	17.5	1.0	11.3	12.6	0.6	6.7	1.0	1.0	11.1	7.1	2.1	1.5	0.4	–	2.0	145
			M	23.6	0.3	0.9	15.4	1.1	12.8	14.1	0.6	7.5	1.1	1.1	11.9	4.5	1.4	1.4	0.4	–	1.8	145
			F	16.7	–	0.3	33.0	0.3	0.9	2.2	0.1	1.0	0.8	0.7	5.6	26.0	6.7	2.3	0.3	–	3.1	145
	b	2005	MF	24.6	0.3	0.6	18.4	1.0	10.4	14.3	0.9	8.8	1.3	2.0	6.4	6.6	2.2	2.1	0.1	–	–	89
	b		M	22.3	0.4	0.7	16.2	1.1	12.8	16.6	1.0	10.7	1.3	2.1	7.2	4.1	1.5	1.7	–	–	–	89
	b		F	34.1	–	0.2	27.5	0.2	0.4	4.4	0.3	1.0	0.9	1.6	2.7	16.9	5.3	3.8	0.5	–	–	89
		2007	MF	22.4	0.4	0.6	18.2	0.9	12.3	14.3	0.9	9.4	1.3	2.1	6.4	6.3	2.2	2.1	0.1	–	0.1	89
			M	20.0	0.5	0.7	15.9	1.1	15.0	16.5	1.0	11.2	1.4	2.1	7.2	3.9	1.5	1.7	–	–	0.1	89
			F	33.0	0.1	0.1	28.2	0.2	0.6	4.3	0.3	1.0	1.0	1.8	2.7	17.0	5.2	3.9	0.5	–	–	89
伊拉克		2004	MF	16.6	0.4	0.3	7.0	0.2	10.3	20.4	1.3	10.0	0.4	1.0	17.8	8.1	2.2	3.3	0.5	0.1	···	146
			M	13.5	0.5	0.3	7.0	0.3	12.2	23.4	1.5	11.8	0.3	1.1	18.1	3.9	1.8	3.7	0.5	0.1	···	146
			F	32.6	–	0.3	6.5	0.1	0.5	5.1	0.3	1.1	0.9	0.6	16.3	29.8	4.5	1.0	0.4	0.1	···	146
约旦		2000	MF	4.9	···	1.6	12.0	1.7	6.5	17.4	2.1	9.6	1.8	3.1	17.0	11.9	4.5	5.3	0.2	0.3	···	139
			M	5.1	···	1.8	12.3	1.9	7.4	19.2	2.3	10.8	1.6	3.1	19.0	6.9	2.9	5.3	0.1	0.2	···	139
			F	3.6	···	0.2	10.1	0.6	0.7	6.7	0.7	2.2	3.2	3.4	5.1	42.1	13.9	5.1	0.6	0.4	···	139
		2001	MF	4.1	···	1.5	12.1	1.5	6.7	18.0	2.5	10.0	2.1	3.7	15.9	11.4	4.5	5.5	0.3	0.2	···	139
			M	4.2	···	1.7	12.2	1.7	7.7	19.9	2.9	11.1	1.8	3.6	17.6	6.7	3.1	5.5	0.1	0.2	···	139
			F	2.7	···	0.2	11.5	0.4	1.0	6.3	0.4	2.7	3.9	4.3	5.3	40.2	13.3	5.1	1.4	0.2	···	139

（表头：ISIC3 制表分类）

		年份	性别	A	B	C	D	E	F	G	H	I	J	K	L	M	N	O	P	Q	X	注 No.
		2002	MF	3.9	…	1.1	12.6	1.5	6.3	18.1	2.3	10.2	1.8	3.9	16.0	12.0	4.7	5.2	0.2	0.3	…	139
			M	4.1	…	1.2	13.1	1.7	7.2	20.0	2.6	11.4	1.6	3.7	17.7	6.9	3.1	5.3	0.1	0.2	…	139
			F	2.5	…	0.2	9.7	0.2	0.8	6.9	0.5	3.3	3.0	4.9	5.5	41.4	14.1	4.7	0.8	0.6	…	139
		2003	MF	3.6	…	1.3	12.4	1.7	6.4	17.8	2.5	10.0	1.8	3.5	16.6	11.7	4.7	5.6	0.4	0.3	…	139
			M	3.8	…	1.4	12.6	1.9	7.2	19.8	2.7	11.1	1.4	3.2	18.4	7.0	3.2	5.7	0.2	0.3	…	139
			F	2.0	…	0.2	10.6	0.3	1.0	5.5	0.7	2.7	4.1	5.5	5.1	40.6	13.8	4.8	1.2	0.7	…	139
科威特		1995	MF	1.8	0.3	2.1	5.4	–	15.4	14.2	1.8	3.4	1.1	6.5	17.9	5.4	2.0	1.7	19.9	0.1	1.0	147
		2003	MF	…	…	2.9	5.1	0.4	9.8	15.0	2.3	3.5	1.6	7.8	14.5	6.3	3.0	2.3	25.4	–	–	139
阿曼		1993	MF	5.9	3.4	3.3	1.8	0.4	1.9	4.7	0.4	4.7	2.0	0.4	55.7	7.1	2.8	3.7	0.1	0.1	1.6	148
			M	6.0	3.7	3.5	1.5	0.4	2.0	4.9	0.4	4.9	1.5	0.4	58.4	4.7	2.1	3.9	0.1	0.1	1.5	148
			F	4.8	–	1.9	5.0	0.1	0.4	2.9	0.5	2.2	7.2	0.6	21.9	37.2	12.1	1.3	0.1	0.1	1.7	148
	b	1996	MF	4.2	3.1	3.0	1.9	0.1	2.6	6.1	0.3	5.9	2.7	1.4	58.7	7.1	2.2	0.4	–	0.1	0.2	149
	b		M	4.1	3.4	3.3	1.6	0.1	2.8	6.0	0.3	6.5	2.1	1.2	62.3	4.2	1.4	0.4	–	–	0.2	149
	b		F	4.7	0.2	0.8	5.2	0.1	0.9	6.9	0.9	1.4	7.4	2.8	26.0	32.8	9.3	0.3	–	0.2	–	149
		2000	MF	3.8	2.6	3.0	4.9	0.4	2.8	5.9	0.9	7.2	2.2	1.1	48.6	12.0	3.8	0.5	–	–	0.3	149
			M	3.6	3.0	3.2	3.9	0.4	3.2	5.8	0.9	8.0	1.9	0.8	54.9	7.3	2.1	0.5	–	–	0.3	149
			F	5.3	0.1	1.7	11.6	0.1	0.5	6.2	0.6	2.2	3.7	2.9	8.7	41.4	14.1	0.5	–	0.2	0.3	149
巴勒斯坦被占领土		2000	MF	13.6	0.1	0.3	14.1	0.2	19.8	15.2	2.3	5.0	0.9	1.2	12.0	9.1	3.2	2.7	0.1	0.4	–	89
			M	9.8	0.1	0.3	14.6	0.3	23.4	16.8	2.6	5.8	0.7	1.1	13.2	6.0	2.4	2.6	–	0.3	–	89
			F	34.6	–	–	10.9	–	0.3	7.0	0.8	0.8	1.5	1.4	5.3	25.6	7.5	3.1	0.3	0.8	–	89
		2003	MF	15.6	0.1	0.2	12.3	0.2	13.1	18.4	1.7	5.8	0.7	1.6	12.0	10.3	3.9	2.8	0.1	1.1	–	1
			M	11.9	0.1	0.3	13.3	0.2	15.8	20.6	1.9	6.9	0.7	1.6	13.4	6.5	3.1	2.7	–	1.1	–	1
			F	33.7	–	–	7.6	0.1	0.1	7.9	0.3	0.5	0.8	1.7	5.5	28.5	7.9	3.7	0.3	1.2	–	1
		2004	MF	15.9	0.1	0.3	12.4	0.4	11.7	17.7	1.8	5.4	0.8	1.6	13.5	10.5	4.1	2.7	–	1.3	–	1
			M	11.9	0.1	0.4	13.3	0.4	14.2	20.0	2.2	6.5	0.7	1.5	15.2	6.7	3.2	2.5	–	1.2	–	1
			F	33.7	–	–	8.0	–	0.2	7.1	0.1	0.7	1.0	2.0	5.8	28.0	8.2	3.2	0.2	1.7	–	1
		2005	MF	14.5	0.1	0.2	12.8	0.4	12.9	17.4	2.0	5.7	0.6	1.7	14.7	9.6	3.6	2.8	–	1.1	–	1
			M	10.9	0.1	0.3	13.7	0.4	15.4	19.3	2.4	6.7	0.5	1.7	16.6	5.8	2.6	2.6	–	1.0	–	1
			F	32.5	–	–	8.1	0.1	0.3	8.1	0.2	0.6	0.7	1.7	5.1	28.4	8.7	3.5	0.1	1.9	–	1
		2006	MF	15.9	0.1	0.3	12.1	0.4	11.1	17.2	2.0	5.7	0.7	1.7	14.8	10.2	3.7	2.9	0.1	1.1	–	1
			M	11.9	0.2	0.4	12.9	0.4	13.5	19.4	2.4	6.8	0.6	1.6	17.0	6.3	2.8	2.9	–	1.0	–	1
			F	34.3	–	–	8.5	0.1	0.2	7.0	0.3	0.9	1.0	1.9	5.2	27.9	7.7	3.2	0.2	1.6	–	1
		2007	MF	15.4	0.2	0.2	12.3	0.3	10.9	17.5	2.0	5.6	0.6	1.7	15.0	10.2	3.7	3.1	–	1.1	–	1
			M	10.5	0.3	0.3	13.0	0.4	13.5	19.9	2.4	6.9	0.6	1.8	17.2	6.4	3.0	3.0	–	1.0	–	1
			F	36.0	–	–	9.4	–	0.2	7.3	0.4	0.4	0.8	1.4	5.5	26.4	6.8	3.5	0.1	1.8	–	1
卡塔尔		1997	MF	3.2	0.5	3.3	8.6	1.1	20.0	10.9	2.2	3.4	1.1	1.7	17.8	5.0	1.9	2.7	16.1	0.2	0.1	150
			M	3.7	0.5	3.7	9.9	1.3	23.1	12.4	2.4	3.7	1.1	1.8	19.7	2.4	1.1	3.0	9.9	0.2	0.1	150
			F	–	–	1.1	0.4	–	0.4	1.5	0.6	1.4	1.1	0.9	5.9	21.8	7.6	0.9	56.0	0.3	0.1	150
	b	2001	MF	1.7	0.6	4.2	13.2	1.6	19.1	11.5	2.2	3.2	1.3	2.0	14.1	4.9	1.9	3.2	14.5	0.2	0.6	151
	b		M	1.9	0.7	4.6	15.4	1.8	22.2	13.0	2.6	3.4	1.3	2.3	15.1	2.2	1.2	3.5	8.2	0.1	0.6	151
	b		F	–	–	2.2	0.2	0.1	0.6	2.4	0.3	1.7	1.4	0.2	7.9	21.5	6.2	1.3	53.0	0.3	0.7	151
	b	2004	MF	2.3	0.4	4.1	9.2	1.0	26.8	12.4	2.3	3.5	1.1	2.7	12.2	4.5	2.6	2.3	12.2	0.3	–	150
	b		M	2.7	0.5	4.5	10.6	1.1	31.3	14.0	2.6	3.5	0.9	3.0	12.7	2.0	1.4	2.4	6.4	0.3	–	150
	b		F	0.1	–	1.7	0.6	0.2	0.6	3.3	0.9	3.4	2.0	1.1	9.5	19.3	9.6	1.8	45.6	0.3	–	150
	b	2006	MF	2.4	0.6	5.1	11.8	0.9	23.7	13.2	2.8	4.5	1.2	3.0	8.9	4.3	3.2	2.3	11.8	0.3	–	152
	b		M	2.8	0.7	5.7	13.7	1.0	27.6	14.9	3.1	4.6	1.0	3.3	9.0	1.7	1.8	2.2	6.6	0.3	–	152
	b		F	–	–	1.7	0.9	0.3	1.0	3.1	1.5	3.6	2.1	1.1	8.3	19.7	11.1	2.7	42.7	0.2	–	152
沙特阿拉伯		2000	MF	6.0	0.1	1.8	7.7	1.3	9.0	15.8	2.9	4.2	0.7	2.4	19.5	12.5	3.8	2.3	9.6	0.1	0.1	1
			M	6.5	0.2	2.0	8.8	1.5	10.4	18.1	3.3	4.9	0.8	2.8	22.2	8.1	3.4	2.6	4.1	0.1	–	1
			F	2.3	–	0.5	0.9	0.1	–	0.7	0.1	–	0.1	0.1	2.3	40.7	6.4	0.4	45.4	–	0.1	1
		2001	MF	5.9	0.2	1.5	8.1	1.3	10.1	14.4	2.7	4.3	1.0	2.5	19.9	12.4	4.8	1.8	9.0	0.1	0.2	1
			M	6.6	0.2	1.7	9.2	1.5	11.6	16.6	3.1	4.8	1.1	2.9	22.7	8.2	3.7	2.0	3.8	0.1	0.2	1
			F	0.8	–	0.1	1.0	–	–	0.6	0.1	0.7	0.2	–	2.4	39.6	11.6	0.2	42.2	0.1	0.5	1
		2002	MF	4.5	0.2	1.6	7.6	1.1	10.6	14.6	2.9	4.5	0.8	2.4	20.5	12.7	3.8	2.0	10.1	0.1	–	1
			M	5.1	0.2	1.8	8.6	1.3	12.3	16.7	3.3	5.1	0.9	2.8	23.4	8.2	3.4	2.2	4.6	0.2	–	1
			F	0.6	–	0.1	1.1	–	–	0.7	0.4	0.8	0.2	0.1	2.2	41.7	6.4	0.4	45.2	–	–	1
		2006	MF	4.0	–	1.4	6.7	1.1	11.1	16.1	3.2	3.9	1.2	3.4	19.0	12.1	4.3	2.2	10.4	0.1	–	9
			M	4.6	–	1.6	7.7	1.2	12.9	18.6	3.7	4.5	1.3	3.8	21.6	7.6	3.6	2.5	4.8	0.1	–	9
			F	0.4	–	–	0.9	–	0.1	0.9	0.1	0.2	0.5	0.7	2.9	39.3	8.5	0.6	44.7	0.1	–	9
		2007	MF	4.7	–	1.3	7.3	1.0	10.2	16.1	3.2	4.4	1.1	3.2	18.0	12.0	4.3	2.3	10.8	0.1	–	1
			M	5.4	–	1.5	8.4	1.1	11.9	18.6	3.7	5.0	1.2	3.7	20.5	7.7	3.7	2.5	4.9	0.1	–	1
			F	0.4	–	0.1	0.8	–	0.3	0.7	0.2	1.1	0.4	0.4	2.9	37.8	7.9	0.7	46.4	–	–	1
叙利亚		1999	MF	27.8	0.1	0.2	13.9	0.1	14.1	15.5	…	5.8	0.3	0.8	11.5	7.2	2.6	…	–	0.2	…	153
			M	23.3	0.1	0.2	15.1	0.1	16.6	17.8	…	6.7	0.2	0.9	11.9	4.3	2.6	…	–	0.2	…	153
			F	50.2	–	0.1	7.9	–	1.7	3.9	…	1.2	0.7	0.3	9.6	21.6	2.4	…	0.1	0.2	…	153
		2000	MF	32.8	0.1	0.4	13.1	–	12.6	14.0	…	5.4	0.1	0.8	12.5	5.8	2.1	…	0.1	0.1	…	153
			M	26.1	0.1	0.4	14.7	–	15.2	16.6	…	6.5	0.1	0.9	13.6	3.4	2.2	…	–	0.1	…	153
			F	61.6	–	0.1	6.0	–	1.4	3.1	…	0.8	0.4	0.6	7.7	16.1	16.1	…	0.4	0.2	…	153

Note: A–X are the columns under the printed heading "ISIC3 制表分类".

		年份	性别	A	B	C	D	E	F	G	H	I	J	K	L	M	N	O	P	Q	X	注 No.
				ISIC3 制表分类																		
		2001	MF	30.6	–	0.2	13.6	0.1	12.3	14.0	…	5.5	0.2	1.7	13.0	6.2	2.6	…	–	–	…	153
			M	25.5	–	0.2	15.0	0.1	14.5	16.2	…	6.4	0.1	1.8	14.0	3.4	2.7	…	…	–	…	153
			F	56.7	–	0.1	6.8	0.1	1.1	2.5	…	1.3	0.4	0.9	7.9	20.1	2.1	…	–	–	…	153
		2002	MF	31.2	0.1	0.4	13.7	–	13.6	14.3	…	5.7	0.2	1.1	11.6	5.9	2.2	…	–	0.1	…	153
			M	24.6	0.1	0.4	15.4	–	16.3	16.9	…	6.8	0.1	1.3	12.4	3.3	2.3	…	–	0.1	…	153
			F	61.2	–	0.2	5.9	…	1.1	2.4	…	0.7	0.4	0.6	8.1	17.7	1.6	…	0.1	0.1	…	153
		2003	MF	26.9	0.1	0.7	13.2	0.1	11.6	14.6	…	6.2	0.2	1.9	15.4	6.4	2.6	…	–	0.1	…	153
			M	22.5	0.1	0.9	14.5	0.1	13.6	16.9	…	7.2	0.1	2.0	16.0	3.3	2.7	…	–	0.1	…	153
			F	49.1	–	0.2	6.8	–	1.1	3.5	…	1.0	0.4	1.1	12.4	21.6	2.5	…	0.1	0.1	…	153
阿拉伯联合酋长国		1995	MF	7.4	0.6	2.3	10.9	1.0	19.3	14.0	3.5	7.2	1.3	2.6	13.3	3.7	1.8	3.0	7.9	0.1	0.1	24
			M	8.3	0.7	2.5	10.8	1.1	21.7	14.9	3.6	7.7	1.2	2.6	14.5	2.1	1.1	3.3	3.5	0.1	0.1	24
			F	0.1	–	0.6	12.1	0.1	1.0	6.5	2.4	2.8	1.9	1.9	4.4	16.4	7.2	1.2	41.1	0.2	0.1	24
	b	2000	MF	7.3	0.6	2.3	11.0	1.0	19.1	13.9	3.5	7.1	1.3	2.5	13.2	3.9	1.9	3.0	8.3	0.1	0.1	42
	b		M	8.3	0.7	2.5	10.8	1.1	21.7	14.9	3.6	7.7	1.2	2.6	14.5	2.1	1.1	3.3	3.5	0.1	0.1	42
	b		F	0.1	–	0.6	12.1	0.1	1.0	6.5	2.4	2.8	1.9	1.9	4.4	16.4	7.2	1.2	41.1	0.2	0.1	42
	b	2005	MF	4.7	0.2	1.8	8.0	1.0	29.0	13.5	4.0	6.8	1.5	5.2	8.8	2.8	1.8	2.3	7.8	0.1	0.7	24
	b		M	5.4	0.3	2.0	8.7	1.1	33.0	14.1	4.1	7.0	1.3	5.3	9.3	1.5	1.1	2.3	2.8	0.1	0.7	24
	b		F	0.1	–	0.5	3.4	0.4	1.9	9.1	3.8	5.0	3.0	3.9	5.4	11.5	6.6	2.3	41.7	0.2	1.3	24
也门		1994	MF	52.9	0.7	0.3	3.9	0.4	6.3	8.6	1.2	4.4	0.2	0.8	12.4	4.2	0.7	0.8	0.3	–	1.9	68
			M	44.1	0.9	0.3	4.2	0.5	7.9	10.6	1.5	5.4	0.2	1.0	14.9	4.4	0.6	1.0	0.3	–	2.2	68
			F	86.8	–	0.1	2.6	0.1	0.1	1.1	0.1	0.3	0.2	0.2	2.5	3.5	1.0	0.3	0.3	–	0.7	68
	b	1998	MF	55.7	0.6	0.6	4.6	0.6	4.9	10.1	1.0	4.2	0.2	0.7	9.2	4.8	0.8	0.8	0.2	–	1.0	154
	b		M	45.8	0.8	0.7	0.5	0.8	6.6	12.9	1.3	5.5	0.2	0.8	11.6	5.2	0.7	0.9	0.2	–	1.0	154
	b		F	85.8	–	0.1	3.7	0.1	0.1	1.6	0.1	0.4	0.2	0.1	1.9	3.5	1.0	0.3	0.2	–	1.0	154
	b	1999	MF	53.2	0.9	0.5	3.7	0.3	6.6	10.9	1.2	3.4	0.3	0.5	9.9	5.8	1.2	1.5	0.2	–	–	1
	b		M	42.0	1.1	0.6	4.1	0.4	8.7	14.0	1.5	4.4	0.3	0.7	12.7	6.3	1.2	1.8	0.1	–	–	1
	b		F	87.8	–	0.1	2.6	0.1	0.1	1.3	0.1	0.2	0.2	0.1	1.2	4.3	1.2	0.5	0.3	–	–	1

表 4b 按部门门类划分的就业（ISIC 第三版，1990 年，占总就业人口的百分比）（注）

1. 说明

分别根据较新的《所有经济活动的国际标准行业分类》（ISIC）修订版第三版（1990 年）和修订版第二版（1968 年），表 4b 和 4c 将就业人口按照一位数字层面的工业部门进行划分。通过对表 4b 和 4c 的分析，我们可以辨别出单个工业部门与服务业部门的就业状况是在增长还是停滞。针对具体部门的就业进行跨时期的详细分析，我们可以发现对劳动力有集中需求的部门。决策者可以据此设计技能培训计划，以改善劳动力供求状况。

2. 所有经济活动的国际标准行业分类（ISIC 第三版，1990 年）

A 农业、狩猎业和林业
B 渔业
C 采矿和采石业
D 制造业
E 水、电、气供给业
F 建筑业
G 批发和零售业；汽车、摩托车及个人和家庭用品的维修
H 餐馆和旅馆业
I 运输、仓储和通讯业
J 金融中介业
K 房地产、租赁和经营活动
L 公共行政和防务；强制性社会保障
M 教育
N 卫生保健和社会工作
O 其他社区、社会和个人服务活动
P 有雇工的私人家庭
Q 享有治外法权的组织和团体
X 无法按经济活动分类的产业

3. 数据库

CARIBBEAN 加勒比劳工统计数据集

国际劳工组织加勒比亚地区办公室，特立尼达和多巴哥西班牙港。

这个在线数据库提供了 20 个加勒比国家关于劳工统计和劳动力市场的信息。这些数据包括就业、失业、工资、工时、职业事故、社会保障、劳资纠纷等。该数据库目前已停止运营。

欧盟统计局 欧洲劳动力调查（EU LFS），在线数据库

欧洲共同体统计局，卢森堡

http：//epp. eurostat. ec. europa. eu/portal/page/portal/employment_unemployment_lfs/introduction

欧洲劳动力调查（EU LFS）是季度性抽样调查，其覆盖了欧盟、欧洲自由贸易联盟（列支敦士登除外）和欧盟候选国的私人家庭人口。它提供了 15 岁及以上人口的劳动参与情况及非劳动力人口的年度和季度调查结果。

劳工统计数据库（LABORSTA） 劳工统计年鉴，在线统计数据库

国际劳工局统计部，瑞士日内瓦

http：//laborsta. ilo. org

劳工统计数据库是国际劳工组织统计部的在线数据库，提供了自 1969 年以来 30 多个官方核心劳工统计表，包括经济活动人口、就业、失业、工

时、工资、劳动力成本、消费者价格、工伤及罢工和停工。

LMIL 劳动力市场指标图书馆

国际劳工组织就业部，瑞士日内瓦

LMIL 网络允许国际劳工组织中各部门共享劳动力市场信息。当无法从现有的国际信息库获取信息时，就利用 LMIL 指标。驻地办公室需负责鉴别、汇集和审查劳动力市场信息，并利用从各地区或各国那里得到的最新信息来更新数据库。

OECD 劳动力统计数据库（在线）

经济合作与发展组织，法国巴黎

http：//stats. oecd. org/Index. aspx

OECD 劳动力统计在线数据库包含了按年龄和性别划分的工作年龄人口、劳动力、就业和失业，以及按年龄和性别划分的就业/人口比率、参与率、失业率等数据的详细统计资料。

SIAL 项目 SIAL（劳工分析和信息系统）

国际劳工组织拉丁美洲和加勒比地区办公室 ，秘鲁利马

http：//www. oitsial. org. pa

该项目组通过在拉丁美洲地区进行家庭调查取得微观数据，并利用这些微观数据分析得出国际劳工组织出版物中的劳动力市场指标。目前该项目已经停止。

4. 资料来源类型

ELFS 欧盟劳动力调查（欧盟统计局）

HS 家庭或劳动力调查

OE 官方估算

PC 人口普查

5. 覆盖范围

C 平民

T 总人口

… 无法获得数据

6. 符号

MF 男性和女性

M 男性

F 女性

b 序列发生变动

– 忽略不计

… 无法获得数据

注 No.	信息库	资料来源类型	覆盖范围	年龄（岁）	备注
1	LABORSTA	HS	T	15 +	
2	LABORSTA	HS	T	15 +	覆盖范围：不包括应征入伍者
3	EUROSTAT	ELFS	T	15 +	
4	LABORSTA	HS	T	15 +	注：A 类包括 B 类。
5	LABORSTA	HS	T	15—69	覆盖范围：不包括应征入伍者
6	LABORSTA	HS	T	15—74	覆盖范围：不包括应征入伍者
7	LABORSTA	HS	T	15—74	
8	LABORSTA	HS	T	15—74	覆盖范围：不包括应征入伍者 注：A 类包括 B 类。

注 No.	信息库	资料来源 类型	覆盖范围	年龄 （岁）	备注
9	LABORSTA	HS	T	15 +	参考期：4月
10	LABORSTA	HS	T	15 +	参考期：第二季度
11	LABORSTA	HS	T	15 +	覆盖范围：不包括应征入伍者和住在军营的正规军人
12	LABORSTA	OE	C	15 +	参考期：12月31日
13	LABORSTA	HS	T	15 +	覆盖范围：不包括应征入伍者 注：A类包括B类。不包括休育儿假的人员。
14	LABORSTA	HS	T	15 +	参考期：第二季度 覆盖范围：不包括住在军营的正规军人
15	LABORSTA	HS	T	15 +	参考期：第二季度 覆盖范围：不包括应征入伍者和住在军营的正规军人
16	OECD	HS	C	16 +	
17	LABORSTA	HS	T	16—64	覆盖范围：不包括应征入伍者 注：L类包括Q类；O类包括P类。
18	LABORSTA	HS	T	16—64	覆盖范围：不包括应征入伍者 注：方法经过修改，数据不具有严格的可比性。L类包括Q类；O类包括P类。
19	LABORSTA	HS	T	15—74	覆盖范围：不包括应征入伍者 注：L类包括Q类；O类包括P类。
20	LABORSTA	HS	T	16 +	参考期：3月至5月
21	LABORSTA	HS	C	15 +	地域界限：包括领地居民和居住在保护区的土著人口
22	LABORSTA	HS	C	16 +	注：A类包括B类；O类包括P类到X类。
23	LABORSTA	HS	C	15 +	参考期：2月、5月、8月和11月的平均值
24	LABORSTA	PC	T	15 +	
25	LABORSTA	PC	T	15 +	参考期：4月
26	LABORSTA	HS	C	15 +	注：A类包括B类；C类包括D类。
27	OECD	HS	C	15 +	参考期：季度估算的平均值 地域界限：不包括查塔姆、南极领土和其他小型沿海岛屿
28	LABORSTA	HS	C	15 +	
29	LABORSTA	OE	T	15 +	参考期：12月
30	LABORSTA	HS	C	16—74	
31	LABORSTA	OE	C	15 +	注：A类包括B类。
32	LABORSTA	OE	T	15 +	注：A类包括B类；J类包括K、L、O、P和Q类。
33	LABORSTA	HS	T	15 +	覆盖范围：不包括应征入伍者 注：报告的E、F、I、J和O类并不完全可靠。
34	LABORSTA	HS	C	15 +	参考期：4月
35	LABORSTA	PC	T	15 +	参考期：10月
36	LABORSTA	HS	T	15—64	参考期：10月
37	LABORSTA	HS	T	15 +	参考期：10月
38	LABORSTA	HS	C	15 +	注：A类包括B类；O类包括P类和Q类。
39	LABORSTA	OE	C	15 +	
40	LABORSTA	OE	C	15—61	注：数据指的是15—61岁的男性和15—56岁的女性。
41	LABORSTA	PC	T	15 +	参考期：2月
42	LABORSTA	OE	T	15 +	
43	LABORSTA	HS	T	15 +	参考期：11月
44	LABORSTA	OE	T	…	注：G类包括H类；J类包括K类；P类包括Q类和X类。
45	LABORSTA	HS	T	15—72	
46	LABORSTA	OE	T	…	
47	LABORSTA	HS	C	…	
48	LABORSTA	HS	T	15—70	注：A类包括B类；C类包括D类和E类；G类包括H类；O类包括P类和Q类。
49	LABORSTA	OE	T	…	参考期：12月 地域界限：城市地区 注：A类包括B类。调查覆盖国有制单位和城市集体所有制单位，以及其他所有制单位。
50	LABORSTA	HS	C	15 +	注：估算值基于2000年人口普查的结果。

注 No.	信息库	资料来源类型	覆盖范围	年龄（岁）	备注
51	LABORSTA	HS	C	14 +	
52	LABORSTA	OE	T	16 +	参考期：12 月 注：A 类包括 B 类。
53	LABORSTA	HS	C	15 +	注：A 类包括 B 类；I 类包括信息服务业的活动。
54	LABORSTA	PC	T	14 +	注：A 类包括 B 类。
55	LABORSTA	PC	T	10 +	参考期：7 月
56	LABORSTA	HS	C	15 +	参考期：以所显示年份的 6 月作为年末
57	LABORSTA	PC	T	15 +	参考期：5 月
58	LABORSTA	PC	T	12 +	覆盖范围：不包括应征入伍者 注：J 类包括 K 类；L 类包括 M 类到 Q 类。
59	LMIL	HS	…	15 +	
60	LABORSTA	PC	T	15 +	覆盖范围：不包括应征入伍者
61	LABORSTA	PC	T	10 +	参考期：6 月
62	LABORSTA	HS	C	10 +	参考期：第一季度 地域界限：不包括北部省份 注：A 类包括 B 类；C 类包括 E 类和 Q 类；J 类包括 K 类。
63	LMIL	HS	T	10 +	注：A 类包括 B 类，J 类包括 K 类并且 X 类包括 C 类、E 类、Q 类和杂项劳动工作。
64	LABORSTA	HS	C	15 +	注：A 类包括 B 类；C 类包括 D 类、E 类 和 F 类；J 类包括 K 类；O 类包括 Q 类。
65	LABORSTA	HS	C	15 +	参考期：第一和第三季度的平均值 地域界限：不包括北部和东部的省份 注：A 类包括 B 类；C 类包括 D 类、E 类和 F 类；J 类包括 K 类；O 类包括 Q 类。
66	LABORSTA	HS	C	15 +	地域界限：不包括北部和东部的省份 注：A 类包括 B 类；C 类包括 D 类、E 类和 F 类；J 类包括 K 类；O 类包括 Q 类。
67	LABORSTA	PC	T	15 +	参考期：8 月 注：J 类包括 K 类；L 类包括 M 类到 P 类。
68	LMIL	PC	T	10 +	
69	LMIL	HS	T	10 +	参考期：11 月
70	LABORSTA	HS	T	15 +	参考期：8 月
71	LMIL	PC	C	10 +	
72	LABORSTA	HS	C	15—64	
73	LABORSTA	HS	T	15 +	参考期：10 月 覆盖范围：不包括住在军营的正规军人
74	LABORSTA	HS	T	15 +	覆盖范围：不包括住在军营的正规军人
75	LABORSTA	PC	T	15 +	参考期：6 月 注：I 类包括信息服务活动；L 类包括 M 类到 P 类；X 类包括 A 类到 C 类。
76	LABORSTA	HS	T	15 +	参考期：6 月 覆盖范围：数据指永久居民 注：A 类包括 B 类、C 类、E 类和 X 类；L 类包括 M 类；O 类包括 P 类和 Q 类。
77	LABORSTA	HS	T	15 +	参考期：6 月 覆盖范围：数据指永久居民 注：方法经过修改；数据不具有严格的可比性。A 类包括 B 类、C 类、E 类和 X 类；L 类包括 M 类；O 类包括 P 类和 Q 类。
78	LABORSTA	HS	C	15 +	参考期：第三季度
79	LABORSTA	HS	T	15 +	参考期：7 月
80	LABORSTA	HS	C	15 +	参考期：9 月 注：A 类包括 B 类和 C 类；J 类包括 K 类；M 类包括 N 类。
81	LABORSTA	PC	C	15 +	参考期：5 月
82	LABORSTA	HS	C	15 +	参考期：4 月 注：A 类包括 B 类；C 类包括 E 类；J 类包括 K 类；L 类包括 M 类到 P 类。

注 No.	信息库	资料来源类型	覆盖范围	年龄（岁）	备注
83	LABORSTA	HS	C	15 +	参考期：5 月 注：A 类包括 B 类；C 类包括 E 类；J 类包括 K 类；L 类包括 M 类到 P 类。
84	CARIBBEAN	PC	T	15 +	
85	LABORSTA	HS	C	15 +	参考期：10 月 注：A 类包括 B 类；C 类包括 E 类；M 类包括 N 类。
86	LABORSTA	HS	C	15 +	参考期：4 月 注：A 类包括 B 类；C 类包括 E 类；M 类包括 N 类。
87	SIAL	HS	T	15 +	注：数据源自微观渠道。
88	LABORSTA	HS	T	10 +	注：A 类包括 B 类；K 类包括 M 类和 N 类。
89	LABORSTA	HS	T	10 +	
90	LABORSTA	HS	T	15 +	参考期：10 月 地域界限：库拉索 注：A 类包括 B 类。
91	LABORSTA	HS	T	15 +	地域界限：库拉索 注：A 类包括 B 类。
92	LABORSTA	PC	T	15 +	参考期：8 月 注：A 类包括 B 类。
93	LABORSTA	OE	T	15 +	注：M 类包括 N 类。
94	LABORSTA	HS	C	14 +	参考期：4 月 注：A 类包括 B 类；M 类包括 N 类；Q 类包括 X 类。
95	LABORSTA	HS	T	14 +	参考期：4 月
96	LABORSTA	HS	T	12 +	参考期：7 月 注：L 类包括 O 类。
97	LABORSTA	HS	T	12 +	参考期：7 月
98	LABORSTA	HS	T	10 +	参考期：12 月 注：G 类包括 H 类；J 类包括 K 类；N 类包括 O 类。
99	LABORSTA	HS	C	10 +	
100	LABORSTA	HS	T	14 +	参考期：第二季度
101	LABORSTA	HS	T	10 +	参考期：4 月和 11 月的平均值 地域界限：28 个城市群
102	LABORSTA	HS	T	10 +	参考期：第二学期 地域界限：28 个城市群 注：方法经过修改；数据不具有严格的可比性。
103	LABORSTA	HS	T	10 +	参考期：第二学期 地域界限：28 个城市群
104	LABORSTA	HS	T	10 +	参考期：第二学期 地域界限：31 个城市群
105	LABORSTA	HS	C	10 +	参考期：11 月 地域界限：主要城镇 注：M 类包括 N 类；O 类包括 P 类。
106	LABORSTA	HS	C	10 +	参考期：11 月 地域界限：主要城镇
107	SIAL	HS	C	15 +	参考期：11 月 注：数据源自微观渠道。
108	LABORSTA	PC	T	15 +	参考期：8 月
109	LABORSTA	HS	T	10 +	参考期：9 月 地域界限：不包括朗多尼亚、阿克里、亚马逊、罗赖马、帕拉和阿马帕的农村人口

注 No.	信息库	资料来源类型	覆盖范围	年龄（岁）	备注
110	LABORSTA	HS	T	10 +	参考期：9 月
111	LABORSTA	HS	C	10 +	参考期：第三季度 注：G 类包括 H 类；L 类包括 M 到 Q 类。
112	LABORSTA	HS	T	10 +	参考期：11 月 地域界限：城市地区
113	LABORSTA	HS	C	10 +	参考期：第四季度 注：A 类包括 B 类；G 类包括 H 类；J 类包括 K 类；L 类包括 M 类到 Q 类。
114	LABORSTA	HS	T	14 +	地域界限：城市地区 覆盖范围：不包括应征入伍者
115	LABORSTA	HS	T	14 +	参考期：5 月至 12 月 地域界限：城市地区 覆盖范围：不包括应征入伍者
116	LABORSTA	HS	T	14 +	地域界限：城市地区城市地区 覆盖范围：不包括应征入伍者 注：A 类包括 B 类；D 类包括 E 类；G 类包括 H 类；J 类包括 K 类；O 类包括 Q 类。
117	LABORSTA	HS	T	14 +	地域界限：城市地区 覆盖范围：不包括应征入伍者 注：A 类包括 B 类和 C 类；D 类包括 E 类；G 类包括 H 类；J 类包括 K 类；O 类包括 Q 类。
118	LABORSTA	HS	T	14 +	覆盖范围：不包括应征入伍者 注：A 类包括 B 类和 C 类；D 类包括 E 类；G 类包括 H 类；J 类包括 K 类；O 类包括 Q 类。
119	LABORSTA	HS	T	15 +	参考期：9 月
120	LABORSTA	HS	C	15—64	参考期：5 月和 11 月的平均值
121	LABORSTA	HS	T	7 +	注：A 类包括 B 类；J 类包括 K 类；M 类包括 N 类到 Q 类。
122	LABORSTA	HS	T	15 +	注：A 类包括 B 类；J 类包括 K 类；M 类包括 N 类到 Q 类。
123	LABORSTA	HS	T	15 +	注：A 类包括 B 类；G 类包括 H 类；J 类包括 K 类；L 类包括 M 类到 Q 类。
124	LABORSTA	HS	T	15 +	注：A 类包括 B 类；C 类包括 E 类。
125	LABORSTA	HS	C	10 +	参考期：4 月 地域界限：城市地区 注：A 类包括 B 类；M 类包括 N 类。
126	LABORSTA	HS	C	10 +	参考期：3 月 注：A 类包括 B 类。
127	LABORSTA	HS	C	10 +	参考期：7 月 地域界限：城市地区 注：A 类包括 B 类；M 类包括 N 类。
128	LABORSTA	HS	C	6 +	注：J 类包括 K 类。
129	LABORSTA	HS	C	6 +	
130	LABORSTA	OE	T	…	注：A 类包括 B 类。
131	LABORSTA	HS	C	16 +	
132	LMIL	HS	C	15 +	参考期：6 月 注：A 类包括 B 类，G 类包括 H 类，N 类包括 O 类并且 Q 类包括 X 类。
133	LMIL	PC	T	15 +	参考期：7 月 注：L 类包括 M 类和 N 类。
134	LMIL	HS	T	10 +	注：C 类包括 D 类；和 J 类包括 K 类。

注 No.	信息库	资料来源类型	覆盖范围	年龄（岁）	备注
135	LABORSTA	HS	C	12 +	注：A 类包括 B 类。
136	LABORSTA	PC	C	12 +	参考期：8 月 注：A 类包括 B 类。
137	LMIL	HS	C	12 +	注：估算值基于 9760 户受访家庭（2800 户来自城市、2880 户来自城市乡村、4080 户来自农村）。
138	LMIL	HS	C	10 +	参考期：11 月
139	LMIL	HS	T	15 +	
140	LABORSTA	HS	T	15—69	
141	LABORSTA	HS	T	15 +	参考期：9 月 注：A 类包括 B 类；G 类包括 H 类；J 类包括 K 类；L 类包括 M 类到 O 类。
142	LABORSTA	PC	T	15—69	参考期：3 月
143	LABORSTA	PC	T	10 +	参考期：12 月
144	LMIL	PC	…	15 +	
145	LABORSTA	PC	T	10 +	
146	LMIL	HS	T	15 +	参考期：5 月
147	LMIL	PC	T	15 +	
148	LABORSTA	PC	T	…	
149	LABORSTA	HS	C	12 +	覆盖范围：仅指阿曼国民
150	LABORSTA	PC	T	15 +	参考期：3 月
151	LABORSTA	HS	T	15 +	参考期：3 月 注：X 类包括暂时缺勤的人员。
152	LABORSTA	HS	T	15 +	参考期：3 月
153	LMIL	OE	…	15 +	
154	LMIL	HS	…	10 +	

表 4c 按部门大类划分的就业（ISIC 第二版，1968 年，占总就业人口的百分比）

	年份	性别	ISIC2 大类 0	1	2	3	4	5	6	7	8	9	注 No.
发达经济体和欧盟													
欧盟													
奥地利	1990	MF	0.4	7.9	0.3	26.9	1.2	8.4	18.5	6.4	6.5	23.5	1
		M	0.3	6.8	0.5	33.4	1.7	12.9	13.0	8.7	5.5	17.1	1
		F	0.6	9.4	0.1	17.6	0.4	1.8	26.6	3.0	7.8	32.8	1
	1991	MF	0.5	7.4	0.3	26.8	1.2	8.5	19.0	6.4	6.7	23.2	1
		M	0.4	6.6	0.5	33.0	1.7	13.0	13.4	8.7	5.7	16.8	1
		F	0.8	8.5	0.1	18.0	0.3	2.1	26.9	3.1	8.0	32.3	1
	1992	MF	0.6	7.1	0.4	26.0	1.1	8.1	18.8	6.6	7.5	23.9	1
		M	0.4	6.4	0.5	32.3	1.6	12.5	13.2	9.0	6.8	17.2	1
		F	0.9	8.0	0.1	17.1	0.3	1.9	26.6	3.2	8.4	33.4	1
	1993	MF	0.6	6.9	0.3	25.2	1.0	8.6	18.9	6.5	7.4	24.7	1
		M	0.4	6.2	0.4	31.7	1.5	13.5	13.1	9.0	6.4	17.6	1
		F	0.8	7.8	0.1	16.4	0.3	1.7	26.8	3.0	8.8	34.5	1
	1994	MF	…	7.2	0.2	21.9	0.9	9.4	20.6	6.6	9.2	23.9	1
		M	…	6.6	0.4	27.3	1.4	14.8	15.9	8.9	7.6	17.1	1
		F	…	8.0	0.1	14.5	0.3	2.3	27.0	3.4	11.3	33.1	1
比利时	1980	MF	…	3.1	0.8	24.9	0.9	7.8	15.7	7.4	6.1	33.3	2
		M	…	3.7	1.2	29.1	1.3	11.4	12.5	9.9	5.9	25.0	2
		F	…	2.0	–	17.0	0.2	1.0	21.9	2.8	6.5	48.7	2
	b 1988	MF	1.0	3.0	0.5	23.8	1.0	5.9	17.7	7.1	7.9	32.2	3
	b	M	0.5	3.6	0.7	28.9	1.4	8.7	15.5	9.6	7.7	23.4	3
	b	F	1.7	1.8	0.1	15.1	0.3	1.0	21.6	2.8	8.2	47.4	3
	1989	MF	0.9	3.1	0.4	23.8	1.0	6.0	17.5	7.1	8.0	32.1	3
		M	0.3	3.8	0.6	29.1	1.3	9.1	15.3	9.8	7.8	22.8	3
		F	1.9	1.8	–	14.7	0.5	0.7	21.2	2.6	8.4	48.1	3
	1990	MF	0.8	3.1	0.3	23.2	1.0	6.1	18.4	7.0	7.9	32.3	3
		M	0.4	3.8	0.4	28.4	1.4	9.3	16.3	9.5	7.4	23.2	3
		F	1.5	1.9	–	14.4	0.4	0.9	21.8	3.0	8.7	47.3	3
	1991	MF	0.8	2.6	0.2	22.6	1.3	6.2	17.2	7.5	8.1	33.5	3
		M	0.4	3.0	0.3	28.5	1.8	9.5	15.2	10.0	7.6	23.7	3
		F	1.5	1.9	–	13.2	0.5	1.0	20.4	3.4	9.0	49.2	3
	1992	MF	0.8	2.7	0.2	22.9	1.1	6.5	17.4	7.1	8.6	32.6	3
		M	0.3	3.1	0.3	28.8	1.6	10.1	15.1	9.7	8.4	22.8	3
		F	1.5	2.0	–	14.0	0.4	1.0	21.1	3.2	8.9	47.8	3
保加利亚	1980	MF	…	24.4	2.5	29.0	0.6	7.5	8.5	6.8	1.2	16.4	4
	1990	MF	…	18.5	2.8	29.2	0.9	7.6	9.6	7.0	1.5	19.3	5
	b 1992	MF	…	21.2	…	32.6	…	5.9	10.5	7.2	1.6	21.0	6
	1993	MF	…	22.1	…	30.4	…	6.2	10.9	7.5	2.1	20.8	6
	1994	MF	…	23.2	…	29.1	…	5.7	12.2	7.2	1.9	20.8	6
	1995	MF	…	23.9	…	28.1	…	5.4	12.0	7.6	2.2	20.8	6
	1996	MF	…	24.7	…	27.2	…	5.2	12.1	7.5	2.1	21.1	6
塞浦路斯	1980	MF	2.3	19.2	0.9	20.7	0.8	11.4	17.5	4.9	4.3	18.0	7
		M	3.0	14.9	1.3	17.5	1.1	16.5	16.9	6.4	4.2	18.1	7
		F	1.1	26.7	0.1	26.4	0.1	2.4	18.7	2.3	4.3	17.8	7
	1990	MF	1.5	13.5	0.3	18.9	0.5	9.0	23.8	5.9	6.3	20.3	7
		M	1.9	12.0	0.4	16.2	0.8	13.8	22.0	7.3	5.5	20.0	7
		F	0.8	15.9	–	23.0	0.1	1.4	26.5	3.8	7.5	20.9	7
	1991	MF	1.5	12.4	0.3	18.6	0.5	9.5	23.6	6.0	6.6	21.0	7
		M	1.9	11.5	0.4	16.0	0.8	14.4	21.7	7.3	5.7	20.4	7
		F	0.8	14.0	–	22.9	0.1	1.5	26.8	3.9	8.0	22.0	7
	1992	MF	1.4	12.0	0.3	17.9	0.5	9.5	24.7	6.0	6.8	20.9	7
		M	1.8	11.3	0.4	15.5	0.8	14.7	22.4	7.4	6.0	19.9	7
		F	0.8	13.1	–	21.6	0.1	1.4	28.4	3.9	8.1	22.6	7
	1993	MF	1.3	11.7	0.3	16.7	0.6	9.3	25.1	6.3	7.2	21.7	7
		M	1.6	11.3	0.4	15.4	0.8	14.2	22.5	7.4	6.2	20.2	7
		F	0.7	12.4	–	18.7	0.1	1.5	29.3	4.5	8.8	24.0	7
	1994	MF	1.2	11.0	0.3	16.0	0.5	9.0	25.8	6.5	7.7	22.1	7
		M	1.5	11.1	0.4	15.3	0.8	14.0	22.9	7.7	6.6	19.6	7
		F	0.7	10.8	–	17.0	0.2	1.3	30.3	4.6	9.3	25.9	7
	1995	MF	1.1	10.7	0.3	15.4	0.5	9.0	26.2	6.5	7.9	22.4	7
		M	1.4	10.9	0.5	15.0	0.8	13.9	23.3	7.7	6.8	19.8	7
		F	0.6	10.4	–	16.1	0.2	1.4	30.6	4.5	9.6	26.4	7
丹麦	1989	MF	0.9	5.6	0.1	19.1	0.7	7.1	14.0	7.4	9.7	35.5	8
		M	0.7	7.9	0.2	23.5	1.2	11.6	13.1	9.9	9.5	22.5	8

	年份	性别	ISIC2 大类 0	1	2	3	4	5	6	7	8	9	注 No.
		F	1.1	2.8	–	13.8	0.2	1.6	15.0	4.4	9.8	51.2	8
	1990	MF	0.7	5.5	0.1	19.9	0.7	6.4	14.6	7.1	9.2	35.7	8
		M	0.7	7.8	0.2	24.8	1.2	10.5	14.2	9.4	9.2	22.0	8
		F	0.7	2.8	–	14.1	0.2	1.6	15.2	4.3	9.3	51.8	8
	1991	MF	0.8	5.6	0.1	20.2	0.7	6.3	14.4	6.9	9.0	36.0	8
		M	0.7	7.9	0.1	25.0	1.2	10.3	13.8	9.2	9.2	22.6	8
		F	0.9	3.0	–	14.5	0.2	1.6	15.1	4.1	8.7	51.8	8
	1992	MF	0.5	5.1	0.1	20.0	0.7	6.2	14.2	7.0	9.0	37.2	8
		M	0.5	7.2	0.1	25.4	1.1	10.1	13.6	9.5	9.2	23.2	8
		F	0.5	2.7	–	13.7	0.2	1.6	14.9	4.0	8.8	53.5	8
	1993	MF	0.3	5.1	0.1	19.4	0.6	5.7	15.6	7.1	10.0	36.1	8
		M	0.3	7.3	0.1	25.1	1.0	9.5	15.7	9.6	9.7	21.7	8
		F	0.3	2.6	0.1	12.9	0.2	1.3	15.5	4.3	10.2	52.6	8
芬兰	1980	MF	0.4	13.3	…	26.6	…	7.5	13.9	7.8	5.4	25.1	9
		M	0.6	14.6	…	31.1	…	12.6	10.8	10.6	3.5	16.3	9
		F	0.4	11.7	…	21.4	…	1.5	17.6	4.4	7.6	35.5	9
	1990	MF	0.1	8.3	0.2	21.1	1.1	8.2	15.8	7.2	8.2	29.9	10
		M	0.1	10.2	0.2	26.3	1.7	14.3	13.0	9.9	6.9	17.6	10
		F	0.2	6.3	0.1	15.3	0.5	1.6	18.7	4.2	9.6	43.6	10
	1991	MF	0.1	8.4	0.2	19.9	1.2	7.6	15.2	7.4	8.4	31.7	10
		M	0.2	10.2	0.3	25.1	1.8	13.1	12.7	10.4	7.2	19.0	10
		F	0.1	6.3	–	14.2	0.5	1.5	17.9	4.1	9.7	45.6	10
	1992	MF	0.1	8.5	0.2	19.3	1.2	6.8	14.6	7.5	8.7	33.2	10
		M	0.2	10.8	0.3	24.7	1.8	11.8	12.2	10.7	7.7	19.9	10
		F	0.1	6.0	0.1	13.5	0.6	1.4	17.2	4.0	9.7	47.5	10
	1993	MF	0.3	8.4	0.2	19.2	1.1	6.1	14.6	7.7	8.7	33.9	10
		M	0.3	10.9	0.4	24.7	1.7	10.6	12.3	10.8	7.8	20.4	10
		F	0.3	5.6	–	13.2	0.5	1.2	17.0	4.2	9.6	48.3	10
	1994	MF	0.3	8.2	0.2	19.5	1.1	5.5	14.4	7.9	8.6	34.4	10
		M	0.4	10.3	0.5	25.4	1.8	9.7	12.5	11.3	7.9	20.3	10
		F	0.3	5.8	–	12.9	0.4	1.0	16.4	4.2	9.3	49.6	10
	1995	MF	0.4	7.6	0.2	20.4	1.1	5.7	14.2	7.6	8.4	34.5	10
		M	0.5	9.4	0.4	26.8	1.9	10.0	12.5	10.6	8.0	20.0	10
		F	0.2	5.5	–	13.2	0.4	1.0	16.2	4.1	8.8	50.6	10
法国	1980	MF	…	8.4	0.6	25.4	0.9	8.6	15.6	6.1	7.6	26.9	7
		M	…	9.0	…	44.0	…	…	47.0	…	…	…	11
		F	…	7.3	…	22.1	…	…	70.5	…	…	…	11
	1990	MF	…	5.6	0.4	21.0	0.9	7.3	16.7	6.3	10.2	31.6	7
		M	…	6.4	…	38.8	…	…	54.8	…	…	…	11
		F	…	4.5	…	17.1	…	…	78.4	…	…	…	11
	1991	MF	…	5.3	0.3	20.7	0.9	7.2	16.7	6.3	10.3	32.3	7
		M	…	6.2	…	38.5	…	…	55.3	…	…	…	11
		F	…	4.2	…	16.7	…	…	79.2	…	…	…	11
	1992	MF	…	5.2	0.3	20.1	0.9	7.0	16.7	6.4	10.3	33.2	7
		M	…	6.2	…	37.7	…	…	56.1	…	…	…	11
		F	…	3.9	…	16.1	…	…	80.1	…	…	…	11
	1993	MF	…	5.0	0.3	19.3	0.9	6.7	16.7	6.4	10.3	34.4	7
		M	…	6.0	…	36.6	…	…	57.4	…	…	…	11
		F	…	3.7	…	15.4	…	…	81.0	…	…	…	11
	1994	MF	…	4.7	0.3	18.8	0.9	6.5	16.8	6.3	10.6	35.0	7
德国	1991	MF	…	4.2	1.1	31.1	1.1	7.0	14.2	6.2	7.5	27.7	3
		M	…	4.2	1.5	36.8	1.5	10.6	9.9	7.5	6.6	21.4	3
		F	…	4.2	0.4	23.1	0.5	2.0	20.2	4.2	8.7	36.7	3
	1992	MF	…	3.7	1.0	29.3	1.1	7.7	14.5	6.1	8.0	28.7	12
		M	…	3.8	1.4	35.2	1.5	11.6	10.4	7.5	7.0	21.8	12
		F	…	3.7	0.3	20.9	0.5	2.1	20.3	4.2	9.3	38.6	12
	1993	MF	…	3.4	0.8	28.1	1.1	8.1	14.6	6.1	8.4	29.3	3
		M	…	3.5	1.3	34.3	1.5	12.3	10.5	7.5	7.4	22.2	3
		F	…	3.4	0.3	19.4	0.5	2.2	20.4	4.1	9.9	39.8	3
	1994	MF	…	3.3	0.7	26.7	1.0	8.6	14.9	6.0	8.8	29.9	3
		M	…	3.4	1.1	32.8	1.4	13.1	10.8	7.4	7.8	22.2	3
		F	…	3.2	0.2	18.3	0.5	2.4	20.6	4.1	10.1	40.6	3
	b 1995	MF	…	…	96.7	…	…	…	…	…	…	…	13
	b	M	…	…	96.6	…	…	…	…	…	…	…	13
	b	F	…	…	96.8	…	…	…	…	…	…	…	13
希腊	1988	MF	–	26.6	0.6	19.3	1.0	6.3	16.4	6.6	4.4	18.7	14
		M	–	22.6	0.9	21.0	1.3	9.7	15.7	9.1	4.1	15.8	14

		年份	性别	ISIC2 大类 0	1	2	3	4	5	6	7	8	9	注 No.
			F	–	34.1	0.1	16.2	0.4	0.1	17.9	2.0	4.9	24.3	14
		1989	MF	–	25.3	0.6	19.5	1.0	6.5	17.0	6.6	4.6	18.9	14
			M	–	21.6	0.8	20.9	1.3	9.9	16.3	9.0	4.3	15.8	14
			F	–	32.3	0.1	16.8	0.4	0.1	18.3	2.1	5.2	24.7	14
		1990	MF	–	23.9	0.6	19.4	1.0	6.8	17.6	6.7	5.0	19.1	14
			M	–	20.4	0.9	20.8	1.3	10.3	16.8	9.2	4.6	15.6	14
			F	0.1	30.3	0.1	16.7	0.4	0.3	19.0	2.1	5.6	25.5	14
		1991	MF	–	22.2	0.5	19.2	1.0	6.8	18.2	6.9	5.3	19.8	14
			M	–	19.9	0.7	20.4	1.3	10.1	17.1	9.4	4.8	16.2	14
			F	–	26.7	0.1	16.9	0.4	0.2	20.3	2.2	6.2	26.9	14
		1992	MF	–	21.9	0.5	19.0	1.0	6.7	18.7	6.8	5.4	20.1	14
			M	–	19.5	0.7	20.3	1.3	10.1	17.6	9.2	5.0	16.3	14
			F	–	26.4	0.1	16.5	0.5	0.3	20.6	2.3	6.3	27.2	14
匈牙利		1980	MF	…	22.1	…	33.2	…	7.9	9.7	8.0	…	19.2	15
			M	…	24.4	…	33.3	…	11.8	6.2	10.9	…	13.4	15
			F	…	19.2	…	33.1	…	3.1	13.9	4.4	…	26.3	15
		1988	MF	4.7	19.3	…	29.2	…	6.8	10.2	7.9	…	21.9	16
			M	–	22.9	…	32.4	…	10.6	6.9	10.9	…	16.4	16
			F	9.6	15.5	…	25.9	…	2.7	13.9	4.7	…	27.8	16
		1989	MF	4.8	18.8	…	28.7	…	6.6	10.3	8.0	…	22.7	16
			M	–	22.4	…	32.3	…	10.3	6.9	11.0	…	17.0	16
			F	9.9	15.1	…	24.9	…	2.7	13.9	4.8	…	28.8	16
	b	1990	MF	…	18.2	…	30.0	…	6.8	11.6	8.6	…	24.8	17
	b		M	…	21.2	…	32.5	…	10.3	7.3	11.3	…	17.4	17
	b		F	…	15.0	…	27.4	…	3.0	16.2	5.7	…	32.7	17
		1991	MF	…	16.1	…	29.6	…	6.5	12.8	8.7	…	26.3	17
			M	…	19.4	…	32.6	…	9.9	8.2	11.4	…	18.5	17
			F	…	12.7	…	26.3	…	3.0	17.6	5.9	…	34.5	17
		1992	MF	…	13.2	…	29.1	…	6.3	14.3	8.7	…	28.4	17
			M	…	16.7	…	32.9	…	9.7	9.4	11.5	…	19.9	17
			F	…	9.6	…	25.3	…	2.8	19.3	5.8	…	37.1	17
爱尔兰		1987	MF	0.4	15.1	0.6	18.8	1.3	6.8	17.4	6.0	7.4	26.1	3
			M	0.4	20.7	0.9	19.2	1.7	9.6	15.4	7.3	6.4	18.4	3
			F	0.5	3.5	0.1	17.9	0.5	0.8	21.6	3.3	9.6	42.2	3
		1988	MF	0.5	15.2	0.6	18.9	1.3	6.6	17.7	5.8	7.7	25.8	3
			M	0.4	20.8	0.8	19.6	1.7	9.5	15.4	6.9	6.4	18.4	3
			F	0.5	3.3	0.1	17.5	0.4	0.5	22.4	3.5	10.4	41.2	3
		1989	MF	0.3	15.0	0.7	19.5	1.2	6.6	17.6	6.0	7.9	25.2	3
			M	0.3	20.5	0.9	20.1	1.6	9.5	15.3	7.3	6.6	18.0	3
			F	0.3	3.4	0.1	18.3	0.4	0.6	22.3	3.4	10.5	40.4	3
		1990	MF	0.4	14.9	0.7	19.5	1.1	7.0	17.2	6.0	8.0	25.2	3
			M	0.4	20.4	1.0	20.5	1.5	10.0	15.1	7.2	6.6	17.2	3
			F	0.4	3.7	0.1	17.5	0.4	0.7	21.4	3.5	11.0	41.3	3
		1991	MF	0.5	13.7	0.6	19.7	1.2	7.1	17.7	5.8	8.4	25.4	3
			M	0.3	19.0	0.8	21.1	1.7	10.2	15.2	7.0	6.8	17.9	3
			F	0.7	3.3	0.1	16.8	0.4	0.9	22.7	3.4	11.5	40.1	3
意大利		1980	MF	…	14.0	1.1	26.3	…	9.9	18.4	5.5	2.5	22.4	18
			M	…	13.1	1.4	26.3	…	14.0	17.9	7.1	2.6	17.6	18
			F	…	16.0	0.3	26.4	…	1.1	19.3	2.0	2.3	32.6	18
		1989	MF	…	9.2	1.1	22.4	…	8.5	21.1	5.5	4.1	28.2	18
			M	…	9.1	1.5	22.9	…	12.3	20.4	7.1	3.8	23.0	18
			F	…	9.5	0.3	21.3	…	1.3	22.7	2.3	4.6	38.2	18
		1990	MF	…	8.8	1.1	22.2	…	8.7	21.1	5.3	4.2	28.6	18
			M	…	8.7	1.5	22.8	…	12.5	20.4	7.0	3.8	23.4	18
			F	…	9.1	0.3	21.0	…	1.3	22.6	2.2	5.0	38.4	18
		1991	MF	…	8.4	1.1	21.9	…	9.1	21.6	5.3	4.6	28.0	18
			M	…	8.3	1.5	22.7	…	13.1	20.8	7.0	4.2	22.4	18
			F	…	8.8	0.3	20.4	…	1.4	23.0	2.2	5.4	38.4	18
		1992	MF	…	8.1	1.1	21.7	…	8.9	21.4	5.3	5.0	28.5	18
			M	…	7.9	1.5	22.7	…	13.0	20.6	6.9	4.6	22.8	18
			F	…	8.5	0.3	19.8	…	1.4	22.7	2.4	5.8	39.0	18
		1994	MF	…	7.9	1.5	22.7	…	8.2	21.1	5.4	7.6	25.7	18
			M	…	7.7	2.1	24.1	…	12.0	20.5	7.0	7.4	19.2	18
			F	…	8.2	0.4	20.2	…	1.3	22.1	2.4	7.9	37.5	18
卢森堡		1980	MF	…	5.5	0.4	26.4	0.9	10.3	21.1	6.8	5.1	23.5	19
		1986	MF	…	4.1	0.1	23.6	0.8	8.6	21.4	6.7	7.2	27.5	19
			M	…	3.8	0.2	30.7	1.1	12.3	15.9	8.5	9.3	18.1	19

		年份	性别	ISIC2 大类 0	1	2	3	4	5	6	7	8	9	注 No.
			F	…	3.9	–	9.5	0.2	1.4	31.5	3.4	14.8	35.2	19
		1987	MF	…	3.9	0.1	22.6	0.8	9.0	21.3	6.7	7.7	27.9	19
			M	…	3.7	0.2	29.5	1.1	12.8	16.0	8.6	10.1	18.0	19
			F	…	3.6	–	9.1	0.2	1.4	30.9	3.4	15.9	35.5	19
		1988	MF	…	3.6	0.1	21.2	0.7	9.5	21.4	6.8	8.2	28.5	19
			M	…	3.7	0.2	28.4	0.9	13.5	16.7	8.5	6.6	21.5	19
			F	…	3.4	–	6.9	0.3	1.7	30.5	3.6	11.2	42.4	19
		1989	MF	…	3.4	0.1	20.5	0.8	9.7	21.3	6.9	8.5	28.9	19
			M	…	3.6	0.2	27.5	1.0	13.8	16.8	8.5	6.9	21.8	19
			F	…	3.1	–	6.7	0.3	1.8	30.2	3.7	11.5	42.7	19
		1990	MF	…	3.3	0.1	19.6	0.7	9.9	21.2	6.8	8.9	29.5	19
			M	…	3.4	0.2	26.5	1.0	14.2	16.7	8.5	7.3	22.3	19
			F	…	2.9	–	6.3	0.3	1.7	29.9	3.6	11.9	43.3	19
荷兰		1980	MF	…	4.9	0.1	21.5	0.9	9.0	17.4	6.2	9.2	30.9	20
			M	…	6.0	0.2	25.8	1.2	12.2	15.6	7.8	8.5	22.8	20
			F	…	2.6	0.1	11.7	0.3	1.5	21.5	2.5	10.6	49.4	20
		1990	MF	0.9	4.5	0.2	18.6	0.6	6.4	17.4	6.0	10.2	35.1	21
			M	0.9	5.2	0.3	23.9	0.9	9.7	15.4	7.8	9.9	25.9	21
			F	0.9	3.4	–	9.9	0.2	1.0	20.6	3.1	10.5	50.1	21
		1991	MF	0.7	4.5	0.2	17.9	0.7	6.4	17.5	6.2	10.5	35.5	21
			M	0.7	5.3	0.3	23.3	0.9	9.7	15.7	8.0	10.6	25.5	21
			F	0.7	3.3	–	9.4	0.2	1.2	20.3	3.4	10.3	51.3	21
	b	1992	MF	3.5	3.9	0.1	17.4	0.7	5.8	17.4	6.2	10.3	34.6	22
	b		M	2.4	4.8	0.2	22.8	1.0	8.9	15.6	8.1	10.3	25.8	22
	b		F	5.2	2.5	–	9.1	0.2	1.0	20.1	3.3	10.2	48.2	22
		1993	MF	2.9	3.8	0.2	17.0	0.6	5.9	17.7	6.1	10.5	35.3	21
			M	2.2	4.7	0.2	22.3	0.9	9.2	15.8	8.0	10.8	26.0	21
			F	3.9	2.5	0.1	8.9	0.2	1.0	20.6	3.4	10.2	49.1	21
		1994	MF	2.7	3.9	0.1	16.1	0.7	5.9	18.3	6.3	10.5	35.4	21
			M	2.1	4.9	0.2	21.5	1.0	9.1	16.4	8.1	10.7	25.9	21
			F	3.6	2.6	–	8.1	0.3	1.1	21.1	3.5	10.3	49.4	21
波兰		1988	MF	0.5	26.7	3.3	25.4	1.1	8.0	9.8	7.4	2.2	15.8	23
		1989	MF	0.8	25.3	3.4	25.7	1.1	7.9	9.8	7.2	2.2	16.8	23
		1990	MF	2.0	25.2	3.5	25.0	0.9	7.6	9.5	6.5	2.0	17.8	23
		1991	MF	0.6	25.4	3.0	24.7	0.9	7.4	10.7	6.1	2.1	19.0	23
		1992	MF	0.7	25.0	3.1	23.2	1.0	7.3	11.8	6.6	2.6	18.7	23
葡萄牙		1980	MF	–	27.3	0.6	26.0	0.5	9.4	11.8	4.0	2.0	18.3	24
			M	–	22.3	0.9	26.9	0.7	15.0	11.7	5.6	2.4	14.3	24
			F	–	35.1	0.1	24.5	0.1	0.6	11.9	1.6	1.4	24.6	24
		1989	MF	–	19.0	0.7	24.9	0.9	8.4	15.2	4.2	3.5	23.2	25
			M	–	16.4	1.1	24.9	1.4	14.1	14.7	5.9	4.0	17.4	25
			F	–	22.6	0.2	24.9	0.2	0.6	15.8	1.8	2.7	31.2	25
		1990	MF	–	17.9	0.8	24.6	0.9	8.2	15.4	4.5	4.4	23.3	25
			M	–	15.6	1.2	24.4	1.4	13.7	14.7	6.3	4.9	17.7	25
			F	0.1	21.1	0.1	24.9	0.2	0.6	16.3	2.0	3.7	30.9	25
		1991	MF	–	17.5	0.6	23.8	1.0	8.1	16.0	4.8	4.5	23.7	25
			M	–	15.1	1.0	23.9	1.6	13.8	15.4	6.7	4.7	17.8	25
			F	–	20.6	0.1	23.8	0.2	0.5	16.9	2.2	4.1	31.5	25
		1992	MF	…	11.5	0.5	23.6	0.7	8.2	19.8	4.8	6.3	24.6	26
			M	…	10.4	0.8	24.0	1.0	13.9	20.6	6.6	6.9	15.9	26
			F	…	12.9	0.1	23.2	0.4	0.8	18.7	2.6	5.6	35.8	26
		1993	MF	…	11.6	0.4	23.4	0.7	8.2	19.5	4.7	6.7	24.8	26
			M	…	10.6	0.8	24.1	1.0	14.1	20.0	6.5	7.3	15.7	26
			F	…	12.8	–	22.5	0.3	0.8	18.7	2.4	6.0	36.4	26
罗马尼亚		1980	MF	…	29.8	2.5	32.6	0.4	8.3	6.0	6.9	0.3	13.2	27
			M	…	22.4	3.9	33.9	0.6	13.1	4.5	10.5	0.2	10.8	27
			F	…	39.3	0.7	30.9	0.2	2.1	7.8	2.2	0.4	16.3	27
		1989	MF	…	27.9	2.8	34.7	0.5	7.0	5.9	6.9	0.3	13.8	27
			M	…	22.4	4.3	35.1	0.8	11.0	4.1	10.5	0.2	11.5	27
			F	…	34.6	1.1	34.3	0.2	2.1	8.2	2.5	0.4	16.6	27
	b	1990	MF	…	29.1	2.4	33.3	1.2	6.5	6.7	7.1	3.9	9.8	28
	b		M	…	24.6	3.6	33.6	1.8	10.4	4.8	10.7	3.6	6.9	28
	b		F	…	34.3	0.9	33.1	0.6	1.9	8.9	2.8	4.3	13.2	28
		1991	MF	…	29.8	2.6	31.3	1.4	4.6	8.5	6.4	4.3	11.2	29
			M	…	26.3	4.0	31.8	2.1	7.5	6.6	9.4	3.9	8.4	29
			F	…	33.7	0.9	30.7	0.7	1.4	10.5	3.0	4.7	14.3	29
	b	1992	MF	…	33.0	2.6	27.4	1.6	5.5	8.9	6.2	4.8	10.1	30
	b		M	…	28.8	4.1	28.2	2.3	9.0	7.3	9.0	4.4	6.9	30

		年份	性别	ISIC2 大类										注
				0	1	2	3	4	5	6	7	8	9	No.
	b		F	…	37.7	0.9	26.5	0.7	1.6	10.7	3.0	5.2	13.7	30
		1993	MF	…	36.0	2.6	25.9	1.6	5.7	7.1	5.9	4.8	10.4	30
			M	…	32.2	4.0	26.4	2.4	9.2	6.1	8.3	4.3	7.0	30
			F	…	40.4	0.9	25.3	0.8	1.6	8.2	3.0	5.3	14.4	30
西班牙		1980	MF	0.1	19.3	0.8	25.4	0.7	9.0	17.4	5.8	3.4	18.1	31
			M	0.1	19.6	1.1	27.4	0.9	12.3	14.4	7.4	3.8	13.0	31
			F	0.1	18.4	0.1	20.5	0.1	0.6	25.0	1.7	2.5	31.0	31
		1987	MF	–	15.1	0.7	22.8	0.7	8.1	19.7	5.6	4.7	22.5	31
			M	–	16.1	1.0	25.4	0.9	11.4	16.7	7.3	5.1	16.0	31
			F	–	12.8	0.1	16.6	0.1	0.6	26.7	1.7	3.7	37.6	31
		1988	MF	–	14.4	0.7	22.4	0.7	8.7	20.1	5.5	5.0	22.5	31
			M	–	15.3	1.0	25.2	0.9	12.3	17.1	7.2	5.3	15.9	31
			F	–	12.4	0.1	16.3	0.1	0.5	27.0	1.7	4.4	37.5	31
		1989	MF	–	13.0	0.6	22.3	0.7	9.3	20.1	5.8	5.2	23.0	31
			M	–	13.9	0.9	25.2	0.9	13.1	17.2	7.4	5.4	16.1	31
			F	–	11.2	–	16.0	0.2	0.7	26.4	2.2	4.9	38.4	31
		1990	MF	–	11.8	0.6	22.3	0.7	9.7	20.2	5.8	5.4	23.5	31
			M	–	12.6	0.9	25.2	1.0	13.8	17.2	7.4	5.5	16.4	31
			F	–	10.2	0.1	16.1	0.2	1.0	26.6	2.2	5.2	38.5	31
		1991	MF	–	10.7	0.6	21.6	0.7	10.1	20.6	5.8	5.8	24.2	31
			M	–	11.5	0.8	24.7	0.9	14.4	17.3	7.5	5.9	16.9	31
			F	–	8.9	0.1	15.3	0.2	1.1	27.3	2.1	5.6	39.5	31
瑞典		1980	MF	…	5.6	0.4	24.2	0.9	6.8	13.8	7.0	6.7	34.8	32
			M	…	7.6	0.6	32.2	1.3	11.2	12.1	9.2	6.7	19.1	32
			F	…	3.1	0.1	14.5	0.3	1.4	15.7	4.2	6.7	53.9	32
		1990	MF	0.1	3.4	0.3	21.0	0.8	7.0	14.5	7.0	8.3	37.6	33
			M	0.2	4.9	0.4	29.0	1.3	12.3	14.0	9.2	8.6	20.1	33
			F	–	1.8	0.1	12.3	0.3	1.2	15.0	4.7	8.1	56.5	33
		1991	MF	0.1	3.4	0.3	19.9	0.8	7.1	14.2	7.2	8.7	38.3	33
			M	0.2	4.8	0.4	27.9	1.3	12.5	13.5	9.4	9.1	21.0	33
			F	–	1.9	–	11.4	0.3	1.3	15.0	4.7	8.3	57.1	33
		1992	MF	0.1	3.3	0.3	18.9	0.9	6.5	14.3	7.2	9.1	39.4	33
			M	0.2	4.7	0.5	26.8	1.3	11.4	14.1	9.5	9.8	21.7	33
			F	0.1	1.9	–	10.6	0.3	1.2	14.6	4.6	8.4	58.3	33
	b	1993	MF	0.2	3.4	0.3	18.3	0.9	6.0	14.3	7.0	9.3	40.4	34
	b		M	0.2	4.9	0.5	26.0	1.4	10.7	14.3	9.4	10.2	22.4	34
	b		F	0.1	1.9	0.1	10.3	0.4	1.0	14.3	4.5	8.3	59.2	34
		1994	MF	0.1	3.4	0.3	18.3	0.8	5.6	14.5	6.9	9.7	40.5	33
			M	0.1	5.0	0.4	26.1	1.3	10.0	14.5	9.3	10.6	22.7	33
			F	0.1	1.8	0.1	10.1	0.3	0.9	14.4	4.4	8.7	59.2	33
英国		1980	MF	1.3	2.6	1.7	27.7	1.4	6.4	18.9	6.2	7.4	26.4	35
			M	2.0	3.4	2.7	32.5	1.8	9.8	15.0	8.5	6.8	17.5	35
			F	0.2	1.3	0.3	20.4	0.7	1.2	24.9	2.9	8.2	40.0	35
		1989	MF	1.2	2.1	0.8	20.4	1.1	6.8	20.1	5.7	11.2	30.6	35
			M	1.9	3.0	1.3	25.5	1.5	10.9	16.7	7.9	10.4	20.8	35
			F	0.1	0.9	0.2	13.8	0.5	1.4	24.5	2.8	12.4	43.3	35
	b	1990	MF	1.1	2.2	…	28.7	…	…	68.0	…	…	…	36
	b		M	1.9	3.1	…	39.0	…	…	56.0	…	…	…	36
	b		F	0.2	1.1	…	15.4	…	…	83.3	…	…	…	36
	b	1991	MF	1.1	2.3	…	27.5	…	…	69.0	…	…	…	35
	b		M	1.9	3.2	…	37.8	…	…	57.0	…	…	…	35
	b		F	0.2	1.2	…	14.7	…	…	84.0	…	…	…	35
		1992	MF	1.1	2.2	…	26.6	…	…	70.0	…	…	…	35
			M	1.9	3.2	…	36.7	…	…	58.1	…	…	…	35
			F	0.2	1.1	…	14.3	…	…	84.4	…	…	…	35
		1993	MF	1.1	2.2	…	25.9	…	…	70.8	…	…	…	35
			M	1.8	3.1	…	35.9	…	…	59.1	…	…	…	35
			F	0.2	1.0	…	14.1	…	…	84.7	…	…	…	35
北美洲														
加拿大		1980	MF	…	5.4	1.8	19.7	1.2	5.8	22.5	7.3	9.5	26.7	37
			M	…	7.0	2.7	23.9	1.6	8.8	19.7	9.5	7.6	19.2	37
			F	…	3.2	0.5	13.4	0.4	1.3	26.8	4.0	12.4	38.1	37
		1990	MF	…	4.2	1.4	15.9	1.1	6.2	24.0	6.5	11.6	29.1	37
			M	…	5.5	2.2	20.5	1.5	10.0	22.3	8.6	9.8	19.5	37
			F	…	2.6	0.5	10.2	0.5	1.5	26.0	3.9	13.8	41.0	37
		1993	MF	…	4.4	1.2	14.5	1.1	5.3	23.5	6.2	11.8	31.8	37
			M	…	5.8	1.9	19.2	1.6	8.7	22.4	8.3	10.4	21.7	37

		年份	性别	ISIC2 大类										注
				0	1	2	3	4	5	6	7	8	9	No.
			F	…	2.8	0.4	8.9	0.6	1.3	24.8	3.7	13.6	43.9	37
	b	1994	MF	…	4.1	1.2	14.7	1.1	5.6	23.7	6.3	12.1	31.2	1
	b		M	…	5.4	1.8	19.3	1.5	9.2	22.7	8.5	10.6	21.1	1
	b		F	…	2.6	0.4	9.0	0.6	1.3	25.0	3.6	13.9	43.5	1
		1995	MF	…	4.1	1.3	15.3	1.1	5.4	23.5	6.6	12.4	30.5	1
			M	…	5.4	2.0	20.0	1.5	8.7	22.2	8.9	10.9	20.5	1
			F	…	2.5	0.4	9.6	0.6	1.3	25.0	3.8	14.2	42.6	1
		1996	MF	…	4.1	1.2	15.2	1.1	5.3	23.8	6.4	12.6	30.3	1
			M	…	5.4	1.9	20.0	1.5	8.7	22.7	8.5	11.2	20.2	1
			F	…	2.6	0.4	9.5	0.6	1.1	25.1	3.9	14.3	42.6	1
		1997	MF	…	3.9	1.3	15.5	1.0	5.4	23.6	6.4	12.9	30.1	1
			M	…	5.0	2.0	20.3	1.4	8.7	22.3	8.7	11.5	20.1	1
			F	…	2.4	0.4	9.7	0.5	1.3	25.1	3.7	14.6	42.2	1
美国		1980	MF	…	3.6	1.0	22.1	1.4	6.3	20.3	5.2	8.4	31.8	38
			M	…	5.0	1.5	26.3	2.0	10.0	19.0	6.5	6.6	23.1	38
			F	…	1.6	0.3	16.4	0.6	1.2	22.2	3.3	10.8	43.5	38
	b	1990	MF	…	2.9	0.6	18.0	1.3	6.5	20.7	5.5	11.3	33.1	39
	b		M	…	4.1	0.9	22.2	1.9	10.9	20.0	7.0	9.3	23.6	39
	b		F	…	1.3	0.2	12.9	0.6	1.2	21.6	3.7	13.7	44.7	39
		1998	MF	…	2.7	0.5	15.8	1.1	6.5	20.7	5.9	11.8	35.1	38
			M	…	3.8	0.8	20.0	1.6	10.9	20.3	7.7	10.5	24.4	38
			F	…	1.4	0.1	10.9	0.5	1.3	21.1	3.9	13.2	47.5	38
		1999	MF	…	2.6	0.4	15.0	1.1	6.7	20.7	6.1	12.0	35.4	38
			M	…	3.6	0.7	19.1	1.6	11.3	20.2	7.9	11.0	24.5	38
			F	…	1.4	0.1	10.4	0.5	1.4	21.2	3.9	13.2	47.9	38
		2000	MF	…	2.6	0.4	14.7	1.1	7.0	20.6	6.1	12.2	35.3	38
			M	…	3.5	0.6	18.6	1.6	11.8	20.3	8.0	11.1	24.4	38
			F	…	1.4	0.1	10.3	0.5	1.5	20.9	4.0	13.5	47.9	38
		2001	MF	…	2.4	0.4	14.0	1.0	7.1	20.5	6.2	12.3	36.0	38
			M	…	3.3	0.7	17.9	1.5	12.0	20.3	8.0	11.3	24.9	38
			F	…	1.4	0.1	9.6	0.5	1.5	20.7	4.0	13.5	48.7	38
		2002	MF	…	2.5	0.4	13.3	1.1	7.1	20.6	6.0	12.2	36.8	38
			M	…	3.5	0.6	17.2	1.6	12.0	20.5	7.9	11.3	25.3	38
			F	…	1.4	0.1	8.8	0.5	1.4	20.6	3.8	13.3	50.0	38
其他发达经济体														
澳大利亚		1980	MF	…	6.5	1.3	19.8	2.1	7.7	23.8	7.3	8.2	23.1	40
			M	…	7.8	1.9	23.4	3.0	11.0	20.4	9.5	7.2	15.7	40
			F	…	4.1	0.3	13.5	0.4	2.1	29.8	3.6	10.1	36.0	40
		1990	MF	…	5.6	1.3	14.8	1.3	7.6	24.8	6.8	12.7	24.8	1
			M	…	6.7	1.9	18.6	2.0	11.2	22.2	9.0	11.4	16.5	1
			F	…	4.0	0.3	9.6	0.4	2.4	28.4	3.6	14.6	36.6	1
		1991	MF	…	5.5	1.2	14.2	1.3	7.0	25.1	6.9	12.8	25.8	1
			M	…	6.6	1.9	17.7	2.0	10.5	22.9	9.2	11.9	17.1	1
			F	…	3.9	0.3	9.4	0.4	2.2	28.2	3.7	14.2	37.8	1
		1992	MF	…	5.3	1.2	14.1	1.4	6.8	25.2	6.5	12.8	26.5	1
			M	…	6.4	1.8	17.9	2.0	10.3	23.0	8.6	11.7	17.9	1
			F	…	3.8	0.3	8.9	0.4	2.1	28.2	3.5	14.4	38.1	1
		1993	MF	…	5.3	1.2	13.9	1.2	7.2	25.4	6.3	12.4	26.6	1
			M	…	6.5	1.8	17.6	1.9	10.7	23.4	8.4	11.6	17.7	1
			F	…	3.8	0.3	8.9	0.4	2.4	28.2	3.5	13.6	38.8	1
		1994	MF	…	5.1	1.1	14.0	1.1	7.2	25.4	6.4	13.0	26.2	1
			M	…	6.2	1.7	17.9	1.7	10.8	23.5	8.5	11.8	17.6	1
			F	…	3.6	0.3	8.7	0.4	2.4	28.1	3.7	14.5	37.9	1
	b	1996	MF	3.3	4.2	1.1	12.6	0.8	6.3	24.1	6.3	13.7	27.4	41
	b		M	3.4	5.3	1.8	16.3	1.2	9.8	22.6	8.2	12.6	18.9	41
	b		F	3.3	2.9	0.3	8.0	0.3	1.9	26.0	3.9	15.1	38.3	41
法罗群岛		2005	MF	–	11.1	14.8	…	…	7.4	11.1	7.4	7.4	40.7	42
			M	–	20.0	20.0	…	…	13.3	6.7	13.3	6.7	26.7	42
			F	–	8.3	8.3	…	…	–	16.7	–	8.3	58.3	42
以色列		1980	MF	0.8	6.3	…	23.5	1.0	6.3	11.6	6.9	8.2	35.5	43
			M	0.8	7.6	…	28.7	1.4	9.2	11.8	8.8	6.5	25.2	43
			F	0.8	4.1	…	14.2	0.4	1.1	11.2	3.4	11.1	53.6	43
		1990	MF	0.6	4.1	…	21.6	1.1	5.1	14.5	6.2	9.9	36.8	44
			M	0.7	5.3	…	26.7	1.6	8.0	15.4	8.0	8.9	25.3	44
			F	0.4	2.3	…	13.8	0.4	0.8	13.1	3.4	11.6	54.2	44
		1991	MF	0.7	3.5	…	21.5	1.1	6.1	14.1	6.1	10.2	36.8	44
			M	0.8	4.6	…	26.7	1.5	9.5	15.1	7.9	9.0	24.9	44

	年份	性别	ISIC2 大类 0	1	2	3	4	5	6	7	8	9	注 No.
		F	0.6	1.9	…	13.5	0.4	0.8	12.8	3.4	11.9	54.9	44
	1992	MF	0.6	3.5	…	21.1	0.9	6.5	13.9	6.3	10.4	36.7	44
		M	0.7	4.6	…	26.3	1.3	10.3	14.3	8.2	9.3	24.9	44
		F	0.5	1.9	…	13.5	0.2	0.9	13.2	3.6	12.2	53.9	44
	1993	MF	0.5	3.5	…	21.2	1.0	6.8	14.3	6.1	10.5	36.1	44
		M	0.6	4.7	…	26.2	1.4	10.8	14.3	7.9	9.4	24.7	44
		F	0.4	1.9	…	14.0	0.4	0.9	14.4	3.5	12.2	52.5	44
	1994	MF	0.6	3.3	…	21.2	1.1	6.3	15.0	5.8	11.0	35.7	44
		M	0.8	4.4	…	26.2	1.6	10.2	14.9	7.7	10.2	24.1	44
		F	0.3	1.8	…	14.2	0.4	0.8	15.2	3.2	12.2	51.8	44
日本	1980	MF	0.2	10.4	0.2	24.7	0.5	9.9	22.5	6.3	5.7	19.4	45
		M	0.3	8.7	0.3	24.7	0.8	13.9	19.8	9.1	5.4	17.1	45
		F	0.2	13.2	–	24.6	0.2	3.6	26.9	1.9	6.3	23.1	45
	1990	MF	0.5	7.2	0.1	24.1	0.5	9.4	22.6	6.0	8.3	21.3	45
		M	0.5	6.3	0.1	24.5	0.7	13.3	19.6	8.6	7.6	18.7	45
		F	0.4	8.5	–	23.5	0.2	3.8	27.2	2.2	9.1	25.2	45
	1998	MF	0.6	5.3	0.1	21.2	0.6	10.2	22.8	6.2	9.1	24.0	45
		M	0.5	4.8	0.1	23.1	0.9	14.4	18.9	8.5	8.6	20.1	45
		F	0.5	5.9	–	18.4	0.2	4.0	28.4	2.9	9.9	29.7	45
	1999	MF	0.6	5.2	0.1	20.8	0.6	10.2	22.9	6.3	9.3	24.0	45
		M	0.6	4.8	0.1	22.8	0.8	14.5	18.9	8.6	8.7	20.0	45
		F	0.6	5.7	–	17.9	0.2	3.9	28.8	2.8	10.0	30.0	45
	2000	MF	0.6	5.1	0.1	20.5	0.5	10.1	22.9	6.4	9.6	24.3	45
		M	0.6	4.7	0.1	22.5	0.8	14.5	18.8	8.8	9.1	20.0	45
		F	0.6	5.5	–	17.5	0.2	3.7	28.8	3.0	10.3	30.4	45
	2001	MF	0.7	4.9	0.1	20.0	0.5	9.9	23.0	6.3	9.8	24.8	45
		M	0.7	4.6	0.1	22.3	0.8	14.2	18.9	8.7	9.3	20.5	45
		F	0.6	5.2	–	16.9	0.2	3.7	28.8	3.0	10.5	31.2	45
	2002	MF	0.9	4.7	0.1	19.3	0.5	9.8	22.7	6.3	10.1	25.6	45
		M	0.9	4.5	0.1	21.7	0.8	14.1	18.7	8.7	9.7	20.9	45
		F	0.9	4.9	–	15.8	0.2	3.5	28.6	3.0	10.7	32.4	45
新西兰	1990	MF	0.4	10.6	0.4	17.1	0.9	6.2	21.1	6.3	9.8	27.3	1
		M	0.4	12.8	0.6	20.9	1.4	9.7	18.5	7.9	8.7	19.1	1
		F	0.4	7.8	0.1	12.1	0.3	1.6	24.4	4.2	11.2	37.8	1
	1994	MF	0.1	10.4	0.3	18.1	0.7	5.9	21.0	5.9	10.2	27.4	1
		M	0.1	12.8	0.4	22.7	1.0	9.5	18.8	7.1	9.1	18.4	1
		F	0.1	7.3	0.1	12.4	0.2	1.3	23.7	4.3	11.5	38.9	1
	1995	MF	0.1	9.7	0.3	17.9	0.8	6.1	21.4	6.1	10.7	27.0	1
		M	0.1	12.1	0.5	22.3	1.1	9.7	19.4	7.5	9.6	17.6	1
		F	0.1	6.6	0.1	12.4	0.3	1.5	23.9	4.2	12.0	38.9	1
	1996	MF	0.4	9.5	0.3	17.0	0.8	6.5	21.3	5.9	11.2	27.2	1
		M	0.4	12.0	0.5	21.5	1.2	10.4	18.8	7.3	10.3	17.7	1
		F	0.3	6.4	–	11.4	0.4	1.7	24.5	4.1	12.4	38.8	1
	1997	MF	0.3	8.7	0.3	16.3	0.6	6.6	21.6	5.9	12.5	27.2	1
		M	0.3	11.1	0.4	20.6	0.9	10.7	19.3	7.5	11.4	17.8	1
		F	0.2	5.6	0.1	11.0	0.2	1.7	24.6	4.0	13.7	38.8	1
	1998	MF	0.3	8.5	0.2	16.8	0.6	6.4	21.5	6.0	12.4	27.3	1
		M	0.3	10.8	0.4	21.3	0.9	10.3	19.2	7.6	11.8	17.5	1
		F	0.3	5.7	0.1	11.3	0.3	1.7	24.2	4.0	13.3	39.2	1
圣皮埃尔和密克隆	1986	MF	0.5	5.0	–	15.5	–	6.8	16.9	6.2	3.7	45.5	46
	1989	MF	2.7	2.1	–	17.3	2.3	7.0	19.0	4.8	3.6	39.7	46
圣马力诺	1980	MF	…	5.5	…	39.5	0.2	9.5	14.1	1.5	1.2	28.5	47
		M	…	5.4	…	37.4	0.2	14.5	11.1	2.2	1.3	28.0	47
		F	…	5.7	…	43.4	0.1	0.4	19.6	0.4	1.0	29.5	47
	1989	MF	…	2.7	…	36.7	–	7.8	16.7	1.6	2.1	32.3	47
		M	…	2.6	…	39.1	–	12.5	12.9	2.1	2.1	28.7	47
		F	…	2.7	…	33.1	–	0.6	22.7	0.8	2.1	37.9	47
	1990	MF	…	2.5	…	35.8	–	8.0	17.2	1.5	2.3	32.8	47
		M	…	2.4	…	39.0	–	12.6	13.4	2.0	2.2	28.3	47
		F	…	2.7	…	30.9	–	0.8	22.9	0.8	2.3	39.6	47
	1991	MF	…	2.3	…	35.0	–	8.2	17.4	1.8	2.3	33.0	47
		M	…	2.2	…	38.2	–	13.2	13.7	2.3	2.3	28.0	47
		F	…	2.5	…	30.1	–	0.7	22.9	1.0	2.2	40.6	47
	1992	MF	…	2.2	…	33.7	–	8.1	17.6	2.1	2.5	33.7	47
		M	…	2.1	…	37.4	–	13.0	14.0	2.9	2.5	28.1	47
		F	…	2.3	…	28.1	–	0.6	23.2	0.9	2.5	42.3	47
	1993	MF	…	2.1	…	33.2	–	8.4	17.5	1.9	2.7	34.1	47
		M	…	1.9	…	37.2	–	13.3	14.3	2.5	2.6	28.1	47

	年份	性别	ISIC2 大类										注
			0	1	2	3	4	5	6	7	8	9	No.
		F	…	2.3	…	27.1	–	0.8	22.5	1.1	2.9	43.3	47
西欧（非欧盟）													
挪威	1980	MF	0.2	8.3	0.6	20.1	1.0	7.4	16.8	9.1	5.3	31.1	48
		M	0.1	9.9	0.9	25.7	1.5	11.8	13.0	12.0	4.9	20.0	48
		F	0.1	6.1	0.1	11.9	0.3	1.0	22.3	4.9	5.8	47.2	48
	1990	MF	0.2	6.4	1.1	15.3	1.1	6.8	17.6	8.0	7.4	36.2	49
		M	0.3	8.3	1.5	20.5	1.6	11.5	14.8	10.3	7.4	23.9	49
		F	0.2	3.9	0.5	8.9	0.5	1.2	21.1	5.1	7.4	51.0	49
	1991	MF	0.2	5.8	1.0	14.6	1.0	6.5	17.6	8.1	7.6	37.5	49
		M	0.3	7.9	1.6	20.0	1.6	11.0	14.8	10.4	7.9	24.7	49
		F	0.4	3.3	0.4	8.2	0.5	1.1	21.0	5.1	7.3	52.7	49
	1992	MF	0.2	5.5	1.2	14.7	1.0	6.1	17.6	7.8	7.6	38.1	49
		M	0.3	7.4	1.8	20.2	1.5	10.4	15.1	10.0	8.0	25.2	49
		F	0.1	3.2	0.5	8.2	0.4	1.1	20.6	5.3	7.2	53.4	49
	1993	MF	0.2	5.5	1.2	14.6	1.1	5.8	17.4	7.9	7.6	38.7	49
		M	0.3	7.6	1.8	19.9	1.7	9.9	15.0	10.2	8.1	25.6	49
		F	0.1	3.2	0.5	8.3	0.4	1.0	20.3	5.1	7.1	54.1	49
	1994	MF	0.2	5.3	1.2	14.9	1.1	5.8	17.1	8.1	7.9	38.5	49
		M	0.3	7.3	1.7	20.3	1.6	10.1	14.8	10.5	8.3	25.0	49
		F	0.1	2.9	0.6	8.5	0.4	0.9	19.8	5.2	7.3	54.5	49
	1995	MF	0.2	5.1	1.1	14.8	1.1	6.1	17.2	8.2	7.7	38.6	49
		M	0.4	6.8	1.6	20.3	1.5	10.4	15.2	10.6	8.2	25.0	49
		F	0.1	2.9	0.6	8.3	0.4	0.8	19.5	5.4	7.1	54.7	49
瑞士	1980	MF	…	6.9	…	38.1	…	…	55.0	…	…	…	11
		M	…	7.9	…	46.7	…	…	45.5	…	…	…	11
		F	…	5.1	…	23.1	…	…	71.9	…	…	…	11
	1990	MF	…	4.2	0.7	23.4	…	8.1	19.4	6.2	11.9	26.1	50
		M	…	4.8	1.0	27.9	…	12.2	15.3	7.5	11.6	19.9	50
		F	…	3.5	0.2	16.4	…	1.7	25.8	4.1	12.4	35.8	50
	1992	MF	…	3.9	0.7	21.5	…	7.4	19.7	6.1	12.3	28.3	50
		M	…	4.1	1.0	26.6	…	10.9	15.5	7.5	12.7	21.4	50
		F	…	3.5	0.2	13.7	…	2.1	26.1	3.9	11.8	38.8	50
	1993	MF	…	4.0	0.7	20.7	…	7.5	19.9	6.2	12.5	28.6	50
		M	…	4.4	1.1	25.7	…	10.9	15.4	7.5	13.1	22.1	50
		F	…	3.4	0.2	13.2	…	2.4	26.5	4.2	11.6	38.4	50
	1994	MF	…	3.8	0.7	20.8	…	7.4	19.7	6.2	12.8	28.6	50
		M	…	4.2	1.1	25.5	…	11.0	15.2	7.6	13.5	21.9	50
		F	…	3.3	0.2	13.8	…	2.2	26.3	3.9	11.8	38.5	50
	1995	MF	…	4.1	0.7	20.5	…	7.6	19.3	6.0	12.8	28.8	50
		M	…	4.7	1.1	25.3	…	11.3	15.1	7.3	13.5	21.8	50
		F	…	3.3	0.2	13.5	…	2.1	25.7	4.2	11.9	39.2	50
	1996	MF	…	4.5	0.7	19.7	…	7.4	19.1	6.0	13.1	29.5	50
		M	…	5.4	1.0	24.3	…	11.1	15.0	7.3	13.9	21.9	50
		F	…	3.3	0.2	13.1	…	2.1	25.0	4.1	11.7	40.2	50
中欧、东南欧（非欧盟）和独联体													
中欧和东南欧													
前德意志民主共和国（东德）	1991	MF	…	6.8	2.2	29.0	1.8	8.4	12.2	7.8	4.4	27.5	3
		M	…	8.0	3.1	33.5	2.4	13.5	7.7	9.3	3.5	18.9	3
		F	…	5.5	1.2	23.7	1.1	2.4	17.2	6.0	5.3	37.4	3
	1992	MF	…	4.9	1.8	22.8	1.8	11.2	12.8	8.0	5.6	31.1	12
		M	…	5.6	2.4	27.7	2.3	18.2	9.0	9.5	4.5	20.7	12
		F	…	4.1	1.0	16.8	1.1	2.6	17.5	6.1	6.8	44.0	12
	1993	MF	…	4.2	1.4	20.7	1.7	12.9	13.4	7.6	6.3	31.8	3
		M	…	4.7	2.0	26.0	2.2	20.9	9.5	9.1	5.2	20.5	3
		F	…	3.5	0.8	14.0	1.1	2.9	18.3	5.7	7.8	46.1	3
	1994	MF	…	3.9	1.1	18.3	1.5	15.1	14.0	7.2	6.8	32.1	3
		M	…	4.3	1.5	22.7	1.9	24.4	9.9	8.7	5.8	20.7	3
		F	…	3.4	0.5	12.6	0.9	3.4	19.3	5.2	8.1	46.5	3
土耳其	1990	MF	…	46.9	1.1	14.8	0.1	4.7	11.4	4.3	2.2	14.6	51
		M	…	33.6	1.5	17.3	0.1	6.8	15.5	5.9	2.2	17.1	51
		F	…	75.8	0.1	9.5	–	0.2	2.6	0.7	2.1	9.1	51
	1995	MF	…	43.4	0.8	14.9	0.6	6.1	13.4	4.4	2.4	14.2	51
		M	…	32.3	1.0	17.1	0.7	8.3	17.0	5.8	2.4	15.3	51
		F	…	71.2	–	9.3	0.1	0.4	4.3	0.6	2.4	11.6	51
	1996	MF	…	42.8	0.8	15.5	0.4	6.2	13.1	4.4	2.4	14.4	51
		M	…	31.5	1.1	17.9	0.5	8.5	16.8	5.8	2.4	15.5	51

	年份	性别	ISIC2 大类 0	1	2	3	4	5	6	7	8	9	注 No.
		F	…	71.5	0.1	9.4	0.1	0.6	3.9	0.7	2.4	11.4	51
	1997	MF	…	40.8	0.8	16.5	0.5	6.3	13.9	4.4	2.5	14.3	51
		M	…	31.0	1.0	18.5	0.7	8.4	17.1	5.7	2.5	15.1	51
		F	…	67.2	0.1	11.1	0.2	0.5	5.2	0.7	2.7	12.4	51
	1998	MF	…	40.5	0.7	16.2	0.5	6.2	14.0	4.5	2.5	14.8	51
		M	…	30.5	0.9	18.4	0.7	8.3	17.5	5.9	2.4	15.4	51
		F	…	67.0	0.1	10.6	0.2	0.5	4.8	0.8	2.9	13.3	51
	1999	MF	…	41.4	0.5	15.8	0.4	6.0	14.4	4.2	2.6	14.6	51
		M	…	30.9	0.7	18.0	0.5	8.3	18.0	5.6	2.6	15.4	51
		F	…	67.6	–	10.4	0.1	0.4	5.4	0.7	2.7	12.7	51
独立国家联合体（独联体）													
阿塞拜疆 b	1990	MF	15.1	30.9	…	12.7	3.4	6.8	9.9	5.8	0.3	15.1	52
	1994	MF	14.3	31.5	…	10.3	3.2	5.3	12.8	5.2	0.4	17.0	52
	1995	MF	15.6	30.8	…	9.7	2.9	5.1	14.0	4.4	0.4	17.0	52
	1996	MF	15.4	31.8	…	7.7	3.0	4.5	15.8	4.6	0.4	17.0	52
	1997	MF	14.7	29.0	…	6.6	3.3	4.1	20.8	4.5	0.3	16.7	52
	1998	MF	14.4	29.3	…	6.5	3.4	4.1	20.9	4.5	0.3	16.7	52
摩尔多瓦共和国	1990	MF	3.3	33.8	–	21.4	0.6	7.0	6.7	5.4	0.4	21.4	7
	1991	MF	2.9	41.8	–	17.5	0.6	5.8	5.4	5.1	0.5	20.4	7
	1992	MF	2.8	40.0	–	19.2	0.7	5.9	5.4	5.0	0.4	20.6	7
	1993	MF	2.1	43.1	–	13.8	0.5	6.0	5.5	4.4	0.6	23.8	7
	1994	MF	2.1	45.5	–	13.0	0.5	5.1	5.8	4.3	0.7	22.9	7
俄罗斯联邦	1990	MF	5.0	13.9	1.6	26.8	0.8	10.8	6.8	7.7	0.5	26.0	7
	1991	MF	4.6	14.2	1.7	26.8	0.8	10.3	6.7	7.8	0.6	26.4	7
	1992	MF	4.8	15.4	1.7	25.9	0.9	10.1	6.8	7.8	0.7	25.9	7
乌克兰	1990	MF	…	19.8	…	…	…	9.5	7.4	7.6	0.5	…	53
	1996	MF	…	21.9	3.4	17.1	…	5.9	6.9	6.6	0.9	…	53
	1997	MF	…	22.1	3.2	16.1	…	5.3	7.0	6.4	0.9	…	53
	1998	MF	…	22.6	3.1	15.8	…	4.9	6.8	6.3	1.0	…	53
	1999	MF	…	22.7	2.9	15.2	…	4.5	7.3	6.1	0.9	…	53
	2000	MF	…	23.4	2.9	13.7	…	4.2	6.6	5.8	0.9	…	53
乌兹别克斯坦	1995	MF	4.8	41.2	12.9	…	…	6.2	8.3	4.1	0.5	21.9	54
	1996	MF	4.7	40.9	12.9	…	…	6.3	8.3	4.2	0.5	22.1	54
	1997	MF	5.6	40.4	12.8	…	…	6.3	8.2	4.1	0.6	22.0	54
	1998	MF	6.9	39.4	12.7	…	…	6.5	8.0	4.1	0.6	21.8	54
	1999	MF	6.9	38.5	12.9	…	…	6.6	8.3	4.2	0.6	22.1	54
亚洲和太平洋地区													
东亚													
中国	1990	MF	17.7	53.4	1.4	13.5	0.3	3.8	4.4	2.5	0.4	2.6	55
	1998	MF	22.3	47.0	1.0	11.8	0.4	4.7	6.6	2.8	0.6	2.8	55
	1999	MF	22.7	46.9	0.9	11.4	0.4	4.8	6.7	2.8	0.6	2.8	55
	2000	MF	23.7	46.3	0.8	11.2	0.4	4.9	6.5	2.8	0.6	2.8	55
	2001	MF	24.9	45.2	0.8	11.1	0.4	5.0	6.5	2.8	0.6	2.8	55
	2002	MF	22.1	44.1	0.8	11.3	0.4	5.3	6.7	2.8	0.6	6.0	55
中国香港	1980	MF	–	1.4	–	42.1	0.5	7.5	20.0	7.3	4.6	16.5	56
		M	–	1.5	–	35.4	0.7	10.8	21.9	10.1	4.5	15.0	56
		F	–	1.2	–	54.8	0.1	1.3	16.6	2.0	4.9	19.1	56
	1990	MF	–	0.9	–	27.7	0.7	8.3	25.9	9.9	7.7	18.9	1
		M	–	1.0	–	25.3	1.0	12.5	24.7	13.3	6.9	15.3	1
		F	–	0.7	–	31.9	0.2	1.0	28.1	4.0	9.0	25.1	1
	2000	MF	…	0.3	–	10.4	0.5	9.4	30.6	11.1	14.1	23.5	1
		M	…	0.3	–	11.5	0.8	15.2	27.2	15.3	14.6	15.0	1
		F	…	0.2	–	8.9	0.1	1.4	35.3	5.4	13.5	35.2	1
	2003	MF	…	0.2	–	8.4	0.5	8.1	30.8	10.7	14.8	26.5	1
		M	…	0.3	–	9.9	0.8	13.6	28.3	15.1	15.9	16.2	1
		F	…	0.2	–	6.5	0.2	1.4	33.9	5.3	13.4	39.1	1
	2004	MF	…	0.3	–	7.1	0.4	8.0	32.5	10.8	14.7	26.2	1
		M	…	0.3	–	8.1	0.7	13.4	29.8	15.5	15.8	16.3	1
		F	…	0.2	–	5.7	0.1	1.3	35.7	5.1	13.4	38.4	1
	2005	MF	…	0.3	–	6.7	0.4	7.9	32.7	10.7	15.1	26.2	1
		M	…	0.3	–	8.0	0.7	13.4	30.0	15.2	16.4	15.9	1
		F	…	0.2	–	5.1	0.2	1.3	36.0	5.2	13.6	38.5	1
	2006	MF	…	0.2	–	6.3	0.4	7.9	32.5	10.8	15.5	26.3	1
		M	…	0.3	–	7.6	0.7	13.6	29.7	15.5	16.8	16.0	1
		F	…	0.2	–	4.9	0.1	1.2	35.8	5.3	14.0	38.4	1
	2007	MF	…	0.2	–	5.8	0.4	7.9	32.8	10.7	15.7	26.4	1
		M	…	0.2	–	7.0	0.7	13.7	30.1	15.4	17.0	15.9	1

		年份	性别	ISIC2 大类										注
				0	1	2	3	4	5	6	7	8	9	No.
			F	…	0.1	–	4.5	0.2	1.3	36.0	5.3	14.1	38.5	1
韩国		1980	MF	…	34.0	0.9	21.6	0.3	6.2	19.2	4.5	2.4	10.9	1
			M	…	31.0	1.3	21.3	0.5	9.1	16.0	6.7	2.7	11.6	1
			F	…	39.0	0.2	22.1	0.1	1.4	24.4	1.1	2.0	9.8	1
		1990	MF	…	17.9	0.4	27.2	0.4	7.4	21.8	5.1	5.2	14.6	1
			M	…	16.3	0.7	26.5	0.6	11.3	17.3	7.9	5.5	14.0	1
			F	…	20.3	0.1	28.1	0.1	1.8	28.3	1.1	4.9	15.4	1
		1991	MF	…	16.4	0.4	26.9	0.4	8.3	22.0	5.3	5.5	14.9	1
			M	…	14.9	0.5	26.5	0.5	12.6	17.4	8.0	5.6	14.0	1
			F	…	18.5	0.1	27.5	0.1	2.1	28.8	1.2	5.3	16.4	1
		1992	MF	…	15.8	0.3	25.5	0.3	8.7	23.3	5.3	6.5	14.3	1
			M	…	14.1	0.5	25.6	0.5	13.2	19.0	8.1	6.5	12.5	1
			F	…	18.3	0.1	25.3	0.1	2.2	29.7	1.2	6.4	16.9	1
		1993	MF	…	14.7	0.3	24.2	0.3	8.8	25.1	5.2	7.1	14.4	1
			M	…	13.0	0.4	24.9	0.5	13.2	20.7	7.8	6.9	12.5	1
			F	…	17.2	–	23.1	0.1	2.1	31.7	1.3	7.3	17.2	1
		1994	MF	…	13.6	0.2	23.7	0.4	9.0	26.2	5.1	7.5	14.4	1
			M	…	12.1	0.3	24.8	0.5	13.7	21.6	7.6	7.2	12.3	1
			F	…	15.9	–	22.0	0.1	2.0	33.0	1.3	8.1	17.5	1
中国澳门		1990	MF	0.2	0.2	–	32.6	1.2	8.8	21.6	4.7	3.4	27.6	57
			M	0.2	0.2	–	21.6	1.7	13.5	24.3	6.8	3.1	28.5	57
			F	0.1	0.1	–	48.3	0.3	1.8	17.6	1.6	3.7	26.0	57
		1993	MF	0.4	0.2	–	25.0	0.4	10.0	26.0	6.1	5.4	26.5	26
			M	0.3	0.3	–	17.7	0.6	15.4	25.1	8.7	4.4	27.5	26
			F	0.6	0.1	–	35.1	0.1	2.5	27.2	2.5	6.7	25.2	26
		1994	MF	0.3	–	–	22.8	0.6	7.5	26.1	6.0	6.2	30.5	26
			M	0.3	–	–	15.6	1.0	11.4	24.3	8.6	5.7	33.0	26
			F	0.4	–	–	32.2	0.1	2.4	28.3	2.5	7.0	27.0	26
		1995	MF	0.2	0.2	–	21.7	0.8	9.5	25.6	5.8	6.2	30.1	26
			M	0.1	0.3	–	14.1	1.2	14.8	24.4	8.1	6.0	30.9	26
			F	0.3	0.1	–	31.6	0.1	2.7	27.1	2.7	6.4	28.9	26
	b	1996	MF	0.1	0.2	–	20.8	0.7	7.4	27.5	6.2	6.6	30.6	58
	b		M	0.1	0.3	–	12.8	1.0	11.9	26.5	8.6	7.2	31.7	58
	b		F	0.1	–	–	30.6	0.2	2.0	28.8	3.3	5.9	29.2	58
		1997	MF	0.1	0.2	–	21.0	0.7	7.0	26.4	6.7	6.8	31.1	26
			M	–	0.2	–	12.5	1.2	11.5	25.2	8.6	7.4	33.3	26
			F	0.1	–	–	31.3	0.2	1.7	27.9	4.3	6.0	28.3	26
太平洋岛国														
美属萨摩亚		1990	MF	12.6	2.2	–	34.1	1.5	8.9	15.6	5.9	2.2	17.0	59
			M	1.3	3.8	–	26.6	2.5	13.9	13.9	7.6	2.5	27.8	59
			F	28.6	–	–	42.9	–	1.8	17.9	1.8	3.6	1.8	59
基里巴斯		2000	MF	…	2.8	–	1.6	2.0	3.8	12.8	10.3	3.4	63.3	60
			M	…	3.7	–	1.6	2.8	5.6	6.8	12.4	2.9	59.0	60
			F	…	1.1	–	1.7	0.8	0.6	14.3	6.7	4.4	70.5	60
马绍尔群岛		1999	MF	2.0	20.8	–	7.9	3.0	7.9	7.9	7.9	5.9	37.6	61
			M	2.9	27.1	–	1.4	2.9	11.4	5.7	10.0	4.3	35.7	61
			F	3.2	6.5	–	22.6	–	–	12.9	3.2	9.7	41.9	61
纽埃		1987	MF	…	11.6	0.8	3.6	1.6	16.3	12.4	4.9	0.7	48.2	62
北马里亚纳群岛		1984	MF	36.4	2.0	1.9	0.1	…	1.5	20.2	8.7	12.9	16.3	31
		1985	MF	36.4	2.0	1.9	0.1	…	1.5	20.2	8.7	12.9	16.3	31
	b	1990	MF	…	2.3	0.4	21.9	…	22.3	13.5	6.2	18.1	15.4	63
	b		M	…	4.1	0.7	8.8	…	37.8	10.8	8.8	14.9	14.9	63
	b		F	…	–	–	38.4	…	1.8	16.1	3.6	22.3	16.1	63
		1995	MF	…	1.2	0.4	7.3	…	7.8	22.0	9.8	9.4	42.4	63
			M	…	2.2	0.7	5.8	…	12.3	18.1	12.3	10.9	37.0	63
			F	…	–	0.9	9.4	…	0.9	27.4	6.6	7.5	49.1	63
汤加		1984	MF	…	43.2	0.3	5.7	0.9	5.1	6.3	3.9	2.4	32.1	62
			M	…	57.8	0.4	3.3	1.2	7.0	3.3	5.3	1.6	20.1	62
			F	…	3.4	–	12.4	–	–	14.6	1.1	3.4	65.2	62
南亚														
孟加拉国		1986	MF	4.0	57.1	–	9.9	0.5	2.1	12.5	4.3	1.2	8.4	64
			M	0.2	62.3	–	7.1	0.5	2.2	13.5	4.8	1.1	8.3	64
			F	37.0	11.4	–	34.4	–	1.3	4.4	0.1	2.0	9.4	64
		1989	MF	4.8	64.9	0.2	13.9	–	1.3	8.2	2.5	0.5	3.6	64
			M	4.9	60.4	0.3	8.5	–	2.1	13.3	4.3	0.8	5.5	64
			F	4.6	71.5	–	21.6	–	0.2	1.1	–	–	0.9	64
		1991	MF	4.5	66.4	–	11.8	0.1	1.0	8.5	3.2	0.6	3.8	65
			M	4.6	54.4	–	13.9	0.1	1.6	13.7	5.3	0.9	5.4	65

	年份	性别	ISIC2 大类 0	1	2	3	4	5	6	7	8	9	注 No.
		F	4.3	84.9	–	8.5	–	0.2	0.6	0.1	0.1	1.3	65
	1996	MF	2.1	63.2	–	7.5	0.2	1.9	11.1	4.2	0.4	9.3	65
		M	1.1	54.4	0.1	7.7	0.3	2.8	16.5	6.7	0.6	9.9	65
		F	3.8	77.5	–	7.2	0.1	0.4	2.3	0.2	0.1	8.4	65
	2000	MF	4.1	62.1	0.6	7.3	0.3	2.1	12.1	4.8	0.8	5.7	64
		M	5.4	53.3	0.3	7.2	0.4	3.1	17.8	7.5	1.1	3.8	64
		F	2.0	76.9	1.0	7.4	0.1	0.5	2.6	0.4	0.2	8.9	64
马尔代夫	1990	MF	3.9	25.2	0.9	15.1	0.8	5.6	15.9	9.5	1.9	21.2	66
		M	3.6	28.1	1.1	9.5	0.9	6.9	18.6	11.2	1.9	18.1	66
		F	5.1	13.5	0.1	37.7	0.3	0.4	5.0	2.7	1.7	33.5	66
尼泊尔	1991	MF	1.3	81.2	–	2.0	0.2	0.5	3.5	0.7	0.3	10.2	67
		M	1.8	74.9	–	2.6	0.3	0.7	4.5	1.1	0.4	13.6	67
		F	0.6	90.5	–	1.2	–	0.1	2.0	0.1	0.1	5.3	67
巴基斯坦	1980	MF	0.3	52.7	0.1	14.5	0.7	4.9	11.1	4.7	0.9	10.1	68
	1990	MF	0.1	51.1	0.1	12.7	0.6	6.4	11.9	4.9	0.7	11.4	69
		M	0.1	48.4	0.2	12.6	0.7	7.1	13.2	5.5	0.8	11.5	69
		F	0.2	72.2	0.1	13.3	–	0.7	2.3	0.3	0.3	10.6	69
	2000	MF	–	48.4	0.1	11.5	0.7	5.8	13.5	5.0	0.8	14.2	68
		M	–	44.4	0.1	12.0	0.8	6.6	15.3	5.8	0.9	14.0	68
		F	–	72.9	–	8.4	0.1	0.5	2.6	0.2	0.2	15.1	68
	2003	MF	–	42.1	0.1	13.8	0.8	6.1	14.9	5.9	0.9	15.5	68
		M	–	38.2	0.1	13.6	0.9	7.0	17.1	6.8	1.0	15.2	68
		F	–	64.6	–	15.1	0.1	0.3	1.9	0.4	0.1	17.5	68
	2004	MF	–	43.0	0.1	13.7	0.7	5.8	14.8	5.7	1.1	15.0	68
		M	0.1	38.1	0.1	13.5	0.8	7.0	17.5	6.9	1.3	14.9	68
		F	–	67.3	–	14.7	–	0.3	1.7	0.1	0.1	15.8	68
	2005	MF	–	43.0	0.1	13.7	0.7	5.8	14.8	5.7	1.1	15.0	68
		M	0.1	38.1	0.1	13.5	0.8	7.0	17.5	6.9	1.3	14.9	68
		F	–	67.3	–	14.7	–	0.2	1.7	0.1	0.1	15.8	68
	2006	MF	–	43.4	0.1	13.8	0.7	6.1	14.7	5.7	1.1	14.4	68
		M	–	37.2	0.1	13.7	0.8	7.5	17.7	7.1	1.3	14.5	68
		F	–	68.8	–	14.5	–	0.4	2.1	0.3	0.2	13.6	68
	2007	MF	0.1	43.6	0.1	13.5	0.8	6.6	14.4	5.4	1.1	14.4	70
		M	0.1	36.4	0.1	13.9	0.9	8.1	17.5	6.7	1.4	14.9	70
		F	–	72.4	–	12.0	0.1	0.5	2.2	0.2	0.1	12.4	70
斯里兰卡	1990	MF	1.7	47.8	2.7	14.6	0.2	3.1	8.6	4.1	0.8	16.4	71
	1994	MF	3.1	42.6	0.6	15.2	0.4	3.3	12.9	4.0	1.9	16.0	72
		M	4.0	40.8	0.9	10.5	0.6	4.8	15.8	5.6	1.7	15.4	72
		F	1.0	46.5		25.6	–	–	6.6	0.5	2.4	17.4	72
	1995	MF	5.6	37.3	1.1	16.3	0.5	5.7	10.5	4.6	1.7	16.8	72
		M	7.2	35.5	1.3	11.4	0.7	7.7	12.8	6.3	1.6	15.7	72
		F	2.2	41.5	0.4	27.1	–	1.1	5.3	0.9	2.1	19.4	72
	1996	MF	3.7	35.1	1.2	15.0	0.4	5.7	12.6	4.6	2.1	19.4	72
		M	4.7	32.8	1.5	11.3	0.5	8.1	14.6	6.2	2.1	18.2	72
		F	1.6	40.2	0.6	22.8	0.2	0.7	8.5	1.4	2.2	21.9	72
	1997	MF	3.5	37.4	1.6	15.2	0.9	5.9	13.6	4.5	1.4	16.1	72
	b 1998	MF	2.5	41.6	1.3	15.4	0.6	5.2	10.0	4.5	2.0	16.9	73
	b	M	3.0	37.7	1.8	12.4	0.8	7.7	12.2	6.5	2.2	15.8	73
	b	F	1.7	48.8	0.5	20.8	0.2	0.7	5.9	0.8	1.5	19.1	73
东南亚													
文莱达鲁萨兰国	1991	MF	0.1	2.0	5.0	3.8	2.1	13.3	14.4	5.1	5.4	48.8	41
		M	0.1	2.2	6.4	3.6	2.6	18.7	14.2	5.8	5.4	40.8	41
		F	–	1.6	1.9	4.2	0.9	1.8	14.9	3.5	5.5	65.6	41
印度尼西亚	1980	MF	–	56.4	0.8	9.0	0.1	3.2	13.0	2.9	0.6	13.9	12
		M	–	57.5	1.0	7.3	0.2	4.7	10.1	4.2	0.7	14.3	12
		F	–	54.2	0.4	12.5	–	0.2	19.1	0.1	0.3	13.2	12
	1990	MF	0.2	55.9	0.7	10.1	0.2	2.7	14.6	3.0	0.6	12.0	12
		M	0.1	55.6	1.0	9.1	0.3	4.3	11.4	4.9	0.8	12.6	12
		F	0.2	56.3	0.3	11.8	–	0.2	19.6	0.2	0.4	10.9	12
	2000	MF	–	45.1	0.5	13.0	0.1	3.9	20.6	5.1	1.0	10.7	12
		M	–	44.2	0.7	12.2	0.1	6.1	17.5	7.9	1.1	10.2	12
		F	–	46.6	0.2	14.3	–	0.4	25.7	0.6	0.7	11.5	12
	b 2002	MF	…	44.3	0.7	13.2	0.2	4.7	19.4	5.1	1.1	11.3	12
	b	M	…	43.7	0.9	12.1	0.3	7.1	16.1	7.7	1.2	10.8	12
	b	F	…	45.4	0.3	15.1	0.1	0.4	25.3	0.5	0.8	12.3	12
	2003	MF	…	46.3	0.8	12.0	0.2	4.5	18.6	5.5	1.4	10.7	12
		M	…	45.7	1.1	10.9	0.2	6.6	15.5	8.0	1.6	10.3	12

		年份	性别	ISIC2 大类										注
				0	1	2	3	4	5	6	7	8	9	No.
			F	…	47.3	0.3	14.2	–	0.4	24.4	0.5	1.1	11.6	12
		2004	MF	…	43.3	1.1	11.8	0.2	4.8	20.4	5.8	1.2	11.2	12
			M	…	42.6	1.4	11.0	0.3	7.3	16.9	8.7	1.4	10.3	12
			F	…	44.6	0.5	13.3	0.1	0.3	26.8	0.6	0.9	12.9	12
		2005	MF	…	44.0	0.9	12.3	0.2	4.7	19.9	5.8	1.1	11.1	12
			M	…	43.4	1.2	11.3	0.3	7.1	16.6	8.8	1.3	10.1	12
			F	…	45.2	0.3	14.0	0.1	0.3	25.8	0.6	0.8	12.9	12
		2006	MF	…	44.5	1.0	12.2	0.2	4.6	19.5	5.7	1.2	11.1	74
			M	…	44.4	1.3	11.1	0.3	6.9	16.4	8.5	1.4	9.7	74
			F	…	44.6	0.4	14.1	–	0.4	25.2	0.6	1.0	13.7	74
马来西亚		1980	MF	–	37.2	1.0	16.1	1.4	5.7	14.5	4.4	…	19.8	21
			M	–	33.9	1.3	14.3	1.9	8.1	15.7	6.1	…	18.2	21
			F	–	43.8	0.4	18.4	0.2	1.0	12.0	1.0	…	23.2	21
		1990	MF	–	26.0	0.6	19.9	0.7	6.3	18.2	4.5	3.9	19.9	21
			M	–	26.4	0.8	16.2	1.0	9.4	17.7	6.2	3.8	18.7	21
			F	–	25.3	0.2	26.8	0.2	0.8	19.2	1.5	4.0	22.1	21
		1998	MF	–	18.8	0.3	22.2	0.6	8.7	18.8	4.9	5.0	20.8	21
			M	–	20.7	0.4	20.1	0.8	12.2	17.2	6.4	4.3	17.9	21
			F	–	15.0	0.1	26.4	0.2	1.6	22.0	2.0	6.2	26.6	21
		1999	MF	–	18.4	0.4	22.5	0.6	8.2	18.8	4.8	5.3	21.1	21
			M	–	20.9	0.6	20.3	0.7	11.6	17.2	6.2	4.7	17.8	21
			F	–	13.4	0.1	26.9	0.2	1.5	21.9	2.0	6.4	27.5	21
		2000	MF	–	18.4	0.3	22.8	0.5	8.6	19.2	4.5	5.0	20.8	21
			M	–	20.7	0.4	20.5	0.7	12.3	17.6	6.1	4.5	17.2	21
			F	–	14.0	0.1	27.1	0.2	1.5	22.1	1.7	5.9	27.4	21
	b	2001	MF	…	15.8	0.3	22.6	0.6	8.9	22.1	5.0	6.1	18.6	75
		2002	MF	…	14.9	0.3	21.7	0.5	9.5	22.1	5.2	6.7	19.1	75
缅甸		1980	MF	…	67.1	0.5	7.6	0.1	1.5	9.6	3.4	5.8	4.4	76
		1990	MF	…	69.7	0.5	7.5	0.1	1.1	9.2	2.5	3.0	6.3	76
		1992	MF	…	69.1	0.5	7.2	0.1	1.2	8.9	2.5	3.0	7.7	76
		1993	MF	…	68.9	0.5	7.3	0.1	1.7	8.5	2.5	2.9	7.5	76
		1994	MF	…	68.7	0.5	7.4	0.1	1.7	8.6	2.5	2.9	7.5	76
		1997	MF	…	63.4	0.7	8.8	0.1	2.1	9.7	2.6	3.2	9.4	76
		1998	MF	…	62.7	0.7	9.1	0.1	2.2	9.7	2.7	3.3	9.5	76
菲律宾		1980	MF	–	51.8	0.8	10.8	0.3	3.5	10.5	4.2	1.8	16.3	77
			M	–	59.8	1.1	8.8	0.4	5.3	5.4	6.3	1.8	11.0	77
			F	–	37.3	0.2	14.3	0.1	0.2	19.7	0.5	1.7	25.9	77
		1990	MF	0.1	45.2	0.6	9.7	0.4	4.3	14.0	5.0	2.0	18.7	78
			M	0.1	53.1	0.8	8.3	0.5	6.7	8.0	7.6	1.9	13.1	78
			F	–	31.3	0.1	12.2	0.2	0.2	24.5	0.5	2.1	28.7	78
		1997	MF	–	40.4	0.4	9.9	0.5	5.9	15.1	6.3	2.4	19.0	78
			M	–	47.6	0.6	8.5	0.7	9.2	8.6	9.6	2.3	12.8	78
			F	–	28.4	0.1	12.1	0.2	0.3	26.1	0.9	2.7	29.3	78
		1998	MF	–	38.6	0.4	10.0	0.5	5.5	15.5	6.8	2.6	20.1	78
			M	–	46.1	0.6	8.8	0.7	8.6	8.7	10.3	2.4	13.7	78
			F	–	26.3	–	12.0	0.2	0.3	26.6	1.0	2.9	30.7	78
		1999	MF	–	37.8	0.3	10.1	0.5	5.3	16.1	7.1	2.6	20.2	78
			M	0.1	45.4	0.5	8.5	0.7	8.5	9.4	10.8	2.4	13.9	78
			F	–	25.7	0.1	12.6	0.2	0.2	26.9	1.1	2.9	30.3	78
		2000	MF	–	37.4	0.4	10.1	0.4	5.1	16.5	7.3	2.4	20.3	78
			M	–	45.3	0.6	8.4	0.6	8.1	9.2	11.1	2.2	14.4	78
			F	–	24.5	–	12.7	0.2	0.3	28.5	1.0	2.8	29.9	78
		2001	MF	…	37.5	0.3	10.0	0.4	5.3	18.0	7.2	2.8	18.4	79
新加坡		1980	MF	0.4	1.3	0.1	29.2	0.9	5.4	22.9	11.5	7.4	20.8	80
			M	0.5	1.5	0.2	24.3	1.2	7.6	22.8	14.6	6.0	21.2	80
			F	0.1	0.9	0.1	38.5	0.3	1.4	23.0	5.6	9.9	20.2	80
		1989	MF	0.1	0.5	0.1	29.0	0.5	6.6	22.8	9.9	9.8	20.7	80
			M	0.2	0.6	0.1	25.9	0.8	10.0	22.9	13.0	7.7	18.9	80
			F	–	0.2	–	33.7	0.1	1.4	22.6	5.2	11.5	25.3	80
	b	1990	MF	–	0.4	–	28.4	0.5	9.0	22.0	9.4	10.7	19.5	61
	b		M	–	0.6	–	25.6	0.7	13.9	21.7	12.1	9.3	16.1	61
	b		F	–	0.1	–	32.8	0.1	1.3	22.5	5.2	12.9	25.1	61
	b	1991	MF	–	0.3	–	28.2	0.5	6.5	22.7	10.0	10.7	21.1	80
	b		M	–	0.4	–	26.2	0.6	9.8	22.7	12.9	9.1	18.3	80
	b		F	–	0.1	–	31.2	0.2	1.4	22.7	5.7	13.2	25.4	80
		1992	MF	–	0.3	–	27.5	0.5	6.5	22.6	10.0	10.9	21.5	80
			M	–	0.5	–	25.8	0.7	9.8	22.7	12.9	9.3	18.3	80
			F	–	0.1	–	30.2	0.2	1.7	22.5	5.8	13.2	26.4	80
		1993	MF	0.1	0.2	–	27.0	0.5	6.4	22.8	10.5	10.9	21.6	80
			M	0.1	0.4	–	26.0	0.6	9.6	22.7	13.8	9.3	17.6	80

		年份	性别	ISIC2 大类 0	1	2	3	4	5	6	7	8	9	注 No.
		1993	F	–	–	–	28.4	0.3	1.7	23.0	5.6	13.3	27.6	80
泰国		1980	MF	–	70.8	0.2	7.9	0.3	1.9	8.5	2.0	…	8.4	81
			M	–	67.8	0.2	8.7	0.5	3.2	7.4	3.6	…	8.6	81
			F	–	74.1	0.1	7.1	0.1	0.6	9.7	0.3	…	8.2	81
		1990	MF	0.1	64.0	0.2	10.2	0.4	3.3	9.6	2.4	…	9.9	82
			M	0.1	63.1	0.3	9.5	0.5	5.2	8.4	4.0	…	9.0	82
			F	0.1	65.0	0.1	10.9	0.2	1.2	11.1	0.5	…	11.1	82
		1999	MF	–	48.5	0.2	13.7	0.5	4.0	14.8	3.1	…	15.2	82
			M	–	49.8	0.2	12.6	0.7	6.0	12.6	4.9	…	13.2	82
			F	0.1	46.9	0.1	15.1	0.2	1.5	17.5	0.8	…	17.8	82
		2000	MF	–	48.8	0.1	14.5	0.5	3.9	14.5	2.9	…	14.7	82
			M	–	49.8	0.2	13.5	0.7	6.0	12.4	4.6	…	12.7	82
			F	–	47.5	–	15.7	0.3	1.3	17.1	0.8	…	17.3	82
		2001	MF	0.1	46.0	0.1	14.2	0.3	4.2	19.7	2.9	…	12.5	83
			M	0.1	48.0	0.2	11.9	0.5	6.6	17.1	4.6	…	11.2	83
			F	0.1	43.6	0.1	17.0	0.1	1.3	22.9	0.9	…	14.1	83
	b	2002	MF	–	46.1	0.1	14.7	0.3	4.7	19.6	2.8	2.2	9.3	84
	b		M	–	47.8	0.1	12.6	0.4	7.3	17.0	4.4	2.3	7.9	84
	b		F	0.1	44.0	0.1	17.3	0.1	1.5	22.9	0.8	2.2	11.1	84
		2003	MF	0.1	44.9	0.1	14.7	0.3	4.7	20.6	2.8	2.4	9.4	84
			M	0.1	46.8	0.2	12.7	0.5	7.2	17.9	4.4	2.5	7.8	84
			F	0.1	42.5	0.1	17.1	0.1	1.5	24.0	0.9	2.4	11.4	84
拉丁美洲和加勒比地区														
加勒比地区														
巴哈马		1986	MF	0.3	5.0	0.1	5.1	1.8	8.3	32.4	8.1	8.2	30.7	1
			M	0.3	7.8	0.2	4.7	2.5	15.0	28.8	9.7	6.6	24.4	1
			F	1.8	1.7	1.6	5.6	0.8	0.4	36.7	6.2	10.2	38.3	1
		1989	MF	1.8	4.4	0.3	3.7	1.4	8.8	32.3	7.9	7.6	31.8	1
			M	1.3	6.4	0.5	3.4	2.2	16.0	28.0	9.7	6.1	26.4	1
			F	2.3	2.2	0.1	4.1	0.5	0.6	37.1	5.9	9.4	37.9	1
巴巴多斯		1990	MF	9.9	6.3	…	11.3	1.4	9.1	15.7	6.2	3.5	36.6	85
			M	8.3	6.9	…	10.4	2.4	15.9	13.7	6.9	2.9	32.2	85
			F	11.8	5.5	…	12.4	0.2	0.8	18.1	5.3	4.2	41.9	85
		2000	MF	11.3	3.7	…	8.1	1.5	10.8	14.9	4.0	7.4	38.2	86
			M	9.3	4.1	…	7.9	2.1	19.3	12.5	4.9	5.6	34.4	86
			F	13.6	3.3	…	8.4	1.0	1.3	17.5	3.0	9.3	42.8	86
		2001	MF	10.6	4.2	…	7.1	1.5	11.0	14.8	4.4	8.0	38.2	86
			M	8.4	4.8	…	7.0	1.9	19.4	12.6	5.7	5.7	34.3	86
			F	13.2	3.6	…	7.3	1.0	1.6	17.3	3.1	10.7	42.3	86
		2002	MF	11.0	4.0	…	7.0	1.5	10.3	15.2	3.7	8.5	38.5	86
			M	9.3	4.9	…	6.5	1.8	18.3	13.0	4.6	6.5	34.7	86
			F	13.0	3.1	…	7.6	1.1	1.3	17.7	2.6	10.7	42.7	86
		2003	MF	10.8	4.6	…	6.1	2.0	9.5	15.1	3.7	6.9	41.0	86
			M	9.3	5.3	…	6.1	2.1	17.4	12.5	5.0	4.7	37.2	86
			F	12.4	3.5	…	6.1	1.9	1.0	17.9	2.3	9.5	45.0	86
		2004	MF	9.2	3.3	…	5.8	1.4	10.2	14.8	3.9	8.2	42.7	86
			M	7.3	4.2	…	6.0	1.8	18.4	12.6	5.0	5.9	38.4	86
			F	11.3	2.5	…	5.5	0.9	1.4	17.2	2.8	10.8	47.3	86
开曼群岛		1991	MF	…	1.1	…	1.3	2.0	15.5	30.8	7.4	17.3	24.7	51
			M	…	2.1	…	2.2	3.5	28.4	25.2	8.7	11.8	18.3	51
			F	…	–	…	0.4	0.4	1.7	36.9	6.1	23.3	31.6	51
古巴		2000	MF	…	27.1	1.0	9.8	2.0	6.4	11.0	5.5	3.4	33.8	87
			M	…	34.3	1.3	10.2	2.3	8.2	9.3	6.4	3.0	25.1	87
			F	…	14.2	0.4	9.0	1.4	3.1	14.0	4.0	4.3	49.7	87
		2003	MF	…	21.7	0.4	13.2	1.4	5.2	13.8	5.6	3.3	35.4	87
			M	…	28.7	0.5	13.8	1.6	6.8	12.3	6.5	2.8	27.0	87
			F	…	9.2	0.2	12.2	1.0	2.3	16.5	4.0	4.1	50.5	87
		2004	MF	…	21.2	0.6	12.3	1.3	5.1	13.1	6.0	2.2	38.1	87
			M	…	27.5	0.8	13.4	1.6	6.7	12.3	7.1	1.6	29.0	87
			F	…	10.1	0.3	10.5	0.9	2.2	14.7	4.0	3.3	54.0	87
		2005	MF	…	20.2	0.6	12.0	1.4	5.2	13.1	5.9	2.2	39.4	87
			M	…	26.5	0.7	13.2	1.7	6.9	12.1	7.1	1.7	30.0	87
			F	…	9.4	0.3	9.8	1.0	2.1	14.7	3.9	3.2	55.6	87
		2006	MF	…	20.0	0.5	11.0	1.5	5.1	12.7	5.8	2.5	40.9	87
			M	…	26.3	0.6	12.0	1.8	6.8	11.8	6.9	1.9	31.8	87
			F	…	9.4	0.2	9.4	1.1	2.1	14.1	3.8	3.5	56.4	87
		2007	MF	…	18.7	0.5	10.8	1.7	5.0	12.6	5.9	2.3	42.4	87
			M	…	25.0	0.7	12.0	2.1	6.8	11.7	7.2	1.7	32.9	87

		年份	性别	ISIC2 大类 0	1	2	3	4	5	6	7	8	9	注 No.
			F	…	8.6	0.3	8.7	1.2	2.2	14.0	3.9	3.3	57.9	87
多米尼克		1989	MF	7.3	28.2	…	12.1	11.0	9.5	10.6	5.9	2.6	20.9	1
			M	6.7	38.7	…	8.6	12.3	14.7	4.3	8.6	1.2	15.3	1
			F	9.1	12.7	…	16.4	9.1	1.8	20.0	1.8	4.5	28.2	1
	b	1991	MF	3.0	30.8	0.3	8.2	1.3	11.8	15.4	5.0	3.4	20.9	88
	b		M	2.7	40.2	0.4	6.8	1.7	17.7	9.7	6.4	2.1	12.5	88
	b		F	3.5	13.2	0.1	10.8	0.6	1.7	26.1	2.4	5.9	36.6	88
	b	1997	MF	4.2	23.7	…	8.8	1.1	8.4	19.6	5.8	5.4	23.0	1
	b		M	4.3	31.4	…	8.6	1.9	13.8	13.8	7.6	4.1	14.6	1
	b		F	4.1	13.7	…	9.0	–	1.3	27.1	3.6	7.1	34.1	1
		1999	MF	1.3	27.2	…	8.6	1.4	7.6	17.8	6.5	9.4	20.3	1
			M	1.4	34.3	…	7.9	1.8	12.3	12.8	8.0	9.3	12.4	1
			F	1.2	16.1	…	9.8	0.9	0.2	25.6	4.1	9.6	32.8	1
	b	2001	MF	0.3	21.0	0.6	7.8	1.7	9.8	20.6	6.3	4.6	27.3	88
	b		M	0.3	29.4	1.0	7.5	2.2	15.8	13.8	8.1	3.1	18.9	88
	b		F	0.4	8.3	0.1	8.4	0.8	0.5	31.1	3.4	7.0	40.1	88
多米尼加共和国		1999	MF	…	17.5	0.3	17.4	0.4	7.2	26.7	7.3	1.3	21.9	71
			M	…	24.0	0.3	16.5	0.6	10.1	23.9	9.9	0.9	13.8	71
			F	…	2.8	0.1	19.5	0.6	0.6	33.0	1.5	2.1	40.2	71
		2000	MF	…	15.9	0.2	17.1	0.8	6.3	27.0	6.2	1.9	24.7	71
			M	…	22.6	0.3	16.0	0.9	9.2	25.6	8.4	1.4	15.7	71
			F	…	2.5	–	19.2	0.5	0.4	29.8	1.7	2.9	42.9	71
		2001	MF	…	14.8	0.2	15.4	0.9	6.6	27.3	7.3	1.8	25.5	71
			M	…	21.2	0.3	15.2	1.1	9.6	24.8	10.4	1.3	16.3	71
			F	…	1.9	0.2	15.8	0.4	0.6	32.5	1.9	2.8	44.1	71
		2002	MF	…	15.9	0.2	14.2	0.8	5.9	26.7	7.4	2.0	26.8	71
			M	…	23.1	0.3	14.1	1.0	8.6	24.1	10.2	0.6	17.0	71
			F	…	1.9	–	14.4	0.4	0.5	30.0	1.9	3.0	46.1	71
	b	2003	MF	…	14.9	0.2	14.6	0.9	6.4	26.0	7.3	2.2	27.5	89
	b		M	…	21.7	0.3	14.7	1.0	9.4	24.1	10.2	1.7	16.8	89
	b		F	…	1.6	–	14.3	0.6	0.5	29.8	1.6	3.1	48.5	89
格林纳达		1988	MF	6.3	19.8	0.4	10.1	1.4	12.6	19.3	6.1	2.8	21.2	1
			M	6.3	23.7	0.2	8.5	2.4	18.8	13.4	9.6	1.6	15.7	1
			F	6.2	14.8	0.7	12.2	–	4.4	27.2	1.4	4.4	28.6	1
		1994	MF	2.3	19.4	0.4	7.4	2.3	12.2	22.7	5.6	3.8	23.7	1
			M	2.6	23.4	0.4	8.2	3.0	19.3	17.6	7.4	3.6	14.6	1
			F	2.0	13.2	0.5	6.2	1.1	0.9	30.8	2.8	4.2	38.4	1
		1996	MF	4.4	15.5	0.1	8.3	1.5	13.2	19.2	6.7	4.0	27.1	1
			M	3.7	18.2	0.1	8.3	2.4	22.0	14.3	9.9	2.0	19.3	1
			F	5.5	11.9	0.3	8.4	0.3	1.0	26.0	2.4	6.7	37.9	1
		1998	MF	3.8	13.8	0.2	7.4	1.5	14.8	23.9	5.9	3.8	25.1	1
			M	5.4	16.5	0.1	5.7	2.4	23.6	19.5	8.3	2.6	15.8	1
			F	1.5	9.7	0.3	10.0	–	2.0	30.3	2.3	5.4	38.6	1
瓜德罗普		1980	MF	–	27.1	–	13.0	–	8.6	10.4	4.3	2.5	34.4	90
海地		1980	MF	…	67.5	0.1	6.8	0.1	1.1	16.4	0.8	0.2	7.0	91
			M	…	81.3	0.1	5.8	0.2	2.2	2.8	1.4	0.3	6.0	91
			F	…	53.1	–	7.8	–	–	30.7	0.1	0.1	8.1	91
		1982	MF	2.7	65.4	1.0	6.5	0.1	1.2	15.3	0.9	0.2	6.7	91
			M	2.4	76.1	0.8	5.9	0.1	1.7	5.8	1.3	0.2	5.8	91
			F	3.3	49.6	1.3	7.4	0.1	0.5	29.4	0.3	0.2	8.0	91
		1983	MF	2.8	65.4	1.0	6.5	0.1	1.2	15.3	0.9	0.2	6.7	91
			M	2.4	76.1	0.8	5.9	0.1	1.7	5.8	1.3	0.2	5.8	91
			F	3.3	49.6	1.3	7.4	0.1	0.5	29.4	0.3	0.2	7.9	91
		1988	MF	2.7	66.2	1.0	6.5	0.2	1.3	14.6	0.9	0.2	6.5	91
			M	2.4	76.1	0.8	5.9	0.2	1.7	5.8	1.3	0.2	5.6	91
			F	3.3	49.6	1.3	7.4	0.1	0.5	29.4	0.3	0.2	7.9	91
		1990	MF	2.7	65.6	1.0	6.5	0.1	1.2	15.1	0.9	0.2	6.6	91
			M	2.4	76.1	0.8	5.9	0.1	1.7	5.8	1.3	0.2	5.8	91
			F	3.3	49.6	1.3	7.4	0.1	0.5	29.4	0.3	0.2	8.0	91
	b	1999	MF	…	50.5	0.1	7.4	0.3	2.8	24.6	2.0	1.8	10.3	92
	b		M	…	62.5	0.2	9.0	0.5	5.4	7.0	3.6	2.0	9.8	92
	b		F	…	37.3	0.1	5.7	0.2	0.1	44.0	0.3	1.6	10.8	92
牙买加		2000	MF	0.3	20.8	0.5	7.0	0.6	8.8	21.9	6.2	6.0	27.9	26
			M	0.2	28.8	0.7	8.6	0.7	14.3	14.8	8.4	4.7	18.7	26
			F	0.4	9.2	0.2	4.8	0.5	0.8	32.1	3.0	7.8	41.2	26
		2002	MF	0.3	20.1	0.4	6.8	0.7	9.4	21.4	6.9	6.3	27.7	26
			M	0.2	27.4	0.6	8.1	0.9	15.4	14.0	9.7	5.0	18.6	26
			F	0.5	9.9	0.2	4.9	0.3	1.1	31.6	3.1	8.2	40.2	26
		2003	MF	0.2	20.4	0.4	7.0	0.7	9.3	21.6	6.7	6.7	27.0	26
			M	0.2	28.6	0.7	8.3	0.9	15.5	13.7	9.4	5.7	17.0	26

		年份	性别	ISIC2 大类 0	1	2	3	4	5	6	7	8	9	注 No.
			F	0.1	8.8	0.1	5.2	0.3	0.8	32.5	3.0	8.2	41.0	26
		2004	MF	–	18.5	0.5	6.8	0.6	10.3	23.5	7.3	5.5	26.9	26
			M	–	25.5	0.7	8.8	0.8	17.3	15.1	10.4	4.6	16.9	26
			F	–	8.8	0.2	4.2	0.4	0.7	35.1	3.1	6.7	40.8	26
		2005	MF	0.2	18.1	0.4	6.7	0.5	10.1	23.9	7.2	5.1	27.8	26
			M	0.2	25.1	0.7	8.9	0.5	16.7	15.0	10.1	4.3	18.4	26
			F	0.3	8.5	0.1	3.7	0.4	1.0	35.9	3.2	6.3	40.6	26
		2006	MF	0.2	18.2	0.6	6.5	0.6	10.0	24.1	7.0	5.3	27.5	26
			M	0.1	25.6	0.9	8.8	0.7	16.9	15.0	9.7	4.0	18.2	26
			F	0.3	8.3	0.1	3.4	0.5	0.7	36.5	3.3	6.9	40.1	26
马提尼克		1990	MF	–	7.6	…	…	8.8	8.4	42.8	…	…	32.2	93
			M	–	10.1	…	…	12.1	14.3	39.8	…	…	23.8	93
			F	–	4.6	…	…	4.8	1.4	46.4	…	…	42.6	93
蒙特赛拉特		1980	MF	0.1	10.4	0.2	10.1	1.9	15.6	13.2	5.2	3.6	39.6	7
		1984	MF	…	10.1	0.2	10.7	2.1	14.3	13.7	6.0	3.4	39.6	7
		1985	MF	…	9.9	0.3	10.3	2.1	14.9	13.4	6.2	3.4	39.6	7
		1986	MF	…	9.9	0.3	10.4	2.1	16.6	12.9	5.9	3.3	38.5	7
		1987	MF	…	9.6	0.3	10.6	2.2	17.8	12.7	5.8	3.3	37.7	7
	b	1991	MF	0.9	6.6	0.4	5.3	2.4	21.9	19.2	9.3	5.3	29.0	60
	b		M	0.8	8.8	0.4	4.2	3.1	37.0	13.7	11.5	3.4	17.2	60
	b		F	0.5	3.7	0.5	6.8	1.6	1.1	26.8	6.3	7.9	45.3	60
荷属安的列斯		1980	MF	0.4	0.4	0.6	13.3	1.5	8.1	31.4	5.2	5.4	33.8	94
		1990	MF	…	0.7	…	9.9	1.9	10.1	24.2	6.6	10.9	35.7	95
		1993	MF	…	0.7	0.2	11.5	1.8	8.5	25.1	7.0	12.6	32.8	96
		1994	MF	…	0.7	0.2	10.7	1.7	8.6	25.7	7.2	12.6	32.6	96
		1995	MF	…	0.8	0.2	10.7	1.7	8.9	25.8	7.3	12.2	32.4	96
		1996	MF	…	0.8	0.2	11.1	2.0	8.7	26.1	7.3	12.0	31.6	96
		1997	MF	…	0.8	0.2	10.1	1.6	8.7	25.9	7.0	12.9	32.7	96
波多黎各		1980	MF	…	5.4	–	18.6	1.7	5.9	18.6	4.6	2.9	42.2	97
			M	…	8.0	–	15.6	2.5	9.2	20.7	6.2	2.7	34.9	97
			F	…	0.4	–	23.8	0.4	–	14.3	1.8	3.3	55.3	97
		1990	MF	…	3.6	–	17.0	1.8	5.8	19.6	4.5	3.4	44.4	97
			M	…	5.5	–	15.4	2.3	9.1	21.6	5.9	2.7	37.4	97
			F	…	0.3	–	19.7	0.8	0.3	16.3	2.4	4.5	55.5	97
		2000	MF	…	1.9	0.1	13.9	1.2	7.1	21.0	3.5	3.5	47.8	97
			M	…	3.1	0.1	14.2	1.6	11.6	21.5	4.6	2.4	40.6	97
			F	…	0.2	–	13.4	0.4	0.8	20.3	2.0	5.1	57.5	97
		2003	MF	…	2.0	0.1	11.3	1.1	7.1	21.1	3.5	3.5	50.3	97
			M	…	3.4	0.1	12.3	1.5	12.3	20.9	4.7	2.4	42.9	97
			F	…	0.2	–	10.3	0.4	1.1	21.1	1.9	5.0	59.8	97
		2004	MF	…	2.1	0.1	11.0	1.1	7.2	21.0	3.5	3.6	50.4	97
			M	…	3.5	0.1	12.3	1.6	12.0	20.6	4.8	2.3	42.8	97
			F	…	0.2	–	9.3	0.6	1.1	21.6	1.9	5.2	60.0	97
		2005	MF	…	2.1	0.1	10.9	1.3	6.8	21.6	3.4	3.6	50.4	97
			M	…	3.3	0.1	12.1	1.7	11.5	21.1	4.7	2.6	43.2	97
			F	…	0.4	–	9.4	0.7	0.9	22.1	1.8	5.1	59.7	97
		2006	MF	…	1.4	0.1	10.9	1.3	7.3	21.0	3.0	3.7	51.4	97
			M	…	2.3	0.1	11.7	1.9	12.4	21.0	4.0	2.7	43.7	97
			F	…	0.4	–	9.7	0.5	1.1	21.0	1.6	4.8	60.9	97
	b	2007	MF	…	1.1	–	10.7	1.2	7.3	20.6	3.1	3.4	52.5	31
	b		M	…	1.9	–	12.0	1.9	12.6	20.5	4.3	2.2	44.6	31
	b		F	…	0.4	–	9.0	0.4	0.9	20.7	1.8	4.8	62.1	31
圣基茨和尼维斯		1981	MF	–	50.9	0.4	8.4	1.1	2.4	16.3	2.1	0.9	17.6	23
		1982	MF	–	50.7	0.4	7.7	1.1	2.5	16.4	2.1	0.9	17.5	23
		1983	MF	7.3	29.2	0.6	14.5	1.5	2.7	7.6	3.0	2.3	31.3	23
		1984	MF	3.1	29.6	–	14.7	7.0	2.7	6.4	3.0	1.9	31.8	23
			M	3.3	40.0	–	13.6	11.2	4.0	2.7	2.2	2.2	20.9	23
			F	3.1	13.8	–	16.3	0.3	0.7	11.9	4.3	1.4	48.3	23
苏里南	b	1990	MF	3.7	3.7	3.2	10.4	0.5	5.2	15.7	6.1	3.6	47.9	98
	b		M	4.1	4.6	4.8	12.9	0.6	8.4	13.9	9.1	3.2	38.4	98
	b		F	2.9	2.2	0.6	6.4	0.3	0.2	18.5	1.4	4.3	63.2	98
		1995	MF	4.8	6.9	3.7	7.7	1.2	8.6	15.6	4.7	6.0	40.7	26
			M	5.3	8.8	5.9	9.7	1.8	12.8	14.8	5.4	6.3	29.5	26
			F	3.8	3.3	–	4.1	–	0.5	17.3	3.4	5.4	62.5	26
		1996	MF	4.7	5.9	4.8	8.3	1.5	8.9	17.0	7.8	4.4	36.7	26
			M	6.6	7.9	7.0	10.4	2.1	13.1	15.4	9.7	3.8	24.0	26
			F	0.9	1.8	0.4	4.4	0.3	0.6	20.3	4.0	5.8	61.5	26
		1997	MF	4.7	5.2	4.4	7.4	1.6	8.8	19.7	6.8	5.1	36.5	26
			M	6.2	6.3	6.4	9.4	2.1	12.7	16.9	8.9	3.9	27.2	26

		年份	性别	ISIC2 大类 0	1	2	3	4	5	6	7	8	9	注 No.
			F	1.7	2.9	0.2	3.6	0.7	1.0	25.1	2.2	7.5	55.2	26
		1998	MF	3.7	5.6	3.9	8.0	1.9	11.2	18.7	6.6	4.3	36.2	26
			M	4.7	6.7	5.5	8.6	2.6	15.5	16.8	8.4	3.7	27.4	26
			F	1.5	3.2	0.5	6.8	0.2	2.3	22.6	2.8	5.4	54.7	26
		1999	MF	4.0	6.1	2.4	3.9	1.4	6.8	23.7	8.0	6.2	37.5	98
			M	5.5	8.4	3.6	6.0	2.1	10.1	20.6	8.8	5.6	29.2	98
			F	1.1	1.8	–	–	–	0.5	29.5	6.3	7.4	53.3	98
特立尼达和多巴哥		1980	MF	0.2	10.2	…	16.0	…	20.9	20.4	8.4	…	23.9	99
			M	0.3	10.9	…	16.5	…	27.2	14.6	10.8	…	19.6	99
			F	–	8.6	…	15.0	…	6.3	33.7	2.7	…	33.6	99
		1990	MF	0.1	12.3	4.5	9.9	2.1	10.6	16.8	7.3	6.4	30.0	1
			M	–	15.2	6.2	10.3	2.8	14.3	12.9	9.1	4.4	24.7	1
			F	0.1	6.3	1.0	9.2	0.5	2.8	24.9	3.6	10.5	41.0	1
		2000	MF	0.1	7.2	3.3	10.9	1.4	12.5	18.9	7.8	7.8	30.1	1
			M	0.1	9.8	4.4	12.3	1.8	18.2	13.8	10.0	6.4	23.1	1
			F	0.1	2.9	1.4	8.5	0.7	2.7	27.6	4.0	10.1	42.0	1
		2001	MF	0.3	7.8	3.2	10.3	1.5	13.8	17.5	7.6	8.0	30.1	1
			M	0.2	10.6	4.4	11.7	2.0	20.1	12.2	9.6	6.5	22.8	1
			F	0.4	3.1	1.1	7.8	0.6	3.1	26.6	4.1	10.5	42.6	1
		2002	MF	0.2	6.9	3.4	10.6	1.3	13.1	18.0	8.0	8.3	30.1	1
			M	0.3	9.8	4.6	12.2	1.7	18.5	13.2	10.2	6.7	22.9	1
			F	0.2	2.0	1.5	8.1	0.5	4.1	26.2	4.2	11.2	42.1	1
	b	2003	MF	0.4	5.9	3.2	10.3	1.4	13.6	18.5	7.8	8.4	30.6	100
	b		M	0.3	8.3	4.4	11.9	1.8	20.0	13.2	10.1	6.7	23.4	100
	b		F	0.4	2.0	1.3	7.8	0.8	3.2	27.1	3.9	11.2	42.3	100
		2004	MF	0.3	4.6	3.6	10.4	1.3	14.9	18.0	7.4	8.2	31.2	100
			M	0.3	6.3	4.9	12.2	1.7	21.2	13.1	9.5	6.6	24.2	100
			F	0.4	2.0	1.5	7.7	0.7	5.1	25.6	4.1	10.8	42.1	100
		2005	MF	0.4	4.3	3.6	9.7	1.2	16.5	18.0	7.3	7.8	31.1	100
			M	0.4	6.1	4.9	11.3	1.6	23.3	12.9	9.7	6.3	23.3	100
			F	0.4	1.7	1.6	7.3	0.6	6.3	25.7	3.6	10.1	42.7	100
中美														
伯利兹		1993	MF	38.4	25.1	0.4	11.5	2.0	6.3	4.9	5.3	1.5	4.5	101
			M	28.1	34.5	0.6	11.7	2.4	9.0	2.6	6.7	0.7	3.8	101
			F	61.3	4.5	0.1	11.2	1.1	0.4	10.1	2.3	3.3	5.9	101
		1994	MF	41.2	22.6	0.6	10.8	1.8	5.7	5.0	6.0	1.9	4.5	101
			M	32.3	30.5	0.8	11.6	2.3	8.0	2.9	7.4	1.1	3.2	101
			F	61.5	4.3	0.2	9.1	0.9	0.3	10.0	2.5	3.7	7.4	101
哥斯达黎加		1980	MF	0.3	27.4	…	16.3	…	7.8	18.1	6.6	…	23.6	102
			M	0.3	34.4	…	15.1	…	10.2	16.6	8.1	…	15.4	102
			F	0.2	5.9	…	19.8	…	0.3	23.0	1.8	…	49.0	102
		1990	MF	0.7	25.9	0.1	18.0	1.2	6.5	15.7	3.9	3.3	24.6	103
			M	0.8	33.6	0.2	15.8	1.6	8.9	13.6	5.1	3.7	16.8	103
			F	0.6	6.4	–	23.5	0.4	0.5	21.0	0.9	2.4	44.4	103
		1994	MF	0.9	21.4	0.2	17.9	1.5	6.6	18.4	5.1	4.4	23.6	103
			M	0.9	28.3	0.3	16.4	1.8	9.1	15.7	6.4	4.7	16.3	103
			F	0.9	5.1	–	21.4	0.6	0.4	24.9	2.1	3.8	40.8	103
		1995	MF	0.8	21.6	0.2	16.5	1.1	6.3	19.3	5.3	4.3	24.6	103
			M	0.9	28.2	0.3	15.0	1.3	8.8	16.8	6.8	4.7	17.2	103
			F	0.5	6.2	0.1	20.0	0.6	0.3	25.3	2.0	3.3	41.7	103
		1996	MF	0.9	21.7	0.2	16.5	1.0	5.6	19.6	5.1	4.4	25.0	103
			M	1.1	28.3	0.2	15.9	1.2	7.8	17.5	6.6	4.6	16.8	103
			F	0.6	5.7	–	17.9	0.5	0.2	24.8	1.6	3.9	44.6	103
	b	1999	MF	0.5	19.4	0.2	15.8	1.0	6.4	20.6	5.8	5.1	25.2	104
	b		M	0.6	26.5	0.2	15.3	1.4	9.3	17.7	7.7	5.2	16.1	104
	b		F	0.5	4.6	0.1	16.9	0.3	0.2	26.5	1.8	4.9	44.1	104
		2000	MF	0.7	20.0	0.2	14.5	0.8	6.8	20.3	6.0	4.9	25.7	104
			M	0.7	27.0	0.3	14.0	1.0	9.8	17.6	7.8	5.0	16.9	104
			F	0.6	5.2	0.1	15.6	0.4	0.5	26.1	2.2	4.7	44.6	104
萨尔瓦多		1980	MF	…	37.5	0.3	16.1	0.6	4.1	18.7	4.1	1.2	17.5	105
			M	…	51.0	0.3	13.7	0.8	6.1	8.2	5.9	1.1	12.9	105
			F	…	10.2	0.1	20.9	0.1	0.1	39.9	0.6	1.2	26.9	105
		1990	MF	…	7.4	0.1	22.3	0.6	6.1	27.5	5.3	2.7	28.0	106
			M	…	11.3	0.1	22.6	1.1	10.8	18.2	9.0	3.1	23.8	106
			F	…	2.7	–	21.9	0.1	0.5	38.9	0.8	2.2	33.0	106
		1997	MF	…	26.4	0.1	16.1	0.7	6.7	21.4	4.7	1.5	22.5	107
			M	…	38.1	0.1	13.6	1.1	10.4	14.5	7.0	1.3	13.9	107

		年份	性别	ISIC2 大类										注
				0	1	2	3	4	5	6	7	8	9	No.
			F	…	7.0	–	20.2	0.2	0.5	32.9	0.8	1.7	36.7	107
		1998	MF	…	25.1	0.1	18.7	0.4	5.4	25.0	4.0	3.7	17.7	107
			M	…	37.3	0.1	14.8	0.6	8.8	17.0	6.3	3.7	11.4	107
			F	…	6.3	–	24.5	0.1	0.4	37.1	0.6	3.7	27.2	107
	b	1999	MF	–	21.4	0.1	18.8	0.4	5.9	25.5	4.5	3.8	19.7	108
		2000	MF	–	20.7	0.1	18.7	0.4	5.2	26.4	4.8	3.9	19.7	108
	b	2001	MF	0.1	21.8	0.1	17.6	0.4	5.4	27.2	4.6	4.1	18.6	109
	b		M	0.1	33.8	0.2	14.8	0.7	8.9	18.1	6.9	4.3	12.1	109
	b		F	–	4.1	…	21.8	–	0.3	40.6	1.3	3.8	28.1	109
危地马拉	b	1990	MF	–	12.9	0.2	21.6	0.9	7.2	21.7	5.6	3.8	26.1	110
	b		M	–	17.7	0.3	21.7	1.2	10.6	16.0	8.0	4.2	20.3	110
	b		F	–	3.2	–	21.2	0.3	0.3	33.2	0.8	3.1	37.9	110
		1991	MF	–	13.6	0.1	23.8	0.9	8.2	22.0	4.9	3.9	22.6	110
			M	–	19.4	0.1	22.6	1.1	12.2	16.3	6.6	4.0	17.8	110
			F	–	2.6	0.1	26.2	0.5	0.5	33.0	1.6	3.6	32.0	110
	b	1994	MF	0.3	52.2	0.2	13.1	0.5	5.8	9.5	3.5	3.0	11.9	67
	b		M	0.2	60.4	0.2	13.0	0.5	7.0	7.0	3.8	2.3	5.6	67
	b		F	0.7	17.4	0.1	13.7	0.3	0.7	20.2	2.1	6.0	38.9	67
	b	2000	MF	0.4	36.4	0.2	14.1	0.3	5.9	22.0	2.4	2.6	15.8	111
	b		M	0.3	48.1	0.2	10.6	0.4	9.0	14.3	3.4	2.6	11.2	111
	b		F	0.6	15.3	…	20.3	0.1	0.4	35.9	0.7	2.6	24.1	111
	b	2002	MF	3.9	38.7	0.2	15.0	0.3	4.5	22.0	2.2	0.7	12.6	112
	b		M	4.3	50.1	0.4	10.7	0.4	6.8	16.7	3.0	0.6	7.1	112
	b		F	3.0	18.1	…	22.9	0.1	0.3	31.6	0.7	0.8	22.5	112
洪都拉斯		1980	MF	…	58.6	0.3	12.8	0.3	3.4	8.4	2.9	0.9	12.3	113
	b	1990	MF	0.1	50.1	0.2	11.3	0.7	4.5	14.1	2.4	1.3	15.4	114
	b		M	0.1	65.2	0.2	7.6	0.8	5.8	7.6	2.8	1.2	8.5	114
	b		F	0.1	5.8	0.1	22.2	0.1	0.4	33.1	1.1	1.8	35.5	114
		1999	MF	–	35.1	0.2	16.4	0.4	5.1	21.3	2.4	2.2	17.0	114
			M	–	49.8	0.2	12.2	0.4	7.8	12.4	3.5	2.1	11.6	114
			F	–	8.9	0.2	23.8	0.2	0.4	37.1	0.5	2.3	26.6	114
	b	2002	MF	…	38.4	0.2	14.6	0.4	5.3	21.6	3.2	2.6	13.7	115
	b		M	…	52.7	0.3	10.3	0.5	7.7	15.0	4.2	2.5	6.8	115
	b		F	…	8.8	0.1	23.5	0.2	0.4	35.3	1.1	2.7	27.9	115
		2003	MF	…	37.4	0.2	15.7	0.4	5.1	20.4	3.3	3.0	14.5	116
			M	…	51.9	0.3	11.0	0.5	7.5	14.1	4.4	2.8	7.5	116
			F	…	8.7	–	24.9	0.2	0.3	33.0	1.0	3.4	28.4	116
	b	2004	MF	–	34.9	0.3	15.8	0.4	5.9	21.1	3.4	2.8	15.3	117
	b		M	–	48.4	0.4	12.1	0.5	8.6	14.8	4.5	2.7	7.9	117
	b		F	–	7.2	–	23.3	0.2	0.3	34.0	1.1	3.2	30.4	117
		2005	MF	0.2	39.2	0.2	14.9	0.4	5.3	19.8	3.4	3.2	13.3	114
			M	0.2	51.3	0.3	11.2	0.5	7.7	14.5	4.4	3.1	6.7	114
			F	0.1	13.1	0.1	22.8	0.2	0.2	31.2	1.3	3.5	27.4	114
墨西哥	b	1990	MF	3.4	22.6	1.1	19.2	0.7	6.8	16.6	4.5	3.4	21.7	118
	b		M	2.8	28.6	1.3	19.2	0.8	8.7	14.3	5.3	2.9	16.2	118
	b		F	5.5	3.4	0.5	19.1	0.3	0.8	23.8	1.7	5.0	39.7	118
	b	1991	MF	0.6	26.8	0.7	15.7	0.5	6.1	20.1	3.7	3.1	22.5	119
	b		M	0.7	33.8	0.9	14.7	0.6	8.6	15.4	4.9	2.8	17.6	119
	b		F	0.4	10.8	0.3	18.0	0.2	0.5	31.1	1.1	3.7	33.8	119
		1993	MF	0.7	26.9	0.5	15.5	0.3	5.7	21.0	4.1	3.3	21.9	119
			M	0.9	33.9	0.7	14.8	0.4	8.0	16.0	5.5	2.9	16.9	119
			F	0.2	11.1	0.1	16.9	0.1	0.6	32.2	1.2	4.2	33.4	119
	b	2002	MF	0.4	17.9	0.5	18.0	…	6.3	23.7	4.5	4.0	24.7	120
	b		M	0.5	23.9	0.7	17.0	…	9.3	18.3	6.3	3.9	20.2	120
	b		F	0.2	6.5	0.2	19.8	…	0.5	33.9	1.3	4.2	33.3	120
	b	2003	MF	0.4	16.8	…	18.1	…	6.8	18.9	4.6	…	34.5	121
	b		M	0.4	22.6	…	17.5	…	10.1	15.2	6.4	…	27.8	121
	b		F	0.2	5.7	…	19.2	…	0.4	26.1	1.1	…	47.3	121
尼加拉瓜		1990	MF	9.5	39.3	0.3	9.2	0.5	2.9	16.4	3.6	1.4	16.9	122
		1999	MF	4.4	42.4	0.8	8.1	0.4	5.7	16.8	3.2	1.3	16.9	122
		2000	MF	4.0	43.5	0.6	7.8	0.4	5.9	16.4	3.1	1.3	17.0	122
		2001	MF	3.7	43.4	0.6	7.7	0.4	6.0	16.4	3.1	1.3	17.3	122
	b	2002	MF	…	6.6	0.1	19.2	0.9	5.4	29.5	6.5	4.6	27.1	123
	b		M	…	10.9	0.2	19.9	1.2	9.5	25.0	10.6	5.2	17.5	123
	b		F	…	1.2	–	18.4	0.6	0.4	35.1	1.4	3.9	39.1	123
	b	2003	MF	11.6	30.5	0.2	13.3	0.7	3.8	23.4	3.8	2.7	10.1	124
	b		M	5.9	43.1	0.3	11.4	0.8	6.0	17.0	5.8	2.8	6.8	124

		年份	性别	ISIC2 大类										注
				0	1	2	3	4	5	6	7	8	9	No.
	b		F	20.6	10.4	0.1	16.3	0.3	0.3	33.6	0.7	2.4	15.4	124
巴拿马		1987	MF	2.6	26.6	0.1	10.7	1.3	5.2	15.8	5.6	4.1	28.1	125
			M	2.9	36.4	0.1	10.8	1.5	7.1	13.9	6.5	3.5	17.3	125
			F	1.9	5.0	–	10.4	0.8	0.5	20.0	3.7	5.4	51.9	125
		1988	MF	2.9	30.4	–	9.5	1.3	3.3	14.9	5.6	3.5	28.5	125
			M	3.2	41.1	–	9.6	1.5	4.5	12.9	6.6	3.1	17.4	125
			F	2.4	5.1	0.1	9.0	0.9	0.7	19.4	3.2	4.5	54.6	125
		1989	MF	3.1	29.6	–	9.8	1.4	3.1	14.4	5.6	3.7	29.1	125
			M	3.4	40.9	–	10.1	1.5	4.3	12.3	6.7	3.4	17.1	125
			F	2.5	4.5	–	9.2	1.0	0.6	19.1	3.2	4.3	55.7	125
	b	1991	MF	0.1	26.6	0.1	9.6	1.2	3.6	19.9	6.9	4.2	27.8	126
	b		M	0.1	37.5	0.1	9.7	1.4	5.1	18.4	8.7	3.5	15.5	126
	b		F	0.1	2.8	–	9.6	0.8	0.2	23.1	3.0	5.6	54.9	126
		1992	MF	0.1	26.3	0.3	9.5	1.2	5.4	19.8	5.9	4.5	27.0	126
			M	0.2	36.0	0.3	9.6	1.4	7.5	18.6	7.3	3.9	15.2	126
			F	–	3.1	0.2	9.3	0.9	0.4	22.5	2.8	5.9	54.9	126
南美洲														
阿根廷	b	1990	MF	0.4	0.4	…	24.3	1.0	6.3	18.9	6.8	8.1	33.8	127
	b		M	0.4	0.5	…	28.3	1.3	9.8	20.5	9.3	7.8	22.1	127
	b		F	0.4	0.2	…	17.3	0.4	0.2	16.0	2.4	8.6	54.7	127
		1994	MF	0.6	0.5	…	21.0	0.7	6.8	20.5	9.1	9.5	31.5	127
			M	0.5	0.6	…	25.6	0.9	10.5	20.6	12.5	9.0	19.8	127
			F	0.7	0.3	…	13.1	0.3	0.6	20.2	3.2	10.3	51.4	127
		1995	MF	0.5	0.4	…	20.3	0.6	6.4	19.4	8.9	11.1	32.3	127
			M	0.4	0.6	…	23.5	1.0	10.1	19.6	12.9	10.9	21.1	127
			F	0.7	0.2	…	15.0	–	0.4	19.2	2.5	11.6	50.4	127
		1996	MF	0.6	0.2	…	19.1	0.8	6.8	19.8	9.0	11.2	32.5	127
			M	0.5	0.3	…	22.4	1.1	10.7	20.8	13.2	10.6	20.6	127
			F	0.7	0.1	…	13.8	0.3	0.5	18.3	2.2	12.2	51.9	127
		1997	MF	0.9	0.3	…	18.9	0.6	6.8	18.5	8.9	11.5	33.6	127
			M	1.0	0.5	…	23.0	0.8	10.8	18.5	12.6	11.8	21.1	127
			F	0.8	0.1	…	12.3	0.2	0.2	18.5	2.8	11.0	54.1	127
	b	2001	MF	0.4	0.4	…	16.5	0.4	6.0	21.1	9.2	10.4	35.6	128
	b		M	0.3	0.6	…	19.7	0.6	10.1	20.8	13.9	10.4	23.7	128
	b		F	0.5	0.2	…	11.8	0.2	0.2	21.7	2.3	10.4	52.8	128
玻利维亚		1980	MF	…	46.5	4.4	10.3	0.4	5.5	7.4	5.4	0.8	19.3	122
			M	…	52.1	5.4	8.2	0.5	7.1	4.4	6.8	0.9	14.6	122
			F	…	28.2	1.2	17.2	0.1	0.2	17.1	0.7	0.6	34.6	122
		1988	MF	…	47.4	2.6	7.1	0.5	2.7	8.1	7.4	0.8	23.4	122
			M	…	54.0	3.1	5.8	0.6	3.6	5.0	9.5	0.9	17.5	122
			F	…	28.0	1.0	10.8	0.2	0.1	17.4	1.1	0.7	40.8	122
	b	1989	MF	–	1.9	1.9	12.8	0.5	6.4	28.9	7.6	2.7	37.3	129
	b		M	–	2.8	3.0	15.9	0.8	11.0	16.0	12.4	3.4	34.4	129
	b		F	–	0.8	0.5	8.7	–	0.3	45.4	1.5	1.8	40.9	129
		1990	MF	0.4	1.2	2.1	15.6	0.6	6.5	25.7	7.6	3.0	37.3	129
			M	0.4	1.9	3.4	19.1	1.0	10.8	13.7	12.4	3.5	33.8	129
			F	0.3	0.2	0.3	10.7	0.1	0.4	42.7	0.9	2.3	42.1	129
		1991	MF	–	1.8	2.3	17.9	0.8	8.6	29.3	7.3	3.6	28.4	129
			M	–	2.3	3.5	20.8	1.2	14.1	19.7	11.5	4.3	22.4	129
			F	–	1.0	0.5	13.6	0.2	0.6	43.3	1.1	2.6	37.1	129
		1992	MF	0.1	2.1	1.9	19.4	0.9	9.3	29.1	7.2	3.9	26.2	129
			M	0.1	2.7	3.1	22.1	1.3	15.6	19.8	11.5	4.3	19.5	129
			F	–	1.2	0.2	15.5	0.3	0.3	42.4	1.1	3.2	35.7	129
巴西		1990	MF	…	22.8	1.4	15.2	…	6.2	12.8	3.9	2.8	34.9	130
			M	…	28.1	1.9	16.9	…	9.3	12.6	5.6	2.9	22.6	130
			F	…	13.3	0.4	11.9	…	0.4	13.2	0.9	2.6	57.2	130
		1997	MF	…	24.2	1.1	12.3	…	6.6	13.3	4.0	1.8	36.7	130
			M	…	26.8	1.6	14.5	…	10.7	13.4	6.0	1.9	25.1	130
			F	…	20.2	0.4	8.8	…	0.4	13.2	0.9	1.7	54.5	130
		1998	MF	…	23.4	1.2	11.8	…	7.1	13.5	4.0	1.9	37.2	130
			M	…	26.0	1.7	14.0	…	11.3	13.3	5.9	2.0	25.8	130
			F	…	19.3	0.5	8.4	…	0.7	13.7	1.0	1.7	54.7	130
		1999	MF	…	24.2	1.1	11.6	…	6.6	13.4	3.9	1.9	37.3	130
			M	…	26.8	1.5	13.7	…	10.6	13.4	5.9	2.0	26.1	130
			F	…	20.4	0.4	8.4	…	0.6	13.5	0.9	1.7	53.9	130
		2001	MF	…	20.6	1.1	12.3	…	6.5	14.3	4.2	1.8	39.2	130
			M	…	23.6	1.6	14.6	…	10.7	14.1	6.4	1.8	27.2	130

		年份	性别	ISIC2 大类 0	1	2	3	4	5	6	7	8	9	注 No.
			F	…	16.1	0.4	9.1	…	0.4	14.6	0.9	1.7	56.7	130
	b	2002	MF	0.3	19.8	0.3	13.7	0.4	7.2	20.9	4.7	2.8	30.0	131
	b		M	0.4	22.5	0.5	14.8	0.6	12.1	21.6	7.2	3.0	17.3	131
	b		F	0.1	15.9	0.1	12.1	0.2	0.5	19.8	1.2	2.4	47.8	131
智利		1980	MF	0.2	16.3	2.2	16.1	0.8	4.6	18.1	6.5	3.1	32.1	132
			M	0.2	21.9	3.0	16.3	1.0	6.5	15.9	8.5	3.2	23.5	132
			F	0.1	2.8	0.2	15.5	0.2	0.4	23.4	1.7	2.8	52.9	132
		1990	MF	–	19.3	2.3	16.1	0.5	6.4	17.7	6.9	4.5	26.3	133
			M	–	25.3	3.2	17.4	0.7	9.1	14.5	9.1	4.4	16.3	133
			F	–	5.9	0.3	13.0	0.1	0.5	24.7	2.1	4.8	48.6	133
		2000	MF	–	14.4	1.3	14.0	0.5	7.5	18.5	8.0	7.9	27.8	133
			M	–	19.3	1.9	15.3	0.6	11.0	15.3	10.3	7.5	18.7	133
			F	–	4.6	0.1	11.3	0.3	0.5	25.0	3.3	8.7	46.1	133
		2003	MF	–	13.6	1.3	14.0	0.5	7.5	18.8	8.5	8.0	27.7	133
			M	–	18.1	1.8	15.9	0.7	11.0	15.0	11.0	7.5	19.1	133
			F	–	4.9	0.2	10.5	0.2	0.8	26.1	3.8	8.9	44.5	133
		2004	MF	–	13.4	1.3	13.7	0.5	8.1	19.2	7.9	8.1	27.9	133
			M	–	17.6	1.8	15.2	0.7	12.0	15.6	10.3	7.8	19.1	133
			F	–	5.5	0.2	10.9	0.3	0.8	26.0	3.4	8.5	44.3	133
		2005	MF	–	13.2	1.3	13.1	0.6	8.0	18.9	8.0	8.8	28.2	133
			M	–	17.1	1.9	14.7	0.7	11.8	15.4	10.2	8.4	19.8	133
			F	–	5.8	0.2	10.1	0.3	0.9	25.4	3.9	9.7	43.7	133
	b	2006	MF	–	12.8	1.4	13.1	0.6	8.3	19.8	8.1	8.6	27.4	134
	b		M	–	16.7	2.0	14.9	0.8	12.3	15.5	10.6	8.3	18.9	134
	b		F	–	5.8	0.3	9.8	0.2	1.0	27.4	3.6	9.2	42.7	134
		2007	MF	–	12.3	1.4	13.1	0.6	8.3	19.6	8.2	9.4	27.1	133
			M	–	16.1	2.1	15.1	0.8	12.4	15.4	10.8	9.0	18.2	133
			F	–	5.6	0.2	9.5	0.2	1.0	27.0	3.6	10.1	42.8	133
哥伦比亚		1980	MF	0.1	1.4	0.4	25.6	0.7	7.2	23.8	6.0	6.8	28.0	135
			M	0.1	1.9	0.6	26.3	1.0	11.0	24.0	8.9	6.9	19.3	135
			F	–	0.5	0.1	24.6	0.3	1.0	23.3	1.3	6.7	42.2	135
		1990	MF	–	1.4	0.5	23.8	0.8	5.8	25.1	6.6	7.4	28.5	135
			M	–	1.9	0.7	24.0	1.0	9.0	23.9	9.8	7.7	21.9	135
			F	0.1	0.6	0.2	23.6	0.4	0.8	27.0	1.5	7.0	38.7	135
		2000	MF	0.1	1.1	0.2	20.2	0.6	4.5	26.0	6.8	8.1	32.3	135
			M	0.1	1.6	0.3	21.2	0.9	7.8	25.2	10.6	8.6	23.8	135
			F	0.1	0.5	0.1	19.1	0.3	0.4	27.0	2.2	7.7	42.7	135
	b	2001	MF	–	22.2	1.2	12.8	0.5	3.9	25.7	6.5	5.1	22.1	136
	b		M	–	32.5	1.0	11.4	0.7	6.2	22.9	9.4	5.2	10.8	136
	b		F	–	6.6	1.5	15.0	0.3	0.4	29.9	2.0	5.1	39.2	136
		2002	MF	0.1	21.0	1.1	13.2	0.4	4.6	25.2	6.4	5.3	22.5	136
			M	0.1	30.4	1.4	11.6	0.6	7.3	22.9	9.5	5.2	11.0	136
			F	0.1	7.0	0.7	15.7	0.2	0.5	28.6	1.9	5.6	39.7	136
		2003	MF	–	21.6	1.0	13.3	0.4	4.4	25.0	6.5	5.4	22.4	136
			M	–	30.8	1.2	11.8	0.5	7.1	22.6	9.6	5.2	11.2	136
			F	–	8.1	0.7	15.5	0.2	0.4	28.6	2.0	5.6	38.8	136
		2004	MF	–	21.0	1.1	13.7	0.4	4.5	25.0	6.9	5.6	21.8	136
			M	–	29.8	1.4	12.3	0.6	7.2	22.3	9.9	5.6	10.9	136
			F	–	7.8	0.7	15.8	0.2	0.4	29.1	2.4	5.6	37.9	136
厄瓜多尔		1990	MF	–	6.9	0.6	17.9	1.0	7.2	27.1	5.7	4.6	28.9	137
			M	–	10.3	…	19.0	…	10.9	21.8	9.5	5.2	23.2	138
			F	–	2.5	…	15.9	…	0.6	36.5	1.6	3.6	39.3	138
		1998	MF	0.1	7.3	0.3	14.7	0.5	5.9	30.2	6.3	5.2	29.4	137
			M	–	10.5	0.5	15.8	0.7	9.4	25.5	9.4	5.9	22.1	137
			F	0.1	2.3	–	12.9	0.2	0.4	37.6	1.4	4.1	40.9	137
	b	1999	MF	–	7.3	0.4	15.5	0.6	6.6	27.9	6.9	4.7	30.3	139
	b		M	–	10.3	0.6	16.6	0.8	10.2	23.1	10.1	5.4	23.0	139
	b		F	–	2.4	0.1	13.6	0.3	0.8	35.4	1.8	3.6	41.9	139
		2000	MF	…	8.5	0.6	15.6	0.6	7.1	30.7	6.4	5.2	25.3	139
			M	…	11.1	0.1	16.6	0.9	11.2	27.5	9.3	5.5	17.1	139
			F	…	4.3	1.4	13.9	0.3	0.7	35.8	1.8	4.8	38.4	139
		2001	MF	0.5	7.5	0.5	16.4	0.8	6.5	32.0	6.8	5.3	23.7	139
			M	0.3	10.1	0.8	17.3	1.1	10.5	28.5	10.0	5.7	15.7	139
			F	0.8	3.7	0.1	15.1	0.4	0.5	37.1	2.0	4.7	35.6	139
		2002	MF	…	8.5	0.6	14.5	0.4	7.0	32.1	6.5	5.9	24.4	139
			M	…	10.9	0.9	15.6	0.6	10.7	28.4	9.4	7.1	16.4	139

		年份	性别	ISIC2 大类 0	1	2	3	4	5	6	7	8	9	注 No.
			F	…	4.5	0.2	12.8	0.1	1.1	38.0	2.0	4.0	37.3	139
巴拉圭		1990	MF	…	2.1	0.2	17.9	1.3	8.2	23.9	5.8	5.5	35.1	140
			M	…	3.0	0.3	20.1	1.9	13.8	20.9	8.1	6.5	25.3	140
			F	…	0.8	–	14.8	0.5	0.1	28.1	2.4	4.1	49.1	140
		1999	MF	–	30.4	0.2	12.3	0.5	5.2	21.2	4.3	3.5	22.4	141
			M	–	38.3	0.3	12.9	0.6	8.1	16.0	6.0	3.3	14.4	141
			F	…	16.6	…	11.1	0.2	0.2	30.5	1.3	4.0	36.1	141
		2000	MF	–	30.8	0.1	11.9	0.5	4.9	24.1	3.7	3.5	20.6	142
			M	–	37.7	0.2	13.0	0.6	7.9	20.3	5.4	3.9	11.0	142
			F	–	19.8	…	10.2	0.3	0.1	30.2	1.0	2.8	35.7	142
		2001	MF	–	31.9	0.1	11.6	0.5	4.7	24.2	3.5	3.3	20.1	141
			M	–	39.0	0.2	12.7	0.6	7.5	20.5	5.2	3.7	10.7	141
			F	–	20.3	–	10.0	0.3	0.1	30.2	0.9	2.7	35.4	141
	b	2002	MF	0.2	33.1	0.2	10.3	0.6	4.7	22.8	3.6	3.6	21.0	143
	b		M	0.2	41.3	0.2	10.7	0.9	7.3	18.8	4.9	3.6	12.2	143
	b		F	0.2	19.2	–	9.6	0.1	0.3	29.7	1.5	3.5	35.8	143
		2003	MF	–	31.5	0.1	10.6	0.7	4.3	23.1	3.8	3.3	22.5	144
			M	–	38.7	0.2	11.2	0.9	6.9	20.8	5.4	3.6	12.3	144
			F	–	20.0	–	9.6	0.4	0.2	26.8	1.3	2.9	38.8	144
秘鲁	b	1990	MF	…	1.2	0.3	21.3	0.7	5.0	31.3	5.8	5.0	29.4	145
	b		M	…	1.7	0.3	23.4	0.8	7.7	25.5	8.4	6.1	26.1	145
	b		F	…	0.6	0.4	18.1	0.4	0.8	40.2	1.7	3.3	34.5	145
		1992	MF	…	0.8	0.3	17.1	0.5	5.6	34.1	6.9	6.0	28.6	146
			M	…	1.1	0.4	20.2	0.6	8.9	27.4	10.3	7.2	23.9	146
			F	…	0.3	0.3	12.1	0.3	0.2	45.1	1.4	4.0	36.4	146
		1993	MF	…	0.7	0.4	18.0	0.3	5.7	32.7	7.7	6.0	28.5	146
			M	…	0.9	0.5	20.3	0.4	9.0	25.3	11.7	7.3	24.7	146
			F	…	0.3	0.3	14.3	0.2	0.3	45.0	1.3	3.8	34.6	146
		1994	MF	…	0.4	0.3	19.2	0.6	6.1	32.9	7.4	7.7	25.3	147
			M	…	0.5	0.4	22.9	0.8	9.6	25.5	11.1	8.5	20.6	147
			F	…	0.3	0.1	13.3	0.4	0.5	44.5	1.6	6.4	32.8	147
	b	1995	MF	…	1.1	0.3	19.9	0.2	5.2	31.8	7.5	7.7	26.3	145
	b		M	…	1.6	0.4	22.6	0.3	8.5	24.4	11.7	10.0	20.7	145
	b		F	…	0.4	0.2	15.9	0.1	0.3	42.7	1.3	4.4	34.7	145
		1999	MF	…	0.3	0.1	14.5	0.7	5.8	32.6	9.8	9.5	26.6	148
			M	…	0.4	0.2	16.3	1.1	10.3	27.0	15.8	10.8	18.0	148
			F	…	0.3	–	12.2	0.3	0.3	39.5	2.5	7.8	37.2	148
乌拉圭		1990	MF	…	…	5.1	21.3	…	6.6	17.9	6.1	4.8	38.2	149
			M	…	…	7.3	22.3	…	10.8	18.1	8.7	5.0	27.8	149
			F	…	…	1.7	19.8	…	0.3	17.6	2.1	4.4	54.2	149
		1994	MF	–	4.3	0.1	19.3	1.2	7.3	19.3	6.0	5.8	36.7	150
			M	–	6.2	0.2	21.0	1.7	12.1	19.2	8.7	5.9	25.1	150
			F	–	1.5	–	17.0	0.6	0.3	19.4	2.2	5.6	53.3	150
		1995	MF	–	4.8	0.1	18.0	1.3	7.2	19.6	5.7	6.2	37.0	150
			M	–	7.1	0.2	19.6	1.9	12.0	19.1	8.3	6.2	25.6	150
			F	–	1.6	–	15.7	0.6	0.4	20.3	2.1	6.2	53.2	150
		1998	MF	–	3.9	0.1	16.1	1.0	7.5	20.3	6.1	6.4	38.7	150
			M	–	5.7	0.2	18.3	1.3	12.7	20.1	9.0	6.2	26.4	150
			F	–	1.5	–	13.2	0.5	0.4	20.5	2.1	6.6	55.2	150
		1999	MF	–	3.9	0.1	15.8	0.9	8.4	19.8	6.1	6.6	38.4	150
			M	–	5.8	0.2	18.0	1.2	14.2	19.3	8.7	6.4	26.2	150
			F	–	1.2	–	12.8	0.7	0.5	20.4	2.7	6.9	54.8	150
		2000	MF	–	4.0	0.2	14.8	1.2	8.3	20.1	5.8	6.7	38.9	150
			M	–	6.1	0.3	16.9	1.6	14.2	19.7	8.5	6.3	26.4	150
			F	–	1.1	–	12.0	0.7	0.4	20.5	2.0	7.4	55.9	150
委内瑞拉玻利瓦尔共和国		1980	MF	–	15.0	1.5	15.9	1.2	9.1	18.9	7.1	4.4	26.8	151
			M	–	19.9	1.9	15.8	1.4	12.2	17.9	9.0	3.8	18.1	151
			F	0.1	2.4	0.5	16.1	0.6	1.1	21.5	2.2	6.0	49.4	151
		1990	MF	0.1	13.4	1.0	15.5	1.0	7.7	21.1	6.1	5.6	28.5	1
			M	0.1	18.5	1.4	16.4	1.2	10.8	19.6	8.1	5.0	19.1	1
			F	0.1	2.2	0.3	13.6	0.6	0.9	24.4	1.6	7.0	49.2	1
		2000	MF	0.1	10.2	0.6	13.0	0.7	8.0	26.0	6.9	5.2	29.3	1
			M	0.1	15.1	0.9	14.3	0.9	12.1	21.7	10.0	5.0	20.0	1
			F	0.1	1.5	0.2	10.8	0.3	0.9	33.5	1.6	5.5	45.6	1
		2001	MF	0.1	9.5	0.5	12.8	0.6	8.2	26.1	7.0	5.1	30.0	1
			M	0.1	14.3	0.8	14.1	0.8	12.8	21.4	10.3	5.0	20.5	1

		年份	性别	ISIC2 大类										注
				0	1	2	3	4	5	6	7	8	9	No.
			F	0.2	1.5	0.2	10.7	0.3	0.8	33.9	1.5	5.3	45.6	1
		2002	MF	0.2	9.8	0.5	11.9	0.5	8.0	26.7	7.3	5.0	30.2	1
			M	0.2	14.8	0.6	12.8	0.7	12.5	21.8	10.8	5.0	20.8	1
			F	0.2	1.8	0.2	10.3	0.3	0.8	34.5	1.5	4.8	45.4	1
	b	2003	MF	0.4	10.7	0.5	11.6	0.5	7.1	25.6	7.5	4.7	31.3	152
	b		M	0.3	16.0	0.8	12.5	0.7	11.0	20.8	11.2	4.9	21.6	152
	b		F	0.4	2.3	0.1	10.2	0.3	0.7	33.4	1.5	4.4	46.7	152
	b	2006	MF	1.2	9.1	0.7	12.0	0.4	9.4	23.3	8.1	4.9	30.8	151
	b		M	1.4	13.5	1.0	13.4	0.6	14.5	18.5	11.8	5.1	20.4	151
	b		F	0.9	1.8	0.3	9.7	0.3	1.1	31.3	2.2	4.6	47.8	151
		2007	MF	0.2	8.7	0.9	12.3	0.4	9.7	23.5	8.7	5.1	30.4	1
			M	0.2	13.1	1.2	13.7	0.6	15.0	18.5	12.7	5.2	19.9	1
			F	0.2	1.8	0.4	10.2	0.3	1.1	31.6	2.2	5.1	47.2	1
非洲														
北非														
埃及		1980	MF	1.9	42.4	0.2	14.7	0.8	4.3	9.0	5.1	1.3	20.2	153
			M	1.3	44.9	0.2	15.0	0.9	4.6	9.2	5.2	1.2	17.6	153
			F	9.0	9.5	0.3	10.8	0.7	0.9	6.9	4.0	2.9	55.1	153
		1990	MF	0.3	39.0	0.3	13.0	0.7	6.6	9.6	6.4	1.9	22.2	154
			M	0.3	34.9	0.4	14.7	0.8	8.0	10.3	7.3	1.9	21.3	154
			F	0.2	52.0	–	7.6	0.3	2.3	7.4	3.2	2.2	24.8	154
		1991	MF	–	31.3	0.3	15.4	1.0	8.2	10.7	7.8	3.1	22.2	154
			M	–	29.4	0.3	16.2	1.1	9.3	11.4	9.0	3.2	20.2	154
			F	–	38.9	–	12.4	0.5	3.9	8.1	3.5	2.5	30.1	154
		1992	MF	–	38.4	0.3	14.0	1.0	6.1	9.3	5.4	1.6	23.8	155
			M	–	34.5	0.4	15.3	1.2	7.7	10.2	6.5	1.7	22.4	155
			F	–	52.4	0.1	9.4	0.3	0.7	5.8	1.4	1.4	28.6	155
		1993	MF	–	35.3	0.3	13.9	1.0	6.5	9.8	5.5	1.9	25.9	153
			M	–	32.5	0.4	15.6	1.1	7.9	10.7	6.5	1.9	23.2	153
			F	–	46.5	0.1	7.1	0.4	0.5	6.1	1.3	1.6	36.4	153
		1994	MF	–	35.2	0.3	13.5	1.0	6.7	10.2	5.5	1.9	25.6	153
			M	–	32.2	0.4	15.3	1.2	8.2	11.1	6.6	2.0	23.0	153
			F	–	47.0	–	6.4	0.4	0.6	6.8	1.3	1.6	36.0	153
		1995	MF	–	34.0	0.3	14.2	1.1	6.3	10.3	5.9	1.8	26.0	153
			M	–	32.0	0.3	15.7	1.2	7.7	11.1	7.0	1.9	23.1	153
			F	–	42.5	0.1	8.1	0.5	0.5	7.1	1.5	1.5	38.2	153
利比亚		1980	MF	…	18.9	2.9	7.1	2.4	21.3	5.3	8.8	1.2	32.1	23
		1983	MF	…	15.3	2.2	6.8	2.1	29.3	4.9	8.0	1.1	30.4	23
		1985	MF	…	16.8	2.3	10.5	2.4	24.2	3.8	8.7	1.2	30.0	23
		1986	MF	…	19.7	2.3	8.5	2.7	16.5	5.1	8.2	1.5	35.5	23
摩洛哥		1990	MF	0.2	3.9	1.3	27.1	0.9	7.1	21.0	5.2	2.0	31.2	156
			M	0.2	4.1	1.7	19.8	1.1	9.3	25.5	6.5	1.9	29.9	156
			F	0.3	3.1	0.2	49.4	0.3	0.3	7.6	1.2	2.5	35.2	156
		1997	MF	0.7	5.1	0.9	24.7	0.9	8.9	21.0	4.7	2.3	30.9	156
			M	0.7	5.4	1.1	18.3	1.1	11.5	25.2	5.8	2.0	29.0	156
			F	0.7	4.4	0.1	45.3	0.3	0.5	7.6	1.0	3.0	37.1	156
		1998	MF	0.8	4.9	1.0	23.7	0.9	8.2	22.8	4.8	2.1	30.7	156
			M	0.8	5.0	1.3	18.5	1.1	10.5	26.6	5.9	1.9	28.5	156
			F	0.8	4.8	0.2	41.9	0.3	0.5	9.5	0.8	2.7	38.5	156
		1999	MF	0.3	5.7	1.0	22.8	0.9	8.8	21.9	5.2	2.4	31.1	156
			M	0.2	5.6	1.2	18.1	1.0	11.2	25.6	6.3	2.1	28.5	156
			F	0.4	6.0	0.2	38.6	0.3	0.5	9.4	1.3	3.2	40.1	156
		2000	MF	0.2	5.1	0.9	21.4	0.8	8.9	24.5	5.4	2.4	30.5	156
			M	0.2	5.0	1.1	16.8	0.9	11.3	28.2	6.5	2.3	27.7	156
			F	0.2	5.2	0.1	37.7	0.4	0.4	11.2	1.3	3.0	40.6	156
		2001	MF	0.1	4.9	0.8	20.9	0.8	8.8	24.7	5.6	2.4	31.1	156
			M	0.1	5.0	0.9	16.8	1.0	10.9	28.4	6.6	2.1	28.2	156
			F	0.1	4.6	0.1	36.1	0.3	0.6	10.9	2.0	3.5	41.8	156
突尼斯		1980	MF	4.1	33.4	1.0	21.1	0.6	10.7	8.7	3.8	0.6	16.0	23
			M	4.6	34.5	1.2	13.7	0.6	13.7	10.1	4.6	0.6	16.5	23
			F	2.7	29.5	0.2	46.8	0.3	0.4	4.2	1.0	0.6	14.3	23
		1981	MF	4.0	32.5	1.0	21.7	0.6	10.8	9.0	3.8	0.7	16.1	23
		1982	MF	3.9	31.6	0.9	22.3	0.6	10.6	9.1	3.8	0.7	16.4	23
	b	1989	MF	1.6	25.8	1.8	19.3	…	12.5	11.0	4.8	0.8	22.5	157
	b		M	1.6	26.4	2.1	13.6	…	15.3	12.5	5.7	0.7	21.7	157
	b		F	1.2	22.7	0.4	42.9	…	0.7	4.4	1.4	1.2	25.2	157

		年份	性别	ISIC2 大类 0	1	2	3	4	5	6	7	8	9	注 No.
撒哈拉以南非洲														
东非														
埃塞俄比亚		1994	MF	0.8	89.3	0.1	1.8	0.1	0.3	2.4	2.4	0.1	2.8	158
毛里求斯		1990	MF	0.2	16.7	0.2	32.1	0.9	10.0	11.0	6.1	2.8	20.1	159
			M	0.2	17.7	0.2	24.5	1.2	14.2	12.1	8.1	2.9	18.9	159
			F	0.2	14.3	0.1	49.6	0.1	0.2	8.5	1.4	2.7	22.7	159
		1995	MF	0.7	13.4	0.3	29.3	0.8	8.0	14.1	6.2	3.1	24.3	160
			M	1.0	14.2	0.5	22.3	1.1	11.6	14.7	8.2	3.0	23.4	160
			F	…	11.6	0.1	44.2	0.1	0.1	12.8	1.7	3.1	26.2	160
		1996	MF	0.6	13.0	0.3	28.8	0.7	8.1	14.8	6.1	3.2	24.2	160
			M	0.9	13.8	0.5	22.0	1.0	11.8	15.2	8.2	3.2	23.3	160
			F	0.1	11.2	0.1	43.2	0.1	0.1	14.0	1.7	3.2	26.3	160
		1997	MF	0.5	12.5	0.3	28.7	0.7	7.7	15.8	6.3	3.4	24.0	160
			M	0.7	13.5	0.4	21.8	1.0	11.4	16.3	8.4	3.4	23.2	160
			F	0.1	10.3	0.1	43.3	0.1	0.1	14.9	1.8	3.4	25.8	160
		1998	MF	0.5	11.8	0.3	29.6	0.7	7.6	16.3	6.2	3.4	23.7	160
			M	0.7	12.9	0.4	22.6	0.9	11.2	16.7	8.3	3.4	22.9	160
			F	0.1	9.7	0.1	43.8	0.1	0.1	15.4	1.9	3.5	25.3	160
		1999	MF	0.4	11.2	0.3	29.8	0.6	7.6	16.8	6.2	3.5	23.6	160
			M	0.6	12.4	0.4	22.7	0.9	11.3	17.2	8.3	3.6	22.7	160
			F	0.1	8.7	0.1	44.2	0.1	0.1	16.1	1.9	3.4	25.4	160
卢旺达		1989	MF	0.3	90.1	0.2	1.4	0.1	1.2	2.6	0.2	0.1	3.8	161
			M	0.4	83.4	0.4	2.1	0.2	2.6	4.1	0.4	0.2	6.0	161
			F	0.2	95.9	–	0.7	–	–	1.3	–	–	1.9	161
坦桑尼亚联合共和国		2001	MF	…	82.1	0.2	1.5	0.1	0.9	7.5	0.7	0.2	7.0	162
			M	…	80.2	0.2	1.9	0.2	1.8	6.8	1.2	0.3	7.5	162
			F	…	84.0	0.2	1.0	–	–	8.1	0.1	0.1	6.5	162
	b	2006	MF	…	76.5	0.5	2.6	0.1	1.1	9.6	1.5	0.6	7.6	163
	b		M	…	72.7	0.9	3.4	0.2	2.1	10.4	2.9	0.9	6.5	163
	b		F	…	80.0	0.1	1.9	–	0.1	8.9	0.2	0.2	8.6	163
赞比亚		1990	MF	18.4	49.8	3.3	5.1	0.6	1.9	3.8	2.9	2.0	12.1	164
			M	16.0	46.6	4.9	6.4	0.8	2.8	3.5	4.1	2.1	12.8	164
			F	23.0	56.0	0.4	2.6	0.1	0.2	4.5	0.6	1.9	10.9	164
	b	1998	MF	…	70.0	2.0	4.0	…	1.0	11.0	2.0	1.0	9.0	165
	b		M	…	63.5	3.0	5.0	…	1.9	10.9	3.0	2.0	10.9	165
	b		F	…	77.2	0.9	2.0	…	0.1	11.9	1.0	1.0	5.9	165
	b	2000	MF	…	71.6	1.3	2.8	0.4	1.3	6.8	1.9	1.0	12.9	166
	b		M	…	65.2	2.2	3.6	0.6	2.3	6.8	3.2	1.3	14.7	166
	b		F	…	78.6	0.1	1.7	0.1	0.1	6.7	0.3	0.7	10.7	166
中非														
安哥拉		1992	MF	7.7	5.1	2.9	12.3	0.9	4.5	29.0	8.5	2.4	26.7	167
喀麦隆		1986	MF	2.3	76.9	0.1	4.8	0.1	1.9	4.3	1.4	0.2	8.1	23
	b	2001	MF	7.2	60.6	0.2	6.8	0.5	1.7	15.2	2.6	0.3	5.1	84
	b		M	9.0	53.1	0.3	9.7	0.8	3.2	13.2	5.0	0.4	6.9	84
	b		F	5.3	68.4	0.1	3.7	0.1	0.1	19.0	0.1	0.1	3.2	84
乍得		1993	MF	0.4	83.0	0.1	1.4	0.1	0.5	7.8	1.5	0.6	4.6	168
			M	0.5	80.3	0.1	2.1	0.2	0.9	6.4	0.2	1.1	8.1	168
			F	0.3	85.9	…	0.7	–	0.1	9.3	2.8	0.1	0.9	168
赤道几内亚		1983	MF	1.3	76.3	0.1	1.9	0.3	2.4	4.0	2.3	0.5	10.8	169
			M	1.7	68.1	0.2	2.5	0.4	4.0	4.2	3.3	0.6	15.0	169
			F	0.7	89.9	–	0.7	–	–	3.4	0.7	0.3	4.0	169
加蓬		1993	MF	–	43.5	2.4	2.6	4.0	0.5	24.8	5.1	0.6	16.3	170
			M	–	28.9	3.8	3.9	7.0	0.7	26.8	8.3	0.6	20.0	170
			F	–	61.0	0.8	1.0	0.5	0.3	22.4	1.3	0.7	12.0	170
圣多美和普林西比		1980	MF	…	54.3	…	11.8	2.3	8.9	5.6	4.2	0.2	12.7	23
			M	…	42.4	…	16.6	3.8	12.0	6.1	5.8	0.2	13.0	23
			F	…	72.9	…	4.3	–	3.9	4.8	1.7	0.1	12.2	23
		1981	MF	…	63.4	…	3.6	1.0	6.2	2.7	2.8	1.8	18.5	23
			M	…	53.7	…	5.1	1.6	8.9	3.2	4.0	1.5	22.0	23
			F	…	78.7	…	1.4	0.1	1.9	1.9	0.8	2.2	13.0	23
		1982	MF	…	52.0	…	3.6	1.5	9.4	4.6	4.8	1.4	22.7	23
			M	…	46.2	…	4.6	2.3	13.3	5.1	5.9	2.0	20.8	23
			F	…	63.1	…	1.7	–	2.1	3.7	2.8	0.2	26.4	23
		1983	MF	…	60.6	…	4.5	1.2	8.2	1.9	5.9	0.6	17.1	23
			M	…	56.8	…	5.8	1.5	11.0	1.9	7.2	0.6	15.2	23
			F	…	67.6	…	2.2	0.5	3.0	1.9	3.5	0.5	20.7	23

		年份	性别	ISIC2 大类 0	1	2	3	4	5	6	7	8	9	注 No.
		1984	MF	…	53.5	…	1.9	3.8	12.5	1.5	4.2	1.5	21.1	23
			M	…	45.8	…	1.9	5.5	17.9	1.5	5.3	1.5	20.6	23
			F	…	69.7	…	1.7	0.4	1.1	1.5	1.9	1.5	22.2	23
	b	1991	MF	3.1	39.9	–	4.4	0.8	8.4	13.1	6.4	0.5	23.4	171
	b		M	2.9	42.3	–	5.8	1.1	12.3	5.1	9.0	0.4	21.1	171
	b		F	3.5	35.0	–	1.8	0.1	0.6	29.2	1.2	0.7	28.0	171
南部非洲														
博茨瓦纳		1985	MF	–	57.9	3.3	3.3	0.7	3.4	5.7	0.9	1.1	23.7	25
			M	–	55.3	5.9	3.6	1.3	6.3	4.8	1.5	1.3	19.9	25
			F	–	60.5	0.5	2.9	0.1	0.3	6.7	0.3	0.9	27.6	25
莱索托		1996	MF	36.4	22.8	1.8	4.1	0.5	3.7	3.0	2.8	0.8	24.2	172
			M	35.8	32.5	2.7	1.7	0.7	5.0	1.8	4.2	0.7	14.9	172
			F	37.4	8.1	0.3	7.8	0.2	1.8	4.7	0.5	1.0	38.4	172
南非		2001	MF	10.1	9.7	4.5	14.8	0.9	5.5	22.1	5.0	9.0	18.4	173
		2002	MF	10.0	12.2	4.5	14.8	0.7	5.2	19.7	5.0	9.3	18.6	173
		2003	MF	10.5	10.3	4.3	14.1	0.7	5.4	21.1	4.8	9.3	19.5	174
			M	3.3	12.6	7.4	16.3	1.0	8.5	18.8	6.9	9.8	15.4	174
			F	19.4	7.4	0.5	11.3	0.4	1.5	23.9	2.3	8.7	24.6	174
		2004	MF	9.4	9.1	3.5	14.7	0.9	7.1	21.8	4.8	9.9	18.7	174
			M	3.7	10.4	5.8	16.5	1.1	11.0	19.9	6.5	10.3	14.9	174
			F	17.4	7.4	0.2	12.3	0.5	1.6	24.6	2.5	9.2	24.1	174
西非														
布基纳法索		1994	MF	0.4	88.8	0.1	2.8	–	0.4	4.0	0.4	–	3.0	92
冈比亚		1993	MF	1.4	64.7	–	4.0	0.3	1.8	13.9	2.8	0.5	10.5	175
			M	0.7	53.7	–	6.6	0.5	3.5	14.7	5.1	0.9	14.2	175
			F	2.1	76.5	…	1.2	…	0.1	13.0	0.3	0.2	6.6	175
加纳		1992	MF	…	62.0	0.5	8.1	0.2	1.2	15.8	2.3	0.5	9.4	176
			M	…	66.2	1.2	6.5	0.4	2.3	4.6	4.6	0.8	13.1	176
			F	…	58.7	…	9.5	…	0.3	24.9	0.3	0.3	6.3	176
		1999	MF	…	55.0	0.7	11.7	0.2	1.4	18.3	2.2	0.8	9.8	176
			M	…	59.8	1.4	8.9	0.4	2.8	7.4	4.5	1.6	13.0	176
			F	…	50.3	–	14.4	–	–	28.9	…	…	6.7	176
几内亚		1994	MF	0.1	76.0	0.5	4.0	0.1	1.3	13.5	1.8	0.4	2.4	177
			M	–	72.9	0.6	5.6	0.2	2.7	10.7	3.6	0.4	3.3	177
			F	0.1	78.8	0.4	2.5	…	…	16.1	0.2	0.4	1.5	177
尼日利亚		1983	MF	4.2	33.6	0.4	2.1	1.0	2.2	26.3	4.0	0.8	25.4	62
			M	3.9	39.0	0.5	0.4	1.4	2.9	16.5	5.8	1.0	28.4	62
			F	4.8	21.7	–	5.8	0.1	0.7	47.6	0.1	0.3	19.0	62
		1986	MF	2.2	46.9	–	4.3	0.3	1.7	24.5	3.8	0.4	15.1	62
			M	3.3	51.2	1.2	4.8	0.4	2.5	14.0	5.5	0.5	17.6	62
			F	2.0	37.6	0.9	3.4	0.1	0.5	46.9	0.2	–	9.6	62
中东														
巴林		1981	MF	1.6	2.7	3.5	8.2	2.0	21.0	13.6	9.5	3.6	34.4	178
			M	1.7	3.0	3.7	8.9	2.2	23.3	14.6	9.6	3.0	30.1	178
			F	1.4	–	1.4	2.0	0.7	1.4	5.4	8.8	8.8	70.3	178
	b	1982	MF	1.6	2.6	0.6	11.7	1.6	20.4	14.0	10.3	5.0	32.1	23
	b		M	1.6	2.9	0.6	12.7	1.7	22.7	15.1	10.4	4.4	27.9	23
	b		F	1.3	–	–	3.3	0.7	1.3	5.2	9.8	10.5	67.3	23
伊朗（伊斯兰共和国）		1982	MF	18.1	7.0	0.4	19.2	1.3	7.0	11.0	6.3	1.6	27.9	179
约旦		1983	MF	…	6.7	1.3	7.3	0.5	12.6	10.9	8.2	2.7	49.8	84
			M	…	7.0	1.5	7.2	0.5	13.6	11.6	8.9	2.4	47.3	84
			F	…	3.4	–	7.7	–	0.9	3.0	1.3	6.0	77.4	84
		1986	MF	…	5.5	0.2	8.2	0.7	9.6	12.5	8.6	2.4	52.1	84
			M	…	5.8	0.3	8.6	0.8	10.4	13.1	9.2	2.1	49.7	84
			F	…	1.8	–	4.2	–	0.6	4.8	2.4	6.0	79.6	84
		1987	MF	…	6.6	1.1	7.4	0.7	8.0	12.3	7.8	2.6	53.6	84
			M	…	6.9	1.3	7.4	0.8	8.7	13.1	8.4	2.4	51.2	84
			F	…	3.9	–	7.2	–	1.0	4.8	1.4	4.3	76.8	84
科威特		1983	MF	…	0.6	1.3	8.1	1.1	16.5	11.1	6.4	3.6	51.2	3
			M	…	0.8	1.5	9.7	1.3	20.2	13.2	7.4	3.7	42.2	3
			F	…	–	0.6	0.8	–	0.6	2.3	2.3	3.2	90.1	3
		1988	MF	…	1.3	0.9	7.6	1.1	15.9	11.6	5.3	3.0	53.4	180
			M	…	1.7	1.2	9.8	1.4	20.7	14.5	6.4	3.3	41.1	180
			F	…	0.1	0.1	0.8	–	0.9	2.3	1.5	2.2	91.9	180

		年份	性别	ISIC2 大类 0	1	2	3	4	5	6	7	8	9	注 No.
阿拉伯叙利亚共和国		1989	MF	…	26.5	0.4	14.2	1.0	11.7	11.7	6.1	1.3	27.1	51
			M	…	22.7	0.4	14.8	1.1	13.7	13.4	7.1	1.3	25.5	51
			F	…	47.3	–	11.1	0.5	0.9	2.2	0.9	1.0	36.0	51
		1991	MF	…	28.2	0.2	14.0	0.3	10.5	11.6	5.1	0.8	29.3	3
			M	…	23.1	0.2	15.6	0.3	12.3	13.6	5.8	0.7	28.3	3
			F	…	54.1	–	6.4	0.1	1.2	1.7	1.6	0.8	34.0	3
	b	1993	MF	…	31.1	0.8	14.3	1.3	10.2	11.3	5.3	1.0	24.8	181
	b		M	…	26.0	1.0	15.2	1.5	12.2	13.2	6.2	1.0	23.7	181
	b		F	…	52.7	0.2	10.8	0.5	1.3	3.0	1.3	0.8	29.4	181
	b	2001	MF	…	29.8	13.6	…	…	11.9	14.5	5.4	24.9	…	182
	b		M	…	24.9	15.0	…	…	14.2	16.9	6.2	22.8	…	182
	b		F	…	53.6	6.6	…	…	1.0	2.5	1.2	35.1	…	182
	b	2002	MF	…	30.3	13.7	…	…	13.2	15.0	5.5	1.3	21.0	183
	b		M	…	24.1	15.5	…	…	15.9	17.9	6.6	1.3	18.8	183
	b		F	…	58.1	5.8	…	…	1.0	2.5	0.7	1.0	31.0	183
也门		1991	MF	4.0	52.6	0.4	3.8	0.5	6.6	9.5	4.8	0.5	17.3	92
			M	4.8	43.5	0.5	4.4	0.6	8.5	12.1	6.1	0.6	18.9	92
			F	1.3	83.1	0.1	1.7	0.2	0.2	0.9	0.5	0.3	11.6	92

表 4c 按部门大类划分的就业（ISIC 第二版，1968 年，占总就业人口的百分比）（注）

1. 说明

表 4b 和 4c 将就业人口按照一位数字的部门门类进行划分，参照标准分别为较新的《所有经济活动的国际标准行业分类》（ISIC）修订版第三版（1990 年）和修订版第二版（1968 年）。通过对表 4b 和 4c 的分析，我们可以辨别出在单个工业部门与服务业部门的就业状况是在增长还是停滞。针对具体部门的就业进行跨时期的详细分析，我们可以发现对劳动力有集中需求的部门。决策者可以据此设计技能培训计划，以改善劳动力供求状况。

2. 所有经济活动的国际标准行业分类（ISIC 第二版，1968 年）——主要分类

0 未充分定义的经济活动
1 农业、狩猎业、林业和渔业
2 采矿和采石业
3 制造业
4 电力、燃气及水生产和供应业
5 建筑业
6 批发和零售贸易业以及餐馆和旅馆业
7 运输、仓储和通信业
8 金融、保险、房地产和经营服务业
9 社区、社会和个人服务业

3. 信息库

劳工统计数据库（LABORSTA） 劳工统计年鉴，在线统计数据库

国际劳工局统计部，瑞士日内瓦

http：//laborsta. ilo. org

劳工统计数据库是国际劳工组织统计部的在线数据库，提供了自 1969 年以来 30 多个官方核心劳工统计表，包括经济活动人口、就业、失业、工时、工资、劳动力成本、消费者价格、工伤及罢工和停工。

LMIL 劳动力市场指标图书馆

国际劳工组织就业部，瑞士日内瓦

LMIL 网络允许国际劳工组织中各部门共享劳动力市场信息。当无法从现有的国际信息库获取信息时，就利用 LMIL 指标。驻地办公室需负责鉴别、汇集和审查劳动力市场信息，并利用从各地区或各国那里得到的最新信息来更新数据库。

SIAL 项目 SIAL（劳工分析和信息系统）

国际劳工组织拉丁美洲和加勒比地区办公室，秘鲁利马

http：//www. oitsial. org. pa

该项目组通过在拉丁美洲地区进行家庭调查取得微观数据，并利用这些微观数据分析得出国际劳工组织出版物中的劳动力市场指标。目前该项目已经停止。

4. 资料来源类型

CA 与劳动力有关的机构普查
HS 家庭或劳动力调查
OE 官方估算
PC 人口普查

5. 符号

MF 男性和女性
M 男性
F 女性
b 序列发生变动
– 忽略不计
… 无法获得数据

注 No.	信息库	资料来源类型	年龄（岁）	备注
1	LABORSTA	HS	15 +	
2	LABORSTA	OE	15 +	参考期：6月
3	LABORSTA	HS	15 +	参考期：4月
4	LABORSTA	OE	15 +	覆盖范围：政府和合作社 注：第一类包括兽医服务（第九类）；第七类包括仓储；第九类包括广播和电视，以及维修和安装服务。
5	LABORSTA	OE	15 +	覆盖范围：政府和合作社 注：第三类包括第二类和第四类；第七类包括仓储；第九类包括广播和电视，以及维修和安装服务。
6	LABORSTA	OE	15 +	注：第三类包括第二类和第四类；第七类包括仓储；第九类包括广播和电视，以及维修和安装服务。
7	LABORSTA	OE	15 +	
8	LABORSTA	HS	15—74	参考期：第二季度
9	LABORSTA	HS	15—74	注：第三类包括第二类和第四类。
10	LABORSTA	HS	15—74	
11	LABORSTA	OE	15 +	注：第三类包括第二类、第四类和第五类；第六类包括第七类和第八类。
12	LABORSTA	HS	15 +	参考期：5月
13	LABORSTA	OE	15 +	参考期：1月 注：第二类包括第三类到第九类。
14	LABORSTA	HS	15 +	参考期：第二季度 注：第三类包括维修服务（第九类）
15	LABORSTA	OE	15 +	参考期：当年1月和下一年1月的平均值 覆盖范围：不包括领取育儿津贴的人员 注：第三类包括第二类和第四类；第九类指非物质性活动并包括第八类。
16	LABORSTA	OE	15 +	注：第三类包括第二类和第四类；第九类指非物质性活动并包括第八类；第零类指领取育儿津贴的人员。
17	LABORSTA	OE	15 +	注：第三类包括第二类和第四类；第九类指非物质性活动并包括第八类。
18	LABORSTA	HS	14 +	注：第二类包括第四类。
19	LABORSTA	OE	15 +	注：第九类包括房地产业和商业服务业（第八类）和第零类。
20	LABORSTA	OE	15 +	参考期：1月 注：第三类包括采矿业（第二类）。
21	LABORSTA	HS	15—64	
22	LABORSTA	HS	15—64	注：方法经过修改，数据不具有严格的可比性。
23	LABORSTA	OE	…	
24	LABORSTA	HS	10 +	参考期：第二季度
25	LABORSTA	HS	12 +	
26	LABORSTA	HS	14 +	
27	LABORSTA	OE	15 +	参考期：12月31日 覆盖范围：政府和合作社 注：第九类包括第零类。
28	LABORSTA	OE	15 +	参考期：12月31日 覆盖范围：政府和合作社 注：引入新行业分类。
29	LABORSTA	OE	15 +	参考期：12月31日 覆盖范围：政府和合作社
30	LABORSTA	OE	15 +	参考期：12月31日
31	LABORSTA	HS	16 +	
32	LABORSTA	HS	16—74	参考期：11个月的平均值 覆盖范围：不包括每周工作时间少于15小时的无报酬家庭工作者

注 No.	信息库	资料来源 类型	年龄 （岁）	备注
33	LABORSTA	HS	16—64	
34	LABORSTA	HS	16—64	注：方法经过修改，数据不具有严格的可比性。
35	LABORSTA	OE	16 +	参考期：6 月 覆盖范围：不包括国内私人服务业和无报酬家庭工作者
36	LABORSTA	OE	16 +	参考期：6 月 覆盖范围：不包括国内私人服务业和无报酬家庭工作者 注：第三类包括第二类、第四类和第五类；第六类包括第七类和第八类。
37	LABORSTA	HS	15 +	注：第三类包括维修和安装服务（第九类）；第四类包括卫生服务（第九类）。
38	LABORSTA	HS	16 +	注：第四类包括卫生服务（第九类）；第八类包括旅馆业（第六类）。
39	LABORSTA	HS	16 +	注：估算值基于 1990 年人口普查的结果；第四类包括卫生服务（第九类）；第八类包括旅馆业（第六类）。
40	LABORSTA	HS	15 +	覆盖范围：不包括每周工作时间少于 15 小时的无报酬家庭工作者
41	LABORSTA	PC	16 +	参考期：8 月
42	LABORSTA	HS	16 +	参考期：9 月 注：第二类包括第三类和第四类。
43	LABORSTA	HS	14 +	注：第三类包括第二类。
44	LABORSTA	HS	15 +	注：第三类包括第二类。
45	LABORSTA	HS	15 +	注：第九类包括旅馆业（第六类）。
46	LABORSTA	OE	…	参考期：12 月 31 日 覆盖范围：不包括无报酬家庭工作者
47	LABORSTA	OE	14 +	参考期：12 月
48	LABORSTA	HS	16—74	覆盖范围：不包括每周工作时间少于 10 小时的无报酬家庭工作者
49	LABORSTA	HS	16—74	
50	LABORSTA	OE	15 +	注：第三类包括第四类。
51	LABORSTA	HS	15 +	参考期：10 月
52	LABORSTA	OE	15—61	注：第三类包括第二类；第零类包括武装部队人员。
53	LABORSTA	OE	…	覆盖范围：不包括自雇工作者。
54	LABORSTA	OE	…	注：第二类包括第三类和第四类。
55	LABORSTA	OE	…	参考期：12 月 覆盖范围：不包括再就业的退休人员 注：第八类包括商业服务。
56	LABORSTA	HS	15 +	覆盖范围：不包括每周工作时间少于 1 小时的无报酬家庭工作者
57	LABORSTA	HS	14 +	参考期：5 月
58	LABORSTA	HS	14 +	注：估算值基于 2001 年人口普查的结果。
59	LABORSTA	PC	16 +	
60	LABORSTA	PC	15 +	
61	LABORSTA	PC	15 +	参考期：6 月
62	LABORSTA	HS	…	
63	LABORSTA	PC	16 +	参考期：4 月
64	LABORSTA	HS	15 +	参考期：以所显示年份的 6 月作为年末
65	LABORSTA	HS	10 +	参考期：以所显示年份的 6 月作为年末
66	LABORSTA	PC	12 +	
67	LMIL	PC	10 +	
68	LABORSTA	HS	10 +	参考期：7 月
69	LABORSTA	HS	10 +	参考期：7 月 注：估算值由 1987—1988 年的调查结果计算得出。

注 No.	信息库	资料来源类型	年龄（岁）	备注
70	LABORSTA	HS	10 +	参考期：1 月
71	LABORSTA	HS	10 +	
72	LABORSTA	HS	10 +	地域界限：不包括北部和东部省份
73	LABORSTA	HS	10 +	参考期：第三季度 地域界限：不包括北部省份
74	LABORSTA	HS	15 +	参考期：2 月
75	LMIL	HS	15—64	
76	LABORSTA	OE	…	注：第九类包括第零类。
77	LABORSTA	HS	15 +	参考期：第四季度 注：第九类包括餐馆和旅馆业（第六类）。
78	LABORSTA	HS	15 +	参考期：10 月 注：第九类包括餐馆和旅馆业（第六类）。
79	LMIL	HS	15 +	参考期：7 月 注：第九类包括餐馆和旅馆业（第六类）。
80	LABORSTA	HS	15 +	参考期：6 月
81	LABORSTA	HS	11 +	参考期：第二轮 注：不包括每周工作时间少于 1 小时的无报酬家庭工作者。第三类包括维修和安装服务；第四类包括卫生服务业；第六类包括第八类；第九类包括餐馆和旅馆业。
82	LABORSTA	HS	13 +	参考期：第三季度 注：第三类包括维修和安装服务（第九类）；第四类包括卫生服务业（第九类）；第六类包括第八类，第九类包括餐馆和旅馆业（第六类）。
83	LABORSTA	HS	…	参考期：第三季度 注：第三类包括维修和安装服务（第九类）；第四类包括卫生服务业（第九类）；第六类包括第八类，第九类包括餐馆和旅馆业（第六类）。
84	LMIL	HS	15 +	
85	LABORSTA	HS	15 +	参考期：第一和第四季度的平均值 注：第五类包括第二类；第六类指批发和零售贸易；第零类指旅游业。
86	LABORSTA	HS	15 +	注：第五类包括第二类；第六类指批发和零售贸易；第零类指旅游业。
87	LABORSTA	HS	17—60	参考期：12 月 注：数据指的是 17—60 岁的男性和 17—55 岁的女性。
88	LABORSTA	PC	15 +	参考期：5 月
89	SIAL	HS	15 +	覆盖范围：不包括每周工作时间少于 15 小时的无报酬家庭工作者 注：数据源自微观渠道。
90	LABORSTA	OE	…	注：第六类包括金融、保险和房地产业（第八类）并包括餐馆和旅馆业。
91	LABORSTA	OE	10 +	参考期：7 月
92	LMIL	HS	10 +	
93	LABORSTA	PC	15 +	参考期：3 月 注：第六类包括第七类和第八类。
94	LABORSTA	OE	15 +	地域界限：包括阿鲁巴
95	LABORSTA	HS	15 +	参考期：10 月 地域界限：库拉索 注：第一类包括第二类。
96	LABORSTA	HS	15 +	参考期：10 月 地域界限：库拉索
97	LABORSTA	HS	16 +	注：第九类包括旅馆业（第六类）。
98	LABORSTA	HS	14 +	参考期：第一季度

注 No.	信息库	资料来源类型	年龄（岁）	备注
99	LABORSTA	HS	15 +	参考期：第二季度 注：第三类包括第二类；第五类包括第四类；第九类包括第八类。
100	LABORSTA	HS	15 +	注：第二类包括石油和天然气开采业（第四类）。
101	LABORSTA	HS	14 +	参考期：4 月
102	LABORSTA	HS	12 +	参考期：7 月 注：第三类包括第二类；第六类包括第八类；第七类包括第四类。
103	LABORSTA	HS	12 +	参考期：7 月
104	LMIL	HS	15 +	参考期：7 月 注：数据源自微观渠道。
105	LABORSTA	HS	10 +	参考期：12 月 注：第六类包括金融、保险和房地产业（第八类）并包括餐馆和旅馆业。
106	LABORSTA	HS	10 +	参考期：12 月 地域界限：城市地区
107	LABORSTA	HS	10 +	参考期：12 月
108	SIAL	HS	15 +	注：数据源自微观渠道。
109	LMIL	HS	10 +	参考期：第二季度
110	LABORSTA	HS	10 +	地域界限：危地马拉城
111	LMIL	HS	15 +	地域界限：不包括北部地区和佩滕 注：数据源自微观渠道。
112	LMIL	HS	10 +	参考期：5—7 月
113	LABORSTA	OE	…	参考期：第二季度
114	LABORSTA	HS	10 +	参考期：3 月 地域界限：不包括格拉西亚斯—阿迪奥斯省和海湾群岛省
115	SIAL	HS	15 +	参考期：9 月 地域界限：不包括海湾群岛省 注：数据源自微观渠道。
116	SIAL	HS	10 +	参考期：9 月 地域界限：不包括海湾群岛省 注：数据源自微观渠道。
117	LABORSTA	HS	10 +	参考期：5 月 地域界限：不包括格拉西亚斯—阿迪奥斯省和海湾群岛省
118	LABORSTA	PC	12 +	参考期：2 月
119	LABORSTA	HS	12 +	参考期：第二季度
120	LMIL	HS	12 +	参考期：第二季度 注：第三类包括第四类。
121	LMIL	HS	12 +	参考期：第二季度 注：第三类包括第二类和第四类；第九类包括第八类。
122	LABORSTA	OE	10 +	
123	SIAL	HS	10 +	参考期：8 月 地域界限：40 个城市 注：数据源自微观渠道。
124	SIAL	HS	10 +	参考期：11 月 注：数据源自微观渠道。
125	LABORSTA	HS	15 +	参考期：8 月 注：第零类指在运河区工作的人。
126	LABORSTA	HS	15 +	参考期：8 月

注 No.	信息库	资料来源类型	年龄（岁）	备注
127	SIAL	HS	15 +	参考期：10 月 地域界限：大布宜诺斯艾利斯 覆盖范围：不包括每周工作时间少于 15 小时的无报酬家庭工作者 注：数据源自微观渠道。
128	SIAL	HS	10 +	参考期：10 月 地域界限：大布宜诺斯艾利斯 注：第一类包括第二类。数据源自微观渠道。
129	LABORSTA	HS	10 +	参考期：11 月 地域界限：主要城镇
130	LABORSTA	HS	10 +	参考期：9 月 注：第二类包括第四类和卫生服务（第九类）；第八类包括第零类；第九类包括餐馆、旅馆和仓储业（第六类和第七类）且不包括国际机构。
131	SIAL	HS	15 +	参考期：9 月 注：数据源自微观渠道。
132	LABORSTA	HS	12 +	参考期：第四季度
133	LABORSTA	HS	15 +	参考期：第四季度
134	LABORSTA	HS	15 +	参考期：第四季度 注：方法经过修改，数据不具有严格的可比性。
135	LABORSTA	HS	12 +	参考期：9 月 地域界限：7 个主要城市
136	LABORSTA	HS	10 +	参考期：第三季度
137	LABORSTA	HS	10 +	参考期：11 月 地域界限：城市地区
138	LABORSTA	HS	10 +	参考期：11 月 地域界限：城市地区 注：第一类包括第二类；第七类包括第四类。
139	SIAL	HS	15 +	参考期：11 月 地域界限：城市地区 注：数据源自微观渠道。
140	LABORSTA	HS	12 +	地域界限：亚松森都市地区
141	SIAL	HS	10 +	注：数据源自微观渠道。
142	SIAL	HS	15 +	参考期：以所显示年份的 9 月为年初，以下年 8 月为年末。 注：数据源自微观渠道。
143	SIAL	HS	15 +	参考期：11—12 月 地域界限：不包括博客龙和上巴拉圭的政府部门 注：数据源自微观渠道。
144	SIAL	HS	15 +	参考期：8 月至 11 月 地域界限：不包括博客龙和上巴拉圭的政府部门 注：数据源自微观渠道。
145	SIAL	HS	14 +	地域界限：秘鲁首都利马 注：数据源自微观渠道。
146	LABORSTA	HS	14 +	地域界限：秘鲁首都利马 覆盖范围：不包括每周工作时间少于 15 小时的无报酬家庭工作者
147	LABORSTA	HS	14 +	参考期：9—10 月 地域界限：秘鲁首都利马 覆盖范围：不包括每周工作时间少于 15 小时的无报酬家庭工作者

注 No.	信息库	资料来源类型	年龄（岁）	备注
148	SIAL	HS	14 +	参考期：第三季度 地域界限：秘鲁首都利马 注：数据源自微观渠道。
149	LABORSTA	HS	14 +	地域界限：城市地区 注：第二类包括第一类和第四类。
150	LABORSTA	HS	14 +	地域界限：城市地区
151	LABORSTA	HS	15 +	参考期：第二学期
152	SIAL	HS	15 +	参考期：第二学期 覆盖范围：不包括每周工作时间少于15小时的无报酬家庭工作者 注：数据源自微观渠道。
153	LABORSTA	HS	12—64	参考期：5月和11月的平均值
154	LABORSTA	HS	12—64	参考期：12月
155	LABORSTA	HS	12—64	参考期：5月、6月、9月和12月的平均值
156	LABORSTA	HS	15 +	地域界限：城区
157	LABORSTA	HS	15 +	注：第三类包括第四类。
158	LABORSTA	CA	…	
159	LABORSTA	PC	12 +	参考期：7月
160	LMIL	OE	12 +	参考期：6月
161	LMIL	HS	15—64	参考期：上一年年末至当年年末
162	LABORSTA	HS	10 +	参考期：3月 地域界限：坦桑尼亚大陆（不包括桑给巴尔）
163	LMIL	HS	15 +	地域界限：坦桑尼亚大陆（不包括桑给巴尔）
164	LABORSTA	PC	12 +	参考期：8月
165	LMIL	HS	12 +	参考期：11—12月
166	LABORSTA	PC	12 +	参考期：10月
167	LABORSTA	HS	…	地域界限：罗安达
168	LMIL	PC	15—64	参考期：7月
169	LABORSTA	PC	6 +	参考期：7月
170	LABORSTA	PC	10 +	参考期：7月
171	LABORSTA	PC	10 +	参考期：8月
172	LABORSTA	PC	10 +	参考期：4月
173	LMIL	HS	15—65	
174	LMIL	HS	15—64	参考期：9月
175	LMIL	HS	12 +	
176	LMIL	HS	15 +	参考期：上一年9月至当年9月
177	LMIL	HS	7 +	
178	LABORSTA	OE	…	注：第二类包括石油炼制业（第三类）。
179	LABORSTA	HS	…	地域界限：城市地区
180	LABORSTA	HS	15 +	参考期：3月
181	LMIL	OE	15 +	
182	LABORSTA	HS	15 +	注：第二类包括第三类和第四类，第八类包括第九类。
183	LABORSTA	HS	15 +	注：第二类包括第三类和第四类。

KILM 5：非全职工作者

引　言

非全职工作者这一指标侧重的是工作时间总量少于“全职”的个人占总就业人口的百分比。因为国际上对一周至少工作多少小时才能算是全职工作尚无统一定义，所以两种工作类型的界限要么因国别而异，要么通过特定估算来决定。本项指标采用了以下两种衡量标准：非全职就业总人数占总就业人口的比重，有时也称为“非全职就业率”；以及女性在非全职工作者中的百分比。表5包含了81个经济体的相关信息。

指标的用途

过去几十年间，发达经济体中非全职工作者的数量出现快速增长。这一趋势同劳动力市场上女性数量的增加有关，同时也与为适应行业内工作组织架构变化以及服务业发展而增强劳动力市场灵活性的举措有关。这种更为灵活的工作安排发展势头日趋明显，各国决策者对此的担忧是，与全职相比，非全职工作安排存在隐患，不仅经济上缺乏保证，而且稳定性较差。尽管相关调研结果似乎可以打消这一疑虑，但是有关争论仍然存在。[1]

就其本身而言，非全职工作不应被视为一种负面概念。非全职工作为人们提供了更好地平衡工作和家庭的机会，也满足了那些喜欢较短时间用于工作、较多时间用于个人生活的人群的需求。高失业率国家的决策者可以推动非全职工作的发展，使之成为再次分配工作时间的手段，从而降低具有政治敏感性的失业率，而不需要延长工作总时数。

然而，非全职就业并不总是可取的。根据KILM 12“与工作时间相关的不充分就业”的调查显示，大量非全职工作者更愿意从事全职工作。虽然非全职工作在灵活性上具有优势，但和做全职工作的人员相比，其也存在劣势。比如，非全职人员时薪较低，[2]不能享有某些社会福利，职业发展和培训机会的限制也更多。为鼓励非全职工作方式的发展，一些政府为企业提供财务和税收激励措施，以弥补其为非全职工作者提供与全职工作者相同社会福利的开支。

从性别角度分析非全职就业情况，有助于考察女性在多大程度上比男性更有可能从事非全职工作。非全职往往是女性就业的特点之一。尽管年龄分组分析并不在本指标的覆盖范围之内，但按年龄进行分类相当重要。分析显示，青年工作者（15—24岁）——尤其是在校生——以及老年工作者（55岁及以上）比成年工作者（25—54岁）从事非全职工作的可能性更大。所以，非全职工作的一项潜在作用就是帮助年轻人逐渐进入劳动力市场，并协助老人退出劳动力市场。

定义和来源

国际劳工组织对非全职工作尚未做出

1　关于工作时间安排的最新趋势，见J.-Y. Boulin、M. Lallement、J. C. Messenger和F. Michon（编著）：《体面工作时间：新趋势，新问题》（国际劳工组织，日内瓦，2006年），以及J. C. Messenger（编著）：《工业化国家的工时与工作者的偏好：找到平衡》（Routledge，2004年）。

2　不同岗位与技能水平的之间的工资差距也很大，见J. King：“关于非全职工作者收入的一些比较”，《劳动报酬及工作条件》（美国劳工统计局，华盛顿，2000年夏）。

官方定义，主要是因为全职和非全职因国别不同而定义不同，因而国际上很难就二者的分界线达成一致。在1994年的第81届国际劳工大会上，国际劳工组织将“非全职工作者”定义为“同全职工作者相比，正常工作时间较少的就业者”。[3]因此，二者的分界线可由各国自己定义。一些国家采用工作者对自己就业情况的表述来区分全职和非全职工作，即根据受访者如何看待他们的工作贡献来进行划分（见表5，欧洲劳动力调查的结果）。其他国家则根据每周通常工时和实际工时规定一个分界线，一般来说，二者的分界线为每周30—40小时。所以，每周工作35小时或以上的人应当视为“全职工作者”，而少于35小时的人则是“非全职工作者”。

一个标准工作周的定义能够为雇员享受福利（如卫生保健、超过标准工作周的加班费等）的起始点要求提供一个法律和文化上的基础。应当注意的是，某些国家的“标准”工作周有可能高于这些国家对全职工作规定的官方分界线。也就是说，在世界大多数国家内，每周35—40小时的工作时间是很多行业和工作场所的全职标准，然而还是有些国家时常在统计时将全职工作定义为每周工作时数在30—37小时之间。

1997年，经济合作与发展组织（OECD）发起了一项针对非全职工作定义的分析研究，结果表明下限为30小时的非全职工作的定义更适合国际比较的需要。[4]此后，OECD开始采用30小时这一分界线对各成员国的数据统计进行统一。表5中的各个OECD国家的数据均为统一之后的数据。

几乎所有表5中列出的经济体均采用劳动力调查作为非全职工作信息的来源。至于基于企业的调查，也就是那种雇员的信息直接来自于企业工资单记录的调查，基本上不可能提供有关雇员工作小时数的信息，因而不能作为本指标的可靠信息来源。

在区分全职与非全职工作时，优先采用劳动力调查作为信息来源的一个原因是，所有国家中都有特定的且比例不断变化的劳动者不只拥有一份工作。在此情况下，只考虑受访者的主要工作就会导致将其归为非全职工作者一类，但是在考虑到受访者的第二份（还有可能第三份）工作时，他们的工作时间就会超过全职的界限。换句话说，决定个人所从事的工作是全职还是非全职，取决于个人在一周内的正常工作时间的总时数，而非工作本身的性质。只有劳动力调查（和涉及问题相当广泛的人口普查）才能提供个人总工时的信息。尽管如此，许多国家虽然拥有劳动力调查的信息，但仍然只报告了个人主要工作的时间，而忽略了拥有多份工作的个人其总工作时间可能与全职工作时间相当这一事实。[5]

表格注释说明了“通常”和“实际”工时的差别。“通常工时”是指：在一个调查周内，可以决定其为全职还是非全职工作者的一般工作总时数，而非实际工作总时数。通常工时包括正常工作时间和通常的加班时间或额外工作时间（无论是否获得收入）。通常工时不考虑临时休假的情况。比如说，某人通常每周工作40小时，但在调查周内请了一天病假（8小时），尽管如此，其（在把全职工作分界线定为35小时的国家中）将仍被归为全职工作者。

可比性的限制

各国之间关于非全职工作的信息可能会有很大差别，这主要是因为各国采用了不同

3　第81届国际劳工大会通过了《非全职工作公约》（175号）和《建议书》（182号），相关文本见 http://www.ilo.org/ilolex/english/convdisp1.htm。

4　OECD：“用于国际比较的非全职工作的定义”，《劳动力市场和社会政策》，第22号专刊（巴黎，1997年）；http://www.olis.oecd.org/OLIS/1997DOC.NSF/LINKTO/OCDE-GD(97)121。

5　用户可以在“工作范围”一栏查询工作范围的信息，如“所有工作”，“仅显示主要工作”等。

图 5a　女性非全职就业率和非全职工作者中女性所占比重（OECD 国家，2007 年）

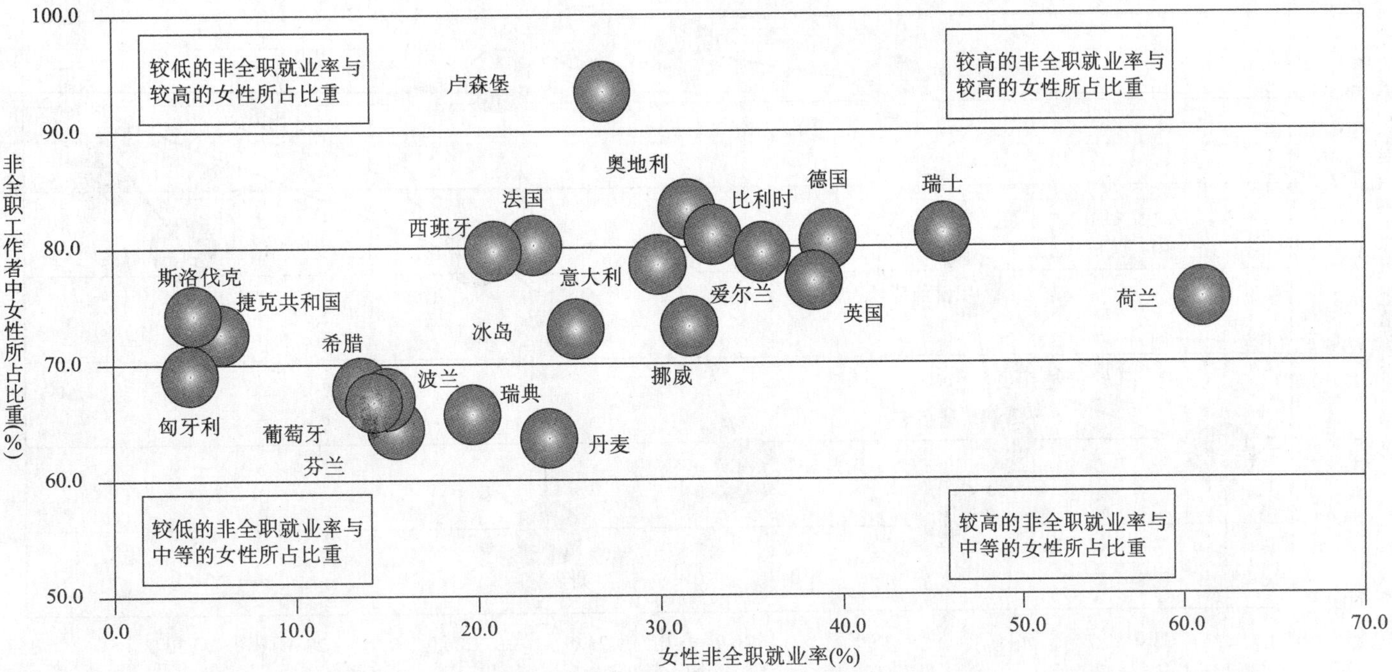

的全职工作定义，也可能与各国文化背景或工作场所规范存在差异有关。关于劳动力年龄的规定也可能是造成差别的重要原因之一。各国对进入劳动力市场的年龄规定各不相同，对劳动年龄上限的规定也是如此。如果在调查中，一个国家将 10 岁以上的人都纳入调查范围，而另一个国家仅调查 16 岁以上的劳动力，仅仅是这一原因就能导致两国在非全职就业率上出现差异。同样，一些国家未规定劳动年龄的上限，而其他国家则有明确规定，比如以 65 岁为上限。关于年龄分界线的规定会将一些人排除在“就业”的范围之外，而这些未被纳入就业范围的人很有可能正是非全职工作者，因为非全职工作在老年组和青年组中尤为常见。导致这些差别的另一个因素则是各国对“无报酬家庭工作者”的定义不同。另外，没有时间限制（一小时或以上）或限制时数较低（比如每周 10 小时）的国家比限制时数较高的国家（比如 15 小时）拥有更多的非全职工作者。

前面的章节我们讨论了 OECD 数据集的使用，其在方便跨国比较的同时，也会带来一些负面影响。这将取决于集合中各国的具体情况，各国在以下方面都会有所差别：全职/非全职工作时间分界线的范围、普通或特殊行业和职业中的标准工作周、个人关于全职/非全职工作测度的概念框架，以及用于估算和调整的 OECD 可得信息的范围。[6]

虽然已经尽可能地统一了数据，但非全职工作的统计结果仍然因为所采取的工时标准（通常工时或实际工时）不同而存在差异。一般来说，如果以实际工时为标准时数，非全职工作者在就业人口中所占的比率将高于以通常工作时数为标准得出的比率，当工作时间因为度假、病假等情况临时减少时更是如此。因此，季节性影响是实际工时变动的重要原因。另外，主要工作和所有工作的划分标准也很重要。在有些国家中，时间分界线是以花费在主要工作上的工时为基础；而另一些国家则是以花费在所有工作上的总工时为基础。因此，调查有可能反映的是花费在主要工作上的通常或实际工时，也可能是花费在所有工作上的通常或实际工时。

基于以上不同，再加上个别国家可能存在的特殊情况，跨国比较必须谨慎进行。尽管如此，非全职工作调查非常有助于我们了解劳动力市场行为，对单个国家和跨国比较

6　对跨国比较感兴趣的用户可参考 OECD：“用于国际比较的非全职工作的定义”。

图 5b　2000—2007 年部分国家女性非全职就业率和非全职工作者中女性所占比重

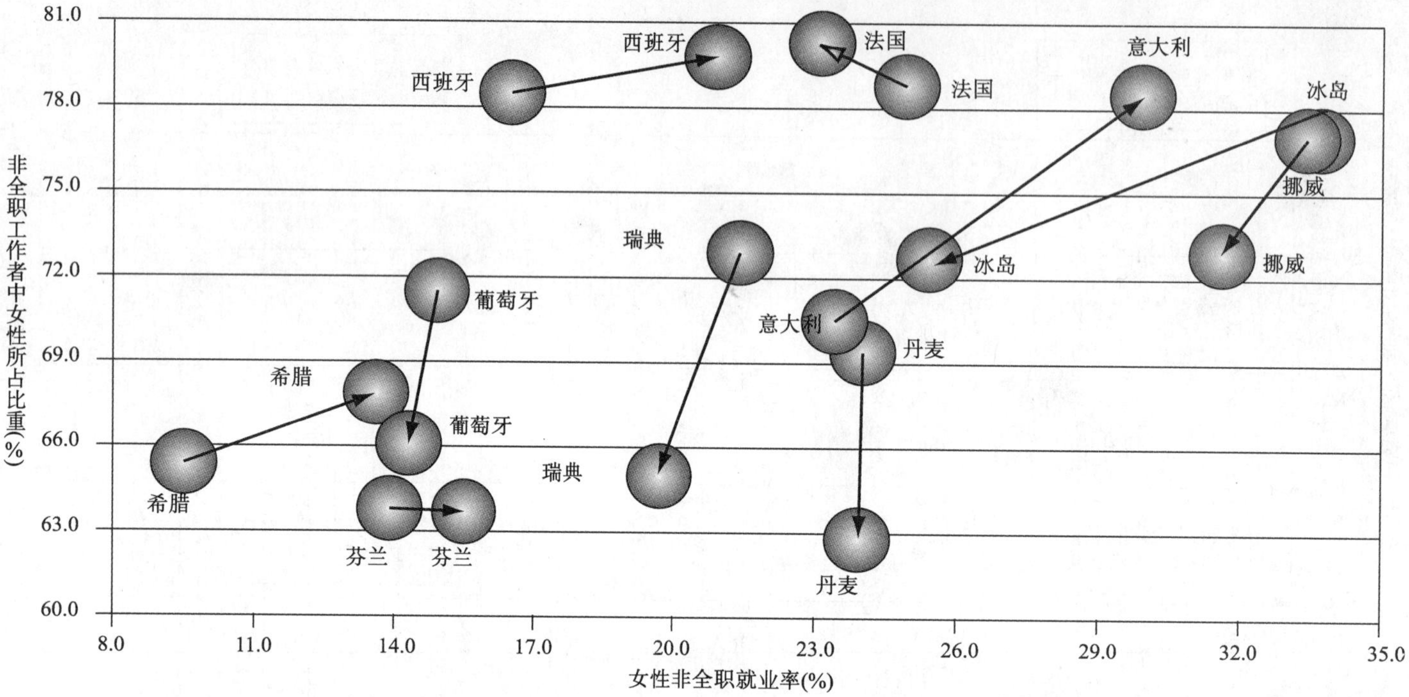

注：箭头表示两个相关变量在 2000—2007 年间的变化趋势。

来说更是如此。

趋　　势

2007 年，发达国家的非全职就业率差别很大。非全职就业率最低的（低于 5%）是一些新加入欧盟的国家——保加利亚、捷克共和国、匈牙利和斯洛伐克；非全职就业率最高的（超过 22%）国家是澳大利亚、德国、荷兰、新西兰、瑞士和英国。

图 5a 探究了非全职就业率与非全职工作者中女性所占比例之间的关系。该图显示了两个变量之间的正线性关系，当女性非全职就业率较高时，女性在全部非全职就业者中所占比例也较高，这就证实了许多国家中女性占非全职工作市场主导地位的假说。即使是未参与劳动力市场的女性也能从事非全职工作，她们通过做短工填补家用，同时还能打理家务。根据现有数据，所有发达国家中女性确实更有可能从事非全职工作。事实上，在澳大利亚、比利时、法国、德国、卢森堡以及瑞士，2007 年女性在非全职工作者中的比重超过了 80%。

图 5b 着眼于丹麦、芬兰、挪威和瑞典（北欧国家），以及法国、希腊、意大利、葡萄牙和西班牙（南欧国家）中女性非全职就业率与非全职工作者中女性所占比重之间的关系。同时，本图还加入了时间因素，以显示这两个变量以及它们之间的关系如何随着时间变化。箭头表示两个相关变量在 2000—2007 年间的变化趋势。在此期间，丹麦、挪威和瑞典的非全职工作者中女性所占比例和女性非全职就业率都有所下降，这表明在这些国家中，女性更愿意选择全职工作而不是非全职工作；同时还表明这一时期男性非全职工作者数量的增长超过了女性。不过，芬兰是个例外，该国女性非全职就业率从 13. 9% 增加到了 15. 5% 。

在法国、希腊、意大利和西班牙，情形则大不相同。这些国家非全职工作者中女性所占比例和女性非全职就业率都有所提高。葡萄牙除外，图中显示该国女性在非全职工作者中所占比例从 71. 4% 降到 66. 1% 。这些趋势进一步强化了这一事实：在南欧的大多数国家中，非全职工作领域将仍由女性主导。

表 5　非全职就业率和非全职工作者中女性所占比重

	年份	非全职就业率（%） MF	M	F	非全职工作者中女性所占比重（%）	注 No.
发达经济体和欧盟						
欧盟						
奥地利	2000	12.2	2.6	24.4	88.1	8
b	2004	15.4	3.7	29.4	86.9	9
	2005	16.0	4.6	29.4	84.4	10
	2006	17.3	5.4	31.4	83.1	10
	2007	17.2	5.2	31.5	83.5	10
	2008	17.6	6.4	30.9	80.4	10
比利时	1990	13.5	4.4	28.8	79.8	1
	2000	19.0	7.1	34.5	79.0	1
	2004	18.9	6.3	34.5	81.3	1
	2005	18.5	6.2	33.4	81.7	1
	2006	19.3	6.7	34.7	81.1	1
	2007	18.3	6.3	32.9	81.2	1
	2008	18.7	5.9	33.8	82.9	1
保加利亚	2004	2.8	2.5	3.2	53.6	3
	2005	2.0	1.6	2.4	56.9	3
	2006	1.9	1.4	2.4	60.7	3
	2007	1.6	1.2	2.1	59.3	3
	2008	2.3	1.9	2.7	55.3	3
塞浦路斯	2000	8.3	4.5	13.9	69.3	3
	2004	8.3	4.5	13.1	69.3	3
	2005	8.6	4.5	13.9	70.4	3
	2006	7.4	3.9	11.9	70.8	3
	2007	7.1	4.1	10.8	67.8	3
	2008	7.5	4.5	11.3	67.2	3
捷克共和国	2000	3.2	1.6	5.4	72.5	2
	2004	3.1	1.5	5.2	72.9	2
	2005	3.3	1.6	5.5	72.8	2
	2006	3.3	1.6	5.6	72.8	2
	2007	3.5	1.7	5.9	72.3	2
	2008	3.5	1.7	5.8	72.1	2
丹麦	1990	19.2	10.2	29.7	71.1	1
	2000	16.1	9.3	24.0	69.4	1
	2004	17.3	11.5	24.0	64.5	1
	2005	17.6	11.8	24.4	63.8	1
	2006	18.1	11.4	25.6	66.2	1
	2007	17.7	12.4	23.9	62.8	1
	2008	18.0	12.9	23.7	61.7	1
爱沙尼亚	2000	6.8	4.2	9.5	69.1	3
	2004	7.8	5.0	10.7	67.9	3
	2005	7.8	4.9	10.6	68.9	3
	2006	7.8	4.3	11.3	72.4	3
	2007	8.2	4.3	12.1	73.6	3
	2008	7.2	4.0	10.4	71.6	3
芬兰	1990	7.6	4.8	10.6	67.0	11
	2000	10.4	7.1	13.9	63.8	11
	2004	11.3	8.0	14.9	63.3	12
	2005	11.2	7.9	14.8	63.6	12
	2006	11.4	8.1	14.9	62.9	12
	2007	11.7	8.2	15.5	63.7	12
	2008	11.5	8.2	15.1	63.0	12
法国	1990	12.2	4.5	22.5	78.6	1
	2000	14.2	5.5	24.9	78.8	1
	2004	13.3	4.7	23.4	80.7	1
	2005	13.4	5.2	23.0	79.2	1
	2006	13.3	5.2	22.6	78.8	1
	2007	13.4	5.0	23.1	80.3	1
	2008	13.4	5.2	22.7	79.5	1

	年份	非全职就业率（%） MF	M	F	非全职工作者中女性所占比重（%）	注 No.
德国	1990	13.4	2.3	29.8	89.7	1
	2000	17.6	4.8	33.9	84.5	1
	2004	20.1	6.3	37.0	82.8	1
	2005	21.8	7.4	39.4	81.4	1
	2006	22.0	7.6	39.1	81.2	1
	2007	22.2	7.9	39.2	80.7	1
	2008	22.1	8.2	38.6	79.9	1
前德意志联邦共和国（西德）	1986	11.2	1.8	25.9	90.0	1
	1987	11.0	1.7	25.4	90.6	1
	1988	11.4	1.8	26.4	90.5	1
	1989	11.6	2.0	26.6	89.6	1
	1990	13.4	2.3	29.8	89.7	1
希腊	1990	6.7	4.0	11.6	60.8	1
	2000	5.5	3.0	9.5	65.4	1
	2004	6.0	3.0	10.8	68.9	1
	2005	6.1	3.0	11.1	69.5	1
	2006	7.5	4.0	12.9	67.0	1
	2007	7.8	4.1	13.6	67.9	1
	2008	7.8	4.2	13.4	67.4	1
匈牙利	2000	2.9	1.5	4.5	71.2	2
	2004	3.3	1.9	4.8	67.8	2
	2005	3.2	1.8	5.0	70.4	2
	2006	2.7	1.5	4.2	70.5	2
	2007	2.8	1.6	4.2	68.6	2
	2008	3.1	2.0	4.3	64.7	2
爱尔兰	1990	10.0	4.4	21.2	70.3	1
	2000	18.1	7.8	33.0	74.4	1
	2004	19.3	6.9	34.7	80.3	1
	2005	19.6	7.1	35.0	80.2	1
	2006	19.9	7.7	34.9	78.7	1
	2007	20.3	7.6	35.6	79.6	1
	2008	21.0	8.2	36.0	79.0	1
意大利	1990	8.9	4.0	18.4	70.5	1
	2000	12.2	5.7	23.4	70.5	1
	2004	14.8	5.6	28.7	77.1	1
	2005	14.6	5.1	29.2	79.0	1
	2006	14.9	5.3	29.4	78.4	1
	2007	15.1	5.4	29.9	78.5	1
	2008	16.3	6.6	31.0	75.8	1
拉脱维亚	2000	10.9	9.7	12.1	53.9	3
	2004	10.5	7.8	13.5	61.6	3
	2005	8.3	6.3	10.4	61.0	3
	2006	6.5	4.7	8.3	63.0	3
	2007	6.4	4.9	8.0	60.7	3
	2008	6.3	4.5	8.1	63.3	3
立陶宛	2000	9.1	8.0	10.2	56.9	3
	2004	8.6	6.9	10.4	59.1	3
	2005	7.1	5.1	9.1	63.3	3
	2006	9.9	7.8	12.0	60.3	3
	2007	8.5	6.9	10.1	58.7	3
	2008	6.7	4.9	8.6	63.2	3
卢森堡	1990	7.6	1.6	19.1	86.6	1
	2000	12.4	2.0	28.4	90.0	1
	2004	13.2	1.8	29.6	91.9	1
	2005	13.9	1.6	30.7	93.2	1
	2006	12.7	1.5	27.2	93.1	1
	2007	12.7	1.3	27.5	94.2	1
	2008	12.7	1.8	27.3	91.9	1
马耳他	2000	6.4	3.4	13.6	64.1	3
	2004	8.1	4.0	17.9	65.3	3
	2005	9.6	4.5	21.1	67.8	3
	2006	9.9	4.8	21.4	66.0	3
	2007	10.9	4.4	24.6	72.4	3
	2008	11.5	4.5	25.6	73.9	3

		年份	非全职就业率（%） MF	M	F	非全职工作者中女性所占比重（%）	注 No.
荷兰		1990	28.2	13.4	52.5	70.4	1
		2000	32.1	13.4	57.2	76.2	1
		2004	35.0	15.1	60.2	76.0	1
		2005	35.7	15.3	60.9	76.3	1
		2006	35.5	15.8	59.7	75.5	1
		2007	36.1	16.2	60.0	75.4	1
		2008	36.1	16.2	59.9	75.5	1
波兰	b	2000	12.8	8.8	17.9	61.7	4
		2004	12.0	7.5	17.5	65.7	5
		2005	11.7	7.1	17.4	66.5	5
		2006	10.8	6.5	16.3	67.0	5
		2007	10.1	6.0	15.0	67.0	5
		2008	9.3	5.3	14.1	68.1	5
葡萄牙		1990	7.6	3.9	12.8	70.3	1
		2000	9.4	4.9	14.9	71.5	1
		2004	9.6	5.8	14.0	67.0	1
		2005	9.8	5.9	14.4	67.9	1
		2006	9.3	5.9	13.2	65.8	1
		2007	10.0	6.3	14.3	66.1	1
		2008	9.7	5.7	14.3	68.5	1
罗马尼亚		2000	15.6	13.6	17.8	53.7	3
		2004	10.2	9.7	10.8	48.8	3
		2005	10.2	10.0	10.5	46.8	3
		2006	9.7	9.5	9.8	46.5	3
		2007	9.7	9.2	10.4	48.2	3
		2008	9.9	9.1	10.8	49.2	3
斯洛伐克		2000	1.9	1.0	2.9	70.6	6
		2004	2.8	1.6	4.5	69.0	6
		2005	2.6	1.4	4.1	69.2	6
		2006	2.5	1.3	4.1	70.0	6
		2007	2.6	1.2	4.4	74.0	6
		2008	2.7	1.5	4.1	67.1	6
斯洛文尼亚		2000	5.9	4.6	7.4	58.0	3
		2004	9.3	7.4	11.5	56.8	3
		2005	8.8	7.1	10.8	56.3	3
		2006	8.9	6.9	11.4	57.9	3
		2007	9.0	7.3	10.9	55.3	3
		2008	8.7	6.8	11.0	57.5	3
西班牙		1990	4.6	1.4	11.5	79.2	1
		2000	7.7	2.6	16.5	78.5	1
		2004	8.5	2.7	17.6	81.0	1
		2005	11.3	4.0	22.1	78.9	1
		2006	11.1	3.9	21.4	79.3	1
		2007	10.9	3.8	20.9	79.8	1
		2008	11.1	3.8	21.1	80.6	1
瑞典		1990	14.5	5.3	24.5	81.1	7
		2000	14.0	7.3	21.4	72.9	5
		2004	14.4	8.5	20.8	69.5	5
		2005	13.5	8.5	19.0	67.1	5
		2006	13.4	8.4	19.0	67.3	5
		2007	14.4	9.5	19.7	65.0	5
		2008	14.4	9.6	19.6	64.6	5
英国		1990	20.1	5.3	39.5	85.1	1
		2000	23.0	8.6	40.8	79.4	1
		2004	24.0	9.7	40.3	78.3	1
		2005	23.4	9.8	39.1	77.4	1
		2006	23.3	9.9	38.7	77.2	1
		2007	23.0	9.8	38.4	77.0	1
		2008	22.9	10.2	37.7	76.1	1
北美洲							
加拿大		1980	14.3	6.8	25.7	71.2	13
		1990	17.0	9.2	26.7	69.9	13
		2000	18.1	10.3	27.2	69.2	13
		2004	18.5	10.9	27.2	68.8	13
		2005	18.3	10.8	26.9	68.6	13
		2006	18.1	10.9	26.2	68.1	13
		2007	18.2	11.0	26.1	68.0	13
		2008	18.4	11.3	26.4	67.8	13

		年份	非全职就业率（%）			非全职工作者中女性所占比重（%）	注 No.
			MF	M	F		
美国		1980	14.4	8.3	21.9	68.4	14
	b	1990	14.1	8.6	20.2	68.2	15
	b	2000	12.6	7.7	18.0	68.1	15
		2004	13.2	8.1	18.8	68.3	14
		2005	12.8	7.8	18.3	68.4	14
		2006	12.6	7.8	17.8	67.8	14
		2007	12.0	7.2	17.1	68.8	14
		2008	12.2	7.5	17.0	68.1	14
其他发达经济体							
澳大利亚		2004	23.8	12.0	38.4	71.9	16
		2005	24.0	12.0	38.7	72.3	16
		2006	23.9	12.2	38.2	72.0	16
		2007	23.7	12.3	37.7	71.5	16
		2008	23.8	12.3	37.7	71.7	16
日本		2000	22.5	11.5	38.5	69.7	17
		2004	18.1	8.8	31.3	71.4	18
	b	2005	18.3	8.8	31.7	71.8	19
		2006	18.0	8.5	31.3	72.4	19
		2007	18.9	9.2	32.6	71.5	19
		2008	19.6	9.9	33.2	70.4	19
新西兰	b	1990	19.7	7.9	34.8	77.4	20
		2000	22.2	10.9	35.8	73.3	21
		2004	22.0	10.7	35.4	73.6	21
		2005	21.7	10.2	35.3	74.8	21
		2006	21.3	10.1	34.5	74.4	21
		2007	22.0	11.2	34.7	72.6	21
		2008	22.4	11.6	35.0	72.3	21
西欧（非欧盟）							
冰岛		2000	20.4	8.8	33.7	77.0	22
		2004	16.6	7.8	26.4	75.0	22
		2005	16.4	7.3	26.6	76.2	22
		2006	16.0	7.6	26.0	74.2	22
		2007	15.9	8.0	25.4	72.7	22
		2008	15.1	8.0	23.6	71.2	22
挪威		1990	21.8	6.9	39.8	82.7	23
		2000	20.2	8.7	33.4	77.0	24
		2004	21.1	10.3	33.2	74.1	24
		2005	20.8	10.0	32.9	74.6	24
		2006	21.1	10.6	32.9	73.5	24
		2007	20.4	10.5	31.6	72.9	24
		2008	20.3	10.9	30.8	71.7	24
荷兰		2000	24.4	8.4	44.7	80.6	6
		2004	24.9	8.1	45.2	82.1	6
		2005	25.1	8.0	45.7	82.6	6
		2006	25.5	8.8	45.7	81.2	6
		2007	25.4	8.7	45.6	81.3	6
		2008	25.9	9.0	45.9	81.2	6
中欧、东南欧（非欧盟）和独联体							
中欧和东南欧							
阿尔巴尼亚		2001	47.6	46.1	50.2	39.7	25
克罗地亚		2003	7.9	5.8	10.6	58.9	3
		2004	8.3	6.5	10.6	56.7	3
		2005	9.7	7.0	13.0	60.4	3
		2006	8.9	7.1	11.1	56.3	3
		2007	8.1	6.0	10.8	59.0	3
前南斯拉夫马其顿共和国		1998	10.0	10.0	10.2	37.0	26
		2000	6.0	5.0	6.7	42.4	26
		2003	6.8	5.8	7.4	43.2	26
土耳其		1990	9.3	5.1	19.0	61.9	27
		2000	9.4	5.7	19.3	55.4	27
		2004	6.6	3.7	14.8	59.4	27
		2005	5.8	3.2	13.4	59.4	27
		2006	7.9	4.4	17.8	58.6	27
		2007	8.4	4.6	19.2	59.7	27
		2008	8.4	4.6	19.2	59.7	27

	年份	非全职就业率（%）			非全职工作者中女性所占比重（%）	注 No.
		MF	M	F		
独立国家联合体（独联体）						
亚美尼亚	2001	20.6	…	…	…	28
阿塞拜疆	2003	17.8	13.3	24.3	56.6	29
格鲁吉亚	2003	45.5	38.2	53.6	55.6	30
	2004	43.1	36.3	50.4	56.1	30
俄罗斯联邦	1995	12.7	12.7	13.0	6.9	31
	2001	10.4	7.5	13.6	63.0	31
	2004	9.4	6.7	12.2	63.9	31
乌克兰	2000	4.8	2.8	7.1	70.8	32
	2001	4.8	2.6	7.0	71.6	32
	2002	3.9	1.9	5.9	74.5	32
	2003	3.8	1.8	6.0	76.1	32
亚洲和太平洋地区						
东亚						
韩国	1990	4.5	3.1	6.5	58.7	33
	2000	7.0	5.1	9.8	57.7	33
	2004	8.4	5.9	11.9	59.0	33
	2005	9.0	6.5	12.5	57.9	33
	2006	8.8	6.3	12.3	58.5	33
	2007	8.9	6.3	12.5	58.9	33
	2008	9.3	6.5	13.2	59.0	33
中国澳门	2000	13.3	12.6	13.0	46.2	34
	2001	9.4	8.5	9.4	47.4	34
	2002	12.0	11.5	11.5	45.8	34
	2003	14.9	14.0	14.7	46.7	34
	2004	10.6	10.5	10.7	47.8	34
南亚						
巴基斯坦	2003	14.8	8.5	45.3	52.1	35
斯里兰卡	1996	33.3	30.4	39.8	36.3	36
	1999	34.6	31.3	41.5	38.9	36
b	2003	36.8	33.5	43.9	37.1	37
东南亚						
印度尼西亚	1999	27.3	22.1	37.8	45.2	17
	2000	23.2	18.5	33.1	46.5	17
	2001	21.4	16.8	31.4	46.8	17
	2002	22.2	18.1	31.7	43.6	17
	2003	21.0	16.7	31.0	44.3	17
泰国	1996	7.3	6.5	8.3	50.9	38
	1997	13.0	12.0	14.2	49.6	38
	1998	8.9	8.2	9.8	49.5	38
	1999	10.3	9.5	11.2	48.6	38
	2000	9.3	8.8	9.9	47.6	38
拉丁美洲和加勒比地区						
加勒比地区						
阿鲁巴	1994	6.7	3.4	11.4	71.0	39
巴哈马	1997	10.8	10.3	11.4	49.7	40
	1998	11.8	11.2	12.4	51.0	40
	1999	13.2	11.7	14.8	52.6	40
	2001	8.3	7.4	9.3	53.8	40
	2002	10.7	9.6	11.9	53.9	40
巴巴多斯	1995	5.7	4.7	6.9	57.1	41
	1996	13.1	9.7	17.0	61.5	41
	1997	11.2	8.0	14.8	62.0	41
	1998	10.1	7.0	13.7	62.5	41
	1999	11.0	8.3	14.3	60.4	41
英属维尔京群岛	1991	10.6	7.8	14.2	58.6	42
多米尼克	1997	18.7	11.7	27.8	64.6	43
多米尼加共和国	2000	14.7	10.8	22.4	51.0	44
	2001	15.2	10.9	23.9	52.2	44
	2002	15.9	12.2	22.9	49.2	44
	2003	15.7	11.9	23.1	49.8	44

		年份	非全职就业率（%） MF	M	F	非全职工作者中女性所占比重（%）	注 No.
格林纳达		1994	25.4	23.5	28.3	43.0	45
		1996	23.7	20.7	28.0	49.5	45
		1998	32.4	30.2	35.5	45.6	45
荷属安的列斯		1994	11.0	6.0	17.2	70.0	46
		1995	11.6	6.4	18.2	68.9	46
		1996	13.7	7.6	21.3	69.1	46
		1997	12.7	7.6	18.6	67.6	46
		1998	12.4	7.1	18.7	68.8	46
苏里南		1994	18.5	11.8	29.3	60.9	47
		1995	18.0	9.7	31.8	66.3	47
		1996	16.7	10.6	26.4	60.9	47
		1997	18.6	12.5	29.0	57.2	47
		1998	19.5	12.4	31.9	59.3	47
特立尼达和多巴哥		1998	10.5	8.9	13.4	46.0	48
		1999	10.4	8.8	13.3	46.3	48
		2000	8.4	7.2	10.4	45.6	48
		2001	7.7	6.3	10.1	47.7	48
		2002	7.9	6.9	9.5	44.9	48
中美洲							
伯利兹		1995	27.4	23.7	36.5	38.6	49
		1996	17.1	12.8	27.6	46.9	49
		1997	17.2	12.2	28.7	50.6	49
		1998	14.4	10.2	23.3	51.4	49
		1999	16.2	12.0	25.5	48.9	49
哥斯达黎加		1990	11.0	7.2	20.7	53.1	50
		1999	13.8	8.5	24.9	58.7	50
		2000	13.1	8.2	23.5	57.1	50
		2001	15.2	9.5	25.6	59.3	50
		2002	15.2	9.4	26.0	59.6	50
		2003	15.3	9.8	25.4	58.2	50
萨尔瓦多		1999	3.7	2.1	6.1	67.0	51
		2000	15.2	11.8	20.2	54.4	51
		2001	15.9	12.9	20.2	51.9	52
		2002	16.4	14.1	19.5	50.4	53
		2003	16.8	14.8	19.5	49.0	51
危地马拉		1998	21.8	11.2	39.7	67.6	54
	b	2000	17.7	8.1	34.7	70.4	55
	b	2002	25.7	14.5	45.1	64.0	56
		2003	20.0	9.5	37.8	69.9	57
洪都拉斯		1990	11.8	6.7	24.5	59.3	58
		1998	13.1	7.8	23.7	60.4	58
		1999	16.3	9.4	28.5	63.5	58
		2001	14.9	9.6	25.6	57.2	58
		2002	16.3	10.7	27.8	55.8	58
	b	2003	22.5	16.0	35.0	53.0	59
墨西哥		1990	11.3	7.5	18.8	55.3	60
		2000	13.5	7.1	25.6	65.1	6
		2001	13.7	7.5	25.7	63.8	6
		2002	13.5	7.1	25.6	65.6	6
		2003	13.4	7.0	25.7	65.7	6
		2004	15.1	8.1	27.6	65.1	6
尼加拉瓜		1998	9.0	7.0	11.4	58.2	61
		1999	7.0	5.0	9.5	60.1	61
		2001	8.9	6.6	11.6	59.5	62
		2002	9.7	7.4	12.5	57.8	63
	b	2003	14.1	10.2	20.1	55.9	64
巴拿马		2000	13.5	11.1	17.3	48.2	65
		2001	13.9	12.8	16.1	38.2	65
		2002	17.4	15.2	21.7	42.9	65
		2003	18.2	16.1	22.2	42.3	65
	b	2004	21.3	18.5	25.9	46.5	66

	年份	非全职就业率（%） MF	M	F	非全职工作者中女性所占比重（%）	注 No.
南美洲						
阿根廷	2000	21.2	13.4	32.7	62.1	67
	2001	22.9	14.9	34.6	61.3	67
	2002	29.7	19.9	43.1	61.3	68
	2003	29.3	19.2	42.7	62.3	69
b	2004	37.1	25.1	53.8	60.7	70
玻利维亚	1999	21.6	17.0	27.5	56.5	71
	2000	19.3	14.4	25.5	58.0	71
	2001	28.1	20.4	37.5	60.3	71
	2002	23.1	17.1	30.8	58.1	71
智利	1990	8.3	6.2	12.8	49.8	72
	1992	6.4	6.8	6.4	88.2	72
	1994	7.1	7.9	7.0	89.6	72
	1996	10.1	7.6	14.9	50.2	72
	1998	11.3	11.4	11.2	78.8	72
	2000	9.6	10.2	9.5	79.9	72
厄瓜多尔	1990	10.6	6.7	17.6	59.6	73
	1998	13.3	8.5	20.8	61.1	73
	1999	16.2	11.0	24.5	58.5	73
	2000	13.7	9.7	20.1	56.4	73
	2001	17.7	11.7	26.7	60.2	73
	2002	16.1	11.5	23.4	55.9	73
巴拉圭	1990	11.5	8.4	16.0	56.9	74
	1997	12.7	8.0	21.5	58.5	75
	1999	12.0	7.6	20.4	59.1	76
	2000	14.6	9.2	24.1	59.4	77
	2002	13.2	8.6	21.9	57.8	78
	2003	17.6	13.7	24.5	50.0	79
乌拉圭	1995	25.0	15.0	39.2	64.8	80
	2000	28.4	18.3	41.9	62.7	80
	2004	29.4	20.7	40.9	59.3	80
委内瑞拉玻利瓦尔共和国	1999	12.8	7.8	21.9	60.7	81
	2000	14.6	9.4	24.1	58.6	81
	2001	18.0	11.8	28.5	58.8	81
	2002	20.2	13.7	31.0	58.0	81
	2003	21.2	14.8	31.5	56.7	81
非洲						
撒哈拉以南非洲						
东非						
埃塞俄比亚	2004	21.8	16.8	28.4	56.2	82
马达加斯加	2001	22.1	17.5	27.0	59.3	83
毛里求斯	1999	29.4	24.9	39.1	42.0	84
	2004	28.8	23.8	39.1	44.4	84
坦桑尼亚联合共和国	2000	37.1	…	…	…	85
赞比亚	1999	22.1	14.6	30.1	65.7	34
南部非洲						
南非	1999	9.0	6.3	12.7	59.2	86

表5 非全日制就业率与非全日就业中女性所占比重（注）

1. 说明

工时对工作者的健康与福利状况、企业的生产率水平以及人工成本都有影响，所以，在监测工作和生活条件以及分析经济发展状况时，衡量社会中不同工作者群体及个体的工时水平与趋势是很重要的。非全日制工作者指标（表5）关注的是那些工时数少于“全日制工作者”的个人在总就业人口中所占比例。因为国际上对全日制工作的每周最低工作小时数没有统一规定，所以分界线或基于各国标准，或通过采用专门的估算方法来确定。表5给出了两个衡量指标：非全日制就业总人口占总就业人口的比例（有时被称为“非全日制就业率”），以及非全日制工作者中女性所占比重。

2. 信息库

CARIBBEAN 加勒比劳工统计数据集

国际劳工组织加勒比亚地区办公室，特立尼达和多巴哥西班牙港

这个在线数据库提供了20个加勒比国家关于劳工统计和劳动力市场的信息。这些数据包括就业、失业、工资、工时、职业事故、社会保障、劳资纠纷等。该数据库目前已停止运营。

欧盟统计局（EUROSTAT） 欧洲劳动力调查（EU LFS），在线数据库

欧洲共同体统计局，卢森堡

http：//epp. eurostat. ec. europa. eu/portal/page/portal/employment_unemployment_lfs/introduction

欧洲劳动力调查（EU LFS）是季度性抽样调查，其覆盖了欧盟、欧洲自由贸易联盟（列支敦士登除外）和欧盟候选国的私人家庭人口。它提供了15岁及以上人口的劳动参与情况及非劳动力人口的年度和季度调查结果。

劳工统计数据库（LABORSTA） 劳工统计年鉴，在线统计数据库

国际劳工局统计部，瑞士日内瓦

http：//laborsta. ilo. org

劳工统计数据库是国际劳工组织统计部的在线数据库，提供了自1969年以来30多个官方核心劳工统计表，包括经济活动人口、就业、失业、工时、工资、劳动力成本、消费者价格、工伤及罢工和停工。

LMIL 劳动力市场指标图书馆

国际劳工组织就业部，瑞士日内瓦

LMIL网络允许国际劳工组织中各部门共享劳动力市场信息。当无法从现有的国际信息库获取信息时，就利用LMIL指标。驻地办公室需负责鉴别、汇集和审查劳动力市场信息，并利用从各地区或各国那里得到的最新信息来更新数据库。

OECD 劳动力统计数据库（在线）

经济合作与发展组织，法国巴黎

http：//stats. oecd. org/Index. aspx

OECD劳动力统计在线数据库包含了按年龄和性别划分的工作年龄人口、劳动力、就业和失业，以及按年龄和性别划分的就业/人口比率、参与率、失业率等数据的详细统计资料。

SIAL 项目 SIAL（劳工分析和信息系统）

国际劳工组织拉丁美洲和加勒比地区办公室，秘鲁利马

http：//www. oitsial. org. pa

该项目组通过在拉丁美洲地区进行家庭调查取得微观数据，并利用这些微观数据分析得出国际劳工组织出版物中的劳动力市场指标。目前该项目已经停止。

3. 资料来源类型

ELFS 欧盟劳动力调查（欧盟统计局）

HS	家庭或劳动力调查
MC	微型普查
OE	官方估算
PC	人口普查

4. 覆盖范围

C	平民
T	总人口
…	无法获得数据

5. 测量时间

A	实际工作时间
S	自声明
U	通常工作时间
…	无法获得数据

6. 符号

MF	男性和女性
M	男性
F	女性
b	序列发生变动
-	忽略不计
…	无法获得数据

注 No.	信息库	资料来源类型	覆盖范围	测算的小时数	非全职工时分界线	备注
1	OECD	ELFS	T	U	30	工作范围：覆盖主要工作类型
2	OECD	HS	T	U	30	参考期：季度估算的平均值 工作范围：覆盖主要工作类型
3	EUROSTAT	ELFS	T	S	…	工作范围：覆盖主要工作类型
4	OECD	HS	T	A	30	参考期：连续调查 工作范围：覆盖所有工作类型 注：引入连续调查。
5	OECD	HS	T	U	30	参考期：连续调查 工作范围：覆盖主要工作类型
6	OECD	HS	T	U	30	工作范围：覆盖主要工作类型
7	OECD	HS	T	U	30	参考期：月度估算的平均值 工作范围：覆盖主要工作类型
8	OECD	MC	T	U	30	参考期：季度估算的平均值 工作范围：覆盖主要工作类型
9	OECD	MC	T	U	30	参考期：连续调查 覆盖范围：不包括工作时间大幅波动的雇员 工作范围：覆盖主要工作类型 注：连续调查介绍。
10	OECD	MC	T	U	30	参考期：连续调查 覆盖范围：不包括工作时间大幅波动的雇员 工作范围：覆盖主要工作类型

注 No.	信息库	资料来源类型	覆盖范围	测算的小时数	非全职工时分界线	备注
11	OECD	HS	T	U	30	参考期：月度估算的平均值 工作范围：覆盖所有工作类型
12	OECD	HS	T	U	30	参考期：连续调查 工作范围：覆盖所有工作类型
13	OECD	HS	C	U	30	参考期：月度估算的平均值 地域界限：不包括育空和西北行政区，以及努纳武特 工作范围：覆盖主要工作类型
14	OECD	HS	C	U	30	参考期：月度估算的平均值 地域界限：不包括波多黎各、关岛、美属维尔京群岛、美属萨摩亚 覆盖范围：数据仅指工薪工作者 工作范围：覆盖所有工作类型
15	OECD	HS	C	U	30	参考期：月度估算的平均值 地域界限：不包括波多黎各、关岛、美属维尔京群岛、美属萨摩亚 覆盖范围：数据仅指工薪工作者 工作范围：覆盖所有工作类型 注：估算方法经过修改。
16	OECD	HS	C	U	30	参考期：8 月 地域界限：不包括杰维斯湾地区 工作范围：覆盖所有工作类型
17	LABORSTA	HS	T	A	35	工作范围：覆盖所有工作类型
18	OECD	HS	T	A	30	参考期：半年期估算的平均值 工作范围：覆盖所有工作类型
19	OECD	HS	T	A	35	参考期：半年期估算的平均值 工作范围：覆盖所有工作类型
20	OECD	HS	C	U	30	参考期：季度估算的平均值 地域界限：不包括查塔姆、南极领土和其他小型沿海岛屿 工作范围：覆盖所有工作类型 注：抽样框架和调查问卷经过修改。
21	OECD	HS	C	U	30	参考期：季度估算的平均值 地域界限：不包括查塔姆、南极领土和其他小型沿海岛屿 工作范围：覆盖所有工作类型
22	OECD	HS	T	U	30	参考期：4 月和 11 月的平均值 工作范围：覆盖所有工作类型
23	OECD	HS	T	U	30	参考期：季度估算的平均值 工作范围：覆盖所有工作类型 注：通常工时指的是按工作协议确定的工作小时数。
24	OECD	HS	T	U	30	参考期：连续调查 工作范围：覆盖所有工作类型 注：通常工时指的是按工作协议确定的工作小时数。
25	LABORSTA	OE	…	U	35	工作范围：覆盖主要工作类型
26	LABORSTA	HS	C	U	35	工作范围：覆盖主要工作类型
27	OECD	HS	C	U	30	参考期：双年度估算值 工作范围：覆盖所有工作类型
28	LMIL	HS	T	A	…	工作范围：覆盖主要工作类型 注：数据基于覆盖 8535 户家庭的劳动力抽样调查。
29	LABORSTA	HS	C	U	30	工作范围：覆盖主要工作类型
30	LABORSTA	HS	C	U	35	工作范围：覆盖所有工作类型

注 No.	信息库	资料来源类型	覆盖范围	测算的小时数	非全职工时分界线	备注
31	LABORSTA	HS	T	A	30	工作范围：覆盖主要工作类型
32	LABORSTA	HS	T	U	35	工作范围：覆盖主要工作类型
33	OECD	HS	C	A	30	参考期：月度估算的平均值 覆盖范围：不包括每周工作时间少于 18 小时的无报酬家庭工作者 工作范围：覆盖所有工作类型
34	LABORSTA	HS	C	A	35	工作范围：覆盖主要工作类型
35	LABORSTA	HS	C	A	35	参考期：1 月 工作范围：覆盖所有工作类型
36	LABORSTA	HS	C	…	35	地域界限：不包括北部和东部省份 工作范围：…
37	LABORSTA	HS	C	…	35	地域界限：不包括北部省份 工作范围：…
38	LABORSTA	HS	C	U	35	参考期：8 月 工作范围：覆盖所有工作类型
39	CARIBBEAN	HS	T	…	32	工作范围：… 注：总就业人口不包括工作时间未知的人员。
40	CARIBBEAN	HS	T	U	32	工作范围：…
41	CARIBBEAN	HS	C	A	39	工作范围：…
42	CARIBBEAN	PC	T	A	34	工作范围：… 注：总就业人口不包括工作时间未知的人员。
43	CARIBBEAN	HS	T	A	30	工作范围：… 注：总就业人口不包括工作时间未知的人员。
44	SIAL	HS	T	U	30	覆盖范围：不包括每周工作时间少于 15 小时的无报酬家庭工作者 工作范围：覆盖主要职业和第二职业
45	CARIBBEAN	HS	T	A	32	工作范围：… 注：总就业人口不包括工作时间未知的人员。
46	CARIBBEAN	HS	T	A	30	地域界限：库拉索 工作范围：… 注：总就业人口不包括工作时间未知的人员。
47	CARIBBEAN	HS	T	A	30	工作范围：… 注：总就业人口不包括工作时间未知但每周工作时间超过 20 小时的人员。
48	CARIBBEAN	HS	T	A	32	工作范围：…
49	CARIBBEAN	HS	T	A	34	参考期：4 月 工作范围：覆盖主要工作类型
50	SIAL	HS	T	U	30	参考期：7 月 工作范围：覆盖所有工作类型 注：总就业人口不包括工作时间未知的人员。
51	SIAL	HS	T	A	30	工作范围：覆盖主要职业和第二职业 注：总就业人口不包括工作时间未知的人员。
52	SIAL	HS	T	A	30	参考期：第二学期 工作范围：覆盖主要职业和第二职业 注：总就业人口不包括工作时间未知的人员。
53	SIAL	HS	T	A	30	参考期：4—11 月 工作范围：覆盖主要职业和第二职业 注：总就业人口不包括工作时间未知的人员。
54	SIAL	HS	T	A	30	参考期：3—4 月 工作范围：覆盖所有工作类型 注：总就业人口不包括工作时间未知的人员。

注 No.	信息库	资料来源类型	覆盖范围	测算的小时数	非全职工时分界线	备注
55	SIAL	HS	T	A	30	地域界限：不包括北部地区和佩滕 工作范围：覆盖主要职业和第二职业 注：总就业人口不包括工作时间未知的人员。
56	SIAL	HS	T	A	30	参考期：第二季度 工作范围：覆盖主要工作类型 注：总就业人口不包括工作时间未知的人员。
57	SIAL	HS	T	A	30	参考期：第一季度 工作范围：覆盖主要工作类型 注：总就业人口不包括工作时间未知的人员。
58	SIAL	HS	T	A	30	参考期：9 月 地域界限：不包括格拉西亚斯—阿迪奥斯省和海湾群岛省 工作范围：覆盖主要职业和第二职业 注：总就业人口不包括工作时间未知的人员。
59	SIAL	HS	T	A	30	参考期：9 月 地域界限：不包海湾群岛省 工作范围：覆盖主要职业和第二职业 注：总就业人口不包括工作时间未知的人员。
60	SIAL	HS	T	…	30	参考期：第三季度 地域界限：城市地区 工作范围：覆盖主要工作类型 注：总就业人口不包括工作时间未知的人员。
61	SIAL	HS	T	A	30	参考期：10 月 地域界限：城市地区 工作范围：覆盖主要职业和第二职业 注：总就业人口不包括工作时间未知的人员。
62	SIAL	HS	T	A	30	参考期：7 月 地域界限：城市地区 工作范围：覆盖主要职业和第二职业 注：总就业人口不包括工作时间未知的人员。
63	SIAL	HS	T	A	30	参考期：8 月 地域界限：城市地区 工作范围：覆盖主要职业和第二职业 注：总就业人口不包括工作时间未知的人员。
64	SIAL	HS	T	A	30	参考期：11 月 工作范围：覆盖主要职业和第二职业 注：总就业人口不包括工作时间未知的人员。
65	SIAL	HS	C	A	30	参考期：8 月 覆盖范围：不包括每周工作时间少于 15 小时的无报酬家庭工作者 工作范围：覆盖主要职业和第二职业 注：总就业人口不包括工作时间未知的人员。
66	LABORSTA	HS	T	U	35	覆盖范围：不包括自雇工作者 工作范围：…
67	SIAL	HS	T	…	30	参考期：5 月和 10 月的平均值 地域界限：28 个城市群 覆盖范围：不包括每周工作时间少于 15 小时的无报酬家庭工作者 工作范围：…
68	SIAL	HS	T	…	30	参考期：10 月 地域界限：28 个城市群 覆盖范围：不包括每周工作时间少于 15 小时的无报酬家庭工作者 工作范围：…

注 No.	信息库	资料来源类型	覆盖范围	测算的小时数	非全职工时分界线	备注
69	SIAL	HS	T	…	30	参考期：5 月 地域界限：28 个城市群 覆盖范围：不包括每周工作时间少于 15 小时的无报酬家庭工作者 工作范围：…
70	LABORSTA	HS	T	A	35	地域界限：28 个城市群 工作范围：覆盖主要工作类型
71	SIAL	HS	T	…	30	参考期：11 月 工作范围：… 注：总就业人口不包括工作时间未知的人员。
72	SIAL	HS	T	A	30	工作范围：… 注：总就业人口不包括工作时间未知的人员。
73	SIAL	HS	T	…	30	参考期：11 月 地域界限：城市地区 工作范围：…
74	SIAL	HS	T	…	30	参考期：6—8 月 地域界限：主要城镇 工作范围：…
75	SIAL	HS	T	…	30	参考期：当年 8 月至下一年 7 月 工作范围：…
76	SIAL	HS	T	…	30	参考期：8—12 月 工作范围：…
77	SIAL	HS	T	…	30	参考期：当年 9 月至下一年 8 月 工作范围：…
78	SIAL	HS	T	…	30	参考期：11—12 月 工作范围：…
79	SIAL	HS	T	…	30	参考期：8—11 月 工作范围：…
80	LABORSTA	HS	T	U	35	地域界限：城市地区 覆盖范围：不包括应征入伍者 工作范围：覆盖主要工作类型
81	SIAL	HS	T	…	30	参考期：第一和第二季度的平均值 覆盖范围：不包括每周工作时间少于 15 小时的无报酬家庭工作者 工作范围：…
82	LABORSTA	HS	C	U	35	地域界限：城市地区 工作范围：覆盖所有工作类型
83	LABORSTA	HS	T	U	35	地域界限：7 个主要城市 工作范围：覆盖主要工作类型
84	LABORSTA	OE	…	A	35	工作范围：覆盖主要工作类型
85	LABORSTA	HS	T	U	35	地域界限：坦桑尼亚大陆（不包括桑给巴尔） 工作范围：…
86	LMIL	HS	T	U	30	工作范围：…

KILM 6：工　　时

引　言

KILM 6 包含两种衡量工时的方式，以便从总体上描绘全世界就业者投入到工作活动中的时间。第一种衡量方式按照就业者每周工作的小时数计算（见表 6a），第二种方式则按照每位工作者每年实际工作的平均小时数进行计算（见表 6b）。两个表格都尽可能按照性别分别显示统计数据，表 6a 还按照年龄组（总计、青年人、成年人）与就业状况（总计、工薪工作者、自雇工作者）分别列出数据。表 6a 按下列时间段进行分类：每周工时低于 25 小时、25—34 小时、35—39 小时、40—48 小时、49—59 小时、40 小时及以上、50 小时及以上、60 小时及以上（在数据可得的情况下）。表 6a 给出了 55 个经济体的当前统计数据，表 6b 给出了 52 个经济体的当前统计数据。

指标的用途

近年来，人们对工时这个问题的兴趣日渐浓厚。工时会影响工作者的健康及幸福感。[1] 发达和发展中经济体中的一些全职工作者对于过长的工作时间及其对他们的家庭和社会生活的影响表示忧虑。[2] 此外，工时对工作者的生产力与企业的劳动力成本也有影响。因此，衡量社会中不同群体、不同个人的工时水平与发展趋势对于监测工作者的工作与生活条件极为重要，同时对于分析经济与更宽泛的社会发展也是如此。[3]

雇主对于提高工作安排的灵活性也很关心。他们越来越多地就非标准化工作安排与工作者进行谈判。[4] 雇员可以只在一年或一周内的部分时间工作，可以在晚上或周末工作，也可以在一天的不同时段上班或下班。工作者每天或每周的工作时间表是可变的，可能其工作时间将按照某一较长时期（如一个月或一年）设定固定值，而每天或每周的工作时间表也许只是长期工作时间表的一部分。因此，工作者每天或每周的工作时间可以日新“周”异，而仅仅简单统计在职人员的数量或其每周工作小时数并不足以表明工作量的水平与发展趋势。

因为其所从事的一份或几份工作的工资不够高，导致工作者延长每周“正常”工作时间这样的“过度”工作时间问题令人担忧。如表 6a 所示，如果工作者处于 49—59 小时、50 小时及以上或 60 小时及以上这些时间段的话，那么就被认定为超时工作者（处于每周 40—48 小时时间段之间的是否属于超时工作者，这更具争议性，并在一定程度上取决于国家的总体环境，因而只有把那些工时接近该范围上限的工作者定为超时工作者才不失为一种明智的做法）。这样的长时间工作既可能是自愿的也可能是非自愿的

1　A. Spurgeon：《工时：对安全与健康的影响》（日内瓦，国际劳工组织，2003 年）；http：//www. ilo. org/public/english/protection/condtrav/pdf/wtwo-as-03. pdf。

2　J. C. Messenger（编著）：《工业化国家的工时与工作者偏好：找到平衡》（Routledge，2004 年）。

3　国际劳工组织：《报告二：工时测定》，第 18 届国际劳动统计学家大会，日内瓦，2000 年 11—12 月；http：//www. ilo. org/global/What_we_do/Publications/ILOBookstore/Orderonline/Books/lang--en/docName--WCMS_099576/index. htm。

4　关于保护健康与安全、家庭友好型、提倡性别平等、提高生产力、方便工作者选择以及影响工作者的工时的政策建议，见：S. Lee、D. McCann 与 J. Messenger：《世界各地的工时》（日内瓦，国际劳工组织，2007 年）。

（即由雇主强加的）。“与超时工作有关的不适当就业”也称为“过度就业”，是指“就业人员想要或希望他们的工作时间能够比他们在参考期内做同种工作或另一种工作的时间短，且收入相应减少的状态”。[5]

只有极少数国家真正统计过“过度就业”的情况，因此在很多国家，就业者一周工作超过50小时的标准便作为其是否经常工作超出“正常时间”的替代标准。然而，是否真正需要以此作为过度工作的标准尚无法评估，因此也无法推测人们希望的工时长度。显然，不同国家的工作者希望的工时各不相同，除了个人选择外，这还取决于诸如文化规范、实际工资与发展水平等一系列重要因素。

定义和来源

计算按每周工时分类的就业人员百分比的统计数据大部分来自家庭调查，因为从家庭调查中可以获取所有就业者的通常工作时间信息（例外情形在表6a的注中进行了说明）。在所有情况下，参考周内完全不工作的人员不计入统计数据。年度工时则综合家庭调查与机构调查的数据估算得出。大多数情形下，调查范围涵盖了所有的有酬工作者以及自雇工作者。

每周的“通常工时”表明了在一段特定时期内工作者最常见的每周工作时间表。国际上认可的“通常工时”在统计上的定义（最近通过）是指对较长时期内的一段典型的较短时期（如一周）任何工作的工时进行统计，或者采用更技术性的方式，即计算出一段较长观察期内每周“实际工时”的最常见数值（见专栏6a）。[6] 该定义适用于所有类型的工作，甚至适用于那些无劳动合同的工作者，如小型或家庭企业中的工作者以及自雇工作者。通常工时包含了每天或每周规律性的加班时间，但不包含偶尔出现的加班时间。偶然性的缺勤或不规律、偶然性的加班时间不计入统计数据，无论加班是否可获得补贴、正常工资或无报酬等。

对某些国家而言，只有“实际工时”数据是可得的。这种测度包括在工作场所从事生产活动的时间（在决议中称为“直接工时”）及从事与工作任务或职责相关的活动的时间（“相关工时”）。后者包含诸如清洁和检查工作工具及从事一些随时待命工作所花费的时间。工作者因为生产流程或工作组织方面的原因，在工作场所消耗的没有进行积极工作的时间也计入相关工时（“停工时间”）。这是因为在上述期间内，有酬工作者仍受到雇主的支配，而自雇工作者也在继续从事其他任务和职责。“实际工时”还包含工作者在工作场所花费的短暂休息时间（“休息时间”），因为这对人们而言是必需的，而且即使这段时间内有酬工作者并不在雇主的支配下，这部分时间也难以被区分出来。如果没有工作的话，午餐休息时间显然不被计入在内，因为午餐休息时间的长度通常足以与工作时间区分开来。所有类型的工作者，无论是工薪工作者还是自雇工作者，无论有酬还是无酬，都适用该国际认可的定义，且适用于任何工作地点，包括街道、田地、家庭等。

国际劳工组织尽可能地通过向各国国家统计机构进行专门查询以获取数据，并以这些数据为基础将工作者按其每周工时进行划分，如表6a所示。国家统计机构需要分别按照有酬与自雇工作人口（按照“国际就业状况分类”定义，见KILM 3）的每周工时报告工作者的数量。数据虽然已经过期（2005年是所获取数据中最近的年份），但还是计入了KILM的统计结果，因为当数据可以按年龄与就业状况进行分类时，其还是具有计入工时指标的巨大价值。

表6b中所示的人均年实际工时是对每位就业者一年内实际工作的小时总数进行的统

5 国际劳工组织：《总结报告》，第16届国际劳动统计学家大会，日内瓦，1998年10月；http://www.ilo.org/public/english/bureau/stat/download/16thicls/repconf.pdf。

6 关于工作时间统计的决议，第18届国际劳动统计学家大会，日内瓦，2008年11—12月；http://www.ilo.org/global/What_we_do/Statistics/standards/resolutions/lang--en/docName--WCMS_112455/index.htm（见专栏6a中的摘要以及相关段落）。

计。这种统计方式计入了因非全职与非全年就业、年假、带薪病假和其他休假，以及灵活的每日及每周工作时间表所导致的变化。而对就业及每周工时的传统统计方式（如表6a）做不到这一点。家庭调查如果不是持续进行的话，很难精确地衡量一段较长的参考期（如一年）内工作者实际工作的小时数。机构调查所采用的参考期可能比家庭调查更长，但是无法像家庭调查一样涵盖全部工作人口。因此，“人均年实际工时”通常是综合两种调查途径所获统计数据估算得出。

表6b所示的人均年实际工时大部分是根据经济合作与发展组织（OECD）所提供的数据估算得出。表6b引用了OECD针对16个国家[7]的估算数据，该数据通过国民经济核算问卷得出，后者衡量的是各国就业者（雇员或自雇工作者）在一年内为国内生产而工作的小时数。工时是指在有效和正常的工作时间内的生产时间加加班时间，再扣除因病假、缺勤、假期及任何因劳资冲突所花费的时间。估算得出的小时数与国民经济核算部门在计算生产率（每小时工作的产出）时所输入的小时数相同。

OECD针对比利时、爱尔兰、卢森堡、挪威与葡萄牙采用了另外一种估算方式，即从关于“正常工时”的法律或集体合同中获得信息。这种估算通过每周的“正常工时”（经欧洲劳动力调查计算得出）乘以一年中工作者的工作周数而得出。其中扣除了年假及公共假日，以得出“年正常工时”的净值。通过家庭或企业调查等方式得到的加班时间估算数据也计入其中，同时通过家庭调查或官方渠道获得的各种缺勤时间将被扣除。实践中，当一年“正常工时”数据不一致时，可能需要作一些额外的调整。

OCED其他国家的估算数据都是基于一年内每周实际工时数据计算得出，数据来源于连续家庭调查。每月或每季度的统计数据需要换算成该时期内的工作日来进行计算。另外对于公共假日与罢工活动还需要进一步调整，调整的基础是从官方渠道获得的信息。将所得估算数据累加即可得到年度“实际工时”总数，再将该数字除以当年工作者的平均数。

可比性的限制

通常工时与实际工时的统计数据并不具有严格意义上的可比性。使用实际工时往往比使用通常工时得出的每周平均工时高，尤其是在因假日、疾病等原因需对工作时间做出临时扣除的情况下，因为这会对每周平均工时的统计产生影响。季节效应也在每周实际工时的波动方面扮演着重要角色。此外，对主要工作或所有工作的不同规定也是一个重要因素。在某些经济体，时间分界线是按主要工作所花费的时间计算，而另一些经济体则按所有工作花费的总时间计算。因此，数据可能反映的是主要工作或所有工作的通常或实际工时。因为上述原因，加上可能存在特定经济体的一些特殊差异，在对表6a的经济体之间进行比较时需格外注意。

年工时的不同统计方法在很大程度上取决于可获取数据的类型与质量，因此也可能导致一些统计数据不具可比性。所有列示的估算数据都是来源于调查或其他途径，大部分是来自国家统计机构。在国家之间进行比较分析时，很难评定估算差异的影响。

不同的数据收集方式是造成工作时间估算数据差异的重要影响因素。家庭调查（包括人口普查）从工作者或其他家庭成员那里获取数据，能够而且通常涵盖了全部人口，其中当然也包括自雇工作者。因为信息由被调查者所提供，因此得到的反馈信息很可能出现大量错误。另一方面，机构调查所获取的信息取决于对工作者的出勤与薪金记录的种类、范围与质量。虽然加班报告有较好的连贯性，但信息可能存在一些未被发现且有失偏颇的地方。此外，这种调查无法涵盖所有工作者，因为这些调查往往倾向于针对正规行业大中型机构的正式雇员，而把管理层和外围员工以及自雇工作者排除在外。

---

7 奥地利、加拿大、丹麦、芬兰、法国、德国、希腊、匈牙利、意大利、挪威、韩国、斯洛伐克、西班牙、瑞典、瑞士和土耳其共和国。

图 6a 近年来部分经济体按每周通常工时划分的就业人口分布情况（如无特别说明，就业人口的年龄为 15 岁以上）

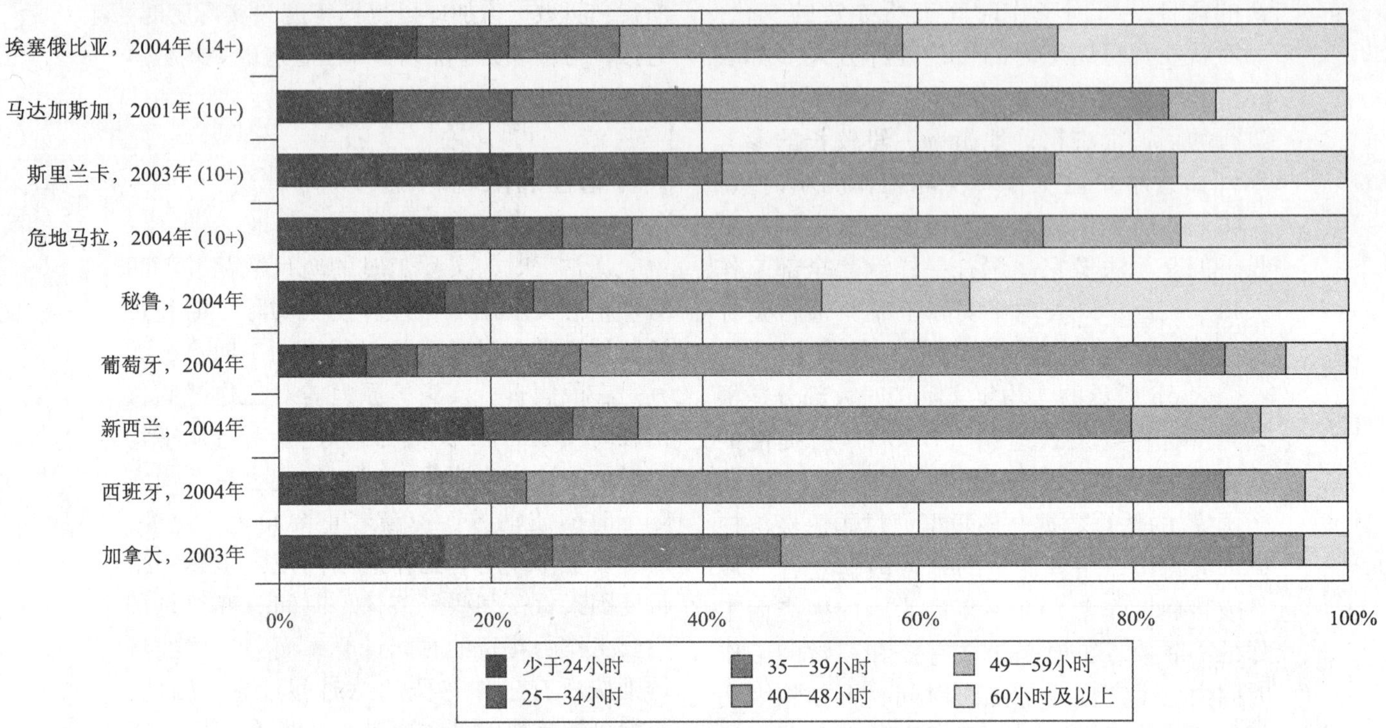

估算数据来源可能不只一种途径，有时主要来源于家庭调查，附带一些来源于机构调查（或其他官方渠道）的信息，或反之。在这些情形下，对工作时间统计数据的比较分析将更为复杂。如上所述，当调查类型不只一种时，在对应的注释中将附有相应说明。表中所示的大多数国家数据来自于 OECD，OECD 因此也特地作出提示："因为数据来源不同，数据（人均年工时）仅用于比较跨期趋势，而不适用于将特定年度的平均年工时水平进行对比。"[8]这同样也适用于通过各国国民经济核算获取的数据（注明数据来源为 OECD 国家的经济核算部门），因为这些数据来源均因国家不同而有所差别。

趋 势

如图 6a 所示，各国工作时间模式的差异很大。按购买力平价计算（采用 2005 年的国际定值美元计算，见附录 A），根据人均 GDP 排名，埃塞俄比亚的收入最少，而加拿大在所选定国家中收入最高。低收入国家的居民工作更长的时间来弥补较低的收入，这一假设在以下的图表中得到支持，尽管这两者之间并不呈现完全相关（比如马达加斯加的排名倒数第二，但该国的工作者并没有较长的工作时间，16.7% 的工人每周工作 50 小时或更多，这与新西兰和西班牙相似）。在其他低收入国家，如埃塞俄比亚和秘鲁，分别有 41.1% 和 49.1% 的工作者通常每周工作 50 个小时或更多，而在加拿大和西班牙，这一比例分别为 8.9% 和 11.5%。如图所示，各国在较短工作时间方面没有很大差别。9 个国家中有 5 个有 20%—25% 的工作者的工作时间少于每周 35 小时。而葡萄牙和西班牙的这一比重的预期值相对较低，分别是 12.9% 和 11.7%；斯里兰卡 2003 年有 46.1% 的女性每周工作时间少于 35 小时，而有近 33.7% 的男性工作时间少于每周 35 小时。

决定个人工作时间的因素并不仅仅是收入。人们还会考虑劳动力市场标准的影响（如图 6b 中法国的情况），以及各国文化对

8 OECD：《2005 年就业展望》，统计附件（巴黎，2005 年），第 256 页。

图 6b　法国和乌拉圭 2004 年总就业人口按每周通常工时、就业状况（工薪工作者和自雇工作者）以及年龄组（青年人和成年人）划分的分布情况

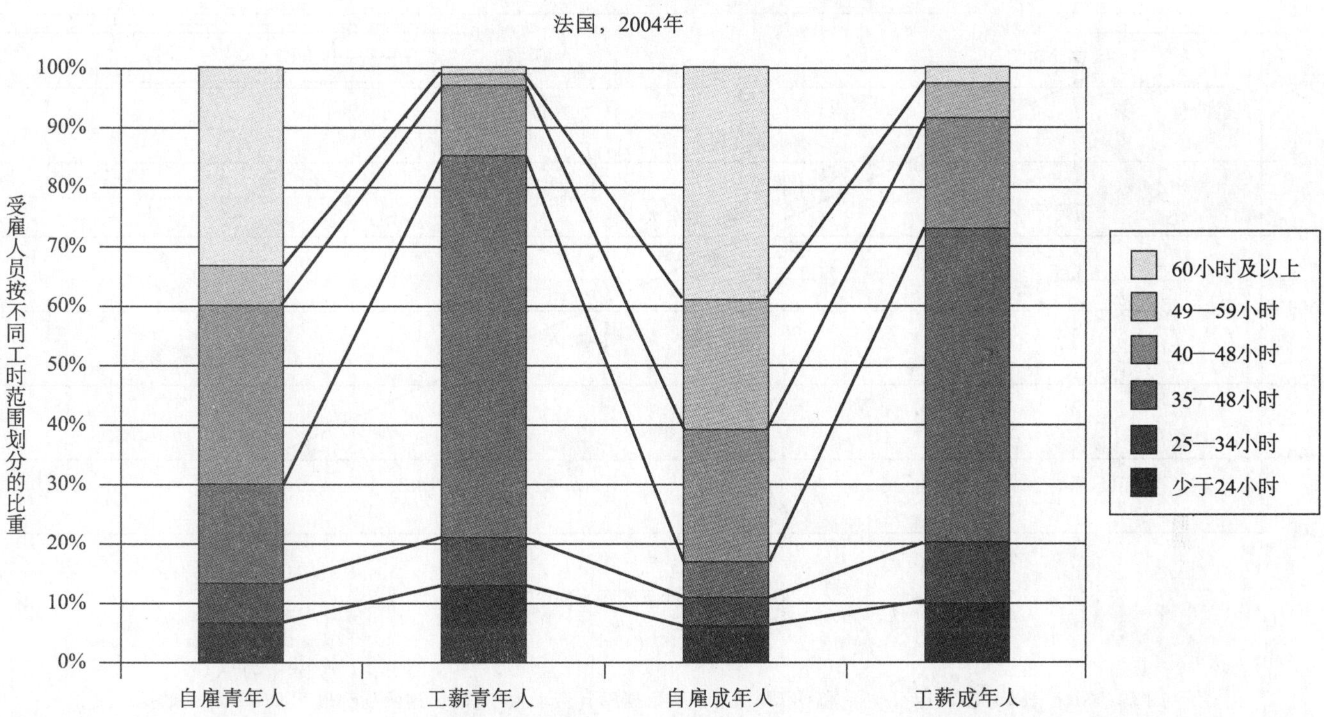

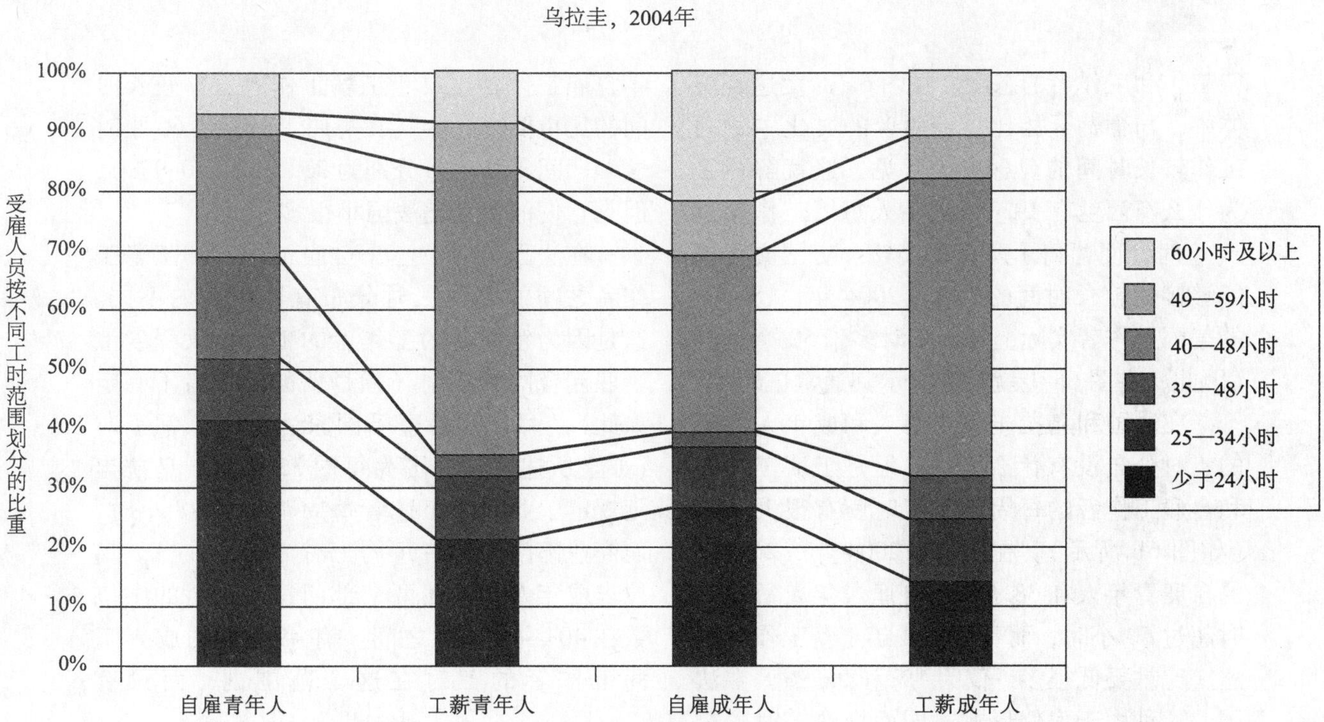

图 6c 2007 年人均年工时以及劳动生产率（以现值美元计算的每小时 GDP 产值）

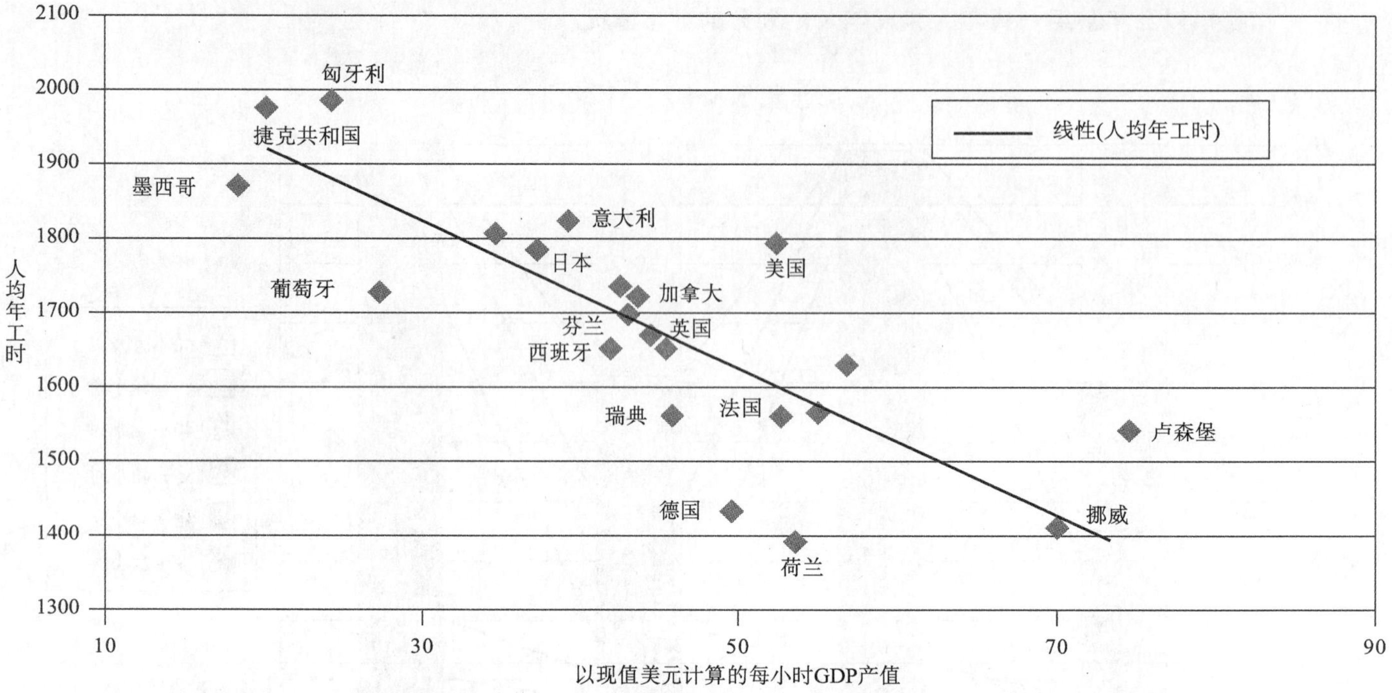

资料来源：KILM 表 6b（人均年工时）和 OECD 统计摘要数据库（劳动生产率）。这两项都属于 OECD 序列数据，应用的是有关国民经济核算的概念，所以能保证这两组数据的可比性。

待工作和工作者的态度。在图 6a 的发达经济体中，与葡萄牙相比，新西兰的文化中每周工作较长时间的观念更为常见，这就解释了为什么新西兰有 19.7% 的工人每周工作超过 50 小时，而葡萄牙只有 10.5%。美国文化也能够接受较长时间的工作。2004 年，18.1% 的美国工作者实际上每周工时多于 50 个小时（因此，在图 6a 上就没有显示其通常工时）。

在法国和乌拉圭，青年人和成年人之间的工时分布没有什么区别，但是工薪工作者和自雇工作者的每周通常工时就有很大区别（如图 6b 所示）。在法国，2004 年，26.3% 的自雇青年人和 38.6% 的自雇成年人每周工时超过 60 小时，而青年和成年工薪工作者的这一比重要低很多，仅为 1% 和 2.7%。在法国，这种由于雇佣形式不同而导致工时的重大区别体现为法国 2000 年的立法规定，即工薪工作者每周工时上限为 35 小时。[9] 相反，在乌拉圭这则体现为自雇工作者和工薪工作者在工时模式方面更具一致性。尽管该国成年自雇工作者比成年工薪工作者工作较长时间的比重要高一些（在每周工时超过 60 小时这一区间，其比重分别为 21.5% 和 10.9%），但是它们的差别比法国小很多。

在法国和乌拉圭，自雇工作者和工薪工作者之间的每周工时分布有着很大的不同。这是因为领周薪的工作者的工时很大程度上受雇佣合同的限制（领月薪的工作者不一定如此），而合同要遵循国家法定的正常工时（如上所述，在法国为每周 35 小时，乌拉圭则规定工业部门工作者每周工时为 48 小时，而商业部门工作者每周工时为 44 小时）。乌拉圭成年人在上述两个部门每周工时的中位数在 40—48 小时之间。有 49.5% 的成年工薪工作者的工时在这个范围内，而只有

9 国际劳工组织工作时间数据库（http://www.ilo.org/travaildatabase/servlet/workingtime）提供了世界上 100 多个国家关于工作时间法律的信息。

图 6d　部分国家的人均年工时，1987 年以及 1997—2007 年

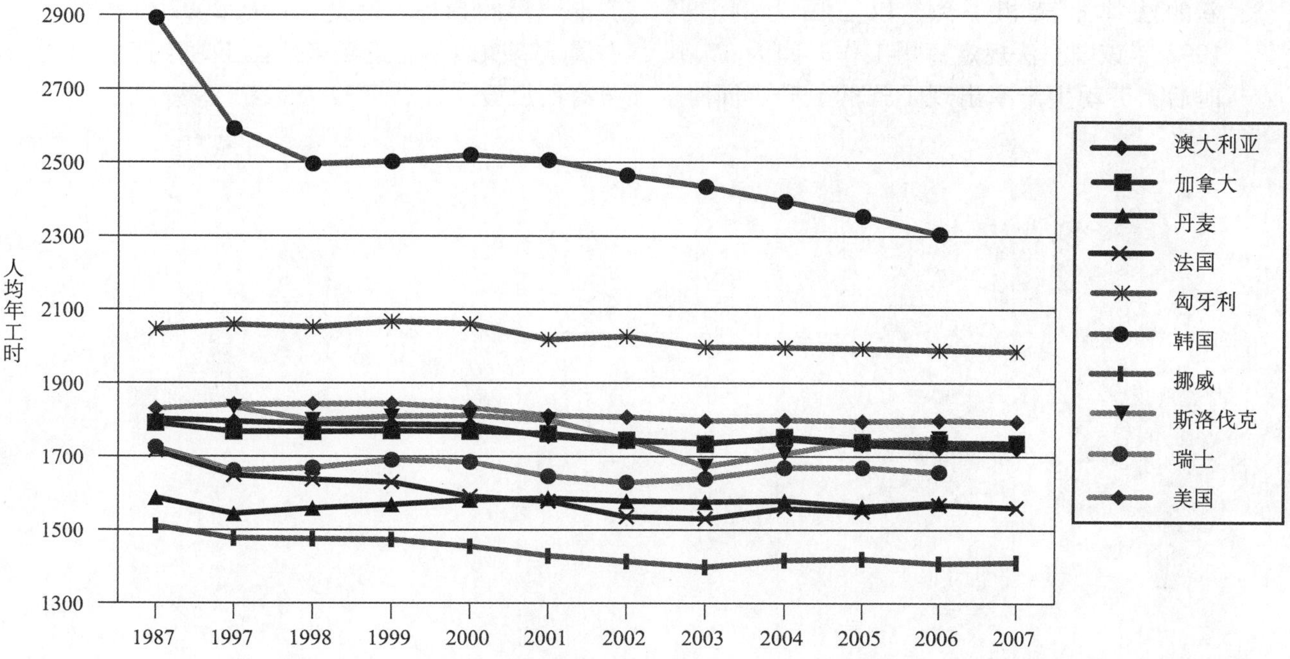

注：除美国外，以上所有国家的人均年工时的计算与国民经济核算的概念一致。

29.2%的成年自雇工作者的工时属于这个范围。相反，在每周工时分别为少于 24 小时、49—59 小时之间，以及 60 小时以上这几个时间段内，自雇工作者的比重要明显高于工薪工作者。

尽管区别很小，但是两国青年工作者确实有比成年工作者工作时间少的趋势（在每周工时少于 24 小时以及在 25—34 小时这两个时间段内，青年工作者的比重都很高），说明有些年轻人边上学边兼职。

人均年工时与每小时生产率之间的关系如图 6c 所示。两者之间呈显著负相关，每年工作的时间越长，劳动生产率越低，这表现在每小时工作创造的 GDP 上。这也可以在某种程度上用所选定国家的经济状况来解释（尽管也要考虑各国在计算年工时方法上的不一致，下面也将讨论到这个问题）。实际上，从图 6c 中的散点图中，我们可以明显看出有不同的国家集群。在左上方的国家（比如墨西哥、捷克共和国以及波兰）年度劳动时间长但生产率低，这些国家正逐渐摆脱技术相对落后的状况，慢慢缩小与工业化国家的差距。在当今经济环境中，这些国家的居民工作更长的时间，以弥补他们的低收入水平。

图 6c 中部的国家集群包括日本、英国和美国，这些国家有着长时间工作的传统，同时能够适应工作时间逐渐减少的趋势，如图 6d 所示。图 6c 中部的国家中还有意大利、葡萄牙和西班牙，这些国家受益于欧盟一体化，其生产率水平有所提高，而工时则有所下降。最后，图 6c 右下方的国家集群则有着很高的生产率，但人均年工时较少。这些国家由欧盟成员国构成，它们的社会民主传统使得这些国家的工作者都享有严格的社会保障体系。这组国家涵盖了保守的欧洲民主国家，如法国、德国和荷兰，以及社会福利较高的斯堪的纳维亚半岛国家，如挪威和瑞典。

除各国的社会经济特征外，计算方法同样也会影响生产率和工作时间之间的负相关程度。在过去的 10 年间，许多欧洲国家以及欧盟自身都立法规定限制正常的工时。这些法规直接导致登记在公司账目上的工时急剧下降，而实际工时经过一段时间之后才能与新的法律框架相一致。以法国为例，当1998年该国立法规定每周工作时间为35小时后，劳动生产率出现了骤然上升。同时，图6d显示该国每年工时在1998—2002年间逐渐下降的趋势。但是，自从2002年法国右翼政府执政后，近年来法国工时下降的趋势有所放缓。

专栏 6a 第 18 届国际劳动统计学家大会（2008 年 11—12 月）通过的关于工时统计的决议

摘 要

2008 年，国际劳动统计学家大会（ICLS）通过了关于工时统计的决议。该决议修正了现有的工时统计标准（1962 年第 13 届 ICLS 通过的工时统计决议），从而反映了经济体中所有部门人员的工作时间以及为全面实现体面工作而从事的所有形式的生产性活动。该决议不但针对已经具备国际定义标准的指标，还为更多其他指标制定了衡量方法和准则。这提高了该标准作为各国技术准则的有效性，以及相关统计的一致性和国际可比性。

该决议参考个人的生产性活动以及在工作中的表现，定义了七种工时概念：

- 实际工时，为使统计目的适用于所有工作和所有工作者而定义的有关工时的核心概念；
- 付薪工时，支付薪资的小时数，可能包含没有进行生产活动的时间；
- 正常工时，指法律规定的通行工时；
- 合同规定的工时，个人根据合同契约关系所预期的工作小时数，与正常工时不同；
- 通常工时，在较长观察期内一份工作通常的工时；
- 加班工时，超过合同或法定工时以外的工时；
- 缺勤工时，即工作者未工作的小时数。

该决议还定义了工作时间安排的两种概念。工作时间安排描述了工作中的工作时间特点，即工作时间的组织和计划，这种定义不分工作种类。正规化的工作时间安排是在法律上得到认可的各种特点的结合。

相关段落

概念和定义

实际工时

11.

（1）实际工时是指在特定的较短或较长的参考期内，一份工作中从事生产货物和/或服务活动所花费的小时数。**实际工时可适用于所有工作种类**（不限于国民经济核算体系的生产范围），与行政或法律规定无关。

（2）在国民经济核算的生产范围内计算的实际工时包括生产性活动直接花费的时间和与其相关的时间，以及停工时间和休息时间。

（a）“直接工时”是指履行工作任务和职责所花费的时间。这可以发生在任何地点（经济区域、企业、街道、家中），并且可以是在加班期间或其他不属于工作时间（如午饭时间或上下班时间）的工时。

（b）“相关工时”指在维持、促进或提高生产性活动时花费的时数，应包括以下活动：

（i）清洁、维修、准备、设计、管理或保养工具、仪器、流程、程序或工作地点；更衣时间（换工作服）；消毒或清洗时间；

（ii）从市场或其他渠道购买货物或基本材料，或将其运送至市场或其他地点；

（iii）等待业务、客户或病人，作为工作时间安排的一部分和/或明确支付薪酬的活动；

专栏 6a（续）

(iv) 待命任务（无论是否支付薪酬），这可能发生在工作地点（如医疗卫生服务或其他必要服务），也可能不在工作地点（比如在家中）。后一种情况需视个人活动受限制程度的不同来确定是否属于实际工时。从被召回工作的时刻起，之后的时间应算作直接工时；

(v) 工作地点之间的交通时间，包括到工程现场、渔区、委派、参加会议或会见客户或消费者（如上门销售和巡回活动）；

(vi) 某项工作或在相同经济单元中的其他工作所要求的培训和技能提升活动，其可以在工作地点或其他地方进行。在有酬工作中，该项活动通常由雇主或其他单位提供。

(c)“停工时间”与“直接工时”和“相关工时”不同，其是指个人因为机器或流程故障、事故、供给不足或电力或网络连接缺失等情况而无法工作，但还要继续待命的时间。这种时间无法避免，或是工作本身所固有的，是由于技术、材料或经济原因而发生的暂时中断。

(d)“休息时间”指工作期间短暂的休息、缓解或提神时间，包括喝茶、咖啡或祷告休息时间。通常根据习惯或合同进行，与已有规范和/或国情一致。

(3) 在国民经济核算的生产范围内衡量的实际工时不包括生产活动中未工作的时间，比如：

(a) 年假、公共假期、病假、育儿假或产假/陪产假，以及其他由于个人或家庭原因或公民义务而产生的假期。这段没有进行工作的时间计入缺勤时间（如第 17 条所定义）；

(b) 工作地点和住所之间的上下班时间，期间没有进行生产性活动；对于有酬工作而言，即使雇主对这段时间支付薪酬，其也不计入工作时间；

(c) 花费在教育活动上的时间，与第 11 条（2）（b）（vi）中提到的活动不同；对于有酬工作而言，尽管雇主委派、支付或提供教育活动，此时间也不计入实际工作时间；

(d) 长时间休假，与短期休息不同，期间没有进行生产性活动（如吃饭时间或长途旅行中的睡眠时间）；对于有酬工作而言，即使雇主对这段时间支付薪酬，其也不计入工作时间。

通常工时

15.

(1) 通常工时指在一个较长观察期（如一个月、一个季度、一季或一年）的较短参考期（如一周，其组成较长观察期）内，一份工作的实际工时的典型值。通常工时适用于所有工作种类（不限于国民经济核算的生产范围）。

(2) 典型值应为较长观察期内每个较短时段中实际工时分布的最常见的值，这样才具有意义。

(3) 通常工时为获取超出合同规定小时数的常规工时信息提供了依据。

(4) 用于计算通常工时的较短参考期应与衡量就业或家政服务和志愿工作的参考期一致。

表 6a 按每周工时划分的就业人口分布（百分比）

		年份	性别	<24 小时	25—34 小时	35—39 小时	40—48 小时	49—59 小时	>40 小时	>50 小时	>60 小时	注 No.
发达经济体和欧盟												
欧盟												
奥地利		2000	MF	3.7	8.4	30.0			57.8			1
			M	1.2	1.4	31.4			66.0			1
			F	7.0	17.4	28.2			47.5			1
		2003	MF	4.3	9.2	31.0			55.5			1
			M	1.3	1.9	32.7			64.1			1
			F	8.0	18.2	28.9			44.9			1
	b	2004	MF	6.1	9.3	23.2			61.4			2
	b		M	1.9	1.9	21.2			75.1			2
	b		F	11.1	18.3	25.7			44.9			2
		2005	MF	6.3	9.6	23.4			60.7			1
			M	2.4	2.3	21.1			74.3			1
			F	11.1	18.3	26.1			44.5			1
	b	2006	MF	6.8	10.5	23.1			59.6			3
	b		M	2.6	2.8	22.0			72.6			3
	b		F	11.8	19.7	24.5			44.1			3
		2007	MF	7.1	10.1	23.5			59.4			3
			M	2.8	2.4	22.5			72.3			3
			F	12.3	19.2	24.6			43.9			3
比利时		1990	MF	4.7	9.6	54.8			31.0			4
			M	0.8	3.8	58.4			36.9			4
			F	10.9	18.9	48.8			21.4			4
		2000	MF	7.3	11.7	48.5			32.5			4
			M	2.3	4.7	50.2			42.7			4
			F	13.8	20.7	46.2			19.2			4
		2003	MF	8.3	9.8	51.5			30.4			4
			M	2.7	3.2	53.7			40.4			4
			F	15.4	18.2	48.8			17.6			4
		2004	MF	8.4	10.5	48.5			32.6			4
			M	2.4	4.0	50.3			43.3			4
			F	15.9	18.7	46.2			19.2			4
		2005	MF	7.7	10.7	49.3			32.2			4
			M	2.4	3.8	50.4			43.5			4
			F	14.2	19.2	48.0			18.6			4
		2006	MF	8.4	11.0	49.0			31.6			4
			M	2.6	4.1	50.6			42.7			4
			F	15.3	19.3	47.1			18.3			4
		2007	MF	7.8	10.5	51.1			30.6			4
			M	2.6	3.7	52.4			41.3			4
			F	14.1	18.8	49.4			17.7			4
保加利亚		1995	MF	1.5	3.9	2.4	78.5	4.1			3.7	5
			M	1.3	2.9	2.0	77.0	5.4			4.6	5
			F	1.9	5.0	2.8	80.1	2.7			2.6	5
		2000	MF	1.4	3.5	1.9	77.0	4.0			2.3	5
			M	1.0	2.8	1.6	75.3	4.8			3.1	5
			F	1.9	4.3	2.1	78.9	3.1			1.5	5
	b	2004	MF	1.8	2.2	0.9	80.6	3.9			2.0	6
	b		M	1.5	1.7	0.7	78.3	4.4			2.5	6
	b		F	2.1	2.8	1.1	83.3	3.4			1.4	6
塞浦路斯		2000	MF	5.3	4.9	34.3	39.7	7.9			7.3	7
			M	3.0	2.8	31.2	41.6	10.4			10.2	7
			F	8.6	7.8	38.5	37.1	4.5			3.2	7
		2003	MF	5.9	5.5	36.9	38.3	6.6			6.5	7
			M	4.3	2.8	36.2	36.7	9.7			9.9	7
			F	7.7	8.9	37.7	40.3	2.9			2.2	7
		2004	MF	5.1	5.0	35.6	40.3	6.2			7.4	7
			M	3.4	2.7	34.2	39.3	8.6			11.2	7
			F	7.4	8.0	37.3	41.5	3.0			2.6	7
捷克共和国		2000	MF	2.5	3.8	29.7	44.0	10.4			7.7	8
			M	1.2	1.7	29.6	41.0	14.0			11.3	8
			F	4.1	6.6	29.9	48.1	5.7			2.9	8
		2003	MF	1.0	2.2	15.1			81.7			1
			M	0.6	1.0	13.1			85.3			1
			F	1.5	3.8	17.7			77.0			1

		年份	性别	<24 小时	25—34 小时	35—39 小时	40—48 小时	49—59 小时	>40 小时	>50 小时	>60 小时	注 No.
	b	2004	MF	2.5	3.5	70.8	5.9	9.9			6.9	8
	b		M	1.3	1.6	65.5	6.5	14.1			10.4	8
	b		F	4.1	5.8	77.6	5.1	4.5			2.3	8
	b	2005	MF	0.9	2.3	13.8			82.9			1
	b		M	0.6	1.0	12.3			86.1			1
	b		F	1.4	4.1	15.9			78.6			1
		2006	MF	1.0	2.3	14.2			82.5			1
			M	0.5	1.0	12.8			85.6			1
			F	1.6	4.0	16.0			78.4			1
		2007	MF	1.1	2.4	14.5			82.0			1
			M	0.5	1.1	13.3			85.0			1
			F	1.8	4.1	16.1			78.1			1
丹麦		1990	MF	10.4	8.8	62.1			18.8			9
			M	7.9	2.3	63.3			26.5			9
			F	13.3	16.3	60.6			9.8			9
		2000	MF	9.5	6.2	57.2			27.1			9
			M	7.0	1.8	52.6			38.6			9
			F	12.4	11.1	62.6			13.9			9
		2003	MF	9.7	5.9	58.2			26.2			9
			M	7.9	2.5	54.7			34.9			9
			F	11.8	9.9	62.2			16.0			9
		2004	MF	10.5	6.8	56.5			26.2			9
			M	8.2	3.3	51.9			36.6			9
			F	13.1	11.0	61.9			14.1			9
		2005	MF	10.6	7.0	55.1			27.3			9
			M	8.4	3.4	50.3			37.9			9
			F	13.3	11.2	60.5			15.0			9
		2006	MF	10.9	7.2	53.3			28.7			9
			M	8.3	3.1	47.9			40.7			9
			F	13.8	11.8	59.5			15.0			9
		2007	MF	10.8	6.9	52.6			29.6			9
			M	8.6	3.8	47.1			40.5			9
			F	13.4	10.5	58.9			17.2			9
爱沙尼亚		1995	MF	6.3	4.3	6.0	64.4	9.0			9.3	10
			M	3.9	2.7	4.5	64.2	10.8			13.0	10
			F	8.3	5.8	7.3	64.2	7.0			5.4	10
		2000	MF	5.2	3.3	3.3	74.0	7.0			6.5	10
			M	2.7	2.1	2.1	73.9	8.9			8.2	10
			F	7.1	4.6	4.3	73.3	4.6			4.3	10
		2003	MF	5.7	2.9	3.5	77.8	5.4			4.2	10
			M	3.0	1.7	1.7	78.8	7.0			6.0	10
			F	7.9	4.1	4.8	76.3	3.4			2.4	10
芬兰		1990	MF	3.6	4.0	66.2			26.2			11
			M	2.5	2.3	62.2			33.0			11
			F	4.8	5.8	70.6			18.8			11
	b	2000	MF	8.5	7.5	39.3	33.4	5.7			4.7	8
	b		M	5.9	4.8	28.7	44.7	8.1			6.8	8
	b		F	11.2	10.4	51.1	20.9	3.1			2.3	8
		2003	MF	5.5	5.8	45.6			43.0			11
			M	3.8	4.2	32.3			59.7			11
			F	7.4	7.5	60.0			25.0			11
	b	2004	MF	9.3	8.1	39.9	33.1	5.2			3.7	8
	b		M	6.7	5.1	28.9	45.9	7.3			5.4	8
	b		F	12.1	11.3	51.9	19.3	3.0			1.8	8
	b	2005	MF	5.8	5.4	46.8			42.0			11
	b		M	4.0	3.9	33.9			58.2			11
	b		F	7.8	7.0	60.6			24.6			11
		2006	MF	6.0	5.4	47.0			41.6			11
			M	4.3	3.9	33.5			58.3			11
			F	7.9	7.0	61.5			23.6			11
		2007	MF	6.1	5.6	47.1			41.2			11
			M	4.2	4.0	33.4			58.4			11
			F	8.2	7.3	61.8			22.7			11
法国		1990	MF	4.4	7.7	57.8			30.1			12
			M	1.4	3.0	57.3			38.3			12
			F	8.1	13.6	58.4			19.9			12
	b	2000	MF	9.7	8.4	48.5	12.0	4.9			3.7	8
	b		M	3.7	3.2	51.5	13.8	6.3			5.3	8
	b		F	17.1	14.8	44.8	9.8	3.1			1.8	8

		年份	性别	<24 小时	25—34 小时	35—39 小时	40—48 小时	49—59 小时	>40 小时	>50 小时	>60 小时	注 No.
		2003	MF	5.2	7.7	56.0			31.0			12
			M	1.9	2.8	55.1			40.3			12
			F	9.2	13.5	57.2			20.2			12
	b	2004	MF	9.6	9.6	9.6	9.6	9.6			9.6	6
	b		M	3.7	3.7	3.7	3.7	3.7			3.7	6
	b		F	16.7	16.7	16.7	16.7	16.7			16.7	6
	b	2005	MF	5.5	8.0	54.1			32.5			12
	b		M	2.1	3.1	52.7			42.1			12
	b		F	9.4	13.6	55.6			21.4			12
		2006	MF	5.6	7.7	53.7			33.0			13
			M	2.3	3.0	52.2			42.6			13
			F	9.5	13.1	55.6			21.9			13
		2007	MF	5.3	8.1	53.5			33.1			13
			M	2.2	2.8	52.2			42.9			13
			F	8.8	14.3	54.9			22.0			13
德国		2000	MF	9.4	8.2	38.0			44.4			13
			M	3.1	1.8	39.2			55.9			13
			F	17.6	16.3	36.5			29.6			13
		2003	MF	10.9	8.7	39.1			41.3			13
			M	3.7	2.2	40.8			53.3			13
			F	19.7	16.6	37.1			26.6			13
		2004	MF	11.4	8.7	35.4			44.5			13
			M	4.1	2.2	36.3			57.4			13
			F	20.3	16.7	34.3			28.7			13
		2005	MF	12.4	9.4	30.6			47.6			13
			M	4.6	2.8	30.4			62.2			13
			F	22.0	17.4	30.9			29.7			13
		2006	MF	12.5	9.5	29.7			48.3			13
			M	4.9	2.7	29.3			63.1			13
			F	21.5	17.5	30.2			30.7			13
		2007	MF	12.8	9.4	27.9			49.9			13
			M	5.3	2.6	27.1			65.0			13
			F	21.8	17.4	28.9			31.9			13
希腊		1990	MF	1.8	4.9	17.1			76.2			14
			M	0.9	3.0	15.0			81.0			14
			F	3.4	8.2	21.0			67.5			14
	b	2000	MF	8.5	10.4	9.1	53.4	8.2			10.2	15
	b		M	6.0	8.1	8.1	55.5	9.2			12.7	15
	b		F	12.4	14.2	10.6	49.8	6.3			6.0	15
		2003	MF	1.7	3.9	14.5			80.0			14
			M	0.7	2.1	11.5			85.7			14
			F	3.2	6.9	19.3			70.5			14
		2004	MF	1.8	4.2	14.6			79.4			14
			M	0.9	2.1	11.6			85.4			14
			F	3.3	7.5	19.4			69.8			14
	b	2005	MF	8.6	11.3	7.7	54.1	7.9			10.1	15
	b		M	5.2	9.2	6.8	56.2	9.3			12.9	15
	b		F	14.2	14.7	8.9	50.6	5.7			5.5	15
	b	2006	MF	2.3	5.1	14.0			78.6			14
	b		M	1.1	2.9	11.1			84.9			14
	b		F	4.2	8.7	18.5			68.6			14
		2007	MF	2.4	5.4	13.9			78.3			14
			M	1.2	2.9	10.5			85.3			14
			F	4.3	9.3	19.1			67.3			14
匈牙利		2000	MF	2.4	2.2	0.9	75.4	5.1			3.6	16
			M	1.3	1.0	0.6	70.5	6.8			5.5	16
			F	3.8	3.7	1.3	81.2	2.9			1.4	16
	b	2003	MF	0.6	2.9	3.5			93.0			2
	b		M	0.4	1.6	2.3			95.6			2
	b		F	0.7	4.3	4.8			90.1			2
	b	2004	MF	2.9	2.2	1.1	78.0	3.7			2.8	16
	b		M	1.7	1.1		74.3	5.2			4.1	16
	b		F	4.2	3.5		82.2	1.8			1.2	16
	b	2005	MF	0.5	3.1	3.2			93.3			1
	b		M	0.3	1.7	1.9			96.1			1
	b		F	0.6	4.7	4.5			90.2			1
		2006	MF	0.4	2.5	3.1			93.9			1
			M	0.3	1.4	2.0			96.3			1
			F	0.6	3.8	4.4			91.2			1

		年份	性别	<24 小时	25—34 小时	35—39 小时	40—48 小时	49—59 小时	>40 小时	>50 小时	>60 小时	注 No.
		2007	MF	0.5	2.5	3.0			93.9			1
			M	0.4	1.4	1.9			96.3			1
			F	0.6	3.8	4.2			91.3			1
爱尔兰		1990	MF	3.8	6.0	20.0			70.3			13
			M	1.3	2.9	15.2			80.6			13
			F	8.7	11.7	29.1			50.5			13
	b	2000	MF	13.6	5.2	32.1	25.2	5.2			5.8	17
	b		M	5.3	2.6	29.3	29.5	7.2			8.6	17
	b		F	25.7	8.9	36.0	18.8	2.0			1.5	17
		2003	MF	14.4	5.7	37.1	21.6	4.7			4.5	17
			M	5.1	2.4	35.4	26.6	7.0			6.9	17
			F	27.1	10.2	39.5	14.6	1.3			1.1	17
		2004	MF	14.4	6.4	36.7	22.5	4.5			4.6	17
			M	4.8	2.6	35.3	28.4	6.7			7.1	17
			F	27.7	11.5	38.3	14.4	1.4			0.9	17
	b	2005	MF	8.0	11.6	45.3			35.1			13
	b		M	2.9	4.1	44.0			48.9			13
	b		F	14.3	20.8	46.8			18.2			13
		2006	MF	7.9	12.0	46.7			33.4			13
			M	3.1	4.5	45.6			46.7			13
			F	13.9	21.0	48.1			17.0			13
		2007	MF	8.2	12.1	45.4			34.4			13
			M	2.8	4.7	43.8			48.6			13
			F	14.5	21.1	47.2			17.1			13
意大利		1990	MF	3.7	5.0	22.8			68.4			13
			M	2.2	1.7	20.2			75.9			13
			F	6.7	11.5	28.0			53.8			13
		2000	MF	5.0	7.3	23.3			64.5			13
			M	3.1	2.6	20.0			74.3			13
			F	8.2	15.3	28.9			47.6			13
		2003	MF	4.7	7.3	23.1			64.9			13
			M	2.6	2.3	19.5			75.6			13
			F	8.0	15.5	29.0			47.5			13
		2004	MF	5.3	9.5	21.9			63.3			13
			M	2.3	3.3	18.4			75.9			13
			F	9.8	18.9	27.1			44.2			13
		2005	MF	4.8	9.9	21.6			63.7			13
			M	1.9	3.2	17.7			77.2			13
			F	9.0	20.1	27.6			43.3			13
		2006	MF	4.5	10.4	22.1			63.0			13
			M	1.9	3.5	17.9			76.7			13
			F	8.6	20.8	28.4			42.2			13
		2007	MF	4.8	10.3	21.4			63.5			13
			M	1.9	3.5	17.7			76.9			13
			F	9.3	20.6	27.0			43.1			13
立陶宛		1998	MF	9.2	7.0	5.2	61.5	4.2			5.9	18
			M	7.6	5.4	5.0	64.7	5.1			7.8	18
			F	10.9	8.7	5.5	58.2	3.2			4.0	18
		2000	MF	10.4	8.1	5.6	62.4	4.3			3.2	18
			M	8.6	7.0	4.5	66.8	5.5			3.9	18
			F	12.1	9.0	6.5	58.2	3.1			2.5	18
		2004	MF	8.9	11.0	5.8	64.6	2.9			1.5	18
			M	6.7	9.7	4.4	70.8	3.7			1.9	18
			F	11.3	12.4	7.3	57.8	1.9			1.0	18
卢森堡		1990	MF	2.5	5.1	4.5			88.0			4
			M	0.0	1.0	1.9			96.1			4
			F	7.4	12.9	7.4			72.7			4
	b	2000	MF	11.6	4.4	3.9	73.4	3.2			3.5	8
	b		M	1.6	1.4	3.0	84.6	4.4			4.9	8
	b		F	26.1	8.8	5.2	57.1	1.5			1.4	8
		2003	MF	3.2	9.6	6.4			80.3			4
			M	0.0	0.9	3.6			94.9			4
			F	7.9	22.4	10.6			59.0			4
	b	2004	MF	13.1	4.7	3.5	74.5	2.0			2.2	8
	b		M	1.5	0.8	2.6	89.6	2.4			3.1	8
	b		F	30.0	10.2	4.9	52.5	1.3			1.0	8
	b	2005	MF	3.8	10.3	7.6			78.7			4
	b		M	0.9	0.9	3.7			94.3			4
	b		F	7.7	23.2	11.6			57.1			4

		年份	性别	<24 小时	25—34 小时	35—39 小时	40—48 小时	49—59 小时	>40 小时	>50 小时	>60 小时	注 No.
		2006	MF	2.7	9.8	8.7			78.9			4
			M	0.0	1.0	3.8			94.9			4
			F	6.3	21.3	15.0			58.0			4
		2007	MF	3.4	10.1	9.5			77.2			4
			M	0.0	1.9	4.9			93.6			4
			F	7.9	21.2	15.9			55.0			4
马耳他		2000	MF	4.8	7.5	0.7	75.3	5.5			4.1	19
			M	2.0	4.0		77.2	6.9			5.9	19
			F	11.9	14.3		71.4	2.4			0.0	19
		2004	MF	6.1	9.5	0.7	70.3	4.1			4.1	19
			M	1.9	4.9		73.8	5.8			5.8	19
			F	13.6	18.2		59.1	0.0			0.0	19
荷兰		1990	MF	18.5	9.7	39.8			32.0			13
			M	9.1	4.3	45.5			41.1			13
			F	33.9	18.6	30.5			17.1			13
	b	2000	MF	16.4	26.6	13.9	21.8	18.7			2.5	20
	b		M	14.9	25.7	14.0	21.7	20.5			3.1	20
	b		F	18.4	27.8	13.8	21.9	16.4			1.7	20
		2003	MF	20.7	13.9	34.2			31.3			13
			M	10.1	4.6	38.1			47.2			13
			F	34.1	25.5	29.3			11.1			13
	b	2004	MF	15.8	23.4	13.5	23.1	20.8			3.3	20
	b		M	14.6	22.6	13.5	22.9	22.2			4.0	20
	b		F	17.3	24.3	13.5	23.2	19.2			2.4	20
	b	2005	MF	21.4	14.3	32.7			31.6			13
	b		M	10.8	4.5	36.3			48.4			13
	b		F	34.6	26.4	28.2			10.9			13
		2006	MF	21.0	14.5	32.2			32.4			13
			M	10.8	4.9	34.7			49.6			13
			F	33.5	26.2	29.1			11.2			13
		2007	MF	21.2	14.8	31.6			32.3			13
			M	11.5	4.8	34.0			49.7			13
			F	33.1	27.0	28.6			11.3			13
波兰		2000	MF	17.2		7.1	58.5	9.1			8.2	21
			M	12.6		5.8	58.4	11.7			11.5	21
			F	22.9		8.6	58.6	5.8			4.0	21
		2003	MF	3.9	7.6	6.2			82.3			22
			M	2.5	4.6	4.6			88.2			22
			F	5.6	11.1	8.0			75.2			22
	b	2004	MF	17.0		9.7	54.6	9.5			9.1	21
	b		M	12.4		8.5	54.1	12.1			12.9	21
	b		F	22.8		11.3	55.2	6.2			4.4	21
	b	2005	MF	4.5	7.2	5.6			82.7			22
	b		M	2.9	4.2	4.1			88.8			22
	b		F	6.5	10.9	7.4			75.1			22
		2006	MF	4.1	6.7	5.5			83.7			22
			M	2.6	3.9	3.8			89.7			22
			F	6.0	10.3	7.5			76.2			22
		2007	MF	3.8	6.3	5.2			84.7			22
			M	2.3	3.7	3.6			90.4			22
			F	5.6	9.4	7.2			77.7			22
葡萄牙		1990	MF	2.8	4.0	14.0			79.3			13
			M	1.2	1.8	10.3			86.6			13
			F	4.8	7.0	18.9			69.3			13
	b	2000	MF	7.5	5.4	14.4	60.6	6.0			5.4	23
	b		M	3.8	3.7	11.0	66.9	7.4			6.5	23
	b		F	12.0	7.6	18.6	52.8	4.2			4.1	23
		2003	MF	4.4	5.6	19.3			70.7			13
			M	2.7	3.2	14.5			79.7			13
			F	6.5	8.4	25.1			60.0			13
	b	2004	MF	8.2	4.7	15.5	60.0	5.7			4.8	23
	b		M	5.0	3.1	10.9	66.3	7.4			6.0	23
	b		F	12.0	6.7	21.0	52.4	3.7			3.3	23
	b	2005	MF	4.3	5.6	19.0			71.1			13
	b		M	2.4	3.5	13.4			80.8			13
	b		F	6.4	8.0	25.7			59.9			13
		2006	MF	4.2	5.1	19.3			71.4			13
			M	2.4	3.5	13.5			80.6			13
			F	6.3	7.0	26.0			60.7			13

		年份	性别	<24 小时	25—34 小时	35—39 小时	40—48 小时	49—59 小时	>40 小时	>50 小时	>60 小时	注 No.
		2007	MF	4.4	5.5	18.5			71.6			13
			M	2.6	3.7	13.6			80.1			13
			F	6.6	7.7	24.1			61.6			13
罗马尼亚		1996	MF	9.8		0.7	56.2			13.7		20
			M	7.6		0.5	58.4			15.7		20
			F	12.3		0.9	53.7			11.4		20
		2000	MF	10.9		0.9	50.2			12.5		20
			M	8.5		0.7	51.5			14.8		20
			F	13.7		1.2	48.6			9.9		20
		2004	MF	9.0		0.7	58.5			15.2		20
			M	7.2		0.6	57.3			17.5		20
			F	11.1		0.9	60.0			12.4		20
斯洛伐克		2000	MF	0.2	1.6	2.0			96.2			24
			M	0.2	0.8	1.5			97.5			24
			F	0.3	2.5	2.5			94.6			24
		2003	MF	0.5	1.9	10.8			86.9			22
			M	0.3	1.0	8.8			89.9			22
			F	0.7	2.9	13.3			83.1			22
	b	2004	MF	2.5	1.1	18.1	68.2			9.1		16
	b		M	1.3	0.6	15.4	68.8			13.3		16
	b		F	3.8	1.7	21.3	67.2			4.0		16
	b	2005	MF	0.6	2.0	10.1			87.4			22
	b		M	0.3	1.0	8.3			90.3			22
	b		F	1.0	3.2	12.3			83.5			22
		2006	MF	0.6	2.0	10.1			87.4			22
			M	0.3	1.0	8.3			90.3			22
			F	1.0	3.1	12.4			83.5			22
		2007	MF	0.5	2.1	9.9			87.6			22
			M	0.2	1.0	7.9			91.0			22
			F	0.8	3.5	12.5			83.1			22
斯洛文尼亚		1995	MF	1.2	5.0		63.5		30.3			25
			M	1.1	4.2		61.5		33.2			25
			F	1.5	5.9		65.5		27.1			25
		2000	MF	1.6	5.7		70.5		22.3			25
			M	1.2	4.5		69.2		25.1			25
			F	1.7	7.0		72.0		19.1			25
		2004	MF	2.5	7.2		70.5		19.7			26
			M	2.3	6.0		68.4		23.2			26
			F	2.8	8.6		73.0		15.3			26
西班牙		1990	MF	2.0	2.6	11.0			84.4			13
			M	0.5	0.8	7.8			90.8			13
			F	5.2	6.3	17.8			70.7			13
	b	2000	MF	6.4	4.3	11.1	65.5	7.7			5.0	27
	b		M	2.2	2.1	8.7	71.0	9.6			6.3	27
	b		F	13.7	7.9	15.3	55.9	4.4			2.7	27
		2003	MF	3.1	4.9	14.6			77.4			13
			M	0.9	1.6	10.5			87.0			13
			F	6.5	10.3	21.3			61.9			13
	b	2004	MF	7.1	4.6	11.6	65.1	7.6			4.0	27
	b		M	2.3	2.1	8.8	71.8	10.0			4.9	27
	b		F	14.6	8.5	15.9	54.7	3.8			2.4	27
	b	2005	MF	4.5	6.8	17.7			71.0			13
	b		M	1.7	2.3	12.6			83.4			13
	b		F	8.6	13.5	25.3			52.7			13
		2006	MF	4.2	6.9	17.7			71.1			13
			M	1.5	2.4	12.8			83.3			13
			F	8.1	13.3	24.9			53.7			13
		2007	MF	4.2	6.7	17.7			71.4			13
			M	1.5	2.3	12.4			83.9			13
			F	8.0	12.9	25.2			54.0			13
瑞典		1990	MF	3.9	10.6	20.2			65.3			28
			M	2.2	3.0	11.4			83.4			28
			F	5.7	18.8	29.8			45.7			28
		2000	MF	5.1	8.9	23.2			62.8			28
			M	3.7	3.7	15.2			77.5			28
			F	6.7	14.6	32.0			46.7			28
		2003	MF	5.4	8.6	24.3			61.7			28
			M	3.7	4.3	16.3			75.8			28
			F	7.3	13.3	32.8			46.6			28

		年份	性别	<24 小时	25—34 小时	35—39 小时	40—48 小时	49—59 小时	>40 小时	>50 小时	>60 小时	注 No.
		2004	MF	5.8	8.7	24.4			61.2			28
			M	4.1	4.4	16.5			75.0			28
			F	7.6	13.3	32.9			46.3			28
		2005	MF	5.2	8.3	28.2			58.3			28
			M	3.8	4.8	19.5			72.0			28
			F	6.8	12.2	37.6			43.4			28
		2006	MF	5.1	8.3	28.2			58.4			28
			M	3.7	4.7	19.6			72.0			28
			F	6.8	12.2	37.6			43.5			28
		2007	MF	6.1	8.2	27.9			57.7			28
			M	4.6	4.9	19.8			70.7			28
			F	7.7	12.0	37.0			43.3			28
英国		1990	MF	12.0	8.1	27.2			52.7			13
			M	3.4	1.9	21.6			73.1			13
			F	23.4	16.1	34.5			26.0			13
		2000	MF	13.1	9.8	26.5			50.6			13
			M	5.1	3.3	22.3			69.3			13
			F	22.9	17.8	31.7			27.6			13
		2003	MF	13.4	10.3	28.0			48.3			29
			M	5.7	3.9	23.8			66.5			29
			F	22.2	17.8	32.9			27.2			29
	b	2004	MF	13.2	10.8	28.5			47.5			13
	b		M	5.6	4.2	24.5			65.7			13
	b		F	22.0	18.3	33.1			26.6			13
		2005	MF	12.9	10.6	28.9			47.5			13
			M	5.7	4.1	24.7			65.5			13
			F	21.1	18.0	33.8			27.1			13
		2006	MF	12.8	10.6	29.2			47.3			13
			M	5.7	4.2	25.1			65.0			13
			F	20.8	18.0	33.9			27.3			13
		2007	MF	12.7	10.5	29.3			47.4			13
			M	5.7	4.2	25.3			64.8			13
			F	20.8	17.8	33.9			27.5			13
北美洲												
加拿大		1980	MF	8.7	5.5	24.5			61.2			30
			M	4.4	2.4	16.9			76.3			30
			F	15.4	10.4	36.1			38.2			30
		1990	MF	9.7	7.3	24.2			58.8			30
			M	5.7	3.5	16.2			74.7			30
			F	14.6	12.2	34.3			39.0			30
		2000	MF	14.1	9.6	20.3	44.4	6.1			5.6	31
			M	8.3	5.4	14.6	54.9	8.5			8.3	31
			F	20.8	14.5	26.9	32.0	3.3			2.4	31
		2003	MF	14.5	10.1	21.1	43.8	5.7			4.9	31
			M	8.8	6.0	15.5	54.7	7.8			7.3	31
			F	21.0	14.7	27.5	31.4	3.2			2.1	31
		2004	MF	14.1	10.1	21.2	43.5	6.0			5.1	31
			M	8.6	5.9	15.5	54.0	8.3			7.7	31
			F	20.4	14.9	27.6	31.5	3.4			2.2	31
	b	2005	MF	9.2	9.2	28.6			53.0			30
	b		M	5.8	5.0	20.5			68.7			30
	b		F	13.0	13.9	37.9			35.3			30
		2006	MF	9.0	9.0	28.5			53.5			30
			M	5.8	5.1	20.4			68.8			30
			F	12.7	13.5	37.6			36.3			30
		2007	MF	9.2	9.0	28.8			53.0			30
			M	5.9	5.1	20.6			68.4			30
			F	12.8	13.3	37.9			35.9			30
美国		1980	MF	7.0	7.4	11.6			74.0			32
			M	4.1	4.2	6.3			85.4			32
			F	10.5	11.4	18.1			60.0			32
	b	1990	MF	6.2	8.0	11.8			74.1			33
	b		M	3.8	4.8	6.8			84.6			33
	b		F	8.8	11.5	17.2			62.6			33
	b	2000	MF	15.9	6.8	6.6	50.8	11.6			8.3	34
	b		M	10.7	5.2	4.7	52.7	15.1			11.6	34
	b		F	22.1	8.7	8.9	48.5	7.5			4.3	34
		2003	MF	5.5	7.8	10.9			75.9			32
			M	3.3	4.7	6.7			85.3			32
			F	7.8	11.1	15.4			65.7			32

		年份	性别	<24 小时	25—34 小时	35—39 小时	40—48 小时	49—59 小时	>40 小时	>50 小时	>60 小时	注 No.
	b	2004	MF	16.8	7.4	6.8	50.9	10.5			7.6	34
	b		M	11.5	5.8	5.0	53.4	13.7			10.6	34
	b		F	22.9	9.4	9.0	47.9	6.8			4.0	34
	b	2005	MF	5.1	7.7	11.1			76.0			32
	b		M	3.0	4.8	6.7			85.5			32
	b		F	7.4	10.9	15.9			65.8			32
		2006	MF	5.1	7.5	10.9			76.6			32
			M	3.2	4.6	6.5			85.8			32
			F	7.2	10.6	15.7			66.5			32
		2007	MF	5.0	7.5	10.9			76.6			32
			M	3.0	4.6	6.6			85.8			32
			F	7.2	10.6	15.5			66.6			32
其他发达经济体												
澳大利亚		2000	MF	27.9	11.6	15.0	27.0	9.4			9.1	34
			M	18.5	8.9	14.3	32.0	13.0			13.4	34
			F	39.9	15.0	15.8	20.8	5.0			3.6	34
		2003	MF	15.3	9.5	24.9			50.4			35
			M	7.9	4.4	22.2			65.5			35
			F	24.4	15.8	28.2			31.6			35
	b	2004	MF	20.7	9.1	20.1	32.4	10.2			7.6	34
	b		M	10.8	4.9	19.5	39.1	14.2			11.5	34
	b		F	32.9	14.3	20.7	24.0	5.1			2.8	34
	b	2005	MF	14.5	10.0	26.0			49.5			35
	b		M	7.4	4.6	23.3			64.7			35
	b		F	23.2	16.7	29.3			30.8			35
		2006	MF	14.4	10.1	26.5			49.1			35
			M	7.6	4.8	23.8			63.8			35
			F	22.7	16.4	29.7			31.2			35
		2007	MF	13.9	10.2	26.5			49.4			35
			M	7.3	5.1	23.5			64.1			35
			F	22.0	16.5	30.3			31.3			35
以色列		2000	MF	10.4	7.7	5.1	40.6	11.9			9.3	36
			M	4.9	3.1	2.1	42.3	16.7			14.6	36
			F	16.9	12.8	8.4	38.1	5.9			2.7	36
		2001	MF	10.7	8.1	5.2	40.4	12.4			8.6	36
			M	5.2	3.4	2.3	41.8	17.8			13.7	36
			F	17.1	13.3	8.4	38.5	5.6			2.4	36
		2002	MF	11.0	8.3	5.2	40.7	12.1			8.3	36
			M	5.4	3.2	2.1	42.7	17.2			13.3	36
			F	17.4	13.8	8.7	37.7	5.8			2.4	36
		2003	MF	10.8	8.2	5.3	39.3	11.8			8.6	36
			M	7.6	4.0	2.8	40.5	15.7			12.1	36
			F	15.8	12.5	8.1	38.4	6.0			3.2	36
		2004	MF	10.9	7.9	5.1	39.2	11.9			8.0	36
			M	5.5	3.4	2.2	41.2	16.7			12.5	36
			F	16.9	13.0	8.5	36.6	6.1			2.6	36
日本		2000	MF	16.2	6.3	7.3	41.1	15.8			13.0	37
			M	7.3	4.2	5.5	44.1	20.4			18.1	37
			F	29.0	9.4	10.0	36.6	9.2			5.5	37
		2003	MF	5.4	12.8	15.0			66.8			38
			M	2.8	6.1	11.3			79.8			38
			F	9.0	22.4	20.3			48.2			38
	b	2004	MF	18.0	7.4	7.1	37.8	16.1			13.0	37
	b		M	8.7	5.3	5.5	40.5	20.9			18.4	37
	b		F	31.2	10.2	9.5	34.1	9.3			5.3	37
	b	2005	MF	5.5	12.8	14.7			67.1			38
	b		M	3.0	5.8	10.9			80.4			38
	b		F	9.1	22.7	20.1			48.1			38
		2006	MF	5.4	12.5	13.3			68.8			38
			M	2.9	5.6	9.3			82.2			38
			F	9.1	22.3	18.9			49.8			38
		2007	MF	5.7	13.2	14.8			66.3			38
			M	3.0	6.2	11.2			79.6			38
			F	9.4	23.2	19.9			47.5			38
新西兰		1990	MF	12.8	6.9	12.7			67.6			39
			M	5.5	2.4	7.8			84.3			39
			F	22.3	12.6	19.0			46.2			39

		年份	性别	<24 小时	25—34 小时	35—39 小时	40—48 小时	49—59 小时	>40 小时	>50 小时	>60 小时	注 No.
	b	2000	MF	20.1	7.9	6.0	42.9	12.8			9.5	31
	b		M	10.7	4.0	3.5	48.9	17.8			14.0	31
	b		F	31.4	12.4	8.6	35.6	6.6			3.8	31
		2003	MF	13.5	8.8	11.8			66.0			40
			M	7.1	3.7	7.3			81.9			40
			F	21.0	14.8	17.2			47.0			40
	b	2004	MF	19.2	8.5	6.2	45.9	12.1			7.7	31
	b		M	9.8	4.1	4.1	52.6	17.3			11.4	31
	b		F	30.3	13.5	8.5	37.9	5.8			3.1	31
	b	2005	MF	13.0	8.7	12.0			66.2			40
	b		M	6.3	3.9	7.2			82.6			40
	b		F	20.9	14.5	17.6			47.0			40
		2006	MF	12.8	8.5	12.7			66.0			40
			M	6.4	3.7	8.0			81.9			40
			F	20.4	14.1	18.2			47.2			40
		2007	MF	13.1	9.0	13.5			64.4			40
			M	7.0	4.2	8.4			80.4			40
			F	20.2	14.5	19.5			45.8			40
西欧（非欧盟）												
冰岛		2000	MF	8.3	12.2	10.9			68.8			41
			M	4.8	3.6	4.8			86.0			41
			F	12.4	20.6	17.9			49.1			41
		2003	MF	7.0	8.9	12.1			71.9			41
			M	4.9	3.6	4.9			87.1			41
			F	9.4	16.1	20.1			55.1			41
	b	2004	MF	7.0	9.6	10.9			72.4			42
	b		M	4.8	3.6	4.8			87.9			42
	b		F	9.5	16.3	19.0			55.1			42
		2005	MF	7.4	8.7	11.8			72.0			41
			M	4.7	3.5	4.7			88.3			41
			F	11.9	14.5	19.8			53.5			41
		2006	MF	7.1	8.8	11.8			72.1			41
			M	4.3	3.3	5.4			86.9			41
			F	10.3	15.5	19.3			54.5			41
		2007	MF	7.3	8.5	12.4			72.0			41
			M	5.2	3.1	6.2			86.3			41
			F	11.2	14.9	19.8			54.9			41
挪威		1990	MF	13.3	8.5	58.7			19.6			43
			M	5.0	1.9	65.0			28.1			43
			F	23.5	16.4	50.9			9.2			43
	b	2000	MF	16.4	9.8	57.5	9.8	3.5			2.5	20
	b		M	7.8	4.0	65.5	12.9	5.4			4.1	20
	b		F	26.4	16.6	48.2	6.4	1.3			0.6	20
		2003	MF	12.8	8.2	63.9			15.1			43
			M	7.1	2.8	68.4			21.7			43
			F	19.2	14.2	58.9			7.7			43
	b	2004	MF	17.3	10.3	57.1	9.6	3.2			2.0	20
	b		M	9.2	4.6	64.5	13.0	5.1			3.2	20
	b		F	26.4	16.8	48.9	5.7	1.1			0.7	20
	b	2005	MF	12.8	7.9	64.7			14.5			43
	b		M	7.0	3.0	69.0			21.0			43
	b		F	19.3	13.5	59.9			7.2			43
		2006	MF	13.0	8.1	63.2			15.7			43
			M	7.4	3.1	66.6			22.8			43
			F	19.3	13.6	59.3			7.7			43
		2007	MF	12.6	7.8	64.0			15.6			43
			M	7.4	3.1	67.2			22.3			43
			F	18.5	13.0	60.4			8.0			43
瑞士		2000	MF	22.4	9.7	5.8	44.0	11.0			6.9	44
			M	9.3	6.2	4.9	53.3	15.9			10.1	44
			F	39.0	14.2	6.6	31.8	4.8			2.8	44
		2003	MF	15.2	9.9	9.3			65.6			45
			M	4.8	3.3	5.6			86.2			45
			F	27.9	17.9	13.7			40.5			45
	b	2004	MF	22.5	10.1	5.8	43.7	11.5			6.2	44
	b		M	8.8	5.8	4.9	53.9	16.8			9.3	44
	b		F	39.0	15.2	7.0	31.1	5.0			2.5	44

	年份	性别	<24 小时	25—34 小时	35—39 小时	40—48 小时	49—59 小时	>40 小时	>50 小时	>60 小时	注 No.
b	2005	MF	14.5	10.6	9.2			65.7			45
b		M	4.6	3.4	5.2			86.9			45
b		F	26.5	19.2	14.0			40.3			45
	2006	MF	15.0	10.5	9.2			65.3			45
		M	5.2	3.5	5.5			85.8			45
		F	26.8	18.8	13.7			40.6			45
	2007	MF	14.7	10.7	9.4			65.2			45
		M	4.8	3.9	5.1			86.2			45
		F	26.6	19.0	14.5			39.8			45
中欧、东南欧（非欧盟）和独联体											
中欧和东南欧											
阿尔巴尼亚	2001	MF	20.4	27.2	11.5	33.2	4.8			2.8	46
		M	19.4	26.7	11.4	33.2	5.8			3.5	46
		F	22.1	28.1	11.6	33.2	3.2			1.7	46
克罗地亚	1999	MF	15.6	3.1	1.0	65.6	6.9			7.7	37
		M	12.0	2.7	1.0	64.8	8.6			11.0	37
		F	19.8	3.6	1.0	66.7	5.0			4.1	37
	2001	MF	12.8	3.2	1.0	69.9	6.5			6.5	37
		M	10.4	2.9	0.7	68.9	8.2			8.2	37
		F	15.9	3.6	0.6	70.9	4.3			4.2	37
	2004	MF	12.1	2.8	2.1	71.1	6.1			5.8	37
		M	9.8	2.6	1.6	70.1	7.5			8.1	37
		F	14.9	3.1	2.6	72.2	4.3			3.0	37
前南斯拉夫马其顿共和国	1998	MF	5.2	4.8	3.3	76.1	4.6			5.2	47
		M	5.3	4.7	2.9	75.4	5.0			6.5	47
		F	5.1	5.1	3.6	77.2	4.1			3.0	47
	2000	MF	3.3	2.7	3.6	73.4	7.8			8.6	47
		M	2.7	2.4	3.2	72.9	8.0			9.7	47
		F	3.3	3.3	3.3	73.8	7.6			6.2	47
	2003	MF	3.3	3.5	1.8	72.1	7.0			11.6	47
		M	2.8	3.1	1.2	70.3	7.3			13.8	47
		F	3.2	4.1	2.3	74.2	6.5			7.8	47
土耳其	1990	MF	2.7	6.6	8.0			82.7			48
		M	1.3	3.9	5.2			89.6			48
		F	6.0	13.0	14.2			66.8			48
	2000	MF	3.8	5.5	7.2			83.4			49
		M	2.4	3.3	5.0			89.3			49
		F	7.7	11.6	13.4			67.4			49
	2003	MF	1.8	4.2	5.7			88.2			49
		M	1.2	2.4	3.6			92.8			49
		F	3.3	9.0	11.2			76.4			49
	2004	MF	1.7	4.9	6.6			86.8			49
		M	0.9	2.7	4.5			91.9			49
		F	3.9	11.0	12.7			72.5			49
	2005	MF	2.1	3.8	6.8			87.4			49
		M	1.1	2.1	4.6			92.2			49
		F	4.9	8.6	12.9			73.6			49
	2006	MF	3.0	4.9	5.4			86.7			49
		M	1.5	2.9	4.0			91.6			49
		F	7.0	10.8	9.5			72.8			49
	2007	MF	3.1	5.3	5.4			86.3			49
		M	1.6	3.0	3.8			91,6			49
		F	7.5	11.7	9.7			71.1			49
独立国家联合体（独联体）											
阿塞拜疆	2003	MF	6.7	11.1	53.4	18.7			10.0		47
		M	4.4	8.9	52.3	20.9			13.5		47
		F	10.2	14.1	54.9	15.7			5.2		47
格鲁吉亚	2003	MF	17.0	28.5	18.1	14.2	6.0			4.9	31
		M	13.7	24.6	18.1	16.7	7.4			6.7	31
		F	20.8	32.8	18.1	11.3	4.3			2.7	31
	2004	MF	14.5	28.6	18.8	13.6	6.4			3.6	31
		M	11.0	25.3	18.4	16.9	7.9			5.1	31
		F	18.2	32.1	19.3	10.2	4.7			2.1	31
摩尔多瓦共和国	2000	MF	23.6	9.8	5.4	54.2	4.3			2.5	50
		M	18.8	9.4	4.7	57.4	5.5			3.4	50
		F	27.8	10.2	5.6	50.8	3.0			1.4	50

		年份	性别	<24 小时	25—34 小时	35—39 小时	40—48 小时	49—59 小时	>40 小时	>50 小时	>60 小时	注 No.
		2004	MF	13.3	13.6	7.5	58.5	4.6			2.1	50
			M	10.0	11.4	7.0	61.6	6.0			2.9	50
			F	15.9	15.5	7.9	55.1	3.1			1.2	50
俄罗斯联邦		1995	MF	9.1	3.6	81.3	4.3			1.6		51
			M	9.1	3.6	81.8	4.1			1.4		51
			F	9.3	3.7	74.3	7.7			5.1		51
		2001	MF	7.2	3.2	80.4	5.7			3.4		51
			M	5.4	2.1	81.0	6.9			4.7		51
			F	9.2	4.4	79.9	4.5			2.0		51
		2004	MF	6.4	3.0	81.9	5.6			3.1		51
			M	4.7	2.0	82.4	6.6			4.3		51
			F	8.1	4.1	81.4	4.6			1.8		51
乌克兰		2000	MF	4.8		7.4	65.9					8
			M	2.8		7.8	69.7					8
			F	7.1		6.9	61.9					8
		2001	MF	4.8		6.3	67.5					8
			M	2.6		6.7	70.8					8
			F	7.0		5.9	64.0					8
		2002	MF	3.9		5.7	68.2					8
			M	1.9		5.8	71.1					8
			F	5.9		5.5	65.2					8
		2003	MF	3.8		6.3	67.4					8
			M	1.8		6.4	70.1					8
			F	6.0		6.3	64.6					8
亚洲和太平洋地区												
东亚												
韩国		1990	MF	1.4	3.1	7.2			88.3			52
			M	1.0	2.1	5.3			91.6			52
			F	1.9	4.5	9.9			83.6			52
		2003	MF	6.2	4.3	6.0	32.8	25.0			25.5	53
			M	4.3	3.2	4.8	32.1	27.6			28.0	53
			F	9.0	6.0	7.8	33.8	21.3			21.9	53
		2004	MF	6.7	4.3	5.8	34.1	24.0			24.9	53
			M	4.8	3.1	4.6	33.6	26.5			27.5	53
			F	9.6	5.9	7.6	34.9	20.6			21.3	53
	b	2005	MF	4.3	4.7	8.5			82.5			52
	b		M	3.0	3.4	6.8			86.7			52
	b		F	6.0	6.4	10.8			76.7			52
		2006	MF	4.3	4.5	8.4			82.8			52
			M	3.0	3.3	6.6			87.2			52
			F	6.0	6.3	10.9			76.8			52
		2007	MF	4.2	4.6	9.6			81.5			52
			M	2.9	3.3	7.8			86.0			52
			F	6.0	6.5	12.2			75.4			52
中国澳门		2000	MF	13.3		8.2	35.4	19.0			22.1	54
			M	12.6		8.7	35.0	18.4			22.3	54
			F	13.0		7.6	34.8	19.6			21.7	54
		2001	MF	9.4		8.4	39.1	19.3			21.8	54
			M	8.5		8.5	37.7	18.9			22.6	54
			F	9.4		7.3	40.6	18.8			20.8	54
		2002	MF	12.0		7.5	39.0	17.5			22.0	54
			M	11.5		6.7	37.5	16.3			22.1	54
			F	11.5		7.3	39.6	17.7			20.8	54
		2003	MF	14.9		7.9	39.6	17.8			17.8	54
			M	14.0		7.5	37.4	17.8			18.7	54
			F	14.7		7.4	40.0	16.8			15.8	54
		2004	MF	10.6		6.9	40.8	19.7			19.7	54
			M	10.5		7.0	39.5	20.2			21.1	54
			F	10.7		6.8	42.7	18.4			18.4	54
南亚												
巴基斯坦		2003	MF	6.3	8.5	15.1	26.0	13.7			30.4	55
			M	3.6	4.9	13.4	27.6	15.1			35.5	55
			F	19.0	26.3	22.9	17.5	6.6			7.7	55
斯里兰卡		1996	MF	20.3	13.0	5.4	36.7	11.8			12.8	56
			M	18.7	11.7	5.6	35.9	13.2			14.8	56
			F	24.0	15.8	4.9	38.2	8.6			8.3	56

		年份	性别	<24 小时	25—34 小时	35—39 小时	40—48 小时	49—59 小时	>40 小时	>50 小时	>60 小时	注 No.
		1999	MF	22.5	12.2	4.7	35.2	11.2			14.3	56
			M	20.1	11.2	4.3	34.7	12.5			17.2	56
			F	27.4	14.2	5.5	36.2	8.5			8.4	56
	b	2003	MF	24.0	12.7	5.1	31.0	11.4			15.8	57
	b		M	22.2	11.3	4.8	30.7	12.4			18.5	57
	b		F	28.0	15.9	5.6	31.4	9.0			9.7	57
东南亚												
印度尼西亚		1999	MF	13.9	13.3	27.8		33.2			11.8	37
			M	10.1	12.0	28.3		37.4			12.2	37
			F	21.9	15.9	26.7		24.5			11.0	37
		2000	MF	11.0	12.2	28.1		37.1			11.6	37
			M	7.8	10.6	28.4		41.3			11.9	37
			F	17.5	15.6	27.4		28.4			11.1	37
		2001	MF	10.1	11.3	27.5		38.4			12.7	37
			M	7.3	9.5	27.5		43.0			12.8	37
			F	16.2	15.2	27.4		28.6			12.6	37
		2002	MF	10.1	12.1	28.5		38.1			11.2	37
			M	7.3	10.7	28.2		42.3			11.4	37
			F	16.5	15.2	29.2		28.5			10.7	37
		2003	MF	9.8	11.3	28.5		39.3			11.2	37
			M	7.0	9.8	28.8		43.1			11.4	37
			F	16.3	14.7	27.7		30.4			10.8	37
泰国		1996	MF	5.3	2.0	9.0	31.4			52.3		58
			M	4.6	1.9	8.0	29.1			56.4		58
			F	6.2	2.1	10.2	34.2			47.3		58
		1997	MF	9.0	4.0	6.4	29.5			51.1		58
			M	8.2	3.8	5.9	28.1			54.0		58
			F	10.1	4.2	7.0	31.2			47.7		58
		1998	MF	6.6	2.4	9.4	30.7			51.0		58
			M	6.0	2.2	8.6	28.8			54.3		58
			F	7.2	2.6	10.3	32.9			47.0		58
		1999	MF	7.4	2.8	10.1	30.8			48.8		58
			M	6.8	2.7	9.6	29.0			51.8		58
			F	8.2	2.9	10.7	33.1			45.0		58
		2000	MF	6.9	2.4	9.4	31.0			50.3		58
			M	6.5	2.4	8.7	29.0			53.5		58
			F	7.5	2.4	10.3	33.4			46.4		58
拉丁美洲和加勒比地区												
加勒比地区												
阿鲁巴		1994	MF	1.3	6.2	56.4			36.1			59
			M	0.7	3.3	63.7			32.3			59
			F	2.2	10.1	46.7			41.0			59
巴哈马		1998	MF	3.1	7.8	63.2			26.0			60
			M	2.7	7.6	57.0			32.7			60
			F	3.4	8.0	70.1			18.5			60
		1999	MF	3.8	8.0	61.9			26.4			60
			M	3.5	7.7	56.7			32.1			60
			F	4.1	8.4	67.4			20.2			60
		2000	MF	5.4	7.8	62.9			23.9			61
			M	5.3	6.4	58.5			29.7			61
			F	5.4	9.4	67.8			17.4			61
		2001	MF	2.4	5.9	63.0			28.7			60
			M	2.1	5.4	57.6			34.9			60
			F	2.7	6.5	68.7			22.0			60
		2002	MF	3.5	7.2	66.0			23.3			60
			M	3.0	6.6	61.7			28.7			60
			F	4.0	7.8	70.7			17.5			60
多米尼克		1997	MF	9.0	9.7	20.6			60.7			62
			M	4.8	6.9	20.5			68.0			62
			F	14.5	13.3	20.6			51.4			62
多米尼加共和国		2000	MF	5.5	9.2	9.9			75.4	29.4		63
			M	3.5	7.3	8.9			80.3	33.7		63
			F	9.5	12.9	11.9			65.7	20.8		63
		2001	MF	6.4	8.9	10.6			74.2	28.7		64
			M	3.9	7.0	9.6			79.5	33.1		64
			F	11.4	12.6	12.6			63.5	19.9		64

		年份	性别	<24 小时	25—34 小时	35—39 小时	40—48 小时	49—59 小时	>40 小时	>50 小时	>60 小时	注 No.
		2002	MF	6.5	9.3	11.5			72.7	26.2		64
			M	4.3	7.9	10.3			77.5	30.2		64
			F	10.7	12.2	13.8			63.4	18.5		64
		2003	MF	6.2	9.5	10.8			73.4	26.5		64
			M	4.0	8.0	10.0			78.1	30.0		64
			F	10.5	12.6	12.5			64.4	19.8		64
格林纳达		1994	MF	4.7	20.8	53.4			21.2			62
			M	3.7	19.7	55.3			21.2			62
			F	6.1	22.4	50.3			21.3			62
		1996	MF	9.3	14.4	48.1			28.2			62
			M	8.2	12.6	51.4			28.0			62
			F	10.9	17.0	43.5			28.6			62
		1998	MF	16.1	16.3	47.3			20.3			62
			M	13.1	17.1	46.1			23.7			62
			F	20.2	15.2	49.1			15.5			62
牙买加		1998	MF	2.0	5.0	51.0			42.0			65
			M	1.6	3.7	47.3			47.4			65
			F	2.6	6.8	56.0			34.5			65
		1999	MF	2.5	6.4	52.6			38.6			65
			M	1.8	5.1	49.5			43.6			65
			F	3.4	8.1	56.8			31.6			65
		2000	MF	2.9	6.1	51.0			40.0			65
			M	2.0	5.0	47.2			45.9			65
			F	4.2	7.8	56.6			31.4			65
		2001	MF	3.6	8.9	49.3			38.2			66
			M	2.7	7.5	46.8			43.0			66
			F	4.9	10.9	52.8			31.4			66
		2002	MF	3.5	7.8	49.4			39.3			65
			M	2.8	7.1	46.5			43.6			65
			F	4.3	8.6	52.9			34.2			65
荷属安的列斯		1994	MF	3.4	7.7	6.3			82.7			62
			M	1.8	4.2	5.3			88.7			62
			F	5.3	11.9	7.4			75.3			62
		1995	MF	3.7	7.9	5.9			82.6			62
			M	2.2	4.2	5.0			88.6			62
			F	5.5	12.7	7.0			74.9			62
		1996	MF	5.6	8.1	5.6			80.8			62
			M	2.4	5.2	4.1			88.3			62
			F	9.5	11.8	7.3			71.4			62
		1997	MF	5.3	7.4	6.3			81.1			62
			M	3.4	4.1	5.1			87.3			62
			F	7.5	11.1	7.6			73.8			62
		1998	MF	4.6	7.8	6.2			81.4			62
			M	2.6	4.5	5.1			87.8			62
			F	7.0	11.8	7.6			73.7			62
圣基茨和尼维斯		2001	MF	6.8	5.0	59.4			28.8			67
圣文森特和格林纳丁斯		2001	MF	9.9	9.8	14.7			65.7			68
			M	9.5	9.4	13.3			67.9			68
			F	10.6	10.4	16.9			62.1			68
苏里南		1994	MF	8.4	10.1	6.4			75.1			69
			M	7.0	4.8	5.7			82.5			69
			F	10.7	18.6	7.7			63.1			69
		1995	MF	8.4	9.6	5.9			76.1			69
			M	6.3	3.4	3.3			87.0			69
			F	11.9	19.9	10.1			58.0			69
	b	1996	MF	6.9	9.9	5.9			77.4			70
	b		M	5.5	5.1	4.2			85.1			70
	b		F	9.0	17.4	8.6			65.0			70
		1997	MF	8.5	10.0	5.7			75.8			70
			M	7.5	5.1	4.2			83.3			70
			F	10.3	18.7	8.3			62.8			70
		1998	MF	11.1	8.4	4.5			76.0			70
			M	9.1	3.3	4.2			83.4			70
			F	14.5	17.4	5.1			63.0			70
特立尼达和多巴哥		1998	MF	2.1	8.4	60.4			29.2			62
			M	1.6	7.2	58.9			32.3			62
			F	3.1	10.3	63.1			23.5			62

		年份	性别	<24 小时	25—34 小时	35—39 小时	40—48 小时	49—59 小时	>40 小时	>50 小时	>60 小时	注 No.
		1999	MF	2.2	8.2	58.8			30.8			62
			M	1.7	7.1	58.3			32.9			62
			F	3.2	10.1	59.6			27.1			62
		2000	MF	1.8	6.6	56.9			34.7			62
			M	1.3	5.9	55.1			37.7			62
			F	2.5	7.9	60.1			29.5			62
		2001	MF	1.4	6.3	58.1			34.2			62
			M	1.1	5.2	56.3			37.3			62
			F	1.9	8.2	61.1			28.8			62
		2002	MF	1.6	6.3	58.3			33.8			62
			M	1.3	5.6	56.3			36.7			62
			F	2.1	7.5	61.7			28.7			62
中美												
伯利兹		1995	MF	8.1	21.2	11.2			66.5			71
			M	6.5	18.4	10.2			70.0			71
			F	12.4	28.5	13.6			57.5			71
		1996	MF	5.2	11.9	6.5			76.4			71
			M	3.5	9.3	6.3			80.9			71
			F	9.4	18.2	7.0			65.4			71
	b	1997	MF	6.2	11.0	8.1			74.7			72
	b		M	3.3	8.9	7.5			80.3			72
	b		F	12.7	16.1	9.7			61.6			72
		1998	MF	5.1	9.3	7.2			78.5			72
			M	3.0	7.2	6.6			83.2			72
			F	9.7	13.7	8.4			68.2			72
		1999	MF	5.5	10.7	7.3			76.5			72
			M	3.2	8.7	7.1			80.9			72
			F	10.5	15.0	7.8			66.7			72
哥斯达黎加		1990	MF	5.5	5.6	9.6			79.4	31.4		73
			M	3.1	4.1	10.1			82.7	36.0		73
			F	11.5	9.3	8.2			71.1	19.9		73
		1999	MF	7.5	6.3	8.3			77.9	35.9		73
			M	4.0	4.4	8.2			83.4	42.1		73
			F	14.8	10.2	8.5			66.7	22.9		73
		2000	MF	7.0	6.1	8.4			78.6	33.7		73
			M	4.0	4.2	8.8			83.1	39.2		73
			F	13.5	10.0	7.6			68.9	21.9		73
		2001	MF	9.0	6.2	7.4			77.5	2.0		73
			M	5.2	4.3	7.0			83.4	30.1		73
			F	15.9	9.8	8.0			66.4	4.9		73
	b	2002	MF	8.9	6.3	7.3			77.5	2.0		74
	b		M	5.0	4.5	7.0			83.6	2.6		74
	b		F	16.1	10.0	7.8			66.1	0.9		74
		2003	MF	8.6	6.6	7.8			76.9	35.7		74
			M	5.0	4.9	7.4			82.7	7.9		74
			F	15.4	10.1	8.5			66.1	16.6		74
萨尔瓦多		1999	MF	1.7	2.1	3.1			93.2	45.9		75
			M	0.9	1.2	3.0			95.0	43.9		75
			F	2.8	3.3	3.3			90.6	48.7		75
		2000	MF	6.7	8.5	11.5			73.2	29.7		75
			M	4.7	7.1	13.7			74.4	27.5		75
			F	9.7	10.5	8.3			71.5	32.8		75
		2001	MF	7.5	8.5	11.0			73.1	28.3		76
			M	5.8	7.1	12.4			74.6	25.4		76
			F	9.9	10.3	8.9			70.8	32.5		76
	b	2002	MF	8.1	8.3	9.8			73.8	29.0		77
	b		M	6.5	7.6	11.2			74.7	26.4		77
	b		F	10.2	9.3	8.0			72.5	32.6		77
		2003	MF	8.0	8.8	9.8			73.4	28.8		78
			M	6.9	7.9	11.0			74.1	25.9		78
			F	9.5	10.1	8.0			72.4	32.8		78
危地马拉		1998	MF	11.3	10.5	12.7			65.5	30.1		79
			M	5.0	6.3	11.2			77.6	35.1		79
			F	22.0	17.7	15.3			45.0	21.6		79
	b	2000	MF	9.6	8.0	9.2			73.1	46.7		80
	b		M	3.3	4.9	8.4			83.5	53.6		80
	b		F	21.0	13.7	10.7			54.6	34.4		80

		年份	性别	<24 小时	25—34 小时	35—39 小时	40—48 小时	49—59 小时	>40 小时	>50 小时	>60 小时	注 No.
	b	2002	MF	15.9	9.8	12.1			62.3	29.1		81
	b		M	7.7	6.9	11.7			73.7	32.1		81
	b		F	30.1	15.0	12.6			42.3	24.0		81
		2003	MF	10.8	9.2	9.5			70.5	37.8		82
			M	3.7	5.8	8.7			81.8	42.2		82
			F	22.8	15.0	10.8			51.4	30.3		82
	b	2004	MF	16.4	10.3	6.6	38.3	12.8			15.6	47
	b		M	8.7	8.0	7.0	46.0	14.6			15.6	47
	b		F	32.0	15.0	5.8	22.7	9.0			15.5	47
洪都拉斯		1990	MF	5.8	6.0	10.2			78.0	32.8		83
			M	2.7	4.0	10.2			83.1	31.9		83
			F	13.5	11.0	10.3			65.3	35.0		83
	b	1997	MF	6.8	6.2	11.6			75.4	37.5		83
	b		M	3.7	3.9	11.7			80.7	39.3		83
	b		F	12.8	10.6	11.4			65.2	34.2		83
		1998	MF	6.1	7.0	10.6			76.4	38.6		83
			M	3.0	4.8	10.6			81.5	40.6		83
			F	12.3	11.4	10.2			66.0	34.4		83
		1999	MF	8.8	7.6	10.7			72.9	38.7		83
			M	4.3	5.1	10.4			80.2	42.7		83
			F	16.6	11.9	11.3			60.1	31.8		83
	b	2002	MF	8.9	7.4	12.4			71.3	31.4		84
	b		M	5.1	5.6	12.7			76.6	33.4		84
	b		F	16.8	11.1	11.8			60.5	27.3		84
	b	2003	MF	12.9	9.5	13.8			63.8	28.4		85
	b		M	7.9	8.0	15.5			68.5	29.6		85
	b		F	22.6	12.4	10.5			54.5	26.0		85
墨西哥		2000	MF	11.4	6.9	7.3	48.9	12.1			13.2	8
			M	6.5	4.8	6.3	52.2	14.0			16.0	8
			F	20.9	10.9	9.2	42.6	8.5			7.7	8
	b	2001	MF	6.7	7.0	11.5			74.8			1
	b		M	3.3	4.2	9.5			83.0			1
	b		F	13.3	12.4	15.4			58.9			1
		2002	MF	6.5	7.0	11.9			74.5			1
			M	3.0	4.1	9.8			83.1			1
			F	13.1	12.5	16.0			58.4			1
		2003	MF	6.5	7.0	12.2			74.4			1
			M	3.1	4.0	10.3			82.7			1
			F	13.0	12.7	15.8			58.5			1
	b	2004	MF	12.8	7.5	7.6	47.1	12.3			12.7	8
	b		M	7.4	5.0	6.8	51.0	14.3			15.4	8
	b		F	22.7	11.9	9.2	39.9	8.6			7.8	8
尼加拉瓜		1998	MF	3.3	5.6	6.1			84.9	32.7		86
			M	2.3	4.6	5.2			87.9	33.6		86
			F	4.4	6.8	7.2			81.3	31.6		86
	b	1999	MF	2.6	4.4	5.0			88.1	28.9		87
	b		M	1.9	3.1	4.1			91.0	29.4		87
	b		F	3.6	5.7	6.0			84.4	28.2		87
	b	2001	MF	3.7	5.3	5.8			85.3	30.1		88
	b		M	2.3	4.4	5.8			87.7	32.1		88
	b		F	5.3	6.4	6.1			82.4	27.8		88
	b	2002	MF	4.0	5.7	6.2			84.1	31.9		89
	b		M	3.1	4.4	5.7			86.8	33.3		89
	b		F	5.1	7.3	6.8			80.7	30.1		89
	b	2003	MF	6.3	7.7	10.5			75.4	31.3		90
	b		M	4.1	6.2	11.6			78.3	32.7		90
	b		F	10.0	10.2	8.9			71.0	29.1		90
巴拿马	b	2000	MF	12.1	5.3	2.4	64.7	6.4			8.8	91
	b		M	10.5	4.4	2.4	65.1	6.9			10.2	91
	b		F	14.8	6.7	2.3	64.0	5.5			6.5	91
	b	2001	MF	7.3	6.6	6.8			79.3	18.1		92
	b		M	6.1	6.7	7.6			79.6	20.2		92
	b		F	9.9	6.5	5.2			78.5	13.8		92
		2002	MF	10.8	6.7	7.2			75.3	20.8		92
			M	8.4	6.8	8.0			76.8	23.6		92
			F	15.2	6.4	6.1			72.3	15.4		92
	b	2003	MF	10.2	8.0	7.6			74.1	20.0		93
	b		M	7.9	8.2	8.3			75.6	22.7		93
	b		F	14.6	7.6	6.3			71.5	15.1		93

		年份	性别	<24 小时	25—34 小时	35—39 小时	40—48 小时	49—59 小时	>40 小时	>50 小时	>60 小时	注 No.
	b	2004	MF	16.3	5.0	2.4	59.0	7.2			10.0	91
	b		M	13.7	4.8	2.2	59.3	8.1			11.8	91
	b		F	20.5	5.4	2.6	58.4	5.9			7.1	91
南美洲												
阿根廷		2000	MF	10.7	10.5	13.9			65.0			94
			M	6.8	6.6	10.8			75.7			94
			F	16.4	16.2	18.3			49.0			94
		2001	MF	11.9	11.0	13.8			63.3			94
			M	7.7	7.2	11.2			73.9			94
			F	18.0	16.6	17.7			47.6			94
		2002	MF	12.5	17.2	13.3			56.9			95
			M	9.3	10.6	11.9			68.2			95
			F	16.9	26.2	15.3			41.6			95
	b	2003	MF	12.6	16.7	12.8			57.9			96
	b		M	9.4	9.8	11.2			69.6			96
	b		F	16.8	25.9	15.0			42.3			96
	b	2004	MF	25.9	11.1	5.8	29.2	11.9			15.5	97
	b		M	16.1	8.9	5.3	33.5	14.9			20.7	97
	b		F	39.6	14.2	6.5	23.2	7.6			8.3	97
玻利维亚		1999	MF	10.8	10.8	11.2			67.2	39.4		98
			M	8.2	8.8	9.3			73.7	43.1		98
			F	14.1	13.4	13.5			59.1	34.7		98
	b	2000	MF	21.0	8.3	5.5	27.5	12.2			25.5	99
	b		M	16.5	7.2	4.7	30.6	13.0			27.9	99
	b		F	26.6	9.5	6.6	23.6	11.1			22.5	99
	b	2001	MF	15.7	12.4	11.4			60.4	35.0		100
	b		M	11.5	9.0	9.9			69.7	40.4		100
	b		F	20.9	16.6	13.3			49.2	28.6		100
		2002	MF	12.5	10.6	11.2			65.7	38.7		101
			M	8.8	8.3	9.5			73.4	43.1		101
			F	17.2	13.6	13.5			55.7	33.1		101
智利		1990	MF	4.3	4.0	5.6			86.1			102
			M	3.1	3.0	4.4			89.4			102
			F	6.7	6.1	8.0			79.2			102
		1992	MF	2.6	3.8	5.4			88.2			102
			M	3.1	3.7	5.7			87.5			102
			F	2.6	3.8	5.3			88.3			102
		1994	MF	3.7	3.4	5.2			87.7			102
			M	4.2	3.6	4.6			87.4			102
			F	3.6	3.4	5.3			87.7			102
		1996	MF	5.4	4.7	6.1			83.8			103
			M	4.0	3.7	5.1			87.3			103
			F	8.2	6.8	8.1			76.9			103
		1998	MF	5.1	6.2	6.3			82.4			103
			M	5.3	6.1	6.7			81.9			103
			F	5.0	6.2	6.2			82.5			103
		2000	MF	4.8	4.8	6.0			84.4			103
			M	5.0	5.3	6.2			83.5			103
			F	4.8	4.7	6.0			84.6			103
厄瓜多尔		1990	MF	4.1	6.5	6.4			83.0			104
			M	2.4	4.3	5.4			87.9			104
			F	7.2	10.4	8.2			74.1			104
		1998	MF	6.8	6.5	6.8			79.8			104
			M	3.9	4.5	6.2			85.3			104
			F	11.1	9.6	7.9			71.3			104
	b	1999	MF	8.4	7.9	8.0			75.8			105
	b		M	5.0	6.1	7.1			81.9			105
	b		F	13.8	10.7	9.3			66.2			105
		2000	MF	6.3	7.4	7.2			79.1			105
			M	4.1	5.6	6.0			84.3			105
			F	9.9	10.2	9.3			70.7			105
		2001	MF	9.2	8.4	8.1			74.2			105
			M	5.3	6.4	6.9			81.4			105
			F	15.1	11.5	10.1			63.3			105
		2002	MF	7.3	8.8	7.8			76.1			105
			M	5.0	6.5	7.0			81.5			105
			F	11.0	12.4	9.1			67.4			105

		年份	性别	<24 小时	25—34 小时	35—39 小时	40—48 小时	49—59 小时	>40 小时	>50 小时	>60 小时	注 No.
巴拉圭		1990	MF	4.1	7.5	13.7			74.7			106
			M	2.5	5.8	12.3			79.2			106
			F	6.3	10.0	15.8			68.2			106
		1997	MF	3.1	9.5	14.1			73.3			107
			M	1.4	6.7	12.8			79.2			107
			F	6.6	14.9	16.4			62.1			107
	b	1999	MF	2.1	9.9	14.1			73.8			108
	b		M	0.9	6.6	13.2			79.3			108
	b		F	4.3	16.1	15.9			63.7			108
		2000	MF	3.7	10.9	14.0			71.4			109
			M	2.0	7.2	12.9			77.9			109
			F	6.7	17.4	16.1			59.9			109
	b	2002	MF	3.3	10.0	15.0			71.7			110
	b		M	1.6	6.9	14.1			77.3			110
	b		F	6.2	15.6	16.9			61.3			110
		2003	MF	4.5	13.0	15.8			66.6			111
			M	2.6	11.1	15.0			71.4			111
			F	7.9	16.6	17.4			58.2			111
秘鲁		2001	MF	23.1	10.4	6.7	18.7	12.9			27.9	112
			M	15.5	7.8	4.9	22.2	16.6			33.0	112
			F	18.8	8.9	5.7	20.7	15.0			30.8	112
	b	2002	MF	19.3	8.4	5.0	19.2	14.0			34.0	113
	b		M	15.0	7.2	4.3	20.9	15.6			37.2	113
	b		F	25.2	10.0	6.1	17.2	12.0			29.9	113
		2003	MF	17.7	8.3	5.0	20.5	13.7			34.9	113
			M	13.6	7.0	4.3	21.8	15.2			38.5	113
			F	22.9	9.8	6.3	18.8	11.8			30.4	113
		2004	MF	15.6	8.4	5.2	21.8	13.8			35.3	113
			M	11.7	6.6	4.3	23.1	15.3			39.1	113
			F	20.3	10.7	6.4	20.1	11.9			30.4	113
乌拉圭		1995	MF	14.5	10.4	6.4	38.8	7.6			15.7	114
			M	7.8	7.2	4.5	44.6	9.3			20.2	114
			F	24.1	15.1	8.6	30.1	5.2			9.0	114
		2000	MF	16.7	11.7	6.2	41.3	7.4			16.4	114
			M	9.8	8.5	4.2	46.0	9.0			21.9	114
			F	25.8	16.1	8.4	34.8	5.1			9.0	114
		2004	MF	19.0	10.4	5.6	43.4	7.7			13.6	114
			M	12.8	7.9	3.7	47.8	9.6			17.5	114
			F	27.2	13.7	7.6	37.0	5.2			8.0	114
委内瑞拉玻利瓦尔共和国		1999	MF	5.8	7.0	10.1			77.1			115
			M	3.2	4.6	8.2			84.0			115
			F	10.4	11.5	13.5			64.5			115
		2000	MF	6.9	7.7	9.9			75.4			115
			M	4.3	5.1	8.4			82.2			115
			F	11.7	12.4	12.8			63.2			115
		2001	MF	8.7	9.2	9.9			72.1			115
			M	5.2	6.6	8.6			79.6			115
			F	14.7	13.8	12.2			59.4			115
		2002	MF	10.2	10.0	10.6			69.2			115
			M	6.4	7.3	9.3			77.0			115
			F	16.5	14.4	12.7			56.4			115
		2003	MF	10.5	10.6	11.4			67.5			115
			M	6.9	7.9	10.3			74.9			115
			F	16.4	15.1	13.2			55.3			115
非洲												
撒哈拉以南非洲												
东非												
埃塞俄比亚		2004	MF	13.1	8.7	10.5	26.3	14.5			26.6	116
			M	9.5	7.3	10.2	28.7	15.9			28.1	116
			F	17.8	10.7	10.8	23.2	12.6			24.5	116
马达加斯加		2001	MF	10.8	11.3	17.9	43.4	4.4			12.3	117
			M	7.8	9.7	15.8	48.4	5.1			13.2	117
			F	14.0	13.1	20.1	38.0	3.6			11.3	117
毛里求斯		1995	MF	23.9		30.7	30.9			14.6		34
			M	20.8		32.1	30.7			16.4		34
			F	30.5		27.6	31.2			10.7		34

	年份	性别	<24 小时	25—34 小时	35—39 小时	40—48 小时	49—59 小时	>40 小时	>50 小时	>60 小时	注 No.
b	1999	MF	14.8	14.6	11.2	37.7	14.3			7.4	118
b		M	11.7	13.2	11.1	40.6	14.6			8.9	118
b		F	21.5	17.6	11.4	31.7	13.7			4.1	118
	2004	MF	12.3	16.5	12.2	37.2	14.4			7.1	118
		M	9.4	14.4	12.3	39.7	15.3			8.6	118
		F	18.2	20.9	12.1	32.2	12.6			3.8	118
坦桑尼亚联合共和国	2000	F	37.1		13.7	23.7	10.3			15.2	119
津巴布韦	1999	MF	12.6	9.5	6.2	39.8	14.8			13.3	54
		M	8.4	6.3	4.3	45.8	17.4			15.5	54
		F	17.1	13.1	8.2	33.3	12.0			10.9	54

表 6a　按每周工时划分的就业人口分布（百分比）（注）

1. 说明

工时对工作者的健康与福利状况、企业的生产率水平以及人工成本都有影响，所以，在监测工作和生活条件以及分析经济发展状况时，衡量社会中不同工作群体及个体的工时水平与趋势是很重要的。表 6a 给出了就业人口数量，它是按照以下（通常或实际）时间段划分的：每周工时低于 25 小时、25—34 小时、35—39 小时、40—48 小时、49—59 小时、40 小时及以上、50 小时及以上；60 小时及以上。因为表中没有显示“未定义时间”与“每周时间变化”这两种情况，所以在本书的表格中，把每个时间段的人口百分数相加可能不等于 100。

各国的数据并不一定按照这里给出的工时划分就业人口，这时各国的相关人口被归入分类最接近的组别中。例如，在阿根廷 2000 年的工时分布报告中，其划分标准是：每周少于 20 小时（计入“ <24 小时”的组别内）；20—29 小时（计入“25—34 小时”组别内）；30—39 小时（计入“35—39 小时”组别内）；大于 40 小时（计入“ >40 小时”组别内）。这些时间段在 KILM 电子版中有明确描述，但由于版面限制，在本书中没有显示。在可能的情况下，KILM 表 6a 电子版均给出了按年龄组（总就业人口、青年人与成年人）细分的数据，以及按就业状况（总就业人口、工薪工作者与自雇工作者）划分的数据。

2. 数据库

CARIBBEAN　加勒比劳工统计数据集
国际劳工组织加勒比亚地区办公室，特立尼达和多巴哥西班牙港
这个在线数据库提供了 20 个加勒比国家关于劳工统计和劳动力市场的信息。这些数据包括就业、失业、工资、工时、职业事故、社会保障、劳资纠纷等。该数据库目前已停止运营。

劳工统计数据库（LABORSTA）　劳工统计年鉴，在线统计数据库
国际劳工局统计部，瑞士日内瓦
http：//laborsta. ilo. org
劳工统计数据库是国际劳工组织统计部的在线数据库，提供了自 1969 年以来 30 多个官方核心劳工统计表，包括经济活动人口、就业、失业、工时、工资、劳动力成本、消费者价格、工伤及罢工和停工。

OECD　劳动力统计数据库（在线）
经济合作与发展组织，法国巴黎
http：//stats. oecd. org/Index. aspx
OECD 劳动力统计在线数据库包含了按年龄和性别划分的工作年龄人口、劳动力、就业和失业，以及按年龄和性别划分的就业/人口比率、参与率、失业率等数据的详细统计资料。

SIAL 项目　SIAL（劳工分析和信息系统）
国际劳工组织拉丁美洲和加勒比地区办公室，秘鲁利马
http：//www. oitsial. org. pa
该项目组通过在拉丁美洲地区进行家庭调查取得微观数据，并利用这些微观数据分析得出国际劳工组织出版物中的劳动力市场指标。目前该项目已经停止。

3. 资料来源类型

ELFS	欧盟劳动力调查（欧盟统计局）
HS	家庭或劳动力调查
O	其他
PC	人口普查
…	无法获得数据

4. 覆盖范围

C 平民
T 总人口
… 无法获得数据

5. 测量时间

A 实际工作时间
U 通常工作时间
… 无法获得数据

6. 符号

MF 男性和女性
M 男性
F 女性
b 序列发生变动
- 忽略不计
… 无法获得数据

注 No.	信息库	资料来源类型	覆盖范围	测算的小时数	年龄（岁）	备注
1	OECD	HS	T	U	15 +	工作范围：覆盖主要工作类型 参考期：季度估算的平均值
2	OECD	HS	T	U	15 +	工作范围：覆盖主要工作类型 参考期：季度估算的平均值 注：引入连续调查。
3	OECD	HS	T	U	15 +	工作范围：覆盖主要工作类型 参考期：季度估算的平均值 注：不包括工作时间大幅波动的雇员。
4	OECD	ELFS	T	U	15 +	工作范围：覆盖主要工作类型 参考期：5 月
5	LABORSTA	HS	T	…	15 +	工作范围：覆盖所有工作类型
6	LABORSTA	HS	T	…	15 +	工作范围：覆盖主要工作类型
7	LABORSTA	HS	T	U	15 +	工作范围：覆盖主要工作类型 地域界限：政府控制的地区 覆盖范围：不包括应征入伍者
8	LABORSTA	HS	T	U	15 +	工作范围：覆盖主要工作类型
9	OECD	ELFS	T	U	15 +	工作范围：覆盖主要工作类型 参考期：2—6 月
10	LABORSTA	HS	T	U	15 +	工作范围：覆盖所有工作类型 覆盖范围：不包括应征入伍者
11	OECD	HS	T	U	15 +	工作范围：覆盖所有工作类型 参考期：月度估算的平均值
12	OECD	ELFS	T	U	15 +	工作范围：覆盖主要工作类型 地域界限：法国大陆（不包括属地）
13	OECD	ELFS	T	U	15 +	工作范围：覆盖主要工作类型

注 No.	信息库	资料来源类型	覆盖范围	测算的小时数	年龄（岁）	备注
14	OECD	ELFS	T	U	15+	工作范围：覆盖主要工作类型 参考期：4—6月
15	LABORSTA	HS	T	A	15+	工作范围：… 覆盖范围：不包括应征入伍者
16	LABORSTA	HS	T	U	15+	工作范围：覆盖主要工作类型 覆盖范围：不包括应征入伍者
17	LABORSTA	O	T	U	15+	工作范围：覆盖主要工作类型 覆盖范围：不包括无报酬家庭工作者
18	LABORSTA	HS	T	A	15+	工作范围：覆盖主要工作类型 覆盖范围：不包括应征入伍者
19	LABORSTA	HS	T	U	15+	工作范围：覆盖主要工作类型 覆盖范围：不包括无报酬家庭工作者
20	LABORSTA	HS	T	U	15+	工作范围：覆盖所有工作类型
21	LABORSTA	HS	T	A	15+	工作范围：覆盖主要工作类型 覆盖范围：不包括应征入伍者和住在军营的正规军人
22	OECD	HS	T	U	15+	工作范围：覆盖主要工作类型
23	LABORSTA	HS	T	…	15+	工作范围：覆盖主要工作类型 覆盖范围：不包括应征入伍者
24	OECD	HS	T	U	15+	工作范围：覆盖主要工作类型 注：调查方法经过修改。
25	LABORSTA	HS	T	U	15+	工作范围：覆盖主要工作类型 覆盖范围：不包括住在军营的正规军人
26	LABORSTA	HS	T	U	15+	工作范围：覆盖主要工作类型 覆盖范围：不包括应征入伍者和住在军营的正规军人
27	LABORSTA	…	…	…	15+	工作范围：…
28	OECD	HS	T	U	15+	工作范围：覆盖主要工作类型 参考期：月度估算的平均值
29	OECD	ELFS	…	U	15+	工作范围：覆盖主要工作类型
30	OECD	HS	C	U	15+	工作范围：覆盖主要工作类型 参考期：月度估算的平均值 地域界限：不包括育空和西北行政区，以及努纳武特
31	LABORSTA	HS	C	U	15+	工作范围：覆盖所有工作类型
32	OECD	HS	C	U	15+	工作范围：覆盖所有工作类型 参考期：月度估算的平均值 地域界限：不包括波多黎各、关岛、美属维尔京群岛、美属萨摩亚
33	OECD	HS	C	U	15+	工作范围：覆盖所有工作类型 参考期：月度估算的平均值 地域界限：不包括波多黎各、关岛、美属维尔京群岛、美属萨摩亚 注：方法经过修改。
34	LABORSTA	HS	C	A	15+	工作范围：覆盖所有工作类型
35	OECD	HS	C	U	15+	工作范围：覆盖所有工作类型 参考期：8月 地域界限：不包括杰维斯湾地区
36	LABORSTA	…	…	U	15+	工作范围：…
37	LABORSTA	HS	T	A	15+	工作范围：覆盖所有工作类型
38	OECD	HS	T	A	15+	工作范围：覆盖所有工作类型 参考期：月度估算的平均值

注 No.	信息库	资料来源类型	覆盖范围	测算的小时数	年龄（岁）	备注
39	OECD	HS	C	U	15+	工作范围：覆盖所有工作类型 参考期：季度估算的平均值 地域界限：不包括查塔姆、南极领土和其他小型沿海岛屿 注：抽样框架和调查问卷经过修改。
40	OECD	HS	C	U	15+	工作范围：覆盖所有工作类型 参考期：季度估算的平均值 地域界限：不包括查塔姆、南极领土和其他小型沿海岛屿。
41	OECD	HS	T	U	15+	工作范围：覆盖所有工作类型 参考期：4月和11月的平均值
42	OECD	HS	T	U	15+	工作范围：覆盖所有工作类型 参考期：4月和11月的平均值 注：引入连续调查。
43	OECD	HS	T	U	15+	工作范围：覆盖所有工作类型 参考期：季度估算的平均值 注：通常工时指的是按工作协议确定的工作小时数。
44	LABORSTA	HS	C	A	15+	工作范围：覆盖主要工作类型 覆盖范围：不包括季节工或边境工
45	OECD	HS	T	U	15+	工作范围：覆盖主要工作类型 参考期：第二季度
46	LABORSTA	O	…	U	15+	工作范围：覆盖主要工作类型
47	LABORSTA	HS	C	U	15+	工作范围：覆盖主要工作类型
48	OECD	HS	C	U	15+	工作范围：覆盖所有工作类型 参考期：4月和11月的平均值
49	OECD	HS	C	U	15+	工作范围：覆盖所有工作类型 参考期：季度估算的平均值
50	LABORSTA	…	…	A	15+	工作范围：…
51	LABORSTA	HS	T	A	15+	工作范围：覆盖主要工作类型
52	OECD	HS	C	A	15+	工作范围：覆盖所有工作类型 参考期：月度估算的平均值
53	LABORSTA	…	…	…	15+	工作范围：覆盖所有工作类型
54	LABORSTA	HS	C	A	15+	工作范围：覆盖主要工作类型
55	LABORSTA	HS	C	A	15+	工作范围：覆盖所有工作类型 参考期：1月1日
56	LABORSTA	HS	C	…	15+	工作范围：… 地域界限：不包括北部和东部省份
57	LABORSTA	HS	C	…	15+	工作范围：… 地域界限：不包括北部省份
58	LABORSTA	HS	C	U	15+	工作范围：覆盖所有工作类型 参考期：8月
59	CARIBBEAN	HS	T	…	15+	工作范围：… 注：总就业人口不包括工作时间未知的人员。
60	CARIBBEAN	HS	C	U	15+	工作范围：… 参考期：4月
61	CARIBBEAN	HS	C	U	15+	工作范围：…
62	CARIBBEAN	HS	T	A	15+	工作范围：… 注：总就业人口不包括工作时间未知的人员。

注 No.	信息库	资料来源类型	覆盖范围	测算的小时数	年龄（岁）	备注
63	SIAL	HS	T	U	15 +	工作范围：覆盖主要职业和第二职业 注：数据源自微观渠道。
64	SIAL	HS	T	U	15 +	工作范围：覆盖主要职业和第二职业
65	CARIBBEAN	HS	C	A	15 +	工作范围：…
66	CARIBBEAN	HS	C	A	15 +	工作范围：… 参考期：第一和第二季度
67	CARIBBEAN	PC	T	…	15 +	工作范围：… 注：总就业人口不包括工作时间未知的人员。
68	CARIBBEAN	PC	T	A	15 +	工作范围：…
69	CARIBBEAN	HS	T	A	15 +	工作范围：… 注：总就业人口不包括具体工作时间未知但每周工作时间超过 20 小时的人员。
70	CARIBBEAN	HS	T	A	15 +	工作范围：… 地域界限：城市地区 注：总就业人口不包括具体工作时间未知但每周工作时间超过 20 小时的人员。
71	CARIBBEAN	HS	T	A	15 +	工作范围：覆盖主要工作类型
72	CARIBBEAN	HS	C	A	15 +	工作范围：覆盖主要工作类型
73	SIAL	HS	T	U	15 +	工作范围：覆盖所有工作类型 参考期：7 月 注：总就业人口不包括工作时间未知的人员。
74	SIAL	HS	C	U	15 +	工作范围：覆盖所有工作类型 参考期：7 月 注：总就业人口不包括工作时间未知的人员。
75	SIAL	HS	T	A	15 +	工作范围：覆盖主要职业和第二职业 参考期：2—12 月 注：总就业人口不包括工作时间未知的人员。数据源自微观渠道。
76	SIAL	HS	T	A	15 +	工作范围：覆盖主要职业和第二职业 参考期：第二学期 注：总就业人口不包括工作时间未知的人员。
77	SIAL	HS	T	A	15 +	工作范围：覆盖主要职业和第二职业 参考期：4—12 月 注：总就业人口不包括工作时间未知的人员。数据源自微观渠道。
78	SIAL	HS	T	A	15 +	工作范围：覆盖主要职业和第二职业 注：总就业人口不包括工作时间未知的人员。数据源自微观渠道。
79	SIAL	HS	T	A	15 +	工作范围：覆盖所有工作类型 参考期：3—4 月 注：总就业人口不包括工作时间未知的人员。
80	SIAL	HS	T	A	15 +	工作范围：覆盖主要职业和第二职业 地域界限：不包括北部地区和佩滕 注：总就业人口不包括工作时间未知的人员。
81	SIAL	HS	T	A	15 +	工作范围：覆盖主要工作类型 参考期：第二季度 注：总就业人口不包括工作时间未知的人员。
82	SIAL	HS	T	A	15 +	工作范围：覆盖主要工作类型 参考期：第一季度 注：总就业人口不包括工作时间未知的人员。

注 No.	信息库	资料来源类型	覆盖范围	测算的小时数	年龄（岁）	备注
83	SIAL	HS	T	A	15 +	工作范围：覆盖主要职业和第二职业 参考期：9 月 地域界限：不包括格拉西亚斯—阿迪奥斯省和海湾群岛省 注：总就业人口不包括工作时间未知的人员。
84	SIAL	HS	C	A	15 +	工作范围：覆盖主要职业和第二职业 参考期：9 月 地域界限：不包括海湾群岛省 注：总就业人口不包括工作时间未知的人员。
85	SIAL	HS	C	A	15 +	工作范围：覆盖主要职业和第二职业 参考期：9 月 地域界限：不包括海湾群岛省 注：总就业人口不包括工作时间未知的人员。数据源自微观渠道。
86	SIAL	HS	T	A	15 +	工作范围：覆盖主要职业和第二职业 参考期：10 月 地域界限：17 个城市 注：总就业人口不包括工作时间未知的人员。数据源自微观渠道。
87	SIAL	HS	T	A	15 +	工作范围：覆盖主要职业和第二职业 参考期：10 月 地域界限：8 个城市 注：总就业人口不包括工作时间未知的人员。数据源自微观渠道。
88	SIAL	HS	T	A	15 +	工作范围：覆盖主要职业和第二职业 参考期：7 月 地域界限：37 个城市 注：总就业人口不包括工作时间未知的人员。数据源自微观渠道。
89	SIAL	HS	T	A	15 +	工作范围：覆盖主要职业和第二职业 参考期：8 月 地域界限：40 个城市 注：总就业人口不包括工作时间未知的人员。数据源自微观渠道。
90	SIAL	HS	T	A	15 +	工作范围：覆盖主要职业和第二职业 参考期：11 月 注：总就业人口不包括工作时间未知的人员。数据源自微观渠道。
91	LABORSTA	HS	T	U	15 +	工作范围：… 覆盖范围：不包括自雇工作者
92	SIAL	HS	C	A	15 +	工作范围：覆盖主要职业和第二职业 参考期：8 月 注：总就业人口不包括工作时间未知的人员。
93	SIAL	HS	T	A	15 +	工作范围：覆盖主要职业和第二职业 参考期：8 月 注：总就业人口不包括工作时间未知的人员。数据源自微观渠道。
94	SIAL	HS	T	…	15 +	工作范围：… 参考期：10 月 地域界限：大布宜诺斯艾利斯 注：数据源自微观渠道。
95	SIAL	HS	T	…	15 +	工作范围：… 参考期：5 月 地域界限：大布宜诺斯艾利斯 注：数据源自微观渠道。
96	SIAL	HS	T	…	15 +	工作范围：… 参考期：第二季度 地域界限：31 个城市群

注 No.	信息库	资料来源类型	覆盖范围	测算的小时数	年龄（岁）	备注
97	LABORSTA	HS	T	A	15 +	工作范围：覆盖主要工作类型 地域界限：28 个城市群
98	SIAL	HS	C	…	15 +	工作范围：… 参考期：11 月 注：总就业人口不包括工作时间未知的人员。数据源自微观渠道。
99	LABORSTA	O	…	A/U	15 +	工作范围：…
100	SIAL	HS	C	…	15 +	工作范围：… 注：总就业人口不包括工作时间未知的人员。数据源自微观渠道。
101	SIAL	HS	C	…	15 +	工作范围：… 参考期：11 月 注：总就业人口不包括工作时间未知的人员。
102	SIAL	HS	T	A	15 +	工作范围：… 注：总就业人口不包括工作时间未知的人员。数据源自微观渠道。
103	SIAL	HS	T	A	15 +	工作范围：… 注：总就业人口不包括工作时间未知的人员。
104	SIAL	HS	T	…	15 +	工作范围：… 参考期：11 月 地域界限：城市地区
105	SIAL	HS	T	…	15 +	工作范围：… 参考期：11 月 地域界限：城市地区 注：数据源自微观渠道。
106	SIAL	HS	T	…	15 +	工作范围：… 参考期：6—8 月 地域界限：亚松森都市地区
107	SIAL	HS	T	…	15 +	工作范围：… 参考期：当年 8 月至下一年 7 月
108	SIAL	HS	T	…	15 +	工作范围：… 注：数据源自微观渠道。
109	SIAL	HS	T	…	15 +	工作范围：… 参考期：当年 9 月至下一年 8 月
110	SIAL	HS	T	…	15 +	工作范围：… 参考期：11—12 月 地域界限：不包括博客龙和上巴拉圭的政府部门 注：数据源自微观渠道。
111	SIAL	HS	T	…	15 +	工作范围：… 参考期：8—11 月 地域界限：不包括博客龙和上巴拉圭的政府部门 注：数据源自微观渠道。
112	LABORSTA	HS	T	U	15 +	工作范围：覆盖所有工作类型 地域界限：城市地区 覆盖范围：不包括应征入伍者
113	LABORSTA	HS	T	U	15 +	工作范围：覆盖所有工作类型 地域界限：秘鲁首都利马 覆盖范围：不包括应征入伍者
114	LABORSTA	HS	T	U	15 +	工作范围：覆盖主要工作类型 地域界限：城市地区 覆盖范围：不包括应征入伍者

注 No.	信息库	资料来源类型	覆盖范围	测算的小时数	年龄（岁）	备注
115	SIAL	HS	T	…	15 +	工作范围：… 参考期：第二学期 覆盖范围：不包括土著人口 注：数据源自微观渠道。
116	LABORSTA	HS	C	U	15 +	工作范围：覆盖所有工作类型 地域界限：城市地区
117	LABORSTA	HS	T	U	15 +	工作范围：覆盖主要工作类型 地域界限：7 个主要城市
118	LABORSTA	O	…	A	15 +	工作范围：覆盖主要工作类型
119	LABORSTA	HS	T	U	15 +	工作范围：… 地域界限：坦桑尼亚大陆（不包括桑给巴尔）

表 6b　人均年实际工时

		年份	每年人均实际工作的小时数	注 No.
发达经济体和欧盟				
欧盟				
奥地利		2000	1 658.1	1
		2004	1 663.3	1
		2005	1 651.8	1
		2006	1 644.1	1
		2007	1 630.4	1
		2008	1 631.4	1
比利时		1990	1 658.0	2
		2000	1 545.0	2
		2004	1 549.0	2
		2005	1 565.0	2
		2006	1 566.0	2
		2007	1 560.0	2
		2008	1 568.0	2
捷克共和国		2000	2 092.3	18
		2004	1 985.9	18
		2005	2 002.1	18
		2006	1 996.8	18
		2007	1 985.5	18
		2008	1 992.4	18
丹麦		1980	1 658.7	1
		1990	1 538.7	1
		2000	1 581.4	1
		2004	1 579.4	1
		2005	1 578.8	1
		2006	1 584.7	1
		2007	1 599.4	1
		2008	1 610.5	1
芬兰		1980	1 849.3	19
		1990	1 769.3	19
	b	2000	1 749.6	20
		2004	1 723.6	19
		2005	1 717.9	19
		2006	1 713.7	19
		2007	1 710.2	19
		2008	1 727.5	19
法国		1980	1 860.1	21
		1990	1 704.6	21
		2000	1 591.4	21
	b	2004	1 561.4	2
		2005	1 558.8	21
		2006	1 535.8	21
		2007	1 552.6	21
		2008	1 542.3	21
德国		2000	1 473.0	22
		2004	1 441.5	22
		2005	1 434.0	22
		2006	1 431.7	22
		2007	1 433.4	22
		2008	1 431.9	22
希腊		1990	2 115.5	1
		2000	2 120.8	1
		2004	2 063.7	1
		2005	2 080.7	1
		2006	2 150.3	1
		2007	2 122.0	1
		2008	2 120.5	1
匈牙利		1980	2 228.4	23
		1990	1 975.0	23
		2000	2 061.3	23
		2004	1 998.4	23
		2005	1 997.0	23
		2006	1 992.8	23
		2007	1 988.5	23
		2008	1 988.5	23

	年份	每年人均实际工作的小时数	注 No.
爱尔兰	1990	1 988.0	2
	2000	1 719.0	2
	2004	1 668.0	2
	2005	1 654.0	2
	2006	1 642.0	2
	2007	1 631.0	2
	2008	1 601.0	2
意大利	1980	1 858.8	1
	1990	1 866.6	1
	2000	1 861.3	1
	2004	1 826.1	1
	2005	1 818.7	1
	2006	1 814.8	1
b	2007	1 816.6	2
	2008	1 801.5	2
卢森堡	1990	1 766.0	2
	2000	1 662.0	2
	2004	1 586.0	2
	2005	1 570.0	2
	2006	1 580.0	2
	2007	1 515.0	2
	2008	1 555.0	2
荷兰	1990	1 352.0	2
	2000	1 374.0	2
	2004	1 362.0	2
	2005	1 375.0	2
	2006	1 389.0	2
	2007	1 390.0	2
	2008	1 389.0	2
波兰	2000	1 988.0	3
	2004	1 983.0	3
	2005	1 994.0	3
	2006	1 985.0	3
	2007	1 976.0	3
	2008	1 969.0	3
葡萄牙	1990	1 963.0	2
	2000	1 765.0	2
	2004	1 763.0	2
	2005	1 752.0	2
	2006	1 757.0	2
	2007	1 727.0	2
	2008	1 745.0	2
斯洛伐克	2000	1 815.2	4
	2004	1 733.0	4
	2005	1 767.5	4
	2006	1 772.6	4
	2007	1 776.2	4
	2008	1 769.4	4
西班牙	1980	1 912.4	5
	1990	1 741.0	5
	2000	1 731.0	5
	2004	1 690.0	5
	2005	1 668.0	5
	2006	1 653.0	5
	2007	1 635.0	5
	2008	1 626.8	5
瑞典	1980	1 516.8	6
	1990	1 560.9	6
	2000	1 642.0	6
	2004	1 605.0	6
	2005	1 605.0	6
	2006	1 599.0	6
	2007	1 615.0	6
	2008	1 625.0	6

	年份	每年人均实际工作的小时数	注 No.
英国	1980	1 773.0	7
	1990	1 771.0	8
	2000	1 712.0	9
	2004	1 672.0	9
	2005	1 676.0	9
	2006	1 671.0	9
	2007	1 673.0	9
	2008	1 653.0	9
北美洲			
加拿大	1980	1 812.2	10
	1990	1 776.4	10
	2000	1 767.8	10
	2004	1 752.4	10
	2005	1 738.3	10
	2006	1 737.9	10
	2007	1 735.3	10
	2008	1 726.8	10
美国	1980	1 813.0	11
	1990	1 831.0	11
	2000	1 836.0	11
	2004	1 802.0	11
	2005	1 800.0	11
	2006	1 801.0	11
	2007	1 798.0	11
	2008	1 792.0	11
其他发达经济体			
澳大利亚	1980	1 798.1	12
	1990	1 795.3	12
	2000	1 785.3	12
	2004	1 740.4	12
	2005	1 727.0	12
	2006	1 717.2	12
	2007	1 716.8	12
	2008	1 721.4	12
日本	1980	2 121.0	13
	1990	2 031.0	13
	2000	1 821.3	13
	2004	1 787.0	14
	2005	1 775.0	14
b	2006	1 784.0	13
	2007	1 785.0	13
	2008	1 771.5	13
新西兰	1990	1 810.0	15
	2000	1 830.1	15
	2004	1 826.6	15
	2005	1 810.1	15
	2006	1 786.9	15
	2007	1 771.4	15
	2008	1 753.3	15
西欧（非欧盟）			
冰岛	1980	1 864.0	16
	1990	1 839.0	16
	2000	1 885.0	16
	2004	1 810.0	2
	2005	1 794.0	2
	2006	1 795.0	2
	2007	1 807.0	2
	2008	1 807.0	2
挪威	1980	1 579.7	17
	1990	1 502.6	17
	2000	1 455.2	17
	2004	1 417.3	17
	2005	1 420.0	17
	2006	1 413.9	17
	2007	1 417.4	17
	2008	1 422.0	17

	年份	每年人均实际工作的小时数	注 No.
瑞士	1980	1 804.6	1
	1990	1 700.0	1
	2000	1 688.3	1
	2004	1 672.8	1
	2005	1 667.3	1
	2006	1 652.3	1
	2007	1 642.9	1
	2008	1 643.1	1
中欧、东南欧（非欧盟）和独联体			
中欧和东南欧			
土耳其	1980	1 957.0	1
	1990	1 866.0	1
	2000	1 937.0	1
	2001	1 942.0	1
	2002	1 943.0	1
	2003	1 943.0	1
	2004	1 918.0	1
	2005	1 918.0	1
亚洲和太平洋地区			
东亚			
中国香港	1992	2 287.0	24
韩国	1980	2 875.7	1
	1990	2 687.7	1
	2000	2 519.7	1
	2003	2 433.7	1
	2004	2 404.1	1
	2005	2 363.8	1
	2006	2 357.1	1
	2007	2 316.3	1
太平洋岛国			
斐济	1994	1 952.0	25
南亚			
孟加拉国	1994	2 301.0	25
尼泊尔	1994	1 955.0	25
巴基斯坦	1994	1 723.0	25
斯里兰卡	1994	2 288.0	25
东南亚			
马来西亚	1994	2 244.0	25
泰国	1994	2 228.0	25
拉丁美洲和加勒比地区			
中美洲			
哥斯达黎加	1990	1 861.0	26
	1997	1 866.0	26
	1999	1 870.0	26
萨尔瓦多	1990	1 939.0	26
	1997	1 841.0	26
	1998	1 849.0	26
洪都拉斯	1990	1 857.0	26
	1997	1 804.0	26
	1999	1 816.0	26
墨西哥	1990	1 767.0	27
	2000	1 888.1	28
	2004	1 848.6	28
	2005	1 909.1	28
	2006	1 883.2	28
	2007	1 871.4	28
	2008	1 893.1	28
尼加拉瓜	1993	1 788.0	26
	1997	1 927.0	26
	1999	1 943.0	26
巴拿马	1990	1 710.0	26
	1997	1 751.0	26
	1999	1 734.0	26

	年份	每年人均实际工作的小时数	注 No.
南美洲			
阿根廷	1990	2 013.0	26
	1997	2 017.0	26
	1999	1 820.0	26
巴西	1990	1 796.0	26
	1997	1 759.0	26
	1999	1 689.0	26
智利	1990	1 984.0	26
	1997	1 906.0	26
	1999	1 902.0	26
哥伦比亚	1991	1 976.0	26
	1995	1 960.0	26
	1999	1 911.0	26
厄瓜多尔	1990	1 771.0	26
	1995	1 943.0	26
	1998	1 923.0	26
巴拉圭	1990	2 029.0	26
	1997	1 890.0	26
秘鲁	1991	1 964.0	26
	1997	2 005.0	26
	1998	2 091.0	26
乌拉圭	1990	1 788.0	26
	1997	1 743.0	26
	1999	1 722.0	26
委内瑞拉玻利瓦尔共和国	1997	1 743.0	26
	1999	1 673.0	26

表 6b 人均年实际工时（注）

1. 说明

工时对工作者的健康与福利状况、企业的生产率水平以及人工成本都有影响，所以，在监测工作和生活条件以及分析经济发展状况时，衡量社会中不同工作者群体及个体的工时水平与趋势是很重要的。表 6b 给出了人均年度实际工作中的小时数，数据主要来自经济合作与发展组织（OECD）。

2. 数据库

利马（LIMA） 劳工概述（不同年份）

国际劳工组织拉丁美洲及加勒比地区办公室，秘鲁利马

http：//www. oit. org. pe

这份出版物提供了拉丁美洲和加勒比地区关于就业、收入、解雇的代价、劳工培训计划和童工的重要信息。

LMIL 劳动力市场指标图书馆

国际劳工组织就业部，瑞士日内瓦

LMIL 网络允许国际劳工组织中各部门共享劳动力市场信息。当无法从现有的国际信息库获取信息时，就利用 LMIL 指标。驻地办公室需负责鉴别、汇集和审查劳动力市场信息，并利用从各地区或各国那里得到的最新信息来更新数据库。

OECD 劳动力统计数据库（在线）

经济合作与发展组织，法国巴黎

http：//stats. oecd. org/Index. aspx

OECD 劳动力统计在线数据库包含了按年龄和性别划分的工作年龄人口、劳动力、就业和失业，以及按年龄和性别划分的就业/人口比率、参与率、失业率等数据的详细统计资料。

3. 资料来源类型

D	机构调查
ELFS	欧盟劳动力调查（欧盟统计局）
HS	家庭或劳动力调查
OE	官方估算
OECDNA	经济合作与发展组织国民核算

4. 覆盖范围

C	平民
T	总人口
…	无法获得数据

5. 雇用范围

EM	雇员（挣薪水的雇员）
TE	总就业人口

6. 符号

b	序列发生变动
…	无法获得数据

注 No.	信息库	资料来源类型	覆盖范围	就业范围	备注
1	OECD	OECDNA	T	TE	注：就业者的平均年实际工时是基于国民经济核算的概念。
2	OECD	ELFS	T	TE	注：估算值的计算是用每周的通常作时乘以一年中有效工作的星期数，这里考虑到了时间的变动和因为其他原因无法工作的时间。
3	OECD	HS	T	TE	注：估算值的计算是先用每周工作的总工时除以每年平均的就业人数，再乘以 52 周。
4	OECD	HS	T	TE	注：国民经济账户序列。年度值的计算是用每周实际工时乘以 52 周。
5	OECD	HS	T	TE	注：估算值的计算基于处于工作状态的工作者的年平均实际工时或不处于工作状态的工作者的通常工时乘以每年的工作日数量，后者剔除了假期和年假，并根据实际离职的时间进行了调整。
6	OECD	OE	T	TE	注：国民经济账户序列。
7	OECD	OE	T	TE	注：平均年度值的计算是用每周实际工时乘以 52 周。趋势来自 Angus Maddison 教授的估算。
8	OECD	HS	T	TE	注：年度值的计算是用每周实际工时乘以 52 周。劳动力调查。
9	OECD	HS	T	TE	注：年度值的计算是用每周实际工时乘以 52 周。
10	OECD	OE	C	TE	注：国民经济账户序列。并根据非参考周的假期进行了调整。
11	OECD	OE	T	TE	注：估算值是经过 OECD 对 BLS 未发表的每种工作的小时数序列转换而得，计算方法是用基于各种工作的年度工时 ×（1 + 基于比重的 CPS 总就业中）。
12	OECD	HS	C	TE	注：国民经济账户序列。年工时的数据根据报告期内的公共假日进行了调整。
13	OECD	OE	T	TE	注：估算值基于来自月度企业劳动力调查的数据，并通过劳动力调查将覆盖范围延伸至农业和企业部门，以及自雇工作者。
14	OECD	OE	T	TE	注：估算值的计算基于企业（拥有 5 名或 5 名以上雇员）中就业者每年工作时间的逐年变化值。
15	OECD	HS	C	TE	注：年度值的计算是用每周实际工时乘以 52 周。
16	OECD	HS	T	TE	注：估算值是用每日实际工时乘以每年实际工作天数，后者剔除了公共假期和年假，其中年假通常由经济活动部门的工作合同规定。
17	OECD	OE	T	TE	注：国民经济账户序列。年度估算值的计算先对季度实际工时数据采用直接平均法，再将得到的数值乘以 365/7 周。
18	OECD	HS	T	TE	注：年度估算值的计算先对季度实际工时数据采用直接平均法，再将得到的数值乘以 365/7 周。
19	OECD	OE	T	TE	注：国民经济核算序列基于制造业的企业调查，以及针对其他部门和自雇工作者的劳动力调查。
20	OECD	OE	T	TE	注：引入连续调查。国民经济核算序列基于制造业的企业调查，以及针对其他部门和自雇工作者的劳动力调查。
21	OECD	OE	T	TE	注：国民经济核算序列。估算值基于制造业的企业调查，以及针对其他部门和自雇工作者的劳动力调查。
22	OECD	OE	T	TE	注：国民经济核算序列。估算值基于企业调查对全日制工作者（其工时不受缺勤的影响）每周工时的估测，而实际工时的年度估算值需根据大量的因素进行调整。
23	OECD	D	T	TE	注：国民经济核算序列。估算值的计算基于拥有 5 名及 5 名以上雇员的制造业机构单位的统计调查。
24	LMIL	HS	...	TE	
25	LMIL	D	T	EM	
26	LIMA	HS	T	TE	
27	LIMA	D	C	TE	
28	OECD	D	C	TE	注：年度值的计算是用每周工时乘以年实际工作星期数（这里假设每年实际工作 44 周）。

KILM 7：非正规部门就业

引　　言

指标 KILM 7 用于衡量非正规部门[1]的就业人口占总就业人口的百分比，即非正规部门就业人口的数量与就业人口总数的比率。关于非正规部门就业人口相关的定义和数据收集方法存在着很大的差异。表 7 中不同国家的指标所对应的序列清晰地表明了这种差异。“定义和来源”部分对 5 个序列的定义进行了全面描述。尽管一个国家可能会拥有根据多种序列获得的非正规部门就业数据，但表 7 仅显示了该国其中一个序列的数据，而后者也被认为是在定义阐释地域覆盖范围和/或时间序列长度方面最好的一个序列。我们在此提醒用户，在进行国与国之间的对比时，只能在使用同一序列的国家之间进行对比。即便如此，也要认真查看注释中的覆盖范围的例外情况，因为这在各国之间存在差别。在对使用本国标准定义非正规部门就业（序列 2）的国家进行比较时应该更为谨慎。

表 7 总共包括 67 个国家的信息，对其中约有一半国家而言，关于非正规部门就业的时间序列数据是可获取的，故可以监测其指标的近期趋势。在数据可获取的国家，表中还显示了按照性别划分的情况。大多数情况下，非正规部门就业人数的数据是以绝对数值及其占总就业人口的百分比来表示的。而非正规部门就业人口中女性所占比重也包含其中（如果有的话）。

1　在此有必要澄清“非正规部门就业”和“非正规就业”的区别。前者指第 15 届国际劳动统计学家大会（ICLS）（见“定义和来源”）确立的对于衡量方法的定义，同时也是表 7 所列数据在大会举办时所使用的定义。尽管如此，国家在对非正规部门就业人口进行衡量时，应当逐步采纳范围更为宽泛的概念“非正规就业”，就像关于体面工作和非正规经济的“结论”部分所推荐的那样，其已经于 2002 年被第 90 届国际劳工大会非正规经济委员会通过；http：//www.ilo.org/public/english/standards/relm/ilc/ilc90/pdf/pr-25res.pdf。欲了解更多这两个概念之间区别的相关信息，见专栏 7b。

指标的用途

非正规部门是许多国家经济中的重要组成部分，也是劳动力市场的重要组成部分，对就业创造、生产和收入的积累都发挥着重要作用，在发展中国家情况更是如此。在人口增长率或城市化率比较高的国家，非正规部门通常能够吸纳城市地区大部分不断扩张的劳动力人口。对于那些缺少社会安全网（如失业保险或工资和养老金比较低，特别是公共部门的工资和养老金比较低）的国家而言，非正规部门就业就是必须的生存战略。在此种情况下，像“失业”（KILM 8）和“与工作时间相关的不充分就业”（KILM 12）这样的指标并不足以完整描述劳动力市场的状况。在其他国家，正规经济的产业调整过程被看作是将业务转包给小企业而导致的生产在更大范围内的分散化，这种过程大部分发生在非正规部门。而全球竞争（所谓的“全球化”）很容易导致许多国家劳动力的非正规化，原因在于全球竞争诱使正规企业低薪雇佣工人，或将货物/服务的生产转包/外包出去，从而削弱了既有的雇佣关系。[2]

对于面临以下目标的决策者而言，非正规经济意味着挑战。这些目标包括：改善非正规部门就业者的工作条件，提高对他们的法律和社会保护；提高非正规经济活动的劳

2　国际劳工组织，就业部：《非正规部门的男性和女性：统计图景》（日内瓦，2002 年）；http：//www.ilo.org/public/english/employment/infeco/download/menwomen.pdf。作为 2002 年在日内瓦召开的第 90 届国际劳工大会对于非正规经济一般性讨论的一部分，在致力于研究非正规经济的跨部门特别小组的主持下，国际劳工组织启用了一系列背景文件，该文件就是其中之一。这套背景文件包括地区发展趋势研究、国家层面研究和主题调研等，目标是发掘出全球范围内非正规经济最新的数据和发展趋势。对统计数据以外的资料感兴趣的读者可以登录以下网址获取有用的文件信息：http：//www.ilo.org/infeco。

动生产率；开展培训并提升技能；组织非正规部门的生产者和劳动者；以及采取适当的监管框架、政府改革、城市发展政策等。此外，作为政策课题之一的贫困问题也常常与非正规经济紧密相关。尽管不是完全相关，但贫困和非正规就业之间确实存在某种关联。原因之一在于非正规就业缺少劳动立法和社会保护；原因之二在于非正规就业人员的收入平均而言低于正规就业人员。

要了解全部劳动者（特别是女性劳动者）对经济的贡献，对非正规就业进行统计是十分必要的。事实上，非正规经济一直以来被看作是“被有酬就业排除在外的女性劳动者的后方阵地……非正规经济的主导部分是自营工作。在发展中国家，自营工作是妇女维持生计的重要来源，在那些文化传统阻碍妇女走出家门从事工作的国家情况更是如此，因为这与其家庭责任存在冲突。”[3]

定义和来源

就业安排的改变不仅需要将非正规经济概念化的新方式，也需要衡量非正规经济的规模及其对整体经济贡献的新方法。国际劳工组织统计部在开发针对非正规部门的数据收集方法，编纂和出版这一领域的官方统计，以及为各国统计部门提供技术支持以完善后者的数据收集等方面发挥着主导作用。1998年，国际劳工组织统计部针对非正规部门建立了一个数据库，该数据库随后成为 KILM 表7 编制的基础。2001 年，国际劳工组织对相关数据作了更新，并以纲要形式将数据与可用的国家性，统计数据和相关方法的信息一同发布。[4]

就目前而言，仅有几个国家能够定期（如每年一次）统计非正规部门的情况。对大多数国家而言，非正规部门统计资料的收集只是临时性的，或者收集的周期不到一年。因此，目前对非正规就业指标还不可能做到像其他指标那样频繁地进行更新。

1993 年，第 15 届国际劳动统计学家大会（ICLS）通过了对非正规部门[5]的国际统计定义。该定义随后被收入修订后的国民经济核算体系（SNA 1993），根据联合国统计委员会的建议由联合国经济及社会理事会审议通过。[6]将该定义纳入 SNA 是十分必要的，因为这使得将非正规部门确定为国民核算的一个独立实体成为可能，因此就可以将非正规部门对 GDP 的贡献进行量化。专栏 7a 包含了 ICLS 规定的关于非正规部门的概念和定义的相关细节。用户在使用时应当认真审视，以完整地理解关于“非正规部门”定义的细微差别及其所涉及的复杂方面。下面提供的非正规部门国际定义的摘要：

非正规部门就业：指非正规部门企业提供的所有工作岗位，或者在某一特定参考期内所有至少被一家非正规企业雇佣的人，不论其就业状况如何或该工作岗位是其主要职业还是第二职业。

非正规部门企业的标准：

- 非正规部门企业应当是私人非公司企业（不包括准公司），即为个人和家庭所有，且不是独立于其所有者的独立法人实体，因此也无法提供能将其生产活动与该企业所有者的其他活动区分开来的完整财务记录。私人非公司企业包括由单个家庭成员或同一家庭的若干成员所有并经营的企业，也包括由来自不同家

3 联合国：《国家统计报告编制（按性别分类）指南》，社会统计和指标，K 系列，第 14 号（纽约，1997年），第232 页。

4 所有在非正规经济领域的统计活动的细节都收录在国际劳工组织的“国际劳工组织非正规部门就业状况官方统计纲要”中，统计工作文件 2002 年第 1 号（日内瓦，2002年）；http：//www. ilo. org/public/english/bureau/stat/papers/comp. htm。读者可以通过《KILM 指南》中的专栏 1 和 http://www. ilo. org/stat 了解到更多关于国际劳工组织统计部的信息。

5 关于非正规部门就业统计的决议，第 15 届国际劳动统计学家大会，日内瓦，1993 年；http：//www. ilo. org/global/What _ we _ do/Statistics/standards/resolutions/lang--en/docName--WCMS_087484/index. htm（见专栏 7a）。

6 国民经济核算体系相关信息由联合国统计署（纽约）提供；http：//unstats. un. org/unsd/nationalaccount/default. htm。

庭的人组成的非公司性的合伙企业和合作社，前提是其缺少完整的财务记录。

- 企业生产的所有或至少一部分货物或服务用于销售或者实物交换。雇佣家庭雇员来提供家庭或者个人服务的家庭也可能被纳入非正规部门。
- 此类企业的就业人数低于按照一国国情所确定的特定标准，且/或他们没有按照该国特定立法（如工厂法或商业法、税法或社会安全法、专业团体管理法或类似法律，以及国家立法机关制定的区别于地方监管贸易许可或商业许可法规的法律或规章）进行登记注册，且/或其雇员没有进行注册登记。
- 此类企业从事的是非农业生产活动，包括农业部门从事非农业生产活动的二级企业。

大多数国家依然遵循各自所做出的关于非正规部门的定义，因此也并不总是与第15届ICLS和SNA 1993所采纳的国际统计定义相一致。与国际定义的主要不同在于，很多国家（特别是使用劳动力或其他家庭调查对非正规部门就业人数进行统计的国家）还没有采用企业合法组织的标准（非公司企业）来衡量非正规部门的就业状况。表7中的序列2显示了26个国家采用各自的定义所统计得出的数据。另外，各国通常不采用“缺少完整的财务记录”这一标准对非正规部门进行统计学定义，换言之，这些国家所提供的数据通常指的是该国的小型或微型企业（包括小型公司和准公司）的就业状况。表中序列4显示了21个国家按照各自定义统计的小型或微型企业的就业状况。与序列2和序列4相关的各国自行做出的定义收录在表7的附录当中。

另外一项不同在于，一些国家采用的是近似定义（仅仅基于企业规模），通过劳动力或其他家庭调查来统计非正规部门就业状况，这些国家依然将从事专业和技术工种的劳动者排除在统计范围之外，不论其所在企业为何种性质。最后，不是所用应用该信息的国家都在统计中采用“非正规企业”或“小型和微型企业”的概念。一些国家采用与之紧密相关的不同概念，如家庭经济活动、家庭产业、非组织部门、隐性活动或未注册就业等（序列5采用了“其他相关概念”来描述15个国家的就业状况）。

基于第15届ICLS和SNA 1993确定的框架，非正规部门统计国际专家组制定了一套有关非正规部门信息和对各国定义进行统一的国际报告准则。经过统一的定义（如表7序列1所示，包括3个国家）是以目前应用的各国国家定义中最普遍的特征为基础。基于此，非正规部门包括“私人非公司企业（不包括准公司），其至少有部分货物和服务用于销售或实物交换，拥有5名以下的受雇者（未注册），同时从事非农业生产活动（包括专业或技术活动）”。[7]该定义不包含有酬家庭工作者。

该指标的分子（非正规部门就业人员的数量）具有多种信息渠道。使用最普遍的渠道包括劳动力调查和专门的非正规部门调查（基于混合的家庭和企业调查方法，或者混合的经济和机构普查/调查方法）。其他数据来源包括多目标家庭调查、家庭收入和支出调查、家庭经济活动调查或家庭产业、小型和微型企业调查，以及各国自行制定的官方估算。对于序列3和序列4而言，相关数据来自拉丁美洲和加勒比地区劳动力信息系统（属于国际劳工组织拉丁美洲和加勒比地区数据库）的Quipustat。表7附录收录了上述调查的确切名称。指标分母（总就业人数）的相关信息通常可以从劳动力调查或官方就业估算中得到。与分子部分同样的要求（指相同的地理区域、经济活动部门、年龄限制等）也都在可能的范围内适用于反映总就业人数的指标分母部分。

可比性的限制

指标的国际可比性受不同国家相关定义和数据覆盖范围差异的影响。部分差异与第

7　见国际劳工组织：“国际劳工组织……纲要”（出处同上），第4页。

15届ICLS通过的建议相一致，该建议允许各国在对非正规部门进行定义和统计时保有一部分灵活性。因为指标通常表现为一个比率，且国际劳工组织要求各国确保指标的分子和分母在数据覆盖范围上保持一致，因此上述差异对数据的数值影响并不总是很大。另外，国际劳工组织也与有关国家的统计机构合作，对相关定义进行了统一。

关于数据可比性的问题主要来自以下因素：

- 数据来源的差异。
- 地域界限的差异。
- 统计所涵盖经济活动分支的差异（如表中“覆盖范围”所示）。一个极端表现是，有的国家在统计中涵盖了经济活动的所有分支（包括农业）；而另一个极端是，有的国家在统计中只涵盖了制造业。
- 用来定义非正规部门的标准的差异，例如有些国家采用企业/机构的规模，有些国家采用未注册企业/劳动力的规模。
- 用来界定企业规模的不同界限。
- 是否纳入/有酬家庭工作者。
- 是否纳入在非正规部门拥有第二职业，但主要职业不属于非正规部门的劳动力（如从事农业或公共服务工作的人员）。

表7序列1和序列2采用企业未登记这一标准（或单独采用，或与企业规模这样的其他标准一起采用）对非正规部门进行了定义。正如表中定义所示，大多数情形下，上述标准是将未登记企业视为公司，或者基于统计目的而将企业未登记状况与税务当局联系起来。使用小型或微型企业（序列3和序列4）的概念会导致高估非正规部门的规模。为了引起用户对上述差异的注意，国际劳工组织按照各国统计时所依据的概念（非正规部门、小型或微型企业、其他相关概念）对国家进行了分类。[8]

对于许多国家而言，非正规部门就业状况的统计信息只对城市地区有效。由于各国城市和乡村的不同特征，国别差异难以采用某个单一的、能够适用于所有国家的定义进行反映。在国际标准定义缺失的情形下，用于构建指标的相关信息实际是基于各国根据自身需求对城市地区所确立的不同定义。

在确定非正规企业规模的临界点方面，各国有着不同的划分标准。尽管如此，各国还是十分倾向使用以下划分标准，如“少于5”、“少于或等于5”、“少于10”、“少于或等于10”等。尽管大多数国家采用相同的规模限制标准来统计经济活动的所有分支，但也有部分国家针对经济活动的不同分支采用不同的规模限制标准。其他的国别差异包括：规模标准是应用于企业的每家公司还是应用于整个企业，以及规模标准是指所有参与企业运营的人员还是指企业的雇员数量等等。有关企业雇员未注册的标准仅适用于表7中的立陶宛和乌克兰。

各国对于有酬家庭工作者的统计方法和信息渠道也各不相同。在采用劳动力或其他家庭调查统计非正规部门就业的国家中，将有酬家庭工作者纳入非正规部门的国家与其排除出非正规部门的国家的数量几乎一样多。与之相反，那些对非正规部门或类似部门的生产单位进行调查的国家要么将有酬家庭工作者排除在统计范围以外，要么仅将那些认为自己是自雇工作者的劳动者纳入统计范围。上述差别对统计数据国际可比性方面的影响存在性别差异：女性相关数据所受影响要大于男性。

如果统计数据来自劳动力或其他家庭调查，则有关非正规部门就业状况的数据通常只包括那些主要或惟一的职业属于非正规部门的人员，而排除那些第二职业属于非正规部门的人员。然而在一些国家，后者的人数可能非常庞大，因此在进行跨经济体比较时应当注意上述差异。

虽然以上部分对国际范围内非正规部门的就业状况比较提出了保留意见，但是我们认为，所获信息对于分析不同时期劳动力市场状况和发展趋势依然是有用的。

8 欲了解所有概念的更多细节信息，见国际劳工组织：“国际劳工组织……纲要”，出处同上。

图 7a　部分国家非正规部门就业人口占总就业人口的比重（2001 年与 2005 年）

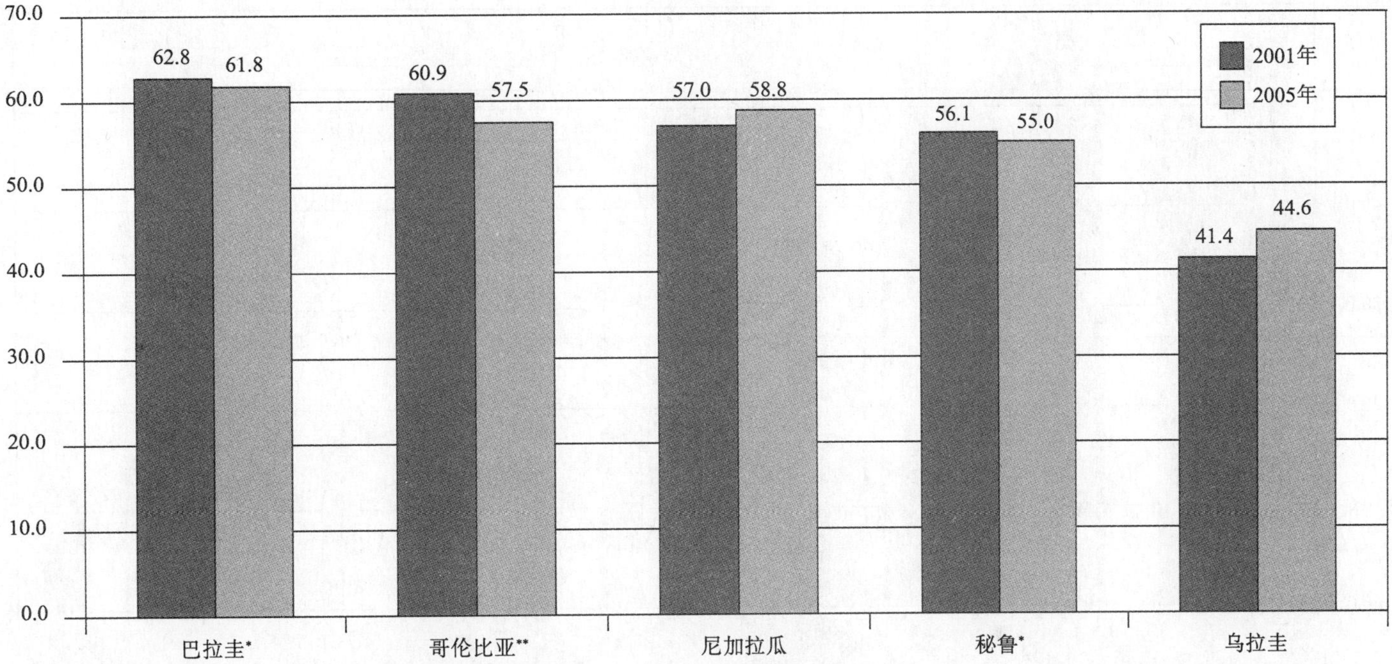

注：* 所覆盖的年份为 2002 年和 2006 年。** 所覆盖的年份为 2000 年和 2004 年。

资料来源：KILM 表 7，使用与非正规部门就业概念相似定义的序列 4 的国家。

趋　势

可以跨国比较的时间序列仅对少数拉美国家有效，这些国家使用序列 4 进行统计分析，其所采用的定义与基于小型/微型企业就业的定义相类似，统计对象涵盖了自营工作者和无报酬家庭工作者。表 7 显示了 2001 年和 2005 年（或最接近的年份）5 个国家非正规部门的就业人口占总就业人口的比重，这 5 个国家分别是：哥伦比亚、尼加拉瓜、巴拉圭、秘鲁和乌拉圭。以上 5 个国家非正规部门就业人口占总就业人口的比重相当高，如乌拉圭的 44.6%（2005 年）和巴拉圭的 61.8%（2006 年）。其中 3 个国家（哥伦比亚、巴拉圭和秘鲁）的非正规部门就业人口占总就业人口的比重出现小幅下降。非正规部门就业人口占总就业人口比重变化幅度最大的分别是：哥伦比亚下降了 3 个百分点，乌拉圭增加了 3 个百分点。

图 7b 显示了部分国家女性人口在非正规部门就业人口中所占的比重。对于研究女性人口占非正规部门就业人口的比重而言，定义上的细微差别对不同国家可比性的影响相对较小，因此可以使用基于各国定义的序列 2 作为数据来源。从 1999 年以后的数据来看，只有马里的非正规部门的女性就业人数高于男性（女性所占比重为 56.6%），大部分国家非正规部门女性就业人口比重维持在 30%—40% 之间，其中印度和巴基斯坦比例最低，分别为 20.2% 和 9.1%，这一定程度上说明两国各个产业部门的女性就业比重都比较低。

在对分析结果进行解释的过程中，很重要的一点是认识到用于非正规部门企业这一概念的定义界限，也就是农业生产活动（在多数情况下）未被纳入统计范围。如果未来应用更加宽泛的定义对非正规部门的就业状况进行分析（如专栏 7b 描绘的那样）时，则印度、巴基斯坦等国的相关比例会有所上升，这将是个有趣的现象。

图 7b 部分国家非正规部门就业人口中女性所占的比重（1999 年至今）

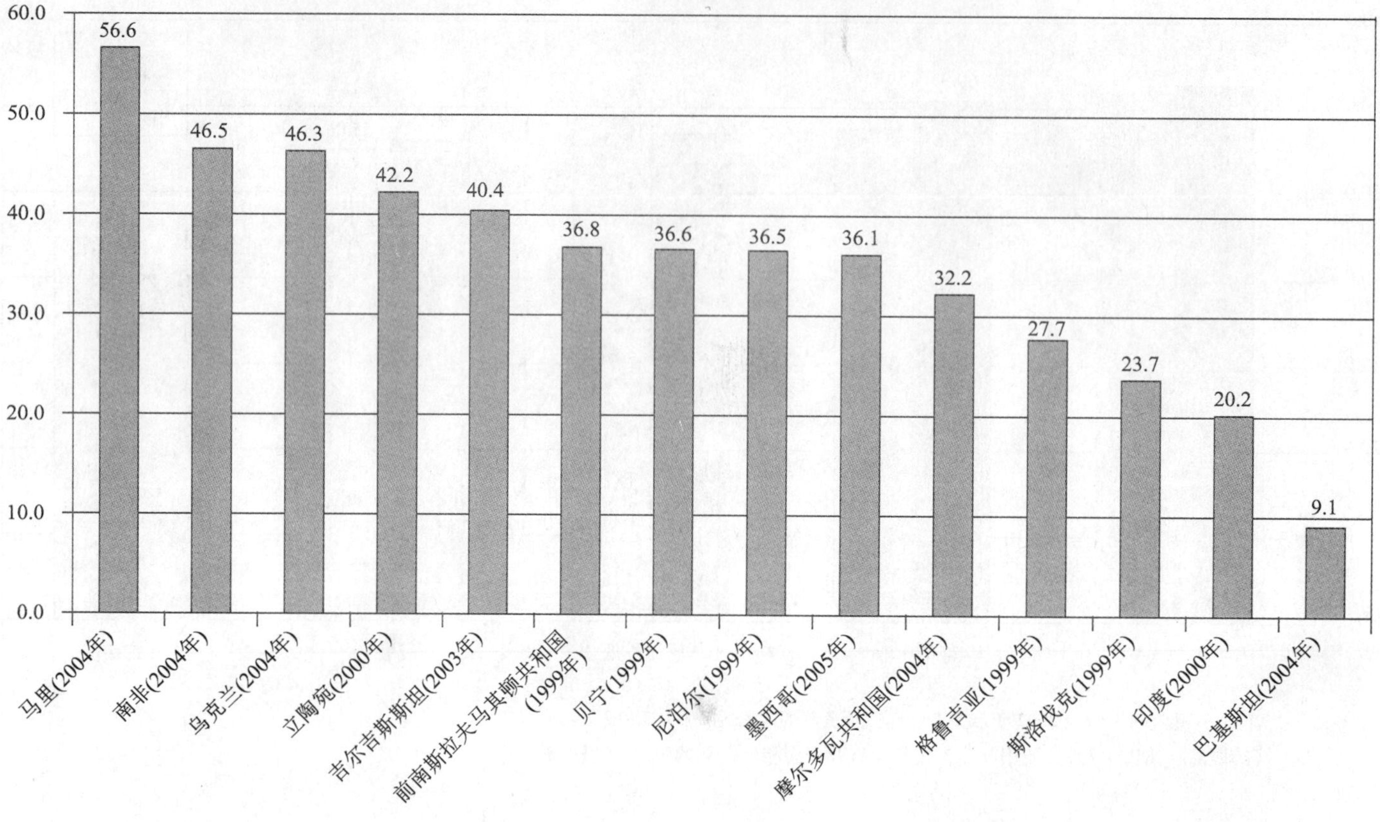

资料来源：KILM 表 7，序列 2（各国定义）。

专栏7a　第15届国际劳动统计学家大会（1993年1月）通过的关于非正规部门就业状况统计的决议（相关段落）

概念

5.（1）从广义上看，非正规部门包括从事货物或服务生产的单位，其主要目标是为相关个人创造就业和收入。此类单位日常运营所依赖的组织水平通常较低，作为生产要素的劳动力和资本之间很少有区别或者没有区别；即使有所区别，其规模也是很小的。所存在的劳动关系大多是以临时雇佣关系、亲属关系或个人和社会关系为基础，而不是有着正规保障的合同安排。

（2）非正规部门的生产单位拥有家庭企业的标志性特征，其所使用的固定资产和其他资产就其本身而言属于它们的所有者，而不是该生产单位。生产单位本身不能从事交易或与其他单位签订合同，也不能以它们自己的名义承担债务。企业所有者为筹得必要的资金必须自担风险和债务，并且对于任何生产过程中发生的债务和义务都没有限制。生产所支付的开支常常不能与家庭开支相区分。类似地，企业使用资本货物（如建筑物或车辆等）也难以同家庭使用的上述货物相区分。

操作性定义

非正规部门

6.（1）从统计学的意义上讲，非正规部门被看作一组生产单位，按照联合国国民经济核算体系（第四版）规定的定义和分类法，上述生产单位以家庭企业的身份或者说以家庭所有的非公司企业的身份构成家庭产业的一部分（如第7条所规定）。

（2）在家庭产业内部，非正规部门企业包括（i）“非正规自营企业”（如第8条所规定），以及（ii）由“非正规雇主企业”所组成的附加部分（如第9条所规定）。

（3）对非正规部门的定义与生产性活动开展的场所、使用的固定资产的规模、企业经营期限（常年/季节性/临时）以及经营活动为所有者的主要活动还是次要活动无关。

家庭企业

7. 根据联合国国民经济核算体系（第四版），家庭企业（或者说家庭所有的非公司企业）有别于公司和准公司，区分的依据是生产单位的法律组织以及所保留的账目类型。家庭企业指从事货物或服务生产的单位，此类企业不构成独立于它们所属的家庭或家庭成员的独立法人实体，也没有完整的账目记录（包括资产负债表）可以将企业的生产活动与其所有者的其他活动、企业的收入流与资本和其所有者的收入流和资本进行明确区分和识别。家庭企业包括由家庭成员个人、同一家庭的两个或两个以上成员所有的非公司企业，同时包括由来自不同家庭的人组成的非公司性的合伙企业。

非正规自营企业

8.（1）非正规自营企业是指由自营工作者所有并经营的家庭企业（按照第7条的定义）。这类企业要么单独经营，要么与同一家庭的成员或来自其他家庭的人合伙经营。此类企业会偶尔雇佣一些无报酬家庭工作者和雇员，但是不会连续雇佣雇员，其特点如第5条第（1）款和第（2）款所描述。

（2）为便于操作，按照具体国家的国情，非正规自营企业既可以包括全部的自营企业，也可以只包括在国家立法特定框架内没有注册的企业。

专栏 7a（续）

（3）注册登记可以指按照工厂法或商业法、税法或社会安全法、专业团体监管法或类似法律，抑或国家立法机构制定的法规进行的注册登记。

非正规雇主企业

9.（1）非正规雇主企业指由雇主所有并经营的家庭企业（按照第 7 条的定义），此类企业要么单独经营，要么与同一家庭的成员或来自其他家庭的人合伙经营，通常持续雇佣一名或以上雇员，同时具备第 5 条第（1）款和第（2）款所描述的特征。

（2）为便于操作，按照所在国的特定国情，非正规雇主企业可以按照以下一条或多条标准进行定义：

（i）低于特定就业人数的单位的规模；

（ii）企业或其雇员均未注册。

（3）尽管上述企业规模标准更适合指代企业持续雇佣的员工数量，但在实践中，该标准也可按照参考期内企业雇佣的员工总数或从事相关活动的人员总数进行定义。

（4）有关非正规雇主企业规模上限的定义，可能随着不同国家以及经济活动的不同分支而有所变化。其可以按照相关国家的立法（相关立法存在的情形下）所规定的企业的最小规模的要求进行定义，或者依照经验所确定的标准进行定义。除上述外，在确定企业规模上限时，应当考虑经济活动相应分支中规模较大企业的统计查询范围，以避免重合。

（5）如果相关企业在超过一家所属公司开展经营活动，则企业规模标准原则上应针对该企业每家公司的规模，而不是企业的整体规模。相应地，如果一家企业所属的所有公司的规模均没有超过规定的企业规模上限，则该企业应被视作满足企业规模标准。

（6）企业登记注册应按照第 8 条第（3）款所规定的国家立法的特定形式进行。如果企业雇员与企业签订了雇员合同或学徒合同，且合同规定企业雇主代表雇员支付相关税款和社会保障费用，或者按照合同规定，企业雇佣关系受标准劳动立法约束，则企业雇员应被视为已经履行了注册登记手续。

10. 出于特定的分析目的，相关人员可以基于收集到的数据在国家层面引入更多标准，以开发有关非正规部门的更具有针对性的定义。此类定义可以根据不同统计用户的需求而有所变化。

非正规部门的就业人口

11.（1）按照第 8 条和第 9 条的定义，非正规部门的就业人口包括特定参考期内至少被一个非正规部门单位雇佣的全部人员（按照第 13 届国际劳动统计学家大会所通过决议第 9 条的规定），相关定义与雇员的就业状况及是否为主要或第二职业无关。

特殊情况的处理

14. 为了对非正规部门就业状况进行统计，所有专门从事非市场生产（按照联合国国民经济核算体系第四版的定义，为自身最终消费或自身固定资本的形成而进行的货物或服务生产）的家庭企业应当从非正规部门的范围内予以剔除。根据各国实际情况，第 19 条提及的雇佣家庭工作者的家庭可以作为例外。

专栏 7a（续）

16. 出于实际考虑，非正规部门的范围可能只限于从事非农业生产活动的家庭企业。考虑到第 14 条的规定，所有非农业生产活动都应纳入非正规部门范围之内，无论该家庭企业是将相关活动作为主要的还是次要的活动予以开展。需要特别指出的是，非正规部门应当包括家庭企业在农业部门开展的次要的非农业生产活动（在相关活动满足第 8 条和第 9 条规定的前提下）。
17. 由自营工作者（如医生、律师、会计师、建筑师或工程师）开展专业或技术活动的单位应被纳入非正规部门（在相关活动满足第 8 条和第 9 条规定的前提下）。
18. （1）外包工是指，按照事先安排或与企业签订的合同，同意为某个特定企业工作或者为特定企业供应一定数量的货物或服务，但其工作地点并不在组成该企业的任意一家公司的人员。

    （2）为方便数据采集，所有外包工都应纳入非正规部门的调查范围，不论他们是否组成代表其自身的生产单位（自营外包工），或组成其所受雇企业的一部分（雇员外包工）。根据收集到的信息，应当能够按照联合国国民经济核算体系（第四版）所推荐的标准对自营外包工和雇员外包工进行区分。外包工应当被纳入非正规部门范畴，或者纳入非正规部门的就业人口（在外包工作为自营工作者组建的生产单位或其作为雇员所工作的企业满足第 8 条和第 9 条相关规定的前提下）。
19. 家庭工作者指专为家庭所雇佣，提供家庭服务以获得现金或实物报偿的人员。应当根据特定国情以及统计资料的预定使用目的来决定是否将家庭工作者纳入或排除出非正规部门范畴。无论纳入或排除，都应当将家庭工作者视为一个独立的子类，其目的是增强相关统计的国际可比性。

专栏 7b 非正规部门就业与非正规就业：区别在何处？

由于对未被观测到的经济进行统计的相关概念不够清晰，以及难以对国际标准定义进行有效的应用，目前在获得有关非正规部门就业状况的数据信息方面还存在困难。根据在第 15 届国际劳工统计学家大会上通过的定义，非正规部门就业取决于生产单位的性质，即如果受雇人员所在的公司隶属于某个企业，而该企业又属于非正规部门企业，则不论该受雇人员的就业状况如何（自雇或其他），该受雇人员都属于非正规部门雇佣人员（欲了解更详细定义见“定义和来源”部分）。在第 17 届国际劳动统计学家大会上，有关非正规就业统计定义的方针得到了与会者的一致通过。相关文件请访问 http：//www. ilo. org/global/What_we_do/Statistics/standards/guidelines/lang--en/docName--WCMS_087622/index. htm。在承认非正规就业的关联性和具体含义随着国家的不同而有所变化的同时，国际劳动统计学家大会也希望上述方针能够帮助各个国家分别制定有关非正规就业的本国定义，并增强国际可比性。与此同时，国际劳工组织也开始与德里集团成员合作，着手出版《非正规就业与非正规部门调查手册》。该手册提供有效的技术指导方针，用来对非正规就业与非正规部门进行统计，并以此为手段增强数据可比性和质量。该手册预计将于 2010 年出版发行。

上述两个概念的区别来自所使用的观测单位：“非正规部门就业”依然延续了第 15 届国际劳动统计学家大会的定义，将生产单位作为计量的基础；而“非正规就业”则应当以特定职业作为观测单位进行统计。

第 17 届国际劳动统计学家大会建议将以下情形纳入非正规就业范畴：

i. 在自己的非正规部门企业工作的自营工作者者（自雇但没有雇员）；
ii. 在自己的非正规部门企业工作的雇主（自雇并拥有雇员）；
iii. 无报酬家庭工作者，不论何种企业类型；
iv. 非正规生产合作社成员（非法人实体）；
v. 拥有按照雇佣关系定义的非正规职业的雇员（在法律上或实践中，相关职业不受国家劳动立法、所得税法和社会保障制约，也无权得到特定的就业福利，如带薪年假或病假等）；
vi. 从事货物生产的自营工作者，其惟一目的是为了自己家庭的最终使用。

KILM 的未来版本将有望反映“非正规性”概念的演化，同时将单独提供关于“非正规就业”指标的报告。

注：欲了解非正规就业的概念、历史及统计的全部信息，见 R. Hussmanns：“非正规经济统计：从非正规部门就业到非正规就业”，综合工作论文，第 53 号（国际劳工组，日内瓦），2004 年 12 月，http：//www. ilo. org/public/libdoc/ilo/2005/105B09_37_engl. pdf。

表 7 非正规部门就业人口

	年份	覆盖范围	序列	非正规部门雇佣的人数（千人）			非正规部门就业在总就业中的百分比（%）			女性在非正规部门就业总数中所占比重（%）	注 No.
				MF	M	F	MF	M	F		
发达经济体和欧盟											
欧盟											
拉脱维亚	1996	U	2	122.3	…	…	17.2	…	…	…	1
	1999	U	2	127.2	…	…	18.2	…	…	…	2
立陶宛	2000	N	2	201.6	116.6	85.0	72.0	71.9	72.2	42.2	3
斯洛伐克	1995	N	2	368.4	281.2	87.2	17.4	22.9	9.9	23.7	4
	1996	N	2	398.4	304.1	94.3	19.2	25.0	10.9	23.7	4
	1997	N	2	475.9	363.3	112.6	23.1	30.3	13.2	23.7	4
	1998	N	2	446.1	340.7	105.4	21.8	28.9	12.2	23.6	4
	1999	N	2	450.0	343.5	106.5	23.0	30.5	12.9	23.7	4
中欧、东南欧（非欧盟）和独联体											
中欧和东南欧											
土耳其	2000	N	1	1 423.0	1 196.0	227.0	11.2	11.3	10.5	16.0	5
独立国家联合体（独联体）											
阿塞拜疆	2001	N	5	77.8	…	…	13.5	…	…	…	6
格鲁吉亚	1999	N	2	103.3	73.6	28.6	6.9	10.0	3.8	27.7	7
吉尔吉斯斯坦	1999	N	2	194.1	118.8	75.3	24.9	28.5	20.8	38.8	8
	2003	N	2	468.0	278.0	189.0	24.2	25.7	22.4	40.4	9
摩尔多瓦共和国	2004	N	2	59.0	40.0	19.0	4.5	6.3	2.8	32.2	10
俄罗斯联邦	1999	N	1	2 788.0	1 395.0	1 393.0	4.3	4.2	4.5	50.0	5
	2001	N	1	3 567.0	1 784.0	1 783.0	5.5	5.3	5.7	50.0	5
土库曼斯坦	1999	N	2	126.4	…	…	6.8	…	…	…	11
乌克兰	1997	U	2	755.9	345.4	420.5	4.9	4.5	5.3	55.6	12
	2003	U	2	347.0	228.0	118.0	1.7	2.2	1.2	34.0	13
	2004	U	2	640.0	344.0	296.0	3.2	3.3	3.0	46.3	13
亚洲和太平洋地区											
太平洋岛国											
斐济	1990	N	5	66.9	42.2	24.6	43.0	…	…	36.8	14
南亚											
孟加拉国	1993	U	5	197.5	176.6	20.9	10.0	10.0	16.0	10.6	15
印度	2000	N	2	79 710.0	63 580.0	16 130.0	55.7	55.4	57.0	20.2	16
尼泊尔	1999	N	2	1 657.0	1 052.0	605.0	73.3	67.4	86.5	36.5	17
巴基斯坦	1992	U	2	5 820.0	5 270.0	690.0	67.1	65.9	80.6	11.9	18
	1997	U	2	…	…	…	61.2	…	…	…	19
	2000	U	2	6 403.0	5 894.0	509.0	63.8	64.1	60.7	7.9	19
	2004	U	2	16 633.0	15 118.0	1 515.0	39.8	43.6	21.5	9.1	20
东南亚											
泰国	1990	N	4	25 149.8	13 108.7	12 041.4	81.7	79.8	83.8	47.9	21
	1992	N	4	25 603.5	13 538.4	12 065.2	79.1	77.4	81.0	47.1	21
	1994	N	4	24 656.3	13 071.0	11 585.2	76.8	75.3	78.6	47.0	21
	2000	N	4	23 432.0	12 888.8	10 543.2	71.0	71.0	71.1	45.0	21
	2002	N	4	…	…	…	72.1	…	…	…	21
拉丁美洲和加勒比地区											
加勒比地区											
多米尼加共和国	2000	U	4	1 009.6	643.1	366.5	46.0	47.2	43.9	36.3	22
	2001	U	4	1 055.0	674.7	380.3	48.4	49.6	46.5	36.1	22
	2002	U	4	1 071.9	667.1	404.9	48.3	49.2	46.9	37.8	22
	2003	U	4	1 086.5	694.1	392.4	48.4	50.2	45.6	36.1	22
	2004	U	4	1.155.6	746.7	408.9	49.0	50.5	46.4	35.4	22
牙买加	1996	N	4	174.4	100.0	74.5	23.5	26.2	20.6	42.7	23
中美洲											
哥斯达黎加	1990	N	3	…	…	…	36.5	…	…	…	10
	2000	N	3	232.2	139.7	92.6	35.4	34.0	37.7	39.9	24
	2001	N	3	388.3	221.3	167.0	40.3	38.0	43.9	43.0	24
	2002	N	3	391.3	218.7	172.6	40.2	37.1	45.0	44.1	24
	2003	N	3	399.0	222.1	176.8	39.2	36.2	43.7	44.3	24
	2004	N	3	400.3	233.2	167.1	38.8	36.6	42.4	41.7	24
	2005	N	3	437.2	244.9	192.3	39.9	36.7	45.1	44.0	24

	年份	覆盖范围	序列	非正规部门雇佣的人数（千人）			非正规部门就业在总就业中的百分比（%）			女性在非正规部门就业总数中所占比重（%）	注 No.
				MF	M	F	MF	M	F		
萨尔瓦多	2000	U	4	776.8	357.8	419.0	53.3	46.5	60.9	53.9	22
	2001	U	4	824.5	380.2	444.2	54.4	47.5	62.2	53.9	22
	2002	U	4	843.7	390.6	453.2	55.6	49.9	61.8	53.7	22
	2003	U	4	861.4	402.0	459.4	54.0	47.9	60.9	53.3	22
	2004	U	4	894.0	418.2	475.8	55.7	49.2	63.0	53.2	22
	2005	U	4	921.5	437.9	483.6	56.0	50.5	62.1	52.5	22
洪都拉斯	1990	N	3	…	…	…	47.2	…	…	…	10
墨西哥	1996	N	2	8 527.5	5 536.5	2 990.9	33.9	35.8	30.9	35.1	25
	1997	N	2	8 696.5	5 540.8	3 155.7	33.2	35.0	30.3	36.3	25
	1998	N	2	9 249.8	5 781.2	3 468.6	32.3	33.3	30.8	37.5	26
	1999	N	2	9 141.6	5 693.8	3 447.7	31.9	32.7	30.7	37.7	26
	2005	N	2	11 506.0	7 353.0	4 153.0	28.0	27.8	28.4	36.1	27
尼加拉瓜	2000	U	4	1 201.5	746.7	454.8	66.4	65.3	68.2	37.9	28
	2001	U	4	457.8	238.4	219.4	57.0	54.4	60.2	47.9	28
	2002	U	4	401.6	198.1	203.5	48.1	42.8	54.6	50.7	28
	2003	U	4	491.8	214.4	277.3	43.5	35.2	53.2	56.4	28
	2004	U	4	671.5	349.2	322.3	58.0	54.2	62.8	48.0	28
	2005	U	4	725.9	369.8	356.1	58.8	54.4	64.3	49.1	28
巴拿马	1990	N	3	…	…	…	33.3	…	…	…	10
	1996	N	3	…	…	…	34.7	…	…	…	10
	1997	N	3	…	…	…	34.4	…	…	…	10
	2001	N	3	…	…	…	32.8	37.8	25.3	…	29
	2002	N	3	…	…	…	35.5	39.8	29.3	…	29
	2003	N	3	…	…	…	35.5	39.5	29.6	…	29
南美洲											
阿根廷	1997	U	4	2 896.4	2 044.0	852.4	40.4	42.7	35.8	29.4	18
	1998	U	4	2 951.3	2 059.7	891.6	39.2	41.9	34.2	30.2	18
	1999	U	4	3 004.9	2 053.7	951.2	39.6	42.1	35.1	31.7	18
	2000	U	4	3 067.5	2 111.0	956.5	40.6	43.5	35.5	31.2	18
	2001	U	4	1 825.2	1 047.7	777.5	42.0	40.8	43.8	42.6	30
玻利维亚	2000	U	4	1 312.5	648.1	664.5	62.8	55.5	72.0	50.6	22
巴西	1990	U	4	19 919.7	10 548.9	9 370.7	41.9	37.1	49.0	47.0	19
	1996	U	4	23 959.9	12 816.8	11 143.1	46.8	43.1	52.0	46.5	19
	1997	U	4	24 859.8	13 343.3	11 516.5	47.5	43.7	52.8	46.3	19
	1998	U	4	24 938.1	13 523.2	11 414.9	46.7	43.5	51.2	45.8	19
	1999	U	4	25 742.7	13 782.9	11 959.8	47.6	44.3	52.1	46.5	19
	2001	U	4	27 784.2	14 523.6	13 260.6	46.6	42.8	51.5	47.7	19
智利	1990	N	4	1 486.8	817.7	669.1	33.7	27.4	47.1	45.0	28
	1992	N	4	1 393.1	919.3	473.8	28.5	27.8	30.0	34.0	28
	1994	N	4	1 020.2	693.2	326.9	20.1	20.4	19.4	32.0	28
	1996	N	4	1 747.8	1 241.6	506.2	33.1	35.6	28.3	29.0	28
	1998	N	4	1 779.2	1 209.5	569.6	33.4	35.3	29.9	32.0	28
	2000	N	4	1 803.5	1 226.3	577.3	33.1	35.3	29.3	32.0	28
哥伦比亚	1990	U	4	2 268.0	…	…	50.0	…	…	…	31
	2000	U	4	3 913.0	2 156.0	1 757.0	60.9	60.4	61.6	44.9	31
	2001	U	4	4 320.0	2 344.0	1 976.0	59.4	60.3	58.4	45.7	31
	2002	U	4	4 556.0	2 390.0	2 166.0	60.7	59.9	61.7	47.5	31
	2003	U	4	4 650.0	2 472.0	2 178.0	59.5	58.4	59.7	46.8	31
	2004	U	4	4 547.0	2 379.0	2 168.0	57.5	55.1	58.8	47.7	31
厄瓜多尔	1990	U	4	977.7	622.4	355.2	42.0	41.5	42.8	36.3	32
	1997	U	4	1 223.6	744.6	479.0	40.0	39.0	41.6	39.1	32
	1998	U	4	1 615.3	867.4	747.9	55.6	50.9	62.3	46.3	19
	1999	U	4	1 664.3	901.0	763.3	56.1	51.4	63.0	45.9	19
	2000	U	4	1 469.4	853.7	615.7	48.1	47.0	49.8	41.9	19
	2001	U	4	1 832.2	983.2	849.0	55.6	51.1	61.8	46.3	19
秘鲁	1990	U	4	1 065.8	610.7	455.0	45.7	43.3	49.3	42.7	33
	2000	U	4	1 918.5	980.8	937.8	58.8	52.7	66.8	48.9	34
乌拉圭	2000	U	4	430.5	222.5	208.0	40.3	36.3	45.8	48.3	22
	2001	U	4	445.8	242.1	203.7	41.4	39.2	44.4	45.7	22
	2002	U	4	422.6	230.1	192.5	40.7	38.5	43.7	45.6	22
	2003	U	4	426.8	229.1	197.8	41.4	38.8	44.7	46.3	22
	2004	U	4	928.9	492.7	436.2	42.4	39.8	45.7	47.0	22
	2005	U	4	497.2	265.1	232.1	44.6	42.8	46.9	46.7	22

	年份	覆盖范围	序列	非正规部门雇佣的人数（千人）			非正规部门就业在总就业中的百分比（%）			女性在非正规部门就业总数中所占比重（%）	注 No.
				MF	M	F	MF	M	F		
委内瑞拉玻利瓦尔共和国	2000	U	4	4 740.6	3 034.3	1 706.3	52.9	53.0	52.7	36.0	22
非洲											
北非											
埃及	2003	N	5	619.0	495.0	124.0	44.4	41.9	58.7	20.0	35
撒哈拉以南非洲											
东非											
埃塞俄比亚	1999	N	1	3 256.2	918.8	2 337.4	50.2	35.9	59.4	71.8	5
马达加斯加	1995	U	2	239.0	…	…	57.5	…	…	…	36
毛里求斯	1992	N	4	113.3	92.9	20.3	24.0	…	…	17.9	37
	1997	N	4	159.8	…	…	38.8	…	…	…	37
坦桑尼亚联合共和国	1991	N	2	2 369.4	1 531.1	838.3	22.0	28.0	15.0	35.4	38
乌干达	1993	U	4	654.9	307.3	264.0	83.7	67.6	80.5	40.3	39
赞比亚	1993	N	5	2 300.0	…	…	80.7	…	…	…	40
中非											
中非共和国	2003	N	5	16.0	14.0	2.0	18.5	19.0	16.0	12.5	41
南部非洲											
南非	1999	N	2	2 705.0	1 162.0	1 544.0	26.1	19.3	35.5	57.1	42
	2001	N	2	3 319.0	1 572.0	1 746.0	31.0	25.7	38.2	52.6	42
	2004	N	2	1 679.0	899.0	780.0	13.8	13.1	14.7	46.5	24
西非											
科特迪瓦	1996	U	5	414.2	167.7	246.5	52.7	37.3	73.4	59.5	43
加纳	1997	U	2	…	…	…	78.5	…	…	…	22
马里	1989	N	2	383.0	176.8	206.1	78.6	67.6	91.5	53.8	23
	1996	N	2	1 176.1	485.6	690.2	94.1	91.0	96.4	58.7	44
	2004	N	2	1 029.0	447.0	582.0	41.3	30.8	56.1	56.6	45
塞纳加尔	1996	U	4	665.0	…	…	…	…	…	…	46
中东											
阿拉伯叙利亚共和国	2003	N	5	719.0	690.0	30.0	16.1	18.6	3.9	4.2	47

表 7 非正规部门就业人口（注）

1. 说明

非正规部门就业人口是指总就业人口中在非正式部门工作的人口。无论在规模还是在发展方面，非正式部门都在大多数发展中经济体以及部分发达经济体的经济、社会和政治生活中扮演着重要角色。在人口增长率或城市化比率高的国家，非正式经济往往能吸纳大部分的新增劳动力。在第15届国际劳动统计学家（ICLS）大会上，非正式部门被定义为：由家庭所有的非公司企业中的生产单位。根据这个定义，在一定参考期内在至少一家符合非正式部门定义的生产单位工作的人就是非正式部门工作者，而无需考虑其就业状况或者该工作是其主要职业还是第二职业。ICLS 决议允许不同国家对有关定义进行调整，所以非正式部门的统计数据常常是基于各国对非正式部门的定义和衡量标准。

2. 信息库

表 7 附件中有每个国家的资料的具体来源。

3. 覆盖范围

N　全国
U　城市

4. 序列

1　在非正规部门就业：统一定义
2　在非正规部门就业：国家定义
3　在小型或微型企业的就业：统一定义
4　在小型或微型企业的就业：国家定义
5　其他相关概念

5. 资料来源类型

EC　机构/经济普查
ES　机构抽样调查
HS　家庭或劳动力调查
MS　综合性家庭和企业调查
OE　官方估算
PC　人口普查

6. 符号

MF　男性和女性
M　男性
F　女性
…　无法获得数据

注 No.	资料来源类型	年龄（岁）	备注
1	OE	15 +	覆盖范围：不包括农业
2	OE	15 +	
3	HS	15 +	覆盖范围：仅限农业
4	OE	…	覆盖范围：不包括农业
5	…	…	覆盖范围：不包括国内的有酬工作者
6	HS	…	覆盖范围：贸易部门
7	MS	…	覆盖范围：不包括农村地区的农业
8	PC	…	覆盖范围：不包括农业
9	…	15 +	覆盖范围：不包括国内的有酬工作者和农业
10	…	…	覆盖范围：不包括国内的有酬工作者和农业
11	HS	…	覆盖范围：农业、采矿业、建筑业、贸易、餐馆和旅馆业
12	HS	15—70	
13	HS	15—70	覆盖范围：不包括农业
14	HS	…	地域界限：中部、西部、东部和北部
15	ES	…	覆盖范围：制造业、贸易、餐馆业和旅馆以及选定的服务业
16	MS	…	覆盖范围：不包括农业和电力、燃气及水的生产和供应业
17	HS	15 +	覆盖范围：不包括农业
18	HS	…	覆盖范围：不包括农业
19	HS	10 +	覆盖范围：不包括农业
20	HS	…	覆盖范围：不包括国内的有酬工作者和农业
21	HS	13 +	
22	HS	15 +	
23	MS	…	覆盖范围：不包括农业
24	HS	15 +	覆盖范围：不包括国内的有酬工作者和农业
25	MS	12 +	覆盖范围：不包括农业、采矿和采石业，以及电力、燃气及水的生产和供应业
26	MS	…	覆盖范围：不包括农业、采矿和采石业，以及电力、燃气及水的生产和供应业
27	HS	…	覆盖范围：不包括农业
28	HS	15 +	
29	…	…	覆盖范围：不包括农业
30	HS	10 +	覆盖范围：不包括农业和采矿业
31	HS	12 +	
32	HS	5 +	覆盖范围：不包括农业、采矿和采石业，以及电力、燃气及水的生产和供应业
33	HS	14 +	覆盖范围：不包括农业、采矿和采石业
34	HS	14 +	地域界限：秘鲁首都利马
35	ES	…	覆盖范围：不包括国内的有酬工作者和农业
36	MS	10 +	覆盖范围：不包括农业
37	EC	…	覆盖范围：不包括农业以及电力、燃气及水的生产和供应业
38	MS	14 +	地域界限：坦桑尼亚大陆
39	HS	7 +	覆盖范围：不包括电力、燃气及水的生产和供应业以及通信业
40	HS	…	
41	PC	…	覆盖范围：仅限雇员，不包括农业
42	HS	15—65	
43	HS	16 +	
44	MS	6 +	覆盖范围：不包括农业
45	HS	6 +	覆盖范围：不包括国内的有酬工作者和农业
46	OE	…	覆盖范围：不包括农业
47	HS	15 +	覆盖范围：仅限雇员，不包括国内的有酬工作者和农业

表 7 附录：国家渠道和定义

阿根廷

资料来源：Encuesta Permanente de Hogares（连续家庭调查），1996—2000 年。

定　　义：在员工数为 5 人及以下的机构中的工作者。不包括拥有专业职位的雇主、自雇工作者和无报酬家庭工作者。

资料来源：ILO（Proyecto SIAL，Sistema de Información y Análisis Laboral）估算，1991—1995 年，2001 年。

定　　义：自营工作者（不包括立法者，高级官员和经理人、专业人员、技术人员和辅助型专业人员，以及文员）；无报酬家庭工作者；在员工数少于 6 人的机构中的雇主和雇员；以及家庭工作者。不包括农业和采矿业的人员。

阿塞拜疆

资料来源：贸易部门的家庭抽样调查，2001 年。

定　　义：在家庭拥有的街边商铺这样的非公司企业中的自营工作者 。

孟加拉国

资料来源：年度机构调查，1992 年和 1993 年。

定　　义：家庭经济活动。

玻利维亚

信 息 库：QUIPUSTAT，拉丁美洲和加勒比地区劳动力信息系统，ILO；http：//white. oit. org. pe/estad/laclispub/english/menu. php。

资料来源：国家家庭调查（Encuesta Nacional de Hogares，Mecovi），2000—2002 年；连续家庭调查（Encuesta Continua de Hogares），2003—2005 年。

定　　义：在员工数为 4 人及以下的机构中的工作者。

巴西

资料来源：ILO（Proyecto SIAL，Sistema de Información y Análisis Laboral）估算，1990—2001 年。

定　　义：自营工作者（不包括立法者，高级官员和经理人、专业人员、技术人员和辅助型专业人员，以及文员）；无报酬家庭工作者；在员工数少于 6 人的机构中的雇主和雇员；以及家庭工作者。不包括农业和采矿业的人员。

中非共和国

资料来源：人口普查，2003 年。

智利

资料来源：ILO（Proyecto SIAL，Sistema de Información y Análisis Laboral）估算，1990—2000 年。

定　　义：自营工作者（不包括立法者，高级官员和经理人、专业人员、技术人员和辅助型专业人员，以及文员）；无报酬家庭工作者；在员工数少于 6 人的机构中的雇主和雇员；以及家庭工作者。

哥伦比亚

资料来源：国家家庭调查（Encuesta Continuas de Hogares），1984—2005 年。

定　　义：自营工作者，不包括专业人员（如医生、律师、牙医、工程师）；有酬家庭工作者；无报酬家庭工作者；以及在员工数少于 10 人的机构中的雇主和雇员。不包括政府雇员。

哥斯达黎加

信 息 库：QUIPUSTAT，拉丁美洲和加勒比地区劳动力信息系统，ILO；http：//white. oit. org. pe/estad/laclispub/english/menu. php。

定　　义：所有自营工作者（不包括专业人员和技术人员）和无报酬家庭工作者，以及在员工数少于 10 人或 5 人的机构中的雇主和雇员，这取决于可得的信息。

科特迪瓦

资料来源：Enquête sur les dépenses des ménages "Prix - UEMOA"（家庭支出调查），1996 年。

定　　义：雇主、自营工作者、无报酬家庭工作者、在由其自身或其家庭成员拥有的企业中工作的学徒或劳工。

多米尼加共和国

资料来源：Encuesta Nacional de Fuerza de Trabajo（劳动力调查），2000—2004 年。

厄瓜多尔

资料来源：Encuesta Urbana de Empleo，Desempleo y Subempleo（城市地区就业、失业和非充分就业调查），1990—1997 年。

定　　义：在员工数为 5 人及以下的机构中的工作者。

资料来源：ILO（Proyecto SIAL，Sistema de Información y Análisis Laboral）估算，1998—2001 年。

定　　义：自营工作者（不包括立法者，高级官员和经理人、专业人员、技术人员和辅助型专业人员，以及文员）；无报酬家庭工作者；在员工数少于 5 人的机构中的雇主和雇员；以及家庭工作者。不包括农业和采矿业的人员。

埃及

资料来源：机构调查，2003 年。

定　　义：所有私人部门的企业。

萨尔瓦多

资料来源：Encuesta de Hogares de Propósitos Múltiples（多目标家庭调查），2000—2005 年。

埃塞俄比亚

定　　义：私人非公司企业（不包括准公司），其至少有部分产品用于销售或实物交换，拥有 5 名以下的受雇者（未注册），同时从事非农业活动（包括专业或技术活动）。

斐济

资料来源：家庭经济活动调查，1989 年和 1990 年。

定　　义：以自用或销售为目的的生产货物或服务的家庭。其中可能出现有酬劳动力、零时工的就业，或者来自家庭以外的劳动力。不包括甘蔗种植、规模化（种植型）椰肉干和椰子种植，以及非农业经济活动（如果家庭已经拥有参与此类活动的许可）。

格鲁吉亚

资料来源：非正规部门调查，1999 年。

定　　义：在未注册或季节性公司工作的自雇工作者（雇主和自营工作者），此为其主要或第二职业，不包括城市地区的农业。

加纳

资料来源：核心福利指标调查，1997 年。

定　　义：调查时被定义为在非正规部门工作的人员。

洪都拉斯

信 息 库：QUIPUSTAT，拉丁美洲和加勒比地区劳动力信息系统，ILO；http：//white. oit. org. pe/estad/laclispub/english/menu. php。

定　　义：所有自营工作者（不包括专业人员和技术人员）和无报酬家庭工作者，以及在员工数少于 10 人或 5 人的机构中的雇主和雇员，这取决于可得的信息。

印度

资料来源：关于非正规部门非农业企业的调查，2000 年。

定　　义：所有以销售部分或全部产品为目的的非公司企业和合伙企业被定义为非正规部门企业。

牙买加

资料来源：微型和小型企业调查，1996 年。

定　　义：由个人自主运营或在无报酬家庭成员帮助下（自营工作者）运营的企业，以及由雇员数少于 10 人（不包括雇主）的雇主运营的企业。

吉尔吉斯斯坦

资料来源：人口普查，1999 年。

定　　义：自雇工作者和为其工作的人员。

资料来源：综合性家庭调查，2003 年。

定　　义：不长期雇用劳动力的企业；聘用非正式雇员且没有法律地位的企业。没有向税务当局登记且没有他人为其工作的自雇工作者。

拉脱维亚

资料来源：未登记就业，1996 年和 1999 年。

定　　义：在未经过企业注册也未被统计调查覆盖的企业中工作的人员。

立陶宛

资料来源：劳动力调查，1998—2000 年。

定　　义：小型私人未注册企业，其雇员没有具有法律效应的合同，不缴纳社会保障金，且在市场销售多种货物和服务。

马达加斯加

资料来源：Enquête 1—2—3（1—2—3 调查），1995 年。

定　　义：没有统计数据和/或没有正式的书面账户的生产单位。

马里

资料来源：Enquête nationale sur les activités économiques des ménages（secteur informel）［关于家庭经济活动（非正规部门）的国家调查］，1989 年。

定　　义：自营工作者，不包括专业人士；雇员数少于 10 人的雇主，不包括专业人士；雇员（包括学徒），以及在非公司企业中工作的无报酬家庭工作者。

资料来源：Enquête sur le secteur informel（非正规部门调查），1996 年。

定　　义：没有完整账目的私人非公司企业，其员工少于 11 人，且没有到国家性社会保障机构（INPS）或养老基金注册。

资料来源：综合性家庭和企业调查，2004 年。

定　　义：没有完整账目的私人非公司企业，其员工少于 11 人，且没有到国家性社会保障机构（INPS）或养老基金注册。

毛里求斯

资料来源：经济活动普查，1992 年和 1997 年。

定　　义：员工少于 10 人且没有固定工作场地的机构。

墨西哥

资料来源：Encuesta Nacional de Micronegocios（国家微观企业调查），1991—1999 年。

定　　义：由家庭所有的非公司企业，生产的所有或至少一部分货物与服务用于销售，员工数为 16 人或以下（制造业），以及 6 人或以下（其他经济活动分支）。不包括有酬家庭工作者或准公司。

资料来源：Encuesta Nacional de Empleo，2005 年。

定　　义：由非独立法人实体组成的私营的非公司企业，无法提供完整的财务记录。所生产的货物和服务中至少有一部分用于销售或实物交易。

摩尔多瓦共和国

资料来源：未知。

定　　义：未知。

尼泊尔

资料来源：尼泊尔劳动力调查，1998 年和 1999 年。

定　　义：未被承认或未注册的经济单位，有酬雇员少于 10 人。

尼加拉瓜

信 息 库：QUIPUSTAT，拉丁美洲和加勒比地区劳动力信息系统，ILO；http：//white. oit. org. pe/estad/laclispub/english/menu. php。

资料来源：Encuesta de Hogares para la Medicion del Empleo，2000—2005 年。

定　　义：在员工数少于 5 人的企业中的所有自营工作者（不包括专业人士）、雇主、雇员和无报酬家庭工作者，不包括公共部门。

巴基斯坦

资料来源：劳动力调查——初步研究，1992 年。

定　　义：在由自营工作者或拥有 10 名以下员工的雇主所有的非公司企业（不包括准公司，且企业规模不限）中工作的人员。

资料来源：劳动力调查，1996 年和 1997 年，1999 年和 2000 年。

定　　义：所有由自营工作者拥有并运营的家庭非公司企业，企业规模不限；拥有 10 名以下员工的雇主所有并运营的非公司企业。不包括所有参与农业活动或仅参与非市场生产的家庭非公司企业。

资料来源：劳动力调查，2004 年。

定　　义：在由自营工作者或拥有 10 名以下员工的雇主所有的非公司企业（不包括准公司，且企业规模不限）中工作的人员。

巴拿马

信 息 库：QUIPUSTAT，拉丁美洲和加勒比地区劳动力信息系统，ILO；http：//white. oit. org. pe/estad/laclispub/english/menu. php。

定　　义：所有自营工作者（不包括专业人员和技术人员）和无报酬家庭工作者，以及在员工数少于 10 人或 5 人的机构中的雇主和雇员，这取决于可得的信息。

秘鲁

资料来源：家庭调查——秘鲁利马（Encuesta de Hogares – Lima Metropolitana），1984—1997 年。

定　　义：在雇员数为 4 人及以下的私人企业（涉足除制造业以外的所有经济活动分支）以及制造业中雇员数为 9 人及以下的私人企业工作的人员。

资料来源：专业就业调查（Encuesta de Hogares Especializada en Niveles de Empleo），2000—2006 年。

定　　义：所有自营工作者（不包括行政管理者、专业人员和技术人员）和无报酬家庭工作者，以及在员工数少于 10 人或 5 人的机构中的雇主和雇员。

俄罗斯联邦

定　　义：私人非公司企业（不包括准公司），其至少有部分产品用于销售或实物交换，拥有 5 名以下的受雇者（未注册），同时从事非农业活动（包括专业或技术活动）。

塞内加尔

资料来源：预测和统计理事会，1996 年。

定　　义：未纳入针对“现代”正规企业的抽样框架中的生产和分销货物与服务的小型单位。

斯洛伐克

资料来源：非正规部门就业，1994—1999 年。

定　　义：未向商业注册机构注册的个人企业主（小商人），及其雇用的人员。

南非

资料来源：10 月家庭调查，1999 年，2001 年。

定　　义：未根据税收（VAT）要求进行登记的企业活动，或专业团体的常规或类似活动。

资料来源：综合性家庭和企业调查，2002—2003 年。

定　　义：未根据税收（VAT）要求进行登记的企业活动，或专业团体的常规或类似活动。

资料来源：家庭抽样调查，2004 年。

定　　义：未登记的商业活动。

阿拉伯叙利亚共和国

资料来源：劳动力调查，2003 年。

坦桑尼亚联合共和国

资料来源：国家非正规部门调查，1991 年。

定　　义：私人所有且雇员不超过 5 人的企业。包括在市场、临时建筑、人行道、街道或其他开放场所进行的活动。不包括注册的合作社、专业类型的活动（如医生或律师的业务），利用高科技或拥有其他“正式”特征的活动，以及私人家庭的佣人。

泰国

资料来源：劳动力调查，1988—2002 年。

定　　义：在员工数少于 10 人的机构工作的人员，不包括政府企业或政府组织的雇员。

土耳其

定　　义：私人非公司企业（不包括准公司），其至少有部分产品用于销售或实物交换，拥有 5 名以下的受雇者（未注册），同时从事非农业活动（包括专业或技术活动）。

土库曼斯坦

资料来源：正规统计数据，1999 年。

定　　义：自营工作者，未登记。

乌干达

资料来源：乌干达国家家庭调查，1992 年和 1993 年、1993 年和 1994 年。

定　　义：在家庭企业或员工数少于 5 人的机构中的工作者。

乌克兰

资料来源：劳动力调查，1997 年。

定　　义：基于非正规协议且由个人或员工数少于 6 人的私人非公司企业雇用的雇员；运营未注册企业的雇主和自营工作者（自雇工作者）；为个人或员工数少于 6 人的私人非公司企业工作的无报酬家庭工作者；以及参与个人附属农业的人员，其销售部分或全部产品。

资料来源：劳动力调查，2003—2004 年。

定　　义：参与市场活动的企业，雇员数受限或未经法律认证。

乌拉圭

信 息 库：QUIPUSTAT，拉丁美洲和加勒比地区劳动力信息系统，ILO；http：//white. oit. org. pe/estad/laclispub/english/menu. php。

资料来源：连续家庭调查（Encuesta Continua de Hogares），2000—2005 年。

定　　义：自营工作者，在员工数少于 5 人的机构中的雇员和雇主，无报酬家庭工作者。

委内瑞拉，玻利瓦尔共和国

资料来源：家庭抽样调查（Encuesta de Hogares por Muestreo），1997—2006 年。

定　　义：在员工数少于 4 人的机构中的工作者。

赞比亚

资料来源：家庭预算调查——优先调查，1993 年。

定　　义：在员工数少于 5 人的机构中的工作者，没有资格拥有带薪假期或无权加入社会保障计划（不包括专业人员）；自雇工作者；无报酬家庭工作者；以及小农场主。

第四章　失业、不充分就业和非经济活动率指标（KILM 8—13）

本章论述的各种指标不仅反映了失业问题的各个方面和失业群体的各种特征，还反映了不充分就业群体（与工作时间相关的不充分就业）以及非劳动力群体的情况。

本章首先介绍的是引用最为广泛的指标——失业率（KILM 8）。作为这一关于失业的总体比率的补充，我们还列出两个具体失业群体的度量指标：青年失业（KILM 9）及长期失业（KILM 10）。然后是按受教育程度划分的失业率（KILM 11）。以上 4 个指标能最广泛最深刻地反映一个国家的失业情况。

本章的最后两个指标关注的不是失业本身，而是经济活动的不充分，尽管前一个指标在计算劳动力市场的未充分利用程度时可能会结合失业统计。与工作时间相关的不充分就业（KILM 12）显示的是就业人员的工作时间比其能够且有意愿工作的时间少多少。另一个指标是非经济活动率（KILM 13），其针对的是非劳动力群体（既未就业也没失业的群体）。

KILM 8：失　业

引　言

失业率可能是最广为人知的劳动力市场指标，也是很多国家的媒体最广泛引用的指标之一。结合就业人口比率（KILM 2），失业率可以最广泛地反映收集劳动力信息的国家的劳动力市场状况。表 8a（总失业人口）反映了 198 个经济体的总失业率。表 8b 提供了 64 个经济体的登记失业率。其他经济体的失业人口也在两表中列出，但由于缺少劳动力的统计数据（作为分母），这些经济体的失业率无法计算。

指标的用途

一个国家的总失业率被广泛用于衡量其未充分利用的劳动力供给。经济活动人口（劳动力）渴望就业而厌恶失业，但社会有时需要一些短期失业来应对经济波动。根据年龄、性别、职业或行业划分的特定群体的失业率同样有助于确定最容易受失业影响的工作群体或部门。

失业率可能是最广为人知的劳动力市场和经济绩效的单一指标，但它不能用于衡量经济状况和福利。根据国际常用的标准（以下“定义和来源”部分会做详细解释），失业率只能显示一部分劳动力的比例，这部分劳动力没有工作，但他们有工作能力并且正在积极寻找工作。失业率并不涉及失业人员或其家庭成员的经济来源。因此，该指标只能用来衡量劳动力的利用情况和反映未找到工作的情况。我们需要其他指标（包括与收入相关的指标）来对经济困难程度作出评估。

总失业率还有一个缺点，就是掩饰了有关失业人口构成的必要信息，忽视了失业人员的特性，包括教育程度、种族、社会经济背景、工作经验等。此外，失业率并未阐明失业类型是周期性失业还是结构性失业，而这一问题对决策者制定应对政策至关重要，尤其是在单靠激发市场需求无法解决结构性失业的前提下。

矛盾的是，低失业率很可能会隐瞒一个国家实际的贫困状况，[1]而高失业率可以出现在经济发展显著且贫困发生率低的国家。在缺乏失业保险和社会福利安全网的国家，尽管有家庭的积极支持，但仍有很多人无法承受失业的损失。这些人必须竭力维持生计，常常面对的是非正规经济或是非正规工作安排。一个工作者如果生活在社会保障机制完善的国家，或者有存款或其他获得支持的方式，他就会有更多时间去寻找更满意的工作。因此，很多发展中国家的问题不在于失业，而在于缺少体面和生产率高的工作，从而导致各种形式的劳动力得不到充分利用的情况（如不充分就业、低收入及生产率低下）。

如果一个国家的失业率至少可以实现逐年统计，它便能有助于追踪商业周期。如果一个国家的失业率高，那这个国家可能处于经济衰退期（甚至更糟），其经济环境可能很糟糕，或者无法为闲置的工作者提供工作。因此我们的目标是通过引入政策和措施来把失业发生率降低到更容易接受的水平。至于什么才是更容易接受的水平，或应该是什么水平，这引起了很多讨论。很多人认为存在着一个参照点，如果失业率下降到低于这个点位，就必然会产生巨大的通货膨胀压力。由于根据该观点需要权衡这种利弊，所以对失业率要进行密切的跨期跟踪。

政府、雇主及工会通常采取的政策目标是：在保持失业率尽可能低的同时，使失业

1　与贫困、工作贫困者及不平等相关的信息，见 KILM 20。

率符合经济和社会政策目标，比如低通胀、国际收支持续平衡等。当采用失业率作为跟踪经济周期性变化的衡量尺度时，我们关注的是一段时期内该指标的变动。在这一背景下，对失业率的准确定义（是用某一国家的定义还是依据国际推荐标准）并不特别重要，只要其定义保持不变。重要的是能够定期进行统计数据的收集和发布，这样就可以获取用于研究的指标。

在全球范围内，失业率常常被用来比较特定国家劳动力市场之间的差别，以及世界不同地区在这一方面的差异（世界及地区失业率估算见专栏 8b）。

这一指标还可以用于探讨劳动力行为和结果上的性别差异问题。女性失业率通常高于男性。对这一问题的解释不计其数，但很难量化。由于与家庭有关的原因，女性比男性更可能退出或重新进入劳动力市场。而且与男性相比，女性工作职位少、求职人数多，因此就业机会较少。劳动力市场以外的性别不平等（如接受教育和培训方面的不平等）也会对女性找工作产生负面影响。

定义和来源

失业率在数学上被定义为（一国或一个特定工作者群体的）失业总人数除以相对应的劳动力人口（即该群体中就业总人数和失业总人数之和）。应该强调的一点是，要将劳动力或经济活动人口作为统计公式的基数，而不是总人口。公众未必完全理解这一区别，因此术语“劳动力”及“就业”有时被错误地互换使用。

根据 1982 年第 13 届国际劳动统计学家大会（ICLS）通过的决议，失业人员的标准定义是：没有工作但目前能够工作、同时近期正在谋求工作的个人（见专栏 8a）。[2] 未寻找工作但未来可能进入劳动力市场（未来准备工作）的人员则被计入失业人员。

在许多国家，可能有这样的人，他们目前没有进入劳动力市场，想工作但并不积极“寻找”工作，因为他们认为工作机会有限，或者是因为他们的劳动流动性受限，抑或是由于受到歧视以及结构性、社会和文化方面的障碍。如果失业人口统计中不包含那些想工作但目前没有谋求工作的人员（通常被称为“隐性失业者”或“怯志工作者”），男性和女性失业人数的统计数据就会降低，而且女性不计入失业统计的可能性更大，因为她们受到更多的社会障碍，更有可能无法达到“谋求工作”这一标准。如决议所述（第 10 条 1. c.），在一些情况下，常规的求职方式所起的作用比较有限。例如，发展中经济体的非正规经济活动非常普遍，且其劳动力大部分为自雇工作者。在这种情况下，标准的失业定义会严重低估一国未开发的人力资源，从而显示出比真实情况更乐观的劳动力市场情况。因此，劳动力市场分析者常常提倡采用“放宽的定义”来衡量失业，也就是放宽“找工作”这一要求。

导致某些人不被计入失业人员的另一因素涉及如何定义在短暂参考期内能够投入工作的人。失业人员必须能够在较短时间内投入工作的这一标准会将那些在开始工作前需要安排个人事宜（如照看孩子、老人或处理其他家庭事务）的人排除在外，即便他们可以在参考期刚一结束就马上投入工作。因为女性通常要负责家庭事务及照料家人，所以她们占据这一组别的大多数，并因此不被计入失业统计。很多国家都意识到了这一统计覆盖问题，并延长劳动力闲置期到参考期的两周（或以上）后。即使这样，被排除在失业人员之外的女性数量仍高于男性，这很可能是因为延长后的期限还不足以弥补其他限制条件对于她们的不利影响。

家庭劳动力调查通常是最全面、最具可比性的失业统计来源。其他可能的来源包括人口普查和官方估算等。由于这些来源的覆盖范围只限于“登记失业”情况，所以行政

2　关于经济活动人口、就业、失业和不充分就业统计数据的决议，第 13 届国际劳动统计学家大会，日内瓦，1982 年；http：//www. ilo. org/global/What _ we _ do/Statistics/standards/resolutions/lang--en/docName--WCMS_087481/index. htm。

记录（如职业介绍所记录以及社会保险统计等）在表 8b 中单独显示。国家对在职业介绍所登记的失业人员及就业申请人的统计可能只是谋求工作或能够工作的总人数中有限的一小部分，尤其是在国家的职业介绍所体系并不发达的情况下。这或许是由于失业者的衡量标准排除了那些从未工作过或最近未参加工作的人，或由于其他歧视性做法导致有些人无法进行失业登记。

另一方面，由于重复计算、未能在登记者不再求职时将其记录删除，或允许将从事一定工作的人员纳入失业范围等原因，行政记录可能会夸大登记失业情况。由于这些估算方法的限制，我们应谨慎对待基于登记失业数据的国家失业数据。登记失业数据在那些没有总失业人口数据的国家能代表失业人数的范围。登记失业数据的时间序列能很好地展现这段时期劳动力市场的绩效，但是由于与总失业人口在可比性方面存在限制，“登记失业人口”和“总失业人口”二者在使用中不能互相替代，因此我们在两个不同的表格中对其进行分别列举（表 8a 为总失业人口，表 8b 为登记失业人口）。

可比性的限制

多年来，为了对不同国家的失业率进行比较并作出分析判断，人们在如何获取基于统一定义的失业率这一重要领域进行了大量研究。感兴趣的用户可以把国际劳工组织调整过的具有可比性的失业估算[3] 数据序列同表 8a 中显示的信息进行比较。在少数情况下，调整后的失业率同表 8a 中的对应数据是一致的；在其他情况下，两者之间的差异非常明显。其原因是表 8a 中的数据可能是通过多种渠道获得的，而国际劳工组织调整后的具有可比性的失业率总是基于家庭劳动力抽样调查。

很多原因导致不同国家统计的失业率不具有可比性。为了让使用者在试图确定不同国家之间失业率可比性程度时意识到一些相关的潜在问题，现就一些原因进行说明。用户如果对特定国家或某些特殊情况较为了解，应该就能够知晓有关这些问题的详细情况。

（1）**不同的数据来源**。在一定程度上，信息的来源不同，所获得结果也就不同。在衡量登记失业人口和总失业人口时，数据获得的来源不同会给比较带来困难。但是一旦把这两个失业率放在不同的表里进行分析，问题就迎刃而解了。表 8a 中的其他来源——劳动力调查、官方估算、人口普查——在进行跨国分析时，仍然会给比较带来困难。官方估算一般是基于不同来源的信息，同时综合利用各种信息来源的方式也多种多样。人口普查通常不能深入调查劳动力的经济活动状态。因此，由此获得的失业估算会与家庭调查获得的数据大相径庭（既可能高于也可能低于后者）。这是因为在进行家庭调查时，被调查者会被问及更多的问题，从而确定其劳动力市场参与状况。若需获取更多有关数据来源的信息，使用者可以见 KILM 1（劳动力参与率）中关于各种数据来源利弊的讨论。

（2）**度量的差异**。即使数据是基于家庭调查或人口普查得出的，并且完全遵照国际劳工组织指南，问卷调查的差异还是会导致不同的统计结果。换言之，度量工具不同会影响各国劳动力统计结果的可比性。

（3）**概念上的变化**。各国统计部门即使基本遵循国际劳工组织的概念性方针，也同样可能没有采用最严格的衡量就业和失业的标准。对于如何定义失业率的基数，统计部门会有不同的选择，例如在

3　国际劳工组织的具有可比性的失业率是国家劳动力调查的估算值，其经过相应调整，在概念上严格遵照国际劳工组织的统计标准。这些失业率是基于包括武装部队在内的劳动力人口获得的。详情见国际劳工组织《劳工统计公报》（日内瓦），2004 年第 4 期：“具有可比性的年度就业和失业估算”。如需获取有关统计方法的更多信息，见 http：//www. ilo. org/public/english/bureau/stat/download/articles/2004-4. pdf。估算数据（截至 2005 年）可在线获取：http：//laborsta. ilo. org。

一些特定情况下，国际劳工组织指南允许采用放宽的定义，这样就导致了劳动力人口估算（失业率的基数）上的差异。它们也可以选择采用平民劳动力人口来计算失业率，而不选择总劳动力人口或经济活动人口。这种选择在各国之间存在差异，这就导致了各国数据上的差异。

（4）**每年的统计次数**。指定年份所获得的统计数据会因统计次数的不同而出现差异——统计次数可能是每个月一次，或每个季度一次，也可能是一年一次或一年两次等。如果数据统计期不足一年，那么除其他因素之外，季节性也会对统计结果产生很大的影响。

（5）**地域界限**。地域界限未能覆盖整个国家的调查（如针对城市地区、城市或区域的调查）在可比性上存在明显的局限性，因为这种覆盖面并不能代表整个国家的情况。[4] 城市地区的失业率往往比总失业率高，因为计算总失业率时会把农村地区包括在内。虽然农村工作者可能属于不充分就业或无报酬家庭工作者，但至少其有可能处于工作状态，而不是在根本就不存在的或是无关紧要的所谓正规部门寻找工作。

（6）**年龄范围不同**。被调查者的年龄一般在15岁及以上，但是一些国家使用不同的年龄下限或年龄上限。

（7）**收集数据的方法**。很多与数据收集有关的统计问题（如样本数量、样本选取程序、抽样结构和范围）都会造成调查结果的重大差异。样本的数量和覆盖范围越大，获得的结果就越准确。获得准确结果的关键因素还包括：训练有素的调查员、适当的收集和处理技术，以及充分的估算程序，等等。这些调查因素的大幅度变化会显著影响失业统计数据的可比性。

当我们把失业率作为审视一个国家周期性发展的依据时，我们的注意力会集中于一段时间内统计数据的变化。在这种情况下，只要在这段时间内失业定义保持前后一致（无论是使用一国自行定义的标准或是基于国际推荐的标准），区别就并不会很大。重要的是统计数据是定期收集并发布的，这样就可以获得用来研究有关失业情况变化的数据。在做跨国数据比较时，了解数据的来源和估算的概念基础仍然是至关重要的。另外我们要意识到，统计结果的细微差别不能代表现实中的巨大差异。

下面列举家庭调查中出现巨大差异的两种情况，从中我们可以看出实现最优比较的一些困难所在。第一种情况是关于“求职”的。国际劳工组织的概念框架假设寻找工作的人必须表现出一个或多个“积极”的求职方法，如直接向雇主应聘，或找到职业介绍所，这样其才能在统计中被认定为失业人士。还有其他可能使用的求职方法，如查阅“报纸广告”。在世界许多地方，这种方法可能不太普遍，也不太容易实现。但在另一些国家，报纸是获得求职信息的极好资源，许多求职者也确实依靠报纸来寻找机会。在一些国家，只要求职者阅读了报纸上的招聘广告，其就被认为是在找工作。然而，在其他一些国家，求职者必须实际针对报纸上的一个或多个广告进行应聘，其行为才被认为是在找工作。这个问题归根结底就是，相对于直接应聘或到访职业介绍所这样的“积极”求职，采用“消极”求职手段是否也可以界定为“求职”，对此不同国家的处理方法也不同。

第二种情况是关于“怯志工作者”的，即过去曾经找过工作，而目前没有找工作但渴望获得工作的人员（见上面的“定义”）。大多数调查在计算失业人数时并不把这部分人考虑在内，另外一些调查则把他们考虑在内。根据国际劳工组织允许对这一定义进行宽泛处理的相关指导方针，许多国家普遍把“怯志工作者”计算在失业人口之内，加勒

4 在此表和其他表格里查找数据时，使用者可以忽略那些地域上未能覆盖整个国家的统计数据。如果使用软件的话，可以先查询所有数据，然后选择“地域界限”下的“仅显示全国范围”按键来细化参数即可完成该项操作。

图 8a　近年来的失业率

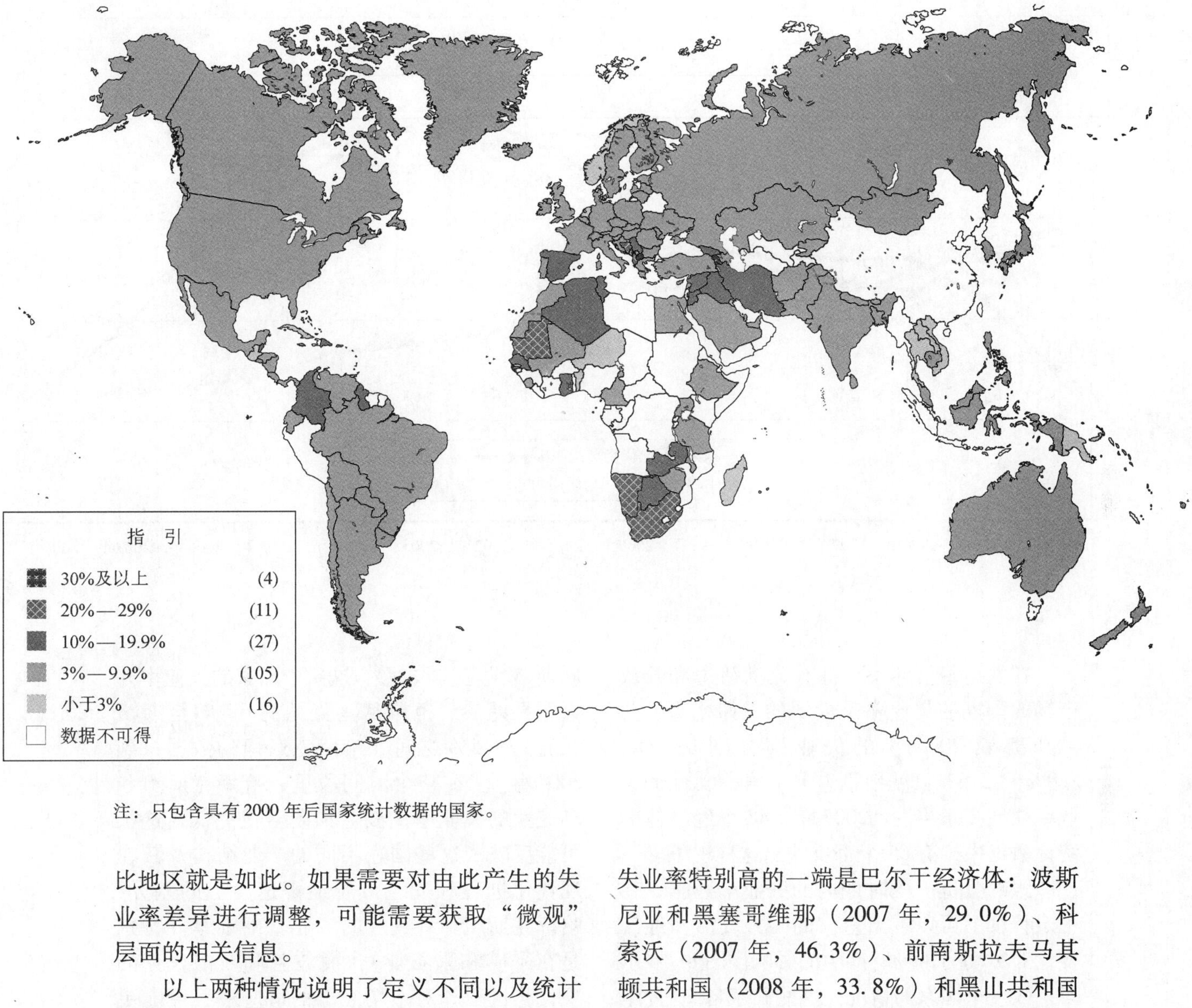

注：只包含具有 2000 年后国家统计数据的国家。

比地区就是如此。如果需要对由此产生的失业率差异进行调整，可能需要获取“微观”层面的相关信息。

以上两种情况说明了定义不同以及统计差异的一些方面。这些方面的复杂问题以及失业度量和估算方面的其他差异在世界各地都可能出现。这也提醒我们，在进行严格比较时应特别谨慎。

趋　势

在具备相关统计数据的 163 个经济体中，大部分经济体的失业率处于 3%—10% 之间，失业率处于 10%—20% 之间的经济体的数量占第二位（图 8a）。当然，不排除有些经济体的失业率远远高于或远远低于中间水平。失业率特别高的一端是巴尔干经济体：波斯尼亚和黑塞哥维那（2007 年，29.0%）、科索沃（2007 年，46.3%）、前南斯拉夫马其顿共和国（2008 年，33.8%）和黑山共和国（2005 年，30.3%）。其他严重缺乏就业机会的两大区域是南部非洲（纳米比亚和南非）和法属安的列斯群岛（瓜德罗普岛，马提尼克岛和留尼汪）。

在另一端，失业率低于 3% 的国家主要分布于东南亚，包括老挝人民民主共和国（2005 年，1.4%）和泰国（2008 年，1.4%）。在这些国家以及其他低收入的国家，低失业率并不一定是经济蓬勃发展的象征，其更多反映了这样一个现象：贫穷迫使大量人口从事其能找到的任何工作。几乎没有穷人可以在失业状态下生存下去，他们的唯一资产就是其自身的劳动力。

图 8b 哈萨克斯坦、波兰、斯洛伐克和乌克兰的失业率（1994—2008 年）

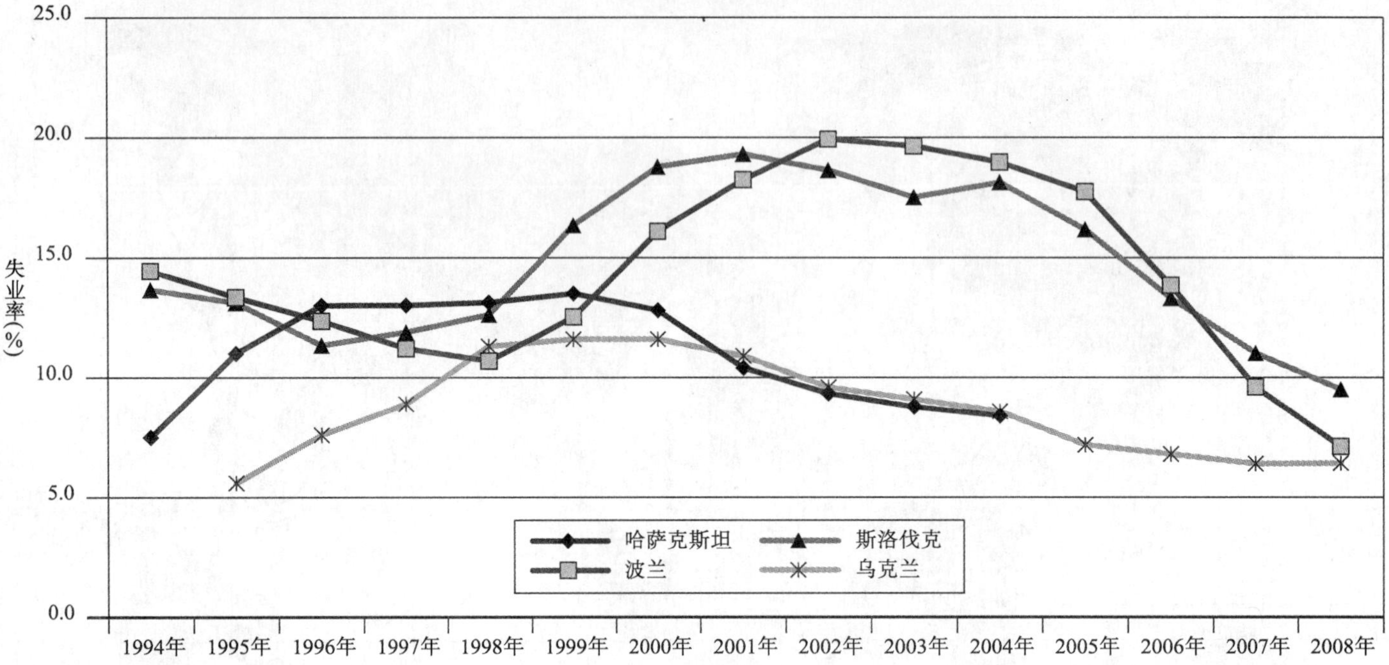

在发达经济体中，拥有充满活力和开放市场的国家的失业率是最低的，如冰岛、荷兰和挪威 2008 年的失业率分别是 3%、2.8% 和 2.6%。就性别差异而言，女性的失业率往往高于男性。2007 年，88 个经济体的统计数据中，有 65 个都反映出这种现象。

跟踪分析一段时期内的失业率数据，在一定程度上可以看出重大的国家政治和经济变化对劳动力市场所产生的影响。图 8b 展示了东欧 4 个国家的情况，这些国家自 20 世纪 90 年代以来，在从计划性经济过渡到市场经济的过程中，其国民经济发生了重大的结构性变化。重大变革对人口就业所产生的影响在这些国家中的表现差异很大。在波兰和斯洛伐克，失业率遵循同样的变化曲线：共产党政权解体后失业率大幅上升，在 2001—2002 年达到顶峰，然后急剧下降，直到数据可得的最近一年（2008 年），原因是加入欧盟之前的良好预期以及之后的实际影响促进了市场的逐步稳定。

相比之下，哈萨克斯坦和乌克兰在共产党政权解体时已经处于失业率增长阶段，并在 1999—2000 年之间达到顶峰（远低于波兰和斯洛伐克）。之后，这 4 个国家的失业率并无明显差异，范围从乌克兰的 6.4% 至斯洛伐克的 9.5% 之间（哈萨克斯坦的数据只到 2004 年）。在整个时间段里，哈萨克斯坦和乌克兰的失业率比波兰和斯洛伐克低，这很可能反映了这些国家不同的产业结构及其在现代化进程和适应市场经济速度上的差异：哈萨克斯坦和乌克兰的工业基础雄厚（特别是在采矿和采石业），而波兰和斯洛伐克的现代化进程和对市场经济的适应过程可能更为曲折但也更成功。乌克兰低就业率背后的另一个原因是大量的对外移民。

图 8c 旨在说明不同的定义和调查范围如何显著影响失业率的统计结果，以及在元数据被忽略时它们如何导致错误分析的出现。首先，本图给出了德国和新加坡两国根据职业介绍所登记失业人口数据得出的失业率（出自 KILM 表 8b，登记失业人口）以及总失业率（出自 KILM 表 8a，总失业人口）。我们可以看到两者之间存在差异。2008 年德国的总失业率为登记失业率的两倍。相反，新加坡在 2008 年的登记失业率超过了总失业率。对新加坡的这两种失业率进行比较，我

图 8c　概念与方法如何影响结果

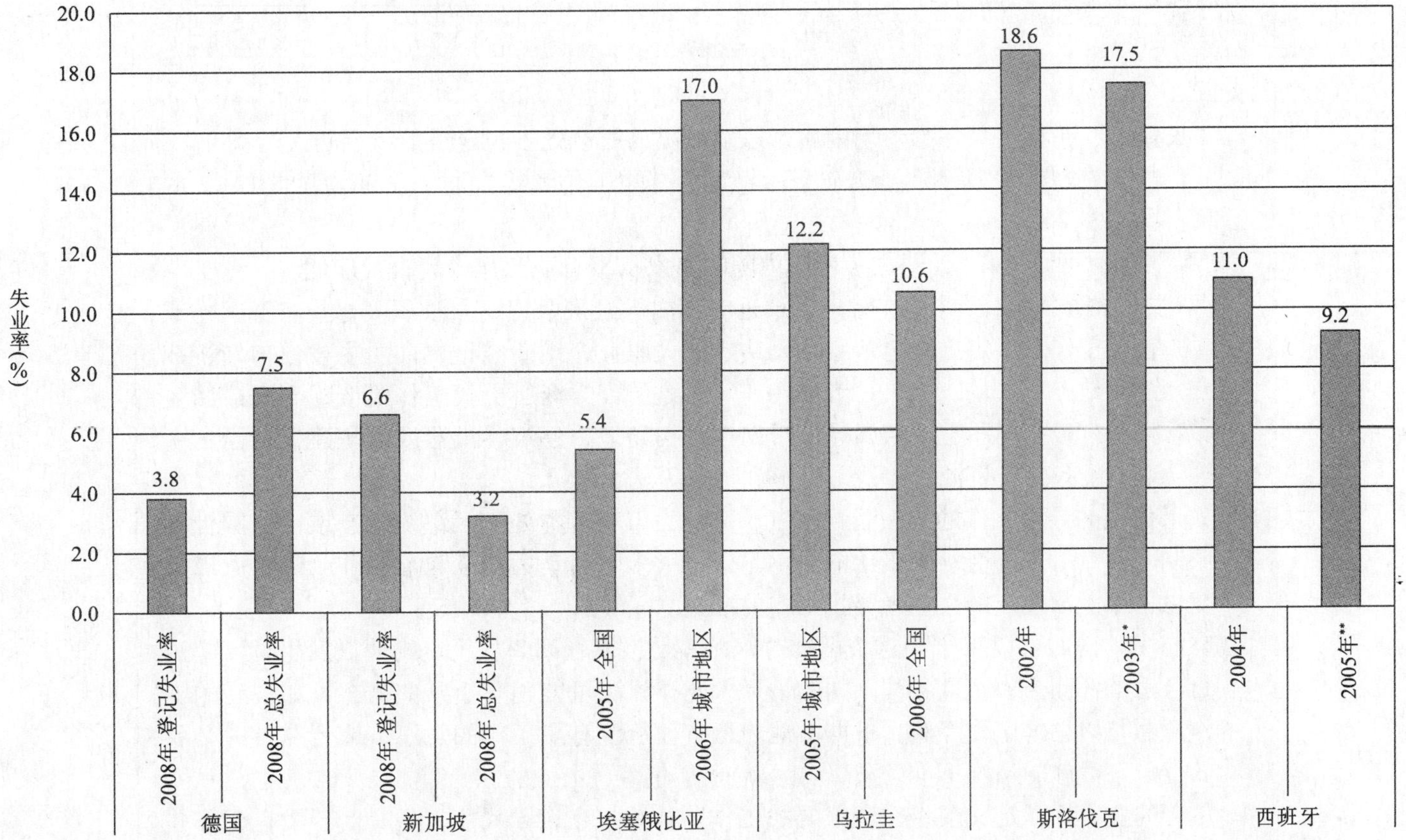

注：* 失业的定义经过修改。** 调查经过重新设计。

们可能会认为该国职业介绍所成绩斐然，但不应轻易下这种结论，因为不同数据来源在收集数据时所使用的定义是完全不同的。同样，我们不应使用一个国家的登记失业率和另一个国家的总失业率来进行跨国分析。

图中的其他 4 国是用来说明时间序列中断所带来的影响。其中两个国家（埃塞俄比亚和乌拉圭）的时间序列中断是由于地域界限的变化，即从仅涵盖城市地区到覆盖全国。另外两个国家的时间序列中断是由于对失业定义的修订（斯洛伐克）和对调查设计的修改（西班牙）。每种情况下的失业率变化都很大，但这不应被误解为政策实施或经济增长所带来的“真实”变化。埃塞俄比亚的失业率并没有在 2005—2006 年之间增加 12 个百分点。这期间，埃塞俄比亚的失业率也许在升高，但这个结论不能从所给比率中得出，因为变化是由于调查的覆盖范围从整个国家转为城市地区。为了避免在解释结果时出现错误，请密切关注“地域界限”部分的注释以及有关序列中断的附注。

专栏 8a 第 13 届国际劳动统计学家大会（1982 年 10 月）通过的关于经济活动人口、就业、失业和不充分就业统计数据的决议（相关段落）

概念和定义

……

失业（第 10 条）

1. “失业者”包括在某一参考期内属于以下情况的所有处于规定年龄以上的人员：
   a. “没有工作”，即不属于第 9 条所规定的有酬工作者或自雇工作者（见 KILM 2 中的专栏 2a）。
   b. “随时可以工作”，即在参考期内随时可以从事有酬工作或者自我雇佣。
   c. “正在寻找工作”，即在特定的最近时期内已经采取特定方法积极寻找有酬工作或自雇工作。特定方法包括：在公共或私人职业介绍所登记；向雇主发出申请；在工作地点、农场、工厂、市场或其他的人员聚集场所寻找工作机会；刊登或回复报纸广告；向朋友或亲属寻求帮助；寻找场地、建筑、机器或设备建立自己的企业；准备融资资源；申请许可证和执照等。
2. 如果传统的寻找工作的方法受到限制、劳动力市场基本处于无组织状态或者范围受到限制、某一时点上劳动力吸纳能力不足或者大多数劳动力属于自雇工作者时，可以放宽以上第 1 款规定的失业者寻找工作的准则。
3. 在应用“随时可以工作”这条标准时，尤其是当以上第 2 款规定的情形发生时，应进行合适的评测，以适应各国不同的情形。此类评测可能是基于某些概念，如现有的工作意愿与以往的工作经验、根据本地现行条件从事有酬工作的意愿，或者在具有必要的资源与设施的情况下准备从事自雇就业活动。
4. 尽管失业者标准定义中将“积极寻找工作”作为一项衡量尺度，但是对于没有工作并且随时可以工作的人员来说，如果其已经安排好将在参考期结束之后的某日开始从事有酬工作或者自雇工作活动，则应被视为失业人员。
5. 根据失业者的标准定义，对于暂时离开工作但没有正规工作附加条款的人员来说，如果其现在随时可以工作并正积极寻找工作的话，应被视为失业人员。但是，各国可根据具体国情和政策放宽暂时被辞退人员寻找工作的标准。在这种情况下，被暂时解聘、没有积极寻找工作、但是被归为失业者的人员应被独立区分为一个子类别。
6. 在参考期内，满足以上第 1 与第 2 款规定标准的学生、家庭主妇以及其他主要从事非经济活动的人员应按照与其他失业人员类别相同的标准而被视为失业者，如果有可能的话将其单独列为一类。

专栏 8b　世界及区域失业率估算

总失业率（%）	1998 年	2004 年	2005 年	2006 年	2007 年	2008 年*
世界	6.3	6.4	6.3	6.0	5.7	5.9
发达经济体和欧盟	7.1	7.1	6.8	6.3	5.7	6.1
中欧、东南欧（非欧盟）和独联体	12.2	9.7	9.3	9.1	8.4	9.0
东亚	4.7	4.2	4.2	4.0	3.8	4.3
东南亚和太平洋地区	4.8	6.5	6.6	6.2	5.6	5.5
南亚	4.1	5.3	5.4	5.2	5.1	4.9
拉丁美洲和加勒比地区	8.4	8.5	8.1	7.4	7.1	7.2
中东	9.4	9.2	9.8	10.1	9.4	9.0
北非	12.8	12.3	11.5	10.5	10.3	10.0
撒哈拉以南非洲	7.7	7.9	7.9	7.8	7.7	7.6
男性失业率（%）	**1998 年**	**2004 年**	**2005 年**	**2006 年**	**2007 年**	**2008 年***
世界	6.0	6.2	6.1	5.8	5.5	5.7
发达经济体和欧盟	6.6	6.9	6.6	6.0	5.5	6.0
中欧、东南欧（非欧盟）和独联体	12.0	9.9	9.4	9.3	8.6	9.1
东亚	5.4	4.8	4.8	4.6	4.4	4.9
东南亚和太平洋地区	4.5	6.0	6.1	5.7	5.3	5.1
南亚	3.9	5.1	5.1	4.9	4.8	4.6
拉丁美洲和加勒比地区	6.9	6.8	6.5	5.9	5.7	5.7
中东	8.4	8.2	8.6	8.9	8.6	8.0
北非	11.1	10.1	9.3	8.4	8.3	8.0
撒哈拉以南非洲	7.2	7.5	7.5	7.4	7.2	7.2
女性失业率（%）	**1998 年**	**2004 年**	**2005 年**	**2006 年**	**2007 年**	**2008 年***
世界	6.7	6.8	6.7	6.4	6.0	6.2
发达经济体和欧盟	7.8	7.4	7.2	6.6	6.0	6.1
中欧、东南欧（非欧盟）和独联体	12.4	9.5	9.2	9.0	8.2	8.8
东亚	3.9	3.5	3.5	3.3	3.2	3.6
东南亚和太平洋地区	5.2	7.3	7.2	6.8	6.0	6.1
南亚	4.4	6.0	6.2	6.0	5.9	5.7
拉丁美洲和加勒比地区	11.0	10.9	10.4	9.6	9.2	9.4
中东	13.3	12.9	14.1	14.0	12.2	12.3
北非	18.0	18.3	17.7	16.1	15.4	15.1
撒哈拉以南非洲	8.4	8.5	8.4	8.3	8.2	8.1

资料来源：国际劳工组织，趋势计量经济模型，2009 年 7 月（关于估算方法的详细信息见“KILM 指南”中的专栏 3）。* 表示 2008 年为初步估算数据。

专栏 8b（续）

2008 年，发达经济体和欧盟地区的平均失业率略高于世界的平均失业率 5.9%。亚洲 3 个地区的失业率都在世界平均水平之下，而其他的 5 个地区的失业率则都高于世界平均水平。失业率最高的地区为北非，其次为中东，中欧、东南欧（非欧盟）和独联体。

在 2003—2007 年间，大多数地区的失业率都呈下降趋势。但是，这一趋势在 2007—2008 年间被打破，9 个地区中有 4 个失业率上升，反映了日益恶化的经济环境与全球经济危机的开始。失业率上升最高的地区为：发达经济体和欧盟，中欧、东南欧（非欧盟）和独联体，东亚。然而，对于大多数地区而言，2008 年经济危机带来的影响还不足以完全消除之前几年所取得的进步。在 1998—2008 年间，所有地区的失业率都有所下降，但东南亚及太平洋地区与南亚除外。

各地区失业率的性别差异仍旧存在，但是全球估算的失业率性别差距由 1998 年的 0.7 个百分点缩小到了 2008 年的 0.5 个百分点。2008 年，所有地区的女性失业率仍然高于男性，但是中欧、东南欧（非欧盟）和独联体，东亚除外。发达经济体和欧盟失业率的性别差距明显下降，由 1998 年的 1.2 个百分点下降到 2008 年的 0.1 个百分点。[1] 东亚是过去 10 年来唯一一个女性失业率持续低于男性的地区。

1 关于发达经济体中经济危机对不同性别的影响，见国际劳工组织：《全球妇女就业趋势》，2009 年 3 月（日内瓦，2009 年）。

表 8a 总失业人口

		年份	失业人口（千人）			失业率（%）			注
			MF	M	F	MF	M	F	No.
发达经济体和欧盟									
欧盟									
奥地利		1990	114.8	63.0	51.8	3.2	3.0	3.6	8
		2000	181.1	103.0	78.1	4.7	4.8	4.6	1
		2004	203.4	111.3	92.1	5.3	5.3	5.3	1
		2005	207.7	107.8	100.0	5.2	4.9	5.5	1
		2006	195.6	97.1	98.5	4.7	4.3	5.2	1
		2007	185.6	89.7	95.8	4.4	3.9	5.0	1
		2008	162.3	81.8	80.5	3.8	3.6	4.1	1
比利时		1990	283.4	108.2	175.2	7.3	4.6	11.4	1
		2000	290.5	133.2	157.3	6.6	5.3	8.3	1
		2004	329.4	167.1	162.3	7.4	6.6	8.3	1
		2005	390.4	196.2	194.2	8.4	7.6	9.5	1
		2006	383.2	191.0	192.2	8.2	7.4	9.3	1
		2007	353.0	174.4	178.6	7.5	6.7	8.4	1
		2008	333.4	170.2	163.2	7.0	6.5	7.6	1
保加利亚		2000	559.1	306.2	252.9	17.1	17.6	16.5	9
		2004	399.7	221.7	178.1	12.0	12.5	11.5	10
		2005	334.3	182.5	151.7	10.1	10.3	9.8	10
		2006	305.6	156.3	149.5	8.9	8.6	9.3	10
		2007	240.2	120.6	119.6	6.9	6.5	7.3	3
	b	2008	199.1	103.8	95.3	5.7	5.5	5.8	4
塞浦路斯		2000	14.6	5.6	8.8	4.8	3.1	7.2	11
		2004	16.7	7.0	9.8	4.7	3.5	6.2	11
		2005	19.4	9.0	10.4	5.3	4.4	6.5	11
		2006	17.1	8.0	8.9	4.6	3.8	5.4	11
		2007	15.4	7.3	8.1	3.9	3.4	4.6	11
	b	2008	14.5	7.0	7.6	3.7	3.2	4.2	12
捷克共和国		2000	454.5	211.6	242.9	8.8	7.3	10.6	13
		2004	425.7	201.2	224.5	8.3	7.0	9.9	13
		2005	410.1	186.7	223.4	7.9	6.5	9.8	13
		2006	371.1	168.9	202.2	7.1	5.8	8.8	13
		2007	276.3	123.6	152.7	5.3	4.2	6.7	13
	b	2008	229.8	102.6	127.2	4.4	3.5	5.6	1
丹麦		1990	241.6	122.1	119.5	8.3	7.8	8.9	1
		2000	127.3	61.1	66.2	4.5	4.0	5.0	1
		2004	150.5	77.2	73.3	5.2	5.0	5.4	1
		2005	139.7	68.2	71.5	4.8	4.4	5.3	1
		2006	113.8	51.6	62.2	3.9	3.3	4.5	1
		2007	110.5	53.6	56.9	3.8	3.5	4.2	1
		2008	98.0	46.9	51.1	3.3	3.0	3.7	1
爱沙尼亚		1990	5.3	2.5	2.8	0.6	0.6	0.7	2
		2000	90.0	49.4	40.5	12.8	13.4	12.0	3
		2004	63.5	34.8	28.7	9.6	10.4	8.8	3
		2005	52.1	28.8	23.3	7.9	8.7	7.1	3
		2006	40.5	21.3	19.3	5.9	6.2	5.6	3
		2007	32.0	19.0	13.2	4.7	5.4	3.9	3
	b	2008	38.4	20.2	18.1	5.5	5.8	5.2	4
芬兰		1980	114.0	60.0	54.0	4.7	4.6	4.7	5
		1990	80.0	48.0	32.0	3.1	3.5	2.6	6
		2000	254.0	123.0	131.0	9.7	9.0	10.6	6
		2004	230.0	118.0	112.0	8.8	8.6	9.0	6
		2005	221.0	111.0	110.0	8.4	8.1	8.7	6
		2006	204.0	101.0	103.0	7.6	7.3	8.0	6
		2007	184.0	90.0	94.0	6.8	6.4	7.3	6
	b	2008	172.1	85.0	87.2	6.4	6.1	6.7	1
法国		1980	1 442.6	575.7	866.9	6.1	4.1	9.1	7
		1990	2 258.7	972.6	1 286.1	9.4	7.2	12.2	1
		2000	2 631.4	1 187.5	1 443.9	10.2	8.5	12.2	1
		2004	2 492.3	1 185.7	1 306.6	9.2	8.2	10.4	1
		2005	2 425.8	1 168.7	1 257.1	8.8	8.0	9.8	1
		2006	2 431.2	1 182.9	1 248.3	8.8	8.1	9.6	1
		2007	2 211.2	1 092.0	1 119.2	7.9	7.4	8.5	1
		2008	2 066.5	1 022.4	1 044.0	7.4	6.9	7.9	1

	年份	失业人口（千人）			失业率（%）			注
		MF	M	F	MF	M	F	No.
德国	2000	3 123.2	1 689.3	1 433.8	7.9	7.6	8.3	1
	2004	4 261.1	2 473.0	1 788.0	10.7	11.3	10.1	1
	2005	4 572.9	2 569.7	2 003.1	11.1	11.4	10.7	1
	2006	4 248.6	2 339.7	1 908.9	10.2	10.3	10.1	1
	2007	3 601.9	1 939.1	1 662.8	8.6	8.5	8.7	1
	2008	3 141.2	1 689.7	1 451.5	7.5	7.4	7.5	1
前德意志联邦共和国（西德）	1980	888.8	426.3	462.5	3.2	2.5	4.3	14
	1986	1 855.0	1 000.0	855.0	6.4	5.7	7.6	14
	1987	1 800.0	976.0	824.0	6.2	5.6	7.2	14
	1988	1 804.1	965.0	839.1	6.2	5.5	7.2	14
	1989	1 635.2	858.0	777.2	5.5	4.8	6.6	14
	1990	1 448.0	728.0	720.0	4.7	4.0	5.8	14
希腊	1990	280.5	106.8	173.8	7.0	4.3	11.7	1
	2000	519.3	207.2	312.1	11.2	7.4	17.0	1
	2004	492.6	181.7	310.9	10.2	6.3	15.9	1
	2005	477.3	175.5	301.8	9.8	6.1	15.3	1
	2006	434.5	162.4	272.1	8.9	5.6	13.6	1
	2007	406.9	151.1	255.8	8.3	5.2	12.8	1
	2008	377.9	147.9	230.0	7.7	5.1	11.4	1
匈牙利	2000	267.4	162.0	105.3	6.6	7.2	5.8	1
	2004	241.2	130.6	110.5	5.8	5.8	5.9	1
	2005	302.2	158.9	143.2	7.2	7.0	7.4	1
	2006	316.7	164.6	152.1	7.5	7.2	7.8	1
	2007	312.0	164.2	147.8	7.4	7.1	7.7	1
	2008	329.1	174.3	154.9	7.8	7.6	8.1	1
爱尔兰	1990	186.0	119.6	66.4	14.1	13.6	15.0	1
	2000	75.4	45.2	30.3	4.3	4.4	4.3	1
	2004	86.3	55.6	30.7	4.5	5.0	3.8	1
	2005	88.6	54.0	34.6	4.3	4.6	4.0	1
	2006	93.0	55.9	37.1	4.4	4.6	4.1	1
	2007	101.1	61.4	39.7	4.6	4.9	4.2	1
	2008	133.7	89.5	44.3	6.0	7.0	4.6	1
意大利	1980	1 697.0	714.0	983.0	7.6	4.8	13.2	13
	1990	2 301.9	953.9	1 348.0	9.8	6.4	15.7	1
	2000	2 545.1	1 200.1	1 345.0	10.8	8.3	14.9	1
	2004	1 923.3	923.3	1 000.0	7.9	6.3	10.2	1
	2005	1 888.6	902.4	986.2	7.7	6.2	10.1	1
	2006	1 673.4	800.7	872.7	6.8	5.4	8.8	1
	2007	1 506.0	722.4	783.6	6.1	4.9	7.9	1
	2008	1 691.9	820.4	871.5	6.7	5.5	8.5	1
拉脱维亚	2000	157.1	86.6	70.6	13.9	14.8	12.9	10
	2004	117.2	59.3	55.5	10.3	10.2	10.0	3
	2005	99.1	52.8	46.0	8.7	9.0	8.4	3
	2006	79.8	43.6	36.0	6.8	7.2	6.4	3
	2007	71.1	38.6	31.5	6.0	6.3	5.4	3
b	2008	90.6	49.5	41.1	7.5	8.0	6.9	4
立陶宛	2000	269.0	155.2	113.7	15.9	18.2	13.6	1
	2004	183.6	91.5	92.1	11.3	11.1	11.6	1
	2005	133.0	67.1	65.8	8.3	8.2	8.3	1
	2006	89.4	46.8	42.7	5.6	5.8	5.4	1
	2007	69.0	34.6	34.3	4.3	4.3	4.3	1
	2008	94.3	49.5	44.8	5.8	6.1	5.6	1
卢森堡	1990	2.6	1.2	1.3	1.6	1.2	2.3	1
	2000	4.3	2.0	2.3	2.3	1.8	3.1	1
	2004	10.2	4.2	5.9	5.1	3.6	7.1	1
	2005	9.1	4.1	5.0	4.5	3.5	5.8	1
	2006	9.7	4.1	5.6	4.7	3.6	6.2	1
	2007	8.6	4.2	4.4	4.1	3.6	4.7	1
	2008	10.8	5.2	5.6	5.1	4.3	6.1	1
马耳他	2000	9.7	6.6	3.0	6.3	6.2	6.5	1
	2004	11.5	7.7	3.9	7.3	7.0	8.3	1
	2005	11.7	7.2	4.5	7.3	6.6	8.9	1
	2006	11.2	6.9	4.3	6.9	6.1	8.5	1
	2007	10.8	6.7	4.1	6.5	5.9	7.6	1
	2008	10.3	6.4	3.9	6.0	5.6	6.8	1

		年份	失业人口（千人）			失业率（%）			注
			MF	M	F	MF	M	F	No.
荷兰		1990	510.0	224.0	286.0	7.4	5.4	10.6	15
		2000	245.0	111.0	134.0	3.0	2.4	3.9	16
		2004	420.0	228.0	192.0	5.1	5.0	5.2	16
		2005	431.0	222.0	209.0	5.2	4.9	5.6	16
		2006	365.0	182.0	183.0	4.3	4.0	4.8	16
		2007	309.0	147.0	162.0	3.6	3.2	4.1	16
	b	2008	243.0	121.6	121.4	2.8	2.5	3.0	1
波兰		2000	2 787.0	1 345.0	1 442.0	16.1	14.4	18.1	17
		2004	3 230.1	1 680.6	1 549.5	19.0	18.2	19.9	16
		2005	3 045.6	1 552.8	1 492.8	17.7	16.6	19.1	16
		2006	2 344.3	1 202.2	1 142.1	13.8	13.0	14.9	16
		2007	1 619.1	830.7	788.4	9.6	9.0	10.3	16
	b	2008	1 210.7	599.1	611.7	7.1	6.4	8.0	1
葡萄牙		1980	299.0	89.1	209.9	6.7	3.3	12.1	18
		1990	224.1	85.7	138.4	4.7	3.2	6.8	19
		2000	205.7	89.5	116.2	3.9	3.1	4.9	13
		2004	365.1	172.9	192.2	6.7	5.8	7.6	13
		2005	422.4	198.2	224.2	7.6	6.7	8.7	13
		2006	427.8	194.8	233.0	7.7	6.5	9.0	13
		2007	448.7	196.8	251.9	8.0	6.6	9.6	13
	b	2008	427.1	194.3	232.7	7.6	6.5	8.8	1
罗马尼亚		2000	821.2	481.6	339.6	7.1	7.7	6.4	20
		2004	799.6	490.9	308.7	8.0	9.0	6.9	20
		2005	701.8	418.5	283.3	7.1	7.7	6.4	20
		2006	725.1	450.3	275.2	7.2	8.1	6.1	20
		2007	637.5	395.8	241.7	6.4	7.2	5.4	20
	b	2008	575.6	369.3	206.3	5.8	6.7	4.7	12
斯洛伐克		2000	485.9	265.9	220.0	18.8	18.9	18.6	21
		2004	480.8	250.0	230.8	18.1	17.3	19.1	22
		2005	427.5	223.7	203.8	16.2	15.4	17.2	22
		2006	353.1	179.3	173.8	13.3	12.2	14.7	22
		2007	291.9	143.5	148.4	11.0	9.8	12.5	22
	b	2008	255.7	124.4	131.3	9.5	8.4	10.9	1
斯洛文尼亚		2000	…	…	…	7.2	7.0	7.4	23
		2004	61.0	30.0	31.0	6.1	5.5	6.7	24
		2005	57.0	28.0	28.0	5.7	5.2	6.0	24
		2006	59.0	27.0	33.0	5.7	4.9	6.9	24
		2007	48.0	22.0	29.0	4.6	3.9	6.1	25
	b	2008	45.5	22.6	23.0	4.4	4.0	4.9	26
西班牙		1980	1 532.9	1 028.9	504.0	11.1	10.4	13.1	27
		1990	2 510.1	1 194.7	1 315.4	16.0	11.6	24.5	28
		2000	2 487.0	1 032.9	1 454.1	13.9	9.5	20.5	28
		2004	2 213.6	970.8	1 242.9	11.0	8.2	15.0	28
	b	2005	1 912.5	862.9	1 049.7	9.2	7.0	12.2	29
		2006	1 837.1	791.5	1 045.6	8.5	6.3	11.6	28
		2007	1 833.9	815.2	1 018.7	8.3	6.4	10.9	28
	b	2008	2 590.6	1 311.0	1 279.6	11.3	10.1	13.0	1
瑞典		1980	96.4	45.6	50.8	2.2	1.9	2.6	30
		1990	85.0	45.0	40.0	1.8	1.9	1.8	30
		2000	261.0	147.0	114.0	5.8	6.2	5.4	30
		2004	299.8	165.3	134.5	6.5	6.9	6.2	30
		2005	360.9	192.6	168.3	7.7	7.8	7.6	30
		2006	331.9	171.1	160.8	7.0	6.9	7.1	30
		2007	293.3	147.2	146.1	6.1	5.8	6.4	30
	b	2008	305.4	152.8	152.6	6.2	5.9	6.6	1
英国		1990	2 007.7	1 186.7	821.0	7.0	7.2	6.6	1
		2000	1 605.6	969.3	636.3	5.6	6.1	4.9	1
		2004	1 362.8	795.6	567.2	4.6	5.0	4.2	1
		2005	1 433.6	843.0	590.6	4.8	5.2	4.3	1
		2006	1 641.7	950.2	691.5	5.4	5.7	4.9	1
		2007	1 622.8	926.9	696.0	5.3	5.6	4.9	1
		2008	1 752.8	1 032.0	720.9	5.6	6.1	5.1	1

		年份	失业人口（千人）			失业率（%）			注
			MF	M	F	MF	M	F	No.
北非									
加拿大		1980	895.1	500.1	395.0	7.5	7.0	8.3	31
		1990	1 158.4	646.9	511.5	8.1	8.2	8.1	31
		2000	1 082.5	595.5	487.0	6.8	6.9	6.7	31
		2004	1 235.4	685.4	550.0	7.2	7.5	6.9	32
		2005	1 172.9	649.3	523.6	6.8	7.0	6.5	32
		2006	1 106.0	608.0	498.0	6.3	6.5	6.0	32
		2007	1 077.7	603.6	474.1	6.0	6.4	5.6	32
	b	2008	1 119.3	632.6	486.6	6.1	6.6	5.7	33
美国		1980	7 637.0	4 267.0	3 370.0	7.1	6.9	7.4	34
	b	1990	7 045.0	3 905.0	3 140.0	5.6	5.7	5.5	35
	b	2000	5 692.0	2 975.0	2 717.0	4.0	3.9	4.1	35
		2004	8 149.0	4 456.0	3 693.0	5.5	5.6	5.4	34
		2005	7 589.0	4 058.0	3 531.0	5.1	5.1	5.1	34
		2006	7 002.0	3 754.0	3 248.0	4.6	4.6	4.6	34
		2007	7 077.0	3 881.0	3 196.0	4.6	4.7	4.5	34
	b	2008	8 924.3	5 033.2	3 855.2	5.8	6.0	5.4	36
其他发达经济体									
澳大利亚		1980	408.6	213.5	195.1	6.1	5.1	7.9	37
		1990	584.8	332.3	252.5	6.9	6.7	7.2	38
		2000	601.9	346.7	255.2	6.3	6.5	6.1	39
		2004	566.9	308.1	258.8	5.5	5.4	5.7	39
		2005	536.7	286.2	250.5	5.1	4.9	5.3	39
		2006	512.4	274.7	237.7	4.8	4.7	4.9	39
		2007	478.3	242.4	235.9	4.4	4.0	4.8	39
	b	2008	473.6	242.5	231.4	4.2	4.0	4.6	33
法罗群岛		2000	1.0	…	…	…	…	…	40
		2001	1.0	…	…	…	…	…	40
		2002	–	…	…	…	…	…	40
		2003	1.0	…	…	…	…	…	40
		2004	1.0	…	…	…	…	…	40
		2005	0.9	0.4	0.5	3.2	2.6	3.9	40
直布罗陀		1984	0.5	0.3	0.2	…	…	…	41
	b	1991	0.8	0.7	0.2	6.4	7.7	4.0	42
格陵兰岛		2000	2.8	1.6	1.3	11.0	12.0	10.0	43
		2002	2.3	1.3	1.0	8.8	9.8	7.8	43
		2003	2.7	1.6	1.1	10.3	11.9	8.6	43
		2004	2.8	1.7	1.2	10.4	12.0	8.8	43
		2005	2.5	1.5	1.1	9.3	10.4	8.0	43
		2006	2.3	1.4	0.9	8.4	10.0	6.7	43
马恩岛		1991	1.4	0.9	0.5	4.1	4.7	3.3	44
		1996	1.2	0.8	0.4	3.5	4.3	2.6	44
		2001	0.6	0.4	0.3	1.6	1.7	1.5	44
		2006	1.0	0.6	0.4	2.4	2.8	2.0	45
以色列		1980	63.6	34.7	29.0	4.8	4.1	6.0	46
		1990	158.1	82.2	75.9	9.6	8.4	11.3	47
		2000	213.3	111.3	102.0	8.8	8.4	9.2	47
		2004	276.8	136.5	141.2	10.3	9.5	11.4	47
		2005	246.4	124.9	121.5	9.0	8.5	9.5	47
		2006	235.4	116.6	115.0	8.4	7.8	8.8	47
		2007	210.9	104.4	106.2	7.3	6.7	7.9	47
	b	2008	180.5	90.8	89.6	6.2	5.7	7.0	48
日本		1980	1 140.0	700.0	440.0	2.0	2.0	2.0	6
		1990	1 340.0	770.0	570.0	2.1	2.0	2.2	6
		2000	3 230.0	1 990.0	1 240.0	4.8	5.0	4.5	6
		2004	3 110.0	1 900.0	1 210.0	4.7	4.9	4.4	6
		2005	2 930.0	1 780.0	1 150.0	4.4	4.6	4.2	6
		2006	2 730.0	1 680.0	1 050.0	4.1	4.3	3.8	6
		2007	2 590.0	1 560.0	1 030.0	3.9	4.0	3.7	6
	b	2008	2 645.8	1 583.3	1 064.2	4.0	4.1	3.8	12
新西兰		1990	130.1	77.0	53.1	7.8	8.1	7.3	49
		2000	114.4	63.6	50.8	5.9	6.1	5.8	50
		2004	81.8	39.6	42.2	3.9	3.5	4.4	50
		2005	79.4	39.5	39.9	3.7	3.4	4.0	50
		2006	82.6	41.2	41.4	3.8	3.5	4.1	50
		2007	79.7	39.8	39.9	3.6	3.3	3.9	50
	b	2008	91.8	48.3	43.5	4.1	4.0	4.2	33

		年份	失业人口（千人）			失业率（%）			注
			MF	M	F	MF	M	F	No.
圣马力诺		1990	0.6	0.2	0.5	4.9	2.0	9.0	51
		1996	0.6	0.1	0.5	3.5	1.3	6.8	51
		1997	0.5	0.1	0.4	2.9	1.2	5.6	51
		1998	0.6	0.1	0.4	3.0	1.2	5.8	51
		2006	0.6	0.1	0.5	2.8	1.2	5.1	51
		2007	0.6	0.2	0.4	2.6	1.2	4.5	51
西欧（非欧盟）									
冰岛		2000	3.7	1.5	2.2	2.3	1.8	2.9	52
	b	2004	4.9	2.7	2.2	3.1	3.2	2.9	53
		2005	4.3	2.3	2.0	2.6	2.6	2.6	52
		2006	5.2	2.7	2.5	3.0	2.9	3.1	52
		2007	4.2	2.3	1.9	2.3	2.3	2.3	52
	b	2008	5.5	3.4	2.2	3.0	3.4	2.6	54
列支敦士登		1990	–	…	…	…	…	…	51
		2000	0.3	…	…	…	…	…	51
		2001	0.4	…	…	…	…	…	51
		2002	0.4	…	…	…	…	…	51
		2003	0.7	…	…	…	…	…	51
		2004	0.7	…	…	…	…	…	51
摩纳哥		2000	0.5	0.2	0.3	3.6	2.5	5.2	55
挪威		1980	31.0	14.0	17.0	1.6	1.2	2.1	56
		1990	113.0	67.0	46.0	5.3	5.6	4.8	56
		2000	81.0	46.0	35.0	3.4	3.7	3.2	57
		2004	104.0	61.0	43.0	4.4	4.8	3.8	57
		2005	110.6	61.1	49.4	4.6	4.8	4.4	57
		2006	81.4	43.9	37.5	3.3	3.4	3.3	57
		2007	61.4	33.2	28.2	2.5	2.5	2.4	57
	b	2008	65.8	37.0	28.8	2.6	2.7	2.4	1
瑞士		1990	76.0	38.0	38.0	2.1	1.7	2.6	44
		2000	106.0	52.0	54.0	2.7	2.3	3.1	58
		2004	178.5	89.2	89.3	4.3	3.9	4.8	58
		2005	184.4	87.8	96.6	4.4	3.9	5.1	58
		2006	168.7	78.1	90.6	4.0	3.4	4.7	58
		2007	155.8	67.8	87.9	3.6	2.9	4.5	58
	b	2008	146.6	66.4	80.1	3.4	2.8	4.0	1
中欧、东南欧（非欧盟）和独联体									
中欧和东南欧									
阿尔巴尼亚		2001	305.4	150.0	155.5	22.7	18.8	28.4	45
波斯尼亚和黑塞哥维那		1991	296.3	171.8	124.5	17.6	15.5	21.6	59
	b	2006	366.0	214.0	151.0	31.1	28.9	34.8	20
		2007	347.0	203.0	144.0	29.0	26.7	33.0	20
克罗地亚		2000	…	…	…	16.1	15.0	17.3	10
		2004	250.5	123.7	126.9	13.7	12.3	15.3	1
		2005	226.7	113.4	113.4	12.6	11.6	13.8	1
		2006	198.7	94.4	104.2	11.1	9.8	12.7	1
		2007	170.8	81.4	89.4	9.6	8.3	11.1	1
		2008	149.2	67.9	81.3	8.4	7.0	10.0	1
科索沃		2005	…	…	…	41.4	32.9	60.5	60
		2006	…	…	…	44.9	34.6	61.6	60
		2007	…	…	…	46.3	38.5	55.2	60
前南斯拉夫马其顿共和国		2000	261.0	149.0	112.7	32.2	30.5	34.9	61
		2004	309.3	186.2	123.1	37.2	36.7	37.8	61
	b	2005	323.9	191.1	132.8	37.3	36.5	38.4	47
		2006	321.3	191.9	129.4	36.0	35.3	37.2	47
		2007	316.9	189.3	127.6	34.9	34.5	35.5	47
	b	2008	310.4	188.2	122.2	33.8	33.5	34.2	62
黑山共和国		2005	77.8	37.4	40.3	30.3	26.2	35.5	63
塞尔维亚		1991	505.4	280.0	225.3	…	…	…	44
	b	2004	…	…	…	18.5	15.1	22.9	64
		2005	…	…	…	20.8	16.8	26.2	64
		2006	692.8	340.0	353.1	20.8	17.9	24.7	64
		2007	585.6	289.8	295.7	18.1	15.8	21.0	20
塞尔维亚和黑山共和国		1999	528.0	248.9	279.0	13.7	11.7	16.2	65
		2000	480.5	…	…	12.6	…	…	65
	b	2001	490.2	242.5	247.7	12.8	11.1	15.0	65
		2002	517.3	261.5	255.8	13.8	12.4	15.8	65
		2003	562.4	306.4	256.0	15.2	14.4	16.4	65

		年份	失业人口（千人） MF	M	F	失业率（%） MF	M	F	注 No.
土耳其		1990	1 615.5	1 091.5	524.0	8.0	7.8	8.5	66
		2000	1 499.0	1 111.0	388.0	6.5	6.6	6.3	67
		2004	2 502.0	1 880.0	622.0	10.3	10.5	9.7	67
		2005	2 519.0	1 867.0	652.0	10.3	10.3	10.3	67
		2006	2 445.0	1 776.0	669.0	9.9	9.7	10.3	67
		2007	2 330.0	1 700.0	630.0	9.9	9.8	10.2	67
	b	2008	2 231.8	1 636.2	595.6	9.4	9.4	9.4	68
独立国家联合体（独联体）									
亚美尼亚		1997	423.7	247.0	176.7	36.4	38.0	34.4	69
	b	2001	570.6	268.8	301.9	35.9	31.9	40.2	42
阿塞拜疆	b	2003	404.7	210.5	194.2	…	…	…	47
	b	2004	348.7	179.8	168.9	9.0	8.9	9.2	70
		2005	317.8	164.1	153.7	8.1	8.0	8.3	70
	b	2006	291.2	157.0	134.2	6.8	6.9	6.7	71
		2007	281.1	169.9	111.2	6.5	7.8	5.3	71
格鲁吉亚		2000	212.2	116.7	95.5	10.8	11.1	10.5	47
		2003	235.9	124.2	111.7	11.5	11.5	11.5	47
		2004	257.6	143.3	114.4	12.6	13.4	11.8	47
		2005	279.4	159.0	120.2	13.8	14.8	12.7	47
		2006	274.4	165.4	109.0	…	…	…	47
		2007	260.9	143.7	117.5	13.3	13.9	12.6	47
哈萨克斯坦		2000	906.4	…	…	12.8	…	…	41
	b	2001	…	…	…	10.4	8.9	12.0	20
		2002	690.7	283.8	406.9	9.3	7.5	11.2	20
		2003	672.1	281.4	390.7	8.8	7.2	10.4	20
		2004	658.8	280.9	377.9	8.4	7.0	9.8	20
吉尔吉斯斯坦		2002	265.5	132.8	132.9	12.5	11.2	14.3	72
		2003	…	…	…	9.9	9.4	10.5	72
		2004	185.7	98.8	86.8	8.5	8.0	9.3	72
		2005	183.3	95.7	87.7	8.1	7.4	9.1	72
		2006	189.0	101.4	87.5	8.3	7.7	9.0	20
摩尔多瓦		2000	…	…	…	8.5	9.7	7.2	20
		2004	117.1	70.7	46.2	8.2	10.1	6.3	20
		2005	103.7	59.7	43.8	7.3	8.7	6.0	20
		2006	100.1	61.5	38.4	7.4	8.9	5.8	20
		2007	66.6	41.3	25.2	5.1	6.2	3.9	20
	b	2008	51.8	30.0	21.8	4.0	4.6	3.4	12
俄罗斯联邦		2000	…	…	…	9.8	10.2	9.4	73
		2004	5 676.0	2 975.0	2 701.0	7.8	8.0	7.5	73
		2005	5 264.0	2 725.0	2 537.0	7.2	7.3	7.0	73
		2006	5 311.0	2 810.0	2 500.0	7.2	7.5	6.8	73
		2007	4 588.0	2 452.0	2 136.0	6.1	6.4	5.8	73
		2008	4 804.4	…	…	6.2	…	…	74
乌克兰		2000	…	…	…	11.6	11.6	11.6	75
		2004	1 906.7	1 001.6	905.1	8.6	8.9	8.3	75
		2005	1 600.8	862.5	738.3	7.2	7.5	6.8	75
	b	2006	1 515.0	804.1	710.9	6.8	7.0	6.6	75
		2007	1 417.6	770.7	646.9	6.4	6.7	6.0	75
		2008	1 439.7	…	…	6.4	…	…	76
亚洲和太平洋地区									
东亚									
中国		1980	5 415.0	…	…	4.9	…	…	77
		1990	3 832.0	…	…	2.5	…	…	77
		2000	5 950.0	…	…	3.1	…	…	77
		2003	8 000.0	…	…	4.3	…	…	77
		2004	8 270.0	…	…	4.2	…	…	77
		2005	8 390.0	…	…	4.2	…	…	77
		2006	8 470.0	…	…	4.1	…	…	77
		2007	8 300.0	…	…	4.0	…	…	77
中国香港		1980	87.5	59.7	27.8	3.8	3.9	3.4	78
		1990	36.5	23.4	13.1	1.3	1.3	1.3	79
		2000	166.8	109.4	57.4	4.9	5.6	4.0	79
		2004	239.4	151.7	87.9	6.7	7.7	5.6	79
		2005	197.3	127.2	70.1	5.6	6.5	4.4	79
		2006	170.7	109.8	61.0	4.8	5.6	3.7	79
		2007	145.1	88.4	56.8	4.0	4.5	3.4	79
		2008	129.2	78.4	50.6	3.5	…	…	33

		年份	失业人口（千人）			失业率（%）			注
			MF	M	F	MF	M	F	No.
韩国		1980	750.0	559.0	191.0	5.2	6.2	3.5	67
		1990	455.0	321.0	134.0	2.5	2.9	1.8	80
		2000	978.8	647.0	331.8	4.4	5.0	3.6	80
		2004	860.0	534.1	325.9	3.7	3.9	3.4	80
		2005	886.9	552.6	334.3	3.7	4.0	3.4	80
		2006	824.0	532.0	292.0	3.4	3.8	2.9	80
		2007	783.0	517.0	266.0	3.2	3.7	2.6	80
	b	2008	769.3	504.8	264.9	3.2	3.6	2.6	33
中国澳门		1990	5.3	2.5	2.8	3.1	2.5	4.0	81
		2000	14.4	9.8	4.6	6.7	8.6	4.6	46
		2004	11.2	6.9	4.4	4.9	5.7	4.1	46
		2005	10.4	5.6	4.5	4.2	4.3	3.8	46
		2006	10.3	5.5	4.9	3.7	3.7	3.8	46
		2007	9.4	5.7	3.9	3.0	3.4	2.7	46
	b	2008	10.1	5.5	4.6	2.9	3.3	2.6	82
蒙古		1998	49.8	23.8	26.0	5.9	5.4	6.4	51
		2002	30.9	14.1	16.8	3.4	3.1	3.8	51
		2003	33.3	15.3	18.1	3.5	3.2	3.8	51
		2004	35.6	15.9	19.6	3.6	3.3	3.9	51
		2005	32.9	14.6	18.3	3.3	3.0	3.6	51
中国台湾省		1980	82.0	49.0	33.0	1.2	1.1	1.5	47
		1990	140.0	88.0	52.0	1.7	1.7	1.7	47
		2000	293.0	…	…	3.0	…	…	47
		2004	454.0	…	…	4.4	…	…	47
		2005	428.0	…	…	4.1	…	…	47
		2006	411.0	…	…	3.9	…	…	47
		2007	419.0	…	…	3.9	…	…	47
	b	2008	449.8	270.7	179.1	4.1	4.4	3.8	33
太平洋岛国									
美属萨摩亚		1980	1.1	…	…	12.4	…	…	83
		1984	1.4	…	…	13.1	…	…	83
		1985	1.5	…	…	12.5	…	…	83
		1986	1.6	…	…	13.4	…	…	83
	b	1990	0.5	0.3	0.1	3.5	3.6	1.7	84
		2000	0.9	0.5	0.4	5.1	4.9	6.0	84
库克群岛		1991	0.5	0.3	0.2	7.2	6.1	9.3	85
		2001	0.9	0.4	0.4	13.1	11.7	14.8	85
斐济		1990	16.0	…	…	6.4	…	…	41
	b	1994	16.1	…	…	5.7	…	…	41
		1995	15.4	…	…	5.4	…	…	41
	b	1996	17.2	9.6	7.7	5.8	4.8	7.8	44
	b	2004	15.5	9.4	6.1	4.6	4.1	5.9	86
	b	2005	15.5	9.4	6.1	4.6	4.1	5.9	87
法属玻利尼西亚		2002	11.7	6.3	5.3	11.7	10.6	13.4	44
关岛		1980	3.5	1.8	1.7	9.9	8.4	12.1	88
		1990	1.3	…	…	2.8	…	…	89
		1991	1.7	…	…	3.5	…	…	89
		1992	1.8	…	…	3.9	…	…	89
		1993	2.6	…	…	5.5	…	…	89
	b	2000	7.4	4.1	3.3	11.5	11.5	11.5	90
马绍尔群岛		1980	0.7	0.5	0.3	9.7	9.0	11.3	91
		1988	1.4	1.0	0.4	12.5	12.2	13.2	91
		1999	4.5	2.7	1.9	30.9	27.6	37.3	91
新喀里多尼亚		1996	15.0	7.9	7.1	18.6	16.3	22.2	92
纽埃		2001	–	–	–	2.2	2.3	2.1	44
		2002	0.1	…	…	9.7	…	…	61
北马里亚纳群岛		1984	0.6	0.4	0.2	9.7	10.3	8.4	93
		1985	0.6	0.4	0.2	9.9	10.5	9.0	93
		2003	1.8	0.8	1.0	4.6	5.0	4.3	93
巴布亚新几内亚		1990	132.8	90.8	42.0	7.7	9.0	5.9	94
		2000	68.6	53.7	15.0	2.8	4.3	1.3	94
萨摩亚		2001	2.6	1.6	1.0	5.0	4.4	6.2	44
所罗门群岛		1999	27.1	17.6	9.4	31.9	31.0	33.7	95
汤加		1990	1.3	…	…	4.1	…	…	96
	b	1993	0.4	…	…	1.3	…	…	96
		1996	4.0	…	…	13.3	…	…	96
	b	2003	1.9	0.8	1.1	5.2	3.6	7.4	97

		年份	失业人口（千人）			失业率（%）			注
			MF	M	F	MF	M	F	No.
图瓦卢		2002	0.2	0.1	0.1	6.5	4.9	8.6	95
		2004	0.7	…	…	16.3	…	…	98
瓦努阿图		1999	1.3	…	…	1.6	…	…	99
南亚									
阿富汗		2005	363.8	172.7	191.1	8.5	7.6	9.5	20
孟加拉国		1991	997.0	616.0	379.0	…	…	…	100
		1996	1 264.0	847.0	417.0	2.5	2.7	2.2	101
		2000	1 749.0	1 083.0	666.0	3.3	3.2	3.3	101
		2003	2 002.0	1 501.0	502.0	4.3	4.2	4.9	101
		2005	2 104.0	1 252.0	853.0	4.3	3.4	7.0	47
不丹		2005	8.1	4.9	3.1	3.2	3.0	3.3	102
印度		1996	7 564.4	6 428.4	1 135.9	2.1	2.4	1.3	103
		1997	9 323.4	7 106.8	2 216.6	2.6	2.6	2.4	104
		1998	12 541.7	9 489.4	3 052.3	3.6	3.5	3.8	105
	b	2000	14 858.7	10 803.6	4 055.2	4.3	4.4	4.1	106
		2004	18 417.1	12 915.6	5 501.4	5.0	4.9	5.3	106
马尔代夫		1995	0.5	0.3	0.2	0.8	0.6	1.3	107
		2000	1.7	0.9	0.8	2.0	1.6	2.7	107
		2006	18.6	6.0	12.6	14.4	7.9	23.8	107
尼泊尔		1996	420.5	…	…	4.5	…	…	61
	b	1999	178.0	99.0	81.0	…	…	…	20
	b	2001	860.1	419.4	440.7	8.8	7.4	10.7	108
巴基斯坦		1980	896.0	664.0	232.0	3.6	3.0	7.5	109
		1990	763.0	739.0	24.0	2.6	2.8	0.7	110
		2000	2 722.0	1 774.0	948.0	7.2	5.5	15.8	111
		2003	3 226.0	2 170.0	1 056.0	…	…	…	111
		2004	3 185.0	2 211.0	975.0	7.4	6.2	13.0	111
		2005	3 246.0	2 253.0	993.0	…	…	…	111
		2006	2 861.0	1 976.0	888.0	6.1	5.2	9.6	111
		2007	2 427.0	1 605.0	822.0	5.1	4.2	8.6	47
斯里兰卡		1990	953.8	…	…	15.9	9.1	23.5	112
		2000	517.2	260.1	257.0	7.7	5.9	11.3	113
	b	2004	667.3	323.5	343.9	8.3	6.0	12.8	114
		2005	623.4	301.6	321.7	7.7	5.5	11.9	112
	b	2006	493.4	226.7	266.8	6.5	4.7	9.7	113
		2007	447.0	209.7	237.3	6.0	4.3	9.0	113
		2008	394.0	175.2	218.8	5.2	3.6	8.0	115
东南亚									
文莱达鲁萨兰国		1991	5.2	2.7	2.5	4.7	3.7	6.7	91
柬埔寨		2000	133.6	55.0	78.6	2.5	2.1	2.8	116
		2001	115.8	44.9	71.0	1.8	1.5	2.2	116
		2004	…	…	…	7.1	7.6	6.7	116
印度尼西亚		1980	868.1	480.3	387.9	…	…	…	117
		1990	1 951.6	1 155.2	796.4	…	…	…	117
		2000	5 813.0	3 340.0	2 472.0	…	…	…	20
		2004	10 251.0	5 346.0	4 905.0	9.9	8.1	12.9	61
	b	2005	11 899.0	6 291.7	5 606.0	11.2	9.5	14.2	118
		2006	10 931.0	5 772.7	5 160.0	10.3	8.5	13.4	118
		2007	10 011.0	5 572.2	4 438.0	9.1	8.1	10.8	118
		2008	9 411.1	…	…	8.4	…	…	119
老挝人民民主共和国		1995	53.7	26.2	27.5	2.6	2.6	2.6	120
	b	2005	37.5	18.6	18.9	1.4	1.3	1.4	121
马来西亚		1990	315.2	…	…	5.1	…	…	122
		2000	286.9	182.8	104.2	3.0	2.9	3.1	122
		2003	369.8	235.8	134.0	3.6	3.6	3.6	122
		2004	366.6	224.7	142.0	3.5	3.4	3.8	122
		2005	368.1	230.4	137.7	3.5	3.4	3.7	122
		2006	353.6	224.9	128.7	3.3	3.3	3.4	122
		2007	351.4	216.4	135.0	3.2	3.1	3.4	122
缅甸		1990	565.0	305.0	260.0	6.0	4.7	8.8	123
菲律宾		1980	…	…	…	4.8	3.2	7.5	124
		1990	1 993.0	1 099.0	894.0	8.1	7.1	9.8	125
		2000	3 133.0	1 978.0	1 156.0	10.1	10.3	9.9	125
		2004	3 889.0	2 311.0	1 574.0	10.9	10.4	11.7	125
	b	2005	2 619.0	1 616.0	1 001.0	7.4	7.4	7.3	126
		2006	2 625.0	1 686.0	939.0	7.4	7.7	6.9	125
		2007	2 245.0	1 424.0	821.0	6.3	6.4	6.0	127
	b	2008	2 716.0	1 714.0	1 003.0	7.4	7.6	7.1	12

		年份	失业人口（千人）			失业率（%）			注
			MF	M	F	MF	M	F	No.
新加坡		1980	33.5	20.5	13.0	3.0	2.9	3.4	128
	b	2000	94.0	52.3	41.7	6.0	5.6	6.6	129
		2003	101.0	57.8	43.4	5.9	5.7	6.2	128
		2004	…	…	…	5.8	5.6	6.2	128
		2006	84.2	44.8	39.5	4.5	4.1	4.9	128
		2007	75.9	40.6	35.5	4.0	3.7	4.3	130
	b	2008	62.9	33.6	29.4	3.2	3.0	3.5	12
泰国		1980	202.3	120.8	81.5	0.9	1.0	0.8	131
		1990	680.9	333.0	347.9	2.2	2.0	2.4	132
		2000	807.4	452.1	355.3	2.4	2.4	2.3	132
		2004	549.1	324.3	224.8	1.5	1.6	1.4	132
		2005	495.9	289.9	206.0	1.3	1.5	1.2	132
		2006	449.9	259.6	190.1	1.2	1.3	1.1	132
		2007	442.3	258.1	184.2	1.2	1.3	1.1	47
	b	2008	522.0	302.6	219.4	1.4	1.5	1.3	133
越南		2000	885.7	468.0	417.7	2.3	2.4	2.1	61
		2001	1 107.4	457.9	649.6	2.8	2.3	3.3	61
		2002	871.0	398.0	473.0	2.1	1.9	2.3	61
		2003	949.0	402.4	546.6	2.3	1.9	2.6	61
		2004	926.4	409.9	516.6	2.1	1.9	2.4	61
拉丁美洲和加勒比地区									
加勒比地区									
安圭拉		1991	0.3	0.2	0.2	…	…	…	134
	b	1992	0.3	0.2	0.2	7.6	6.7	9.0	135
	b	1999	0.6	0.2	0.4	8.3	4.6	12.1	136
	b	2001	0.4	0.2	0.2	6.6	6.5	6.7	137
	b	2002	0.5	0.2	0.3	7.8	6.3	9.5	138
安提瓜和巴布达		1991	1.8	…	…	6.0	…	…	139
	b	2001	3.3	1.6	1.7	8.4	8.0	8.8	102
阿鲁巴		1991	1.9	1.1	0.8	6.1	5.9	6.3	42
	b	1994	2.5	1.2	1.3	6.7	5.6	8.3	134
		1997	3.3	1.7	1.6	7.5	6.8	8.4	134
巴哈马		2003	18.7	8.7	9.9	10.8	10.0	11.7	140
		2004	18.0	8.5	9.5	10.3	9.5	11.1	140
	b	2005	18.1	8.3	9.7	10.2	9.3	11.2	141
		2006	13.8	6.4	7.5	7.6	7.2	8.0	142
		2007	14.6	6.4	8.1	7.9	6.7	9.1	47
巴巴多斯		1980	12.8	5.2	7.6	11.4	8.6	14.8	143
		1990	18.6	6.6	12.0	15.0	10.3	20.2	144
		2000	13.3	5.5	7.9	9.3	7.5	11.5	145
		2001	14.3	6.0	8.3	9.8	8.0	11.8	145
		2002	14.8	6.4	8.4	10.3	8.6	12.1	145
	b	2003	16.0	7.1	8.9	11.0	9.5	12.6	47
		2004	14.3	6.7	7.5	9.8	8.9	10.5	47
百慕大		1991	2.1	1.4	0.7	6.0	7.5	4.3	146
		2000	1.0	0.6	0.4	2.7	3.1	2.3	102
英属维尔京群岛		1991	0.3	0.2	0.1	3.6	3.8	3.4	139
开曼群岛		2003	1.1	…	…	3.6	…	…	147
		2004	1.3	…	…	4.3	…	…	148
		2005	1.3	…	…	3.5	…	…	147
		2006	0.9	0.5	0.5	2.6	2.5	2.8	141
		2007	1.4	0.7	0.7	3.8	3.5	4.2	47
古巴		2000	252.3	111.8	140.5	5.4	3.8	8.3	149
		2003	109.7	51.3	58.4	2.3	1.7	3.4	149
		2004	87.7	49.7	38.0	1.9	1.7	2.2	149
		2005	93.9	55.0	38.9	1.9	1.8	2.2	149
		2006	92.7	52.6	40.1	1.9	1.7	2.2	149
		2007	88.6	53.3	35.3	1.8	1.7	1.9	149
多米尼克		1989	3.4	1.2	2.3	11.3	6.9	18.3	20
	b	1991	2.6	1.7	0.9	9.8	9.9	9.8	102
	b	1997	7.6	3.5	4.1	23.2	19.6	27.3	20
		1999	5.2	2.6	2.7	15.7	13.1	19.5	20
	b	2001	3.1	2.0	1.0	11.0	12.0	9.5	102
多米尼加共和国	b	2000	516.5	197.0	319.5	14.2	8.7	23.3	150
		2003	…	…	…	16.7	10.6	26.6	96
		2004	723.7	252.5	471.2	18.4	10.5	30.7	96
	b	2005	715.8	269.6	446.3	11.0	7.0	17.5	96
		2006	661.4	233.5	428.0	10.0	6.0	16.0	96
		2007	654.0	240.7	413.3	15.6	9.3	25.4	96

		年份	失业人口（千人）			失业率（%）			注
			MF	M	F	MF	M	F	No.
格林纳达		1994	11.1	4.2	6.8	26.9	18.5	37.0	10
		1996	7.0	2.2	4.8	16.9	10.0	24.9	10
		1998	6.2	2.4	3.9	15.2	10.6	21.8	10
瓜德罗普		2000	49.4	21.7	27.7	25.7	21.2	30.8	151
		2003	44.0	20.9	23.1	26.9	24.6	29.4	151
		2004	40.3	17.5	22.8	24.7	21.0	28.5	151
		2005	42.0	18.1	23.9	26.0	22.0	30.1	151
		2006	46.2	20.8	25.4	27.3	24.2	30.5	151
		2007	38.0	15.9	22.1	22.7	19.2	26.1	151
圭亚那		1987	35.3	16.0	19.3	13.1	8.5	23.9	152
	b	1992	32.6	15.4	17.2	11.7	8.4	18.1	153
		2001	24.0	10.7	13.3	9.1	6.2	14.3	153
	b	2002	31.8	19.2	12.6	11.8	10.3	15.3	44
海地		1982	260.2	141.4	118.9	12.2	11.2	13.6	154
		1983	276.2	144.7	131.5	12.2	11.2	13.5	154
		1988	561.8	265.1	296.7	23.9	19.1	30.9	154
		1990	339.7	191.3	148.4	12.7	11.9	13.8	154
	b	1999	209.1	92.9	116.2	7.2	6.2	8.3	61
牙买加		1980	261.8	82.7	179.2	27.3	16.3	39.6	46
		1990	166.6	52.8	113.8	15.7	9.3	23.1	46
		2000	171.8	62.5	109.2	15.5	10.2	22.3	46
		2004	136.8	54.0	82.8	11.4	8.1	15.7	46
	b	2005	133.3	50.0	83.0	10.9	7.4	15.3	46
		2006	119.6	48.0	71.6	9.6	6.9	13.0	46
		2007	119.8	38.3	81.5	9.4	5.5	14.3	46
		2008	137.3	52.0	85.3	10.6	7.3	14.6	155
马提尼克		1980	30.1	…	…	…	…	…	41
		2000	44.1	18.9	25.2	26.3	22.1	30.8	151
		2003	36.1	16.1	20.1	22.3	19.9	24.6	151
		2004	35.9	15.9	20.0	22.4	19.9	24.7	151
		2005	34.8	16.2	18.6	21.7	20.1	20.1	151
		2006	42.2	19.1	23.1	25.2	23.1	27.3	151
		2007	34.5	16.3	18.2	21.2	20.7	21.7	151
蒙特赛拉特		1980	0.3	…	…	6.1	…	…	156
		1983	0.4	…	…	7.0	…	…	156
		1984	0.3	…	…	5.8	…	…	156
		1985	0.3	…	…	5.3	…	…	156
		1986	0.2	…	…	4.2	…	…	156
		1987	0.1	…	…	2.0	…	…	156
荷属安的列斯		1990	9.8	…	…	17.2	…	…	157
		2000	8.5	3.7	4.8	14.0	12.0	16.2	157
		2003	9.3	…	…	15.1	…	…	157
		2004	9.9	4.5	5.4	16.1	15.1	17.0	157
		2005	11.4	5.2	6.2	18.2	17.1	19.2	157
		2006	8.9	3.3	5.6	14.6	11.3	17.7	157
		2007	7.3	2.9	4.4	12.0	9.9	14.0	157
波多黎各		1980	…	…	…	17.1	19.5	12.3	158
		1990	158.0	115.0	43.0	15.1	17.6	11.0	89
		2000	131.0	91.0	40.0	10.1	11.9	7.5	89
		2004	145.0	92.0	52.0	10.3	11.5	8.6	89
		2005	160.0	97.0	62.0	11.3	12.2	10.1	89
		2006	155.0	88.0	65.0	11.0	11.2	10.4	89
		2007	152.0	92.0	59.0	10.9	12.0	9.5	89
		2008	157.7	…	…	11.6	…	…	159
圣卢西亚		2000	12.5	5.1	7.5	16.5	12.7	20.8	160
	b	2001	8.7	5.0	3.6	…	…	…	102
	b	2002	12.1	5.4	6.7	14.7	12.2	17.7	160
	b	2003	18.2	7.6	10.6	22.2	17.2	28.1	20
		2004	16.5	7.4	9.1	21.0	17.5	25.0	20
圣文森特和格林纳丁斯		1991	8.2	4.9	3.3	19.8	18.4	22.1	139
苏里南		1990	15.2	7.2	8.0	15.7	12.6	20.1	161
		1996	…	…	…	10.9	7.9	16.4	20
		1997	…	…	…	10.5	7.4	16.0	20
		1998	…	…	…	10.6	7.2	17.0	20
		1999	11.8	5.4	6.5	13.8	9.9	20.4	161
	b	2004	16.4	7.7	8.7	…	…	…	162

		年份	失业人口（千人）			失业率（%）			注
			MF	M	F	MF	M	F	No.
特立尼达和多巴哥		1980	…	…	…	10.0	8.0	14.0	163
		1990	93.6	55.1	38.5	20.0	17.9	24.2	164
		2000	69.3	36.1	33.2	12.1	10.2	15.1	164
		2003	…	…	…	10.5	8.3	13.8	164
		2004	…	…	…	8.3	6.4	11.2	164
		2005	49.6	21.2	28.4	8.0	5.8	11.0	164
	b	2006	31.6	12.4	19.2	5.0	3.4	7.3	165
		2007	40.3	16.2	24.1	6.5	4.4	9.6	166
特克斯和凯科斯群岛		2001	1.1	…	…	…	…	…	41
		2002	0.8	…	…	…	…	…	41
		2003	1.2	…	…	…	…	…	41
		2004	1.7	…	…	…	…	…	41
		2005	1.5	…	…	7.9	…	…	41
中美洲									
伯利兹		1998	12.3	5.9	6.3	14.3	10.6	21.3	167
		1999	11.5	5.3	6.1	12.8	9.0	20.3	167
	b	2001	8.6	3.6	5.0	9.1	5.8	15.4	168
		2002	9.5	4.7	4.7	10.0	7.5	15.3	168
	b	2005	12.2	5.2	7.0	11.0	7.5	17.2	169
哥斯达黎加		1980	45.5	30.6	14.8	5.9	5.3	7.8	170
		1990	49.5	31.5	17.8	4.6	4.1	5.9	170
		2000	71.9	41.1	30.6	5.2	4.4	6.9	170
	b	2003	117.2	65.4	51.0	6.7	5.8	8.2	170
		2004	115.0	62.9	52.3	6.5	5.5	8.5	170
		2005	125.6	59.9	66.0	6.6	4.9	9.6	170
		2006	116.0	53.7	62.3	6.0	4.4	8.7	170
		2007	93.0	41.3	51.4	4.6	3.3	6.8	171
萨尔瓦多		1980	213.5	114.4	99.1	12.9	…	…	172
		1990	97.9	54.8	43.1	10.0	10.1	9.8	173
		2000	…	…	…	7.0	9.1	3.6	172
		2002	160.2	123.6	36.5	6.2	8.1	3.5	172
		2003	187.2	148.6	38.5	6.9	9.2	3.5	172
		2004	183.8	142.8	41.0	6.8	8.7	3.8	172
		2005	201.6	147.2	54.6	…	…	…	172
		2006	188.9	142.4	46.3	6.6	8.5	3.9	172
危地马拉		2000	64.9	40.3	24.6	1.4	1.4	1.5	112
		2001	62.2	34.4	27.8	1.3	1.3	1.4	112
		2002	154.3	77.1	77.2	3.1	2.5	4.3	112
	b	2003	140.3	70.4	69.9	2.8	2.2	3.7	174
	b	2004	156.2	91.7	64.5	3.1	2.8	3.7	112
	b	2006	100.1	50.6	49.5	1.8	1.5	2.4	175
洪都拉斯		1990	…	…	…	4.8	4.4	6.2	176
	b	2002	91.9	55.6	36.3	3.9	3.6	4.7	177
		2003	127.9	73.5	54.4	5.2	4.6	6.4	177
	b	2004	149.3	78.7	70.5	6.0	4.8	8.3	178
		2005	105.9	54.1	52.0	4.2	3.2	6.2	179
		2006	87.4	46.8	40.7	3.1	2.5	4.2	176
墨西哥		2000	989.2	554.0	435.2	2.6	2.2	3.3	13
		2004	1 528.0	821.2	706.8	3.7	3.1	4.7	13
		2005	1 470.5	910.3	560.2	3.5	3.4	3.6	13
		2006	1 367.3	806.0	561.3	3.2	3.0	3.5	13
		2007	1 495.9	878.6	617.2	3.4	3.2	3.7	13
	b	2008	1 801.2	1 093.9	707.4	4.0	3.9	4.2	180
尼加拉瓜		1990	144.6	79.0	65.6	10.9	9.0	14.7	181
		2000	178.0	118.0	60.0	9.8	9.2	11.2	181
		2001	122.5	77.3	45.2	6.4	5.9	7.7	181
	b	2003	164.7	99.3	65.4	7.8	7.6	8.0	182
	b	2004	138.0	74.2	63.8	6.5	5.7	8.0	96
		2005	122.5	73.4	49.1	5.6	5.4	5.9	96
		2006	113.9	74.2	40.3	5.2	5.4	4.9	96
巴拿马	b	1990	96.0	60.8	35.2	…	…	…	44
	b	2000	147.0	77.7	69.3	13.8	11.3	18.3	183
		2003	170.4	82.9	87.4	13.6	10.5	18.8	118
		2004	159.9	76.3	83.6	12.4	9.5	17.4	118
		2005	136.8	66.7	70.2	10.3	8.1	14.0	118
		2006	121.4	60.2	61.1	9.1	7.2	12.4	118
		2007	92.0	44.5	47.5	6.8	5.3	9.3	20

		年份	失业人口（千人）			失业率（%）			注
			MF	M	F	MF	M	F	No.
南美洲									
阿根廷		1980	82.2	…	…	2.3	…	…	184
		1990	332.1	212.6	119.4	7.3	7.3	7.3	184
		2000	1 460.9	809.9	651.0	15.0	14.1	16.4	185
		2002	…	…	…	19.6	20.2	18.8	185
	b	2003	1 633.0	824.8	808.2	15.4	13.8	17.5	186
		2004	1 361.6	687.6	673.9	12.6	11.2	14.5	185
		2005	1 141.5	561.7	579.8	10.6	9.2	12.4	185
	b	2006	1 049.2	488.9	560.3	9.5	7.8	11.6	187
玻利维亚		1980	105.9	…	…	5.8	…	…	188
		1990	433.4	366.6	66.9	19.0	…	…	188
	b	1997	71.2	40.8	30.4	3.7	3.7	3.6	189
	b	1999	164.5	76.9	87.6	4.3	3.7	5.1	190
		2000	183.2	83.3	99.9	4.8	3.9	5.9	190
	b	2001	202.2	93.6	108.6	5.4	4.6	6.4	191
	b	2002	199.9	88.4	111.4	5.4	4.2	6.8	191
巴西		1990	2 271.0	1 513.0	758.0	3.7	3.8	3.5	192
		2004	8 083.0	3 491.0	4 596.0	8.9	6.8	11.7	193
	b	2005	8 953.0	3 859.0	5 094.0	9.3	7.1	12.2	194
		2006	8 210.0	3 510.0	4 700.0	8.4	6.4	11.0	194
	b	2007	2 100.0	911.0	1 189.0	9.3	7.4	11.6	195
		2008	1 812.6	759.5	1 053.0	7.9	6.1	10.0	195
智利		1980	378.4	271.5	106.9	10.4	10.6	10.0	196
		1990	267.7	184.2	83.5	5.7	5.7	5.7	197
		2000	489.4	312.6	177.1	8.3	8.0	9.0	197
		2004	494.7	280.8	214.1	7.8	6.9	9.5	197
		2005	440.5	248.2	192.2	6.9	6.1	8.5	197
	b	2006	410.0	239.3	170.7	6.0	5.5	7.0	198
		2007	510.3	279.7	229.8	7.2	6.3	8.8	20
	b	2008	562.4	307.4	255.1	7.8	6.8	9.5	12
哥伦比亚		1980	320.8	161.8	159.0	9.1	7.5	11.5	199
		1990	491.6	232.8	258.8	10.2	8.1	13.2	199
		2000	1 526.0	660.2	865.8	20.5	16.9	24.5	200
		2004	2 766.9	1 247.1	1 523.8	13.7	10.7	17.8	201
		2005	2 358.6	1 029.7	1 340.0	11.5	8.6	15.5	201
		2006	2 568.0	1 112.7	1 455.4	12.7	9.7	16.8	201
		2007	2 213.5	1 022.1	1 191.4	10.9	8.7	13.8	112
	b	2008	2 218.6	1 041.1	1 177.5	11.7	8.9	14.5	202
厄瓜多尔		1990	150.2	67.3	83.2	6.1	4.3	9.1	203
		2000	333.1	138.2	194.8	9.0	6.2	13.1	203
		2003	461.1	215.0	246.1	11.5	9.1	15.0	203
		2004	362.1	160.7	201.4	8.6	6.6	11.4	203
		2005	333.6	143.3	190.3	7.9	5.8	10.8	203
		2006	341.8	143.4	198.4	7.8	5.6	10.9	203
		2008	…	…	…	6.9	…	…	204
法属圭亚那		1990	12.1	6.7	5.4	…	…	…	44
		2000	…	…	…	25.8	21.2	32.2	151
		2003	…	…	…	24.5	20.5	29.6	151
		2004	…	…	…	26.3	22.6	30.8	151
		2005	…	…	…	26.5	23.8	29.7	151
		2006	…	…	…	29.1	23.9	35.3	151
		2007	12.8	5.9	6.9	…	…	…	20
巴拉圭		1980	11.1	5.8	5.3	4.1	3.8	4.8	205
		1990	33.1	20.3	13.8	6.4	6.7	6.3	205
		2000	188.6	101.1	87.5	7.6	6.7	8.9	206
		2001	188.6	101.1	87.5	7.6	6.7	8.9	207
	b	2002	255.5	130.3	125.3	10.7	8.9	13.6	208
		2003	193.7	97.6	96.1	7.9	6.6	10.0	209
	b	2007	155.6	70.0	85.6	5.6	4.2	7.6	47
秘鲁		1980	87.3	…	…	…	…	…	210
	b	1990	210.4	95.4	115.0	8.6	6.5	11.5	211
		2000	566.5	318.8	247.7	7.4	7.3	7.5	212
		2003	316.0	182.5	133.6	8.4	8.7	8.0	213
		2004	339.5	159.4	180.1	9.0	7.2	11.6	214
		2005	333.4	155.4	178.0	8.7	7.1	10.7	214
		2006	297.6	136.3	161.0	7.4	6.0	9.3	214
		2007	311.5	142.7	168.7	7.0	5.9	8.2	214

		年份	失业人口（千人）			失业率（%）			注
			MF	M	F	MF	M	F	No.
乌拉圭		1980	40.0	16.5	23.5	7.3	…	…	215
		1990	105.7	50.6	55.1	8.5	6.9	10.9	212
		2000	167.7	74.7	93.0	13.6	10.9	17.0	212
		2003	208.5	92.2	116.2	16.8	13.5	20.8	212
		2005	154.9	65.4	89.5	12.2	9.5	15.3	212
	b	2006	166.9	70.0	97.0	10.6	7.8	14.1	216
		2007	149.3	60.2	89.3	9.2	6.6	12.4	216
		2008	…	…	…	7.6	5.4	10.1	180
委内瑞拉玻利瓦尔共和国		1980	290.2	233.9	56.3	5.9	6.5	4.5	217
		1990	743.4	514.1	229.2	10.3	10.4	10.0	47
		2000	1 365.8	821.2	544.6	13.2	12.5	14.4	218
		2003	2 014.9	1 034.2	980.7	16.8	14.4	20.3	218
		2004	1 818.7	976.3	842.4	15.0	13.4	17.6	219
	b	2006	1 143.7	618.9	524.8	9.3	8.2	11.1	220
		2007	928.3	536.7	391.4	7.5	7.1	8.1	47
	b	2008	925.7	546.0	380.0	7.4	7.1	7.8	33
非洲									
北非									
阿尔及利亚		1990	…	…	…	19.8	…	…	221
		2000	2 427.7	2 132.7	295.0	29.8	29.8	29.7	20
		2003	2 078.0	1 759.9	318.3	23.7	23.4	25.4	20
		2004	1 671.5	1 370.4	301.1	17.7	17.5	18.1	20
		2005	1 474.5	1 221.0	253.5	15.3	14.9	17.5	20
		2006	1 240.8	988.3	252.6	12.3	11.8	14.4	20
		2007	1 374.6	1 072.0	302.7	13.8	12.9	18.4	20
埃及		1980	…	…	…	5.2	3.9	19.2	222
		1990	…	…	…	8.6	5.2	17.9	223
		2000	…	…	…	9.0	5.1	22.7	224
		2004	2 241.5	1 110.8	1 130.8	10.7	6.8	24.4	225
	b	2005	2 450.1	1 194.5	1 255.6	11.2	7.1	25.1	224
		2006	2 434.6	1 207.8	1 226.8	10.6	6.8	24.0	122
	b	2007	2 130.0	1 080.0	1 050.0	9.0	6.0	18.6	226
		2008	2 145.2	1 075.9	1 069.1	8.7	5.9	19.3	226
摩洛哥		1990	601.2	401.4	199.8	15.8	14.2	20.4	227
		2000	1 394.3	1 035.7	358.7	…	…	…	20
		2004	1 192.5	851.2	341.4	10.8	10.6	11.3	20
		2005	1 226.4	877.5	348.8	11.0	10.8	11.5	20
		2006	1 062.4	774.2	288.5	9.7	9.7	9.7	20
	b	2007	1 088.9	792.0	296.8	9.5	9.6	9.4	20
		2008	1 075.4	780.1	295.4	9.6	9.6	9.8	26
突尼斯		2000	…	…	…	15.7	15.3	16.9	20
		2001	…	…	…	15.1	14.5	16.2	20
		2002	…	…	…	15.3	14.9	16.3	20
		2003	473.4	334.7	138.6	14.5	13.9	16.2	20
		2004	…	…	…	14.2	13.2	17.1	20
		2005	486.3	328.8	157.5	14.2	13.1	17.3	20
撒哈拉以南非洲									
东非									
布隆迪		1990	12.3	8.7	3.5	0.5	0.7	0.3	162
科摩罗		1991	25.2	18.7	6.5	20.0	21.3	16.9	228
吉布提		1991	59.7	37.9	21.8	43.5	41.9	46.7	61
厄立特里亚		1984	14.5	8.2	6.3	…	…	…	91
埃塞俄比亚		1984	169.6	83.1	86.5	1.2	1.0	1.4	108
		1994	706.6	384.4	322.3	3.1	3.0	3.3	91
	b	1999	1 917.8	553.8	1 364.1	8.2	4.4	12.6	61
	b	2005	1 519.3	387.7	1 131.6	5.4	2.7	8.2	148
	b	2006	755.7	268.3	486.9	17.0	11.7	22.6	229
肯尼亚		1994	2 459.0	698.3	1 760.7	…	…	…	61
		1999	1 275.8	…	…	9.8	…	…	162
马达加斯加		2000	50.1	26.4	23.7	5.8	6.0	5.7	230
		2001	47.4	24.7	22.7	5.3	5.3	5.4	230
	b	2003	379.2	146.4	232.9	5.0	3.8	6.2	47
		2005	231.8	77.8	154.1	2.6	1.7	3.5	47
马拉维		1983	179.3	78.6	100.7	5.4	4.9	5.9	231
	b	1987	20.9	18.0	2.9	…	…	…	108
		1998	40.7	27.8	12.9	…	…	…	108
	b	2004	…	…	…	7.8	5.4	10.0	232

		年份	失业人口（千人） MF	M	F	失业率（%） MF	M	F	注 No.
毛里求斯		2000	45.0	28.5	16.5	8.8	8.3	9.6	41
	b	2004	45.0	20.2	24.8	8.5	5.8	13.5	47
		2005	52.1	20.2	31.8	9.6	5.8	16.5	47
		2006	50.1	19.5	30.6	9.1	5.5	15.5	47
		2007	46.8	18.6	28.2	8.5	5.3	14.4	89
	b	2008	40.6	14.3	26.3	7.3	4.1	12.8	155
莫桑比克		1997	192.0	129.8	62.2	2.2	3.4	1.3	233
留尼汪		1990	86.1	45.9	40.2	…	…	…	59
		2000	103.8	54.4	49.4	36.5	34.4	39.1	234
		2003	90.1	48.9	41.3	32.9	31.4	34.8	234
		2004	96.2	52.3	43.9	33.5	31.8	35.8	234
		2005	88.9	45.7	43.2	31.3	28.1	35.3	234
		2006	86.7	46.8	39.9	29.1	28.0	30.4	234
		2007	75.9	39.9	36.0	24.2	22.9	25.9	234
卢旺达		1989	25.5	14.8	10.7	0.8	1.0	0.6	61
	b	1991	14.2	10.9	3.2	0.3	0.6	0.2	235
	b	1996	15.0	9.8	5.2	0.6	0.9	0.4	236
塞舌尔		1985	5.7	2.4	3.3	20.6	15.2	28.0	237
	b	1987	4.4	1.8	2.7	…	…	…	238
	b	1994	3.5	1.6	1.9	…	…	…	44
		2002	4.3	…	…	9.8	…	…	162
	b	2005	2.5	1.3	1.2	5.5	6.1	4.9	239
坦桑尼亚联合共和国		1991	365.0	143.1	221.9	3.6	2.8	4.3	240
	b	2001	912.8	388.4	524.4	5.1	4.4	5.8	241
		2006	892.2	281.7	610.5	4.3	2.8	5.8	96
乌干达		1991	56.6	40.5	16.0	…	…	…	61
		1992	67.5	43.0	24.6	…	…	…	61
	b	2003	346.0	128.0	218.0	3.2	2.5	3.9	96
赞比亚		1990	285.3	173.9	111.4	12.4	11.7	13.7	242
	b	1991	570.0	269.0	305.0	18.9	16.3	22.4	243
		1993	690.0	349.0	341.0	19.7	18.9	20.6	244
		1996	610.0	314.0	300.0	15.3	14.9	15.9	245
		1998	483.0	281.0	227.0	12.0	13.0	12.0	246
	b	2000	409.3	262.4	147.8	12.9	14.1	11.3	247
津巴布韦	b	1992	764.2	468.7	295.5	…	…	…	44
	b	1994	215.6	153.3	62.3	5.0	6.8	3.0	61
	b	1997	341.4	219.4	121.8	6.9	8.7	5.1	47
		1999	297.8	187.2	110.8	6.0	7.3	4.6	47
	b	2004	236.1	118.5	117.6	4.2	4.2	4.1	248
中非									
喀麦隆		1996	392.1	241.7	150.4	8.1	9.5	6.5	249
	b	2001	468.0	263.0	205.0	7.5	8.2	6.7	61
乍得		1993	15.3	12.7	2.6	0.7	1.1	0.3	250
赤道几内亚		1983	24.8	18.0	6.8	24.2	27.4	18.5	251
加蓬		1993	66.2	39.5	26.7	17.8	19.1	16.1	252
圣多美和普林西比		1980	…	…	…	0.6	0.4	0.7	51
	b	2000	6.3	3.5	2.8	14.4	12.5	17.8	253
		2002	9.5	3.7	5.8	…	…	…	51
		2003	9.0	3.3	5.7	…	…	…	51
		2004	8.3	3.4	4.9	…	…	…	51
		2005	8.7	3.4	5.4	…	…	…	51
		2006	8.9	3.4	5.4	16.7	11.0	24.5	51
南部非洲									
博茨瓦纳		1998	115.7	56.3	58.9	20.8	18.4	23.5	254
		2000	90.7	46.3	44.4	15.8	14.7	17.2	254
	b	2001	109.1	51.5	57.6	18.6	15.7	22.2	255
	b	2003	…	…	…	23.8	21.4	26.3	254
		2006	114.4	50.9	63.5	17.6	15.3	19.9	254
莱索托		1986	35.3	25.8	9.6	10.0	11.1	7.8	256
	b	1997	215.9	80.2	135.7	39.3	30.7	47.1	249
	b	1999	206.6	81.2	125.4	27.3	21.5	33.1	20
纳米比亚	b	1994	84.4	40.6	43.8	19.4	17.9	21.1	61
		1997	97.1	48.9	48.2	19.5	18.2	21.0	257
		2000	109.6	53.4	56.2	20.3	19.1	21.6	258
	b	2001	185.3	84.0	101.3	31.1	26.8	35.9	259
	b	2004	108.1	52.0	56.1	21.9	19.4	25.0	260

		年份	失业人口（千人）			失业率（%）			注
			MF	M	F	MF	M	F	No.
南非		2000	4 333.0	2 091.0	2 242.0	26.7	24.9	28.7	261
		2004	4 132.0	2 029.0	2 103.0	26.2	23.1	30.2	262
		2005	4 487.0	2 057.0	2 428.0	26.7	26.8	26.6	262
	b	2006	4 391.0	1 967.0	2 424.0	25.5	21.2	30.7	262
	b	2007	3 946.0	1 883.0	2 059.0	23.0	20.0	26.6	20
	b	2008	4 075.0	1 917.8	2 158.3	22.9	20.0	26.3	263
斯威士兰		1989	50.4	…	…	28.6	…	…	264
	b	1995	72.6	38.5	34.1	21.7	20.4	23.2	61
	b	1997	53.1	26.9	26.2	22.5	20.0	26.0	91
西非									
贝宁		1988	2.5	2.1	0.4	…	…	…	51
		1990	3.3	2.9	0.3	…	…	…	51
		1991	7.9	6.8	1.1	…	…	…	51
	b	1992	27.5	22.9	4.7	1.5	2.2	0.6	265
	b	2002	17.7	12.2	5.5	0.7	0.9	0.4	266
布基纳法索		1985	42.7	32.1	10.6	1.3	1.9	0.6	267
	b	1994	123.4	…	…	2.6	…	…	253
		1998	147.4	68.1	79.3	2.4	2.3	2.6	268
佛得角		1990	26.3	16.7	9.6	23.0	23.3	22.6	129
科特迪瓦		1992	330.0	…	…	6.7	…	…	269
		1995	269.5	…	…	4.1	…	…	269
		1998	298.4	…	…	4.1	…	…	269
加纳		1992	283.4	100.3	183.1	4.7	3.7	5.5	270
		1999	829.8	363.8	466.1	10.1	9.4	10.7	270
	b	2000	859.3	419.3	439.9	10.4	10.1	10.7	44
几内亚		1994	106.8	76.3	30.5	…	…	…	271
几内亚比绍		1980	1.9	1.3	0.6	…	…	…	51
		1981	1.6	1.1	0.4	…	…	…	51
		1982	1.3	0.8	0.4	…	…	…	51
		1983	1.1	1.0	0.1	…	…	…	51
利比里亚		2007	63.0	40.0	23.0	5.6	6.8	4.2	272
马里		1994	21.5	10.8	10.6	…	…	…	232
	b	1997	103.8	69.2	34.6	3.3	3.3	3.3	273
		2004	227.5	107.0	120.5	8.8	7.2	10.9	61
毛里塔尼亚		1988	151.2	92.5	58.6	25.8	21.9	35.8	274
	b	2000	158.2	43.2	115.0	20.6	8.8	41.2	181
尼日尔		1995	119.1	55.0	64.1	5.1	3.6	8.1	275
	b	2001	53.3	42.4	11.0	1.5	1.7	0.9	44
尼日利亚		1986	1 198.7	752.3	446.4	3.9	3.7	4.4	47
圣赫勒拿		1998	0.4	0.3	0.2	18.1	20.2	15.1	276
塞内加尔		2006	351.4	176.8	174.5	11.1	7.9	13.6	20
塞拉利昂		2004	64.0	43.6	20.4	3.4	4.5	2.3	85
中东									
巴林		1991	14.4	9.7	4.7	6.3	5.2	11.8	277
		2001	17.0	10.0	7.0	5.5	4.1	10.5	45
伊朗（伊斯兰共和国）		1996	1 456.0	1 184.0	272.0	9.1	8.5	13.4	278
	b	2002	…	…	…	12.8	11.2	22.4	96
		2004	…	…	…	10.3	9.8	17.8	96
		2005	2 549.0	1 775.0	772.0	11.4	10.0	16.9	96
		2007	2 486.0	1 765.1	721.0	10.5	9.3	15.7	96
伊拉克		2004	709.7	567.7	142.0	10.5	10.1	12.7	61
约旦		2001	191.8	156.9	34.9	15.8	15.1	19.7	61
		2002	199.5	162.5	37.1	16.2	15.6	19.6	61
		2003	191.5	156.2	35.3	15.4	14.7	19.7	61
		2004	156.5	128.8	27.7	12.4	11.8	16.5	61
	b	2008	…	…	…	12.7	10.1	24.3	12
科威特		2000	9.3	…	…	0.8	…	…	61
		2001	9.5	…	…	0.8	…	…	61
		2002	15.1	…	…	1.1	…	…	61
		2003	18.1	…	…	1.3	…	…	61
		2004	25.9	…	…	1.7	…	…	61
黎巴嫩		1997	116.1	…	…	8.5	…	…	41
		2004	94.0	…	…	8.1	…	…	20
阿曼		1996	52.6	37.7	14.9	…	…	…	279

		年份	失业人口（千人）			失业率（%）			注
			MF	M	F	MF	M	F	No.
巴勒斯坦被占领土		2000	…	…	…	14.1	14.4	12.3	20
		2004	211.6	185.2	26.4	26.8	28.1	20.1	20
		2005	194.0	163.9	30.1	…	…	…	20
		2006	205.6	174.5	31.0	23.6	24.2	20.4	20
		2007	183.0	153.0	30.0	21.6	22.1	19.0	20
		2008	…	…	…	26.0	26.4	23.8	12
卡塔尔		1997	6.6	4.5	2.1	2.3	1.9	5.5	59
	b	2001	…	…	…	3.9	2.3	12.6	280
	b	2004	6.6	4.0	2.6	…	…	…	59
沙特阿拉伯	b	2000	273.6	194.3	79.3	4.6	3.8	9.3	20
		2001	281.1	202.6	78.6	4.6	3.9	9.1	20
		2002	326.6	225.0	103.7	5.2	4.2	11.5	20
		2006	501.9	319.1	182.8	6.3	4.7	14.7	281
		2007	463.3	295.5	167.8	5.6	4.2	13.2	20
阿拉伯叙利亚共和国		1999	333.3	220.0	113.4	7.6	6.0	15.2	61
		2000	109.6	62.9	46.6	2.3	1.6	5.0	61
	b	2001	613.4	348.4	265.0	11.6	8.2	25.5	136
		2002	637.8	355.8	282.0	11.7	8.3	24.1	47
	b	2003	512.1	311.7	201.5	10.3	7.8	20.9	282
阿拉伯联合酋长国		1995	24.1	20.4	3.7	1.8	1.7	2.4	44
	b	2000	…	…	…	2.3	2.2	2.6	41
	b	2005	79.8	55.4	24.4	3.1	2.5	7.1	283
也门		1994	276.9	253.5	23.4	…	…	…	44
	b	1999	…	…	…	11.5	12.5	8.2	20

表 8a　总失业人口（注）

1. 说明

失业率显示的是劳动中没有工作但有工作能力并且正在积极寻找工作的人所占的比例。不应将失业率错误地理解为经济困境的衡量指标，虽然这两者之间存在联系。表 8a 给出了总失业人口信息，这些信息来源于已经公布的国家劳动力调查、人口普查或官方估算。

2. 信息库

SIAL 项目　SIAL（劳工分析和信息系统）

国际劳工组织拉丁美洲和加勒比地区办公室，秘鲁利马

http：//www. oitsial. org. pa

该项目组通过在拉丁美洲地区进行家庭调查取得微观数据，并利用这些微观数据分析得出国际劳工组织出版物中的劳动力市场指标。目前该项目已经停止。

欧盟统计局（EUROSTAT）　欧洲劳动力调查（EU LFS），在线数据库

欧洲共同体统计局，卢森堡

http：//epp. eurostat. ec. europa. eu/portal/page/portal/employment_unemployment_lfs/introduction

欧洲劳动力调查（EU LFS）是季度性抽样调查，其覆盖了欧盟、欧洲自由贸易联盟（列支敦士登除外）和欧盟候选国的私人家庭人口。它提供了 15 岁及以上人口的劳动参与情况及非劳动力人口的年度和季度调查结果。

劳工统计数据库（LABORSTA）　劳工统计年鉴，在线统计数据库

国际劳工局统计部，瑞士日内瓦

http：//laborsta. ilo. org

劳工统计数据库是国际劳工组织统计部的在线数据库，提供了自 1969 年以来 30 多个官方核心劳工统计表，包括经济活动人口、就业、失业、工时、工资、劳动力成本、消费者价格、工伤及罢工和停工。

利马（LIMA）　劳工概述（不同年份）

国际劳工组织拉丁美洲及加勒比地区办公室，秘鲁利马

http：//www. oit. org. pe

这份出版物提供了拉丁美洲和加勒比地区关于就业、收入、解雇的代价、劳工培训计划和童工的重要信息。

LMIL　劳动力市场指标图书馆

国际劳工组织就业部，瑞士日内瓦

LMIL 网络允许国际劳工组织中各部门共享劳动力市场信息。当无法从现有的国际信息库获取信息时，就利用 LMIL 指标。驻地办公室需负责鉴别、汇集和审查劳动力市场信息，并利用从各地区或各国那里得到的最新信息来更新数据库。

OECD　劳动力统计数据库（在线）

经济合作与发展组织，法国巴黎

http：//stats. oecd. org/Index. aspx

OECD 劳动力统计在线数据库包含了按年龄和性别划分的工作年龄人口、劳动力、就业和失业，以及按年龄和性别划分的就业/人口比率、参与率、失业率等数据的详细统计资料。

CARIBBEAN　加勒比劳工统计数据集

国际劳工组织加勒比亚地区办公室，特立尼达和多巴哥西班牙港

这个在线数据库提供了 20 个加勒比国家关于劳工统计和劳动力市场的信息。这些数据包括就业、失业、工资、工时、职业事故、社会保障、劳资纠纷等。该数据库目前已停止运营。

3. 资料来源类型

ELFS	欧盟劳动力调查（欧盟统计局）
HS	家庭或劳动力调查
MC	微型普查
OE	官方估算

PC　　人口普查

4. 覆盖范围

C　　平民
T　　总人口
…　　无法获取数据

5. 符号

MF　　男性和女性
M　　男性
F　　女性
b　　序列发生变动
…　　无法获取数据
-　　忽略不计

注 No.	信息库	资料来源类型	范围	年龄（岁）	备注
1	EUROSTAT	ELFS	T	15+	
2	LABORSTA	HS	T	15—69	参考期：第二季度 覆盖范围：不包括应征入伍者
3	LABORSTA	HS	T	15—74	覆盖范围：不包括应征入伍者
4	LABORSTA	HS	T	15—74	参考期：月度估算的平均值
5	OECD	HS	T	15+	参考期：月度估算的平均值 覆盖范围：不包括找工作的全日制学生
6	OECD	HS	T	15+	参考期：月度估算的平均值
7	OECD	HS	T	15+	参考期：3月 地域界限：法国大陆（不包括属地）
8	LABORSTA	HS	T	15+	参考期：5月和11月的平均值
9	LABORSTA	HS	T	15+	参考期：6月 覆盖范围：不包括应征入伍者
10	LABORSTA	HS	T	15+	覆盖范围：不包括应征入伍者
11	LABORSTA	HS	T	15+	地域界限：政府控制的地区 覆盖范围：不包括应征入伍者
12	LABORSTA	HS	T	15+	参考期：月度估算的平均值
13	OECD	HS	T	15+	参考期：季度估算的平均值
14	OECD	MC	T	15+	参考期：月度估算的平均值
15	OECD	HS	T	15—64	
16	OECD	HS	T	15+	
17	OECD	HS	T	15+	注：引入连续调查。
18	OECD	HS	T	15+	参考期：双年度估算的平均值 地域界限：不包括马德拉和亚速尔群岛
19	OECD	HS	T	15+	参考期：季度估算的平均值 地域界限：不包括马德拉和亚速尔群岛
20	LABORSTA	HS	T	15+	
21	OECD	HS	T	15+	参考期：连续调查 注：调查方法经过修改。

注 No.	信息库	资料来源类型	范围（岁）	年龄	备注
22	OECD	HS	T	15 +	参考期：连续调查
23	LABORSTA	HS	T	15 +	参考期：第二季度 覆盖范围：不包括住在军营的正规军人
24	LABORSTA	HS	T	15 +	参考期：第二季度 覆盖范围：不包括应征入伍者和住在军营的正规军人
25	LABORSTA	HS	T	15 +	覆盖范围：不包括应征入伍者和住在军营的正规军人
26	LABORSTA	HS	T	15 +	参考期：季度估算的平均值
27	OECD	HS	T	16 +	地域界限：不包括休达和梅利利亚省
28	OECD	HS	T	16 +	
29	OECD	HS	T	16 +	注：调查经过重新设计。
30	OECD	HS	T	16 +	参考期：月度估算的平均值
31	OECD	HS	C	15 +	参考期：月度估算的平均值 地域界限：不包括育空和西北行政区，以及努纳武特 覆盖范围：不包括找工作的全日制学生
32	OECD	HS	C	15 +	参考期：月度估算的平均值 地域界限：不包括育空和西北行政区，以及努纳武特
33	LABORSTA	HS	C	15 +	参考期：月度估算的平均值
34	OECD	HS	C	16 +	参考期：月度估算的平均值 地域界限：不包括波多黎各、关岛、美属维尔京群岛、美属萨摩亚
35	OECD	HS	C	16 +	参考期：月度估算的平均值 地域界限：不包括波多黎各、关岛、美属维尔京群岛、美属萨摩亚 注：方法经过修改。
36	LABORSTA	HS	C	16 +	参考期：月度估算的平均值
37	OECD	HS	C	15 +	参考期：8 月 覆盖范围：包括每周工作时间少于 15 小时且正在积极寻找工作的无报酬家庭工作者
38	OECD	HS	C	15 +	参考期：8 月
39	OECD	HS	C	15 +	参考期：8 月 地域界限：不包括杰维斯湾地区
40	LABORSTA	HS	T	16 +	参考期：9 月
41	LABORSTA	OE	T	15 +	
42	LABORSTA	PC	T	15 +	参考期：10 月
43	LABORSTA	OE	T	15 +	参考期：1 月
44	LABORSTA	PC	T	15 +	
45	LABORSTA	PC	T	15 +	参考期：4 月
46	LABORSTA	HS	C	14 +	
47	LABORSTA	HS	C	15 +	
48	LABORSTA	HS	C	15 +	参考期：月度估算的平均值 地域界限：包括东耶路撒冷 注：包括一国过去 12 个月中没有工作的人员。
49	OECD	HS	C	15 +	参考期：季度估算的平均值 地域界限：不包括查塔姆、南极领土和其他小型沿海岛屿。 注：抽样框架和调查问卷经过修改。
50	OECD	HS	C	15 +	参考期：季度估算的平均值 地域界限：不包括查塔姆、南极领土和其他小型沿海岛屿
51	LABORSTA	OE	T	…	

注 No.	信息库	资料来源类型	范围（岁）	年龄	备注
52	OECD	HS	T	16 +	参考期：4 月和 11 月的平均值
53	OECD	HS	T	16 +	参考期：4 月和 11 月的平均值 注：引入连续调查。
54	LABORSTA	HS	C	16—74	参考期：月度估算的平均值
55	LABORSTA	PC	T	17 +	注：人口普查抽样制表的规模未经说明。
56	OECD	HS	T	16 +	参考期：季度估算的平均值
57	OECD	HS	T	16 +	参考期：连续调查
58	OECD	HS	T	15 +	参考期：第二季度
59	LABORSTA	PC	T	15 +	参考期：3 月
60	LABORSTA	HS	…	15—64	
61	LMIL	HS	T	15 +	
62	LABORSTA	HS	C	15 +	参考期：季度估算的平均值
63	LABORSTA	HS	T	15—64	参考期：10 月
64	LABORSTA	HS	T	15 +	参考期：10 月
65	LABORSTA	HS	T	15 +	参考期：10 月 地域界限：不包括科索沃和梅托希亚
66	OECD	HS	C	15 +	参考期：4 月和 11 月的平均值
67	OECD	HS	C	15 +	参考期：季度估算的平均值
68	EUROSTAT	ELFS	C	15 +	
69	LABORSTA	HS	C	15 +	地域界限：城市地区
70	LABORSTA	OE	C	15—61	注：数据指的是 15—61 岁的男性和 15—56 岁的女性。
71	LABORSTA	HS	C	15—61	
72	LABORSTA	HS	T	15 +	参考期：11 月
73	LABORSTA	HS	T	15—72	
74	LABORSTA	HS	T	15—72	参考期：月度估算的平均值
75	LABORSTA	HS	T	15—70	
76	LABORSTA	HS	T	15—70	参考期：季度估算的平均值
77	LABORSTA	OE	T	15 +	参考期：12 月 地域界限：城市地区
78	LABORSTA	HS	C	15 +	参考期：9 月 覆盖范围：不包括海军和受管辖机构内人口
79	LABORSTA	HS	C	15 +	覆盖范围：不包括海军和受管辖机构内人口
80	OECD	HS	C	15 +	参考期：月度估算的平均值
81	LABORSTA	HS	C	14 +	参考期：5 月
82	LABORSTA	HS	C	14 +	参考期：月度估算的平均值
83	LABORSTA	OE	C	15 +	
84	LABORSTA	PC	T	16 +	参考期：4 月
85	LABORSTA	PC	T	15 +	参考期：12 月
86	LMIL	HS	C	15 +	参考期：2002 年 10 月至 2003 年 9 月
87	LABORSTA	HS	T	15—55	
88	LABORSTA	HS	C	16 +	参考期：3 月
89	LABORSTA	HS	C	16 +	
90	LABORSTA	PC	C	15 +	
91	LMIL	PC	T	15 +	
92	LABORSTA	PC	T	14 +	
93	LABORSTA	HS	T	16 +	

注 No.	信息库	资料来源类型	范围（岁）	年龄	备注
94	LABORSTA	PC	T	10 +	参考期：7 月
95	LABORSTA	PC	T	15 +	注：人口普查抽样制表的规模未经说明。
96	LABORSTA	HS	T	10 +	
97	LMIL	HS	C	15 +	参考期：以所显示年份的 8 月作为年初
98	LMIL	HS	T	15 +	参考期：11 月
99	LMIL	PC	T	15—64	
100	LABORSTA	HS	C	10 +	参考期：以所显示年份的 6 月作为年末
101	LABORSTA	HS	C	15 +	参考期：以所显示年份的 6 月作为年末
102	LABORSTA	PC	T	15 +	参考期：5 月
103	LABORSTA	HS	T	5 +	参考期：1 月
104	LABORSTA	HS	T	5 +	参考期：7 月
105	LABORSTA	HS	T	5 +	参考期：4 月
106	LMIL	HS	T	15 +	地域界限：不包括列城、查谟和克什米尔地区的卡基尔、那加兰，以及安达曼和尼科巴群岛的一些村庄 注：数据基于每 5 年举办一次的国家抽样调查。
107	LABORSTA	PC	T	15 +	覆盖范围：不包括应征入伍者
108	LMIL	PC	T	10 +	
109	LABORSTA	HS	C	10 +	参考期：1 月
110	LABORSTA	HS	C	15 +	参考期：1 月 注：估算值基于 1987—1988 年调查的结果。
111	LABORSTA	HS	C	15 +	参考期：1 月
112	LABORSTA	HS	C	10 +	
113	LABORSTA	HS	C	10 +	地域界限：不包括北部和东部省份
114	LABORSTA	HS	C	10 +	地域界限：不包括穆莱蒂武和基里诺奇行政区
115	LABORSTA	HS	C	10 +	参考期：季度估算的平均值 地域界限：不包括北部和东部省份
116	LABORSTA	HS	T	10 +	参考期：11 月
117	LABORSTA	HS	T	10 +	参考期：5 月
118	LABORSTA	HS	T	15 +	参考期：8 月
119	LABORSTA	HS	T	15 +	参考期：半年度估算的平均值
120	LMIL	PC	C	15 +	参考期：上一年 3 月至当年 3 月
121	LABORSTA	PC	T	15 +	参考期：1 月
122	LABORSTA	HS	C	15—64	
123	LMIL	HS	…	10 +	
124	LABORSTA	HS	T	15 +	参考期：第四季度 覆盖范围：不包括住在军营的正规军人
125	LABORSTA	HS	T	15 +	参考期：10 月 覆盖范围：不包括住在军营的正规军人
126	LABORSTA	HS	T	15 +	参考期：10 月 覆盖范围：不包括住在军营的正规军人 注：方法经过修改，数据不具有严格的可比性。
127	LABORSTA	HS	T	15 +	覆盖范围：不包括住在军营的正规军人
128	LABORSTA	HS	T	15 +	参考期：6 月 覆盖范围：数据指永久居民
129	LABORSTA	PC	T	15 +	参考期：6 月
130	LABORSTA	HS	T	15 +	覆盖范围：数据指永久居民

注 No.	信息库	资料来源类型	范围（岁）	年龄	备注
131	LABORSTA	HS	C	11 +	参考期：第二轮（7—9 月）
132	LABORSTA	HS	C	15 +	参考期：第三季度
133	LABORSTA	HS	C	13 +	参考期：月度估算的平均值
134	CARIBBEAN	HS	T	15 +	
135	CARIBBEAN	PC	T	15 +	
136	LABORSTA	HS	C	15 +	参考期：9 月
137	LABORSTA	PC	C	15 +	参考期：5 月
138	LABORSTA	HS	C	15 +	参考期：7 月
139	CARIBBEAN	PC	T	15 +	参考期：5 月
140	CARIBBEAN	HS	C	15 +	参考期：4 月
141	LABORSTA	HS	C	15 +	参考期：4 月
142	LABORSTA	HS	C	15 +	参考期：5 月
143	LABORSTA	HS	C	15 +	参考期：第四季度
144	LABORSTA	HS	C	15 +	参考期：第一和第四季度的平均值
145	CARIBBEAN	HS	C	15 +	
146	LABORSTA	PC	T	16 +	参考期：5 月
147	LABORSTA	HS	C	15 +	参考期：10 月
148	LABORSTA	HS	C	15 +	参考期：3 月
149	LABORSTA	HS	T	17—60	参考期：12 月 注：数据指的是 17—60 岁的男性和 17—55 岁的女性
150	SIAL	HS	T	15 +	注：包括未积极寻找工作的人员。数据源自微观渠道。
151	LABORSTA	HS	T	15 +	参考期：6 月
152	LABORSTA	HS	T	15—64	
153	CARIBBEAN	HS	T	14 +	
154	LABORSTA	OE	T	10 +	参考期：7 月
155	LABORSTA	HS	C	14 +	参考期：季度估算的平均值。
156	LABORSTA	OE	C	…	
157	LABORSTA	HS	T	15 +	参考期：10 月 地域界限：库拉索
158	LABORSTA	HS	C	16 +	覆盖范围：不包括暂时被辞退的人员
159	LABORSTA	HS	C	16 +	参考期：月度估算的平均值 注：不包括暂时被辞退的人员
160	CARIBBEAN	HS	T	15 +	覆盖范围：包括未积极寻找工作的人员
161	LABORSTA	HS	T	15 +	参考期：第一季度
162	LABORSTA	PC	T	15 +	参考期：8 月
163	LABORSTA	HS	T	15 +	参考期：第二季度
164	LABORSTA	HS	T	15 +	覆盖范围：不包括过去未被雇用的失业者
165	LMIL	HS	T	15 +	参考期：第四季度
166	LMIL	HS	T	15 +	参考期：第一季度
167	CARIBBEAN	HS	C	14 +	参考期：4 月
168	LABORSTA	HS	C	14 +	参考期：4 月
169	LABORSTA	HS	T	14 +	参考期：4 月
170	LABORSTA	HS	T	12 +	参考期：7 月
171	LABORSTA	HS	T	12 +	
172	LABORSTA	HS	T	10 +	参考期：12 月
173	LABORSTA	HS	T	10 +	参考期：12 月 地域界限：城市地区

注 No.	信息库	资料来源类型	范围（岁）	年龄	备注
174	SIAL	HS	T	10 +	参考期：第一季度 注：数据源自微观渠道。
175	LABORSTA	HS	C	10 +	注：方法经过修改；数据不具有严格的可比性。
176	LABORSTA	HS	C	10 +	参考期：3 月 地域界限：不包括格拉西亚斯—阿迪奥斯省和海湾群岛省
177	SIAL	HS	C	15 +	参考期：9 月 地域界限：不包括海湾群岛省 注：数据源自微观渠道。
178	LABORSTA	HS	C	15 +	参考期：5 月 地域界限：不包括格拉西亚斯—阿迪奥斯省和海湾群岛省
179	LABORSTA	HS	C	15 +	参考期：3 月 地域界限：不包括格拉西亚斯—阿迪奥斯省和海湾群岛省
180	LABORSTA	HS	T	14 +	参考期：月度估算的平均值
181	LABORSTA	OE	T	10 +	
182	LMIL	HS	T	10 +	参考期：11 月 覆盖范围：包括因为等待回复或农作季节开始而未找工作的人员
183	LIMA	HS	T	15 +	参考期：8 月 地域界限：不包括以土著人口为主的地区 覆盖范围：包括因等待回复而未积极寻找工作的人员
184	LABORSTA	HS	T	10 +	参考期：5 月和 10 月的平均值 地域界限：大布宜诺斯艾利斯
185	LABORSTA	HS	T	10 +	参考期：第二季度 地域界限：28 个城市群
186	LABORSTA	HS	T	10 +	参考期：第二季度 地域界限：28 个城市群 注：方法经过修改；数据不具有严格的可比性。
187	LABORSTA	HS	T	10 +	参考期：第二季度 地域界限：31 个城市群
188	LABORSTA	OE	C	10 +	
189	LABORSTA	HS	C	10 +	参考期：11 月 地域界限：主要城镇
190	LABORSTA	HS	C	10 +	参考期：11 月
191	SIAL	HS	C	15 +	参考期：11 月 注：数据源自微观渠道。
192	LABORSTA	HS	T	15 +	参考期：9 月 地域界限：不包括朗多尼亚、阿克里、亚马逊、罗赖马、帕拉和阿马帕的农村人口
193	LABORSTA	HS	T	15 +	参考期：9 月
194	LABORSTA	HS	T	10 +	参考期：9 月
195	LABORSTA	HS	T	10 +	参考期：月度估算的平均值 地域界限：6 个大都市地区
196	LABORSTA	HS	T	12 +	参考期：第四季度
197	LABORSTA	HS	T	15 +	参考期：第四季度
198	LABORSTA	HS	T	15 +	参考期：第四季度 注：方法经过修改；数据不具有严格的可比性。
199	LABORSTA	HS	C	12 +	参考期：9 月 地域界限：7 个主要城市

注 No.	信息库	资料来源类型	范围（岁）	年龄	备注
200	LABORSTA	HS	C	12 +	参考期：9 月 地域界限：7 个主要城市 注：估算值基于 1993 年人口普查的结果。
201	LABORSTA	HS	C	10 +	参考期：第三季度
202	LABORSTA	HS	C	12 +	参考期：月度估算的平均值
203	LABORSTA	HS	T	10 +	参考期：11 月 地域界限：城市地区
204	LABORSTA	OE	T	15 +	参考期：月度估算的平均值
205	LABORSTA	HS	C	12 +	地域界限：亚松森都市地区
206	SIAL	HS	T	15 +	参考期：以所显示年份的 9 月为年初，以下一年的 8 月为年末。 注：包括因为生病、恶劣天气或等待回复而未找工作的人员。数据源自微观渠道。
207	SIAL	HS	T	15 +	注：包括因为生病、恶劣天气或等待回复而未找工作的人员。数据源自微观渠道。
208	SIAL	HS	T	15 +	参考期：11—12 月 地域界限：不包括博客龙和上巴拉圭的政府部门 注：包括因为生病、恶劣天气或等待回复而未找工作的人员。数据源自微观渠道。
209	SIAL	HS	T	15 +	参考期：8—11 月 地域界限：不包括博客龙和上巴拉圭的政府部门 注：包括因为生病、恶劣天气或等待回复而未找工作的人员。数据源自微观渠道。
210	LABORSTA	HS	T	14 +	地域界限：秘鲁首都利马
211	SIAL	HS	T	15 +	地域界限：秘鲁首都利马 注：数据源自微观渠道。
212	LABORSTA	HS	T	14 +	地域界限：城市地区 覆盖范围：不包括应征入伍者
213	LABORSTA	HS	T	14 +	参考期：5 月至 11 月 地域界限：秘鲁首都利马 覆盖范围：不包括应征入伍者
214	LABORSTA	HS	T	14 +	地域界限：秘鲁首都利马 覆盖范围：不包括应征入伍者
215	LABORSTA	HS	T	14 +	地域界限：蒙得维的亚 覆盖范围：不包括应征入伍者
216	LABORSTA	HS	T	14 +	覆盖范围：不包括应征入伍者
217	LABORSTA	HS	C	15 +	参考期：第一季度
218	SIAL	HS	T	15 +	参考期：第二季度 覆盖范围：不包括土著人口 注：数据源自微观渠道。
219	SIAL	HS	T	15 +	参考期：第三季度 覆盖范围：不包括土著人口 注：数据源自微观渠道。
220	LABORSTA	HS	C	15 +	参考期：第二季度
221	LABORSTA	OE	T	16—60	
222	LABORSTA	HS	C	12—64	参考期：5 月和 11 月的平均值
223	LABORSTA	HS	C	12—64	参考期：12 月
224	LABORSTA	HS	C	15—64	参考期：5 月和 11 月的平均值
225	LMIL	HS	C	15—64	参考期：季度估算的平均值
226	LABORSTA	HS	C	15—64	参考期：季度估算的平均值
227	LABORSTA	HS	T	15 +	地域界限：城市地区
228	LABORSTA	PC	T	12 +	参考期：11 月
229	LABORSTA	HS	C	15 +	参考期：7 月 地域界限：城市地区
230	LABORSTA	HS	T	10 +	参考期：5 月 地域界限：7 个主要城市

注 No.	信息库	资料来源类型	范围（岁）	年龄	备注
231	LABORSTA	HS	T	…	参考期：11 月
232	LMIL	HS	…	15 +	
233	LABORSTA	PC	T	7 +	参考期：8 月
234	LABORSTA	HS	T	15 +	参考期：第二季度
235	LABORSTA	PC	T	…	
236	LABORSTA	HS	T	15—64	参考期：11 月
237	LABORSTA	OE	T	15—64	
238	LMIL	PC	T	12 +	
239	LMIL	HS	C	15 +	参考期：当年 11 月至下一年 1 月
240	LMIL	HS	T	15 +	地域界限：坦桑尼亚大陆（不包括桑给巴尔）
241	LABORSTA	HS	T	10 +	参考期：单月 地域界限：坦桑尼亚大陆（不包括桑给巴尔）
242	LMIL	PC	T	12 +	参考期：8—9 月
243	LMIL	HS	T	12 +	参考期：10—11 月
244	LMIL	HS	T	12 +	
245	LMIL	HS	T	12 +	参考期：8—11 月
246	LMIL	HS	T	12 +	参考期：11—12 月
247	LABORSTA	PC	T	12 +	覆盖范围：数据指经常活动人口
248	LMIL	HS	T	15 +	参考期：6 月
249	LMIL	HS	C	15 +	
250	LMIL	PC	T	15—64	参考期：7 月
251	LABORSTA	PC	T	6 +	参考期：7 月
252	LABORSTA	PC	T	15 +	参考期：7 月
253	LMIL	HS	T	10 +	
254	LABORSTA	HS	C	12 +	
255	LABORSTA	PC	C	12 +	参考期：8 月
256	LMIL	PC	T	10 +	参考期：4 月 12 日
257	LMIL	HS	T	15 +	参考期：6—7 月
258	LMIL	HS	T	15 +	参考期：9 月
259	LMIL	PC	T	15 +	参考期：8 月
260	LMIL	HS	T	15 +	参考期：8 月
261	LMIL	HS	T	15 +	参考期：10 月
262	LMIL	HS	T	15—64	参考期：9 月
263	LABORSTA	HS	T	15—65	参考期：月度估算的平均值
264	LMIL	HS	C	12 +	参考期：9—10 月
265	LABORSTA	PC	C	15 +	参考期：2 月
266	LABORSTA	PC	T	15 +	参考期：2 月
267	LMIL	PC	T	15 +	参考期：12 月
268	LMIL	HS	C	10 +	
269	LMIL	PC	C	15 +	
270	LMIL	HS	T	15 +	参考期：上一年 9 月至当年 9 月
271	LMIL	HS	…	7 +	
272	LMIL	HS	T	15 +	参考期：8 月 注：估算值基于 3 600 户受访家庭。
273	LMIL	HS	T	14 +	
274	LABORSTA	PC	T	10 +	
275	LABORSTA	HS	T	10—55	
276	LABORSTA	PC	T	15—69	参考期：3 月
277	LABORSTA	PC	T	15 +	参考期：11 月
278	LMIL	PC	…	10 +	
279	LABORSTA	HS	C	12 +	覆盖范围：仅指阿曼国民
280	LABORSTA	HS	T	15 +	参考期：3 月
281	LABORSTA	HS	T	15 +	参考期：4 月
282	LABORSTA	HS	C	15 +	注：方法经过修改；数据不具有严格的可比性。
283	LABORSTA	PC	T	15—64	

表 8b 登记失业人口

		年份	失业人口（千人）			失业率（%）			注
			MF	M	F	MF	M	F	No.
发达经济体和欧盟									
欧盟									
奥地利		1980	53.2	26.5	26.6	1.9	1.6	2.3	1
		1990	165.8	89.0	76.8	5.4	4.9	6.0	1
		2000	194.3	107.5	86.8	5.8	5.8	5.9	1
		2004	243.9	140.2	103.6	7.1	7.5	6.6	1
		2005	252.7	144.2	108.4	7.3	7.7	6.8	1
		2006	239.2	135.8	103.4	6.8	7.1	6.4	1
		2007	222.2	124.3	97.9	6.2	6.5	6.0	1
		2008	212.3	118.8	93.4	5.9	6.1	5.6	2
比利时		1980	368.8	141.5	227.3	9.1	5.5	15.0	3
		1990	402.8	161.3	241.5	9.6	6.6	13.9	4
		1999	507.5	224.7	282.9	11.6	9.2	14.7	4
		2000	474.4	208.7	265.8	10.9	8.6	13.8	4
		2001	469.7	210.8	258.9	10.8	8.7	13.4	4
		2002	491.5	228.1	263.4	11.2	9.4	13.6	4
		2003	538.1	253.1	285.1	12.3	10.4	14.7	4
保加利亚		1990	65.1	22.7	42.4	1.7	…	…	5
		2000	682.8	323.4	359.4	17.9	…	…	5
		2003	500.7	227.1	273.6	13.5	…	…	5
		2004	450.6	201.6	249.0	12.2	…	…	5
		2005	397.3	171.8	225.5	10.7	…	…	5
		2006	337.8	140.0	197.8	9.1	…	…	5
		2007	255.9	100.0	156.0	6.9	…	…	5
塞浦路斯		1980	4.3	2.4	1.9	2.0	1.6	2.6	6
		1990	5.1	2.5	2.6	1.8	1.4	2.5	6
		2000	10.9	5.3	5.7	3.4	2.7	4.4	6
		2004	12.7	5.4	7.2	3.6	2.6	5.1	6
		2005	13.2	5.8	7.3	3.7	2.9	4.7	6
		2006	12.8	5.7	7.1	…	…	…	6
	b	2007	12.0	5.2	6.8	…	…	…	1
		2008	11.5	…	…	…	…	…	7
捷克共和国		1990	39.0	19.0	20.0	0.7	0.7	0.8	8
		2000	457.0	227.0	230.0	8.8	7.8	10.0	8
		2004	542.0	266.0	276.0	9.5	8.3	10.9	8
		2005	510.0	244.0	266.0	8.9	7.6	10.5	8
		2006	449.0	210.0	239.0	7.7	6.4	9.3	8
		2007	355.0	164.0	191.0	6.0	4.9	7.4	8
		2008	324.5	…	…	5.4	…	…	2
丹麦		1980	183.8	94.0	89.8	7.0	6.5	7.6	9
		1990	271.7	124.0	147.7	9.7	8.4	11.3	9
		2000	150.5	68.5	82.0	5.4	4.6	6.0	9
		2004	176.4	84.6	91.8	6.4	5.8	7.0	9
		2005	157.4	72.9	84.5	5.7	5.0	6.4	9
		2006	124.4	54.7	69.6	4.5	3.8	5.3	9
		2007	94.0	40.7	53.3	3.4	2.8	4.1	9
		2008	48.1	23.7	24.4	1.8	1.7	1.9	10
爱沙尼亚		1998	18.8	…	…	2.2	…	…	11
		1999	44.0	…	…	5.1	…	…	11
		2000	46.3	…	…	5.3	…	…	11
	b	2001	54.1	…	…	7.1	…	…	12
		2008	19.7	…	…	2.4	…	…	10
芬兰		1980	103.0	55.0	48.0	…	…	…	13
		1990	94.0	52.0	42.0	…	…	…	13
		2000	321.0	162.0	159.0	…	…	…	13
		2004	288.0	152.0	136.0	…	…	…	13
		2005	275.0	144.0	131.0	…	…	…	13
		2006	250.0	129.0	120.0	…	…	…	13
		2007	217.0	111.0	106.0	…	…	…	13
	b	2008	203.8	107.5	96.2	7.6	…	…	2

		年份	失业人口（千人）			失业率（%）			注
			MF	M	F	MF	M	F	No.
法国		1980	1 450.6	658.4	792.2	…	…	…	11
		1990	2 504.7	1 148.7	1 355.9	…	…	…	11
		2000	2 446.7	1 085.3	1 361.4	…	…	…	11
		2004	2 702.8	1 314.6	1 388.2	…	…	…	11
		2005	2 563.5	1 239.6	1 323.9	…	…	…	11
		2006	2 260.5	1 099.2	1 161.3	…	…	…	11
		2007	2 015.0	979.0	1 037.0	…	…	…	11
		2008	2 052.0	1 011.3	1 040.7	…	…	…	10
德国		2000	3 890.0	2 053.0	1 836.0	10.7	10.5	10.9	3
	b	2004	4 381.0	2 449.0	1 932.0	11.7	12.5	10.8	14
		2005	4 861.0	2 606.0	2 255.0	13.0	13.4	12.7	3
		2006	4 487.0	2 338.0	2 149.0	12.0	12.0	12.0	3
		2007	3 776.0	1 900.0	1 873.0	10.1	9.8	10.4	3
		2008	3 267.8	1 667.5	1 600.0	8.8	8.6	8.9	15
前德意志联邦共和国（西德）		1980	888.9	426.4	462.5	3.8	3.0	5.2	3
		1990	1 883.1	967.7	915.4	7.2	6.3	8.4	3
		1991	1 689.4	897.7	791.7	6.3	5.8	7.0	3
		1992	1 808.3	982.8	825.5	6.6	6.2	7.2	3
		1993	2 270.3	1 277.1	993.3	8.2	8.0	8.4	3
		1994	2 556.0	1 461.6	1 094.3	9.2	9.2	9.2	3
希腊		1980	37.2	22.1	15.1	2.4	…	…	1
		1990	140.2	68.1	72.1	6.4	…	…	1
		1991	173.2	83.9	89.3	7.3	…	…	1
		1992	184.7	89.7	95.0	7.6	…	…	1
		1993	175.9	87.9	87.9	7.1	…	…	1
		1994	179.8	87.3	92.4	7.2	…	…	1
匈牙利		1990	79.5	49.1	30.4	1.7	1.8	1.4	16
		2000	372.4	202.2	170.2	…	…	…	17
		2004	400.6	209.6	191.0	…	…	…	17
		2005	410.6	213.7	197.0	…	…	…	17
		2006	403.4	210.1	193.3	…	…	…	17
		2007	445.0	232.7	212.3	…	…	…	17
		2008	442.3	228.3	214.1	…	…	…	18
爱尔兰		1980	101.5	77.2	24.3	…	…	…	11
		1990	224.7	152.1	72.6	17.2	17.0	17.6	11
		2000	155.4	88.7	66.7	4.1	…	…	11
		2001	142.3	83.0	59.3	3.9	…	…	11
		2002	162.5	96.3	66.2	4.4	…	…	11
		2003	172.4	100.2	72.2	4.6	…	…	11
		2004	166.0	96.1	70.0	4.4	…	…	11
		2005	153.3	91.0	62.3	4.2	…	…	11
意大利		1993	4 916.0	2 309.0	2 607.0	6.1	5.8	6.5	19
		1994	5 419.0	2 609.0	2 810.0	6.7	6.5	7.0	19
拉脱维亚		2000	93.3	39.5	53.8	7.8	6.5	9.2	20
		2004	90.8	37.3	53.5	8.5	…	…	20
		2005	78.5	31.5	47.0	7.4	…	…	20
		2006	68.9	27.0	42.0	6.5	…	…	20
	b	2007	52.3	20.1	32.2	4.9	…	…	21
		2008	57.7	24.1	33.6	5.3	…	…	18
立陶宛		2000	225.9	123.1	102.8	12.6	13.5	11.6	22
		2004	126.4	53.8	72.6	7.8	6.5	9.1	22
		2005	87.2	33.9	53.3	5.4	4.1	6.8	22
		2006	79.3	29.9	49.4	…	…	…	22
		2007	69.7	27.4	42.3	…	…	…	22
		2008	73.4	32.0	41.4	…	…	…	23
卢森堡		1980	1.1	0.5	0.6	0.7	…	…	24
		1990	2.1	1.2	0.8	1.3	…	…	24
		2000	5.0	2.6	2.3	2.7	…	…	24
		2004	8.7	4.7	4.0	4.2	…	…	24
		2005	9.8	5.4	4.4	4.7	…	…	24
		2006	9.5	5.0	4.5	4.6	4.3	5.0	24
		2007	9.6	4.9	4.7	4.5	…	…	24
		2008	9.9	…	…	4.4	…	…	25

		年份	失业人口（千人）			失业率（%）			注
			MF	M	F	MF	M	F	No.
马耳他		1980	4.0	3.5	0.6	…	…	…	26
		1990	5.1	4.3	0.8	3.9	4.4	2.3	26
		2000	6.6	5.7	0.9	4.5	5.4	2.2	26
		2004	8.1	6.5	1.6	5.4	6.1	3.8	26
		2005	7.4	5.7	1.7	5.1	5.6	3.9	26
		2006	7.2	5.5	1.6	5.0	5.5	3.9	26
		2007	6.2	4.7	1.5	4.1	4.5	3.2	26
		2008	…	4.8	1.4	…	…	…	27
荷兰		1980	248.0	160.0	88.0	4.6	4.4	5.2	24
		1990	346.0	209.0	137.0	5.9	5.4	6.8	28
		2000	187.0	98.0	90.0	2.6	2.3	3.1	28
	b	2004	319.0	179.0	141.0	4.0	4.0	5.0	24
		2005	311.0	164.0	146.0	4.0	4.0	5.0	24
		2006	260.0	133.0	127.0	4.0	3.0	4.0	24
		2007	182.0	93.0	89.0	2.0	2.0	3.0	24
		2008	145.7	76.9	68.5	1.9	1.8	2.1	25
波兰		1990	1 126.1	552.4	573.7	6.5	5.8	7.1	29
		2000	2 702.6	1 211.0	1 491.6	15.1	…	…	29
		2004	2 999.6	1 431.1	1 568.5	19.1	…	…	29
		2005	2 773.0	1 286.6	1 486.4	17.6	…	…	29
		2006	2 309.4	1 003.7	1 305.7	14.9	…	…	29
		2007	1 746.6	729.3	1 017.3	11.4	…	…	29
	b	2008	1 525.8	640.4	885.4	9.9	…	…	2
葡萄牙		2000	327.4	128.7	198.8	…	…	…	19
		2001	324.7	127.0	197.7	…	…	…	19
		2002	344.6	139.6	205.3	…	…	…	19
		2003	427.3	182.3	245.0	…	…	…	19
		2008	394.5	161.0	233.5	…	…	…	18
罗马尼亚		2000	1 007.1	535.5	471.6	10.5	10.8	10.1	17
		2004	557.9	323.3	234.6	6.2	6.8	5.6	17
		2005	523.0	303.8	219.2	5.9	6.4	5.2	17
		2006	460.5	269.0	191.5	5.2	5.7	4.6	17
		2007	367.8	201.2	166.6	4.1	4.3	4.0	17
		2008	362.4	167.1	195.3	4.0	4.0	…	18
斯洛伐克		2000	517.9	283.7	234.2	18.2	18.8	17.6	1
		2003	443.4	240.0	203.4	15.2	15.3	15.0	1
		2004	409.0	211.0	198.0	14.3	13.7	14.9	1
		2005	340.4	167.9	172.5	11.6	10.8	12.7	1
		2006	299.2	143.6	155.6	10.4	9.2	11.8	1
		2008	229.8	…	…	7.7	…	…	2
斯洛文尼亚		1990	44.6	23.2	21.4	4.7	4.5	4.8	1
		2000	106.6	52.5	54.1	12.2	11.1	13.5	1
		2004	93.1	43.8	49.3	10.6	9.1	12.4	1
		2005	91.9	42.4	49.4	10.1	…	…	1
		2006	80.0	38.8	47.0	9.4	7.7	11.5	1
		2007	71.3	32.2	39.1	7.7	6.3	9.6	1
		2008	63.2	29.8	33.4	6.7	5.6	7.7	2
西班牙		1980	1 277.3	888.8	388.5	9.8	9.6	10.3	24
		1990	2 350.0	942.5	1 407.5	15.7	9.7	26.7	24
		2000	1 963.5	789.7	1 173.8	10.9	7.3	16.4	24
		2004	2 113.7	854.3	1 259.4	10.5	7.2	15.2	24
		2005	2 069.9	818.0	1 251.8	9.9	6.7	14.5	24
		2006	2 039.4	788.2	1 251.2	9.4	6.3	13.8	24
		2007	2 039.0	791.8	1 247.2	9.2	6.2	13.3	24
		2008	2 539.9	1 146.9	1 393.0	…	…	…	30
瑞典		1980	43.6	21.8	21.8	1.4	1.3	1.6	1
		1990	66.4	35.6	30.9	1.9	2.0	1.7	1
		2000	231.2	126.9	104.3	5.3	5.6	5.0	1
		2003	223.0	127.4	95.6	4.9	5.3	4.4	1
		2004	239.2	135.1	104.1	5.5	5.9	5.1	1
		2005	241.4	132.0	109.4	5.3	…	…	1
		2006	210.9	114.2	96.7	4.6	4.7	4.4	1
		2007	169.5	90.3	79.2	3.5	3.6	3.5	1

	年份	失业人口（千人）			失业率（%）			注
		MF	M	F	MF	M	F	No.
英国	1980	1 664.9	1 180.6	484.3	6.8	8.3	4.8	31
	1990	1 664.5	1 232.3	432.2	5.9	7.6	3.5	32
	2000	1 102.3	839.6	262.6	3.8	5.2	2.0	32
	2001	983.0	746.8	236.2	3.3	4.6	1.7	32
	2002	958.8	723.8	235.0	3.2	4.4	1.7	32
	2003	945.9	707.6	238.5	3.1	4.3	1.7	32
	2008	912.0	…	…	2.8	…	…	33
其他发达经济体								
直布罗陀	1980	0.2	0.1	0.1	…	…	…	34
	1990	0.4	0.3	0.1	…	…	…	34
	2000	0.4	0.3	0.1	…	…	…	34
	2003	0.5	0.3	0.2	…	…	…	34
	2004	0.4	0.3	0.2	…	…	…	34
	2005	0.5	0.3	0.2	…	…	…	34
	2006	0.5	0.3	0.2	…	…	…	34
	2007	0.5	0.3	0.2	…	…	…	34
格陵兰岛	1980	0.6	0.3	0.3	…	…	…	19
	1990	1.3	…	…	…	…	…	19
	1993	1.8	…	…	7.6	…	…	19
	1994	1.8	…	…	10.6	…	…	19
	1995	2.0	…	…	…	…	…	19
	1996	2.0	…	…	…	…	…	19
	1997	1.9	…	…	…	…	…	19
马恩岛	1980	0.6	0.4	0.2	2.9	3.1	2.6	35
	1990	0.6	0.4	0.1	2.1	2.6	1.3	35
	2000	0.2	0.2	0.1	0.6	0.8	0.4	35
	2001	0.2	0.1	0.1	0.5	0.6	0.3	35
	2002	0.2	0.1	0.1	0.5	0.7	0.4	35
	2003	0.3	0.2	0.1	0.8	1.0	0.5	35
	2004	0.4	0.3	0.1	1.0	1.3	0.6	35
	2005	0.6	0.4	0.2	1.4	1.8	0.9	35
新西兰	1980	36.5	22.9	13.6	2.9	2.6	3.3	36
	1990	163.8	112.1	51.7	…	…	…	36
	1998	193.9	…	…	…	…	…	36
	1999	221.4	127.3	94.1	…	…	…	36
	2000	226.9	120.3	106.6	…	…	…	36
	2001	192.2	103.5	88.8	…	…	…	36
	2002	168.3	89.1	79.2	…	…	…	36
圣皮埃尔和密克隆	1980	0.1	…	…	…	…	…	37
	1986	0.3	0.2	0.1	11.0	9.4	14.0	37
	1987	0.3	0.2	0.2	11.7	…	…	37
	1988	0.4	0.2	0.2	13.2	…	…	37
	1989	0.3	0.2	0.2	11.3	9.9	18.1	37
	1993	0.4	…	…	…	…	…	37
圣马力诺	1980	0.5	0.2	0.4	5.8	2.7	10.9	38
	1990	0.6	0.2	0.5	5.5	2.4	9.7	38
	2000	0.4	0.1	0.3	2.8	1.7	4.1	39
	2003	0.6	0.2	0.5	3.1	1.5	5.5	39
	2004	0.6	0.1	0.4	2.8	1.1	5.2	39
	2005	0.7	0.2	0.5	2.1	1.7	2.6	39
	2006	0.6	0.1	0.5	1.6	1.2	2.0	39
	2007	0.6	0.2	0.4	…	…	…	39
西欧（非欧盟）								
冰岛	1980	0.5	0.2	0.2	0.4	0.4	0.6	11
	1990	2.3	1.1	1.2	1.8	1.4	2.2	11
	1999	2.6	1.0	1.6	1.9	1.2	2.7	11
	2000	1.9	0.7	1.1	1.3	0.9	1.9	11
	2001	2.0	0.8	1.2	1.4	1.0	1.9	11
	2002	3.6	1.8	1.8	2.5	2.1	3.0	11
	2003	4.9	2.5	2.4	3.4	3.0	3.9	11

		年份	失业人口（千人）			失业率（%）			注
			MF	M	F	MF	M	F	No.
挪威		1980	22.0	13.0	9.0	1.3	1.3	1.3	40
		1990	93.0	57.0	36.0	4.3	4.8	3.7	41
		2000	63.0	36.0	26.0	2.7	…	…	40
		2004	92.0	52.0	39.0	3.9	4.1	3.5	40
		2005	83.0	46.0	38.0	3.5	3.6	3.4	40
		2006	63.0	33.0	30.0	2.6	2.6	2.7	42
		2007	46.0	24.0	22.0	1.9	1.9	1.9	42
		2008	42.6	23.5	19.0	1.7	1.8	1.6	2
瑞士		1980	6.3	3.7	2.6	0.2	0.2	0.3	1
		1990	18.1	9.8	8.3	0.5	0.4	0.6	1
		2000	72.0	37.8	34.2	1.8	1.7	2.0	1
		2004	153.1	83.6	69.5	3.9	3.8	4.0	1
		2005	148.5	78.8	69.7	3.8	3.6	4.0	1
		2006	131.5	68.1	63.4	3.3	3.1	3.6	1
		2007	109.2	56.3	52.9	2.8	2.6	3.0	1
		2008	101.7	53.5	48.3	2.6	2.4	2.8	2
中欧、东南欧（非欧盟）和独联体									
中欧和东南欧									
阿尔巴尼亚		1980	67.0	…	…	5.6	…	…	8
		1990	151.0	72.0	78.0	9.5	8.4	10.9	8
		2000	215.0	113.0	102.0	16.8	14.9	19.3	8
		2002	172.0	91.0	81.0	15.8	13.6	19.1	8
		2003	163.0	86.0	77.0	15.0	12.9	18.2	8
		2004	157.0	82.0	75.0	14.4	12.4	17.5	8
		2005	153.0	79.0	74.0	14.1	12.1	17.2	8
		2006	150.0	77.0	73.0	13.8	11.8	16.8	8
波斯尼亚和黑塞哥维那		2008	493.4	247.6	245.8	…	…	…	18
克罗地亚		1990	161.0	70.0	91.0	8.2	6.2	10.9	43
		2000	358.0	169.0	189.0	21.1	19.0	23.4	43
		2004	310.0	129.0	181.0	…	…	…	43
		2005	309.0	128.0	181.0	…	…	…	43
		2006	292.0	117.0	175.0	…	…	…	43
		2007	264.0	102.0	162.0	14.8	11.0	19.1	43
		2008	236.7	89.5	147.2	13.4	10.7	17.6	44
科索沃		2008	336.0	178.1	157.9	…	…	…	18
前南斯拉夫马其顿共和国		1990	156.0	76.0	80.0	23.6	19.4	29.7	45
		2000	366.0	…	…	53.7	…	…	45
		2002	374.0	…	…	…	…	…	45
		2003	390.0	222.0	168.0	…	…	…	45
		2004	391.0	225.0	166.0	…	…	…	45
		2005	360.0	208.0	152.0	…	…	…	45
		2006	367.0	214.0	153.0	…	…	…	45
塞尔维亚		2008	827.9	419.1	408.7	…	…	…	46
塞尔维亚和黑山共和国	b	1999	811.1	349.3	461.8	21.1	16.4	26.8	47
		2000	805.8	346.0	459.8	21.2	20.5	21.8	47
		2001	850.0	369.6	480.4	22.3	22.6	22.1	47
		2002	923.2	408.7	514.5	24.7	…	…	47
		2003	1 019.0	461.2	557.8	27.6	…	…	47
土耳其		1980	256.3	210.9	45.5	…	…	…	48
		1990	979.5	808.8	170.7	…	…	…	48
		2000	730.5	591.9	138.6	…	…	…	49
		2003	587.4	469.4	118.0	…	…	…	49
		2004	811.9	611.3	200.6	…	…	…	49
		2005	881.3	656.2	225.0	…	…	…	49
		2006	1 061.9	782.7	279.2	…	…	…	49
		2007	696.5	520.1	176.4	…	…	…	49
独立国家联合体（独联体）									
亚美尼亚		2000	169.5	61.0	108.5	11.7	8.0	15.7	50
		2003	124.8	40.1	84.7	10.1	5.9	14.4	50
		2004	114.8	35.0	79.8	9.6	5.2	14.3	50
		2005	98.0	29.0	69.0	8.2	4.6	12.1	50
		2006	88.9	25.5	63.4	7.4	4.0	11.1	50
		2007	82.8	22.9	59.9	7.1	3.8	10.8	50

	年份	失业人口（千人）			失业率（%）			注
		MF	M	F	MF	M	F	No.
阿塞拜疆	2000	43.7	19.3	24.5	1.2	1.0	1.4	51
	2003	54.4	25.3	29.1	1.4	1.3	1.6	51
	2004	55.9	26.7	29.3	1.4	1.3	1.6	51
	2005	56.3	27.3	29.1	1.4	1.3	1.6	51
	2006	53.9	26.3	27.5	1.3	1.2	1.3	51
	2007	50.6	25.3	25.3	1.2	1.2	1.2	51
白俄罗斯	2000	95.8	37.6	58.2	2.1	1.7	2.4	52
	2004	83.0	25.5	57.5	1.9	1.2	2.4	52
	2005	67.9	21.1	46.8	1.5	1.0	2.0	52
	2006	52.0	17.7	34.3	1.2	0.8	1.5	52
	2007	44.1	15.2	28.9	1.0	0.7	1.2	52
	2008	43.8	…	…	1.0	…	…	53
格鲁吉亚	2000	101.0	46.5	54.1	3.5	…	…	17
	2001	97.8	40.1	57.7	5.5	…	…	17
b	2002	21.9	12.1	9.8	1.2	…	…	54
	2003	42.9	23.2	19.7	…	…	…	17
	2004	46.6	24.1	22.5	…	…	…	17
	2005	34.2	17.1	17.1	…	…	…	17
哈萨克斯坦	2000	231.4	…	…	3.7	…	…	55
	2001	216.1	…	…	2.9	…	…	55
	2002	193.7	…	…	2.6	…	…	55
	2003	142.8	…	…	1.8	…	…	55
	2004	117.7	…	…	1.5	…	…	55
吉尔吉斯斯坦	2000	58.3	27.1	31.2	…	…	…	1
	2002	60.2	27.6	32.6	…	…	…	1
	2003	57.4	26.5	30.9	…	…	…	1
	2004	58.2	26.8	31.4	…	…	…	1
	2005	68.0	32.2	35.8	…	…	…	1
	2006	73.4	37.9	35.5	…	…	…	1
摩尔多瓦共和国	2000	28.9	11.9	17.0	2.3	…	…	56
	2003	19.7	10.3	9.4	2.0	…	…	56
	2004	21.0	11.7	9.3	2.0	…	…	56
	2005	21.7	11.3	10.4	2.0	…	…	56
	2006	20.4	9.6	10.8	1.9	…	…	56
	2007	18.9	8.3	10.6	1.9	…	…	56
俄罗斯联邦	2000	1 037.0	322.0	715.0	…	…	…	56
	2003	1 639.0	533.0	1 106.0	…	…	…	56
	2004	1 920.0	647.0	1 273.0	…	…	…	56
	2005	1 830.0	630.0	1 200.0	…	…	…	56
	2006	1 742.0	610.0	1 132.0	2.3	…	…	56
	2007	1 553.0	570.0	983.0	2.1	…	…	56
塔吉克斯坦	2000	43.2	…	…	…	…	…	19
	2001	42.9	…	…	…	…	…	19
	2002	46.7	…	…	…	…	…	19
	2003	42.9	…	…	…	…	…	19
	2004	38.8	…	…	…	…	…	19
	2005	44.5	…	…	…	…	…	19
乌克兰	2000	1 155.2	424.8	730.4	5.5	3.8	7.2	57
	2004	981.8	361.9	619.9	4.8	3.4	6.3	57
	2005	881.5	345.9	535.6	4.3	3.2	5.6	57
	2006	759.5	300.4	459.1	3.7	2.7	4.8	57
	2007	642.3	256.5	385.8	3.1	2.3	4.0	57
	2008	604.4	241.5	362.9	…	…	…	58
乌兹别克斯坦	1994	29.4	12.1	17.3	0.4	0.3	0.5	59
	1995	31.0	12.1	18.9	0.4	0.3	0.5	59
	2001	35.4	…	…	…	…	…	59
	2002	37.5	…	…	…	…	…	59
	2003	45.6	…	…	…	…	…	60

	年份	失业人口（千人）			失业率（%）			注
		MF	M	F	MF	M	F	No.
亚洲和太平洋地区								
东亚								
中国	2004	105 840.0	…	…	…	…	…	61
蒙古	2000	38.6	17.8	20.7	4.6	4.1	5.0	62
	2003	33.3	15.3	18.1	3.5	3.2	3.8	62
	2004	35.6	15.9	19.6	3.6	3.3	3.9	62
	2005	32.9	14.6	18.3	3.3	3.0	3.6	62
	2006	32.9	14.2	18.7	3.2	2.8	3.5	62
	2007	29.9	12.9	17.0	2.8	2.5	3.2	62
太平洋岛国								
法属玻利尼西亚	1980	0.1	…	…	…	…	…	63
	1988	0.7	…	…	…	…	…	63
	1989	0.6	…	…	…	…	…	63
	1990	0.6	…	…	…	…	…	63
	1991	0.6	…	…	…	…	…	63
	1998	3.8	…	…	…	…	…	63
新喀里多尼亚	1980	1.0	0.5	0.5	…	…	…	64
	1990	5.7	…	…	…	…	…	11
	2000	9.4	4.2	5.2	…	…	…	11
	2004	9.6	…	…	…	…	…	11
	2005	8.7	…	…	…	…	…	11
	2006	7.0	…	…	…	…	…	11
	2007	6.6	…	…	…	…	…	11
	2008	6.6	…	…	…	…	…	10
巴布亚新几内亚	1980	1.5	1.3	0.2	…	…	…	65
	1981	1.3	1.1	0.2	…	…	…	65
	1992	17.8	13.7	4.1	…	…	…	65
汤加	1997	4.5	3.3	1.2	…	…	…	19
南亚								
印度	1980	15 317.0	13 202.0	2 115.0	…	…	…	66
	1990	34 632.0	27 932.0	6 700.0	…	…	…	67
	2000	41 344.0	30 887.0	10 457.0	…	…	…	67
	2003	41 389.0	30 636.0	10 752.0	…	…	…	67
	2004	40 458.0	29 746.0	10 712.0	…	…	…	67
	2005	39 348.0	28 742.0	10 606.0	…	…	…	67
	2006	41 466.0	29 685.0	11 781.0	…	…	…	67
	2007	39 974.0	27 972.0	12 002.0	…	…	…	67
巴基斯坦	1980	144.0	…	…	…	…	…	68
	1990	239.0	…	…	…	…	…	68
	2000	469.0	421.0	48.0	…	…	…	68
	2002	493.0	442.0	51.0	…	…	…	68
	2003	505.0	453.0	52.0	…	…	…	68
	2004	576.0	477.0	99.0	…	…	…	68
	2005	587.0	486.0	101.0	…	…	…	68
	2006	420.0	360.0	60.0	…	…	…	68
斯里兰卡	1980	857.0	503.2	354.0	…	…	…	69
	1982	825.0	484.3	340.7	…	…	…	69
东南亚								
文莱达鲁萨兰国	1980	2.3	0.6	1.7	7.7	2.4	27.1	69
	1999	5.2	2.1	3.1	…	…	…	69
	2000	7.0	2.7	4.3	…	…	…	69
	2001	8.6	3.3	5.3	…	…	…	69
	2002	5.6	2.1	3.4	…	…	…	69
	2003	7.1	3.1	4.0	…	…	…	69
印度尼西亚	1980	232.8	188.1	44.7	…	…	…	70
	1990	1 238.7	735.9	502.9	…	…	…	70
	1994	1 198.3	…	…	…	…	…	45
	1995	953.2	…	…	…	…	…	45
	1996	1 041.8	…	…	…	…	…	45
	1997	1 542.2	…	…	…	…	…	45
	1999	1 191.8	…	…	…	…	…	45

		年份	失业人口（千人）			失业率（%）			注
			MF	M	F	MF	M	F	No.
马来西亚		1980	86.2	60.6	25.7	…	…	…	71
		1990	61.2	38.9	22.3	…	…	…	45
		2000	34.3	…	…	…	…	…	45
		2001	33.5	…	…	…	…	…	45
		2002	37.2	…	…	…	…	…	45
		2003	34.8	…	…	…	…	…	45
		2008	165.2	…	…	…	…	…	72
缅甸		1980	486.0	…	…	…	…	…	73
		1990	555.3	…	…	…	…	…	73
		2000	382.1	…	…	…	…	…	73
		2002	435.7	…	…	…	…	…	73
		2003	326.5	…	…	…	…	…	73
		2004	291.3	…	…	…	…	…	73
		2005	189.7	…	…	…	…	…	73
		2007	118.7	…	…	…	…	…	73
新加坡		1980	7.8	4.4	3.4	…	…	…	63
		1990	1.7	1.2	0.5	…	…	…	63
		2000	4.2	2.3	1.8	…	…	…	63
	b	2004	49.6	25.3	24.3	…	…	…	74
		2005	43.8	22.0	21.8	…	…	…	63
	b	2006	22.2	11.2	11.0	…	…	…	74
		2007	16.7	8.3	8.4	…	…	…	63
		2008	5.1	2.3	2.8	…	…	…	7
拉丁美洲和加勒比地区									
加勒比地区									
百慕大		1980	0.1	…	…	…	…	…	19
		1987	0.1	…	…	…	…	…	19
		1988	0.1	…	…	…	…	…	19
		1989	–	…	…	…	…	…	19
		1990	0.1	…	…	…	…	…	19
		1991	0.2	…	…	…	…	…	19
瓜德罗普		1980	14.3	6.1	8.1	…	…	…	11
		1989	30.8	13.5	21.3	24.0	16.0	34.0	11
		1990	29.4	11.7	17.6	17.0	…	…	75
		1991	34.3	13.9	20.4	19.9	…	…	75
		1993	38.8	…	…	…	…	…	11
		1994	42.9	…	…	…	…	…	11
圭亚那		1980	15.6	13.4	2.2	…	…	…	76
		1983	7.2	4.6	2.6	…	…	…	76
		1984	11.7	7.2	4.4	…	…	…	76
		1985	13.3	5.8	7.5	…	…	…	76
		1986	10.6	5.2	5.4	…	…	…	76
		1987	9.2	4.8	4.4	…	…	…	76
马提尼克		1983	24.6	11.2	14.2	…	…	…	11
		1984	25.6	13.6	15.6	…	…	…	11
		1985	29.5	13.6	17.2	…	…	…	11
		1986	33.9	…	、…	…	…	…	11
		1987	30.7	13.1	19.4	…	…	…	77
苏里南		1980	2.4	1.5	0.9	…	…	…	78
		1990	3.9	1.2	2.8	…	…	…	34
		1992	1.4	0.5	0.9	…	…	…	34
		1993	1.0	0.4	0.6	…	…	…	34
		1994	0.6	0.1	0.4	…	…	…	34
		1995	0.9	0.3	0.6	…	…	…	34
		1996	0.9	0.3	0.6	…	…	…	34
美属维尔京群岛		1980	2.6	…	…	6.0	…	…	35
		1990	1.3	…	…	2.8	…	…	35
		1993	1.9	…	…	3.5	…	…	35
		1994	2.8	…	…	5.6	…	…	35
		1995	2.7	…	…	5.7	…	…	35
		1996	2.4	…	…	5.2	…	…	35
		1997	2.7	…	…	5.9	…	…	35

	年份	失业人口（千人）			失业率（%）			注
		MF	M	F	MF	M	F	No.
中美洲								
危地马拉	1980	3.1	2.3	0.8	…	…	…	79
	1990	1.8	1.3	0.5	…	…	…	79
	1991	1.7	1.0	0.7	…	…	…	79
	1992	1.6	1.1	0.5	…	…	…	79
	1993	1.0	0.7	0.3	…	…	…	79
	1994	1.3	0.9	0.4	…	…	…	79
	1995	1.4	0.9	0.5	…	…	…	79
南美洲								
圭亚那	1980	1.1	0.4	0.6	7.1	4.7	10.8	80
	1989	3.8	1.9	2.0	12.2	9.4	16.8	80
	1990	4.4	2.3	2.1	13.9	11.7	17.6	80
	1991	4.7	2.5	2.2	9.7	8.2	11.6	80
	1992	6.9	4.0	3.0	…	…	…	80
	1993	8.1	4.7	3.4	…	…	…	80
非洲								
北非								
摩洛哥	1980	18.4	…	…	…	…	…	81
	1981	25.9	…	…	…	…	…	81
	1982	20.8	…	…	…	…	…	81
	1983	23.3	…	…	…	…	…	81
	1984	40.6	…	…	…	…	…	81
	1985	30.2	…	…	…	…	…	81
苏丹	1980	78.3	64.4	13.9	…	…	…	19
	1986	63.1	48.6	14.5	13.1	14.5	8.0	19
	1989	25.5	15.5	9.9	…	…	…	19
	1990	70.1	44.4	25.7	…	…	…	19
b	1991	19.9	10.2	9.7	…	…	…	82
	1992	5.3	3.7	1.6	…	…	…	82
突尼斯	1980	66.2	54.5	11.7	…	…	…	83
	1989	105.9	80.5	25.5	…	…	…	83
	2000	77.0	42.7	34.3	…	…	…	83
	2001	71.9	40.5	31.5	…	…	…	83
	2002	73.5	40.5	33.1	…	…	…	83
	2003	77.9	41.7	36.2	…	…	…	83
撒哈拉以南非洲								
东非								
布隆迪	1990	14.5	…	…	…	…	…	84
	1995	1.3	…	…	…	…	…	84
	1996	0.5	…	…	…	…	…	84
	1997	1.6	…	…	…	…	…	84
	1998	2.8	…	…	…	…	…	84
	1999	0.7	…	…	14.0	15.0	13.2	84
吉布提	1980	0.8	0.5	0.3	…	…	…	69
	1981	3.4	2.6	0.9	…	…	…	69
	1982	3.0	1.8	1.2	…	…	…	69
埃塞俄比亚	1980	86.1	43.2	42.9	…	…	…	85
	1990	44.2	25.8	18.4	…	…	…	85
	1995	23.5	14.0	9.4	…	…	…	85
	1996	28.3	16.6	11.8	…	…	…	85
	1997	34.6	19.1	15.4	…	…	…	85
	1998	29.5	16.6	12.9	…	…	…	85
	1999	25.7	14.3	11.4	…	…	…	85
马达加斯加	1980	40.6	…	…	…	…	…	86
	1990	16.8	…	…	…	…	…	86
	1991	9.3	…	…	…	…	…	86
	1992	6.2	…	…	…	…	…	86
	1993	5.3	…	…	…	…	…	86
	1994	3.6	…	…	…	…	…	86
	1995	3.3	…	…	…	…	…	86

	年份	失业人口（千人）			失业率（%）			注
		MF	M	F	MF	M	F	No.
毛里求斯	1980	32.0	22.1	9.9	…	…	…	87
	1990	12.8	7.3	5.5	…	…	…	87
	2000	18.0	8.6	9.5	…	…	…	87
	2002	22.0	10.1	11.9	…	…	…	87
	2003	23.4	10.1	13.3	…	…	…	87
	2004	22.0	10.5	11.4	…	…	…	87
	2005	33.6	15.4	18.2	…	…	…	87
b	2007	36.1	17.9	18.2	…	…	…	1
留尼汪	1980	31.0	17.6	13.3	…	…	…	11
	1989	59.5	30.2	27.3	…	…	…	75
	1990	53.8	28.4	25.4	23.0	…	…	75
	1991	59.3	30.4	28.8	25.4	…	…	75
	1992	80.1	41.9	38.2	34.3	30.5	39.8	75
	1993	80.2	43.1	37.1	34.4	31.3	38.6	75
塞舌尔	1980	0.6	0.4	0.3	5.2	…	2.7	88
	1981	0.6	0.4	0.2	3.8	…	1.3	88
	1982	3.0	1.2	1.8	12.2	9.7	16.2	88
	1983	4.0	2.0	2.0	15.4	14.3	16.6	88
	1984	5.6	3.0	2.6	20.8	19.9	21.0	89
	1985	5.7	2.4	3.3	22.5	16.2	31.6	88
赞比亚	1980	52.5	…	…	…	…	…	90
	1985	31.3	…	…	…	…	…	90
	1986	31.8	…	…	…	…	…	90
	1987	24.4	…	…	…	…	…	90
	1988	18.1	…	…	…	…	…	90
	1989	15.9	…	…	…	…	…	90
中非								
安哥拉	1984	52.0	34.8	17.3	14.2	11.8	24.7	91
	1985	56.1	34.9	21.2	14.9	11.5	28.5	91
	1986	69.4	43.6	25.8	18.9	14.8	35.1	91
	1996	19.0	15.5	3.5	…	…	…	91
喀麦隆	1980	41.7	…	…	…	…	…	1
	1983	44.8	…	…	…	…	…	1
	1984	37.8	…	…	…	…	…	1
	1985	14.3	…	…	…	…	…	1
	1986	25.5	…	…	…	…	…	1
	1987	18.2	…	…	…	…	…	1
中非共和国	1980	8.8	7.8	1.0	…	…	…	92
	1990	7.8	7.1	0.7	…	…	…	92
	1991	7.7	7.2	0.5	…	…	…	92
	1992	5.8	5.2	0.5	…	…	…	92
	1993	5.6	5.2	0.4	…	…	…	92
	1994	9.9	9.2	0.6	…	…	…	92
	1995	7.6	6.7	0.9	…	…	…	92
乍得	1988	5.0	4.9	–	…	…	…	69
	1989	10.7	10.6	0.1	…	…	…	69
	1990	2.4	2.3	0.1	…	…	…	69
	1991	4.4	2.8	0.1	…	…	…	69
	1993	16.3	13.3	2.9	…	…	…	69
南部非洲								
博茨瓦纳	1984	93.1	…	…	…	…	…	93
	1994	107.7	55.0	52.8	21.6	19.8	23.8	93
南非	1980	22.0	13.0	9.0	…	…	…	94
	1990	111.0	77.0	33.0	…	…	…	94
	1993	313.0	221.0	93.0	…	…	…	94
	1994	271.0	185.0	87.0	4.4	…	…	94
	1995	273.0	187.0	86.0	4.5	…	…	94
	1996	296.0	197.0	98.0	5.1	…	…	94
	1997	310.0	208.0	102.0	5.4	…	…	94

		年份	失业人口（千人）			失业率（%）			注
			MF	M	F	MF	M	F	No.
西非									
布基纳法索		1980	2.7	…	…	…	…	…	95
		1990	42.0	37.4	4.6	…	…	…	96
		1996	13.5	11.0	2.5	…	…	…	96
		1997	9.2	7.6	1.6	…	…	…	96
		1998	9.4	7.8	1.6	…	…	…	96
		1999	7.5	6.2	1.4	…	…	…	96
		2000	6.6	5.4	1.2	…	…	…	96
佛得角		1990	0.3	…	…	…	…	…	19
		1991	0.3	…	…	…	…	…	19
		1992	0.2	…	…	…	…	…	19
		1993	0.6	…	…	…	…	…	19
		1994	0.6	…	…	…	…	…	19
		1995	0.6	…	…	…	…	…	19
科特迪瓦		1989	128.5	89.4	39.1	…	…	…	97
		1990	140.2	99.0	41.3	…	…	…	97
		1991	136.9	…	…	…	…	…	97
		1992	114.9	88.2	26.7	…	…	…	97
		1998	163.6	116.3	47.3	2.6	71.1	28.9	97
加纳		1980	40.0	28.2	11.8	1.2	1.5	0.8	98
		1990	30.2	26.6	3.2	…	…	…	98
		1991	30.7	27.5	3.3	…	…	…	98
		1992	30.6	27.5	3.1	…	…	…	98
		1993	39.4	36.2	3.2	…	…	…	98
		1994	37.0	34.5	2.5	…	…	…	98
		1995	40.5	…	…	…	…	…	98
几内亚		1988	15.3	13.8	1.5	…	…	…	69
		1989	14.7	13.3	1.4	…	…	…	69
		1990	12.6	10.3	2.3	…	…	…	69
		1991	8.3	7.7	0.6	…	…	…	69
		1992	2.7	2.4	0.3	…	…	…	69
尼日尔		1980	24.4	23.5	0.9	…	…	…	19
		1988	26.1	24.8	1.3	…	…	…	19
		1989	24.6	23.4	1.3	…	…	…	19
		1990	20.9	19.9	1.1	…	…	…	19
		1991	20.9	19.9	1.0	…	…	…	19
	b	1995	119.1	55.0	64.1	…	…	…	99
尼日利亚		1980	22.9	…	…	…	…	…	1
		1989	54.6	…	…	…	…	…	1
		1990	58.0	…	…	…	…	…	1
		1991	62.6	…	…	…	…	…	1
		1992	64.0	…	…	…	…	…	1
		1993	68.6	…	…	…	…	…	1
圣赫勒拿		1990	0.2	0.1	0.1	…	…	…	19
		2000	0.3	0.2	0.1	…	…	…	19
		2001	0.3	0.2	0.1	…	…	…	19
		2003	0.2	0.2	0.1	…	…	…	19
		2004	0.2	0.1	0.1	…	…	…	19
		2005	0.1	0.1	–	…	…	…	19
		2006	0.1	0.1	–	…	…	…	19
塞内加尔		1980	12.2	…	…	…	…	…	100
		1989	8.3	7.1	1.2	…	…	…	100
		1990	10.4	8.3	2.1	…	…	…	100
		1991	14.4	13.1	1.3	…	…	…	100
		1992	12.0	10.0	2.0	…	…	…	100
		1993	10.2	9.0	1.2	…	…	…	100
塞拉利昂		1980	8.9	…	…	…	…	…	101
		1982	6.1	…	…	…	…	…	101
		1983	2.8	…	…	…	…	…	101
		1984	0.5	…	…	…	…	…	101
		1985	0.3	…	…	…	…	…	101
		1986	0.3	…	…	…	…	…	101
多哥		1980	2.4	2.0	0.4	…	…	…	102
	b	1981	3.1	2.7	0.5	…	…	…	103
		1982	4.3	3.8	0.5	…	…	…	103
		1983	4.8	4.2	0.6	…	…	…	103
		1984	4.7	4.2	0.5	…	…	…	103
		1985	4.1	3.6	0.5	…	…	…	103

	年份	失业人口（千人）			失业率（%）			注
		MF	M	F	MF	M	F	No.
中东								
巴林	1990	3.0	2.1	0.8	…	…	…	104
	2000	6.2	4.2	2.0	…	…	…	104
	2003	11.8	6.0	5.7	…	…	…	104
	2004	6.3	3.1	3.2	…	…	…	104
	2005	6.4	2.9	3.5	…	…	…	104
	2006	6.8	1.5	5.3	…	…	…	104
	2007	9.5	1.2	8.3	…	…	…	104
科威特	2000	9.3	7.5	1.8	0.8	0.8	0.7	105
	2002	15.1	9.4	5.6	1.1	1.0	1.7	105
	2003	18.1	10.1	7.9	1.3	1.0	2.2	106
	2004	23.2	11.6	11.6	1.4	0.9	2.9	106
	2005	25.7	12.8	12.9	1.5	1.0	3.1	106
	2006	24.9	11.9	13.0	1.3	0.8	2.9	106

表 8b　登记失业人口（注）

1. 说明

失业率显示的是劳动中没有工作但有工作能力并且正在积极寻找工作的人所占的比例。不应将失业率错误地理解为经济困境的衡量指标，虽然这两者之间存在联系。表 8b 给出了国家行政记录所公布的登记失业人口信息。

2. 信息库

劳工统计数据库（LABORSTA）　劳工统计年鉴，在线统计数据库

国际劳工局统计部，瑞士日内瓦

http：//laborsta. ilo. org

劳工统计数据库是国际劳工组织统计部的在线数据库，提供了自 1969 年以来 30 多个官方核心劳工统计表，包括经济活动人口、就业、失业、工时、工资、劳动力成本、消费者价格、工伤及罢工和停工。

LMIL　劳动力市场指标图书馆

国际劳工组织就业部，瑞士日内瓦

LMIL 网络允许国际劳工组织中各部门共享劳动力市场信息。当无法从现有的国际信息库获取信息时，就利用 LMIL 指标。驻地办公室需负责鉴别、汇集和审查劳动力市场信息，并利用从各地区或各国那里得到的最新信息来更新数据库。

3. 资料来源类型

FA	保险记录
FB	就业官方记录
FD	行政报告
HS	家庭或劳动力调查
OE	官方估算
PC	人口普查

4. 覆盖范围

C	平民
T	总人口
…	无法获得数据

5. 失业覆盖范围

RUE	已登记的失业人口（每月底在职业介绍所登记的正在找工作的人）。
WA	就业申请人（同样在职业介绍所登记的寻找工作或额外工作机会的人）。

6. 符号

MF	男性和女性
M	男性
F	女性
b	序列发生变动
…	无法获得数据
–	忽略不计

注 No.	信息库	资料来源类型	覆盖范围	失业覆盖范围	年龄（岁）	备注
1	LABORSTA	FB	T	RUE	15 +	
2	LABORSTA	FB	T	RUE	15 +	参考期：月度估算的平均值
3	LABORSTA	FB	T	RUE	15—64	
4	LABORSTA	FB	T	RUE	15—64	覆盖范围：不包括不再适合工作的老年失业者
5	LABORSTA	FB	T	RUE	16—60	参考期：12 月 注：数据指的是 16—60 岁的男性和 16—55 岁的女性。1999 年后，年龄限制根据每年情况的不同而变化。
6	LABORSTA	FB	T	RUE	15 +	地域界限：政府控制的地区
7	LABORSTA	FB	T	RUE	14 +	参考期：月度估算的平均值
8	LABORSTA	FB	T	RUE	15 +	参考期：12 月
9	LABORSTA	FB	T	RUE	16—66	
10	LABORSTA	FB	T	RUE	16 +	参考期：月度估算的平均值
11	LABORSTA	FB	T	RUE	16 +	
12	LABORSTA	FB	T	RUE	16 +	注：方法经过修改，数据不具有严格的可比性。
13	LABORSTA	FB	T	RUE	15 +	覆盖范围：不包括暂时被辞退的人员
14	LABORSTA	FB	T	RUE	15—64	注：方法经过修改，数据不具有严格的可比性。
15	LABORSTA	FB	T	RUE	15—64	参考期：月度估算的平均值
16	LABORSTA	FB	T	RUE	…	参考期：12 月 覆盖范围：包括暂时无法工作（如育儿或服兵役）的失业人员
17	LABORSTA	FB	T	RUE	…	参考期：12 月
18	LABORSTA	FB	T	RUE	…	参考期：月度估算的平均值
19	LABORSTA	FB	T	RUE	…	
20	LABORSTA	FB	T	RUE	…	参考期：12 月 31 日 注：年龄限制根据每年情况的不同而变化。
21	LABORSTA	FB	T	RUE	…	参考期：12 月 31 日
22	LABORSTA	FB	T	RUE	16—61	参考期：12 月 31 日 注：数据指的是 16—61 岁的男性和 16—57 岁的女性。
23	LABORSTA	FB	T	RUE	16—61	参考期：月度估算的平均值 注：数据指的是 16—61 岁的男性和 16—57 岁的女性。
24	LABORSTA	FB	T	RUE	16—64	
25	LABORSTA	FB	T	RUE	16—64	参考期：月度估算的平均值
26	LABORSTA	FB	T	RUE	16—61	参考期：12 月
27	LABORSTA	FB	T	RUE	16—61	参考期：月度估算的平均值
28	LABORSTA	FB	T	RUE	16—64	覆盖范围：数据指人们找工作的时间为 20 个小时或者多于一周
29	LABORSTA	FB	T	RUE	18—64	参考期：12 月 31 日 注：数据指的是 18—64 岁的男性和 18—59 岁的女性。
30	LABORSTA	FB	T	RUE	16—65	参考期：月度估算的平均值
31	LABORSTA	FA	T	RUE	16 +	覆盖范围：不包括暂时被辞退的人员
32	LABORSTA	FA	T	RUE	16 +	参考期：1 月、4 月、7 月和 10 月的平均值 覆盖范围：不包括暂时被解雇的人员，其中大多数人在 18 岁以下，某些类别中还包括 60 岁及以上的男性，这些男性中有部分过去曾在煤矿行业中就业
33	LABORSTA	FA	T	WA	16 +	参考期：月度估算的平均值 覆盖范围：不包括暂时被解雇的人员

注 No.	信息库	资料来源类型	覆盖范围	失业覆盖范围	年龄（岁）	备注
34	LABORSTA	FB	T	RUE	15—65	
35	LABORSTA	FB	T	RUE	16—65	
36	LABORSTA	FB	T	RUE	15—60	覆盖范围：包括寻找假期工作的学生
37	LABORSTA	FB	T	RUE	16—60	
38	LABORSTA	OE	T	RUE	14 +	参考期：12 月
39	LABORSTA	OE	T	RUE	15 +	参考期：12 月
40	LABORSTA	FB	T	RUE	16—74	
41	LABORSTA	FB	T	RUE	16—74	参考期：年度平均值的计算使用 12 月 12 日的数据作为 12 月的数据
42	LABORSTA	FB	T	RUE	15—74	
43	LABORSTA	FB	T	RUE	15—65	参考期：12 月 31 日
44	LABORSTA	FB	T	RUE	15—65	参考期：月度估算的平均值
45	LABORSTA	FB	T	WA	15 +	
46	LABORSTA	FB	T	RUE	…	参考期：月度估算的平均值 地域界限：不包括科索沃
47	LABORSTA	FB	T	WA	…	地域界限：不包括科索沃和梅托希亚
48	LABORSTA	FB	T	RUE	14 +	参考期：年度平均值
49	LABORSTA	FB	T	RUE	14 +	参考期：12 月
50	LABORSTA	OE	C	RUE	16—63	
51	LABORSTA	FB	T	RUE	15—61	参考期：12 月 注：数据指的是 15—61 岁的男性和 15—56 岁的女性。
52	LABORSTA	FB	T	RUE	16—59	参考期：12 月 注：数据指的是 16—59 岁的男性和 16—54 岁的女性。
53	LABORSTA	FB	T	RUE	16—59	参考期：月度估算的平均值
54	LABORSTA	FB	T	RUE	…	参考期：12 月 注：方法经过修改；数据不具有严格的可比性。
55	LABORSTA	FB	T	RUE	16—63	参考期：12 月 31 日
56	LABORSTA	FB	T	RUE	16—60	参考期：12 月
57	LABORSTA	FB	T	RUE	16—59	参考期：12 月 31 日 注：数据指的是 16—59 岁的男性和 16—54 岁的女性。
58	LABORSTA	FB	T	RUE	16—59	参考期：月度估算的平均值 注：数据指的是 16—59 岁的男性和 16—54 岁的女性。
59	LABORSTA	FB	T	WA	16—60	
60	LABORSTA	FB	T	WA	16—60	参考期：9 月
61	LMIL	PC	…	RUE	…	
62	LABORSTA	OE	T	RUE	16 +	参考期：12 月
63	LABORSTA	FB	T	RUE	14 +	
64	LABORSTA	FB	T	RUE	16 +	地域界限：努美阿
65	LABORSTA	FB	T	WA	…	地域界限：莫尔斯比港
66	LABORSTA	FB	T	WA	14 +	参考期：年度平均值
67	LABORSTA	FB	T	WA	14 +	参考期：12 月
68	LABORSTA	FB	T	WA	18—60	
69	LABORSTA	FB	T	WA	…	
70	LABORSTA	FB	T	WA	10—56	
71	LABORSTA	FB	T	WA	15 +	参考期：年度平均值
72	LABORSTA	FB	T	WA	15 +	参考期：月度估算的平均值
73	LABORSTA	FB	T	RUE	18 +	

注 No.	信息库	资料来源类型	覆盖范围	失业覆盖范围	年龄（岁）	备注
74	LABORSTA	FB	T	RUE	14 +	注：方法经过修改，数据不具有严格的可比性。
75	LABORSTA	FB	T	RUE	16 +	参考期：12 月
76	LABORSTA	FB	T	RUE	14—60	地域界限：乔治敦、新阿姆斯特丹、安那·雷吉那以及惠灵顿堡地区
77	LABORSTA	FB	T	RUE	16 +	参考期：11 月
78	LABORSTA	FB	T	RUE	15—65	地域界限：帕拉马里博
79	LABORSTA	FB	T	RUE	10 +	地域界限：危地马拉城
80	LABORSTA	FB	T	WA	16 +	
81	LABORSTA	FB	T	RUE	18—60	
82	LABORSTA	FB	T	RUE	…	地域界限：喀士穆区
83	LABORSTA	FB	T	WA	18 +	
84	LABORSTA	FB	T	WA	…	地域界限：布琼布拉
85	LABORSTA	FB	T	RUE	16 +	参考期：以所显示年份的 6 月为年末
86	LABORSTA	FB	T	WA	…	参考期：12 月 地域界限：6 个省会城市
87	LABORSTA	FB	T	RUE	15 +	地域界限：不包括罗德里格斯
88	LABORSTA	FB	T	RUE	15—63	
89	LABORSTA	FB	T	RUE	15—63	参考期：12 月
90	LABORSTA	FB	T	RUE	12 +	
91	LABORSTA	FB	T	WA	14 +	
92	LABORSTA	FB	T	WA	…	地域界限：班吉
93	LABORSTA	FB	T	WA	12 +	
94	LABORSTA	FB	T	RUE	15 +	地域界限：不包括特兰斯凯、博普塔茨瓦纳、文达、希斯凯、夸祖鲁、卡恩格瓦尼、侉侉、加赞库鲁、利波瓦、克瓦恩德贝尔 覆盖范围：白人、有色人种和亚洲人。
95	LABORSTA	FB	T	WA	…	覆盖范围：估算数基于 3 个职业介绍所。
96	LABORSTA	FB	T	WA	…	覆盖范围：估算值基于 4 个职业介绍所。
97	LABORSTA	FB	T	RUE	14—55	参考期：12 月 31 日
98	LABORSTA	FB	T	RUE	15—60	
99	LMIL	HS	C	RUE	10 +	
100	LABORSTA	FB	T	WA	14—55	地域界限：达喀尔
101	LABORSTA	FB	T	WA	12 +	覆盖范围：数据指在 Maritime Pool 的求职者。
102	LABORSTA	FB	T	RUE	14—55	地域界限：洛美
103	LABORSTA	FB	T	RUE	14—55	
104	LABORSTA	FB	T	WA	15 +	参考期：1 月
105	LABORSTA	FD	T	RUE	…	参考期：12 月
106	LABORSTA	FD	T	RUE	…	参考期：6 月

KILM 9：青年失业

引　言

许多国家，不论其处于何种发展阶段，通常都将青年失业视为重要的政策性问题。对于本指标来说，青年人指年龄在15—24岁之间的人口，成年人指年龄在25岁及以上的人口。该指标包括4个不同的衡量尺度，每一尺度都代表着青年失业问题的一个方面。这4个衡量尺度分别是：（a）青年失业率（青年失业人口占青年劳动力人口的百分比）；（b）青年失业率与成年失业率的比率；（c）青年失业人口占总失业人口的比重；（d）青年失业人口占青年总人口的比重。青年失业率数据涵盖166个经济体，而对于其他3项衡量指标，我们掌握了173个经济体一年或更长时间内的数据。大多数情况下，青年失业的数据是按照性别分别统计的。

指标的用途

人们已经日益认识到解决青年就业问题的迫切性。在2005年国际劳工大会（ILC）对青年就业问题进行的讨论中，国际劳工组织成员总结道："同时，无法得到体面工作机会的青年工作者也为数众多。有大量的青年人处于不充分就业、失业、求职或待业状态，或者在非正式、临时性且没有保障的工作环境下长时间从事着令人无法忍受的工作，缺乏个人与职业发展空间；他们在低工资、低技能的岗位上无法发挥潜能，也没有职业进步的空间；他们不得已去做兼职、短工、临时性或季节性工作；他们常常在城市及农村地区的非正式经济部门中忍受着贫困和动荡。"[1]

国际劳工组织成员意识到，如果一国不能成功地将青年人纳入到劳动力市场，将会对整个国家造成更广泛的影响。[2] 鉴于此，国际劳工组织成员方制定并通过了"国际劳工组织关于促进青年体面就业的行动计划"。国际劳工组织被赋予的一项任务就是深入了解青年就业人口、失业人口与不充分就业人口的特点与范围。国际劳工组织的系列出版物——《全球青年就业趋势》[3]——现在每两年出版一次，其是对当前青年劳动力市场趋势进行量化和分析的重要成果。下期报告于2008年出版。[4]

关于青年失业率的KILM 9依然是唯一的专门与青年人有关的指标。但是，本版KILM中大量的其他指标也试图涵盖各年龄段的人口。这样，KILM的使用者第一次有机会获得并分析与青年人口（相对于成年人口及总人口）就业相关的数据，如根据每周工时统计的就业人口（表6a）、长期失业人口（表10）与按受教育程度统计的劳动力人口（表14a），此外劳动力参与率（表1a与1b）以及就业人口比率（表2a与2b）全都可以按年龄获取。

KILM关于青年失业的信息描述了青年人缺少工作机会的不同情况。一般来说，表9

1　国际劳工组织："关于促进青年体面就业发展的决议"，第5段，第93届国际劳工大会（日内瓦，2005年）；http：//www. ilo. org/public/english/standards/relm/ilc/ilc93/pdf/resolutions. pdf。

2　由于存在购买力下降、无业青年参与非法活动的潜在可能、社会凝聚力下降、贫困循环加剧以及其他许多问题，国际劳工大会决议以及国际劳工组织为"青年：通往体面就业之路"的讨论所做的报告（第六部分）中对此进行了论述，第93届国际劳工大会（日内瓦，2005）；http：//www. ilo. org/public/english/standards/relm/ilc/ilc93/pdf/rep-vi. pdf。

3　国际劳工组织：《全球青年就业趋势》（2004年、2006年和2008年）可在线获取：http：//www. ilo. org/trends。

4　详情见：国际劳工组织：《全球青年就业趋势，2006年10月》（日内瓦，2006年）；http：//www. ilo. org/trends。

中所列的四个比率越高，青年人的就业状况就越差。这些衡量指标的变动趋势通常是一致的，为了全面评估青年人在劳动力市场内的情况并引导政策提案，应对这些指标进行同步观察，同时还应查阅青年人群的其他指标信息。

当一个国家的青年失业率很高，并且青年失业率与成年失业率的比率接近 1 时，说明不仅仅是青年人陷入了就业困境，而是整个国家都面临着就业问题。如果这两个指标都很高，说明青年人比成年人更难就业。如果青年失业率很高，而且青年失业人口占全部失业人口的比例也很高，则失业问题是分布不均的。在这种情况下，有效的就业政策可以针对性地放宽青年人进入就业市场的条件。

定义和来源

一般定义青年人为 15—24 岁的人，25 岁及以上者为成年人。然而，各国的实际定义有所不同。特别地，青年人的年龄下限通常由离校的最低年龄（如果存在）所决定。各国实际定义的差异会对可比性造成一定影响，下文将对此加以详细论述。第 13 届国际劳动统计学家大会（ICLS）通过了关于对经济活动人口、就业、失业和不充分就业进行统计的决议，其概述了失业和青年失业的国际标准。该决议指出，如果在参考期内，特定年龄以上的人口（a）没有工作、（b）可以参加工作和（c）正在积极找工作，则都属于失业人口。[5]按照 KILM 8，失业率是指一定年龄组的失业人口占该年龄组劳动力人口的比率。而青年失业率是青年失业人口占青年劳动力人口的比例，在这里劳动力人口被青年劳动人口所替代来充当分母。

在 KILM 的表 8a 中，失业信息通常来自以下 3 种来源之一：劳动力人口家庭调查、官方估计或人口普查。[6]在表 9 中最常用的信息来源是劳动力调查。

可比性的限制

在做跨国跨时期比较时，KILM 9 数据的可比性存在诸多限制，有些限制的影响会较为显著。[7] 可比性的主要限制之一就是失业率的数据来源。以人口普查作为信息来源的主要困境是：由于成本问题，普查频率不会很高，所以失业信息不能迅速得到更新。有时失业信息基于官方估计，其同样是难以比较的，而且这些信息通常基于行政记录和其他来源。无论如何，在做跨国或跨时期的数据比较时，使用者应了解数据的主要来源，并考虑其所带来的影响。

我们需对失业的定义做出一点补充。一些国家（如特立尼达和多巴哥）的失业数据不包括那些从未就业的人口（如不包括首次求职者）。这个定义往往会低估青年失业水平。

由于各国对青年人和成年人的年龄界定可能会有所不同，所以尽管这一因素的影响不是很大，我们仍在此略作描述。一般来说，如果存在最低离校年龄，则离校年龄即为青年人的年龄下限。由于各国制度性安排的不同，年龄下限通常为 10—16 岁不等。这对大部分青年失业指标不会产生重大影响。不过，该年龄组的人口规模会影响到我们对青年失业人口占总失业人口百分比的度量。在其他条件相同的情况下，年龄界限越广，这一百分比就越高。

有些国家采用的年龄界定有很大的差异性。有 6 个国家采用 29 岁作为青年人的年龄上限，它们是哥伦比亚（1980—1990 年）、哥斯达黎加（1980—1986 年）、古巴（1995—2007 年）、洪都拉斯（1990—1998

5 关于经济活动人口、就业、失业和不充分就业统计数据的决议，第 13 届国际劳动统计学家大会，1982 年 10 月；http://www.ilo.org/global/What_we_do/Statistics/standards/resolutions/lang--en/docName--WCMS_087481/index.htm。读者可以在 KILM8 原稿的表 8a 中找到有关失业定义的摘录，也可以参考其中的“定义和来源”部分。

6 有关登记的失业人口信息本表并未采用。

7 考虑到完整性，用户还应对照 KILM 8 中相应的讨论。

年)、新喀里多尼亚（1996年)、巴拿马(1983年）和苏里南（1987年)。实际应用中对成年的定义也会有差异。一般来说，成年人被界定为年龄超过25岁的人，但一些国家还设定了年龄上限。显然年龄上限只对青年与成年失业率之比有影响，而且该影响非常小。

最后应该谈谈所公布信息的参考期。由于所公布的数据中有大量的离校人员（包括永久性离校或长假离校），不同的学校开学和放假的日期不同将可能导致一年中青年失业率水平发生很大的变化。在大多数情况下，报告中的数据采用年平均值。在其他情况下，每年中的特定月份会对数据（如普查数据）产生影响。由于不同的学制安排，各国选择的特定月份也会有所不同。

趋　势

青年（15—24岁）失业率通常比成年（年龄在25岁及以上）失业率要高（见图9a)。造成这种现象有多种原因，但并不是所有原因都是负面的。从供给方面看，青年人可能会选择自愿短期失业，在“货比三家”积累经验和寻找合适工作的过程中，他们往往会经历很多次短暂的失业。此外，一年中教育机构的开学放假使学生在就业、入学和失业中转换，所以他们进出劳动力市场的可能性更大。

不应该忽视的是，相对较高的青年失业率背后隐藏的原因是劳动力市场对青年人存有偏见。例如，当雇主裁员时，首当其冲的是青年人，这是因为人们普遍认为遣散青年员工比遣散老员工的成本低。此外，就业保护法通常规定了其适用的最低工作年限，而且裁员的经济补偿通常根据工作年限增长。显然，多数情况下青年人比老职工工作期限短，因此遣散成本低，更易被解雇。最后，由于求职者中青年人居多，所以企业因经济原因而削减招聘岗位或冻结招聘计划对青年人的影响最大。

问题在于青年和成年失业率的差距到底该有多大？这个“自然”差异（基于青年求职者的自然特征）与青年就业歧视的结构性问题的界限是什么？遗憾的是，没有一个明确的答案。但我们可以通过青年失业率和青年与成年失业率之比得到一些启示。图9a显示了107个国家2003年以后至少一年的青年失业率和成年失业率的图形数据，显然大多数国家的青年失业率为成年失业率的3—4倍。所有地区中至少有一个国家在这个值域内。当比率接近2时，可以说失业问题可能在全部人口中普遍存在。青年人当然受到了影响，但和成年人口相比，失业率并未达到过于严重的境况。只有极少数（10个）国家的青年失业率不到成年失业率的2倍，其中有5个国家位于撒哈拉以南非洲（其中有两个撒哈拉以南非洲国家——利比里亚和马达加斯加——显示出独特的成年失业率超出青年失业率的现象)。

而在亚洲、北非和中东的一些经济体，相对于成年求职者，青年人无疑面临着更大的困难。如在埃及、印度尼西亚和斯里兰卡等国，青年失业率为成年失业率的5倍以上，并且超过了20%。在这些国家，男性的失业率都比女性高（见图9b)。表格中列出了所有的（包括男性或女性）青年与成年失业率之比为3.5及以上的经济体，显示青年劳动力市场存在严重的结构性失衡。高比率更多出现在男性中：有34个经济体青年男性与成年失业率之比超过3.5，而青年女性与成年失业率之比超过3.5的经济体为20个。只有在马来西亚和泰国，女性的这一比率比男性更高。从地区分布来看，高比率存在于除中东地区外的所有地区，并且在亚洲和北非最高（如上所述)。

还有两个经常被忽视的指标能够有效反映青年就业问题的严峻程度。这两个指标是青年失业人口占总失业人口的比重和青年失业人口占青年总人口的比重。前者是青年失业率与成年失业率比例的补充，其着重反映失业问题是青年人口这一特定群体的问题还是全部人口的普遍问题。后者——青年失业人口占青年总人口的比重——可以用来清晰地反映青年失业的严峻形势。但如果这些正

图 9a 2004 年以来青年失业率和成年失业率

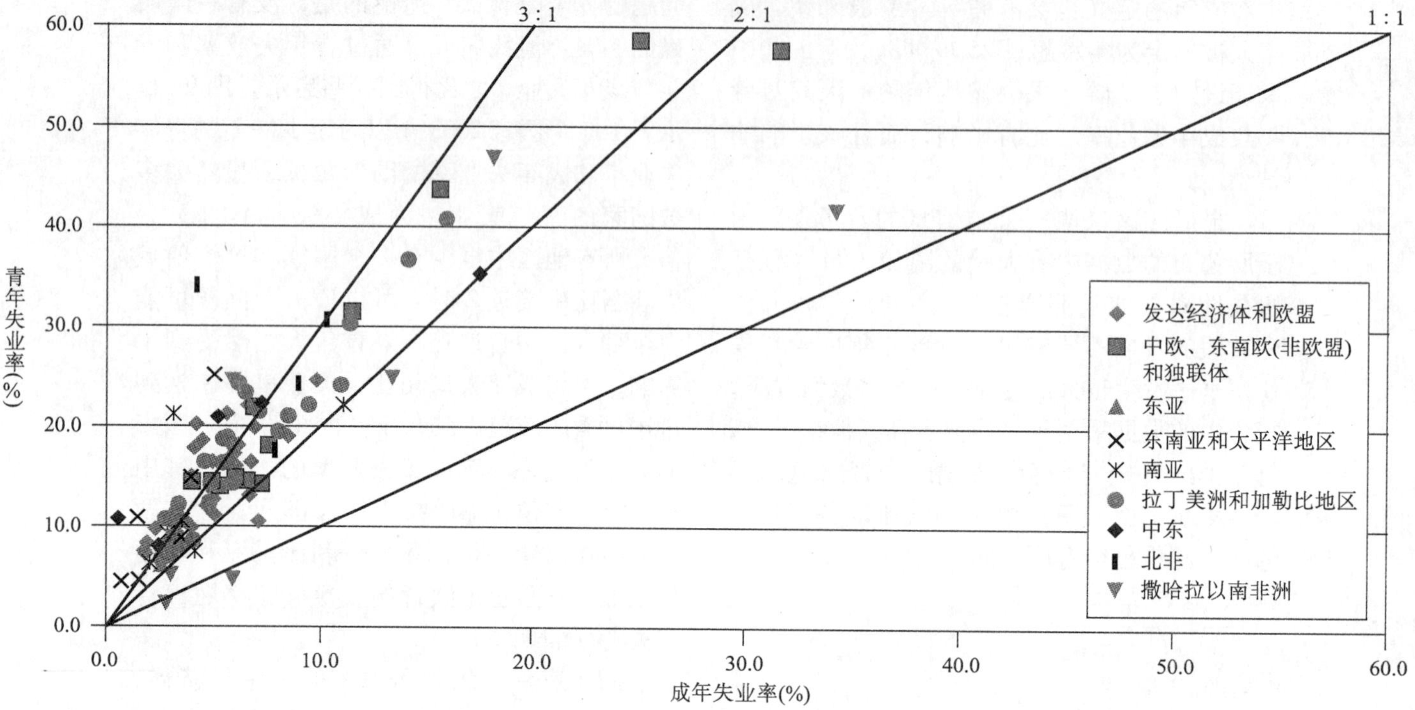

在求职却很难找到工作的青年人占青年人口的比重少于 5%，那么决策者通常不急于解决这个问题。然而，如果当失业青年人占青年总人口的比重很大时，那么显然该国在利用青年劳动力的潜能方面存在问题。

图 9c 将这两个指标放在一起，从地区角度来描述青年失业问题。很明显，在亚洲的三个地区，青年失业者占青年总人口的比重不太高（平均约为 4%），但对于那些正在找工作的青年人来说，显然存在着重重壁垒使得他们很难成功。尤其是在南亚有近 50% 的求职者是青年人，空缺职位有限，竞争异常激烈。北非地区的青年就业形势则更加严峻，有约 10% 的青年人处于失业状态，而总失业人口的一半以上（51.4%）是青年人。

图 9b　2004 年以来青年失业率与成年失业率之比在 3.5 及以上的国家（按照性别划分）

男性			女性		
地区	国家（最新可得数据）	比率	地区	国家（最新可得数据）	比率
8	埃及（2005 年）	9.4	4	马来西亚（2007 年）	9.3
5	斯里兰卡（2007 年）	8.5	4	泰国（2007 年）	7.3
4	马来西亚（2007 年）	7	8	埃及（2005 年）	6.1
7	毛里求斯（2007 年）	6.7	5	斯里兰卡（2007 年）	5.5
4	泰国（2007 年）	6.6	1	罗马尼亚（2008 年）	5.4
4	印尼（2007 年）	5.7	1	卢森堡（2008 年）	5.3
6	乌拉圭（2007 年）	5.5	4	菲律宾（2007 年）	5.3
7	坦桑尼亚联合共和国（2006 年）	5.2	1	冰岛（2008 年）	4.9
1	瑞典（2008 年）	5	2	摩尔多瓦共和国（2007 年）	4.8
6	哥斯达黎加（2007 年）	4.8	1	瑞典（2008 年）	4.7
1	新西兰（2007 年）	4.8	6	萨尔瓦多（2006 年）	4.5
1	马恩岛（2006 年）	4.8	4	印度尼西亚（2007 年）	4.3
1	挪威（2008 年）	4.6	5	不丹（2005 年）	4.3
6	牙买加（2004 年）	4.4	1	挪威（2008 年）	4.1
1	意大利（2008 年）	4.3	1	新西兰（2007 年）	3.9
1	塞浦路斯（2007 年）	4.2	6	巴拿马（2007 年）	3.7
1	英国（2008 年）	4.1	6	阿根廷（2006 年）	3.7
1	冰岛（2008 年）	4.1	1	英国（2008 年）	3.5
5	孟加拉国（2005 年）	4.1	1	格鲁吉亚（2007 年）	3.5
1	希腊（2008 年）	4	6	智利（2007 年）	3.5
1	芬兰（2008 年）	3.8			
6	巴拿马（2007 年）	3.8			
4	越南（2004 年）	3.8			
6	巴哈马（2007 年）	3.7			
1	马耳他（2007 年）	3.7			
6	开曼群岛（2007 年）	3.7			
6	多米尼加共和国（2007 年）	3.6			
6	秘鲁（2007 年）	3.6			
1	克罗地亚（2006 年）	3.6			
6	阿根廷（2006 年）	3.6			
6	厄瓜多尔（2006 年）	3.6			
1	罗马尼亚（2008 年）	3.6			
1	卢森堡（2008 年）	3.5			
3	韩国（2007 年）	3.5			

注：地区 1——发达经济体和欧盟；地区 2——中欧、东南欧（非欧盟）和独联体；地区 3——东亚；地区 4——东南亚和太平洋地区；地区 5——南亚；地区 6——拉丁美洲和加勒比地区；地区 7——撒哈拉以南非洲；地区 8——北非。

图 9c　青年失业人口占总失业人口的比重和占青年总人口的比重（近年来地区数据的平均值）

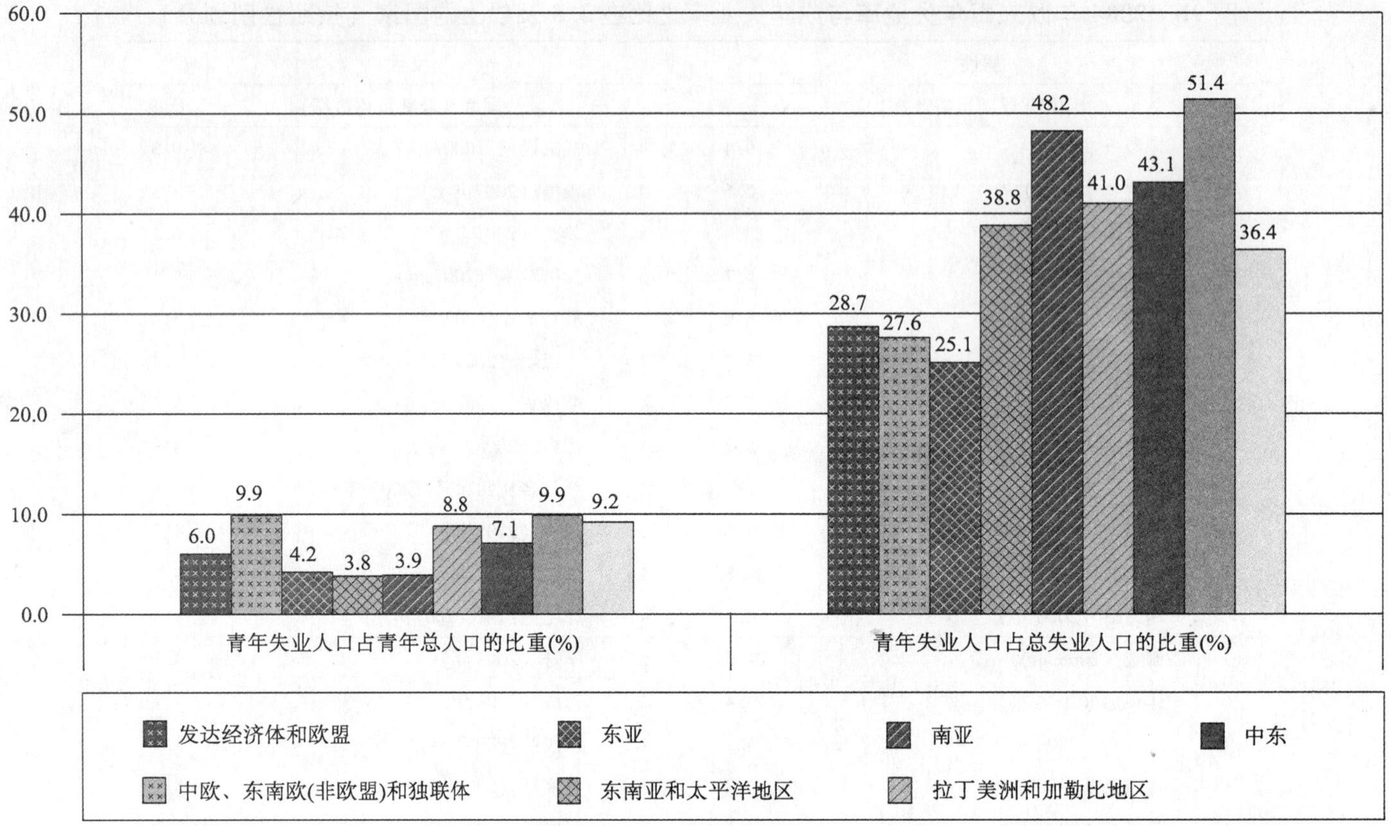

注：图中数据为 2003 年以后每个地区的经济体可获得数据的未加权平均数。

专栏 9a 世界及地区青年失业率估算

青年总失业率（%）	1998 年	2004 年	2005 年	2006 年	2007 年	2008 年*
世界	12.3	13.0	13.0	12.5	11.9	12.3
发达经济体和欧盟	13.9	14.2	13.9	13.0	12.2	13.1
中欧、东南欧（非欧盟）和独联体	22.6	19.5	18.9	18.8	17.9	18.5
东亚	9.5	8.9	8.9	8.6	8.4	9.1
东南亚和太平洋地区	12.7	17.4	18.3	17.5	15.2	16.0
南亚	9.0	10.5	10.6	10.2	10.1	10.1
拉丁美洲和加勒比地区	15.7	16.6	16.2	15.2	14.8	15.2
中东	19.5	18.7	20.3	20.4	18.3	18.8
北非	26.4	28.2	28.0	25.1	24.9	24.4
撒哈拉以南非洲	11.8	11.8	11.6	11.5	11.4	11.3
男性青年失业率（%）	**1998 年**	**2004 年**	**2005 年**	**2006 年**	**2007 年**	**2008 年***
世界	12.2	12.8	12.7	12.2	11.7	12.1
发达经济体和欧盟	13.8	14.7	14.5	13.4	12.6	13.9
中欧、东南欧（非欧盟）和独联体	22.2	19.1	18.4	18.4	17.7	18.1
东亚	11.2	10.6	10.5	10.2	9.9	10.8
东南亚和太平洋地区	12.4	16.4	17.1	16.6	14.7	15.1
南亚	9.0	10.4	10.3	9.9	9.7	9.7
拉丁美洲和加勒比地区	12.8	13.4	13.0	12.0	11.8	12.1
中东	17.5	16.6	17.7	18.0	16.5	16.7
北非	23.9	24.5	22.8	20.5	21.2	20.6
撒哈拉以南非洲	11.2	11.4	11.2	11.1	11.0	10.9
女性青年失业率（%）	**1998 年**	**2004 年**	**2005 年**	**2006 年**	**2007 年**	**2008 年***
世界	12.5	13.3	13.4	12.9	12.2	12.7
发达经济体和欧盟	14.0	13.7	13.2	12.6	11.8	12.2
中欧、东南欧（非欧盟）和独联体	23.1	20.0	19.5	19.5	18.2	19.1
东亚	7.8	7.4	7.3	7.1	6.9	7.6
东南亚和太平洋地区	13.1	18.7	19.9	18.8	15.9	17.2
南亚	9.1	10.8	11.4	11.0	11.0	11.0
拉丁美洲和加勒比地区	20.3	21.4	20.8	19.8	19.1	19.8
中东	25.2	24.2	26.5	26.3	22.7	23.8
北非	32.2	35.7	38.5	34.1	32.1	31.6
撒哈拉以南非洲	12.5	12.4	12.1	12.0	11.9	11.8
青年失业率与成年失业率之比	**1998 年**	**2004 年**	**2005 年**	**2006 年**	**2007 年**	**2008 年***
世界	2.6	2.7	2.8	2.8	2.8	2.8
发达经济体和欧盟	2.3	2.4	2.4	2.5	2.6	2.6
中欧、东南欧（非欧盟）和独联体	2.2	2.5	2.5	2.5	2.6	2.5
东亚	2.7	2.8	2.8	2.8	2.9	2.8
东南亚和太平洋地区	5.1	4.8	5.3	5.4	4.9	5.6
南亚	3.7	2.8	2.8	2.8	2.8	3.0
拉丁美洲和加勒比地区	2.6	2.7	2.8	2.9	2.9	2.9
中东	3.3	3.1	3.1	3.0	2.7	3.1
北非	3.2	3.8	4.2	3.9	4.0	3.9
撒哈拉以南非洲	1.9	1.9	1.8	1.8	1.9	1.8

资料来源：国际劳工组织，趋势计量经济模型，2009 年 7 月（关于估算方法的详细信息见“KILM 指南”中的专栏 3）。* 表示 2008 年为初步估算数据。

专栏 9a（续）

与经济危机爆发前的状况相比，当前经济环境下的青年劳动力市场形势尤为令人担忧。在过去 10 年中，尽管失业率的降低使总体劳动力市场有所改善，但全球的青年失业率与成年失业率之比从 2.6 上升到 2.8，而且这一比率在大部分地区都出现增长。[1]这意味着尽管青年人受教育年限有延长的趋势，但其依然比成年人得到的就业机会要少。2008 年的全球青年失业率同 10 年前是一样的，而同期成年失业率下降了 0.3 个百分点。

然而，近年来全球青年失业率有下降的趋势，从 2003 年的峰值 13% 下降至 2007 年的 11.9%。随着经济危机的到来，2008 年全球青年失业率上升了 0.4 个百分点，达到 12.3%，与之相比，成年失业率上涨了 0.1 个百分点。最大增幅发生在发达经济体和欧盟，以及东亚、东南亚和太平洋地区。2008 年，中欧、东南欧（非欧盟）和独联体，以及中东和北非仍然是青年失业率最高的地区。

尽管男性青年失业率和女性青年失业率均超过了成年失业率，但在拉丁美洲和加勒比地区、中东和北非，青年女性比青年男性的失业风险要高出许多。在这些地区，青年女性比青年男性的失业率高出 7 个百分点以上。2008 年，发达经济体和欧盟以及东亚是仅有的青年男性失业率高于女性的两个地区。

1 详细信息见国际劳工组织：《全球青年就业趋势》，2008 年 10 月（日内瓦，2008 年）；http://www.ilo.org/trends。

表9　青年失业人口

	年份	青年失业率（%）			青年失业率与成年失业率的比率（%）			青年失业人口占总失业人口的比重（%）			青年失业人口占青年总人口的比重（%）			注 No.
		MF	M	F	MF	M	F	MF	M	F	MF	M	F	
发达经济体和欧盟														
欧盟														
奥地利	1990	3.8	3.8	3.8	1.2	1.3	1.1	24.4	24.0	24.9	2.4	2.5	2.3	1
	2000	6.3	6.9	5.6	1.4	1.6	1.3	17.7	18.3	16.9	3.5	4.2	2.9	2
	2004	11.0	11.3	10.7	2.5	2.6	2.4	28.6	28.9	28.3	6.2	6.9	5.5	2
	2005	10.3	10.7	9.9	2.4	2.7	2.1	28.9	30.9	26.8	6.1	6.8	5.4	2
	2006	9.1	8.9	9.3	2.3	2.5	2.0	27.2	28.5	25.9	5.4	5.7	5.1	2
	2007	8.7	8.3	9.1	2.3	2.6	2.1	28.1	29.4	26.9	5.3	5.4	5.2	2
	2008	8.0	7.9	8.2	2.6	2.7	2.4	29.9	30.7	29.1	4.9	5.1	4.7	2
比利时	1990	14.5	10.1	19.2	2.3	2.6	1.9	24.9	23.7	25.7	5.1	3.7	6.5	2
	2000	15.3	12.9	18.2	2.7	2.9	2.6	23.3	23.6	23.1	5.5	5.0	5.9	2
	2004	17.5	15.8	19.5	2.8	2.7	2.8	22.7	21.5	23.9	6.0	5.6	6.3	2
	2005	21.5	21.0	22.1	3.0	3.4	2.7	24.4	25.8	22.9	7.5	7.9	7.1	2
	2006	20.5	18.8	22.6	3.0	3.0	2.9	23.7	23.8	23.6	7.1	7.0	7.2	2
	2007	18.8	17.1	20.9	3.0	3.0	2.9	23.2	23.1	23.4	6.4	6.2	6.6	2
	2008	18.0	17.4	18.7	3.1	3.2	2.9	23.4	24.1	22.6	6.0	6.2	5.8	2
保加利亚	2000	33.3	36.1	29.6	2.3	2.5	2.1	20.9	23.7	17.5	10.2	13.0	7.6	2
	2004	24.5	25.0	23.8	2.3	2.3	2.3	18.8	20.0	17.4	7.2	8.3	6.1	2
	2005	22.3	23.4	21.0	2.5	2.6	2.4	19.5	21.1	17.6	6.2	7.3	5.2	2
	2006	19.5	18.9	20.3	2.5	2.5	2.4	19.1	19.8	18.3	5.6	5.9	5.3	2
	2007	15.1	14.5	16.0	2.5	2.5	2.4	18.5	19.7	17.3	4.4	4.6	4.1	2
	2008	12.7	13.7	11.3	2.6	3.0	2.1	19.2	23.0	15.0	3.8	4.7	3.0	2
塞浦路斯	2000	10.2	6.5	13.5	2.4	2.3	2.1	24.0	19.3	26.8	4.2	2.7	5.4	2
	2004	8.8	8.1	9.5	2.3	2.7	2.0	21.1	22.1	20.2	3.6	3.5	3.6	2
	2005	13.9	13.2	14.6	3.2	3.9	2.7	28.2	30.0	26.9	5.9	6.1	5.7	2
	2006	10.0	8.9	11.2	2.6	2.7	2.4	22.9	22.5	23.3	4.1	4.0	4.3	2
	2007	10.3	10.9	9.5	3.2	4.2	2.4	26.0	28.8	23.5	4.3	4.8	3.8	2
	2008	9.0	8.6	9.4	2.9	3.2	2.6	24.1	22.9	25.0	3.7	3.7	3.8	2
捷克共和国	2000	17.0	16.7	17.4	2.3	2.9	1.8	26.9	32.3	22.2	7.8	8.6	7.1	3
	2004	20.4	21.1	19.5	2.9	3.8	2.2	23.8	29.7	18.5	7.3	8.4	6.1	3
	2005	19.3	19.4	19.1	2.8	3.8	2.1	21.6	27.9	16.3	6.5	7.5	5.5	3
	2006	17.4	16.6	18.6	2.8	3.5	2.3	21.2	25.5	17.7	5.8	6.3	5.4	3
	2007	10.7	10.6	11.0	2.2	2.9	1.7	16.6	21.6	12.6	3.4	3.9	2.9	3
	b 2008	9.9	9.8	9.9	2.5	3.4	1.9	18.0	23.8	13.3	3.1	3.5	2.6	2
丹麦	1990	11.5	11.4	11.6	1.5	1.6	1.4	26.4	27.4	25.5	8.5	8.8	8.2	2
	2000	6.7	6.5	7.0	1.7	1.8	1.5	23.3	24.1	22.7	4.8	4.9	4.8	2
	2004	7.8	8.5	7.0	1.6	1.9	1.4	20.1	22.0	18.0	5.2	5.8	4.5	2
	2005	8.6	8.7	8.6	2.0	2.3	1.8	24.9	26.7	23.2	5.9	6.1	5.7	2
	2006	7.7	7.9	7.5	2.4	3.1	1.9	28.9	33.5	25.1	5.4	5.6	5.2	2
	2007	7.9	8.2	7.5	2.6	3.1	2.1	31.0	34.7	27.2	5.6	5.9	5.2	2
	2008	7.6	6.9	8.4	3.0	3.0	3.0	35.7	34.8	36.6	5.5	5.0	6.0	2
爱沙尼亚	2000	22.1	22.1	22.2	1.9	1.8	2.1	21.7	22.9	20.2	9.3	10.6	7.9	4
	2004	21.7	21.3	22.3	2.6	2.4	2.9	23.9	25.9	21.6	…	…	…	4
	2005	15.8	16.4	15.1	2.3	2.1	2.4	21.5	23.3	19.3	5.4	6.3	4.4	4
	2006	12.0	10.0	14.6	2.3	1.8	3.1	22.2	20.2	23.8	4.3	4.0	4.5	4
	2007	10.0	12.1	7.3	2.5	2.7	2.1	24.7	29.5	18.2	3.8	5.3	2.4	4
	b 2008	12.0	12.4	11.5	2.6	2.6	2.5	26.0	28.2	23.8	5.0	5.6	4.3	2
芬兰	1980	8.8	8.5	9.2	2.3	2.2	2.4	32.5	31.7	33.3	4.8	4.8	4.8	5
	1990	8.9	9.4	8.3	4.4	3.9	5.1	43.8	41.7	46.9	5.4	6.0	4.7	6
	2000	28.4	27.5	29.3	3.5	3.7	3.3	38.8	39.5	38.2	18.0	17.8	18.1	7
	2004	27.5	27.9	27.2	3.7	3.8	3.5	37.5	37.4	37.7	16.4	16.8	16.1	7
	2005	20.1	20.6	19.6	3.0	3.2	2.8	29.3	29.8	28.8	10.2	10.5	9.9	7
	2006	18.7	19.0	18.5	3.0	3.3	2.8	30.1	31.0	29.2	9.7	10.0	9.4	7
	2007	16.5	16.5	16.6	3.0	3.2	2.9	30.7	30.7	30.7	8.8	8.8	8.9	7
	2008	16.5	17.2	15.8	3.3	3.8	3.0	32.6	34.0	31.2	8.8	9.2	8.4	7
法国	1980	15.1	9.7	21.8	3.5	3.2	3.5	41.7	37.0	44.9	7.2	5.0	9.4	8
	1990	19.1	15.3	23.9	2.5	2.6	2.3	25.8	26.4	25.3	7.0	6.1	7.9	8
	2000	20.7	18.4	23.7	2.3	2.5	2.2	17.4	19.1	16.1	6.1	6.0	6.2	8
	2004	19.7	18.9	20.7	2.6	2.9	2.4	23.9	26.4	21.5	7.2	7.6	6.8	8
	2005	20.2	19.2	21.5	2.7	2.9	2.5	24.3	26.5	22.3	7.4	7.7	7.1	8
	2006	21.3	20.1	22.9	2.9	3.0	2.8	25.5	27.4	23.7	7.8	8.1	7.6	8
	2007	18.7	18.0	19.6	2.8	2.9	2.7	24.6	26.2	23.0	6.9	7.2	6.6	8
	b 2008	18.1	18.2	18.0	3.0	3.3	2.7	25.8	28.7	22.8	7.1	7.8	6.4	2

	年份	青年失业率（%）			青年失业率与成年失业率的比率（%）			青年失业人口占总失业人口的比重（%）			青年失业人口占青年总人口的比重（%）			注 No.
		MF	M	F	MF	M	F	MF	M	F	MF	M	F	
德国	2000	8.5	9.5	7.4	1.1	1.3	0.9	12.2	13.5	10.8	4.3	5.1	3.5	2
	2004	13.0	15.4	10.2	1.2	1.4	1.0	13.4	14.7	11.6	6.2	7.8	4.5	2
	2005	15.5	16.8	13.9	1.5	1.6	1.4	16.3	16.9	15.5	7.7	8.8	6.6	2
	2006	13.7	14.8	12.5	1.4	1.5	1.3	15.6	16.4	14.7	6.9	7.8	6.0	2
	2007	11.9	12.6	11.1	1.5	1.6	1.3	16.2	17.2	15.1	6.1	6.8	5.4	2
	2008	10.5	11.0	9.9	1.5	1.6	1.4	16.5	17.3	15.6	5.5	6.1	5.0	2
前德意志联邦共和国（西德）	1986	9.5	7.7	11.5	1.3	1.3	1.2	25.3	22.7	27.8	5.8	5.0	6.7	9
	1987	9.4	8.5	10.4	1.2	1.3	1.1	23.7	22.1	25.6	5.8	5.6	6.1	10
	1988	8.6	7.3	10.2	1.1	1.2	1.0	21.5	19.7	23.3	5.4	4.8	6.1	9
	1989	6.7	5.4	8.1	0.9	0.9	0.9	17.2	15.6	18.7	4.1	3.5	4.8	9
	1990	5.9	5.0	6.9	0.9	1.0	0.8	16.1	15.3	16.8	3.7	3.2	4.1	9
希腊	1990	23.3	15.1	32.6	5.2	5.3	4.4	45.3	40.9	48.0	9.2	6.6	11.5	2
	2000	29.2	21.9	38.0	3.3	3.9	2.8	31.6	32.4	31.1	11.3	9.1	13.6	2
	2004	26.5	18.7	35.6	3.1	3.7	2.7	25.6	26.7	25.0	9.9	7.6	12.2	2
	2005	26.0	18.7	34.8	3.1	3.7	2.6	22.5	24.3	21.5	8.8	6.9	10.6	2
	2006	25.2	17.7	34.7	3.4	3.8	3.0	22.7	23.9	22.0	8.2	6.4	9.9	2
	2007	23.0	15.8	32.1	3.2	3.6	2.9	20.6	21.3	20.1	7.1	5.5	8.8	2
	2008	22.1	17.0	28.9	3.4	4.0	2.9	20.3	22.7	18.7	6.7	5.8	7.5	2
匈牙利	2000	12.7	13.8	11.2	2.3	2.3	2.3	26.1	26.8	25.0	4.7	5.8	3.6	3
	2004	15.5	16.2	14.4	3.0	3.2	2.7	22.1	24.3	19.5	4.3	5.1	3.5	3
	2005	19.4	19.7	19.1	3.2	3.4	2.9	22.0	24.0	19.8	5.3	6.0	4.6	3
	2006	19.1	18.6	19.8	3.0	3.0	2.9	20.2	21.4	18.9	5.1	5.6	4.6	3
	2007	18.0	17.6	18.6	2.8	2.8	2.7	18.5	19.8	17.0	4.6	5.2	4.1	3
	b 2008	19.9	19.1	20.9	2.9	2.9	2.9	18.5	19.4	17.5	5.0	5.5	4.4	2
爱尔兰	1990	19.7	20.9	18.2	1.6	1.7	1.3	31.3	28.8	35.7	9.8	11.3	8.3	2
	2000	6.5	6.2	6.9	1.7	1.6	1.9	28.5	25.2	33.7	3.4	3.5	3.2	2
	2004	8.3	8.9	7.5	2.2	2.1	2.5	30.0	27.5	34.5	4.0	4.7	3.4	2
	2005	8.6	9.1	7.9	2.5	2.4	2.5	33.0	30.9	36.1	4.6	5.2	4.0	2
	2006	8.6	9.1	8.1	2.4	2.4	2.5	32.4	31.1	34.5	4.7	5.4	4.0	2
	2007	9.1	10.0	8.1	2.5	2.5	2.4	31.6	30.6	33.0	5.0	5.8	4.2	2
	2008	12.6	15.2	9.7	2.6	2.6	2.7	30.7	29.3	33.6	6.6	8.4	4.8	2
意大利	1980	25.2	20.7	30.7	7.2	11.0	4.3	62.4	66.7	59.3	11.4	10.2	12.6	3
	1990	31.5	26.2	37.8	4.5	6.0	3.2	49.8	52.6	47.6	13.7	12.1	15.4	3
	2000	29.7	25.4	35.4	3.7	4.2	3.1	32.0	33.3	30.9	11.7	11.3	12.1	3
	b 2004	23.5	20.7	27.2	3.6	4.1	3.1	26.2	27.5	25.1	8.4	8.1	8.6	11
	2005	24.0	21.5	27.4	3.8	4.5	3.3	25.9	28.2	23.8	8.0	8.2	7.9	3
	2006	21.6	19.1	25.3	3.9	4.5	3.4	25.4	27.9	23.1	7.0	7.2	6.8	3
	2007	20.3	18.2	23.3	4.1	4.8	3.5	25.2	28.2	22.5	6.3	6.6	6.0	3
	b 2008	21.3	18.9	24.7	3.8	4.3	3.4	23.6	25.6	21.6	6.6	6.8	6.3	2
拉脱维亚	2000	23.0	22.3	24.2	1.8	1.6	2.0	18.3	18.8	17.8	8.4	9.4	7.5	4
	2004	18.2	16.0	21.5	2.0	1.7	2.5	20.6	21.2	21.1	6.8	6.9	6.7	4
	2005	13.0	11.9	14.2	1.6	1.4	1.8	17.7	18.0	17.0	4.9	5.2	4.4	4
	2006	13.1	11.2	15.8	2.2	1.7	3.0	24.3	22.5	26.4	5.4	5.3	5.4	4
	2007	10.9	11.5	10.1	2.1	2.1	2.1	23.8	26.7	21.0	4.7	5.6	3.8	4
	b 2008	13.1	13.2	13.1	2.0	1.9	2.1	22.0	23.4	20.2	5.6	6.4	4.8	2
立陶宛	2000	28.6	29.6	27.3	2.0	1.8	2.2	19.6	20.0	19.1	10.7	12.3	8.9	2
	2004	21.2	23.7	17.0	2.0	2.5	1.5	15.7	22.3	9.1	5.6	7.8	3.3	2
	2005	15.7	16.0	15.3	2.1	2.2	2.0	15.6	18.8	12.3	3.9	4.7	3.1	2
	2006	9.8	10.0	9.7	1.9	1.9	1.9	15.3	16.9	13.6	2.6	2.9	2.2	2
	2007	8.2	6.9	10.1	2.1	1.8	2.6	17.4	17.3	17.5	2.3	2.2	2.3	2
	2008	13.4	12.6	14.5	2.7	2.4	3.0	23.4	24.4	22.1	4.1	4.4	3.8	2
卢森堡	1990	3.6	2.7	4.7	2.8	2.7	2.4	31.1	24.7	36.8	1.6	1.2	2.1	12
	2000	6.4	5.7	7.3	3.3	3.8	2.7	24.3	25.6	23.0	2.2	2.1	2.2	12
	2004	16.9	12.1	22.5	4.0	3.9	3.9	23.5	21.6	25.0	4.7	3.6	5.9	12
	2005	13.7	11.7	16.2	3.6	4.1	3.3	22.4	24.1	21.1	3.9	3.8	4.1	12
	2006	16.2	17.0	15.2	4.2	6.4	2.8	24.3	33.4	17.7	4.5	5.2	3.8	12
	2007	14.9	17.5	9.9	4.9	5.8	3.2	25.9	32.3	15.5	3.9	5.9	1.8	12
	b 2008	17.8	13.1	23.6	4.4	3.5	5.3	25.9	21.2	30.4	5.2	4.0	6.4	2
马耳他	2000	11.9	13.3	10.4	2.5	2.8	2.2	42.3	36.4	56.7	7.1	7.9	6.1	2
	2004	18.3	19.0	18.0	4.2	4.2	4.8	53.0	45.5	69.2	10.1	11.4	9.0	2
	2005	16.8	17.5	16.0	3.5	3.8	2.9	47.9	43.1	55.6	9.1	9.8	8.4	2
	2006	16.1	17.2	14.7	3.3	4.1	2.3	43.8	42.0	46.5	8.4	9.7	7.1	2
	2007	14.0	15.9	11.6	2.9	3.7	1.9	39.8	40.3	39.0	7.4	9.0	5.7	2
	2008	12.2	13.9	10.1	2.6	3.3	1.8	35.9	35.9	35.9	6.4	7.7	4.9	2

	年份	青年失业率（%）			青年失业率与成年失业率的比率（%）			青年失业人口占总失业人口的比重（%）			青年失业人口占青年总人口的比重（%）			注 No.
		MF	M	F	MF	M	F	MF	M	F	MF	M	F	
荷兰	1990	8.1	7.7	8.5	1.6	2.3	1.1	27.8	30.3	25.8	5.0	4.7	5.2	2
	2000	4.6	4.3	4.8	2.1	2.2	2.0	29.9	28.8	31.0	3.4	3.3	3.5	2
	2004	6.6	6.1	7.1	1.9	2.0	1.9	27.0	25.9	28.0	4.6	4.3	4.9	2
	2005	5.9	5.6	6.2	2.2	2.5	2.0	30.5	30.8	30.2	4.3	4.1	4.5	2
	2006	5.3	5.4	5.2	2.3	2.7	2.0	31.4	32.6	30.1	3.9	4.0	3.8	2
	2007	7.3	6.5	8.1	2.5	2.5	2.4	32.7	31.3	34.0	5.1	4.6	5.7	2
	2008	7.3	6.5	8.1	2.5	2.5	2.4	32.7	31.3	34.0	5.1	4.6	5.7	2
波兰	2000	35.2	33.3	37.3	2.6	2.9	2.4	27.8	29.4	26.2	13.3	13.6	13.0	13
	2004	40.8	39.0	43.3	2.5	2.5	2.5	24.4	25.3	23.5	13.8	14.7	12.9	14
	2005	37.8	36.7	39.2	2.5	2.6	2.3	23.3	24.9	21.5	12.7	13.6	11.7	14
	2006	29.8	28.3	31.6	2.5	2.6	2.5	25.3	26.1	24.3	10.2	10.6	9.7	14
	2007	21.7	20.0	23.8	2.7	2.6	2.7	24.8	25.0	24.7	7.1	7.3	7.0	14
	b 2008	17.3	15.2	19.9	2.9	2.8	3.0	25.5	25.3	25.8	5.7	5.6	5.9	2
葡萄牙	1980	16.4	8.4	26.7	4.7	4.7	4.2	61.0	58.2	62.2	11.5	6.6	16.4	15
	1990	9.6	7.1	12.8	2.8	3.3	2.5	42.5	45.7	40.5	5.8	4.7	6.9	16
	2000	8.6	6.2	11.6	2.7	2.3	3.0	28.4	26.4	29.9	3.9	3.1	4.8	3
	2004	15.3	13.5	17.6	2.7	2.7	2.7	24.5	25.3	23.7	6.7	6.4	7.0	3
	2005	16.1	13.7	19.1	2.4	2.3	2.5	21.5	21.6	21.3	6.9	6.4	7.4	3
	2006	16.2	14.5	18.4	2.4	2.6	2.3	20.7	22.5	19.1	6.9	6.8	7.1	3
	2007	16.6	13.5	20.3	2.3	2.3	2.4	19.1	19.6	18.8	6.9	6.1	7.8	3
	b 2008	16.5	13.3	20.2	2.5	2.3	2.6	19.6	19.0	20.0	6.8	5.9	7.8	2
罗马尼亚	2000	17.8	19.3	15.9	3.3	3.4	3.1	31.9	33.4	29.9	7.4	8.8	5.9	2
	2004	22.3	25.1	18.7	3.9	3.7	4.1	34.5	34.4	34.7	8.1	10.2	5.9	2
	2005	20.3	21.5	18.4	3.6	3.6	3.6	29.9	31.0	28.2	6.3	7.7	4.9	2
	2006	21.4	22.3	20.2	3.8	3.4	4.3	29.3	28.6	30.3	6.6	7.8	5.2	2
	2007	20.1	21.1	18.7	4.1	3.8	4.5	30.7	31.0	30.1	6.1	7.6	4.7	2
	2008	18.6	18.8	18.3	4.2	3.6	5.4	30.8	29.3	33.5	5.7	6.8	4.5	2
斯洛伐克	2000	37.0	39.7	33.8	2.4	2.6	2.2	31.6	33.2	29.6	17.0	19.6	14.4	17
	2004	32.7	34.2	30.8	2.1	2.3	1.8	23.7	26.4	20.8	12.9	14.8	11.0	18
	2005	29.9	30.7	28.8	2.1	2.3	1.8	22.3	24.9	19.6	10.9	12.5	9.3	18
	2006	26.6	26.3	27.0	2.3	2.5	2.0	22.6	25.2	19.9	9.3	10.3	8.3	18
	2007	20.1	20.3	19.9	2.0	2.4	1.7	20.2	23.7	16.8	6.9	7.8	6.0	18
	b 2008	19.0	18.5	19.7	2.3	2.6	2.0	20.1	24.0	16.5	6.2	7.0	5.3	2
斯洛文尼亚	2000	16.4	14.8	18.4	2.9	2.6	3.2	26.7	25.9	27.4	6.1	6.0	6.2	2
	2004	14.0	11.3	17.7	2.8	2.3	3.5	25.3	22.4	28.6	5.5	4.9	6.3	2
	2005	15.9	14.6	17.7	3.0	2.9	3.0	26.1	26.8	25.3	6.4	6.5	6.4	2
	2006	13.9	11.6	16.9	2.8	2.9	2.7	24.2	26.4	22.4	5.6	5.2	6.1	2
	2007	10.1	9.4	11.2	2.4	2.9	2.1	21.6	26.9	17.4	4.2	4.5	4.0	2
	2008	10.4	9.9	11.2	2.9	3.1	2.7	25.1	28.3	21.7	4.5	4.7	4.2	2
西班牙	1980	25.3	23.0	28.8	3.7	3.1	5.4	52.5	42.7	72.5	15.0	16.2	13.8	19
	1990	30.2	23.2	39.7	2.5	2.6	2.1	39.0	36.1	41.6	16.6	14.3	18.9	14
	2000	25.3	19.4	32.9	2.1	2.4	1.8	26.0	27.2	25.2	12.3	10.4	14.2	14
	2004	22.0	18.7	26.4	2.3	2.8	2.0	24.0	26.4	22.0	10.8	10.3	11.5	14
	b 2005	19.7	16.7	23.5	2.5	2.9	2.2	25.6	27.1	24.4	10.3	9.6	11.0	20
	2006	17.9	15.0	21.6	2.5	2.9	2.1	24.1	26.0	22.7	9.4	8.5	10.4	14
	2007	18.2	15.2	21.9	2.6	2.9	2.3	24.1	25.4	23.1	9.5	8.7	10.4	14
	b 2008	24.6	23.7	25.8	2.5	2.8	2.2	22.9	24.1	21.7	11.7	12.2	11.3	2
瑞典	1980	6.3	5.7	6.9	4.4	4.6	4.1	46.7	46.1	47.2	4.5	4.1	4.9	6
	1990	4.6	4.8	4.5	3.6	3.6	3.5	40.0	40.0	40.0	3.2	3.3	3.1	6
	2000	9.5	10.8	8.1	1.9	2.0	1.7	16.5	17.2	15.7	3.9	4.4	3.3	2
	2004	18.5	19.8	17.2	3.6	3.6	3.6	31.5	30.9	32.2	9.0	9.7	8.3	2
	2005	22.8	23.2	22.4	3.9	3.9	4.0	34.5	33.1	36.1	11.5	11.4	11.5	2
	2006	21.5	21.0	22.0	4.3	4.2	4.3	37.3	35.9	38.9	11.0	10.7	11.4	2
	2007	19.3	18.8	19.8	4.5	4.6	4.4	39.7	39.1	40.3	10.1	9.7	10.4	2
	2008	20.2	19.7	20.7	4.9	5.0	4.7	42.2	41.8	42.5	10.7	10.4	11.0	2
英国	1990	10.4	11.4	9.3	1.7	1.8	1.6	30.8	31.0	30.5	7.5	8.7	6.2	2
	2000	12.0	13.5	10.4	2.7	2.7	2.7	32.2	31.6	33.0	7.6	9.0	6.2	2
	2004	10.7	11.7	9.7	3.1	3.1	3.1	35.6	34.9	36.5	6.6	7.4	5.7	2
	2005	12.8	14.3	11.0	3.9	4.1	3.6	41.6	42.2	40.6	8.0	9.3	6.5	2
	2006	14.0	15.7	12.0	3.7	4.0	3.4	40.6	41.8	38.9	8.7	10.2	7.2	2
	2007	14.3	15.8	12.5	3.9	4.2	3.6	42.1	43.4	40.3	8.8	10.2	7.4	2
	2008	15.0	17.0	12.7	3.8	4.1	3.5	41.2	42.4	39.4	9.2	11.0	7.4	2

	年份	青年失业率（%）			青年失业率与成年失业率的比率（%）			青年失业人口占总失业人口的比重（%）			青年失业人口占青年总人口的比重（%）			注 No.
		MF	M	F	MF	M	F	MF	M	F	MF	M	F	
北美洲														
加拿大	1980	12.8	13.4	12.2	2.3	2.7	1.9	46.6	46.9	46.3	8.8	9.8	7.8	21
	1990	12.3	13.5	11.0	1.7	1.9	1.5	29.3	30.2	28.0	8.6	9.8	7.4	21
	2000	12.7	13.8	11.4	2.2	2.4	2.0	30.7	31.8	29.2	8.2	9.1	7.2	21
	2003	13.6	15.3	11.8	2.1	2.3	1.9	30.0	31.2	28.5	9.2	10.4	7.9	21
	b 2004	13.4	14.9	11.7	2.2	2.5	2.0	30.8	32.0	29.3	9.0	10.1	7.8	22
	2005	12.4	14.2	10.6	2.2	2.5	1.9	29.9	31.5	27.8	8.2	9.4	7.0	22
	2006	11.6	12.9	10.3	2.2	2.4	2.0	30.2	31.1	29.1	7.7	8.6	6.9	22
	2007	11.2	12.3	10.0	2.2	2.3	2.1	30.2	30.4	30.0	7.5	8.3	6.7	22
美国	1980	13.8	14.6	13.0	2.7	3.1	2.4	45.9	46.6	45.0	9.4	10.9	8.0	23
	b 1990	11.2	11.6	10.7	2.5	2.6	2.5	35.6	35.4	35.9	7.5	8.3	6.7	24
	b 2000	9.3	9.7	8.9	3.1	3.4	2.8	37.0	38.5	35.3	6.1	6.7	5.6	24
	2003	12.4	13.4	11.4	2.6	2.6	2.5	31.3	31.3	31.2	7.6	8.5	6.8	23
	2004	11.8	12.6	11.0	2.7	2.9	2.5	32.4	33.1	31.5	7.2	8.0	6.4	23
	2005	11.3	12.4	10.1	2.8	3.2	2.4	33.2	35.5	30.6	6.9	7.8	5.9	23
	2006	10.5	11.2	9.7	2.9	3.2	2.6	33.6	35.3	31.6	6.4	7.1	5.6	23
	2007	10.5	11.6	9.4	2.9	3.2	2.6	33.1	34.6	31.2	6.3	7.1	5.4	23
其他发达经济体														
澳大利亚	1980	12.5	11.4	13.9	3.4	3.7	2.9	56.3	53.2	59.7	9.0	8.9	9.2	25
	1990	13.0	13.2	12.8	2.6	2.6	2.5	43.9	41.5	47.0	9.4	10.0	8.8	26
	2000	12.1	12.8	11.3	2.5	2.5	2.4	37.0	35.3	39.1	8.5	9.3	7.8	27
	2003	12.2	12.8	11.6	2.7	2.8	2.4	38.6	38.3	38.9	8.6	9.2	8.0	27
	2004	11.6	12.0	11.1	2.8	3.0	2.7	40.6	40.0	41.3	8.2	8.6	7.7	27
	2005	10.8	11.1	10.5	2.9	3.1	2.7	40.8	40.7	41.0	7.7	8.1	7.4	27
	2006	10.0	10.5	9.5	2.8	3.1	2.5	39.7	40.3	39.0	7.1	7.6	6.6	27
	2007	9.4	9.4	9.3	2.9	3.3	2.5	40.1	41.4	38.8	6.6	6.8	6.5	27
法罗群岛	2005	…	…	…	…	…	…	50.0	66.7	60.0	…	…	…	28
直布罗陀	1991	…	…	…	…	…	…	29.5	21.0	60.0	…	…	…	29
马恩岛	1991	7.6	9.0	5.9	2.3	2.3	2.3	33.8	32.3	36.8	4.8	6.0	3.5	29
	1996	7.6	9.6	5.3	2.6	2.8	2.5	30.0	29.8	30.4	4.3	5.6	2.8	29
	2001	4.0	4.9	3.0	3.2	3.8	2.4	31.7	34.9	27.1	2.3	3.0	1.7	29
	2006	7.2	9.5	5.1	4.1	4.8	3.3	35.0	37.4	31.1	3.8	5.0	2.5	30
以色列	1980	13.3	13.4	13.1	4.3	5.1	3.3	46.7	45.5	47.9	4.0	4.2	3.8	31
	1990	22.1	21.0	23.4	3.0	3.3	2.6	34.7	33.9	35.4	6.7	6.7	6.7	31
	2000	17.0	17.1	16.8	2.3	2.4	2.2	29.2	27.5	31.1	5.8	5.5	6.0	31
	2003	22.2	22.2	22.2	2.5	2.6	2.4	27.7	25.7	29.7	7.0	6.5	7.5	31
	2004	20.5	19.7	21.2	2.3	2.4	2.2	26.3	24.5	28.0	6.5	5.9	7.2	31
	2005	17.8	17.0	18.6	2.3	2.3	2.3	26.4	23.8	29.1	5.8	5.2	6.4	31
	2006	18.2	17.3	19.1	2.7	2.7	2.7	28.8	26.3	32.2	5.9	5.3	6.6	31
	2007	16.1	15.1	17.0	2.7	2.7	2.7	28.4	26.1	30.8	5.2	4.6	5.8	31
日本	1980	3.6	4.0	3.2	2.0	2.2	1.8	21.9	20.0	25.0	1.6	1.7	1.4	6
	1990	4.3	4.5	4.1	2.4	2.6	2.2	26.9	24.7	29.8	1.9	2.0	1.8	6
	2000	9.2	10.4	7.9	2.2	2.4	2.0	21.7	20.6	23.4	4.3	4.9	3.7	6
	2003	10.1	11.6	8.6	2.2	2.4	2.0	19.5	18.6	21.1	4.6	5.2	3.8	6
	2004	9.5	10.6	8.3	2.3	2.5	2.1	19.6	18.4	21.5	4.2	4.7	3.7	6
	2005	8.7	9.9	7.4	2.2	2.4	2.0	18.8	18.0	20.0	3.9	4.4	3.3	6
	2006	8.0	8.8	7.2	2.2	2.3	2.1	18.3	16.7	21.0	3.6	3.9	3.2	6
	2007	7.7	8.3	7.1	2.2	2.3	2.1	18.1	16.7	20.4	3.5	3.7	3.2	6
新西兰	1990	14.1	14.8	13.2	2.4	2.4	2.5	42.6	39.6	46.9	9.7	10.8	8.6	32
	2000	13.2	14.2	12.0	3.0	3.2	2.7	37.9	38.7	37.0	8.3	9.3	7.2	33
	2003	10.2	10.1	10.4	3.0	3.2	2.7	38.6	39.9	37.2	6.4	6.6	6.2	33
	2004	9.3	8.7	10.1	3.4	3.6	3.2	41.7	42.9	40.5	5.9	5.7	6.0	33
	2005	9.4	9.1	9.8	3.8	4.0	3.5	44.0	45.3	42.6	5.9	6.0	5.9	33
	2006	9.6	9.3	10.0	3.9	4.1	3.6	45.4	46.6	44.2	6.3	6.3	6.2	33
	2007	9.7	9.6	9.8	4.3	4.8	3.9	48.1	50.3	45.9	6.3	6.5	6.2	33
西欧（非欧盟）														
冰岛	2000	4.7	5.7	3.6	2.6	5.8	1.4	37.3	54.8	24.7	3.4	4.0	2.7	34
	b 2004	8.1	9.3	6.8	3.9	4.5	3.2	43.0	45.5	40.0	5.8	6.7	5.0	35
	2005	7.2	8.5	6.0	4.4	5.8	3.2	47.7	52.9	41.8	5.6	6.4	4.7	34
	2006	8.4	9.2	7.5	4.5	5.6	3.5	48.1	51.9	44.0	6.6	7.1	6.1	34
	2007	7.2	8.0	6.3	5.6	6.8	4.4	53.8	57.4	49.6	5.8	6.4	5.1	34
	b 2008	8.3	8.8	7.2	4.5	4.1	4.9	48.1	43.8	52.4	6.5	6.7	5.7	2
摩纳哥	2000	6.9	6.6	7.4	2.0	2.8	1.4	7.0	8.9	5.7	1.2	1.2	1.2	36

	年份	青年失业率（%）			青年失业率与成年失业率的比率（%）			青年失业人口占总失业人口的比重（%）			青年失业人口占青年总人口的比重（%）			注 No.
		MF	M	F	MF	M	F	MF	M	F	MF	M	F	
挪威	1980	4.7	4.2	5.3	5.0	6.7	3.8	51.6	57.1	47.1	2.8	2.7	2.9	3
	1990	11.8	12.4	11.0	3.0	2.9	3.1	37.2	35.8	39.1	7.1	7.9	6.3	3
	2000	10.2	9.5	10.9	4.2	3.5	5.4	39.5	34.8	45.7	6.6	6.4	6.7	18
	2004	11.7	12.6	10.7	3.6	3.4	3.9	34.6	32.8	37.2	7.2	7.8	6.6	18
	2005	12.0	12.5	11.5	3.4	3.4	3.5	33.3	32.4	34.4	7.2	7.6	6.8	18
	2006	8.3	8.4	8.2	3.2	3.1	3.3	32.8	31.4	34.4	5.1	5.1	5.0	18
	2007	7.5	8.2	6.7	4.3	4.7	3.9	38.8	39.5	37.9	4.5	4.9	4.2	18
b	2008	7.5	8.4	6.6	4.4	4.6	4.1	42.2	42.4	42.0	4.6	5.2	4.1	2
瑞士	1990	3.2	3.1	3.2	1.8	2.1	1.4	28.0	28.9	27.0	2.2	2.2	2.2	29
	2000	5.0	5.8	4.1	2.2	3.3	1.4	26.6	33.7	19.9	3.4	4.1	2.7	2
	2004	7.7	8.0	7.4	2.0	2.4	1.7	25.0	26.9	23.2	5.2	5.5	4.9	2
	2005	8.8	8.5	9.1	2.3	2.6	2.1	27.3	28.5	26.2	5.7	5.6	5.9	2
	2006	7.7	7.9	7.5	2.3	3.0	1.8	27.7	32.1	23.9	5.3	5.6	5.0	2
	2007	7.1	6.9	7.4	2.3	3.0	1.8	27.5	32.3	23.7	4.8	4.8	4.8	2
	2008	7.0	6.7	7.4	2.5	3.0	2.2	29.1	31.6	27.1	4.7	4.5	4.9	2
中欧、东南欧（非欧盟）和独联体														
中欧和东南欧														
阿尔巴尼亚	2001	35.5	41.6	27.1	1.9	3.5	0.9	36.6	50.3	23.4	21.2	29.5	13.4	30
波斯尼亚和黑塞哥维那	2006	62.4	60.4	65.6	2.3	2.4	2.2	28.1	28.5	27.8	20.8	24.0	17.4	37
	2007	58.6	55.4	62.3	2.3	2.4	2.2	27.5	27.7	26.6	19.6	22.6	16.1	37
克罗地亚	2000	…	…	…	…	…	…	31.3	31.2	31.4	…	…	…	4
	2004	32.8	29.5	37.3	2.9	3.0	3.0	28.1	29.5	26.6	13.1	13.3	12.9	2
	2005	32.3	30.2	35.1	3.2	3.4	3.1	29.2	31.8	26.5	12.3	13.0	11.6	2
	2006	28.9	27.2	31.2	3.2	3.6	2.9	27.6	31.5	24.3	10.4	10.9	9.9	2
	2007	24.0	20.9	28.5	3.0	3.1	3.1	25.8	27.9	23.9	8.4	8.4	8.4	2
	2008	21.9	18.5	27.2	3.2	3.4	3.2	26.6	29.9	23.9	7.6	7.5	7.7	2
前南斯拉夫马其顿共和国	2000	59.9	58.1	62.4	2.2	2.3	2.1	27.9	28.1	27.5	22.5	25.4	19.5	38
	2003	65.7	65.2	66.4	2.0	2.0	2.1	24.4	23.6	25.6	23.2	26.4	19.8	39
	2004	64.8	64.8	64.8	2.0	2.0	1.9	22.6	22.7	22.4	21.2	25.0	17.2	31
	2005	62.6	63.0	62.1	1.9	1.9	1.8	20.7	21.1	20.3	20.6	24.0	17.0	31
	2006	59.7	58.9	61.0	1.8	1.9	1.8	21.7	21.5	21.9	21.4	24.7	17.8	31
	2007	57.7	57.4	58.2	1.8	1.9	1.8	21.3	22.3	19.9	20.7	25.1	16.0	31
塞尔维亚	1991	…	…	…	…	…	…	56.2	59.2	52.5	…	…	…	29
b	2004	…	…	…	…	…	…	26.2	29.9	23.1	…	…	…	40
	2005	…	…	…	…	…	…	23.0	27.4	19.3	…	…	…	40
	2006	47.9	43.2	55.5	2.7	3.0	2.6	24.5	27.9	21.2	17.9	19.0	16.7	40
	2007	43.7	40.7	48.3	2.8	3.1	2.6	21.8	24.8	18.9	14.6	15.5	13.5	37
土耳其	1990	16.0	16.6	15.0	3.2	3.4	2.9	54.8	52.1	60.5	8.8	11.9	5.9	41
	2000	13.1	13.7	11.9	2.9	2.9	3.0	47.0	44.0	55.7	5.6	7.9	3.3	42
	2004	19.7	20.1	18.9	2.5	2.4	2.9	37.8	33.9	49.5	7.7	10.7	4.9	42
	2005	19.3	19.3	19.3	2.4	2.3	2.7	36.1	32.5	46.5	7.5	10.2	4.9	42
b	2006	16.0	15.8	16.5	2.4	2.3	2.8	35.0	31.1	45.7	5.9	8.0	3.9	2
	2007	16.8	16.8	16.7	2.5	2.4	2.8	35.2	31.8	44.8	6.1	8.5	3.9	2
	2008	18.1	18.1	18.0	2.4	2.3	2.6	33.7	30.3	43.0	6.7	9.2	4.4	2
独立国家联合体（独联体）														
亚美尼亚	2001	48.2	41.9	56.4	1.5	1.4	1.5	27.1	28.3	26.0	26.6	26.4	26.8	43
阿塞拜疆	2003	…	…	…	…	…	…	40.9	39.5	42.4	…	…	…	31
	2004	…	…	…	…	…	…	41.0	41.0	40.9	…	…	…	31
b	2005	…	…	…	…	…	…	40.5	40.5	40.5	…	…	…	31
	2006	…	…	…	…	…	…	40.7	38.5	43.3	…	…	…	31
	2007	14.0	18.2	10.4	2.7	2.9	2.4	32.3	32.2	32.5	5.1	5.9	4.1	31
格鲁吉亚	2000	21.1	21.6	20.5	2.2	2.2	2.2	19.2	20.9	17.2	7.8	9.9	6.0	31
	2003	24.9	20.0	31.7	2.5	1.9	3.3	22.0	19.5	24.7	9.5	9.3	9.8	31
	2004	28.3	25.2	33.3	2.5	2.1	3.3	19.5	19.2	19.8	9.1	9.9	8.3	31
	2005	28.3	26.8	30.6	2.3	2.0	2.7	19.8	20.6	18.6	9.6	11.2	7.9	31
	2006	…	…	…	…	…	…	21.5	21.5	21.4	…	…	…	31
	2007	31.5	28.1	36.8	2.8	2.3	3.5	22.1	21.9	22.4	…	…	…	31
哈萨克斯坦	2001	…	…	…	…	…	…	30.8	34.3	28.1	…	…	…	37
	2002	17.3	15.7	19.3	2.2	2.6	2.0	28.0	33.4	24.1	8.9	8.5	9.2	37
	2003	14.5	12.9	16.4	1.9	2.2	1.8	28.1	32.6	24.8	7.3	6.9	7.8	37
	2004	14.3	13.1	15.7	2.0	2.3	1.8	29.1	34.2	25.2	7.1	6.9	7.2	37

	年份	青年失业率（%）			青年失业率与成年失业率的比率（%）			青年失业人口占总失业人口的比重（%）			青年失业人口占青年总人口的比重（%）			注 No.
		MF	M	F	MF	M	F	MF	M	F	MF	M	F	
吉尔吉斯斯坦	2002	20.1	19.3	21.2	1.9	2.2	1.7	36.1	40.1	32.1	9.6	10.6	8.6	44
	2003	…	…	…	…	…	…	34.8	36.9	32.6	…	…	…	44
	2004	15.2	13.5	17.8	2.3	2.2	2.5	39.1	39.4	38.8	6.9	7.4	6.5	44
	2005	14.5	13.3	16.2	2.3	2.4	2.2	39.5	42.2	36.5	…	…	…	44
	2006	14.6	13.6	16.2	2.2	2.3	2.2	38.5	41.1	35.7	6.8	7.7	5.8	37
摩尔多瓦共和国	2000	…	…	…	…	…	…	26.4	26.3	26.6	…	…	…	37
	2003	18.1	19.0	17.1	2.7	2.3	3.3	26.0	25.1	27.3	…	…	…	37
	2004	19.7	21.5	17.5	2.9	2.5	3.4	26.4	25.7	27.3	4.5	5.2	3.7	37
	2005	18.8	19.1	18.3	3.2	2.6	3.9	27.6	26.0	29.7	4.1	4.4	3.8	37
	2006	17.1	17.9	16.0	2.8	2.4	3.5	27.3	26.7	28.4	…	…	…	37
	2007	14.5	14.9	13.9	3.7	3.0	4.8	30.5	29.3	32.5	…	…	…	37
俄罗斯联邦	2000	…	…	…	…	…	…	26.8	26.4	27.3	…	…	…	37
	2003	17.5	20.1	15.4	2.6	2.8	2.4	28.1	27.7	28.5	6.8	7.0	6.7	37
	2004	17.2	16.1	18.5	2.7	2.4	3.0	28.8	28.5	29.0	6.7	6.8	6.5	37
	2005	15.7	14.5	17.2	2.7	2.4	3.0	28.3	27.7	28.9	6.1	6.2	6.1	37
	2006	16.5	15.9	17.3	2.9	2.6	3.2	29.5	29.5	29.5	6.5	6.8	6.2	37
	2007	14.5	14.4	14.7	3.0	2.8	3.2	30.2	30.9	29.5	5.9	6.4	5.5	37
乌克兰	2000	…	…	…	…	…	…	26.6	27.1	26.0	…	…	…	37
	2003	…	…	…	…	…	…	23.5	23.9	23.0	…	…	…	37
	2004	15.7	15.9	15.4	2.1	2.1	2.1	24.7	26.2	23.1	6.3	6.9	5.7	37
	2005	14.9	15.2	14.4	2.5	2.5	2.5	28.0	30.2	25.5	6.0	6.8	5.1	37
	2006	…	…	…	…	…	…	28.6	28.7	28.6	…	…	…	37
	2007	…	…	…	…	…	…	27.4	28.7	25.8	…	…	…	37
亚洲和太平洋地区														
东亚														
中国	1990	…	…	…	…	…	…	…	…	…	…	…	…	45
	1991	…	…	…	…	…	…	…	…	…	…	…	…	45
	1992	…	…	…	…	…	…	…	…	…	…	…	…	45
	1993	…	…	…	…	…	…	…	…	…	…	…	…	45
	1994	…	…	…	…	…	…	…	…	…	…	…	…	45
中国香港	1980	7.1	7.8	6.2	2.3	2.4	2.5	50.6	44.6	63.1	4.5	5.2	3.8	46
	1990	3.4	3.6	3.3	4.0	3.8	4.8	46.8	39.7	59.5	1.9	2.1	1.8	47
	2000	11.2	11.9	10.4	2.7	2.5	3.4	27.4	23.0	35.5	5.1	5.5	4.7	47
	2003	15.0	18.2	11.6	2.1	2.2	2.2	21.2	20.1	23.4	6.7	8.1	5.2	47
	2004	12.1	15.0	9.2	2.0	2.2	1.8	20.1	19.6	20.8	5.4	6.6	4.1	47
	2005	10.7	13.6	7.9	2.2	2.4	2.0	21.4	20.4	23.0	4.7	5.9	3.5	47
	2006	10.4	12.8	8.1	2.5	2.6	2.6	23.6	21.7	27.0	4.4	5.3	3.6	47
	2007	9.0	11.0	7.2	2.6	2.9	2.5	23.8	22.6	25.9	3.9	4.5	3.2	47
韩国	1980	…	…	…	…	…	…	48.5	38.7	77.1	…	…	…	31
	1990	7.0	9.5	5.5	4.1	4.2	7.3	40.4	29.3	67.2	2.4	2.7	2.2	31
	b 2000	11.8	15.3	9.6	3.2	3.6	3.6	25.4	19.3	37.5	3.8	4.1	3.5	48
	2003	10.1	11.9	9.0	3.5	3.7	3.9	27.5	19.9	39.9	3.5	3.3	3.6	31
	2004	10.4	12.2	9.3	3.5	3.7	3.9	26.8	19.5	39.1	3.6	3.5	3.7	31
	2005	10.2	12.3	9.0	3.3	3.5	3.5	23.4	17.0	34.1	3.4	3.3	3.5	31
	2006	10.0	11.7	9.0	3.4	3.4	4.1	21.8	15.0	34.4	3.0	2.8	3.2	31
	2007	8.9	11.4	7.2	3.1	3.5	3.4	18.9	14.3	27.4	2.5	2.6	2.3	31
中国澳门	1990	…	…	…	…	…	…	33.3	29.2	33.3	…	…	…	49
	2000	9.9	14.2	6.7	1.6	1.8	1.6	19.4	17.3	23.9	4.0	5.2	2.9	31
	2003	12.9	18.3	8.5	2.4	3.0	2.0	22.7	22.9	22.9	3.9	5.1	2.8	31
	2004	11.1	14.3	8.1	2.7	3.0	2.3	25.0	24.6	25.0	3.5	4.3	2.7	31
	2005	8.2	10.4	5.8	2.3	2.9	1.7	25.0	26.8	22.2	2.9	3.4	2.2	31
	2006	7.1	8.6	5.8	2.2	2.8	1.7	25.2	27.3	22.4	2.7	3.2	2.3	31
	2007	6.2	8.9	4.0	2.4	3.4	1.6	28.7	33.3	23.1	2.7	3.9	1.8	31
蒙古	2003	20.0	19.5	20.7	1.6	1.5	1.6	28.0	29.0	27.0	8.7	9.4	8.1	50
中国台湾省	1990	…	…	…	…	…	…	52.1	…	…	…	…	…	38
	2000	…	…	…	…	…	…	32.1	…	…	…	…	…	38
	2003	11.5	…	…	2.7	…	…	26.0	…	…	3.6	…	…	31
	2004	10.9	…	…	3.0	…	…	26.7	…	…	3.4	…	…	31
	2005	10.6	…	…	3.1	…	…	26.1	…	…	3.3	…	…	31
	2006	10.3	…	…	3.2	…	…	25.4	…	…	…	…	…	31
	2007	10.6	…	…	3.3	…	…	24.7	…	…	…	…	…	31

	年份	青年失业率（%）			青年失业率与成年失业率的比率（%）			青年失业人口占总失业人口的比重（%）			青年失业人口占青年总人口的比重（%）			注 No.
		MF	M	F	MF	M	F	MF	M	F	MF	M	F	
太平洋岛国														
美属萨摩亚	1990	11.9	12.0	11.8	3.4	3.0	3.9	42.7	37.7	50.7	3.6	4.0	3.4	30
库克群岛	1991	14.7	12.7	19.8	3.8	3.6	4.2	62.7	59.6	66.4	8.1	8.3	8.3	51
斐济	1982	14.7	10.7	28.0	5.6	4.1	10.2	71.4	63.9	84.0	7.3	8.2	6.5	37
	b 1996	13.1	11.3	16.8	3.6	3.8	3.2	51.0	51.9	49.4	5.8	6.5	5.2	29
法属玻利尼西亚	2002	33.2	29.3	39.1	4.7	4.4	5.0	50.3	48.9	52.0	13.3	13.9	12.7	29
关岛	1980	…	…	…	…	…	…	52.8	54.6	50.7	…	…	…	52
	1983	23.2	28.1	18.0	4.0	5.2	2.9	50.2	51.4	48.2	9.0	11.5	6.6	52
	1984	…	…	…	…	…	…	56.4	58.5	53.2	…	…	…	52
	1985	…	…	…	…	…	…	58.0	57.5	58.5	…	…	…	52
	1986	16.5	16.4	16.1	4.4	5.0	3.5	51.8	52.9	50.5	7.6	8.2	7.0	31
	1987	…	…	…	…	…	…	60.5	62.1	58.2	…	…	…	31
马绍尔群岛	1999	63.4	…	…	3.0	…	…	47.5	…	…	…	…	…	29
新喀里多尼亚	1996	…	…	…	…	…	…	66.0	63.3	69.0	…	…	…	29
纽埃	2001	9.0	10.3	7.6	9.1	13.7	6.1	61.9	72.7	50.0	4.8	6.2	3.6	29
北马里亚纳群岛	2003	5.9	11.2	4.3	1.4	2.6	1.0	23.3	22.0	24.4	4.1	5.6	3.4	37
巴布亚新几内亚	2000	5.3	…	…	2.6	…	…	48.7	…	…	3.1	…	…	53
萨摩亚	2001	12.2	10.6	15.5	4.5	4.1	5.2	57.9	54.2	63.9	…	…	…	38
所罗门群岛	1999	45.9	45.8	46.1	1.8	1.8	1.7	42.4	38.9	48.8	13.3	15.6	11.0	36
汤加	1996	30.3	32.0	27.0	3.8	3.3	5.6	54.8	52.1	62.3	12.7	17.3	8.0	29
	b 2003	11.9	9.9	15.1	3.3	4.8	2.6	43.0	54.0	35.7	…	…	…	54
南亚														
孟加拉国	1989	2.5	2.8	2.3	7.4	7.0	8.6	72.8	69.4	78.2	1.7	2.1	1.4	55
	1996	7.0	8.0	5.7	7.0	7.2	7.1	70.3	68.7	73.6	4.4	5.8	3.0	55
	2000	10.7	11.0	10.3	12.1	11.2	14.2	79.4	76.5	84.1	6.6	7.9	5.4	55
	2003	6.6	7.0	5.8	1.9	2.1	1.4	41.1	40.1	44.0	3.4	4.9	1.9	55
	2005	9.3	8.0	13.6	3.3	4.1	2.6	49.0	54.9	40.3	4.4	5.7	3.0	31
不丹	2005	6.3	5.5	7.2	3.2	2.6	4.3	54.3	46.9	64.5	3.0	3.0	2.9	56
印度	1994	8.3	8.4	8.0	3.7	4.1	3.0	53.6	55.9	48.4	4.1	5.6	2.4	57
	2000	10.1	10.1	10.2	3.9	3.7	4.3	52.4	51.6	54.6	4.7	6.4	2.8	57
	2004	10.5	10.4	10.8	3.0	3.1	2.8	45.8	47.7	41.4	4.8	6.6	2.7	57
马尔代夫	1995	1.9	1.4	2.9	4.6	4.3	4.6	61.3	58.0	65.3	0.7	0.8	0.7	58
	2000	4.4	4.0	5.1	3.9	4.8	2.9	57.4	59.6	54.8	1.7	1.9	1.5	58
	2006	22.2	15.5	30.5	2.0	3.2	1.5	47.1	56.1	42.8	11.7	9.0	14.4	58
尼泊尔	1999	3.0	4.0	2.2	2.2	3.0	1.5	47.2	53.5	39.5	2.4	3.3	1.7	37
巴基斯坦	1990	5.1	5.7	1.3	3.2	3.2	2.7	54.9	54.9	54.2	2.1	4.0	0.1	59
	2000	13.3	11.1	29.2	2.7	3.3	2.4	49.9	55.9	38.5	5.4	7.7	3.0	60
	2003	…	…	…	…	…	…	51.1	56.8	39.4	…	…	…	60
	2004	11.7	11.0	14.9	2.1	2.6	1.2	48.0	53.1	36.4	5.1	7.7	2.4	60
	2005	…	…	…	…	…	…	48.0	53.1	36.4	…	…	…	60
	2006	8.6	8.4	9.6	1.7	2.2	1.0	43.7	49.2	31.2	4.0	6.1	1.8	60
	2007	7.5	7.1	8.9	1.8	2.4	1.0	43.6	49.8	31.3	3.3	4.9	1.6	31
斯里兰卡	2006	21.6	17.5	28.2	6.4	8.1	5.1	56.8	61.3	53.0	…	…	…	61
	2007	21.2	17.1	28.1	6.9	8.5	5.5	56.8	60.7	53.4	…	…	…	61
东南亚														
柬埔寨	1998	12.2	12.3	12.0	5.2	6.7	4.3	78.1	81.7	75.2	7.4	6.9	7.8	62
	b 2000	…	…	…	…	…	…	60.8	69.5	54.7	…	…	…	44
	2001	…	…	…	…	…	…	59.6	73.1	51.0	…	…	…	44
印度尼西亚	2000	19.9	19.7	20.1	8.0	8.6	7.3	67.7	67.4	68.1	…	…	…	38
	2003	27.9	25.5	31.5	5.8	7.4	4.3	59.9	63.5	56.1	…	…	…	38
	2004	29.6	26.9	33.5	6.2	7.3	4.9	61.2	63.2	59.1	…	…	…	38
	b 2005	32.4	28.9	37.7	6.0	6.5	5.5	62.7	62.7	62.7	17.6	18.5	16.7	63
	2006	30.4	27.7	34.3	6.2	7.2	5.0	62.4	63.9	60.6	16.2	17.4	15.0	63
	2007	25.1	23.8	27.3	5.1	5.7	4.3	56.5	58.8	53.7	…	…	…	63
老挝人民民主共和国	1995	5.0	6.4	3.9	5.6	6.6	4.9	56.8	64.2	49.7	3.7	4.3	3.2	64
马来西亚	2000	8.3	8.3	8.3	6.1	5.7	7.1	64.9	60.7	72.5	4.1	4.8	3.4	31
	2003	…	…	…	…	…	…	65.0	60.4	73.1	…	…	…	31
	2004	…	…	…	…	…	…	68.0	63.3	75.5	…	…	…	31
	2005	…	…	…	…	…	…	66.7	62.2	74.3	…	…	…	31
	2006	…	…	…	…	…	…	64.6	60.1	72.6	…	…	…	31
	2007	10.9	10.5	11.5	7.8	7.0	9.3	64.9	60.7	71.5	…	…	…	31

		年份	青年失业率（%）			青年失业率与成年失业率的比率（%）			青年失业人口占总失业人口的比重（%）			青年失业人口占青年总人口的比重（%）			注 No.
			MF	M	F	MF	M	F	MF	M	F	MF	M	F	
菲律宾		1980	…	…	…	…	…	…	53.5	60.0	48.7	…	…	…	65
		1990	15.4	13.1	19.2	2.7	2.6	2.9	47.5	46.1	49.2	7.7	7.9	7.4	66
		2000	21.2	19.8	23.6	3.1	2.7	3.9	47.2	44.5	51.9	10.0	11.3	8.6	66
		2003	20.1	18.3	23.2	2.8	2.4	3.5	45.6	42.4	50.8	10.2	11.4	9.0	66
		2004	21.7	19.1	25.9	2.8	2.4	3.4	44.8	41.6	49.6	10.8	11.7	9.8	66
	b	2005	16.4	14.9	18.9	3.4	2.8	4.6	48.9	44.5	56.0	7.8	8.6	7.0	67
		2006	16.9	15.9	18.4	3.6	3.0	5.0	50.5	45.8	58.8	7.8	8.9	6.6	66
		2007	14.9	13.9	16.5	3.8	3.2	5.3	51.0	46.6	58.7	6.6	7.5	5.6	68
新加坡		1980	4.8	5.0	4.6	2.4	2.6	2.1	57.3	52.2	65.4	3.2	3.5	2.9	69
	b	1990	2.9	2.8	2.9	1.6	1.3	2.5	30.4	23.2	46.8	1.6	1.7	1.6	29
	b	2000	8.8	6.5	11.2	1.6	1.2	1.9	15.2	10.1	21.6	3.5	2.5	4.5	70
		2002	7.1	5.4	8.4	1.7	1.2	2.5	18.9	10.5	30.8	…	…	…	69
		2003	6.5	4.8	7.8	1.5	1.0	2.0	16.3	8.6	26.4	…	…	…	69
		2004	…	…	…	…	…	…	18.3	10.8	27.8	…	…	…	69
		2006	8.9	6.4	11.6	2.2	1.6	2.8	19.5	13.8	25.6	3.5	2.5	4.5	69
		2007	8.9	6.9	11.1	2.6	2.0	3.1	20.9	16.3	26.2	3.3	2.6	4.0	71
泰国		1980	1.6	1.8	1.3	3.0	3.0	3.1	60.9	59.4	63.3	…	…	…	72
		1990	4.3	4.3	4.2	3.3	4.1	2.7	59.3	63.9	54.9	3.3	3.4	3.2	73
		2000	6.6	7.0	6.0	4.5	5.0	3.9	49.7	52.3	46.4	3.5	4.1	2.9	73
		2003	5.0	4.9	5.1	5.9	5.3	6.8	53.4	51.7	55.7	2.6	2.9	2.3	73
		2004	4.5	4.6	4.3	4.8	4.6	5.1	48.2	48.2	48.3	2.3	2.7	2.0	73
		2005	4.8	4.9	4.6	6.3	5.9	6.9	52.4	52.4	52.4	2.5	2.8	2.1	73
		2006	4.8	4.4	5.3	7.4	6.1	9.8	54.7	52.4	57.9	2.3	2.5	2.1	73
		2007	4.5	4.6	4.3	6.9	6.6	7.3	52.7	53.9	50.9	2.2	2.6	1.8	31
越南		2000	4.8	5.0	4.6	3.1	3.0	3.1	46.1	45.4	46.9	2.7	2.8	2.6	38
		2001	5.9	4.7	7.1	3.3	3.0	3.4	49.2	47.2	50.7	3.6	2.8	4.4	38
		2002	4.3	4.1	4.6	2.9	3.2	2.7	45.4	48.1	43.2	2.5	2.4	2.7	38
		2003	4.8	4.5	5.1	3.1	3.8	2.6	45.7	52.0	41.1	2.7	2.5	2.9	38
		2004	4.6	4.4	4.9	3.1	3.8	2.7	46.2	52.2	41.5	2.8	2.5	2.7	38
拉丁美洲和加勒比地区															
加勒比地区															
安圭拉		1992	16.4	15.0	18.4	3.4	3.7	3.2	52.9	52.9	52.9	…	…	…	74
	b	2001	13.3	10.3	16.6	2.6	1.8	3.8	37.5	28.8	47.1	8.5	7.0	9.8	75
安提瓜和巴布达		1991	13.1	…	…	3.2	…	…	47.5	45.5	49.4	…	…	…	76
	b	2001	19.9	18.4	21.6	3.2	3.1	3.3	37.7	38.1	37.3	10.1	10.3	10.0	56
阿鲁巴		1991	12.0	12.9	11.0	2.3	2.6	2.0	27.2	28.0	26.1	5.8	6.5	5.0	43
	b	1994	11.3	8.9	14.6	1.9	1.7	2.0	20.6	18.5	22.7	…	…	…	77
		1997	20.4	16.7	24.5	3.5	3.0	4.0	31.1	26.7	35.8	…	…	…	77
巴哈马	b	1990	16.6	14.3	19.5	3.4	2.6	4.6	52.3	46.0	59.3	9.6	8.9	10.2	56
		2003	24.0	20.3	28.2	3.1	2.7	3.5	41.2	39.1	43.0	…	…	…	78
		2004	23.3	20.0	26.9	3.1	2.8	3.4	39.8	37.6	41.7	…	…	…	78
	b	2005	20.2	16.9	24.1	2.5	2.2	2.8	34.3	33.8	34.7	…	…	…	39
		2006	…	…	…	…	…	…	34.6	36.6	33.0	…	…	…	49
		2007	18.9	16.7	21.7	3.4	3.7	3.2	41.2	45.9	37.7	…	…	…	31
巴巴多斯		1980	…	…	…	…	…	…	66.2	71.9	62.5	…	…	…	79
		1990	30.7	21.8	40.5	3.1	3.5	3.0	51.6	54.5	50.0	20.0	14.8	25.2	80
		1999	21.8	18.0	26.8	2.8	3.3	2.5	36.6	41.8	34.5	13.2	11.9	15.0	81
		2000	19.4	17.6	21.8	2.7	3.5	2.3	36.2	44.4	29.9	…	…	…	81
		2001	23.1	20.7	26.0	3.1	3.7	2.8	36.5	41.8	32.7	13.7	12.9	14.5	81
		2002	23.4	21.3	25.9	3.0	3.5	2.6	35.1	40.6	31.0	13.6	13.3	14.0	81
	b	2003	26.2	24.1	28.7	3.1	3.5	2.8	33.8	38.0	30.3	15.0	14.4	15.5	31
百慕大		1991	…	…	…	…	…	…	33.1	29.9	39.4	…	…	…	56
	b	2000	10.8	14.3	7.6	5.7	6.8	4.5	36.6	38.6	33.7	5.5	6.7	3.9	56
英属维尔京群岛		1991	7.5	7.6	7.2	2.8	2.6	2.7	40.6	36.8	46.2	…	…	…	76
开曼群岛		1995	11.4	…	…	3.1	…	…	37.8	…	…	…	…	…	81
		1996	10.9	…	…	2.6	…	…	29.8	…	…	…	…	…	81
		1997	9.3	…	…	2.7	…	…	28.1	…	…	…	…	…	81
	b	2006	10.3	11.7	9.3	5.6	7.7	4.2	34.4	44.7	25.5	5.8	7.0	4.8	39
		2007	11.2	10.9	10.9	3.5	3.7	3.1	23.6	21.2	24.7	6.1	5.4	6.4	31
古巴		2000	…	…	…	…	…	…	56.2	58.8	54.1	…	…	…	82
		2003	…	…	…	…	…	…	47.5	53.1	42.6	…	…	…	82
		2004	…	…	…	…	…	…	43.2	44.8	41.5	…	…	…	82
		2005	…	…	…	…	…	…	39.2	41.1	36.5	…	…	…	82
		2006	…	…	…	…	…	…	36.8	38.8	34.2	…	…	…	82
		2007	…	…	…	…	…	…	41.6	43.9	38.2	…	…	…	82

	年份	青年失业率（%）			青年失业率与成年失业率的比率（%）			青年失业人口占总失业人口的比重（%）			青年失业人口占青年总人口的比重（%）			注 No.
		MF	M	F	MF	M	F	MF	M	F	MF	M	F	
多米尼克	1989	20.0	13.6	29.3	2.9	3.9	2.3	58.8	66.7	52.2	11.4	10.1	12.4	37
	b 1991	…	…	…	…	…	…	63.5	58.8	65.2	…	…	…	56
	b 1997	40.6	36.3	46.3	2.2	2.5	2.1	39.9	44.7	36.1	23.8	23.5	24.1	37
	1999	34.8	34.2	35.7	3.0	4.2	2.2	40.7	50.4	30.9	19.4	22.0	16.4	37
	b 2001	26.0	26.2	25.4	3.3	2.9	4.1	39.7	36.3	46.6	11.2	13.3	9.0	56
多米尼加共和国	2000	23.1	16.2	34.3	2.0	2.5	1.7	38.7	44.3	35.2	11.7	10.2	13.2	83
	b 2003	…	…	…	…	…	…	42.2	48.9	37.9	…	…	…	37
	2004	…	…	…	…	…	…	42.5	51.6	37.7	…	…	…	37
	2005	…	…	…	…	…	…	42.0	51.3	36.3	…	…	…	37
	2006	…	…	…	…	…	…	43.3	50.2	39.5	…	…	…	37
	2007	30.3	21.2	44.5	2.7	3.6	2.2	44.4	52.0	40.0	15.9	13.4	18.5	37
格林纳达	1991	27.0	27.5	26.7	2.8	2.6	3.1	46.7	45.7	49.2	…	…	…	74
	b 1994	44.5	32.1	58.8	2.1	2.3	2.0	42.0	42.9	41.7	…	…	…	77
	1996	30.1	19.3	44.9	2.4	2.9	2.3	44.1	51.3	40.5	…	…	…	77
	1998	31.5	25.4	39.4	3.1	4.3	2.5	49.0	56.9	43.8	19.0	17.4	20.7	77
瓜德罗普	2000	…	…	…	…	…	…	20.9	22.6	19.5	…	…	…	84
	2002	…	…	…	…	…	…	16.6	18.8	15.1	…	…	…	84
	2003	…	…	…	…	…	…	13.4	15.4	11.6	…	…	…	84
	2004	…	…	…	…	…	…	15.4	18.3	13.2	…	…	…	84
	2005	…	…	…	…	…	…	15.0	19.3	11.7	…	…	…	84
	2006	…	…	…	…	…	…	16.5	20.2	13.4	…	…	…	84
圭亚那	1987	25.6	17.2	44.7	3.9	4.4	3.5	67.5	69.9	65.5	13.6	12.9	14.2	37
	b 1992	26.8	20.8	38.3	4.9	6.3	4.0	66.9	72.0	62.3	…	…	…	77
	2001	20.0	17.5	24.4	3.5	5.9	2.2	51.0	63.3	41.0	…	…	…	77
	b 2002	24.0	20.6	31.3	3.0	2.9	3.2	48.6	46.5	51.8	11.8	13.7	9.9	29
海地	1982	…	…	…	…	…	…	55.5	56.2	54.7	…	…	…	85
	1983	22.3	22.8	21.7	2.8	3.4	2.3	54.2	56.1	52.0	9.6	10.7	8.5	85
	1988	54.0	49.2	60.0	4.9	6.6	3.6	67.5	71.7	63.7	22.2	22.8	21.7	85
	b 1990	23.6	23.0	24.4	2.9	3.2	2.6	51.6	51.8	51.4	12.1	13.6	10.7	85
	b 1999	17.9	15.1	21.1	3.6	3.5	3.7	42.6	42.7	42.6	5.7	5.3	6.2	38
牙买加	1980	…	…	…	…	…	…	53.7	60.7	50.3	…	…	…	31
	1990	31.8	19.1	46.9	3.5	3.7	3.5	59.7	61.6	58.9	17.3	11.5	22.8	31
	2000	32.1	23.8	42.8	3.1	4.1	2.7	49.1	56.2	45.1	…	…	…	81
	2002	30.8	23.6	39.6	3.0	3.6	2.7	47.9	52.5	45.1	…	…	…	81
	b 2003	21.3	16.7	27.5	2.4	3.3	2.0	40.0	49.2	34.7	8.5	7.8	9.2	31
	2004	28.1	22.0	36.3	3.5	4.4	3.2	42.9	48.9	39.0	11.1	10.0	12.1	31
	2005	…	…	…	…	…	…	40.6	46.0	36.9	…	…	…	31
	2006	…	…	…	…	…	…	38.5	42.1	36.0	…	…	…	31
马提尼克	2000	…	…	…	…	…	…	14.5	15.3	13.9	…	…	…	84
	2003	…	…	…	…	…	…	14.4	18.1	11.5	…	…	…	84
	2004	…	…	…	…	…	…	15.3	18.2	12.9	…	…	…	84
	2005	…	…	…	…	…	…	15.8	17.9	14.0	…	…	…	84
	2006	…	…	…	…	…	…	19.5	22.0	17.7	…	…	…	84
	2007	…	…	…	…	…	…	19.5	22.0	17.7	…	…	…	84
荷属安的列斯	2000	26.9	25.4	29.7	2.1	2.4	2.0	18.0	20.5	16.0	9.1	8.9	9.3	86
	2003	…	…	…	…	…	…	21.5	25.5	18.5	…	…	…	86
	2004	36.7	35.9	38.9	2.6	2.8	2.6	20.5	22.4	18.9	12.5	12.7	12.2	86
	2005	44.4	39.1	49.3	2.8	2.6	2.9	19.9	21.7	18.4	13.2	13.7	12.7	86
	2006	38.2	31.3	47.0	3.0	3.4	3.0	21.4	26.4	18.4	10.7	10.2	11.3	86
	2007	24.2	22.6	26.3	2.2	2.7	2.0	17.1	23.2	13.0	7.1	7.8	6.4	86
波多黎各	1980	…	…	…	…	…	…	40.6	39.8	43.2	…	…	…	31
	1990	31.3	33.3	27.6	2.6	2.3	3.2	32.9	31.3	37.2	10.0	14.3	6.0	31
	2000	20.5	23.3	16.0	2.5	2.4	2.7	31.3	30.8	32.5	7.4	10.3	4.6	31
	2003	23.2	24.2	23.0	2.4	2.3	2.6	29.9	29.7	30.8	8.9	11.2	7.1	31
	2004	21.2	21.9	19.0	2.5	2.3	2.8	31.0	30.4	30.8	8.1	10.3	5.6	31
	2005	23.3	24.8	20.9	2.5	2.5	2.5	31.3	33.0	29.0	9.3	12.2	6.5	31
	2006	22.3	22.8	21.6	2.4	2.5	2.4	27.1	29.5	24.6	8.0	10.1	6.0	31
	2007	22.2	24.3	19.0	2.4	2.4	2.3	24.3	27.2	20.3	7.0	9.9	4.4	31
圣卢西亚	2000	36.1	32.2	40.5	3.3	4.6	2.7	49.5	57.5	44.0	…	…	…	87
	b 2001	27.5	26.8	25.2	3.1	2.9	3.0	47.7	46.0	45.7	14.5	16.5	11.2	29
	b 2002	39.9	31.7	41.2	3.5	3.4	3.0	54.3	53.3	45.5	…	…	…	87
	b 2003	39.5	29.9	50.8	2.2	2.2	2.3	35.6	36.0	35.3	23.4	18.9	28.3	37
	2004	40.8	37.1	45.5	2.6	3.1	2.3	40.1	46.1	35.2	…	…	…	37
圣文森特和格林纳斯丁斯	1991	36.7	31.9	43.2	2.8	2.6	3.5	54.8	53.1	59.4	20.9	23.3	17.6	29

	年份	青年失业率（%）			青年失业率与成年失业率的比率（%）			青年失业人口占总失业人口的比重（%）			青年失业人口占青年总人口的比重（%）			注 No.
		MF	M	F	MF	M	F	MF	M	F	MF	M	F	
苏里南	1990	36.6	29.0	46.5	3.7	3.4	3.8	49.6	46.0	52.7	13.3	12.0	14.5	88
	1996	…	…	…	…	…	…	40.8	48.2	34.0	…	…	…	88
	1997	…	…	…	…	…	…	44.9	47.6	42.0	…	…	…	88
	1998	…	…	…	…	…	…	40.9	36.0	44.9	…	…	…	88
	1999	34.1	23.9	58.2	3.3	3.3	3.7	35.0	38.1	32.4	8.7	9.1	8.3	88
	2004	21.5	…	…	3.0	…	…	37.9	…	…	…	…	…	89
特立尼达和多巴哥	1980	…	…	…	…	…	…	55.7	62.0	47.9	…	…	…	90
	1990	36.4	33.1	42.5	2.5	2.5	2.4	44.0	44.1	43.9	18.3	21.0	15.4	91
	2000	23.2	20.3	27.6	2.6	2.8	2.4	43.7	44.9	42.5	12.0	12.4	11.5	91
	2001	…	…	…	…	…	…	44.2	46.6	41.8	…	…	…	91
	2002	21.1	17.4	26.4	2.8	3.3	2.4	41.9	44.8	39.5	10.5	10.0	10.9	91
	2003	…	…	…	…	…	…	41.9	44.8	39.3	…	…	…	91
	2004	…	…	…	…	…	…	46.0	48.9	43.5	…	…	…	91
	2005	16.5	12.9	21.6	2.9	3.3	2.6	43.8	47.2	41.2	8.9	8.0	9.7	91
中美洲														
伯利兹	1996	25.6	21.9	33.2	2.9	2.9	2.7	54.5	54.1	54.7	…	…	…	92
	b 1997	23.6	17.2	36.0	3.0	3.2	2.7	55.9	57.4	54.7	…	…	…	78
	1998	25.1	18.9	35.9	2.6	2.6	2.5	52.7	52.2	53.2	…	…	…	78
	1999	22.5	15.4	34.7	2.5	2.4	2.5	50.8	47.6	53.4	…	…	…	78
	b 2005	19.5	13.8	28.8	2.4	2.6	2.2	46.2	47.6	45.1	9.6	8.5	10.8	9
哥斯达黎加	1980	8.0	7.2	10.2	…	…	…	72.1	69.1	78.1	4.7	6.2	3.3	93
	1990	8.4	7.6	10.0	2.9	3.0	2.6	54.0	54.4	53.5	4.6	5.6	3.4	94
	2000	11.0	9.1	14.5	3.5	3.3	3.6	53.9	51.9	56.7	5.5	6.1	5.0	94
	b 2003	14.7	12.9	18.0	3.6	3.7	3.5	53.1	54.6	52.1	7.4	8.4	6.4	94
	2004	14.3	12.1	18.5	3.4	3.6	3.3	49.9	51.7	47.5	6.8	7.5	6.0	94
	2005	15.0	11.3	21.5	3.6	3.6	3.5	50.5	50.4	50.5	7.4	6.9	7.8	94
	2006	13.9	10.6	19.5	3.9	4.2	3.6	52.9	55.0	51.1	6.9	6.5	7.3	94
	2007	10.7	8.2	14.8	4.0	4.8	3.4	54.4	59.1	51.0	5.5	5.2	5.8	37
萨尔瓦多	2000	…	…	…	…	…	…	47.9	47.3	50.0	…	…	…	95
	2002	11.5	13.1	8.4	2.5	2.1	3.7	43.8	42.1	48.9	5.2	7.9	2.6	95
	2003	11.4	13.4	7.7	2.1	1.7	3.2	40.2	38.4	47.1	5.5	8.7	2.6	95
	2004	11.5	12.7	9.4	2.2	1.7	3.9	40.2	37.2	50.5	5.4	7.9	3.0	95
	2005	…	…	…	…	…	…	45.7	42.4	54.8	…	…	…	95
	2006	12.4	13.6	10.2	2.6	2.0	4.5	43.8	40.6	53.1	5.9	8.6	3.4	95
危地马拉	1989	3.8	3.0	6.0	3.0	2.9	3.0	57.3	55.9	59.7	2.1	2.5	1.6	31
	b 1990	…	…	…	…	…	…	55.8	54.7	57.6	…	…	…	96
	1991	…	…	…	…	…	…	60.0	50.9	69.8	…	…	…	96
	b 1994	…	…	…	…	…	…	67.7	67.2	69.7	…	…	…	97
洪都拉斯	1990	…	…	…	…	…	…	70.6	66.6	78.6	…	…	…	98
	b 2001	6.1	5.5	7.5	2.3	2.0	2.8	49.8	49.2	50.7	…	…	…	99
	b 2002	6.0	4.9	8.4	2.0	1.7	2.6	47.5	45.7	50.2	3.1	3.7	2.5	100
	2003	7.9	6.1	12.1	2.0	1.6	2.8	46.0	42.7	50.5	4.1	4.5	3.8	100
	b 2004	10.1	7.6	15.4	2.4	2.2	2.8	52.1	51.2	53.2	5.2	5.6	4.9	101
	2005	7.0	5.2	11.2	2.4	2.3	2.6	50.2	51.2	49.2	3.4	3.6	3.2	98
墨西哥	2000	5.1	4.4	6.2	3.0	3.1	2.9	51.0	50.6	51.5	2.6	3.0	2.3	3
	2003	6.2	5.1	8.3	3.0	2.7	3.6	46.9	43.6	51.4	2.9	3.1	2.7	3
	2004	7.6	5.9	10.6	3.0	2.7	3.5	46.6	43.6	50.0	3.6	3.8	3.5	3
	2005	6.6	6.1	7.4	2.5	2.3	2.9	40.6	38.4	44.1	3.1	3.8	2.5	3
	2006	6.2	5.4	7.4	2.6	2.3	3.1	41.7	38.6	46.1	2.9	3.4	2.6	3
	2007	6.7	6.2	7.5	2.7	2.6	2.7	41.3	41.0	41.7	3.2	3.8	2.6	3
尼加拉瓜	1990	12.5	11.0	14.9	1.2	1.3	1.0	31.2	30.7	31.9	6.1	7.7	4.9	102
	b 2000	9.1	7.0	13.6	1.9	1.5	2.7	45.1	42.6	48.3	4.6	4.8	4.3	103
	b 2003	12.5	10.8	15.8	2.0	1.7	2.9	45.7	43.5	49.1	6.3	7.1	5.5	104
	b 2004	…	…	…	…	…	…	49.2	48.1	50.6	…	…	…	37
	2005	…	…	…	…	…	…	46.6	46.0	47.2	…	…	…	37
	2006	8.6	8.1	9.7	2.1	1.8	2.7	45.1	44.7	45.3	4.1	5.1	3.0	37
巴拿马	b 1990	21.6	18.5	28.8	2.6	2.4	3.0	46.8	44.1	51.5	9.4	11.2	7.6	29
	b 2000	30.1	25.8	37.8	3.2	3.5	2.9	46.5	48.2	44.5	14.3	15.6	12.9	105
	2003	29.2	24.2	38.3	3.0	3.5	2.7	43.6	48.0	39.4	14.5	15.1	13.8	63
	2004	26.7	22.3	35.0	3.0	3.6	2.6	42.9	48.9	37.5	13.2	14.1	12.2	63
	2005	22.5	18.5	29.6	3.0	3.3	2.8	42.1	45.4	38.9	11.0	11.5	10.5	63
	2006	20.5	15.8	29.0	3.2	3.1	3.3	42.1	42.2	42.1	9.6	9.6	9.7	63
	2007	16.5	12.8	23.6	3.6	3.8	3.7	45.8	48.3	43.6	7.8	7.8	7.7	37

		年份	青年失业率（%）			青年失业率与成年失业率的比率（%）			青年失业人口占总失业人口的比重（%）			青年失业人口占青年总人口的比重（%）			注 No.
			MF	M	F	MF	M	F	MF	M	F	MF	M	F	
南美洲															
阿根廷		1980	…	…	…	…	…	…	50.0	48.3	52.2	…	…	…	106
	b	1990	13.0	11.5	15.6	3.1	2.6	3.8	42.1	37.8	48.9	6.7	7.1	6.4	107
		2000	25.9	21.9	31.0	2.1	1.9	2.3	33.8	30.4	37.7	12.8	12.5	13.2	107
	b	2002	…	…	…	…	…	…	32.7	30.6	35.7	…	…	…	108
	b	2003	35.3	32.2	39.0	3.0	3.1	2.8	39.5	39.3	39.7	14.7	15.1	14.3	109
		2004	27.6	24.9	31.4	3.0	3.1	2.9	40.0	41.8	38.1	13.0	13.8	12.1	108
		2005	24.2	21.6	28.0	3.1	3.4	3.0	39.6	42.8	36.5	11.0	11.8	10.2	108
	b	2006	23.4	19.0	29.3	3.6	3.6	3.7	44.0	44.1	44.0	10.7	10.2	11.3	110
玻利维亚		1997	…	…	…	…	…	…	37.8	33.9	44.3	…	…	…	111
		1999	…	…	…	…	…	…	49.9	48.3	53.0	…	…	…	111
		2000	8.5	7.0	10.4	2.6	2.8	2.6	44.6	45.5	43.9	4.4	4.2	4.6	111
	b	2001	8.7	7.6	10.0	2.0	2.1	2.0	41.5	42.2	40.8	…	…	…	112
		2002	9.2	7.3	11.8	2.2	2.2	2.3	42.1	42.5	41.7	…	…	…	112
巴西		1990	6.7	6.7	6.8	2.8	2.5	3.3	53.1	50.4	58.7	4.3	5.5	3.2	113
	b	2000	25.7	21.3	32.0	2.4	2.5	2.2	47.1	48.3	46.0	15.7	15.3	16.1	89
		2002	18.0	14.6	22.8	2.9	3.0	2.9	49.7	50.9	48.7	11.4	10.7	12.0	113
		2003	19.0	15.1	24.5	2.9	2.8	2.9	48.4	49.0	48.0	11.9	11.0	12.9	28
		2004	18.1	14.2	23.3	3.1	3.3	2.9	49.8	52.1	48.0	11.6	10.4	12.7	28
		2005	…	…	…	…	…	…	50.8	53.9	48.5	…	…	…	37
		2006	…	…	…	…	…	…	49.1	51.2	47.5	…	…	…	37
智利		1980	…	…	…	…	…	…	51.6	49.0	58.3	…	…	…	114
		1990	13.1	13.4	12.4	3.4	3.5	3.1	44.8	45.4	43.5	5.1	7.0	3.1	114
		2000	19.8	17.6	24.0	3.0	2.7	3.7	32.4	29.2	38.0	6.5	7.3	5.7	114
		2003	19.0	17.1	22.4	3.3	3.1	3.7	33.0	30.7	36.5	5.9	6.6	5.2	114
		2004	18.4	16.8	21.2	3.0	3.1	2.8	31.4	32.2	30.3	5.9	6.7	5.1	114
		2005	17.3	15.2	21.0	3.2	3.2	3.2	32.2	31.5	33.1	5.4	5.7	5.0	114
	b	2006	15.1	13.9	17.3	3.2	3.2	3.2	31.7	31.6	31.8	4.6	5.2	4.0	115
		2007	18.7	16.2	22.7	3.5	3.4	3.5	35.3	34.8	36.0	6.3	6.5	5.9	37
哥伦比亚		1980	…	…	…	…	…	…	81.1	78.6	83.5	…	…	…	116
		1990	…	…	…	…	…	…	67.8	65.6	69.7	…	…	…	116
		1999	36.6	32.0	41.6	2.6	2.7	2.5	43.7	42.9	44.3	19.5	18.8	20.1	117
	b	2004	25.0	20.2	31.7	2.5	2.6	2.4	43.2	44.0	42.6	10.8	10.0	11.6	73
		2005	22.7	17.7	29.6	2.7	2.9	2.6	42.8	44.2	41.7	9.6	8.8	10.4	73
		2006	24.7	19.5	31.5	2.6	2.7	2.4	40.0	41.5	38.9	9.5	8.8	10.2	73
		2007	21.1	16.3	27.5	2.5	2.4	2.6	37.4	36.4	38.2	7.7	7.1	8.2	31
厄瓜多尔		1990	13.5	11.1	17.3	3.6	3.3	3.9	53.0	61.5	46.5	6.0	6.3	5.8	118
	b	2000	13.5	10.5	18.1	2.6	3.0	2.4	47.6	54.8	42.5	7.3	7.0	7.6	119
		2002	17.4	12.0	25.5	2.6	3.0	2.4	42.0	46.1	39.7	8.7	7.2	10.2	120
		2003	21.6	19.3	24.9	2.6	3.3	2.1	43.1	49.0	38.0	11.3	11.6	10.9	120
		2004	18.3	14.8	23.3	3.0	3.4	2.8	44.0	47.3	41.4	…	…	…	120
		2005	15.5	12.2	20.6	2.7	3.2	2.5	41.7	47.2	37.7	7.7	7.3	8.2	120
		2006	16.3	12.1	22.9	3.0	3.6	2.8	45.0	50.5	41.3	8.4	7.5	9.3	120
圭亚那		1990	47.8	47.7	48.0	2.4	2.8	2.0	33.5	35.5	31.1	19.7	22.5	16.8	29
	b	2000	…	…	…	…	…	…	21.7	23.0	20.5	…	…	…	84
		2003	…	…	…	…	…	…	17.7	16.9	18.4	…	…	…	84
		2004	…	…	…	…	…	…	17.0	19.2	15.2	…	…	…	84
		2005	…	…	…	…	…	…	18.4	20.3	17.5	…	…	…	84
		2006	…	…	…	…	…	…	17.3	18.3	15.5	…	…	…	84
		2007	…	…	…	…	…	…	18.0	18.6	17.4	…	…	…	37
巴拉圭		1990	15.7	15.0	16.5	4.9	3.6	6.9	65.9	59.4	74.8	9.3	10.4	8.3	121
		2000	13.8	11.7	17.3	2.7	2.5	2.9	51.0	51.3	50.6	…	…	…	122
		2001	13.8	11.7	17.3	2.7	2.5	2.9	51.0	51.3	50.6	8.4	8.9	7.9	123
	b	2002	18.6	14.8	24.6	2.5	2.3	2.7	50.3	48.4	52.2	…	…	…	124
		2003	15.3	12.1	20.5	2.9	2.7	3.2	52.3	51.5	53.1	…	…	…	125
	b	2007	12.2	8.6	18.3	3.7	3.3	4.3	56.2	55.3	57.0	7.1	6.3	7.9	31
秘鲁	b	1990	15.8	12.6	19.7	2.7	2.8	2.4	48.5	47.0	49.8	7.6	7.1	8.1	126
		2000	13.6	13.7	13.6	2.5	2.5	2.5	43.2	42.3	44.3	7.1	8.1	6.1	127
		2003	16.3	21.3	11.4	2.6	3.7	1.7	41.3	46.3	34.4	7.7	10.4	5.2	128
	b	2004	19.6	18.0	21.4	3.3	4.1	2.6	49.3	51.3	47.6	9.0	9.2	8.9	129
	b	2005	16.8	16.2	17.4	2.8	3.3	2.3	44.1	44.5	43.8	8.1	8.3	8.0	129
		2006	14.2	13.5	15.0	2.7	3.6	2.0	42.3	47.7	37.9	7.0	7.3	6.7	129
		2007	14.3	13.6	14.9	3.0	3.6	2.5	42.6	45.2	40.5	8.1	8.3	8.0	129

	年份	青年失业率（%）			青年失业率与成年失业率的比率（%）			青年失业人口占总失业人口的比重（%）			青年失业人口占青年总人口的比重（%）			注 No.
		MF	M	F	MF	M	F	MF	M	F	MF	M	F	
乌拉圭	1990	23.4	20.7	27.4	4.8	6.1	4.0	54.5	60.4	49.4	…	…	…	127
	2000	30.7	26.6	36.4	3.5	4.2	3.0	47.4	53.2	42.7	16.7	16.3	17.0	127
	2002	…	…	…	…	…	…	42.0	47.0	38.3	…	…	…	127
	2003	38.3	34.1	44.2	3.3	4.1	2.8	40.8	48.3	35.1	18.4	18.7	18.2	127
	2005	29.5	25.4	34.9	3.4	4.2	3.0	41.8	48.9	36.6	14.2	14.0	14.3	127
	b 2006	27.3	22.4	34.5	3.8	4.8	3.4	44.0	51.4	38.6	13.3	12.7	14.0	4
	2007	24.3	20.2	30.3	4.0	5.5	3.3	44.4	54.2	37.8	12.1	11.8	12.5	4
委内瑞拉玻利瓦尔共和国	1990	22.5	20.9	25.8	2.0	1.8	2.6	40.7	38.2	46.5	9.6	12.4	6.8	29
	2000	24.3	22.3	28.3	2.4	2.3	2.6	41.2	41.5	40.6	11.9	14.2	9.5	130
	2001	22.6	19.6	27.7	2.3	2.1	2.5	39.9	39.5	40.3	11.8	12.8	10.8	130
	2002	28.2	24.4	34.5	2.2	2.1	2.4	40.0	40.0	40.0	15.5	16.4	14.5	130
	2003	28.0	23.7	34.8	2.1	2.0	2.1	37.3	37.9	36.8	15.1	15.5	14.8	130
	b 2006	17.0	14.3	22.0	2.3	2.2	2.5	35.8	36.1	35.5	7.9	8.5	7.3	131
	2007	14.3	12.7	17.4	2.4	2.3	2.8	36.5	36.5	36.5	6.5	7.4	5.6	31
非洲														
北非														
阿尔及利亚	2001	47.8	…	…	2.4	…	…	46.2	45.7	48.8	…	…	…	28
	2003	…	…	…	…	…	…	47.9	48.5	45.0	…	…	…	28
	2004	43.4	42.8	46.3	3.1	3.2	3.0	45.6	46.3	42.3	…	…	…	28
	2005	31.1	…	…	3.0	…	…	47.4	…	…	…	…	…	28
	2006	24.3	…	…	2.7	…	…	43.2	…	…	…	…	…	28
埃及	2000	…	…	…	…	…	…	64.5	64.5	64.4	…	…	…	132
	2002	27.1	21.4	40.0	4.9	7.6	2.4	57.0	64.2	50.3	8.1	8.3	7.8	132
	2003	…	…	…	…	…	…	65.9	72.7	58.3	…	…	…	132
	2004	…	…	…	…	…	…	70.6	71.2	70.1	…	…	…	132
	2005	34.1	23.3	62.2	8.2	9.4	6.1	71.9	72.9	71.0	12.4	11.7	13.0	132
	2006	…	…	…	…	…	…	67.1	68.1	66.0	…	…	…	31
摩洛哥	1990	31.1	30.9	31.6	2.8	3.1	2.0	45.5	44.8	46.9	11.1	15.3	7.3	133
	b 2000	19.3	20.9	15.7	1.8	2.0	1.3	40.0	41.3	36.5	9.0	13.5	4.4	38
	2003	17.0	17.4	15.9	1.7	1.8	1.3	35.9	37.6	31.7	7.3	10.8	3.8	37
	2004	15.4	15.8	14.4	1.7	1.8	1.4	35.7	36.8	32.9	6.8	9.8	3.6	37
	2005	15.7	16.2	14.4	1.6	1.8	1.4	34.3	36.1	29.8	6.7	9.9	3.4	37
	b 2006	16.6	17.5	14.1	2.2	2.4	1.7	39.1	40.6	34.8	6.6	10.1	3.2	134
	2007	17.6	18.2	16.1	2.3	2.4	2.0	39.9	40.4	38.5	7.2	10.6	3.8	135
突尼斯	2000	…	…	…	…	…	…	44.9	44.4	46.4	…	…	…	37
	2001	…	…	…	…	…	…	43.2	41.8	46.9	…	…	…	37
	2002	…	…	…	…	…	…	42.9	42.3	44.6	…	…	…	37
	2003	…	…	…	…	…	…	43.6	44.2	42.1	…	…	…	37
	2004	…	…	…	…	…	…	40.9	40.8	41.0	…	…	…	37
	2005	30.7	31.4	29.3	3.0	3.4	2.2	42.3	43.0	41.0	10.1	13.7	6.4	37
撒哈拉以南非洲														
东非														
布隆迪	1990	0.7	1.0	0.4	1.7	1.6	2.0	41.3	39.5	46.0	0.5	0.8	0.3	89
埃塞俄比亚	1994	…	…	…	…	…	…	56.4	50.8	63.2	…	…	…	136
	b 1999	…	…	…	…	…	…	49.3	50.0	49.1	…	…	…	38
	b 2004	35.0	28.3	40.5	2.0	2.5	1.6	48.0	48.4	47.8	16.5	12.9	19.6	137
	b 2005	7.7	4.1	11.2	1.8	2.0	1.7	47.0	47.4	46.8	6.1	3.4	8.5	52
	b 2006	24.9	19.5	29.4	1.9	2.3	1.6	46.8	47.1	46.6	13.0	10.6	15.0	138
马达加斯加	2003	7.0	6.7	7.3	1.6	2.4	1.3	38.1	46.3	32.9	4.7	4.5	4.9	31
	2005	2.3	1.7	2.8	0.8	1.0	0.7	24.1	26.7	22.7	1.7	1.3	2.0	31
马拉维	1983	9.1	8.5	9.6	2.7	3.0	2.6	60.4	60.9	60.0	6.4	5.9	6.8	44
毛里求斯	1995	23.8	21.4	28.1	4.2	5.4	3.0	53.5	58.9	47.0	12.0	14.0	9.9	31
	2004	24.9	21.2	31.0	4.9	7.6	3.3	50.7	59.9	43.1	11.5	11.9	11.0	31
	2005	25.9	20.5	34.3	4.0	6.5	2.7	42.8	53.5	36.2	11.4	10.8	12.0	31
	2006	23.1	18.1	30.7	3.5	5.3	2.5	39.1	47.2	34.0	10.0	9.2	10.9	31
	b 2007	24.6	20.0	31.3	4.2	6.7	2.8	41.5	50.5	35.5	11.2	10.6	11.8	31
留尼汪	1990	59.7	56.4	63.3	2.0	2.1	1.8	36.0	34.9	37.6	25.7	26.7	24.7	29
	b 2000	…	…	…	…	…	…	23.5	24.0	23.0	…	…	…	139
	2003	…	…	…	…	…	…	23.4	23.5	23.3	…	…	…	139
	2004	…	…	…	…	…	…	24.9	25.7	24.0	…	…	…	139
	2005	…	…	…	…	…	…	25.9	27.3	24.3	…	…	…	139
	2006	…	…	…	…	…	…	26.3	27.9	24.3	…	…	…	139
	2007	…	…	…	…	…	…	25.3	28.8	21.4	…	…	…	139

		年份	青年失业率（%）			青年失业率与成年失业率的比率（%）			青年失业人口占总失业人口的比重（%）			青年失业人口占青年总人口的比重（%）			注 No.
			MF	M	F	MF	M	F	MF	M	F	MF	M	F	
卢旺达		1989	1.0	1.4	0.7	1.4	1.6	1.2	40.0	42.6	36.4	0.8	1.1	0.6	38
	b	1996	0.7	1.0	0.5	1.5	1.3	1.8	45.3	43.6	48.5	0.6	0.8	0.4	44
塞舌尔		1981	21.4	14.3	31.1	2.7	2.6	2.5	62.1	57.4	65.3	14.5	10.8	18.1	102
	b	1985	30.8	24.3	37.9	2.3	2.5	2.0	61.0	59.1	62.3	22.9	18.6	27.3	102
	b	1994	22.8	18.0	28.1	3.5	3.0	3.8	50.9	46.0	55.0	12.9	10.6	15.3	29
		2002	20.3	…	…	2.9	…	…	42.6	…	…	12.6	…	…	29
坦桑尼亚联合共和国		2001	8.9	…	…	2.8	…	…	57.2	…	…	7.2	…	…	140
	b	2006	8.8	7.4	10.1	2.9	5.2	2.2	53.3	66.2	47.5	…	…	…	37
乌干达		1991	1.9	2.7	1.2	3.5	3.6	4.2	60.5	57.7	67.6	1.0	1.5	0.6	29
	b	1992	…	…	…	…	…	…	82.8	78.6	89.8	…	…	…	38
赞比亚		1990	20.9	20.7	21.0	2.9	2.8	2.9	63.4	58.1	71.8	8.3	9.6	7.0	141
	b	2000	21.4	23.1	19.5	2.5	2.2	3.1	55.2	48.9	66.0	8.5	10.2	7.1	29
津巴布韦		1987	14.9	15.6	14.3	3.5	4.4	2.8	58.0	61.7	54.5	7.9	8.3	7.6	31
	b	1992	44.3	45.6	42.6	4.2	3.8	5.0	67.5	62.5	75.4	23.0	27.1	19.3	29
	b	1997	16.5	20.7	12.4	5.5	5.2	6.3	69.2	67.3	72.7	9.0	11.8	6.4	31
		1999	14.0	17.0	10.9	4.8	4.7	5.1	65.1	64.2	66.5	7.3	9.6	5.3	31
	b	2002	24.9	28.2	21.4	5.7	4.6	7.4	67.5	64.9	71.4	13.9	16.9	11.1	136
中非															
加蓬		1993	41.0	41.7	40.2	3.2	2.9	3.9	41.2	36.6	48.0	14.3	15.9	12.8	53
圣多美和普林西比		1991	8.2	5.8	13.5	5.1	4.8	6.0	66.7	66.7	66.7	3.5	3.5	3.6	29
南部非洲															
博茨瓦纳		1998	14.3	13.5	15.3	0.6	0.7	0.6	17.9	18.2	17.7	5.9	6.1	5.7	31
		2000	13.6	13.2	14.0	0.8	0.9	0.8	20.8	20.3	21.4	5.3	5.5	5.1	31
	b	2001	39.7	33.9	46.1	3.4	3.3	3.3	51.6	49.2	53.7	14.9	14.0	15.8	142
	b	2003	…	…	…	…	…	…	54.7	54.9	54.6	…	…	…	31
		2006	…	…	…	…	…	…	41.6	42.2	41.2	…	…	…	31
莱索托		1997	47.4	37.9	58.5	1.3	1.4	1.4	36.6	42.5	33.1	23.9	21.7	25.9	143
	b	1999	33.5	25.8	43.4	1.4	1.4	1.5	41.3	45.4	38.7	21.7	18.2	25.4	37
纳米比亚		1994	31.7	29.6	33.8	2.1	2.1	2.0	39.8	38.2	41.3	11.4	11.2	11.6	38
		1997	37.0	32.8	41.4	2.4	2.2	2.6	37.1	33.4	40.9	11.3	10.5	12.2	144
		2000	43.7	41.9	45.8	3.0	3.0	2.9	40.9	40.0	41.8	…	…	…	145
	b	2001	44.8	40.4	49.3	1.7	1.8	1.6	37.8	38.5	37.2	18.7	17.5	19.8	146
	b	2004	41.7	36.7	47.0	1.2	1.4	1.1	40.7	39.2	42.7	12.8	12.3	13.3	37
南非		2000	44.2	42.1	46.7	2.0	2.1	1.9	32.3	34.5	30.3	15.7	15.9	15.4	147
	b	2003	56.5	54.8	58.4	2.6	2.8	2.4	34.3	35.5	33.1	15.5	16.0	15.0	28
		2004	…	…	…	…	…	…	33.4	32.7	34.1	…	…	…	28
		2005	…	…	…	…	…	…	33.4	34.9	32.0	…	…	…	28
		2006	…	…	…	…	…	…	33.5	35.4	31.9	…	…	…	28
		2007	46.9	43.0	52.0	2.6	2.8	2.4	34.4	36.6	32.4	14.1	14.0	14.1	37
斯威士兰		1989	…	…	…	…	…	…	41.6	…	…	…	…	…	148
	b	1995	43.6	44.2	43.0	3.2	3.4	2.9	53.3	51.0	55.8	19.4	20.7	18.2	38
	b	1997	55.2	41.7	48.3	3.7	3.1	2.8	62.7	49.1	52.7	16.8	14.1	13.3	136
西非															
贝宁		1992	1.7	2.5	0.7	1.2	1.2	1.4	33.3	32.2	38.9	1.1	1.9	0.4	149
	b	2002	0.8	1.1	0.6	1.3	1.2	1.7	32.9	28.6	42.5	0.5	0.6	0.4	150
布基纳法索		1985	2.1	4.1	–	2.6	5.5	–	55.6	73.3	1.5	1.8	3.6	–	151
佛得角		1990	41.2	40.7	42.1	3.4	3.1	3.9	66.4	64.2	70.2	26.2	32.5	20.0	70
加纳		1992	17.1	14.8	18.9	10.6	14.0	9.0	72.4	76.8	70.0	8.0	6.0	10.0	152
		1999	15.9	12.7	19.4	2.0	1.6	2.4	41.4	40.2	42.4	10.8	9.0	12.7	152
	b	2000	16.6	16.4	16.7	1.9	2.0	1.9	36.1	35.7	36.5	8.9	8.7	9.1	29
利比里亚		2007	4.7	5.7	3.7	0.8	0.8	0.9	23.8	22.5	26.1	…	…	…	153
尼日尔		2001	3.2	4.0	1.7	4.2	4.8	2.8	63.8	65.7	56.7	1.7	3.0	0.6	29
尼日利亚		1986	15.4	11.5	22.3	8.1	4.9	24.0	59.4	45.7	82.4	4.7	4.9	4.5	31
圣赫勒拿		1998	23.8	24.2	23.5	1.4	1.3	1.9	28.3	22.6	38.6	16.8	17.5	16.0	154
塞内加尔		2006	…	…	…	…	…	…	42.0	43.6	40.5	…	…	…	37
塞拉利昂		2004	5.2	7.3	3.5	1.7	1.9	1.9	31.4	28.4	37.6	2.5	3.4	1.8	51

	年份	青年失业率（%）			青年失业率与成年失业率的比率（%）			青年失业人口占总失业人口的比重（%）			青年失业人口占青年总人口的比重（%）			注 No.
		MF	M	F	MF	M	F	MF	M	F	MF	M	F	
中东														
巴林	1991	25.4	22.4	33.9	9.1	9.5	6.6	62.9	61.1	66.7	11.0	13.6	8.0	155
	2001	20.1	17.2	27.0	6.8	8.2	4.2	54.0	55.9	51.2	8.3	9.5	7.0	30
伊朗（伊斯兰共和国）	2005	23.1	20.3	32.1	3.1	3.0	3.0	51.4	49.6	55.5	8.1	10.8	5.4	37
	2007	22.3	20.0	30.2	3.1	3.2	2.8	47.4	46.8	48.9	7.0	9.7	4.3	37
科威特	1983	4.7	5.3	3.4	10.5	11.0	10.8	66.7	64.6	76.9	1.3	2.1	0.5	31
黎巴嫩	2004	20.9	…	…	4.1	…	…	48.1	…	…	…	…	…	37
巴勒斯坦被占领土	2000	…	…	…	…	…	…	36.1	36.8	31.1	…	…	…	37
	2003	…	…	…	…	…	…	35.1	34.1	42.2	…	…	…	37
	2004	39.8	38.9	44.9	1.7	1.6	3.2	33.7	32.2	44.1	10.2	16.6	3.4	37
	2005	…	…	…	…	…	…	34.9	34.1	39.6	…	…	…	37
	2006	35.7	34.4	43.2	1.8	1.6	2.9	34.4	33.4	40.7	9.3	15.0	3.4	37
	2007	35.3	34.0	42.6	2.0	1.8	3.1	37.4	36.6	41.8	…	…	…	37
卡塔尔	2001	…	…	…	…	…	…	45.2	54.7	36.3	…	…	…	10
b	2004	10.8	7.7	29.8	22.2	23.0	22.3	70.4	71.4	68.8	4.5	4.6	4.5	29
沙特阿拉伯	2000	…	…	…	…	…	…	60.4	61.5	57.8	…	…	…	37
	2001	…	…	…	…	…	…	60.4	62.9	54.1	…	…	…	37
	2002	…	…	…	…	…	…	58.7	60.5	54.7	…	…	…	37
	2006	…	…	…	…	…	…	57.9	62.0	50.8	…	…	…	9
	2007	…	…	…	…	…	…	50.9	55.3	43.2	…	…	…	37
阿拉伯叙利亚共和国	1983	9.5	9.0	11.3	4.7	4.4	5.7	65.2	60.3	83.0	1.8	2.6	1.0	156
b	1984	9.4	8.4	13.6	4.1	3.7	5.7	62.2	57.4	79.8	3.7	5.2	2.1	39
	1991	…	…	…	…	…	…	30.2	28.0	33.7	…	…	…	39
	2002	26.3	21.4	38.9	6.7	9.8	3.3	78.2	82.1	73.3	13.7	15.6	11.7	31
b	2003	19.5	15.6	33.1	3.1	3.4	2.3	57.0	58.2	55.3	7.9	9.5	6.2	157
阿拉伯联合酋长国	1995	6.3	6.4	5.7	5.7	6.0	4.1	47.0	45.8	53.5	3.0	4.2	1.3	29
b	2000	…	…	…	…	…	…	47.0	45.8	53.5	…	…	…	102
b	2005	8.0	6.5	12.9	3.4	3.3	2.4	33.4	30.0	41.0	4.0	4.2	3.7	29
也门	1994	17.9	20.2	9.8	3.4	3.3	7.5	52.3	50.1	76.4	5.8	9.8	1.5	29
b	1999	…	…	…	…	…	…	48.4	46.9	55.8	…	…	…	37

表9 青年失业人口（注）

1. 说明

失业率显示的是劳动中没有工作但有工作能力并且正在积极寻找工作的人所占的比例。对于很多国家而言，不论其处于何种发展阶段，青年失业都是一项重要的政策性问题。在这一指标中，青年人涵盖了所有15—24岁的人口，而成年人则指25岁及以上的人口。指标从以下方面反映了青年失业人口的情况：（a）青年失业率；（b）青年失业率与成年失业率的比率；（c）青年失业人口占总失业人口的比重；以及（d）青年失业人口占青年总人口的比重。

2. 信息库

SIAL 项目　SIAL（劳工分析和信息系统）
国际劳工组织拉丁美洲和加勒比地区办公室，秘鲁利马
http：//www. oitsial. org. pa
该项目组通过在拉丁美洲地区进行家庭调查取得微观数据，并利用这些微观数据分析得出国际劳工组织出版物中的劳动力市场指标。目前该项目已经停止。

欧盟统计局（EUROSTAT）　欧洲劳动力调查（EU LFS），在线数据库
欧洲共同体统计局，卢森堡
http：//epp. eurostat. ec. europa. eu/portal/page/portal/employment_unemployment_lfs/introduction
欧洲劳动力调查（EU LFS）是季度性抽样调查，其覆盖了欧盟、欧洲自由贸易联盟（列支敦士登除外）和欧盟候选国的私人家庭人口。它提供了15岁及以上人口的劳动参与情况及非劳动力人口的年度和季度调查结果。

劳工统计数据库（LABORSTA）　劳工统计年鉴，在线统计数据库
国际劳工局统计部，瑞士日内瓦
http：//laborsta. ilo. org
劳工统计数据库是国际劳工组织统计部的在线数据库，提供了自1969年以来30多个官方核心劳工统计表，包括经济活动人口、就业、失业、工时、工资、劳动力成本、消费者价格、工伤及罢工和停工。

利马（LIMA）　劳工概述（不同年份）
国际劳工组织拉丁美洲及加勒比地区办公室，秘鲁利马
http：//www. oit. org. pe
这份出版物提供了拉丁美洲和加勒比地区关于就业、收入、解雇的代价、劳工培训计划和童工的重要信息。

LMIL　劳动力市场指标图书馆
国际劳工组织就业部，瑞士日内瓦
LMIL网络允许国际劳工组织中各部门共享劳动力市场信息。当无法从现有的国际信息库获取信息时，就利用LMIL指标。驻地办公室需负责鉴别、汇集和审查劳动力市场信息，并利用从各地区或各国那里得到的最新信息来更新数据库。

OECD　劳动力统计数据库（在线）
经济合作与发展组织，法国巴黎
http：//stats. oecd. org/Index. aspx
OECD劳动力统计在线数据库包含了按年龄和性别划分的工作年龄人口、劳动力、就业和失业，以及按年龄和性别划分的就业/人口比率、参与率、失业率等数据的详细统计资料。

CARIBBEAN　加勒比劳工统计数据集
国际劳工组织加勒比亚地区办公室，特立尼达和多巴哥西班牙港。
这个在线数据库提供了20个加勒比国家关于劳工统计和劳动力市场的信息。这些数据包括就业、失业、工资、工时、职业事故、社会保障、劳资

纠纷等。该数据库目前已停止运营。

3. 资料来源类型

ELFS	欧盟劳动力调查（欧盟统计局）
HS	家庭或劳动力调查
OE	官方估算
PC	人口普查

4. 覆盖范围

C	平民
T	总人口

5. 符号

MF	男性和女性
M	男性
F	女性
b	序列发生变动
…	无法获得数据
-	忽略不计

注 No.	信息库	资料来源类型	覆盖范围	备注
1	LABORSTA	HS	T	参考期：5 月和 11 月的平均值
2	EUROSTAT	ELFS	T	
3	OECD	HS	T	参考期：季度估算的平均值
4	LABORSTA	HS	T	覆盖范围：不包括应征入伍者
5	OECD	HS	T	参考期：月度估算的平均值 覆盖范围：不包括找工作的全日制学生
6	OECD	HS	T	参考期：月度估算的平均值
7	LABORSTA	ELFS	T	
8	OECD	HS	T	参考期：3 月 地域界限：法国大陆（不包括属地）
9	LABORSTA	HS	T	参考期：4 月
10	LABORSTA	HS	T	参考期：3 月
11	OECD	HS	T	参考期：季度估算的平均值 注：引入连续调查。
12	OECD	ELFS	T	参考期：5 月
13	OECD	HS	T	注：引入连续调查。
14	OECD	HS	T	
15	OECD	HS	T	参考期：双年度估算的平均值 地域界限：不包括马德拉和亚速尔群岛
16	OECD	HS	T	参考期：季度估算的平均值 地域界限：不包括马德拉和亚速尔群岛
17	OECD	HS	T	参考期：连续调查 注：调查方法经过修改。

注 No.	信息库	资料来源类型	覆盖范围	备注
18	OECD	HS	T	参考期：连续调查
19	OECD	HS	T	地域界限：不包括休达和梅利利亚省
20	OECD	HS	T	注：调查经过重新设计。
21	OECD	HS	C	参考期：月度估算的平均值 地域界限：不包括育空和西北行政区，以及努纳武特 覆盖范围：不包括正在寻找全职工作的全日制学生
22	OECD	HS	C	参考期：月度估算的平均值 地域界限：不包括育空和西北行政区，以及努纳武特
23	OECD	HS	C	参考期：月度估算的平均值 地域界限：不包括波多黎各、关岛、美属维尔京群岛、美属萨摩亚
24	OECD	HS	C	参考期：月度估算的平均值 地域界限：不包括波多黎各、关岛、美属维尔京群岛、美属萨摩亚 注：方法经过修改。
25	OECD	HS	C	参考期：8 月 覆盖范围：包括每周工作时间少于 15 小时且正在积极寻找工作的无报酬家庭工作者
26	OECD	HS	C	参考期：8 月
27	OECD	HS	C	参考期：8 月 地域界限：不包括杰维斯湾地区
28	LABORSTA	HS	T	参考期：9 月
29	LABORSTA	PC	T	
30	LABORSTA	PC	T	参考期：4 月
31	LABORSTA	HS	C	
32	OECD	HS	C	参考期：季度估算的平均值 地域界限：不包括查塔姆、南极领土和其他小型沿海岛屿 注：抽样框架和调查问卷经过修改。
33	OECD	HS	C	参考期：季度估算的平均值 地域界限：不包括查塔姆、南极领土和其他小型沿海岛屿
34	OECD	HS	T	参考期：4 月和 11 月的平均值
35	OECD	HS	T	参考期：4 月和 11 月的平均值 注：引入连续调查。
36	LABORSTA	PC	T	注：人口普查抽样制表的规模未经说明。
37	LABORSTA	HS	T	
38	LMIL	HS	T	
39	LABORSTA	HS	C	参考期：4 月
40	LABORSTA	HS	T	参考期：10 月
41	OECD	HS	C	参考期：4 月和 11 月的平均值
42	OECD	HS	C	参考期：季度估算的平均值
43	LABORSTA	PC	T	参考期：10 月
44	LABORSTA	HS	T	参考期：11 月
45	LABORSTA	OE	T	参考期：12 月 地域界限：城市地区
46	LABORSTA	HS	C	参考期：9 月 覆盖范围：不包括海军和受管辖机构内的人口。
47	LABORSTA	HS	C	覆盖范围：不包括海军和受管辖机构内的人口。
48	LABORSTA	HS	C	注：估算值基于 2000 年人口普查的结果。
49	LABORSTA	HS	C	参考期：5 月
50	LMIL	HS	C	参考期：上一年 10 月至当年 9 月

注 No.	信息库	资料来源类型	覆盖范围	备注
51	LABORSTA	PC	T	参考期：12 月
52	LABORSTA	HS	C	参考期：3 月
53	LABORSTA	PC	T	参考期：7 月
54	LMIL	HS	C	参考期：以所显示年份的 8 月为年初
55	LABORSTA	HS	C	参考期：以所显示年份的 6 月为年末
56	LABORSTA	PC	T	参考期：5 月
57	LMIL	HS	T	地域界限：不包括列城、查谟和克什米尔地区的卡基尔、那加兰，以及安达曼和尼科巴群岛的一些村庄 注：数据基于每 5 年举办一次的国家抽样调查。
58	LABORSTA	PC	T	覆盖范围：不包括应征入伍者
59	LABORSTA	HS	C	参考期：1 月 注：估算值基于 1987—1988 年调查的结果。
60	LABORSTA	HS	C	参考期：1 月
61	LABORSTA	HS	C	地域界限：不包括北部和东部省份
62	LMIL	PC	T	参考期：3 月
63	LABORSTA	HS	T	参考期：8 月
64	LMIL	PC	C	参考期：上年 3 月至当年 3 月
65	LABORSTA	HS	T	参考期：第四季度 覆盖范围：不包括住在军营的正规军人
66	LABORSTA	HS	T	参考期：10 月 覆盖范围：不包括住在军营的正规军人
67	LABORSTA	HS	T	参考期：10 月 覆盖范围：不包括住在军营的正规军人 注：方法经过修改，数据不具有严格的可比性。
68	LABORSTA	HS	T	覆盖范围：不包括住在军营的正规军人
69	LABORSTA	HS	T	参考期：6 月 覆盖范围：数据指永久居民。
70	LABORSTA	PC	T	参考期：6 月
71	LABORSTA	HS	T	覆盖范围：数据指永久居民。
72	LABORSTA	HS	C	参考期：第二轮（7—9 月）
73	LABORSTA	HS	C	参考期：第三季度
74	CARIBBEAN	PC	T	
75	LABORSTA	PC	C	参考期：5 月
76	CARIBBEAN	PC	T	参考期：5 月
77	CARIBBEAN	HS	T	
78	CARIBBEAN	HS	C	参考期：4 月
79	LABORSTA	HS	C	参考期：第四季度
80	LABORSTA	HS	C	参考期：第一和第四季度的平均值
81	CARIBBEAN	HS	C	
82	LABORSTA	HS	T	参考期：12 月 注：数据指的是 17—60 岁的男性和 17—55 岁的女性。
83	SIAL	HS	T	覆盖范围：包括未积极寻找工作的人员 注：数据源自微观渠道。
84	LABORSTA	HS	T	参考期：6 月
85	LABORSTA	OE	T	参考期：7 月
86	LABORSTA	HS	T	参考期：10 月 地域界限：库拉索
87	CARIBBEAN	HS	T	覆盖范围：包括未积极寻找工作的人员

注 No.	信息库	资料来源类型	覆盖范围	备注
88	LABORSTA	HS	T	参考期：第一季度
89	LABORSTA	PC	T	参考期：8 月
90	LABORSTA	HS	T	参考期：第二季度
91	LABORSTA	HS	T	覆盖范围：不包括过去未被雇用的失业者
92	CARIBBEAN	HS	T	参考期：4 月
93	LMIL	HS	T	参考期：7 月
94	LABORSTA	HS	T	参考期：7 月
95	LABORSTA	HS	T	参考期：12 月
96	LABORSTA	HS	C	地域界限：危地马拉城
97	LMIL	PC	T	参考期：4 月
98	LABORSTA	HS	C	参考期：3 月 地域界限：不包括格拉西亚斯—阿迪奥斯省和海湾群岛省
99	LMIL	HS	C	地域界限：不包括海湾群岛省 注：数据源自微观渠道。
100	SIAL	HS	C	参考期：9 月 地域界限：不包括海湾群岛省 注：数据源自微观渠道。
101	LABORSTA	HS	C	参考期：5 月 地域界限：不包括格拉西亚斯—阿迪奥斯省和海湾群岛省
102	LABORSTA	OE	T	
103	LMIL	HS	T	参考期：11 月
104	LMIL	HS	T	参考期：11 月 覆盖范围：包括因为等待回复或农作季节开始而未找工作的人员。
105	LIMA	HS	T	参考期：8 月 地域界限：不包括以土著居民为主的地区 覆盖范围：包括因等待回复而未积极寻找工作的人员
106	LABORSTA	HS	T	参考期：5 月和 10 月的平均值 地域界限：大布宜诺斯艾利斯
107	SIAL	HS	T	参考期：10 月 地域界限：大布宜诺斯艾利斯 注：数据源自微观渠道。
108	LABORSTA	HS	T	参考期：第二季度 地域界限：28 个城市群
109	LABORSTA	HS	T	参考期：第二季度 地域界限：28 个城市群 注：方法经过修改，数据不具有严格的可比性。
110	LABORSTA	HS	T	参考期：第二季度 地域界限：31 个城市群
111	LABORSTA	HS	C	参考期：11 月 地域界限：城市地区
112	SIAL	HS	C	参考期：11 月 注：数据源自微观渠道。
113	LABORSTA	HS	T	参考期：9 月 地域界限：不包括朗多尼亚、阿克里、亚马孙、罗赖马、帕拉和阿马帕的农村人口
114	LABORSTA	HS	T	参考期：第四季度
115	LABORSTA	HS	T	参考期：第四季度 注：方法经过修改，数据不具有严格的可比性。

注 No.	信息库	资料来源类型	覆盖范围	备注
116	LABORSTA	HS	C	参考期：9月 地域界限：7个主要城市
117	SIAL	HS	T	参考期：9月 地域界限：城市地区 注：数据源自微观渠道。
118	SIAL	HS	T	参考期：11月 地域界限：城市地区 覆盖范围：包括未积极寻找工作的人员 注：数据源自微观渠道。
119	SIAL	HS	T	参考期：11月 覆盖范围：包括未积极寻找工作的人员 注：数据源自微观渠道。
120	LABORSTA	HS	T	参考期：11月 地域界限：城市地区
121	LABORSTA	HS	C	地域界限：亚松森都市地区
122	SIAL	HS	T	参考期：以所显示年份的9月为年初，以下一年的8月为年末 覆盖范围：包括因为生病、恶劣天气或等待回复而未找工作的人员 注：数据源自微观渠道。
123	SIAL	HS	T	覆盖范围：包括因为生病、恶劣天气或等待回复而未找工作的人员 注：数据源自微观渠道。
124	SIAL	HS	T	参考期：11—12月 地域界限：不包括博客龙和上巴拉圭的政府部门 覆盖范围：包括因为生病、恶劣天气或等待回复而未找工作的人员 注：数据源自微观渠道。
125	SIAL	HS	T	参考期：8—11月 地域界限：不包括博客龙和上巴拉圭的政府部门 覆盖范围：包括因为生病、恶劣天气或等待回复而未找工作的人员 注：数据源自微观渠道。
126	SIAL	HS	T	地域界限：秘鲁首都利马 注：数据源自微观渠道。
127	LABORSTA	HS	T	地域界限：城市地区 覆盖范围：不包括应征入伍者
128	LABORSTA	HS	T	参考期：5—12月 地域界限：秘鲁首都利马 覆盖范围：不包括应征入伍者
129	LABORSTA	HS	T	地域界限：秘鲁首都利马 覆盖范围：不包括应征入伍者
130	SIAL	HS	T	参考期：第二季度 覆盖范围：不包括土著人口 注：工作可及性的标准未经过验证。数据源自微观渠道。
131	LABORSTA	HS	C	参考期：第二季度
132	LABORSTA	HS	C	参考期：5月和11月的平均值
133	LABORSTA	HS	T	地域界限：城市地区
134	LMIL	HS	T	参考期：季度估算的平均值
135	LMIL	HS	T	参考期：第一季度
136	LMIL	PC	T	
137	LABORSTA	HS	C	参考期：4月 地域界限：城市地区

注 No.	信息库	资料来源类型	覆盖范围	备注
138	LABORSTA	HS	C	参考期：7 月 地域界限：城市地区
139	LABORSTA	HS	T	参考期：第二季度
140	LABORSTA	HS	T	参考期：3 月 地域界限：坦桑尼亚大陆（不包括桑给巴尔）
141	LMIL	PC	T	参考期：8—9 月
142	LABORSTA	PC	C	参考期：8 月
143	LMIL	HS	C	
144	LMIL	HS	T	参考期：6—7 月
145	LMIL	HS	T	参考期：9 月
146	LMIL	PC	T	参考期：8 月
147	LMIL	HS	T	参考期：10 月
148	LMIL	HS	C	参考期：9—10 月
149	LABORSTA	PC	C	参考期：2 月
150	LABORSTA	PC	T	参考期：2 月
151	LMIL	PC	T	参考期：12 月
152	LMIL	HS	T	参考期：上年 9 月至当年 9 月
153	LMIL	HS	T	参考期：8 月 注：估算值基于 3600 户受访家庭。
154	LABORSTA	PC	T	参考期：3 月
155	LABORSTA	PC	T	参考期：11 月
156	LABORSTA	HS	C	参考期：1 月和 7 月的平均值
157	LABORSTA	HS	C	注：方法经过修改，数据不具有严格的可比性。

KILM 10：长期失业

引　　言

长期失业指标评测的是失业的持续时间，即失业人员没有工作和寻找工作的时长。表10中显示的该项指标共包括两个衡量长期失业的独立指标：（a）长期失业率，即失业时间达到或超过一年的失业人口占劳动力人口的百分比；（b）长期失业发生率，即失业时间达到或超过一年的失业人口占总失业人口的比例。共有56个国家采用了这两个指标，并尽可能地按性别和年龄组（劳动力人口、青年人、成年人）进行了细分。不过，该指标所覆盖的国家几乎全部属于发达经济体和欧盟地区，而其在中欧和东欧、中美洲和加勒比地区的覆盖度则非常有限。

指标的用途

相对而言，短期失业并不值得特别担心，尤其是当失业人员有失业保险或类似支持的时候。长期失业则会带来诸多不利后果，特别是收入的丧失以及求职者就业能力的日渐降低。此外，短期失业有时甚至可以视为一件有利的事情：暂时失业的人员可能因此找到最理想的工作。此外，在一些就业体系中，可以将工人临时解雇然后等过一段时期再召回，这样可以使雇主顺利度过业务活动暂时低迷的时期。

缩短失业的持续时间是很多降低总失业率战略的重要组成部分。长期失业会带来不利后果，尤其是当失业来自于因需求不足而导致的供需失衡。一个人失业的时间越长，他能找到工作的机会就越少。在失业期间能够获得收入支持当然有助于失业人员度过经济上的难关，但这种资金支持不可能无限期地延续下去。不管怎样，并非所有失业人员都有失业保险。没有失业保险的人员最有可能是那些初次进入或再次进入劳动力市场的人员。至于失业保险的领取资格、覆盖程度，甚至存在与否，不同国家之间存在很大的差异。[1]

研究显示，失业的持续时间因获得资金支持时间的不同而存在差异。这在很大程度上是由于拥有长期失业救济金的失业人员可以延长其失业时间，从而找到最符合其技能和收入需求的工作。这也可能意味着长期失业是因长期缺乏就业机会所致。相比之下，政府的“慷慨解囊”（即很高的收入补充救济金）对失业持续时间的影响并不十分明确。

在就失业救济金体系的特征对失业持续时间的影响得出最终结论之前，我们必须首先分析其合规条件以及替代名义和实际收入的程度。不过，专家们和决策者一致认为，长期失业问题必须引起特别的重视，而且有时还需要特别的政策措施。人们担心，失业统计数据未计入大量的特定人口，这些人员希望参加工作，但是由于其无法满足在参照期内积极寻找工作的这一要求，而被排除在标准的失业人员范畴之外。另外，我们也许可以采用一个更为宽泛的统计概念，即“长期无工作”人员，其包含未就业的工作年龄人口以及过去一到两年内未工作的人员。“长期无工作”人员这一指标包括“怯志工作者”，即处于失业状态但又认为没有合适

1　美国社会保障管理局的研究、评估和统计办公室定期出版一份详细介绍各国社会保障覆盖范围的报告：《美国社会保障管理局：全球社会保障计划》，从以下网址中可以按国别获得相关信息：http：//www.ssa.gov/policy/docs/progdesc/ssptw/index.html。

的工作而不去找工作的人员。如果“长期无工作”人数很多，那么严格意义上的失业指标就不能作为监测有效劳动力供应状况的一项可靠指标，而宏观经济调整机制也可能无法起到降低失业率的作用。

显而易见，长期失业问题与失业人口的个人特征密切相关，年长的或无一技之长的工作者以及那些因为机构裁员而失去工作的人员往往容易受到该问题的困扰。因此，长期失业率高表明劳动力市场中特定人群存在严重的失业问题，通常也说明就业创造能力很低。相反，短期失业率高表明就业创造能力很高，以及劳动力市场的更替和流动更快。不过，在进行归纳总结时必须特别谨慎，这是因为有很多因素影响长期失业和某个国家就业市场的相对运营状况之间的相互关系，包括上述的失业救济金计划。事实上，在缺乏类似补偿性收入（或者一定时期内的支持）的情况下，失业工人可能被迫降低其就业预期，并且接受能够获得的任何工作，从而缩短其失业期。

定义和来源

长期失业人口的标准定义是所有失业持续时间长达一年或以上（52 周及以上）的失业人口，可表示为长期失业人口占总劳动力的百分比（长期失业率）或占总失业人口的比例（长期失业发生率）。有关失业的国际标准定义的详细信息，用户可参阅 KILM 8 中的相应章节。

长期失业的数据往往通过家庭劳动力调查进行收集，并且通常按照性别来划分。某些国家依靠行政档案（如就业服务或者失业保险计划）来获取有关长期失业的数据。在后一种情形下，按性别获取数据的可能性相对较小。再者，由于很多保险计划的覆盖范围有限，行政数据可能产生有关失业持续时间的不同分布。此外，使用行政数据将减少乃至完全排除采用具有统计一致性的劳动力基数计算出长期失业率和长期失业发生率的可能性。因此，有关该指标的所有数据均来自于劳动力调查，其他一些信息渠道由于可能导致提供数据的不同国家出现不一致的情况，因此被排除在外。

由于这些数据与目前仍处于失业状态的人员的失业时间有关，因此体现的是那些处于“持续失业期”的人员的情况。研究者也往往关注于衡量“已结束的失业持续期”的长短。[2]不过，有关该项重要指标的直接数据即便存在也常常很少。要获得该数据，必须每周对劳动力进行持续跟踪，并长期连续跟踪同一人员的情况（不过某些国家在该数据的估算方面已经取得一定程度的成功）。而通常的劳动力调查由于主要衡量“群体”，因此无法做到这一点。如果就业服务登记者不再报告他们的情况，那么他们的行政档案就会无法对其状况进行追踪。不过，开展了劳动力跟踪调查的国家可以估算出完整的失业持续期。在此方面，2002 年出版的《OECD 就业展望》中有关欧洲各国的跟踪数据的分析结果可能有所帮助。[3]

可比性的限制

由于表 10 所列的所有数据均来自于劳动力调查，在对各国进行比较时很少需要提供有关防止曲解的说明。不过，尽管来自家庭劳动力调查的数据更便于进行国际间比较，但由于这些数据来自于不同渠道，因而也存在问题。调查问卷设计、调查时间选择、所包含年龄组的差异以及其他影响可比性的问题（见 KILM 8 中的讨论）表明，在解释不同国家失业程度的差异时必须慎重。此外，正如上面所提到的，用户希望了解其所关注的国家中的失业保险覆盖的性质，这是因为此类保险覆盖（尤其是完全没有此类保险）的显著差异可能对长期失业的差异产生深远的影响。

---

2 有关对衡量完整的失业持续期问题的分析，见 W. Karr：“少报长期失业所存在的概念问题”，劳动力市场研究主题，第 21 个（纽伦堡，就业研究所，1997 年）。

3 OECD：《OECD 就业展望》（巴黎，2002 年），第四章。

同时我们必须认识到，与其他众多统计数据相比，一个人失业的时间长短通常更加难以估量，尤其是在数据来自于劳动力调查的情况下。当失业人员接受调查时，他们精确回答其处于无工作时间长短的能力会随失业期的延长而显著削弱。因此，当一个人的失业期接近一整年时，他会相对容易地回答“一年”，不过事实上这些被调查人员的持续失业期可能介于10—14个月之间。如果接受调查的家庭成员是失业人员的代理人时，他对这方面的具体了解以及回忆能力将进一步减弱。此外，随着失业人员无工作时期的延长，不仅他能准确回忆起失业持续时期的可能性降低，并且在其所说没有工作的时期内更有可能存在短暂的工作期（或者停止找工作的时期），不过这种短暂的工作期要么随着时间的流逝被失业者忘记，要么失业者认为这与他“真正”的失业问题之间不存在关联（这毫无疑问与整个社会的观点保持一致）。

考虑到所有这些因素，我们必须清楚地认识到，与关于劳动力市场的其他绝大多数统计数据相比，有关失业持续时间的数据可能更不可靠。不过，这一问题并不有损该指标（长期失业）对各个国家的重要性。毫无疑问的是，该指标涵盖了在劳动力市场上存在严重困难的一个群体。无论其没有工作的持续时期是一年及以上，还是10个月及以上，这一群体都承受着境遇不佳带来的巨大压力。

趋　势

长期失业发生率即一年或更长时间一直在积极寻找工作的失业人口占总失业人口的比例。不同国家这一比例存在很大的差异。比如，在2007年有相关数据的发达经济体和欧盟的31个国家中（表10a列出了其中部分国家），长期失业发生率最低的国家是新西兰，仅为5.7%，最高的国家是斯洛伐克，高达70.8%。在很多发达经济体中，人们用来寻找工作的时间往往很长。在17个国家中，超过1/3的失业人口寻找工作的时间超过一年。有8个国家（比利时、保加利亚、克罗地亚、捷克共和国、德国、希腊、意大利、罗马尼亚和斯洛伐克）这一比例达到或超过50%（相反，从KILM表10的几个发展中国家最近年度的数据来看，没有一个国家的长期失业发生率超过50%，最高的是巴巴多斯，2001年为46.8%）。在绝大多数的国家中，男性的长期失业发生率普遍高于女性（见图10a）。

不过，在对青年人和成年人的长期失业现象进行对比时，我们无法确知长期失业发生率和长期失业率这两个指标哪个更能带来更有意义的分析。比如，在2007年按照年龄组提供数据的30个国家（所有的欧盟统计局和/或OECD国家）中，有3/4的国家提供的数据显示青年人比成年人的长期失业率高（有关部分国家的数据，见图10b），但除了一个国家（塞浦路斯）外，其他所有国家成年人的长期失业发生率均高于青年人。青年人的长期失业发生率低于成年人，其原因可能在于两类人群的失业性质不同。通常，绝大多数的失业青年是首次求职者，而绝大多数的成年人是多次求职者，此前曾经失业过。显而易见，这两类人群在劳动力市场中所受到的待遇不同，那些被裁退的工人往往要花费至少一年的时间来寻找新的工作。

对于一个处于长期失业状态的人来说，无论年龄大小，长期失业均会给其带来（经济上的和心理上的）损害。不过，有证据显示，长期失业对青年人的长期潜在影响更大。正是因为认识到这一点，许多国家的政府开始实施有针对性的政策干预措施，帮助那些处于长期失业的青年人得以就业。在克罗地亚、希腊、意大利和罗马尼亚这些国家中，青年劳动力的长期失业问题似乎尤为严重。这些国家青年人的长期失业率比成年人的平均高出5—7个百分点（见图10b）。在6个国家（比利时、希腊、匈牙利、意大利、波兰和罗马尼亚）中，青年人的长期失业率为5%—10%之间，而斯洛伐克和克罗地亚的这一比例则分别高达10.8%和10.9%。同时，这两个国家的成年人长期失业率也都超过了5%

图 10a　2007 年发达经济体和欧盟部分国家按性别划分的长期失业发生率

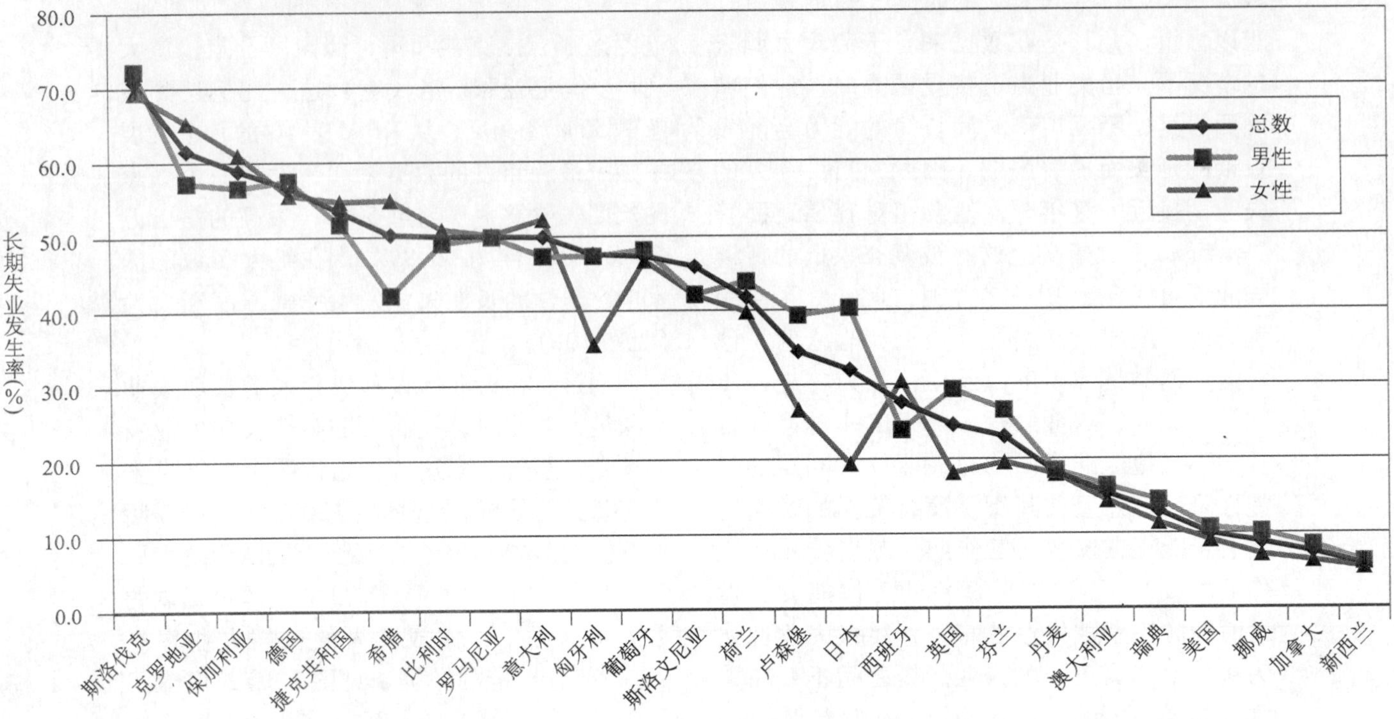

图 10b　2007 年发达经济体和欧盟部分国家青年和成年长期失业率

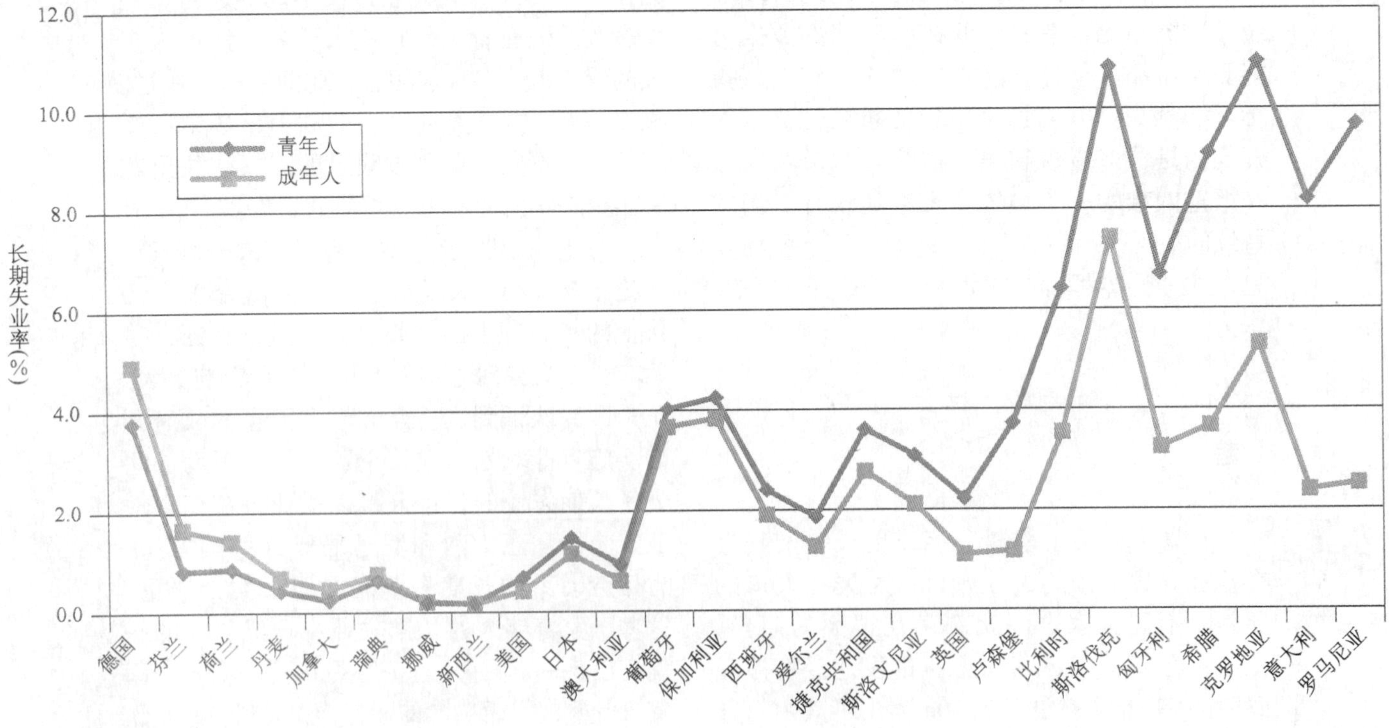

图 10c　2000—2007 年发达经济体和欧盟部分国家长期失业率的年均变动状况

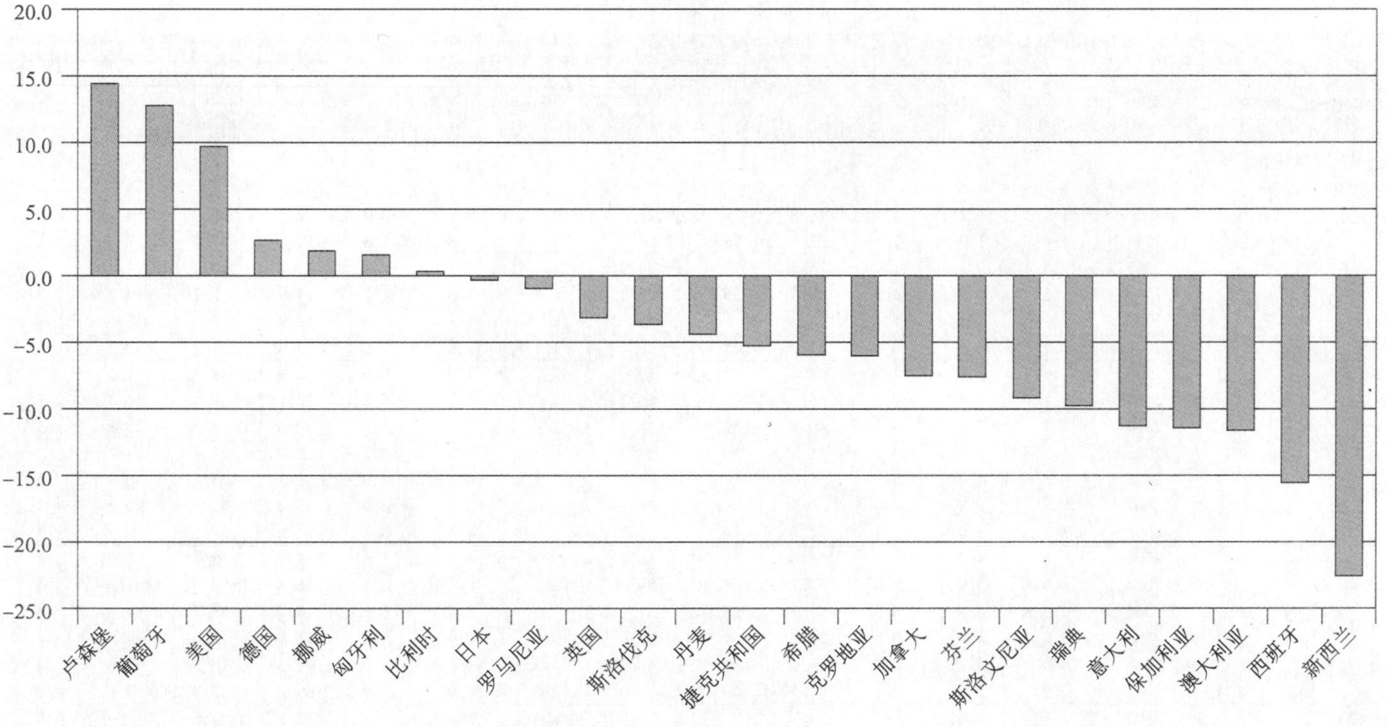

（克罗地亚为5.3%，斯洛伐克为7.4%）。

图 10c 列举了图 10a 中各国的长期失业率在2000—2007 年之间的变动情况。在此期间，绝大多数的国家（30 个国家中有 22 个国家）的长期失业率状况出现好转，其中年度下降幅度最大的是新西兰（降幅达22.6%）。在 2000—2007 年间，长期失业率出现增长的国家包括比利时、德国、匈牙利、卢森堡、挪威、葡萄牙和美国。2007 年长期失业率最高的 4 个国家是克罗地亚、德国、希腊和斯洛伐克。除德国以外，其他 3 个国家的长期失业率均有不同程度的降低。

表 10 总长期失业人口与青年长期失业人口

	年份	总计						青年						注
		长期失业率（%）			长期失业发生率（%）			长期失业率（%）			长期失业发生率（%）			No.
		MF	M	F	MF	M	F	MF	M	F	MF	M	F	
发达经济体和欧盟														
欧盟														
奥地利	2000	1.2	1.3	1.1	25.8	28.1	22.8	0.8	0.7	0.9	12.7	10.0	16.5	1
	b 2004	1.4	1.3	1.4	27.6	28.6	26.5	1.7	1.6	1.8	17.3	17.0	17.6	2
	2005	1.3	1.3	1.4	25.3	25.6	24.9	1.4	1.3	1.4	13.3	12.4	14.5	1
	2006	1.3	1.3	1.3	27.3	29.5	25.1	1.4	1.6	1.3	15.8	17.7	13.7	1
	2007	…	…	1.1	…	…	12.0	1.1	1.2	1.0	12.9	32.3	26.6	1
	2008	0.9	0.9	0.9	24.2	25.8	22.6	1.1	1.2	1.1	13.8	14.7	12.8	1
比利时	1990	4.9	3.0	7.8	68.5	66.1	70.0	7.2	4.9	9.6	50.9	49.6	51.6	3
	2000	3.7	3.0	4.7	56.3	55.9	56.7	4.9	3.8	6.2	32.1	29.4	34.4	3
	2004	3.7	3.3	4.0	49.6	50.4	48.8	5.4	5.6	5.1	30.6	35.3	26.3	3
	2005	4.2	3.7	4.7	51.6	50.4	52.7	5.1	5.5	4.7	25.8	26.7	24.7	3
	2006	4.6	4.2	5.1	55.6	54.7	56.5	6.1	6.2	6.0	32.3	33.4	30.9	3
	2007	3.8	3.3	4.4	50.0	49.1	51.0	6.4	6.0	6.9	33.4	37.2	30.3	3
	2008	3.3	3.0	3.7	52.6	49.9	55.7	4.9	4.6	5.2	34.6	31.1	39.4	3
保加利亚	b 2000	9.5	9.7	9.2	58.4	58.5	58.4	13.4	14.8	11.6	51.3	50.3	52.6	4
	2004	6.9	6.9	7.0	57.4	55.3	59.9	8.3	8.4	8.3	46.5	43.0	51.6	4
	2005	6.0	6.1	6.0	59.8	58.8	61.1	7.2	7.8	6.5	48.7	48.7	49.4	4
	2006	5.0	4.7	5.2	55.7	54.9	56.4	5.5	5.4	5.2	41.5	42.3	38.5	4
	2007	4.0	3.7	4.4	58.9	56.6	61.0	4.3	3.6	5.0	41.6	35.3	48.8	4
	2008	2.9	2.7	3.1	51.7	50.1	53.5	3.5	4.0	2.9	39.2	39.7	39.6	4
塞浦路斯	2000	1.1	…	…	22.7	…	…	1.4	…	…	13.5	…	…	4
	2003	0.8	…	…	18.4	…	…	2.0	…	…	21.9	…	…	4
	2004	1.1	…	…	26.3	…	…	1.6	…	…	18.8	…	…	4
	2005	1.1	…	…	21.5	…	…	1.8	…	…	12.7	…	…	4
	2006	0.8	…	…	17.6	…	…	1.3	…	…	12.8	…	…	4
	2007	0.7	…	…	16.9	…	…	2.1	…	…	20.0	…	…	4
捷克共和国	2000	4.1	3.4	5.1	48.8	47.5	49.8	6.2	6.0	6.5	37.8	37.2	38.5	5
	2004	4.3	3.5	5.4	51.8	49.3	54.1	7.5	7.5	7.4	36.6	35.5	38.3	5
	2005	4.2	3.4	5.3	53.6	52.9	54.2	7.4	7.9	6.7	38.5	40.9	35.2	5
	2006	3.9	3.1	5.0	55.2	53.9	56.3	6.7	6.5	7.0	38.4	39.1	37.5	5
	2007	2.8	2.2	3.7	53.4	51.7	54.7	3.6	3.7	3.4	33.6	35.4	31.1	5
	2008	2.2	1.7	2.8	50.2	50.4	50.0	3.1	3.4	2.7	31.6	34.6	27.2	5
丹麦	1990	2.5	2.2	2.8	29.9	27.8	32.0	2.3	2.3	2.3	20.2	20.5	19.7	6
	2000	0.9	0.8	1.0	20.0	20.1	20.0	0.2	0.3	0.3	2.4	1.9	4.7	6
	2004	1.2	1.1	1.2	22.6	22.5	22.7	0.5	0.8	0.2	6.0	8.9	2.2	6
	2005	1.2	1.2	1.3	25.9	29.7	22.7	0.3	0.2	0.4	4.0	3.8	4.1	6
	2006	0.8	0.7	0.9	20.4	20.7	20.2	0.1	0.1	0.1	0.9	0.9	1.7	6
	2007	0.7	0.6	0.7	18.2	18.4	17.9	0.4	0.5	0.4	6.1	6.7	5.4	6
	2008	0.5	0.5	0.5	16.1	19.0	13.9	0.5	0.3	0.7	6.4	4.6	7.9	6
爱沙尼亚	1999	4.9	5.6	4.2	42.7	43.7	41.0	7.6	8.4	5.9	34.6	37.6	27.3	4
	2000	6.2	…	…	47.1	…	…	7.3	…	…	31.1	…	…	4
	2001	5.1	…	…	41.3	…	…	5.9	…	…	24.3	…	…	4
	2003	3.9	…	…	36.2	…	…	5.2	…	…	21.5	…	…	4
	2004	4.5	…	…	44.6	…	…	4.9	…	…	20.8	…	…	4
芬兰	1980	1.1	0.9	1.3	27.0	25.5	28.3	0.5	0.9	1.3	6.3	13.3	17.4	7
	b 2000	2.7	2.7	2.7	29.0	32.2	26.2	1.7	1.6	1.8	8.8	8.8	8.8	8
	2004	2.0	2.1	1.8	23.4	25.3	21.4	1.1	1.3	0.9	6.2	7.4	4.9	5
	2005	2.0	2.1	1.8	24.9	27.9	21.9	1.1	1.3	0.8	6.1	7.8	4.4	5
	2006	1.8	1.9	1.7	24.8	28.0	21.8	0.9	1.1	0.7	5.5	6.8	4.1	5
	2007	1.5	1.7	1.4	23.0	26.5	19.5	0.8	0.8	0.8	5.5	5.9	5.0	5
	2008	1.1	1.2	1.1	18.2	20.1	16.2	0.5	0.5	0.4	3.3	3.8	2.6	5
法国	1980	2.1	1.4	3.2	35.1	33.7	36.1	3.5	1.8	5.6	23.5	19.1	25.9	1
	1990	3.2	2.3	4.4	38.1	35.5	40.0	3.4	2.2	4.8	19.2	16.0	21.6	1
	2000	4.0	3.3	4.9	42.6	41.2	43.7	4.0	3.4	4.8	20.6	20.0	21.1	1
	2004	3.5	3.1	3.9	40.9	40.8	41.0	4.3	4.3	4.4	23.6	24.5	22.5	5
	2005	3.5	3.1	4.0	41.4	40.5	42.3	4.6	4.4	4.8	24.2	24.4	24.0	5
	2006	3.6	3.4	3.9	42.2	42.8	41.7	5.1	5.1	5.2	25.5	26.7	24.1	5
	2007	3.1	2.9	3.3	40.4	40.6	40.1	4.4	4.9	3.7	24.8	28.9	20.2	5
	2008	2.7	2.6	2.8	37.9	39.3	36.5	4.2	4.6	3.8	24.6	26.8	21.9	5

	年份	总计						青年						注
		长期失业率（%）			长期失业发生率（%）			长期失业率（%）			长期失业发生率（%）			No.
		MF	M	F	MF	M	F	MF	M	F	MF	M	F	
德国	2000	4.0	3.7	4.3	51.5	50.1	53.1	1.8	2.0	1.5	23.5	23.7	23.2	3
	2004	5.4	5.6	5.3	51.8	50.5	53.7	3.3	3.7	2.8	26.7	25.2	29.3	3
	2005	6.0	6.1	5.9	54.1	53.7	54.5	4.6	5.0	4.2	31.9	31.7	32.2	3
	2006	5.7	5.9	5.6	57.3	57.8	56.6	4.6	5.0	4.0	36.7	38.3	34.6	3
	2007	4.8	4.8	4.8	56.6	57.5	55.6	3.8	4.1	3.4	33.6	35.3	31.3	3
	2008	4.1	4.0	4.1	53.4	54.0	52.7	3.1	3.1	3.1	31.0	30.6	31.4	3
前德意志联邦共和国（西德）	1986	3.1	2.7	3.8	48.3	50.1	46.4	…	…	…	…	…	…	3
	1987	3.2	2.8	3.8	48.2	47.1	49.3	…	…	…	…	…	…	3
	1988	2.9	2.5	3.5	46.2	47.3	45.1	…	…	…	…	…	…	3
	1989	2.8	2.3	3.4	49.1	52.0	46.5	…	…	…	…	…	…	3
	1990	2.3	1.9	2.7	46.8	49.1	44.5	…	…	…	…	…	…	3
希腊	1990	3.5	1.7	6.6	49.8	39.9	55.9	11.0	5.5	17.3	47.4	36.6	53.0	9
	2000	6.2	3.6	10.2	56.4	49.4	61.0	15.1	9.4	21.5	51.3	42.5	57.0	9
	2004	5.6	3.0	9.4	54.8	47.2	59.2	12.8	8.3	18.1	48.3	44.3	50.8	9
	2005	5.2	2.5	9.0	53.7	43.1	59.6	11.8	7.5	16.9	46.6	43.2	48.7	9
	2006	4.9	2.7	8.0	55.6	48.1	60.1	11.7	7.6	17.0	47.7	44.1	50.2	9
	2007	4.1	2.1	6.9	50.3	42.1	54.9	9.1	4.6	14.8	41.3	32.3	46.3	9
	2008	3.6	2.0	5.9	49.6	42.8	53.8	8.0	5.1	11.7	38.7	33.7	42.2	9
匈牙利	2000	3.1	3.6	2.6	49.0	51.2	45.7	4.8	5.6	3.7	37.8	40.7	33.1	10
	2004	2.7	2.8	2.6	45.1	47.0	42.9	5.3	5.9	4.6	34.3	36.0	31.9	5
	2005	3.3	3.3	3.2	46.0	47.8	44.1	6.8	7.4	6.0	35.6	38.2	32.1	5
	2006	3.4	3.4	3.5	46.1	47.1	45.1	7.2	7.0	7.3	37.4	37.9	36.8	5
	2007	3.5	3.4	3.7	47.6	47.3	47.9	6.7	6.8	6.6	37.1	38.3	35.5	5
	2008	3.7	3.7	3.7	47.6	48.8	46.3	6.5	6.5	6.4	32.6	34.2	30.5	5
爱尔兰	1990	9.2	9.8	8.0	66.0	71.1	56.8	10.3	12.1	8.2	53.3	56.9	48.1	11
	2004	1.5	2.0	0.8	34.3	40.8	22.3	2.0	2.4	1.4	23.8	27.1	19.1	11
	2005	1.4	1.9	0.8	34.3	42.4	21.1	2.0	2.5	1.4	24.6	28.0	19.6	11
	2006	1.5	1.8	1.0	34.3	40.8	24.5	2.1	2.5	1.5	25.3	29.2	19.9	11
	2007	1.4	1.7	0.9	30.3	36.0	21.9	1.9	2.4	1.2	21.3	25.3	15.7	11
	2008	1.5	2.0	0.9	29.4	33.2	21.7	2.5	3.4	1.5	23.6	25.5	20.0	11
意大利	1990	6.6	4.3	10.6	69.8	68.6	70.7	18.3	14.5	22.9	69.9	69.0	70.5	3
	2000	6.5	5.0	9.0	61.3	61.4	61.2	17.2	14.9	20.4	58.2	58.0	58.4	3
	b 2004	3.8	2.9	5.1	49.7	47.3	52.0	10.7	9.1	12.8	44.9	44.3	45.5	12
	2005	3.8	3.0	5.0	52.2	50.5	53.8	10.9	9.9	12.2	49.9	49.0	51.0	13
	2006	3.4	2.6	4.6	52.9	50.8	54.8	10.0	9.2	11.2	50.5	53.1	47.7	13
	2007	2.8	2.1	3.8	49.9	47.3	52.3	8.2	7.7	9.0	45.2	46.0	44.2	13
	2008	3.2	2.4	4.3	47.5	44.9	49.9	8.6	7.1	10.8	42.1	40.4	43.9	13
拉脱维亚	2000	8.1	8.5	7.6	57.0	56.8	57.2	8.6	8.9	8.1	40.3	42.6	37.4	4
	2002	5.6	6.7	4.4	42.4	45.2	38.2	6.7	6.2	7.2	26.3	24.9	27.5	4
	2003	4.8	4.9	4.6	45.2	47.4	42.8	4.4	3.6	5.5	25.0	26.5	23.8	4
	2004	4.4	4.9	3.9	44.6	51.7	37.6	4.7	5.7	3.5	24.5	38.3	13.8	4
	2005	3.8	4.0	3.5	42.4	44.6	39.7	3.3	2.5	4.2	24.0	21.3	25.8	4
	2008	1.9	…	…	25.7	…	…	1.8	…	…	14.1	…	…	4
立陶宛	2000	8.0	9.8	6.2	50.4	53.7	45.8	12.6	15.7	8.3	44.2	53.2	30.4	4
	2001	9.4	11.5	7.3	56.1	58.9	52.0	14.3	18.6	8.3	45.3	50.7	33.7	4
	2002	7.4	8.0	6.7	56.7	60.3	52.7	7.1	7.4	6.8	34.8	37.7	31.3	4
	2003	5.7	5.6	5.7	44.2	45.0	43.4	5.7	4.4	7.3	21.1	19.7	22.3	4
	2004	6.0	6.0	6.0	53.3	54.5	52.0	8.2	10.3	4.4	38.5	43.7	26.0	4
	2005	4.3	4.4	4.2	52.4	54.1	50.8	3.3	4.3	1.9	20.8	27.0	12.3	4
卢森堡	1990	0.6	0.6	0.5	47.4	60.0	33.3	0.9	1.8	–	66.7	100.0	–	3
	2000	0.5	0.5	0.6	22.4	26.4	18.8	0.9	1.2	0.6	14.3	20.4	8.4	3
	2004	1.1	0.8	1.4	21.0	22.2	20.1	3.4	1.6	5.4	20.1	13.4	24.2	3
	2005	1.2	1.2	1.2	26.4	33.8	20.5	1.9	1.9	2.0	14.0	15.9	12.2	3
	2006	1.4	1.2	1.6	29.5	34.4	26.0	4.9	6.9	2.4	30.0	40.4	15.7	3
	2007	1.3	1.7	0.9	34.5	39.3	26.6	3.7	4.4	2.2	25.0	25.5	22.9	3
	2008	1.9	1.8	2.1	38.6	42.7	34.8	3.6	4.1	3.0	26.8	28.3	24.4	3
荷兰	1990	3.8	3.1	5.0	49.3	55.2	44.6	3.0	3.1	2.9	28.7	32.9	25.1	14
	2004	1.5	1.6	1.5	32.5	36.0	28.8	1.1	1.2	1.0	14.4	15.8	12.9	14
	2005	2.0	2.1	1.8	40.1	44.7	35.0	1.5	1.7	1.3	17.8	20.8	14.8	14
	2006	1.8	1.7	1.9	45.2	46.8	43.6	1.2	0.9	1.5	21.1	17.9	23.8	14
	2007	1.3	1.2	1.4	41.7	43.9	39.8	0.9	0.7	1.0	14.8	13.5	16.0	14
	2008	1.0	1.0	1.1	36.3	38.3	34.4	0.6	0.5	0.6	11.2	10.8	11.6	14

	年份	总计						青年						注
		长期失业率（%）			长期失业发生率（%）			长期失业率（%）			长期失业发生率（%）			
		MF	M	F	MF	M	F	MF	M	F	MF	M	F	No.
波兰	2000	6.1	4.9	7.5	37.9	34.1	41.3	9.9	8.5	11.5	28.0	25.5	30.7	10
	2004	9.1	8.5	9.8	47.9	46.9	49.0	14.9	14.0	16.1	36.5	36.0	37.1	10
	2005	9.3	8.5	10.2	52.2	51.3	53.1	14.5	13.7	15.5	38.4	37.4	39.6	10
	2006	7.0	6.3	7.8	50.4	49.0	52.0	11.1	10.4	12.0	37.2	36.6	37.8	10
	2007	4.4	4.1	4.8	45.9	45.8	46.0	6.5	6.2	6.9	30.0	31.0	29.0	10
	2008	2.1	1.8	2.5	29.0	27.3	30.8	3.3	2.7	3.9	18.8	17.8	19.8	10
葡萄牙	1990	2.1	1.3	3.3	44.9	38.2	49.4	3.9	2.5	5.6	38.6	32.9	42.8	15
	2000	1.6	1.4	1.9	42.9	46.7	40.0	1.8	1.0	2.8	21.0	18.8	22.1	15
	2004	2.7	2.5	3.1	43.2	43.8	42.6	4.1	4.0	4.3	29.7	32.0	27.5	15
	2005	3.5	3.0	4.0	48.6	47.1	49.9	4.7	3.8	5.9	31.4	28.4	34.3	15
	2006	3.8	3.2	4.4	51.8	50.3	53.3	5.0	4.6	5.6	34.5	32.0	37.4	15
	2007	3.7	3.1	4.4	47.3	48.2	46.7	4.0	3.4	4.8	27.0	28.4	26.0	15
	2008	3.5	3.1	4.0	48.3	49.9	46.9	4.0	3.3	4.8	28.2	28.2	28.2	15
罗马尼亚	2000	3.4	3.8	3.1	49.2	50.2	48.0	7.0	7.8	6.1	39.4	40.1	38.3	4
	2004	4.6	5.2	3.7	59.0	58.2	60.4	10.3	12.1	8.0	46.3	48.3	43.0	4
	2005	4.0	4.6	3.4	56.3	59.0	52.3	10.1	11.1	8.6	49.6	51.4	46.9	4
	2006	4.1	4.7	3.4	57.0	57.5	56.3	10.7	11.3	9.8	49.7	50.5	48.6	4
	2007	3.2	3.6	2.7	50.0	49.9	50.2	9.7	9.6	9.8	48.1	45.7	52.3	4
	2008	2.4	2.9	1.8	41.3	43.0	38.4	8.1	8.3	7.6	43.4	44.4	41.8	4
斯洛伐克	2000	10.1	10.1	10.2	54.6	54.1	55.1	15.7	17.2	14.1	43.1	43.9	42.0	5
	2004	11.0	10.5	11.5	60.6	60.8	60.3	16.0	17.3	14.3	48.8	50.6	46.3	5
	2005	11.0	10.5	11.6	68.1	68.7	67.4	16.9	17.8	15.8	56.6	57.7	55.1	5
	2006	9.7	9.0	10.6	73.1	73.9	72.3	15.3	15.9	14.5	57.6	60.4	53.8	5
	2007	7.8	7.1	8.7	70.8	72.3	69.4	10.8	11.7	9.7	53.9	57.8	48.5	5
	2008	6.3	5.5	7.3	66.1	65.6	66.6	9.2	9.4	9.0	49.1	52.2	45.0	5
斯洛文尼亚	2000	4.3	4.4	4.3	62.7	65.0	60.2	7.8	6.5	9.3	47.5	43.6	50.4	4
	2004	3.2	3.1	3.3	53.1	53.9	52.2	6.2	5.4	7.7	44.4	47.8	43.5	4
	2005	3.1	2.9	3.3	47.4	48.2	46.3	5.9	5.1	7.2	37.2	34.8	41.0	4
	2006	2.9	2.4	3.5	49.2	49.8	49.0	4.9	3.6	6.7	35.4	31.0	39.5	4
	2007	2.2	1.7	2.5	45.9	42.2	42.0	3.1	2.3	2.8	30.6	25.0	25.0	4
	2008	1.8	1.5	1.9	42.2	38.5	40.0	2.1	1.9	2.0	20.2	18.8	18.0	4
西班牙	1980	3.6	3.1	5.1	32.9	29.7	39.4	8.5	6.9	10.9	33.7	30.2	38.0	16
	1990	8.5	5.2	14.9	54.0	45.6	61.5	14.9	9.3	22.4	50.1	41.2	57.1	10
	b 2000	6.4	3.8	10.4	47.6	41.0	52.2	8.7	5.8	12.4	35.4	30.9	38.9	17
	2004	3.8	2.5	5.7	37.7	33.2	41.1	5.6	4.3	7.3	27.1	24.7	29.4	5
	b 2005	2.6	1.7	4.0	32.6	28.2	36.0	3.4	2.6	4.6	20.0	18.1	21.7	18
	2006	2.2	1.4	3.3	29.5	25.9	32.2	2.7	2.0	3.6	17.9	16.0	19.5	5
	2007	2.0	1.3	2.9	27.6	23.9	30.5	2.4	1.6	3.4	15.8	12.9	18.3	5
	2008	2.4	1.7	3.4	23.8	18.8	28.9	3.5	3.1	4.0	16.1	14.7	17.7	5
瑞典	1980	0.1	0.1	0.1	5.5	6.8	4.4	0.1	0.1	0.1	1.4	1.8	1.0	19
	1990	0.2	0.2	0.2	12.1	12.3	11.8	0.5	0.5	0.6	12.3	11.3	13.3	19
	2000	1.5	1.8	1.2	26.4	29.3	22.8	1.1	1.4	0.7	8.9	11.0	6.4	5
	2002	1.1	1.3	0.8	21.0	23.1	18.2	0.9	1.0	0.8	7.1	7.2	6.9	5
	2003	1.0	1.2	0.8	17.8	19.6	15.3	0.8	1.0	0.6	5.8	6.8	4.7	5
	b 2004	1.2	1.4	1.0	18.9	20.9	16.4	1.1	1.4	0.9	6.9	7.8	5.8	18
	2007	0.7	0.8	0.7	13.0	14.5	11.4	0.6	0.6	0.7	3.6	3.4	3.8	5
	2008	0.7	0.7	0.7	12.4	13.5	11.3	0.6	0.7	0.6	3.5	3.9	3.1	5
英国	1990	2.4	3.0	1.5	34.4	41.8	23.7	2.1	2.8	1.3	20.7	24.9	14.4	20
	2000	1.6	2.1	0.9	28.0	33.7	19.0	1.8	2.4	1.0	14.4	17.4	9.9	20
	2004	1.0	1.2	0.7	21.4	25.0	16.4	1.3	1.7	0.8	12.1	14.6	8.8	20
	2005	1.0	1.3	0.7	22.3	26.0	16.9	1.5	2.2	0.8	13.6	17.1	8.2	20
	2006	1.2	1.6	0.7	22.1	27.4	14.8	1.9	2.8	1.0	14.5	18.7	8.4	20
	2007	1.3	1.6	0.9	24.5	29.3	18.1	2.2	3.1	1.3	16.1	20.0	10.5	20
	2008	1.3	1.7	0.9	25.5	30.5	18.4	2.4	3.3	1.4	17.5	21.3	11.9	20
北美洲														
加拿大	1980	0.4	0.4	0.4	5.3	5.5	5.0	0.4	0.4	0.4	3.4	3.1	3.8	21
	1990	0.6	0.6	0.5	7.2	8.0	6.2	0.4	0.4	0.3	3.0	3.4	2.5	21
	2000	0.7	0.8	0.6	11.2	12.3	10.0	0.5	0.6	0.4	4.0	4.4	3.5	21
	2004	0.7	0.7	0.5	9.5	10.4	8.4	0.4	0.5	0.3	3.0	3.2	2.7	21
	2005	0.6	0.7	0.6	9.6	10.1	9.1	0.4	0.5	0.3	3.3	3.6	2.8	21
	2006	0.5	0.6	0.5	8.7	9.1	8.3	0.3	0.3	0.3	2.6	2.3	3.0	21
	2007	0.4	0.5	0.3	7.5	8.4	6.3	0.2	0.3	0.2	2.3	2.3	2.2	21
	2008	0.4	0.5	0.3	7.1	7.9	6.1	0.2	0.3	0.2	2.1	2.1	2.2	21

	年份	总计						青年						注
		长期失业率（%）			长期失业发生率（%）			长期失业率（%）			长期失业发生率（%）			No.
		MF	M	F	MF	M	F	MF	M	F	MF	M	F	
美国	1980	0.3	0.4	0.2	4.3	5.2	3.1	0.4	0.4	0.3	2.6	3.0	2.2	22
	1990	0.3	0.4	0.2	5.5	7.0	3.7	0.3	0.3	0.2	2.3	2.9	1.6	22
	b 2000	0.2	0.3	0.2	6.0	6.7	5.3	0.4	0.4	0.3	3.9	4.5	3.1	23
	2004	0.7	0.8	0.6	12.7	13.7	11.4	0.9	1.1	0.7	7.9	8.8	6.8	22
	2005	0.6	0.6	0.5	11.8	12.6	10.8	0.8	1.0	0.6	7.2	7.8	6.4	22
	2006	0.5	0.5	0.4	10.0	10.7	9.2	0.7	0.8	0.5	6.3	7.2	5.2	22
	2007	0.5	0.5	0.4	10.0	10.7	9.0	0.7	0.9	0.5	6.5	7.6	5.1	22
	2008	0.6	0.7	0.6	10.6	10.9	10.3	0.9	1.1	0.7	7.1	7.4	6.6	22
其他发达经济体														
澳大利亚	1980	1.2	1.0	1.5	19.2	19.7	18.6	2.0	1.6	2.4	15.9	14.2	17.5	24
	1990	1.5	1.6	1.2	21.1	24.1	17.1	1.8	1.8	1.7	13.7	13.9	13.4	25
	2000	1.6	1.9	1.3	25.5	28.7	21.2	1.8	2.0	1.5	14.7	15.6	13.5	26
	2004	1.1	1.3	1.0	20.7	23.2	17.6	1.4	1.6	1.2	12.0	13.1	10.8	26
	2005	0.9	1.0	0.8	18.3	20.7	15.4	1.1	1.2	1.0	10.2	10.7	9.6	26
	2006	0.9	1.0	0.8	18.1	20.5	15.4	1.1	1.3	0.9	11.1	12.2	9.6	26
	2007	0.7	0.7	0.7	15.4	16.3	14.4	0.9	0.9	0.9	10.0	10.0	10.1	26
	2008	0.6	0.6	0.6	14.9	15.7	13.9	0.8	0.8	0.7	8.6	8.8	8.5	26
日本	1980	0.3	0.3	0.3	16.5	16.7	16.3	0.3	0.6	–	7.1	12.5	–	27
	1990	0.4	0.6	0.2	19.1	26.2	8.8	0.5	0.7	0.2	10.3	14.3	5.6	27
	2000	1.2	1.5	0.8	25.5	30.7	17.1	1.8	2.5	1.1	21.5	26.3	14.8	27
	2004	1.6	1.9	1.0	33.7	40.2	23.1	2.3	3.3	1.3	25.9	32.4	16.7	27
	2005	1.5	1.8	0.9	33.3	40.3	22.6	2.1	2.5	1.6	23.6	25.0	21.7	27
	2006	1.3	1.7	0.8	33.0	40.9	20.8	1.6	2.2	1.0	20.4	25.0	14.3	27
	2007	1.2	1.5	0.7	32.0	40.3	19.4	1.5	1.9	1.0	20.0	24.0	15.0	27
	2008	1.3	1.6	0.9	33.3	39.9	23.8	1.7	2.0	1.4	23.8	27.3	20.0	27
新西兰	1990	1.2	1.4	0.8	21.8	25.6	16.1	1.3	1.6	1.0	13.5	15.6	10.8	28
	2000	1.0	1.3	0.7	19.3	23.2	14.3	1.1	1.4	0.7	9.4	11.6	6.5	28
	2004	0.4	0.4	0.4	11.7	13.7	9.9	0.5	0.4	0.5	5.8	5.6	6.1	28
	2005	0.3	0.4	0.2	9.4	12.6	6.2	0.2	0.3	0.2	2.6	3.2	2.0	28
	2006	0.2	0.3	0.2	7.1	8.8	5.5	0.2	0.2	0.2	2.8	3.1	2.6	28
	2007	0.2	0.2	0.2	5.7	6.1	5.4	0.2	0.1	0.2	2.1	1.8	2.5	28
	2008	0.2	0.2	0.1	4.4	5.5	3.2	0.2	0.2	0.2	1.8	1.9	1.8	28
西欧（非欧盟）														
冰岛	2000	0.2	0.1	0.4	11.8	8.7	14.1	…	…	…	…	…	…	29
	2004	0.3	0.2	0.4	11.2	8.8	14.0	0.2	0.4	0.4	3.1	32.7	6.9	29
	2005	0.3	0.2	0.3	13.3	10.5	16.6	–	0.1	–	0.8	1.3	–	29
	2006	0.2	0.2	0.1	7.3	9.2	5.3	0.1	0.1	0.1	1.5	1.5	1.4	29
	2007	0.1	0.2	0.1	8.0	9.5	5.7	…	…	…	…	…	…	29
	2008	0.1	0.1	0.1	4.1	4.0	4.1	0.1	0.1	0.1	1.5	1.2	2.0	29
挪威	1990	0.9	0.9	0.9	20.4	19.0	22.5	1.1	1.0	1.2	11.8	10.0	14.3	10
	2000	0.2	0.2	0.1	5.3	6.9	3.3	0.1	0.1	0.1	1.3	1.3	1.4	5
	2004	0.4	0.5	0.3	9.2	10.7	7.0	0.1	0.2	0.1	1.1	1.5	0.5	5
	2005	0.4	0.5	0.4	9.5	10.4	8.5	0.2	0.2	0.2	1.6	1.6	1.7	5
	2006	0.5	0.5	0.4	14.5	17.0	11.5	0.3	0.3	0.4	4.4	3.9	4.9	5
	2007	0.2	0.2	0.2	8.8	10.2	7.1	0.2	0.3	0.1	2.6	3.1	2.0	5
	2008	0.1	0.2	0.1	6.0	6.0	6.0	0.1	0.1	0.1	1.1	0.7	1.6	5
瑞士	2000	0.8	0.6	0.9	29.0	28.2	29.7	…	…	…	…	…	…	30
	2004	1.4	1.2	1.7	33.5	31.5	35.6	…	…	…	…	…	…	30
	2005	1.7	1.4	2.0	39.0	37.1	40.7	…	…	…	…	…	…	30
	2006	1.5	1.2	2.0	39.1	35.0	42.6	…	…	…	…	…	…	30
	2007	1.5	1.1	1.9	40.8	37.9	43.0	…	…	…	…	…	…	30
	2008	1.1	0.8	1.6	34.3	27.3	39.9	…	…	…	…	…	…	30
中欧、东南欧（非欧盟）和独联体														
中欧和东南欧														
克罗地亚	2000	9.1	…	…	53.4	…	…	…	…	…	…	…	…	31
	2003	8.2	7.3	9.4	59.2	58.0	60.4	18.0	16.4	20.0	50.2	48.5	51.9	4
	2004	7.3	6.1	8.8	53.7	49.3	57.8	13.8	12.2	16.0	42.2	41.4	42.9	4
	2005	7.4	6.5	8.4	58.4	56.2	60.5	13.9	13.1	15.1	43.1	43.2	43.0	4
	2006	6.7	5.8	7.7	60.1	59.0	61.0	12.8	11.7	12.8	44.3	43.1	41.0	4
	2007	5.9	4.8	7.2	61.5	57.2	65.3	10.9	9.8	12.6	45.6	46.8	44.3	4

	年份	总计						青年						注 No.
		长期失业率（%）			长期失业发生率（%）			长期失业率（%）			长期失业发生率（%）			
		MF	M	F	MF	M	F	MF	M	F	MF	M	F	
土耳其	1990	3.6	3.4	4.3	47.0	45.0	51.2	7.4	7.2	7.8	47.4	44.2	53.2	32
	2000	1.3	1.1	1.8	21.1	18.1	29.8	2.5	2.1	3.2	19.8	16.0	28.5	33
	2004	4.0	3.8	4.3	39.2	37.0	45.6	7.0	6.7	7.7	36.5	34.0	41.5	33
	2005	4.1	3.8	4.8	39.6	36.9	47.4	7.1	6.5	8.2	36.6	33.7	42.4	33
	2006	3.5	3.2	4.6	35.8	32.6	44.2	6.1	5.4	7.6	32.9	29.7	38.9	33
	2007	3.1	2.7	4.3	30.3	27.0	38.9	5.3	4.6	6.8	26.5	23.2	32.9	33
	2008	3.0	2.6	4.0	26.9	24.0	34.4	4.8	4.2	6.0	23.6	21.0	28.4	33
独立国家联合体（独联体）														
亚美尼亚	2001	30.5	30.7	30.3	71.6	72.2	70.8	…	…	…	…	…	…	34
俄罗斯联邦	1994	1.5	1.3	1.7	23.1	19.7	27.1	…	…	…	…	…	…	35
	1995	2.2	2.0	2.4	30.0	26.5	34.1	…	…	…	…	…	…	35
	1996	2.5	2.3	2.6	32.8	29.5	36.8	…	…	…	…	…	…	36
	1997	1.3	…	…	11.1	…	…	…	…	…	…	…	…	36
	1998	1.6	…	…	11.9	…	…	…	…	…	…	…	…	36
亚洲及太平洋地区														
东亚														
韩国	1990	0.1	0.1	–	2.6	3.3	0.9	0.1	0.1	–	1.2	1.6	0.7	25
	2000	0.1	0.2	–	2.3	3.1	0.8	0.1	0.2	–	1.0	1.4	0.5	25
	2004	–	0.1	–	1.1	1.4	0.6	–	–	0.1	0.3	0.1	0.5	25
	b 2005	–	–	–	0.8	1.0	0.4	–	–	0.1	0.5	0.3	0.6	37
	2006	–	–	–	1.1	1.2	0.9	–	–	–	0.4	0.3	0.5	25
	2007	–	–	–	0.6	0.7	0.3	–	–	–	0.4	0.3	0.5	25
	2008	0.1	0.1	–	2.7	3.7	0.4	0.5	1.2	0.1	5.1	6.3	1.4	25
拉丁美洲及加勒比地区														
加勒比地区														
阿鲁巴	1994	0.9	0.8	1.0	15.4	16.2	13.8	…	…	…	…	…	…	38
	1997	2.4	2.6	2.1	32.8	40.2	25.4	…	…	…	…	…	…	38
巴哈马	1995	4.1	2.7	5.6	37.4	26.6	47.2	…	…	…	…	…	…	38
	1996	4.3	2.7	6.1	37.5	31.3	41.5	…	…	…	…	…	…	38
	1997	3.6	2.8	4.5	36.9	33.7	39.4	…	…	…	…	…	…	38
	1998	2.9	1.6	4.3	37.8	28.1	43.6	…	…	…	…	…	…	38
	1999	2.4	1.0	3.8	30.4	17.4	39.2	…	…	…	…	…	…	38
巴巴多斯	1997	8.5	5.6	11.7	58.9	49.4	65.3	…	…	…	…	…	…	39
	1998	6.8	3.8	10.0	54.7	46.6	61.7	…	…	…	…	…	…	39
	1999	5.1	2.7	7.5	49.3	34.5	56.3	…	…	…	…	…	…	39
	2000	4.7	3.2	6.4	50.8	43.4	56.0	…	…	…	…	…	…	39
	2001	4.6	2.8	6.4	46.8	35.6	53.7	…	…	…	…	…	…	39
多米尼克	1997	10.2	7.7	13.1	44.3	39.3	48.5	…	…	…	…	…	…	38
多米尼加共和国	1996	0.4	0.3	0.6	2.5	3.3	2.0	…	…	…	…	…	…	40
	1997	0.2	0.2	0.3	1.4	1.9	1.1	…	…	…	…	…	…	40
	2000	0.2	0.2	0.3	1.6	2.2	1.3	…	…	…	…	…	…	40
牙买加	1997	4.0	1.8	6.6	24.0	17.1	28.3	…	…	…	…	…	…	38
	1998	3.9	1.8	6.5	25.4	18.0	29.6	…	…	…	…	…	…	38
	1999	4.2	1.9	6.8	26.6	19.4	30.5	…	…	…	…	…	…	38
	2000	4.5	2.0	7.7	29.2	20.0	34.6	…	…	…	…	…	…	38
	2001	4.8	2.5	7.6	31.7	24.4	36.2	…	…	…	…	…	…	38
荷属安的列斯	1994	5.0	4.8	5.3	40.3	44.9	36.5	…	…	…	…	…	…	38
	1995	6.1	4.1	8.6	47.9	42.3	51.7	…	…	…	…	…	…	38
	1996	5.5	3.7	7.6	41.9	39.4	43.5	…	…	…	…	…	…	38
	1997	7.7	5.9	9.7	54.6	52.0	56.4	…	…	…	…	…	…	38
	1998	8.4	7.0	10.0	52.0	51.4	52.5	…	…	…	…	…	…	38
苏里南	1994	6.4	…	…	56.9	…	…	…	…	…	…	…	…	38
	1995	3.7	…	…	52.5	…	…	…	…	…	…	…	…	38
	1996	5.8	…	…	56.7	…	…	…	…	…	…	…	…	38
	1997	6.0	…	…	57.7	…	…	…	…	…	…	…	…	38
	1998	4.4	…	…	43.4	…	…	…	…	…	…	…	…	38
特立尼达和多巴哥	1997	4.2	2.4	7.1	28.0	19.6	36.6	…	…	…	…	…	…	38
	1998	3.9	2.1	6.8	27.3	18.2	36.1	…	…	…	…	…	…	38
	1999	3.4	2.1	5.7	26.2	19.0	33.8	…	…	…	…	…	…	38
	2000	3.2	1.7	5.7	26.6	16.3	37.7	…	…	…	…	…	…	38
	2001	3.0	1.7	5.0	27.6	20.3	34.7	…	…	…	…	…	…	38

	年份	总计						青年						注 No.
		长期失业率（%）			长期失业发生率（%）			长期失业率（%）			长期失业发生率（%）			
		MF	M	F	MF	M	F	MF	M	F	MF	M	F	
中美洲														
伯利兹	1995	5.6	3.3	10.6	45.6	33.4	60.3	…	…	…	…	…	…	41
	1996	6.2	4.2	10.8	46.0	37.2	58.0	…	…	…	…	…	…	41
	1997	6.5	3.5	12.6	53.0	39.9	64.6	…	…	…	…	…	…	41
	1998	7.4	4.4	13.0	53.0	43.3	61.9	…	…	…	…	…	…	41
	1999	6.9	3.8	13.0	54.9	42.6	65.6	…	…	…	…	…	…	41
哥斯达黎加	1980	0.4	0.3	0.8	6.7	4.8	10.4	…	…	…	…	…	…	42
	1990	0.5	0.3	0.8	10.4	8.4	13.9	…	…	…	…	…	…	42
	1997	0.8	0.7	1.1	14.0	13.5	14.6	…	…	…	…	…	…	42
	1998	0.6	0.3	1.2	11.7	8.4	15.2	…	…	…	…	…	…	42
	1999	0.7	0.5	1.0	11.8	11.1	12.7	…	…	…	…	…	…	42
	2000	0.7	0.5	1.0	13.4	12.5	14.6	…	…	…	…	…	…	42
	2001	0.7	0.5	1.0	10.9	8.9	13.3	…	…	…	…	…	…	42
萨尔瓦多	1996	0.6	0.5	0.6	7.3	6.5	8.8	…	…	…	…	…	…	39
墨西哥	2000	–	–	–	1.2	0.6	2.0	–	–	0.1	0.9	–	2.1	43
	2004	–	–	–	1.1	1.1	1.1	–	–	–	0.5	0.4	0.5	43
	2005	0.1	0.1	0.1	2.3	2.2	2.6	0.1	0.1	0.1	1.3	1.0	1.6	43
	2006	0.1	0.1	0.1	2.5	2.7	2.3	0.1	0.1	0.1	1.9	2.7	1.0	43
	2007	0.1	0.1	0.1	2.7	3.0	2.3	0.1	0.1	0.1	1.4	1.2	1.8	43
	2008	0.1	–	0.1	1.7	1.6	1.8	0.1	0.1	0.1	1.2	1.1	1.2	43
巴拿马	1997	2.4	1.4	4.2	19.8	15.0	24.7	…	…	…	…	…	…	44
	1998	2.8	1.5	5.0	21.9	16.4	26.7	…	…	…	…	…	…	44
	1999	2.0	0.9	3.9	18.5	12.0	24.3	…	…	…	…	…	…	44
	2000	2.1	1.1	4.0	17.8	11.8	23.8	…	…	…	…	…	…	44
	2001	3.6	2.4	5.7	29.3	24.0	35.7	…	…	…	…	…	…	44
南美洲														
智利	1990	1.2	1.6	0.3	18.2	14.7	27.2	…	…	…	…	…	…	45
	1991	1.4	1.8	0.4	23.5	18.8	34.3	…	…	…	…	…	…	45
	1992	3.0	3.5	0.9	57.2	49.5	70.3	…	…	…	…	…	…	45
	1993	2.8	3.4	0.8	52.5	45.5	65.8	…	…	…	…	…	…	45
	1994	4.2	5.0	1.2	58.5	50.6	73.4	…	…	…	…	…	…	45
	1995	3.4	4.3	1.0	59.7	53.2	72.5	…	…	…	…	…	…	45
非洲														
撒哈拉以南非洲														
南部非洲														
博茨瓦纳	1995	8.1	7.2	9.1	45.4	42.8	47.7	…	…	…	…	…	…	39
纳米比亚	1997	10.9	10.5	11.4	56.0	57.6	54.3	…	…	…	…	…	…	46

表 10 总长期失业人口与青年长期失业人口（注）

1. 说明

失业时间越长，危害越大。短期失业一般可以通过失业补助、储蓄或者家庭成员的援助等得以解决。但是，一年或更长时间的失业则可能带来巨大的经济困境，尤其在没有或已经用完失业津贴的情况下更是如此。表 10 给出了两种不同的长期失业指标：（a）失业时间达到或超过一年的失业人口占劳动力总人口的比例；（b）失业时间达到或超过一年的失业人口占总失业人口的比例（长期失业发生率）。在可能的情况下，数据均按照性别和年龄组分类（总长期失业人口、青年长期失业人口、成年长期失业人口）。

2. 信息库

CARIBBEAN 加勒比劳工统计数据集

国际劳工组织加勒比亚地区办公室，特立尼达和多巴哥西班牙港

这个在线数据库提供了 20 个加勒比国家关于劳工统计和劳动力市场的信息。这些数据包括就业、失业、工资、工时、职业事故、社会保障、劳资纠纷等。该数据库目前已停止运营。

CCNM OECD－CCNM 劳动力市场数据库

经济合作与发展组织与非经合组织成员合作中心，法国巴黎

http：//www. oecd. org

该数据库包括来自进行劳动力抽样调查的中欧和东欧国家的劳动力市场数据。目前该项目已经停止。

欧盟统计局（EUROSTAT） 欧洲劳动力调查（EU LFS），在线数据库

欧洲共同体统计局，卢森堡

http：//epp. eurostat. ec. europa. eu/portal/page/portal/employment_unemployment_lfs/introduction

欧洲劳动力调查（EU LFS）是季度性抽样调查，其覆盖了欧盟、欧洲自由贸易联盟（列支敦士登除外）和欧盟候选国的私人家庭人口。它提供了 15 岁及以上人口的劳动参与情况及非劳动力人口的年度和季度调查结果。

利马（LIMA） 劳工概述（不同年份）

国际劳工组织拉丁美洲及加勒比地区办公室，秘鲁利马

http：//www. oit. org. pe

这份出版物提供了拉丁美洲和加勒比地区关于就业、收入、解雇的代价、劳工培训计划和童工的重要信息。

LMIL 劳动力市场指标图书馆

国际劳工组织就业部，瑞士日内瓦

LMIL 网络允许国际劳工组织中各部门共享劳动力市场信息。当无法从现有的国际信息库获取信息时，就利用 LMIL 指标。驻地办公室需负责鉴别、汇集和审查劳动力市场信息，并利用从各地区或各国那里得到的最新信息来更新数据库。

OECD 劳动力统计数据库（在线）

经济合作与发展组织，法国巴黎

http：//stats. oecd. org/Index. aspx

OECD 劳动力统计在线数据库包含了按年龄和性别划分的工作年龄人口、劳动力、就业和失业，以及按年龄和性别划分的就业/人口比率、参与率、失业率等数据的详细统计资料。

3. 资料来源类型

ELFS 欧盟劳动力调查（欧盟统计局）

HS 家庭或劳动力调查

4. 覆盖范围

C　　平民
T　　总人口
…　　无法获得数据

5. 符号

MF　　男性和女性
M　　男性
F　　女性
b　　序列发生变动
…　　无法获得数据
-　　忽略不计

注 No.	信息库	资料来源类型	覆盖范围	备注
1	OECD	HS	T	参考期：3 月
2	OECD	HS	T	参考期：3 月 注：定义和方法经过修改。
3	OECD	ELFS	T	参考期：4 月
4	EUROSTAT	ELFS	T	
5	OECD	HS	T	参考期：连续调查
6	OECD	ELFS	T	参考期：4—5 月
7	OECD	HS	T	参考期：秋季补充调查 覆盖范围：不包括找工作的全日制学生
8	OECD	HS	T	参考期：连续调查 注：引入连续调查。
9	OECD	ELFS	T	参考期：3—7 月
10	OECD	HS	T	参考期：季度估算的平均值
11	OECD	ELFS	T	参考期：5 月
12	OECD	ELFS	T	参考期：连续调查 注：引入连续调查。
13	OECD	ELFS	T	参考期：连续调查
14	OECD	ELFS	T	参考期：3—6 月
15	OECD	ELFS	T	参考期：2—4 月
16	OECD	HS	T	参考期：季度估算的平均值 地域界限：不包括休达和梅利利亚省
17	OECD	HS	T	参考期：连续调查 注：失业的定义经过修改。
18	OECD	HS	T	参考期：连续调查 注：调查方法经过修改。
19	OECD	HS	T	参考期：月度估算的平均值
20	OECD	ELFS	T	参考期：3—5 月
21	OECD	HS	C	参考期：月度估算的平均值 地域界限：不包括育空和西北行政区，以及努纳武特 覆盖范围：不包括找全职工作的全日制学生

注 No.	信息库	资料来源类型	覆盖范围	备注
22	OECD	HS	C	参考期：月度估算的平均值 地域界限：不包括波多黎各、关岛、美属维尔京群岛、美属萨摩亚
23	OECD	HS	C	参考期：月度估算的平均值 地域界限：不包括波多黎各、关岛、美属维尔京群岛、美属萨摩亚 注：估算方法经过修改。
24	OECD	HS	C	参考期：月度估算的平均值 覆盖范围：包括某些积极寻找工作的，每周工作时间少于15小时的无报酬家庭工作者
25	OECD	HS	C	参考期：月度估算的平均值
26	OECD	HS	C	参考期：月度估算的平均值 地域界限：不包括杰维斯湾地区
27	OECD	HS	T	参考期：2月
28	OECD	HS	C	参考期：季度估算的平均值 地域界限：不包括查塔姆、南极领土和其他小型沿海岛屿
29	OECD	HS	T	参考期：4月
30	OECD	HS	T	参考期：第二季度
31	LMIL	HS	T	参考期：第二季度
32	OECD	HS	C	参考期：4月和11月的平均值
33	OECD	HS	C	参考期：季度估算的平均值
34	LMIL	HS	T	参考期：8月 地域界限：城市地区 注：数据基于覆盖8575户家庭的劳动力抽样调查。
35	CCNM	HS	...	参考期：第四季度
36	CCNM	HS	...	参考期：第一季度
37	OECD	HS	C	参考期：月度估算的平均值 注：定义经过修改。
38	CARIBBEAN	HS	T	
39	LMIL	HS	T	
40	LMIL	HS	T	注：数据源自微观渠道。
41	CARIBBEAN	HS	T	参考期：4月
42	LMIL	HS	T	参考期：7月
43	OECD	HS	T	参考期：4月 覆盖范围：不包括拥有确定在未来某个日期参与就业的协议的人员
44	LMIL	HS	T	参考期：8月
45	LIMA	HS	...	参考期：10—12月
46	LMIL	HS	C	

KILM 11：按受教育程度划分的失业

引　言

这个指标通过将工作者按其受教育程度的高低进行分类来研究失业。具体来说，表11a显示的是126个经济体的总失业人口分别在5种教育水平上的分布情况，在这里教育水平分为受教育少于一年、学前教育、初等教育、中等教育和高等教育。表11b显示的是80个经济体按照初等教育或以下、中等教育和高等教育划分的失业率（即失业人口占劳动力人口的比率）情况。

指标的用途

这个指标可以为分析各国工作者的受教育程度和失业之间的关系提供重要依据。这使得研究者可以发现一国或地区失业劳动力的关键特征，从而确定不同工作者群体遭遇失业的可能性。这个指标还可以用于推断就业需求的相关变化。通过研究失业者的受教育特点，KILM 11 指标有助于分析阐明一个经济体重大的长期规划和举措（如持续发展的以技能为基础的技术变革，增强的贸易开放度以及经济部门结构转变）如何改变劳动力市场中高技能和低技能人员的工作经历。

该指标所提供的信息对制定就业和教育政策都具有重要指导作用。如果事实证明受教育水平低的人员更容易失业，那么政府的对策可能是提高他们的受教育水平，或是创造更多低技能的岗位。如果高教育水平的人更容易失业，说明这个国家缺乏足够的专业性工作和高技术工作。在很多国家，一些具备某种知识或技能的求职者被迫接受低于其技术水平的工作。当此类工作者的供给增长超出专业性和技术性工作机会的增长时，出现与技能相关的不充分就业就不可避免（详细信息见 KILM 12）。一国受过良好教育的专业人士失业可能会导致人才流失，他们会移民到世界上其他地区去寻找工作。

一个重要的政策性问题是：受教育程度对男女失业的影响是否有差异？任何教育水平的女性失业率都远远高于男性。这可能反映出劳动力市场存在性别歧视现象，也可能反映出所需的技能和提供的技能之间不匹配（这一点单凭受教育程度这一指标不能下结论）。另外也说明已婚妇女由于有配偶收入做保障，在找工作时更挑剔。不过研究表明，教育水平高的女性通常比教育水平低的女性有更多的就业机会，至少在特定领域是这样的，所以女性退出劳动力市场或广泛求职所需的机会成本更高。

定义和来源

表11a显示了根据受教育程度的五种水平划分的失业情况，这五种水平分别是受教育少于一年、学前教育、初等教育、中等教育和高等教育。除少数例外，这个指标也包括根据性别划分的失业率分布状况。

表11b显示的是根据各个教育水平划分的失业率，其是通过用表11a中分属各个受教育程度等级的失业人数除以表14a中相应受教育程度的总人数计算出来的。这里的受教育程度分为3个等级——初等教育或以下（受教育少于一年，学前教育和初等教育之和）、中等教育和高等教育。此表还附有根据欧洲劳动力调查统计数据库计算得来的其他比率。

国际上对失业人口的定义是：超过规定年龄，目前可以工作并正在找工作的所有待业人员。[1]该指标中使用的受教育程度的等级在概念上基于《国际教育标准分类》(ISCED)的10个水平。ISCED是20世纪70年代早期联合国教科文组织(UNESCO)为收集、汇总、展示具有国内和国际可比性的教育指标和统计数据而制定的通用标准。其原始版本(即ISCED—76)沿教育水平和领域这两条主线对教育项目进行了内容上的划分。修订版ISCED—97也保留了交叉分类变量,同时,关于按教育水平划分教育项目的规则和标准也变得更加明确和严格,而且其也对教育领域进行了进一步细化。[2]现在许多国家仍使用ISCED—76版本来划分教育水平,但越来越多的国家开始使用ISCED—97的9个水平及10个子类别来进行划分。ISCED的两个版本见附录D,主要的教育水平分类汇总见下表。

KILM 11中涉及的主要受教育水平为初等教育、中等教育和高等教育。初等教育对应于ISCED的1、2级,其对应提供基础知识的阶段,如小学、初中。课程的宗旨是使学生在阅读、写作、算术方面打下良好的基础,并对其他学科(如历史、地理、自然科学、艺术、音乐,有些情况下甚至包括宗教行为规范)有初步了解。其还包括一些低技能工作的职业培训和需接受进一步教育的学徒培训。一般学生在5—7岁时开始接受初等教育,13—15岁毕业。此外,成人扫盲教育也归于初等教育。

中等教育由高中、中等师范学校和职业技术学校提供。通识教育仍然是课程的主要内容,不过这一阶段开始出现独立科目和专业课程。中等教育涵盖ISCED的3级和4级(ISCED—76的3级)。一般学生在13—15岁时开始接受中等教育,17—18岁毕业。值得注意的是,KILM关于初等教育和中等教育的分类不同于UNESCO出版物中所使用的分类,后者将2级称为“初级的中等教育”。

高等教育由大学、师范学院、高职院校或远程教育机构提供。其最低入学要求是顺利完成中等教育或提供接受同等学历教育的证明。高等教育包括ISCED的5、6、7级(ISCED—97的5A、5B、6级和ISCED—76的6、7级)。

除了初等、中等和高等教育,KILM 11还包含与ISCED标准相对应的其他三类受教育程度等级——受教育少于一年(即ISCED的X级)、学前教育(即ISCED的0级)、无法定义的受教育水平(即ISCED—76的9级)。

KILM 11的受教育程度和失业的信息来源于国际劳工组织在线劳工统计数据库、欧洲劳动力调查统计数据库、加勒比劳工统计数据库和劳动力市场指标图书馆。信息获得方式有家庭调查、官方估算、人口普查、职业介绍所统计数据。[3]

可比性的限制

使用这一指标进行跨国跨时期的比较时会受到很多因素的制约。首先需要说明的是,KILM 8和KILM 9中指出的对失业率进行国际或历史比较在可比性方面存在的限制(如数据来源、收集方法、调查时间、样本规模和覆盖面等方面的问题)同样也适用于这个指标。在表11a和表11b的附注中,我们对不同国家的失业定义和失业数据来源之间的差异作了说明。

1 关于经济活动人口、就业、失业和不充分就业统计数据的决议,第13届国际劳动统计学家大会,1982年10月;http://www.ilo.org/global/What_we_do/Statistics/standards/resolutions/lang--en/docName--WCMS_087481/index.htm。KILM 8的专栏8a再次给出了国际劳工组织对失业的官方定义。

2 ISCED详细信息见UNESCO发布的国际教育标准分类/ISCED—97(巴黎,1998年);http://www.uis.unesco.org/TEMPLATE/pdf/isced/ISCED_A.pdf。

3 其他关于国家数据收集方法的文献见国际劳工组织出版的《劳工统计:资料来源与方法》,包括第3卷《经济活动人口、就业、失业、工时(家庭调查)》、第4卷《就业、失业、工资和工时(行政记录和相关来源)》,以及第5卷《劳动力人口和经济活动人口,就业和失业(人口普查)》。《资料来源与方法》可于网站http://laborsta.ilo.org进行在线查询。

KILM 表 11 中使用的教育分类情况

KILM 教育水平	ISCED—97 教育水平	ISCED—76 教育水平	教育水平描述
受教育少于一年	X 级：未受过教育	X 级：未受过教育	受教育少于一年。
学前教育	0 级：学前教育	0 级：一级之前的教育	在幼儿园、托儿所或婴儿班所接受的教育。
初等教育	1 级：初等教育或基础教育的第一阶段	1 级：一级教育	该阶段的教育旨在为学生奠定阅读、写作、算术等方面的良好基础，学生通常为 5—7 岁。也可能包括成人扫盲项目。
	2 级：初级的中等教育或基础教育的第二阶段	2 级：二级教育第一阶段	该阶段的教育是基础教育的延续，但引入了更多专业性内容。这个阶段的结束相当于一些国家中义务教育的完成。其还包括旨在为特定行业设计的职业培训课程和面向技工领域的学徒教育。
中等教育	3 级：高级的中等教育	3 级：二级教育第二阶段	该阶段完成基础教育，通常开始出现专业性课程。入学条件通常为已完成 8—9 年基础教育或学生的基础教育和职业经验表明其有能力学习该阶段科目。
	4 级：大专教育，非高等教育		该阶段的教育跨越高级的中等教育和大专教育。半年至两年的课程设置会拓宽已顺利完成 3 级课程的学生的知识面。
高等教育	5 级：高等教育的第一阶段（不能直接获得高等研究资格）；细分为：		
	5A	6 级：三级教育第一阶段，可获得首个大学学位	该阶段的课程以理论为主，目的是为进入高等研究院所做充分准备。时间一般为 3—5 年。
	5B	5 级：三级教育第一阶段，获得一项证书，但不等同于首个大学学位	该教育阶段的课程通常以“实用性”为导向，目的是培养特定职业领域的人才（如高级技工、教师、护士等）。
	6 级：高等教育的第二阶段（可获得高等研究资格）：	7 级：三级教育第二阶段	该阶段的教育旨在进行高等研究和原创性研究，通常需要提交论文。
无法定义的教育水平		9 级：无法定义的教育水平	没有任何入学要求的教育项目。
没有说明的教育水平	?：没有说明的教育水平	?：没有说明的教育水平	

对于这个特定指标，由于各国在如何将个人归于某一教育水平方面存在变化或差异，所以无论是进行国际比较还是历史比较，在可比性方面都存在潜在问题。许多国家很难把本国的教育分类和 ISCED 联系起来，尤其是在涉及到技术或专业培训项目、短期教育项目、成人教育项目（属于 ISCED—76 的 3 级和 5 级，或 ISCED—97 的 3、4、5 级）的时候。另一个困难在于学历的认定：在一些国家，一个人只有毕业于对应某一教育水平的学校才被授予相应学历；而在另一些国家，个人所接受的最高水平的教育就被定义为其学历，不管是否毕业。

图 11a　2007 年部分发达和发展中经济体的总失业人口按不同教育水平的分布情况

发达经济体				发展中经济体			
	初等教育	中等教育	高等教育		初等教育	中等教育	高等教育
澳大利亚	48.0	34.1	17.9	亚美尼亚	5.2	83.0	11.9
奥地利	37.9	52.1	10.0	阿塞拜疆	6.3	78.9	14.9
塞浦路斯	26.0	42.2	31.2	哥斯达黎加	65.2	27.3	6.4
爱沙尼亚	23.1	57.8	16.6	古巴	43.0	52.4	4.6
芬兰	35.5	45.9	18.6	格鲁吉亚	5.1	52.5	42.3
法国	39.9	39.6	19.9	马来西亚	13.3	61.6	25.1
德国	33.1	56.3	10.6	墨西哥	50.7	24.5	22.9
以色列	12.2	12.8	72.5	巴拉圭	49.9	38.0	9.9
葡萄牙	68.1	15.4	13.2	秘鲁	30.0	31.9	37.6
西班牙	54.8	23.6	20.4	菲律宾	13.6	46.2	39.4
瑞典	32.2	46.0	17.1	巴勒斯坦被占领土	54.3	14.2	23.5
瑞士	28.8	53.2	17.9	罗马尼亚	25.8	66.3	6.1
英国	37.3	47.7	14.3	南非	36.2	56.3	4.5
美国	18.7	35.5	45.7	斯里兰卡	45.4	22.0	32.6

资料来源：KILM 表 11a。

还应注意的是，少数国家把 ISCED 的各个等级重新组合了，如初等教育的 1 级和 2 级被合并为 1 级（如新西兰、波兰、斯洛伐克、突尼斯）或 2 级（如澳大利亚、丹麦、立陶宛、巴基斯坦）。为了确定教育水平的实际分布，在作比较之前，我们必须特别注意注释内容，尤其是“分类注释”栏的注释。但在进行跨国比较时，这些情况的影响相对较小，我们更应注意的情况是某个教育等级被全部纳入另一个等级——如中等教育归入高等教育（波斯尼亚和黑塞哥维那、马耳他），中等教育归入初等教育（几个拉美国家和日本）。不同国家间进行教育水平的比较时，应该排除这些没有遵循常规分类标准的国家。同样，在分析源自两个表格的数据时，应仔细查看“分类注释”。

另外一个影响部分欧盟国家的国际可比性问题源自将学徒制度下获得的最高教育水平进行分类的方式。尽管这些国家的学徒制度比其他国家的常规中等教育学制（包括学习和培训）的时间长一年甚至更多，但前者仍然被纳入了中等教育。这种分类方式会降低一国报告的高等教育劳动力人口的失业率。例如，在奥地利，由于年轻人普遍接受学徒教育，这种分类方式上的问题显著降低了该国报告的高等教育水平。

趋　势

不同教育程度群体的失业可能性在发展中经济体和发达经济体间并不存在明显差异。如图 11a，部分发达经济体初等教育接受者的总失业率在 12%（以色列）至 68%（葡萄牙）之间，而部分发展中经济体初等教育接受者的总失业率则在 5%（格鲁吉亚）至 65%（哥斯达黎加）之间，分布区间同样广泛。由于各个经济体在所处地区和发展阶段方面缺乏共性，旨在帮助失业者的劳动力市场政策必须根据具体国情专门制定。

KILM 的表 11a（采用可获取的各经济体最新数据）显示，在 120 个经济体中，只有 7 个经济体的高等教育接受者占失业者的比重最高（白俄罗斯、伊朗、巴基斯坦、秘鲁、新加坡、中国台湾省和美国）。在 59 个经济体中，初等教育接受者占失业者的比例最高，而在余下的 54 个经济体中，中等教育接受者占的比例最高。

图 11b　部分经济体不同教育水平接受者的失业率情况

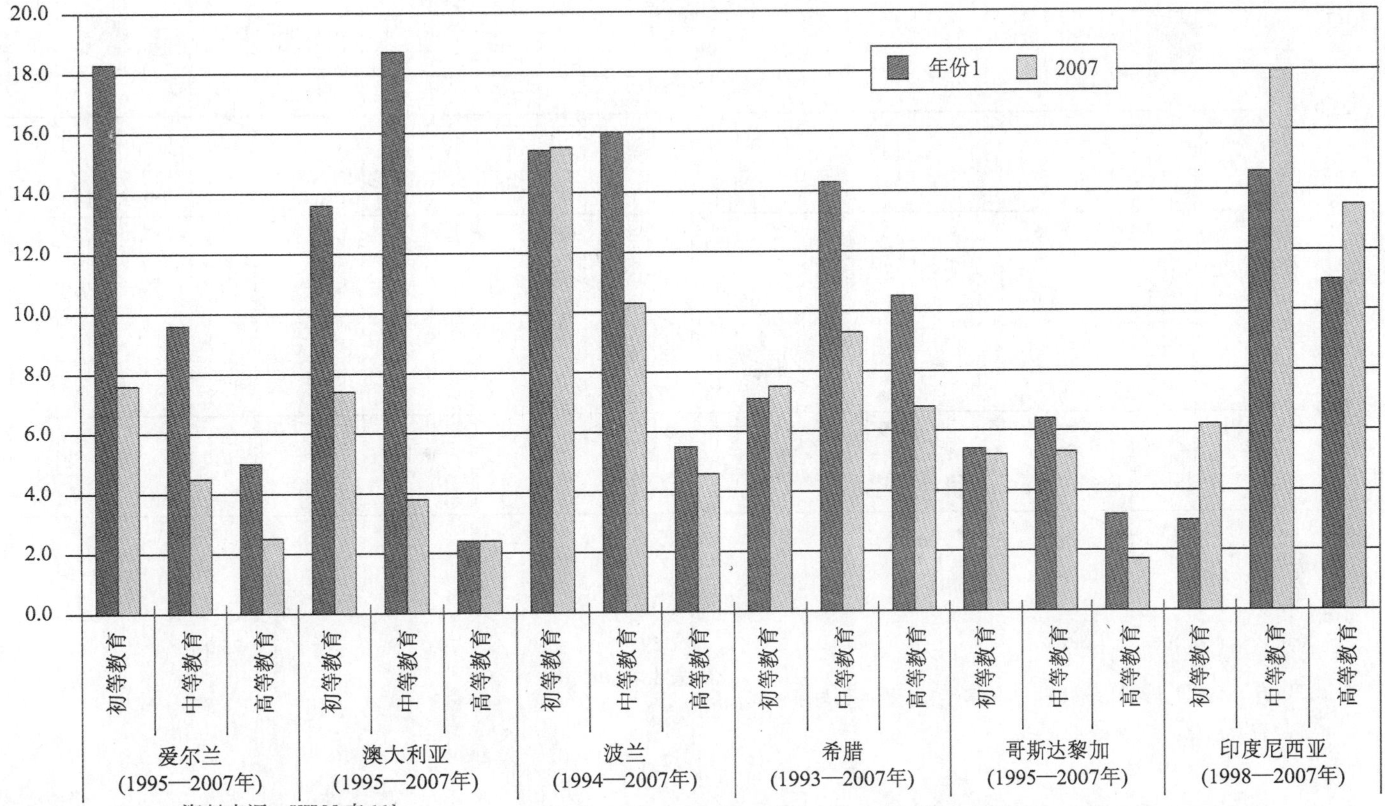

资料来源：KILM 表 11b。

图 11b 中给出了部分国家根据新的 KILM 表 11b 统计的国别数据，其显示了 1995 年（或可获得相关数据的最近年份）和 2007 年初等教育或以下、中等教育和高等教育接受者的失业率。这些数据有助于分析不同受教育水平的工作者的失业程度及其随时间的变化。在 20 世纪 90 年代中叶和 2007 年的澳大利亚和爱尔兰，初等教育接受者的失业率一直是最高的，这期间两国经历了失业率的大幅下降，初等和中等教育接受者的失业率下降最多。1994 年，波兰的中等教育接受者的失业率最高，但到 2007 年，初等教育接受者的失业率成为最高。

在哥斯达黎加、希腊、印度尼西亚，中等教育接受者的失业率最高，高等教育接受者的失业率大幅度下降。印尼这三者的失业率都有所上升，而不仅仅是初等教育接受者的失业率。这可能反映了印尼的初等教育接受者相对更多地处于贫困当中，这些工作者一旦失业，生活将无以为继。

图 11c—11e 显示了不同教育水平下男性和女性的失业率情况。在 45° 线右侧的国家里，女性的失业率高于男性。男性和女性在初等教育水平下的失业率差异最小。根据所有抽样调查的国家最近年份的数据，在初等教育水平下，48% 的国家女性失业率高于男性，37% 的国家男性失业率高于女性，而其余的 15% 的国家男性和女性的失业率几乎没有差异。在中等教育水平下，3/4 以上的国家女性失业率高于男性；而在高等教育水平下，有 2/3 以上的国家女性失业率高于男性。

因此，就整个世界来说，初等教育接受者的失业率的性别差异比中高等教育水平以下的要小。在接受高等教育的工作者中，大多数国家的女性面临着更高的失业率。究其原因，很可能是性别歧视。在一些更专业、技术性更强的职业里，尤其是在一直以来男性占主导地位的职业里，女性相对而言会遇到更高的准入门槛。而在一些无需技巧的职业里，性别歧视的影响就微不足道了。

图 11c　近年来初等教育及以下教育水平接受者中男性和女性的失业率情况

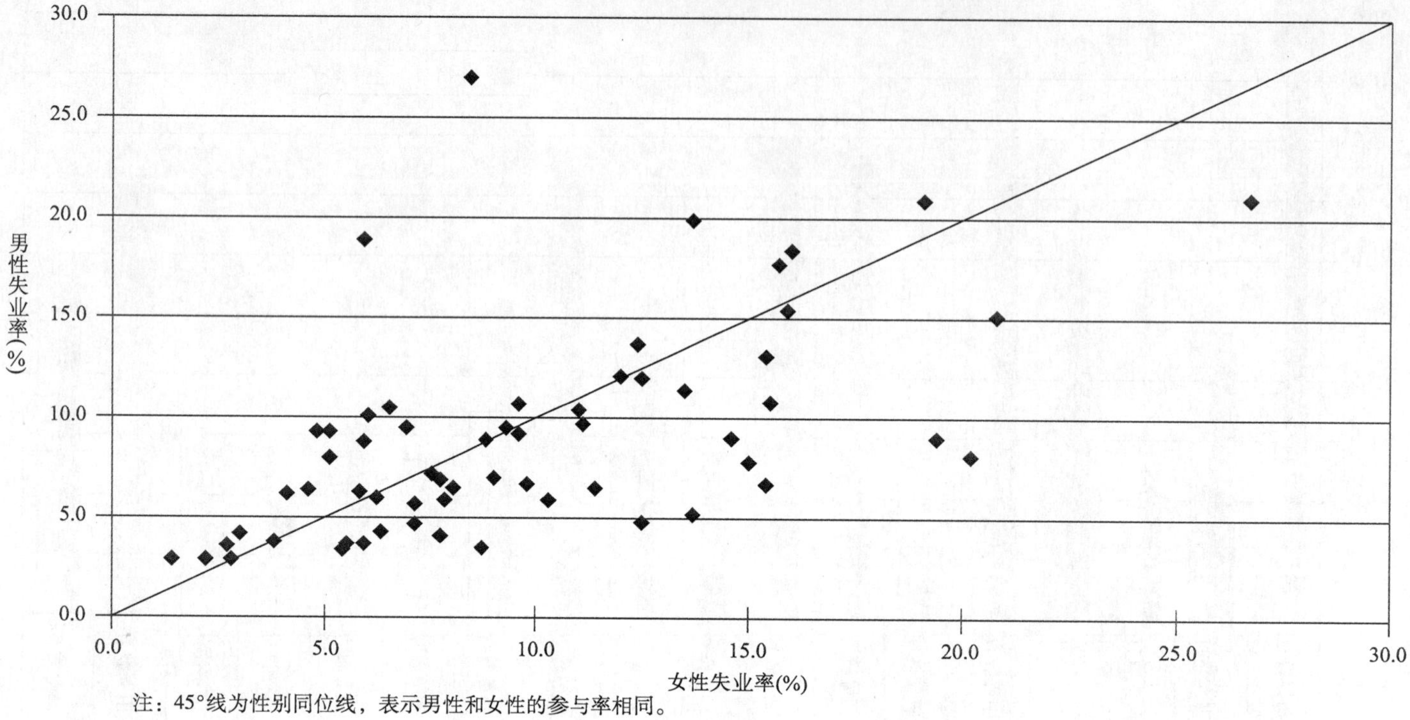

注：45°线为性别同位线，表示男性和女性的参与率相同。

资料来源：KILM 表 11b。

图 11d　近年来中等教育接受者中男性和女性的失业率情况

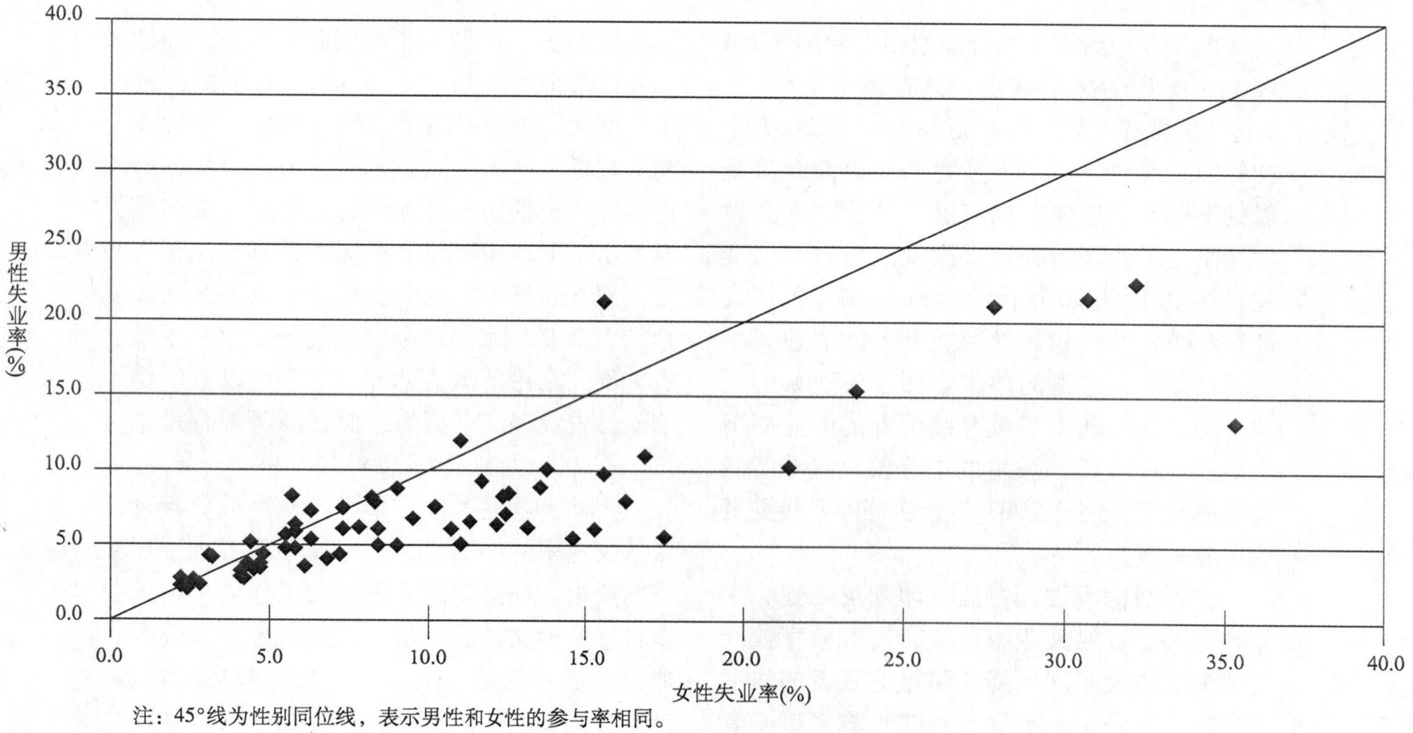

注：45°线为性别同位线，表示男性和女性的参与率相同。

资料来源：KILM 表 11b。

图 11e　近年来高等教育接受者中男性和女性的失业率情况

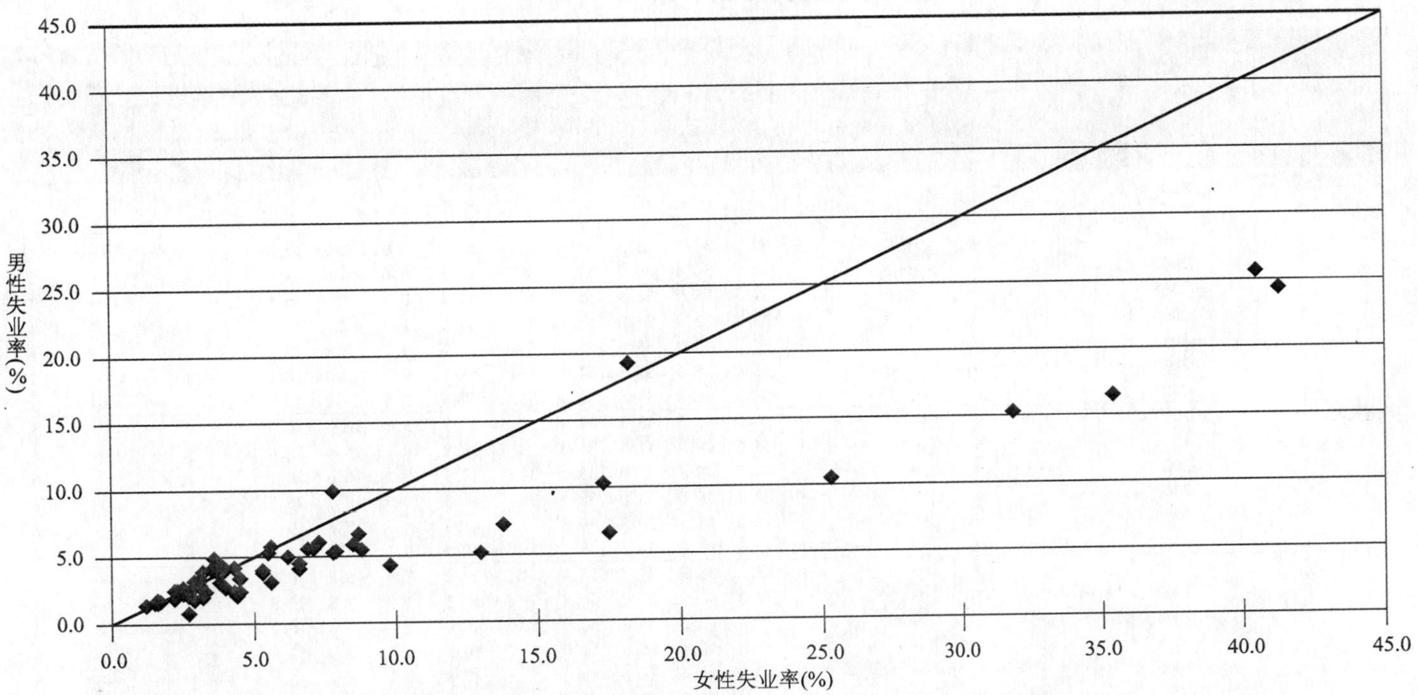

注：45°线为性别同位线，表示男性和女性的参与率相同。

资料来源：KILM 表 11b。

表 11a 按受教育程度划分的总失业人口分布

	年份	受教育少于一年（%）			学前教育（%）			初等教育（%）			中等教育（%）			高等教育（%）			无法定义或未列出的受教育水平（%）			注 No.
		MF	M	F	MF	M	F	MF	M	F	MF	M	F	MF	M	F	MF	M	F	
发达经济体和欧盟																				
欧盟																				
奥地利	1990	…	…	…	…	…	…	39.2	35.7	43.5	57.8	61.4	53.6	3.0	2.9	2.9	…	…	…	1
	2000	…	…	…	…	…	…	38.0	36.4	39.7	57.4	59.1	55.5	4.6	4.6	4.6	…	…	…	2
	2003	…	…	…	…	…	…	37.3	35.9	38.9	55.7	56.6	54.4	7.0	7.4	6.5	…	…	…	3
	2004 **b**	…	…	…	…	…	…	33.6	32.9	34.4	55.1	55.4	54.6	11.4	11.7	11.0	…	…	…	4
	2005	…	…	…	…	…	…	35.2	35.2	35.4	55.0	55.0	55.2	9.6	9.8	9.4	…	…	…	3
	2006	…	…	…	…	…	…	36.1	35.8	36.3	54.1	55.1	53.2	9.7	9.0	10.5	…	…	…	3
	2007	…	…	…	…	…	…	37.9	36.3	39.5	52.1	53.8	50.4	10.0	9.8	10.1	…	…	…	3
比利时	2000	…	…	…	…	…	…	50.0	55.3	45.3	34.9	31.6	37.9	15.1	13.0	16.9	…	…	…	5
	2002	…	…	…	…	…	…	45.6	49.7	41.5	36.3	33.9	38.8	18.1	16.4	19.8	…	…	…	6
	2003	…	…	…	…	…	…	43.7	48.7	38.0	38.1	34.7	41.9	18.2	16.6	20.1	…	…	…	6
	2004	…	…	…	…	…	…	42.1	46.0	38.0	38.4	35.3	41.5	19.6	18.7	20.5	…	…	…	6
	2005	…	…	…	…	…	…	42.2	45.1	39.3	39.3	37.3	41.3	18.5	17.6	19.4	…	…	…	6
	2006	…	…	…	…	…	…	42.1	46.6	37.7	38.2	35.9	40.5	19.7	17.6	21.8	…	…	…	6
保加利亚	2000	…	…	…	…	…	…	38.2	38.9	37.3	53.4	54.3	52.2	8.4	6.8	10.4	…	…	…	7
	2003 **b**	…	…	…	…	…	…	37.3	40.9	33.0	50.8	51.3	50.3	11.9	7.8	16.8	…	…	…	8
	2004	…	…	…	…	…	…	37.8	40.2	34.8	50.9	52.3	49.0	11.4	7.4	16.2	…	…	…	8
	2005	…	…	…	…	…	…	38.6	40.4	36.5	51.0	51.7	50.3	10.3	7.9	13.2	…	…	…	8
	2006	…	…	…	…	…	…	40.0	41.4	38.6	49.2	50.6	47.8	10.7	8.1	13.5	…	…	…	8
	2007	…	…	…	…	…	…	41.8	40.8	42.8	49.7	52.4	46.9	8.6	6.8	10.5	…	…	…	9
塞浦路斯	1990	0.7	0.5	1.0	…	…	…	25.9	33.1	19.0	42.7	38.1	46.9	30.7	28.3	33.1	…	…	…	10
	2003	…	…	…	1.4	1.4	1.4	34.8	35.2	32.9	34.8	39.4	30.0	29.8	23.9	34.3	…	…	…	11
	2004	…	…	…	3.6	7.1	1.0	36.5	40.0	35.1	34.7	34.3	35.1	24.6	18.6	28.9	…	…	…	11
	2005	…	…	…	1.0	1.1	1.0	31.8	37.8	27.9	41.0	42.2	41.3	26.2	21.1	30.8	…	…	…	11
	2006	…	…	…	0.6	–	1.1	26.5	28.7	24.4	40.6	46.3	36.7	31.8	25.0	37.8	…	…	…	11
	2007	…	…	…	0.6	–	1.2	26.0	28.8	23.5	42.2	49.3	35.8	31.2	21.9	38.3	…	…	…	11
捷克共和国	2000	…	…	…	0.9	0.9	0.4	25.5	25.9	25.1	69.9	68.9	70.8	3.5	3.8	3.3	…	…	…	12
	2003	…	…	…	–	–	–	23.3	23.4	23.2	72.9	72.0	73.7	3.5	4.0	3.1	…	…	…	12
	2004	…	…	…	–	–	–	24.6	23.4	25.8	71.8	72.1	71.6	3.5	4.5	2.7	…	…	…	12
	2005	…	…	…	–	–	–	24.1	24.6	23.8	72.0	70.6	72.6	4.1	4.8	3.6	…	…	…	12
	2006	…	…	…	–	–	–	24.8	24.3	25.2	70.6	70.4	70.8	4.9	5.3	4.0	…	…	…	12
	2007	…	…	…	–	–	–	26.8	26.6	26.1	68.8	66.9	69.9	4.3	5.6	3.3	…	…	…	12
丹麦	2000	…	…	…	…	…	…	32.4	31.4	33.4	48.3	49.6	47.1	16.9	16.3	17.4	2.4	2.7	2.1	13
	2003 **b**	…	…	…	1.7	2.1	1.4	27.8	28.9	26.8	43.5	43.5	43.5	26.9	25.3	28.3	0.1	0.2	–	14
	2004	…	…	…	1.7	2.7	0.8	25.9	27.5	24.4	46.6	44.7	48.3	25.5	24.6	26.4	0.3	0.5	–	14
	2005	…	…	…	–	–	–	27.7	31.0	24.6	44.8	42.5	47.0	27.5	26.6	28.4	–	–	–	14
	2006	…	…	…	–	–	–	30.5	32.0	29.3	38.3	38.3	38.2	26.9	23.6	29.7	4.3	6.1	2.8	14
	2007	…	…	…	–	–	–	35.9	38.5	33.5	35.1	32.6	37.5	23.0	20.1	25.8	6.0	8.9	3.4	14
爱沙尼亚	2000	…	…	…	…	…	…	21.5	23.8	15.6	62.4	64.4	59.5	16.0	9.3	24.0	…	…	…	15
	2003	…	…	…	…	…	…	18.0	20.2	13.1	61.6	63.2	60.3	20.1	15.2	25.0	…	…	…	15
	2004	…	…	…	…	…	…	20.9	25.9	14.9	62.1	61.4	63.0	16.8	12.4	22.1	…	…	…	15
	2005	…	…	…	…	…	…	15.7	19.0	11.6	64.4	64.4	64.8	19.9	16.6	24.0	…	…	…	15
	2006	…	…	…	…	…	…	22.0	26.8	16.1	57.5	56.8	58.3	18.8	14.1	24.0	…	…	…	15
	2007	…	…	…	…	…	…	23.1	27.0	17.6	57.8	58.2	57.3	16.6	11.6	23.7	…	…	…	15
芬兰	2000	…	…	…	…	…	…	37.4	39.8	35.1	46.5	48.0	45.8	15.7	13.0	19.1	…	…	…	16
	2003	…	…	…	…	…	…	39.6	40.3	38.7	46.0	47.6	44.1	14.5	12.9	16.2	…	…	…	16
	2004	…	…	…	…	…	…	35.8	37.3	34.2	46.3	48.3	44.1	17.5	14.4	21.6	…	…	…	16
	2005	…	…	…	…	…	…	35.5	36.9	33.9	46.8	48.6	45.0	17.7	14.4	21.1	…	…	…	16
	2006 **b**	…	…	…	…	…	…	36.3	38.6	34.0	47.5	48.5	46.6	16.2	12.9	19.4	…	…	…	17
	2007 **b**	…	…	…	…	…	…	35.5	38.9	32.3	45.9	46.7	46.2	18.6	14.4	21.5	…	…	…	16
法国	2003	…	…	…	1.2	1.5	1.0	40.3	42.3	38.5	40.1	38.6	41.6	18.4	17.7	19.0	…	…	…	18
	2004	…	…	…	1.6	1.6	1.6	39.2	41.8	36.7	40.3	37.6	42.8	18.9	18.9	18.9	…	…	…	18
	2005	…	…	…	1.2	1.2	1.1	39.6	41.3	38.1	39.9	38.8	40.9	19.4	18.8	20.0	…	…	…	18
	2006	…	…	…	0.9	0.9	0.7	40.0	41.5	38.7	40.2	38.8	41.6	19.0	18.9	19.1	…	…	…	18
	2007	…	…	…	0.6	0.7	0.6	39.9	42.6	37.2	39.6	37.8	41.3	19.9	19.0	20.9	…	…	…	18
德国	2000	…	…	…	…	…	…	28.6	29.2	27.9	58.6	57.4	59.9	12.9	13.4	12.1	…	…	…	19
	2003	…	…	…	…	…	…	27.4	28.3	26.3	59.9	59.4	60.8	12.6	12.3	12.9	…	…	…	19
	2004	…	…	…	…	…	…	27.1	27.7	26.3	60.5	60.1	61.2	12.4	12.3	12.5	…	…	…	20
	2005 **b**	…	…	…	…	…	…	30.3	30.7	29.9	57.6	57.0	58.4	12.1	12.4	11.7	…	…	…	21
	2006	…	…	…	…	…	…	32.5	32.5	32.5	56.3	56.2	56.4	11.2	11.3	11.0	…	…	…	20
	2007	…	…	…	…	…	…	33.1	33.8	32.2	56.3	55.8	56.9	10.6	10.3	10.9	…	…	…	20

	年份	受教育少于一年（%）			学前教育（%）			初等教育（%）			中等教育（%）			高等教育（%）			无法定义或未列出的受教育水平（%）			注 No.
		MF	M	F	MF	M	F	MF	M	F	MF	M	F	MF	M	F	MF	M	F	
希腊	2000	0.6	0.5	0.7	…	…	…	33.7	38.9	30.3	51.4	47.8	53.8	14.3	12.7	15.3	…	…	…	22
	2003	0.1	0.1	0.1	…	…	…	31.9	33.8	30.7	52.2	51.5	52.7	15.8	14.5	16.6	…	…	…	22
	2004	0.6	0.7	0.6	…	…	…	31.0	36.0	28.1	49.5	46.4	51.4	18.8	17.0	19.9	…	…	…	22
	2005	0.4	0.3	0.5	…	…	…	30.8	37.4	27.2	49.7	44.7	52.4	19.1	17.5	20.0	…	…	…	22
	2006	0.3	0.4	0.2	…	…	…	29.1	35.2	25.4	50.5	45.6	53.5	20.1	18.8	21.0	…	…	…	22
	2007	0.5	0.5	0.4	…	…	…	29.3	33.6	26.9	48.4	45.3	50.2	21.8	20.6	22.5	…	…	…	22
匈牙利	2000	…	…	…	…	…	…	32.5	32.9	31.8	63.5	63.7	63.1	4.1	3.4	5.0	…	…	…	23
	2003	…	…	…	…	…	…	33.5	34.0	32.7	61.2	61.9	60.3	5.4	4.1	7.0	…	…	…	24
	2004	…	…	…	…	…	…	31.1	33.9	27.8	61.4	61.2	61.6	7.5	4.9	10.6	…	…	…	24
	2005	…	…	…	…	…	…	30.2	32.1	28.2	62.2	62.1	62.2	7.6	5.8	9.6	…	…	…	24
	2006	…	…	…	…	…	…	32.4	33.4	31.5	60.0	60.0	60.0	7.5	6.6	8.5	…	…	…	24
	2007	…	…	…	…	…	…	33.1	34.9	31.1	58.7	59.1	58.4	8.1	6.0	10.5	…	…	…	24
爱尔兰	1990	0.3	0.5	0.2	…	…	…	73.5	80.3	62.0	19.5	14.4	28.3	6.6	4.8	9.5	0.1	0.1	0.2	25
	2003	0.6	0.8	0.3	…	…	…	45.6	53.8	32.4	24.0	34.1	30.7	26.3	11.4	33.3	3.4	–	3.6	26
	2004	0.4	0.5	0.3	…	…	…	47.8	54.4	35.7	24.8	22.7	28.7	24.3	19.8	32.7	2.7	2.6	2.7	26
	2005	0.6	0.9	–	…	…	…	43.9	51.2	31.9	25.4	23.1	28.9	26.7	22.0	34.3	3.5	2.6	4.6	26
	2006	0.3	0.4	0.3	…	…	…	39.4	45.5	29.9	27.2	25.0	30.4	28.7	23.4	36.7	4.6	5.7	3.0	26
	2007	0.1	–	0.2	…	…	…	39.8	45.7	31.0	37.2	33.3	42.9	18.2	16.3	21.6	4.6	4.7	4.5	26
意大利	2000	1.9	2.5	1.4	…	…	…	51.7	58.0	46.0	39.7	34.4	44.4	6.8	5.3	8.2	…	…	…	5
	2002	1.6	2.0	1.4	…	…	…	49.4	55.4	44.1	41.4	36.7	45.6	7.5	6.0	8.8	…	…	…	18
	2004 b	1.7	1.9	1.4	…	…	…	50.2	55.6	45.3	38.8	35.2	41.9	9.3	7.2	11.3	…	…	…	27
	2005	1.7	2.0	1.4	…	…	…	48.1	53.8	43.0	38.9	35.5	42.0	11.3	8.9	13.6	…	…	…	18
	2006	1.6	1.5	1.6	…	…	…	47.1	52.4	42.2	39.9	37.2	42.4	11.4	8.7	13.9	…	…	…	18
	2007	1.5	1.7	1.4	…	…	…	46.5	52.6	40.8	40.6	37.5	43.6	11.3	8.3	14.2	…	…	…	18
拉脱维亚	2003	–	–	–	–	–	–	24.4	29.8	15.3	66.8	60.8	73.4	8.7	7.6	9.9	…	…	…	24
	2004	–	–	–	–	–	–	22.4	23.5	18.3	68.5	66.6	70.7	8.8	7.5	10.2	…	…	…	24
	2005	–	–	–	–	–	–	23.6	25.4	17.7	65.6	63.3	68.4	10.7	8.1	13.4	…	…	…	24
	2006	–	–	–	–	–	–	29.3	32.5	19.3	57.4	55.4	59.7	13.3	8.9	18.5	…	…	…	24
	2007	–	–	–	–	–	–	24.3	26.9	15.9	59.9	57.9	62.4	14.6	10.2	19.9	…	…	…	24
立陶宛	2000	…	…	…	…	…	…	16.9	19.8	12.9	76.0	74.4	78.2	7.1	5.8	8.8	…	…	…	28
	2003	…	…	…	…	…	…	16.2	20.5	11.6	70.4	68.0	72.9	13.4	11.5	15.5	…	…	…	28
	2004	…	…	…	…	…	…	15.0	18.9	11.2	68.5	67.5	69.5	16.5	13.6	19.3	…	…	…	28
	2005	…	…	…	…	…	…	16.4	21.5	11.6	69.5	66.3	72.5	14.1	12.4	16.1	…	…	…	28
	2006	…	…	…	…	…	…	15.2	19.3	10.8	71.1	70.0	72.3	13.5	10.7	16.9	…	…	…	28
	2007	…	…	…	…	…	…	14.2	17.3	10.8	70.4	70.5	70.3	15.4	11.8	19.0	…	…	…	28
卢森堡	2000	…	…	…	…	…	…	54.9	54.3	55.6	34.6	34.7	34.6	10.1	10.7	9.5	0.3	0.3	0.3	29
	2003	…	…	…	…	…	…	46.6	47.0	46.1	36.0	35.1	37.2	17.1	17.6	16.4	0.3	0.3	0.3	29
	2004	…	…	…	…	…	…	47.9	48.8	46.8	36.6	36.0	37.4	14.9	14.9	15.0	0.6	0.4	0.8	29
	2005	…	…	…	…	…	…	50.1	51.4	48.5	36.1	35.5	37.0	13.0	12.7	13.3	0.8	0.4	1.3	29
	2006	…	…	…	…	…	…	50.7	52.4	48.8	35.8	34.8	36.9	12.3	12.2	12.5	1.2	0.6	1.9	29
	2007	…	…	…	…	…	…	51.8	53.8	49.8	35.0	34.2	35.9	11.5	11.3	11.7	1.6	0.7	2.5	29
马耳他	2003	…	…	…	…	…	…	91.0	73.1	86.0	…	…	…	–	–	–	…	…	…	30
	2004	…	…	…	…	…	…	80.8	83.8	71.9	…	…	…	14.4	16.0	12.0	…	…	…	30
	2005 b	…	…	…	…	…	…	82.4	86.0	76.6	11.0	13.1	23.4	4.3	–	–	…	…	…	31
	2006	…	…	…	…	…	…	81.3	83.5	78.0	12.5	12.0	13.3	–	–	–	…	…	…	31
	2007	…	…	…	…	…	…	80.4	82.9	76.5	8.8	7.2	11.4	–	–	–	…	…	…	31
荷兰	2000	–	–	–	2.0	2.7	–	47.2	45.0	49.6	33.7	30.6	36.3	16.7	20.7	14.1	…	…	…	32
	2003	1.2	1.1	2.0	1.5	1.7	1.3	41.9	42.1	41.8	36.7	34.8	39.2	18.4	20.2	16.3	…	…	…	32
	2004	1.7	1.8	2.1	1.2	1.4	1.0	40.4	38.8	42.2	38.2	37.4	39.1	18.2	20.5	15.1	…	…	…	32
	2005	1.6	1.4	1.5	0.9	0.9	–	40.2	38.6	42.4	39.1	39.1	39.0	18.4	19.1	15.6	…	…	…	32
	2006	1.7	2.3	1.7	0.8	1.1	–	40.4	38.5	41.7	39.8	39.1	40.0	16.9	19.0	15.6	…	…	…	32
	2007	1.3	1.4	1.3	0.7	1.4	–	41.3	41.3	42.0	39.7	38.5	40.8	17.0	18.2	15.3	…	…	…	32
波兰	2000	…	…	…	…	…	…	20.4	23.0	18.1	73.2	73.0	73.5	6.4	4.1	8.5	…	…	…	33
	2003	…	…	…	…	…	…	17.7	19.1	16.2	76.1	75.9	76.4	6.1	4.9	7.4	…	…	…	34
	2004	…	…	…	…	…	…	18.0	19.5	16.3	75.4	75.3	75.5	6.7	5.2	8.3	…	…	…	34
	2005	…	…	…	…	…	…	17.7	19.9	15.3	74.8	74.6	74.9	7.6	5.5	9.7	…	…	…	34
	2006	…	…	…	…	…	…	17.1	19.5	14.5	74.2	73.8	74.7	8.7	6.7	10.9	…	…	…	34
	2007	…	…	…	…	…	…	16.4	19.0	13.8	73.2	73.8	72.6	10.4	7.2	13.7	…	…	…	34
葡萄牙	2000	…	…	…	4.0	3.0	4.7	74.4	79.8	70.1	14.2	11.5	16.3	5.4	4.5	6.1	…	…	…	35
	2003	…	…	…	3.9	4.7	3.2	70.7	74.9	67.0	14.6	12.9	16.0	10.6	5.7	11.5	…	…	…	36
	2004 b	…	…	…	3.3	3.6	3.1	72.0	75.7	68.7	14.3	12.9	15.6	10.4	7.8	12.6	…	…	…	37
	2005 b	…	…	…	3.4	3.9	3.0	70.2	74.1	67.0	15.3	13.7	16.8	10.9	8.4	13.3	…	…	…	38
	2006	…	…	…	3.9	4.0	3.8	68.0	71.5	65.1	16.8	16.6	17.0	11.3	8.0	14.1	…	…	…	38
	2007	…	…	…	3.3	3.9	2.8	68.1	72.5	64.7	15.4	14.6	16.0	13.2	8.9	16.6	…	…	…	38

	年份	受教育少于一年（%）			学前教育（%）			初等教育（%）			中等教育（%）			高等教育（%）			无法定义或未列出的受教育水平（%）			注 No.
		MF	M	F	MF	M	F	MF	M	F	MF	M	F	MF	M	F	MF	M	F	
罗马尼亚	2000	1.2	1.4	0.8	…	…	…	20.0	20.1	19.8	74.4	74.3	74.5	4.4	4.2	4.9	…	…	…	31
	2003	0.7	0.7	0.6	…	…	…	23.7	25.2	21.7	70.2	68.9	72.0	5.4	5.2	5.7	…	…	…	31
	2004	1.6	2.0	1.1	…	…	…	26.0	27.9	23.1	66.9	66.3	67.9	5.4	3.8	8.0	…	…	…	31
	2005	1.3	1.7	0.7	…	…	…	23.1	24.0	21.6	69.1	69.1	69.0	6.6	4.0	6.9	…	…	…	31
	2006	1.5	1.7	1.1	…	…	…	24.6	26.8	20.9	67.2	66.7	68.2	6.8	5.0	9.8	…	…	…	31
	2007	1.9	2.3	1.2	…	…	…	25.8	27.4	23.0	66.3	65.5	67.4	6.1	4.7	8.3	…	…	…	31
斯洛伐克	2000	…	…	…	…	…	…	19.7	18.9	20.7	77.1	77.5	76.6	3.2	3.6	2.7	…	…	…	39
	2003	…	…	…	–	–	–	23.2	22.2	24.4	73.3	74.9	71.3	3.6	2.9	4.5	…	…	…	40
	2004	…	…	…	–	–	–	24.1	23.2	24.8	71.7	72.8	70.6	4.3	4.1	4.5	…	…	…	40
	2005	…	…	…	–	–	–	27.1	27.2	27.1	68.3	68.6	68.1	4.5	4.2	4.9	…	…	…	40
	2006	…	…	…	0.3	0.2	0.2	28.0	28.5	27.5	68.1	68.2	68.0	3.7	3.0	4.4	…	…	…	40
	2007	…	…	…	0.1	–	0.1	29.2	30.4	28.1	65.3	65.5	65.1	5.3	4.0	6.7	…	…	…	40
斯洛文尼亚	2000	–	–	–	…	…	…	31.9	33.3	33.3	63.8	66.7	60.6	4.3	–	6.1	…	…	…	41
	2003	–	–	–	…	…	…	28.6	31.3	25.8	65.1	56.3	61.3	3.2	3.1	9.7	…	…	…	41
	2004	–	–	–	…	…	…	26.2	32.3	23.3	63.9	61.3	66.7	8.2	3.2	6.7	…	…	…	41
	2005	–	–	–	…	…	…	22.4	26.7	17.9	69.0	63.3	71.4	8.6	3.3	7.1	…	…	…	41
	2006 **b**	…	…	…	–	–	–	21.3	21.4	18.2	67.2	64.3	69.7	11.5	10.7	12.1	…	…	…	42
	2007	…	…	…	–	–	–	25.0	35.0	17.9	60.4	55.0	64.3	12.5	15.0	17.9	…	…	…	42
西班牙	1980	3.5	4.4	1.5	10.3	13.5	3.6	69.0	68.7	69.5	7.4	5.6	11.3	9.8	7.7	14.1	…	…	…	43
	1990	1.8	2.5	1.2	8.7	12.0	5.6	61.2	62.9	59.7	16.0	13.1	18.6	12.3	9.5	14.9	…	…	…	43
	2000	1.1	1.1	1.1	…	…	…	57.7	64.5	52.9	19.3	16.5	21.3	21.9	17.9	24.7	…	…	…	44
	2003	1.0	1.2	0.9	…	…	…	55.6	60.6	51.8	20.9	19.1	22.3	22.5	19.2	25.0	…	…	…	44
	2004	1.2	1.3	1.1	…	…	…	54.4	60.2	49.9	21.6	19.3	23.5	22.7	19.2	25.5	…	…	…	44
	2005	0.9	0.9	0.9	…	…	…	53.9	58.3	50.3	22.1	19.9	23.8	23.1	20.9	25.0	…	…	…	44
	2006	0.9	1.0	0.8	…	…	…	53.9	58.8	50.3	22.9	20.4	24.7	22.3	19.8	24.2	…	…	…	44
	2007	1.2	1.3	1.0	…	…	…	54.8	58.4	52.0	23.6	21.9	25.0	20.4	18.4	22.0	…	…	…	44
瑞典	1990	…	…	…	…	…	…	41.3	35.0	41.7	46.7	47.5	44.4	12.0	12.5	11.1	1.3	–	–	45
	2000	…	…	…	…	…	…	34.0	33.3	34.8	48.8	50.0	47.2	15.8	15.8	15.7	2.0	1.8	2.2	45
	2003	…	…	…	…	…	…	24.4	23.6	25.5	56.2	56.9	56.4	18.0	17.9	18.1	1.4	1.6	1.1	46
	2004	…	…	…	…	…	…	23.2	24.1	22.0	58.1	59.1	56.9	17.9	16.1	20.2	1.2	1.5	0.9	46
	2005 **b**	…	…	…	…	…	…	25.9	26.4	25.2	54.4	56.8	51.2	17.8	15.5	21.1	1.5	1.4	1.6	47
	2006	…	…	…	…	…	…	27.2	28.2	25.4	52.0	52.7	51.8	19.1	16.8	21.9	1.6	1.5	0.9	46
	2007	…	…	…	…	…	…	32.2	32.2	32.4	46.0	46.3	45.3	17.1	16.8	17.6	4.0	4.0	4.1	24
英国	1990	…	…	…	…	…	…	13.7	12.6	15.8	36.1	36.3	37.5	5.8	4.6	7.7	42.6	46.5	38.9	48
	2000	…	…	…	…	…	…	32.7	33.7	32.0	45.0	44.3	47.4	11.0	10.8	11.7	10.2	11.2	8.9	48
	2003	…	…	…	…	…	…	29.9	30.9	29.2	43.9	42.7	47.2	14.4	15.1	13.8	10.6	11.2	9.8	48
	2004	…	…	…	…	…	…	34.1	35.4	33.5	40.9	39.9	43.6	14.8	15.5	14.5	8.7	9.2	8.4	48
	2005	…	…	…	…	…	…	36.9	38.9	34.1	46.7	44.1	50.5	15.7	16.3	14.9	0.7	0.8	0.6	48
	2006	…	…	…	…	…	…	36.8	38.2	34.9	47.5	46.4	49.0	15.0	14.5	15.6	0.7	0.9	0.5	48
	2007	…	…	…	…	…	…	37.3	39.4	34.6	47.7	46.5	49.4	14.3	13.3	15.6	0.7	0.8	0.5	48
北美洲																				
加拿大	1980	…	…	…	…	…	…	33.6	35.9	30.7	33.4	38.5	27.2	33.0	25.7	42.1	…	…	…	49
	1990	…	…	…	…	…	…	42.5	45.9	38.1	31.0	28.3	34.4	26.5	25.7	27.5	…	…	…	49
	2000	…	…	…	…	…	…	33.0	35.2	30.4	42.3	43.2	41.3	24.6	21.7	28.3	…	…	…	50
	2003	…	…	…	…	…	…	29.0	31.2	26.2	40.9	41.9	39.6	30.1	26.9	34.2	…	…	…	50
	2004	…	…	…	…	…	…	28.3	30.1	26.0	41.9	43.6	39.7	29.9	26.3	34.3	…	…	…	50
	2005	…	…	…	…	…	…	27.1	28.6	25.1	41.5	43.4	39.1	31.5	28.0	35.8	…	…	…	50
	2006	…	…	…	…	…	…	28.4	29.7	26.7	40.5	42.8	37.7	31.1	27.4	35.7	…	…	…	50
	2007	…	…	…	…	…	…	27.7	29.7	25.3	41.1	43.6	37.9	31.2	26.7	36.8	…	…	…	50
美国	2000	…	…	…	…	…	…	21.8	22.1	21.5	36.3	37.5	35.1	41.9	40.4	43.5	…	…	…	51
	2003	…	…	…	…	…	…	18.4	19.2	17.3	34.3	34.5	34.1	47.3	46.3	48.5	…	…	…	51
	2004	…	…	…	…	…	…	19.3	20.2	18.2	34.3	35.2	33.2	46.5	44.6	48.6	…	…	…	51
	2005	…	…	…	…	…	…	19.1	19.6	18.5	35.5	37.2	33.7	45.4	43.2	47.9	…	…	…	51
	2006	…	…	…	…	…	…	18.6	20.5	16.6	35.5	37.7	33.2	45.8	41.8	50.2	…	…	…	51
	2007	…	…	…	…	…	…	18.7	20.6	16.5	35.5	37.5	33.3	45.7	42.0	50.2	…	…	…	51
其他发达经济体																				
澳大利亚	1990	0.3	0.3	0.3	…	…	…	45.0	48.8	40.1	19.0	18.1	20.2	29.1	26.9	32.0	…	…	…	52
	2000	0.1	0.1	–	…	…	…	44.3	45.3	43.1	40.8	40.5	41.1	14.9	14.1	15.8	…	…	…	52
	2003	0.1	0.1	0.3	…	…	…	50.0	51.0	48.9	32.0	31.5	32.5	17.9	17.5	18.3	…	…	…	52
	2004	–	–	0.1	…	…	…	48.3	50.6	45.5	32.7	31.8	33.8	19.0	17.6	20.6	…	…	…	52
	2005	0.1	0.2	0.1	…	…	…	51.4	53.2	49.5	29.1	28.7	29.6	19.3	17.9	20.9	…	…	…	52
	2006 **b**	…	…	…	…	…	…	47.1	49.3	44.4	36.8	37.6	36.0	16.1	13.1	19.6	…	…	…	53
	2007	…	…	…	…	…	…	48.0	48.8	47.1	34.1	36.1	32.0	17.9	15.0	20.8	…	…	…	53

	年份		受教育少于一年（%）			学前教育（%）			初等教育（%）			中等教育（%）			高等教育（%）			无法定义或未列出的受教育水平（%）			注 No.
			MF	M	F	MF	M	F	MF	M	F	MF	M	F	MF	M	F	MF	M	F	
以色列	2000		0.8	0.9	0.8	…	…	…	23.3	31.8	14.1	43.9	39.0	49.2	31.7	28.0	35.7	0.1	0.1	0.1	54
	2003	b	0.6	–	0.7	0.8	0.9	–	10.7	15.1	6.1	11.9	14.5	9.3	75.8	68.6	83.2	–	–	–	55
	2004		1.0	0.9	1.1	1.5	1.4	1.6	10.4	14.7	6.2	11.8	13.5	10.2	74.9	69.2	80.4	0.4	–	–	55
	2005		0.7	–	1.0	1.2	1.0	1.4	10.8	15.5	6.1	12.4	15.6	9.1	74.5	67.0	82.1	–	–	–	55
	2006		0.7	–	–	1.6	1.9	1.3	11.2	15.7	6.7	12.5	15.1	9.9	73.5	66.2	81.0	0.5	–	–	55
	2007		0.7	–	0.8	1.2	1.2	1.1	12.2	17.4	7.2	12.8	15.4	10.3	72.5	65.0	79.9	0.6	–	1.1	55
日本	1990		–	–	–	…	…	…	32.6	39.2	23.2	51.1	48.1	55.4	16.3	12.7	21.4	…	…	…	56
	2000		–	–	–	…	…	…	22.6	25.1	17.9	49.4	47.7	50.4	23.0	24.6	28.5	…	…	…	56
	2003		…	…	…	…	…	…	70.8	73.0	67.4	…	…	…	29.2	26.5	32.6	…	…	…	57
	2004		…	…	…	…	…	…	70.4	72.9	66.4	…	…	…	29.3	27.1	33.6	…	…	…	57
	2005		…	…	…	…	…	…	69.1	72.4	64.0	…	…	…	30.6	27.0	36.0	…	…	…	57
	2006		…	…	…	…	…	…	68.3	68.9	67.3	…	…	…	31.7	31.1	32.7	…	…	…	57
	2007		…	…	…	…	…	…	67.2	69.8	64.0	…	…	…	32.8	30.9	36.0	…	…	…	57
新西兰	1990		…	…	…	33.5	35.5	30.5	1.3	1.4	1.2	36.9	37.7	35.6	26.2	23.1	30.5	2.3	2.3	2.4	58
	2000		…	…	…	34.7	38.8	29.6	0.9	0.6	1.2	49.3	46.8	52.4	11.9	10.6	13.8	3.2	3.3	3.0	59
	2003	b	…	…	…	28.8	31.7	25.7	1.5	1.5	1.5	51.5	48.5	55.1	14.4	14.8	14.2	3.7	3.7	3.7	60
	2004	b	…	…	…	…	…	…	31.3	33.3	29.5	38.0	39.9	36.3	26.7	23.5	29.7	3.9	3.3	4.5	61
	2005		…	…	…	…	…	…	31.0	32.7	29.4	39.1	39.5	38.7	25.9	24.3	27.4	4.0	3.5	4.5	62
	2006		…	…	…	…	…	…	29.8	31.6	27.5	39.6	40.8	38.2	26.6	22.8	30.4	4.1	4.4	3.9	62
	2007		…	…	…	…	…	…	30.6	33.6	27.6	38.8	39.1	38.6	26.9	24.1	30.1	3.6	3.8	3.8	62
圣马力诺	2003		…	…	…	…	…	…	47.0	41.4	49.1	30.3	34.5	28.6	22.5	23.0	22.2	0.3	1.1	–	63
	2004		…	…	…	…	…	…	43.7	34.6	46.4	28.9	39.8	25.7	27.4	25.6	27.9	–	–	–	63
	2005		…	…	…	…	…	…	33.2	31.7	33.8	38.3	45.0	35.8	28.5	23.3	30.3	–	–	–	63
	2006		…	…	…	…	…	…	31.4	32.6	31.0	36.8	36.1	37.0	31.6	31.3	31.7	0.2	–	0.2	63
	2007		…	…	…	…	…	…	28.6	28.1	28.8	40.7	48.4	37.9	30.4	23.5	32.9	0.3	–	0.5	63
西欧（非欧盟）																					
冰岛	1998		…	…	…	…	…	…	59.5	50.0	69.6	28.6	38.9	26.1	9.5	11.1	8.7	–	–	–	64
	1999		…	…	…	…	…	…	67.7	58.3	73.7	19.4	8.3	26.3	16.1	25.0	10.5	–	–	–	64
	2000		…	…	…	…	…	…	64.9	80.0	63.6	21.6	26.7	27.3	10.8	6.7	9.1	–	–	–	64
	2001	b	…	…	…	…	…	…	62.2	66.7	57.9	27.0	22.2	31.6	8.1	11.1	5.3	–	–	–	65
	2002		…	…	…	…	…	…	60.4	58.1	63.6	22.6	19.4	27.3	15.1	16.1	13.6	–	–	–	65
挪威	2000		…	…	…	…	…	…	23.5	21.7	25.7	53.1	54.3	51.4	21.0	17.4	20.0	2.5	2.2	2.9	66
	2003		–	–	–	2.8	1.6	2.2	22.4	22.6	20.0	53.3	53.2	53.3	20.6	19.4	24.4	…	…	…	67
	2004		–	–	–	0.9	1.6	2.2	21.7	24.2	20.0	54.7	53.2	55.6	21.7	19.4	24.4	…	…	…	67
	2005		–	–	–	2.7	1.6	2.0	24.3	24.6	24.5	54.1	55.7	53.1	18.9	18.0	20.4	…	…	…	67
	2006		–	–	–	3.6	2.2	5.1	21.4	24.4	17.9	56.0	55.6	59.0	19.0	17.8	17.9	…	…	…	68
	2007		–	–	–	3.2	2.9	3.4	25.4	26.5	24.1	49.2	52.9	44.8	20.6	20.6	24.1	…	…	…	68
瑞士	2000		…	…	…	…	…	…	30.2	33.3	27.3	57.5	51.0	63.6	12.3	13.7	9.1	…	…	…	69
	2003		…	…	…	…	…	…	26.5	25.6	27.4	54.7	50.0	59.5	18.8	24.4	13.1	…	…	…	69
	2004		…	…	…	…	…	…	28.5	27.0	30.3	54.2	52.8	56.2	16.8	20.2	13.5	…	…	…	69
	2005		…	…	…	…	…	…	28.1	26.1	29.9	53.5	52.3	54.6	17.3	20.5	15.5	…	…	…	69
	2006		…	…	…	…	…	…	28.4	26.9	30.8	53.8	52.6	54.9	17.2	20.5	14.3	…	…	…	69
	2007		…	…	…	…	…	…	28.8	29.4	28.4	53.2	48.5	56.8	17.9	22.1	14.8	…	…	…	69
中欧、东南欧（非欧盟）和独联体																					
中欧和东南欧																					
阿尔巴尼亚	1998		…	…	…	…	…	…	51.1	57.7	44.0	42.1	35.4	49.3	6.8	6.9	6.7	…	…	…	70
	2001	b	1.4	1.4	1.4	…	…	…	56.3	61.1	51.8	38.9	34.5	43.1	3.3	2.9	3.7	…	…	…	71
	2002	b	1.8	2.3	1.2	…	…	…	56.4	58.0	54.8	38.4	36.2	40.6	3.4	3.5	3.4	…	…	…	72
波斯尼亚和黑塞哥维那	2006		…	…	…	…	…	…	95.6	96.3	94.7	…	…	…	4.4	3.7	5.3	…	…	…	73
	2007	b	…	…	…	…	…	…	95.7	96.6	95.1	…	…	…	4.0	3.4	4.9	…	…	…	73
克罗地亚	2000		–	–	–	–	–	–	19.0	19.6	18.4	67.1	68.0	66.1	13.5	12.1	15.0	–	–	–	74
	2003	b	…	…	…	…	…	…	22.0	22.9	21.2	67.7	68.2	67.1	9.5	8.0	11.1	0.7	0.9	0.6	75
	2004		…	…	…	…	…	…	21.5	21.0	21.9	68.4	69.0	67.8	9.8	9.6	9.9	0.4	0.4	0.4	75
	2005		…	…	…	…	…	…	18.5	18.3	18.6	72.6	73.4	71.8	9.0	8.3	9.7	–	–	–	75
	2006		…	…	…	…	…	…	20.3	21.5	19.3	69.1	69.6	68.8	9.7	7.7	11.5	–	–	–	75
	2007		…	…	…	…	…	…	20.4	20.1	20.7	67.8	69.0	66.6	11.8	10.9	12.8	–	–	–	75
黑山共和国	2005		0.5	–	1.0	1.0	1.6	0.5	89.1	89.3	89.1	3.2	2.9	3.5	6.2	6.1	6.0	…	…	…	76
土耳其	2000		4.5	3.6	7.2	2.8	2.9	2.6	54.7	61.6	34.6	28.4	24.8	38.5	9.6	7.2	16.3	…	…	…	55
	2003		4.5	3.2	8.3	2.6	2.6	2.4	58.0	64.9	38.8	23.3	21.0	29.9	11.6	8.4	20.7	…	…	…	55
	2004		2.3	2.3	2.1	2.4	2.8	1.1	53.5	60.0	33.7	29.2	25.7	39.7	12.7	9.2	23.2	…	…	…	55
	2005		2.4	2.2	2.8	3.9	4.4	2.3	54.3	61.0	35.1	28.1	24.2	39.3	11.4	8.1	20.7	…	…	…	55
	2006		2.2	2.4	1.8	3.9	4.4	2.5	53.8	60.1	36.9	28.1	24.3	38.4	12.0	8.8	20.4	…	…	…	55
	2007		2.3	2.5	1.9	4.5	5.3	2.5	52.3	59.5	32.8	28.2	24.1	39.1	12.7	8.6	23.6	…	…	…	55

	年份		受教育少于一年 (%)			学前教育 (%)			初等教育 (%)			中等教育 (%)			高等教育 (%)			无法定义或未列出的受教育水平 (%)			注 No.
			MF	M	F	MF	M	F	MF	M	F	MF	M	F	MF	M	F	MF	M	F	
独立国家联合体（独联体）																					
亚美尼亚	2000		…	…	…	…	…	…	6.8	…	…	81.2	…	…	12.0	…	…	…	…	…	77
	2003		…	…	…	…	…	…	5.4	…	…	81.6	…	…	13.0	…	…	…	…	…	77
	2004		…	…	…	…	…	…	5.2	…	…	81.5	…	…	13.3	…	…	…	…	…	77
	2005		…	…	…	…	…	…	6.2	…	…	79.8	…	…	14.0	…	…	…	…	…	77
	2006		…	…	…	…	…	…	5.8	…	…	79.8	…	…	14.4	…	…	…	…	…	77
	2007		…	…	…	…	…	…	5.2	…	…	83.0	…	…	11.9	…	…	…	…	…	77
阿塞拜疆	2003		0.1	0.1	0.1	…	…	…	8.9	7.9	10.0	82.7	82.4	83.1	8.3	9.6	6.8	…	…	…	78
	2004	b	–	–	–	…	…	…	6.4	6.3	6.4	83.3	83.3	83.4	10.3	10.3	10.2	…	…	…	79
	2005		–	–	–	…	…	…	4.8	4.8	4.9	83.5	83.5	83.4	11.7	11.9	11.7	…	…	…	79
	2006	b	–	–	–	…	…	…	2.9	2.5	3.4	84.0	82.5	85.7	13.2	15.2	10.8	…	…	…	78
	2007		–	–	–	…	…	…	6.3	7.3	4.8	78.9	76.9	81.8	14.9	15.8	13.4	…	…	…	78
白俄罗斯	2000		…	…	…	…	…	…	7.5	6.1	8.4	14.6	10.6	17.2	77.9	83.2	74.4	…	…	…	80
	2003		…	…	…	…	…	…	9.1	8.9	9.2	18.1	11.7	21.3	72.8	79.4	69.4	…	…	…	80
	2004		…	…	…	…	…	…	10.2	11.8	9.9	40.6	33.7	43.7	49.2	55.3	46.4	…	…	…	80
	2005		…	…	…	…	…	…	10.3	10.4	10.3	39.5	32.2	42.7	50.2	57.3	47.0	…	…	…	80
	2006		…	…	…	…	…	…	10.2	10.2	10.2	40.0	33.3	43.4	49.8	56.5	46.4	…	…	…	80
	2007		…	…	…	…	…	…	10.0	10.5	9.7	39.0	32.9	42.2	51.0	56.6	48.1	…	…	…	80
格鲁吉亚	2000		…	…	…	…	…	…	6.4	6.3	6.6	57.9	57.1	59.0	33.1	34.4	31.4	2.6	2.2	3.0	81
	2003		…	…	…	…	…	…	4.2	4.8	3.7	56.5	58.0	55.0	38.7	36.6	41.0	0.6	0.7	0.4	81
	2004		…	…	…	…	…	…	5.8	7.5	3.8	57.6	56.4	59.0	36.5	36.1	36.8	0.2	0.1	0.4	81
	2005		…	…	…	…	…	…	4.8	6.6	2.5	56.0	54.9	57.5	38.8	38.3	39.6	0.4	0.2	0.6	81
	2006		…	…	…	…	…	…	5.1	5.7	4.3	54.9	55.3	54.3	39.9	39.0	41.3	–	–	–	81
	2007		…	…	…	…	…	…	5.1	5.8	4.3	52.5	53.5	51.2	42.3	40.6	44.4	–	–	–	81
哈萨克斯坦	1999		…	…	…	…	…	…	7.2	…	…	52.5	…	…	40.3	…	…	…	…	…	82
	2001	b	…	…	…	…	…	…	10.7	13.3	8.7	50.8	53.6	48.6	38.5	33.2	42.6	…	…	…	18
	2002		…	…	…	…	…	…	7.8	9.7	6.6	54.1	57.7	51.7	38.0	32.6	41.8	…	…	…	18
	2003		…	…	…	…	…	…	7.9	10.0	6.4	53.2	57.5	50.1	38.9	32.5	43.5	…	…	…	18
	2004		…	…	…	…	…	…	7.3	8.8	6.3	53.1	56.6	50.4	39.6	34.6	43.3	…	…	…	18
吉尔吉斯斯坦	2000		…	…	…	…	…	…	30.7	28.8	32.4	59.4	62.8	56.5	9.9	8.4	11.1	…	…	…	83
	2002	b	–	–	–	–	–	–	13.7	13.6	13.9	73.9	74.9	73.0	12.3	11.5	13.1	…	…	…	84
	2003		–	–	–	–	–	–	10.0	11.4	8.4	79.1	78.0	80.2	11.0	10.6	11.4	…	…	…	84
	2004		–	–	–	–	–	–	9.9	12.4	6.9	79.5	76.9	82.3	10.7	10.4	10.8	…	…	…	84
	2005		–	–	–	–	–	–	13.1	15.8	10.3	73.2	71.6	74.9	13.7	12.7	14.9	…	…	…	84
	2006		–	–	–	–	–	–	13.3	15.0	11.4	77.1	76.0	78.2	9.6	9.1	10.2	…	…	…	84
俄罗斯联邦	2000		…	…	…	…	…	…	16.6	19.7	13.2	43.7	45.5	41.6	39.6	34.7	45.2	…	…	…	85
	2003		…	…	…	…	…	…	15.0	18.0	11.7	50.2	54.0	46.1	34.8	28.0	42.2	…	…	…	85
	2004		…	…	…	…	…	…	15.1	18.2	11.7	51.4	54.7	47.9	33.5	27.1	40.5	…	…	…	85
	2005		…	…	…	…	…	…	15.4	18.2	12.6	51.9	56.4	47.0	32.7	25.5	40.4	…	…	…	85
	2006		…	…	…	…	…	…	15.6	18.5	12.4	51.9	54.8	48.7	32.4	26.6	39.0	…	…	…	85
	2007		…	…	…	…	…	…	13.7	16.1	10.9	54.2	58.1	49.5	32.1	25.7	39.5	…	…	…	85
塔吉克斯坦	2000		…	…	…	…	…	…	16.2	16.2	16.2	79.2	79.4	78.9	4.4	4.4	4.4	…	…	…	86
	2003		…	…	…	…	…	…	21.0	25.4	17.2	73.7	69.5	77.2	5.4	5.1	3.4	…	…	…	86
	2004		…	…	…	…	…	…	51.8	50.9	52.5	42.8	41.4	43.8	5.7	8.3	3.7	…	…	…	86
	2005		…	…	…	…	…	…	56.4	60.1	53.4	39.7	35.4	43.3	3.9	4.5	3.4	…	…	…	86
	2006		…	…	…	…	…	…	59.4	54.7	63.2	36.3	40.6	32.8	4.5	5.7	3.6	…	…	…	86
	2007		…	…	…	…	…	…	66.5	65.8	67.1	28.8	29.1	28.6	4.6	5.6	3.9	…	…	…	86
乌克兰	2000		…	…	…	…	…	…	8.6	10.4	6.8	58.0	63.4	52.4	33.3	26.2	40.8	…	…	…	87
	2003		…	…	…	…	…	…	6.4	7.5	5.2	60.5	65.8	54.6	33.1	26.7	40.2	…	…	…	87
	2004		…	…	…	…	…	…	13.5	15.1	11.8	54.3	56.5	51.8	32.2	28.4	36.4	…	…	…	87
	2005		…	…	…	…	…	…	10.9	13.2	8.3	53.2	56.8	49.0	35.8	30.0	42.7	…	…	…	87
	2006		…	…	…	…	…	…	8.9	10.5	7.1	52.4	55.5	48.9	38.7	34.0	44.0	…	…	…	87
	2007		…	…	…	…	…	…	8.5	11.0	5.7	52.2	55.6	48.2	39.3	33.5	46.2	…	…	…	87
亚洲和太平洋地区																					
东亚																					
中国香港	2000		1.7	1.9	1.4	…	…	…	47.9	54.1	36.3	41.9	36.7	51.8	8.4	7.3	10.6	…	…	…	88
	2003		1.7	1.6	1.9	…	…	…	48.2	53.1	38.9	39.2	35.0	47.1	10.9	10.3	12.1	…	…	…	88
	2004		1.8	1.5	2.2	…	…	…	48.2	51.6	42.4	39.6	36.9	44.4	10.4	10.0	11.0	…	…	…	88
	2005		1.5	1.3	1.7	…	…	…	45.8	50.2	37.7	39.7	36.7	45.0	13.0	11.7	15.5	…	…	…	88
	2006		1.4	1.5	1.3	…	…	…	43.2	47.2	35.9	41.7	38.9	46.7	13.7	12.4	15.9	…	…	…	88
	2007		1.2	1.1	1.2	…	…	…	40.8	44.3	35.4	41.4	39.4	44.4	16.6	15.2	18.9	…	…	…	88

	年份	受教育少于一年（%）			学前教育（%）			初等教育（%）			中等教育（%）			高等教育（%）			无法定义或未列出的受教育水平（%）			注 No.
		MF	M	F	MF	M	F	MF	M	F	MF	M	F	MF	M	F	MF	M	F	
韩国	1990	…	…	…	…	…	…	22.0	23.4	18.8	52.9	51.7	55.6	25.1	24.9	25.6	…	…	…	89
	2000 b	…	…	…	…	…	…	24.9	24.1	26.8	51.6	51.6	51.2	23.5	24.3	22.0	…	…	…	90
	2003	…	…	…	…	…	…	16.1	15.7	17.1	52.8	53.7	51.3	30.9	30.5	31.6	…	…	…	91
	2004	…	…	…	…	…	…	17.3	17.2	17.2	53.5	55.1	50.9	29.3	27.7	31.9	…	…	…	91
	2005	…	…	…	…	…	…	17.4	18.1	15.9	53.2	53.3	53.0	29.4	28.6	31.1	…	…	…	91
	2006	…	…	…	…	…	…	16.4	16.9	15.6	50.8	52.7	46.9	32.9	30.4	37.4	…	…	…	91
	2007	…	…	…	…	…	…	15.2	14.9	15.4	49.7	50.9	47.0	35.2	34.0	36.8	…	…	…	91
中国澳门	1990	…	…	…	26.4	32.0	25.0	64.2	56.0	71.4	5.7	8.0	3.6	–	–	–	1.9	–	–	92
	2000	…	…	…	16.9	15.3	20.5	65.5	68.4	59.1	11.3	11.2	11.4	6.3	4.1	9.1	–	–	–	93
	2003	1.5	1.2	2.1	12.2	14.5	8.3	64.9	66.3	62.5	13.7	12.0	18.7	7.6	6.0	10.4	–	–	–	94
	2004	0.9	1.5	2.3	12.5	14.7	9.1	64.3	66.2	61.4	14.3	13.2	15.9	7.1	5.9	9.1	–	–	–	94
	2005	1.0	1.7	2.2	10.7	8.6	11.1	63.1	63.8	60.0	16.5	15.5	17.8	8.7	8.6	8.9	–	–	–	94
	2006	1.0	1.8	–	9.6	8.9	8.3	58.7	62.5	54.2	19.2	14.3	25.0	12.5	12.5	12.5	–	–	–	94
	2007	2.1	1.8	2.6	6.3	5.4	7.7	58.9	64.3	51.3	22.1	19.6	23.1	9.5	8.9	12.8	–	–	–	94
蒙古	2000	2.8	…	…	…	…	…	30.6	…	…	48.4	…	…	18.1	…	…	…	…	…	95
	2001	2.0	…	…	…	…	…	29.3	…	…	49.6	…	…	18.9	…	…	…	…	…	95
	2002	0.6	…	…	…	…	…	36.2	…	…	43.4	…	…	19.7	…	…	…	…	…	95
	2003	0.9	…	…	…	…	…	36.0	…	…	43.8	…	…	19.2	…	…	…	…	…	95
	2004	0.8	…	…	…	…	…	35.1	…	…	45.8	…	…	18.5	…	…	…	…	…	95
中国台湾省	2000	0.7	…	…	…	…	…	33.8	…	…	9.2	…	…	56.3	…	…	…	…	…	96
	2003	0.6	…	…	…	…	…	32.8	…	…	9.5	…	…	57.1	…	…	…	…	…	96
	2004	0.2	…	…	…	…	…	29.1	…	…	9.3	…	…	61.2	…	…	…	…	…	96
	2005	0.2	…	…	…	…	…	25.9	…	…	9.6	…	…	64.5	…	…	…	…	…	96
	2006	–	…	…	…	…	…	22.4	…	…	9.0	…	…	68.6	…	…	…	…	…	96
	2007	–	…	…	…	…	…	21.2	…	…	8.8	…	…	69.7	…	…	…	…	…	96
太平洋岛国																				
斐济	2005	1.3	2.1	–	…	…	…	51.6	63.8	32.8	45.2	33.0	63.9	1.9	2.1	1.6	…	…	…	97
新喀里多尼亚	1996	2.0	2.2	1.8	…	…	…	70.8	75.2	66.0	23.7	19.6	28.2	3.5	3.0	4.1	…	…	…	98
南亚																				
孟加拉国	1996	14.2	9.9	23.0	…	…	…	47.4	46.0	50.2	28.4	32.2	20.8	9.9	11.8	6.0	…	…	…	99
	2000	14.5	11.6	19.1	…	…	…	54.3	55.3	52.9	22.7	22.9	22.4	8.4	10.2	5.7	…	…	…	100
	2005 b	26.6	20.1	36.1	…	…	…	33.0	32.2	34.4	24.4	28.2	18.6	15.9	19.4	10.7	0.1	0.1	0.1	101
印度	1990	…	…	…	…	…	…	39.1	40.7	32.1	35.6	35.0	38.0	25.3	24.3	29.9	…	…	…	102
	2000	…	…	…	…	…	…	29.5	31.2	24.3	40.4	40.0	41.6	30.1	28.8	34.1	…	…	…	102
	2001	…	…	…	…	…	…	27.7	29.8	21.7	41.4	41.3	41.4	31.0	28.9	36.9	…	…	…	102
	2002	…	…	…	…	…	…	28.2	29.1	25.6	40.9	41.4	39.3	30.9	29.4	35.1	…	…	…	102
	2003	…	…	…	…	…	…	27.0	27.6	25.3	41.1	41.5	40.0	31.9	30.8	34.7	…	…	…	102
	2004	…	…	…	…	…	…	30.0	29.5	31.6	38.3	39.0	36.3	31.6	31.5	32.1	…	…	…	102
	2005	…	…	…	…	…	…	29.0	29.0	28.9	37.7	38.2	36.4	33.3	32.8	34.7	…	…	…	102
巴基斯坦	2000	49.1	37.9	70.2	2.1	2.7	0.7	15.1	17.7	10.0	13.0	16.9	5.7	20.6	24.5	13.3	0.2	0.2	0.1	103
	2003	44.9	35.7	64.4	3.5	4.5	1.4	14.7	17.1	9.7	12.3	15.4	5.6	24.1	26.7	18.5	0.5	0.5	0.4	103
	2004	40.8	31.9	61.9	4.1	5.1	1.6	13.1	14.5	9.7	12.3	15.8	4.0	29.1	32.2	21.6	0.6	0.4	1.1	103
	2005	40.9	31.9	62.0	4.1	5.1	1.6	13.1	14.6	9.7	12.3	15.8	4.1	29.1	32.2	21.6	0.6	0.4	1.0	103
	2006	43.8	34.7	64.7	3.4	4.0	1.9	15.4	18.0	9.6	10.2	13.0	3.7	26.9	30.0	19.7	0.3	0.3	0.3	103
	2007	44.9	35.1	65.2	3.1	3.8	1.7	14.3	16.4	10.1	11.4	14.8	4.5	26.0	29.7	18.6	0.2	0.3	–	103
斯里兰卡	2006	…	…	…	…	…	…	46.5	55.2	39.0	26.6	26.6	26.6	26.9	18.3	34.3	…	…	…	104
	2007	…	…	…	…	…	…	45.4	55.2	36.7	22.0	24.5	19.8	32.6	20.3	43.4	…	…	…	104
东南亚																				
文莱达鲁萨兰国	2001	5.3	2.8	6.8	…	…	…	86.4	87.0	86.0	3.6	5.0	2.7	4.7	5.2	4.5	…	…	…	105
	2002	3.8	2.3	4.7	…	…	…	84.7	84.7	84.7	3.0	3.8	2.4	8.5	9.2	8.1	…	…	…	105
	2003	4.7	2.2	6.6	…	…	…	84.2	86.9	82.2	4.2	5.1	3.6	6.8	5.8	7.6	…	…	…	105
印度尼西亚	1990	…	…	…	…	…	…	33.3	…	…	53.7	…	…	13.1	…	…	…	…	…	106
	2000	…	…	…	3.8	3.6	4.1	44.5	46.0	42.4	43.8	43.8	43.8	7.9	6.6	9.7	…	…	…	107
	2003	3.6	2.3	4.9	7.1	5.1	9.3	49.9	49.8	49.9	34.9	38.6	31.1	4.5	4.2	4.9	…	…	…	5
	2004	3.3	2.4	4.3	6.5	5.7	7.4	48.4	48.7	48.2	36.0	38.4	33.4	5.7	4.8	6.7	…	…	…	5
	2005	2.2	1.6	2.9	5.7	5.0	6.4	49.4	50.2	48.5	36.8	38.2	35.2	5.9	5.0	7.0	…	…	…	108
	2006	1.6	0.7	2.6	5.6	4.7	6.6	48.7	49.3	47.9	38.0	40.3	35.5	6.2	5.0	7.5	…	…	…	108
	2007	0.9	0.8	1.2	4.4	4.4	4.4	44.4	45.3	43.3	40.7	42.3	38.6	9.6	7.3	12.5	…	…	…	108
马来西亚	2000	3.5	3.3	3.8	…	…	…	38.1	46.0	24.2	43.2	40.1	48.5	15.2	10.6	23.5	…	…	…	109
	2003	3.6	3.9	3.1	…	…	…	32.0	37.7	21.9	45.5	43.3	49.4	18.9	15.1	25.6	…	…	…	109
	2004	…	…	…	…	…	…	16.3	19.0	12.1	62.8	65.4	58.6	20.9	15.6	29.3	…	…	…	109
	2005	…	…	…	…	…	…	14.0	15.8	11.1	62.4	66.3	55.8	23.6	17.9	33.0	…	…	…	109
	2006	…	…	…	…	…	…	14.6	16.4	11.5	60.8	65.3	53.1	24.5	18.3	35.4	…	…	…	109
	2007	…	…	…	…	…	…	13.3	14.6	11.2	61.6	66.3	54.0	25.1	19.0	34.8	…	…	…	109

	年份		受教育少于一年（%）			学前教育（%）			初等教育（%）			中等教育（%）			高等教育（%）			无法定义或未列出的受教育水平（%）			注 No.
			MF	M	F	MF	M	F	MF	M	F	MF	M	F	MF	M	F	MF	M	F	
菲律宾	2000		2.0	1.8	2.3	…	…	…	23.7	25.1	21.4	41.6	43.1	38.8	31.6	28.6	36.7	1.2	1.4	0.7	110
	2003		2.4	2.1	3.0	…	…	…	20.1	21.6	17.8	42.1	43.5	39.8	35.4	32.8	39.3	–	–	–	110
	2004		2.5	1.9	3.2	…	…	…	20.5	22.4	17.8	42.8	43.8	41.4	34.2	31.9	37.4	–	–	–	110
	2005	b	0.7	0.6	0.9	…	…	…	15.2	17.7	11.2	45.2	46.2	43.6	38.9	35.6	44.3	–	–	–	111
	2006		0.5	0.4	0.6	…	…	…	14.0	16.5	9.6	45.6	46.2	44.7	39.8	36.9	45.1	–	–	–	110
	2007		0.7	0.6	0.7	…	…	…	13.6	15.7	10.0	46.2	47.2	44.7	39.4	36.5	44.6	–	–	–	110
新加坡	1990	b	…	…	…	20.9	23.9	14.6	43.0	47.2	34.1	24.8	21.0	32.9	11.6	8.5	18.3	…	…	…	112
	2002		…	…	…	…	…	…	39.5	45.9	30.3	26.2	25.0	28.0	34.4	29.1	41.8	…	…	…	113
	2003		…	…	…	…	…	…	36.0	43.1	26.7	25.2	22.9	28.1	38.7	33.9	45.2	…	…	…	113
	2004		…	…	…	…	…	…	33.5	40.3	24.9	25.8	24.1	27.6	40.8	35.6	47.4	…	…	…	113
	2006		…	…	…	…	…	…	32.8	37.6	27.6	26.9	25.1	29.1	39.9	37.4	43.3	…	…	…	113
	2007		…	…	…	…	…	…	31.0	36.0	25.4	25.6	24.4	27.0	43.2	39.5	47.9	…	…	…	113
泰国	1990		4.9	4.8	5.1	…	…	…	77.6	78.8	76.4	9.6	11.0	8.2	7.7	5.3	10.0	0.1	–	0.2	114
	2000		2.9	2.5	3.4	…	…	…	70.6	72.5	68.2	7.2	7.7	6.6	19.2	17.2	21.6	–	–	–	114
	2003	b	13.0	11.0	15.6	…	…	…	39.9	46.8	30.3	47.0	41.8	54.1	0.2	0.3	–	…	…	…	115
	2004		12.5	9.3	17.1	…	…	…	40.0	46.1	31.2	47.2	44.2	51.6	0.2	0.4	–	…	…	…	115
	2005		13.8	13.3	14.3	…	…	…	39.7	45.5	31.7	46.3	41.1	53.6	0.2	–	0.3	…	…	…	115
	2006		12.5	12.9	12.0	…	…	…	45.2	49.6	39.3	41.9	37.0	48.5	0.4	0.6	0.2	…	…	…	115
	2007		13.9	11.2	17.6	…	…	…	40.5	45.0	34.3	45.5	43.6	48.0	0.1	0.2	–	…	…	…	115
拉丁美洲和加勒比地区																					
加勒比地区																					
安圭拉	2001		…	…	…	2.2	2.4	2.0	46.9	57.8	34.8	43.9	32.5	55.1	7.0	7.3	6.6	–	–	–	116
阿鲁巴	1994		…	…	…	…	…	…	87.5	85.7	89.1	2.4	–	4.7	9.3	12.6	6.2	0.4	0.8	–	117
	1997		…	…	…	…	…	…	89.2	…	…	4.9	…	…	4.4	…	…	1.4	…	…	117
巴哈马	2003		3.0	3.3	2.7	…	…	…	88.8	88.9	88.7	–	–	–	8.0	7.2	8.6	0.3	0.6	–	118
	2004		7.6	7.2	8.0	…	…	…	86.2	88.6	84.1	–	–	–	6.1	4.1	7.9	–	–	–	118
	2005		5.7	8.4	3.4	…	…	…	88.8	87.6	89.8	–	–	–	5.5	4.0	6.8	–	–	–	118
	2006	b	6.0	7.2	5.0	…	…	…	84.3	85.2	83.6	–	–	–	9.6	7.6	11.3	–	–	–	119
	2007		1.3	–	2.4	…	…	…	89.2	90.1	88.6	–	–	–	9.4	9.9	9.0	–	–	–	120
巴巴多斯	1999		–	–	–	…	…	…	91.7	91.1	93.2	1.4	1.8	1.1	6.3	5.4	6.8	0.7	–	–	121
	2000		–	–	–	…	…	…	85.0	81.8	86.1	0.8	1.8	1.3	12.0	14.5	10.1	1.5	1.8	2.5	121
	2001		–	–	–	…	…	…	87.4	86.7	86.7	2.1	3.3	1.2	9.1	8.3	9.6	0.7	–	1.2	121
	2002		–	–	–	…	…	…	86.5	87.5	84.5	3.4	3.1	2.4	9.5	7.8	10.7	0.7	–	1.2	121
	2003		0.6	1.4	–	…	…	…	85.0	85.9	84.3	5.0	5.6	4.5	8.7	5.6	11.2	1.3	1.4	1.1	121
百慕大	2000		–	–	–	…	…	…	9.3	10.4	7.6	72.0	74.6	68.3	18.4	14.6	23.8	0.3	0.3	0.2	122
英属维吉尼亚群岛	1991		…	…	…	…	…	…	40.6	50.0	30.8	50.0	44.4	53.8	9.4	5.6	15.4	…	…	…	123
古巴	2000		…	…	…	…	…	…	53.7	56.7	51.4	43.6	40.1	46.4	2.6	3.1	2.2	…	…	…	124
	2003		…	…	…	…	…	…	56.3	62.0	51.4	39.7	33.7	45.0	3.9	4.3	3.6	…	…	…	124
	2004		…	…	…	…	…	…	50.6	54.5	45.5	44.7	40.2	50.5	4.7	5.0	3.9	…	…	…	124
	2005		…	…	…	…	…	…	52.6	54.7	49.4	42.8	40.0	47.0	4.6	5.3	3.6	…	…	…	124
	2006		…	…	…	…	…	…	47.7	48.7	46.4	47.4	46.2	48.9	5.0	5.1	4.7	…	…	…	124
	2007		…	…	…	…	…	…	43.0	46.2	38.2	52.4	49.5	56.7	4.6	4.3	5.1	…	…	…	124
多米尼克	1997		3.6	3.4	3.8	0.5	1.1	–	91.3	91.3	91.4	1.8	2.5	1.2	2.1	1.4	2.6	0.6	0.3	1.0	125
多米尼加共和国	1997		8.9	7.9	9.5	…	…	…	81.5	84.3	79.8	…	…	…	9.6	7.8	10.8	–	–	–	126
	2004	b	5.0	4.3	5.4	…	…	…	43.6	43.4	43.7	36.3	38.4	35.1	15.1	13.9	15.8	…	…	…	127
	2005		4.5	4.6	4.4	…	…	…	42.1	43.7	41.1	36.9	36.1	37.4	16.5	15.6	17.0	…	…	…	127
	2006		3.5	2.2	4.2	…	…	…	37.5	38.7	36.8	42.3	45.0	40.8	16.8	14.0	18.2	…	…	…	127
	2007		4.1	4.6	3.8	…	…	…	35.0	36.7	34.0	44.5	45.5	43.9	16.4	13.2	18.2	…	…	…	127
牙买加	1990		85.2	81.4	87.0	…	…	…	3.5	4.7	2.9	4.3	3.4	4.7	0.5	0.6	0.4	6.6	9.8	5.0	128
	2002	b	75.8	78.1	74.5	4.8	4.0	5.4	9.7	6.5	11.6	2.6	2.6	2.5	7.1	8.8	6.0	…	…	…	129
	2003		73.9	76.5	72.3	4.0	2.5	4.8	9.9	7.8	11.1	4.4	4.2	4.6	7.9	9.0	7.3	…	…	…	129
	2004		72.3	76.5	69.4	3.1	1.7	4.1	13.0	12.0	13.8	5.4	4.8	5.7	6.1	5.0	7.0	…	…	…	129
	2005		68.7	75.8	64.5	4.8	1.0	7.1	12.9	11.0	14.0	4.2	4.2	4.2	9.2	8.0	10.0	…	…	…	129
	2006		73.7	80.4	69.3	3.7	1.3	5.3	9.7	7.1	11.5	4.3	4.0	4.5	8.4	6.7	9.5	…	…	…	129
荷属安的列斯	1990		…	…	…	…	…	…	92.3	…	…	6.4	…	…	1.3	…	…	…	…	…	130
	2000		…	…	…	…	…	…	79.7	77.2	81.7	9.3	9.9	8.9	3.0	4.1	2.1	8.0	8.9	7.2	130
	2003		…	…	…	…	…	…	76.7	80.1	74.3	18.3	16.3	19.8	5.0	3.6	6.0	…	…	…	131
	2004		…	…	…	…	…	…	76.3	78.4	74.5	18.7	16.8	20.2	5.0	4.7	5.2	…	…	…	131
	2005		…	…	…	…	…	…	74.1	77.5	71.1	21.5	19.2	23.6	4.4	3.3	5.3	…	…	…	131
	2006		…	…	…	…	…	…	73.2	72.8	73.4	21.1	19.6	22.0	5.7	7.6	4.6	…	…	…	131
	2007		…	…	…	…	…	…	68.7	72.1	66.4	26.6	22.9	29.2	4.7	5.0	4.4	…	…	…	131

	年份	受教育少于一年（%）			学前教育（%）			初等教育（%）			中等教育（%）			高等教育（%）			无法定义或未列出的受教育水平（%）			注
		MF	M	F	MF	M	F	MF	M	F	MF	M	F	MF	M	F	MF	M	F	No.
圣卢西亚	1996	1.2	0.9	1.4	7.3	7.8	6.9	60.9	66.7	55.9	25.6	20.1	30.3	3.5	2.9	4.1	1.5	1.8	1.3	125
	1997	2.5	3.2	2.0	7.7	10.5	5.2	58.1	64.5	52.4	24.5	14.8	33.1	3.4	3.6	3.2	3.8	3.4	4.2	125
	1998	2.4	2.9	1.9	7.0	9.0	5.4	60.0	64.0	56.7	26.4	19.9	31.9	2.6	2.9	2.3	1.6	1.3	1.8	125
	1999	1.7	1.9	1.5	11.1	14.8	7.9	52.9	54.3	51.7	27.2	21.5	32.0	3.9	4.5	3.4	3.2	3.0	3.4	125
	2000	2.7	3.1	2.5	8.0	9.7	6.8	53.5	53.9	53.2	28.5	26.7	29.7	4.5	4.2	4.6	2.9	2.4	3.2	125
圣文森特和格林纳丁斯	1991	0.1	0.2	0.3	…	…	…	74.7	80.8	65.4	23.9	17.6	33.1	0.8	0.8	0.9	0.5	0.6	0.3	123
苏里南	1997	0.7	–	1.3	…	…	…	29.7	44.7	16.8	66.0	50.6	79.2	1.4	3.2	–	2.2	1.6	2.6	123
特立尼达和多巴哥	1998	0.5	0.8	0.2	2.0	1.8	2.2	57.7	63.1	52.5	38.8	33.8	43.6	0.6	0.5	0.7	0.1	0.3	–	132
	1999	0.3	0.3	0.3	2.0	1.6	2.5	58.8	61.5	56.0	38.1	35.6	40.7	0.8	0.8	0.8	–	–	–	132
	2000	0.4	0.6	0.3	2.7	2.2	3.3	59.5	64.1	54.5	36.2	32.3	40.4	1.1	0.8	1.5	–	–	–	132
	2001	0.3	0.3	0.3	1.9	2.0	1.9	55.4	57.3	53.5	41.0	39.7	42.1	1.3	0.7	1.9	0.2	–	0.3	132
	2002	0.2	0.4	–	2.0	1.8	2.1	55.6	58.1	54.1	40.6	38.4	41.4	1.8	1.4	2.1	0.2	–	0.3	132
中美洲																				
伯利兹	1996	21.7	23.9	18.7	…	…	…	51.9	53.2	50.1	21.2	18.0	25.6	4.7	4.2	5.5	0.5	0.8	–	133
	1997	22.2	23.5	21.1	…	…	…	55.6	58.8	52.8	17.2	12.0	21.8	4.6	5.0	4.3	0.3	0.7	–	133
	1998 b	21.6	19.4	23.6	–	–	–	54.5	61.1	48.4	19.5	15.1	23.6	4.2	4.4	4.0	0.2	–	0.3	134
	1999	21.6	21.1	22.1	–	–	–	58.3	64.5	52.9	15.3	10.4	19.6	4.8	4.0	5.5	–	–	–	134
	2005 b	4.5	4.3	4.7	19.5	19.4	19.6	52.7	56.1	50.2	17.4	15.1	19.2	5.3	6.6	6.0	0.5	0.7	0.3	135
哥斯达黎加	1990	3.8	4.7	1.7	–	–	–	69.9	74.4	61.8	17.6	14.2	23.6	8.7	6.3	12.9	–	–	–	136
	2000	2.9	4.1	1.3	0.1	0.2	–	76.1	77.4	74.4	13.8	12.6	15.3	7.1	5.6	8.8	0.1	–	0.3	136
	2003	2.9	3.5	2.1	–	–	–	68.3	69.5	66.4	19.3	17.0	22.1	9.1	9.2	9.0	0.5	0.6	0.4	137
	2004	2.9	3.7	1.9	0.5	0.6	0.4	62.1	65.4	58.4	24.1	20.6	28.6	9.8	9.0	10.9	0.3	0.6	0.2	137
	2005	2.9	3.7	2.1	–	–	–	64.0	66.4	62.0	20.5	18.6	22.4	12.0	10.5	13.5	0.5	0.8	0.2	137
	2006	2.4	3.9	1.1	–	–	–	65.1	66.5	63.6	25.7	24.2	27.0	6.5	5.0	7.7	0.3	0.2	0.5	137
	2007	1.2	1.9	0.6	–	–	–	65.2	67.8	63.1	27.3	26.9	27.6	6.4	3.4	8.7	–	–	–	137
萨尔瓦多	1996	15.8	18.6	9.9	…	…	…	56.4	60.2	48.1	20.6	16.9	28.8	7.1	4.4	12.9	…	…	…	138
	1997	19.0	22.4	8.4	…	…	…	53.9	58.0	41.4	18.8	14.3	32.5	8.3	5.2	18.0	…	…	…	139
	1998	12.0	13.9	7.7	…	…	…	57.1	63.5	43.5	23.4	17.6	36.0	7.5	5.1	12.7	…	…	…	138
洪都拉斯	1998	…	…	…	8.5	10.2	5.5	63.1	67.3	52.9	22.4	18.0	30.0	5.8	4.2	8.6	0.2	0.3	–	140
墨西哥	2000	4.0	4.7	3.0	…	…	…	55.2	61.6	47.1	22.5	18.5	27.8	18.3	15.3	22.1	–	–	–	141
	2003	2.6	3.3	1.6	…	…	…	53.6	57.7	47.9	21.4	19.4	24.2	22.4	19.5	26.3	–	–	–	141
	2004	2.4	2.8	1.9	…	…	…	51.6	57.1	45.3	22.0	18.5	26.0	24.0	21.6	26.8	–	–	–	141
	2005	2.3	2.7	1.7	…	…	…	51.7	54.8	46.6	24.3	21.5	28.8	21.7	20.9	22.9	–	0.1	–	141
	2006	2.9	3.7	1.7	…	…	…	51.6	55.5	46.1	24.8	22.0	28.8	20.6	18.7	23.4	0.1	0.1	–	141
	2007	1.8	2.5	0.9	…	…	…	50.7	56.0	43.2	24.5	21.6	28.8	22.9	20.0	27.1	–	–	–	141
尼加拉瓜	2000	5.5	7.1	3.2	–	–	–	52.9	57.8	46.1	24.0	20.8	28.5	17.7	14.5	22.2	–	–	–	142
	2001	5.5	5.3	6.1	–	–	–	56.4	62.3	46.4	23.4	20.7	27.9	14.7	11.8	19.6	–	–	–	143
	2002	4.7	5.1	3.9	–	–	–	50.8	55.7	42.5	24.8	22.7	28.3	19.7	16.3	25.1	–	–	–	144
	2004 b	…	…	…	7.7	9.7	5.3	71.7	72.1	71.2	2.6	2.6	2.7	18.0	15.6	20.8	…	…	…	145
	2005 b	…	…	…	6.3	7.8	4.1	72.1	72.6	71.3	2.9	2.3	3.9	18.8	17.4	21.0	…	…	…	146
	2006 b	…	…	…	7.1	8.4	5.0	72.8	74.1	70.7	2.1	1.6	2.7	18.0	16.1	21.6	…	…	…	145
巴拿马	2003	0.7	1.1	0.4	…	…	…	35.9	44.5	27.8	37.3	34.7	39.9	26.0	19.8	31.9	…	…	…	147
	2004	0.7	1.1	0.4	…	…	…	35.3	45.8	25.8	36.1	33.4	38.7	27.8	19.8	35.1	…	…	…	147
	2005	0.8	1.4	0.3	…	…	…	31.7	40.2	23.6	38.4	37.5	39.2	29.1	20.9	37.0	…	…	…	147
	2006	0.8	1.3	0.2	…	…	…	33.8	44.0	23.8	39.2	34.8	43.5	26.3	19.9	32.5	…	…	…	147
	2007	0.4	0.6	0.1	…	…	…	36.0	46.6	26.1	39.6	34.7	44.3	24.0	18.1	29.4	…	…	…	147
南美洲																				
阿根廷	2000	0.6	0.7	0.5	0.3	0.4	0.1	51.5	57.5	44.1	32.4	29.8	35.6	14.8	11.2	19.4	0.4	0.4	0.4	148
	2002	0.8	1.1	0.3	0.2	0.3	0.1	46.0	53.0	35.6	34.2	31.4	38.3	18.4	13.8	25.3	0.4	0.4	0.4	148
	2003	0.7	0.5	0.9	0.2	0.3	0.1	42.5	48.5	36.4	36.3	35.0	37.6	19.4	14.6	24.4	0.9	1.2	0.7	149
	2004	0.4	0.4	0.4	0.1	0.1	0.1	42.1	46.9	37.2	37.7	37.3	38.1	18.5	14.1	23.0	1.2	1.3	1.2	149
	2005	0.6	0.8	0.3	0.1	0.1	0.2	40.3	45.9	34.9	39.8	36.8	42.8	18.4	15.2	21.4	0.8	1.2	0.3	149
	2006 b	0.5	0.3	0.7	0.1	0.1	0.1	37.3	45.6	30.1	41.8	37.4	45.6	19.7	15.9	23.0	0.6	0.8	0.5	150
玻利维亚	1996	…	…	…	2.4	1.1	3.8	44.1	43.3	44.9	42.2	44.2	40.1	11.4	11.5	11.3	…	…	…	151
	1997	…	…	…	4.0	2.0	6.7	40.2	45.3	33.4	48.3	43.3	54.9	7.5	9.4	4.9	…	…	…	151
	1999	…	…	…	0.6	–	1.1	56.9	58.0	55.9	39.3	37.3	41.1	3.1	4.6	1.8	…	…	…	151
	2000	…	…	…	2.8	1.0	4.4	60.2	61.9	58.7	32.5	30.8	34.0	4.4	6.3	2.9	…	…	…	151
巴西	2002	5.1	6.0	4.3	9.5	10.7	8.5	55.2	57.8	53.0	26.9	22.3	30.8	2.7	2.5	2.9	0.7	0.7	0.6	152
	2003	5.2	6.3	4.4	8.5	10.0	7.3	54.4	57.2	52.0	28.2	23.7	32.1	3.0	2.4	3.6	0.6	0.5	0.6	153
	2004	5.0	6.2	4.0	7.8	8.5	7.2	53.4	55.9	51.4	30.4	26.3	33.5	3.0	2.6	3.3	0.6	0.6	0.5	153
	2005 b	4.2	4.9	3.7	6.9	8.1	6.0	53.6	57.0	50.9	31.5	26.7	35.2	3.2	2.8	3.6	0.5	0.5	0.6	154
	2006	4.0	5.2	3.2	6.8	8.1	5.8	51.6	54.9	49.2	33.6	28.9	37.0	3.6	2.6	4.4	0.3	0.3	0.4	154

	年份		受教育少于一年（%）			学前教育（%）			初等教育（%）			中等教育（%）			高等教育（%）			无法定义或未列出的受教育水平（%）			注 No.
			MF	M	F	MF	M	F	MF	M	F	MF	M	F	MF	M	F	MF	M	F	
智利	2000		0.6	…	…	–	…	…	20.6	…	…	56.6	…	…	22.1	…	…	–	…	…	155
	2003		0.6	…	…	–	…	…	18.5	…	…	59.0	…	…	21.8	…	…	–	…	…	155
	2004		0.6	…	…	–	…	…	17.4	…	…	58.3	…	…	23.7	…	…	–	…	…	156
	2005		0.4	…	…	–	…	…	16.1	…	…	58.9	…	…	24.5	…	…	–	…	…	156
	2006	b	0.7	1.0	0.2	–	–	–	17.0	20.9	11.5	57.6	56.5	59.1	24.7	21.5	29.2	0.1	0.2	–	157
	2007	b	0.2	0.2	0.2	–	–	–	17.0	18.9	14.6	57.9	59.7	55.9	24.8	21.0	29.4	0.1	0.2	–	158
哥伦比亚	2000		1.6	1.7	1.5	…	…	…	75.1	73.1	76.6	…	…	…	23.2	25.1	21.8	0.1	0.1	0.1	159
	2003		2.7	3.3	2.2	…	…	…	64.1	65.3	63.2	…	…	…	13.2	13.0	13.4	20.0	18.4	21.2	160
	2004		2.6	3.3	2.0	…	…	…	78.3	78.5	78.2	…	…	…	18.8	17.8	19.5	0.3	0.4	0.2	160
	2005		2.3	2.9	1.9	…	…	…	78.0	77.6	78.3	…	…	…	19.5	19.1	19.8	0.2	0.4	0.1	160
	2006		4.1	5.6	2.8	…	…	…	76.4	78.2	74.7	…	…	…	19.4	16.2	22.4	0.1	–	0.1	161
	2007		2.8	4.7	1.1	…	…	…	76.6	77.6	75.7	…	…	…	20.6	17.6	23.3	0.1	0.1	–	162
厄瓜多尔	2000		2.2	2.9	1.7	…	…	…	76.9	78.7	75.5	…	…	…	21.0	18.4	22.8	…	…	…	163
	2002		2.0	2.9	1.3	…	…	…	77.6	76.6	78.1	…	…	…	20.3	20.1	20.4	…	…	…	163
	2003		1.4	…	…	…	…	…	77.0	…	…	…	…	…	21.6	…	…	…	…	…	163
	2004		1.7	2.4	1.1	…	…	…	76.5	77.9	75.3	…	…	…	21.9	19.7	23.6	…	…	…	163
	2005		1.6	1.7	1.5	…	…	…	76.0	75.8	76.1	…	…	…	22.5	22.5	22.4	…	…	…	163
	2006		2.4	2.5	2.3	…	…	…	74.0	76.4	72.4	…	…	…	23.6	21.2	25.4	…	…	…	163
巴拉圭	2007		2.2	1.6	2.8	…	…	…	49.9	55.0	45.5	38.0	32.7	42.5	9.9	10.6	9.2	…	…	…	164
秘鲁	2000		0.4	0.3	0.4	…	…	…	68.8	71.1	65.9	…	…	…	30.8	28.6	33.8	…	…	…	165
	2003		…	…	…	1.7	2.1	1.1	27.9	26.9	29.3	40.4	46.2	32.4	30.0	24.8	37.2	…	…	…	166
	2004		…	…	…	0.9	–	1.6	28.1	30.8	25.7	38.5	38.2	38.8	32.5	31.1	33.9	…	…	…	167
	2005		…	…	…	1.0	–	1.9	29.8	30.3	29.3	36.5	38.2	35.0	32.7	31.5	33.7	…	…	…	167
	2006		…	…	…	1.8	0.5	2.9	33.2	42.1	25.7	37.7	34.6	40.2	27.4	22.7	31.3	…	…	…	167
	2007		…	…	…	0.4	–	0.8	30.0	33.9	26.8	31.9	29.9	33.7	37.6	36.2	38.7	…	…	…	167
乌拉圭	2001		0.3	0.2	0.4	…	…	…	50.7	53.1	49.0	21.2	17.9	23.5	27.8	28.6	27.1	…	…	…	168
	2002		0.1	0.2	0.1	…	…	…	54.8	60.0	50.6	31.3	28.9	33.1	13.9	10.8	16.4	…	…	…	168
	2005		0.1	0.2	0.1	…	…	…	55.8	60.4	52.4	29.4	27.2	30.9	14.7	12.1	16.6	…	…	…	168
	2006	b	0.4	0.4	0.3	…	…	…	56.9	61.0	54.0	27.9	26.4	29.0	14.7	12.1	16.6	…	…	…	169
	2007		0.3	0.3	0.2	…	…	…	59.1	61.8	57.1	27.0	25.0	28.2	13.8	12.8	14.6	…	…	…	169
委内瑞拉玻利瓦尔共和国	1990		4.8	5.8	2.7	…	…	…	69.9	75.0	58.3	16.8	13.6	24.2	8.4	5.5	14.8	0.1	0.2	–	170
	1995		3.5	4.4	2.3	…	…	…	59.2	65.3	51.4	23.1	20.4	26.5	14.2	9.9	19.8	–	–	–	170
	1996		4.1	5.2	2.8	…	…	…	60.0	66.3	52.3	22.6	18.2	28.1	13.1	10.1	16.8	0.2	0.3	–	170
	1997		4.6	4.5	4.8	…	…	…	56.1	62.2	48.9	26.0	23.2	29.2	13.2	9.9	17.1	0.1	0.1	–	170
	1998		3.5	4.2	2.5	…	…	…	59.5	66.8	49.5	23.4	20.5	27.4	13.6	8.5	20.6	–	–	–	170
	1999		3.7	4.6	2.3	…	…	…	57.9	65.1	47.2	24.0	19.8	30.2	14.4	10.5	20.2	–	–	0.1	170
非洲																					
北非																					
阿尔及利亚	1991		14.1	…	…	…	…	…	54.6	…	…	25.6	…	…	5.8	…	…	…	…	…	99
	1995	b	7.3	…	…	…	…	…	55.6	…	…	20.7	…	…	15.7	…	…	0.7	…	…	5
	2001		5.6	6.3	2.2	1.8	2.1	0.5	61.0	66.2	35.8	22.3	19.8	34.6	9.2	5.6	26.8	…	…	…	171
	2003		5.1	5.4	3.2	1.8	2.0	1.1	60.5	65.2	34.4	23.1	21.6	31.2	9.5	5.8	30.1	…	…	…	171
	2004		5.0	5.4	3.3	1.3	1.3	0.9	59.3	65.2	32.5	23.0	21.4	30.4	11.4	6.6	33.0	…	…	…	171
摩洛哥	1990		…	…	…	14.3	12.9	17.0	53.6	58.2	44.4	21.1	19.1	25.2	9.6	9.2	10.5	1.3	0.6	2.9	172
	2000		6.8	6.1	8.7	0.1	0.1	–	51.8	58.0	36.7	22.5	21.4	25.2	18.0	13.4	29.3	0.7	1.0	–	173
	2001		5.9	5.2	7.8	–	–	–	51.4	57.7	35.5	23.3	22.3	25.8	18.7	14.0	30.7	0.6	0.7	0.2	173
	2002		4.9	4.1	6.7	–	–	–	51.4	58.1	35.7	22.5	22.0	23.8	20.4	14.9	33.3	0.8	0.9	0.4	173
	2003	b	8.0	7.1	10.3	–	–	–	50.9	57.6	34.5	20.6	19.4	23.4	19.3	14.3	31.4	1.2	1.5	0.4	18
	2004	b	5.1	4.5	6.5	–	–	–	50.2	56.5	36.5	22.8	21.8	24.7	21.2	16.2	32.3	0.8	1.0	0.3	173
	2005		4.3	3.7	5.6	–	–	–	51.1	57.7	36.6	22.4	21.7	23.9	21.6	16.2	33.5	0.6	0.7	0.5	173
突尼斯	2000		10.1	9.9	10.7	…	…	…	45.6	46.6	42.8	37.5	38.5	35.6	6.6	5.1	10.8	–	–	–	174
	2001		10.3	9.3	13.1	…	…	…	47.0	49.9	39.0	35.9	35.6	36.9	6.7	5.2	11.0	–	–	–	174
	2002		12.5	11.3	15.6	…	…	…	44.5	47.2	37.4	35.0	35.2	34.7	8.0	6.3	12.3	–	–	–	174
	2003		11.1	9.1	15.8	…	…	…	44.1	47.3	36.5	35.7	36.5	34.1	9.0	7.1	13.7	–	–	–	174
	2004		12.7	11.8	14.4	…	…	…	42.3	44.8	36.8	36.3	37.1	34.4	8.6	6.0	14.2	0.2	0.2	0.2	174
	2005		7.3	7.7	6.2	…	…	…	41.4	46.0	31.9	37.7	37.3	38.5	13.6	9.0	23.3	–	–	0.1	174

	年份	受教育少于一年（%）			学前教育（%）			初等教育（%）			中等教育（%）			高等教育（%）			无法定义或未列出的受教育水平（%）			注 No.
		MF	M	F	MF	M	F	MF	M	F	MF	M	F	MF	M	F	MF	M	F	
撒哈拉以南非洲																				
东非																				
吉布提	1991	45.4	43.0	49.5	…	…	…	8.4	11.3	3.2	25.0	23.7	27.1	0.3	0.3	0.5	19.7	21.6	20.9	175
埃塞俄比亚	1990	1.7	2.0	1.2	…	…	…	35.8	37.6	33.4	55.9	52.7	60.3	6.6	7.7	5.1	–	–	–	82
	1996	2.4	2.6	2.1	…	…	…	29.6	30.7	28.1	59.0	54.9	64.8	9.0	11.9	5.0	–	–	–	82
	1997	2.1	2.7	1.4	…	…	…	30.0	30.0	30.0	61.1	58.4	64.4	6.7	8.8	4.2	–	–	–	82
	1998	2.5	3.2	1.5	…	…	…	28.8	29.4	27.9	61.2	57.8	65.6	4.6	6.3	2.4	3.0	3.3	2.6	82
	1999	3.7	5.3	1.7	…	…	…	26.9	26.5	27.4	61.3	57.0	66.7	8.1	11.2	4.2	–	–	–	82
	2005	b 45.7	21.5	54.2	…	…	…	35.9	50.6	30.8	13.3	19.0	11.3	3.2	5.7	2.3	1.9	3.1	1.5	176
马达加斯加	1993	20.9	19.1	24.4	…	…	…	37.6	37.9	37.0	37.4	38.8	34.7	4.1	4.2	3.9	…	…	…	177
	2003	b 32.4	26.6	36.1	…	…	…	42.7	45.7	40.8	18.9	20.0	18.1	6.1	7.8	4.9	…	…	…	178
	2005	b 23.0	17.2	26.3	…	…	…	43.9	42.9	44.4	23.8	25.8	22.7	9.3	14.0	6.6	…	…	…	179
毛里求斯	2004	…	…	…	1.6	1.0	2.0	43.5	49.3	38.7	49.9	44.8	54.0	5.1	4.9	5.2	…	…	…	180
	2005	…	…	…	1.2	0.5	1.6	48.6	49.3	48.1	44.9	44.3	45.3	5.4	5.9	5.0	…	…	…	180
	2006	…	…	…	0.8	0.5	1.0	41.7	47.2	38.2	53.3	48.2	56.5	4.2	4.1	4.2	…	…	…	180
	2007	…	…	…	1.5	1.1	1.8	44.2	49.5	39.7	48.5	41.4	53.2	6.4	8.1	3.5	…	…	…	181
留尼汪	1999	…	…	…	…	…	…	81.2	85.1	77.0	14.2	11.2	17.4	4.6	3.7	5.6	…	…	…	182
卢旺达	1996	9.5	10.4	7.7	…	…	…	52.4	56.1	45.1	35.3	29.9	46.0	1.8	2.8	–	1.0	0.8	1.2	183
	2000	b 9.2	13.7	6.3	…	…	…	60.7	62.8	59.4	24.1	23.0	24.9	5.9	0.5	9.4	–	–	–	184
津巴布韦	1992	6.0	…	…	…	…	…	41.1	…	…	52.7	…	…	0.1	…	…	0.1	…	…	185
	1999	b 0.9	0.3	2.2	…	…	…	16.5	14.4	20.0	81.8	84.8	76.7	0.8	0.6	1.2	–	–	–	186
中非																				
中非共和国	1990	29.2	30.7	14.2	…	…	…	59.7	59.8	58.0	3.4	3.3	4.2	1.8	1.8	1.1	6.0	4.4	22.4	187
	1991	29.2	30.4	12.5	…	…	…	61.8	61.5	66.2	2.9	2.8	4.0	1.0	1.0	0.8	5.2	4.3	16.8	187
	1992	28.2	29.4	15.8	…	…	…	60.4	61.0	54.3	3.3	3.0	6.0	1.5	1.4	1.9	6.7	5.2	22.0	187
	1993	29.9	31.0	15.6	…	…	…	60.7	60.5	63.2	3.7	3.5	5.8	1.0	1.0	0.8	4.8	4.0	14.6	187
	1994	32.7	33.8	16.6	…	…	…	58.7	58.9	57.0	2.8	2.6	5.5	1.3	1.3	1.3	4.6	3.5	19.7	187
	1995	30.6	32.6	15.1	…	…	…	57.4	57.4	57.7	3.9	3.8	4.4	2.1	2.2	1.0	5.9	4.0	21.0	187
乍得	1993	42.5	…	…	…	…	…	45.6	…	…	…	…	…	11.9	…	…	0.1	…	…	188
加蓬	1993	12.5	13.3	11.2	0.3	0.3	0.3	70.2	68.0	73.4	8.8	10.3	6.6	8.2	8.1	8.5	…	…	…	189
南部非洲																				
博茨瓦纳	2001	11.5	16.6	6.9	0.1	0.1	0.1	63.8	60.1	67.1	24.1	22.8	25.2	…	…	…	0.2	0.2	0.1	190
	2003	b 7.3	11.7	3.5	…	…	…	65.5	64.4	66.3	27.3	23.9	30.2	…	…	…	…	…	…	191
南非	2000	4.8	4.7	4.9	0.1	0.2	0.1	53.8	56.0	51.8	35.3	33.8	36.6	5.6	4.9	6.2	0.4	0.5	0.3	192
	2003	3.2	3.6	2.8	0.1	0.1	–	50.3	53.1	47.5	41.2	38.7	43.6	4.8	4.0	5.7	0.4	0.5	0.4	192
	2004	2.9	3.0	2.9	0.1	0.1	0.1	50.5	53.7	47.6	42.2	39.3	44.9	3.7	3.3	4.2	0.5	0.7	0.3	192
	2005	3.4	3.3	3.5	0.1	0.1	0.1	48.4	52.1	45.2	43.7	40.4	46.3	4.1	3.5	4.6	0.4	0.6	0.2	192
	2006	3.5	3.6	3.5	0.1	0.1	0.1	48.1	50.8	46.0	43.5	41.4	45.2	4.5	4.1	4.8	0.3	0.1	0.4	192
	2007	2.7	3.2	2.2	…	…	…	36.2	39.8	32.9	56.3	52.7	59.7	4.5	4.0	5.0	0.2	0.3	0.2	192
西非																				
布基纳法索	1990	63.1	70.3	6.5	…	…	…	29.0	23.5	76.1	2.9	2.4	8.7	3.6	2.9	8.7	1.2	1.1	2.2	193
	1996	42.2	46.4	24.0	…	…	…	43.0	40.0	56.0	8.9	8.2	12.0	5.2	5.5	8.0	0.7	0.9	–	193
	1997	34.8	39.5	6.3	…	…	…	46.7	43.4	62.5	12.0	10.5	18.8	6.5	5.3	6.3	1.1	1.3	–	193
	1998	31.9	37.2	–	…	…	…	47.9	43.6	68.8	13.8	12.8	25.0	5.3	5.1	6.3	1.1	1.3	–	193
	1999	29.3	35.5	–	…	…	…	50.7	46.8	64.3	14.7	11.3	21.4	6.7	4.8	7.1	–	–	–	193
	2000	28.8	33.3	–	…	…	…	47.0	44.4	58.3	19.7	16.7	33.3	6.1	5.6	8.3	–	–	–	193
塞内加尔	2006	…	…	…	50.4	47.3	53.2	40.2	42.2	37.9	6.9	7.5	6.2	2.5	2.8	2.1	0.4	0.2	0.6	194
中东																				
巴林	2000	1.7	2.0	1.0	–	–	–	39.3	50.5	15.5	39.5	35.6	47.7	19.5	11.9	35.6	0.1	0.1	0.2	195
	2003	8.0	5.5	10.7	–	–	–	35.4	47.1	23.1	39.2	35.2	43.4	15.6	9.1	22.4	1.9	3.2	0.6	195
	2004	5.0	4.2	5.7	–	–	–	32.5	45.0	20.6	41.1	38.1	44.0	19.9	9.8	29.5	1.5	2.9	0.2	195
	2005	3.1	4.5	2.0	–	–	–	29.4	44.1	17.3	39.6	37.4	41.3	26.5	10.9	39.1	1.5	3.1	0.2	195
	2006	0.7	1.0	0.6	1.5	3.4	0.9	16.6	30.0	12.7	44.2	40.1	45.3	35.4	21.6	39.4	1.7	3.7	1.1	195
	2007	1.3	1.9	1.3	4.6	7.3	4.2	22.7	28.2	21.9	38.8	37.2	39.1	31.7	21.9	33.1	0.8	3.5	0.4	195
伊朗（伊斯兰共和国）	2005	3.6	4.7	1.2	…	…	…	41.8	52.2	17.8	34.7	30.3	44.7	19.6	12.5	35.8	…	…	…	196

	年份	受教育少于一年（%）			学前教育（%）			初等教育（%）			中等教育（%）			高等教育（%）			无法定义或未列出的受教育水平（%）			注 No.
		MF	M	F	MF	M	F	MF	M	F	MF	M	F	MF	M	F	MF	M	F	
科威特	2000	40.4	38.7	47.2	…	…	…	44.8	48.1	31.4	12.3	10.9	16.9	2.5	2.0	4.3	–	–	0.2	197
	2002	26.4	31.7	17.6	…	…	…	27.5	36.6	12.2	39.9	28.8	58.8	6.1	2.9	11.4	–	–	–	197
	2003	b 22.4	28.3	14.8	…	…	…	21.8	32.1	8.6	41.1	32.6	51.9	14.5	6.9	24.1	0.3	0.1	0.5	198
	2004	26.5	30.1	23.1	…	…	…	18.5	30.2	7.1	41.4	32.1	50.5	13.3	7.4	19.0	0.3	0.2	0.4	198
	2005	27.8	30.0	25.6	…	…	…	18.6	29.7	7.4	40.4	33.6	47.2	13.0	6.6	19.4	0.2	0.1	0.3	198
	2006	29.4	32.5	26.6	…	…	…	19.4	31.6	8.4	41.4	30.4	51.3	9.6	5.3	13.5	0.2	0.2	0.2	198
阿曼	1996	16.6	21.3	4.8	…	…	…	43.7	53.1	19.8	35.3	21.6	70.0	4.4	4.0	5.4	–	–	–	199
巴勒斯坦被占领土	2000	12.1	13.7	2.4	…	…	…	55.4	61.8	14.7	12.7	13.4	8.7	19.7	11.1	74.1	…	…	…	200
	2003	10.3	11.2	3.1	…	…	…	57.6	63.0	15.1	14.5	15.1	10.4	17.6	10.7	71.4	…	…	…	201
	2004	9.4	10.4	2.3	…	…	…	58.5	64.6	15.3	13.1	14.2	5.8	18.9	10.8	76.5	…	…	…	201
	2005	9.2	10.3	2.8	…	…	…	55.2	62.4	15.7	13.3	14.7	6.0	22.3	12.6	75.5	…	…	…	201
	2006	9.3	10.3	4.0	…	…	…	55.9	63.2	14.4	13.5	14.7	6.4	21.3	11.8	75.1	…	…	…	201
	2007	8.1	9.3	2.0	…	…	…	54.3	62.5	12.3	14.2	16.1	4.3	23.5	12.1	81.5	…	…	…	201
卡塔尔	1997	9.0	11.4	3.8	16.0	20.9	5.5	24.3	28.1	16.0	28.8	26.1	34.6	21.5	13.0	39.8	0.4	0.4	0.3	202
沙特阿拉伯	2000	4.0	5.4	0.3	5.8	8.1	0.1	38.6	51.5	7.0	33.8	27.4	49.5	17.8	7.5	43.0	…	…	…	18
	2001	4.2	5.6	0.5	6.2	8.1	1.4	35.8	46.2	8.8	35.3	32.7	42.0	18.5	7.3	47.4	…	…	…	18
	2002	1.9	2.7	0.1	5.0	7.2	0.3	38.3	52.1	8.2	34.7	31.6	41.6	20.1	6.5	49.6	…	…	…	18
	2006	1.1	1.6	0.1	…	…	…	30.4	46.0	3.0	37.8	40.7	32.6	30.8	11.6	64.3	…	…	…	203
	2007	0.5	0.8	–	…	…	…	26.2	39.1	3.5	44.6	51.9	31.9	28.7	8.2	64.6	…	…	…	18
阿拉伯叙利亚共和国	2002	5.2	…	…	…	…	…	75.2	…	…	10.3	…	…	9.8	…	…	–	…	…	55
阿拉伯联合酋长国	1995	16.5	19.0	2.9	…	…	…	40.0	45.0	12.6	23.0	20.8	35.5	20.3	15.2	49.0	0.1	0.1	–	204
	2005	b 8.6	11.4	2.2	9.6	12.5	2.9	24.3	30.4	10.4	36.0	32.2	44.7	21.6	13.5	39.8	…	…	…	205

表 11a 按受教育程度划分的总失业人口分布（注）

1. 说明

这一指标强调在不同国家中工作者的受教育程度与失业的关系，并由此得出就业需求变化的信息。这些信息对就业与教育政策都有着重要意义。一旦受教育程度低则失业风险大的情况被证实，就可以进行相应的政策调整：提高这部分人口的教育水平，或在本国为其创造更多对技术水平要求低的工作。如果受教育程度高的人群中失业人口比重较高，则表明一国缺少专业性和技术水平高的工作。表 11a 给出了一国总失业人口中五类受教育程度不同的群体所占的比重，这五类分别为：受教育少于一年、学前教育、初等教育、中等教育、高等教育。指标中的分类都是基于《国际教育标准分类》(ISCED)，见附录 D。

2. 信息库

CARIBBEAN 加勒比劳工统计数据集

国际劳工组织加勒比亚地区办公室，特立尼达和多巴哥西班牙港

这个在线数据库提供了 20 个加勒比国家关于劳工统计和劳动力市场的信息。这些数据包括就业、失业、工资、工时、职业事故、社会保障、劳资纠纷等。该数据库目前已停止运营。

劳工统计数据库（LABORSTA） 劳工统计年鉴，在线统计数据库

国际劳工局统计部，瑞士日内瓦

http：//laborsta. ilo. org

劳工统计数据库是国际劳工组织统计部的在线数据库，提供了自 1969 年以来 30 多个官方核心劳工统计表，包括经济活动人口、就业、失业、工时、工资、劳动力成本、消费者价格、工伤及罢工和停工。

LMIL 劳动力市场指标图书馆

国际劳工组织就业部，瑞士日内瓦

LMIL 网络允许国际劳工组织中各部门共享劳动力市场信息。当无法从现有的国际信息库获取信息时，就利用 LMIL 指标。驻地办公室需负责鉴别、汇集和审查劳动力市场信息，并利用从各地区或各国那里得到的最新信息来更新数据库。

3. 资料来源类型

FB 就业官方记录
FD 行政报告
HS 家庭或劳动力调查
OE 官方估算
PC 人口普查

4. 覆盖范围

C 平民
T 总人口

5. 失业覆盖范围

RUE 已登记的失业人口（每月底在就业部门登记的正在找工作的人）。
TUE 总失业人口

6. 使用的分类法

ISCED—76 国际标准教育分类法，1976 年版

ISCED—97 国际标准教育分类法，1997 年版

7. 符号

MF 男性和女性
M 男性
F 女性
b 序列发生变动
… 无法获得数据
- 忽略不计

注 No.	信息库	资料来源类型	覆盖范围	失业覆盖范围	ISCED	年龄（岁）	备注
1	LABORSTA	HS	T	TUE	ISCED—76	15 +	国际教育标准分类注释：初等教育仅指 2 级。高等教育仅指 6 级。
2	LABORSTA	HS	T	TUE	ISCED—76	15 +	国际教育标准分类注释：初等教育仅指 2 级。高等教育仅指 5 级和 6 级。
3	LABORSTA	HS	T	TUE	ISCED—97	15 +	覆盖范围：不包括应征入伍者 国际教育标准分类注释：初等教育包括学前教育（0 级）。
4	LABORSTA	HS	T	TUE	ISCED—97	15 +	覆盖范围：不包括应征入伍者 国际教育标准分类注释：初等教育包括学前教育（0 级）。 注：方法经过修改，数据不具有严格的可比性。
5	LABORSTA	HS	T	TUE	ISCED—76	15 +	
6	LABORSTA	HS	T	TUE	ISCED—97	15 +	国际教育标准分类注释：初等教育包括学前教育（0 级）。
7	LABORSTA	HS	T	TUE	ISCED—97	15 +	参考期：6 月 覆盖范围：不包括应征入伍者 国际教育标准分类注释：中等教育仅指 3 级。高等教育仅指 5A 级和 5B 级。
8	LABORSTA	HS	T	TUE	ISCED—97	15 +	覆盖范围：不包括应征入伍者 国际教育标准分类注释：中等教育仅指 3 级。
9	LABORSTA	HS	T	TUE	ISCED—97	15 +	国际教育标准分类注释：中等教育仅指 3 级。
10	LABORSTA	FB	T	RUE	ISCED—76	14 +	地域界限：政府控制的地区
11	LABORSTA	HS	T	TUE	ISCED—97	15 +	地域界限：政府控制的地区 覆盖范围：不包括应征入伍者 国际教育标准分类注释：学前教育包括受教育少于一年的情况（X 级）。
12	LABORSTA	HS	T	TUE	ISCED—97	15 +	国际教育标准分类注释：学前教育包括受教育少于一年的情况（X 级）。
13	LABORSTA	HS	T	TUE	ISCED—76	15—66	国际教育标准分类注释：初级教育仅指 2 级。
14	LABORSTA	HS	T	TUE	ISCED—97	15—66	国际教育标准分类注释：学前教育包括受教育少于一年的情况（X 级）。
15	LABORSTA	HS	T	TUE	ISCED—97	15—74	覆盖范围：不包括应征入伍者 国际教育标准分类注释：高等教育仅指 5A 级和 5B 级。
16	LABORSTA	HS	T	TUE	ISCED—97	15—74	国际教育标准分类注释：初等教育包括学前教育（0 级）。中等教育仅指 3 级。
17	LABORSTA	HS	T	TUE	ISCED—97	15—74	国际教育标准分类注释：初等教育包括学前教育（0 级）。
18	LABORSTA	HS	T	TUE	ISCED—97	15 +	
19	LABORSTA	HS	T	TUE	ISCED—97	15 +	参考期：5 月
20	LABORSTA	HS	T	TUE	ISCED—97	15 +	参考期：3 月
21	LABORSTA	HS	T	TUE	ISCED—97	15 +	参考期：3 月 注：方法经过修改，数据不具有严格的可比性。
22	LABORSTA	HS	T	TUE	ISCED—97	15 +	参考期：第二季度 覆盖范围：不包括应征入伍者
23	LABORSTA	HS	T	TUE	ISCED—76	15—74	覆盖范围：不包括应征入伍者 国际教育标准分类注释：高等教育仅指 5 级和 6 级。
24	LABORSTA	HS	T	TUE	ISCED—97	15—74	覆盖范围：不包括应征入伍者
25	LABORSTA	HS	T	TUE	ISCED—76	15 +	参考期：4 月
26	LABORSTA	HS	T	TUE	ISCED—97	15 +	参考期：第二季度
27	LABORSTA	HS	T	TUE	ISCED—97	15 +	注：方法经过修改，数据不具有严格的可比性。
28	LABORSTA	HS	T	TUE	ISCED—97	15 +	覆盖范围：不包括应征入伍者
29	LABORSTA	FB	T	RUE	ISCED—76	16—64	国际教育标准分类注释：初等教育包括学前教育（0 级）。
30	LABORSTA	HS	T	TUE	ISCED—97	15 +	国际教育标准分类注释：高等教育包括中等教育（3 级和 4 级）。
31	LABORSTA	HS	T	TUE	ISCED—97	15 +	国际教育标准分类注释：高等教育仅指 5A 级和 5B 级。
32	LABORSTA	HS	T	TUE	ISCED—97	15—64	

注 No.	信息库	资料来源类型	覆盖范围	失业覆盖范围	ISCED	年龄（岁）	备注
33	LABORSTA	HS	T	TUE	ISCED—76	15 +	覆盖范围：不包括应征入伍者 和住在军营的正规军人 国际教育标准分类注释：初等教育仅指 1 级。高等教育包括无法按等级（9 级）定义的教育水平。
34	LABORSTA	HS	T	TUE	ISCED—97	15—74	覆盖范围：不包括应征入伍者和住在军营的正规军人
35	LABORSTA	HS	T	TUE	ISCED—97	15 +	覆盖范围：不包括应征入伍者 国际教育标准分类注释：学前教育包括受教育少于一年的情况（X 级）。 中等教育仅指 3 级。高等教育仅指 5A 级。
36	LABORSTA	HS	T	TUE	ISCED—97	15 +	覆盖范围：不包括应征入伍者 国际教育标准分类注释：学前教育包括受教育少于一年的情况（X 级）。 中等教育仅指 3 级。高等教育仅指 5A 级和 5B 级。
37	LABORSTA	HS	T	TUE	ISCED—97	15 +	覆盖范围：不包括应征入伍者 国际教育标准分类注释：学前教育包括受教育少于一年的情况（X 级）。 注：数据不可靠；变化系数大于 20%。
38	LABORSTA	HS	T	TUE	ISCED—97	15 +	覆盖范围：不包括应征入伍者 国际教育标准分类注释：学前教育包括受教育少于一年的情况（X 级）。
39	LABORSTA	HS	T	TUE	ISCED—76	15 +	覆盖范围：不包括休育儿假的人员和应征入伍者。 国际教育标准分类注释：初级教育（仅指 1 级）包括学前教育（0 级）。高等教育仅指 5 级和 6 级。
40	LABORSTA	HS	T	TUE	ISCED—97	15 +	覆盖范围：不包括休育儿假的人员和应征入伍者。 国际教育标准分类注释：中等教育仅指 3 级。
41	LABORSTA	HS	T	TUE	ISCED—76	15 +	参考期：第二季度 覆盖范围：不包括住在军营的正规军人 注：数值在 6000 以下时为粗略的估计。
42	LABORSTA	HS	T	TUE	ISCED—97	15 +	参考期：第二季度 覆盖范围：不包括住在军营的正规军人 国际教育标准分类注释：中等教育仅指 3 级。
43	LABORSTA	HS	T	TUE	ISCED—76	16 +	覆盖范围：不包括应征入伍者
44	LABORSTA	HS	T	TUE	ISCED—97	16 +	覆盖范围：不包括应征入伍者
45	LABORSTA	HS	T	TUE	ISCED—76	16—64	覆盖范围：不包括应征入伍者
46	LABORSTA	HS	T	TUE	ISCED—97	16—64	覆盖范围：不包括应征入伍者
47	LABORSTA	HS	T	TUE	ISCED—97	16—64	覆盖范围：不包括应征入伍者 注：方法经过修改，数据不具有严格的可比性。
48	LABORSTA	HS	T	TUE	ISCED—76	16—64	参考期：3—5 月 国际教育标准分类注释：初级教育包括初级教育和受教育少于一年的情况（0 级和 X 级） 注：数据指的是 16—64 岁的男性和 16—59 岁的女性。
49	LABORSTA	HS	C	TUE	ISCED—76	15 +	覆盖范围：包括领地居民和居住在保护区的土著人口 国际教育标准分类注释：初级教育包括初级教育和受教育少于一年的情况（0 级和 X 级）。
50	LABORSTA	HS	C	TUE	ISCED—97	15 +	覆盖范围：不包括领地居民和居住在保护区的土著人口 国际教育标准分类注释：初级教育包括初级教育和受教育少于一年的情况（0 级和 X 级）。
51	LABORSTA	HS	C	TUE	ISCED—76	25 +	国际教育标准分类注释：初级教育包括初级教育和受教育少于一年的情况（0 级和 X 级）。 注：数据仅指拥有文凭的人员。
52	LABORSTA	HS	C	TUE	ISCED—76	15 +	参考期：5 月 国际教育标准分类注释：初等教育仅指 2 级。
53	LABORSTA	HS	T	TUE	ISCED—97	15 +	参考期：5 月 国际教育标准分类注释：初等教育包括学前教育（0 级）。
54	LABORSTA	HS	C	TUE	ISCED—76	15 +	国际教育标准分类注释：高等教育仅指 5 级和 6 级。
55	LABORSTA	HS	C	TUE	ISCED—97	15 +	国际教育标准分类注释：中等教育仅指 3 级。
56	LABORSTA	HS	T	TUE	ISCED—76	15 +	参考期：2 月 注：数据仅指从学校毕业的人 。
57	LABORSTA	HS	T	TUE	ISCED—76	15 +	国际教育标准分类注释：初级教育包括中等教育（3 级）。 注：数据仅指从学校毕业的人 。
58	LABORSTA	HS	C	TUE	ISCED—97	15 +	国际教育标准分类注释：初级教育包括初级教育和受教育少于一年的情况（X 级）。初等教育仅指 1 级。

注 No.	信息库	资料来源类型	覆盖范围	失业覆盖范围	ISCED	年龄（岁）	备注
59	LABORSTA	HS	C	TUE	ISCED—97	15 +	国际教育标准分类注释：初级教育包括初级教育和受教育少于一年的情况（X 级）。
60	LABORSTA	HS	C	TUE	ISCED—97	15 +	国际教育标准分类注释：初级教育包括初级教育和受教育少于一年的情况（X 级）。 注：方法经过修改，数据不具有严格的可比性。
61	LABORSTA	HS	C	TUE	ISCED—97	15 +	国际教育标准分类注释：初级教育包括初级教育和受教育少于一年的情况（0 级和 X 级）。 注：方法经过修改，数据不具有严格的可比性。
62	LABORSTA	HS	C	TUE	ISCED—97	15 +	国际教育标准分类注释：初级教育包括初级教育和受教育少于一年的情况（0 级和 X 级）。
63	LABORSTA	OE	T	TUE	ISCED—97	15 +	参考期：12 月 国际教育标准分类注释：中等教育仅指 3 级。
64	LABORSTA	HS	C	TUE	ISCED—76	16—74	参考期：4 月和 11 月的平均值
65	LABORSTA	HS	C	TUE	ISCED—97	16—74	参考期：4 月和 11 月的平均值 国际教育标准分类注释：中等教育仅指 3 级。
66	LABORSTA	HS	T	TUE	ISCED—76	16—74	国际教育标准分类注释：初等教育仅指 2 级。
67	LABORSTA	HS	T	TUE	ISCED—97	16—74	
68	LABORSTA	HS	T	TUE	ISCED—97	15—74	
69	LABORSTA	HS	C	TUE	ISCED—97	15 +	参考期：第二季度 覆盖范围：不包括季节工或边境工人
70	LABORSTA	HS	T	TUE	ISCED—97	15 +	参考期：4 月 国际教育标准分类注释：初级教育包括初级教育和受教育少于一年的情况（0 级和 X 级）。中等教育仅指 3 级。高等教育仅指 5 级和 6 级。
71	LABORSTA	PC	T	TUE	ISCED—97	15 +	参考期：4 月 国际教育标准分类注释：中等教育仅指 3 级。高等教育仅指 5 级和 6 级。
72	LABORSTA	HS	T	TUE	ISCED—97	15 +	参考期：4 月 国际教育标准分类注释：中等教育仅指 3 级。高等教育仅指 5 级和 6 级。
73	LABORSTA	HS	T	TUE	ISCED—76	15 +	国际教育标准分类注释：初级教育包括初级教育和受教育少于一年的情况（0 级和 X 级）。高等教育包括中等教育。
74	LABORSTA	HS	T	TUE	ISCED—76	15 +	覆盖范围：不包括应征入伍者
75	LABORSTA	HS	T	TUE	ISCED—97	15 +	覆盖范围：不包括应征入伍者 国际教育标准分类注释：中等教育仅指 3 级。高等教育仅指 5A 级和 6B 级。
76	LABORSTA	HS	T	TUE	ISCED—97	15—64	参考期：10 月 国际教育标准分类注释：初等教育包括中等教育的 3 级。中等教育仅指 4 级。
77	LABORSTA	FB	T	RUE	ISCED—97	16—63	参考期：12 月
78	LABORSTA	HS	T	TUE	ISCED—97	15—61	国际教育标准分类注释：高等教育仅指 5A 级。 注：数据指的是 15—61 岁的男性和 15—56 岁的女性。
79	LABORSTA	OE	T	TUE	ISCED—97	15—61	国际教育标准分类注释：高等教育仅指 5A 级。 注：数据指的是 15—61 岁的男性和 15—56 岁的女性。
80	LABORSTA	FB	T	RUE	ISCED—76	16—59	参考期：12 月 国际教育标准分类注释：初级教育包括初级教育和受教育少于一年的情况（0 级和 X 级）。 注：数据指的是 16—59 岁的男性和 16—54 岁的女性。
81	LABORSTA	HS	T	TUE	ISCED—97	15 +	覆盖范围：不包括住在军营的正规军人 国际教育标准分类注释：高等教育仅指 5A 级。
82	LABORSTA	FB	T	RUE	ISCED—76	...	
83	LABORSTA	FB	T	RUE	ISCED—76	...	国际教育标准分类注释：高等教育仅指 5A 级。
84	LABORSTA	HS	T	TUE	ISCED—97	15 +	参考期：11 月
85	LABORSTA	HS	T	TUE	ISCED—97	15—72	
86	LABORSTA	FB	T	RUE	ISCED—97	...	国际教育标准分类注释：初等教育仅指 2 级。
87	LABORSTA	HS	T	TUE	ISCED—76	15—70	
88	LABORSTA	HS	C	TUE	ISCED—97	15 +	覆盖范围：不包括海军和受管辖机构内的人口
89	LABORSTA	HS	C	TUE	ISCED—76	15 +	国际教育标准分类注释：初级教育包括初级教育和受教育少于一年的情况（0 级和 X 级）。
90	LABORSTA	HS	C	TUE	ISCED—97	15 +	国际教育标准分类注释：初等教育包括学前教育（0 级）。中等教育仅指 3 级。 注：估算值基于 2000 年人口普查的结果。
91	LABORSTA	HS	C	TUE	ISCED—97	15 +	国际教育标准分类注释：初等教育包括学前教育（0 级）。中等教育仅指 3 级。
92	LABORSTA	HS	C	TUE	ISCED—76	14 +	参考期：5 月 国际教育标准分类注释：学前教育包括受教育少于一年的情况（X 级）。

注 No.	信息库	资料来源类型	覆盖范围	失业覆盖范围	ISCED	年龄（岁）	备注
93	LABORSTA	HS	C	TUE	ISCED—76	14+	国际教育标准分类注释：学前教育包括受教育少于一年的情况（X级）。
94	LABORSTA	HS	C	TUE	ISCED—97	14+	国际教育标准分类注释：中等教育仅指3级。
95	LABORSTA	OE	T	TUE	ISCED—97	16+	参考期：12月 国际教育标准分类注释：高等教育仅指5A级和5B级。
96	LABORSTA	HS	C	TUE	ISCED—76	15+	
97	LABORSTA	HS	T	TUE	ISCED—97	15—55	
98	LABORSTA	PC	T	TUE	ISCED—97	14+	国际教育标准分类注释：初等教育包括学前教育（0级）。中等教育仅指3级。
99	LABORSTA	HS	T	TUE	ISCED—76	15+	国际教育标准分类注释：高等教育仅指6级和7级。
100	LABORSTA	HS	T	TUE	ISCED—76	10+	国际教育标准分类注释：高等教育仅指6级和7级。
101	LABORSTA	HS	T	TUE	ISCED—97	15+	参考期：以所显示年份的6月为年末
102	LABORSTA	FB	T	RUE	ISCED—76	14+	参考期：12月 国际教育标准分类注释：初级教育包括初级教育和受教育少于一年的情况（0级和X级）。
103	LABORSTA	HS	C	TUE	ISCED—76	10+	参考期：1月 国际教育标准分类注释：初等教育仅指2级。
104	LABORSTA	HS	C	TUE	ISCED—97	10+	地域界限：不包括北部和东部省份 国际教育标准分类注释：初级教育包括初级教育和受教育少于一年的情况（0级和X级）。中等教育仅指3级。
105	LABORSTA	FB	T	RUE	ISCED—76	...	国际教育标准分类注释：高等教育仅指5级和6级。
106	LABORSTA	FB	T	RUE	ISCED—76	15+	国际教育标准分类注释：初级教育包括初级教育和受教育少于一年的情况（0级和X级）。
107	LABORSTA	HS	T	TUE	ISCED—76	15+	国际教育标准分类注释：学前教育包括受教育少于一年的情况（X级）。
108	LABORSTA	HS	T	TUE	ISCED—76	15+	参考期：8月
109	LABORSTA	HS	C	TUE	ISCED—97	15—64	国际教育标准分类注释：中等教育仅指3级。
110	LABORSTA	HS	T	TUE	ISCED—97	15+	参考期：10月 覆盖范围：不包括住在军营的正规军人 国际教育标准分类注释：初等教育包括学前教育（0级）。
111	LABORSTA	HS	T	TUE	ISCED—97	15+	参考期：10月 覆盖范围：不包括住在军营的正规军人 国际教育标准分类注释：初等教育包括学前教育（0级）。 注：方法经过修改，数据不具有严格的可比性。
112	LABORSTA	PC	T	TUE	ISCED—76	15+	参考期：6月 国际教育标准分类注释：学前教育包括受教育少于一年的情况（X级）。
113	LABORSTA	HS	T	TUE	ISCED—97	15+	参考期：6月 覆盖范围：数据指永久居民 国际教育标准分类注释：初级教育包括初级教育和受教育少于一年的情况（0级和X级）。中等教育仅指3级。高等教育包括中等教育中的4级。
114	LABORSTA	HS	C	TUE	ISCED—76	13+	参考期：第三季度
115	LABORSTA	HS	C	TUE	ISCED—97	15+	参考期：第三季度
116	LABORSTA	PC	C	TUE	ISCED—97	15+	参考期：5月 国际教育标准分类注释：学前教育包括受教育少于一年的情况（X级）。高等教育仅指5A级。
117	LABORSTA	HS	T	TUE	ISCED—76	15+	国际教育标准分类注释：初级教育包括初级教育和受教育少于一年的情况（0级和X级）。
118	LABORSTA	HS	C	TUE	ISCED—97	15+	参考期：4月 国际教育标准分类注释：初等教育包括中等教育中的3级。中等教育仅指4级。高等教育仅指5A级和5B级。
119	LABORSTA	HS	C	TUE	ISCED—97	15+	参考期：5月 国际教育标准分类注释：初等教育包括中等教育中的3级。中等教育仅指4级。
120	LABORSTA	HS	C	TUE	ISCED—97	15+	参考期：4月 国际教育标准分类注释：初等教育包括中等教育中的3级。中等教育仅指4级。
121	LABORSTA	HS	C	TUE	ISCED—97	15+	国际教育标准分类注释：初等教育包括中等教育中的3级。中等教育仅指4级。
122	LABORSTA	PC	T	TUE	ISCED—97	15+	参考期：5月 国际教育标准分类注释：高等教育仅指5A级和6级。
123	CARIBBEAN	HS	T	TUE	ISCED—76	15+	

注 No.	信息库	资料来源类型	覆盖范围	失业覆盖范围	ISCED	年龄（岁）	备注
124	LABORSTA	HS	T	TUE	ISCED—97	17—60	参考期：12 月 国际教育标准分类注释：中等教育仅指 4 级。 注：数据指的是 17—60 岁的男性和 17—55 岁的女性。
125	LABORSTA	HS	T	TUE	ISCED—76	15 +	国际教育标准分类注释：高等教育仅指 5 级和 6 级。
126	LABORSTA	OE	T	TUE	ISCED—76	14 +	国际教育标准分类注释：初等教育包括中等教育（3 级）。
127	LABORSTA	HS	T	TUE	ISCED—76	10 +	国际教育标准分类注释：. 初等教育仅指 1 级。中等教育包括初等教育中的 2 级和高等教育中的 5 级。高等教育仅指 6 级和 7 级。
128	LABORSTA	HS	C	TUE	ISCED—76	14 +	国际教育标准分类注释：初等教育仅指 2 级。高等教育仅指 5 级和 6 级。
129	LABORSTA	HS	C	TUE	ISCED—97	14 +	
130	LABORSTA	HS	T	TUE	ISCED—76	15 +	参考期：10 月 地域界限：库拉索 国际教育标准分类注释：初级教育包括初级教育和受教育少于一年的情况（0 级和 X 级）。高等教育包括无法按等级定义的水平。
131	LABORSTA	HS	T	TUE	ISCED—76	15 +	参考期：10 月 地域界限：库拉索 国际教育标准分类注释：初级教育包括学前教育和受教育少于一年的情况（0 级和 X 级）。高等教育仅指 5 级和 6 级。
132	LABORSTA	HS	T	TUE	ISCED—76	15 +	覆盖范围：不包括过去未被雇用的失业者
133	LABORSTA	HS	C	TUE	ISCED—76	14 +	参考期：4 月 国际教育标准分类注释：初等教育仅指 1 级。
134	LABORSTA	HS	C	TUE	ISCED—76	14 +	参考期：4 月
135	LABORSTA	HS	T	TUE	ISCED—76	14 +	参考期：4 月
136	LABORSTA	HS	T	TUE	ISCED—76	12 +	参考期：7 月 注：总体不包括受教育等级不详的人。
137	LABORSTA	HS	T	TUE	ISCED—97	12 +	参考期：7 月
138	LABORSTA	HS	T	TUE	ISCED—76	10 +	参考期：12 月
139	LABORSTA	HS	T	TUE	ISCED—76	10 +	参考期：2 月至 12 月
140	LABORSTA	HS	C	TUE	ISCED—76	10 +	地域界限：不包括格拉西亚斯—阿迪奥斯省和海湾群岛省 国际教育标准分类注释：高等教育仅指 5 级和 6 级。
141	LABORSTA	HS	T	TUE	ISCED—97	14 +	参考期：第二季度
142	LABORSTA	HS	T	TUE	ISCED—76	...	参考期：11 月 地域界限：17 个主要城市
143	LABORSTA	HS	T	TUE	ISCED—76	...	参考期：7 月 地域界限：17 个主要城市
144	LABORSTA	HS	T	TUE	ISCED—76	...	地域界限：17 个主要城市
145	LABORSTA	HS	T	TUE	ISCED—97	10 +	国际教育标准分类注释：初等教育包括中等教育（3 级）。中等教育仅指 4 级。高等教育仅指 5 级。
146	LABORSTA	HS	T	TUE	ISCED—97	10 +	国际教育标准分类注释：初等教育包括中等教育（3 级）。中等教育仅指 4 级。
147	LABORSTA	HS	T	TUE	ISCED—97	15 +	参考期：8 月
148	LABORSTA	HS	T	TUE	ISCED—97	10 +	参考期：5 月和 10 月的平均值 地域界限：28 个城市群 国际教育标准分类注释：中等教育仅指 3 级。
149	LABORSTA	HS	T	TUE	ISCED—97	10 +	参考期：第二学期 地域界限：28 个城市群 国际教育标准分类注释：中等教育仅指 3 级。
150	LABORSTA	HS	T	TUE	ISCED—97	10 +	参考期：第二学期 地域界限：31 个城市群 国际教育标准分类注释：中等教育仅指 3 级。
151	LABORSTA	HS	C	TUE	ISCED—76	10 +	参考期：11 月 地域界限：城市地区 国际教育标准分类注释：学前教育包括受教育少于一年的情况（X 级）。中等教育包括高等教育中的 5 级。高等教育仅指 6 级和 7 级。
152	LABORSTA	HS	T	TUE	ISCED—76	10 +	参考期：9 月 地域界限：不包括朗多尼亚、阿克里、亚马孙、罗赖马、帕拉和阿马帕的农村人口 国际教育标准分类注释：中等教育仅指 5 级。高等教育仅指 6 级。

注 No.	信息库	资料来源类型	覆盖范围	失业覆盖范围	ISCED	年龄（岁）	备注
153	LABORSTA	HS	T	TUE	ISCED—76	10 +	参考期：9 月 国际教育标准分类注释：中等教育仅指 5 级。高等教育仅指 6 级。
154	LABORSTA	HS	T	TUE	ISCED—97	10 +	参考期：9 月
155	LABORSTA	HS	T	TUE	ISCED—76	15 +	参考期：第四季度 覆盖范围：不包括住在军营的正规军人
156	LABORSTA	HS	T	TUE	ISCED—76	15 +	参考期：第四季度 覆盖范围：不包括应征入伍者
157	LABORSTA	HS	T	TUE	ISCED—76	15 +	参考期：第四季度 覆盖范围：不包括应征入伍者 注：方法经过修改，数据不具有严格的可比性。
158	LABORSTA	HS	T	TUE	ISCED—76	15 +	参考期：第四季度
159	LABORSTA	HS	C	TUE	ISCED—76	12 +	参考期：9 月 地域界限：7 个主要城市 国际教育标准分类注释：初等教育包括中等教育（3 级）。
160	LABORSTA	HS	C	TUE	ISCED—76	10 +	参考期：第三季度 国际教育标准分类注释：初等教育包括中等教育（3 级）。
161	LABORSTA	HS	C	TUE	ISCED—76	10 +	参考期：第四季度 国际教育标准分类注释：初等教育包括中等教育（3 级）。
162	LABORSTA	HS	C	TUE	ISCED—76	10 +	国际教育标准分类注释：初等教育包括中等教育（3 级）。
163	LABORSTA	HS	T	TUE	ISCED—97	10 +	参考期：11 月 地域界限：城市地区 国际教育标准分类注释：初等教育包括中等教育（3 级）。高等教育仅指 5 级。
164	LABORSTA	HS	T	TUE	ISCED—97	10 +	参考期：第四季度 国际教育标准分类注释：中等教育仅指 3 级。高等教育仅指 5A 和 5B 级。
165	LABORSTA	HS	T	TUE	ISCED—76	14 +	地域界限：城市地区 覆盖范围：不包括应征入伍者 国际教育标准分类注释：初等教育包括中等教育（3 级）。
166	LABORSTA	HS	T	TUE	ISCED—97	14 +	参考期：5—11 月 地域界限：秘鲁首都利马 覆盖范围：不包括应征入伍者 国际教育标准分类注释：中等教育仅指 3 级。
167	LABORSTA	HS	T	TUE	ISCED—97	14 +	地域界限：秘鲁首都利马 覆盖范围：不包括应征入伍者 国际教育标准分类注释：中等教育仅指 3 级。
168	LABORSTA	HS	T	TUE	ISCED—76	14 +	地域界限：城市地区 覆盖范围：不包括应征入伍者
169	LABORSTA	HS	T	TUE	ISCED—76	14 +	覆盖范围：不包括应征入伍者
170	LABORSTA	HS	C	TUE	ISCED—76	15 +	国际教育标准分类注释：中等教育包括高等教育中的 5 级。高等教育仅指 6 级和 7 级。
171	LABORSTA	HS	T	TUE	ISCED—97	15 +	参考期：9 月 国际教育标准分类注释：中等教育仅指 3 级。高等教育仅指 5 级。
172	LABORSTA	HS	T	TUE	ISCED—76	15 +	地域界限：城市地区 国际教育标准分类注释：学前教育包括受教育少于一年的情况（X 级）。
173	LABORSTA	HS	T	TUE	ISCED—97	15 +	地域界限：城市地区
174	LABORSTA	HS	T	TUE	ISCED—76	15 +	国际教育标准分类注释：初等教育（仅指 1 级）包括学前教育（0 级）。中等教育包括初等教育中的 2 级。
175	LMIL	HS	T	TUE	ISCED—76	15 +	
176	LABORSTA	HS	C	RUE	ISCED—97	10 +	参考期：3 月
177	LABORSTA	OE	T	TUE	ISCED—76	...	国际教育标准分类注释：初等教育（仅指 1 级）包括学前教育（0 级）。中等教育包括初等教育中的 2 级。
178	LABORSTA	HS	C	TUE	ISCED—76	6 +	国际教育标准分类注释：初等教育（仅指 1 级）包括学前教育（0 级）。中等教育包括初等教育中的 2 级。 注：总数中包括那些仍在上学的人（包括全日制高等教育学生）。
179	LABORSTA	HS	C	TUE	ISCED—76	6 +	国际教育标准分类注释：初等教育（仅指 1 级）包括学前教育（0 级）。中等教育包括初等教育中的 2 级。

注 No.	信息库	资料来源类型	覆盖范围	失业覆盖范围	ISCED	年龄（岁）	备注
180	LABORSTA	HS	C	TUE	ISCED—97	15 +	国际教育标准分类注释：学前教育包括受教育少于一年的情况（X级）。中等教育仅指3级。
181	LABORSTA	HS	C	TUE	ISCED—97	16 +	国际教育标准分类注释：学前教育包括受教育少于一年的情况（X级）。中等教育仅指3级。
182	LABORSTA	PC	T	TUE	ISCED—97	15 +	参考期：3月 国际教育标准分类注释：中等教育仅指3级。
183	LABORSTA	HS	T	TUE	ISCED—76	10—65	参考期：11月
184	LABORSTA	OE	T	TUE	ISCED—76	...	
185	LABORSTA	PC	T	TUE	ISCED—76	15 +	参考期：8月 国际教育标准分类注释：初等教育仅指1级。中等教育包括初等教育中的2级和高等教育中的5级。高等教育仅指6级和7级。
186	LABORSTA	HS	C	TUE	ISCED—76	15 +	国际教育标准分类注释：初等教育仅指1级。中等教育包括初等教育中的2级和高等教育中的5级。高等教育仅指6级和7级。
187	LABORSTA	FB	T	RUE	ISCED—76	...	地域界限：班吉
188	LABORSTA	PC	T	TUE	ISCED—76	15 +	国际教育标准分类注释：初等教育包括中等教育（3级）。
189	LABORSTA	PC	T	TUE	ISCED—76	10 +	参考期：7月
190	LABORSTA	PC	C	TUE	ISCED—97	12 +	参考期：8月 国际教育标准分类注释：中等教育仅指3级。
191	LABORSTA	HS	C	TUE	ISCED—97	12 +	国际教育标准分类注释：中等教育仅指3级。
192	LABORSTA	HS	T	TUE	ISCED—97	15—65	参考期：9月
193	LABORSTA	FB	T	RUE	ISCED—76	...	国际教育标准分类注释：高等教育仅指6级和7级。 注：数据指的是在4个职业介绍所进行申请的人员。
194	LABORSTA	HS	T	TUE	ISCED—97	15 +	国际教育标准分类注释：学前教育包括受教育少于一年的情况（X级）。中等教育仅指3级。
195	LABORSTA	FB	T	RUE	ISCED—76	15 +	参考期：1月
196	LABORSTA	HS	T	TUE	ISCED—76	10 +	国际教育标准分类注释：高等教育包括无法按等级（9级）定义的教育水平。
197	LABORSTA	FD	T	RUE	ISCED—97	...	参考期：6月 国际教育标准分类注释：中等教育包括高等教育中的5B级。高等教育仅指5A级和6级。
198	LABORSTA	FD	T	RUE	ISCED—97	...	参考期：6月
199	LABORSTA	HS	C	TUE	ISCED—76	12 +	覆盖范围：仅指阿曼国民
200	LABORSTA	HS	T	TUE	ISCED—97	15 +	参考期：5月和10月的平均值 国际教育标准分类注释：中等教育仅指3级。
201	LABORSTA	HS	T	TUE	ISCED—97	10 +	国际教育标准分类注释：中等教育仅指3级。
202	LABORSTA	PC	T	TUE	ISCED—97	15 +	参考期：3月
203	LABORSTA	HS	T	TUE	ISCED—97	15 +	参考期：4月
204	LABORSTA	PC	T	TUE	ISCED—97	15 +	国际教育标准分类注释：中等教育仅指3级。
205	LABORSTA	PC	T	TUE	ISCED—97	15 +	

表 11b　按受教育程度划分的失业率

		年份	初等教育或以下（%）			中等教育（%）			高等教育（%）			注
			MF	M	F	MF	M	F	MF	M	F	No.
发达经济体和欧盟												
欧盟												
奥地利		2000	6.3	6.5	6.2	2.9	2.7	3.3	1.7	1.6	1.8	1
		2003	8.1	9.1	7.2	3.6	3.6	3.6	2.0	2.0	2.0	2
	b	2004	9.5	9.4	9.6	4.3	4.0	4.6	3.0	2.6	3.6	3
		2005	10.2	10.6	9.8	4.4	4.2	4.7	2.7	2.5	3.1	2
		2006	9.2	9.7	8.7	4.0	3.7	4.5	2.6	2.0	3.4	2
		2007	8.8	8.9	8.8	3.7	3.3	4.1	2.5	2.0	3.2	2
比利时		1996	14.5	11.3	20.2	9.2	6.1	13.6	4.2	3.4	5.0	4
		1997	14.0	11.0	19.4	8.4	6.0	11.8	3.7	2.9	4.5	4
		1998	14.4	11.8	19.1	8.8	6.1	12.4	3.5	2.8	4.2	4
		1999	13.5	11.3	17.3	8.0	6.3	10.1	3.8	2.7	5.0	5
		2000	11.0	9.0	14.6	6.7	5.0	9.0	3.3	2.7	4.0	5
保加利亚		2003	24.5	25.0	23.8	12.6	12.4	12.8	6.8	5.9	7.4	6
		2004	21.7	21.9	21.5	11.1	11.2	11.1	5.7	5.0	6.1	7
		2005	19.5	18.8	20.4	9.2	8.9	9.6	4.3	4.4	4.2	7
		2006	19.4	17.4	22.3	7.7	7.2	8.3	4.0	3.8	4.1	7
		2007	17.5	15.1	20.8	5.8	5.4	6.3	2.4	2.3	2.5	7
塞浦路斯		2003	4.8	4.1	5.7	3.9	4.1	3.7	3.8	3.0	4.5	8
		2004	6.1	5.0	8.0	4.4	3.2	5.9	3.6	2.3	5.0	9
		2005	5.9	5.3	7.2	5.5	4.6	6.9	4.5	3.3	5.6	9
		2006	4.8	4.0	5.9	4.5	4.1	5.3	4.3	3.3	5.3	9
		2007	4.4	3.7	5.5	4.0	3.8	4.3	3.4	2.4	4.3	9
捷克共和国		2002	20.8	23.3	18.7	6.6	5.2	8.5	2.2	1.8	2.8	10
		2004	26.1	28.8	24.3	7.5	6.3	9.2	2.2	2.2	2.2	10
		2005	26.8	30.1	24.3	7.2	5.7	9.1	2.4	2.1	2.8	10
		2006	24.5	26.1	23.4	6.4	5.1	8.1	2.4	2.1	2.6	10
		2007	20.2	20.9	19.1	4.7	3.6	6.1	1.6	1.6	1.6	10
丹麦		1997	9.0	6.9	11.5	5.5	4.4	6.8	4.3	3.5	5.1	11
		1998	8.3	6.9	9.8	5.0	3.9	6.3	3.7	3.5	3.9	11
		2000	6.6	5.6	7.8	4.3	3.8	5.0	3.1	2.8	3.4	11
		2001	7.6	6.9	8.5	4.1	3.7	4.6	3.7	3.4	4.0	11
		2002	7.2	6.5	8.0	4.0	3.5	4.7	3.8	4.1	3.5	11
爱沙尼亚		2002	20.8	19.2	17.9	10.9	10.2	11.7	5.7	6.5	5.2	12
		2003	16.7	15.8	15.3	10.6	10.2	11.2	6.5	6.4	6.5	12
		2005	13.1	14.5	11.0	9.1	9.5	8.8	4.6	5.2	4.2	12
		2006	11.9	11.4	12.6	6.2	6.0	6.4	3.2	3.2	3.2	12
		2007	10.3	10.7	9.6	4.8	5.2	4.4	2.3	2.5	2.2	12
芬兰		2000	14.3	13.1	15.8	10.5	9.6	11.8	4.9	4.2	5.7	13
		2003	14.8	14.2	15.7	9.3	9.3	9.4	4.1	4.2	4.0	13
		2004	14.5	13.5	15.7	9.0	8.8	9.3	4.6	4.3	5.0	13
		2005	14.1	12.9	15.7	8.6	8.1	9.1	4.4	4.1	4.7	13
		2006	13.6	12.3	15.4	7.9	7.2	8.7	3.7	3.3	4.0	13
		2007	12.3	11.4	13.5	6.8	6.2	7.8	3.6	3.1	3.8	13
法国		2005	12.5	11.7	13.5	7.9	6.6	9.6	6.3	6.0	6.6	10
		2006	13.1	12.4	13.9	8.1	6.8	9.7	5.8	5.8	5.8	10
		2007	12.3	12.0	12.5	7.1	6.1	8.4	5.4	5.3	5.5	10
德国		2002	13.9	15.6	12.1	9.0	9.3	8.5	4.5	4.1	5.1	14
		2003	16.2	18.6	13.6	10.2	10.8	9.6	5.1	4.7	5.9	15
		2004	17.9	20.2	15.3	11.4	12.2	10.5	5.4	5.1	5.9	14
		2006	18.5	19.4	17.4	9.9	10.2	9.6	4.8	4.5	5.4	14
		2007	16.8	17.7	15.7	8.2	8.2	8.2	3.8	3.4	4.5	14
希腊		2002	8.7	6.1	13.1	14.3	9.0	21.9	7.8	4.9	11.2	16
		2003	7.7	5.0	12.5	13.3	8.7	19.5	7.5	4.9	10.7	16
		2005	8.7	5.8	14.1	11.5	6.5	18.2	7.7	4.6	11.4	16
		2006	7.8	5.5	12.2	10.5	6.2	16.5	7.0	4.6	9.8	16
		2007	7.5	4.8	12.5	9.3	5.5	14.6	6.8	4.3	9.8	16
匈牙利		2000	11.3	13.5	9.1	6.2	6.6	5.7	1.6	1.6	1.5	17
		2003	12.1	13.7	10.5	5.5	5.5	5.4	1.7	1.5	1.9	18
		2004	12.3	14.4	10.2	5.8	5.5	6.2	2.3	1.7	2.9	18
		2005	14.3	15.7	12.9	7.0	6.4	7.7	2.7	2.3	3.1	18
		2006	16.5	17.3	15.8	6.9	6.3	7.7	2.8	2.7	2.8	18
		2007	17.3	18.4	16.0	6.6	6.1	7.3	2.9	2.4	3.3	18

		年份	初等教育或以下（%）			中等教育（%）			高等教育（%）			注
			MF	M	F	MF	M	F	MF	M	F	No.
爱尔兰		2003	7.1	3.8	3.0	2.8	2.3	1.4	4.0	1.1	1.9	19
		2004	7.6	8.0	6.7	2.9	3.1	2.6	3.5	3.7	3.4	19
		2005	7.2	3.8	3.2	2.8	1.5	1.4	3.8	2.0	1.8	19
		2006	7.0	3.5	3.4	3.1	1.5	1.6	4.0	2.0	2.0	19
		2007	7.6	3.8	3.8	4.5	2.1	2.4	2.5	1.4	1.2	19
意大利		1999	12.3	9.6	18.0	11.4	8.4	15.2	7.0	4.6	10.0	5
		2000	11.6	9.1	16.7	10.5	7.6	14.1	6.3	4.2	8.9	5
	b	2005	9.2	7.3	13.0	6.9	5.4	8.8	6.0	4.5	7.7	10
		2006	8.1	6.4	11.6	6.1	4.9	7.8	5.1	3.8	6.5	10
		2007	7.3	5.9	10.3	5.6	4.4	7.2	4.4	3.1	5.6	10
拉脱维亚		2003	17.1	16.4	15.0	10.7	9.9	11.6	4.9	5.4	4.5	20
		2004	16.8	14.3	18.4	11.0	10.7	11.4	4.3	4.9	4.1	20
		2005	14.4	12.5	15.0	9.0	8.8	9.3	4.2	4.3	4.1	18
		2006	13.8	12.0	13.7	6.3	6.3	6.2	4.0	3.9	4.1	18
		2007	10.3	9.2	9.6	5.9	5.9	5.8	3.7	3.7	3.8	18
立陶宛		2003	17.6	18.1	16.7	13.8	13.3	14.4	6.6	6.9	6.3	2
		2004	16.0	15.7	16.5	12.7	11.8	13.6	6.8	6.3	7.1	2
		2005	14.5	14.9	14.2	9.3	8.5	10.3	4.0	4.2	3.9	2
		2006	10.0	10.4	9.2	6.5	6.3	6.8	2.5	2.6	2.5	2
		2007	7.3	6.9	7.7	5.1	4.8	5.5	2.1	1.9	2.2	2
马耳他		2005	9.6	8.6	12.2	3.6	4.0	8.8	2.1	–	–	21
		2006	9.5	8.3	12.4	4.2	3.5	5.7	–	–	–	21
		2007	8.5	7.5	10.8	2.7	2.0	3.9	–	–	–	21
荷兰		1996	9.9	8.1	12.4	5.3	3.9	7.1	4.3	3.7	5.1	22
		1997	8.8	7.4	10.8	4.3	3.2	5.6	3.4	2.7	4.6	22
	b	2001	4.2	3.7	4.8	1.8	1.3	2.4	1.6	1.2	2.2	23
		2002	4.8	4.3	5.5	2.3	2.0	2.8	2.1	1.9	2.3	23
		2005	8.0	7.0	9.0	4.6	4.4	4.8	3.2	3.2	2.9	23
波兰		2000	20.9	20.5	21.4	17.1	14.6	20.5	6.6	5.0	7.7	24
		2003	26.2	26.6	25.8	21.1	19.7	22.9	7.6	7.1	8.0	25
		2004	27.2	27.3	27.0	20.4	18.9	22.4	7.2	6.4	7.9	25
		2005	26.8	26.6	27.2	19.1	17.1	21.7	7.1	6.0	8.0	25
		2006	22.2	21.7	22.8	14.9	13.3	17.1	5.9	5.3	6.4	25
		2007	15.5	15.4	15.9	10.3	9.3	11.7	4.6	3.8	5.3	25
葡萄牙		2002	4.9	4.1	6.0	5.5	4.8	6.3	4.8	2.2	4.9	26
		2003	6.2	5.4	7.2	6.9	5.8	8.1	5.9	3.8	5.6	26
	b	2005	7.8	6.8	9.0	8.0	6.7	9.4	6.3	5.6	6.8	2
		2006	7.7	6.5	9.3	8.5	7.6	9.3	6.3	4.9	7.3	2
		2007	8.0	6.7	9.8	8.2	6.8	9.5	7.5	5.5	8.8	2
罗马尼亚		2002	7.1	9.2	5.1	9.6	9.6	9.7	4.7	4.1	5.3	27
		2003	5.7	7.2	4.3	8.1	8.1	8.2	3.7	4.0	3.5	21
		2005	6.6	8.4	4.9	8.0	8.3	7.7	3.9	2.7	3.4	21
		2006	7.6	10.1	4.9	7.8	8.4	7.1	3.8	3.4	4.3	21
		2007	7.1	9.3	4.8	6.9	7.3	6.3	2.9	2.8	3.1	21
斯洛伐克		2003	46.6	52.1	42.0	16.3	16.1	16.6	4.8	4.1	5.7	28
		2004	53.6	57.0	50.2	16.6	15.6	17.7	5.7	5.5	6.0	28
		2005	53.0	58.7	47.9	14.3	13.4	15.6	4.7	4.2	5.5	28
		2006	50.3	56.0	45.1	11.8	10.6	13.4	3.2	2.5	3.9	28
		2007	46.6	48.8	44.4	9.1	7.9	10.7	3.9	2.8	4.9	28
斯洛文尼亚		1999	9.6	9.8	9.3	7.6	7.2	8.2	3.3	2.9	3.7	29
		2000	11.0	12.1	10.8	7.3	6.9	7.8	1.9	–	2.3	29
		2001	9.3	9.9	8.7	5.9	5.4	6.7	1.9	1.4	2.2	29
		2005	7.8	9.1	6.3	6.4	5.3	7.5	2.4	1.1	1.7	29
	b	2006	7.9	7.2	7.5	6.4	5.0	8.4	3.0	2.9	3.1	30
西班牙		2000	15.3	10.8	23.6	14.0	8.8	20.8	11.4	7.3	16.0	31
	b	2001	11.8	8.7	17.9	10.9	7.3	15.9	8.4	5.4	11.9	32
		2002	13.0	9.5	19.7	11.9	7.9	17.3	9.4	6.4	12.6	31
		2005	11.0	8.3	16.0	8.8	6.4	11.8	6.8	5.3	8.3	31
		2006	10.4	7.6	15.4	8.2	5.7	11.3	6.0	4.5	7.7	31
		2007	10.5	7.8	15.0	8.2	6.1	10.7	5.3	4.1	6.6	31
瑞典		2000	7.5	7.2	7.9	4.7	5.1	4.2	2.5	2.9	2.1	33
		2003	7.1	6.7	7.6	4.9	5.2	4.6	3.3	4.3	2.5	34
		2004	7.9	7.7	8.2	5.7	6.0	5.5	3.6	4.2	3.1	34
	b	2005	10.0	9.3	10.9	5.9	6.1	5.6	3.7	4.1	3.5	35
		2006	9.5	8.7	10.3	5.1	5.0	5.2	3.5	3.7	3.3	34
		2007	12.7	10.8	15.5	5.3	4.8	5.8	3.5	3.9	3.2	18

		年份	初等教育或以下（%）			中等教育（%）			高等教育（%）			注
			MF	M	F	MF	M	F	MF	M	F	No.
英国		2000	10.4	12.8	7.9	5.4	5.6	5.1	2.4	2.5	2.2	36
		2003	9.1	11.0	7.0	4.6	4.9	4.3	2.6	3.1	2.0	36
		2004	8.4	9.8	6.9	4.5	4.5	4.6	2.4	2.7	2.1	36
		2005	8.1	8.8	7.2	4.7	4.7	4.7	2.5	2.9	2.1	36
		2006	9.5	9.9	9.0	5.6	5.8	5.3	2.7	2.9	2.4	36
		2007	9.4	9.5	9.3	5.6	5.7	5.5	2.4	2.5	2.3	36
北美												
加拿大		2000	12.5	12.2	13.1	6.8	6.8	6.8	4.3	4.2	4.3	37
		2003	13.8	13.8	13.8	7.5	7.7	7.2	5.4	5.5	5.2	37
		2004	13.2	13.1	13.5	7.2	7.4	6.9	5.0	5.1	5.0	37
		2005	12.6	12.1	13.3	6.8	7.0	6.6	4.8	4.9	4.7	37
		2006	12.3	12.0	12.8	6.3	6.5	6.1	4.3	4.4	4.3	37
		2007	12.1	12.1	12.0	6.2	6.4	5.8	4.1	4.1	4.0	37
其他发达经济体												
澳大利亚		2000	10.2	10.8	9.6	6.4	5.7	7.5	3.7	3.9	3.4	38
		2002	9.9	11.3	8.5	5.7	5.3	6.4	3.5	3.5	3.4	38
		2003	9.6	10.3	8.7	5.4	4.7	6.7	3.6	3.8	3.3	38
		2004	8.7	9.6	7.7	5.1	4.3	6.5	3.2	3.4	3.1	38
		2005	8.7	9.2	8.2	4.3	3.7	5.4	3.0	3.1	3.0	38
	b	2007	7.4	7.2	7.5	3.8	3.4	4.5	2.4	2.1	2.7	39
以色列		2000	13.5	13.7	13.1	10.9	9.2	13.1	5.7	5.4	6.0	40
	b	2003	15.6	14.5	15.3	17.5	15.7	21.6	9.8	9.0	10.6	41
		2004	15.8	14.6	18.4	16.9	13.7	24.2	9.4	8.4	10.3	41
		2005	14.0	13.1	15.4	15.0	13.7	17.7	8.1	7.3	8.8	41
		2006	14.2	13.3	14.1	14.0	12.2	18.1	7.4	6.7	8.2	41
		2007	14.0	13.1	15.4	12.8	11.0	16.9	6.3	5.6	7.1	41
日本	b	2002	6.0	6.5	5.2	…	…	…	4.2	3.9	4.8	42
		2003	6.0	6.5	5.3	…	…	…	4.2	3.9	4.5	42
		2005	5.1	5.6	4.5	…	…	…	3.5	3.1	4.0	42
		2006	4.8	5.0	4.3	…	…	…	3.3	3.4	3.3	42
		2007	4.4	4.6	4.0	…	…	…	3.2	3.1	3.5	42
新西兰		2002	8.2	8.6	7.8	5.3	4.6	6.3	2.4	2.2	2.3	43
	b	2004	6.4	5.8	7.0	2.7	2.4	3.1	4.5	4.1	4.8	44
		2005	6.1	5.7	6.7	2.6	2.3	3.0	3.8	3.9	3.8	43
		2006	5.8	5.5	6.1	3.5	3.1	4.1	2.8	2.6	3.1	43
		2007	6.1	6.0	6.2	3.4	2.9	4.1	2.6	2.4	2.7	43
圣马力诺		1995	1.2	0.3	3.2	3.5	1.5	4.3	5.2	2.3	8.9	45
		1996	1.8	0.6	4.6	3.4	1.2	4.6	6.5	2.9	11.0	46
		1997	1.2	0.4	2.8	2.9	1.5	3.7	6.0	2.8	9.6	46
		1998	1.4	0.5	3.3	2.8	1.0	3.8	5.3	2.5	8.8	46
		1999	0.9	0.4	2.1	2.4	1.4	3.2	4.1	2.3	6.3	46
西欧（非欧盟）												
冰岛		1998	5.0	5.5	4.8	2.1	2.0	2.7	0.9	0.7	1.3	47
		1999	3.1	2.3	3.8	1.4	0.4	2.4	1.1	1.0	1.3	47
		2000	3.4	3.6	3.8	1.8	1.7	2.8	0.9	0.4	1.2	47
	b	2001	3.4	3.7	3.1	2.2	1.7	2.7	0.6	0.7	0.6	48
		2002	5.1	6.2	4.1	2.6	2.4	2.8	1.6	1.6	1.5	48
挪威		1998	6.2	6.5	5.8	3.0	2.8	3.2	2.0	2.1	1.8	49
	b	2002	8.1	8.6	7.5	3.7	3.9	3.5	2.5	2.8	2.2	50
		2005	10.9	10.8	10.3	4.4	4.5	4.4	2.7	3.0	2.5	50
		2006	7.3	7.7	6.8	3.4	3.3	3.8	2.0	2.1	1.7	51
		2007	6.0	6.3	5.8	2.3	2.3	2.2	1.5	1.8	1.6	51
瑞士		2000	4.8	4.8	4.8	2.6	2.2	2.9	1.4	1.0	2.0	52
		2003	6.7	6.5	6.9	3.9	3.6	4.1	3.0	2.9	3.4	52
		2004	7.8	7.4	8.2	4.1	4.0	4.2	2.7	2.3	3.4	52
		2005	8.0	7.1	8.9	4.2	4.0	4.4	2.8	2.3	4.0	52
		2006	7.3	6.4	8.5	3.9	3.5	4.2	2.4	2.0	3.2	52
		2007	6.8	5.9	7.8	3.5	2.8	4.2	2.2	1.8	2.9	52

		年份	初等教育或以下（%）			中等教育（%）			高等教育（%）			注
			MF	M	F	MF	M	F	MF	M	F	No.
中欧、东南欧（非欧盟）和独联体												
中欧和东南欧												
阿尔巴尼亚		2001	22.3	…	…	26.4	…	…	9.5	…	…	53
		2002	15.8	…	…	21.7	…	…	7.3	…	…	54
波斯尼亚和黑塞哥维那		2006	33.4	30.9	37.7	…	…	…	12.3	10.8	14.3	55
		2007	31.2	28.4	36.5	…	…	…	10.6	9.9	11.5	55
克罗地亚		1998	9.9	10.3	9.2	13.4	12.7	14.4	5.5	4.3	6.9	56
	b	2003	13.8	14.3	13.4	16.2	14.1	19.2	7.7	6.9	8.4	57
		2005	11.6	12.1	11.0	15.0	12.8	18.2	6.3	6.0	6.6	57
		2006	12.4	12.1	12.7	12.3	10.2	15.2	6.0	5.1	6.9	26
		2007	10.7	10.4	11.0	10.2	8.5	12.6	6.2	5.6	6.9	26
土耳其		2003	9.9	11.0	7.0	12.8	10.7	20.5	11.0	8.8	15.3	58
		2004	8.6	9.9	5.1	15.1	12.6	24.2	12.4	10.1	17.0	58
		2005	9.2	10.3	6.1	13.6	11.0	23.4	10.2	8.1	14.2	58
		2006	9.0	9.8	6.5	12.9	10.3	22.1	9.6	7.7	13.0	58
		2007	9.0	10.1	6.0	12.8	10.3	21.4	9.6	7.3	13.8	58
独立国家联合体（独联体）												
阿塞拜疆		2007	11.3	18.9	5.9	7.0	8.3	5.7	4.4	4.9	3.6	59
格鲁吉亚		2002	1.2	1.3	1.0	34.1	42.0	26.5	16.8	18.0	15.6	60
		2004	6.6	10.1	3.6	11.7	11.9	11.4	17.3	18.1	16.4	60
		2007	7.1	9.3	5.1	11.6	12.0	11.0	18.8	19.3	18.2	60
哈萨克斯坦		2002	9.2	9.0	9.5	11.3	8.9	14.3	7.5	5.7	9.0	10
		2003	10.5	10.6	10.3	10.5	8.6	12.9	7.0	5.2	8.5	10
		2004	10.3	9.7	11.1	10.1	8.3	12.4	6.6	5.3	7.8	10
吉尔吉斯斯坦		2005	2.5	2.9	2.0	10.9	9.3	13.1	46.0	35.3	65.2	61
		2006	2.6	2.9	2.2	11.6	10.1	13.8	31.5	25.7	40.5	61
俄罗斯联邦		1996	13.1	13.2	12.8	11.6	11.3	12.0	7.8	7.7	7.8	62
	b	2004	16.0	16.4	15.3	9.7	9.3	10.4	5.1	5.0	5.1	63
		2005	14.3	14.7	13.8	8.9	8.5	9.4	4.6	4.4	4.9	64
		2006	15.2	15.9	14.1	9.0	8.6	9.5	4.5	4.6	4.5	64
		2007	13.2	13.7	12.4	8.0	7.9	8.3	3.7	3.7	3.8	64
乌克兰		2005	6.7	8.0	5.1	8.9	8.8	9.0	5.7	5.8	5.6	65
亚洲和太平洋地区												
东亚												
中国香港		2002	10.2	11.4	8.2	6.6	7.4	5.8	3.8	4.4	3.1	66
		2004	10.3	11.3	8.7	6.1	6.8	5.2	3.1	3.5	2.6	66
		2005	8.5	9.9	6.4	4.9	5.7	4.1	3.0	3.2	2.8	66
		2006	7.0	8.2	5.2	4.5	5.2	3.7	2.6	2.9	2.3	66
		2007	5.6	6.4	4.6	3.7	4.2	3.2	2.6	2.7	2.5	66
韩国		1993	1.4	2.0	0.8	3.6	3.7	3.3	4.0	3.8	4.8	67
		1994	1.3	1.8	0.7	3.0	3.1	2.7	3.6	3.3	4.3	67
	b	2005	2.6	3.7	1.7	4.6	4.7	4.4	3.4	3.2	3.8	41
		2006	2.4	3.3	1.5	4.1	4.5	3.4	3.4	3.2	3.7	41
		2007	2.1	2.9	1.4	3.8	4.3	3.1	3.3	3.3	3.1	41
中国澳门		1999	7.2	9.2	4.7	4.3	4.9	4.1	3.9	4.2	3.5	68
		2000	7.8	10.1	5.1	4.7	5.9	3.2	3.5	3.1	3.2	68
	b	2005	5.0	5.2	4.6	3.1	3.0	3.2	2.4	2.7	2.0	69
		2006	4.4	4.6	4.0	3.1	2.3	3.9	2.8	3.0	2.6	69
		2007	3.6	4.2	3.0	2.8	2.7	2.6	1.5	1.7	1.7	69
中国台湾省		2005	3.7	…	…	4.5	…	…	4.3	…	…	67
		2006	3.2	…	…	4.1	…	…	4.2	…	…	67
		2007	3.2	…	…	4.0	…	…	4.2	…	…	67
南亚												
巴基斯坦		2002	7.7	5.9	15.4	9.4	8.5	22.3	9.5	8.0	21.0	70
		2004	6.7	5.4	11.3	9.0	8.6	15.8	10.1	8.9	19.8	70
		2006	5.8	4.9	8.5	5.8	5.5	10.8	7.6	6.7	14.2	70
	b	2007	5.1	4.1	7.7	5.5	5.1	11.0	6.1	5.2	13.0	71
斯里兰卡		2006	4.5	3.7	6.1	9.9	7.3	14.3	11.6	6.9	16.8	72
		2007	4.0	3.4	5.4	8.2	6.6	11.3	11.8	6.6	17.5	72

		年份	初等教育或以下（%）			中等教育（%）			高等教育（%）			注
			MF	M	F	MF	M	F	MF	M	F	No.
东南亚												
印度尼西亚		1998	3.0	2.9	3.1	14.6	12.2	19.6	11.0	8.6	15.1	73
		2006	7.8	6.4	10.0	19.0	15.3	27.2	11.3	8.2	15.7	74
		2007	6.2	5.7	7.1	18.0	15.4	23.5	13.5	10.3	17.3	74
菲律宾		2004	7.1	6.7	7.8	12.3	11.7	13.5	14.1	14.6	13.4	75
		2006	3.2	3.6	2.4	8.7	8.9	8.5	10.7	11.9	9.4	75
		2007	2.7	2.9	2.2	7.5	7.5	7.3	8.9	9.9	7.8	75
新加坡		1994	2.7	2.8	2.5	2.0	1.9	2.1	3.0	2.4	4.0	76
		1995	3.1	3.3	2.7	2.8	3.0	2.5	2.2	1.7	3.2	76
		1996	3.3	3.6	2.7	2.6	2.8	2.2	3.0	2.1	4.4	76
拉丁美洲和加勒比地区												
加勒比地区												
安圭拉		2001	7.9	8.1	7.6	6.5	5.2	7.6	3.9	4.4	3.5	77
巴哈马		1995	14.3	14.8	13.4	11.8	9.9	13.7	4.4	3.9	4.7	78
		1996	13.5	9.0	19.4	12.7	9.8	15.6	5.6	4.5	6.6	78
百慕大		2000	2.9	3.3	2.8	3.1	3.8	2.5	1.7	1.6	1.8	79
多米尼加共和国		2007	12.3	…	…	21.4	…	…	13.9	…	…	80
荷属安的列斯		1995	17.0	…	…	5.8	…	…	3.0	…	…	81
		1996	15.9	12.1	20.2	5.8	3.6	8.2	1.8	0.4	3.6	81
		1997	20.3	…	…	6.3	…	…	2.2	…	…	81
中美洲												
伯利兹		1993	10.3	8.1	15.8	9.6	8.6	10.7	10.6	5.8	20.0	82
	b	2005	12.1	8.1	20.2	11.7	8.0	16.3	4.8	5.0	6.2	83
哥斯达黎加		2000	6.0	4.9	9.0	4.7	4.1	5.7	2.3	1.9	2.7	84
	b	2003	7.8	6.4	11.0	5.6	4.7	6.9	4.0	4.5	3.4	85
		2004	7.0	5.7	10.1	8.4	6.6	11.0	3.2	2.9	3.5	85
		2005	7.3	5.3	11.7	7.6	5.5	10.9	4.9	4.0	6.0	85
		2006	6.7	4.7	10.9	6.8	5.1	9.2	2.3	1.7	2.9	85
		2007	5.2	3.5	8.7	5.3	4.1	6.8	1.7	0.8	2.7	85
萨尔瓦多		1996	9.1	10.5	6.5	10.5	8.9	13.6	2.3	1.8	2.9	86
墨西哥		2004	3.0	2.6	3.7	4.7	3.7	6.1	4.9	4.0	6.4	87
		2005	3.0	3.0	2.9	4.5	4.3	4.8	4.7	4.7	4.7	87
		2006	2.7	2.7	2.9	4.0	3.7	4.5	3.9	3.6	4.5	87
		2007	2.9	2.9	2.8	4.2	3.8	4.7	4.5	4.0	5.3	87
巴拿马		2003	10.6	8.8	15.3	18.4	13.9	25.3	14.1	11.0	16.9	88
		2004	9.7	8.3	13.5	16.7	12.2	23.5	12.9	9.2	16.3	88
		2005	7.4	6.5	9.5	14.1	11.3	18.3	11.4	8.1	14.6	88
		2006	6.9	6.2	8.7	12.8	9.2	18.3	9.1	7.0	11.1	88
		2007	5.4	4.7	7.1	9.0	6.2	13.2	6.8	5.4	7.9	88
南美洲												
阿根廷		2002	22.1	23.5	19.5	21.2	20.1	22.6	13.8	13.0	14.5	89
		2003	17.3	15.3	21.0	17.9	15.4	21.3	11.7	9.4	13.7	90
		2004	13.7	12.4	16.0	14.6	12.4	17.7	8.6	7.0	9.9	90
		2005	11.4	10.1	13.6	13.1	10.3	17.0	6.7	5.8	7.5	90
	b	2006	9.9	8.8	12.0	11.8	8.5	16.2	6.3	5.1	7.3	91
巴西		2006	8.4	6.5	11.4	9.8	7.1	12.5	3.5	2.4	4.5	92
智利		2006	4.1	4.1	4.0	7.1	6.3	8.6	5.9	5.4	6.5	93
		2007	4.9	4.3	6.3	8.5	7.6	10.2	7.1	5.9	8.5	94
巴拉圭		2007	4.6	3.7	5.9	9.5	6.1	15.3	4.1	4.3	3.9	95
乌拉圭		2002	18.0	14.3	24.0	17.4	13.2	22.2	13.0	10.9	14.5	96
		2005	8.5	6.8	10.8	55.8	94.7	44.2	13.5	9.5	17.3	96
	b	2006	11.0	7.8	16.5	11.0	8.3	14.0	8.5	7.0	9.6	97
		2007	10.0	6.7	15.4	9.1	6.4	12.2	6.8	6.1	7.3	97
非洲												
北非												
阿尔及利亚		2004	19.0	19.9	13.7	22.4	21.1	27.8	22.8	16.5	35.4	98
摩洛哥		2003	8.8	9.5	6.9	24.0	21.6	30.7	30.3	24.4	41.3	10
突尼斯		1994	15.0	14.4	17.0	12.7	12.4	13.7	3.8	3.3	5.0	99
	b	1997	24.3	16.1	18.0	16.5	16.0	18.1	8.1	7.3	10.0	100

	年份	初等教育或以下（%）			中等教育（%）			高等教育（%）			注
		MF	M	F	MF	M	F	MF	M	F	No.
撒哈拉以南非洲											
东非											
毛里求斯	2004	7.5	5.6	11.5	10.5	6.7	17.2	4.7	3.3	7.0	41
	2005	9.4	5.5	17.1	11.0	6.8	18.0	5.1	3.5	7.6	41
	2006	8.7	5.8	14.4	10.6	5.9	18.6	4.1	2.6	6.3	41
	2007	8.0	5.2	13.7	10.2	5.6	17.5	5.1	4.2	4.3	101
留尼汪	1999	50.7	46.1	57.4	32.5	28.4	36.0	12.5	10.2	14.8	102
南部非洲											
南非	2007	23.4	21.0	26.7	27.0	22.6	32.2	7.7	6.7	8.7	103
中东											
伊朗（伊斯兰共和国）	2005	8.3	8.8	5.9	17.6	13.3	35.3	15.7	10.5	25.3	104
阿曼	1996	7.3	7.1	9.6	18.6	10.5	47.2	2.1	1.8	3.0	105
巴勒斯坦被占领土	2001	28.4	30.6	5.4	23.5	25.0	7.4	15.9	13.2	22.4	106
	2002	35.5	38.0	10.5	29.2	30.4	15.9	18.1	16.5	22.2	106
	2004	29.4	32.1	8.4	23.0	24.0	13.2	21.8	16.7	31.4	107
	2006	24.7	27.0	8.4	20.8	21.3	15.6	21.0	15.3	31.8	107
卡塔尔	1997	1.7	1.6	2.4	3.8	2.6	12.8	3.5	2.0	7.9	108
阿拉伯联合酋长国	1995	1.5	1.6	0.8	2.5	2.3	3.8	2.2	1.7	3.7	109
b	2005	2.4	2.4	2.8	3.9	2.8	9.9	4.0	2.3	9.5	110

表 11b 按受教育程度划分的失业率（注）

1. 说明

这一指标强调在不同国家中工作者的受教育程度与失业的关系，并由此得出就业需求变化的信息。这些信息对就业与教育政策都有着重要意义。一旦受教育程度低则失业风险大的情况被证实，就可以进行相应的政策调整：提高这部分人口的教育水平，或在本国为其创造更多对技术水平要求低的工作。如果受教育程度高的人群中失业人口比重较高，则表明一国缺少专业性和技术水平高的工作。表 11b 给出了受过初等教育或以下、中等教育或高等教育的人口的失业率。指标中的分类都是基于《国际教育标准分类》（ISCED），见附录 D。

2. 信息库

CARIBBEAN 加勒比劳工统计数据集
国际劳工组织加勒比亚地区办公室，特立尼达和多巴哥西班牙港
这个在线数据库提供了 20 个加勒比国家关于劳工统计和劳动力市场的信息。这些数据包括就业、失业、工资、工时、职业事故、社会保障、劳资纠纷等。该数据库目前已停止运营。

劳工统计数据库（LABORSTA） 劳工统计年鉴，在线统计数据库
国际劳工局统计部，瑞士日内瓦
http：//laborsta. ilo. org
劳工统计数据库是国际劳工组织统计部的在线数据库，提供了自 1969 年以来 30 多个官方核心劳工统计表，包括经济活动人口、就业、失业、工时、工资、劳动力成本、消费者价格、工伤及罢工和停工。

3. 资料来源类型

HS 家庭或劳动力调查
OE 官方估算
PC 人口普查

4. 覆盖范围

C 平民
T 总人口

5. 使用的分类法

ISCED－76 国际标准教育分类，1976 年版
ISCED－97 国际标准教育分类，1997 年版

6. 符号

MF 男性和女性
M 男性
F 女性
b 序列发生变动
… 无法获得数据
－ 忽略不计

注 No.	信息库	资料来源类型	覆盖范围	ISCED	年龄（岁）	备注
1	LABORSTA	HS	T	ISCED—76	15 +	国际教育标准分类注释：初等教育仅指2级。高等教育仅指5级和6级。
2	LABORSTA	HS	T	ISCED—97	15 +	覆盖范围：不包括应征入伍者
3	LABORSTA	HS	T	ISCED—97	15 +	覆盖范围：不包括应征入伍者 注：方法经过修改，数据不具有严格的可比性。
4	LABORSTA	HS	T	ISCED—76	15 +	参考期：4月
5	LABORSTA	HS	T	ISCED—76	15 +	
6	LABORSTA	HS	T	ISCED—97	15 +	参考期：6月 覆盖范围：不包括应征入伍者 国际教育标准分类注释：中等教育仅指3级。
7	LABORSTA	HS	T	ISCED—97	15 +	覆盖范围：不包括应征入伍者 国际教育标准分类注释：中等教育仅指3级。
8	LABORSTA	HS	T	ISCED—97	15 +	参考期：第二季度 地域界限：政府控制的地区 覆盖范围：不包括应征入伍者
9	LABORSTA	HS	T	ISCED—97	15 +	地域界限：政府控制的地区 覆盖范围：不包括应征入伍者
10	LABORSTA	HS	T	ISCED—97	15 +	
11	LABORSTA	HS	T	ISCED—76	15—66	国际教育标准分类注释：初等教育仅指2级。
12	LABORSTA	HS	T	ISCED—97	15—74	覆盖范围：不包括应征入伍者 国际教育标准分类注释：高等教育仅指5A级和5B级。
13	LABORSTA	HS	T	ISCED—97	15—74	国际教育标准分类注释：中等教育仅指3级。
14	LABORSTA	HS	T	ISCED—97	15 +	参考期：3月
15	LABORSTA	HS	T	ISCED—97	15 +	参考期：5月
16	LABORSTA	HS	T	ISCED—97	15 +	参考期：第二季度 覆盖范围：不包括应征入伍者
17	LABORSTA	HS	T	ISCED—76	15—74	覆盖范围：不包括应征入伍者 国际教育标准分类注释：高等教育仅指5级和6级。
18	LABORSTA	HS	T	ISCED—97	15—74	覆盖范围：不包括应征入伍者
19	LABORSTA	HS	T	ISCED—97	15 +	参考期：第二季度
20	LABORSTA	HS	T	ISCED—97	15—74	参考期：11月 覆盖范围：不包括应征入伍者
21	LABORSTA	HS	T	ISCED—97	15 +	国际教育标准分类注释：高等教育仅指5A级和5B级。
22	LABORSTA	HS	T	ISCED—76	15—64	国际教育标准分类注释：高等教育仅指6级和7级。
23	LABORSTA	HS	T	ISCED—97	15—64	
24	LABORSTA	HS	T	ISCED—76	15 +	覆盖范围：不包括应征入伍者和住在军营的正规军人 国际教育标准分类注释：初等教育仅指1级。高等教育包括无法用等级（9级）定义的教育水平。
25	LABORSTA	HS	T	ISCED—97	15—74	覆盖范围：不包括应征入伍者和住在军营的正规军人
26	LABORSTA	HS	T	ISCED—97	15 +	覆盖范围：不包括应征入伍者 国际教育标准分类注释：中等教育仅指3级。高等教育仅指5A级和5B级。
27	LABORSTA	HS	T	ISCED—97	15 +	国际教育标准分类注释：高等教育仅指5A级和5B级。 注：估算值基于2002年人口普查的结果。
28	LABORSTA	HS	T	ISCED—97	15 +	参考期：第四季度 覆盖范围：不包括应征入伍者 国际教育标准分类注释：中等教育仅指3级。
29	LABORSTA	HS	T	ISCED—76	15 +	参考期：第二季度 覆盖范围：不包括住在军营的正规军人 注：以下的数据为粗略估算值。
30	LABORSTA	HS	T	ISCED—97	15 +	参考期：第二季度 覆盖范围：不包括住在军营的正规军人 国际教育标准分类注释：中等教育仅指3级。
31	LABORSTA	HS	T	ISCED—97	16 +	覆盖范围：不包括应征入伍者
32	LABORSTA	HS	T	ISCED—97	16 +	覆盖范围：不包括应征入伍者 注：方法经过修改，数据不具有严格的可比性。
33	LABORSTA	HS	T	ISCED—76	16—64	覆盖范围：不包括应征入伍者
34	LABORSTA	HS	T	ISCED—97	16—64	覆盖范围：不包括应征入伍者
35	LABORSTA	HS	T	ISCED—97	16—64	覆盖范围：不包括应征入伍者 注：方法经过修改，数据不具有严格的可比性。

注 No.	信息库	资料来源类型	覆盖范围	ISCED	年龄（岁）	备注
36	LABORSTA	HS	T	ISCED—76	16—64	参考期：3—5 月 注：数据指的是 16—64 岁的男性和 16—59 岁的女性。
37	LABORSTA	HS	C	ISCED—97	15 +	覆盖范围：不包括领地居民和居住在保护区的土著人口
38	LABORSTA	HS	C	ISCED—76	15 +	参考期：5 月 国际教育标准分类注释：初等教育仅指 2 级。
39	LABORSTA	HS	C	ISCED—97	15 +	参考期：5 月
40	LABORSTA	HS	C	ISCED—76	15 +	国际教育标准分类注释：高等教育仅指 5 级和 6 级。
41	LABORSTA	HS	C	ISCED—97	15 +	国际教育标准分类注释：中等教育仅指 3 级。
42	LABORSTA	HS	T	ISCED—76	15 +	国际教育标准分类注释：初等教育包括中等教育（3 级）。 注：数据仅指从学校毕业的人。
43	LABORSTA	HS	C	ISCED—97	15 +	
44	LABORSTA	HS	C	ISCED—97	15 +	注：方法经过修改，数据不具有严格的可比性。
45	LABORSTA	OE	T	ISCED—76	14 +	参考期：12 月
46	LABORSTA	OE	T	ISCED—76	15 +	参考期：12 月
47	LABORSTA	HS	C	ISCED—76	16—74	参考期：4 月和 11 月的平均值
48	LABORSTA	HS	C	ISCED—97	16—74	参考期：4 月和 11 月的平均值 国际教育标准分类注释：中等教育仅指 3 级。
49	LABORSTA	HS	T	ISCED—76	16—74	国际教育标准分类注释：初等教育仅指 2 级。
50	LABORSTA	HS	T	ISCED—97	16—74	
51	LABORSTA	HS	T	ISCED—97	15—74	
52	LABORSTA	HS	C	ISCED—97	15 +	参考期：第二季度 覆盖范围：不包括季节工或边境工人
53	LABORSTA	PC	T	ISCED—97	15 +	参考期：4 月 国际教育标准分类注释：中等教育仅指 3 级。高等教育仅指 5A 级和 6 级。
54	LABORSTA	HS	T	ISCED—97	15 +	参考期：4 月 国际教育标准分类注释：中等教育仅指 3 级。高等教育仅指 5A 级和 6 级。
55	LABORSTA	HS	T	ISCED—76	15 +	国际教育标准分类注释：高等教育包括中等教育。
56	LABORSTA	HS	T	ISCED—76	15 +	覆盖范围：不包括应征入伍者
57	LABORSTA	HS	T	ISCED—97	15 +	参考期：3 月 覆盖范围：不包括应征入伍者 国际教育标准分类注释：中等教育仅指 3 级。高等教育仅指 5A 级和 5B 级。
58	LABORSTA	HS	T	ISCED—97	15 +	覆盖范围：不包括应征入伍者 国际教育标准分类注释：中等教育仅指 3 级。
59	LABORSTA	HS	C	ISCED—97	15 +	国际教育标准分类注释：高等教育仅指 5A 级。
60	LABORSTA	HS	T	ISCED—97	15 +	覆盖范围：不包括住在军营的正规军人 国际教育标准分类注释：高等教育仅指 5A 级。
61	LABORSTA	HS	T	ISCED—97	15 +	参考期：11 月
62	LABORSTA	HS	T	ISCED—76	15—72	参考期：3 月
63	LABORSTA	HS	T	ISCED—97	15—72	参考期：11 月
64	LABORSTA	HS	T	ISCED—97	15—72	
65	LABORSTA	HS	T	ISCED—76	15—70	
66	LABORSTA	HS	C	ISCED—97	15 +	覆盖范围：不包括海军和受管辖机构内的人口
67	LABORSTA	HS	C	ISCED—76	15 +	
68	LABORSTA	HS	C	ISCED—76	14 +	
69	LABORSTA	HS	C	ISCED—97	14 +	国际教育标准分类注释：中等教育仅指 3 级。
70	LABORSTA	HS	C	ISCED—76	10 +	参考期：1 月
71	LABORSTA	HS	C	ISCED—76	10 +	参考期：1 月 国际教育标准分类注释：初等教育仅指 2 级。
72	LABORSTA	HS	C	ISCED—97	10 +	地域界限：不包括北部和东部省份 国际教育标准分类注释：中等教育仅指 3 级。
73	LABORSTA	HS	T	ISCED—76	15 +	参考期：5 月
74	LABORSTA	HS	T	ISCED—76	15 +	参考期：8 月
75	LABORSTA	HS	T	ISCED—97	15 +	参考期：10 月 覆盖范围：不包括住在军营的正规军人
76	LABORSTA	HS	T	ISCED—76	15 +	参考期：6 月 覆盖范围：数据指永久居民

注 No.	信息库	资料来源类型	覆盖范围	ISCED	年龄（岁）	备注
77	LABORSTA	PC	C	ISCED—97	15 +	参考期：5 月 国际教育标准分类注释：高等教育仅指 5A 级。
78	CARIBBEAN	HS	C	ISCED—76	15 +	参考期：4 月
79	LABORSTA	PC	T	ISCED—97	15 +	参考期：5 月 国际教育标准分类注释：高等教育仅指 5A 级和 6 级。
80	LABORSTA	HS	T	ISCED—76	10 +	国际教育标准分类注释：初等教育仅指 1 级。中等教育包括初等教育的 2 级和高等教育的 5 级。高等教育仅指 6 级和 7 级。
81	LABORSTA	HS	T	ISCED—76	15 +	参考期：10 月 地域界限：库拉索 国际教育标准分类注释：高等教育包括无法用等级（9 级）定义的教育水平。
82	CARIBBEAN	HS	T	ISCED—76	14 +	参考期：4 月
83	LABORSTA	HS	T	ISCED—76	14 +	参考期：4 月
84	LABORSTA	HS	T	ISCED—76	12 +	参考期：7 月 注：总数中不包括受教育水平未知的人员。
85	LABORSTA	HS	T	ISCED—97	12 +	参考期：7 月
86	LABORSTA	HS	T	ISCED—76	10 +	参考期：12 月
87	LABORSTA	HS	T	ISCED—97	14 +	参考期：第二季度
88	LABORSTA	HS	T	ISCED—97	15 +	参考期：8 月
89	LABORSTA	HS	T	ISCED—97	10 +	参考期：5 月和 10 月的平均值 地域界限：28 个城市群 国际教育标准分类注释：中等教育仅指 3 级。
90	LABORSTA	HS	T	ISCED—97	10 +	参考期：第二学期 地域界限：28 个城市群 国际教育标准分类注释：中等教育仅指 3 级。
91	LABORSTA	HS	T	ISCED—97	10 +	参考期：第二学期 地域界限：31 个城市群 国际教育标准分类注释：中等教育仅指 3 级。
92	LABORSTA	HS	T	ISCED—97	10 +	参考期：9 月 地域界限：不包括朗多尼亚、阿克里、亚马孙、罗赖马、帕拉和阿马帕的农村人口
93	LABORSTA	HS	T	ISCED—76	15 +	参考期：第四季度 覆盖范围：不包括应征入伍者 注：方法经过修改，数据不具有严格的可比性。
94	LABORSTA	HS	T	ISCED—76	15 +	参考期：第四季度 覆盖范围：不包括应征入伍者
95	LABORSTA	HS	C	ISCED—97	10 +	参考期：第四季度 国际教育标准分类注释：中等教育仅指 3 级。高等教育仅指 5A 级和 5B 级。
96	LABORSTA	HS	T	ISCED—76	14 +	地域界限：城市地区 覆盖范围：不包括应征入伍者
97	LABORSTA	HS	T	ISCED—76	14 +	覆盖范围：不包括应征入伍者
98	LABORSTA	HS	T	ISCED—97	15 +	参考期：9 月 国际教育标准分类注释：中等教育仅指 3 级。高等教育仅指 5 级。
99	LABORSTA	PC	T	ISCED—76	15 +	国际教育标准分类注释：中等教育包括初等教育中的 2 级。高等教育仅指 5 级和 6 级。
100	LABORSTA	HS	T	ISCED—76	15 +	国际教育标准分类注释：中等教育包括初等教育中的 2 级。
101	LABORSTA	HS	C	ISCED—97	16 +	国际教育标准分类注释：中等教育仅指 3 级。
102	LABORSTA	PC	T	ISCED—97	15 +	参考期：3 月 国际教育标准分类注释：中等教育仅指 3 级。
103	LABORSTA	HS	T	ISCED—97	15—65	参考期：9 月
104	LABORSTA	HS	T	ISCED—76	10 +	国际教育标准分类注释：高等教育包括无法用等级定义的教育水平（9 级）。
105	LABORSTA	HS	C	ISCED—76	12 +	覆盖范围：仅指阿曼国民
106	LABORSTA	HS	T	ISCED—97	10 +	参考期：5 月和 10 月的平均值 国际教育标准分类注释：中等教育仅指 3 级。
107	LABORSTA	HS	T	ISCED—97	10 +	国际教育标准分类注释：中等教育仅指 3 级。
108	LABORSTA	PC	T	ISCED—97	15 +	参考期：3 月
109	LABORSTA	PC	T	ISCED—97	15 +	参考期：12 月 国际教育标准分类注释：中等教育仅指 3 级。
110	LABORSTA	PC	T	ISCED—97	15 +	

KILM 12：与工作时间相关的不充分就业

引　言

该指标是指在参考期内，实际工时低于（在更令人满意的就业状况下）其能够也愿意工作的小时数的就业人员数量。该指标以前被称为“显性不充分就业”。以下是两个与工作时间相关的不充分就业率：一个是与工作时间相关的不充分就业人口占劳动力人口的百分比，另一个则是其占总就业人口的百分比。表 12 中提供的信息涵盖了 55 个经济体以及所有 KILM 分组的情况。所有信息均基于家庭调查的结果。

指标的用途

不充分就业反映了对劳动力生产能力的利用不足。“利用不足”是一个复杂的概念，它牵涉到许多方面。为了更加全面地刻画与体面工作缺乏相关的利用不足情况，我们需要综合考量以下指标，包括（但不限于）劳动力人口、就业人口比率、非经济活动率、就业状况、工作贫困和劳动生产率。仅利用单一指标来描绘利用不足的情况通常不够全面。

不充分就业一直以来都被广义地理解并用来指称任何类型的就业“不满意”情况（以工作者的角度），如工时不足、报酬不足或技能利用不足等。事实上，对于不充分就业的判断是根据个人的评价而定，而这种评价每天都可能发生变化，从而使得这一概念难以量化和解释。最好能对不充分就业更加具体（更加量化）的组成因素进行分别处理，“显性”不充分就业（与工作时间相关的不充分就业）可以通过工时来度量。而“隐性”不充分就业则是通过经济活动所获得的收入、低生产率、教育或技能的利用不足程度或不匹配程度等来衡量，而这些因素更加难以量化。“与工作时间相关的不充分就业”是迄今为止唯一在国际劳动统计界中获得共识并被合理定义的不充分就业的组成因素。

与工作时间相关的不充分就业统计数据是对就业和失业信息的有效补充，对后者更是大有裨益，这是因为其丰富了关于劳动力市场效率的分析，这种效率体现在一国向需要工作的人提供充分就业机会的能力。因此，这一指标对于就业、收入以及社会政策和方案的规划、执行和评估都有指导作用。在很难将人口按“就业”或“失业”进行严格区分的发展中经济体中，该指标尤为重要。此类经济体中的绝大多数人口都处于不充分就业的状态，他们靠小规模农业或其他类型的非正规活动来勉强糊口。正如一项关于纳米比亚的研究所指出的那样，[1]那些每周仅工作几小时来打理田地或牧羊的人口很少会认为自己属于就业者之列，尤其是在从这些活动中得到的收入（现金或实物）微乎其微的情况下。然而，根据就业的国际定义，这些人在劳动力调查中被归为就业者之列。在这种情况下，当大多数人并不认为自己是有酬就业时，我们应尝试对充分就业和不充分就业加以区分。

虽然失业指标是衡量劳动力市场绩效的最常用指标，但是只有失业这一个指标并不能提供足够的信息来了解一个国家劳动力

1　S. Wolf：“简化不充分就业的统计：对纳米比亚劳动力抽样调查的结果”，《劳工统计公报》（日内瓦，国际劳工组织），1994 年第 3 期；http：//www. ilo. org/public/english/bureau/stat/download/articles/1994 – 3. pdf。

市场存在的缺陷。例如，在上述情况中，标准劳动力调查统计的就业情况是就业率高、失业率低。然而，这些国家的低失业率并不一定意味着它们的劳动力市场状况良好。或者说，低失业率掩盖了这样一个事实，即相当数量工人的工作时间较短、收入较低、技能利用较少。总体来讲，实际工作效率低于其意愿和能力。因此，许多人在寻找其他工作的过程中可能同失业者进行竞争。增加一个与工作时间相关的不充分就业指标可以更好地了解真实的就业情况。

定义和来源

1998 年第 16 届国际劳动统计学家大会通过了与工作时间相关的不充分就业的国际定义。[2]该国际定义基于以下 3 条标准，即在较短参考期内（a）愿意增加工作时数；（b）能够增加工作时数；（c）工作时间低于标准工作时间的所有就业者。决议对每项标准都进行了更加详细的定义（见专栏 12a）。就第一个标准来说，工作者需要报告（1）其除了现有工作外还需要另外一个或多个工作；（2）其希望谋求工作时数更长的一个或多个工作来取代现有工作；（3）其想延长现有工作的工作时数；（4）或者以上 3 种情况兼而有之。根据这一标准，不充分就业者还包括那些积极寻求额外工时的人员，在这种情况下，找工作的定义与统计失业人数时的定义相同。

根据现行国际定义，与工作时间相关的不充分就业者包括所有报告希望增加工时的工作者。与此形成对比的是，失业者只包括那些想要工作并且声称正积极寻找工作的非受雇者。有证据表明，如果将与工作时间相关的不充分就业定义为仅包括那些确实在寻求额外工时的工作者的话，与工作时间相关的不充分就业人数将显著减少。基本可以确认这种减少对于女性来说要高于男性；这表明即使女性确实需要寻求额外工作，她们往往也不会付诸行动。这也许是社会赋予女性的性别角色使然——女性需要履行家庭职责，如打理家务和照顾家庭成员等，这会与找工作所占用的时间发生冲突。

过去 20 年来，尽管对于不充分就业的定义已经越来越明确，[3]但依然很少有国家能够一贯沿用这一定义，这是因为不充分就业的具体标准还未得到完全精确的定义（全职/非全职分界线的不精确定义也有类似问题，见 KILM 5）。定义的不精确导致针对不充分就业的统计没有得到定期进行，所以也很难对与工作时间相关的不充分就业进行各国之间的比较。例如，在判定工作者的工作时间是否低于正常工时的时候，究竟依据实际工时还是通常工时，各国之间存在差异，在 KILM 5 中也涉及到这个问题。如表 12 所示，该指标反映了与工作时间相关的不充分就业标准定义的多种解释。按照以下 3 种常见定义方式（或定义代码）将不同国家的定义进行分组：[4]

（1）就业者报告其正在从事非全职工作或其（实际或通常）工时低于某一规定分界线，以及由于非自愿原因其工时低于全职工时——他们也被称为“非自愿的非全职工作者”。

（2）那些（实际或通常）工时低于某一规定分界线，并且希望增加工时的就业者。

（3）那些（实际或通常）工时低于某一规定分界线，并且寻求增加工时的就业者。

对使用最严格定义（定义代码 3）的国

2 关于衡量不充分就业和不适当就业状况的决议，第 16 届国际劳动统计学家大会，日内瓦，1998 年；http://www.ilo.org/global/What_we_do/Statistics/standards/resolutions/lang--en/docName--WCMS_087487/index.htm（见专栏 12a）

3 不充分就业的定义首次出现在第 11 届国际劳动统计学家大会（ICLS）通过的关于不充分就业和人力资源利用不足情况统计和分析的第三号决议中，不适当就业（1966 年）之后也出现在第 13 届 ICLS 通过的关于经济活动人口、就业、失业和不充分就业统计数据的决议中（1982 年）。

4 KILM 的使用者应参照表 12 的记录，以明确每个国家适用的定义。

家与使用相对宽泛定义（定义代码 1 或 2）的国家进行对比，可以看出使用不同的定义对不充分就业工作者统计值的影响程度。注释表中的工时分界线是指劳动者不被计入不充分就业者所必需的最低（实际或通常）工作小时数。

如上所述，这项指标的统计数据完全是基于家庭调查。其主要来源于经济合作与发展组织（OECD）的劳动力统计数据库。[5] 对于非 OECD 国家，数据则来自各国的出版物。

可比性的限制

与工作时间相关的不充分就业的定义在各国之间存在很大差异。纵观各国实践，大多数国家的定义将那些希望增加工时的工作者包括在内（定义代码 2）。许多其他国家的定义仅仅包括那些报告由于非自愿原因导致其无法工作更长时数或只能按现有工时工作的工作者（定义代码 1）。然而，关于被认定为"非自愿"的具体原因，各国又有显著不同。有些国家分两个阶段来获得相关信息。第一阶段确定由于非自愿原因导致工时通常低于标准工作时间的工作者，而第二阶段则确定由于经济或技术原因导致实际工时低于通常工时的工作者。但是，对于这两组工作者来说，被认定为"非自愿"的原因是不相同的。很少有经济体采用工作者需寻求增加工时这一标准（定义代码 3，目前采用该定义的经济体有中国香港、以色列、挪威和巴拿马）。

大多数定义都涵盖了那些在统计周内"实际工时"低于标准工作时间的工作者，还有一些定义将那些"通常工时"低于标准工作时间的工作者包括在内，其他定义则将二者都包括在内。也许因为对于"非全职"没有统一的国际定义，各国确定的标准工作时间并不总是一致。少数国家将这一标准工作时间定义为全职工作者的法定工时或通常工时。有些国家直接根据工作者是否从事非全职工作来定义，或根据工作者自己的通常工时来定义。因此，各国采用的标准工作时间大不相同。以哥斯达黎加为例，其分界工作小时数相当于全职工作的 47 小时，而大多数 OECD 国家则仅报告非自愿的非全职工作者，即每周工作 30 小时及以下的人员。

从以上对于在衡量统计与工作时间相关的不充分就业人口时会出现多种可能性的讨论可以明显看出，不能区分定义的组成因素将极大地限制国家间的可比性。尽管统计的所有信息均来自于家庭调查，但是由于存在调查时间、抽样程序以及问卷收集等方面的差异，可比性还存在很多其他潜在的限制。KILM 8 中"可比性的限制"一节对此类限制有简明的描述。

趋　势

在分析劳动力市场绩效时，引入不充分就业因素是非常有价值的。当我们进行劳动力市场评估时，将就业人口大致分成"充分就业人口"（用总就业人口减去与工作时间相关的不充分就业人口）和"不充分就业人口"，与根据传统的劳动力市场指标——就业和失业——得出的结论会有所不同。例如，我们可能会看到总就业人口增加而失业人口减少，这意味着劳动力市场前景有所改善；但如果就业增长来源于不充分就业人口的增加（和充分就业人口的减少），那么劳动力市场前景的改善就不是那么明朗。

忽视不充分就业因素也可能会产生误导。虽然不是技术性失业，但不充分就业人口往往为获得额外工时和工作而竞争。由于失业数字的定义和统计方法（即通过受访者的"主要"活动方式确定归类，分成就业、失业和非经济活动人口）上的原因，尽管这部分人口可能自认为是失业者，并且在已有工作的情况下还在积极寻找其他工作，但其不会被纳入失业人口范围。因此，不充分就业人口与失业人口之和占整体劳动人口的比重，可以更清楚地描述一国劳动力生产潜力的利用不足情况。

5　OECD 公布的统计数据见网址：http：//stats. oecd. org/Index. aspx。

事实上，尽管在过去10年中欧洲的失业率一直保持稳定，但其中许多国家都经历了与工作时间相关的不充分就业率的显著增长，在一些大型经济体（如法国、德国、意大利和西班牙）中尤其明显。图12a显示，在1997—2007年间，意大利失业率的降低大部分被不充分就业率的上升所抵消，因此，劳动力利用不足率下降很少。同样，德国同期出现不充分就业人口的持续增长，而失业人口保持稳定——甚至在2006—2007年间从430万下降至360万。

据德国劳工统计局的说法，[6] 失业人口向不充分就业人口的转变反映了德国劳动力市场不断变化的结构特征。这主要是由于常规、稳定的有酬工作的减少，以及灵活、临时性低薪工作的增加，而这些工作很多都是处于正规劳动力市场的边缘。这一发展是与不断增长的市场灵活性分不开的：许多就业者，尤其是年龄较小的年龄组和技术水平较低人员——不充分就业的主要受害者——经历了多重介于就业、失业和脱离经济活动之间的过渡阶段，而这些过渡阶段就构成了不充分就业的总体形态。

图12b显示了意大利和德国的女性在不充分就业方面承受了更重的负担，这两个国家中女性占全部不充分就业人口的比重一直保持在70%以上。这种过高比重几乎发生在所有国家，但在发达国家尤其严重，发达经济体中不充分就业的女性人数至少是男性的两倍。

图12c强调了定义的差异如何对不充分就业发生率以及各经济体间的比较产生影响。从非OECD经济体的不充分就业百分比来看，似乎采用第三种定义的经济体的不充分就业数字更低，因为其定义更加狭窄（即它规定必须是实际寻求额外工时的人员）。在采用前两个定义的经济体中，不充分就业发生率的差异不是那么显著。

关于地区差异，似乎不充分就业率最高的国家分布在拉丁美洲（阿根廷、哥伦比亚、哥斯达黎加、危地马拉、尼加拉瓜和秘鲁）以及撒哈拉以南非洲（纳米比亚）的发展中地区。在这些国家中，不充分就业率为10%以上的高发地区通常是那些通过延长工时来抵消低工资的发展中国家。值得指出的是，在大部分上述国家中，不充分就业人员已经工作了相当于全职的工时（每周工作35小时以上），但他们仍然希望工作更长时间。[7] 这与发达的OECD国家对与工作时间相关的不充分就业的解读不同，OECD国家中愿意工作更长工时的人员每周工作时间在30小时或以下。总之，数据显示在发展中国家，那些可能已经在从事全职工作的人员想要工作更长时间的比例甚至比发达国家非全职工作者的对应比例还要高（OECD国家2007年与工作时间相关的不充分就业率平均为2.4%）。从图12c中可以看出，欧盟的新成员国（保加利亚、拉脱维亚、罗马尼亚和斯洛文尼亚）以及俄罗斯联邦的该比例均低于OECD的平均水平。

---

6 美国联邦统计局：“不充分就业人口不断增长：1/7的就业人员想要更多工作”，第131号新闻稿，2006年3月24日；www. destatis. de/jetspeed/portal/cms/Sites/destatis/Internet/EN/press/pr/2006/03/PE06__131__133，templateId = renderPrint. psml。

7 阿根廷、中国香港、巴基斯坦、秘鲁和南非的标准工时为35小时，厄瓜多尔、危地马拉、拉脱维亚、纳米比亚、尼加拉瓜、巴拿马、菲律宾和泰国的标准工时为40小时，亚美尼亚为39小时，哥斯达黎加为47小时。图12c中显示的其余经济体的标准工时未知。

图 12a　1997—2007 年间德国和意大利的劳动力失业和不充分就业状况分布

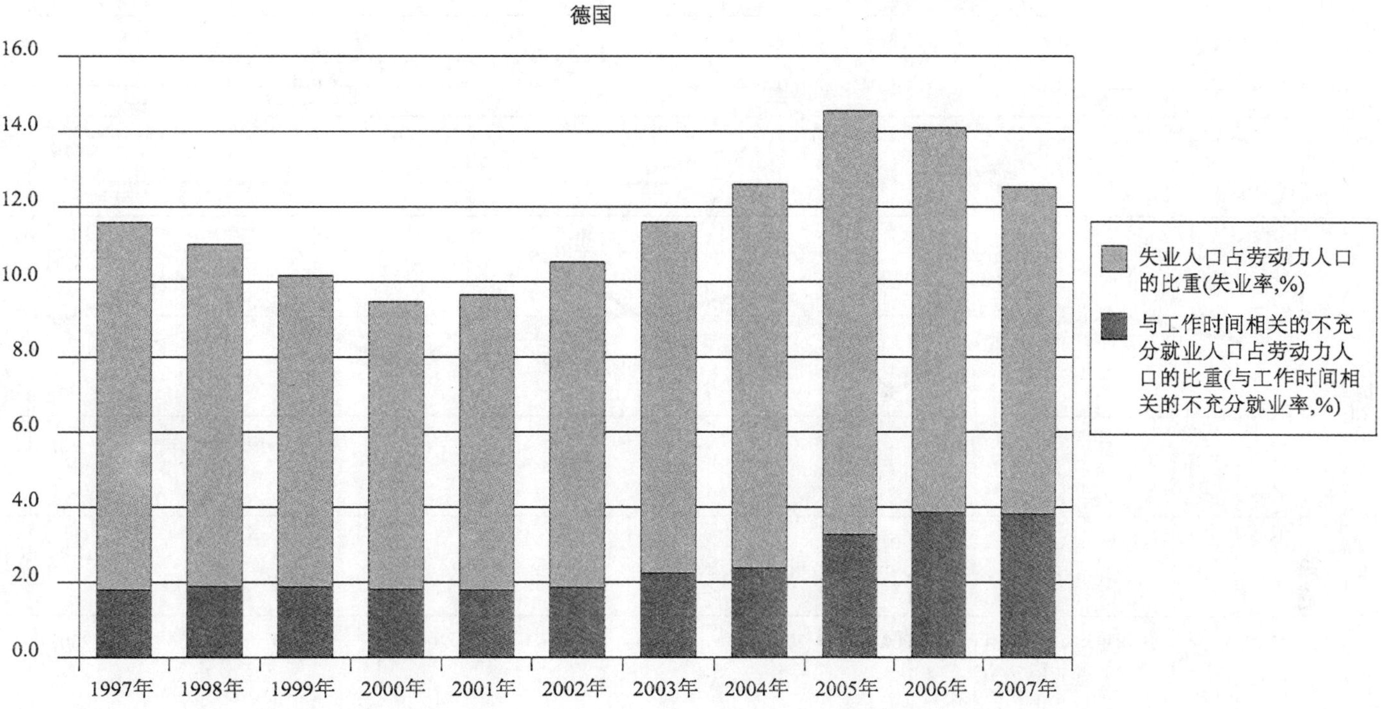

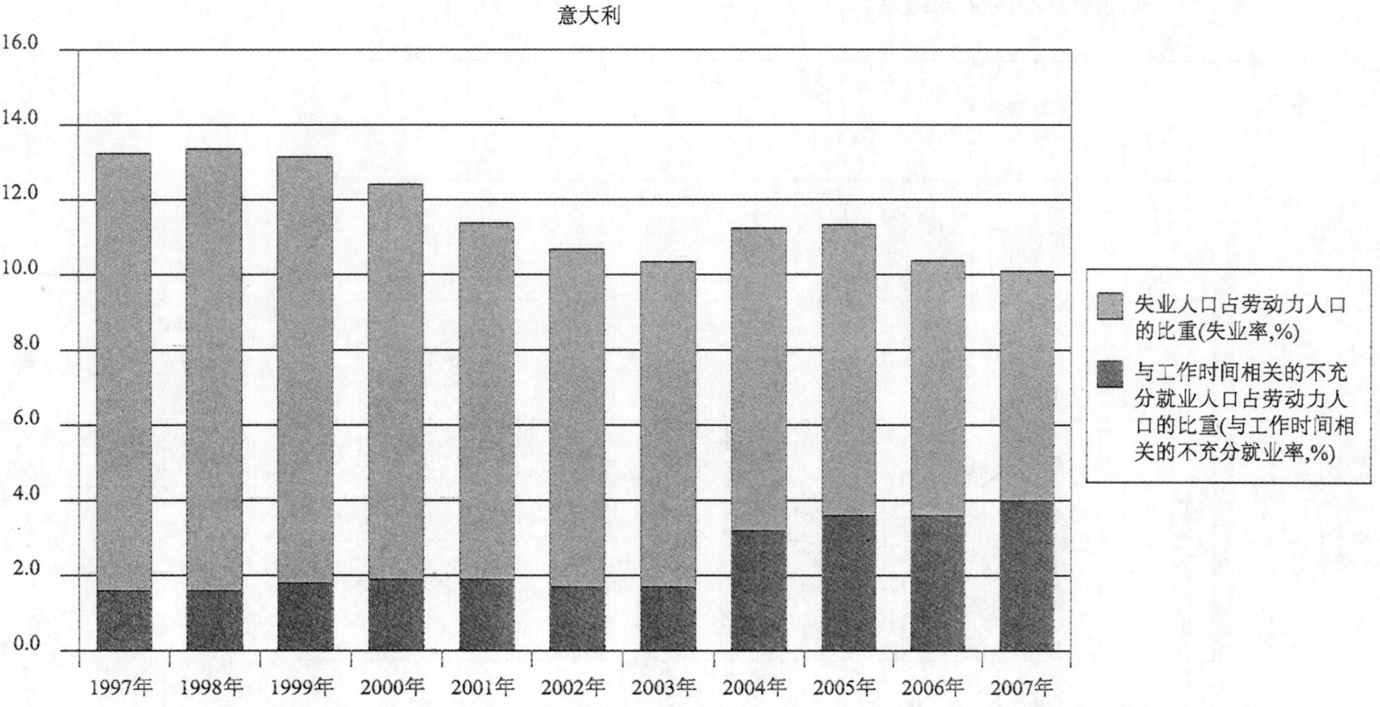

资料来源：失业率来自 KILM 表 8a，不充分就业率来自 KILM 表 12。

图 12b 1997—2007 年间德国和意大利与工作时间相关的不充分就业人口中女性所占比重

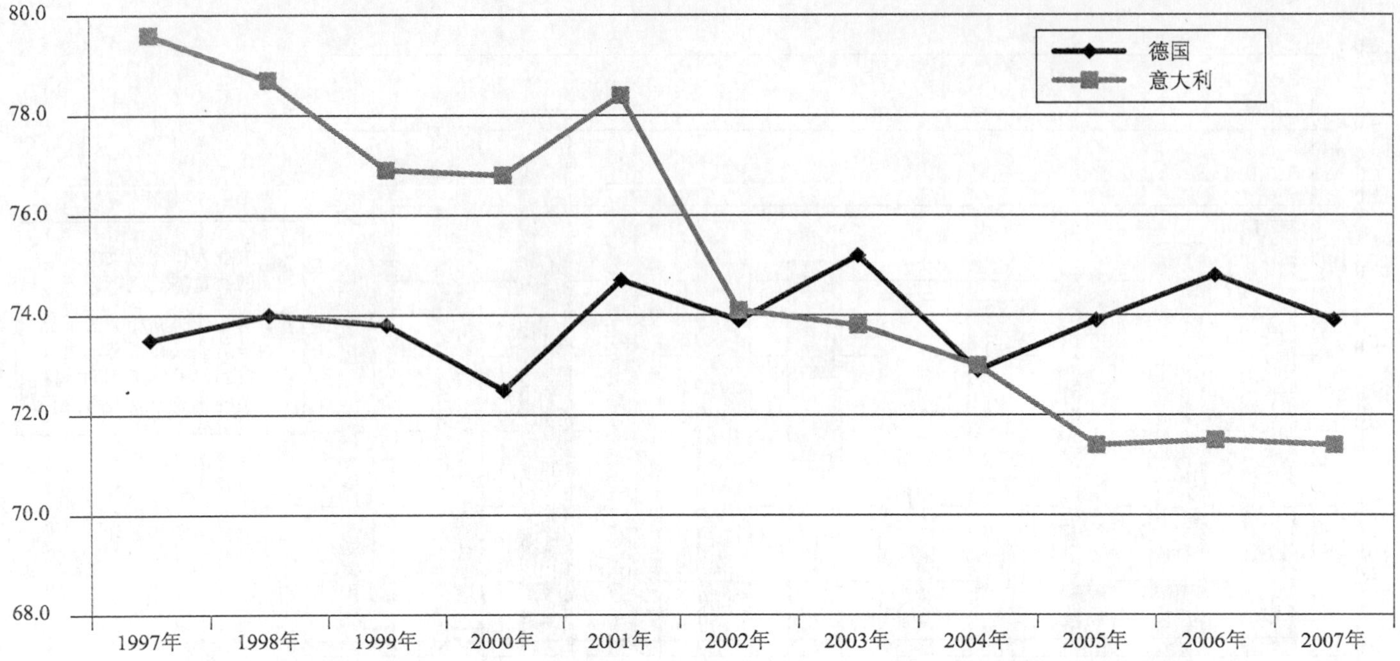

图 12c 近年来非 OECD 经济体与工作时间相关的不充分就业人口占就业总人口的比重（按采用的不同定义分组标识）

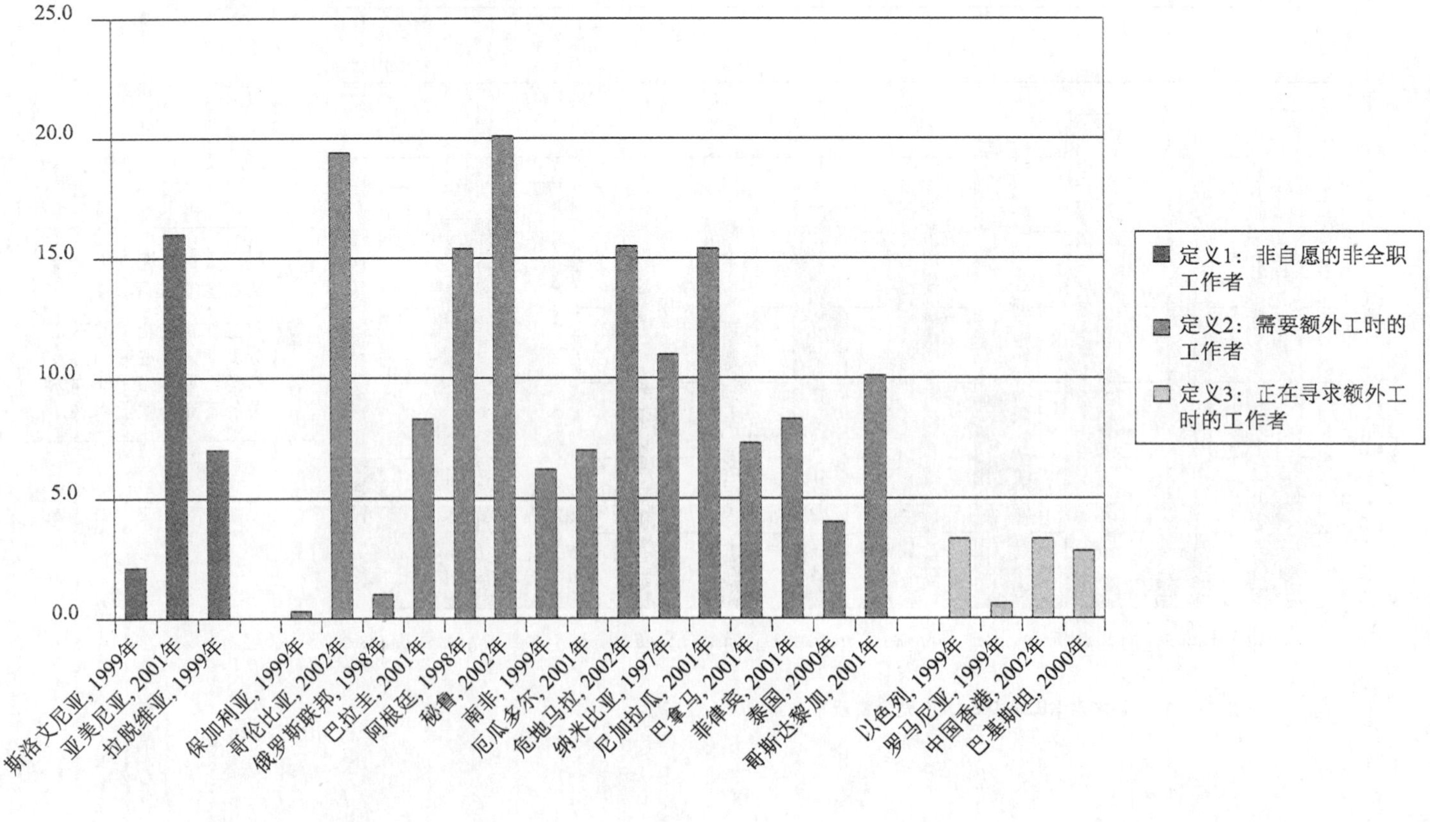

专栏 12a　第 16 届国际劳动统计学家大会（1998 年 10 月）通过的关于衡量不充分就业和不适当就业状况的决议（相关段落）

目标

1. 衡量不充分就业和不适当就业状况的主要目标是提高就业问题的分析水平，并对制定和评估旨在促进充分的生产性就业以及自由择业的短期和长期政策和措施提供支持。以上政策目标是由国际劳工大会于 1964 年和 1984 年通过的《就业政策公约》（第 122 号）和《建议书》（第 122 号和第 169 号）中提出的。鉴于此，不充分就业的统计和不适当就业状况的指标应该作为关于一国就业、失业、非经济活动人口以及经济活动人口状况统计的补充资料。

2. 对不充分就业的测量是劳动力统计框架体系不可或缺的部分，该框架以现行的经济活动人口统计的国际准则为基础；有关不适当就业状况的指标应尽可能遵循这一框架。

范围和概念

3. 根据劳动力统计的框架体系，不充分就业的测量和不适当就业的指标应主要基于就业者所描述的当前工作能力和工作环境。本决议并不包括基于理论模型的不充分就业概念，此类理论模型研究的是工作年龄人口的潜在能力和工作愿望。

4. 不充分就业反映了对就业人口的生产能力利用不足，包括那些由于国家或地方经济体系的缺陷而产生的利用不足。它涉及到人们愿意并且能够从事的其他就业情况。在该项决议中，有关统计不充分就业的建议仅限于与工作时间相关的不充分就业，如下文的第 8 条第 1 款所述。

5. 不适当就业状况影响了工人的能力和福利，并可能依各国国情有所不同，它涉及到如职业技能使用、经济风险的程度和类型、工作安排和出差、职业安全与健康以及一般工作条件等工作状况的方方面面。在很大程度上，用来描述这种状况的统计学概念至今尚未得到充分开发。

6. 就业人员可能同时处于不充分就业和不适当就业状况。

衡量与工作时间相关的不充分就业

7. 相对于就业人员愿意并且能够从事的其他工作来说，他们的现有工作小时数不充分，这时就存在与工作时间相关的不充分就业。

8.（1）有关就业统计的现行国际准则规定：与工作时间相关的不充分就业人口包括在参考期满足以下 3 个标准的所有人员：

（a）“愿意增加工时”，即除了目前的工作外，希望有另外的一个或多个工作来增加工作总小时数；用工时更长的一个或多个工作来替代现有工作；增加现有工作的工时；或以上 3 种情况兼而有之。“想要增加工时”的意愿是通过某些符合国情条件的行动来表明的，应该将那些积极寻求额外工时的人同那些没有采取行动的人区分开来。“积极寻求额外工时”的定义参照衡量经济活动人口“找工作”的定义，同时，我们也将为增加现有工作的工时而进行的活动包括在内。

（b）“能够工作更长工时”，是指如果有增加工时的机会，工作者可以在规定期限内开始进行更长工时的工作。当决定工作者是否能够工作更长小时数时，

专栏 12a（续）

规定期限应视根据各国情况而定，该期限通常应包含工作者转换工作所需的时间。

（c）“工时低于标准工作时间”，即在参考期内，“实际工时”在现行的有关工时统计的国际准则下低于标准工作时间的人员，标准工作时间依各国国情而定。该标准可能由以下因素决定，如全职和非全职工作的时数分界线、中位数、平均值，或各国按照立法、劳资协议、工作时间安排或国家劳工惯例所规定的正常工作时间。

表 12 与工作时间相关的不充分就业

	年份	定义代码	与工作时间相关的不充分就业人口占劳动力人口的百分比			与工作时间相关的不充分就业人口占总就业人口的百分比			注 No.
			MF	M	F	MF	M	F	
发达经济体和欧盟									
欧盟									
奥地利	2000	1	1.1	0.5	1.8	1.1	0.5	1.9	1
	2004	1	1.1	0.4	1.9	1.2	0.4	2.1	1
	2005	1	1.6	0.7	2.6	1.7	0.7	2.8	1
	2006	1	1.7	0.7	2.8	1.8	0.8	3.0	1
	2007	1	1.7	0.7	2.8	1.8	0.7	3.0	1
	2008	1	1.6	0.8	2.6	1.7	0.8	2.8	1
比利时	1990	1	2.7	0.6	5.9	2.9	0.6	6.7	1
	2000	1	2.8	1.0	5.1	3.3	1.2	6.0	1
	2004	1	2.7	1.0	4.8	3.3	1.2	5.9	1
	2005	1	2.4	1.0	4.3	3.0	1.2	5.2	1
	2006	1	2.2	0.9	3.9	2.8	1.1	4.7	1
	2007	1	2.2	0.9	3.7	2.7	1.2	4.5	1
	2008	1	2.3	0.9	4.0	2.7	1.1	4.7	1
保加利亚	1995	2	0.3	0.2	0.3	0.4	0.4	0.5	2
	1996	2	0.2	0.1	0.2	0.3	0.2	0.4	3
	1997	2	0.2	0.2	0.3	0.3	0.3	0.3	4
	1998	2	0.3	0.2	0.4	0.3	0.3	0.4	4
	1999	2	0.2	0.2	0.3	0.3	0.2	0.4	5
捷克共和国	2000	2	0.6	0.2	1.1	0.6	0.2	1.3	6
	2004	2	0.5	0.2	0.8	0.5	0.2	0.9	6
	2005	2	0.5	0.2	0.9	0.5	0.2	1.0	6
	2006	2	0.4	0.2	0.8	0.5	0.2	0.8	6
	2007	2	0.4	0.2	0.7	0.4	0.2	0.8	6
	2008	2	0.4	0.1	0.7	0.4	0.1	0.7	6
丹麦	1990	1	1.8	0.7	3.1	2.0	0.7	3.4	1
	2000	1	1.7	0.7	2.8	1.8	0.8	2.9	1
	2004	1	2.2	1.3	3.2	2.4	1.4	3.4	1
	2005	1	2.4	1.3	3.6	2.5	1.3	3.9	1
	2006	1	2.2	1.0	3.5	2.3	1.1	3.7	1
	2007	1	1.7	0.9	2.5	1.7	0.9	2.6	1
	2008	1	1.5	0.9	2.2	1.5	0.9	2.3	1
芬兰	2000	1	3.1	1.4	5.1	3.5	1.6	5.7	7
	2004	1	3.0	1.4	4.8	3.4	1.6	5.3	7
	2005	1	2.9	1.4	4.4	3.1	1.5	4.9	7
	2006	1	2.9	1.4	4.6	3.2	1.5	5.1	7
	2007	1	2.7	1.2	4.3	2.9	1.3	4.7	7
	2008	1	2.8	1.3	4.3	3.0	1.5	4.7	7
法国	2000	1	2.6	1.2	4.3	3.0	1.3	5.0	1
	2004	1	2.9	0.9	5.1	3.2	1.0	5.8	1
	2005	1	3.1	1.1	5.4	3.5	1.2	6.1	1
	2006	1	3.3	1.2	5.6	3.6	1.3	6.4	1
	2007	1	3.3	1.1	5.7	3.7	1.2	6.5	1
	2008	1	3.3	1.0	5.8	3.6	1.1	6.4	1
德国	1990	1	0.6	0.2	1.1	0.6	0.2	1.2	1
	2000	1	1.7	0.7	2.9	1.8	0.7	3.1	1
	2004	1	2.5	1.2	4.0	2.8	1.4	4.5	1
	2005	1	3.4	1.8	5.4	3.9	2.0	6.1	1
	2006	1	3.8	2.0	5.9	4.2	2.2	6.6	1
	2007	1	3.7	2.0	5.8	4.1	2.1	6.4	1
	2008	1	4.0	2.1	6.2	4.3	2.3	6.7	1
希腊	1990	1	0.9	0.6	1.4	1.0	0.7	1.5	1
	2000	1	1.4	0.8	2.2	1.5	0.9	2.6	1
	2004	1	1.7	0.9	3.0	1.9	1.0	3.5	1
	2005	1	1.8	0.9	3.2	2.0	0.9	3.7	1
	2006	1	2.0	0.9	3.4	2.2	1.0	4.0	1
	2007	1	1.9	0.9	3.4	2.1	0.9	3.9	1
	2008	1	1.9	0.9	3.3	2.0	0.9	3.7	1

	年份	定义代码	与工作时间相关的不充分就业人口占劳动力人口的百分比			与工作时间相关的不充分就业人口占总就业人口的百分比			注 No.
			MF	M	F	MF	M	F	
匈牙利	2000	1	0.4	0.2	0.6	0.4	0.2	0.6	8
	2004	1	0.4	0.3	0.6	0.5	0.3	0.7	8
	2005	1	0.4	0.2	0.6	0.4	0.2	0.7	8
	2006	1	0.4	0.2	0.7	0.4	0.2	0.7	8
	2007	1	0.5	0.3	0.8	0.6	0.3	0.9	8
	2008	1	0.5	0.3	0.7	0.5	0.4	0.7	8
爱尔兰	1990	1	1.5	1.0	2.3	1.7	1.2	2.7	1
	2000	1	1.9	1.4	2.6	2.0	1.5	2.8	1
	2002	1	1.6	1.1	2.3	1.9	1.4	2.5	1
	2003	1	1.6	1.1	2.3	1.9	1.4	2.6	1
	2004	1	1.2	0.8	1.7	1.4	1.0	1.9	1
	2007	1	0.3	0.2	0.4	0.3	0.2	0.4	1
	2008	1	0.9	0.6	1.2	1.0	0.8	1.3	1
意大利	1990	1	0.8	0.3	1.7	0.9	0.4	2.0	1
	2000	1	1.9	0.9	3.6	2.1	0.9	4.2	1
	2004	1	3.2	1.5	5.8	3.7	1.6	6.7	1
	2005	1	3.6	1.6	6.7	4.1	1.8	7.6	1
	2006	1	3.6	1.5	6.8	4.0	1.7	7.6	1
	2007	1	4.0	1.7	7.3	4.3	1.9	8.1	1
	2008	1	4.4	1.9	8.0	4.7	2.0	8.8	1
拉脱维亚	1995	1	5.2	5.8	4.5	7.6	8.3	6.8	9
	1996	1	5.3	5.9	4.7	7.9	8.7	7.0	10
	1997	1	6.8	7.8	5.7	8.0	9.2	6.7	10
	1998	1	6.7	7.5	5.7	7.8	8.8	6.7	10
	1999	1	6.0	6.5	5.4	7.0	7.6	6.3	11
卢森堡	1990	1	0.4	–	1.1	0.4	–	1.1	1
	2000	1	0.6	0.1	1.4	0.6	0.1	1.4	1
	2004	1	0.6	–	1.4	0.7	–	1.6	1
	2005	1	1.2	0.2	2.7	1.4	0.2	3.0	1
	2006	1	1.1	0.2	2.3	1.2	0.2	2.6	1
	2007	1	0.5	0.2	0.8	0.5	0.2	0.9	1
	2008	1	0.9	0.3	1.6	1.0	0.4	1.8	1
荷兰	1990	1	4.7	1.8	9.2	5.1	1.9	10.3	1
	2000	1	1.2	0.6	1.8	1.2	0.7	1.9	1
	2004	1	1.3	0.9	1.9	1.4	0.9	2.0	1
	2005	1	1.5	1.0	2.2	1.6	1.0	2.3	1
	2006	1	1.5	0.8	2.5	1.6	0.8	2.6	1
	2007	1	1.3	0.6	2.1	1.3	0.7	2.2	1
	2008	1	1.1	0.5	1.7	1.1	0.6	1.8	1
波兰	2004	1	1.7	1.3	2.2	2.1	1.6	2.7	1
	2005	1	1.7	1.2	2.4	2.1	1.4	2.9	1
	2006	1	1.6	1.1	2.2	1.8	1.2	2.6	1
	2007	1	1.3	0.8	1.9	1.4	0.8	2.1	1
	2008	1	0.9	0.5	1.3	0.9	0.6	1.4	1
葡萄牙	1990	1	0.8	0.2	1.6	0.8	0.2	1.7	1
	2000	1	2.0	0.7	3.6	2.1	0.7	3.7	1
	2004	1	1.8	0.8	3.0	2.0	0.9	3.3	1
	2005	1	2.0	0.7	3.5	2.2	0.7	3.8	1
	2006	1	2.0	0.8	3.4	2.2	0.8	3.7	1
	2007	1	2.5	1.0	4.1	2.7	1.1	4.6	1
	2008	1	2.5	1.0	4.3	2.8	1.1	4.8	1
斯洛伐克	2000	1	0.3	0.1	0.7	0.4	0.1	0.8	12
	2004	1	0.5	0.2	0.8	0.6	0.3	1.1	12
	2005	1	0.6	0.3	1.1	0.8	0.3	1.5	12
	2006	1	0.6	0.3	1.0	0.8	0.4	1.3	12
	2007	1	0.6	0.2	1.0	0.7	0.2	1.3	12
	2008	1	1.0	0.7	1.4	1.1	0.8	1.6	12
西班牙	1990	1	1.0	0.3	2.3	1.2	0.3	3.1	13
	2000	1	1.6	0.6	3.0	1.7	0.6	3.7	13
	2004	1	1.5	0.5	3.0	1.7	0.5	3.5	13
	2005	1	3.0	1.0	5.7	3.4	1.2	6.8	13
	2006	1	3.2	1.1	6.0	3.6	1.3	7.1	13
	2007	1	3.1	1.1	5.9	3.6	1.2	6.9	13
	2008	1	3.4	1.3	6.2	4.0	1.5	7.3	13

	年份	定义代码	与工作时间相关的不充分就业人口占劳动力人口的百分比			与工作时间相关的不充分就业人口占总就业人口的百分比			注 No.
			MF	M	F	MF	M	F	
瑞典	1980	2	3.2	0.9	5.9	…	…	…	14
	1990	2	2.2	0.8	3.8	2.3	0.8	3.9	14
	2000	2	3.2	1.6	5.0	3.4	1.7	5.3	14
	2004	2	3.4	2.1	4.8	3.7	2.3	5.2	14
	2005	2	2.9	1.9	4.0	3.2	2.1	4.4	14
	2006	2	1.9	1.8	2.1	2.1	2.0	2.3	14
	2007	2	2.8	1.7	4.1	3.0	1.8	4.4	14
	2008	2	2.7	1.6	4.0	2.9	1.7	4.3	14
英国	1990	1	1.0	0.6	1.7	1.1	0.6	1.8	13
	2000	1	1.8	1.2	2.4	1.9	1.3	2.5	13
	2003	1	1.5	1.2	1.9	1.6	1.3	2.0	13
	2004	1	1.4	1.2	1.6	1.5	1.3	1.7	13
	2005	1	1.5	1.1	2.0	1.6	1.2	2.1	13
	2006	1	1.6	1.2	2.1	1.8	1.4	2.2	13
	2007	1	1.8	1.3	2.3	1.9	1.4	2.5	13
北美洲									
加拿大	1980	1	2.1	1.1	3.7	2.3	1.2	4.1	15
	1990	1	3.1	1.7	4.9	3.4	1.9	5.4	15
	2000	1	4.3	2.6	6.2	4.6	2.8	6.6	15
	2004	1	4.6	2.8	6.6	4.9	3.0	7.1	15
	2005	1	4.4	2.7	6.3	4.7	2.9	6.7	15
	2006	1	4.1	2.6	5.7	4.3	2.8	6.1	15
	2007	1	3.8	2.4	5.3	4.0	2.6	5.6	15
	2008	1	3.9	2.6	5.4	4.2	2.8	5.7	15
美国	2000	1	0.7	0.5	0.9	0.8	0.6	1.0	16
	2004	1	1.0	0.7	1.2	1.1	0.9	1.4	16
	2005	1	0.9	0.7	1.2	1.1	0.8	1.4	16
	2006	1	0.8	0.6	1.0	0.9	0.7	1.2	16
	2007	1	0.8	0.6	1.0	1.0	0.8	1.2	16
	2008	1	0.9	0.7	1.2	1.1	0.9	1.4	16
其他发达经济体									
澳大利亚	2004	2	7.0	4.6	9.9	7.5	4.9	10.6	17
	2005	2	6.8	4.6	9.5	7.2	4.8	10.0	17
	2006	2	6.6	4.4	9.3	6.9	4.6	9.8	17
	2007	2	6.4	4.3	8.9	6.7	4.5	9.4	17
	2008	2	6.1	4.1	8.6	6.4	4.3	9.0	17
以色列	1995	3	2.5	0.8	4.6	2.6	0.9	5.0	18
	1996	3	2.4	0.7	4.5	2.5	0.8	4.8	18
	1997	3	1.9	0.7	4.0	2.1	0.7	4.4	18
	1998	3	2.8	1.0	4.9	3.0	1.1	5.4	18
	1999	3	3.0	1.2	5.2	3.3	1.3	5.7	18
日本	1990	2	1.1	0.5	1.9	1.1	0.5	2.0	19
	2000	2	1.7	0.8	3.1	1.9	0.9	3.3	19
	2004	2	4.7	2.7	7.6	5.1	2.9	8.1	19
	2005	2	4.4	2.5	7.0	4.7	2.7	7.5	19
	2006	2	4.1	2.3	6.6	4.4	2.5	7.0	19
	2007	2	4.2	2.4	6.7	4.5	2.6	7.1	19
	2008	2	4.5	2.7	7.1	4.8	2.9	7.6	19
新西兰	1990	2	4.0	2.3	6.3	4.4	2.5	6.9	20
	2000	2	5.9	3.7	8.6	6.4	3.9	9.2	21
	2004	2	4.2	2.6	6.0	4.4	2.7	6.4	21
	2005	2	3.6	2.0	5.4	3.7	2.1	5.6	21
	2006	2	3.4	2.3	4.8	3.6	2.4	5.1	21
	2007	2	3.7	2.5	5.2	4.0	2.6	5.5	21
	2008	2	3.7	2.2	5.5	4.0	2.4	5.9	21
西欧（非欧盟）									
冰岛	1998	1	1.3	0.2	2.6	1.4	0.2	2.7	22
	1999	1	1.1	0.2	2.2	1.2	0.2	2.3	22
	2000	1	1.1	0.2	2.2	1.1	0.2	2.2	22
	2001	1	1.1	0.3	2.0	1.1	0.3	2.0	22
	2002	1	1.1	0.3	2.0	1.2	0.3	2.1	22

	年份	定义代码	与工作时间相关的不充分就业人口占劳动力人口的百分比			与工作时间相关的不充分就业人口占总就业人口的百分比			注 No.
			MF	M	F	MF	M	F	
挪威	1990	3	2.7	1.0	4.8	2.9	1.1	5.2	23
	2000	3	1.2	0.6	1.8	1.2	0.7	1.9	23
	2004	3	1.8	1.1	2.5	1.9	1.2	2.7	23
	2005	3	1.8	1.1	2.6	1.9	1.2	2.7	23
	2006	3	1.4	0.8	2.2	1.5	0.8	2.2	23
	2007	3	1.1	0.6	1.7	1.1	0.6	1.7	23
	2008	3	1.0	0.5	1.5	1.0	0.5	1.6	23
瑞士	2000	1	1.0	0.6	1.4	1.0	0.6	1.5	7
	2004	1	1.2	0.6	2.0	1.3	0.6	2.1	7
	2005	1	1.4	0.6	2.3	1.5	0.6	2.5	7
	2006	1	1.6	0.7	2.7	1.7	0.7	2.9	7
	2007	1	1.3	0.5	2.3	1.4	0.6	2.4	7
	2008	1	1.3	0.7	2.1	1.4	0.7	2.2	7
中欧、东南欧（非欧盟）和独联体									
中欧和东南欧									
土耳其	2000	1	–	–	–	–	–	–	24
	2001	1	–	–	–	–	–	–	25
	2002	1	–	–	–	–	–	–	24
	2003	1	–	–	–	–	–	0.1	24
	2004	1	–	–	–	–	–	–	24
独立国家联合体（独联体）									
亚美尼亚	2001	1	9.2	…	…	16.0	…	…	26
俄罗斯联邦	1997	2	0.7	0.7	0.6	0.8	0.8	0.7	27
	1998	2	0.9	0.9	0.9	1.0	1.1	1.0	27
亚洲和太平洋地区									
东亚									
中国香港	1990	3	0.9	0.9	0.8	0.9	0.9	0.8	28
	1998	3	2.5	3.3	1.4	2.7	3.4	1.5	28
	1999	3	3.0	3.7	1.9	3.2	4.0	2.0	28
	2000	3	2.8	…	…	2.9	…	…	28
	2001	3	2.5	…	…	2.6	…	…	28
	2002	3	3.0	…	…	3.3	…	…	28
南亚									
巴基斯坦	2000	3	2.6	2.3	4.1	2.8	2.5	5.0	29
东南亚									
菲律宾	1990	2	10.0	10.0	10.0	10.0	10.0	11.0	30
	1997	2	10.1	…	…	11.0	…	…	31
	1998	2	10.9	…	…	11.9	…	…	31
	1999	2	11.0	…	…	12.1	…	…	31
	2000	2	9.6	…	…	10.7	…	…	32
	2001	2	7.4	…	…	8.3	…	…	31
泰国	1996	2	3.2	3.0	3.5	3.3	3.0	3.6	33
	1997	2	2.6	2.5	2.7	2.7	2.6	2.8	33
	1998	2	3.6	3.5	3.7	3.8	3.7	3.8	33
	1999	2	4.7	4.8	4.6	4.9	4.9	4.8	34
	2000	2	3.8	3.8	3.8	4.0	4.0	4.0	34
拉丁美洲和加勒比地区									
加勒比地区									
多米尼加共和国	2000	2	3.6	3.4	4.0	4.2	3.6	5.2	35
	2003	2	4.4	4.3	4.5	5.3	4.9	6.1	35
	2004	2	2.0	2.0	2.0	2.5	2.3	2.8	35
	2005	2	1.6	1.6	1.7	2.0	1.8	2.4	36
	2006	2	4.2	4.1	4.3	5.0	4.5	5.9	36
	2007	2	3.9	3.9	3.9	4.7	4.3	5.3	36
瓜德罗普	1993	1	10.2	8.5	12.3	13.8	10.8	18.2	37

		年份	定义代码	与工作时间相关的不充分就业人口占劳动力人口的百分比			与工作时间相关的不充分就业人口占总就业人口的百分比			注 No.
				MF	M	F	MF	M	F	
中美洲										
哥斯达黎加		1980	2	16.3	16.9	14.6	17.3	17.8	15.8	38
	b	2000	2	14.3	13.0	17.2	15.1	13.5	18.5	39
		2003	2	17.5	15.5	21.1	18.7	16.4	23.0	39
		2004	2	16.5	14.4	20.6	17.7	15.2	22.5	39
		2005	2	17.2	15.0	21.2	18.5	15.8	23.4	39
		2006	2	15.6	13.2	19.6	16.6	13.8	21.4	39
		2007	2	15.5	12.8	20.1	16.2	13.2	21.5	39
萨尔瓦多		2000	1	0.8	0.6	1.1	0.8	0.6	1.1	40
		2003	1	1.0	0.9	1.1	1.0	1.0	1.1	41
		2004	1	0.5	0.5	0.6	0.6	0.6	0.6	41
		2005	1	0.9	0.7	1.3	1.0	0.8	1.4	41
		2006	1	0.7	0.5	1.1	0.8	0.5	1.1	41
		2007	1	1.0	0.7	1.4	1.1	0.8	1.4	41
危地马拉		1989	2	10.5	7.6	18.9	10.7	7.7	19.6	42
	b	1998	2	…	…	…	14.4	9.3	23.0	43
	b	2002	2	15.0	…	…	15.5	…	…	44
		2004	1	20.4	19.8	21.5	21.1	20.4	22.4	45
洪都拉斯		2003	2	9.6	9.1	10.4	10.1	9.6	11.1	46
		2004	2	9.1	8.5	10.3	9.7	8.9	11.2	47
		2005	2	9.5	8.9	10.6	9.9	9.2	11.3	46
		2006	2	8.5	8.0	9.4	8.8	8.2	9.9	46
		2007	2	5.6	5.1	6.4	5.7	5.3	6.5	46
尼加拉瓜		2003	1	11.3	10.0	13.5	12.3	10.8	14.7	48
		2004	1	10.6	9.4	12.6	11.4	10.0	13.7	49
		2005	1	10.8	9.7	12.6	11.5	10.3	13.4	49
		2006	1	10.8	8.8	14.2	11.4	9.3	15.0	49
		2007	1	11.4	10.0	13.7	11.9	10.5	14.4	49
巴拿马		2003	3	3.9	4.3	3.2	4.5	4.8	3.9	48
		2004	3	3.8	4.2	3.1	4.3	4.7	3.7	48
		2005	3	4.3	4.8	3.3	4.7	5.2	3.8	48
		2006	3	3.2	3.4	2.9	3.5	3.6	3.3	48
		2007	3	2.4	2.5	2.3	2.6	2.6	2.5	48
南美洲										
阿根廷		1998	2	…	…	…	15.4	10.7	22.8	50
	b	2003	2	16.5	14.3	19.3	19.5	16.6	23.4	51
		2004	2	14.6	12.0	18.1	16.8	13.5	21.2	51
		2005	2	12.4	10.1	15.4	13.9	11.1	17.6	51
		2006	2	10.9	8.5	14.0	12.0	9.2	15.9	51
玻利维亚		2000	1	9.0	8.5	9.7	9.5	8.8	10.4	52
		2002	1	11.3	9.8	13.2	11.9	10.2	14.1	53
		2003	1	12.2	10.4	14.3	12.7	10.8	15.0	53
		2004	1	12.2	10.4	14.3	12.7	10.8	15.0	53
		2005	1	8.2	7.0	9.7	8.7	7.3	10.4	53
		2006	1	7.1	5.3	9.4	7.5	5.6	10.0	53
哥伦比亚		2000	2	7.9	6.3	10.1	9.5	7.2	13.1	54
		2003	2	8.3	6.5	10.8	9.7	7.3	13.4	55
		2004	2	8.9	6.8	11.6	10.4	7.7	14.1	55
		2005	2	7.4	5.5	10.1	8.5	6.1	12.0	55
		2006	2	7.6	5.8	10.0	8.6	6.3	11.9	55
		2007	2	6.5	5.0	8.5	7.3	5.5	9.9	55
厄瓜多尔		1996	2	1.8	…	…	2.0	…	…	56
	b	1999	2	6.1	4.6	8.3	7.2	5.2	10.3	57
		2001	2	6.3	5.1	7.9	7.0	5.5	9.4	57
	b	2007	1	13.7	12.8	15.1	14.5	13.3	16.2	58
		2008	1	11.2	10.1	12.8	11.9	10.6	13.9	58
法属圭亚那		1993	1	6.5	6.9	11.8	8.6	9.1	15.4	37
巴拉圭		1990	2	2.7	1.6	4.2	2.9	1.7	4.5	59
	b	1998	2	5.9	4.7	7.2	…	…	…	60
	b	2001	2	7.7	5.1	11.8	8.3	5.4	12.9	61

	年份	定义代码	与工作时间相关的不充分就业人口占劳动力人口的百分比			与工作时间相关的不充分就业人口占总就业人口的百分比			注 No.
			MF	M	F	MF	M	F	
秘鲁	2000	2	13.3	11.6	15.7	14.5	12.6	17.0	62
	2003	2	11.5	10.2	13.2	12.9	11.3	15.0	62
	2004	2	10.5	9.6	11.8	11.8	10.6	13.5	62
	2005	2	10.3	9.4	11.5	11.7	10.5	13.3	62
	2006	2	9.6	8.4	11.2	10.5	9.0	12.6	62
	2007	2	10.1	8.4	12.5	10.9	8.9	13.7	62
乌拉圭	2002	2	7.0	6.5	7.6	8.4	7.5	9.7	63
	2003	2	7.5	6.9	8.1	9.0	8.0	10.3	63
	2004	2	6.2	5.4	7.2	7.1	6.0	8.6	63
	2005	2	6.4	5.6	7.3	7.2	6.2	8.6	63
	2006	2	12.8	10.7	15.3	14.5	11.7	17.9	63
非洲									
撒哈拉以南非洲									
南部非洲									
纳米比亚	1997	2	8.9	7.9	10.0	11.0	9.7	12.7	30
南非	1999	2	4.6	3.8	5.6	6.2	4.9	8.1	64

表 12　与工作时间相关的不充分就业（注）

1. 说明

不充分就业反映出劳动力的生产能力没有被充分利用。在不充分就业的所有类别中，迄今只有“与工作时间相关的不充分就业”被恰当地定义且得到国际劳工统计界的认同，因此其是衡量劳动力未得到充分使用的最好指标。在改进对就业问题的描述以及评价一国生产过程中人力资源的利用程度时，这一指标都有重要意义。与工作时间相关的不充分就业指标也有助于更好地设计与评估就业、收入以及社会计划。这一指标具体包括两个衡量尺度：与工作时间相关的不充分就业人口占劳动力人口的百分比，以及与工作时间相关的不充分就业人口占总就业人口的百分比。

2. 定义代码

1　工时低于某一个分界线，并报告了工作时间低于全职工时的非自愿原因的人员；

2　工时低于某一个分界线想增加工时的人员；

3　工时低于某一个分界线并且寻求增加工时的人员。

3. 信息库

CCNM　OECD - CCNM 劳动力市场数据库
经济合作与发展组织与非经合组织成员合作中心，法国巴黎
http://www.oecd.org
该数据库包括来自进行劳动力抽样调查的中欧和东欧国家的劳动力市场数据。目前该项目已经停止。

LMIL　劳动力市场指标图书馆
国际劳工组织就业部，瑞士日内瓦
LMIL 网络允许国际劳工组织中各部门共享劳动力市场信息。当无法从现有的国际信息库获取信息时，就利用 LMIL 指标。驻地办公室需负责鉴别、汇集和审查劳动力市场信息，并利用从各地区或各国那里得到的最新信息来更新数据库。

OECD　劳动力统计数据库（在线）
经济合作与发展组织，法国巴黎
http://stats.oecd.org/Index.aspx
OECD 劳动力统计在线数据库包含了按年龄和性别划分的工作年龄人口、劳动力、就业和失业，以及按年龄和性别划分的就业/人口比率、参与率、失业率等数据的详细统计资料。

QUIPUSTAT　拉丁美洲和加勒比地区劳动力信息系统
http://white.oit.org.pe/estad/laclispub/english/menu.php
QUIPUSTAT 是针对为拉丁美洲和加勒比地区劳动力统计数据的使用者和编制者的公共使用而设计的双语申请。它的开发可以提高该地区劳动力统计和分析的质量和可及性。

SIAL 项目　SIAL（劳工分析和信息系统）
国际劳工组织拉丁美洲和加勒比地区办公室，秘鲁利马
http://www.oitsial.org.pa
该项目组通过在拉丁美洲地区进行家庭调查取得微观数据，并利用这些微观数据分析得出国际劳工组织出版物中的劳动力市场指标。目前该项目已经停止。

4. 资料来源类型

ELFS　　欧盟劳动力调查（欧盟统计局）

HS 家庭或劳动力调查

5. 覆盖范围

C 平民

T 总人口

6. 分界小时数

这个数字代表的是某一分界线，或雇员寻求工作额外工时的小时数（实际工时或通常工时），在这一工时下，其将不再被列入失业估算。

7. 符号

MF 男性和女性

M 男性

F 女性

b 序列发生变动

… 无法获得数据

– 忽略不计

注 No.	信息库	资料来源类型	覆盖范围	分界小时数	年龄（岁）	备注
1	OECD	ELFS	T	30	15 +	参考期：春季估算
2	CCNM	HS	T	…	15 +	参考期：第一、第二和第三的平均值
3	CCNM	HS	T	…	15 +	参考期：第一、第二和第四季度的平均值
4	CCNM	HS	T	…	15 +	参考期：第二和第四季度的平均值
5	CCNM	HS	T	…	15 +	参考期：第一和第二季度的平均值
6	OECD	HS	T	40	15 +	参考期：连续调查
7	OECD	HS	T	30	15 +	
8	OECD	ELFS	T	30	15—74	参考期：春季估算
9	CCNM	HS	T	40	15 +	参考期：第四季度
10	CCNM	HS	T	40	15 +	参考期：第二和第四季度的平均值
11	CCNM	HS	T	40	15 +	参考期：第二季度
12	OECD	HS	T	30	15 +	参考期：连续调查 覆盖范围：不包括休育儿假的妇女
13	OECD	ELFS	T	30	16 +	参考期：春季估算
14	OECD	HS	T	30	16—64	参考期：月度估算的平均值
15	OECD	HS	C	30	15 +	参考期：月度估算的平均值 地域界限：不包括育空和西北行政区，以及努纳武特
16	OECD	HS	T	35	16 +	
17	OECD	HS	C	30	15 +	参考期：季度估算的平均值 地域界限：不包括杰维斯湾地区
18	LMIL	HS	C	…	15 +	
19	OECD	HS	T	35	15 +	参考期：半年度估算的平均值
20	OECD	HS	C	30	15 +	地域界限：不包括查塔姆、南极领土和其他小型沿海岛屿 注：抽样框架和问卷调查经过修改。
21	OECD	HS	C	30	15 +	地域界限：不包括查塔姆、南极领土和其他小型沿海岛屿
22	OECD	HS	T	30	16 +	
23	OECD	HS	T	30	16—74	参考期：季度估算的平均值
24	OECD	HS	C	30	15 +	参考期：季度估算的平均值
25	OECD	HS	C	30	15 +	参考期：第四季度
26	LMIL	HS	T	39	16 +	参考期：8 月 地域界限：城市地区 注：数据基于覆盖 8535 户家庭的劳动力抽样调查。

注 No.	信息库	资料来源类型	覆盖范围	分界小时数	年龄（岁）	备注
27	CCNM	HS	T	…	15 +	参考期：第三季度
28	LMIL	HS	C	35	15 +	
29	LMIL	HS	C	35	10 +	参考期：6 月
30	LMIL	HS	T	40	15 +	
31	LMIL	HS	T	40	15 +	参考期：1 月
32	LMIL	HS	T	40	15 +	参考期：10 月
33	LMIL	HS	C	40	13 +	参考期：2 月
34	LMIL	HS	C	40	13 +	参考期：8 月
35	QUIPUSTAT	HS	T	…	15 +	参考期：4—10 月
36	QUIPUSTAT	HS	T	…	15 +	参考期：第一和第二季度的平均值
37	LMIL	HS	T	39	15 +	
38	LMIL	HS	C	47	12 +	参考期：7 月
39	QUIPUSTAT	HS	T	47	15 +	参考期：7 月
40	QUIPUSTAT	HS	T	40	15 +	参考期：2—12 月
41	QUIPUSTAT	HS	T	40	15 +	参考期：1—12 月
42	LMIL	HS	T	40	10 +	
43	LMIL	HS	T	35	15 +	
44	LMIL	HS	T	40	10 +	参考期：6 月
45	QUIPUSTAT	HS	T	48	15 +	参考期：9—10 月
46	QUIPUSTAT	HS	C	36	15 +	参考期：9 月
47	QUIPUSTAT	HS	C	36	15 +	参考期：5 月
48	QUIPUSTAT	HS	T	40	15 +	参考期：8 月
49	QUIPUSTAT	HS	T	40	15 +	参考期：11 月
50	SIAL	HS	T	35	15 +	参考期：5 月 地域界限：28 个城市群 覆盖范围：不包括每周工作时间少于 15 个小时的无报酬家庭工作者
51	QUIPUSTAT	HS	T	35	15 +	参考期：第二季度 地域界限：31 个城市群
52	QUIPUSTAT	HS	T	…	15 +	参考期：11 月
53	QUIPUSTAT	HS	T	…	15 +	参考期：11—12 月
54	QUIPUSTAT	HS	C	48	15 +	参考期：11 月
55	QUIPUSTAT	HS	C	48	15 +	参考期：4—6 月
56	LMIL	HS	T	40	10 +	地域界限：城市地区
57	SIAL	HS	T	40	10 +	参考期：11 月 地域界限：城市地区
58	QUIPUSTAT	HS	T	40	15 +	
59	LMIL	HS	T	30	12 +	
60	LMIL	HS	T	30	10 +	地域界限：亚松森
61	SIAL	HS	T	30	10 +	
62	QUIPUSTAT	HS	T	35	15 +	参考期：第三季度 地域界限：秘鲁首都利马
63	QUIPUSTAT	HS	T	40	15 +	地域界限：城市地区
64	LMIL	HS	T	35	15 +	参考期：10 月

KILM 13：非经济活动率

引　言

非经济活动率是指一国工作年龄人口中未进入劳动力市场的人口所占的比例。非经济活动率与劳动力参与率（见 KILM 1）之和应为100%。按照 KILM 的表 1 所示的标准年龄组划分（即 15 岁以上、15—24 岁、15—64 岁、25—54 岁、25—34 岁、35—54 岁、55—64 岁，以及 65 岁以上），本文给出了 191 个经济体有关该指标的信息。因为表 13 中的非经济活动率是由表 1（即 KILM 电子版本的表 1a）推导得出的，所以我们也根据各国在数据收集和制表方式方面存在的差异以及其他国家特殊因素（如对服兵役的要求等）对估算结果进行了统一。这一数列既包含国家报告的数据，也包含估算数据。

指标的用途

虽然劳动力市场经济学家通常关注的焦点是劳动力市场内的人员活动及其特点，但是一直以来，经济学家们也在不断关注着劳动力市场以外的人群，尤其是那些有工作意愿但还暂未求职的人群——尽管对这类人群的关注可能不是那么引人注目。这种关注的不断增强主要是由于发展中和发达经济体都在致力于增加体面高效的工作机会。如果一个人既没有就业也没有失业，也就是说没有积极地找工作，那么这个人将被划分在劳动力市场之外，或者说其没有参与经济活动。造成他们不进入劳动力市场的原因有很多，有些人是忙于照顾家人，有些人是因为退休、患病、残疾、或者求学等。他们或许是认为没有工作机会，或许只是不想去工作。

在有些情况下，某一特定人口群体的较高的非经济活动率并不一定是坏事。例如，25—34 岁之间的女性非经济活动率较高，她们之所以退出劳动力市场可能是为了承担家庭责任，如生儿育女。利用 KILM 13 的数据，用户可以对母亲身份与女性劳动力模式之间的关系进行研究。人们早已认识到家庭结构的一些方面与劳动力市场活动存在关联。例如，女性家长的非经济活动率通常较高。在已婚夫妇家庭中，丈夫的非经济活动率一般较低，在有孩子的情况下更为如此。不过，家庭中女性较低的非经济活动率是与男性较高的非经济活动率相伴而生的，也就是说，如果丈夫在攻读学位或由于身体状况不能参加工作时，妻子就成了家庭的主要经济来源。

没有参加经济活动的劳动力中包含一组人群，他们被称为“怯志工作者”。这部分人不在劳动力市场之内，他们可以参加工作，但是已经停止求职，因为他们认为自己找不到工作。这通常是基于个人原因，与其对工作机会不足的认知有关。不论他们怯志是出于何种原因，这些潜在的劳动者通常被认为没有得到充分利用。如果失业人口下降，而劳动力人口统计数据却在上升，就说明存在着怯志工作者。有些人因工作机会稀少而没有积极求职，其未被列入失业人口，当求职成功几率上升时，这些人可能会改变想法而开始求职。此外，当怯志工作者的人数过高时，决策者会尝试通过提高就业服务水平来“吸纳”这部分人群。

定义和来源

非经济活动率这一指标的定义中有几个方面需要考虑。首先，估算必须针对全部人口，通过劳动力调查、人口普查或其他类似途径得出。通常，要确认相关人口所属的劳动力状态。劳动力人口是就业人口与失业人口的加总，余下部分就是不属于劳动力的人口。

在构建表 13 的过程中，我们只采用了在不同经济体之间具有充分可比性的劳动力参与率和人口数据。[1] 为此，在进行估算时只采用了基于劳动力调查和人口普查的数据。如果某些国家具有一种以上调查渠道，则只采用一种渠道。如果一个经济体进行了劳动力调查，那么会优先选用由该项调查获取的非经济活动率，而非来自人口普查的非经济活动率。在构建序列的过程中，我们仅采用了能够充分代表标准年龄组的非经济活动率（标准年龄组包括：15 岁以上、15—24 岁、15—64 岁、25—54 岁、25—34 岁、35—54 岁、55—64 岁，以及 65 岁以上）。

表 13 既包括实际的非经济活动率（由各国公布），也包含通过经济计量模型技术推算出的非经济活动率。GDP 水平及增长率、人口年龄结构变量与获取时间变化趋势的虚变量、地区特定趋势与国家固定影响因素都是用来推算 KILM 表 1 中劳动力参与率的解释变量，这些变量随后被用于表 13 的构建。这些比率是按不同年龄组和性别分别估算的。

可比性的限制

因调查类型、年龄组划分和地域覆盖等方面的定义和方法存在差异而引起的常见可比性问题不会出现在表 13 中，这是因为表 13 的数据源自表 1 中经过统一后得出的劳动力参与率。表 1 仅采用了在不同经济体之间具有充分可比性的数据，这使得表 13 也相应地具有了统一性和可比性。为生成统一的数据集而制定的选择标准，在前面章节中已经做过阐释。

1 关于表 1 构建（数据经过统一校准）的详细情况见 KILM 1 的相应章节。由于表 13 和表 1 反映的是同一问题的两个方面，所以采用的是相同的构建方法。

趋　势

处于最佳工作年龄（25—54 岁）的男性的非经济活动率在各国之间相差无几。而最佳工作年龄的女性的非经济活动率在各国之间存在差异，如图 13a 所示。最高的非经济活动率大多出现在北非和中东地区的经济体，通常超过 50%。例如，在阿富汗、伊拉克、约旦、巴基斯坦 、巴勒斯坦被占领土、沙特阿拉伯、叙利亚、土耳其和也门，超过 70% 处于最佳工作年龄的女性未从事经济活动，这表明上述经济体中的许多女性可能由于受到法律、观念、行为规范和传统习俗等社会制度的制约，未能实现“人尽其用”。由于女性非经济活动率较高，这些经济体的总体非经济活动率（包括男性和女性）也处于较高水平。

在过去 10 年中，许多经济体的工作年龄人口（即 15 岁及以上的人口）的非经济活动率出现了明显变化。变化的主要推动因素是最佳工作年龄女性的非经济活动率发生了变化，其次是青年人的非经济活动率发生了变化。一般情况下，最佳工作年龄男性的非经济活动率比较稳定（大多数经济体出现的变化都在 5 个百分点之内）。非经济活动率的显著上升通常出现在欧盟的新成员国，中欧、东南欧（非欧盟）和独联体，这主要是因为这些地区男性和女性的非经济活动率都在上升。非经济活动率的显著下降通常出现在南美国家，这是由于这些国家女性和青年人的非经济活动率下降。图 13b 和图 13c 分别显示了 1998—2008 年间，最佳工作年龄的女性人口以及青年人口的非经济活动率变化情况。从图 13b 中可知，大多数经济体（191 个经济体中有 152 个）的女性非经济活动率均出现预期中的下降。

图 13c 表明，大多数经济体（191 个经济体中有 125 个）的青年非经济活动率出现上升，在一些欧盟国家，包括捷克、塞浦路斯、丹麦、匈牙利、立陶宛和罗马尼亚，以及佛得角、卢旺达等一些发展中国家，该比率上升显著，超过 20%。青年人非经济活动

图 13a 2008 年 25—54 岁之间女性人口的非经济活动率

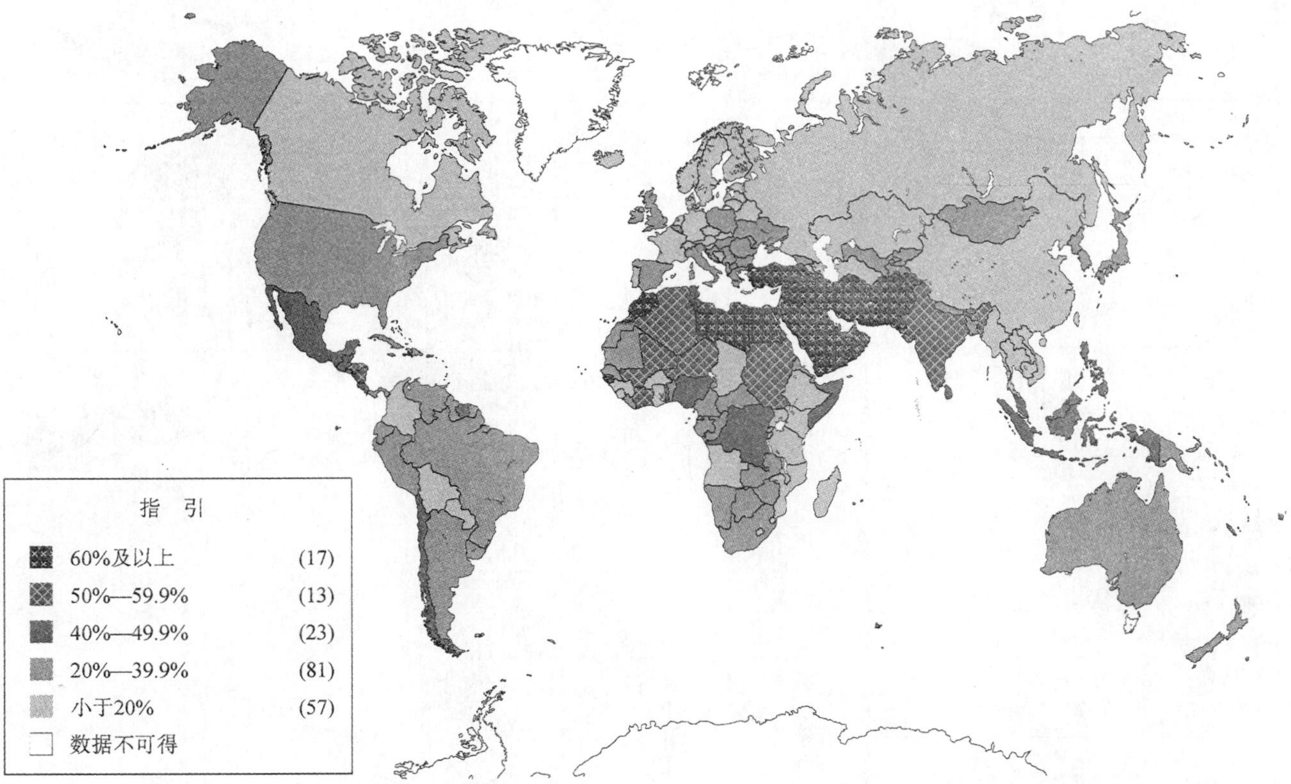

率的持续上升通常被认为是由以下两方面原因之一所造成的：一是教育因素，即更多年轻人选择求学而非就业，同时更多年轻人在校时间延长；二是怯志心态更加严重，即假定越来越多的年轻人既不工作也不求职，因为他们感到气馁，认定根本就没有工作机会或者没有值得拥有的工作。

尽管青年非经济活动率持续上升，但是低收入经济体的这一比率仍然大大低于高收入经济体。2008 年，撒哈拉以南非洲的这一比率为 29.2%，而发达经济体和欧盟则达到了 42.3%（地区非经济活动率的计算方法是用 100% 减去 KILM 1 中专栏 1a 的地区劳动力参与率）。通常人们假定：在低收入经济体中，由于缺乏教育基础设施或者教育经费不足，而且学习的机会成本过高，因此青年人无法选择继续求学。留校继续学习并不总能获得足够回报。为了维持自己和家人的基本生活，青年人必须参加工作。这些地区的青年人无法选择是否就业，而是必须就业，所以很少存在怯志现象。对这些地区来说，下降的劳动力参与率（以及上升的非经济活动率）不应成为关注的重点，对低收入经济体中青年人的经济活动类型和工作条件予以重点关注可能会揭示更多问题。

图 13b 1998—2008 年 25—54 岁之间的女性人口非经济活动率的百分比变化

图 13c 1998—2008 年 15—24 岁之间的青年人口的非经济活动率的百分比变化

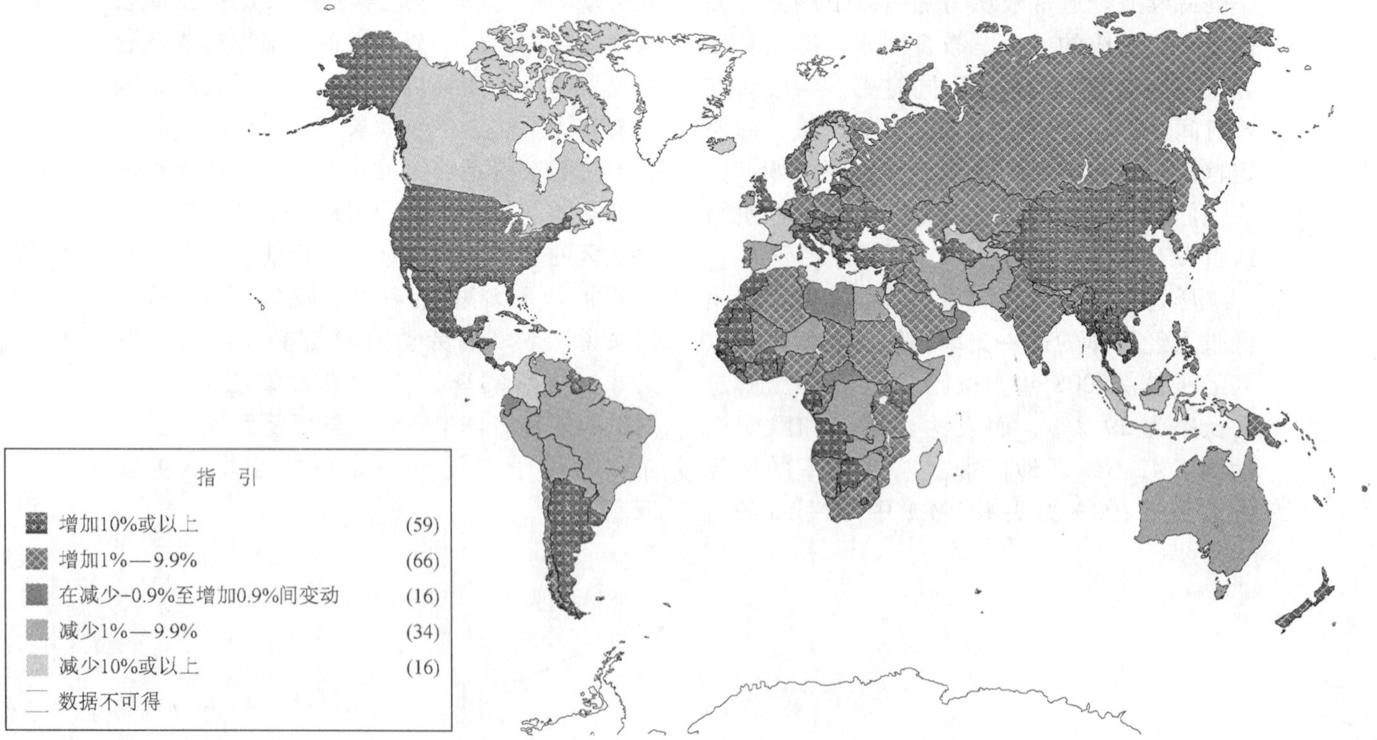

表 13 按年龄组划分的非经济活动率

	年份	15+			15—24			25—34			35—54			55—64			65+			统计类型
		MF	M	F	MF	M	F	MF	M	F	MF	M	F	MF	M	F	MF	M	F	
发达经济体和欧盟																				
欧盟																				
奥地利	1980	46.0	28.1	61.4	37.7	31.5	44.0	23.5	5.1	42.2	24.1	3.2	44.8	63.9	40.7	79.6	98.0	96.7	98.8	ILO
	1990	46.6	32.0	59.2	36.7	33.7	39.9	20.2	7.5	33.2	21.1	4.4	37.8	73.7	61.0	85.0	98.6	97.8	98.9	R
	2000	44.4	33.2	54.2	44.2	38.8	49.8	14.8	8.1	21.6	15.3	5.9	24.8	70.3	57.4	82.5	97.4	95.7	98.4	R
	2004	44.3	34.8	52.7	42.6	38.4	47.0	13.3	7.3	19.2	13.9	7.0	20.9	69.0	58.0	79.3	97.8	96.2	98.8	R
	2005	43.8	34.5	52.0	40.9	36.5	45.4	13.9	7.5	20.4	13.4	7.0	19.9	66.9	56.9	76.3	97.1	95.0	98.3	R
	2006	43.1	34.1	51.2	40.5	36.1	45.0	13.9	6.9	20.9	12.5	6.8	18.3	64.4	54.2	74.0	96.5	94.5	97.8	R
	2007	43.5	34.8	51.2	42.6	37.5	47.9	13.2	7.3	19.3	12.2	6.8	17.6	63.5	54.5	71.9	97.1	95.1	98.4	ILO
	2008	43.3	35.1	50.7	42.6	37.4	48.0	13.2	7.3	19.1	11.9	7.0	16.8	62.0	54.0	69.6	97.1	95.0	98.4	ILO
比利时	1980	50.4	34.2	65.6	53.7	51.3	56.3	16.6	3.7	30.0	32.6	6.3	58.8	69.3	48.1	88.6	98.2	97.0	99.0	ILO
	1990	53.7	40.6	65.5	64.2	62.5	66.0	15.1	4.7	25.8	28.4	9.7	47.5	77.9	64.7	90.1	98.9	98.1	99.4	R
	2000	50.0	40.2	58.9	64.3	61.3	67.4	10.3	4.4	16.3	20.7	9.6	32.0	74.0	63.5	84.1	98.4	97.8	98.9	R
	2004	50.5	41.7	58.6	66.4	64.6	68.3	11.9	6.1	17.7	19.7	10.2	29.4	68.8	59.1	78.3	98.8	97.6	99.5	R
	2005	49.7	41.5	57.3	66.9	65.2	68.7	11.8	6.0	17.7	17.3	9.2	25.6	66.6	56.8	76.1	98.6	97.8	99.2	R
	2006	50.0	41.7	57.6	67.5	63.8	71.3	10.8	6.1	15.6	17.5	9.0	26.2	67.7	59.7	75.5	98.3	97.2	99.0	R
	2007	50.0	42.0	57.3	66.8	64.1	69.6	12.1	6.7	17.5	16.8	9.3	24.4	66.7	58.2	75.0	98.5	97.5	99.2	ILO
	2008	50.0	42.3	57.0	66.8	64.1	69.6	12.1	6.8	17.5	16.4	9.4	23.5	66.3	58.3	74.2	98.5	97.4	99.2	ILO
保加利亚	1980	31.6	27.9	35.3	38.0	45.0	30.5	1.3	0.9	1.7	8.1	6.7	9.5	58.7	37.1	78.9	91.3	85.6	96.1	ILO
	1990	41.0	37.2	44.5	48.7	54.3	42.9	3.8	3.3	4.2	8.3	7.3	9.4	74.1	58.0	89.0	95.8	93.6	97.4	ILO
	2000	53.7	48.3	58.7	72.4	70.7	74.2	25.4	19.2	31.9	18.9	17.7	20.1	76.0	62.5	88.0	98.8	97.8	99.6	R
	2004	51.2	45.3	56.7	69.4	66.7	72.3	23.0	16.9	29.4	19.0	17.3	20.6	63.1	52.2	72.6	96.7	94.7	98.1	R
	2005	51.2	45.0	56.9	69.9	66.3	73.7	22.9	16.2	29.9	18.6	17.2	20.0	61.5	49.9	71.7	97.5	96.0	98.6	R
	2006	49.3	43.2	54.9	68.3	65.4	71.3	20.6	14.4	27.1	16.7	15.4	18.1	56.4	46.0	65.6	97.3	95.4	98.5	R
	2007	51.1	45.0	56.6	70.1	66.7	73.7	23.8	17.5	30.4	19.5	18.2	20.7	57.8	48.1	66.3	96.8	94.7	98.1	ILO
	2008	50.9	44.8	56.5	69.7	66.1	73.5	23.9	17.6	30.6	19.6	18.3	20.8	56.9	47.9	64.7	96.6	94.6	98.0	ILO
塞浦路斯	1980	39.0	16.0	61.5	36.8	22.9	51.6	29.9	2.9	57.8	31.0	1.8	58.9	35.9	6.8	62.6	77.6	65.4	87.7	ILO
	1990	37.3	20.3	53.7	38.3	27.1	50.0	19.4	3.2	35.9	20.6	1.1	39.9	42.5	14.3	67.6	84.8	76.9	91.3	R
	2000	40.7	27.9	52.7	51.8	44.0	59.8	14.2	3.8	23.9	20.4	5.1	35.3	49.1	30.5	66.6	90.0	82.8	95.6	R
	2004	40.0	30.4	48.8	58.7	56.3	61.2	11.3	3.9	18.0	15.5	5.1	25.0	47.3	25.5	68.0	89.4	82.2	95.1	R
	2005	40.3	30.4	49.4	58.8	56.2	61.6	11.8	4.2	18.9	15.9	5.0	25.9	47.8	27.0	67.3	88.7	80.4	95.2	R
	2006	40.3	30.6	49.1	59.2	56.6	61.9	11.5	4.3	18.2	15.6	5.1	25.0	47.7	27.4	66.9	88.8	80.7	95.3	ILO
	2007	40.2	31.5	48.2	60.4	58.7	62.2	10.7	4.6	16.5	15.0	6.0	23.0	48.6	29.8	66.2	88.3	79.2	95.4	ILO
	2008	40.2	31.6	48.0	60.7	59.1	62.4	10.5	4.7	16.1	14.6	6.2	22.2	48.6	30.1	66.0	88.2	78.9	95.4	ILO
捷克共和国	1980	30.9	20.3	40.6	16.3	8.9	23.9	9.3	1.0	17.8	6.4	3.4	9.3	66.9	42.7	87.4	90.0	85.8	92.7	ILO
	1990	31.8	21.3	41.1	9.7	3.4	16.4	8.1	0.7	15.7	5.5	2.9	8.1	75.6	54.9	93.3	92.4	89.1	94.3	ILO
	2000	41.2	31.3	50.2	54.0	48.8	59.5	16.6	4.0	29.9	9.0	5.6	12.3	61.8	45.6	76.4	96.0	93.2	97.6	R
	2004	42.7	32.9	51.6	64.3	60.2	68.6	17.8	4.5	31.7	8.8	6.0	11.7	54.9	39.8	68.7	96.3	94.0	97.7	R
	2005	42.7	32.8	51.7	66.3	61.5	71.4	17.3	4.5	30.7	8.3	5.5	11.1	53.1	37.9	67.0	96.2	93.7	97.7	R
	2006	42.8	32.9	51.8	66.7	62.6	71.1	18.2	5.3	31.8	8.0	5.1	10.9	52.4	37.4	66.1	96.0	93.3	97.6	R
	2007	42.9	33.6	51.4	67.6	64.3	71.0	15.4	4.8	26.6	8.0	5.1	11.0	53.6	38.6	67.4	96.5	94.3	97.8	ILO
	2008	43.2	34.1	51.6	68.1	65.2	71.3	15.2	5.0	26.0	8.0	5.0	11.0	53.7	39.0	67.2	96.6	94.5	97.8	ILO
丹麦	1980	34.3	26.0	42.2	31.1	28.1	34.3	8.6	5.8	11.6	13.0	6.0	20.1	44.3	27.9	59.5	92.5	86.8	96.7	ILO
	1990	34.4	26.5	41.7	26.4	23.2	29.7	8.6	5.9	11.4	9.0	5.2	12.8	42.8	30.7	54.2	92.8	87.0	96.6	R
	2000	37.1	30.4	43.4	27.9	24.6	31.4	12.5	7.6	17.6	11.7	8.9	14.6	43.7	35.7	51.6	97.5	96.1	98.4	R
	2004	36.9	30.2	43.2	33.2	30.5	36.1	13.3	10.1	16.6	11.2	8.1	14.4	35.4	27.0	43.8	95.7	92.1	98.2	R
	2005	37.5	30.7	43.8	32.7	29.3	36.2	14.8	10.4	19.1	11.2	8.2	14.3	37.6	30.2	44.9	94.7	90.6	97.6	R
	2006	37.0	31.0	42.7	30.9	31.7	30.1	13.3	9.5	17.2	10.8	7.9	13.8	36.5	28.3	44.6	94.9	91.6	97.2	R
	2007	37.5	31.5	43.0	33.7	33.9	33.4	13.4	9.5	17.4	10.5	7.7	13.4	36.4	29.5	43.3	94.3	90.4	97.1	ILO
	2008	37.7	31.9	43.1	33.9	34.2	33.6	13.4	9.6	17.3	10.5	7.7	13.2	36.3	29.4	43.1	94.0	89.8	97.0	ILO
爱沙尼亚	1980	33.7	28.2	38.2	47.6	48.2	46.9	9.6	7.5	11.6	12.3	11.3	13.1	44.7	33.5	51.4	85.1	79.6	87.6	ILO
	1990	36.0	29.4	41.4	49.3	49.6	49.0	9.6	7.5	11.7	12.2	11.2	13.1	47.4	36.6	55.5	85.7	80.5	87.9	R
	2000	41.7	32.8	48.8	58.5	52.7	64.5	13.7	5.0	22.3	12.9	12.0	13.8	51.7	38.2	62.0	87.4	83.6	89.1	R
	2004	43.5	35.6	49.8	65.1	60.1	70.2	17.4	8.5	26.3	12.7	12.2	13.2	41.4	35.8	45.7	89.5	83.7	92.2	ILO
	2005	42.4	35.7	47.7	65.9	61.4	70.5	17.3	7.9	26.7	12.8	13.2	12.4	40.1	36.8	42.7	84.0	79.8	85.9	R
	2006	43.1	36.7	48.2	68.2	64.3	72.2	17.9	8.5	27.3	13.2	13.9	12.5	38.2	35.9	39.9	84.8	80.8	86.7	ILO
	2007	42.7	35.7	48.2	66.7	62.6	70.9	17.4	9.5	25.4	14.5	13.1	15.7	35.2	33.0	36.8	84.1	79.7	86.2	ILO
	2008	42.4	35.7	47.7	66.5	62.9	70.3	17.5	10.0	25.1	14.6	13.2	15.8	33.5	32.5	34.3	83.8	79.3	85.8	ILO
芬兰	1980	35.2	26.9	42.8	45.2	42.9	47.6	12.1	6.4	18.2	12.0	5.7	18.3	50.5	43.1	56.2	90.3	83.0	94.4	ILO
	1990	37.2	30.3	43.5	42.5	41.8	43.1	11.7	6.2	17.5	9.4	7.6	11.3	56.2	52.9	59.1	94.6	90.8	96.6	R
	2000	40.9	35.0	46.3	49.4	49.4	49.3	14.9	8.3	21.8	10.9	9.6	12.3	52.9	51.2	54.6	96.7	93.7	98.4	R
	2004	42.1	36.9	46.8	52.0	52.8	51.2	15.4	8.9	22.2	11.7	10.6	12.8	45.2	44.8	45.7	95.7	92.6	97.6	R
	2005	41.7	36.8	46.2	50.8	51.9	49.7	14.9	8.8	21.2	11.1	10.1	12.2	43.8	43.5	44.1	95.2	92.7	96.8	R
	2006	41.3	36.6	45.7	49.9	50.5	49.2	14.8	8.8	21.1	11.0	10.1	11.9	41.5	41.3	41.7	94.3	92.3	95.6	R
	2007	41.4	36.5	45.9	48.0	49.2	46.9	14.5	8.7	20.6	11.1	9.9	12.2	41.8	41.1	42.5	94.3	91.5	96.1	ILO
	2008	41.5	36.6	46.0	47.8	48.9	46.6	14.4	8.7	20.4	11.0	9.9	12.2	41.5	40.7	42.3	93.9	91.2	95.6	ILO

	年份	15 +			15—24			25—34			35—54			55—64			65 +			统计类型
		MF	M	F	MF	M	F	MF	M	F	MF	M	F	MF	M	F	MF	M	F	
法国	1980	42.9	28.9	55.9	52.3	47.6	57.0	17.0	3.2	31.3	21.5	3.7	39.6	46.0	30.9	59.7	94.7	91.6	96.6	R
	1990	47.8	37.2	57.2	63.6	60.3	67.0	14.3	4.6	23.8	16.8	4.6	29.2	61.7	54.0	68.8	97.7	96.3	98.5	R
	2000	47.7	39.6	55.0	70.5	67.2	74.0	13.9	6.3	21.4	13.7	5.6	21.7	63.0	58.6	67.3	98.7	98.1	99.1	R
	2004	47.1	39.7	53.7	66.0	62.3	69.8	14.0	6.8	21.3	12.6	6.0	19.0	56.1	51.9	60.1	98.8	98.2	99.1	R
	2005	47.4	40.2	53.8	66.2	62.5	70.0	14.0	6.8	21.3	12.2	5.9	18.4	56.5	53.0	59.9	98.8	98.3	99.1	R
	2006	47.6	40.6	53.9	66.3	62.3	70.4	14.2	7.2	21.3	11.7	5.7	17.7	56.5	53.4	59.4	98.9	98.4	99.2	R
	2007	47.8	40.9	53.9	64.3	60.7	68.1	14.1	7.3	21.0	12.1	6.3	17.7	57.0	53.8	60.0	98.9	98.5	99.2	ILO
	2008	48.0	41.3	54.0	63.8	60.1	67.6	14.1	7.5	20.9	11.9	6.4	17.3	57.7	54.8	60.5	98.9	98.5	99.2	ILO
德国	1980	44.5	26.9	60.0	39.9	35.6	44.6	22.7	6.9	39.4	24.7	3.3	46.4	56.0	32.4	71.6	95.4	92.6	97.0	R
	1990	43.5	28.6	56.6	37.6	35.3	40.1	19.3	8.7	30.6	19.1	3.9	34.8	56.7	40.3	71.9	96.9	94.8	98.0	R
	2000	44.0	33.5	53.4	47.9	44.5	51.5	16.1	8.1	24.5	13.9	5.8	22.3	57.2	47.6	66.6	97.4	95.6	98.5	R
	2004	44.6	35.4	52.9	52.0	49.1	55.1	16.5	10.2	23.0	12.3	5.6	19.2	51.3	41.4	61.0	97.3	95.6	98.4	R
	2005	44.2	34.8	52.6	49.8	46.4	53.3	17.6	9.3	26.0	12.0	5.3	19.0	48.1	39.0	57.0	96.7	94.9	97.8	R
	2006	43.8	34.9	51.9	49.1	46.0	52.4	16.1	8.9	23.6	11.5	5.1	18.2	46.1	37.3	54.8	96.6	94.9	97.7	R
	2007	44.3	35.8	52.0	50.9	48.0	53.9	17.1	10.6	23.7	11.2	5.4	17.2	45.0	35.8	54.0	96.8	95.2	97.9	ILO
	2008	44.2	36.0	51.7	50.8	48.1	53.7	17.1	10.8	23.6	10.9	5.5	16.6	42.9	33.9	51.8	96.8	95.1	97.8	ILO
希腊	1980	47.9	28.6	65.9	55.1	47.0	63.5	27.8	3.8	51.8	32.1	5.8	56.5	54.0	31.0	74.5	87.7	81.2	92.8	ILO
	1990	50.6	34.9	65.3	58.6	53.8	63.4	22.9	4.8	40.7	29.4	6.1	52.4	58.7	40.6	75.9	92.3	88.2	95.5	R
	2000	48.7	36.1	60.8	59.8	56.2	63.6	16.8	5.3	28.8	24.4	5.6	42.8	59.1	42.1	74.5	94.7	91.6	97.3	R
	2004	47.8	36.2	59.0	61.6	58.1	65.5	15.0	5.0	25.8	20.8	5.4	36.1	58.6	41.0	74.7	95.8	93.1	98.0	R
	2005	48.0	36.6	58.9	65.7	62.5	69.2	14.7	5.6	24.6	20.2	5.1	35.3	56.7	39.2	72.7	95.8	93.1	98.1	R
	2006	47.7	36.4	58.6	66.3	62.6	70.3	14.5	5.9	23.7	19.8	5.1	34.6	55.9	38.6	71.8	95.6	92.6	97.9	R
	2007	47.6	36.7	58.1	64.1	61.0	67.5	14.2	5.9	23.2	19.3	5.2	33.5	57.3	40.6	72.9	96.2	93.8	98.1	ILO
	2008	47.6	36.9	57.9	64.8	61.8	68.0	13.9	5.9	22.6	18.8	5.2	32.5	57.5	41.1	72.7	96.3	94.1	98.1	ILO
匈牙利	1980	39.5	28.1	49.9	38.7	29.1	48.9	13.2	1.7	25.0	14.5	6.7	21.8	68.8	49.4	85.0	96.5	96.0	96.8	R
	1990	45.7	35.7	54.5	48.6	42.0	55.5	17.6	6.3	29.1	14.8	10.5	18.9	83.0	67.0	96.2	93.3	91.1	94.7	ILO
	2000	52.1	42.8	60.0	62.5	57.8	67.4	23.0	10.0	36.4	22.5	18.6	26.2	77.7	66.1	86.9	97.4	96.1	98.2	R
	2004	51.9	43.2	59.4	71.8	68.3	75.5	22.6	10.2	35.4	21.8	17.7	25.7	67.9	60.1	74.2	97.2	95.6	98.0	R
	2005	51.5	42.8	59.0	72.8	69.6	76.2	21.5	9.6	33.9	21.0	17.2	24.5	65.9	57.8	72.6	97.5	95.8	98.4	R
	2006	51.2	42.3	58.8	73.3	69.9	76.8	20.5	8.8	32.6	20.1	16.1	24.0	65.6	57.5	72.2	97.4	95.7	98.4	R
	2007	51.3	42.6	58.7	74.1	71.6	76.8	20.6	9.4	32.2	20.1	16.1	23.8	64.8	56.2	71.9	97.1	95.3	98.0	ILO
	2008	51.4	42.6	58.8	74.6	72.4	76.9	20.3	9.2	31.8	19.8	15.8	23.6	64.2	55.5	71.5	97.0	95.1	97.9	ILO
爱尔兰	1980	47.2	23.5	70.8	39.3	32.2	46.6	33.0	3.0	64.5	40.7	5.7	77.1	50.9	20.1	80.7	86.6	76.0	95.2	ILO
	1990	49.0	31.6	65.7	49.8	46.8	52.9	23.6	6.0	41.1	35.8	9.1	63.3	57.3	33.4	80.6	91.1	83.6	96.6	ILO
	2000	42.6	30.0	54.5	48.2	43.6	53.0	14.4	6.0	22.9	25.5	9.1	41.9	53.5	35.2	72.1	92.2	85.3	97.1	R
	2004	41.4	30.0	52.3	51.3	47.1	55.6	15.8	7.5	24.3	22.7	8.7	36.7	49.3	33.5	65.5	92.5	86.3	96.9	R
	2005	40.0	29.2	50.4	49.6	46.6	52.7	14.9	7.2	22.9	21.5	8.2	35.0	46.8	32.2	61.6	91.9	85.4	96.7	R
	2006	39.1	28.3	49.5	47.8	43.2	52.5	14.1	6.8	21.6	21.3	8.3	34.5	45.3	31.6	59.1	91.5	85.5	95.8	R
	2007	38.8	28.5	48.7	48.8	44.0	53.7	14.4	7.5	21.6	19.9	8.3	31.8	44.2	31.2	57.4	92.1	86.0	96.6	ILO
	2008	38.3	28.4	47.9	48.7	43.9	53.7	14.3	7.6	21.2	19.2	8.2	30.5	43.1	31.2	55.1	92.1	86.2	96.5	ILO
意大利	1980	49.7	30.0	67.7	52.9	48.5	57.4	25.3	4.3	46.1	32.9	3.9	60.7	63.1	39.5	83.4	92.8	87.4	96.5	ILO
	1990	51.8	35.7	66.1	54.8	52.1	57.5	21.2	6.6	36.0	28.9	5.5	51.9	66.7	47.0	84.5	95.9	92.9	97.8	R
	2000	54.2	40.1	66.7	60.6	55.5	65.8	24.7	12.5	37.0	26.4	7.7	44.9	71.2	57.4	84.0	96.8	94.2	98.4	R
	2004	53.3	40.8	64.5	64.4	60.6	68.3	22.0	11.7	32.5	22.8	7.1	38.3	67.8	55.6	79.3	96.9	94.0	98.8	R
	2005	53.8	41.2	65.0	66.5	61.9	71.4	22.8	12.7	33.2	22.5	6.9	38.0	67.4	55.7	78.4	97.0	94.0	98.9	R
	2006	53.7	41.3	64.9	67.5	62.2	73.1	22.8	12.6	33.2	21.8	6.7	36.9	66.9	55.4	77.8	96.8	93.9	98.8	R
	2007	53.3	41.6	63.9	67.8	63.2	72.6	21.4	12.3	30.9	20.7	6.4	35.0	66.5	56.5	76.0	97.0	94.1	98.9	ILO
	2008	53.3	41.9	63.4	68.4	64.1	73.0	21.0	12.2	30.1	20.0	6.4	33.7	66.2	56.9	74.9	97.0	94.1	98.9	ILO
拉脱维亚	1980	29.0	23.0	33.9	43.5	43.4	43.5	5.1	2.9	7.2	5.2	4.0	6.1	38.2	23.4	46.9	83.3	76.1	86.9	ILO
	1990	32.9	24.5	39.7	44.7	42.9	46.6	5.6	3.0	8.3	5.8	4.6	6.8	47.6	30.6	59.6	86.7	80.9	89.2	ILO
	2000	45.5	36.9	52.3	63.1	57.6	68.9	14.9	9.1	20.7	13.9	14.1	13.7	58.8	45.2	69.0	92.6	89.1	94.2	R
	2004	42.9	34.4	49.7	63.0	57.1	69.3	15.2	8.6	22.0	13.0	11.3	14.5	47.4	39.1	53.5	87.0	81.7	89.3	R
	2005	43.0	33.9	50.2	62.9	57.0	69.2	16.8	10.4	23.3	13.3	10.9	15.4	46.3	38.5	52.1	85.9	77.5	89.6	R
	2006	41.0	31.9	48.2	59.1	52.5	66.0	15.5	9.2	21.9	12.8	10.3	15.1	43.7	36.0	49.4	82.6	75.1	86.0	R
	2007	41.3	32.2	48.6	60.5	56.0	65.3	15.8	7.9	23.8	12.8	9.7	15.7	39.8	35.5	43.0	84.6	75.6	88.7	ILO
	2008	40.6	31.3	47.9	59.5	54.7	64.4	15.9	8.0	23.9	12.8	9.7	15.6	37.3	33.5	40.1	83.2	72.9	87.7	ILO
立陶宛	1980	32.7	26.5	38.0	52.6	50.2	55.1	7.1	3.5	10.6	7.2	4.5	9.5	42.0	24.6	53.5	88.0	81.9	91.7	ILO
	1990	35.6	27.1	42.8	50.4	46.4	54.5	7.1	3.3	10.9	7.2	4.7	9.4	52.9	34.2	66.8	90.6	85.7	93.1	ILO
	2000	41.8	34.6	47.7	63.1	57.4	69.1	11.8	9.1	14.4	10.9	10.7	11.0	55.0	41.9	64.9	92.2	88.7	93.9	R
	2004	44.5	37.4	50.3	73.8	69.3	78.4	11.5	6.5	16.5	11.4	10.9	11.8	47.2	36.2	55.5	96.1	93.6	97.4	R
	2005	45.3	38.1	51.1	74.9	70.5	79.4	13.0	8.6	17.5	11.7	10.7	12.7	47.0	36.0	55.2	96.2	93.6	97.4	R
	2006	46.0	39.3	51.4	73.7	70.5	76.9	13.3	9.8	16.8	14.1	12.1	16.0	47.0	40.0	52.2	95.6	93.0	96.8	R
	2007	46.4	40.2	51.5	78.3	77.7	78.8	13.3	9.2	17.5	13.0	11.6	14.3	44.2	35.9	50.4	96.2	93.8	97.4	ILO
	2008	46.7	40.5	51.8	79.0	78.9	79.1	13.3	9.2	17.6	13.2	11.8	14.6	43.3	35.7	49.1	96.4	94.2	97.4	ILO

	年份	15+			15—24			25—34			35—54			55—64			65+			统计类型
		MF	M	F	MF	M	F	MF	M	F	MF	M	F	MF	M	F	MF	M	F	
卢森堡	1980	48.4	29.1	66.5	41.7	38.4	45.0	24.2	3.3	46.2	34.0	4.7	64.9	71.6	57.7	82.9	95.8	93.7	97.2	ILO
	1990	51.1	33.2	67.5	54.7	53.9	55.5	22.1	5.8	39.0	30.7	4.8	58.0	71.7	56.3	86.2	98.0	96.5	98.9	R
	2000	48.8	35.6	61.0	65.7	62.2	69.4	15.2	6.2	24.3	22.8	5.6	40.9	72.6	61.6	83.3	98.4	97.8	98.8	R
	2004	47.6	36.7	57.7	71.7	70.3	73.2	12.8	4.4	21.2	18.9	4.8	33.4	69.1	61.1	77.3	99.3	98.9	99.6	R
	2005	46.9	36.4	56.7	70.8	67.6	74.2	13.1	5.7	20.6	17.3	4.0	31.0	67.8	60.7	75.0	99.4	99.0	99.7	R
	2006	46.9	36.7	56.5	71.4	68.3	74.6	12.9	5.7	20.2	17.1	4.0	30.5	67.1	60.0	74.3	99.5	99.1	99.7	ILO
	2007	46.4	37.4	54.9	72.2	69.6	74.9	11.6	5.4	17.8	16.6	4.8	28.8	63.9	59.6	68.2	99.5	99.1	99.7	ILO
	2008	46.2	37.7	54.1	72.6	70.1	75.3	11.0	5.4	16.7	15.8	4.7	27.2	62.8	59.4	66.3	99.5	99.2	99.7	ILO
马耳他	1980	52.0	23.3	78.5	23.8	20.0	27.9	48.6	9.3	85.8	53.6	6.0	93.8	64.6	31.9	94.4	94.5	89.3	98.7	ILO
	1990	54.0	27.5	79.0	32.2	28.6	36.0	42.0	10.3	75.1	47.8	7.3	87.1	70.5	43.4	93.2	95.6	91.4	98.7	ILO
	2000	52.4	30.3	73.2	41.4	38.5	44.6	27.3	2.9	53.0	40.6	6.9	74.9	70.0	48.6	89.8	97.1	94.5	98.9	ILO
	2004	52.4	32.3	71.5	43.8	40.0	47.9	23.8	3.8	45.0	38.4	7.6	70.1	68.7	47.5	89.1	98.4	96.6	99.5	ILO
	2005	52.4	32.8	71.0	44.4	42.5	46.5	23.0	3.3	43.9	38.5	7.7	70.2	67.0	45.8	87.5	98.6	97.1	99.7	R
	2006	51.7	32.8	69.7	45.5	42.0	49.1	19.8	3.7	36.8	36.7	6.6	67.8	68.0	47.5	88.0	98.2	96.2	99.7	R
	2007	51.9	34.1	68.9	46.2	44.0	48.5	20.2	3.8	37.5	35.4	7.7	64.2	68.5	48.5	88.2	98.7	97.2	99.7	ILO
	2008	52.0	34.7	68.6	46.5	44.4	48.7	19.6	3.8	36.4	34.8	7.7	62.9	69.2	49.8	88.5	98.8	97.5	99.7	ILO
荷兰	1980	51.0	31.4	69.9	51.6	50.6	52.7	31.6	5.6	59.1	36.6	7.8	66.4	62.5	36.8	85.6	97.5	95.2	99.1	R
	1990	45.3	31.1	58.5	38.6	38.1	39.1	19.3	4.9	34.3	26.4	7.7	46.0	69.1	54.3	83.1	98.0	95.9	99.3	ILO
	2000	39.8	29.2	49.7	29.2	28.3	30.1	12.7	5.3	20.2	19.0	7.5	30.9	61.6	49.2	74.0	97.0	94.5	98.5	R
	2004	39.5	30.6	47.9	30.6	29.9	31.2	12.5	6.5	18.6	17.1	8.9	25.5	53.8	41.8	65.9	96.1	93.4	97.9	R
	2005	39.7	31.4	47.4	31.7	31.4	32.0	12.4	7.5	17.4	16.6	9.2	24.3	52.9	42.0	64.0	95.8	92.6	98.0	R
	2006	39.3	31.1	47.0	30.9	30.1	31.7	12.2	7.2	17.1	16.1	8.8	23.5	50.8	40.6	61.3	95.5	92.0	97.9	R
	2007	38.9	31.0	46.4	29.5	28.7	30.3	12.0	7.3	16.7	15.3	8.4	22.2	49.9	38.9	61.1	95.3	92.5	97.3	ILO
	2008	39.0	31.4	46.1	29.3	28.5	30.2	11.8	7.4	16.2	14.9	8.5	21.4	49.4	38.8	60.1	95.1	92.3	97.1	ILO
波兰	1980	34.8	25.9	43.0	49.7	44.8	54.8	15.1	4.5	25.8	15.2	9.8	20.4	49.4	36.6	59.5	76.3	67.3	82.0	ILO
	1990	37.9	28.7	46.2	55.4	50.4	60.6	15.3	4.9	26.0	14.6	9.6	19.5	54.9	44.0	64.1	81.6	74.8	85.4	ILO
	2000	45.1	37.3	52.1	63.5	60.1	66.9	14.6	6.0	23.4	18.8	14.2	23.4	68.7	59.6	76.3	92.1	87.6	94.8	R
	2004	46.9	38.9	54.0	66.9	62.9	71.0	14.5	6.8	22.4	19.5	14.7	24.1	68.3	58.6	76.7	93.9	90.8	95.8	R
	2005	46.8	38.6	54.2	67.5	63.8	71.3	14.6	6.9	22.4	18.6	13.4	23.7	67.5	56.9	76.7	94.1	90.7	96.1	R
	2006	47.5	38.9	55.2	65.4	61.9	69.0	15.0	7.2	23.0	20.0	14.4	25.5	69.5	57.7	79.8	94.9	91.9	96.7	R
	2007	47.8	39.8	54.9	67.2	64.0	70.6	13.9	7.1	20.9	20.2	15.3	24.9	69.6	58.9	78.9	95.1	92.5	96.6	ILO
	2008	48.1	40.1	55.2	67.6	64.7	70.7	13.7	7.2	20.3	20.2	15.3	25.0	70.2	59.5	79.6	95.4	93.0	96.8	ILO
葡萄牙	1980	38.9	20.7	55.1	30.0	21.4	38.8	20.1	4.4	35.1	30.2	6.7	51.3	48.5	25.5	68.4	83.5	71.9	91.4	R
	1990	40.7	27.8	52.1	39.8	33.8	46.0	13.7	4.9	22.2	21.6	6.3	35.7	52.0	33.8	67.8	87.4	80.1	92.3	R
	2000	40.6	31.4	48.9	54.2	49.4	59.2	12.5	7.4	17.5	16.8	7.6	25.5	47.6	35.6	58.1	82.0	75.0	86.7	R
	2004	40.2	31.9	47.6	56.6	52.5	60.8	11.2	8.0	14.3	15.1	7.6	22.2	46.9	37.3	55.4	82.2	74.4	87.6	R
	2005	39.9	32.1	46.8	57.4	53.4	61.5	10.3	7.4	13.3	14.4	7.7	20.9	46.4	37.7	54.1	82.1	75.4	86.8	R
	2006	39.6	31.9	46.6	57.6	53.8	61.7	10.3	7.2	13.4	13.4	7.1	19.4	46.6	37.4	54.9	82.1	75.4	86.8	R
	2007	39.6	31.9	46.5	57.5	53.8	61.4	10.9	7.8	14.1	13.7	7.3	20.0	45.6	37.4	52.9	81.7	74.8	86.3	ILO
	2008	39.6	32.0	46.4	58.0	54.4	61.8	10.8	7.8	13.9	13.4	7.4	19.3	45.3	37.6	52.2	81.7	74.8	86.3	ILO
罗马尼亚	1980	35.5	29.5	41.1	41.3	38.9	43.8	12.8	8.4	17.2	12.5	6.9	17.9	69.0	62.0	74.9	89.8	86.5	92.2	ILO
	1990	40.3	34.4	45.8	47.8	45.0	50.6	14.3	9.7	19.2	13.3	8.0	18.5	67.3	62.0	72.3	89.3	86.2	91.5	R
	2000	37.2	29.7	44.2	55.5	49.3	61.9	15.7	8.7	23.0	18.0	11.0	24.9	50.1	43.2	56.1	64.3	59.2	67.9	R
	2004	46.2	38.5	53.3	63.4	57.8	69.2	20.5	13.4	27.9	22.3	14.8	29.7	61.8	54.7	67.9	85.1	82.9	86.6	R
	2005	47.0	39.2	54.2	68.2	63.1	73.6	21.4	14.2	28.8	22.1	14.3	29.7	59.4	51.4	66.4	85.5	83.2	87.0	R
	2006	46.1	38.3	53.3	68.9	64.0	74.0	20.6	14.1	27.4	19.9	12.2	27.4	57.2	48.1	65.2	85.8	83.4	87.4	R
	2007	48.3	41.1	55.0	69.9	65.8	74.2	22.5	16.0	29.3	23.1	15.2	30.9	62.2	56.4	67.3	85.8	84.5	86.7	ILO
	2008	48.9	41.8	55.4	70.5	66.8	74.3	22.9	16.6	29.6	23.3	15.3	31.1	62.7	57.2	67.5	87.1	86.3	87.7	ILO
斯洛伐克	1980	27.1	20.7	33.1	21.5	21.0	22.0	–	–	–	5.6	2.1	8.9	63.5	36.4	87.3	94.2	90.3	97.0	ILO
	1990	29.5	22.1	36.2	21.1	20.1	22.1	–	–	0.1	4.8	1.7	7.8	70.9	47.2	90.8	95.1	91.5	97.3	ILO
	2000	41.2	32.9	48.8	54.0	50.6	57.6	13.8	5.1	22.8	10.6	6.7	14.4	75.7	59.1	89.3	98.9	98.0	99.4	R
	2004	41.4	32.6	49.3	60.3	56.5	64.3	14.0	4.8	23.5	9.6	7.2	11.9	67.7	47.1	85.0	98.7	97.8	99.2	R
	2005	42.1	32.7	50.6	63.3	59.1	67.6	16.2	5.3	27.4	9.8	6.8	12.7	64.5	44.3	81.7	98.6	97.6	99.1	R
	2006	42.6	33.0	51.3	64.9	60.7	69.4	15.9	4.3	27.8	10.5	7.3	13.7	63.4	44.9	79.1	98.9	98.1	99.3	R
	2007	41.8	32.5	50.3	62.1	58.6	65.8	15.8	5.0	27.1	9.3	7.0	11.5	63.6	43.2	81.1	98.8	98.0	99.3	ILO
	2008	41.8	32.4	50.3	62.7	59.5	66.1	15.9	5.0	27.2	9.1	6.9	11.2	62.1	41.8	79.8	98.8	98.0	99.3	ILO
斯洛文尼亚	1980	31.7	23.6	38.9	25.8	24.8	26.8	4.0	3.4	4.6	16.1	8.1	23.8	74.5	55.1	87.7	81.9	79.4	83.4	ILO
	1990	34.1	25.1	42.0	21.4	20.1	22.9	3.3	2.7	3.9	14.5	7.6	21.6	79.5	62.8	93.1	85.8	83.8	86.8	ILO
	2000	43.2	35.9	49.8	61.5	58.5	64.6	7.6	6.4	8.8	14.1	9.7	18.7	76.3	67.1	84.8	91.4	87.6	93.4	ILO
	2004	42.8	35.5	49.4	60.8	57.3	64.5	8.5	7.2	9.8	12.9	10.2	15.6	67.4	55.6	78.7	93.1	89.5	95.1	R
	2005	43.0	35.5	49.9	63.1	58.4	68.2	8.8	6.5	11.1	12.1	10.3	13.9	67.2	54.1	79.8	92.8	89.2	94.8	R
	2006	42.2	35.5	48.2	58.7	56.3	61.2	10.1	10.7	9.5	11.0	9.6	12.5	65.6	52.9	78.0	92.0	87.7	94.3	R
	2007	43.3	35.8	50.2	63.9	58.7	69.4	8.9	7.7	10.3	11.1	9.3	12.8	66.3	53.1	79.4	93.0	89.7	94.9	ILO
	2008	43.4	35.9	50.3	63.8	58.3	69.5	8.9	7.7	10.2	10.7	9.2	12.3	65.8	52.5	78.9	93.1	89.7	94.9	ILO

	年份	15 +			15—24			25—34			35—54			55—64			65 +			统计类型
		MF	M	F	MF	M	F	MF	M	F	MF	M	F	MF	M	F	MF	M	F	
西班牙	1980	48.7	23.8	71.9	41.8	31.1	52.9	34.3	4.0	64.8	39.1	5.2	72.3	53.3	24.1	78.9	92.4	87.3	96.0	R
	1990	50.6	32.3	67.3	46.8	40.0	54.0	22.6	5.3	40.2	33.8	5.8	61.4	59.9	37.5	80.6	97.5	96.2	98.3	R
	2000	49.0	35.6	61.3	53.2	48.2	58.5	16.9	7.5	26.7	25.2	6.7	43.5	59.1	39.6	77.4	98.4	97.4	99.0	R
	2004	46.8	34.8	57.9	52.7	47.2	58.5	15.0	7.7	22.7	22.1	7.3	36.9	55.7	37.5	72.9	98.4	97.6	99.0	R
	2005	45.9	34.1	56.8	49.7	44.6	55.1	15.1	7.8	22.7	21.6	7.5	35.7	54.1	36.8	70.4	98.0	96.8	98.9	R
	2006	45.1	33.9	55.5	49.2	44.8	53.8	14.1	7.6	21.1	20.2	7.4	33.2	53.1	36.4	69.0	98.0	96.7	98.8	R
	2007	45.5	34.4	55.9	51.4	46.2	56.9	14.6	8.0	21.5	20.3	7.8	33.0	52.4	35.9	68.1	98.2	97.1	98.9	ILO
	2008	45.2	34.4	55.3	51.2	46.0	56.8	14.3	8.0	21.0	19.6	7.9	31.6	51.5	35.7	66.6	98.2	97.0	98.9	ILO
瑞典	1980	33.6	25.9	41.1	29.9	29.4	30.4	11.7	5.2	18.7	9.9	4.1	15.9	33.2	21.4	44.6	91.6	85.7	96.2	R
	1990	35.4	30.0	40.4	32.6	32.5	32.6	9.0	6.6	11.5	6.3	4.7	7.9	29.5	24.5	34.2	91.9	87.7	94.9	R
	2000	39.5	33.8	44.7	49.5	48.9	50.1	14.7	11.5	18.1	10.5	8.5	12.6	30.6	27.1	34.0	90.2	85.0	93.7	R
	2004	39.9	34.9	44.5	50.6	51.1	50.0	14.3	10.8	17.9	11.3	9.5	13.2	27.0	24.1	30.0	91.1	87.3	93.8	R
	2005	38.6	33.2	43.8	47.2	48.5	46.0	12.2	8.4	16.0	9.7	7.3	12.3	27.2	23.6	30.8	90.5	85.4	94.1	R
	2006	38.5	33.3	43.4	45.7	46.9	44.5	12.0	8.3	15.8	9.9	7.1	12.8	26.8	23.6	30.0	90.2	85.9	93.2	R
	2007	38.6	33.5	43.4	44.8	46.3	43.2	12.9	9.6	16.2	10.2	7.4	13.0	26.7	23.3	30.1	89.7	85.3	92.9	ILO
	2008	38.6	33.5	43.3	43.7	45.4	42.0	12.7	9.5	15.9	10.2	7.4	13.1	26.5	23.0	30.0	89.5	85.1	92.6	ILO
英国	1980	38.4	22.2	53.3	27.9	22.1	34.0	23.8	3.0	45.0	18.3	3.0	33.6	39.9	16.5	61.3	93.5	89.2	96.3	ILO
	1990	38.9	26.6	49.9	22.6	17.4	28.0	16.8	3.9	29.8	15.7	6.0	25.4	47.0	31.9	61.4	94.6	91.2	96.6	R
	2000	40.5	31.2	48.8	31.0	27.3	34.7	15.6	6.3	24.7	16.3	9.1	23.4	47.2	36.7	57.4	94.8	92.2	96.6	R
	2004	40.6	32.3	48.3	33.4	30.8	36.1	16.6	8.1	25.0	15.9	9.5	22.3	42.1	32.1	51.8	94.1	91.2	96.0	R
	2005	40.6	32.4	48.1	34.0	31.0	37.2	16.3	8.1	24.4	15.8	9.4	22.0	41.8	32.1	51.1	93.7	91.0	95.6	R
	2006	40.2	32.2	47.6	34.3	32.0	36.7	15.3	7.1	23.5	15.2	8.9	21.4	41.0	31.7	49.9	93.2	90.0	95.5	R
	2007	40.4	32.6	47.6	34.5	31.9	37.2	15.8	8.0	23.6	15.3	9.2	21.3	40.4	31.3	49.2	93.5	90.6	95.6	ILO
	2008	40.4	32.7	47.4	34.7	32.2	37.3	15.7	8.1	23.3	15.2	9.3	21.0	40.1	31.2	48.7	93.3	90.3	95.4	ILO
北美洲																				
加拿大	1980	36.1	21.9	49.9	31.4	26.9	36.1	20.8	4.9	36.8	24.0	6.0	42.5	47.4	25.5	67.4	92.1	86.8	96.1	R
	1990	35.0	25.3	44.1	30.0	27.5	32.6	14.6	6.5	22.9	16.4	7.2	25.7	50.8	36.0	65.1	93.5	89.2	96.4	R
	2000	36.8	29.4	43.9	35.5	34.0	37.2	14.3	8.3	20.4	15.6	9.2	22.0	49.1	39.3	58.6	94.1	90.5	96.7	R
	2004	35.3	28.7	41.6	33.2	32.4	34.0	13.1	8.0	18.2	13.6	8.6	18.7	42.6	33.9	51.1	92.5	88.2	95.6	R
	2005	35.7	29.1	41.9	34.2	34.1	34.4	13.4	8.3	18.7	13.8	8.6	18.9	42.1	33.3	50.6	92.1	87.9	95.0	R
	2006	35.8	29.6	41.7	33.8	33.8	33.8	13.6	8.6	18.8	13.8	9.0	18.7	41.4	33.8	48.8	91.9	87.9	94.8	R
	2007	34.9	29.0	40.6	31.8	32.1	31.6	12.9	8.1	17.7	13.0	8.5	17.4	38.7	31.6	45.5	92.0	87.9	94.9	ILO
	2008	34.8	29.1	40.2	31.5	32.0	31.0	12.7	8.1	17.4	12.7	8.5	16.9	37.3	31.0	43.5	91.7	87.6	94.6	ILO
美国	1980	36.2	22.7	48.9	32.7	26.6	38.9	19.6	4.8	34.5	22.0	6.5	37.2	44.1	27.9	58.7	87.6	81.0	91.9	R
	1990	35.8	25.5	45.2	33.7	29.4	38.1	16.2	5.9	26.5	16.5	7.1	25.7	43.9	32.2	54.7	88.3	83.7	91.4	R
	2000	35.4	27.2	43.0	35.3	32.6	38.1	15.2	6.6	23.9	16.1	9.2	23.0	40.7	32.7	48.1	87.2	82.3	90.6	R
	2004	36.8	29.0	44.0	40.7	38.5	43.0	17.1	8.1	26.4	17.2	10.2	24.0	37.6	31.3	43.6	85.7	81.0	88.9	R
	2005	36.8	29.1	44.0	41.0	39.1	43.0	17.1	8.3	26.1	17.2	10.1	24.1	37.1	30.8	43.0	85.1	80.2	88.5	R
	2006	36.7	28.9	43.9	41.0	38.5	43.5	16.8	8.3	25.6	17.0	9.9	24.1	36.5	30.6	42.0	84.8	79.7	88.3	R
	2007	37.0	29.4	44.0	41.6	39.4	43.8	17.3	8.4	26.4	17.2	10.3	24.1	36.2	30.8	41.3	84.6	79.8	88.0	ILO
	2008	37.1	29.7	44.1	41.9	39.8	44.2	17.4	8.4	26.6	17.3	10.4	24.1	35.8	30.8	40.6	84.3	79.5	87.7	ILO
其他发达经济体																				
澳大利亚	1980	38.5	21.5	55.2	27.7	21.8	33.8	25.6	4.1	47.6	26.0	6.3	46.6	55.1	30.9	78.2	93.6	88.8	97.2	R
	1990	37.9	25.6	49.7	27.8	24.6	31.2	19.9	5.6	34.3	19.8	7.4	32.5	56.0	37.1	75.1	94.8	90.8	97.6	R
	2000	38.8	29.3	47.8	29.3	27.7	31.1	19.0	7.8	30.2	19.8	10.5	29.1	51.6	39.1	64.3	94.0	90.0	96.9	R
	2004	38.6	30.0	46.8	29.5	28.4	30.7	19.0	8.7	29.4	19.2	10.8	27.4	46.1	35.1	57.3	93.4	89.4	96.4	R
	2005	37.8	29.6	45.6	28.8	27.7	30.1	18.1	8.7	27.5	17.9	10.2	25.6	44.5	33.7	55.4	92.6	88.4	95.8	R
	2006	37.5	29.5	45.2	28.9	27.6	30.4	17.8	8.3	27.3	17.6	10.3	24.8	42.6	32.6	52.6	92.3	87.6	95.8	R
	2007	38.0	30.3	45.3	29.1	28.0	30.2	18.0	9.1	26.9	17.8	10.6	24.9	42.7	33.6	51.9	92.5	88.2	95.8	ILO
	2008	37.9	30.5	45.0	29.1	28.1	30.2	17.8	9.3	26.5	17.6	10.6	24.5	41.7	33.1	50.3	92.3	88.0	95.7	ILO
以色列	1980	49.5	34.6	63.9	66.1	63.3	69.1	31.1	14.7	47.7	32.4	9.2	54.3	52.3	27.0	74.9	83.3	72.1	93.4	ILO
	1990	49.4	38.6	59.8	69.4	67.8	71.1	29.2	17.4	41.1	26.7	12.2	40.8	49.6	26.3	69.6	87.4	79.8	93.6	R
	2000	46.8	40.1	53.1	65.1	66.5	63.7	25.0	17.9	32.1	23.3	14.8	31.3	49.6	35.9	62.0	91.6	85.8	95.8	R
	2004	46.4	40.4	52.1	67.9	69.8	65.8	24.2	19.1	29.4	22.5	15.1	29.6	44.3	31.8	55.8	90.4	84.5	94.6	R
	2005	46.2	40.3	51.8	67.4	69.2	65.5	24.2	19.8	28.8	22.5	15.4	29.2	43.6	31.6	54.6	89.9	83.7	94.3	R
	2006	45.8	39.8	51.4	67.2	69.1	65.1	24.2	19.5	29.1	22.0	15.1	28.6	41.4	29.9	52.0	90.1	83.5	94.8	R
	2007	46.3	40.7	51.6	68.2	70.5	65.8	24.7	19.7	30.0	22.3	15.9	28.4	42.2	32.4	51.2	90.3	84.4	94.6	ILO
	2008	46.2	40.8	51.3	68.3	70.7	65.8	24.6	19.8	29.7	22.2	16.1	28.0	42.0	32.8	50.3	90.3	84.3	94.5	ILO
日本	1980	36.8	20.2	52.4	56.8	57.3	56.3	27.0	3.0	51.3	20.9	3.0	38.6	37.1	14.7	54.7	73.7	59.0	84.5	R
	1990	37.8	23.5	51.1	56.2	57.0	55.4	22.5	2.0	43.4	17.6	2.7	32.5	35.3	16.8	52.8	75.9	63.5	83.8	R
	2000	39.4	24.9	52.7	53.3	52.9	53.7	19.5	3.3	36.1	17.4	2.7	32.2	33.5	15.9	50.3	77.7	65.9	85.6	R
	2004	41.7	28.0	54.1	55.8	55.9	55.7	18.4	4.7	32.7	17.4	3.4	31.6	33.3	16.7	49.3	80.6	71.0	87.1	R
	2005	41.8	28.2	54.1	55.4	55.8	55.0	18.1	4.9	31.7	17.1	3.4	31.0	33.2	16.7	49.1	80.6	70.6	87.3	R
	2006	42.0	28.5	54.2	55.2	55.5	54.9	17.7	4.7	31.3	16.8	3.4	30.3	33.3	17.0	49.1	80.5	70.7	87.0	R
	2007	43.0	29.9	54.8	56.1	56.6	55.6	17.5	5.1	30.4	17.2	3.7	30.8	34.3	18.3	49.8	81.7	73.5	87.3	ILO
	2008	43.6	30.8	55.1	56.4	57.0	55.8	17.1	5.2	29.5	17.1	3.8	30.6	34.9	19.2	50.1	82.2	74.6	87.3	ILO

	年份	15 +			15—24			25—34			35—54			55—64			65 +			统计类型
		MF	M	F	MF	M	F	MF	M	F	MF	M	F	MF	M	F	MF	M	F	
新西兰	1980	41.9	22.3	61.0	35.0	26.9	43.4	31.2	2.7	59.4	26.2	3.0	50.1	54.7	30.3	78.0	94.1	88.7	98.0	ILO
	1990	38.0	26.9	48.4	31.1	27.2	35.0	22.6	6.4	38.5	16.1	6.6	25.6	56.2	43.2	69.2	93.6	89.6	96.4	R
	2000	37.1	28.1	45.5	37.1	34.1	40.1	20.9	8.9	32.2	16.0	8.5	23.3	40.1	27.8	52.1	92.5	88.2	95.6	R
	2004	35.6	27.3	43.2	37.5	34.2	40.8	20.0	8.8	30.6	15.2	8.2	22.0	31.1	21.7	40.2	89.0	84.4	92.5	R
	2005	34.8	26.8	42.2	37.2	34.5	40.1	18.6	8.6	28.2	14.4	7.1	21.5	29.0	20.4	37.6	88.6	83.8	92.1	R
	2006	34.2	26.2	41.7	34.9	32.1	37.8	18.3	8.6	27.6	14.4	7.1	21.4	28.3	18.7	37.8	87.5	82.5	91.3	R
	2007	34.8	27.2	41.8	37.5	34.8	40.4	18.8	9.2	28.1	14.4	7.5	21.0	28.6	21.4	35.8	86.7	81.1	90.9	ILO
	2008	34.6	27.2	41.5	37.5	34.8	40.4	18.6	9.2	27.8	14.3	7.4	20.8	28.0	21.4	34.5	85.9	80.3	90.3	ILO
西欧（非欧盟）																				
冰岛	1980	26.6	18.3	35.0	35.0	33.5	36.6	15.9	3.4	29.4	8.9	1.6	16.3	14.1	5.5	22.5	72.9	60.6	82.9	ILO
	1990	27.5	20.4	34.5	40.6	40.0	41.3	14.4	4.3	24.8	6.7	2.3	11.2	12.7	6.4	18.9	73.3	62.2	81.8	ILO
	2000	25.5	19.9	30.9	28.2	29.7	26.7	10.5	6.4	14.7	6.5	2.6	10.4	14.3	5.3	23.2	80.6	71.1	88.0	R
	2004	27.4	22.0	32.6	28.4	29.1	27.6	14.0	9.1	19.0	8.3	4.1	12.5	15.7	10.3	21.2	82.7	75.6	88.3	R
	2005	26.3	21.1	31.4	23.1	25.3	20.8	12.5	7.6	17.6	9.1	4.7	13.7	13.9	9.9	18.1	82.8	74.8	89.1	R
	2006	25.3	19.7	30.8	20.6	22.7	18.4	11.1	5.5	16.9	8.3	3.5	13.2	14.1	10.1	18.3	83.1	74.9	89.6	R
	2007	26.6	21.8	31.4	27.5	28.4	26.7	10.8	6.6	15.3	7.9	4.8	11.2	14.9	10.6	19.4	84.2	77.5	89.4	ILO
	2008	26.6	21.9	31.5	27.4	27.9	26.8	10.7	6.7	15.2	7.9	5.0	11.2	15.0	10.9	19.4	84.6	78.5	89.5	ILO
挪威	1980	36.9	24.6	48.7	41.1	36.4	46.0	23.4	10.5	37.1	15.5	4.5	26.8	35.8	20.5	50.2	78.1	65.7	87.3	R
	1990	37.6	28.8	45.9	41.0	37.8	44.3	15.9	8.8	23.4	13.1	7.0	19.4	36.7	27.1	46.1	82.8	75.0	88.0	R
	2000	35.7	28.9	42.1	36.5	34.0	39.2	13.6	9.0	18.3	11.8	8.3	15.5	32.1	25.5	38.6	89.3	85.8	91.5	R
	2004	36.1	30.2	41.6	40.0	39.9	40.1	14.8	10.8	18.8	12.9	9.5	16.5	31.3	25.7	37.0	86.3	83.0	88.4	R
	2005	36.2	30.3	41.7	41.4	40.8	41.9	14.5	10.5	18.6	12.8	9.6	16.2	31.0	25.2	36.9	86.2	82.6	88.5	R
	2006	36.3	30.4	41.9	41.8	41.8	41.8	13.6	9.6	17.7	12.7	9.4	16.1	31.6	25.7	37.6	86.6	82.3	89.4	R
	2007	36.0	30.8	40.9	39.9	41.1	38.8	14.4	10.8	18.1	13.1	9.9	16.3	31.4	26.4	36.6	85.0	81.5	87.4	ILO
	2008	36.1	31.0	40.8	39.9	41.2	38.5	14.5	11.0	18.1	13.1	10.0	16.3	31.7	26.8	36.7	84.6	81.1	87.0	ILO
瑞士	1980	40.1	20.9	57.9	33.3	29.9	36.7	24.9	3.3	46.4	25.9	1.7	49.9	40.3	11.3	66.4	91.1	85.0	95.2	R
	1990	39.0	23.2	53.3	31.3	29.0	33.6	18.8	4.2	33.7	18.5	1.7	35.6	38.3	12.1	62.2	94.5	90.8	96.8	R
	2000	35.5	24.4	45.5	31.8	29.7	34.0	12.8	4.5	21.1	12.6	2.9	22.4	34.5	20.5	48.0	90.7	85.6	93.9	R
	2004	35.9	26.5	44.4	32.9	32.3	33.5	11.5	4.8	18.2	11.8	4.2	19.6	32.8	21.2	44.1	92.0	87.2	95.0	R
	2005	36.2	27.4	44.3	34.3	33.6	35.1	11.2	4.7	17.6	11.7	4.2	19.1	32.4	22.4	42.3	92.6	88.8	95.1	R
	2006	35.9	27.2	43.9	31.3	29.9	32.7	11.2	4.7	17.7	11.8	4.4	19.2	32.4	23.2	41.3	91.9	87.9	94.5	R
	2007	36.3	27.8	44.1	32.3	31.0	33.7	11.4	5.0	17.6	11.4	4.5	18.3	32.7	23.2	41.9	92.3	88.4	94.9	ILO
	2008	36.6	28.3	44.0	32.3	31.1	33.6	11.3	5.2	17.4	11.2	4.5	17.9	32.6	23.7	41.3	92.4	88.5	95.0	ILO
中欧、东南欧（非欧盟）和独联体																				
中欧和东南欧																				
阿尔巴尼亚	1980	24.4	16.3	32.9	17.3	15.6	19.2	6.9	1.9	12.4	13.4	3.9	23.9	74.1	50.9	94.9	89.8	80.8	96.8	ILO
	1990	24.9	16.3	33.9	18.2	16.2	20.4	7.3	2.0	13.0	13.5	4.0	24.0	70.2	46.5	94.2	89.7	80.2	96.6	ILO
	2000	39.4	27.6	50.5	47.7	41.9	53.2	25.8	14.8	35.9	20.8	8.4	33.4	55.2	36.9	74.2	83.3	72.2	91.8	ILO
	2004	40.5	28.9	51.4	49.3	43.6	54.8	25.4	14.3	35.3	20.2	7.8	32.5	54.7	36.1	73.8	84.5	73.9	92.6	ILO
	2005	40.8	29.3	51.6	49.8	44.1	55.4	25.3	14.2	35.2	20.2	7.7	32.3	54.5	35.9	73.5	84.9	74.4	92.8	ILO
	2006	41.1	29.6	51.9	50.2	44.5	55.9	25.3	14.2	35.1	20.1	7.6	32.3	54.3	35.7	73.3	85.2	74.7	93.0	ILO
	2007	41.0	29.7	51.6	49.7	44.0	55.4	24.9	14.0	34.6	19.8	7.6	31.6	54.4	35.8	73.3	85.7	76.0	92.9	ILO
	2008	41.1	29.9	51.6	49.7	44.0	55.5	24.8	14.0	34.4	19.7	7.5	31.3	54.4	35.8	73.2	86.1	76.8	93.0	ILO
波斯尼亚和黑塞哥维那	1980	19.8	14.1	25.2	2.9	3.0	2.8	1.6	0.1	3.1	12.4	7.1	17.4	83.9	59.9	99.9	98.5	97.2	99.5	ILO
	1990	25.0	18.2	31.6	7.2	7.3	7.2	2.1	0.2	4.1	10.7	5.8	15.6	81.7	61.7	99.6	97.5	95.2	98.9	ILO
	2000	39.1	32.2	45.3	55.6	51.5	59.7	15.2	8.1	21.4	12.7	8.5	16.7	62.9	48.2	76.2	90.6	86.7	93.4	ILO
	2004	40.5	33.7	46.6	58.1	54.1	62.2	15.1	8.2	21.3	12.8	8.6	16.6	59.4	43.8	73.2	91.4	87.7	94.1	ILO
	2005	40.8	34.0	46.9	58.7	54.7	62.7	15.1	8.2	21.4	12.8	8.6	16.6	58.3	42.6	72.2	91.7	88.0	94.3	ILO
	2006	41.0	34.2	47.1	59.0	55.1	63.0	15.1	8.3	21.4	12.8	8.7	16.5	57.5	41.9	71.4	91.9	88.3	94.5	ILO
	2007	41.0	34.2	47.0	58.0	54.1	62.0	14.9	8.2	21.2	12.9	9.1	16.4	57.4	41.8	71.3	92.0	88.6	94.4	ILO
	2008	41.0	34.2	47.0	57.5	53.7	61.4	14.9	8.2	21.2	12.9	9.1	16.3	57.2	41.8	71.0	92.1	88.9	94.4	ILO
克罗地亚	1980	35.3	23.7	45.8	44.0	40.1	47.9	7.5	2.4	13.0	16.1	3.8	28.2	65.6	44.4	80.5	83.8	77.2	88.0	ILO
	1990	38.2	25.8	49.3	44.1	39.7	48.7	7.1	1.9	12.4	15.0	3.5	26.6	68.5	49.9	84.5	85.9	79.9	89.0	ILO
	2000	47.6	37.9	56.2	57.6	54.8	60.6	13.6	8.0	19.4	20.4	11.3	29.4	74.8	62.4	85.5	92.7	89.3	94.7	ILO
	2004	48.4	39.2	56.6	60.1	57.6	62.7	14.2	8.8	19.8	20.9	12.4	29.3	71.7	58.8	83.2	92.1	89.9	93.4	ILO
	2005	48.8	39.6	57.0	61.2	58.9	63.7	14.4	9.0	20.0	21.0	12.6	29.3	70.9	58.1	82.3	92.3	90.1	93.6	ILO
	2006	49.2	40.0	57.3	62.4	60.2	64.7	14.6	9.1	20.1	21.1	12.7	29.4	70.3	57.7	81.6	92.5	90.3	93.7	ILO
	2007	49.5	40.7	57.3	62.2	60.2	64.3	14.7	9.5	20.0	20.9	13.1	28.6	70.9	58.7	82.2	93.0	91.2	94.0	ILO
	2008	49.9	41.2	57.5	62.9	61.1	64.8	14.8	9.6	20.1	20.9	13.3	28.3	71.0	59.1	82.1	93.0	91.3	94.0	ILO
前南斯拉夫马其顿共和国	1980	34.0	25.5	42.6	43.4	40.1	46.9	9.1	5.6	12.7	19.3	6.3	32.2	67.7	47.6	86.5	86.0	78.2	93.5	ILO
	1990	37.0	27.4	46.5	48.3	44.5	52.2	10.6	6.2	15.1	18.8	6.2	31.3	67.0	48.1	84.4	85.9	77.9	92.9	ILO
	2000	47.8	35.4	59.9	61.6	54.5	69.1	23.7	9.8	38.1	25.2	11.0	39.6	69.6	53.0	84.9	96.0	94.0	97.6	ILO
	2004	49.4	37.8	60.8	66.9	61.0	73.2	25.8	13.7	38.5	26.0	12.9	39.4	66.5	49.1	82.6	95.0	92.8	96.6	ILO
	2005	48.1	36.9	59.0	67.0	61.7	72.6	24.6	13.5	36.3	23.4	10.8	36.4	63.4	46.7	78.8	95.3	93.2	96.8	R
	2006	47.0	34.5	59.2	64.1	57.8	70.7	23.4	10.2	37.2	22.5	8.4	37.0	61.7	43.8	78.2	96.2	94.2	97.7	R
	2007	47.5	35.3	59.3	67.2	61.5	73.2	23.6	10.3	37.5	22.4	8.7	36.4	60.9	43.3	77.2	95.3	93.8	96.4	ILO
	2008	47.5	35.3	59.3	67.4	61.7	73.5	23.5	10.3	37.3	22.2	8.6	36.1	60.0	42.5	76.3	95.3	93.8	96.4	ILO

	年份	15+			15—24			25—34			35—54			55—64			65+			统计类型
		MF	M	F	MF	M	F	MF	M	F	MF	M	F	MF	M	F	MF	M	F	
塞尔维亚和黑山共和国	1980	27.5	21.0	33.7	1.2	1.2	1.2	1.4	–	2.9	15.0	8.8	21.0	82.7	62.0	100.0	99.1	98.4	99.8	ILO
	1990	31.8	24.6	38.7	3.5	3.6	3.3	1.8	0.1	3.6	11.4	6.3	16.4	84.0	66.4	99.9	98.4	96.9	99.4	ILO
	2000	42.3	35.0	49.2	52.7	47.7	57.8	18.3	11.7	25.2	17.4	13.5	21.3	62.0	47.7	74.9	85.7	81.1	89.2	ILO
	2004	42.1	34.4	49.4	51.2	46.3	56.3	17.2	10.5	24.1	16.6	12.3	21.0	60.4	44.6	74.9	86.7	82.1	90.1	ILO
	2005	42.1	34.3	49.5	50.9	46.0	56.0	16.9	10.2	23.8	16.4	11.9	20.8	60.0	43.9	74.9	86.9	82.4	90.3	ILO
	2006	42.1	34.2	49.6	50.6	45.7	55.7	16.6	10.0	23.5	16.0	11.6	20.5	59.8	43.5	75.0	87.2	82.8	90.6	ILO
	2007	42.1	34.2	49.6	50.1	45.5	55.0	16.4	9.8	23.3	15.8	11.4	20.3	59.7	43.5	75.0	87.3	83.1	90.5	ILO
	2008	42.1	34.1	49.6	49.8	45.3	54.5	16.2	9.6	23.0	15.6	11.2	20.0	59.8	43.6	75.1	87.5	83.4	90.5	ILO
土耳其•	1980	44.3	17.5	71.3	44.5	27.8	62.1	37.6	1.0	75.7	39.8	6.8	72.4	48.8	23.8	73.3	76.7	61.7	88.9	ILO
	1990	42.6	19.3	65.9	43.1	26.2	60.6	32.8	2.6	63.9	35.8	7.7	64.0	55.9	38.3	73.3	81.0	69.1	90.7	R
	2000	50.1	26.7	73.5	56.5	41.6	72.1	38.0	7.5	69.4	42.3	12.8	72.4	63.1	46.5	78.4	79.1	67.5	88.7	R
	2004	51.4	28.0	74.7	59.2	44.9	74.0	37.6	6.4	69.7	43.1	14.0	72.7	65.9	50.8	80.1	83.4	73.9	91.3	R
	2005	51.7	28.1	75.3	59.6	44.8	74.9	37.5	6.1	69.8	43.0	13.7	72.7	68.2	52.4	83.0	84.9	75.8	92.4	R
	2006	52.1	28.9	75.3	60.3	45.7	75.3	37.5	7.0	69.0	43.2	14.4	72.4	68.8	53.5	83.2	86.5	78.0	93.4	R
	2007	52.9	30.0	75.8	62.0	49.0	75.5	37.8	7.1	69.6	44.0	15.0	73.4	69.1	53.9	83.5	86.4	78.3	92.9	ILO
	2008	53.3	30.4	76.0	62.8	50.2	75.8	37.9	7.2	69.6	44.2	15.2	73.6	69.5	54.4	83.9	87.0	79.3	93.1	ILO
独立国家联合体（独联体）																				
亚美尼亚	1980	25.1	19.0	30.7	23.8	22.9	24.6	3.8	1.0	6.4	10.3	5.7	14.6	75.8	47.4	95.1	94.3	90.0	96.9	ILO
	1990	28.6	21.6	34.9	28.1	26.9	29.3	4.5	1.4	7.5	9.7	5.2	13.8	74.9	54.6	93.0	93.5	88.7	96.2	ILO
	2000	40.6	34.0	46.1	53.7	49.3	57.8	17.6	10.4	23.9	15.5	11.3	19.0	66.8	53.2	77.6	87.0	82.2	90.1	ILO
	2004	40.6	33.9	46.1	54.0	49.8	58.0	16.1	8.7	22.4	14.0	9.3	17.7	62.3	44.6	75.8	89.5	85.1	92.3	ILO
	2005	40.9	34.1	46.3	54.7	50.6	58.7	15.9	8.4	22.2	13.8	9.1	17.5	60.3	41.7	74.5	90.1	85.8	92.8	ILO
	2006	41.1	34.3	46.6	55.5	51.4	59.5	15.8	8.3	22.0	13.7	8.9	17.4	59.0	40.1	73.3	90.7	86.5	93.3	ILO
	2007	40.4	33.5	46.0	53.1	49.2	56.9	15.0	7.7	21.1	13.2	8.3	17.0	59.3	39.8	73.9	91.1	87.6	93.2	ILO
	2008	40.3	33.3	45.8	52.3	48.7	56.0	14.6	7.4	20.6	13.0	8.0	16.8	59.5	40.1	74.1	91.5	88.5	93.3	ILO
阿塞拜疆	1980	29.4	22.9	35.3	35.7	34.1	37.4	5.5	1.9	8.9	9.5	5.3	13.4	71.2	43.2	88.4	92.5	87.0	95.3	ILO
	1990	28.8	22.4	34.7	38.5	37.1	39.9	6.3	2.4	9.9	9.4	5.2	13.4	66.2	44.7	84.9	91.6	85.9	94.6	ILO
	2000	35.7	29.4	41.4	53.3	49.0	57.5	17.2	10.1	23.4	14.4	10.5	18.0	64.4	49.6	76.9	87.3	82.6	90.4	ILO
	2004	35.5	29.5	40.8	54.1	50.0	58.4	15.7	8.6	22.0	13.1	9.0	16.8	62.9	46.9	76.6	89.4	85.0	92.3	ILO
	2005	35.9	30.1	41.1	56.2	52.2	60.4	15.3	8.2	21.6	12.6	8.5	16.3	61.2	44.7	75.2	90.5	86.4	93.2	ILO
	2006	36.7	31.1	41.8	59.4	55.6	63.4	15.2	8.2	21.6	12.3	8.3	15.9	58.5	42.3	72.5	91.6	87.8	94.1	ILO
	2007	35.3	29.4	40.6	55.3	51.3	59.3	14.1	7.1	20.4	11.8	7.5	15.6	58.2	40.8	73.3	92.4	89.7	94.1	ILO
	2008	35.1	29.2	40.5	54.9	51.0	59.0	13.7	6.8	20.1	11.6	7.2	15.5	57.1	39.2	72.6	93.0	90.9	94.3	ILO
白俄罗斯	1980	31.4	24.1	37.3	42.3	42.2	42.5	3.4	1.9	4.9	5.3	4.1	6.4	59.5	32.6	74.8	92.8	87.8	95.1	ILO
	1990	34.6	25.8	41.8	47.6	47.1	48.1	4.4	2.7	6.0	5.4	4.3	6.5	57.7	37.4	72.8	93.0	88.2	95.1	ILO
	2000	42.5	35.1	48.7	55.6	51.9	59.4	13.2	11.1	15.4	11.1	11.1	11.1	70.3	54.1	82.5	97.4	94.9	98.5	ILO
	2004	42.5	35.2	48.5	57.7	54.6	60.9	13.1	11.0	15.2	10.9	11.0	10.9	64.9	47.1	78.5	97.7	95.5	98.7	ILO
	2005	42.5	35.2	48.5	58.3	55.5	61.3	13.2	11.1	15.2	10.9	11.0	10.9	63.3	45.5	77.0	97.8	95.7	98.8	ILO
	2006	42.5	35.3	48.4	59.0	56.5	61.7	13.2	11.2	15.3	10.9	11.1	10.8	62.2	44.7	75.7	97.9	95.9	98.9	ILO
	2007	42.7	35.2	48.8	57.8	54.9	60.8	13.8	11.8	15.9	11.5	11.1	11.8	63.7	46.4	77.1	98.0	96.2	98.8	ILO
	2008	42.6	35.0	48.8	57.4	54.5	60.4	14.0	11.9	16.0	11.5	11.2	11.9	63.9	47.1	76.9	98.1	96.4	98.9	ILO
格鲁吉亚	1980	27.4	19.8	33.9	53.6	51.1	56.0	8.9	1.1	16.1	6.3	1.3	10.9	28.2	11.6	38.1	62.4	48.0	70.1	ILO
	1990	26.8	17.7	34.5	48.0	45.8	50.3	7.4	0.5	13.7	6.7	1.4	11.4	31.6	15.4	45.2	65.1	49.7	72.7	ILO
	2000	36.7	26.2	45.6	64.1	56.3	71.9	29.0	15.1	42.5	19.9	11.4	27.5	30.3	17.5	40.8	50.8	39.8	57.3	R
	2004	36.5	27.0	44.6	69.3	62.3	76.3	26.3	11.9	39.7	17.5	9.5	24.4	23.3	12.4	32.2	52.1	42.6	57.9	R
	2005	36.8	27.0	45.0	67.6	59.7	75.6	26.4	12.0	39.7	17.4	8.1	25.5	25.9	16.4	33.6	53.0	45.2	57.7	R
	2006	36.8	27.0	45.1	67.4	59.5	75.4	25.9	11.6	39.2	16.9	7.8	25.0	25.9	16.3	33.7	54.2	46.2	59.1	ILO
	2007	36.6	26.3	45.2	68.0	58.8	77.1	25.4	10.7	39.0	17.7	8.2	25.9	23.2	12.9	31.6	53.0	44.7	58.1	ILO
	2008	36.5	26.1	45.2	67.9	58.3	77.5	25.3	10.6	38.8	17.7	8.1	26.0	23.2	12.9	31.5	53.2	45.0	58.2	ILO
哈萨克斯坦	1980	30.6	22.3	38.1	43.0	38.6	47.6	6.7	2.2	11.1	7.9	3.4	12.2	65.9	40.3	80.8	94.7	90.9	96.4	ILO
	1990	31.2	22.5	39.0	46.5	42.4	50.8	7.1	2.5	11.7	7.9	3.6	12.0	63.4	44.0	78.5	94.1	90.0	95.7	ILO
	2000	30.7	24.1	36.5	48.1	44.9	51.3	8.3	4.0	12.5	8.0	4.9	10.7	52.5	38.3	63.2	87.9	82.6	90.3	ILO
	2004	31.7	25.4	37.1	50.5	47.2	53.8	8.8	4.4	13.1	8.7	5.6	11.5	44.2	29.3	55.1	90.7	87.0	92.5	R
	2005	32.1	26.0	37.5	52.6	49.5	55.8	8.9	4.5	13.1	8.7	5.6	11.4	41.2	27.1	51.5	91.2	87.6	92.9	ILO
	2006	32.5	26.4	37.7	54.3	51.3	57.3	9.0	4.6	13.2	8.7	5.7	11.3	39.2	26.0	48.9	91.6	88.1	93.3	ILO
	2007	31.4	25.3	36.6	51.8	49.0	54.6	9.1	4.7	13.3	8.5	5.7	11.1	37.9	25.6	46.9	89.8	84.7	92.2	ILO
	2008	31.2	25.0	36.5	51.6	48.9	54.4	9.1	4.8	13.4	8.6	5.7	11.0	37.6	25.8	46.2	90.0	84.9	92.3	ILO
吉尔吉斯斯坦	1980	36.6	27.9	44.4	48.9	46.6	51.3	8.0	3.0	12.9	12.1	4.6	19.2	77.7	47.6	95.8	96.7	94.0	98.1	ILO
	1990	34.9	26.3	42.7	50.1	47.3	53.0	9.3	3.3	15.1	10.8	4.3	17.0	63.5	42.7	80.8	93.9	89.7	95.9	ILO
	2000	35.6	26.2	44.4	51.6	45.4	58.0	17.2	6.5	28.1	15.2	8.3	21.7	53.0	36.7	67.3	85.3	77.7	89.7	ILO
	2004	37.1	26.1	47.3	54.4	45.5	63.5	19.3	6.8	31.9	15.7	7.7	23.2	47.8	28.6	64.6	88.7	81.8	92.8	R
	2005	37.2	26.2	47.5	54.4	45.5	63.6	19.6	7.0	32.2	16.1	8.1	23.8	46.3	27.2	63.0	88.6	81.7	92.7	ILO
	2006	36.9	25.9	47.2	54.2	45.2	63.3	19.5	6.9	32.0	16.0	7.9	23.6	46.0	26.6	62.7	88.6	81.7	92.8	ILO
	2007	36.9	25.5	47.5	54.2	45.0	63.6	20.6	7.1	34.0	16.2	8.1	23.9	44.6	25.9	60.7	86.5	77.5	92.0	ILO
	2008	36.8	25.3	47.6	54.2	44.7	63.8	20.8	7.1	34.3	16.2	8.1	24.0	45.0	26.0	61.1	86.5	77.4	92.0	ILO

	年份	15+			15—24			25—34			35—54			55—64			65+			统计类型
		MF	M	F	MF	M	F	MF	M	F	MF	M	F	MF	M	F	MF	M	F	
摩尔多瓦共和国	1980	31.0	24.1	36.9	38.0	37.4	38.6	4.5	2.1	6.7	8.3	4.5	11.6	69.6	41.1	89.4	95.4	91.9	97.5	ILO
	1990	34.1	26.7	40.4	48.3	47.3	49.2	6.6	3.9	9.2	8.3	4.8	11.4	65.2	41.8	83.1	94.2	90.0	96.5	ILO
	2000	44.3	39.4	48.6	68.4	66.8	70.0	24.5	22.7	26.2	19.3	17.6	20.8	54.1	38.6	66.1	87.7	83.2	90.3	ILO
	2004	51.0	48.1	53.5	76.6	75.0	78.2	38.0	39.3	36.7	27.5	27.8	27.3	45.8	34.4	55.5	85.0	80.9	87.3	R
	2005	51.1	48.5	53.3	78.8	77.5	80.1	50.0	52.9	47.4	22.2	22.3	22.1	41.8	30.0	52.1	83.1	79.2	85.4	R
	2006	50.9	48.1	53.3	78.2	76.9	79.5	49.7	52.5	47.1	21.8	21.7	21.9	41.7	29.8	52.1	83.5	79.5	85.7	ILO
	2007	53.0	51.0	54.8	79.9	78.6	81.2	50.9	54.4	47.5	26.6	26.7	26.6	42.7	34.0	50.2	81.6	78.1	83.6	ILO
	2008	53.4	51.7	55.0	80.7	79.4	81.9	53.1	57.0	49.3	27.0	27.1	26.9	41.9	34.0	48.8	80.7	77.4	82.6	ILO
俄罗斯联邦	1980	31.2	23.2	37.8	45.5	44.0	47.1	5.9	3.5	8.3	6.5	4.5	8.3	56.1	36.0	66.6	90.8	84.5	93.1	ILO
	1990	34.2	24.8	41.9	50.2	48.6	51.9	7.3	4.6	10.0	6.4	4.3	8.4	59.3	42.5	71.7	90.2	83.9	92.3	ILO
	2000	40.8	32.5	47.6	59.0	54.6	63.6	13.6	8.6	18.7	12.0	9.9	13.9	66.7	54.9	75.4	90.0	85.3	91.9	ILO
	2004	40.4	32.8	46.6	61.7	58.1	65.4	14.6	9.6	19.5	10.8	8.9	12.5	57.4	45.6	66.0	89.0	84.6	90.9	R
	2005	40.0	32.5	46.1	61.4	58.2	64.7	14.0	9.0	18.9	10.6	8.6	12.4	55.0	43.9	63.3	88.6	84.2	90.5	R
	2006	40.2	32.9	46.2	62.3	59.3	65.4	14.2	9.3	19.1	10.8	8.9	12.4	53.9	43.3	61.7	89.0	84.6	90.9	ILO
	2007	39.0	31.6	45.0	61.1	57.6	64.6	12.8	8.6	17.1	11.2	8.7	13.5	45.1	36.8	51.3	89.7	85.7	91.4	ILO
	2008	38.8	31.3	44.8	60.5	57.1	64.2	12.9	8.6	17.1	11.2	8.6	13.5	44.9	36.5	51.2	89.7	85.9	91.4	ILO
塔吉克斯坦	1980	20.3	15.1	25.3	8.5	8.9	8.1	2.0	0.3	3.7	11.0	6.1	16.0	83.3	58.2	99.5	97.2	94.9	98.9	ILO
	1990	21.8	16.9	26.5	11.9	12.1	11.7	2.4	0.4	4.4	9.7	5.4	14.2	81.6	62.8	99.0	96.6	93.7	98.5	ILO
	2000	49.8	46.5	53.0	72.1	68.6	75.8	31.5	27.3	35.6	30.8	30.3	31.3	52.9	44.6	61.6	79.7	75.0	83.4	ILO
	2004	44.5	40.0	48.7	64.2	59.8	68.5	25.3	19.3	30.9	23.9	21.6	26.0	55.2	44.4	66.1	82.1	77.2	85.7	ILO
	2005	43.7	39.0	48.1	62.8	58.3	67.2	24.4	18.3	30.1	23.0	20.4	25.3	55.3	43.8	66.6	82.6	77.7	86.1	ILO
	2006	42.9	38.1	47.4	61.4	56.9	66.0	23.7	17.4	29.6	22.2	19.5	24.7	55.5	43.3	67.2	82.9	78.0	86.4	ILO
	2007	39.1	33.3	44.6	55.8	51.0	60.7	20.7	12.6	28.3	18.1	14.0	21.7	56.9	43.6	69.2	83.6	78.7	87.2	ILO
	2008	38.0	31.9	43.6	53.8	48.9	58.8	19.9	11.3	27.9	17.2	12.9	21.0	57.4	43.6	69.8	83.9	79.0	87.5	ILO
土库曼斯坦	1980	32.6	26.4	38.4	47.2	44.7	49.8	8.2	3.6	12.7	9.0	5.1	12.9	61.0	37.5	75.8	89.6	84.0	93.0	ILO
	1990	31.8	25.7	37.6	49.4	46.7	52.3	8.8	3.9	13.3	8.6	4.9	12.2	56.9	38.7	73.0	89.3	83.4	92.5	ILO
	2000	35.1	28.6	41.2	53.2	48.7	57.7	15.5	8.8	22.4	13.0	8.9	16.7	63.9	48.9	77.4	89.3	84.7	92.0	ILO
	2004	35.5	29.4	41.4	57.0	52.8	61.2	15.0	8.2	21.7	12.3	8.2	16.1	59.5	42.9	74.0	90.9	86.7	93.4	ILO
	2005	35.8	29.7	41.6	58.1	54.0	62.2	14.9	8.2	21.7	12.2	8.2	16.0	58.2	41.5	72.7	91.2	87.2	93.8	ILO
	2006	36.0	29.9	41.7	58.9	54.9	63.0	15.0	8.2	21.7	12.2	8.1	16.0	57.3	40.6	71.8	91.5	87.6	94.0	ILO
	2007	35.6	29.8	41.2	58.6	55.0	62.3	14.2	7.5	20.9	11.9	8.1	15.5	57.4	40.6	71.8	92.5	90.0	94.0	ILO
	2008	35.5	29.7	41.0	58.7	55.1	62.3	14.0	7.3	20.8	11.8	8.1	15.3	57.2	40.6	71.3	92.9	91.0	94.0	ILO
乌克兰	1980	34.9	27.4	40.9	50.7	51.8	49.6	5.7	3.2	8.2	6.5	5.0	7.9	61.5	38.2	74.5	93.2	88.3	95.3	ILO
	1990	38.0	29.4	44.9	52.9	53.6	52.3	6.6	3.8	9.3	7.0	5.4	8.4	63.0	45.0	76.7	93.0	88.2	94.9	ILO
	2000	44.7	36.7	51.2	59.6	56.7	62.5	14.2	9.7	18.6	14.6	12.1	16.9	64.6	51.9	74.1	94.5	92.1	95.5	R
	2004	44.1	37.1	49.7	59.2	56.1	62.4	16.7	10.8	22.7	17.3	14.8	19.5	62.9	54.0	69.4	84.0	81.6	85.2	R
	2005	43.4	35.6	49.7	59.4	54.8	64.2	17.8	11.1	24.6	17.5	15.0	19.7	59.5	47.5	68.3	80.9	77.3	82.7	R
	2006	43.6	35.8	49.9	60.0	55.5	64.6	17.9	11.1	24.7	17.5	15.0	19.7	58.6	46.6	67.3	81.6	78.0	83.4	ILO
	2007	43.1	36.0	48.9	60.7	56.4	65.1	16.7	10.7	22.9	16.4	13.2	19.2	56.0	50.4	60.0	83.1	80.5	84.3	ILO
	2008	42.8	35.6	48.5	60.4	56.1	64.8	16.8	10.7	23.1	16.4	13.1	19.2	55.7	50.5	59.5	82.2	79.7	83.4	ILO
乌兹别克斯坦	1980	20.1	14.2	25.7	6.5	6.8	6.1	1.8	0.2	3.4	11.4	6.3	16.5	84.2	58.6	99.7	97.8	95.6	99.1	ILO
	1990	20.9	15.5	25.9	9.1	9.4	8.8	2.2	0.3	4.1	9.9	5.4	14.3	82.7	63.9	99.4	97.3	94.6	98.8	ILO
	2000	39.4	33.6	45.0	57.3	52.5	62.2	21.1	14.6	27.5	19.2	15.9	22.3	60.9	48.3	72.8	84.4	79.3	87.6	ILO
	2004	38.2	32.2	43.8	55.7	51.0	60.6	19.8	13.2	26.4	18.1	14.5	21.5	58.8	44.5	72.2	85.0	80.1	88.4	ILO
	2005	37.7	31.7	43.5	55.0	50.3	59.9	19.3	12.6	26.0	17.7	14.0	21.2	58.4	43.4	72.2	85.3	80.4	88.6	ILO
	2006	37.2	31.2	43.1	54.3	49.6	59.2	18.8	12.1	25.6	17.3	13.5	20.9	58.2	42.6	72.5	85.7	80.8	88.9	ILO
	2007	36.4	30.3	42.3	53.0	48.4	57.7	18.3	11.5	25.2	16.5	12.5	20.2	58.4	42.5	72.7	86.0	81.8	88.9	ILO
	2008	36.0	29.8	42.0	52.2	47.6	56.9	18.0	11.1	24.9	16.2	12.2	20.1	58.6	42.4	73.0	86.3	82.4	89.0	ILO
亚洲和太平洋地区																				
东亚																				
中国	1980	20.7	12.6	29.2	14.6	15.5	13.6	6.1	1.1	11.4	13.7	3.1	25.6	49.8	25.6	74.6	84.2	69.4	95.5	ILO
	1990	21.4	15.3	27.7	21.7	22.6	20.8	5.3	1.8	9.1	9.4	2.5	17.0	43.5	25.5	63.0	80.9	67.3	92.0	R
	2000	23.0	18.0	28.3	33.0	36.1	29.8	4.7	2.6	7.1	8.6	2.4	15.3	41.7	24.6	60.4	80.5	72.0	87.9	ILO
	2004	25.1	20.4	29.9	39.1	42.8	35.2	4.6	2.8	6.5	8.5	2.4	14.9	40.5	23.5	58.7	80.2	73.6	86.0	ILO
	2005	25.5	21.0	30.2	40.1	43.9	36.0	4.6	2.9	6.4	8.4	2.4	14.7	40.2	23.3	58.3	80.1	74.0	85.5	ILO
	2006	25.9	21.5	30.4	41.0	45.0	36.6	4.6	3.1	6.2	8.2	2.4	14.4	39.9	23.0	57.8	80.0	74.4	84.8	ILO
	2007	26.0	21.6	30.6	40.6	44.5	36.2	4.6	3.0	6.2	8.1	2.3	14.2	39.8	23.0	57.5	80.0	74.7	84.7	ILO
	2008	26.1	21.8	30.7	40.5	44.5	36.1	4.5	3.1	6.1	8.0	2.3	13.9	39.7	22.9	57.1	80.0	75.1	84.3	ILO
中国香港	1980	35.6	18.4	54.4	36.5	33.8	39.5	22.3	1.6	46.8	27.3	2.7	57.3	47.7	25.0	71.2	79.8	67.3	88.2	R
	1990	37.1	21.0	53.7	43.0	41.8	44.2	17.3	1.4	33.5	24.8	2.5	50.2	53.3	31.3	77.3	87.7	78.8	94.1	R
	2000	40.5	27.9	52.0	52.9	52.8	53.0	12.0	2.8	19.5	24.5	4.2	43.5	58.2	39.3	79.0	94.3	89.3	98.3	R
	2004	40.7	30.0	50.1	54.3	54.9	53.8	11.8	3.6	18.3	22.3	5.1	37.3	54.7	36.9	73.8	94.7	90.4	98.1	R
	2005	41.0	30.7	50.1	55.6	56.4	54.8	11.4	3.8	17.6	22.3	5.6	36.7	53.8	35.9	72.5	94.6	90.3	98.0	R
	2006	41.2	31.1	50.0	56.8	57.6	56.0	11.1	3.7	17.0	22.0	5.8	35.7	53.2	35.3	71.7	94.4	89.8	98.2	R
	2007	41.1	32.2	48.9	57.5	58.3	56.8	10.7	4.0	16.1	20.9	6.3	33.1	52.8	37.1	68.8	95.0	91.0	98.2	ILO
	2008	41.3	33.0	48.6	58.6	59.4	57.8	10.4	4.1	15.6	20.4	6.7	31.7	52.7	37.9	67.5	95.1	91.3	98.2	ILO

	年份	15+			15—24			25—34			35—54			55—64			65+			统计类型
		MF	M	F	MF	M	F	MF	M	F	MF	M	F	MF	M	F	MF	M	F	
朝鲜	1980	37.1	19.9	52.6	51.7	46.6	57.1	24.8	3.7	46.6	26.3	3.6	46.2	47.3	22.0	62.1	73.5	59.4	80.1	ILO
	1990	35.7	20.8	49.6	50.2	44.4	56.3	22.5	5.0	40.5	23.3	4.5	41.7	41.6	22.1	55.1	65.9	57.1	69.8	ILO
	2000	35.1	22.1	47.2	61.2	57.1	65.5	18.7	6.7	31.0	18.7	4.5	33.1	39.0	21.4	54.7	71.1	64.0	74.2	ILO
	2004	33.2	22.0	43.7	56.7	51.9	61.7	16.6	7.3	26.3	15.9	4.5	27.5	36.4	20.5	51.0	68.4	61.1	72.1	ILO
	2005	32.8	22.0	42.9	55.7	50.8	60.8	16.2	7.5	25.2	15.4	4.6	26.4	35.8	20.4	50.1	67.6	60.4	71.4	ILO
	2006	32.5	22.0	42.2	55.3	50.3	60.6	15.8	7.8	24.2	15.0	4.8	25.4	35.4	20.3	49.5	66.9	59.8	70.6	ILO
	2007	32.6	22.4	42.2	55.9	50.9	61.1	15.6	8.0	23.6	14.6	4.9	24.5	36.9	20.8	51.9	67.2	59.9	71.0	ILO
	2008	32.3	22.5	41.6	55.9	51.0	61.1	15.4	8.3	22.7	14.2	5.0	23.5	36.9	21.0	51.7	66.8	59.4	70.7	ILO
韩国	1980	40.6	23.9	56.7	52.4	48.8	56.2	33.8	3.8	64.1	25.1	4.9	44.7	43.0	26.9	56.7	75.5	57.8	86.1	ILO
	1990	40.2	26.8	53.3	61.8	64.7	58.8	29.6	5.5	54.0	22.3	5.3	39.6	38.0	22.9	50.4	74.1	60.7	81.6	R
	2000	39.5	26.9	51.6	65.2	67.4	62.9	28.7	10.0	47.6	22.5	6.4	38.8	40.6	28.8	51.3	70.6	59.4	77.2	R
	2004	39.1	26.6	50.9	64.5	67.9	60.9	27.4	11.5	43.3	22.7	6.5	38.8	40.3	26.3	53.3	70.5	58.6	77.8	R
	2005	39.1	27.0	50.6	65.5	69.4	61.2	27.4	12.4	42.3	22.5	6.7	38.3	40.0	25.5	53.5	70.3	58.8	77.5	R
	2006	39.3	27.4	50.5	67.9	71.2	64.2	27.0	13.7	40.2	22.3	6.7	37.8	39.6	25.1	53.0	69.9	58.1	77.3	R
	2007	39.7	27.6	51.2	68.2	71.4	64.7	27.4	12.8	42.0	22.7	7.0	38.4	40.6	27.1	53.2	69.9	58.3	77.2	ILO
	2008	40.0	27.8	51.5	69.4	72.5	66.0	27.2	13.2	41.3	22.8	7.1	38.5	40.7	27.2	53.4	69.8	58.3	77.1	ILO
中国澳门	1980	44.0	28.2	60.3	38.8	34.4	43.3	35.3	18.1	56.8	36.6	14.8	59.8	61.8	38.0	82.1	82.2	66.8	92.1	ILO
	1990	42.7	28.0	55.8	50.8	49.0	52.1	32.9	17.7	46.0	28.0	12.6	46.4	60.2	37.9	79.6	87.0	75.5	94.4	ILO
	2000	36.4	25.4	46.0	58.6	60.3	57.0	15.1	2.5	23.6	20.1	5.8	34.4	53.1	37.6	71.8	92.3	86.1	96.4	R
	2004	36.9	27.9	44.9	63.9	65.8	62.1	13.9	5.6	20.3	20.2	7.0	31.9	43.0	29.3	60.1	89.7	82.2	94.9	R
	2005	35.7	27.4	43.0	61.0	63.2	59.0	11.7	4.8	17.3	19.1	7.1	29.6	43.2	28.5	61.4	90.5	83.2	95.8	R
	2006	33.8	25.5	41.1	59.1	60.0	58.3	10.5	3.9	16.1	16.6	5.4	26.3	40.9	25.3	60.2	89.9	81.9	95.8	R
	2007	34.6	26.7	41.6	62.1	63.9	60.3	9.6	3.3	14.9	17.3	5.9	27.0	41.4	26.4	59.7	90.6	84.0	95.5	ILO
	2008	34.2	26.5	41.0	61.3	63.1	59.7	9.2	3.3	14.2	17.0	6.0	26.1	41.4	26.5	59.5	90.7	84.4	95.5	ILO
蒙古	1980	39.2	34.3	44.0	50.1	46.6	53.7	23.0	20.8	25.2	29.9	28.2	31.5	56.2	34.8	75.5	71.2	51.4	86.4	ILO
	1990	40.3	34.9	45.6	50.7	47.2	54.2	23.1	21.2	24.9	30.0	28.5	31.5	55.0	33.7	75.1	69.7	48.1	84.7	ILO
	2000	38.2	33.8	42.5	49.6	46.2	53.1	24.5	21.7	27.2	28.4	26.9	29.9	52.7	36.3	68.5	68.1	52.9	78.6	ILO
	2004	39.3	37.5	41.0	53.8	52.9	54.8	27.8	27.1	28.4	27.3	27.5	27.0	45.2	33.5	56.0	65.6	54.5	73.5	ILO
	2005	39.9	37.7	42.1	55.5	53.3	57.6	27.2	26.7	27.7	28.2	27.9	28.5	45.9	34.6	56.2	65.1	55.0	72.3	ILO
	2006	40.2	38.2	42.1	56.5	54.4	58.7	27.3	27.2	27.3	28.1	27.9	28.4	45.8	34.8	55.8	64.7	55.5	71.2	ILO
	2007	40.5	39.0	41.9	56.8	55.2	58.5	28.3	28.1	28.5	28.2	28.9	27.6	46.4	36.5	55.3	64.9	55.8	71.3	ILO
	2008	40.5	39.3	41.8	57.3	55.8	58.7	28.5	28.5	28.4	28.3	29.2	27.5	46.5	36.9	55.0	64.8	56.2	71.0	ILO
太平洋岛国																				
斐济	1980	46.2	15.9	76.9	51.4	27.4	75.4	38.6	3.4	73.6	40.1	4.0	77.2	51.8	21.5	84.4	76.5	59.5	94.0	ILO
	1990	43.6	16.6	71.1	51.8	31.9	72.3	35.3	4.5	66.6	36.7	4.8	69.1	49.7	22.4	77.7	69.3	50.2	87.0	ILO
	2000	40.9	21.1	61.1	54.3	41.3	68.1	30.4	7.1	54.8	30.2	6.2	54.6	44.8	23.9	64.5	64.2	47.9	77.4	ILO
	2004	40.9	21.3	60.8	54.7	41.6	68.5	29.9	7.4	53.7	30.0	6.2	54.0	44.6	23.8	64.0	64.2	48.7	76.2	ILO
	2005	40.9	21.2	60.8	54.7	41.6	68.6	29.9	7.5	53.7	30.0	6.3	54.0	44.6	23.8	64.0	64.2	48.8	76.1	ILO
	2006	41.0	21.4	60.8	55.0	42.1	68.9	29.8	7.5	53.4	30.0	6.3	53.9	44.5	23.8	63.9	64.2	49.0	75.8	ILO
	2007	41.0	21.3	60.9	55.0	42.1	68.9	29.8	7.5	53.6	30.0	6.4	54.1	44.6	23.8	64.0	64.3	48.9	76.0	ILO
	2008	41.1	21.5	61.0	55.4	42.5	69.2	29.8	7.5	53.5	30.0	6.4	54.1	44.6	23.8	64.0	64.3	49.0	75.9	ILO
法属波利尼西亚	1980	38.1	22.0	56.4	46.2	33.6	60.4	22.9	4.7	43.5	26.8	6.6	50.6	60.2	45.7	76.4	91.5	88.6	94.4	ILO
	1990	38.2	26.2	51.4	49.2	41.2	58.0	21.1	8.0	35.6	26.0	10.8	43.5	60.2	48.1	73.9	91.6	89.3	93.5	ILO
	2000	38.8	26.6	51.8	51.2	43.1	59.5	21.2	8.1	35.3	26.0	10.6	43.0	60.0	47.8	73.7	91.5	89.4	93.4	ILO
	2004	40.2	28.1	52.8	51.9	44.4	59.6	21.3	8.2	35.1	26.4	10.8	43.3	61.3	49.6	74.4	91.5	89.5	93.3	ILO
	2005	40.4	28.4	52.8	51.8	44.5	59.3	21.2	8.2	34.8	26.5	10.8	43.2	61.2	49.6	74.3	91.5	89.5	93.2	ILO
	2006	40.4	28.6	52.8	51.4	44.2	58.8	21.2	8.3	34.7	26.5	10.9	43.2	60.9	49.2	74.0	91.5	89.6	93.1	ILO
	2007	40.4	28.5	52.6	50.5	43.5	57.8	21.3	8.3	34.6	26.6	10.9	43.3	60.5	48.5	73.6	91.5	89.6	93.1	ILO
	2008	40.3	28.5	52.5	49.6	42.7	56.8	21.3	8.4	34.4	26.6	11.0	43.3	59.9	47.8	73.2	91.4	89.7	93.0	ILO
关岛	1980	37.4	23.7	52.7	58.2	54.4	62.5	23.9	3.9	44.9	22.4	4.2	43.4	39.0	21.5	59.9	68.5	56.0	79.5	ILO
	1990	33.5	19.2	50.3	48.1	40.0	58.3	22.1	4.6	42.8	21.2	3.9	41.8	39.7	23.2	58.3	67.6	58.8	75.5	ILO
	2000	33.4	20.0	47.3	53.3	46.4	60.3	19.8	5.4	35.6	20.0	4.2	36.5	39.8	21.7	57.6	70.7	62.3	78.3	ILO
	2004	33.2	21.1	45.6	54.3	47.7	61.2	18.4	6.1	31.0	17.9	4.4	32.4	37.3	20.4	54.4	69.7	60.7	77.3	ILO
	2005	33.3	21.5	45.4	54.7	48.2	61.4	18.1	6.2	30.3	17.6	4.5	31.7	36.9	20.2	53.8	69.3	60.4	76.9	ILO
	2006	33.4	21.8	45.3	55.1	48.8	61.5	18.0	6.3	29.8	17.4	4.5	31.3	36.7	20.2	53.3	68.9	60.1	76.5	ILO
	2007	33.4	22.1	44.9	54.8	48.3	61.5	17.9	6.5	29.5	17.0	4.7	30.2	37.2	21.8	52.7	68.9	59.8	76.6	ILO
	2008	33.4	22.4	44.6	54.9	48.5	61.4	17.7	6.6	29.1	16.7	4.7	29.5	36.9	22.0	51.9	68.7	59.5	76.5	ILO
新喀里多尼亚	1980	45.1	33.2	58.0	56.2	53.6	59.1	29.0	13.4	45.6	32.2	13.1	53.8	66.1	57.5	75.7	91.7	87.5	95.6	ILO
	1990	40.1	26.7	53.9	47.3	40.8	54.0	22.2	5.5	39.0	27.0	8.6	47.5	66.3	56.1	77.3	91.9	88.3	94.8	ILO
	2000	41.6	27.6	55.8	51.1	44.3	58.1	22.4	5.2	39.6	27.8	8.9	47.8	66.2	55.8	77.7	91.9	88.1	95.0	ILO
	2004	42.8	28.9	56.7	52.0	45.1	59.0	22.5	5.3	39.4	28.1	8.8	47.6	66.0	55.9	77.4	92.0	88.2	94.9	ILO
	2005	43.0	29.2	56.8	51.9	45.1	58.9	22.5	5.4	39.2	28.1	8.8	47.5	66.0	56.0	77.3	92.0	88.2	94.9	ILO
	2006	43.2	29.4	56.9	51.7	45.0	58.7	22.5	5.5	39.1	28.1	8.7	47.5	66.1	56.2	77.3	92.0	88.3	94.8	ILO
	2007	43.5	29.6	57.3	51.7	44.8	58.8	22.6	5.3	39.3	28.3	8.8	47.7	66.3	56.4	77.5	92.0	88.2	94.9	ILO
	2008	43.7	29.8	57.4	51.4	44.6	58.6	22.6	5.3	39.3	28.3	8.8	47.8	66.5	56.7	77.6	92.0	88.2	94.9	ILO

	年份	15 +			15—24			25—34			35—54			55—64			65 +			统计类型
		MF	M	F	MF	M	F	MF	M	F	MF	M	F	MF	M	F	MF	M	F	
巴布亚新几内亚	1980	27.6	26.1	29.4	39.0	40.2	37.7	20.0	17.3	23.2	17.2	15.0	20.2	25.4	23.6	29.3	43.5	40.0	53.0	ILO
	1990	26.9	25.2	28.7	36.7	38.0	35.5	20.2	16.7	23.8	17.5	15.0	20.6	26.1	23.7	29.5	44.7	39.4	54.2	ILO
	2000	27.5	26.3	28.7	40.6	42.0	39.3	20.3	18.0	22.5	17.3	14.8	19.9	26.2	23.5	29.3	45.7	40.6	51.5	R
	2004	27.9	27.0	29.0	42.4	43.7	41.1	20.3	18.6	21.9	17.2	14.8	19.6	25.9	23.2	28.7	45.7	41.2	50.4	ILO
	2005	27.8	26.8	28.9	42.0	43.3	40.7	20.2	18.5	22.0	17.2	14.8	19.7	25.9	23.2	28.7	45.9	41.1	50.6	ILO
	2006	27.9	26.8	28.9	42.1	43.4	40.8	20.2	18.5	22.0	17.3	14.8	19.6	25.8	23.2	28.7	45.9	41.1	50.5	ILO
	2007	27.7	26.6	28.8	41.6	42.9	40.3	20.2	18.4	22.1	17.3	14.8	19.7	25.9	23.2	28.7	46.0	41.0	50.8	ILO
	2008	27.7	26.6	28.8	41.6	42.9	40.3	20.2	18.4	22.1	17.3	14.8	19.7	25.9	23.2	28.8	46.1	41.0	50.9	ILO
萨摩亚	1980	40.6	23.4	58.6	59.0	47.0	71.5	19.8	1.7	39.6	22.6	1.9	45.7	45.3	15.6	68.6	88.1	74.2	98.4	ILO
	1990	41.2	23.8	60.6	54.3	42.3	69.2	21.4	1.4	43.6	25.2	2.4	48.0	44.1	16.5	72.5	85.9	71.8	98.8	ILO
	2000	40.1	22.6	59.0	58.7	47.5	71.7	19.8	1.7	39.7	22.7	2.0	45.3	44.0	16.0	71.9	87.7	74.4	98.4	ILO
	2004	41.8	24.4	60.5	61.5	50.6	74.2	18.8	1.8	38.8	22.6	2.0	44.9	44.3	15.8	71.8	88.3	75.0	98.3	ILO
	2005	42.3	25.1	60.8	62.3	51.5	74.7	18.4	1.9	38.3	22.5	2.1	44.6	44.1	15.7	71.5	88.5	75.2	98.2	ILO
	2006	42.6	25.5	61.2	62.5	51.8	74.9	18.1	1.9	38.0	22.4	2.1	44.5	43.9	15.5	71.2	88.6	75.4	98.2	ILO
	2007	42.9	25.9	61.3	62.6	52.1	74.6	17.9	1.9	37.6	22.3	2.1	44.4	43.6	15.4	70.8	88.7	75.6	98.2	ILO
	2008	43.1	26.2	61.4	62.7	52.3	74.4	17.6	2.0	37.3	22.2	2.2	44.2	43.3	15.3	70.3	88.9	75.8	98.1	ILO
所罗门群岛	1980	29.3	18.5	41.1	38.4	33.4	43.5	18.6	3.9	33.4	17.6	4.5	32.2	35.8	18.8	57.9	64.8	49.7	89.5	ILO
	1990	29.6	18.3	41.6	35.9	30.8	41.4	20.0	3.7	35.8	18.7	4.4	34.0	37.7	19.7	58.3	63.9	47.6	87.2	ILO
	2000	30.8	18.3	44.0	38.6	33.0	44.7	20.7	3.8	38.6	20.5	4.2	36.6	38.4	20.0	58.3	66.3	49.8	85.0	ILO
	2004	31.6	18.7	45.4	41.0	35.5	47.1	20.9	3.8	39.6	21.0	4.2	37.8	39.5	20.8	58.9	67.5	51.6	84.4	ILO
	2005	31.8	18.8	45.7	41.6	36.1	47.6	21.0	3.8	39.8	21.0	4.1	38.0	39.7	20.9	59.0	67.7	51.9	84.2	ILO
	2006	32.0	18.9	46.0	42.2	36.7	48.2	21.1	3.8	40.0	21.1	4.1	38.2	39.8	21.0	59.1	67.9	52.3	83.9	ILO
	2007	32.4	19.4	46.3	43.2	38.0	48.9	21.2	3.9	40.1	21.1	4.1	38.4	40.1	21.3	59.2	68.9	54.3	83.8	ILO
	2008	32.7	19.6	46.5	43.9	38.8	49.4	21.3	3.9	40.3	21.1	4.0	38.5	40.2	21.3	59.3	69.4	55.4	83.6	ILO
汤加	1980	54.1	28.3	79.8	61.1	48.1	75.1	47.0	14.1	76.8	50.7	12.8	87.3	51.4	24.1	80.3	54.6	26.9	79.9	ILO
	1990	50.1	27.3	72.4	58.7	46.1	72.3	38.4	11.4	65.1	45.3	10.1	75.9	47.7	19.7	74.0	58.2	36.2	78.0	ILO
	2000	40.0	26.7	53.2	60.0	51.3	69.3	23.0	7.7	39.2	22.3	5.7	37.1	32.1	13.4	49.1	60.1	44.6	73.3	ILO
	2004	36.7	25.8	47.4	59.3	53.0	66.1	21.0	8.3	34.1	17.7	5.0	29.8	27.8	12.7	41.4	57.0	41.3	70.3	ILO
	2005	36.4	25.6	47.0	59.3	53.0	66.0	21.0	8.4	33.9	17.6	5.1	29.7	27.7	12.7	41.3	57.0	41.5	70.1	ILO
	2006	36.2	25.4	46.9	59.4	53.2	66.1	21.1	8.5	33.8	17.5	5.1	29.6	27.7	12.7	41.2	57.0	41.5	70.0	ILO
	2007	36.1	26.6	45.4	61.6	57.6	65.9	21.4	9.6	33.1	16.3	5.4	27.0	26.8	13.4	38.9	55.1	38.7	68.7	ILO
	2008	36.1	26.9	45.0	62.6	59.2	66.3	21.5	9.9	32.8	15.9	5.5	26.2	26.4	13.4	38.2	54.8	38.2	68.3	ILO
瓦努阿图	1980	16.6	12.5	21.3	24.0	20.8	27.3	11.7	5.2	18.5	9.9	6.3	14.2	11.9	7.8	17.5	29.6	26.6	34.0	ILO
	1990	15.8	11.2	20.6	20.7	17.7	23.7	12.4	4.7	19.6	10.3	6.3	14.7	12.6	8.1	18.1	30.4	25.6	36.6	ILO
	2000	16.9	12.7	21.2	25.0	21.8	28.3	11.9	5.3	18.3	10.1	6.2	14.0	12.3	7.9	17.4	29.8	26.9	33.4	ILO
	2004	16.4	12.1	20.9	23.0	19.9	26.3	12.1	5.0	18.9	10.3	6.3	14.3	12.4	7.7	17.6	30.2	26.3	34.8	ILO
	2005	16.6	12.3	20.9	23.6	20.4	27.0	12.0	5.1	18.7	10.2	6.3	14.2	12.3	7.6	17.5	30.1	26.5	34.3	ILO
	2006	16.6	12.4	21.0	23.9	20.7	27.3	11.9	5.2	18.6	10.2	6.3	14.1	12.4	7.7	17.5	30.1	26.6	34.0	ILO
	2007	16.2	11.9	20.7	22.6	19.6	25.9	12.0	5.0	18.9	10.3	6.3	14.3	12.6	7.8	17.7	30.3	26.3	34.9	ILO
	2008	16.2	11.8	20.6	22.5	19.4	25.7	11.9	5.0	18.9	10.3	6.3	14.3	12.7	7.9	17.7	30.4	26.2	35.0	ILO
南亚																				
阿富汗	1980	40.6	13.3	70.1	45.9	26.2	67.5	31.6	2.6	63.7	35.2	2.7	71.0	49.4	14.4	84.9	71.5	46.1	95.3	ILO
	1990	41.2	12.9	71.8	45.8	25.3	68.1	32.9	2.5	66.4	36.3	2.4	73.8	48.4	12.6	85.4	69.3	42.0	94.6	ILO
	2000	41.6	12.5	73.1	45.7	24.5	68.6	33.9	2.4	68.6	37.4	2.3	75.9	48.0	11.4	86.0	67.6	39.1	94.3	ILO
	2004	41.2	12.5	72.2	45.0	24.3	67.5	33.5	2.4	67.6	37.1	2.2	75.4	47.6	11.1	85.6	67.1	38.4	94.1	ILO
	2005	41.0	12.5	71.9	44.9	24.3	67.1	33.3	2.3	67.3	37.0	2.2	75.2	47.5	11.0	85.4	67.0	38.2	94.0	ILO
	2006	40.9	12.5	71.6	44.7	24.3	66.8	33.1	2.3	66.8	36.9	2.2	74.9	47.4	11.0	85.3	66.9	38.2	94.0	ILO
	2007	40.4	11.4	71.8	44.4	24.3	66.2	33.3	2.3	67.2	37.0	2.1	75.2	46.8	7.4	87.9	58.5	19.1	95.5	ILO
	2008	40.3	11.4	71.5	44.1	24.3	65.6	33.2	2.3	66.9	37.0	2.1	75.2	46.8	7.3	87.9	58.3	18.9	95.5	ILO
孟加拉国	1980	25.5	10.2	42.1	30.4	19.5	41.8	22.1	3.1	42.2	20.2	1.9	40.6	25.5	8.7	45.0	37.0	27.7	47.2	ILO
	1990	24.5	11.4	38.2	30.5	21.2	40.2	19.2	3.3	35.8	17.3	2.1	33.3	25.4	10.3	42.2	42.8	32.7	53.3	ILO
	2000	29.6	14.1	45.5	37.8	27.6	48.1	20.7	2.9	38.7	19.2	1.9	37.0	35.3	11.6	59.2	63.1	43.4	82.6	R
	2004	28.9	14.4	43.7	38.1	28.9	47.5	19.7	3.1	36.5	18.0	2.1	34.3	35.3	12.4	57.6	64.1	45.8	82.0	ILO
	2005	28.8	14.5	43.4	38.4	29.4	47.6	19.5	3.2	36.1	17.7	2.2	33.7	35.2	12.6	57.1	64.4	46.5	81.8	ILO
	2006	28.8	14.7	43.1	38.8	30.0	47.9	19.4	3.3	35.8	17.5	2.2	33.1	35.0	12.9	56.5	64.7	47.4	81.5	ILO
	2007	29.2	15.8	42.8	38.7	30.0	47.8	19.3	3.3	35.6	17.1	2.5	32.1	38.3	18.2	58.0	71.4	60.3	82.0	ILO
	2008	29.2	16.0	42.6	38.9	30.4	47.7	19.2	3.3	35.3	16.9	2.6	31.5	38.5	18.9	57.9	72.8	63.0	82.1	ILO
不丹	1980	40.8	15.9	68.4	50.2	30.6	71.2	29.4	3.2	59.9	32.4	4.6	63.9	52.7	23.4	83.9	78.7	61.0	96.5	ILO
	1990	44.6	16.4	74.9	54.0	32.8	75.9	35.3	3.2	69.5	35.1	3.5	71.6	49.3	17.6	83.2	71.9	50.9	92.5	ILO
	2000	46.5	17.9	76.1	57.2	37.0	77.7	39.2	3.5	75.3	37.9	2.7	75.6	42.5	12.0	76.5	55.2	36.5	73.1	ILO
	2004	40.4	18.5	65.3	51.9	37.1	68.8	29.9	3.9	60.2	30.3	2.8	62.3	39.0	14.1	67.8	57.2	42.3	71.8	ILO
	2005	39.2	18.9	62.7	51.3	37.6	67.0	27.7	4.1	56.4	28.5	2.9	58.6	38.6	15.2	65.9	58.8	44.8	72.5	ILO
	2006	38.4	19.3	60.5	51.3	38.5	65.7	26.0	4.2	53.2	27.0	3.2	55.2	38.7	16.6	64.3	60.7	47.7	73.5	ILO
	2007	37.4	20.6	56.9	51.3	39.0	64.8	23.5	4.3	48.2	25.3	2.9	51.9	41.0	24.1	60.5	61.6	61.2	62.0	ILO
	2008	37.0	20.7	55.9	51.5	39.9	64.0	22.8	4.4	46.9	24.9	3.0	50.9	41.1	24.6	60.0	61.8	61.6	62.0	ILO

	年份	15+			15—24			25—34			35—54			55—64			65+			统计类型
		MF	M	F	MF	M	F	MF	M	F	MF	M	F	MF	M	F	MF	M	F	
印度	1980	38.3	13.3	65.5	44.7	25.4	65.9	31.6	2.5	63.5	29.8	2.5	59.5	40.4	12.2	71.9	69.2	47.8	91.0	ILO
	1990	39.2	15.4	65.0	48.9	30.3	69.2	30.4	2.9	60.8	28.7	2.8	56.7	41.6	14.4	70.3	71.0	52.0	90.1	ILO
	2000	40.8	17.5	65.7	53.5	35.3	73.2	31.0	3.3	61.2	28.8	3.3	56.5	42.4	17.3	67.5	71.0	54.8	86.2	ILO
	2004	41.3	17.9	66.1	54.7	35.8	75.1	31.0	3.2	61.3	29.1	3.6	56.7	43.1	19.3	66.9	71.1	56.9	84.0	ILO
	2005	41.3	18.2	65.8	55.1	36.4	75.3	31.0	3.3	61.0	28.9	3.7	56.1	43.0	19.7	66.3	71.3	57.5	83.6	ILO
	2006	41.2	18.5	65.4	55.4	37.0	75.4	30.8	3.4	60.6	28.6	3.8	55.4	42.8	20.0	65.7	71.5	58.3	83.2	ILO
	2007	41.5	18.5	65.9	55.5	36.9	75.8	31.1	3.3	61.3	29.1	3.8	56.3	43.1	20.8	65.6	70.9	58.4	82.0	ILO
	2008	41.6	18.6	65.8	55.7	37.1	76.1	31.1	3.3	61.3	29.1	3.8	56.3	43.3	21.5	65.3	70.8	59.0	81.3	ILO
马尔代夫	1980	49.1	24.2	77.3	59.6	38.4	82.9	45.3	13.7	80.9	40.4	11.9	74.3	43.4	20.9	69.9	52.3	45.4	60.0	ILO
	1990	50.6	23.0	79.7	60.1	37.2	81.7	44.7	9.6	79.6	41.5	9.5	76.3	44.5	22.4	76.9	63.4	48.6	86.4	R
	2000	45.3	28.6	62.5	60.2	51.2	69.7	34.4	10.2	57.1	32.7	9.0	56.9	38.4	21.0	56.7	58.3	47.5	73.2	R
	2004	38.7	25.5	52.1	51.2	44.0	58.6	27.4	10.1	44.7	27.4	8.5	45.7	35.2	19.9	50.9	58.1	46.1	72.8	ILO
	2005	36.9	24.7	49.4	48.8	42.2	55.7	25.7	10.1	41.6	26.0	8.4	42.9	34.2	19.5	49.3	58.0	45.8	72.7	ILO
	2006	35.2	23.8	46.8	46.5	40.5	52.8	24.1	10.1	38.6	24.6	8.3	40.2	33.1	18.9	47.7	58.0	45.5	72.6	R
	2007	34.8	24.1	45.8	46.3	41.7	51.0	24.0	10.3	38.2	24.6	8.3	40.1	32.6	18.8	47.0	57.3	45.6	70.4	ILO
	2008	33.8	23.5	44.3	45.0	40.9	49.3	23.3	10.3	36.8	23.9	8.3	38.8	31.8	18.3	45.9	57.1	45.6	69.7	ILO
尼泊尔	1980	33.2	12.8	54.6	36.1	22.9	50.3	30.0	5.8	55.8	29.4	4.3	55.4	34.6	11.7	58.1	48.6	31.3	64.9	ILO
	1990	35.8	19.9	51.9	41.9	35.3	48.9	26.6	6.3	47.1	26.8	5.2	48.2	42.8	20.1	64.8	72.1	57.2	85.7	ILO
	2000	35.8	23.4	47.5	47.5	42.9	52.2	23.9	7.4	39.4	22.0	4.6	37.5	39.5	20.8	56.4	74.6	60.6	86.5	ILO
	2004	34.2	23.9	44.0	47.3	44.1	50.8	21.4	7.6	34.5	19.3	4.6	32.1	38.5	21.9	53.2	74.7	61.7	85.7	ILO
	2005	33.6	24.0	42.7	47.1	44.3	50.0	20.5	7.6	32.8	18.4	4.7	30.3	38.0	22.1	52.1	74.8	62.0	85.4	ILO
	2006	33.0	24.1	41.3	46.8	44.5	49.2	19.5	7.6	31.0	17.4	4.7	28.4	37.3	22.1	50.6	74.8	62.3	85.1	ILO
	2007	33.0	24.2	41.3	47.5	45.1	50.1	19.9	7.8	31.6	17.6	4.6	28.8	34.5	21.8	45.6	73.1	62.5	81.9	ILO
	2008	32.7	24.3	40.7	47.5	45.3	49.9	19.5	7.9	30.9	17.2	4.6	28.1	33.6	21.6	44.1	72.7	62.7	80.9	ILO
巴基斯坦	1980	49.9	13.5	91.4	58.0	24.5	94.0	44.4	3.4	88.8	42.5	3.0	88.7	46.2	10.3	93.9	64.4	40.2	96.8	R
	1990	50.2	15.1	88.9	57.8	28.0	89.5	43.9	2.0	89.0	42.5	2.7	85.8	48.0	13.4	89.6	67.5	44.3	97.6	R
	2000	48.9	16.3	84.0	58.6	29.5	89.7	41.1	3.6	81.2	39.4	3.1	78.5	47.9	15.5	82.8	67.2	48.3	89.5	R
	2004	48.2	16.6	82.2	55.6	29.0	83.9	41.4	3.7	81.7	39.6	3.4	78.6	48.4	16.3	81.8	69.5	51.3	90.2	R
	2005	47.2	15.9	80.7	54.5	28.0	82.7	40.4	3.3	80.1	38.6	3.0	76.9	47.4	15.8	80.2	69.1	51.0	89.4	ILO
	2006	46.2	15.3	79.2	53.3	26.9	81.4	39.4	3.0	78.4	37.6	2.7	75.1	46.3	15.3	78.5	68.6	50.8	88.5	R
	2007	46.3	15.5	79.2	53.3	26.0	82.3	39.4	3.3	77.9	37.0	3.0	73.6	48.3	17.1	80.9	70.4	53.2	89.2	ILO
	2008	45.9	15.3	78.4	52.7	25.4	81.7	39.0	3.4	77.0	36.5	3.0	72.4	48.2	17.3	80.5	70.8	54.0	89.1	ILO
斯里兰卡	1980	38.1	16.8	60.4	44.6	30.4	59.2	26.9	3.2	51.2	29.8	3.7	57.2	46.9	20.3	77.1	70.8	51.8	91.4	ILO
	1990	37.9	21.1	54.9	47.5	40.1	55.1	21.3	3.0	39.8	27.3	3.6	51.1	51.6	30.0	73.2	72.7	57.3	88.4	ILO
	2000	42.6	22.7	62.0	55.7	42.8	68.9	28.6	5.3	51.6	30.0	5.6	53.8	51.1	29.7	71.2	73.3	60.8	84.4	ILO
	2004	42.4	25.0	59.1	55.0	44.0	66.3	28.3	5.0	50.3	27.5	7.3	47.1	52.7	35.8	68.8	78.6	67.6	87.5	ILO
	2005	43.2	25.7	59.9	56.9	43.6	70.6	28.9	5.5	50.8	27.3	7.9	46.0	53.6	37.9	68.5	79.7	69.4	88.1	ILO
	2006	42.8	26.6	58.3	55.0	44.7	65.5	27.6	5.0	48.9	27.4	8.6	45.4	54.8	40.4	68.4	80.8	71.2	88.4	ILO
	2007	42.3	25.6	58.0	56.4	43.9	69.3	25.9	5.0	45.8	26.0	6.7	44.4	53.3	39.5	66.3	80.8	71.5	88.1	ILO
	2008	42.3	25.9	57.7	56.5	43.8	69.6	25.7	5.0	45.5	25.7	6.8	43.7	53.5	40.5	65.7	81.5	72.9	88.3	ILO
东南亚																				
文莱达鲁萨兰国	1980	40.5	16.6	69.2	50.5	35.9	67.2	28.4	2.1	60.1	34.1	1.8	74.5	44.5	12.5	88.6	67.3	45.6	91.1	ILO
	1990	35.3	17.8	55.4	52.9	43.7	62.6	19.6	2.3	39.5	24.4	2.2	52.6	54.2	25.5	84.3	81.9	67.5	96.8	ILO
	2000	32.8	21.4	45.2	51.2	45.8	56.8	15.2	3.6	26.2	20.7	5.4	39.8	63.5	49.1	85.2	92.1	85.7	97.8	ILO
	2004	33.1	23.4	43.5	52.3	47.8	57.0	14.3	4.0	24.1	20.5	6.6	36.6	66.1	54.9	84.4	93.5	88.6	98.1	ILO
	2005	33.2	23.9	43.2	52.6	48.3	57.2	14.0	4.0	23.5	20.4	6.9	35.7	66.7	56.0	84.2	93.7	89.1	98.1	ILO
	2006	33.3	24.5	42.8	52.8	48.6	57.2	13.7	4.1	22.8	20.2	7.2	34.7	67.3	57.1	83.9	93.9	89.6	98.2	ILO
	2007	33.5	25.4	42.2	52.5	48.6	56.6	13.4	4.3	21.9	20.2	7.9	33.8	69.2	59.9	84.0	95.2	92.4	98.0	ILO
	2008	33.7	26.1	41.9	52.6	48.7	56.6	13.1	4.5	21.3	20.2	8.2	33.1	69.6	60.6	83.9	95.5	93.0	98.0	ILO
柬埔寨	1980	19.1	15.6	21.9	23.3	27.7	19.5	11.7	3.0	18.8	9.5	2.4	14.2	27.8	15.8	36.6	68.0	51.5	81.9	ILO
	1990	19.5	15.5	22.8	26.2	29.8	22.7	10.7	3.5	17.0	8.5	2.3	13.3	28.0	14.1	35.9	68.9	53.3	79.5	ILO
	2000	20.7	15.7	25.0	27.8	29.3	26.2	11.0	4.3	17.3	9.9	3.4	15.2	26.7	14.1	35.1	69.3	54.0	77.6	ILO
	2004	19.5	13.6	24.9	22.2	20.8	23.6	12.1	4.8	19.2	12.2	5.1	18.1	27.3	15.7	35.6	58.1	45.4	64.8	R
	2005	19.8	13.9	25.0	22.8	21.3	24.3	12.0	4.9	19.1	12.2	5.1	18.0	27.2	15.7	35.6	57.9	45.7	64.3	ILO
	2006	20.2	14.5	25.4	24.3	22.9	25.7	12.0	5.1	18.8	12.0	5.1	17.9	27.0	15.6	35.3	57.4	46.2	63.4	ILO
	2007	19.8	13.5	25.4	21.9	19.9	23.9	12.5	5.1	19.8	13.1	5.8	19.4	27.6	16.8	35.5	56.6	45.2	62.6	ILO
	2008	19.8	13.5	25.5	21.9	19.8	24.0	12.6	5.2	20.0	13.4	6.0	19.7	27.6	17.2	35.4	56.0	45.1	61.9	ILO
东帝汶	1980	30.9	17.2	44.8	37.9	31.8	43.8	23.0	3.6	42.4	21.2	4.1	39.8	38.8	20.5	58.4	66.4	48.6	82.1	ILO
	1990	33.2	19.0	48.0	43.4	38.6	48.4	24.3	3.4	45.5	22.9	4.1	42.8	41.3	21.7	61.1	67.6	52.9	83.4	ILO
	2000	32.4	19.8	45.4	44.1	40.0	48.8	20.0	3.6	37.0	20.2	4.3	35.5	40.2	19.2	61.9	73.3	52.9	90.9	ILO
	2004	31.6	18.9	44.6	39.3	34.2	44.9	19.6	3.6	37.8	20.6	4.5	36.0	40.9	20.2	59.8	70.1	50.4	88.0	ILO
	2005	31.5	18.8	44.5	38.8	33.4	44.5	19.7	3.6	38.0	20.7	4.5	36.2	40.9	20.3	59.5	69.6	50.1	87.4	ILO
	2006	31.4	18.7	44.5	38.6	33.2	44.4	19.7	3.6	38.0	20.6	4.5	36.2	40.9	20.2	59.4	69.3	50.0	87.2	ILO
	2007	30.1	17.7	42.9	36.2	30.7	42.0	18.8	3.7	35.9	20.1	4.6	35.0	40.4	19.7	59.0	69.2	48.6	88.3	ILO
	2008	29.8	17.5	42.6	35.7	30.2	41.5	18.6	3.7	35.4	19.9	4.6	34.8	40.1	19.5	58.7	69.0	48.2	88.2	ILO

	年份	15 +			15—24			25—34			35—54			55—64			65 +			统计类型
		MF	M	F	MF	M	F	MF	M	F	MF	M	F	MF	M	F	MF	M	F	
印度尼西亚	1980	36.8	17.1	56.2	48.2	34.6	62.2	29.1	3.2	55.2	25.4	3.2	46.6	36.3	17.2	54.7	61.1	41.7	77.4	ILO
	1990	34.4	18.8	49.9	48.7	39.7	57.9	24.5	4.9	44.7	21.1	2.4	39.2	33.3	15.5	49.7	60.9	43.7	75.0	ILO
	2000	32.7	15.1	50.0	44.7	33.4	56.3	24.9	3.4	46.5	20.8	1.8	39.8	32.6	11.9	51.0	60.6	43.6	74.2	ILO
	2004	32.8	14.7	50.6	45.4	35.2	55.8	25.6	2.1	49.2	21.1	1.5	41.1	31.3	10.5	49.8	60.4	44.2	73.4	ILO
	2005	32.7	14.6	50.4	45.4	35.3	55.8	25.6	2.0	49.3	20.9	1.4	40.6	30.9	10.2	49.4	60.3	44.4	73.0	ILO
	2006	33.5	15.3	51.4	46.5	37.1	56.2	27.4	4.7	50.0	21.4	0.7	42.3	31.6	8.5	52.4	60.3	44.7	72.6	ILO
	2007	32.6	14.1	50.7	44.7	34.5	55.2	26.2	2.4	50.0	21.3	1.2	41.5	30.2	8.9	49.6	60.5	44.4	73.1	ILO
	2008	32.5	13.9	50.7	44.7	34.5	55.0	26.3	2.3	50.2	21.3	1.1	41.5	29.8	8.6	49.4	60.5	44.5	73.0	ILO
老挝人民民主共和国	1980	17.4	15.0	19.7	20.2	26.6	13.8	5.2	2.1	8.2	7.3	2.8	11.7	33.1	18.8	45.6	69.2	51.0	82.9	ILO
	1990	18.5	16.6	20.3	23.1	29.8	16.3	4.9	2.3	7.7	6.9	2.6	10.9	32.7	18.7	45.3	68.9	52.4	81.3	ILO
	2000	19.8	18.6	20.9	29.2	36.3	22.0	4.8	2.7	6.8	6.3	2.4	10.0	31.9	18.3	44.0	67.9	54.8	78.0	ILO
	2004	20.6	19.8	21.3	31.6	38.8	24.2	4.7	2.9	6.5	6.3	2.5	9.9	31.4	17.9	43.2	67.5	55.6	76.7	ILO
	2005	20.9	20.3	21.6	32.8	40.0	25.4	4.7	3.0	6.4	6.2	2.5	9.8	31.2	17.7	42.8	67.3	56.1	76.0	ILO
	2006	21.2	20.6	21.7	33.6	40.8	26.3	4.7	3.1	6.3	6.2	2.5	9.7	30.9	17.5	42.5	67.2	56.4	75.5	ILO
	2007	21.1	20.5	21.8	33.6	40.5	26.5	4.7	3.1	6.3	6.2	2.5	9.6	30.7	17.4	42.3	67.1	56.6	75.2	ILO
	2008	21.2	20.5	21.9	33.9	40.5	27.1	4.7	3.1	6.3	6.1	2.5	9.6	30.4	17.2	42.1	67.0	56.9	74.8	ILO
马来西亚	1980	40.3	21.6	58.9	50.2	39.9	60.3	29.4	5.3	53.5	27.7	4.9	51.1	50.1	29.4	70.0	71.8	49.9	93.2	ILO
	1990	38.4	19.6	57.4	48.5	39.2	57.9	26.5	3.9	49.6	27.2	3.5	52.2	51.8	33.0	70.1	75.0	55.2	92.1	ILO
	2000	37.5	19.3	56.0	51.2	43.0	59.6	22.2	1.8	43.2	25.9	2.5	50.7	52.0	30.9	73.9	75.4	57.8	90.4	ILO
	2004	37.6	19.5	56.1	51.0	43.0	59.3	22.0	1.9	42.8	26.0	2.6	50.6	51.3	30.4	73.5	75.3	58.0	90.2	ILO
	2005	37.7	19.6	56.1	51.2	43.2	59.4	21.9	1.9	42.5	26.1	2.6	50.5	51.2	30.3	73.4	75.3	58.1	90.0	ILO
	2006	37.8	19.9	56.1	51.6	43.7	59.6	21.8	2.0	42.2	26.0	2.6	50.4	51.2	30.2	73.3	75.4	58.4	89.9	ILO
	2007	37.7	20.0	55.7	50.9	43.2	58.9	20.6	1.8	39.9	26.3	3.0	50.4	53.4	32.8	75.1	75.5	58.5	90.0	ILO
	2008	37.6	20.1	55.4	51.0	43.4	58.8	20.1	1.8	38.9	26.1	3.0	50.1	53.5	32.9	75.1	75.5	58.6	90.0	ILO
缅甸	1980	20.8	10.9	30.3	25.1	17.7	32.3	14.2	2.4	25.8	13.8	4.2	23.0	21.8	11.6	31.5	46.6	32.3	58.8	ILO
	1990	22.3	12.7	31.5	30.8	22.2	39.3	13.2	2.8	23.3	13.1	4.0	21.8	21.4	11.4	30.6	45.3	34.1	54.6	ILO
	2000	23.0	13.8	31.7	37.0	27.1	46.9	12.3	3.3	21.2	12.4	3.9	20.5	20.7	10.9	29.6	43.6	36.2	49.8	ILO
	2004	22.9	13.9	31.4	38.9	28.5	49.2	12.1	3.4	20.5	12.4	4.0	20.3	20.3	10.7	29.1	43.1	36.9	48.2	ILO
	2005	22.9	14.0	31.3	39.5	29.0	49.9	12.0	3.5	20.2	12.4	4.0	20.2	20.2	10.6	29.0	43.0	37.1	47.7	ILO
	2006	23.1	14.4	31.3	41.3	30.6	51.9	11.9	3.7	19.7	12.2	4.0	19.9	20.0	10.4	28.6	42.5	37.7	46.3	ILO
	2007	22.8	14.0	31.0	40.5	29.8	51.1	11.9	3.6	19.9	12.3	4.0	20.0	20.0	10.4	28.6	42.7	37.5	46.8	ILO
	2008	22.7	14.0	30.9	40.9	30.2	51.5	11.9	3.7	19.7	12.2	4.0	19.9	19.9	10.3	28.5	42.5	37.7	46.4	ILO
菲律宾	1980	34.7	19.6	49.9	48.0	39.3	57.0	25.8	6.5	45.8	21.5	2.9	40.3	29.1	11.9	43.9	57.7	39.6	72.4	ILO
	1990	35.0	17.4	52.7	49.1	38.2	60.3	26.0	3.5	49.0	22.2	1.9	42.9	30.5	10.7	49.0	59.0	40.7	72.8	R
	2000	35.1	18.5	51.6	51.6	41.2	62.4	24.4	3.2	45.9	22.0	2.7	41.4	31.2	15.1	46.6	59.4	44.3	71.1	R
	2004	34.3	18.2	50.4	52.5	42.2	63.2	24.1	2.7	46.0	20.0	1.9	38.1	27.7	11.8	43.1	59.4	46.0	69.8	ILO
	2005	35.5	20.4	50.5	52.9	42.6	63.5	25.6	5.3	46.3	21.0	4.5	37.4	32.1	18.8	45.1	60.9	48.4	70.6	ILO
	2006	36.0	20.7	51.3	53.3	43.1	63.8	26.0	5.3	47.2	21.6	4.8	38.4	33.2	19.8	46.3	61.7	49.4	71.3	ILO
	2007	35.1	19.8	50.4	52.8	43.6	62.5	26.5	4.3	49.2	19.7	2.9	36.4	30.3	16.4	43.9	60.7	49.0	69.9	ILO
	2008	35.1	20.0	50.2	53.0	44.1	62.4	26.5	4.3	49.2	19.6	3.0	36.0	30.5	16.9	43.7	61.0	49.7	69.9	ILO
新加坡	1980	36.6	18.5	55.3	33.3	30.4	36.3	24.5	2.2	47.7	35.1	3.9	67.6	59.7	34.5	85.8	82.7	70.3	92.8	R
	1990	35.7	21.2	50.0	42.2	41.3	43.2	17.1	4.0	30.3	27.5	4.5	51.1	62.0	40.5	83.1	87.9	78.7	95.1	ILO
	2000	35.4	22.0	48.6	52.1	53.3	50.8	12.0	2.5	21.4	22.8	3.8	42.0	57.0	36.9	77.0	89.5	81.5	95.9	R
	2004	35.5	23.1	47.7	57.3	57.3	57.2	11.5	3.3	19.9	20.1	3.6	36.6	47.9	28.5	67.3	87.1	79.2	93.4	ILO
	2005	35.6	23.5	47.5	58.6	58.4	58.8	11.4	3.6	19.6	19.4	3.6	35.2	45.9	26.9	64.9	86.3	78.6	92.6	ILO
	2006	35.7	24.0	47.4	60.1	59.6	60.6	11.3	3.8	19.1	18.8	3.5	33.9	44.1	25.6	62.5	85.6	78.0	91.7	R
	2007	36.1	24.6	47.5	59.4	59.2	59.7	10.6	3.6	17.9	18.6	3.8	33.4	44.4	26.0	62.7	86.3	78.7	92.5	ILO
	2008	36.4	25.2	47.4	60.1	59.7	60.5	10.3	3.7	17.4	18.1	3.8	32.3	43.4	25.5	61.3	86.0	78.6	91.9	ILO
泰国	1980	18.4	12.6	24.2	23.1	21.4	24.8	7.9	2.2	13.6	7.4	1.7	13.1	28.9	14.6	42.7	67.1	49.7	82.1	ILO
	1990	19.0	13.0	24.8	22.6	20.8	24.5	9.0	2.7	15.0	8.6	2.2	14.7	29.2	16.3	41.1	65.1	55.8	72.8	ILO
	2000	26.4	18.9	33.5	47.5	43.3	51.8	12.0	4.7	18.7	11.0	2.9	18.7	32.5	18.3	45.9	66.3	61.9	69.8	ILO
	2004	26.5	18.9	33.7	48.2	41.5	55.0	11.0	3.9	17.8	11.4	3.8	18.5	31.9	18.3	44.5	66.2	63.0	68.7	ILO
	2005	26.5	19.3	33.3	48.3	42.4	54.5	10.9	4.1	17.6	11.1	4.1	17.6	31.8	17.6	44.7	66.1	63.2	68.4	ILO
	2006	27.1	19.5	34.3	51.0	42.9	59.6	11.2	4.7	17.5	10.9	3.9	17.5	31.2	17.5	43.7	66.1	63.4	68.3	ILO
	2007	27.3	19.8	34.5	51.3	43.8	59.2	11.0	4.6	17.3	11.4	4.0	18.3	31.0	17.4	43.4	66.3	63.9	68.1	ILO
	2008	27.5	20.0	34.7	52.0	44.2	60.1	11.0	4.7	17.2	11.5	4.1	18.3	30.8	17.3	43.0	66.3	64.1	68.0	ILO
越南	1980	22.5	17.9	26.5	15.7	16.5	15.0	7.6	2.4	12.3	16.0	11.0	20.5	47.1	37.4	55.0	81.6	71.4	88.4	ILO
	1990	23.2	18.6	27.1	20.8	21.3	20.4	7.2	2.8	11.2	14.1	9.3	18.3	45.1	36.0	52.7	81.2	72.8	86.4	ILO
	2000	27.5	23.2	31.4	40.9	41.4	40.4	6.5	2.6	10.3	8.8	3.9	13.2	44.8	34.4	52.7	84.4	79.0	88.0	R
	2004	28.3	23.9	32.4	42.7	42.2	43.2	7.1	3.7	10.4	9.2	4.7	13.4	45.5	35.5	53.2	86.3	82.7	88.6	R
	2005	28.5	24.2	32.5	43.8	43.4	44.3	7.1	3.8	10.2	9.2	4.7	13.4	45.1	35.1	52.8	86.1	83.0	88.3	ILO
	2006	28.6	24.4	32.6	44.8	44.4	45.2	7.0	3.9	10.1	9.2	4.8	13.3	44.5	34.5	52.4	86.0	83.2	87.9	ILO
	2007	28.9	24.6	32.9	45.7	45.2	46.2	6.8	3.7	9.8	8.9	4.5	13.2	46.2	35.3	55.0	87.5	85.4	88.8	ILO
	2008	29.0	24.7	33.0	46.3	45.7	47.0	6.7	3.7	9.8	8.9	4.4	13.2	45.8	34.7	54.8	87.7	86.1	88.9	ILO

	年份	15+			15—24			25—34			35—54			55—64			65+			统计类型
		MF	M	F	MF	M	F	MF	M	F	MF	M	F	MF	M	F	MF	M	F	
拉丁美洲和加勒比地区																				
加勒比地区																				
巴哈马	1980	32.2	21.5	42.5	41.9	35.6	48.4	16.1	5.8	26.0	20.1	6.5	33.0	39.8	21.5	56.1	74.5	61.1	84.3	R
	1990	29.0	21.3	36.3	42.3	37.3	47.5	14.0	8.9	19.1	15.1	6.0	23.5	30.7	17.4	42.5	76.0	63.0	84.6	R
	2000	28.3	21.9	34.4	46.4	44.4	48.3	13.5	8.9	17.9	12.7	6.0	19.1	26.6	13.4	38.6	79.5	68.5	86.9	ILO
	2004	28.2	21.5	34.4	45.5	43.0	48.0	13.2	8.8	17.5	12.4	6.0	18.5	26.5	13.4	38.4	79.6	68.4	87.1	ILO
	2005	28.1	21.7	34.0	45.5	43.2	47.8	13.0	8.9	16.9	12.1	6.1	17.8	26.4	13.9	37.8	79.7	69.0	87.0	ILO
	2006	28.1	21.9	33.8	45.8	43.6	48.0	12.8	9.1	16.4	11.9	6.1	17.3	26.3	14.2	37.3	79.9	69.4	87.0	ILO
	2007	28.3	22.2	33.9	46.5	44.6	48.3	12.8	9.1	16.4	11.8	6.2	17.0	26.4	14.5	37.2	79.7	68.8	87.2	ILO
	2008	28.4	22.4	33.9	47.1	45.3	48.9	12.7	9.1	16.1	11.6	6.3	16.7	26.3	14.8	36.8	79.8	68.8	87.2	ILO
巴巴多斯	1980	36.7	23.1	48.4	36.1	27.0	45.3	14.3	5.1	23.1	22.4	5.2	36.4	43.0	20.1	60.8	86.3	76.5	92.8	R
	1990	32.6	23.6	40.5	35.1	31.8	38.4	9.0	5.0	12.9	12.5	4.3	20.0	47.5	23.6	64.9	92.5	86.2	96.3	R
	2000	31.5	23.8	38.4	41.9	38.7	45.3	8.5	5.1	12.1	10.2	5.2	15.0	41.5	28.8	51.4	94.6	90.5	96.9	ILO
	2004	30.5	23.1	37.2	44.2	39.0	49.6	8.9	5.7	12.2	9.1	4.8	13.3	33.7	24.1	41.9	92.3	89.1	94.1	R
	2005	30.4	23.2	36.9	44.0	39.1	49.1	8.8	5.8	11.9	9.0	4.9	13.0	33.5	24.5	41.2	92.4	89.3	94.1	ILO
	2006	30.4	23.4	36.6	43.8	39.2	48.6	8.7	5.9	11.5	8.8	5.0	12.5	33.4	25.2	40.6	92.6	89.6	94.2	ILO
	2007	30.3	22.9	37.0	45.1	40.1	50.3	8.7	5.7	11.8	8.8	4.6	12.9	32.0	23.4	39.6	91.4	87.3	93.7	ILO
	2008	30.3	22.8	37.0	45.3	39.9	50.8	8.8	5.8	11.8	8.6	4.5	12.7	31.6	23.4	38.9	91.1	87.0	93.3	ILO
古巴	1980	48.0	28.7	67.6	63.2	51.3	75.5	26.3	4.9	48.4	29.5	4.6	54.8	56.9	26.0	86.8	88.4	78.7	98.0	ILO
	1990	46.2	27.9	64.4	57.4	44.3	70.9	27.3	7.8	46.8	27.7	5.0	50.0	56.8	28.2	85.1	89.9	80.9	98.3	ILO
	2000	43.1	28.9	57.0	65.3	56.2	74.9	25.0	10.7	39.7	19.2	5.2	32.9	57.0	30.4	82.5	91.3	83.0	98.8	ILO
	2004	43.8	30.6	56.9	67.4	59.5	75.7	25.0	12.2	38.4	18.7	5.3	31.8	57.4	31.4	82.1	91.6	83.7	98.8	ILO
	2005	43.9	31.0	56.7	66.9	59.3	75.0	24.7	12.3	37.7	18.5	5.4	31.3	57.5	31.9	81.8	91.7	84.1	98.7	ILO
	2006	43.8	31.6	56.0	66.5	59.4	74.1	24.3	12.7	36.4	17.9	5.6	30.0	57.8	33.0	81.3	92.1	84.8	98.7	ILO
	2007	44.1	32.0	56.2	66.8	59.7	74.4	24.5	13.0	36.5	17.7	5.6	29.6	57.9	33.3	81.1	92.2	84.9	98.7	ILO
	2008	44.4	32.4	56.3	66.6	59.7	74.0	24.7	13.4	36.7	17.5	5.7	29.2	58.0	33.9	80.9	92.4	85.2	98.7	ILO
多米尼加共和国	1980	45.9	22.5	69.9	57.9	41.2	74.3	37.7	12.2	63.0	38.2	9.9	68.6	39.8	11.7	72.8	44.3	19.9	71.0	ILO
	1990	45.6	17.9	73.7	55.3	35.3	75.1	35.8	6.5	64.8	38.4	4.9	73.3	47.3	12.6	85.5	60.0	32.6	89.0	ILO
	2000	39.3	24.1	54.6	51.3	40.2	62.3	25.6	11.4	39.6	27.0	10.6	43.6	44.3	19.0	70.7	73.3	55.0	91.7	ILO
	2004	36.8	25.4	48.1	50.4	41.7	59.1	23.6	14.2	32.8	24.3	14.0	34.6	42.0	21.0	63.5	63.8	44.0	83.0	ILO
	2005	36.6	25.6	47.6	50.5	42.0	59.1	23.2	14.3	31.9	23.8	14.1	33.5	41.9	21.3	63.1	64.1	44.5	83.0	ILO
	2006	35.9	26.5	45.3	50.7	43.5	58.0	21.8	14.9	28.7	22.1	14.5	29.8	41.8	22.5	61.5	65.0	46.7	82.6	ILO
	2007	36.2	27.9	44.4	50.4	44.3	56.5	21.4	15.0	27.7	21.9	15.0	28.8	42.3	23.9	60.9	69.4	55.1	83.1	ILO
	2008	36.1	28.2	43.9	50.4	44.9	56.0	21.1	15.1	27.0	21.6	15.2	28.0	42.8	25.2	60.6	69.4	55.1	83.1	ILO
瓜德罗普	1980	42.1	32.6	50.9	49.8	47.3	52.5	20.3	8.3	31.2	25.5	9.5	40.0	50.8	37.9	62.5	94.6	92.5	96.2	ILO
	1990	41.0	33.1	48.3	55.5	54.4	56.5	13.6	5.4	21.8	18.2	5.1	30.3	57.6	48.9	65.2	96.9	96.1	97.5	ILO
	2000	42.4	37.8	46.4	71.2	69.2	73.2	12.3	9.1	15.1	15.5	10.1	20.4	55.5	48.4	61.7	97.1	95.8	98.0	ILO
	2004	45.3	42.5	47.9	70.7	69.2	72.3	11.7	9.1	13.9	15.0	10.4	18.9	54.4	48.5	59.9	97.1	96.0	98.0	ILO
	2005	45.8	43.4	48.0	70.6	69.2	71.9	11.5	9.3	13.5	14.8	10.5	18.4	54.5	49.1	59.4	97.1	96.1	98.0	ILO
	2006	45.9	44.0	47.7	70.4	69.3	71.5	11.2	9.5	12.7	14.4	10.7	17.6	54.7	50.3	58.7	97.1	96.3	97.9	ILO
	2007	46.1	44.1	48.0	70.9	69.4	72.3	11.2	9.6	12.7	14.5	11.0	17.4	54.7	50.0	58.9	97.2	96.2	98.0	ILO
	2008	46.0	43.9	47.9	70.9	69.3	72.4	11.2	9.8	12.5	14.4	11.2	17.1	54.9	50.6	58.8	97.2	96.2	98.0	ILO
圭亚那	1980	44.9	15.7	73.0	47.3	21.6	72.0	35.8	2.4	68.2	39.0	3.5	73.3	53.1	25.0	81.6	75.1	63.9	84.8	ILO
	1990	42.2	18.5	63.9	47.3	27.0	66.9	32.2	5.0	55.8	32.4	4.3	57.8	49.3	23.4	72.9	76.6	63.8	87.2	ILO
	2000	38.9	19.6	56.4	47.7	30.8	64.7	27.6	6.6	47.6	26.4	5.7	43.9	45.7	22.4	64.7	79.1	65.6	89.3	ILO
	2004	36.4	18.5	54.4	49.7	29.8	69.4	26.1	6.5	45.5	20.3	5.8	35.4	41.4	21.5	63.7	79.4	65.6	90.7	ILO
	2005	36.0	18.4	54.1	50.3	29.7	70.7	25.9	6.5	45.4	19.2	5.8	33.7	40.8	21.5	63.6	79.4	65.5	91.0	ILO
	2006	35.1	18.7	52.1	51.0	30.5	71.5	24.7	6.6	43.0	16.9	5.9	29.2	40.2	21.8	62.6	79.7	66.1	91.1	ILO
	2007	35.4	18.7	52.9	51.5	30.7	72.3	24.9	6.6	43.6	17.5	5.9	30.6	40.3	21.9	62.8	79.6	65.9	91.2	ILO
	2008	35.4	18.9	52.7	52.0	31.3	73.0	24.6	6.6	43.2	17.0	5.9	29.4	40.4	22.1	62.6	79.7	65.9	91.4	ILO
海地	1980	30.1	20.0	39.5	46.2	42.6	49.7	20.1	6.2	32.9	16.9	4.0	28.7	26.5	8.7	42.7	44.0	32.3	54.2	ILO
	1990	35.6	19.2	51.0	48.4	40.5	56.0	25.8	7.1	43.4	28.5	5.7	49.4	30.3	9.2	49.0	45.2	25.7	62.0	R
	2000	39.9	18.7	59.8	47.2	38.1	56.2	32.7	6.8	56.8	37.3	5.3	66.9	32.7	8.5	54.6	44.8	21.5	64.1	ILO
	2004	40.5	17.9	61.7	45.5	35.9	55.1	34.4	6.7	60.2	39.7	5.3	71.3	33.4	8.4	55.8	45.1	20.2	65.4	ILO
	2005	40.3	17.9	61.4	45.3	35.8	54.8	34.2	6.7	59.9	39.7	5.3	71.1	33.3	8.4	55.7	45.4	20.3	65.8	ILO
	2006	40.2	17.8	61.3	45.2	35.7	54.8	33.9	6.7	59.5	39.5	5.3	70.6	33.3	8.4	55.5	45.7	20.4	66.4	ILO
	2007	39.9	17.6	60.9	44.3	35.6	53.0	34.1	6.7	60.1	39.5	5.3	70.7	33.3	8.3	55.6	45.4	20.3	65.9	ILO
	2008	39.8	17.4	60.9	44.1	35.6	52.7	34.2	6.7	60.3	39.7	5.3	71.0	33.3	8.2	55.6	45.4	20.3	66.0	ILO
牙买加	1980	25.4	17.7	32.6	38.6	33.5	43.5	7.3	2.5	12.0	9.2	2.4	15.5	23.4	11.7	34.2	54.0	34.8	70.3	ILO
	1990	28.4	20.4	35.8	41.3	35.2	47.4	10.3	4.6	15.4	9.5	4.2	14.6	28.1	16.0	39.4	63.3	46.4	76.4	R
	2000	32.5	24.0	40.4	54.1	48.3	59.8	13.1	5.9	19.7	12.0	5.9	17.7	30.8	14.9	46.4	68.8	52.7	82.2	ILO
	2004	35.5	25.5	44.7	58.0	51.6	64.2	16.7	6.0	26.3	14.4	5.8	22.5	34.4	18.6	50.9	72.2	58.6	82.7	R
	2005	35.4	25.7	44.4	57.9	51.9	63.8	16.6	6.1	26.0	14.4	5.9	22.4	34.4	18.9	50.5	72.5	59.2	82.6	ILO
	2006	35.5	26.0	44.3	57.9	52.2	63.6	16.6	6.2	25.8	14.4	6.0	22.4	34.4	19.2	50.2	72.7	59.6	82.6	ILO
	2007	36.7	26.4	46.1	59.5	53.4	65.7	17.6	6.4	27.6	15.3	5.6	24.4	35.1	18.8	52.1	73.5	60.2	83.5	ILO
	2008	37.1	26.8	46.6	60.1	54.0	66.3	17.9	6.4	28.3	15.5	5.6	24.7	35.7	19.3	52.6	73.9	61.0	83.6	ILO

	年份	15+			15—24			25—34			35—54			55—64			65+			统计类型
		MF	M	F	MF	M	F	MF	M	F	MF	M	F	MF	M	F	MF	M	F	
马提尼克	1980	43.9	35.4	51.6	54.9	50.6	59.4	16.5	7.8	24.1	24.1	10.1	36.3	53.6	41.5	64.1	95.2	94.1	96.0	ILO
	1990	41.8	35.4	47.5	58.9	55.2	62.6	11.3	6.8	15.6	16.1	8.2	23.0	55.0	45.6	63.3	96.4	95.4	97.1	R
	2000	43.4	39.3	46.9	74.0	71.5	76.6	11.4	9.0	13.6	13.0	8.7	16.7	55.4	49.6	60.4	97.6	96.5	98.3	ILO
	2004	44.6	41.0	47.5	74.3	71.9	76.6	11.0	9.0	12.6	13.1	9.0	16.6	54.2	49.5	58.3	97.5	96.7	98.1	ILO
	2005	44.9	41.6	47.6	74.1	71.9	76.3	10.9	9.2	12.3	13.1	9.2	16.3	54.0	49.8	57.7	97.5	96.8	98.1	ILO
	2006	45.1	42.3	47.5	73.9	72.0	75.8	10.7	9.5	11.6	12.8	9.4	15.6	54.0	50.8	56.8	97.6	97.0	98.0	ILO
	2007	45.7	42.7	48.1	74.5	72.5	76.5	10.8	9.5	11.8	12.8	9.4	15.5	53.9	50.5	56.9	97.7	97.0	98.1	ILO
	2008	46.0	43.1	48.4	74.4	72.6	76.3	10.7	9.7	11.6	12.7	9.5	15.4	54.0	50.8	56.6	97.7	97.0	98.1	ILO
荷属安的列斯	1980	43.5	25.4	59.6	45.5	39.3	51.8	28.8	9.4	46.0	38.8	11.5	62.6	61.7	37.8	82.2	70.4	49.7	85.1	ILO
	1990	44.2	32.3	54.7	53.9	50.5	57.3	22.6	13.9	30.4	32.7	14.1	48.9	64.5	46.4	80.7	92.8	87.2	96.6	ILO
	2000	41.1	34.2	47.0	64.0	63.0	64.9	15.0	10.7	18.6	20.5	12.0	27.5	55.9	42.4	67.5	91.8	86.0	96.1	R
	2004	41.2	34.7	46.6	63.5	62.9	64.1	14.1	10.6	17.1	19.8	12.1	26.1	55.6	43.1	66.2	92.2	86.6	96.0	ILO
	2005	41.1	35.0	46.2	63.4	63.1	63.7	13.8	10.7	16.5	19.4	12.3	25.2	55.7	43.8	65.8	92.4	86.9	96.1	ILO
	2006	40.8	35.4	45.3	63.6	63.8	63.5	13.4	11.1	15.4	18.7	12.6	23.7	55.9	44.9	65.0	92.6	87.4	96.1	ILO
	2007	40.8	33.6	46.7	64.1	65.0	63.2	13.9	12.0	15.4	19.1	8.4	27.9	54.0	42.9	63.1	92.1	86.6	95.8	ILO
	2008	40.7	33.7	46.5	64.5	65.8	63.3	13.9	12.5	15.0	19.1	8.3	27.9	53.8	43.1	62.6	92.0	86.5	95.8	ILO
波多黎各	1980	58.4	38.7	76.5	70.0	60.5	79.1	39.8	11.7	64.5	44.9	15.8	70.7	66.3	44.1	86.8	92.0	85.5	97.9	ILO
	1990	56.2	40.6	70.2	69.1	58.8	79.3	34.2	13.8	52.6	38.7	18.0	56.8	68.3	50.5	83.7	91.6	85.5	96.6	R
	2000	54.7	41.7	66.3	64.4	56.2	72.6	28.0	11.0	44.0	38.5	22.2	52.6	68.0	53.6	80.3	91.6	87.0	95.2	R
	2004	54.3	42.8	64.5	62.8	54.1	71.7	26.3	12.3	39.6	36.4	23.2	47.9	68.2	56.0	78.5	92.7	88.3	95.9	ILO
	2005	53.9	42.6	63.9	60.6	51.9	69.6	25.9	12.5	38.7	36.0	23.4	47.0	68.3	56.6	78.2	92.5	87.9	95.8	ILO
	2006	54.3	43.8	63.5	64.0	55.7	72.5	25.4	13.0	37.2	35.4	23.9	45.5	68.6	57.8	77.7	91.7	87.5	94.7	ILO
	2007	53.9	43.5	63.1	62.7	55.2	70.5	25.1	13.0	36.8	33.8	22.1	44.2	69.6	58.9	78.6	92.3	88.5	95.0	ILO
	2008	54.1	43.8	63.0	62.9	55.7	70.3	24.8	13.3	36.0	33.7	22.2	43.9	70.0	59.6	78.7	92.3	88.7	94.9	ILO
圣卢西亚	1980	41.9	16.9	64.2	40.6	23.2	57.6	31.4	5.4	54.7	38.8	6.1	66.5	48.1	15.3	77.0	71.5	46.9	90.3	ILO
	1990	38.7	22.8	53.7	41.8	29.9	53.3	22.0	8.0	35.2	26.3	8.0	44.3	46.5	23.7	68.3	77.5	61.7	89.9	ILO
	2000	37.4	23.2	50.7	41.9	31.6	52.0	20.4	8.5	31.5	23.9	8.2	39.1	47.2	25.6	66.7	79.5	64.1	91.9	ILO
	2004	36.7	22.1	50.2	40.5	30.6	50.1	20.5	8.4	31.8	24.8	8.2	40.8	47.0	24.9	66.5	79.6	63.7	92.5	ILO
	2005	36.3	22.3	49.4	40.3	31.0	49.3	20.1	8.6	30.9	24.5	8.4	40.0	46.9	25.4	66.0	80.1	64.5	92.6	ILO
	2006	35.9	22.5	48.4	40.1	31.4	48.6	19.7	8.8	29.9	24.1	8.6	38.9	46.7	26.0	65.5	80.6	65.4	92.7	ILO
	2007	36.0	22.0	49.1	40.0	30.8	48.9	19.9	8.6	30.6	24.8	8.5	40.3	46.4	25.4	65.7	80.5	64.7	93.0	ILO
	2008	35.8	21.8	48.9	39.7	30.8	48.5	19.9	8.7	30.5	25.0	8.5	40.5	46.2	25.4	65.6	80.6	64.8	93.1	ILO
圣文森特和格林纳丁斯	1980	43.5	16.8	66.9	41.9	20.5	63.3	32.0	2.6	56.9	38.3	4.1	66.6	50.4	18.0	75.8	76.4	56.9	90.4	ILO
	1990	38.4	20.0	56.2	42.0	26.4	58.1	21.5	3.8	39.5	25.6	5.2	45.5	49.1	25.8	69.1	82.6	69.6	91.9	ILO
	2000	36.3	20.2	52.4	40.8	27.9	54.0	19.0	4.2	34.8	22.8	5.2	41.3	48.3	29.0	67.2	83.8	72.6	92.3	ILO
	2004	35.1	20.4	50.0	40.2	28.7	51.9	17.7	4.5	31.8	21.5	5.5	38.7	46.6	29.6	64.2	85.0	74.5	93.0	ILO
	2005	34.8	20.6	49.1	40.3	29.2	51.6	17.3	4.6	30.6	20.9	5.7	37.4	46.4	30.2	63.3	85.4	75.3	93.2	ILO
	2006	34.3	21.0	47.8	40.6	30.1	51.2	16.6	4.8	28.9	20.1	5.9	35.3	46.5	31.2	62.2	86.0	76.4	93.3	ILO
	2007	34.3	20.9	47.9	40.2	30.0	50.6	16.7	4.8	29.1	20.7	5.9	36.5	46.5	31.1	62.2	85.9	76.3	93.3	ILO
	2008	34.1	21.0	47.3	40.3	30.5	50.3	16.4	4.9	28.3	20.4	6.1	35.9	46.7	31.7	61.8	86.1	76.9	93.3	ILO
苏里南	1980	50.1	31.9	68.5	62.9	51.2	75.0	27.5	5.3	50.4	34.5	7.8	61.4	62.9	43.9	81.9	90.3	83.8	96.2	ILO
	1990	48.1	32.4	63.9	62.6	56.0	69.7	28.3	8.6	49.1	31.4	8.1	54.6	64.2	47.3	80.2	92.1	85.7	97.3	ILO
	2000	49.3	34.5	64.1	73.1	61.1	85.7	30.4	20.0	41.6	26.5	6.6	46.7	67.6	47.5	85.9	94.5	91.7	96.7	ILO
	2004	49.0	34.5	63.5	72.3	60.4	84.6	29.8	20.0	39.9	25.8	6.8	45.6	67.4	47.6	85.4	94.6	92.0	96.5	ILO
	2005	48.7	34.5	62.8	72.1	60.3	84.3	29.4	20.2	38.9	25.3	6.8	44.5	67.2	47.7	85.1	94.7	92.2	96.5	ILO
	2006	48.2	34.7	61.7	72.1	60.6	84.0	28.7	20.7	37.1	24.5	7.0	42.6	67.2	48.2	84.5	94.9	92.6	96.6	ILO
	2007	48.8	34.5	62.9	71.9	60.0	84.2	28.6	20.9	36.6	26.2	7.2	45.9	68.8	48.8	87.1	94.8	92.6	96.4	ILO
	2008	48.6	34.3	62.7	71.8	59.9	84.0	28.4	21.1	36.0	26.2	7.1	45.9	68.6	48.5	87.0	94.8	92.7	96.4	ILO
特立尼达和多巴哥	1980	39.8	21.9	57.5	46.5	27.3	66.0	27.1	16.1	38.3	26.8	7.4	45.8	44.2	17.1	72.7	81.6	68.7	91.9	ILO
	1990	43.6	24.2	61.8	49.5	35.7	63.2	28.5	7.3	49.2	31.5	8.3	53.8	60.1	38.1	79.3	90.0	81.8	95.7	R
	2000	39.2	23.6	53.5	48.4	38.5	58.6	21.6	5.7	37.1	24.2	6.2	41.2	56.7	36.7	73.8	90.2	84.0	93.9	R
	2004	36.7	23.7	48.6	47.2	39.3	55.3	15.9	4.5	27.3	21.5	6.2	35.7	52.5	36.5	66.2	91.5	85.3	95.1	ILO
	2005	35.5	23.4	46.7	45.9	38.1	53.9	14.7	4.6	24.7	20.6	6.5	33.7	50.5	36.9	62.1	91.1	84.2	95.2	R
	2006	34.7	24.1	44.4	45.8	39.0	52.7	13.6	5.3	22.0	19.0	7.1	30.1	50.6	39.4	60.3	91.7	85.7	95.2	ILO
	2007	34.9	22.7	46.2	45.7	38.6	52.9	14.0	4.5	23.5	19.9	5.1	33.5	50.1	35.3	62.8	91.9	86.0	95.3	ILO
	2008	34.3	22.4	45.3	45.2	38.5	52.1	13.5	4.5	22.6	19.3	5.1	32.5	49.4	35.2	61.5	91.9	86.0	95.3	ILO
美属维吉尼亚群岛	1980	35.8	29.9	40.9	56.8	55.7	57.8	15.8	9.0	21.3	16.6	8.5	23.9	49.5	37.0	60.7	88.2	83.0	92.3	ILO
	1990	34.6	30.2	38.5	56.6	54.9	58.3	14.1	10.3	17.4	14.4	9.4	18.7	49.6	40.4	58.3	89.8	84.9	93.7	ILO
	2000	36.4	33.2	39.2	61.9	57.8	65.7	12.5	11.0	13.8	11.8	10.2	13.2	47.7	41.5	53.6	90.5	86.6	93.5	ILO
	2004	38.5	35.6	40.9	59.0	55.5	62.2	12.1	11.3	12.7	12.1	10.4	13.6	48.6	43.7	53.2	89.6	87.2	91.4	ILO
	2005	39.1	36.5	41.3	58.5	55.3	61.3	12.0	11.6	12.3	12.1	10.5	13.5	48.9	44.6	52.9	89.3	87.5	90.7	ILO
	2006	39.7	37.9	41.3	58.4	55.9	60.7	11.8	12.1	11.6	11.9	10.8	12.9	49.3	46.1	52.2	89.1	88.1	89.8	ILO
	2007	40.5	38.5	42.2	59.0	56.1	61.7	11.9	12.1	11.8	11.8	10.6	12.9	49.6	46.3	52.5	88.8	87.9	89.5	ILO
	2008	41.3	39.5	42.8	59.3	56.6	61.8	12.0	12.4	11.7	11.9	10.7	12.9	49.9	47.0	52.4	88.7	88.0	89.2	ILO

	年份	15 +			15—24			25—34			35—54			55—64			65 +			统计类型
		MF	M	F	MF	M	F	MF	M	F	MF	M	F	MF	M	F	MF	M	F	
中美洲																				
伯利兹	1980	49.1	17.9	81.1	52.4	25.6	80.1	40.7	6.2	76.2	41.9	6.4	79.4	52.1	17.9	87.7	71.1	45.3	94.7	ILO
	1990	47.7	18.8	77.1	52.3	27.9	77.3	38.5	6.6	71.3	39.6	6.7	73.4	52.8	20.3	86.3	74.0	50.5	95.2	ILO
	2000	39.5	18.4	60.7	50.3	35.1	65.9	25.9	3.0	49.2	28.8	4.1	54.1	43.6	15.6	71.6	72.4	52.9	89.3	ILO
	2004	37.9	19.2	56.8	48.7	35.6	62.3	23.6	3.7	44.0	26.4	4.1	49.0	43.8	18.2	69.4	75.1	57.4	90.3	ILO
	2005	37.5	19.4	55.8	48.4	35.8	61.4	23.1	4.0	42.7	25.8	4.2	47.7	43.9	19.0	68.8	75.8	58.5	90.5	R
	2006	37.2	19.6	54.9	48.4	36.2	60.9	22.6	4.1	41.5	25.2	4.3	46.4	43.9	19.4	68.3	76.3	59.3	90.6	ILO
	2007	37.1	19.5	54.8	48.2	36.5	60.3	22.6	4.0	41.6	25.0	3.5	46.8	44.6	20.9	68.1	77.1	61.0	90.6	ILO
	2008	36.9	19.6	54.3	48.2	36.9	59.8	22.3	4.1	40.9	24.7	3.5	46.3	44.8	21.5	67.8	77.6	62.0	90.7	ILO
哥斯达黎加	1980	42.0	17.4	67.4	45.9	25.7	67.4	31.4	3.4	60.4	33.3	3.9	62.7	48.7	19.4	79.6	76.6	62.3	90.4	ILO
	1990	40.0	15.9	64.6	44.5	25.0	65.1	29.8	3.5	57.7	30.2	3.7	57.0	49.2	18.7	79.3	78.1	61.5	93.1	ILO
	2000	39.0	19.2	59.3	48.4	32.7	64.8	26.3	4.2	49.4	25.2	4.2	47.0	49.7	23.2	75.5	81.8	68.5	93.2	ILO
	2004	40.4	20.8	60.4	51.3	37.1	66.4	25.3	4.2	47.2	26.3	4.4	49.1	50.5	23.7	76.6	84.0	70.5	95.6	R
	2005	39.7	21.1	58.7	50.1	38.2	62.7	23.9	3.8	44.9	26.0	4.4	48.3	50.4	24.0	76.2	84.3	71.0	95.6	ILO
	2006	39.3	21.5	57.4	50.0	38.7	61.9	23.0	4.0	42.8	25.1	4.6	46.4	50.5	25.0	75.4	84.9	72.3	95.6	ILO
	2007	39.5	21.7	57.7	50.4	39.1	62.4	22.6	4.0	42.0	25.5	4.8	47.0	50.4	24.5	75.9	85.1	72.9	95.6	ILO
	2008	39.6	22.0	57.5	50.5	39.8	61.9	22.4	4.0	41.6	25.4	4.9	46.8	50.5	24.8	75.9	85.4	73.4	95.6	ILO
萨尔瓦多	1980	38.2	15.6	59.3	45.7	27.6	63.2	29.3	5.7	51.1	28.9	5.1	50.9	43.0	9.7	73.7	62.1	37.0	82.6	R
	1990	35.6	20.2	49.3	48.4	36.6	59.5	20.4	4.8	33.9	20.9	4.4	35.7	41.1	16.9	62.4	65.2	48.7	78.4	R
	2000	39.7	21.3	55.5	52.1	36.0	67.3	25.4	6.5	41.3	25.5	5.6	42.0	44.1	19.4	64.5	69.8	54.0	82.0	ILO
	2004	41.1	22.7	56.5	53.7	37.7	68.6	25.7	6.9	41.1	26.6	6.0	43.2	44.7	21.2	63.9	71.6	55.8	83.9	R
	2005	41.2	23.0	56.3	54.1	38.1	69.0	25.5	6.9	40.6	26.2	6.0	42.3	44.7	21.4	63.6	72.0	56.1	84.3	ILO
	2006	41.2	23.5	55.9	54.4	38.7	69.0	25.2	7.1	39.8	25.7	6.1	41.3	44.7	21.8	63.2	72.4	56.7	84.4	ILO
	2007	41.4	24.3	55.6	55.1	40.7	68.6	24.6	6.7	39.0	25.2	5.9	40.4	45.2	20.8	64.7	73.3	58.9	84.4	ILO
	2008	41.7	24.9	55.5	55.5	41.6	68.5	24.5	6.7	38.7	25.2	6.0	40.2	45.3	21.0	64.7	73.7	59.9	84.4	ILO
危地马拉	1980	39.6	10.7	68.9	44.7	18.3	71.6	32.4	2.3	63.0	34.1	3.2	65.5	42.7	10.0	75.7	64.6	41.7	86.3	ILO
	1990	41.7	11.0	72.4	44.8	17.5	72.5	36.0	2.6	69.0	36.0	2.5	69.4	43.7	9.0	77.9	64.6	40.1	87.6	ILO
	2000	49.9	23.6	74.0	47.4	22.8	71.2	44.7	16.8	69.0	46.7	17.5	73.1	58.1	29.7	85.6	77.9	60.8	93.1	ILO
	2004	37.1	14.3	57.7	44.0	22.3	64.9	28.2	5.9	47.2	29.3	5.7	49.8	36.8	7.7	64.3	56.1	33.3	76.3	R
	2005	37.0	14.3	57.4	44.0	22.3	64.8	28.0	6.0	46.9	29.2	5.7	49.3	36.9	7.8	64.1	56.3	33.6	76.4	ILO
	2006	36.8	14.6	56.8	43.9	22.6	64.5	27.5	6.1	45.9	28.8	5.8	48.3	36.9	8.1	63.7	56.7	34.3	76.4	ILO
	2007	36.5	15.5	55.3	45.1	25.4	64.3	25.2	5.9	42.0	27.9	5.6	46.6	37.0	8.2	63.5	56.8	34.5	76.5	ILO
	2008	36.4	16.0	54.7	45.8	27.0	64.1	24.5	5.7	40.8	27.5	5.5	45.8	37.0	8.4	63.2	57.0	34.7	76.5	ILO
洪都拉斯	1980	40.6	12.7	68.4	46.1	19.9	72.4	34.6	5.4	63.5	33.5	5.0	62.8	42.1	10.9	72.1	58.5	33.3	80.1	R
	1990	38.5	13.2	63.4	46.7	23.7	69.7	30.6	4.0	56.6	29.2	3.7	54.7	38.1	9.2	67.1	57.3	29.9	80.6	ILO
	2000	34.5	12.4	56.0	42.3	21.3	63.2	25.7	3.2	47.1	24.2	2.7	45.4	36.3	10.1	62.8	59.7	35.6	80.5	ILO
	2004	39.8	16.4	62.4	50.4	29.3	71.4	29.2	5.4	51.7	28.5	3.8	52.6	39.7	12.3	67.1	63.3	39.9	83.4	ILO
	2005	41.0	17.0	64.1	52.4	31.6	73.2	30.1	4.7	54.2	29.5	4.1	54.4	40.2	12.4	68.1	63.2	39.1	83.9	ILO
	2006	40.5	17.2	63.0	52.3	31.9	72.6	29.2	4.7	52.5	28.8	4.1	52.7	40.0	12.5	67.5	63.5	39.6	83.9	ILO
	2007	41.4	18.2	63.8	53.6	34.0	73.2	30.1	5.2	53.8	29.0	4.1	53.0	41.6	13.7	69.4	64.9	40.7	85.5	ILO
	2008	41.7	18.7	64.1	54.4	35.4	73.5	30.1	5.3	53.9	29.2	4.2	53.3	42.0	13.9	70.0	65.2	41.0	85.9	ILO
墨西哥	1980	41.4	18.2	63.9	49.3	32.4	66.1	30.1	4.8	55.5	32.3	3.9	59.9	49.2	18.9	75.6	64.3	43.7	81.2	ILO
	1990	41.8	16.5	66.0	47.5	29.4	65.2	32.2	3.7	59.6	32.9	3.2	62.6	47.8	15.4	75.8	67.7	43.8	86.2	ILO
	2000	40.2	17.7	61.6	47.3	31.0	63.4	29.7	4.6	53.7	30.6	5.0	55.3	46.6	20.2	71.8	70.9	51.5	85.8	R
	2004	39.8	18.7	59.8	51.1	35.5	66.4	28.3	4.8	50.9	28.1	4.8	50.2	44.8	20.6	68.2	71.7	53.8	85.7	R
	2005	39.9	19.2	59.5	52.0	37.4	66.2	28.2	5.3	50.3	27.7	4.6	49.7	45.4	20.7	69.2	71.5	53.8	85.6	R
	2006	39.1	18.5	58.4	51.0	36.4	65.3	27.2	4.7	49.1	27.0	4.4	48.5	43.3	18.1	67.7	71.5	54.2	85.3	R
	2007	40.4	20.3	59.3	54.0	41.0	66.7	28.2	5.7	49.9	27.4	4.6	48.9	44.4	19.7	68.3	72.5	55.5	86.0	ILO
	2008	40.5	20.9	59.0	54.9	42.8	66.8	28.1	6.0	49.3	27.0	4.6	48.2	44.2	19.6	67.8	72.9	56.4	86.1	ILO
尼加拉瓜	1980	40.7	20.0	61.0	51.1	35.2	67.0	27.3	5.4	49.4	30.0	5.9	54.1	45.5	17.9	69.9	69.6	48.5	86.0	ILO
	1990	38.6	15.4	61.1	49.1	31.1	67.1	25.6	0.9	49.5	28.1	1.5	54.4	42.6	13.0	70.4	66.3	41.6	85.2	ILO
	2000	39.8	13.6	64.9	48.5	24.1	72.7	30.5	3.9	55.9	29.3	1.6	55.6	38.8	9.0	67.6	66.0	41.5	85.9	ILO
	2004	39.4	13.5	64.0	48.2	23.9	72.5	30.0	4.0	54.5	28.9	1.7	54.6	38.9	9.5	67.0	66.4	41.9	86.7	ILO
	2005	39.5	13.3	64.4	48.2	23.6	72.7	30.2	3.9	55.0	29.2	1.6	55.1	39.0	9.3	67.1	66.4	41.6	87.1	ILO
	2006	39.2	13.4	63.7	48.3	23.9	72.6	29.7	4.0	54.0	28.6	1.7	54.0	38.8	9.2	66.6	66.7	42.0	87.2	ILO
	2007	38.6	13.2	62.6	47.6	23.5	71.6	28.9	4.0	52.2	28.1	1.7	52.9	38.4	8.9	66.0	66.4	41.5	87.1	ILO
	2008	38.3	13.2	62.1	47.4	23.5	71.3	28.5	4.0	51.4	27.8	1.7	52.3	38.1	8.7	65.5	66.4	41.5	87.1	ILO
巴拿马	1980	42.4	21.8	63.7	56.3	41.0	71.9	27.3	3.9	51.5	28.0	4.4	52.8	47.4	19.8	77.1	72.2	56.7	87.7	ILO
	1990	41.2	19.3	63.5	51.1	35.8	66.9	27.4	3.3	51.7	30.2	4.0	57.1	47.5	17.7	78.1	72.0	53.2	89.7	ILO
	2000	37.3	19.2	55.5	49.6	35.7	63.9	22.2	2.9	41.9	23.7	4.6	42.8	47.7	21.9	73.6	77.2	61.6	91.7	ILO
	2004	36.3	19.2	53.5	50.7	36.5	65.4	20.7	3.3	38.4	21.0	3.7	38.3	46.1	22.2	70.1	77.2	61.5	91.6	R
	2005	36.1	19.5	52.7	50.5	37.5	63.9	20.7	3.1	38.6	20.4	3.9	37.0	46.2	23.4	69.0	76.9	60.5	91.9	R
	2006	36.9	19.9	54.0	52.6	39.1	66.7	21.0	3.1	39.4	21.2	4.1	38.3	46.6	22.7	70.5	75.9	60.4	90.0	R
	2007	36.6	20.4	52.8	51.7	38.7	65.3	20.0	3.2	37.0	20.3	4.0	36.5	47.1	24.0	70.1	79.1	64.6	92.3	ILO
	2008	36.6	20.6	52.6	51.9	39.0	65.2	19.8	3.3	36.6	20.0	4.0	36.1	47.2	24.4	69.8	79.5	65.2	92.4	ILO

	年份	15+			15—24			25—34			35—54			55—64			65+			统计类型
		MF	M	F	MF	M	F	MF	M	F	MF	M	F	MF	M	F	MF	M	F	
南美洲																				
阿根廷	1980	47.8	23.4	71.0	49.1	37.0	61.5	32.4	3.4	61.8	37.3	3.9	69.5	59.1	35.0	80.9	88.9	79.8	95.8	R
	1990	47.9	22.2	71.8	45.8	29.0	62.9	30.0	3.3	57.1	36.1	4.4	67.0	60.6	31.7	85.7	88.8	76.5	97.1	R
	2000	41.1	24.6	56.3	49.5	39.8	59.4	22.4	6.1	38.9	22.9	5.3	40.3	43.5	21.9	62.7	83.3	72.1	90.3	ILO
	2004	39.7	24.7	53.5	52.4	43.9	61.0	20.5	6.3	35.0	20.0	4.7	35.0	38.1	18.8	55.7	82.9	71.8	89.7	ILO
	2005	39.4	24.7	52.8	53.1	45.0	61.5	20.1	6.3	34.0	19.2	4.5	33.8	36.8	18.1	53.9	82.7	71.7	89.5	ILO
	2006	39.1	24.8	52.1	53.8	46.0	61.8	19.6	6.4	33.0	18.5	4.4	32.5	35.5	17.5	52.2	82.6	71.7	89.3	R
	2007	39.1	25.0	52.1	54.4	46.9	62.0	19.5	6.4	32.8	18.4	4.3	32.3	35.7	17.7	52.3	82.5	71.7	89.1	ILO
	2008	39.0	25.2	51.7	54.9	47.7	62.2	19.2	6.4	32.2	18.0	4.3	31.6	35.4	17.6	51.7	82.4	71.7	89.0	ILO
玻利维亚	1980	38.0	14.3	60.4	46.8	30.6	62.7	32.1	5.7	57.3	30.7	3.5	56.4	35.5	4.2	64.1	50.1	21.4	73.9	ILO
	1990	35.5	15.5	54.6	46.7	33.1	60.3	27.5	3.9	50.5	25.8	2.1	48.1	35.0	11.3	56.5	48.8	28.7	65.0	R
	2000	29.4	18.0	40.4	47.7	39.6	55.9	18.1	5.9	30.1	15.1	2.0	27.5	25.4	12.7	36.8	47.5	31.7	60.1	R
	2004	27.5	18.3	36.4	47.6	40.8	54.6	15.6	5.6	25.5	12.3	2.0	22.1	22.0	12.6	30.4	45.2	31.4	56.0	ILO
	2005	26.9	18.4	35.1	47.6	41.2	54.1	14.8	5.6	23.9	11.4	2.0	20.4	20.9	12.7	28.4	44.4	31.3	54.7	ILO
	2006	26.3	18.5	33.7	47.7	41.9	53.6	13.9	5.4	22.3	10.5	2.0	18.5	19.8	12.7	26.3	43.5	31.2	53.3	ILO
	2007	25.9	17.3	34.3	46.2	38.4	54.1	13.4	4.7	22.0	10.8	2.0	19.2	20.4	12.5	27.5	44.7	30.8	55.5	ILO
	2008	25.6	17.1	33.8	45.9	38.1	54.0	12.9	4.7	21.0	10.4	2.0	18.4	20.2	12.6	27.1	44.5	30.6	55.3	ILO
巴西	1980	40.6	15.6	65.3	37.3	18.8	55.9	30.6	3.7	57.4	39.1	8.0	69.6	58.2	27.2	88.0	80.1	63.1	95.3	ILO
	1990	39.1	15.6	61.7	35.7	18.4	53.0	28.1	4.2	51.7	36.2	7.8	63.5	57.6	28.4	84.3	80.1	63.4	93.8	ILO
	2000	33.1	18.6	46.8	37.1	26.0	48.4	19.7	5.2	33.8	23.3	8.0	37.8	47.7	29.1	64.3	76.2	62.8	86.8	ILO
	2004	31.3	18.8	43.1	35.6	26.0	45.4	17.1	5.2	28.7	20.4	7.7	32.4	45.3	27.8	60.9	76.8	64.9	85.9	R
	2005	31.1	18.8	42.7	35.7	26.3	45.4	16.9	5.3	28.2	19.9	7.5	31.6	44.3	27.1	59.6	76.5	64.7	85.5	ILO
	2006	31.0	18.7	42.5	35.8	26.3	45.5	16.8	5.3	27.9	19.6	7.4	31.1	43.5	26.5	58.7	76.2	64.6	85.1	ILO
	2007	30.6	19.1	41.4	36.2	27.4	45.1	16.1	5.3	26.7	18.8	7.5	29.3	43.2	27.1	57.5	75.8	64.8	84.1	ILO
	2008	30.4	19.3	40.9	36.2	27.9	44.8	15.8	5.3	26.0	18.4	7.5	28.7	42.8	27.0	56.9	75.8	65.3	83.7	ILO
智利	1980	49.9	26.9	71.7	60.6	47.3	74.1	32.1	5.4	58.8	38.1	7.2	67.2	60.4	31.4	85.0	84.6	71.8	93.8	R
	1990	46.6	23.5	68.3	60.2	46.2	74.6	30.7	4.4	57.1	32.3	4.5	59.1	53.9	27.8	76.2	85.2	71.1	94.6	R
	2000	46.2	26.3	65.1	67.7	59.3	76.3	28.6	6.5	50.9	29.0	4.9	52.8	49.9	23.1	74.2	86.6	75.6	94.0	R
	2004	45.2	27.4	62.0	68.1	60.3	76.3	25.9	8.0	44.0	26.7	4.8	48.3	45.8	21.7	67.9	86.1	75.4	93.4	R
	2005	45.7	27.9	62.5	68.5	61.3	75.9	26.2	8.0	44.5	27.4	5.1	49.3	46.5	22.9	68.3	85.6	74.5	93.3	R
	2006	45.0	28.3	60.9	68.5	61.9	75.3	25.2	8.3	42.3	26.1	5.1	46.8	45.0	22.6	65.7	85.2	74.4	92.6	ILO
	2007	46.0	29.2	62.0	70.2	63.6	77.0	26.1	9.4	42.9	26.5	5.2	47.5	45.2	22.0	66.5	86.4	76.4	93.3	ILO
	2008	46.1	29.7	61.7	70.6	64.4	77.0	26.0	10.1	42.2	26.3	5.3	47.0	44.7	22.0	65.7	86.5	76.8	93.3	ILO
哥伦比亚	1980	45.0	24.8	64.4	53.0	41.0	65.3	24.9	5.7	43.6	36.0	4.0	65.4	62.2	30.6	91.0	89.4	77.6	99.0	ILO
	1990	40.5	23.8	56.3	51.1	40.8	61.5	20.7	5.5	35.5	27.6	4.5	49.0	62.0	33.9	86.5	88.9	76.8	98.3	ILO
	2000	32.7	21.9	43.0	45.5	39.1	52.0	10.8	4.6	16.9	18.5	4.7	31.2	55.9	29.7	78.6	88.5	76.6	97.5	ILO
	2004	31.2	22.1	39.7	45.3	40.4	50.3	8.9	4.9	12.9	15.4	4.7	25.2	52.6	28.7	73.4	88.1	76.3	96.9	ILO
	2005	30.8	22.3	38.7	45.4	41.1	49.9	8.4	5.0	11.8	14.5	4.7	23.5	51.7	28.5	72.0	87.9	76.2	96.8	ILO
	2006	30.4	22.6	37.8	45.8	42.2	49.5	7.9	5.1	10.7	13.5	4.7	21.6	50.7	28.2	70.4	87.7	75.9	96.6	ILO
	2007	30.0	22.1	37.4	44.6	41.1	48.1	8.1	4.6	11.4	12.9	4.3	20.8	50.3	28.2	69.7	87.6	76.1	96.3	ILO
	2008	29.8	22.1	37.0	44.3	41.2	47.5	7.9	4.5	11.1	12.4	4.2	19.9	49.9	28.2	68.8	87.5	76.1	96.1	ILO
厄瓜多尔	1980	44.2	16.0	72.3	49.0	30.6	67.7	38.8	7.2	70.8	41.0	5.7	76.2	41.9	8.1	74.5	53.6	22.3	80.8	R
	1990	44.8	21.8	67.6	54.9	41.0	69.1	35.0	9.1	61.3	36.7	7.4	65.9	44.4	15.2	72.5	60.8	37.1	81.0	R
	2000	39.1	22.2	55.7	52.8	42.0	63.8	27.8	9.3	46.5	27.9	7.5	48.1	35.2	15.5	54.0	62.4	44.8	77.4	ILO
	2004	36.3	21.7	50.6	53.4	43.9	63.1	25.0	8.8	41.3	24.4	7.1	41.5	30.5	14.3	46.1	54.2	39.0	67.2	ILO
	2005	35.7	21.7	49.5	53.6	44.4	63.0	24.3	8.7	40.0	23.5	7.0	39.9	29.3	14.0	44.1	53.4	38.9	65.9	ILO
	2006	35.1	21.7	48.3	53.7	44.9	62.8	23.6	8.6	38.7	22.7	6.9	38.2	28.1	13.6	42.1	52.6	38.7	64.5	ILO
	2007	35.0	21.6	48.3	53.5	44.6	62.6	23.6	8.6	38.6	22.6	6.9	38.0	28.2	13.7	42.2	53.3	38.8	65.7	ILO
	2008	34.7	21.6	47.7	53.5	44.9	62.4	23.2	8.5	37.9	22.1	6.9	37.2	27.8	13.5	41.4	53.1	38.7	65.5	ILO
法属圭亚那	1980	34.7	21.9	48.8	52.4	42.3	63.6	17.6	4.4	32.3	19.0	5.3	35.3	36.1	21.4	52.5	89.2	82.9	94.4	ILO
	1990	36.4	25.3	48.8	58.4	52.3	65.0	19.4	8.0	32.3	19.7	6.5	35.3	43.2	30.4	58.6	91.3	85.7	96.0	R
	2000	39.5	32.8	46.7	71.0	67.9	74.7	22.0	13.5	29.8	19.2	10.0	29.4	46.3	36.9	57.3	94.4	92.2	96.4	ILO
	2004	39.8	33.2	46.5	69.3	67.5	71.1	21.5	13.7	28.7	19.6	10.2	29.2	46.1	37.5	55.9	94.5	92.6	96.1	ILO
	2005	39.9	33.5	46.2	69.0	67.6	70.4	21.2	13.9	28.1	19.6	10.3	28.8	46.2	38.1	55.4	94.5	92.7	96.0	ILO
	2006	40.0	33.9	45.9	69.0	68.0	70.1	21.0	14.1	27.5	19.4	10.5	28.3	46.3	38.7	54.8	94.6	92.9	95.9	ILO
	2007	40.4	34.4	46.3	70.0	68.8	71.2	21.1	14.3	27.5	19.2	10.4	27.9	46.6	39.2	54.7	94.7	93.2	96.0	ILO
	2008	40.7	34.9	46.3	70.4	69.3	71.5	21.0	14.5	27.2	19.1	10.4	27.6	46.8	39.7	54.4	94.7	93.4	95.9	ILO
巴拉圭	1980	31.1	15.4	46.9	36.6	26.5	46.9	19.3	2.4	37.0	21.8	3.3	40.5	40.0	18.0	60.5	71.5	52.9	86.5	ILO
	1990	33.3	17.8	48.9	40.5	31.6	49.6	19.9	3.1	37.3	22.9	2.7	44.0	42.1	20.3	63.2	74.1	64.4	82.0	R
	2000	26.7	15.7	37.9	36.7	31.5	42.1	13.4	1.4	25.6	15.1	2.6	28.1	32.0	15.8	48.5	61.1	43.0	76.2	ILO
	2004	24.3	16.1	32.6	35.1	31.6	38.8	10.8	1.4	20.3	11.8	2.8	21.0	27.8	16.5	39.3	58.6	44.3	70.8	ILO
	2005	23.8	16.2	31.4	34.8	31.6	38.1	10.2	1.4	19.2	11.1	2.9	19.6	26.8	16.6	37.3	57.8	44.3	69.4	ILO
	2006	23.3	16.3	30.4	34.8	32.0	37.6	9.8	1.4	18.3	10.4	2.9	18.2	25.8	16.5	35.4	57.0	44.1	68.1	ILO
	2007	23.0	16.2	30.0	34.2	31.7	36.8	9.3	1.4	17.4	10.3	2.9	17.9	26.2	17.4	35.4	57.3	43.9	68.9	ILO
	2008	22.8	16.2	29.4	34.0	31.7	36.3	9.0	1.4	16.7	10.0	2.9	17.3	26.1	17.6	34.8	57.2	43.9	68.7	ILO

	年份	15+			15—24			25—34			35—54			55—64			65+			统计类型
		MF	M	F	MF	M	F	MF	M	F	MF	M	F	MF	M	F	MF	M	F	
秘鲁	1980	44.4	21.7	67.1	58.1	44.6	71.9	33.1	6.1	60.6	32.3	4.7	60.0	44.8	12.8	75.0	65.6	42.4	85.2	R
	1990	38.5	24.9	52.0	50.8	44.6	57.1	24.4	10.1	38.9	25.1	6.6	43.6	43.7	20.1	66.3	76.7	64.3	86.8	ILO
	2000	31.4	19.1	43.5	43.5	34.7	52.5	20.2	6.2	34.5	19.2	5.0	33.2	33.6	17.6	49.0	61.2	54.5	66.7	ILO
	2004	28.7	18.6	38.7	43.1	35.5	50.9	18.0	5.6	30.7	16.1	4.6	27.5	28.5	16.5	40.0	54.5	51.9	56.7	ILO
	2005	28.2	19.0	37.3	43.8	37.2	50.6	17.4	5.6	29.3	15.2	4.6	25.7	27.0	16.2	37.4	53.1	51.4	54.5	ILO
	2006	27.7	19.4	35.9	44.5	38.9	50.2	16.7	5.7	27.9	14.3	4.5	24.0	25.6	15.9	35.0	51.7	51.0	52.2	ILO
	2007	27.2	17.9	36.4	42.3	34.5	50.2	16.7	5.1	28.5	14.9	4.6	25.2	25.8	15.8	35.3	51.2	49.6	52.5	ILO
	2008	26.9	17.8	35.8	42.1	34.4	50.0	16.3	4.9	27.9	14.6	4.6	24.5	25.2	15.7	34.2	50.5	48.9	51.9	ILO
乌拉圭	1980	41.7	25.0	57.4	45.7	36.0	55.4	18.9	2.4	34.9	25.1	4.6	44.7	56.1	34.0	76.5	89.3	81.4	95.2	ILO
	1990	44.6	29.5	58.2	50.4	41.5	59.5	27.2	15.7	38.3	21.1	3.5	37.7	50.5	27.0	71.3	89.5	82.2	94.3	ILO
	2000	39.1	25.8	50.9	42.2	34.2	50.5	15.0	4.0	26.1	16.3	3.2	28.5	43.2	24.9	59.0	88.6	82.1	92.8	ILO
	2004	38.8	25.8	50.4	46.5	38.6	54.5	15.1	4.6	25.6	14.7	2.2	26.4	38.3	21.0	53.4	87.8	80.9	92.0	ILO
	2005	38.8	25.8	50.3	47.5	39.8	55.5	15.1	4.7	25.5	14.3	2.0	25.9	37.2	20.1	52.0	87.5	80.6	91.8	ILO
	2006	38.8	25.9	50.1	48.5	40.8	56.4	15.1	4.9	25.4	14.0	1.9	25.4	36.0	19.3	50.6	87.3	80.3	91.5	R
	2007	38.9	26.6	49.8	49.5	42.9	56.3	15.3	5.6	25.1	13.8	2.1	24.8	35.1	19.6	48.7	87.4	80.5	91.5	ILO
	2008	39.0	26.9	49.5	50.2	44.1	56.4	15.4	5.9	24.9	13.5	2.0	24.4	34.2	19.4	47.2	87.3	80.4	91.4	ILO
委内瑞拉玻利瓦尔共和国	1980	45.6	19.3	72.2	57.5	38.6	76.9	32.9	4.9	61.8	35.3	3.3	68.0	49.4	14.7	83.1	72.7	48.1	93.5	ILO
	1990	43.5	18.5	68.6	56.4	37.6	75.8	30.5	5.0	56.5	32.9	3.4	62.7	49.1	16.6	80.5	72.9	50.9	90.8	ILO
	2000	38.2	19.4	56.8	55.4	39.7	71.6	23.0	4.8	41.3	24.2	3.7	44.8	41.3	16.7	65.1	73.3	57.6	86.3	ILO
	2004	35.5	19.3	51.5	54.5	40.0	69.4	20.0	4.9	35.2	20.6	3.8	37.4	37.5	17.1	57.3	69.8	54.2	82.8	ILO
	2005	35.0	19.5	50.3	54.8	40.9	69.2	19.3	4.9	33.9	19.7	3.8	35.5	36.4	16.9	55.4	69.3	53.9	82.0	ILO
	2006	34.6	19.8	49.2	55.4	42.2	69.0	18.7	5.1	32.6	18.8	3.8	33.8	35.3	16.4	53.6	68.7	53.4	81.3	ILO
	2007	34.1	19.3	48.9	53.6	39.7	68.0	19.0	4.8	33.3	18.5	3.8	33.0	35.8	17.4	53.7	69.2	54.8	81.3	ILO
	2008	33.8	19.2	48.2	53.3	39.5	67.5	18.7	4.8	32.8	17.9	3.8	31.9	35.5	17.6	53.0	69.1	54.8	81.0	ILO
非洲																				
北非																				
阿尔及利亚	1980	55.3	29.1	81.0	66.9	53.8	80.4	42.6	6.1	78.5	43.0	3.3	80.6	55.4	26.7	82.3	82.5	72.8	91.0	ILO
	1990	51.4	25.4	77.2	61.3	45.0	78.2	38.4	5.7	72.3	40.6	4.0	75.7	54.2	26.7	80.4	81.7	72.6	88.9	ILO
	2000	45.2	21.5	68.9	54.8	36.2	74.2	31.9	5.3	59.3	35.2	4.7	65.9	53.2	28.6	75.7	77.4	72.6	81.3	ILO
	2004	43.9	22.0	65.9	54.5	37.7	72.0	29.8	5.7	54.5	33.5	5.3	62.3	54.2	30.7	75.5	77.7	73.7	80.8	ILO
	2005	43.7	22.2	65.2	54.7	38.4	71.6	29.4	5.8	53.5	33.2	5.6	61.5	54.6	31.4	75.6	78.0	74.1	81.1	ILO
	2006	43.3	22.2	64.6	54.6	38.7	71.2	28.9	5.9	52.6	32.9	5.7	60.8	54.5	31.6	75.5	78.0	74.2	80.9	ILO
	2007	43.0	22.8	63.3	55.8	41.8	70.4	28.1	6.2	50.5	32.3	5.7	59.5	53.2	28.4	76.1	77.4	74.3	79.9	ILO
	2008	42.9	23.3	62.5	56.7	43.9	69.9	27.5	6.5	49.2	31.9	5.8	58.6	53.0	28.6	76.0	77.4	74.4	79.7	ILO
埃及	1980	54.8	24.1	84.9	70.1	48.6	91.8	47.2	14.1	80.0	40.4	1.7	79.0	52.4	11.4	90.1	68.1	47.3	85.3	ILO
	1990	51.2	26.2	75.9	66.4	58.7	74.1	36.1	5.3	66.4	39.6	2.0	78.6	56.9	22.1	89.6	74.4	58.5	87.3	ILO
	2000	53.7	28.3	78.9	68.4	56.3	80.8	38.7	7.1	69.5	38.6	2.6	75.4	60.5	29.1	91.3	87.0	73.9	97.7	ILO
	2004	53.6	30.1	77.0	68.8	59.8	78.1	35.2	3.5	66.4	38.2	2.8	73.7	62.6	33.7	91.7	92.0	83.9	98.6	ILO
	2005	53.5	30.2	76.7	68.8	60.1	77.8	35.0	3.7	65.9	38.2	2.9	73.5	62.7	34.0	91.6	92.1	84.0	98.7	ILO
	2006	53.4	30.3	76.4	68.7	60.4	77.3	34.9	4.0	65.6	38.3	3.0	73.3	63.2	35.1	91.8	92.2	84.2	98.8	ILO
	2007	52.9	29.7	76.0	68.7	60.4	77.2	34.6	3.6	65.4	38.1	3.1	72.7	63.0	34.8	91.6	89.4	79.9	97.3	ILO
	2008	52.7	29.5	75.7	68.4	60.3	76.7	34.4	3.6	65.1	38.0	3.2	72.4	63.7	36.0	91.8	89.4	79.9	97.2	ILO
利比亚	1980	48.4	19.4	84.5	63.1	43.1	85.1	37.0	3.8	80.2	36.0	3.0	83.9	51.4	18.1	91.4	78.2	59.7	96.4	ILO
	1990	50.2	22.2	83.2	65.2	46.4	84.7	36.1	3.9	77.0	36.9	3.3	81.7	51.3	20.2	91.1	79.0	61.0	96.4	ILO
	2000	49.4	24.1	77.3	66.2	49.0	84.0	34.0	4.6	64.5	34.2	4.1	73.0	53.6	24.5	89.7	80.1	63.3	96.3	ILO
	2004	48.2	23.0	75.8	64.9	47.4	83.1	33.3	4.8	62.8	35.0	4.5	71.7	54.5	27.0	89.8	80.8	64.3	96.3	ILO
	2005	48.1	22.8	75.6	64.8	47.3	82.9	33.4	4.9	62.8	35.3	4.7	71.7	54.9	27.8	89.9	81.0	64.7	96.3	ILO
	2006	48.1	22.8	75.5	65.0	47.9	82.9	33.5	5.0	63.1	35.7	5.0	71.7	55.6	28.9	90.0	81.2	65.2	96.3	ILO
	2007	47.5	22.7	74.4	65.3	48.5	82.8	32.6	5.2	61.0	35.4	5.2	70.3	56.0	29.8	89.7	81.4	65.6	96.2	ILO
	2008	47.4	22.8	73.9	65.8	49.4	82.9	32.3	5.3	60.4	35.6	5.4	69.9	56.6	30.7	89.6	81.5	66.0	96.2	ILO
摩洛哥	1980	48.0	17.1	78.2	51.1	27.8	74.0	39.4	5.0	73.6	43.8	3.3	79.9	48.4	12.3	88.7	75.1	54.7	96.6	ILO
	1990	47.6	18.4	75.9	51.6	31.5	72.0	38.5	5.5	69.7	41.9	4.0	77.0	52.8	14.6	89.0	76.6	56.7	96.5	ILO
	2000	47.2	19.4	73.7	53.3	34.7	71.7	37.6	6.9	66.0	38.5	3.7	72.0	54.0	15.6	87.9	77.9	57.4	96.5	ILO
	2004	47.9	20.0	74.3	55.9	36.9	74.6	36.5	5.8	64.0	39.1	4.4	72.6	53.2	16.7	87.7	79.0	58.5	96.5	ILO
	2005	48.4	20.3	74.9	57.3	38.0	76.4	36.8	6.0	64.4	39.1	4.4	72.3	52.8	16.6	87.5	79.1	58.6	96.5	ILO
	2006	48.4	20.7	74.4	57.6	39.0	76.0	36.5	6.3	63.6	39.1	4.7	71.8	53.1	17.6	87.7	79.5	59.3	96.5	ILO
	2007	48.9	20.5	75.5	58.6	38.9	78.2	37.5	6.4	65.5	39.2	4.7	71.8	52.6	17.5	87.3	79.6	59.3	96.5	ILO
	2008	48.9	20.6	75.6	58.9	39.1	78.6	37.4	6.4	65.5	39.4	4.8	71.7	52.6	17.9	87.1	79.9	59.5	96.5	ILO
苏丹	1980	42.0	14.0	69.5	50.2	29.6	71.1	37.8	5.4	70.1	35.4	3.2	66.9	37.7	6.3	66.6	49.8	21.3	73.8	ILO
	1990	49.7	22.5	76.5	64.7	50.4	79.4	41.0	8.7	73.5	38.2	2.3	73.4	43.3	6.6	77.3	59.7	28.4	85.7	R
	2000	48.4	26.3	70.4	66.5	59.1	74.2	35.5	12.0	59.4	35.9	2.6	68.8	44.1	7.2	78.4	61.2	27.5	89.3	ILO
	2004	48.7	27.2	70.1	68.5	61.8	75.5	34.9	12.4	57.8	35.2	2.7	67.4	44.2	7.7	78.2	61.8	28.8	89.5	ILO
	2005	48.8	27.8	69.7	69.3	63.1	75.8	34.6	12.9	56.8	34.8	2.8	66.5	44.3	8.0	78.1	62.0	29.1	89.6	ILO
	2006	48.9	28.6	69.1	70.4	64.9	76.1	34.2	13.6	55.3	34.3	3.0	65.3	44.4	8.5	78.0	62.3	29.3	89.9	ILO
	2007	48.6	28.3	68.8	70.2	64.5	76.1	34.2	13.4	55.4	33.6	2.9	64.0	44.5	8.8	77.8	62.1	29.3	89.8	ILO
	2008	48.5	28.5	68.4	70.5	65.0	76.2	34.0	13.5	54.8	33.1	2.9	63.1	44.5	9.1	77.7	62.2	29.4	89.8	ILO

	年份	15+			15—24			25—34			35—54			55—64			65+			统计类型
		MF	M	F	MF	M	F	MF	M	F	MF	M	F	MF	M	F	MF	M	F	
突尼斯	1980	50.2	19.8	80.9	52.0	29.4	75.7	42.3	3.6	78.2	44.8	3.1	84.4	57.1	28.7	88.9	80.2	67.5	95.9	R
	1990	52.1	24.9	79.4	58.6	43.9	73.7	39.1	4.2	73.6	44.1	3.6	82.6	61.5	31.8	90.9	81.0	67.0	96.8	ILO
	2000	52.3	28.4	76.2	63.4	52.3	75.1	36.6	8.0	64.3	40.4	4.9	76.0	63.8	36.8	90.0	82.0	67.2	96.6	ILO
	2004	52.6	30.0	75.2	66.4	55.4	77.8	35.7	10.9	60.8	40.0	6.2	72.8	64.3	38.9	89.5	83.1	68.6	96.5	ILO
	2005	52.7	30.4	74.9	67.0	56.1	78.4	35.6	11.7	59.9	39.8	6.6	71.9	64.4	39.4	89.4	83.4	69.0	96.5	ILO
	2006	52.6	30.5	74.5	67.1	56.6	78.2	35.3	11.8	59.2	39.7	6.8	71.4	64.7	40.2	89.3	83.7	69.4	96.5	ILO
	2007	52.5	30.2	74.7	67.5	57.3	78.2	34.4	11.0	58.4	40.4	6.7	72.7	63.5	38.5	88.9	83.8	69.6	96.5	ILO
	2008	52.4	30.1	74.4	67.7	57.8	78.1	34.0	11.1	57.7	40.3	6.8	72.3	63.4	38.5	88.8	84.0	69.8	96.4	ILO
撒哈拉以南非洲																				
东非																				
布隆迪	1980	13.4	13.0	13.7	21.5	21.9	21.1	4.0	3.7	4.3	5.1	4.3	5.7	9.6	8.8	10.3	36.4	29.6	41.0	ILO
	1990	9.6	9.9	9.4	18.3	21.0	15.6	2.9	2.0	3.7	2.6	1.5	3.5	6.4	5.1	7.3	24.2	21.2	26.2	R
	2000	8.7	7.9	9.4	14.6	15.7	13.5	3.1	1.4	4.6	3.1	1.2	4.8	6.0	3.7	7.5	21.6	19.0	23.1	ILO
	2004	9.9	9.5	10.2	17.4	18.7	16.2	2.9	1.5	4.3	2.8	1.2	4.3	6.0	4.1	7.4	22.6	21.8	23.1	ILO
	2005	10.0	9.6	10.4	17.9	19.0	16.8	2.9	1.4	4.3	2.8	1.2	4.2	6.0	4.1	7.3	22.7	22.6	22.8	ILO
	2006	10.1	9.8	10.5	18.4	19.5	17.3	2.9	1.5	4.2	2.7	1.2	4.1	6.0	4.2	7.3	22.9	23.1	22.8	ILO
	2007	10.1	9.5	10.5	18.4	19.2	17.6	2.9	1.5	4.2	2.8	1.2	4.2	5.9	4.1	7.2	22.9	22.9	22.8	ILO
	2008	10.1	9.5	10.7	18.9	19.5	18.2	2.9	1.5	4.2	2.7	1.2	4.1	5.9	4.2	7.2	22.9	23.1	22.8	ILO
科摩罗	1980	24.6	13.0	35.9	34.6	28.4	40.9	16.9	2.8	31.4	14.3	2.0	26.4	21.9	4.8	37.0	43.3	18.7	62.4	R
	1990	25.1	13.9	36.2	36.7	30.8	42.7	16.5	2.8	30.3	13.7	2.0	25.4	21.8	5.0	36.8	44.0	19.6	62.6	ILO
	2000	27.6	17.1	38.0	44.2	38.0	50.5	15.8	2.7	29.1	12.6	1.9	23.4	21.2	5.3	36.0	45.2	24.2	61.2	ILO
	2004	27.1	16.7	37.3	44.6	38.3	51.1	15.5	2.7	28.5	12.3	1.9	22.7	21.1	5.5	35.8	45.5	25.3	61.1	ILO
	2005	26.9	16.5	37.1	44.8	38.5	51.2	15.5	2.7	28.3	12.2	1.9	22.5	21.1	5.5	35.8	45.6	25.5	61.1	ILO
	2006	26.7	16.3	37.0	45.0	38.7	51.5	15.5	2.7	28.3	12.2	1.9	22.5	21.0	5.5	35.6	45.6	25.8	61.0	ILO
	2007	26.5	16.4	36.5	45.7	39.7	51.9	15.2	2.7	27.7	11.9	1.9	21.8	20.8	5.6	35.3	46.0	26.6	61.0	ILO
	2008	26.3	16.3	36.2	46.3	40.4	52.3	15.0	2.8	27.4	11.7	1.9	21.4	20.7	5.6	35.1	46.1	27.0	61.0	ILO
吉布提	1980	28.7	18.0	39.0	38.8	32.8	44.7	17.7	5.5	29.8	17.1	4.4	29.6	29.6	12.8	44.4	87.7	75.4	97.1	ILO
	1990	29.7	18.5	40.5	40.3	33.6	47.2	17.9	5.2	30.5	17.1	4.1	29.8	29.2	12.5	44.2	88.4	77.2	96.9	ILO
	2000	31.1	20.7	41.3	45.9	39.5	52.5	17.0	5.3	28.8	15.9	4.1	27.5	29.1	13.4	43.5	89.7	80.4	96.9	ILO
	2004	32.3	22.3	42.2	49.8	43.4	56.3	16.5	5.1	28.0	15.2	4.0	26.3	29.1	13.9	43.1	90.6	82.6	96.8	ILO
	2005	32.6	22.8	42.3	50.9	44.6	57.2	16.3	5.2	27.6	15.0	4.0	25.8	29.1	14.1	43.0	90.8	83.1	96.8	ILO
	2006	32.9	23.4	42.2	52.0	46.1	58.1	16.1	5.3	27.0	14.7	4.0	25.1	29.3	14.6	42.9	91.0	83.6	96.8	ILO
	2007	32.9	23.2	42.5	52.0	45.8	58.3	16.1	5.1	27.4	14.6	3.9	25.2	29.1	13.9	43.1	91.3	84.4	96.7	ILO
	2008	33.0	23.4	42.5	52.5	46.4	58.7	16.1	5.1	27.3	14.5	3.9	24.8	29.1	13.9	43.2	91.6	85.1	96.7	ILO
厄立特里亚	1980	28.4	10.4	45.0	32.1	19.9	43.2	24.6	2.6	43.2	22.9	2.7	42.8	26.9	7.9	45.5	52.0	35.1	67.3	ILO
	1990	29.5	12.4	45.2	33.9	22.5	45.5	23.6	2.7	42.7	23.7	2.7	42.0	27.9	8.0	45.3	54.2	36.3	67.2	ILO
	2000	29.6	13.8	44.1	34.7	23.3	46.1	21.3	3.2	39.5	22.9	3.0	38.7	28.9	8.8	44.8	56.8	37.2	68.8	ILO
	2004	29.9	14.3	44.3	38.6	27.2	49.8	20.6	3.2	38.1	21.3	2.9	36.9	29.3	9.5	44.5	57.9	40.4	68.5	ILO
	2005	29.9	14.3	44.3	39.2	27.8	50.3	20.6	3.2	38.0	21.1	2.9	36.6	29.4	9.6	44.4	58.0	40.8	68.5	ILO
	2006	29.8	14.1	44.3	39.3	27.9	50.5	20.6	3.1	38.1	20.9	2.8	36.7	29.5	9.6	44.4	58.0	41.0	68.3	ILO
	2007	30.0	14.2	44.7	40.2	28.4	51.8	20.6	2.8	38.2	21.0	2.7	37.3	29.5	9.6	44.1	58.8	46.4	66.2	ILO
	2008	30.0	14.2	44.7	40.5	28.6	52.2	20.5	2.7	38.2	20.9	2.6	37.3	29.6	9.6	44.0	59.0	48.5	65.3	ILO
埃塞俄比亚	1980	27.7	13.5	41.4	35.8	28.9	42.7	22.0	4.7	39.1	20.4	3.0	37.4	25.9	7.0	43.3	44.7	23.4	62.4	ILO
	1990	24.2	11.2	36.8	30.0	22.7	37.2	19.1	4.2	33.7	18.2	2.5	33.4	23.6	6.5	39.4	42.0	21.4	58.8	ILO
	2000	18.5	9.2	27.5	21.0	16.3	25.8	10.4	2.2	18.6	13.0	2.4	23.2	25.7	7.5	42.4	53.3	32.4	70.6	ILO
	2004	16.1	9.0	22.9	20.7	17.3	24.2	8.5	2.6	14.4	9.4	1.8	16.6	19.0	5.0	31.9	45.5	25.3	62.3	ILO
	2005	15.6	9.0	21.9	20.7	17.5	23.9	8.1	2.7	13.5	8.6	1.7	15.2	17.5	4.5	29.6	43.6	23.7	60.1	R
	2006	15.7	9.6	21.7	21.5	18.7	24.3	7.8	2.8	12.7	8.2	1.8	14.3	17.6	4.7	29.5	44.0	23.9	60.6	ILO
	2007	15.1	9.2	20.9	20.5	17.5	23.4	7.3	2.5	12.1	7.2	1.7	12.5	19.0	5.2	31.8	44.4	24.1	61.3	ILO
	2008	14.8	9.2	20.2	20.4	17.6	23.2	7.0	2.5	11.5	6.6	1.7	11.3	18.3	5.1	30.4	43.7	23.9	60.1	ILO
肯尼亚	1980	17.5	9.5	25.3	22.8	16.2	29.4	12.1	2.8	21.2	9.2	2.9	15.4	16.1	6.8	25.7	40.0	23.3	55.4	ILO
	1990	17.9	10.2	25.4	24.1	17.7	30.5	11.8	2.9	20.4	9.0	2.8	14.9	16.5	7.0	25.6	40.7	24.3	55.9	ILO
	2000	18.9	12.0	25.6	27.0	22.0	32.1	11.1	3.0	19.3	8.8	3.0	14.3	17.6	7.4	26.9	43.8	27.3	58.6	ILO
	2004	19.5	12.8	26.1	29.2	24.1	34.3	10.7	3.0	18.6	8.5	3.0	13.7	17.3	7.6	26.1	44.8	28.9	58.7	ILO
	2005	19.5	12.8	26.1	29.3	24.2	34.4	10.7	3.0	18.6	8.5	3.0	13.7	17.3	7.6	26.0	44.9	29.0	58.6	ILO
	2006	19.4	12.8	25.9	29.3	24.3	34.3	10.6	3.1	18.4	8.4	3.0	13.5	17.3	7.7	26.0	45.1	28.9	58.9	ILO
	2007	19.5	12.9	26.0	29.7	24.7	34.8	10.5	3.0	18.2	8.3	3.0	13.4	17.4	7.6	26.2	45.6	30.2	58.8	ILO
	2008	19.4	12.8	25.9	29.9	24.9	34.9	10.5	3.1	18.0	8.2	3.0	13.3	17.5	7.6	26.2	45.9	30.7	58.9	ILO
马达加斯加	1980	18.1	15.6	20.5	32.6	34.7	30.5	8.2	5.5	11.0	6.8	1.7	12.0	11.4	7.1	16.8	28.8	17.4	40.6	ILO
	1990	17.9	15.1	20.8	32.0	32.9	31.1	8.2	4.9	11.5	7.1	1.5	12.6	11.8	6.9	16.8	27.8	18.0	38.6	ILO
	2000	17.4	14.0	20.8	31.4	31.4	31.4	8.3	4.6	12.1	7.3	1.4	13.1	12.1	6.8	17.0	27.9	18.7	37.0	ILO
	2004	15.2	12.2	18.2	29.2	28.8	29.5	6.4	2.7	10.0	5.0	0.7	9.3	5.9	3.5	8.1	31.9	21.7	41.5	ILO
	2005	13.5	10.9	16.1	26.3	25.9	26.8	4.9	1.6	8.2	3.6	0.5	6.6	2.8	1.9	3.7	36.0	24.3	46.9	R
	2006	13.7	11.2	16.2	26.9	26.7	27.2	4.8	1.6	8.0	3.5	0.5	6.4	2.8	2.0	3.7	36.3	24.5	47.0	ILO
	2007	14.9	11.7	18.0	28.4	27.4	29.4	5.6	2.0	9.3	4.4	0.6	8.1	3.9	2.3	5.4	38.2	26.0	49.3	ILO
	2008	14.5	11.5	17.3	27.7	26.8	28.6	5.2	1.7	8.7	3.9	0.5	7.2	3.1	2.1	4.0	39.0	26.9	49.8	ILO

	年份	15 +			15—24			25—34			35—54			55—64			65 +			统计类型
		MF	M	F	MF	M	F	MF	M	F	MF	M	F	MF	M	F	MF	M	F	
马拉维	1980	12.3	10.3	14.1	20.4	21.5	19.3	6.5	2.8	9.8	6.0	2.8	8.8	9.6	5.9	12.7	22.5	14.8	28.7	ILO
	1990	22.2	20.2	24.0	44.1	48.5	39.8	12.6	5.6	19.0	7.8	2.6	12.6	7.5	3.4	11.1	16.5	9.9	21.9	ILO
	2000	22.2	20.6	23.7	45.3	49.6	41.1	11.4	4.8	17.4	7.0	1.9	11.8	6.0	2.4	9.6	11.3	5.8	16.0	ILO
	2004	21.6	19.9	23.2	43.9	48.2	39.6	11.5	5.0	17.8	7.3	1.9	12.1	6.1	2.3	9.7	11.1	5.2	16.2	ILO
	2005	21.6	19.9	23.2	43.9	48.2	39.6	11.5	5.0	17.8	7.3	1.9	12.1	6.1	2.3	9.7	11.1	5.2	16.2	ILO
	2006	21.8	20.3	23.1	44.4	49.1	39.7	11.3	5.2	17.5	7.2	2.0	11.8	6.2	2.4	9.7	11.3	5.1	16.6	ILO
	2007	21.6	19.9	23.3	43.8	48.1	39.6	11.4	4.8	18.0	7.4	1.9	12.2	6.0	2.2	9.6	10.9	5.0	15.9	ILO
	2008	21.7	20.0	23.4	43.9	48.2	39.6	11.3	4.8	18.0	7.4	1.9	12.2	6.1	2.2	9.6	10.9	5.0	15.8	ILO
毛里求斯	1980	40.4	14.1	65.4	41.2	17.4	65.1	29.1	1.5	56.1	34.2	4.5	62.3	58.6	35.0	79.4	92.9	86.2	97.2	ILO
	1990	39.5	18.0	60.4	43.5	27.4	60.0	26.1	3.1	50.6	29.3	4.1	54.0	57.8	37.2	76.3	89.3	81.7	94.2	R
	2000	40.4	20.1	60.0	50.7	37.4	64.4	24.9	3.2	47.2	27.0	4.1	50.2	58.0	36.6	76.4	90.2	81.8	95.6	ILO
	2004	42.3	22.8	61.1	54.5	44.4	64.9	25.3	3.7	47.2	27.4	4.6	50.6	60.4	39.2	79.3	92.7	86.9	96.4	R
	2005	41.9	23.6	59.6	55.7	47.0	64.6	23.4	4.4	42.7	26.9	4.9	49.4	59.0	38.3	77.6	92.2	86.6	95.9	R
	2006	42.1	24.3	59.3	55.7	48.1	63.4	23.0	4.5	41.7	27.2	5.5	49.4	58.6	38.1	77.0	92.5	86.6	96.3	R
	2007	41.6	23.8	58.7	52.0	45.4	58.8	23.0	4.2	42.0	26.5	4.2	49.3	60.3	41.1	77.7	93.5	89.2	96.2	ILO
	2008	42.0	24.7	58.6	52.9	47.1	58.7	22.6	4.3	41.2	26.5	4.2	49.1	61.0	42.6	77.8	94.1	90.7	96.3	ILO
莫桑比克	1980	12.7	11.5	13.8	25.9	29.5	22.5	5.7	1.8	9.3	4.2	1.2	7.0	6.6	2.3	10.2	15.6	7.9	21.5	R
	1990	14.7	15.8	13.7	26.0	31.6	20.7	7.5	6.1	8.7	6.2	4.4	7.7	9.0	5.8	11.6	18.2	12.3	22.4	ILO
	2000	16.4	20.6	12.7	26.2	34.3	18.4	10.6	14.2	7.8	9.2	10.9	7.7	12.0	11.0	12.7	20.7	16.2	24.1	ILO
	2004	16.7	21.8	12.2	26.8	36.4	17.4	10.8	15.3	7.0	9.1	11.5	7.1	12.4	11.7	12.9	21.6	15.5	26.0	ILO
	2005	16.8	22.2	12.0	27.0	37.0	17.1	10.9	15.6	6.8	9.1	11.7	7.0	12.5	11.8	13.0	21.8	15.4	26.5	ILO
	2006	16.9	22.5	12.0	27.2	37.6	16.9	11.0	15.9	6.7	9.1	11.8	6.9	12.6	12.0	13.1	22.0	15.2	26.9	ILO
	2007	16.9	22.5	11.9	27.3	37.5	17.0	11.1	16.0	6.6	9.1	12.0	6.7	12.3	11.5	12.9	22.0	15.3	26.9	ILO
	2008	17.0	22.6	11.9	27.3	37.7	17.0	11.2	16.2	6.6	9.0	12.1	6.6	12.3	11.5	13.0	22.1	15.2	27.1	ILO
留尼汪	1980	46.5	28.2	63.5	49.4	40.1	58.3	30.3	7.0	52.4	37.4	11.9	62.1	64.3	46.2	80.1	97.4	94.3	99.4	ILO
	1990	45.1	33.0	56.4	56.7	52.3	61.0	21.1	7.7	34.2	29.8	13.1	46.3	70.9	59.4	81.2	98.3	96.4	99.5	R
	2000	42.3	33.9	50.2	65.0	62.3	67.8	16.6	7.7	24.7	22.0	11.2	32.7	65.8	58.4	72.6	97.8	96.6	98.6	ILO
	2004	42.8	35.0	50.0	65.5	63.3	67.7	16.0	8.1	23.4	21.5	11.7	31.1	65.9	59.2	71.8	97.9	96.8	98.6	ILO
	2005	42.9	35.4	49.9	65.5	63.5	67.6	15.8	8.2	23.0	21.4	11.9	30.6	65.8	59.3	71.6	97.9	96.8	98.6	ILO
	2006	43.1	35.7	49.9	65.6	63.6	67.6	15.6	8.3	22.6	21.4	12.0	30.3	65.7	59.4	71.3	98.0	96.9	98.6	ILO
	2007	43.0	35.8	49.6	65.7	63.8	67.6	15.3	8.2	22.1	20.8	11.9	29.3	65.0	59.0	70.3	97.9	96.9	98.5	ILO
	2008	43.1	36.1	49.6	65.7	63.9	67.5	15.1	8.3	21.7	20.6	12.0	28.8	64.8	58.9	69.9	97.9	96.9	98.4	ILO
卢旺达	1980	16.4	16.5	16.3	28.0	29.7	26.4	5.4	5.0	5.7	3.9	3.0	4.7	13.7	11.7	15.2	45.5	41.0	48.3	ILO
	1990	13.4	12.2	14.5	21.1	21.5	20.8	5.5	4.5	6.4	4.3	2.8	5.6	14.0	10.7	16.7	42.9	35.5	47.8	ILO
	2000	15.7	14.8	16.5	26.1	26.3	25.9	5.3	4.2	6.3	4.0	2.6	5.2	14.0	11.0	16.3	44.0	39.8	46.5	ILO
	2004	18.8	19.0	18.5	32.5	33.8	31.2	5.1	4.7	5.4	3.6	2.8	4.4	14.2	12.5	15.5	46.3	45.2	47.0	ILO
	2005	19.1	19.6	18.7	33.4	35.0	31.8	5.1	4.9	5.3	3.6	2.8	4.2	14.3	12.8	15.4	46.8	46.1	47.2	ILO
	2006	19.2	19.8	18.6	33.9	35.7	32.0	5.1	5.0	5.2	3.6	2.9	4.2	14.3	13.1	15.3	47.1	46.6	47.4	ILO
	2007	19.3	19.9	18.8	35.0	36.7	33.3	5.0	5.0	5.1	3.6	2.8	4.2	14.0	12.2	15.2	47.7	48.5	47.2	ILO
	2008	19.2	19.9	18.6	35.4	37.3	33.5	5.0	5.0	5.0	3.5	2.9	4.1	13.9	12.3	15.1	48.1	49.4	47.3	ILO
索马里	1980	28.9	10.0	47.0	31.7	18.2	44.9	24.9	2.1	47.0	24.7	2.3	46.3	27.1	6.9	45.6	52.0	36.7	64.5	ILO
	1990	29.8	10.6	48.2	33.7	19.5	47.8	25.2	2.0	47.8	24.9	2.1	46.6	26.8	6.8	45.4	52.4	39.2	63.2	ILO
	2000	29.5	11.3	47.0	35.5	21.6	49.3	23.7	2.2	44.7	23.2	2.3	43.2	27.3	7.6	44.9	53.8	40.8	64.5	ILO
	2004	29.5	11.8	46.4	36.7	23.7	49.7	23.1	2.4	43.3	22.7	2.4	42.0	27.3	7.9	44.9	54.2	40.4	65.4	ILO
	2005	29.4	11.9	46.3	36.9	24.0	49.8	23.0	2.5	43.0	22.5	2.5	41.7	27.3	8.0	44.9	54.2	40.3	65.7	ILO
	2006	29.4	12.0	46.1	36.9	24.1	49.6	22.9	2.5	42.8	22.4	2.5	41.5	27.4	8.0	44.9	54.3	40.1	65.9	ILO
	2007	29.2	11.8	45.9	36.1	23.6	48.6	22.9	2.4	43.0	22.5	2.5	41.6	27.3	7.9	44.9	54.3	40.1	65.8	ILO
	2008	29.1	11.8	45.7	35.8	23.5	48.1	22.9	2.5	42.9	22.4	2.5	41.5	27.3	7.9	44.9	54.3	40.1	65.8	ILO
坦桑尼亚联合共和国	1980	8.9	6.8	10.8	15.1	14.9	15.4	4.3	2.3	6.2	4.1	2.3	5.8	9.3	3.3	14.6	13.6	0.4	24.0	ILO
	1990	9.3	7.3	11.1	16.0	15.9	16.0	4.2	2.4	6.0	4.0	2.3	5.6	9.3	3.4	14.5	13.9	0.5	24.4	ILO
	2000	11.0	8.8	13.1	17.8	17.8	17.9	4.1	2.4	5.8	3.9	2.3	5.3	9.3	3.5	14.3	32.4	15.7	45.7	ILO
	2004	11.5	9.8	13.2	18.4	19.1	17.8	4.0	2.7	5.4	3.7	2.5	4.9	9.5	3.9	14.4	37.0	21.6	49.4	ILO
	2005	11.6	10.0	13.2	18.6	19.5	17.7	4.0	2.8	5.3	3.7	2.5	4.8	9.6	4.0	14.5	37.2	21.5	49.7	ILO
	2006	11.7	10.1	13.2	18.7	19.7	17.7	4.0	2.8	5.2	3.7	2.6	4.8	9.7	4.1	14.5	37.3	21.5	50.0	ILO
	2007	11.6	9.9	13.3	18.0	18.2	17.9	4.0	2.8	5.2	3.7	2.6	4.9	9.9	4.3	14.7	40.1	27.8	50.0	ILO
	2008	11.7	9.9	13.3	18.0	18.2	17.8	4.0	2.9	5.2	3.7	2.6	4.8	10.1	4.5	14.8	40.8	29.3	50.0	ILO
乌干达	1980	14.2	8.7	19.7	21.0	15.8	26.1	8.9	2.5	15.1	6.0	2.5	9.4	13.1	6.2	19.4	38.0	23.9	50.0	ILO
	1990	14.4	8.6	20.0	20.4	15.3	25.5	9.0	2.5	15.3	6.1	2.5	9.5	13.1	6.1	19.6	37.9	23.5	49.9	ILO
	2000	14.2	9.2	19.0	19.1	15.5	22.7	8.5	3.1	14.0	5.9	3.0	8.7	13.7	6.8	19.8	38.6	20.9	53.4	ILO
	2004	14.3	9.5	19.0	19.4	16.1	22.8	8.3	3.3	13.5	5.8	3.0	8.4	14.2	7.2	20.1	39.0	20.9	54.0	ILO
	2005	14.4	9.7	19.0	19.6	16.4	22.9	8.3	3.3	13.4	5.7	3.1	8.4	14.3	7.3	20.1	39.2	20.9	54.2	ILO
	2006	14.4	9.8	19.0	19.8	16.7	23.0	8.3	3.4	13.2	5.7	3.1	8.2	14.4	7.4	20.1	39.3	21.0	54.3	ILO
	2007	14.3	9.8	18.8	19.6	16.6	22.6	8.3	3.5	13.1	5.6	3.1	8.2	14.4	7.4	20.1	39.3	20.8	54.4	ILO
	2008	14.3	9.9	18.7	19.7	16.8	22.6	8.2	3.6	13.0	5.6	3.2	8.1	14.5	7.5	20.1	39.4	20.8	54.5	ILO

	年份	15+			15—24			25—34			35—54			55—64			65+			统计类型
		MF	M	F	MF	M	F	MF	M	F	MF	M	F	MF	M	F	MF	M	F	
赞比亚	1980	34.7	15.7	53.2	44.9	27.4	62.4	29.9	8.0	51.7	27.6	8.5	46.2	27.2	7.8	44.7	36.9	21.6	49.7	ILO
	1990	30.1	18.6	41.3	42.0	31.1	52.9	22.2	10.1	34.1	21.1	8.8	33.0	25.6	16.8	33.7	37.0	24.0	47.5	ILO
	2000	30.1	18.9	40.9	41.3	30.8	51.8	22.1	10.6	33.7	21.5	8.4	33.7	26.1	18.8	32.9	36.2	24.9	45.5	ILO
	2004	29.9	19.6	40.0	41.2	31.6	50.9	21.5	11.1	32.2	20.9	8.9	32.0	26.4	19.3	32.8	36.6	24.1	46.9	ILO
	2005	29.9	19.8	39.7	41.4	32.0	50.9	21.3	11.3	31.6	20.6	9.0	31.4	26.4	19.4	32.7	36.8	24.1	47.2	ILO
	2006	29.9	20.1	39.5	41.7	32.5	50.9	21.1	11.5	31.0	20.4	9.2	30.9	26.5	19.5	32.7	37.0	24.0	47.6	ILO
	2007	29.7	19.3	39.9	40.6	31.2	50.0	21.5	10.8	32.6	20.7	8.6	32.2	26.5	19.3	32.8	36.9	24.0	47.4	ILO
	2008	29.6	19.3	39.7	40.3	31.2	49.5	21.5	10.8	32.5	20.5	8.7	32.0	26.6	19.3	32.9	36.9	24.0	47.5	ILO
津巴布韦	1980	26.2	20.4	31.9	43.2	42.8	43.5	17.3	8.0	26.5	12.0	2.3	21.4	13.5	6.6	19.9	29.9	17.5	40.3	ILO
	1990	26.1	20.1	32.0	45.3	43.6	47.0	15.4	5.6	24.9	10.7	2.5	18.6	13.7	7.7	19.3	31.6	20.8	40.7	ILO
	2000	29.1	21.6	36.1	45.4	40.3	50.5	17.1	4.4	29.4	13.7	5.0	20.7	18.9	13.6	23.6	38.3	29.7	45.4	ILO
	2004	30.8	22.1	38.6	44.6	38.8	50.3	17.1	3.4	30.8	15.6	4.7	23.5	21.6	13.2	28.1	49.0	39.5	56.6	ILO
	2005	31.2	22.5	39.1	45.3	39.3	51.3	17.1	3.3	30.9	15.6	4.7	23.4	21.7	13.2	28.0	49.2	40.3	56.3	ILO
	2006	31.7	22.7	39.7	46.0	39.6	52.4	17.1	3.2	31.1	15.6	4.6	23.5	21.7	13.1	27.9	49.4	41.2	55.9	ILO
	2007	32.1	22.5	40.6	44.8	38.1	51.5	17.6	3.3	31.9	17.0	5.4	25.2	23.9	14.3	30.4	53.3	43.3	61.1	ILO
	2008	32.2	22.4	40.9	44.9	37.9	51.7	17.7	3.3	32.0	17.1	5.5	25.5	24.3	14.4	30.6	54.2	44.1	62.0	ILO
中非																				
安哥拉	1980	18.6	9.2	27.5	22.4	14.6	30.1	14.4	3.2	25.1	12.1	3.5	20.3	20.3	11.5	27.9	45.3	29.5	57.6	ILO
	1990	18.3	9.9	26.1	22.0	15.7	28.2	13.5	3.9	22.8	11.5	3.9	18.6	20.9	12.7	28.1	46.1	27.6	60.4	ILO
	2000	18.4	9.3	27.1	22.0	14.7	29.3	14.1	3.3	24.6	12.0	3.5	20.0	20.4	11.8	28.0	45.5	28.8	58.4	ILO
	2004	18.5	9.9	26.7	22.8	15.9	29.6	13.6	3.6	23.4	11.6	3.7	18.9	20.7	12.4	28.0	46.1	28.9	59.3	ILO
	2005	18.6	10.3	26.4	23.2	16.7	29.7	13.4	3.8	22.6	11.3	3.9	18.3	20.9	12.9	28.0	46.4	28.8	60.0	ILO
	2006	18.6	11.1	25.8	23.9	18.1	29.6	12.9	4.2	21.4	10.9	4.1	17.2	21.2	13.6	27.9	47.0	28.6	61.3	ILO
	2007	18.4	10.8	25.6	23.7	17.6	29.8	12.5	3.9	20.9	10.6	4.1	16.7	21.3	14.5	27.4	47.0	28.9	61.0	ILO
	2008	18.3	11.2	25.2	24.0	18.1	29.8	12.2	4.0	20.1	10.2	4.2	16.0	21.5	15.3	26.9	47.1	28.9	61.2	ILO
喀麦隆	1980	32.5	21.7	42.8	46.8	43.0	50.5	23.5	13.0	33.8	19.1	5.1	32.4	35.2	16.7	51.8	49.6	24.9	69.8	ILO
	1990	34.4	21.0	47.2	50.8	40.4	61.3	25.9	10.6	40.9	18.9	4.2	33.1	27.4	10.9	42.4	50.6	37.9	60.9	ILO
	2000	35.1	22.3	47.5	54.8	44.3	65.4	25.4	10.4	40.5	18.1	4.0	31.8	27.3	11.4	41.9	39.9	30.7	47.4	ILO
	2004	35.3	23.2	47.3	56.4	46.3	66.6	24.9	10.6	39.5	17.5	4.1	30.5	27.5	12.0	41.6	38.4	30.1	45.1	ILO
	2005	35.4	23.4	47.2	56.9	46.9	66.9	24.8	10.7	39.2	17.3	4.1	30.2	27.5	12.1	41.5	38.6	30.6	45.2	ILO
	2006	35.5	23.7	47.2	57.4	47.6	67.3	24.7	10.8	38.9	17.1	4.2	29.8	27.6	12.3	41.4	38.9	31.1	45.4	ILO
	2007	36.3	24.7	47.7	58.1	49.2	67.2	24.6	11.0	38.4	16.9	4.3	29.3	27.4	12.3	41.1	48.2	38.2	56.4	ILO
	2008	36.3	25.0	47.5	58.6	50.0	67.3	24.5	11.1	38.1	16.7	4.3	29.0	27.4	12.5	40.9	48.2	38.2	56.4	ILO
中非共和国	1980	22.0	13.5	30.2	37.7	31.6	43.7	16.6	4.0	28.9	10.8	2.0	19.1	13.6	7.1	19.5	27.9	18.1	35.8	ILO
	1990	21.9	12.4	30.9	35.0	28.0	41.8	17.5	3.6	30.9	11.7	1.9	20.9	13.5	6.5	19.7	27.1	17.3	34.8	ILO
	2000	22.5	12.7	31.6	35.9	28.5	43.1	17.5	3.4	31.2	11.8	1.8	21.1	13.4	6.4	19.6	27.1	18.0	34.2	ILO
	2004	22.7	12.4	32.3	35.5	27.3	43.5	18.0	3.1	32.6	12.3	1.7	22.1	13.3	6.1	19.6	26.6	18.3	33.1	ILO
	2005	22.7	12.5	32.3	35.7	27.5	43.7	17.9	3.2	32.5	12.2	1.7	21.9	13.3	6.1	19.6	26.7	18.4	33.2	ILO
	2006	22.8	12.7	32.3	36.0	28.0	44.0	17.8	3.2	32.1	12.0	1.7	21.6	13.4	6.2	19.6	26.8	18.5	33.3	ILO
	2007	22.7	12.4	32.4	35.6	27.3	43.7	17.9	3.2	32.5	12.2	1.7	21.9	13.4	6.2	19.6	26.7	18.4	33.2	ILO
	2008	22.7	12.3	32.4	35.6	27.2	43.7	17.9	3.1	32.5	12.2	1.7	22.0	13.4	6.1	19.6	26.7	18.4	33.1	ILO
乍得	1980	39.9	8.7	69.6	47.1	18.5	75.2	37.2	1.9	72.0	38.3	2.2	73.1	32.0	6.3	54.4	31.0	16.3	42.3	ILO
	1990	29.9	15.9	43.2	43.5	36.0	50.9	24.5	6.0	42.3	20.1	2.7	37.1	20.9	5.8	34.1	31.7	14.3	44.9	ILO
	2000	27.6	19.8	35.1	42.9	43.2	42.6	21.0	8.7	33.1	15.1	3.0	26.7	17.2	5.4	28.0	31.2	14.2	44.2	ILO
	2004	25.9	22.5	29.2	44.2	48.0	40.5	16.5	10.7	22.3	10.2	3.9	16.3	17.1	7.1	26.3	33.9	13.2	49.9	ILO
	2005	25.8	22.8	28.7	44.4	48.5	40.3	16.1	10.9	21.3	9.8	4.0	15.4	17.1	7.3	26.1	34.1	13.1	50.4	ILO
	2006	25.9	22.7	28.9	44.4	48.3	40.4	16.3	10.8	21.8	10.0	3.9	15.8	17.1	7.2	26.1	33.9	13.1	50.1	ILO
	2007	26.0	22.7	29.2	44.4	48.4	40.3	16.2	10.8	21.5	10.1	3.9	16.1	18.8	6.8	29.7	33.9	13.1	50.3	ILO
	2008	25.9	22.8	28.8	44.4	48.6	40.3	15.9	10.9	20.9	9.8	4.0	15.5	18.9	6.8	29.7	34.0	13.1	50.5	ILO
刚果	1980	29.3	14.1	44.0	42.2	29.6	54.8	24.8	2.1	47.3	18.9	2.2	35.0	20.7	12.1	28.6	34.7	29.8	38.9	ILO
	1990	30.1	16.6	43.3	45.5	34.5	56.6	23.1	2.5	43.5	17.2	2.4	31.5	21.3	13.8	28.3	36.3	30.8	40.8	ILO
	2000	31.6	18.7	44.1	49.4	38.5	60.4	22.2	2.5	42.2	16.5	2.4	29.8	21.6	14.6	27.9	37.5	33.9	40.5	ILO
	2004	31.5	18.1	44.5	49.1	37.7	60.6	22.4	2.4	42.8	16.6	2.3	30.3	21.5	14.3	27.9	37.4	34.3	39.9	ILO
	2005	31.4	18.2	44.3	49.2	38.0	60.5	22.3	2.5	42.4	16.4	2.3	30.0	21.6	14.5	27.9	37.5	34.2	40.2	ILO
	2006	31.3	18.3	44.1	49.5	38.5	60.5	22.1	2.5	42.0	16.2	2.3	29.7	21.7	14.7	27.9	37.6	34.2	40.5	ILO
	2007	31.3	18.0	44.4	49.3	38.0	60.7	22.4	2.4	42.8	16.5	2.3	30.4	21.5	14.3	27.8	37.2	34.7	39.2	ILO
	2008	31.3	17.9	44.4	49.3	38.0	60.8	22.4	2.3	42.8	16.4	2.2	30.4	21.5	14.3	27.8	37.1	34.9	38.9	ILO
刚果民主共和国	1980	27.6	15.0	39.1	36.1	29.1	43.0	18.7	5.0	32.0	18.8	4.1	32.0	30.3	11.9	44.8	57.8	33.5	74.3	ILO
	1990	27.6	14.0	40.3	34.4	26.4	42.2	19.5	4.5	34.2	19.6	3.8	34.2	29.6	10.9	45.1	56.8	33.1	73.2	ILO
	2000	28.7	10.8	45.6	31.9	19.6	44.0	23.6	2.5	44.4	23.8	2.5	43.9	28.0	7.5	45.5	53.5	35.6	66.4	ILO
	2004	28.6	10.8	45.7	31.6	19.3	43.9	23.8	2.4	44.8	23.9	2.5	44.3	27.9	7.4	45.6	53.2	35.5	66.2	ILO
	2005	28.5	10.9	45.5	31.5	19.4	43.6	23.6	2.5	44.3	23.7	2.5	43.9	28.0	7.5	45.6	53.3	35.3	66.6	ILO
	2006	28.5	10.9	45.3	31.4	19.4	43.4	23.5	2.5	44.2	23.6	2.5	43.8	28.0	7.6	45.6	53.3	35.1	66.7	ILO
	2007	28.6	10.6	45.9	31.4	18.9	43.9	23.9	2.4	45.2	24.0	2.4	44.7	28.1	7.5	45.9	52.8	35.6	65.6	ILO
	2008	28.6	10.6	45.9	31.3	18.8	43.9	24.0	2.4	45.3	24.0	2.4	44.8	28.0	7.5	45.9	52.7	35.7	65.3	ILO

	年份	15 +			15—24			25—34			35—54			55—64			65 +			统计类型
		MF	M	F	MF	M	F	MF	M	F	MF	M	F	MF	M	F	MF	M	F	
赤道几内亚	1980	36.4	13.1	57.8	35.9	15.7	56.1	32.3	3.2	61.5	30.1	3.3	52.9	31.1	6.6	51.5	64.1	46.5	77.3	ILO
	1990	34.6	8.8	59.0	33.7	11.4	55.6	33.0	3.4	61.6	29.5	2.7	55.5	30.5	6.1	51.8	62.9	44.5	77.1	ILO
	2000	32.6	8.0	56.1	31.7	12.0	51.3	28.8	3.4	53.4	30.5	2.6	57.6	30.1	5.7	52.1	61.9	42.7	77.0	ILO
	2004	32.4	8.2	55.6	31.6	12.0	51.1	28.1	3.4	52.3	30.7	2.7	57.6	29.9	5.7	52.1	61.8	42.6	76.9	ILO
	2005	32.4	8.2	55.5	31.7	11.9	51.3	27.9	3.3	51.9	30.7	2.8	57.5	29.8	5.7	52.1	61.8	42.7	76.9	ILO
	2006	32.3	8.2	55.5	31.8	11.9	51.6	27.8	3.3	51.8	30.6	2.8	57.3	29.7	5.7	52.2	61.8	42.8	77.0	ILO
	2007	33.1	8.1	57.1	31.8	11.5	51.9	32.0	3.3	60.1	30.7	2.8	57.5	29.6	5.7	52.2	61.7	42.6	76.9	ILO
	2008	33.0	8.0	57.1	31.8	11.3	52.1	31.9	3.3	60.1	30.7	2.8	57.5	29.6	5.6	52.2	61.7	42.6	76.9	ILO
加蓬	1980	28.3	19.1	37.1	43.0	38.9	46.8	15.4	4.4	26.5	14.6	4.8	24.2	29.0	17.8	39.0	55.3	43.8	64.5	ILO
	1990	27.4	16.8	37.5	37.1	32.1	41.9	16.9	4.0	29.3	15.5	4.4	27.3	28.9	16.2	39.8	52.9	39.5	63.7	ILO
	2000	28.2	18.6	37.5	40.7	35.8	45.5	16.4	4.0	28.4	15.2	4.4	25.9	27.8	16.1	39.2	54.2	42.5	63.4	ILO
	2004	29.1	20.3	37.7	44.9	40.2	49.6	15.8	4.0	27.1	14.5	4.5	24.4	27.7	17.0	38.5	55.6	46.2	63.1	ILO
	2005	29.3	20.5	38.0	45.8	40.9	50.8	15.7	3.9	27.2	14.4	4.4	24.3	27.6	17.0	38.4	55.8	47.3	62.6	ILO
	2006	29.6	20.9	38.1	46.9	42.0	51.8	15.6	4.0	27.0	14.3	4.4	24.0	27.6	17.2	38.2	56.1	48.2	62.5	ILO
	2007	29.7	20.9	38.3	47.7	42.5	52.9	15.5	3.9	26.8	14.4	4.4	24.1	28.1	17.3	39.0	54.0	44.9	61.4	ILO
	2008	29.8	21.1	38.4	48.4	43.2	53.7	15.3	3.9	26.6	14.3	4.4	23.9	28.1	17.3	39.0	53.7	45.0	61.0	ILO
圣多美和普林西比	1980	41.4	18.4	63.2	51.1	35.8	66.3	28.3	2.2	52.2	29.5	4.2	54.4	41.0	8.3	72.0	67.0	38.1	88.8	ILO
	1990	43.2	22.2	63.2	55.7	39.3	72.6	27.8	4.4	48.8	28.1	3.6	50.8	42.5	14.1	70.7	75.7	58.3	89.9	ILO
	2000	46.4	29.9	62.1	64.1	50.9	77.5	23.5	5.9	41.4	24.4	4.1	41.8	46.7	19.5	70.4	78.9	65.1	90.8	ILO
	2004	45.0	29.1	60.1	63.5	50.6	76.6	22.9	6.4	39.8	23.6	4.4	40.3	47.2	19.1	69.2	79.4	65.4	91.1	ILO
	2005	44.6	28.8	59.6	63.6	50.9	76.6	22.8	6.5	39.4	23.4	4.4	40.0	47.0	18.7	68.8	79.5	65.5	91.2	ILO
	2006	44.3	28.9	59.0	64.1	51.9	76.7	22.5	6.6	38.7	23.0	4.5	39.3	46.7	18.5	68.4	79.8	65.6	91.3	ILO
	2007	43.9	29.5	57.7	65.6	54.6	76.9	21.8	6.8	36.8	21.7	4.4	36.9	46.3	18.8	67.6	80.1	66.2	91.3	ILO
	2008	43.6	29.6	56.9	66.6	56.2	77.2	21.3	7.0	35.8	21.1	4.4	36.0	46.0	18.9	67.2	80.3	66.4	91.3	ILO
南部非洲																				
博茨瓦纳	1980	37.0	18.4	53.9	39.4	30.4	48.5	27.8	8.3	47.0	35.8	8.0	58.9	43.0	13.3	65.1	64.1	38.1	80.3	ILO
	1990	40.0	22.4	56.3	50.7	40.9	60.6	25.1	7.4	42.5	32.7	8.8	54.6	48.3	19.5	69.1	64.9	40.5	80.3	ILO
	2000	41.0	30.9	50.7	61.0	57.5	64.6	24.2	12.6	36.2	25.1	10.8	38.7	41.0	23.7	55.3	64.3	47.2	75.1	R
	2004	44.7	36.6	52.6	64.3	62.2	66.4	22.8	16.1	30.1	29.7	16.9	41.7	53.4	36.2	68.0	77.0	62.6	86.3	ILO
	2005	44.9	37.3	52.2	65.2	63.8	66.7	22.7	16.6	29.3	29.4	17.2	40.8	53.6	37.0	67.8	77.2	63.2	86.5	ILO
	2006	44.9	37.6	52.0	65.8	64.7	67.0	22.6	16.8	28.9	29.1	17.3	40.4	53.6	37.3	67.5	77.5	63.8	86.5	ILO
	2007	44.4	36.5	52.1	65.0	63.8	66.2	22.7	16.5	29.5	29.5	16.8	41.7	52.7	35.6	67.3	75.3	60.2	85.4	ILO
	2008	44.2	36.5	51.9	65.1	64.1	66.2	22.8	16.7	29.3	29.4	16.9	41.6	52.7	35.7	67.1	75.1	60.1	85.3	ILO
莱索托	1980	24.8	13.8	33.1	28.6	18.6	37.8	20.7	7.8	28.9	19.7	7.3	27.9	24.6	11.0	34.8	36.3	29.0	41.5	ILO
	1990	24.8	14.8	32.4	29.1	20.1	37.3	19.7	8.7	27.1	18.8	7.4	26.4	24.4	11.9	34.8	37.2	28.3	43.2	ILO
	2000	27.0	21.2	31.6	36.1	30.4	41.6	17.6	12.4	21.5	15.9	9.4	20.0	26.3	16.2	34.3	40.6	30.9	47.5	ILO
	2004	28.1	23.8	31.6	39.1	34.6	43.4	17.1	13.7	19.9	15.1	10.0	18.1	26.8	17.2	33.8	41.8	32.4	48.6	ILO
	2005	28.3	24.1	31.7	39.6	35.3	43.8	17.0	13.8	19.7	14.9	10.1	17.9	26.8	17.4	33.7	42.0	32.7	48.7	ILO
	2006	28.6	24.9	31.5	40.4	36.7	44.1	17.0	14.4	19.2	14.7	10.3	17.4	27.1	17.9	33.6	42.4	32.9	49.3	ILO
	2007	29.1	25.0	32.4	41.2	37.5	44.8	16.7	14.2	18.9	15.8	9.4	19.7	27.4	16.6	34.8	43.2	35.1	49.1	ILO
	2008	29.2	25.4	32.4	41.8	38.3	45.1	16.5	14.2	18.6	15.7	9.4	19.6	27.6	16.9	34.8	43.7	36.1	49.2	ILO
纳米比亚	1980	43.5	37.3	49.2	62.8	63.2	62.4	25.2	18.6	31.2	25.8	15.5	35.6	50.0	34.8	63.2	72.2	63.5	78.3	ILO
	1990	43.9	35.7	51.5	62.8	60.1	65.5	25.2	14.7	34.9	26.1	12.8	37.9	49.0	32.5	63.6	71.8	66.8	75.4	ILO
	2000	44.3	36.4	51.7	69.4	66.8	72.0	25.8	16.1	35.2	23.8	10.6	35.2	45.2	31.2	57.2	67.2	60.5	72.2	R
	2004	45.2	39.1	50.8	73.4	72.4	74.3	25.0	17.6	32.5	22.3	11.2	31.9	46.3	34.2	56.5	69.2	64.2	72.8	ILO
	2005	45.4	39.8	50.6	74.3	73.8	74.9	24.8	17.9	31.8	21.9	11.4	31.1	46.6	35.0	56.2	69.7	65.3	72.9	ILO
	2006	45.6	40.5	50.4	75.4	75.3	75.4	24.6	18.3	31.1	21.4	11.6	30.1	46.9	35.9	56.0	70.3	66.4	73.1	ILO
	2007	45.2	39.8	50.2	75.1	74.7	75.5	24.4	17.8	31.2	20.5	10.9	29.0	46.8	35.3	56.1	69.9	65.7	73.0	ILO
	2008	45.1	40.0	49.9	75.5	75.2	75.8	24.2	17.9	30.5	20.0	10.9	28.3	47.0	35.7	56.1	70.1	66.1	73.0	ILO
南非	1980	45.0	33.6	56.1	58.7	51.6	65.9	29.5	19.1	40.1	31.9	18.8	44.9	57.9	40.5	73.2	83.0	65.3	94.1	ILO
	1990	46.4	36.3	56.0	63.7	59.6	67.7	28.7	18.2	39.2	30.6	17.8	43.1	57.9	41.6	72.6	88.3	77.5	94.8	ILO
	2000	47.1	38.8	55.0	70.3	67.7	72.9	27.4	18.2	36.4	28.4	17.5	38.7	59.5	45.0	72.0	90.2	85.0	93.5	ILO
	2004	47.1	39.6	54.2	71.6	69.8	73.5	26.9	19.3	34.7	28.0	18.3	37.0	60.3	46.9	71.8	84.4	74.5	90.5	ILO
	2005	47.2	40.1	53.9	72.0	70.5	73.4	26.8	19.9	34.0	27.8	18.7	36.3	60.5	47.6	71.6	84.6	74.6	90.7	ILO
	2006	47.2	40.5	53.6	72.2	71.1	73.4	26.8	20.4	33.4	27.7	19.0	35.8	60.7	48.1	71.5	84.7	74.7	90.8	ILO
	2007	46.7	39.9	53.2	72.3	71.0	73.6	26.6	20.3	33.3	27.4	18.9	35.5	60.1	47.5	70.9	79.0	68.0	85.6	ILO
	2008	46.6	40.0	52.9	72.5	71.3	73.6	26.6	20.6	32.9	27.3	19.1	35.0	60.1	47.7	70.6	77.7	66.7	84.4	ILO
斯威士兰	1980	27.4	17.6	35.4	33.9	30.7	36.8	19.6	7.5	27.7	17.8	5.5	28.6	31.4	14.7	45.3	57.9	28.1	78.5	ILO
	1990	28.6	21.1	34.6	38.5	37.4	39.5	18.1	8.9	24.5	16.7	6.3	24.7	31.6	16.2	44.9	59.2	29.8	79.9	ILO
	2000	31.5	25.9	36.4	47.5	47.3	47.6	16.3	9.3	22.0	14.8	6.4	21.6	31.6	18.7	44.0	61.2	35.6	79.8	ILO
	2004	33.9	29.4	38.0	53.0	53.6	52.5	15.4	9.6	20.6	13.8	6.4	19.7	32.2	19.6	43.2	63.2	39.6	79.7	ILO
	2005	34.5	30.2	38.3	54.2	54.9	53.4	15.3	9.7	20.3	13.5	6.5	19.3	32.4	19.9	43.0	63.7	40.5	79.7	ILO
	2006	35.0	30.9	38.6	55.1	56.0	54.2	15.1	9.9	20.1	13.3	6.5	18.9	32.6	20.2	42.8	64.0	41.3	79.8	ILO
	2007	35.3	31.5	38.8	55.7	56.5	54.9	15.0	10.0	19.7	13.0	6.6	18.2	32.8	20.9	42.6	65.1	43.9	79.8	ILO
	2008	35.6	31.9	38.9	56.2	57.0	55.4	14.8	10.1	19.4	12.7	6.6	17.8	33.0	21.5	42.4	65.7	45.5	79.8	ILO

	年份	15+			15—24			25—34			35—54			55—64			65+			统计类型
		MF	M	F	MF	M	F	MF	M	F	MF	M	F	MF	M	F	MF	M	F	
西非																				
贝宁	1980	40.4	15.9	61.9	49.4	31.9	67.1	32.2	3.3	58.3	32.4	3.3	55.5	47.0	19.0	68.3	47.7	20.2	67.8	ILO
	1990	31.4	12.1	49.0	37.4	23.4	51.7	24.9	3.9	45.9	24.7	2.5	43.5	35.8	12.7	52.5	44.1	17.1	62.5	ILO
	2000	27.5	12.2	42.2	36.2	24.6	48.0	20.4	4.4	36.9	18.5	2.2	34.3	29.7	11.6	43.5	43.3	17.6	60.2	ILO
	2004	27.7	13.2	42.1	38.6	27.3	50.2	19.7	4.6	35.4	17.2	2.3	32.5	29.7	12.2	43.3	43.8	18.7	60.4	ILO
	2005	27.8	13.4	42.1	39.1	27.9	50.8	19.5	4.6	35.1	17.0	2.3	32.2	29.7	12.4	43.2	43.9	18.9	60.4	ILO
	2006	27.9	13.6	42.1	39.7	28.5	51.3	19.4	4.6	34.9	16.8	2.3	31.8	29.6	12.5	43.2	43.9	19.2	60.4	ILO
	2007	27.9	14.0	41.7	40.2	29.6	51.1	19.2	4.8	34.3	16.5	2.4	31.2	29.3	12.1	43.2	44.2	19.9	60.5	ILO
	2008	27.9	14.3	41.5	40.6	30.4	51.2	19.0	4.8	33.9	16.3	2.4	30.7	29.1	12.3	43.2	44.4	20.5	60.5	ILO
布基纳法索	1980	16.1	7.6	24.2	17.9	11.4	24.4	11.6	2.6	19.8	11.3	2.5	18.8	19.6	7.2	31.1	44.4	27.6	61.0	ILO
	1990	16.2	8.9	22.8	20.2	15.0	25.4	10.4	2.5	17.7	8.9	1.7	14.8	19.2	7.4	28.6	45.8	27.4	61.6	ILO
	2000	16.1	9.3	22.4	21.4	16.7	26.2	9.8	2.6	16.8	8.1	1.6	13.7	19.3	7.7	28.0	47.8	27.6	62.5	ILO
	2004	16.1	9.7	22.2	22.6	18.2	27.2	9.3	2.7	15.9	7.5	1.6	12.8	19.6	8.2	28.2	48.8	28.5	63.1	ILO
	2005	16.1	9.8	22.2	22.9	18.5	27.5	9.2	2.8	15.7	7.4	1.7	12.6	19.6	8.3	28.2	49.1	28.7	63.2	ILO
	2006	16.1	9.9	22.1	23.3	18.9	27.7	9.1	2.8	15.5	7.3	1.7	12.4	19.6	8.4	28.2	49.3	28.9	63.4	ILO
	2007	16.1	9.9	22.0	23.2	19.0	27.6	9.1	2.9	15.4	7.2	1.7	12.3	19.6	8.5	28.1	49.4	29.1	63.3	ILO
	2008	16.1	10.0	21.9	23.4	19.3	27.7	9.0	2.9	15.3	7.1	1.7	12.1	19.6	8.6	28.0	49.6	29.3	63.4	ILO
佛得角	1980	42.6	19.5	60.0	42.0	25.8	56.1	30.9	4.0	47.4	37.0	5.9	57.2	46.0	11.9	73.5	69.2	44.2	87.8	ILO
	1990	39.4	14.9	58.7	36.5	20.2	52.5	28.7	3.9	49.0	38.6	5.4	58.2	48.2	11.0	73.5	68.9	41.7	87.8	R
	2000	40.5	20.5	57.0	47.6	33.9	60.9	23.8	5.0	41.3	30.0	5.7	48.0	53.0	15.4	73.3	73.5	48.2	88.9	ILO
	2004	41.2	22.9	56.6	52.4	39.7	64.9	22.9	5.3	38.8	27.9	5.9	45.3	51.9	15.7	72.4	75.9	52.5	89.0	ILO
	2005	41.2	23.9	55.8	53.9	42.1	65.5	22.3	5.8	37.0	26.9	6.3	43.5	51.7	16.3	72.0	76.5	53.0	89.4	ILO
	2006	41.2	24.4	55.5	54.9	43.6	66.1	21.9	6.0	36.2	26.4	6.5	42.7	51.3	16.5	71.4	77.0	53.8	89.5	ILO
	2007	40.9	25.3	54.2	56.6	46.8	66.3	21.4	6.1	35.2	24.5	6.3	39.6	50.3	15.7	70.4	77.2	54.0	89.4	ILO
	2008	40.8	25.8	53.6	57.7	48.9	66.4	21.0	6.2	34.4	23.8	6.4	38.5	49.8	15.6	69.6	77.5	54.3	89.5	ILO
科特迪瓦	1980	32.6	12.4	56.0	46.5	29.7	64.2	25.3	3.4	51.7	21.8	2.1	46.9	31.6	10.3	56.0	51.9	26.4	77.4	ILO
	1990	33.1	11.5	57.9	44.4	26.1	63.2	27.3	2.9	55.3	23.2	1.9	50.7	30.4	9.2	56.4	50.3	25.9	75.9	ILO
	2000	35.5	13.7	59.5	49.0	30.0	68.2	27.8	2.7	55.0	23.5	1.8	49.4	30.1	9.5	55.9	51.6	30.1	74.7	ILO
	2004	36.3	14.2	60.2	50.6	31.2	70.1	28.2	2.6	55.5	24.0	1.7	49.4	30.2	9.5	55.8	52.1	32.0	73.8	ILO
	2005	36.5	14.4	60.3	51.0	31.6	70.6	28.3	2.5	55.5	24.0	1.7	49.3	30.2	9.5	55.7	52.3	32.5	73.7	ILO
	2006	36.8	14.7	60.4	51.6	32.2	71.1	28.3	2.5	55.4	24.0	1.7	49.1	30.4	9.6	55.6	52.5	33.0	73.6	ILO
	2007	36.9	14.8	60.5	52.0	32.6	71.5	28.4	2.5	55.5	24.1	1.7	49.3	29.4	9.2	53.9	52.6	33.4	73.3	ILO
	2008	37.1	14.9	60.5	52.4	33.0	71.8	28.5	2.4	55.5	24.1	1.7	49.2	29.5	9.2	53.6	52.6	33.7	73.0	ILO
冈比亚	1980	21.5	12.9	29.7	34.4	32.6	36.1	17.1	5.5	28.0	14.3	3.7	24.6	17.6	5.9	28.8	25.8	12.0	38.6	ILO
	1990	22.0	14.1	29.7	34.7	33.3	36.1	16.9	5.8	27.5	14.1	3.9	23.9	17.7	6.1	28.7	26.2	11.9	39.1	ILO
	2000	22.8	14.9	30.3	36.7	35.0	38.3	16.7	5.7	27.3	13.9	3.8	23.6	17.7	6.2	28.5	26.5	12.8	38.5	ILO
	2004	23.1	15.5	30.3	37.9	36.5	39.4	16.4	5.8	26.8	13.6	3.8	23.0	17.8	6.4	28.4	26.9	13.2	38.6	ILO
	2005	23.2	15.7	30.4	38.3	36.9	39.7	16.4	5.8	26.6	13.6	3.8	22.8	17.8	6.4	28.4	27.0	13.3	38.7	ILO
	2006	23.3	16.1	30.2	38.9	37.8	40.0	16.2	6.0	26.2	13.4	3.9	22.4	17.9	6.6	28.3	27.2	13.4	39.0	ILO
	2007	23.3	16.5	29.8	39.2	38.4	40.1	15.8	6.2	25.2	13.0	3.9	21.7	17.8	6.7	27.9	27.3	13.4	39.1	ILO
	2008	23.3	16.8	29.6	39.6	39.0	40.2	15.6	6.4	24.7	12.8	4.0	21.2	17.7	6.8	27.7	27.4	13.5	39.2	ILO
加纳	1980	26.3	25.8	26.7	50.8	56.8	44.7	14.2	10.3	18.2	10.0	5.6	14.5	17.6	11.9	23.2	18.5	17.4	19.4	ILO
	1990	26.7	26.1	27.3	51.1	56.6	45.5	14.3	10.0	18.7	10.0	5.4	14.7	17.4	11.7	23.1	18.5	18.4	18.5	ILO
	2000	25.5	23.5	27.6	46.1	46.5	45.7	13.6	11.3	16.0	9.0	5.8	12.1	18.1	13.6	22.5	41.0	33.3	47.8	R
	2004	26.8	25.9	27.8	50.6	52.6	48.7	13.4	12.2	14.7	8.5	6.1	10.9	18.5	14.7	22.2	42.1	35.2	48.3	ILO
	2005	27.1	26.5	27.8	51.8	54.1	49.3	13.4	12.4	14.4	8.4	6.2	10.7	18.7	15.1	22.2	42.4	35.6	48.5	ILO
	2006	27.5	27.1	27.8	53.0	55.8	50.0	13.4	12.7	14.0	8.3	6.3	10.3	18.9	15.5	22.2	42.7	36.1	48.7	ILO
	2007	27.4	26.5	28.3	51.9	53.9	49.8	13.4	12.5	14.2	8.2	6.2	10.2	19.0	15.9	22.2	48.2	38.7	56.9	ILO
	2008	27.5	26.7	28.3	52.3	54.3	50.2	13.4	12.7	14.1	8.1	6.3	10.0	19.3	16.3	22.2	49.1	39.2	58.1	ILO
几内亚	1980	15.5	10.5	20.4	23.0	20.0	26.1	7.3	3.1	11.5	6.4	3.2	9.4	17.9	7.8	27.1	48.4	25.6	68.3	ILO
	1990	15.2	9.9	20.5	21.6	18.5	24.9	7.4	3.0	11.9	6.5	3.1	9.8	18.1	7.6	27.4	48.3	24.6	68.1	ILO
	2000	15.5	10.4	20.7	22.4	19.5	25.4	7.3	3.2	11.6	6.3	3.2	9.4	17.8	7.6	26.7	49.4	25.0	68.5	ILO
	2004	15.8	10.7	20.9	23.2	20.4	26.1	7.2	3.2	11.3	6.2	3.2	9.2	18.1	7.9	27.3	49.9	25.5	68.6	ILO
	2005	15.9	10.9	20.9	23.4	20.7	26.3	7.2	3.2	11.2	6.1	3.2	9.1	18.2	8.0	27.3	50.0	25.6	68.7	ILO
	2006	16.0	11.0	21.0	23.6	20.9	26.5	7.1	3.3	11.2	6.1	3.2	9.1	18.2	8.0	27.3	50.1	25.8	68.7	ILO
	2007	16.1	11.2	21.0	24.0	21.5	26.7	7.1	3.3	11.0	6.0	3.3	8.9	18.1	8.2	27.2	50.4	26.3	68.7	ILO
	2008	16.2	11.4	21.0	24.3	21.8	26.9	7.0	3.3	10.9	6.0	3.3	8.8	18.1	8.3	27.0	50.6	26.7	68.8	ILO
几内亚比绍	1980	28.9	11.8	45.3	36.9	24.4	49.3	22.3	2.7	41.5	21.8	2.6	40.2	27.6	8.4	44.8	54.7	40.0	66.6	ILO
	1990	29.4	13.6	44.6	37.9	27.5	48.2	21.5	3.1	39.6	21.1	2.8	38.7	27.9	9.0	45.0	54.7	37.5	68.6	ILO
	2000	28.1	10.9	44.7	32.1	20.3	43.9	22.7	2.9	42.2	22.7	2.8	41.8	27.6	8.1	45.3	53.4	35.6	67.7	ILO
	2004	28.3	9.9	45.9	31.0	18.6	43.4	23.9	2.4	45.0	24.0	2.6	44.4	27.4	7.4	45.6	52.4	35.2	66.3	ILO
	2005	28.2	9.9	45.9	30.8	18.5	43.1	23.9	2.4	45.1	24.1	2.6	44.5	27.4	7.4	45.6	52.3	35.0	66.3	ILO
	2006	28.2	9.8	45.9	30.6	18.3	42.9	24.0	2.4	45.2	24.1	2.6	44.7	27.4	7.3	45.7	52.2	34.8	66.3	ILO
	2007	28.5	9.6	46.7	30.2	17.4	42.9	24.6	2.3	46.6	24.8	2.5	46.1	29.1	8.5	47.9	51.0	34.9	63.9	ILO
	2008	28.5	9.6	46.8	30.0	17.1	42.8	24.7	2.3	46.9	25.0	2.4	46.5	29.2	8.4	48.1	50.5	34.9	63.3	ILO

	年份	15 +			15—24			25—34			35—54			55—64			65 +			统计类型
		MF	M	F	MF	M	F	MF	M	F	MF	M	F	MF	M	F	MF	M	F	
利比里亚	1980	31.2	16.0	45.7	42.0	35.0	48.8	22.8	2.6	42.6	20.0	2.3	37.0	30.8	9.1	50.1	50.7	23.2	72.2	ILO
	1990	30.3	13.9	45.8	39.5	31.6	47.2	23.5	2.5	43.9	20.8	2.2	38.5	30.7	8.7	50.3	50.2	22.4	71.8	ILO
	2000	30.6	14.9	45.8	40.7	33.3	48.0	23.2	2.5	43.5	20.6	2.2	38.1	30.5	8.8	50.2	50.3	22.7	71.8	ILO
	2004	30.4	15.0	45.3	40.6	33.6	47.6	22.9	2.6	42.9	20.3	2.2	37.4	30.7	9.1	50.3	50.4	22.5	72.3	ILO
	2005	30.4	15.0	45.1	40.5	33.7	47.4	22.8	2.7	42.7	20.2	2.3	37.2	30.8	9.2	50.3	50.5	22.3	72.5	ILO
	2006	30.3	14.9	45.0	40.4	33.6	47.1	22.7	2.7	42.6	20.1	2.3	37.1	30.8	9.3	50.3	50.4	22.1	72.7	ILO
	2007	30.3	15.0	44.9	40.6	33.8	47.3	22.6	2.8	42.3	20.0	2.3	36.9	30.9	9.3	50.3	50.4	22.2	72.6	ILO
	2008	30.2	15.1	44.8	40.6	33.9	47.2	22.5	2.8	42.0	19.9	2.4	36.6	31.0	9.4	50.3	50.4	22.2	72.7	ILO
马里	1980	48.2	32.0	64.3	62.3	52.9	71.7	36.6	15.6	56.8	35.1	14.7	55.8	49.6	29.8	70.8	76.8	67.4	86.4	ILO
	1990	48.0	29.8	65.6	58.2	46.6	69.8	37.7	13.9	60.2	37.6	13.7	59.5	49.4	27.5	71.4	75.4	65.6	85.6	ILO
	2000	48.1	30.6	64.6	57.8	47.1	68.5	37.7	15.0	59.1	38.1	14.1	58.8	50.9	28.2	71.2	75.2	64.0	86.3	ILO
	2004	48.5	32.5	63.5	59.6	50.4	69.0	37.1	16.4	56.8	37.2	15.1	56.3	52.3	30.3	71.0	76.0	64.4	86.9	R
	2005	48.5	32.8	63.3	60.0	50.9	69.1	37.0	16.7	56.5	37.0	15.2	55.9	52.6	30.6	71.0	76.2	64.5	87.0	ILO
	2006	48.5	33.0	63.2	60.3	51.4	69.2	37.0	16.9	56.1	36.8	15.4	55.5	52.9	30.9	71.0	76.4	64.6	87.1	ILO
	2007	48.4	33.5	62.5	61.1	53.4	68.9	36.6	17.1	55.3	35.9	14.9	54.3	52.4	29.7	71.0	76.4	64.2	87.3	ILO
	2008	48.5	33.8	62.3	61.7	54.4	68.9	36.4	17.2	54.9	35.8	14.9	54.0	52.6	29.7	71.1	76.5	64.2	87.4	ILO
毛里塔尼亚	1980	28.5	16.6	40.1	39.0	31.7	46.9	18.5	4.7	32.0	18.5	3.9	31.6	28.9	11.8	44.4	56.6	36.6	73.3	ILO
	1990	29.1	16.1	41.6	39.5	31.0	48.4	18.8	4.2	33.7	19.0	3.5	32.9	29.0	11.2	44.4	57.3	38.2	71.9	ILO
	2000	29.6	18.4	40.5	44.1	37.2	51.5	17.2	5.0	30.0	16.5	3.9	28.8	30.2	12.9	43.8	59.6	40.6	73.3	ILO
	2004	29.7	19.0	40.3	46.3	39.7	53.4	16.8	5.1	29.0	15.7	4.0	27.5	30.2	13.4	43.5	60.6	42.3	73.5	ILO
	2005	29.7	19.8	39.7	47.4	41.6	53.6	16.4	5.5	27.7	15.2	4.2	26.3	30.4	14.1	43.4	61.1	42.4	74.2	ILO
	2006	29.8	20.3	39.2	48.3	43.1	53.9	16.0	5.8	26.8	14.8	4.4	25.3	30.5	14.6	43.4	61.5	42.6	74.8	ILO
	2007	29.7	19.9	39.6	48.3	42.7	54.2	16.2	5.4	27.4	14.9	4.1	25.8	30.3	14.2	43.6	61.8	43.8	74.4	ILO
	2008	29.7	20.2	39.3	48.8	43.5	54.5	16.0	5.5	27.0	14.7	4.2	25.3	30.2	14.4	43.6	62.2	44.4	74.4	ILO
尼日尔	1980	35.8	13.4	56.9	48.2	28.3	63.2	30.1	9.2	52.8	26.1	4.4	49.1	37.2	10.0	63.7	50.8	22.8	75.0	ILO
	1990	37.2	12.6	59.5	46.6	24.6	63.9	32.0	7.7	57.0	29.1	3.7	52.9	36.5	9.1	64.0	49.2	23.5	72.8	ILO
	2000	37.1	12.2	60.9	46.2	24.0	65.3	34.8	6.8	58.6	26.6	3.4	54.4	37.3	8.1	64.0	49.1	24.7	71.4	ILO
	2004	37.0	12.2	60.8	45.7	23.9	64.9	34.4	6.9	58.7	27.1	3.4	54.5	36.6	8.2	63.9	49.6	24.4	71.5	ILO
	2005	37.0	12.3	60.7	45.6	23.9	64.8	34.3	6.9	58.6	27.3	3.4	54.4	36.4	8.2	63.8	49.7	24.3	71.6	ILO
	2006	37.0	12.4	60.6	45.5	24.0	64.7	34.2	7.0	58.4	27.4	3.4	54.2	36.1	8.3	63.7	49.9	24.3	71.7	ILO
	2007	37.0	12.4	60.6	45.4	23.8	64.8	34.2	6.9	58.6	27.6	3.4	54.4	35.8	8.3	63.6	50.0	24.3	71.6	ILO
	2008	37.0	12.4	60.6	45.2	23.8	64.8	34.2	6.9	58.6	27.7	3.4	54.4	35.5	8.4	63.6	50.0	24.3	71.6	ILO
尼日利亚	1980	43.0	24.1	61.4	69.6	57.7	81.5	32.2	7.2	57.1	23.7	2.5	44.3	24.5	8.2	39.2	57.0	26.3	81.1	ILO
	1990	44.0	24.7	62.6	67.9	56.2	79.7	35.1	6.0	63.7	22.8	1.5	43.4	30.8	10.7	49.0	61.2	49.2	70.8	ILO
	2000	44.9	26.4	63.0	69.0	57.7	80.4	34.8	6.1	63.2	22.4	1.5	42.6	30.6	10.8	48.8	61.4	50.1	70.7	ILO
	2004	45.1	28.0	61.8	71.1	61.5	80.8	33.8	7.0	60.7	20.9	1.7	39.5	31.1	11.9	48.8	62.4	50.6	72.1	ILO
	2005	45.1	28.1	61.8	71.4	61.9	81.0	33.7	7.0	60.6	20.8	1.7	39.3	31.1	11.9	48.8	62.4	50.9	72.1	ILO
	2006	45.1	28.4	61.6	71.9	62.8	81.1	33.5	7.1	60.0	20.5	1.7	38.8	31.1	12.1	48.7	62.7	51.1	72.3	ILO
	2007	45.1	28.9	61.1	72.5	64.1	81.1	33.1	7.3	59.0	20.2	1.8	38.2	31.1	12.2	48.4	62.7	51.1	72.3	ILO
	2008	45.1	29.3	60.6	73.1	65.3	81.1	32.7	7.6	58.1	19.9	1.8	37.5	31.0	12.3	48.2	62.8	51.2	72.5	ILO
塞内加尔	1980	24.0	10.5	38.0	31.9	18.5	45.4	20.5	4.3	37.2	15.0	2.3	28.7	23.8	13.6	34.5	46.2	37.0	55.1	ILO
	1990	24.3	10.0	38.5	30.8	16.5	45.0	19.9	2.4	36.9	15.3	2.1	28.8	24.3	13.1	36.1	46.0	36.5	54.9	ILO
	2000	25.4	11.2	39.2	33.3	18.7	47.9	19.5	2.5	35.7	15.3	2.1	27.7	24.8	13.8	35.8	47.2	38.8	54.8	ILO
	2004	25.8	12.1	38.9	35.5	21.1	49.8	18.7	2.7	34.0	14.6	2.1	26.0	25.4	14.8	35.6	48.3	40.2	55.4	ILO
	2005	25.9	12.5	38.8	36.1	21.9	50.3	18.4	2.8	33.4	14.4	2.2	25.5	25.6	15.1	35.6	48.6	40.5	55.7	ILO
	2006	26.0	12.6	38.8	36.6	22.4	50.8	18.3	2.8	33.3	14.3	2.1	25.3	25.7	15.2	35.6	48.8	41.0	55.7	ILO
	2007	25.9	13.0	38.2	37.1	23.2	51.1	17.8	2.9	32.3	13.6	2.2	23.9	26.1	16.1	35.3	49.2	41.8	55.7	ILO
	2008	25.8	13.2	37.9	37.6	23.8	51.4	17.6	3.0	31.6	13.2	2.2	23.1	26.3	16.7	35.2	49.5	42.3	55.7	ILO
塞拉利昂	1980	33.7	34.5	33.0	61.7	70.1	54.3	21.2	24.7	17.9	13.4	11.2	15.6	26.9	18.7	35.3	62.7	49.9	77.4	ILO
	1990	34.2	35.1	33.4	59.9	67.7	52.8	21.5	24.5	18.8	13.8	10.9	16.5	26.6	17.9	35.5	62.0	48.5	77.1	ILO
	2000	32.9	29.4	36.1	53.9	55.9	52.1	21.2	16.9	25.0	15.4	8.1	21.9	24.7	13.5	35.6	60.7	49.0	72.5	ILO
	2004	33.2	32.8	33.7	55.8	61.1	50.8	21.4	21.3	21.5	14.6	9.6	18.9	25.8	15.6	35.5	61.5	47.4	75.5	R
	2005	33.2	33.0	33.4	55.9	61.4	50.6	21.4	21.7	21.2	14.5	9.8	18.6	26.0	15.8	35.5	61.6	47.2	75.7	ILO
	2006	33.1	33.2	33.1	56.0	61.9	50.4	21.5	22.2	20.9	14.4	10.0	18.4	26.2	16.1	35.5	61.6	46.9	76.0	ILO
	2007	33.0	32.7	33.3	55.7	61.3	50.4	21.4	21.9	21.1	14.7	9.4	19.4	26.3	15.9	35.6	61.6	47.0	75.9	ILO
	2008	32.9	32.7	33.1	55.7	61.4	50.3	21.4	22.1	20.7	14.7	9.6	19.2	26.4	16.1	35.6	61.7	46.9	75.9	ILO
多哥	1980	29.1	12.4	44.9	36.9	26.4	47.2	22.7	3.1	41.8	21.3	2.6	39.2	28.9	8.0	47.4	47.2	22.8	66.2	R
	1990	29.5	11.6	46.7	35.5	23.6	47.3	24.1	2.6	45.3	22.8	2.3	42.5	28.5	7.1	47.5	46.2	23.1	64.0	ILO
	2000	30.6	12.7	47.7	38.9	26.2	51.4	23.8	2.5	44.9	22.3	2.2	41.5	28.2	7.3	47.1	46.9	25.8	63.0	ILO
	2004	30.9	13.1	48.0	40.3	27.4	53.1	23.6	2.4	44.6	22.0	2.2	40.9	28.2	7.4	46.9	47.2	27.0	62.6	ILO
	2005	30.9	13.2	48.0	40.7	27.9	53.5	23.4	2.4	44.4	21.8	2.2	40.7	28.3	7.5	46.9	47.4	27.3	62.6	ILO
	2006	31.0	13.3	48.1	41.1	28.2	54.0	23.4	2.4	44.3	21.7	2.2	40.5	28.3	7.5	46.8	47.5	27.7	62.5	ILO
	2007	31.1	13.2	48.3	41.2	28.2	54.2	23.6	2.3	44.8	21.8	2.2	40.7	28.9	7.8	47.7	47.6	28.4	62.2	ILO
	2008	31.1	13.2	48.4	41.5	28.4	54.4	23.5	2.3	44.8	21.7	2.1	40.6	28.9	7.8	47.7	47.7	28.9	62.0	ILO

	年份	15+			15—24			25—34			35—54			55—64			65+			统计类型
		MF	M	F	MF	M	F	MF	M	F	MF	M	F	MF	M	F	MF	M	F	
中东																				
巴林	1980	40.2	14.6	82.5	56.5	36.9	81.4	23.5	1.6	73.2	33.3	1.9	88.3	53.0	21.7	97.1	75.8	57.6	96.0	ILO
	1990	35.2	11.8	71.8	56.7	38.9	76.4	22.8	1.5	59.6	25.2	1.0	73.5	55.0	21.4	96.4	78.4	63.2	96.0	ILO
	2000	35.0	14.1	66.2	58.5	44.5	74.9	19.5	1.4	48.7	24.3	1.9	64.6	59.7	26.0	96.4	80.6	66.2	96.0	ILO
	2004	35.3	14.9	65.8	60.4	47.5	75.6	19.2	1.5	47.9	24.8	2.3	64.1	57.4	25.8	96.6	81.7	67.9	95.9	ILO
	2005	35.4	15.0	65.7	60.8	48.0	75.8	19.3	1.5	47.6	24.8	2.3	63.9	56.7	25.9	96.6	81.9	68.1	95.9	ILO
	2006	35.6	15.3	65.8	61.5	48.8	76.4	19.6	1.6	47.7	24.8	2.5	64.0	56.6	27.1	96.6	82.2	68.6	95.9	ILO
	2007	35.5	15.6	65.0	61.7	49.5	75.8	19.4	1.6	46.7	24.4	2.7	63.2	56.3	27.9	96.6	82.4	68.8	95.9	ILO
	2008	35.6	15.9	64.9	62.1	50.1	75.9	19.6	1.6	46.4	24.3	2.9	63.0	56.3	29.0	96.6	82.6	69.2	95.9	ILO
伊朗（伊斯兰共和国）	1980	49.1	19.7	79.6	56.3	34.4	79.5	42.5	5.3	76.3	40.4	6.5	77.8	49.6	20.1	84.6	71.5	47.6	93.8	ILO
	1990	48.2	19.9	78.5	57.8	38.0	78.6	39.1	4.5	75.0	40.2	4.7	76.8	47.2	17.3	84.1	64.4	41.8	92.5	ILO
	2000	48.6	26.4	71.6	59.1	47.4	71.2	35.8	6.9	65.1	38.6	7.4	70.7	53.5	26.4	81.9	69.0	51.8	88.4	ILO
	2004	47.7	26.3	69.9	57.4	45.8	69.1	33.7	6.5	62.5	38.3	8.1	69.4	55.6	30.2	81.2	71.9	57.9	87.5	ILO
	2005	47.4	26.1	69.4	56.9	45.3	68.5	33.3	6.3	61.9	38.2	8.3	69.1	56.1	31.2	81.0	72.7	59.4	87.3	R
	2006	47.0	26.0	68.7	56.7	45.4	68.1	33.0	6.5	60.9	38.0	8.7	68.4	56.5	31.9	80.9	72.8	59.8	87.1	ILO
	2007	46.5	25.5	68.2	55.8	44.5	67.4	32.5	5.9	60.2	37.9	8.9	68.2	57.3	33.7	80.6	74.5	63.0	86.8	ILO
	2008	46.0	25.1	67.6	55.2	43.9	66.8	32.2	5.6	59.4	37.9	9.2	67.8	57.9	35.0	80.4	75.3	64.7	86.6	ILO
伊拉克	1980	58.2	28.2	89.0	67.5	44.2	91.7	43.0	5.7	82.0	49.9	11.6	88.3	66.2	38.7	93.7	86.5	75.8	97.3	ILO
	1990	58.1	26.7	88.9	66.4	42.3	91.8	43.2	5.7	81.9	48.8	9.7	87.6	65.9	34.7	92.8	87.4	74.7	95.1	ILO
	2000	58.6	29.1	87.5	69.2	47.6	91.9	44.9	9.8	81.2	47.2	11.2	83.3	66.8	38.5	92.0	89.5	76.2	96.9	ILO
	2004	58.8	30.6	86.7	70.6	50.4	91.9	45.9	12.1	80.9	46.7	12.2	81.4	67.3	41.3	91.8	89.9	77.1	97.6	R
	2005	58.7	30.8	86.5	70.8	50.8	91.8	45.8	12.2	80.6	46.6	12.5	81.0	67.5	41.7	91.7	90.0	77.3	97.8	ILO
	2006	58.8	31.1	86.3	71.1	51.5	91.7	45.7	12.4	80.3	46.6	12.8	80.5	67.6	42.2	91.6	90.3	77.6	97.9	ILO
	2007	58.6	30.9	86.1	71.3	52.0	91.6	45.7	12.0	80.8	46.0	12.4	79.9	66.9	41.2	91.1	90.3	77.5	97.8	ILO
	2008	58.6	31.1	85.9	71.5	52.5	91.5	45.7	12.1	80.7	45.7	12.3	79.4	66.7	41.0	90.7	90.4	77.7	97.9	ILO
约旦	1980	60.5	32.5	90.3	71.9	55.4	90.4	43.5	7.0	81.8	50.4	9.3	92.5	67.2	38.5	97.0	85.7	71.2	99.9	ILO
	1990	59.2	32.1	89.2	68.8	51.5	89.3	41.4	6.9	80.0	50.1	8.8	92.3	65.9	35.5	96.8	84.5	70.0	99.8	ILO
	2000	55.8	27.8	86.4	69.8	51.0	90.2	35.5	2.3	73.1	47.3	7.8	89.2	65.5	36.9	95.8	92.1	84.8	99.7	ILO
	2004	56.7	29.7	85.5	72.0	54.9	90.3	34.9	2.6	70.4	47.0	8.4	87.7	67.5	40.4	95.7	92.9	86.2	99.5	ILO
	2005	56.6	29.8	85.1	72.2	55.4	90.2	34.7	2.7	69.7	46.9	8.6	87.3	68.0	41.2	95.7	93.0	86.4	99.5	ILO
	2006	56.4	29.8	84.6	72.4	55.8	90.0	34.4	2.8	68.9	46.8	8.9	86.9	68.5	41.9	95.7	93.1	86.5	99.5	ILO
	2007	56.7	30.2	84.8	73.9	58.2	90.4	34.6	2.8	69.2	46.8	8.8	86.9	68.0	40.7	95.6	93.7	87.9	99.5	ILO
	2008	56.6	30.2	84.5	74.5	59.3	90.5	34.5	2.9	68.8	46.7	9.0	86.7	68.3	40.9	95.6	93.8	88.3	99.4	ILO
科威特	1980	44.4	22.5	79.5	72.0	60.4	86.9	27.1	2.1	68.6	29.8	5.7	78.3	62.4	42.1	94.2	94.2	89.6	98.7	ILO
	1990	38.0	19.4	66.3	69.2	60.3	78.4	18.8	1.7	47.3	26.7	5.6	67.3	53.0	33.1	88.9	92.5	86.0	99.1	ILO
	2000	31.2	16.6	57.3	66.8	60.3	74.3	12.8	1.8	34.5	23.0	6.3	59.0	56.7	39.9	88.0	92.2	87.2	98.0	ILO
	2004	32.6	18.4	57.3	66.7	60.0	74.8	13.3	2.0	33.9	24.1	7.2	58.9	60.2	44.1	88.6	92.3	88.1	97.5	ILO
	2005	32.9	18.7	57.4	66.7	60.1	74.8	13.4	2.1	33.8	24.4	7.4	59.0	60.8	44.7	88.7	92.3	88.3	97.4	ILO
	2006	33.3	19.0	57.5	67.0	60.5	74.9	13.5	2.1	33.9	24.8	7.6	59.1	61.2	45.2	88.8	92.3	88.3	97.3	ILO
	2007	33.3	19.1	57.1	67.0	60.9	74.3	13.3	2.1	33.1	24.9	7.7	58.7	61.2	45.4	88.6	92.2	88.3	97.2	ILO
	2008	33.6	19.4	57.1	67.5	61.7	74.4	13.3	2.1	32.8	25.2	8.0	58.7	61.7	46.2	88.7	92.2	88.5	97.1	ILO
黎巴嫩	1980	49.6	17.1	80.5	59.5	32.2	86.5	35.5	2.6	66.4	40.5	1.7	77.1	48.3	8.9	86.6	76.0	51.7	96.7	ILO
	1990	49.2	17.3	78.0	59.4	32.4	86.4	34.1	2.6	62.3	41.4	1.7	73.9	48.5	9.8	86.0	76.8	52.4	96.7	ILO
	2000	50.1	21.8	76.4	64.6	43.2	85.7	33.1	3.7	59.6	39.0	3.0	70.8	54.4	19.3	88.1	78.6	59.8	96.4	ILO
	2004	50.4	23.0	75.9	65.3	45.7	85.1	32.6	4.2	59.0	39.2	3.8	70.3	57.3	22.9	88.7	79.8	62.0	96.4	ILO
	2005	50.2	22.9	75.6	65.2	45.6	85.1	32.2	4.2	58.5	39.1	3.8	70.1	57.4	22.8	88.6	79.9	62.1	96.4	ILO
	2006	50.0	22.7	75.4	65.1	45.4	85.1	31.7	4.2	57.8	38.9	3.8	69.8	57.3	22.5	88.5	80.0	62.0	96.4	ILO
	2007	50.1	23.0	75.3	65.4	46.3	85.0	31.6	4.3	57.7	39.0	4.0	69.7	57.8	23.3	88.5	80.3	62.5	96.4	ILO
	2008	50.1	23.1	75.2	65.7	46.9	85.0	31.4	4.3	57.4	39.0	4.1	69.5	58.0	23.8	88.5	80.6	62.8	96.4	ILO
阿曼	1980	47.3	19.4	80.3	60.5	44.4	78.0	28.4	1.5	70.7	41.4	2.8	84.6	66.2	27.7	95.1	87.6	73.4	98.9	ILO
	1990	43.9	18.8	80.4	62.9	48.7	79.3	27.2	2.0	70.6	32.0	4.2	83.6	66.5	35.8	95.4	90.1	76.8	99.2	ILO
	2000	42.0	20.6	76.6	62.6	49.7	77.4	22.7	2.3	63.5	28.5	5.0	79.6	64.3	41.0	95.1	88.9	78.3	98.7	ILO
	2004	43.5	22.0	75.5	64.7	53.1	76.9	25.4	2.4	61.5	28.7	5.9	78.7	65.5	44.2	95.4	88.8	79.0	98.5	ILO
	2005	43.7	22.3	75.2	64.9	53.5	76.8	25.8	2.5	61.0	29.1	6.1	78.5	65.5	44.8	95.4	88.8	79.2	98.5	ILO
	2006	44.0	22.8	75.0	64.8	53.4	76.9	26.0	2.5	60.6	29.9	6.5	78.2	65.7	45.6	95.4	88.9	79.5	98.4	ILO
	2007	44.0	22.9	74.3	64.0	52.6	76.4	25.6	2.6	59.4	30.6	6.6	77.6	65.1	45.4	95.3	88.8	79.6	98.3	ILO
	2008	44.1	23.2	73.9	63.3	51.8	76.1	25.3	2.6	58.7	31.6	6.9	77.1	64.9	45.7	95.2	88.8	79.8	98.2	ILO
巴勒斯坦被占领土	1980	62.5	35.6	90.3	72.5	53.2	94.5	48.8	12.8	86.9	51.9	13.9	86.4	67.8	43.6	92.1	86.3	79.6	92.6	ILO
	1990	61.1	33.6	90.3	70.8	50.0	94.8	48.0	12.0	87.9	50.9	12.4	87.9	68.0	40.9	92.3	80.6	78.7	82.5	ILO
	2000	61.1	33.0	89.7	72.5	52.3	93.9	48.3	13.0	86.0	48.5	13.7	85.2	70.6	44.1	92.0	89.6	80.8	96.3	ILO
	2004	59.8	33.4	86.7	74.8	57.8	92.6	44.9	12.0	79.9	44.6	10.1	81.2	68.8	43.9	91.6	90.5	82.2	96.4	R
	2005	59.3	33.1	86.2	74.4	57.3	92.5	44.4	11.3	79.5	44.3	10.3	80.3	67.4	42.9	90.4	90.6	82.2	96.6	ILO
	2006	58.9	32.7	85.7	74.0	56.7	92.2	43.9	10.7	79.1	44.0	10.6	79.4	66.1	42.0	88.9	90.7	82.2	96.7	R
	2007	59.5	33.5	86.2	75.1	58.7	92.4	44.4	11.6	79.2	43.9	9.8	80.3	67.0	42.8	90.3	91.3	82.6	97.3	ILO
	2008	59.3	33.4	85.7	75.2	59.1	92.0	44.0	11.4	78.6	43.4	9.4	79.8	66.8	42.7	90.1	91.4	82.7	97.4	ILO

	年份	15 +			15—24			25—34			35—54			55—64			65 +			统计类型
		MF	M	F	MF	M	F	MF	M	F	MF	M	F	MF	M	F	MF	M	F	
卡塔尔	1980	31.7	10.8	78.9	58.3	35.6	94.7	19.0	1.2	69.2	19.7	1.1	67.0	35.8	13.8	89.6	70.0	47.6	97.3	ILO
	1990	24.3	7.5	70.3	61.1	38.9	93.5	15.2	1.4	60.7	14.5	1.0	58.3	31.7	10.5	87.0	65.3	45.4	96.5	ILO
	2000	27.3	10.9	64.9	68.8	51.9	91.8	15.9	2.3	52.4	15.4	1.7	51.7	29.8	10.0	85.7	65.4	46.3	96.4	ILO
	2004	22.4	10.4	61.3	53.3	40.8	84.8	10.3	1.4	45.1	12.5	1.3	51.2	27.1	8.9	83.9	67.7	47.8	97.0	R
	2005	21.6	10.4	60.9	51.4	39.6	84.4	9.9	1.5	44.8	11.9	1.3	51.1	26.8	9.2	83.9	67.8	48.1	96.8	ILO
	2006	21.3	10.6	61.1	50.5	39.3	84.6	9.8	1.6	45.4	11.7	1.4	51.4	27.0	9.9	84.2	68.0	48.9	96.6	ILO
	2007	20.0	10.0	58.9	47.8	37.9	80.0	8.7	0.8	43.7	11.2	1.3	50.9	25.3	8.6	82.9	69.0	50.7	97.0	ILO
	2008	19.5	9.7	58.0	46.9	37.4	78.5	8.3	0.6	43.2	10.9	1.2	50.7	24.6	8.4	82.5	69.3	51.7	97.1	ILO
沙特阿拉伯	1980	54.8	28.3	89.6	74.3	57.7	95.5	33.2	4.3	79.9	43.5	8.9	86.9	70.2	44.1	97.5	86.4	72.3	99.0	ILO
	1990	46.6	19.9	85.4	69.5	49.4	92.7	29.3	2.8	73.8	32.3	4.0	82.5	58.6	28.3	96.6	83.4	65.8	99.1	ILO
	2000	46.7	20.4	83.5	69.9	50.4	92.1	27.9	2.9	69.7	33.9	4.3	80.5	60.3	30.0	96.4	82.3	66.4	98.9	ILO
	2004	46.0	19.8	82.0	70.8	51.4	91.7	28.8	2.9	67.4	32.1	4.7	79.2	60.4	29.9	96.2	82.4	66.6	98.6	ILO
	2005	46.1	20.0	81.8	71.4	52.2	91.8	29.2	3.0	67.0	32.0	4.9	79.0	60.4	30.6	96.3	82.6	67.0	98.6	ILO
	2006	46.2	20.1	81.5	71.7	52.6	91.7	29.3	3.0	66.5	32.0	5.1	78.8	60.1	30.7	96.3	82.8	67.2	98.5	ILO
	2007	46.0	19.9	81.0	71.5	52.4	91.3	29.1	2.9	65.2	31.9	4.9	78.6	58.5	28.7	96.4	82.5	66.8	98.4	ILO
	2008	46.1	20.0	80.7	71.5	52.5	91.0	29.1	2.9	64.4	32.1	4.9	78.5	57.8	28.6	96.4	82.5	66.9	98.4	ILO
阿拉伯叙利亚共和国	1980	55.7	23.4	88.0	66.6	46.9	86.8	44.5	4.8	84.5	46.0	2.7	88.9	53.9	13.5	94.2	77.0	51.9	98.3	ILO
	1990	50.6	18.9	82.0	56.3	33.3	79.9	40.8	4.4	77.3	43.5	2.9	83.6	56.4	19.1	91.4	77.6	54.9	97.1	ILO
	2000	50.8	20.0	81.6	58.2	36.4	80.8	40.6	4.7	77.3	43.5	3.5	83.1	58.0	24.3	89.9	69.5	44.7	90.1	ILO
	2004	51.0	21.7	80.5	59.1	38.2	80.6	39.4	4.9	74.9	42.1	4.3	79.6	61.3	30.4	91.0	82.1	64.6	96.4	ILO
	2005	50.7	21.4	80.0	58.9	38.2	80.4	39.2	4.9	74.2	41.8	4.4	79.2	61.2	30.5	90.9	82.1	64.8	96.4	ILO
	2006	50.3	21.2	79.6	58.8	38.2	80.1	38.9	4.9	73.7	41.6	4.4	78.7	61.2	30.6	90.8	82.2	64.9	96.5	ILO
	2007	50.4	21.7	79.1	59.3	40.7	78.5	39.1	5.0	74.0	41.7	4.5	78.9	60.4	29.9	89.7	82.0	65.3	95.8	ILO
	2008	50.3	21.9	78.8	59.8	42.1	78.0	39.0	5.0	73.7	41.6	4.6	78.7	60.3	29.9	89.4	82.2	65.8	95.7	ILO
阿拉伯联合酋长国	1980	24.4	5.5	84.1	41.8	18.3	89.6	15.8	0.7	76.9	18.1	1.4	83.6	43.1	14.4	95.4	62.8	37.5	95.5	R
	1990	27.3	8.3	74.9	53.7	35.1	83.9	18.8	1.0	64.1	17.2	1.0	74.2	37.4	9.0	92.8	76.8	57.6	98.5	ILO
	2000	23.8	8.0	65.5	51.9	35.4	75.6	13.9	1.2	51.1	14.3	0.8	65.2	31.6	7.2	90.9	81.4	66.9	98.9	ILO
	2004	22.6	7.6	61.5	48.5	32.9	72.1	13.1	1.2	46.7	14.6	0.9	63.0	27.2	7.4	90.3	81.1	67.5	98.5	ILO
	2005	22.4	7.5	61.0	48.5	32.8	71.8	13.2	1.2	46.5	14.9	1.0	62.9	27.0	7.5	90.3	81.1	67.7	98.4	ILO
	2006	22.5	7.3	61.3	49.3	33.4	72.5	13.5	1.3	47.0	15.2	1.0	63.2	27.5	7.9	90.6	81.2	68.1	98.3	ILO
	2007	21.9	6.8	59.8	49.4	33.6	71.4	13.3	1.2	45.3	15.1	0.9	61.9	27.4	7.5	90.2	80.8	67.7	98.1	ILO
	2008	21.7	6.5	59.3	50.4	34.6	71.4	13.4	1.2	44.8	15.2	1.0	61.5	28.1	7.6	90.2	80.7	67.8	97.9	ILO
也门	1980	59.0	32.5	83.9	72.0	58.9	85.8	47.5	11.8	82.0	46.7	5.9	80.3	55.0	18.0	85.5	75.1	50.4	94.1	ILO
	1990	58.2	30.2	85.5	71.8	56.8	87.5	46.7	10.8	84.2	46.2	5.0	83.1	55.3	15.9	85.7	71.6	48.9	88.3	ILO
	2000	56.9	32.3	81.9	72.2	60.6	84.5	45.1	12.1	78.9	42.3	6.3	77.2	52.8	19.3	84.7	75.0	51.3	95.8	ILO
	2004	56.4	33.6	79.5	72.1	62.2	82.6	43.6	13.0	75.6	41.0	7.2	73.6	53.8	21.6	83.9	76.8	52.7	97.6	ILO
	2005	56.3	34.0	78.7	72.1	62.7	82.0	43.2	13.2	74.6	40.5	7.5	72.5	54.0	22.3	83.6	77.3	53.1	98.0	ILO
	2006	56.1	34.1	78.4	72.1	62.7	81.8	42.9	13.3	74.1	40.3	7.5	72.0	54.1	22.5	83.4	77.4	53.3	98.1	ILO
	2007	56.2	34.0	78.6	72.1	62.9	81.7	43.0	13.4	74.0	40.5	7.5	72.5	54.8	22.0	85.3	77.6	53.3	98.2	ILO
	2008	56.1	34.1	78.3	72.1	63.2	81.4	42.9	13.6	73.6	40.4	7.6	72.2	55.0	22.2	85.2	77.8	53.5	98.3	ILO

表 13 按年龄组划分的非经济活动率（注）

1. 说明

非经济活动率是指一国没有通过工作或者求职的方式积极参与到劳动力市场中的人口占工作年龄人口的比例。表 13 按照性别对以下的标准年龄组（即 15 岁以上、15—24 岁、15—64 岁、25—54 岁、25—34 岁、35—54 岁、55—64 岁，以及 65 岁以上）在 1980—2008 年之间的非经济活动率进行了估算。考虑到各国的数据收集和制表方法不尽相同，同时由于某些国家存在一些特殊的因素（如对服兵役的要求），我们对非经济活动率的统计方法进行了统一。该序列包括各国报告和估算的数据，数据都是国家层面的数据，也就是说，数据覆盖中不存在地域界限。

2. 信息库

经济活动人口估计和预测（EAPEP）数据库，第 5 版（2008 年修订版）

国际劳工局统计部，瑞士日内瓦

http：//laborsta. ilo. org

EAPEP 数据库第 5 版（2008 年修订版）包含了关于总人口、活动率和经济活动人口（劳动力）的国际性、地区性和国家性估计和预测，按性别和组距为 5 岁的年龄组划分。人口估计数来自联合国《世界人口展望》2008 年修订版的数据库。

3. 资料来源类型

ILO	国际劳工组织估算
R	如报告所示

4. 符号

MF	男性和女性
M	男性
F	女性

第五章　受教育程度和文盲指标（KILM 14）

KILM14：受教育程度和文盲

引　言

KILM 14 反映了劳动力的知识与技能水平和分布情况。表 14a 显示了 123 个经济体按性别和年龄划分的劳动力受教育程度的分布情况，其中年龄分组（在可能情况下）如下：劳动力总人口（15 岁及以上）、青年人（15—24 岁）、年轻成人（25—29 岁）和成年人（30 岁及以上）。表 14b 显示了 149 个国家的文盲率，即全部青年和成年人口（15 岁及以上）中文盲所占百分比。

指标的用途

在所有国家中，人力资源都直接或间接地代表了最有价值的和最具生产力的资源。传统上，国家需要依靠劳动力健康强壮的体魄及其基本技能为消费和贸易生产货物和提供服务。但日益复杂的组织结构、不断提高的知识要求以及先进设备和技术的引进，都意味着经济增长和社会福利的改善日益依赖于全部人口的文化程度和受教育程度。人们可以通过经验的积累、正式和非正式的教育以及培训来获取此类技能。

虽然人力资本水平与劳动力的自身条件有关，但从终生学习和职业生涯规划的角度来看，经济和技术水平的不断变化意味着目前大部分人力资本的获取不但要通过初始教育和培训，而且更需要借助于成人教育、企业培训或个人培训。遗憾的是，有关终生学习的定量数据和用于跟踪调查正式教育之外的知识技能获取情况的指标还不多见。因此，关于教育水平的统计数据是目前我们所能获取的评估劳动力技能水平的最好指标。一国能否在国际市场的竞争中占据一席之地，能否有效利用日新月异的技术进步，在很大程度上取决于教育水平。而这也会影响工人的受雇就业能力。

考查教育水平与职业和收入之间的关系将有利于政策制定以及进行广泛的经济、社会和劳动力市场分析。劳动力的受教育程度和趋势的统计数据可以：(a) 显示国家实现重要社会经济目标的能力；(b) 有助于了解劳动力广泛的技能结构；(c) 强调为不同人口群体增加教育投资的重要性；(d) 为分析技能水平对经济产出的影响以及不同政策在提高劳动力教育水平上的有效性提供支持；(e) 表明教育资源在不同人口群体（尤其是男性和女性之间），以及国内和各国间的分配不平等程度；(f) 显示现有劳动力的技能，用以发掘未开发的潜能。

在许多国家，低技能和高技能人员之间的薪金差距正在逐渐加大，这有力地证明了教育回报的增长。因此，受教育程度的分布在决定一国的收入分布时发挥重要作用。受教育程度分布的严重不均衡会导致一国国内收入的分配更加不平等。相反，如果受教育程度分布较为均衡，则会大大缩小家庭收入差距。受教育程度中初等、中等和高等教育水平间的均衡分布同样可以使更多行业更加灵活地引进新技术，并增强在国际经济中的竞争力。

文盲率本身并非劳动力市场指标，但其可以被用来有效地描述潜在劳动力人口的基本受教育程度。识字和计数能力日益被认为是进入劳动力市场的最低基本技能要求。

定义和来源

受教育程度

KILM 14 中所用到的 7 种受教育程度的等级在概念上基于国际教育标准分类

（ISCED）的10个水平。ISCED是20世纪70年代早期联合国教科文组织（UNESCO）为收集、汇总、展示具有国内和国际可比性的教育指标和统计数据而制定的通用标准。其原始版本（ISCED—76）沿教育水平和教育领域这两条主线对教育项目进行划分。修订版ISCED—97也保留了交叉分类变量，同时，关于按照教育水平划分教育项目的规则和标准也变得更加明确和严格，而且其也对教育领域进行了进一步细化。[1]现在许多国家仍使用ISCED—76版本来划分教育水平，但越来越多的国家开始使用ISCED—97的9个水平及10个子类别来进行划分。表14a清晰地反映了各条记录所采用的分级系统。ISCED的两个版本见附录D，主要的教育水平分类汇总见下表。

KILM 14中涉及的主要的受教育水平为初等教育、中等教育和高等教育。初等教育对应于ISCED的1、2级，其对应提供基础知识的阶段，如小学、初中。课程的宗旨是使学生在阅读、写作、算术方面打下良好的基础，并对其他学科（如历史、地理、自然科学、艺术、音乐，有些情况下甚至包括宗教行为规范）有初步了解。其还包括一些低技能工作的职业培训和需接受进一步教育的学徒培训。一般学生在5—7岁时开始接受初等教育，13—15岁毕业。此外，成人扫盲教育因为在内容上与初等教育相似，所以也被归于初等教育。

中等教育由高中、中等师范学校和职业技术学校提供。通识教育仍然是课程的主要内容，不过这一阶段开始出现独立科目和专业课程。中等教育涵盖ISCED的3级（高级的中等教育）和4级（大专教育，属非高等教育）。一般学生在13—15岁时开始接受中等教育，17—18岁毕业。值得注意的是，KILM关于初等教育和中等教育的分类不同于UNESCO出版物中所使用的分类，后者将2级称为“初级的中等教育”。

1 关于ISCED的详细信息见联合国教科文组织：1997年国际教育标准分类/ISCED（巴黎，1998年）http：//www. uis. unesco. org/TEMPLATE/pdf/isced/ISCED_A. pdf。

高等教育由大学、师范学院、高职院校提供，有时也由远程教育机构提供。其最低入学要求是顺利完成中等教育或提供接受同等学历教育的证明。高等教育对应ISCED的5、6、7级（ISCED—97的5A、5B、6级和ISCED—76的6、7级）。

除了初等、中等和高等教育，KILM 14还包含与ISCDE标准相对应的其他三类受教育程度等级——受教育少于一年（即ISCED的X级）、学前教育（即ISCED的0级）、无法定义的受教育水平（即ISCED—76的9级）。

受教育程度的统计数据来源于国际劳工组织在线劳工统计数据库，加勒比劳工统计数据集和经济合作与发展组织（OECD）在线数据库。[2]受教育程度的信息是通过家庭调查、官方估算和国家统计机构的人口普查收集的。

文盲率

读写能力是指阅读和书写一个关于日常生活的简单句子的技能。文盲的定义与之相反，是指不具备读写关于日常生活的简单表述的技能。关于文盲人数以及总人口文盲率和青年人口文盲率的信息都来源于联合国教科文组织统计研究所（UIS）。成人文盲人口数量和文盲率的计算使用了总人口和青年人口的相关信息。[3]

估算或者是国家性的（基于国家人口普查和家庭调查所收集到的数据），或者是UIS的估算。我们可以在UIS的网站上查询到模型估算方法的信息。

2 加勒比数据集现在没有进行维护，不过劳工统计还可以在http：//laborsta. ilo. org上查询到，OECD数据库摘录见http：//stats. oecd. org/Index. aspx。

3 UIS非文盲和文盲估算可以在http：//www. uis. unesco. org/上查到。需要注意的是，UIS规定文盲数据表中的“成年人”指15岁及以上的人口，与KILM中使用的“总文盲人口”相对应。KILM表14b保持了“总文盲人口”（指15岁及以上的人口）这一用法，还增加了“成年”这一类别（25岁及以上），后者可通过从总文盲人口（15岁及以上）中减去青年文盲人口数量（15—24岁）得出。成年文盲率的计算方法是用估算的成年文盲数量除以估算的成年人口数量［（总文盲人口/总文盲率/100）－（青年文盲人口/青年文盲率）/100］。

KILM 表 14 中使用的教育分类情况

KILM 教育水平	ISCED—97 教育水平	ISCED—76 教育水平	教育水平描述
受教育少于一年	X 级：未受过教育	X 级：未受过教育	受教育少于一年。
学前教育	0 级：学前教育	0 级：一级之前的教育	在幼儿园、托儿所或婴儿班所接受的教育。
初等教育	1 级：初等教育或基础教育的第一阶段	1 级：一级教育	该阶段的教育旨在为学生奠定阅读、写作、算术等方面的良好基础，学生通常为 5—7 岁。也可能包括成人扫盲项目。
	2 级：初级的中等教育或基础教育的第二阶段	2 级：二级教育第一阶段	该阶段的教育是基础教育的延续，但引入了更多专业性内容。这个阶段的结束相当于一些国家中义务教育的完成。其还包括旨在为特定行业设计的职业培训课程和面向技工领域的学徒教育。
中等教育	3 级：高级的中等教育	3 级：二级教育第二阶段	该阶段完成基础教育，通常开始出现专业性课程。入学条件通常为已完成 8—9 年基础教育或学生的基础教育和职业经验表明其有能力学习该阶段科目。
	4 级：大专教育，非高等教育		该阶段的教育跨越高级的中等教育和大专教育。半年至两年的课程设置会拓宽已顺利完成 3 级课程的学生的知识面。
高等教育	5 级：高等教育的第一阶段（不能直接获得高等研究资格）；细分为：		
	5A	6 级：三级教育第一阶段，可获得首个大学学位	该阶段的课程以理论为主，目的是为进入高等研究院所做充分准备。时间一般为 3—5 年。
	5B	5 级：三级教育第一阶段，获得一项证书，但不等同于首个大学学位	该教育阶段的课程通常以“实用性”为导向，目的是培养特定职业领域的人才（如高级技工、教师、护士等）。
	6 级：高等教育的第二阶段（可获得高等研究资格）	7 级：三级教育第二阶段	该阶段的教育旨在进行高等研究和原创性研究，通常需要提交论文。
无法定义的教育水平		9 级：无法定义的教育水平	没有任何入学要求的教育项目。
没有说明的教育水平	?：没有说明的教育水平	?：没有说明的教育水平	

可比性的限制

使用这一指标进行跨国家跨时期的比较会受到很多因素的制约。首先需要说明，针对其他劳动力指标的可比性限制因素也适用于这个指标。有关可比性注意事项的详细信息见 KILM 1（劳动力参与率）相应部分的讨论。

除了信息来源不同所带来的差别以外，由于各国在如何将个人归于某一教育水平方面存在差异，进行跨国比较的可行性受到严重限制。许多国家很难把本国的教育分类与 ISCED 联系起来，尤其是在涉及到技术或专业培训项目、短期教育项目和成人教育项目（属于 ISCED—76 的 3 级和 5 级，或 ISCED—97 的3、4、5 级）的时候。很多情况下，ISCED 的分类方法并没有得到严格遵循。一国可以选择将中等教育的 3 级也纳入高等教育（5 级、6 级、7 级），如波斯尼亚和黑塞哥维那，或者选择令初等教育包括 1 级或 2 级，还包括受教育少于一年的 0 级和学前教育的 1 级，如加拿大。还应注意的是少数国家把 ISCED 的各个等级以不同的方式重新组合，如初等教育的 1 级和 2 级被合并为 1 级（如拉丁美洲和加勒比地区的很多国家）或 2 级（如澳大利亚和奥地利）。因此，为了确定教育水平的实际分布，在作比较之前我们必须特别注意注释内容，尤其是“分类注释”。

影响欧盟发达经济体部分国家的国际可比性问题源自将学徒制度下获得的最高教育水平进行分类的方式。尽管这些国家的学徒制度比其他国家的常规中等教育（包括学习和培训）的学制时间长一年甚至更多，前者仍然被纳入中等教育。与那些以其他方式对这种职业培训进行分类的国家相比，这种分类方法会降低一国报告的劳动力比例或高等教育劳动力人口的比例。例如，在奥地利和德国，由于年轻人普遍接受学徒教育，这种分类方式上的问题显著降低了两国报告的高等教育水平。

正如表 14b 所示，由于文盲定义的不同使文盲率信息的可比性受到限制。最常见的文盲定义为不能读写关于日常生活的简单表述。然而，由于不同国家的社会文化背景不同、对读写能力的定义和标准不同、收集和整理有关读写能力数据的方法以及数据质量也存在差异，所以在比较国家和地区之间的人口文化程度时必须特别谨慎。一些国家在界定文盲时不是依据其读写能力，而是依据其在学校受教育的年限。例如，巴拉圭规定没有完成小学二年级教育的人为文盲，马里和马来西亚规定没有上过学的人为文盲。所以，不应将上述国家与多哥这样的国家进行比较，因为在多哥，文盲是指那些不能轻松阅读信件或报纸的人。

趋　势

在很多经济体中，大量人口由于受教育程度低而无缘于体面工作。尤其是在低收入国家，为了增加家庭收入，年轻人通常在很小的时候，甚至可能从童年就开始工作。这个阶段他们本可以选择继续接受教育，以提升受雇就业能力和改善未来的职业前景。实际上，如果年轻人口的低就业水平（见 KILM 2 的就业人口比率）与高入学率有关，则可以被视为一种积极的征兆。

受教育程度的比较可以大致反映出劳动力人口在技术和知识方面的相对水平。图 14a 显示了 2007 年部分发达和发展中经济体教育的完成情况。在俄罗斯联邦，大部分人可以上大学或进修。与此形成鲜明对比的是墨西哥和巴基斯坦，这两国一半以上的劳动力没有接受过中等教育。在大量劳动力仅接受过初等教育的国家中，西班牙是唯一的发达经济体（该国 33.3% 的年轻成人、44.9% 的成年人仅接受过初等教育），不过，西班牙受高等教育的人口的比例也比较高（年轻成人为 39.6%，成年人为 32.6%）。在澳大利亚，虽然初等教育水平的成年劳动力比例相对较高，达到 28.9%，但该国教育取得了巨大进步，这使得当前一代年轻成人劳动力中只接受过初等教育的仅为 15.1%。

除了在不同国家之间进行比较外，对一国不同年龄组之间的分析比较可以为了解国家层面教育领域的发展进程提供线索。这里我们将年轻成人的年龄范围定义为 25—29 岁，而不是 KILM 表 14a 中广义的青年人（15—29 岁），这是由于考虑到有些青年人也许还没有完成最终教育。例如，一个 20 岁的打工的大学生将被纳入中等教育等级，尽管其会在 25 岁时完成高等教育。因此，更广的青年范围可以用于与成年人比较，以证明每代人受教育水平的进步，但是当比较最高教育程度（高等教育）时，对象最好只是年轻成人（25—29 岁）。

在研究成年和青年人的教育程度差异时，

很明显的一点就是与过去几代人相比，现在有更多年轻成人在接受中等和高等教育。例如，虽然毛里求斯、墨西哥和巴基斯坦的劳动力教育水平仍然相对较低，但只接受初等教育的年轻成人的比例低于成年。这说明教育正在取得进步，将来会有越来越多教育程度更高的人进入各个劳动力市场。在巴基斯坦，进步尤为明显：仅接受过初等教育或以下的年轻成人的比例比成年人低 18 个百分点。在 2007 年的数据可得的 48 个经济体中，有 44 个经济体完成中等教育或以上的年轻成人在劳动力中的占比高于成年人的相应比例；其余 4 个为前苏联国家，分别是阿塞拜疆、爱沙尼亚、拉脱维亚和立陶宛。

图 14b 显示了 2007 年的数据可得的所有国家中，男性和女性劳动力在 3 个教育等级（初等教育或以下、中等教育和高等教育）中所占比重。该表证实了高等教育接受者的比重相对较低（大部分三角形处于 45°线以下）。对男性和女性劳动力而言，劳动力中占比重最高的受教育程度均为初等教育或中等教育水平，这表明大部分劳动力供给仍只具备初等或中等工作技能。

供给和需求因素都是低技能职业和高技能职业之间工资差距的解释变量。受过高等教育的工作者和高技能工作者的供给相对短缺，因而对他们的需求就拉升了他们的工资。对只受过低等教育的工作者来说，则情况相反。2007 年，受过高等教育的劳动力所占比重最高的 4 个经济体分别是加拿大、以色列、俄罗斯联邦和中国台湾省。由于一直以来各经济体都十分重视教育和技能培训，很多经济体有望在未来几年内迅速提高受高等教育人口的比例，甚至可能出现供大于求的局面。教育使人们有能力开发或采用新技术、推动产品结构多元化，从而提升工作者在现有经济活动中的生产力。但是，提高受教育程度本身并不能产生更好的工作岗位。如何保持平衡对各国来说仍是一个挑战，尤其是在平衡技能培训政策这一方面，而劳动力市场信息可以通过帮助确定技能要求来发挥作用。[4]

位于 45°线以下的点表明在其所代表的国家中，受过某类教育的女性比重高于男性。该数据显示经济活动人口不再倾向于受过高等教育的男性。相反，在大多数国家（图 14b 中 53 个具有可比数据的国家中有 44 个）中，受过高等教育的女性劳动力的比例高于男性，而只有初等教育水平或以下的男性所占比重高于女性。需要特别补充的是：受过高等教育的女性在女性劳动力中比重较高不一定说明其在工作中争取公平的斗争取得了进步。从某种程度上来说，高比重说明越来越多受过良好教育的女性更倾向于从事经济活动。在教育机会上受到限制的女性很可能在工作选择上也会受到限制。

文盲率也可用于对人口的知识和技能基础作出可靠的估计。该数据显示很多国家的人口仍然在为获得读写这一最基本技能而苦苦奋斗。在可获得信息的国家中，14 个国家的数据显示近几年 15 岁及以上人口的文盲率超过 50%（见 KILM 表 14b）。其中有 6 个国家（包括 5 个撒哈拉以南非洲国家和阿富汗）多达 2/3 的人口还是文盲。不过，在可获得数据的所有国家中，在两个或更多时间点上出现了文盲率的下降。图 14c 显示了最早年份和最近年份之间总文盲率的百分比差距最为悬殊的 10 个国家，这说明其取得的进步最为显著。同时，该图也显示出近年来相关教育政策取得了积极效果，尤其是在获取基本技能的初等教育方面。

文盲率降幅最大的国家中，有几个是不同地区的穆斯林国家。在这些国家中，所减少的文盲人口主要由女性构成。当显著的性别差异仍然存在时，女性文盲的减少却比男性要明显得多，也许这反映了这些国家的年轻女孩受教育机会的增加。中国和尼泊尔的文盲率长期中都出现了显著下降，不过 2007 年尼泊尔的文盲率仍处在 43.5% 的高位。

4　更多信息见 T. Sparreboom 和 M. Powell：《劳动力市场信息与技能发展分析》，就业工作论文，第 27 号（日内瓦，国际劳工组织，2009 年），尤其是第 5 页的专栏 2；http://www.ilo.org/public/english/employment/download/wpaper/wp27.pdf。

图 14a 2007 年部分国家按照受教育程度划分的年轻成人劳动力（25—29 岁）和成年劳动力（30 岁及以上）

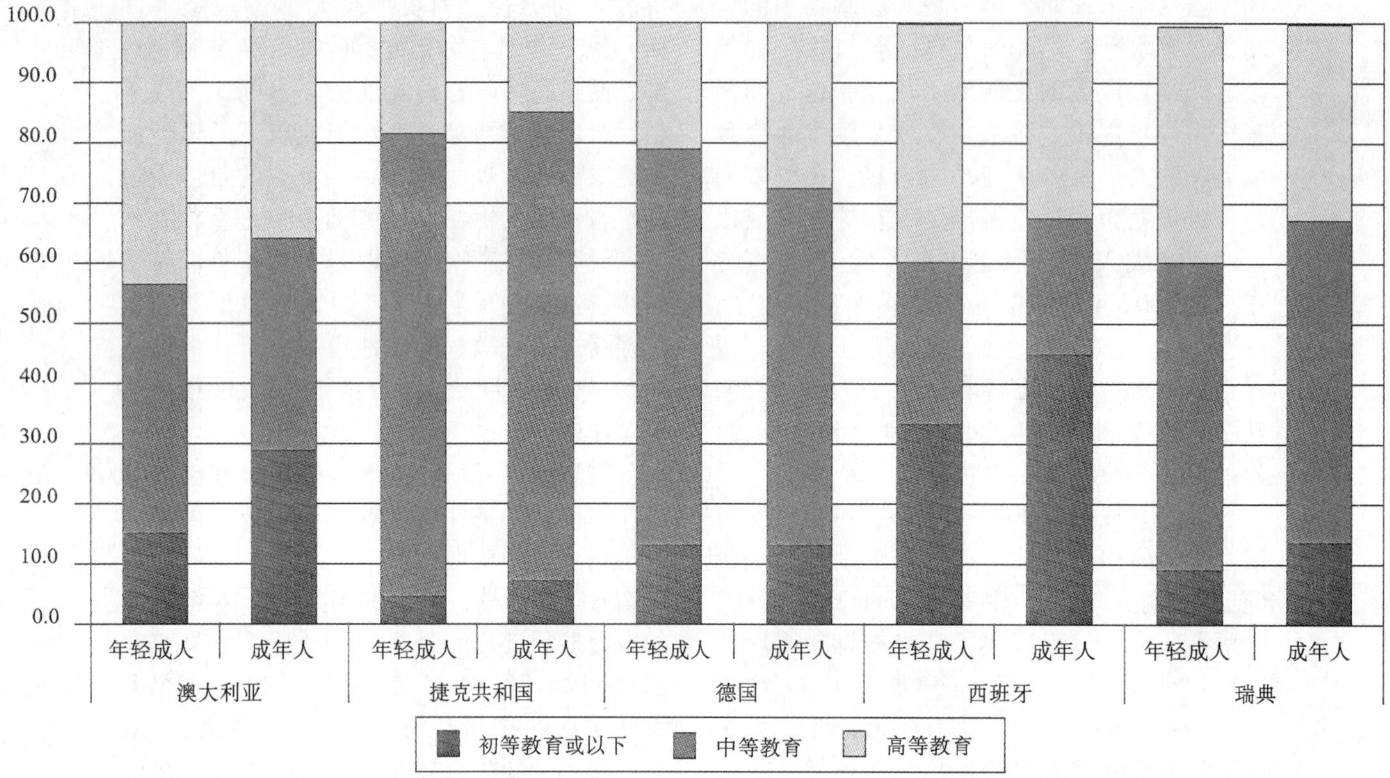

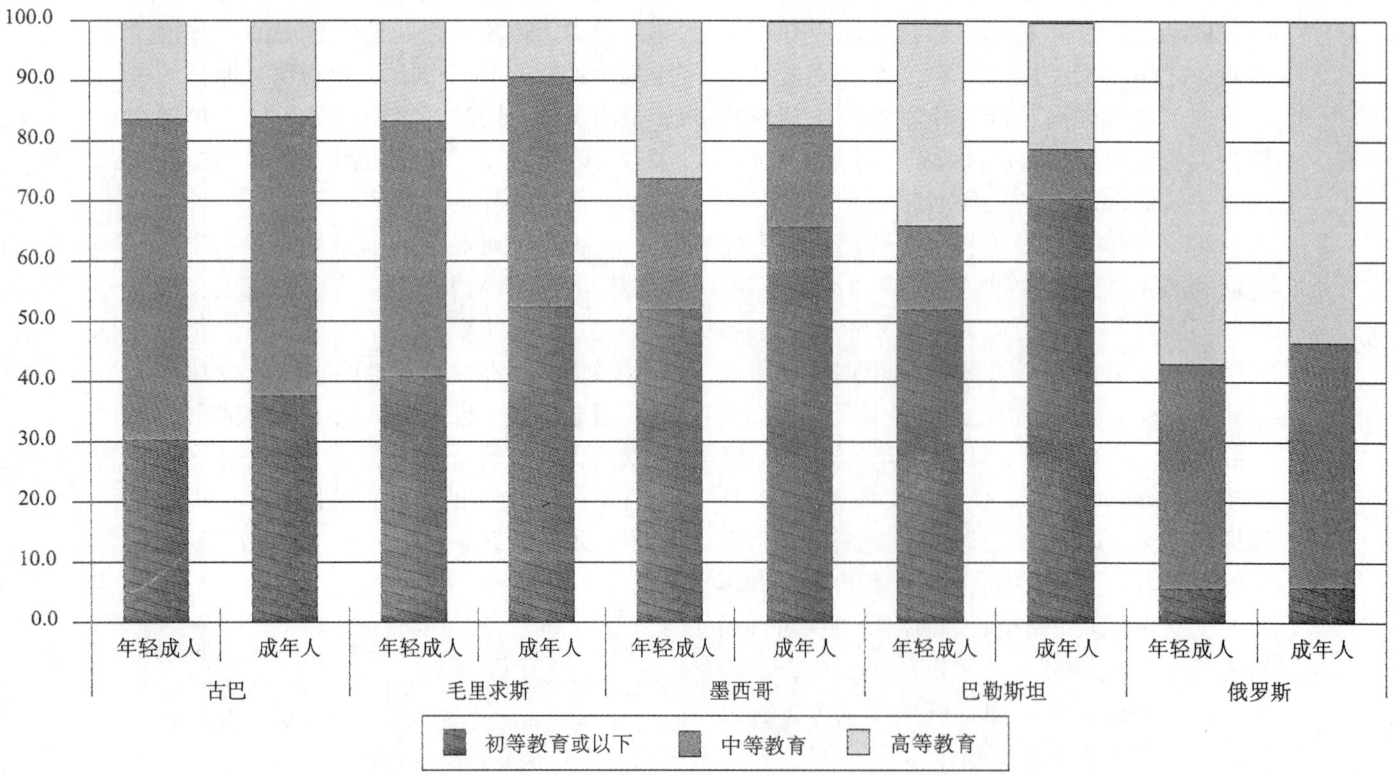

图 14b 2007 年按性别划分的劳动力教育程度的分布

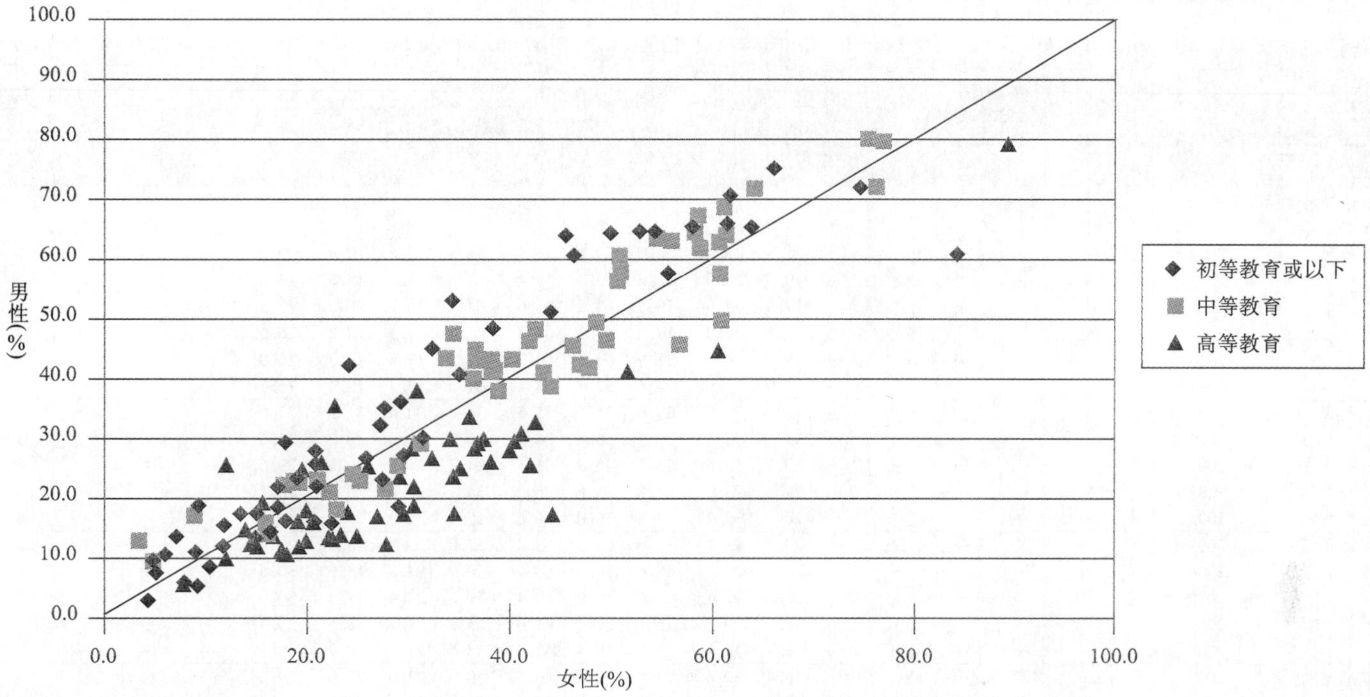

图 14c 部分国家最早年份与最近年份之间 15 岁及以上人口文盲率的百分比变化

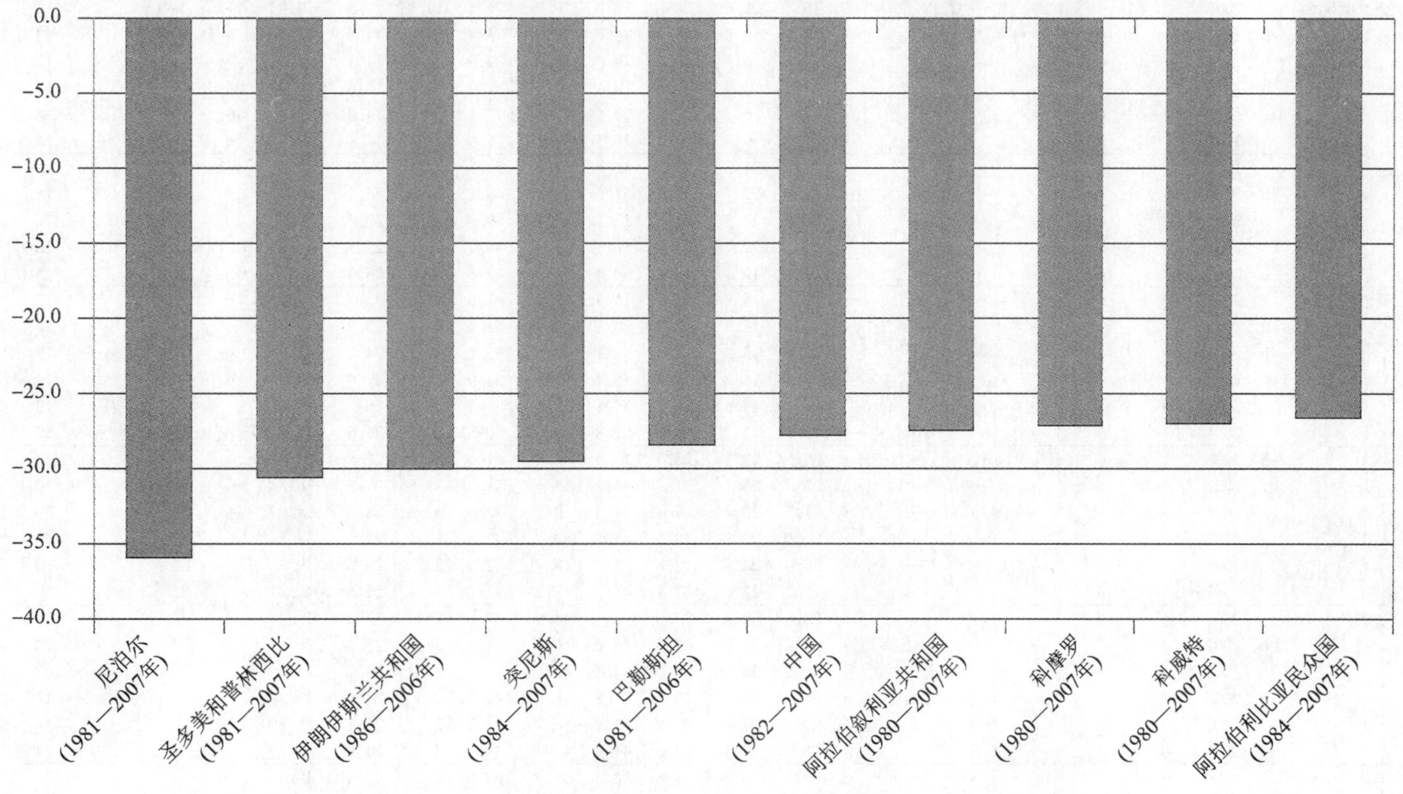

表 14a 按受教育程度划分的劳动力分布

		年份	受教育少于一年（%）			学前教育（%）			初等教育（%）			中等教育（%）			高等教育（%）			无法定义或未列出的受教育水平（%）			注 No.
			MF	M	F	MF	M	F	MF	M	F	MF	M	F	MF	M	F	MF	M	F	
发达经济体及欧盟																					
欧盟																					
奥地利		2000	…	…	…	…	…	…	21.3	18.7	24.7	69.1	71.9	65.4	9.6	9.4	9.9	…	…	…	1
	b	2003	…	…	…	…	…	…	19.5	17.0	22.6	65.7	67.4	63.6	14.8	15.6	13.8	…	…	…	2
		2004	…	…	…	…	…	…	17.5	15.9	19.5	63.8	63.6	64.1	18.7	20.5	16.5	…	…	…	2
		2005	…	…	…	…	…	…	17.8	16.2	19.8	64.1	64.4	63.6	18.1	19.3	16.6	…	…	…	2
		2006	…	…	…	…	…	…	18.7	16.0	21.9	63.6	64.7	62.2	17.8	19.3	16.0	…	…	…	2
		2007	…	…	…	…	…	…	18.9	15.9	22.4	62.8	64.1	61.3	17.7	19.4	15.6	…	…	…	2
比利时		1999	…	…	…	…	…	…	33.6	37.2	29.0	35.7	35.5	36.0	30.6	27.3	35.0	…	…	…	3
		2000	…	…	…	…	…	…	31.7	35.4	26.9	36.4	36.3	36.5	31.9	28.3	36.6	…	…	…	3
	b	2001	…	…	…	…	…	…	30.3	33.6	25.7	35.5	36.1	34.7	34.2	30.2	39.6	…	…	…	4
		2002	…	…	…	…	…	…	29.5	33.0	24.8	35.9	36.5	35.1	34.6	30.4	40.1	…	…	…	4
		2003	…	…	…	…	…	…	28.7	32.2	24.3	36.0	36.6	35.3	35.2	31.2	40.4	…	…	…	4
保加利亚		2003	…	…	…	…	…	…	20.8	23.1	18.3	55.3	58.3	51.8	23.9	18.7	29.9	…	…	…	5
		2004	…	…	…	…	…	…	20.9	23.0	18.6	54.9	58.5	50.9	24.1	18.6	30.5	…	…	…	6
	b	2005	…	…	…	…	…	…	20.0	22.1	17.6	55.9	59.4	51.8	24.1	18.5	30.6	…	…	…	7
		2006	…	…	…	…	…	…	18.5	20.5	16.1	57.4	61.0	53.3	24.2	18.5	30.5	…	…	…	7
		2007	…	…	…	…	…	…	16.4	17.6	15.0	59.3	63.5	54.5	24.3	18.9	30.5	…	…	…	7
塞浦路斯		2000	3.9	3.6	4.4	…	…	…	28.4	30.4	25.4	40.7	40.5	40.9	27.0	25.6	29.2	…	…	…	8
	b	2003	…	…	…	3.5	3.6	3.3	27.5	30.0	24.5	36.7	36.1	37.4	32.3	30.3	34.8	…	…	…	9
		2004	…	…	…	2.7	2.7	2.5	28.3	30.7	25.2	37.2	37.6	36.7	31.9	28.9	35.5	…	…	…	10
		2005	…	…	…	1.9	1.9	1.9	27.4	30.0	24.1	39.6	40.4	38.6	31.0	27.7	35.4	…	…	…	10
		2006	1.4	1.2	1.6	…	…	…	24.4	26.4	22.0	40.8	43.1	37.8	33.4	29.2	38.6	…	…	…	10
		2007	…	…	…	1.3	1.3	1.4	22.2	24.5	19.4	41.0	43.3	38.2	35.5	30.9	41.1	…	…	…	10
捷克共和国		2000	…	…	…	…	…	…	10.5	8.0	13.6	78.2	79.7	76.5	11.3	12.3	9.9	…	…	…	11
	b	2003	…	…	…	…	…	…	8.1	5.8	10.9	77.6	79.4	75.4	14.2	14.7	13.7	–	0.1	–	12
	b	2004	…	…	…	–	–	–	7.8	5.7	10.5	79.0	80.2	77.5	13.2	14.1	11.9	–	…	…	13
	b	2005	…	…	…	…	…	…	7.2	5.3	9.6	79.1	80.2	77.7	13.7	14.6	12.7	…	…	…	14
		2006	…	…	…	…	…	…	7.2	5.4	9.5	78.6	79.8	77.1	14.2	14.8	13.4	…	…	…	14
		2007	…	…	…	…	…	…	7.1	5.4	9.2	78.5	79.7	76.9	14.4	14.9	13.9	…	…	…	14
丹麦		1999	…	…	…	…	…	…	22.2	21.3	23.2	52.8	54.6	50.6	24.9	24.0	25.9	0.2	0.1	0.2	15
	b	2000	…	…	…	…	…	…	22.6	22.7	22.5	51.6	53.3	49.8	24.8	23.1	26.8	0.9	0.9	0.9	16
		2001	…	…	…	…	…	…	22.0	22.3	21.6	52.2	55.0	49.0	25.8	22.6	29.3	0.1	0.1	0.1	16
		2002	…	…	…	…	…	…	22.4	22.7	22.0	50.9	53.4	48.1	26.6	23.7	29.8	0.1	0.2	0.1	16
	b	2003	…	…	…	…	…	…	19.0	19.7	18.2	50.4	51.9	48.6	30.6	28.3	33.1	0.1	0.1	–	15
爱沙尼亚		2000	…	…	…	…	…	…	12.3	14.8	9.7	46.4	49.9	42.6	41.2	35.2	47.7	…	…	…	17
	b	2002	…	…	…	…	…	…	10.4	12.8	7.9	58.1	62.9	53.1	31.5	23.9	39.0	…	…	…	18
	b	2003	…	…	…	…	…	…	10.8	13.0	8.5	58.1	62.8	53.2	31.1	24.2	38.2	…	…	…	19
		2005	…	…	…	…	…	…	9.5	11.5	7.4	55.7	59.6	51.9	34.2	28.0	40.4	…	…	…	19
		2006	…	…	…	…	…	…	10.9	14.5	7.2	54.8	58.5	51.1	34.2	26.9	41.6	…	…	…	19
		2007	…	…	…	…	…	…	10.5	13.7	7.1	55.8	60.6	50.8	33.7	25.6	42.0	…	…	…	19
芬兰	b	2000	…	…	…	…	…	…	25.5	27.3	23.5	43.0	44.9	41.0	31.5	27.8	35.5	…	…	…	20
		2003	…	…	…	…	…	…	23.9	25.7	21.9	44.2	46.4	41.7	31.8	27.8	36.3	…	…	…	20
		2004	…	…	…	…	…	…	21.7	23.8	19.4	45.0	47.5	42.4	33.2	28.7	38.3	…	…	…	20
		2005	…	…	…	…	…	…	20.9	23.2	18.5	45.6	48.3	42.6	33.4	28.5	38.8	…	…	…	20
		2006	…	…	…	…	…	…	20.4	22.8	17.8	45.9	48.7	42.9	33.7	28.6	39.3	…	…	…	20
		2007	…	…	…	…	…	…	19.7	22.0	17.1	45.5	48.3	42.5	34.8	29.6	40.4	…	…	…	20
法国		2000	…	…	…	…	…	…	28.6	32.4	24.0	46.0	44.6	47.8	25.4	23.0	28.3	…	…	…	21
	b	2002	…	…	…	…	…	…	29.8	29.9	29.6	44.0	46.2	41.3	26.3	23.9	29.1	–	–	–	22
		2003	…	…	…	…	…	…	30.2	30.3	30.0	44.4	46.5	42.0	25.4	23.2	27.9	–	–	–	22
	b	2005	…	…	…	0.6	0.6	0.5	28.1	28.2	28.0	44.3	46.6	41.7	27.0	24.6	29.8	…	…	…	14
		2006	…	…	…	0.4	0.4	0.4	27.1	27.3	26.8	43.9	46.2	41.3	28.6	26.1	31.5	…	…	…	14
		2007	…	…	…	0.3	0.3	0.3	26.0	26.5	25.5	44.3	46.4	41.9	29.4	26.8	32.3	…	…	…	14
德国		2000	…	…	…	…	…	…	17.8	16.2	19.8	58.0	56.4	60.0	24.2	27.3	20.2	…	…	…	23
		2002	…	…	…	…	…	…	17.0	15.5	18.8	59.0	57.6	61.0	24.0	27.0	20.2	…	…	…	14
		2003	…	…	…	…	…	…	17.0	15.8	18.5	58.6	57.0	60.6	24.4	27.3	20.9	…	…	…	14
		2004	…	…	…	…	…	…	16.6	15.7	17.7	58.3	56.7	60.2	25.1	27.5	22.0	…	…	…	24
		2006	…	…	…	…	…	…	18.0	17.2	19.1	58.2	56.8	60.0	23.7	26.0	21.0	–	…	…	24
		2007	…	…	…	…	…	…	17.0	16.3	17.9	59.0	57.6	60.7	23.9	26.1	21.4	…	…	…	24

		年份	受教育少于一年（%）			学前教育（%）			初等教育（%）			中等教育（%）			高等教育（%）			无法定义或未列出的受教育水平（%）			注 No.
			MF	M	F	MF	M	F	MF	M	F	MF	M	F	MF	M	F	MF	M	F	
希腊		2000	1.0	0.8	1.4	…	…	…	41.1	44.6	36.0	29.9	29.8	30.1	27.9	24.8	32.6	…	…	…	25
		2002	0.8	0.6	1.1	…	…	…	40.2	43.2	35.7	37.7	36.9	38.8	21.0	19.2	23.6	0.4	0.2	0.8	26
		2003	0.7	0.6	1.0	…	…	…	40.0	42.9	35.7	38.6	37.6	40.2	20.6	18.9	23.1	…	…	…	26
		2005	0.4	0.4	0.5	…	…	…	34.1	37.5	29.2	41.6	40.2	43.6	23.9	21.9	26.7	…	…	…	26
		2006	0.4	0.4	0.5	…	…	…	32.4	35.7	27.5	42.0	41.1	43.3	25.2	22.8	28.7	…	…	…	26
		2007	0.4	0.3	0.4	…	…	…	31.7	34.9	27.2	42.0	41.1	43.3	25.9	23.7	29.1	…	…	…	26
匈牙利		2000	…	…	…	…	…	…	18.4	17.2	19.8	65.2	68.0	61.8	16.4	14.8	18.4	…	…	…	27
	b	2003	…	…	…	…	…	…	16.2	15.2	17.4	65.7	68.5	62.3	18.1	16.3	20.4	…	…	…	19
		2004	…	…	…	…	…	…	15.4	14.3	16.6	64.7	67.9	60.8	20.0	17.7	22.6	…	…	…	19
		2005	…	…	…	…	…	…	15.3	14.4	16.4	64.5	68.0	60.4	20.2	17.7	23.3	…	…	…	19
		2006	…	…	…	…	…	…	14.6	13.8	15.6	65.0	68.5	60.8	20.4	17.7	23.6	…	…	…	19
		2007	…	…	…	…	…	…	14.1	13.5	14.9	65.2	68.7	61.1	20.6	17.8	24.0	…	…	…	19
爱尔兰		2003	0.2	0.1	0.1	…	…	…	29.0	34.5	21.5	39.1	36.9	42.0	29.7	26.0	34.2	2.1	2.2	1.8	28
		2004	0.2	0.2	0.2	…	…	…	28.2	33.6	20.2	38.7	36.3	41.1	30.8	26.2	36.3	1.9	1.9	1.7	28
		2005	0.2	0.1	0.1	…	…	…	26.8	32.2	19.4	39.0	37.6	40.9	31.0	26.6	36.8	2.8	0.7	2.4	28
		2006	0.1	0.1	0.1	…	…	…	25.4	30.6	18.4	38.6	38.0	39.4	32.2	27.1	39.2	3.5	4.0	2.7	28
		2007	0.1	0.1	–	…	…	…	24.4	29.3	17.8	38.4	38.0	38.8	33.3	28.1	40.0	3.7	4.1	3.0	28
意大利		2000	1.2	1.3	1.0	…	…	…	47.6	52.2	40.0	39.8	36.4	45.5	11.4	10.1	13.4	…	…	…	3
		2002	1.1	1.2	1.0	…	…	…	46.1	50.8	38.8	40.6	37.4	45.5	12.2	10.7	14.7	…	…	…	3
		2003	1.0	1.1	0.9	…	…	…	44.1	48.7	37.0	42.4	39.4	47.0	12.4	10.7	15.1	…	…	…	3
	b	2005	1.0	1.2	0.7	…	…	…	41.0	46.0	33.6	43.6	40.7	47.8	14.4	12.1	17.8	…	…	…	14
		2006	0.9	1.1	0.7	…	…	…	39.8	44.8	32.4	44.2	41.6	48.0	15.0	12.5	18.9	…	…	…	14
		2007	1.0	1.1	0.8	…	…	…	39.0	44.0	31.5	44.3	41.9	47.8	15.7	13.0	19.9	…	…	…	14
拉脱维亚		2003	…	…	…	…	…	…	15.1	19.3	10.7	65.8	65.5	66.2	19.0	15.1	23.0	…	…	…	29
		2004	…	…	…	…	…	…	13.9	17.4	10.2	64.8	65.7	63.7	21.3	16.2	25.8	…	…	…	29
		2005	…	…	…	…	…	…	14.3	18.3	10.0	63.3	64.5	62.0	22.3	17.1	27.9	…	…	…	19
		2006	–	–	–	–	–	–	14.5	19.7	9.0	62.8	63.5	62.0	22.6	16.5	28.7	…	…	…	19
		2007	…	…	…	…	…	…	14.2	18.9	9.3	61.8	62.9	60.6	23.6	17.5	29.5	0.3	0.4	0.2	19
立陶宛		2000	…	…	…	…	…	…	15.3	18.8	11.7	41.4	44.5	38.2	43.2	36.7	50.1	…	…	…	30
		2003	…	…	…	…	…	…	11.4	14.4	8.4	63.1	64.6	61.6	25.5	21.0	30.0	…	…	…	31
	b	2004	…	…	…	…	…	…	10.7	13.2	8.0	61.6	63.1	60.1	27.7	23.6	31.9	…	…	…	32
		2005	…	…	…	…	…	…	9.4	11.8	6.8	61.5	63.9	59.0	29.1	24.2	34.2	…	…	…	32
	b	2006	…	…	…	…	…	…	8.6	10.7	6.3	61.4	65.1	57.7	30.0	24.2	36.0	…	…	…	31
		2007	…	…	…	…	…	…	8.4	10.7	6.0	59.5	63.1	55.9	32.1	26.2	38.1	…	…	…	31
卢森堡		2000	…	…	…	…	…	…	32.7	31.4	34.7	44.5	45.4	43.2	20.7	21.0	20.3	2.0	2.2	1.7	12
	b	2001	…	…	…	…	…	…	34.2	33.0	35.9	43.3	43.9	42.4	20.6	21.4	19.5	1.9	1.7	2.2	14
	b	2002	…	…	…	…	…	…	33.0	31.2	35.5	42.3	42.2	42.4	23.4	25.4	20.4	1.4	1.1	1.7	12
		2003	…	…	…	…	…	…	25.8	25.2	26.7	46.5	46.0	47.1	27.6	28.7	26.0	0.1	0.1	0.1	12
	b	2006	…	…	…	4.7	4.4	5.0	18.7	20.0	17.1	49.7	49.3	50.2	26.9	26.2	27.7	…	…	…	14
		2007	…	…	…	4.8	4.6	5.0	25.9	25.6	26.4	40.1	41.5	38.5	29.2	28.4	30.3	…	…	…	14
马耳他		2002	…	…	…	…	…	…	70.9	75.5	61.1	16.1	14.0	20.8	12.3	9.7	17.9	…	…	…	33
		2005	…	…	…	…	…	…	62.5	65.6	55.7	22.3	21.7	23.7	14.7	12.1	20.3	…	…	…	34
		2006	…	…	…	…	…	…	62.0	65.1	55.7	21.6	22.0	20.6	15.9	12.4	23.1	…	…	…	34
	b	2007	…	…	…	…	…	…	61.3	64.7	54.3	21.5	21.1	22.2	17.1	14.0	23.3	…	…	…	14
荷兰		1998	…	…	…	…	…	…	31.6	31.9	31.2	42.7	41.9	43.8	25.5	26.0	24.9	0.2	0.2	0.2	35
	b	2000	…	…	…	0.4	0.5	0.3	30.7	30.9	30.4	45.1	44.2	46.3	23.8	24.3	23.0	–	–	–	36
	b	2001	…	…	…	0.4	0.3	0.4	30.9	31.6	30.0	45.2	44.1	46.5	23.5	23.8	23.0	–	0.1	–	14
		2002	…	…	…	0.4	0.5	0.3	29.5	29.9	28.9	45.0	44.1	46.2	25.0	25.4	24.5	0.1	0.1	0.1	14
		2005	0.5	0.5	0.4	0.5	0.5	0.4	26.5	27.0	25.9	43.4	42.8	44.2	29.2	29.1	29.2	…	…	…	14
波兰		2000	…	…	…	…	…	…	15.7	16.1	15.3	68.7	72.0	64.8	15.6	11.9	19.9	…	…	…	37
	b	2003	…	…	…	…	…	…	13.3	13.6	12.8	70.9	73.1	68.2	15.8	13.2	18.9	…	…	…	38
		2004	…	…	…	…	…	…	12.5	13.0	12.0	70.0	72.4	67.1	17.4	14.6	20.8	…	…	…	38
		2005	…	…	…	…	…	…	11.7	12.4	10.8	69.4	72.2	66.0	18.9	15.3	23.2	…	…	…	38
		2006	…	…	…	…	…	…	10.7	11.6	9.5	68.9	71.9	65.2	20.4	16.4	25.3	…	…	…	38
		2007	…	…	…	…	…	…	10.2	11.1	9.0	68.3	71.8	64.1	21.5	17.1	26.9	…	…	…	38
葡萄牙		2000	8.9	7.1	11.1	…	…	…	70.2	74.9	64.5	11.9	11.0	12.9	9.1	7.0	11.5	–	–	–	39
	b	2002	…	…	…	7.9	6.5	9.6	70.0	75.0	64.0	12.4	11.6	13.4	9.7	6.9	13.0	…	…	…	40
	b	2003	…	…	…	7.4	6.3	8.8	68.1	73.3	62.0	13.2	12.2	14.4	11.3	8.3	14.8	…	…	…	7
	b	2005	…	…	…	5.7	4.5	7.0	66.6	71.8	60.5	14.5	13.7	15.5	13.2	10.0	16.9	…	…	…	31
	b	2006	…	…	…	5.3	4.5	6.2	65.9	70.8	60.2	15.2	14.2	16.4	13.6	10.5	17.2	…	…	…	41
	b	2007	…	…	…	5.1	4.3	6.1	65.7	70.9	59.9	15.1	14.1	16.1	14.1	10.7	18.0	…	…	…	31

		年份	受教育少于一年（%）			学前教育（%）			初等教育（%）			中等教育（%）			高等教育（%）			无法定义或未列出的受教育水平（%）			注 No.
			MF	M	F	MF	M	F	MF	M	F	MF	M	F	MF	M	F	MF	M	F	
罗马尼亚		2000	1.6	1.1	2.3	…	…	…	33.1	29.4	37.5	52.2	55.8	47.9	13.1	13.7	12.3	…	…	…	3
	b	2002	1.0	0.7	1.3	…	…	…	28.9	25.8	32.8	60.1	63.7	55.8	10.0	9.8	10.1	…	…	…	42
	b	2003	0.9	0.6	1.3	…	…	…	28.8	26.1	32.1	60.3	63.6	56.2	10.1	9.7	10.5	…	…	…	43
		2005	1.0	0.8	1.1	…	…	…	25.3	23.0	28.1	61.6	64.8	57.7	12.2	11.4	13.1	…	…	…	43
		2006	0.8	0.7	0.9	…	…	…	24.2	22.3	26.4	62.1	64.8	58.7	13.0	12.1	14.0	…	…	…	43
		2007	0.8	0.8	0.9	…	…	…	24.2	22.4	26.5	61.7	64.5	58.2	13.3	12.4	14.4	…	…	…	43
斯洛伐克	b	2000	…	…	…	…	…	…	9.2	7.6	11.0	80.0	81.9	77.9	10.8	10.6	11.1	…	…	…	44
		2003	…	…	…	…	…	…	8.7	7.4	10.3	78.4	80.4	76.0	12.9	12.2	13.8	…	…	…	44
		2004	…	…	…	…	…	…	8.1	7.0	9.5	78.4	80.2	76.3	13.4	12.7	14.3	…	…	…	44
		2005	…	…	…	…	…	…	8.2	7.1	9.7	76.6	77.8	75.0	15.2	15.1	15.3	…	…	…	44
	b	2006	…	…	…	–	–	0.1	7.5	6.3	8.9	77.1	79.2	74.4	15.4	14.5	16.7	…	…	…	45
		2007	…	…	…	–	…	–	6.9	6.0	7.9	78.0	80.1	75.4	15.1	13.8	16.7	…	…	…	45
斯洛文尼亚		2000	…	…	…	…	…	…	20.8	19.1	22.9	62.8	67.3	57.6	16.5	13.7	19.5	…	…	…	46
	b	2002	…	…	…	…	…	…	19.4	17.5	21.5	63.5	68.3	57.9	17.0	14.0	20.6	…	…	…	47
		2003	…	…	…	…	…	…	17.6	16.6	18.6	63.5	68.0	58.2	18.9	15.2	23.2	…	…	…	47
		2004	…	…	…	…	…	…	17.6	16.6	18.8	63.0	67.4	57.5	19.6	15.8	23.7	…	…	…	47
	b	2005	…	…	…	…	…	…	16.5	16.2	17.1	62.6	66.6	57.9	20.9	17.2	25.3	…	…	…	46
	b	2006	…	…	…	0.2	0.2	0.2	15.7	15.1	16.4	61.8	66.0	56.9	22.4	18.7	26.5	…	…	…	47
西班牙		2000	0.5	0.6	0.6	…	…	…	53.3	59.8	46.5	19.2	16.3	21.1	26.9	23.3	31.8	…	…	…	48
	b	2001	0.5	0.5	0.5	…	…	…	52.0	56.5	45.0	19.6	18.6	21.2	27.9	24.5	33.4	…	…	…	49
	b	2002	0.4	0.4	0.5	…	…	…	51.1	55.9	43.9	19.9	18.8	21.5	28.5	24.9	34.1	…	…	…	48
	b	2005	0.4	0.4	0.3	…	…	…	45.3	50.1	38.5	23.0	21.8	24.7	31.3	27.7	36.5	…	…	…	49
	b	2006	0.4	0.4	0.4	…	…	…	44.4	49.1	37.9	23.8	22.6	25.3	31.5	27.9	36.4	…	…	…	48
		2007	0.4	0.4	0.3	…	…	…	43.8	48.1	38.0	24.0	23.0	25.2	31.8	28.4	36.5	…	…	…	48
瑞典		2000	…	…	…	…	…	…	21.0	23.0	18.8	48.8	49.4	48.1	29.6	26.9	32.5	0.6	0.6	0.6	50
		2003	…	…	…	…	…	…	16.9	18.8	14.7	56.0	58.4	53.4	26.5	22.2	31.3	0.5	0.6	0.5	51
		2004	…	…	…	…	…	…	16.1	18.4	13.8	55.8	58.5	52.8	27.4	22.4	32.8	0.7	0.7	0.1	51
		2005	…	…	…	…	…	…	15.5	17.6	13.1	55.0	57.9	52.0	28.9	23.9	34.4	0.6	0.7	0.6	51
		2006	…	…	…	…	…	…	15.4	17.7	12.9	54.6	57.3	51.7	29.5	24.4	35.0	0.5	0.6	0.4	51
		2007	…	…	…	…	…	…	15.6	17.5	13.4	53.7	56.4	50.6	29.8	25.1	35.1	0.9	1.0	0.8	51
英国		2000	…	…	…	…	…	…	17.8	16.1	19.9	47.4	48.4	46.1	26.1	26.0	26.2	8.7	9.5	7.8	52
		2003	…	…	…	…	…	…	16.4	15.5	17.5	47.2	47.8	46.4	28.1	27.4	28.9	8.4	9.3	7.2	52
		2004	…	…	…	…	…	…	19.5	18.2	21.1	43.4	44.7	41.7	29.4	28.5	30.5	7.7	8.5	6.7	52
		2005	…	…	…	…	…	…	21.8	22.6	20.8	47.7	47.9	47.4	29.9	28.8	31.3	0.7	0.7	0.5	53
		2006	…	…	…	…	…	…	21.4	22.7	19.7	47.2	47.1	47.3	30.7	29.3	32.4	0.7	0.9	0.5	53
		2007	…	…	…	…	…	…	21.5	23.5	19.0	45.9	45.6	46.2	31.9	30.0	34.1	0.8	0.9	0.7	53
北美洲																					
加拿大		2000	…	…	…	…	…	…	18.0	20.0	15.6	42.6	44.3	40.6	39.4	35.7	43.8	…	…	…	54
		2003	…	…	…	…	…	…	15.9	17.9	13.7	41.5	43.5	39.4	42.5	38.7	47.0	…	…	…	54
		2004	…	…	…	…	…	…	15.4	17.2	13.2	42.0	44.2	39.5	42.6	38.5	47.3	…	…	…	54
		2005	…	…	…	…	…	…	14.6	16.6	12.2	41.2	43.7	38.4	44.2	39.8	49.3	…	…	…	54
		2006	…	…	…	…	…	…	14.5	16.2	12.6	40.3	43.0	37.2	45.3	40.8	50.3	…	…	…	54
		2007	…	…	…	…	…	…	13.8	15.6	11.8	40.0	43.1	36.6	46.2	41.3	51.6	…	…	…	54
美国		1997	…	…	…	…	…	…	14.5	16.5	12.2	52.5	51.0	54.1	33.0	32.4	33.7	…	…	…	55
		1998	…	…	…	…	…	…	14.4	16.1	12.4	51.9	50.6	53.3	33.8	33.2	34.3	…	…	…	55
		1999	…	…	…	…	…	…	14.0	15.5	12.4	51.7	50.5	53.1	34.2	34.0	34.6	…	…	…	55
	b	2000	…	…	…	…	…	…	13.7	15.1	12.0	51.5	50.6	52.6	34.8	34.3	35.4	…	…	…	56
	b	2001	…	…	…	…	…	…	13.4	14.9	11.8	50.8	50.2	51.6	35.7	35.0	36.5	…	…	…	55
其他发达国家																					
澳大利亚		2000	–	0.1	–	…	…	…	29.3	28.2	30.8	43.0	47.4	37.5	27.6	24.4	31.7	…	…	…	57
		2003	0.1	0.1	0.1	…	…	…	32.5	30.3	35.3	36.5	41.6	30.3	30.8	28.0	34.4	…	…	…	57
		2004	0.1	0.1	0.1	…	…	…	31.2	29.5	33.3	36.0	41.5	29.3	32.7	29.0	37.3	…	…	…	57
		2005	0.1	0.1	0.1	…	…	…	30.9	29.7	32.5	35.5	40.1	29.8	33.5	30.1	37.7	…	…	…	57
		2006	0.1	0.1	0.1	…	…	…	29.4	28.4	30.6	35.9	41.2	29.6	34.7	30.4	39.8	…	…	…	57
	b	2007	…	…	…	…	…	…	28.3	27.3	29.5	39.0	43.5	33.7	32.7	29.3	36.8	…	…	…	58
以色列		2000	0.5	0.5	0.5	…	…	…	15.2	19.6	10.0	35.3	35.9	34.6	48.6	43.6	54.7	0.2	0.2	0.1	59
		2003	0.4	0.4	0.4	0.9	0.8	0.9	7.1	9.9	3.7	7.3	9.4	4.9	83.0	77.7	89.1	1.3	1.6	0.9	60
		2004	0.5	0.5	0.5	1.1	1.0	1.2	6.8	9.4	3.8	7.2	9.4	4.8	82.9	77.9	88.7	1.3	1.6	0.9	60
		2005	0.5	0.5	0.5	1.1	1.1	1.2	6.6	9.2	3.6	7.5	9.7	4.9	83.2	78.1	89.0	1.2	1.5	0.8	60
		2006	0.5	0.6	0.5	1.1	1.0	1.2	6.4	8.9	3.3	7.5	9.8	4.9	83.3	78.3	89.0	1.2	1.4	1.0	60
		2007	0.5	0.5	0.5	1.1	1.0	1.1	5.9	8.2	3.2	7.3	9.5	4.8	84.0	79.3	89.3	1.3	1.5	1.0	60

		年份	受教育少于一年（%）			学前教育（%）			初等教育（%）			中等教育（%）			高等教育（%）			无法定义或未列出的受教育水平（%）			注 No.
			MF	M	F	MF	M	F	MF	M	F	MF	M	F	MF	M	F	MF	M	F	
日本		1990	0.2	0.2	0.3	…	…	…	31.6	29.9	33.2	45.4	43.5	47.1	21.2	24.9	17.8	1.6	1.6	1.6	61
		2000	…	…	…	…	…	…	17.2	17.8	16.4	47.7	45.9	50.4	35.0	36.3	33.2	…	…	…	62
	b	2002	0.1	0.1	–	…	…	…	63.5	62.7	64.6	…	…	…	36.5	37.3	35.4	…	…	…	63
		2003	0.1	0.1	0.1	…	…	…	62.8	62.2	63.7	…	…	…	37.2	37.8	36.3	…	…	…	63
		2005	0.1	0.1	–	…	…	…	60.5	60.1	61.2	…	…	…	39.5	40.0	38.8	…	…	…	63
		2006	0.1	0.1	0.1	…	…	…	57.8	57.4	58.4	…	…	…	38.3	38.7	37.7	3.9	3.8	3.9	63
	b	2007	0.1	0.1	–	…	…	…	60.1	59.8	60.6	…	…	…	39.9	40.2	39.4	…	…	…	64
新西兰		2000	…	…	…	20.2	21.0	19.3	0.6	0.6	0.6	43.1	45.4	40.4	33.2	30.4	36.5	2.9	2.6	3.3	65
		2002	…	…	…	19.5	20.4	18.6	0.6	0.6	0.5	49.4	52.1	46.2	27.3	24.1	31.2	3.1	2.8	3.5	66
	b	2004	…	…	…	18.6	19.3	17.8	0.6	0.6	0.6	55.1	57.9	51.8	23.3	20.0	27.1	2.5	2.2	2.8	67
		2005	…	…	…	18.7	19.6	17.6	–	–	0.1	55.4	57.9	52.5	24.8	21.4	28.7	1.1	1.0	1.1	67
	b	2006	…	…	…	…	…	…	19.2	19.8	18.5	42.6	46.4	38.1	35.1	30.8	40.1	3.1	3.0	3.2	68
		2007	…	…	…	…	…	…	17.9	18.6	17.1	41.1	44.9	36.6	37.3	32.8	42.5	3.7	3.6	3.8	68
圣马力诺		1997	–	–	–	…	…	…	56.7	63.6	46.5	10.1	5.6	16.9	32.6	29.9	38.0	…	…	…	69
		1998	–	–	–	…	…	…	55.1	62.2	43.8	10.3	6.3	16.4	34.1	31.5	38.4	…	…	…	69
		1999	–	–	–	…	…	…	55.0	62.3	44.2	9.9	6.1	14.3	35.6	32.5	40.3	…	…	…	70
	b	2001	–	–	–	…	…	…	51.0	57.8	42.0	38.3	32.8	45.7	9.2	7.8	11.1	1.5	1.7	1.2	71
		2002	0.5	–	–	…	…	…	50.0	55.6	41.0	39.0	34.2	45.8	9.5	8.5	10.8	1.5	1.7	1.2	72
西欧（非欧盟）																					
冰岛		1998	…	…	…	…	…	…	32.6	20.3	46.6	38.3	44.0	31.6	29.1	35.6	21.6	0.1	…	…	73
		1999	…	…	…	…	…	…	43.1	36.7	50.6	28.4	28.8	28.0	28.3	34.5	21.3	0.1	0.1	0.1	73
		2000	…	…	…	…	…	…	43.8	39.4	49.1	28.0	27.5	28.4	28.0	33.1	22.1	0.2	0.1	0.3	73
	b	2001	…	…	…	…	…	…	42.0	37.4	47.2	28.1	27.3	29.1	29.6	34.8	23.5	0.2	0.1	0.3	74
		2002	…	…	…	…	…	…	39.0	33.7	45.1	29.0	29.4	28.3	31.9	36.9	26.1	0.1	0.1	0.1	74
挪威		2000	…	…	…	…	…	…	11.4	11.6	11.2	57.1	58.4	55.7	30.6	29.1	32.4	0.8	0.9	0.7	75
	b	2002	…	…	…	…	…	…	13.5	13.9	13.2	55.2	56.9	53.2	30.7	28.7	33.0	0.6	0.6	0.6	76
	b	2003	…	…	…	…	…	…	10.2	10.8	9.4	55.2	56.1	54.1	33.3	31.6	35.2	1.4	1.5	1.2	75
	b	2005	…	…	…	0.4	0.4	0.4	11.0	11.2	10.7	56.3	59.4	52.9	32.3	29.1	36.0	…	…	…	77
		2006	…	…	…	0.6	0.5	0.7	11.1	11.5	10.8	55.8	59.0	52.3	32.4	28.9	36.3	…	…	…	78
		2007	…	…	…	0.6	0.5	0.6	11.4	11.6	11.1	54.6	57.9	50.9	33.5	30.0	37.4	…	…	…	78
瑞士		2000	…	…	…	…	…	…	16.7	15.8	17.9	59.7	53.5	67.5	23.2	30.4	14.2	0.3	0.3	0.4	79
		2003	…	…	…	…	…	…	16.2	15.0	17.8	58.0	52.6	64.6	25.6	32.3	17.5	0.1	0.1	0.1	80
		2004	…	…	…	…	…	…	15.8	14.4	17.5	57.2	51.7	63.8	27.0	33.9	18.7	–	…	…	80
		2005	…	…	…	…	…	…	15.6	14.4	17.1	56.6	51.3	63.0	27.7	34.2	19.8	0.1	0.1	0.1	80
		2006	…	…	…	…	…	…	15.6	14.4	17.0	55.9	50.6	62.2	28.5	35.0	20.8	–	…	…	80
		2007	…	…	…	…	…	…	15.4	14.5	16.4	54.8	49.8	60.8	29.7	35.6	22.7	0.1	…	0.1	80
中欧、东南欧（非欧盟）和独联体																					
中欧及东南欧																					
阿尔巴尼亚		2001	1.7	…	…	…	…	…	56.9	…	…	33.4	…	…	8.0	…	…	…	…	…	81
	b	2002	2.1	…	…	…	…	…	60.1	…	…	29.9	…	…	7.9	…	…	…	…	…	82
波斯尼亚和黑塞哥维那		2006	…	…	…	…	…	…	89.0	90.0	87.3	…	…	…	11.0	10.0	12.9	…	…	…	83
		2007	…	…	…	…	…	…	89.0	90.7	86.0	…	…	…	11.0	9.3	14.0	…	…	…	83
克罗地亚	b	2001	0.4	0.3	0.5	…	…	…	21.5	21.2	21.8	60.4	62.8	57.4	17.2	15.2	19.8	0.5	0.5	0.5	84
	b	2003	…	…	…	1.0	0.7	1.4	21.7	20.3	23.4	59.5	63.7	54.6	17.8	15.3	20.7	…	…	…	85
		2005	…	…	…	0.9	0.6	1.3	19.4	16.9	22.5	61.5	66.3	55.6	18.2	16.2	20.6	…	…	…	85
		2006	…	…	…	0.7	0.6	0.9	17.5	16.9	18.2	62.7	67.2	57.5	17.8	15.0	21.1	…	…	…	7
	b	2007	…	…	…	0.5	0.3	0.7	17.7	15.9	20.0	63.3	67.3	58.5	18.1	16.1	20.6	…	…	…	6
黑山共和国		2005	0.8	0.7	0.9	1.9	1.4	2.6	11.3	11.9	10.5	73.5	75.5	71.9	11.7	10.5	14.0	…	…	…	86
土耳其		2000	…	…	…	…	…	…	71.4	72.7	67.4	18.9	19.0	18.5	9.7	8.3	14.2	…	…	…	87
	b	2003	6.8	3.0	16.7	2.8	2.5	3.8	60.0	63.5	51.0	19.3	21.0	14.8	11.1	10.1	13.7	…	…	…	88
	b	2004	6.3	3.1	15.5	3.7	3.4	4.5	59.5	62.7	50.8	19.9	21.4	15.9	10.5	9.5	13.3	…	…	…	89
		2005	5.4	2.4	13.9	4.4	3.8	6.0	57.5	60.9	47.8	21.2	22.6	17.3	11.5	10.3	15.0	…	…	…	89
		2006	5.0	2.3	12.8	4.4	3.7	6.3	56.6	60.1	46.7	21.6	22.9	17.9	12.4	11.0	16.3	…	…	…	89
		2007	4.6	2.0	11.9	4.4	3.7	6.4	56.0	59.7	45.5	21.9	23.0	18.7	13.1	11.5	17.5	…	…	…	89
独立国家联合体（独联体）																					
阿塞拜疆		2007	…	…	…	…	…	…	3.6	3.0	4.3	74.1	72.1	76.2	22.3	24.9	19.5	…	…	…	90
格鲁吉亚		1999	…	…	…	…	…	…	49.0	50.4	47.5	7.2	8.0	6.3	41.8	39.6	44.1	2.0	1.9	2.1	91
	b	2002	0.5	0.5	0.6	3.2	2.5	4.1	47.5	50.2	44.5	21.6	20.1	23.2	27.2	26.8	27.6	…	…	…	92
		2004	…	…	…	…	…	…	11.1	9.9	12.4	62.1	63.3	60.8	26.6	26.7	26.5	0.2	0.1	0.3	92
	b	2007	…	…	…	…	…	…	9.5	8.6	10.4	60.4	61.9	58.7	29.9	29.3	30.6	0.2	0.2	0.2	93

		年份	受教育少于一年（%）			学前教育（%）			初等教育（%）			中等教育（%）			高等教育（%）			无法定义或未列出的受教育水平（%）			注 No.
			MF	M	F	MF	M	F	MF	M	F	MF	M	F	MF	M	F	MF	M	F	
哈萨克斯坦		2002	…	…	…	…	…	…	7.9	8.1	7.8	44.7	48.9	40.4	47.4	43.0	51.9	…	…	…	14
		2003	…	…	…	…	…	…	6.7	6.8	6.5	44.4	48.4	40.4	48.9	44.8	53.1	…	…	…	14
		2004	…	…	…	…	…	…	6.0	6.4	5.6	44.0	47.9	39.9	50.0	45.8	54.5	…	…	…	14
吉尔吉斯斯坦		2004	…	…	…	…	…	…	8.2	9.2	6.9	75.8	76.4	75.0	16.0	14.4	18.0	…	…	…	94
	b	2005	16.7	14.6	19.6	2.2	2.3	2.2	23.9	23.5	24.3	54.7	56.9	51.8	2.4	2.7	2.1	…	…	…	95
		2006	16.3	14.0	19.4	2.3	2.3	2.4	23.7	22.9	24.8	55.1	58.0	51.2	2.5	2.7	2.3	…	…	…	96
俄罗斯联邦		2003	…	…	…	…	…	…	8.9	10.3	7.3	66.8	67.7	65.9	24.3	22.0	26.8	…	…	…	97
	b	2004	…	…	…	…	…	…	7.4	8.9	5.8	41.1	47.4	34.6	51.5	43.7	59.6	…	…	…	98
		2005	…	…	…	…	…	…	7.8	9.1	6.4	41.9	48.4	35.1	50.4	42.5	58.5	…	…	…	99
		2006	…	…	…	…	…	…	7.4	8.7	6.0	41.3	47.7	34.8	51.3	43.6	59.2	…	…	…	99
		2007	…	…	…	…	…	…	6.4	7.6	5.1	41.1	47.6	34.4	52.5	44.8	60.5	…	…	…	99
塔吉克斯坦		2004	…	…	…	0.7	0.5	1.1	21.3	16.9	27.4	65.9	66.4	65.1	10.9	14.5	6.0	1.2	1.8	0.4	100
乌克兰		2002	…	…	…	…	…	…	8.4	8.7	8.0	25.5	26.7	24.3	66.1	64.6	67.7	…	…	…	101
	b	2005	…	…	…	…	…	…	11.7	12.4	11.0	43.1	48.5	37.3	45.2	39.1	51.7	…	…	…	102
亚洲和太平洋地区																					
东亚																					
中国香港		2002	1.3	1.0	1.7	–	–	–	33.0	37.3	27.4	44.7	41.2	49.1	21.0	20.5	21.7	…	…	…	103
		2004	1.2	0.9	1.6	–	–	–	31.7	35.5	27.1	44.4	41.6	47.9	22.7	22.0	23.4	…	…	…	103
		2005	1.0	0.7	1.4	…	…	…	30.0	33.4	25.9	45.0	42.3	48.2	24.0	23.6	24.6	…	…	…	103
		2006	0.9	0.7	1.3	…	…	…	29.5	32.8	25.6	44.6	42.2	47.5	25.0	24.4	25.7	…	…	…	103
		2007	0.8	0.7	1.1	…	…	…	29.1	31.6	26.1	44.4	42.4	46.9	25.6	25.4	26.0	…	…	…	103
韩国		2000	…	…	…	…	…	…	32.5	25.6	42.5	43.5	46.6	39.1	24.0	27.8	18.4	…	…	…	104
	b	2002	…	…	…	…	…	…	28.7	22.7	37.1	44.6	47.1	41.1	26.7	30.2	21.9	…	…	…	105
		2003	…	…	…	…	…	…	26.1	20.9	33.7	43.6	45.2	41.3	30.3	33.9	25.0	…	…	…	105
	b	2005	…	…	…	…	…	…	24.5	19.6	31.3	43.2	44.8	41.0	32.3	35.6	27.7	…	…	…	106
		2006	…	…	…	…	…	…	23.8	19.2	30.2	42.5	44.2	40.1	33.7	36.5	29.6	…	…	…	106
		2007	…	…	…	…	…	…	23.0	18.7	29.0	42.0	43.3	40.2	35.0	38.1	30.8	…	…	…	106
中国澳门		2000	…	…	…	10.9	10.1	11.8	60.6	61.9	59.2	16.3	16.5	16.1	12.2	11.5	13.1	…	…	…	107
		2002	…	…	…	10.2	9.9	10.6	59.3	59.5	59.0	17.5	18.1	16.9	13.0	12.5	13.6	…	…	…	107
	b	2003	1.9	1.3	2.7	8.5	8.8	8.3	57.4	59.1	55.1	17.4	17.3	17.5	15.0	13.6	16.5	…	…	…	108
	b	2005	1.6	1.0	2.2	6.4	6.8	6.0	54.4	55.4	53.3	22.2	22.8	21.5	15.4	14.1	16.8	–	…	…	109
		2006	1.3	0.8	1.7	5.2	5.4	4.9	53.2	54.9	51.4	23.6	23.2	24.0	16.7	15.7	17.9	–	…	…	109
		2007	1.3	0.8	1.9	4.8	4.8	4.7	50.7	52.1	49.0	24.3	24.1	24.5	18.9	18.1	19.9	–	…	0.1	109
中国台湾省		1990	5.0	…	…	…	…	…	48.4	…	…	30.1	…	…	16.6	…	…	…	…	…	110
		1996	2.9	…	…	…	…	…	40.4	…	…	34.3	…	…	22.4	…	…	…	…	…	110
		1997	2.8	…	…	…	…	…	39.4	…	…	34.0	…	…	23.9	…	…	…	…	…	110
	b	2005	…	…	…	…	…	…	28.9	…	…	8.8	…	…	62.3	…	…	…	…	…	59
		2006	…	…	…	…	…	…	27.2	…	…	8.6	…	…	64.2	…	…	…	…	…	59
		2007	…	…	…	…	…	…	25.9	…	…	8.6	…	…	65.4	…	…	…	…	…	59
太平洋岛国																					
新喀里多尼亚		2004	6.5	…	…	5.5	…	…	31.7	…	…	17.6	…	…	38.8	…	…	–	…	…	111
南亚																					
尼泊尔		1995	20.9	20.3	21.6	…	…	…	58.9	57.2	60.6	8.1	8.3	7.8	8.4	10.2	6.5	3.6	3.9	3.6	3
巴基斯坦		2002	48.7	44.4	71.2	…	…	…	18.7	20.5	9.6	10.8	12.1	4.1	21.1	22.3	14.5	0.7	0.7	0.6	112
		2004	47.9	42.3	73.5	…	…	…	18.8	20.9	9.0	10.6	12.2	3.3	22.1	23.8	13.9	0.7	0.8	0.4	113
		2006	46.9	40.6	72.2	…	…	…	19.7	21.7	11.5	10.9	12.9	3.2	22.1	24.4	12.9	0.4	0.4	0.3	113
	b	2007	46.3	39.3	73.4	3.3	3.7	1.8	16.0	17.9	9.1	11.0	13.0	3.4	22.9	25.7	12.0	0.4	0.4	0.3	114
斯里兰卡		2000	3.6	2.5	5.9	…	…	…	67.5	71.9	59.1	16.5	15.8	18.0	12.3	9.9	17.0	…	…	…	115
	b	2003	…	…	…	…	…	…	68.7	71.9	62.1	16.8	16.8	16.8	14.6	11.3	21.1	…	…	…	116
		2004	…	…	…	…	…	…	65.3	68.6	58.7	18.2	18.0	18.7	16.5	13.4	22.6	…	…	…	117
	b	2005	…	…	…	…	…	…	64.4	68.3	56.5	19.0	18.7	19.8	16.6	13.0	23.7	…	…	…	118
		2006	…	…	…	…	…	…	67.6	70.6	62.3	17.4	17.0	18.0	15.0	12.3	19.8	…	…	…	119
		2007	…	…	…	…	…	…	67.5	70.7	61.7	15.9	16.0	15.9	16.5	13.3	22.5	…	…	…	119
东南亚																					
印度尼西亚		1994	10.7	6.7	14.4	…	…	…	63.8	64.0	63.7	11.5	12.6	10.4	12.8	15.4	10.5	…	…	…	120
		1996	10.6	6.9	14.2	17.6	16.1	19.0	52.6	54.4	50.9	16.3	18.9	13.7	3.0	5.0	2.2	…	…	…	120
	b	1998	…	…	…	26.8	22.2	34.0	50.6	53.1	46.7	18.4	20.4	15.2	4.2	4.3	4.0	…	…	…	121
	b	2006	5.1	3.8	7.4	11.4	10.3	13.5	57.2	58.3	55.3	20.6	22.5	17.4	5.6	5.2	6.4	…	…	…	122
		2007	5.0	3.6	7.4	12.2	11.3	13.8	55.7	57.1	53.4	20.6	22.3	17.7	6.5	5.7	7.8	…	…	…	3

	年份	受教育少于一年（%）			学前教育（%）			初等教育（%）			中等教育（%）			高等教育（%）			无法定义或未列出的受教育水平（%）			注 No.
		MF	M	F	MF	M	F	MF	M	F	MF	M	F	MF	M	F	MF	M	F	
马来西亚	2007	4.0	3.2	5.4	…	…	…	19.3	20.5	17.2	56.3	59.1	51.5	20.3	17.1	25.9	…	…	…	123
菲律宾	2004	2.4	2.4	2.3	…	…	…	33.2	35.6	29.2	37.9	39.1	35.9	26.5	22.8	32.6	…	…	…	124
	2006	1.9	2.0	1.8	…	…	…	32.0	34.5	28.0	38.6	39.7	36.7	27.5	23.8	33.5	…	…	…	124
	2007	1.9	1.9	1.8	…	…	…	31.7	34.3	27.4	38.7	40.1	36.4	27.7	23.7	34.4	…	…	…	125
新加坡	2000	…	…	…	13.1	14.7	10.7	25.0	26.9	22.2	25.3	22.9	29.0	36.6	35.6	38.1	…	…	…	126
	2002	…	…	…	13.5	12.5	14.7	19.6	22.3	16.1	28.2	24.9	32.5	38.8	40.3	36.8	…	…	…	127
	2003	…	…	…	13.3	12.5	14.2	18.6	21.4	15.2	27.2	23.6	31.6	41.0	42.6	38.9	…	…	…	127
b	2005	…	…	…	…	…	…	55.7	55.8	55.6	24.8	24.3	25.6	19.4	19.8	18.8	…	…	…	128
b	2006	…	…	…	…	…	…	28.3	30.7	25.1	48.3	46.1	51.2	23.4	23.2	23.7	…	…	…	129
	2007	…	…	…	…	…	…	27.7	30.4	24.1	48.6	46.2	51.9	23.7	23.4	24.1	…	…	…	129
拉丁美洲及加勒比地区																				
加勒比地区																				
安圭拉	2001	…	…	…	1.0	1.2	0.8	41.2	47.3	34.1	44.9	39.8	50.7	11.8	10.5	13.2	1.2	1.1	1.2	130
安提瓜和巴布达	2002	…	…	…	27.4	31.2	23.5	15.8	13.1	18.6	30.7	31.3	30.1	8.2	8.0	8.4	17.9	16.4	19.4	131
阿鲁巴	1994	…	…	…	…	…	…	80.7	81.4	79.7	3.7	2.9	4.8	15.5	15.5	15.5	0.1	0.1	…	132
巴哈马	1997	…	…	…	2.0	1.9	2.0	20.7	24.0	17.2	57.3	56.1	58.6	14.8	12.4	17.3	5.2	5.5	4.9	133
	1998	…	…	…	2.2	2.6	1.7	21.2	24.0	18.3	56.2	53.9	58.5	14.9	13.3	16.6	5.6	6.2	4.9	133
	2001	…	…	…	0.7	1.0	0.4	14.4	17.3	11.4	60.1	59.6	60.5	19.1	15.6	22.9	5.7	6.5	4.8	133
	2002	…	…	…	1.2	1.5	1.0	12.5	15.0	9.8	58.1	58.1	58.1	21.8	18.3	25.4	6.4	7.1	5.7	133
b	2006	2.6	3.4	1.7	…	…	…	8.8	10.5	7.0	63.0	64.6	61.3	25.5	21.3	29.8	0.1	0.1	–	134
巴巴多斯	1997	0.1	0.1	0.2	…	…	…	20.1	22.1	18.0	63.0	61.3	64.7	16.1	15.6	16.5	0.8	0.9	0.6	135
b	2003	0.5	0.5	0.4	…	…	…	14.7	16.5	12.8	65.4	67.3	63.3	18.4	14.3	22.7	1.0	1.2	0.7	136
百慕大	1991	0.3	0.5	–	–	–	–	12.5	15.1	10.2	40.3	41.4	38.6	46.0	43.0	50.0	0.9	0.5	0.6	137
b	2000	0.3	–	–	…	…	…	8.4	10.0	6.1	62.3	61.6	63.1	29.0	27.9	29.6	0.3	0.5	–	138
英属维吉尼亚群岛	1991	…	…	…	0.3	0.4	0.3	36.1	41.3	29.4	44.3	40.1	50.0	17.7	16.7	19.0	1.6	1.6	1.3	131
开曼群岛	2006	…	…	…	…	…	…	12.5	13.9	11.1	56.4	56.0	56.9	21.7	19.9	23.8	9.3	10.3	8.3	139
b	2007	…	…	…	1.0	1.3	0.6	20.3	20.8	20.3	39.7	41.2	38.2	34.8	33.7	36.0	4.2	3.5	5.0	14
古巴	2006	…	…	…	2.3	3.1	1.1	35.3	41.4	25.0	48.6	44.5	55.6	13.7	11.1	18.2	…	…	…	140
	2007	…	…	…	2.0	2.8	0.8	33.3	39.5	23.3	50.0	45.8	56.7	14.7	12.0	19.2	…	…	…	14
多米尼克	1997	3.3	3.3	3.3	0.5	0.9	0.1	67.9	73.5	61,4	17.2	11.8	23.7	7.6	7.3	7.9	3.4	3.2	3.6	141
多米尼加共和国	1996	40.4	45.3	30.8	…	…	…	37.3	36.2	39.2	15.1	12.4	20.5	7.2	6.0	9.5	0.1	0.1	0.1	142
	1997	40.1	44.4	31.9	…	…	…	37.6	37.9	37.2	15.8	12.8	21.7	6.4	4.9	9.2	0.1	0.1	0.1	142
	2000	32.7	37.4	25.1	…	…	…	38.3	39.1	37.0	18.6	15.1	24.5	10.3	8.4	13.3	…	…	…	142
	2007	6.7	…	…	…	…	…	42.6	…	…	32.4	…	…	18.3	…	…	…	…	…	143
瓜德罗普	1999	…	…	…	…	…	…	62.1	66.6	57.4	21.2	18.1	24.4	16.8	15.3	18.3	…	…	…	144
马提尼克	1999	…	…	…	…	…	…	61.7	66.7	56.8	21.0	18.2	23.9	17.2	15.2	19.3	…	…	…	144
荷属安的列斯	1997	0.5	…	…	…	…	…	66.7	…	…	19.9	…	…	12.8	…	…	0.2	…	…	145
b	2004	…	…	…	…	…	…	10.9	11.1	10.8	70.1	69.5	70.6	16.3	17.4	14.9	2.8	2.0	3.8	146
	2005	…	…	…	…	…	…	9.9	11.1	8.7	71.0	69.8	72.0	16.9	17.0	16.8	2.2	2.0	2.2	146
	2006	…	…	…	…	…	…	10.7	10.9	10.4	68.9	67.9	69.7	17.5	18.4	16.7	3.0	2.7	3.2	146
	2007	…	…	…	…	…	…	9.2	8.8	9.5	70.7	71.8	69.7	17.7	17.0	18.3	2.5	2.4	2.5	146
圣基茨和尼维斯	2001	0.9	1.0	0.7	0.9	1.2	0.6	13.6	15.6	11.2	60.0	59.1	61.1	18.2	16.7	20.0	6.4	6.4	6.3	147
圣卢西亚	1996	4.8	5.6	3.9	8.8	9.4	8.2	59.6	62.3	56.4	19.6	16.0	23.8	6.1	5.5	6.7	1.2	1.1	1.2	141
	1997	3.0	3.4	2.5	8.2	9.7	6.3	55.8	59.5	51.4	20.6	16.3	25.7	9.1	8.3	10.2	3.3	2.8	3.9	141
	1998	3.7	5.1	2.1	6.1	7.2	4.8	58.0	60.8	54.7	23.1	18.9	28.3	7.8	7.1	8.5	1.3	0.9	1.6	141
	1999	3.8	4.7	2.8	10.1	11.6	8.5	51.5	53.8	49.0	23.6	20.2	27.3	8.1	7.0	9.4	2.9	2.7	3.1	141
	2000	4.6	5.3	3.9	9.3	10.4	8.0	51.3	54.0	48.2	23.8	20.4	27.6	8.9	8.1	9.8	2.1	1.7	2.6	141
圣文森特和格林纳丁斯	1991	0.1	…	…	…	…	…	59.7	…	…	33.0	…	…	6.2	…	…	0.9	…	…	148
特立尼达和多巴哥	1998	0.5	0.5	0.4	…	…	…	37.5	42.3	29.8	55.4	51.5	61.7	6.5	5.6	8.0	0.1	0.1	0.1	149
	1999	0.4	0.4	0.5	…	…	…	37.1	42.1	29.0	55.6	52.1	61.3	6.8	5.3	9.1	0.1	0.1	–	149
	2000	0.4	0.4	0.4	…	…	…	35.8	40.0	29.0	57.0	54.1	61.7	6.7	5.3	8.8	0.2	0.2	0.1	149
	2001	0.3	0.3	0.3	…	…	…	33.7	37.9	26.8	58.6	55.8	63.3	7.0	5.6	9.2	0.4	0.3	0.4	149
	2002	0.2	0.3	0.1	…	…	…	30.1	37.0	25.1	61.9	56.0	63.8	7.5	6.4	10.6	0.3	0.3	0.3	149

		年份	受教育少于一年(%) MF	M	F	学前教育(%) MF	M	F	初等教育(%) MF	M	F	中等教育(%) MF	M	F	高等教育(%) MF	M	F	无法定义或未列出的受教育水平(%) MF	M	F	注 No.
中美洲																					
伯利兹		1996	27.4	32.2	17.2	…	…	…	42.1	43.5	39.2	18.5	14.9	26.7	11.0	8.6	16.8	0.7	1.0	0.4	150
	b	1997	…	…	…	23.7	27.5	16.1	55.2	55.9	53.7	15.1	11.6	22.1	3.1	2.9	3.3	3.0	2.1	4.8	151
		1998	…	…	…	24.4	27.9	17.9	52.8	54.8	49.1	16.1	12.3	23.3	3.3	3.1	3.7	3.3	1.8	6.2	151
		1999	…	…	…	25.8	28.8	19.8	53.4	54.6	51.1	15.0	12.0	21.0	3.5	3.1	4.3	2.3	1.5	3.9	151
	b	2005	5.9	5.8	6.2	21.5	24.6	16.1	42.3	43.7	39.9	16.3	14.1	20.2	12.4	9.8	16.7	1.6	2.1	0.8	3
哥斯达黎加		1990	24.3	27.4	16.5	…	…	…	48.8	50.0	45.7	17.5	14.5	24.8	9.0	7.3	13.5	1.0	0.9	1.1	152
		2000	3.5	3.9	2.6	0.2	0.3	0.1	64.5	68.9	55.3	15.0	13.4	18.4	15.8	12.5	22.7	1.0	1.0	0.9	153
	b	2003	2.9	3.6	1.7	0.1	0.1	–	57.7	62.2	49.5	22.8	20.8	26.4	15.4	12.0	21.6	1.1	1.3	0.8	154
	b	2004	0.6	0.7	0.4	3.1	3.9	1.7	57.5	61.8	49.3	18.7	16.8	22.3	20.1	16.8	26.3	…	…	…	155
		2005	2.5	3.0	1.7	…	…	…	58.3	62.5	50.8	17.8	16.8	19.7	16.1	13.0	21.4	5.3	4.7	6.4	155
		2006	2.4	2.9	1.7	…	…	…	57.7	62.5	49.5	22.5	20.7	25.5	16.8	13.2	22.8	0.6	0.7	0.5	155
		2007	2.3	2.8	1.5	…	…	…	56.7	61.6	48.4	23.9	21.6	27.7	16.8	13.6	22.1	0.3	0.3	0.2	155
萨尔瓦多		1996	19.1	19.9	17.7	…	…	…	42.0	43.2	40.0	15.1	15.9	13.8	23.8	21.0	28.6	…	…	…	156
危地马拉		2004	23.8	22.8	25.8	0.7	0.8	0.4	58.9	61.7	53.5	12.0	10.5	14.7	4.7	4.2	5.7	…	…	…	60
		2006	23.3	20.8	27.4	0.4	0.5	0.3	57.6	61.8	50.9	12.4	10.9	14.8	6.2	6.0	6.6	…	…	…	60
墨西哥		2000	8.5	8.3	8.7	16.8	18.1	14.3	20.2	20.3	20.1	29.1	27.9	31.3	25.4	25.3	25.6	0.1	0.1	0.1	157
		2003	7.6	7.4	8.0	15.4	16.6	13.1	19.7	20.0	19.1	24.5	26.1	21.6	32.8	29.9	38.3	–	–	–	158
	b	2004	7.1	6.9	7.6	…	…	…	58.5	61.8	52.6	16.8	14.9	20.0	17.6	16.4	19.7	–	–	–	159
	b	2005	6.6	6.5	6.8	…	…	…	58.1	60.6	53.6	19.0	17.3	21.9	16.3	15.5	17.7	0.1	0.1	0.1	160
	b	2006	6.1	6.2	6.1	…	…	…	57.6	60.4	52.7	19.6	17.7	22.8	16.6	15.6	18.3	0.1	0.1	–	159
	b	2007	5.7	5.6	5.7	…	…	…	57.0	59.9	52.2	20.0	18.2	22.9	17.3	16.3	19.1	0.1	0.1	0.1	161
尼加拉瓜		1995	26.3	29.1	19.7	0.2	0.3	0.2	58.6	58.8	58.2	8.8	6.9	13.4	6.0	5.0	8.4	…	…	…	23
巴拿马		2000	11.9	15.1	6.1	…	…	…	44.4	48.8	36.4	30.0	25.9	37.5	12.9	9.5	19.2	0.8	0.7	0.9	162
	b	2003	3.0	3.6	2.1	4.7	5.8	2.8	39.5	45.1	29.9	27.6	26.4	29.7	25.2	19.1	35.5	…	…	…	34
		2004	2.5	3.2	1.5	4.6	5.8	2.7	39.2	44.9	29.5	26.9	25.9	28.7	26.8	20.3	37.6	…	…	…	34
		2005	2.5	3.2	1.4	4.8	5.8	3.2	38.3	43.3	30.3	28.0	26.9	29.8	26.3	20.8	35.4	…	…	…	163
		2006	2.5	2.9	1.8	4.5	5.5	2.9	38.6	43.8	29.7	28.0	27.2	29.3	26.4	20.6	36.4	…	…	…	163
	b	2007	2.5	2.9	1.8	…	…	…	43.5	50.2	32.5	30.0	29.2	31.2	24.0	17.6	34.5	…	…	…	164
南美洲																					
阿根廷		2002	0.6	0.6	0.5	0.2	0.3	0.2	41.0	45.8	34.2	31.7	31.5	31.9	26.2	21.4	32.9	0.3	0.3	0.3	165
	b	2003	0.6	0.7	0.5	0.2	0.2	0.2	39.5	44.8	32.5	32.5	32.1	33.1	26.8	21.9	33.3	0.4	0.4	0.5	166
		2004	0.6	0.6	0.7	0.1	0.1	0.2	38.4	42.1	33.4	32.6	33.6	31.3	27.2	22.4	33.6	1.0	1.2	0.8	167
		2005	0.6	0.6	0.6	0.1	0.1	0.2	37.3	41.6	31.7	32.1	32.7	31.3	29.1	24.1	35.7	0.7	0.8	0.5	167
	b	2006	0.6	0.6	0.6	0.1	0.1	0.1	35.3	40.1	29.2	33.6	34.3	32.8	29.5	24.0	36.7	0.7	0.9	0.6	168
玻利维亚		1992	16.5	11.6	24.3	…	…	…	48.5	51.2	44.3	16.1	18.9	11.8	11.1	11.1	11.1	7.7	7.2	8.5	169
	b	1996	5.2	1.6	9.4	…	…	…	39.0	36.4	42.0	31.5	35.3	27.0	21.8	24.1	19.1	2.5	2.5	2.4	170
	b	1997	14.2	8.4	21.7	0.1	0.1	0.1	51.8	53.6	49.5	20.0	23.4	15.7	12.8	13.9	11.5	1.1	0.7	1.6	171
	b	2000	11.7	6.7	18.0	0.1	0.1	0.1	49.7	50.4	48.7	24.3	27.9	19.8	14.2	14.8	13.4	0.1	0.1	–	172
巴西		1996	6.1	6.8	5.0	55.1	58.0	50.8	15.7	15.5	16.0	16.2	13.8	19.8	6.5	5.5	8.0	0.4	0.3	0.4	173
		1997	5.9	6.7	4.8	54.5	57.5	50.1	15.6	15.3	16.1	16.8	14.4	20.2	6.9	5.8	8.4	0.4	0.4	0.4	173
		1998	5.8	6.6	4.7	52.5	55.5	48.2	16.4	16.0	16.9	17.8	15.5	21.3	6.9	5.9	8.3	0.5	0.5	0.6	173
		1999	5.5	6.1	4.6	51.5	54.8	46.9	16.9	16.6	17.3	18.6	16.0	22.3	6.9	5.9	8.2	0.6	0.5	0.6	173
		2006	8.3	9.5	6.8	11.0	12.4	9.3	42.9	45.1	40.1	28.9	26.0	32.6	8.6	6.9	10.9	0.2	0.2	0.3	174
智利		1990	2.6	2.9	1.8	…	…	…	36.9	40.6	28.9	50.8	48.3	56.3	8.3	6.8	11.4	1.5	1.4	1.7	175
		1992	2.4	2.7	1.7	…	…	…	36.6	39.8	29.8	52.0	49.7	56.9	8.6	7.4	11.2	0.3	0.3	0.3	175
		1994	2.0	2.3	1.4	–	0.1	0.1	30.0	34.4	21.9	45.5	46.6	43.6	20.9	15.3	31.1	1.6	1.4	2.0	175
	b	2006	1.0	1.2	0.7	–	–	–	24.8	27.7	19.7	48.5	48.9	47.8	25.2	21.7	31.4	0.5	0.5	0.4	176
	b	2007	0.9	1.1	0.6	–	–	–	24.4	26.9	20.2	49.1	49.5	48.5	25.2	22.1	30.5	0.3	0.3	0.2	39
哥伦比亚		1996	1.6	1.6	1.8	…	…	…	26.6	28.0	24.9	51.1	51.2	50.8	20.0	18.6	21.9	0.6	0.6	0.6	177
		1997	1.5	1.5	1.5	…	…	…	24.6	26.5	22.0	49.9	49.1	50.9	23.6	22.5	25.1	0.4	0.5	0.4	177
		1998	1.6	1.6	1.6	…	…	…	24.1	25.3	22.6	48.8	48.2	49.4	25.1	24.5	25.9	0.4	0.4	0.4	177
厄瓜多尔		2002	2.8	2.4	3.4	…	…	…	33.1	34.5	30.9	39.1	39.2	38.8	25.0	23.8	26.8	…	…	…	178
		2003	2.8	…	…	…	…	…	32.2	…	…	39.5	…	…	25.5	…	…	…	…	…	179
		2004	2.7	2.3	3.2	…	…	…	32.6	35.4	28.9	38.4	38.8	37.7	26.3	23.5	30.2	…	…	…	179
		2005	2.5	2.5	2.5	…	…	…	32.2	34.0	29.7	39.1	39.6	38.4	26.2	23.9	29.4	…	…	…	179
		2006	2.4	2.1	2.8	…	…	…	32.8	35.4	29.1	38.9	39.5	38.0	25.9	23.0	30.1	…	…	…	179
法属圭亚那		1999	…	…	…	…	…	…	63.0	65.4	59.9	18.7	17.2	20.7	18.3	17.4	19.4	…	…	…	144
巴拉圭		1995	3.9	2.9	5.4	…	…	…	63.5	64.0	62.9	25.3	26.6	23.3	7.0	6.2	8.2	0.3	0.3	0.1	175
	b	2007	2.6	2.2	3.2	–	–	–	61.5	63.8	58.2	22.3	23.2	21.0	13.5	10.8	17.7	–	0.1	…	180

		年份	受教育少于一年（%）			学前教育（%）			初等教育（%）			中等教育（%）			高等教育（%）			无法定义或未列出的受教育水平（%）			注 No.
			MF	M	F	MF	M	F	MF	M	F	MF	M	F	MF	M	F	MF	M	F	
秘鲁		2000	2.4	1.3	3.8	…	…	…	18.7	16.8	21.4	49.3	52.1	45.5	29.6	29.9	29.3	…	…	…	181
		2001	3.1	1.3	5.3	…	…	…	20.4	18.7	22.5	47.2	50.0	43.8	29.3	30.0	28.5	…	…	…	181
	b	2003	1.3	0.5	2.2	…	…	…	11.4	8.6	14.9	54.4	58.0	49.8	33.0	32.8	33.1	…	…	…	182
		2004	0.6	–	1.4	…	…	…	11.2	10.0	12.8	54.5	57.3	50.4	33.8	32.6	35.3	…	…	…	182
		2005	0.7	0.1	1.3	…	…	…	9.2	7.5	11.5	54.2	56.7	51.0	35.9	35.6	36.2	…	…	…	183
		2006	0.8	0.3	1.4	…	…	…	10.0	8.8	11.7	53.2	55.3	50.5	36.0	35.6	36.4	…	…	…	182
乌拉圭		2002	0.4	0.4	0.3	…	…	…	51.1	56.6	44.3	30.4	29.6	31.5	18.1	13.4	23.9	…	…	…	184
		2003	0.4	0.4	0.3	7.0	7.8	5.9	50.9	55.2	45.7	23.5	22.8	24.3	18.3	13.8	23.8	…	…	…	184
		2005	0.3	0.4	0.3	24.7	27.9	20.9	55.2	56.8	53.3	6.4	2.7	10.7	13.3	12.2	14.7	…	…	…	184
	b	2006	0.5	0.7	0.4	…	…	…	54.3	60.7	46.0	26.9	25.1	29.3	18.2	13.5	24.3	–	–	–	185
	b	2007	0.5	0.6	0.4	…	…	…	53.8	60.1	45.9	27.0	25.5	28.9	18.7	13.8	24.9	…	…	…	186
非洲																					
北非																					
阿尔及利亚		1995	21.3	…	…	…	…	…	50.2	…	…	18.7	…	…	6.4	…	…	3.4	…	…	187
	b	2004	15.0	13.3	23.0	3.9	4.3	2.1	50.4	54.3	31.9	20.6	20.1	23.3	10.0	8.0	19.8	–	–	…	188
摩洛哥		1996	26.3	23.8	33.1	1.7	2.3	0.1	45.2	48.3	36.7	14.4	13.6	16.7	10.7	9.9	13.0	1.6	2.1	0.3	189
	b	2002	38.0	31.5	57.3	–	–	–	40.2	46.1	22.7	9.8	9.9	9.6	7.1	6.3	9.6	4.8	6.2	0.9	14
		2003	37.0	29.4	57.1	–	–	–	40.5	47.1	22.9	9.9	10.1	9.4	7.4	6.6	9.4	5.2	6.7	1.2	14
		2005	35.5	27.8	55.6	–	–	–	42.4	48.8	25.5	9.5	9.8	8.5	7.4	6.6	9.2	5.3	6.9	1.1	14
		2006	36.3	28.4	57.5	…	…	…	39.5	45.5	21.8	9.9	10.4	8.5	8.7	7.9	10.7	5.7	7.3	1.5	14
突尼斯		1994	…	…	…	24.1	23.0	28.0	41.5	43.6	35.0	28.1	27.6	29.5	6.0	5.6	7.3	0.2	0.3	0.2	190
	b	1997	19.0	17.3	24.3	…	…	…	44.2	46.8	36.1	29.7	29.4	30.8	7.1	6.5	8.9	…	…	…	191
撒哈拉以南非洲																					
东非																					
埃塞俄比亚		1999	71.7	62.1	83.2	4.4	7.0	1.3	20.6	27.0	12.9	2.2	2.5	1.9	1.1	1.5	0.7	0.1	0.1	–	59
马达加斯加		2003	37.2	33.8	40.6	…	…	…	48.5	49.4	47.7	10.9	12.6	9.1	3.4	4.3	2.6	…	…	…	192
		2005	28.1	25.4	30.9	…	…	…	55.4	56.6	54.1	13.5	14.1	12.8	3.1	4.0	2.2	…	…	…	192
毛里求斯		2000	…	…	…	4.5	2.9	7.6	51.1	53.0	47.4	40.6	40.1	41.6	3.4	3.6	3.0	0.4	0.4	0.4	193
	b	2004	…	…	…	2.4	1.4	4.2	48.2	50.9	43.3	40.2	39.0	42.4	9.2	8.7	10.1	…	…	…	194
		2005	…	…	…	2.4	1.5	4.0	48.3	50.9	43.8	39.1	37.8	41.3	10.2	9.8	10.9	…	…	…	194
		2006	…	…	…	2.3	1.5	3.8	42.4	44.5	38.8	45.8	45.2	47.1	9.4	8.9	10.4	…	…	…	194
		2007	…	…	…	2.2	1.4	3.7	46.4	49.8	40.3	40.7	38.8	44.0	10.7	10.0	12.0	…	…	…	194
留尼汪		1999	…	…	…	…	…	…	66.5	71.0	61.0	18.2	15.2	21.9	15.3	13.8	17.2	…	…	…	144
卢旺达		1996	41.8	35.0	47.2	…	…	…	54.0	59.7	49.4	3.1	4.1	2.4	0.3	0.5	0.1	0.8	0.8	0.9	195
坦桑尼亚联合共和国		1991	32.1	23.0	41.2	21.4	24.3	18.6	43.2	48.2	38.2	…	…	…	…	…	…	3.3	4.6	2.0	196
乌干达		1991	35.5	24.2	49.0	…	…	…	49.4	56.6	40.9	13.1	16.3	9.3	0.4	0.6	0.2	1.5	2.3	0.6	197
	b	1993	26.0	16.7	34.8	…	…	…	67.1	73.8	60.8	5.0	7.0	3.2	1.9	2.6	1.2	…	…	…	142
		1994	24.5	15.7	32.8	…	…	…	69.6	76.3	63.3	3.5	4.9	2.2	2.4	3.1	1.7	…	…	…	142
中非																					
乍得		1993	72.8	65.0	81.2	…	…	…	24.2	29.9	17.9	2.0	3.4	0.5	0.6	1.1	0.2	0.4	0.6	0.2	198
南部非洲																					
博茨瓦纳		1996	22.0	…	…	…	…	…	63.2	…	…	13.7	…	…	…	…	…	0.1	…	…	199
纳米比亚		1997	15.6	17.4	13.5	…	…	…	37.2	38.8	35.2	42.1	38.7	46.0	4.7	4.7	4.8	0.4	0.3	0.5	142
	b	2004	11.8	14.4	8.6	0.1	0.1	–	60.4	59.9	60.9	19.9	18.2	22.0	7.9	7.5	8.5	…	…	…	14
南非		2001	6.1	5.9	6.3	0.2	0.2	0.2	47.6	48.7	46.4	33.1	32.9	33.4	11.9	11.1	12.9	1.1	1.3	0.9	200
	b	2007	4.6	4.8	4.3	…	…	…	33.6	36.0	30.7	47.9	46.5	49.5	13.4	12.0	15.1	0.6	0.7	0.4	201
西非																					
加纳		1988	52.5	…	…	…	…	…	10.9	…	…	36.1	…	…	0.5	…	…	…	…	…	202
		1989	45.4	…	…	…	…	…	13.3	…	…	39.6	…	…	1.7	…	…	…	…	…	203
	b	1992	47.6	37.1	56.3	…	…	…	21.3	20.2	22.3	…	…	…	31.0	42.7	21.5	…	…	…	204
几内亚		1998	61.3	60.7	62.3	…	…	…	27.5	29.2	24.8	8.0	6.8	9.9	3.2	3.3	3.0	…	…	…	142
尼日尔		2001	71.3	65.7	83.1	…	…	…	10.0	11.6	6.6	0.4	0.5	0.3	0.4	0.5	0.3	17.7	21.6	9.8	205
尼日利亚		1995	11.4	7.7	16.5	…	…	…	20.9	19.2	23.4	40.2	40.9	39.1	27.3	32.0	21.0	…	…	…	206

		年份	受教育少于一年（%）			学前教育（%）			初等教育（%）			中等教育（%）			高等教育（%）			无法定义或未列出的受教育水平（%）			注 No.
			MF	M	F	MF	M	F	MF	M	F	MF	M	F	MF	M	F	MF	M	F	
中东																					
巴林		1991	9.5	10.3	6.1	…	…	…	48.4	52.2	30.8	25.0	23.4	32.3	16.7	13.9	30.1	0.4	0.3	0.8	61
伊朗（伊斯兰		1996	21.1	21.4	19.1	…	…	…	29.6	29.8	28.1	37.5	38.3	32.0	9.3	7.7	20.1	2.5	2.8	0.7	207
共和国）	b	2005	12.5	10.8	19.3	…	…	…	50.2	54.1	35.0	22.6	22.9	21.5	14.4	11.9	24.0	–	–	–	208
	b	2007	12.0	10.3	18.9	…	…	…	50.4	54.4	33.9	22.0	22.7	19.2	15.4	12.4	27.8	0.2	0.2	0.2	209
科威特		1988	17.4	17.9	15.8	…	…	…	46.2	47.9	41.1	17.3	17.4	17.1	19.0	16.8	26.0	…	…	…	210
	b	1995	22.5	20.2	29.2	…	…	…	43.0	45.7	35.0	20.8	20.9	20.1	13.7	13.0	15.8	…	…	…	211
	b	2003	31.8	26.5	43.7	…	…	…	25.2	28.1	18.8	26.3	28.7	21.0	16.7	16.8	16.5	…	…	…	100
阿曼		1996	32.1	33.3	24.4	…	…	…	35.2	37.7	19.1	15.4	13.9	25.1	17.2	15.1	31.0	0.1	0.1	0.3	212
		2000	26.4	29.7	10.9	…	…	…	34.8	39.2	14.3	24.9	21.1	42.7	13.8	9.9	32.1	–	–	…	212
巴勒斯坦被占		2001	11.1	10.2	16.8	…	…	…	51.8	55.8	25.5	15.3	16.2	9.6	21.8	17.8	47.9	…	…	…	213
领土		2002	10.3	9.5	14.8	…	…	…	51.5	55.4	26.8	16.1	17.0	10.3	22.2	18.1	48.0	…	…	…	213
		2004	9.8	9.0	13.7	…	…	…	51.8	56.4	28.6	15.3	16.5	8.8	23.2	18.0	48.9	…	…	…	213
		2006	9.6	8.7	13.9	…	…	…	51.8	56.4	30.2	15.1	16.5	8.3	23.6	18.5	47.5	…	…	…	213
	b	2007	9.6	8.6	14.0	…	…	…	51.0	55.4	31.5	15.6	17.2	8.9	22.4	17.4	44.2	1.4	1.4	1.4	21
卡塔尔		1997	16.7	16.4	18.8	30.1	30.0	30.8	20.6	22.7	7.4	17.8	18.3	14.9	14.5	12.4	27.9	0.2	0.2	0.5	214
		2004	10.8	11.0	9.2	26.2	25.1	32.5	24.1	27.3	6.1	18.8	19.4	16.1	18.6	16.1	32.0	1.5	1.1	3.9	214
阿拉伯叙利亚		2003	11.8	9.8	20.0	…	…	…	65.9	71.7	41.8	15.9	12.7	29.5	6.3	5.7	8.8	…	…	…	100
共和国																					
阿拉伯联合		1985	27.1	28.3	15.6	…	…	…	44.0	45.1	32.9	14.4	13.7	20.5	14.5	12.8	31.0	–	–	…	61
酋长国	b	1995	22.5	23.7	13.1	…	…	…	44.0	45.4	33.3	16.3	15.6	21.9	16.9	15.0	31.5	0.3	0.3	0.1	215
	b	2005	10.1	10.7	6.4	15.1	15.3	13.8	29.3	31.0	18.3	28.8	28.3	31.8	16.6	14.6	29.6	…	…	…	216
也门		1999	46.2	35.8	80.0	24.8	29.8	8.7	12.5	15.5	2.9	2.0	2.3	1.0	14.4	16.6	7.4	…	…	…	14

表 14a 按受教育程度划分的劳动力分布（注）

1. 说明

受教育程度信息是当前衡量劳动力技术水平的最佳指标。受教育程度和劳动力技术水平决定了一国在全球市场上的竞争力，也决定了一国是否能有效利用高速的技术进步来发展自身。两者也是工作者就业能力的决定性因素。表 14a 给出了劳动力受教育程度的信息，受教育程度分为五个层次：受教育少于一年、学前教育、初等教育、中等教育、高等教育。指标中的分类都是基于《国际教育标准分类》（ISCED），见附录 D。在可能的情况下，数据均按照性别和年龄组（总人口、青年人、年轻成人、成年人）进行分类。

2. 信息库

CARIBBEAN 加勒比劳工统计数据集

国际劳工组织加勒比亚地区办公室，特立尼达和多巴哥西班牙港。

这个在线数据库提供了 20 个加勒比国家关于劳工统计和劳动力市场的信息。这些数据包括就业、失业、工资、工时、职业事故、社会保障、劳资纠纷等。该数据库目前已停止运营。

劳工统计数据库（LABORSTA） 劳工统计年鉴，在线统计数据库

国际劳工局统计部，瑞士日内瓦

http：//laborsta. ilo. org

劳工统计数据库是国际劳工组织统计部的在线数据库，提供了自 1969 年以来 30 多个官方核心劳工统计表，包括经济活动人口、就业、失业、工时、工资、劳动力成本、消费者价格、工伤及罢工和停工。

利马（IMA） 劳工概述（不同年份）

国际劳工组织拉丁美洲及加勒比地区办公室，秘鲁首都利马

http：//www. oit. org. pe

这份出版物提供了拉丁美洲和加勒比地区关于就业、收入、解雇的代价、劳工培训计划和童工的重要信息。

LMIL 劳动力市场指标图书馆

国际劳工组织就业部，瑞士日内瓦

LMIL 网络允许国际劳工组织中各部门共享劳动力市场信息。当无法从现有的国际信息库获取信息时，就利用 LMIL 指标。驻地办公室需负责鉴别、汇集和审查劳动力市场信息，并利用从各地区或各国那里得到的最新信息来更新数据库。

OECD 劳动力统计数据库（在线）

经济合作与发展组织，法国巴黎

http：//stats. oecd. org/Index. aspx

OECD 劳动力统计在线数据库包含了按年龄和性别划分的工作年龄人口、劳动力、就业和失业，以及按年龄和性别划分的就业/人口比率、参与率、失业率等数据的详细统计资料。

3. 资料来源类型

ELFS	欧盟劳动力调查（欧盟统计局）
HS	家庭或劳动力调查
OE	官方估算
PC	人口普查
…	无法获得数据

4. 覆盖范围

C	平民

T 总人口

5. 使用的分类法

ISCED－76 国际教育标准分类，1976 年版
ISCED－97 国际教育标准分类，1997 年版

6. 符号

MF 男性或女性
M 男性
F 女性
b 序列发生变动
… 无法获得数据
－ 忽略不计

注 No.	信息库	资料来源类型	覆盖范围	ISCED	年龄（岁）	备注
1	LABORSTA	HS	T	ISCED—76	15＋	国际教育标准分类注释：初等教育仅指 2 级。高等教育仅指 5 级或 6 级。
2	LABORSTA	HS	T	ISCED—97	15＋	覆盖范围：不包括应征入伍者 国际教育标准分类注释：初等教育包括学前教育（0 级）。
3	LABORSTA	HS	T	ISCED—76	15＋	
4	OECD	HS	T	ISCED—97	15—64	国际教育标准分类注释：初等教育包括学前教育（0 级）。
5	LABORSTA	HS	T	ISCED—97	15＋	参考期：6 月 覆盖范围：不包括应征入伍者 国际教育标准分类注释：中等教育仅指 3 级。高等教育仅指 5A 级和 5B 级。
6	LABORSTA	HS	T	ISCED—97	15＋	覆盖范围：不包括应征入伍者 国际教育标准分类注释：中等教育仅指 3 级。高等教育仅指 5A 级和 5B 级。
7	LABORSTA	HS	T	ISCED—97	15＋	覆盖范围：不包括应征入伍者 国际教育标准分类注释：中等教育仅指 3 级。
8	LABORSTA	HS	T	ISCED—76	15＋	参考期：第二季度 地域界限：政府控制的地区 覆盖范围：不包括应征入伍者
9	LABORSTA	HS	T	ISCED—97	15＋	参考期：第二季度 地域界限：政府控制的地区 覆盖范围：不包括应征入伍者 国际教育标准分类注释：学前教育包括受教育少于一年的情况（X 级）。
10	LABORSTA	HS	T	ISCED—97	15＋	地域界限：政府控制的地区 覆盖范围：不包括应征入伍者 国际教育标准分类注释：学前教育包括受教育少于一年的情况（X 级）。
11	LABORSTA	HS	T	ISCED—76	15＋	参考期：第四季度 国际教育标准分类注释：高等教育仅指 6 级和 7 级。
12	OECD	ELFS	T	ISCED—97	15＋	国际教育标准分类注释：初等教育包括学前教育（0 级）。
13	LABORSTA	HS	T	ISCED—97	15＋	国际教育标准分类注释：学前教育包括受教育少于一年的情况（X 级）。
14	LABORSTA	HS	T	ISCED—97	15＋	
15	OECD	ELFS	T	ISCED—97	15—64	国际教育标准分类注释：初等教育包括学前教育（0 级）。
16	LABORSTA	HS	T	ISCED—76	15—69	国际教育标准分类注释：初等教育仅指 2 级。
17	LABORSTA	HS	T	ISCED—76	15—74	覆盖范围：不包括应征入伍者
18	LABORSTA	HS	T	ISCED—97	15—74	覆盖范围：不包括应征入伍者 国际教育标准分类注释：初等教育包括学前教育（0 级）。
19	LABORSTA	HS	T	ISCED—97	15—74	覆盖范围：不包括应征入伍者
20	LABORSTA	HS	T	ISCED—97	15—74	国际教育标准分类注释：初等教育包括学前教育（0 级）。

注 No.	信息库	资料来源类型	覆盖范围	ISCED	年龄（岁）	备注
21	LABORSTA	HS	T	ISCED—76	15+	国际教育标准分类注释：高等教育仅指6级或7级。
22	OECD	HS	T	ISCED—97	15—64	参考期：3月 国际教育标准分类注释：初等教育包括学前教育（0级）。
23	LABORSTA	HS	T	ISCED—76	15+	参考期：4月
24	LABORSTA	HS	T	ISCED—97	15+	参考期：3月
25	LABORSTA	HS	T	ISCED—76	15+	参考期：第二季度 覆盖范围：不包括应征入伍者
26	LABORSTA	HS	T	ISCED—97	15+	参考期：第二季度 覆盖范围：不包括应征入伍者
27	LABORSTA	HS	T	ISCED—76	15—74	覆盖范围：不包括应征入伍者 国际教育标准分类注释：高等教育仅指5级或6级。
28	LABORSTA	HS	T	ISCED—97	15—64	
29	LABORSTA	HS	T	ISCED—97	15—74	参考期：11月 覆盖范围：不包括应征入伍者
30	LABORSTA	HS	T	ISCED—76	15+	覆盖范围：不包括应征入伍者 国际教育标准分类注释：高等教育仅指5级或6级。
31	LABORSTA	HS	T	ISCED—97	15+	覆盖范围：不包括应征入伍者
32	LABORSTA	HS	T	ISCED—97	15+	覆盖范围：不包括应征入伍者 国际教育标准分类注释：高等教育仅指5A级和5B级。
33	LABORSTA	HS	T	ISCED—97	15+	参考期：12月 国际教育标准分类注释：高等教育仅指5A级和5B级。
34	LABORSTA	HS	T	ISCED—97	15+	国际教育标准分类注释：高等教育仅指5A级和5B级。
35	LABORSTA	HS	T	ISCED—76	15—64	国际教育标准分类注释：初等教育包括学前教育（0级）。高等教育仅指6级或7级。
36	LABORSTA	HS	T	ISCED—76	15+	注：调查问卷经过修改
37	LABORSTA	HS	T	ISCED—76	15+	覆盖范围：不包括应征入伍者和住在军营的正规军人 国际教育标准分类注释：初等教育仅指1级。高等教育包括无法用级别定义的教育（9级）。
38	LABORSTA	HS	T	ISCED—97	15+	覆盖范围：不包括应征入伍者和住在军营的正规军人
39	LABORSTA	HS	T	ISCED—76	15+	覆盖范围：不包括应征入伍者
40	LABORSTA	HS	T	ISCED—97	15+	覆盖范围：不包括应征入伍者 国际教育标准分类注释：学前教育包括受教育少于一年的情况（X级）。中等教育仅指3级。
41	LABORSTA	HS	T	ISCED—97	15+	覆盖范围：不包括应征入伍者 国际教育标准分类注释：学前教育包括受教育少于一年的情况（X级）。
42	LABORSTA	HS	T	ISCED—97	15—74	国际教育标准分类注释：高等教育仅指5A级和5B级。 注：估算值基于2002年人口普查的结果。
43	LABORSTA	HS	T	ISCED—97	15—74	国际教育标准分类注释：高等教育仅指5A级和5B级。
44	LABORSTA	HS	T	ISCED—97	15+	参考期：第四季度 覆盖范围：不包括应征入伍者 国际教育标准分类注释：初等教育包括学前教育（0级）。中等教育仅指3级。
45	LABORSTA	HS	T	ISCED—97	15+	参考期：第四季度 覆盖范围：不包括应征入伍者 国际教育标准分类注释：中等教育仅指3级。
46	LABORSTA	HS	T	ISCED—76	15+	参考期：第二季度 覆盖范围：不包括住在军营的正规军人
47	LABORSTA	HS	T	ISCED—97	15+	参考期：第二季度 覆盖范围：不包括住在军营的正规军人 国际教育标准分类注释：中等教育仅指3级。
48	LABORSTA	HS	T	ISCED—97	16+	覆盖范围：不包括应征入伍者
49	LABORSTA	HS	T	ISCED—97	16+	覆盖范围：不包括应征入伍者 注：方法经过修改。
50	LABORSTA	HS	T	ISCED—76	16—64	覆盖范围：不包括应征入伍者
51	LABORSTA	HS	T	ISCED—97	16—64	覆盖范围：不包括应征入伍者
52	LABORSTA	HS	T	ISCED—76	16—64	参考期：3—5月 国际教育标准分类注释：初等教育包括学前教育和受教育少于一年的情况（0级和X级）。 注：数据指的是16—64岁的男性和16—59岁的女性。

注 No.	信息库	资料来源类型	覆盖范围	ISCED	年龄（岁）	备注
53	LABORSTA	HS	T	ISCED—76	16—64	参考期：第二季度 国际教育标准分类注释：初等教育包括学前教育和受教育少于一年的情况（0级和X级）。 注：数据指的是16—64岁的男性和16—59岁的女性。
54	LABORSTA	HS	C	ISCED—97	15+	覆盖范围：不包括居住在保护区的人口 国际教育标准分类注释：初等教育包括学前教育（0级）。
55	OECD	HS	C	ISCED—97	16+	参考期：平均每月的估算 国际教育标准分类注释：初等教育包括学前教育（0级）。
56	OECD	HS	C	ISCED—97	16+	参考期：平均每月的估算 国际教育标准分类注释：初等教育包括学前教育（0级）。 注：方法经过修改。
57	LABORSTA	HS	C	ISCED—76	15—64	参考期：3月 国际教育标准分类注释：初等教育仅指2级。
58	LABORSTA	HS	C	ISCED—97	15—64	国际教育标准分类注释：初等教育包括学前教育（0级）。
59	LABORSTA	HS	C	ISCED—76	15+	
60	LABORSTA	HS	C	ISCED—97	15+	国际教育标准分类注释：中等教育仅指3级。
61	LABORSTA	PC	T	ISCED—76	15+	
62	OECD	HS	T	ISCED—97	15+	参考期：平均每月的估算 国际教育标准分类注释：初等教育仅指2级。
63	LABORSTA	HS	T	ISCED—76	15+	国际教育标准分类注释：初等教育包括中等教育（3级）。
64	LABORSTA	HS	T	ISCED—76	15+	国际教育标准分类注释：初等教育包括中等教育（3级）。 注：数据仅指从学校毕业的人。
65	LABORSTA	HS	C	ISCED—76	15+	国际教育标准分类注释：学前教育包括受教育少于一年的情况（X级）。初等教育仅指1级。
66	LABORSTA	HS	C	ISCED—97	15+	国际教育标准分类注释：学前教育包括受教育少于一年的情况（X级）。初等教育仅指1级。
67	LABORSTA	HS	C	ISCED—97	15+	国际教育标准分类注释：学前教育包括受教育少于一年的情况（X级）。
68	LABORSTA	HS	C	ISCED—97	15+	国际教育标准分类注释：初等教育包括学前教育和受教育少于一年的情况（0级和X级）。
69	LABORSTA	OE	T	ISCED—76	15+	
70	LABORSTA	OE	T	ISCED—76	15+	参考期：12月31日
71	LABORSTA	PC	T	ISCED—97	15+	参考期：12月31日 国际教育标准分类注释：中等教育仅指3级。高等教育仅指5A级和5B级。
72	LABORSTA	PC	T	ISCED—97	15+	参考期：12月 国际教育标准分类注释：中等教育仅指3级。高等教育仅指5A级和5B级。
73	LABORSTA	HS	C	ISCED—76	16—74	
74	LABORSTA	HS	C	ISCED—97	16—74	国际教育标准分类注释：中等教育仅指3级。
75	OECD	HS	T	ISCED—97	16—64	参考期：持续调查 国际教育标准分类注释：初等教育包括学前教育（0级）。
76	LABORSTA	HS	T	ISCED—97	16—74	国际教育标准分类注释：初级教育仅指2级。
77	LABORSTA	HS	T	ISCED—97	16—74	
78	LABORSTA	HS	T	ISCED—97	15—74	
79	LABORSTA	HS	C	ISCED—97	15+	覆盖范围：不包括季节工或边境工
80	LABORSTA	HS	C	ISCED—97	15+	参考期：第二季度 覆盖范围：不包括季节工或边境工
81	LABORSTA	PC	T	ISCED—97	15+	参考期：4月 国际教育标准分类注释：中等教育仅指3级。高等教育仅指5A或6级。
82	LABORSTA	HS	T	ISCED—97	15+	国际教育标准分类注释：中等教育仅指3级。高等教育仅指5A级。
83	LABORSTA	HS	T	ISCED—76	15+	国际教育标准分类注释：初等教育包括学前教育和受教育少于一年的情况（0级和X级）。
84	LABORSTA	PC	T	ISCED—97	15+	参考期：3月31日 国际教育标准分类注释：学前教育包括受教育少于一年的情况（X级）。中等教育仅指3级。
85	LABORSTA	HS	T	ISCED—97	15+	参考期：3月 覆盖范围：不包括应征入伍者 国际教育标准分类注释：中等教育仅指3级。
86	LABORSTA	HS	T	ISCED—97	15—64	参考期：10月 国际教育标准分类注释：初等教育仅指1级。中等教育包括初等教育中的2级。

注 No.	信息库	资料来源类型	覆盖范围	ISCED	年龄（岁）	备注
87	OECD	HS	T	ISCED—97	15 +	参考期：季度估算平均值 国际教育标准分类注释：初等教育包括学前教育（0 级）。
88	LABORSTA	HS	T	ISCED—97	15 +	覆盖范围：不包括应征入伍者和住在军营的正规军人 国际教育标准分类注释：中等教育仅指 3 级。 注：方法经过修改，数据不具有严格的可比性。
89	LABORSTA	HS	T	ISCED—97	15 +	覆盖范围：不包括应征入伍者和住在军营的正规军人 国际教育标准分类注释：中等教育仅指 3 级。
90	LABORSTA	HS	C	ISCED—97	15 +	国际教育标准分类注释：高等教育仅指 5A 级。
91	LABORSTA	HS	T	ISCED—76	15 +	覆盖范围：不包括应征入伍者和住在军营的正规军人 国际教育标准分类注释：初等教育仅指 2 级。高等教育仅指 5 级和 6 级。
92	LABORSTA	HS	T	ISCED—97	15 +	覆盖范围：不包括应征入伍者和住在军营的正规军人 国际教育标准分类注释：高等教育仅指 5A 级。
93	LABORSTA	HS	T	ISCED—97	15 +	覆盖范围：不包括应征入伍者和住在军营的正规军人
94	LABORSTA	HS	T	ISCED—97	15 +	参考期：11 月 国际教育标准分类注释：高等教育仅指 5A 级。
95	LABORSTA	HS	T	ISCED—97	15—74	参考期：11 月
96	LABORSTA	HS	T	ISCED—97	15 +	参考期：11 月
97	LABORSTA	HS	T	ISCED—97	15—72	参考期：11 月 国际教育标准分类注释：高等教育仅指 5A 级。
98	LABORSTA	HS	T	ISCED—97	15—72	参考期：11 月
99	LABORSTA	HS	T	ISCED—97	15—72	
100	LABORSTA	HS	C	ISCED—97	15 +	
101	LABORSTA	OE	T	ISCED—76	15—70	
102	LABORSTA	HS	T	ISCED—76	15—70	
103	LABORSTA	HS	C	ISCED—97	15 +	覆盖范围：不包括海军和受管辖机构内的人口
104	LABORSTA	HS	C	ISCED—76	15 +	国际教育标准分类注释：初等教育包括学前教育和受教育少于一年的情况（0 级和 X 级）。 注：估算基于 2002 年人口普查的结果。
105	OECD	HS	C	ISCED—97	15 +	参考期：季度估算的平均值 国际教育标准分类注释：初等教育包括学前教育（0 级）。
106	LABORSTA	HS	C	ISCED—97	15 +	国际教育标准分类注释：初等教育包括学前教育（0 级）。中等教育仅指 3 级。
107	LABORSTA	HS	C	ISCED—76	15 +	国际教育标准分类注释：学前教育包括受教育少于一年的情况（X 级）。
108	LABORSTA	HS	C	ISCED—76	14 +	
109	LABORSTA	HS	C	ISCED—97	14 +	国际教育标准分类注释：中等教育仅指 3 级。
110	LMIL	HS	C	ISCED—76	15 +	
111	LABORSTA	PC	T	ISCED—97	14 +	国际教育标准分类注释：高等教育仅指 5A 级。
112	LABORSTA	HS	C	ISCED—76	15 +	国际教育标准分类注释：初等教育包括学前教育（0 级）。
113	LABORSTA	HS	C	ISCED—76	15 +	参考期：7 月 国际教育标准分类注释：初等教育包括学前教育（0 级）。
114	LABORSTA	HS	C	ISCED—76	15 +	国际教育标准分类注释：初级教育仅指 2 级。
115	LABORSTA	HS	C	ISCED—76	15 +	参考期：第四季度 地域界限：不包括北部和东部省份
116	LABORSTA	HS	C	ISCED—97	15 +	参考期：第一季度 地域界限：不包括北部省份 国际教育标准分类注释：初等教育包括学前教育和受教育少于一年的情况（0 级和 X 级）。中等教育仅指 3 级。
117	LABORSTA	HS	C	ISCED—97	15 +	参考期：第三季度 地域界限：不包括北部省份 国际教育标准分类注释：初等教育包括学前教育和受教育少于一年的情况（0 级和 X 级）。中等教育仅指 3 级。
118	LABORSTA	HS	C	ISCED—97	15 +	地域界限：不包括北部和东部省份 国际教育标准分类注释：初等教育包括学前教育和受教育少于一年的情况（0 级和 X 级）。中等教育仅指 3 级。

注 No.	信息库	资料来源类型	覆盖范围	ISCED	年龄（岁）	备注
119	LABORSTA	HS	C	ISCED—97	15 +	参考期：第一和第三季度的平均值 地域界限：不包括北部和东部省份 国际教育标准分类注释：初等教育包括学前教育和受教育少于一年的情况（0 级和 X 级）。
120	LABORSTA	HS	T	ISCED—76	10 +	
121	LABORSTA	HS	T	ISCED—76	15 +	参考期：8 月 国际教育标准分类注释：学前教育包括受教育少于一年的情况（X 级）。
122	LABORSTA	HS	T	ISCED—76	15 +	参考期：2 月
123	LABORSTA	HS	C	ISCED—97	15—64	国际教育标准分类注释：初等教育仅指 1 级。中等教育（仅指 3 级）包括初等教育中的 2 级。
124	LABORSTA	HS	T	ISCED—97	15 +	覆盖范围：不包括应征入伍者和住在军营的正规军人 国际教育标准分类注释：初等教育包括学前教育（0 级）。
125	LABORSTA	HS	T	ISCED—97	15 +	参考期：10 月 覆盖范围：不包括应征入伍者和住在军营的正规军人 国际教育标准分类注释：初等教育包括学前教育（0 级）。
126	LABORSTA	PC	T	ISCED—76	15 +	参考期：6 月 国际教育标准分类注释：学前教育包括受教育少于一年的情况（X 级）。
127	LABORSTA	HS	T	ISCED—76	15 +	参考期：6 月 覆盖范围：数据指永久居民 国际教育标准分类注释：学前教育包括受教育少于一年的情况（X 级）。
128	LABORSTA	HS	T	ISCED—97	15 +	参考期：6 月 覆盖范围：数据指永久居民 国际教育标准分类注释：初等教育包括学前教育（0 级）。
129	LABORSTA	HS	T	ISCED—97	15 +	参考期：6 月 覆盖范围：数据指永久居民 国际教育标准分类注释：初等教育包括学前教育和受教育少于一年的情况（0 级和 X 级）。中等教育包括高等教育中的 5 级 。高等教育仅指 6 级。
130	LABORSTA	PC	C	ISCED—97	15 +	参考期：5 月 国际教育标准分类注释：初等教育包括学前教育（0 级）。高等教育仅指 5A 级。
131	CARIBBEAN	PC	T	ISCED—76	15 +	国际教育标准分类注释：学前教育包括受教育少于一年的情况（X 级）。
132	CARIBBEAN	HS	T	ISCED—76	15 +	国际教育标准分类注释：初等教育包括学前教育和时间少于一年的教育（0 级和 X 级）。
133	CARIBBEAN	HS	C	ISCED—76	15 +	参考期：4 月 国际教育标准分类注释：学前教育包括受教育少于一年的情况（X 级）。
134	LABORSTA	HS	C	ISCED—97	15 +	国际教育标准分类注释：初等教育仅指 1 级。中等教育（仅指 3 级）包括初等教育中的 2 级。
135	LABORSTA	HS	C	ISCED—76	15 +	国际教育标准分类注释：初级教育仅指 1 级。中等教育包括初等教育中的 2 级。
136	LABORSTA	HS	C	ISCED—97	15 +	国际教育标准分类注释：初级教育仅指 1 级。中等教育包括初等教育中的 2 级。
137	LABORSTA	PC	T	ISCED—76	15 +	国际教育标准分类注释：初级教育仅指 1 级。中等教育包括初等教育中的 2 级。未规定的级别包括未评级教育等级（9 级）。
138	LABORSTA	PC	T	ISCED—97	15 +	参考期：3 月 国际教育标准分类注释：高等教育仅指 5A 级和 6 级。
139	LABORSTA	HS	T	ISCED—97	15 +	国际教育标准分类注释：初等教育仅指 2 级。
140	LABORSTA	HS	T	ISCED—97	15 +	参考期：12 月
141	CARIBBEAN	HS	T	ISCED—76	15 +	
142	LMIL	HS	T	ISCED—76	15 +	
143	LABORSTA	HS	T	ISCED—76	15 +	国际教育标准分类注释：初等教育仅指 1 级。中等教育包括初等教育中的 2 级和高等教育中的 5 级。高等教育仅指 6 级和 7 级。
144	LABORSTA	PC	T	ISCED—97	15 +	参考期：5 月 国际教育标准分类注释：中等教育仅指 3 级。
145	LABORSTA	HS	T	ISCED—76	15 +	参考期：10 月 国际教育标准分类注释：高等教育仅指 5 级和 6 级。
146	LABORSTA	HS	T	ISCED—97	15 +	地域界限：库拉索 国际教育标准分类注释：初级教育仅指 1 级。中等教育包括初等教育中的 2 级。
147	CARIBBEAN	PC	T	ISCED—76	15 +	
148	CARIBBEAN	PC	T	ISCED—76	…	
149	CARIBBEAN	HS	T	ISCED—76	15 +	国际教育标准分类注释：初等教育包括学前教育（0 级）。
150	LABORSTA	HS	C	ISCED—76	14 +	参考期：3 月
151	CARIBBEAN	HS	T	ISCED—76	14 +	参考期：4 月 国际教育标准分类注释：学前教育包括受教育少于一年的情况（X 级）。

注 No.	信息库	资料来源类型	覆盖范围	ISCED	年龄（岁）	备注
152	LMIL	HS	C	ISCED—76	12 +	参考期：7 月
153	LABORSTA	HS	T	ISCED—76	15 +	参考期：7 月 国际教育标准分类注释：高等教育仅指 6 级和 7 级。
154	LABORSTA	HS	T	ISCED—97	15 +	参考期：7 月 注释：高等教育包括没有获得文凭的学生。
155	LABORSTA	HS	T	ISCED—97	15 +	参考期：7 月
156	LABORSTA	HS	T	ISCED—76	15 +	参考期：12 月 国际教育标准分类注释：高等教育仅指 5 级和 6 级。
157	LABORSTA	HS	T	ISCED—76	15 +	参考期：第二季度 国际教育标准分类注释：初等教育仅指 1 级。中等教育包括初等教育中的 2 级。
158	LABORSTA	HS	T	ISCED—97	15 +	参考期：第二季度 国际教育标准分类注释：初等教育仅指 1 级。中等教育（仅指 3 级）包括初等教育中的 2 级。
159	LABORSTA	HS	T	ISCED—97	15 +	参考期：第二季度 国际教育标准分类注释：中等教育仅指 3 级。
160	LABORSTA	HS	T	ISCED—97	15 +	参考期：第二季度。 国际教育标准分类注释：中等教育仅指 3 级。 注：方法经过修改。
161	LABORSTA	HS	T	ISCED—97	15 +	参考期：第二季度
162	LMIL	HS	T	ISCED—76	15 +	参考期：8 月 地域界限：不包括以土著人口为主的地区
163	LABORSTA	HS	T	ISCED—97	15 +	参考期：8 月 国际教育标准分类注释：高等教育仅指 5A 级和 5B 级。
164	LABORSTA	HS	T	ISCED—97	15 +	参考期：8 月
165	LABORSTA	HS	T	ISCED—97	15 +	参考期：5 月和 10 月的平均值 地域界限：28 个城市群 国际教育标准分类注释：中等教育仅指 3 级。 注：包括变异系数超过 10% 的估算值。
166	LABORSTA	HS	T	ISCED—97	15 +	地域界限：28 个城市群 国际教育标准分类注释：中等教育仅指 3 级。
167	LABORSTA	HS	T	ISCED—97	15 +	参考期：第二季度 地域界限：28 个城市群 国际教育标准分类注释：中等教育仅指 3 级。
168	LABORSTA	HS	T	ISCED—97	15 +	参考期：第二季度 地域界限：31 个城市群 国际教育标准分类注释：中等教育仅指 3 级。
169	LABORSTA	PC	T	ISCED—76	15 +	国际教育标准分类注释：初等教育仅指 1 级。
170	LABORSTA	HS	C	ISCED—76	15 +	地域界限：主要城镇
171	LABORSTA	HS	C	ISCED—76	15 +	地域界限：城市地区 国际教育标准分类注释：初级教育仅指 1 级。高等教育仅指 5 级或 6 级。
172	LABORSTA	HS	C	ISCED—76	15 +	地域界限：城市地区 国际教育标准分类注释：初级教育仅指 1 级。中等教育包括初等教育中的 2 级。
173	LABORSTA	HS	T	ISCED—97	15 +	地域界限：不包括朗多尼亚、阿克里、亚马孙、罗赖马、帕拉和阿马帕的农村人口
174	LABORSTA	HS	T	ISCED—97	15 +	参考期：9 月 地域界限：不包括朗多尼亚、阿克里、亚马孙、罗赖马、帕拉和阿马帕的农村人口
175	LIMA	...	T	ISCED—76	15 +	
176	LABORSTA	HS	T	ISCED—76	15 +	覆盖范围：不包括应征入伍者 注释：方法经过修改。
177	LABORSTA	OE	C	ISCED—76	15 +	参考期：9 月 地域界限：7 个主要城市 国际教育标准分类注释：初级教育仅指 1 级。中等教育包括初等教育中的 2 级。
178	LABORSTA	HS	T	ISCED—97	15 +	参考期：7 月 地域界限：城市地区 国际教育标准分类注释：初级教育仅指 1 级。中等教育包括初等教育中的 2 级。高等教育仅指 5A 级或 5B 级。
179	LABORSTA	HS	T	ISCED—97	15 +	地域界限：城市地区 国际教育标准分类注释：初级教育仅指 1 级。中等教育包括初等教育中的 2 级。高等教育仅指 5A 级或 5B 级。
180	LABORSTA	HS	C	ISCED—97	10 +	参考期：第四季度 国际教育标准分类注释：中等教育仅指 3 级。

注 No.	信息库	资料来源类型	覆盖范围	ISCED	年龄（岁）	备注
181	LABORSTA	HS	T	ISCED—76	15 +	参考期：第三季度 地域界限：城市地区 覆盖范围：不包括应征入伍者 国际教育标准分类注释：初级教育仅指 1 级。中等教育包括初等教育中的 2 级。
182	LABORSTA	HS	T	ISCED—76	15 +	地域界限：秘鲁首都利马 覆盖范围：不包括应征入伍者 国际教育标准分类注释：初级教育仅指 1 级。中等教育包括初等教育中的 2 级。
183	LABORSTA	HS	T	ISCED—76	15 +	参考期：9 月 地域界限：秘鲁首都利马 覆盖范围：不包括应征入伍者 国际教育标准分类注释：初级教育仅指 1 级。中等教育包括初等教育中的 2 级。
184	LABORSTA	HS	T	ISCED—76	14 +	地域界限：城市地区 覆盖范围：不包括应征入伍者
185	LABORSTA	HS	T	ISCED—76	14 +	覆盖范围：不包括应征入伍者
186	LABORSTA	HS	T	ISCED—76	14 +	覆盖范围：不包括应征入伍者 国际教育标准分类注释：高等教育仅指 5 级和 6 级。
187	LABORSTA	HS	T	ISCED—76	15 +	国际教育标准分类注释：高等教育仅指 6 级。
188	LABORSTA	HS	T	ISCED—97	15 +	参考期：9 月 覆盖范围：不包括从未就业过的失业者 国际教育标准分类注释：中等教育仅指 3 级。高等教育仅指 5A 级或 5B 级。
189	LABORSTA	HS	T	ISCED—76	15 +	地域界限：城市地区
190	LABORSTA	PC	T	ISCED—76	15 +	国际教育标准分类注释：学前教育包括受教育少于一年的情况（X 级）。中等教育包括初等教育中的 2 级。高等教育仅指 5 级和 6 级。
191	LABORSTA	HS	T	ISCED—76	15—74	国际教育标准分类注释：初等教育（仅 1 级）包括学前教育（0 级）。中等教育包括初等教育中的 2 级。
192	LABORSTA	HS	C	ISCED—76	15 +	国际教育标准分类注释：初等教育（仅 1 级）包括学前教育（0 级）。中等教育包括初等教育中的 2 级。
193	LABORSTA	PC	T	ISCED—97	15 +	国际教育标准分类注释：学前教育包括受教育少于一年的情况（X 级）。中等教育包括初等教育中的 2 级。
194	LABORSTA	HS	C	ISCED—97	15 +	国际教育标准分类注释：学前教育包括受教育少于一年的情况（X 级）。中等教育包括初等教育中的 2 级。
195	LABORSTA	OE	T	ISCED—76	15 +	参考期：11 月 国际教育标准分类注释：初等教育包括学前教育（0 级）。
196	LMIL	HS	T	ISCED—76	10 +	地域界限：坦桑尼亚大陆（不包括桑给巴尔）
197	LMIL	PC	T	ISCED—76	15 +	
198	LABORSTA	PC	T	ISCED—76	6—64	国际教育标准分类注释：初级教育仅指 1 级。中等教育包括初等教育中的 2 级。
199	LABORSTA	HS	C	ISCED—76	15 +	国际教育标准分类注释：中等教育包括高等教育。 注释：总数包括在校生。
200	LABORSTA	OE	T	ISCED—97	15 +	
201	LABORSTA	HS	T	ISCED—97	15 +	参考期：9 月
202	LMIL	HS	T	ISCED—76	7 +	注释：不包括在过去 12 个月内入学的学生。
203	LMIL	HS	T	ISCED—76	15 +	注释：不包括在过去 12 个月内入学的学生。
204	LMIL	HS	T	ISCED—76	15 +	国际教育标准分类注释：高等教育包括中等教育（3 级）。
205	LABORSTA	PC	T	ISCED—76	15 +	参考期：5 月
206	LMIL	HS	T	ISCED—76	…	地域界限：拉各斯州
207	LABORSTA	PC	T	ISCED—76	10 +	国际教育标准分类注释：初等教育仅指 1 级。
208	LABORSTA	HS	T	ISCED—76	10 +	国际教育标准分类注释：高等教育包括无法用等级定义的教育水平（9 级）。
209	LABORSTA	HS	T	ISCED—97	10 +	
210	LABORSTA	HS	C	ISCED—76	15 +	参考期：4 月
211	LABORSTA	PC	T	ISCED—97	…	参考期：4 月 国际教育标准分类注释：初等教育包括学前教育（0 级）。
212	LABORSTA	HS	C	ISCED—76	15 +	覆盖范围：仅包括阿曼国民
213	LABORSTA	HS	T	ISCED—97	15 +	国际教育标准分类注释：中等教育仅指 3 级。
214	LABORSTA	PC	T	ISCED—97	15 +	参考期：3 月
215	LABORSTA	PC	T	ISCED—97	15 +	参考期：12 月 国际教育标准分类注释：中等教育仅指 3 级。
216	LABORSTA	PC	T	ISCED—97	15 +	

表 14b 青年文盲率和成年文盲率

	年份	青年文盲率（%）			成年文盲率（%）			注
		MF	M	F	MF	M	F	No.
发达经济体和欧盟								
欧盟								
保加利亚	2001	1.8	1.7	1.9	1.8	1.2	2.4	1
	2007	2.5	2.5	2.6	1.6	1.1	2.0	2
塞浦路斯	1992	0.4	0.4	0.3	6.9	2.6	11.0	3
	2001	0.2	0.3	0.2	3.9	1.7	6.0	4
	2007	0.1	0.2	0.1	2.8	1.2	4.2	5
爱沙尼亚	1989	0.1	0.2	0.1	0.3	0.1	0.5	3
	2000	0.2	0.3	0.2	0.2	0.2	0.2	6
	2007	0.2	0.3	0.2	0.2	0.2	0.2	7
希腊	1981	1.0	1.0	1.1	11.5	4.7	17.7	3
	1991	1.0	1.0	1.0	8.9	4.7	12.7	3
	2001	1.1	1.1	1.0	4.6	2.4	6.6	1
	2007	0.7	0.6	0.7	3.3	2.0	4.5	2
匈牙利	1980	0.6	0.6	0.7	1.2	0.7	1.7	3
	1994	1.1	1.2	0.9	1.1	0.7	1.5	8
	2001	…	…	…	…	…	…	8
	2004	1.3	1.6	1.0	1.1	0.8	1.3	9
	2007	1.4	1.8	1.1	1.0	0.9	1.2	9
意大利	1981	0.4	0.3	0.4	4.3	3.1	5.4	3
	2001	0.2	0.2	0.2	1.8	1.3	2.2	1
	2007	0.1	0.1	0.1	1.3	1.0	1.5	2
拉脱维亚	1989	0.2	0.2	0.2	0.6	0.2	0.9	3
	2000	0.2	0.3	0.2	0.3	0.2	0.3	10
	2007	0.3	0.3	0.2	0.2	0.2	0.2	11
立陶宛	1989	0.3	0.4	0.3	1.9	0.9	2.6	3
	2001	0.3	0.3	0.3	0.4	0.4	0.4	3
	2007	0.2	0.2	0.2	0.3	0.4	0.3	9
马耳他	1985	1.8	2.6	1.0	14.5	14.9	14.1	3
	1995	4.0	5.6	2.2	14.0	15.6	12.6	3
	2005	1.7	2.5	0.9	8.9	10.2	7.7	3
波兰	1994	0.4	0.2	0.5	1.1	0.6	1.5	9
	2004	0.5	0.3	0.7	0.8	0.4	1.1	9
	2007	0.5	0.3	0.8	0.7	0.4	1.0	9
葡萄牙	1981	2.1	2.3	1.8	26.3	19.6	31.9	3
	1991	0.8	0.9	0.7	14.9	10.5	18.8	3
	2004	0.4	0.4	0.4	7.1	4.8	9.2	9
	2007	0.3	0.4	0.3	5.9	4.0	7.6	9
罗马尼亚	1992	0.9	0.8	1.0	4.0	1.7	6.1	3
	2002	2.2	2.3	2.2	2.8	1.4	4.1	1
	2007	2.6	2.7	2.4	2.4	1.4	3.2	2
斯洛文尼亚	1991	0.2	0.3	0.2	0.5	0.4	0.6	3
	2004	0.2	0.2	0.2	0.4	0.3	0.4	9
	2007	0.2	0.2	0.1	0.4	0.3	0.4	9
西班牙	1981	1.4	1.4	1.4	8.8	4.9	12.4	3
	1991	0.4	0.5	0.4	4.3	2.4	6.1	3
	2005	0.5	0.4	0.5	2.5	1.5	3.5	8
	2007	0.4	0.4	0.4	2.3	1.5	3.1	12
其他发达经济体								
以色列	1983	1.4	0.9	2.0	10.5	6.5	14.3	3
中欧、东南欧（非欧盟）和独联体								
中欧和东南欧								
阿尔巴尼亚	2001	0.6	0.6	0.5	1.5	0.9	2.2	1
	2007	0.6	0.7	0.5	1.1	0.7	1.5	2
波斯尼亚和黑塞哥维那	2000	0.2	0.3	0.2	4.0	1.1	6.7	13
克罗地亚	1991	0.4	0.3	0.4	3.9	1.4	6.1	3
	2001	0.4	0.4	0.3	2.2	0.7	3.4	3
	2007	0.3	0.4	0.3	1.4	0.6	2.2	9
前南斯拉夫马其顿共和国	1994	1.1	0.9	1.4	7.3	3.3	11.1	3
	2002	1.3	1.0	1.5	4.6	2.0	7.1	8
	2007	1.3	1.1	1.5	3.4	1.5	5.3	9

	年份	青年文盲率（%）			成年文盲率（%）			注
		MF	M	F	MF	M	F	No.
土耳其	1980	15.3	6.4	24.8	43.7	24.8	62.3	3
	1990	7.5	3.4	11.6	26.9	13.3	40.5	3
	2004	4.4	2.0	6.7	15.6	5.7	25.3	14
	2005	3.9	1.6	6.0	14.5	4.8	24.1	14
	2006	3.8	1.6	5.9	14.6	4.8	24.2	14
	2007	3.6	1.4	5.7	13.8	4.6	23.0	14
独立国家联合体（独联体）								
亚美尼亚	1989	0.1	0.1	0.1	1.6	0.8	2.3	3
	2001	0.2	0.2	0.1	0.7	0.4	1.0	15
	2007	0.2	0.3	0.2	0.6	0.3	0.8	16
阿塞拜疆	1999	0.1	0.1	0.1	1.6	0.7	2.4	17
	2007	–	–	–	…	…	…	18
白俄罗斯	1989	0.2	0.3	0.2	2.5	0.7	4.0	3
	1999	0.2	0.2	0.2	0.5	0.2	0.7	1
	2007	0.2	0.3	0.2	0.3	0.2	0.4	2
哈萨克斯坦	1989	0.3	0.3	0.2	3.2	1.2	4.9	3
	1999	0.2	0.2	0.1	0.6	0.3	0.9	19
	2007	0.2	0.2	0.1	0.4	0.2	0.6	20
吉尔吉斯斯坦	1999	0.3	0.3	0.3	1.7	0.8	2.5	21
	2007	0.4	0.5	0.3	0.8	0.5	1.1	22
摩尔多瓦	1989	0.3	0.3	0.3	4.5	1.7	6.8	19
	2004	0.3	0.3	0.3	1.3	0.5	1.9	9
	2007	0.3	0.3	0.3	0.9	0.4	1.3	9
俄罗斯联邦	1989	0.3	0.3	0.3	2.4	0.6	3.8	3
	2002	0.3	0.3	0.2	0.6	0.3	0.9	23
	2007	0.3	0.4	0.2	0.5	0.3	0.7	24
塔吉克斯坦	1989	0.3	0.3	0.3	3.3	1.7	4.9	3
	2000	0.2	0.2	0.2	0.8	0.4	1.1	25
	2007	0.1	0.1	0.1	0.5	0.3	0.7	26
土库曼斯坦	1995	0.2	0.2	0.2	1.7	0.9	2.4	1
	2007	0.2	0.2	0.1	0.6	0.4	0.9	2
乌克兰	2001	0.2	0.2	0.2	0.7	0.3	1.0	27
	2007	0.2	0.2	0.2	0.3	0.2	0.4	28
乌兹别克斯坦	2000	0.7	0.6	0.7	4.3	2.7	5.7	29
亚洲和太平洋地区								
东亚								
中国	1982	11.2	4.8	17.9	44.8	28.0	62.6	3
	1990	5.7	3.0	8.5	29.4	17.3	42.1	3
	2000	1.1	0.8	1.5	11.1	5.9	16.6	30
	2007	0.7	0.6	0.9	8.3	4.3	12.3	31
中国澳门	1981	5.3	4.9	5.8	11.3	8.2	17.3	3
	2001	0.4	0.6	0.2	10.7	5.7	15.0	3
	2006	0.4	0.4	0.3	8.0	4.4	11.4	32
蒙古	2000	2.3	3.0	1.6	2.2	1.5	2.9	33
	2007	4.6	6.3	2.7	1.9	1.7	2.1	34
太平洋岛国								
巴布亚新几内亚	2000	33.3	30.9	35.9	47.3	39.4	55.5	35
	2007	35.9	37.2	34.6	45.3	38.2	52.3	36
萨摩亚	1991	1.0	0.9	1.1	2.7	2.0	3.4	3
	2004	0.7	0.7	0.6	1.8	1.4	2.2	9
	2007	0.6	0.6	0.5	1.6	1.3	2.0	9
汤加	1996	0.7	0.7	0.6	1.3	1.4	1.2	37
	2007	0.4	0.5	0.4	1.0	1.0	0.9	38
瓦努阿图	1994	19.2	17.7	20.7	41.8	38.0	45.8	9
	2004	10.6	10.2	10.9	31.7	28.8	34.7	9
	2007	8.3	8.2	8.3	28.9	26.2	31.7	9
南亚								
阿富汗	2000	65.7	49.2	81.6	75.5	61.3	90.7	29
孟加拉	1981	64.3	55.6	72.8	74.3	62.9	87.1	3
	1991	55.3	48.3	62.0	69.4	59.5	80.4	3
	2001	36.4	32.8	39.7	60.1	52.4	68.3	39
	2007	27.9	28.9	26.8	54.8	46.9	63.1	40
不丹	2005	25.6	20.0	32.0	58.5	42.7	76.8	3

	年份	青年文盲率（%）			成年文盲率（%）			注
		MF	M	F	MF	M	F	No.
印度	1981	46.2	33.7	59.7	65.4	50.6	81.2	3
	1991	38.1	26.5	50.7	57.8	43.6	73.1	3
	2001	23.6	15.8	32.3	45.5	31.1	60.4	37
	2007	17.9	13.3	22.9	40.4	27.1	54.3	38
马尔代夫	1985	4.5	5.1	3.8	9.5	9.3	9.6	3
	1990	1.8	1.9	1.7	5.1	5.2	5.0	3
	1995	1.8	2.0	1.7	4.7	4.8	4.6	3
	2000	1.8	2.0	1.7	4.7	4.8	4.6	41
	2007	1.9	2.2	1.6	3.5	3.5	3.6	42
尼泊尔	1981	70.0	54.9	85.0	84.0	75.3	93.6	3
	1991	50.4	31.8	67.3	74.9	60.7	89.7	3
	2001	29.9	19.4	39.9	61.6	47.0	76.6	43
	2007	20.7	14.7	27.0	54.6	37.7	69.7	44
巴基斯坦	1981	65.2	55.5	76.2	78.8	69.2	89.7	3
	1998	44.7	32.9	56.9	63.5	50.6	77.9	3
	2005	34.9	23.3	46.9	58.4	42.8	74.2	45
	2006	30.8	20.9	41.6	54.0	38.6	70.5	46
斯里兰卡	1981	9.0	8.1	9.8	15.2	8.9	21.8	3
	2001	4.4	4.9	3.9	11.0	8.7	13.2	47
	2006	2.5	3.0	2.1	11.4	8.7	13.6	48
东南亚								
文莱达鲁萨兰国	1981	6.3	5.9	6.8	30.9	19.6	45.0	3
	1991	1.9	1.9	1.9	16.3	9.7	24.1	3
	2001	1.1	1.1	1.1	9.6	6.1	13.2	49
	2007	0.4	0.4	0.4	6.7	4.6	9.0	50
柬埔寨	1998	23.7	18.2	28.9	36.8	21.7	48.9	3
	2004	16.6	12.1	21.1	32.2	17.5	44.0	51
	2007	13.8	10.4	17.3	29.5	16.6	40.3	52
印度尼西亚	1980	14.6	10.4	18.4	41.7	28.9	53.9	3
	1990	3.8	2.6	4.9	25.4	16.6	33.9	3
	2004	1.3	1.1	1.5	12.7	7.8	17.4	53
	2006	3.3	3.0	3.7	9.6	5.5	13.8	54
老挝人民民主共和国	1995	28.9	21.2	35.9	45.8	29.6	60.9	3
	2001	21.5	17.4	25.3	36.5	26.2	46.3	55
	2005	16.1	10.8	21.3	33.5	21.5	45.1	56
马来西亚	1980	12.0	10.5	13.5	40.5	27.9	52.7	3
	1991	4.4	4.1	4.8	22.5	14.6	30.4	3
	2000	2.8	2.8	2.7	14.8	10.1	19.4	57
	2007	1.7	1.8	1.6	10.5	7.3	13.8	58
缅甸	1983	15.1	11.4	18.7	24.5	15.6	32.9	3
	2000	5.5	4.3	6.6	12.0	6.9	16.3	13
菲律宾	1980	8.2	8.9	7.5	21.5	20.3	22.6	3
	1990	3.4	3.7	3.1	8.0	7.3	8.7	3
	2000	4.9	5.5	4.3	8.6	8.4	8.8	59
	2003	4.9	6.4	3.4	8.6	9.3	7.8	60
	2007	5.6	6.4	4.7	7.0	7.1	7.0	61
新加坡	1980	3.7	3.6	3.8	23.7	10.9	36.8	3
	1990	1.0	1.1	0.9	14.0	6.1	21.9	3
	2000	0.5	0.6	0.4	8.8	4.0	13.3	62
	2007	0.3	0.3	0.2	6.6	3.2	10.0	63
泰国	1980	3.1	2.4	3.8	16.8	10.8	22.6	3
	2000	2.0	1.9	2.2	8.9	6.1	11.5	64
	2007	1.8	1.7	1.9	6.8	4.8	8.7	61
越南	1989	6.3	5.9	6.6	15.6	7.6	22.4	3
	1999	6.1	5.8	6.4	11.3	6.2	15.9	64
拉丁美洲和加勒比地区								
加勒比地区								
安圭拉	1984	0.9	0.9	0.9	…	…	…	8
安提瓜和巴布达	2004	…	…	…	…	…	…	8
阿鲁巴	2000	1.0	1.1	0.8	3.0	2.7	3.3	65
	2007	0.7	0.8	0.6	2.1	2.0	2.1	66
开曼群岛	2007	1.1	0.9	1.4	…	…	…	14
古巴	1981	0.4	…	…	2.9	…	…	3
	2002	–	–	–	0.2	0.2	0.2	67
	2007	–	–	–	0.2	0.2	0.3	68

	年份	青年文盲率（%）			成年文盲率（%）			注
		MF	M	F	MF	M	F	No.
多米尼加共和国	1981	17.4	18.7	16.1	32.6	30.8	34.4	3
	2002	5.8	7.0	4.6	15.9	15.7	16.1	1
	2007	4.0	5.0	3.0	13.4	13.6	13.3	2
海地	1982	48.8	48.7	48.9	73.6	70.3	76.5	3
牙买加	1999	8.4	12.7	3.7	24.3	30.9	17.9	69
	2007	5.7	9.1	2.1	17.2	23.6	11.4	70
荷属安的列斯	1992	3.0	3.4	2.7	5.4	5.2	5.5	3
	2004	2.0	2.1	1.9	4.3	4.3	4.4	9
	2007	1.8	1.8	1.7	4.0	4.0	4.0	9
苏里南	2004	5.1	4.4	5.9	12.5	9.4	15.5	71
	2007	4.8	4.3	5.4	11.4	8.4	14.2	72
特立尼达和多巴哥	1980	0.8	0.8	0.8	7.3	4.9	9.6	3
	1990	0.7	0.7	0.7	3.9	2.5	5.7	3
	2004	0.5	0.5	0.5	1.9	1.2	2.6	9
	2007	0.5	0.5	0.5	1.6	1.1	2.1	9
中美洲								
伯利兹	1991	23.6	23.9	23.3	33.2	33.0	33.4	3
哥斯达黎加	1984	2.9	3.2	2.5	9.8	9.5	10.0	3
	2000	2.4	2.8	2.0	6.2	6.4	6.1	1
	2007	2.0	2.4	1.5	4.8	5.0	4.7	2
萨尔瓦多	1992	15.1	15.1	15.1	31.9	27.1	35.9	3
	2006	5.0	5.6	4.5	21.0	16.5	24.3	73
	2007	6.4	6.8	6.1	22.5	18.6	25.5	1
危地马拉	1994	24.0	18.3	29.3	42.4	34.0	50.2	3
	2002	17.8	13.6	21.6	38.2	31.0	44.8	37
	2007	14.5	11.9	17.1	33.4	26.3	39.6	38
洪都拉斯	2001	11.1	13.1	9.1	25.0	24.3	25.6	1
	2007	6.1	7.3	4.9	22.0	21.2	22.5	74
墨西哥	1980	8.1	6.9	9.1	22.1	17.7	26.2	3
	1990	4.6	4.0	5.1	16.7	12.7	20.4	3
	2000	3.4	3.2	3.5	12.1	9.3	14.6	3
	2002	2.4	2.1	2.7	12.7	10.4	14.6	75
	2004	2.4	2.5	2.4	11.5	9.4	13.3	76
	2005	2.4	2.4	2.4	10.5	8.4	12.4	77
	2006	2.1	1.9	2.3	10.4	7.6	12.9	78
	2007	1.8	1.8	1.9	9.1	6.9	11.0	79
尼加拉瓜	2001	13.8	16.4	11.2	28.8	27.2	30.2	80
	2005	13.0	14.8	11.2	26.8	25.8	27.8	81
巴拿马	1980	3.9	4.1	3.7	16.1	15.9	16.3	3
	1990	4.9	4.6	5.2	14.2	13.6	14.9	3
	2000	3.9	3.5	4.4	9.7	9.0	10.4	25
	2007	3.7	3.5	3.9	7.6	6.8	8.3	26
南美洲								
阿根廷	1980	3.1	3.5	2.7	7.0	6.4	7.5	3
	1991	1.7	1.9	1.5	4.5	4.4	4.7	3
	2001	1.1	1.3	0.9	3.4	3.3	3.4	1
	2007	0.9	1.1	0.7	2.8	2.8	2.8	2
玻利维亚	1992	6.1	3.7	8.4	26.9	16.0	37.0	3
	2001	2.7	1.5	3.9	18.1	9.6	26.2	23
	2007	0.6	0.2	0.9	13.2	5.7	19.7	14
巴西	1980	16.1	17.4	14.8	30.2	26.8	33.4	3
	2000	5.8	7.3	4.3	16.7	16.4	17.0	3
	2004	3.2	4.2	2.1	14.4	14.4	14.4	82
	2006	2.4	3.2	1.6	13.1	13.3	12.9	82
	2007	2.2	2.9	1.4	12.6	12.8	12.4	82
智利	1982	3.3	3.8	2.9	11.5	10.8	12.0	3
	1992	1.6	1.8	1.3	7.1	6.7	7.5	3
	2002	1.0	1.2	0.8	5.2	5.1	5.3	83
	2007	0.9	1.1	0.8	4.2	4.1	4.3	84
哥伦比亚	1996	3.0	3.6	2.4	11.2	11.2	11.2	85
	2004	2.0	2.4	1.6	9.1	8.9	9.3	86
	2005	2.0	2.5	1.6	9.0	9.1	9.0	86
	2006	2.1	2.5	1.8	9.7	9.6	9.8	86
	2007	2.0	2.5	1.6	9.3	9.5	9.0	86

	年份	青年文盲率（%）			成年文盲率（%）			注
		MF	M	F	MF	M	F	No.
厄瓜多尔	1982	6.6	5.4	7.7	21.6	17.4	25.8	3
	1990	3.8	3.4	4.2	15.7	12.6	18.6	3
	2001	3.6	3.6	3.5	11.4	9.5	13.2	1
	2007	4.6	4.8	4.4	20.3	15.9	23.6	14
巴拉圭	1982	10.4	9.8	11.0	27.5	23.9	31.1	3
	1992	4.4	4.1	4.6	12.2	9.8	14.6	3
	2004	4.1	4.3	3.9	8.1	6.9	9.4	8
	2007	1.2	1.2	1.2	7.4	5.7	9.0	87
秘鲁	1993	4.6	3.0	6.2	16.8	9.2	24.0	3
	2004	3.2	2.2	4.3	16.1	8.3	23.3	88
	2005	2.9	2.1	3.7	15.9	8.0	22.9	74
	2006	2.2	1.5	3.0	15.0	7.5	21.8	89
	2007	2.6	2.0	3.3	13.5	6.4	19.9	89
乌拉圭	1985	1.4	1.7	1.0	5.5	6.1	4.9	3
	1996	1.4	1.8	1.0	3.7	4.3	3.2	19
	2006	1.3	1.7	0.9	2.4	2.8	2.1	90
	2007	1.2	1.5	1.0	2.4	2.9	1.9	91
委内瑞拉玻利瓦尔共和国	1981	6.9	7.7	6.1	19.9	16.7	22.8	3
	1990	4.6	5.5	3.6	12.8	11.1	14.3	3
	2001	2.8	3.7	1.9	8.8	8.0	9.4	19
	2007	1.6	2.0	1.2	6.1	5.6	6.5	92
非洲								
北非								
阿尔及利亚	1987	25.7	13.8	37.8	64.4	50.2	78.8	3
	2002	9.9	5.9	13.9	40.3	28.0	52.8	93
	2007	7.5	5.8	9.4	32.1	20.2	44.0	2
埃及	1986	36.7	28.6	46.0	64.5	50.0	78.7	3
	1996	26.8	21.0	33.1	52.7	38.6	67.0	1
	2005	15.1	9.9	21.1	34.8	20.3	49.3	94
	2006	15.1	12.1	18.2	41.8	31.4	52.5	1
利比亚	1984	10.7	2.1	19.7	56.7	33.7	81.3	3
	1994	5.1	1.1	9.2	34.7	17.9	55.3	9
	2004	2.0	0.5	3.6	21.2	9.4	34.4	9
	2007	1.1	0.3	2.0	18.0	7.6	29.6	9
摩洛哥	1982	55.9	41.9	69.0	77.3	64.1	89.8	3
	1994	41.6	28.6	54.0	66.6	53.1	79.5	3
	2004	29.5	19.2	39.5	55.7	41.2	69.4	19
	2007	24.9	16.2	33.5	52.5	37.8	66.1	9
苏丹	2000	22.8	15.4	28.6	47.2	36.1	58.3	29
突尼斯	1984	25.7	14.3	37.5	65.9	53.6	78.4	3
	2004	5.7	3.6	7.8	33.7	22.0	45.1	25
	2007	4.3	3.0	5.7	29.0	17.7	40.0	26
撒哈拉以南非洲								
东非								
布隆迪	1990	46.4	40.5	52.0	71.1	58.1	82.6	3
	2000	26.7	23.2	29.6	49.1	39.0	58.0	13
科摩罗	1980	38.3	30.6	45.1	59.9	52.0	67.8	3
	1994	22.7	17.7	27.8	46.0	37.9	53.9	9
	2004	13.2	10.1	16.5	35.8	28.8	42.6	9
	2007	10.5	7.9	13.2	32.6	26.1	39.1	9
厄立特里亚	2002	22.1	13.7	30.5	65.0	50.0	78.7	95
	2007	13.7	9.8	17.5	48.6	32.3	63.2	96
埃塞俄比亚	1994	66.4	60.7	71.9	76.6	65.9	86.6	3
	2004	50.1	37.8	61.5	71.8	56.9	85.8	97
	2007	50.1	37.8	61.5	71.9	57.0	85.8	8
肯尼亚	2000	19.7	20.2	19.3	30.8	23.8	36.3	98
马达加斯加	2000	29.8	27.3	31.8	29.1	21.4	36.3	8
马拉维	1987	41.0	29.6	50.9	57.2	37.7	74.8	3
	1998	24.0	17.9	29.3	42.7	29.4	55.5	25
	2007	17.0	16.3	17.7	35.0	23.5	45.7	26
毛里求斯	1990	8.8	9.3	8.3	24.3	17.0	31.4	3
	1994	38.7	32.3	44.5	…	…	…	8
	2000	5.5	6.3	4.6	19.0	13.6	24.1	3
	2007	3.8	4.7	2.8	14.9	11.2	18.4	9

	年份	青年文盲率（%）			成年文盲率（%）			注
		MF	M	F	MF	M	F	No.
莫桑比克	1980	56.4	36.0	74.9	81.2	66.6	94.2	3
	1997	53.0	40.5	63.4	65.8	47.8	81.3	3
	2007	47.1	41.6	52.5	60.4	43.6	74.5	9
卢旺达	1991	25.1	…	…	…	…	…	3
	2000	22.4	21.5	23.1	43.8	33.7	51.3	29
塞舌尔	1994	1.2	1.5	0.9	…	…	…	3
	2002	0.9	1.2	0.6	10.3	10.9	9.8	99
坦桑尼亚联合共和国	1988	18.2	13.8	22.1	53.5	37.2	68.1	3
	2002	21.6	19.1	23.8	35.8	24.5	45.8	100
	2007	22.5	21.1	23.8	30.7	21.0	39.9	101
乌干达	1991	30.2	22.8	36.9	51.9	37.3	65.7	3
	2002	19.2	14.0	23.8	40.1	26.8	52.2	41
	2007	13.7	11.7	15.8	34.9	22.7	46.9	42
赞比亚	1990	33.6	32.7	34.5	35.8	23.5	47.3	3
	1999	30.5	27.4	33.8	32.9	21.4	44.0	29
	2002	30.9	22.3	33.7	30.8	17.0	40.9	88
	2007	24.9	17.6	32.2	32.2	20.3	43.7	26
津巴布韦	1982	11.0	6.2	15.2	28.9	21.9	35.9	8
	1992	4.6	3.5	5.6	23.5	15.7	30.6	3
	2004	2.3	2.5	2.1	16.2	10.2	21.8	9
	2007	8.8	5.9	11.7	8.8	5.9	11.7	9
中非								
安哥拉	2001	27.8	16.3	36.8	35.3	17.6	50.9	29
喀麦隆	2001	…	…	…	…	…	…	102
中非共和国	1988	51.8	37.4	65.1	73.2	59.2	86.2	3
	2000	41.5	29.7	53.1	56.6	38.3	73.2	29
乍得	1993	83.0	…	…	…	…	…	3
	2000	62.4	44.3	76.8	80.8	67.7	92.9	29
	2004	58.3	46.3	69.2	79.0	69.0	89.1	103
	2007	55.6	46.6	64.6	75.5	63.0	87.3	104
刚果	1984	12.5	7.6	17.2	55.2	40.3	68.5	3
刚果民主共和国	2001	29.6	22.0	36.9	34.7	17.3	51.1	29
赤道几内亚	2000	5.1	5.2	5.1	16.6	7.3	26.1	29
加蓬	1993	6.8	5.6	7.9	37.2	27.3	46.8	3
	2004	22.6	15.3	29.6	22.6	15.3	29.6	9
	2007	3.0	2.0	4.1	19.0	13.6	24.3	9
圣多美和普林西比	1981	17.6	9.2	25.9	56.6	37.0	74.6	3
	1991	6.2	4.2	8.1	37.9	20.8	53.4	3
	2001	4.6	4.0	5.1	22.4	10.5	33.2	3
	2007	4.8	5.0	4.5	16.4	7.6	24.5	9
南部非洲								
博茨瓦纳	1991	10.7	14.1	7.7	43.3	46.9	39.9	3
	2003	6.0	7.9	4.4	26.4	26.6	25.9	105
	2007	5.9	7.1	4.7	23.3	23.0	23.7	2
莱索托	2001	…	…	…	…	…	…	8
纳米比亚	1991	11.9	14.3	9.6	31.2	26.9	34.8	3
	2001	7.7	8.8	6.5	18.9	15.7	21.6	25
	2007	7.3	9.1	5.6	14.8	12.8	16.6	26
南非	1980	14.8	14.7	15.0	28.3	26.5	30.2	3
	1996	6.1	6.5	5.7	22.9	20.4	25.0	3
	2007	4.6	5.4	3.7	15.1	13.6	16.4	9
斯威士兰	1986	16.3	16.9	15.7	42.7	39.1	45.5	3
	2000	11.6	13.0	10.2	25.9	23.2	28.2	29
	2007	6.0	8.1	3.9	23.2	22.0	24.2	96
西非								
贝宁	1992	60.1	44.9	73.3	79.5	68.8	88.6	3
	2002	54.7	40.8	66.8	71.4	58.9	82.2	3
	2007	47.6	36.6	58.9	66.2	52.8	79.3	9
布基纳法索	1991	79.8	73.2	85.8	90.7	85.3	95.4	3
	1996	80.6	74.5	86.0	91.4	86.3	95.5	25
	2003	68.8	61.6	75.2	83.9	76.5	90.4	106
	2005	67.0	59.6	73.5	82.1	74.2	89.0	106
	2007	60.7	53.3	66.9	77.5	69.6	85.0	106

	年份	青年文盲率（%）			成年文盲率（%）			注
		MF	M	F	MF	M	F	No.
佛得角	1990	11.8	10.1	13.6	52.2	36.0	64.1	3
	2004	9.3	7.0	11.6	30.1	17.8	38.9	9
	2007	2.7	3.4	2.1	24.1	15.3	31.2	9
科特迪瓦	1988	51.5	40.1	62.2	72.7	62.6	84.0	3
	1998	52.9	45.6	60.2	69.6	61.5	78.2	8
	2000	39.3	29.2	47.9	58.2	44.6	69.5	29
加纳	2000	29.3	24.1	34.5	49.0	38.9	58.5	107
	2007	22.2	20.3	24.2	41.5	32.5	50.6	108
几内亚	2003	53.4	41.3	66.3	79.7	66.2	89.9	29
利比里亚	1984	52.4	37.2	66.3	76.4	65.5	88.6	3
	1994	48.6	44.2	53.1	65.3	50.2	80.0	9
	2004	32.7	34.7	30.6	57.4	46.0	68.4	9
	2007	28.2	32.1	24.3	54.3	44.4	63.9	9
马里	1998	75.8	67.7	83.1	84.2	77.1	91.1	109
	2003	…	…	…	…	…	…	110
	2006	61.2	52.6	69.2	81.8	73.8	89.2	88
毛里塔尼亚	2000	38.7	32.3	44.5	54.1	45.0	62.6	25
	2007	33.6	30.0	37.5	49.3	40.1	58.4	26
尼日尔	2001	86.0	86.3	85.8	92.9	92.6	93.3	19
	2005	63.5	47.6	76.8	75.3	61.5	89.4	106
尼日利亚	1991	28.8	18.6	37.5	52.6	39.8	66.0	3
	2004	15.8	13.0	18.7	39.8	27.1	51.8	9
	2007	13.3	11.4	15.3	36.4	25.0	47.5	9
塞内加尔	1988	62.1	50.9	72.0	78.7	69.3	87.4	3
	2002	50.9	41.5	59.0	66.2	53.1	77.1	88
	2006	49.1	41.9	55.5	63.0	51.1	73.2	14
塞拉利昂	2004	52.1	40.4	62.6	71.6	59.9	82.1	25
	2007	45.9	35.6	56.1	69.9	57.5	81.5	26
多哥	2000	25.6	16.3	36.4	59.6	40.1	75.5	29
中东								
巴林	1981	13.7	10.3	17.9	37.6	28.4	55.0	3
	1991	3.1	2.7	3.4	20.0	13.7	30.9	3
	2001	3.0	3.2	2.7	16.7	13.7	21.6	1
	2007	0.2	0.2	0.2	14.3	11.9	18.0	2
伊朗（伊斯兰共和国）	1991	13.0	7.6	18.8	45.2	35.0	56.3	19
	1996	7.0	4.5	9.4	37.3	28.5	46.7	3
	2002	…	…	…	…	…	…	111
	2005	2.6	1.9	3.3	25.8	17.7	33.9	88
	2006	3.4	2.9	3.9	25.2	18.1	32.6	88
伊拉克	2000	15.2	11.1	19.5	31.8	18.5	44.5	29
约旦	2003	0.9	0.7	1.1	14.9	7.0	22.5	112
	2005	1.0	1.1	1.0	12.7	6.6	18.9	85
科威特	1980	21.0	18.7	24.0	37.4	30.4	49.8	3
	1985	12.5	9.3	15.9	30.4	25.6	38.9	3
	1995	8.0	6.2	9.8	25.6	22.1	32.1	3
	2005	0.3	0.3	0.2	7.3	6.2	9.6	3
	2006	1.5	1.5	1.5	8.1	6.4	11.8	88
	2007	1.6	1.6	1.5	6.5	5.5	8.7	88
黎巴嫩	2007	1.3	1.6	0.9	13.3	8.4	18.1	113
阿曼	2003	2.7	2.1	3.3	26.6	17.6	41.4	1
	2007	1.6	1.2	2.1	22.1	14.3	34.2	2
巴勒斯坦被占领土	1997	3.0	3.1	2.8	19.9	10.4	29.5	3
	2004	1.0	0.9	1.2	11.2	4.7	17.8	114
	2006	0.9	0.9	0.9	9.8	4.1	15.5	114
	2007	1.0	0.9	1.1	9.1	3.9	14.4	114
卡塔尔	1986	10.5	11.5	8.8	27.8	25.6	34.9	3
	1997	5.2	5.9	4.2	19.5	17.8	24.0	3
	2004	4.1	5.1	2.5	12.6	11.9	14.3	1
	2007	0.9	0.9	1.0	8.1	7.1	12.3	8
沙特阿拉伯	1992	12.1	6.0	18.9	36.7	25.3	55.9	3
	2000	4.1	1.9	6.3	27.8	17.2	43.4	115
	2004	4.2	3.0	5.3	22.3	15.7	32.6	25
	2007	3.0	1.9	4.1	19.7	13.9	28.4	26

	年份	青年文盲率（%）			成年文盲率（%）			注
		MF	M	F	MF	M	F	No.
阿拉伯叙利亚共和国	1981	25.7	11.2	41.0	55.9	36.1	76.4	3
	2002	4.8	2.9	7.0	24.9	12.9	37.1	116
	2004	7.5	5.4	9.8	26.0	16.4	36.0	117
	2007	6.3	4.6	8.0	22.5	13.4	31.6	118
阿拉伯联合酋长国	1985	17.5	19.0	15.5	31.7	29.5	38.2	8
	2005	5.0	6.4	3.0	11.2	11.4	10.8	119
也门	1994	39.8	17.2	64.6	77.0	59.7	93.5	3
	2004	24.8	9.3	41.0	59.8	38.7	80.7	9
	2007	19.6	6.6	33.2	55.2	34.1	76.2	9

表 14b 青年文盲率和成年文盲率（注）

1. 说明

文盲率本身并非劳动力市场指标，但它应该有助于衡量潜在劳动力的基本受教育程度。计算能力和读写能力越来越被认为是进入劳动力市场所必需的最基本技能。表 14b 给出了总人口（青年人和成年人）中的文盲程度指标。KILM 电子版也包含了总人口的文盲率。

2. 信息库

UIS 联合国教科文组织统计研究所，数据中心

联合国教科文组织统计研究所，加拿大蒙特利尔

http：//stats. uis. unesco. org/unesco/TableViewer/document. aspx? ReportId = 143&IF_ Language = eng

该数据中心涵盖 1000 多种关于教育、文化素养、科技、文化和通信方面的指标和原始数据。

3. 资料来源类型

BB	家庭收入和/或支出调查
GALP	美国失业保险局根据全球化时代特定年龄段文化程度预测模型得出的估算值
HDS	家庭人口统计调查
HE	健康调查
HS	家庭或劳动力调查
LS	生活水平调查
MICS	多指标集调查（UNICEF）
NLS	国民文化素养调查
PC	人口普查
SCS	社会合同调查
SES	社会经济调查
…	无法获得数据

4. 符号

MF	男性和女性
M	男性
F	女性
b	序列发生变动
…	无法获得数据
-	忽略不计

注 No.	资料来源类型	定　义
1	PC	不具备读写能力的人。
2	GALP	不具备读写能力的人。
3	PC	不会读写（并且理解）关于其日常生活的简单表述的人。
4	PC	不会读写简单句子的人。
5	GALP	不会读写简单句子的人。
6	PC	没有完成初等教育，并且不会读写（并且理解）关于其日常生活的简短表述的人。
7	GALP	没有完成初等教育，并且不会读写（并且理解）关于其日常生活的简短表述的人。
8	…	未规定。
9	GALP	不会读写（并且理解）关于其日常生活的简单表述的人。

注 No.	资料来源类型	定　义
10	PC	不会读写某一简单表述的人，或者只会读不会写的人。
11	GALP	不会读写某一简单表述的人，或者只会读不会写的人。
12	HS	既不会读也不会写、会读但不会用任何语言写、会读写一两句记忆中的短语或者只能读写数字的人。
13	MICS	声称无法轻松阅读信件或报纸的人。
14	HS	不具备读写能力的人。
15	PC	不会用任何语言进行阅读（并且理解）的人。
16	GALP	不会用任何语言进行阅读（并且理解）的人。
17	PC	既不会读也不会写（并且理解）的人。
18	HS	既不会读也不会写（并且理解）的人。
19	PC	未规定。
20	GALP	未规定。
21	PC	既不会读也不会写，或者只会读不会写的人。
22	GALP	既不会读也不会写，或者只会读不会写的人。
23	PC	声称既不会读也不会写的人。
24	GALP	声称既不会读也不会写的人。
25	PC	不会用任何语言读写的人。
26	GALP	不会用任何语言读写的人。
27	PC	没有受过教育或不会阅读的人。
28	GALP	没有受过教育或不会阅读的人。
29	MICS	无法轻松阅读或阅读信件和报纸有困难的人。
30	PC	识字数少于 2000 的城市人口，或者识字数少于 1500 的农村人口。
31	GALP	识字数少于 2000 的城市人口，或者识字数少于 1500 的农村人口。
32	MICS	不会读写（并且理解）某一表述其日常生活的简单表述的人。
33	PC	不会用蒙古语或其他语言读写（并且理解）简单表述的的人。
34	GALP	不会用蒙古语或其他语言读写（并且理解）简单表述的的人。
35	PC	不会用至少一种语言（英语、莫图语，或托克普莱斯语）读写（并且理解）的人。
36	GALP	不会用至少一种语言（英语、莫图语，或托克普莱斯语）读写（并且理解）的人。
37	PC	不会用某一特定语言读写的人。
38	GALP	不会用某一特定语言读写的人。
39	PC	不会用任何语言写信的人。
40	GALP	不会用任何语言写信的人。
41	PC	不会用任何语言读写（并且理解）的人。
42	GALP	不会用任何语言读写（并且理解）的人。
43	PC	既不会读也不会写，并且没有基本算术知识的人。
44	GALP	既不会读也不会写，并且没有基本算术知识的人。
45	LS	既不会阅读任何语言的报纸，也不会用任何语言写简单信件的人。
46	HS	既不会阅读任何语言的报纸，也不会用任何语言写简单信件的人。
47	PC	不会用僧伽罗语、泰米尔语或英语读写（并且理解）简单信件或段落的人。
48	HS	不会读写（并且理解）某一简单表述的人。
49	PC	既不会阅读任何语言的报纸专栏，也不会用任何语言写简单信件的人。
50	GALP	既不会阅读任何语言的报纸专栏，也不会用任何语言写简单信件的人。
51	PC	不会用任何一种语言或方言读写一个简单表述，或者只会阅读的人。
52	GALP	不会用任何一种语言或方言读写一个简单表述，或者只会阅读的人。
53	SES	不会用印尼语读写简单句子的人。
54	HS	不会用任何语言进行阅读的人。
55	NLS	不会用老挝语读写（并且理解）简单句子的人。
56	PC	声称不会用老挝语读写的人。
57	PC	没有上过学的人。
58	GALP	没有上过学的人。
59	PC	不会用任何一种语言或方言读写某一简单表述的人。
60	NLS	不会用任何语言某读写（并且理解）某一简单表述的人。
61	GALP	不会用任何语言某读写（并且理解）某一简单表述的人。
62	PC	不会用某一特定语言读写的人。
63	GALP	不会用某一特定语言读写的人。
64	PC	不会用任何语言读写（并且理解）某一简单表述的人。

注 No.	资料来源 类型	定　义
65	PC	既不会阅读简单文本，也不会写信的人。
66	GALP	既不会阅读简单文本，也不会写信的人。
67	PC	不会读写关于其日常生活的简单表述的人。
68	GALP	不会读写关于其日常生活的简单表述的人。
69	NLS	对拼音文字系统的了解非常有限，可能能够识别（读）出少数常用词，但无法理解某个短语或句子中的一组词的人。
70	GALP	对拼音文字系统的了解非常有限，可能能够识别（读）出少数常用词，但无法理解某个短语或句子中的一组词的人。
71	PC	不会写简单说明或短语的人。
72	GALP	不会写简单说明或短语的人。
73	MICS	不具备读写能力的人。
74	HS	声称既不会读也不会写的人。
75	HS	不会用西班牙语读写的人。
76	BB	不会用西班牙语读写的人。
77	PC	不会读写简单表述的人。
78	BB	不会读写简单表述的人。
79	HS	不会读写简单表述的人。
80	…	既不会读也不会写，或者只会读不会写的人。
81	PC	既不会读也不会从简单表述写一条消息或一个段落。
82	HS	不会用任何语言读写至少一条简单表述的人。
83	PC	不会用西班牙语读写的人。
84	GALP	不会用西班牙语读写的人。
85	HS	未规定。
86	HS	不会用母语读写的人。
87	MICS	没有完成至少初等教育第二阶段的人。
88	HS	不会用任何语言读写的人。
89	MICS	声称既不会读也不会写的人。
90	HS	不会读写至少一个完整段落的人。
91	MICS	不会读写一个完整段落的人。
92	HS	不会用任何语言读写至少一个段落的人。
93	HE	不具备读写能力的人。
94	SCS	没有完成初等教育，并且既不会读也不会写的人。
95	HS	无法轻松阅读或阅读信件和报纸有困难的人。
96	GALP	无法轻松阅读或阅读信件和报纸有困难的人。
97	LS	不具备读写能力的人。
98	MICS	无法轻松阅读信件或报纸的人。
99	PC	不能用英语、法语或克里奥尔语 中的其中一种读写某一简单表述的人。
100	PC	不会用任何语言读写关于其日常生活的简单表述的人。
101	GALP	不会用任何语言读写关于其日常生活的简单表述的人。
102	HS	不会用法语或英语读写的人。
103	MICS	不会用任何本国语言读写的人。
104	GALP	不会用任何本国语言读写的人。
105	NLS	不具备读写能力的人。
106	LS	不会用任何语言读写的人。
107	PC	不会用英语或加纳语读写（并且理解）的人。
108	GALP	不会用英语或加纳语读写（并且理解）的人。
109	PC	即使可以读写，但从未上过学的人。
110	HS	不会用任何语言读写某一简单表述的人。
111	HS	不会用波斯语或其他语言读写某一简单表述的人。
112	BB	不会用任何语言读写的人。
113	HS	不会读或写清楚某一简单句子的人。
114	HS	不会读写（并且理解）关于日常其生活的简单表述的人。
115	HDS	不会用任何语言读写的人。
116	HS	不会用阿拉伯语读写的人。
117	PC	不会用阿拉伯语读写的人。
118	GALP	不会用阿拉伯语读写的人。
119	HS	既不会读也不会写，或者只会读不会写的人。

第六章　工资及人工成本指标（KILM 15—17）

本章将阐述相互区别又相互补充的3个指标。第一个指标KILM 15显示了124个经济体制造业的平均实际工资的变化趋势。而第二个指标KILM 16给出了93个经济体的特定产业组别中19种职业的名义工资率和实际工资率的变化情况，以及66个经济体收入水平的发展变化。第三个指标KILM 17显示了34个经济体的制造业中雇主支付给工作者的平均薪酬成本的变化趋势和结构。

这3个指标在性质和主要目标上是相互区别的。从工作者的角度来看，前两个指标是很重要的。它们衡量了工作者的购买力水平及其变化趋势，近似反映了他们的生活水平。而第三个指标估算了雇主雇用生产工人所需的支出。然而，这些指标又是相互补充的，因为其反映了现存的工资量度的两个方面：一是衡量雇员的收入，一是衡量雇主雇用他们所需的成本。

KILM 15和KILM 17所显示的信息仅限于制造业。虽然其他行业的相应指标同样与总体经济息息相关，但是这些数据并不像制造业的数据那样普遍易得。在将劳动力投入作为产业的总经营或生产成本（定义上是指用于生产参与国际贸易的工业产品的成本）的一部分进行估算和分析时，这些指标尤为有效。也就是说，工资和人工成本可作为衡量出口产品生产竞争力的标准。然而，应该注意的是工资和人工成本在不同部门间是有差异的，因此这些基于制造业的指标数值只能大体反映其他经济部门相应指标的情况。

对于大多数雇员来说，工资——即他们从有酬工作获得的收入——是其总收入的主要部分。有关工作者工资的信息对于规划者、决策者、雇主以及雇员自己而言都是一个重要的经济指标。KILM 15的研究基础是国际劳工组织劳工统计数据库中搜集和保存的所有统计数据序列，以及来自其他国际和地区渠道的大部分数据序列。这些数据显示了名义工资总额，即在扣除医疗保险缴款、失业保险金、养老金等其他费用以及个人所得税之前工作者的收入总额。KILM 16反映名义工资率、实际工资率以及收入水平，其中收入水平中还显示了19种职业中没有计入工资率的一些额外报酬（如加班费和奖金）。

对于雇主而言，工资只是劳动力雇佣成本的一个组成部分。劳动力雇佣成本通常称为人工成本（根据国际劳工组织的定义）、雇佣成本或薪酬成本。其他成本要素包括雇主为使工作者受益而在社会保障方面的支出（既可以直接付给雇员也可以代雇员向专为社会保障设立的基金缴款），以及其他用于各种福利、服务和设施（如住房、职业培训和福利准备金）的费用。人工成本的水平和组成结构及其随时间变化的方式可以在工资谈判以及实施和评估就业、工资以及其他社会政策中发挥关键作用。在分析某些产业问题以及在国际经济合作、国际贸易和竞争力领域，有关单位时间内单位劳动力投入的人工成本的信息变得尤为重要。

指标间可比性的限制

对于本出版物中所含信息的使用者来说，对工资率、收入水平和人工成本进行跨国跨时期的比较可能是最困难的任务之一。使用者应尤其应注意以下问题：

- 在每个指标内部，信息可能会受到数据来源差异的影响。数据来源差异是指在所使用的概念和定义之间、样本规模和覆盖面之间、汇总方法和信息展示方式之间没有严格的一致性。KILM 15 基于未经调整的各国估算值，所以会出现上述差异。KILM 16 基于受访国对国际劳工组织关于职业工资率、收入水平和工时的调查问卷所做出的回答。KILM 17 中，为了确保不同国家间有较高的可比性，美国劳工统计局对数据进行了一系列调整，但是差异仍然存在。使用者应重视每个指标中各表的注释部分。
- 在比较同一国家的 KILM 15、KILM 16 和 KILM 17 的变化趋势时要特别注意。除了此前提到的内容以外，还需注意工资与全部薪酬成本无法相互替代。两者间的区别可能受到以下各种因素的影响：名义工资的快速增长（或停滞）、非工资福利的发展、社会保障计划和福利在一段时间内发生的性质上的改变，以及雇主、雇员和国家对社会保障计划、税收制度和税率的相对贡献等等。
- 最后，还需注意到 KILM 15 和 KILM 16 指数序列显示了以各国本币计值的实际工资变化趋势，而 KILM 17 显示的是以美元计值的每小时薪酬成本及其结构的情况和变化趋势。第一个指标已经考虑到每个国家生活成本增长率的影响，而对于 KILM 17，各国的名义数据已经被换算为美元，因此会受到一段时期内各国货币对美元汇率变化的影响。

只要使用者注意这些问题，那么这里所提供的工资和人工成本指标就能够为社会经济分析提供有价值的启示。

KILM 15：制造业工资指数

引　言

KILM 15 显示了制造业实际平均工资的变化趋势。选择该指标是基于以下几点考虑。首先，平均工资的信息是劳动力市场信息的一个重要分支。工资是收入的主要形式，大部分经济活动人口都有工资，他们都是有酬就业者（雇员）。工资水平的信息对于评估发达和发展中经济体中该组别工作者的生活水平、工作和生活条件来说至关重要。在规划经济社会发展，制定收入和财政政策，调节最低工资以及劳资谈判，保证社会保障缴款和福利方面，各国尤为需要有关平均工资的信息。此外，有关工资统计数据的收集、汇总和分类的概念、范围和方法的国际标准早已得到了完善、批准和实施。这样从原则上来说应该有助于国际比较。

第二个方面的考虑与所选的经济活动（即制造业）有关。显然，工资信息对于其他经济活动或经济部门，还有整个国家而言是同样重要和息息相关的。对于不同国家和地区或在不同时期，制造业的雇员人数占有酬就业总人口或在总就业人口中的比重是不同的。尽管如此，制造业雇员的工资统计数据要比其他产业和部门的数据更普遍易得。传统上，工资统计数据（和相关标准）首先是在工业部门中得到发展。发展中经济体通常首先在制造业中实施就业和工资统计（通常以采矿业、采石业和建筑业的就业和工资统计数据作为补充）。即使在今天，一些发达经济体的工资统计的常规项目仍然仅限于工业部门——尤其是在信息来自于机构调查或普查时。在任何时候，制造业及其特征（包含工资）的统计数据都被认为是体现一国工业发展水平、标志其发展状况、决定其国际贸易关系的重要因素。因此，制造业在国际比较中起着重要作用。

该指标是基于制造业（通常包括一国经济的正规部门或“现代”部门）的平均工资统计数据。其不能用来解释自营收入或非正规部门活动。[1]

选择制造业工资指标的第三点考虑与它的性质有关，也就是说，由此我们可以选用实际工资指数。可获得的工资统计序列通常都是名义数据，或者是以本币的绝对数值表示，抑或是以指数形式出现。然而，影响对这些序列进行跨时期跨国家比较的主要因素有以下两个：

- 就一个国家而言，名义工资可作为雇员生活水平的指标，但其不能解释工资可购买的货物和服务数量的变化，换言之，就是雇员的购买力的变化。雇员所得到、使用或支付的货物和服务的价格上涨（或下跌）以及其他因素会影响其购买力。也就是说，购买力受通货膨胀率的影响。因此，工资的购买力在不同的时间、同一个国家的不同地区，以及具有不同通货膨胀率的各个国家间都有着显著差异。
- 名义工资的国际比较受到国家间汇率和货币相对价值变动的限制。如果把不同国家的货币工资用官方汇率换算成同一种货币计值，则该指标不能可靠地反映各国的工资购买力。为了减少这些限制，让趋势比较成为可能，我们需将工资数据和消费者价格数据以两个指数序列的形式结合起来，从而生成实际工资指数。虽然实际工资指数并不表示实际工资的相对水平，但是它为各国提供了对工资水平跨期的百分比变动或变化趋势进行有效估算的手段，而从国际角度来看，实际工资指数不受汇率波动和货币调整的影响。

1　关于自营就业或非正规经济的其他信息，见 KILM 3（就业状况）和 KILM 7（非正规部门就业）。

表 15 显示的是基于国际劳工组织统计部在线劳工统计数据库[2] 的各种序列。它总共涵盖了 124 个经济体。其中约有 1/3 的国家的信息可按性别查询。我们曾尝试统一各个指数的基准年份，理想的年份是 2000 年，然而数据的各种局限性使这一做法无法实现。因此，不同国家的基准年份有所不同。

指标的用途

工资指数可衡量工资水平的趋势或变动，其有以下几种用途：

（1）一种经济活动的实际工资是反映雇员购买力的主要指标，代表了他们的收入水平，而这与其在该活动中所做的实际工作无关。[3]因此，实际工资变化趋势是进行国内分析或国际比较的有效指标。不同时间不同国家的工资购买力的显著差异反映了现代世界经济的实际情况。针对实际工资变动的比较可以为衡量工作人口的物质生活水平的提高（或降低）提供依据。

（2）当其与其他经济变量（如就业、生产、收入、消费）同时使用时，实际工资指数可以非常有效地用于针对季节性变动、商业周期等的分析以及经济规划和预测。

（3）在劳资谈判和工资指数化的过程中，雇员和工会关心的根本问题是保护工资的购买力，尤其是在高通货膨胀时期。要实现这一点，通常要将工资与消费者价格指数相联系，并且补偿不同时间和不同地点的生活成本差额。

（4）对实际工资在一段时期内的变动进行国际比较是相对客观的，因为实际工资指数不受货币和汇率的影响。当与名义工资或实际工资的绝对数值共同使用时，有关变化趋势的信息可以用来制定工资、价格和关税政策，并且对于经济分析和预测也很有价值。在国际经济活动、国际交流和人口流动日益活跃的时期，各国政府、社会伙伴和国际组织都着眼于获取各国工资相对购买力的数据，并将其提供给相关各方。最后，在评价社会政策和人口生活水平时，每个国家都倾向于将本国的实际工资水平及其变化趋势与其他国家相比较，以评估就业和工资政策，或规划未来战略。对发达经济体来说，劳动力市场状况主要通过失业指数来评估，而对于发展中经济体，通常我们认为实际工资变化趋势是更为有效的分析评估方式。

然而需要注意的是，虽然雇员实际工资的水平和趋势反映了其购买力的重大变化，但只能近似反映民众生活水平的变化，因为这两个概念并不相同。

- 实际工资是货币概念。换言之，其基于以货币表示的工资量度，以及基于雇员平常所购买的货物和服务的一系列价格。生活水平的概念更为宽泛，不仅包括了所消费的货物和服务，还包括其他一些因素，如教育、闲暇时间的利用、气候条件、电力供应或是否有汽车代步等等，其中有些因素是无法购买的，或者是无形的。
- 雇员家庭的消费水平是由所有来源的总收入（包括自营收入、财产收入、投资收入、转移性收入等）决定的，而工资只是其中的一部分。雇员人口和总人口的消费模式是由多种因素（如社会经济结构和文化影响）决定的，而工资因素仅是其中之一。
- 消费者价格指数（CPI）被用来计算实际工资，其衡量的是购买同等质量和数量的一篮子固定货物和服务的成本在一定时期内的平均变化。作为一种衡量真实生活成本的指标，CPI 所能提供的仅仅是一个近似值，因为真实生活成本涉及到物价、消费者品位、环境的变化以及消费者对物价变化的反应等众多因素。
- 实际工资的统计数据通常都是基于毛收入（在扣减所得税、社会保险缴款等费用之前的收入），而个人和其家庭所消

2　劳工统计数据库的网址为 http：//laborsta. ilo. org。

3　实际工资也可以视为对付出的时间和技能等所支付的报酬，以此决定从事相同或类似工作所获得的工资之间的差异。这种方法需要对行业内或国家间相似的工作、职业或技术组别进行确认，并且需要有关职业工资、特定工作者群体所消费的货物和服务的价格等方面的详细数据。这样的分析已经超出了本指标的范围。

费的货物和服务数量是由净收入决定的，即所有来源的总收入减去税款和缴款。

事实上，最接近生活水平的货币概念就是实际工资，它能把个人或家庭的总收入与其购买货物和服务的费用联系起来。

实际工资变化趋势的信息常常被错误地用于衡量实际人工成本的变化。工资只占人工总成本的一部分，而平均工资在一个时期内的变化与总人工成本的变化并不一定是相同的。

最后需注意的是，整个制造业的平均实际工资的变化趋势不能代表某个特定产业群的变化趋势。

定义和来源

实际工资的统计数据并不是原始统计数据。它们来自于两种原始统计数据——工资与物价——的结合。因此，要计算实际工资变化趋势，就需要对实际工资的含义以及如何计算进行初步解释。

在 1954 年第 8 届国际劳动统计学家大会（ICLS）通过的国际劳工组织决议中，“实际工资”被定义为“能够用工资购买的或是可作为工资提供的货物和服务”。[4] 该定义为计算实际工资和比较不同时期和不同国家的实际工资奠定了良好的基础。计算实际工资所需的信息包括：（a）用货币表示的工资；（b）雇员通常购买货物和服务的一系列价格；（c）雇员消费模式的信息。因此，一个国家若要反映由消费货物和服务的价格变化导致的工资购买力变化，需要把工资信息（即上述（a）项）同消费者价格指数（原则上可以反映（b）项和（c）项）结合起来。

不同种类的工资数据对应于不同的工资概念。1973 年第 12 届 ICLS 通过了关于工资统计综合体系的国际劳工组织决议。除了其他内容以外，该决议包含“工资率”和“收入”的定义。[5] 它同时表示认可 1966 年第 11 届 ICLS 通过的关于“人工成本”的概念和定义。[6] 另一个工资指标“雇员薪酬”是与国民经济核算共同使用的。1998 年第 16 届 ICLS 还通过了有关统计有酬工作和自营工作全部收入的指导准则。[7] 这些衡量指标的制定都是为了涵盖工资和就业的相关收入的不同方面。工资率类似于劳动力的报价，衡量了单位时间或单位产量的基本报酬，而雇员薪酬和人工成本对应的概念是雇主所花费的成本，它所涵盖的因素有些实际上并不代表雇员收入（见 KILM 17）。最能对应雇员收入概念的工资指标就是第 12 届 ICLS 所定义的“收入”（见专栏 15a）。1954 年关于实际工资国际比较的决议已经阐明：“作为计算实际工资比率的出发点，工资应该指平均收入……”

价格要素由两组数据构成——用于参照的那部分人口平常购买货物和服务的价格数据序列，以及这部分人口消费模式的数据，后者是指消费数量，其可以体现不同货物和服务在某一时间点的相对重要性。这两组数据存在于消费者价格指数（CPI）之中。CPI 的定义见国际劳工组织关于 CPI 的决议（见专栏 15b）。[8]

比较理想的情况是，为了达到计算实际工资的目的，这两组数据（工资和物价）应该覆盖相同的参照人口（在这里指相同的雇员群体或类别），还应该有相似的地域和行业覆盖范围以及参考期。

KILM 15 所显示的制造业实际工资指数是由国际劳工组织在几个数据信息库提供的

4　关于实际工资国际比较的决议，第 8 届国际劳动统计学家大会，日内瓦。

5　关于工资统计综合体系的决议，第 12 届国际劳动统计学家大会，日内瓦；http：//www.ilo.org/global/What_we_do/Statistics/standards/resolutions/lang--en/docName--WCMS_087496/index.htm。

6　关于人工成本统计的决议，第 11 届国际劳动统计学家大会，日内瓦，1996 年；http：//www.ilo.org/global/What_we_do/Statistics/standards/resolutions/lang--en/docName--WCMS_087500/index.htm（见 KILM17 的专栏 17b）。

7　关于统计与就业相关的收入的决议，第 16 届国际劳动统计学家大会，日内瓦，1998 年；http：//www.ilo.org/global/What_we_do/Statistics/standards/resolutions/lang--en/docName--WCMS_087490/index.htm。

年均名义工资的统计序列和 CPI 的基础上计算出来的。该指标的目标数据为收入统计，但有时在收入数据无法获取时也可使用其他概念，如工资率和雇员薪酬。

在这些序列中，平均工资（工资率、收入或雇员薪酬）通常是用工资总额除以调查覆盖的人数（如工薪工作者或全部雇员），从而得到年均或月均工资；或者是用工资总额除以参考期内工作总小时数（实际工时或付薪工时），从而估算出每小时、每天或每周的收入。各国根据调查的地域及行业范围对人口设置权重，所以原则上，在计算这些名义工资数据时已经考虑了权重。

CPI 序列反映了在一段时期内，消费者所支付的货物和服务的一般价格水平的变化，它综合了某个特定时间点的消费模式信息和物价变化信息。如果初始的 CPI 列不是基于将 2000 年指数设为 100 这一统一基准，则需要对其进行重新计算，方法是每组数据的指数除以该组数据 2000 年时的指数再乘以 100。如果 2000 年的数据无法获取，就以最接近 2000 年的年份的指数作为基准。这样的做法并不会对各国所使用的加权体系作出任何改变。

实际工资指数的计算包含两个步骤：

（a）计算出年份 i 的名义工资指数（NW_i），即年份 i 的名义工资值占基准年份 0 的名义工资值的百分比。可以通过下面的公式来计算该指数：

$$NW_i = (W_i / W_0) * 100$$

其中 W_0 是基准年份的名义工资值，W_i 是年份 i 的名义工资值。

（b）计算每个年份 i 的实际工资指数（RW_i），用每个年份 i 的名义工资指数（NW_i）除以相应的 CPI（P_i）：

$$RW_i = (NW_i / P_i) * 100$$

所有的数据都未根据季节性变动作出调整，且指数是依照基准年份等于 100 所得出的。

在构造实际工资指数的过程中可能遇到很多困难，尤其是当一国多次调整汇率以及其收集物价所使用的方法存在疑点的时候。另一个问题发生在统一参考期（如每小时、每天、每周、每月）和数据来源（如机构调查、家庭调查和保险记录）的时候。

表中包含各种来源的工资信息。信息的不同来源取决于每个国家进行统计调查或利用行政和其他来源的目标和能力。每种信息来源都有其自己的特征，并提供特定种类的数据。编制实际工资指数时最好于采用机构调查或工业普查的数据。许多国家会定期进行有关就业、收入和工时的机构调查，以便收集有关对正常工时、加班费，带薪休假（公共假期，年假，病假）以及生活成本津贴的现金支付的信息。[9]此类信息通常包含年终奖金以及其他特殊奖励。偶尔也包括实物报酬。很多机构调查仅限于在“现代”或正规部门注册的机构，而不包括小型企业。[10]调查对象不包括散工、无报酬家庭工作者和非正规部门的工作者。

推动工业普查和调查是为了收集多方面的综合信息，包括投入（雇员薪酬和其他投入，如原材料、能源等）、产出及附加值。工资统计（作为雇员薪酬统计的一部分）是工业统计的副产品。这种普查和调查通常并不提供关于收入组成、就业性质以及工作者特征的细节。

在少数情况下，收入统计数据来自家庭调查或劳动力抽样调查。这些调查的主要目的是提供关于就业、失业和不充分就业的水平和变化趋势的信息。其常常显示个体成员的主要和次要经济活动的收入和工时信息。家庭调查比机构调查所包含的工作和工作者的范围更广，包括季节工、临时工、散工以及从事多份工作的人。

8 2003 年 11—12 月，第 17 届国际劳动统计学家大会在日内瓦通过了关于消费者价格指数的第 2 号决议；http://www.ilo.org/global/What_we_do/Statistics/standards/resolutions/lang--en/docName--WCMS_087521/index.htm。第 2 号决议取代了 1987 年国际劳动统计学家大会通过的关于 CPI 的首个决议。

9 关于收集和汇总工资统计的国家实践的详细信息见国际劳工组织：《劳工统计：资料来源与方法：劳工统计》，第二卷：《就业、工资、工时和人工成本（机构调查）》和第九卷：《转型国家》。《资料来源与方法》可进行在线查询：http://laborsta.ilo.org。

专栏 15a　1973 年 10 月由第 12 届国际劳动统计学家大会通过的关于工资统计综合体系的决议（相关段落）

8. 工资统计中使用的收入概念通常指根据雇员的工作时间或工作成果定期支付给雇员的现金和实物报酬，以及不在职期间的报酬。不在职期间如年假及其他带薪假期。收入不包括雇主为雇员所支付的社会保障和养老金缴款，以及雇员由此所获得的相关福利。收入也不包含离职金和解雇费。

9. 收入统计应该与雇员的总报酬有关，总报酬即在扣除雇员所交税款、社会保障缴款和养老金、人身保险费、工会会费以及其他需要交纳的各种费用之前的总额。

10. （i）收入应该包括直接工资和薪水、不在职期间的报酬（不含离职金和解雇费）、奖金、住房以及家庭津贴。

（a）根据工作时间或工作成果所支付的直接工资或薪水包括（i）计时工作者的直接工资；（ii）计时工作者的奖励津贴；（iii）计件工作者的收入（不包括加班费）；（iv）加班费、轮班费、夜班费以及节日加班费；（v）支付给销售人员及其他工作者的报酬，包括以下内容：付给资深员工、特殊技术员工的奖金、地域差异津贴、责任保险费、粉尘、危险和环境不适津贴，工资保障体系规定的报酬、生活费用津贴以及其他定期的津贴。

（b）不在职期间的报酬包括公共假期、年假及其他带薪假期时雇主付给雇员的的直接报酬。

（c）红利和酬金包括季度奖和年终奖、假期的额外报酬（正常报酬以外的补充报酬）以及分红奖金。

（ii）收入统计应该区分现金收入和实物报酬。

很多国家的工资统计数据来源于二手资料。最常见的二手资料是社会保障和保险记录。这些资料通常广泛覆盖了正式的或已登记的雇员。由社会保障统计数据编辑得到的工资统计数据通常受到法律规定的概念和定义的影响。某些雇员群体可能被排除在外（比如低收入工作者或小时工）。其他偶尔使用的二手资料包括劳资协议记录，该记录提供了关于工资率的信息。

国民经济核算提供了关于雇员薪酬的年度数据，其中关于工资和薪水的数据可以同就业和工时数据一起用来计算每个雇员或每小时的工资和薪水。[11] 少数情况下，数据是由有关国家提供的官方估算。

CPI 通常按照以下的方法进行计算：定期从产区和经销店样本中收集被选定货物和服务的价格数据；涉及电力、医疗、教育、交通、通信等领域时，则使用特殊的价格收集技术。指数权重的确定（消费的货物和服务的种类和数量）一般是以家庭支出调查（或家庭预算调查，抑或家庭收入及开支调查）为依据的。在国家资源允许的情况下，这类调查在许多方面还是具有代表性的，如家庭规模、收入水平、地区位置、社会经济群体，以及其他任何影响家庭支出模式的因素。在有些情况下，权重是由国民经济核算和其他方法来确定的，如生产、进出口以及零售业的调查。行政资料也可用来估算消费

10　R. J. Pember 和 M. Dupré：“决定最低工资的统计问题”，《劳工统计公报》（国际劳工组织，日内瓦），1997—2003 年。

11　D. Grubb：“OECD 国家的年收入统计”，劳动力市场临时文件，第 4 号（OECD，巴黎，1990），附件 B，第 28 页。

专栏 15b　第 17 届国际劳动统计学家大会（2003 年 11—12 月）通过的关于消费者价格指数的决议（相关段落）

消费者价格指数的性质和意义

1. 消费者价格指数（CPI）是通行的社会经济指标，可用于衡量消费者消费的货物和服务（家庭为消费目的而获取、使用和支付）的总体价格水平在一定时期内的变化。
2. 该指数旨在衡量消费者价格随时间的变化。通过衡量购买质量相同和特征相似的一篮子固定货物和服务所需成本的变化来达到目的。所选的产品应能够代表家庭在一年中或其他特定时期的支出水平。该指数被称为固定篮子价格指数。
3. 该指数同时旨在衡量价格变化对于维持恒定生活水平（即效用或福利水平）的成本的影响。这个概念叫做生活成本指数（COLI）。固定篮子价格指数或其他合适的指数可作为生活成本指数的近似值。

消费者价格指数的用途

4. CPI 有各种用途，最常用的两种包括：（i）用于调整工资、社会保障及其他福利，从而对生活成本或消费者价格的变化进行部分或全部的补偿；（ii）以家庭部门作为一个整体，提供关于通货膨胀的平均指标，并以此作为宏观经济指标。CPI 次级指数也用来平减国民核算中的家庭最终消费支出以及零售业销售额，以便对这些数值的变化进行估算。

指数范围

8. 指数的范围取决于它的主要用途，且应该从家庭类型、地理区域以及参照人群所获取、使用或支付的消费者货物和服务的种类这几个方面进行界定。

篮子和权重

19. 篮子的组成和权重的确定直接取决于指数的范围以及对“获取法”“使用法”或“支付法”三种方法的选择。

数据收集

54. 所收集的价格是参照人群将支付、协定或花费（接受）的实际交易价格（包括间接税和无条件折扣）。如果价格没有明示或需要经过协商，抑或数量单位定义不明确，以及实际购买价格偏离挂牌价格或固定价格，就需要价格收集者购买产品从而确定交易价格。这样的购买需提供一定的预算。如果无法购买，可以考虑询问消费者实际购买的价格。必须支付的服务小费应该作为所付价格的一部分。

模式。在绝大多数国家中，CPI 序列涵盖整个国家和全部人口。只有在少数情况下，CPI 仅限于城市地区（如在一些拉美国家）。[12]

12　关于各国编制消费者价格指数的详细资料见国际劳工组织：《劳工统计：资料来源与方法》，第一卷：《消费者价格指数》。《资料来源与方法》可于网站 http://laborsta.ilo.org 进行在线查询。

可比性的限制

该指标最初是基于各种工资和消费者价格指数的统计序列，这些序列未经调整。因此，使用者应该注意采用其他国家性统计数据渠道以及不同国际渠道所产生的可比性问题。我们并不是不鼓励潜在使用者去使用工资指数，相反，讨论这些问题是为了有更多使用者更正确地使用该指标。

一个国家实际工资的跨期比较（即时间趋势比较）比跨国的实际工资变化趋势比较困难少一些，因为至少从短期来看，雇员结构、工资、消费者偏好和消费支出都是相对稳定的。此外，除了一些特殊的情况，主要经济变量的变化在整个商业周期中有趋同的趋势。这种基本的一致性使我们可以利用现有工资和 CPI 序列来估算每个国家实际工资随时间的变化。应该记住的是，这些指数并不能反映任何时候实际工资的相对水平，而是仅仅显示出相对百分比的变化。

当对不同国家的实际工资变化趋势进行比较时，应该记住的是该指标是基于各国的工资和 CPI 序列。这些数据本身就反映了每个国家所使用的概念、资源来源和方法，以及不同的消费模式。

正如上文提到的工资信息那样，各国收集和汇总数据的来源和方法不同，反过来也会对结果产生影响。主要信息来源（机构普查和调查、家庭调查）的差异主要是在这几个方面：目标、范围、收集方法、衡量方法和调查方法等。信息的覆盖范围可能会因地域覆盖范围（在一些情况下，无法获得整个国家的信息，而只能得到城市地区或部分城市的信息）、工作者覆盖范围（如一些机构调查只包括固定或全职工作者，家庭调查包括季节工、散工和从事多份工作的工作者在内的所有雇员，甚至是所有受雇的人[13]）以及机构和企业覆盖范围（如机构普查和调查通常只包括中型或大型企业，或仅限于私人或公共部门）的不同而出现差异。虽然家庭调查比机构调查覆盖的工作和工作者的范围要广，但是它们都会遇到与自行申报收入和行业分类相关的问题。

即使是使用相同的工资概念（如收入），在是否包括不同收入组成部分（如定期奖金和津贴，或实物报酬）方面仍然可能存在差异。收入统计数据的波动受到工资率和其他报酬变化的影响。此外，每日、每周和每月的收入取决于每周工时（尤其是有酬加班或短期工作的小时数），而每小时的收入受到计算中所采用的工时概念的影响。工时可能指实际工时、有酬工时或正常工时。工资率的信息并不受工资补贴和工时变化的影响。

平均收入（和雇员薪酬）的波动也会受到不同参考期内雇员结构变化的影响。雇员结构指男性和女性、非熟练工作者和熟练工作者、全职和非全职工作者等的相对比例。但是，工资率的信息（通常以某一年的雇员结构为权重来进行汇总）并不反映雇员结构的变化。

有时我们无法获得制造业的信息，就不得不使用考察更大范围的工业部门（如采矿业、采石业）。另一个矛盾之处就是制造业不包括手工业。

很明显，实际工资的统计值会受到所选用的价格平减指数（即 CPI）的影响。这其中包含两个组成部分——物价变化和消费模式。各国在 CPI 的计算上存在差异。[14] CPI 覆盖范围的差异不仅仅表现在所涵盖的家庭或人口群体的类型，还表现在地域界限上。各国在处理有关 CPI 计算问题的方法上还存在一些差异，包括处理季节性商品、新产品，质量变化、耐用品、自有住房，以及纳入或者排除金融服务和间接税等。在一些特定国家组别（如一些转型国家）中，1990 年以前的 CPI 计算通常是仅限于国家调控的物

13 这里需注意的是，不应将包含所有就业人员的工资序列与只包含雇员的工资序列直接相比较，因为如果将私营业主和无报酬家庭工作者包含在内，就会产生一定的偏差。

14 关于消费者价格指数的决议，出处同上。

价，而1990年以后，自由市场物价和进口品价格往往也包括在内。

收集物价数据和编制指数的方法也存在差异。不同商品的物价数据通常要进行加权，以考虑每种商品在总消费支出中的相对重要性。在大多数国家，指数都是以导出的形式进行计算，如利用拉氏公式或拉氏环比指数的形式，计算出在考察期与基期之间有代表性的商品价格的加权算术平均数。

如果所有国家的工作者及其家庭都以同样的比例消费相同的货物和服务，且这种消费模式长期不变，那么工资购买力的判断就变得相对简单了。但是，主要问题就在于不同国家的工作者消费不同的货物和服务，而且消费的比例并不遵循统一的模式。各国的社会经济结构的差异造成了人们所期望或希望获得的货物和服务的差异。各国社会经济结构的差异越大，其消费模式的差别也就越大。此类差异常常在进行下列比较时遇到，如比较高度发达经济体和发展中经济体，以及比较属于不同社会组织、拥有不同消费习惯和生活理念的人口群体。

其他因素也可能影响实际工资变化趋势的国际可比性，进而影响购买力的国际可比性。其中一个因素是工资和CPI的参考期。时薪或月薪的年平均数可能是基于周参考期、月度参考期或季度参考期信息的平均数。有些情况下，其基于整个日历年度或财政年度。另外，CPI数据是所编制指数的年平均数。大部分情况下，该指数每月编制一次，少数时候每季或每半年编制一次。在计算实际工资指数时，对于某些出现高速通货膨胀的国家（如拉美或亚洲国家），名义工资和CPI信息并不对应于完全相同的时期，这可能成为一个问题。

尽管基础统计序列本身存在这些可比性问题，但是我们将尽可能选择适用于各国（特别是初始统计序列在工作者覆盖范围或地域范围上存在限制）且可用作国际比较的信息，从而使工资指标能够帮助我们对相关国家工资水平的相对百分比变化进行有效的估算。

趋　势

根据所得数据，除了两个经济体外，近几年其他经济体制造业的男性和女性工作者的名义工资都有所增长。2000—2007年间，巴林的男性制造业工作者和中国香港的女性制造业工作者的名义工资都有所下降。与此形成鲜明对比的是，同期巴林的女性工资出现大幅增长。图15a显示了2000—2007年间制造业的男性和女性工作者名义工资的百分比变化情况。这种百分比变化是根据变化的幅度大小归纳出来的，即横轴的左侧显示的是最大涨幅。

虽然制造业工资总的增长幅度最大的是男性工资（格鲁吉亚、拉脱维亚、缅甸的涨幅超过125%），但是数据表明，大多数经济体中女性工资的涨幅大于男性。这说明女性工资水平开始在某种程度上接近男性，因为根据KILM表15的数据，1995年起，除了卡塔尔之外所有经济体的制造业女性的名义工资水平始终低于男性。

以斯里兰卡为例，2000年该国制造业中女性每小时的平均收入为20.36卢比，而男性的收入为25.28卢比，男女间的工资差距为19%。截止到2007年，男女工资差距缩小到7%。女性每小时收入为42.95卢比，而男性为46.09卢比。性别的工资差距依旧是存在于全球几乎所有经济体工作领域的不幸现实（卡塔尔仍然是个例外）。根据2007年各经济体按性别分类的数据，制造业男性和女性工作者的工资差距从5%（中国澳门）到52%（巴拿马）不等。所有经济体的平均差距为27%。

重要的是，制造业中工资的性别差异不能完全归因于性别歧视，因为这些差距的背后可能也存在非歧视性的原因。工资当然是由许多因素决定的，如工作者的年龄、企业资历（工龄）、职业以及其他与企业有关的因素（如企业的规模和位置）。然而，只要存在工资的性别差异，就值得对可能的歧视性做法进行深入的调查研究。

制造业实际工资的增长趋势比名义工资

图 15a　2000—2007 年部分经济体制造业名义工资按性别划分的百分比变化

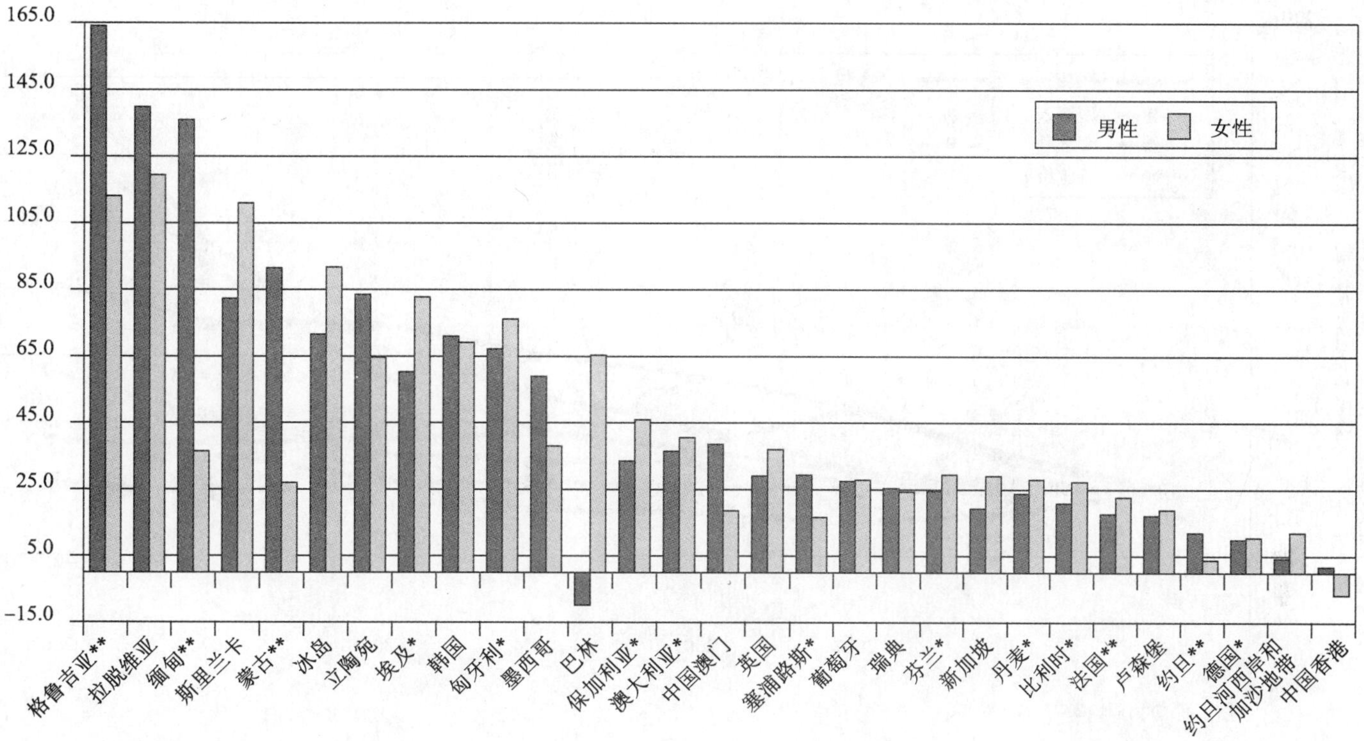

注：* 表示数据从 2000—2006 年的百分比变化。** 表示数据从 2000—2005 年的百分比变化。

水平更为平稳也更为缓慢。图 15b—d 显示了 2000—2007 年不同地区制造业实际工资的发展情况。如图 15b 所示，发达经济体和欧盟各国的实际工资出现增长，这在一些近期加入欧盟的国家（匈牙利、拉脱维亚、立陶宛）体现得尤为明显，而保加利亚、加拿大和葡萄牙的实际工资几乎没有任何变化。只有保加利亚的实际工资曾经明显低于 2000 年的工资水平（加拿大在 2001 年和 2006 年略微低于 2000 年水平）；不过，该国 2005 年的工资水平有所回升，之后几年的实际工资似乎也在稳步上升。

在发达经济体以外，制造业实际工资显示出更大的变动性。对于如图 15c 所示的拉美和非洲国家，古巴的制造业实际工资大幅增长，其 2007 年的实际工资比 2000 年高出 47%。阿根廷在经历了 2001 年的经济危机以及接下来长达两年（2001—2003 年）的实际工资下降之后，近年来（从 2003 年起）也呈现大幅增长态势。在部分发展中国家中，墨西哥实际工资的增长呈现最为稳定的态势，而塞舌尔是唯一制造业的实际工资（从 2001 年起）始终低于 2000 年工资水平的国家。

2000—2007 年间，全球最高的制造业实际工资增长出现在中欧、东南欧（非欧盟）和独联体。对图 15b 中的所有国家来说，制造业实际工资都稳定增长至一定水平。最近一年的工资值比 2000 年至少增长 40%，其中有 4 个国家的增长超过了 80%。美国、阿塞拜疆以及俄罗斯联邦的制造业实际工资的增长幅度尤其惊人，2007 年的工资比 2000 年增长了一倍多。

图 15b　2000—2007 年部分发达经济体制造业实际工资指数

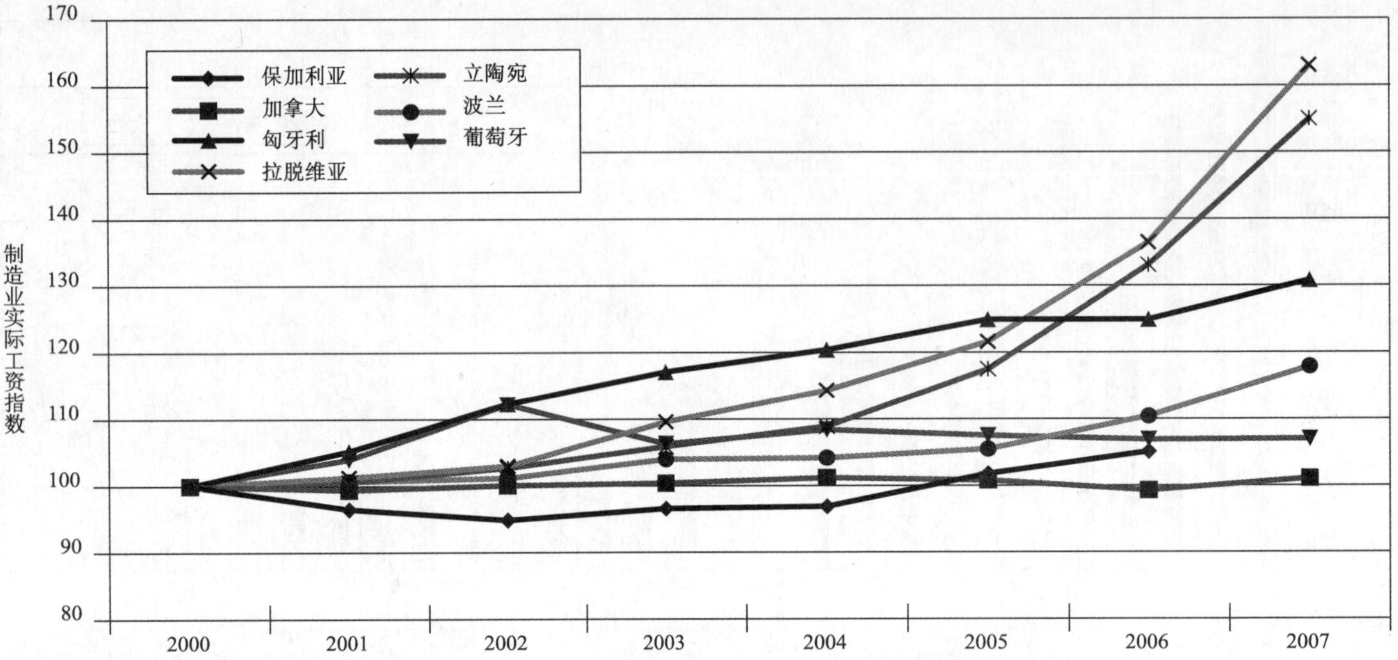

注：保加利亚，2000—2006 年。

图 15c　2000—2007 年拉丁美洲和加勒比地区、北非和撒哈拉以南非洲部分经济体制造业实际工资指数

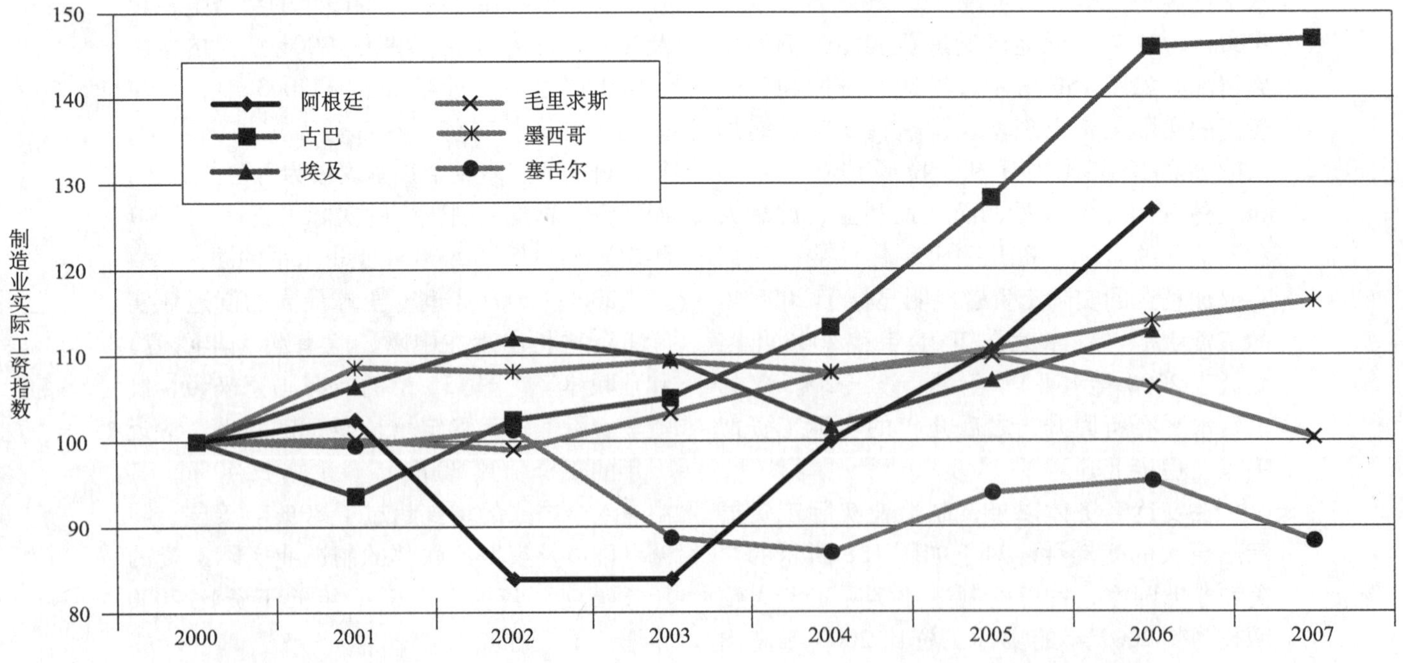

注：阿根廷和埃及，2000—2006 年。

图 15d　2000—2007 年中欧、东南欧（非欧盟）和独联体的部分经济体制造业实际工资指数

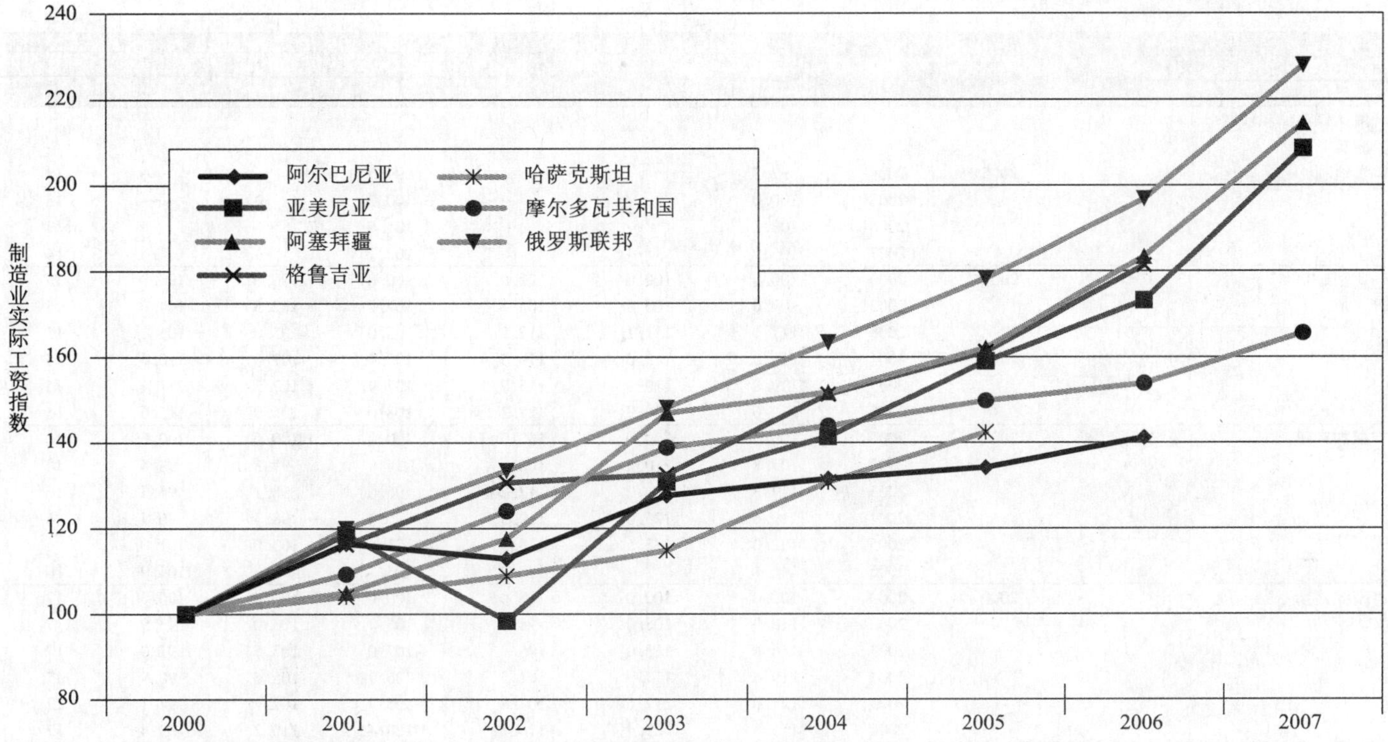

注：阿尔巴尼亚和格鲁吉亚，2000—2006 年；哈萨克斯坦，2000—2005 年。

表 15 制造业工资指数

	基准年份	年份	制造业名义工资指数 MF	M	F	制造业实际工资指数 MF	M	F	注 No.
发达经济体和欧盟									
欧盟									
奥地利	2005	2004	97.2	…	…	99.5	…	…	13
		2005	100.0	…	…	100.0	…	…	13
		2006	103.1	…	…	101.6	…	…	13
		2007	105.9	…	…	102.1	…	…	14
比利时	2000	2000	100.0	100.0	100.0	100.0	100.0	100.0	15
		2002	107.0	106.8	108.3	102.7	102.5	104.0	15
		2003	111.1	111.1	112.2	105.0	105.0	106.1	15
		2004	116.0	115.6	119.5	107.4	107.0	110.6	15
		2005	119.8	119.1	123.7	107.9	107.2	111.4	15
		2006	122.0	120.9	127.3	108.0	106.9	112.6	15
保加利亚	2000	2000	100.0	100.0	100.0	100.0	100.0	100.0	16
		2002	107.8	110.5	106.1	94.9	97.3	93.4	16
		2003	112.3	114.0	112.2	96.6	98.1	96.5	16
		2004	119.6	121.0	119.3	96.9	98.1	96.7	16
		2005	132.0	133.5	130.9	101.8	103.0	101.0	16
		2006	146.1	…	145.9	105.1	…	104.9	16
塞浦路斯	2000	2000	100.0	100.0	100.0	100.0	100.0	100.0	17
		2002	110.9	108.0	98.4	105.7	103.0	93.9	17
		2003	116.8	113.0	105.9	107.0	103.5	97.0	17
		2004	119.4	117.9	101.5	106.9	105.6	90.9	17
		2005	121.0	117.6	107.8	105.7	102.7	94.1	17
		2006	141.4	129.4	116.7	120.4	110.2	99.4	17
捷克共和国	2000	2000	100.0	…	…	100.0	…	…	2
		2002	114.2	…	…	107.1	…	…	2
		2003	119.9	…	…	112.5	…	…	2
		2004	129.6	…	…	118.2	…	…	2
		2005	135.7	…	…	121.5	…	…	2
		2006	144.6	…	…	126.2	…	…	2
丹麦	2000	2000	100.0	100.0	100.0	100.0	100.0	100.0	18
		2002	109.8	108.9	112.0	104.7	103.9	106.9	18
		2003	114.2	113.3	116.7	106.7	105.9	109.0	18
		2004	115.1	114.4	118.0	106.3	105.6	109.0	18
		2005	120.2	119.2	122.8	109.0	108.2	111.4	18
		2006	124.9	123.8	128.0	111.3	110.2	114.0	18
爱沙尼亚	2000	2000	100.0	…	…	100.0	…	…	1
		2001	110.2	…	…	104.2	…	…	1
		2002	121.5	…	…	110.9	…	…	1
		2003	132.2	…	…	119.1	…	…	2
		2004	144.8	…	…	126.6	…	…	2
		2005	160.2	…	…	134.6	…	…	2
芬兰	2000	2000	100.0	100.0	100.0	100.0	100.0	100.0	3
		2002	106.8	105.6	109.1	102.5	101.3	104.7	3
		2003	111.6	110.1	114.3	106.2	104.8	108.7	4
		2004	116.2	114.5	119.1	110.3	108.8	113.1	4
		2005	119.6	118.2	122.5	112.7	111.3	115.3	4
		2006	126.3	124.6	129.5	117.1	115.5	120.0	4
法国	2000	2000	100.0	100.0	100.0	100.0	100.0	100.0	5
		2001	104.3	104.0	105.1	102.5	102.3	103.4	5
		2002	108.5	108.0	110.2	104.7	104.2	106.3	5
		2003	112.8	112.0	114.4	106.6	105.9	108.2	5
		2004	116.3	115.3	118.6	107.7	106.8	109.8	5
		2005	118.9	117.7	122.7	108.2	107.0	111.6	5
德国	2000	2000	100.0	100.0	100.0	100.0	100.0	100.0	6
		2002	103.6	103.3	104.0	100.2	99.9	100.5	6
		2003	106.2	105.8	106.4	101.7	101.2	101.8	6
		2004	108.4	107.8	108.7	102.1	101.5	102.4	6
		2005	109.8	109.2	109.9	101.4	100.8	101.5	6
		2006	110.8	110.0	110.6	100.7	99.9	100.5	6
希腊	2000	2000	100.0	…	…	100.0	…	…	7

	基准年份	年份	制造业名义工资指数			制造业实际工资指数			注
			MF	M	F	MF	M	F	No.
		2002	111.8	…	…	104.4	…	…	7
匈牙利	2000	2000	100.0	100.0	100.0	100.0	100.0	100.0	8
		2003	140.9	139.8	140.6	117.1	116.1	116.8	8
		2004	154.7	152.9	154.8	120.4	118.9	120.4	8
		2005	166.3	163.7	166.0	124.9	123.0	124.7	8
		2006	172.7	167.2	176.2	124.9	120.9	127.4	8
		2007	195.3	…	…	130.8	…	…	8
爱尔兰	2000	2000	100.0	…	…	100.0	…	…	9
		2002	119.0	…	…	108.6	…	…	9
		2003	122.4	…	…	107.8	…	…	9
		2004	129.1	…	…	111.4	…	…	9
		2005	132.9	…	…	111.8	…	…	9
		2006	137.6	…	…	111.4	…	…	9
拉脱维亚	2000	2000	100.0	100.0	100.0	100.0	100.0	100.0	10
		2003	117.9	118.3	115.5	109.6	110.1	107.4	10
		2004	130.5	131.6	126.8	114.3	115.2	111.0	10
		2005	148.2	149.3	144.2	121.6	122.5	118.3	10
		2006	177.3	180.2	170.0	136.5	138.7	130.9	10
		2007	233.1	239.9	219.4	163.0	167.8	153.5	10
立陶宛	2000	2000	100.0	100.0	100.0	100.0	100.0	100.0	11
		2003	106.3	108.1	105.9	105.9	107.7	105.4	11
		2004	110.6	111.8	108.2	108.9	110.1	106.5	11
		2005	122.5	124.0	118.8	117.5	118.9	113.9	11
		2006	144.0	146.8	137.5	133.1	135.7	127.1	11
		2007	177.3	183.5	164.7	155.0	160.4	144.0	11
卢森堡	2000	2000	100.0	100.0	100.0	100.0	100.0	100.0	12
		2003	107.6	107.4	109.3	100.6	100.4	102.2	12
		2004	113.1	112.6	113.2	103.4	103.0	103.5	12
		2005	117.1	116.3	118.4	104.5	103.8	105.7	12
		2006	117.0	116.2	117.2	101.7	101.0	101.9	12
		2007	118.2	117.2	118.9	100.4	99.6	101.1	12
马耳他	2000	2000	100.0	100.0	100.0	100.0	100.0	100.0	19
		2003	109.5	109.1	122.2	103.5	103.1	115.5	19
		2004	109.5	109.1	122.2	100.7	100.3	112.4	19
		2005	114.3	113.6	122.2	102.1	101.5	109.2	19
		2006	123.8	118.2	127.8	107.7	102.8	111.1	19
		2007	123.8	122.7	127.8	106.3	105.4	109.7	19
荷兰	2000	2000	100.0	100.0	100.0	100.0	100.0	100.0	20
		2001	105.8	105.8	106.6	101.5	101.5	102.3	21
		2002	109.7	109.5	111.4	102.0	101.8	103.6	21
		2003	113.8	113.5	116.1	103.6	103.3	105.6	21
		2004	116.8	116.1	121.1	105.0	104.4	108.9	21
		2005	118.4	117.7	123.0	104.7	104.0	108.8	21
波兰	2000	2000	100.0	…	…	100.0	…	…	22
		2003	112.8	…	…	104.0	…	…	22
		2004	116.9	…	…	104.2	…	…	22
		2005	120.9	…	…	105.5	…	…	22
		2006	127.9	…	…	110.4	…	…	22
		2007	139.9	…	…	117.9	…	…	22
葡萄牙	2000	2000	100.0	100.0	100.0	100.0	100.0	100.0	23
		2003	118.7	115.7	115.9	106.3	103.7	103.8	23
		2004	123.8	120.4	120.3	108.4	105.4	105.3	23
		2005	125.5	122.3	121.1	107.5	104.8	103.8	23
		2006	128.7	125.6	123.9	106.9	104.4	102.9	6
		2007	131.9	127.5	127.9	107.0	103.4	103.8	6
罗马尼亚	2003	2000	43.7	…	…	83.0	…	…	2
		2002	79.8	…	…	92.0	…	…	2
		2003	100.0	100.0	100.0	100.0	100.0	100.0	2
		2004	124.0	122.6	126.2	110.8	109.6	112.8	2
		2005	142.8	141.8	144.5	117.1	116.3	118.4	2
		2006	163.7	163.1	164.2	125.9	125.5	126.3	2
斯洛伐克	2000	2000	100.0	…	…	100.0	…	…	24
		2003	126.9	…	…	105.6	…	…	24
		2004	139.7	…	…	108.1	…	…	24
		2005	150.2	…	…	113.1	…	…	24
		2006	160.5	…	…	115.8	…	…	24

	基准年份	年份	制造业名义工资指数			制造业实际工资指数			注
			MF	M	F	MF	M	F	No.
		2007	170.8	…	…	119.8	…	…	24
斯洛文尼亚	2000	1990	5.4	…	…	96.7	…	…	25
		2000	100.0	…	…	100.0	…	…	25
		2003	130.9	…	…	106.4	…	…	25
		2004	140.1	…	…	110.0	…	…	25
		2005	148.2	…	…	113.5	…	…	26
		2006	156.3	…	…	116.9	…	…	26
		2007	166.9	…	…	120.4	…	…	27
西班牙	2005	2003	93.1	…	…	99.2	…	…	28
		2004	96.2	…	…	99.5	…	…	28
		2005	100.0	…	…	100.0	…	…	28
		2006	104.4	…	…	100.8	…	…	28
		2007	108.5	…	…	101.9	…	…	28
瑞典	2000	2000	100.0	100.0	100.0	100.0	100.0	100.0	29
		2003	109.6	109.5	109.2	102.8	102.7	102.4	30
		2004	113.3	113.3	113.0	105.9	105.9	105.5	30
		2005	116.7	116.7	116.0	108.6	108.5	107.9	30
		2006	120.2	120.1	120.0	110.3	110.2	110.1	30
		2007	125.3	125.4	124.4	112.5	112.6	111.7	30
英国	2000	2000	100.0	100.0	100.0	100.0	100.0	100.0	31
		2003	115.3	114.2	120.2	108.3	107.3	112.9	31
		2004	119.1	117.7	124.9	108.7	107.4	114.0	31
		2005	123.9	122.1	131.2	109.9	108.3	116.4	31
		2006	128.3	126.5	134.4	110.3	108.7	115.5	31
		2007	130.6	129.1	137.0	107.6	106.4	113.0	31
北美洲									
加拿大	2000	1990	77.7	…	…	94.5	…	…	32
		2000	100.0	…	…	100.0	…	…	32
		2003	108.2	…	…	100.4	…	…	32
		2004	111.1	…	…	101.2	…	…	32
		2005	113.1	…	…	100.8	…	…	32
		2006	113.7	…	…	99.3	…	…	32
		2007	118.2	…	…	101.1	…	…	32
美国	2000	2000	100.0	…	…	100.0	…	…	33
		2003	109.9	…	…	102.9	…	…	33
		2004	112.8	…	…	102.8	…	…	33
		2005	115.6	…	…	102.0	…	…	33
		2006	117.4	…	…	100.3	…	…	33
		2007	120.5	…	…	100.1	…	…	6
其他发达经济体									
澳大利亚	2000	1998	95.7	94.1	90.5	101.5	99.8	95.9	34
		2000	100.0	100.0	100.0	100.0	100.0	100.0	34
		2002	112.6	108.8	109.8	104.7	101.2	102.1	34
		2004	125.4	122.3	118.5	110.9	108.2	104.8	34
		2006	139.6	136.5	140.6	116.1	113.5	116.9	34
直布罗陀	2006	2006	…	100.0	100.0	…	100.0	100.0	35
		2007	…	97.7	105.6	…	95.2	102.8	35
马恩岛	2000	2000	100.0	100.0	100.0	100.0	100.0	100.0	36
		2003	113.1	119.2	111.2	105.5	111.1	103.7	36
		2004	121.3	111.5	157.8	107.6	98.9	140.0	36
		2005	123.8	118.3	136.4	105.4	100.7	116.1	36
		2006	129.0	120.8	158.3	106.6	99.8	130.8	36
		2007	140.7	138.2	133.1	111.8	109.8	105.8	36
以色列	2000	2000	100.0	…	…	100.0	…	…	37
		2002	105.9	…	…	99.1	…	…	38
		2003	106.4	…	…	98.8	…	…	38
		2004	109.4	…	…	102.0	…	…	39
		2005	113.7	…	…	104.6	…	…	38
		2006	118.8	…	…	107.1	…	…	38
日本	2005	2004	100.3	99.8	101.7	100.0	99.5	101.4	40
		2005	100.0	100.0	100.0	100.0	100.0	100.0	40
		2006	102.6	102.6	101.9	102.3	102.3	101.6	40
		2007	101.6	101.5	103.6	101.3	101.1	103.3	40
新西兰	2000	2000	100.0	100.0	100.0	100.0	100.0	100.0	41
		2002	106.7	105.8	106.0	101.2	100.3	100.5	41
		2003	109.0	110.9	107.4	101.6	103.4	100.2	41
		2004	113.7	113.3	114.6	103.6	103.2	104.5	41
		2005	115.4	114.9	116.6	102.1	101.7	103.2	41

	基准年份	年份	制造业名义工资指数			制造业实际工资指数			注
			MF	M	F	MF	M	F	No.
		2006	120.9	120.4	122.0	103.5	103.1	104.5	41
圣马力诺	2003	2003	100.0	…	…	100.0	…	…	42
		2004	98.9	…	…	97.5	…	…	42
西欧（非欧盟）									
安道尔	2005	2003	89.8	88.7	92.3	95.7	94.5	98.3	43
		2004	94.4	93.8	96.2	97.3	96.8	99.2	43
		2005	100.0	100.0	100.0	100.0	100.0	100.0	43
		2006	107.2	106.8	108.3	103.9	103.5	104.9	43
		2007	113.2	111.3	119.0	105.6	103.8	111.0	43
冰岛	2000	2000	100.0	100.0	100.0	100.0	100.0	100.0	44
		2003	129.6	126.2	134.7	113.6	110.6	118.0	44
		2004	138.0	134.5	144.1	117.1	114.1	122.3	44
		2005	149.8	145.9	157.5	122.2	119.0	128.5	45
		2006	162.7	157.9	171.1	124.3	120.6	130.7	45
		2007	179.7	171.6	191.7	130.7	124.8	139.5	45
挪威	2005	2000	80.9	…	…	88.3	…	…	46
		2003	93.2	93.6	91.8	95.1	95.5	93.7	46
		2004	96.6	96.9	95.7	98.1	98.4	97.2	46
		2005	100.0	100.0	100.0	100.0	100.0	100.0	46
		2006	104.3	104.2	104.6	102.0	101.9	102.3	46
		2007	110.6	110.8	110.2	107.4	107.6	106.9	46
瑞士	2000	1998	97.5	97.3	97.0	99.8	99.6	99.2	47
		2000	100.0	100.0	100.0	100.0	100.0	100.0	47
		2002	105.0	104.1	108.3	103.2	102.3	106.5	47
		2004	108.3	106.8	113.5	105.1	103.6	110.0	47
		2006	10.7	109.8	117.6	10.1	104.2	111.6	47
中欧、东南欧（非欧盟）和独联体									
中欧和东南欧									
阿尔巴尼亚	2000	2000	100.0	…	…	100.0	…	…	48
		2002	122.4	…	…	112.9	…	…	48
		2003	141.5	…	…	127.7	…	…	48
		2004	150.0	…	…	131.6	…	…	48
		2005	156.6	…	…	134.2	…	…	48
		2006	168.7	…	…	141.2	…	…	48
克罗地亚	2003	2000	82.8	…	…	89.6	…	…	49
		2002	96.8	…	…	98.5	…	…	49
		2003	100.0	100.0	100.0	100.0	100.0	100.0	49
		2004	104.8	105.0	103.9	102.7	102.9	101.8	49
		2005	110.1	110.3	108.7	104.4	104.6	103.1	49
		2006	117.8	117.8	116.2	108.3	108.3	106.8	49
前南斯拉夫马其顿共和国	2003	2003	100.0	…	…	100.0	…	…	50
		2004	104.7	…	…	105.0	…	…	50
		2005	102.8	…	…	102.6	…	…	50
		2006	106.0	…	…	102.6	…	…	50
		2007	116.3	…	…	110.0	…	…	50
塞尔维亚	2005	2003	63.8	…	…	82.2	…	…	51
		2004	78.9	…	…	91.6	…	…	51
		2005	100.0	…	…	100.0	…	…	51
		2006	126.8	…	…	113.5	…	…	51
		2007	150.3	…	…	126.4	…	…	51
土耳其	2005	2002	61.4	…	…	90.3	…	…	52
		2003	78.1	…	…	91.8	…	…	52
		2004	92.3	…	…	98.1	…	…	52
		2005	100.0	…	…	100.0	…	…	52
独立国家联合体（独联体）									
亚美尼亚	2000	2000	100.0	…	…	100.0	…	…	2
		2003	142.9	…	…	130.9	…	…	2
		2004	164.4	…	…	141.4	…	…	2
		2005	186.1	…	…	159.0	…	…	2
		2006	209.8	…	…	173.2	…	…	2
		2007	263.7	…	…	208.6	…	…	2
阿塞拜疆	2000	2000	100.0	…	…	100.0	…	…	48
		2003	156.7	…	…	146.9	…	…	48
		2004	172.8	…	…	151.8	…	…	48
		2005	202.3	…	…	162.1	…	…	48
		2006	248.0	…	…	183.5	…	…	48

	基准年份	年份	制造业名义工资指数			制造业实际工资指数			注
			MF	M	F	MF	M	F	No.
		2007	338.2	…	…	214.5	…	…	48
白俄罗斯	1994	1992	0.5	…	…	151.7	…	…	53
		1993	6.0	…	…	138.3	…	…	53
		1994	100.0	…	…	100.0	…	…	53
格鲁吉亚	2000	2000	100.0	100.0	100.0	100.0	100.0	100.0	54
		2002	144.4	148.5	146.6	130.7	134.3	132.6	54
		2003	153.6	157.3	156.4	132.6	135.8	135.1	54
		2004	185.2	189.0	190.8	151.3	154.5	155.9	54
		2005	213.6	219.0	213.1	161.2	165.3	160.9	54
		2006	262.3	264.1	…	181.4	182.7	…	48
哈萨克斯坦	2000	2000	100.0	100.0	100.0	100.0	100.0	100.0	48
		2001	112.8	113.7	111.6	104.1	104.9	103.0	48
		2002	124.9	125.5	124.7	108.9	109.4	108.7	48
		2003	140.1	141.0	138.6	114.8	115.5	113.6	48
		2004	170.6	171.9	167.6	130.8	131.8	128.5	48
		2005	199.8	…	…	142.4	…	…	48
吉尔吉斯斯坦	2000	2000	100.0	…	…	100.0	…	…	48
		2002	140.3	…	…	128.6	…	…	48
		2003	157.5	…	…	140.1	…	…	48
		2004	186.1	…	…	158.9	…	…	48
		2005	209.4	…	…	171.4	…	…	48
		2006	307.5	…	…	238.4	…	…	48
摩尔多瓦共和国	2000	2000	100.0	…	…	100.0	…	…	55
		2003	179.4	…	…	138.9	…	…	55
		2004	209.2	…	…	143.9	…	…	55
		2005	243.7	…	…	149.8	…	…	55
		2006	282.5	…	…	153.9	…	…	55
		2007	341.5	…	…	165.6	…	…	55
俄罗斯联邦	2000	2000	100.0	…	…	100.0	…	…	2
		2003	236.9	…	…	148.2	…	…	2
		2004	289.6	…	…	163.4	…	…	2
		2005	356.1	…	…	178.3	…	…	2
		2006	431.2	…	…	196.9	…	…	2
		2007	544.6	…	…	228.0	…	…	2
塔吉克斯坦	1997	1993	1.8	…	…	210.5	…	…	56
		1994	4.4	…	…	150.2	…	…	56
		1995	10.4	…	…	66.2	…	…	56
		1996	53.9	…	…	92.6	…	…	56
		1997	100.0	…	…	100.0	…	…	56
乌克兰	2003	2000	48.9	…	…	58.1	…	…	48
		2003	100.0	100.0	100.0	100.0	100.0	100.0	48
		2004	126.6	126.2	126.9	116.1	115.7	116.3	48
		2005	163.7	162.7	163.9	132.2	131.3	132.3	48
		2006	205.7	203.2	207.4	152.3	150.5	153.6	48
		2007	263.4	260.1	265.0	172.9	170.7	173.9	48
亚洲和太平洋地区									
东亚									
中国	2000	1990	23.6	…	…	49.8	…	…	57
		2000	100.0	…	…	100.0	…	…	57
		2003	142.8	…	…	141.3	…	…	57
		2004	160.4	…	…	152.7	…	…	57
		2005	180.1	…	…	168.4	…	…	57
		2006	205.3	…	…	189.2	…	…	57
		2007	238.7	…	…	209.8	…	…	57
中国香港	2000	2000	100.0	100.0	100.0	100.0	100.0	100.0	58
		2003	96.1	94.7	94.5	103.3	101.9	101.6	58
		2004	96.7	88.7	100.7	104.5	95.8	108.8	58
		2005	83.2	65.9	98.5	88.9	70.4	105.2	58
		2006	95.9	98.1	92.4	100.4	102.7	96.7	58
		2007	102.2	101.8	93.3	104.9	104.5	95.9	58
韩国	2000	2000	100.0	100.0	100.0	100.0	100.0	100.0	59
		2003	129.5	129.8	125.0	117.0	117.2	112.9	59
		2004	142.3	142.4	134.5	124.1	124.1	117.2	59
		2005	153.5	153.3	147.4	130.3	130.1	125.1	59
		2006	162.0	160.6	158.7	134.6	133.4	131.8	59

	基准年份	年份	制造业名义工资指数			制造业实际工资指数			注
			MF	M	F	MF	M	F	No.
		2007	173.1	171.0	169.1	140.2	138.5	136.9	59
中国澳门	2000	2000	100.0	100.0	100.0	100.0	100.0	100.0	60
		2003	95.7	93.0	97.3	101.9	99.0	103.6	60
		2004	100.8	103.0	101.5	106.2	108.5	107.0	60
		2005	104.8	101.6	107.0	105.8	102.6	108.0	60
		2006	106.1	116.5	103.3	101.9	111.8	99.2	60
		2007	135.1	138.6	118.6	122.9	126.1	107.9	60
蒙古	2000	2000	100.0	100.0	100.0	100.0	100.0	100.0	61
		2001	…	109.8	92.6	…	103.3	87.1	62
		2002	104.1	115.5	97.4	97.0	107.7	90.8	62
		2003	125.3	144.8	108.0	111.1	128.4	95.8	62
		2004	140.6	163.5	127.3	115.2	133.9	104.2	62
		2005	152.3	191.5	127.0	110.7	139.2	92.3	62
中国台湾省	2005	2004	97.3	97.6	96.7	99.5	99.9	99.0	2
		2005	100.0	100.0	100.0	100.0	100.0	100.0	2
		2006	101.3	101.1	101.8	100.7	100.5	101.2	2
		2007	103.1	102.9	103.6	100.6	100.5	101.2	2
太平洋岛国									
斐济	1999	1980	62.8	…	…	168.4	…	…	63
		1990	75.5	…	…	105.0	…	…	63
		1997	99.8	…	…	107.6	…	…	63
		1998	95.6	…	…	97.5	…	…	63
		1999	100.0	…	…	100.0	…	…	63
		2003	116.8	…	…	105.5	…	…	63
		2004	124.5	…	…	109.4	…	…	63
法属波利尼西亚	2000	1999	…	95.8	97.4	…	96.8	98.4	64
		2000	…	100.0	100.0	…	100.0	100.0	64
		2001	…	102.9	106.9	…	102.0	105.9	64
		2002	…	104.9	107.6	…	101.0	103.5	64
		2003	…	109.0	113.0	…	104.5	108.3	64
关岛	2000	1980	37.4	…	…	141.6	…	…	65
		1990	57.7	…	…	103.1	…	…	65
		2000	100.0	…	…	100.0	…	…	65
		2003	87.3	…	…	85.5	…	…	65
		2004	89.3	…	…	82.6	…	…	65
		2005	88.3	…	…	75.9	…	…	65
		2006	106.5	…	…	82.1	…	…	65
		2007	103.2	…	…	74.5	…	…	66
所罗门群岛	1996	1980	19.5	…	…	115.5	…	…	67
		1990	43.9	…	…	81.8	…	…	67
		1991	40.8	…	…	66.9	…	…	67
		1993	58.0	…	…	80.7	…	…	67
		1994	58.7	…	…	71.9	…	…	67
		1995	64.0	…	…	71.5	…	…	67
		1996	100.0	…	…	100.0	…	…	67
汤加	1994	1980	28.3	…	…	90.0	…	…	68
		1990	68.1	…	…	82.0	…	…	68
		1991	82.1	…	…	90.4	…	…	68
		1992	81.9	…	…	83.6	…	…	68
		1993	93.1	…	…	94.1	…	…	68
		1994	100.0	…	…	100.0	…	…	68
南亚									
印度	2000	1980	45.5	…	…	253.8	…	…	69
		1990	77.2	…	…	183.0	…	…	69
		2000	100.0	…	…	100.0	…	…	69
		2001	147.8	…	…	142.3	…	…	69
		2002	90.5	…	…	83.6	…	…	69
		2003	84.2	…	…	74.9	…	…	69
		2004	135.2	…	…	116.0	…	…	69
		2005	96.4	…	…	79.3	…	…	69
巴基斯坦	2000	1990	58.2	…	…	140.4	…	…	70
		1998	124.3	…	…	135.1	…	…	70
		1999	96.1	…	…	100.3	…	…	70
		2000	100.0	…	…	100.0	…	…	70
		2001	100.7	…	…	97.6	…	…	70

	基准年份	年份	制造业名义工资指数			制造业实际工资指数			注
			MF	M	F	MF	M	F	No.
		2002	138.0	…	…	128.5	…	…	70
斯里兰卡	2000	1980	10.3	10.7	10.8	82.2	85.6	85.9	71
		1990	38.2	38.8	43.5	96.1	97.6	109.6	71
		2000	100.0	100.0	100.0	100.0	100.0	100.0	71
		2003	133.6	133.0	141.9	100.5	100.0	106.8	71
		2004	142.7	141.6	153.1	99.8	99.0	107.0	71
		2005	148.3	146.7	172.3	92.9	91.9	107.9	71
		2006	160.3	158.0	191.9	88.3	87.0	105.7	72
		2007	182.5	182.3	211.0	85.6	85.5	98.9	72
东南亚									
印度尼西亚	2000	1997	53.5	…	…	105.5	…	…	73
		1998	65.5	…	…	81.8	…	…	73
		1999	76.8	…	…	79.7	…	…	74
		2000	100.0	…	…	100.0	…	…	74
		2001	131.8	…	…	118.3	…	…	74
马来西亚	1995	1990	65.9	71.3	61.6	80.0	86.5	74.8	75
		1995	100.0	100.0	100.0	100.0	100.0	100.0	75
		1996	111.3	108.1	117.1	107.5	104.5	113.2	75
		1997	120.8	116.7	126.8	113.6	109.8	119.3	75
		2000	138.5	…	…	118.6	…	…	75
		2001	152.8	…	…	129.1	…	…	75
缅甸	2000	2000	…	100.0	100.0	…	100.0	100.0	76
		2001	…	140.5	83.9	…	116.0	69.3	76
		2002	…	154.1	94.1	…	81.0	49.5	76
		2003	…	169.1	97.7	…	65.1	37.6	76
		2004	…	221.2	130.7	…	81.5	48.1	76
		2005	…	236.0	136.4	…	79.5	45.9	76
菲律宾	2003	2003	100.0	100.0	100.0	100.0	100.0	100.0	77
		2004	99.6	96.2	105.0	94.0	90.9	99.1	77
		2005	106.3	103.8	110.6	93.3	91.1	97.0	77
		2006	115.6	111.1	122.9	95.4	91.8	101.5	77
		2007	116.3	115.0	118.4	93.5	92.4	95.1	77
新加坡	2000	2000	100.0	100.0	100.0	100.0	100.0	100.0	78
		2003	107.5	106.2	108.8	106.4	105.1	107.7	78
		2004	110.3	108.7	112.0	107.4	105.7	108.9	78
		2005	115.1	112.5	117.5	111.6	109.1	113.9	78
		2006	119.2	115.5	123.0	114.4	110.8	118.0	79
		2007	124.0	119.3	129.1	116.6	112.2	121.3	78
泰国	2001	2001	100.0	100.0	100.0	100.0	100.0	100.0	80
		2002	112.0	104.7	119.9	111.3	104.0	119.1	80
		2003	106.1	103.3	108.1	103.5	100.7	105.5	80
拉丁美洲和加勒比地区									
加勒比地区									
安圭拉	1995	1991	90.9	…	…	102.1	…	…	75
		1995	100.0	…	…	100.0	…	…	75
巴巴多斯	1991	1988	93.3	…	…	108.5	…	…	81
		1989	92.0	…	…	100.8	…	…	81
		1990	98.3	…	…	104.5	…	…	82
		1991	100.0	…	…	100.0	…	…	83
百慕大	2004	2004	100.0	100.0	100.0	100.0	100.0	100.0	84
		2005	85.5	85.2	140.9	82.9	82.6	136.6	84
		2006	88.6	87.5	146.9	83.4	82.4	138.3	84
英属维尔京群岛	1994	1990	119.2	…	…	139.9	…	…	21
		1991	100.3	…	…	110.6	…	…	21
		1992	98.4	…	…	105.2	…	…	21
		1993	102.6	…	…	106.9	…	…	21
		1994	100.0	…	…	100.0	…	…	21
古巴	2000	2000	100.0	…	…	100.0	…	…	85
		2003	113.6	…	…	105.0	…	…	85
		2004	119.8	…	…	113.2	…	…	85
		2005	139.7	…	…	128.3	…	…	85
		2006	166.9	…	…	145.9	…	…	85
		2007	178.9	…	…	146.9	…	…	85
多米尼加共和国	2000	2000	100.0	…	…	100.0	…	…	86
		2001	116.8	…	…	107.3	…	…	86
		2002	121.6	…	…	106.2	…	…	86
		2003	135.5	…	…	92.7	…	…	86

	基准年份	年份	制造业名义工资指数			制造业实际工资指数			注
			MF	M	F	MF	M	F	No.
		2004	210.6	…	…	95.2	…	…	86
牙买加	2000	1990	8.7	…	…	79.1	…	…	87
		1998	82.6	…	…	94.7	…	…	88
		1999	106.5	…	…	115.2	…	…	88
		2000	100.0	…	…	100.0	…	…	88
		2001	109.9	…	…	102.7	…	…	88
		2002	117.0	…	…	102.1	…	…	88
荷属安的列斯	2000	1995	92.2	…	…	106.0	…	…	89
		1996	96.5	…	…	107.1	…	…	89
		1997	101.0	…	…	108.5	…	…	89
		1998	96.0	…	…	102.0	…	…	89
		2000	100.0	…	…	100.0	…	…	89
波多黎各	2000	1990	64.3	…	…	100.0	…	…	66
		2000	100.0	…	…	100.0	…	…	66
		2003	111.4	…	…	90.9	…	…	66
		2004	115.4	…	…	84.2	…	…	66
		2005	118.2	…	…	75.7	…	…	66
		2006	122.2	…	…	68.3	…	…	66
		2007	127.1	…	…	66.5	…	…	66
圣卢西亚	2000	2000	…	100.0	100.0	…	100.0	100.0	90
		2001	…	118.8	94.3	…	116.7	92.6	90
		2002	…	100.8	102.5	…	96.0	97.7	90
		2003	…	132.8	113.0	…	125.2	106.6	91
圣文森特和格林纳丁斯	2000	1998	97.1	…	…	98.3	…	…	92
		1999	100.0	…	…	100.2	…	…	92
		2000	100.0	…	…	100.0	…	…	92
		2001	103.0	…	…	102.2	…	…	92
		2002	103.0	…	…	101.4	…	…	92
特立尼达和多巴哥	2000	1990	61.9	…	…	105.2	…	…	93
		1998	77.7	…	…	83.2	…	…	93
		1999	80.2	…	…	83.1	…	…	93
		2000	100.0	…	…	100.0	…	…	93
		2001	99.2	…	…	94.0	…	…	93
		2002	99.3	…	…	90.3	…	…	93
中美洲									
哥斯达黎加	2005	2005	100.0	100.0	100.0	100.0	100.0	100.0	94
		2006	104.2	102.2	112.2	93.5	91.7	100.6	94
		2007	127.0	131.7	116.4	104.2	108.1	95.5	95
萨尔瓦多	2005	2003	86.2	96.7	100.0	94.3	105.7	109.3	96
		2004	98.6	111.8	97.6	103.3	117.1	102.1	96
		2005	100.0	100.0	100.0	100.0	100.0	100.0	96
		2006	84.8	89.5	91.9	81.5	86.0	88.3	96
		2007	88.3	85.5	90.2	81.1	78.6	82.9	96
危地马拉	2000	1990	28.6	…	…	85.0	…	…	97
		1999	96.8	…	…	102.6	…	…	97
		2000	100.0	…	…	100.0	…	…	97
		2001	104.7	…	…	97.5	…	…	97
		2002	111.0	…	…	95.7	…	…	97
		2006	95.5	…	…	62.3	…	…	97
墨西哥	2000	2000	100.0	100.0	100.0	100.0	100.0	100.0	98
		2003	127.6	126.7	117.7	109.3	108.4	100.8	98
		2004	132.1	129.6	121.6	108.0	106.0	99.4	98
		2005	140.6	140.3	121.6	110.6	110.3	95.6	99
		2006	150.2	146.8	137.1	114.0	111.4	104.1	98
		2007	159.3	159.0	138.0	116.3	116.0	100.7	98
尼加拉瓜	2003	2003	100.0	…	…	100.0	…	…	100
		2004	100.1	…	…	92.3	…	…	100
		2005	101.7	…	…	85.5	…	…	100
		2006	103.2	…	…	79.5	…	…	100
巴拿马	2005	2003	77.3	81.0	66.7	79.8	83.6	68.9	101
		2004	86.4	90.5	77.8	88.9	93.1	80.0	102
		2005	100.0	100.0	100.0	100.0	100.0	100.0	102
		2006	100.0	100.0	100.0	97.5	97.5	97.5	102

	基准年份	年份	制造业名义工资指数			制造业实际工资指数			注
			MF	M	F	MF	M	F	No.
		2007	100.0	104.8	77.8	93.7	98.1	72.8	102
南美洲									
阿根廷	2000	1990	23.5	…	…	94.5	…	…	103
		2000	100.0	…	…	100.0	…	…	103
		2002	104.4	…	…	83.9	…	…	103
		2003	118.5	…	…	83.9	…	…	103
		2004	147.5	…	…	100.0	…	…	103
		2005	178.7	…	…	110.5	…	…	103
		2006	227.6	…	…	126.9	…	…	103
玻利维亚	2000	1996	66.9	…	…	80.6	…	…	104
		1997	77.9	…	…	89.7	…	…	104
		1998	86.8	…	…	92.8	…	…	104
		1999	94.2	…	…	98.5	…	…	104
		2000	100.0	…	…	100.0	…	…	105
巴西	2000	1998	94.0	93.7	93.1	105.5	105.2	104.5	106
		1999	98.6	98.9	96.5	105.5	105.8	103.3	106
		2000	100.0	100.0	100.0	100.0	100.0	100.0	106
		2001	110.7	110.9	110.0	103.6	103.8	103.0	106
		2002	118.2	118.2	118.0	102.0	102.0	101.9	106
智利	2000	1980	5.2	…	…	81.6	…	…	107
		1990	62.7	…	…	154.1	…	…	107
		2000	100.0	…	…	100.0	…	…	107
		2001	102.5	…	…	98.9	…	…	107
		2002	105.0	…	…	99.0	…	…	107
		2003	106.5	…	…	97.6	…	…	107
		2004	110.2	…	…	100.0	…	…	107
		2005	116.3	…	…	102.3	…	…	107
哥伦比亚	2003	2003	100.0	100.0	100.0	100.0	100.0	100.0	108
		2004	105.9	104.9	105.2	99.9	99.0	99.4	108
		2005	114.4	113.8	113.6	102.4	101.9	101.8	108
		2006	137.5	133.0	136.2	118.4	114.5	117.3	108
		2007	156.9	159.5	145.5	127.9	129.9	118.6	109
厄瓜多尔	2000	2000	100.0	…	…	100.0	…	…	110
		2001	161.2	…	…	117.1	…	…	110
		2002	184.5	…	…	119.1	…	…	110
		2003	212.0	…	…	126.8	…	…	110
		2004	232.3	…	…	135.3	…	…	110
巴拉圭	2000	2000	100.0	100.0	100.0	100.0	100.0	100.0	111
		2001	78.6	75.0	101.4	73.3	69.9	94.6	111
		2002	90.9	88.5	112.5	76.7	74.6	94.9	111
		2003	100.3	97.1	127.8	74.1	71.7	94.4	111
秘鲁	2000	2000	100.0	…	…	100.0	…	…	112
		2003	99.8	…	…	95.5	…	…	113
		2004	103.0	…	…	95.1	…	…	113
		2005	109.4	…	…	99.4	…	…	113
		2006	105.6	…	…	94.1	…	…	113
		2007	102.0	…	…	89.2	…	…	113
乌拉圭	2000	2000	100.0	…	…	100.0	…	…	114
		2001	100.0	…	…	95.8	…	…	114
非洲									
北非									
阿尔及利亚	1995	1992	61.5	…	…	126.4	…	…	43
		1993	76.6	…	…	129.5	…	…	43
		1994	85.4	…	…	109.7	…	…	43
		1995	100.0	…	…	100.0	…	…	43
		1996	117.8	…	…	97.9	…	…	43
埃及	2000	2000	100.0	100.0	100.0	100.0	100.0	100.0	115
		2002	117.6	117.6	119.5	112.0	111.9	113.8	115
		2003	120.0	119.8	119.5	109.6	109.5	109.2	115
		2004	129.6	128.2	144.8	101.7	100.7	113.7	115
		2005	143.2	142.7	154.0	107.1	106.8	115.2	115
		2006	162.4	160.3	182.8	112.8	111.4	127.0	115
苏丹	1992	1988	20.5	…	…	283.0	…	…	116
		1990	31.0	…	…	146.8	…	…	116

	基准年份	年份	制造业名义工资指数			制造业实际工资指数			注
			MF	M	F	MF	M	F	No.
		1992	100.0	…	…	100.0	…	…	116
撒哈拉以南非洲									
东非									
肯尼亚	1995	1980	20.1	18.9	24.5	162.3	152.5	197.5	117
		1990	49.2	46.0	69.9	146.2	136.7	207.8	117
		1991	53.4	49.9	75.9	133.0	124.4	189.1	117
		1994	79.0	71.0	155.9	80.8	72.6	159.4	117
		1995	100.0	100.0	100.0	100.0	100.0	100.0	117
		1996	80.3	…	…	74.8	…	…	117
		1997	88.5	77.1	196.4	73.6	64.2	163.5	117
马拉维	1995	1990	90.3	…	…	364.9	…	…	53
		1991	79.0	…	…	295.3	…	…	53
		1992	85.7	…	…	259.6	…	…	53
		1993	88.7	…	…	219.0	…	…	53
		1994	94.3	…	…	172.9	…	…	53
		1995	100.0	…	…	100.0	…	…	53
毛里求斯	2000	2000	100.0	…	…	100.0	…	…	118
		2003	120.3	…	…	103.2	…	…	118
		2004	131.7	…	…	107.9	…	…	118
		2005	140.7	…	…	109.8	…	…	118
		2006	148.2	…	…	106.2	…	…	118
		2007	155.6	…	…	100.4	…	…	118
卢旺达	1997	1996	99.1	…	…	111.0	…	…	119
		1997	100.0	…	…	100.0	…	…	120
塞舌尔	2000	1990	71.3	…	…	89.1	…	…	121
		2000	100.0	…	…	100.0	…	…	78
		2003	97.4	…	…	88.7	…	…	78
		2004	99.2	…	…	87.0	…	…	78
		2005	108.1	…	…	93.9	…	…	78
		2006	109.2	…	…	95.3	…	…	78
		2007	107.8	…	…	88.3	…	…	78
赞比亚	1983	1980	91.8	…	…	140.9	…	…	122
		1981	86.7	…	…	116.7	…	…	123
		1982	91.8	…	…	109.8	…	…	123
		1983	100.0	…	…	100.0	…	…	123
津巴布韦	2000	1998	44.6	…	…	110.1	…	…	100
		1999	64.0	…	…	99.7	…	…	100
		2000	100.0	…	…	100.0	…	…	100
		2001	174.5	…	…	101.5	…	…	100
		2002	313.5	…	…	78.2	…	…	100
南部非洲									
博茨瓦纳	2004	2004	100.0	100.0	100.0	100.0	100.0	100.0	124
		2005	103.7	107.8	82.1	95.5	99.2	75.5	125
		2006	111.8	107.0	120.8	92.2	88.3	99.6	125
南非	2000	1990	38.4	…	…	90.5	…	…	126
		2000	100.0	…	…	100.0	…	…	75
		2001	108.7	…	…	102.9	…	…	75
		2002	120.2	…	…	104.2	…	…	75
		2005	151.4	…	…	118.3	…	…	75
		2006	159.9	…	…	119.3	…	…	75
		2007	171.9	…	…	119.8	…	…	75
斯威士兰	1996	1990	…	57.8	65.4	…	105.8	119.9	127
		1996	…	100.0	100.0	…	100.0	100.0	127
		1997	…	123.4	121.0	…	114.4	112.0	127
		1998	…	116.0	…	…	99.9	…	127
		1999	…	127.4	…	…	103.6	…	127
		2000	…	132.6	…	…	98.2	…	127
西非									
冈比亚	1998	1993	104.0	…	…	118.9	…	…	128
		1994	107.8	…	…	121.2	…	…	128
		1998	100.0	…	…	100.0	…	…	128
加纳	1991	1980	1.6	…	…	68.0	…	…	129
		1987	44.5	…	…	118.5	…	…	129
		1988	62.6	…	…	126.9	…	…	129
		1989	107.5	…	…	174.1	…	…	129
		1990	131.6	…	…	155.3	…	…	129

	基准年份	年份	制造业名义工资指数			制造业实际工资指数			注
			MF	M	F	MF	M	F	No.
		1991	100.0	…	…	100.0	…	…	129
几内亚	1995	1990	61.5	…	…	101.3	…	…	130
		1992	84.6	…	…	99.5	…	…	130
		1993	84.6	…	…	92.9	…	…	130
		1994	100.0	…	…	105.4	…	…	130
		1995	100.0	…	…	100.0	…	…	130
		1996	117.7	…	…	114.0	…	…	130
圣赫勒拿	2000	1998	93.8	101.3	58.4	97.1	104.9	60.5	131
		1999	90.3	92.4	87.8	91.6	93.7	89.1	131
		2000	100.0	100.0	100.0	100.0	100.0	100.0	131
		2001	100.1	100.1	103.0	96.8	96.8	99.5	131
		2002	112.8	116.4	103.2	108.2	111.6	99.0	131
中东									
巴林	2000	2000	100.0	100.0	100.0	100.0	100.0	100.0	132
		2003	99.6	98.0	116.8	99.6	98.0	116.8	132
		2004	101.3	97.6	129.0	99.1	95.5	126.1	132
		2005	98.7	93.7	135.5	94.1	89.3	129.2	132
		2006	94.8	88.6	144.9	88.6	82.8	135.3	132
		2007	97.4	90.2	165.4	88.1	81.6	149.6	132
伊朗（伊斯兰共和国）	2000	1998	65.4	65.3	66.4	90.6	90.4	91.9	2
		1999	80.6	80.5	80.8	92.2	92.1	92.5	2
		2000	100.0	100.0	100.0	100.0	100.0	100.0	2
		2001	116.9	116.9	120.8	105.1	105.0	108.6	2
		2002	137.1	136.1	157.3	107.8	106.9	123.6	2
约旦	2000	2000	100.0	100.0	100.0	100.0	100.0	100.0	133
		2001	97.9	98.5	96.2	96.1	96.7	94.5	133
		2002	98.8	99.0	98.7	95.3	95.5	95.2	133
		2003	104.8	105.1	103.8	99.5	99.8	98.6	133
		2004	98.4	101.5	99.2	90.3	93.2	91.1	133
		2005	107.4	112.1	103.8	95.3	99.5	92.2	133
科威特	2000	1996	88.6	…	…	93.7	…	…	100
		1997	90.0	…	…	94.5	…	…	100
		1998	92.0	…	…	96.4	…	…	100
		1999	90.8	…	…	92.5	…	…	100
		2000	100.0	…	…	100.0	…	…	100
巴勒斯坦被占领土	2000	2000	100.0	100.0	100.0	100.0	100.0	100.0	134
		2003	99.5	97.9	115.5	89.1	87.6	103.4	134
		2004	97.0	96.8	85.5	84.3	84.1	74.3	134
		2005	107.5	106.2	113.3	90.3	89.2	95.1	134
		2006	112.9	111.7	123.5	91.4	90.4	100.0	134
		2007	103.3	104.3	112.1	81.4	82.2	88.4	134
卡塔尔	2006	2006	100.0	100.0	100.0	100.0	100.0	100.0	135
		2007	137.6	137.1	173.9	121.1	120.6	153.1	135

表 15　制造业工资指数（注）

1. 说明

工资信息被广泛用来衡量工作者的总体收入水平。这些信息常被用以制定、实施和监测经济政策，更具体地说，它们被用来解决人力资源规划、劳动力利用、工资制定、社会保障和人工成本等劳动力问题。这一指标涵盖了制造业部门的平均实际工资。表 15 给出了名义和实际工资指数。名义工资是衡量雇员生活标准的指标之一，然而只有将其与消费者价格信息相结合得到实际工资指数，名义工资指标才能反映雇员工资在不同时期的购买力。

2. 定义

（1）名义工资：每小时、每日、每周、每月工资的年平均数。名义工资一般来自现行价格的工资和薪金，以（a）雇员数量或（b）雇员总工时来衡量。
（2）名义工资指数：名义工资指数的计算是通过设置基准年份名义工资为 100 得到结果。
（3）消费者价格指数（CPI）：消费者购买货物与服务的一般价格水平随时间的变化。CPI 包含了消费模式和价格变化的信息。
（4）实际工资指数：名义工资指数根据以消费者价格指数衡量的购买力的变化进行调整后的结果（100 × 名义工资指数/消费者价格指数）。

3. 信息库

劳工统计数据库（LABORSTA）　劳工统计年鉴，在线统计数据库
国际劳工局统计部，瑞士日内瓦
http：//laborsta. ilo. org
劳工统计数据库是国际劳工组织统计部的在线数据库，提供了自 1969 年以来 30 多个官方核心劳工统计表，包括经济活动人口、就业、失业、工时、工资、劳动力成本、消费者价格、工伤及罢工和停工。

4. 资料来源类型

CA	与劳动力相关的机构普查
CB	工业或商业普查
DA	与劳动力有关的机构调查
DB	工业或商业调查
F	行政记录和相关资料
FA	保险记录
FC	税收记录
FD	行政报告
HS	家庭或劳动力调查
OE	官方估算
…	无法获得数据

5. 使用的分类法

ISIC 2	所有经济活动的国际标准行业分类（ISIC 第二版，1968 年）
ISIC 3	所有经济活动的国际标准行业分类（ISIC 第三版，1990 年）

6. 类型统计

E/D	工资/日
E/H	工资/时

E/M 工资/月
E/W 工资/周
W/D 工资率/日
W/H 工资率/时
W/M 工资率/月
W/W 工资率/周

7. 就业覆盖范围

EM 雇员（受薪雇员）
TE 总就业人口
WE 工资收入者

8. 符号

MF 男性和女性
M 男性
F 女性
b 序列发生变动
… 无法获得数据
— 忽略不计

注 No.	ISIC	资料来源类型	覆盖范围	统计类型	备注
1	ISIC3	DA	EM	E/M	工资覆盖范围：国有和市政企业、机构和组织，以及雇员数在 50 人及以上的企业的员工
2	ISIC3	DA	EM	E/M	
3	ISIC3	DA	EM	E/M	参考期：第四季度 工资覆盖范围：全日制雇员
4	ISIC3	DA	EM	E/M	参考期：第四季度 工资覆盖范围：全日制雇员 工资注释：不包括季度奖和年终奖。
5	ISIC3	F	EM	E/H	工资覆盖范围：不包括管理人员和中介职业
6	ISIC3	DA	WE	E/H	
7	ISIC3	DA	WE	E/M	工资覆盖范围：在雇员数为 10 人及以上的机构工作的工作者
8	ISIC3	DA	EM	E/M	工资覆盖范围：在雇员数为 5 人及以上的机构工作的全职工作者
9	ISIC3	DA	WE	E/H	参考期：9 月
10	ISIC3	DA	EM	E/M	参考期：第一季度
11	ISIC3	DA	EM	E/H	工资覆盖范围：不包括个别非法人企业的工人 工资注释：全部雇员转入全日制单元。
12	ISIC3	CA	WE	E/H	参考期：10 月
13	ISIC3	DB	EM	E/H	工资覆盖范围：在制造业和采矿业及采石业工作的工人
14	ISIC3	DB	EM	E/H	
15	ISIC3	DA	EM	E/H	参考期：10 月
16	ISIC3	CA	EM	E/M	工资覆盖范围：依据劳动合同工作的雇员
17	ISIC3	DA	WE	E/W	参考期：10 月 工资覆盖范围：仅指成年人 工资注释：包括家庭津贴和实物支付的价值。
18	ISIC3	CA	EM	E/H	工资覆盖范围：私人部门工作者不包括未满 18 岁的青少年和实习生
19	ISIC3	HS	TE	E/H	参考期：12 月
20	ISIC3	DA	EM	E/H	参考期：12 月 工资注释：不包括加班费
21	ISIC3	DA	EM	E/H	
22	ISIC3	DA	EM	E/M	工资注释：包括实物支付的价值。

注 No.	ISIC	资料来源类型	覆盖范围	统计类型	备注
23	ISIC3	DA	WE	E/H	消费者价格指数（CPI）注释：扣除租金。
24	ISIC3	CA	EM	E/M	工资覆盖范围：不包括在雇员数为20人以下的企业工作的工作者
25	ISIC3	CA	EM	E/M	消费者价格指数（CPI）地域界限：城市地区
26	ISIC3	CA	EM	E/M	消费者价格指数（CPI）地域界限：城市地区 工资注释：不包括家庭津贴和实物支付的价值。
27	ISIC3	CA	EM	E/M	工资注释：不包括家庭津贴和实物支付的价值。
28	ISIC3	DA	EM	E/H	工资注释：不包括不定期的酬金
29	ISIC3	DA	WE	E/H	参考期：9月至10月 工资覆盖范围：在私人部门工作的成年人 工资注释：不包括假期、病假和加班时的支付。
30	ISIC3	DA	WE	E/H	参考期：9月 工资覆盖范围：在私人部门工作的成年人 工资注释：不包括假期、病假和加班时的支付。
31	ISIC3	DA	EM	E/H	参考期：4月 工资覆盖范围：全日制雇员成年率 工资注释：经估算和加权得到的结果。包括加班费。
32	ISIC3	DA	WE	E/H	工资注释：包括加班费。
33	ISIC3	DA	WE	E/H	工资覆盖范围：在私人部门工作的生产工作者 工资注释：国家分类没有严格地与ISIC兼容。
34	ISIC3	DA	EM	E/H	参考期：5月 工资覆盖范围：全日制成人非管理型雇员。
35	ISIC3	CA	WE	E/W	参考期：10月 工资覆盖范围：不包括非全职工作者和青少年
36	ISIC3	DA	EM	E/H	参考期：6月
37	ISIC3	FA	EM	E/M	工作地域界限：包括来自朱迪亚、撒马利亚和加沙地区的工作者 工资注释：包括所得税缴款。
38	ISIC3	FA	EM	E/M	工资覆盖范围：仅包括以色列的工作者 工资注释：包括所得税缴款。
39	ISIC3	FA	EM	E/M	工资覆盖范围：仅包括以色列的工作者 工资注释：包括所得税缴款。方法经过修改，数据不具有严格的可比性。
40	ISIC3	DA	EM	E/M	参考期：6月 工资覆盖范围：在正式雇员达到10人以上的私人部门机构工作的工作者 工资注释：定期支付的现金收入
41	ISIC3	DA	EM	E/H	参考期：2月 工资覆盖范围：机构中工时相当于0.5个全日制有酬雇员工作时间的工作者
42	ISIC3	OE	EM	E/M	
43	ISIC3	F	EM	E/M	
44	ISIC3	DA	EM	E/H	消费者价格指数（CPI）注释：基于2—12月以及下一年1月得出的年平均数 工资覆盖范围：成年雇员 工资注释：不包括不定期的奖金和实物支付的价值。
45	ISIC3	DA	EM	E/H	工资覆盖范围：成年雇员 工资注释：不包括不定期的奖金和实物支付的价值。
46	ISIC3	DA	EM	E/M	工资注释：仅指现金报酬；不包括加班费
47	ISIC3	DA	EM	E/M	工资注释：经过标准化的月收入（40小时×4又1/3周）。
48	ISIC3	CA	EM	E/M	
49	ISIC3	DA	EM	E/M	工资覆盖范围：不包括手工业和贸易行业的雇员
50	ISIC3	DA	EM	E/M	工资注释：净收入。
51	ISIC3	DA	EM	E/M	工资地域界限：不包括科索沃
52	ISIC3	DA	EM	E/D	
53	ISIC2	CA	EM	E/M	
54	ISIC3	CA	EM	E/M	消费者价格指数（CPI）地域界限：5大城市
55	ISIC3	CA	EM	E/M	工资覆盖范围：在雇员数为20人及以上的机构工作的工作者
56	ISIC2	CA	EM	E/M	工资覆盖范围：在制造业，采矿和采石业，电力、燃气及水的生产和供应业工作的工作者
57	ISIC3	DA	EM	E/M	工资覆盖范围：在国有单位、城市集体所有制单位和其他所有制单位工作的工作者
58	ISIC2	DA	WE	W/D	
59	ISIC3	DA	EM	E/M	工资覆盖范围：在正式雇工数为10人及以上的机构工作的工作者 工资注释：包括家庭津贴和实物支付的价值。

注 No.	ISIC	资料来源类型	覆盖范围	统计类型	备注
60	ISIC3	HS	TE	E/M	
61	ISIC3	DA	EM	E/M	参考期：第四季度 消费者价格指数（CPI）地域界限：乌兰巴托
62	ISIC3	DA	EM	E/M	消费者价格指数（CPI）地域界限：乌兰巴托
63	ISIC2	CA	WE	W/D	参考期：6 月
64	ISIC3	FD	EM	E/M	
65	ISIC2	DA	WE	E/H	参考期：12 月 工资覆盖范围：私人部门工作者
66	ISIC2	DA	WE	E/H	
67	ISIC2	CA	EM	E/M	参考期：6 月 消费者价格指数（CPI）地域界限：霍尼亚拉
68	ISIC2	CB	EM	E/W	参考期：12 月 消费者价格指数（CPI）注释：扣除租金。
69	ISIC2	DA	WE	E/M	工资注释：波动是由于工作者覆盖范围的变化
70	ISIC2	FD	EM	E/M	
71	ISIC2	DA	WE	E/H	参考期：3 月和 9 月的平均值 消费者价格指数（CPI）地域界限：科伦坡
72	ISIC2	DA	WE	E/H	参考期：3 月和 9 月的平均值
73	ISIC2	DA	WE	W/W	参考期：12 月 工资注释：生产工作者。
74	ISIC2	DA	WE	W/W	参考期：12 月 消费者价格指数（CPI）地域界限：不包括帝力 工资覆盖范围：生产工作者
75	ISIC2	DA	EM	E/M	
76	ISIC2	DA	EM	W/H	参考期：3 月和 9 月的平均值
77	ISIC3	HS	EM	W/D	参考期：10 月
78	ISIC3	FA	EM	E/M	
79	ISIC3	FA	EM	E/M	工资注释：方法经过修改，数据不具有严格的可比性。
80	ISIC3	HS	EM	W/M	
81	ISIC2	CA	WE	E/W	参考期：3 月
82	ISIC2	CA	WE	E/W	参考期：9 月
83	ISIC2	CA	WE	E/W	
84	ISIC3	CA	EM	E/M	参考期：8 月
85	ISIC2	FD	EM	E/M	工资覆盖范围：国有部门的平民雇员 工资注释：包括从政府获取的与就业相关的津贴
86	ISIC3	HS	EM	E/H	
87	ISIC2	DA	EM	E/W	参考期：第一和第三季度的平均值
88	ISIC2	DA	EM	E/W	
89	ISIC3	HS	EM	E/M	消费者价格指数（CPI）地域界限：库拉索 工资地域界限：库拉索
90	ISIC3	DA	WE	E/H	工资注释：未加权的调查结果。
91	ISIC3	DA	WE	E/H	工资注释：未加权的调查结果。最低工资率。
92	ISIC3	DA	EM	W/D	消费者价格指数（CPI）地域界限：圣文森特
93	ISIC3	DA	EM	E/W	
94	ISIC3	HS	EM	E/H	参考期：7 月 消费者价格指数（CPI）地域界限：中心地区
95	ISIC3	HS	EM	E/H	参考期：7 月
96	ISIC3	DA	WE	E/H	消费者价格指数（CPI）地域界限：城市地区 工资地域界限：城市地区
97	ISIC2	FA	EM	E/M	
98	ISIC3	HS	EM	E/M	参考期：第二季度
99	ISIC3	HS	EM	E/M	参考期：第二季度 工资注释：方法经过修改，数据不具有严格的可比性。
100	ISIC2	DA	EM	E/H	
101	ISIC3	HS	TE	E/H	参考期：8 月 消费者价格指数（CPI）地域界限：巴拿马城

注 No.	ISIC	资料来源类型	覆盖范围	统计类型	备注
102	ISIC3	HS	TE	E/H	参考期：8 月
103	ISIC3	DB	WE	E/H	消费者价格指数（CPI）地域界限：大布宜诺斯艾利斯 工资覆盖范围：雇员数为 10 人及以上的地方单位的生产工人及相关工人
104	ISIC3	CA	EM	W/M	消费者价格指数（CPI）地域界限：城市地区 工资地域界限：主要城市（除潘多）
105	ISIC3	CA	EM	W/M	参考期：9 月 消费者价格指数（CPI）地域界限：城市地区 工资地域界限：主要城市（除潘多）
106	ISIC3	FD	EM	E/M	参考期：12 月
107	ISIC2	DA	EM	E/M	参考期：4 月 消费者价格指数（CPI）地域界限：圣地亚哥 工资注释：包括家庭津贴和实物支付的价值。
108	ISIC3	HS	EM	E/M	参考期：第四季度 消费者价格指数（CPI）覆盖范围：低收入群体 工资覆盖范围：不包括武装部队人员
109	ISIC3	HS	EM	E/M	参考期：第四季度 工资覆盖范围：不包括武装部队人员
110	ISIC3	CB	EM	E/M	
111	ISIC2	HS	EM	E/M	消费者价格指数（CPI）地域界限：亚松森
112	ISIC3	DA	WE	W/D	工资地域界限：城市地区
113	ISIC3	DA	WE	W/D	参考期：第二季度 工资地域界限：城市地区
114	ISIC3	DB	EM	E/M	工资覆盖范围：在雇员数为 5 人及以上的机构工作的工作者
115	ISIC3	CA	WE	E/W	参考期：10 月 工资覆盖范围：在雇员数为 10 及以上的机构工作的工作者
116	ISIC2	CA	WE	E/M	消费者价格指数（CPI）覆盖范围：低收入群体
117	ISIC2	CA	EM	E/M	参考期：6 月 消费者价格指数（CPI）地域界限：内罗毕 消费者价格指数（CPI）覆盖范围：低收入群体 工资注释：包括实物支付的价值。
118	ISIC3	CA	EM	E/M	参考期：3 月 工资覆盖范围：在雇员数为 10 人及以上的机构工作的工作者
119	ISIC2	FD	EM	E/M	参考期：12 月 消费者价格指数（CPI）地域界限：基加利
120	ISIC2	FD	EM	E/M	参考期：6 月 消费者价格指数（CPI）地域界限：基加利
121	ISIC3	FA	EM	E/M	工资覆盖范围：在制造业和水、电供给业工作的工作者
122	ISIC2	...	EM	E/M	参考期：第四季度
123	ISIC2	...	EM	E/M	参考期：第二季度
124	ISIC3	DA	EM	E/M	参考期：9 月 工资覆盖范围：仅指公民
125	ISIC3	DA	EM	E/M	参考期：3 月 工资覆盖范围：仅指公民
126	ISIC2	DA	EM	E/M	工资注释：包括雇员对某一基金的非法定缴款。
127	ISIC2	CA	WE	E/M	参考期：6 月 工资覆盖范围：私人部门的高技能工作者
128	ISIC3	CA	EM	E/M	消费者价格指数（CPI）地域界限：班珠尔、孔博圣玛丽 工资覆盖范围：在雇员数为 5 人及以上的机构工作的工作者 工资注释：调查结果受低回复率的影响。
129	ISIC2	CA	EM	E/M	参考期：12 月
130	ISIC2	F	EM	W/M	消费者价格指数（CPI）地域界限：科纳克里
131	ISIC3	FC	EM	E/M	参考期：以所显示年份的 3 月作为年末
132	ISIC2	FA	EM	E/M	工资覆盖范围：在正式雇员数为 10 人及以上的机构工作的工作者
133	ISIC3	DA	EM	E/M	参考期：10 月
134	ISIC3	HS	EM	E/D	工资注释：净收入
135	ISIC3	HS	EM	W/M	参考期：10 月

KILM 16：职业工资和收入指数

引　言

指标 15 反映的是工业部门（即制造业）平均工资的发展趋势，而指标 16 考察的则是某些具体行业的职业工资（即工资率或收入）的发展趋势及差异。人们普遍认为，与涵盖某个行业内部众多（或所有）职业的平均工资相比，有关单个职业的工资能够提供更有价值和更加深入的分析素材。采用职业工资指标可以缩小覆盖范围，并促使我们针对特定的工种以及特定的行业或经济活动进行评估。此外，鉴于男性和女性的工资可能存在不同的影响因素，因此，单独分析同一职业中的男性和女性的工资通常也是一项大有裨益的事情。

该项指标共有两个工资指数表。表 16a 表示的是名义工资率和实际工资率，而表 16b 表示的则是名义收入和实际收入。收入包括未记入工资部分的加班费和部分奖金等报酬（有关工资和收入两个概念定义见“定义和来源”）。何为最适用于分析的“工资”定义取决于所提出的具体问题。不过在实际情况下，无论从国家渠道获得何种信息，我们除了接受以外几乎都别无选择。因此，本章节中所使用的“工资”一词包括工资率和收入两个概念。

表 16a 和表 16b 共包括 19 种职业。这些职业及其相应的名义工资是从国际劳工组织开展的“十月调查”（ILO October Inquiry）中挑选出来的，其代表了不同经济活动部门中具有不同技能水平的各种职业的实际工资率和收入的发展状况。该项调查是在每年的 10 月份对全球范围内 49 个产业群中的 159 种职业类别的工资率、收入和工时（以及有关 93 种粮食的零售价格的信息）开展的普查。[1]

第二版和第三版的 KILM 数据库仅包括 6 种职业，即焊工、劳工、会计、保险行业的计算机程序员、初等教育的教师和专业护士。尽管很有用处，但这 6 种职业显然无法深入地对不同职业类型、不同部门或性别之间的工资趋势进行充分的分析。因此，从第四版开始，KILM 数据库中所包含的职业数量扩大至 19 种，这些职业代表着不同部门的各种技能水平。现有的职业覆盖范围可以使我们对各国的工资差异开展跨部门分析和时间序列分析，如高技能/高薪酬的职业与低技能/低薪酬职业的对比，主要在受贸易影响的部门内的职业与不受贸易影响的部门内的职业的对比，以男性为主的职业与以女性为主的职业和男女兼有的职业的对比。

所选择的 19 种职业分别为：（1）建筑工人；（2）金属制造业中的焊工；（3）专业护士；（4）初等教育的教师；（5）保险业中的计算机程序员；（6）银行业中的会计；（7）农场工人；（8）服装制造业中的服装裁剪工；（9）服装制造业中的缝纫机操作工；（10）印刷和出版行业中的速记员—打字员；（11）印刷和出版行业中的办公室文员；（12）电力行业中的配电和输电工程师；（13）食品批发行业中的销售员；（14）食品零售行业中的销售员；（15）酒店接待员；（16）酒店客房服务员；（17）公共汽车司机；（18）城镇卡车司机；（19）垃圾工。专栏 16a 对上述职业进行了具体描述。这其中的大部分属于私人部门内的职业，如建筑工

1　我们将在后面对“十月调查”进行更为深入的讨论，但在此需要指出的是，并非所有国家均按照行业部门对职业进行了划分。比如，美国在报告计算机程序员的每周平均收入时就未区分就业部门或行业部门，因此美国关于“保险业中的计算机程序员”的数据包括那些本应单独列为“公共管理部门中的计算机程序员”中的数据。有关该方面更多的信息请登录 http：//laborsta. ilo. org/。

人、焊工、保险业中的计算机程序员、办公室文员、客房服务员、银行业中的会计等。仅有初级教育的教师和专业护士可以被确认为公共部门的职业。该指标提供了86个国家特定职业组别的工资水平和/或63个国家工作者的收入，不过并非每个国家均提供了所有性别或职业的相关信息。

指标的用途

有关工资的绝大部分指标均涵盖按产业、产业群或部门划分的所有雇员，或在少数情况下涵盖某个国家的所有雇员。举例来说，KILM 15提供了制造业的实际工资指数，其计算方法是用制造业的平均工资指数除以相应的消费者价格指数（CPI）。KILM 15和KILM 16基本上采用同一模式进行构建：名义工资指数是基于由各国提供的平均工资的绝对值计算出来的；而实际工资指数的计算方法则是将平均名义工资指数除以相应的CPI。[2]不过，KILM 15提供的是行业层面（制造业）的工资指数，而KILM 16提供的则是某个行业内部特定职业的工资指数。

因此，第一组指数（即KILM 15）可以有效地反映同一行业或经济活动部门内不同职业的大量雇员群体的平均工资水平。不过，按照经济活动/行业划分的平均工资水平指标所存在的局限性在于，该信息涵盖广泛的雇员和职业类型，却没有对这些职业的性质（如技能）或其在就业中的相对重要性进行深入的剖析。如果平均工资数据变动中所包含的雇员群体类型越多，那么不同细分群体的平均工资数据变动的差异就越可能无法体现在整体平均工资数据的变动中。某个行业或部门内部平均工资的变动可能是由于就业中的职业构成或者男女比例发生变动所造成的。分析单个职业的工资水平可以避免采用多种职业平均工资指标所带来的某些局限性。在使用后者的情况下，劳动力的构成和结构可能对平均工资记录的变动造成影响。

2 有关构建工资指数更详细的信息见KILM 15的内容。

作为推动体面工作的一个组成部分，国际劳工组织希望确定一系列有关体面工作的核心指标。其中一个就是选定职业的平均工资水平。[3]理论上讲，“十月调查”数据可以进行此类比较，不过迄今为止唯一可以开展工资水平比较的仅是上文所列的19种职业。

在分析职业工资指标时以下三大问题值得注意：

（1）对趋势的比较——一段时期内不同职业的名义工资（以简单货币金额表示）和实际工资指数的变动状况——可以表明不同类型工作者的工资率和收入的变动是否处于同一速率，抑或某些类型的变动速率是否快于其他类型。名义工资的不同变动速率可能反映出不同类型的工作者在劳动力市场中的不同供需状况，也可能表明某些职业的供需状况发生了显著的转变（如某些职业要求提供更多的培训设施）。工资率或收入随时间的变动状况可以与其他指标（如某个职业中的就业人数）相结合，以便分析就业人口数量的变化是否影响了工资的变动状况。实际工资指数可以分别表明哪些职业群体的生活水平（按照平均薪酬计算）随着时间的推移出现了增长，哪些职业类型的生活水平出现了下降。

（2）职业工资的结构和差额往往体现出不同工种所涉及的技能、教育和培训水平、资质、工作量和工作类型的差异，以及这些职业相对供需状况的不同。职业工资结构和差额这个问题在国家和国际层面均具有研究价值。在国家层面上，对两个或多个职业之间的工资率和收入的变动趋势进行比较，可以用来评估工资浮动的状况（即一段时期内收入相比基本工资率增加或者下降的程度）。其还可用来分析不同技能的工资差异，即高技能工作者和低技能工作者之间的工资差异。我们可以对不同国家同一职业的

3 R. Anker等：“利用统计指标衡量体面工作”，《国际劳工评论》（国际劳工组织，日内瓦），2003年，第142卷，第2号。

工资差额进行比较，以便分析类似技能群体的工资是正向差异还是负向差异，或者不同经济类型的工资是否存在差异。工资结构随时间推移所发生的变动还可能显示出不同职业劳动力市场的经济状况的变动情况，或者（在涉及公共部门雇员的情况下）体现出政府是否采取了相关措施。

（3）如果有关男性和女性职业工资的信息是分别提供的，就可以按性别对同一职业的工资水平进行比较。这是一个衡量性别工资差距（即男性和女性之间工资差异）的一个有效指标。不过必须注意的是，性别工资差异并不等同于性别工资歧视。在任何一个国家的任何一个职业中，男性和女性的工资都不应该存在歧视性差异。职业如果不代表工作经验或资历的话，则可以代表类似或可比的教育、培训和技能水平，因此可能涵盖导致工资差异的某些因素。

影响工资差距的其他因素可能包括：与人力资本和生产力相关的因素，如工作者的年龄、在企业中的工作经验（资历）、在劳动力市场中的经验、工时和健康状况；与劳动力市场相关的因素，如机构或企业的规模、部门（公共部门或私人部门）和细分行业部门、地区（高工资或低工资地区）、城市规模，以及工资支付体系（如根据服务年份或业绩递增的工资支付体系）和工会/劳资谈判。职业的性别隔离（即男性和女性在不同职业和工作中的就业比例存在不同）也对男性和女性的工资差异产生重要的直接影响。[4] 在缺乏所有这些因素的具体数据的情况下，与各种经济活动的平均工资指标相比，职业工资的信息可以更好地显示出男性和女性之间的工资差异。

定义和来源

专栏 16a 对根据国际劳工组织“十月调查”为 KILM 16 选出的 19 种职业进行了具体描述，下表对履行每个职业的任务和职责的个人所需具备的教育水平和专业资质进行了深入的分析。职业的分类标准为《国际标准职业分类》（ISCO—88）：

职业	《国际标准职业分类》技能级别	《国际标准职业分类》主要群体及其描述[1]
• 会计 • 配电和输电工程师 • 计算机程序员 • 初等教育的教师 • 专业护士	四级（接受过大学教育）	专业人员（2）：此类主要群体所包含职业的主要任务要求雇员必须在物理和生命科学、社会科学和人文科学等领域拥有较高水平的专业知识和经验。其主要任务包括增加现有的知识存量，应用科学和艺术的概念和理论解决实际问题，以及以系统的方式教授上述内容。
• 速记员—打字员 • 办公室文员 • 酒店接待员	二级（接受过中级教育和/或正规培训，如在职培训和相关经历，或者学徒）	文员（4）：此类主要群体所包含职业的主要任务要求雇员必须具备组织、存储、计算和检索信息的知识和经验。其主要任务包括履行秘书职责，操作文字处理软件和其他办公机器，记录和计算数值型数据，履行众多为客户服务的文员职责（这些职责绝大部分是关于邮件服务、资金处理业务和预约的）。
• 销售员（批发） • 销售员（零售）	二级（接受过中级教育和/或正规培训，如在职培训和相关经历，或者学徒）	服务类工作者和商场及市场销售工作者（5）：此类主要群体所包含职业的主要任务要求雇员必须具备提供个人和儿童保护类服务，以及在商场或市场上销售商品的知识和经验。其主要任务包括提供与旅行、家政、餐饮、个人护理、个人和财产保护有关的服务，维护法律和秩序，或者在商场或市场上销售商品。

4 R. Anker：《性别与工种》（国际劳工组织，日内瓦，1998 年）。

续表

职业	《国际标准职业分类》技能级别	《国际标准职业分类》主要群体及其描述
• 农场工人	二级（接受过中级教育和/或正规培训，如在职培训和相关经历，或者学徒）	农业和渔业熟练工人（6）：此类主要群体所包含职业的主要任务要求雇员必须具备生产农业、林业和渔业产品的知识和经验。其主要任务包括种植农作物、饲养或捕猎动物、捕获或养殖鱼类、保护和采伐森林，以及向采购商、销售组织或在市场上销售产品（尤其指那些面向市场的农业和林业工人）。
• 服装裁剪工 • 缝纫机操作工 • 焊工	二级（接受过中级教育和/或正规培训，如在职培训和相关经历，或者学徒）	手工艺和相关贸易行业的工作者（7）：此类主要群体所包含职业的主要任务要求雇员必须具备关于贸易或手工艺行业所使用的材料和工具以及整个生产流程（包括最终产品的特点和既定用途）的知识和经验。其主要任务包括提取原材料、修建房屋和其他结构、生产不同的产品和手工艺品。
• 公共汽车司机 • 城镇卡车司机	二级（接受过中级教育和/或正规培训，如在职培训和相关经历，或者学徒）	工厂和机械操作工和装配工（8）：此类主要群体所包含职业的主要任务要求雇员必须具备操作和监控大型且通常高度自动化的工业机械设备的知识和经验。其主要任务包括操作和监控采矿、加工和制造机械设备，以及驾驶车辆、驾驶和操作移动设备，或者根据零部件装配产品。
• 劳工	一级（接受过初等教育）	初级职业（9）：此类主要群体所包含职业的主要任务要求雇员必须具备履行简单例行任务所必需的知识和经验，包括手持工具的使用以及在某些情况下大量的体力劳动，除非少数例外情况，否则仅有有限的个人自主权或判断。其主要任务包括在大街上出售商品、看门和看守房屋、保洁、洗衣、熨烫，以及在矿业、农业和渔业、建筑业和制造业中作为劳工。

1 考虑到职业分类体系的国际特征，《国际标准职业分类》（ISCO—88）中仅确定了四种主要的技能水平。每个分类均按照《国际标准教育分类》（ISCED）中的教育分类和等级给出了具有可操作性的定义。采用 ISCED 的类别来确定四种技能水平，并不意味着只能通过正规的教育才能获得为履行某个工种的任务和职责所必需的技能。这些技能可能并且事实上也往往是通过非正规培训和实际工作经验而获取的。有关 ISCED 的更多信息，见 KILM 14 的具体内容。

国际劳工组织的“十月调查”

国际劳工组织的“十月调查”每年以报告《职业工资、工时和粮食价格统计》的形式出版，是《劳工统计公报》的增刊，提供独一无二的关于 159 种特定职业的工资和收入数据。[5]职业的定义是根据《国际标准职业分类》（ISCO）的四位数编码确定的，这些编码再分配至联合国《所有经济活动的国际标准行业分类》（ISIC）中确定的产业及其细分部门（有关 ISIC 修订版的更多详细情况，见 KILM 4 中的专栏 4a）。1957 年，第 9 届国际劳动统计学家大会（ICLS）通过了 ISCO 第一版，称之为 ISCO—58。1966 年，第 11 届国际劳动统计学家大会通过了 ISCO 第二版，即 ISCO—68。1987 年，第 14 届国际劳动统计学家大会通过了 ISCO 第三版，即 ISCO—88。很多国家的职业分类均基于上述 3 种 ISCO 版本中的一种，具体的版本取决于各国职业分类的制定日期。

近年来，ISCO 依据自 1988 年以来就业

5 更多信息见国际劳工组织：《职业工资、工时和粮食价格统计：十月调查结果（2002—2003 年）》（日内瓦，2004）；最新调查结果同样提供 CD—ROM 格式（日内瓦，2005），有关 LABORSTA 在线数据库的更多信息，请登录 http：//laborsta. ilo. org。

市场的发展状况进行了更新，并根据使用ISCO—88所获得的经验作出了改进。更新版本并未变动ISCO—88的基本原则和结构，不过在某些方面作出了很大的调整。2007年12月通过的更新后的分类体系被称为ISCO—08。[6]

同一职业可能出现在不同的行业中。比如，“劳工”这一职业可能在“纺纱、编织和整理纺织业”、“印刷、出版和类似行业”、“工业化学品制造业”以及其他5个行业中都有。计算机程序员仅出现过两次，即在“保险业”和“公共管理行业”中。调查要求受访者提供完全合格的全职成年雇员的数据。所谓完全合格的全职成年雇员，即那些已获得被调查职业通常所必需的培训和经验并且是全职工作的雇员。不过，某些国家提供的数据也可能包括非全职工人。所需要的信息类型（按照ICLS的相关决议确定，但由于工时没有国际统一的定义，[7]因此不包括在内）包括以下方面：

- *平均工资或薪金率*。工资或薪金率是指正常工作时间所支付的费用，包括基本工资和薪金、生活费津贴以及其他保障性和定期支付的津贴。以下费用不含在内：加班费、奖金和奖励、家庭津贴和其他由雇主直接支付给雇员的社保金，以实物形式支付的特惠津贴、正常工资和薪金以外的补助费。
- *平均收入*。收入是指定期支付给雇员的、按照工时或工作量计算的现金和实物报酬，和未工作时期（如年假、其他带薪休假或节假日）的报酬，以及其他形式的收入，这些收入通常会定期被雇主提前扣除，包括与个人所得税、雇员缴纳给社保和养老金计划的费用、人寿保险费、工会会费和雇员承担的其他义务有关的费用。以下费用不含在内：雇主代表雇员支付给社保和养老金计划的费用，以及这些社保和养老金计划支付给雇员的救济金；遣散费和解雇费；非定期发放的奖金，如年终奖和其他累计时间超过发工资期的一次性发放的奖金。
- *每周正常工时*。正常工时是指由（或者按照）法律法规、劳资协议或者仲裁裁决规定的工时，超过正常工时的小时数按照加班费计酬。
- *每周平均工时*。(a)“实际工时”是指在正常工作时期内实际工作的小时数，加上正常工作时期以外的、通常按更高费率（加班费）支付的工时，加上在工作地点从事属于工作任务和职责组成部分的其他活动（如清洁工作工具和编制考勤单等）所付出的时间，再加上在工作场所短暂休息（包括茶歇）所付出的时间。以下时间不含在内：付酬但实际未工作的小时数，如带薪假、带薪就餐时间、往返于住所和工作场所之间所花费的时间（有关工时的更多信息，见KILM 6的内容）。(b)“付酬小时数”通常是指实际工时以及付酬但未工作的小时数，后者如带薪年假、带薪公共节假日、带薪病假、带薪就餐时间，以及往返于住所和工作场所之间所花费的时间。

在填写“十月调查”问卷调查表的过程中，不同国家采用了不同类型的来源。总体而言，最低工资率和正常工时依据的是相关法律法规、劳资协议或仲裁裁决。平均收入和工时的信息通常来源于商业机构的样本调查，如职业或行业工资调查。在某些情况下，我们还采用了社保机构等部门的行政档案。

Freeman和Oostendorp最近的研究指出了“十月调查”数据库内容丰富的数据频繁出现的问题，其中包括如下评论：[8]

- 由于各国报告的数据来源于各种渠道，使得其对国际劳工组织的回复存在不统一。

6　有关ISCO更多的信息以及所有版本见http：//www.ilo.org/public/english/bureau/stat/isco/index.htm。

7　见http：//www.ilo.org/global/What_we_do/Statistics/standards/resolutions/lang--en/index.htm。

8　R. Freeman和R. H. Oostendorp：“全球职业工资数据文件”，《国际劳工评论》（国际劳工组织，日内瓦，2001年）。OWW数据库以及其他有关职业工资的研究，可从NBER网址http：//www.nber.org/oww/中获取。

有时甚至同一国家同一年度内不同职业记录的工资都无法进行比较。

- 各国并未统一逐年进行报告。比如，在158个经济体中，仅有5个经济体报告了1983—1999年间每年的工资数据。此外，部分国家并未提供全国性的数据，仅提供了特定地区的数据。
- “十月调查”并未包括收入的所有组成部分（比如年度奖金就未包含在内）。
- 即便采用国际劳工组织对工作技能的详细描述，各国间特定职业的具体工作内容仍可能存在差异。
- 来自不同渠道（如政府机构、劳资协议）的数据质量存在差异。这也是国际劳工组织将15%的数据认定为“低质”的原因所在。
- 由于报告工资的方式（最低工资率，平均工资，按小时、日、周、月计算的主要工资，男性工作者收入，女性工作者收入，男性女性工作者总收入等）不同，仅有5.7%的报告数据具有直接的可比性。

鉴于上述局限性，KILM 16中所使用的数据根据以下四个严格的遴选标准从“十月调查”中提取出来，这四个标准是：可靠性、可比性、地域覆盖范围，以及数据按照性别划分的可获取性。为了确保不同职业在国家内部以及各国之间具有可比性，国际劳工组织开展了大量的工作。不过，尽管采用了严格的标准来挑选纳入KILM 16的职业类型，但从“十月调查”中提取的数据仍需要进行“清理”，以便解决该调查中所存在的部分内在问题。因此，为了更好地统一名义性职业工资，国际劳工组织采取了以下措施：

- 将仅报告职业最低或最高工资率的国家排除在数据库之外。
- 将双倍报告工资和收入的情况排除在外。
- 调查异动情况，确认不实报告、物价波动和汇率变化相反的情况。
- 对报告期进行了统一（如每周、每月、每年）。
- 最大程度地减少基于大城市的估算值。
- 当数据不具有可比性时在数据库中添加注释。

有关实际工资的统计数据并非主要的统计数据。KILM 16源于两种类型的主要统计数据，即工资和物价。用户应参照KILM 15的“定义和来源”，以了解有关工资和物价两者的具体定义。最为理想的情况是，在计算实际工资时，两类数据集（工资和物价）应涵盖同样的参照人口（在当前的情况下指同样的雇员群体或类别），同时也应具有类似的地域和行业覆盖范围以及参考期。

计算实际工资指数包括以下两个步骤：

（a）计算出第 i 年的名义工资指数（NW_i），即第 i 年的名义工资值占基年0的名义工资值的百分比，其公式如下：

$$NW_i = (W_i/W_0) \times 100$$

其中 W_0 是基年0的名义工资值，W_i 是第 i 年的名义工资值。

（b）计算出实际工资指数（RW_i），即用第 i 年的名义工资指数（NW_i）除以相应的消费者价格指数（P_i），其公式如下：

$$RW_i = (NW_i/P_i) \times 100$$

为了获取更加详细的信息，用户应参照KILM 15的相应章节。

此外，通过采用定值消费购买力平价（PPP）将名义工资转换为美元计值，我们将最大限度地提高不同国家之间名义工资的可比性。定值消费PPP同时考虑到了汇率和物价的变动状况。其基于针对各国的一揽子消费品，从而可以对某个特定基年（在此情况下是1996年）各国的生活水平与美国进行对比。因此，与单纯基于汇率转换为美元计值的工资（这种方式更好地反映了竞争力）相比，PPP消费工资是一个能更好地反映生活水平的指标。[9]此外，基于PPP的实际工资由于考虑到了各国的相对物价，其工资水平将高于基于汇率的工资水平。以PPP美元计值

9　有关使用PPP计算工资水平的更多信息，见N. Majid：“贸易开放对工资有何影响?”，就业战略论文，第18号（国际劳工组织，日内瓦，2004年），http://www.ilo.org/public/english/employment/strat/download/esp18.pdf；以及R. H. Oostendorp和M. Przybyla：“利用国际劳工组织十月调查比较不同职业和不同国家之间的生活水平”，国际劳工组织油印（日内瓦，2002年）。

的实际工资的计算公式如下：

（1）$PPW_i = NW_i / CPPP_i$，其中

（2）$CPPP_i = (PC_i / 100) \times XRAT_i$

其中，PPW_i 是以 PPP 计值的工资，NW_i 是名义工资，$CPPP_i$ 是消费 PPP，PC_i 是消费的物价水平，$XRAT_i$ 是汇率，计算年度均为 i。为计算消费 PPP 所必需的消费物价水平和汇率数据来自宾夕法尼亚大学世界经济数据表（Penn World Tables）6.1。[10] 与通用 PPP 相比，消费 PPP 由于没有考虑政府和投资产品的支出，因而是换算工资的更为适宜的指标。

可比性的限制

已出版的“十月调查”报告引言中指出：“利用和解释这些调查结果时必须谨慎，尤其是在进行国际比较的情况下。尽管在提高数据的可比性和连续性方面作出了大量的努力，但不同国家在所使用的概念、对职业和粮食项目的说明、参考期、来源类型及数据收集方法等方面仍不可避免地存在某些差异。表格中的众多信息都尽可能地以脚注的形式提供，用户应注意这一点”。[11] 当使用已出版信息时应谨记这一建议，这是因为同一国家同一年度的不同职业在定义、覆盖范围或测度方面可能存在不同，同时其在各个年度之间也可能存在变化。

当利用“十月调查”中的数据时，我们应尤其注意其所提供的工资率的类型。部分工资率是按照法律法规、劳资协议或仲裁裁决所确定的最低值；另外一些则是平均工资率、通行工资率或者普通支付的工资率。在某些情况下“十月调查”列出了最低至最高工资率的范围。同样，平均工时可能指实际工时或者付酬小时数；正常工时通常是指全职工作者在获得加班费前应该工作的小时数，但在少数情况下也指某职业的雇员实际工作的平均小时数。

在构建实际工资指数时，另外一个值得关注的问题是某些国家使用最低工资率。最低工资可能非常接近实际支付工资，但在某些情况下实际最低工资可能仅仅是累计实际每周工资的一小部分。因此，KILM 在构建该指标时仅局限于那些提供平均或者通行工资率和收入数据的国家。该指标的构建未采用最低工资率以及最低至最高工资率。

总体而言，KILM 15 中所指出的有关可比性的很多限制因素也适用于名义和实际工资率以及收入指标的构建，这些限制因素包括来源类型、概念、数据收集和衡量方法，包括价格平减指数（CPI）的选择。其他限制因素是针对信息来源的：正如此前所提及的，某种职业如果不只在一个经济活动细分部门中被列出，那么其就可能在“十月调查”中多次出现。某些国家按照细分部门提供了有关某种职业的详细情况，而其他一些国家并未在主要的部门类型下划分不同的经济活动部门。在后一种情况下，工资数据就未必仅仅是指某一特定经济活动细分部门内某个职业的雇员工资水平，也可能包括主要部门或者大的经济活动部门内该职业的雇员工资水平。建议用户认真查看与指标相关的表格注释。某个国家未严格遵照“十月调查”中定义的案例比比皆是，用户在进行跨国比较时必须注意到可能出现的“异常情况”。

按照大的经济活动部门对职业类型进行分类，可能使开展比较的能力受到限制。当采用主要行业部门进行分类时，在以下方面总会存在一定的不确定性，即某个职业的工资水平所观测到的变动是否代表同类工作者平均工资的增长，或者此类变动是否反映大的工作者群体的组成发生变化。因此我们无法确定是增加还是减少高工资或低工资细分部门的工作者数量。即便所提供的信息是基于国际劳工组织针对行业所做的定义，在某个职业所涵盖的雇员组成变动方面也依然可能存在问

---

10 宾夕法尼亚大学世界经济数据表（Penn World Tables）可从 http://pwt.econ.upenn.edu/php_site/pwt_index.php 中获取。有关消费 PPP 的更多信息，见同一链接中的“国家账户的时空体系数据附录：PWT 6.1”。

11 国际劳工组织：《职业工资、工时和粮食价格统计》，出处同上。

题。即便工资率没有任何变动，来自高工资或低工资地区或企业的雇员比例不同，也可能对调查得出的职业平均工资值造成影响。

最后一个限制因素不是来自信息本身的性质，而是来自于数据收集的不连续性。相对而言，较少有国家提供了多年的一致性信息。尽管提供了部分有助于进行一年期比较的信息，但间断性或非经常性的报告将妨碍我们构建时间序列数据，而后者往往是确定发展趋势的最有价值的数据。

趋　势

职业工资和收入结构较为复杂，并受到国内和国际多种因素的影响。因此，我们很难快速确认影响工资和收入在一定时期内发展趋势的最主要的因果变量。工资结构在一定时期内的变动可能表明经济状况的变化，这种经济状况的变化不仅可能对职业工资和收入产生重要影响，也可能对职业的就业状况产生重要影响。

可能在国家层面上对某些职业造成重大影响的国际因素之一是国际贸易协定的变化。比如，随着管理《多纤维协定》（MFA）限额逐步淘汰的《纺织品与服装协议》（ATC）于2005年1月1日终止，[12]纺织和服装业正在经历全球性的调整。该行业的国际贸易自由化已带来了某种程度的不确定性，因为竞争的加剧可能给人工成本带来压力。

因此，分析自由化对纺织和服装业中两种职业工资的潜在影响具有一定的价值。这两种职业分别是“缝纫机操作工——服装（除鞋类外）生产”和“服装裁剪工——服装（除鞋类外）生产”。国际贸易协议可能已经对诸如孟加拉国、中国、印度和巴基斯坦[13]等主要的服装和纺织品出口国造成了影响。这些国家并未定期向国际劳工组织的“十月调查”报告上述两种职业的工资数据，因而被排除在分析之外。其他国家的数据则表明名义工资和实际工资均出现了值得关注的波动。

图16a对比了服装裁剪工和缝纫机操作工的名义工资与KILM表15的制造业中所有工作者的名义工资，以便确定在MFA被解除的情况下这两种特定职业的工资是体现了一个总的发展趋势，还是只是各自出现单独的发展趋势。该图对部分国家2004年和2006年的指数进行了比较。除萨尔瓦多以外，所有国家2004—2006年间制造业工人的工资均出现了增长，其中增幅最大的是菲律宾和韩国。上述两种职业的名义工资在所有国家也都出现了增长。因此，这两种职业名义工资的变动和整个制造业的名义工资的变动没有明显差异。

但是，如果考虑实际工资，且这三类工作者群体的工资格局存在差异时，上述状况就可能出现某种程度的变化。在这一时期，葡萄牙制造业和服装裁剪工的实际工资出现了下降，但缝纫机操作工的实际工资出现了增长（图16b）。在美国，同一时期服装裁剪工的实际工资出现了增长，而其他两类工作者的实际工资则出现了下降。在菲律宾，服装裁剪工的实际工资出现了大幅上涨，所有制造业人员的实际工资出现了极小的增长，而缝纫机操作工的实际工资则出现了下降。在此方面，各国并没有一个明显的统一模式。

某些国家的纺织品和服装业中上述两种职业的实际工资涨幅超过整个制造业的工资增幅，表明MFA限额的逐步淘汰和ATC的终止所带来的潜在影响。不过，我们仍需开展相关的影响评估，以对劳动力市场指标以及部门增长和生产率估值进行更为严格的分析。

图16c表明2007年英国按性别分别报告的17种职业的实际工资相对公平。事实上，在所报告的17种职业中，接近一半职业的女性实际工资超过男性实际工资。值得注意

12　欲了解更多信息请登录：http：//www.wto.org/english/tratop_e/texti_e/texintro_e.htm#MFA。

13　国际劳工组织：《推动后MFA环境下的纺织和服装业的公平全球化》（国际劳工组织，日内瓦，2005年），第3—4页；http：//www.ilo.org./public/english/dialogue/sector/techmeet/tmtc-pmfa05/tmtc-pmfa-r.pdf。

图 16a　2006 年部分国家纺织行业职业的工作者（服装裁剪工和缝纫机操作工）和制造业所有工作者的名义工资指数对比（2004 年 =100）

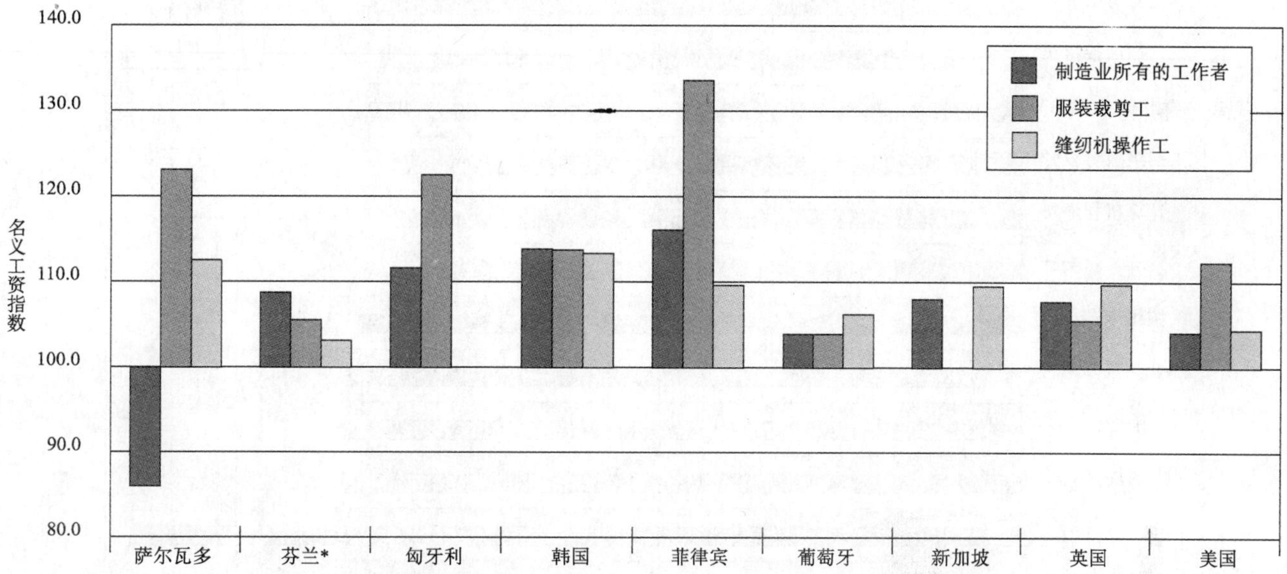

注：* 表示女性工资仅限于纺织业内的职业。

资料来源：KILM 表 15（制造业工资指数）；KILM 表 16a（职业工资指数）。

图 16b　2006 年部分国家纺织行业职业的工作者（服装裁剪工和缝纫机操作工）和制造业所有工作者的实际工资指数对比（2004 年 =100）

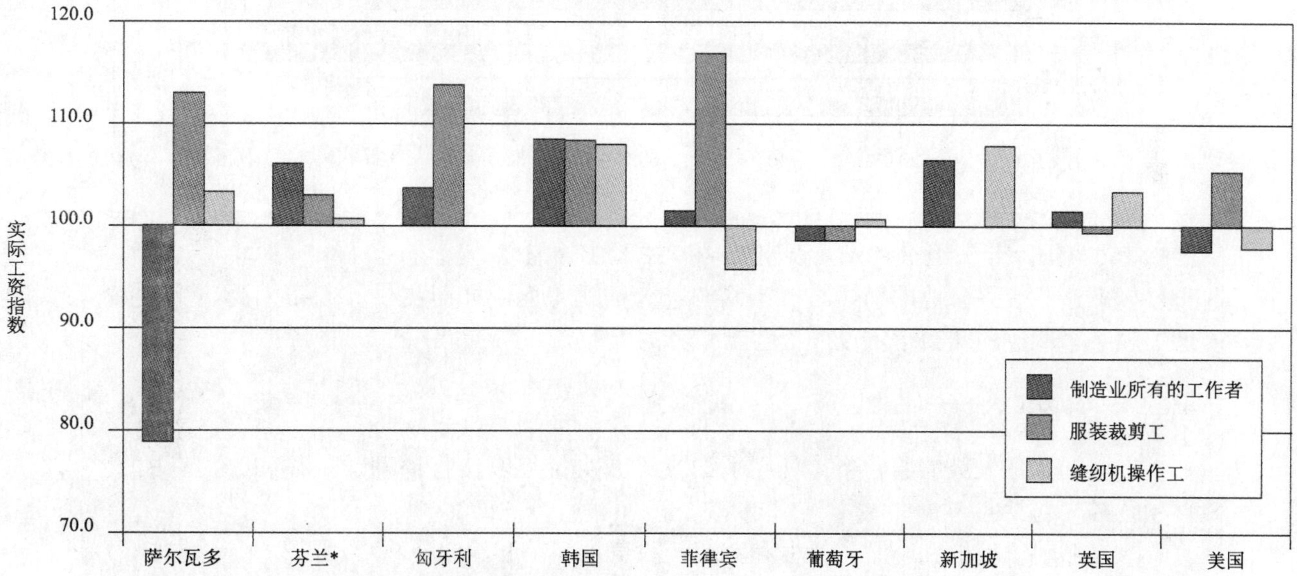

注：* 表示女性工资仅限于纺织业内的职业。

资料来源：KILM 表 15（制造业工资指数）；KILM 表 16a（职业工资指数）。

的是，劳工和焊工的工资差额是最为明显的，但在这些通常以男性为主的职业中，女性的实际工资大大超过了男性的实际工资。尽管指数是基于每周工资，且同一职业中男性和女性每周的工时确实存在细微差别（农场工人的工时差异，其中男性每周工作的平均时间为 44 小时，女性每周工作的平均时间为 38 小时），但工时差异并不足以解释男性和女性实际工资趋势所存在的差异。唯一显示男性和女性的工资存在显著差异的职业是配电和输电工程师，该职业也是以男性为主。专业护士和酒店客房服务员这两种职业的数据显示，2007 年这两种职业中男性和女性的实际工资完全一致。

图 16c　2007 年英国 17 种职业男性和女性实际工资指数对比

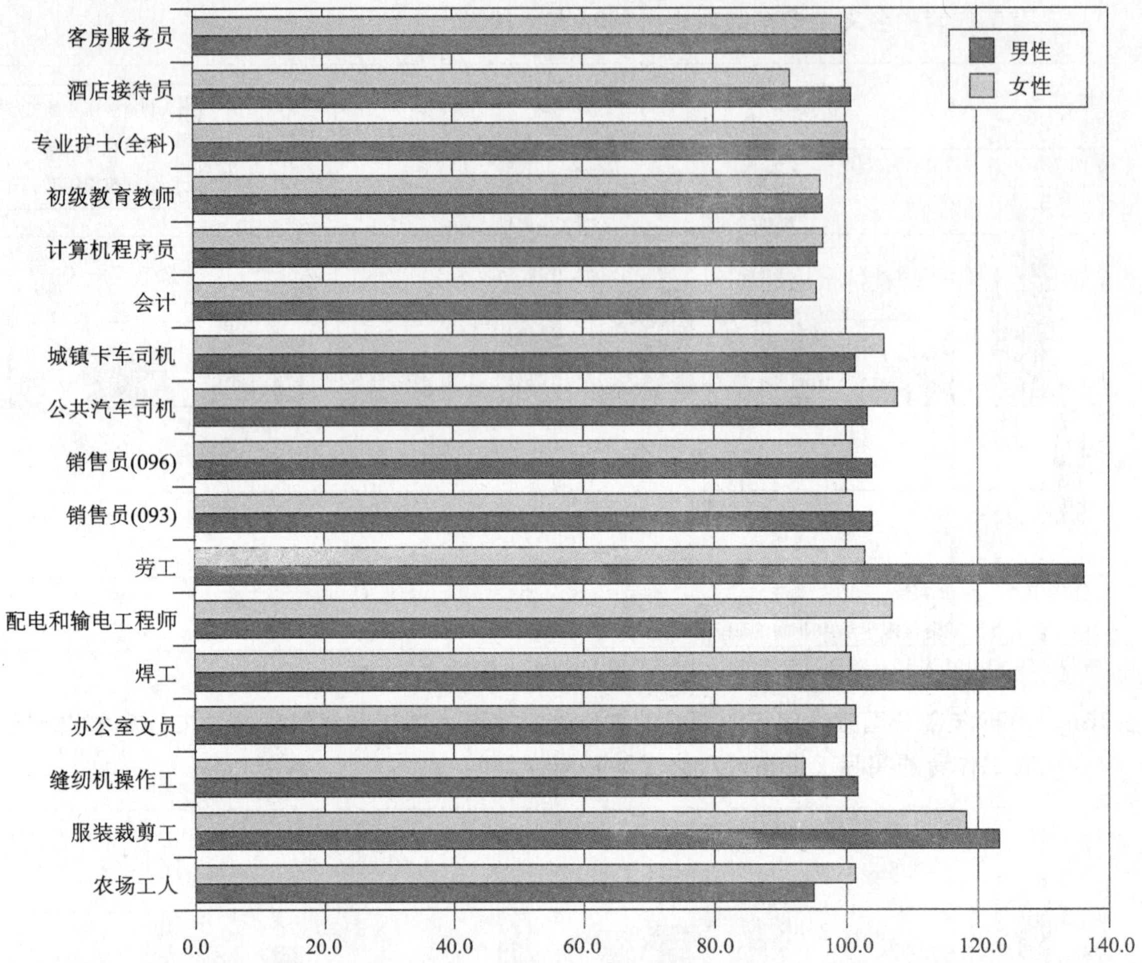

专栏 16a　国际劳工组织"十月调查"中有关职业的描述

以下这些有关职业的描述与"十月调查"的调查问卷同时提供，以帮助受访者更好地了解某个职业的覆盖范围及所覆盖工作者的类型。

职业 2：农场工人——农业生产——田间作业

在农场管理人员的监管下，利用手工或机械执行与农作物播种、耕种和收割有关的多项任务，包括：

犁耕、耙地和施肥；播种和育苗；除草、间苗和给农作物喷洒药物；灌溉农田；收割作物；脱粒和扬谷，捆稻草和堆秸秆；利用多种农耕设备，如畜力设备和机动化设备；帮助维护和修缮农场房屋、栅栏、机器和其他设备；完成所分配的其他任务。应按照所从事的工作类型和作物类型进行指派。

职业 29：服装裁剪工——服装（除鞋类外）生产

利用手工或者采用机械裁剪工具和设备将单层或多层布料（非皮革）裁剪为用于缝制服装的各个部分，包括：

裁剪成所需层数的布料，在最上一层的布料上贴上明显的图案；接通手工切割刀具或带式刀具；围绕图案或沿着设计稿的标记线用剪刀或手工切割刀具进行剪切，

专栏 16a（续）

或者将设计稿对着带式刀具的刀片进行操作，以便裁剪出服装的各个部分；在服装部分的边缘切割槽口，标记出组合的位置；去除切割的材料。

职业 30：缝纫机操作工——服装（除鞋类外）生产

操作标准或专业的单针或多针缝纫机，缝制生产服装所用的纤维：

获得机器所必需的适宜的针头；按照所需要的颜色将线轴安装在机器上；将线穿过机器的导杆、张紧器和针眼；按照将要进行的缝制工作对机器的张力以及针脚的类型、深度和大小进行调节；在需要的时候，将各个纤维部分缝制在一起；将需要缝制的纤维放置在针头的下方或对面，将压板放在布料上方；启动机器并将布料操纵在针头下，根据需要调节缝制的速度；为布料收集、缝制或者添加装饰；当缝制结束时去除纤维，必要的时候剪掉线头；更换空线轴和受损的缝针。

职业 45：速记员—打字员——印刷、出版和类似行业

利用手工或机器直接记录信函、报告和其他文件，用打字机打出口述材料。

采用速记、手工记录或者速记机器记录口述的信函、备忘录、报告或其他材料；用打字机打出速记的笔记、草稿、口述记录机或其他来源的录音，刻蜡纸；使用手动、电动或电子打字机，或者文字处理软件；可能履行少量的文书职责。

职业 46：办公室文员——印刷、出版和相关行业

履行各种文书任务，根据所工作的办公室的性质和规模，其包括以下内容：

检查收到的需加以注意的邮件，并收集答复所必需的信息；撰写回复信函和电话咨询的函件以及获取信息的函件；发出其他常规性的信函；计算和核查用于成本核算、估价或其他目的的因子；核对销售记录，指导对发票和其他与销售和交货有关的文件的编制；接待和会见客户、员工、销售人员或其他来访者，安排预约，并将有关咨询转至相应的人员或部门；对金融交易进行记账、结账并编制财务报表；计算时间、产出或其他因子，核算收入或应付款项；收款和签发收据；收取、清点和支付现金；编制亏损或损失报告及保险索赔；编制、签发、收取或核查与国家、地区或当地政府立法或其他事项的管理有关的表格和文件；确定材料和生产的要求；编制有关材料和商品的作业计划表或者收取此类计划表；对凭单、收据、信函和其他文件进行归档；安排货物的运输，并编制相关文件；处理投诉；编辑统计信息；记录分发给员工的文具和设备情况，并根据需要保存这些记录。

职业 67：焊工——金属产品（除机械设备外）的制造

利用氧—乙炔焊法、其他气火焰或电弧焊法焊接金属零部件：

根据图纸和其他说明书确定工作的要求；检查需要焊接的零部件以确定应采用的最佳焊接方法；将零部件（被加工工件）定位；选择焊接喷嘴并将其连接至吹管，或者选择电极并将之插入便携式固定器中；点燃喷枪，并通过控制气流来调节火焰，或者将焊接单元线缆与被加工工件相连接，并接通电源；加热零部件，直至这些零部件开始熔化，并通过加热焊条上的铸造用金属来熔化这些零部件，或者使电极与被加工工件保持短距离，以形成电弧，必要时调节电压或电流值；将火焰和焊条沿着接

专栏 16a（续）

缝进行焊接，或者将电极沿着焊接线放置，以便将电极金属沉淀在一起，并与零部件共同进行熔化，调整供电状况以便控制金属的沉淀量；使金属冷却，清洗和弄平已焊接的零部件，从外观上检查焊接情况，修正所存在的瑕疵。

职业 76：配电和输电工程师——电灯和电力

开展众多的工程活动，如电力传输和配送系统与设备领域的研究、设计、可行性研究、应用研究、技术联络和咨询等，并监督此类系统和设备的开发、组建、维护和修理：

研究电力配送和传输设备与系统的运行要求；向雇主、同事和客户就配电和输电事项提出建议；在必要的时候与专业的电气工程师、电子、土建工程和机械工程师、物理学家和工业设计师进行协商；设计系统和设备，编制工作图及说明书，指出所需要采用的材料；对地段进行勘查以确定电线的安装方式，并指导配电线的安装；估算劳动力、原材料和其他制造、安装、运营、维护和修理的成本；监督电气设备的安装、维护和修理，检查已完成的工程，确保符合相关规范和安全标准；开展那些与协调电厂、变电站和用户之间的发电与配电相关的活动。

职业 90：劳工——建筑业

协助建筑和土木工程的工匠履行其在施工现场或项目中的任务。履行一至多个仅需很少培训、很少或无需经验的手工任务，通常主要是体力活：

将原材料、设备和工具向车辆上装运或者从车辆上拆卸；用手推车、倾卸车或升降机将原材料和设备运输至工作区或从工作区运走，或者装好将由吊车司机运走的货物；利用锄头、铁锹或（拥有动力装置的）手动设备挖掘沟渠、地基和其他坑道；铺设和平整碎石垫层，构筑混凝土基础；按照一定的稠度要求手工搅拌混凝土，操作或者协助操作混凝土搅拌机；协助架设梯子、脚手架和作业平台；清洗设备和工具；完成其他所要求完成的手工任务。

职业 93：销售员——批发行业——杂货业

在批发机构中向零售商和大客户销售商品：

在销售柜台与顾客交流，确认他们所需要的商品类型；告知所能提供的商品范围，向潜在的购买者展示样品或者目录插图和产品，向顾客解释产品的优点、特征和质量，并强调产品适于销售的特征；必要情况下安排对商品的展示；适当条件下，从存货中称出、按量配给或挑选商品，并进行报价以及给予赊购和折扣的条款，接受订单，开具销货单或发票，将之转给相应的部门进行处理；协助批发交易商盘点存货，并协助处理其他与批发机构运营有关的事项。

职业 96：销售员——零售行业——杂货业

在商场或类似的零售店出售商品：

处理销售交易业务；确定消费者对所需产品提出的特性、质量和价格区间；告知所能提供的商品范围；通过展示和描述现有产品的特征来协助消费者作出选择；适当条件下，从存货中称出、按量配给或挑选商品，包装和安排所购产品的交货；补充或布置在展示柜架或柜台上的商品；核算成本，签发销售单或发票。

专栏 16a（续）

职业 97：酒店接待员——饭店和酒店

在酒店和类似企业中接待和登记来客，分配住宿，并为其提供在抵达、离开酒店以及在酒店停留期间的各种服务：

管理和保留预订，并记录好分配的房间；在客人到来时做好接待和登记，确定他们的需求，并为其分配房间；提供有关酒店设施和服务、旅游、其他当地服务和康乐设施的信息；为客人转交接收到的邮件和信息；将客人抵达和离店的日期通知酒店相关人员；为客人记账并编制好报表，收取费用；安排行李的检查和离店事宜。

职业 100：客房服务员——饭店和酒店

清扫酒店和其他住宿企业中的客房：

清扫客房的地板、家具、浴室和卫生间；将客房中的垃圾和废弃物清理掉；整理床铺，更换被单和床单；补充香皂、卫生纸、毛巾、文具和客人所需要的其他物品；应客人的要求安排洗衣和干洗服务；响应客户的要求；进行夜间查房；清扫和维护公用的区域。

职业 111：公共汽车司机——通过公路运送乘客

按照固定或预定的路线，驾驶单层或双层公共汽车运送短途或长途乘客：

在出发之前，检查燃油、水、车灯、刹车等，确保车辆处于良好运行状态，并确保车辆按照相关法律的要求提供了必要的工具和文件；按照固定或预定的路线驾驶车辆，同时注意其他来往的行人和车辆，严格遵照交通规则、来自售票员的信号和时间表；在规定的车站或者根据要求启动和停车，以便乘客上下车；遵照有关搭载乘客数量以及运输动物和包裹的规定，填写运输单，在任务结束时确认现金与运输单保持一致，并交给出纳员；在紧急情况下为乘客提供帮助；记录公共汽车所观察到的问题。

职业 112：城镇卡车司机——通过公路运送货物

驾驶卡车将原材料、商品和设备等通过短距离从某个特定地点运出或运至该地点（不含送货员在内）：

在出发之前，检查燃油、水、车灯、刹车等确保车辆处于良好运行状态，并确保车辆按照相关法律的要求提供了必要的工具和文件；照看或者帮助装卸；检查装载的货物是否平均放置，以及是否得到了合理必要的保护；驾驶卡车往返于库房和装卸点之间，注意其他来往的行人和车辆，严格遵照交通规则和时间表的规定；记录行程时间、里程和工时。

职业 129：会计——银行

规划和管理会计业务，核查、分析、解释和评估会计记录，以便确定会计工作中存在的问题，编制报表，安装成本记录系统或其他记录财务和预算数据的系统，或针对此类系统提出建议：

规划并安装预算、账目管理系统和其他会计系统，并提出相关建议；帮助制定

专栏 16a（续）

预算政策，并就财务问题、管理、会计、行政和组织等提出建议；记录应由银行支付的所有税费，并确保及时支付和及时得到更新；编制或审查纳税申报单，并向税务官员提出申请；规划和指导记账员、出纳员以及记账文员的工作，监督那些开展定期审计和其他会计活动的人员的工作；建议、组织和监督手动、机械和计算机自动化会计、记账及相关工作的系统的安装和运行；对涉嫌欺诈行为、无力清偿债务和破产等事项展开财务调查；编制和核实提交董事会、高管、股东或其他法定机构的财务报表；核实资产负债表，编制包括利润预测和预算在内的财务报告；就需要会计专业知识的其他事项提供总体建议。

职业 133：计算机程序员——保险业

编制由计算机自动处理数据的控制程序：

研究程序的使用目的、输出要求、原始录入数据的性质和来源，以及必要的内部核查和其他限制要求，或在可能的情况下使用由系统分析师编制的说明书和指令；将系统分析师描述的问题分解为最基本的要素；根据分解的问题编制详细的逻辑流程图，确定处理数据的顺序、各种行动措施之间的决策点，以及运行的序列；利用计算机语言将流程图转换为计算机程序（即控制计算机运行的一系列指令）；亲自或者指导他人将计算机程序转换为代码格式，以便生成机器可处理的、适用于使用中的计算机类型的指令；利用样本数据开展试运行，以检验程序的有效性和逻辑性；对计算机程序进行必要的修改；为计算机操作人员编写书面的操作指南；通过更改程序的步骤和序列等方法修改程序中的错误；为提高运行效率或适应新的需求对程序进行分析、评估和重新编写。

职业 144：垃圾工——卫生服务

收集指定城市线路上的企业和居民区的垃圾，并将垃圾从垃圾箱中倾倒入垃圾运输卡车中：

手工或者利用手推车将垃圾箱或其他容器中的垃圾和废弃物搬运至垃圾运输卡车中；手工将垃圾和废弃物倾倒入垃圾运输卡车中，或者将垃圾箱送入机械倾倒装置，操作控制器将垃圾和废弃物倒入垃圾运输卡车；将垃圾箱送回至企业和居民区。

职业 150：初等教育的教师——教育服务

主要在初等教育机构向孩子们传授初级科目和初步的社会行为原则：

在专门或标准课程的框架内，为初等教育机构的班级编写有关阅读、作文、算术、历史、地理、自然和其他初级科目的年度工作计划；辅导初级科目，引导课堂上的讨论并监督班级的学习；维持课堂纪律，向小学生传授初步的社会行为原则；准备、布置和更正小学生的练习作业；对小学生进行测试并对其成绩打分；记录孩子们的表现、出勤情况和其他记录，报告他们的学习进展情况和社会适应能力，并与班主任和学生家长展开讨论。

职业 154：专业护士（全科）——医疗和牙科服务

在医院、诊所和其他提供医疗保健和治疗服务的机构提供专业护理和咨询服务：

专栏 16a（续）

在医院、诊所和其他提供医疗保健和治疗的机构向患病、受伤、体弱和产科的病人以及新生儿提供专业的护理和咨询服务；辅助内科和外科医生对病人进行检查和施行手术，全程陪同医务人员，记录医生治疗方法的变动状况，并提供必要的帮助；按照医生开的处方帮助病人服药，施用医用敷料和给予其他形式的治疗；观察、评估和记录患者的症状、反应、治疗进展和总体情况，测量和记录其体温、脉搏和呼吸速率；帮助患者做好施行手术的准备；拆线，移除夹子等；在紧急情况下采取急救措施，照顾病情严重的病人；帮助病人适应所在的治疗地点以及治疗方法；帮助病人洗衣服和洗澡，照顾他们一般的生理需求，并帮助整理床铺；帮助患者保持健康卫生的环境；采取预防性措施，抑制传染病在病房中的传播；在必要时为不能自理的患者做食物、分发食物和喂食；照顾分娩妇女和新生儿；提供有关照顾处于康复期的病人的指导和建议；协助护士长的工作，管理资历更浅的护理人员和非医务人员，指导注册/登记护士学生；履行其他专业护理任务，包括监督病人的康复训练，以及指导矫形外科辅助设备的使用。

资料来源：国际劳工组织：十月调查，附录 1：工资和工时及职业描述（未出版）。

表 16a 职业工资率指数

	职业	年份	名义工资率指数			实际工资率指数			注
			MF	M	F	MF	M	F	No.
发达经济体和欧盟									
欧盟									
奥地利	农场工人	1990	73. 8	…	…	92. 7	…	…	1
		1998	96. 3	…	…	99. 2	…	…	1
		1999	98. 3	…	…	100. 6	…	…	1
		2000	100. 0	…	…	100. 0	…	…	1
		2001	102. 3	…	…	99. 6	…	…	1
		2002	105. 1	…	…	100. 6	…	…	1
	速记员—打字员	1990	…	…	64. 9	…	…	81. 5	1
		1997	…	…	85. 4	…	…	88. 7	1
		1998	…	…	93. 4	…	…	96. 2	1
		1999	…	…	95. 2	…	…	97. 4	1
		2000	…	…	100. 0	…	…	100. 0	1
		2001	…	…	102. 5	…	…	99. 8	1
	办公室文员	1990	…	…	64. 4	…	…	80. 9	1
		1997	…	…	91. 8	…	…	95. 3	1
		1998	…	…	93. 1	…	…	95. 9	1
		1999	…	…	93. 9	…	…	96. 1	1
		2000	…	…	100. 0	…	…	100. 0	1
		2001	…	…	102. 5	…	…	99. 8	1
	配电和输电工程师	1990	…	60. 0	…	…	75. 4	…	1
		1997	…	86. 7	…	…	90. 0	…	1
		1998	…	88. 4	…	…	91. 0	…	1
		1999	…	91. 5	…	…	93. 7	…	1
		2000	…	100. 0	…	…	100. 0	…	1
		2001	…	103. 4	…	…	100. 7	…	1
	公共汽车司机	1990	77. 1	…	…	96. 9	…	…	1
		1997	93. 6	…	…	97. 2	…	…	1
		1998	95. 8	…	…	98. 7	…	…	1
		1999	98. 2	…	…	100. 5	…	…	1
		2000	100. 0	…	…	100. 0	…	…	1
		2001	104. 7	…	…	101. 9	…	…	1
	会计	1990	76. 0	…	…	95. 5	…	…	1
		1998	97. 3	…	…	100. 2	…	…	1
		1999	99. 0	…	…	101. 3	…	…	1
		2000	100. 0	…	…	100. 0	…	…	1
		2001	102. 8	…	…	100. 1	…	…	1
		2002	105. 5	…	…	101. 0	…	…	1
	计算机程序员	1990	106. 3	…	…	133. 5	…	…	1
		1997	96. 5	…	…	100. 2	…	…	1
		1998	97. 0	…	…	99. 9	…	…	1
		1999	98. 2	…	…	100. 5	…	…	1
		2000	100. 0	…	…	100. 0	…	…	1
		2001	108. 4	…	…	105. 6	…	…	1
	垃圾工	1990	…	77. 1	…	…	96. 9	…	1
		1998	…	96. 1	…	…	99. 0	…	1
		1999	…	98. 5	…	…	100. 8	…	1
		2000	…	100. 0	…	…	100. 0	…	1
		2001	…	102. 8	…	…	100. 1	…	1
		2002	…	103. 6	…	…	99. 1	…	1
	专业护士	1990	78. 2	…	…	98. 2	…	…	2
		1998	96. 1	…	…	99. 0	…	…	2
		1999	98. 5	…	…	100. 8	…	…	2
		2000	100. 0	…	…	100. 0	…	…	2
		2001	104. 7	…	…	101. 9	…	…	2
		2002	105. 5	…	…	101. 0	…	…	2
保加利亚	服装裁剪工	1990	100. 0	…	…	100. 0	…	…	3
		2002	0. 2	…	…	–	…	…	3
	缝纫机操作工	1990	100. 0	…	…	100. 0	…	…	3
		2002	0. 4	…	…	–	…	…	3
	焊工	1990	100. 0	…	…	100. 0	…	…	3
		2002	0. 3	…	…	–	…	…	3

	职业	年份	名义工资率指数			实际工资率指数			注
			MF	M	F	MF	M	F	No.
	配电和输电工程师	1990	100.0	…	…	100.0	…	…	3
		2002	0.7	…	…	–	…	…	3
	劳工	1990	100.0	…	…	100.0	…	…	3
		2002	0.3	…	…	–	…	…	3
	销售员（096）	1990	100.0	…	…	100.0	…	…	3
		2002	0.3	…	…	–	…	…	3
	公共汽车司机	1990	100.0	…	…	100.0	…	…	3
		2002	0.3	…	…	–	…	…	3
	城镇卡车司机	1990	100.0	…	…	100.0	…	…	3
		2002	0.4	…	…	–	…	…	3
	会计	1990	100.0	…	…	100.0	…	…	3
		2002	0.9	…	…	–	…	…	3
	初等教育的教师	1990	100.0	…	…	100.0	…	…	3
		2002	0.5	…	…	–	…	…	3
	专业护士	1990	100.0	…	…	100.0	…	…	3
		2002	0.4	…	…	–	…	…	3
	酒店接待员	1990	100.0	…	…	100.0	…	…	3
		2002	0.3	…	…	–	…	…	3
	客房服务员或客房清理员	1990	100.0	…	…	100.0	…	…	3
		2002	0.4	…	…	–	…	…	3
塞浦路斯	农场工人	1990	…	60.6	61.0	…	88.2	88.8	4
		2000	100.0	100.0	100.0	100.0	100.0	100.0	4
		2002	111.9	120.1	111.7	106.8	114.6	106.6	4
		2003	119.4	128.3	119.5	109.3	117.5	109.4	4
		2004	111.5	106.9	116.1	99.8	95.7	103.9	4
		2005	132.8	126.5	135.1	116.0	110.5	118.0	4
		2006	128.1	117.5	137.1	109.1	100.1	116.8	4
	服装裁剪工	1990	…	54.8	41.0	…	79.8	59.7	4
		2000	100.0	100.0	100.0	100.0	100.0	100.0	4
		2001	95.0	99.7	92.8	93.1	97.7	91.0	4
		2002	96.4	107.7	92.3	92.0	102.8	88.1	4
		2003	101.1	131.1	94.3	92.6	120.1	86.4	4
		2006	107.8	132.2	96.3	91.8	112.6	82.0	4
	缝纫机操作工	1990	…	…	51.3	…	…	81.4	4
		2000	…	…	90.4	…	…	98.6	4
		2002	…	…	96.2	…	…	100.1	4
		2003	100.0	…	100.0	100.0	…	100.0	4
		2004	98.5	…	98.5	96.3	…	96.3	4
		2005	101.5	…	101.5	96.8	…	96.8	4
		2006	108.8	…	108.8	101.1	…	101.1	4
	速记员—打字员	1990	…	…	55.5	…	…	80.8	4
		1999	…	…	80.1	…	…	83.4	4
		2000	…	…	100.0	…	…	100.0	4
		2001	…	…	102.1	…	…	100.1	4
		2002	…	…	84.7	…	…	80.8	4
		2003	…	…	86.8	…	…	79.5	4
	办公室文员	1990	…	…	65.9	…	…	100.5	4
		2000	…	…	104.5	…	…	109.5	4
		2002	100.0	100.0	100.0	100.0	100.0	100.0	4
		2003	110.0	104.3	118.3	105.7	100.2	113.6	4
		2004	123.2	…	135.7	115.7	…	127.4	4
		2005	122.9	…	135.3	112.5	…	123.9	4
		2006	96.6	…	106.4	86.2	…	95.0	4
	焊工	1990	…	51.9	…	…	75.5	…	4
		2000	…	100.0	…	…	100.0	…	4
		2002	…	103.8	…	…	99.0	…	4
		2003	…	106.0	…	…	97.1	…	4
		2004	…	113.2	…	…	101.3	…	4
		2005	…	109.7	…	…	95.8	…	4
		2006	…	128.7	…	…	109.6	…	4
	配电和输电工程师	1990	…	69.1	…	…	100.6	…	4
		2000	…	100.0	…	…	100.0	…	4
		2002	…	109.5	…	…	104.5	…	4
		2003	…	123.8	…	…	113.4	…	4
		2004	…	114.3	…	…	102.3	…	4
		2005	…	119.7	…	…	104.5	…	4
		2006	…	122.9	…	…	104.7	…	4

职业	年份	名义工资率指数			实际工资率指数			注
		MF	M	F	MF	M	F	No.
劳工	1990	…	51.1	52.7	…	74.4	76.7	4
	2000	100.0	100.0	100.0	100.0	100.0	100.0	4
	2002	108.2	107.6	122.5	103.2	102.7	116.9	4
	2003	114.0	113.6	126.2	104.4	104.0	115.6	4
	2004	122.2	121.5	135.2	109.4	108.8	121.0	4
	2005	130.4	129.6	146.0	113.9	113.2	127.5	4
	2006	129.9	129.3	147.0	110.6	110.1	125.2	4
销售员（093）	1990	…	57.0	52.4	…	83.0	76.3	4
	2000	100.0	100.0	100.0	100.0	100.0	100.0	4
	2002	111.3	115.3	97.3	106.2	110.0	92.8	4
	2003	113.0	115.5	99.6	103.5	105.8	91.2	4
	2004	116.4	120.9	99.2	104.2	108.2	88.8	4
	2005	126.5	131.8	114.7	110.5	115.1	100.2	4
	2006	119.7	122.6	113.6	102.0	104.4	96.8	4
销售员（096）	1990	…	61.5	53.3	…	89.5	77.6	4
	2000	100.0	100.0	100.0	100.0	100.0	100.0	4
	2002	106.4	103.0	110.6	101.5	98.3	105.5	4
	2003	102.9	100.2	106.9	94.2	91.8	97.9	4
	2004	110.1	109.9	115.5	98.6	98.4	103.4	4
	2005	115.5	118.5	118.8	100.9	103.5	103.8	4
	2006	119.6	126.0	121.8	101.9	107.3	103.7	4
公共汽车司机	1990	…	54.3	…	…	79.0	…	4
	2000	100.0	100.0	100.0	100.0	100.0	100.0	4
	2002	106.5	105.9	121.8	101.6	101.0	116.2	4
	2003	118.6	117.9	139.1	108.6	108.0	127.4	4
	2004	122.3	121.3	144.6	109.5	108.6	129.5	4
	2005	129.9	129.1	147.4	113.4	112.8	128.7	4
	2006	134.7	134.2	149.8	114.7	114.3	127.6	4
会计	1990	…	71.4	…	…	103.9	…	4
	2000	100.0	100.0	100.0	100.0	100.0	100.0	4
	2002	108.8	109.3	111.7	103.8	104.3	106.6	4
	2003	118.1	119.5	116.1	108.2	109.4	106.3	4
	2004	119.6	121.2	120.6	107.1	108.5	108.0	4
	2005	136.0	135.7	137.8	118.8	118.5	120.3	4
	2006	129.4	132.8	135.0	110.2	113.1	115.0	4
计算机程序员	1990	…	43.0	42.7	…	65.5	65.0	4
	2000	…	102.3	…	…	107.2	…	4
	2002	100.0	100.0	100.0	100.0	100.0	100.0	4
	2003	100.4	…	109.0	96.4	…	104.7	4
	2004	127.8	87.5	143.2	120.0	82.1	134.4	4
	2005	162.2	126.2	164.7	148.4	115.5	150.7	4
	2006	150.5	105.9	168.3	134.4	94.6	150.3	4
垃圾工	1990	…	57.9	…	…	88.3	…	4
	2002	…	100.0	…	…	100.0	…	4
	2003	…	109.1	…	…	104.7	…	4
	2004	…	112.4	…	…	105.5	…	4
	2005	…	116.8	…	…	106.9	…	4
	2006	…	131.0	…	…	117.0	…	4
初等教育的教师	1990	…	60.2	56.1	…	87.6	81.7	4
	2000	100.0	100.0	100.0	100.0	100.0	100.0	4
	2002	109.9	107.3	111.1	104.9	102.4	106.0	4
	2003	121.3	117.6	122.5	111.1	107.7	112.2	4
	2004	122.3	118.5	123.7	109.5	106.1	110.7	4
	2005	129.4	124.7	131.1	113.0	108.9	114.5	4
	2006	138.5	132.6	140.5	118.0	112.9	119.7	4
专业护士	1990	…	60.3	52.2	…	87.8	76.0	4
	2000	100.0	100.0	100.0	100.0	100.0	100.0	4
	2002	102.2	103.4	101.7	97.5	98.7	97.0	4
	2003	111.1	112.6	110.5	101.7	103.1	101.2	4
	2004	83.2	87.5	81.8	74.5	78.3	73.2	4
	2005	76.4	93.4	73.3	66.7	81.6	64.0	4
	2006	66.2	62.1	65.8	56.4	52.9	56.0	4
酒店接待员	1990	…	52.8	57.1	…	76.9	83.1	4
	2000	100.0	100.0	100.0	100.0	100.0	100.0	4
	2002	96.0	95.8	100.1	91.6	91.4	95.5	4
	2003	98.2	100.0	101.5	89.9	91.6	92.9	4
	2004	101.3	102.6	104.6	90.7	91.9	93.6	4
	2005	96.0	100.5	98.4	83.8	87.8	85.9	4
	2006	97.3	97.6	101.5	82.9	83.1	86.5	4

	职业	年份	名义工资率指数			实际工资率指数			注
			MF	M	F	MF	M	F	No.
	客房服务员或客房清理员	1990	…	…	51.3	…	…	74.7	4
		2000	100.0	100.0	100.0	100.0	100.0	100.0	4
		2002	98.7	97.6	98.9	94.2	93.1	94.4	4
		2003	95.9	98.9	95.5	87.8	90.6	87.5	4
		2004	96.5	95.7	96.7	86.4	85.7	86.6	4
		2005	102.0	97.8	102.6	89.1	85.4	89.6	4
		2006	98.1	87.2	99.9	83.6	74.3	85.1	4
丹麦	办公室文员	1984	…	93.0	96.4	…	97.4	100.9	5
		1985	…	100.0	100.0	…	100.0	100.0	5
		1986	…	101.8	104.1	…	98.3	100.5	5
		1987	…	111.3	113.1	…	103.2	104.9	5
	配电和输电工程师	1984	…	94.8	…	…	99.3	…	5
		1985	…	100.0	…	…	100.0	…	5
		1986	…	106.3	…	…	102.6	…	5
		1987	…	112.6	…	…	104.5	…	5
	销售员（093）	1983	…	110.5	113.0	…	123.1	125.8	6
		1984	…	94.5	94.0	…	99.0	98.4	5
		1985	…	100.0	100.0	…	100.0	100.0	5
		1986	…	106.1	105.6	…	102.4	101.9	5
		1987	…	113.9	111.1	…	105.7	103.1	5
	销售员（096）	1985	…	100.0	100.0	…	100.0	100.0	5
		1986	…	104.1	99.9	…	100.5	96.4	5
		1987	…	108.9	108.4	…	101.0	100.6	5
	公共汽车司机	1986	…	100.0	…	…	100.0	…	5
		1987	…	103.2	…	…	99.2	…	5
	会计	1983	…	113.3	84.8	…	126.2	94.4	6
		1984	…	95.0	86.6	…	99.5	90.7	5
		1985	…	100.0	100.0	…	100.0	100.0	5
		1986	…	105.3	…	…	101.6	…	5
		1987	…	121.1	113.6	…	112.3	105.4	5
	计算机程序员	1983	…	81.4	79.4	…	90.6	88.4	6
		1984	…	93.0	93.2	…	97.4	97.6	5
		1985	…	100.0	100.0	…	100.0	100.0	5
		1986	…	103.6	107.5	…	100.0	103.8	5
		1987	…	115.6	117.6	…	107.2	109.1	5
	初等教育的教师	1983	94.8	…	…	105.6	…	…	5
		1984	95.9	…	…	100.4	…	…	5
		1985	100.0	…	…	100.0	…	…	5
	专业护士	1983	94.1	…	…	104.8	…	…	5
		1984	97.4	…	…	102.0	…	…	5
		1985	100.0	…	…	100.0	…	…	5
	酒店接待员	1983	…	…	99.7	…	…	111.0	6
		1984	…	93.3	90.8	…	97.7	95.1	5
		1985	…	100.0	100.0	…	100.0	100.0	5
		1986	…	107.8	112.0	…	104.1	108.1	5
		1987	…	109.8	119.8	…	101.9	111.1	5
爱沙尼亚	农场工人	1993	…	57.5	57.5	…	84.9	84.9	3
		1994	…	100.0	100.0	…	100.0	100.0	7
	服装裁剪工	1993	…	67.6	67.5	…	99.9	99.7	3
		1994	…	100.0	100.0	…	100.0	100.0	7
	缝纫机操作工	1993	…	67.6	67.6	…	99.9	99.9	3
		1994	…	100.0	100.0	…	100.0	100.0	7
	焊工	1993	…	67.4	71.3	…	99.6	105.3	3
		1994	…	100.0	100.0	…	100.0	100.0	7
	配电和输电工程师	1993	…	66.7	72.3	…	98.5	106.8	3
		1994	…	100.0	100.0	…	100.0	100.0	7
	销售员（096）	1993	…	72.3	67.7	…	106.8	100.0	3
		1994	…	100.0	100.0	…	100.0	100.0	7
	公共汽车司机	1993	…	66.7	…	…	98.5	…	3
		1994	…	100.0	…	…	100.0	…	7
	城镇卡车司机	1993	…	66.9	67.0	…	98.8	99.0	3
		1994	…	100.0	100.0	…	100.0	100.0	7
	垃圾工	1993	…	71.6	71.5	…	105.8	105.6	3
		1994	…	100.0	100.0	…	100.0	100.0	7
	初等教育的教师	1993	…	61.4	61.6	…	90.7	91.0	3
		1994	…	100.0	100.0	…	100.0	100.0	7
	专业护士	1993	…	66.6	67.8	…	98.4	100.1	3
		1994	…	100.0	100.0	…	100.0	100.0	7

	职业	年份	名义工资率指数 MF	名义工资率指数 M	名义工资率指数 F	实际工资率指数 MF	实际工资率指数 M	实际工资率指数 F	注 No.
芬兰	服装裁剪工	1990	…	…	78. 3	…	…	94. 7	8
		2000	…	100. 0	100. 0	…	100. 0	100. 0	4
		2002	…	106. 7	108. 6	…	102. 4	104. 2	4
		2003	…	111. 0	113. 9	…	105. 6	108. 4	9
		2004	…	118. 2	114. 5	…	112. 3	108. 7	4
		2005	…	122. 0	118. 5	…	114. 9	111. 6	4
		2006	…	123. 9	120. 8	…	114. 8	112. 0	4
	缝纫机操作工	1990	…	…	75. 5	…	…	91. 3	8
		2000	…	100. 0	100. 0	…	100. 0	100. 0	4
		2002	…	130. 0	106. 8	…	124. 8	102. 5	4
		2003	…	99. 7	111. 3	…	94. 9	105. 9	9
		2004	…	101. 6	115. 6	…	96. 5	109. 8	4
		2005	…	134. 3	118. 4	…	126. 5	111. 5	4
		2006	…	161. 0	119. 3	…	149. 2	110. 6	4
	速记员—打字员	1997	…	93. 1	95. 2	…	94. 4	96. 6	9
		1998	…	100. 0	100. 0	…	100. 0	100. 0	9
		2004	…	114. 3	117. 6	…	103. 7	106. 7	4
		2005	…	180. 5	150. 6	…	162. 5	135. 6	4
		2006	…	183. 0	157. 8	…	162. 1	139. 8	4
	办公室文员	1997	…	95. 8	96. 0	…	97. 2	97. 4	9
		1998	…	100. 0	100. 0	…	100. 0	100. 0	9
		2004	…	123. 2	131. 4	…	111. 8	119. 2	4
		2005	…	114. 3	126. 0	…	102. 9	113. 4	4
		2006	…	118. 4	135. 7	…	104. 9	120. 2	4
	焊工	1990	…	85. 5	89. 8	…	103. 4	108. 6	8
		2000	…	100. 0	100. 0	…	100. 0	100. 0	4
		2002	…	102. 2	102. 0	…	98. 1	97. 9	4
		2003	…	105. 7	102. 9	…	100. 6	97. 9	9
		2004	…	108. 3	111. 2	…	102. 8	105. 6	4
		2005	…	114. 8	122. 6	…	108. 1	115. 4	4
		2006	…	119. 0	123. 1	…	110. 3	114. 1	4
	配电和输电工程师	2000	…	81. 1	…	…	84. 4	…	4
		2002	…	100. 0	100. 0	…	100. 0	100. 0	4
		2003	…	103. 2	110. 6	…	102. 2	109. 5	9
		2004	…	107. 2	109. 9	…	106. 0	108. 7	4
		2005	…	109. 3	113. 7	…	107. 2	111. 5	4
		2006	…	108. 3	111. 5	…	104. 5	107. 6	4
	劳工	1990	…	85. 0	85. 4	…	102. 8	103. 3	8
		2000	…	100. 0	100. 0	…	100. 0	100. 0	4
		2002	…	106. 1	101. 3	…	101. 8	97. 2	4
		2003	…	113. 8	105. 2	…	108. 3	100. 1	9
		2004	…	116. 8	112. 8	…	110. 9	107. 1	4
		2005	…	126. 7	118. 1	…	119. 3	111. 2	4
		2006	…	129. 6	117. 3	…	120. 1	108. 7	4
	销售员（093）	1990	…	146. 0	129. 5	…	176. 5	156. 6	8
		2000	…	100. 0	100. 0	…	100. 0	100. 0	4
		2002	…	112. 9	115. 4	…	108. 3	110. 7	4
		2003	…	119. 4	124. 7	…	113. 6	118. 6	9
		2004	…	120. 0	128. 9	…	114. 0	122. 4	4
		2005	…	123. 5	130. 6	…	116. 3	123. 0	4
		2006	…	125. 4	123. 3	…	116. 2	114. 3	4
	销售员（096）	1990	…	65. 6	70. 6	…	79. 3	85. 4	8
		2000	…	100. 0	100. 0	…	100. 0	100. 0	4
		2002	…	108. 4	114. 0	…	104. 0	109. 4	4
		2003	…	113. 3	118. 3	…	107. 8	112. 6	9
		2004	…	115. 3	122. 2	…	109. 5	116. 0	4
		2005	…	116. 9	124. 9	…	110. 1	117. 6	4
		2006	…	120. 4	127. 7	…	111. 6	118. 4	4
	公共汽车司机	1990	…	67. 6	66. 1	…	81. 7	79. 9	8
		2000	…	100. 0	100. 0	…	100. 0	100. 0	4
		2002	…	103. 1	103. 4	…	98. 9	99. 2	4
		2003	…	109. 5	107. 2	…	104. 2	102. 0	9
		2004	…	112. 2	112. 4	…	106. 6	106. 7	4
		2005	…	118. 0	116. 5	…	111. 1	109. 7	4
		2006	…	118. 3	114. 3	…	109. 6	105. 9	4

	职业	年份	名义工资率指数			实际工资率指数			注
			MF	M	F	MF	M	F	No.
	城镇卡车司机	1990	…	70.4	78.0	…	85.1	94.3	8
		2000	…	100.0	100.0	…	100.0	100.0	4
		2002	…	105.8	111.5	…	101.5	107.0	4
		2003	…	115.2	111.0	…	109.6	105.6	9
		2004	…	110.9	135.0	…	105.3	128.2	4
		2005	…	121.2	120.3	…	114.1	113.3	4
		2006	…	122.5	126.0	…	113.5	116.8	4
	会计	1990	…	45.9	50.6	…	55.5	61.2	8
		2000	…	100.0	100.0	…	100.0	100.0	4
		2002	…	103.6	105.9	…	99.4	101.6	4
		2003	…	113.7	114.1	…	108.2	108.6	9
		2004	…	117.1	118.0	…	111.2	112.1	4
		2005	…	118.9	126.3	…	112.0	118.9	4
		2006	…	121.9	125.6	…	113.0	116.4	4
	计算机程序员	1990	…	52.1	60.2	…	60.2	69.6	8
		1997	…	94.3	92.9	…	95.6	94.2	9
		1998	…	100.0	100.0	…	100.0	100.0	9
		2004	…	114.6	110.4	…	104.0	100.2	4
		2005	…	119.7	113.9	…	107.7	102.5	4
		2006	…	119.7	117.3	…	106.0	103.9	4
	垃圾工	2000	…	100.0	100.0	…	100.0	100.0	4
		2002	…	106.3	81.0	…	102.0	77.7	4
		2003	…	123.2	127.8	…	117.2	121.6	9
		2004	…	125.8	119.0	…	119.5	113.0	4
		2005	…	122.3	116.6	…	115.2	109.8	4
		2006	…	129.5	128.1	…	120.0	118.7	4
	初等教育的教师	1990	…	87.6	91.4	…	105.9	110.5	8
		2000	…	100.0	100.0	…	100.0	100.0	4
		2002	…	106.7	106.5	…	102.4	102.2	4
		2003	…	111.1	110.9	…	105.7	105.5	9
		2004	…	115.4	115.1	…	109.6	109.3	4
		2005	…	123.2	123.8	…	116.0	116.6	4
		2006	…	124.9	125.6	…	115.8	116.4	4
	专业护士	1990	…	84.4	87.1	…	102.1	105.3	8
		2000	…	100.0	100.0	…	100.0	100.0	4
		2002	…	117.2	117.1	…	112.5	112.4	4
		2003	…	119.7	120.4	…	113.9	114.6	9
		2004	…	125.2	124.9	…	118.9	118.6	4
		2005	…	131.4	129.9	…	123.7	122.3	4
		2006	…	131.4	133.9	…	121.8	124.1	4
	酒店接待员	1990	…	69.5	73.4	…	84.0	88.8	8
		2000	…	100.0	100.0	…	100.0	100.0	4
		2002	…	110.7	107.0	…	106.2	102.7	4
		2003	…	114.6	109.2	…	109.0	103.9	9
		2004	…	116.2	112.8	…	110.4	107.1	4
		2005	…	113.8	114.3	…	107.2	107.6	4
		2006	…	115.6	117.7	…	107.1	109.1	4
	客房服务员或客房清理员	1990	…	…	77.2	…	…	93.3	8
		2000	…	100.0	100.0	…	100.0	100.0	4
		2002	…	108.1	108.9	…	103.7	104.5	4
		2003	…	114.0	111.7	…	108.5	106.3	9
		2004	…	118.7	115.6	…	112.7	109.8	4
		2005	…	118.2	120.4	…	111.3	113.4	4
		2006	…	122.7	123.0	…	113.7	114.0	4
匈牙利	服装裁剪工	2000	100.0	…	…	100.0	…	…	10
		2003	136.9	…	…	113.8	…	…	10
		2004	148.9	…	…	115.9	…	…	10
		2005	159.1	…	…	119.5	…	…	10
		2006	182.4	…	…	131.9	…	…	4
		2007	197.4	…	…	132.2	…	…	4
	速记员—打字员	2000	100.0	…	…	100.0	…	…	10
		2003	185.0	…	…	153.8	…	…	10
		2004	166.9	…	…	129.9	…	…	10
		2005	233.5	…	…	175.4	…	…	10
		2006	203.2	…	…	146.9	…	…	4
		2007	160.4	…	…	107.4	…	…	4

职业	年份	名义工资率指数 MF	名义工资率指数 M	名义工资率指数 F	实际工资率指数 MF	实际工资率指数 M	实际工资率指数 F	注 No.
办公室文员	2000	100.0	…	…	100.0	…	…	10
	2003	153.1	…	…	127.3	…	…	10
	2004	148.0	…	…	115.2	…	…	10
	2005	154.8	…	…	116.3	…	…	10
	2006	168.9	…	…	122.1	…	…	4
	2007	198.6	…	…	133.0	…	…	4
焊工	2000	100.0	…	…	100.0	…	…	10
	2003	125.4	…	…	104.2	…	…	10
	2004	130.8	…	…	101.8	…	…	10
	2005	147.7	…	…	111.0	…	…	10
	2006	149.8	…	…	108.3	…	…	4
	2007	178.1	…	…	119.3	…	…	4
配电和输电工程师	2000	100.0	…	…	100.0	…	…	10
	2003	155.9	…	…	129.6	…	…	10
	2004	169.8	…	…	132.1	…	…	10
	2005	191.5	…	…	143.9	…	…	10
	2006	215.2	…	…	155.6	…	…	4
	2007	227.9	…	…	152.6	…	…	4
劳工	2000	100.0	…	…	100.0	…	…	10
	2003	151.6	…	…	126.0	…	…	10
	2004	153.0	…	…	119.1	…	…	10
	2005	163.4	…	…	122.8	…	…	10
	2006	173.2	…	…	125.2	…	…	4
	2007	198.2	…	…	132.8	…	…	4
销售员（093）	2000	100.0	…	…	100.0	…	…	10
	2003	146.0	…	…	121.4	…	…	10
	2004	164.1	…	…	127.7	…	…	10
	2005	168.1	…	…	126.3	…	…	10
	2006	186.7	…	…	135.0	…	…	4
	2007	226.9	…	…	152.0	…	…	4
销售员（096）	2000	100.0	…	…	100.0	…	…	10
	2003	144.0	…	…	119.7	…	…	10
	2004	150.8	…	…	117.4	…	…	10
	2005	162.4	…	…	122.0	…	…	10
	2006	185.3	…	…	134.0	…	…	4
	2007	207.4	…	…	138.9	…	…	4
公共汽车司机	2000	100.0	…	…	100.0	…	…	10
	2003	150.0	…	…	124.7	…	…	10
	2004	176.6	…	…	137.4	…	…	10
	2005	194.2	…	…	145.9	…	…	10
	2006	188.9	…	…	136.6	…	…	4
	2007	205.3	…	…	137.5	…	…	4
城镇卡车司机	2000	100.0	…	…	100.0	…	…	10
	2003	138.4	…	…	115.0	…	…	10
	2004	157.7	…	…	122.7	…	…	10
	2005	153.9	…	…	115.6	…	…	10
	2006	163.5	…	…	118.2	…	…	4
	2007	182.4	…	…	122.2	…	…	4
会计	2000	100.0	…	…	100.0	…	…	10
	2003	136.8	…	…	113.7	…	…	10
	2004	167.8	…	…	130.6	…	…	10
	2005	192.6	…	…	144.7	…	…	10
	2006	193.2	…	…	139.7	…	…	4
	2007	270.3	…	…	181.0	…	…	4
计算机程序员	2000	100.0	…	…	100.0	…	…	10
	2003	129.8	…	…	107.9	…	…	10
	2004	151.6	…	…	118.0	…	…	10
	2005	176.5	…	…	132.6	…	…	10
	2006	210.9	…	…	152.5	…	…	4
	2007	194.8	…	…	130.5	…	…	4
垃圾工	2000	100.0	…	…	100.0	…	…	10
	2003	132.0	…	…	109.7	…	…	10
	2004	149.3	…	…	116.2	…	…	10
	2005	149.5	…	…	112.3	…	…	10
	2006	179.0	…	…	129.4	…	…	4
	2007	178.5	…	…	119.6	…	…	4

	职业	年份	名义工资率指数 MF	名义工资率指数 M	名义工资率指数 F	实际工资率指数 MF	实际工资率指数 M	实际工资率指数 F	注 No.
	初等教育的教师	2000	100.0	…	…	100.0	…	…	10
		2003	205.5	…	…	170.8	…	…	10
		2004	218.6	…	…	170.1	…	…	10
		2005	221.9	…	…	166.7	…	…	10
		2006	254.3	…	…	183.9	…	…	4
		2007	252.7	…	…	169.3	…	…	4
	专业护士	2000	100.0	…	…	100.0	…	…	10
		2003	214.7	…	…	178.5	…	…	10
		2004	229.4	…	…	178.5	…	…	10
		2005	232.8	…	…	174.9	…	…	10
		2006	254.7	…	…	184.2	…	…	4
		2007	263.0	…	…	176.2	…	…	4
	酒店接待员	2000	100.0	…	…	100.0	…	…	10
		2003	154.3	…	…	128.3	…	…	10
		2004	166.8	…	…	129.8	…	…	10
		2005	177.5	…	…	133.4	…	…	10
		2006	203.8	…	…	147.4	…	…	4
		2007	204.1	…	…	136.7	…	…	4
	客房服务员或客房清理员	2000	100.0	…	…	100.0	…	…	10
		2003	148.9	…	…	123.8	…	…	10
		2004	155.2	…	…	120.8	…	…	10
		2005	167.8	…	…	126.1	…	…	10
		2006	178.0	…	…	128.7	…	…	4
		2007	190.0	…	…	127.3	…	…	4
爱尔兰	服装裁剪工	1983	…	96.2	96.1	…	104.5	104.3	11
		1984	…	100.0	100.0	…	100.0	100.0	11
	初等教育的教师	1983	96.8	…	…	105.1	…	…	11
		1984	100.0	…	…	100.0	…	…	11
意大利	农场工人	1990	63.0	…	…	98.0	…	…	12
		2000	91.8	…	…	99.4	…	…	12
		2003	100.0	…	…	100.0	…	…	12
		2004	104.1	…	…	102.0	…	…	12
		2005	106.7	…	…	102.7	…	…	12
		2006	109.6	…	…	103.3	…	…	12
		2007	111.8	…	…	103.5	…	…	12
	服装裁剪工	2000	92.4	…	…	100.0	…	…	12
		2003	100.0	…	…	100.0	…	…	12
		2004	103.0	…	…	100.9	…	…	12
		2005	107.4	…	…	103.5	…	…	12
		2006	110.0	…	…	103.8	…	…	12
		2007	112.8	…	…	104.4	…	…	12
	缝纫机操作工	2000	92.4	…	…	100.0	…	…	12
		2003	100.0	…	…	100.0	…	…	12
		2004	103.0	…	…	100.9	…	…	12
		2005	107.4	…	…	103.5	…	…	12
		2006	110.0	…	…	103.8	…	…	12
		2007	112.8	…	…	104.4	…	…	12
	速记员—打字员	2000	88.5	…	…	95.7	…	…	12
		2003	100.0	…	…	100.0	…	…	12
		2004	102.4	…	…	100.3	…	…	12
		2005	103.6	…	…	99.7	…	…	12
		2006	105.2	…	…	99.1	…	…	12
		2007	106.9	…	…	99.0	…	…	12
	办公室文员	2000	94.0	…	…	101.7	…	…	12
		2003	100.0	…	…	100.0	…	…	12
		2004	102.9	…	…	100.8	…	…	12
		2005	104.2	…	…	100.4	…	…	12
		2006	106.0	…	…	100.0	…	…	12
		2007	108.0	…	…	100.0	…	…	12
	焊工	2003	100.0	…	…	100.0	…	…	12
		2004	101.9	…	…	99.8	…	…	12
		2005	104.2	…	…	100.3	…	…	12
		2006	109.8	…	…	103.5	…	…	12
		2007	111.5	…	…	103.2	…	…	12

职业	年份	名义工资率指数			实际工资率指数			注
		MF	M	F	MF	M	F	No.
配电和输电工程师	2003	100.0	…	…	100.0	…	…	12
	2004	102.4	…	…	100.4	…	…	12
	2005	109.4	…	…	105.3	…	…	12
	2006	113.6	…	…	107.1	…	…	12
	2007	115.1	…	…	106.6	…	…	12
劳工	1990	80.2	…	…	124.8	…	…	12
	2000	94.7	…	…	102.5	…	…	12
	2003	100.0	…	…	100.0	…	…	12
	2004	105.1	…	…	103.0	…	…	12
	2005	109.7	…	…	105.6	…	…	12
	2006	112.7	…	…	106.2	…	…	12
	2007	117.5	…	…	108.8	…	…	12
销售员（093）	2003	100.0	…	…	100.0	…	…	12
	2004	103.1	…	…	101.0	…	…	12
	2005	108.5	…	…	104.4	…	…	12
	2006	111.3	…	…	104.9	…	…	12
	2007	112.4	…	…	104.1	…	…	12
销售员（096）	2003	100.0	…	…	100.0	…	…	12
	2004	103.1	…	…	101.0	…	…	12
	2005	108.5	…	…	104.4	…	…	12
	2006	111.3	…	…	104.9	…	…	12
	2007	112.4	…	…	104.1	…	…	12
公共汽车司机	2003	100.0	…	…	100.0	…	…	12
	2004	105.0	…	…	102.8	…	…	12
	2005	112.3	…	…	108.1	…	…	12
	2006	113.2	…	…	106.7	…	…	12
	2007	119.5	…	…	110.8	…	…	12
城镇卡车司机	2003	100.0	…	…	100.0	…	…	12
	2004	100.5	…	…	98.4	…	…	12
	2005	104.9	…	…	100.9	…	…	12
	2006	107.1	…	…	101.0	…	…	12
	2007	111.2	…	…	102.9	…	…	12
会计	2003	100.0	…	…	100.0	…	…	12
	2004	100.7	…	…	98.6	…	…	12
	2005	105.0	…	…	101.1	…	…	12
	2006	106.1	…	…	100.0	…	…	12
	2007	106.5	…	…	98.6	…	…	12
计算机程序员	2003	100.0	…	…	100.0	…	…	12
	2004	104.0	…	…	101.8	…	…	12
	2005	105.4	…	…	101.4	…	…	12
	2006	108.3	…	…	102.0	…	…	12
	2007	112.1	…	…	103.8	…	…	12
初等教育的教师	2003	100.0	…	…	100.0	…	…	12
	2004	103.5	…	…	101.4	…	…	12
	2005	106.5	…	…	102.6	…	…	12
	2006	106.9	…	…	100.8	…	…	12
	2007	111.6	…	…	103.3	…	…	12
专业护士	2003	100.0	…	…	100.0	…	…	12
	2004	100.4	…	…	98.3	…	…	12
	2005	105.7	…	…	101.7	…	…	12
	2006	106.0	…	…	99.9	…	…	12
	2007	106.0	…	…	98.1	…	…	12
酒店接待员	2003	100.0	…	…	100.0	…	…	12
	2004	105.3	…	…	103.1	…	…	12
	2005	106.9	…	…	102.8	…	…	12
	2006	107.7	…	…	101.5	…	…	12
	2007	110.3	…	…	102.1	…	…	12
客房服务员或客房清理员	2003	100.0	…	…	100.0	…	…	12
	2004	105.2	…	…	103.0	…	…	12
	2005	106.9	…	…	102.8	…	…	12
	2006	107.1	…	…	101.0	…	…	12
	2007	109.7	…	…	101.6	…	…	12

	职业	年份	名义工资率指数			实际工资率指数			注
			MF	M	F	MF	M	F	No.
立陶宛	服装裁剪工	2000	100.0	100.0	100.0	100.0	100.0	100.0	3
		2002	99.4	84.7	108.1	97.8	83.4	106.4	3
		2006	122.8	…	130.6	113.5	…	120.7	3
	缝纫机操作工	2000	100.0	100.0	100.0	100.0	100.0	100.0	3
		2002	106.2	104.5	107.0	104.5	102.9	105.3	3
		2006	136.5	…	138.3	126.2	…	127.8	3
	办公室文员	2000	…	…	100.0	…	…	100.0	3
		2002	…	…	78.6	…	…	77.4	3
	焊工	2000	…	100.0	…	…	100.0	…	3
		2002	…	91.8	…	…	90.4	…	3
		2006	…	185.3	…	…	171.3	…	3
	劳工	2000	100.0	100.0	100.0	100.0	100.0	100.0	3
		2002	76.4	74.9	124.1	75.2	73.7	122.1	3
		2006	163.7	161.1	…	151.3	148.9	…	3
	销售员（093）	2000	100.0	100.0	100.0	100.0	100.0	100.0	3
		2002	147.4	106.9	141.8	145.1	105.2	139.6	3
		2006	189.0	163.1	183.4	174.7	150.7	169.5	3
	销售员（096）	2000	…	86.5	…	…	87.9	…	3
		2002	100.0	100.0	100.0	100.0	100.0	100.0	3
		2006	150.9	176.2	148.5	141.7	165.4	139.4	3
	公共汽车司机	2000	…	94.7	…	…	96.2	…	3
		2002	100.0	100.0	100.0	100.0	100.0	100.0	3
		2006	122.1	120.2	130.1	114.6	112.9	122.2	3
	城镇卡车司机	2000	…	100.0	…	…	100.0	…	3
		2002	…	84.6	…	…	83.3	…	3
		2006	…	132.2	…	…	122.2	…	3
	会计	2000	100.0	100.0	100.0	100.0	100.0	100.0	3
		2002	115.3	104.1	117.6	113.5	102.5	115.7	3
		2006	135.9	111.0	131.8	125.6	102.6	121.8	3
	垃圾工	2000	…	100.0	…	…	100.0	…	3
		2002	…	126.7	…	…	124.7	…	3
	初等教育的教师		100.0	…	100.0	100.0	…	100.0	3
		2006	137.4	…	137.2	129.0	…	128.8	3
	专业护士	2000	…	…	100.0	…	…	100.0	3
		2002	…	…	120.1	…	…	118.2	3
		2006	…	…	250.6	…	…	231.6	3
	客房服务员或客房清理员	2000	…	…	100.0	…	…	100.0	3
		2002	…	…	78.8	…	…	77.6	3
		2006	…	…	99.9	…	…	92.3	3
卢森堡	速记员—打字员	1995	…	77.8	70.8	…	88.2	80.3	3
		2002	…	100.0	100.0	…	100.0	100.0	3
	办公室文员	1995	…	81.9	74.0	…	92.9	83.9	3
		2002	100.0	100.0	100.0	100.0	100.0	100.0	3
		2006	90.1	85.5	104.2	82.1	77.9	94.9	3
	焊工	1995	…	87.7	…	…	99.4	…	13
		2002	…	100.0	…	…	100.0	…	13
		2006	…	107.1	…	…	97.5	…	13
	劳工	1995	…	83.8	…	…	95.0	…	3
		2002	…	100.0	…	…	100.0	…	3
		2006	…	102.4	…	…	93.3	…	3
	销售员（093）	1995	…	76.2	…	…	86.4	…	3
		2002	…	100.0	…	…	100.0	…	3
	销售员（096）	1995	…	65.3	74.3	…	74.0	84.2	3
		2002	100.0	100.0	100.0	100.0	100.0	100.0	3
		2006	98.7	98.9	102.7	89.9	90.1	93.5	3
	公共汽车司机	1995	…	116.8	…	…	132.4	…	3
		2002	100.0	100.0	…	100.0	100.0	…	3
		2006	107.3	…	…	97.7	…	…	3
	城镇卡车司机	1995	…	102.0	…	…	115.6	…	3
		2002	100.0	100.0	100.0	100.0	100.0	100.0	3
		2006	112.2	112.1	131.1	102.2	102.1	119.4	3
	会计	1995	…	80.1	86.8	…	90.8	98.4	3
		2002	100.0	100.0	100.0	100.0	100.0	100.0	3
		2006	114.8	113.4	119.7	104.6	103.3	109.0	3

	职业	年份	名义工资率指数 MF	M	F	实际工资率指数 MF	M	F	注 No.
	计算机程序员	1995	…	90.1	…	…	102.2	…	3
		2002	…	100.0	…	…	100.0	…	3
		2006	…	106.9	…	…	97.4	…	3
	酒店接待员	1995	…	76.1	68.6	…	86.3	77.8	3
		2002	…	100.0	100.0	…	100.0	100.0	3
	客房服务员或客房清理员	1995	…	79.7	86.0	…	90.4	97.5	3
		2002	100.0	100.0	100.0	100.0	100.0	100.0	3
		2006	110.9	103.9	111.6	101.0	94.6	101.6	3
荷兰	垃圾工	1986	93.8	…	…	97.2	…	…	3
		1987	94.0	…	…	98.0	…	…	3
		1988	94.5	…	…	97.9	…	…	3
		1989	96.6	…	…	99.0	…	…	3
		1990	100.0	…	…	100.0	…	…	3
	酒店接待员	1986	91.8	…	…	95.1	…	…	3
		1987	92.7	…	…	96.7	…	…	3
		1988	94.1	…	…	97.5	…	…	3
		1989	96.6	…	…	99.0	…	…	3
		1990	100.0	…	…	100.0	…	…	3
	客房服务员或客房清理员	1986	…	…	91.8	…	…	95.1	3
		1987	…	…	92.7	…	…	96.7	3
		1988	…	…	94.1	…	…	97.5	3
		1989	…	…	96.6	…	…	99.0	3
		1990	…	…	100.0	…	…	100.0	3
葡萄牙	农场工人	2000	100.0	100.0	100.0	100.0	100.0	100.0	14
		2002	112.7	112.5	112.0	104.4	104.2	103.7	14
		2003	119.0	119.7	115.4	106.6	107.3	103.4	14
		2004	122.2	122.0	119.3	107.0	106.8	104.5	14
		2005	125.8	126.5	120.9	107.8	108.4	103.6	14
		2006	130.4	131.5	124.5	108.3	109.2	103.4	14
	服装裁剪工	2000	100.0	100.0	100.0	100.0	100.0	100.0	14
		2002	109.8	111.7	109.1	101.7	103.4	101.0	14
		2003	111.7	112.0	111.3	100.1	100.4	99.7	14
		2004	114.7	115.2	113.9	100.4	100.9	99.7	14
		2005	116.1	117.6	115.2	99.5	100.8	98.7	14
		2006	119.2	121.4	118.0	99.0	100.8	98.0	14
	缝纫机操作工	2000	100.0	100.0	100.0	100.0	100.0	100.0	14
		2002	100.8	104.3	102.4	93.3	96.6	94.8	14
		2003	99.7	110.5	103.8	89.3	99.0	93.0	14
		2004	101.1	110.4	106.6	88.5	96.7	93.3	14
		2005	103.0	111.9	108.3	88.3	95.9	92.8	14
		2006	107.3	125.8	112.2	89.1	104.5	93.2	14
	速记员—打字员	2000	100.0	100.0	100.0	100.0	100.0	100.0	14
		2002	124.6	…	125.1	115.4	…	115.8	14
		2003	116.1	…	117.4	104.0	…	105.2	14
		2004	124.1	108.0	128.2	108.7	94.6	112.3	14
		2005	129.7	101.7	132.7	111.1	87.1	113.7	14
		2006	133.1	122.4	135.5	110.5	101.7	112.5	14
	办公室文员	2000	100.0	100.0	100.0	100.0	100.0	100.0	14
		2002	108.2	109.2	107.9	100.2	101.1	99.9	14
		2003	110.2	108.7	110.9	98.7	97.4	99.4	14
		2004	115.1	111.8	116.5	100.8	97.9	102.0	14
		2005	122.2	120.4	123.0	104.7	103.2	105.4	14
		2006	125.9	125.1	126.1	104.6	103.9	104.7	14
	焊工	2000	100.0	100.0	100.0	100.0	100.0	100.0	14
		2002	106.8	107.2	100.0	98.9	99.3	92.6	14
		2003	111.8	112.1	101.8	100.2	100.4	91.2	14
		2004	118.1	118.7	100.2	103.4	103.9	87.7	14
		2005	120.3	121.7	104.8	103.1	104.3	89.8	14
		2006	126.3	127.5	109.7	104.9	105.9	91.1	14
	配电和输电工程师	2000	…	96.3	…	…	103.9	…	14
		2002	100.0	100.0	100.0	100.0	100.0	100.0	14
		2003	101.0	99.9	107.9	97.7	96.6	104.4	14
		2004	108.0	107.0	115.0	102.2	101.1	108.8	14
		2005	114.6	113.5	121.5	106.1	105.0	112.6	14
		2006	126.6	125.7	129.8	113.6	112.8	116.6	14

职业	年份	名义工资率指数 MF	名义工资率指数 M	名义工资率指数 F	实际工资率指数 MF	实际工资率指数 M	实际工资率指数 F	注 No.
劳工	2000	100. 0	100. 0	100. 0	100. 0	100. 0	100. 0	14
	2002	106. 9	106. 9	110. 0	99. 0	99. 0	101. 9	14
	2003	110. 2	110. 2	114. 1	98. 7	98. 7	102. 2	14
	2004	114. 9	114. 8	119. 0	100. 6	100. 5	104. 2	14
	2005	120. 6	120. 5	128. 7	103. 3	103. 3	110. 3	14
	2006	124. 9	124. 8	131. 2	103. 7	103. 7	109. 0	14
销售员（093）	2000	100. 0	100. 0	100. 0	100. 0	100. 0	100. 0	14
	2002	107. 5	103. 4	119. 2	99. 5	95. 7	110. 4	14
	2003	109. 7	105. 3	119. 9	98. 3	94. 4	107. 4	14
	2004	113. 6	108. 7	124. 6	99. 5	95. 2	109. 1	14
	2005	120. 5	116. 9	129. 5	103. 3	100. 2	111. 0	14
	2006	122. 9	117. 8	133. 0	102. 1	97. 8	110. 5	14
销售员（096）	2000	100. 0	100. 0	100. 0	100. 0	100. 0	100. 0	14
	2002	111. 8	111. 6	111. 6	103. 5	103. 3	103. 3	14
	2003	113. 9	113. 2	113. 7	102. 1	101. 4	101. 9	14
	2004	117. 9	117. 7	117. 6	103. 2	103. 1	103. 0	14
	2005	120. 9	119. 3	121. 0	103. 6	102. 2	103. 7	14
	2006	124. 5	122. 5	124. 7	103. 4	101. 7	103. 6	14
公共汽车司机	2000	100. 0	100. 0	100. 0	100. 0	100. 0	100. 0	14
	2002	106. 1	106. 1	105. 6	98. 2	98. 2	97. 8	14
	2003	108. 4	108. 4	108. 4	97. 1	97. 1	97. 1	14
	2004	110. 4	111. 1	101. 2	96. 7	97. 3	88. 6	14
	2005	113. 5	113. 5	112. 9	97. 3	97. 3	96. 7	14
	2006	115. 7	115. 8	115. 3	96. 1	96. 2	95. 8	14
城镇卡车司机	2000	100. 0	100. 0	100. 0	100. 0	100. 0	100. 0	15
	2002	104. 4	104. 5	100. 9	96. 7	96. 8	93. 4	15
	2003	104. 7	104. 7	103. 0	93. 8	93. 8	92. 3	15
	2004	106. 7	106. 7	104. 4	93. 4	93. 4	91. 4	15
	2005	107. 2	107. 2	101. 5	91. 9	91. 9	87. 0	15
	2006	109. 0	109. 0	105. 2	90. 5	90. 5	87. 4	15
会计	2000	100. 0	100. 0	100. 0	100. 0	100. 0	100. 0	14
	2002	111. 5	113. 2	111. 0	103. 2	104. 8	102. 8	14
	2003	125. 5	125. 1	124. 6	112. 5	112. 1	111. 6	14
	2004	117. 4	114. 1	120. 9	102. 8	99. 9	105. 9	14
	2005	120. 0	119. 6	121. 2	102. 8	102. 5	103. 9	14
	2006	126. 7	126. 0	125. 9	105. 2	104. 7	104. 6	14
计算机程序员	1999	108. 4	107. 5	109. 6	111. 5	110. 6	112. 8	14
	2000	100. 0	100. 0	100. 0	100. 0	100. 0	100. 0	14
	2004	120. 0	117. 1	126. 4	105. 1	102. 5	110. 7	14
	2005	120. 6	118. 2	125. 3	103. 3	101. 3	107. 4	14
	2006	124. 3	120. 9	131. 0	103. 2	100. 4	108. 8	14
垃圾工	2000	100. 0	100. 0	100. 0	100. 0	100. 0	100. 0	14
	2002	102. 8	101. 5	111. 6	95. 2	94. 0	103. 3	14
	2003	105. 1	104. 0	112. 6	94. 2	93. 2	100. 9	14
	2004	106. 6	105. 3	115. 4	93. 3	92. 2	101. 1	14
	2005	110. 7	109. 8	117. 0	94. 9	94. 1	100. 3	14
	2006	113. 1	112. 4	117. 2	93. 9	93. 4	97. 3	14
初等教育的教师	2000	100. 0	100. 0	100. 0	100. 0	100. 0	100. 0	16
	2002	111. 4	107. 3	111. 9	103. 1	99. 4	103. 6	16
	2003	119. 7	112. 3	120. 5	107. 3	100. 6	108. 0	16
	2004	118. 8	109. 2	119. 7	104. 0	95. 6	104. 8	16
	2005	119. 7	115. 2	120. 1	102. 6	98. 7	102. 9	16
	2006	121. 9	118. 2	122. 3	101. 2	98. 2	101. 6	16
专业护士	2000	100. 0	100. 0	100. 0	100. 0	100. 0	100. 0	14
	2002	119. 6	116. 4	120. 6	110. 7	107. 8	111. 7	14
	2003	120. 7	113. 9	122. 7	108. 2	102. 1	109. 9	14
	2004	120. 7	116. 3	121. 9	105. 7	101. 8	106. 7	14
	2005	122. 8	123. 1	122. 6	105. 2	105. 5	105. 1	14
	2006	117. 4	117. 3	117. 5	97. 5	97. 4	97. 6	14
酒店接待员	2000	…	91. 7	92. 9	…	99. 0	100. 3	14
	2002	100. 0	100. 0	100. 0	100. 0	100. 0	100. 0	14
	2003	108. 5	100. 6	104. 1	104. 9	97. 4	100. 7	14
	2004	106. 0	104. 1	107. 9	100. 2	98. 4	102. 0	14
	2005	108. 5	106. 5	110. 8	100. 5	98. 6	102. 6	14
	2006	111. 2	108. 7	113. 8	99. 7	97. 6	102. 2	14

	职业	年份	名义工资率指数			实际工资率指数			注
			MF	M	F	MF	M	F	No.
	客房服务员或客房清理员	2000	100.0	100.0	100.0	100.0	100.0	100.0	14
		2002	109.3	106.6	109.5	101.2	98.7	101.4	14
		2003	111.1	107.0	111.3	99.6	95.9	99.7	14
		2004	113.9	107.3	114.1	99.7	94.0	99.9	14
		2005	116.9	112.3	117.0	100.2	96.2	100.3	14
		2006	119.4	114.4	119.5	99.2	95.0	99.3	14
罗马尼亚	农场工人	2000	…	100.0	100.0	…	100.0	100.0	17
		2001	…	141.0	148.3	…	104.9	110.3	17
		2002	…	180.9	190.3	…	109.9	115.4	17
		2003	…	214.1	267.2	…	112.8	140.7	17
		2004	…	277.5	276.0	…	130.6	129.9	17
		2005	…	277.6	287.4	…	119.9	124.1	17
	服装裁剪工	2000	…	100.0	100.0	…	100.0	100.0	4
		2001	…	168.2	148.2	…	125.1	110.1	4
		2002	…	169.8	178.7	…	103.1	108.4	4
		2003	…	171.3	191.4	…	90.2	100.7	4
		2004	…	201.2	231.2	…	94.6	108.7	4
		2005	…	227.4	263.3	…	98.1	113.7	4
	缝纫机操作工	2000	…	100.0	100.0	…	100.0	100.0	4
		2001	…	144.1	135.1	…	107.1	100.5	4
		2002	…	173.7	162.9	…	105.6	98.8	4
		2003	…	196.8	212.2	…	103.7	111.7	4
		2004	…	247.4	243.8	…	116.5	114.6	4
		2005	…	264.9	272.7	…	114.4	117.7	4
	速记员—打字员	1998	…	…	43.1	…	…	91.4	4
		1999	…	…	63.0	…	…	91.8	4
		2000	…	…	100.0	…	…	100.0	4
		2004	…	…	134.4	…	…	63.3	4
		2005	…	…	134.4	…	…	58.1	4
	办公室文员	2000	…	…	40.4	…	…	76.6	4
		2001	…	…	74.4	…	…	105.0	4
		2002	…	…	94.5	…	…	108.9	4
		2003	…	100.0	100.0	…	100.0	100.0	4
		2004	…	105.3	110.2	…	94.2	98.5	4
		2005	…	108.0	119.2	…	88.7	97.7	4
	焊工	2000	…	100.0	100.0	…	100.0	100.0	4
		2001	…	140.4	140.6	…	104.3	104.6	4
		2002	…	174.6	174.9	…	106.0	106.2	4
		2003	…	212.3	250.6	…	111.8	132.0	4
		2004	…	269.9	280.4	…	126.9	132.0	4
		2005	…	303.1	322.0	…	130.8	139.0	4
	配电和输电工程师	2000	…	100.0	100.0	…	100.0	100.0	4
		2001	…	143.5	144.5	…	106.8	107.4	4
		2002	…	174.5	175.7	…	105.9	106.6	4
		2003	…	199.1	188.4	…	104.8	99.2	4
		2004	…	233.3	239.9	…	109.8	112.9	4
		2005	…	245.0	253.4	…	105.8	109.3	4
	劳工	2000	…	100.0	100.0	…	100.0	100.0	4
		2001	…	155.0	181.1	…	115.3	134.7	4
		2002	…	193.9	226.6	…	117.7	137.3	4
		2003	…	221.9	241.0	…	116.8	126.8	4
		2004	…	245.8	261.4	…	115.6	123.0	4
		2005	…	286.9	348.3	…	123.8	150.3	4
	销售员（093）	2000	…	100.0	100.0	…	100.0	100.0	4
		2001	…	149.1	99.7	…	110.9	74.2	4
		2002	…	158.2	105.8	…	95.9	64.2	4
		2003	…	186.3	143.0	…	98.1	75.2	4
		2004	…	248.1	183.0	…	116.7	86.1	4
		2005	…	249.5	213.5	…	107.7	92.2	4
	销售员（096）	2000	…	100.0	100.0	…	100.0	100.0	4
		2001	…	96.0	161.2	…	71.4	119.7	4
		2002	…	123.9	208.1	…	75.2	126.3	4
		2003	…	200.0	277.9	…	105.3	146.3	4
		2004	…	218.0	435.3	…	102.6	204.7	4
		2005	…	310.3	469.5	…	134.0	202.6	4

	职业	年份	名义工资率指数			实际工资率指数			注
			MF	M	F	MF	M	F	No.
	公共汽车司机	2000	…	100.0	100.0	…	100.0	100.0	4
		2001	…	144.7	175.7	…	107.6	130.7	4
		2002	…	161.6	…	…	98.1	…	4
		2003	…	178.5	…	…	93.9	…	4
		2004	…	234.8	…	…	110.5	…	4
		2005	…	279.2	…	…	120.5	…	4
	城镇卡车司机	2000	…	100.0	…	…	100.0	…	4
		2001	…	149.7	…	…	111.4	…	4
		2002	…	164.0	…	…	99.6	…	4
		2003	…	178.2	…	…	93.9	…	4
		2004	…	268.7	…	…	126.5	…	4
		2005	…	295.2	…	…	127.5	…	4
	会计	2000	…	100.0	100.0	…	100.0	100.0	4
		2001	…	119.6	125.3	…	88.9	93.2	4
		2002	…	128.1	…	…	77.7	…	4
		2003	…	136.7	…	…	72.0	…	4
		2004	…	162.4	127.2	…	76.4	59.9	4
		2005	…	166.5	135.1	…	71.9	58.3	4
	计算机程序员	2000	…	100.0	100.0	…	100.0	100.0	4
		2002	…	364.7	251.9	…	221.2	152.9	4
		2003	…	431.6	281.7	…	227.0	148.4	4
		2004	…	456.6	375.3	…	214.8	176.7	4
		2005	…	541.0	405.5	…	233.4	175.2	4
	垃圾工	2000	…	100.0	100.0	…	100.0	100.0	4
		2001	…	142.9	137.7	…	106.1	102.4	4
		2002	…	178.7	172.3	…	108.4	104.5	4
		2003	…	229.7	170.3	…	120.8	89.6	4
		2004	…	270.7	229.3	…	127.3	107.9	4
		2005	…	269.9	234.3	…	116.4	101.1	4
	初等教育的教师	2000	…	100.0	100.0	…	100.0	100.0	4
		2001	…	118.0	128.0	…	87.7	95.2	4
		2002	…	158.0	171.4	…	95.9	104.0	4
		2003	…	192.8	200.6	…	101.5	105.6	4
		2004	…	238.6	271.8	…	112.3	127.9	4
		2005	…	277.8	305.3	…	119.9	131.8	4
	专业护士	2000	…	100.0	100.0	…	100.0	100.0	4
		2001	…	126.6	132.5	…	94.2	98.5	4
		2002	…	154.4	161.5	…	93.7	98.0	4
		2003	…	203.7	197.4	…	107.3	103.9	4
		2004	…	239.0	235.9	…	112.4	111.0	4
		2005	…	316.5	303.5	…	136.7	131.0	4
	酒店接待员	2000	…	100.0	100.0	…	100.0	100.0	4
		2001	…	98.2	132.1	…	73.0	98.3	4
		2002	…	104.4	154.1	…	63.3	93.5	4
		2003	…	110.6	232.2	…	58.2	122.4	4
		2004	…	141.8	249.1	…	66.7	117.3	4
		2005	…	233.2	247.6	…	100.7	107.0	4
	客房服务员或客房清理员	2000	…	…	100.0	…	…	100.0	4
		2001	…	…	132.3	…	…	98.4	4
		2002	…	…	154.2	…	…	93.6	4
		2003	…	…	206.7	…	…	108.8	4
		2004	…	…	234.3	…	…	110.2	4
		2005	…	…	267.6	…	…	115.5	4
英国	农场工人	2003	97.7	97.7	…	100.6	100.6	…	18
		2004	100.0	100.0	100.0	100.0	100.0	100.0	18
		2005	104.4	105.5	100.0	101.6	102.6	97.3	3
		2006	107.5	109.5	105.8	101.3	103.2	99.7	3
		2007	111.6	112.1	105.2	100.8	101.3	95.0	3
	服装裁剪工	2003	94.6	90.5	108.2	97.4	93.2	111.4	18
		2004	100.0	100.0	100.0	100.0	100.0	100.0	18
		2005	92.9	97.3	100.2	90.4	94.6	97.5	3
		2006	105.5	106.6	105.9	99.4	100.5	99.8	3
		2007	123.0	130.8	136.4	111.1	118.2	123.2	3
	缝纫机操作工	2003	97.8	93.0	97.5	100.7	95.8	100.4	18
		2004	100.0	100.0	100.0	100.0	100.0	100.0	18
		2005	101.5	93.1	101.3	98.7	90.6	98.5	3
		2006	109.7	111.9	111.6	103.4	105.5	105.2	3
		2007	112.2	103.7	112.6	101.4	93.7	101.7	3

职业	年份	名义工资率指数			实际工资率指数			注
		MF	M	F	MF	M	F	No.
速记员—打字员	2003	99.6	…	99.5	102.6	…	102.5	18
	2004	100.0	…	100.0	100.0	…	100.0	18
	2005	104.7	…	105.3	101.8	…	102.4	3
	2006	110.0	…	110.0	103.7	…	103.7	3
	2007	111.2	…	111.2	100.5	…	100.5	3
办公室文员	2003	98.4	100.2	98.3	101.3	103.2	101.2	18
	2004	100.0	100.0	100.0	100.0	100.0	100.0	18
	2005	101.5	98.9	102.2	98.7	96.2	99.4	3
	2006	105.6	105.4	105.8	99.5	99.3	99.7	3
	2007	109.7	112.2	109.0	99.1	101.4	98.5	3
焊工	2003	90.5	…	…	98.9	…	…	18
	2004	92.9	93.0	…	98.6	98.7	…	18
	2005	91.1	91.4	…	94.0	94.3	…	3
	2006	100.0	100.0	100.0	100.0	100.0	100.0	3
	2007	105.3	105.0	131.0	101.0	100.7	125.6	3
配电和输电工程师	2003	100.0	100.0	100.0	100.0	100.0	100.0	18
	2004	103.4	104.1	…	100.4	101.1	…	18
	2005	109.4	110.8	88.0	103.3	104.6	83.1	3
	2006	113.8	114.7	91.9	104.1	104.9	84.1	3
	2007	120.1	121.9	90.6	105.4	106.9	79.5	3
劳工	2003	98.5	98.7	128.6	101.4	101.6	132.4	18
	2004	100.0	100.0	100.0	100.0	100.0	100.0	18
	2005	99.0	98.7	137.5	96.3	96.0	133.8	3
	2006	111.3	111.6	131.5	104.9	105.2	123.9	3
	2007	113.7	113.8	150.8	102.7	102.8	136.2	3
销售员（093）	2003	98.8	100.4	98.0	101.8	103.4	100.9	18
	2004	100.0	100.0	100.0	100.0	100.0	100.0	18
	2005	101.6	98.8	102.3	98.8	96.1	99.5	3
	2006	108.7	107.7	110.4	102.5	101.5	104.1	3
	2007	114.3	111.8	115.0	103.3	101.0	103.9	3
销售员（096）	2003	98.8	100.4	98.0	101.8	103.4	100.9	18
	2004	100.0	100.0	100.0	100.0	100.0	100.0	18
	2005	101.6	98.8	102.3	98.8	96.1	99.5	3
	2006	108.7	107.7	110.4	102.5	101.5	104.1	3
	2007	114.3	111.8	115.0	103.3	101.0	103.9	3
公共汽车司机	2003	92.8	92.8	91.8	95.6	95.6	94.5	18
	2004	100.0	100.0	100.0	100.0	100.0	100.0	18
	2005	104.2	104.7	105.3	101.4	101.8	102.4	3
	2006	114.3	114.7	115.2	107.7	108.1	108.6	3
	2007	119.2	119.3	114.2	107.7	107.8	103.2	3
城镇卡车司机	2003	97.6	97.9	97.2	100.5	100.8	100.1	18
	2004	100.0	100.0	100.0	100.0	100.0	100.0	18
	2005	103.8	103.6	106.5	101.0	100.8	103.6	3
	2006	111.6	112.0	107.7	105.2	105.6	101.5	3
	2007	117.2	117.1	112.2	105.9	105.8	101.4	3
会计	2003	96.8	95.9	95.4	99.7	98.8	98.2	18
	2004	100.0	100.0	100.0	100.0	100.0	100.0	18
	2005	103.8	105.1	101.6	101.0	102.2	98.8	3
	2006	104.3	101.8	106.7	98.3	95.9	100.6	3
	2007	102.0	105.8	102.0	92.1	95.6	92.1	3
计算机程序员	2003	96.8	97.0	98.1	99.7	99.9	101.0	18
	2004	100.0	100.0	100.0	100.0	100.0	100.0	18
	2005	103.1	103.1	104.9	100.3	100.3	102.0	3
	2006	104.5	104.8	105.5	98.5	98.8	99.4	3
	2007	106.9	106.9	105.9	96.6	96.6	95.7	3
垃圾工	2003	96.8	…	…	99.7	…	…	18
	2004	100.0	100.0	100.0	100.0	100.0	100.0	18
	2005	94.2	93.9	…	91.6	91.3	…	3
	2006	108.9	108.7	108.9	102.6	102.5	102.6	3
	2007	108.9	108.6	…	98.4	98.1	…	3
初等教育的教师	2003	95.9	98.3	96.4	98.8	101.2	99.3	18
	2004	100.0	100.0	100.0	100.0	100.0	100.0	18
	2005	104.2	103.8	104.8	101.4	101.0	101.9	3
	2006	104.6	106.8	105.6	98.6	100.7	99.5	3
	2007	106.3	106.5	106.8	96.0	96.2	96.5	3

	职业	年份	名义工资率指数			实际工资率指数			注
			MF	M	F	MF	M	F	No.
	专业护士	2003	95.5	96.5	95.0	98.4	99.4	97.8	18
		2004	100.0	100.0	100.0	100.0	100.0	100.0	18
		2005	98.2	96.1	98.0	95.5	93.5	95.3	3
		2006	105.8	106.6	105.6	99.7	100.5	99.5	3
		2007	111.2	111.0	111.0	100.5	100.3	100.3	3
	酒店接待员	2003	98.6	97.9	98.3	101.5	100.8	101.2	18
		2004	100.0	100.0	100.0	100.0	100.0	100.0	18
		2005	103.2	96.1	103.8	100.4	93.5	101.0	3
		2006	109.6	103.6	109.9	103.3	97.6	103.6	3
		2007	110.9	101.4	111.7	100.2	91.6	100.9	3
	客房服务员或客房清理员	2003	96.4	97.2	95.7	99.3	100.1	98.6	18
		2004	100.0	100.0	100.0	100.0	100.0	100.0	18
		2005	100.0	99.7	101.4	97.3	97.0	98.6	3
		2006	106.6	106.2	108.0	100.5	100.1	101.8	3
		2007	110.4	110.2	110.1	99.7	99.5	99.5	3
北美洲									
加拿大	服装裁剪工	1983	…	92.3	123.0	…	100.2	133.6	19
		1984	…	95.9	112.6	…	99.8	117.2	4
		1985	…	100.0	100.0	…	100.0	100.0	19
	速记员—打字员	1983	…	…	87.3	…	…	94.8	19
		1984	…	…	94.3	…	…	98.1	4
		1985	…	…	100.0	…	…	100.0	19
	办公室文员	1983	…	93.4	85.9	…	101.4	93.3	19
		1984	…	98.5	92.4	…	102.5	96.1	4
		1985	…	100.0	100.0	…	100.0	100.0	19
	焊工	1983	…	102.0	124.9	…	110.7	135.6	19
		1984	…	105.2	136.5	…	109.5	142.0	4
		1985	…	100.0	100.0	…	100.0	100.0	19
	销售员（093）	1983	…	143.3	145.1	…	155.6	157.5	19
		1984	…	156.4	157.3	…	162.7	163.7	4
		1985	…	100.0	100.0	…	100.0	100.0	19
	计算机程序员	1983	…	96.9	95.7	…	105.2	103.9	19
		1984	…	104.1	102.1	…	108.3	106.2	4
		1985	…	100.0	100.0	…	100.0	100.0	19
	垃圾工	1983	…	91.7	…	…	99.6	…	19
		1984	…	96.3	…	…	100.2	…	4
		1985	…	100.0	…	…	100.0	…	19
	专业护士	1983	…	90.6	92.5	…	98.4	100.4	19
		1984	…	93.9	95.9	…	97.7	99.8	4
		1985	…	100.0	100.0	…	100.0	100.0	19
	酒店接待员	1983	…	90.6	92.8	…	98.4	100.8	19
		1984	…	92.7	94.2	…	96.5	98.0	4
		1985	…	100.0	100.0	…	100.0	100.0	19
	客房服务员或客房清理员	1983	…	106.8	87.6	…	116.0	95.1	19
		1984	…	100.7	92.2	…	104.8	95.9	4
		1985	…	100.0	100.0	…	100.0	100.0	19
美国	服装裁剪工	2000	100.0	…	…	100.0	…	…	20
		2002	112.5	…	…	107.7	…	…	21
		2003	113.3	…	…	106.0	…	…	21
		2004	97.6	…	…	89.0	…	…	21
		2005	99.1	…	…	87.4	…	…	22
		2006	109.7	…	…	93.7	…	…	22
	缝纫机操作工	2000	100.0	…	…	100.0	…	…	20
		2002	114.7	…	…	109.8	…	…	21
		2003	115.8	…	…	108.3	…	…	21
		2004	113.8	…	…	103.6	…	…	21
		2005	113.8	…	…	100.2	…	…	22
		2006	118.8	…	…	101.4	…	…	22
	速记员—打字员	2000	100.0	…	…	100.0	…	…	23
		2002	100.6	…	…	96.2	…	…	24
		2003	107.4	…	…	100.4	…	…	24
		2004	111.8	…	…	101.8	…	…	24
		2005	118.6	…	…	104.5	…	…	25
		2006	121.6	…	…	103.8	…	…	25

职业	年份	名义工资率指数 MF	名义工资率指数 M	名义工资率指数 F	实际工资率指数 MF	实际工资率指数 M	实际工资率指数 F	注 No.
办公室文员	2000	100.0	…	…	100.0	…	…	20
	2002	104.3	…	…	99.8	…	…	21
	2003	103.5	…	…	96.8	…	…	21
	2004	106.1	…	…	96.7	…	…	21
	2005	106.4	…	…	93.8	…	…	22
	2006	107.8	…	…	92.1	…	…	22
焊工	2000	100.0	…	…	100.0	…	…	20
	2002	107.4	…	…	102.8	…	…	21
	2003	112.1	…	…	104.8	…	…	21
	2004	112.2	…	…	102.2	…	…	21
	2005	113.7	…	…	100.2	…	…	22
	2006	114.7	…	…	97.9	…	…	22
配电和输电工程师	2000	100.0	…	…	100.0	…	…	20
	2001	108.6	…	…	105.5	…	…	26
	2002	112.6	…	…	107.7	…	…	21
	2003	116.5	…	…	109.0	…	…	21
	2004	118.5	…	…	107.8	…	…	21
	2005	118.7	…	…	104.5	…	…	22
劳工	2000	100.0	…	…	100.0	…	…	27
	2002	102.4	…	…	98.0	…	…	28
	2003	107.4	…	…	100.4	…	…	28
	2004	109.2	…	…	99.4	…	…	28
	2005	109.6	…	…	96.5	…	…	29
	2006	114.9	…	…	98.2	…	…	29
销售员（093）	2000	100.0	…	…	100.0	…	…	20
	2001	104.4	…	…	101.4	…	…	26
	2002	112.4	…	…	107.5	…	…	21
	2003	115.4	…	…	107.9	…	…	21
	2004	120.9	…	…	110.0	…	…	21
	2005	120.5	…	…	106.1	…	…	22
销售员（096）	2000	100.0	…	…	100.0	…	…	20
	2002	118.3	…	…	113.2	…	…	21
	2003	123.5	…	…	115.5	…	…	21
	2004	122.0	…	…	111.2	…	…	21
	2005	123.3	…	…	108.7	…	…	22
	2006	127.0	…	…	108.5	…	…	22
公共汽车司机	2000	100.0	…	…	100.0	…	…	20
	2002	135.5	…	…	129.5	…	…	21
	2003	122.5	…	…	114.7	…	…	21
	2004	123.9	…	…	112.9	…	…	21
	2005	127.2	…	…	112.1	…	…	22
	2006	126.9	…	…	108.3	…	…	22
城镇卡车司机	2000	100.0	…	…	100.0	…	…	20
	2002	118.5	…	…	113.4	…	…	21
	2003	113.7	…	…	106.3	…	…	21
	2004	116.5	…	…	106.1	…	…	21
	2005	114.6	…	…	101.0	…	…	22
	2006	121.7	…	…	104.0	…	…	22
会计	2000	100.0	…	…	100.0	…	…	20
	2002	103.9	…	…	99.4	…	…	21
	2003	110.1	…	…	103.0	…	…	21
	2004	111.7	…	…	101.8	…	…	21
	2005	115.7	…	…	102.0	…	…	22
	2006	119.5	…	…	102.1	…	…	22
计算机程序员	2000	100.0	…	…	100.0	…	…	20
	2001	103.5	…	…	100.6	…	…	26
	2002	103.1	…	…	98.6	…	…	21
	2003	110.6	…	…	103.4	…	…	21
	2004	113.1	…	…	103.0	…	…	21
	2005	114.9	…	…	101.2	…	…	22
垃圾工	2000	100.0	…	…	100.0	…	…	20
	2001	101.0	…	…	98.1	…	…	26
	2002	84.3	…	…	80.7	…	…	21
	2003	85.9	…	…	80.3	…	…	21
	2004	87.9	…	…	80.0	…	…	21

	职业	年份	名义工资率指数			实际工资率指数			注
			MF	M	F	MF	M	F	No.
	初等教育的教师	2001	100.0	…	…	100.0	…	…	26
		2002	101.8	…	…	100.2	…	…	21
		2003	103.7	…	…	99.8	…	…	21
	专业护士	2000	100.0	…	…	100.0	…	…	20
		2002	109.7	…	…	104.9	…	…	21
		2003	116.4	…	…	108.8	…	…	21
		2004	116.5	…	…	106.1	…	…	21
		2005	118.2	…	…	104.1	…	…	22
		2006	119.9	…	…	102.3	…	…	22
	酒店接待员	2000	100.0	…	…	100.0	…	…	20
		2001	103.5	…	…	100.6	…	…	26
		2002	106.1	…	…	101.5	…	…	21
		2003	106.9	…	…	100.0	…	…	21
		2004	108.3	…	…	98.6	…	…	21
		2005	108.6	…	…	95.7	…	…	22
	客房服务员或客房清理员	2000	100.0	…	…	100.0	…	…	20
		2001	104.1	…	…	101.1	…	…	26
		2002	106.8	…	…	102.1	…	…	21
		2003	108.8	…	…	101.8	…	…	21
		2004	110.7	…	…	100.8	…	…	21
		2005	111.1	…	…	97.9	…	…	22
其他发达经济体									
澳大利亚	服装裁剪工	1989	…	92.4	87.4	…	99.1	93.8	30
		1990	…	100.0	100.0	…	100.0	100.0	30
		1991	…	90.5	99.4	…	87.7	96.3	30
		1992	…	113.8	101.6	…	109.1	97.4	30
		1993	…	125.7	111.5	…	118.5	105.1	30
	缝纫机操作工	1989	…	96.5	90.8	…	103.5	97.4	30
		1990	…	100.0	100.0	…	100.0	100.0	30
		1991	…	113.7	102.0	…	110.2	98.8	30
		1992	…	105.0	115.0	…	100.7	110.3	30
		1993	…	98.5	109.3	…	92.8	103.0	30
	速记员—打字员	1989	…	83.3	92.0	…	89.4	98.7	30
		1990	…	100.0	100.0	…	100.0	100.0	30
		1991	…	96.8	101.3	…	93.8	98.2	30
		1992	…	106.8	106.5	…	102.4	102.1	30
		1993	…	104.3	109.6	…	98.3	103.3	30
	焊工	1989	…	91.0	83.6	…	97.6	89.7	30
		1990	…	100.0	100.0	…	100.0	100.0	30
		1991	…	99.6	89.4	…	96.5	86.6	30
		1992	…	103.5	83.2	…	99.2	79.8	30
		1993	…	103.6	97.0	…	97.6	91.4	30
	配电和输电工程师	1989	…	92.0	80.2	…	98.7	86.1	30
		1990	…	100.0	100.0	…	100.0	100.0	30
		1991	…	100.9	106.3	…	97.8	103.0	30
		1992	…	102.8	88.5	…	98.6	84.9	30
		1993	…	105.4	93.4	…	99.3	88.0	30
	劳工	1989	…	90.2	73.6	…	96.8	79.0	30
		1990	…	100.0	100.0	…	100.0	100.0	30
		1991	…	103.7	…	…	100.5	…	30
		1992	…	102.2	…	…	98.0	…	30
		1993	…	102.4	…	…	96.5	…	30
	销售员（093）	1989	…	95.7	93.2	…	102.7	100.0	30
		1990	…	100.0	100.0	…	100.0	100.0	30
		1991	…	103.5	105.9	…	100.3	102.6	30
		1992	…	109.5	113.7	…	105.0	109.0	30
		1993	…	110.0	116.3	…	103.7	109.6	30
	销售员（096）	1989	…	95.7	93.2	…	102.7	100.0	30
		1990	…	100.0	100.0	…	100.0	100.0	30
		1991	…	103.5	105.9	…	100.3	102.6	30
		1992	…	109.5	113.7	…	105.0	109.0	30
		1993	…	110.0	116.3	…	103.7	109.6	30
	公共汽车司机	1989	…	92.5	95.9	…	99.2	102.9	30
		1990	…	100.0	100.0	…	100.0	100.0	30
		1991	…	98.9	104.7	…	95.8	101.5	30
		1992	…	108.7	110.3	…	104.2	105.8	30
		1993	…	116.1	118.7	…	109.4	111.9	30

	职业	年份	名义工资率指数			实际工资率指数			注
			MF	M	F	MF	M	F	No.
	城镇卡车司机	1989	…	99.1	95.9	…	106.3	102.9	30
		1990	…	100.0	100.0	…	100.0	100.0	30
		1991	…	105.5	109.9	…	102.2	106.5	30
		1992	…	112.2	109.6	…	107.6	105.1	30
		1993	…	122.4	113.5	…	115.4	107.0	30
	会计	1989	…	94.8	93.2	…	101.7	100.0	30
		1990	…	100.0	100.0	…	100.0	100.0	30
		1991	…	103.0	98.8	…	99.8	95.7	30
		1992	…	106.3	105.5	…	101.9	101.2	30
		1993	…	108.4	109.4	…	102.2	103.1	30
	计算机程序员	1989	…	95.3	90.7	…	102.3	97.3	30
		1990	…	100.0	100.0	…	100.0	100.0	30
		1991	…	109.6	110.2	…	106.2	106.8	30
		1992	…	109.0	106.4	…	104.5	102.0	30
		1993	…	106.7	117.0	…	100.6	110.3	30
	垃圾工	1989	…	91.5	…	…	98.2	…	30
		1990	…	100.0	…	…	100.0	…	30
		1991	…	98.8	…	…	95.7	…	30
		1992	…	93.0	…	…	89.2	…	30
		1993	…	109.5	…	…	103.2	…	30
	初等教育的教师	1989	…	96.5	98.6	…	103.5	105.8	30
		1990	…	100.0	100.0	…	100.0	100.0	30
		1991	…	111.6	106.9	…	108.1	103.6	30
		1992	…	111.5	113.9	…	106.9	109.2	30
		1993	…	115.4	119.2	…	108.8	112.3	30
	专业护士	1989	…	95.2	93.7	…	102.1	100.5	30
		1990	…	100.0	100.0	…	100.0	100.0	30
		1991	…	105.9	105.1	…	102.6	101.8	30
		1992	…	116.2	112.9	…	111.4	108.2	30
		1993	…	112.4	115.7	…	105.9	109.0	30
	酒店接待员	1989	…	93.6	93.9	…	100.4	100.8	30
		1990	…	100.0	100.0	…	100.0	100.0	30
		1991	…	98.4	105.4	…	95.3	102.1	30
		1992	…	104.1	108.2	…	99.8	103.7	30
		1993	…	114.4	115.2	…	107.8	108.6	30
	客房服务员或客房清理员	1989	…	98.2	102.9	…	105.4	110.4	30
		1990	…	100.0	100.0	…	100.0	100.0	30
		1991	…	106.4	132.4	…	103.1	128.3	30
		1992	…	107.6	129.9	…	103.2	124.5	30
		1993	…	112.1	114.7	…	105.7	108.1	30
直布罗陀	速记员—打字员	1983	…	…	95.3	…	…	101.6	31
		1984	…	…	100.0	…	…	100.0	31
	办公室文员	1987	84.0	…	…	96.3	…	…	31
		1988	88.2	…	…	97.6	…	…	31
		1989	92.7	…	…	98.2	…	…	31
		1990	100.0	…	…	100.0	…	…	31
		1991	106.4	…	…	99.0	…	…	31
	配电和输电工程师	1983	…	95.0	…	…	101.3	…	31
		1984	…	100.0	…	…	100.0	…	31
	劳工	1987	…	83.9	…	…	96.2	…	31
		1988	…	88.1	…	…	97.5	…	31
		1989	…	92.7	…	…	98.2	…	31
		1990	…	100.0	…	…	100.0	…	31
		1991	…	106.6	…	…	99.2	…	31
	销售员（093）	1983	…	95.3	95.1	…	101.6	101.4	31
		1984	…	100.0	100.0	…	100.0	100.0	31
	公共汽车司机	1987	…	84.3	…	…	96.7	…	31
		1988	…	88.6	…	…	98.0	…	31
		1989	…	92.9	…	…	98.4	…	31
		1990	…	100.0	…	…	100.0	…	31
		1991	…	106.4	…	…	99.0	…	31
	会计	1983	…	95.2	…	…	101.5	…	31
		1984	…	100.0	…	…	100.0	…	31
	垃圾工	1983	…	94.8	…	…	101.1	…	31
		1984	…	100.0	…	…	100.0	…	31

	职业	年份	名义工资率指数			实际工资率指数			注
			MF	M	F	MF	M	F	No.
	初等教育的教师	1987	84.2	…	…	96.6	…	…	32
		1988	88.4	…	…	97.8	…	…	32
		1989	92.8	…	…	98.3	…	…	32
		1990	100.0	…	…	100.0	…	…	32
		1991	106.5	…	…	99.1	…	…	32
	专业护士	1983	95.3	…	…	101.6	…	…	31
		1984	100.0	…	…	100.0	…	…	31
	酒店接待员	1985	80.2	…	…	99.8	…	…	31
		1988	88.3	…	…	97.7	…	…	31
		1989	92.6	…	…	98.1	…	…	31
		1990	100.0	…	…	100.0	…	…	31
		1991	106.6	…	…	99.2	…	…	31
	客房服务员或客房清理员	1985	…	80.1	…	…	99.6	…	31
		1988	…	88.5	…	…	97.9	…	31
		1989	…	92.7	…	…	98.2	…	31
		1990	…	100.0	…	…	100.0	…	31
		1991	…	106.3	…	…	98.9	…	31
马恩岛	服装裁剪工	1985	…	100.0	…	…	100.0	…	33
		1987	…	104.6	…	…	97.7	…	33
		1988	…	123.2	…	…	109.8	…	33
	缝纫机操作工	1985	…	100.0	100.0	…	100.0	100.0	33
		1987	…	92.0	92.0	…	85.9	85.9	33
		1988	…	…	150.3	…	…	134.0	33
	速记员—打字员	1983	…	106.6	…	…	119.2	…	33
		1985	…	100.0	…	…	100.0	…	33
		1988	…	188.2	…	…	167.7	…	33
	办公室文员	1983	…	…	85.1	…	…	95.2	33
		1985	…	…	100.0	…	…	100.0	33
		1987	…	…	133.6	…	…	124.7	33
		1988	…	…	145.9	…	…	130.0	33
	焊工	1985	…	100.0	…	…	100.0	…	33
		1988	…	107.4	…	…	95.7	…	33
	配电和输电工程师	1983	…	83.8	…	…	93.7	…	33
		1985	…	100.0	…	…	100.0	…	33
		1988	…	65.9	…	…	58.7	…	33
	劳工	1985	…	100.0	…	…	100.0	…	33
		1987	…	96.2	…	…	89.8	…	33
	销售员（093）	1983	…	92.1	114.2	…	103.0	127.7	33
		1985	…	100.0	100.0	…	100.0	100.0	33
		1988	…	127.3	…	…	113.5	…	33
	销售员（096）	1985	…	100.0	100.0	…	100.0	100.0	33
		1987	…	113.3	113.3	…	105.8	105.8	33
		1988	…	204.0	…	…	181.8	…	33
	公共汽车司机	1985	…	100.0	…	…	100.0	…	33
		1987	…	115.3	…	…	107.7	…	33
		1988	…	120.4	…	…	107.3	…	33
	城镇卡车司机	1987	…	100.0	…	…	100.0	…	33
		1988	…	92.1	…	…	88.0	…	33
	会计	1983	…	173.3	…	…	193.8	…	33
		1985	…	100.0	100.0	…	100.0	100.0	33
		1987	…	158.3	158.3	…	147.8	147.8	33
		1988	…	183.5	…	…	163.5	…	33
	垃圾工	1983	…	87.4	…	…	97.8	…	33
		1985	…	100.0	…	…	100.0	…	33
		1988	…	122.3	…	…	109.0	…	33
	初等教育的教师	1987	100.0	…	…	100.0	…	…	33
		1988	112.9	…	…	107.8	…	…	33
	专业护士	1983	…	64.5	64.5	…	77.2	77.2	33
		1987	…	100.0	100.0	…	100.0	100.0	33
		1988	…	…	117.2	…	…	111.9	33
	酒店接待员	1987	…	…	100.0	…	…	100.0	33
		1988	…	…	240.0	…	…	229.2	33
	客房服务员或客房清理员	1987	…	…	100.0	…	…	100.0	33
		1988	…	…	146.0	…	…	139.4	33

	职业	年份	名义工资率指数 MF	名义工资率指数 M	名义工资率指数 F	实际工资率指数 MF	实际工资率指数 M	实际工资率指数 F	注 No.
圣皮埃尔和密克隆	办公室文员	1985	100.0	…	…	102.7	…	…	34
		1987	100.0	…	…	103.6	…	…	34
		1988	100.0	…	…	100.0	…	…	34
		1989	104.0	…	…	97.8	…	…	34
		1991	103.0	…	…	88.6	…	…	34
	城镇卡车司机	1985	88.3	…	…	90.7	…	…	34
		1986	88.3	…	…	92.5	…	…	34
		1987	100.0	…	…	103.6	…	…	34
		1988	100.0	…	…	100.0	…	…	34
		1991	103.0	…	…	88.6	…	…	34
	专业护士	1985	100.0	…	…	102.7	…	…	34
		1986	100.0	…	…	104.7	…	…	34
		1987	100.0	…	…	103.6	…	…	34
		1988	100.0	…	…	100.0	…	…	34
		1991	103.0	…	…	88.6	…	…	34
圣马力诺	农场工人	2003	100.0	…	…	100.0	…	…	3
		2004	100.1	…	…	98.7	…	…	3
	服装裁剪工	2003	100.0	…	…	100.0	…	…	3
		2004	101.3	…	…	99.9	…	…	3
		2005	104.0	…	…	100.9	…	…	3
	缝纫机操作工	2003	100.0	…	…	100.0	…	…	3
		2004	102.0	…	…	100.6	…	…	3
		2005	104.7	…	…	101.6	…	…	3
	速记员—打字员	2003	100.0	…	…	100.0	…	…	3
		2004	102.0	…	…	100.6	…	…	3
	办公室文员	2003	100.0	…	…	100.0	…	…	3
		2004	102.0	…	…	100.6	…	…	3
	焊工	2003	100.0	…	…	100.0	…	…	3
		2004	102.0	…	…	100.6	…	…	3
		2005	104.7	…	…	101.6	…	…	3
	劳工	2003	100.0	…	…	100.0	…	…	3
		2004	102.4	…	…	101.0	…	…	3
	销售员（093）	2003	100.0	…	…	100.0	…	…	3
		2004	102.4	…	…	101.0	…	…	3
		2005	104.9	…	…	101.7	…	…	3
	销售员（096）	2003	100.0	…	…	100.0	…	…	3
		2004	102.4	…	…	101.0	…	…	3
		2005	104.9	…	…	101.7	…	…	3
	公共汽车司机	2003	100.0	…	…	100.0	…	…	3
		2004	102.0	…	…	100.6	…	…	3
	城镇卡车司机	2003	100.0	…	…	100.0	…	…	3
		2004	102.0	…	…	100.6	…	…	3
	会计	2003	100.0	…	…	100.0	…	…	3
		2004	102.3	…	…	100.9	…	…	3
	垃圾工	2003	100.0	…	…	100.0	…	…	3
		2004	101.8	…	…	100.4	…	…	3
		2005	104.6	…	…	101.5	…	…	3
	初等教育的教师	2003	100.0	…	…	100.0	…	…	3
		2004	106.4	…	…	104.9	…	…	3
		2005	108.7	…	…	105.4	…	…	3
	专业护士	2003	100.0	…	…	100.0	…	…	3
		2004	101.7	…	…	100.3	…	…	3
		2005	104.0	…	…	100.9	…	…	3
	酒店接待员	2003	100.0	…	…	100.0	…	…	3
		2004	102.3	…	…	100.9	…	…	3
		2005	104.7	…	…	101.6	…	…	3
	客房服务员或客房清理员	2003	100.0	…	…	100.0	…	…	3
		2004	102.3	…	…	100.9	…	…	3
		2005	104.7	…	…	101.6	…	…	3
西欧（非欧盟）									
冰岛	服装裁剪工	2000	100.0	…	…	100.0	…	…	35
		2001	106.7	…	…	100.0	…	…	9
	缝纫机操作工	1998	89.5	…	…	97.2	…	…	35
		1999	89.5	…	…	94.0	…	…	35
		2000	100.0	…	…	100.0	…	…	35
		2001	105.1	…	…	98.5	…	…	9

	职业	年份	名义工资率指数			实际工资率指数			注
			MF	M	F	MF	M	F	No.
	办公室文员	2002	100. 0	…	100. 0	100. 0	…	100. 0	9
		2003	…	…	110. 5	…	…	108. 2	9
		2004	…	…	117. 2	…	…	111. 2	9
		2006	157. 4	…	152. 2	134. 4	…	130. 0	36
		2007	181. 5	…	178. 6	147. 6	…	145. 2	36
	焊工	1992	…	100. 0	…	…	100. 0	…	35
		1993	…	104. 4	…	…	100. 2	…	35
		1994	…	100. 5	…	…	95. 1	…	35
		1995	…	105. 8	…	…	98. 4	…	35
		1996	…	110. 8	…	…	100. 8	…	35
	劳工	1990	…	31. 8	…	…	57. 0	…	35
		2002	…	51. 3	…	…	60. 1	…	9
		2003	…	54. 5	…	…	62. 5	…	9
		2004	…	57. 3	…	…	63. 7	…	9
		2006	100. 0	100. 0	…	100. 0	100. 0	…	36
		2007	102. 4	102. 1	…	97. 5	97. 2	…	36
	销售员（093）	1990	…	82. 5	86. 7	…	91. 3	96. 0	35
		1992	…	100. 0	100. 0	…	100. 0	100. 0	35
		1993	…	100. 0	96. 8	…	96. 0	92. 9	35
		1994	…	97. 5	97. 9	…	92. 2	92. 5	35
		1995	…	101. 2	101. 8	…	94. 1	94. 7	35
		1996	…	99. 1	126. 0	…	90. 1	114. 5	35
	销售员（096）	2000	75. 1	…	…	88. 5	…	…	35
		2002	90. 4	…	86. 9	95. 3	…	91. 6	9
		2003	95. 5	…	93. 5	98. 6	…	96. 5	9
		2004	100. 0	100. 0	100. 0	100. 0	100. 0	100. 0	9
		2006	172. 3	185. 9	154. 7	155. 1	167. 3	139. 2	36
		2007	190. 2	197. 1	173. 5	163. 0	168. 9	148. 7	36
	城镇卡车司机	1990	…	89. 8	…	…	99. 4	…	35
		1992	…	100. 0	…	…	100. 0	…	35
		1993	…	101. 0	…	…	96. 9	…	35
		1994	…	102. 0	…	…	96. 4	…	35
		1995	…	109. 4	…	…	101. 7	…	35
		1996	…	114. 9	…	…	104. 5	…	35
中欧、东南欧（非欧盟）和独联体									
中欧和东南欧									
土耳其	服装裁剪工	1990	40. 8	…	…	115. 3	…	…	37
		1991	57. 5	…	…	97. 8	…	…	38
		1992	100. 0	…	…	100. 0	…	…	38
	缝纫机操作工	1990	42. 9	…	…	121. 2	…	…	37
		1991	60. 7	…	…	103. 2	…	…	38
		1992	100. 0	…	…	100. 0	…	…	38
	焊工	1990	53. 0	…	…	149. 7	…	…	39
		1991	71. 1	…	…	120. 9	…	…	38
		1992	100. 0	…	…	100. 0	…	…	38
	劳工	1991	…	54. 4	…	…	92. 5	…	38
		1992	…	100. 0	…	…	100. 0	…	38
	会计	1991	28. 5	…	…	48. 5	…	…	38
		1992	100. 0	…	…	100. 0	…	…	38
	垃圾工	1991	35. 8	…	…	60. 9	…	…	38
		1992	100. 0	…	…	100. 0	…	…	38
	酒店接待员	1991	32. 5	…	…	55. 3	…	…	38
		1992	100. 0	…	…	100. 0	…	…	38
	客房服务员或客房清理员	1991	51. 4	…	…	87. 4	…	…	38
		1992	100. 0	…	…	100. 0	…	…	38
独立国家联合体（独联体）									
阿塞拜疆	劳工	2002	76. 5	…	…	83. 4	…	…	4
		2004	100. 0	…	…	100. 0	…	…	4
		2005	74. 3	…	…	67. 8	…	…	4
	销售员（093）	2002	54. 0	…	…	58. 9	…	…	4
		2004	100. 0	…	…	100. 0	…	…	4
		2005	138. 0	…	…	125. 9	…	…	4
	销售员（096）	2004	100. 0	…	…	100. 0	…	…	4
		2005	100. 8	…	…	92. 0	…	…	4

	职业	年份	名义工资率指数			实际工资率指数			注
			MF	M	F	MF	M	F	No.
	会计	2004	100.0	…	…	100.0	…	…	4
		2005	121.9	…	…	111.2	…	…	4
	初等教育的教师	2000	72.2	…	…	82.2	…	…	4
		2001	70.6	…	…	79.1	…	…	4
		2002	72.4	…	…	79.0	…	…	4
		2004	100.0	…	…	100.0	…	…	4
		2005	153.1	…	…	139.7	…	…	4
	专业护士	2000	42.1	…	…	47.9	…	…	4
		2001	44.1	…	…	49.4	…	…	4
		2002	49.9	…	…	54.4	…	…	4
		2004	100.0	…	…	100.0	…	…	4
		2005	123.5	…	…	112.7	…	…	4
	酒店接待员	2002	114.1	…	…	124.4	…	…	4
		2004	100.0	…	…	100.0	…	…	4
		2005	87.6	…	…	79.9	…	…	4
	客房服务员或客房清理员	2002	108.5	…	…	118.3	…	…	4
		2004	100.0	…	…	100.0	…	…	4
		2005	123.7	…	…	112.9	…	…	4
白俄罗斯	服装裁剪工	2000	…	100.0	100.0	…	100.0	100.0	4
		2001	…	221.7	227.0	…	137.6	140.9	4
		2002	…	286.0	252.8	…	124.5	110.0	4
		2003	…	330.9	333.2	…	112.2	112.9	4
		2004	…	370.7	347.6	…	106.4	99.8	4
		2007	…	…	272.7	…	…	61.2	4
	缝纫机操作工	2000	…	…	100.0	…	…	100.0	4
		2001	…	…	204.1	…	…	126.7	4
		2002	…	…	282.6	…	…	123.0	4
		2003	…	…	354.1	…	…	120.0	4
		2004	…	…	365.6	…	…	105.0	4
		2007	…	…	739.7	…	…	165.9	4
	速记员—打字员	1999	…	…	35.1	…	…	94.4	4
		2000	…	…	100.0	…	…	100.0	4
		2001	…	…	204.1	…	…	126.7	4
		2002	…	…	195.2	…	…	84.9	4
		2003	…	…	387.5	…	…	131.4	4
	配电和输电工程师	2000	…	100.0	100.0	…	100.0	100.0	4
		2001	…	203.5	201.2	…	126.3	124.9	4
		2002	…	316.0	305.3	…	137.5	132.9	4
		2003	…	370.7	374.9	…	125.7	127.1	4
		2004	…	591.1	609.9	…	169.7	175.1	4
		2007	…	874.2	877.3	…	196.1	196.7	4
	劳工	2000	…	100.0	100.0	…	100.0	100.0	4
		2001	…	155.1	164.9	…	96.3	102.4	4
		2002	…	237.5	228.3	…	103.4	99.3	4
		2003	…	320.3	324.1	…	108.6	109.9	4
		2004	…	398.0	398.6	…	114.3	114.4	4
	初等教育的教师	2000	…	100.0	100.0	…	100.0	100.0	4
		2001	…	214.0	198.8	…	132.8	123.4	4
		2002	…	…	298.9	…	…	130.1	4
		2003	…	438.4	403.4	…	148.6	136.7	4
		2004	…	596.9	498.9	…	171.4	143.2	4
	专业护士	2000	…	…	100.0	…	…	100.0	4
		2001	…	…	198.8	…	…	123.4	4
		2002	…	…	289.8	…	…	126.1	4
		2003	…	…	405.8	…	…	137.6	4
		2004	…	…	460.3	…	…	132.2	4
哈萨克斯坦	农场工人	2002	81.6	81.5	85.3	86.8	86.7	90.7	3
		2003	100.0	100.0	100.0	100.0	100.0	100.0	3
		2004	113.2	148.5	128.8	105.9	138.9	120.5	3
	服装裁剪工	2002	52.3	53.5	56.0	55.6	56.9	59.6	3
		2003	100.0	100.0	100.0	100.0	100.0	100.0	3
		2004	119.3	123.1	124.9	111.6	115.2	116.8	3
	缝纫机操作工	2002	…	…	65.6	…	…	69.8	3
		2003	100.0	100.0	100.0	100.0	100.0	100.0	3
		2004	121.9	142.9	125.4	114.0	133.7	117.3	3

	职业	年份	名义工资率指数			实际工资率指数			注
			MF	M	F	MF	M	F	No.
	焊工	2002	…	31.7	…	…	33.7	…	3
		2003	100.0	100.0	100.0	100.0	100.0	100.0	3
		2004	106.0	104.4	64.2	99.2	97.7	60.1	3
	配电和输电工程师	2002	95.6	97.0	91.4	101.7	103.2	97.2	3
		2003	100.0	100.0	100.0	100.0	100.0	100.0	3
		2004	104.6	110.3	104.7	97.8	103.2	97.9	3
	劳工	2002	90.3	89.0	95.8	96.1	94.7	101.9	3
		2003	100.0	100.0	100.0	100.0	100.0	100.0	3
		2004	102.7	102.9	127.3	96.1	96.3	119.1	3
	销售员（093）	2002	109.2	124.7	66.6	116.2	132.7	70.9	3
		2003	100.0	100.0	100.0	100.0	100.0	100.0	3
		2004	139.0	142.4	114.7	130.0	133.2	107.3	3
	销售员（096）	2002	83.6	66.7	77.8	88.9	71.0	82.8	3
		2003	100.0	100.0	100.0	100.0	100.0	100.0	3
		2004	115.9	103.6	101.2	108.4	96.9	94.7	3
	公共汽车司机	2002	…	100.5	…	…	106.9	…	3
		2003	100.0	100.0	100.0	100.0	100.0	100.0	3
		2004	115.7	120.7	106.4	108.2	112.9	99.5	3
	会计	2002	64.1	89.7	58.2	68.2	95.4	61.9	3
		2003	100.0	100.0	100.0	100.0	100.0	100.0	3
		2004	112.2	131.0	104.0	105.0	122.5	97.3	3
	计算机程序员	2002	64.2	72.4	72.2	68.3	77.0	76.8	3
		2003	100.0	100.0	100.0	100.0	100.0	100.0	3
		2004	106.4	100.8	106.8	99.5	94.3	99.9	3
	初等教育的教师	2002	95.4	98.9	95.3	101.5	105.2	101.4	3
		2003	100.0	100.0	100.0	100.0	100.0	100.0	3
		2004	127.8	116.7	128.2	119.6	109.2	119.9	3
	专业护士	2002	90.6	139.0	77.0	96.4	147.9	81.9	3
		2003	100.0	100.0	100.0	100.0	100.0	100.0	3
		2004	128.3	135.0	110.0	120.0	126.3	102.9	3
	酒店接待员	2002	84.4	66.1	88.6	89.8	70.3	94.3	3
		2003	100.0	100.0	100.0	100.0	100.0	100.0	3
		2004	112.3	109.7	93.5	105.1	102.6	87.5	3
	客房服务员或客房清理员	2002	108.7	70.8	109.4	115.6	75.3	116.4	3
		2003	100.0	100.0	100.0	100.0	100.0	100.0	3
		2004	121.4	101.2	107.2	113.6	94.7	100.3	3
吉尔吉斯斯坦	劳工	2001	100.0	…	…	100.0	…	…	33
		2002	94.3	…	…	92.5	…	…	40
	销售员（093）	2001	100.0	…	…	100.0	…	…	33
		2002	107.1	…	…	105.0	…	…	40
	销售员（096）	1998	69.7	…	…	120.4	…	…	33
		1999	97.6	…	…	123.9	…	…	33
		2001	100.0	…	…	100.0	…	…	33
		2002	49.6	…	…	48.6	…	…	40
	会计	1998	66.1	…	…	114.2	…	…	33
		1999	79.7	…	…	101.1	…	…	33
		2001	100.0	…	…	100.0	…	…	33
		2002	105.2	…	…	103.1	…	…	40
	初等教育的教师	1998	70.5	…	…	121.8	…	…	33
		1999	74.5	…	…	94.5	…	…	33
		2001	100.0	…	…	100.0	…	…	33
		2002	115.2	…	…	112.9	…	…	40
	专业护士	1998	72.5	…	…	125.2	…	…	33
		1999	79.0	…	…	100.3	…	…	33
		2001	100.0	…	…	100.0	…	…	33
		2002	129.4	…	…	126.9	…	…	40
摩尔多瓦共和国	农场工人	2000	…	100.0	100.0	…	100.0	100.0	41
		2003	…	219.6	228.4	…	170.0	176.8	41
		2004	…	302.4	253.3	…	208.1	174.3	42
		2005	…	249.7	277.8	…	153.5	170.7	42
		2006	…	376.9	418.3	…	205.4	228.0	42
		2007	…	402.3	474.2	…	195.1	230.0	42
	服装裁剪工	2000	…	100.0	100.0	…	100.0	100.0	41
		2003	…	257.2	125.4	…	199.1	97.1	41
		2004	…	318.3	192.6	…	219.1	132.6	42
		2005	…	384.8	205.1	…	236.5	126.1	42
		2006	…	490.3	282.2	…	267.2	153.8	42
		2007	…	527.9	348.9	…	256.0	169.2	42

职业	年份	名义工资率指数			实际工资率指数			注
		MF	M	F	MF	M	F	No.
缝纫机操作工	2000	…	100.0	100.0	…	100.0	100.0	41
	2003	…	192.8	173.1	…	149.2	134.0	41
	2004	…	337.4	209.5	…	232.2	144.2	42
	2005	…	402.0	275.2	…	247.1	169.1	42
	2006	…	286.2	319.3	…	156.0	174.0	42
	2007	…	684.4	377.9	…	331.9	183.3	42
速记员—打字员	2000	…	…	100.0	…	…	100.0	41
	2003	…	…	150.6	…	…	116.6	41
	2004	…	…	222.0	…	…	152.8	42
	2005	…	…	293.0	…	…	180.1	42
	2006	…	…	240.1	…	…	130.8	42
	2007	…	…	318.5	…	…	154.5	42
办公室文员	2000	…	100.0	100.0	…	100.0	100.0	41
	2003	…	249.0	192.8	…	192.7	149.2	41
	2004	…	323.9	248.3	…	222.9	170.9	42
	2005	…	330.2	306.4	…	203.0	188.3	42
	2006	…	394.8	336.2	…	215.1	183.2	42
	2007	…	491.5	461.6	…	238.4	223.9	42
焊工	2000	…	100.0	100.0	…	100.0	100.0	41
	2003	…	201.9	226.6	…	156.3	175.4	41
	2004	…	246.6	240.3	…	169.7	165.4	42
	2005	…	398.3	252.2	…	244.8	155.0	42
	2006	…	533.5	300.2	…	290.7	163.6	42
	2007	…	535.5	321.3	…	259.7	155.8	42
配电和输电工程师	2000	…	100.0	100.0	…	100.0	100.0	41
	2003	…	249.5	…	…	193.1	…	41
	2004	…	418.1	…	…	287.7	…	42
	2005	…	571.1	484.6	…	351.0	297.8	42
	2006	…	738.5	731.1	…	402.5	398.4	42
	2007	…	923.4	…	…	447.8	…	42
劳工	2000	…	100.0	100.0	…	100.0	100.0	41
	2003	…	178.8	277.5	…	138.4	214.8	41
	2004	…	293.0	282.3	…	201.7	194.3	42
	2005	…	350.5	467.2	…	215.4	287.2	42
	2006	…	464.8	828.5	…	253.3	451.5	42
	2007	…	577.8	1 119.8	…	280.2	543.1	42
销售员（093）	2000	…	100.0	100.0	…	100.0	100.0	41
	2003	…	147.2	168.6	…	113.9	130.5	41
	2004	…	185.2	221.3	…	127.5	152.3	42
	2005	…	198.4	257.4	…	121.9	158.2	42
	2006	…	274.9	336.1	…	149.8	183.2	42
	2007	…	352.7	451.7	…	171.0	219.1	42
销售员（096）	2000	…	100.0	100.0	…	100.0	100.0	41
	2003	…	279.3	279.9	…	216.2	216.6	41
	2004	…	494.0	339.8	…	340.0	233.9	42
	2005	…	418.6	378.5	…	257.3	232.6	42
	2006	…	514.0	474.0	…	280.1	258.3	42
	2007	…	930.5	647.0	…	451.3	313.8	42
公共汽车司机	2000	…	100.0	…	…	100.0	…	41
	2003	…	232.3	…	…	179.8	…	41
	2004	…	293.4	…	…	201.9	…	42
	2005	…	347.8	…	…	213.8	…	42
	2006	…	435.3	…	…	237.2	…	42
	2007	…	640.9	…	…	310.8	…	42
城镇卡车司机	2000	…	100.0	…	…	100.0	…	41
	2003	…	112.8	…	…	87.3	…	41
	2004	…	152.8	…	…	105.2	…	42
	2005	…	168.8	…	…	103.7	…	42
	2006	…	210.7	…	…	114.8	…	42
	2007	…	269.5	…	…	130.7	…	42
会计	2000	…	100.0	100.0	…	100.0	100.0	41
	2003	…	137.6	204.8	…	106.5	158.5	41
	2004	…	140.9	231.4	…	97.0	159.3	42
	2005	…	135.8	237.1	…	83.5	145.7	42
	2006	…	269.1	269.9	…	146.6	147.1	42
	2007	…	186.8	314.0	…	90.6	152.3	42

	职业	年份	名义工资率指数			实际工资率指数			注
			MF	M	F	MF	M	F	No.
	计算机程序员	2003	…	100.0	100.0	…	100.0	100.0	41
		2004	…	80.7	47.5	…	71.7	42.2	42
		2005	…	161.9	128.6	…	128.5	102.1	42
		2006	…	163.4	128.6	…	115.0	90.5	42
		2007	…	155.1	…	…	97.2	…	42
	垃圾工	2000	…	100.0	100.0	…	100.0	100.0	41
		2003	…	161.6	146.5	…	125.1	113.4	41
		2004	…	165.4	219.4	…	113.8	151.0	42
		2005	…	222.5	273.9	…	136.8	168.3	42
		2006	…	360.1	361.6	…	196.2	197.1	42
		2007	…	524.3	444.0	…	254.3	215.3	42
	初等教育的教师	2000	…	100.0	100.0	…	100.0	100.0	41
		2003	…	229.4	241.0	…	177.6	186.5	41
		2004	…	232.6	239.7	…	160.1	165.0	42
		2005	…	305.7	308.2	…	187.9	189.4	42
		2006	…	417.4	425.1	…	227.5	231.7	42
		2007	…	453.3	455.1	…	219.8	220.7	42
	专业护士	2000	…	100.0	100.0	…	100.0	100.0	41
		2003	…	235.5	239.3	…	182.3	185.2	41
		2004	…	323.9	332.0	…	222.9	228.5	42
		2005	…	367.3	353.8	…	225.8	217.5	42
		2006	…	495.3	460.2	…	269.9	250.8	42
		2007	…	646.6	603.9	…	313.6	292.9	42
	酒店接待员	2000	…	100.0	100.0	…	100.0	100.0	41
		2003	…	247.8	163.1	…	191.8	126.2	41
		2004	…	206.6	200.8	…	142.2	138.2	42
		2005	…	266.4	276.7	…	163.7	170.1	42
		2006	…	365.3	345.3	…	199.1	188.2	42
		2007	…	522.4	426.3	…	253.3	206.7	42
	客房服务员或客房清理员	2000	…	…	40.8	…	…	52.7	41
		2003	…	100.0	100.0	…	100.0	100.0	41
		2004	…	80.4	129.7	…	71.5	115.3	42
		2005	…	169.9	150.1	…	134.8	119.1	42
		2006	…	144.4	182.6	…	101.6	128.5	42
		2007	…	122.7	249.0	…	76.9	156.0	42
俄罗斯联邦	服装裁剪工	2004	…	…	100.0	…	…	100.0	42
		2005	…	…	121.1	…	…	107.5	42
		2007	…	…	212.0	…	…	157.4	42
	缝纫机操作工	2004	…	…	100.0	…	…	100.0	42
		2005	…	…	137.6	…	…	122.1	42
		2007	…	…	248.7	…	…	184.6	42
	速记员—打字员	2004	…	…	100.0	…	…	100.0	42
		2005	…	…	63.0	…	…	55.9	42
		2007	…	…	123.9	…	…	92.0	42
	焊工	2004	…	100.0	…	…	100.0	…	42
		2005	…	113.3	…	…	100.5	…	42
		2007	…	203.0	…	…	150.7	…	42
	劳工	1999	17.8	…	…	38.1	…	…	42
		2000	22.4	…	…	39.7	…	…	42
		2004	100.0	100.0	100.0	100.0	100.0	100.0	42
		2005	123.2	132.0	103.4	109.3	117.1	91.7	42
		2007	233.6	252.7	167.0	173.4	187.6	124.0	42
	销售员（093）	2004	100.0	100.0	100.0	100.0	100.0	100.0	42
		2005	150.6	185.3	147.3	133.6	164.4	130.7	42
		2007	224.0	289.3	217.7	166.3	214.8	161.6	42
	销售员（096）	2004	…	…	100.0	…	…	100.0	42
		2005	…	…	126.6	…	…	112.3	42
		2007	…	…	211.7	…	…	157.2	42
	公共汽车司机	2004	…	100.0	…	…	100.0	…	42
		2005	…	102.0	…	…	90.5	…	42
		2007	…	137.8	…	…	102.3	…	42
	城镇卡车司机	2004	…	100.0	…	…	100.0	…	42
		2005	…	104.6	…	…	92.8	…	42
		2007	…	162.7	…	…	120.8	…	42
	初等教育的教师	2005	…	…	100.0	…	…	100.0	42
		2007	…	…	155.0	…	…	129.6	42

	职业	年份	名义工资率指数			实际工资率指数			注
			MF	M	F	MF	M	F	No.
	专业护士	1999	74.5	…	…	90.0	…	…	42
		2000	100.0	…	…	100.0	…	…	42
	酒店接待员	2004	…	…	100.0	…	…	100.0	42
		2005	…	…	121.3	…	…	107.6	42
		2007	…	…	161.2	…	…	119.7	42
	客房服务员或客房清理员	2004	…	…	100.0	…	…	100.0	42
		2005	…	…	116.0	…	…	102.9	42
		2007	…	…	183.4	…	…	136.2	42
乌克兰	服装裁剪工	1996	43.0	…	…	67.6	…	…	3
		1997	54.7	…	…	74.2	…	…	11
		1999	100.0	…	…	100.0	…	…	3
	缝纫机操作工	1996	45.1	…	…	70.9	…	…	3
		1997	43.8	…	…	59.4	…	…	11
		1999	100.0	…	…	100.0	…	…	3
	初等教育的教师	1996	59.0	…	…	92.8	…	…	3
		1999	100.0	…	…	100.0	…	…	3
	专业护士	1996	104.1	…	…	163.7	…	…	3
		1999	100.0	…	…	100.0	…	…	3
亚洲和太平洋地区									
东亚									
中国	农场工人	2004	100.0	…	…	100.0	…	…	4
		2005	90.2	…	…	88.6	…	…	4
		2006	122.6	…	…	118.7	…	…	4
	服装裁剪工	1999	…	88.4	86.0	…	88.5	86.1	43
		2000	…	100.0	100.0	…	100.0	100.0	43
	缝纫机操作工	1990	…	33.2	31.6	…	70.9	67.5	44
		1994	…	40.3	76.1	…	52.0	98.2	44
		1995	…	…	82.4	…	…	91.0	44
		1996	…	…	126.9	…	…	129.4	44
		1997	…	117.8	109.6	…	116.9	108.7	44
		1998	…	100.0	100.0	…	100.0	100.0	44
	速记员—打字员	1999	…	93.9	90.5	…	94.0	90.6	43
		2000	…	100.0	100.0	…	100.0	100.0	43
	办公室文员	1990	…	12.8	15.8	…	27.6	34.1	44
		1993	…	19.5	31.3	…	31.7	50.9	44
		1994	…	16.3	20.8	…	21.2	27.0	44
		1995	…	33.3	39.5	…	37.1	44.0	44
		1997	…	100.0	100.0	…	100.0	100.0	44
		1998	…	100.2	104.7	…	101.0	105.5	44
	焊工		…	107.5	92.7	…	106.1	91.5	43
		1999	…	92.3	93.7	…	92.4	93.8	43
		2000	…	100.0	100.0	…	100.0	100.0	43
	配电和输电工程师	1998	…	144.9	131.5	…	143.0	129.8	44
		1999	…	81.4	90.7	…	81.5	90.8	44
		2000	…	100.0	100.0	…	100.0	100.0	44
	劳工	1990	…	25.4	26.9	…	54.7	58.0	44
		1994	…	58.9	57.2	…	76.6	74.4	44
		1995	…	53.9	60.8	…	60.0	67.7	44
		1996	…	68.4	76.4	…	70.3	78.5	44
		1997	…	100.0	100.0	…	100.0	100.0	44
		1998	…	102.5	101.9	…	103.3	102.7	44
	销售员（093）	1999	…	91.3	91.6	…	91.4	91.7	43
		2000	…	100.0	100.0	…	100.0	100.0	43
	销售员（096）	1990	…	21.9	23.5	…	47.2	50.6	44
		1993	…	55.5	52.8	…	90.2	85.9	44
		1994	…	36.7	67.2	…	47.7	87.4	44
		1995	…	59.3	72.2	…	66.0	80.4	44
		1996	…	53.2	59.7	…	54.7	61.4	44
		1997	…	100.0	100.0	…	100.0	100.0	44
	公共汽车司机	1999	…	91.8	94.8	…	91.9	94.9	44
		2000	…	100.0	100.0	…	100.0	100.0	44
	城镇卡车司机	2004	100.0	…	…	100.0	…	…	4
		2005	107.4	…	…	105.5	…	…	4

	职业	年份	名义工资率指数			实际工资率指数			注
			MF	M	F	MF	M	F	No.
	会计	1990	…	8.4	13.5	…	18.1	29.1	44
		1994	…	25.0	43.3	…	32.5	56.3	44
		1995	…	30.3	40.7	…	33.7	45.3	44
		1996	…	37.2	55.1	…	38.2	56.6	44
		1997	…	100.0	100.0	…	100.0	100.0	44
		1998	…	101.7	104.0	…	102.5	104.8	44
	垃圾工		…	74.5	90.4	…	73.5	89.2	43
		1999	…	88.8	88.2	…	88.9	88.3	43
		2000	…	100.0	100.0	…	100.0	100.0	43
	初等教育的教师	1990	…	25.5	36.2	…	55.0	78.0	44
		1994	…	60.3	64.4	…	78.4	83.7	44
		1995	…	58.7	63.9	…	65.4	71.2	44
		1996	…	68.8	79.1	…	70.7	81.3	44
		1997	…	100.0	100.0	…	100.0	100.0	44
		1998	…	105.8	106.9	…	106.7	107.8	44
	专业护士	1990	…	…	24.6	…	…	53.0	44
		1994	…	…	64.3	…	…	83.6	44
		1995	…	…	60.4	…	…	67.3	44
		1996	…	…	81.8	…	…	84.1	44
		1997	…	…	100.0	…	…	100.0	44
		1998	…	…	106.3	…	…	107.2	44
	酒店接待员	1993	…	30.8	32.8	…	50.1	53.3	44
		1994	…	41.0	…	…	53.3	…	44
		1995	…	96.5	56.3	…	107.5	62.7	44
		1996	…	100.6	83.8	…	103.4	86.1	44
		1997	…	100.0	100.0	…	100.0	100.0	44
	客房服务员或客房清理员	1999	…	94.9	96.2	…	95.0	96.3	43
		2000	…	100.0	100.0	…	100.0	100.0	43
中国香港	服装裁剪工	1990	…	100.0	…	…	100.0	…	45
		1993	…	136.0	…	…	102.6	…	45
		1994	…	149.8	…	…	104.0	…	45
		1995	…	139.8	…	…	88.9	…	45
		1997	…	203.9	…	…	115.1	…	45
		1998	…	189.2	…	…	103.9	…	45
	缝纫机操作工	1990	…	…	71.7	…	…	112.2	45
		2000	…	…	104.9	…	…	97.5	45
		2001	…	…	105.0	…	…	99.2	45
		2002	…	…	103.5	…	…	100.8	45
		2003	…	…	100.0	…	…	100.0	45
		2006	…	…	99.4	…	…	96.8	4
	速记员—打字员	1990	…	…	56.1	…	…	87.8	46
		2000	…	…	109.4	…	…	101.8	46
		2002	…	…	94.2	…	…	91.9	46
		2003	…	…	100.0	…	…	100.0	46
		2004	…	…	100.1	…	…	100.6	46
		2006	…	…	98.2	…	…	95.7	47
		2007	…	…	92.3	…	…	88.1	47
	办公室文员	1990	…	58.4	51.7	…	98.1	87.0	45
		2000	…	100.0	100.0	…	100.0	100.0	45
		2003	…	…	99.4	…	…	106.8	45
		2004	…	…	101.5	…	…	109.7	45
		2005	…	…	104.7	…	…	111.8	45
		2006	…	…	111.4	…	…	116.6	4
		2007	…	105.2	101.9	…	108.0	104.7	4
	劳工	1999	…	96.5	94.3	…	91.5	89.4	45
		2000	…	97.6	100.1	…	96.1	98.5	45
		2001	…	100.0	100.0	…	100.0	100.0	45
		2002	…	97.3	99.4	…	100.4	102.6	45
		2003	…	95.9	101.2	…	101.5	107.1	45
	销售员（093）	1990	…	60.2	…	…	94.2	…	45
		2000	…	124.7	152.1	…	116.0	141.5	45
		2003	100.0	100.0	100.0	100.0	100.0	100.0	45
		2004	97.2	96.6	103.9	97.7	97.0	104.5	45
		2005	113.5	113.9	101.3	112.7	113.2	100.7	45
		2006	124.3	118.2	130.3	121.0	115.0	126.9	4
		2007	145.2	136.3	152.6	138.5	130.0	145.8	4

	职业	年份	名义工资率指数			实际工资率指数			注
			MF	M	F	MF	M	F	No.
	销售员（096）	1990	…	44.8	43.7	…	70.1	68.5	45
		2000	…	106.3	114.9	…	98.9	106.9	45
		2003	100.0	100.0	100.0	100.0	100.0	100.0	45
		2004	97.4	104.8	93.7	97.9	105.3	94.1	45
		2005	101.9	102.4	101.7	101.3	101.8	101.1	45
		2006	98.8	100.5	98.2	96.1	97.7	95.6	4
		2007	97.7	104.9	95.6	93.2	100.1	91.3	4
	酒店接待员	1990	…	48.1	45.4	…	75.3	71.0	45
		2000	…	105.6	104.2	…	98.2	96.9	45
		2002	101.9	102.9	101.5	99.4	100.3	99.0	45
		2003	100.0	100.0	100.0	100.0	100.0	100.0	45
		2005	99.4	101.1	98.6	98.7	100.4	98.0	45
		2006	104.3	109.6	101.1	101.4	106.7	98.4	4
		2007	106.2	106.5	106.1	101.3	101.7	101.3	4
	客房服务员或客房清理员	1990	…	44.4	45.5	…	69.5	71.2	45
		2000	…	104.1	105.5	…	96.8	98.2	45
		2003	100.0	100.0	100.0	100.0	100.0	100.0	45
		2004	99.3	98.6	99.6	99.6	99.1	100.0	45
		2005	101.5	103.0	100.0	100.8	102.5	99.4	45
		2006	101.9	105.1	100.1	99.2	102.4	97.5	4
		2007	103.4	104.3	103.4	98.7	99.6	98.8	4
韩国	农场工人	2000	…	89.0	83.3	…	95.2	89.1	48
		2002	100.0	100.0	100.0	100.0	100.0	100.0	48
		2003	109.2	110.6	102.5	105.5	106.9	99.0	48
		2004	117.1	120.4	116.5	109.1	112.2	108.6	48
		2005	126.9	129.4	114.5	115.2	117.4	103.9	4
		2006	130.0	134.7	125.0	115.5	119.6	111.0	4
	服装裁剪工	1990	…	26.3	28.5	…	46.1	50.0	48
		2000	…	78.0	88.8	…	83.4	95.0	48
		2002	100.0	100.0	100.0	100.0	100.0	100.0	48
		2003	106.9	117.5	106.6	103.3	113.5	103.0	48
		2004	109.7	112.7	114.3	102.2	105.0	106.5	48
		2005	118.9	115.5	121.1	107.9	104.8	109.9	4
		2006	124.8	120.5	130.5	110.8	107.0	115.9	4
	缝纫机操作工	1990	…	26.8	31.5	…	47.0	55.3	48
		2000	…	79.9	83.2	…	85.5	89.0	48
		2002	100.0	100.0	100.0	100.0	100.0	100.0	48
		2003	105.3	106.9	109.2	101.7	103.3	105.5	48
		2004	113.1	113.8	116.1	105.4	106.1	108.2	48
		2005	124.8	125.2	123.2	113.2	113.6	111.8	4
		2006	128.1	127.3	128.5	113.8	113.1	114.1	4
	速记员—打字员	1990	…	27.2	31.6	…	47.7	55.4	48
		2000	…	91.1	85.5	…	97.4	91.4	48
		2002	100.0	100.0	100.0	100.0	100.0	100.0	48
		2003	102.6	100.9	102.5	99.1	97.5	99.0	48
		2004	110.1	105.9	111.0	102.6	98.7	103.4	48
		2005	121.2	109.8	122.2	110.0	99.6	110.9	4
		2006	130.0	121.2	128.0	115.5	107.6	113.7	4
	办公室文员	1990	…	28.1	26.5	…	49.3	46.5	48
		2000	…	81.0	82.0	…	86.6	87.7	48
		2002	100.0	100.0	100.0	100.0	100.0	100.0	48
		2003	107.2	105.9	109.1	103.6	102.3	105.4	48
		2004	120.1	119.2	120.4	111.9	111.1	112.2	48
		2005	133.3	130.7	132.4	121.0	118.6	120.1	4
		2006	143.5	140.5	143.4	127.4	124.8	127.4	4
	焊工	1990	…	32.2	36.2	…	56.5	63.5	48
		2000	…	82.6	81.2	…	88.3	86.8	48
		2002	100.0	100.0	100.0	100.0	100.0	100.0	48
		2003	108.1	109.0	106.9	104.4	105.3	103.3	48
		2004	112.0	112.1	114.8	104.4	104.5	107.0	48
		2005	112.3	113.5	116.2	101.9	103.0	105.4	4
		2006	122.5	124.0	127.1	108.8	110.1	112.9	4

职业	年份	名义工资率指数 MF	名义工资率指数 M	名义工资率指数 F	实际工资率指数 MF	实际工资率指数 M	实际工资率指数 F	注 No.
配电和输电工程师	1990	…	30.2	…	…	53.0	…	48
	2000	…	80.1	81.5	…	85.7	87.2	48
	2002	100.0	100.0	100.0	100.0	100.0	100.0	48
	2003	106.6	106.5	111.0	103.0	102.9	107.2	48
	2004	111.9	112.3	109.4	104.3	104.7	102.0	48
	2005	118.5	119.4	121.3	107.5	108.3	110.1	4
	2006	129.2	129.9	130.1	114.7	115.4	115.5	4
劳工	1990	…	39.5	26.6	…	69.3	46.7	48
	2000	…	87.4	85.2	…	93.5	91.1	48
	2002	100.0	100.0	100.0	100.0	100.0	100.0	48
	2003	106.4	109.7	108.8	102.8	106.0	105.1	48
	2004	112.6	116.2	107.2	104.9	108.3	99.9	48
	2005	130.7	130.5	111.4	118.6	118.4	101.1	4
	2006	138.3	142.0	118.2	122.8	126.1	105.0	4
销售员（093）	1990	…	31.1	30.6	…	54.6	53.7	48
	2000	…	74.5	81.4	…	79.7	87.1	48
	2002	100.0	100.0	100.0	100.0	100.0	100.0	48
	2003	105.8	105.1	113.4	102.2	101.5	109.6	48
	2004	109.1	108.8	114.6	101.7	101.4	106.8	48
	2005	116.0	115.8	124.4	105.3	105.1	112.9	4
	2006	123.6	122.0	131.6	109.8	108.3	116.9	4
销售员（096）	1990	…	31.1	30.6	…	54.6	53.7	48
	2000	…	74.5	81.4	…	79.7	87.1	48
	2002	100.0	100.0	100.0	100.0	100.0	100.0	48
	2003	105.8	105.1	113.4	102.2	101.5	109.6	48
	2004	109.1	108.8	114.6	101.7	101.4	106.8	48
	2005	116.0	115.8	124.4	105.3	105.1	112.9	4
	2006	123.6	122.0	131.6	109.8	108.3	116.9	4
公共汽车司机	1990	…	35.0	40.3	…	61.4	70.7	48
	2000	…	93.8	84.4	…	100.3	90.3	48
	2002	100.0	100.0	100.0	100.0	100.0	100.0	48
	2003	105.1	105.2	105.3	101.5	101.6	101.7	48
	2004	112.8	112.8	107.6	105.1	105.1	100.3	48
	2005	117.6	117.7	118.9	106.7	106.8	107.9	4
	2006	124.8	124.8	130.2	110.8	110.8	115.6	4
城镇卡车司机	1990	…	35.0	40.3	…	61.4	70.7	48
	2000	…	93.8	84.4	…	100.3	90.3	48
	2002	100.0	100.0	100.0	100.0	100.0	100.0	48
	2003	105.1	105.2	105.3	101.5	101.6	101.7	48
	2004	112.8	112.8	107.6	105.1	105.1	100.3	48
	2005	117.6	117.7	118.9	106.7	106.8	107.9	4
	2006	124.8	124.8	130.2	110.8	110.8	115.6	4
会计	1990	…	36.3	28.9	…	63.7	50.7	48
	2000	…	79.6	83.5	…	85.1	89.3	48
	2002	100.0	100.0	100.0	100.0	100.0	100.0	48
	2003	110.0	110.0	111.7	106.3	106.3	107.9	48
	2004	114.9	115.8	115.2	107.1	107.9	107.4	48
	2005	121.3	124.1	114.8	110.1	112.6	104.2	4
	2006	128.5	133.4	117.1	114.1	118.5	104.0	4
计算机程序员	1990	…	30.5	26.0	…	53.5	45.6	48
	2000	…	86.4	89.3	…	92.4	95.5	48
	2002	100.0	100.0	100.0	100.0	100.0	100.0	48
	2003	112.7	112.8	111.0	108.9	109.0	107.2	48
	2004	118.4	118.8	113.8	110.3	110.7	106.1	48
	2005	118.3	117.3	120.6	107.4	106.4	109.4	4
	2006	131.0	131.9	123.6	116.3	117.1	109.8	4
垃圾工	1990	…	35.0	40.6	…	61.4	71.2	48
	2000	…	92.5	88.6	…	98.9	94.8	48
	2002	100.0	100.0	100.0	100.0	100.0	100.0	48
	2003	119.6	104.3	113.0	115.6	100.8	109.2	48
	2004	118.4	110.0	116.7	110.3	102.5	108.8	48
	2005	135.8	119.1	132.4	123.2	108.1	120.1	4
	2006	146.9	131.3	136.1	130.5	116.6	120.9	4

	职业	年份	名义工资率指数			实际工资率指数			注
			MF	M	F	MF	M	F	No.
	初等教育的教师	1990	…	35.3	45.1	…	61.9	79.1	49
		2000	…	91.8	95.3	…	98.2	101.9	49
		2002	100.0	100.0	100.0	100.0	100.0	100.0	49
		2003	114.1	114.8	112.4	110.2	110.9	108.6	49
		2004	117.3	117.6	117.5	109.3	109.6	109.5	49
		2005	130.3	129.1	130.1	118.2	117.2	118.1	50
		2006	139.4	141.5	137.2	123.8	125.7	121.8	50
	专业护士	1990	…	17.3	32.8	…	30.4	57.5	48
		2000	…	94.5	89.3	…	101.1	95.5	48
		2002	100.0	100.0	100.0	100.0	100.0	100.0	48
		2003	102.8	107.4	102.6	99.3	103.8	99.1	48
		2004	110.0	117.8	110.3	102.5	109.8	102.8	48
		2005	125.5	125.8	121.6	113.9	114.2	110.3	4
		2006	130.8	134.3	130.0	116.2	119.3	115.5	4
	酒店接待员	2000	…	91.3	90.7	…	97.6	97.0	48
		2002	100.0	100.0	100.0	100.0	100.0	100.0	48
		2003	105.5	105.3	107.5	101.9	101.7	103.9	48
		2004	104.8	97.4	109.1	97.7	90.8	101.7	48
		2005	114.4	114.6	117.4	103.8	104.0	106.5	4
		2006	128.8	131.8	129.4	114.4	117.1	114.9	4
	客房服务员或客房清理员	1990	…	47.8	49.7	…	83.9	87.2	48
		2000	…	88.0	87.3	…	94.1	93.4	48
		2002	100.0	100.0	100.0	100.0	100.0	100.0	48
		2003	106.2	108.7	105.5	102.6	105.0	101.9	48
		2004	112.4	110.3	111.4	104.8	102.8	103.8	48
		2005	116.9	113.3	116.4	106.1	102.8	105.6	4
		2006	120.6	115.6	121.0	107.1	102.7	107.5	4
中国澳门	服装裁剪工	1992	…	95.0	66.1	…	116.9	81.3	51
		1993	…	98.1	118.3	…	113.1	136.4	48
		1994	…	107.5	141.3	…	116.7	153.4	48
		1995	…	100.0	100.0	…	100.0	100.0	48
	缝纫机操作工	1992	…	94.1	102.7	…	115.7	126.3	51
		1993	…	102.5	100.0	…	118.2	115.3	48
		1994	…	83.2	105.3	…	90.3	114.3	48
		1995	…	100.0	100.0	…	100.0	100.0	48
	劳工	1990	…	63.6	60.4	…	63.6	60.4	52
		2000	…	100.0	100.0	…	100.0	100.0	45
		2003	…	95.1	104.4	…	101.3	111.2	45
		2004	…	111.4	112.1	…	117.4	118.1	45
		2005	…	150.5	135.2	…	152.0	136.6	45
		2006	…	187.5	159.9	…	180.1	153.6	4
		2007	…	202.7	183.5	…	184.4	167.0	4
	会计	1994	…	132.0	95.1	…	143.3	103.3	53
		1995	…	100.0	100.0	…	100.0	100.0	48
	酒店接待员	1992	…	76.8	83.8	…	94.5	103.1	51
		1993	…	88.1	90.4	…	101.6	104.3	48
		1994	…	87.9	91.8	…	95.4	99.7	48
		1995	…	100.0	100.0	…	100.0	100.0	48
	客房服务员或客房清理员	1992	…	90.7	81.2	…	111.6	99.9	51
		1993	…	98.5	91.3	…	113.6	105.3	48
		1994	…	101.1	97.1	…	109.8	105.4	48
		1995	…	100.0	100.0	…	100.0	100.0	48
太平洋岛国									
美属萨摩亚	客房服务员或客房清理员	1983	…	94.6	…	…	96.4	…	54
		1984	…	100.0	…	…	100.0	…	54
斐济	农场工人	1987	112.2	…	…	125.5	…	…	55
		1988	100.0	…	…	100.0	…	…	56
	服装裁剪工	1983	139.1	…	…	184.0	…	…	57
		1984	144.8	…	…	181.9	…	…	58
		1987	96.6	…	…	108.1	…	…	42
		1988	100.0	…	…	100.0	…	…	58
	缝纫机操作工	1984	98.6	…	…	123.9	…	…	58
		1987	97.2	…	…	108.7	…	…	42
		1988	100.0	…	…	100.0	…	…	58
	速记员—打字员	1984	89.6	…	…	112.6	…	…	58
		1987	112.1	…	…	125.4	…	…	42
		1988	100.0	…	…	100.0	…	…	58

	职业	年份	名义工资率指数			实际工资率指数			注
			MF	M	F	MF	M	F	No.
	办公室文员	1984	88.8	…	…	111.6	…	…	58
		1987	70.0	…	…	78.3	…	…	42
		1988	100.0	…	…	100.0	…	…	58
	焊工	1983	111.5	…	…	147.5	…	…	57
		1987	128.7	…	…	144.0	…	…	42
		1988	100.0	…	…	100.0	…	…	58
	配电和输电工程师	1984	106.0	…	…	133.2	…	…	58
		1987	197.0	…	…	220.4	…	…	42
		1988	100.0	…	…	100.0	…	…	58
	劳工	1984	101.9	…	…	128.0	…	…	58
		1987	123.4	…	…	138.0	…	…	42
		1988	100.0	…	…	100.0	…	…	58
	销售员（093）	1983	94.6	…	…	125.1	…	…	57
		1984	88.6	…	…	111.3	…	…	58
		1988	100.0	…	…	100.0	…	…	58
	销售员（096）	1984	92.7	…	…	116.5	…	…	58
		1987	130.3	…	…	145.7	…	…	42
		1988	100.0	…	…	100.0	…	…	58
	公共汽车司机	1984	107.6	…	…	135.2	…	…	58
		1987	115.3	…	…	129.0	…	…	42
		1988	100.0	…	…	100.0	…	…	58
	城镇卡车司机	1984	100.7	…	…	126.5	…	…	58
		1987	105.6	…	…	118.1	…	…	42
		1988	100.0	…	…	100.0	…	…	58
	会计	1984	96.3	…	…	121.0	…	…	58
		1987	102.0	…	…	114.1	…	…	42
		1988	100.0	…	…	100.0	…	…	58
	计算机程序员	1984	108.1	…	…	135.8	…	…	58
		1987	72.0	…	…	80.5	…	…	42
		1988	100.0	…	…	100.0	…	…	58
	垃圾工	1983	106.2	…	…	140.5	…	…	57
		1984	216.0	…	…	271.4	…	…	58
		1987	195.5	…	…	218.7	…	…	42
		1988	100.0	…	…	100.0	…	…	58
	初等教育的教师	1984	92.5	…	…	116.2	…	…	58
		1987	90.8	…	…	101.6	…	…	42
		1988	100.0	…	…	100.0	…	…	58
	专业护士	1984	103.5	…	…	130.0	…	…	58
		1987	100.8	…	…	112.8	…	…	42
		1988	100.0	…	…	100.0	…	…	58
	酒店接待员	1983	68.8	…	…	91.0	…	…	57
		1984	82.6	…	…	103.8	…	…	58
		1987	112.3	…	…	125.6	…	…	42
		1988	100.0	…	…	100.0	…	…	58
	客房服务员或客房清理员	1983	64.1	…	…	84.8	…	…	57
		1984	77.5	…	…	97.4	…	…	58
		1987	79.4	…	…	88.8	…	…	42
		1988	100.0	…	…	100.0	…	…	58
法属波利尼西亚	初等教育的教师	1988	149.3	…	…	155.8	…	…	59
		1989	98.5	…	…	100.0	…	…	59
		1990	100.0	…	…	100.0	…	…	59
关岛	焊工	1985	…	107.3	…	…	115.1	…	60
		1987	…	100.0	…	…	100.0	…	33
	劳工	1985	177.3	…	…	190.2	…	…	60
		1987	100.0	…	…	100.0	…	…	33
		1989	190.1	…	…	162.9	…	…	40
巴布亚新几内亚	农场工人	1983	…	91.1	…	…	184.0	…	3
		1995	…	100.0	…	…	100.0	…	3
		1996	…	100.0	…	…	89.6	…	3
	垃圾工	1995	…	100.0	…	…	100.0	…	3
		1996	…	100.0	…	…	89.6	…	3

	职业	年份	名义工资率指数			实际工资率指数			注
			MF	M	F	MF	M	F	No.
南亚									
巴基斯坦	农场工人	2000	…	100.0	…	…	100.0	…	4
		2001	…	113.6	…	…	110.1	…	4
		2002	…	113.6	…	…	105.8	…	4
		2003	…	120.5	…	…	109.0	…	4
		2004	…	120.5	…	…	101.5	…	4
	速记员—打字员	2000	…	100.0	…	…	100.0	…	4
		2001	…	118.2	…	…	114.5	…	4
		2002	…	118.2	…	…	110.1	…	4
		2003	…	129.1	…	…	116.8	…	4
		2004	…	129.1	…	…	108.8	…	4
	办公室文员	2000	…	100.0	…	…	100.0	…	4
		2001	…	109.4	…	…	106.0	…	4
		2002	…	109.4	…	…	101.9	…	4
		2003	…	112.5	…	…	101.8	…	4
		2004	…	112.5	…	…	94.8	…	4
	焊工	2000	…	100.0	…	…	100.0	…	4
		2001	…	105.6	…	…	102.3	…	4
		2002	…	106.7	…	…	99.3	…	4
		2003	…	112.0	…	…	101.4	…	4
		2004	…	112.0	…	…	94.4	…	4
	配电和输电工程师	2000	…	100.0	…	…	100.0	…	4
		2001	…	108.7	…	…	105.3	…	4
		2002	…	108.7	…	…	101.2	…	4
		2003	…	117.4	…	…	106.2	…	4
		2004	…	117.4	…	…	98.9	…	4
	公共汽车司机	2000	…	100.0	…	…	100.0	…	4
		2001	…	110.0	…	…	106.6	…	4
		2002	…	110.0	…	…	102.4	…	4
		2003	…	112.0	…	…	101.4	…	4
		2004	…	112.0	…	…	94.4	…	4
	城镇卡车司机	2000	…	100.0	…	…	100.0	…	4
		2001	…	110.0	…	…	106.6	…	4
		2002	…	110.0	…	…	102.4	…	4
		2003	…	112.0	…	…	101.4	…	4
		2004	…	112.0	…	…	94.4	…	4
	会计	2000	…	100.0	…	…	100.0	…	4
		2001	…	112.5	…	…	109.0	…	4
		2002	…	112.5	…	…	104.7	…	4
		2003	…	120.8	…	…	109.3	…	4
		2004	…	120.8	…	…	101.8	…	4
	垃圾工	2000	100.0	…	…	100.0	…	…	4
		2001	125.0	…	…	121.1	…	…	4
		2002	125.0	…	…	116.4	…	…	4
		2003	130.0	…	…	117.6	…	…	4
		2004	130.0	…	…	109.5	…	…	4
	初等教育的教师	2000	100.0	…	…	100.0	…	…	4
		2001	116.7	…	…	113.1	…	…	4
		2002	116.7	…	…	108.7	…	…	4
		2003	133.3	…	…	120.6	…	…	4
		2004	133.3	…	…	112.3	…	…	4
	专业护士	2000	100.0	…	…	100.0	…	…	4
		2001	133.3	…	…	129.2	…	…	4
		2002	133.3	…	…	124.1	…	…	4
		2003	138.3	…	…	125.2	…	…	4
		2004	138.3	…	…	116.5	…	…	4
	酒店接待员	2000	…	100.0	…	…	100.0	…	4
		2001	…	107.7	…	…	104.4	…	4
		2002	…	107.7	…	…	100.3	…	4
		2003	…	115.4	…	…	104.4	…	4
		2004	…	115.4	…	…	97.2	…	4

	职业	年份	名义工资率指数			实际工资率指数			注
			MF	M	F	MF	M	F	No.
东南亚									
文莱达鲁萨兰国	劳工	2001	100.0	…	…	100.0	…	…	3
		2002	99.6	…	…	101.9	…	…	3
	销售员（093）	2001	100.0	100.0	100.0	100.0	100.0	100.0	3
		2002	106.0	111.6	97.5	108.5	114.2	99.8	3
马来西亚	焊工	1989	…	100.0	…	…	100.0	…	4
		1991	…	90.6	…	…	84.2	…	48
	会计	1986	…	63.3	62.7	…	67.3	66.6	48
		1988	…	65.1	63.3	…	67.0	65.1	4
		1989	…	100.0	100.0	…	100.0	100.0	4
	酒店接待员	1987	…	92.1	…	…	97.2	…	48
		1989	…	100.0	…	…	100.0	…	4
缅甸	农场工人	2006	100.0	…	…	100.0	…	…	4
		2007	100.0	…	…	74.1	…	…	4
	缝纫机操作工	2000	100.0	…	…	100.0	…	…	4
		2002	102.8	…	…	54.0	…	…	4
		2003	102.8	…	…	39.6	…	…	4
		2004	102.8	…	…	37.8	…	…	4
		2006	750.0	…	…	210.4	…	…	4
		2007	750.0	…	…	155.8	…	…	4
	速记员—打字员	2000	100.0	…	…	100.0	…	…	4
		2002	102.4	…	…	53.8	…	…	4
		2003	102.4	…	…	39.4	…	…	4
		2004	102.4	…	…	37.7	…	…	4
		2006	642.9	…	…	180.3	…	…	4
		2007	642.9	…	…	133.6	…	…	4
	办公室文员	2000	100.0	…	…	100.0	…	…	4
		2002	102.1	…	…	53.7	…	…	4
		2003	102.1	…	…	39.3	…	…	4
		2004	102.1	…	…	37.6	…	…	4
		2006	562.5	…	…	157.8	…	…	4
		2007	562.5	…	…	116.9	…	…	4
	焊工	2000	100.0	…	…	100.0	…	…	4
		2001	100.0	…	…	82.6	…	…	4
		2002	102.4	…	…	53.8	…	…	4
		2003	102.4	…	…	39.4	…	…	4
		2004	102.4	…	…	37.7	…	…	4
	配电和输电工程师	2000	100.0	…	…	100.0	…	…	4
		2002	102.7	…	…	54.0	…	…	4
		2003	102.7	…	…	39.5	…	…	4
		2004	102.7	…	…	37.8	…	…	4
		2006	1 600.0	…	…	448.8	…	…	4
		2007	1 600.0	…	…	332.4	…	…	4
	劳工	2000	100.0	…	…	100.0	…	…	4
		2001	100.0	…	…	82.6	…	…	4
		2002	103.3	…	…	54.3	…	…	4
		2003	103.3	…	…	39.8	…	…	4
		2004	103.3	…	…	38.0	…	…	4
	销售员（093）	2000	100.0	…	…	100.0	…	…	4
		2002	102.4	…	…	53.8	…	…	4
		2003	102.4	…	…	39.4	…	…	4
		2004	102.4	…	…	37.7	…	…	4
		2006	642.9	…	…	180.3	…	…	4
		2007	642.9	…	…	133.6	…	…	4
	销售员（096）	2000	100.0	…	…	100.0	…	…	4
		2002	102.4	…	…	53.8	…	…	4
		2003	102.4	…	…	39.4	…	…	4
		2004	102.4	…	…	37.7	…	…	4
		2006	642.9	…	…	180.3	…	…	4
		2007	642.9	…	…	133.6	…	…	4
	公共汽车司机	2000	100.0	…	…	100.0	…	…	4
		2001	100.0	…	…	82.6	…	…	4
		2002	102.1	…	…	53.7	…	…	4
		2003	102.1	…	…	39.3	…	…	4
		2004	102.1	…	…	37.6	…	…	4

	职业	年份	名义工资率指数			实际工资率指数			注
			MF	M	F	MF	M	F	No.
	城镇卡车司机	2000	100.0	…	…	100.0	…	…	4
		2001	100.0	…	…	82.6	…	…	4
		2002	102.1	…	…	53.7	…	…	4
		2003	102.1	…	…	39.3	…	…	4
		2004	102.1	…	…	37.6	…	…	4
	会计	2000	100.0	…	…	100.0	…	…	4
		2002	101.9	…	…	53.6	…	…	4
		2003	101.9	…	…	39.2	…	…	4
		2004	101.9	…	…	37.5	…	…	4
		2006	611.1	…	…	171.4	…	…	4
		2007	611.1	…	…	127.0	…	…	4
	计算机程序员	2000	100.0	…	…	100.0	…	…	4
		2001	100.0	…	…	82.6	…	…	4
		2002	101.9	…	…	53.6	…	…	4
		2003	101.9	…	…	39.2	…	…	4
		2004	101.9	…	…	37.5	…	…	4
	垃圾工	2000	100.0	…	…	100.0	…	…	4
		2001	100.0	…	…	82.6	…	…	4
		2002	103.3	…	…	54.3	…	…	4
		2003	103.3	…	…	39.8	…	…	4
		2004	103.3	…	…	38.0	…	…	4
	初等教育的教师	2000	100.0	…	…	100.0	…	…	4
		2002	102.4	…	…	53.8	…	…	4
		2003	102.4	…	…	39.4	…	…	4
		2004	102.4	…	…	37.7	…	…	4
		2006	785.7	…	…	220.4	…	…	4
		2007	785.7	…	…	163.2	…	…	4
	专业护士	2000	100.0	…	…	100.0	…	…	4
		2002	101.9	…	…	53.6	…	…	4
		2003	101.9	…	…	39.2	…	…	4
		2004	101.9	…	…	37.5	…	…	4
		2006	611.1	…	…	171.4	…	…	4
		2007	611.1	…	…	127.0	…	…	4
	酒店接待员	2000	100.0	…	…	100.0	…	…	4
		2001	100.0	…	…	82.6	…	…	4
		2002	101.9	…	…	53.6	…	…	4
		2003	101.9	…	…	39.2	…	…	4
		2004	101.9	…	…	37.5	…	…	4
	客房服务员或客房清理员	2000	100.0	…	…	100.0	…	…	4
		2001	100.0	…	…	82.6	…	…	4
		2002	102.8	…	…	54.0	…	…	4
		2003	102.8	…	…	39.6	…	…	4
		2004	102.8	…	…	37.8	…	…	4
菲律宾	农场工人	1985	…	96.2	101.3	…	97.0	102.1	61
		1986	…	100.0	100.0	…	100.0	100.0	62
		1987	…	128.2	…	…	123.5	…	63
	服装裁剪工	1997	86.4	…	…	101.2	…	…	64
		1999	100.0	…	…	100.0	…	…	4
		2002	151.4	…	…	131.8	…	…	4
		2004	112.7	…	…	89.6	…	…	48
		2006	150.6	…	…	104.7	…	…	4
	缝纫机操作工	1990	44.5	…	…	98.5	…	…	65
		1997	82.4	…	…	96.5	…	…	66
		1999	100.0	…	…	100.0	…	…	67
		2002	131.3	…	…	114.3	…	…	67
		2004	116.4	…	…	92.5	…	…	68
		2006	127.5	…	…	88.6	…	…	67
	办公室文员	1990	61.4	…	…	93.2	…	…	69
		1991	80.7	…	…	103.2	…	…	69
		1992	86.3	…	…	101.3	…	…	69
		1993	95.2	…	…	103.8	…	…	69
		1994	100.0	…	…	100.0	…	…	69
		1995	117.1	…	…	108.4	…	…	4
	焊工	1997	76.4	…	…	89.5	…	…	64
		1999	100.0	…	…	100.0	…	…	4
		2002	111.6	…	…	97.1	…	…	4
		2004	105.3	…	…	83.7	…	…	48
		2006	120.9	…	…	84.0	…	…	4

职业	年份	名义工资率指数			实际工资率指数			注
		MF	M	F	MF	M	F	No.
配电和输电工程师	1997	85.4	…	…	100.0	…	…	64
	1999	100.0	…	…	100.0	…	…	4
	2002	151.3	…	…	131.7	…	…	4
	2004	100.7	…	…	80.0	…	…	48
	2006	124.8	…	…	86.7	…	…	4
劳工	1990	65.3	…	…	99.1	…	…	69
	1994	100.0	…	…	100.0	…	…	69
	1995	108.0	…	…	100.0	…	…	4
	2002	181.1	…	…	108.0	…	…	4
	2004	157.1	…	…	85.5	…	…	48
	2006	195.0	…	…	92.9	…	…	4
销售员（093）	1990	31.3	…	…	69.2	…	…	69
	1997	92.5	…	…	108.3	…	…	64
	1999	100.0	…	…	100.0	…	…	4
	2002	112.0	…	…	97.5	…	…	4
	2004	114.9	…	…	91.3	…	…	48
	2006	129.4	…	…	89.9	…	…	4
销售员（096）	1990	48.1	…	…	106.4	…	…	69
	1997	90.0	…	…	105.4	…	…	64
	1999	100.0	…	…	100.0	…	…	4
	2002	161.5	…	…	140.6	…	…	4
	2004	124.0	…	…	98.6	…	…	48
	2006	157.9	…	…	109.7	…	…	4
公共汽车司机	1990	48.4	…	…	107.1	…	…	69
	1997	83.1	…	…	97.3	…	…	64
	1999	100.0	…	…	100.0	…	…	4
	2002	140.9	…	…	122.6	…	…	4
	2004	154.0	…	…	122.4	…	…	48
	2006	148.3	…	…	103.1	…	…	4
城镇卡车司机	1990	66.5	…	…	100.9	…	…	69
	1994	100.0	…	…	100.0	…	…	69
	1995	110.7	…	…	102.5	…	…	69
	2002	244.8	…	…	146.0	…	…	4
	2004	178.6	…	…	97.2	…	…	48
	2006	196.0	…	…	93.3	…	…	4
会计	1997	70.1	…	…	82.1	…	…	64
	1999	100.0	…	…	100.0	…	…	4
	2002	104.9	…	…	91.3	…	…	4
	2004	104.0	…	…	82.7	…	…	48
	2006	100.8	…	…	70.0	…	…	4
计算机程序员	2002	100.0	…	…	100.0	…	…	4
	2004	111.4	…	…	101.7	…	…	4
	2006	121.9	…	…	97.4	…	…	4
初等教育的教师	1997	84.1	…	…	98.5	…	…	70
	1999	100.0	…	…	100.0	…	…	71
	2002	152.4	…	…	132.6	…	…	4
	2004	148.2	…	…	117.8	…	…	72
	2006	141.2	…	…	98.1	…	…	4
专业护士	1990	42.6	…	…	94.2	…	…	73
	1997	88.2	…	…	103.3	…	…	70
	1999	100.0	…	…	100.0	…	…	71
	2002	148.8	…	…	129.5	…	…	4
	2004	130.7	…	…	103.9	…	…	72
	2006	134.8	…	…	93.7	…	…	4
酒店接待员	1997	89.5	…	…	104.8	…	…	64
	1999	100.0	…	…	100.0	…	…	4
	2002	152.1	…	…	132.4	…	…	4
	2004	122.9	…	…	97.7	…	…	48
	2006	117.5	…	…	81.7	…	…	4
客房服务员或客房清理员	1997	80.7	…	…	94.5	…	…	64
	1999	100.0	…	…	100.0	…	…	4
	2002	142.0	…	…	123.6	…	…	4
	2004	120.5	…	…	95.8	…	…	48
	2006	114.9	…	…	79.8	…	…	4

	职业	年份	名义工资率指数			实际工资率指数			注
			MF	M	F	MF	M	F	No.
新加坡	服装裁剪工	1990	…	100.0	100.0	…	100.0	100.0	74
		1995	…	121.6	121.5	…	107.0	106.9	75
		1996	…	118.8	150.4	…	103.1	130.6	75
		1997	…	…	154.8	…	…	131.7	75
		1998	…	…	147.3	…	…	125.6	75
		2000	…	…	152.5	…	…	128.1	75
	缝纫机操作工	1990	…	…	69.6	…	…	83.8	74
		2000	…	…	126.1	…	…	127.5	75
		2002	…	…	105.8	…	…	106.4	75
		2003	100.0	…	100.0	100.0	…	100.0	75
		2004	103.8	…	105.8	102.1	…	104.1	75
		2005	117.0	…	115.4	114.6	…	113.1	76
		2006	113.6	…	113.5	110.2	…	110.1	76
	速记员—打字员	1989	…	…	90.7	…	…	93.8	74
		1990	…	…	100.0	…	…	100.0	74
		1991	…	…	92.3	…	…	89.2	77
		1992	…	…	104.2	…	…	98.4	75
		1994	…	…	109.1	…	…	97.7	75
	办公室文员	1990	…	63.9	53.1	…	76.8	63.8	74
		2000	…	97.1	88.9	…	98.2	89.9	75
		2002	101.4	103.5	101.0	102.0	104.1	101.5	75
		2003	100.0	100.0	100.0	100.0	100.0	100.0	75
		2004	99.0	93.5	99.7	97.3	92.0	98.1	75
		2005	96.4	89.4	97.7	94.4	87.7	95.6	76
		2006	91.4	80.7	93.1	88.7	78.3	90.3	76
	焊工	1990	…	63.7	67.1	…	78.9	83.1	74
		2000	…	110.5	…	…	115.1	…	75
		2002	105.8	105.9	…	109.6	109.7	…	75
		2003	110.6	108.6	…	114.0	112.0	…	75
		2004	102.3	101.5	…	103.8	102.9	…	75
		2005	93.8	93.2	…	94.7	94.1	…	76
		2006	100.0	100.0	100.0	100.0	100.0	100.0	76
	劳工	1990	…	74.8	79.2	…	90.1	95.2	74
		2000	…	96.6	124.1	…	97.6	125.4	75
		2002	92.8	96.0	79.1	93.3	96.5	79.5	75
		2003	100.0	100.0	100.0	100.0	100.0	100.0	75
		2004	100.9	101.8	112.1	99.2	100.1	110.2	75
		2005	99.4	98.4	113.8	97.4	96.3	111.5	76
		2006	100.9	98.9	119.7	97.9	95.9	116.1	76
	销售员（093）	1990	…	104.1	84.9	…	125.2	102.1	74
		2000	…	112.7	99.2	…	113.9	100.3	75
		2002	100.2	102.3	99.4	100.7	102.9	99.9	75
		2003	100.0	100.0	100.0	100.0	100.0	100.0	75
		2004	102.4	112.1	99.9	100.7	110.3	98.3	75
		2005	106.4	115.4	105.1	104.2	113.0	103.0	76
		2006	114.4	118.9	112.7	110.9	115.4	109.4	76
	销售员（096）	1990	…	69.9	64.8	…	84.1	77.9	74
		2000	…	112.7	99.2	…	113.9	100.3	75
		2002	100.2	102.3	99.4	100.7	102.9	99.9	75
		2003	100.0	100.0	100.0	100.0	100.0	100.0	75
		2004	102.4	112.1	99.9	100.7	110.3	98.3	75
		2005	106.4	115.4	105.1	104.2	113.0	103.0	76
		2006	114.4	118.9	112.7	110.9	115.4	109.4	76
	公共汽车司机	1990	…	60.6	64.9	…	72.9	78.1	74
		2000	…	95.5	95.1	…	96.6	96.2	75
		2002	100.4	100.3	101.8	100.9	100.8	102.2	75
		2003	100.0	100.0	100.0	100.0	100.0	100.0	75
		2004	97.2	97.0	98.9	95.7	95.5	97.3	75
		2005	100.5	100.5	100.9	98.4	98.4	98.8	76
		2006	102.8	102.7	…	99.7	99.6	…	76
	城镇卡车司机	1990	…	50.9	…	…	62.3	…	74
		2000	…	87.3	…	…	89.9	…	75
		2002	…	86.6	…	…	88.6	…	75
		2003	…	98.2	…	…	99.9	…	75
		2004	100.0	100.0	…	100.0	100.0	…	75
		2005	96.1	96.5	…	95.8	96.1	…	76
		2006	94.2	94.2	…	93.0	93.0	…	76

国家	职业	年份	名义工资率指数			实际工资率指数			注
			MF	M	F	MF	M	F	No.
	会计	1990	…	109. 2	84. 7	…	131. 4	101. 9	74
		2000	…	92. 6	98. 8	…	93. 6	99. 9	75
		2002	106. 0	114. 5	101. 7	106. 5	115. 1	102. 2	75
		2003	100. 0	100. 0	100. 0	100. 0	100. 0	100. 0	75
		2004	90. 5	90. 2	90. 6	89. 0	88. 7	89. 1	75
		2005	99. 6	96. 4	100. 6	97. 6	94. 4	98. 6	76
		2006	102. 1	106. 3	100. 9	99. 0	103. 0	97. 9	76
	计算机程序员	1990	…	97. 2	83. 6	…	117. 0	100. 7	74
		2000	…	137. 2	109. 3	…	138. 8	110. 6	75
		2002	102. 1	99. 1	107. 1	102. 7	99. 6	107. 8	75
		2003	100. 0	100. 0	100. 0	100. 0	100. 0	100. 0	75
		2004	110. 4	114. 4	105. 0	108. 7	112. 5	103. 3	75
		2005	120. 1	124. 8	112. 0	117. 7	122. 3	109. 7	76
		2006	138. 9	146. 9	125. 1	134. 9	142. 6	121. 5	76
	垃圾工	1986	…	99. 3	98. 0	…	101. 3	100. 0	74
		1987	…	97. 6	97. 2	…	99. 1	98. 7	74
		1988	…	100. 0	100. 0	…	100. 0	100. 0	74
		1989	…	111. 5	108. 4	…	108. 9	105. 9	74
		1990	…	115. 3	109. 8	…	108. 9	103. 7	74
	初等教育的教师		…	100. 0	100. 0	…	100. 0	100. 0	74
		1994	…	182. 7	341. 0	…	163. 6	305. 3	75
		1995	…	172. 6	240. 8	…	152. 0	212. 1	75
		1996	…	192. 5	247. 7	…	167. 2	215. 0	75
		1997	…	203. 7	256. 3	…	173. 5	218. 2	75
		1999	…	…	146. 3	…	…	124. 7	75
	专业护士	1990	…	57. 1	65. 4	…	68. 6	78. 7	74
		2000	…	91. 0	89. 8	…	92. 0	90. 8	75
		2002	96. 2	97. 5	96. 0	96. 6	97. 9	96. 4	75
		2003	100. 0	100. 0	100. 0	100. 0	100. 0	100. 0	75
		2004	98. 7	98. 7	98. 6	97. 1	97. 1	97. 0	75
		2005	94. 2	93. 0	94. 2	92. 2	91. 2	92. 2	76
		2006	94. 8	83. 5	95. 3	92. 0	81. 0	92. 5	76
	酒店接待员	1990	…	77. 3	76. 0	…	93. 0	91. 4	74
		2000	…	98. 7	103. 8	…	99. 9	104. 9	75
		2002	102. 0	107. 9	100. 3	102. 5	108. 4	100. 8	75
		2003	100. 0	100. 0	100. 0	100. 0	100. 0	100. 0	75
		2004	106. 9	112. 6	104. 8	105. 1	110. 8	103. 1	75
		2005	123. 5	120. 7	124. 2	120. 9	118. 2	121. 6	76
		2006	101. 9	102. 4	101. 6	98. 9	99. 3	98. 5	76
	客房服务员或客房清理员	1990	…	89. 7	83. 4	…	108. 0	100. 3	74
		2000	…	121. 3	105. 4	…	122. 7	106. 5	75
		2002	97. 2	90. 2	98. 1	97. 7	90. 7	98. 6	75
		2003	100. 0	100. 0	100. 0	100. 0	100. 0	100. 0	75
		2004	104. 0	105. 2	103. 7	102. 3	103. 4	102. 0	75
		2005	117. 0	123. 9	115. 7	114. 6	121. 3	113. 3	76
		2006	108. 8	118. 9	106. 3	105. 5	115. 3	103. 2	76
泰国	服装裁剪工	1993	…	100. 0	100. 0	…	100. 0	100. 0	78
		1994	…	91. 9	91. 2	…	87. 4	86. 8	79
		1995	…	100. 7	82. 0	…	90. 6	73. 7	79
		2005	…	91. 9	119. 5	…	60. 1	78. 2	4
		2006	…	81. 5	133. 0	…	50. 9	83. 1	4
	缝纫机操作工	1993	…	100. 0	100. 0	…	100. 0	100. 0	78
		1994	…	120. 6	85. 0	…	114. 7	80. 9	79
		1995	…	128. 3	98. 2	…	115. 4	88. 3	79
		2005	…	144. 0	123. 4	…	94. 2	80. 7	4
		2006	…	160. 1	130. 9	…	100. 0	81. 8	4
	速记员—打字员	1993	…	100. 0	100. 0	…	100. 0	100. 0	78
		1994	…	…	85. 2	…	…	81. 1	79
		1995	…	96. 2	99. 3	…	86. 5	89. 3	79
		2005	…	106. 8	86. 0	…	69. 8	56. 2	4
		2006	…	73. 5	110. 8	…	45. 9	69. 2	4
	办公室文员	1993	…	100. 0	100. 0	…	100. 0	100. 0	78
		1994	…	111. 8	166. 5	…	106. 4	158. 4	79
		1995	…	89. 1	133. 6	…	80. 1	120. 1	79
		2005	…	165. 3	241. 7	…	108. 1	158. 1	4
		2006	…	163. 1	257. 9	…	101. 9	161. 1	4

职业	年份	名义工资率指数 MF	名义工资率指数 M	名义工资率指数 F	实际工资率指数 MF	实际工资率指数 M	实际工资率指数 F	注 No.
焊工	1993	…	100.0	100.0	…	100.0	100.0	78
	1994	…	103.0	95.8	…	98.0	91.2	79
	1995	…	120.0	…	…	107.9	…	79
	2005	…	177.6	210.4	…	116.2	137.6	4
	2006	…	174.0	227.0	…	108.7	141.8	4
配电和输电工程师	1991	…	56.2	55.3	…	60.4	59.5	78
	1993	…	100.0	100.0	…	100.0	100.0	78
	1994	…	81.6	…	…	77.6	…	79
	2005	…	188.5	135.4	…	123.3	88.6	4
	2006	…	192.4	…	…	120.2	…	4
劳工	1993	…	100.0	100.0	…	100.0	100.0	78
	1994	…	108.0	110.8	…	102.8	105.4	79
	1995	…	121.6	98.1	…	109.4	88.2	79
	2005	…	145.3	152.4	…	95.0	99.7	4
	2006	…	162.5	170.7	…	101.5	106.6	4
销售员（093）	1993	…	100.0	100.0	…	100.0	100.0	78
	1994	…	120.5	93.5	…	114.7	89.0	79
	1995	…	203.7	139.7	…	183.2	125.6	79
	2005	…	112.9	103.6	…	73.8	67.8	4
	2006	…	121.3	101.0	…	75.8	63.1	4
销售员（096）	1993	…	100.0	100.0	…	100.0	100.0	78
	1994	…	105.7	100.5	…	100.6	95.6	79
	1995	…	127.7	114.2	…	114.8	102.7	79
	2005	…	149.7	147.6	…	97.9	96.5	4
	2006	…	160.8	144.0	…	100.4	89.9	4
公共汽车司机	1993	…	100.0	100.0	…	100.0	100.0	78
	1994	…	73.2	61.5	…	69.6	58.5	79
	1995	…	72.6	43.1	…	65.3	38.8	79
	2005	…	140.7	68.7	…	92.0	44.9	4
	2006	…	145.0	164.8	…	90.6	102.9	4
城镇卡车司机	1993	…	100.0	100.0	…	100.0	100.0	78
	1994	…	73.2	61.5	…	69.6	58.5	79
	1995	…	72.6	43.1	…	65.3	38.8	79
	2005	…	111.2	94.6	…	72.7	61.9	4
	2006	…	122.1	46.7	…	76.3	29.2	4
会计	1993	…	100.0	100.0	…	100.0	100.0	78
	1994	…	98.0	83.4	…	93.2	79.4	79
	1995	…	114.2	91.8	…	102.7	82.6	79
	2005	…	224.0	159.5	…	146.5	104.3	4
	2006	…	219.6	158.9	…	137.2	99.3	4
计算机程序员	1985	…	33.0	37.1	…	50.5	56.7	4
	1991	…	96.5	66.8	…	115.4	79.9	78
	1995	…	100.0	100.0	…	100.0	100.0	79
	2005	…	115.4	119.0	…	83.9	86.5	4
	2006	…	181.0	141.2	…	125.7	98.1	4
垃圾工	1991	…	74.0	…	…	121.7	…	4
	2005	…	100.0	…	…	100.0	…	4
	2006	…	117.1	…	…	111.8	…	4
初等教育的教师	1993	…	100.0	100.0	…	100.0	100.0	78
	1994	…	103.0	99.6	…	98.0	94.8	79
	1995	…	124.5	101.5	…	112.0	91.3	79
	2005	…	356.9	306.3	…	233.4	200.3	4
	2006	…	409.7	324.4	…	255.9	202.6	4
专业护士	1993	…	100.0	100.0	…	100.0	100.0	78
	1994	…	143.5	118.1	…	136.5	112.4	79
	1995	…	146.5	155.0	…	131.7	139.4	79
	2005	…	178.3	182.7	…	116.6	119.5	4
	2006	…	191.0	192.0	…	119.3	119.9	4
酒店接待员	1993	…	100.0	100.0	…	100.0	100.0	78
	1994	…	121.5	114.7	…	115.6	109.1	79
	1995	…	140.6	133.3	…	126.4	119.9	79
	2005	…	236.7	229.3	…	154.8	150.0	4
	2006	…	223.8	260.6	…	139.8	162.8	4
客房服务员或客房清理员	1993	…	100.0	100.0	…	100.0	100.0	78
	1994	…	105.8	100.5	…	100.7	95.6	79
	1995	…	109.1	113.9	…	98.1	102.4	79
	2005	…	147.0	136.4	…	96.1	89.2	4
	2006	…	155.0	142.0	…	96.8	88.7	4

	职业	年份	名义工资率指数 MF	名义工资率指数 M	名义工资率指数 F	实际工资率指数 MF	实际工资率指数 M	实际工资率指数 F	注 No.
拉丁美洲和加勒比地区									
加勒比地区									
安圭拉	办公室文员	1997	…	…	100.0	…	…	102.6	4
		1998	…	…	100.0	…	…	100.0	4
		1999	…	…	100.0	…	…	99.3	4
		2000	…	…	100.0	…	…	91.8	4
	焊工	1996	…	100.0	…	…	103.2	…	4
		1997	…	100.0	…	…	102.6	…	4
		1998	…	100.0	…	…	100.0	…	4
		1999	…	100.0	…	…	99.3	…	4
		2000	…	100.0	…	…	91.8	…	4
	配电和输电工程师	1990	…	104.0	…	…	130.2	…	4
		1996	…	100.0	…	…	103.2	…	4
		1997	…	100.0	…	…	102.6	…	4
		1998	…	100.0	…	…	100.0	…	4
		1999	…	100.0	…	…	99.3	…	4
		2000	…	100.0	…	…	91.8	…	4
	劳工	1990	…	82.8	…	…	103.6	…	4
		1993	…	90.9	…	…	102.5	…	4
		1994	…	90.9	…	…	98.5	…	4
		1996	…	100.0	…	…	103.2	…	4
		1997	…	100.0	…	…	102.6	…	4
		1998	…	100.0	…	…	100.0	…	4
	销售员（093）	1996	…	…	100.0	…	…	103.2	4
		1997	…	…	100.0	…	…	102.6	4
		1998	…	…	100.0	…	…	100.0	4
		1999	…	…	100.0	…	…	99.3	4
		2000	…	…	100.0	…	…	91.8	4
	销售员（096）	1996	100.0	…	…	103.2	…	…	4
		1997	100.0	…	…	102.6	…	…	4
		1998	100.0	…	…	100.0	…	…	4
		1999	100.0	…	…	99.3	…	…	4
		2000	100.0	…	…	91.8	…	…	4
	城镇卡车司机	1996	…	100.0	…	…	103.2	…	4
		1997	…	100.0	…	…	102.6	…	4
		1998	…	100.0	…	…	100.0	…	4
		1999	…	100.0	…	…	99.3	…	4
		2000	…	100.0	…	…	91.8	…	4
	会计	1994	90.9	…	…	98.5	…	…	4
		1997	100.0	…	…	102.6	…	…	4
		1998	100.0	…	…	100.0	…	…	4
		1999	100.0	…	…	99.3	…	…	4
		2000	100.0	…	…	91.8	…	…	4
	计算机程序员	1996	…	78.8	…	…	81.3	…	4
		1997	…	100.0	…	…	102.6	…	4
		1998	…	100.0	…	…	100.0	…	4
		1999	…	100.0	…	…	99.3	…	4
		2000	…	100.0	…	…	91.8	…	4
	垃圾工	1990	…	93.7	…	…	117.3	…	4
		1996	…	100.0	…	…	103.2	…	4
		1997	…	100.0	…	…	102.6	…	4
		1998	…	100.0	…	…	100.0	…	4
		1999	…	100.0	…	…	99.3	…	4
		2000	…	100.0	…	…	91.8	…	4
	初等教育的教师	1995	88.9	…	…	94.8	…	…	80
		1996	97.8	…	…	100.9	…	…	80
		1997	100.0	…	…	102.6	…	…	80
		1998	100.0	…	…	100.0	…	…	80
		1999	100.0	…	…	99.3	…	…	80
	专业护士	1997	100.0	…	…	102.6	…	…	4
		1998	100.0	…	…	100.0	…	…	4
		1999	100.0	…	…	99.3	…	…	4
	酒店接待员	1990	…	89.0	…	…	111.4	…	4
		1991	…	86.4	…	…	103.3	…	4
		1996	…	100.0	…	…	103.2	…	4
		1997	…	100.0	…	…	102.6	…	4
		1998	…	100.0	…	…	100.0	…	4

	职业	年份	名义工资率指数			实际工资率指数			注
			MF	M	F	MF	M	F	No.
	客房服务员或客房清理员	1990	…	66.1	…	…	82.7	…	4
		1991	…	77.6	…	…	92.8	…	4
		1996	…	100.0	…	…	103.2	…	4
		1997	…	100.0	…	…	102.6	…	4
		1998	…	100.0	…	…	100.0	…	4
安提瓜和巴布达	服装裁剪工	1995	…	98.8	…	…	101.9	…	81
		1996	…	100.0	…	…	100.0	…	81
	缝纫机操作工	1995	…	…	152.4	…	…	157.1	81
		1996	…	…	100.0	…	…	100.0	81
	速记员—打字员	1989	…	…	14.2	…	…	14.4	81
		1995	…	…	65.9	…	…	67.9	81
		1996	…	…	100.0	…	…	100.0	81
	办公室文员	1989	…	…	16.6	…	…	16.8	81
		1990	…	…	75.2	…	…	71.2	81
		1995	…	…	77.9	…	…	80.3	81
		1996	…	…	100.0	…	…	100.0	81
	焊工	1990	…	14.9	…	…	14.1	…	81
		1996	…	100.0	…	…	100.0	…	81
	配电和输电工程师	1993	…	107.4	…	…	119.9	…	81
		1995	…	95.2	…	…	98.1	…	81
		1996	…	100.0	…	…	100.0	…	81
	劳工	1989	…	21.1	…	…	21.4	…	81
		1993	…	21.5	…	…	24.0	…	81
		1994	…	21.7	…	…	22.9	…	81
		1995	…	105.7	…	…	109.0	…	81
		1996	…	100.0	…	…	100.0	…	81
	销售员（093）	1989	…	52.7	…	…	51.8	…	81
		1995	…	100.0	…	…	100.0	…	81
	销售员（096）	1989	…	78.5	…	…	79.6	…	81
		1995	…	83.5	84.8	…	86.1	87.4	81
		1996	…	100.0	100.0	…	100.0	100.0	81
	公共汽车司机	1993	…	27.7	…	…	30.9	…	81
		1996	…	100.0	…	…	100.0	…	81
	城镇卡车司机	1989	…	57.1	…	…	57.9	…	81
		1995	…	95.2	…	…	98.1	…	81
		1996	…	100.0	…	…	100.0	…	81
	会计	1989	66.6	…	…	67.5	…	…	81
		1990	114.3	…	…	108.2	…	…	81
		1996	100.0	…	…	100.0	…	…	81
	垃圾工	1990	…	61.5	…	…	58.2	…	81
		1993	…	68.6	…	…	76.6	…	81
		1994	…	75.1	…	…	79.3	…	81
		1995	…	100.0	…	…	103.1	…	81
		1996	…	100.0	…	…	100.0	…	81
	初等教育的教师	1989	…	99.8	94.0	…	101.2	95.3	82
		1996	…	100.0	100.0	…	100.0	100.0	81
	专业护士	1995	100.0	…	…	103.1	…	…	81
		1996	100.0	…	…	100.0	…	…	81
	酒店接待员	1990	…	…	17.4	…	…	16.5	81
		1994	…	…	151.3	…	…	159.8	81
		1995	…	…	151.3	…	…	156.0	81
		1996	…	…	100.0	…	…	100.0	81
	客房服务员或客房清理员	1989	…	…	4.7	…	…	4.8	81
		1996	…	…	100.0	…	…	100.0	81
巴哈马	农场工人	1986	…	97.7	…	…	103.4	…	3
		1987	…	100.0	…	…	100.0	…	3
		1988	…	139.2	…	…	133.3	…	3
	缝纫机操作工	1986	…	…	64.3	…	…	68.0	3
		1987	…	100.0	100.0	…	100.0	100.0	3
		1988	…	52.3	…	…	50.1	…	3
	配电和输电工程师	1986	…	138.1	…	…	146.1	…	3
		1987	…	100.0	…	…	100.0	…	3
		1988	…	104.6	…	…	100.2	…	3
	销售员（093）	2003	…	100.0	100.0	…	100.0	100.0	11
		2004	…	85.2	105.1	…	84.2	103.9	11

	职业	年份	名义工资率指数			实际工资率指数			注
			MF	M	F	MF	M	F	No.
	公共汽车司机	2003	…	100.0	100.0	…	100.0	100.0	11
		2004	…	88.9	123.7	…	87.8	122.2	11
	会计	2003	…	100.0	100.0	…	100.0	100.0	11
		2004	…	100.4	100.7	…	99.2	99.5	11
	计算机程序员	2003	…	100.0	100.0	…	100.0	100.0	11
		2004	…	100.3	101.8	…	99.1	100.6	11
	专业护士	2003	…	100.0	100.0	…	100.0	100.0	11
		2004	…	137.5	77.1	…	135.9	76.2	11
巴巴多斯	会计	1991	100.0	…	…	110.0	…	…	83
		1992	100.0	…	…	103.7	…	…	83
		1993	100.0	…	…	102.6	…	…	83
		1994	100.0	…	…	102.5	…	…	83
		1995	100.0	…	…	100.0	…	…	83
百慕大	劳工	1999	97.1	…	…	99.7	…	…	39
		2000	100.0	…	…	100.0	…	…	39
古巴	农场工人	2005	88.4	88.4	…	93.0	93.0	…	3
		2006	100.0	100.0	…	100.0	100.0	…	3
		2007	129.5	129.5	…	121.7	121.7	…	3
	服装裁剪工	2005	81.9	81.9	…	86.1	86.1	…	3
		2006	100.0	100.0	…	100.0	100.0	…	3
		2007	108.3	108.3	…	101.8	101.8	…	3
	缝纫机操作工	2005	100.0	…	100.0	105.2	…	105.2	3
		2006	100.0	…	100.0	100.0	…	100.0	3
		2007	115.3	…	115.3	108.4	…	108.4	3
	焊工	2005	100.0	100.0	…	105.2	105.2	…	3
		2006	100.0	100.0	…	100.0	100.0	…	3
		2007	91.9	91.9	…	86.4	86.4	…	3
	配电和输电工程师	2005	114.0	114.0	…	119.9	119.9	…	3
		2006	100.0	100.0	…	100.0	100.0	…	3
		2007	118.9	118.9	…	111.7	111.7	…	3
	劳工	2005	83.0	83.0	…	87.3	87.3	…	3
		2006	100.0	100.0	…	100.0	100.0	…	3
		2007	91.9	91.9	…	86.4	86.4	…	3
	销售员（093）	2005	90.1	90.1	90.1	94.7	94.7	94.7	3
		2006	100.0	100.0	100.0	100.0	100.0	100.0	3
		2007	100.0	100.0	100.0	94.0	94.0	94.0	3
	销售员（096）	2005	90.1	90.1	90.1	94.7	94.7	94.7	3
		2006	100.0	100.0	100.0	100.0	100.0	100.0	3
		2007	100.0	100.0	100.0	94.0	94.0	94.0	3
	公共汽车司机	2005	79.2	79.2	…	83.3	83.3	…	3
		2006	100.0	100.0	…	100.0	100.0	…	3
		2007	110.7	110.7	…	104.0	104.0	…	3
	城镇卡车司机	2005	94.8	94.8	…	99.7	99.7	…	3
		2006	100.0	100.0	…	100.0	100.0	…	3
		2007	107.5	107.5	…	101.0	101.0	…	3
	会计	2005	76.6	…	76.6	80.5	…	80.5	3
		2006	100.0	…	100.0	100.0	…	100.0	3
		2007	87.1	…	87.1	81.9	…	81.9	3
	垃圾工	2005	100.0	100.0	100.0	105.2	105.2	105.2	3
		2006	100.0	100.0	100.0	100.0	100.0	100.0	3
		2007	113.7	113.7	100.0	106.9	106.9	94.0	3
	初等教育的教师	2005	99.5	100.0	98.8	104.6	105.2	103.9	3
		2006	100.0	100.0	100.0	100.0	100.0	100.0	3
		2007	78.9	91.5	69.4	74.2	86.0	65.2	3
	专业护士	2005	85.5	…	85.5	89.9	…	89.9	3
		2006	100.0	…	100.0	100.0	…	100.0	3
		2007	163.0	…	163.0	153.2	…	153.2	3
	酒店接待员	2006	100.0	100.0	100.0	100.0	100.0	100.0	3
		2007	140.0	100.0	140.0	131.6	94.0	131.6	3
	客房服务员或客房清理员	2005	81.2	…	81.2	85.4	…	85.4	3
		2006	100.0	…	100.0	100.0	…	100.0	3
		2007	138.2	…	138.2	129.9	…	129.9	3

	职业	年份	名义工资率指数			实际工资率指数			注
			MF	M	F	MF	M	F	No.
格林纳达	农场工人	1993	…	100.0	100.0	…	104.9	104.9	4
		1994	…	100.0	100.0	…	102.2	102.2	4
		1995	…	100.0	100.0	…	100.0	100.0	4
	速记员—打字员	1993	…	…	100.0	…	…	104.9	4
		1994	…	…	100.0	…	…	102.2	4
		1995	…	…	100.0	…	…	100.0	4
	办公室文员	1993	100.0	…	…	104.9	…	…	4
		1994	100.0	…	…	102.2	…	…	4
		1995	100.0	…	…	100.0	…	…	4
	劳工	1993	…	91.6	…	…	96.1	…	4
		1994	…	91.6	…	…	93.7	…	4
		1995	…	100.0	…	…	100.0	…	4
	销售员（093）	1993	100.0	…	…	104.9	…	…	4
		1994	100.0	…	…	102.2	…	…	4
		1995	100.0	…	…	100.0	…	…	4
	销售员（096）	1993	100.0	…	…	104.9	…	…	4
		1994	100.0	…	…	102.2	…	…	4
		1995	100.0	…	…	100.0	…	…	4
	公共汽车司机	1993	…	100.0	…	…	104.9	…	4
		1994	…	100.0	…	…	102.2	…	4
		1995	…	100.0	…	…	100.0	…	4
	城镇卡车司机	1993	…	100.0	…	…	104.9	…	4
		1994	…	100.0	…	…	102.2	…	4
		1995	…	100.0	…	…	100.0	…	4
	计算机程序员	1993	100.0	…	…	104.9	…	…	4
		1994	100.0	…	…	102.2	…	…	4
		1995	100.0	…	…	100.0	…	…	4
	垃圾工	1993	…	100.0	…	…	104.9	…	4
		1994	…	100.0	…	…	102.2	…	4
		1995	…	100.0	…	…	100.0	…	4
	初等教育的教师	1993	95.0	…	…	99.7	…	…	4
		1994	95.0	…	…	97.1	…	…	4
		1995	100.0	…	…	100.0	…	…	4
	专业护士	1993	98.9	…	…	103.8	…	…	4
		1994	98.9	…	…	101.1	…	…	4
		1995	100.0	…	…	100.0	…	…	4
	客房服务员或客房清理员	1993	100.0	…	…	104.9	…	…	4
		1994	100.0	…	…	102.2	…	…	4
		1995	100.0	…	…	100.0	…	…	4
瓜德罗普	农场工人	1990	100.0	…	…	100.0	…	…	84
		1991	106.5	…	…	103.3	…	…	84
荷属安的列斯	服装裁剪工	1987	…	98.6	87.6	…	101.0	89.8	85
		1988	…	100.0	100.0	…	100.0	100.0	85
	缝纫机操作工	1987	…	97.5	96.4	…	99.9	98.8	85
		1988	…	100.0	100.0	…	100.0	100.0	85
	速记员—打字员	1984	…	93.2	…	…	100.9	…	86
		1987	…	92.5	93.4	…	94.8	95.7	85
		1988	…	100.0	100.0	…	100.0	100.0	85
		1989	…	…	95.4	…	…	91.7	87
	办公室文员	1984	…	…	85.0	…	…	92.0	86
		1985	…	…	133.6	…	…	144.0	86
		1987	…	98.0	105.3	…	100.4	107.9	85
		1988	…	100.0	100.0	…	100.0	100.0	85
		1989	…	72.4	87.3	…	69.6	83.9	87
	焊工	1984	…	62.4	…	…	62.7	…	86
		1985	…	100.0	…	…	100.0	…	86
	配电和输电工程师	1984	…	100.0	…	…	100.5	…	86
		1985	…	100.0	…	…	100.0	…	86
		1987	…	107.4	…	…	102.2	…	85
	劳工	1985	…	88.0	…	…	94.8	…	86
		1987	…	100.0	…	…	102.5	…	85
		1988	…	100.0	…	…	100.0	…	85
		1989	…	86.3	…	…	83.0	…	87

	职业	年份	名义工资率指数			实际工资率指数			注
			MF	M	F	MF	M	F	No.
	销售员（093）	1984	…	102.6	83.7	…	111.0	90.6	86
		1985	…	30.4	38.2	…	32.8	41.2	86
		1987	…	122.8	96.2	…	125.8	98.6	85
		1988	…	100.0	100.0	…	100.0	100.0	85
		1989	…	71.1	44.4	…	68.4	42.7	87
	销售员（096）	1985	…	63.6	81.0	…	68.5	87.3	86
		1987	…	99.4	103.1	…	101.8	105.6	85
		1988	…	100.0	100.0	…	100.0	100.0	85
		1989	…	96.8	89.2	…	93.1	85.8	87
	公共汽车司机	1987	…	100.0	…	…	102.5	…	88
		1988	…	100.0	…	…	100.0	…	88
	城镇卡车司机	1984	…	96.3	…	…	96.8	…	86
		1985	…	100.0	…	…	100.0	…	86
		1989	…	98.7	…	…	88.1	…	87
	会计	1984	…	94.8	84.6	…	102.6	91.6	86
		1985	…	58.8	…	…	63.4	…	86
		1987	…	100.0	100.0	…	102.5	102.5	85
		1988	…	100.0	100.0	…	100.0	100.0	85
		1989	…	105.1	116.6	…	101.1	112.1	87
	初等教育的教师	1984	…	100.0	100.0	…	108.2	108.2	86
		1985	…	100.0	100.0	…	107.8	107.8	86
		1987	…	100.0	100.0	…	102.5	102.5	85
		1988	…	100.0	100.0	…	100.0	100.0	85
	专业护士	1984	…	65.6	95.0	…	71.0	102.8	86
		1985	…	71.2	110.5	…	76.7	119.1	86
		1987	…	100.0	100.0	…	102.5	102.5	85
		1988	…	100.0	100.0	…	100.0	100.0	85
		1989	…	101.7	142.1	…	97.8	136.6	87
	酒店接待员	1984	…	144.6	118.4	…	156.5	128.1	86
		1985	…	64.0	82.1	…	69.0	88.5	86
		1987	…	100.6	97.9	…	103.1	100.3	85
		1988	…	100.0	100.0	…	100.0	100.0	85
		1989	…	89.9	99.8	…	86.4	96.0	87
	客房服务员或客房清理员	1984	…	…	121.2	…	…	121.8	86
		1985	…	100.0	100.0	…	100.0	100.0	86
		1987	…	…	127.1	…	…	120.9	85
		1988	…	120.6	…	…	112.0	…	85
		1989	…	121.6	121.0	…	108.6	108.0	87
波多黎各	服装裁剪工	1984	…	115.1	…	…	126.3	…	89
		1986	…	97.8	97.9	…	107.1	107.2	89
		1989	…	100.0	100.0	…	100.0	100.0	89
	缝纫机操作工	1986	…	118.5	121.1	…	129.8	132.6	89
		1989	…	100.0	100.0	…	100.0	100.0	89
	办公室文员	1986	…	89.4	89.7	…	97.9	98.2	89
		1989	…	100.0	100.0	…	100.0	100.0	89
	焊工	1986	…	96.1	107.7	…	105.3	118.0	89
		1989	…	100.0	100.0	…	100.0	100.0	89
	劳工	1984	…	100.5	…	…	103.4	…	89
		1987	…	100.0	100.0	…	100.0	100.0	89
		1990	…	110.9	110.5	…	98.3	98.0	89
		1993	…	125.3	…	…	101.8	…	89
	会计	1984	…	87.2	85.0	…	89.7	87.4	89
		1987	…	100.0	100.0	…	100.0	100.0	89
		1990	…	113.1	114.1	…	100.3	101.2	89
	计算机程序员	1984	…	89.8	88.5	…	92.4	91.0	89
		1987	…	100.0	100.0	…	100.0	100.0	89
		1990	…	109.9	119.1	…	97.4	105.6	89
	专业护士	1986	…	89.0	86.1	…	97.5	94.3	89
		1989	…	100.0	100.0	…	100.0	100.0	89
		1990	…	101.9	91.0	…	96.4	86.1	89
	酒店接待员		100.0	…	…	100.0	…	…	89
		1993	112.0	…	…	102.7	…	…	89
	客房服务员或客房清理员	1990	100.0	…	…	100.0	…	…	89
		1993	101.1	…	…	92.7	…	…	89

	职业	年份	名义工资率指数			实际工资率指数			注
			MF	M	F	MF	M	F	No.
圣基茨和尼维斯	农场工人	1999	100.0	…	…	100.0	…	…	90
		2000	102.3	…	…	100.2	…	…	3
	服装裁剪工	1985	…	…	1 333.3	…	…	2 011.0	3
		1999	…	…	100.0	…	…	100.0	90
		2000	…	…	100.0	…	…	97.9	3
	缝纫机操作工	1999	…	…	100.0	…	…	100.0	90
		2000	…	…	100.0	…	…	97.9	3
	速记员—打字员	1999	…	…	100.0	…	…	100.0	90
		2000	…	…	100.0	…	…	97.9	3
	办公室文员	1999	…	…	100.0	…	…	100.0	90
		2000	…	…	100.0	…	…	97.9	3
	焊工	1985	…	35.9	…	…	54.1	…	3
		1999	…	100.0	…	…	100.0	…	90
		2000	…	103.0	…	…	100.9	…	3
	配电和输电工程师	1984	…	81.5	…	…	125.6	…	90
		1985	…	70.4	…	…	106.2	…	3
		1999	…	100.0	…	…	100.0	…	90
		2000	…	110.0	…	…	107.7	…	3
	劳工	1999	…	100.0	…	…	100.0	…	90
		2000	…	100.0	…	…	97.9	…	3
	公共汽车司机	1999	100.0	…	…	100.0	…	…	90
		2000	110.0	…	…	107.7	…	…	3
	会计	1999	100.0	…	…	100.0	…	…	90
		2000	107.0	…	…	104.8	…	…	3
	垃圾工	1985	…	35.9	…	…	54.1	…	3
		1999	…	100.0	…	…	100.0	…	90
		2000	…	101.9	…	…	99.8	…	3
	初等教育的教师	1999	…	…	100.0	…	…	100.0	90
		2000	…	…	110.0	…	…	107.7	3
	专业护士	1999	…	…	100.0	…	…	100.0	90
		2000	…	…	110.0	…	…	107.7	3
	酒店接待员	1984	…	…	100.0	…	…	100.0	90
		1985	…	…	103.2	…	…	101.0	3
圣卢西亚	服装裁剪工	1987	…	…	72.7	…	…	79.5	4
		1990	…	100.0	100.0	…	100.0	100.0	4
		1991	…	103.0	103.0	…	96.7	96.7	4
	缝纫机操作工	1988	67.2	…	…	72.3	…	…	4
		1989	67.2	…	…	69.8	…	…	4
		1990	100.0	…	…	100.0	…	…	4
		1991	103.0	…	…	96.7	…	…	4
	速记员—打字员	1990	100.0	…	…	100.0	…	…	4
		1991	103.0	…	…	96.7	…	…	4
	办公室文员	1988	107.8	…	…	116.0	…	…	4
		1989	107.8	…	…	111.9	…	…	4
		1990	100.0	…	…	100.0	…	…	4
		1991	103.0	…	…	96.7	…	…	4
	焊工	1990	…	100.0	…	…	100.0	…	4
		1991	…	105.0	…	…	98.6	…	4
	劳工	1990	…	100.0	…	…	100.0	…	4
		1991	…	100.0	…	…	93.9	…	4
	销售员（093）	1989	133.3	…	…	138.4	…	…	4
		1990	100.0	…	…	100.0	…	…	4
		1991	100.0	…	…	93.9	…	…	4
	销售员（096）	1988	155.6	…	…	167.5	…	…	4
		1989	155.6	…	…	161.6	…	…	4
		1990	100.0	…	…	100.0	…	…	4
		1991	100.0	…	…	93.9	…	…	4
	城镇卡车司机	1989	…	95.2	…	…	98.9	…	4
		1990	…	100.0	…	…	100.0	…	4
		1991	…	100.0	…	…	93.9	…	4
	会计	1988	85.7	…	…	92.2	…	…	4
		1989	85.7	…	…	89.0	…	…	4
		1990	100.0	…	…	100.0	…	…	4
		1991	105.0	…	…	98.6	…	…	4

	职业	年份	名义工资率指数			实际工资率指数			注
			MF	M	F	MF	M	F	No.
	垃圾工	1987	…	…	97.1	…	…	106.1	4
		1988	…	…	97.1	…	…	104.5	4
		1989	…	…	97.1	…	…	100.8	4
		1990	…	…	100.0	…	…	100.0	4
		1991	…	…	102.9	…	…	96.6	4
	初等教育的教师	1988	61.8	…	…	66.5	…	…	4
		1989	91.4	…	…	94.9	…	…	4
		1990	100.0	…	…	100.0	…	…	4
		1991	103.0	…	…	96.7	…	…	4
	专业护士	1988	86.2	…	…	92.8	…	…	4
		1989	94.3	…	…	97.9	…	…	4
		1990	100.0	…	…	100.0	…	…	4
		1991	103.0	…	…	96.7	…	…	4
	酒店接待员	1988	81.5	…	…	87.7	…	…	4
		1989	81.5	…	…	84.6	…	…	4
		1990	100.0	…	…	100.0	…	…	4
		1991	103.0	…	…	96.7	…	…	4
	客房服务员或客房清理员	1988	39.5	…	…	42.5	…	…	4
		1989	39.5	…	…	41.0	…	…	4
		1990	100.0	…	…	100.0	…	…	4
		1991	103.0	…	…	96.7	…	…	4
圣文森特和格林纳丁斯	配电和输电工程师	2002	100.0	…	…	100.0	…	…	91
		2003	100.0	…	…	99.7	…	…	92
	公共汽车司机	2002	100.0	…	…	100.0	…	…	91
		2003	100.0	…	…	99.7	…	…	92
	会计	2002	100.0	…	…	100.0	…	…	91
		2003	100.0	…	…	99.7	…	…	92
	计算机程序员	2002	100.0	…	…	100.0	…	…	91
		2003	100.2	…	…	99.9	…	…	92
	初等教育的教师	2002	100.0	…	…	100.0	…	…	91
		2003	100.0	…	…	99.7	…	…	92
	专业护士	2002	100.0	…	…	100.0	…	…	91
		2003	100.0	…	…	99.7	…	…	92
苏里南	农场工人	1983	…	100.0	…	…	100.0	…	1
		1984	…	506.8	…	…	488.7	…	1
	劳工	1991	130.0	…	…	454.5	…	…	93
		1993	100.0	…	…	100.0	…	…	93
		1995	4 324.9	…	…	274.9	…	…	93
	会计	1996	21.5	…	…	27.4	…	…	93
		1997	61.9	…	…	73.7	…	…	93
		1998	100.0	…	…	100.0	…	…	93
	计算机程序员	1992	0.5	…	…	23.8	…	…	93
		1993	0.5	…	…	10.0	…	…	93
		1996	31.6	…	…	40.3	…	…	93
		1997	68.3	…	…	81.3	…	…	93
		1998	100.0	…	…	100.0	…	…	93
	专业护士	1997	67.5	…	…	80.4	…	…	93
		1998	100.0	…	…	100.0	…	…	93
特立尼达和多巴哥	服装裁剪工	1996	96.6	…	…	113.2	…	…	94
		1999	100.0	…	…	103.5	…	…	94
		2000	100.0	…	…	100.0	…	…	94
	缝纫机操作工	1996	85.5	…	…	100.2	…	…	94
		1999	100.0	…	…	103.5	…	…	94
		2000	100.0	…	…	100.0	…	…	94
	焊工	1996	…	102.5	…	…	120.2	…	94
		1999	…	100.0	…	…	103.5	…	94
		2000	…	100.0	…	…	100.0	…	94
	销售员（093）	1996	88.9	…	…	104.2	…	…	94
		1999	100.0	…	…	103.5	…	…	94
		2000	100.0	…	…	100.0	…	…	94
	销售员（096）	1996	88.9	…	…	104.2	…	…	94
		1999	100.0	…	…	103.5	…	…	94
		2000	100.0	…	…	100.0	…	…	94

	职业	年份	名义工资率指数			实际工资率指数			注
			MF	M	F	MF	M	F	No.
中美洲									
伯利兹	速记员—打字员	1983	…	…	66.7	…	…	86.3	3
		1984	…	…	66.7	…	…	83.5	3
		1985	…	…	66.7	…	…	80.5	3
		1991	…	…	100.0	…	…	102.4	3
		1992	…	…	100.0	…	…	100.0	3
	办公室文员	1984	…	…	64.7	…	…	81.0	3
		1985	…	…	64.7	…	…	78.0	3
		1991	…	…	100.0	…	…	102.4	3
		1992	…	…	100.0	…	…	100.0	3
		1993	…	…	117.6	…	…	115.9	3
哥斯达黎加	农场工人	2005	72.2	72.2	…	80.5	80.5	…	3
		2006	100.0	100.0	…	100.0	100.0	…	3
		2007	109.9	109.9	…	100.5	100.5	…	3
	服装裁剪工	2005	90.5	88.9	…	100.9	99.1	…	3
		2006	100.0	100.0	…	100.0	100.0	…	3
		2007	79.6	78.1	…	72.8	71.4	…	3
	缝纫机操作工	2005	103.2	124.4	97.4	115.1	138.7	108.6	3
		2006	100.0	100.0	100.0	100.0	100.0	100.0	3
		2007	122.5	197.2	113.1	112.0	180.3	103.4	3
	速记员—打字员	2005	…	293.8	…	…	358.3	…	3
		2006	…	…	30.3	…	…	33.2	3
		2007	…	100.0	100.0	…	100.0	100.0	3
	办公室文员	2005	95.2	103.1	92.8	106.1	114.9	103.5	3
		2006	100.0	100.0	100.0	100.0	100.0	100.0	3
		2007	109.5	96.5	115.1	100.1	88.2	105.2	3
	焊工	2005	87.1	87.1	…	97.1	97.1	…	3
		2006	100.0	100.0	…	100.0	100.0	…	3
		2007	119.5	119.5	…	109.2	109.2	…	3
	配电和输电工程师	2005	169.2	169.2	…	188.6	188.6	…	3
		2006	100.0	100.0	…	100.0	100.0	…	3
		2007	234.0	234.0	…	213.9	213.9	…	3
	劳工	2005	92.3	92.3	…	102.9	102.9	…	3
		2006	100.0	100.0	…	100.0	100.0	…	3
		2007	117.7	117.8	…	107.6	107.7	…	3
	销售员（093）	2005	86.4	87.7	83.9	96.3	97.8	93.5	3
		2006	100.0	100.0	100.0	100.0	100.0	100.0	3
		2007	113.5	122.9	104.9	103.7	112.3	95.9	3
	销售员（096）	2005	86.4	87.7	83.9	96.3	97.8	93.5	3
		2006	100.0	100.0	100.0	100.0	100.0	100.0	3
		2007	113.5	122.9	104.9	103.7	112.3	95.9	3
	公共汽车司机	2005	81.4	81.3	86.1	90.7	90.6	96.0	3
		2006	100.0	100.0	100.0	100.0	100.0	100.0	3
		2007	114.0	116.5	66.2	104.2	106.5	60.5	3
	城镇卡车司机	2005	85.4	85.7	…	95.2	95.5	…	3
		2006	100.0	100.0	100.0	100.0	100.0	100.0	3
		2007	105.5	106.0	58.3	96.4	96.9	53.3	3
	会计	2005	75.6	80.5	64.9	84.3	89.7	72.4	3
		2006	100.0	100.0	100.0	100.0	100.0	100.0	3
		2007	113.3	100.4	136.4	103.6	91.8	124.7	3
	计算机程序员	2005	89.8	86.1	100.0	100.1	96.0	111.5	3
		2006	100.0	100.0	100.0	100.0	100.0	100.0	3
		2007	132.9	120.5	…	121.5	110.1	…	3
	垃圾工	2005	70.8	…	…	78.9	…	…	3
		2006	100.0	100.0	…	100.0	100.0	…	3
		2007	98.1	98.1	…	89.7	89.7	…	3
	初等教育的教师	2005	…	80.3	89.5	…	89.5	99.8	3
		2006	100.0	100.0	100.0	100.0	100.0	100.0	3
		2007	108.3	110.2	108.3	99.0	100.7	99.0	3
	专业护士	2005	73.9	66.1	75.2	82.4	73.7	83.8	3
		2006	100.0	100.0	100.0	100.0	100.0	100.0	3
		2007	107.7	75.2	115.7	98.4	68.7	105.8	3
	酒店接待员	2005	83.2	86.4	81.5	92.8	96.3	90.9	3
		2006	100.0	100.0	100.0	100.0	100.0	100.0	3
		2007	113.9	121.1	107.2	104.1	110.7	98.0	3

	职业	年份	名义工资率指数			实际工资率指数			注
			MF	M	F	MF	M	F	No.
	客房服务员或客房清理员	2005	86.1	94.4	81.1	96.0	105.2	90.4	3
		2006	100.0	100.0	100.0	100.0	100.0	100.0	3
		2007	104.6	105.6	106.4	95.6	96.5	97.3	3
萨尔瓦多	服装裁剪工	2004	100.0	…	…	100.0	…	…	3
		2005	126.1	…	…	120.4	…	…	3
		2006	123.1	…	…	113.0	…	…	3
		2007	105.9	…	…	93.0	…	…	3
	缝纫机操作工	2003	108.4	…	…	113.3	…	…	3
		2004	100.0	…	…	100.0	…	…	3
		2005	136.1	…	…	130.0	…	…	3
		2006	112.5	…	…	103.3	…	…	3
		2007	106.9	…	…	93.9	…	…	3
	速记员—打字员	2003	…	…	141.6	…	…	148.0	3
		2004	…	…	100.0	…	…	100.0	3
		2005	…	…	83.3	…	…	79.6	3
		2006	…	…	99.0	…	…	90.9	3
		2007	…	…	67.0	…	…	58.8	3
	办公室文员	2003	…	100.0	…	…	104.5	…	3
		2004	…	100.0	…	…	100.0	…	3
		2005	…	66.9	…	…	63.9	…	3
		2006	…	69.9	…	…	64.2	…	3
		2007	…	53.7	…	…	47.1	…	3
	焊工	2003	…	114.1	…	…	119.2	…	3
		2004	…	100.0	…	…	100.0	…	3
		2005	…	102.5	…	…	97.9	…	3
		2006	…	108.5	…	…	99.6	…	3
		2007	…	129.3	…	…	113.5	…	3
	配电和输电工程师	2003	…	99.5	…	…	104.0	…	3
		2004	…	100.0	…	…	100.0	…	3
		2005	…	99.6	…	…	95.1	…	3
		2006	…	99.6	…	…	91.5	…	3
		2007	…	139.9	…	…	122.8	…	3
	劳工	2003	…	100.0	…	…	104.5	…	3
		2004	…	100.0	…	…	100.0	…	3
		2005	…	113.2	…	…	108.1	…	3
		2006	…	113.2	…	…	103.9	…	3
		2007	…	110.3	…	…	96.8	…	3
	销售员（093）	2003	93.7	…	…	97.9	…	…	3
		2004	100.0	…	…	100.0	…	…	3
		2005	102.5	…	…	97.9	…	…	3
		2006	95.4	…	…	87.6	…	…	3
		2007	94.0	…	…	82.5	…	…	3
	销售员（096）	2003	100.0	…	…	104.5	…	…	3
		2004	100.0	…	…	100.0	…	…	3
		2005	112.7	…	…	107.6	…	…	3
		2006	81.9	…	…	75.2	…	…	3
		2007	93.8	…	…	82.4	…	…	3
	公共汽车司机	2003	…	90.6	…	…	94.7	…	3
		2004	…	100.0	…	…	100.0	…	3
		2005	…	119.6	…	…	114.2	…	3
		2006	…	163.8	…	…	150.4	…	3
		2007	…	166.4	…	…	146.1	…	3
	城镇卡车司机	2003	…	75.2	…	…	78.6	…	3
		2004	…	100.0	…	…	100.0	…	3
		2005	…	143.8	…	…	137.3	…	3
		2006	…	172.6	…	…	158.5	…	3
		2007	…	109.2	…	…	95.9	…	3
	会计	2003	90.5	…	…	94.6	…	…	3
		2004	100.0	…	…	100.0	…	…	3
		2005	79.6	…	…	76.0	…	…	3
		2006	56.0	…	…	51.4	…	…	3
		2007	65.7	…	…	57.7	…	…	3
	计算机程序员	2003	…	88.6	109.4	…	92.6	114.3	3
		2004	…	100.0	100.0	…	100.0	100.0	3
		2005	…	100.0	100.0	…	95.5	95.5	3
		2006	…	100.7	107.8	…	92.5	99.0	3
		2007	…	76.6	120.2	…	67.3	105.5	3

	职业	年份	名义工资率指数			实际工资率指数			注
			MF	M	F	MF	M	F	No.
	垃圾工	2003	…	86.6	…	…	90.5	…	3
		2004	…	100.0	…	…	100.0	…	3
		2005	…	96.2	…	…	91.9	…	3
		2006	…	86.3	…	…	79.2	…	3
		2007	…	88.0	…	…	77.3	…	3
	初等教育的教师	2003	100.0	…	…	104.5	…	…	3
		2004	100.0	…	…	100.0	…	…	3
		2005	97.2	…	…	92.8	…	…	3
		2006	108.9	…	…	100.0	…	…	3
		2007	224.4	…	…	197.0	…	…	3
	专业护士	2003	86.0	…	…	89.9	…	…	3
		2004	100.0	…	…	100.0	…	…	3
		2005	100.6	…	…	96.1	…	…	3
		2006	84.2	…	…	77.3	…	…	3
		2007	81.8	…	…	71.8	…	…	3
	酒店接待员	2003	94.6	…	…	98.9	…	…	3
		2004	100.0	…	…	100.0	…	…	3
		2005	114.6	…	…	109.5	…	…	3
		2006	79.9	…	…	73.4	…	…	3
		2007	107.8	…	…	94.6	…	…	3
	客房服务员或客房清理员	2003	95.9	…	…	100.2	…	…	3
		2004	100.0	…	…	100.0	…	…	3
		2005	92.6	…	…	88.4	…	…	3
		2006	99.4	…	…	91.3	…	…	3
		2007	97.1	…	…	85.3	…	…	3
洪都拉斯	服装裁剪工	1990	…	103.0	…	…	150.1	…	34
		1991	…	108.0	…	…	117.5	…	34
		1992	…	100.0	…	…	100.0	…	34
		1993	…	111.0	…	…	100.3	…	34
		1994	…	114.0	…	…	84.6	…	34
		1995	…	125.0	…	…	71.6	…	34
	缝纫机操作工	1990	…	82.2	…	…	161.5	…	34
		1991	…	83.0	…	…	121.7	…	34
		1992	…	96.0	…	…	129.4	…	34
		1993	…	97.2	…	…	118.4	…	34
		1994	…	100.0	…	…	100.0	…	34
		1995	…	110.9	…	…	85.6	…	34
	速记员—打字员	1985	…	100.0	…	…	100.0	…	34
		1986	…	82.2	…	…	79.4	…	34
	计算机程序员	1990	…	…	75.0	…	…	147.3	34
		1991	…	…	75.0	…	…	110.0	34
		1992	…	…	93.8	…	…	126.4	34
		1993	…	…	78.3	…	…	95.4	34
		1994	…	…	100.0	…	…	100.0	34
		1995	…	…	175.0	…	…	135.1	34
	垃圾工	1991	76.8	…	…	112.6	…	…	34
		1993	81.7	…	…	99.5	…	…	34
		1994	100.0	…	…	100.0	…	…	34
	专业护士	1990	…	61.4	…	…	89.5	…	34
		1991	…	62.4	…	…	67.9	…	34
		1992	…	100.0	100.0	…	100.0	100.0	34
		1993	…	70.0	…	…	63.2	…	34
		1994	…	91.5	…	…	67.9	…	34
		1995	…	158.4	325.3	…	90.8	186.4	34
	酒店接待员	1990	…	55.8	…	…	109.6	…	34
		1991	…	63.4	…	…	93.0	…	34
		1992	…	67.5	…	…	91.0	…	34
		1993	…	71.4	…	…	87.0	…	34
		1994	…	100.0	…	…	100.0	…	34
		1995	…	107.8	…	…	83.2	…	34
	客房服务员或客房清理员	1991	76.1	…	…	111.6	…	…	34
		1993	90.0	…	…	109.6	…	…	34
		1994	100.0	…	…	100.0	…	…	34
		1995	125.1	…	…	96.6	…	…	34

	职业	年份	名义工资率指数			实际工资率指数			注
			MF	M	F	MF	M	F	No.
尼加拉瓜	农场工人	1998	80.5	…	…	99.9	…	…	95
		1999	100.0	…	…	111.6	…	…	95
		2000	100.0	…	…	100.0	…	…	95
		2001	102.2	…	…	95.2	…	…	95
		2002	107.1	…	…	96.0	…	…	95
	服装裁剪工	1996	42.6	…	…	65.2	…	…	96
		1997	51.4	…	…	72.1	…	…	96
		2000	100.0	…	…	100.0	…	…	96
		2001	100.5	…	…	93.6	…	…	96
		2002	107.1	…	…	96.0	…	…	96
	缝纫机操作工	1998	84.2	…	…	104.5	…	…	97
		1999	84.2	…	…	94.0	…	…	97
		2000	100.0	…	…	100.0	…	…	97
		2001	104.0	…	…	96.8	…	…	97
		2002	106.3	…	…	95.3	…	…	97
	办公室文员	1993	91.7	…	…	151.1	…	…	97
		1998	100.0	…	…	100.0	…	…	97
		1999	100.0	…	…	89.9	…	…	97
		2002	107.8	…	…	77.8	…	…	97
	焊工	1997	…	65.8	…	…	92.3	…	96
		2000	…	100.0	…	…	100.0	…	96
		2001	…	101.3	…	…	94.3	…	96
		2002	…	101.4	…	…	90.9	…	96
	配电和输电工程师	1998	84.8	…	…	105.2	…	…	97
		1999	84.8	…	…	94.6	…	…	97
		2000	100.0	…	…	100.0	…	…	97
		2001	102.9	…	…	95.8	…	…	97
		2002	105.8	…	…	94.8	…	…	97
	劳工	2000	…	100.0	…	…	100.0	…	96
		2001	…	100.8	…	…	93.9	…	96
		2002	…	116.6	…	…	104.5	…	96
	销售员（093）	1993	15.0	…	…	34.2	…	…	96
		2002	100.0	…	…	100.0	…	…	96
	销售员（096）	1997	98.0	…	…	137.4	…	…	96
		1998	98.0	…	…	121.6	…	…	96
		2000	100.0	…	…	100.0	…	…	96
		2001	101.4	…	…	94.4	…	…	96
		2002	105.4	…	…	94.4	…	…	96
	公共汽车司机	1998	60.5	…	…	75.1	…	…	97
		1999	74.1	…	…	82.7	…	…	97
		2000	100.0	…	…	100.0	…	…	97
		2001	121.7	…	…	113.3	…	…	97
		2002	154.1	…	…	138.1	…	…	97
	会计	1998	61.3	…	…	76.1	…	…	97
		1999	99.2	…	…	110.7	…	…	97
		2000	100.0	…	…	100.0	…	…	97
		2001	100.1	…	…	93.2	…	…	97
		2002	101.3	…	…	90.8	…	…	97
	计算机程序员	1998	56.8	…	…	70.5	…	…	97
		1999	98.5	…	…	109.9	…	…	97
		2000	100.0	…	…	100.0	…	…	97
		2001	101.2	…	…	94.2	…	…	97
		2002	104.3	…	…	93.5	…	…	97
	垃圾工	1998	60.2	…	…	74.7	…	…	97
		1999	87.8	…	…	98.0	…	…	97
		2000	100.0	…	…	100.0	…	…	97
		2001	108.3	…	…	100.8	…	…	97
		2002	110.4	…	…	98.9	…	…	97
	初等教育的教师	1998	80.3	…	…	99.6	…	…	97
		1999	100.0	…	…	111.6	…	…	97
		2000	100.0	…	…	100.0	…	…	97
		2001	107.9	…	…	100.5	…	…	97
		2002	115.5	…	…	103.5	…	…	97

	职业	年份	名义工资率指数			实际工资率指数			注
			MF	M	F	MF	M	F	No.
	专业护士	1998	59.7	…	…	74.1	…	…	97
		1999	92.7	…	…	103.5	…	…	97
		2000	100.0	…	…	100.0	…	…	97
		2001	100.3	…	…	93.4	…	…	97
		2002	101.0	…	…	90.5	…	…	97
	酒店接待员	1998	82.7	…	…	102.6	…	…	97
		1999	99.3	…	…	110.8	…	…	97
		2000	100.0	…	…	100.0	…	…	97
		2001	102.4	…	…	95.3	…	…	97
		2002	103.4	…	…	92.7	…	…	97
	客房服务员或客房清理员	1998	66.7	…	…	82.8	…	…	97
		1999	99.3	…	…	110.8	…	…	97
		2000	100.0	…	…	100.0	…	…	97
		2001	110.8	…	…	103.2	…	…	97
		2002	112.5	…	…	100.8	…	…	97
南美洲									
玻利维亚	服装裁剪工	1990	…	31.4	21.0	…	55.1	36.8	3
		1993	…	82.1	65.4	…	97.6	77.8	3
		1994	…	100.3	…	…	110.6	…	3
		1995	…	100.0	100.0	…	100.0	100.0	3
		1996	…	104.7	91.9	…	93.1	81.8	3
		1997	…	113.4	93.8	…	96.3	79.6	3
	缝纫机操作工	1990	…	100.0	100.0	…	100.0	100.0	3
		1993	…	156.8	184.0	…	106.1	124.6	3
		1994	…	243.9	343.2	…	153.1	215.4	3
		1995	…	375.3	…	…	213.9	…	3
		1996	…	329.7	…	…	167.2	…	3
		1997	…	371.6	…	…	179.8	…	3
	速记员—打字员	1993	…	…	102.8	…	…	122.2	3
		1994	…	124.5	101.5	…	137.3	111.9	3
		1995	…	100.0	100.0	…	100.0	100.0	3
		1996	…	103.3	113.1	…	91.9	100.6	3
		1997	…	131.6	108.7	…	111.7	92.3	3
	办公室文员	1990	…	18.1	21.6	…	31.8	37.9	3
		1993	…	53.3	85.2	…	63.4	101.3	3
		1994	…	66.1	74.4	…	72.9	82.0	3
		1995	…	100.0	100.0	…	100.0	100.0	3
		1996	…	111.4	126.2	…	99.1	112.3	3
		1997	…	130.8	136.6	…	111.0	116.0	3
	焊工	1990	…	52.0	…	…	91.2	…	3
		1993	…	67.9	…	…	80.7	…	3
		1994	…	126.7	…	…	139.7	…	3
		1995	…	100.0	…	…	100.0	…	3
		1996	…	125.1	…	…	111.3	…	3
		1997	…	152.1	…	…	129.1	…	3
	配电和输电工程师	1987	…	72.4	…	…	84.0	…	3
		1988	…	100.0	…	…	100.0	…	3
		1989	…	114.8	…	…	99.6	…	3
		1990	…	116.3	…	…	86.1	…	3
		1993	…	679.0	…	…	340.7	…	3
	劳工	1990	…	35.3	…	…	61.9	…	3
		1993	…	69.4	…	…	82.5	…	3
		1994	…	97.4	…	…	107.4	…	3
		1995	…	100.0	…	…	100.0	…	3
		1996	…	106.9	…	…	95.1	…	3
		1997	…	108.6	…	…	92.2	…	3
	销售员（093）	1990	…	22.0	33.1	…	38.6	58.1	3
		1993	…	73.8	233.1	…	87.8	277.2	3
		1994	…	78.5	149.7	…	86.5	165.0	3
		1995	…	100.0	100.0	…	100.0	100.0	3
		1996	…	107.6	120.0	…	95.7	106.8	3
		1997	…	112.4	143.4	…	95.4	121.7	3
	销售员（096）	1990	…	…	39.1	…	…	68.6	3
		1993	…	208.4	112.0	…	247.8	133.2	3
		1994	…	101.3	70.3	…	111.7	77.5	3
		1995	…	100.0	100.0	…	100.0	100.0	3
		1996	…	121.5	96.7	…	108.1	86.0	3
		1997	…	136.9	106.2	…	116.2	90.2	3

	职业	年份	名义工资率指数			实际工资率指数			注
			MF	M	F	MF	M	F	No.
	公共汽车司机	1990	…	48.5	…	…	85.1	…	3
		1993	…	102.3	…	…	121.6	…	3
		1994	…	91.0	…	…	100.3	…	3
		1995	…	100.0	…	…	100.0	…	3
		1996	…	155.4	…	…	138.3	…	3
		1997	…	176.7	…	…	150.0	…	3
	城镇卡车司机	1993	…	98.5	…	…	117.1	…	3
		1994	…	60.2	…	…	66.4	…	3
		1995	…	100.0	…	…	100.0	…	3
		1996	…	119.5	…	…	106.3	…	3
		1997	…	141.5	…	…	120.1	…	3
	会计	1990	…	24.3	18.8	…	42.6	33.0	3
		1993	…	74.7	40.7	…	88.8	48.4	3
		1994	…	69.2	51.5	…	76.3	56.8	3
		1995	…	100.0	100.0	…	100.0	100.0	3
		1996	…	105.2	104.9	…	93.6	93.3	3
		1997	…	116.6	125.0	…	99.0	106.1	3
	计算机程序员	1990	…	100.0	100.0	…	100.0	100.0	3
		1993	…	151.6	207.7	…	102.6	140.6	3
		1994	…	184.2	173.7	…	115.6	109.0	3
		1995	…	184.4	…	…	105.0	…	3
		1996	…	196.2	…	…	99.5	…	3
		1997	…	210.2	…	…	101.7	…	3
	垃圾工	1993	…	191.2	…	…	227.3	…	3
		1994	…	100.2	96.4	…	110.5	106.3	3
		1995	…	100.0	100.0	…	100.0	100.0	3
		1996	…	115.4	108.8	…	102.7	96.8	3
		1997	…	118.8	109.9	…	100.8	93.3	3
	初等教育的教师	1993	…	81.7	68.8	…	97.1	81.8	3
		1994	…	69.7	78.5	…	76.8	86.5	3
		1995	…	100.0	100.0	…	100.0	100.0	3
		1996	…	149.0	111.8	…	132.6	99.5	3
		1997	…	171.8	122.9	…	145.8	104.3	3
	专业护士	1990	…	…	100.0	…	…	100.0	3
		1993	…	…	285.4	…	…	193.4	3
		1994	…	…	265.7	…	…	166.9	3
		1995	…	…	283.5	…	…	161.6	3
		1996	…	…	346.4	…	…	175.6	3
		1997	…	…	410.9	…	…	198.8	3
	酒店接待员	1990	…	29.0	24.2	…	50.9	42.5	3
		1993	…	88.9	109.1	…	105.7	129.7	3
		1994	…	104.2	91.1	…	114.9	100.4	3
		1995	…	100.0	100.0	…	100.0	100.0	3
		1996	…	145.7	143.6	…	129.6	127.8	3
		1997	…	156.0	172.7	…	132.4	146.6	3
	客房服务员或客房清理员	1993	…	…	75.6	…	…	89.9	3
		1994	…	83.6	74.3	…	92.2	81.9	3
		1995	…	100.0	100.0	…	100.0	100.0	3
		1996	…	153.9	112.1	…	136.9	99.7	3
		1997	…	186.9	122.1	…	158.7	103.7	3
哥伦比亚	会计	1988	109.8	…	…	179.4	…	…	98
		1990	100.0	…	…	100.0	…	…	98
	计算机程序员	1988	94.4	…	…	154.2	…	…	98
		1990	100.0	…	…	100.0	…	…	98
法属圭亚那	农场工人	1990	100.0	…	…	100.0	…	…	99
		1991	86.8	…	…	84.8	…	…	99
	城镇卡车司机	1990	100.0	…	…	100.0	…	…	3
		1991	84.6	…	…	82.7	…	…	3
	垃圾工	1990	100.0	…	…	100.0	…	…	3
		1991	91.6	…	…	89.5	…	…	3
秘鲁	农场工人	1987	…	100.0	100.0	…	100.0	100.0	100
		1988	…	378.9	259.2	…	49.4	33.8	100
	服装裁剪工	2000	…	90.0	117.7	…	91.8	120.1	101
		2001	…	100.0	100.0	…	100.0	100.0	101
		2002	…	114.7	131.7	…	114.5	131.4	100
		2004	…	124.2	184.7	…	116.9	173.9	102
		2005	…	113.4	143.3	…	105.1	132.8	100
		2006	…	116.8	126.0	…	106.1	114.4	103

职业	年份	名义工资率指数			实际工资率指数			注
		MF	M	F	MF	M	F	No.
缝纫机操作工	1999	…	…	74.8	…	…	79.2	101
	2000	…	117.3	114.3	…	119.7	116.6	101
	2001	…	100.0	100.0	…	100.0	100.0	101
	2004	…	104.4	111.3	…	98.3	104.8	102
	2006	…	113.6	110.6	…	103.2	100.5	100
速记员—打字员	1999	…	125.5	78.1	…	132.8	82.6	101
	2000	…	…	96.0	…	…	98.0	101
	2001	…	100.0	100.0	…	100.0	100.0	101
	2004	…	…	99.9	…	…	94.1	102
	2006	…	…	79.7	…	…	72.4	100
办公室文员	1998	…	49.9	35.1	…	54.7	38.4	101
	2000	…	83.6	…	…	85.3	…	101
	2001	…	100.0	100.0	…	100.0	100.0	101
焊工	1999	…	119.9	…	…	126.9	…	101
	2000	…	86.6	…	…	88.4	…	101
	2001	…	100.0	…	…	100.0	…	101
	2004	…	94.2	…	…	88.7	…	102
	2006	…	95.4	…	…	86.6	…	100
配电和输电工程师	1998	…	85.0	89.9	…	93.1	98.5	101
	2000	…	105.7	…	…	107.9	…	101
	2001	…	100.0	100.0	…	100.0	100.0	101
	2004	…	143.5	99.5	…	135.1	93.7	102
	2006	…	94.9	112.0	…	86.2	101.7	100
劳工	1999	…	102.6	…	…	108.6	…	101
	2000	…	106.4	…	…	108.6	…	101
	2001	…	100.0	…	…	100.0	…	101
	2004	…	111.1	…	…	104.6	…	102
	2006	…	157.8	…	…	143.3	…	100
销售员（093）	1998	…	93.1	164.5	…	102.0	180.2	101
	1999	…	112.1	…	…	118.6	…	101
	2000	…	87.0	104.3	…	88.8	106.4	101
	2001	…	100.0	100.0	…	100.0	100.0	101
	2004	…	59.6	…	…	56.1	…	102
销售员（096）	1999	…	100.9	91.3	…	106.8	96.6	101
	2000	…	105.7	79.6	…	107.9	81.2	101
	2001	…	100.0	100.0	…	100.0	100.0	101
	2004	…	90.5	79.9	…	85.2	75.2	102
	2006	…	187.0	151.8	…	169.8	137.9	100
公共汽车司机	1999	…	102.0	…	…	105.8	…	101
	2000	…	100.0	…	…	100.0	…	101
	2001	…	93.5	…	…	91.7	…	101
	2004	…	128.8	…	…	118.9	…	102
	2006	…	138.4	…	…	123.2	…	100
城镇卡车司机	1999	…	85.8	…	…	90.8	…	104
	2000	…	116.1	…	…	118.5	…	104
	2001	…	100.0	…	…	100.0	…	104
	2004	…	106.5	…	…	100.3	…	105
	2006	…	87.0	…	…	79.0	…	106
会计	1999	…	94.3	80.5	…	99.8	85.2	101
	2000	…	102.8	93.5	…	104.9	95.4	101
	2001	…	100.0	100.0	…	100.0	100.0	101
	2004	…	105.8	141.3	…	99.6	133.1	102
	2006	…	112.5	…	…	102.2	…	100
计算机程序员	1997	…	106.3	98.1	…	124.8	115.1	101
	1998	…	136.0	123.1	…	149.0	134.8	101
	1999	…	…	144.2	…	…	152.6	101
	2000	…	129.0	99.8	…	131.6	101.8	101
	2001	…	100.0	100.0	…	100.0	100.0	101
垃圾工	1999	…	87.1	…	…	92.2	…	101
	2000	…	94.6	…	…	96.5	…	101
	2001	…	100.0	…	…	100.0	…	101
初等教育的教师	1999	…	80.4	96.8	…	85.1	102.4	101
	2000	…	91.5	114.9	…	93.4	117.2	101
	2001	…	100.0	100.0	…	100.0	100.0	101
	2004	…	185.2	174.2	…	174.4	164.0	102
	2006	…	66.6	117.3	…	60.5	106.5	100

	职业	年份	名义工资率指数			实际工资率指数			注
			MF	M	F	MF	M	F	No.
	专业护士	1999	…	…	66.7	…	…	70.6	101
		2000	…	…	131.6	…	…	134.3	101
		2001	…	100.0	100.0	…	100.0	100.0	101
		2004	…	…	169.2	…	…	159.3	102
		2006	…	55.3	99.7	…	50.2	90.6	100
	酒店接待员	1999	…	74.3	114.5	…	78.6	121.2	101
		2000	…	106.8	98.4	…	109.0	100.4	101
		2001	…	100.0	100.0	…	100.0	100.0	101
		2004	…	82.1	119.4	…	77.3	112.4	102
		2006	…	93.8	131.8	…	85.2	119.7	100
	客房服务员或客房清理员	1999	…	…	112.4	…	…	118.9	101
		2000	…	102.8	94.7	…	104.9	96.6	101
		2001	…	100.0	100.0	…	100.0	100.0	101
		2004	…	120.9	133.4	…	113.8	125.6	102
		2006	…	136.4	111.3	…	123.9	101.1	100
乌拉圭	缝纫机操作工	1988	9.6	…	…	124.7	…	…	107
		1989	18.5	…	…	134.1	…	…	107
		1990	32.8	…	…	111.6	…	…	107
		1991	62.8	…	…	105.7	…	…	107
		1992	100.0	…	…	100.0	…	…	107
	办公室文员	1988	8.0	…	…	103.9	…	…	107
		1989	15.1	…	…	109.4	…	…	107
		1990	32.3	…	…	109.9	…	…	107
		1991	63.3	…	…	106.6	…	…	107
		1992	100.0	…	…	100.0	…	…	107
	劳工	1988	7.4	…	…	96.1	…	…	107
		1989	14.9	…	…	108.0	…	…	107
		1990	23.2	…	…	78.9	…	…	107
		1991	57.0	…	…	96.0	…	…	107
		1992	100.0	…	…	100.0	…	…	107
	销售员（093）	1988	8.4	…	…	109.1	…	…	107
		1989	15.4	…	…	111.6	…	…	107
		1990	29.5	…	…	100.3	…	…	107
		1991	61.0	…	…	102.7	…	…	107
		1992	100.0	…	…	100.0	…	…	107
	销售员（096）	1988	7.0	…	…	90.9	…	…	107
		1989	12.9	…	…	93.5	…	…	107
		1990	28.1	…	…	95.6	…	…	107
		1991	57.6	…	…	97.0	…	…	107
		1992	100.0	…	…	100.0	…	…	107
	公共汽车司机	1988	7.8	…	…	101.3	…	…	107
		1989	15.8	…	…	114.5	…	…	107
		1990	28.7	…	…	97.6	…	…	107
		1991	59.3	…	…	99.8	…	…	107
		1992	100.0	…	…	100.0	…	…	107
	城镇卡车司机	1988	7.0	…	…	90.9	…	…	107
		1989	11.5	…	…	83.3	…	…	107
		1990	25.1	…	…	85.4	…	…	107
		1991	57.5	…	…	96.8	…	…	107
		1992	100.0	…	…	100.0	…	…	107
	初等教育的教师	1988	7.4	…	…	96.1	…	…	107
		1989	14.3	…	…	103.6	…	…	107
		1990	27.2	…	…	92.5	…	…	107
		1991	57.4	…	…	96.6	…	…	107
		1992	100.0	…	…	100.0	…	…	107
	客房服务员或客房清理员	1988	8.5	…	…	110.4	…	…	107
		1989	14.9	…	…	108.0	…	…	107
		1990	34.2	…	…	116.3	…	…	107
		1991	61.8	…	…	104.0	…	…	107
		1992	100.0	…	…	100.0	…	…	107
委内瑞拉玻利瓦尔共和国	农场工人	1997	…	100.0	…	…	100.0	…	108
		2001	…	606.6	…	…	276.5	…	108
	服装裁剪工	1986	3.2	…	…	266.7	…	…	108
		1989	6.0	…	…	157.9	…	…	108
		1990	9.6	…	…	181.1	…	…	108
		1997	100.0	…	…	100.0	…	…	108
		1998	156.0	…	…	114.9	…	…	109

职业	年份	名义工资率指数			实际工资率指数			注
		MF	M	F	MF	M	F	No.
缝纫机操作工	1984	2.9	…	…	290.0	…	…	108
	1986	3.1	…	…	258.3	…	…	108
	1989	5.4	…	…	142.1	…	…	108
	1990	8.8	…	…	166.0	…	…	108
	1997	100.0	…	…	100.0	…	…	108
速记员—打字员	1983	43.8	…	…	188.0	…	…	108
	1984	53.3	…	…	203.4	…	…	108
	1986	57.5	…	…	175.8	…	…	108
	1989	100.0	…	…	100.0	…	…	108
	1990	193.3	…	…	137.4	…	…	108
办公室文员	1984	2.8	…	…	280.0	…	…	108
	1986	2.8	…	…	233.3	…	…	108
	1989	4.5	…	…	118.4	…	…	108
	1990	7.0	…	…	132.1	…	…	108
	1997	100.0	…	…	100.0	…	…	108
焊工	1989	…	4.9	…	…	128.9	…	108
	1990	…	9.2	…	…	173.6	…	108
	1997	…	100.0	…	…	100.0	…	108
	1998	…	160.1	…	…	117.9	…	109
	2001	…	324.9	…	…	148.1	…	108
配电和输电工程师	1983	63.3	…	…	271.7	…	…	108
	1984	66.7	…	…	254.6	…	…	108
	1986	66.7	…	…	204.0	…	…	108
	1989	100.0	…	…	100.0	…	…	108
	1990	141.7	…	…	100.7	…	…	108
劳工	1986	…	2.8	…	…	233.3	…	108
	1989	…	5.4	…	…	142.1	…	108
	1990	…	6.9	…	…	130.2	…	108
	1997	…	100.0	…	…	100.0	…	108
	2001	…	49.0	…	…	22.3	…	108
销售员（093）	1986	9.3	…	…	775.0	…	…	108
	1989	11.8	…	…	310.5	…	…	108
	1990	17.5	…	…	330.2	…	…	108
	1997	100.0	…	…	100.0	…	…	108
	1998	294.5	…	…	216.9	…	…	109
销售员（096）	1986	3.5	…	…	291.7	…	…	108
	1989	5.7	…	…	150.0	…	…	108
	1990	8.2	…	…	154.7	…	…	108
	1997	100.0	…	…	100.0	…	…	108
	1998	118.5	…	…	87.3	…	…	109
公共汽车司机	1984	4.3	…	…	430.0	…	…	108
	1986	6.6	…	…	550.0	…	…	108
	1989	5.6	…	…	147.4	…	…	108
	1990	10.4	…	…	196.2	…	…	108
	1997	100.0	…	…	100.0	…	…	108
城镇卡车司机	1989	…	4.3	…	…	113.2	…	108
	1990	…	5.2	…	…	98.1	…	108
	1997	…	100.0	…	…	100.0	…	108
	1998	…	103.7	…	…	76.4	…	109
	2001	…	73.1	…	…	33.3	…	108
会计	1984	1.9	…	…	190.0	…	…	108
	1986	2.0	…	…	166.7	…	…	108
	1989	2.6	…	…	68.4	…	…	108
	1990	3.7	…	…	69.8	…	…	108
	1997	100.0	…	…	100.0	…	…	108
计算机程序员	1984	2.3	…	…	230.0	…	…	108
	1986	2.3	…	…	191.7	…	…	108
	1989	3.4	…	…	89.5	…	…	108
	1990	5.0	…	…	94.3	…	…	108
	1997	100.0	…	…	100.0	…	…	108
垃圾工		100.0	…	…	100.0	…	…	108
	1998	111.1	…	…	81.8	…	…	109
初等教育的教师	1984	4.5	…	…	450.0	…	…	108
	1986	4.6	…	…	383.3	…	…	108
	1989	9.1	…	…	239.5	…	…	108
	1990	13.5	…	…	254.7	…	…	108
	1997	100.0	…	…	100.0	…	…	108

	职业	年份	名义工资率指数			实际工资率指数			注
			MF	M	F	MF	M	F	No.
	专业护士	1984	1.8	…	…	257.1	…	…	108
		1986	1.8	…	…	200.0	…	…	108
		1989	3.2	…	…	114.3	…	…	108
		1990	4.5	…	…	115.4	…	…	108
		1998	100.0	…	…	100.0	…	…	109
	酒店接待员	1984	2.4	…	…	240.0	…	…	108
		1986	2.6	…	…	216.7	…	…	108
		1989	6.2	…	…	163.2	…	…	108
		1990	7.4	…	…	139.6	…	…	108
		1997	100.0	…	…	100.0	…	…	108
	客房服务员或客房清理员	1983	1.7	…	…	188.9	…	…	108
		1997	100.0	…	…	100.0	…	…	108
		1998	193.3	…	…	142.3	…	…	109
非洲									
北非									
阿尔及利亚	配电和输电工程师	2001	100.0	…	…	100.0	…	…	110
		2002	100.0	…	…	97.8	…	…	110
苏丹	农场工人	1991	100.0	…	…	100.0	…	…	111
		1993	711.7	…	…	165.6	…	…	111
	服装裁剪工	1989	71.0	…	…	265.9	…	…	112
		1990	73.9	…	…	163.9	…	…	112
		1991	100.0	…	…	100.0	…	…	112
		1993	593.2	…	…	138.0	…	…	112
	速记员—打字员	1989	66.7	…	…	249.8	…	…	112
		1990	71.3	…	…	158.1	…	…	112
		1991	100.0	…	…	100.0	…	…	112
		1993	728.2	…	…	169.5	…	…	112
	办公室文员	1989	48.1	…	…	180.1	…	…	112
		1990	54.0	…	…	119.7	…	…	112
		1991	100.0	…	…	100.0	…	…	112
		1993	739.0	…	…	172.0	…	…	112
	焊工	1989	71.8	…	…	268.9	…	…	112
		1990	77.1	…	…	171.0	…	…	112
		1991	100.0	…	…	100.0	…	…	112
		1993	838.2	…	…	195.1	…	…	112
	劳工	1991	100.0	…	…	100.0	…	…	112
		1993	512.4	…	…	119.2	…	…	112
	销售员（093）	1989	77.6	…	…	290.6	…	…	112
		1990	79.3	…	…	175.8	…	…	112
		1991	100.0	…	…	100.0	…	…	112
		1993	623.2	…	…	145.0	…	…	112
	销售员（096）	1989	52.9	…	…	198.1	…	…	112
		1990	64.5	…	…	143.0	…	…	112
		1991	100.0	…	…	100.0	…	…	112
		1993	626.5	…	…	145.8	…	…	112
	公共汽车司机	1991	100.0	…	…	100.0	…	…	112
		1993	441.2	…	…	102.7	…	…	112
	城镇卡车司机	1989	76.9	…	…	288.0	…	…	112
		1990	82.1	…	…	182.0	…	…	112
		1991	100.0	…	…	100.0	…	…	112
		1993	560.4	…	…	130.4	…	…	112
	计算机程序员	1989	15.2	…	…	245.2	…	…	112
		1993	100.0	…	…	100.0	…	…	112
	垃圾工	1989	58.5	…	…	219.1	…	…	112
		1990	61.5	…	…	136.4	…	…	112
		1991	100.0	…	…	100.0	…	…	112
		1993	630.8	…	…	146.8	…	…	112
	初等教育的教师	1990	87.6	…	…	194.2	…	…	112
		1991	100.0	…	…	100.0	…	…	112
		1993	450.2	…	…	104.8	…	…	112
	专业护士	1989	56.5	…	…	211.6	…	…	112
		1990	60.9	…	…	135.0	…	…	112
		1991	100.0	…	…	100.0	…	…	112
		1993	574.8	…	…	133.8	…	…	112

	职业	年份	名义工资率指数			实际工资率指数			注
			MF	M	F	MF	M	F	No.
	客房服务员或客房清理员	1989	65.0	…	…	243.4	…	…	112
		1990	66.2	…	…	146.8	…	…	112
		1991	100.0	…	…	100.0	…	…	112
		1993	732.5	…	…	170.5	…	…	112
突尼斯	农场工人	1995	89.5	…	…	96.2	…	…	113
		1996	93.3	…	…	96.7	…	…	113
		1997	100.0	…	…	100.0	…	…	113
撒哈拉以南非洲									
东非									
布隆迪	农场工人	1987	…	102.1	…	…	141.2	…	114
		1989	…	104.6	…	…	123.9	…	114
		1990	…	104.7	…	…	115.9	…	114
		1991	…	100.0	…	…	101.8	…	114
		1992	…	100.0	…	…	100.0	…	114
	服装裁剪工	1988	…	154.0	…	…	203.7	…	115
		1989	…	96.0	…	…	113.7	…	115
		1990	…	98.8	…	…	109.4	…	115
		1991	…	100.0	…	…	101.8	…	115
		1992	…	100.0	…	…	100.0	…	115
	缝纫机操作工	1988	…	111.6	…	…	147.6	…	115
		1989	…	98.2	…	…	116.4	…	115
		1990	…	98.9	…	…	109.5	…	115
		1991	…	99.7	…	…	101.5	…	115
		1992	…	100.0	…	…	100.0	…	115
	办公室文员	1984	…	100.0	…	…	100.0	…	116
		1986	…	174.8	…	…	165.5	…	115
	焊工	1988	…	80.2	…	…	106.1	…	115
		1989	…	93.8	…	…	111.1	…	115
		1990	…	93.8	…	…	103.9	…	115
		1991	…	100.0	…	…	101.8	…	115
		1992	…	100.0	…	…	100.0	…	115
	配电和输电工程师	1984	…	100.0	…	…	100.0	…	116
		1987	…	150.3	…	…	132.9	…	115
	劳工	1988	…	94.9	…	…	125.5	…	115
		1989	…	97.2	…	…	115.2	…	115
		1990	…	97.2	…	…	107.6	…	115
		1991	…	100.2	…	…	102.0	…	115
		1992	…	100.0	…	…	100.0	…	115
	销售员（093）	1988	…	98.0	…	…	129.6	…	115
		1989	…	99.3	…	…	117.7	…	115
		1990	…	100.0	…	…	110.7	…	115
		1991	…	100.1	…	…	101.9	…	115
		1992	…	100.0	…	…	100.0	…	115
	销售员（096）	1988	…	132.5	…	…	175.3	…	115
		1989	…	100.1	…	…	118.6	…	115
		1990	…	100.1	…	…	110.9	…	115
		1991	…	100.6	…	…	102.4	…	115
		1992	…	100.0	…	…	100.0	…	115
	公共汽车司机	1988	…	66.2	…	…	87.6	…	115
		1989	…	98.8	…	…	117.1	…	115
		1990	…	99.1	…	…	109.7	…	115
		1991	…	99.9	…	…	101.7	…	115
		1992	…	100.0	…	…	100.0	…	115
	城镇卡车司机	1988	…	80.4	…	…	106.3	…	115
		1989	…	100.5	…	…	119.1	…	115
		1990	…	100.0	…	…	110.7	…	115
		1991	…	100.0	…	…	101.8	…	115
		1992	…	100.0	…	…	100.0	…	115
	会计	1988	…	96.4	…	…	127.5	…	115
		1989	…	99.7	…	…	118.1	…	115
		1990	…	100.0	…	…	110.7	…	115
		1991	…	100.0	…	…	101.8	…	115
		1992	…	100.0	…	…	100.0	…	115

	职业	年份	名义工资率指数			实际工资率指数			注
			MF	M	F	MF	M	F	No.
	酒店接待员	1988	…	130.7	…	…	172.9	…	115
		1989	…	98.1	…	…	116.2	…	115
		1990	…	99.0	…	…	109.6	…	115
		1991	…	100.0	…	…	101.8	…	115
		1992	…	100.0	…	…	100.0	…	115
	客房服务员或客房清理员	1987	…	21.5	…	…	29.7	…	115
		1989	…	99.5	…	…	117.9	…	115
		1990	…	99.5	…	…	110.2	…	115
		1991	…	99.9	…	…	101.7	…	115
		1992	…	100.0	…	…	100.0	…	115
肯尼亚	农场工人	1984	…	83.5	87.2	…	94.4	98.5	117
		1985	…	100.0	100.0	…	100.0	100.0	117
	速记员—打字员	1984	…	…	103.0	…	…	116.4	118
		1985	…	…	100.0	…	…	100.0	118
	办公室文员	1984	…	…	111.8	…	…	126.3	119
		1985	…	…	100.0	…	…	100.0	119
	劳工	1984	…	80.7	91.0	…	91.2	102.8	117
		1985	…	100.0	100.0	…	100.0	100.0	117
	销售员（093）	1984	…	115.7	54.5	…	130.7	61.6	117
		1985	…	100.0	100.0	…	100.0	100.0	117
	销售员（096）	1984	…	97.3	102.9	…	109.9	116.3	117
		1985	…	100.0	100.0	…	100.0	100.0	117
	公共汽车司机	1984	…	100.2	93.0	…	113.2	105.1	117
		1985	…	100.0	100.0	…	100.0	100.0	117
	城镇卡车司机	1984	…	126.7	95.0	…	143.2	107.3	117
		1985	…	100.0	100.0	…	100.0	100.0	117
	会计	1984	…	121.8	110.0	…	137.6	124.3	117
		1985	…	100.0	100.0	…	100.0	100.0	117
	计算机程序员	1984	…	100.9	…	…	114.0	…	117
		1985	…	100.0	…	…	100.0	…	117
	专业护士	1984	…	94.2	101.5	…	106.4	114.7	120
		1985	…	100.0	100.0	…	100.0	100.0	120
马拉维	服装裁剪工	1999	…	100.0	100.0	…	100.0	100.0	3
		2000	…	113.9	…	…	87.9	…	3
		2001	…	140.0	…	…	88.1	…	3
		2002	…	184.1	66.4	…	100.9	36.4	3
	缝纫机操作工	1999	…	100.0	100.0	…	100.0	100.0	3
		2000	…	128.6	…	…	99.2	…	3
		2001	…	170.1	…	…	107.0	…	3
		2002	…	178.0	174.9	…	97.5	95.8	3
	速记员—打字员	1999	…	100.0	…	…	100.0	…	3
		2000	…	230.2	…	…	177.6	…	3
		2002	…	226.0	…	…	123.8	…	3
	办公室文员	1999	…	114.2	68.4	…	147.9	88.6	3
		2000	…	100.0	100.0	…	100.0	100.0	3
		2002	…	159.4	101.3	…	113.2	71.9	3
	焊工	1999	…	49.3	…	…	63.9	…	3
		2000	…	100.0	…	…	100.0	…	3
		2001	…	223.1	…	…	181.8	…	3
		2002	…	236.8	…	…	168.2	…	3
	劳工	1999	…	81.7	…	…	105.8	…	3
		2000	…	100.0	…	…	100.0	…	3
		2001	…	112.7	…	…	91.9	…	3
		2002	…	120.5	…	…	85.6	…	3
	销售员（093）	1999	…	92.9	…	…	120.3	…	3
		2000	…	100.0	100.0	…	100.0	100.0	3
		2002	…	85.7	40.2	…	60.9	28.6	3
	销售员（096）	2000	…	100.0	100.0	…	100.0	100.0	3
		2001	…	43.3	53.0	…	35.3	43.2	3
		2002	…	95.2	96.7	…	67.6	68.7	3
	公共汽车司机	2000	…	100.0	…	…	100.0	…	3
		2002	…	149.6	…	…	106.3	…	3
	城镇卡车司机	2000	…	100.0	…	…	100.0	…	3
		2002	…	60.0	…	…	42.6	…	3

	职业	年份	名义工资率指数 MF	名义工资率指数 M	名义工资率指数 F	实际工资率指数 MF	实际工资率指数 M	实际工资率指数 F	注 No.
	会计	1999	…	56.5	66.2	…	73.2	85.8	3
		2000	…	100.0	100.0	…	100.0	100.0	3
	计算机程序员	1999	…	93.1	…	…	120.6	…	3
		2000	…	100.0	…	…	100.0	…	3
		2001	…	55.6	…	…	45.3	…	3
	专业护士	1999	…	89.8	70.1	…	116.3	90.8	3
		2000	…	100.0	100.0	…	100.0	100.0	3
		2001	…	92.1	61.5	…	75.1	50.1	3
		2002	…	…	100.0	…	…	71.0	3
	酒店接待员	1999	…	68.7	72.2	…	89.0	93.5	3
		2000	…	100.0	100.0	…	100.0	100.0	3
		2001	…	74.7	120.1	…	60.9	97.9	3
		2002	…	122.6	187.6	…	87.1	133.2	3
	客房服务员或客房清理员	1999	…	64.3	44.6	…	83.3	57.8	3
		2000	…	100.0	100.0	…	100.0	100.0	3
		2001	…	119.6	162.2	…	97.5	132.2	3
		2002	…	…	113.6	…	…	80.7	3
毛里求斯	服装裁剪工	1985	…	26.0	19.5	…	39.8	29.8	121
		1986	…	30.5	29.2	…	45.8	43.8	122
		1987	…	41.3	39.6	…	61.6	59.1	122
		1988	…	43.5	42.5	…	59.5	58.1	122
		1991	…	100.0	100.0	…	100.0	100.0	123
	缝纫机操作工	2000	100.0	…	…	100.0	…	…	124
		2001	101.6	…	…	96.4	…	…	124
		2002	111.1	…	…	99.0	…	…	124
		2003	126.7	…	…	108.8	…	…	124
		2004	136.9	…	…	112.1	…	…	124
		2005	135.6	…	…	105.9	…	…	124
	速记员—打字员	1996	75.5	…	…	95.7	…	…	125
		1997	81.9	…	…	97.5	…	…	125
		1998	89.5	…	…	99.7	…	…	125
		1999	100.0	…	…	104.2	…	…	125
		2000	100.0	…	…	100.0	…	…	125
	办公室文员	1990	46.4	…	…	88.4	…	…	126
		2000	100.0	…	…	100.0	…	…	125
		2003	118.5	…	…	101.7	…	…	125
		2004	114.9	…	…	94.1	…	…	125
		2005	122.5	…	…	95.6	…	…	125
		2006	122.4	…	…	87.7	…	…	126
		2007	137.0	…	…	88.4	…	…	126
	焊工	1990	…	39.5	…	…	75.2	…	122
		2000	…	100.0	…	…	100.0	…	127
		2003	…	134.7	…	…	115.6	…	127
		2004	…	153.1	…	…	125.4	…	127
		2005	…	155.4	…	…	121.3	…	127
		2006	…	161.8	…	…	116.0	…	122
		2007	…	118.2	…	…	76.3	…	122
	配电和输电工程师	2000	…	100.0	…	…	100.0	…	128
		2003	…	128.2	…	…	110.0	…	128
		2004	…	124.4	…	…	101.9	…	128
		2005	…	126.6	…	…	98.8	…	128
		2006	…	151.5	…	…	108.6	…	129
		2007	…	169.6	…	…	109.5	…	129
	劳工	1990	…	42.3	…	…	80.6	…	129
		2000	…	100.0	…	…	100.0	…	128
		2003	…	109.4	…	…	93.9	…	128
		2004	…	124.4	…	…	101.9	…	128
		2005	…	146.1	…	…	114.1	…	128
		2006	…	145.4	…	…	104.2	…	129
		2007	…	164.5	…	…	106.2	…	129
	销售员（093）	2000	100.0	…	…	100.0	…	…	128
		2003	116.0	…	…	99.6	…	…	128
		2004	133.0	…	…	108.9	…	…	128
		2005	143.7	…	…	112.2	…	…	128
		2006	147.1	…	…	105.4	…	…	129
		2007	204.8	…	…	132.2	…	…	129

	职业	年份	名义工资率指数			实际工资率指数			注
			MF	M	F	MF	M	F	No.
	销售员（096）	2000	100.0	…	…	100.0	…	…	128
		2003	117.4	…	…	100.8	…	…	128
		2004	122.8	…	…	100.6	…	…	128
		2005	129.0	…	…	100.7	…	…	128
		2006	131.6	…	…	94.3	…	…	129
		2007	95.5	…	…	61.7	…	…	129
	公共汽车司机	1990	…	47.7	…	…	90.9	…	129
		2000	…	100.0	…	…	100.0	…	128
		2003	…	107.4	…	…	92.2	…	128
		2004	…	110.7	…	…	90.7	…	128
		2005	…	111.1	…	…	86.7	…	128
		2006	…	113.7	…	…	81.5	…	129
		2007	…	118.9	…	…	76.8	…	129
	城镇卡车司机	1990	…	34.6	…	…	65.9	…	129
		2000	…	100.0	…	…	100.0	…	128
		2002	…	112.1	…	…	99.9	…	128
		2003	…	120.1	…	…	103.1	…	128
		2004	…	130.8	…	…	107.1	…	128
		2005	…	123.8	…	…	96.6	…	128
		2007	…	94.8	…	…	61.2	…	129
	会计	2000	100.0	…	…	100.0	…	…	128
		2003	103.0	…	…	88.4	…	…	128
		2004	107.5	…	…	88.0	…	…	128
		2005	120.6	…	…	94.1	…	…	128
		2006	115.0	…	…	82.4	…	…	129
		2007	153.9	…	…	99.4	…	…	129
	垃圾工	1990	…	48.5	…	…	92.4	…	130
		2000	…	100.0	…	…	100.0	…	131
		2003	…	119.3	…	…	102.4	…	131
		2004	…	122.5	…	…	100.3	…	131
		2005	…	126.6	…	…	98.8	…	131
		2006	…	131.4	…	…	94.2	…	130
		2007	…	133.4	…	…	86.1	…	130
	初等教育的教师	2000	100.0	…	…	100.0	…	…	131
		2003	128.1	…	…	110.0	…	…	131
		2004	137.4	…	…	112.5	…	…	131
		2005	138.5	…	…	108.1	…	…	131
		2006	140.6	…	…	100.8	…	…	130
		2007	130.5	…	…	84.2	…	…	130
	专业护士	2000	100.0	…	…	100.0	…	…	131
		2003	124.5	…	…	106.9	…	…	131
		2004	129.9	…	…	106.4	…	…	131
		2005	132.2	…	…	103.2	…	…	131
		2006	134.8	…	…	96.6	…	…	130
		2007	140.3	…	…	90.6	…	…	130
	酒店接待员	1990	52.7	…	…	100.4	…	…	132
		2000	100.0	…	…	100.0	…	…	133
		2003	118.4	…	…	101.6	…	…	133
		2004	121.0	…	…	99.1	…	…	133
		2005	135.7	…	…	105.9	…	…	133
		2006	138.3	…	…	99.1	…	…	132
		2007	123.3	…	…	79.6	…	…	132
	客房服务员或客房清理员	2000	100.0	…	…	100.0	…	…	133
		2003	136.8	…	…	117.4	…	…	133
		2004	139.2	…	…	114.0	…	…	133
		2005	145.6	…	…	113.7	…	…	133
		2006	161.2	…	…	115.6	…	…	132
		2007	108.8	…	…	70.2	…	…	132
塞舌尔	农场工人	1989	…	118.4	…	…	122.9	…	134
		1990	…	100.0	…	…	100.0	…	134
	缝纫机操作工		100.0	…	…	100.0	…	…	4
		1991	100.0	…	…	98.0	…	…	4
	速记员—打字员	1989	…	…	167.3	…	…	177.4	4
		1991	…	…	100.0	…	…	100.0	4
	办公室文员	1990	…	100.0	100.0	…	100.0	100.0	4
		1991	…	100.0	100.0	…	98.0	98.0	4

	职业	年份	名义工资率指数			实际工资率指数			注
			MF	M	F	MF	M	F	No.
	焊工	1990	…	100.0	…	…	100.0	…	4
		1991	…	101.3	…	…	99.3	…	4
	劳工	1989	…	86.3	…	…	89.6	…	4
		1990	…	100.0	100.0	…	100.0	100.0	4
		1991	…	100.0	100.0	…	98.0	98.0	4
	公共汽车司机	1989	…	96.3	…	…	100.0	…	4
		1990	…	100.0	…	…	100.0	…	4
	垃圾工		100.0	…	…	100.0	…	…	135
		1991	100.0	…	…	98.0	…	…	135
	初等教育的教师	1990	100.0	…	…	100.0	…	…	136
		1991	100.0	…	…	98.0	…	…	136
	专业护士	1990	100.0	…	…	100.0	…	…	135
		1991	100.0	…	…	98.0	…	…	135
	客房服务员或客房清理员	1989	…	…	97.8	…	…	101.6	4
		1990	…	…	100.0	…	…	100.0	4
		1991	…	…	112.5	…	…	110.3	4
赞比亚	农场工人	2005	…	100.0	100.0	…	100.0	100.0	3
		2006	…	172.2	239.9	…	158.0	220.1	3
	公共汽车司机	2005	…	100.0	100.0	…	100.0	100.0	3
		2006	…	175.0	175.0	…	160.6	160.6	3
	城镇卡车司机	1988	…	0.2	…	…	200.0	…	3
		2005	…	100.0	100.0	…	100.0	100.0	3
		2006	…	250.0	250.0	…	229.4	229.4	3
	初等教育的教师	2005	…	100.0	100.0	…	100.0	100.0	3
		2006	…	116.0	116.0	…	106.4	106.4	3
中非									
中非共和国	速记员—打字员	1987	…	…	100.0	…	…	96.7	137
		1988	…	…	100.0	…	…	100.7	137
		1989	…	…	100.0	…	…	100.0	137
	办公室文员	1987	100.0	…	…	96.7	…	…	137
		1988	100.0	…	…	100.7	…	…	137
		1989	100.0	…	…	100.0	…	…	137
	劳工	1987	…	100.0	…	…	96.7	…	137
		1988	…	100.0	…	…	100.7	…	137
		1989	…	100.0	…	…	100.0	…	137
乍得	焊工	1996	…	100.0	…	…	101.1	…	138
		1997	…	100.0	…	…	95.6	…	138
		1998	…	100.0	…	…	91.5	…	138
		1999	…	100.0	…	…	100.0	…	138
	劳工	1996	…	100.0	…	…	101.1	…	138
		1997	…	100.0	…	…	95.6	…	138
		1998	…	100.0	…	…	91.5	…	138
		1999	…	100.0	…	…	100.0	…	138
	销售员（096）	1996	…	100.0	…	…	101.1	…	138
		1997	…	100.0	…	…	95.6	…	138
		1998	…	100.0	…	…	91.5	…	138
		1999	…	100.0	…	…	100.0	…	138
	酒店接待员	1996	100.0	…	…	101.1	…	…	138
		1997	100.0	…	…	95.6	…	…	138
		1998	100.0	…	…	91.5	…	…	138
		1999	100.0	…	…	100.0	…	…	138
加蓬	服装裁剪工	1992	…	106.6	…	…	165.5	…	139
		1995	…	100.0	…	…	100.0	…	139
	缝纫机操作工	1992	…	…	98.4	…	…	152.8	139
		1995	…	…	100.0	…	…	100.0	139
	配电和输电工程师	1992	55.3	…	…	85.9	…	…	139
		1995	100.0	…	…	100.0	…	…	139
	垃圾工	1992	…	72.0	…	…	111.8	…	139
		1995	…	100.0	…	…	100.0	…	139
南部非洲									
纳米比亚	会计	1996	82.7	…	…	90.0	…	…	140
		1997	100.0	…	…	100.0	…	…	140
	计算机程序员	1996	69.6	…	…	75.7	…	…	140
		1997	100.0	…	…	100.0	…	…	140

	职业	年份	名义工资率指数			实际工资率指数			注
			MF	M	F	MF	M	F	No.
西非									
布基纳法索	焊工	1985	…	100.0	…	…	94.9	…	141
		1986	…	100.0	…	…	97.5	…	142
		1987	…	100.0	…	…	100.0	…	142
	销售员（093）	1985	…	100.0	…	…	94.9	…	141
		1986	…	100.0	…	…	97.5	…	142
		1987	…	100.0	…	…	100.0	…	142
	销售员（096）	1985	…	100.0	…	…	94.9	…	141
		1986	…	100.0	…	…	97.5	…	142
		1987	…	100.0	…	…	100.0	…	142
	公共汽车司机	1985	…	100.0	…	…	94.9	…	141
		1986	…	100.0	…	…	97.5	…	142
		1987	…	100.0	…	…	100.0	…	142
	城镇卡车司机	1985	…	100.0	…	…	94.9	…	141
		1986	…	100.0	…	…	97.5	…	142
		1987	…	100.0	…	…	100.0	…	142
	计算机程序员	1985	…	100.0	…	…	94.9	…	141
		1986	…	100.0	…	…	97.5	…	142
		1987	…	100.0	…	…	100.0	…	142
	专业护士	1985	…	100.0	…	…	94.9	…	141
		1986	…	100.0	…	…	97.5	…	142
		1987	…	100.0	…	…	100.0	…	142
尼日利亚	农场工人	1995	…	137.1	134.1	…	194.5	190.2	4
		1997	…	100.0	100.0	…	100.0	100.0	143
	服装裁剪工	1995	…	62.5	…	…	88.7	…	4
		1997	…	100.0	…	…	100.0	…	143
	缝纫机操作工	1995	…	42.0	108.7	…	59.6	154.2	4
		1997	…	100.0	100.0	…	100.0	100.0	143
	速记员—打字员	1995	…	50.0	43.2	…	70.9	61.3	4
		1997	…	100.0	100.0	…	100.0	100.0	143
	办公室文员	1995	…	48.1	41.8	…	68.2	59.3	4
		1997	…	100.0	100.0	…	100.0	100.0	143
	焊工	1995	…	155.8	…	…	221.0	…	4
		1997	…	100.0	…	…	100.0	…	143
	劳工	1995	…	53.4	…	…	75.7	…	4
		1997	…	100.0	…	…	100.0	…	143
	销售员（093）	1995	…	…	95.2	…	…	135.0	4
		1997	…	…	100.0	…	…	100.0	143
	销售员（096）	1995	…	45.8	52.9	…	65.0	75.0	4
		1997	…	100.0	100.0	…	100.0	100.0	143
	公共汽车司机	1993	…	100.0	…	…	100.0	…	4
		1994	…	100.0	…	…	63.7	…	4
	城镇卡车司机	1993	…	100.0	…	…	100.0	…	4
		1994	…	100.0	…	…	63.7	…	4
	会计	1995	…	45.0	…	…	63.8	…	4
		1997	…	100.0	…	…	100.0	…	143
	专业护士	1995	…	47.5	54.2	…	67.4	76.9	4
		1997	…	100.0	100.0	…	100.0	100.0	143
	酒店接待员	1995	…	46.8	53.8	…	66.4	76.3	4
		1997	…	100.0	100.0	…	100.0	100.0	143
	客房服务员或客房清理员	1995	…	57.1	17.4	…	81.0	24.7	4
		1997	…	100.0	100.0	…	100.0	100.0	143
圣赫勒拿	缝纫机操作工	2005	…	100.0	…	…	104.3	…	42
		2006	…	100.0	…	…	100.0	…	42
		2007	…	117.3	…	…	112.1	…	42
	速记员—打字员	2006	100.0	…	…	100.0	…	…	42
		2007	104.8	…	…	100.2	…	…	42
	办公室文员	1999	100.0	…	…	100.0	…	…	42
		2000	109.7	…	…	108.1	…	…	42
		2001	109.7	…	…	104.5	…	…	42
		2002	129.1	…	…	122.0	…	…	42
	焊工	2005	…	100.0	…	…	104.3	…	42
		2006	…	100.0	…	…	100.0	…	42
		2007	…	103.1	…	…	98.6	…	42

	职业	年份	名义工资率指数			实际工资率指数			注
			MF	M	F	MF	M	F	No.
	配电和输电工程师	2005	…	100.0	…	…	85.1	…	42
		2006	…	100.0	…	…	81.6	…	42
		2007	…	102.5	…	…	80.0	…	42
	劳工	1999	…	100.0	…	…	100.0	…	42
		2000	…	110.0	…	…	108.4	…	42
		2001	…	110.0	…	…	104.8	…	42
		2002	…	123.2	…	…	116.4	…	42
	销售员（093）	2005	…	100.0	…	…	100.0	…	42
		2006	…	100.0	…	…	95.9	…	42
	销售员（096）	1999	90.7	…	…	95.2	…	…	42
		2000	100.0	…	…	103.5	…	…	42
		2001	100.0	…	…	100.0	…	…	42
	公共汽车司机	1999	100.0	…	…	100.0	…	…	42
		2000	110.1	…	…	108.5	…	…	42
		2001	110.1	…	…	104.9	…	…	42
		2002	123.3	…	…	116.5	…	…	42
	会计	1999	100.0	…	…	100.0	…	…	42
		2000	109.9	…	…	108.3	…	…	42
		2001	109.9	…	…	104.7	…	…	42
		2002	129.6	…	…	122.5	…	…	42
	垃圾工	2001	100.0	…	…	100.0	…	…	42
		2002	118.0	…	…	117.2	…	…	42
	初等教育的教师	2005	100.0	…	…	85.1	…	…	42
		2006	100.0	…	…	81.6	…	…	42
		2007	104.6	…	…	81.6	…	…	42
	专业护士	2005	100.0	…	…	85.1	…	…	42
		2006	100.0	…	…	81.6	…	…	42
		2007	104.1	…	…	81.2	…	…	42
	酒店接待员	2005	…	100.0	…	…	104.3	…	42
		2006	…	100.0	…	…	100.0	…	42
	客房服务员或客房清理员	1999	102.2	…	…	107.2	…	…	42
		2000	100.0	…	…	103.5	…	…	42
		2001	100.0	…	…	100.0	…	…	42
		2005	622.2	…	…	556.0	…	…	42
		2006	622.2	…	…	533.2	…	…	42
多哥	销售员（093）	1997	100.0	…	…	100.0	…	…	3
		1998	100.0	…	…	101.7	…	…	3
	销售员（096）	1997	100.0	…	…	100.0	…	…	3
		1998	100.0	…	…	101.7	…	…	3
	会计	1997	100.0	…	…	100.0	…	…	3
		1998	100.0	…	…	101.7	…	…	3
	计算机程序员	1997	…	100.0	100.0	…	100.0	100.0	3
		1998	…	100.0	100.0	…	101.7	101.7	3
中东									
巴林	农场工人	1993	…	94.6	…	…	97.7	…	144
		1994	…	97.0	…	…	99.8	…	144
		1995	…	99.4	…	…	99.2	…	144
		1996	…	100.0	…	…	100.0	…	145
		1998	…	116.8	…	…	122.0	…	144
	速记员—打字员	1985	106.7	…	…	103.6	…	…	34
		2002	100.0	…	…	100.0	…	…	146
		2003	107.9	…	…	106.1	…	…	146
		2005	56.2	…	…	52.7	…	…	147
		2006	52.4	…	…	48.1	…	…	147
	办公室文员	1990	…	78.9	80.4	…	78.0	79.4	144
		2000	…	99.6	98.9	…	98.4	97.7	148
		2001	…	100.0	100.0	…	100.0	100.0	146
		2002	…	100.0	97.8	…	100.5	98.3	146
		2003	…	110.8	111.8	…	109.5	110.5	146
		2005	…	…	44.1	…	…	41.6	34
		2006	…	…	46.0	…	…	42.5	34

职业	年份	名义工资率指数			实际工资率指数			注
		MF	M	F	MF	M	F	No.
焊工	1990	…	74.1	…	…	73.2	…	34
	2000	…	98.1	…	…	96.9	…	148
	2001	…	100.0	…	…	100.0	…	146
	2002	…	98.4	…	…	98.9	…	146
	2003	…	109.6	…	…	108.3	…	146
	2005	…	73.3	…	…	69.1	…	34
	2006	…	56.3	…	…	52.0	…	34
配电和输电工程师	1989	…	99.4	97.3	…	100.7	98.6	34
	1990	…	100.0	100.0	…	100.0	100.0	34
	2001	…	307.0	…	…	310.7	…	146
	2002	…	307.0	…	…	312.3	…	146
	2003	…	321.6	…	…	321.6	…	146
劳工	1996	…	82.2	84.5	…	76.2	78.3	144
	1998	…	95.7	99.4	…	92.6	96.2	149
	2001	…	100.0	100.0	…	100.0	100.0	146
	2005	…	43.6	85.7	…	41.1	80.8	34
	2006	…	44.2	80.1	…	40.8	74.0	34
销售员（093）	1990	…	87.9	…	…	92.2	…	34
	2000	…	…	117.9	…	…	123.7	148
	2001	…	…	119.2	…	…	126.5	146
	2002	…	…	122.3	…	…	130.5	146
	2005	…	100.0	100.0	…	100.0	100.0	34
	2006	…	106.3	80.3	…	104.1	78.6	34
销售员（096）	1985	…	278.3	266.7	…	288.4	276.4	34
	1989	…	139.5	…	…	148.2	…	34
	2001	…	…	189.6	…	…	201.3	34
	2005	…	100.0	100.0	…	100.0	100.0	34
	2006	…	84.8	91.7	…	83.1	89.8	34
公共汽车司机	1990	…	63.8	…	…	63.0	…	144
	2000	…	97.9	…	…	96.7	…	148
	2001	…	100.0	…	…	100.0	…	146
	2002	…	101.2	…	…	101.7	…	146
	2003	…	117.8	…	…	116.4	…	146
	2005	…	38.3	…	…	36.1	…	34
	2006	…	39.5	…	…	36.5	…	34
会计	1990	…	87.1	81.3	…	86.1	80.3	34
	2000	…	100.7	98.7	…	99.5	97.5	148
	2001	…	100.0	100.0	…	100.0	100.0	146
	2002	…	101.2	103.5	…	101.7	104.0	146
	2005	…	142.8	94.6	…	134.6	89.2	34
	2006	…	137.3	97.4	…	126.8	89.9	34
计算机程序员	1990	…	82.4	83.8	…	81.4	82.8	150
	2000	…	102.8	101.5	…	101.6	100.3	148
	2001	…	100.0	100.0	…	100.0	100.0	146
	2002	…	91.8	109.7	…	92.3	110.3	146
	2003	…	93.2	108.8	…	92.1	107.5	146
	2005	…	…	116.1	…	…	109.4	147
	2006	…	136.5	98.9	…	126.0	91.3	147
初等教育的教师	1990	…	104.8	117.3	…	111.8	125.2	151
	1995	…	114.1	126.5	…	113.9	126.2	152
	1996	…	100.0	100.0	…	100.0	100.0	153
	1998	…	111.7	112.3	…	116.7	117.3	34
	2005	…	62.9	…	…	64.0	…	34
	2006	…	59.2	410.2	…	59.0	408.6	34
专业护士	1990	…	163.0	175.5	…	161.1	173.4	144
	2000	…	63.1	67.2	…	62.4	66.4	148
	2001	…	100.0	100.0	…	100.0	100.0	146
	2002	…	101.8	101.7	…	102.3	102.2	146
	2003	…	111.8	125.7	…	110.5	124.2	146
	2005	…	48.3	105.7	…	45.5	99.6	34
	2006	…	71.9	93.2	…	66.4	86.1	34
酒店接待员	1990	…	80.2	74.3	…	79.2	73.4	144
	1998	…	92.1	94.9	…	89.2	91.9	149
	2000	…	98.8	94.9	…	97.6	93.8	148
	2001	…	100.0	100.0	…	100.0	100.0	146
	2005	…	91.3	49.6	…	86.1	46.7	34
	2006	…	93.8	58.5	…	86.6	54.0	34

	职业	年份	名义工资率指数			实际工资率指数			注
			MF	M	F	MF	M	F	No.
	客房服务员或客房清理员	1985	168.2	…	…	174.3	…	…	34
		1989	131.8	…	…	140.1	…	…	34
		2005	100.0	…	…	100.0	…	…	34
		2006	91.5	…	…	89.6	…	…	34
沙特阿拉伯	劳工	1992	…	72.9	…	…	102.4	…	154
		1993	…	76.0	…	…	94.3	…	154
		1994	…	95.9	…	…	105.8	…	154
		1995	…	100.0	…	…	100.0	…	154
也门	服装裁剪工	1995	100.0	…	…	100.0	…	…	3
		1996	100.0	…	…	76.5	…	…	3
	速记员—打字员	1995	100.0	…	…	100.0	…	…	3
		1996	100.0	…	…	76.5	…	…	3
	办公室文员	1995	100.0	…	…	100.0	…	…	3
		1996	100.0	…	…	76.5	…	…	3
	焊工	1995	…	100.0	…	…	100.0	…	3
		1996	…	100.0	…	…	76.5	…	3
	配电和输电工程师	1995	…	100.0	…	…	100.0	…	3
		1996	…	100.0	…	…	76.5	…	3
	销售员（093）	1995	…	100.0	…	…	100.0	…	3
		1996	…	100.0	…	…	76.5	…	3
	城镇卡车司机	1995	…	100.0	…	…	100.0	…	3
		1996	…	100.0	…	…	76.5	…	3
	会计	1995	100.0	…	…	100.0	…	…	3
		1996	100.0	…	…	76.5	…	…	3
	计算机程序员	1995	100.0	…	…	100.0	…	…	3
		1996	100.0	…	…	76.5	…	…	3
	垃圾工	1995	…	100.0	…	…	100.0	…	3
		1996	…	100.0	…	…	76.5	…	3
	初等教育的教师	1995	100.0	…	…	100.0	…	…	3
		1996	100.0	…	…	76.5	…	…	3
	专业护士	1995	100.0	…	…	100.0	…	…	3
		1996	100.0	…	…	76.5	…	…	3
	客房服务员或客房清理员	1995	…	100.0	…	…	100.0	…	3
		1996	…	100.0	…	…	76.5	…	3

表 16a　职业工资率指数（注）

1. 说明

工资信息被广泛用来衡量工作者的总体收入水平。这些信息常被用以制定、实施和监测经济政策，更具体地说，它们被用来解决人力资源规划、劳动力利用、工资制定、社会保障和人工成本等劳动力问题。针对本指标，这里给出了两个涉及 19 个职业的工资指数表：其中一个（表 16a）与名义和实际工资率相关；另一个（表 16b）与名义和实际收入相关。从不同经济活动部门和不同技术水平的职业中挑选出的这 19 个职业代表了实际工资率与收入的总体发展情况。相对于使用笼统的平均工资信息，按照具体职业统计工资情况可以避免一些局限，因为劳动力组成与结构的变化可能会影响有关平均工资的记录。

2. 定义

（1）名义工资：每小时、每日、每周和每月工资的年平均数。名义工资一般来自现行价格下的工资和薪金，以（a）雇员数量或（b）雇员总工时来衡量。

（2）名义工资指数：名义工资指数的计算是通过设置基准年名义工资为 100 而得出的。

（3）消费者价格指数（CPI）：消费者购买货物与服务时支付的一般价格水平随时间的变化。CPI 包含了消费模式和价格变化的信息。

（4）实际工资指数：名义工资指数根据以消费者价格指数衡量的购买力的变化进行调整后的结果（100 × 名义工资指数/消费价格指数）。

3. 职业描述

每个被选定职业的全称如下：（1）建筑工人；（2）金属制造业的焊工；（3）专业护士；（4）初级教育的教师；（5）保险部门的计算机程序员；（6）银行业部门的会计；（7）农场工人；（8）服装制造业的服装剪裁工；（9）服装制造业的缝纫机操作工；（10）印刷及出版行业的速记—打字员；（11）印刷及出版行业办公室文员；（12）电力部门的配电和输电工程师；（13）食品批发行业的营业员；（14）食品零售业的营业员；（15）酒店接待员；（16）客服服务员或客房清理员；（17）公共汽车司机；（18）城镇卡车司机；（19）垃圾工。这些职业在 KILM 16 原稿的专栏 16a 中有详细描述。

4. 信息库

LABOCT 关于职业工资、工时和粮食价格的统计：“十月调查”的结果

国际劳工局统计部，瑞士日内瓦

http://laborsta.ilo.org

这个数据库显示了 10 月调查的最新结果，这是涉及 49 个行业团体的 159 种职业以及 93 个粮食项目的零售价格的世界性调查，该调查于每年 10 月份开展。

劳工统计数据库（LABORSTA）劳工统计年鉴，在线统计数据库

国际劳工局统计部，瑞士日内瓦

http://laborsta.ilo.org

劳工统计数据库是国际劳工组织统计部的在线数据库，提供了自 1969 年以来 30 多个官方核心劳工统计表，包括经济活动人口、就业、失业、工时、工资、劳动力成本、消费者价格、工伤及罢工和停工。

5. 资料来源类型

CA	与劳动力有关的机构普查
D	机构调查
D/FE	机构调查/劳资协议
DA	与劳动力有关的机构调查
DA/FE/OE	与劳动力有关的机构调查/劳资协议/官方估算
F	行政记录和相关资料
FD	行政记录
FE	劳资协议

FE/DA 劳资协议和与劳动力有关的机构调查
FF 劳动者督查记录
FH 雇主或工人组织的记录
HS 家庭或劳动力调查
… 无法获得数据

6. 时间单位（见表 16a 附录）

d 天
f 两周
h 小时
m 月
w 周
y 年

7. 符号

MF 男性和女性
M 男性
F 女性
b 序列发生变动
… 无法获得数据
– 忽略不计

注 No.	资料来源类型	备注
1	FE	
2	FE	工资注释：公共部门
3	…	
4	DA	
5	DA	工资注释：参考期根据行业和职业的不同而变化。
6	DA	工资参考期：10 月 工资注释：参考期根据行业和职业的不同而变化。
7	…	工资注释：雇员数为 20 人及以上的机构。
8	DA	工资参考期：8 月
9	DA	工资参考期：第四季度
10	DA	工资参考期：5 月
11	…	工资参考期：11 月
12	FE	消费者价格指数（CPI）注释：不包括烟草。
13	…	工资注释：包括金属加工。
14	DA	消费者价格指数（CPI）注释：扣除租金。
15	DA	工资注释：本地和长途运输。 消费者价格指数（CPI）注释：扣除租金。
16	DA	工资注释：不包括公共部门的教育机构。 消费者价格指数（CPI）注释：扣除租金。
17	DA	工资注释：小麦、玉米
18	…	工资参考期：4 月
19	DA	工资注释：临时数据。
20	DA	工资参考期：第四季度 消费者价格指数（CPI）覆盖范围：所有的城市消费者
21	DA	工资参考期：7 月 消费者价格指数（CPI）覆盖范围：所有的城市消费者
22	DA	消费者价格指数（CPI）覆盖范围：所有的城市消费者
23	DA	工资参考期：第四季度 工资覆盖范围：打字员 消费者价格指数（CPI）覆盖范围：所有城市的消费者

注 No.	资料来源类型	备注
24	DA	工资参考期：7月 工资覆盖范围：打字员 消费者价格指数（CPI）覆盖范围：所有的城市消费者
25	DA	工资覆盖范围：打字员 消费者价格指数（CPI）覆盖范围：所有的城市消费者
26	DA	工资参考期：第四季度 工资覆盖范围：全日制及非全日制雇员。 消费者价格指数（CPI）覆盖范围：所有的城市消费者
27	DA	工资参考期：第四季度 工资注释：仅指住宅建筑。 消费者价格指数（CPI）覆盖范围：所有的城市消费者
28	DA	工资参考期：7月 工资注释：仅指住宅建筑。 消费者价格指数（CPI）覆盖范围：所有的城市消费者
29	DA	工资注释：仅指住宅建筑。 消费者价格指数（CPI）覆盖范围：所有的城市消费者
30	DA	工资参考期：5月 工资注释：来自劳资协议。
31	CA	
32	CA	工资注释：所有教师，所有学科，所有水平。
33	D	
34	FD	
35	DA	工资参考期：第三季度
36	DA	工资参考期：2—12月
37	FH	工资参考期：下一年1月
38	FH	工资注释：私人部门。
39	FH	
40	D	工资参考期：9月
41	F	工资地域界限：不包括德涅斯特河沿岸地区
42	F	
43	DA	工资地域界限：44个城市 工资注释：所包含的城市数量逐年变化。
44	DA	工资注释：所包含的城市数量逐年变化。
45	DA	工资参考期：9月
46	DA	工资参考期：9月 工资注释：包括私人秘书。
47	DA	工资注释：包括私人秘书。
48	DA	工资参考期：6月
49	DA	工资参考期：6月 工资注释：所有教师，所有学科，所有水平。
50	DA	工资注释：所有教师，所有学科，所有水平。
51	DA	工资参考期：7月和11月的平均值
52	DA	工资参考期：7—10月
53	DA	工资参考期：10月
54	…	消费者价格指数（CPI）注释：扣除租金。
55	F	工资注释：水稻。
56	F	工资参考期：6月 工资注释：水稻。
57	F	工资参考期：7月
58	F	工资参考期：6月
59	FE	工资注释：来自劳资协议。
60	D	工资参考期：10月
61	DA	工资注释：玉米。
62	DA	工资参考期：9月 工资注释：玉米。
63	DA	工资参考期：6月 工资注释：玉米。
64	DA	工资注释：方法经过修改。
65	DA	工资参考期：9月 工资覆盖范围：管道工和刺绣工 工资注释：数据未按照行业分类。

注 No.	资料来源类型	备注
66	DA	工资覆盖范围：管道工和刺绣工 工资注释：方法经过修改。
67	DA	工资覆盖范围：管道工和刺绣工
68	DA	工资参考期：6月 工资覆盖范围：管道工和刺绣工
69	DA	工资参考期：9月 工资注释：数据未按照行业分类。
70	DA	工资注释：方法经过修改；私人部门。
71	DA	工资注释：私人部门。
72	DA	工资参考期：6月 工资注释：私人部门。
73	DA	工资参考期：9月 工资注释：方法经过修改；私人部门。
74	DA	工资参考期：8月 工资注释：数据不是按照行业组别分类，而是按照主要部门分类。
75	DA	工资参考期：6月 工资注释：数据不是按照行业组别分类，而是按照主要部门分类；私人部门。
76	DA	工资注释：数据不是按照行业组别分类，而是按照主要部门分类；私人部门。
77	DA	工资参考期：8月 工资注释：数据不是按照行业组别分类，而是按照主要部门分类；私人部门。
78	DA	工资参考期：3月
79	DA	工资参考期：3月 工资注释：公共企业。
80	DA	工资注释：未获得资质的教师。
81	DA/FE/OE	
82	DA/FE/OE	工资参考期：7月
83	…	工资注释：来自劳资协议
84	…	工资注释：季节性工作。
85	FF	工资地域界限：库拉索 消费者价格指数（CPI）地域界限：库拉索
86	HS	工资地域界限：库拉索 消费者价格指数（CPI）地域界限：库拉索
87	FF	工资参考期：上年3月至当年2月 工资地域界限：库拉索 工资注释：临时数据 消费者价格指数（CPI）地域界限：库拉索
88	FF	
89	FE/DA	
90	…	消费者价格指数（CPI）地域界限：圣基茨
91	…	工资参考期：12月 工资地域界限：圣文森特
92	…	工资地域界限：圣文森特
93	FE	工资地域界限：帕拉马里博
94	FE/DA	工资参考期：11月
95	DA	工资注释：水稻 消费者价格指数（CPI）地域界限：马那瓜
96	DA	工资地域界限：不包括南大西洋自治区 消费者价格指数（CPI）地域界限：马那瓜
97	DA	消费者价格指数（CPI）地域界限：马那瓜
98	D	消费者价格指数（CPI）覆盖范围：低收入群体
99	…	工资注释：水稻
100	DA	工资地域界限：城市地区 消费者价格指数（CPI）地域界限：大都市地区
101	DA	工资参考期：3月、6月和9月的平均值 工资地域界限：城市地区 消费者价格指数（CPI）地域界限：大都市地区

注 No.	资料来源类型	备注
102	DA	工资参考期：6月 工资地域界限：城市地区 消费者价格指数（CPI）地域界限：大都市地区
103	DA	消费者价格指数（CPI）地域界限：大都市地区
104	DA	工资参考期：3月、6月和9月的平均值 工资地域界限：城市地区 工资覆盖范围：城市长途卡车司机 消费者价格指数（CPI）地域界限：大都市地区
105	DA	工资参考期：6月 工资地域界限：城市地区 工资覆盖范围：城市长途卡车司机 消费者价格指数（CPI）地域界限：大都市地区
106	DA	工资地域界限：城市地区 工资覆盖范围：城市长途卡车司机 消费者价格指数（CPI）地域界限：大都市地区
107	DA	消费者价格指数（CPI）地域界限：蒙得维的亚
108	FE	消费者价格指数（CPI）地域界限：加拉加斯
109	FE	工资参考期：第四季度 消费者价格指数（CPI）地域界限：加拉加斯
110	F	工资注释：公共部门
111	DA	工资地域界限：喀土穆 工资注释：私人部门；水果和蔬菜 消费者价格指数（CPI）覆盖范围：低收入群体
112	DA	工资地域界限：喀土穆 消费者价格指数（CPI）覆盖范围：低收入群体
113	FE	工资地域界限：不同部门
114	DA	工资地域界限：布琼布拉 工资注释：玉米和高粱 消费者价格指数（CPI）地域界限：布琼布拉
115	DA	工资地域界限：布琼布拉 消费者价格指数（CPI）地域界限：布琼布拉
116	DA	消费者价格指数（CPI）地域界限：布琼布拉
117	DA	工资参考期：6月 消费者价格指数（CPI）地域界限：内罗毕 消费者价格指数（CPI）覆盖范围：低收入群体
118	DA	工资参考期：6月 工资覆盖范围：秘书和速记员 消费者价格指数（CPI）地域界限：内罗毕 消费者价格指数（CPI）覆盖范围：低收入群体
119	DA	工资参考期：6月 工资注释：包括打字员和办公设备操作员。 消费者价格指数（CPI）地域界限：内罗毕 消费者价格指数（CPI）覆盖范围：低收入群体
120	DA	工资参考期：6月 工资注释：护士和其他辅助人员。 消费者价格指数（CPI）地域界限：内罗毕 消费者价格指数（CPI）覆盖范围：低收入群体
121	DA	工资注释：工厂工人；平均工资率仅包括基本工资和生活费用津贴。
122	DA	工资注释：工厂工人；平均工资率仅包括基本工资和生活费用津贴。
123	DA	工资注释：工厂工人；平均工资率仅包括基本工资和生活费用津贴；出口加工区。
124	DA	工资参考期：9月 工资注释：平均工资率包括其他固定及定期支付的津贴；出口加工区。
125	DA	工资参考期：9月 工资注释：报纸；平均工资率包括其他固定及定期支付的津贴。
126	DA	工资注释：报纸；平均工资率包括其他固定及定期支付的津贴。

注 No.	资料来源类型	备注
127	DA	工资参考期：9 月 工资注释：报纸；平均工资率包括其他固定及定期支付的津贴。
128	DA	工资参考期：9 月 工资注释：平均工资率包括其他固定及定期支付的津贴。
129	DA	工资注释：平均工资率包括其他固定及定期支付的津贴。
130	DA	工资注释：公共部门；平均工资率包括其他固定及定期支付的津贴。
131	DA	工资参考期：9 月 工资注释：公共部门；平均工资率包括其他固定及定期支付的津贴。
132	DA	工资注释：酒店；平均工资率包括其他固定及定期支付的津贴。
133	DA	工资参考期：9 月 工资注释：酒店。平均工资率包括其他固定及定期支付的津贴。
134	DA	工资注释：蔬菜和水果
135	DA	工资注释：在职业生涯初期。
136	DA	工资注释：所有教师，所有学科，所以水平；在职业生涯初期。
137	D/FE	工资参考期：下一年 1 月 工资地域界限：班吉 消费者价格指数（CPI）地域界限：班吉 消费者价格指数（CPI）注释：扣除租金。
138	F	工资地域界限：恩贾梅纳 消费者价格指数（CPI）地域界限：恩贾梅纳
139	…	工资地域界限：利伯维尔 消费者价格指数（CPI）地域界限：利伯维尔 消费者价格指数（CPI）覆盖范围：高收入群体 消费者价格指数（CPI）注释：扣除租金。
140	DA	工资注释：公共部门；参考期根据行业和职业的不同而变化。 消费者价格指数（CPI）地域界限：温得和克
141	FD	工资参考期：12 月 工资地域界限：瓦加杜古 消费者价格指数（CPI）地域界限：瓦加杜古
142	FD	工资地域界限：瓦加杜古 消费者价格指数（CPI）地域界限：瓦加杜古
143	DA	工资参考期：12 月
144	FD	工资注释：公共部门的所有行业。
145	FD	工资参考期：2 月 工资注释：公共部门的所有行业。
146	FD	工资参考期：3 月 工资注释：公共部门；数据未按照行业分类。
147	FD	工资注释：公共部门；数据未按照行业分类。
148	FD	工资参考期：3 月 工资覆盖范围：仅巴林公民 工资注释：公共部门；数据未按照行业分类。
149	FD	工资参考期：4 月 工资注释：公共部门的所有行业。
150	FD	工资注释：公共部门。
151	FD	工资参考期：2 月 工资注释：所有教师，所有学科，所以水平；公共部门。
152	FD	工资注释：所有教师，所有学科，所以水平。
153	FD	工资参考期：2 月 工资注释：所有教师，所有学科，所以水平。
154	DA	工资参考期：7 月 工资注释：私人部门。

表 16a　附录 职业工资率指数——基准年份和名义值

	职业	基准年份/时间单位	工资 MF	工资 M	工资 F
发达经济体和欧盟					
欧盟					
奥地利	农场工人	2000/h	7.21	…	…
	速记员—打字员	2000/m	…	…	1 694.73
	办公室文员	2000/m	…	…	1 888.04
	配电和输电工程师	2000/m	…	2 220.88	…
	公共汽车司机	2000/m	1 484.13	…	…
	会计	2000/m	3 144.55	…	…
	计算机程序员	2000/m	1 931.57	…	…
	垃圾工	2000/m	…	1 277.59	…
	专业护士	2000/m	2 320.95	…	…
保加利亚	服装裁剪工	1990/h	348.00	…	…
	缝纫机操作工	1990/h	275.00	…	…
	焊工	1990/h	433.00	…	…
	配电和输电工程师	1990/h	503.00	…	…
	劳工	1990/h	270.00	…	…
	销售员（096）	1990/h	252.00	…	…
	公共汽车司机	1990/h	451.00	…	…
	城镇卡车司机	1990/h	373.00	…	…
	会计	1990/h	469.00	…	…
	初等教育的教师	1990/h	331.00	…	…
	专业护士	1990/h	343.00	…	…
	酒店接待员	1990/h	266.00	…	…
	客房服务员或客房清理员	1990/h	230.00	…	…
塞浦路斯	农场工人	2000/h	2.53	3.78	2.05
	服装裁剪工	2000/h	3.60	3.76	3.49
	缝纫机操作工	2003/h	2.61	…	2.61
	速记员—打字员	2000/m	…	…	648.95
	办公室文员	2002/m	599.99	695.06	544.96
	焊工	2000/h	…	4.53	…
	配电和输电工程师	2000/m	…	2 153.44	…
	劳工	2000/h	3.65	3.68	2.98
	销售员（093）	2000/m	651.20	763.66	526.59
	销售员（096）	2000/m	484.19	633.00	431.66
	公共汽车司机	2000/h	3.54	3.57	2.89
	会计	2000/m	1 823.18	1 877.59	1 678.10
	计算机程序员	2002/m	1 031.57	1 400.21	949.65
	垃圾工	2002/m	…	745.47	…
	初等教育的教师	2000/m	1 129.28	1 234.92	1 098.66
	专业护士	2000/m	1 096.57	1 051.64	1 114.35
	酒店接待员	2000/m	757.59	816.64	688.13
	客房服务员或客房清理员	2000/m	621.56	641.05	618.51
丹麦	办公室文员	1985/m	…	13 211.00	11 618.00
	配电和输电工程师	1985/m	…	27 163.00	…
	销售员（093）	1985/m	…	13 629.00	12 568.00
	销售员（096）	1985/m	…	13 329.00	11 150.00
	公共汽车司机	1986/m	…	13 178.00	…
	会计	1985/m	…	15 743.00	15 680.00

	职业	基准年份/时间单位	工资 MF	工资 M	工资 F
	计算机程序员	1985/m	…	17 750.00	16 292.00
	初等教育的教师	1985/y	168 600.00	…	…
	专业护士	1985/y	155 300.00	…	…
	酒店接待员	1985/m	…	10 633.00	9 934.00
爱沙尼亚	农场工人	1994/m	…	1 230.00	1 045.00
	服装裁剪工	1994/m	…	1 672.00	1 580.00
	缝纫机操作工	1994/m	…	1 600.00	1 390.00
	焊工	1994/m	…	2 135.00	1 750.00
	配电和输电工程师	1994/m	…	2 915.00	2 390.00
	销售员（096）	1994/m	…	2 100.00	1 320.00
	公共汽车司机	1994/m	…	1 980.00	…
	城镇卡车司机	1994/m	…	1 520.00	1 510.00
	垃圾工	1994/m	…	920.00	810.00
	初等教育的教师	1994/m	…	1 320.00	1 510.00
	专业护士	1994/m	…	1 240.00	1 340.00
芬兰	服装裁剪工	2000/m	…	1 391.42	1 309.85
	缝纫机操作工	2000/m	…	1 282.94	1 322.13
	速记员—打字员	1998/m	…	1 646.73	1 586.69
	办公室文员	1998/m	…	2 065.01	1 643.03
	焊工	2000/m	…	1 887.07	1 816.77
	配电和输电工程师	2002/m	…	3 554.00	3 156.00
	劳工	2000/m	…	1 597.79	1 349.04
	销售员（093）	2000/m	…	1 727.46	1 448.10
	销售员（096）	2000/m	…	1 598.63	1 356.60
	公共汽车司机	2000/m	…	1 848.22	1 817.44
	城镇卡车司机	2000/m	…	1 733.35	1 501.92
	会计	2000/m	…	3 557.34	2 979.28
	计算机程序员	1998/m	…	3 140.24	2 743.48
	垃圾工	2000/m	…	1 614.94	1 542.28
	初等教育的教师	2000/m	…	2 112.61	2 003.96
	专业护士	2000/m	…	2 062.49	1 991.51
	酒店接待员	2000/m	…	1 743.60	1 630.08
	客房服务员或客房清理员	2000/m	…	1 321.45	1 355.76
匈牙利	服装裁剪工	2000/m	48 309.00	…	…
	速记员—打字员	2000/m	60 221.00	…	…
	办公室文员	2000/m	76 680.00	…	…
	焊工	2000/m	71 126.00	…	…
	配电和输电工程师	2000/m	165 019.00	…	…
	劳工	2000/m	53 868.00	…	…
	销售员（093）	2000/m	47 655.00	…	…
	销售员（096）	2000/m	44 744.00	…	…
	公共汽车司机	2000/m	76 959.00	…	…
	城镇卡车司机	2000/m	52 755.00	…	…
	会计	2000/m	213 171.00	…	…
	计算机程序员	2000/m	306 104.00	…	…
	垃圾工	2000/m	62 693.00	…	…
	初等教育的教师	2000/m	73 510.00	…	…
	专业护士	2000/m	71 327.00	…	…

	职业	基准年份/时间单位	工资 MF	M	F
	酒店接待员	2000/m	56 609.00	…	…
	客房服务员或客房清理员	2000/m	48 400.00	…	…
爱尔兰	服装裁剪工	1984/w	…	97.57	84.83
	初等教育的教师	1984/m	687.33	…	…
意大利	农场工人	2003/m	1 161.73	…	…
	服装裁剪工	2003/m	1 139.20	…	…
	缝纫机操作工	2003/m	1 139.20	…	…
	速记员—打字员	2003/m	1 421.98	…	…
	办公室文员	2003/m	1 785.39	…	…
	焊工	2003/m	1 201.78	…	…
	配电和输电工程师	2003/m	2 888.99	…	…
	劳工	2003/h	8.20	…	…
	销售员（093）	2003/m	1 286.93	…	…
	销售员（096）	2003/m	1 286.93	…	…
	公共汽车司机	2003/m	1 285.63	…	…
	城镇卡车司机	2003/m	1 088.66	…	…
	会计	2003/m	3 381.64	…	…
	计算机程序员	2003/m	1 624.41	…	…
	初等教育的教师	2003/m	1 534.51	…	…
	专业护士	2003/m	1 817.37	…	…
	酒店接待员	2003/m	1 285.78	…	…
	客房服务员或客房清理员	2003/m	955.55	…	…
立陶宛	服装裁剪工	2000/m	872.00	1 030.00	800.00
	缝纫机操作工	2000/m	721.00	973.00	713.00
	办公室文员	2000/m	…	…	1 138.00
	焊工	2000/m	…	866.00	…
	劳工	2000/m	902.00	917.00	601.00
	销售员（093）	2000/m	637.00	929.00	555.00
	销售员（096）	2002/m	625.00	680.00	616.00
	公共汽车司机	2002/m	1 014.00	987.00	1 345.00
	城镇卡车司机	2000/m	…	628.00	…
	会计	2000/m	2 087.00	3 431.00	1 925.00
	垃圾工	2000/m	…	694.00	…
	初等教育的教师	2002/m	1 334.00	…	1 337.00
	专业护士	2000/m	…	…	778.00
	客房服务员或客房清理员	2000/m	…	…	745.00
卢森堡	速记员—打字员	2002/m	…	3 681.60	2 943.20
	办公室文员	2002/m	3 297.90	3 497.30	2 816.00
	焊工	2002/m	…	2 324.50	…
	劳工	2002/m	…	1 836.20	…
	销售员（093）	2002/m	…	2 646.20	…
	销售员（096）	2002/m	1 783.70	2 065.20	1 680.00
	公共汽车司机	2002/m	2 340.60	2 354.00	…
	城镇卡车司机	2002/m	2 143.20	2 144.60	1 976.50
	会计	2002/m	5 095.00	5 347.10	4 368.00
	计算机程序员	2002/m	…	3 974.50	…
	酒店接待员	2002/m	…	1 898.10	2 243.40
	客房服务员或客房清理员	2002/m	36.13	1 605.20	1 424.30

	职业	基准年份/时间单位	工资 MF	工资 M	工资 F
荷兰	垃圾工	1990/w	526.82	…	…
	酒店接待员	1990/w	570.31	…	…
	客房服务员或客房清理员	1990/w	…	…	570.31
葡萄牙	农场工人	2000/m	362.78	381.65	344.32
	服装裁剪工	2000/m	380.35	417.21	372.26
	缝纫机操作工	2000/m	386.63	398.27	358.71
	速记员—打字员	2000/m	451.70	432.50	454.20
	办公室文员	2000/m	666.33	726.32	642.67
	焊工	2000/m	544.66	547.65	472.11
	配电和输电工程师	2002/m	1 654.31	1 674.55	1 530.84
	劳工	2000/m	358.70	358.86	346.26
	销售员（093）	2000/m	505.87	561.69	423.28
	销售员（096）	2000/m	384.30	429.59	369.56
	公共汽车司机	2000/m	533.66	533.76	520.75
	城镇卡车司机	2000/m	550.60	550.67	539.86
	会计	2000/m	1 337.08	1 440.03	1 244.44
	计算机程序员	2000/m	1 064.59	1 081.83	1 033.55
	垃圾工	2000/m	403.69	408.74	371.18
	初等教育的教师	2000/m	1 095.62	1 125.37	1 092.39
	专业护士	2000/m	1 021.41	1 024.75	1 020.84
	酒店接待员	2002/m	590.54	608.06	573.91
	客房服务员或客房清理员	2000/m	457.03	494.60	455.89
罗马尼亚	农场工人	2000/m	…	192.33	151.36
	服装裁剪工	2000/m	…	386.12	333.79
	缝纫机操作工	2000/m	…	196.33	180.06
	速记员—打字员	2000/m	…	…	297.53
	办公室文员	2003/m	…	829.34	713.90
	焊工	2000/m	…	275.52	237.62
	配电和输电工程师	2000/m	…	676.88	605.04
	劳工	2000/m	…	160.70	141.25
	销售员（093）	2000/m	…	357.49	333.05
	销售员（096）	2000/m	…	266.80	110.55
	公共汽车司机	2000/m	…	316.25	392.08
	城镇卡车司机	2000/m	…	193.77	…
	会计	2000/m	…	1 543.33	1 862.10
	计算机程序员	2000/m	…	521.28	601.20
	垃圾工	2000/m	…	180.79	195.44
	初等教育的教师	2000/m	…	375.46	328.49
	专业护士	2000/m	…	376.26	364.04
	酒店接待员	2000/m	…	385.14	222.50
	客房服务员或客房清理员	2000/m	…	…	190.99
英国	农场工人	2004/w	239.50	239.90	213.10
	服装裁剪工	2004/w	256.70	279.80	198.00
	缝纫机操作工	2004/w	219.10	268.20	214.90
	速记员—打字员	2004/w	272.70	…	272.70
	办公室文员	2004/w	292.60	307.10	289.20
	焊工	2006/w	354.00	354.60	253.10
	配电和输电工程师	2003/w	585.60	581.90	531.90

	职业	基准年份/时间单位	工资		
			MF	M	F
	劳工	2004/w	284.90	286.00	185.30
	销售员（093）	2004/w	216.50	239.20	206.20
	销售员（096）	2004/w	216.50	239.20	206.20
	公共汽车司机	2004/w	297.00	297.30	277.80
	城镇卡车司机	2004/w	268.20	270.00	223.10
	会计	2004/w	657.40	689.60	582.40
	计算机程序员	2004/w	596.90	604.70	547.00
	垃圾工	2004/w	278.80	279.60	252.70
	初等教育的教师	2004/w	581.60	624.40	571.00
	专业护士	2004/w	460.60	480.50	458.00
	酒店接待员	2004/w	243.30	268.70	241.20
	客房服务员或客房清理员	2004/w	220.00	231.70	210.30
北美洲					
加拿大	服装裁剪工	1985/h	…	10.71	6.51
	速记员—打字员	1985/m	…	…	1 422.00
	办公室文员	1985/m	…	1 862.00	1 588.00
	焊工	1985/h	…	11.18	9.06
	销售员（093）	1985/h	…	8.09	6.34
	计算机程序员	1985/m	…	2 167.00	2 065.00
	垃圾工	1985/h	…	11.69	…
	专业护士	1985/m	…	2 352.00	2 374.00
	酒店接待员	1985/h	…	7.09	6.53
	客房服务员或客房清理员	1985/h	…	6.78	6.38
美国	服装裁剪工	2000/h	8.98	…	…
	缝纫机操作工	2000/h	7.42	…	…
	速记员—打字员	2000/h	9.49	…	…
	办公室文员	2000/h	10.16	…	…
	焊工	2000/h	13.00	…	…
	配电和输电工程师	2000/h	23.59	…	…
	劳工	2000/h	11.15	…	…
	销售员（093）	2000/h	17.89	…	…
	销售员（096）	2000/h	7.57	…	…
	公共汽车司机	2000/h	11.09	…	…
	城镇卡车司机	2000/h	12.60	…	…
	会计	2000/h	19.88	…	…
	计算机程序员	2000/h	27.06	…	…
	垃圾工	2000/h	12.27	…	…
	初等教育的教师	2001/y	41 140.00	…	…
	专业护士	2000/h	21.56	…	…
	酒店接待员	2000/h	7.84	…	…
	客房服务员或客房清理员	2000/h	7.09	…	…
其他发达经济体					
澳大利亚	服装裁剪工	1990/w	…	426.50	391.40
	缝纫机操作工	1990/w	…	385.60	345.40
	速记员—打字员	1990/w	…	548.10	475.00
	焊工	1990/w	…	476.90	430.40
	配电和输电工程师	1990/w	…	753.80	642.00
	劳工	1990/w	…	484.90	474.20

	职业	基准年份/时间单位	工资		
			MF	M	F
	销售员（093）	1990/w	…	448.30	364.10
	销售员（096）	1990/w	…	448.30	364.10
	公共汽车司机	1990/w	…	465.90	431.60
	城镇卡车司机	1990/w	…	426.30	362.50
	会计	1990/w	…	640.50	547.70
	计算机程序员	1990/w	…	697.20	637.10
	垃圾工	1990/w	…	445.70	…
	初等教育的教师	1990/w	…	615.30	572.50
	专业护士	1990/w	…	613.80	615.60
	酒店接待员	1990/w	…	492.30	418.80
	客房服务员或客房清理员	1990/w	…	415.00	350.60
直布罗陀	速记员—打字员	1984/w	…	…	117.68
	办公室文员	1990/h	3.13	…	…
	配电和输电工程师	1984/m	…	990.08	…
	劳工	1990/h	…	2.86	…
	销售员（093）	1984/w	…	114.68	65.67
	公共汽车司机	1990/h	…	2.80	…
	会计	1984/m	…	1 064.60	…
	垃圾工	1984/w	…	133.46	…
	初等教育的教师	1990/h	5.96	…	…
	专业护士	1984/m	719.02	…	…
	酒店接待员	1990/h	2.57	…	…
	客房服务员或客房清理员	1990/h	…	1.91	…
马恩岛	服装裁剪工	1985/h	…	2.63	…
	缝纫机操作工	1985/h	…	1.63	1.63
	速记员—打字员	1985/h	…	2.90	…
	办公室文员	1985/h	…	…	2.35
	焊工	1985/h	…	3.40	…
	配电和输电工程师	1985/m	…	1 454.50	…
	劳工	1985/h	…	2.36	…
	销售员（093）	1985/m	…	403.00	325.00
	销售员（096）	1985/h	…	1.50	1.50
	公共汽车司机	1985/h	…	2.95	…
	城镇卡车司机	1987/h	…	2.82	…
	会计	1985/m	…	875.00	875.00
	垃圾工	1985/h	…	2.22	…
	初等教育的教师	1987/h	10.23	…	…
	专业护士	1987/m	…	716.67	716.67
	酒店接待员	1987/h	…	…	1.50
	客房服务员或客房清理员	1987/h	…	…	1.50
圣皮埃尔和密克隆	办公室文员	1988/m	8 135.00	…	…
	城镇卡车司机	1988/m	9 475.00	…	…
	专业护士	1988/m	11 396.00	…	…
圣马力诺	农场工人	2003/m	1 444.65	…	…
	服装裁剪工	2003/m	1 509.72	…	…
	缝纫机操作工	2003/m	1 418.51	…	…
	速记员—打字员	2003/m	1 396.87	…	…
	办公室文员	2003/m	1 499.50	…	…

	职业	基准年份/时间单位	工资 MF	工资 M	工资 F
	焊工	2003/m	1 557.43	…	…
	劳工	2003/m	1 587.34	…	…
	销售员（093）	2003/m	1 385.75	…	…
	销售员（096）	2003/m	1 385.75	…	…
	公共汽车司机	2003/m	1 538.61	…	…
	城镇卡车司机	2003/m	1 631.42	…	…
	会计	2003/m	2 244.09	…	…
	垃圾工	2003/m	1 490.32	…	…
	初等教育的教师	2003/m	2 141.14	…	…
	专业护士	2003/m	2 009.49	…	…
	酒店接待员	2003/m	1 615.87	…	…
	客房服务员或客房清理员	2003/m	1 334.57	…	…
西欧（非欧盟）					
冰岛	服装裁剪工	2000/m	117 000.00	…	…
	缝纫机操作工	2000/m	94 000.00	…	…
	办公室文员	2002/m	196 600.00	…	188 800.00
	焊工	1992/h	…	591.00	…
	劳工	2006/h	1 052.00	1 055.00	…
	销售员（093）	1992/h	…	656.00	384.00
	销售员（096）	2004/m	133 900.00	150 500.00	129 400.00
	城镇卡车司机	1992/h	…	401.00	…
中欧、东南欧（非欧盟）和独联体					
中欧和东南欧					
土耳其	服装裁剪工	1992/h	16 035.17	…	…
	缝纫机操作工	1992/h	15 135.55	…	…
	焊工	1992/h	18 459.00	…	…
	劳工	1992/h	…	9 650.00	…
	会计	1992/h	20 995.00	…	…
	垃圾工	1992/h	17 160.00	…	…
	酒店接待员	1992/h	16 180.00	…	…
	客房服务员或客房清理员	1992/h	6 915.00	…	…
独立国家联合体（独联体）					
阿塞拜疆	劳工	2004/m	634 001.00	…	…
	销售员（093）	2004/m	339 713.00	…	…
	销售员（096）	2004/m	595 612.00	…	…
	会计	2004/m	894 856.00	…	…
	初等教育的教师	2004/m	283 626.00	…	…
	专业护士	2004/m	116 172.00	…	…
	酒店接待员	2004/m	1 176 538.00	…	…
	客房服务员或客房清理员	2004/m	962 614.00	…	…
白俄罗斯	服装裁剪工	2000/m	…	93 423.00	96 243.00
	缝纫机操作工	2000/m	…	…	50 409.00
	速记员—打字员	2000/m	…	…	50 714.00
	配电和输电工程师	2000/m	…	70 297.00	70 233.00
	劳工	2000/m	…	60 371.00	50 878.00
	初等教育的教师	2000/m	…	44 250.00	54 051.00
	专业护士	2000/m	…	…	41 542.00

	职业	基准年份/时间单位	工资 MF	工资 M	工资 F
哈萨克斯坦	农场工人	2003/m	9 531.00	9 625.00	7 602.00
	服装裁剪工	2003/m	13 979.00	13 000.00	14 158.00
	缝纫机操作工	2003/m	8 615.00	7 000.00	8 833.00
	焊工	2003/m	31 282.00	32 308.00	26 153.00
	配电和输电工程师	2003/m	31 816.00	32 420.00	30 694.00
	劳工	2003/m	22 577.00	24 703.00	13 633.00
	销售员（093）	2003/m	21 932.00	22 733.00	23 297.00
	销售员（096）	2003/m	13 315.00	17 780.00	13 301.00
	公共汽车司机	2003/m	20 534.00	20 536.00	14 800.00
	会计	2003/m	58 319.00	60 971.00	56 739.00
	计算机程序员	2003/m	56 644.00	62 903.00	38 831.00
	初等教育的教师	2003/m	13 984.00	14 262.00	13 974.00
	专业护士	2003/m	11 198.00	11 179.00	13 052.00
	酒店接待员	2003/m	46 955.00	65 953.00	43 522.00
	客房服务员或客房清理员	2003/m	19 661.00	37 279.00	19 393.00
吉尔吉斯斯坦	劳工	2001/m	873.70	…	…
	销售员（093）	2001/m	1 136.70	…	…
	销售员（096）	2001/m	873.20	…	…
	会计	2001/m	2 688.50	…	…
	初等教育的教师	2001/m	613.10	…	…
	专业护士	2001/m	460.80	…	…
摩尔多瓦共和国	农场工人	2000/m	…	225.30	221.70
	服装裁剪工	2000/m	…	314.00	487.00
	缝纫机操作工	2000/m	…	297.20	404.80
	速记员—打字员	2000/m	…	…	360.30
	办公室文员	2000/m	…	511.90	449.80
	焊工	2000/m	…	432.10	544.00
	配电和输电工程师	2000/m	…	486.90	419.90
	劳工	2000/m	…	363.70	198.60
	销售员（093）	2000/m	…	346.30	291.70
	销售员（096）	2000/m	…	167.80	200.00
	公共汽车司机	2000/m	…	190.30	…
	城镇卡车司机	2000/m	…	406.90	…
	会计	2000/m	…	1 217.80	746.20
	计算机程序员	2003/m	…	5 245.40	7 000.00
	垃圾工	2000/m	…	199.80	188.00
	初等教育的教师	2000/m	…	242.60	241.00
	专业护士	2000/m	…	146.60	149.50
	酒店接待员	2000/m	…	340.70	432.30
	客房服务员或客房清理员	2003/m	…	904.20	567.60
俄罗斯联邦	服装裁剪工	2004/m	…	…	3 626.00
	缝纫机操作工	2004/m	…	…	2 587.00
	速记员—打字员	2004/m	…	…	6 564.00
	焊工	2004/m	…	8 317.00	…
	劳工	2004/m	4 678.00	4 659.00	4 747.00
	销售员（093）	2004/m	2 949.00	2 838.00	2 970.00
	销售员（096）	2004/m	…	…	2 956.00

	职业	基准年份/时间单位	工资 MF	工资 M	工资 F
	公共汽车司机	2004/m	…	6 893.00	…
	城镇卡车司机	2004/m	…	9 002.00	…
	初等教育的教师	2005/m	…	…	5 274.00
	专业护士	2000/m	679.00	…	…
	酒店接待员	2004/m	…	…	6 933.00
	客房服务员或客房清理员	2004/m	…	…	5 151.00
乌克兰	服装裁剪工	1999/m	274.36	…	…
	缝纫机操作工	1999/m	214.73	…	…
	初等教育的教师	1999/m	186.44	…	…
	专业护士	1999/m	144.16	…	…
亚洲和太平洋地区					
东亚					
中国	农场工人	2004/y	11 282.00	…	…
	服装裁剪工	2000/y	…	7 270.00	6 319.00
	缝纫机操作工	1998/m	…	622.85	539.54
	速记员—打字员	2000/y	…	6 991.00	7 669.00
	办公室文员	1997/m	…	1 361.02	1 027.11
	焊工	2000/y	…	9 211.00	8 640.00
	配电和输电工程师	2000/y	…	11 963.00	10 261.00
	劳工	1997/m	…	898.18	706.43
	销售员（093）	2000/y	…	7 526.00	7 019.00
	销售员（096）	1997/m	…	778.10	693.50
	公共汽车司机	2000/y	…	10 180.00	9 934.00
	城镇卡车司机	2004/y	15 429.00	…	…
	会计	1997/m	…	2 120.87	1 337.35
	垃圾工	2000/y	…	9 763.00	8 177.00
	初等教育的教师	1997/m	…	837.89	852.52
	专业护士	1997/m	…	…	765.17
	酒店接待员	1997/m	…	1 025.42	856.88
	客房服务员或客房清理员	2000/y	…	6 009.00	6 097.00
中国香港	服装裁剪工	1990/d	…	202.60	…
	缝纫机操作工	2003/d	…	…	236.50
	速记员—打字员	2003/m	…	…	15 131.90
	办公室文员	2000/m	…	9 877.50	9 714.10
	劳工	2001/d	…	627.80	558.20
	销售员（093）	2003/m	10 537.50	11 575.60	8 504.00
	销售员（096）	2003/m	8 447.00	8 533.30	8 413.30
	酒店接待员	2003/m	10 757.60	10 608.30	10 813.40
	客房服务员或客房清理员	2003/m	9 860.10	10 174.10	9 704.70
韩国	农场工人	2002/m	1 230 245.00	1 254 323.00	814 243.00
	服装裁剪工	2002/m	895 154.00	1 228 596.00	735 236.00
	缝纫机操作工	2002/m	937 045.00	1 109 093.00	724 875.00
	速记员—打字员	2002/m	1 110 266.00	1 422 880.00	1 045 126.00
	办公室文员	2002/m	1 488 485.00	1 682 572.00	1 160 495.00
	焊工	2002/m	1 214 620.00	1 230 931.00	834 414.00
	配电和输电工程师	2002/m	2 117 638.00	2 144 813.00	1 592 843.00
	劳工	2002/m	1 096 652.00	1 117 379.00	808 913.00
	销售员（093）	2002/m	1 244 251.00	1 405 288.00	971 291.00
	销售员（096）	2002/m	1 244 251.00	1 405 288.00	971 291.00

	职业	基准年份/时间单位	工资 MF	工资 M	工资 F
	公共汽车司机	2002/m	1 062 761.00	1 063 356.00	946 750.00
	城镇卡车司机	2002/m	1 062 761.00	1 063 356.00	946 750.00
	会计	2002/m	2 726 960.00	2 795 300.00	2 160 967.00
	计算机程序员	2002/m	2 175 813.00	2 232 438.00	1 945 965.00
	垃圾工	2002/m	806 248.00	1 051 795.00	641 629.00
	初等教育的教师	2002/m	1 842 864.00	2 239 664.00	1 431 347.00
	专业护士	2002/m	1 743 446.00	3 084 178.00	1 386 592.00
	酒店接待员	2002/m	1 110 516.00	1 297 675.00	1 032 758.00
	客房服务员或客房清理员	2002/m	726 082.00	864 182.00	691 303.00
中国澳门	服装裁剪工	1995/d	…	159.00	109.00
	缝纫机操作工	1995/d	…	119.00	113.00
	劳工	2000/d	…	184.00	182.00
	会计	1995/m	…	12 500.00	10 494.00
	酒店接待员	1995/m	…	4 660.00	4 549.00
	客房服务员或客房清理员	1995/m	…	3 182.00	3 470.00
太平洋岛国					
美属萨摩亚	客房服务员或客房清理员	1984/h	…	1.85	…
斐济	农场工人	1988/h	1.15	…	…
	服装裁剪工	1988/h	0.87	…	…
	缝纫机操作工	1988/h	0.71	…	…
	速记员—打字员	1988/m	446.83	…	…
	办公室文员	1988/m	500.17	…	…
	焊工	1988/h	1.22	…	…
	配电和输电工程师	1988/m	732.83	…	…
	劳工	1988/h	1.07	…	…
	销售员（093）	1988/h	1.49	…	…
	销售员（096）	1988/h	1.09	…	…
	公共汽车司机	1988/h	1.18	…	…
	城镇卡车司机	1988/h	1.42	…	…
	会计	1988/m	1 207.92	…	…
	计算机程序员	1988/m	1 000.00	…	…
	垃圾工	1988/m	149.06	…	…
	初等教育的教师	1988/m	625.42	…	…
	专业护士	1988/m	433.42	…	…
	酒店接待员	1988/m	327.83	…	…
	客房服务员或客房清理员	1988/m	334.42	…	…
法属波利尼西亚	初等教育的教师	1990/m	182 700.00	…	…
关岛	焊工	1987/h	…	9.23	…
	劳工	1987/h	3.35	…	…
巴布亚新几内亚	农场工人	1995/f	…	114.19	…
	垃圾工	1995/h	…	1.49	…
南亚					
巴基斯坦	农场工人	2000/m	…	2 200.00	…
	速记员—打字员	2000/m	…	5 500.00	…
	办公室文员	2000/m	…	3 200.00	…
	焊工	2000/m	…	2 700.00	…
	配电和输电工程师	2000/m	…	11 500.00	…
	公共汽车司机	2000/m	…	5 000.00	…

	职业	基准年份/时间单位	工资 MF	M	F
	城镇卡车司机	2000/m	…	5 000.00	…
	会计	2000/m	…	12 000.00	…
	垃圾工	2000/m	2 000.00	…	…
	初等教育的教师	2000/m	3 000.00	…	…
	专业护士	2000/m	3 000.00	…	…
	酒店接待员	2000/m	…	2 600.00	…
东南亚					
文莱达鲁萨兰国	劳工	2001/w	2.32	…	…
	销售员（093）	2001/w	2.18	2.07	2.37
马来西亚	焊工	1989/m	…	662.00	…
	会计	1989/m	…	3 334.00	3 200.00
	酒店接待员	1989/m	…	322.00	…
缅甸	农场工人	2006/m	15 000.00	…	…
	缝纫机操作工	2000/m	3 600.00	…	…
	速记员—打字员	2000/m	4 200.00	…	…
	办公室文员	2000/m	4 800.00	…	…
	焊工	2000/m	4 200.00	…	…
	配电和输电工程师	2000/m	7 500.00	…	…
	劳工	2000/m	3 000.00	…	…
	销售员（093）	2000/m	4 200.00	…	…
	销售员（096）	2000/m	4 200.00	…	…
	公共汽车司机	2000/m	4 800.00	…	…
	城镇卡车司机	2000/m	4 800.00	…	…
	会计	2000/m	5 400.00	…	…
	计算机程序员	2000/m	5 400.00	…	…
	垃圾工	2000/m	3 000.00	…	…
	初等教育的教师	2000/m	4 200.00	…	…
	专业护士	2000/m	5 400.00	…	…
	酒店接待员	2000/m	5 400.00	…	…
	客房服务员或客房清理员	2000/m	3 600.00	…	…
菲律宾	农场工人	1986/d	…	24.84	23.60
	服装裁剪工	1999/m	5 635.00	…	…
	缝纫机操作工	1999/m	5 724.00	…	…
	办公室文员	1994/m	4 784.00	…	…
	焊工	1999/m	7 242.00	…	…
	配电和输电工程师	1999/m	20 211.00	…	…
	劳工	1994/m	3 955.00	…	…
	销售员（093）	1999/m	7 872.00	…	…
	销售员（096）	1999/m	5 122.00	…	…
	公共汽车司机	1999/m	5 714.00	…	…
	城镇卡车司机	1994/m	4 159.00	…	…
	会计	1999/m	17 302.00	…	…
	计算机程序员	2002/m	19 783.00	…	…
	初等教育的教师	1999/m	9 773.00	…	…
	专业护士	1999/m	6 633.00	…	…
	酒店接待员	1999/m	7 125.00	…	…
	客房服务员或客房清理员	1999/m	6 509.00	…	…

	职业	基准年份/时间单位	工资		
			MF	M	F
新加坡	服装裁剪工	1990/m	…	798.98	723.68
	缝纫机操作工	2003/m	762.00	…	755.00
	速记员—打字员	1990/m	…	…	1 311.99
	办公室文员	2003/m	1 593.00	1 609.00	1 592.00
	焊工	2006/m	1 493.00	1 521.00	1 128.00
	劳工	2003/m	842.00	872.00	691.00
	销售员（093）	2003/m	1 057.00	1 125.00	1 027.00
	销售员（096）	2003/m	1 057.00	1 125.00	1 027.00
	公共汽车司机	2003/m	1 274.00	1 274.00	1 277.00
	城镇卡车司机	2004/m	1 434.00	1 434.00	…
	会计	2003/m	3 913.00	3 999.00	3 883.00
	计算机程序员	2003/m	2 612.00	2 585.00	2 652.00
	垃圾工	1988/m	…	527.09	543.36
	初等教育的教师	1990/m	…	2 838.05	1 868.79
	专业护士	2003/m	2 604.00	2 726.00	2 597.00
	酒店接待员	2003/m	1 082.00	1 079.00	1 084.00
	客房服务员或客房清理员	2003/m	880.00	840.00	888.00
泰国	服装裁剪工	1993/m	…	4 895.10	5 052.05
	缝纫机操作工	1993/m	…	3 284.96	3 990.28
	速记员—打字员	1993/m	…	13 333.33	9 333.44
	办公室文员	1993/m	…	7 071.43	4 148.16
	焊工	1993/m	…	3 644.17	2 771.60
	配电和输电工程师	1993/m	…	14 035.98	13 325.15
	劳工	1993/m	…	2 682.54	2 499.74
	销售员（093）	1993/m	…	5 416.80	5 493.63
	销售员（096）	1993/m	…	4 085.89	3 855.49
	公共汽车司机	1993/m	…	5 563.17	7 281.03
	城镇卡车司机	1993/m	…	5 563.17	7 281.03
	会计	1993/m	…	11 857.15	13 236.18
	计算机程序员	1995/m	…	14 154.67	13 905.75
	垃圾工	2005/m	…	4 862.00	…
	初等教育的教师	1993/m	…	5 082.14	5 761.15
	专业护士	1993/m	…	8 575.89	9 243.35
	酒店接待员	1993/m	…	3 521.16	3 556.81
	客房服务员或客房清理员	1993/m	…	3 490.83	3 396.92
拉丁美洲和加勒比地区					
加勒比地区					
安圭拉	办公室文员	1998/m	…	…	1 000.00
	焊工	1998/w	…	400.00	…
	配电和输电工程师	1998/m	…	3 104.86	…
	劳工	1998/d	…	78.48	…
	销售员（093）	1998/m	…	…	935.00
	销售员（096）	1998/m	831.88	…	…
	城镇卡车司机	1998/m	…	1 910.00	…
	会计	1998/m	2 992.00	…	…
	计算机程序员	1998/m	…	3 174.00	…
	垃圾工	1998/w	…	469.70	…

	职业	基准年份/时间单位	工资 MF	M	F
	初等教育的教师	1998/m	2 386.00	…	…
	专业护士	1998/m	3 223.00	…	…
	酒店接待员	1998/h	…	8.60	…
	客房服务员或客房清理员	1998/h	…	8.29	…
安提瓜和巴布达	服装裁剪工	1996/m	…	1 395.00	…
	缝纫机操作工	1996/m	…	…	845.00
	速记员—打字员	1996/m	…	…	1 843.00
	办公室文员	1996/m	…	…	1 571.00
	焊工	1996/m	…	2 532.00	…
	配电和输电工程师	1996/m	…	5 105.00	…
	劳工	1996/m	…	1 546.00	…
	销售员（093）	1995/m	…	2 450.00	…
	销售员（096）	1996/m	…	1 207.00	1 187.00
	公共汽车司机	1996/m	…	1 188.00	…
	城镇卡车司机	1996/w	…	630.00	…
	会计	1996/m	5 604.00	…	…
	垃圾工	1996/w	…	421.00	…
	初等教育的教师	1996/m	…	1 667.00	1 770.00
	专业护士	1996/m	2 035.00	…	…
	酒店接待员	1996/m	…	…	1 262.00
	客房服务员或客房清理员	1996/m	…	…	4 381.00
巴哈马	农场工人	1987/w	…	67.52	…
	缝纫机操作工	1987/w	…	195.00	186.67
	配电和输电工程师	1987/y	…	25 340.00	…
	销售员（093）	2003/w	…	324.00	234.00
	公共汽车司机	2003/w	…	360.00	224.00
	会计	2003/w	…	1 120.00	819.00
	计算机程序员	2003/w	…	858.00	680.00
	专业护士	2003/w	…	240.00	595.00
巴巴多斯	会计	1995/m	4 391.00	…	…
百慕大	劳工	2000/h	17.38	…	…
古巴	农场工人	2006/h	1.29	1.29	…
	服装裁剪工	2006/h	1.44	1.44	…
	缝纫机操作工	2006/h	1.24	…	1.24
	焊工	2006/h	1.48	1.48	…
	配电和输电工程师	2006/h	2.22	2.22	…
	劳工	2006/h	1.35	1.35	…
	销售员（093）	2006/h	1.31	1.31	1.31
	销售员（096）	2006/h	1.31	1.31	1.31
	公共汽车司机	2006/h	1.49	1.49	…
	城镇卡车司机	2006/h	1.34	1.34	…
	会计	2006/h	2.56	…	2.56
	垃圾工	2006/h	1.39	1.39	1.39
	初等教育的教师	2006/h	2.18	1.88	2.48
	专业护士	2006/h	1.65	…	1.65
	酒店接待员	2006/h	1.65	1.65	1.65
	客房服务员或客房清理员	2006/h	1.65	…	1.65

	职业	基准年份/时间单位	工资 MF	工资 M	工资 F
格林纳达	农场工人	1995/d	…	15.50	15.00
	速记员—打字员	1995/m	…	…	700.00
	办公室文员	1995/m	750.00	…	…
	劳工	1995/d	…	39.32	…
	销售员（093）	1995/m	800.00	…	…
	销售员（096）	1995/m	614.00	…	…
	公共汽车司机	1995/w	…	240.00	…
	城镇卡车司机	1995/d	…	55.00	…
	计算机程序员	1995/m	1 191.58	…	…
	垃圾工	1995/d	…	25.97	…
	初等教育的教师	1995/m	1 132.00	…	…
	专业护士	1995/m	1 245.97	…	…
	客房服务员或客房清理员	1995/m	300.00	…	…
瓜德罗普	农场工人	1990/h	26.08	…	…
荷属安的列斯	服装裁剪工	1988/m	…	845.00	732.00
	缝纫机操作工	1988/m	…	842.00	674.00
	速记员—打字员	1988/m	…	1 755.00	1 236.00
	办公室文员	1988/m	…	1 404.00	1 497.00
	焊工	1985/m	…	1 789.00	…
	配电和输电工程师	1985/m	…	1 846.00	…
	劳工	1988/m	…	1 270.00	…
	销售员（093）	1988/m	…	2 057.00	1 603.00
	销售员（096）	1988/m	…	988.00	772.00
	公共汽车司机	1988/m	…	1 072.00	…
	城镇卡车司机	1985/m	…	1 306.00	…
	会计	1988/m	…	5 191.00	4 741.00
	初等教育的教师	1988/m	…	2 758.00	2 275.00
	专业护士	1988/m	…	2 858.00	1 747.00
	酒店接待员	1988/m	…	992.00	857.00
	客房服务员或客房清理员	1985/m	…	686.00	642.00
波多黎各	服装裁剪工	1989/h	…	4.49	4.28
	缝纫机操作工	1989/h	…	4.27	4.17
	办公室文员	1989/h	…	6.14	6.01
	焊工	1989/h	…	6.14	5.09
	劳工	1987/h	…	3.67	3.54
	会计	1987/h	…	8.27	7.39
	计算机程序员	1987/h	…	11.10	9.27
	专业护士	1989/h	…	6.26	6.46
	酒店接待员	1990/h	4.91	…	…
	客房服务员或客房清理员	1990/h	6.23	…	…
圣基茨和尼维斯	农场工人	1999/h	4.29	…	…
	服装裁剪工	1999/h	…	…	6.00
	缝纫机操作工	1999/h	…	…	6.00
	速记员—打字员	1999/w	…	…	380.00
	办公室文员	1999/w	…	…	275.00
	焊工	1999/d	…	69.57	…
	配电和输电工程师	1999/m	…	3 084.50	…
	劳工	1999/h	…	8.00	…

	职业	基准年份/时间单位	工资 MF	工资 M	工资 F
	公共汽车司机	1999/h	7.93	…	…
	会计	1999/m	5 634.62	…	…
	垃圾工	1999/h	…	5.16	…
	初等教育的教师	1999/m	…	…	2 304.55
	专业护士	1999/m	…	…	2 275.00
	酒店接待员	1984/w	…	…	116.25
圣卢西亚	服装裁剪工	1990/w	…	147.12	126.60
	缝纫机操作工	1990/w	208.25	…	…
	速记员—打字员	1990/m	1 319.93	…	…
	办公室文员	1990/m	835.00	…	…
	焊工	1990/w	…	340.00	…
	劳工	1990/h	…	4.62	…
	销售员（093）	1990/m	450.00	…	…
	销售员（096）	1990/m	450.00	…	…
	城镇卡车司机	1990/m	…	1 260.00	…
	会计	1990/m	3 500.00	…	…
	垃圾工	1990/h	…	…	3.82
	初等教育的教师	1990/m	1 531.18	…	…
	专业护士	1990/m	1 399.19	…	…
	酒店接待员	1990/w	190.09	…	…
	客房服务员或客房清理员	1990/w	266.13	…	…
圣文森特和格林纳丁斯	配电和输电工程师	2002/m	8 000.00	…	…
	公共汽车司机	2002/d	53.04	…	…
	会计	2002/y	37 425.00	…	…
	计算机程序员	2002/y	27 429.00	…	…
	初等教育的教师	2002/y	21 816.00	…	…
	专业护士	2002/y	27 492.00	…	…
苏里南	农场工人	1983/h	…	2.96	…
	劳工	1993/h	2.53	…	…
	会计	1998/m	262 324.30	…	…
	计算机程序员	1998/m	178 953.50	…	…
	专业护士	1998/m	157 804.40	…	…
特立尼达和多巴哥	服装裁剪工	2000/h	7.42	…	…
	缝纫机操作工	2000/h	5.32	…	…
	焊工	2000/h	…	15.78	…
	销售员（093）	2000/h	7.31	…	…
	销售员（096）	2000/h	7.31	…	…
中美洲					
伯利兹	速记员—打字员	1992/w	…	…	150.00
	办公室文员	1992/w	…	…	170.00
哥斯达黎加	农场工人	2006/m	120 000.00	120 000.00	…
	服装裁剪工	2006/m	143 920.00	146 600.00	…
	缝纫机操作工	2006/m	98 086.50	101 415.00	97 062.30
	速记员—打字员	2007/m	…	80 000.00	214 230.50
	办公室文员	2006/m	194 367.20	216 417.10	186 349.10
	焊工	2006/m	182 245.30	182 245.30	…
	配电和输电工程师	2006/m	402 609.80	402 609.80	…
	劳工	2006/m	127 589.40	127 589.40	…

	职业	基准年份/时间单位	工资		
			MF	M	F
	销售员（093）	2006/m	125 400. 50	137 897. 80	115 895. 60
	销售员（096）	2006/m	125 400. 50	137 897. 80	115 895. 60
	公共汽车司机	2006/m	195 313. 00	195 275. 80	197 802. 00
	城镇卡车司机	2006/m	203 105. 10	202 479. 90	260 000. 00
	会计	2006/m	474 085. 80	528 669. 00	398 373. 70
	计算机程序员	2006/m	433 885. 70	478 514. 30	300 000. 00
	垃圾工	2006/m	155 483. 60	155 483. 60	…
	初等教育的教师	2006/m	277 708. 40	294 146. 60	273 668. 50
	专业护士	2006/m	382 498. 30	518 681. 40	359 018. 40
	酒店接待员	2006/m	179 401. 60	199 701. 70	169 976. 50
	客房服务员或客房清理员	2006/m	131 127. 90	148 364. 90	120 767. 80
萨尔瓦多	服装裁剪工	2004/w	44. 90	…	…
	缝纫机操作工	2004/w	35. 26	…	…
	速记员—打字员	2004/w	…	…	120. 00
	办公室文员	2004/w	…	149. 50	…
	焊工	2004/w	…	48. 42	…
	配电和输电工程师	2004/w	…	255. 53	…
	劳工	2004/w	…	49. 06	…
	销售员（093）	2004/w	245. 64	…	…
	销售员（096）	2004/w	54. 66	…	…
	公共汽车司机	2004/w	…	60. 96	…
	城镇卡车司机	2004/w	…	100. 00	…
	会计	2004/w	364. 83	…	…
	计算机程序员	2004/w	…	347. 21	252. 76
	垃圾工	2004/w	…	73. 50	…
	初等教育的教师	2004/w	105. 67	…	…
	专业护士	2004/w	167. 25	…	…
	酒店接待员	2004/w	82. 31	…	…
	客房服务员或客房清理员	2004/w	60. 29	…	…
洪都拉斯	服装裁剪工	1992/w	…	140. 00	…
	缝纫机操作工	1994/w	…	133. 70	…
	速记员—打字员	1985/d	…	16. 31	…
	计算机程序员	1994/w	…	…	373. 31
	垃圾工	1994/w	125. 30	…	…
	专业护士	1992/w	…	178. 50	101. 43
	酒店接待员	1994/w	…	175. 00	…
	客房服务员或客房清理员	1994/w	93. 31	…	…
尼加拉瓜	农场工人	2000/m	548. 00	…	…
	服装裁剪工	2000/m	1 490. 00	…	…
	缝纫机操作工	2000/m	1 250. 00	…	…
	办公室文员	1998/m	1 100. 00	…	…
	焊工	2000/m	…	1 800. 00	…
	配电和输电工程师	2000/m	7 665. 00	…	…
	劳工	2000/m	…	1 290. 00	…
	销售员（093）	2002/m	4 000. 00	…	…
	销售员（096）	2000/m	2 760. 00	…	…
	公共汽车司机	2000/m	2 875. 00	…	…
	会计	2000/m	4 245. 00	…	…

	职业	基准年份/时间单位	工资 MF	工资 M	工资 F
	计算机程序员	2000/m	13 200.00	…	…
	垃圾工	2000/m	1 495.00	…	…
	初等教育的教师	2000/m	1 158.00	…	…
	专业护士	2000/m	1 475.00	…	…
	酒店接待员	2000/m	2 080.00	…	…
	客房服务员或客房清理员	2000/m	1 200.00	…	…
南美洲					
玻利维亚	服装裁剪工	1995/m	…	582.26	763.19
	缝纫机操作工	1990/m	…	205.00	152.00
	速记员—打字员	1995/m	…	1 000.27	946.26
	办公室文员	1995/m	…	1 306.81	971.14
	焊工	1995/m	…	513.13	…
	配电和输电工程师	1988/m	…	1 599.01	…
	劳工	1995/m	…	455.94	…
	销售员（093）	1995/m	…	1 408.53	650.00
	销售员（096）	1995/m	…	643.85	766.29
	公共汽车司机	1995/m	…	422.86	…
	城镇卡车司机	1995/m	…	644.13	…
	会计	1995/m	…	4 214.87	4 522.44
	计算机程序员	1990/m	…	1 000.00	755.00
	垃圾工	1995/m	…	406.28	440.59
	初等教育的教师	1995/m	…	657.26	919.58
	专业护士	1990/m	…	…	311.00
	酒店接待员	1995/m	…	679.31	648.68
	客房服务员或客房清理员	1995/m	…	472.70	639.32
哥伦比亚	会计	1990/m	102 300.00	…	…
	计算机程序员	1990/m	101 450.00	…	…
法属圭亚那	农场工人	1990/h	32.00	…	…
	城镇卡车司机	1990/m	6 500.00	…	…
	垃圾工	1990/m	5 238.60	…	…
秘鲁	农场工人	1987/d	…	–	–
	服装裁剪工	2001/m	…	591.25	455.42
	缝纫机操作工	2001/m	…	611.77	577.96
	速记员—打字员	2001/m	…	1 091.00	2 147.72
	办公室文员	2001/m	…	1 217.28	1 343.74
	焊工	2001/m	…	858.36	…
	配电和输电工程师	2001/m	…	3 915.33	4 496.94
	劳工	2001/m	…	835.59	…
	销售员（093）	2001/m	…	1 179.65	566.64
	销售员（096）	2001/m	…	785.70	594.34
	公共汽车司机	2000/m	…	578.41	432.19
	城镇卡车司机	2001/m	…	1 124.22	…
	会计	2001/m	…	5 569.84	4 810.62
	计算机程序员	2001/m	…	2 119.28	1 739.81
	垃圾工	2001/m	…	646.40	…
	初等教育的教师	2001/m	…	1 435.63	1 341.98
	专业护士	2001/m	…	1 901.39	1 102.71
	酒店接待员	2001/m	…	711.43	551.99
	客房服务员或客房清理员	2001/m	…	508.92	543.08

	职业	基准年份/时间单位	工资 MF	M	F
乌拉圭	缝纫机操作工	1992/h	4 104.48	…	…
	办公室文员	1992/h	10 159.32	…	…
	劳工	1992/h	5 026.84	…	…
	销售员（093）	1992/h	22 298.63	…	…
	销售员（096）	1992/h	8 238.81	…	…
	公共汽车司机	1992/h	5 903.10	…	…
	城镇卡车司机	1992/h	9 003.49	…	…
	初等教育的教师	1992/h	11 058.45	…	…
	客房服务员或客房清理员	1992/h	4 457.92	…	…
委内瑞拉玻利瓦尔共和国	农场工人	1997/d	…	1 200.00	…
	服装裁剪工	1997/d	2 500.00	…	…
	缝纫机操作工	1997/d	2 500.00	…	…
	速记员—打字员	1989/m	6 000.00	…	…
	办公室文员	1997/m	127 000.00	…	…
	焊工	1997/d	…	2 831.00	…
	配电和输电工程师	1989/m	12 000.00	…	…
	劳工	1997/d	…	2 500.00	…
	销售员（093）	1997/m	84 900.00	…	…
	销售员（096）	1997/m	105 465.00	…	…
	公共汽车司机	1997/d	2 864.00	…	…
	城镇卡车司机	1997/d	…	6 942.00	…
	会计	1997/m	270 000.00	…	…
	计算机程序员	1997/m	250 000.00	…	…
	垃圾工	1997/m	90 000.00	…	…
	初等教育的教师	1997/m	75 000.00	…	…
	专业护士	1998/m	220 000.00	…	…
	酒店接待员	1997/m	93 600.00	…	…
	客房服务员或客房清理员	1997/m	75 000.00	…	…
非洲					
北非					
阿尔及利亚	配电和输电工程师	2001/h	180.00	…	…
苏丹	农场工人	1991/m	815.00	…	…
	服装裁剪工	1991/m	880.00	…	…
	速记员—打字员	1991/m	975.00	…	…
	办公室文员	1991/m	935.00	…	…
	焊工	1991/m	850.00	…	…
	劳工	1991/m	1 005.00	…	…
	销售员（093）	1991/m	820.00	…	…
	销售员（096）	1991/m	775.00	…	…
	公共汽车司机	1991/m	1 250.00	…	…
	城镇卡车司机	1991/m	1 820.00	…	…
	计算机程序员	1993/m	8 200.00	…	…
	垃圾工	1991/m	650.00	…	…
	初等教育的教师	1991/m	1 255.00	…	…
	专业护士	1991/m	1 150.00	…	…
	客房服务员或客房清理员	1991/m	785.00	…	…
突尼斯	农场工人	1997/d	5.21	…	…

	职业	基准年份/时间单位	工资 MF	工资 M	工资 F
撒哈拉以南非洲					
东非					
布隆迪	农场工人	1992/h	…	17.00	…
	服装裁剪工	1992/h	…	47.00	…
	缝纫机操作工	1992/h	…	37.70	…
	办公室文员	1984/h	…	67.00	…
	焊工	1992/h	…	100.20	…
	配电和输电工程师	1984/h	…	255.00	…
	劳工	1992/h	…	19.00	…
	销售员（093）	1992/h	…	119.00	…
	销售员（096）	1992/h	…	48.00	…
	公共汽车司机	1992/h	…	88.80	…
	城镇卡车司机	1992/h	…	134.00	…
	会计	1992/h	…	1 100.00	…
	酒店接待员	1992/h	…	98.00	…
	客房服务员或客房清理员	1992/h	…	145.90	…
肯尼亚	农场工人	1985/m	…	526.20	403.90
	速记员—打字员	1985/m	…	…	3 394.70
	办公室文员	1985/m	…	…	1 003.60
	劳工	1985/m	…	940.50	869.60
	销售员（093）	1985/m	…	1 917.80	1 666.30
	销售员（096）	1985/m	…	823.70	681.80
	公共汽车司机	1985/m	…	2 165.20	1 992.10
	城镇卡车司机	1985/m	…	1 720.80	1 348.20
	会计	1985/m	…	6 074.30	4 737.20
	计算机程序员	1985/m	…	10 926.10	…
	专业护士	1985/m	…	2 824.30	2 051.40
马拉维	服装裁剪工	1999/m	…	1 364.00	2 440.00
	缝纫机操作工	1999/m	…	930.00	851.00
	速记员—打字员	1999/m	…	2 733.00	…
	办公室文员	2000/m	…	2 677.00	4 263.00
	焊工	2000/m	…	1 846.00	…
	劳工	2000/m	…	1 100.00	…
	销售员（093）	2000/m	…	3 452.00	6 042.00
	销售员（096）	2000/m	…	2 625.00	2 541.00
	公共汽车司机	2000/m	…	3 981.00	…
	城镇卡车司机	2000/m	…	3 583.00	…
	会计	2000/m	…	74 560.00	49 399.00
	计算机程序员	2000/m	…	27 325.00	…
	专业护士	2000/m	…	2 172.00	6 770.00
	酒店接待员	2000/m	…	3 790.00	3 092.00
	客房服务员或客房清理员	2000/m	…	2 250.00	2 954.00
毛里求斯	服装裁剪工	1991/h	…	19.33	15.87
	缝纫机操作工	2000/h	18.43	…	…
	速记员—打字员	2000/m	9 655.00	…	…
	办公室文员	2000/m	9 109.21	…	…
	焊工	2000/h	…	32.14	…
	配电和输电工程师	2000/m	…	28 967.00	…

	职业	基准年份/时间单位	工资 MF	工资 M	工资 F
	劳工	2000/h	…	26.14	…
	销售员（093）	2000/h	69.35	…	…
	销售员（096）	2000/h	38.74	…	…
	公共汽车司机	2000/h	…	38.69	…
	城镇卡车司机	2000/h	…	51.71	…
	会计	2000/m	32 802.00	…	…
	垃圾工	2000/m	…	5 927.00	…
	初等教育的教师	2000/m	10 868.00	…	…
	专业护士	2000/m	10 374.00	…	…
	酒店接待员	2000/h	33.25	…	…
	客房服务员或客房清理员	2000/h	24.82	…	…
塞舌尔	农场工人	1990/h	…	9.10	…
	缝纫机操作工	1990/h	6.50	…	…
	速记员—打字员	1991/h	…	…	6.70
	办公室文员	1990/h	…	10.56	11.61
	焊工	1990/h	…	7.50	…
	劳工	1990/h	…	6.77	10.27
	公共汽车司机	1990/h	…	10.83	…
	垃圾工	1990/h	7.60	…	…
	初等教育的教师	1990/h	14.15	…	…
	专业护士	1990/h	14.14	…	…
	客房服务员或客房清理员	1990/h	…	…	6.40
赞比亚	农场工人	2005/m	…	116 139.00	62 533.00
	公共汽车司机	2005/m	…	200 000.00	200 000.00
	城镇卡车司机	2005/m	…	200 000.00	200 000.00
	初等教育的教师	2005/y	…	13 100 000.00	13 100 000.00
中非					
中非共和国	速记员—打字员	1989/m	…	…	116 000.00
	办公室文员	1989/m	48 000.00	…	…
	劳工	1989/m	…	25 000.00	…
乍得	焊工	1999/d	…	2 550.00	…
	劳工	1999/h	…	150.00	…
	销售员（096）	1999/m	…	60 000.00	…
	酒店接待员	1999/m	80 000.00	…	…
加蓬	服装裁剪工	1995/m	…	99 150.00	…
	缝纫机操作工	1995/m	…	…	84 760.00
	配电和输电工程师	1995/m	784 750.00	…	…
	垃圾工	1995/m	…	108 325.00	…
南部非洲					
纳米比亚	会计	1997/m	6 960.00	…	…
	计算机程序员	1997/m	9 196.00	…	…
西非					
布基纳法索	焊工	1987/h	…	185.00	…
	销售员（093）	1987/m	…	31 939.00	…
	销售员（096）	1987/m	…	31 939.00	…
	公共汽车司机	1987/m	…	43 940.00	…
	城镇卡车司机	1987/m	…	31 939.00	…
	计算机程序员	1987/m	…	84 537.00	…
	专业护士	1987/m	…	60 000.00	…

	职业	基准年份/时间单位	工资 MF	M	F
尼日利亚	农场工人	1997/m	…	949.21	900.00
	服装裁剪工	1997/m	…	2 406.67	…
	缝纫机操作工	1997/m	…	2 599.32	1 886.04
	速记员—打字员	1997/m	…	3 000.00	2 895.79
	办公室文员	1997/m	…	3 117.93	2 911.76
	焊工	1997/m	…	1 099.99	…
	劳工	1997/m	…	1 909.96	…
	销售员（093）	1997/m	…	…	3 387.60
	销售员（096）	1997/m	…	2 824.12	2 371.57
	公共汽车司机	1993/y	…	18 000.00	…
	城镇卡车司机	1993/y	…	24 000.00	…
	会计	1997/m	…	8 893.72	…
	专业护士	1997/m	…	7 571.26	5 733.79
	酒店接待员	1997/m	…	2 989.10	2 361.59
	客房服务员或客房清理员	1997/m	…	2 102.00	3 444.56
圣赫勒拿	缝纫机操作工	2006/m	…	217.30	…
	速记员—打字员	2006/m	400.00	…	…
	办公室文员	1999/y	2 100.00	…	…
	焊工	2006/m	…	360.00	…
	配电和输电工程师	2005/m	…	555.00	…
	劳工	1999/w	…	45.40	…
	销售员（093）	2005/m	…	235.00	…
	销售员（096）	2001/y	2 172.00	…	…
	公共汽车司机	1999/w	47.65	…	…
	会计	1999/y	4 380.00	…	…
	垃圾工	2001/w	53.65	…	…
	初等教育的教师	2005/m	296.32	…	…
	专业护士	2005/m	486.00	…	…
	酒店接待员	2006/m	…	300.00	…
	客房服务员或客房清理员	2001/m	45.00	…	…
多哥	销售员（093）	1997/m	66 128.00	…	…
	销售员（096）	1997/m	47 099.00	…	…
	会计	1997/m	474 000.00	…	…
	计算机程序员	1997/m	…	290 805.00	290 805.00
中东					
巴林	农场工人	1996/m	…	167.00	…
	速记员—打字员	2002/m	267.00	…	…
	办公室文员	2001/m	…	269.00	272.00
	焊工	2001/m	…	311.00	…
	配电和输电工程师	1990/m	…	274.27	328.00
	劳工	2001/m	…	163.00	161.00
	销售员（093）	2005/m	…	206.00	229.00
	销售员（096）	2005/m	…	138.00	144.00
	公共汽车司机	2001/m	…	337.00	…
	会计	2001/m	…	593.00	681.00
	计算机程序员	2001/m	…	501.00	465.00
	初等教育的教师	1996/m	…	453.00	374.00
	专业护士	2001/m	…	331.00	296.00
	酒店接待员	2001/m	…	241.00	236.00
	客房服务员或客房清理员	2005/m	129.00	…	…

	职业	基准年份/时间单位	工资		
			MF	M	F
沙特阿拉伯	劳工	1995/d	…	221.00	…
也门	服装裁剪工	1995/m	9 000.00	…	…
	速记员—打字员	1995/m	8 000.00	…	…
	办公室文员	1995/m	8 000.00	…	…
	焊工	1995/m	…	10 000.00	…
	配电和输电工程师	1995/m	…	9 000.00	…
	销售员（093）	1995/m	…	12 000.00	…
	城镇卡车司机	1995/d	…	700.00	…
	会计	1995/m	20 000.00	…	…
	计算机程序员	1995/m	15 000.00	…	…
	垃圾工	1995/m	…	8 000.00	…
	初等教育的教师	1995/m	20 000.00	…	…
	专业护士	1995/m	8 000.00	…	…
	客房服务员或客房清理员	1995/d	…	150.00	…

表 16b 职业收入指数

	职业	年份	名义收入指数 MF	名义收入指数 M	名义收入指数 F	实际收入指数 MF	实际收入指数 M	实际收入指数 F	注 No.
发达经济体和欧盟									
欧盟									
奥地利	农场工人	1990	73.8	…	…	92.7	…	…	1
		1998	96.3	…	…	99.2	…	…	1
		1999	98.3	…	…	100.6	…	…	1
		2000	100.0	…	…	100.0	…	…	1
		2001	102.3	…	…	99.6	…	…	1
		2002	105.1	…	…	100.6	…	…	1
	服装裁剪工	1990	77.4	…	…	97.2	…	…	1
		1998	100.3	…	…	103.3	…	…	1
		1999	98.1	…	…	100.4	…	…	1
		2000	100.0	…	…	100.0	…	…	1
		2001	110.4	…	…	107.5	…	…	1
		2002	103.9	…	…	99.4	…	…	1
	缝纫机操作工	1990	72.3	…	…	90.8	…	…	1
		1998	98.1	…	…	101.0	…	…	1
		1999	108.5	…	…	111.1	…	…	1
		2000	100.0	…	…	100.0	…	…	1
		2001	105.0	…	…	102.2	…	…	1
		2002	103.3	…	…	98.9	…	…	1
	配电和输电工程师	1990	…	66.2	…	…	83.2	…	1
		1997	…	92.4	…	…	96.0	…	1
		1998	…	95.3	…	…	98.1	…	1
		1999	…	96.4	…	…	98.7	…	1
		2000	…	100.0	…	…	100.0	…	1
		2001	…	103.4	…	…	100.7	…	1
	劳工	1990	67.8	…	…	85.2	…	…	1
		1998	96.4	…	…	99.3	…	…	1
		1999	98.2	…	…	100.5	…	…	1
		2000	100.0	…	…	100.0	…	…	1
		2001	102.9	…	…	100.2	…	…	1
		2002	106.1	…	…	101.5	…	…	1
	城镇卡车司机	1990	69.9	…	…	87.8	…	…	1
		1998	96.9	…	…	99.8	…	…	1
		1999	98.6	…	…	100.9	…	…	1
		2000	100.0	…	…	100.0	…	…	1
		2001	102.3	…	…	99.6	…	…	1
		2002	105.3	…	…	100.8	…	…	1
	会计	1990	75.3	…	…	94.6	…	…	1
		1998	97.3	…	…	100.2	…	…	1
		1999	99.0	…	…	101.3	…	…	1
		2000	100.0	…	…	100.0	…	…	1
		2001	102.8	…	…	100.1	…	…	1
		2002	105.5	…	…	101.0	…	…	1
	计算机程序员	1997	97.1	…	…	100.8	…	…	1
		1998	97.2	…	…	100.1	…	…	1
		1999	98.2	…	…	100.5	…	…	1
		2000	100.0	…	…	100.0	…	…	1
		2001	102.9	…	…	100.2	…	…	1
	垃圾工	1990	…	78.1	…	…	98.1	…	1
		1998	…	96.1	…	…	99.0	…	1
		1999	…	98.5	…	…	100.8	…	1
		2000	…	100.0	…	…	100.0	…	1
		2001	…	101.7	…	…	99.0	…	1
		2002	…	102.5	…	…	98.1	…	1
	专业护士	1990	78.3	…	…	98.4	…	…	2
		1998	96.1	…	…	99.0	…	…	2
		1999	98.5	…	…	100.8	…	…	2
		2000	100.0	…	…	100.0	…	…	2
		2001	101.3	…	…	98.6	…	…	2
		2002	102.1	…	…	97.7	…	…	2

	职业	年份	名义收入指数			实际收入指数			注
			MF	M	F	MF	M	F	No.
	客房服务员或客房清理员	1990	68.1	…	…	85.6	…	…	1
		1997	92.6	…	…	96.2	…	…	1
		1998	94.3	…	…	97.1	…	…	1
		2000	100.0	…	…	100.0	…	…	1
		2001	103.0	…	…	100.3	…	…	1
		2002	106.0	…	…	101.4	…	…	1
塞浦路斯	农场工人	1990	…	62.4	64.4	…	90.8	93.7	3
		2000	100.0	100.0	100.0	100.0	100.0	100.0	3
		2002	108.9	114.2	116.2	103.9	109.0	110.9	3
		2003	133.2	133.9	128.9	122.0	122.6	118.0	3
		2004	114.8	106.2	122.1	102.8	95.1	109.3	3
		2005	135.2	122.3	141.9	118.1	106.8	123.9	3
		2006	135.7	118.9	148.5	115.6	101.3	126.5	3
	服装裁剪工	1990	…	55.1	41.7	…	80.2	60.7	3
		2000	100.0	100.0	100.0	100.0	100.0	100.0	3
		2001	87.3	94.9	84.0	85.6	93.0	82.4	3
		2002	94.5	131.4	88.0	90.2	125.4	84.0	3
		2003	96.8	131.8	88.3	88.6	120.7	80.9	3
		2006	112.2	146.9	94.5	95.6	125.1	80.5	3
	缝纫机操作工	1990	…	…	50.2	…	…	79.8	3
		2000	…	…	90.2	…	…	98.5	3
		2002	…	…	96.8	…	…	100.8	3
		2003	100.0	…	100.0	100.0	…	100.0	3
		2004	91.5	…	91.5	89.4	…	89.4	3
		2005	100.0	…	100.0	95.3	…	95.3	3
		2006	111.1	…	111.1	103.3	…	103.3	3
	速记员—打字员	1990	…	…	55.5	…	…	80.8	3
		1999	…	…	80.6	…	…	84.0	3
		2000	…	…	100.0	…	…	100.0	3
		2001	…	…	102.1	…	…	100.1	3
		2002	…	…	86.6	…	…	82.6	3
		2003	…	…	87.2	…	…	79.9	3
	办公室文员	1990	…	…	55.1	…	…	84.0	3
		2000	…	…	92.6	…	…	97.1	3
		2002	100.0	100.0	100.0	100.0	100.0	100.0	3
		2003	102.9	106.1	101.0	98.8	101.9	97.0	3
		2004	112.9	…	115.8	106.0	…	108.7	3
		2005	110.2	…	113.1	100.9	…	103.6	3
		2006	87.0	…	89.3	77.7	…	79.7	3
	焊工	1990	…	57.6	…	…	83.8	…	3
		2000	…	100.0	…	…	100.0	…	3
		2002	…	110.9	…	…	105.8	…	3
		2003	…	113.5	…	…	103.9	…	3
		2004	…	117.3	…	…	105.0	…	3
		2005	…	117.7	…	…	102.8	…	3
		2006	…	152.1	…	…	129.6	…	3
	配电和输电工程师	1990	…	68.1	…	…	99.1	…	3
		2000	…	100.0	…	…	100.0	…	3
		2002	…	108.0	…	…	103.1	…	3
		2003	…	120.2	…	…	110.1	…	3
		2004	…	113.6	…	…	101.7	…	3
		2005	…	118.6	…	…	103.6	…	3
		2006	…	124.4	…	…	106.0	…	3
	劳工	1990	…	51.6	54.8	…	75.1	79.8	3
		2000	100.0	100.0	100.0	100.0	100.0	100.0	3
		2002	113.1	112.5	123.7	107.9	107.3	118.0	3
		2003	118.3	117.9	134.3	108.3	108.0	123.0	3
		2004	124.3	123.8	135.6	111.3	110.8	121.4	3
		2005	130.6	130.0	149.2	114.1	113.5	130.3	3
		2006	124.0	123.7	143.9	105.6	105.4	122.6	3
	销售员（093）	1990	…	57.7	52.0	…	84.0	75.7	3
		2000	100.0	100.0	100.0	100.0	100.0	100.0	3
		2002	111.0	115.0	97.2	105.9	109.7	92.7	3
		2003	112.4	115.2	98.7	102.9	105.5	90.4	3
		2004	117.1	121.0	106.7	104.8	108.3	95.5	3
		2005	126.7	131.9	115.0	110.7	115.2	100.4	
		2006	120.2	123.5	113.3	102.4	105.2	96.5	

	职业	年份	名义收入指数			实际收入指数			注
			MF	M	F	MF	M	F	No.
	销售员（096）	1990	…	61.9	52.1	…	90.1	75.8	3
		2000	100.0	100.0	100.0	100.0	100.0	100.0	3
		2002	105.1	102.4	108.7	100.3	97.7	103.7	3
		2003	102.9	100.6	106.4	94.2	92.1	97.4	3
		2004	110.4	110.1	115.5	98.8	98.6	103.4	3
		2005	118.5	121.8	121.4	103.5	106.4	106.0	3
		2006	120.5	128.7	121.9	102.6	109.6	103.8	3
	公共汽车司机	1990	…	70.1	…	…	102.0	…	3
		2000	100.0	100.0	100.0	100.0	100.0	100.0	3
		2002	104.3	104.1	125.9	99.5	99.3	120.1	3
		2003	113.8	113.2	143.4	104.2	103.7	131.3	3
		2004	122.6	122.2	152.0	109.8	109.4	136.1	3
		2005	125.8	125.0	160.2	109.9	109.2	139.9	3
		2006	129.8	129.4	153.0	110.6	110.2	130.3	3
	会计	1990	…	71.4	…	…	103.9	…	3
		2000	100.0	100.0	100.0	100.0	100.0	100.0	3
		2002	109.0	109.7	111.7	104.0	104.7	106.6	3
		2003	119.6	121.4	116.9	109.5	111.2	107.1	3
		2004	121.1	122.6	122.0	108.4	109.8	109.2	3
		2005	136.8	136.5	138.9	119.5	119.2	121.3	3
		2006	129.5	132.7	135.2	110.3	113.0	115.2	3
	计算机程序员	1990	…	42.9	42.7	…	65.5	65.1	3
		2000	…	105.1	…	…	110.2	…	3
		2002	100.0	100.0	100.0	100.0	100.0	100.0	3
		2003	100.3	…	109.0	96.3	…	104.6	3
		2004	127.7	87.5	143.1	119.9	82.2	134.4	3
		2005	162.0	126.2	164.7	148.3	115.6	150.7	3
		2006	150.4	106.0	168.3	134.3	94.6	150.3	3
	垃圾工	1990	…	52.3	…	…	79.9	…	3
		2002	…	100.0	…	…	100.0	…	3
		2003	…	103.2	…	…	99.2	…	3
		2004	…	109.4	…	…	102.8	…	3
		2005	…	113.1	…	…	103.5	…	3
		2006	…	122.3	…	…	109.3	…	3
	初等教育的教师	1990	…	57.1	55.6	…	83.1	80.9	3
		2000	100.0	100.0	100.0	100.0	100.0	100.0	3
		2002	110.9	107.6	112.6	105.8	102.7	107.4	3
		2003	122.2	117.6	123.8	111.9	107.7	113.4	3
		2004	122.4	117.5	124.2	109.6	105.2	111.2	3
		2005	129.1	123.2	131.4	112.8	107.6	114.8	3
		2006	138.4	131.6	141.1	117.9	112.1	120.2	3
	专业护士	1990	…	58.8	50.7	…	85.6	73.8	3
		2000	100.0	100.0	100.0	100.0	100.0	100.0	3
		2002	102.6	104.8	101.8	97.9	100.0	97.1	3
		2003	111.7	113.9	110.8	102.3	104.3	101.5	3
		2004	73.3	78.7	71.8	65.6	70.5	64.3	3
		2005	69.5	85.0	66.7	60.7	74.2	58.3	3
		2006	62.7	62.0	62.1	53.4	52.8	52.9	3
	酒店接待员	1990	…	53.6	57.6	…	78.0	83.8	3
		2000	100.0	100.0	100.0	100.0	100.0	100.0	3
		2002	96.2	96.3	100.1	91.8	91.9	95.5	3
		2003	98.1	99.9	101.4	89.8	91.5	92.9	3
		2004	101.2	102.5	104.5	90.6	91.8	93.6	3
		2005	97.8	100.6	101.4	85.4	87.9	88.6	3
		2006	99.0	97.4	104.7	84.3	83.0	89.2	3
	客房服务员或客房清理员	1990	…	…	51.9	…	…	75.5	3
		2000	100.0	100.0	100.0	100.0	100.0	100.0	3
		2002	100.2	99.4	100.4	95.6	94.8	95.8	3
		2003	97.8	101.6	97.4	89.6	93.0	89.2	3
		2004	98.2	98.0	98.3	87.9	87.7	88.0	3
		2005	105.4	99.1	106.3	92.1	86.6	92.8	3
		2006	103.1	95.2	104.4	87.8	81.1	88.9	3
捷克共和国	农场工人	2003	100.0	100.0	100.0	100.0	100.0	100.0	4
		2004	117.4	122.5	118.8	114.2	119.2	115.6	4
		2005	116.4	117.4	119.6	111.2	112.1	114.2	4
		2006	127.5	133.1	126.3	118.7	123.9	117.6	5
		2007	139.6	143.2	…	126.3	129.6	…	5

职业	年份	名义收入指数			实际收入指数			注
		MF	M	F	MF	M	F	No.
服装裁剪工	2003	100.0	100.0	100.0	100.0	100.0	100.0	4
	2004	102.4	101.6	102.4	99.6	98.8	99.6	4
	2005	103.7	102.9	103.9	99.0	98.3	99.2	4
	2006	100.3	…	100.3	93.4	…	93.4	5
	2007	107.1	…	107.9	96.9	…	97.6	5
缝纫机操作工	2003	…	…	92.7	…	…	97.1	4
	2004	…	…	106.1	…	…	108.0	4
	2005	100.0	…	100.0	100.0	…	100.0	4
	2006	103.6	…	103.4	101.0	…	100.8	4
	2007	103.4	…	…	97.9	…	…	4
速记员—打字员	1999	…	…	80.6	…	…	89.4	6
	2000	…	…	86.4	…	…	92.1	6
	2001	…	…	90.9	…	…	92.6	6
	2002	…	…	98.7	…	…	98.8	6
	2003	…	…	100.0	…	…	100.0	6
办公室文员		100.0	100.0	100.0	100.0	100.0	100.0	4
	2004	120.0	118.2	111.3	116.7	115.0	108.3	4
	2005	123.1	121.9	113.9	117.6	116.4	108.8	4
	2006	124.7	121.6	119.4	116.1	113.2	111.2	5
	2007	130.0	125.1	125.7	117.6	113.2	113.8	5
焊工	2003	100.0	100.0	100.0	100.0	100.0	100.0	4
	2004	102.1	101.6	126.2	99.3	98.8	122.8	4
	2005	104.1	103.8	142.9	99.4	99.1	136.5	4
	2006	98.4	97.3	147.9	91.6	90.6	137.7	5
	2007	121.5	120.2	171.9	110.0	108.8	155.6	5
配电和输电工程师	2003	100.0	100.0	100.0	100.0	100.0	100.0	4
	2004	108.9	108.0	126.3	105.9	105.1	122.9	4
	2005	119.4	118.2	142.1	114.0	112.9	135.7	4
	2006	129.7	128.5	143.8	120.8	119.6	133.9	5
	2007	140.7	139.0	169.6	127.3	125.8	153.5	5
劳工	2003	100.0	100.0	100.0	100.0	100.0	100.0	4
	2004	106.8	106.7	128.7	103.9	103.8	125.2	4
	2005	115.0	115.2	127.4	109.8	110.0	121.7	4
	2006	119.7	119.8	132.5	111.5	111.5	123.4	5
	2007	125.0	125.1	138.1	113.1	113.2	125.0	5
销售员（093）	2003	100.0	100.0	100.0	100.0	100.0	100.0	4
	2004	103.4	101.8	103.6	100.6	99.0	100.8	4
	2005	108.7	102.8	109.0	103.8	98.2	104.1	4
	2006	114.0	110.0	114.3	106.1	102.4	106.4	5
	2007	123.4	165.5	122.2	111.7	149.8	110.6	5
销售员（096）	2005	100.0	100.0	100.0	100.0	100.0	100.0	5
	2006	113.6	125.4	111.6	110.7	122.2	108.8	5
	2007	125.7	141.6	122.9	119.0	134.1	116.4	5
公共汽车司机	2003	100.0	100.0	100.0	100.0	100.0	100.0	4
	2004	100.8	100.9	97.0	98.1	98.2	94.4	4
	2005	106.8	106.9	103.3	102.0	102.1	98.7	4
	2006	102.9	102.5	109.4	95.8	95.4	101.9	5
	2007	113.5	113.4	115.8	102.7	102.6	104.8	5
城镇卡车司机	2003	100.0	100.0	100.0	100.0	100.0	100.0	4
	2004	99.7	99.7	…	97.0	97.0	…	4
	2005	105.1	105.0	117.3	100.4	100.3	112.0	4
	2006	107.5	107.3	147.4	100.1	99.9	137.2	5
	2007	116.8	116.6	164.9	105.7	105.5	149.2	5
会计	2003	100.0	100.0	100.0	100.0	100.0	100.0	4
	2004	83.9	97.1	80.8	81.6	94.5	78.6	4
	2005	92.0	102.2	88.5	87.9	97.6	84.5	4
	2006	112.1	124.6	108.4	104.4	116.0	100.9	5
	2007	114.2	128.8	108.9	103.3	116.6	98.6	5
计算机程序员	2003	100.0	100.0	100.0	100.0	100.0	100.0	4
	2004	101.9	101.9	103.4	99.1	99.1	100.6	4
	2005	107.6	107.2	109.6	102.8	102.4	104.7	4
	2006	110.1	109.2	113.8	102.5	101.7	106.0	5
	2007	117.4	117.1	117.9	106.2	106.0	106.7	5
垃圾工	2003	95.9	95.7	…	100.4	100.2	…	4
	2004	92.4	92.3	…	94.1	94.0	…	4
	2005	100.0	100.0	100.0	100.0	100.0	100.0	4
	2006	104.8	104.9	111.5	102.1	102.2	108.7	4
	2007	110.2	110.3	115.7	104.4	104.5	109.6	4

	职业	年份	名义收入指数 MF	名义收入指数 M	名义收入指数 F	实际收入指数 MF	实际收入指数 M	实际收入指数 F	注 No.
	初等教育的教师	2003	100.0	100.0	100.0	100.0	100.0	100.0	4
		2004	109.0	109.9	108.8	106.0	106.9	105.8	4
		2005	119.4	121.1	119.0	114.0	115.7	113.7	4
		2006	123.1	124.4	122.9	114.6	115.8	114.4	5
		2007	130.0	130.9	129.9	117.6	118.5	117.6	5
	专业护士	2003	100.0	100.0	100.0	100.0	100.0	100.0	4
		2004	98.7	100.1	98.7	96.0	97.4	96.0	4
		2005	102.9	104.9	102.8	98.3	100.2	98.2	4
		2006	111.1	114.3	111.0	103.4	106.4	103.4	5
		2007	117.0	118.1	116.9	105.9	106.9	105.8	5
	酒店接待员	2003	100.0	100.0	100.0	100.0	100.0	100.0	4
		2004	93.8	91.8	97.7	91.2	89.3	95.0	4
		2005	93.1	77.6	101.9	88.9	74.1	97.3	4
		2006	97.7	80.7	106.6	91.0	75.1	99.3	5
		2007	115.5	96.2	125.1	104.5	87.1	113.2	5
	客房服务员或客房清理员	2003	100.0	100.0	100.0	100.0	100.0	100.0	4
		2004	101.3	94.9	101.9	98.5	92.3	99.1	4
		2005	105.0	102.6	105.0	100.3	98.0	100.3	4
		2006	113.3	121.5	112.0	105.5	113.1	104.3	5
		2007	123.8	132.9	122.3	112.0	120.3	110.7	5
丹麦	农场工人	1983	…	91.7	…	…	102.1	…	7
		1984	…	98.0	…	…	102.6	…	7
		1985	…	100.0	…	…	100.0	…	7
	服装裁剪工	1988	…	90.0	92.1	…	94.3	96.6	7
		1989	…	100.0	100.0	…	100.0	100.0	7
		1990	…	…	105.5	…	…	102.8	7
		1991	…	…	110.7	…	…	105.4	7
		1992	…	…	114.2	…	…	106.4	7
	缝纫机操作工	1990	…	…	63.5	…	…	84.0	7
		1992	…	…	67.5	…	…	85.3	7
		2003	100.0	…	100.0	100.0	…	100.0	8
		2004	105.2	…	…	104.0	…	…	8
		2005	106.6	…	106.3	103.5	…	103.2	3
		2006	109.7	…	…	104.5	…	…	3
	办公室文员	1990	…	49.9	47.3	…	66.0	62.6	7
		1992	…	50.4	50.5	…	63.7	63.8	7
		2003	100.0	100.0	100.0	100.0	100.0	100.0	8
		2004	98.3	98.1	…	97.1	96.9	…	8
		2005	100.2	100.1	100.1	97.3	97.2	97.2	3
		2006	104.5	103.2	104.3	99.5	98.3	99.3	3
	焊工	1990	…	57.7	…	…	76.3	…	7
		1992	…	61.8	…	…	78.1	…	7
		2003	100.0	100.0	…	100.0	100.0	…	8
		2004	101.0	101.0	…	99.8	99.8	…	8
		2005	102.3	102.3	…	99.3	99.3	…	3
		2006	107.4	107.4	…	102.3	102.3	…	3
	配电和输电工程师	1990	…	59.0	…	…	78.0	…	7
		2003	100.0	100.0	…	100.0	100.0	…	8
		2004	100.5	100.2	…	99.3	99.0	…	8
		2005	105.6	106.1	…	102.5	103.0	…	3
		2006	114.2	115.0	…	108.8	109.5	…	3
	劳工	1990	…	56.7	…	…	75.0	…	7
		1992	…	58.7	…	…	74.2	…	7
		2003	100.0	100.0	100.0	100.0	100.0	100.0	8
		2004	102.7	102.7	…	101.5	101.5	…	8
		2005	105.8	105.8	102.8	102.7	102.7	99.8	3
		2006	110.7	110.8	106.2	105.4	105.5	101.1	3
	销售员（093）	1990	…	60.8	64.8	…	80.4	85.7	7
		1992	…	64.2	68.8	…	81.2	87.0	7
		2003	100.0	100.0	100.0	100.0	100.0	100.0	8
		2004	91.7	90.3	…	90.6	89.2	…	8
		2005	98.1	97.1	99.1	95.2	94.3	96.2	3
		2006	105.1	100.0	98.1	100.1	95.2	93.4	3

	职业	年份	名义收入指数			实际收入指数			注
			MF	M	F	MF	M	F	No.
	销售员（096）	1990	…	47.8	50.2	…	63.2	66.4	7
		1992	…	49.7	52.7	…	62.8	66.6	7
		2003	100.0	100.0	100.0	100.0	100.0	100.0	8
		2004	100.9	102.9	…	99.7	101.7	…	8
		2005	101.3	103.2	101.4	98.3	100.2	98.4	3
		2006	98.2	102.9	97.0	93.5	98.0	92.4	3
	公共汽车司机	2003	100.0	100.0	100.0	100.0	100.0	100.0	8
		2004	96.3	96.8	…	95.2	95.7	…	8
		2005	101.7	101.6	102.1	98.7	98.6	99.1	3
		2006	109.2	…	108.1	104.0	…	103.0	3
	城镇卡车司机	1990	59.8	…	…	79.1	…	…	7
		1992	65.1	…	…	82.3	…	…	7
		2003	100.0	100.0	…	100.0	100.0	…	8
		2004	105.6	105.6	…	104.3	104.3	…	8
		2005	109.6	109.7	…	106.4	106.5	…	3
		2006	114.2	…	…	108.8	…	…	3
	会计	1990	…	…	35.0	…	…	46.3	7
		1992	…	36.5	35.0	…	46.1	44.2	7
		2003	100.0	100.0	100.0	100.0	100.0	100.0	8
		2004	99.0	100.1	…	97.8	98.9	…	8
		2005	106.0	107.9	102.4	102.9	104.8	99.4	3
		2006	111.9	113.8	108.9	106.6	108.4	103.7	3
	计算机程序员	1990	…	94.6	93.3	…	99.0	97.6	7
		1991	…	101.1	99.9	…	103.2	101.9	7
		1992	…	100.0	100.0	…	100.0	100.0	7
		2004	…	245.4	…	…	191.7	…	8
		2005	…	242.3	…	…	186.0	…	3
		2006	…	282.0	…	…	212.3	…	3
	垃圾工	2003	100.0	100.0	…	100.0	100.0	…	8
		2004	94.6	94.3	…	93.5	93.2	…	8
		2005	101.4	101.0	…	98.4	98.1	…	3
		2006	111.8	111.3	…	106.5	106.0	…	3
	初等教育的教师	2003	100.0	100.0	100.0	100.0	100.0	100.0	8
		2004	100.1	100.4	…	98.9	99.2	…	8
		2005	103.7	103.8	103.7	100.7	100.8	100.7	3
		2006	107.8	108.3	107.6	102.7	103.1	102.5	3
	专业护士	2003	100.0	…	100.0	100.0	…	100.0	3
		2005	83.6	…	83.2	81.2	…	80.8	3
	酒店接待员	1990	…	50.9	48.7	…	67.3	64.4	7
		1992	…	53.3	52.5	…	67.4	66.4	7
		2003	100.0	100.0	100.0	100.0	100.0	100.0	8
		2004	103.0	104.5	…	101.8	103.3	…	8
		2005	104.1	104.5	104.1	101.1	101.5	101.1	3
		2006	106.7	110.1	105.2	101.6	104.9	100.2	3
	客房服务员或客房清理员	2003	100.0	100.0	100.0	100.0	100.0	100.0	8
		2004	98.4	97.4	…	97.2	96.2	…	8
		2005	99.8	100.5	99.5	96.9	97.6	96.6	3
		2006	102.2	103.3	101.8	97.3	98.4	97.0	3
爱沙尼亚	服装裁剪工	1993	…	50.0	50.6	…	95.2	96.4	9
		1994	…	74.6	85.8	…	96.3	110.7	10
		1995	…	100.0	100.0	…	100.0	100.0	10
		1996	…	127.4	117.1	…	103.6	95.2	10
		1997	…	149.3	143.4	…	109.1	104.7	10
	缝纫机操作工	1993	…	72.3	57.1	…	137.7	108.8	9
		1994	…	83.3	90.6	…	107.5	116.9	10
		1995	…	100.0	100.0	…	100.0	100.0	10
		1996	…	…	128.5	…	…	104.5	10
		1997	…	…	149.1	…	…	108.9	10
	办公室文员	1994	…	78.0	89.7	…	100.6	115.7	10
		1995	…	100.0	100.0	…	100.0	100.0	10
		1996	…	105.3	139.6	…	85.6	113.5	10
		1997	…	…	138.2	…	…	100.9	10
	焊工	1994	…	84.4	…	…	108.9	…	10
		1995	…	100.0	…	…	100.0	…	10
		1996	…	102.5	…	…	83.3	…	10
		1997	…	156.3	…	…	114.2	…	10

	职业	年份	名义收入指数			实际收入指数			注
			MF	M	F	MF	M	F	No.
	配电和输电工程师	1994	…	89.1	83.9	…	115.0	108.3	10
		1995	…	100.0	100.0	…	100.0	100.0	10
		1996	…	108.1	91.3	…	87.9	74.2	10
		1997	…	130.7	110.9	…	95.5	81.0	10
	劳工	1994	…	71.2	77.8	…	91.9	100.4	10
		1995	…	100.0	100.0	…	100.0	100.0	10
		1996	…	101.6	98.9	…	82.6	80.4	10
		1997	…	99.6	130.0	…	72.8	95.0	10
	销售员（093）	1994	…	…	87.4	…	…	112.8	10
		1995	…	…	100.0	…	…	100.0	10
		1996	…	…	104.8	…	…	85.2	10
	销售员（096）	1993	…	…	82.8	…	…	157.7	9
		1994	…	…	96.2	…	…	124.1	10
		1995	…	…	100.0	…	…	100.0	10
		1996	…	…	106.8	…	…	86.8	10
		1997	…	…	98.9	…	…	72.2	10
	公共汽车司机	1993	…	46.8	…	…	89.1	…	9
		1994	…	72.2	76.2	…	93.2	98.3	10
		1995	…	100.0	100.0	…	100.0	100.0	10
		1996	…	115.4	112.5	…	93.8	91.5	10
		1997	…	127.2	126.9	…	92.9	92.7	10
	城镇卡车司机	1994	…	74.1	…	…	95.6	…	10
		1995	…	100.0	…	…	100.0	…	10
		1996	…	118.9	…	…	96.7	…	10
		1997	…	130.2	…	…	95.1	…	10
	会计	1994	…	67.0	77.7	…	86.5	100.3	10
		1995	…	100.0	100.0	…	100.0	100.0	10
		1996	…	98.8	134.6	…	80.3	109.4	10
		1997	…	…	172.7	…	…	126.2	10
	垃圾工	1994	…	71.5	67.7	…	92.3	87.4	10
		1995	…	100.0	100.0	…	100.0	100.0	10
		1996	…	112.8	110.0	…	91.7	89.4	10
		1997	…	128.0	121.2	…	93.5	88.5	10
	专业护士	1993	…	44.5	32.7	…	84.8	62.3	9
		1994	…	80.0	67.8	…	103.2	87.5	10
		1995	…	100.0	100.0	…	100.0	100.0	10
		1996	…	130.3	103.7	…	105.9	84.3	10
		1997	…	154.1	189.3	…	112.6	138.3	10
	酒店接待员	1994	…	52.9	90.1	…	68.3	116.3	10
		1995	…	100.0	100.0	…	100.0	100.0	10
		1996	…	79.0	114.8	…	64.2	93.3	10
		1997	…	108.9	135.2	…	79.5	98.8	10
	客房服务员或客房清理员	1994	…	97.8	75.6	…	126.2	97.5	10
		1995	…	100.0	100.0	…	100.0	100.0	10
		1996	…	135.9	140.1	…	110.5	113.9	10
		1997	…	…	156.2	…	…	114.1	10
芬兰	农场工人	1994	…	87.1	86.1	…	90.8	89.8	7
		1996	…	99.5	…	…	102.1	…	11
		1997	…	96.4	94.8	…	97.8	96.1	11
		1998	…	100.0	100.0	…	100.0	100.0	11
	服装裁剪工	1990	…	…	107.1	…	…	123.8	12
		1996	…	…	93.9	…	…	96.3	11
		1997	…	…	92.1	…	…	93.4	11
		1998	…	100.0	100.0	…	100.0	100.0	11
		2005	…	21.0	20.9	…	18.9	18.8	3
		2006	…	20.7	21.5	…	18.3	19.0	3
	缝纫机操作工	1990	…	…	495.7	…	…	637.1	12
		1996	…	…	450.6	…	…	513.8	11
		1997	…	…	447.7	…	…	504.2	11
		1998	…	…	478.5	…	…	531.7	11
		2005	…	100.0	100.0	…	100.0	100.0	3
		2006	…	115.2	101.0	…	113.4	99.4	3
	速记员—打字员	1996	…	…	94.4	…	…	96.8	11
		1997	…	91.2	95.7	…	92.5	97.1	11
		1998	…	100.0	100.0	…	100.0	100.0	11
		2005	…	29.9	26.0	…	26.9	23.4	3
		2006	…	30.9	27.3	…	27.4	24.2	3

职业	年份	名义收入指数			实际收入指数			注
		MF	M	F	MF	M	F	No.
办公室文员	1996	…	93.9	94.5	…	96.3	96.9	11
	1997	…	95.7	95.8	…	97.1	97.2	11
	1998	…	100.0	100.0	…	100.0	100.0	11
	2005	…	19.9	21.7	…	17.9	19.5	3
	2006	…	20.6	23.3	…	18.2	20.6	3
焊工	1990	…	112.6	127.3	…	130.2	147.2	12
	1996	…	96.6	98.6	…	99.1	101.1	11
	1997	…	99.4	97.4	…	100.8	98.8	11
	1998	…	100.0	100.0	…	100.0	100.0	11
	2005	…	19.8	21.5	…	17.8	19.4	3
	2006	…	20.6	22.0	…	18.2	19.5	3
配电和输电工程师	1996	…	94.9	92.1	…	97.3	94.5	11
	1997	…	95.8	94.9	…	97.2	96.2	11
	1998	…	100.0	100.0	…	100.0	100.0	11
	2005	…	20.5	21.2	…	18.5	19.1	3
	2006	…	20.3	21.1	…	18.0	18.7	3
劳工	1990	…	100.2	114.0	…	115.8	131.8	12
	1996	…	93.1	102.9	…	95.5	105.5	11
	1997	…	95.8	97.0	…	97.2	98.4	11
	1998	…	100.0	100.0	…	100.0	100.0	11
	2005	…	20.1	20.1	…	18.1	18.1	3
	2006	…	20.2	19.9	…	17.9	17.6	3
销售员（093）	2005	…	100.0	100.0	…	100.0	100.0	3
	2006	…	101.5	94.2	…	99.9	92.7	3
销售员（096）	1996	…	94.1	96.5	…	96.5	99.0	11
	1997	…	95.4	96.9	…	96.8	98.3	11
	1998	…	100.0	100.0	…	100.0	100.0	11
	2005	…	19.0	22.0	…	17.1	19.8	3
	2006	…	19.5	22.5	…	17.3	19.9	3
公共汽车司机	1990	…	80.1	76.1	…	92.6	88.0	12
	1996	…	96.1	94.2	…	98.6	96.6	11
	1997	…	95.9	96.5	…	97.3	97.9	11
	1998	…	100.0	100.0	…	100.0	100.0	11
	2005	…	21.4	20.7	…	19.3	18.6	3
	2006	…	21.5	20.4	…	19.0	18.1	3
城镇卡车司机	1990	…	69.4	78.0	…	80.2	90.2	12
	1996	…	92.3	94.6	…	94.7	97.0	11
	1997	…	95.8	99.7	…	97.2	101.1	11
	1998	…	100.0	100.0	…	100.0	100.0	11
	2005	…	21.2	21.1	…	19.1	19.0	3
	2006	…	21.5	21.8	…	19.0	19.3	3
会计	1996	…	90.7	91.2	…	93.0	93.5	11
	1997	…	91.3	92.6	…	92.6	93.9	11
	1998	…	100.0	100.0	…	100.0	100.0	11
	2005	…	19.4	21.8	…	17.5	19.6	3
	2006	…	19.8	21.7	…	17.5	19.2	3
计算机程序员	1996	…	91.4	90.0	…	93.7	92.3	11
	1997	…	94.7	92.7	…	96.0	94.0	11
	1998	…	100.0	100.0	…	100.0	100.0	11
	2005	…	20.3	19.5	…	18.3	17.6	3
	2006	…	20.3	19.9	…	18.0	17.6	3
垃圾工	1996	…	435.7	…	…	496.8	…	11
	1997	…	429.6	…	…	483.8	…	11
	1998	…	452.5	…	…	502.8	…	11
	2005	…	100.0	100.0	…	100.0	100.0	3
	2006	…	102.7	109.3	…	101.1	107.6	3
初等教育的教师	1990	…	92.8	95.9	…	107.3	110.9	12
	1996	…	99.1	99.0	…	101.6	101.5	11
	1997	…	98.2	98.0	…	99.6	99.4	11
	1998	…	100.0	100.0	…	100.0	100.0	11
	2005	…	22.1	22.0	…	19.9	19.8	3
	2006	…	22.4	22.2	…	19.8	19.7	3
专业护士	1990	…	94.2	94.4	…	108.9	109.1	12
	1996	…	99.5	98.0	…	102.1	100.5	11
	1997	…	98.9	97.3	…	100.3	98.7	11
	1998	…	100.0	100.0	…	100.0	100.0	11
	2005	…	24.5	23.7	…	22.1	21.3	3
	2006	…	24.4	24.5	…	21.6	21.7	3

	职业	年份	名义收入指数			实际收入指数			注
			MF	M	F	MF	M	F	No.
	酒店接待员	1996	…	96.9	95.9	…	99.4	98.4	11
		1997	…	97.3	97.9	…	98.7	99.3	11
		1998	…	100.0	100.0	…	100.0	100.0	11
		2005	…	20.0	20.8	…	18.0	18.7	3
		2006	…	20.3	21.4	…	18.0	19.0	3
	客房服务员或客房清理员	1996	…	100.0	95.2	…	102.6	97.6	11
		1997	…	96.0	95.5	…	97.4	96.9	11
		1998	…	100.0	100.0	…	100.0	100.0	11
		2005	…	20.7	21.5	…	18.6	19.4	3
		2006	…	21.5	22.0	…	19.0	19.5	3
匈牙利	服装裁剪工	2000	100.0	…	…	100.0	…	…	13
		2003	134.9	…	…	112.1	…	…	13
		2004	145.5	…	…	113.2	…	…	13
		2005	154.9	…	…	116.4	…	…	13
		2006	186.6	…	…	134.9	…	…	3
		2007	199.8	…	…	133.8	…	…	3
	速记员—打字员	2000	100.0	…	…	100.0	…	…	13
		2003	186.4	…	…	154.9	…	…	13
		2004	176.1	…	…	137.0	…	…	13
		2005	276.8	…	…	208.0	…	…	13
		2006	208.6	…	…	150.8	…	…	3
		2007	159.4	…	…	106.8	…	…	3
	办公室文员	2000	100.0	…	…	100.0	…	…	13
		2003	152.4	…	…	126.7	…	…	13
		2004	148.6	…	…	115.6	…	…	13
		2005	157.1	…	…	118.0	…	…	13
		2006	174.4	…	…	126.1	…	…	3
		2007	200.8	…	…	134.5	…	…	3
	焊工	2000	100.0	…	…	100.0	…	…	13
		2003	124.6	…	…	103.6	…	…	13
		2004	129.5	…	…	100.8	…	…	13
		2005	146.0	…	…	109.7	…	…	13
		2006	151.0	…	…	109.2	…	…	3
		2007	178.5	…	…	119.6	…	…	3
	配电和输电工程师	2000	100.0	…	…	100.0	…	…	13
		2003	155.9	…	…	129.6	…	…	13
		2004	164.7	…	…	128.2	…	…	13
		2005	191.3	…	…	143.7	…	…	13
		2006	215.3	…	…	155.7	…	…	3
		2007	231.7	…	…	155.2	…	…	3
	劳工	2000	100.0	…	…	100.0	…	…	13
		2003	150.4	…	…	125.0	…	…	13
		2004	151.5	…	…	117.9	…	…	13
		2005	162.6	…	…	122.2	…	…	13
		2006	169.3	…	…	122.4	…	…	3
		2007	195.3	…	…	130.8	…	…	3
	销售员（093）	2000	100.0	…	…	100.0	…	…	13
		2003	145.7	…	…	121.1	…	…	13
		2004	163.2	…	…	127.0	…	…	13
		2005	166.4	…	…	125.0	…	…	13
		2006	185.1	…	…	133.8	…	…	3
		2007	224.8	…	…	150.6	…	…	3
	销售员（096）	2000	100.0	…	…	100.0	…	…	13
		2003	143.1	…	…	119.0	…	…	13
		2004	150.6	…	…	117.2	…	…	13
		2005	162.5	…	…	122.1	…	…	13
		2006	185.2	…	…	133.9	…	…	3
		2007	206.9	…	…	138.6	…	…	3
	公共汽车司机	2000	100.0	…	…	100.0	…	…	13
		2003	153.4	…	…	127.5	…	…	13
		2004	177.8	…	…	138.4	…	…	13
		2005	192.3	…	…	144.5	…	…	13
		2006	189.0	…	…	136.7	…	…	3
		2007	207.4	…	…	138.9	…	…	3

	职业	年份	名义收入指数			实际收入指数			注
			MF	M	F	MF	M	F	No.
	城镇卡车司机	2000	100.0	…	…	100.0	…	…	13
		2003	139.8	…	…	116.2	…	…	13
		2004	161.7	…	…	125.8	…	…	13
		2005	158.3	…	…	118.9	…	…	13
		2006	169.5	…	…	122.6	…	…	3
		2007	191.9	…	…	128.5	…	…	3
	会计	2000	100.0	…	…	100.0	…	…	13
		2003	136.7	…	…	113.6	…	…	13
		2004	167.9	…	…	130.7	…	…	13
		2005	192.6	…	…	144.7	…	…	13
		2006	194.0	…	…	140.3	…	…	3
		2007	272.2	…	…	182.3	…	…	3
	计算机程序员	2000	100.0	…	…	100.0	…	…	13
		2003	129.8	…	…	107.9	…	…	13
		2004	151.6	…	…	118.0	…	…	13
		2005	176.5	…	…	132.6	…	…	13
		2006	210.9	…	…	152.5	…	…	3
		2007	194.8	…	…	130.5	…	…	3
	垃圾工	2000	100.0	…	…	100.0	…	…	13
		2003	137.5	…	…	114.3	…	…	13
		2004	153.2	…	…	119.2	…	…	13
		2005	149.1	…	…	112.0	…	…	13
		2006	185.8	…	…	134.3	…	…	3
		2007	177.3	…	…	118.8	…	…	3
	初等教育的教师	2000	100.0	…	…	100.0	…	…	13
		2003	208.8	…	…	173.6	…	…	13
		2004	215.2	…	…	167.5	…	…	13
		2005	220.0	…	…	165.3	…	…	13
		2006	239.1	…	…	172.9	…	…	3
		2007	240.0	…	…	160.8	…	…	3
	专业护士	2000	100.0	…	…	100.0	…	…	13
		2003	213.3	…	…	177.3	…	…	13
		2004	223.2	…	…	173.7	…	…	13
		2005	226.4	…	…	170.1	…	…	13
		2006	245.8	…	…	177.7	…	…	3
		2007	251.6	…	…	168.5	…	…	3
	酒店接待员	2000	100.0	…	…	100.0	…	…	13
		2003	156.0	…	…	129.7	…	…	13
		2004	168.6	…	…	131.2	…	…	13
		2005	176.4	…	…	132.5	…	…	13
		2006	202.6	…	…	146.5	…	…	3
		2007	199.0	…	…	133.3	…	…	3
	客房服务员或客房清理员	2000	100.0	…	…	100.0	…	…	13
		2003	145.3	…	…	120.8	…	…	13
		2004	153.5	…	…	119.5	…	…	13
		2005	164.5	…	…	123.6	…	…	13
		2006	173.6	…	…	125.5	…	…	3
		2007	188.6	…	…	126.3	…	…	3
拉脱维亚	服装裁剪工	2000	98.1	105.5	97.9	100.5	108.1	100.3	3
		2001	100.0	100.0	100.0	100.0	100.0	100.0	3
		2002	95.0	111.3	94.4	93.1	109.1	92.5	3
		2003	101.9	122.2	101.4	97.1	116.5	96.7	3
		2004	123.8	135.2	123.5	111.1	121.4	110.9	14
		2005	140.6	132.9	140.9	118.3	111.8	118.5	14
	缝纫机操作工	2000	77.9	198.5	74.1	79.8	203.4	75.9	3
		2001	100.0	100.0	100.0	100.0	100.0	100.0	3
		2002	100.6	189.7	97.9	98.6	186.0	96.0	3
		2003	113.9	249.4	110.1	108.6	237.8	105.0	3
		2004	131.8	284.6	128.4	118.3	255.5	115.3	14
		2005	153.6	246.6	151.4	129.2	207.4	127.3	14
	速记员—打字员	2000	78.0	67.7	82.9	79.9	69.4	84.9	3
		2001	100.0	100.0	100.0	100.0	100.0	100.0	3
		2002	119.9	119.3	118.1	117.5	117.0	115.8	3
		2003	105.0	115.5	100.9	100.1	110.1	96.2	3
		2004	114.2	109.9	116.1	102.5	98.7	104.2	14
		2005	150.9	147.1	151.4	126.9	123.7	127.3	14

职业	年份	名义收入指数			实际收入指数			注
		MF	M	F	MF	M	F	No.
办公室文员	1999	…	…	42.2	…	…	44.4	3
	2000	74.5	86.2	64.1	76.3	88.3	65.7	3
	2001	100.0	100.0	100.0	100.0	100.0	100.0	3
	2002	99.1	137.1	74.6	97.2	134.4	73.1	3
	2005	54.0	64.0	39.9	45.4	53.8	33.6	14
焊工	2000	78.7	78.3	86.2	80.6	80.2	88.3	3
	2001	100.0	100.0	100.0	100.0	100.0	100.0	3
	2002	120.9	119.2	157.3	118.5	116.9	154.2	3
	2003	139.0	139.4	129.7	132.5	132.9	123.6	3
	2004	159.7	160.5	142.4	143.4	144.1	127.8	14
	2005	215.7	217.7	164.7	181.4	183.1	138.5	14
配电和输电工程师	2000	98.2	98.1	99.3	100.6	100.5	101.7	3
	2001	100.0	100.0	100.0	100.0	100.0	100.0	3
	2002	128.9	130.5	122.6	126.4	127.9	120.2	3
	2003	120.9	122.1	114.1	115.3	116.4	108.8	3
	2004	125.0	125.0	124.2	112.2	112.2	111.5	14
	2005	142.3	139.7	154.6	119.7	117.5	130.0	14
劳工	2000	101.0	101.3	98.2	103.5	103.8	100.6	3
	2001	100.0	100.0	100.0	100.0	100.0	100.0	3
	2002	…	93.1	…	…	91.3	…	3
	2003	123.3	125.1	87.5	117.5	119.3	83.4	3
	2004	171.2	173.6	95.4	153.7	155.8	85.6	14
	2005	169.2	170.1	101.8	142.3	143.1	85.6	14
销售员（093）	2000	102.9	99.9	103.7	105.4	102.4	106.2	3
	2001	100.0	100.0	100.0	100.0	100.0	100.0	3
	2002	119.8	116.0	119.3	117.5	113.7	117.0	3
	2003	127.3	162.5	124.0	121.4	154.9	118.2	3
	2004	170.4	183.4	169.6	153.0	164.6	152.2	14
	2005	184.3	235.9	175.3	155.0	198.4	147.4	14
销售员（096）	2000	81.1	109.5	78.6	83.1	112.2	80.5	3
	2001	100.0	100.0	100.0	100.0	100.0	100.0	3
	2002	103.7	132.0	102.9	101.7	129.4	100.9	3
	2003	122.5	127.6	122.1	116.8	121.6	116.4	3
	2004	133.1	136.4	132.9	119.5	122.4	119.3	14
	2005	168.5	149.0	169.7	141.7	125.3	142.7	14
公共汽车司机	2000	89.9	91.1	83.7	92.1	93.3	85.8	3
	2001	100.0	100.0	100.0	100.0	100.0	100.0	3
	2002	100.3	100.2	101.8	98.3	98.2	99.8	3
	2003	105.3	106.2	101.5	100.4	101.2	96.8	3
	2004	113.2	114.8	107.3	101.6	103.1	96.3	14
	2005	134.8	136.4	130.1	113.4	114.7	109.4	14
城镇卡车司机	2000	…	94.1	…	…	96.4	…	3
	2001	100.0	100.0	100.0	100.0	100.0	100.0	3
	2002	108.4	108.4	52.6	106.3	106.3	51.6	3
	2003	140.2	140.2	96.9	133.7	133.7	92.4	3
	2004	143.9	144.0	68.0	129.2	129.3	61.0	14
	2005	172.6	172.6	76.0	145.2	145.2	63.9	14
会计	2000	84.4	90.8	84.5	86.5	93.0	86.6	3
	2001	100.0	100.0	100.0	100.0	100.0	100.0	3
	2002	97.1	110.6	94.5	95.2	108.4	92.6	3
	2003	101.3	108.0	99.6	96.6	103.0	94.9	3
	2004	97.7	116.5	95.3	87.7	104.6	85.5	14
	2005	115.4	119.5	113.8	97.1	100.5	95.7	14
计算机程序员	2000	…	78.8	…	…	80.7	…	3
	2001	100.0	100.0	100.0	100.0	100.0	100.0	3
	2002	85.5	89.9	72.0	83.8	88.1	70.6	3
	2003	94.7	88.9	133.0	90.3	84.7	126.8	3
	2004	133.1	128.4	158.4	119.5	115.3	142.2	14
	2005	123.9	119.1	155.7	104.2	100.2	131.0	14
垃圾工	2000	89.8	92.3	85.3	92.0	94.6	87.4	3
	2001	100.0	100.0	100.0	100.0	100.0	100.0	3
	2002	97.8	104.1	88.7	95.9	102.1	87.0	3
	2003	99.4	102.9	102.0	94.8	98.1	97.2	3
	2004	107.8	112.6	113.7	96.8	101.1	102.1	14
	2005	144.0	149.0	139.6	121.1	125.3	117.4	14

	职业	年份	名义收入指数 MF	名义收入指数 M	名义收入指数 F	实际收入指数 MF	实际收入指数 M	实际收入指数 F	注 No.
	初等教育的教师	2000	86.0	87.1	86.0	88.1	89.2	88.1	3
		2001	100.0	100.0	100.0	100.0	100.0	100.0	3
		2002	112.6	109.9	112.7	110.4	107.7	110.5	3
		2003	124.7	125.7	124.5	118.9	119.8	118.7	3
		2004	147.3	144.9	147.4	132.2	130.1	132.3	14
		2005	147.0	145.6	146.9	123.6	122.5	123.5	14
	专业护士	2000	87.3	89.5	87.3	89.4	91.7	89.4	3
		2001	100.0	100.0	100.0	100.0	100.0	100.0	3
		2002	109.1	122.0	109.1	107.0	119.6	107.0	3
		2003	123.8	129.1	123.8	118.0	123.1	118.0	3
		2004	140.1	161.5	140.1	125.8	145.0	125.8	14
		2005	189.7	159.3	190.0	159.5	134.0	159.8	14
	酒店接待员	2000	123.3	111.5	126.5	126.3	114.2	129.6	3
		2001	100.0	100.0	100.0	100.0	100.0	100.0	3
		2002	101.3	84.8	103.3	99.3	83.1	101.3	3
		2003	133.2	155.4	119.0	127.0	148.1	113.4	3
		2004	110.7	112.9	106.6	99.4	101.3	95.7	14
		2005	121.6	125.9	119.4	102.3	105.9	100.4	14
	客房服务员或客房清理员	2000	79.7	59.1	80.8	81.7	60.6	82.8	3
		2001	100.0	100.0	100.0	100.0	100.0	100.0	3
		2002	102.2	100.1	102.2	100.2	98.1	100.2	3
		2003	111.6	112.6	111.4	106.4	107.3	106.2	3
		2004	142.5	172.9	141.3	127.9	155.2	126.8	14
		2005	164.5	212.6	162.5	138.4	178.8	136.7	14
立陶宛	农场工人	1995	…	49.3	…	…	71.4	…	15
		2000	…	100.0	…	…	100.0	…	15
	服装裁剪工		100.0	100.0	100.0	100.0	100.0	100.0	15
		2002	95.5	79.9	104.6	94.0	78.6	103.0	15
		2006	118.2	…	125.8	109.2	…	116.3	15
	缝纫机操作工	1995	…	…	72.3	…	…	104.8	15
		2000	100.0	100.0	100.0	100.0	100.0	100.0	15
		2002	104.6	103.7	105.1	103.0	102.1	103.4	15
		2006	132.5	…	134.2	122.5	…	124.0	15
	办公室文员	2000	…	…	100.0	…	…	100.0	15
		2002	…	…	76.8	…	…	75.6	15
	焊工	1995	…	79.5	…	…	115.2	…	15
		2000	…	100.0	…	…	100.0	…	15
		2002	…	91.3	…	…	89.9	…	15
		2006	…	184.9	…	…	170.9	…	15
	劳工	1995	…	45.2	…	…	65.5	…	15
		2000	100.0	100.0	100.0	100.0	100.0	100.0	15
		2002	76.5	74.9	124.1	75.3	73.7	122.1	15
		2006	164.2	161.3	…	151.8	149.1	…	15
	销售员（093）	2000	100.0	100.0	100.0	100.0	100.0	100.0	15
		2002	150.2	109.9	141.8	147.8	108.2	139.6	15
		2006	186.6	161.5	180.9	172.5	149.3	167.2	15
	销售员（096）	2000	…	85.7	…	…	87.1	…	15
		2002	100.0	100.0	100.0	100.0	100.0	100.0	15
		2006	150.9	174.9	148.8	141.7	164.2	139.7	15
	公共汽车司机	1995	…	80.2	…	…	118.1	…	15
		2000	…	92.6	…	…	94.1	…	15
		2002	100.0	100.0	100.0	100.0	100.0	100.0	15
		2006	126.6	124.3	139.0	118.9	116.7	130.5	15
	城镇卡车司机	1995	…	69.4	…	…	100.6	…	15
		2000	…	100.0	…	…	100.0	…	15
		2002	…	86.2	…	…	84.8	…	15
		2006	…	133.8	…	…	123.7	…	15
	会计	1995	…	…	53.4	…	…	77.4	15
		2000	100.0	100.0	100.0	100.0	100.0	100.0	15
		2002	114.6	103.8	116.8	112.8	102.2	115.0	15
		2006	135.8	111.0	131.9	125.5	102.6	121.9	15
	计算机程序员	1995	…	33.6	…	…	48.7	…	15
		2000	…	100.0	…	…	100.0	…	15
	垃圾工		…	100.0	…	…	100.0	…	15
		2002	…	124.2	…	…	122.2	…	15

	职业	年份	名义收入指数			实际收入指数			注
			MF	M	F	MF	M	F	No.
	初等教育的教师	1995	…	…	34.7	…	…	51.1	15
		2002	100.0	…	100.0	100.0	…	100.0	15
		2006	137.5	…	137.2	129.1	…	128.8	15
	专业护士	1995	…	…	48.5	…	…	70.3	15
		2000	…	…	100.0	…	…	100.0	15
		2002	…	…	113.9	…	…	112.1	15
		2006	…	…	235.4	…	…	217.6	15
	酒店接待员	1995	…	…	35.5	…	…	51.4	15
		2000	…	…	100.0	…	…	100.0	15
	客房服务员或客房清理员	1995	…	…	45.4	…	…	65.8	15
		2000	…	…	100.0	…	…	100.0	15
		2002	…	…	78.1	…	…	76.9	15
		2006	…	…	99.7	…	…	92.1	15
卢森堡	办公室文员	2002	100.0	100.0	100.0	100.0	100.0	100.0	15
		2006	89.6	85.7	103.0	81.6	78.1	93.8	15
	焊工	2002	…	100.0	…	…	100.0	…	15
		2006	…	111.1	…	…	101.2	…	15
	劳工	2002	…	100.0	…	…	100.0	…	15
		2006	…	108.7	…	…	99.0	…	15
	销售员（096）	2002	100.0	100.0	100.0	100.0	100.0	100.0	15
		2006	101.0	101.7	104.1	92.0	92.6	94.8	15
	公共汽车司机	2002	100.0	100.0	100.0	100.0	100.0	100.0	15
		2006	110.0	109.9	95.8	100.2	100.1	87.2	15
	城镇卡车司机	2002	100.0	100.0	100.0	100.0	100.0	100.0	15
		2006	117.7	117.7	138.5	107.2	107.2	126.1	15
	会计	2002	100.0	100.0	100.0	100.0	100.0	100.0	15
		2006	115.6	113.9	120.6	105.3	103.7	109.8	15
	计算机程序员	2002	…	100.0	…	…	100.0	…	15
		2006	…	107.0	…	…	97.4	…	15
	客房服务员或客房清理员	2002	100.0	100.0	100.0	100.0	100.0	100.0	15
		2006	116.0	114.1	116.3	105.6	103.9	105.9	15
波兰	农场工人	1999	…	63.5	64.8	…	78.4	80.0	3
		2001	…	82.8	72.8	…	88.1	77.4	3
		2002	…	82.4	85.8	…	86.0	89.6	3
		2004	100.0	100.0	100.0	100.0	100.0	100.0	3
		2006	107.0	108.1	102.9	103.7	104.7	99.7	3
	服装裁剪工	1999	…	52.0	54.8	…	64.2	67.7	3
		2001	…	73.5	67.2	…	78.2	71.5	3
		2002	…	69.9	66.7	…	73.0	69.6	3
		2004	100.0	100.0	100.0	100.0	100.0	100.0	3
		2006	114.5	115.4	108.4	110.9	111.8	105.0	3
	缝纫机操作工	1999	…	69.2	64.2	…	85.4	79.3	3
		2001	…	83.1	87.8	…	88.4	93.4	3
		2002	…	80.2	88.7	…	83.7	92.6	3
		2004	100.0	100.0	100.0	100.0	100.0	100.0	3
		2006	114.5	115.4	108.4	110.9	111.8	105.0	3
	速记员—打字员	1999	…	143.8	87.9	…	177.5	108.5	3
		2001	…	90.6	91.9	…	96.4	97.8	3
		2002	…	103.2	95.4	…	107.7	99.6	3
		2004	100.0	100.0	100.0	100.0	100.0	100.0	3
		2006	103.4	99.0	103.9	100.2	95.9	100.7	3
	办公室文员	1999	…	73.0	89.9	…	90.1	111.0	3
		2001	…	100.2	92.2	…	106.6	98.1	3
		2002	…	102.3	95.8	…	106.8	100.0	3
		2004	100.0	100.0	100.0	100.0	100.0	100.0	3
		2006	108.7	110.2	107.0	105.3	106.8	103.7	3
	焊工	1999	…	76.6	85.6	…	94.6	105.7	3
		2001	…	94.1	94.7	…	100.1	100.7	3
		2002	…	90.8	105.7	…	94.8	110.3	3
		2004	100.0	100.0	100.0	100.0	100.0	100.0	3
		2006	117.2	117.5	108.3	113.6	113.9	104.9	3
	配电和输电工程师	1999	…	93.4	93.9	…	115.3	115.9	3
		2001	…	99.9	100.4	…	106.3	106.8	3
		2002	…	104.3	107.6	…	108.9	112.3	3
		2004	100.0	100.0	100.0	100.0	100.0	100.0	3
		2006	108.3	108.1	109.5	104.9	104.7	106.1	3

	职业	年份	名义收入指数			实际收入指数			注
			MF	M	F	MF	M	F	No.
	劳工	1999	…	66.7	100.8	…	82.3	124.4	3
		2001	…	77.2	127.2	…	82.1	135.3	3
		2002	…	76.5	115.1	…	79.9	120.1	3
		2004	100.0	100.0	100.0	100.0	100.0	100.0	3
		2006	84.5	86.2	97.5	81.9	83.5	94.5	3
	销售员（093）	1999	…	97.9	93.5	…	120.9	115.4	3
		2001	…	111.7	98.7	…	118.8	105.0	3
		2002	…	98.7	97.4	…	103.0	101.7	3
		2004	100.0	100.0	100.0	100.0	100.0	100.0	3
		2006	110.0	110.1	111.5	106.6	106.7	108.0	3
	销售员（096）	1999	…	76.6	83.6	…	94.6	103.2	3
		2001	…	111.7	98.7	…	118.8	105.0	3
		2002	…	98.7	97.4	…	103.0	101.7	3
		2004	100.0	100.0	100.0	100.0	100.0	100.0	3
		2006	110.0	110.1	111.5	106.6	106.7	108.0	3
	公共汽车司机	1999	…	84.2	86.7	…	104.0	107.0	3
		2001	…	103.5	104.7	…	110.1	111.4	3
		2002	…	101.2	108.1	…	105.6	112.8	3
		2004	100.0	100.0	100.0	100.0	100.0	100.0	3
		2006	104.8	104.7	109.3	101.6	101.5	105.9	3
	城镇卡车司机	1999	…	84.2	86.7	…	104.0	107.0	3
		2001	…	103.5	104.7	…	110.1	111.4	3
		2002	…	101.2	108.1	…	105.6	112.8	3
		2004	100.0	100.0	100.0	100.0	100.0	100.0	3
		2006	104.8	104.7	109.3	101.6	101.5	105.9	3
	会计	1999	…	90.0	99.3	…	111.1	122.6	3
		2001	…	119.0	125.0	…	126.6	133.0	3
		2002	…	115.8	118.0	…	120.9	123.2	3
		2004	100.0	100.0	100.0	100.0	100.0	100.0	3
		2006	108.1	111.5	106.6	104.7	108.0	103.3	3
	计算机程序员	1999	…	73.4	63.6	…	90.6	78.5	3
		2001	…	106.4	102.8	…	113.2	109.4	3
		2002	…	102.8	98.0	…	107.3	102.3	3
		2004	100.0	100.0	100.0	100.0	100.0	100.0	3
		2006	108.9	112.7	96.3	105.5	109.2	93.3	3
	垃圾工	1999	…	121.9	88.8	…	150.5	109.6	3
		2001	…	143.2	101.5	…	152.3	108.0	3
		2002	…	147.5	107.5	…	154.0	112.2	3
		2004	100.0	100.0	100.0	100.0	100.0	100.0	3
		2006	110.6	113.5	110.2	107.2	110.0	106.8	3
	初等教育的教师	1999	…	46.5	59.3	…	57.4	73.2	3
		2001	…	62.7	81.1	…	66.7	86.3	3
		2002	…	66.7	87.1	…	69.6	90.9	3
		2004	100.0	100.0	100.0	100.0	100.0	100.0	3
		2006	102.6	95.2	104.8	99.4	92.2	101.6	3
	专业护士	1999	…	41.3	43.9	…	51.0	54.2	3
		2001	…	50.1	53.0	…	53.3	56.4	3
		2002	…	53.3	54.1	…	55.6	56.5	3
		2004	100.0	100.0	100.0	100.0	100.0	100.0	3
		2006	116.0	104.7	118.1	112.4	101.5	114.4	3
	酒店接待员	1999	…	97.5	83.1	…	120.4	102.6	3
		2001	…	133.0	109.4	…	141.5	116.4	3
		2002	…	100.7	87.7	…	105.1	91.5	3
		2004	100.0	100.0	100.0	100.0	100.0	100.0	3
		2006	121.0	133.3	119.4	117.2	129.2	115.7	3
	客房服务员或客房清理员	1999	…	102.0	86.5	…	125.9	106.8	3
		2001	…	120.1	106.0	…	127.8	112.8	3
		2002	…	85.7	93.5	…	89.5	97.6	3
		2004	100.0	100.0	100.0	100.0	100.0	100.0	3
		2006	99.7	89.4	100.5	96.6	86.6	97.4	3
葡萄牙	农场工人	2000	100.0	100.0	100.0	100.0	100.0	100.0	16
		2002	114.9	115.3	113.6	106.4	106.8	105.2	16
		2003	122.5	123.6	118.3	109.8	110.8	106.0	16
		2004	125.4	125.3	122.2	109.8	109.7	107.0	16
		2005	128.8	130.1	122.9	110.4	111.5	105.3	3
		2006	135.0	135.7	129.7	112.1	112.7	107.7	3

职业	年份	名义收入指数			实际收入指数			注
		MF	M	F	MF	M	F	No.
服装裁剪工	2000	100.0	100.0	100.0	100.0	100.0	100.0	16
	2002	111.2	111.6	110.8	103.0	103.3	102.6	16
	2003	113.2	113.0	112.9	101.4	101.3	101.2	16
	2004	115.5	115.3	114.8	101.1	101.0	100.5	16
	2005	116.7	117.6	115.9	100.0	100.8	99.3	3
	2006	119.0	120.4	118.0	98.8	100.0	98.0	3
缝纫机操作工	2000	100.0	100.0	100.0	100.0	100.0	100.0	16
	2002	98.6	101.8	102.8	91.3	94.3	95.2	16
	2003	98.2	105.7	106.7	88.0	94.7	95.6	16
	2004	99.0	106.2	108.7	86.7	93.0	95.2	16
	2005	99.2	107.9	108.0	85.0	92.5	92.5	3
	2006	103.9	120.5	112.8	86.3	100.1	93.7	3
速记员—打字员	2000	100.0	100.0	100.0	100.0	100.0	100.0	16
	2002	126.1	…	125.9	116.8	…	116.6	16
	2003	119.6	…	119.7	107.2	…	107.3	16
	2004	129.5	111.3	134.0	113.4	97.5	117.3	16
	2005	131.6	114.3	133.4	112.8	97.9	114.3	3
	2006	129.3	135.6	128.5	107.4	112.6	106.7	3
办公室文员	2000	100.0	100.0	100.0	100.0	100.0	100.0	16
	2002	110.0	110.6	110.0	101.9	102.4	101.9	16
	2003	111.6	110.5	112.0	100.0	99.0	100.4	16
	2004	116.4	114.3	117.4	101.9	100.1	102.8	16
	2005	124.2	123.2	124.6	106.4	105.6	106.8	3
	2006	128.2	127.4	128.4	106.5	105.8	106.6	3
焊工	2000	100.0	100.0	100.0	100.0	100.0	100.0	16
	2002	112.7	113.1	103.1	104.4	104.7	95.5	16
	2003	114.7	115.0	107.0	102.8	103.0	95.9	16
	2004	120.8	121.3	106.8	105.8	106.2	93.5	16
	2005	122.3	123.5	109.7	104.8	105.8	94.0	3
	2006	130.9	131.9	118.9	108.7	109.6	98.8	3
配电和输电工程师	2000	…	96.8	…	…	104.5	…	16
	2002	100.0	100.0	100.0	100.0	100.0	100.0	16
	2003	92.9	92.0	97.9	89.9	89.1	94.6	16
	2004	99.9	98.7	106.2	94.4	93.4	100.3	16
	2005	108.7	108.2	110.1	100.6	100.2	101.8	3
	2006	119.9	118.8	125.0	107.6	106.7	112.1	3
劳工	2000	100.0	100.0	100.0	100.0	100.0	100.0	16
	2002	110.0	110.0	111.0	101.9	101.9	102.8	16
	2003	113.0	113.0	116.8	101.3	101.3	104.7	16
	2004	114.8	114.8	117.2	100.5	100.5	102.6	16
	2005	121.7	121.6	128.7	104.3	104.2	110.3	3
	2006	124.9	124.9	128.9	103.7	103.7	107.1	3
销售员（093）	2000	100.0	100.0	100.0	100.0	100.0	100.0	16
	2002	111.2	105.5	126.0	103.0	97.7	116.7	16
	2003	112.2	106.7	124.4	100.5	95.6	111.5	16
	2004	116.1	110.2	129.1	101.7	96.5	113.0	16
	2005	122.6	118.2	133.2	105.1	101.3	114.1	3
	2006	125.0	118.8	137.3	103.8	98.7	114.0	3
销售员（096）	2000	100.0	100.0	100.0	100.0	100.0	100.0	16
	2002	111.8	111.4	111.8	103.5	103.1	103.5	16
	2003	113.5	113.5	112.9	101.7	101.7	101.2	16
	2004	118.7	118.3	118.6	103.9	103.6	103.9	16
	2005	122.4	120.0	122.9	104.9	102.8	105.3	3
	2006	126.3	124.4	126.4	104.9	103.3	105.0	3
公共汽车司机	2000	100.0	100.0	100.0	100.0	100.0	100.0	16
	2002	106.2	106.2	112.5	98.3	98.3	104.2	16
	2003	102.6	102.6	104.2	91.9	91.9	93.4	16
	2004	102.0	103.0	87.0	89.3	90.2	76.2	16
	2005	103.7	103.8	95.1	88.9	88.9	81.5	3
	2006	106.4	106.6	99.0	88.4	88.5	82.2	3
城镇卡车司机	2000	100.0	100.0	100.0	100.0	100.0	100.0	17
	2002	108.4	108.4	91.0	100.4	100.4	84.3	17
	2003	112.2	112.2	92.5	100.5	100.5	82.9	17
	2004	114.9	114.9	93.4	100.6	100.6	81.8	17
	2005	115.4	115.5	88.1	98.9	99.0	75.5	3
	2006	117.1	117.2	95.6	97.3	97.3	79.4	3

	职业	年份	名义收入指数			实际收入指数			注
			MF	M	F	MF	M	F	No.
	会计	2000	100.0	100.0	100.0	100.0	100.0	100.0	16
		2002	111.6	113.0	111.4	103.3	104.6	103.1	16
		2003	125.6	127.1	123.7	112.5	113.9	110.8	16
		2004	121.5	119.8	123.3	106.4	104.9	108.0	16
		2005	125.0	127.8	123.1	107.1	109.5	105.5	3
		2006	131.4	132.7	128.1	109.1	110.2	106.4	3
	计算机程序员	1999	105.8	107.8	99.9	108.8	110.9	102.8	16
		2000	100.0	100.0	100.0	100.0	100.0	100.0	16
		2004	130.9	128.0	136.3	114.6	112.1	119.4	16
		2005	133.0	132.3	133.8	114.0	113.4	114.7	3
		2006	140.6	138.2	144.8	116.8	114.8	120.3	3
	垃圾工	2000	100.0	100.0	100.0	100.0	100.0	100.0	16
		2002	103.7	102.2	113.0	96.0	94.6	104.6	16
		2003	104.5	103.5	108.8	93.6	92.7	97.5	16
		2004	105.1	103.5	115.4	92.0	90.6	101.1	16
		2005	112.4	111.7	118.8	96.3	95.7	101.8	3
		2006	115.9	115.0	119.9	96.3	95.5	99.6	3
	初等教育的教师	2000	100.0	100.0	100.0	100.0	100.0	100.0	18
		2002	110.3	103.6	111.0	102.1	95.9	102.8	18
		2003	119.1	111.7	119.9	106.7	100.1	107.4	18
		2004	117.8	107.5	118.8	103.2	94.1	104.0	18
		2005	119.1	115.0	119.6	102.1	98.5	102.5	3
		2006	121.6	118.0	122.1	101.0	98.0	101.4	3
	专业护士	2000	100.0	100.0	100.0	100.0	100.0	100.0	16
		2002	116.3	112.5	117.6	107.7	104.2	108.9	16
		2003	115.2	108.9	117.3	103.2	97.6	105.1	16
		2004	113.1	110.4	114.1	99.0	96.7	99.9	16
		2005	115.1	118.1	114.6	98.6	101.2	98.2	3
		2006	104.0	106.1	103.6	86.4	88.1	86.0	3
	酒店接待员	2000	100.0	100.0	100.0	100.0	100.0	100.0	16
		2002	108.7	110.3	107.1	100.6	102.1	99.2	16
		2003	113.1	113.5	112.6	101.3	101.7	100.9	16
		2004	117.4	117.2	117.7	102.8	102.6	103.1	16
		2005	120.0	119.9	120.6	102.8	102.7	103.3	3
		2006	123.4	122.4	124.6	102.5	101.7	103.5	3
	客房服务员或客房清理员	2000	100.0	100.0	100.0	100.0	100.0	100.0	16
		2002	108.6	103.9	108.8	100.6	96.2	100.7	16
		2003	111.8	105.1	112.1	100.2	94.2	100.4	16
		2004	114.8	106.2	115.1	100.5	93.0	100.8	16
		2005	117.9	112.0	118.1	101.0	96.0	101.2	3
		2006	120.9	112.9	121.2	100.4	93.8	100.7	3
罗马尼亚	农场工人	2000	…	100.0	100.0	…	100.0	100.0	19
		2001	…	138.4	148.3	…	102.9	110.3	19
		2002	…	177.5	190.3	…	107.7	115.5	19
		2003	…	209.4	267.0	…	110.3	140.6	19
		2004	…	277.5	275.9	…	130.6	129.8	19
		2005	…	277.5	290.5	…	119.8	125.4	19
	服装裁剪工	2000	…	100.0	100.0	…	100.0	100.0	3
		2001	…	158.4	139.2	…	117.8	103.5	3
		2002	…	159.5	167.8	…	96.8	101.8	3
		2003	…	160.5	179.3	…	84.5	94.4	3
		2004	…	201.6	236.4	…	94.9	111.2	3
		2005	…	221.8	261.2	…	95.7	112.7	3
	缝纫机操作工	2000	…	100.0	100.0	…	100.0	100.0	3
		2001	…	141.1	135.0	…	104.9	100.4	3
		2002	…	170.2	162.8	…	103.3	98.8	3
		2003	…	198.7	210.1	…	104.6	110.6	3
		2004	…	268.8	260.3	…	126.5	122.5	3
		2005	…	287.8	298.7	…	124.2	128.9	3
	速记员—打字员	1998	…	…	53.9	…	…	114.4	3
		1999	…	…	63.0	…	…	91.8	3
		2000	…	…	100.0	…	…	100.0	3
		2004	…	…	134.4	…	…	63.2	3
		2005	…	…	134.4	…	…	58.0	3

职业	年份	名义收入指数			实际收入指数			注
		MF	M	F	MF	M	F	No.
办公室文员	2000	…	…	39.7	…	…	75.5	3
	2001	…	…	73.1	…	…	103.2	3
	2002	…	…	92.9	…	…	107.2	3
	2003	…	100.0	100.0	…	100.0	100.0	3
	2004	…	101.1	109.9	…	90.3	98.2	3
	2005	…	107.0	122.2	…	87.7	100.2	3
焊工	2000	…	100.0	100.0	…	100.0	100.0	3
	2001	…	144.5	153.1	…	107.4	113.8	3
	2002	…	179.7	190.4	…	109.0	115.5	3
	2003	…	212.0	259.6	…	111.6	136.7	3
	2004	…	288.3	275.0	…	135.7	129.4	3
	2005	…	290.4	323.9	…	125.3	139.8	3
配电和输电工程师	2000	…	100.0	100.0	…	100.0	100.0	3
	2001	…	143.6	144.6	…	106.8	107.5	3
	2002	…	174.6	175.8	…	105.9	106.7	3
	2003	…	200.5	188.8	…	105.6	99.4	3
	2004	…	247.0	255.0	…	116.2	120.0	3
	2005	…	259.0	270.4	…	111.8	116.7	3
劳工	2000	…	100.0	100.0	…	100.0	100.0	3
	2001	…	157.6	188.7	…	117.2	140.3	3
	2002	…	197.1	236.1	…	119.6	143.3	3
	2003	…	222.8	243.2	…	117.3	128.1	3
	2004	…	252.3	257.6	…	118.7	121.2	3
	2005	…	288.4	355.5	…	124.5	153.4	3
销售员（093）	2000	…	100.0	100.0	…	100.0	100.0	3
	2001	…	149.1	100.0	…	110.9	74.3	3
	2002	…	158.2	106.1	…	96.0	64.4	3
	2003	…	186.9	143.2	…	98.4	75.4	3
	2004	…	253.5	186.9	…	119.3	88.0	3
	2005	…	275.2	220.2	…	118.8	95.0	3
销售员（096）	2000	…	100.0	100.0	…	100.0	100.0	3
	2001	…	94.1	96.3	…	70.0	71.6	3
	2002	…	121.5	124.3	…	73.7	75.4	3
	2003	…	196.9	166.0	…	103.7	87.4	3
	2004	…	217.2	271.3	…	102.2	127.7	3
	2005	…	311.3	291.8	…	134.4	125.9	3
公共汽车司机	2000	…	100.0	100.0	…	100.0	100.0	3
	2001	…	149.0	177.4	…	110.8	131.9	3
	2002	…	164.2	…	…	99.6	…	3
	2003	…	179.5	…	…	94.5	…	3
	2004	…	236.5	…	…	111.3	…	3
	2005	…	289.4	…	…	124.9	…	3
城镇卡车司机	2000	…	53.8	…	…	102.3	…	3
	2001	…	82.6	…	…	116.7	…	3
	2002	…	91.3	…	…	105.3	…	3
	2003	…	100.0	…	…	100.0	…	3
	2004	…	149.3	…	…	133.4	…	3
	2005	…	163.6	…	…	134.1	…	3
会计	2000	…	100.0	100.0	…	100.0	100.0	3
	2001	…	119.6	125.3	…	88.9	93.2	3
	2002	…	128.1	…	…	77.7	…	3
	2003	…	136.7	…	…	72.0	…	3
	2004	…	165.1	133.8	…	77.7	63.0	3
	2005	…	167.8	138.3	…	72.4	59.7	3
计算机程序员	2000	…	100.0	100.0	…	100.0	100.0	3
	2002	…	364.1	251.1	…	220.9	152.4	3
	2003	…	429.9	281.9	…	226.4	148.4	3
	2004	…	454.7	377.3	…	214.0	177.6	3
	2005	…	547.1	412.4	…	236.1	178.0	3
垃圾工	2000	…	100.0	100.0	…	100.0	100.0	3
	2001	…	143.1	137.0	…	106.4	101.9	3
	2002	…	179.0	171.4	…	108.6	104.0	3
	2003	…	227.5	169.9	…	119.8	89.5	3
	2004	…	279.1	243.9	…	131.3	114.8	3
	2005	…	287.2	249.7	…	124.0	107.8	3

	职业	年份	名义收入指数			实际收入指数			注
			MF	M	F	MF	M	F	No.
	初等教育的教师	2000	…	100.0	100.0	…	100.0	100.0	3
		2001	…	118.0	128.3	…	87.7	95.4	3
		2002	…	158.0	171.8	…	95.9	104.2	3
		2003	…	192.2	200.7	…	101.2	105.7	3
		2004	…	244.5	271.7	…	115.1	127.9	3
		2005	…	278.0	307.7	…	120.0	132.8	3
	专业护士	2000	…	100.0	100.0	…	100.0	100.0	3
		2001	…	127.0	133.1	…	94.4	99.0	3
		2002	…	154.8	162.2	…	93.9	98.4	3
		2003	…	205.5	198.2	…	108.2	104.4	3
		2004	…	244.6	240.0	…	115.1	112.9	3
		2005	…	329.0	316.6	…	142.0	136.6	3
	酒店接待员	2000	…	100.0	100.0	…	100.0	100.0	3
		2001	…	98.2	132.5	…	73.0	98.5	3
		2002	…	104.5	154.5	…	63.4	93.7	3
		2003	…	110.7	233.8	…	58.3	123.1	3
		2004	…	142.7	260.5	…	67.2	122.6	3
		2005	…	198.4	267.8	…	85.6	115.6	3
	客房服务员或客房清理员	2000	…	…	34.2	…	…	79.2	3
		2001	…	…	45.3	…	…	78.1	3
		2002	…	…	52.8	…	…	74.3	3
		2003	…	…	71.1	…	…	86.7	3
		2004	…	…	84.0	…	…	91.6	3
		2005	…	…	100.0	…	…	100.0	3
斯洛伐克	农场工人	2002	100.0	100.0	100.0	100.0	100.0	100.0	3
		2003	103.4	101.8	109.6	95.3	93.8	101.0	3
		2004	116.1	116.3	122.8	99.5	99.7	105.2	3
		2005	126.9	128.3	127.9	105.8	107.0	106.7	3
		2006	133.6	137.3	135.5	106.6	109.6	108.1	3
	服装裁剪工	2000	98.1	…	…	108.6	…	…	20
		2002	100.0	100.0	100.0	100.0	100.0	100.0	3
		2003	120.3	110.6	109.2	110.9	101.9	100.6	3
		2004	116.0	108.8	118.4	99.4	93.2	101.5	3
		2005	124.5	109.2	133.6	103.8	91.1	111.4	3
		2006	129.0	116.6	136.1	103.0	93.1	108.6	3
	缝纫机操作工	2000	86.7	…	…	104.2	…	…	20
		2002	98.1	…	98.1	106.5	…	106.5	3
		2003	100.0	100.0	100.0	100.0	100.0	100.0	3
		2004	103.4	97.0	103.5	96.2	90.2	96.3	3
		2005	105.3	108.0	105.3	95.3	97.7	95.3	3
		2006	113.3	110.0	113.4	98.2	95.3	98.3	3
	速记员—打字员	2000	109.7	…	…	121.5	…	…	20
		2002	100.0	100.0	100.0	100.0	100.0	100.0	3
		2003	111.1	130.2	108.1	102.4	120.0	99.6	3
		2004	144.9	162.0	136.0	124.2	138.8	116.5	3
		2005	142.2	158.5	136.3	118.6	132.2	113.7	3
		2006	163.1	185.3	152.5	130.2	147.9	121.7	3
	办公室文员	2000	98.7	…	…	109.3	…	…	20
		2002	100.0	100.0	100.0	100.0	100.0	100.0	3
		2003	107.3	152.6	101.1	98.9	140.6	93.2	3
		2004	121.9	132.4	119.5	104.5	113.5	102.4	3
		2005	143.1	163.1	137.7	119.3	136.0	114.8	3
		2006	136.7	139.5	133.9	109.1	111.3	106.9	3
	焊工	2000	92.5	…	…	102.4	…	…	20
		2002	100.0	100.0	100.0	100.0	100.0	100.0	3
		2003	97.4	97.4	104.2	89.8	89.8	96.0	3
		2004	107.9	107.7	131.1	92.5	92.3	112.3	3
		2005	107.2	106.5	144.8	89.4	88.8	120.8	3
		2006	109.0	108.3	162.1	87.0	86.4	129.4	3
	配电和输电工程师	2000	89.7	…	…	99.3	…	…	20
		2002	100.0	100.0	100.0	100.0	100.0	100.0	3
		2003	99.8	99.5	103.5	92.0	91.7	95.4	3
		2004	103.6	103.3	107.3	88.8	88.5	91.9	3
		2005	112.1	112.1	117.7	93.5	93.5	98.2	3
		2006	120.6	120.7	119.8	96.2	96.3	95.6	3

职业	年份	名义收入指数			实际收入指数			注
		MF	M	F	MF	M	F	No.
劳工	2000	105.5	…	…	116.8	…	…	20
	2002	100.0	100.0	100.0	100.0	100.0	100.0	3
	2003	106.3	106.1	107.7	98.0	97.8	99.3	3
	2004	119.1	119.1	…	102.1	102.1	…	3
	2005	129.4	129.2	127.6	107.9	107.8	106.4	3
	2006	152.4	152.1	146.9	121.6	121.4	117.2	3
销售员（093）	2000	148.0	…	…	163.9	…	…	20
	2002	100.0	100.0	100.0	100.0	100.0	100.0	3
	2003	102.3	…	105.3	94.3	…	97.1	3
	2004	119.1	…	120.5	102.1	…	103.3	3
	2005	134.1	106.8	136.5	111.8	89.1	113.8	3
	2006	150.8	138.7	152.5	120.4	110.7	121.7	3
销售员（096）	2000	148.0	…	…	163.9	…	…	20
	2002	100.0	100.0	100.0	100.0	100.0	100.0	3
	2003	102.3	…	105.3	94.3	…	97.1	3
	2004	119.1	…	120.5	102.1	…	103.3	3
	2005	134.1	106.8	136.5	111.8	89.1	113.8	3
	2006	150.8	138.7	152.5	120.4	110.7	121.7	3
公共汽车司机	2000	71.4	…	…	79.1	…	…	20
	2002	100.0	100.0	100.0	100.0	100.0	100.0	3
	2003	116.4	116.4	121.4	107.3	107.3	111.9	3
	2004	113.5	113.4	…	97.3	97.2	…	3
	2005	122.2	122.1	136.0	101.9	101.8	113.4	3
	2006	125.2	125.0	143.4	99.9	99.8	114.4	3
城镇卡车司机	2000	90.5	…	…	100.2	…	…	20
	2002	100.0	100.0	100.0	100.0	100.0	100.0	3
	2003	100.9	100.9	131.5	93.0	93.0	121.2	3
	2004	110.5	110.6	…	94.7	94.8	…	3
	2005	115.5	115.5	132.9	96.3	96.3	110.8	3
	2006	119.1	119.1	…	95.1	95.1	…	3
会计	2000	99.7	…	…	110.4	…	…	20
	2002	100.0	100.0	100.0	100.0	100.0	100.0	3
	2003	110.2	114.9	107.9	101.6	105.9	99.4	3
	2004	114.4	106.1	119.0	98.0	90.9	102.0	3
	2005	118.3	104.3	125.4	98.7	87.0	104.6	3
	2006	138.9	129.2	145.3	110.9	103.1	116.0	3
计算机程序员	2000	73.8	…	…	81.7	…	…	20
	2002	100.0	100.0	100.0	100.0	100.0	100.0	3
	2003	92.1	94.0	89.6	84.9	86.6	82.6	3
	2004	101.6	101.0	106.8	87.1	86.5	91.5	3
	2005	126.0	124.0	117.9	105.1	103.4	98.3	3
	2006	138.2	132.4	144.7	110.3	105.7	115.5	3
垃圾工	2000	116.6	…	…	129.1	…	…	20
	2002	100.0	100.0	100.0	100.0	100.0	100.0	3
	2003	106.6	105.0	103.0	98.2	96.8	94.9	3
	2004	114.7	112.2	115.9	98.3	96.1	99.3	3
	2005	127.7	125.2	123.1	106.5	104.4	102.7	3
	2006	140.0	136.1	136.3	111.7	108.6	108.8	3
初等教育的教师	2000	78.6	…	…	87.0	…	…	20
	2002	100.0	100.0	100.0	100.0	100.0	100.0	3
	2003	102.4	97.4	102.8	94.4	89.8	94.7	3
	2004	114.2	109.7	114.6	97.9	94.0	98.2	3
	2005	131.5	126.1	131.9	109.7	105.2	110.0	3
	2006	141.4	139.6	141.5	112.8	111.4	112.9	3
专业护士	1995	59.5	…	…	88.3	…	…	3
	1997	85.6	…	…	113.1	…	…	20
	1998	93.6	…	…	115.8	…	…	20
	1999	97.5	…	…	109.2	…	…	20
	2000	100.0	…	…	100.0	…	…	20
酒店接待员	2000	110.3	…	…	122.1	…	…	20
	2002	100.0	100.0	100.0	100.0	100.0	100.0	3
	2003	100.4	89.4	105.2	92.5	82.4	97.0	3
	2004	110.2	98.1	115.5	94.4	84.1	99.0	3
	2005	124.1	106.8	131.3	103.5	89.1	109.5	3
	2006	124.3	111.6	129.9	99.2	89.1	103.7	3

	职业	年份	名义收入指数			实际收入指数			注
			MF	M	F	MF	M	F	No.
	客房服务员或客房清理员	2000	96.5	…	…	106.9	…	…	20
		2002	100.0	100.0	100.0	100.0	100.0	100.0	3
		2003	105.0	100.8	105.9	96.8	92.9	97.6	3
		2004	117.3	98.2	119.1	100.5	84.1	102.1	3
		2005	123.7	106.1	125.7	103.2	88.5	104.8	3
		2006	137.5	119.6	139.8	109.7	95.5	111.6	3
斯洛文尼亚	农场工人	1991	15.8	…	…	105.3	…	…	21
		1993	58.6	…	…	95.8	…	…	22
		1997	100.0	…	…	100.0	…	…	22
	服装裁剪工	1993	61.6	…	…	100.7	…	…	22
		1997	100.0	…	…	100.0	…	…	22
	缝纫机操作工	1991	12.5	…	…	83.3	…	…	21
		1993	46.2	…	…	75.5	…	…	22
		1995	59.3	…	…	70.6	…	…	22
		1997	100.0	…	…	100.0	…	…	22
	速记员—打字员	1993	…	…	58.0	…	…	94.8	22
		1995	…	…	86.8	…	…	103.3	22
		1997	…	…	100.0	…	…	100.0	22
	办公室文员	1995	79.0	…	…	94.0	…	…	22
		1997	100.0	…	…	100.0	…	…	22
	焊工	1991	13.7	…	…	91.3	…	…	21
		1993	50.3	…	…	82.2	…	…	22
		1995	73.5	…	…	87.5	…	…	22
		1997	100.0	…	…	100.0	…	…	22
	配电和输电工程师	1993	51.4	…	…	84.0	…	…	22
		1995	75.5	…	…	89.9	…	…	22
		1997	100.0	…	…	100.0	…	…	22
	劳工	1991	…	9.2	11.4	…	61.3	76.0	21
		1993	…	55.7	58.5	…	91.0	95.6	22
		1997	…	100.0	100.0	…	100.0	100.0	22
	销售员（096）	1991	…	17.1	14.1	…	114.0	94.0	21
		1993	…	60.7	59.4	…	99.2	97.1	22
		1997	…	100.0	100.0	…	100.0	100.0	22
	公共汽车司机	1991	14.1	…	…	94.0	…	…	21
		1993	60.5	…	…	98.9	…	…	22
		1995	84.2	…	…	100.2	…	…	22
		1997	100.0	…	…	100.0	…	…	22
	城镇卡车司机	1993	65.0	…	…	106.2	…	…	23
		1995	86.7	…	…	103.2	…	…	23
		1997	100.0	…	…	100.0	…	…	23
	会计	1995	74.8	…	…	89.0	…	…	22
		1997	100.0	…	…	100.0	…	…	22
	计算机程序员	1991	13.9	…	…	92.7	…	…	21
		1993	43.3	…	…	70.8	…	…	22
		1997	100.0	…	…	100.0	…	…	22
	初等教育的教师	1991	…	12.6	12.8	…	84.0	85.3	21
		1993	…	56.2	54.0	…	91.8	88.2	22
		1997	…	100.0	100.0	…	100.0	100.0	22
	专业护士	1991	…	…	12.3	…	…	82.0	21
		1993	…	…	52.9	…	…	86.4	22
		1995	…	…	74.7	…	…	88.9	22
		1997	…	…	100.0	…	…	100.0	22
	客房服务员或客房清理员	1991	10.0	…	…	66.7	…	…	21
		1993	53.4	…	…	87.3	…	…	22
		1995	83.1	…	…	98.9	…	…	22
		1997	100.0	…	…	100.0	…	…	22
瑞典	农场工人	1989	…	89.3	92.0	…	107.9	111.1	24
		1991	…	100.0	100.0	…	100.0	100.0	24
		1992	…	114.5	117.1	…	111.8	114.4	24
		1994	…	117.7	112.8	…	107.5	103.0	25
		1995	…	119.1	117.3	…	106.1	104.5	25
	服装裁剪工	1990	…	90.9	99.9	…	99.5	109.3	7
		1991	…	100.0	100.0	…	100.0	100.0	7
		1992	…	108.6	109.6	…	106.1	107.0	7
		1994	…	109.7	109.2	…	100.2	99.7	26
		1995	…	116.4	114.7	…	103.7	102.2	26
	缝纫机操作工	1990	…	90.9	99.9	…	99.5	109.3	7
		1991	…	100.0	100.0	…	100.0	100.0	7
		1992	…	108.6	109.6	…	106.1	107.0	7
		1994	…	109.7	109.2	…	100.2	99.7	26
		1995	…	116.4	114.7	…	103.7	102.2	26

职业	年份	名义收入指数			实际收入指数			注
		MF	M	F	MF	M	F	No.
速记员—打字员	1989	…	72. 1	91. 1	…	87. 1	110. 0	7
	1990	…	88. 5	98. 7	…	96. 8	108. 0	7
	1991	…	100. 0	100. 0	…	100. 0	100. 0	7
	1992	…	…	106. 3	…	…	103. 8	7
	1994	…	138. 7	128. 5	…	126. 7	117. 4	26
办公室文员	1989	…	72. 1	91. 1	…	87. 1	110. 0	7
	1990	…	88. 5	98. 7	…	96. 8	108. 0	7
	1991	…	100. 0	100. 0	…	100. 0	100. 0	7
	1992	…	…	106. 3	…	…	103. 8	7
	1994	…	138. 7	128. 5	…	126. 7	117. 4	26
焊工	1990	…	95. 7	95. 3	…	104. 7	104. 3	7
	1991	…	100. 0	100. 0	…	100. 0	100. 0	7
	1992	…	107. 4	106. 3	…	104. 9	103. 8	7
	1994	…	110. 7	111. 3	…	101. 1	101. 6	26
	1995	…	116. 7	115. 7	…	104. 0	103. 1	26
配电和输电工程师	1988	…	80. 7	76. 8	…	103. 7	98. 7	7
	1989	…	89. 4	85. 2	…	108. 0	102. 9	7
	1991	…	100. 0	100. 0	…	100. 0	100. 0	7
	1992	…	106. 2	106. 6	…	103. 7	104. 1	7
	1994	…	121. 1	116. 6	…	110. 6	106. 5	26
劳工	1984	89. 5	…	…	100. 2	…	…	7
	1986	100. 0	…	…	100. 0	…	…	7
销售员（093）	1989	…	84. 3	86. 9	…	101. 8	105. 0	7
	1990	…	92. 7	94. 6	…	101. 4	103. 5	7
	1991	…	100. 0	100. 0	…	100. 0	100. 0	7
	1992	…	105. 8	104. 9	…	103. 3	102. 4	7
	1994	…	109. 0	116. 9	…	99. 5	106. 8	26
销售员（096）	1989	…	84. 8	87. 2	…	102. 4	105. 3	7
	1990	…	92. 9	93. 9	…	101. 6	102. 7	7
	1991	…	100. 0	100. 0	…	100. 0	100. 0	7
	1992	…	100. 8	98. 4	…	98. 4	96. 1	7
	1994	…	120. 5	117. 1	…	110. 0	106. 9	26
城镇卡车司机	1988	…	71. 5	67. 0	…	94. 1	88. 2	7
	1989	…	76. 8	70. 6	…	94. 9	87. 3	7
	1992	…	100. 0	100. 0	…	100. 0	100. 0	7
	1994	…	102. 1	104. 9	…	95. 4	98. 0	26
	1995	…	103. 4	99. 6	…	94. 3	90. 9	26
会计	1989	…	83. 6	85. 0	…	101. 0	102. 7	7
	1990	…	95. 3	96. 7	…	104. 3	105. 8	7
	1991	…	100. 0	100. 0	…	100. 0	100. 0	7
	1992	…	…	105. 6	…	…	103. 1	7
	1994	…	101. 8	…	…	93. 0	…	26
垃圾工	1992	…	100. 0	100. 0	…	100. 0	100. 0	7
	1994	…	102. 3	107. 2	…	95. 6	100. 2	26
	1995	…	105. 3	112. 9	…	96. 1	103. 0	26
初等教育的教师	1987	…	74. 6	71. 7	…	101. 5	97. 6	7
	1988	…	77. 2	74. 1	…	99. 2	95. 2	7
	1989	…	84. 6	81. 0	…	102. 2	97. 8	7
	1990	…	97. 7	94. 8	…	106. 9	103. 7	7
	1991	…	100. 0	100. 0	…	100. 0	100. 0	7
专业护士	1987	…	71. 6	72. 3	…	97. 4	98. 4	7
	1988	…	73. 1	73. 4	…	94. 0	94. 3	7
	1989	…	81. 2	81. 0	…	98. 1	97. 8	7
	1990	…	96. 7	96. 6	…	105. 8	105. 7	7
	1991	…	100. 0	100. 0	…	100. 0	100. 0	7
酒店接待员	1984	…	53. 6	53. 2	…	85. 1	84. 4	7
	1991	…	100. 0	100. 0	…	100. 0	100. 0	7
	1992	…	109. 7	108. 0	…	107. 1	105. 5	7
	1994	…	114. 8	113. 2	…	104. 8	103. 4	26
	1995	…	117. 9	115. 3	…	105. 1	102. 8	26
客房服务员或客房清理员	1988	…	…	80. 3	…	…	103. 2	7
	1991	…	100. 0	100. 0	…	100. 0	100. 0	7
	1992	…	109. 7	108. 0	…	107. 1	105. 5	7
	1994	…	114. 8	113. 2	…	104. 8	103. 4	26
	1995	…	117. 9	115. 3	…	105. 1	102. 8	26

	职业	年份	名义收入指数 MF	名义收入指数 M	名义收入指数 F	实际收入指数 MF	实际收入指数 M	实际收入指数 F	注 No.
英国	农场工人	2003	97.8	97.5	…	100.7	100.4	…	27
		2004	100.0	100.0	100.0	100.0	100.0	100.0	27
		2005	100.7	102.5	101.8	98.0	99.7	99.0	15
		2006	103.3	106.8	104.1	97.4	100.7	98.1	15
		2007	106.3	108.0	115.6	96.0	97.6	104.4	15
	服装裁剪工	2003	94.6	89.9	108.2	97.4	92.6	111.4	27
		2004	100.0	100.0	100.0	100.0	100.0	100.0	27
		2005	98.1	106.8	105.2	95.4	103.9	102.3	15
		2006	119.1	111.3	105.9	112.3	104.9	99.8	15
		2007	138.1	129.6	136.4	124.8	117.1	123.2	15
	缝纫机操作工	2003	96.0	88.7	96.6	98.9	91.3	99.5	27
		2004	100.0	100.0	100.0	100.0	100.0	100.0	27
		2005	102.2	99.0	101.6	99.4	96.3	98.8	15
		2006	106.5	100.5	107.6	100.4	94.7	101.4	15
		2007	111.3	97.3	110.1	100.5	87.9	99.5	15
	速记员—打字员	2003	99.9	…	99.8	102.9	…	102.8	27
		2004	100.0	…	100.0	100.0	…	100.0	27
		2005	105.8	…	105.8	102.9	…	102.9	15
		2006	110.1	…	110.0	103.8	…	103.7	15
		2007	111.1	…	111.1	100.4	…	100.4	15
	办公室文员	2003	98.5	100.6	97.6	101.4	103.6	100.5	27
		2004	100.0	100.0	100.0	100.0	100.0	100.0	27
		2005	101.7	100.5	101.8	98.9	97.8	99.0	15
		2006	104.9	105.0	104.5	98.9	99.0	98.5	15
		2007	108.8	110.8	108.0	98.3	100.1	97.6	15
	焊工	2003	90.6	…	…	96.0	…	…	27
		2004	96.1	96.3	…	98.9	99.1	…	27
		2005	100.0	100.0	100.0	100.0	100.0	100.0	15
		2006	101.9	102.1	112.1	98.7	98.9	108.6	15
		2007	114.2	114.2	131.0	106.1	106.1	121.7	15
	配电和输电工程师	2003	96.6	96.3	110.2	99.5	99.2	113.5	27
		2004	100.0	100.0	100.0	100.0	100.0	100.0	27
		2005	109.4	109.4	85.7	106.4	106.4	83.4	15
		2006	109.9	111.3	96.0	103.6	104.9	90.5	15
		2007	115.5	116.0	91.1	104.3	104.8	82.3	15
	劳工	2003	99.6	99.7	…	102.6	102.7	…	27
		2004	100.0	100.0	100.0	100.0	100.0	100.0	27
		2005	101.2	101.1	…	98.4	98.3	…	15
		2006	109.7	109.8	138.9	103.4	103.5	130.9	15
		2007	112.3	112.2	150.8	101.4	101.4	136.2	15
	销售员（093）	2003	97.2	99.9	97.3	100.1	102.9	100.2	27
		2004	100.0	100.0	100.0	100.0	100.0	100.0	27
		2005	104.1	102.7	104.5	101.3	99.9	101.7	15
		2006	107.8	106.7	109.2	101.6	100.6	102.9	15
		2007	113.8	111.2	114.4	102.8	100.5	103.3	15
	销售员（096）	2003	97.2	99.9	97.3	100.1	102.9	100.2	27
		2004	100.0	100.0	100.0	100.0	100.0	100.0	27
		2005	104.1	102.7	104.5	101.3	99.9	101.7	15
		2006	107.8	106.7	109.2	101.6	100.6	102.9	15
		2007	113.8	111.2	114.4	102.8	100.5	103.3	15
	公共汽车司机	2003	96.0	95.7	90.1	98.9	98.6	92.8	27
		2004	100.0	100.0	100.0	100.0	100.0	100.0	27
		2005	107.2	106.6	106.1	104.3	103.7	103.2	15
		2006	112.5	112.1	107.8	106.0	105.7	101.6	15
		2007	118.2	119.4	106.4	106.8	107.9	96.1	15
	城镇卡车司机	2003	100.6	100.6	101.4	103.6	103.6	104.4	27
		2004	100.0	100.0	100.0	100.0	100.0	100.0	27
		2005	106.8	107.1	111.1	103.9	104.2	108.1	15
		2006	108.1	108.9	115.0	101.9	102.6	108.4	15
		2007	112.6	113.3	122.6	101.7	102.3	110.7	15

	职业	年份	名义收入指数 MF	名义收入指数 M	名义收入指数 F	实际收入指数 MF	实际收入指数 M	实际收入指数 F	注 No.
	会计	2003	96.8	96.0	94.7	99.7	98.9	97.5	27
		2004	100.0	100.0	100.0	100.0	100.0	100.0	27
		2005	104.5	106.3	103.8	101.7	103.4	101.0	15
		2006	104.5	102.3	108.1	98.5	96.4	101.9	15
		2007	101.6	106.2	101.5	91.8	95.9	91.7	15
	计算机程序员	2003	97.4	97.0	99.4	100.3	99.9	102.4	27
		2004	100.0	100.0	100.0	100.0	100.0	100.0	27
		2005	103.8	104.3	105.1	101.0	101.5	102.2	15
		2006	106.1	107.0	107.9	100.0	100.8	101.7	15
		2007	107.2	109.2	106.3	96.8	98.6	96.0	15
	垃圾工	2003	97.4	…	…	100.3	…	…	27
		2004	100.0	100.0	100.0	100.0	100.0	100.0	27
		2005	108.3	108.3	…	105.4	105.4	…	15
		2006	109.0	109.4	106.1	102.7	103.1	100.0	15
		2007	113.5	113.5	…	102.5	102.5	…	15
	初等教育的教师	2003	96.7	98.3	96.3	99.6	101.2	99.2	27
		2004	100.0	100.0	100.0	100.0	100.0	100.0	27
		2005	104.2	105.1	104.8	101.4	102.2	101.9	15
		2006	105.0	107.0	105.6	99.0	100.8	99.5	15
		2007	106.4	106.5	106.8	96.1	96.2	96.5	15
	专业护士	2003	95.4	96.4	95.9	98.2	99.3	98.8	27
		2004	100.0	100.0	100.0	100.0	100.0	100.0	27
		2005	104.1	104.0	104.2	101.3	101.2	101.4	15
		2006	104.9	106.9	105.1	98.9	100.8	99.1	15
		2007	109.8	109.5	110.4	99.2	98.9	99.7	15
	酒店接待员	2003	99.1	100.8	98.3	102.1	103.8	101.2	27
		2004	100.0	100.0	100.0	100.0	100.0	100.0	27
		2005	105.0	93.3	105.3	102.1	90.8	102.4	15
		2006	109.2	98.0	109.5	102.9	92.4	103.2	15
		2007	112.3	96.8	112.4	101.4	87.4	101.5	15
	客房服务员或客房清理员	2003	96.0	98.0	95.3	98.9	100.9	98.1	27
		2004	100.0	100.0	100.0	100.0	100.0	100.0	27
		2005	100.6	101.7	101.1	97.9	98.9	98.3	15
		2006	105.2	104.6	105.9	99.2	98.6	99.8	15
		2007	108.5	108.6	109.6	98.0	98.1	99.0	15
北美洲									
加拿大	农场工人	2000	…	95.8	94.6	…	103.3	102.0	28
		2003	100.0	100.0	100.0	100.0	100.0	100.0	28
		2004	92.3	91.4	101.2	90.6	89.8	99.3	28
		2005	113.1	115.3	117.0	108.6	110.7	112.4	28
		2006	115.9	113.8	132.9	109.2	107.2	125.1	28
		2007	120.7	124.4	120.8	111.3	114.7	111.4	28
	缝纫机操作工	2000	…	…	88.4	…	…	95.3	28
		2003	100.0	100.0	100.0	100.0	100.0	100.0	28
		2004	101.8	88.8	…	100.0	87.2	…	28
		2005	98.1	…	96.1	94.2	…	92.3	28
		2006	102.8	92.7	103.4	96.7	87.3	97.4	28
		2007	113.2	…	108.1	104.4	…	99.7	28
	速记员—打字员	1997	…	…	68.7	…	…	76.0	28
		2002	…	…	100.0	…	…	100.0	28
	办公室文员	2000	…	…	70.2	…	…	77.0	28
		2003	…	…	101.8	…	…	103.6	28
		2004	100.0	…	100.0	100.0	…	100.0	28
		2005	101.0	…	97.9	98.9	…	95.8	28
		2006	87.5	…	…	83.8	…	…	28
		2007	82.1	…	77.2	77.2	…	72.5	28
	焊工	2000	…	88.5	…	…	95.4	…	28
		2003	100.0	100.0	…	100.0	100.0	…	28
		2004	100.7	101.9	…	98.9	100.0	…	28
		2005	98.4	103.6	…	94.5	99.5	…	28
		2006	110.3	114.4	…	103.8	107.7	…	28
		2007	109.3	110.5	…	100.7	101.9	…	28
	配电和输电工程师	2000	…	90.7	…	…	97.7	…	28
		2003	100.0	100.0	…	100.0	100.0	…	28
		2004	…	111.3	…	…	109.2	…	28
		2005	107.6	106.1	…	103.4	101.9	…	28
		2006	92.2	94.2	…	86.8	88.7	…	28
		2007	104.7	103.1	…	96.5	95.0	…	28

	职业	年份	名义收入指数			实际收入指数			注
			MF	M	F	MF	M	F	No.
	劳工	2000	…	88.8	116.1	…	99.7	130.3	28
		2003	92.6	91.0	…	96.3	94.7	…	28
		2004	96.3	94.4	…	98.4	96.5	…	28
		2005	100.0	100.0	100.0	100.0	100.0	100.0	28
		2006	107.0	108.7	112.1	104.9	106.6	109.8	28
		2007	104.1	103.5	130.2	99.8	99.4	124.9	28
	销售员（093）	1997	…	72.7	…	…	73.4	…	28
		1998	…	100.0	…	…	100.0	…	28
	销售员（096）	2000	…	87.8	84.1	…	94.5	90.6	28
		2003	100.0	100.0	100.0	100.0	100.0	100.0	28
		2004	97.6	97.0	96.7	95.9	95.2	95.0	28
		2005	95.6	98.1	93.4	91.8	94.3	89.7	28
		2006	103.0	106.9	99.4	97.1	100.5	93.6	28
		2007	109.9	114.0	105.3	101.3	105.1	97.1	28
	公共汽车司机	2000	…	98.2	88.2	…	105.8	95.0	28
		2003	100.0	100.0	100.0	100.0	100.0	100.0	28
		2004	110.2	107.3	124.8	108.3	105.4	122.6	28
		2005	103.8	102.2	105.4	99.7	98.1	101.2	28
		2006	109.9	108.0	111.6	103.5	101.7	105.0	28
		2007	116.0	111.8	135.8	107.0	103.1	125.1	28
	城镇卡车司机	2000	…	91.6	96.9	…	100.6	106.3	28
		2003	103.3	102.4	…	105.2	104.3	…	28
		2004	100.0	100.0	100.0	100.0	100.0	100.0	28
		2005	102.7	102.4	119.0	100.4	100.2	116.4	28
		2006	108.6	107.4	187.3	104.0	103.0	179.4	28
		2007	111.8	111.3	136.9	104.9	104.5	128.4	28
	会计	2000	…	122.0	112.8	…	131.4	121.5	28
		2003	100.0	100.0	100.0	100.0	100.0	100.0	28
		2004	138.3	…	152.5	135.9	…	149.7	28
		2005	147.2	146.8	157.3	141.6	141.1	151.2	28
		2006	136.7	143.5	136.3	128.7	135.1	128.3	28
		2007	126.9	142.4	110.5	117.0	131.4	101.8	28
	初等教育的教师	2000	…	104.1	93.8	…	112.3	101.1	29
		2003	100.0	100.0	100.0	100.0	100.0	100.0	29
		2004	100.6	107.2	99.7	98.8	105.2	98.0	29
		2005	106.3	110.8	105.1	102.2	106.4	101.0	28
		2006	108.8	107.0	109.5	102.5	100.7	103.0	28
		2007	113.4	111.9	113.8	104.6	103.2	105.0	28
	专业护士	2000	…	87.5	87.0	…	94.2	93.8	28
		2003	100.0	100.0	100.0	100.0	100.0	100.0	28
		2004	98.4	95.1	98.7	96.7	93.4	96.8	28
		2005	103.2	103.0	103.3	99.2	99.0	99.2	28
		2006	107.7	101.5	108.2	101.5	95.5	101.8	28
		2007	112.0	108.5	112.3	103.3	100.1	103.5	28
	酒店接待员	2000	…	104.8	92.4	…	112.9	99.6	28
		2003	100.0	100.0	100.0	100.0	100.0	100.0	28
		2004	116.0	99.1	132.3	113.8	97.3	129.8	28
		2005	107.1	92.7	122.5	102.9	89.0	117.7	28
		2006	110.4	104.9	118.4	104.0	98.8	111.5	28
		2007	127.0	134.4	122.4	117.1	123.9	112.8	28
	客房服务员或客房清理员	2000	…	104.3	89.9	…	112.4	97.0	28
		2003	100.0	100.0	100.0	100.0	100.0	100.0	28
		2004	122.8	118.7	124.0	120.6	116.5	121.9	28
		2005	130.1	128.7	…	125.0	123.6	…	28
		2006	119.7	118.6	104.0	112.7	111.6	98.0	28
		2007	135.2	139.3	110.3	124.7	128.4	101.7	28
美国	农场工人	1990	…	84.8	81.8	…	104.2	100.5	30
		1993	…	89.9	93.9	…	99.9	104.3	30
		1994	…	93.5	92.7	…	101.3	100.4	30
		1995	…	96.4	87.9	…	101.5	92.5	30
		1996	…	98.2	89.5	…	100.4	91.5	30
		1997	…	100.0	100.0	…	100.0	100.0	30
	服装裁剪工	2005	100.0	…	…	100.0	…	…	3
		2006	110.6	…	…	107.2	…	…	3

职业	年份	名义收入指数			实际收入指数			注
		MF	M	F	MF	M	F	No.
缝纫机操作工	1990	…	89.8	81.2	…	110.3	99.8	30
	1993	…	88.7	85.4	…	98.6	94.9	30
	1994	…	93.3	89.2	…	101.1	96.6	30
	1995	…	101.8	94.6	…	107.2	99.6	30
	1996	…	101.1	95.8	…	103.4	98.0	30
	1997	…	100.0	100.0	…	100.0	100.0	30
速记员—打字员	1990	…	99.5	84.4	…	119.4	101.3	31
	1993	…	102.6	95.3	…	111.4	103.5	31
	1994	…	102.1	94.3	…	108.0	99.8	31
	1995	…	113.4	97.8	…	116.8	100.7	31
	1996	…	100.0	100.0	…	100.0	100.0	31
	1997	…	…	101.7	…	…	99.4	31
办公室文员	1990	…	78.9	84.4	…	96.9	103.7	30
	1993	…	79.8	92.1	…	88.7	102.3	30
	1994	…	89.6	97.1	…	97.1	105.2	30
	1995	…	86.4	95.2	…	90.9	100.2	30
	1996	…	94.0	95.5	…	96.1	97.6	30
	1997	…	100.0	100.0	…	100.0	100.0	30
焊工	1990	…	86.3	…	…	106.0	…	30
	1993	…	92.1	…	…	102.3	…	30
	1994	…	93.8	…	…	101.6	…	30
	1995	…	94.6	…	…	99.6	…	30
	1996	…	97.2	…	…	99.4	…	30
	1997	…	100.0	…	…	100.0	…	30
配电和输电工程师	1990	…	85.7	…	…	105.3	…	30
	1993	…	95.2	…	…	105.8	…	30
	1994	…	93.5	…	…	101.3	…	30
	1995	…	95.9	…	…	100.9	…	30
	1996	…	100.3	…	…	102.6	…	30
	1997	…	100.0	…	…	100.0	…	30
劳工	1990	…	92.6	…	…	113.8	…	30
	1993	…	100.5	…	…	111.7	…	30
	1994	…	89.9	…	…	97.4	…	30
	1995	…	94.9	…	…	99.9	…	30
	1996	…	100.3	…	…	102.6	…	30
	1997	…	100.0	…	…	100.0	…	30
销售员（096）	1990	…	82.4	80.4	…	101.2	98.8	30
	1993	…	84.5	89.3	…	93.9	99.2	30
	1994	…	92.9	95.0	…	100.7	102.9	30
	1995	…	83.2	96.4	…	87.6	101.5	30
	1996	…	89.2	97.5	…	91.2	99.7	30
	1997	…	100.0	100.0	…	100.0	100.0	30
公共汽车司机	1990	…	85.1	85.7	…	104.5	105.3	30
	1993	…	92.6	103.4	…	102.9	114.9	30
	1994	…	88.0	94.4	…	95.3	102.3	30
	1995	…	104.4	93.0	…	109.9	97.9	30
	1996	…	98.3	92.4	…	100.5	94.5	30
	1997	…	100.0	100.0	…	100.0	100.0	30
城镇卡车司机	1990	…	84.9	…	…	104.3	…	30
	1993	…	88.2	83.0	…	98.0	92.2	30
	1994	…	92.5	82.7	…	100.2	89.6	30
	1995	…	95.1	86.5	…	100.1	91.1	30
	1996	…	95.3	90.0	…	97.4	92.0	30
	1997	…	100.0	100.0	…	100.0	100.0	30
会计	1990	…	81.4	81.9	…	100.0	100.6	32
	1993	…	89.8	92.2	…	99.8	102.4	32
	1994	…	91.5	92.4	…	99.1	100.1	32
	1995	…	94.4	92.9	…	99.4	97.8	32
	1996	…	97.5	95.1	…	99.7	97.2	32
	1997	…	100.0	100.0	…	100.0	100.0	32
计算机程序员	1990	…	79.5	77.2	…	97.7	94.8	30
	1993	…	89.0	93.5	…	98.9	103.9	30
	1994	…	87.3	93.4	…	94.6	101.2	30
	1995	…	87.7	91.8	…	92.3	96.6	30
	1996	…	91.7	99.9	…	93.8	102.1	30
	1997	…	100.0	100.0	…	100.0	100.0	30
垃圾工	1986	…	97.9	…	…	101.5	…	30
	1987	…	100.0	…	…	100.0	…	30

	职业	年份	名义收入指数			实际收入指数			注
			MF	M	F	MF	M	F	No.
	初等教育的教师	1990	…	80.0	78.3	…	98.3	96.2	30
		1993	…	92.6	89.5	…	102.9	99.4	30
		1994	…	86.8	94.8	…	94.0	102.7	30
		1995	…	99.2	95.7	…	104.4	100.7	30
		1996	…	100.0	98.9	…	102.2	101.1	30
		1997	…	100.0	100.0	…	100.0	100.0	30
	专业护士	1990	…	79.2	86.2	…	97.3	105.9	30
		1993	…	87.1	97.6	…	96.8	108.4	30
		1994	…	91.1	96.5	…	98.7	104.6	30
		1995	…	91.9	98.3	…	96.7	103.5	30
		1996	…	93.7	98.6	…	95.8	100.8	30
		1997	…	100.0	100.0	…	100.0	100.0	30
	酒店接待员	1990	…	…	85.7	…	…	105.3	30
		1992	…	…	89.7	…	…	102.6	30
		1993	…	…	96.0	…	…	106.7	30
		1994	…	…	99.6	…	…	107.9	30
		1996	…	…	97.8	…	…	100.0	30
		1997	…	…	100.0	…	…	100.0	30
	客房服务员或客房清理员	1990	…	95.5	81.5	…	117.3	100.1	30
		1993	…	93.8	92.3	…	104.2	102.6	30
		1994	…	96.6	91.1	…	104.7	98.7	30
		1995	…	98.3	91.9	…	103.5	96.7	30
		1996	…	102.7	97.7	…	105.0	99.9	30
		1997	…	100.0	100.0	…	100.0	100.0	30
其他发达经济体									
澳大利亚	服装裁剪工	1990	…	66.6	65.8	…	89.2	88.1	33
		1998	…	83.0	95.0	…	94.6	108.3	33
		2000	95.6	89.7	94.9	102.8	96.5	102.0	33
		2002	100.0	100.0	100.0	100.0	100.0	100.0	33
		2004	137.7	133.5	124.9	131.0	127.0	118.8	33
		2006	121.2	…	124.0	108.4	…	110.9	3
	缝纫机操作工	1990	…	54.5	66.2	…	73.0	88.6	33
		1998	…	66.9	88.1	…	76.3	100.5	33
		2000	89.6	63.7	95.5	96.3	68.5	102.7	33
		2002	100.0	100.0	100.0	100.0	100.0	100.0	33
		2004	110.0	104.4	111.7	104.7	99.3	106.3	33
		2006	116.6	72.2	125.5	104.3	64.6	112.3	3
	速记员—打字员	1990	…	63.8	66.8	…	85.4	89.4	33
		1998	…	73.2	87.6	…	83.5	99.9	33
		2000	…	93.5	93.9	…	100.5	101.0	33
		2002	100.0	100.0	100.0	100.0	100.0	100.0	33
		2004	112.2	87.0	113.0	106.8	82.8	107.5	33
		2006	113.2	112.3	112.1	101.3	100.4	100.3	3
	办公室文员	1998	…	89.8	86.8	…	102.4	99.0	33
		2000	…	95.3	93.4	…	102.5	100.4	33
		2002	100.0	100.0	100.0	100.0	100.0	100.0	33
		2004	108.0	111.3	106.6	102.8	105.9	101.4	33
		2006	121.3	124.1	120.5	108.5	111.0	107.8	3
	焊工	1990	…	74.8	44.4	…	100.1	59.4	33
		1998	…	90.1	…	…	102.7	…	33
		2000	…	99.6	68.8	…	107.1	74.0	33
		2002	100.0	100.0	100.0	100.0	100.0	100.0	33
		2004	123.7	124.0	…	117.7	118.0	…	33
		2006	136.4	136.8	…	122.0	122.4	…	3
	配电和输电工程师	1990	…	66.1	42.5	…	88.5	56.9	33
		1998	…	89.0	72.3	…	101.5	82.4	33
		2000	…	91.1	85.3	…	98.0	91.7	33
		2002	100.0	100.0	100.0	100.0	100.0	100.0	33
		2004	99.2	97.6	95.1	94.4	92.9	90.5	33
		2006	130.2	132.6	…	116.5	118.6	…	3
	劳工	1990	…	55.4	39.6	…	82.9	59.3	33
		1998	…	95.6	…	…	121.9	…	33
		2000	…	82.5	…	…	99.2	…	33
		2002	…	71.3	…	…	79.8	…	33
		2004	119.9	129.4	…	127.6	137.7	…	33
		2006	100.0	100.0	100.0	100.0	100.0	100.0	33

职业	年份	名义收入指数			实际收入指数			注
		MF	M	F	MF	M	F	No.
销售员（093）	1990	…	70.6	64.1	…	94.5	85.8	33
	1998	…	84.1	84.9	…	95.9	96.8	33
	2000	…	95.0	91.3	…	102.2	98.2	33
	2002	100.0	100.0	100.0	100.0	100.0	100.0	33
	2004	106.2	106.7	104.2	101.0	101.5	99.1	33
	2006	111.3	107.4	112.3	99.6	96.1	100.4	3
销售员（096）	1990	…	70.6	64.1	…	94.5	85.8	33
	1998	…	84.1	84.9	…	95.9	96.8	33
	2000	…	95.0	91.3	…	102.2	98.2	33
	2002	100.0	100.0	100.0	100.0	100.0	100.0	33
	2004	106.2	106.7	104.2	101.0	101.5	99.1	33
	2006	111.3	107.4	112.3	99.6	96.1	100.4	3
公共汽车司机	1990	…	69.2	51.8	…	92.6	69.3	33
	1998	…	90.3	75.5	…	103.0	86.1	33
	2000	…	97.0	84.3	…	104.3	90.6	33
	2002	100.0	100.0	100.0	100.0	100.0	100.0	33
	2004	109.8	110.1	100.9	104.5	104.8	96.0	33
	2006	112.0	114.2	86.6	100.2	102.1	77.5	3
城镇卡车司机	1990	…	59.1	51.1	…	79.1	68.4	33
	1998	…	73.7	76.4	…	84.0	87.1	33
	2000	…	68.1	71.2	…	73.2	76.6	33
	2002	100.0	100.0	100.0	100.0	100.0	100.0	33
	2004	102.6	102.4	121.3	97.6	97.4	115.4	33
	2006	126.5	125.9	165.7	113.1	112.6	148.2	3
会计	1990	…	66.1	60.7	…	88.5	81.3	33
	1998	…	89.0	87.5	…	101.5	99.8	33
	2000	…	81.7	87.4	…	87.8	94.0	33
	2002	100.0	100.0	100.0	100.0	100.0	100.0	33
	2004	102.2	106.8	99.0	97.2	101.6	94.2	33
	2006	123.7	128.4	119.4	110.6	114.8	106.8	3
计算机程序员	1990	…	59.8	56.1	…	80.1	75.1	33
	1998	…	90.5	80.1	…	103.2	91.3	33
	2000	…	101.7	98.2	…	109.4	105.6	33
	2002	100.0	100.0	100.0	100.0	100.0	100.0	33
	2004	108.8	109.1	106.6	103.5	103.8	101.4	33
	2006	119.8	115.7	144.8	107.2	103.5	129.5	3
垃圾工	1990	…	106.5	…	…	142.6	…	33
	1998	…	130.4	…	…	148.7	…	33
	2000	…	130.9	…	…	140.8	…	33
	2002	…	100.0	…	…	100.0	…	33
	2004	…	188.0	…	…	178.9	…	33
	2006	…	220.4	…	…	197.1	…	3
初等教育的教师	1990	…	63.0	59.6	…	84.3	79.8	33
	1998	…	86.4	86.0	…	98.5	98.1	33
	2000	…	92.3	90.0	…	99.2	96.8	33
	2002	100.0	100.0	100.0	100.0	100.0	100.0	33
	2004	106.6	102.4	107.4	101.4	97.4	102.2	33
	2006	121.6	117.6	122.7	108.8	105.2	109.7	3
专业护士	1990	…	65.4	66.0	…	87.6	88.4	33
	1998	…	90.4	88.2	…	103.1	100.6	33
	2000	…	99.6	91.5	…	107.1	98.4	33
	2002	100.0	100.0	100.0	100.0	100.0	100.0	33
	2004	107.6	108.8	107.5	102.4	103.5	102.3	33
	2006	130.7	133.6	130.2	116.9	119.5	116.5	3
酒店接待员	1990	…	84.4	68.6	…	113.0	91.8	33
	1998	…	94.2	85.7	…	107.4	97.7	33
	2000	…	90.5	87.4	…	97.3	94.0	33
	2002	100.0	100.0	100.0	100.0	100.0	100.0	33
	2004	105.2	104.6	105.2	100.1	99.5	100.1	33
	2006	111.7	124.5	110.7	99.9	111.4	99.0	3
客房服务员或客房清理员	1990	…	74.8	62.7	…	100.1	83.9	33
	1998	…	97.1	76.2	…	110.7	86.9	33
	2000	…	95.0	92.3	…	102.2	99.2	33
	2002	100.0	100.0	100.0	100.0	100.0	100.0	33
	2004	102.7	101.9	104.8	97.7	97.0	99.7	33
	2006	112.2	96.6	119.2	100.4	86.4	106.6	3

	职业	年份	名义收入指数			实际收入指数			注
			MF	M	F	MF	M	F	No.
直布罗陀	办公室文员	1987	84.6	…	…	97.0	…	…	34
		1988	88.9	…	…	98.3	…	…	34
		1989	92.8	…	…	98.3	…	…	34
		1990	100.0	…	…	100.0	…	…	34
		1991	106.5	…	…	99.1	…	…	34
	劳工	1987	…	72.5	…	…	83.1	…	34
		1988	…	76.0	…	…	84.1	…	34
		1989	…	79.8	…	…	84.5	…	34
		1990	…	100.0	…	…	100.0	…	34
		1991	…	91.8	…	…	85.4	…	34
	公共汽车司机	1987	…	84.1	…	…	96.4	…	34
		1988	…	88.3	…	…	97.7	…	34
		1989	…	92.9	…	…	98.4	…	34
		1990	…	100.0	…	…	100.0	…	34
		1991	…	106.5	…	…	99.1	…	34
	初等教育的教师	1987	84.1	…	…	96.4	…	…	35
		1988	88.3	…	…	97.7	…	…	35
		1989	92.8	…	…	98.3	…	…	35
		1990	100.0	…	…	100.0	…	…	35
		1991	106.5	…	…	99.1	…	…	35
	酒店接待员	1987	83.9	…	…	96.2	…	…	34
		1988	88.1	…	…	97.5	…	…	34
		1989	92.7	…	…	98.2	…	…	34
		1990	100.0	…	…	100.0	…	…	34
		1991	106.6	…	…	99.2	…	…	34
	客房服务员或客房清理员	1987	…	84.1	…	…	96.4	…	34
		1988	…	88.2	…	…	97.6	…	34
		1989	…	92.7	…	…	98.2	…	34
		1990	…	100.0	…	…	100.0	…	34
		1991	…	106.4	…	…	99.0	…	34
马恩岛	农场工人	1983	87.4	…	…	104.7	…	…	36
		1985	90.4	…	…	96.8	…	…	36
		1987	100.0	…	…	100.0	…	…	36
	服装裁剪工	1985	…	90.9	…	…	97.3	…	5
		1987	…	100.0	…	…	100.0	…	5
		1988	…	113.1	…	…	108.0	…	5
	缝纫机操作工	1985	…	108.2	129.1	…	115.8	138.2	5
		1987	…	100.0	100.0	…	100.0	100.0	5
		1988	…	…	161.1	…	…	153.9	5
	速记员—打字员	1983	…	66.0	…	…	79.0	…	5
		1985	…	61.8	…	…	66.2	…	5
		1987	…	100.0	…	…	100.0	…	5
		1988	…	125.5	…	…	119.9	…	5
	办公室文员	1983	…	…	63.6	…	…	76.2	5
		1985	…	…	72.7	…	…	77.8	5
		1987	…	…	100.0	…	…	100.0	5
		1988	…	…	112.2	…	…	107.2	5
	焊工	1985	…	101.4	…	…	113.8	…	5
		1988	…	100.0	…	…	100.0	…	5
	配电和输电工程师	1983	…	137.8	…	…	172.9	…	5
		1988	…	100.0	…	…	100.0	…	5
	劳工	1985	…	110.1	…	…	117.9	…	5
		1987	…	100.0	…	…	100.0	…	5
	销售员（093）	1983	…	92.1	114.2	…	103.0	127.7	5
		1985	…	100.0	100.0	…	100.0	100.0	5
		1988	…	117.5	…	…	104.7	…	5
	销售员（096）	1985	…	90.5	90.5	…	96.9	96.9	5
		1987	…	100.0	100.0	…	100.0	100.0	5
		1988	…	226.2	…	…	216.0	…	5
	公共汽车司机	1985	…	108.6	…	…	116.3	…	5
		1987	…	100.0	…	…	100.0	…	5
		1988	…	98.7	…	…	94.3	…	5
	城镇卡车司机	1987	…	100.0	…	…	100.0	…	5
		1988	…	93.6	…	…	89.4	…	5

	职业	年份	名义收入指数			实际收入指数			注
			MF	M	F	MF	M	F	No.
	会计	1983	…	109.5	…	…	131.1	…	5
		1985	…	63.2	63.2	…	67.7	67.7	5
		1987	…	100.0	100.0	…	100.0	100.0	5
		1988	…	107.0	…	…	102.2	…	5
	垃圾工	1983	…	66.0	…	…	82.8	…	5
		1985	…	102.2	…	…	114.7	…	5
		1988	…	100.0	…	…	100.0	…	5
	初等教育的教师	1985	64.3	…	…	68.8	…	…	5
		1987	100.0	…	…	100.0	…	…	5
		1988	104.2	…	…	99.5	…	…	5
	酒店接待员	1983	…	…	40.7	…	…	51.1	5
		1985	…	…	41.0	…	…	46.0	5
		1988	…	…	100.0	…	…	100.0	5
	客房服务员或客房清理员	1983	…	…	61.7	…	…	77.4	5
		1985	…	…	60.4	…	…	67.8	5
		1988	…	…	100.0	…	…	100.0	5
日本	缝纫机操作工	1990	…	88.5	85.9	…	96.1	93.3	37
		2000	…	100.0	100.0	…	100.0	100.0	37
		2003	…	86.5	98.5	…	88.2	100.4	37
		2004	…	93.9	99.4	…	95.7	101.3	37
		2005	…	89.3	99.6	…	91.3	101.8	37
		2006	…	95.2	102.6	…	97.0	104.6	3
		2007	…	97.9	101.1	…	99.8	103.1	3
	焊工	1990	…	90.0	…	…	97.7	…	37
		2000	…	100.0	100.0	…	100.0	100.0	37
		2003	…	93.4	96.6	…	95.2	98.5	37
		2004	…	94.5	100.9	…	96.3	102.9	37
		2005	…	94.2	90.0	…	96.3	92.0	37
		2006	…	97.3	83.3	…	99.2	84.9	3
		2007	…	93.6	88.8	…	95.4	90.5	3
	公共汽车司机	1990	…	104.4	…	…	113.4	…	37
		2000	…	100.0	100.0	…	100.0	100.0	37
		2003	…	93.8	96.9	…	95.6	98.8	37
		2004	…	85.4	93.8	…	87.1	95.6	37
		2005	…	85.3	87.6	…	87.2	89.6	37
		2006	…	85.6	87.9	…	87.3	89.6	3
		2007	…	81.1	95.8	…	82.7	97.7	3
	计算机程序员	1984	…	94.2	98.7	…	96.1	100.7	37
		1985	…	100.0	100.0	…	100.0	100.0	37
	专业护士	1990	…	…	80.8	…	…	87.7	37
		2000	…	100.0	100.0	…	100.0	100.0	37
		2003	…	94.1	97.3	…	95.9	99.2	37
		2004	…	99.0	98.1	…	100.9	100.0	37
		2005	…	92.9	98.3	…	95.0	100.5	37
		2006	…	96.3	98.8	…	98.2	100.7	3
		2007	…	92.2	97.6	…	94.0	99.5	3
圣皮埃尔和密克隆	办公室文员	1985	100.0	…	…	100.0	…	…	38
		1989	104.0	…	…	95.3	…	…	38
		1991	103.0	…	…	86.3	…	…	38
	劳工	1985	100.0	…	…	98.0	…	…	38
		1986	100.0	…	…	100.0	…	…	38
	销售员（093）	1984	69.4	…	…	73.8	…	…	38
		1985	100.0	…	…	98.0	…	…	38
		1986	100.0	…	…	100.0	…	…	38
	销售员（096）	1985	100.0	…	…	98.0	…	…	38
		1986	100.0	…	…	100.0	…	…	38
	城镇卡车司机	1985	100.0	…	…	98.0	…	…	38
		1986	100.0	…	…	100.0	…	…	38
		1991	103.0	…	…	84.6	…	…	38
	垃圾工	1985	100.0	…	…	98.0	…	…	38
		1986	100.0	…	…	100.0	…	…	38
	初等教育的教师	1985	100.0	…	…	98.0	…	…	38
		1986	100.0	…	…	100.0	…	…	38
	专业护士		100.0	…	…	100.0	…	…	38
		1991	103.0	…	…	84.6	…	…	38

	职业	年份	名义收入指数			实际收入指数			注
			MF	M	F	MF	M	F	No.
	酒店接待员	1985	100.0	…	…	98.0	…	…	38
		1986	100.0	…	…	100.0	…	…	38
	客房服务员或客房清理员	1985	100.0	…	…	98.0	…	…	38
		1986	100.0	…	…	100.0	…	…	38
西欧（非欧盟）									
冰岛	缝纫机操作工	1992	…	…	79.4	…	…	87.3	39
		1993	…	…	86.8	…	…	91.7	39
		1994	…	…	91.7	…	…	95.3	39
		1995	…	…	93.9	…	…	96.0	39
		1996	…	…	100.0	…	…	100.0	39
	办公室文员	2002	…	…	78.2	…	…	91.6	40
		2003	…	…	85.9	…	…	98.5	40
		2004	…	…	87.1	…	…	96.8	40
		2006	100.0	…	100.0	100.0	…	100.0	3
		2007	112.2	…	112.3	106.9	…	107.0	3
	焊工	1992	…	89.0	…	…	97.8	…	39
		1993	…	91.2	…	…	96.3	…	39
		1994	…	90.2	…	…	93.8	…	39
		1995	…	94.0	…	…	96.1	…	39
		1996	…	100.0	…	…	100.0	…	39
	劳工	1990	…	32.0	…	…	57.3	…	39
		2002	…	84.7	…	…	99.2	…	40
		2003	…	94.8	…	…	108.7	…	40
		2004	…	97.3	…	…	108.1	…	40
		2006	100.0	100.0	…	100.0	100.0	…	3
		2007	104.8	104.7	…	99.8	99.7	…	3
	销售员（093）	1990	…	91.2	67.9	…	110.9	82.6	39
		1992	…	110.2	78.8	…	121.1	86.6	39
		1993	…	108.6	76.2	…	114.7	80.5	39
		1994	…	106.5	75.1	…	110.7	78.1	39
		1995	…	108.8	72.9	…	111.2	74.5	39
		1996	…	100.0	100.0	…	100.0	100.0	39
	销售员（096）	2002	99.0	…	97.3	101.1	…	99.4	40
		2003	100.0	100.0	100.0	100.0	100.0	100.0	40
		2004	105.6	109.6	106.1	102.3	106.2	102.8	40
		2006	122.9	128.1	123.1	107.1	111.7	107.3	3
		2007	135.6	137.9	134.7	112.6	114.5	111.9	3
	城镇卡车司机	1990	…	78.4	…	…	95.4	…	39
		1992	…	87.3	…	…	95.9	…	39
		1993	…	89.3	…	…	94.3	…	39
		1994	…	90.4	…	…	94.0	…	39
		1995	…	95.5	…	…	97.6	…	39
		1996	…	100.0	…	…	100.0	…	39
挪威	农场工人	1983	…	74.2	72.8	…	97.1	95.3	41
		1984	…	78.3	77.4	…	96.4	95.3	41
		1985	…	85.0	84.1	…	99.1	98.0	41
		1986	…	91.7	90.9	…	99.7	98.8	41
		1987	…	100.0	100.0	…	100.0	100.0	41
	劳工	1998	86.2	…	…	93.7	…	…	41
		1999	91.5	…	…	97.2	…	…	41
		2000	91.8	…	…	94.5	…	…	41
		2001	100.0	…	…	100.0	…	…	41
	销售员（093）	2000	81.0	79.7	84.8	86.6	85.2	90.7	41
		2003	100.0	100.0	100.0	100.0	100.0	100.0	41
		2004	…	111.0	105.6	…	110.6	105.2	41
		2005	107.6	107.4	108.1	105.5	105.3	106.0	41
		2006	106.0	105.1	109.9	101.6	100.8	105.4	34
		2007	114.6	113.6	119.3	109.0	108.1	113.5	34
	销售员（096）	2000	…	90.3	89.0	…	96.6	95.2	41
		2003	100.0	100.0	100.0	100.0	100.0	100.0	41
		2004	…	103.6	104.5	…	103.2	104.1	41
		2005	107.4	107.8	107.4	105.3	105.7	105.3	41
		2006	112.6	113.5	112.1	108.0	108.8	107.5	34
		2007	115.6	115.1	116.2	110.0	109.5	110.6	34

	职业	年份	名义收入指数 MF	名义收入指数 M	名义收入指数 F	实际收入指数 MF	实际收入指数 M	实际收入指数 F	注 No.
	公共汽车司机	2000	86. 9	…	…	92. 9	…	…	41
		2003	100. 0	…	…	100. 0	…	…	41
		2004	103. 9	…	…	103. 5	…	…	41
		2005	104. 9	…	…	102. 8	…	…	41
		2006	111. 4	…	…	106. 8	…	…	34
		2007	115. 6	…	…	110. 0	…	…	34
	城镇卡车司机	2000	87. 3	…	…	93. 4	…	…	41
		2003	100. 0	…	…	100. 0	…	…	41
		2004	101. 2	…	…	100. 8	…	…	41
		2005	105. 4	…	…	103. 3	…	…	41
		2006	110. 1	…	…	105. 6	…	…	34
		2007	113. 8	…	…	108. 3	…	…	34
	会计	1986	…	86. 2	…	…	104. 6	…	41
		1987	…	88. 5	…	…	98. 8	…	41
		1988	…	96. 4	…	…	100. 8	…	41
		1989	…	100. 0	…	…	100. 0	…	41
	初等教育的教师	2000	83. 5	…	…	89. 3	…	…	41
		2003	100. 0	…	…	100. 0	…	…	41
		2004	103. 3	…	…	102. 9	…	…	41
		2005	106. 1	…	…	104. 0	…	…	41
		2006	109. 3	…	…	104. 8	…	…	34
		2007	112. 8	…	…	107. 3	…	…	34
	专业护士	2000	89. 2	…	…	95. 4	…	…	42
		2003	100. 0	100. 0	100. 0	100. 0	100. 0	100. 0	42
		2004	111. 0	111. 8	110. 8	110. 6	111. 4	110. 4	42
		2005	115. 2	116. 1	115. 0	112. 9	113. 8	112. 7	42
		2006	118. 4	119. 4	118. 2	113. 5	114. 5	113. 3	34
		2007	129. 1	130. 2	128. 8	122. 8	123. 9	122. 5	34
	酒店接待员	2006	100. 0	…	…	100. 0	…	…	34
		2007	105. 6	…	…	104. 8	…	…	34
	客房服务员或客房清理员	1990	…	…	68. 5	…	…	83. 7	41
		1994	…	77. 0	79. 3	…	85. 7	88. 3	41
		1995	…	81. 0	82. 3	…	88. 0	89. 5	41
		1996	…	86. 1	87. 6	…	92. 4	94. 0	41
		1997	…	89. 0	91. 1	…	93. 1	95. 3	41
		1999	…	100. 0	100. 0	…	100. 0	100. 0	41
中欧、东南欧（非欧盟）和独联体									
中欧和东南欧									
土耳其	服装裁剪工	1990	41. 1	…	…	116. 1	…	…	43
		1991	56. 8	…	…	96. 6	…	…	44
		1992	100. 0	…	…	100. 0	…	…	44
	缝纫机操作工	1990	43. 0	…	…	121. 5	…	…	43
		1991	59. 7	…	…	101. 5	…	…	44
		1992	100. 0	…	…	100. 0	…	…	44
	劳工	1991	…	54. 4	…	…	92. 5	…	44
		1992	…	100. 0	…	…	100. 0	…	44
	会计	1991	32. 9	…	…	56. 0	…	…	44
		1992	100. 0	…	…	100. 0	…	…	44
	垃圾工	1991	36. 7	…	…	62. 4	…	…	44
		1992	100. 0	…	…	100. 0	…	…	44
	酒店接待员	1991	32. 9	…	…	56. 0	…	…	44
		1992	100. 0	…	…	100. 0	…	…	44
	客房服务员或客房清理员	1991	50. 0	…	…	85. 0	…	…	44
		1992	100. 0	…	…	100. 0	…	…	44
独立国家联合体（独联体）									
阿塞拜疆	劳工	2002	80. 4	…	…	87. 7	…	…	3
		2004	100. 0	…	…	100. 0	…	…	3
		2005	72. 4	…	…	66. 1	…	…	3
	销售员（093）	2002	57. 2	…	…	62. 4	…	…	3
		2004	100. 0	…	…	100. 0	…	…	3
		2005	137. 0	…	…	125. 0	…	…	3
	销售员（096）	2004	100. 0	…	…	100. 0	…	…	3
		2005	100. 8	…	…	92. 0	…	…	3

	职业	年份	名义收入指数			实际收入指数			注
			MF	M	F	MF	M	F	No.
	会计	2004	100.0	…	…	100.0	…	…	3
		2005	120.4	…	…	109.9	…	…	3
	初等教育的教师	2000	72.2	…	…	82.2	…	…	3
		2001	70.6	…	…	79.1	…	…	3
		2002	72.4	…	…	79.0	…	…	3
		2004	100.0	…	…	100.0	…	…	3
		2005	153.1	…	…	139.7	…	…	3
	专业护士	2000	44.1	…	…	50.2	…	…	3
		2001	44.7	…	…	50.1	…	…	3
		2002	52.0	…	…	56.7	…	…	3
		2004	100.0	…	…	100.0	…	…	3
		2005	123.2	…	…	112.4	…	…	3
	酒店接待员	2002	113.4	…	…	123.7	…	…	3
		2004	100.0	…	…	100.0	…	…	3
		2005	87.1	…	…	79.5	…	…	3
	客房服务员或客房清理员	2002	105.7	…	…	115.3	…	…	3
		2004	100.0	…	…	100.0	…	…	3
		2005	128.2	…	…	117.0	…	…	3
白俄罗斯	服装裁剪工	2000	…	100.0	100.0	…	100.0	100.0	3
		2001	…	211.2	216.5	…	131.1	134.4	3
		2002	…	249.6	229.8	…	108.6	100.0	3
		2003	…	305.3	289.8	…	103.5	98.2	3
		2004	…	343.8	309.1	…	98.7	88.7	3
		2007	…	…	347.0	…	…	77.8	3
	缝纫机操作工	2000	…	…	100.0	…	…	100.0	3
		2001	…	…	191.6	…	…	118.9	3
		2002	…	…	226.1	…	…	98.4	3
		2003	…	…	273.8	…	…	92.8	3
		2004	…	…	304.2	…	…	87.3	3
		2007	…	…	695.1	…	…	155.9	3
	速记员—打字员	1999	…	…	36.4	…	…	97.8	3
		2000	…	…	100.0	…	…	100.0	3
		2001	…	…	178.3	…	…	110.7	3
		2002	…	…	254.8	…	…	110.9	3
		2003	…	…	320.9	…	…	108.8	3
	配电和输电工程师	2000	…	100.0	100.0	…	100.0	100.0	3
		2001	…	200.2	210.6	…	124.3	130.7	3
		2002	…	285.0	274.2	…	124.0	119.3	3
		2003	…	328.7	312.1	…	111.4	105.8	3
		2004	…	455.8	448.7	…	130.9	128.8	3
		2007	…	698.4	717.5	…	156.6	160.9	3
	劳工	2000	…	100.0	100.0	…	100.0	100.0	3
		2001	…	144.5	139.1	…	89.7	86.3	3
		2002	…	222.9	210.1	…	97.0	91.4	3
		2003	…	317.8	294.7	…	107.7	99.9	3
		2004	…	393.3	356.3	…	112.9	102.3	3
	初等教育的教师	2000	…	100.0	100.0	…	100.0	100.0	3
		2001	…	217.3	208.7	…	134.9	129.5	3
		2002	…	…	309.4	…	…	134.6	3
		2003	…	446.6	433.5	…	151.4	146.9	3
		2004	…	592.6	527.9	…	170.1	151.6	3
	专业护士	2000	…	…	100.0	…	…	100.0	3
		2001	…	…	209.7	…	…	130.2	3
		2002	…	…	327.7	…	…	142.6	3
		2003	…	…	451.6	…	…	153.1	3
		2004	…	…	522.1	…	…	149.9	3
吉尔吉斯斯坦	劳工	1998	…	48.4	55.9	…	83.6	96.5	5
		1999	…	69.8	87.3	…	88.6	110.8	5
		2001	100.0	100.0	100.0	100.0	100.0	100.0	5
		2002	109.2	111.2	104.7	107.1	109.0	102.6	45
	销售员（093）	2001	100.0	100.0	100.0	100.0	100.0	100.0	5
		2002	104.8	85.9	105.8	102.7	84.2	103.7	45
	销售员（096）	1998	…	46.9	104.8	…	81.0	181.0	5
		1999	…	52.1	120.3	…	66.1	152.7	5
		2001	100.0	100.0	100.0	100.0	100.0	100.0	5
		2002	83.5	101.4	73.6	81.9	99.4	72.2	45

	职业	年份	名义收入指数			实际收入指数			注
			MF	M	F	MF	M	F	No.
	会计	1994	…	19.1	15.3	…	85.3	68.3	5
		1998	…	78.7	55.7	…	135.9	96.2	5
		1999	…	106.5	77.7	…	135.2	98.6	5
		2001	100.0	100.0	100.0	100.0	100.0	100.0	5
		2002	103.5	106.8	102.9	101.5	104.7	100.9	45
	初等教育的教师	1998	…	95.6	67.4	…	165.1	116.4	5
		1999	…	74.3	73.9	…	94.3	93.8	5
		2001	100.0	100.0	100.0	100.0	100.0	100.0	5
		2002	116.2	122.2	115.9	113.9	119.8	113.6	45
	专业护士	1998	…	85.3	70.8	…	147.3	122.3	5
		1999	…	76.7	76.5	…	97.3	97.1	5
		2001	100.0	100.0	100.0	100.0	100.0	100.0	5
		2002	124.3	117.7	124.5	121.9	115.4	122.1	45
摩尔多瓦共和国	农场工人	2000	…	100.0	100.0	…	100.0	100.0	46
		2003	…	221.1	227.4	…	171.1	176.0	46
		2004	…	303.6	255.2	…	208.9	175.6	47
		2005	…	248.0	276.3	…	152.4	169.8	47
		2006	…	375.3	416.5	…	204.5	227.0	47
		2007	…	399.6	472.7	…	193.8	229.2	47
	服装裁剪工	2000	…	100.0	100.0	…	100.0	100.0	46
		2003	…	279.6	125.1	…	216.4	96.8	46
		2004	…	335.7	183.9	…	231.0	126.6	47
		2005	…	393.8	169.3	…	242.0	104.1	47
		2006	…	492.2	235.6	…	268.2	128.4	47
		2007	…	554.0	286.1	…	268.7	138.7	47
	缝纫机操作工	2000	…	100.0	100.0	…	100.0	100.0	46
		2003	…	220.7	169.2	…	170.8	131.0	46
		2004	…	385.3	201.4	…	265.2	138.6	47
		2005	…	375.8	236.8	…	231.0	145.5	47
		2006	…	300.9	292.9	…	164.0	159.6	47
		2007	…	683.2	333.3	…	331.3	161.6	47
	速记员—打字员	2000	…	…	100.0	…	…	100.0	46
		2003	…	…	166.2	…	…	128.6	46
		2004	…	…	237.7	…	…	163.6	47
		2005	…	…	300.4	…	…	184.6	47
		2006	…	…	302.1	…	…	164.6	47
		2007	…	…	322.0	…	…	156.2	47
	办公室文员	2000	…	100.0	100.0	…	100.0	100.0	46
		2003	…	165.6	183.1	…	128.2	141.7	46
		2004	…	226.8	202.2	…	156.1	139.2	47
		2005	…	240.3	309.1	…	147.7	190.0	47
		2006	…	254.9	336.4	…	138.9	183.3	47
		2007	…	282.9	426.7	…	137.2	206.9	47
	焊工	2000	…	100.0	100.0	…	100.0	100.0	46
		2003	…	197.1	217.7	…	152.6	168.5	46
		2004	…	225.4	218.4	…	155.1	150.3	47
		2005	…	356.0	230.3	…	218.8	141.5	47
		2006	…	510.4	271.1	…	278.1	147.7	47
		2007	…	526.8	292.1	…	255.5	141.7	47
	配电和输电工程师	2000	…	100.0	100.0	…	100.0	100.0	46
		2003	…	153.6	…	…	118.9	…	46
		2004	…	301.6	…	…	207.6	…	47
		2005	…	367.2	338.7	…	225.7	208.2	47
		2006	…	436.7	452.2	…	238.0	246.4	47
		2007	…	669.7	…	…	324.8	…	47
	劳工	2000	…	100.0	100.0	…	100.0	100.0	46
		2003	…	182.3	256.8	…	141.1	198.8	46
		2004	…	268.7	299.8	…	184.9	206.3	47
		2005	…	327.1	462.6	…	201.0	284.3	47
		2006	…	430.7	788.1	…	234.7	429.5	47
		2007	…	534.2	1 024.0	…	259.1	496.6	47
	销售员（093）	2000	…	100.0	100.0	…	100.0	100.0	46
		2003	…	138.7	162.3	…	107.4	125.6	46
		2004	…	174.5	221.3	…	120.1	152.3	47
		2005	…	186.9	252.8	…	114.9	155.4	47
		2006	…	259.0	353.8	…	141.1	192.8	47
		2007	…	332.3	483.2	…	161.2	234.3	47

	职业	年份	名义收入指数			实际收入指数			注
			MF	M	F	MF	M	F	No.
	销售员（096）	2000	…	100.0	100.0	…	100.0	100.0	46
		2003	…	276.2	268.9	…	213.8	208.1	46
		2004	…	469.4	335.5	…	323.1	230.9	47
		2005	…	472.6	382.9	…	290.5	235.3	47
		2006	…	528.8	474.1	…	288.2	258.4	47
		2007	…	1 090.1	663.0	…	528.7	321.5	47
	公共汽车司机	2000	…	100.0	…	…	100.0	…	46
		2003	…	217.7	…	…	168.5	…	46
		2004	…	261.1	…	…	179.7	…	47
		2005	…	295.2	…	…	181.4	…	47
		2006	…	417.3	…	…	227.4	…	47
		2007	…	622.9	…	…	302.1	…	47
	城镇卡车司机	2000	…	100.0	…	…	100.0	…	46
		2003	…	164.8	…	…	127.6	…	46
		2004	…	271.8	…	…	187.1	…	47
		2005	…	236.9	…	…	145.6	…	47
		2006	…	306.0	…	…	166.8	…	47
		2007	…	383.8	…	…	186.1	…	47
	会计	2000	…	100.0	100.0	…	100.0	100.0	46
		2003	…	160.1	199.5	…	123.9	154.4	46
		2004	…	163.9	220.2	…	112.8	151.5	47
		2005	…	162.9	228.9	…	100.1	140.7	47
		2006	…	294.1	257.1	…	160.3	140.1	47
		2007	…	236.4	295.0	…	114.6	143.1	47
	计算机程序员	2003	…	100.0	100.0	…	100.0	100.0	46
		2004	…	83.8	54.0	…	74.5	48.0	47
		2005	…	161.9	128.6	…	128.5	102.1	47
		2006	…	163.4	128.6	…	115.0	90.5	47
		2007	…	161.4	…	…	101.1	…	47
	垃圾工	2000	…	100.0	100.0	…	100.0	100.0	46
		2003	…	164.8	154.7	…	127.6	119.7	46
		2004	…	185.6	221.4	…	127.7	152.4	47
		2005	…	285.1	298.9	…	175.2	183.7	47
		2006	…	392.4	410.3	…	213.8	223.6	47
		2007	…	555.8	521.1	…	269.5	252.7	47
	初等教育的教师	2000	…	100.0	100.0	…	100.0	100.0	46
		2003	…	244.5	259.5	…	189.2	200.9	46
		2004	…	254.4	258.1	…	175.1	177.6	47
		2005	…	333.2	328.5	…	204.8	201.9	47
		2006	…	455.3	461.6	…	248.1	251.6	47
		2007	…	552.1	543.1	…	267.7	263.4	47
	专业护士	2000	…	100.0	100.0	…	100.0	100.0	46
		2003	…	230.3	252.3	…	178.3	195.3	46
		2004	…	325.8	336.9	…	224.2	231.9	47
		2005	…	399.5	393.3	…	245.5	241.7	47
		2006	…	518.3	520.3	…	282.5	283.5	47
		2007	…	654.7	677.1	…	317.5	328.4	47
	酒店接待员	2000	…	100.0	100.0	…	100.0	100.0	46
		2003	…	199.5	159.5	…	154.4	123.5	46
		2004	…	168.2	183.3	…	115.8	126.2	47
		2005	…	233.3	243.4	…	143.4	149.6	47
		2006	…	302.9	305.2	…	165.1	166.3	47
		2007	…	432.7	376.9	…	209.8	182.8	47
	客房服务员或客房清理员	2000	…	…	49.0	…	…	63.2	46
		2003	…	100.0	100.0	…	100.0	100.0	46
		2004	…	90.1	113.2	…	80.2	100.6	47
		2005	…	169.9	136.4	…	134.9	108.3	47
		2006	…	144.4	157.0	…	101.7	110.5	47
		2007	…	133.8	236.5	…	83.8	148.2	47
俄罗斯联邦	服装裁剪工	1994	2.6	…	…	89.7	…	…	47
		1995	5.5	…	…	64.0	…	…	47
		2004	…	…	47.3	…	…	63.7	47
		2005	…	…	57.6	…	…	68.9	47
		2007	100.0	…	100.0	100.0	…	100.0	47

	职业	年份	名义收入指数			实际收入指数			注
			MF	M	F	MF	M	F	No.
	缝纫机操作工	1994	1.8	…	…	62.1	…	…	47
		1995	3.9	…	…	45.3	…	…	47
		2004	…	…	42.8	…	…	57.7	47
		2005	…	…	54.3	…	…	65.0	47
		2007	100.0	…	100.0	100.0	…	100.0	47
	速记员—打字员	2004	…	…	100.0	…	…	100.0	47
		2005	…	…	73.2	…	…	65.0	47
		2007	…	…	163.9	…	…	121.7	47
	焊工	1993	18.6	…	…	226.8	…	…	47
		1994	42.2	…	…	125.6	…	…	47
		1995	100.0	…	…	100.0	…	…	47
	劳工	1999	19.8	…	…	42.4	…	…	47
		2000	27.3	…	…	48.4	…	…	47
		2004	100.0	100.0	100.0	100.0	100.0	100.0	47
		2005	131.8	138.2	119.3	116.9	122.6	105.9	47
		2007	251.4	268.3	188.6	186.6	199.2	140.0	47
	销售员（093）	2004	100.0	100.0	100.0	100.0	100.0	100.0	47
		2005	140.3	178.8	135.7	124.5	158.7	120.4	47
		2007	264.2	361.3	253.6	196.1	268.2	188.3	47
	销售员（096）	1993	1.0	…	…	142.9	…	…	47
		2004	…	…	45.5	…	…	61.3	47
		2005	…	…	57.2	…	…	68.4	47
		2007	100.0	…	100.0	100.0	…	100.0	47
	公共汽车司机	2004	…	100.0	…	…	100.0	…	47
		2005	…	116.3	…	…	103.2	…	47
		2007	…	163.9	…	…	121.7	…	47
	城镇卡车司机	2004	…	100.0	…	…	100.0	…	47
		2005	…	114.5	…	…	101.6	…	47
		2007	…	171.5	…	…	127.3	…	47
	初等教育的教师	1995	5.0	…	…	58.1	…	…	47
		1999	10.3	…	…	29.7	…	…	47
		2000	13.6	…	…	32.5	…	…	47
		2005	…	…	61.4	…	…	73.4	47
		2007	100.0	…	100.0	100.0	…	100.0	47
	专业护士	1999	78.9	…	…	95.3	…	…	47
		2000	100.0	…	…	100.0	…	…	47
	酒店接待员	2004	…	…	100.0	…	…	100.0	47
		2005	…	…	152.7	…	…	135.5	47
		2007	…	…	193.0	…	…	143.3	47
	客房服务员或客房清理员	2004	…	…	100.0	…	…	100.0	47
		2005	…	…	124.6	…	…	110.6	47
		2007	…	…	189.8	…	…	140.9	47
亚洲和太平洋地区									
东亚									
中国香港	服装裁剪工	1989	…	90.8	…	…	111.1	…	48
		1990	…	98.1	…	…	109.0	…	48
		1991	…	100.0	…	…	100.0	…	48
		1992	…	114.8	…	…	104.7	…	48
		1993	…	131.9	…	…	110.6	…	48
	缝纫机操作工	1989	…	81.2	87.0	…	99.4	106.5	48
		1990	…	99.1	95.7	…	110.1	106.3	48
		1991	…	100.0	100.0	…	100.0	100.0	48
		1992	…	…	108.6	…	…	99.1	48
		1993	…	…	116.2	…	…	97.4	48
	速记员—打字员	1989	…	…	64.3	…	…	78.7	49
		1990	…	…	97.1	…	…	107.9	49
		1991	…	…	100.0	…	…	100.0	49
		1992	…	…	96.2	…	…	87.8	49
		1993	…	…	108.3	…	…	90.8	49
	办公室文员	1989	…	77.2	70.9	…	94.5	86.8	48
		1990	…	96.1	87.3	…	106.8	97.0	48
		1991	…	100.0	100.0	…	100.0	100.0	48
		1992	…	106.4	106.4	…	97.1	97.1	48
		1993	…	116.2	112.0	…	97.4	93.9	48

	职业	年份	名义收入指数			实际收入指数			注
			MF	M	F	MF	M	F	No.
	劳工	1989	…	77.2	75.5	…	94.5	92.4	48
		1990	…	91.4	88.6	…	101.6	98.4	48
		1991	…	100.0	100.0	…	100.0	100.0	48
		1992	…	107.9	107.0	…	98.4	97.6	48
		1993	…	117.3	116.1	…	98.3	97.3	48
	销售员（093）	1989	…	68.4	…	…	83.7	…	48
		1990	…	99.1	…	…	110.1	…	48
		1991	…	100.0	…	…	100.0	…	48
		1992	…	116.2	…	…	106.0	…	48
		1993	…	136.9	…	…	114.8	…	48
	销售员（096）	1989	…	76.4	71.2	…	93.5	87.1	48
		1990	…	87.2	87.5	…	96.9	97.2	48
		1991	…	100.0	100.0	…	100.0	100.0	48
		1992	…	107.1	110.7	…	97.7	101.0	48
		1993	…	110.2	124.0	…	92.4	103.9	48
	酒店接待员	1989	…	76.3	76.9	…	93.4	94.1	48
		1990	…	92.8	89.3	…	103.1	99.2	48
		1991	…	100.0	100.0	…	100.0	100.0	48
		1992	…	108.8	107.8	…	99.3	98.4	48
		1993	…	122.6	124.1	…	102.8	104.0	48
	客房服务员或客房清理员	1989	…	76.3	79.2	…	93.4	96.9	48
		1990	…	90.8	93.6	…	100.9	104.0	48
		1991	…	100.0	100.0	…	100.0	100.0	48
		1992	…	108.4	114.0	…	98.9	104.0	48
		1993	…	125.5	131.5	…	105.2	110.2	48
韩国	农场工人	2000	…	84.8	78.4	…	90.7	83.9	37
		2002	100.0	100.0	100.0	100.0	100.0	100.0	37
		2003	107.5	108.6	109.3	103.9	104.9	105.6	37
		2004	114.2	118.0	114.8	106.4	110.0	107.0	37
		2005	129.2	130.9	139.0	117.2	118.8	126.1	3
		2006	128.9	134.0	131.1	114.5	119.0	116.4	3
	服装裁剪工	1990	…	22.3	31.1	…	39.1	54.6	37
		2000	…	70.6	86.7	…	75.5	92.7	37
		2002	100.0	100.0	100.0	100.0	100.0	100.0	37
		2003	97.5	100.0	103.1	94.2	96.6	99.6	37
		2004	103.0	104.2	110.1	96.0	97.1	102.6	37
		2005	113.9	108.4	118.3	103.4	98.4	107.4	3
		2006	117.2	108.6	127.7	104.1	96.4	113.4	3
	缝纫机操作工	1990	…	19.6	27.5	…	34.4	48.2	37
		2000	…	73.8	80.4	…	78.9	86.0	37
		2002	100.0	100.0	100.0	100.0	100.0	100.0	37
		2003	100.8	102.6	105.5	97.4	99.1	101.9	37
		2004	105.4	104.5	112.1	98.2	97.4	104.5	37
		2005	116.8	115.4	118.7	106.0	104.7	107.7	3
		2006	119.5	117.1	123.4	106.1	104.0	109.6	3
	速记员—打字员	1990	…	26.6	34.2	…	46.7	60.0	37
		2000	…	92.5	89.4	…	98.9	95.6	37
		2002	100.0	100.0	100.0	100.0	100.0	100.0	37
		2003	102.7	100.7	102.5	99.2	97.3	99.0	37
		2004	109.4	104.2	110.6	102.0	97.1	103.1	37
		2005	119.0	104.2	121.0	108.0	94.6	109.8	3
		2006	129.2	118.0	127.1	114.7	104.8	112.9	3
	办公室文员	1990	…	27.9	27.1	…	48.9	47.5	37
		2000	…	80.9	83.7	…	86.5	89.5	37
		2002	100.0	100.0	100.0	100.0	100.0	100.0	37
		2003	106.0	104.7	107.8	102.4	101.2	104.2	37
		2004	119.9	119.1	119.8	111.7	111.0	111.6	37
		2005	131.4	127.9	131.9	119.2	116.1	119.7	3
		2006	137.8	134.2	138.8	122.4	119.2	123.3	3
	焊工	1990	…	34.9	35.2	…	61.2	61.8	37
		2000	…	85.0	85.1	…	90.9	91.0	37
		2002	100.0	100.0	100.0	100.0	100.0	100.0	37
		2003	110.4	111.4	106.3	106.7	107.6	102.7	37
		2004	114.6	115.0	109.6	106.8	107.2	102.1	37
		2005	118.2	120.1	112.7	107.3	109.0	102.3	3
		2006	125.6	127.2	128.4	111.5	113.0	114.0	3

职业	年份	名义收入指数			实际收入指数			注
		MF	M	F	MF	M	F	No.
配电和输电工程师	1990	…	36.7	…	…	64.4	…	37
	2000	…	84.1	88.5	…	89.9	94.7	37
	2002	100.0	100.0	100.0	100.0	100.0	100.0	37
	2003	107.0	107.1	110.5	103.4	103.5	106.8	37
	2004	111.9	112.4	108.5	104.3	104.8	101.1	37
	2005	119.9	121.0	121.3	108.8	109.8	110.1	3
	2006	131.1	132.0	130.4	116.4	117.2	115.8	3
劳工	1990	…	37.4	25.3	…	65.6	44.4	37
	2000	…	95.7	96.8	…	102.4	103.5	37
	2002	100.0	100.0	100.0	100.0	100.0	100.0	37
	2003	105.2	108.2	115.3	101.6	104.5	111.4	37
	2004	109.6	112.7	112.6	102.1	105.0	104.9	37
	2005	119.2	118.7	107.2	108.2	107.7	97.3	3
	2006	127.0	130.8	106.8	112.8	116.2	94.8	3
销售员（093）	1990	…	33.3	31.3	…	58.4	54.9	37
	2000	…	75.1	81.8	…	80.3	87.5	37
	2002	100.0	100.0	100.0	100.0	100.0	100.0	37
	2003	106.1	106.7	110.3	102.5	103.1	106.6	37
	2004	111.0	112.5	112.3	103.4	104.8	104.7	37
	2005	117.2	121.6	116.2	106.4	110.3	105.4	3
	2006	124.8	126.7	124.7	110.8	112.5	110.7	3
销售员（096）	1990	…	33.3	31.3	…	58.4	54.9	37
	2000	…	75.1	81.8	…	80.3	87.5	37
	2002	100.0	100.0	100.0	100.0	100.0	100.0	37
	2003	106.1	106.7	110.3	102.5	103.1	106.6	37
	2004	111.0	112.5	112.3	103.4	104.8	104.7	37
	2005	117.2	121.6	116.2	106.4	110.3	105.4	3
	2006	124.8	126.7	124.7	110.8	112.5	110.7	3
公共汽车司机	1990	…	33.3	35.9	…	58.4	63.0	37
	2000	…	96.1	84.5	…	102.8	90.4	37
	2002	100.0	100.0	100.0	100.0	100.0	100.0	37
	2003	104.1	104.2	103.7	100.6	100.7	100.2	37
	2004	112.0	112.0	111.2	104.4	104.4	103.6	37
	2005	115.2	115.4	112.9	104.5	104.7	102.5	3
	2006	118.6	118.8	120.1	105.3	105.5	106.7	3
城镇卡车司机	1990	…	33.3	35.9	…	58.4	63.0	37
	2000	…	96.1	84.5	…	102.8	90.4	37
	2002	100.0	100.0	100.0	100.0	100.0	100.0	37
	2003	104.1	104.2	103.7	100.6	100.7	100.2	37
	2004	112.0	112.0	111.2	104.4	104.4	103.6	37
	2005	115.2	115.4	112.9	104.5	104.7	102.5	3
	2006	118.6	118.8	120.1	105.3	105.5	106.7	3
会计	1990	…	36.7	31.0	…	64.4	54.4	37
	2000	…	80.8	93.3	…	86.4	99.8	37
	2002	100.0	100.0	100.0	100.0	100.0	100.0	37
	2003	109.7	109.9	111.3	106.0	106.2	107.5	37
	2004	115.3	116.9	111.2	107.5	108.9	103.6	37
	2005	120.5	123.7	113.2	109.3	112.3	102.7	3
	2006	130.9	136.1	120.6	116.3	120.9	107.1	3
计算机程序员	1990	…	33.3	27.4	…	58.4	48.1	37
	2000	…	93.1	92.2	…	99.6	98.6	37
	2002	100.0	100.0	100.0	100.0	100.0	100.0	37
	2003	111.5	111.9	108.8	107.7	108.1	105.1	37
	2004	114.7	115.1	110.1	106.9	107.3	102.6	37
	2005	113.5	113.0	113.5	103.0	102.5	103.0	3
	2006	127.5	129.3	115.7	113.2	114.8	102.8	3
垃圾工	1990	…	45.7	45.4	…	80.2	79.6	37
	2000	…	95.8	93.1	…	102.5	99.6	37
	2002	100.0	100.0	100.0	100.0	100.0	100.0	37
	2003	126.3	109.8	111.0	122.0	106.1	107.2	37
	2004	124.1	114.9	120.2	115.7	107.1	112.0	37
	2005	139.6	122.3	128.8	126.7	111.0	116.9	3
	2006	152.7	134.9	136.3	135.6	119.8	121.0	3

	职业	年份	名义收入指数			实际收入指数			注
			MF	M	F	MF	M	F	No.
	初等教育的教师	1990	…	33.6	49.9	…	58.9	87.5	50
		2000	…	94.6	102.3	…	101.2	109.4	50
		2002	100.0	100.0	100.0	100.0	100.0	100.0	50
		2003	114.5	114.6	113.4	110.6	110.7	109.6	50
		2004	119.3	119.4	119.9	111.2	111.3	111.7	50
		2005	135.9	134.6	135.0	123.3	122.1	122.5	3
		2006	142.7	144.8	140.6	126.7	128.6	124.9	3
	专业护士	1990	…	20.7	33.2	…	36.3	58.2	37
		2000	…	97.8	91.1	…	104.6	97.4	37
		2002	100.0	100.0	100.0	100.0	100.0	100.0	37
		2003	103.4	106.9	103.4	99.9	103.3	99.9	37
		2004	112.2	118.8	112.6	104.6	110.7	104.9	37
		2005	127.2	126.9	124.6	115.4	115.2	113.1	3
		2006	133.8	136.8	133.3	118.8	121.5	118.4	3
	酒店接待员	2000	…	96.7	93.3	…	103.4	99.8	37
		2002	100.0	100.0	100.0	100.0	100.0	100.0	37
		2003	106.3	107.5	107.9	102.7	103.9	104.3	37
		2004	108.1	103.7	111.1	100.7	96.6	103.5	37
		2005	112.1	117.8	113.4	101.7	106.9	102.9	3
		2006	132.7	144.8	129.8	117.9	128.6	115.3	3
	客房服务员或客房清理员	1990	…	47.0	50.3	…	82.5	88.2	37
		2000	…	84.4	85.4	…	90.3	91.3	37
		2002	100.0	100.0	100.0	100.0	100.0	100.0	37
		2003	102.8	102.3	103.2	99.3	98.8	99.7	37
		2004	106.4	101.5	106.0	99.2	94.6	98.8	37
		2005	108.9	100.7	110.0	98.8	91.4	99.8	3
		2006	115.2	108.0	116.1	102.3	95.9	103.1	3
中国澳门	服装裁剪工	1993	…	96.4	120.0	…	111.2	138.4	37
		1994	…	110.1	141.7	…	119.5	153.9	37
		1995	…	100.0	100.0	…	100.0	100.0	37
	缝纫机操作工	1993	…	100.8	100.0	…	116.3	115.3	37
		1994	…	81.9	105.0	…	88.9	114.0	37
		1995	…	100.0	100.0	…	100.0	100.0	37
	会计	1994	…	134.1	96.8	…	145.6	105.1	51
		1995	…	100.0	100.0	…	100.0	100.0	37
	酒店接待员	1992	…	79.6	83.5	…	97.9	102.7	52
		1993	…	88.0	89.7	…	101.5	103.5	37
		1994	…	87.8	92.7	…	95.3	100.7	37
		1995	…	100.0	100.0	…	100.0	100.0	37
	客房服务员或客房清理员	1992	…	92.4	81.8	…	113.7	100.6	52
		1993	…	98.3	90.7	…	113.4	104.6	37
		1994	…	99.2	97.2	…	107.7	105.5	37
		1995	…	100.0	100.0	…	100.0	100.0	37
中国台湾省	服装裁剪工	2002	96.4	…	…	96.1	…	…	53
		2003	100.0	…	…	100.0	…	…	53
		2004	112.3	…	…	110.5	…	…	53
	缝纫机操作工	2002	106.3	…	…	106.0	…	…	53
		2003	100.0	…	…	100.0	…	…	53
		2004	113.5	…	…	111.7	…	…	53
	办公室文员	2002	99.4	…	…	99.1	…	…	53
		2003	100.0	…	…	100.0	…	…	53
		2004	104.4	…	…	102.8	…	…	53
	焊工	2002	112.6	…	…	112.3	…	…	53
		2003	100.0	…	…	100.0	…	…	53
		2004	116.7	…	…	114.9	…	…	53
	劳工	2002	108.8	…	…	108.5	…	…	53
		2003	100.0	…	…	100.0	…	…	53
		2004	106.8	…	…	105.1	…	…	53
	销售员（093）	2002	86.9	…	…	86.6	…	…	53
		2003	100.0	…	…	100.0	…	…	53
		2004	104.1	…	…	102.5	…	…	53
	销售员（096）	2002	89.7	…	…	89.4	…	…	53
		2003	100.0	…	…	100.0	…	…	53
		2004	83.8	…	…	82.5	…	…	53

	职业	年份	名义收入指数			实际收入指数			注
			MF	M	F	MF	M	F	No.
	公共汽车司机	2003	100.0	…	…	100.0	…	…	53
		2004	89.7	…	…	88.3	…	…	53
	城镇卡车司机	2002	99.4	…	…	99.1	…	…	53
		2003	100.0	…	…	100.0	…	…	53
		2004	100.2	…	…	98.6	…	…	53
	会计	2002	94.8	…	…	94.5	…	…	53
		2003	100.0	…	…	100.0	…	…	53
		2004	87.1	…	…	85.7	…	…	53
	计算机程序员	2002	114.7	…	…	114.4	…	…	53
		2003	100.0	…	…	100.0	…	…	53
		2004	116.0	…	…	114.2	…	…	53
	垃圾工	2002	103.7	…	…	103.4	…	…	53
		2003	100.0	…	…	100.0	…	…	53
		2004	107.5	…	…	105.8	…	…	53
	专业护士	2002	101.3	…	…	101.0	…	…	53
		2003	100.0	…	…	100.0	…	…	53
		2004	103.7	…	…	102.1	…	…	53
	酒店接待员	2003	100.0	…	…	100.0	…	…	53
		2004	95.2	…	…	93.7	…	…	53
	客房服务员或客房清理员	2003	100.0	…	…	100.0	…	…	53
		2004	95.6	…	…	94.1	…	…	53
太平洋岛国									
美属萨摩亚	农场工人	1983	…	95.4	…	…	97.2	…	54
		1984	…	100.0	…	…	100.0	…	54
	配电和输电工程师	1983	…	92.5	…	…	94.3	…	55
		1984	…	100.0	…	…	100.0	…	55
	酒店接待员	1983	…	105.3	…	…	107.3	…	55
		1984	…	100.0	…	…	100.0	…	55
	客房服务员或客房清理员	1983	…	94.6	…	…	96.4	…	55
		1984	…	100.0	…	…	100.0	…	55
斐济	服装裁剪工	1987	89.1	…	…	99.7	…	…	47
		1988	100.0	…	…	100.0	…	…	56
	缝纫机操作工	1987	91.5	…	…	102.3	…	…	47
		1988	100.0	…	…	100.0	…	…	56
	速记员—打字员	1987	112.3	…	…	125.6	…	…	47
		1988	100.0	…	…	100.0	…	…	56
	办公室文员	1987	70.1	…	…	78.4	…	…	47
		1988	100.0	…	…	100.0	…	…	56
	焊工	1987	120.9	…	…	135.2	…	…	47
		1988	100.0	…	…	100.0	…	…	56
	配电和输电工程师	1987	197.1	…	…	220.5	…	…	47
		1988	100.0	…	…	100.0	…	…	56
	劳工	1987	117.6	…	…	131.5	…	…	47
		1988	100.0	…	…	100.0	…	…	56
	销售员（096）	1987	123.8	…	…	138.5	…	…	47
		1988	100.0	…	…	100.0	…	…	56
	公共汽车司机	1987	109.5	…	…	122.5	…	…	47
		1988	100.0	…	…	100.0	…	…	56
	城镇卡车司机	1987	100.4	…	…	112.3	…	…	47
		1988	100.0	…	…	100.0	…	…	56
	会计	1987	102.0	…	…	114.1	…	…	47
		1988	100.0	…	…	100.0	…	…	56
	计算机程序员	1987	72.0	…	…	80.5	…	…	47
		1988	100.0	…	…	100.0	…	…	56
	垃圾工	1987	53.0	…	…	59.3	…	…	47
		1988	100.0	…	…	100.0	…	…	56
	初等教育的教师	1987	91.4	…	…	102.2	…	…	47
		1988	100.0	…	…	100.0	…	…	56
	专业护士	1987	100.8	…	…	112.8	…	…	47
		1988	100.0	…	…	100.0	…	…	56
	酒店接待员	1987	117.8	…	…	131.8	…	…	47
		1988	100.0	…	…	100.0	…	…	56
	客房服务员或客房清理员	1987	79.4	…	…	88.8	…	…	47
		1988	100.0	…	…	100.0	…	…	56

	职业	年份	名义收入指数			实际收入指数			注
			MF	M	F	MF	M	F	No.
南亚									
斯里兰卡	服装裁剪工	1990	36.6	…	…	92.2	…	…	57
		1996	78.7	…	…	104.8	…	…	58
		1997	85.9	…	…	104.4	…	…	58
		1998	85.8	…	…	95.3	…	…	58
		1999	94.0	…	…	99.8	…	…	58
		2000	100.0	…	…	100.0	…	…	58
	缝纫机操作工	1990	67.5	…	…	170.0	…	…	57
		1996	81.3	…	…	108.3	…	…	58
		1997	88.3	…	…	107.3	…	…	58
		1998	89.8	…	…	99.8	…	…	58
		1999	94.6	…	…	100.4	…	…	58
		2000	100.0	…	…	100.0	…	…	58
	速记员—打字员	1996	…	66.0	…	…	87.9	…	58
		1997	…	94.5	…	…	114.8	…	58
		1998	…	114.9	…	…	127.7	…	58
		1999	…	102.3	…	…	108.6	…	58
		2000	…	100.0	…	…	100.0	…	58
	焊工	1996	…	78.8	…	…	104.9	…	58
		1997	…	93.5	…	…	113.6	…	58
		1998	…	94.1	…	…	104.6	…	58
		1999	…	88.8	…	…	94.3	…	58
		2000	…	100.0	…	…	100.0	…	58
	劳工	1990	…	21.2	…	…	53.4	…	57
		1996	…	41.4	…	…	55.1	…	58
		1997	…	76.6	…	…	93.1	…	58
		1998	…	105.4	…	…	117.1	…	58
		1999	…	99.8	…	…	105.9	…	58
		2000	…	100.0	…	…	100.0	…	58
	销售员（093）	1993	94.0	…	…	169.4	…	…	57
		1994	93.8	…	…	156.1	…	…	58
		1995	116.8	…	…	180.2	…	…	58
		1999	99.8	…	…	105.9	…	…	58
		2000	100.0	…	…	100.0	…	…	58
	销售员（096）	1993	94.0	…	…	169.4	…	…	57
		1994	93.8	…	…	156.1	…	…	58
		1995	116.8	…	…	180.2	…	…	58
		1999	99.8	…	…	105.9	…	…	58
		2000	100.0	…	…	100.0	…	…	58
	公共汽车司机	1990	…	85.0	…	…	214.1	…	57
		1996	…	89.3	…	…	118.9	…	58
		1997	…	100.0	…	…	121.5	…	58
		1998	…	127.1	…	…	141.2	…	58
		1999	…	125.5	…	…	133.2	…	58
		2000	…	100.0	…	…	100.0	…	58
	会计	1999	91.0	…	…	96.6	…	…	58
		2000	100.0	…	…	100.0	…	…	58
	专业护士	1996	84.2	…	…	112.1	…	…	58
		1997	88.3	…	…	107.3	…	…	58
		1998	93.6	…	…	104.0	…	…	58
		1999	98.5	…	…	104.6	…	…	58
		2000	100.0	…	…	100.0	…	…	58
	酒店接待员	1985	…	52.9	63.8	…	61.5	74.2	57
		1986	…	54.8	65.1	…	59.1	70.2	57
		1987	…	100.0	100.0	…	100.0	100.0	57
		1989	…	79.0	…	…	62.1	…	57
		1990	…	80.7	…	…	52.2	…	57
东南亚									
文莱达鲁萨兰国	销售员（096）	2001	…	100.0	100.0	…	100.0	100.0	15
		2002	…	99.3	127.6	…	101.6	130.6	15
印度尼西亚	农场工人	2005	100.0	100.0	100.0	100.0	100.0	100.0	15
		2006	39.3	45.0	31.2	34.7	39.8	27.6	15
	服装裁剪工	2005	100.0	100.0	100.0	100.0	100.0	100.0	15
		2006	99.9	97.4	104.1	88.3	86.1	92.0	15

	职业	年份	名义收入指数			实际收入指数			注
			MF	M	F	MF	M	F	No.
	缝纫机操作工	2005	100.0	100.0	100.0	100.0	100.0	100.0	15
		2006	99.9	97.4	104.1	88.3	86.1	92.0	15
	速记员—打字员	2005	100.0	100.0	…	100.0	100.0	…	15
		2006	105.0	137.3	…	92.8	121.4	…	15
	办公室文员	2005	100.0	100.0	100.0	100.0	100.0	100.0	15
		2006	93.7	124.3	76.6	82.8	109.9	67.7	15
	焊工	2005	100.0	100.0	100.0	100.0	100.0	100.0	15
		2006	72.5	69.2	95.3	64.1	61.2	84.3	15
	配电和输电工程师	2005	100.0	100.0	…	100.0	100.0	…	15
		2006	18.7	127.5	…	16.5	112.7	…	15
	劳工	2005	100.0	100.0	100.0	100.0	100.0	100.0	15
		2006	99.1	99.3	93.4	87.6	87.8	82.6	15
	销售员（096）	2005	100.0	100.0	100.0	100.0	100.0	100.0	15
		2006	102.6	102.2	100.6	90.7	90.4	88.9	15
	公共汽车司机	2005	100.0	100.0	100.0	100.0	100.0	100.0	15
		2006	103.5	102.7	177.4	91.5	90.8	156.9	15
	城镇卡车司机	2005	100.0	100.0	100.0	100.0	100.0	100.0	15
		2006	103.5	102.7	177.4	91.5	90.8	156.9	15
	酒店接待员	2005	100.0	100.0	100.0	100.0	100.0	100.0	15
		2006	107.0	107.5	140.1	94.6	95.0	123.9	15
	客房服务员或客房清理员	2005	100.0	100.0	100.0	100.0	100.0	100.0	15
		2006	116.1	115.7	136.6	102.7	102.3	120.8	15
马来西亚	服装裁剪工	1991	…	…	55.3	…	…	64.3	37
		1993	…	230.5	182.4	…	247.1	195.5	13
		1995	…	100.0	100.0	…	100.0	100.0	13
	缝纫机操作工	1991	…	…	119.0	…	…	138.4	37
		1993	…	…	346.4	…	…	371.3	13
		1995	…	…	100.0	…	…	100.0	13
	焊工	1989	…	100.0	…	…	100.0	…	3
		1991	…	90.6	…	…	84.2	…	37
	会计	1986	…	70.4	62.7	…	74.8	66.6	37
		1988	…	65.1	63.3	…	67.0	65.1	3
		1989	…	100.0	100.0	…	100.0	100.0	3
泰国	服装裁剪工	1993	…	94.6	119.7	…	105.2	133.1	59
		1994	…	84.5	114.5	…	89.4	121.2	60
		1995	…	100.0	100.0	…	100.0	100.0	60
		2005	…	72.9	134.9	…	53.0	98.1	3
		2006	…	78.1	153.7	…	54.2	106.7	3
	缝纫机操作工	1993	…	73.4	99.9	…	81.6	111.1	59
		1994	…	92.1	95.2	…	97.5	100.7	60
		1995	…	100.0	100.0	…	100.0	100.0	60
		2005	…	105.5	126.2	…	76.7	91.8	3
		2006	…	118.7	133.3	…	82.4	92.6	3
	速记员—打字员	1993	…	121.0	110.6	…	134.6	123.0	59
		1994	…	…	88.3	…	…	93.4	60
		1995	…	100.0	100.0	…	100.0	100.0	60
		2005	…	101.7	80.2	…	74.0	58.3	3
		2006	…	70.5	112.2	…	49.0	77.9	3
	办公室文员	1993	…	79.8	76.8	…	88.8	85.4	59
		1994	…	101.8	128.4	…	107.7	135.9	60
		1995	…	100.0	100.0	…	100.0	100.0	60
		2005	…	158.0	189.5	…	114.9	137.8	3
		2006	…	148.2	188.2	…	102.9	130.7	3
	焊工	1993	…	100.0	100.0	…	100.0	100.0	59
		1994	…	121.7	91.1	…	115.8	86.7	60
		1995	…	138.5	…	…	124.6	…	60
		2005	…	164.8	177.6	…	107.8	116.2	3
		2006	…	159.6	258.7	…	99.7	161.6	3
	配电和输电工程师	1991	…	57.0	55.7	…	61.3	59.9	59
		1993	…	100.0	100.0	…	100.0	100.0	59
		1994	…	92.2	…	…	87.7	…	60
		2005	…	265.7	146.6	…	173.8	95.9	3
		2006	…	239.5	227.1	…	149.6	141.8	3
	劳工	1993	…	62.3	85.3	…	69.3	94.9	59
		1994	…	84.4	112.3	…	89.3	118.8	60
		1995	…	100.0	100.0	…	100.0	100.0	60
		2005	…	88.0	131.0	…	64.0	95.3	3
		2006	…	98.7	146.9	…	68.5	102.0	3

	职业	年份	名义收入指数			实际收入指数			注
			MF	M	F	MF	M	F	No.
	销售员（093）	1993	…	45.7	63.3	…	50.8	70.4	59
		1994	…	60.6	61.9	…	64.1	65.5	60
		1995	…	100.0	100.0	…	100.0	100.0	60
		2005	…	53.8	66.1	…	39.1	48.1	3
		2006	…	55.8	64.0	…	38.7	44.4	3
	销售员（096）	1993	…	72.4	76.6	…	80.5	85.2	59
		1994	…	82.6	80.0	…	87.4	84.7	60
		1995	…	100.0	100.0	…	100.0	100.0	60
		2005	…	107.6	110.6	…	78.3	80.4	3
		2006	…	111.6	107.0	…	77.5	74.3	3
	公共汽车司机	1993	…	110.8	170.0	…	123.2	189.1	59
		1994	…	105.1	109.7	…	111.2	116.1	60
		1995	…	100.0	100.0	…	100.0	100.0	60
		2005	…	186.0	115.2	…	135.3	83.8	3
		2006	…	179.7	276.5	…	124.8	192.0	3
	城镇卡车司机	1993	…	110.8	170.0	…	123.2	189.1	59
		1994	…	105.1	109.7	…	111.2	116.1	60
		1995	…	100.0	100.0	…	100.0	100.0	60
		2005	…	150.7	246.4	…	109.6	179.2	3
		2006	…	154.9	129.5	…	107.6	89.9	3
	会计	1993	…	93.4	100.0	…	103.9	111.2	59
		1994	…	90.8	89.4	…	96.1	94.6	60
		1995	…	100.0	100.0	…	100.0	100.0	60
		2005	…	234.8	155.0	…	170.8	112.7	3
		2006	…	150.4	126.2	…	104.4	87.6	3
	计算机程序员	1985	…	29.2	31.1	…	44.6	47.6	3
		1991	…	84.6	54.3	…	101.2	65.0	59
		1995	…	100.0	100.0	…	100.0	100.0	60
		2005	…	100.6	81.6	…	73.2	59.3	3
		2006	…	122.1	93.3	…	84.8	64.8	3
	垃圾工	1991	…	67.4	…	…	110.9	…	3
		2005	…	100.0	…	…	100.0	…	3
		2006	…	116.4	…	…	111.2	…	3
	初等教育的教师	1993	…	58.7	86.7	…	65.3	96.4	59
		1994	…	59.5	85.3	…	63.0	90.3	60
		1995	…	100.0	100.0	…	100.0	100.0	60
		2005	…	214.4	278.6	…	155.9	202.6	3
		2006	…	248.1	287.4	…	172.3	199.6	3
	专业护士	1993	…	61.5	61.6	…	68.4	68.5	59
		1994	…	89.1	70.7	…	94.3	74.8	60
		1995	…	100.0	100.0	…	100.0	100.0	60
		2005	…	124.1	124.2	…	90.3	90.3	3
		2006	…	136.5	123.8	…	94.8	86.0	3
	酒店接待员	1993	…	72.5	71.9	…	80.6	80.0	59
		1994	…	94.8	88.9	…	100.3	94.1	60
		1995	…	100.0	100.0	…	100.0	100.0	60
		2005	…	174.6	142.7	…	127.0	103.8	3
		2006	…	184.9	166.1	…	128.4	115.3	3
	客房服务员或客房清理员	1993	…	76.5	80.1	…	85.1	89.1	59
		1994	…	98.5	94.6	…	104.2	100.1	60
		1995	…	100.0	100.0	…	100.0	100.0	60
		2005	…	107.5	107.5	…	78.2	78.2	3
		2006	…	114.5	111.8	…	79.5	77.6	3
拉丁美洲和加勒比地区									
加勒比地区									
安提瓜和巴布达	劳工	1989	…	88.7	…	…	90.0	…	61
		1993	…	90.5	…	…	101.0	…	61
		1994	…	90.5	…	…	95.6	…	61
		1995	…	104.0	…	…	107.2	…	62
		1996	…	100.0	…	…	100.0	…	61
	公共汽车司机	1993	…	113.4	…	…	126.6	…	61
		1996	…	100.0	…	…	100.0	…	61
	垃圾工	1990	…	60.9	…	…	57.7	…	61
		1993	…	68.0	…	…	75.9	…	61
		1994	…	73.6	…	…	77.7	…	61
		1995	…	100.0	…	…	103.1	…	62
		1996	…	100.0	…	…	100.0	…	61

	职业	年份	名义收入指数			实际收入指数			注
			MF	M	F	MF	M	F	No.
	初等教育的教师	1989	…	96.6	79.3	…	98.0	80.4	63
		1996	…	100.0	100.0	…	100.0	100.0	61
	酒店接待员	1994	…	107.4	…	…	113.4	…	61
		1995	…	109.3	…	…	112.7	…	62
		1996	…	100.0	…	…	100.0	…	61
古巴	农场工人	2005	86.2	86.2	…	90.6	90.6	…	15
		2006	100.0	100.0	…	100.0	100.0	…	15
		2007	90.4	96.3	…	85.0	90.5	…	15
	服装裁剪工	2005	99.4	99.4	…	104.5	104.5	…	15
		2006	100.0	100.0	…	100.0	100.0	…	15
		2007	133.1	133.1	…	125.1	125.1	…	15
	缝纫机操作工	2005	88.0	…	88.0	92.5	…	92.5	15
		2006	100.0	…	100.0	100.0	…	100.0	15
		2007	92.8	…	92.8	87.2	…	87.2	15
	焊工	2005	132.4	132.4	…	139.2	139.2	…	15
		2006	100.0	100.0	…	100.0	100.0	…	15
		2007	127.4	127.4	…	119.7	119.7	…	15
	配电和输电工程师	2005	116.4	116.4	…	122.4	122.4	…	15
		2006	100.0	100.0	…	100.0	100.0	…	15
		2007	122.4	120.1	…	115.0	112.9	…	15
	劳工	2005	56.9	56.9	…	59.8	59.8	…	15
		2006	100.0	100.0	…	100.0	100.0	…	15
		2007	90.7	90.7	…	85.2	85.2	…	15
	销售员（093）	2005	90.1	90.1	90.1	94.7	94.7	94.7	15
		2006	100.0	100.0	100.0	100.0	100.0	100.0	15
		2007	100.0	100.0	100.0	94.0	94.0	94.0	15
	销售员（096）	2005	90.1	90.1	90.1	94.7	94.7	94.7	15
		2006	100.0	100.0	100.0	100.0	100.0	100.0	15
		2007	106.1	100.0	109.2	99.7	94.0	102.6	15
	公共汽车司机	2005	81.2	81.2	…	85.4	85.4	…	15
		2006	100.0	100.0	…	100.0	100.0	…	15
		2007	100.0	100.0	…	94.0	94.0	…	15
	城镇卡车司机	2005	88.8	88.8	…	93.4	93.4	…	15
		2006	100.0	100.0	…	100.0	100.0	…	15
		2007	80.9	80.9	…	76.0	76.0	…	15
	会计	2005	76.5	…	76.5	80.4	…	80.4	15
		2006	100.0	…	100.0	100.0	…	100.0	15
		2007	147.3	…	147.3	138.4	…	138.4	15
	垃圾工	2005	108.5	84.7	133.8	114.1	89.1	140.7	15
		2006	100.0	100.0	100.0	100.0	100.0	100.0	15
		2007	33.8	32.3	100.0	31.8	30.4	94.0	15
	初等教育的教师	2005	101.2	104.4	98.8	106.4	109.8	103.9	15
		2006	100.0	100.0	100.0	100.0	100.0	100.0	15
		2007	107.9	102.2	97.6	101.4	96.1	91.7	15
	专业护士	2005	74.7	…	74.7	78.5	…	78.5	15
		2006	100.0	…	100.0	100.0	…	100.0	15
		2007	91.8	…	88.5	86.3	…	83.2	15
	酒店接待员	2006	100.0	100.0	100.0	100.0	100.0	100.0	15
		2007	145.1	100.0	127.4	136.4	94.0	119.7	15
	客房服务员或客房清理员	2005	79.8	…	79.8	83.9	…	83.9	15
		2006	100.0	…	100.0	100.0	…	100.0	15
		2007	98.2	…	98.2	92.3	…	92.3	15
波多黎各	服装裁剪工	2000	92.8	…	…	105.4	…	…	64
		2002	100.0	…	…	100.0	…	…	64
		2003	111.4	…	…	103.3	…	…	64
		2004	107.7	…	…	89.2	…	…	64
		2005	101.5	…	…	73.8	…	…	1
		2006	104.4	…	…	66.3	…	…	1

职业	年份	名义收入指数			实际收入指数			注
		MF	M	F	MF	M	F	No.
缝纫机操作工	2000	95.0	…	…	108.0	…	…	64
	2002	100.0	…	…	100.0	…	…	64
	2003	98.5	…	…	91.4	…	…	64
	2004	97.6	…	…	80.8	…	…	64
	2005	96.0	…	…	69.9	…	…	1
	2006	99.2	…	…	63.0	…	…	1
速记员—打字员	2002	100.0	…	…	100.0	…	…	64
	2003	100.0	…	…	92.7	…	…	64
	2004	112.8	…	…	93.5	…	…	64
	2005	113.9	…	…	82.9	…	…	1
	2006	106.2	…	…	67.4	…	…	1
办公室文员	2000	93.4	…	…	106.0	…	…	64
	2002	100.0	…	…	100.0	…	…	64
	2003	101.0	…	…	93.8	…	…	64
	2004	106.6	…	…	88.3	…	…	64
	2005	107.5	…	…	78.2	…	…	1
	2006	110.1	…	…	69.9	…	…	1
焊工	2000	92.8	…	…	105.4	…	…	64
	2002	100.0	…	…	100.0	…	…	64
	2003	100.5	…	…	93.3	…	…	64
	2004	104.1	…	…	86.3	…	…	64
	2005	107.0	…	…	77.9	…	…	1
	2006	107.0	…	…	67.9	…	…	1
劳工	2000	92.1	…	…	104.5	…	…	64
	2002	100.0	…	…	100.0	…	…	64
	2003	95.0	…	…	88.1	…	…	64
	2004	95.4	…	…	79.0	…	…	64
	2005	95.5	…	…	69.5	…	…	1
	2006	101.4	…	…	64.3	…	…	1
销售员（096）	2000	96.0	…	…	109.1	…	…	64
	2002	100.0	…	…	100.0	…	…	64
	2003	99.4	…	…	92.2	…	…	64
	2004	98.0	…	…	81.2	…	…	64
	2005	100.8	…	…	73.4	…	…	1
	2006	104.1	…	…	66.0	…	…	1
城镇卡车司机	2000	101.1	…	…	114.9	…	…	64
	2002	100.0	…	…	100.0	…	…	64
	2003	98.8	…	…	91.6	…	…	64
	2004	93.4	…	…	77.4	…	…	64
	2005	92.7	…	…	67.5	…	…	1
	2006	94.4	…	…	59.9	…	…	1
会计	2000	92.9	…	…	105.6	…	…	64
	2002	100.0	…	…	100.0	…	…	64
	2003	108.8	…	…	101.0	…	…	64
	2004	106.5	…	…	88.3	…	…	64
	2005	105.6	…	…	76.8	…	…	1
	2006	111.6	…	…	70.8	…	…	1
计算机程序员	2000	94.1	…	…	106.9	…	…	64
	2002	100.0	…	…	100.0	…	…	64
	2003	103.3	…	…	95.9	…	…	64
	2004	105.2	…	…	87.2	…	…	64
	2005	111.8	…	…	81.4	…	…	1
	2006	109.5	…	…	69.5	…	…	1
垃圾工	2000	103.6	…	…	117.8	…	…	64
	2002	100.0	…	…	100.0	…	…	64
	2003	98.0	…	…	90.9	…	…	64
	2004	98.9	…	…	82.0	…	…	64
	2005	97.7	…	…	71.1	…	…	1
	2006	117.5	…	…	74.6	…	…	1
初等教育的教师	1994	23.0	…	…	33.9	…	…	1
	1996	42.0	…	…	56.1	…	…	64
	1997	43.3	…	…	54.9	…	…	64
	1998	44.2	…	…	53.2	…	…	65
	2001	100.0	…	…	100.0	…	…	64

	职业	年份	名义收入指数			实际收入指数			注
			MF	M	F	MF	M	F	No.
	专业护士	1998	81.9	…	…	104.7	…	…	65
		1999	82.3	…	…	99.6	…	…	64
		2000	94.7	…	…	107.6	…	…	64
		2001	98.1	…	…	104.2	…	…	64
		2002	100.0	…	…	100.0	…	…	64
	酒店接待员	2000	105.5	…	…	119.8	…	…	64
		2002	100.0	…	…	100.0	…	…	64
		2003	100.0	…	…	92.8	…	…	64
		2004	98.7	…	…	81.8	…	…	64
		2005	99.3	…	…	72.3	…	…	1
		2006	102.2	…	…	64.9	…	…	1
	客房服务员或客房清理员	2000	97.6	…	…	110.9	…	…	64
		2002	100.0	…	…	100.0	…	…	64
		2003	98.5	…	…	91.4	…	…	64
		2004	118.4	…	…	98.0	…	…	64
		2005	95.7	…	…	69.6	…	…	1
		2006	95.0	…	…	60.3	…	…	1
圣卢西亚	垃圾工	1990	…	100.0	100.0	…	100.0	100.0	15
		1991	…	103.1	102.9	…	96.8	96.6	15
中美洲									
哥斯达黎加	农场工人	1993	35.1	35.0	30.9	80.3	80.1	70.7	66
		1999	100.0	100.0	100.0	100.0	100.0	100.0	66
		2003	…	168.3	…	…	114.1	…	66
		2004	…	152.0	…	…	91.7	…	66
		2007	283.6	302.3	…	123.4	131.5	…	28
	服装裁剪工	1999	…	100.0	100.0	…	100.0	100.0	66
		2000	…	129.7	…	…	116.8	…	66
		2002	…	…	200.4	…	…	148.7	66
		2003	…	184.4	…	…	125.0	…	66
	缝纫机操作工	2000	100.0	100.0	100.0	100.0	100.0	100.0	66
		2002	74.0	29.0	102.3	60.9	23.9	84.2	66
		2003	73.2	69.3	86.2	55.0	52.1	64.9	66
		2004	58.2	69.3	68.2	39.0	46.5	45.7	66
		2007	82.4	119.4	95.6	39.8	57.7	46.2	28
	速记员—打字员	1999	…	64.0	…	…	106.0	…	66
		2000	…	…	192.4	…	…	287.2	66
		2002	…	71.3	…	…	87.7	…	66
		2003	…	…	72.2	…	…	81.1	66
		2004	…	100.0	100.0	…	100.0	100.0	66
	办公室文员	2000	100.0	100.0	100.0	100.0	100.0	100.0	66
		2002	102.6	120.6	95.5	84.5	99.3	78.6	66
		2003	112.5	133.1	104.4	84.7	100.1	78.5	66
		2004	124.2	127.6	122.8	83.2	85.5	82.2	66
		2007	218.6	…	217.7	105.6	…	105.2	28
	焊工	2000	…	63.1	…	…	94.2	…	66
		2002	…	108.1	…	…	132.8	…	66
		2003	…	88.8	…	…	99.8	…	66
		2004	100.0	100.0	…	100.0	100.0	…	66
		2007	176.5	175.2	…	127.4	126.3	…	28
	配电和输电工程师	1999	…	100.0	…	…	100.0	…	66
		2000	…	149.9	…	…	135.0	…	66
		2002	…	197.7	…	…	146.7	…	66
		2003	…	200.9	…	…	136.2	…	66
		2004	…	156.4	…	…	94.4	…	66
	劳工	2000	…	99.7	…	…	121.1	…	66
		2002	100.0	100.0	100.0	100.0	100.0	100.0	66
		2003	117.6	117.8	68.4	107.5	107.7	62.5	66
		2004	125.5	125.4	136.8	102.1	102.0	111.3	66
		2007	169.9	170.0	…	99.6	99.7	…	28
	销售员（093）	1999	100.0	100.0	100.0	100.0	100.0	100.0	66
		2002	141.6	137.6	190.3	105.0	102.1	141.2	66
		2003	139.4	134.1	189.4	94.5	90.9	128.4	66
		2004	152.8	145.7	213.0	92.2	87.9	128.5	66
		2007	372.3	391.4	418.1	162.0	170.3	181.9	28

	职业	年份	名义收入指数			实际收入指数			注
			MF	M	F	MF	M	F	No.
	销售员（096）	2000	100.0	100.0	100.0	100.0	100.0	100.0	66
		2002	120.1	119.9	120.4	98.9	98.7	99.1	66
		2003	118.3	116.9	119.8	89.0	88.0	90.1	66
		2004	129.6	127.1	134.7	86.9	85.1	90.2	66
		2007	315.8	341.2	264.5	152.6	164.8	127.7	28
	公共汽车司机	2000	…	90.0	…	…	109.4	…	66
		2002	100.0	100.0	100.0	100.0	100.0	100.0	66
		2003	125.2	124.6	160.6	114.4	113.9	146.8	66
		2004	129.3	129.7	104.6	105.2	105.5	85.1	66
		2007	231.5	234.5	333.3	135.8	137.5	195.5	28
	城镇卡车司机	2000	…	80.4	…	…	106.9	…	66
		2002	…	110.0	…	…	120.4	…	66
		2003	100.0	100.0	…	100.0	100.0	…	66
		2004	106.0	106.3	…	94.4	94.6	…	66
		2007	391.4	390.1	…	251.3	250.4	…	28
	会计	2000	100.0	100.0	100.0	100.0	100.0	100.0	66
		2002	131.4	123.2	155.9	108.2	101.3	128.4	66
		2003	161.1	143.3	216.9	121.3	107.8	163.2	66
		2004	179.7	191.7	164.1	120.4	128.4	109.9	66
		2007	225.2	221.7	135.3	108.8	107.1	65.3	28
	计算机程序员	2000	100.0	100.0	…	100.0	100.0	…	66
		2002	…	167.1	…	…	137.6	…	66
		2003	…	203.3	…	…	152.9	…	66
		2004	164.0	144.0	…	109.8	96.5	…	66
		2007	9.3	…	…	4.5	…	…	28
	垃圾工	1999	100.0	100.0	100.0	100.0	100.0	100.0	66
		2000	103.4	98.4	108.9	93.2	88.6	98.1	66
		2002	…	135.9	…	…	100.8	…	66
		2003	106.6	91.1	100.2	72.3	61.8	67.9	66
		2004	181.3	162.1	…	109.4	97.8	…	66
	初等教育的教师	2000	100.0	100.0	100.0	100.0	100.0	100.0	66
		2002	105.2	120.2	103.2	86.7	99.0	84.9	66
		2003	118.1	120.7	117.6	88.9	90.9	88.4	66
		2004	130.0	…	129.8	87.1	…	86.9	66
		2007	21.9	…	…	10.6	…	…	28
	专业护士	1999	100.0	100.0	100.0	100.0	100.0	100.0	66
		2000	96.8	179.3	93.7	87.2	161.5	84.4	66
		2002	118.8	217.5	115.6	88.1	161.4	85.8	66
		2003	137.2	180.6	140.1	93.0	122.4	95.0	66
		2004	153.6	…	158.8	92.7	…	95.8	66
	酒店接待员	2000	100.0	100.0	100.0	100.0	100.0	100.0	66
		2002	150.7	190.7	118.1	124.2	157.2	97.3	66
		2003	154.9	223.8	109.7	116.6	168.5	82.6	66
		2004	157.2	213.9	116.0	105.4	143.3	77.7	66
		2007	282.4	209.5	545.9	136.5	101.3	263.7	28
	客房服务员或客房清理员	2000	109.5	106.5	113.7	133.0	129.4	138.2	66
		2002	100.0	100.0	100.0	100.0	100.0	100.0	66
		2003	115.7	108.6	119.2	105.8	99.3	109.0	66
		2004	120.5	…	125.8	98.0	…	102.4	66
		2007	74.3	…	83.2	43.6	…	48.8	28
萨尔瓦多	服装裁剪工	2004	100.0	…	…	100.0	…	…	15
		2005	124.0	…	…	118.4	…	…	15
		2006	121.0	…	…	111.1	…	…	15
		2007	104.0	…	…	91.3	…	…	15
	缝纫机操作工	2003	109.3	…	…	114.2	…	…	15
		2004	100.0	…	…	100.0	…	…	15
		2005	135.8	…	…	129.7	…	…	15
		2006	112.3	…	…	103.1	…	…	15
		2007	106.8	…	…	93.8	…	…	15
	速记员—打字员	2003	…	…	133.7	…	…	139.7	15
		2004	…	…	100.0	…	…	100.0	15
		2005	…	…	80.9	…	…	77.3	15
		2006	…	…	94.9	…	…	87.1	15
		2007	…	…	65.4	…	…	57.4	15

职业	年份	名义收入指数			实际收入指数			注
		MF	M	F	MF	M	F	No.
办公室文员	2003	…	100.0	…	…	104.5	…	15
	2004	…	100.0	…	…	100.0	…	15
	2005	…	64.9	…	…	62.0	…	15
	2006	…	69.9	…	…	64.2	…	15
	2007	…	52.4	…	…	46.0	…	15
焊工	2003	…	113.7	…	…	118.8	…	15
	2004	…	100.0	…	…	100.0	…	15
	2005	…	102.5	…	…	97.9	…	15
	2006	…	107.6	…	…	98.8	…	15
	2007	…	128.3	…	…	112.6	…	15
配电和输电工程师	2003	…	99.6	…	…	104.1	…	15
	2004	…	100.0	…	…	100.0	…	15
	2005	…	100.1	…	…	95.6	…	15
	2006	…	100.1	…	…	91.9	…	15
	2007	…	118.3	…	…	103.9	…	15
劳工	2003	…	94.0	…	…	98.2	…	15
	2004	…	100.0	…	…	100.0	…	15
	2005	…	90.0	…	…	86.0	…	15
	2006	…	99.1	…	…	91.0	…	15
	2007	…	92.8	…	…	81.5	…	15
销售员（093）	2003	94.0	…	…	98.2	…	…	15
	2004	100.0	…	…	100.0	…	…	15
	2005	103.3	…	…	98.7	…	…	15
	2006	100.5	…	…	92.3	…	…	15
	2007	90.1	…	…	79.1	…	…	15
销售员（096）	2003	100.0	…	…	104.5	…	…	15
	2004	100.0	…	…	100.0	…	…	15
	2005	124.7	…	…	119.1	…	…	15
	2006	92.1	…	…	84.6	…	…	15
	2007	104.7	…	…	91.9	…	…	15
公共汽车司机	2003	…	90.5	…	…	94.6	…	15
	2004	…	100.0	…	…	100.0	…	15
	2005	…	100.0	…	…	95.5	…	15
	2006	…	121.7	…	…	111.8	…	15
	2007	…	167.4	…	…	147.0	…	15
城镇卡车司机	2003	…	123.2	…	…	128.7	…	15
	2004	…	100.0	…	…	100.0	…	15
	2005	…	100.0	…	…	95.5	…	15
	2006	…	221.5	…	…	203.4	…	15
	2007	…	166.2	…	…	145.9	…	15
会计	2003	88.0	…	…	92.0	…	…	15
	2004	100.0	…	…	100.0	…	…	15
	2005	75.9	…	…	72.5	…	…	15
	2006	53.8	…	…	49.4	…	…	15
	2007	62.4	…	…	54.8	…	…	15
计算机程序员	2003	…	95.0	101.4	…	99.3	106.0	15
	2004	…	100.0	100.0	…	100.0	100.0	15
	2005	…	100.0	100.0	…	95.5	95.5	15
	2006	…	97.7	100.8	…	89.7	92.6	15
	2007	…	84.8	111.9	…	74.5	98.2	15
垃圾工	2003	…	92.7	…	…	96.9	…	15
	2004	…	100.0	…	…	100.0	…	15
	2005	…	96.2	…	…	91.9	…	15
	2006	…	91.8	…	…	84.3	…	15
	2007	…	93.6	…	…	82.2	…	15
初等教育的教师	2003	119.1	…	…	124.5	…	…	15
	2004	100.0	…	…	100.0	…	…	15
	2005	99.6	…	…	95.1	…	…	15
	2006	139.2	…	…	127.8	…	…	15
	2007	264.4	…	…	232.1	…	…	15
专业护士	2003	86.4	…	…	90.3	…	…	15
	2004	100.0	…	…	100.0	…	…	15
	2005	92.6	…	…	88.4	…	…	15
	2006	88.4	…	…	81.2	…	…	15
	2007	84.2	…	…	73.9	…	…	15

	职业	年份	名义收入指数			实际收入指数			注
			MF	M	F	MF	M	F	No.
	酒店接待员	2003	96.4	…	…	100.7	…	…	15
		2004	100.0	…	…	100.0	…	…	15
		2005	115.5	…	…	110.3	…	…	15
		2006	82.2	…	…	75.5	…	…	15
		2007	109.4	…	…	96.0	…	…	15
	客房服务员或客房清理员	2003	98.1	…	…	102.5	…	…	15
		2004	100.0	…	…	100.0	…	…	15
		2005	98.5	…	…	94.1	…	…	15
		2006	105.2	…	…	96.6	…	…	15
		2007	103.2	…	…	90.6	…	…	15
危地马拉	服装裁剪工	1985	…	40.5	…	…	198.5	…	5
		1994	…	100.0	…	…	100.0	…	5
	缝纫机操作工	1985	…	23.0	…	…	112.7	…	5
		1994	…	100.0	…	…	100.0	…	5
		1997	…	155.9	…	…	118.6	…	5
		1998	…	162.8	…	…	116.1	…	5
	办公室文员	1985	…	21.5	…	…	105.4	…	5
		1994	…	100.0	…	…	100.0	…	5
		1997	…	178.6	…	…	135.8	…	5
		1998	…	188.3	…	…	134.3	…	5
	焊工	1985	…	35.5	…	…	174.0	…	5
		1994	…	100.0	…	…	100.0	…	5
		1997	…	246.3	…	…	187.3	…	5
		1998	…	261.7	…	…	186.7	…	5
洪都拉斯	农场工人	1985	…	88.3	121.2	…	91.4	125.5	67
		1986	…	100.0	100.0	…	100.0	100.0	67
	服装裁剪工	1985	…	100.0	100.0	…	103.5	103.5	38
		1986	…	100.0	100.0	…	100.0	100.0	38
	缝纫机操作工	1985	…	…	100.0	…	…	103.5	38
		1986	…	…	100.0	…	…	100.0	38
	速记员—打字员	1985	…	121.7	100.0	…	126.0	103.5	38
		1986	…	100.0	100.0	…	100.0	100.0	38
	办公室文员	1985	…	100.0	100.0	…	103.5	103.5	38
		1986	…	100.0	100.0	…	100.0	100.0	38
	焊工	1985	…	100.0	…	…	103.5	…	38
		1986	…	100.0	…	…	100.0	…	38
	配电和输电工程师	1985	…	97.7	…	…	101.1	…	38
		1986	…	100.0	…	…	100.0	…	38
	劳工	1985	…	100.0	…	…	103.5	…	38
		1986	…	100.0	…	…	100.0	…	38
	销售员（093）	1985	…	100.0	100.0	…	103.5	103.5	38
		1986	…	100.0	100.0	…	100.0	100.0	38
	销售员（096）	1985	…	100.0	100.0	…	103.5	103.5	38
		1986	…	100.0	100.0	…	100.0	100.0	38
	公共汽车司机	1985	…	61.4	…	…	63.6	…	38
		1986	…	100.0	…	…	100.0	…	38
	城镇卡车司机	1985	…	100.0	…	…	103.5	…	38
		1986	…	100.0	…	…	100.0	…	38
	会计	1985	…	100.0	100.0	…	103.5	103.5	38
		1986	…	100.0	100.0	…	100.0	100.0	38
	计算机程序员	1985	…	100.0	100.0	…	103.5	103.5	38
		1986	…	100.0	100.0	…	100.0	100.0	38
	垃圾工	1985	…	100.0	100.0	…	103.5	103.5	38
		1986	…	100.0	100.0	…	100.0	100.0	38
	初等教育的教师	1985	…	95.1	73.3	…	98.4	75.9	38
		1986	…	100.0	100.0	…	100.0	100.0	38
	专业护士	1985	…	100.0	100.0	…	103.5	103.5	38
		1986	…	100.0	100.0	…	100.0	100.0	38
	酒店接待员	1985	…	232.2	158.6	…	240.4	164.2	38
		1986	…	100.0	100.0	…	100.0	100.0	38
	客房服务员或客房清理员	1985	…	136.6	115.1	…	141.4	119.2	38
		1986	…	100.0	100.0	…	100.0	100.0	38

	职业	年份	名义收入指数			实际收入指数			注
			MF	M	F	MF	M	F	No.
墨西哥	农场工人	2000	76.3	…	…	85.3	…	…	68
		2003	109.1	…	…	104.4	…	…	3
		2004	118.8	…	…	108.6	…	…	3
		2005	128.9	…	…	113.3	…	…	69
		2006	135.7	…	…	115.1	…	…	3
		2007	147.0	…	…	119.9	…	…	3
	服装裁剪工	2000	77.4	…	…	90.3	…	…	68
		2003	100.0	…	…	100.0	…	…	3
		2004	105.6	…	…	100.8	…	…	3
		2005	113.1	…	…	103.8	…	…	69
		2006	120.2	…	…	106.5	…	…	3
		2007	123.1	…	…	104.8	…	…	3
	缝纫机操作工	2000	77.4	…	…	90.3	…	…	68
		2003	100.0	…	…	100.0	…	…	3
		2004	105.6	…	…	100.8	…	…	3
		2005	113.1	…	…	103.8	…	…	69
		2006	120.2	…	…	106.5	…	…	3
		2007	123.1	…	…	104.8	…	…	3
	速记员—打字员	2000	94.6	…	…	110.5	…	…	68
		2003	100.0	…	…	100.0	…	…	3
		2004	121.6	…	…	116.1	…	…	3
		2005	133.0	…	…	122.2	…	…	69
		2006	136.0	…	…	120.5	…	…	3
		2007	138.6	…	…	118.1	…	…	3
	办公室文员	2000	67.7	…	…	79.1	…	…	68
		2003	100.0	…	…	100.0	…	…	3
		2004	95.7	…	…	91.4	…	…	3
		2005	142.6	…	…	130.9	…	…	69
		2006	149.0	…	…	132.0	…	…	3
		2007	129.0	…	…	110.0	…	…	3
	焊工	2000	70.8	…	…	82.7	…	…	68
		2003	100.0	…	…	100.0	…	…	3
		2004	101.8	…	…	97.4	…	…	3
		2005	111.8	…	…	102.7	…	…	69
		2006	121.0	…	…	107.3	…	…	3
		2007	131.0	…	…	111.7	…	…	3
	配电和输电工程师	2000	70.7	…	…	82.6	…	…	68
		2003	100.0	…	…	100.0	…	…	3
		2004	108.0	…	…	103.2	…	…	3
		2005	125.4	…	…	115.1	…	…	69
		2006	116.8	…	…	103.5	…	…	3
		2007	111.1	…	…	94.7	…	…	3
	劳工	2000	65.6	…	…	76.6	…	…	68
		2003	100.0	…	…	100.0	…	…	3
		2004	107.3	…	…	102.5	…	…	3
		2005	117.1	…	…	107.5	…	…	69
		2006	122.1	…	…	108.1	…	…	3
		2007	132.2	…	…	112.6	…	…	3
	销售员（093）	2000	77.6	…	…	90.6	…	…	68
		2003	100.0	…	…	100.0	…	…	3
		2004	108.3	…	…	103.5	…	…	3
		2005	121.6	…	…	111.7	…	…	69
		2006	125.9	…	…	111.6	…	…	3
		2007	140.7	…	…	120.0	…	…	3
	销售员（096）	2000	71.3	…	…	83.3	…	…	68
		2003	100.0	…	…	100.0	…	…	3
		2004	105.8	…	…	101.1	…	…	3
		2005	115.9	…	…	106.5	…	…	69
		2006	123.0	…	…	109.0	…	…	3
		2007	127.7	…	…	108.8	…	…	3
	公共汽车司机	2000	84.3	…	…	98.4	…	…	68
		2003	100.0	…	…	100.0	…	…	3
		2004	107.9	…	…	103.1	…	…	3
		2005	95.4	…	…	87.6	…	…	69
		2006	100.7	…	…	89.2	…	…	3
		2007	106.7	…	…	90.9	…	…	3

	职业	年份	名义收入指数			实际收入指数			注
			MF	M	F	MF	M	F	No.
	城镇卡车司机	2000	80.7	…	…	94.2	…	…	68
		2003	100.0	…	…	100.0	…	…	3
		2004	108.4	…	…	103.6	…	…	3
		2005	115.8	…	…	106.4	…	…	69
		2006	126.9	…	…	112.5	…	…	3
		2007	127.9	…	…	109.1	…	…	3
	会计	2003	100.0	…	…	100.0	…	…	3
		2004	99.0	…	…	94.6	…	…	3
		2005	123.8	…	…	113.7	…	…	3
		2006	98.5	…	…	87.3	…	…	3
		2007	88.2	…	…	75.2	…	…	3
	计算机程序员	2000	72.5	…	…	84.6	…	…	68
		2001	109.2	…	…	119.9	…	…	68
		2002	104.6	…	…	109.3	…	…	3
		2003	100.0	…	…	100.0	…	…	3
	垃圾工	2000	81.9	…	…	95.5	…	…	68
		2001	77.1	…	…	84.6	…	…	68
		2002	96.9	…	…	101.2	…	…	3
		2003	100.0	…	…	100.0	…	…	3
		2004	110.5	…	…	105.5	…	…	3
	初等教育的教师	2000	79.9	…	…	93.3	…	…	68
		2003	100.0	…	…	100.0	…	…	3
		2004	102.9	…	…	98.3	…	…	3
		2005	114.1	…	…	104.7	…	…	69
		2006	117.9	…	…	104.5	…	…	3
		2007	122.0	…	…	104.0	…	…	3
	专业护士	2000	75.0	…	…	87.6	…	…	68
		2003	100.0	…	…	100.0	…	…	3
		2004	106.9	…	…	102.1	…	…	3
		2005	117.6	…	…	107.9	…	…	69
		2006	119.7	…	…	106.0	…	…	3
		2007	132.5	…	…	113.0	…	…	3
	酒店接待员	2000	75.3	…	…	87.9	…	…	68
		2003	100.0	…	…	100.0	…	…	3
		2004	96.3	…	…	92.0	…	…	3
		2005	105.9	…	…	97.3	…	…	69
		2006	119.4	…	…	105.9	…	…	3
		2007	135.0	…	…	115.1	…	…	3
	客房服务员或客房清理员	2000	71.1	…	…	83.1	…	…	68
		2003	100.0	…	…	100.0	…	…	3
		2004	108.7	…	…	103.9	…	…	3
		2005	113.2	…	…	103.9	…	…	69
		2006	123.1	…	…	109.1	…	…	3
		2007	138.2	…	…	117.9	…	…	3
南美洲									
巴西	农场工人	1999	74.7	75.1	90.4	85.5	85.9	103.4	70
		2001	100.0	100.0	100.0	100.0	100.0	100.0	15
	服装裁剪工		100.0	100.0	100.0	100.0	100.0	100.0	15
		2003	86.5	73.8	98.4	69.5	59.3	79.1	71
		2004	95.7	82.7	108.9	72.2	62.4	82.1	71
		2005	102.0	88.9	116.0	72.0	62.7	81.9	15
		2006	111.2	98.0	126.3	75.3	66.4	85.5	15
	焊工	1999	…	103.7	79.4	…	118.6	90.8	70
		2001	…	100.0	100.0	…	100.0	100.0	15
	销售员（093）	1999	…	82.5	65.6	…	94.4	75.1	70
		2001	…	100.0	100.0	…	100.0	100.0	15
	销售员（096）	1999	…	94.4	88.2	…	108.0	100.9	70
		2001	…	100.0	100.0	…	100.0	100.0	15
	公共汽车司机	1999	…	88.8	79.4	…	101.6	90.8	70
		2001	100.0	100.0	100.0	100.0	100.0	100.0	15
		2003	116.3	116.5	118.2	93.5	93.6	95.0	71
		2004	119.9	120.2	101.5	90.4	90.6	76.5	71
	城镇卡车司机	1999	…	90.4	107.8	…	103.4	123.3	70
		2001	…	100.0	100.0	…	100.0	100.0	15

	职业	年份	名义收入指数			实际收入指数			注
			MF	M	F	MF	M	F	No.
	会计		100.0	100.0	100.0	100.0	100.0	100.0	15
		2003	148.3	146.2	141.1	119.2	117.5	113.4	71
		2005	164.2	160.8	166.2	115.9	113.5	117.3	15
		2006	158.8	157.0	162.9	107.5	106.3	110.3	15
	计算机程序员	2001	100.0	100.0	100.0	100.0	100.0	100.0	15
		2003	223.9	218.1	245.1	180.0	175.3	197.0	71
		2004	249.5	244.9	268.1	188.2	184.7	202.2	71
		2005	260.2	258.9	269.0	183.6	182.7	189.8	15
		2006	284.3	282.3	295.4	192.5	191.1	200.0	15
	初等教育的教师	2001	100.0	100.0	100.0	100.0	100.0	100.0	15
		2003	128.4	157.4	124.9	103.2	126.5	100.4	71
		2004	192.0	352.5	160.0	144.8	265.8	120.7	71
		2006	264.4	488.5	210.3	179.0	330.7	142.4	15
	专业护士	1999	…	81.5	79.1	…	93.2	90.5	70
		2001	100.0	100.0	100.0	100.0	100.0	100.0	15
		2003	117.6	117.8	117.6	94.5	94.7	94.5	71
	酒店接待员	1999	…	90.3	89.3	…	103.3	102.2	70
		2001	…	100.0	100.0	…	100.0	100.0	15
	客房服务员或客房清理员	1999	…	88.8	89.7	…	101.6	102.6	70
		2001	100.0	100.0	100.0	100.0	100.0	100.0	15
		2003	120.8	112.1	121.1	97.1	90.1	97.3	71
秘鲁	服装裁剪工	1999	…	92.4	110.8	…	97.8	117.2	72
		2000	…	91.4	127.2	…	93.3	129.8	72
		2001	…	100.0	100.0	…	100.0	100.0	72
		2004	…	116.4	…	…	109.6	…	73
		2006	…	111.0	125.5	…	100.8	114.0	3
	缝纫机操作工	1999	…	73.6	73.6	…	77.9	77.9	72
		2000	…	103.7	106.4	…	105.8	108.6	72
		2001	…	100.0	100.0	…	100.0	100.0	72
		2004	…	94.5	110.0	…	89.0	103.6	73
		2006	…	100.2	108.5	…	91.0	98.5	3
	速记员—打字员	1996	…	…	89.6	…	…	108.0	72
		1997	…	…	114.6	…	…	127.2	72
		1999	…	…	100.0	…	…	100.0	72
		2004	…	…	123.6	…	…	110.0	73
		2006	…	…	98.6	…	…	84.6	3
	办公室文员	1998	…	54.2	…	…	59.4	…	72
		2001	…	100.0	…	…	100.0	…	72
	焊工	1999	…	102.0	…	…	107.9	…	72
		2000	…	76.2	…	…	77.8	…	72
		2001	…	100.0	…	…	100.0	…	72
		2004	…	78.1	…	…	73.5	…	73
		2006	…	92.6	…	…	84.1	…	3
	配电和输电工程师	1998	…	60.6	…	…	70.5	…	72
		2000	…	73.7	…	…	79.8	…	72
		2001	…	69.7	…	…	74.0	…	72
		2004	…	100.0	100.0	…	100.0	100.0	73
		2006	…	66.7	112.6	…	64.4	108.7	73
	劳工	1999	…	100.5	…	…	106.3	…	72
		2000	…	101.0	…	…	103.1	…	72
		2001	…	100.0	…	…	100.0	…	72
		2004	…	112.8	…	…	106.2	…	73
		2006	…	164.2	…	…	149.1	…	3
	销售员（093）	1997	…	142.4	…	…	152.8	…	72
		1998	…	100.0	100.0	…	100.0	100.0	72
		1999	…	118.3	…	…	114.3	…	72
		2000	…	92.8	…	…	86.5	…	72
		2001	…	…	102.7	…	…	93.8	72
	销售员（096）	1998	…	73.7	106.8	…	80.7	117.0	72
		1999	…	103.4	101.1	…	109.4	107.0	72
		2000	…	92.1	80.8	…	94.0	82.4	72
		2001	…	100.0	100.0	…	100.0	100.0	72
		2004	…	75.0	…	…	70.6	…	73

	职业	年份	名义收入指数			实际收入指数			注
			MF	M	F	MF	M	F	No.
	公共汽车司机	1999	…	104.9	…	…	111.0	…	72
		2000	…	100.3	…	…	102.3	…	72
		2001	…	100.0	…	…	100.0	…	72
		2004	…	120.5	…	…	113.5	…	73
		2006	…	139.7	…	…	126.9	…	3
	城镇卡车司机	1999	…	85.6	…	…	90.6	…	74
		2000	…	115.5	…	…	117.9	…	74
		2001	…	100.0	…	…	100.0	…	74
		2004	…	107.7	…	…	101.4	…	75
		2006	…	94.3	…	…	85.6	…	3
	会计	1999	…	94.2	80.9	…	99.7	85.6	72
		2000	…	102.7	…	…	104.8	…	72
		2001	…	100.0	100.0	…	100.0	100.0	72
		2004	…	106.1	141.2	…	99.9	133.0	73
		2006	…	112.3	…	…	102.0	…	3
	计算机程序员	1996	…	69.6	…	…	75.6	…	72
		1997	…	100.0	…	…	100.0	…	72
	初等教育的教师	1999	…	81.0	…	…	85.7	…	72
		2000	…	91.4	114.9	…	93.3	117.2	72
		2001	…	100.0	100.0	…	100.0	100.0	72
		2004	…	185.1	174.0	…	174.3	163.8	73
		2006	…	66.6	117.2	…	60.5	106.4	3
	专业护士	1998	…	…	65.2	…	…	71.4	72
		1999	…	…	66.8	…	…	70.7	72
		2001	…	…	100.0	…	…	100.0	72
		2004	…	…	182.3	…	…	171.7	73
		2006	…	…	97.4	…	…	88.5	3
	酒店接待员	1999	…	71.2	113.2	…	75.3	119.8	72
		2000	…	…	97.5	…	…	99.5	72
		2001	…	100.0	100.0	…	100.0	100.0	72
		2004	…	80.3	119.7	…	75.6	112.7	73
		2006	…	90.6	132.3	…	82.3	120.2	3
	客房服务员或客房清理员	1999	…	…	112.6	…	…	119.2	72
		2000	…	100.3	94.0	…	102.3	95.9	72
		2001	…	100.0	100.0	…	100.0	100.0	72
		2004	…	118.6	133.3	…	111.7	125.5	73
		2006	…	135.8	111.4	…	123.3	101.2	3
乌拉圭	缝纫机操作工	1990	12.8	…	…	137.6	…	…	76
		1991	24.2	…	…	129.4	…	…	76
		1992	38.5	…	…	122.2	…	…	76
		1993	55.0	…	…	113.2	…	…	76
		1994	74.5	…	…	106.0	…	…	76
		1995	100.0	…	…	100.0	…	…	76
	办公室文员	1990	9.8	…	…	105.4	…	…	76
		1991	17.9	…	…	95.7	…	…	76
		1992	29.8	…	…	94.6	…	…	76
		1993	42.8	…	…	88.1	…	…	76
		1994	69.8	…	…	99.3	…	…	76
		1995	100.0	…	…	100.0	…	…	76
	劳工	1990	8.0	…	…	86.0	…	…	76
		1991	19.5	…	…	104.3	…	…	76
		1992	34.3	…	…	108.9	…	…	76
		1993	50.8	…	…	104.5	…	…	76
		1994	70.8	…	…	100.7	…	…	76
		1995	100.0	…	…	100.0	…	…	76
	销售员（093）	1990	9.8	…	…	105.4	…	…	76
		1991	20.1	…	…	107.5	…	…	76
		1992	32.9	…	…	104.4	…	…	76
		1993	48.9	…	…	100.6	…	…	76
		1994	70.9	…	…	100.9	…	…	76
		1995	100.0	…	…	100.0	…	…	76
	销售员（096）	1990	9.3	…	…	100.0	…	…	76
		1991	18.9	…	…	101.1	…	…	76
		1992	32.6	…	…	103.5	…	…	76
		1993	46.2	…	…	95.1	…	…	76
		1994	70.2	…	…	99.9	…	…	76
		1995	100.0	…	…	100.0	…	…	76

	职业	年份	名义收入指数			实际收入指数			注
			MF	M	F	MF	M	F	No.
	公共汽车司机	1990	7. 9	…	…	84. 9	…	…	76
		1991	16. 3	…	…	87. 2	…	…	76
		1992	27. 2	…	…	86. 3	…	…	76
		1993	44. 8	…	…	92. 2	…	…	76
		1994	66. 7	…	…	94. 9	…	…	76
		1995	100. 0	…	…	100. 0	…	…	76
	城镇卡车司机	1990	8. 4	…	…	90. 3	…	…	76
		1991	19. 4	…	…	103. 7	…	…	76
		1992	34. 8	…	…	110. 5	…	…	76
		1993	52. 0	…	…	107. 0	…	…	76
		1994	76. 6	…	…	109. 0	…	…	76
		1995	100. 0	…	…	100. 0	…	…	76
	初等教育的教师	1990	7. 8	…	…	83. 9	…	…	76
		1991	16. 2	…	…	86. 6	…	…	76
		1992	28. 3	…	…	89. 8	…	…	76
		1993	48. 1	…	…	99. 0	…	…	76
		1994	69. 4	…	…	98. 7	…	…	76
		1995	100. 0	…	…	100. 0	…	…	76
	客房服务员或客房清理员	1990	11. 3	…	…	121. 5	…	…	76
		1991	20. 0	…	…	107. 0	…	…	76
		1992	32. 1	…	…	101. 9	…	…	76
		1993	51. 7	…	…	106. 4	…	…	76
		1994	72. 0	…	…	102. 4	…	…	76
		1995	100. 0	…	…	100. 0	…	…	76
委内瑞拉玻利瓦尔共和国	农场工人	1998	…	88. 2	79. 0	…	126. 7	113. 5	77
		1999	…	103. 8	93. 0	…	120. 7	108. 1	77
		2000	…	100. 0	100. 0	…	100. 0	100. 0	77
	办公室文员	1998	…	69. 0	96. 1	…	99. 1	138. 1	77
		1999	…	95. 9	72. 2	…	111. 5	84. 0	77
		2000	…	100. 0	100. 0	…	100. 0	100. 0	77
	配电和输电工程师	1998	…	98. 4	58. 3	…	141. 4	83. 8	77
		1999	…	98. 6	76. 3	…	114. 7	88. 7	77
		2000	…	100. 0	100. 0	…	100. 0	100. 0	77
	销售员（093）	1998	…	76. 9	88. 4	…	110. 5	127. 0	77
		1999	…	116. 2	93. 8	…	135. 1	109. 1	77
		2000	…	100. 0	100. 0	…	100. 0	100. 0	77
	销售员（096）	1998	…	85. 7	77. 5	…	123. 1	111. 4	77
		1999	…	96. 6	87. 5	…	112. 3	101. 7	77
		2000	…	100. 0	100. 0	…	100. 0	100. 0	77
	会计	1998	…	77. 6	61. 8	…	111. 5	88. 8	77
		1999	…	136. 7	131. 9	…	159. 0	153. 4	77
		2000	…	100. 0	100. 0	…	100. 0	100. 0	77
	垃圾工	1998	…	65. 0	55. 3	…	93. 4	79. 5	77
		1999	…	85. 7	98. 4	…	99. 7	114. 4	77
		2000	…	100. 0	100. 0	…	100. 0	100. 0	77
	专业护士	1998	…	77. 1	79. 0	…	110. 8	113. 5	77
		1999	…	98. 7	84. 7	…	114. 8	98. 5	77
		2000	…	100. 0	100. 0	…	100. 0	100. 0	77
	酒店接待员	1998	…	87. 6	82. 0	…	125. 9	117. 8	77
		1999	…	118. 5	76. 5	…	137. 8	89. 0	77
		2000	…	100. 0	100. 0	…	100. 0	100. 0	77
非洲									
北非									
埃及	农场工人	1987	…	42. 3	…	…	135. 1	…	34
		1988	…	39. 4	…	…	106. 8	…	34
		1990	…	94. 4	…	…	180. 8	…	34
		1992	…	81. 7	…	…	114. 9	…	34
		1996	…	100. 0	…	…	100. 0	…	34
	服装裁剪工	1990	…	83. 9	65. 1	…	160. 7	124. 7	78
		1996	…	100. 0	100. 0	…	100. 0	100. 0	78
		1997	…	133. 9	102. 3	…	128. 0	97. 8	78
		1998	…	137. 5	…	…	127. 0	…	78
		1999	…	144. 6	132. 6	…	126. 8	116. 3	78
		2000	…	146. 4	134. 9	…	125. 0	115. 2	78

职业	年份	名义收入指数			实际收入指数			注
		MF	M	F	MF	M	F	No.
缝纫机操作工	1995	…	73.2	118.4	…	78.5	126.9	34
	1996	…	100.0	100.0	…	100.0	100.0	34
	1997	…	124.4	100.0	…	118.9	95.6	34
	1998	…	124.4	115.8	…	114.9	106.9	34
	1999	…	168.3	186.8	…	147.6	163.9	34
速记员—打字员	1990	…	50.4	121.6	…	96.6	233.0	34
	1995	…	129.9	164.7	…	139.2	176.5	34
	1996	…	100.0	100.0	…	100.0	100.0	34
	1997	…	206.0	…	…	196.9	…	34
	1999	…	…	78.4	…	…	68.8	34
	2000	…	101.7	268.6	…	86.8	229.4	34
办公室文员	1997	…	100.0	100.0	…	100.0	100.0	34
	1999	…	136.4	191.1	…	125.1	175.3	34
焊工	1990	…	73.0	…	…	139.8	…	34
	1996	…	100.0	…	…	100.0	…	34
	1997	…	131.1	…	…	125.3	…	34
	1998	…	128.4	…	…	118.6	…	34
	1999	…	150.0	…	…	131.6	…	34
	2000	…	140.5	…	…	120.0	…	34
配电和输电工程师	1996	…	100.0	100.0	…	100.0	100.0	34
	1997	…	107.4	88.5	…	102.7	84.6	34
	1998	…	124.7	87.5	…	115.1	80.8	34
	1999	…	285.2	…	…	250.2	…	34
	2000	…	196.3	170.8	…	167.6	145.9	34
劳工	1996	…	100.0	…	…	100.0	…	34
	1997	…	96.7	…	…	92.4	…	34
	1998	…	95.0	…	…	87.7	…	34
	1999	…	93.3	…	…	81.8	…	34
	2000	…	236.7	…	…	202.1	…	34
销售员（093）	1990	…	79.3	51.6	…	151.9	98.9	34
	1996	…	100.0	100.0	…	100.0	100.0	34
	1997	…	129.3	143.8	…	123.6	137.5	34
	1998	…	144.8	109.4	…	133.7	101.0	34
	1999	…	136.2	126.6	…	119.5	111.1	34
	2000	…	191.4	131.3	…	163.5	112.1	34
销售员（096）	1990	…	131.4	157.1	…	234.6	280.5	34
	1995	…	100.0	100.0	…	100.0	100.0	34
	1996	…	…	214.3	…	…	199.9	34
	1997	…	160.0	261.9	…	142.6	233.4	34
	1998	…	214.3	…	…	184.6	…	34
	1999	…	245.7	195.2	…	200.9	159.6	34
公共汽车司机	1990	…	80.0	50.0	…	153.3	95.8	79
	1994	…	94.3	…	…	109.5	…	79
	1995	…	97.1	…	…	104.1	…	79
	1996	…	100.0	100.0	…	100.0	100.0	79
	1999	…	188.6	…	…	165.4	…	79
	2000	…	157.1	…	…	134.2	…	79
城镇卡车司机	1988	…	76.2	36.7	…	147.1	70.8	79
	1990	…	88.9	51.7	…	121.1	70.4	79
	1992	…	100.0	100.0	…	100.0	100.0	79
	1994	…	144.4	…	…	119.2	…	79
	1995	…	149.2	…	…	113.7	…	79
会计	1990	…	60.7	51.4	…	116.3	98.5	34
	1996	…	100.0	100.0	…	100.0	100.0	34
	1997	…	112.8	95.7	…	107.8	91.5	34
	1998	…	119.7	105.0	…	110.5	97.0	34
	1999	…	148.7	116.4	…	130.4	102.1	34
	2000	…	150.4	113.6	…	128.4	97.0	34
计算机程序员	1990	…	54.2	37.6	…	96.8	67.1	34
	1992	…	83.1	50.4	…	109.1	66.1	34
	1995	…	100.0	100.0	…	100.0	100.0	34
	1998	…	…	114.9	…	…	99.0	34
	1999	…	158.5	…	…	129.6	…	34
	2000	…	156.8	151.1	…	124.8	120.3	34

	职业	年份	名义收入指数			实际收入指数			注
			MF	M	F	MF	M	F	No.
	初等教育的教师	1990	…	74.0	75.6	…	141.8	144.8	34
		1996	…	100.0	100.0	…	100.0	100.0	34
		1997	…	104.0	108.9	…	99.4	104.1	34
		1998	…	102.0	108.9	…	94.2	100.6	34
		1999	…	112.0	140.0	…	98.2	122.8	34
		2000	…	114.0	120.0	…	97.4	102.5	34
	专业护士	1990	…	56.6	30.2	…	101.1	53.9	34
		1992	…	65.7	34.2	…	86.2	44.9	34
		1994	…	39.4	98.7	…	42.7	106.9	34
		1995	…	100.0	100.0	…	100.0	100.0	34
		1999	…	…	59.1	…	…	48.3	34
	酒店接待员	1996	…	100.0	100.0	…	100.0	100.0	34
		1997	…	115.8	138.0	…	110.7	131.9	34
		1998	…	115.8	192.0	…	106.9	177.3	34
		1999	…	136.8	190.0	…	120.0	166.7	34
		2000	…	150.9	176.0	…	128.9	150.3	34
	客房服务员或客房清理员	1987	…	52.9	51.9	…	120.2	118.0	34
		1988	…	49.0	51.9	…	94.6	100.2	34
		1990	…	64.7	66.7	…	88.1	90.9	34
		1992	…	100.0	100.0	…	100.0	100.0	34
突尼斯	农场工人	1990	…	79.5	…	…	99.0	…	1
		1991	…	84.3	…	…	97.1	…	1
		1992	…	91.0	…	…	99.0	…	1
		1993	…	97.8	…	…	102.3	…	1
		1994	…	100.0	…	…	100.0	…	1
	服装裁剪工	1990	…	74.8	…	…	93.2	…	1
		1991	…	82.3	…	…	94.8	…	1
		1992	…	89.8	…	…	97.7	…	1
		1993	…	95.0	…	…	99.4	…	1
		1994	…	100.0	…	…	100.0	…	1
	缝纫机操作工	1990	…	75.0	…	…	93.4	…	1
		1991	…	82.2	…	…	94.7	…	1
		1992	…	89.5	…	…	97.4	…	1
		1993	…	94.8	…	…	99.2	…	1
		1994	…	100.0	…	…	100.0	…	1
	速记员—打字员	1990	…	70.5	…	…	87.8	…	1
		1991	…	78.6	…	…	90.6	…	1
		1992	…	86.1	…	…	93.7	…	1
		1993	…	93.2	…	…	97.5	…	1
		1994	…	100.0	…	…	100.0	…	1
	办公室文员	1990	…	69.1	…	…	86.1	…	1
		1991	…	77.4	…	…	89.2	…	1
		1992	…	85.0	…	…	92.5	…	1
		1993	…	92.6	…	…	96.9	…	1
		1994	…	100.0	…	…	100.0	…	1
	焊工	1990	…	72.8	…	…	90.7	…	1
		1991	…	78.2	…	…	90.1	…	1
		1992	…	85.9	…	…	93.5	…	1
		1993	…	93.1	…	…	97.4	…	1
		1994	…	100.0	…	…	100.0	…	1
	劳工	1990	…	76.0	…	…	94.6	…	1
		1991	…	83.2	…	…	95.9	…	1
		1992	…	90.2	…	…	98.2	…	1
		1993	…	95.0	…	…	99.4	…	1
		1994	…	100.0	…	…	100.0	…	1
	销售员（093）	1990	…	66.8	…	…	83.2	…	1
		1991	…	80.4	…	…	92.6	…	1
		1992	…	87.5	…	…	95.2	…	1
		1993	…	93.9	…	…	98.2	…	1
		1994	…	100.0	…	…	100.0	…	1
	销售员（096）	1990	…	66.8	…	…	83.2	…	1
		1991	…	80.4	…	…	92.6	…	1
		1992	…	87.5	…	…	95.2	…	1
		1993	…	93.9	…	…	98.2	…	1
		1994	…	100.0	…	…	100.0	…	1

	职业	年份	名义收入指数			实际收入指数			注
			MF	M	F	MF	M	F	No.
	计算机程序员	1990	…	74.0	…	…	92.2	…	1
		1991	…	82.4	…	…	94.9	…	1
		1992	…	88.6	…	…	96.4	…	1
		1993	…	94.3	…	…	98.6	…	1
		1994	…	100.0	…	…	100.0	…	1
	酒店接待员	1990	…	73.0	…	…	90.9	…	1
		1991	…	80.6	…	…	92.9	…	1
		1992	…	88.1	…	…	95.9	…	1
		1993	…	94.0	…	…	98.3	…	1
		1994	…	100.0	…	…	100.0	…	1
	客房服务员或客房清理员	1990	…	74.4	…	…	92.7	…	1
		1991	…	81.7	…	…	94.1	…	1
		1992	…	89.0	…	…	96.8	…	1
		1993	…	94.5	…	…	98.8	…	1
		1994	…	100.0	…	…	100.0	…	1
撒哈拉以南非洲									
东非									
毛里求斯	服装裁剪工	1985	…	30.3	27.4	…	46.3	41.9	80
		1986	…	32.1	30.1	…	48.2	45.2	80
		1987	…	42.9	40.8	…	64.0	60.9	80
		1988	…	43.7	42.6	…	59.8	58.3	80
		1991	…	100.0	100.0	…	100.0	100.0	81
	缝纫机操作工	2000	100.0	…	…	100.0	…	…	82
		2001	99.1	…	…	94.0	…	…	82
		2002	108.3	…	…	96.5	…	…	82
		2003	123.1	…	…	105.7	…	…	82
		2004	131.6	…	…	107.8	…	…	82
		2005	130.1	…	…	101.6	…	…	82
	速记员—打字员	1993	64.5	…	…	83.3	…	…	83
		1994	76.6	…	…	92.3	…	…	83
		1995	90.2	…	…	102.5	…	…	83
		1996	95.9	…	…	102.1	…	…	83
		1997	100.0	…	…	100.0	…	…	83
	办公室文员	1990	46.4	…	…	88.4	…	…	84
		2000	100.0	…	…	100.0	…	…	83
		2003	119.9	…	…	102.9	…	…	83
		2004	115.9	…	…	94.9	…	…	83
		2005	124.0	…	…	96.8	…	…	83
		2006	122.4	…	…	87.7	…	…	3
		2007	137.0	…	…	88.4	…	…	3
	焊工	1990	…	44.6	…	…	85.0	…	80
		2000	…	100.0	…	…	100.0	…	85
		2003	…	129.6	…	…	111.2	…	85
		2004	…	131.9	…	…	108.0	…	85
		2005	…	128.2	…	…	100.1	…	85
		2006	…	134.6	…	…	96.5	…	3
		2007	…	119.3	…	…	77.0	…	3
	配电和输电工程师	2000	…	100.0	…	…	100.0	…	48
		2003	…	127.9	…	…	109.8	…	48
		2004	…	124.3	…	…	101.8	…	48
		2005	…	127.9	…	…	99.8	…	48
		2006	…	150.6	…	…	108.0	…	3
		2007	…	170.2	…	…	109.9	…	3
	劳工	1990	…	42.6	…	…	81.1	…	3
		2000	…	100.0	…	…	100.0	…	48
		2003	…	109.7	…	…	94.2	…	48
		2004	…	125.2	…	…	102.5	…	48
		2005	…	146.4	…	…	114.3	…	48
		2006	…	143.8	…	…	103.1	…	3
		2007	…	155.1	…	…	100.1	…	3
	销售员（093）	2000	100.0	…	…	100.0	…	…	48
		2003	116.1	…	…	99.7	…	…	48
		2004	132.8	…	…	108.8	…	…	48
		2005	143.3	…	…	111.9	…	…	48
		2006	146.9	…	…	105.3	…	…	3
		2007	205.9	…	…	132.9	…	…	3

	职业	年份	名义收入指数			实际收入指数			注
			MF	M	F	MF	M	F	No.
	销售员（096）	2000	100.0	…	…	100.0	…	…	48
		2003	117.0	…	…	100.4	…	…	48
		2004	121.2	…	…	99.3	…	…	48
		2005	127.3	…	…	99.4	…	…	48
		2006	129.0	…	…	92.5	…	…	3
		2007	96.1	…	…	62.0	…	…	3
	公共汽车司机	1990	…	47.5	…	…	90.5	…	3
		2000	…	100.0	…	…	100.0	…	48
		2003	…	107.5	…	…	92.3	…	48
		2004	…	110.8	…	…	90.7	…	48
		2005	…	112.0	…	…	87.4	…	48
		2006	…	113.4	…	…	81.3	…	3
		2007	…	120.6	…	…	77.9	…	3
	城镇卡车司机	1990	…	35.3	…	…	67.2	…	3
		2000	…	100.0	…	…	100.0	…	48
		2003	…	122.3	…	…	105.0	…	48
		2004	…	129.4	…	…	106.0	…	48
		2005	…	125.3	…	…	97.8	…	48
		2006	…	128.5	…	…	92.1	…	3
		2007	…	95.4	…	…	61.6	…	3
	会计	2000	100.0	…	…	100.0	…	…	48
		2003	102.7	…	…	88.2	…	…	48
		2004	107.1	…	…	87.7	…	…	48
		2005	120.1	…	…	93.8	…	…	48
		2006	114.9	…	…	82.4	…	…	3
		2007	154.7	…	…	99.9	…	…	3
	垃圾工	1990	…	45.5	…	…	86.7	…	86
		2000	…	100.0	…	…	100.0	…	87
		2003	…	117.9	…	…	101.2	…	87
		2004	…	118.9	…	…	97.4	…	87
		2005	…	122.1	…	…	95.3	…	87
		2006	…	129.7	…	…	93.0	…	3
		2007	…	132.0	…	…	85.2	…	3
	初等教育的教师	2000	100.0	…	…	100.0	…	…	87
		2003	128.1	…	…	110.0	…	…	87
		2004	138.3	…	…	113.3	…	…	87
		2005	138.5	…	…	108.1	…	…	87
		2006	140.6	…	…	100.8	…	…	3
		2007	130.6	…	…	84.3	…	…	3
	专业护士	2000	100.0	…	…	100.0	…	…	87
		2003	124.8	…	…	107.1	…	…	87
		2004	130.7	…	…	107.0	…	…	87
		2005	133.0	…	…	103.8	…	…	87
		2006	133.8	…	…	95.9	…	…	3
		2007	144.4	…	…	93.2	…	…	3
	酒店接待员	2000	100.0	…	…	100.0	…	…	88
		2003	117.7	…	…	101.0	…	…	88
		2004	119.8	…	…	98.1	…	…	88
		2005	135.7	…	…	105.9	…	…	88
		2006	136.6	…	…	97.9	…	…	3
		2007	122.1	…	…	78.8	…	…	3
	客房服务员或客房清理员	2000	100.0	…	…	100.0	…	…	88
		2003	137.7	…	…	118.2	…	…	88
		2004	140.5	…	…	115.1	…	…	88
		2005	150.4	…	…	117.4	…	…	88
		2006	169.4	…	…	121.4	…	…	3
		2007	110.3	…	…	71.2	…	…	3
塞舌尔	农场工人	1989	…	100.0	…	…	100.0	…	89
		1990	…	84.5	…	…	81.3	…	89
	缝纫机操作工	1989	…	…	100.0	…	…	100.0	3
		1991	…	…	86.7	…	…	81.8	3
	劳工	1989	…	100.0	…	…	100.0	…	3
		1990	…	115.9	…	…	111.5	…	3
	公共汽车司机	1989	…	100.0	…	…	100.0	…	3
		1990	…	103.8	…	…	99.9	…	3
	客房服务员或客房清理员	1989	…	…	100.0	…	…	100.0	3
		1990	…	…	95.3	…	…	91.7	3

	职业	年份	名义收入指数			实际收入指数			注
			MF	M	F	MF	M	F	No.
中非									
中非共和国	速记员—打字员	1987	…	…	100.0	…	…	96.7	90
		1988	…	…	100.0	…	…	100.7	90
		1989	…	…	100.0	…	…	100.0	90
	办公室文员	1987	100.0	…	…	96.7	…	…	90
		1988	100.0	…	…	100.7	…	…	90
		1989	100.0	…	…	100.0	…	…	90
	劳工	1987	…	100.0	…	…	96.7	…	90
		1988	…	100.0	…	…	100.7	…	90
		1989	…	100.0	…	…	100.0	…	90
加蓬	服装裁剪工	1992	…	100.0	…	…	100.0	…	91
		1995	…	108.0	…	…	69.6	…	91
	缝纫机操作工	1992	…	…	100.0	…	…	100.0	91
		1995	…	…	119.7	…	…	77.1	91
	速记员—打字员	1991	…	…	120.0	…	…	121.7	91
		1992	…	…	100.0	…	…	100.0	91
	办公室文员	1991	…	52.4	…	…	53.1	…	91
		1992	…	100.0	…	…	100.0	…	91
	配电和输电工程师	1991	…	118.1	118.1	…	119.8	119.8	91
		1992	…	100.0	100.0	…	100.0	100.0	91
	垃圾工		…	100.0	…	…	100.0	…	91
		1995	…	99.5	…	…	64.1	…	91
南部非洲									
博茨瓦纳	速记员—打字员	1983	100.4	…	…	108.9	…	…	92
		1984	100.0	…	…	100.0	…	…	92
	办公室文员	1983	77.0	…	…	83.5	…	…	92
		1984	100.0	…	…	100.0	…	…	92
	焊工	1983	93.6	…	…	101.5	…	…	92
		1984	100.0	…	…	100.0	…	…	92
	会计	1983	90.4	…	…	98.0	…	…	92
		1984	100.0	…	…	100.0	…	…	92
	垃圾工	1983	93.9	…	…	101.8	…	…	92
		1984	100.0	…	…	100.0	…	…	92
	专业护士	1983	93.3	…	…	101.2	…	…	92
		1984	100.0	…	…	100.0	…	…	92
	酒店接待员	1983	96.4	…	…	104.6	…	…	92
		1984	100.0	…	…	100.0	…	…	92
	客房服务员或客房清理员	1983	56.0	…	…	60.7	…	…	92
		1984	100.0	…	…	100.0	…	…	92
南非	劳工	1993	92.4	…	…	100.7	…	…	3
		1994	100.0	…	…	100.0	…	…	12
西非									
尼日利亚	服装裁剪工	1993	62.3	…	…	97.8	…	…	93
		1994	100.0	…	…	100.0	…	…	93
	缝纫机操作工	1993	63.2	…	…	99.2	…	…	93
		1994	100.0	…	…	100.0	…	…	93
	焊工	1993	…	79.7	…	…	125.1	…	93
		1994	…	100.0	…	…	100.0	…	93
	劳工	1993	67.3	…	…	105.7	…	…	93
		1994	100.0	…	…	100.0	…	…	93
	销售员（093）	1993	73.0	…	…	114.6	…	…	93
		1994	100.0	…	…	100.0	…	…	93
	销售员（096）	1993	73.0	…	…	114.6	…	…	93
		1994	100.0	…	…	100.0	…	…	93
	公共汽车司机	1993	…	100.0	…	…	157.0	…	93
		1994	…	100.0	…	…	100.0	…	93
	城镇卡车司机	1993	…	100.0	…	…	157.0	…	93
		1994	…	100.0	…	…	100.0	…	93
	会计	1993	100.0	…	…	157.0	…	…	93
		1994	100.0	…	…	100.0	…	…	93

	职业	年份	名义收入指数			实际收入指数			注
			MF	M	F	MF	M	F	No.
中东									
约旦	农场工人	1986	…	82.8	…	…	88.1	…	94
		1987	…	77.4	…	…	82.5	…	3
		1988	…	100.0	…	…	100.0	…	3
	服装裁剪工	1997	…	130.4	70.2	…	143.3	77.1	3
		1998	…	142.9	68.1	…	152.3	72.6	3
		2003	100.0	100.0	100.0	100.0	100.0	100.0	95
		2005	329.6	294.6	207.4	308.0	275.3	193.8	3
		2006	146.9	224.1	133.0	129.2	197.1	117.0	3
	缝纫机操作工	1998	…	112.5	74.5	…	119.9	79.4	3
		2002	…	108.0	100.0	…	109.8	101.6	96
		2003	100.0	100.0	100.0	100.0	100.0	100.0	95
		2005	188.8	201.8	181.9	176.4	188.6	170.0	3
		2006	229.6	221.4	174.5	201.9	194.7	153.5	3
	速记员—打字员	1998	…	56.8	117.7	…	60.6	125.5	3
		2002	…	67.0	168.5	…	68.1	171.2	96
		2003	100.0	100.0	100.0	100.0	100.0	100.0	95
		2005	105.1	92.0	134.7	98.2	86.0	125.9	3
		2006	77.6	67.6	89.5	68.2	59.5	78.7	3
	办公室文员	1998	…	60.9	90.4	…	64.9	96.4	3
		2002	…	82.8	137.0	…	84.1	139.2	96
		2003	100.0	100.0	100.0	100.0	100.0	100.0	95
		2005	431.0	307.7	684.9	402.8	287.6	640.1	3
		2006	444.0	323.1	684.9	390.5	284.2	602.4	3
	焊工	1998	…	90.0	…	…	95.9	…	3
		2002	…	100.0	…	…	101.6	…	96
		2003	…	100.0	…	…	100.0	…	95
		2005	…	101.3	…	…	94.7	…	3
		2006	…	121.3	…	…	106.7	…	3
	配电和输电工程师	1998	…	83.1	85.0	…	87.2	89.2	3
		2002	…	100.0	100.0	…	100.0	100.0	96
		2003	…	57.2	…	…	56.3	…	95
		2005	…	103.7	80.3	…	95.4	73.9	3
		2006	…	104.5	92.1	…	90.5	79.7	3
	劳工	1995	…	67.6	…	…	81.5	…	3
		2002	…	87.9	…	…	89.3	…	96
		2003	…	100.0	…	…	100.0	…	95
		2005	…	102.7	…	…	96.0	…	3
		2006	…	108.2	…	…	95.2	…	3
	销售员（093）	1998	…	80.8	…	…	86.1	…	3
		2002	…	83.7	…	…	85.1	…	96
		2003	100.0	100.0	100.0	100.0	100.0	100.0	95
		2005	204.4	208.9	133.0	191.0	195.2	124.3	3
		2006	117.2	116.7	112.3	103.1	102.6	98.8	3
	销售员（096）	1998	…	80.7	129.7	…	86.0	138.3	3
		2002	…	80.0	…	…	81.3	…	96
		2003	100.0	100.0	100.0	100.0	100.0	100.0	95
		2005	91.3	89.3	138.7	85.3	83.5	129.6	3
		2006	126.8	124.3	184.7	111.5	109.3	162.4	3
	公共汽车司机	1998	…	103.3	…	…	110.1	…	3
		2002	…	92.4	…	…	93.9	…	96
		2003	…	100.0	…	…	100.0	…	95
		2005	…	82.4	…	…	77.0	…	3
		2006	…	82.9	…	…	72.9	…	3
	城镇卡车司机	2001	…	100.0	…	…	100.0	…	96
		2002	…	102.7	…	…	100.9	…	96
		2003	…	97.3	…	…	94.1	…	95
		2005	…	100.0	…	…	90.4	…	3
		2006	…	106.0	…	…	90.2	…	3
	会计	2001	85.3	85.3	86.8	88.2	88.2	89.8	96
		2002	86.1	84.5	92.0	87.5	85.9	93.5	96
		2003	100.0	100.0	100.0	100.0	100.0	100.0	95
		2005	93.7	93.8	95.4	87.6	87.7	89.2	3
		2006	112.7	113.4	111.8	99.1	99.7	98.3	3

职业	年份	名义收入指数			实际收入指数			注
		MF	M	F	MF	M	F	No.
计算机程序员	1998	…	79.7	103.7	…	85.0	110.6	3
	2002	…	84.6	98.1	…	86.0	99.7	96
	2003	100.0	100.0	100.0	100.0	100.0	100.0	95
	2005	103.5	100.0	113.9	96.7	93.5	106.4	3
	2006	95.9	89.7	122.3	84.3	78.9	107.6	3
垃圾工	1998	…	51.9	…	…	55.3	…	3
	2002	…	67.9	…	…	69.0	…	96
	2003	100.0	100.0	100.0	100.0	100.0	100.0	95
	2005	88.9	88.9	96.3	83.1	83.1	90.0	3
	2006	86.4	85.8	103.8	76.0	75.5	91.3	3
初等教育的教师	1998	…	70.5	104.3	…	75.2	111.2	3
	2002	…	62.5	99.5	…	63.5	101.1	96
	2003	100.0	100.0	100.0	100.0	100.0	100.0	95
	2005	97.6	86.0	107.2	91.2	80.4	100.2	3
	2006	104.3	88.2	118.8	91.7	77.6	104.5	3
专业护士	2001	95.2	89.9	99.4	98.4	93.0	102.8	96
	2002	102.4	95.2	107.2	104.1	96.7	108.9	96
	2003	100.0	100.0	100.0	100.0	100.0	100.0	95
	2005	100.6	101.5	98.5	94.0	94.9	92.1	3
	2006	104.8	100.0	108.7	92.2	88.0	95.6	3
酒店接待员	1998	…	113.2	114.7	…	120.7	122.3	3
	2002	…	102.9	153.8	…	104.6	156.3	96
	2003	100.0	100.0	100.0	100.0	100.0	100.0	95
	2005	122.6	123.5	118.9	114.6	115.4	111.1	3
	2006	126.3	123.5	142.7	111.1	108.6	125.5	3
客房服务员或客房清理员	2001	66.0	66.0	45.7	68.3	68.3	47.3	96
	2002	…	73.7	43.8	…	74.9	44.5	96
	2003	100.0	100.0	100.0	100.0	100.0	100.0	95
	2005	91.7	92.3	61.9	85.7	86.3	57.9	3
	2006	119.2	122.4	78.6	104.8	107.7	69.1	3

表 16b 职业收入指数（注）

1. 说明

工资信息被广泛用来衡量工作者的总体收入水平。这些信息常被用以制定、实施和监测经济政策，更具体地说，它们被用来解决人力资源规划、劳动力利用、工资制定、社会保障和人工成本等劳动力问题。针对本指标，这里给出了两个涉及 19 个职业的工资指数表：一个（表 16a）是与名义和实际工资率相关；另一个（表 16b）是与名义和实际收入相关。从不同经济活动部门和不同技术水平的职业中挑选出的这 19 个职业代表了实际工资率与收入的总体发展情况。相对于使用笼统的平均工资信息，按照具体职业统计工资情况可以避免一些局限，因为劳动力组成与结构的变化可能会影响有关平均工资的记录。

2. 定义

(1) 名义工资：每小时、每日、每周和每月工资的年平均数。名义工资一般来自现行价格下的工资和薪金，以（a）雇员数量或（b）雇员总工时来衡量。

(2) 名义工资指数：名义工资指数的计算是通过设置基准年名义工资为 100 而得出的。

(3) 消费者价格指数（CPI）：消费者购买货物与服务时支付的一般价格水平随时间的变化。CPI 包含了消费模式和价格变化的信息。

(4) 实际工资指数：名义工资指数根据以消费者价格指数衡量的购买力的变化进行调整后的结果（100 × 名义工资指数/消费价格指数）。

3. 职业描述

每个被选定职业的全称如下：(1) 建筑工人；(2) 金属制造业的焊工；(3) 专业护士；(4) 初级教育的教师；(5) 保险部门的计算机程序员；(6) 银行业部门的会计；(7) 农场工人；(8) 服装制造业的服装剪裁工；(9) 服装制造业的缝纫机操作工；(10) 印刷及出版行业的速记—打字员；(11) 印刷及出版行业办公室文员；(12) 电力部门的配电和输电工程师；(13) 食品批发行业的营业员；(14) 食品零售业的营业员；(15) 酒店接待员；(16) 客服服务员或客房清理员；(17) 公共汽车司机；(18) 城镇卡车司机；(19) 垃圾工。这些职业在 KILM 16 的专栏 16a 中有详细描述。

4. 信息库

LABOCT 关于职业工资、工时和粮食价格的统计："十月调查"的结果

国际劳工局统计部，瑞士日内瓦

http://laborsta.ilo.org

这个数据库显示了 10 月调查的最新结果，这是涉及 49 个行业团体的 159 种职业以及 93 个粮食项目的零售价格的世界性调查，该调查于每年 10 月份开展。

劳工统计数据库 劳工统计年鉴，在线统计数据库

国际劳工局统计部，瑞士日内瓦

http://laborsta.ilo.org

劳工统计数据库是国际劳工组织统计部的在线数据库，提供了自 1969 年以来 30 多个官方核心劳工统计表，包括经济活动人口、就业、失业、工时、工资、劳动力成本、消费者价格、工伤及罢工和停工。

5. 资料类型

CA	与劳动力有关的机构普查
D	机构调查
D/FE	机构调查/劳资协议
DA	与劳动力有关的机构调查
DA/FE/OE	与劳动力有关的机构调查/劳资协议/官方估算
F	行政记录和相关资料
FD	行政记录
FE	劳资协议
FH	雇主或工人组织的记录
HS	家庭或劳动力调查

…	无法获得数据

6. 时间单位（见表 16b 附录）

d	天
h	小时
hp	付酬小时
hw	工时
m	月
w	周
y	年

7. 符号

MF	男性和女性
M	男性
F	女性
b	序列发生变动
…	无法获得数据
–	忽略不计

注 No.	资料来源类型	备注
1	FE	
2	FE	收入注释：公共部门。
3	DA	
4	D	收入注释：不包括奖金。
5	D	
6	D	收入参考期：第三季度
7	DA	收入注释：参考期根据行业和职业的不同而变化。
8	DA	收入注释：私人部门。
9	…	收入参考期：11 月 收入注释：雇员数为 20 人及以上的企业。
10	…	收入注释：雇员数为 20 人及以上的机构。
11	DA	收入参考期：第四季度
12	DA	收入参考期：8 月
13	DA	收入参考期：5 月
14	DA	收入注释：全职及非全职成年雇员。
15	…	
16	DA	消费者价格指数（CPI）注释：扣除租金。
17	DA	收入注释：本地和长途运输。 消费者价格指数（CPI）注释：扣除租金。
18	DA	收入注释：不包括公共部门的教育机构。 消费者价格指数（CPI）注释：扣除租金。
19	DA	收入注释：小麦、玉米。
20	DA	收入参考期：第三季度
21	CA	消费者价格指数（CPI）地域限制：城市地区
22	CA	收入注释：数据未按照行业分类。 消费者价格指数（CPI）地域限制：城市地区
23	CA	收入注释：本地和长途运输；数据未按照行业分类。 消费者价格指数（CPI）地域限制：城市地区
24	DA	收入覆盖范围：拖拉机司机 收入注释：参考期根据行业和职业的不同而变化。

注 No.	资料来源类型	备注
25	DA	收入覆盖范围：拖拉机司机 收入注释：参考期根据行业和职业的不同而变化；数据不是按照单个职业分类，而是按照职业组别分类。
26	DA	收入注释：参考期根据行业和职业的不同而变化；数据不是按照单个职业分类，而是按照职业组别分类。
27	…	收入参考期：4 月
28	HS	
29	HS	收入注释：包括一级教育中的教师及幼儿园教师。
30	DA	收入注释：数据未按照行业分类。 消费者价格指数（CPI）覆盖范围：所有的城市消费者
31	DA	收入覆盖范围：秘书、速记员和打字员 收入注释：数据未按照行业分类。 消费者价格指数（CPI）覆盖范围：所有的城市消费者
32	DA	收入覆盖范围：包括审计员 收入注释：数据未按照行业分类。 消费者价格指数（CPI）覆盖范围：所有的城市消费者
33	DA	收入参考期：5 月 收入注释：根据劳资协议商定的正常工作时间；数据未按照行业组别分类，而是按照部门分类。
34	CA	
35	CA	收入注释：所有教师，所有学科，所有水平。
36	D	收入注释：混合作物。
37	DA	收入参考期：6 月
38	FD	
39	DA	收入参考期：第三季度 消费者价格指数（CPI）参考期：2—12 月
40	DA	收入参考期：第四季度 消费者价格指数（CPI）参考期：2—12 月
41	CA	收入注释：参考期根据行业和职业的不同而变化。
42	CA	收入注释：公共部门；参考期根据行业和职业的不同而变化。
43	FH	收入参考期：下一年 1 月
44	FH	收入注释：私人部门。
45	D	收入参考期：9 月
46	F	消费者价格指数（CPI）地域限制：不包括德涅斯特河沿岸地区
47	F	
48	DA	收入参考期：9 月
49	DA	收入参考期：9 月 收入注释：包括私人秘书。
50	DA	收入参考期：6 月 收入注释：所有教师，所有学科，所有水平。
51	DA	收入参考期：10 月。
52	DA	收入参考期：7 月和 12 月的平均值
53	…	收入注释：全职和非全职雇员。
54	…	收入注释：芋头。 消费者价格指数（CPI）注释：扣除租金。
55	…	消费者价格指数（CPI）注释：扣除租金。
56	F	收入参考期：6 月
57	DA	收入参考期：3 月 消费者价格指数（CPI）地域限制：科伦坡
58	DA	收入参考期：3 月和 9 月 消费者价格指数（CPI）地域限制：科伦坡
59	DA	收入参考期：3 月
60	DA	收入参考期：3 月 收入注释：公共企业。
61	DA/FE/OE	
62	DA/FE/OE	消费者价格指数（CPI）参考期：1—11 月
63	DA/FE/OE	收入参考期：7 月
64	FE	收入注释：参考期根据行业和职业的不同而变化。
65	FE	收入参考期：10—12 月
66	HS	收入参考期：7 月 收入注释：主要职业 消费者价格指数（CPI）地域限制：中心地区
67	FD	收入注释：香蕉种植园主。

注 No.	资料来源类型	备注
68	DA	收入参考期：第二季度
69	DA	收入注释：临时数据
70	…	收入参考期：12 月 收入注释：临时数据。
71	…	收入参考期：12 月 31 日
72	DA	收入参考期：3 月、6 月和 9 月的平均值 收入地域限制：城市地区 消费者价格指数（CPI）地域限制：大都市地区
73	DA	收入参考期：6 月 收入地域限制：城市地区 消费者价格指数（CPI）地域限制：大都市地区
74	DA	收入参考期：3 月、6 月和 9 月的平均值 收入地域限制：城市地区 收入覆盖范围：城市长途卡车司机 消费者价格指数（CPI）地域限制：大都市地区
75	DA	收入参考期：6 月 收入地域限制：城市地区 收入覆盖范围：城市长途卡车司机 消费者价格指数（CPI）地域限制：大都市地区
76	DA	消费者价格指数（CPI）地域限制：蒙得维的亚
77	HS	收入参考期：第一季度 收入地域限制：Encuesta de hogares 消费者价格指数（CPI）地域限制：加拉加斯
78	CA	收入覆盖范围：包括制模工人
79	CA	收入覆盖范围：汽车司机
80	DA	收入注释：工厂工人。
81	DA	收入注释：工厂工人；出口加工区。
82	DA	收入参考期：9 月 收入注释：出口加工区。
83	DA	收入参考期：9 月 收入注释：报纸。
84	DA	收入注释：报纸。
85	DA	收入参考期：9 月 收入注释：工厂工人。
86	DA	收入注释：公共部门。
87	DA	收入参考期：9 月 收入注释：公共部门。
88	DA	收入参考期：9 月 收入注释：酒店。
89	DA	收入注释：蔬菜和水果。
90	D/FE	收入参考期：下年 1 月 收入地域限制：班吉 消费者价格指数（CPI）地域限制：班吉 消费者价格指数（CPI）注释：扣除租金。
91	…	收入地域限制：利伯维尔 消费者价格指数（CPI）地域限制：利伯维尔 消费者价格指数（CPI）覆盖范围：高收入群体 消费者价格指数（CPI）注释：扣除租金。
92	D	收入参考期：8 月 收入覆盖范围：仅指公民 收入注释：数据未按照行业分类。
93	FH	
94	DA	收入参考期：12 月
95	DA	收入注释：全职及非全职雇员。
96	DA	收入注释：工资的波动是由于样本规模较小造成的。

表 16b 附录 职业收入指数——基准年份和名义值

	职业	基准年份/时间单位	收入 MF	收入 M	收入 F
发达经济体和欧盟					
欧盟					
奥地利	农场工人	2000/w	288.37	…	…
	服装裁剪工	2000/h	6.55	…	…
	缝纫机操作工	2000/h	5.85	…	…
	配电和输电工程师	2000/m	…	2 760.84	…
	劳工	2000/h	8.39	…	…
	城镇卡车司机	2000/h	6.31	…	…
	会计	2000/y	46 382.20	…	…
	计算机程序员	2000/m	3 458.94	…	…
	垃圾工	2000/m	…	2 156.71	…
	专业护士	2000/m	2 701.10	…	…
	客房服务员或客房清理员	2000/m	917.13	…	…
塞浦路斯	农场工人	2000/w	98.33	146.68	79.68
	服装裁剪工	2000/w	144.91	151.38	140.46
	缝纫机操作工	2003/w	106.01	…	106.01
	速记员—打字员	2000/m	…	…	648.95
	办公室文员	2002/m	668.91	766.12	652.00
	焊工	2000/w	…	172.52	…
	配电和输电工程师	2000/m	…	2 261.88	…
	劳工	2000/w	157.53	159.06	115.53
	销售员（093）	2000/m	655.13	765.88	532.40
	销售员（096）	2000/m	497.57	639.46	447.47
	公共汽车司机	2000/w	175.05	177.13	121.24
	会计	2000/m	1 823.86	1 878.52	1 678.10
	计算机程序员	2002/m	1 031.57	1 400.21	949.65
	垃圾工	2002/m	…	835.63	…
	初等教育的教师	2000/m	1 151.75	1 301.32	1 108.39
	专业护士	2000/m	1 282.44	1 235.74	1 300.92
	酒店接待员	2000/m	758.44	817.73	688.70
	客房服务员或客房清理员	2000/m	623.79	642.28	620.90
捷克共和国	农场工人	2003/hp	53.00	60.40	47.90
	服装裁剪工	2003/hp	67.40	69.70	67.20
	缝纫机操作工	2005/hp	58.70	…	58.70
	速记员—打字员	2003/m	…	…	13 780.00
	办公室文员	2003/hp	74.00	83.50	70.70
	焊工	2003/hp	85.00	86.50	46.60
	配电和输电工程师	2003/hp	182.70	185.50	130.80
	劳工	2003/hp	64.50	64.60	54.40
	销售员（093）	2003/hp	47.00	50.20	46.80
	销售员（096）	2005/hp	52.90	59.10	52.40
	公共汽车司机	2003/hp	98.60	98.70	96.50
	城镇卡车司机	2003/hp	68.00	68.10	48.10
	会计	2003/hp	206.30	239.20	189.40
	计算机程序员	2003/hp	201.30	205.40	183.60
	垃圾工	2005/hp	71.50	71.70	52.20

	职业	基准年份/时间单位	收入		
			MF	M	F
	初等教育的教师	2003/hp	99.10	101.20	98.80
	专业护士	2003/hp	104.90	108.20	104.90
	酒店接待员	2003/hp	90.20	117.10	80.90
	客房服务员或客房清理员	2003/hp	52.00	58.70	51.50
丹麦	农场工人	1985/h	…	56.69	…
	服装裁剪工	1989/h	…	90.43	83.10
	缝纫机操作工	2003/hw	139.71	…	139.81
	办公室文员	2003/hw	202.23	217.98	195.49
	焊工	2003/hw	200.90	201.29	…
	配电和输电工程师	2003/hw	351.14	354.51	…
	劳工	2003/hw	193.76	193.85	178.31
	销售员（093）	2003/hw	168.03	177.85	152.83
	销售员（096）	2003/hw	152.55	170.92	144.88
	公共汽车司机	2003/hw	162.07	162.23	161.21
	城镇卡车司机	2003/hw	170.96	171.01	…
	会计	2003/hw	385.59	393.67	360.25
	计算机程序员	1992/m	…	158.43	24 092.00
	垃圾工	2003/hw	166.67	167.62	…
	初等教育的教师	2003/hw	204.13	205.60	203.11
	专业护士	2003/hw	210.32	…	211.78
	酒店接待员	2003/hw	167.24	163.17	168.98
	客房服务员或客房清理员	2003/hw	147.66	146.73	148.02
爱沙尼亚	服装裁剪工	1995/hw	…	14.29	13.17
	缝纫机操作工	1995/hw	…	12.68	10.83
	办公室文员	1995/hw	…	15.00	14.41
	焊工	1995/hw	…	17.41	…
	配电和输电工程师	1995/hw	…	28.94	27.63
	劳工	1995/hw	…	16.78	9.67
	销售员（093）	1995/hw	…	…	7.48
	销售员（096）	1995/hw	…	…	6.58
	公共汽车司机	1995/hw	…	16.51	18.49
	城镇卡车司机	1995/hw	…	11.71	…
	会计	1995/hw	…	46.15	32.99
	垃圾工	1995/hw	…	10.43	7.77
	专业护士	1995/hw	…	18.37	14.54
	酒店接待员	1995/hw	…	18.84	15.63
	客房服务员或客房清理员	1995/hw	…	6.49	8.53
芬兰	农场工人	1998/h	…	44.35	37.78
	服装裁剪工	1998/m	…	8 338.00	7 490.00
	缝纫机操作工	2005/m	…	1 794.00	1 576.00
	速记员—打字员	1998/m	…	10 758.00	9 546.00
	办公室文员	1998/m	…	12 558.00	9 872.00
	焊工	1998/m	…	11 476.00	10 559.00
	配电和输电工程师	1998/m	…	19 456.00	17 009.00
	劳工	1998/m	…	10 747.00	8 045.00
	销售员（093）	2005/m	…	2 176.00	1 913.00
	销售员（096）	1998/m	…	9 951.00	7 755.00
	公共汽车司机	1998/m	…	10 534.00	10 529.00

	职业	基准年份/时间单位	收入 MF	收入 M	收入 F
	城镇卡车司机	1998/m	…	10 875.00	9 160.00
	会计	1998/m	…	22 447.00	17 609.00
	计算机程序员	1998/m	…	19 305.00	16 808.00
	垃圾工	2005/m	…	2 236.00	1 808.00
	初等教育的教师	1998/m	…	13 276.00	12 449.00
	专业护士	1998/m	…	11 380.00	11 289.00
	酒店接待员	1998/m	…	9 981.00	9 005.00
	客房服务员或客房清理员	1998/m	…	7 608.00	7 683.00
匈牙利	服装裁剪工	2000/m	50 822.00	…	…
	速记员—打字员	2000/m	60 612.00	…	…
	办公室文员	2000/m	77 586.00	…	…
	焊工	2000/m	76 032.00	…	…
	配电和输电工程师	2000/m	171 736.00	…	…
	劳工	2000/m	55 873.00	…	…
	销售员（093）	2000/m	49 154.00	…	…
	销售员（096）	2000/m	46 931.00	…	…
	公共汽车司机	2000/m	85 938.00	…	…
	城镇卡车司机	2000/m	54 615.00	…	…
	会计	2000/m	213 352.00	…	…
	计算机程序员	2000/m	306 104.00	…	…
	垃圾工	2000/m	67 019.00	…	…
	初等教育的教师	2000/m	79 773.00	…	…
	专业护士	2000/m	76 537.00	…	…
	酒店接待员	2000/m	63 393.00	…	…
	客房服务员或客房清理员	2000/m	50 483.00	…	…
拉脱维亚	服装裁剪工	2001/m	104.98	113.93	104.66
	缝纫机操作工	2001/m	88.60	68.62	89.24
	速记员—打字员	2001/m	203.37	264.89	183.59
	办公室文员	2001/m	246.50	229.75	280.00
	焊工	2001/m	120.73	120.33	129.34
	配电和输电工程师	2001/m	299.71	303.48	283.32
	劳工	2001/m	146.95	147.49	125.60
	销售员（093）	2001/m	66.58	74.20	65.54
	销售员（096）	2001/m	72.83	71.43	72.94
	公共汽车司机	2001/m	201.65	196.73	231.01
	城镇卡车司机	2001/m	69.94	69.92	161.00
	会计	2001/m	482.41	627.74	463.95
	计算机程序员	2001/m	508.35	537.50	372.33
	垃圾工	2001/m	126.51	130.93	79.44
	初等教育的教师	2001/m	171.62	156.17	173.05
	专业护士	2001/m	162.52	143.00	162.55
	酒店接待员	2001/m	185.34	227.88	178.92
	客房服务员或客房清理员	2001/m	78.64	83.85	78.40
立陶宛	农场工人	2000/m	…	499.00	…
	服装裁剪工	2000/m	919.00	1 092.00	841.00
	缝纫机操作工	2000/m	747.00	1 000.00	739.00
	办公室文员	2000/m	…	…	1 168.00
	焊工	2000/m	…	874.00	…

	职业	基准年份/时间单位	收入 MF	收入 M	收入 F
	劳工	2000/m	905.00	921.00	601.00
	销售员（093）	2000/m	648.00	942.00	565.00
	销售员（096）	2002/m	631.00	690.00	621.00
	公共汽车司机	2002/m	1 094.00	1 068.00	1 414.00
	城镇卡车司机	2000/m	…	631.00	…
	会计	2000/m	2 101.00	3 439.00	1 940.00
	计算机程序员	2000/m	…	2 427.00	…
	垃圾工	2000/m	…	708.00	…
	初等教育的教师	2002/m	1 334.00	…	1 337.00
	专业护士	2000/m	…	…	859.00
	酒店接待员	2000/m	…	…	1 104.00
	客房服务员或客房清理员	2000/m	…	…	758.00
卢森堡	办公室文员	2002/hp	19.20	20.30	16.50
	焊工	2002/hp	…	13.50	…
	劳工	2002/hp	…	10.40	…
	销售员（096）	2002/hp	10.30	11.60	9.80
	公共汽车司机	2002/hp	14.00	14.10	12.00
	城镇卡车司机	2002/hp	12.40	12.40	10.90
	会计	2002/hp	29.50	31.00	25.30
	计算机程序员	2002/hp	…	23.00	…
	客房服务员或客房清理员	2002/hp	8.10	8.50	8.00
波兰	农场工人	2004/m	1 685.14	1 700.87	1 646.06
	服装裁剪工	2004/m	1 957.24	1 994.82	1 711.14
	缝纫机操作工	2004/m	1 957.24	1 994.82	1 711.14
	速记员—打字员	2004/m	2 139.19	2 549.63	2 113.69
	办公室文员	2004/m	2 004.32	2 086.72	1 928.82
	焊工	2004/m	2 144.49	2 154.33	1 627.64
	配电和输电工程师	2004/m	3 599.75	3 700.97	3 039.22
	劳工	2004/m	1 815.72	1 901.24	1 167.94
	销售员（093）	2004/m	1 326.58	1 598.27	1 218.00
	销售员（096）	2004/m	1 326.58	1 598.27	1 218.00
	公共汽车司机	2004/m	2 055.12	2 049.73	2 714.80
	城镇卡车司机	2004/m	2 055.12	2 049.73	2 714.80
	会计	2004/m	3 341.73	4 086.96	3 027.77
	计算机程序员	2004/m	5 067.16	5 042.33	5 182.78
	垃圾工	2004/m	1 250.96	1 215.97	1 255.18
	初等教育的教师	2004/m	2 810.97	3 398.70	2 627.08
	专业护士	2004/m	2 915.65	3 099.52	2 890.01
	酒店接待员	2004/m	1 599.39	1 461.37	1 618.73
	客房服务员或客房清理员	2004/m	1 281.50	1 503.94	1 266.99
葡萄牙	农场工人	2000/m	394.22	414.57	374.32
	服装裁剪工	2000/m	429.92	472.00	420.69
	缝纫机操作工	2000/m	444.35	464.28	396.52
	速记员—打字员	2000/m	493.37	472.51	496.09
	办公室文员	2000/m	750.62	832.94	718.15
	焊工	2000/m	623.97	627.76	531.90
	配电和输电工程师	2002/m	2 089.90	2 126.13	1 868.90
	劳工	2000/m	423.63	423.94	399.05

	职业	基准年份/时间单位	收入		
			MF	M	F
	销售员（093）	2000/m	572.74	638.55	475.35
	销售员（096）	2000/m	422.07	470.63	406.27
	公共汽车司机	2000/m	957.90	958.03	941.73
	城镇卡车司机	2000/m	702.15	702.42	806.24
	会计	2000/m	1 672.95	1 795.30	1 562.83
	计算机程序员	2000/m	1 688.73	1 732.73	1 609.53
	垃圾工	2000/m	544.57	557.67	460.45
	初等教育的教师	2000/m	1 136.71	1 188.60	1 131.07
	专业护士	2000/m	1 241.86	1 221.45	1 245.37
	酒店接待员	2000/m	633.65	668.81	600.00
	客房服务员或客房清理员	2000/m	501.20	562.92	499.31
罗马尼亚	农场工人	2000/m	…	196.72	151.49
	服装裁剪工	2000/m	…	432.32	375.52
	缝纫机操作工	2000/m	…	206.42	188.18
	速记员—打字员	2000/m	…	…	297.53
	办公室文员	2003/m	…	871.69	728.06
	焊工	2000/m	…	300.30	244.83
	配电和输电工程师	2000/m	…	677.73	605.08
	劳工	2000/m	…	167.85	145.72
	销售员（093）	2000/m	…	357.53	333.32
	销售员（096）	2000/m	…	272.13	185.06
	公共汽车司机	2000/m	…	332.74	393.85
	城镇卡车司机	2003/m	…	364.31	333.61
	会计	2000/m	…	1 543.33	1 862.10
	计算机程序员	2000/m	…	524.25	603.01
	垃圾工	2000/m	…	190.79	201.48
	初等教育的教师	2000/m	…	378.44	329.90
	专业护士	2000/m	…	382.07	367.40
	酒店接待员	2000/m	…	385.14	223.27
	客房服务员或客房清理员	2005/m	…	535.00	558.00
斯洛伐克	农场工人	2002/m	8 617.00	9 153.00	7 681.00
	服装裁剪工	2002/m	9 438.00	11 826.00	8 210.00
	缝纫机操作工	2003/m	8 379.00	8 661.00	8 370.00
	速记员—打字员	2002/m	11 452.00	15 158.00	11 194.00
	办公室文员	2002/m	14 964.00	17 774.00	14 458.00
	焊工	2002/m	18 604.00	18 764.00	10 699.00
	配电和输电工程师	2002/m	24 560.00	24 909.00	20 805.00
	劳工	2002/m	9 295.00	9 342.00	7 944.00
	销售员（093）	2002/m	6 523.00	7 422.00	6 443.00
	销售员（096）	2002/m	6 523.00	7 422.00	6 443.00
	公共汽车司机	2002/m	16 032.00	16 021.00	17 153.00
	城镇卡车司机	2002/m	12 954.00	12 959.00	10 658.00
	会计	2002/m	22 610.00	28 144.00	20 550.00
	计算机程序员	2002/m	27 276.00	29 141.00	21 172.00
	垃圾工	2002/m	8 087.00	8 489.00	6 632.00
	初等教育的教师	2002/m	12 725.00	13 032.00	12 699.00
	专业护士	2000/m	10 332.80	…	…
	酒店接待员	2002/m	10 383.00	11 586.00	9 930.00
	客房服务员或客房清理员	2002/m	6 876.00	10 233.00	6 686.00

	职业	基准年份/时间单位	收入		
			MF	M	F
斯洛文尼亚	农场工人	1997/m	91 696.00	…	…
	服装裁剪工	1997/m	88 032.00	…	…
	缝纫机操作工	1997/m	96 309.00	…	…
	速记员—打字员	1997/m	…	…	106 543.00
	办公室文员	1997/m	171 744.00	…	…
	焊工	1997/m	105 590.00	…	…
	配电和输电工程师	1997/m	242 700.00	…	…
	劳工	1997/m	…	96 528.00	83 099.00
	销售员（096）	1997/m	…	97 610.00	94 387.00
	公共汽车司机	1997/m	143 063.00	…	…
	城镇卡车司机	1997/m	119 019.00	…	…
	会计	1997/m	148 130.00	…	…
	计算机程序员	1997/m	246 078.00	…	…
	初等教育的教师	1997/m	…	158 982.00	153 414.00
	专业护士	1997/m	…	…	188 752.00
	客房服务员或客房清理员	1997/m	88 501.00	…	…
瑞典	农场工人	1991/h	…	78.78	72.46
	服装裁剪工	1991/h	…	83.55	74.36
	缝纫机操作工	1991/h	…	83.55	74.36
	速记员—打字员	1991/m	…	14 497.00	12 839.00
	办公室文员	1991/m	…	14 497.00	12 839.00
	焊工	1991/h	…	88.30	80.37
	配电和输电工程师	1991/m	…	16 677.00	13 144.00
	劳工	1986/h	66.43	…	…
	销售员（093）	1991/m	…	19 112.00	13 826.00
	销售员（096）	1991/m	…	17 288.00	13 794.00
	城镇卡车司机	1992/h	…	94.25	95.17
	会计	1991/m	…	22 727.00	19 097.00
	垃圾工	1992/h	…	92.92	76.34
	初等教育的教师	1991/m	…	15 430.00	15 660.00
	专业护士	1991/m	…	13 948.00	13 760.00
	酒店接待员	1991/h	…	72.62	70.36
	客房服务员或客房清理员	1991/h	…	72.62	70.36
英国	农场工人	2004/w	309.80	311.70	222.50
	服装裁剪工	2004/w	256.70	282.40	198.00
	缝纫机操作工	2004/w	229.80	298.50	223.40
	速记员—打字员	2004/w	272.90	…	272.90
	办公室文员	2004/w	299.40	317.00	295.20
	焊工	2005/w	393.90	394.30	285.60
	配电和输电工程师	2004/w	637.10	638.30	546.40
	劳工	2004/w	312.20	313.20	185.30
	销售员（093）	2004/w	226.40	251.90	213.50
	销售员（096）	2004/w	226.40	251.90	213.50
	公共汽车司机	2004/w	333.80	335.50	303.80
	城镇卡车司机	2004/w	305.30	307.50	230.00
	会计	2004/w	660.10	689.60	586.40
	计算机程序员	2004/w	608.90	614.20	551.30
	垃圾工	2004/w	300.20	300.20	262.80

	职业	基准年份/时间单位	收入 MF	收入 M	收入 F
	初等教育的教师	2004/w	581.60	624.40	571.20
	专业护士	2004/w	477.40	497.10	471.60
	酒店接待员	2004/w	246.00	287.80	245.00
	客房服务员或客房清理员	2004/w	232.70	250.00	218.70
北美洲					
加拿大	农场工人	2003/h	11.03	11.38	9.21
	缝纫机操作工	2003/h	10.15	11.80	10.04
	速记员—打字员	2002/h	…	…	16.02
	办公室文员	2004/h	16.26	…	17.31
	焊工	2003/h	20.07	19.99	…
	配电和输电工程师	2003/h	38.18	38.75	…
	劳工	2005/h	17.98	18.41	11.34
	销售员（093）	1998/h	…	16.97	…
	销售员•(096）	2003/h	13.94	15.78	12.98
	公共汽车司机	2003/h	17.83	18.86	14.14
	城镇卡车司机	2004/h	16.79	16.91	12.06
	会计	2003/h	21.72	22.63	19.85
	初等教育的教师	2003/h	25.67	26.36	25.50
	专业护士	2003/h	27.01	27.64	26.96
	酒店接待员	2003/h	11.76	13.01	10.59
	客房服务员或客房清理员	2003/h	10.38	10.91	9.87
美国	农场工人	1997/w	…	276.00	247.00
	服装裁剪工	2005/y	18 520.00	…	…
	缝纫机操作工	1997/w	…	284.00	260.00
	速记员—打字员	1996/w	…	389.00	404.00
	办公室文员	1997/w	…	450.00	378.00
	焊工	1997/w	…	496.00	…
	配电和输电工程师	1997/w	…	999.00	870.00
	劳工	1997/w	…	376.00	…
	销售员（096）	1997/w	…	381.00	280.00
	公共汽车司机	1997/w	…	476.00	356.00
	城镇卡车司机	1997/w	…	509.00	399.00
	会计	1997/w	…	791.00	590.00
	计算机程序员	1997/w	…	869.00	742.00
	垃圾工	1987/w	…	291.00	…
	初等教育的教师	1997/w	…	719.00	655.00
	专业护士	1997/w	…	778.00	705.00
	酒店接待员	1997/w	…	…	273.00
	客房服务员或客房清理员	1997/w	…	292.00	259.00
其他发达经济体					
澳大利亚	服装裁剪工	2002/w	616.70	676.90	603.80
	缝纫机操作工	2002/w	559.40	743.60	539.00
	速记员—打字员	2002/w	721.00	893.60	717.70
	办公室文员	2002/w	692.40	747.40	677.50
	焊工	2002/w	815.20	813.10	973.80
	配电和输电工程师	2002/w	1 204.20	1 188.30	1 511.10
	劳工	2006/w	1 120.30	1 108.40	1 710.60
	销售员（093）	2002/w	619.30	672.10	582.80

	职业	基准年份/时间单位	收入 MF	收入 M	收入 F
	销售员（096）	2002/w	619.30	672.10	582.80
	公共汽车司机	2002/w	809.30	806.40	890.50
	城镇卡车司机	2002/w	880.70	882.40	738.70
	会计	2002/w	959.00	995.60	920.20
	计算机程序员	2002/w	1 197.20	1 208.90	1 148.80
	垃圾工	2002/w	…	459.30	…
	初等教育的教师	2002/w	964.00	976.70	960.60
	专业护士	2002/w	949.00	968.90	945.60
	酒店接待员	2002/w	621.50	609.50	622.30
	客房服务员或客房清理员	2002/w	605.90	620.80	574.60
直布罗陀	办公室文员	1990/w	116.78	…	…
	劳工	1990/h	…	3.67	…
	公共汽车司机	1990/h	…	3.09	…
	初等教育的教师	1990/m	931.69	…	…
	酒店接待员	1990/h	2.86	…	…
	客房服务员或客房清理员	1990/h	…	2.20	…
马恩岛	农场工人	1987/w	99.20	…	…
	服装裁剪工	1987/w	…	110.00	…
	缝纫机操作工	1987/w	…	1.70	73.60
	速记员—打字员	1987/m	…	791.60	…
	办公室文员	1987/m	…	…	476.63
	焊工	1988/h	…	3.65	…
	配电和输电工程师	1988/m	…	884.75	…
	劳工	1987/w	…	114.75	…
	销售员（093）	1985/m	…	403.00	325.00
	销售员（096）	1987/w	…	66.30	66.30
	公共汽车司机	1987/w	…	201.00	…
	城镇卡车司机	1987/w	…	150.00	…
	会计	1987/m	…	1 385.09	319.66
	垃圾工	1988/w	…	126.21	…
	初等教育的教师	1987/m	1 108.16	…	…
	酒店接待员	1988/w	…	…	135.00
	客房服务员或客房清理员	1988/w	…	…	81.00
日本	缝纫机操作工	2000/m	…	250 200.00	141 800.00
	焊工	2000/m	…	327 900.00	204 000.00
	公共汽车司机	2000/m	…	370 400.00	271 200.00
	计算机程序员	1985/m	…	223 600.00	159 800.00
	专业护士	2000/m	…	333 100.00	321 200.00
圣皮埃尔和密克隆	办公室文员	1985/m	8 135.00	…	…
	劳工	1986/h	36.93	…	…
	销售员（093）	1986/m	7 890.00	…	…
	销售员（096）	1986/m	7 890.00	…	…
	城镇卡车司机	1986/m	9 475.00	…	…
	垃圾工	1986/m	8 747.00	…	…
	初等教育的教师	1986/m	11 402.00	…	…
	专业护士	1986/m	11 396.00	…	…
	酒店接待员	1986/m	6 326.00	…	…
	客房服务员或客房清理员	1986/m	5 961.00	…	…

	职业	基准年份/时间单位	收入 MF	收入 M	收入 F
西欧（非欧盟）					
冰岛	缝纫机操作工	1996/h	…	…	408.00
	办公室文员	2006/h	1 814.00	…	1 736.00
	焊工	1996/h	…	782.00	…
	劳工	2006/h	1 237.00	1 238.00	…
	销售员（093）	1996/h	…	650.00	542.00
	销售员（096）	2003/h	1 005.65	1 153.36	910.45
	城镇卡车司机	1996/h	…	552.00	…
挪威	农场工人	1987/h	…	54.15	51.81
	劳工	2001/m	21 023.00	…	…
	销售员（093）	2003/m	28 249.00	28 964.00	25 876.00
	销售员（096）	2003/m	19 847.00	20 776.00	19 283.00
	公共汽车司机	2003/m	21 604.00	…	…
	城镇卡车司机	2003/m	23 485.00	…	…
	会计	1989/m	…	16 816.00	…
	初等教育的教师	2003/m	26 787.00	…	…
	专业护士	2003/m	24 957.00	25 361.00	24 893.00
	酒店接待员	2006/m	22 004.00	…	…
	客房服务员或客房清理员	1999/m	…	15 620.00	15 500.00
中欧、东南欧（非欧盟）和欧联体					
中欧和东南欧					
土耳其	服装裁剪工	1992/m	5 179 302.00	…	…
	缝纫机操作工	1992/m	4 909 416.00	…	…
	劳工	1992/h	…	17 025.00	…
	会计	1992/h	38 100.00	…	…
	垃圾工	1992/h	31 000.00	…	…
	酒店接待员	1992/h	27 185.00	…	…
	客房服务员或客房清理员	1992/h	12 100.00	…	…
独立国家联合体（独联体）					
阿塞拜疆	劳工	2004/m	651 172.00	…	…
	销售员（093）	2004/m	342 052.00	…	…
	销售员（096）	2004/m	595 612.00	…	…
	会计	2004/m	909 348.00	…	…
	初等教育的教师	2004/m	283 626.00	…	…
	专业护士	2004/m	116 458.00	…	…
	酒店接待员	2004/m	1 183 259.00	…	…
	客房服务员或客房清理员	2004/m	989 017.00	…	…
白俄罗斯	服装裁剪工	2000/m	…	118 635.00	122 121.00
	缝纫机操作工	2000/m	…	…	77 171.00
	速记员—打字员	2000/m	…	…	82 429.00
	配电和输电工程师	2000/m	…	140 256.00	144 564.00
	劳工	2000/m	…	73 079.00	67 980.00
	初等教育的教师	2000/m	…	55 500.00	65 603.00
	专业护士	2000/m	…	…	52 361.00
吉尔吉斯斯坦	劳工	2001/m	1 060.10	1 097.00	724.10
	销售员（093）	2001/m	1 169.40	1 557.10	1 139.60
	销售员（096）	2001/m	873.20	1 000.00	831.00
	会计	2001/m	3 181.50	2 736.40	3 257.20

	职业	基准年份/时间单位	收入 MF	收入 M	收入 F
	初等教育的教师	2001/m	720.10	702.60	721.20
	专业护士	2001/m	581.50	571.10	581.60
摩尔多瓦共和国	农场工人	2000/m	…	227.00	223.00
	服装裁剪工	2000/m	…	331.30	639.80
	缝纫机操作工	2000/m	…	332.30	518.70
	速记员—打字员	2000/m	…	…	360.30
	办公室文员	2000/m	…	970.80	704.60
	焊工	2000/m	…	519.50	736.00
	配电和输电工程师	2000/m	…	1 107.00	1 018.40
	劳工	2000/m	…	402.90	230.00
	销售员（093）	2000/m	…	367.50	303.10
	销售员（096）	2000/m	…	189.70	209.30
	公共汽车司机	2000/m	…	274.00	…
	城镇卡车司机	2000/m	…	472.00	…
	会计	2000/m	…	1 252.80	932.30
	计算机程序员	2003/m	…	5 245.00	7 000.00
	垃圾工	2000/m	…	224.10	203.40
	初等教育的教师	2000/m	…	296.20	298.90
	专业护士	2000/m	…	241.30	240.30
	酒店接待员	2000/m	…	458.20	628.80
	客房服务员或客房清理员	2003/m	…	904.20	826.70
俄罗斯联邦	服装裁剪工	2007/m	8 203.00	…	8 074.00
	缝纫机操作工	2007/m	8 240.00	…	8 248.00
	速记员—打字员	2004/m	…	…	6 847.00
	焊工	1995/m	860.88	…	…
	劳工	2004/m	5 610.00	5 678.00	5 359.00
	销售员（093）	2004/m	3 563.00	3 061.00	3 655.00
	销售员（096）	2007/m	7 774.00	…	7 734.00
	公共汽车司机	2004/m	…	9 500.00	…
	城镇卡车司机	2004/m	…	11 649.00	…
	初等教育的教师	2007/m	9 223.00	…	9 342.00
	专业护士	2000/m	1 134.00	…	…
	酒店接待员	2004/m	…	…	7 766.00
	客房服务员或客房清理员	2004/m	…	…	6 686.00
亚洲和太平洋地区					
东亚					
中国香港	服装裁剪工	1991/d	…	229.20	…
	缝纫机操作工	1991/d	…	193.20	194.10
	速记员—打字员	1991/m	…	…	9 907.20
	办公室文员	1991/m	…	6 800.90	6 483.50
	劳工	1991/d	…	328.10	274.30
	销售员（093）	1991/m	…	8 167.90	…
	销售员（096）	1991/m	…	5 765.30	5 687.40
	酒店接待员	1991/m	…	6 634.40	6 416.30
	客房服务员或客房清理员	1991/m	…	6 064.50	5 510.50
韩国	农场工人	2002/m	1 652 167.00	1 693 592.00	936 445.00
	服装裁剪工	2002/m	1 205 032.00	1 770 335.00	933 914.00
	缝纫机操作工	2002/m	1 493 223.00	1 825 768.00	1 083 130.00

	职业	基准年份/时间单位	收入 MF	收入 M	收入 F
	速记员—打字员	2002/m	1 410 204.00	1 913 226.00	1 305 388.00
	办公室文员	2002/m	2 004 319.00	2 300 045.00	1 504 569.00
	焊工	2002/m	1 816 245.00	1 840 615.00	1 248 176.00
	配电和输电工程师	2002/m	2 693 015.00	2 732 580.00	1 928 966.00
	劳工	2002/m	1 431 668.00	1 464 595.00	974 551.00
	销售员（093）	2002/m	1 533 485.00	1 705 322.00	1 242 218.00
	销售员（096）	2002/m	1 533 485.00	1 705 322.00	1 242 218.00
	公共汽车司机	2002/m	1 539 012.00	1 540 572.00	1 235 245.00
	城镇卡车司机	2002/m	1 539 012.00	1 540 572.00	1 235 245.00
	会计	2002/m	3 610 301.00	3 718 489.00	2 714 286.00
	计算机程序员	2002/m	2 640 618.00	2 700 290.00	2 398 405.00
	垃圾工	2002/m	963 068.00	1 313 527.00	728 115.00
	初等教育的教师	2002/m	2 344 731.00	2 970 846.00	1 695 394.00
	专业护士	2002/m	2 168 276.00	3 484 931.00	1 817 830.00
	酒店接待员	2002/m	1 416 320.00	1 667 002.00	1 312 170.00
	客房服务员或客房清理员	2002/m	892 703.00	1 131 810.00	832 486.00
中国澳门	服装裁剪工	1995/d	…	169.00	115.00
	缝纫机操作工	1995/d	…	127.00	120.00
	会计	1995/m	…	14 401.00	12 469.00
	酒店接待员	1995/m	…	5 594.00	5 526.00
	客房服务员或客房清理员	1995/m	…	4 034.00	4 253.00
中国台湾省	服装裁剪工	2003/m	25 054.00	…	…
	缝纫机操作工	2003/m	18 036.00	…	…
	办公室文员	2003/m	27 198.00	…	…
	焊工	2003/m	26 903.00	…	…
	劳工	2003/m	21 990.00	…	…
	销售员（093）	2003/m	25 580.00	…	…
	销售员（096）	2003/m	25 014.00	…	…
	公共汽车司机	2003/m	21 747.00	…	…
	城镇卡车司机	2003/m	28 940.00	…	…
	会计	2003/m	45 957.00	…	…
	计算机程序员	2003/m	37 730.00	…	…
	垃圾工	2003/m	19 696.00	…	…
	专业护士	2003/m	34 195.00	…	…
	酒店接待员	2003/m	19 258.00	…	…
	客房服务员或客房清理员	2003/m	20 403.00	…	…
太平洋岛国					
美属萨摩亚	农场工人	1984/h	…	1.97	…
	配电和输电工程师	1984/h	…	4.53	…
	酒店接待员	1984/h	…	1.90	…
	客房服务员或客房清理员	1984/h	…	1.85	…
斐济	服装裁剪工	1988/w	34.80	…	…
	缝纫机操作工	1988/w	28.40	…	…
	速记员—打字员	1988/y	5 362.00	…	…
	办公室文员	1988/y	6 002.00	…	…
	焊工	1988/w	48.80	…	…
	配电和输电工程师	1988/y	8 794.00	…	…
	劳工	1988/w	42.66	…	…

	职业	基准年份/时间单位	收入 MF	M	F
	销售员（096）	1988/w	43.60	…	…
	公共汽车司机	1988/w	47.20	…	…
	城镇卡车司机	1988/w	56.80	…	…
	会计	1988/y	14 495.00	…	…
	计算机程序员	1988/y	12 000.00	…	…
	垃圾工	1988/w	126.80	…	…
	初等教育的教师	1988/y	7 505.00	…	…
	专业护士	1988/y	5 201.00	…	…
	酒店接待员	1988/y	3 934.00	…	…
	客房服务员或客房清理员	1988/y	4 013.00	…	…
南亚					
斯里兰卡	服装裁剪工	2000/hp	22.68	…	…
	缝纫机操作工	2000/hp	20.51	…	…
	速记员—打字员	2000/hp	…	33.38	…
	焊工	2000/hp	…	29.84	…
	劳工	2000/hp	…	29.55	…
	销售员（093）	2000/hp	16.10	…	…
	销售员（096）	2000/hp	16.10	…	…
	公共汽车司机	2000/hp	…	27.02	…
	会计	2000/hp	249.84	…	…
	专业护士	2000/hp	31.79	…	…
	酒店接待员	1987/h	…	5.75	4.61
东南亚					
文莱达鲁萨兰国	销售员（096）	2001/w	…	2.70	2.10
印度尼西亚	农场工人	2005/m	911 253.00	930 503.00	735 661.00
	服装裁剪工	2005/m	659 232.00	759 223.00	504 078.00
	缝纫机操作工	2005/m	659 232.00	759 223.00	504 078.00
	速记员—打字员	2005/m	659 232.00	504 078.00	…
	办公室文员	2005/m	1 126 075.00	934 756.00	1 239 348.00
	焊工	2005/m	2 521 966.00	2 888 165.00	1 443 402.00
	配电和输电工程师	2005/m	10 300 000.00	1 301 365.00	…
	劳工	2005/m	674 553.00	675 482.00	609 630.00
	销售员（096）	2005/m	613 711.00	689 147.00	519 799.00
	公共汽车司机	2005/m	766 475.00	768 806.00	601 686.00
	城镇卡车司机	2005/m	766 475.00	768 806.00	601 686.00
	酒店接待员	2005/m	692 734.00	749 673.00	585 980.00
	客房服务员或客房清理员	2005/m	689 097.00	693 101.00	546 715.00
马来西亚	服装裁剪工	1995/m	…	498.19	649.10
	缝纫机操作工	1995/m	…	…	302.52
	焊工	1989/m	…	662.00	…
	会计	1989/m	…	3 334.00	3 200.00
泰国	服装裁剪工	1995/m	…	6 267.42	4 980.08
	缝纫机操作工	1995/m	…	5 183.71	4 632.06
	速记员—打字员	1995/m	…	14 439.00	10 670.46
	办公室文员	1995/m	…	9 446.65	6 430.17
	焊工	1993/m	…	4 525.88	3 606.30
	配电和输电工程师	1993/m	…	14 490.56	13 359.13
	劳工	1995/m	…	4 496.63	2 974.83
	销售员（093）	1995/m	…	14 081.84	10 383.62

	职业	基准年份/时间单位	收入 MF	收入 M	收入 F
	销售员（096）	1995/m	…	7 044.88	6 210.68
	公共汽车司机	1995/m	…	5 569.63	4 340.00
	城镇卡车司机	1995/m	…	5 569.63	4 340.00
	会计	1995/m	…	17 974.52	17 400.52
	计算机程序员	1995/m	…	21 196.78	21 665.13
	垃圾工	2005/m	…	5 343.00	…
	初等教育的教师	1995/m	…	9 002.88	6 897.46
	专业护士	1995/m	…	16 276.18	17 101.25
	酒店接待员	1995/m	…	6 243.41	6 669.34
	客房服务员或客房清理员	1995/m	…	5 540.09	5 168.53
拉丁美洲和加勒比地区					
加勒比地区					
安提瓜和巴布达	劳工	1996/m	…	1 681.00	…
	公共汽车司机	1996/m	…	1 292.00	…
	垃圾工	1996/w	…	450.00	…
	初等教育的教师	1996/m	…	1 812.00	2 206.00
	酒店接待员	1996/m	…	1 396.00	…
古巴	农场工人	2006/hp	1.88	1.88	…
	服装裁剪工	2006/hp	1.66	1.66	…
	缝纫机操作工	2006/hp	1.67	…	1.67
	焊工	2006/hp	1.79	1.79	…
	配电和输电工程师	2006/hp	2.68	2.68	…
	劳工	2006/hp	2.16	2.16	…
	销售员（093）	2006/hp	1.31	1.31	1.31
	销售员（096）	2006/hp	1.31	1.31	1.31
	公共汽车司机	2006/hp	1.65	1.65	…
	城镇卡车司机	2006/hp	1.78	1.78	…
	会计	2006/hp	2.56	…	2.56
	垃圾工	2006/hp	3.55	3.72	3.40
	初等教育的教师	2006/hp	2.14	1.80	2.48
	专业护士	2006/hp	3.04	…	3.04
	酒店接待员	2006/hp	1.44	1.65	1.64
	客房服务员或客房清理员	2006/hp	1.68	…	1.68
波多黎各	服装裁剪工	2002/hp	6.65	…	…
	缝纫机操作工	2002/hp	6.22	…	…
	速记员—打字员	2002/hp	7.94	…	…
	办公室文员	2002/hp	7.60	…	…
	焊工	2002/hp	8.78	…	…
	劳工	2002/hp	6.74	…	…
	销售员（096）	2002/hp	6.93	…	…
	城镇卡车司机	2002/hp	7.97	…	…
	会计	2002/hp	14.36	…	…
	计算机程序员	2002/hp	16.28	…	…
	垃圾工	2002/hp	6.44	…	…
	初等教育的教师	2001/hp	23.09	…	…
	专业护士	2002/hp	10.59	…	…
	酒店接待员	2002/hp	6.78	…	…
	客房服务员或客房清理员	2002/hp	6.99	…	…
圣卢西亚	垃圾工	1990/h	…	4.84	3.82

	职业	基准年份/时间单位	收入 MF	收入 M	收入 F
中美洲					
哥斯达黎加	农场工人	1999/m	51 503.00	51 911.00	41 977.00
	服装裁剪工	1999/m	…	74 276.00	64 832.00
	缝纫机操作工	2000/m	108 465.00	140 582.00	86 894.00
	速记员—打字员	2004/m	…	137 363.00	120 000.00
	办公室文员	2000/m	137 221.00	136 742.00	137 746.00
	焊工	2004/m	150 662.50	151 845.10	80 890.00
	配电和输电工程师	1999/m	…	320 450.00	…
	劳工	2002/m	80 446.00	80 403.00	87 720.00
	销售员（093）	1999/m	67 990.00	78 392.00	44 519.00
	销售员（096）	2000/m	80 147.00	89 933.00	70 368.00
	公共汽车司机	2002/m	123 330.00	124 764.00	65 000.00
	城镇卡车司机	2003/m	139 083.40	139 584.60	102 747.50
	会计	2000/m	218 748.00	233 222.00	184 849.00
	计算机程序员	2000/m	179 120.00	212 323.00	121 401.00
	垃圾工	1999/m	68 451.00	82 641.00	56 191.00
	初等教育的教师	2000/m	174 788.00	167 711.00	176 358.00
	专业护士	1999/m	209 690.00	120 879.00	214 723.00
	酒店接待员	2000/m	89 950.00	80 000.00	109 890.00
	客房服务员或客房清理员	2002/m	84 974.00	101 416.00	75 820.00
萨尔瓦多	服装裁剪工	2004/w	41.47	…	…
	缝纫机操作工	2004/w	32.06	…	…
	速记员—打字员	2004/w	…	…	108.96
	办公室文员	2004/w	…	135.75	…
	焊工	2004/w	…	44.10	…
	配电和输电工程师	2004/w	…	204.70	…
	劳工	2004/w	…	44.53	…
	销售员（093）	2004/w	196.91	…	…
	销售员（096）	2004/w	44.04	…	…
	公共汽车司机	2004/w	…	55.34	…
	城镇卡车司机	2004/w	…	55.34	…
	会计	2004/w	309.65	…	…
	计算机程序员	2004/w	…	255.50	216.66
	垃圾工	2004/w	…	62.31	…
	初等教育的教师	2004/w	75.01	…	…
	专业护士	2004/w	139.38	…	…
	酒店接待员	2004/w	72.04	…	…
	客房服务员或客房清理员	2004/w	51.46	…	…
危地马拉	服装裁剪工	1994/m	…	712.00	…
	缝纫机操作工	1994/m	…	653.00	…
	办公室文员	1994/m	…	1 148.00	…
	焊工	1994/m	…	720.00	…
洪都拉斯	农场工人	1986/d	…	11.78	10.40
	服装裁剪工	1986/d	…	39.37	18.33
	缝纫机操作工	1986/d	…	…	6.00
	速记员—打字员	1986/d	…	13.40	15.00
	办公室文员	1986/d	…	22.09	15.22
	焊工	1986/d	…	16.44	…

	职业	基准年份/时间单位	收入		
			MF	M	F
	配电和输电工程师	1986/d	…	81.90	…
	劳工	1986/d	…	7.46	…
	销售员（093）	1986/d	…	29.76	26.66
	销售员（096）	1986/d	…	21.66	10.00
	公共汽车司机	1986/d	…	32.56	…
	城镇卡车司机	1986/d	…	20.00	…
	会计	1986/d	…	36.66	33.33
	计算机程序员	1986/d	…	46.66	33.66
	垃圾工	1986/d	…	10.00	7.50
	初等教育的教师	1986/d	…	26.30	32.49
	专业护士	1986/d	…	35.00	34.30
	酒店接待员	1986/d	…	12.62	11.56
	客房服务员或客房清理员	1986/d	…	7.32	6.95
墨西哥	服装裁剪工	2003/m	2 506.00	…	…
	缝纫机操作工	2003/m	2 506.00	…	…
	速记员—打字员	2003/m	3 085.00	…	…
	办公室文员	2003/m	3 847.00	…	…
	焊工	2003/m	4 103.00	…	…
	配电和输电工程师	2003/m	7 966.00	…	…
	劳工	2003/m	2 754.00	…	…
	销售员（093）	2003/m	3 760.00	…	…
	销售员（096）	2003/m	2 873.00	…	…
	公共汽车司机	2003/m	4 540.00	…	…
	城镇卡车司机	2003/m	5 402.00	…	…
	会计	2003/m	10 790.00	…	…
	计算机程序员	2003/m	10 582.00	…	…
	垃圾工	2003/m	2 553.00	…	…
	初等教育的教师	2003/m	6 006.00	…	…
	专业护士	2003/m	5 378.00	…	…
	酒店接待员	2003/m	3 706.00	…	…
	客房服务员或客房清理员	2003/m	2 544.00	…	…
南美洲					
巴西	农场工人	2001/m	305.87	311.42	204.66
	服装裁剪工	2001/m	462.10	500.26	409.63
	焊工	2001/m	…	633.71	688.18
	销售员（093）	2001/m	…	1 066.05	754.66
	销售员（096）	2001/m	…	462.46	388.51
	公共汽车司机	2001/m	803.78	802.40	837.38
	城镇卡车司机	2001/m	…	619.59	466.77
	会计	2001/m	3 240.74	3 658.77	2 527.46
	计算机程序员	2001/m	1 738.69	1 783.10	1 593.02
	初等教育的教师	2001/m	601.06	533.57	607.89
	专业护士	2001/m	1 787.65	1 706.29	1 795.60
	酒店接待员	2001/m	…	448.58	412.60
	客房服务员或客房清理员	2001/m	319.43	393.69	313.85
秘鲁	服装裁剪工	2001/m	…	747.56	525.90
	缝纫机操作工	2001/m	…	826.53	686.53
	速记员—打字员	1999/m	…	…	1 735.41

	职业	基准年份/时间单位	收入		
			MF	M	F
	办公室文员	2001/m	…	1 236.77	…
	焊工	2001/m	…	1 053.68	…
	配电和输电工程师	2004/m	…	5 633.05	4 472.35
	劳工	2001/m	…	932.54	…
	销售员（093）	1998/m	…	1 119.00	561.00
	销售员（096）	2001/m	…	938.48	651.87
	公共汽车司机	2001/m	…	631.46	…
	城镇卡车司机	2001/m	…	1 131.28	…
	会计	2001/m	…	5 576.89	4 813.16
	计算机程序员	1997/m	…	2 923.00	…
	初等教育的教师	2001/m	…	1 436.37	1 343.22
	专业护士	2001/m	…	…	1 123.44
	酒店接待员	2001/m	…	747.06	558.83
	客房服务员或客房清理员	2001/m	…	527.52	549.76
乌拉圭	缝纫机操作工	1995/hw	13.08	…	…
	办公室文员	1995/hw	43.11	…	…
	劳工	1995/hw	15.04	…	…
	销售员（093）	1995/hw	87.51	…	…
	销售员（096）	1995/hw	31.67	…	…
	公共汽车司机	1995/hw	27.18	…	…
	城镇卡车司机	1995/hw	33.05	…	…
	初等教育的教师	1995/hw	48.81	…	…
	客房服务员或客房清理员	1995/hw	17.08	…	…
委内瑞拉玻利瓦尔共和国	农场工人	2000/m	…	110 087.00	83 060.00
	办公室文员	2000/m	…	212 497.00	171 551.00
	配电和输电工程师	2000/m	…	376 216.00	428 480.00
	销售员（093）	2000/m	…	261 738.00	212 239.00
	销售员（096）	2000/m	…	182 594.00	113 745.00
	会计	2000/m	…	422 036.00	280 456.00
	垃圾工	2000/m	…	154 918.00	106 829.00
	专业护士	2000/m	…	300 122.00	220 280.00
	酒店接待员	2000/m	…	149 528.00	142 639.00
非洲					
北非					
埃及	农场工人	1996/w	…	71.00	…
	服装裁剪工	1996/w	…	56.00	43.00
	缝纫机操作工	1996/w	…	41.00	38.00
	速记员—打字员	1996/w	…	117.00	51.00
	办公室文员	1997/w	…	88.00	45.00
	焊工	1996/w	…	74.00	43.00
	配电和输电工程师	1996/w	…	81.00	96.00
	劳工	1996/w	…	60.00	…
	销售员（093）	1996/w	…	58.00	64.00
	销售员（096）	1995/w	…	35.00	21.00
	公共汽车司机	1996/w	…	70.00	62.00
	城镇卡车司机	1992/w	…	63.00	60.00
	会计	1996/w	…	117.00	140.00
	计算机程序员	1995/w	…	118.00	141.00
	初等教育的教师	1996/w	…	50.00	45.00

	职业	基准年份/时间单位	收入		
			MF	M	F
	专业护士	1995/w	…	99.00	149.00
	酒店接待员	1996/w	…	57.00	50.00
	客房服务员或客房清理员	1992/w	…	51.00	27.00
突尼斯	农场工人	1994/d	…	4.46	…
	服装裁剪工	1994/h	…	1.05	…
	缝纫机操作工	1994/h	…	1.03	…
	速记员—打字员	1994/h	…	1.52	…
	办公室文员	1994/h	…	1.41	…
	焊工	1994/h	…	1.37	…
	劳工	1994/h	…	0.96	…
	销售员（093）	1994/h	…	1.00	…
	销售员（096）	1994/h	…	1.00	…
	计算机程序员	1994/h	…	2.12	…
	酒店接待员	1994/h	…	1.19	…
	客房服务员或客房清理员	1994/h	…	1.09	…
撒哈拉以南非洲					
东非					
毛里求斯	服装裁剪工	1991/h	…	19.35	15.90
	缝纫机操作工	2000/hp	19.21	…	…
	速记员—打字员	1997/m	8 035.00	…	…
	办公室文员	2000/m	9 109.21	…	…
	焊工	2000/hp	…	32.68	…
	配电和输电工程师	2000/m	…	29 144.00	…
	劳工	2000/hp	…	26.43	…
	销售员（093）	2000/hp	69.44	…	…
	销售员（096）	2000/hp	39.54	…	…
	公共汽车司机	2000/hp	…	41.45	…
	城镇卡车司机	2000/hp	…	51.38	…
	会计	2000/m	32 939.00	…	…
	垃圾工	2000/m	…	6 369.00	…
	初等教育的教师	2000/m	10 868.00	…	…
	专业护士	2000/m	10 470.00	…	…
	酒店接待员	2000/hp	34.40	…	…
	客房服务员或客房清理员	2000/hp	25.38	…	…
塞舌尔	农场工人	1989/m	…	2 100.00	…
	缝纫机操作工	1989/m	…	…	1 455.00
	劳工	1989/m	…	1 138.71	…
	公共汽车司机	1989/m	…	2 169.00	…
	客房服务员或客房清理员	1989/m	…	…	1 302.45
中非					
中非共和国	速记员—打字员	1989/m	…	…	116 000.00
	办公室文员	1989/m	48 000.00	…	…
	劳工	1989/m	…	25 000.00	…
加蓬	服装裁剪工	1992/m	…	105 725.20	…
	缝纫机操作工	1992/m	…	…	83 366.92
	速记员—打字员	1992/m	…	…	125 000.00
	办公室文员	1992/m	…	210 000.00	…
	配电和输电工程师	1992/m	…	793 460.00	793 460.00
	垃圾工	1992/m	…	117 754.00	…

	职业	基准年份/时间单位	收入 MF	收入 M	收入 F
南部非洲					
博茨瓦纳	速记员—打字员	1984/m	359.39	…	…
	办公室文员	1984/m	303.86	…	…
	焊工	1984/m	206.39	…	…
	会计	1984/m	660.33	…	…
	垃圾工	1984/m	121.55	…	…
	专业护士	1984/m	462.35	…	…
	酒店接待员	1984/m	258.79	…	…
	客房服务员或客房清理员	1984/m	157.45	…	…
南非	劳工	1994/h	4.89	…	…
西非					
尼日利亚	服装裁剪工	1994/m	1 540.00	…	…
	缝纫机操作工	1994/m	1 648.00	…	…
	焊工	1994/m	…	1 206.80	…
	劳工	1994/m	1 835.40	…	…
	销售员（093）	1994/m	1 850.00	…	…
	销售员（096）	1994/m	1 850.00	…	…
	公共汽车司机	1994/m	…	18 000.00	…
	城镇卡车司机	1994/m	…	24 000.00	…
	会计	1994/m	7 175.75	…	…
中东					
约旦	农场工人	1988/m	…	93.00	…
	服装裁剪工	2003/m	98.00	112.00	94.00
	缝纫机操作工	2003/m	98.00	112.00	94.00
	速记员—打字员	2003/m	254.00	336.00	124.00
	办公室文员	2003/m	232.00	325.00	146.00
	焊工	2003/m	…	150.00	…
	配电和输电工程师	2002/m	…	575.00	519.00
	劳工	2003/m	…	182.00	…
	销售员（093）	2003/m	204.00	203.00	276.00
	销售员（096）	2003/m	138.00	140.00	111.00
	公共汽车司机	2003/m	…	210.00	…
	城镇卡车司机	2001/m	…	184.00	…
	会计	2003/m	590.00	614.00	501.00
	计算机程序员	2003/m	343.00	350.00	323.00
	垃圾工	2003/m	162.00	162.00	160.00
	初等教育的教师	2003/m	253.00	363.00	207.00
	专业护士	2003/m	333.00	335.00	332.00
	酒店接待员	2003/m	137.00	136.00	143.00
	客房服务员或客房清理员	2003/m	156.00	156.00	210.00

KILM 17：每小时薪酬成本

引　言

KILM 17 是关于制造业工作者每小时工作薪酬成本的水平、趋势及结构的指标。表 17a 所示的是 32 个经济体的所有雇员的相关统计数据，表 17c 所示的是 34 个经济体中生产工人的统计数据。两个表都包含许多变量：以美元计值的薪酬成本总体水平的绝对值、以美国的薪酬成本为基数（将美国设为基数 100）编制的薪酬成本指数、总成本分为每小时直接薪酬和非工资人工成本（也是以美元计值），以及非工资人工成本数量在总薪酬成本中所占百分比。表 17a 所示的是所有雇员的总薪酬成本五年内的年均百分比变化，而表 17d 所示的是生产工人的这一数据。数据没有按性别进行划分。

每小时平均薪酬成本是用来衡量雇主为雇员每小时的劳动支付给后者的薪资福利。这些福利可以由雇员直接获取（即以总收入的形式），也可以间接获取（通过雇主的各种缴款，包括强制性的、合同规定的及私人性质的社会保障计划、养老金计划、意外伤害保险或人寿保险计划，以及其他福利计划）。在讨论雇主的支出时，雇员间接获取的福利通常被称为“非工资福利”或“非工资人工成本”。

薪酬成本是与人工成本密切联系的，虽然其并不是完全符合由第 11 届国际劳动统计学家大会（ICLS）通过的有关人工成本统计的 1966 年国际劳工组织决议中对总人工成本的定义，[1] 因为其不包括人工成本的全部内容（见专栏 17a）。特别地，它不包括招聘成本、雇员培训成本及各种工厂设备和服务的成本，如建造餐厅、医疗诊所及提供各种福利服务的成本。据估计，对于那些提供相关信息的国家而言，没有包括在每小时薪酬成本中的人工成本约占总人工成本的 1%—2%。该指标也与国民经济核算体系[2]中可近似替代总人工成本的“雇员薪酬”指标密切相关。

指标的用途

与有关总人工成本的信息一样，关于每小时薪酬成本的信息有多方面的价值。人工成本的水平和结构及其在一段时间内的变化方式在每个国家都有着相当重要的作用。不仅对于工资谈判，而且对于定义、实施及评估就业、工资及其他以收入分配和再分配为目标的社会及财政政策来说，这些信息都至关重要。从国家和国际层面而言，人工成本都是决定企业和国家竞争力的关键性因素。当具体到制造业部门，人工成本可作为一个反映商品在世界贸易中竞争力的指标。这就是各国政府、社会伙伴、研究者及国家和国际机构关注那些可在不同国家间和产业间进行比较的人工成本信息的原因。同时，对非工资人工成本的统计和分析在进行关于劳动力市场灵活性、就业政策、成本差异分析及国家间生产力水平比较等问题的讨论时已经变得非常重要。

1　国际劳工组织：关于人工成本统计的决议，第 11 届国际劳动统计学家大会，日内瓦，1966 年；http://www.ilo.org/global/What_we_do/Statistics/standards/resolutions/lang--en/docName--WCMS_087500/index.htm（见专栏 17a）。

2　联合国：《1993 年国民经济核算体系》，由秘书处的国民经济核算工作组编制，布鲁塞尔/卢森堡、纽约、巴黎、华盛顿，1993 年。与国民经济核算体系相关的更多信息来自联合国统计司，纽约；http://unstats.un.org/unsd/sna1993/introduction.asp。

专栏 17a　第 11 届国际劳动统计学家大会（1966 年 10 月）通过的关于人工成本统计的决议（相关段落）

第 11 届国际劳动统计学家大会（日内瓦，1966 年）通过了关于人工成本统计的决议，推荐使用以下的国际标准人工成本分类：

一、直接工资和薪水

1. 计时工人的正常工资。
2. 计时工人的激励工资。
3. 计件工人收入（不包括加班费）。
4. 加班费、夜班费及假期加班费。

二、非工作时间工资

1. 年假，其他有偿的不在岗时间，包括长期服务假。
2. 公共假期及其他公认假期。
3. 其他有偿不在岗时间（如雇员家庭成员的出生或过世、雇员结婚、履行名誉职位的职责、工会活动）。
4. 不作为社会保障支出的离职金和解雇费。

三、奖金和津贴

1. 年终奖和季度奖。
2. 分红奖。
3. 正常假期薪酬和其他奖金和津贴以外的额外假期薪酬。

四、食物、饮料、燃油等其他形式的实物支付

五、雇主承担的工作者住房成本

1. 住房成本，房屋产权为企业所有。
2. 住房成本，房屋产权不归属企业（补贴、补助等）。
3. 其他住房成本。

六、雇主的社会保障支出

1. 法定社会保障缴款（老弱病残孕者、受工伤者、失业者的保障计划及家庭津贴）。
2. 劳资双方协商同意的、合同规定的、非强制性的私人社会保障计划和保险的缴款（老弱病残孕者、受工伤者、失业者的保障计划及家庭津贴）。

3a. 补偿工作者生病、妊娠或工伤期间收入损失的直接薪酬。

3b. 其他与社会保障福利相关的直接薪酬。

4. 医疗保健和卫生服务成本。
5. 作为社会保障支出的离职金和解雇费。

七、职业培训的成本

包括外部指导者服务费、培训机构服务费、教学材料费和退还工作者的学费等费用和其他薪酬。

八、福利服务成本

1. 餐厅和其他餐饮服务成本。
2. 教育、文化、娱乐及相关设施和服务成本。
3. 给信用社的拨款及提供给雇员的相关服务成本。

专栏 17a（续）

九、别处未做分类的人工成本

例如雇主支付的工作者上下班费用成本（包括车费报销等）、工作服成本、招聘成本及其他人工成本。

十、人工成本的税收

如雇佣税或工资税的净值，即扣除国家补贴或减免后的金额。

并非所有国家都是依照国际劳工组织相关决议的定义来进行总人工成本统计数据的编制。这是因为所需的特殊调查通常成本高昂并且程序繁琐，对雇主来说更是如此。虽然国际劳工组织各成员方已经了解关于应编制和公布的信息种类的方针，但是国际劳工组织有关制造业平均人工成本的信息——见国际劳工组织《劳工统计年鉴》表 5b 及 KILM 表 15——有各种不同的来源。这些信息是以不同的时间单位表示的，而且需要用来计算每小时人工成本的工时信息并不是总能从所调查的国家中获得。因此，由于在定义、方法及衡量单位上缺乏一致性，我们无法进行国家间的比较。各国对收入的定义差别很大，收入并不包括劳动力薪酬的全部内容，而被省略的薪酬项目可能占总薪酬的很大一部分。[3]

由于这些原因，KILM 17 是基于另一个信息来源，也就是美国劳工统计局（BLS）对制造业生产工人每小时薪酬成本的估算。BLS 对公布的收入数据针对未包含在收入中的那部分薪酬进行了调整。虽然这些估算数据与国际劳工组织对总人工成本的定义不是完全对应的，但两者密切相关。这些数据计入了指标中任何国家几乎所有的人工成本，因此在国际可比性方面可靠性最高。BLS 同时还计算出 22 个制造型产业的比较指标。[4]

在使用这些信息进行国际竞争力比较时，仍然需要注意的是：每小时薪酬成本的差异仅仅是决定竞争力的众多因素之一，因此单独使用可能会产生误导。还要记住，该指标专门衡量制造业生产工人的薪酬，所以仅对参与制造部门竞争的国家来说相当重要。然而，当它与其他指标［如劳动生产率（KILM 18）］一起使用时，该指标的相关变化有助于评估竞争力的变化趋势。

还需注意的是，由于各国政府对工作者的社会保障计划进行融资的方式不同，非工资薪酬成本占总薪酬成本的百分比也会有所不同。雇主根据雇佣情况和薪金水平进行的缴款被认为是每小时薪酬成本的一部分。依靠公众税收融资的保障计划代表国家的支出，不需要雇主缴款，因此不包括在每小时薪酬成本中。不同国家中，政府、雇主和雇员参与融资与工资相关的社会保障计划的程度有所不同。

还应该注意的是不能把每小时薪酬成本等同于工作者收入的购买力，这主要有两个原因。第一个原因与薪酬成本的组成和性质有关。除了直接付给工作者的薪水以外，薪酬还包括雇主为雇员福利所缴纳的基金费用。这种“非工资”薪酬可能包括现行社会保障福利（如家庭或子女抚养津贴）、延付福利（如退休金和养老金的支付），或各种保险福利缴费（如失业和健康福利基金，工作者只能在一些特定条件下才能获得这些收入）。在一些国家，非工资成本还包括由雇主因为雇用劳动力而支付的一些税款（或者补贴抵扣金额），如雇佣税或工资税。

区分每小时薪酬成本和工作者购买力概念的第二个原因就在于国家间货物和服务价格的差异很大，且这里用来将各国数据转换成同一种货币表示的商业汇率并不反映相对价格差异。要对工作者收入的相对购买力进行一种更

3 P. Capdevielle 和 M. Sherwood：“提供具有可比性的国际劳工统计”，《劳工评论月刊》（美国劳工统计局，华盛顿特区，2002 年 6 月）；http：//www. bls. gov/opub/mlr/2002/06/art1full. pdf。

4 BLS：《33 个国家或地区、22 个制造行业的生产工人的薪酬成本》，1992 年至 2005 年；http：//www. bls. gov/fls/flshcindnaics. htm。

有意义的国际比较就需要使用购买力平价(PPP)，即在购买同样一篮子货物和服务时两种货币间的兑换率。因此，KILM 16a 和 16b 中的指标（以 PPP 来衡量不同职业的工资）更适合用来考察工作者的购买力。

通常我们无法分别获取男性和女性的有关薪酬或人工成本的信息。很多收集此类资料的机构不会按性别分别保留与非工资福利相关的数据，即使是在其搜集与薪酬成本中收入部分相关的数据时。此外，根据职业、技能水平和管理责任划分的男性和女性工作者在某一行业、不同企业和国家之间的分布状况往往存在差异。因此，鉴于男性和女性的薪酬成本数据是根据每一性别的人数或收入金额来进行成本分摊的，所以对此进行比较可能会得出错误的结论。对总人工成本的衡量也是如此，其对某些成本的分配（如福利服务或职业培训在不同性别之间的分配）甚至更加困难。鉴于这些困难，关于人工成本统计的国际劳工组织决议并不推荐按照性别对人工成本统计数据进行编制。

定义和来源

制造业工人每小时薪酬成本是 BLS 在各国机构和人工成本调查中得到的国家统计数据基础上编制的估算数据。[5]收入统计数据来自于各国进行的有关就业、工时及收入的调查或者制造业调查或普查。总薪酬是在针对不包括在收入中的直接支付和雇主的社会保障支出及劳动税（即非工资福利）调整各国平均收入序列的基础上计算得出的。在以“付薪工时”为收入衡量基础的国家，数据同样要进行调整，从而得到基于“实际工时”的收入估算数据。

调整因素有各种各样的来源，如定期的人工成本调查（以其他非调查年份的信息作为补充）、对雇主社会保障缴款率的年度统计报表，以及与合同或法律规定的附加福利的变化相关的信息。必要时，统计数据还要进行进一步的调整，以便考虑到工作者的覆盖面、行业分类体系的主要差别及调查覆盖面和频率随时间的变化。有关调查来源和一些特殊估算程序的详细信息可在对 BLS 序列的技术注释里查找。[6]

一国的薪酬成本是以该国的货币单位计算的，而且通过由美国联邦储备委员会或国际货币基金组织公布的当日汇率换算成美元。其并不反映工作者的相对生活水平或他们收入的购买力。不同国家货物和服务的价格有很大差别，而汇率并非反映价格相对差别的可靠指标。

每小时薪酬指标是与北美行业分类体系（NAICS）中的制造业相关的。NAICS 是美国、加拿大和墨西哥共同使用的行业分类方法。它对制造业的定义与其他国家的有所不同。对此 BLS 做出了调整，以保证各序列间的可比性。

*每小时总薪酬成本*包括：(1)（工作时间或有酬非工作时间的）每小时的现金或实物形式的直接支付；(2) 非工资薪酬成本，即雇主的社会保险支出及在某些国家需缴纳的劳动税。

*每小时直接薪酬*包括直接付给工人的所有薪酬，该薪酬是指在扣除工作者需个人缴纳的社会保障金、养老金、人寿健康保险费、工会会费及其他待付款、所得税等费用之前的薪酬。该定义等同于国际劳工组织对“总收入”的定义，即：(a) 工作时间的薪酬，包括基本工作时间工资、计件工资、加班费、轮班津贴及其他定期发放的奖金和额外奖励，以及生活费用津贴；(b) 其他直接薪酬，如非工作时间薪酬（假期、年假、其他因个人或家庭原因及公民义务等原因离职时的薪酬，病假除外）、季度奖或不定期奖金及其他特殊薪酬、部分社会津贴及实物薪酬成本。

*非工资薪酬成本*是指社会保险支出及其他劳动税，包括：(a) 雇主在法律规定的各

5 美国劳工部，劳工统计局，国外劳工统计处；http：//www.bls.gov/fls/。

6 BLS：制造业每小时薪酬成本的国际比较；http：//www.bls.gov/news.release/ichcc.toc.htm。

种保险计划及合同规定或私人性质的福利计划方面的支出（退休金、伤残养老金、健康保险、收入保障保险、病假和人寿及意外保险、工伤及疾病补偿金、失业保险及家庭津贴）；在某些国家，还包括（b）劳动税，即工资税、雇佣税或补贴抵扣，尽管这些款项没有直接为工作者的福利计划融资。

生产工人（也叫体力工人或蓝领工人）通常包括从事以下活动的雇员：制造、组装及相关活动、原料处理、仓储及运输、养护及修理、门卫及保安服务、辅助生产活动（如发电厂），及其他与以上活动密切相关的服务活动。通常监工也包括在内，但不包括学徒和其他学员。

全体雇员包括企业中特定工薪结算期内的生产工人和其他全职或非全职的雇员，也包括临时工。如果工作者在此薪资期的任何时间段得到报酬，就被视为是此企业的雇员。这里不包括自营工作者、无报酬家庭工作者及为私人家庭服务的工作者。

可比性的限制

虽然为了确保不同国家和时期的数据具有较高水平的可比性，序列已进行了多种调整，但是在这些信息中仍然可能出现一些差异。需要注意表格注释，并注意以下造成差异的原因：

（1）作为估算基础的平均收入序列可能会受到产业结构随时间变化的影响，这种结构变化即企业的发展或衰退、活动水平及受雇劳动力结构的变化（男性和女性工作者、高技能和低技能劳动者、全职和非全职工作者等相对比例的变化，等等）。所有这些因素都会对一个国家工作者的收入和福利水平产生影响。

（2）一部分每小时薪酬成本是估算出的数据。每年 BLS 都会对最新信息进行修改。例如在 2001 年，BLS 对美国自 1997 年以后的每小时薪酬成本序列进行了修改，以便加入制造业非工资成本年度调查的结果。2006 年，BLS 对墨西哥自 1999 年以来的数据进行了修改，以便加入一次工业普查得到的基准数据。同年其还修改了爱尔兰和挪威自 2001 年以来的数据，以加入 2004 年人工成本调查得到的非工资薪酬成本数据。

（3）具有可比性的数据是所有制造业的平均数，并不一定代表所有行业。在某些国家，如美国和日本，不同产业群的每小时薪酬成本水平差异很大；而在其他国家，如德国和瑞典，差异要小一些。

（4）以美元计值的相对薪酬成本水平随时间的变化同时还受到以下因素的影响：（a）以各国货币为单位衡量的各国基本工资及福利变化趋势的差异；（b）相对汇率的频繁变化及某些时候的剧变。

趋　势

有 15 个国家的制造业所有雇员的每小时薪酬成本高于美国（见图 17a）。其中有 3 个国家（德国、日本和挪威）2000 年的薪酬成本高于美国。这几个国家的成本始终是所有具有相关数据的国家中最高的。其余 12 个国家的薪酬成本在 2000—2007 年间超过了美国的水平。

过去 7 年间，在大部分有相关数据的发达经济体中，薪酬成本呈显著上升趋势，年增长率为 9% 或高于 9%，这其中部分原因在于欧元和其他货币对美元的汇率都有所增长（见图 17b）。涨幅最大的是最近加入欧盟的国家——捷克共和国、匈牙利和斯洛伐克。这些国家除了本币对美元大幅升值外，以本币为单位计值的每小时薪酬成本也有大幅增长。与此相反，阿根廷和日本虽然也受到其货币汇率浮动的影响，但造成的结果是制造业雇员的薪酬成本的下降。这两个国家是在 2000—2007 年间唯一出现薪酬成本年均负增长的国家。

图 17c 所示的是 2007 年制造业雇员的每小时总薪酬成本，可分为两个部分：每小时直接薪酬和非工资薪酬成本。非工资薪酬成本在薪酬成本中所占比例较高的经济体包括

图 17a　2007 年制造业所有雇员的每小时相对薪酬成本（美国的数据 =100）

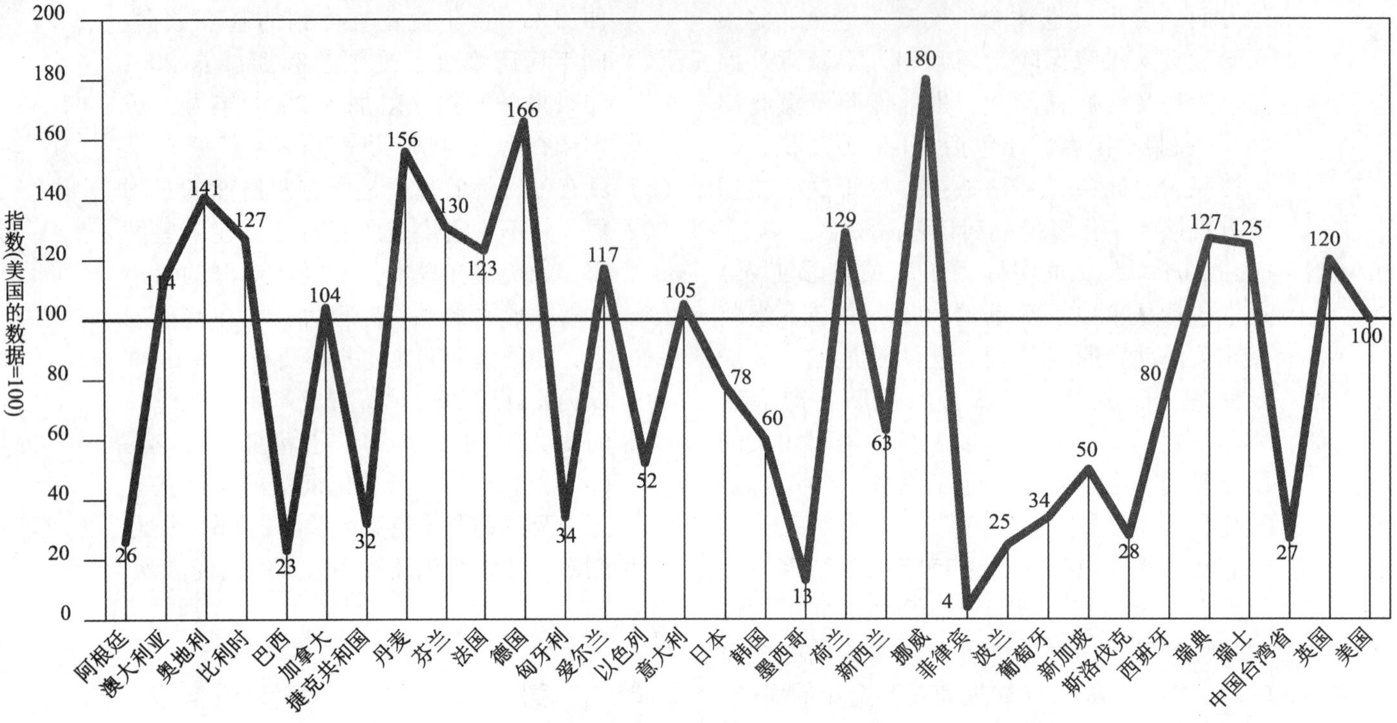

巴西（32.3%）、法国（31.9%）、意大利（30.4%）和瑞典（33.1%）；比例较低的经济体包括丹麦（12.3%）、新西兰（4.6%）、新加坡（14.3%）、中国台湾省（14.3%），其他所有经济体的比例都介于这两组经济体之间。该图很好地说明了薪酬成本的不同组成部分对各经济体排名有很大的影响。例如，爱尔兰的制造业雇员的每小时直接薪酬（30.51 美元）要高于比利时（27.18 美元）、法国（25.65 美元）、瑞典（25.96 美元）和英国（28.85 美元）。然而，在比较每小时总薪酬成本时，爱尔兰的成本就要低于这四个国家，这说明爱尔兰制造业部门的雇主对社会保险计划的缴款水平相对较低。

如果将所有雇员的每小时薪酬成本（见 KILM 表 17a）与生产工人的成本（见 KILM 表 17c）进行比较，会出现很有意思的情况。2007 年所有经济体的生产工人的每小时薪酬成本通常比所有雇员的每小时薪酬成本低 10%—25%。编制该指标的 BLS 称："这两组序列的差距不仅仅是由于非生产工人的成本要高于生产工人（见"定义和来源"），还取决于这两组工人相对的就业水平。通常生产工人在所有雇员中所占的比重越大，这两组工人间的薪酬成本差距越小。"[7]

在美国，2007 年制造业的生产工人每小时薪酬成本为 24.59 美元，比全部雇员的薪酬成本低 20%。大多数国家中这两组数据的差距都比美国要小（差距大于美国的国家仅仅有法国、德国、匈牙利、墨西哥、菲律宾、波兰、葡萄牙及新加坡）。新加坡的制造业中生产工人和所有雇员的薪酬差距最为明显，相差 46%。

如果把两组序列分解为两个部分：每小时直接薪酬和非工资薪酬成本，很明显非生产工人和生产工人间的薪酬成本差距主要来自于每小时直接薪酬。从图 17d 中可以非常直观地看出：两组数据（所有雇员和生产工人）中每小时直接薪酬间的差距要大于非工资劳动成本间的差距。生产工人与全体雇员的非工资人工成本（以美元计算）往往差距很小（最大差距出现在法国，为 2.91 美元），然而，这两组工作者在直接薪酬方面的差距可能很大。在 7 个国家（奥地利、

7　出处同上，第 7 页

图 17b　2000—2007 年间每小时薪酬成本的年百分比变化

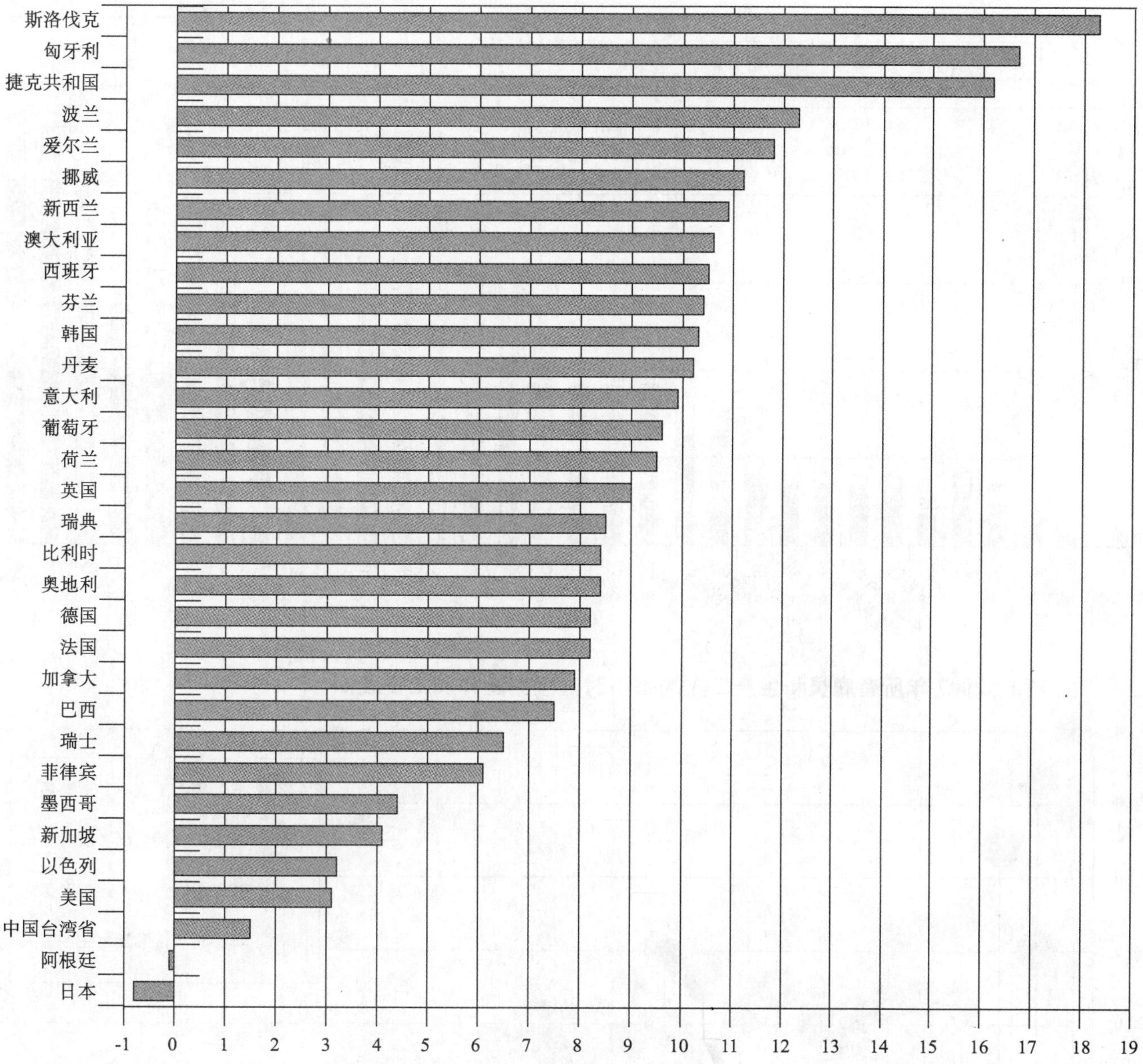

法国、德国、爱尔兰、挪威、新加坡和英国）中，制造业全体雇员的每小时直接薪酬至少比生产工人高 5 美元。在德国，差距达到 11.55 美元（全体雇员和生产工人的每小时直接薪酬分别为 41.71 美元和 30.16 美元）。

图 17c　2007 年制造业所有雇员的每小时薪酬成本（包括每小时直接薪酬和非工资成本）

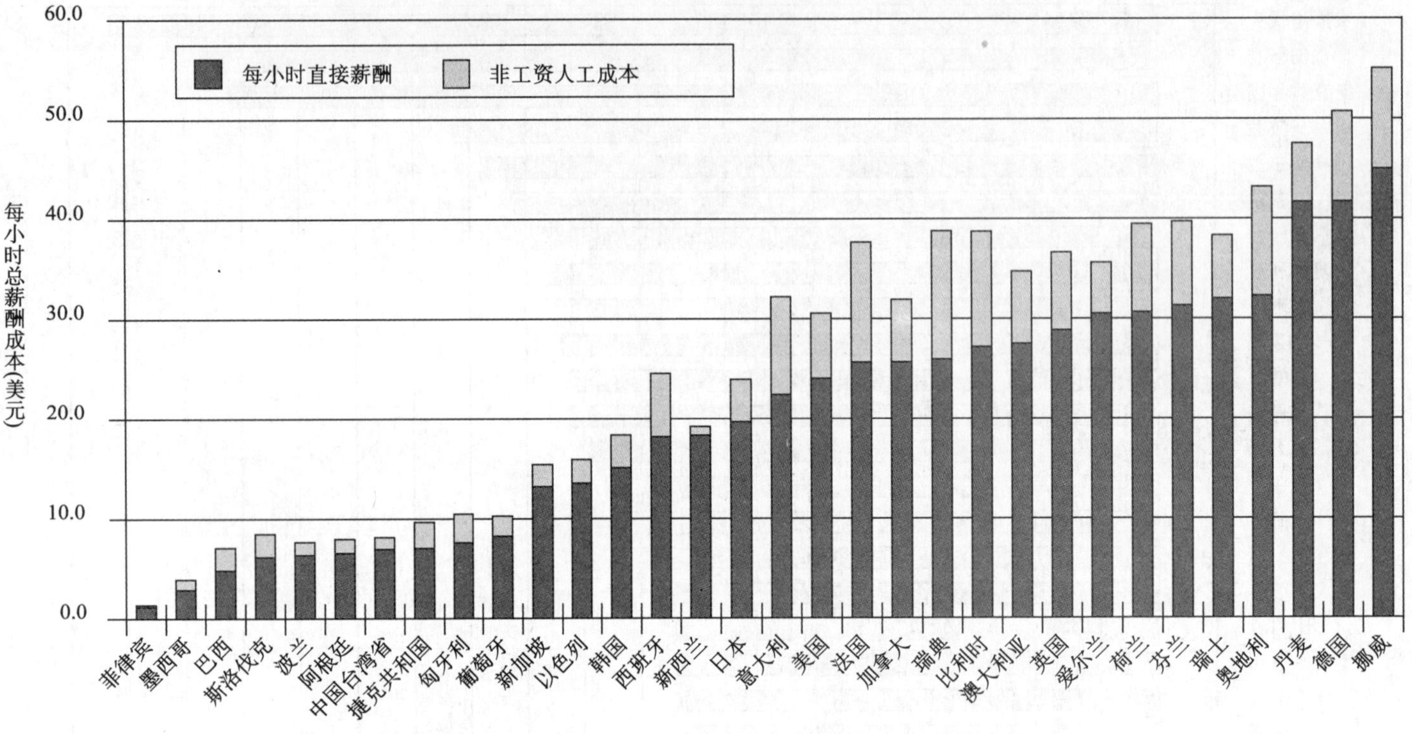

图 17d　2007 年所有雇员和生产工人的每小时直接薪酬和非工资成本

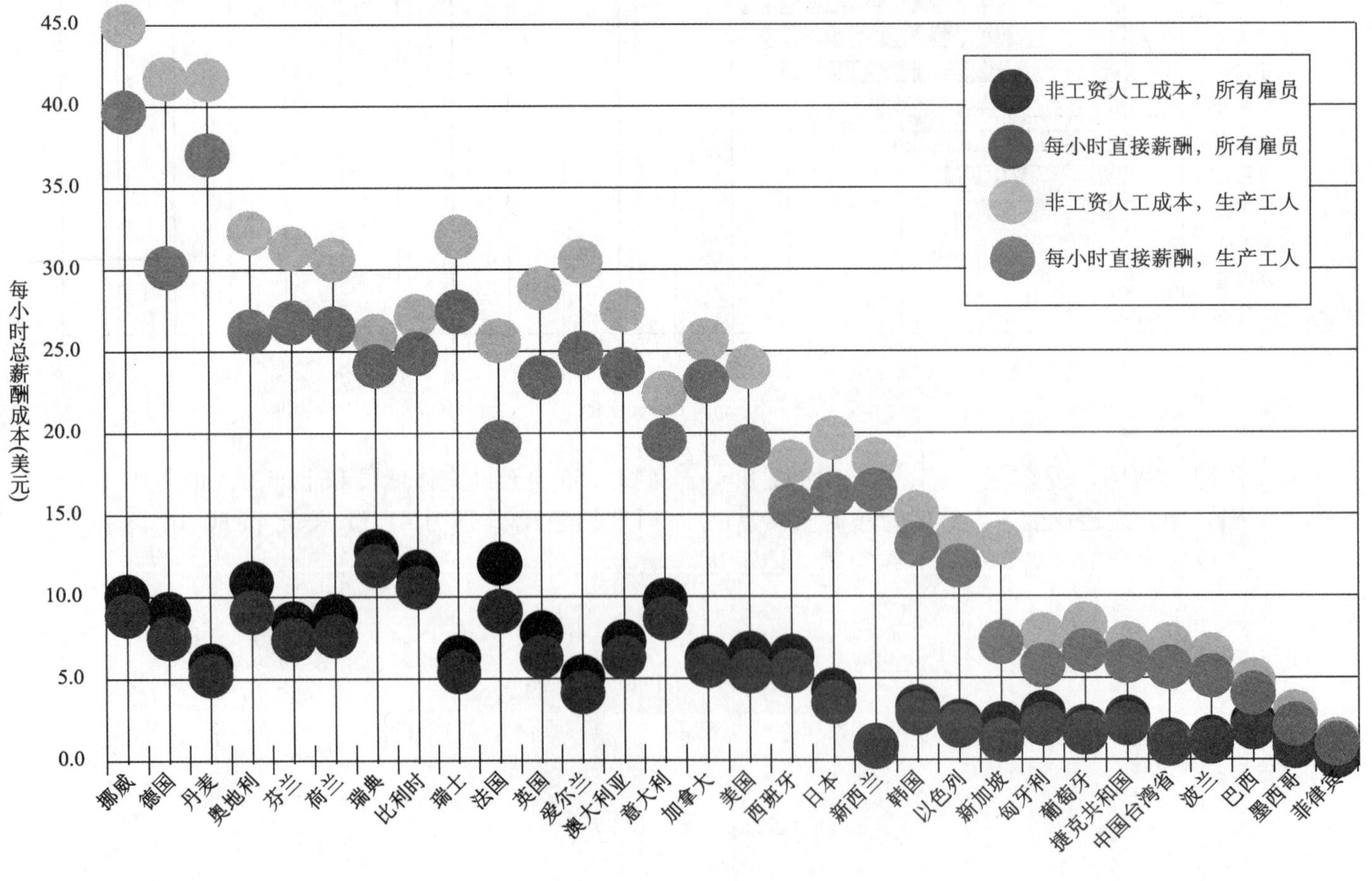

表 17a 制造业所有雇员每小时薪酬成本

	年份	每小时薪酬成本指数（美国=100）	以美元计值的每小时薪酬成本	以美元计值的每小时直接薪酬	以美元计值的非工资人工成本	非工资人工成本在总薪酬成本中所占百分比
发达经济体和欧盟						
欧盟						
奥地利	2000	100	24.57	17.94	6.62	27.0
	2003	114	32.15	24.01	8.14	25.3
	2004	123	35.65	26.66	8.99	25.2
	2005	124	36.91	27.61	9.31	25.2
	2006	128	38.26	28.60	9.66	25.2
	2007	141	43.17	32.27	10.90	25.2
比利时	2000	89	22.03	15.09	6.94	31.5
	2003	103	29.06	20.37	8.70	29.9
	2004	114	32.85	23.00	9.85	30.0
	2005	113	33.69	23.60	10.09	29.9
	2006	116	34.85	24.42	10.43	29.9
	2007	127	38.75	27.18	11.56	29.8
捷克共和国	2000	14	3.39	2.48	0.91	27.0
	2003	20	5.63	4.09	1.54	27.4
	2004	23	6.55	4.75	1.81	27.6
	2005	24	7.28	5.34	1.94	26.7
	2006	27	8.14	5.96	2.18	26.7
	2007	32	9.67	7.08	2.59	26.8
丹麦	2000	98	24.07	22.33	1.73	7.2
	2003	121	34.08	30.69	3.39	9.9
	2004	130	37.53	33.73	3.79	10.1
	2005	132	39.20	34.90	4.30	11.0
	2006	137	41.18	36.27	4.91	11.9
	2007	156	47.54	41.67	5.87	12.3
芬兰	2000	81	19.90	15.74	4.16	20.9
	2003	100	28.16	22.19	5.97	21.2
	2004	112	32.51	25.58	6.93	21.3
	2005	113	33.73	26.59	7.15	21.2
	2006	118	35.28	27.69	7.59	21.5
	2007	130	39.74	31.31	8.42	21.2
法国	2000	88	21.67	15.00	6.66	30.8
	2003	100	28.15	19.24	8.90	31.6
	2004	109	31.50	21.45	10.06	31.9
	2005	108	32.22	21.93	10.29	31.9
	2006	112	33.60	22.87	10.73	31.9
	2007	123	37.68	25.65	12.03	31.9
德国	2000	119	29.26	22.57	6.69	22.9
	2003	138	39.00	30.39	8.61	22.1
	2004	152	43.94	33.75	10.20	23.2
	2005	147	43.58	34.64	8.93	20.5
	2006	154	46.14	36.47	9.67	21.0
	2007	166	50.73	41.71	9.02	17.8
匈牙利	2000	14	3.56	2.47	1.08	30.5
	2003	22	6.28	4.48	1.81	28.8
	2004	26	7.50	5.39	2.11	28.2
	2005	27	8.16	5.87	2.30	28.1
	2006	28	8.41	6.11	2.30	27.4
	2007	34	10.49	7.62	2.87	27.3
爱尔兰	2000	66	16.32	13.86	2.46	15.1
	2003	87	24.62	20.41	4.21	17.1
	2004	98	28.41	23.30	5.12	18.0
	2005	99	29.44	24.62	4.82	16.4
	2006	103	30.74	26.23	4.52	14.7
	2007	117	35.62	30.51	5.11	14.3
意大利	2000	67	16.57	11.38	5.20	31.4
	2003	83	23.28	16.08	7.20	30.9
	2004	93	26.97	18.64	8.33	30.9
	2005	93	27.74	19.17	8.57	30.9
	2006	96	28.70	19.99	8.71	30.4
	2007	105	32.19	22.42	9.77	30.4

	年份	每小时薪酬成本指数（美国=100）	以美元计值的每小时薪酬成本	以美元计值的每小时直接薪酬	以美元计值的非工资人工成本	非工资人工成本在总薪酬成本中所占百分比
荷兰	2000	85	20.97	16.53	4.44	21.2
	2003	107	30.27	23.58	6.69	22.1
	2004	118	34.09	26.45	7.64	22.4
	2005	117	34.79	26.99	7.80	22.4
	2006	118	35.50	27.55	7.96	22.4
	2007	129	39.47	30.63	8.85	22.4
波兰	2000	14	3.40	2.83	0.58	16.9
	2003	16	4.38	3.63	0.75	17.1
	2004	17	4.81	3.99	0.83	17.2
	2005	19	5.68	4.70	0.97	17.2
	2006	21	6.29	5.21	1.08	17.2
	2007	25	7.69	6.37	1.32	17.2
葡萄牙	2000	22	5.42	4.35	1.07	19.7
	2003	28	7.91	6.25	1.66	21.0
	2004	31	8.96	7.21	1.75	19.5
	2005	31	9.30	7.48	1.82	19.5
	2006	31	9.38	7.54	1.83	19.5
	2007	34	10.29	8.28	2.01	19.5
斯洛伐克	2000	11	2.62	1.85	0.77	29.3
	2003	16	4.41	3.10	1.31	29.7
	2004	18	5.23	3.80	1.44	27.4
	2005	20	5.85	4.26	1.59	27.2
	2006	22	6.62	4.79	1.83	27.7
	2007	28	8.49	6.14	2.36	27.7
西班牙	2000	50	12.24	9.20	3.04	24.8
	2003	62	17.33	12.94	4.40	25.4
	2004	69	19.83	14.79	5.04	25.4
	2005	69	20.59	15.32	5.27	25.6
	2006	72	21.66	16.11	5.56	25.7
	2007	80	24.55	18.19	6.36	25.9
瑞典	2000	89	21.86	14.97	6.90	31.5
	2003	102	28.85	19.42	9.44	32.7
	2004	113	32.70	21.88	10.82	33.1
	2005	110	32.80	21.95	10.85	33.1
	2006	114	34.32	22.97	11.35	33.1
	2007	127	38.80	25.96	12.83	33.1
英国	2000	82	20.11	16.49	3.62	18.0
	2003	92	25.93	20.62	5.31	20.5
	2004	104	30.05	23.65	6.40	21.3
	2005	105	31.27	24.61	6.66	21.3
	2006	108	32.50	25.58	6.92	21.3
	2007	120	36.66	28.85	7.81	21.3
北美洲						
加拿大	2000	76	18.68	15.78	2.90	15.5
	2003	77	21.65	17.63	4.01	18.5
	2004	84	24.20	19.55	4.64	19.2
	2005	90	26.73	21.55	5.18	19.4
	2006	98	29.27	23.53	5.73	19.6
	2007	104	31.91	25.66	6.25	19.6
美国	2000	100	24.63	19.67	4.96	20.1
	2003	100	28.18	22.05	6.12	21.7
	2004	100	28.94	22.57	6.37	22.0
	2005	100	29.74	23.17	6.56	22.1
	2006	100	29.98	23.32	6.66	22.2
	2007	100	30.56	24.03	6.52	21.3
其他发达经济体						
澳大利亚	2000	70	17.12	13.86	3.26	19.1
	2003	82	23.18	18.46	4.73	20.4
	2004	95	27.45	21.63	5.81	21.2
	2005	99	29.44	23.23	6.20	21.1
	2006	102	30.48	24.11	6.36	20.9
	2007	114	34.75	27.50	7.25	20.9

	年份	每小时薪酬成本指数（美国=100）	以美元计值的每小时薪酬成本	以美元计值的每小时直接薪酬	以美元计值的非工资人工成本	非工资人工成本在总薪酬成本中所占百分比
以色列	2000	52	12.77	10.90	1.87	14.7
	2003	46	13.06	11.06	2.00	15.3
	2004	47	13.56	11.48	2.08	15.3
	2005	47	13.88	11.77	2.11	15.2
	2006	48	14.25	12.15	2.10	14.7
	2007	52	15.92	13.57	2.35	14.8
日本	2000	103	25.34	21.12	4.22	16.6
	2003	84	23.71	19.58	4.13	17.4
	2004	88	25.59	21.08	4.51	17.6
	2005	86	25.56	21.00	4.56	17.8
	2006	81	24.32	19.98	4.34	17.8
	2007	78	23.95	19.68	4.27	17.8
新西兰	2000	38	9.31	8.83	0.48	5.2
	2003	46	13.00	12.41	0.59	4.5
	2004	52	15.17	14.48	0.69	4.5
	2005	56	16.64	15.89	0.75	4.5
	2006	54	16.08	15.36	0.72	4.5
	2007	63	19.19	18.32	0.88	4.6
西欧（非欧盟）						
挪威	2000	106	26.16	22.14	4.03	15.4
	2003	135	37.91	31.24	6.66	17.6
	2004	145	41.92	34.26	7.66	18.3
	2005	150	44.61	36.45	8.16	18.3
	2006	157	47.17	38.55	8.62	18.3
	2007	180	55.03	44.97	10.06	18.3
瑞士	2000	100	24.71	20.51	4.20	17.0
	2003	116	32.79	27.28	5.50	16.8
	2004	123	35.65	29.73	5.92	16.6
	2005	121	35.98	30.04	5.94	16.5
	2006	121	36.18	30.20	5.98	16.5
	2007	125	38.34	32.01	6.33	16.5
亚洲和太平洋地区						
东亚						
韩国	2000	38	9.26	6.74	2.52	27.2
	2003	38	10.82	8.47	2.35	21.7
	2004	42	12.04	9.68	2.35	19.5
	2005	48	14.30	11.82	2.48	17.4
	2006	55	16.59	13.65	2.94	17.7
	2007	60	18.36	15.10	3.26	17.7
中国台湾省	2000	30	7.35	6.29	1.05	14.3
	2003	25	6.94	6.11	0.83	11.9
	2004	25	7.26	6.38	0.88	12.1
	2005	26	7.87	6.88	0.99	12.6
	2006	27	8.11	6.95	1.16	14.3
	2007	27	8.15	6.99	1.17	14.3
东南亚						
菲律宾	2000	4	0.90	0.78	0.13	14.0
	2003	3	0.90	0.79	0.12	13.0
	2004	3	0.97	0.84	0.13	13.4
	2005	4	1.06	0.92	0.14	13.5
	2006	4	1.21	1.05	0.16	13.5
	2007	4	1.37	1.17	0.20	14.4
新加坡	2000	47	11.65	9.95	1.70	14.6
	2003	45	12.74	10.80	1.93	15.2
	2004	45	13.15	11.27	1.88	14.3
	2005	44	13.22	11.45	1.77	13.4
	2006	46	13.77	11.81	1.96	14.3
	2007	50	15.43	13.23	2.20	14.3

	年份	每小时薪酬成本指数（美国=100）	以美元计值的每小时薪酬成本	以美元计值的每小时直接薪酬	以美元计值的非工资人工成本	非工资人工成本在总薪酬成本中所占百分比
拉丁美洲和加勒比地区						
中美洲						
墨西哥	2000	12	2.89	2.07	0.82	28.4
	2003	12	3.36	2.43	0.93	27.6
	2004	12	3.34	2.43	0.90	27.0
	2005	12	3.57	2.62	0.95	26.6
	2006	12	3.72	2.74	0.98	26.5
	2007	13	3.91	2.88	1.03	26.3
南美洲						
阿根廷	2000	33	8.05	6.69	1.36	16.9
	2003	13	3.63	3.00	0.63	17.4
	2004	15	4.47	3.69	0.78	17.4
	2005	18	5.45	4.50	0.95	17.4
	2006	22	6.57	5.43	1.15	17.4
	2007	26	7.98	6.59	1.39	17.4
巴西	2000	17	4.31	2.91	1.39	32.3
	2003	11	3.22	2.17	1.06	32.8
	2004	13	3.81	2.59	1.22	32.0
	2005	17	5.01	3.37	1.64	32.8
	2006	20	5.99	4.05	1.94	32.3
	2007	23	7.13	4.82	2.30	32.3

表 17a　制造业所有雇员每小时薪酬成本（注）

1. 说明

每小时薪酬成本是用来衡量雇主为雇员每小时的劳动支付给后者的薪资福利。这些薪资福利可以由雇员直接获取（即以总收入的形式），也可以间接获取（通过雇主的各种缴款，包括强制性的、合同规定的及私人性质的社会保障计划、养老金计划、意外伤害保险或人寿保险计划，以及其他福利计划）。在讨论雇主的支出时，雇员间接获取的福利通常被称为“非工资福利”或“非工资人工成本”。表 17a 包含了大量与制造业部门所有雇员的薪酬成本相关的指标：以美元计值的薪酬成本总体水平的绝对值、以美国的薪酬成本为基数（将美国设为基数 100）编制的薪酬成本指数、总成本分为每小时直接薪酬和非工资人工成本（也是以美元计值），以及非工资人工成本在总薪酬成本中所占百分比。全体雇员包括企业中特定工薪结算期内的生产工人和其他全职或非全职的雇员，也包括临时工。如果工作者在此薪资期的任何时间段得到报酬，就被视为是此企业的雇员。这里不包括自雇工作者、无报酬家庭工作者以及为私人家庭服务的工作者。

2. 信息库

有关制造业所有雇员每小时薪酬成本的国际比较，补充表，1996—2007 年

美国劳工统计局（BLS），国际劳工比较，美国华盛顿特区

http：//www. bls. gov/fls/hcaesupptabtoc. htm

此表介绍了关于特定国家和地区的制造业中所有雇员的薪酬成本、每小时直接支付，以及按工作时间进行的支付。

3. 针对具体国家的注释

阿根廷	数据来源：Encuesta Industrial Anual（年度行业调查）；Encuesta Industrial Mensual（月度行业调查）。
澳大利亚	生产工人数据序列和非管理人员、专业人员和高级监管人员的生产工人和非生产工人相关。不包括非全日制工作者。 数据来源：周平均收入调查，雇员收入与工时调查；人工成本调查；制造业年度数据收集调查。
奥地利	对应所有雇员和生产工人的数据序列，不同的数据被用于计算不包括在收入中的薪酬组成的调整项。 数据来源：Industriestatistik（月度行业调查）；Die Arbeitskosten in der Industrie Österreichs（工业人工成本调查）；欧盟统计局人工成本调查。
比利时	收入估算基于 4 月和 10 月的数据。 数据来源：Indice des salaries conventionnels（劳资谈判工资指数）；Indice trimestriel du coût de la main - d' oeuvre（总工薪指数源于人工成本季度指数）；欧盟统计局人工成本调查；双年度收入数据来自统计出版物。
巴西	薪酬成本包括雇主在培训上的支出。工时数据仅代表选定的城市地区，其中包括无报酬家庭工作者。生产工人不包括从事保洁和保安服务的雇员。 数据来源：Pesquisa Industrial Anual – Empresa（年度行业调查 —— 机构）；Pesquisa Industrial Mensal do Emprego e Salúrio（就业和工资月度行业调查）；Pesquisa de Emprego e Desemprego（就业和失业调查）。
加拿大	生产工人数据是指以时薪聘用的所有雇员（无论其是何种职位）。对于所有雇员和生产工人序列而言，不同的数据被用于计算不包括在收入中的薪酬组成的调整项。 数据来源：就业调查，工资单和工时；加拿大的工资和工作条件；加拿大的雇主人工成本；劳工收入估算。
捷克共和国	生产工人的收入数据覆盖工作者在 20 人及以上的机构。 数据来源：Zamestnanci a využití pracovní doby v prumyslu（就业和工资报告）；Úplnénáklady práce za rok podle vysledku výberového šetrení（人工成本报告）。
丹麦	数据来源：工业就业和人工成本月度调查；收入年度调查；其他人工成本调查；欧盟统计局人工成本调查。
芬兰	薪酬成本数据对应的是会计或财政年度，而非日历年度。但是，报告机构所使用的最常见的财政年度是与日历年度吻合的。对于所有雇员和生产工人序列而言，不同的数据被用于计算不包括在收入中的薪酬组成的调整项。 数据来源：关于制造业的地区和行业统计；工薪指数源自芬兰出版的统计公报，欧盟统计局人工成本调查。
法国	数据来源：Déclaration Annuelle des Données Sociales（社会数据年度声明）；Enquête sur l'activité et les conditions d' emploi de la main - d'oeuvre（ACEMO）（劳动力经济活动和工作条件调查）；欧盟统计局人工成本调查。
德国	不包括非全日制工作者。对于所有雇员和生产工人序列而言，不同的数据被用于计算不包括在收入中的薪酬组成的

调整项。

数据来源：Verdiensterhebung（收入调查），Volkswirtschaftliche Gesamtrechnungen der Länder（National Accounts）；欧盟统计局人工成本调查。

匈牙利　不包括非全日制工作者。

数据来源：Foglalkoztatottság és kereseti arányok（就业和收入调查）；欧盟统计局人工成本调查；A munkaerоköltség alakulása（劳动力调查）。

爱尔兰　数据来源：收入、工时和就业成本调查；关于就业、收入和工时的季度工业调查问卷；人工成本调查。

以色列　数据来源：数据来自月度统计公报；制造业指数。

意大利　对于所有雇员和生产工人序列而言，不同的数据被用于计算不包括在收入中的薪酬组成的调整项。

数据来源：L'indice delle retribuzioni orarie contrattuali（每小时合同薪酬指数）；Aliquote contributive vigenti a carico del datore di lavoro（雇主社会缴款的法定比率）；欧盟统计局人工成本调查。

日本　对于所有雇员和生产工人序列而言，不同的数据被用于计算不包括在收入中的薪酬组成的调整项。

数据来源：Maitsuki Kinrou Toukei Chousa（月度劳动力调查）；Chingin Kouzou Kihon Toukei Chousa（工资结构基础调查）；Shuurou Jyouken Sougou Chousa（工作条件通用调查）。

韩国　数据来源：月度劳动力调查，人工成本调查。

墨西哥　薪酬成本数据不包括石油和煤炭制造业的数据。

数据来源：Censos Económicos（经济普查）；Encuesta Industrial Mensual（月度行业调查）。

荷兰　数据来源：Arbeidskostenonderzoek（人工成本调查）；Cao－lonen contractuele loonkosten en arbeidsdurr（合同收入指数）；欧盟统计局人工成本调查。

新西兰　数据来源：季度就业调查；人工成本指数。

挪威　不包括非全日制工作者。为了保持与其他国家数据间的可比性，薪酬不包括义务培训和工厂设施成本；2004 年；这些成本将使每小时薪酬成本增加 2.2%。

数据来源：Lønnsstatistikk. Ansatte i industri（工资统计/制造业雇员调查）；Arbeidskraftundersøkelsene（人工成本调查）；挪威工商业联盟（NHO）制造业平均每小时收入调查；欧盟统计局人工成本调查。

菲律宾　数据来源：菲律宾工商业年度调查；人工成本调查；劳动力调查。

波兰　数据来源：Sprawozdanie o pracujacych，wynagrodzeniach i czasie pracy（就业、收入和工时报告）；Badania kosztów pracy（人工成本调查）。

葡萄牙　数据来源：Quadros de Pessoal（个人表格）；Indice de Volume de Negócios，Emprego，Remunerações e Horas Trabalhadas na Indústria（工业人员流动、就业、工资和工时指数）；欧盟统计局人工成本调查。

新加坡　收入数据仅指 6 月，覆盖的是雇员数在 25 人及以上的机构。不包括非全职工作者。

数据来源：职业工资调查，劳动力市场调查，人工成本调查。

斯洛伐克　非全职工作者不纳入针对薪酬其他组成（不计入收入）的数据中。收入数据覆盖雇员数在 20 人及以上的机构。

数据来源：斯洛伐克工业年度调查，收入调查结构。

西班牙　数据来源：Encuesta de Salarios en la Industria y los Servicios（工业和服务业工资调查）；Encuesta Trimestral de Coste Laboral（季度人工成本调查）；欧盟统计局人工成本调查。

瑞典　数据来源：Konjunkturstatistik，löner för privat sector（私人部门工薪短期统计）；欧盟统计局人工成本调查。

瑞士　不包括非全职工作者。

数据来源：工薪通用调查；Indice suisse des salaries（工资变化指数）；1973 年瑞士制造业劳动力薪酬；Vacances et jours fériés payés d'aprés les conventions collectives de travail（根据劳资协议确定的假日/假期和公共假日薪酬）。

中国台湾省　数据来源：Shòugù Yuángong Xinzi Diàochá（雇员收入调查）；Shòugù Yuángong Dòngxiàng Diàochá（就业变动调查）。

英国　数据来源：工时和收入年度调查，新版收入调查，周平均收入，欧盟统计局人工成本调查。

资料来源：美国劳工部劳工统计局，生产率和技术办公室，2009 年 5 月 26 日。

美国　薪酬成本不包括实物支付。

数据来源：经常性就业统计调查，制造业年度调查，国家薪酬调查。

表 17b 以美元计值的制造业所有雇员每小时薪酬成本的百分比变化

	1996—2007 年	1996—2000 年	2000—2007 年	2004 年	2005 年	2006 年	2007 年
发达经济体和欧盟							
欧盟							
奥地利	2.9	-6.0	8.4	10.9	3.5	3.6	12.8
比利时	3.2	-5.4	8.4	13.0	2.5	3.4	11.2
捷克共和国	9.9	-0.2	16.2	16.4	11.1	11.7	18.9
丹麦	6.4	…	10.2	10.1	4.5	5.0	15.4
芬兰	4.3	-5.7	10.4	15.5	3.8	4.6	12.6
法国	2.7	-6.4	8.2	11.9	2.3	4.3	12.1
德国	4.8	…	8.2	12.7	-0.8	5.9	9.9
匈牙利	9.9	-1.0	16.7	19.4	8.8	3.0	24.7
爱尔兰	6.7	-1.8	11.8	15.4	3.6	4.4	15.9
意大利	4.0	-5.6	9.9	15.9	2.8	3.5	12.2
荷兰	5.4	…	9.5	12.6	2.0	2.1	11.2
波兰	9.1	…	12.3	9.9	18.0	10.7	22.3
葡萄牙	5.3	-1.8	9.6	13.2	3.8	0.8	9.7
斯洛伐克	11.5	…	18.3	18.7	11.9	13.2	28.3
西班牙	4.4	-5.4	10.5	14.4	3.8	5.2	13.3
瑞典	3.8	-3.9	8.5	13.3	0.3	4.6	13.0
英国	7.5	5.1	9.0	15.9	4.1	3.9	12.8
北美洲							
加拿大	4.8	-0.4	7.9	11.8	10.5	9.5	9.0
美国	3.0	2.7	3.1	2.7	2.8	0.8	1.9
其他发达经济体							
澳大利亚	5.2	-3.6	10.6	18.4	7.2	3.5	14.0
以色列	3.1	3.0	3.2	3.8	2.4	2.6	11.7
日本	0.0	1.4	-0.8	7.9	-0.1	-4.9	-1.5
新西兰	3.9	-7.2	10.9	16.7	9.7	-3.4	19.4
西欧（非欧盟）							
挪威	7.0	…	11.2	10.6	6.4	5.7	16.7
瑞士	1.4	-6.9	6.5	8.7	0.9	0.5	6.0
亚洲和太平洋地区							
东亚							
韩国	6.5	0.2	10.3	11.2	18.8	16.0	10.7
中国台湾省	1.5	1.5	1.5	4.6	8.5	2.9	0.6
东南亚							
菲律宾	0.7	-8.2	6.1	6.8	9.5	14.2	13.0
新加坡	2.4	-0.5	4.1	3.3	0.5	4.2	12.0
拉丁美洲和加勒比地区							
中美洲							
墨西哥	4.9	5.7	4.4	-0.7	7.1	4.2	4.9
南美洲							
阿根廷	0.8	2.4	-0.1	23.1	22.1	20.6	21.4
巴西	0.0	-11.8	7.5	18.1	31.7	19.5	19.0

表 17b 以美元计值的制造业所有雇员每小时薪酬成本的百分比变化（注）

1. 说明

每小时薪酬成本是用来衡量雇主为雇员每小时的劳动支付给后者的薪资福利。这些薪资福利可以由雇员直接获取（即以总收入的形式），也可以间接获取（通过雇主的各种缴款，包括强制性的、合同规定的及私人性质的社会保障计划、养老金计划、意外伤害保险或人寿保险计划，以及其他福利计划）。在讨论雇主的支出时，雇员间接获取的福利通常被称为“非工资福利”或“非工资人工成本”。表 17b 所示的是制造业部门所有雇员的总薪酬成本在 5 年内的年均百分比变化。全体雇员包括企业中特定工薪结算期内的生产工人和其他全职或非全职的雇员，也包括临时工。如果工作者在此薪资期的任何时间段得到报酬，就被视为是此企业的雇员。这里不包括自雇工作者、无报酬家庭工作者及为私人家庭服务的工作者。

2. 信息库

有关制造业所有雇员每小时薪酬成本的国际比较，补充表，1996—2007 年

美国劳工统计局（BLS），国际劳工比较，美国华盛顿特区

http：//www. bls. gov/fls/hcaesupptabtoc. htm

此表介绍了关于特定国家和地区的制造业中所有雇员的薪酬成本、每小时直接支付，以及按工作时间进行的支付。

3. 针对具体国家的注释

见表 17a。

表 17c　制造业生产工人每小时薪酬成本

	年份	每小时薪酬成本指数（美国＝100）	以美元计值的每小时薪酬成本	以美元计值的每小时直接薪酬	以美元计值的非工资人工成本	非工资人工成本在薪酬成本中所占百分比
发达经济体和欧盟						
欧盟						
奥地利	1980	93	9.03	6.93	2.10	23.3
	1990	120	18.04	13.33	4.71	26.1
	2000	101	20.13	14.61	5.52	27.4
	2003	117	26.36	19.57	6.79	25.8
	2004	126	29.19	21.70	7.49	25.7
	2005	127	30.20	22.45	7.75	25.7
	2006	130	31.30	23.26	8.04	25.7
	2007	144	35.33	26.25	9.08	25.7
比利时	1980	120	11.74	9.20	2.54	21.6
	1990	119	17.85	12.91	4.94	27.7
	2000	101	20.15	13.80	6.35	31.5
	2003	118	26.58	18.63	7.95	29.9
	2004	130	30.05	21.04	9.01	30.0
	2005	129	30.83	21.60	9.23	29.9
	2006	132	31.90	22.35	9.55	29.9
	2007	144	35.45	24.87	10.58	29.8
捷克共和国	2000	14	2.85	2.08	0.77	27.0
	2003	21	4.75	3.45	1.30	27.4
	2004	24	5.48	3.97	1.51	27.6
	2005	26	6.08	4.46	1.62	26.6
	2006	28	6.83	5.00	1.83	26.8
	2007	33	8.20	6.01	2.19	26.7
丹麦	1980	111	10.83	10.37	0.46	4.2
	1990	122	18.29	17.80	0.49	2.7
	2000	108	21.45	19.91	1.54	7.2
	2003	135	30.44	27.41	3.03	10.0
	2004	145	33.53	30.14	3.39	10.1
	2005	146	34.88	31.05	3.83	11.0
	2006	152	36.67	32.31	4.36	11.9
	2007	172	42.29	37.06	5.23	12.4
芬兰	1980	89	8.66	6.81	1.85	21.4
	1990	140	20.97	15.95	5.02	23.9
	2000	89	17.73	13.95	3.78	21.3
	2003	109	24.51	19.22	5.29	21.6
	2004	122	28.11	22.01	6.10	21.7
	2005	121	28.69	22.47	6.22	21.7
	2006	124	30.07	23.49	6.58	21.9
	2007	139	34.18	26.78	7.40	21.7
法国	1980	103	10.06	7.31	2.75	27.3
	1990	109	16.31	11.46	4.85	29.7
	2000	80	15.98	11.06	4.92	30.8
	2003	95	21.39	14.62	6.77	31.7
	2004	104	23.98	16.32	7.66	31.9
	2005	103	24.56	16.72	7.84	31.9
	2006	105	25.47	17.34	8.13	31.9
	2007	116	28.57	19.45	9.12	31.9
德国	2000	114	22.66	17.34	5.32	23.5
	2003	133	29.93	22.79	7.14	23.9
	2004	143	33.14	25.21	7.93	23.9
	2005	140	33.38	25.64	7.74	23.2
	2006	142	34.26	26.36	7.90	23.1
	2007	153	37.66	30.16	7.50	19.9
希腊	1980	38	3.73	3.11	0.62	16.6
	1990	45	6.71	5.45	1.26	18.8
	2000	38	7.63	6.01	1.62	21.2
	2003	52	11.77	8.81	2.96	25.1
	2004	63	14.52	10.69	3.83	26.4
	2005	64	15.17	11.17	4.00	26.4
	2006	66	15.96	11.75	4.21	26.4
	2007	73	18.03	13.28	4.75	26.3

	年份	每小时薪酬成本指数（美国=100）	以美元计值的每小时薪酬成本	以美元计值的每小时直接薪酬	以美元计值的非工资人工成本	非工资人工成本在薪酬成本中所占百分比
匈牙利	2000	14	2.78	1.94	0.84	30.2
	2003	21	4.79	3.42	1.37	28.6
	2004	25	5.69	4.09	1.60	28.1
	2005	26	6.13	4.41	1.72	28.1
	2006	26	6.30	4.58	1.72	27.3
	2007	32	7.91	5.75	2.16	27.3
爱尔兰	1980	69	6.72	5.69	1.03	15.3
	1990	84	12.63	10.35	2.28	18.1
	2000	69	13.66	11.60	2.06	15.1
	2003	91	20.55	17.04	3.51	17.1
	2004	102	23.62	19.36	4.26	18.0
	2005	103	24.51	20.50	4.01	16.4
	2006	106	25.68	21.91	3.77	14.7
	2007	118	29.04	24.88	4.16	14.3
意大利	1980	84	8.21	5.93	2.28	27.8
	1990	120	17.92	12.45	5.47	30.5
	2000	73	14.53	9.93	4.60	31.7
	2003	91	20.42	14.04	6.38	31.2
	2004	102	23.66	16.28	7.38	31.2
	2005	102	24.33	16.74	7.59	31.2
	2006	104	25.17	17.45	7.72	30.7
	2007	115	28.23	19.57	8.66	30.7
卢森堡	1980	118	11.52	9.81	1.71	14.8
	1990	106	15.94	13.57	2.37	14.9
	2000	88	17.49	14.86	2.63	15.0
	2003	102	22.93	19.76	3.17	13.8
	2004	114	26.30	22.77	3.53	13.4
	2005	115	27.36	23.69	3.67	13.4
	2006	115	27.83	24.10	3.73	13.4
	2007	124	30.60	26.50	4.10	13.4
荷兰	1980	124	12.05	9.15	2.90	24.1
	1990	120	17.98	13.93	4.05	22.5
	2000	94	18.68	14.72	3.96	21.2
	2003	116	26.08	20.31	5.77	22.1
	2004	128	29.58	22.95	6.63	22.4
	2005	126	30.02	23.30	6.72	22.4
	2006	127	30.64	23.77	6.87	22.4
	2007	139	34.07	26.43	7.64	22.4
波兰	2000	14	2.81	2.33	0.48	17.1
	2003	16	3.53	2.92	0.61	17.3
	2004	17	3.85	3.19	0.66	17.1
	2005	19	4.53	3.75	0.78	17.2
	2006	21	5.05	4.18	0.87	17.2
	2007	25	6.17	5.11	1.06	17.2
葡萄牙	1980	20	1.96	1.58	0.38	19.4
	1990	24	3.55	2.79	0.76	21.4
	2000	23	4.64	3.72	0.92	19.8
	2003	29	6.51	5.14	1.37	21.0
	2004	32	7.32	5.89	1.43	19.5
	2005	31	7.42	5.97	1.45	19.5
	2006	31	7.53	6.06	1.47	19.5
	2007	34	8.27	6.65	1.62	19.6
西班牙	1980	59	5.75	4.27	1.48	25.7
	1990	74	11.10	8.32	2.78	25.0
	2000	53	10.46	7.86	2.60	24.9
	2003	66	14.81	11.05	3.76	25.4
	2004	73	16.94	12.64	4.30	25.4
	2005	74	17.59	13.09	4.50	25.6
	2006	77	18.51	13.76	4.75	25.7
	2007	85	20.98	15.54	5.44	25.9
瑞典	1980	127	12.41	8.78	3.63	29.3
	1990	138	20.75	14.16	6.59	31.8
	2000	104	20.70	14.17	6.53	31.5
	2003	118	26.44	17.79	8.65	32.7
	2004	130	30.12	20.16	9.96	33.1
	2005	128	30.50	20.41	10.09	33.1
	2006	132	31.85	21.31	10.54	33.1
	2007	147	36.03	24.11	11.92	33.1

	年份	每小时薪酬成本指数（美国＝100）	以美元计值的每小时薪酬成本	以美元计值的每小时直接薪酬	以美元计值的非工资人工成本	非工资人工成本在薪酬成本中所占百分比
英国	1980	74	7.22	5.89	1.33	18.4
	1990	80	11.95	10.11	1.84	15.4
	2000	82	16.31	13.38	2.93	18.0
	2003	94	21.03	16.72	4.31	20.5
	2004	105	24.37	19.18	5.19	21.3
	2005	107	25.36	19.96	5.40	21.3
	2006	109	26.36	20.74	5.62	21.3
	2007	121	29.73	23.40	6.33	21.3
北美洲						
加拿大	1980	92	9.02	8.06	0.96	10.6
	1990	111	16.62	14.29	2.33	14.0
	2000	84	16.78	14.13	2.65	15.8
	2003	89	19.99	16.22	3.77	18.9
	2004	96	22.25	17.91	4.34	19.5
	2005	102	24.40	19.59	4.81	19.7
	2006	109	26.28	21.04	5.24	19.9
	2007	118	28.91	23.15	5.76	19.9
美国	1980	100	9.75	7.87	1.88	19.3
	1990	100	15.00	11.85	3.15	21.0
	2000	100	19.88	15.75	4.13	20.8
	2003	100	22.48	17.44	5.04	22.4
	2004	100	23.12	17.87	5.25	22.7
	2005	100	23.81	18.39	5.42	22.8
	2006	100	24.15	18.62	5.53	22.9
	2007	100	24.59	19.17	5.42	22.0
其他发达经济体						
澳大利亚	1980	89	8.67	7.51	1.16	13.4
	1990	90	13.45	11.39	2.06	15.3
	2000	73	14.51	11.75	2.76	19.0
	2003	90	20.18	16.07	4.11	20.4
	2004	103	23.79	18.75	5.04	21.2
	2005	107	25.53	20.16	5.37	21.0
	2006	110	26.46	20.94	5.52	20.9
	2007	123	30.17	23.88	6.29	20.8
以色列	1980	34	3.34	2.83	0.51	15.3
	1990	50	7.56	6.40	1.16	15.3
	2000	56	11.16	9.52	1.64	14.7
	2003	51	11.41	9.66	1.75	15.3
	2004	51	11.85	10.03	1.82	15.4
	2005	51	12.13	10.28	1.85	15.3
	2006	52	12.45	10.62	1.83	14.7
	2007	57	13.91	11.85	2.06	14.8
日本	1980	56	5.43	4.81	0.62	11.4
	1990	83	12.52	10.83	1.69	13.5
	2000	109	21.69	18.08	3.61	16.6
	2003	89	20.04	16.55	3.49	17.4
	2004	94	21.65	17.84	3.81	17.6
	2005	90	21.31	17.51	3.80	17.8
	2006	83	19.99	16.43	3.56	17.8
	2007	80	19.75	16.23	3.52	17.8
新西兰	1980	56	5.44	5.12	0.32	5.9
	1990	57	8.48	7.98	0.50	5.9
	2000	42	8.38	7.94	0.44	5.3
	2003	52	11.69	11.17	0.52	4.4
	2004	59	13.65	13.03	0.62	4.5
	2005	63	14.97	14.30	0.67	4.5
	2006	60	14.47	13.82	0.65	4.5
	2007	70	17.27	16.48	0.79	4.6
西欧（非欧盟）						
挪威	1980	126	12.32	9.96	2.36	19.2
	1990	151	22.71	18.44	4.27	18.8
	2000	118	23.50	19.88	3.62	15.4
	2003	149	33.44	27.56	5.88	17.6
	2004	160	36.97	30.21	6.76	18.3
	2005	165	39.34	32.15	7.19	18.3
	2006	173	41.69	34.07	7.62	18.3
	2007	197	48.56	39.68	8.88	18.3

	年份	每小时薪酬成本指数（美国 =100）	以美元计值的每小时薪酬成本	以美元计值的每小时直接薪酬	以美元计值的非工资人工成本	非工资人工成本在薪酬成本中所占百分比
瑞士	1980	114	11.09	9.35	1.74	15.7
	1990	139	20.85	17.49	3.36	16.1
	2000	107	21.20	17.60	3.60	17.0
	2003	125	28.12	23.40	4.72	16.8
	2004	132	30.57	25.50	5.07	16.6
	2005	130	30.86	25.77	5.09	16.5
	2006	128	31.03	25.91	5.12	16.5
	2007	134	32.88	27.45	5.43	16.5
亚洲和太平洋地区						
东亚						
中国香港	1980	15	1.50	1.45	0.05	3.3
	1990	21	3.22	3.08	0.14	4.3
	2000	27	5.45	5.17	0.28	5.1
	2003	25	5.54	5.07	0.47	8.5
	2004	24	5.51	5.04	0.47	8.5
	2005	24	5.65	5.17	0.48	8.5
	2006	24	5.78	5.29	0.49	8.5
	2007	24	5.78	5.29	0.49	8.5
韩国	1980	10	0.93	0.84	0.09	9.7
	1990	24	3.59	3.15	0.44	12.3
	2000	41	8.08	5.88	2.20	27.2
	2003	42	9.44	7.39	2.05	21.7
	2004	45	10.50	8.45	2.05	19.5
	2005	52	12.48	10.32	2.16	17.3
	2006	60	14.48	11.91	2.57	17.7
	2007	65	16.02	13.18	2.84	17.7
中国台湾省	1980	11	1.05	0.96	0.09	8.6
	1990	26	3.91	3.61	0.30	7.7
	2000	31	6.19	5.30	0.89	14.4
	2003	25	5.70	5.01	0.69	12.1
	2004	26	5.97	5.25	0.72	12.1
	2005	27	6.42	5.61	0.81	12.6
	2006	27	6.56	5.62	0.94	14.3
	2007	27	6.58	5.64	0.94	14.3
南亚						
斯里兰卡	1980	2	0.22	0.20	0.02	9.1
	1990	2	0.35	0.30	0.05	14.3
	2000	2	0.48	0.41	0.07	14.6
	2003	2	0.51	0.44	0.07	13.7
	2004	2	0.52	0.44	0.08	15.4
	2005	2	0.54	0.47	0.07	13.0
	2006	2	0.57	0.49	0.08	14.0
	2007	2	0.61	0.52	0.09	14.8
东南亚						
菲律宾	2000	4	0.73	0.63	0.10	13.7
	2003	3	0.73	0.64	0.09	12.3
	2004	3	0.78	0.68	0.10	12.8
	2005	4	0.85	0.74	0.11	12.9
	2006	4	0.98	0.84	0.14	14.3
	2007	4	1.10	0.94	0.16	14.5
新加坡	1980	16	1.55	1.16	0.39	25.2
	1990	25	3.81	3.09	0.72	18.9
	2000	37	7.34	6.27	1.07	14.6
	2003	32	7.28	6.17	1.11	15.2
	2004	32	7.50	6.42	1.08	14.4
	2005	31	7.34	6.36	0.98	13.4
	2006	36	8.68	7.45	1.23	14.2
	2007	34	8.35	7.16	1.19	14.3

	年份	每小时薪酬成本指数（美国＝100）	以美元计值的每小时薪酬成本	以美元计值的每小时直接薪酬	以美元计值的非工资人工成本	非工资人工成本在薪酬成本中所占百分比
拉丁美洲和加勒比地区						
中美洲						
墨西哥	1980	22	2. 15	1. 61	0. 54	25. 1
	1990	10	1. 54	1. 10	0. 44	28. 6
	2000	10	2. 07	1. 48	0. 59	28. 5
	2003	11	2. 44	1. 77	0. 67	27. 5
	2004	11	2. 45	1. 78	0. 67	27. 3
	2005	11	2. 65	1. 94	0. 71	26. 8
	2006	11	2. 77	2. 04	0. 73	26. 4
	2007	12	2. 92	2. 15	0. 77	26. 4
南美洲						
巴西	2000	18	3. 50	2. 37	1. 13	32. 3
	2003	12	2. 74	1. 84	0. 90	32. 8
	2004	14	3. 14	2. 14	1. 00	31. 8
	2005	17	4. 16	2. 80	1. 36	32. 7
	2006	21	5. 01	3. 39	1. 62	32. 3
	2007	24	5. 96	4. 03	1. 93	32. 4

表 17c 制造业工人每小时薪酬成本（注）

1. 说明

每小时平均薪酬成本是用来衡量雇主为雇员每小时的劳动支付给后者的薪资福利。这些薪资福利可以由雇员直接获取（即以总收入的形式），也可以间接获取（通过雇主的各种缴款，包括强制性的、合同规定的及私人性质的社会保障计划、养老金计划、意外伤害保险或人寿保险计划，以及其他福利计划）。在讨论雇主的支出时，雇员间接获取的福利通常被称为“非工资福利”或“非工资人工成本”。表 17c 含有很多关于制造业部门生产工人薪酬成本的变量：以美元计值的薪酬成本总体水平的绝对值、以美国的薪酬成本为基数（将美国设为基数 100）编制的薪酬成本指数、总成本分为每小时直接薪酬和非工资人工成本（也是以美元计值），以及非工资人工成本在总薪酬成本中所占百分比。生产工人（也叫体力工人或蓝领工人）通常包括从事以下活动的雇员：制造、组装及相关活动、物料处理、仓储及运输、养护及修理、门卫及保安服务、辅助生产活动（如发电厂），以及其他与以上活动密切相关的服务活动。通常工长也包括在内，但不包括学徒和其他学员。

2. 信息库

有关制造业所有雇员每小时薪酬成本的国际比较，补充表，1975—2007 年

美国劳工统计局（BLS），国际劳工比较，美国华盛顿特区

http：//www. bls. gov/fls/hcaesupptabtoc. htm

此表介绍了关于特定国家和地区的制造业中所有雇员的薪酬成本、每小时直接支付，以及按工作时间进行的支付。

3. 针对具体国家的注释

见表 17a。

表 17d 以美元计值的制造业生产工人每小时薪酬成本的百分比变化

	1980—1985 年	1985—1990 年	1990—1995 年	1995—2000 年	2000—2007 年	2005 年	2006 年	2007 年
发达经济体和欧盟								
欧盟								
奥地利	-3.1	18.5	7.3	-4.7	8.4	3.5	3.6	12.8
比利时	-6.9	16.8	7.6	-4.8	8.4	2.6	3.5	11.2
捷克共和国	…	…	…	2.3	16.3	10.9	12.4	20.1
丹麦	-5.8	17.9	6.3	-2.9	10.2	4.0	5.2	15.3
芬兰	-0.7	20.2	1.9	-5.1	9.8	2.1	4.8	13.7
法国	-4.4	15.2	4.2	-4.5	8.7	2.4	3.7	12.2
德国	…	…	…	-5.5	7.5	0.8	2.6	9.9
希腊	-0.4	12.9	6.1	-3.3	13.1	4.5	5.2	13.0
匈牙利	…	…	…	-1.3	16.1	7.8	2.7	25.6
爱尔兰	-0.7	14.2	3.2	-1.5	11.4	3.8	4.8	13.1
意大利	-1.4	18.5	-1.4	-2.7	9.9	2.8	3.5	12.2
卢森堡	-8.3	16.4	8.1	-5.8	8.3	4.0	1.7	10.0
荷兰	-6.2	15.6	6.0	-4.9	9.0	1.5	2.1	11.2
波兰	…	…	…	…	11.9	17.5	11.4	22.2
葡萄牙	-5.8	19.6	7.5	-1.8	8.6	1.3	1.6	9.7
西班牙	-4.6	19.5	2.4	-3.5	10.5	3.8	5.2	13.3
瑞典	-5.0	16.7	0.8	-0.9	8.2	1.3	4.4	13.2
英国	-3.7	14.9	2.1	4.2	9.0	4.1	3.9	12.8
北美洲								
加拿大	4.8	7.8	0.2	0.0	8.1	9.7	7.7	10.0
美国	5.7	3.1	3.0	2.7	3.1	3.0	1.4	1.8
其他发达经济体								
澳大利亚	-0.6	9.9	3.0	-1.4	11.0	7.3	3.6	14.0
以色列	1.4	16.1	4.1	3.9	3.2	2.4	2.6	11.7
日本	2.8	14.9	13.3	-1.5	-1.3	-1.6	-6.2	-1.2
新西兰	-3.5	13.3	4.1	-4.2	10.9	9.7	-3.4	19.4
西欧（非欧盟）								
挪威	-2.4	15.8	2.7	-2.0	10.9	6.4	6.0	16.5
瑞士	-2.7	16.6	7.0	-6.2	6.5	0.9	0.5	6.0
亚洲和太平洋地区								
东亚								
中国香港	2.8	13.2	8.4	2.5	0.8	2.6	2.4	-0.1
韩国	5.2	24.6	14.7	2.5	10.3	18.8	16.0	10.7
中国台湾省	7.7	21.0	8.9	0.7	0.9	7.5	2.2	0.2
南亚								
斯里兰卡	5.2	4.7	6.4	0.0	3.5	4.7	4.5	7.0
东南亚								
菲律宾	…	…	…	-4.9	6.1	9.5	14.2	13.0
新加坡	10.6	8.2	15.1	-1.0	1.8	-2.0	18.3	-3.9
拉丁美洲和加勒比地区								
中美洲								
墨西哥	-6.3	-0.2	2.0	4.1	5.0	8.2	4.5	5.5
南美洲								
巴西	…	…	…	…	7.9	32.5	20.3	19.0

表 17d　以美元计值的制造业生产工人每小时薪酬成本的百分比变化（注）

1. 说明

每小时平均薪酬成本是用来衡量雇主为雇员每小时的劳动支付给后者的薪资福利。这些薪资福利可以由雇员直接获取（即以总收入的形式），也可以间接获取（通过雇主的各种缴款，包括强制性的、合同规定的及私人性质的社会保障计划、养老金计划、意外伤害保险或人寿保险计划，以及其他福利计划）。在讨论雇主的支出时，雇员间接获取的福利通常被称为“非工资福利”或“非工资人工成本”。表 17d 给出了制造业部门生产工人的总薪酬成本在五年内的年均百分比变化。生产工人（也叫体力工人或蓝领工人）通常包括从事以下活动的雇员：制造、组装及相关活动、物料处理、仓储及运输、养护及修理、门卫及保安服务、辅助生产活动（如发电厂），以及其他与以上活动密切相关的服务活动。通常工长也包括在内，但不包括学徒和其他学员。

2. 信息库

有关制造业所有雇员每小时薪酬成本的国际比较，补充表，1975—2007 年

美国劳工统计局（BLS），国际劳工比较，美国华盛顿特区

http：//www.bls.gov/fls/hcaesupptabtoc.htm

此表介绍了关于特定国家和地区的制造业中所有雇员的薪酬成本、每小时直接支付，以及按工作时间进行的支付。

3. 针对具体国家的注释

见表 17a。

第七章　劳动生产率（KILM 18）

KILM 18：劳动生产率

引　言

本章阐述了整体经济中劳动生产率方面的信息，在此，劳动生产率定义为每单位劳动力投入量（工作人数或工时）的产出。具备该指标信息的经济体达到 123 个，覆盖了所有 KILM 的地区组别。这些经济体的人口共计占全球人口的96%，创造的 GDP 超过全球 GDP 的99%。

指标的用途

一国的经济增长可归因于就业的增加或工作者效率的提高。后者即可通过劳动生产率的统计数据予以体现。因此，劳动生产率是衡量经济绩效的一项关键指标。了解劳动生产率背后的驱动因素，特别是机器与设备的增加，组织方式和物质性、制度性基础设施的完善，工作者（人力资本）健康状况和技能水平的提高，以及新技术的产生等，对制定促进经济发展的政策而言十分重要。这些政策可能会注重对产业与贸易、制度创新、政府关于基础设施的投资项目、人力资本、技术以及这些方面的任何组合做出规定。

劳动生产率估算可用以显示与监控劳动力市场政策的效果。例如，较高的劳动生产率通常意味着较高水平或特殊类型的人力资本，这表明特定的教育或培训政策得到了重视。同理，生产率估算所反映的趋势也可用以了解工资协议对通货膨胀率的影响，或者用以确认此类协议是否可为工作者实现的生产率增长（部分）提高薪酬。

最后，生产率指标有助于我们了解劳动力市场绩效如何对生活水平产生影响。当劳动力利用（指按总人口计算的人均年工时）强度低时，就业机会创造是除生产率增长之外的提高人均收入的重要方式。[1]例如，欧洲国家的人均收入水平低于美国，而生产率水平与美国较为接近，那么通过提高劳动力参与率或鼓励每个人工作更长时间（例如，可以采取在经济活动中创造更多体面的生产性就业机会）就有可能提高对劳动力的利用程度。相比之下，在劳动力利用强度已经很高的地区（如东亚），提高生产率就将是提高生活水平的唯一方式。无论如何，提高劳动力参与率最多也只是促进增长的一种暂时性措施，而且这还取决于人口增长率与年龄结构。就长期而言，只有劳动生产率才能决定人均收入的增长。

定义和来源

生产率代表每单位投入量的产出。在本章中，产出按国内生产总值（GDP）计算，GDP 就是从资本（包括折旧）到劳动力等所有直接用于生产的投入所产生的成果。整体经济所用的 GDP 概念按市场价格表示，其反映了产出的市场价值。

劳动生产率提高可能是因为在没有追加其他投入的情况下劳动力的利用效率得到了提高，也可能是因为每位劳动者工作时有了更多的其他投入，如实物资本、人力资本或中间投入等。KILM 18 不包含更为复杂的指标，如“全要素生产率”，即全部投入的每

1　很明显，生活水平并不等同于人均收入，但人们仍认为人均收入可以很好地反映生活水平，即便两者并没有必然联系。如联合国发展计划署（UNDP）《2006 年人类发展报告》所示，2004 年，将人类发展指数（HDI）与人均 GDP（按购买力平价计算）相比，177 个经济体中有 102 个 HDI 高于 GDP、1 个相等、74 个 GDP 高于 HDI。

一综合单位的产出。[2]如果整体经济或某行业内的各种活动由低生产率水平活动转变为高生产率水平活动，即使这些活动的生产率都没有增加，计算得出的劳动生产率也可能表现为增长。

对于固定“搭配”的经济活动而言，生产率等式中所用的劳动投入量指标最好是“所有雇员年实际工时总数”。然而，在许多情形下，我们很难获得劳动投入量指标或者很难进行可靠估算。因此，表18所示的是按工作者人均GDP及每工时GDP计算得出的两组劳动生产率数据。

要比较各个经济体的劳动生产率，就有必要将产出按调整后的购买力平价（PPP）转换为美元计价。这一PPP代表购买一组价值一美元的标准货物和劳务的本国货币金额。PPP能够将两国相对价格的差异考虑在内。在按照官方货币汇率进行计算的时候，所隐含的假设就是国家间的相对价格没有差异。表18所示的劳动生产率估算是按照吉尔里—哈米斯PPP换算得出的1990年的美元计值，因为1990年的PPP可使能够进行比较的国家的数目达到最大（详情如下）。[3]

劳动生产率估算源自世界大型企业联合会的经济总量数据库。该数据库还包括可用来计算单位人工成本的薪酬数据。各国的数据来源与计算方法以及采用PPP时所用的基础数据等的全套文件都可以从该数据库的网站下载。[4]

经济合作与发展组织（OECD）国家的GDP估算大多在发达经济体和欧盟组别的KILM报告中可查，GDP数据（1990年之后）大部分源自《OECD：国民经济核算》第一卷与第二卷（年报）和欧盟统计局新克罗诺斯数据库。截止到1990年的数据大部分源自Maddison。[5]就业估算大多来源于《OECD：劳动力统计（年报）》、欧盟统计局的新克罗诺斯数据库、以及维也纳国际经济比较研究所（WITW）。年工时以各个国家的被认为是最恰当来源的一系列数据为基础计算得出，采用的定义是“雇员人均实际工时”。在采用官方数据的同时，KILM也利用了OECD增长计划等渠道收集数据，后者由Scarpetta等人负责更新。[6]其后几年，《OECD就业展望》中所提到的发展趋势也被纳入估算。每个变量（GDP、就业人数与工时）的数据来源详情均可通过经济总量数据库的网站查询。

对于非OECD国家而言，国民经济核算数据与劳动力统计数据是由世界银行、亚洲开发银行、联合国粮食与农业组织（FAO）、国际劳工组织、联合国统计局等国际组织从各国国家性官方渠道搜集而来，其中大部分数据被作为基础数据。[7] Maddison对这些数据序列予以补充，尤其补充了1980—1990年间的数据。Maddison也提供了大量非OECD经济体每年工时的基准估算数据。[8]在个别案例中，国民经济核算也被用于研究各国的情况。

劳动生产率序列数据与1990年Maddison提出的以美元计算的GDP市场价格的基准估

2 欲了解OECD总体全要素生产率的增长估算，见：《OECD：经济增长之源》（巴黎，2003年）；欧盟15国的相关信息，见M. P. Timmer和B. van Ark：《信息与通信技术扩大了劳动率增长差异吗？欧盟国家与美国的比较》，牛津经济论文（2005年）；行业层面的相关信息见《欧盟KLEMS增长与生产率核算》（http：//www. euklems. net）；包括发展中国家在内的相关信息，见B. Bosworth和S. Collins：《发展的实证研究：最近更新》，布鲁金斯经济活动报告（华盛顿，布鲁金斯研究所，2003年）。

3 2010年KILM中的劳动生产率数据可能会通过使用较新的购买力平价标准加以修正。

4 经济总量数据库的信息见http：//www. conference－board. org/ economics/ database. cfm。该数据库之前在荷兰格罗宁根大学的格罗宁根发展与研究中心。该研究中心也开展经济绩效与增长率差异的比较分析。如欲阅览最新发布信息，见http：//www. ggdc. net/index. htm。

5 A. Maddison，关于“历史统计数据”的数据库可通过Maddison的主页http：//www. ggdc. net/maddison/查看。

6 S. Scarpetta、A. Bassanini、D. Pilat 和 P. Schreyer：“OECD地区的经济增长：总体水平及部门层面的趋势”，经济部工作论文，第248号，OECD，巴黎（2003年），表A13。

7 世界银行：《世界发展指标》（分期报告）；亚洲开发银行：《亚洲和太平洋地区发展中国家关键指标》（年报）；国际劳工组织：《劳动调查数据年鉴》（年报）；联合国：《国民经济核算统计：主要汇总及详细表格》（年报）。

8 A. Maddison：《1820年至1992年世界经济之考察》（巴黎，OECD发展中心，1995年）。

算数据相联系，[9]其中针对按PPP换算的以美元计值的中国GDP下调了22.6%，这反映了世界银行在2005年对最近的PPP估算做出部分调整，使其更能代表城市价格水平。Maddison以美元计值的估计数据基于用于衡量GDP的PPP。初始PPP源自国际比较计划（ICP）。该计划通过各个国际机构（如欧盟统计局、OECD、联合国、世界银行）在各经济体之间合作开展特定支出价格调查来获得数据。[10]

Maddison所用的经济总量的PPP是多方加权的PPP。多方加权是指将各个经济体的权重均计入在内以得出总的PPP，这样一来，两个经济体之间的比较结果具有充分的可传递性，也就是说，经济体A与B之间和经济体B与C的比较结果即等同于经济体A与C的比较结果。选择1990年的原因在于其是能够获取世界经济中最多经济体的全面而可靠的PPP数据集的最近年份。用于经济加总的多方权重系统是吉尔里—哈米斯系统，其实质上是以该国GDP的相对规模为基础对PPP进行加权计算。

可比性的限制

对估算数据的国际与历史可比性的限制按下列四个小标题进行概述。

以各国货币计值的产出数据

产出数据来自国民经济核算，其在最大程度上代表了按总体经济市场价格计算得出的GDP值。然而，尽管存在很大程度上以联合国国民经济核算体系为基础的通用原则，但国民经济核算估算数据的国际一致性方面仍存在重大问题，对OECD以外的经济体尤其如此。这些问题包括：

（1）服务部门产出的处理方式不同。对于众多经济体（尤其是其中的非市场服务部门）而言，产出通常以诸如总劳动力报酬等投入量为基础进行估算，或者以关于生产率增长的隐含假设为基础进行估算。在其他情形下（即可获取产值数据的情形下），质量的改变通常无法完全体现于产量数据中。

（2）根据价格变化调整产出数据的程序不同，尤其是计算紧缩指数时使用的加权体系不同。以往，恒定价格下的产出变化趋势被赋以数年内固定的权数值。固定权数通常意味着过高估计了产量增长率，并形成一种偏离，与基准年份相距越远，这种偏离就越大。因此大多数经济体每5年或10年会改变一次权数。2008年开始，越来越多的OECD国家转为使用年度链式权数。国家间计算方法上的另一个重要差异在于使用不同的信息通信技术（ICT）产品平减指数。传统的价格衡量法不能充分体现该类产品的价格下滑。对于ICT产品，美国采用了一系列享乐价格平减指数，衡量的是基于商品主要特点变化的商品价格变化。其他许多国家也在其国民经济核算中采用了此种价格指标，但时间比美国晚得多。在对制造业的估算上，此问题可以通过使用ICT产业的统一平减指数得到解决。对于那些本身没有合适ICT平减指数的国家，就以美国的享乐价格平减指数为基础计算。

（3）在国民经济核算中，各发展中经济体非正式经济活动的覆盖程度不同，各发达（工业化）经济体地下经济的覆盖程度不同。针对“未登记活动”，一些经济体采用特殊调查所得的数据，或者采用来自人口统计或其他来源的间接估算数据进行估算。不同经济体之间在覆盖程度方面仍存在巨大差异。[11]

9　Maddison，“历史数据统计”，前引。

10　PPP计算方法的全面阐述，见I. B. Kravis、A. Heston、R. Summers：《世界产品与收入》（巴尔的摩：约翰霍普金斯，1982年）。关于购买力平价计划的最新进展，见OECD网站：http://www.oecd.org/topicstatsportal/0,2647,en_2825_495691_1_1_1_1_1,00.html#500300与联合国网站：http://unstats.un.org/unsd/methods/icp/。也可参看宾夕法尼亚大学国际比较中心（CICUP）的网站：http://pwt.econ.upenn.edu/cic_main.html。

11　如欲了解方法的概述，见《OECD：对未被观测经济体的统计手册》（巴黎，2002年）等等。

除了上述不一致性之外，各国主要的国家统计数据以及进行相关国家估算的人力资源在范围与质量方面也大不相同。

就　业

就业人口估算尽可能地按照该年拥有一份或多份有酬工作的人口平均数计算。特别是在亚洲与拉丁美洲的中低收入经济体中，对有酬雇员数量的统计很可能比针对从事农业与非正规制造业活动的自营工作者与家庭工作者的统计更可靠。在进行产出估算时，就业人口估算很容易受到未完全覆盖地下或非正规活动的影响，而这两种经济活动需要大量的劳动力投入。在某些情形下，非正规活动完全没有计入生产与就业统计之中。农业劳动人口估算数据计入了大量（非全职或季节性）家庭工作者。然而，此组数据中各经济体的估算本意是要涵盖所有经济活动的。

工　时[12]

年工时数据通常无法获取或者可靠性不高。即便在发达国家，年工时的定义也没有一致性。例如，工时统计通常指付薪小时数而不是实际工时，这意味着其并未对不工作的付薪小时数（如付薪假期或病假的小时数）以及不付薪的工时做出调整。此外，通常我们只能得到单一类别的工作人口（在许多情形下，只能得到雇员数据）、某一特定产业（如制造业）或者特定企业类型（如那些在一定规模以上或属于正规部门的企业）的工时统计数据。一直以来，这些问题在众多低收入经济体中尤其严重。年工时数据是否以及怎样对主要统计的此类问题作出调整，通常并没有文件作相关记载。

12　读者可能希望浏览与 KILM 6 中工时可比性问题相关的对应章节。

趋　势

劳动生产率是一国经济状况的重要指标，因为该指标能够衡量生产投入量在经济中的利用效率。劳动生产率是推动经济增长的重要原因，且就长期而言，其还决定工资和价格水平，并因此决定人民的生活水平。几十年以来，按工作者人均 GDP 衡量的劳动生产率数据以美国为最高。2008 年也是如此：美国人均劳动生产率达到 65480 美元，排在其后的中国香港（58605 美元）和爱尔兰（56701 美元）与其尚有一定差距。

图 18a 将美国 1998 年与 2008 年的劳动生产率水平作为与其他经济体进行比较的基准。在大多数发达经济体中，工作者人均 GDP 的相对比重为美国的 60%—90% 之间（波兰与罗马尼亚除外，这两国的劳动生产率分别美国 2008 年劳动生产率的 37.5% 与 17.8%）。还需要重点注意的是，1998—2008 年间，除挪威、波兰和罗马尼亚之外的所有发达经济体的生产率差距有所扩大。这意味着，与最高水平（美国的生产率水平）相比，2008 年这些发达国家的劳动生产率比 10 年前差距更大。因此，美国仍然是世界上工作者生产效率最高的国家，其领先地位也与日俱增。

中欧、东南欧（非欧盟）和独联体的劳动生产率为美国劳动生产率的 15%—40%。然而，这些国家（例如波兰与罗马尼亚等新欧盟国家）正在迅速地迎头赶上，这主要由于技术转移的不断发展。相对于美国，生产率增长极为显著的国家有格鲁吉亚、波兰、罗马尼亚与俄罗斯联邦（见图 18b）。亚洲的发展中经济体虽然生产率水平远低于大多数发达经济体，但表现出强劲的追赶势头。在这期间，拉丁美洲与中东国家（卡塔尔除外）劳动生产率的增加辐度较低，有的甚至为负增长。所有国家中，2008 年与 1998 年劳动生产率相对值降幅最大的国家为沙特阿拉伯、西班牙与阿拉伯叙利亚共和国。

图 18a　1998 年与 2008 年各经济体劳动生产率（按工作者人均 GDP 计算）与美国劳动生产率的比值

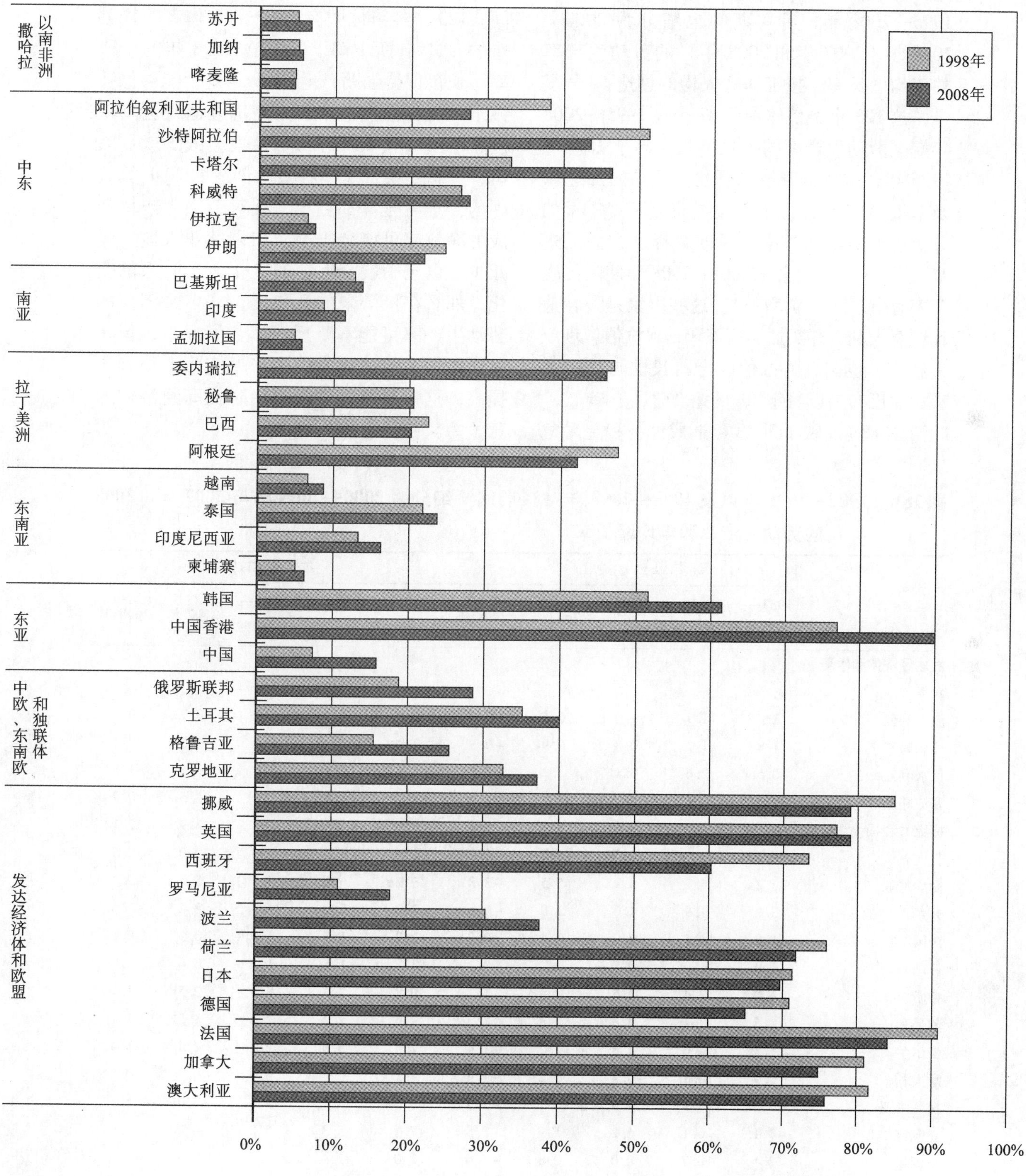

图 18b 所示为通过可用数据计算得出的123个经济体在不同时间段（1987—1995 年、1995—2008 年，后一期间也细分为 2000—2008 年、2007 年和 2008 年）的劳动生产率的年均增长率。按工作者人均的创造 GDP 衡量，这 123 个经济体中的 87 个在 1995—2008 年期间劳动生产率的年均增长率高于 1987—1995 年，这意味着技术研发与调整的加速以及对人力资本进行了连续投资（KILM 14 的分析也说明了入学率与受教育程度方面的进步）。其中 8 个国家于 2000—2008 年期间的生产率有所下降（负增长）。这些国家是科特迪瓦、意大利、牙买加、西班牙、阿拉伯叙利亚共和国、也门、阿拉伯联合酋长国与津巴布韦，津巴布韦以每年 7% 的速度急剧下降。

图 18b 反映了 2008 年造成经济和金融危机的经济衰退，许多国家（特别是发达国家）的生产率增长速度放缓。2007—2008 年间，123 个经济体中有 28 个的工作者人均创造的 GDP 有所下降。美国在 2008 年的生产率增长仍保持强劲，但 2009 年是否能够保持该水平尚有待观察。因为经济衰退既会降低国家产出（按 GDP 计算），也会减少就业人口，也就是说，工作者人均创造的 GDP 算式中的分子与分母都更小，其对劳动生产率造成的净效应可能会很小。如果就业人口大量减少，以至于就业人口的变化大于收入的变化，那么在接下来的几年内，许多经济体的劳动生产率可能不降反升。数据显示，留在就业行列中的劳动者的生产率实际上得到了提高，这将在经济复苏开始时提高经济体的竞争力。

图 18b　1987—1995 年以及 1995—2008 年（该期间又细分为 2000—2008 年与 2007 年、2008 年）的劳动生产率和年均增长率

	人均 GDP					每工时 GDP				
	1987—1995 年	1995—2008 年	2000—2008 年	2007 年	2008 年	1987—1995 年	1995—2008 年	2000—2008 年	2007 年	2008 年
发达经济体和欧盟										
欧盟										
澳大利亚	1.7	1.7	1.0	0.5	0.0	2.8	2.0	0.9	0.7	0.1
比利时	1.8	1.1	0.8	0.9	−0.5	2.2	1.2	0.8	1.3	−0.4
保加利亚	0.5	2.6	3.4	3.2	2.6	0.5	2.3	3.1	2.8	1.8
塞浦路斯	3.4	1.4	0.7	1.2	1.0	3.2	1.4	1.1	1.5	0.9
捷克共和国	−0.1a	3.0	3.5	3.2	2.0	−0.1	3.3	4.2	3.9	2.1
丹麦	2.1	1.0	0.5	−1.0	−2.2	2.7	0.6	0.3	−2.0	−2.5
爱沙尼亚	−3.2a	6.2	4.9	5.5	−3.8	−3.2a	6.1	5.1	5.7	−2.3
芬兰	3.0	1.9	1.6	2.0	−0.5	3.2	2.2	1.7	2.2	−1.5
法国	1.8	1.1	0.9	0.5	0.2	2.2	1.5	1.0	0.9	0.0
德国	1.9	1.0	0.8	0.7	−0.1	2.1	1.5	1.2	0.6	0.0
希腊	1.0	2.4	2.6	2.5	1.7	0.8	2.3	2.8	2.5	1.7
匈牙利	1.5	3.1	3.3	1.3	1.7	1.6	2.2	2.0	1.5	1.7
爱尔兰	3.5	2.6	1.8	2.0	−1.4	2.4	3.4	2.2	2.4	−1.4
意大利	1.9	0.1	−0.4	0.2	−1.4	2.1	0.4	0.0	−0.3	−0.5
拉脱维亚	−3.3a	5.3	4.9	6.2	−5.3	−3.3a	5.7	5.6	7.9	−5.3
立陶宛	−7.1	6.1	6.2	5.9	3.5	−7.1	5.3	5.8	4.8	1.9
卢森堡	2.1	0.7	0.0	0.8	−5.6	2.0	1.4	0.7	0.3	−5.6
马耳他	4.7	1.2	0.5	0.7	0.1	4.9	0.5	−0.3	0.8	0.1
荷兰	1.1	1.2	1.0	1.0	0.6	1.8	1.5	1.3	0.9	0.5
波兰	2.4	3.0	0.7	4.0	2.7	2.8	4.0	3.0	2.7	0.0
葡萄牙	2.1	1.2	0.7	2.0	−0.4	1.6	1.3	1.2	3.7	−0.4

图 18b（续）

	人均 GDP					每工时 GDP				
	1987—1995 年	1995—2008 年	2000—2008 年	2007 年	2008 年	1987—1995 年	1995—2008 年	2000—2008 年	2007 年	2008 年
罗马尼亚	-1.8	5.2	8.2	5.8	6.8	-1.1a	4.3	7.5	4.5	5.9
斯洛伐克	1.8a	4.6	4.9	8.4	3.3	1.8a	5.1	5.2	8.1	3.7
斯洛文尼亚	0.0	3.7	3.1	3.7	0.7	-0.2a	3.9	3.3	3.7	0.7
西班牙	2.1	-0.2	-0.2	0.6	1.6	2.3	0.3	0.9	0.7	1.6
瑞典	2.0	2.0	1.7	0.4	-1.1	1.2	2.1	1.8	-0.6	-1.8
英国	1.6	2.0	1.8	2.7	1.4	2.0	2.3	2.2	2.6	1.5
北美洲										
加拿大	1.1	1.1	0.5	0.4	-0.9	1.1	1.2	0.9	0.5	-0.9
美国	1.4	1.9	1.5	0.9	2.7	1.2	2.1	2.1	1.3	2.8
其他发达经济体										
澳大利亚	1.5	1.4	1.0	0.9	-0.1	1.4	1.8	1.4	1.0	-0.1
以色列	0.9	1.0	0.5	1.1	-0.3					
日本	1.8	1.3	1.4	1.9	-0.2	3.2	1.7	1.7	1.9	-0.2
新西兰	1.5	0.8	0.5	1.1	-1.9	1.5	1.1	0.9	2.0	-1.7
西欧（非欧盟）										
爱尔兰	0.4	2.6	2.4	-0.7	2.3	0.5	2.7	2.9	-1.3	2.5
挪威	2.9	1.2	0.8	-1.0	-1.0	3.1	1.5	1.1	-1.2	-1.4
瑞士	0.5	1.0	0.8	1.0	0.9	0.8	1.2	1.1	1.2	1.0
中欧、东南欧（非欧盟）和独联体										
中欧和东南欧										
阿尔巴尼亚	-0.2	7.3	7.8	6.3	6.8					
波斯尼亚和黑塞哥维那	-9.3b	0.2	4.3	-0.2	-0.6					
克罗地亚	-4.8	2.8	3.7	2.0	1.3					
塞尔维亚和黑山	-12.6	4.2	6.0	7.8	6.4					
前南斯拉夫马其顿共和国	-5.1	1.9	1.4	2.4	1.5					
土耳其	1.7	3.3	3.5	3.0	-0.7	1.5	3.1	3.7	3.0	-0.7
独立国家联合体（独联体）										
亚美尼亚	0.1a	12.0	14.5	14.6	7.5					
阿塞拜疆	0.1a	14.9	20.3	24.1	9.7					
白俄罗斯	-4.6a	7.4	8.2	8.0	9.5					
格鲁吉亚	-15.9a	7.5	8.9	15.2	4.7					
哈萨克斯坦	-8.1a	5.1	6.1	5.6	0.1					
吉尔吉斯斯坦	0.1a	2.7	1.9	5.6	4.8					
摩尔多瓦共和国	-13.9	4.7	9.0	3.8	8.1					
俄罗斯联邦	-6.2a	4.3	5.7	7.3	4.8					
塔吉克斯坦	-15.1a	3.5	5.8	6.5	6.9					
土库曼斯坦	-9.5a	3.7	4.4	8.6	6.8					
乌克兰	-11.2a	4.7	6.6	8.0	2.3					
乌兹别克斯坦	-5.2a	3.5	4.0	6.8	6.3					

图 18b（续）

	人均 GDP					每工时 GDP				
	1987—1995 年	1995—2008 年	2000—2008 年	2007 年	2008 年	1987—1995 年	1995—2008 年	2000—2008 年	2007 年	2008 年
亚洲和太平洋地区										
东亚										
中国	6.2	7.7	10.5	12.2	8.4					
中国香港	3.9	2.2	3.2	3.9	0.2	4.1	2.2	3.2	3.9	0.2
韩国	5.3	3.2	3.0	3.7	1.6	5.9	4.3	4.1	3.7	1.6
中国台湾省	3.6	3.1	2.1	3.8	-1.7	4.3	3.7	2.7	3.8	-1.6
南亚										
孟加拉国	0.1	3.3	3.5	4.1	3.8					
印度	3.8	4.7	4.9	6.1	4.5					
巴基斯坦	3.4	1.8	2.2	5.4	4.2					
斯里兰卡	3.4	2.9	3.7	7.7	6.9					
东南亚										
柬埔寨	-0.1	4.3	3.3	7.4	3.8					
印度尼西亚	6.1	2.0	3.8	3.7	3.5					
马来西亚	6.1	2.5	3.1	3.7	2.0					
缅甸	1.2	6.4	7.2	7.7	0.6					
菲律宾	0.6	2.2	2.0	4.9	2.4					
新加坡	5.2	1.3	0.8	1.1	-5.2	5.4	1.3	0.8	1.1	-5.2
泰国	8.5	1.7	2.6	3.1	1.0					
越南	5.1	4.8	5.1	6.3	4.0					
拉丁美洲和加勒比地区										
加勒比地区										
巴巴多斯	-1.5	0.8	1.3	2.7	1.0	-1.9c	0.5	1.2	2.7	0.9
多米尼加共和国	1.9	2.9	3.2	5.9	2.0					
牙买加	1.2	-0.9	-1.8	-2.2	-3.3	0.8	-1.0	-1.9	-2.3	-3.2
圣卢西亚	2.0	1.5	1.7	-0.9	0.3	1.6	1.5	1.7	-0.9	0.4
特立尼达和多巴哥	-1.4	5.2	5.7	4.1	2.2	-1.0c	5.0	5.9	4.1	2.2
中美洲										
哥斯达黎加	1.3	1.0	1.4	2.0	-1.8					
危地马拉	0.1	0.9	0.8	2.3	-0.1					
墨西哥	-0.1	0.9	0.6	1.5	0.0	-0.3	0.7	0.7	2.1	0.0
南美洲										
阿根廷	1.4	1.8	1.4	4.3	2.5	1.4	2.2	2.1	4.3	2.5
玻利维亚	1.5	0.9	0.6	1.4	2.6					
巴西	0.2	1.0	1.1	4.0	3.9	0.6	1.0	1.1	4.1	3.9
智利	5.2	1.3	0.7	2.6	1.3	5.0	0.6	1.3	2.6	1.3
哥伦比亚	0.7	1.0	2.3	4.5	-0.1	0.9	1.1	2.3	4.5	-0.1
厄瓜多尔	-0.5	0.4	0.8	-1.1	2.8					
秘鲁	-0.6	1.2	1.8	0.7	1.2	-0.5	1.2	1.8	0.7	1.2
乌拉圭	1.4	2.9	1.9	3.9	7.8					
委内瑞拉	-0.7	1.0	3.0	4.8	1.3	-0.6	0.9	3.0	4.8	1.3
北非										
阿尔及利亚	-4.2	-0.3	0.3	-0.4	-0.4					
埃及	1.5	2.6	2.3	4.4	4.5					
摩洛哥	-0.5	2.3	3.0	0.5	3.2					
苏丹	0.1	4.0	3.8	9.0	2.6					
突尼斯	0.9	2.1	1.9	3.5	1.7					

图 18b（续）

	人均 GDP					每工时 GDP				
	1987—1995 年	1995—2008 年	2000—2008 年	2007 年	2008 年	1987—1995 年	1995—2008 年	2000—2008 年	2007 年	2008 年
撒哈拉以南非洲										
东非										
埃塞俄比亚	-0.6	3.0	4.0	7.4	7.5					
肯尼亚	-1.1	0.4	1.2	4.2	-0.6					
马达加斯加	-2.1	0.4	0.2	2.9	1.8					
马拉维	0.0	1.9	2.0	5.8	6.9					
莫桑比克	1.2	6.5	6.4	5.3	4.5					
坦桑尼亚	-0.9	3.4	4.5	4.5	4.9					
乌干达	2.7	4.2	4.5	5.2	6.0					
赞比亚	-3.2	2.2	3.4	4.0	3.8					
津巴布韦	-0.8	-5.0	-6.9	-7.8	-8.1					
中非										
安哥拉	-2.8	7.4	9.8	16.7	11.4					
喀麦隆	-6.5	1.7	1.3	1.1	1.1					
刚果民主共和国	-7.8	-1.4	1.8	3.2	3.1					
南部非洲										
南非	-1.5	1.9	3.0	4.2	2.2					
西部非洲										
布基纳法索	0.0	2.6	2.1	0.4	1.7					
科特迪瓦	-2.7	-0.8	-1.5	-0.6	0.1					
加纳	1.8	2.5	2.9	3.3	4.3					
马里	0.8	2.3	2.8	1.4	2.0					
尼日尔	-3.7	1.1	2.3	-0.2	5.8					
尼日利亚	0.2	4.0	6.3	3.7	2.5					
塞内加尔	-0.6	1.7	1.7	2.2	0.0					
中东										
巴林	0.2	2.9	3.7	6.4	4.7					
伊朗	0.8	0.4	1.1	3.4	0.2					
伊拉克	-17.5	3.3	2.5	-1.8	6.2					
约旦	-5.5	1.4	2.3	2.3	1.7					
科威特	-2.5	0.8	1.9	4.4	2.6					
阿曼	-1.4	2.5	3.6	2.7	5.2					
卡塔尔	-1.2	6.9	5.7	13.6	15.1					
沙特阿拉伯	0.7	0.0	0.3	0.4	2.1					
阿拉伯叙利亚共和国	1.4	-1.7	-0.7	-0.2	0.7					
阿拉伯联合酋长国	-2.8	-1.1	-0.9	-1.4	3.3					
也门	-0.5	0.3	-0.3	-0.9	-0.4					

注：增长率为年均复合增长率。各时期即为世界大型企业联合会在劳动生产率数据分析中关于生产率的“绩效”序列中使用的时期，见 http：//www. conference - board. org：a. 1989—1995 年；b. 1990—1995 年；c. 1991—1995 年。

表18 劳动生产率

	年份	工作者人均GDP（经PPP转换并以1990年定值美元计值）	工作者人均GDP（1990年=100）	每工时GDP（经PPP转换并以1990年定值美元计值）	每工时GDP（1990=100）	注 No.
发达经济体和欧盟						
欧盟						
奥地利	1980	30 256	82.8	17.24	79.4	1
	1990	36 542	100.0	21.71	100.0	1
	2000	44 305	121.2	29.60	136.3	2
	2004	47 230	129.2	31.20	143.7	2
	2005	47 566	130.2	31.31	144.2	2
	2006	47 871	131.0	31.53	145.2	2
	2007	48 118	131.7	31.75	146.2	3
	2008	48 121	131.7	31.78	146.4	4
比利时	1980	37 742	84.6	21.74	82.9	5
	1990	44 588	100.0	26.24	100.0	6
	2000	51 827	116.2	32.23	122.8	7
	2004	54 031	121.2	33.71	128.5	7
	2005	54 327	121.8	33.55	127.9	7
	2006	55 180	123.8	33.94	129.3	7
	2007	55 701	124.9	34.37	131.0	7
	2008	55 448	124.4	34.22	130.4	8
保加利亚	1980	11 130	100.8	…	…	9
	1990	11 044	100.0	7.07	100.0	10
	2000	12 924	117.0	7.88	111.5	11
	2004	14 980	135.6	9.00	127.3	11
	2005	15 497	140.3	9.34	132.1	11
	2006	15 943	144.4	9.64	136.4	11
	2007	16 461	149.0	9.91	140.2	11
	2008	16 896	153.0	10.09	142.7	12
塞浦路斯	1980	18 205	71.9	…	…	13
	1990	25 333	100.0	13.67	100.0	14
	2000	32 981	130.2	17.14	125.4	15
	2004	33 087	130.6	17.64	129.0	15
	2005	33 266	131.3	17.99	131.6	15
	2006	33 994	134.2	18.25	133.5	15
	2007	34 398	135.8	18.52	135.5	15
	2008	34 755	137.2	18.69	136.7	16
捷克共和国	1990	17 698	100.0	8.78	100.0	17
	2000	19 041	107.6	9.26	105.5	18
	2004	21 518	121.6	11.01	125.4	18
	2005	22 639	127.9	11.52	131.2	18
	2006	23 794	134.4	12.12	138.0	18
	2007	24 557	138.8	12.59	143.4	18
	2008	25 059	141.6	12.85	146.4	19
丹麦	1980	30 725	85.7	18.67	79.0	20
	1990	35 865	100.0	23.63	100.0	20
	2000	44 413	123.8	28.58	120.9	18
	2004	46 497	129.6	29.89	126.5	18
	2005	47 151	131.5	30.30	128.2	18
	2006	47 778	133.2	30.59	129.5	18
	2007	47 292	131.9	29.99	126.9	18
	2008	46 258	129.0	29.25	123.8	21
爱沙尼亚	1990	21 899	100.0	11.24	100.0	22
	2000	29 071	132.8	14.63	130.2	23
	2004	37 494	171.2	18.80	167.3	23
	2005	40 182	183.5	19.98	177.8	23
	2006	42 054	192.0	21.02	187.0	23
	2007	44 369	202.6	22.21	197.6	23
	2008	42 689	194.9	21.70	193.1	23
芬兰	1980	26 291	77.6	14.21	74.2	20
	1990	33 899	100.0	19.16	100.0	20
	2000	44 587	131.5	25.49	133.0	18
	2004	47 694	140.7	27.67	144.4	18
	2005	48 360	142.7	28.15	146.9	18
	2006	49 847	147.0	29.09	151.8	18
	2007	50 838	150.0	29.72	155.1	18
	2008	50 560	149.1	29.27	152.8	24

	年份	工作者人均 GDP（经 PPP 转换并以 1990 年定值美元计值）	工作者人均 GDP（1990 年 =100）	每工时 GDP（经 PPP 转换并以 1990 年定值美元计值）	每工时 GDP（1990 =100）	注 No.
法国	1980	36 653	81.6	19.75	75.0	25
	1990	44 897	100.0	26.34	100.0	20
	2000	51 311	114.3	32.24	122.4	18
	2004	53 279	118.7	34.12	129.5	18
	2005	53 989	120.3	34.64	131.5	18
	2006	54 663	121.8	34.67	131.6	18
	2007	54 931	122.3	34.99	132.8	26
	2008	55 052	122.6	35.01	132.9	27
德国	2000	39 855	114.8	27.06	120.6	28
	2004	41 025	118.2	28.46	126.9	28
	2005	41 373	119.2	28.85	128.6	28
	2006	42 329	121.9	29.57	131.8	28
	2007	42 639	122.8	29.75	132.6	28
	2008	42 588	122.7	29.74	132.6	24
前德意志联邦共和国（西德）	1980	34 946	84.5	20.09	76.1	29
	1986	38 030	92.0	23.20	87.9	29
	1987	38 319	92.7	23.69	89.7	29
	1988	39 438	95.4	24.46	92.7	29
	1989	40 277	97.4	25.35	96.0	30
	1990	41 347	100.0	26.40	100.0	31
希腊	1980	25 776	94.5	12.85	90.0	32
	1990	27 279	100.0	14.27	100.0	33
	2000	31 206	114.4	15.73	110.2	34
	2004	35 256	129.2	17.94	125.7	35
	2005	35 852	131.4	18.30	128.2	35
	2006	36 867	135.1	18.89	132.4	35
	2007	37 787	138.5	19.36	135.7	35
	2008	38 435	140.9	19.69	138.0	36
匈牙利	1980	13 283	95.0	6.88	84.1	37
	1990	13 988	100.0	8.18	100.0	38
	2000	18 810	134.5	10.48	128.1	26
	2004	22 121	158.1	11.08	135.5	26
	2005	22 978	164.3	11.53	141.0	26
	2006	23 736	169.7	11.94	146.0	26
	2007	24 056	172.0	12.12	148.2	26
	2008	24 455	174.8	12.32	150.6	8
爱尔兰	1980	25 190	70.3	12.96	69.1	39
	1990	35 842	100.0	18.75	100.0	40
	2000	49 218	137.3	25.47	135.8	41
	2004	55 225	154.1	29.29	156.2	41
	2005	55 795	155.7	29.62	158.0	41
	2006	56 368	157.3	30.01	160.1	41
	2007	57 488	160.4	30.72	163.8	41
	2008	56 701	158.2	30.28	161.5	42
意大利	1980	34 731	84.8	20.15	82.4	6
	1990	40 940	100.0	24.46	100.0	6
	2000	47 247	115.4	29.13	119.1	7
	2004	46 374	113.3	29.14	119.1	7
	2005	46 411	113.4	29.28	119.7	7
	2006	46 446	113.4	29.38	120.1	7
	2007	46 562	113.7	29.30	119.8	7
	2008	45 932	112.2	29.14	119.1	43
拉脱维亚	1990	18 746	100.0	9.28	100.0	44
	2000	19 630	104.7	9.70	104.5	45
	2004	24 637	131.4	12.37	133.3	45
	2005	26 771	142.8	13.64	147.0	46
	2006	28 703	153.1	14.62	157.5	46
	2007	30 488	162.6	15.78	170.0	46
	2008	28 883	154.1	14.95	161.1	47
立陶宛	1990	19 176	100.0	11.07	100.0	48
	2000	16 952	88.4	9.18	82.9	49
	2004	22 467	117.2	12.41	112.1	49
	2005	23 623	123.2	12.63	114.1	49
	2006	25 031	130.5	13.48	121.8	49
	2007	26 516	138.3	14.13	127.6	49
	2008	27 441	143.1	14.40	130.1	49

	年份	工作者人均 GDP（经 PPP 转换并以 1990 年定值美元计值）	工作者人均 GDP（1990 年 = 100）	每工时 GDP（经 PPP 转换并以 1990 年定值美元计值）	每工时 GDP（1990 = 100）	注 No.
卢森堡	1980	36 078	76.9	19.99	73.5	50
	1990	46 910	100.0	27.20	100.0	20
	2000	54 600	116.4	32.88	120.9	18
	2004	54 623	116.4	34.51	126.9	18
	2005	55 777	118.9	35.72	131.3	18
	2006	57 324	122.2	36.82	135.4	18
	2007	57 770	123.2	36.92	135.7	18
	2008	54 511	116.2	34.84	128.1	21
马耳他	1980	15 427	67.3	…	…	51
	1990	22 925	100.0	13.19	100.0	52
	2000	31 558	137.7	17.82	135.1	53
	2004	31 299	136.5	16.34	123.9	54
	2005	32 055	139.8	16.74	126.9	54
	2006	32 667	142.5	17.19	130.3	54
	2007	32 887	143.5	17.33	131.4	54
	2008	32 931	143.6	17.35	131.5	54
荷兰	1980	36 360	94.3	21.73	85.0	55
	1990	38 545	100.0	25.55	100.0	56
	2000	43 436	112.7	30.27	118.5	57
	2004	44 918	116.5	32.10	125.6	57
	2005	45 610	118.3	32.74	128.1	57
	2006	46 297	120.1	33.23	130.1	57
	2007	46 737	121.3	33.52	131.2	57
	2008	47 017	122.0	33.69	131.9	58
波兰	1980	11 335	98.4	…	…	32
	1990	11 519	100.0	6.08	100.0	59
	2000	19 324	167.8	9.72	159.9	2
	2004	22 906	198.9	11.55	190.0	2
	2005	23 202	201.4	11.64	191.4	2
	2006	23 848	207.0	12.01	197.5	2
	2007	24 373	211.6	12.33	202.8	2
	2008	24 553	213.2	12.33	202.8	60
葡萄牙	1980	19 916	85.9	10.51	83.3	61
	1990	23 187	100.0	12.61	100.0	20
	2000	28 389	122.4	14.62	115.9	18
	2004	28 885	124.6	15.11	119.8	18
	2005	29 245	126.1	15.31	121.4	18
	2006	29 495	127.2	15.52	123.1	18
	2007	30 072	129.7	16.10	127.7	18
	2008	29 943	129.1	16.03	127.1	19
罗马尼亚	1980	7 063	120.7	…	…	62
	1990	5 852	100.0	3.30	100.0	63
	2000	6 182	105.6	3.29	99.7	64
	2004	9 096	155.4	4.63	140.3	65
	2005	9 620	164.4	4.86	147.3	65
	2006	10 306	176.1	5.31	160.9	65
	2007	10 902	186.3	5.55	168.2	65
	2008	11 644	199.0	5.88	178.2	66
斯洛伐克	1990	15 498	100.0	8.37	100.0	67
	2000	21 825	140.8	12.02	143.6	18
	2004	25 643	165.5	14.80	176.8	18
	2005	26 954	173.9	15.25	182.2	18
	2006	28 586	184.4	16.13	192.7	18
	2007	30 983	199.9	17.44	208.4	68
	2008	31 995	206.4	18.08	216.0	68
斯洛文尼亚	1990	22 485	100.0	11.66	100.0	69
	2000	29 468	131.1	14.87	127.5	49
	2004	33 171	147.5	16.81	144.2	49
	2005	34 651	154.1	17.56	150.6	49
	2006	36 147	160.8	18.49	158.6	49
	2007	37 470	166.6	19.17	164.4	49
	2008	37 739	167.8	19.31	165.6	70

	年份	工作者人均 GDP（经 PPP 转换并以 1990 年定值美元计值）	工作者人均 GDP（1990 年 =100）	每工时 GDP（经 PPP 转换并以 1990 年定值美元计值）	每工时 GDP（1990 =100）	注 No.
西班牙	1980	28 226	78. 4	14. 09	71. 4	33
	1990	35 994	100. 0	19. 73	100. 0	33
	2000	40 098	111. 4	21. 58	109. 4	35
	2004	39 417	109. 5	22. 69	115. 0	35
	2005	38 687	107. 5	22. 51	114. 1	35
	2006	38 614	107. 3	22. 70	115. 1	35
	2007	38 834	107. 9	22. 87	115. 9	71
	2008	39 463	109. 6	23. 24	117. 8	72
瑞典	1980	29 180	88. 1	19. 24	90. 7	20
	1990	33 126	100. 0	21. 22	100. 0	20
	2000	42 911	129. 5	26. 13	123. 1	18
	2004	46 736	141. 1	29. 11	137. 2	18
	2005	48 145	145. 3	30. 00	141. 4	18
	2006	49 349	149. 0	30. 86	145. 4	18
	2007	49 548	149. 6	30. 68	144. 6	18
	2008	48 987	147. 9	30. 13	142. 0	24
英国	1980	28 753	82. 0	16. 35	79. 2	73
	1990	35 069	100. 0	20. 65	100. 0	73
	2000	44 657	127. 3	27. 02	130. 8	2
	2004	47 873	136. 5	29. 65	143. 6	2
	2005	48 537	138. 4	29. 99	145. 2	2
	2006	49 659	141. 6	30. 82	149. 2	2
	2007	50 989	145. 4	31. 62	153. 1	2
	2008	51 697	147. 4	32. 10	155. 4	72
北美洲						
加拿大	1980	35 978	90. 3	19. 71	90. 6	74
	1990	39 837	100. 0	21. 76	100. 0	74
	2000	47 186	118. 4	25. 85	118. 8	75
	2004	48 100	120. 7	27. 03	124. 2	76
	2005	48 793	122. 5	27. 66	127. 1	76
	2006	49 349	123. 9	27. 97	128. 5	76
	2007	49 543	124. 4	28. 11	129. 2	76
	2008	49 077	123. 2	27. 85	128. 0	60
美国	1980	41 649	86. 9	22. 99	86. 7	77
	1990	47 907	100. 0	26. 51	100. 0	78
	2000	57 909	120. 9	31. 22	117. 8	79
	2004	61 919	129. 2	34. 62	130. 6	79
	2005	62 655	130. 8	35. 10	132. 4	79
	2006	63 207	131. 9	35. 42	133. 6	79
	2007	63 783	133. 1	35. 89	135. 4	79
	2008	65 480	136. 7	36. 88	139. 1	80
其他发达经济体						
澳大利亚	1980	33 139	90. 2	18. 26	89. 8	33
	1990	36 734	100. 0	20. 34	100. 0	33
	2000	45 739	124. 5	25. 49	125. 3	2
	2004	48 670	132. 5	27. 63	135. 8	2
	2005	48 587	132. 3	27. 82	136. 8	2
	2006	49 197	133. 9	28. 32	139. 2	2
	2007	49 644	135. 1	28. 59	140. 6	2
	2008	49 615	135. 1	28. 55	140. 4	60
以色列	1980	31 380	88. 4	…	…	81
	1990	35 485	100. 0	…	…	81
	2000	41 352	116. 5	…	…	82
	2004	40 274	113. 5	…	…	82
	2005	41 499	116. 9	…	…	82
	2006	42 844	120. 7	…	…	82
	2007	43 319	122. 1	…	…	83
	2008	43 202	121. 7	…	…	84
日本	1980	28 332	76. 3	13. 36	73. 0	33
	1990	37 144	100. 0	18. 29	100. 0	33
	2000	40 771	109. 8	22. 38	122. 4	35
	2004	43 461	117. 0	24. 33	133. 0	35
	2005	44 113	118. 8	24. 85	135. 9	35
	2006	44 829	120. 7	25. 13	137. 4	35
	2007	45 687	123. 0	25. 60	140. 0	35
	2008	45 587	122. 7	25. 56	139. 7	85

	年份	工作者人均 GDP（经 PPP 转换并以 1990 年定值美元计值）	工作者人均 GDP（1990 年 = 100）	每工时 GDP（经 PPP 转换并以 1990 年定值美元计值）	每工时 GDP（1990 = 100）	注 No.
新西兰	1980	25 117	83.6	13.88	81.2	86
	1990	30 059	100.0	17.09	100.0	33
	2000	34 168	113.7	19.31	113.0	2
	2004	35 988	119.7	20.38	119.3	2
	2005	35 964	119.6	20.55	120.2	2
	2006	35 763	119.0	20.71	121.2	2
	2007	36 161	120.3	21.12	123.6	2
	2008	35 492	118.1	20.77	121.5	60
西欧（非欧盟）						
冰岛	1980	30 513	90.9	16.37	89.7	87
	1990	33 571	100.0	18.25	100.0	87
	2000	37 796	112.6	20.05	109.9	2
	2004	43 424	129.3	23.99	131.5	2
	2005	45 179	134.6	25.18	138.0	2
	2006	44 872	133.7	25.00	137.0	2
	2007	44 576	132.8	24.67	135.2	2
	2008	45 614	135.9	25.29	138.6	88
挪威	1980	31 603	83.1	20.00	79.0	20
	1990	38 044	100.0	25.33	100.0	20
	2000	48 579	127.7	33.39	131.8	18
	2004	52 694	138.5	37.17	146.7	18
	2005	53 470	140.5	37.65	148.6	18
	2006	52 782	138.7	37.33	147.4	18
	2007	52 270	137.4	36.88	145.6	18
	2008	51 736	136.0	36.38	143.6	24
瑞士	1980	36 178	98.5	21.19	92.8	87
	1990	36 726	100.0	22.84	100.0	87
	2000	40 034	109.0	24.95	109.2	35
	2004	40 731	110.9	25.63	112.2	35
	2005	41 434	112.8	26.07	114.1	35
	2006	41 879	114.0	26.54	116.2	35
	2007	42 318	115.2	26.86	117.6	71
	2008	42 707	116.3	27.13	118.8	72
中欧、东南欧（非欧盟）和独联体						
中欧和东南欧						
阿尔巴尼亚	1980	6 618	101.0	…	…	89
	1990	6 551	100.0	…	…	89
	2000	8 776	134.0	…	…	90
	2004	12 665	193.3	…	…	90
	2005	13 382	204.3	…	…	90
	2006	14 076	214.9	…	…	90
	2007	14 957	228.3	…	…	91
	2008	15 969	243.8	…	…	92
波斯尼亚和黑塞哥维那	1990	12 053	100.0	…	…	93
	2000	19 087	158.4	…	…	94
	2004	24 619	204.3	…	…	94
	2005	25 432	211.0	…	…	94
	2006	27 026	224.2	…	…	94
	2007	26 977	223.8	…	…	94
	2008	26 811	222.4	…	…	95
克罗地亚	1990	21 140	100.0	…	…	96
	2000	18 166	85.9	…	…	97
	2004	21 595	102.2	…	…	97
	2005	22 332	105.6	…	…	97
	2006	23 525	111.3	…	…	97
	2007	23 984	113.5	…	…	97
	2008	24 295	114.9	…	…	97
前南斯拉夫马其顿共和国	1990	13 148	100.0	…	…	98
	2000	12 267	93.3	…	…	99
	2004	13 289	101.1	…	…	99
	2005	13 270	100.9	…	…	99
	2006	13 186	100.3	…	…	99
	2007	13 500	102.7	…	…	99
	2008	13 700	104.2	…	…	100

	年份	工作者人均 GDP（经 PPP 转换并以 1990 年定值美元计值）	工作者人均 GDP（1990 年 =100）	每工时 GDP（经 PPP 转换并以 1990 年定值美元计值）	每工时 GDP（1990 =100）	注 No.
塞尔维亚和黑山共和国	1990	12 759	100. 0	…	…	101
	2000	6 669	52. 3	…	…	102
	2004	8 275	64. 9	…	…	102
	2005	8 665	67. 9	…	…	102
	2006	9 264	72. 6	…	…	103
	2007	9 991	78. 3	…	…	103
	2008	10 626	83. 3	…	…	104
土耳其	1980	11 322	69. 4	5. 78	66. 1	105
	1990	16 320	100. 0	8. 75	100. 0	105
	2000	19 826	121. 5	10. 24	117. 0	106
	2004	22 635	138. 7	11. 80	134. 9	2
	2005	24 259	148. 6	12. 65	144. 6	2
	2006	25 609	156. 9	13. 35	152. 6	2
	2007	26 374	161. 6	13. 75	157. 1	107
	2008	26 187	160. 5	13. 65	156. 0	108
独立国家联合体（独联体）						
亚美尼亚	1990	11 319	100. 0	…	…	109
	2000	10 869	96. 0	…	…	90
	2004	20 385	180. 1	…	…	90
	2005	22 872	202. 1	…	…	90
	2006	26 018	229. 9	…	…	90
	2007	29 812	263. 4	…	…	90
	2008	32 048	283. 1	…	…	110
阿塞拜疆	1990	9 019	100. 0	…	…	111
	2000	5 371	59. 6	…	…	112
	2004	9 804	108. 7	…	…	112
	2005	13 290	147. 4	…	…	112
	2006	17 323	192. 1	…	…	113
	2007	21 501	238. 4	…	…	113
	2008	23 580	261. 4	…	…	114
白俄罗斯	1990	14 248	100. 0	…	…	115
	2000	14 630	102. 7	…	…	90
	2004	19 735	138. 5	…	…	90
	2005	21 432	150. 4	…	…	90
	2006	23 296	163. 5	…	…	90
	2007	25 168	176. 6	…	…	116
	2008	27 547	193. 3	…	…	117
格鲁吉亚	1990	15 636	100. 0	…	…	118
	2000	8 433	53. 9	…	…	90
	2004	11 303	72. 3	…	…	90
	2005	12 661	81. 0	…	…	90
	2006	13 828	88. 4	…	…	90
	2007	15 929	101. 9	…	…	119
	2008	16 670	106. 6	…	…	120
哈萨克斯坦	1990	18 873	100. 0	…	…	111
	2000	13 692	72. 5	…	…	121
	2004	17 648	93. 5	…	…	122
	2005	19 149	101. 5	…	…	122
	2006	20 800	110. 2	…	…	122
	2007	21 969	116. 4	…	…	122
	2008	21 988	116. 5	…	…	123
吉尔吉斯斯坦	1990	9 031	100. 0	…	…	111
	2000	5 948	65. 9	…	…	121
	2004	6 369	70. 5	…	…	122
	2005	6 093	67. 5	…	…	122
	2006	6 225	68. 9	…	…	122
	2007	6 575	72. 8	…	…	124
	2008	6 888	76. 3	…	…	125
摩尔多瓦共和国	1990	16 480	100. 0	…	…	126
	2000	6 227	37. 8	…	…	90
	2004	9 388	57. 0	…	…	90
	2005	10 071	61. 1	…	…	90
	2006	11 068	67. 2	…	…	90
	2007	11 494	69. 7	…	…	127
	2008	12 423	75. 4	…	…	128

	年份	工作者人均 GDP（经 PPP 转换并以 1990 年定值美元计值）	工作者人均 GDP（1990 年 = 100）	每工时 GDP（经 PPP 转换并以 1990 年定值美元计值）	每工时 GDP（1990 = 100）	注 No.
俄罗斯联邦	1990	15 281	100.0	…	…	96
	2000	11 991	78.5	…	…	99
	2004	14 738	96.4	…	…	99
	2005	15 589	102.0	…	…	99
	2006	16 640	108.9	…	…	99
	2007	17 850	116.8	…	…	99
	2008	18 702	122.4	…	…	100
塔吉克斯坦	1990	8 192	100.0	…	…	111
	2000	3 277	40.0	…	…	129
	2004	4 071	49.7	…	…	129
	2005	4 299	52.5	…	…	129
	2006	4 530	55.3	…	…	129
	2007	4 824	58.9	…	…	130
	2008	5 159	63.0	…	…	131
土库曼斯坦	1990	9 011	100.0	…	…	111
	2000	5 472	60.7	…	…	129
	2004	5 586	62.0	…	…	129
	2005	6 139	68.1	…	…	132
	2006	6 635	73.6	…	…	132
	2007	7 203	79.9	…	…	133
	2008	7 694	85.4	…	…	134
乌克兰	1990	12 104	100.0	…	…	96
	2000	6 661	55.0	…	…	99
	2004	9 357	77.3	…	…	99
	2005	9 433	77.9	…	…	99
	2006	10 075	83.2	…	…	99
	2007	10 883	89.9	…	…	99
	2008	11 134	92.0	…	…	135
乌兹别克斯坦	1990	11 015	100.0	…	…	111
	2000	9 587	87.0	…	…	129
	2004	10 639	96.6	…	…	129
	2005	11 065	100.5	…	…	129
	2006	11 566	105.0	…	…	129
	2007	12 349	112.1	…	…	129
	2008	13 124	119.1	…	…	136
亚洲和太平洋地区						
东亚						
中国	1980	1 655	64.6	…	…	137
	1990	2 562	100.0	…	…	138
	2000	4 660	181.9	…	…	138
	2004	7 048	275.1	…	…	139
	2005	7 710	300.9	…	…	139
	2006	8 536	333.2	…	…	139
	2007	9 574	373.7	…	…	140
	2008	10 378	405.1	…	…	140
中国香港	1980	23 740	64.5	10.07	62.9	111
	1990	36 816	100.0	16.02	100.0	111
	2000	45 644	124.0	19.96	124.6	141
	2004	51 079	138.7	22.33	139.4	141
	2005	53 714	145.9	23.49	146.6	141
	2006	56 305	152.9	24.62	153.7	141
	2007	58 517	158.9	25.59	159.7	141
	2008	58 605	159.2	25.63	160.0	142
韩国	1980	11 463	55.6	4.51	55.2	143
	1990	20 633	100.0	8.17	100.0	143
	2000	31 826	154.2	13.39	163.9	144
	2004	35 798	173.5	15.84	193.9	144
	2005	36 813	178.4	16.56	202.7	144
	2006	38 210	185.2	17.56	214.9	144
	2007	39 628	192.1	18.21	222.9	145
	2008	40 261	195.1	18.50	226.4	146

	年份	工作者人均 GDP（经 PPP 转换并以 1990 年定值美元计值）	工作者人均 GDP（1990 年 =100）	每工时 GDP（经 PPP 转换并以 1990 年定值美元计值）	每工时 GDP（1990 =100）	注 No.
中国台湾省	1980	16 000	66. 1	6. 20	60. 5	147
	1990	24 203	100. 0	10. 24	100. 0	147
	2000	39 693	164. 0	17. 40	169. 9	148
	2004	43 295	178. 9	19. 66	192. 0	148
	2005	44 389	183. 4	20. 34	198. 6	148
	2006	45 781	189. 2	21. 09	206. 0	148
	2007	47 528	196. 4	21. 89	213. 8	149
	2008	46 730	193. 1	21. 53	210. 3	150
南亚						
孟加拉国	1980	1 934	89. 3	…	…	9
	1990	2 166	100. 0	…	…	9
	2000	2 827	130. 5	…	…	151
	2004	3 192	147. 4	…	…	151
	2005	3 308	152. 7	…	…	151
	2006	3 446	159. 1	…	…	151
	2007	3 587	165. 6	…	…	152
	2008	3 722	171. 8	…	…	153
印度	1980	2 638	74. 7	…	…	154
	1990	3 531	100. 0	…	…	155
	2000	5 061	143. 3	…	…	156
	2004	5 879	166. 5	…	…	156
	2005	6 276	177. 7	…	…	157
	2006	6 714	190. 1	…	…	157
	2007	7 124	201. 8	…	…	157
	2008	7 445	210. 8	…	…	158
巴基斯坦	1980	4 020	67. 7	…	…	111
	1990	5 938	100. 0	…	…	111
	2000	7 524	126. 7	…	…	159
	2004	7 834	131. 9	…	…	160
	2005	8 378	141. 1	…	…	160
	2006	8 149	137. 2	…	…	160
	2007	8 589	144. 6	…	…	160
	2008	8 950	150. 7	…	…	161
斯里兰卡	1980	6 346	76. 1	…	…	9
	1990	8 339	100. 0	…	…	111
	2000	11 120	133. 3	…	…	162
	2004	10 874	130. 4	…	…	162
	2005	11 362	136. 3	…	…	162
	2006	12 945	155. 2	…	…	162
	2007	13 947	167. 3	…	…	162
	2008	14 916	178. 9	…	…	161
东南亚						
柬埔寨	1980	2 084	90. 8	…	…	163
	1990	2 296	100. 0	…	…	163
	2000	3 101	135. 1	…	…	112
	2004	3 011	131. 1	…	…	112
	2005	3 341	145. 5	…	…	112
	2006	3 613	157. 4	…	…	112
	2007	3 881	169. 0	…	…	112
	2008	4 029	175. 5	…	…	161
印度尼西亚	1980	5 350	90. 0	…	…	111
	1990	5 945	100. 0	…	…	111
	2000	7 926	133. 3	…	…	112
	2004	9 056	152. 3	…	…	112
	2005	9 547	160. 6	…	…	112
	2006	9 944	167. 3	…	…	112
	2007	10 312	173. 5	…	…	112
	2008	10 671	179. 5	…	…	161
马来西亚	1980	10 410	77. 5	…	…	111
	1990	13 434	100. 0	…	…	111
	2000	20 118	149. 8	…	…	162
	2004	22 360	166. 4	…	…	160
	2005	23 398	174. 2	…	…	160
	2006	24 197	180. 1	…	…	160
	2007	25 091	186. 8	…	…	160
	2008	25 590	190. 5	…	…	161

	年份	工作者人均 GDP（经 PPP 转换并以 1990 年定值美元计值）	工作者人均 GDP（1990 年 = 100）	每工时 GDP（经 PPP 转换并以 1990 年定值美元计值）	每工时 GDP（1990 = 100）	注 No.
缅甸	1980	2 025	103.4	…	…	111
	1990	1 959	100.0	…	…	111
	2000	3 006	153.4	…	…	164
	2004	4 083	208.4	…	…	165
	2005	4 450	227.2	…	…	165
	2006	4 828	246.5	…	…	165
	2007	5 202	265.5	…	…	166
	2008	5 235	267.2	…	…	166
菲律宾	1980	7 364	114.4	…	…	111
	1990	6 439	100.0	…	…	111
	2000	7 034	109.2	…	…	112
	2004	7 246	112.5	…	…	112
	2005	7 389	114.8	…	…	112
	2006	7 687	119.4	…	…	112
	2007	8 066	125.3	…	…	112
	2008	8 260	128.3	…	…	161
新加坡	1980	20 302	72.0	8.56	70.4	111
	1990	28 191	100.0	12.16	100.0	111
	2000	42 940	152.3	18.61	153.0	167
	2004	46 082	163.5	19.97	164.2	167
	2005	48 821	173.2	21.16	174.0	167
	2006	47 771	169.5	20.71	170.3	167
	2007	48 274	171.2	20.93	172.1	167
	2008	45 786	162.4	19.85	163.2	168
泰国	1980	5 333	62.5	…	…	111
	1990	8 537	100.0	…	…	111
	2000	12 638	148.0	…	…	112
	2004	13 961	163.5	…	…	112
	2005	14 374	168.4	…	…	112
	2006	14 926	174.8	…	…	112
	2007	15 393	180.3	…	…	112
	2008	15 548	182.1	…	…	161
越南	1980	1 768	75.4	…	…	169
	1990	2 346	100.0	…	…	111
	2000	3 803	162.1	…	…	112
	2004	4 553	194.1	…	…	112
	2005	4 832	206.0	…	…	112
	2006	5 133	218.8	…	…	112
	2007	5 456	232.6	…	…	112
	2008	5 676	241.9	…	…	161
拉丁美洲和加勒比地区						
加勒比地区						
巴巴多斯	1980	19 613	96.5	…	…	170
	1990	20 323	100.0	…	…	115
	2000	18 805	92.5	10.73	…	171
	2004	18 859	92.8	10.69	…	172
	2005	19 534	96.1	11.07	…	173
	2006	20 080	98.8	11.38	…	173
	2007	20 623	101.5	11.69	…	174
	2008	20 824	102.5	11.80	…	174
多米尼加共和国	1980	8 405	107.3	…	…	98
	1990	7 833	100.0	…	…	98
	2000	10 373	132.4	…	…	175
	2004	10 686	136.4	…	…	175
	2005	11 440	146.0	…	…	175
	2006	12 362	157.8	…	…	176
	2007	13 093	167.2	…	…	177
	2008	13 359	170.5	…	…	177
牙买加	1980	9 960	100.4	…	…	115
	1990	9 919	100.0	5.12	100.0	178
	2000	10 229	103.1	5.21	101.8	171
	2004	9 582	96.6	4.86	94.9	172
	2005	9 425	95.0	4.78	93.4	172
	2006	9 335	94.1	4.74	92.6	172
	2007	9 127	92.0	4.63	90.4	179
	2008	8 822	88.9	4.48	87.5	179

	年份	工作者人均 GDP（经 PPP 转换并以 1990 年定值美元计值）	工作者人均 GDP（1990 年 =100）	每工时 GDP（经 PPP 转换并以 1990 年定值美元计值）	每工时 GDP（1990 =100）	注 No.
圣卢西亚	1980	5 538	59.0	…	…	180
	1990	9 385	100.0	4.99	100.0	181
	2000	9 281	98.9	4.69	94.0	182
	2004	10 154	108.2	5.12	102.6	183
	2005	10 471	111.6	5.28	105.8	184
	2006	10 679	113.8	5.39	108.0	184
	2007	10 584	112.8	5.34	107.0	185
	2008	10 615	113.1	5.36	107.4	185
特立尼达和多巴哥	1980	34 805	117.2	…	…	115
	1990	29 698	100.0	…	…	115
	2000	34 054	114.7	20.47	…	171
	2004	42 654	143.6	26.09	…	186
	2005	45 107	151.9	27.59	…	186
	2006	49 858	167.9	30.50	…	184
	2007	51 894	174.7	31.74	…	187
	2008	53 012	178.5	32.43	…	187
中美洲						
哥斯达黎加	1980	14 281	101.9	…	…	188
	1990	14 018	100.0	…	…	188
	2000	15 612	111.4	…	…	189
	2004	16 630	118.6	…	…	189
	2005	16 507	117.8	…	…	189
	2006	17 441	124.4	…	…	190
	2007	17 788	126.9	…	…	190
	2008	17 461	124.6	…	…	191
危地马拉	1980	14 850	127.0	…	…	192
	1990	11 689	100.0	…	…	193
	2000	12 820	109.7	…	…	194
	2004	13 169	112.7	…	…	195
	2005	13 150	112.5	…	…	196
	2006	13 390	114.6	…	…	196
	2007	13 693	117.1	…	…	197
	2008	13 679	117.0	…	…	197
墨西哥	1980	20 521	116.6	9.99	117.1	198
	1990	17 605	100.0	8.53	100.0	199
	2000	18 743	106.5	8.70	102.0	200
	2004	18 615	105.7	8.82	103.4	200
	2005	19 094	108.5	8.76	102.7	201
	2006	19 347	109.9	9.00	105.5	201
	2007	19 635	111.5	9.19	107.7	202
	2008	19 633	111.5	9.19	107.7	108
南美洲						
阿根廷	1980	23 024	133.0	11.66	124.6	203
	1990	17 310	100.0	9.36	100.0	203
	2000	24 612	142.2	13.15	140.5	204
	2004	24 304	140.4	13.70	146.4	204
	2005	24 767	143.1	13.96	149.1	204
	2006	25 789	149.0	14.53	155.2	205
	2007	26 899	155.4	15.16	162.0	206
	2008	27 578	159.3	15.54	166.0	206
玻利维亚	1980	8 553	135.5	…	…	188
	1990	6 312	100.0	…	…	188
	2000	7 193	114.0	…	…	189
	2004	7 060	111.9	…	…	207
	2005	7 151	113.3	…	…	207
	2006	7 267	115.1	…	…	207
	2007	7 369	116.7	…	…	208
	2008	7 560	119.8	…	…	209
巴西	1980	12 500	119.3	6.30	113.1	210
	1990	10 474	100.0	5.57	100.0	210
	2000	12 109	115.6	6.58	118.1	211
	2004	12 050	115.0	6.55	117.6	211
	2005	12 068	115.2	6.56	117.8	212
	2006	12 249	116.9	6.65	119.4	213
	2007	12 733	121.6	6.92	124.2	213
	2008	13 230	126.3	7.19	129.1	213

	年份	工作者人均 GDP（经 PPP 转换并以 1990 年定值美元计值）	工作者人均 GDP（1990 年 = 100）	每工时 GDP（经 PPP 转换并以 1990 年定值美元计值）	每工时 GDP（1990 = 100）	注 No.
智利	1980	20 859	109.9	10.76	112.4	203
	1990	18 988	100.0	9.57	100.0	203
	2000	28 758	151.5	12.54	131.0	204
	2004	29 898	157.5	13.40	140.0	204
	2005	30 473	160.5	13.92	145.5	204
	2006	29 286	154.2	13.38	139.8	214
	2007	30 052	158.3	13.73	143.5	215
	2008	30 457	160.4	13.91	145.4	216
哥伦比亚	1980	12 446	86.7	6.00	82.3	203
	1990	14 356	100.0	7.29	100.0	203
	2000	14 781	103.0	7.56	103.7	217
	2004	15 067	105.0	7.70	105.6	217
	2005	15 326	106.8	7.84	107.5	217
	2006	16 930	117.9	8.66	118.8	218
	2007	17 693	123.2	9.05	124.1	218
	2008	17 679	123.1	9.04	124.0	219
厄瓜多尔	1980	15 004	121.5	…	…	192
	1990	12 352	100.0	…	…	192
	2000	11 637	94.2	…	…	220
	2004	11 569	93.7	…	…	195
	2005	12 159	98.4	…	…	195
	2006	12 193	98.7	…	…	195
	2007	12 064	97.7	…	…	195
	2008	12 403	100.4	…	…	191
秘鲁	1980	13 945	173.5	7.00	168.3	188
	1990	8 036	100.0	4.16	100.0	221
	2000	11 598	144.3	6.02	144.7	222
	2004	13 018	162.0	6.76	162.5	222
	2005	13 346	166.1	6.93	166.6	222
	2006	13 154	163.7	6.83	164.2	223
	2007	13 251	164.9	6.88	165.4	223
	2008	13 412	166.9	6.96	167.3	224
乌拉圭	1980	22 208	125.5	…	…	225
	1990	17 695	100.0	…	…	115
	2000	25 358	143.3	…	…	175
	2004	24 666	139.4	…	…	175
	2005	25 436	143.7	…	…	175
	2006	26 322	148.8	…	…	175
	2007	27 347	154.5	…	…	226
	2008	29 491	166.7	…	…	226
委内瑞拉玻利瓦尔共和国	1980	32 094	123.2	16.07	116.5	203
	1990	26 050	100.0	13.79	100.0	203
	2000	23 653	90.8	12.25	88.8	217
	2004	23 475	90.1	12.16	88.2	217
	2005	26 468	101.6	13.71	99.4	217
	2006	28 233	108.4	14.62	106.0	227
	2007	29 585	113.6	15.32	111.1	228
	2008	29 972	115.1	15.52	112.5	228
非洲						
北非						
阿尔及利亚	1980	12 352	120.8	…	…	81
	1990	10 225	100.0	…	…	81
	2000	7 831	76.6	…	…	82
	2004	8 117	79.4	…	…	82
	2005	8 228	80.5	…	…	82
	2006	8 115	79.4	…	…	82
	2007	8 083	79.1	…	…	229
	2008	8 051	78.7	…	…	229
埃及	1980	7 627	87.8	…	…	81
	1990	8 684	100.0	…	…	81
	2000	11 079	127.6	…	…	82
	2004	11 459	132.0	…	…	82
	2005	11 658	134.2	…	…	82
	2006	12 145	139.9	…	…	82
	2007	12 680	146.0	…	…	230
	2008	13 248	152.6	…	…	230

	年份	工作者人均 GDP（经 PPP 转换并以 1990 年定值美元计值）	工作者人均 GDP（1990 年 =100）	每工时 GDP（经 PPP 转换并以 1990 年定值美元计值）	每工时 GDP（1990 =100）	注 No.
摩洛哥	1980	7 912	93.8	…	…	81
	1990	8 438	100.0	…	…	81
	2000	8 056	95.5	…	…	82
	2004	9 238	109.5	…	…	82
	2005	9 319	110.4	…	…	82
	2006	9 829	116.5	…	…	82
	2007	9 883	117.1	…	…	230
	2008	10 200	120.9	…	…	230
苏丹	1980	2 767	107.5	…	…	81
	1990	2 574	100.0	…	…	81
	2000	3 271	127.1	…	…	82
	2004	3 649	141.8	…	…	82
	2005	3 570	138.7	…	…	82
	2006	3 944	153.2	…	…	82
	2007	4 297	166.9	…	…	230
	2008	4 410	171.3	…	…	230
突尼斯	1980	10 304	91.4	…	…	81
	1990	11 269	100.0	…	…	81
	2000	13 139	116.6	…	…	82
	2004	13 947	123.8	…	…	82
	2005	14 104	125.2	…	…	82
	2006	14 490	128.6	…	…	82
	2007	14 998	133.1	…	…	230
	2008	15 253	135.4	…	…	230
撒哈拉以南非洲						
东非						
埃塞俄比亚	1980	1 424	114.9	…	…	81
	1990	1 239	100.0	…	…	81
	2000	1 372	110.7	…	…	82
	2004	1 404	113.3	…	…	82
	2005	1 522	122.8	…	…	82
	2006	1 631	131.6	…	…	82
	2007	1 751	141.3	…	…	230
	2008	1 883	152.0	…	…	230
肯尼亚	1980	2 533	95.5	…	…	81
	1990	2 651	100.0	…	…	81
	2000	2 221	83.8	…	…	82
	2004	2 221	83.8	…	…	82
	2005	2 287	86.3	…	…	82
	2006	2 369	89.4	…	…	82
	2007	2 469	93.1	…	…	230
	2008	2 453	92.5	…	…	230
马达加斯加	1980	2 318	135.0	…	…	81
	1990	1 717	100.0	…	…	81
	2000	1 487	86.6	…	…	82
	2004	1 399	81.5	…	…	82
	2005	1 416	82.5	…	…	82
	2006	1 441	83.9	…	…	82
	2007	1 483	86.4	…	…	230
	2008	1 509	87.9	…	…	230
马拉维	1980	1 372	118.5	…	…	81
	1990	1 158	100.0	…	…	81
	2000	1 317	113.7	…	…	82
	2004	1 305	112.7	…	…	82
	2005	1 314	113.5	…	…	82
	2006	1 367	118.0	…	…	82
	2007	1 446	124.9	…	…	230
	2008	1 546	133.5	…	…	230
莫桑比克	1980	2 483	112.1	…	…	81
	1990	2 215	100.0	…	…	81
	2000	2 999	135.4	…	…	82
	2004	3 928	177.3	…	…	82
	2005	4 182	188.8	…	…	82
	2006	4 472	201.9	…	…	82
	2007	4 710	212.6	…	…	230
	2008	4 921	222.2	…	…	230

	年份	工作者人均 GDP（经 PPP 转换并以 1990 年定值美元计值）	工作者人均 GDP（1990 年 =100）	每工时 GDP（经 PPP 转换并以 1990 年定值美元计值）	每工时 GDP（1990 =100）	注 No.
坦桑尼亚联合共和国	1980	1 243	111.1	…	…	81
	1990	1 119	100.0	…	…	81
	2000	1 103	98.6	…	…	82
	2004	1 313	117.3	…	…	82
	2005	1 377	123.1	…	…	82
	2006	1 434	128.2	…	…	82
	2007	1 499	134.0	…	…	230
	2008	1 572	140.5	…	…	230
乌干达	1980	1 268	99.0	…	…	81
	1990	1 281	100.0	…	…	81
	2000	1 777	138.7	…	…	82
	2004	2 050	160.0	…	…	82
	2005	2 112	164.9	…	…	82
	2006	2 266	176.9	…	…	82
	2007	2 383	186.0	…	…	230
	2008	2 527	197.3	…	…	230
赞比亚	1980	2 136	113.7	…	…	81
	1990	1 878	100.0	…	…	81
	2000	1 407	74.9	…	…	82
	2004	1 580	84.1	…	…	82
	2005	1 633	87.0	…	…	82
	2006	1 698	90.4	…	…	82
	2007	1 766	94.0	…	…	230
	2008	1 833	97.6	…	…	230
津巴布韦	1980	3 344	103.0	…	…	81
	1990	3 247	100.0	…	…	81
	2000	2 667	82.1	…	…	82
	2004	2 018	62.1	…	…	82
	2005	1 908	58.8	…	…	82
	2006	1 773	54.6	…	…	82
	2007	1 635	50.4	…	…	230
	2008	1 502	46.3	…	…	230
中非						
安哥拉	1980	1 866	117.8	…	…	81
	1990	1 584	100.0	…	…	81
	2000	1 332	84.1	…	…	82
	2004	1 607	101.5	…	…	82
	2005	1 879	118.6	…	…	82
	2006	2 163	136.6	…	…	82
	2007	2 525	159.4	…	…	229
	2008	2 814	177.7	…	…	229
喀麦隆	1980	3 049	97.6	…	…	81
	1990	3 124	100.0	…	…	81
	2000	2 687	86.0	…	…	82
	2004	2 898	92.8	…	…	82
	2005	2 901	92.9	…	…	82
	2006	2 926	93.7	…	…	82
	2007	2 959	94.7	…	…	230
	2008	2 991	95.7	…	…	230
刚果民主共和国	1980	1 522	115.7	…	…	81
	1990	1 315	100.0	…	…	81
	2000	554	42.1	…	…	82
	2004	563	42.8	…	…	82
	2005	588	44.7	…	…	82
	2006	602	45.8	…	…	82
	2007	621	47.2	…	…	230
	2008	640	48.7	…	…	230
南部非洲						
南非	1980	11 929	116.2	…	…	81
	1990	10 264	100.0	…	…	81
	2000	9 450	92.1	…	…	82
	2004	10 357	100.9	…	…	82
	2005	10 769	104.9	…	…	82
	2006	11 249	109.6	…	…	82
	2007	11 725	114.2	…	…	230
	2008	11 984	116.8	…	…	230

	年份	工作者人均 GDP（经 PPP 转换并以 1990 年定值美元计值）	工作者人均 GDP（1990 年 = 100）	每工时 GDP（经 PPP 转换并以 1990 年定值美元计值）	每工时 GDP（1990 = 100）	注 No.
西非						
布基纳法索	1980	1 536	88.4	…	…	81
	1990	1 738	100.0	…	…	81
	2000	2 150	123.7	…	…	82
	2004	2 346	135.0	…	…	82
	2005	2 427	139.6	…	…	82
	2006	2 480	142.7	…	…	82
	2007	2 489	143.2	…	…	230
	2008	2 531	145.6	…	…	230
科特迪瓦	1980	5 786	166.0	…	…	81
	1990	3 486	100.0	…	…	81
	2000	3 532	101.3	…	…	82
	2004	3 192	91.6	…	…	82
	2005	3 187	91.4	…	…	82
	2006	3 140	90.1	…	…	82
	2007	3 121	89.5	…	…	230
	2008	3 124	89.6	…	…	230
加纳	1980	2 632	108.5	…	…	81
	1990	2 426	100.0	…	…	81
	2000	2 896	119.4	…	…	82
	2004	3 163	130.4	…	…	82
	2005	3 263	134.5	…	…	82
	2006	3 382	139.4	…	…	82
	2007	3 495	144.1	…	…	230
	2008	3 647	150.3	…	…	230
马里	1980	1 913	102.1	…	…	81
	1990	1 874	100.0	…	…	81
	2000	2 094	111.7	…	…	82
	2004	2 386	127.3	…	…	82
	2005	2 463	131.4	…	…	82
	2006	2 521	134.5	…	…	82
	2007	2 556	136.4	…	…	230
	2008	2 608	139.2	…	…	230
尼日尔	1980	2 033	158.1	…	…	81
	1990	1 286	100.0	…	…	81
	2000	979	76.1	…	…	82
	2004	1 033	80.3	…	…	82
	2005	1 084	84.3	…	…	82
	2006	1 108	86.2	…	…	82
	2007	1 106	86.0	…	…	230
	2008	1 170	91.0	…	…	230
尼日利亚	1980	3 797	119.7	…	…	81
	1990	3 172	100.0	…	…	81
	2000	2 871	90.5	…	…	82
	2004	4 137	130.4	…	…	82
	2005	4 246	133.9	…	…	82
	2006	4 393	138.5	…	…	82
	2007	4 555	143.6	…	…	230
	2008	4 671	147.3	…	…	230
塞内加尔	1980	3 027	96.6	…	…	81
	1990	3 133	100.0	…	…	81
	2000	3 275	104.5	…	…	82
	2004	3 554	113.4	…	…	82
	2005	3 662	116.9	…	…	82
	2006	3 662	116.9	…	…	82
	2007	3 744	119.5	…	…	230
	2008	3 745	119.5	…	…	230
中东						
巴林	1980	11 008	119.9	…	…	231
	1990	9 184	100.0	…	…	232
	2000	10 717	116.7	…	…	233
	2004	11 821	128.7	…	…	233
	2005	12 209	132.9	…	…	234
	2006	12 840	139.8	…	…	235
	2007	13 662	148.8	…	…	235
	2008	14 308	155.8	…	…	235

	年份	工作者人均 GDP（经 PPP 转换并以 1990 年定值美元计值）	工作者人均 GDP（1990 年 =100）	每工时 GDP（经 PPP 转换并以 1990 年定值美元计值）	每工时 GDP（1990 =100）	注 No.
伊朗（伊斯兰共和国）	1980	14 167	110.7	…	…	81
	1990	12 795	100.0	…	…	81
	2000	13 096	102.4	…	…	82
	2004	13 532	105.8	…	…	82
	2005	13 571	106.1	…	…	82
	2006	13 769	107.6	…	…	82
	2007	14 231	111.2	…	…	230
	2008	14 257	111.4	…	…	230
伊拉克	1980	24 934	264.4	…	…	81
	1990	9 430	100.0	…	…	81
	2000	3 978	42.2	…	…	236
	2004	4 832	51.2	…	…	237
	2005	4 533	48.1	…	…	237
	2006	4 655	49.4	…	…	237
	2007	4 569	48.5	…	…	237
	2008	4 851	51.4	…	…	238
约旦	1980	20 233	123.2	…	…	81
	1990	16 417	100.0	…	…	81
	2000	13 310	81.1	…	…	82
	2004	14 283	87.0	…	…	82
	2005	14 851	90.5	…	…	82
	2006	15 389	93.7	…	…	82
	2007	15 742	95.9	…	…	230
	2008	16 016	97.6	…	…	82
科威特	1980	39 055	254.6	…	…	231
	1990	15 340	100.0	…	…	239
	2000	15 629	101.9	…	…	240
	2004	16 235	105.8	…	…	240
	2005	16 571	108.0	…	…	240
	2006	16 942	110.4	…	…	241
	2007	17 695	115.4	…	…	242
	2008	18 153	118.3	…	…	243
阿曼	1980	14 732	72.8	…	…	81
	1990	20 246	100.0	…	…	81
	2000	20 397	100.7	…	…	82
	2004	23 216	114.7	…	…	82
	2005	24 149	119.3	…	…	82
	2006	25 057	123.8	…	…	82
	2007	25 728	127.1	…	…	244
	2008	27 054	133.6	…	…	245
卡塔尔	1980	64 152	500.9	…	…	81
	1990	12 807	100.0	…	…	81
	2000	19 523	152.4	…	…	82
	2004	20 090	156.9	…	…	82
	2005	20 869	162.9	…	…	82
	2006	23 189	181.1	…	…	82
	2007	26 343	205.7	…	…	82
	2008	30 328	236.8	…	…	234
沙特阿拉伯	1980	52 476	183.9	…	…	81
	1990	28 529	100.0	…	…	81
	2000	27 760	97.3	…	…	82
	2004	27 350	95.9	…	…	82
	2005	27 827	97.5	…	…	82
	2006	27 769	97.3	…	…	82
	2007	27 881	97.7	…	…	82
	2008	28 460	99.8	…	…	234
阿拉伯叙利亚共和国	1980	24 157	123.5	…	…	81
	1990	19 562	100.0	…	…	81
	2000	19 204	98.2	…	…	82
	2004	17 936	91.7	…	…	82
	2005	17 910	91.6	…	…	82
	2006	18 022	92.1	…	…	82
	2007	17 985	91.9	…	…	230
	2008	18 107	92.6	…	…	230

	年份	工作者人均 GDP（经 PPP 转换并以 1990 年定值美元计值）	工作者人均 GDP（1990 年 = 100）	每工时 GDP（经 PPP 转换并以 1990 年定值美元计值）	每工时 GDP（1990 = 100）	注 No.
阿拉伯联合酋长国	1980	55 466	174. 8	…	…	231
	1990	31 740	100. 0	…	…	163
	2000	22 491	70. 9	…	…	240
	2004	20 347	64. 1	…	…	240
	2005	20 420	64. 3	…	…	240
	2006	20 626	65. 0	…	…	240
	2007	20 333	64. 1	…	…	246
	2008	21 001	66. 2	…	…	245
也门	1980	10 102	107. 4	…	…	81
	1990	9 407	100. 0	…	…	81
	2000	10 025	106. 6	…	…	82
	2004	9 878	105. 0	…	…	82
	2005	10 016	106. 5	…	…	82
	2006	9 909	105. 3	…	…	82
	2007	9 819	104. 4	…	…	230
	2008	9 782	104. 0	…	…	230

表 18 劳动生产率（注）

1. 说明

劳动生产率被定义为单位劳动力投入的产出。表 18 中给出两个指标：工作者人均 GDP 与每工时 GDP，两者都以 1990 年定值美元计算，并将 1999 年设为基数 100。生产率与每小时薪酬成本综合在一起，可用来评价一个劳动力市场的国际竞争力。一国或一个部门的经济增长可能是由于就业增长或雇员工作效率的提高。雇员效率的提高可以用劳动生产率数据来描述。因此，劳动生产率是衡量经济发展情况的关键指标。要制定促进经济增长的政策，关键是理解经济发展背后的驱动力，尤其是机器与设备的积累、组织方面的进步、物质基础设施与制度基础设施方面的进步、工作者（“人力资本”）健康与技能水平的提升，以及新技术的产生。

2. 数据库

美国经济咨商局，经济总量数据库

美国经济咨商局，美国纽约

http：//www. conference – board. org/economics/database. cfm

总量和劳动生产率的经济总量数据库，是一个关于 123 个国家的国内生产总值、人口、就业、工作时间和生产率的年均数综合数据库。

3. 输入单位渠道（国民生产总值、就业、工时）

ADBa	亚洲开发银行：亚洲和太平洋地区发展中国家关键指标（马尼拉，不同议题）
ADBb	亚洲开发银行：亚洲发展展望（马尼拉，2009）
ARK	B. van Ark（mimeo）：“印度就业估算”，格罗宁根大学
BEA	美国经济分析局（不同年份）：国家收入和产品核算表（华盛顿特区）
BCS	美国人口普查局，国际数据库
BLSa	美国劳工统计局（2007）：“具有可比性的平民劳动力统计，10 个国家，1959—2007 年”（华盛顿特区）
BLSb	美国劳工统计局：经常性人口调查（CPS，非季度调整数据），结合了美国经济分析局的数据
BLSc	美国劳工统计局：经常性就业调查（CES，非季度调整数据），结合了美国经济分析局的数据
BLSd	美国劳工统计局：未出版的数据
CBB	巴林中央银行，经济指标，2008 年 10 月
CEPAL	CEPALHISTAT 历史数据库（未出版）；http：//websie. eclac. cl/sisgen/Cepalhistat. asp
ChMLSS	中国劳动和社会保障部
CIA	美国中央情报局（CIA）世界概况（不同年份）
CLMIS	加勒比劳动力市场信息系统项目，第 5 号工作文件：“建立加勒比劳动生产率指标”
CRONOS	欧盟统计局：新克罗诺斯数据库
CSO	印度中央统计局：印度人口普查（新德里，不同议题）
CSOB	巴林国，中央统计组织，统计概要，1990—2005 年
DGBAS	行政院主计处：收入和生产率统计月度公报（中国台湾省，不同议题）
DIWSF	德国经济研究所：“Statfinder”（Berlin，Deutsches Institut für Wirtschaftforschung）
EC	欧洲经济委员会（2005）：欧洲经济调查，第 2 号
ECLAC	拉丁美洲和加勒比经济委员会（不同年份）：拉丁美洲和加勒比地区统计年鉴（圣地亚哥）
EUECOdb	欧洲经济（2008），AMECO 报告，欧洲委员会财经事务总署（DG ECFIN）年度宏观经济数据库
HOFMAN	Hofman，A.（1998）：“拉丁美洲经济发展：历史视角的成因分析”，专著序列，第 3 号（格罗宁根，格罗宁根增长和发展中心）
HOLZ06	吉隆坡人口普查（2006）：“衡量中国人的生产率增长，1952—2006 年”
IBGEa	Instituto Brasilia de Geografia e Estatistica（IBGE），Sistema de Contas Nacionais（国民经济核算体系），2004—2005 年
IBGEb	Instituto Brasilia de Geografia e Estatistica（IBGE），国家家庭抽样调查，2007 年
IMFWEO	国际货币基金组织（不同年份）：世界发展展望数据库（华盛顿特区）

LABORSTA	国际劳工局：劳工统计年鉴（日内瓦，ILO，不同议题）
MAD01	Maddison，A.（2001）：世界经济千年史（巴黎，OECD 发展中心）
MAD07a	Maddison，A.（2007）："世界经济的历史统计"，不同年份；http：//www. ggdc. net/maddison/
MAD07b	Maddison，A.（2007）：世界经济概况：公元元年至 2030 年变革的速度和规律（剑桥大学出版社）
MAD07c	Maddison，A.（2007）："公元 960—2030 年中国长期绩效"（巴黎，OECD 发展中心）
MAD95	Maddison，A.（1995）：1820 年至 1992 年世界经济之考察（巴黎，OECD 发展中心）
NIESR	英国国家经济和社会研究所（2001）：数据库（伦敦）
NSS	国家统计渠道（日本、科威特和阿拉伯联合酋长国）
OECDEcO	经济合作与发展组织：OECD 经济展望（巴黎，不同议题），数据库也提供相应信息
OECDGP	OECD 增长项目估算，由 S. Scarpetta、A. Bassanini、D. Pilat and P. Schreyer 更新，"OECD 地区的经济增长：总体水平及部门层面的趋势"，OECD 经济部工作论文，第 248 号，巴黎，表 A. 13
OECDLFS	经济合作与发展组织（不同议题）：OECD 劳动力统计（巴黎）
OECDNA	经济合作与发展组织：月度国民经济核算（巴黎）
OECDNAv1	经济合作与发展组织：OECD 国家国民经济核算，第一卷：主要合计数（巴黎，不同议题）
PILAT	Pilat，D.（1994）：高速增长经济学：日本和韩国的经验（Aldershot、Edward Elgar）
STATCAN	加拿大统计局：劳动力调查（渥太华，不同议题）
STATNLa	荷兰统计局（CBS）：国民经济核算（海牙，不同议题）
STATNLb	荷兰统计局（CBS）：劳动力账户（海牙，不同议题）
STLS	圣卢西亚政府统计处：圣卢西亚统计
UNECEa	欧洲经济委员会：欧洲经济调查（日内瓦，不同议题）
UNECEb	欧洲经济委员会：统计司数据库
WDI	世界银行：世界发展指标（华盛顿特区，不同议题）
WIIWa	维也纳国际经济比较研究所（不同年份）：统计手册，转型中的国家（维也纳）
WIIWb	Havlik et al.（1999）："转型中的国家（1999）：增长率的进一步疲软和某些复苏的希望"，WIIW 研究报告，第 257 号（维也纳，WIIW）

注 No.	资料来源 —GDP	资料来源 —就业	资料来源 —工时	备注
1	MAD07a	OECDLFS	NIESR	工时：与 1995 年的数据相关
2	OECDNAv1	OECDLFS	OECDEcO	GDP：由 1990 年的数据外推而得
3	OECDNAv1	OECDEcO	OECDEcO	GDP：由 1990 年的数据外推而得 就业：由 2006 年的数据外推而得
4	OECDNA	CRONOS	CRONOS	GDP：由 1990 年的数据外推而得 就业：由 2007 年的数据外推而得 工时：由 2007 年的数据外推而得
5	MAD07a	OECDLFS	OECDEcO	就业：与 1981 年的数据相关 工时：由 1983 年的数据外推而得
6	MAD07a	CRONOS	OECDGP	
7	OECDNAv1	CRONOS	OECDEcO	GDP：由 1990 年的数据外推而得 工时：由 1998 年的数据外推而得
8	OECDNA	CRONOS	OECDEcO	GDP：由 2007 年的数据外推而得 工时：保持在 2007 年的水平
9	MAD07a	WDI		就业：数据经过添补
10	MAD07a	UNECEa		工时：波兰的趋势分别与 2000 年和 2004 年的数值相关
11	CRONOS	CRONOS	CRONOS	GDP：由实际链式 GDP 变动外推而得
12	CRONOS	CRONOS	CRONOS	GDP：由实际链式 GDP 变动外推而得 工时：保持在 2007 年的水平
13	IMFWEO	WDI		GDP：由 1990 年的数据外推而得 就业：与 1995 年的数据相关

注 No.	资料来源—GDP	资料来源—就业	资料来源—工时	备注
14	MAD07a	WDI		就业：与 1995 年的数据相关 工时：希腊的趋势与 2000 年的数值相关
15	CRONOS	CRONOS	CRONOS	GDP：由 1995 年的数据外推而得
16	CRONOS	CRONOS	CRONOS	GDP：由 1995 年的数据外推而得 工时：由 2007 年的数据外推而得
17	MAD07a	OECDLFS	OECDGP	就业：与 1995 年的数据相关 工时：假设与 1993 年相同
18	OECDNAv1	CRONOS	CRONOS	GDP：由 1990 年的数据外推而得
19	OECDNA	CRONOS	CRONOS	GDP：由 2007 年的数据外推而得 工时：保持在 2007 年的水平
20	MAD07a	CRONOS	CRONOS	
21	OECDNA	CRONOS	OECDEcO	GDP：由 2007 年的数据外推而得 工时：由 2007 年的数据外推而得
22	MAD07a	CRONOS		工时：捷克共和国的趋势与 2000 年的数值相关
23	CRONOS	CRONOS	CRONOS	GDP：由 1992 年的数据外推而得
24	OECDNA	CRONOS	CRONOS	GDP：由 2007 年的数据外推而得
25	MAD07a	CRONOS	NIESR	工时：与 1990 年的数据相关
26	OECDNAv1	CRONOS	OECDEcO	GDP：由 1990 年的数据外推而得
27	OECDNA	CRONOS	OECDEcO	GDP：由 2007 年的数据外推而得
28	OECDNAv1	CRONOS	CRONOS	GDP：由 1991 年的数据外推而得
29	MAD95		OECDEcO	就业：与 1989 年的数据相关
30	DIWSF		OECDEcO	就业：与 1989 年的数据相关
31	MAD95	DIWSF	OECDEcO	
32	MAD07a	OECDLFS		
33	MAD07a	OECDLFS	OECDGP	
34	OECDNAv1	OECDLFS		GDP：由 1990 年的数据外推而得 工时：由 1998 年的数据外推而得
35	OECDNAv1	OECDLFS	OECDEcO	GDP：由 1990 年的数据外推而得 工时：由 1998 年的数据外推而得
36	OECDNA	CRONOS	CRONOS	GDP：由 2007 年的数据外推而得 就业：由 2007 年的数据外推而得 工时：由 2007 年的数据外推而得
37	MAD07a	WDI	OECDGP	就业：数据经过添补
38	MAD07a	WIIWa	OECDGP	就业：与 1995 年的数据相关
39	MAD07a	OECDLFS	OECDEcO	工时：由 1983 年的数据外推而得
40	MAD07a	OECDLFS	CRONOS	
41	OECDNAv1	OECDLFS	CRONOS	GDP：由 1990 年的数据外推而得
42	OECDNA	CRONOS	CRONOS	GDP：由 2007 年的数据外推而得 就业：由 2007 年的数据外推而得
43	OECDNA	CRONOS	CRONOS	GDP：由 2007 年的数据外推而得 工时：由 2007 年的数据外推而得
44	MAD07a	CRONOS		工时：捷克共和国的趋势分别与 1998 年和 2004 年的数值相关
45	CRONOS	CRONOS	CRONOS	GDP：由 1990 年的数据外推而得 工时：捷克共和国的趋势分别与 1998 年和 2004 年的数值相关
46	CRONOS	CRONOS		GDP：由 1990 年的数据外推而得 工时：捷克共和国的趋势分别与 1998 年和 2004 年的数值相关
47	CRONOS	CRONOS		GDP：由 1990 年的数据外推而得 工时：根据 2006—2007 年的增长率从 2007 年起外推
48	MAD07a	UNECEa		就业：与 1995 年的数据相关 工时：捷克共和国的趋势与 1995 年的数值相关

注 No.	资料来源—GDP	资料来源—就业	资料来源—工时	备注
49	CRONOS	CRONOS	CRONOS	GDP：由 1990 年的数据外推而得
50	MAD07a	OECDLFS	NIESR	就业：与 1985 年的数据相关 工时：由 1995 年的数据外推而得
51	IMFWEO	WDI		GDP：由 1990 年的数据外推而得 就业：与 1990 年的数据相关
52	MAD07a	EUECOdb		就业：由 2000 年的数据外推而得 工时：西班牙的趋势与 2000 年的数值相关
53	IMFWEO	CRONOS	CRONOS	GDP：由 1990 年的数据外推而得
54	CRONOS	CRONOS	CRONOS	GDP：由 2000 年的数据外推而得
55	STATNLa	BLSa	STATNLb	GDP：由 1990 年的数据外推而得 就业：与 1987 年的数据相关 工时：与 1995 年的数据相关（合同规定时间）
56	STATNLa	CRONOS	STATNLb	GDP：由 1990 年的数据外推而得 工时：与 1995 年的数据相关（合同规定时间）
57	STATNLa	CRONOS	STATNLb	GDP：由 1990 年的数据外推而得
58	STATNLa	CRONOS	OECDEcO	GDP：由 1990 年的数据外推而得 工时：由 2007 年的数据外推而得
59	MAD07a	OECDLFS		工时：匈牙利的趋势与 2000 年的数值相关
60	OECDNA	CRONOS	OECDEcO	GDP：由 2007 年的数据外推而得 就业：由 2007 年的数据外推而得 工时：由 2007 年的数据外推而得
61	MAD07a	OECDLFS		工时：数据经过添补
62	MAD07a	UNECEa		
63	MAD07a	WIIWa		就业：与 2001 年的数据相关 工时：波兰的趋势与 1994 年的数值相关
64	CRONOS	WIIWa	LABORSTA	GDP：由 1999 年的数据外推而得 就业：与 2001 年的数据相关 工时：将每周工时比率用于计算罗马尼亚和波兰的年工时
65	CRONOS	CRONOS	LABORSTA	GDP：由 1999 年的数据外推而得 工时：将每周工时比率用于计算罗马尼亚和波兰的年工时
66	CRONOS	CRONOS	LABORSTA	GDP：由 1999 年的数据外推而得 工时：波兰的趋势与 2007 年的数值相关
67	MAD07a	WIIWb	OECDEcO	就业：与 1994 年的数据相关 工时：保持在 1994 年的水平
68	OECDNA	CRONOS	CRONOS	GDP：由 2006 年的数据外推而得
69	EC	WIIWa		就业：与 1994 年的数据相关 工时：匈牙利的趋势与 1995 年的数值相关
70	CRONOS	CRONOS	CRONOS	GDP：由 1990 年的数据外推而得 工时：保持在 2007 年的水平
71	OECDNAv1	OECDLFS	OECDEcO	GDP：由 1990 年的数据外推而得 工时：由 2006 年的数据外推而得
72	OECDNA	CRONOS	OECDEcO	GDP：由 2007 年的数据外推而得 就业：由 2007 年的数据外推而得 工时：由 2006 年的数据外推而得
73	MAD07a	OECDLFS	NIESR	
74	MAD07a	OECDLFS	STATCAN	
75	OECDNAv1	OECDLFS	STATCAN	GDP：由 1990 年的数据外推而得
76	OECDNAv1	OECDLFS	OECDEcO	GDP：由 1990 年的数据外推而得 工时：由 2001 年的数据外推而得
77	MAD07a	BLSb	BLSd	就业：与 1990 年的数据相关 工时：总体经济的平滑数据序列（以工作小时数对所有人进行衡量），结合美国劳工统计局（BLS）就业数据

注 No.	资料来源—GDP	资料来源—就业	资料来源—工时	备注
78	MAD07a	BLSc	BLSd	工时：结合美国劳工统计局（BLS）就业数据
79	BEA	BLSc	BLSd	GDP：由1997年的数据外推而得 工时：结合美国劳工统计局（BLS）就业数据
80	BEA	BLSc	OECDEcO	GDP：由1997年的数据外推而得 工时：由2007年的数据外推而得
81	MAD07a	WDI		
82	IMFWEO	WDI		GDP：由1990年的数据外推而得
83	IMFWEO	LABORSTA		GDP：由1990年的数据外推而得 就业：由2006年的数据外推而得
84	IMFWEO	LABORSTA		GDP：由1990年的数据外推而得 就业：根据2006—2007年的增长率从2007年起外推
85	OECDNA	NSS	OECDEcO	GDP：由2007年的数据外推而得 就业：由2007年的数据外推而得 工时：由2007年的数据外推而得
86	MAD07a	OECDLFS	OECDEcO	工时：由1987年的数据外推而得
87	MAD07a	OECDLFS	OECDEcO	工时：由1991年的数据外推而得
88	OECDNA	CRONOS	OECDEcO	GDP：由2007年的数据外推而得 就业：由2007年的数据外推而得
89	MAD07a	WDI		就业：与1994年的数据相关
90	UNECEb	LABORSTA		GDP：由1990年的数据外推而得
91	IMFWEO	UNECEb		GDP：由2006年的数据外推而得
92	IMFWEO	UNECEb		GDP：由2006年的数据外推而得 就业：根据2006—2007年的增长率从2007年起外推
93	MAD07a	WDI		就业：由来自WDI（2008年）的LF数据的趋势外推而得
94	UNECEb	WDI		GDP：由1995年的数据外推而得 就业：根据来自UNECEa（2004，No.2）的失业率调整
95	IMFWEO	WDI		GDP：由2007年的数据外推而得 就业：根据2006—2007年的增长率从2007年起外推
96	MAD07a	WIIWa		
97	CRONOS	CRONOS		
98	MAD07a	WDI		就业：与1996年的数据相关
99	UNECEb	WIIWa		GDP：由1990年的数据外推而得
100	IMFWEO	WIIWa		GDP：由2007年的数据外推而得 就业：根据2006—2007年的增长率从2007年起外推
101	UNECEb	WDI		就业：与1995年的数据相关
102	UNECEb	WIIWa		GDP：由1990年的数据外推而得 就业：与1998年的数据相关
103	UNECEb	UNECEa		GDP：由1990年的数据外推而得 就业：由2005年的数据外推而得
104	IMFWEO	UNECEa		GDP：由2007年的数据外推而得 就业：根据2006—2007年的增长率从2007年起外推
105	MAD07a	OECDLFS		工时：与希腊的趋势相关
106	OECDNAv1	OECDLFS		GDP：由1990年的数据外推而得 工时：与希腊的趋势相关
107	OECDNAv1	CRONOS	OECDEcO	GDP：由1990年的数据外推而得 就业：由2007年的数据外推而得
108	OECDNA	CRONOS	OECDEcO	GDP：由2007年的数据外推而得 就业：由2007年的数据外推而得 工时：保持在2007年的水平
109	MAD07a	WDI		就业：与1993年的数据相关

注 No.	资料来源 —GDP	资料来源 —就业	资料来源 —工时	备注
110	UNECEb	LABORSTA		GDP：由 1990 年的数据外推而得 就业：根据 2006—2007 年的增长率从 2007 年起外推
111	MAD07a	ADBa		
112	ADBa	ADBa		GDP：由 1990 年的数据外推而得
113	ADBb	ADBa		GDP：由 1990 年的数据外推而得
114	ADBb	ADBa		GDP：由 1990 年的数据外推而得 就业：根据 2006—2007 年的增长率从 2007 年起外推
115	MAD07a	LABORSTA		
116	UNECEb	UNECEb		GDP：由 1990 年的数据外推而得
117	IMFWEO	UNECEb		GDP：由 2007 年的数据外推而得 就业：根据 2006—2007 年的增长率从 2007 年起外推
118	MAD07a	WDI		就业：与 1991 年的数据相关
119	UNECEb	LABORSTA		GDP：由 1990 年的数据外推而得 就业：根据 UNECEb 的就业趋势从 2006 年起外推
120	UNECEb	LABORSTA		GDP：由 1990 年的数据外推而得 就业：保持 2006—2007 年的增长率不变
121	WDI	ADBa		GDP：由 1990 年的数据外推而得
122	ADBb	ADBa		GDP：由 2001 年的数据外推而得
123	ADBb	ADBa		GDP：由 2001 年的数据外推而得 就业：根据 2006—2007 年的增长率从 2007 年起外推
124	ADBb	UNECEb		GDP：由 2001 年的数据外推而得 就业：由 2006 年的数据外推而得
125	ADBb	UNECEb		GDP：由 2001 年的数据外推而得 就业：根据 2006—2007 年的增长率从 2007 年起外推
126	MAD07a	WDI		就业：与 1999 年相关
127	UNECEb	UNECEa		GDP：由 1990 年的数据外推而得 就业：由 2006 年的数据外推而得
128	UNECEb	UNECEa		GDP：由 1990 年的数据外推而得 就业：根据 2006—2007 年的增长率从 2007 年起外推
129	UNECEb	ADBa		GDP：由 1990 年的数据外推而得
130	UNECEb	ADBa		GDP：由 1990 年的数据外推而得 就业：根据 2005—2006 年的增长率从 2006 年起外推
131	IMFWEO	ADBa		GDP：由 1990 年的数据外推而得 就业：根据 2005—2006 年的增长率从 2006 年起外推
132	UNECEb	WDI		GDP：由 1990 年的数据外推而得
133	UNECEb	WDI		GDP：由 1990 年的数据外推而得 就业：根据 2005—2006 年的增长率从 2006 年起外推
134	IMFWEO	WDI		GDP：由 2007 年的数据外推而得 就业：根据 2005—2006 年的增长率从 2006 年起外推
135	UNECEb	WIIWa		GDP：由 1990 年的数据外推而得 就业：根据 2006—2007 年的增长率从 2007 年起外推
136	IMFWEO	ADBa		GDP：由 2007 年的数据外推而得 就业：根据 2006—2007 年的增长率从 2007 年起外推
137	MAD07c	HOLZ06		就业：与 16—部门估算相关
138	MAD07c	LABORSTA		就业：3—部门估算
139	IMFWEO	LABORSTA		GDP：由 2003 年的数据外推而得 就业：3—部门估算
140	IMFWEO	ChMLSS		GDP：由 2003 年的数据外推而得 就业：年末就业水平

注 No.	资料来源—GDP	资料来源—就业	资料来源—工时	备注
141	ADBa	ADBa	LABORSTA	GDP：由 1990 年的数据外推而得 工时：乘以 52 周
142	ADBb	ADBa	LABORSTA	GDP：由 2007 年的数据外推而得 就业：根据 2006—2007 年的增长率从 2007 年起外推 工时：保持在 2007 年的水平
143	MAD07a	OECDLFS	PILAT	
144	OECDNAv1	OECDLFS	OECDEcO	GDP：由 1990 年的数据外推而得 工时：与 1995 年的数据相关
145	OECDNAv1	OECDLFS	OECDEcO	GDP：由 1990 年的数据外推而得 工时：保持在 2006 年的水平
146	OECDNA	CRONOS	OECDEcO	GDP：由 2007 年的数据外推而得 就业：由 2007 年的数据外推而得 工时：保持在 2006 年的水平
147	MAD07a	ADBa	DGBAS	
148	ADBa	ADBa	DGBAS	GDP：由 1990 年的数据外推而得
149	ADBa	ADBa	DGBAS	GDP：由 1990 年的数据外推而得 工时：保持在 2006 年的水平
150	ADBb	ADBa	DGBAS	GDP：由 2007 年的数据外推而得 就业：根据 2006—2007 年的增长率从 2007 年起外推 工时：保持在 2006 年的水平
151	ADBa	WDI		GDP：由 1990 年的数据外推而得 就业：由 1992 年的数据外推而得
152	ADBa	WDI		GDP：由 1990 年的数据外推而得 就业：根据 2006—2007 年的增长率从 2007 年起外推
153	ADBb	WDI		GDP：由 2007 年的数据外推而得 就业：根据 2006—2007 年的增长率从 2007 年起外推
154	MAD07a	ARK		就业：由十年期人口普查和就业数据计算而得
155	MAD07a	CSO		
156	ADBa	CSO		GDP：由 1990 年的数据外推而得
157	ADBa	CSO		GDP：由 1990 年的数据外推而得 就业：在 1999—2000 年和 2004—2005 年的年平均增长率的基础上计算
158	ADBb	CSO		GDP：由 2007 年的数据外推而得 就业：在 1999—2000 年和 2004—2005 年的年平均增长率的基础上计算
159	IMFWEO	ADBa		GDP：由 1999 年的数据外推而得
160	ADBa	ADBa		GDP：由 2000 年的数据外推而得
161	ADBb	ADBa		GDP：由 2007 年的数据外推而得 就业：根据 2006—2007 年的增长率从 2007 年起外推
162	ADBa	ADBa		GDP：由 1999 年的数据外推而得
163	MAD07a	WDI		就业：由 1993 年的数据外推而得
164	ADBa	WDI		GDP：由 1990 年的数据外推而得 就业：由 2007 年的数据外推而得
165	ADBa	WDI		GDP：由 2001 年的数据外推而得 就业：由 2007 年的数据外推而得
166	IMFWEO	WDI		GDP：由 2006 年的数据外推而得 就业：根据 2005—2006 年的增长率从 2006 年起外推
167	ADBa	ADBa		GDP：由 1990 年的数据外推而得 工时：保持在 1992 年的水平
168	ADBb	ADBa		GDP：由 2007 年的数据外推而得 就业：根据 2006—2007 年的增长率从 2007 年起外推 工时：保持在 1992 年的水平
169	MAD07a	WDI		就业：由 1985 年的数据外推而得
170	IMFWEO	LABORSTA		GDP：由 1990 年的数据外推而得
171	ECLAC	LABORSTA	CLMIS	GDP：由 1990 年的数据外推而得
172	ECLAC	LABORSTA	CLMIS	GDP：由 1990 年的数据外推而得 工时：假设与 2001 年相同

注 No.	资料来源—GDP	资料来源—就业	资料来源—工时	备注
173	ECLAC	WDI	CLMIS	GDP：由 1990 年的数据外推而得 就业：由 2004 年的数据外推而得 工时：假设与 2001 年相同
174	ECLAC	WDI	CLMIS	GDP：由 1990 年的数据外推而得 就业：根据 2006—2007 年的增长率从 2007 年起外推 工时：假设与 2001 年相同
175	ECLAC	LABORSTA		GDP：由 1990 年的数据外推而得
176	ECLAC	WDI		GDP：由 1990 年的数据外推而得 就业：由 2005 年的数据外推而得
177	ECLAC	WDI		GDP：由 1990 年的数据外推而得 就业：根据 2005—2006 年的增长率从 2006 年起外推
178	MAD07a	LABORSTA	CLMIS	
179	ECLAC	LABORSTA	CLMIS	GDP：由 1990 年的数据外推而得 就业：根据 2005—2006 年的增长率从 2006 年起外推 工时：假设与 2001 年相同
180	IMFWEO	MAD07b		GDP：由 1990 年的数据外推而得 就业：由 1985 年的数据外推而得
181	MAD07a	CLMIS	CLMIS	
182	ECLAC	CLMIS	CLMIS	GDP：由 1990 年的数据外推而得
183	ECLAC	STLS		GDP：由 1990 年的数据外推而得 就业：由 2000 年的数据外推而得 工时：假设与 2001 年相同
184	ECLAC	WDI		GDP：由 1990 年的数据外推而得 就业：由 2004 年的数据外推而得 工时：假设与 2001 年相同
185	ECLAC	WDI		GDP：由 1990 年的数据外推而得 就业：根据 2006—2007 年的增长率从 2007 年起外推 工时：假设与 2001 年相同
186	ECLAC	LABORSTA		GDP：由 1990 年的数据外推而得 工时：假设与 2001 年相同
187	ECLAC	WDI		GDP：由 1990 年的数据外推而得 就业：根据 2005—2006 年增长率从 2006 年外推 工时：假设与 2001 年相同
188	MAD07a	CEPAL		
189	ECLAC	CEPAL		GDP：由 1990 年的数据外推而得
190	ECLAC	LABORSTA		GDP：由 1990 年的数据外推而得 就业：由 2005 年的数据外推而得
191	ECLAC	LABORSTA		GDP：由 1990 年的数据外推而得 就业：根据 2006—2007 年的增长率从 2007 年起外推
192	MAD07a	ECLAC		就业：由 1992 年的数据外推而得；结合失业和劳动力数据
193	MAD07a	ECLAC		就业：结合失业和劳动力数据
194	ECLAC	ECLAC		GDP：由 1990 年的数据外推而得 就业：数据经过添补；结合失业和劳动力数据
195	ECLAC	LABORSTA		GDP：由 1990 年的数据外推而得 就业：由 2003 年的数据外推而得
196	ECLAC	ECLAC		GDP：由 1990 年的数据外推而得 就业：由 2004 年的数据外推而得
197	ECLAC	ECLAC		GDP：由 1990 年的数据外推而得 就业：根据 2005—2006 年的增长率从 2006 年起外推
198	MAD07a	CEPAL	HOFMAN	工时：与 1990 年的数据相关
199	MAD07a	CEPAL	OECDGP	
200	OECDNAv1	OECDLFS	OECDEcO	GDP：由 1990 年的数据外推而得 就业：与 1999 年的数据相关 工时：由 1999 年的数据外推而得

注 No.	资料来源—GDP	资料来源—就业	资料来源—工时	备注
201	OECDNAv1	OECDEcO	OECDEcO	GDP：由 1990 年的数据外推而得 就业：与 1999 年的数据相关 工时：由 1999 年的数据外推而得
202	OECDNA	OECDEcO	OECDEcO	GDP：由 2007 年的数据外推而得 就业：与 1999 年的数据相关 工时：由 1999 年的数据外推而得
203	MAD07a	CEPAL	HOFMAN	
204	ECLAC	CEPAL	LABORSTA	GDP：由 1990 年的数据外推而得 工时：乘以 52 周
205	ECLAC	LABORSTA	LABORSTA	GDP：由 1990 年的数据外推而得 就业：由 2005 年的数据外推而得 工时：保持不变
206	ECLAC	LABORSTA	LABORSTA	GDP：由 1990 年的数据外推而得 就业：根据 2006—2007 年的增长率从 2007 年起外推 工时：保持不变
207	ECLAC	WDI		GDP：由 1990 年的数据外推而得 就业：由 2003 年的数据外推而得
208	ECLAC	WDI		GDP：由 1990 年的数据外推而得 就业：根据 2006—2007 年的增长率从 2007 年起外推
209	ECLAC	WDI		GDP：由 1990 年的数据外推而得
210	MAD07a	IBGEa	HOFMAN	
211	ECLAC	IBGEa		GDP：由 1990 年的数据外推而得 工时：保持不变
212	ECLAC	IBGEb		GDP：由 1990 年的数据外推而得 工时：保持不变
213	ECLAC	IBGEb		GDP：由 1990 年的数据外推而得 就业：由 2005 年的数据外推而得 工时：保持不变
214	ECLAC	LABORSTA	LABORSTA	GDP：由 1990 年的数据外推而得 就业：由 2005 年的数据外推而得 工时：乘以 52 周
215	ECLAC	LABORSTA	LABORSTA	GDP：由 1990 年的数据外推而得 就业：由 2005 年的数据外推而得 工时：持续不变
216	ECLAC	LABORSTA	LABORSTA	GDP：由 1990 年的数据外推而得 就业：根据 2006—2007 年的增长率从 2007 年起外推 工时：持续不变
217	ECLAC	CEPAL		GDP：由 1990 年的数据外推而得 工时：保持不变
218	ECLAC	LABORSTA		GDP：由 1990 年的数据外推而得 就业：由 2005 年的数据外推而得 工时：保持不变
219	ECLAC	LABORSTA		GDP：由 1990 年的数据外推而得 就业：根据 2006—2007 年的增长率从 2007 年起外推 工时：保持不变
220	ECLAC	ECLAC		GDP：由 1990 年的数据外推而得
221	MAD07a	CEPAL	MAD01	
222	ECLAC	CEPAL		GDP：由 1990 年的数据外推而得 工时：保持在 1998 年的水平
223	ECLAC	LABORSTA		GDP：由 1990 年的数据外推而得 就业：由 2005 年的数据外推而得 工时：保持在 1998 年的水平

注 No.	资料来源—GDP	资料来源—就业	资料来源—工时	备注
224	ECLAC	LABORSTA		GDP：由 1990 年的数据外推而得 就业：根据 2006—2007 年的增长率从 2007 年起外推 工时：保持在 1998 年的水平
225	MAD07a	WDI		就业：与 1984 年的数据相关
226	ECLAC	LABORSTA		GDP：由 1990 年的数据外推而得 就业：根据 2005—2006 年的增长率从 2006 年起外推
227	ECLAC	WDI		GDP：由 1990 年的数据外推而得 就业：由 2004 年的数据外推而得 工时：保持不变
228	ECLAC	WDI		GDP：由 1990 年的数据外推而得 就业：根据 2005—2006 年的增长率从 2006 年起外推 工时：保持不变
229	IMFWEO	WDI		GDP：由 1990 年的数据外推而得 就业：根据 2006—2007 年的增长率从 2007 年起外推
230	IMFWEO	WDI		GDP：由 1990 年的数据外推而得 就业：根据 2005—2006 年的增长率从 2006 年起外推
231	MAD07a	WDI		就业：由 1990 年的数据外推而得
232	MAD07a	CSOB		
233	IMFWEO	CSOB		GDP：由 1990 年的数据外推而得
234	IMFWEO	BCS		GDP：由 1990 年的数据外推而得 就业：根据 2006—2007 年的增长率从 2007 年起外推
235	IMFWEO	CBB		GDP：由 1990 年的数据外推而得 就业：由 2006 年的数据外推而得
236	MAD07a	WDI		就业：根据上一年的增产率从 1999 年起外推而得
237	CIA	WDI		GDP：由 2002 年的数据外推而得 就业：根据上一年的增产率从 1999 年起外推而得
238	CIA			GDP：由 2006—2007 年的增长率外推而得
239	MAD07a	NSS		
240	IMFWEO	NSS		GDP：由 1990 年的数据外推而得
241	IMFWEO			GDP：由 1990 年的数据外推而得
242	IMFWEO	WDI		GDP：由 1990 年的数据外推而得 就业：由 1996 年的数据外推而得
243	IMFWEO	BCS		GDP：由 1990 年的数据外推而得 就业：由 2007 年的数据外推而得
244	IMFWEO	WDI		GDP：由 1990 年的数据外推而得 就业：由 2006 年的数据外推而得
245	IMFWEO	BCS		GDP：由 1990 年的数据外推而得
246	IMFWEO	BCS		GDP：由 1990 年的数据外推而得 就业：根据 2005—2008 年的增长率从 2005 年起外推而得

第八章　就业弹性指标（KILM 19）

KILM 19：就业弹性

引　言

就业弹性是衡量就业增长随经济产出增长变化的量化指标。虽然我们不经常讨论就业弹性，但其同样提供了劳动力市场的重要信息。就业弹性最基本的用途是测算经济产出增长与就业增长如何随时间共同变化。同时，其还能深入探究经济体之中不同人口组别的劳动生产率与就业创造的趋势，并能协助监测与分析就业随时间的结构性变化。

KILM 19 包含三种类型的就业弹性，分别与三组人群（女性，男性和总就业人口）相对应。总就业弹性表示经济体的总就业如何随经济总产出变化。弹性为 1 表示 GDP 每增长 1% 会带来就业增长 1%；弹性为 0.4 表示 GDP 每增长 1% 会带来就业增长 0.4%，依此类推。女性与男性就业弹性表示经济体女性与男性的就业如何随经济总产出变化。表 19 显示了 4 个时间段（1992—1996 年、1996—2000 年、2000—2004 年、2004—2008 年）的三类弹性值。

指标的用途

对就业弹性而言，并不存在公认的“理想”数值和各国以往的弹性值相对照。一国合理的“就业密度”取决于诸多变量，如国家经济增长率、剩余劳动力数量与劳动力增长率、失业率与劳动力参与率、劳动生产率水平与增长率，以及贫困率（尤其是工作者的贫困率）。假设其他条件相同，经济增长率较高国家的就业弹性要低于经济增长率较低的国家。劳动力增长率高或劳动力储备高的国家需要更高的就业弹性。鉴于极端贫困人群通常只能靠自己的劳动维持生存，所以拥有大量工作贫困人口的国家可能比那些劳动力相对较少的更发达的经济体需要更高的就业弹性，以便为工作贫困人口提供足够的就业机会。为此，在经济增长率一定的条件下，发展中经济体通常比发达经济体需要更高的就业弹性，因为前者通常有剩余劳动力。由此我们可以得出，随着一国的经济日益发达、劳动力日益紧缺，就业弹性将会逐渐下降。

在就业弹性一定的情况下衡量同一个群体的 GDP 与就业情况（如总产出与总就业）时，就业弹性提供了就业和劳动生产率的趋势的相关信息。专栏 19b 显示，在 1992—2008 年的四个时间段内，世界总就业弹性介于 0.32—0.37 之间，这意味着 GDP 每增长 1%，总就业同期将增长约 0.32%—0.37%。由于 GDP 增长变化等于就业增长变化与劳动生产率增长变化的总和，所以我们也可以从这些世界就业弹性的数值中得出：1992—2008 年间世界经济增长约有 2/3 来源于劳动生产率的提高，1/3 来源于就业增长。

专栏 19a 归纳了同时观察就业弹性和 GDP 增长率所得到的结论。

在试图从就业情况中得出任何结论之前，我们应该注意使用就业弹性作为分析工具所带来的相关问题。首先，就业弹性仅仅考虑了以往的就业情况和产出增长。这种历史情况也许并不能准确预测未来趋势。而且，就业弹性并不会表明其他变量如何影响就业或者总体经济绩效。因此，就业弹性对产出与就业增长之间关系的描绘可能过于简单。这些结果说明的应该是一种相关关系，而非因果关系。

其次，国家乃至地区层面的就业弹性在各个时期间有很大波动。估测值的波动可能是缘于就业增长与产出增长之间关系的实际变化，二者之间任何一个变量的变动，抑或

专栏 19a 解释就业弹性[1]

		GDP 增长	
		GDP 正增长	**GDP 负增长**
就业弹性（ε）	ε<0	（－）就业增长 （＋）生产率增长	（＋）就业增长 （－）生产率增长
	0≤ε≤1	（＋）就业增长 （＋）生产率增长	（－）就业增长 （－）生产率增长
	ε>1	（＋）就业增长 （－）生产率增长	（－）就业增长 （＋）生产率增长

- 左上角单元格表示，在 GDP 正增长和就业弹性为负（用“ε”表示）的国家，就业负增长，生产率正增长。例如，在一个年均经济增长 2% 且就业弹性为 －0.2 的经济体中，平均就业增长率约为 －0.4%，生产率平均增长率为 2.4%。
- 左中单元格表示，在 GDP 正增长和就业弹性介于 0—1 之间的国家，就业和生产率都是正增长，但弹性在这一区间内越大，就业密度就越高（生产率越低）。因此，年均经济增长 2% 且就业弹性为 0.6 的国家，年均就业增长约 1.2%，年均生产率增长率为 0.8%。这个单元格典型地反映了增长—就业—生产率三者之间的理想均衡，就业增长与生产率提升同时出现。[2]
- 左下方单元格表示，GDP 正增长和就业弹性大于 1 的国家，就业正增长，劳动生产率负增长。
- 右栏中三个单元格表示，就业弹性与就业增长和生产率增长呈反向变化时，GDP 增长率为负。

1 此专栏基于 S. Kapsos 的“就业密度增长：趋势与宏观经济决定因素”，就业战略论文，第 12 卷（日内瓦，国际劳工组织，2005 年）。当产出与就业（如总产出与总就业）变化一致时，该表正好反映了这一解释。生产率、就业和产出的关系可能不适用于与人口分组（例如女性或男性）相关的就业情况，这里用总产出代替人口分组的产出。

2 Kahn 在 2001 年的一份国际劳工组织研究中指出，发展中经济体在家庭收入达到中上水平之前，其就业弹性理论上应该为 0.7 左右。Kahn 证明，随着一国经济日益发达和劳动力日益紧缺，就业弹性会逐渐下降。他认为劳动力富足的经济体（尤其是那些具有高贫困发生率的国家）比那些劳动力相对较少的国家需要达到更高水平的就业密度。见 A. Kahn：“减少贫困的就业政策”，恢复与重建部门（日内瓦，国际劳工组织，2001 年）。

仅仅是由于统计上的“噪声”。第一种情况并不值得担忧，因为它反映了被检测变量之间潜在关系的实际变化。第二种情况只在产出增长非常小的情况下才会出现。事实上，在 GDP 增长接近 0 的国家，就业弹性的大幅波动可能来自这些基本变量的相对较小的变化。因此，考虑一国或一个地区的 GDP 相对变化对解释就业弹性很重要。第三种情况是由样本规模小产生的。KILM 中计算的是相对较短时间段内的就业弹性，各国在每一阶段内的观测值非常少，这就会导致统计“噪声”，也因此降低了就业弹性预测值的确定性。因此，有必要强调的是，单个国家的就业弹性确实会造成一定程度的统计上的不确定性。

最后，认为一国或一个地区看似合理的就业密度趋势显示出宏观经济总体发展良好的想法是危险的。就业密度确实是反映宏观经济中就业形势的重要指标，但这方面的成功绝不代表其能自动转化为其他方面的成果，比如减缓贫困。因此，在评价就业弹性趋势时，必须同时考虑产出增长趋势、不平等状况、实际工资、贫困率等其他重要的宏观经济变量。

定义和来源

就业弹性被定义为：在一定时期内，对于给定就业人口群体（就业总人口、女性和男性就业人口），产出变化1个百分点时就业平均变化的百分点。

表19显示了用于计算总就业人口、女性和男性就业弹性的国家层面就业数据。这些数据来自世界就业趋势（GET）模型[1]，其将KILM表8和表9中的失业数据与表1中的劳动力数据结合起来。在计算就业弹性时，仅使用家庭劳动力调查或人口普查得到的就业数据。

这一序列中所有的国家性GDP数据以各国定值的本国货币单位表示。这些数据来源于国际货币基金组织的世界经济展望数据库。

可比性的限制

国家间就业弹性的比较很大程度上受就业数据的定义差异影响。对于就业弹性指标而言，就业人口被定义为15岁及以上且符合国际劳工组织就业人口的官方定义的人。第13届国际劳动统计学家大会（ICLS）定义了就业人口，KILM 2中对其也有所描述。[2]一些国家的年龄下限比15岁低，还有一些国家规定了年龄上限，如65岁、70岁或74岁。年龄范围会影响就业估测的国际可比性，虽然这种影响通常不太明显。

潜在可比性限制的两大来源在就业弹性表中被剔除。第一，与同时使用行政记录等其他来源的数据相比，只使用源于劳动力调查或人口普查的就业数据可能使估算的方差更小。第二，就业数据是否能被纳入KILM 19中的主要标准是：就业基础数据可以代表整个国家的情况，而这消除了地域界限（例如仅覆盖城市地区）所产生的可比性问题。

趋　势

图19a显示了各个经济体之间就业弹性的巨大差异。澳大利亚、英国和美国等许多发达经济体的就业弹性介于0.4—0.8之间。在经济增长率非常高的中国，就业弹性却相对较低，反映了中国劳动生产率的强劲增长。印度在2004—2008年间同样出现经济的快速增长，但主要由于其劳动力的快速增长，印度需要比中国更高的就业弹性才能避免失业增加。日本和罗马尼亚在2004—2008年间的就业弹性为负数，而经济却为正增长，反映出这些国家虽然在这一时期就业下降，但劳动生产率的增长却比总GDP增长更快。比较巴西和智利，很明显两国记录的年度GDP增长率都略高于4%，但巴西经济的增长带来更快的就业创造速度，而智利的劳动力生产率增长更快。撒哈拉以南非洲国家之间也存在巨大差异，莫桑比克、尼日利亚和坦桑尼亚联合共和国在2001—2005年间都经历了相对强劲的GDP增长，以及就业和劳动生产率的提高，但同时津巴布韦的经济增长率却每年下降超过5%，而且就业也在紧缩。

图19b显示了2004—2008年间的女性就业弹性与男性就业弹性的对比。对于恰好落在图中45%线上的经济体而言，女性与男性就业弹性是一样的。因此，在大多数具备相关数据的经济体中——163个经济体中有115个经济体——女性就业弹性超过男性就业弹性，反映出这一期间女性就业增长比男性快。这

1　更多关于世界就业趋势模型的信息见“KILM指南”中的专栏3。

2　关于经济活动人口、就业、失业和不充分就业统计数据的决议，第13届国际劳动统计学家大会，日内瓦，1982年；http://www.ilo.org/public/english/bureau/stat/download/res/ecacpop.htm。

图 19a 2004—2008 年部分国家的就业弹性和 GDP 增长率

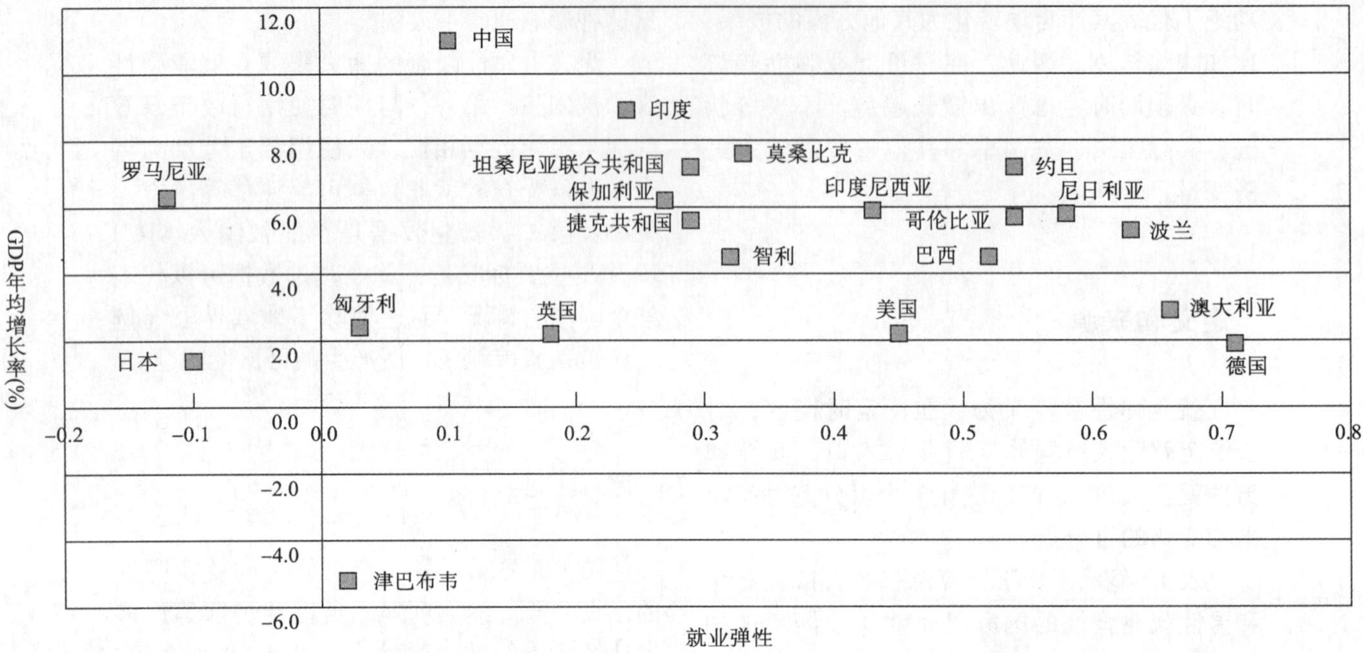

图 19b 2004—2008 年各地区的女性与男性就业弹性对比

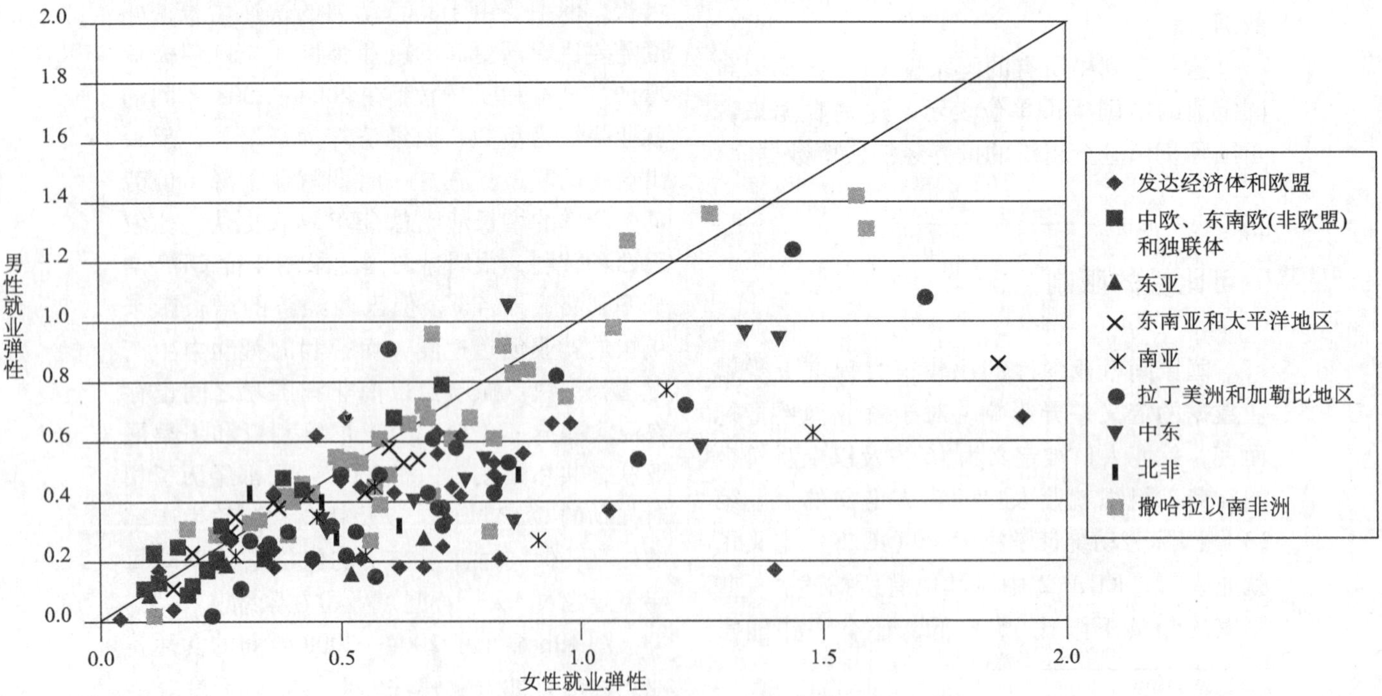

注：45°线为性别同位线，表示女性与男性的就业弹性相同。

在某种程度上是因为全世界许多经济体女性就业增长的基数较小。比利时、法国、希腊、中国香港、匈牙利、意大利、马耳他和西班牙均属于这一期间女性就业弹性与男性就业弹性之比最高的经济体。

专栏 19b　世界及地区就业弹性估算

	就业弹性				GDP 年均增长率			
	1992—1996 年	1996—2000 年	2000—2004 年	2004—2008 年	1992—1996 年	1996—2000 年	2000—2004 年	2004—2008 年
世界	0.3	0.4	0.3	0.3	3.1	3.7	3.3	4.4
发达经济体和欧盟	0.3	0.3	0.2	0.5	2.4	3.3	1.9	2.2
中欧和东南欧（非欧盟）	0.2	0.2	0.2	0.2	-5.5	3.2	6.0	6.7
东亚	0.1	0.2	0.1	0.1	10.2	7.0	7.8	9.3
东南亚和太平洋地区	0.3	0.1	0.3	0.4	7.8	1.6	4.9	5.8
南亚	0.3	0.4	0.4	0.3	6.0	5.4	5.5	8.4
拉丁美洲和加勒比地区	0.6	0.9	0.8	0.5	3.3	3.0	2.3	5.0
中东	1.1	1.5	0.7	0.7	2.9	3.3	5.1	5.7
北非	0.8	0.6	0.8	0.7	2.3	4.3	4.3	5.6
撒哈拉以南非洲	0.7	0.7	0.5	0.5	2.9	3.0	6.0	6.1

资料来源：国家劳工组织（ILO）趋势计量经济模型。更多关于估算方法的信息见“KILM 指南”中的专栏 3。

从全球角度看，就业密度增长近年来出现下降：1996—2000 年，GDP 每增长一个百分点，带动就业增长 0.37%；2000—2004 年，受互联网泡沫破灭和“9·11”后经济衰退的影响，全球就业弹性下降到 0.34，全球 GDP 增长率也从年均 3.7% 下降到年均 3.3%，反映出全球就业增长率的下降。2004—2008 年，全球就业弹性继续边际递减，降至 0.33%；然而，GDP 年均增长率加速到 4.4%。这一阶段的全球劳动力市场较之前发展更好，就业增长和劳动生产率增长都加快。

在发达经济体和欧盟地区，这 4 个阶段的总就业弹性介于 0.24—0.45 之间。2000—2004 年间的这一地区就业密度的增长最少，年均经济增长也最低。中欧、东南欧（非欧盟）和独联体（CIS）在 1992—1996 年间经历了劳动力市场和宏观经济方面的巨大调整，产出每年下降 5.5%，就业增长和生产率增长也为负。但随后大幅反弹，出现了经济正增长以及就业和生产率的提高。拉丁美洲和加勒比地区在前三个阶段经济适度增长，在最近一个阶段经济增长强劲，年均为 5%，这一地区的就业弹性也是世界上最高的。

与全球平均水平相比，东亚的总就业弹性非常低。低就业弹性与高 GDP 增长率显示了这一地区生产率增长强劲。而失业率（见专栏 8a）基本不变，看起来这一地区的就业密度已经饱和，同时生产率增长也带来了生活水平的快速提升。东南亚和太平洋地区在 4 个阶段内经历了宏观经济与就业表现的巨大波动：在 1992—1996 年间，该地区产出年均增长 7.8%，就业弹性为 0.34，反映了其生产率的快速增长与大量就业的机会产生；在亚洲金融危机那一阶段，整个区域的总就业弹性降幅很大，反映了产出下降带来就业增长率下降，其下降幅度大于生产率增长下降的幅度；在最近一个阶段，该地区的就业密度增加，产出也稳步增长。南亚的总就业弹性介于 0.32—0.44 之间，产出增长迅速，显示了这一地区的劳动力市场自 1992 年以来一直发展良好，生产率和就业也快速增长。

2004—2008 年间的就业密度增长最高的地区是中东、北非和撒哈拉以南非洲。这些地区的经济也在快速增长。高就业弹性很大程度上反映了人口的实际情况：这些地区人口和劳动力增长迅速，许多国家都存在未充分利用的剩余劳动力。

表 19 就业弹性

	性别	总就业的GDP弹性，1992—1996年	总就业的GDP弹性，1996—2000年	总就业的GDP弹性，2000—2004年	总就业的GDP弹性，2004—2008年	GDP年均增长率（%），1992—1996年	GDP年均增长率（%），1996—2000年	GDP年均增长率（%），2000—2004年	GDP年均增长率（%），2004—2008年
发达经济体和欧盟									
欧盟									
奥地利	MF	0.89	0.14	0.48	0.57	1.4	3.2	1.4	2.8
	M	0.41	0.06	0.10	0.42	1.4	3.2	1.4	2.8
	F	1.53	0.24	0.96	0.75	1.4	3.2	1.4	2.8
比利时	MF	0.07	0.68	0.21	0.45	1.9	3.1	1.5	2.2
	M	-0.04	0.36	-0.17	0.25	1.9	3.1	1.5	2.2
	F	0.25	1.14	0.74	0.71	1.9	3.1	1.5	2.2
保加利亚	MF	0.35	-1.16	0.53	0.27	-6.3	1.4	5.0	6.2
	M	0.31	-1.04	0.57	0.28	-6.3	1.4	5.0	6.2
	F	0.40	-1.31	0.48	0.26	-6.3	1.4	5.0	6.2
塞浦路斯	MF	0.33	0.28	0.78	0.51	4.0	4.3	3.0	4.0
	M	0.31	0.14	0.19	0.34	4.0	4.3	3.0	4.0
	F	0.38	0.50	1.60	0.72	4.0	4.3	3.0	4.0
捷克共和国	MF	0.11	-0.74	-0.03	0.29	3.5	0.9	3.1	5.6
	M	0.16	-0.76	-0.02	0.25	3.5	0.9	3.1	5.6
	F	0.05	-0.71	-0.04	0.34	3.5	0.9	3.1	5.6
丹麦	MF	0.02	0.30	0.11	0.36	2.8	2.9	1.0	1.6
	M	0.34	0.02	0.06	0.21	2.8	2.9	1.0	1.6
	F	-0.37	0.64	0.17	0.54	2.8	2.9	1.0	1.6
爱沙尼亚	MF	0.08	-0.25	0.11	0.30	0.0	6.9	7.5	5.4
	M	-0.02	-0.28	0.08	0.24	0.0	6.9	7.5	5.4
	F	0.17	-0.23	0.15	0.36	0.0	6.9	7.5	5.4
芬兰	MF	-0.01	0.49	0.11	0.48	2.5	5.1	2.4	3.2
	M	0.22	0.49	-0.04	0.47	2.5	5.1	2.4	3.2
	F	-0.26	0.49	0.28	0.50	2.5	5.1	2.4	3.2
法国	MF	0.15	0.35	1.07	0.39	1.2	3.2	1.5	1.8
	M	-0.14	0.24	0.69	0.18	1.2	3.2	1.5	1.8
	F	0.52	0.49	1.53	0.62	1.2	3.2	1.5	1.8
德国	MF	-0.17	0.29	-0.72	0.71	1.1	2.2	0.5	1.9
	M	-0.43	0.03	-1.73	0.56	1.1	2.2	0.5	1.9
	F	0.20	0.64	0.56	0.88	1.1	2.2	0.5	1.9
希腊	MF	1.13	0.18	0.32	0.37	1.2	3.7	4.5	3.6
	M	0.83	0.01	0.22	0.18	1.2	3.7	4.5	3.6
	F	1.68	0.49	0.48	0.67	1.2	3.7	4.5	3.6
匈牙利	MF	-0.93	0.33	0.10	0.03	1.8	4.7	4.3	2.4
	M	-0.37	0.21	0.06	0.01	1.8	4.7	4.3	2.4
	F	-1.60	0.48	0.16	0.04	1.8	4.7	4.3	2.4
爱尔兰	MF	0.57	0.64	0.51	0.63	6.4	10.0	5.4	3.9
	M	0.38	0.55	0.41	0.49	6.4	10.0	5.4	3.9
	F	0.87	0.78	0.67	0.82	6.4	10.0	5.4	3.9
意大利	MF	-0.63	0.41	2.03	1.17	1.3	2.1	0.9	0.8
	M	-0.78	0.10	1.05	0.68	1.3	2.1	0.9	0.8
	F	-0.35	0.97	3.64	1.91	1.3	2.1	0.9	0.8
拉脱维亚	MF	0.53	0.07	0.34	0.27	-2.0	5.8	7.6	6.8
	M	0.41	-0.04	0.37	0.27	-2.0	5.8	7.6	6.8
	F	0.66	0.17	0.31	0.27	-2.0	5.8	7.6	6.8
立陶宛	MF	0.34	-0.16	0.14	0.09	-5.3	4.6	7.8	6.9
	M	0.37	-0.42	0.24	0.04	-5.3	4.6	7.8	6.9
	F	0.32	0.11	0.03	0.15	-5.3	4.6	7.8	6.9
卢森堡	MF	-0.11	0.36	0.36	0.47	2.7	7.3	3.2	4.4
	M	0.02	0.18	0.14	0.21	2.7	7.3	3.2	4.4
	F	-0.33	0.65	0.67	0.83	2.7	7.3	3.2	4.4
马耳他	MF	0.40	0.45	1.10	0.56	4.8	2.7	0.5	3.0
	M	0.23	0.21	0.41	0.17	4.8	2.7	0.5	3.0
	F	0.91	1.08	2.72	1.40	4.8	2.7	0.5	3.0
荷兰	MF	0.60	0.62	0.17	0.58	2.5	4.2	1.1	2.7
	M	0.36	0.42	-0.53	0.45	2.5	4.2	1.1	2.7
	F	0.95	0.90	1.07	0.73	2.5	4.2	1.1	2.7
波兰	MF	-0.07	-0.21	-0.24	0.66	5.6	5.2	3.0	5.3
	M	-0.07	-0.24	-0.28	0.63	5.6	5.2	3.0	5.3
	F	-0.07	-0.18	-0.19	0.70	5.6	5.2	3.0	5.3

	性别	总就业的GDP弹性，1992—1996年	总就业的GDP弹性，1996—2000年	总就业的GDP弹性，2000—2004年	总就业的GDP弹性，2004—2008年	GDP年均增长率（%），1992—1996年	GDP年均增长率（%），1996—2000年	GDP年均增长率（%），2000—2004年	GDP年均增长率（%），2004—2008年
葡萄牙	MF	0.01	0.55	0.50	0.51	1.7	4.2	0.9	1.0
	M	-0.26	0.50	0.20	0.43	1.7	4.2	0.9	1.0
	F	0.35	0.62	0.87	0.61	1.7	4.2	0.9	1.0
罗马尼亚	MF	0.19	0.21	-0.68	-0.12	4.1	-2.3	6.1	6.3
	M	0.27	0.33	-0.61	-0.16	4.1	-2.3	6.1	6.3
	F	0.11	0.06	-0.77	-0.07	4.1	-2.3	6.1	6.3
斯洛伐克	MF	0.02	-0.44	0.26	0.40	3.5	2.6	4.5	8.0
	M	0.16	-0.61	0.36	0.43	3.5	2.6	4.5	8.0
	F	-0.16	-0.24	0.13	0.36	3.5	2.6	4.5	8.0
斯洛文尼亚	MF	0.80	0.14	0.24	0.15	3.9	4.6	3.5	5.1
	M	0.95	0.15	0.29	0.17	3.9	4.6	3.5	5.1
	F	0.62	0.14	0.19	0.12	3.9	4.6	3.5	5.1
西班牙	MF	0.46	1.00	1.09	0.64	1.9	4.5	3.2	3.1
	M	0.17	0.83	0.74	0.37	1.9	4.5	3.2	3.1
	F	1.03	1.31	1.65	1.06	1.9	4.5	3.2	3.1
瑞典	MF	-0.31	0.42	0.12	0.54	2.0	3.8	2.4	2.5
	M	-0.17	0.43	0.05	0.62	2.0	3.8	2.4	2.5
	F	-0.46	0.41	0.19	0.45	2.0	3.8	2.4	2.5
英国	MF	0.14	0.38	0.38	0.26	3.1	3.6	2.5	2.2
	M	0.09	0.36	0.34	0.18	3.1	3.6	2.5	2.2
	F	0.21	0.40	0.43	0.36	3.1	3.6	2.5	2.2
北美洲									
加拿大	MF	0.43	0.53	0.87	0.81	2.9	4.8	2.4	2.3
	M	0.42	0.47	0.71	0.66	2.9	4.8	2.4	2.3
	F	0.44	0.61	1.06	0.98	2.9	4.8	2.4	2.3
美国	MF	0.63	0.46	0.16	0.49	3.2	4.2	2.1	2.2
	M	0.54	0.44	0.11	0.45	3.2	4.2	2.1	2.2
	F	0.74	0.49	0.22	0.54	3.2	4.2	2.1	2.2
其他发达经济体									
澳大利亚	MF	0.57	0.45	0.58	0.66	4.2	4.2	3.3	2.9
	M	0.47	0.35	0.51	0.53	4.2	4.2	3.3	2.9
	F	0.72	0.57	0.67	0.82	4.2	4.2	3.3	2.9
以色列	MF	0.89	0.53	0.95	0.63	6.4	4.8	1.5	4.9
	M	0.71	0.33	0.91	0.56	6.4	4.8	1.5	4.9
	F	1.14	0.76	1.00	0.70	6.4	4.8	1.5	4.9
日本	MF	0.19	-0.02	-0.24	-0.10	1.5	0.5	1.1	1.4
	M	0.22	-0.05	-0.41	-0.24	1.5	0.5	1.1	1.4
	F	0.13	0.03	-0.01	0.09	1.5	0.5	1.1	1.4
新西兰	MF	0.79	0.39	0.64	0.79	4.9	2.6	4.0	2.0
	M	0.74	0.26	0.61	0.66	4.9	2.6	4.0	2.0
	F	0.86	0.54	0.69	0.94	4.9	2.6	4.0	2.0
西欧（非欧盟）									
冰岛	MF	0.54	0.52	0.13	0.60	2.4	4.9	3.5	4.4
	M	0.40	0.50	0.07	0.68	2.4	4.9	3.5	4.4
	F	0.70	0.54	0.19	0.51	2.4	4.9	3.5	4.4
挪威	MF	0.36	0.53	0.16	0.68	4.3	3.3	2.1	2.5
	M	0.35	0.40	-0.02	0.62	4.3	3.3	2.1	2.5
	F	0.36	0.70	0.37	0.75	4.3	3.3	2.1	2.5
瑞士	MF	0.09	0.34	0.40	0.31	0.5	2.4	1.0	2.7
	M	-0.21	0.22	-0.04	0.20	0.5	2.4	1.0	2.7
	F	0.47	0.49	0.95	0.44	0.5	2.4	1.0	2.7
中欧、东南欧（非欧盟）和独联体									
中欧和东南欧									
阿尔巴尼亚	MF	-0.07	0.04	0.14	0.29	9.2	4.6	5.7	6.1
	M	-0.08	-0.03	0.13	0.32	9.2	4.6	5.7	6.1
	F	-0.04	0.17	0.17	0.25	9.2	4.6	5.7	6.1
波斯尼亚和黑塞哥维那	MF	0.02	0.03	0.24	0.21	19.6	17.8	4.6	5.8
	M	0.01	0.0	0.23	0.25	19.6	17.8	4.6	5.8
	F	0.04	0.05	0.24	0.16	19.6	17.8	4.6	5.8

	性别	总就业的GDP弹性，1992—1996年	总就业的GDP弹性，1996—2000年	总就业的GDP弹性，2000—2004年	总就业的GDP弹性，2004—2008年	GDP年均增长率（%），1992—1996年	GDP年均增长率（%），1996—2000年	GDP年均增长率（%），2000—2004年	GDP年均增长率（%），2004—2008年
克罗地亚	MF	-0.03	-0.88	0.11	0.26	2.4	2.6	4.6	4.2
	M	-0.11	-0.96	0.06	0.21	2.4	2.6	4.6	4.2
	F	0.06	-0.77	0.18	0.34	2.4	2.6	4.6	4.2
前南斯拉夫马其顿共和国	MF	0.02	0.56	-1.43	0.65	-2.4	3.4	0.8	4.7
	M	-0.31	0.63	-1.39	0.68	-2.4	3.4	0.8	4.7
	F	0.57	0.47	-1.49	0.61	-2.4	3.4	0.8	4.7
土耳其	MF	0.43	0.16	0.06	0.20	4.0	3.4	3.6	5.2
	M	0.51	0.34	0.14	0.23	4.0	3.4	3.6	5.2
	F	0.24	-0.31	-0.16	0.11	4.0	3.4	3.6	5.2
独立国家联合体（独联体）									
亚美尼亚	MF	0.10	0.03	0.14	0.10	0.6	5.0	11.8	11.9
	M	0.02	-0.06	0.12	0.11	0.6	5.0	11.8	11.9
	F	0.19	0.14	0.16	0.09	0.6	5.0	11.8	11.9
阿塞拜疆	MF	-0.06	0.30	0.33	0.13	-13.8	8.1	8.9	22.3
	M	-0.05	0.26	0.32	0.13	-13.8	8.1	8.9	22.3
	F	-0.07	0.33	0.33	0.12	-13.8	8.1	8.9	22.3
白俄罗斯	MF	0.11	-0.13	0.08	0.0	-7.1	7.2	7.0	9.5
	M	0.10	-0.16	0.07	0.0	-7.1	7.2	7.0	9.5
	F	0.12	-0.09	0.10	0.0	-7.1	7.2	7.0	9.5
格鲁吉亚	MF	0.15	-0.21	-0.11	-0.08	-7.9	4.5	6.8	8.3
	M	0.17	-0.13	-0.15	-0.06	-7.9	4.5	6.8	8.3
	F	0.12	-0.29	-0.07	-0.10	-7.9	4.5	6.8	8.3
哈萨克斯坦	MF	0.06	-0.04	0.21	0.20	-7.5	3.0	10.5	8.1
	M	0.10	-0.19	0.19	0.17	-7.5	3.0	10.5	8.1
	F	0.02	0.12	0.23	0.22	-7.5	3.0	10.5	8.1
吉尔吉斯斯坦	MF	-0.09	0.47	0.43	0.44	-8.4	5.2	4.8	4.7
	M	-0.10	0.53	0.55	0.48	-8.4	5.2	4.8	4.7
	F	-0.07	0.39	0.28	0.38	-8.4	5.2	4.8	4.7
摩尔多瓦	MF	0.08	0.89	-0.54	-0.11	-10.8	-1.6	7.0	5.9
	M	0.09	0.98	-0.65	-0.17	-10.8	-1.6	7.0	5.9
	F	0.08	0.79	-0.43	-0.04	-10.8	-1.6	7.0	5.9
俄罗斯联邦	MF	0.27	0.27	0.16	0.13	-7.4	3.0	6.1	6.9
	M	0.22	0.24	0.08	0.09	-7.4	3.0	6.1	6.9
	F	0.34	0.31	0.25	0.18	-7.4	3.0	6.1	6.9
塔吉克斯坦	MF	0.22	0.69	0.47	0.76	-12.6	4.7	10.0	7.3
	M	0.28	0.71	0.46	0.79	-12.6	4.7	10.0	7.3
	F	0.16	0.68	0.48	0.71	-12.6	4.7	10.0	7.3
土库曼斯坦	MF	-0.26	0.34	0.16	0.23	-10.4	6.9	17.0	11.5
	M	-0.26	0.33	0.15	0.21	-10.4	6.9	17.0	11.5
	F	-0.27	0.36	0.16	0.24	-10.4	6.9	17.0	11.5
乌克兰	MF	-0.01	-0.01	0.12	0.16	-15.0	0.1	9.0	5.0
	M	0.02	0.20	0.07	0.12	-15.0	0.1	9.0	5.0
	F	-0.04	-0.22	0.17	0.19	-15.0	0.1	9.0	5.0
乌兹别克斯坦	MF	-0.68	0.87	0.67	0.43	-1.7	3.7	5.0	8.2
	M	-0.63	0.85	0.67	0.44	-1.7	3.7	5.0	8.2
	F	-0.74	0.89	0.66	0.42	-1.7	3.7	5.0	8.2
亚洲和太平洋地区									
东亚									
中国	MF	0.10	0.14	0.13	0.10	12.0	8.3	9.4	11.0
	M	0.08	0.13	0.12	0.09	12.0	8.3	9.4	11.0
	F	0.12	0.16	0.14	0.10	12.0	8.3	9.4	11.0
中国香港	MF	0.33	0.37	0.20	0.33	4.6	2.2	3.4	5.7
	M	0.07	0.12	-0.03	0.16	4.6	2.2	3.4	5.7
	F	0.75	0.71	0.50	0.52	4.6	2.2	3.4	5.7
韩国	MF	0.29	0.22	0.29	0.22	7.7	3.7	4.6	4.1
	M	0.24	0.12	0.29	0.20	7.7	3.7	4.6	4.1
	F	0.36	0.36	0.31	0.24	7.7	3.7	4.6	4.1
蒙古	MF	0.61	0.65	0.71	0.22	1.9	3.7	5.6	8.7
	M	0.55	0.50	0.59	0.19	1.9	3.7	5.6	8.7
	F	0.67	0.81	0.84	0.26	1.9	3.7	5.6	8.7

	性别	总就业的GDP弹性，1992—1996年	总就业的GDP弹性，1996—2000年	总就业的GDP弹性，2000—2004年	总就业的GDP弹性，2004—2008年	GDP年均增长率（%），1992—1996年	GDP年均增长率（%），1996—2000年	GDP年均增长率（%），2000—2004年	GDP年均增长率（%），2004—2008年
中国台湾省	MF	0.19	0.18	0.35	0.45	6.8	5.7	3.0	3.7
	M	0.10	0.08	0.15	0.28	6.8	5.7	3.0	3.7
	F	0.32	0.32	0.61	0.67	6.8	5.7	3.0	3.7
太平洋岛国									
斐济	MF	0.21	0.32	0.45	-0.33	10.5	1.5	2.9	-0.7
	M	0.07	0.31	0.41	-0.34	10.5	1.5	2.9	-0.7
	F	0.53	0.35	0.53	-0.29	10.5	1.5	2.9	-0.7
巴布亚新几内亚	MF	0.35	0.06	1.64	0.59	6.6	-0.7	1.1	4.9
	M	0.28	0.04	1.49	0.58	6.6	-0.7	1.1	4.9
	F	0.42	0.09	1.81	0.60	6.6	-0.7	1.1	4.9
所罗门群岛	MF	0.53	-0.46	0.20	0.38	5.7	-3.8	0.7	7.1
	M	0.55	-0.50	0.21	0.40	5.7	-3.8	0.7	7.1
	F	0.51	-0.40	0.18	0.36	5.7	-3.8	0.7	7.1
南亚									
孟加拉国	MF	0.44	0.47	0.48	0.39	4.7	5.3	5.4	6.2
	M	0.60	0.44	0.44	0.35	4.7	5.3	5.4	6.2
	F	0.18	0.51	0.55	0.45	4.7	5.3	5.4	6.2
不丹	MF	-0.46	0.70	1.00	0.46	4.8	6.5	7.9	10.0
	M	-0.36	0.54	0.78	0.27	4.8	6.5	7.9	10.0
	F	-0.87	1.34	1.69	0.91	4.8	6.5	7.9	10.0
印度	MF	0.28	0.36	0.33	0.24	6.5	5.8	5.8	8.9
	M	0.27	0.36	0.34	0.22	6.5	5.8	5.8	8.9
	F	0.32	0.35	0.30	0.28	6.5	5.8	5.8	8.9
马尔代夫	MF	0.60	0.65	0.85	0.49	7.3	8.0	7.0	6.3
	M	0.37	0.41	0.64	0.45	7.3	8.0	7.0	6.3
	F	1.39	1.26	1.30	0.57	7.3	8.0	7.0	6.3
尼泊尔	MF	0.58	0.48	0.93	0.95	5.2	4.7	3.6	3.7
	M	0.43	0.35	0.68	0.77	5.2	4.7	3.6	3.7
	F	0.82	0.66	1.27	1.18	5.2	4.7	3.6	3.7
巴基斯坦	MF	0.52	1.14	0.80	0.77	3.7	2.9	4.3	6.5
	M	0.60	0.96	0.66	0.63	3.7	2.9	4.3	6.5
	F	-0.10	2.38	1.64	1.48	3.7	2.9	4.3	6.5
斯里兰卡	MF	0.32	0.58	0.32	0.34	5.4	5.3	3.4	6.7
	M	0.32	0.45	0.07	0.22	5.4	5.3	3.4	6.7
	F	0.32	0.88	0.81	0.55	5.4	5.3	3.4	6.7
东南亚									
文莱达鲁萨兰国	MF	1.11	1.52	0.97	1.27	2.7	0.9	2.5	1.0
	M	0.75	1.03	0.73	0.86	2.7	0.9	2.5	1.0
	F	1.76	2.32	1.32	1.86	2.7	0.9	2.5	1.0
柬埔寨	MF	0.44	0.57	0.27	0.32	6.0	7.8	8.4	10.0
	M	0.48	0.64	0.36	0.35	6.0	7.8	8.4	10.0
	F	0.40	0.50	0.18	0.28	6.0	7.8	8.4	10.0
印度尼西亚	MF	0.29	-0.23	0.20	0.43	7.6	-0.9	4.5	5.9
	M	0.31	-0.19	0.33	0.42	7.6	-0.9	4.5	5.9
	F	0.26	-0.30	-0.02	0.43	7.6	-0.9	4.5	5.9
老挝人民民主共和国	MF	0.32	0.42	0.42	0.37	7.0	6.0	6.0	7.5
	M	0.30	0.41	0.38	0.38	7.0	6.0	6.0	7.5
	F	0.34	0.43	0.46	0.37	7.0	6.0	6.0	7.5
马来西亚	MF	0.35	0.69	0.48	0.47	9.7	3.5	4.6	5.5
	M	0.37	0.59	0.47	0.43	9.7	3.5	4.6	5.5
	F	0.33	0.89	0.50	0.55	9.7	3.5	4.6	5.5
缅甸	MF	0.35	0.26	0.12	0.13	6.6	9.0	12.7	10.7
	M	0.34	0.25	0.10	0.11	6.6	9.0	12.7	10.7
	F	0.36	0.26	0.14	0.15	6.6	9.0	12.7	10.7
菲律宾	MF	0.79	0.45	0.55	0.58	4.2	3.5	4.4	5.5
	M	0.72	0.35	0.57	0.54	4.2	3.5	4.4	5.5
	F	0.92	0.62	0.51	0.66	4.2	3.5	4.4	5.5
新加坡	MF	0.26	0.33	0.22	0.58	9.8	6.0	3.6	6.1
	M	0.26	0.31	0.14	0.53	9.8	6.0	3.6	6.1
	F	0.26	0.37	0.34	0.63	9.8	6.0	3.6	6.1

	性别	总就业的GDP弹性，1992—1996年	总就业的GDP弹性，1996—2000年	总就业的GDP弹性，2000—2004年	总就业的GDP弹性，2004—2008年	GDP年均增长率（%），1992—1996年	GDP年均增长率（%），1996—2000年	GDP年均增长率（%），2000—2004年	GDP年均增长率（%），2004—2008年
泰国	MF	0.11	0.17	0.36	0.21	8.1	-0.9	5.2	4.3
	M	0.11	0.15	0.37	0.23	8.1	-0.9	5.2	4.3
	F	0.11	0.18	0.36	0.19	8.1	-0.9	5.2	4.3
越南	MF	0.30	0.29	0.34	0.28	8.9	6.4	7.3	7.8
	M	0.31	0.36	0.37	0.30	8.9	6.4	7.3	7.8
	F	0.30	0.21	0.30	0.27	8.9	6.4	7.3	7.8
拉丁美洲和加勒比地区									
加勒比地区									
巴哈马	MF	1.02	0.72	0.56	0.88	3.0	4.4	1.0	2.3
	M	1.12	0.53	0.43	0.82	3.0	4.4	1.0	2.3
	F	0.88	0.95	0.72	0.95	3.0	4.4	1.0	2.3
巴巴多斯	MF	1.66	0.58	0.48	0.49	2.2	2.7	1.2	2.8
	M	1.30	0.66	0.48	0.49	2.2	2.7	1.2	2.8
	F	2.08	0.49	0.48	0.50	2.2	2.7	1.2	2.8
多米尼加共和国	MF	0.99	0.72	1.47	0.10	5.5	6.8	2.1	8.3
	M	0.54	0.23	0.62	0.02	5.5	6.8	2.1	8.3
	F	2.77	1.94	2.97	0.23	5.5	6.8	2.1	8.3
圭亚那	MF	0.32	0.66	0.45	0.28	7.4	1.5	1.1	2.9
	M	0.18	0.37	0.57	0.27	7.4	1.5	1.1	2.9
	F	0.61	1.20	0.22	0.31	7.4	1.5	1.1	2.9
海地	MF	0.28	1.84	-1.24	1.31	-1.0	2.1	-1.1	2.2
	M	0.07	1.35	-1.68	1.24	-1.0	2.1	-1.1	2.2
	F	0.74	2.87	-0.33	1.44	-1.0	2.1	-1.1	2.2
牙买加	MF	0.84	-0.21	0.75	0.78	0.6	-0.1	1.8	1.0
	M	0.62	-0.14	0.69	0.91	0.6	-0.1	1.8	1.0
	F	1.13	-0.32	0.83	0.60	0.6	-0.1	1.8	1.0
苏里南	MF	0.28	0.63	0.57	0.29	-0.5	1.6	5.9	5.3
	M	-0.04	0.34	0.46	0.26	-0.5	1.6	5.9	5.3
	F	1.01	1.27	0.77	0.35	-0.5	1.6	5.9	5.3
特立尼达和多巴哥	MF	1.22	0.43	0.39	0.31	3.2	7.9	8.4	6.8
	M	1.14	0.40	0.27	0.21	3.2	7.9	8.4	6.8
	F	1.35	0.48	0.57	0.44	3.2	7.9	8.4	6.8
中美洲									
伯利兹	MF	2.05	0.64	0.63	1.29	2.1	7.2	6.0	3.0
	M	1.23	0.52	0.49	1.08	2.1	7.2	6.0	3.0
	F	4.45	0.92	0.93	1.71	2.1	7.2	6.0	3.0
哥斯达黎加	MF	0.64	0.64	0.51	0.49	4.2	6.0	3.6	6.3
	M	0.55	0.46	0.55	0.38	4.2	6.0	3.6	6.3
	F	0.87	1.02	0.41	0.71	4.2	6.0	3.6	6.3
萨尔瓦多	MF	0.43	0.49	0.38	0.33	5.4	3.4	2.1	3.6
	M	0.39	0.02	0.19	0.15	5.4	3.4	2.1	3.6
	F	0.50	1.23	0.64	0.57	5.4	3.4	2.1	3.6
危地马拉	MF	0.04	0.50	2.66	0.75	3.5	3.7	3.0	4.7
	M	0.0	0.24	1.68	0.54	3.5	3.7	3.0	4.7
	F	0.16	1.30	4.89	1.12	3.5	3.7	3.0	4.7
洪都拉斯	MF	1.22	1.05	0.06	0.52	3.1	2.9	4.3	5.8
	M	1.04	0.90	0.33	0.49	3.1	2.9	4.3	5.8
	F	1.60	1.35	-0.49	0.58	3.1	2.9	4.3	5.8
墨西哥	MF	0.74	0.60	0.98	0.45	1.2	5.5	1.6	3.2
	M	0.61	0.53	0.67	0.32	1.2	5.5	1.6	3.2
	F	1.05	0.76	1.58	0.71	1.2	5.5	1.6	3.2
尼加拉瓜	MF	0.44	0.80	0.87	0.87	4.2	4.7	2.9	3.6
	M	0.58	0.75	0.76	0.72	4.2	4.7	2.9	3.6
	F	0.11	0.92	1.15	1.22	4.2	4.7	2.9	3.6
巴拿马	MF	0.76	0.65	0.83	0.38	4.3	5.1	3.6	9.1
	M	0.65	0.47	0.75	0.30	4.3	5.1	3.6	9.1
	F	1.01	1.03	0.99	0.53	4.3	5.1	3.6	9.1

	性别	总就业的GDP弹性，1992—1996年	总就业的GDP弹性，1996—2000年	总就业的GDP弹性，2000—2004年	总就业的GDP弹性，2004—2008年	GDP年均增长率（%），1992—1996年	GDP年均增长率（%），1996—2000年	GDP年均增长率（%），2000—2004年	GDP年均增长率（%），2004—2008年
南美洲									
阿根廷	MF	-0.21	0.90	0.24	0.38	3.6	1.9	0.3	8.3
	M	-0.24	0.72	0.23	0.32	3.6	1.9	0.3	8.3
	F	-0.16	1.23	0.26	0.48	3.6	1.9	0.3	8.3
玻利维亚	MF	0.55	1.42	1.24	0.64	4.5	3.2	2.8	4.9
	M	0.05	1.49	0.99	0.61	4.5	3.2	2.8	4.9
	F	1.29	1.32	1.57	0.69	4.5	3.2	2.8	4.9
巴西	MF	0.67	1.35	1.03	0.52	4.3	2.0	2.7	4.5
	M	0.40	0.76	0.78	0.38	4.3	2.0	2.7	4.5
	F	1.17	2.31	1.38	0.70	4.3	2.0	2.7	4.5
智利	MF	0.19	0.23	0.68	0.32	7.7	3.5	3.9	4.5
	M	0.18	0.08	0.49	0.22	7.7	3.5	3.9	4.5
	F	0.23	0.55	1.06	0.51	7.7	3.5	3.9	4.5
哥伦比亚	MF	0.46	0.16	0.77	0.54	4.5	0.6	3.5	5.7
	M	0.44	0.06	0.58	0.43	4.5	0.6	3.5	5.7
	F	0.49	0.35	1.02	0.68	4.5	0.6	3.5	5.7
厄瓜多尔	MF	1.34	0.02	0.57	0.58	2.7	0.6	5.3	4.4
	M	0.94	0.02	0.39	0.43	2.7	0.6	5.3	4.4
	F	2.23	0.03	0.88	0.82	2.7	0.6	5.3	4.4
巴拉圭	MF	1.47	-0.65	1.56	0.65	3.4	-0.3	2.5	4.9
	M	1.19	-0.44	1.14	0.58	3.4	-0.3	2.5	4.9
	F	1.92	-0.94	2.13	0.74	3.4	-0.3	2.5	4.9
秘鲁	MF	0.68	1.33	0.83	0.34	7.1	2.5	3.5	8.3
	M	0.53	1.17	0.61	0.30	7.1	2.5	3.5	8.3
	F	0.93	1.55	1.14	0.39	7.1	2.5	3.5	8.3
乌拉圭	MF	0.34	0.20	-0.17	0.18	3.5	1.3	-1.5	7.1
	M	0.16	0.17	-0.12	0.11	3.5	1.3	-1.5	7.1
	F	0.60	0.23	-0.24	0.29	3.5	1.3	-1.5	7.1
委内瑞拉玻利瓦尔共和国	MF	1.03	0.59	0.0	0.65	0.4	1.0	0.7	8.4
	M	0.66	0.45	-0.02	0.53	0.4	1.0	0.7	8.4
	F	1.93	0.90	0.03	0.85	0.4	1.0	0.7	8.4
非洲									
北非									
阿尔及利亚	MF	0.87	1.01	1.29	1.53	1.1	2.9	4.9	3.3
	M	0.68	0.76	1.15	1.24	1.1	2.9	4.9	3.3
	F	1.45	1.69	1.63	2.18	1.1	2.9	4.9	3.3
埃及	MF	0.67	0.48	0.82	0.57	4.1	6.2	3.5	6.4
	M	0.67	0.44	0.69	0.49	4.1	6.2	3.5	6.4
	F	0.66	0.66	1.30	0.87	4.1	6.2	3.5	6.4
利比亚	MF	-0.82	2.00	0.49	0.38	-3.2	0.7	2.7	7.6
	M	-0.68	1.62	0.44	0.32	-3.2	0.7	2.7	7.6
	F	-1.51	3.49	0.66	0.62	-3.2	0.7	2.7	7.6
摩洛哥	MF	0.54	0.56	0.50	0.40	3.4	1.8	5.5	4.7
	M	0.43	0.41	0.50	0.43	3.4	1.8	5.5	4.7
	F	0.89	1.00	0.50	0.31	3.4	1.8	5.5	4.7
苏丹	MF	1.40	0.44	0.43	0.34	1.5	6.5	5.9	8.6
	M	1.06	0.37	0.39	0.28	1.5	6.5	5.9	8.6
	F	2.43	0.65	0.51	0.49	1.5	6.5	5.9	8.6
突尼斯	MF	0.79	0.40	0.55	0.42	3.7	5.2	4.6	5.1
	M	0.64	0.34	0.43	0.40	3.7	5.2	4.6	5.1
	F	1.30	0.61	0.89	0.46	3.7	5.2	4.6	5.1
撒哈拉以南非洲									
东非									
布隆迪	MF	-0.15	0.41	1.52	1.18	-6.5	0.8	2.5	3.5
	M	-0.16	0.32	1.61	1.27	-6.5	0.8	2.5	3.5
	F	-0.15	0.49	1.43	1.10	-6.5	0.8	2.5	3.5
科摩罗	MF	-0.48	1.47	1.04	1.49	-0.1	2.2	2.4	1.7
	M	-0.53	1.42	1.02	1.42	-0.1	2.2	2.4	1.7
	F	-0.41	1.53	1.06	1.57	-0.1	2.2	2.4	1.7
厄立特里亚	MF	0.04	-0.20	1.32	3.44	11.1	-0.9	2.6	1.0
	M	-0.04	-0.28	1.33	3.60	11.1	-0.9	2.6	1.0
	F	0.15	-0.09	1.31	3.21	11.1	-0.9	2.6	1.0

	性别	总就业的GDP弹性，1992—1996年	总就业的GDP弹性，1996—2000年	总就业的GDP弹性，2000—2004年	总就业的GDP弹性，2004—2008年	GDP年均增长率（%），1992—1996年	GDP年均增长率（%），1996—2000年	GDP年均增长率（%），2000—2004年	GDP年均增长率（%），2004—2008年
埃塞俄比亚	MF	0.41	0.95	0.97	0.34	8.9	2.8	3.7	11.8
	M	0.37	0.78	0.78	0.29	8.9	2.8	3.7	11.8
	F	0.45	1.17	1.23	0.39	8.9	2.8	3.7	11.8
肯尼亚	MF	1.28	1.77	1.03	0.50	2.7	1.6	3.1	5.3
	M	1.25	1.75	1.04	0.51	2.7	1.6	3.1	5.3
	F	1.31	1.79	1.01	0.50	2.7	1.6	3.1	5.3
马达加斯加	MF	2.23	0.74	0.38	0.68	1.5	4.2	1.8	5.2
	M	2.22	0.73	0.32	0.68	1.5	4.2	1.8	5.2
	F	2.24	0.76	0.45	0.68	1.5	4.2	1.8	5.2
马拉维	MF	0.24	0.98	0.63	0.41	5.3	3.0	2.1	7.1
	M	0.26	0.96	0.61	0.42	5.3	3.0	2.1	7.1
	F	0.21	0.99	0.65	0.39	5.3	3.0	2.1	7.1
毛里求斯	MF	0.15	0.29	0.25	0.47	4.9	6.0	3.5	4.4
	M	0.18	0.25	0.20	0.30	4.9	6.0	3.5	4.4
	F	0.08	0.37	0.35	0.81	4.9	6.0	3.5	4.4
莫桑比克	MF	0.56	0.29	0.29	0.32	7.9	8.1	8.9	7.6
	M	0.53	0.26	0.28	0.33	7.9	8.1	8.9	7.6
	F	0.58	0.31	0.30	0.31	7.9	8.1	8.9	7.6
卢旺达	MF	0.17	1.04	0.47	0.33	-7.7	9.6	6.2	8.4
	M	0.16	1.04	0.45	0.34	-7.7	9.6	6.2	8.4
	F	0.19	1.04	0.49	0.33	-7.7	9.6	6.2	8.4
坦桑尼亚	MF	1.04	0.64	0.23	0.27	2.7	3.9	7.0	7.2
	M	1.07	0.65	0.24	0.29	2.7	3.9	7.0	7.2
	F	1.01	0.64	0.23	0.24	2.7	3.9	7.0	7.2
乌干达	MF	0.34	0.51	0.54	0.40	8.8	5.7	6.8	8.8
	M	0.33	0.51	0.54	0.40	8.8	5.7	6.8	8.8
	F	0.36	0.51	0.55	0.40	8.8	5.7	6.8	8.8
赞比亚	MF	-0.61	1.57	0.45	0.40	-2.6	1.8	4.7	6.0
	M	-0.70	1.63	0.40	0.42	-2.6	1.8	4.7	6.0
	F	-0.49	1.50	0.51	0.37	-2.6	1.8	4.7	6.0
津巴布韦	MF	0.60	-0.26	-0.02	0.07	4.4	-2.4	-5.3	-5.2
	M	0.54	-0.35	-0.05	0.02	4.4	-2.4	-5.3	-5.2
	F	0.67	-0.16	0.01	0.11	4.4	-2.4	-5.3	-5.2
中非									
安哥拉	MF	0.08	1.00	0.41	0.20	1.5	2.9	7.9	18.5
	M	0.09	0.95	0.39	0.17	1.5	2.9	7.9	18.5
	F	0.07	1.06	0.43	0.22	1.5	2.9	7.9	18.5
喀麦隆	MF	0.63	0.69	0.67	0.72	0.6	4.7	4.1	3.1
	M	0.60	0.63	0.64	0.68	0.6	4.7	4.1	3.1
	F	0.68	0.78	0.70	0.77	0.6	4.7	4.1	3.1
中非共和国	MF	0.35	0.57	-0.63	0.70	-0.3	4.2	-1.6	3.0
	M	0.31	0.55	-0.71	0.72	-0.3	4.2	-1.6	3.0
	F	0.40	0.60	-0.53	0.67	-0.3	4.2	-1.6	3.0
乍得	MF	1.57	0.83	0.27	1.02	1.1	2.7	16.7	1.9
	M	1.34	0.82	0.18	0.98	1.1	2.7	16.7	1.9
	F	1.85	0.85	0.37	1.07	1.1	2.7	16.7	1.9
刚果	MF	0.01	0.60	0.92	0.53	0.4	2.0	3.2	4.4
	M	-0.20	0.67	0.98	0.54	0.4	2.0	3.2	4.4
	F	0.31	0.51	0.83	0.52	0.4	2.0	3.2	4.4
刚果民主共和国	MF	-0.53	-0.49	0.73	0.52	-4.6	-4.6	3.4	6.5
	M	-0.60	-0.57	0.74	0.55	-4.6	-4.6	3.4	6.5
	F	-0.43	-0.36	0.71	0.49	-4.6	-4.6	3.4	6.5
赤道几内亚	MF	0.10	0.08	0.13	0.27	26.2	46.4	32.4	10.7
	M	0.10	0.07	0.13	0.31	26.2	46.4	32.4	10.7
	F	0.11	0.11	0.13	0.18	26.2	46.4	32.4	10.7
加蓬	MF	0.84	-0.31	1.94	0.89	4.1	-0.6	1.3	2.9
	M	0.81	-0.33	1.86	0.92	4.1	-0.6	1.3	2.9
	F	0.88	-0.29	2.04	0.84	4.1	-0.6	1.3	2.9
南部非洲									
博茨瓦纳	MF	0.27	0.79	-0.44	1.93	5.0	8.9	6.2	3.5
	M	-0.13	0.85	-0.45	1.86	5.0	8.9	6.2	3.5
	F	0.86	0.71	-0.43	2.03	5.0	8.9	6.2	3.5

	性别	总就业的GDP弹性，1992—1996年	总就业的GDP弹性，1996—2000年	总就业的GDP弹性，2000—2004年	总就业的GDP弹性，2004—2008年	GDP年均增长率（%），1992—1996年	GDP年均增长率（%），1996—2000年	GDP年均增长率（%），2000—2004年	GDP年均增长率（%），2004—2008年
莱索托	MF	0.23	3.79	0.55	0.44	4.5	2.4	3.3	4.3
	M	0.21	3.06	0.48	0.46	4.5	2.4	3.3	4.3
	F	0.25	4.61	0.63	0.42	4.5	2.4	3.3	4.3
纳米比亚	MF	0.70	0.84	0.22	0.67	2.2	3.9	5.5	4.1
	M	0.67	0.87	0.20	0.61	2.2	3.9	5.5	4.1
	F	0.73	0.81	0.24	0.73	2.2	3.9	5.5	4.1
南非	MF	1.72	0.20	0.60	0.70	3.0	2.4	3.6	4.6
	M	1.41	-0.01	0.63	0.61	3.0	2.4	3.6	4.6
	F	2.18	0.49	0.57	0.82	3.0	2.4	3.6	4.6
斯威士兰	MF	0.93	0.92	0.35	0.60	3.4	2.7	2.2	2.8
	M	1.04	0.94	0.34	0.61	3.4	2.7	2.2	2.8
	F	0.81	0.90	0.36	0.58	3.4	2.7	2.2	2.8
西非									
贝宁	MF	0.87	0.61	0.84	0.86	4.5	5.0	4.4	4.1
	M	0.94	0.58	0.86	0.84	4.5	5.0	4.4	4.1
	F	0.78	0.65	0.80	0.89	4.5	5.0	4.4	4.1
布基纳法索	MF	0.54	0.51	0.64	0.65	5.3	5.7	5.8	5.3
	M	0.54	0.52	0.68	0.66	5.3	5.7	5.8	5.3
	F	0.54	0.50	0.60	0.64	5.3	5.7	5.8	5.3
佛得角	MF	0.41	0.29	0.55	0.39	7.1	8.8	5.1	7.7
	M	0.37	0.25	0.50	0.27	7.1	8.8	5.1	7.7
	F	0.48	0.37	0.62	0.56	7.1	8.8	5.1	7.7
科特迪瓦	MF	0.64	0.74	-1.66	1.40	6.2	1.8	-0.4	1.6
	M	0.63	0.67	-1.64	1.31	6.2	1.8	-0.4	1.6
	F	0.67	0.90	-1.69	1.59	6.2	1.8	-0.4	1.6
冈比亚	MF	1.07	0.61	0.72	0.51	3.1	5.8	4.0	6.0
	M	1.10	0.58	0.70	0.45	3.1	5.8	4.0	6.0
	F	1.03	0.65	0.74	0.57	3.1	5.8	4.0	6.0
加纳	MF	0.64	0.64	0.52	0.40	4.2	4.3	4.9	6.4
	M	0.67	0.69	0.45	0.40	4.2	4.3	4.9	6.4
	F	0.61	0.59	0.59	0.40	4.2	4.3	4.9	6.4
几内亚	MF	0.80	0.53	0.71	0.85	4.7	4.3	2.9	2.8
	M	0.80	0.52	0.72	0.83	4.7	4.3	2.9	2.8
	F	0.80	0.54	0.71	0.86	4.7	4.3	2.9	2.8
几内亚比绍	MF	0.77	-0.12	-0.98	0.85	3.5	-2.7	-0.8	2.5
	M	0.74	-0.19	-1.19	0.96	3.5	-2.7	-0.8	2.5
	F	0.80	0.0	-0.64	0.69	3.5	-2.7	-0.8	2.5
马里	MF	0.42	0.32	0.28	0.52	4.3	3.3	6.1	5.2
	M	0.40	0.23	0.18	0.42	4.3	3.3	6.1	5.2
	F	0.45	0.49	0.45	0.69	4.3	3.3	6.1	5.2
毛里塔尼亚	MF	0.61	0.88	-1.24	0.54	4.5	1.7	3.7	5.0
	M	0.59	0.88	-1.41	0.49	4.5	1.7	3.7	5.0
	F	0.64	0.89	-1.02	0.60	4.5	1.7	3.7	5.0
尼日尔	MF	0.45	0.73	0.62	0.54	0.9	2.7	4.8	6.7
	M	0.48	0.77	0.61	0.53	0.9	2.7	4.8	6.7
	F	0.39	0.65	0.62	0.54	0.9	2.7	4.8	6.7
尼日利亚	MF	1.37	0.99	0.21	0.46	1.9	2.8	12.5	5.8
	M	1.43	0.95	0.18	0.39	1.9	2.8	12.5	5.8
	F	1.25	1.08	0.28	0.58	1.9	2.8	12.5	5.8
塞内加尔	MF	1.11	0.59	0.65	0.84	2.1	4.6	4.4	3.8
	M	1.04	0.54	0.60	0.75	2.1	4.6	4.4	3.8
	F	1.20	0.65	0.72	0.97	2.1	4.6	4.4	3.8
塞拉利昂	MF	0.01	-0.19	0.22	0.44	-8.5	-6.0	15.3	6.6
	M	-0.02	-0.31	0.14	0.43	-8.5	-6.0	15.3	6.6
	F	0.04	-0.08	0.30	0.44	-8.5	-6.0	15.3	6.6
多哥	MF	0.32	2.32	1.11	1.32	2.3	0.8	1.2	2.0
	M	0.27	2.21	1.11	1.36	2.3	0.8	1.2	2.0
	F	0.40	2.48	1.11	1.27	2.3	0.8	1.2	2.0

	性别	总就业的GDP弹性，1992—1996年	总就业的GDP弹性，1996—2000年	总就业的GDP弹性，2000—2004年	总就业的GDP弹性，2004—2008年	GDP年均增长率（%），1992—1996年	GDP年均增长率（%），1996—2000年	GDP年均增长率（%），2000—2004年	GDP年均增长率（%），2004—2008年
中东									
巴林	MF	0.68	0.66	0.44	0.34	5.1	4.4	5.7	7.2
	M	0.61	0.52	0.42	0.30	5.1	4.4	5.7	7.2
	F	1.02	1.25	0.49	0.47	5.1	4.4	5.7	7.2
伊朗（伊斯兰共和国）	MF	0.84	1.44	0.59	0.56	1.9	3.3	5.8	5.7
	M	0.46	1.30	0.54	0.46	1.9	3.3	5.8	5.7
	F	2.14	1.88	0.74	0.83	1.9	3.3	5.8	5.7
约旦	MF	1.99	0.36	0.69	0.58	4.4	3.5	5.9	7.2
	M	1.90	0.31	0.61	0.54	4.4	3.5	5.9	7.2
	F	2.58	0.68	1.15	0.80	4.4	3.5	5.9	7.2
科威特	MF	0.02	2.93	0.41	0.46	10.3	2.2	7.5	6.1
	M	0.02	2.87	0.38	0.40	10.3	2.2	7.5	6.1
	F	0.05	3.16	0.51	0.65	10.3	2.2	7.5	6.1
黎巴嫩	MF	0.69	0.92	0.52	0.37	6.4	1.9	4.8	4.8
	M	0.65	0.80	0.47	0.34	6.4	1.9	4.8	4.8
	F	0.81	1.31	0.68	0.46	6.4	1.9	4.8	4.8
阿曼	MF	1.21	0.63	0.50	0.42	4.4	3.5	4.3	6.3
	M	1.24	0.41	0.36	0.33	4.4	3.5	4.3	6.3
	F	1.02	2.07	1.25	0.86	4.4	3.5	4.3	6.3
卡塔尔	MF	0.37	0.28	1.26	1.03	3.1	13.2	8.3	14.0
	M	0.20	0.25	1.37	1.05	3.1	13.2	8.3	14.0
	F	1.56	0.46	0.54	0.85	3.1	13.2	8.3	14.0
沙特阿拉伯	MF	1.99	1.74	1.00	0.68	1.1	2.4	3.4	4.2
	M	1.89	1.55	0.93	0.58	1.1	2.4	3.4	4.2
	F	2.85	3.10	1.48	1.25	1.1	2.4	3.4	4.2
阿拉伯叙利亚共和国	MF	0.69	2.99	0.65	1.03	5.3	0.9	3.5	4.7
	M	0.70	2.65	0.63	0.94	5.3	0.9	3.5	4.7
	F	0.62	4.96	0.76	1.41	5.3	0.9	3.5	4.7
阿拉伯联合酋长国	MF	1.38	1.33	0.88	0.51	4.0	5.8	6.4	7.8
	M	1.31	1.29	0.83	0.47	4.0	5.8	6.4	7.8
	F	1.93	1.60	1.22	0.76	4.0	5.8	6.4	7.8
也门	MF	1.09	0.60	1.12	1.05	5.3	5.3	3.9	4.0
	M	0.98	0.52	0.88	0.96	5.3	5.3	3.9	4.0
	F	1.51	0.87	1.93	1.34	5.3	5.3	3.9	4.0

表 19 就业弹性（注）

1. 说明

就业弹性是一个数字指标，衡量的是就业增长如何随着经济产出的增长而变化，即一个百分点的经济增长会伴随多少就业增长。就业弹性可以用来分析一段时期内经济产出和就业增长共同变化的方式。同时，就业弹性也能使人深入了解一个经济体之中不同人口组别在就业机会方面的差异，从而有助于监测和分析就业情况在不同时期的结构性变化。为了表现每个百分点的经济增长与就业变化的关系，表 19a 给出了四个时间段（1992—1996 年、1996—2000 年、2000—2004 年，以及 2004—2008 年）内不同性别在就业方面的百分比变化。

2. 信息库

全球就业趋势估测模型

国际劳工局就业部就业趋势工作组，瑞士日内瓦

http：//www. ilo. org/empelm/what/lang--en/WCMS_114246/index. htm

国际劳工组织就业趋势部门是设计并维护了 3 个计量经济模型，用以编制没有真实数据的年份和国家的劳动力市场指标的估测值。全球就业趋势模型被用以编制按照年龄和性别分类的失业、就业/人口比率、就业状况、按部门划分的就业、劳动生产率以及就业弹性等一系列指标的估测值。劳动力趋势模型是劳动力估测的基础，而工作贫困趋势模型被用于得出关于工作贫困的估测。详情见“KILM 指南”的专栏 3。

3. 符号

MF 男性和女性

M 男性

F 女性

第九章　贫困、工作贫困和收入分配指标（KILM 20）

KILM 20：贫困、工作贫困和收入分配

引　言

表20重新编制了用以监测减贫和联合国"千年发展目标"（MDG）目标1进展情况的指标，即针对生活在每天1.25美元和2美元的国际贫困线以下人口的估算。另外，还有一些有关贫困的补充衡量方法，包括针对生活水平低于国家定义的贫困线人口的估算，以及一项衡量"工作贫困者"数量的新指标。工作贫困者是指那些虽然拥有工作，但其家庭成员却生活在每天1.25美元或2美元贫困线以下的人群。最后，表20还包括反映收入分配状况的基尼指数。由于无法使用大规模消费调查对家庭内部消费或收入的实际分配状况进行估算，我们无法分别针对男性和女性的情况进行估算。

表20中所反映的贫困信息几乎都是有关发展中经济体的，因为大多数高收入经济体很少有极端贫困现象，所以不存在类似数据。自1991年至今，有86个经济体至少进行了一次针对国家贫困线以下人口的估算，有112个经济体在1991年至今中的某一年针对每天1.25美元的国际贫困线以下人口进行了估算（其中101个经济体的估算是在2000年或以后进行的）。但是，表20中只有64个国家有至少两年的国家贫困线以下人口的数据，所以随时间变化的趋势很难被掌握。基于每天1.25美元和2美元国际贫困线的估算数据相对较新，大多数国家只有少数年份的相关数据。[1]表20只给出了具备贫困信息的国家的基尼指数，但许多高收入水平国家的基尼指数也可以利用原始数据信息库（世界银行）的数据计算得出。112个经济体拥有关于"工作贫困者"（指的是那些有工作但其家庭生活消费低于两条国际贫困线其中之一的人员）的估算数据。

指标的用途

衡量贫困和收入分配的价值在于它们从国家层面提供了经济进程的信息，即反映不同人群获得货物和服务的难易程度。有关贫困的信息显示了消费或收入水平过低的人口的绝对值和比例，关于不平等情况的数据序列显示了一国的不同人群在消费或收入水平方面的显著差距。因此，贫困统计是反映一国福利和生活条件的极为重要的指标。此外，贫困线促使政府和民众关注贫困人口的生活条件，而且可以用来衡量一国是否需要制定公共政策和方案以减少贫困、提高社会成员的福利水平。不论是对于监测贫困发生率的增减还是对于评估减贫方案的结果，分析具有可比性的随时间变化的贫困信息都是重中之重。同时，任何关于贫困的评估都有助于解释产生贫困的原因，而后者找到解决方法的重要一步。

20世纪90年代是全球化程度日益加深、实行市场经济体制的经济体不断增加的十年，贫困问题愈发成为国际社会所面临的巨大挑战。联合国MDG[2]的目标1就是"消灭极端

1　在编制表20的贫困数据的过程中，当某一国家序列的总体趋势存在跨期不一致时，少数针对国际贫困线的观察值则未被采用。

2　作为《联合国千年宣言》中"在国家及全球层面创造有助于发展和消除贫穷的环境"的一部分，国际社会通过了一整套旨在降低收入贫困状况和改善人类发展的国际目标。由联合国秘书处、国际劳工组织、国际货币基金组织、经济合作与发展组织和世界银行的专家组成的专家组通过了一个旨在衡量相关目标进展情况的框架，包括8项目标、21项具体目标和60项指标。这些指标相互关联，代表了发达经济体和发展中经济体之间的伙伴关系。更多关于联合国"千年发展目标"的信息见http://www.un.org/millenniumgoals/。

贫穷和饥饿”，具体目标是在1990—2015年间将全球每天生活费不到1美元的人口比重减半。[3]

发达经济体的贫困常常与失业有关，但在大多数发展中经济体，依靠每天1美元为生的极端贫困人口中有相当一部分人是有工作的，因此联合国MDG目标1的具体目标1.B为“使所有人，包括妇女和青年人，都享有充分的生产性就业和体面工作”。在缺乏有效的社会保障计划或社会安全网的情况下，大多数贫困人口必须为了生存和养家糊口而工作（关于世界和地区工作贫困者的估算见专栏20a）。这些贫困工作者通常面临的问题是就业质量差，包括低工资和低生产率。因此，按照联合国MDG的要求降低整体贫困率需要营造一个有利环境，使得工作贫困者的就业机会和收入状况得到改善。

此处显示的贫困、工作贫困者和不平等状况的量度仅关注绝对和相对匮乏情况的一个方面，即个人收入或者私人消费，而并不直接反映诸如医疗保健、教育、就业及社会和政治参与等其他方面的匮乏。一项关于贫困和不平等状况的全面分析应该与其他KILM指标所涉及到的部分相联系。同时观察贫困和不平等信息与人均GDP估算也将有助于确定低收入水平与普遍的贫困和不平等现象的关联程度。

定义和来源

由于贫困问题有多个方面，所以衡量方法的理论概念也多种多样。下文将描述3种方法：

（1）一种普遍采用的方法是对照人类发展分析货币收入或个人消费信息。在大多数情况下，这里所采用的基本信息是关于个人消费支出的，只在少部分情况下是关于个人收入的。这是因为通过调查获得收入方面的信息比较困难，而且收入信息也许并不能充分反映家庭“实际”的生活水平。用这种方法衡量贫困的缺点是：家庭调查的结果通常随着国别的不同和时间的变化而有所差异，由此降低了信息的可比性（见下文“可比性的限制”）。

采用收入或者个人消费衡量贫困的一个重要特点是构建针对收入或消费水平预设的贫困线，低于此贫困线的个人（或家庭）被认为是贫困的。采用这种方法，贫困发生率通常用消费支出低于预设标准的人口比重来衡量。许多国家采用国家收入贫困线，即用购买特定数量粮食所必需的收入量作为临界值。而采用具有国际可比性的贫困线对贫困进行衡量同样有用，因为这种方法能够在全球基础上进行估算。世界银行设定了两条国际贫困线，即每人日均生活费1.25美元和2美元。收入分配指标（基尼指数）是直接衡量收入或消费不平等状况的公认指标。它关注的是收入或消费的累积分配（以洛伦茨曲线为代表），估算其偏离完全平等状况的程度。

（2）第二种方法是基于“基本需求”法，根据人类需求（包括粮食和就业）的最低可接受限度来反映物质需求方面的匮乏程度。这一概念不仅指收入匮乏，还考虑到人们的基本医疗保健和教育需求以及基本服务需求，如安全水源等。除了人类发展指数，联合国开发计划署（UNDP）还在1997年提出了针对发展中经济体的人类贫困指数（HPI）的概念。[4] HPI是复合型指数，旨在反映人类生活的匮乏程度。该指数综合考虑3个方面：预期寿命的限制、文盲和整体生活水平，对此各国都有相关的可比信息。

---

3 关于减贫的“千年发展目标”是用人口比重进行表述的，具体内容是将每日生活费低于1美元的人口比例减半。由于世界人口的不断增长，贫困人口比重的下降并不一定代表贫困人口实际数量的降低。1.25美元是国际社会定义的“每天1美元贫困线”（见专栏20b）的当前临界值。该贫困线已经基于2005年价格水平和通过国际比较项目（ICP）收集的新价格数据进行了更新。

4 更多关于联合国开发计划署人类贫困指数（HPI）的信息见：http://hdr.undp.org/en/statistics/indices/hpi/。

(3) 第三种方法结合了前两种方法的要素，考察的是个人在特定社会中的必备能力。其前提假设是：存在此种能力的最低可接受水平。该方法涵盖了各种各样的能力，既包括在低收入经济体中享有良好生活的能力，也包括在高收入经济体中取得更为复杂的社会成就的能力，例如使用计算机的能力（假设在发达经济体中缺乏计算机操作能力的人进入劳动力市场时可能会面临诸多困难）。贫困指的是处在社会主流之外，明显被排除在劳动力市场之外。从这个角度开展的贫困分析引起了“社会排斥”理论的发展。

国家贫困线和国际贫困线以及基尼指数的数据都来自世界银行发展指标集。[5]表20中有3/4的数据集都涉及到了贫困线的使用，而且采用生活水平低于贫困线的人口所占百分比来计算贫困率。国家贫困线是基于世界银行发布的国家贫困评估，国际贫困线则是基于国家统计部门或私人机构（由政府或国际机构监管）所进行的具有国家代表性的基本家庭调查，其相关数据从政府统计部门和世界银行的国家部获得。基尼指数的估算也基于这些来源，同时辅以卢森堡收入研究所数据库中关于高收入经济体的数据。[6]

每个国家有其具体的国家贫困线、城市贫困线和农村贫困线。影响贫困临界值选取的因素包括：营养需求、基本消费需求或最低可接受消费水平。目前还无法将不同国家低于各自特定贫困线的人口进行比较。另外，由于新的发展状况或新的数据，这些贫困线可能随时间而变化，其跨时期的可比性也因此减弱。

国际贫困线是用购买力平价（PPP）而非汇率将以定值美元表示的金额换算为以指定国货币表示的金额。一个典型的例子是各国广泛使用每天生活费1美元作为贫困线。通过PPP法，将1美元换算成等值的以指定国货币表示的数额（更多关于新的国际贫困线的信息见专栏20b）。该方法的优点是允许进行跨空间和跨时期的比较，但是对于特定国家而言，转换后的结果也许会过低（或过高）。

该指标的第三个数据集——基尼指数——是一种衡量收入不平等程度的方便且被广泛使用的方法。其衡量的是一国个人或家庭的收入（在某些情况下为消费支出）分配偏离完全平等分配的程度。洛伦茨曲线反映了各收入阶层人口的累积百分比及全部收入的累积百分比之间的关系，曲线起点是最贫困的个人或家庭。基尼指数衡量的是劳伦茨曲线和假设的完全平等线之间的区域，用其占该假设线以下最大区域的百分比来表示。[7]基尼指数为0时，表示收入分配完全平等，系数为100表示收入分配完全不平等。与所有的总结性指标一样，基尼指数无法像洛伦茨曲线那样充分反映不同国家和不同时期各组别人口在收入或消费方面的累积份额。

最后，工作贫困者被定义为有工作但生活水平低于某项公认的贫困线的人。目前国际劳工组织正与世界银行合作，基于各国的国家家庭调查数据对工作贫困者进行估算（详情见KILM第一章议题二）。国际劳工组织计划将结果发布在重新修订的KILM 20中，使KILM使用者可以得到更新后的结果。当前KILM中对不同国家工作贫困人口的估算

5 国家贫困线是从世界银行的世界发展指数在线数据库中提取的。国际贫困线和基尼指数是从PovcalNet下载获得的。PovcalNet是一个基于网络的互动计算工具，由世界银行管理，其允许用户对世行研究人员估算世界上绝对贫困程度的计算结果进行复制。可于http：//iresearch. worldbank. org/povcalnet/在线查询PovcalNet的信息。需要注意的是，目前确实存在除世行贫困估算以外的其他选择，并且研究界对何为“最好”的贫困估算依然存在争议。见国际劳工组织对其他贫困估算的研究，以及M. Karshenas所著的《全球贫困：与新国民经济核算一致且具有国际可比性的贫困估算》（国际劳工组织油印，日内瓦，2002年）等等。

6 其他关于卢森堡收入研究所的信息见http：//www. lisproject. org/。

7 读者也许希望通过其他来源了解有关不平等状况的其他信息和衡量方法。见H. Tabatabai所著的《贫困和收入分配统计：国际劳工组织数据纲要》（国际劳工组织，日内瓦，1996年）；以及联合国大学的世界收入不平等数据库（WIID），http：//www. wider. unu. edu/research/Database/en_ GB/database /。

是基于贫困状况和就业之间关系的假设。国际劳工组织估算了工作贫困者的上限和下限人数。上限估算采用以下方程：（工作贫困者$_u$ = 贫困率 × 人口$_{15}$），其中“人口$_{15}$”是指年龄在15岁及以上的人口。下限估算采用的方程为：（工作贫困者$_l$ = 贫困率 × 劳动力$_{15}$），其中劳动力$_{15}$是指年龄在15岁及以上的劳动力。下限估算中使用劳动力数据的关键假设是：所有处于工作年龄段并属于劳动力的贫困人口都被雇用。作出这样的假设是因为在没有社会安全网的国家，贫困人口必须通过工作才能维持生活。[8] KILM的表20中显示的工作贫困者数据是基于这两种方法加权所得出的平均值（即上限估算和下限估算的加权平均值）。

工作贫困者的定义最终是基于贫困数据（如表20所示，国际贫困线为每天生活费1.25美元或2美元），但该定义也考虑到各国劳动力市场的具体特点，如工作年龄人口的规模和劳动力参与率等。相对于单纯使用标准贫困数据，将上述劳动力市场因素与贫困数据相结合可以使工作贫困者的估算更加清楚地显示出贫困和就业之间的关联。由于就业和贫困之间存在重要联系，对两者一起加以评估有助于我们更加详细地了解世界范围内的贫困发生率。

可比性的限制

跨国比较时不能使用国家贫困线，因为其并非公认的国际贫困标准。然而，当具体到某一特定国家，且该国长期内一直使用同一贫困线时，我们可以放心地据此分析贫困趋势和模式。

在国家层面上，跨期比较可能会受到以下因素的影响，如数据收集流程的变化，或者由低收成、自然灾害或其他短期因素造成的经济活动的波动。另外，一些国家的研究也已经表明：贫困确实会随着农业条件的变化和自然灾害或经济灾难的发生而改变，并且贫困群体的构成每年都可能发生变化，一些人摆脱贫困，而另一些人却陷入贫困。

在基于国际贫困线进行估算时，购买力平价（而非汇率）的使用会确保我们将非贸易产品的价格考虑在内。然而我们不能断言不同国家的每天生活费均为1.25美元（或2美元）的两个人面临着同等程度的匮乏状况，或者有着同等程度的需求。除了经济学中众所周知的个体间福利比较的问题之外，还有其他一些可能考虑到也可能未被考虑到的问题，比如城乡物价差异。也许一种估算是关于消费的，另一种是关于收入的，而1.25美元（或2美元）比同等数量的消费支出所能达到的消费金额少。将收入估算转换为消费估算时做出的调整也会导致消费分配估算结果出现偏差。而且在假定的两个国家中，非市场行为的程度以及非市场生产和消费的计值方式也会很大程度上影响估算的可比性。

即使采用国际贫困线衡量贫困的方法是完美的，但仍有一些问题尚未得到解决，例如：一个生活在贫穷国家的具有特定消费水平（比如每天1.25美元）的人与另一个生活在富裕国家的有着同等消费水平的人相比，经济状况是更好还是更糟？或者，一个每天收入1.25美元的人如果生活在高度不平等的国家，他/她的经济状况是否会更糟？

原则上，在不定义国家或国际贫困线的情况下，基尼指数可以用来比较不同国家在不同时期的不平等水平。然而实践中还会遇到其他关于可比性的问题。基尼指数是由调查数据计算出来的，而这些调查数据可能与收入或消费相关。一个公认的事实是，如果能够充分获取所有必要的消费和收入信息，基尼指数所显示的收入不平等会比消费不平等更严重。本文中表格的注释中清晰地说明了该指数是基于收入还是基于消费。用户在尝试进行比较时要记住上述差别，这一点很

8 更多关于国际劳工组织工作贫困估算的信息，见S. Kapsos：“估算降低工作贫困所需的经济增长：全世界能在2015年前将工作贫困人口减半吗?”，就业战略论文，第14号（国际劳工组织，日内瓦，2004年）；http://www.ilo.org/public/english/employment/strat/download/kps01.pdf。

重要。在构建指数过程中所使用的消费或收入的累积分布与人均水平有关，并且百分位数是人口的百分位数，而不是家庭的百分位数。不仅基础消费或收入数据的质量可能有问题，将该指数转化为人口的累积分配时所作的调整也可能会给估算带来额外的偏差或错误。尽管有诸多不完善的方面，该指数对于研究跨空间和跨时期的不平等趋势依然是十分有用的。

趋　势

在所得贫困数据中，统计次数在一次以上的64个国家中有21个国家低于国家贫困线的人口出现了增长。国家贫困率增长幅度最高的是莱索托，其贫困率在1993—1999年之间增加了18.8个百分点（见图20a）。多米尼加共和国、厄瓜多尔、肯尼亚、马拉维、卢旺达和津巴布韦的国家贫困率都出现了明显的增长，尽管20世纪90年代以来上述许多国家的相关数据无法获取。

令人欣慰的是，在数据可得的经济体中，70%的国家贫困率有所下降。贫困率降低超过十个百分点的国家有：阿塞拜疆、孟加拉国、白俄罗斯、保加利亚、柬埔寨、喀麦隆、萨尔瓦多、加纳、哈萨克斯坦、老挝人民民主共和国、莫桑比克、摩尔多瓦共和国、俄罗斯联邦、塔吉克斯坦和乌克兰。

2000年以来，在至少进行一次统计的25个国家中，一半以上存在“严重”贫困，即每天生活费不到1.25美元。大多数贫困状况严重的国家集中在非洲东部和西部，这证明了非洲大陆的大部分人口都处于极其贫困的生活条件之中。孟加拉国、东帝汶、海地和尼泊尔也属于贫困发生率很高的国家（见图20b）。另外15个国家处于中度贫困，这些国家至少有一半的人口生活在每天2美元的贫困线以下。这组国家在地理位置上更加分散，其中包括印度和印度尼西亚这样的大型经济体。在印度，3/4的人口日生活费不到2美元；而在印度尼西亚该比重为总人口的53%。

世界范围内，相当多的消费水平不平等状况依然存在，特别是在拉丁美洲和加勒比地区以及撒哈拉以南非洲。上述两大地区[也有少数经济体位于亚太地区，中欧、东南欧（非欧盟国家）和独联体]中，63个经济体中有51个的基尼系数超过40，显示出相对较高程度的不平等。在撒哈拉以南非洲，尽管大多数国家的人均GDP都比较低，但不平等的发生率却越来越高。图20c给出了这些经济体不平等状况的统计结果（分为四分位组：最平等、较平等、较不平等、最不平等），并且在数据可得的前提下，对各组别中不同经济体工作贫困率从最早年份到最新年份的平均变化进行了测算。在属于“最平等”类别（基尼系数相对最低）的经济体里，每天生活费低于1.25美元和2美元的工作贫困人口的降幅最大。该组别中生活费低于每天1.25美元的人口的贫困率平均下降了16.7个百分点，而“最不平等”和“较不平等”组别国家的贫困率分别平均下降了9.8和8.2个百分点，尽管这4个组别有着相似的初始平均工作贫困率。这表明收入不平等可能会阻碍工作者贫困率的减低。但是，要得出更加具体的结论，还需要进行更为深入的分析，并且要将平均经济增长率和其他变量考虑在内。

图 20a　从最早年份到最新年份生活水平低于国家贫困线的人口比例的百分比变化

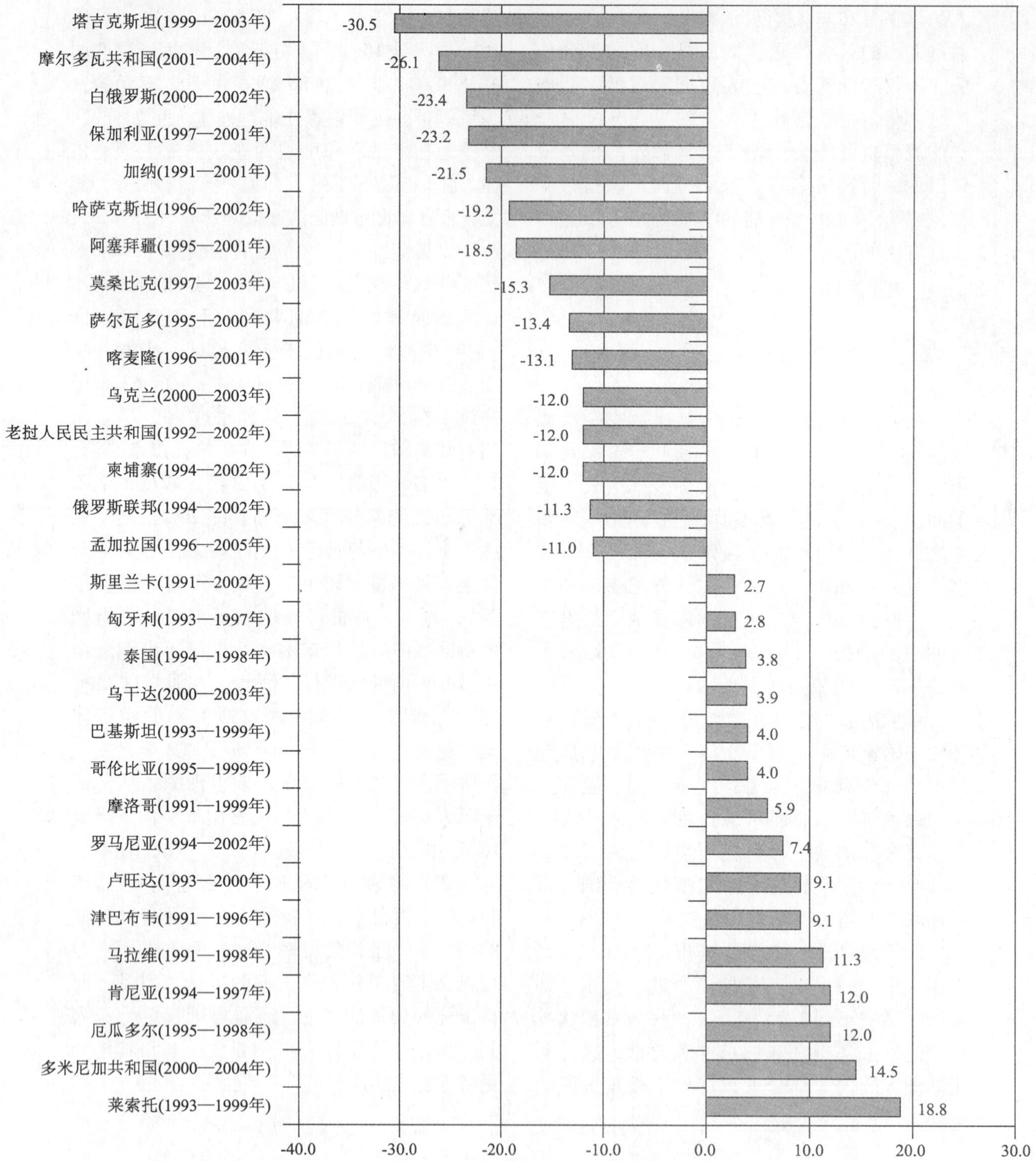

图 20b “严重”贫困和“中度”贫困的国家（2000 年及以后）

		低于每天生活费 1.25 美元的贫困线的人口（%）	低于每天生活费 2 美元的贫困线的人口（%）
严重贫困：超过 50% 的人口生活水平低于每日 1.25 美元贫困线	坦桑尼亚（2000 年）	88.5	96.6
	利比里亚（2007 年）	83.7	94.8
	布隆迪（2006 年）	81.3	93.4
	卢旺达（2000 年）	76.6	90.3
	莫桑比克（2003 年）	74.7	90.0
	马拉维（2004 年）	73.9	90.4
	几内亚（2003 年）	70.1	87.2
	马达加斯加（2005 年）	67.8	89.6
	尼日尔（2005 年）	65.9	85.6
	尼日利亚（2004 年）	64.4	83.9
	赞比亚（2004 年）	64.3	81.5
	斯威士兰（2001 年）	62.9	81.0
	中非共和国（2003 年）	62.4	81.9
	乍得（2003 年）	61.9	83.3
	刚果民主共和国（2005 年）	59.2	79.5
	布基纳法索（2003 年）	56.5	81.2
	尼泊尔（2004 年）	55.1	77.6
	海地（2001 年）	54.9	72.1
	安哥拉（2000 年）	54.3	70.2
	刚果（2005 年）	54.1	74.4
	塞拉利昂（2003 年）	53.4	76.1
	东帝汶（2001 年）	52.9	77.5
	乌干达（2005 年）	51.5	75.6
	马里（2006 年）	51.4	77.1
	孟加拉国（2005 年）	50.5	80.3
中度贫困：超过 50% 的人口生活水平低于每日 2 美元贫困线	乌兹别克斯坦（2003 年）	46.3	76.7
	贝宁（2003 年）	47.3	75.3
	几内亚比绍（2002 年）	48.8	77.9
	埃塞俄比亚（2005 年）	39.0	77.5
	印度（2005 年）	41.6	75.6
	多哥（2006 年）	38.7	69.3
	柬埔寨（2004 年）	40.2	68.2
	巴基斯坦（2005 年）	22.6	60.3
	塞内加尔（2005 年）	33.5	60.3
	喀麦隆（2001 年）	32.8	57.7
	冈比亚（2003 年）	34.3	56.7
	印度尼西亚（2005 年）	21.4	53.8
	加纳（2005 年）	30.0	53.6
	吉尔吉斯斯坦（2004 年）	21.8	51.9
	塔吉克斯坦（2004 年）	21.5	50.8

图 20c　不平等类别中工作贫困的平均比率和工作贫困率的平均变化

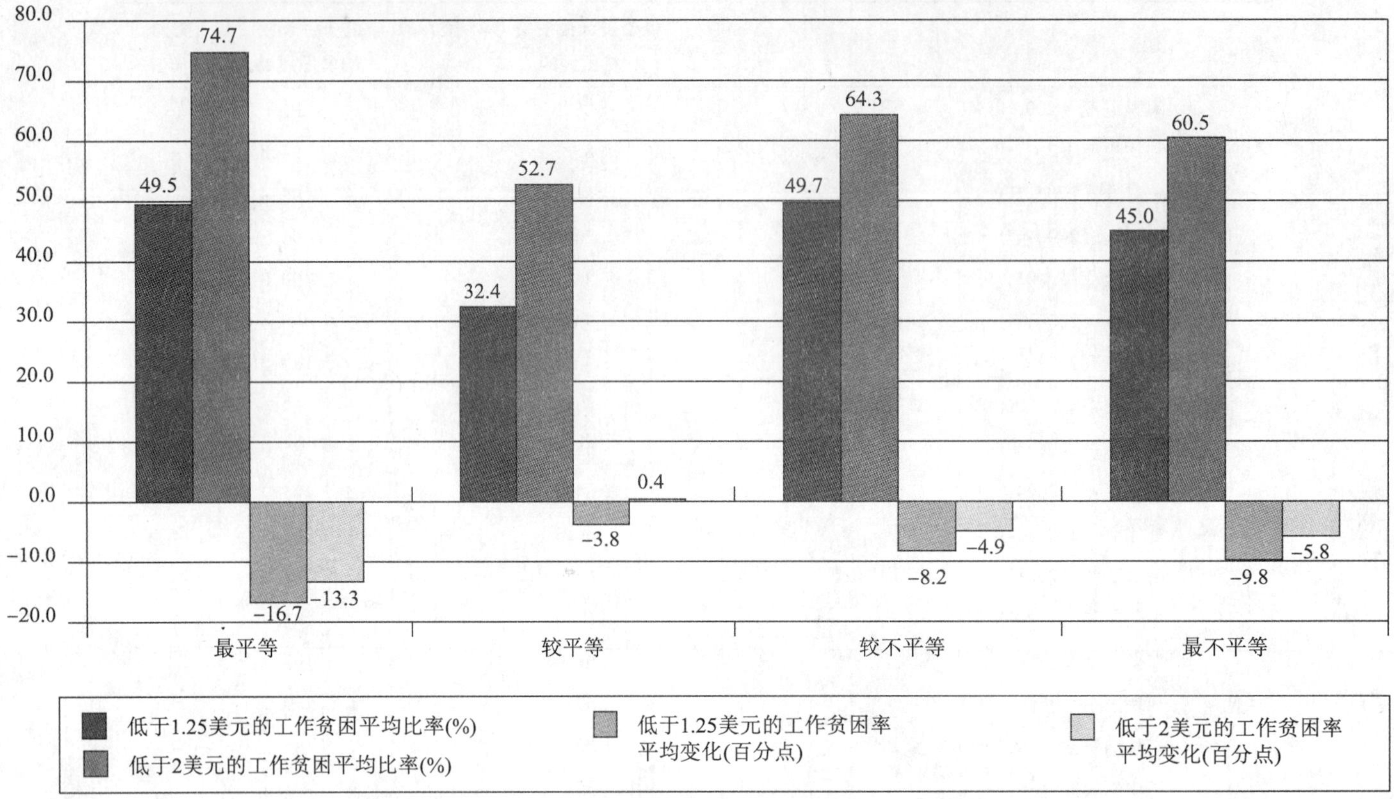

专栏 20a　世界及地区工作贫困者估算

1.25 美元工作贫困者（百万人）	1997 年	2003 年	2004 年	2005 年	2006 年	2007 年
世界	935.8	777.9	740.6	704.6	677.6	650.8
中欧、东南欧（非欧盟）和独联体	11.1	9.5	8.7	8.5	8.0	7.5
东亚	372.2	203.1	170.5	142.0	120.4	101.1
东南亚和太平洋地区	100.4	82.0	76.6	73.8	72.2	69.3
南亚	275.0	285.0	284.2	283.8	279.3	275.0
拉丁美洲和加勒比地区	24.9	27.8	28.3	22.4	20.5	17.3
中东	4.7	5.6	5.5	5.7	5.7	5.6
北非	5.8	6.5	6.6	6.7	6.9	7.0
撒哈拉以南非洲	141.9	158.4	160.1	161.8	164.7	167.9
2 美元工作贫困者（百万人）	**1997 年**	**2003 年**	**2004 年**	**2005 年**	**2006 年**	**2007 年**
世界	1426.6	1337.4	1301.3	1267.7	1240.5	1210.4
中欧、东南欧（非欧盟）和独联体	30.6	24.1	22.5	21.7	21.5	21.2
东亚	558.1	394.9	357.1	319.9	289.2	258.6
东南亚和太平洋地区	156.4	157.2	152.4	148.9	148.0	145.9
南亚	415.4	459.0	464.5	471.9	476.0	478.8
拉丁美洲和加勒比地区	53.0	57.1	54.2	49.6	45.2	40.1
中东	10.4	12.3	12.8	13.1	13.3	13.4
北非	19.4	19.5	19.5	19.5	19.2	19.0
撒哈拉以南非洲	183.3	213.4	218.3	223.0	228.1	233.4
1.25 美元工作贫困率（占总就业人口的比重）（%）	**1997 年**	**2003 年**	**2004 年**	**2005 年**	**2006 年**	**2007 年**
世界	37.5	28.3	26.4	24.7	23.3	21.9
中欧、东南欧（非欧盟）和独联体	7.4	6.2	5.6	5.4	5.1	4.6
东亚	52.2	26.6	22.1	18.2	15.2	12.6
东南亚和太平洋地区	44.7	32.7	30.1	28.5	27.4	25.5
南亚	57.3	52.1	51.1	49.8	47.7	46.0
拉丁美洲和加勒比地区	12.9	12.5	12.3	9.5	8.4	7.0
中东	11.2	10.7	9.9	9.9	9.6	9.0
北非	12.6	12.0	11.7	11.6	11.5	11.3
撒哈拉以南非洲	66.2	62.6	61.4	60.2	59.6	59.0
2 美元工作贫困率（占总就业人口的比重）（%）	**1997 年**	**2003 年**	**2004 年**	**2005 年**	**2006 年**	**2007 年**
世界	57.1	48.6	46.4	44.4	42.6	40.8
中欧、东南欧（非欧盟）和独联体	20.6	15.7	14.5	13.8	13.6	13.1
东亚	78.2	51.7	46.2	41.0	36.6	32.3
东南亚和太平洋地区	69.6	62.8	59.8	57.5	56.2	53.6
南亚	86.6	83.8	83.5	82.8	81.3	80.1
拉丁美洲和加勒比地区	27.6	25.7	23.5	20.9	18.5	16.1
中东	24.6	23.6	23.0	22.9	22.5	21.7
北非	42.3	36.0	34.6	33.5	31.9	30.5
撒哈拉以南非洲	85.5	84.3	83.6	83.0	82.6	82.0

资料来源：国际劳工组织工作贫困趋势模型（更多关于估算方法的信息见“KILM 指南”中的专栏 3）。

专栏 20a（续）

按地区划分的生活水平低于每天 1.25 美元的工作贫困者（1997 年和 2007 年）

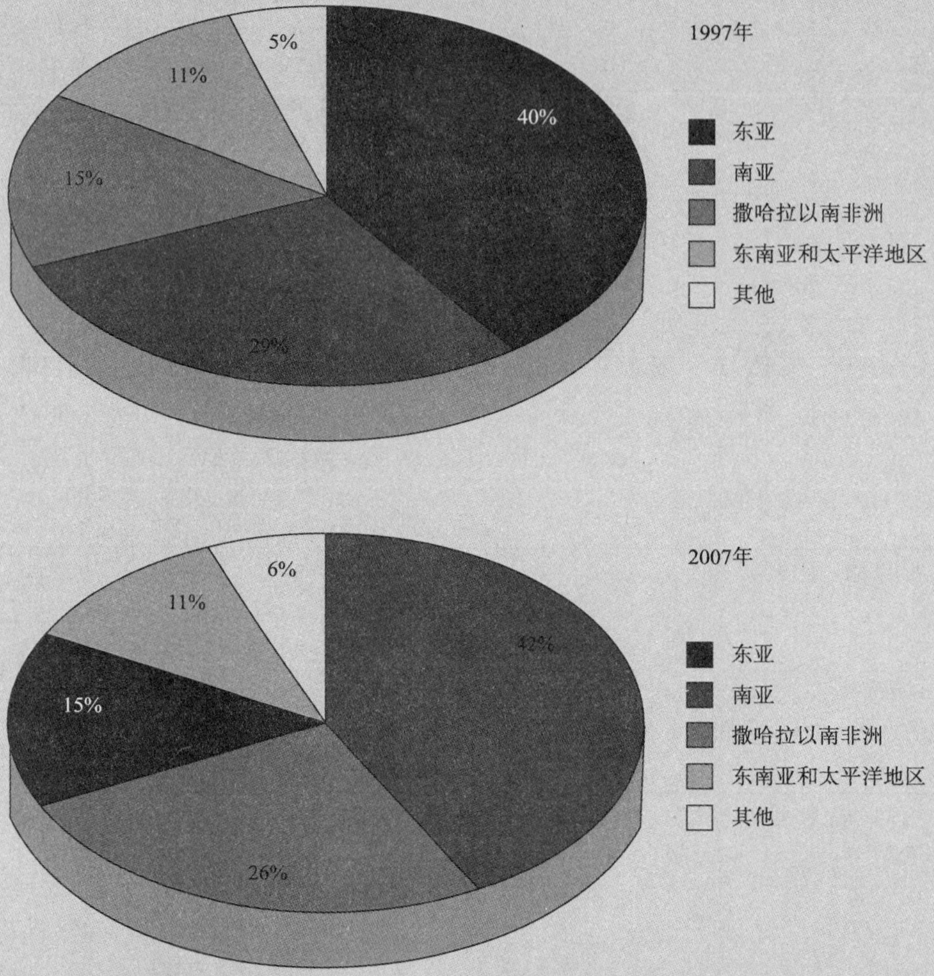

1997—2007 年的 10 年间，世界贫困工作者的数量大幅下降。据估计，在此期间家庭生活费低于每天 1.25 美元的极度贫困工作者的总数估计减少了 2.85 亿人以上。到 2007 年，全世界处于极度贫困状况的工作者占总就业人口的比例小于 22%，10 年前该比例为 38%。目前进展最显著的是东亚。该地区处于极度贫困状况的工作者减少了 2.7 亿以上，工作贫困率从 10 年前的超过 52% 降低至不到 13%。在中国高速发展的经济和不断攀升的劳动生产率的带动下，东亚在这一时期的快速发展让本地区的很多工作者从中受益。另外，东南亚和太平洋地区以及拉丁美洲和加勒比地区的极度贫困工作者数量也大幅减少。尽管所有地区总就业人口中工作贫困者的比重有所下降，但撒哈拉以南非洲、中东和北非的极度工作贫困者的数量实际上却在增长，这主要是由于上述地区快速的人口增长。

同时，生活费低于每天 2 美元的工作贫困者的数量减少了 2.16 亿。各地区总就业人口中生活水平低于每天 2 美元的工作贫困者的比重都有所降低，但是在这一水平的工作贫困者的绝对数量只在 5 个地区出现了下降，它们分别是东亚，东南亚和太平洋地区，拉丁美洲和加勒比地区，中欧、东南欧（非欧盟）和独联体，北非。

专栏 20a（续）

上述趋势的结果是，工作贫困者的分布在过去的 10 年间出现了变化（见上面第一张图）。2007 年，世界上 42% 的极度工作贫困者来自南亚，1997 年该比例为 28%。东亚极度工作贫困者的比重由 1997 年的 38% 降低至 2007 年的 15%。来自撒哈拉以南非洲、日生活费低于 1. 25 美元贫困线的工作贫困者占全球此类人口的比重从 14% 上升到 26%。

虽然世界很多地区的工作贫困人口数量出现了大幅降低，但问题的严重性依然不容低估。在各项指标中，失业始终是媒体最关注的话题。然而在世界的很多地区，失业仍只是体面工作匮乏问题的冰山一角。例如，在南亚地区，有工作但处于极度贫困的工作人口是该地区失业总人口的 8 倍以上。在撒哈拉以南非洲，这一比率超过 7；在东南亚，这个比率是 4 以上。虽然近年来东亚在经济和社会方面取得了巨大进步，但该地区处在极度贫困的工作者数量是其失业总人口的 3 倍以上。目前，全世界有超过 1/5 的工作者生活在极度贫困状况下，有超过 2/5 的工作者生活在中度贫困状态下，因此，增加体面和生产性就业机会对于降低贫困及推动可持续和公平发展是十分关键的。

2007 年生活水平低于每天 1. 25 美元的工作贫困者占失业总人口的比率

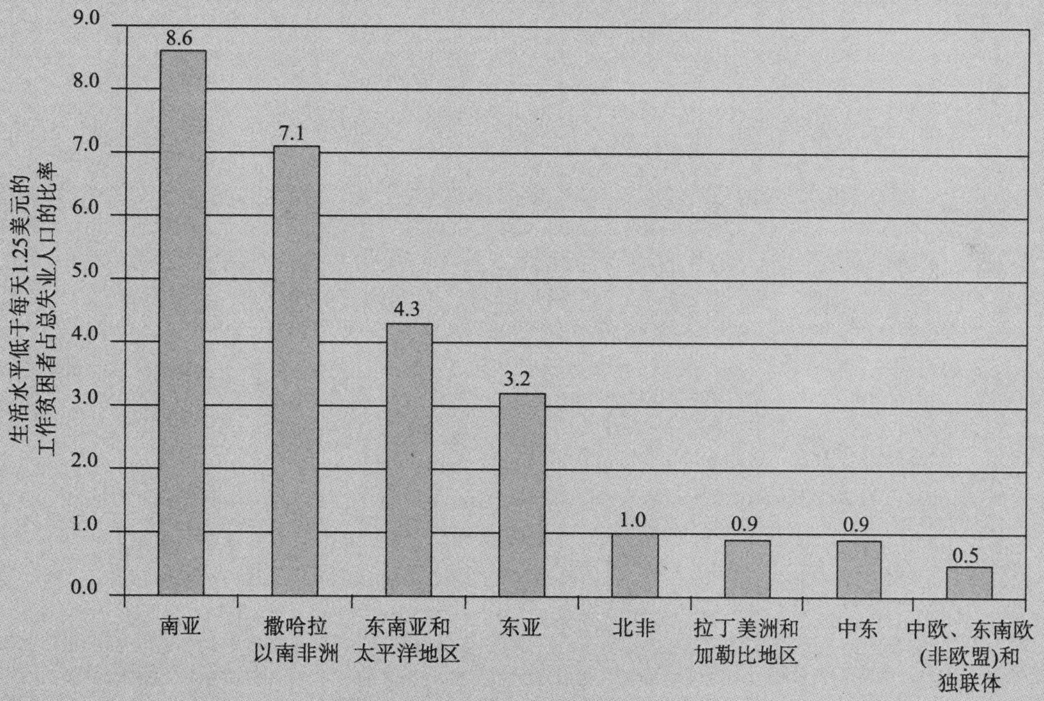

专栏 20b　新的世界银行贫困估算

2008 年，世界银行发布了新的贫困估算，该估算基于 2005 年国际比较项目（ICP）的统计结果，以及 1981—2005 年间对 116 个国家 675 个家庭的调查结果。新的极度贫困的临界值按照 2005 年价格水平设置为每天 1.25 美元，该数值也是全世界 15 个最贫穷国家的平均临界值。新的估算结果显示，发展中国家有 14 亿人口（根据先前的估算，该数字为 9.5 亿）生活在极度贫困状况下。尽管如此，世界银行新的估算显示出 1981—2005 年间世界贫困率的降低速度与先前估算的结果几乎一致——发展中国家总体上每年降低 1 个百分点。如果采用更宽泛的指标衡量贫困人口，则全球有 26 亿人每天生活费低于 2 美元（依照 2005 年价格水平）。这个人口数值自 1981 年以来几乎没有变化，虽然按现在的总人口计算其比例变小了。另外，新的估算并没有反映出 2005 年以来世界食品价格的上涨。

资料来源：M. Ravallion 和 S. Chen："发展中世界的贫困程度超过我们的想象，但是其降低贫困的努力已经相当成功了"，世界银行，2008 年 8 月，见：http://www-wds.worldbank.org/servlet/WDSContentServer/WDSP/IB/2009/08/05/000158349_20090805133945/Rendered/PDF/WPS4703.pdf。

表 20　贫困、工作贫困人口和收入分配

	年份	国家贫困线			国际贫困线		基尼指数	每天生活费在 1.25 美元以下的工作贫困人口		每天生活费在 2 美元以下的工作贫困人口		注: No.
		农村（%）	城市（%）	国家（%）	每天生活费在 1.25 美元以下的人口（%）	每天生活费在 2 美元以下的人口（%）		数量（千人）	在总就业中的比重（%）	数量（千人）	在总就业中的比重（%）	
发达经济体和欧盟												
欧盟												
保加利亚	1994	…	…	…	–	–	24.3	–	–	–	–	1
	1995	…	…	…	2.0	4.3	31.1	–	–	–	–	1
	1997	…	…	36.0	0.3	2.3	26.4	–	–	–	–	1
	2001	…	…	12.8	2.6	7.8	34.3	–	–	–	–	1
	2003	…	…	…	–	2.4	29.2	–	–	–	–	1
捷克共和国	1993	…	…	…	–	–	29.0	–	–	–	–	1
	1996	…	…	…	–	–	25.8	–	–	–	–	1
爱沙尼亚	2000	…	…	…	0.6	2.6	37.0	–	–	–	–	1
	2001	…	…	…	0.5	2.5	36.9	–	–	–	–	1
	2002	…	…	…	0.5	2.5	36.8	–	–	–	–	1
	2003	…	…	…	–	2.7	35.8	–	–	–	–	1
	2004	…	…	…	–	1.5	36.0	–	–	–	–	1
匈牙利	1999	…	…	…	–	0.5	27.8	–	–	–	–	1
	2000	…	…	…	–	0.4	27.3	–	–	–	–	1
	2001	…	…	…	–	–	26.9	–	–	–	–	1
	2002	…	…	…	–	0.2	26.8	–	–	–	–	1
	2004	…	…	…	–	–	30.0	–	–	–	–	1
拉脱维亚	1996	…	…	…	0.4	3.8	31.6	–	–	–	–	1
	1997	…	…	…	0.6	3.8	31.7	–	–	–	–	1
	1998	…	…	…	–	4.1	33.6	–	–	–	–	1
	2002	11.6	…	7.5	–	1.6	35.9	–	–	–	–	1
	2004	12.7	…	5.9	–	1.0	35.7	–	–	–	–	1
立陶宛	1998	…	…	…	0.3	1.4	30.2	–	–	–	–	1
	2000	…	…	…	0.3	1.3	31.9	–	–	–	–	1
	2001	…	…	…	0.4	1.9	32.4	–	–	–	–	1
	2002	…	…	…	0.4	1.8	32.3	–	–	–	–	1
	2004	…	…	…	0.4	1.6	35.8	–	–	–	–	1
波兰	1999	…	…	…	0.1	0.4	33.1	–	–	–	–	1
	2000	…	…	…	0.1	0.6	32.9	–	–	–	–	1
	2001	…	…	14.8	0.1	0.6	32.8	–	–	–	–	1
	2002	…	…	…	0.1	0.6	34.1	–	–	–	–	1
	2005	…	…	…	0.1	0.6	34.9	–	–	–	–	1
罗马尼亚	1998	…	…	…	1.7	10.2	29.4	–	–	–	–	1
	2000	…	…	…	3.7	17.2	30.3	–	–	–	–	1
	2001	…	…	…	2.7	13.5	30.6	–	–	–	–	1
	2002	…	…	28.9	2.9	13.0	31.5	–	–	–	–	1
	2005	…	…	…	0.8	3.4	31.5	–	–	–	–	1
斯洛伐克	1992	…	…	…	–	–	19.5	–	–	–	–	1
	1996	…	…	…	0.3	1.4	25.8	–	–	–	–	1
斯洛文尼亚	1993	…	…	…	–	–	29.2	–	–	–	–	1
	1998	…	…	…	–	–	28.4	–	–	–	–	1
	2002	…	…	…	–	–	29.2	–	–	–	–	1
	2004	…	…	…	–	–	31.2	–	–	–	–	1
中欧、东南欧（非欧盟）和独联体												
中欧和东南欧												
阿尔巴尼亚	1996	…	…	…	0.2	6.5	29.1	–	–	99.0	9.9	1
	2002	29.6	19.8	25.4	0.6	8.7	28.2	9.0	0.9	138.0	13.4	1
	2004	…	…	…	0.5	5.6	31.1	9.0	0.8	92.0	8.7	1
	2005	…	…	…	0.9	7.8	33.0	14.0	1.3	132.0	12.3	1
波斯尼亚和黑塞哥维那	2001	…	…	…	–	–	28.0	–	–	18.0	1.4	1
	2002	19.9	13.8	19.5	…	…	…	…	…	…	…	1
	2004	…	…	…	0.2	0.7	35.8	–	–	16.0	1.2	1
克罗地亚	1998	…	…	…	–	–	26.8	36.0	1.9	410.0	22.4	1
	1999	…	…	…	–	–	27.7	36.0	2.1	413.0	23.5	1
	2000	…	…	…	–	–	31.3	34.0	2.0	398.0	23.6	1
	2001	…	…	…	–	0.2	31.1	31.0	1.8	379.0	22.7	1
	2005	…	…	…	–	–	29.0	23.0	1.3	332.0	19.3	1

	年份	国家贫困线			国际贫困线		基尼指数	每天生活费在1.25美元以下的工作贫困人口		每天生活费在2美元以下的工作贫困人口		注：No.
		农村（%）	城市（%）	国家（%）	每天生活费在1.25美元以下的人口（%）	每天生活费在2美元以下的人口（%）		数量（千人）	在总就业中的比重（%）	数量（千人）	在总就业中的比重（%）	
前南斯拉夫马其顿共和国	1998	…	…	…	–	3.5	28.2	33.0	6.2	113.0	21.0	1
	2000	…	…	…	2.9	10.2	34.4	30.0	5.3	107.0	19.0	1
	2002	25.3	…	21.4	0.6	3.1	38.8	6.0	1.0	33.0	5.8	1
	2003	22.3	…	21.7	0.5	3.2	39.0	–	–	34.0	6.3	1
土耳其	1994	…	…	28.3	2.1	9.8	41.5	574.0	2.8	2 774.0	13.8	1
	2002	34.5	22.0	27.0	2.0	9.6	42.7	617.0	2.9	3 069.0	14.3	1
	2005	…	…	…	2.7	9.0	43.2	876.0	3.9	3 033.0	13.6	1
独立国家联合体（独联体）												
亚美尼亚	1996	…	…	…	17.5	38.9	44.4	277.0	32.1	617.0	71.3	1
	1999	50.8	58.3	55.1	18.0	48.8	36.0	287.0	33.7	708.0	83.3	1
	2001	48.7	51.9	50.9	11.0	37.6	36.2	177.0	19.9	619.0	69.4	1
	2002	…	…	…	15.0	46.7	35.7	244.0	26.8	718.0	78.8	1
	2003	…	…	…	10.6	43.4	33.8	175.0	18.9	694.0	75.0	1
阿塞拜疆	1995	…	…	68.1	15.6	39.3	35.0	577.0	20.3	1 497.0	52.7	1
	2001	42.0	55.0	49.6	6.3	27.1	36.5	267.0	8.1	1 171.0	35.5	1
	2005	…	…	…	–	0.3	16.8	–	–	–	–	1
白俄罗斯	1998	…	…	…	0.9	3.9	30.3	53.0	1.2	228.0	5.2	1
	2000	…	…	41.9	0.3	1.9	30.4	–	–	109.0	2.5	1
	2001	…	…	…	–	1.5	30.7	–	–	105.0	2.4	1
	2002	…	…	18.5	–	0.9	29.7	–	–	100.0	2.3	1
	2005	…	…	…	–	0.5	27.9	–	–	78.0	1.7	1
格鲁吉亚	2000	…	…	…	9.6	25.3	38.9	258.0	12.1	698.0	32.7	1
	2001	…	…	…	9.2	25.4	36.9	254.0	11.5	712.0	32.4	1
	2002	55.4	48.5	52.1	15.1	34.2	40.3	404.0	19.3	936.0	44.9	1
	2003	52.7	56.2	54.5	17.3	36.8	40.4	466.0	21.7	1 017.0	47.3	1
	2005	…	…	…	13.4	30.4	40.8	355.0	17.4	823.0	40.4	1
哈萨克斯坦	1993	…	…	…	4.2	17.6	32.7	368.0	5.2	1 563.0	22.1	1
	1996	39.0	30.0	34.6	5.0	18.7	35.3	426.0	6.3	1 635.0	24.3	1
	2001	…	…	17.6	0.5	8.5	31.3	43.0	0.6	729.0	10.6	1
	2002	…	…	15.4	5.2	21.5	35.0	441.0	6.3	1 876.0	26.7	1
	2003	…	…	…	3.1	17.2	33.9	270.0	3.8	1 513.0	21.2	1
吉尔吉斯斯坦	2001	51.0	41.2	47.6	…	…	…	…	…	…	…	1
	2002	…	…	…	34.0	66.6	31.7	840.0	44.2	1 552.0	81.7	1
	2003	57.5	35.7	49.9	…	…	…	…	…	…	…	1
	2004	…	…	…	21.8	51.9	32.9	557.0	27.2	1 358.0	66.4	1
	2005	50.8	29.8	43.1	…	…	…	…	…	…	…	1
摩尔多瓦共和国	1997	…	…	…	15.1	36.8	36.9	335.0	19.2	837.0	47.9	1
	1999	…	…	…	44.2	73.4	36.9	941.0	58.1	1 381.0	85.3	1
	2001	64.1	58.0	62.4	33.0	62.9	36.2	675.0	42.6	1 193.0	75.3	1
	2002	67.2	42.6	48.5	17.1	40.3	36.9	342.0	22.2	837.0	54.4	1
	2004	33.1	38.5	36.3	8.1	28.9	35.6	156.0	11.1	576.0	41.1	1
俄罗斯联邦	1998	…	…	31.4	…	…	…	…	…	…	…	1
	1999	…	…	…	2.3	10.5	37.5	1 916.0	3.1	9 103.0	14.6	1
	2001	…	…	…	0.9	6.0	39.6	761.0	1.1	5 238.0	7.8	1
	2002	…	…	19.6	0.3	3.7	35.7	–	–	3 234.0	4.8	1
	2005	…	…	…	0.2	1.5	37.5	–	–	1 319.0	1.9	1
塔吉克斯坦	1999	…	…	74.9	44.5	78.5	31.5	927.0	59.5	1 393.0	89.4	1
	2003	…	…	44.4	36.3	68.8	32.6	910.0	48.5	1 538.0	82.0	1
	2004	…	…	…	21.5	50.8	33.6	558.0	28.6	1 327.0	68.1	1
土库曼斯坦	1993	…	…	…	63.5	85.7	35.4	1 039.0	76.5	1 291.0	95.0	1
	1998	…	…	…	24.8	49.6	40.8	498.0	31.4	1 020.0	64.4	1
乌克兰	1999	…	…	…	2.0	13.5	29.0	550.0	2.7	3 766.0	18.7	1
	2000	34.9	…	31.5	…	…	…	…	…	…	…	1
	2002	…	…	…	0.5	3.4	28.3	139.0	0.7	957.0	4.6	1
	2003	28.4	…	19.5	…	…	…	…	…	…	…	1
	2005	…	…	…	0.1	0.5	28.2	–	–	–	–	1
乌兹别克斯坦	1998	…	…	…	32.1	53.6	45.4	3 318.0	41.7	5 598.0	70.3	1
	2000	30.5	22.5	27.5	…	…	…	…	…	…	…	1
	2002	…	…	…	42.3	75.6	34.6	4 936.0	54.7	7 908.0	87.6	1
	2003	…	…	…	46.3	76.7	36.7	5 560.0	59.7	8 236.0	88.5	1

	年份	国家贫困线			国际贫困线		基尼指数	每天生活费在1.25美元以下的工作贫困人口		每天生活费在2美元以下的工作贫困人口		注：No.
		农村（%）	城市（%）	国家（%）	每天生活费在1.25美元以下的人口（%）	每天生活费在2美元以下的人口（%）		数量（千人）	在总就业中的比重（%）	数量（千人）	在总就业中的比重（%）	
亚洲和太平洋地区												
东亚												
中国	1998	4.6	2.0	4.6	47.6	69.6	32.0	369 122.0	54.7	546 118.0	80.9	1
	1999	…	…	…	35.6	61.4	34.0	279 771.0	41.0	488 633.0	71.6	1
	2002	…	…	…	28.4	51.1	36.3	230 743.0	32.6	421 758.0	59.6	1
	2004	…	…	2.8	…	…	…	…	…	…	…	1
	2005	…	…	…	15.9	36.3	35.4	133 881.0	18.3	309 631.0	42.3	1
蒙古	1995	32.6	39.4	35.6	18.8	43.5	33.2	196.0	26.8	466.0	63.7	1
	1998	43.4	30.3	36.1	34.2	68.3	30.3	380.0	49.7	680.0	88.9	1
	2002	…	…	…	15.5	38.8	32.8	187.0	21.9	482.0	56.6	1
	2005	…	…	…	22.4	49.0	33.0	288.0	30.5	649.0	68.6	1
太平洋岛国												
巴布亚新几内亚	1996	41.3	16.1	37.5	35.8	57.4	50.9	800.0	40.8	1 305.0	66.6	1
南亚												
孟加拉国	1992	…	…	…	52.7	85.7	27.6	30 302.0	59.7	46 351.0	91.4	1
	1996	55.2	29.4	51.0	49.6	79.4	33.5	30 775.0	55.6	47 268.0	85.5	1
	2000	52.3	35.1	48.9	56.1	83.1	33.5	38 496.0	63.2	53 601.0	88.0	1
	2005	43.8	28.4	40.0	50.5	80.3	33.2	39 486.0	56.9	59 810.0	86.1	1
不丹	2003	…	…	…	26.2	49.5	46.8	70.0	31.7	136.0	61.7	1
印度	1994	37.3	32.4	36.0	49.4	81.7	30.1	205 519.0	59.4	303 348.0	87.7	1
	2000	30.2	24.7	28.6	…	…	…	…	…	…	…	1
	2005	…	…	…	41.6	75.6	32.5	218 781.0	51.4	357 774.0	84.1	1
尼泊尔	1996	43.3	21.6	41.8	68.4	88.1	37.7	6 039.0	76.3	7 372.0	93.2	1
	2004	34.6	9.6	30.9	55.1	77.6	47.3	6 593.0	67.6	8 555.0	87.7	1
巴基斯坦	1993	33.4	17.2	28.6	23.9	63.8	30.3	10 112.0	29.8	24 822.0	73.1	1
	1997	…	…	…	48.1	83.2	28.7	22 313.0	59.1	33 058.0	87.5	1
	1999	35.9	24.2	32.6	29.1	66.5	33.0	14 878.0	36.7	30 754.0	75.8	1
	2002	…	…	…	35.9	73.9	30.4	20 396.0	46.5	36 197.0	82.4	1
	2005	…	…	…	22.6	60.3	31.2	14 491.0	28.9	36 383.0	72.7	1
斯里兰卡	1991	22.0	15.0	20.0	15.0	49.5	32.5	1 254.0	20.1	4 249.0	68.2	1
	1996	27.0	15.0	25.0	16.3	46.7	35.4	1 431.0	21.6	4 221.0	63.7	1
	2002	7.9	24.7	22.7	14.0	39.7	41.1	1 343.0	17.8	3 940.0	52.2	1
东南亚												
柬埔寨	1994	…	…	47.0	48.6	77.8	38.3	2 466.0	53.3	3 930.0	85.0	1
	1997	40.1	21.1	36.1	…	…	…	…	…	…	…	1
	2004	38.0	18.0	35.0	40.2	68.2	41.9	2 902.0	45.7	4 978.0	78.3	1
东帝汶	2001	…	…	…	52.9	77.5	39.5	174.0	63.2	237.0	86.4	1
印度尼西亚	1996	…	…	17.5	43.4	77.0	31.2	43 840.0	52.5	72 149.0	86.4	1
	1999	34.4	16.1	27.1	47.7	81.5	29.0	52 222.0	58.5	81 261.0	91.0	1
	2002	…	…	…	29.3	66.9	29.9	33 828.0	37.2	74 107.0	81.4	1
	2004	…	…	16.7	…	…	…	…	…	…	…	1
	2005	…	…	…	21.4	53.8	34.5	26 278.0	27.8	67 304.0	71.1	1
老挝人民民主共和国	1992	48.7	33.1	45.0	55.7	84.8	30.4	1 150.0	57.0	1 737.0	86.0	1
	1997	41.0	26.9	38.6	49.3	79.9	34.9	1 160.0	51.2	1 889.0	83.4	1
	2002	…	…	33.0	44.0	76.8	32.6	1 172.0	45.7	2 072.0	80.9	1
马来西亚	1992	…	…	…	1.6	11.2	47.7	139.0	1.9	989.0	13.7	1
	1995	…	…	…	2.1	11.0	48.5	196.0	2.5	1 059.0	13.3	1
	1997	…	…	…	0.5	6.8	49.2	54.0	0.6	705.0	8.3	1
	2004	…	…	…	0.5	7.8	37.9	67.0	0.6	989.0	9.5	1
菲律宾	1994	18.6	45.4	32.1	28.1	52.6	42.9	8 373.0	33.9	16 039.0	64.9	1
	1997	36.9	11.9	25.1	21.6	43.8	46.2	7 050.0	25.8	14 616.0	53.5	1
	2000	…	…	…	22.5	44.8	46.1	7 853.0	27.6	16 047.0	56.5	1
	2003	…	…	…	22.0	43.8	44.5	8 431.0	26.9	17 152.0	54.7	1
	2006	…	…	…	22.6	45.0	44.0	9 158.0	27.2	18 670.0	55.4	1
泰国	1998	…	…	13.6	–	16.6	41.4	597.0	1.8	6 142.0	18.6	1
	1999	…	…	…	1.5	20.0	43.5	559.0	1.7	7 425.0	22.5	1
	2000	…	…	…	1.4	20.6	43.2	532.0	1.6	7 805.0	23.0	1
	2002	…	…	…	0.7	15.1	42.0	268.0	0.8	5 873.0	16.6	1
	2004	…	…	…	0.4	11.5	42.5	–	–	4 575.0	12.5	1

	年份	国家贫困线			国际贫困线		基尼指数	每天生活费在1.25美元以下的工作贫困人口		每天生活费在2美元以下的工作贫困人口		注：No.
		农村（%）	城市（%）	国家（%）	每天生活费在1.25美元以下的人口（%）	每天生活费在2美元以下的人口（%）		数量（千人）	在总就业中的比重（%）	数量（千人）	在总就业中的比重（%）	
越南	1993	…	…	…	63.7	85.7	35.7	23 178.0	71.5	29 570.0	91.2	1
	1998	45.5	9.2	37.4	49.7	78.2	35.5	20 151.0	55.5	30 866.0	85.1	1
	2002	35.6	6.6	28.9	40.1	68.7	37.6	17 852.0	44.9	31 026.0	78.0	1
	2004	…	…	…	24.2	52.5	39.2	11 269.0	27.3	24 884.0	60.2	1
	2006	…	…	…	21.5	48.4	37.8	10 477.0	24.2	24 037.0	55.6	1
拉丁美洲和加勒比地区												
加勒比地区												
多米尼加共和国	2000	45.3	18.2	27.7	4.4	12.4	52.1	179.0	5.9	515.0	17.0	1
	2003	…	…	…	6.1	16.3	51.9	271.0	8.2	739.0	22.5	1
	2004	55.7	34.7	42.2	…	…	…	…	…	…	…	1
	2005	…	…	…	5.0	15.1	50.0	229.0	6.3	711.0	19.4	1
	2006	…	…	…	4.0	13.5	51.9	187.0	4.9	655.0	17.1	1
圭亚那	1993	…	…	43.2	5.8	15.0	51.6	19.0	7.4	51.0	19.8	1
	1998	…	…	35.0	7.7	16.8	44.6	27.0	9.6	62.0	21.6	1
海地	1995	66.0	…	…	…	…	…	…	…	…	…	1
	2001	…	…	…	54.9	72.1	59.5	1 955.0	66.9	2 424.0	82.9	1
牙买加	1996	…	…	…	1.7	8.6	40.5	23.0	2.3	114.0	11.4	1
	1999	…	…	…	1.3	6.2	44.2	17.0	1.7	83.0	8.3	1
	2000	25.1	12.8	18.7	…	…	…	…	…	…	…	1
	2002	…	…	…	0.4	8.7	48.3	–	–	118.0	11.7	1
	2004	…	…	…	0.2	5.8	45.5	–	–	80.0	7.6	1
圣卢西亚	1995	…	…	…	…	…	42.6	…	…	…	…	1
苏里南	1999	…	…	…	15.5	27.2	52.9	28.0	20.1	51.0	36.5	1
特立尼达和多巴哥	1992	20.0	24.0	21.0	4.2	13.5	40.3	23.0	6.1	78.0	20.6	1
中美洲												
哥斯达黎加	2000	…	…	…	4.4	11.5	46.6	84.0	5.3	225.0	14.3	1
	2001	…	…	…	3.5	10.0	50.0	70.0	4.3	204.0	12.6	1
	2003	…	…	…	5.6	11.5	49.8	117.0	6.9	246.0	14.5	1
	2004	28.3	20.8	23.9	…	…	…	…	…	…	…	1
	2005	…	…	…	2.4	8.6	47.2	52.0	2.9	193.0	10.9	1
萨尔瓦多	1998	…	…	…	13.5	25.4	52.2	369.0	17.4	713.0	33.7	1
	2000	49.8	28.5	37.2	12.8	22.2	51.9	363.0	17.0	649.0	30.4	1
	2002	…	…	…	14.2	23.7	52.3	416.0	19.4	716.0	33.3	1
	2003	…	…	…	14.3	25.3	49.4	434.0	19.7	792.0	36.0	1
	2005	…	…	…	11.0	20.5	49.7	344.0	15.6	659.0	29.9	1
危地马拉	1998	…	…	…	15.7	29.8	55.7	575.0	20.4	1 141.0	40.5	1
	2000	74.5	27.1	56.2	13.1	26.8	55.0	515.0	16.4	1 098.0	35.0	1
	2002	…	…	…	16.9	29.8	55.3	760.0	20.6	1 378.0	37.5	1
	2006	…	…	…	12.7	25.7	53.7	684.0	14.6	1 423.0	30.4	1
洪都拉斯	1999	71.2	28.6	52.5	14.4	26.8	51.5	377.0	16.6	716.0	31.5	1
	2003	…	…	…	18.1	33.4	53.9	499.0	21.6	946.0	41.0	1
	2004	70.4	29.5	50.7	…	…	…	…	…	…	…	1
	2005	…	…	…	22.2	34.8	56.7	631.0	26.5	1 017.0	42.8	1
	2006	…	…	…	18.2	29.7	55.3	535.0	21.4	899.0	36.0	1
墨西哥	1998	…	…	…	8.0	19.1	49.0	3 617.0	9.6	8 872.0	23.5	1
	2000	42.4	12.6	24.2	4.8	13.7	51.9	2 254.0	5.7	6 589.0	16.7	1
	2002	34.8	11.4	20.3	3.7	13.1	49.7	1 795.0	4.4	6 497.0	16.0	1
	2004	27.9	11.3	17.6	2.8	7.0	46.1	1 399.0	3.3	3 576.0	8.5	1
	2006	…	…	…	0.7	4.8	48.1	339.0	0.8	2 561.0	5.7	1
尼加拉瓜	1993	76.1	31.9	50.3	32.5	49.2	56.4	559.0	40.6	872.0	63.2	1
	1998	68.5	30.5	47.9	21.8	38.5	53.9	433.0	27.4	787.0	49.7	1
	2001	…	…	…	19.4	37.5	50.3	425.0	24.0	842.0	47.7	1
	2005	…	…	…	15.8	31.8	52.3	380.0	19.4	787.0	40.0	1
巴拿马	2000	…	…	…	11.5	20.0	56.6	168.0	15.2	298.0	27.0	1
	2001	…	…	…	13.8	22.7	56.5	206.0	18.4	347.0	31.0	1
	2002	…	…	…	10.8	20.0	56.5	165.0	14.3	315.0	27.2	1
	2004	…	…	…	9.2	18.0	54.9	148.0	11.9	298.0	23.8	1
	2006	…	…	…	9.5	17.8	54.9	159.0	11.8	306.0	22.8	1

	年份	国家贫困线 农村（%）	国家贫困线 城市（%）	国家贫困线 国家（%）	国际贫困线 每天生活费在1.25美元以下的人口（%）	国际贫困线 每天生活费在2美元以下的人口（%）	基尼指数	每天生活费在1.25美元以下的工作贫困人口 数量（千人）	每天生活费在1.25美元以下的工作贫困人口 在总就业中的比重（%）	每天生活费在2美元以下的工作贫困人口 数量（千人）	每天生活费在2美元以下的工作贫困人口 在总就业中的比重（%）	注：No.
南美洲												
阿根廷	1998	…	29.9	…	1.8	8.9	49.8	319.0	2.4	1 640.0	12.1	2
	2002	…	…	…	9.9	19.7	52.5	1 914.0	13.8	3 911.0	28.1	2
	2004	…	…	…	8.4	16.0	51.3	1 681.0	11.0	3 281.0	21.4	2
	2005	…	…	…	4.5	11.3	50.0	917.0	5.7	2 361.0	14.8	2
	2006	…	…	…	2.8	8.0	48.8	581.0	3.5	1 705.0	10.3	2
玻利维亚	1991	…	…	…	4.0	17.2	42.0	119.0	4.8	523.0	21.0	1
	1997	77.3	53.8	63.2	18.9	29.9	58.5	690.0	21.8	1 108.0	35.1	1
	1999	81.7	50.6	62.7	24.7	35.6	57.8	945.0	28.3	1 387.0	41.5	1
	2002	83.5	53.9	65.2	22.8	34.2	60.2	947.0	26.3	1 444.0	40.1	1
	2005	…	…	…	19.6	30.3	58.2	892.0	22.5	1 402.0	35.3	1
巴西	2003	41.0	17.5	21.5	10.4	21.7	57.6	10 387.0	12.8	22 083.0	27.2	1
	2004	…	…	…	11.7	20.9	57.0	11 931.0	14.2	21 792.0	25.9	1
	2005	…	…	…	7.8	18.3	56.4	8 083.0	9.4	19 458.0	22.7	1
	2006	…	…	…	7.4	16.4	55.8	7 807.0	8.9	17 703.0	20.1	1
	2007	…	…	…	5.2	12.7	55.0	5 620.0	6.2	13 943.0	15.4	1
智利	1996	…	…	19.9	0.4	7.8	55.1	–	–	553.0	10.2	1
	1998	…	…	17.0	0.7	7.5	55.7	49.0	0.9	553.0	9.9	1
	2000	…	…	…	1.0	6.0	55.4	76.0	1.4	453.0	8.1	1
	2003	…	…	…	1.1	5.3	54.9	85.0	1.4	428.0	7.2	1
	2006	…	…	…	0.2	2.4	52.0	–	–	204.0	3.1	1
哥伦比亚	1998	…	…	…	16.1	28.0	58.2	3 187.0	22.2	5 677.0	39.6	1
	1999	79.0	55.0	64.0	16.5	29.7	57.9	3 447.0	22.4	6 313.0	41.0	1
	2000	…	…	…	16.8	29.1	57.5	3 589.0	22.5	6 354.0	39.9	1
	2003	…	…	…	15.4	26.3	58.8	3 551.0	20.9	6 192.0	36.4	1
	2006	…	…	…	16.0	27.9	58.5	3 986.0	21.3	7 070.0	37.7	1
厄瓜多尔	1997	…	…	…	9.8	20.4	…	519.0	12.2	1 112.0	26.2	1
	1998	69.0	30.0	46.0	4.7	12.8	53.5	255.0	5.8	718.0	16.3	1
	2003	…	…	…	…	…	61.8	…	…	…	…	1
	2005	…	…	…	…	…	53.7	…	…	…	…	1
	2007	…	…	…	…	…	54.4	…	…	…	…	1
巴拉圭	1998	…	…	…	19.6	30.2	56.5	485.0	22.6	760.0	35.4	1
	1999	…	…	…	14.3	23.7	56.9	368.0	16.6	618.0	28.0	1
	2002	…	…	…	17.2	28.1	58.0	490.0	20.8	810.0	34.4	1
	2005	…	…	…	9.3	18.4	53.9	291.0	10.5	583.0	21.1	1
	2007	…	…	…	6.5	14.2	53.2	214.0	7.3	478.0	16.3	1
秘鲁	2001	77.1	42.0	54.3	15.1	27.9	53.0	2 004.0	17.7	3 765.0	33.3	1
	2002	…	…	…	12.6	24.4	54.7	1 708.0	14.5	3 379.0	28.6	1
	2004	72.1	42.9	53.1	…	…	…	…	…	…	…	1
	2005	…	…	…	8.2	19.4	52.0	1 203.0	9.3	2 903.0	22.5	1
	2006	…	…	…	7.9	18.5	49.6	1 196.0	9.0	2 834.0	21.4	1
乌拉圭	2000	…	…	…	…	…	44.6	…	…	…	…	2
	2001	…	…	…	…	…	45.0	…	…	…	…	2
	2003	…	…	…	…	…	44.8	…	…	…	…	2
	2005	…	…	…	…	…	44.9	…	…	…	…	2
	2006	…	…	…	…	…	46.2	…	…	…	…	2
委内瑞拉玻利瓦尔共和国	1999	…	…	…	9.6	21.1	…	1 074.0	12.9	2 428.0	29.1	1
	2000	…	…	…	14.0	23.9	…	1 619.0	18.5	2 847.0	32.4	1
	2003	…	…	…	18.4	31.7	48.2	2 362.0	25.0	4 159.0	44.1	1
	2005	…	…	…	10.0	19.8	47.6	1 357.0	13.0	2 757.0	26.3	1
	2006	…	…	…	3.5	10.2	43.4	493.0	4.4	1 463.0	13.0	1
非洲												
北非												
阿尔及利亚	1995	30.3	14.7	22.6	6.8	23.6	35.3	749.0	11.5	2 697.0	41.3	1
埃及	1990	…	…	…	4.5	27.6	32.0	902.0	6.1	5 826.0	39.7	1
	1995	23.3	22.5	22.9	2.5	26.3	30.1	565.0	3.4	6 301.0	37.4	1
	2000	…	…	16.7	1.8	19.3	32.8	452.0	2.4	5 040.0	27.1	1
	2004	…	…	…	2.0	18.4	32.1	581.0	2.7	5 618.0	26.3	1
摩洛哥	1991	18.0	7.6	13.1	2.5	15.9	39.2	242.0	3.4	1 626.0	23.0	1
	1999	27.2	12.0	19.0	6.8	24.4	39.5	827.0	9.5	3 089.0	35.5	1
	2001	…	…	…	6.3	24.3	40.6	776.0	8.8	3 133.0	35.6	1
	2007	…	…	…	2.5	14.0	40.9	354.0	3.4	2 047.0	20.0	1

	年份	国家贫困线			国际贫困线		基尼指数	每天生活费在1.25美元以下的工作贫困人口		每天生活费在2美元以下的工作贫困人口		注:No.
		农村（%）	城市（%）	国家（%）	每天生活费在1.25美元以下的人口（%）	每天生活费在2美元以下的人口（%）		数量（千人）	在总就业中的比重（%）	数量（千人）	在总就业中的比重（%）	
突尼斯	1995	13.9	3.6	7.6	6.5	20.4	41.7	233.0	9.7	763.0	31.6	1
	2000	…	…	…	2.6	12.8	40.8	104.0	3.9	544.0	20.2	1
撒哈拉以南非洲												
东非												
布隆迪	1992	…	…	…	84.2	95.2	33.3	2 456.0	89.5	2 606.0	95.0	1
	1998	64.6	66.5	68.0	86.4	95.4	42.4	2 601.0	90.0	2 746.0	95.0	1
	2006	…	…	…	81.3	93.4	33.3	3 337.0	87.2	3 635.0	95.0	1
科摩罗	2004	…	…	…	46.1	65.0	64.3	165.0	64.6	222.0	86.8	1
吉布提	1996	…	…	…	…	…	36.8	…	…	…	…	1
	2002	…	…	…	…	…	40.0	…	…	…	…	1
厄立特里亚	1994	…	…	53.0	…	…	…	…	…	…	…	1
埃塞俄比亚	1995	…	…	…	60.5	84.6	40.0	16 610.0	73.9	21 341.0	95.0	1
	1996	47.0	33.3	45.5	…	…	…	…	…	…	…	1
	2000	45.0	37.0	44.2	55.6	86.4	30.0	18 142.0	67.8	25 430.0	95.0	1
	2005	…	…	…	39.0	77.5	29.8	15 172.0	45.8	29 628.0	89.5	1
肯尼亚	1992	…	…	…	38.4	59.3	57.5	4 343.0	45.1	6 772.0	70.4	1
	1994	47.0	29.0	40.0	28.6	53.7	42.1	3 504.0	33.5	6 661.0	63.7	1
	1997	53.0	49.0	52.0	19.6	42.7	42.5	2 680.0	23.0	5 905.0	50.6	1
	2005	…	…	…	19.7	39.9	47.7	3 444.0	22.9	7 045.0	46.9	1
马达加斯加	1993	…	…	…	72.5	88.4	46.1	4 475.0	81.8	5 195.0	95.0	1
	1997	76.0	63.2	73.3	72.0	89.4	39.2	5 036.0	81.2	5 891.0	95.0	1
	1999	76.7	52.1	71.3	82.3	93.1	41.8	5 902.0	89.7	6 250.0	95.0	1
	2001	…	…	…	76.3	88.7	47.5	5 905.0	85.7	6 545.0	95.0	1
	2005	…	…	…	67.8	89.6	47.2	6 388.0	76.7	7 908.0	95.0	1
马拉维	1991	…	…	54.0	…	…	…	…	…	…	…	1
	1998	66.5	54.9	65.3	83.1	93.5	50.3	3 843.0	88.4	4 129.0	95.0	1
	2004	…	…	…	73.9	90.4	39.0	4 108.0	79.8	4 838.0	94.0	1
莫桑比克	1997	71.3	62.0	69.4	81.3	92.9	44.5	6 565.0	87.2	7 153.0	95.0	1
	2003	55.3	51.5	54.1	74.7	90.0	47.1	7 096.0	81.2	8 260.0	94.5	1
卢旺达	1993	…	…	51.2	…	…	…	…	…	…	…	1
	2000	65.7	14.3	60.3	76.6	90.3	46.7	2 887.0	79.5	3 313.0	91.3	1
坦桑尼亚联合共和国	1991	40.8	31.2	38.6	72.6	91.3	33.8	9 998.0	77.2	12 271.0	94.7	1
	2000	…	…	…	88.5	96.6	34.6	14 492.0	90.0	15 297.0	95.0	1
	2001	38.7	29.5	35.7	…	…	…	…	…	…	…	1
乌干达	1999	…	…	…	60.5	82.7	43.1	6 553.0	66.4	8 838.0	89.5	1
	2000	37.4	9.6	33.8	…	…	…	…	…	…	…	1
	2002	…	…	…	57.4	79.8	45.8	6 803.0	62.8	9 455.0	87.3	1
	2003	41.7	12.2	37.7	…	…	…	…	…	…	…	1
	2005	…	…	…	51.5	75.6	42.6	6 753.0	55.7	9 983.0	82.3	1
赞比亚	1993	…	…	…	65.3	80.8	52.6	2 250.0	84.3	2 536.0	95.0	1
	1996	…	…	…	62.1	80.8	49.8	2 380.0	77.6	2 915.0	95.0	1
	1998	83.1	56.0	72.9	55.4	74.8	53.4	2 339.0	69.3	2 956.0	87.6	1
	2003	…	…	…	64.6	85.1	42.1	2 872.0	76.9	3 546.0	95.0	1
	2004	78.0	53.0	68.0	64.3	81.5	50.7	2 917.0	76.6	3 523.0	92.5	1
津巴布韦	1991	35.8	3.4	25.8	…	…	…	…	…	…	…	1
	1996	48.0	7.9	34.9	…	…	…	…	…	…	…	1
中非												
安哥拉	2000	…	…	…	54.3	70.2	58.6	3 467.0	59.9	4 529.0	78.2	1
喀麦隆	1996	59.6	41.4	53.3	51.5	74.4	46.8	3 053.0	63.1	4 107.0	84.8	1
	2001	49.9	22.1	40.2	32.8	57.7	44.6	2 251.0	39.9	4 048.0	71.7	1
中非共和国	1993	…	…	…	82.8	90.7	61.3	1 195.0	89.6	1 268.0	95.0	1
	2003	…	…	…	62.4	81.9	43.6	1 200.0	71.1	1 507.0	89.2	1
乍得	1996	67.0	63.0	64.0	…	…	…	…	…	…	…	1
	2003	…	…	…	61.9	83.3	39.8	2 529.0	72.1	3 184.0	90.7	1
刚果	2005	…	…	…	54.1	74.4	47.3	871.0	66.7	1 126.0	86.2	1
刚果民主共和国	2005	…	…	…	59.2	79.5	44.4	14 936.0	69.6	18 904.0	88.1	1
加蓬	2005	…	…	…	4.8	19.6	41.5	31.0	6.3	129.0	26.0	1

	年份	国家贫困线			国际贫困线		基尼指数	每天生活费在 1.25 美元以下的工作贫困人口		每天生活费在 2 美元以下的工作贫困人口		注：No.
		农村（%）	城市（%）	国家（%）	每天生活费在 1.25 美元以下的人口（%）	每天生活费在 2 美元以下的人口（%）		数量（千人）	在总就业中的比重（%）	数量（千人）	在总就业中的比重（%）	
南部非洲												
博茨瓦纳	1993	…	…	…	31.2	49.4	61.0	187.0	47.3	288.0	72.7	1
莱索托	1993	53.9	27.8	49.2	56.4	70.9	57.9	386.0	90.0	408.0	95.0	1
	1995	…	…	…	47.6	61.1	63.2	356.0	80.5	420.0	95.0	1
	1999	…	…	68.0	…	…	…	…	…	…	…	1
	2003	…	…	…	43.4	62.2	52.5	396.0	61.0	547.0	84.4	1
纳米比亚	1993	…	…	…	49.1	62.2	74.3	273.0	67.7	330.0	81.9	1
南非	1993	…	…	…	24.3	41.1	59.3	3 953.0	40.2	6 641.0	67.6	1
	1995	…	…	…	21.4	39.9	56.6	3 726.0	31.8	7 182.0	61.2	1
	2000	…	…	…	26.2	42.9	57.8	5 159.0	44.4	8 157.0	70.2	1
斯威士兰	1995	…	…	…	78.6	89.3	60.7	256.0	90.0	270.0	95.0	1
	2001	75.0	49.0	69.2	62.9	81.0	50.7	273.0	83.8	309.0	95.0	1
西非												
贝宁	1995	25.2	28.5	26.5	…	…	…	…	…	…	…	1
	1999	33.0	23.3	29.0	…	…	…	…	…	…	…	1
	2003	…	…	…	47.3	75.3	38.6	1 651.0	55.6	2 525.0	85.0	1
布基纳法索	1994	…	…	…	71.2	85.8	50.7	3 257.0	76.6	3 826.0	90.0	1
	1998	61.1	22.4	54.6	70.0	87.6	46.9	3 606.0	75.4	4 367.0	91.3	1
	2003	52.4	19.2	46.4	56.5	81.2	39.6	3 456.0	60.7	4 929.0	86.6	1
佛得角	2001	…	…	…	20.6	40.2	50.5	38.0	26.6	77.0	53.6	1
科特迪瓦	1993	…	…	…	17.8	43.5	36.9	1 017.0	20.6	2 542.0	51.4	1
	1995	…	…	…	21.1	47.9	36.7	1 286.0	23.7	2 989.0	55.1	1
	1998	…	…	…	24.1	49.1	43.8	1 613.0	27.0	3 373.0	56.4	1
	2002	…	…	…	23.3	46.8	48.4	1 720.0	26.3	3 532.0	54.0	1
冈比亚	1992	…	…	64.0	…	…	…	…	…	…	…	1
	1998	61.0	48.0	57.6	66.7	82.0	50.2	403.0	79.9	476.0	94.3	1
	2003	63.0	57.0	61.3	34.3	56.7	47.3	254.0	42.7	424.0	71.4	1
加纳	1991	…	…	50.0	51.1	77.6	38.1	3 759.0	60.1	5 450.0	87.1	1
	1998	49.6	19.4	39.5	39.1	63.3	40.8	3 540.0	47.3	5 819.0	77.7	1
	2005	39.2	10.8	28.5	30.0	53.6	42.8	3 275.0	37.6	5 953.0	68.3	1
几内亚	1991	…	…	…	92.6	98.4	47.2	2 628.0	90.0	2 774.0	95.0	1
	1994	…	…	40.0	36.8	63.8	40.3	1 285.0	38.9	2 247.0	68.0	1
	2003	…	…	…	70.1	87.2	43.3	3 029.0	73.9	3 690.0	90.0	1
几内亚比绍	1991	…	…	…	41.3	58.5	56.2	186.0	45.0	268.0	64.8	1
	1993	…	…	…	52.1	75.7	47.8	249.0	56.7	355.0	80.9	1
	2002	…	52.6	65.7	48.8	77.9	35.5	296.0	55.3	453.0	84.6	1
利比里亚	2007	…	…	…	83.7	94.8	52.6	1 178.0	86.2	1 298.0	95.0	1
马里	1994	…	…	…	86.1	93.9	50.6	2 007.0	79.7	2 183.0	86.7	1
	1998	75.9	30.1	63.8	…	…	…	…	…	…	…	1
	2001	…	…	…	61.2	82.0	40.0	1 876.0	64.6	2 357.0	81.2	1
	2006	…	…	…	51.4	77.1	39.0	1 922.0	60.6	2 594.0	81.8	1
毛里塔尼亚	1993	…	…	…	42.8	68.6	50.1	398.0	49.7	633.0	79.0	1
	1996	65.5	30.1	50.0	23.4	48.3	37.3	239.0	27.2	502.0	57.1	1
	2000	61.2	25.4	46.3	21.2	44.1	39.0	246.0	24.6	522.0	52.3	1
尼日尔	1992	…	…	…	72.8	91.1	36.1	2 070.0	81.3	2 418.0	95.0	1
	1993	66.0	52.0	63.0	…	…	…	…	…	…	…	1
	1994	…	…	…	78.2	91.5	41.5	2 339.0	85.9	2 586.0	95.0	1
	2005	…	…	…	65.9	85.6	43.9	3 070.0	76.6	3 770.0	94.0	1
尼日利亚	1993	36.4	30.4	34.1	49.2	69.7	45.0	18 222.0	60.1	23 736.0	78.3	1
	1996	…	…	…	68.5	86.4	46.5	25 370.0	75.2	30 549.0	90.5	1
	2004	…	…	…	64.4	83.9	42.9	29 362.0	72.2	36 163.0	89.0	1
塞内加尔	1991	…	…	…	65.8	81.5	54.1	2 287.0	82.6	2 629.0	95.0	1
	1992	40.4	23.7	33.4	…	…	…	…	…	…	…	1
	1995	…	…	…	54.1	79.4	41.4	2 202.0	71.2	2 938.0	95.0	1
	2001	…	…	…	44.2	71.3	41.3	2 144.0	58.4	3 274.0	89.2	1
	2005	…	…	…	33.5	60.3	39.2	1 830.0	44.4	3 293.0	79.9	1
塞拉利昂	2003	…	…	…	53.4	76.1	42.5	1 182.0	67.1	1 548.0	87.9	1
	2004	79.0	56.4	70.2	…	…	…	…	…	…	…	1
多哥	2006	…	…	…	38.7	69.3	34.4	1 084.0	45.9	1 896.0	80.3	1

	年份	国家贫困线			国际贫困线		基尼指数	每天生活费在1.25美元以下的工作贫困人口		每天生活费在2美元以下的工作贫困人口		注：No.
		农村（%）	城市（%）	国家（%）	每天生活费在1.25美元以下的人口（%）	每天生活费在2美元以下的人口（%）		数量（千人）	在总就业中的比重（%）	数量（千人）	在总就业中的比重（%）	
中东												
伊朗（伊斯兰共和国）	1994	…	…	…	1.4	8.2	43.0	313.0	1.9	1 884.0	11.4	1
	1998	…	…	…	1.3	8.3	44.1	318.0	1.6	2 173.0	11.1	1
	2005	…	…	…	1.5	8.0	38.3	463.0	1.9	2 653.0	10.8	1
约旦	1992	…	…	…	2.8	14.9	43.4	33.0	4.4	184.0	25.0	1
	1997	27.0	19.7	21.3	1.5	11.5	36.4	24.0	2.3	192.0	18.1	1
	2002	18.7	12.9	14.2	1.2	11.0	38.9	22.0	1.8	215.0	18.0	1
	2006	…	…	…	0.4	3.5	37.7	–	–	77.0	5.5	1
也门	1992	…	…	…	4.5	15.4	39.5	171.0	6.7	610.0	24.0	1
	1998	45.0	30.8	41.8	12.9	36.3	33.4	647.0	18.7	1 916.0	55.5	1
	2005	…	…	…	17.5	46.6	37.7	1 159.0	26.0	2 901.0	65.2	1

表 20　贫困、在职贫困者和收入分配（注）

1. 说明

表 20 重现用以监测减贫和联合国“千年发展目标”（MDG）目标进展情况的指标，即针对生活在每天 1.25 美元和 2 美元的国际贫困线以下人口的估算。该表还补充了其他贫困指标，包括对生活水平低于国家定义的贫困线人口的估算，以及一项衡量工作贫困人口数量的新指标。工作贫困人口是指虽然有工作，但其家庭成员生活在每天 1.25 美元和 2 美元贫困线以下的人口。此外，表 20 还包括反映收入分配状况的基尼系数。由于无法通过大规模消费调查对家庭内部消费或收入的实际分配状况进行估算，我们无法分别针对男性和女性的情况进行估算。

2. 信息库

WDI　世界发展指标在线

世界银行，美国华盛顿特区

世界发展指标在线提供了 209 个国家和 18 个国家集团在 1960—2008 年的 800 多个发展指标的时间序列。

PovcalNet

世界银行，美国华盛顿特区

http://iresearch.worldbank.org/PovcalNet

PovcalNet 是一种交互式计算机工具，能够让你模拟世界银行研究人员针对全球的绝对贫困进行的估算。其还能让你在不同的假设下进行对贫困指标的估算，并且将其他国家集团的估算结果和你选择的任何的国家数据集进行组合。

全球就业趋势估测模型

国际劳工局就业部就业趋势工作组，瑞士日内瓦

http://www.ilo.org/empelm/what/lang--en/WCMS_114246/index.htm

国际劳工组织就业趋势部门设计并维护了三个计量经济模型，用以编制没有真实数据的年份和国家的劳动力市场指标的估测值。全球就业趋势模型被用以编制按照年龄和性别分类的失业、就业/人口比率、就业状况、按部门划分的就业、劳动生产率以及就业弹性等一系列指标的估测值。劳动力趋势模型是劳动力估测的基础，而工作贫困趋势模型被用于得出关于工作贫困的估测。详情见“KILM 使用指南”中的专栏 3。

3. 符号

…　　无法获得数据

–　　忽略不计

注 No.	信息库—国家贫困线	信息库—国际贫困线	信息库—基尼指数	信息库—工作贫困人口	备注
1	WDI	PovcalNet	PovcalNet	趋势	
2	WDI	PovcalNet	PovcalNet	趋势	地域界限：城市地区

附　录

附录 A

宏观经济和人口指标

宏观经济指标

经购买力平价（PPP）统一后的人均 GDP

单位：2005 年定值国际美元
资料来源：世界银行世界发展指标在线。

基于购买力平价（PPP）的人均 GDP 是利用购买力平价将国内生产总值（GDP）转换为国际美元计值。国际美元有着与在美国的美元相同的购买力。以消费者价格衡量的 GDP 是一国所有居民生产者生产的附加值总和，加上所有的生产税，再减去所有不包括在产品价值中的补贴。其计算时不对组合资产的折旧或自然资源的枯竭和退化进行扣减。

人均 GDP

单位：2000 年定值美元
资料来源：世界银行世界发展指标在线。

人均 GDP 的计算是用国民生产总值除以年中人口。见上文关于 GDP 的定义。

GDP 增长率

单位：基于 2000 年定值美元的以市场价格衡量的 GDP 年度百分比增长率
资料来源：世界银行世界发展指标在线。

见上文关于 GDP 的定义。

消费者价格指数（CPI）

单位：指数（2000 年数值 =100）
资料来源：国际货币基金组织国际金融统计和数据档案。

消费者价格指数反映了平均而言消费者获取固定的一篮子货物和服务的成本变化，该篮子中的货物和服务可在特定时间间隔（如每年）内出现变动。通常选用拉氏公式。

贸易

单位：GDP 的百分比
资料来源：世界银行世界发展指标在线。

贸易是货物和服务的进出口总额，以占国内生产总值的比重来衡量。

人口指标

人口（0—14 岁，以及总人口）

单位：千人
资料来源：联合国：《世界人口展望》（2008 年版）数据库。

总人口和 0—14 岁的人口基于实际操作中关于人口的定义。所有居民均被计入，而不论其法律地位或国籍，这其中不包括没有永久定居在庇护国的难民，后者通常被认为是原籍国人口的组成部分。

人口增长率（总计）

单位：年均百分比
资料来源：联合国：《世界人口展望》（2008 年版）数据库。

见上文关于人口的定义。

表 A 宏观经济和人口指标

		宏观经济指标					人口指标			
	年份	经 PPP 统一后的人均 GDP（2005 年定值美元）	人均 GDP（2000 年定值美元）	GDP 增长率（年度百分比）	CPI	贸易（GDP 的百分比）	0—14 岁的人口（千人）	0—14 岁人口的增长率（百分比）	总人口（千人）	总人口增长率（百分比）
发达经济体和欧盟										
欧盟										
奥地利	1980	21 188	15 946	1.8	58	70.2	1 545.6	…	7 548.8	…
	1990	25 963	19 540	4.6	82	74.6	1 340.0	0.2	7 670.5	0.5
	2000	32 149	24 195	3.4	100	89.5	1 357.5	−0.9	8 004.7	0.3
	2003	32 657	24 578	1.2	105	93.8	1 334.7	−0.5	8 135.0	0.6
	2004	33 179	24 970	2.3	107	97.8	1 326.5	−0.6	8 186.2	0.6
	2005	33 616	25 299	2.0	110	102.0	1 315.4	−0.8	8 232.3	0.6
	2006	34 520	25 980	3.3	112	106.6	1 301.2	−1.1	8 272.1	0.5
	2007	35 537	26 745	3.4	114	110.4	1 284.6	−1.3	8 307.0	0.4
比利时	1980	20 881	15 608	4.5	64	116.2	1 985.7	…	9 827.7	…
	1990	25 171	18 815	3.1	82	137.0	1 793.5	−0.4	9 933.1	0.3
	2000	30 266	22 623	3.7	100	166.4	1 780.6	−0.2	10 193.1	0.3
	2003	30 899	23 097	1.0	106	157.5	1 775.3	–	10 312.9	0.4
	2004	31 680	23 681	3.0	108	163.3	1 775.4	–	10 362.5	0.5
	2005	32 033	23 945	1.7	110	169.6	1 776.3	0.1	10 415.2	0.5
	2006	32 729	24 465	2.8	113	172.2	1 778.2	0.1	10 471.5	0.5
	2007	33 399	24 965	2.8	115	175.9	1 781.0	0.2	10 530.8	0.6
保加利亚	1980	5 841	1 332	…	–	66.4	1 961.7	…	8 861.5	…
	1990	7 543	1 720	−9.1	–	69.8	1 792.2	−2.0	8 818.9	−0.7
	2000	6 854	1 563	5.4	100	116.8	1 257.4	−3.4	8 006.1	−0.8
	2003	8 067	1 840	5.0	116	117.3	1 127.6	−3.5	7 840.1	−0.7
	2004	8 645	1 972	6.6	123	125.5	1 091.6	−3.2	7 789.3	−0.6
	2005	9 230	2 105	6.2	131	136.6	1 062.7	−2.6	7 739.4	−0.6
	2006	9 864	2 249	6.3	141	147.9	1 041.3	−2.0	7 690.0	−0.6
	2007	10 529	2 401	6.2	151	148.9	1 026.6	−1.4	7 641.0	−0.6
塞浦路斯	1980	9 383	5 539	5.8	43	108.3	148.9	…	611.0	…
	1990	15 421	9 103	7.4	69	108.6	175.7	1.3	680.6	1.1
	2000	20 071	11 848	5.0	100	…	177.8	−1.1	786.6	1.4
	2003	20 899	12 337	1.9	109	…	170.9	−1.4	817.1	1.2
	2004	21 521	12 704	4.2	111	…	168.3	−1.5	826.7	1.2
	2005	22 116	13 056	3.9	113	…	165.5	−1.6	836.0	1.1
	2006	22 758	13 434	4.0	116	…	162.7	−1.7	845.0	1.1
	2007	23 499	13 872	4.4	118	…	159.9	−1.7	853.8	1.0
捷克共和国	1990	16 320	5 336	…	29	87.8	2 207.2	…	10 303.3	…
	2000	16 886	5 521	3.6	100	129.8	1 684.0	−2.6	10 224.4	−0.2
	2003	18 391	6 013	3.6	107	125.8	1 562.3	−2.3	10 179.8	−0.1
	2004	19 207	6 280	4.5	110	140.2	1 530.0	−2.1	10 180.4	–
	2005	20 366	6 659	6.3	112	141.2	1 503.6	−1.7	10 194.7	0.1
	2006	21 674	7 087	6.8	115	149.7	1 483.0	−1.4	10 224.7	0.3
	2007	22 953	7 505	6.6	118	154.2	1 468.1	−1.0	10 268.3	0.4
丹麦	1980	20 852	19 716	−0.4	46	68.0	1 068.2	…	5 123.0	…
	1990	25 491	24 102	1.5	81	69.7	875.5	−0.6	5 139.9	0.2
	2000	31 721	29 993	3.5	100	87.2	986.3	1.4	5 335.4	0.4
	2003	31 919	30 180	0.4	107	84.5	1 012.6	0.6	5 387.3	0.3
	2004	32 567	30 793	2.3	108	85.9	1 015.9	0.3	5 402.4	0.3
	2005	33 277	31 464	2.5	110	93.5	1 016.7	0.1	5 417.1	0.3
	2006	34 440	32 564	3.9	112	101.0	1 014.9	−0.2	5 431.4	0.3
	2007	34 905	33 003	1.8	114	103.1	1 010.4	−0.4	5 445.2	0.3
爱沙尼亚	1980	9 144	3 397	…	…	…	319.7	…	1 472.9	…
	1990	10 194	3 787	−7.1	…	…	347.4	−0.7	1 567.5	−0.3
	2000	11 053	4 106	9.6	100	174.4	248.5	−3.9	1 370.3	−0.6
	2003	13 906	5 166	7.1	111	146.3	218.2	−4.2	1 352.8	−0.3
	2004	15 004	5 574	7.5	114	154.2	210.1	−3.7	1 349.5	−0.2
	2005	16 413	6 097	9.2	119	166.4	204.3	−2.8	1 346.8	−0.2
	2006	18 151	6 743	10.4	124	173.3	201.0	−1.6	1 344.7	−0.2
	2007	19 327	7 180	6.3	133	159.7	200.0	−0.5	1 342.9	−0.1

	年份	宏观经济指标					人口指标			
		经 PPP 统一后的人均 GDP（2005 年定值美元）	人均 GDP（2000 年定值美元）	GDP 增长率（年度百分比）	CPI	贸易（GDP 的百分比）	0—14 岁的人口（千人）	0—14 岁人口的增长率（百分比）	总人口（千人）	总人口增长率（百分比）
芬兰	1980	18 169	15 576	5. 1	44	63. 6	970. 6	…	4 779. 5	…
	1990	23 463	20 114	0. 1	83	46. 4	963. 2	0. 3	4 986. 4	0. 4
	2000	27 463	23 543	5. 0	100	77. 4	939. 8	−0. 8	5 173. 4	0. 2
	2003	28 952	24 820	1. 8	106	70. 1	922. 7	−0. 6	5 212. 4	0. 3
	2004	29 945	25 671	3. 7	106	73. 0	917. 4	−0. 6	5 227. 6	0. 3
	2005	30 690	26 310	2. 8	107	79. 2	911. 7	−0. 6	5 244. 3	0. 3
	2006	32 056	27 481	4. 9	108	85. 4	905. 4	−0. 7	5 263. 0	0. 4
	2007	33 324	28 568	4. 4	110	85. 0	898. 8	−0. 7	5 283. 2	0. 4
法国	1980	20 715	15 982	1. 7	46	44. 0	12 044. 0	…	53 949. 8	…
	1990	24 943	19 244	2. 6	84	43. 8	11 401. 5	−0. 5	56 842. 0	0. 5
	2000	29 225	22 548	3. 9	100	56. 2	11 140. 8	−0. 2	59 128. 1	0. 5
	2003	29 763	22 963	1. 1	106	50. 1	11 168. 1	0. 2	60 230. 5	0. 7
	2004	30 314	23 388	2. 5	108	51. 3	11 201. 2	0. 3	60 630. 4	0. 7
	2005	30 710	23 693	1. 9	111	53. 0	11 243. 3	0. 4	61 013. 2	0. 6
	2006	31 131	24 019	2. 2	113	54. 9	11 294. 3	0. 5	61 373. 3	0. 6
	2007	31 625	24 399	2. 2	114	55. 0	11 352. 8	0. 5	61 714. 0	0. 6
德国	1980	20 734	15 656	1. 4	62	45. 3	14 473. 9	…	78 288. 6	…
	1990	25 729	19 428	5. 3	80	49. 7	12 775. 0	1. 2	79 433. 0	0. 6
	2000	30 611	23 114	3. 2	100	66. 4	12 816. 0	−1. 2	82 074. 8	0. 1
	2003	30 800	23 256	−0. 2	104	67. 3	12 221. 7	−1. 7	82 318. 9	0. 1
	2004	31 135	23 510	1. 1	106	71. 7	12 007. 5	−1. 8	82 383. 2	0. 1
	2005	31 397	23 707	0. 8	108	76. 7	11 802. 3	−1. 7	82 408. 7	–
	2006	32 334	24 415	2. 9	110	84. 7	11 611. 4	−1. 6	82 392. 7	–
	2007	33 181	25 054	2. 5	113	86. 4	11 434. 8	−1. 5	82 342. 6	−0. 1
希腊	1980	17 258	9 647	0. 7	7	52. 5	2 199. 8	…	9 642. 5	…
	1990	17 538	9 803	–	42	47. 2	1 955. 7	−1. 7	10 160. 5	0. 7
	2000	20 574	11 501	4. 5	100	63. 2	1 669. 1	−1. 3	10 942. 3	0. 3
	2003	23 237	12 989	5. 0	111	53. 3	1 611. 6	−1. 1	11 021. 5	0. 2
	2004	24 217	13 537	4. 6	115	55. 9	1 597. 6	−0. 9	11 042. 2	0. 2
	2005	25 049	14 002	3. 8	119	54. 7	1 588. 0	−0. 6	11 063. 7	0. 2
	2006	25 996	14 531	4. 2	123	56. 4	1 583. 1	−0. 3	11 086. 9	0. 2
	2007	26 928	15 052	4. 0	126	57. 6	1 582. 3	−0. 1	11 111. 7	0. 2
匈牙利	1980	10 718	3 702	0. 2	6	80. 3	2 348. 0	…	10 707. 5	…
	1990	12 389	4 279	−3. 5	16	59. 7	2 097. 1	−1. 9	10 364. 8	−0. 3
	2000	13 597	4 696	5. 2	100	147. 7	1 716. 6	−1. 7	10 214. 8	−0. 3
	2003	15 484	5 348	4. 2	120	125. 5	1 622. 9	−1. 9	10 130. 2	−0. 3
	2004	16 269	5 619	4. 8	128	129. 9	1 593. 4	−1. 8	10 103. 0	−0. 3
	2005	16 958	5 857	4. 0	133	133. 8	1 566. 1	−1. 7	10 077. 5	−0. 3
	2006	17 672	6 104	4. 0	138	154. 8	1 540. 9	−1. 6	10 054. 0	−0. 2
	2007	17 894	6 181	1. 1	149	159. 0	1 517. 9	−1. 5	10 032. 4	−0. 2
爱尔兰	1980	12 784	10 073	3. 1	37	105. 6	1 040. 8	…	3 401. 0	…
	1990	17 701	13 947	8. 5	78	108. 5	960. 6	−2. 1	3 514. 6	−0. 1
	2000	32 146	25 329	9. 4	100	183. 1	823. 9	−0. 5	3 803. 8	1. 4
	2003	36 154	28 487	4. 5	113	151. 6	832. 6	0. 8	4 020. 5	2. 0
	2004	37 061	29 202	4. 4	116	153. 0	842. 6	1. 2	4 103. 4	2. 1
	2005	38 437	30 286	6. 0	118	151. 3	855. 8	1. 6	4 187. 1	2. 0
	2006	39 671	31 259	5. 7	122	149. 3	872. 1	1. 9	4 271. 0	2. 0
	2007	41 036	32 334	6. 0	125	…	891. 2	2. 2	4 354. 9	2. 0
意大利	1980	18 842	13 097	3. 4	27	44. 8	12 508. 6	…	56 307. 3	…
	1990	23 781	16 531	2. 1	69	38. 3	9 361. 1	−2. 9	56 997. 7	–
	2000	27 720	19 269	3. 7	100	53. 2	8 169. 5	−0. 3	57 116. 0	0. 2
	2003	28 025	19 481	–	108	48. 6	8 229. 7	0. 5	57 927. 3	0. 6
	2004	28 175	19 585	1. 5	110	50. 0	8 275. 4	0. 6	58 290. 7	0. 6
	2005	28 122	19 548	0. 6	113	52. 0	8 322. 8	0. 6	58 644. 8	0. 6
	2006	28 478	19 796	1. 8	115	56. 5	8 368. 6	0. 6	58 981. 9	0. 6
	2007	28 682	19 937	1. 5	118	58. 7	8 412. 2	0. 5	59 304. 7	0. 5
拉脱维亚	1980	8 167	3 161	4. 1	…	…	513. 3	…	2 511. 7	…
	1990	10 081	3 901	−7. 9	…	96. 7	571. 0	−0. 1	2 663. 2	–
	2000	8 533	3 302	6. 9	100	90. 3	422. 7	−4. 5	2 373. 8	−0. 8
	2003	10 734	4 154	7. 2	108	96. 7	363. 0	−5. 0	2 320. 6	−0. 7
	2004	11 728	4 539	8. 7	114	103. 5	346. 1	−4. 7	2 305. 6	−0. 6
	2005	13 041	5 047	10. 6	122	110. 1	332. 3	−4. 0	2 292. 0	−0. 6
	2006	14 716	5 695	12. 2	130	111. 2	322. 0	−3. 1	2 279. 8	−0. 5
	2007	16 317	6 315	10. 3	143	109. 1	315. 0	−2. 2	2 268. 8	−0. 5

	年份	宏观经济指标					人口指标			
		经PPP统一后的人均GDP（2005年定值美元）	人均GDP（2000年定值美元）	GDP增长率（年度百分比）	CPI	贸易（GDP的百分比）	0—14岁的人口（千人）	0—14岁人口的增长率（百分比）	总人口（千人）	总人口增长率（百分比）
立陶宛	1990	12 566	4 354	…	…	112.8	833.7	…	3 697.8	…
	2000	9 417	3 263	3.5	100	95.9	698.8	-3.1	3 500.8	-0.6
	2003	12 000	4 158	10.3	101	108.4	623.5	-4.0	3 453.9	-0.4
	2004	12 949	4 487	7.3	102	111.4	597.8	-4.1	3 437.7	-0.5
	2005	14 063	4 873	7.9	105	123.4	573.1	-4.1	3 416.3	-0.6
	2006	15 231	5 278	7.7	109	129.8	549.6	-4.1	3 388.7	-0.8
	2007	16 659	5 772	8.8	115	122.7	527.5	-4.0	3 356.1	-1.0
卢森堡	1980	27 152	20 961	0.8	47	174.9	68.3	…	364.2	…
	1990	42 061	32 471	5.3	80	189.8	66.3	1.8	381.9	1.1
	2000	59 943	46 276	8.4	100	279.0	81.9	1.7	436.9	1.3
	2003	63 584	49 087	2.1	107	248.8	84.8	0.9	453.2	1.2
	2004	66 202	51 109	4.9	109	275.0	85.3	0.7	458.6	1.2
	2005	69 008	53 275	5.0	112	289.1	85.8	0.5	464.0	1.2
	2006	70 762	54 629	6.1	115	302.5	86.1	0.4	469.5	1.2
	2007	72 783	56 189	4.5	118	314.4	86.3	0.2	475.0	1.2
马耳他	1980	9 297	4 481	7.0	59	187.4	74.7	…	324.1	…
	1990	13 780	6 643	6.3	73	184.1	84.5	-0.1	360.1	0.9
	2000	20 706	9 981	6.3	100	194.8	77.7	-1.7	388.9	0.6
	2003	20 390	9 828	-0.3	107	163.3	73.2	-2.1	397.4	0.8
	2004	20 295	9 783	0.2	110	162.3	71.6	-2.2	400.2	0.7
	2005	20 832	10 042	3.2	113	160.5	69.9	-2.3	402.6	0.6
	2006	21 387	10 309	3.4	116	178.8	68.3	-2.3	404.5	0.5
	2007	22 046	10 627	3.8	117	177.7	66.7	-2.4	406.1	0.4
荷兰	1980	21 969	15 821	2.2	63	104.7	3 159.2	…	14 149.8	…
	1990	26 185	18 857	4.2	80	109.1	2 727.4	0.1	14 952.7	0.7
	2000	33 576	24 180	3.9	100	134.6	2 953.4	0.7	15 914.8	0.6
	2003	33 728	24 290	0.3	112	119.7	2 990.4	0.3	16 163.6	0.5
	2004	34 363	24 747	2.2	113	125.4	2 994.5	0.1	16 241.2	0.5
	2005	34 801	25 062	1.5	115	131.7	2 994.0	–	16 316.3	0.5
	2006	35 789	25 774	3.0	117	139.0	2 988.8	-0.2	16 389.3	0.4
	2007	36 956	26 614	3.5	119	142.6	2 979.1	-0.3	16 459.8	0.4
波兰	1990	8 164	3 098	…	10	50.2	9 573.3	…	38 110.8	…
	2000	11 743	4 456	4.3	100	60.6	7 404.4	-3.7	38 432.9	-0.1
	2003	12 618	4 788	3.9	108	69.2	6 647.7	-3.4	38 283.5	-0.1
	2004	13 297	5 045	5.3	112	77.0	6 432.8	-3.2	38 239.3	-0.1
	2005	13 784	5 230	3.6	115	74.5	6 238.9	-3.0	38 198.4	-0.1
	2006	14 652	5 559	6.2	116	81.3	6 067.6	-2.7	38 162.6	-0.1
	2007	15 634	5 932	6.6	119	84.4	5 920.0	-2.4	38 132.2	-0.1
葡萄牙	1980	11 671	6 302	4.6	13	57.5	2 519.4	…	9 766.3	…
	1990	15 860	8 564	4.0	63	69.1	2 032.9	-3.2	9 979.3	-0.1
	2000	20 402	11 016	3.9	100	70.4	1 648.3	-0.9	10 226.1	0.5
	2003	20 374	11 001	-0.8	112	62.5	1 640.0	0.1	10 421.0	0.7
	2004	20 563	11 103	1.5	115	64.6	1 642.9	0.2	10 487.2	0.6
	2005	20 656	11 153	0.9	117	65.9	1 644.9	0.1	10 546.6	0.6
	2006	20 852	11 259	1.3	121	70.5	1 645.0	–	10 597.7	0.5
	2007	21 169	11 430	1.8	124	73.0	1 643.4	-0.1	10 641.0	0.4
罗马尼亚	1980	7 639	1 844	…	–	…	5 921.7	…	22 201.4	…
	1990	7 851	1 896	-5.6	–	42.9	5 468.7	-1.3	23 206.7	0.1
	2000	6 838	1 651	2.1	100	71.4	4 078.3	-2.8	22 137.9	-0.5
	2003	8 249	1 992	5.2	190	76.9	3 633.0	-4.0	21 829.1	-0.5
	2004	8 966	2 165	8.4	213	81.0	3 497.2	-3.7	21 730.7	-0.5
	2005	9 361	2 260	4.2	232	76.2	3 391.3	-3.0	21 634.7	-0.4
	2006	10 123	2 444	7.9	247	77.8	3 319.8	-2.1	21 541.1	-0.4
	2007	10 750	2 596	6.0	259	75.0	3 277.6	-1.3	21 450.0	-0.4
斯洛伐克	1990	12 443	3 688	-2.7	…	62.1	1 327.5	-1.2	5 256.2	0.4
	2000	12 722	3 771	1.4	100	143.5	1 059.3	-3.0	5 378.6	–
	2003	14 457	4 285	4.7	120	153.5	962.6	-3.2	5 382.0	–
	2004	15 194	4 503	5.2	129	151.6	933.2	-3.1	5 383.4	–
	2005	16 175	4 794	6.5	133	157.1	906.5	-2.9	5 385.9	–
	2006	17 535	5 197	8.5	139	172.7	882.9	-2.6	5 389.5	0.1
	2007	19 342	5 733	10.4	141	174.0	862.2	-2.3	5 394.2	0.1

	年份	宏观经济指标					人口指标			
		经 PPP 统一后的人均 GDP（2005 年定值美元）	人均 GDP（2000 年定值美元）	GDP 增长率（年度百分比）	CPI	贸易（GDP 的百分比）	0—14 岁的人口（千人）	0—14 岁人口的增长率（百分比）	总人口（千人）	总人口增长率（百分比）
斯洛文尼亚	1990	16 401	8 317	…	…	169. 3	404. 1	…	1 926. 7	…
	2000	19 718	9 999	4. 4	100	111. 4	315. 7	−2. 4	1 985. 4	0. 2
	2003	21 610	10 959	2. 8	123	108. 2	294. 4	−2. 2	1 994. 2	0. 1
	2004	22 522	11 421	4. 3	127	117. 3	288. 9	−1. 9	1 997. 5	0. 2
	2005	23 460	11 897	4. 3	131	124. 9	284. 6	−1. 5	2 001. 2	0. 2
	2006	24 766	12 559	5. 9	134	133. 8	281. 7	−1. 0	2 005. 4	0. 2
	2007	26 294	13 334	6. 8	139	141. 6	280. 0	−0. 6	2 010. 1	0. 2
西班牙	1980	15 373	8 826	2. 2	28	31. 5	9 729. 0	…	37 526. 9	…
	1990	19 762	11 346	3. 8	68	35. 5	7 700. 5	−3. 2	38 839. 3	0. 2
	2000	25 119	14 422	5. 0	100	61. 2	5 951. 6	−0. 8	40 264. 3	0. 8
	2003	26 424	15 172	3. 1	110	55. 0	6 068. 7	1. 2	41 869. 5	1. 5
	2004	26 848	15 415	3. 3	113	55. 9	6 160. 0	1. 5	42 485. 3	1. 5
	2005	27 366	15 713	3. 6	117	56. 7	6 256. 4	1. 6	43 060. 3	1. 4
	2006	27 960	16 053	3. 9	121	58. 2	6 352. 4	1. 5	43 579. 2	1. 2
	2007	28 536	16 384	3. 8	125	58. 9	6 449. 2	1. 5	44 051. 3	1. 1
瑞典	1980	20 406	19 493	1. 7	37	61. 5	1 628. 3	…	8 310. 5	…
	1990	24 616	23 515	1. 0	77	60. 5	1 535. 0	1. 7	8 558. 8	0. 6
	2000	28 986	27 689	4. 4	100	86. 9	1 632. 7	−0. 7	8 860. 2	0. 1
	2003	30 276	28 921	1. 9	107	80. 8	1 600. 9	−0. 6	8 969. 6	0. 5
	2004	31 399	29 994	4. 1	108	84. 5	1 590. 0	−0. 7	9 018. 5	0. 5
	2005	32 319	30 873	3. 3	109	89. 7	1 577. 9	−0. 8	9 066. 4	0. 5
	2006	33 432	31 936	4. 1	111	94. 6	1 564. 5	−0. 9	9 113. 0	0. 5
	2007	34 090	32 565	2. 7	113	97. 2	1 550. 6	−0. 9	9 159. 1	0. 5
英国	1980	18 482	15 609	−2. 1	43	51. 9	11 831. 9	…	56 314. 2	…
	1990	23 599	19 930	0. 8	77	50. 3	10 876. 3	0. 5	57 237. 5	0. 3
	2000	29 172	24 637	3. 8	100	57. 8	11 176. 5	−0. 4	58 907. 4	0. 3
	2003	30 965	26 152	2. 8	104	53. 7	10 959. 8	−0. 7	59 667. 0	0. 5
	2004	31 808	26 864	3. 3	105	53. 4	10 886. 6	−0. 7	59 957. 8	0. 5
	2005	32 207	27 200	1. 8	107	56. 5	10 826. 3	−0. 6	60 260. 6	0. 5
	2006	32 941	27 821	2. 9	110	60. 4	10 782. 4	−0. 4	60 574. 5	0. 5
	2007	33 717	28 476	3. 0	112	55. 4	10 754. 4	−0. 3	60 899. 2	0. 5
北美洲										
加拿大	1980	23 092	16 751	2. 2	46	54. 3	5 574. 7	…	24 516. 3	…
	1990	26 966	19 562	0. 2	82	51. 5	5 732. 6	1. 0	27 700. 9	1. 4
	2000	32 477	23 560	5. 2	100	85. 4	5 856. 0	−0. 6	30 686. 8	0. 9
	2003	33 671	24 426	1. 9	108	72. 5	5 761. 3	−0. 5	31 646. 4	1. 1
	2004	34 359	24 925	3. 1	110	72. 5	5 728. 7	−0. 6	31 979. 2	1. 1
	2005	35 065	25 437	3. 1	112	71. 9	5 692. 8	−0. 6	32 307. 1	1. 0
	2006	35 660	25 869	2. 8	114	70. 0	5 653. 6	−0. 7	32 628. 4	1. 0
	2007	36 260	26 304	2. 7	117	…	5 613. 2	−0. 7	32 945. 3	1. 0
美国	1980	25 506	22 568	−0. 2	48	20. 8	51 575. 5	…	229 468. 8	…
	1990	31 942	28 263	1. 9	76	20. 5	55 373. 6	1. 5	254 865. 2	1. 2
	2000	39 108	34 603	3. 7	100	26. 3	62 030. 3	0. 6	287 842. 2	1. 2
	2003	39 883	35 290	2. 5	107	23. 7	62 711. 2	0. 3	296 927. 6	1. 0
	2004	40 952	36 235	3. 6	110	25. 6	62 881. 8	0. 3	299 821. 2	1. 0
	2005	41 826	37 008	3. 1	113	26. 9	63 061. 8	0. 3	302 740. 6	1. 0
	2006	42 616	37 707	2. 9	117	28. 2	63 258. 2	0. 3	305 696. 7	1. 0
	2007	43 055	38 096	2. 0	120	…	63 470. 6	0. 3	308 674. 0	1. 0
其他发达经济体										
澳大利亚	1980	19 568	14 308	3. 1	37	32. 9	3 711. 0	…	14 695. 4	…
	1990	23 449	17 147	3. 9	80	32. 6	3 760. 1	0. 4	17 091. 3	1. 5
	2000	28 926	21 151	4. 0	100	41. 8	3 964. 9	0. 3	19 170. 9	1. 2
	2003	30 396	22 227	3. 2	110	40. 9	4 003. 4	0. 3	19 903. 8	1. 3
	2004	31 248	22 849	4. 0	113	37. 6	4 014. 4	0. 3	20 152. 7	1. 3
	2005	31 702	23 181	2. 8	116	39. 9	4 023. 6	0. 2	20 394. 8	1. 2
	2006	32 175	23 527	3. 0	120	42. 1	4 030. 8	0. 2	20 628. 0	1. 1
	2007	32 735	23 936	3. 3	123	42. 4	4 036. 7	0. 1	20 853. 9	1. 1
以色列	1980	15 015	12 843	6. 9	–	103. 1	1 249. 5	…	3 763. 9	…
	1990	17 848	15 267	6. 8	40	80. 1	1 412. 5	1. 5	4 513. 7	2. 7
	2000	22 991	19 666	8. 9	100	75. 1	1 720. 8	1. 7	6 084. 2	2. 2
	2003	21 772	18 624	1. 8	108	74. 5	1 808. 3	1. 6	6 453. 9	1. 9
	2004	22 466	19 217	5. 0	107	83. 2	1 837. 8	1. 6	6 572. 7	1. 8
	2005	23 207	19 850	5. 1	109	86. 2	1 868. 0	1. 6	6 691. 6	1. 8
	2006	23 982	20 513	5. 2	111	86. 5	1 899. 1	1. 7	6 811. 3	1. 8
	2007	24 824	21 234	5. 4	111	88. 0	1 930. 5	1. 7	6 931. 5	1. 8

	年份	宏观经济指标					人口指标			
		经PPP统一后的人均GDP（2005年定值美元）	人均GDP（2000年定值美元）	GDP增长率（年度百分比）	CPI	贸易（GDP的百分比）	0—14岁的人口（千人）	0—14岁人口的增长率（百分比）	总人口（千人）	总人口增长率（百分比）
日本	1980	18 652	23 982	2.8	75	28.4	27 532.5	…	116 794.2	…
	1990	25 953	33 369	5.2	92	20.0	22 569.4	-3.0	123 191.0	0.3
	2000	28 613	36 789	2.9	100	20.5	18 498.5	-1.4	126 705.8	0.2
	2003	28 953	37 227	1.4	98	22.4	17 898.1	-1.0	127 262.6	0.1
	2004	29 738	38 236	2.7	98	24.7	17 733.4	-0.9	127 384.2	0.1
	2005	30 310	38 972	1.9	98	27.3	17 574.7	-0.9	127 448.7	0.1
	2006	31 041	39 911	2.4	98	30.9	17 419.7	-0.9	127 450.9	–
	2007	31 689	40 745	2.1	98	…	17 266.2	-0.9	127 396.0	–
新西兰	1980	17 011	10 213	0.9	30	60.0	855.9	…	3 147.2	…
	1990	18 499	11 106	–	84	53.4	781.4	0.3	3 385.6	1.1
	2000	21 975	13 193	2.4	100	69.3	878.5	0.4	3 868.2	1.0
	2003	23 751	14 259	3.5	107	57.9	885.1	0.1	4 013.1	1.3
	2004	24 345	14 616	4.0	110	58.9	885.1	–	4 063.6	1.3
	2005	24 718	14 840	2.7	113	58.2	884.0	-0.1	4 110.6	1.2
	2006	24 801	14 890	1.6	117	59.7	881.7	-0.3	4 153.3	1.0
	2007	25 281	15 178	3.0	120	…	878.4	-0.4	4 192.8	1.0
圣马力诺	1990	…	…	…	…	…	…	…	…	…
	2000	…	…	2.2	…	…	…	…	…	…
	2003	…	…	3.9	…	…	…	…	…	…
	2004	…	30 225	4.6	…	…	…	…	…	…
	2005	…	31 333	5.0	…	…	…	…	…	…
	2006	…	32 520	5.0	…	…	…	…	…	…
	2007	…	33 536	4.5	…	…	…	…	…	…
西欧（非欧盟）										
冰岛	1980	21 866	22 637	5.7	4	71.0	62.8	…	228.2	…
	1990	25 639	26 544	1.2	73	66.0	63.6	0.1	254.8	1.0
	2000	29 896	30 951	4.3	100	74.4	65.5	-0.1	281.1	0.9
	2003	30 920	32 011	2.4	114	71.6	65.3	-0.1	288.1	0.9
	2004	32 998	34 162	7.7	118	73.9	65.3	–	291.4	1.1
	2005	34 905	36 136	7.5	123	75.6	65.4	0.1	295.7	1.5
	2006	35 607	36 863	4.4	131	82.1	65.5	0.2	301.4	1.9
	2007	36 118	37 392	3.8	137	81.3	65.7	0.3	308.1	2.2
挪威	1980	25 973	22 301	4.5	38	80.4	905.7	…	4 085.6	…
	1990	32 117	27 577	1.9	79	73.9	803.3	0.1	4 241.5	0.5
	2000	43 642	37 472	3.3	100	76.0	897.7	0.8	4 484.0	0.6
	2003	44 898	38 551	1.0	107	67.6	908.2	0.2	4 567.1	0.6
	2004	46 359	39 805	3.9	107	70.5	909.3	0.1	4 599.4	0.7
	2005	47 306	40 618	2.7	109	72.8	910.3	0.1	4 635.5	0.8
	2006	48 113	41 311	2.5	112	74.8	911.2	0.1	4 676.0	0.9
	2007	49 359	42 381	3.7	112	75.9	912.1	0.1	4 720.3	0.9
瑞士	1980	28 590	28 597	4.6	59	71.9	1 247.5	…	6 319.1	…
	1990	33 480	33 488	3.8	83	71.0	1 143.8	0.9	6 714.6	0.9
	2000	34 778	34 787	3.6	100	87.1	1 243.5	-0.4	7 184.2	0.5
	2003	34 522	34 530	-0.2	102	81.5	1 220.5	-0.7	7 338.5	0.8
	2004	35 153	35 162	2.5	103	85.8	1 210.6	-0.8	7 393.3	0.7
	2005	35 774	35 783	2.4	104	91.1	1 200.3	-0.9	7 441.0	0.6
	2006	36 702	36 711	3.2	105	97.4	1 189.8	-0.9	7 480.4	0.5
	2007	37 581	37 591	3.3	106	…	1 179.5	-0.9	7 513.2	0.4
中欧、东南欧（非欧盟）和独联体										
中欧和东南欧										
阿尔巴尼亚	1980	4 242	1 061	…	…	45.8	957.8	…	2 671.3	…
	1990	3 910	978	-9.6	5	38.1	1 078.2	0.1	3 289.5	1.0
	2000	4 787	1 197	7.3	100	56.6	932.2	-1.6	3 067.6	-0.1
	2003	5 508	1 377	5.7	111	66.5	869.2	-2.6	3 086.7	0.3
	2004	5 797	1 450	5.9	114	64.8	845.8	-2.7	3 098.7	0.4
	2005	6 079	1 520	5.5	117	68.6	823.1	-2.7	3 110.6	0.4
	2006	6 345	1 587	5.0	120	74.2	801.4	-2.6	3 121.8	0.4
	2007	6 707	1 677	6.0	123	82.2	780.7	-2.6	3 132.5	0.3
波斯尼亚和黑塞哥维那	1990	…	…	…	…	…	1 042.1	…	4 308.2	…
	2000	5 010	1 445	5.5	100	107.5	729.4	–	3 693.6	2.6
	2003	5 648	1 629	4.0	105	97.7	673.3	-3.6	3 783.1	0.2
	2004	5 965	1 720	6.1	106	100.1	648.8	-3.6	3 781.8	–
	2005	6 234	1 798	5.0	110	107.7	628.3	-3.2	3 781.3	–
	2006	6 627	1 911	6.2	116	103.1	612.8	-2.5	3 781.5	–
	2007	7 088	2 044	6.8	118	112.7	600.6	-2.0	3 778.4	-0.1

	年份	宏观经济指标					人口指标			
		经PPP统一后的人均GDP（2005年定值美元）	人均GDP（2000年定值美元）	GDP增长率（年度百分比）	CPI	贸易（GDP的百分比）	0—14岁的人口（千人）	0—14岁人口的增长率（百分比）	总人口（千人）	总人口增长率（百分比）
克罗地亚	1990	11 418	4 492	…	…	…	926.2	…	4 517.2	…
	2000	10 570	4 158	2.9	100	99.4	766.1	−2.5	4 505.4	−0.8
	2003	12 239	4 815	5.3	107	105.0	726.6	−1.5	4 456.6	−0.2
	2004	12 762	5 021	4.3	110	103.9	716.7	−1.4	4 449.9	−0.2
	2005	13 302	5 233	4.3	113	102.7	706.7	−1.4	4 442.9	−0.2
	2006	13 942	5 485	4.8	117	104.6	696.6	−1.4	4 435.6	−0.2
	2007	14 729	5 794	5.6	120	104.0	686.6	−1.4	4 428.9	−0.2
前南斯拉夫马其顿共和国	1990	8 342	2 059	…	…	61.7	499.2	…	1 909.3	…
	2000	7 231	1 785	4.5	100	112.2	448.2	−1.8	2 011.6	0.4
	2003	7 099	1 752	2.8	109	92.7	422.8	−2.0	2 028.5	0.2
	2004	7 374	1 820	4.1	109	100.7	413.8	−2.1	2 032.2	0.2
	2005	7 664	1 892	4.1	109	106.7	404.6	−2.2	2 035.3	0.2
	2006	7 957	1 964	4.0	113	114.9	395.2	−2.3	2 037.9	0.1
	2007	8 350	2 061	5.0	115	129.5	385.6	−2.4	2 039.8	0.1
黑山共和国	1990	…	…	…	…	…	154.3	…	587.0	…
	2000	6 707	1 469	3.1	100	87.9	142.6	−1.3	660.6	0.3
	2003	7 473	1 636	2.5	159	77.6	132.3	−2.9	640.3	−1.5
	2004	7 996	1 751	4.4	164	100.1	128.7	−2.7	631.2	−1.4
	2005	8 493	1 860	4.2	170	104.6	125.8	−2.2	624.6	−1.0
	2006	9 330	2 043	8.6	173	127.1	123.8	−1.6	621.4	−0.5
	2007	10 363	2 269	10.7	179	145.2	122.5	−1.0	620.9	−0.1
塞尔维亚	1990	12 984	2 282	−8.0	…	…	2 222.2	…	9 568.7	…
	2000	6 785	1 193	4.5	100	62.2	2 017.9	−2.3	10 134.0	−0.5
	2003	7 636	1 342	2.5	256	61.6	1 886.9	−2.1	9 950.0	−0.6
	2004	8 300	1 459	8.4	282	69.0	1 850.1	−2.0	9 895.5	−0.5
	2005	8 841	1 554	6.2	331	72.6	1 818.3	−1.7	9 855.9	−0.4
	2006	9 381	1 649	5.7	372	78.1	1 792.2	−1.4	9 835.0	−0.2
	2007	10 128	1 780	7.5	397	80.9	1 771.8	−1.1	9 831.5	–
土耳其	1980	5 908	2 525	−2.4	–	17.1	18 564.7	…	46 161.3	…
	1990	7 797	3 332	9.3	–	21.9	20 270.3	–	56 086.2	1.8
	2000	9 275	3 963	6.8	100	43.2	20 327.9	−0.1	66 459.6	1.6
	2003	9 319	3 982	5.3	281	47.0	20 314.9	–	69 329.5	1.4
	2004	10 129	4 328	9.4	305	49.7	20 303.2	−0.1	70 250.2	1.3
	2005	10 841	4 633	8.4	330	47.2	20 278.7	−0.1	71 169.0	1.3
	2006	11 444	4 890	6.9	361	50.3	20 240.6	−0.2	72 087.9	1.3
	2007	11 825	5 053	4.6	393	49.2	20 190.8	−0.2	73 003.7	1.3
独立国家联合体（独联体）										
亚美尼亚	1990	2 936	795	…	…	81.3	1 076.6	…	3 544.7	…
	2000	2 290	620	5.9	100	73.9	795.6	−3.6	3 075.8	−0.5
	2003	3 285	890	14.0	109	82.2	714.4	−3.4	3 060.0	–
	2004	3 643	987	10.5	117	69.5	691.9	−3.2	3 061.8	0.1
	2005	4 162	1 127	13.9	118	72.0	672.3	−2.8	3 064.9	0.1
	2006	4 724	1 280	13.2	121	62.6	655.7	−2.5	3 068.5	0.1
	2007	5 377	1 457	13.8	126	58.3	642.0	−2.1	3 072.5	0.1
阿塞拜疆	1990	4 754	1 251	−11.7	…	83.1	2 470.9	2.4	7 211.7	1.6
	2000	2 490	655	11.1	100	77.4	2 528.5	−1.7	8 121.4	0.7
	2003	3 290	866	11.2	107	107.6	2 355.1	−2.6	8 306.4	0.8
	2004	3 594	945	10.2	114	121.5	2 296.7	−2.5	8 376.0	0.8
	2005	4 496	1 183	26.4	125	115.8	2 245.9	−2.2	8 452.9	0.9
	2006	5 981	1 574	34.5	135	105.3	2 204.3	−1.9	8 538.3	1.0
	2007	7 414	1 951	25.0	158	102.2	2 171.8	−1.5	8 631.5	1.1
白俄罗斯	1990	6 434	1 410	…	…	89.6	2 367.1	…	10 259.7	…
	2000	5 810	1 273	5.8	100	141.6	1 885.3	−3.9	10 053.6	−0.5
	2003	6 933	1 519	7.0	295	134.1	1 659.6	−4.2	9 909.7	−0.5
	2004	7 765	1 701	11.4	348	142.1	1 594.2	−3.9	9 863.1	−0.5
	2005	8 541	1 871	9.4	384	118.9	1 538.7	−3.5	9 816.4	−0.5
	2006	9 436	2 068	10.0	411	124.3	1 494.3	−2.9	9 769.9	−0.5
	2007	10 238	2 243	8.2	446	129.6	1 460.7	−2.3	9 724.2	−0.5
格鲁吉亚	1980	6 040	1 670	4.6	…	…	1 305.7	…	5 073.0	…
	1990	5 398	1 493	−14.8	…	85.6	1 343.1	−0.5	5 460.0	−0.1
	2000	2 342	648	1.8	100	62.7	1 042.0	−3.8	4 744.8	−1.2
	2003	2 974	822	11.1	116	78.3	905.3	−4.8	4 573.2	−1.2
	2004	3 181	880	5.9	122	79.7	861.7	−4.8	4 518.5	−1.2
	2005	3 520	973	9.6	132	85.3	822.7	−4.5	4 464.5	−1.2
	2006	3 885	1 075	9.4	145	89.9	788.8	−4.1	4 410.9	−1.2
	2007	4 403	1 218	12.4	158	89.3	759.8	−3.7	4 357.9	−1.2

	年份	宏观经济指标					人口指标			
		经 PPP 统一后的人均 GDP（2005 年定值美元）	人均 GDP（2000 年定值美元）	GDP 增长率（年度百分比）	CPI	贸易（GDP 的百分比）	0—14 岁的人口（千人）	0—14 岁人口的增长率（百分比）	总人口（千人）	总人口增长率（百分比）
哈萨克斯坦	1990	7 089	1 612	…	…	…	5 202.1	…	16 530.0	…
	2000	5 406	1 229	9.8	100	105.7	4 134.7	−2.8	14 956.8	−0.8
	2003	7 351	1 671	9.3	122	91.5	3 817.0	−2.4	14 996.9	0.5
	2004	8 001	1 819	9.6	131	95.7	3 740.3	−2.0	15 092.1	0.6
	2005	8 699	1 978	9.7	140	98.3	3 687.5	−1.4	15 193.9	0.7
	2006	9 529	2 166	10.7	152	91.6	3 660.1	−0.7	15 298.2	0.7
	2007	10 259	2 332	8.9	169	92.0	3 656.4	−0.1	15 408.2	0.7
吉尔吉斯斯坦	1990	2 505	465	5.7	…	78.8	1 650.9	1.7	4 394.5	1.4
	2000	1 501	279	5.4	100	89.4	1 733.2	−0.5	4 954.9	1.4
	2003	1 651	306	7.0	112	83.9	1 672.8	−1.4	5 116.7	1.0
	2004	1 748	324	7.0	117	93.8	1 650.3	−1.3	5 166.6	1.0
	2005	1 728	321	−0.2	122	96.4	1 632.4	−1.1	5 221.3	1.1
	2006	1 765	328	3.1	129	120.8	1 620.2	−0.7	5 281.6	1.2
	2007	1 894	352	8.2	142	134.6	1 613.0	−0.4	5 346.1	1.2
摩尔多瓦共和国	1980	3 274	699	…	…	…	1 071.8	…	4 010.0	…
	1990	3 860	824	−2.4	…	98.8	1 218.2	0.5	4 364.0	0.4
	2000	1 455	311	2.1	100	125.2	974.0	−4.5	4 100.3	−1.5
	2003	1 849	395	6.6	129	140.7	812.2	−6.4	3 887.9	−1.8
	2004	2 012	430	7.4	145	132.7	760.0	−6.4	3 819.6	−1.8
	2005	2 190	468	7.5	163	142.8	714.6	−6.0	3 759.3	−1.6
	2006	2 322	496	4.8	183	137.0	677.2	−5.2	3 708.8	−1.3
	2007	2 409	515	3.0	206	143.5	647.4	−4.4	3 667.5	−1.1
俄罗斯联邦	1990	12 630	2 602	−3.0	…	36.1	34 027.5	0.1	148 065.2	0.4
	2000	8 615	1 775	10.0	100	68.1	26 685.3	−4.0	146 669.8	−0.4
	2003	10 300	2 122	7.3	160	59.0	23 267.8	−4.5	144 598.2	−0.5
	2004	11 094	2 286	7.1	177	56.5	22 325.6	−4.0	143 863.8	−0.5
	2005	11 861	2 444	6.4	200	56.7	21 601.9	−3.2	143 169.8	−0.5
	2006	12 797	2 637	7.4	219	54.8	21 123.2	−2.2	142 530.4	−0.4
	2007	13 873	2 858	8.1	239	52.3	20 871.5	−1.2	141 941.2	−0.4
塔吉克斯坦	1990	3 066	426	−0.6	…	63.0	2 288.8	2.9	5 303.2	2.6
	2000	1 003	139	8.3	100	199.7	2 614.8	0.2	6 172.9	1.2
	2003	1 284	178	10.2	181	136.8	2 597.8	−0.4	6 379.3	1.1
	2004	1 403	195	10.6	194	128.2	2 587.0	−0.4	6 453.3	1.2
	2005	1 478	205	6.7	208	78.8	2 577.8	−0.4	6 535.5	1.3
	2006	1 560	217	7.0	229	80.9	2 570.8	−0.3	6 627.1	1.4
	2007	1 657	230	7.8	259	87.1	2 566.3	−0.2	6 727.4	1.5
土库曼斯坦	1990	…	1 038	0.7	…	…	1 484.5	2.6	3 668.0	2.7
	2000	…	645	18.6	100	176.4	1 634.3	−0.7	4 501.7	1.3
	2003	…	…	…	128	118.9	1 595.4	−0.8	4 703.9	1.5
	2004	…	…	…	136	121.2	1 581.1	−0.9	4 774.2	1.5
	2005	4 677	…	…	150	112.8	1 565.8	−1.0	4 843.2	1.4
	2006	…	…	…	163	126.2	1 549.6	−1.0	4 910.7	1.4
	2007	…	…	…	173	110.5	1 533.1	−1.1	4 977.4	1.4
乌克兰	1990	8 063	1 387	−6.3	…	56.4	11 065.3	−0.4	51 582.8	0.1
	2000	3 696	636	5.9	100	119.9	8 555.0	−4.3	48 870.1	−0.9
	2003	4 778	822	9.4	119	112.9	7 456.2	−4.5	47 647.4	−0.8
	2004	5 397	928	12.1	129	114.9	7 146.4	−4.2	47 285.0	−0.8
	2005	5 583	960	2.7	147	102.1	6 884.4	−3.7	46 936.3	−0.7
	2006	6 032	1 037	7.3	160	96.1	6 675.5	−3.0	46 603.2	−0.7
	2007	6 529	1 123	7.6	181	96.2	6 519.2	−2.3	46 289.5	−0.7
乌兹别克斯坦	1990	2 002	685	1.6	…	76.6	8 392.1	2.6	20 515.3	2.4
	2000	1 632	558	3.8	100	46.1	9 258.5	−0.7	24 775.6	1.4
	2003	1 777	608	4.2	181	67.8	8 928.0	−1.4	25 724.2	1.2
	2004	1 892	647	7.7	193	72.9	8 785.0	−1.6	26 024.3	1.2
	2005	2 001	684	7.0	212	66.5	8 635.7	−1.7	26 319.7	1.1
	2006	2 121	725	7.3	242	64.9	8 481.8	−1.8	26 611.1	1.1
	2007	2 290	783	9.5	272	70.5	8 326.9	−1.8	26 900.4	1.1

	年份	宏观经济指标					人口指标			
		经 PPP 统一后的人均 GDP（2005 年定值美元）	人均 GDP（2000 年定值美元）	GDP 增长率（年度百分比）	CPI	贸易（GDP 的百分比）	0—14 岁的人口（千人）	0—14 岁人口的增长率（百分比）	总人口（千人）	总人口增长率（百分比）
亚洲和太平洋地区										
东亚										
中国	1980	523	186	7.8	25	21.7	348 279.9	…	980 928.6	…
	1990	1 099	392	3.8	50	34.6	324 117.4	0.6	1 142 090.0	1.5
	2000	2 664	949	8.4	100	44.2	325 822.6	−1.3	1 266 954.0	0.8
	2003	3 393	1 209	10.0	101	56.9	303 869.4	−2.7	1 294 940.0	0.7
	2004	3 714	1 323	10.1	105	65.4	295 793.0	−2.7	1 303 667.0	0.7
	2005	4 076	1 452	10.4	107	69.3	288 716.4	−2.4	1 312 253.0	0.7
	2006	4 524	1 612	11.6	109	72.0	282 903.4	−2.0	1 320 724.0	0.6
	2007	5 084	1 811	13.0	114	74.2	278 232.1	−1.7	1 329 090.0	0.6
中国香港	1980	13 945	11 880	10.3	28	178.3	1 286.2	…	5 038.5	…
	1990	23 697	20 188	3.9	59	252.6	1 226.3	−0.7	5 704.5	1.1
	2000	29 785	25 375	8.0	100	282.1	1 123.4	−1.8	6 666.7	1.1
	2003	30 944	26 362	3.0	93	332.8	1 051.6	−2.4	6 814.3	0.6
	2004	33 441	28 489	8.5	93	371.4	1 022.7	−2.8	6 849.1	0.5
	2005	35 678	30 395	7.1	93	385.0	990.3	−3.2	6 882.7	0.5
	2006	37 938	32 320	7.0	95	399.5	954.3	−3.6	6 915.6	0.5
	2007	39 953	34 037	6.4	97	403.7	915.8	−4.0	6 947.8	0.5
朝鲜	1990	…	…	…	61	…	5 272.4	…	20 143.2	…
	2000	…	…	…	100	…	5 846.6	−0.5	22 858.7	0.8
	2003	…	…	…	111	…	5 740.2	−0.8	23 301.8	0.6
	2004	…	…	…	115	…	5 682.2	−1.0	23 419.7	0.5
	2005	…	…	…	118	…	5 606.6	−1.3	23 529.1	0.5
	2006	…	…	…	120	…	5 513.1	−1.7	23 631.6	0.4
	2007	…	…	…	124	…	5 405.6	−2.0	23 727.7	0.4
韩国	1980	5 176	3 221	−1.5	…	72.0	12 708.1	…	37 459.4	…
	1990	10 628	6 615	9.2	…	57.0	11 013.4	−2.0	42 982.9	1.0
	2000	17 489	10 884	8.5	…	78.5	9 679.7	−1.1	46 429.3	0.7
	2003	19 672	12 243	3.1	…	73.5	9 366.1	−1.2	47 163.9	0.5
	2004	20 525	12 774	4.7	…	83.7	9 232.0	−1.4	47 366.5	0.4
	2005	21 342	13 282	4.2	…	82.2	9 064.4	−1.8	47 566.4	0.4
	2006	22 364	13 918	5.1	…	85.1	8 859.3	−2.3	47 766.1	0.4
	2007	23 399	14 563	5.0	…	90.4	8 622.7	−2.7	47 962.1	0.4
中国澳门	1990	20 164	12 058	9.8	…	193.9	95.5	3.7	372.2	3.2
	2000	22 279	13 323	5.7	…	171.4	98.9	−3.1	440.9	1.5
	2003	27 553	16 476	14.2	…	167.8	86.3	−4.9	466.2	2.0
	2004	34 894	20 867	28.4	…	171.3	82.0	−4.9	476.4	2.2
	2005	36 869	22 047	6.9	…	156.4	78.3	−4.6	487.6	2.3
	2006	42 752	25 566	17.0	…	151.1	75.2	−3.9	499.9	2.5
	2007	54 134	32 372	27.3	…	…	72.8	−3.2	513.1	2.6
蒙古	1990	2 332	522	−2.5	1	71.7	923.5	1.5	2 216.1	2.1
	2000	2 029	454	0.5	100	127.2	831.1	−1.7	2 389.2	1.2
	2003	2 264	507	7.0	113	132.5	771.6	−2.7	2 484.5	1.3
	2004	2 470	553	10.6	122	144.1	751.4	−2.6	2 517.4	1.3
	2005	2 609	584	7.3	137	132.5	734.0	−2.3	2 549.8	1.3
	2006	2 798	626	8.6	143	125.0	720.0	−1.9	2 581.1	1.2
	2007	3 056	684	10.2	155	130.0	709.1	−1.5	2 611.5	1.2
太平洋岛国										
斐济	1980	3 393	1 838	−1.6	37	100.5	247.8	…	633.7	…
	1990	3 335	1 807	3.6	71	129.5	273.9	−0.3	723.6	0.5
	2000	3 891	2 108	−1.7	100	135.4	273.0	−0.1	801.7	0.7
	2003	4 052	2 196	1.0	110	128.1	273.1	–	817.8	0.6
	2004	4 240	2 297	5.3	113	124.2	272.9	−0.1	822.9	0.6
	2005	4 245	2 300	0.7	115	129.1	272.3	−0.2	828.0	0.6
	2006	4 375	2 370	3.6	118	117.2	271.3	−0.4	833.3	0.6
	2007	4 064	2 202	−6.6	124	113.4	269.9	−0.5	838.7	0.6
法属波利尼西亚	1980	…	10 354	0.5	…	…	60.4	…	151.1	…
	1990	…	14 003	2.2	…	…	69.0	1.1	195.4	2.2
	2000	…	14 601	4.0	…	29.1	74.2	−0.4	236.0	1.7
	2003	…	…	…	…	…	71.5	−1.5	247.8	1.6
	2004	…	…	…	…	…	70.5	−1.4	251.6	1.5
	2005	…	…	…	…	…	69.8	−0.9	255.3	1.5
	2006	…	…	…	…	…	69.6	−0.4	258.9	1.4
	2007	…	…	…	…	…	69.6	0.1	262.3	1.3

	年份	宏观经济指标					人口指标			
		经 PPP 统一后的人均 GDP（2005 年定值美元）	人均 GDP（2000 年定值美元）	GDP 增长率（年度百分比）	CPI	贸易（GDP 的百分比）	0—14 岁的人口（千人）	0—14 岁人口的增长率（百分比）	总人口（千人）	总人口增长率（百分比）
基里巴斯	1980	1 110	442	-44.4	54	133.6	…	…	…	…
	1990	1 033	411	2.1	74	158.9	…	…	…	…
	2000	1 397	556	-0.1	100	78.5	…	…	…	…
	2003	1 410	561	0.1	111	134.5	…	…	…	…
	2004	1 335	531	-3.6	110	136.6	…	…	…	…
	2005	1 316	524	0.3	110	…	…	…	…	…
	2006	1 222	486	-5.6	108	…	…	…	…	…
	2007	1 223	487	1.7	113	…	…	…	…	…
马绍尔群岛	1990	…	2 639	7.0	…	…	…	…	…	…
	2000	…	2 097	0.9	…	…	…	…	…	…
	2003	…	2 242	1.8	…	…	…	…	…	…
	2004	…	2 207	0.4	…	…	…	…	…	…
	2005	…	2 238	3.5	…	…	…	…	…	…
	2006	…	2 256	3.0	…	…	…	…	…	…
	2007	…	2 282	3.5	…	…	…	…	…	…
新喀里多尼亚	1980	…	9 908	-0.4	…	…	53.1	…	142.7	…
	1990	…	13 563	3.6	…	53.2	55.2	0.8	171.1	2.2
	2000	…	12 580	2.1	…	…	64.2	0.9	215.2	2.0
	2003	…	…	…	…	…	64.5	-0.1	227.2	1.7
	2004	…	…	…	…	…	64.3	-0.2	231.0	1.7
	2005	…	…	…	…	…	64.2	-0.2	234.9	1.7
	2006	…	…	…	…	…	64.1	-0.1	238.7	1.6
	2007	…	…	…	…	…	64.0	-0.1	242.5	1.6
巴布亚新几内亚	1980	1 950	650	-2.3	23	96.5	1 433.6	…	3 199.0	…
	1990	1 712	571	-3.0	40	89.6	1 723.5	2.1	4 131.1	2.6
	2000	1 963	654	-2.5	100	115.4	2 225.7	2.6	5 387.6	2.7
	2003	1 856	619	2.2	140	123.4	2 388.2	2.3	5 820.7	2.6
	2004	1 863	621	2.7	143	131.1	2 440.1	2.2	5 968.5	2.5
	2005	1 883	628	3.4	146	135.0	2 490.9	2.1	6 118.2	2.5
	2006	1 890	630	2.6	149	143.8	2 540.5	2.0	6 269.6	2.5
	2007	1 968	656	6.2	151	157.5	2 588.7	1.9	6 422.6	2.4
萨摩亚	1990	2 768	1 124	-4.4	71	…	65.9	0.7	161.3	0.7
	2000	3 298	1 339	7.0	100	91.0	71.6	1.5	176.6	0.7
	2003	3 725	1 512	3.1	114	75.2	73.5	0.6	178.6	0.2
	2004	3 822	1 551	3.3	123	…	73.6	0.2	178.8	0.1
	2005	3 950	1 604	4.1	125	…	73.5	-0.1	179.0	0.1
	2006	3 997	1 623	1.9	130	…	73.2	-0.5	179.0	-
	2007	4 218	1 713	6.1	138	…	72.5	-0.9	178.9	-
所罗门群岛	1980	1 150	539	-6.0	12	170.3	109.1	…	228.9	…
	1990	1 595	748	1.8	37	121.4	142.0	1.9	313.6	2.9
	2000	1 537	721	-14.3	100	82.2	174.5	2.0	415.5	2.8
	2003	1 354	635	6.5	130	77.9	185.2	2.0	450.0	2.7
	2004	1 426	668	8.0	139	89.8	188.6	1.9	461.8	2.6
	2005	1 460	685	5.0	149	…	192.0	1.8	473.8	2.6
	2006	1 512	709	6.1	165	…	195.3	1.7	485.9	2.6
	2007	1 629	764	10.2	178	…	198.5	1.6	498.2	2.5
汤加	1980	…	…	…	24	97.8	43.0	…	96.9	…
	1990	2 667	1 256	-2.0	65	99.0	37.2	0.4	94.6	0.7
	2000	3 307	1 557	3.6	100	66.8	38.2	-0.4	98.6	0.4
	2003	3 528	1 661	3.1	131	81.3	38.2	0.1	100.5	0.7
	2004	3 554	1 674	1.1	147	80.3	38.2	0.2	101.2	0.7
	2005	3 425	1 613	-3.3	161	85.3	38.3	0.3	101.9	0.7
	2006	3 562	1 677	4.4	172	77.0	38.5	0.3	102.5	0.6
	2007	3 539	1 666	-0.3	181	…	38.6	0.4	103.1	0.6
瓦努阿图	1980	2 760	1 017	-11.4	34	74.9	52.9	…	117.2	…
	1990	3 399	1 252	11.7	74	120.0	65.7	2.5	149.4	2.7
	2000	3 500	1 289	2.7	100	96.9	80.0	1.3	189.7	2.1
	2003	3 024	1 114	3.2	109	103.6	83.9	1.7	205.0	2.8
	2004	3 108	1 145	5.5	110	105.0	85.3	1.7	210.7	2.8
	2005	3 226	1 188	6.5	112	105.7	86.8	1.7	216.4	2.7
	2006	3 373	1 243	7.2	114	101.9	88.2	1.7	222.2	2.7
	2007	3 462	1 275	5.0	118	…	89.6	1.6	228.0	2.6

	年份	宏观经济指标					人口指标			
		经 PPP 统一后的人均 GDP（2005 年定值美元）	人均 GDP（2000 年定值美元）	GDP 增长率（年度百分比）	CPI	贸易（GDP 的百分比）	0—14 岁的人口（千人）	0—14 岁人口的增长率（百分比）	总人口（千人）	总人口增长率（百分比）
南亚										
阿富汗	1990	…	…	…	…	…	5 805. 0	…	12 580. 4	…
	2000	…	…	…	…	…	9 655. 7	2. 5	20 535. 8	2. 5
	2003	…	…	…	100	…	10 690. 9	3. 7	22 755. 4	3. 8
	2004	…	…	…	113	…	11 083. 8	3. 7	23 627. 5	3. 8
	2005	…	…	…	127	…	11 470. 1	3. 5	24 506. 8	3. 7
	2006	…	…	…	134	…	11 847. 7	3. 3	25 390. 1	3. 6
	2007	…	…	…	151	…	12 222. 7	3. 2	26 289. 9	3. 5
孟加拉国	1980	614	230	0. 8	21	23. 4	40 872. 6	…	90 397. 2	…
	1990	696	261	5. 9	58	19. 7	49 781. 3	1. 1	115 632. 1	2. 2
	2000	901	338	5. 9	100	33. 2	51 835. 1	0. 1	140 766. 9	1. 8
	2003	984	369	5. 3	111	34. 2	51 920. 0	–	148 281. 3	1. 7
	2004	1 027	385	6. 3	118	36. 3	51 892. 6	–0. 1	150 726. 3	1. 6
	2005	1 068	400	6. 0	126	39. 6	51 812. 3	–0. 2	153 122. 0	1. 6
	2006	1 119	419	6. 6	135	44. 2	51 676. 0	–0. 3	155 463. 1	1. 5
	2007	1 172	439	6. 4	148	46. 5	51 491. 3	–0. 4	157 752. 5	1. 5
不丹	1980	923	258	…	17	50. 4	176. 2	…	422. 6	…
	1990	1 804	504	10. 7	41	56. 7	234. 5	1. 3	548. 8	1. 0
	2000	2 866	801	7. 2	100	80. 9	226. 8	0. 3	561. 2	2. 9
	2003	3 346	935	7. 2	108	62. 5	224. 9	–0. 5	615. 5	3. 2
	2004	3 486	974	6. 8	113	93. 3	223. 4	–0. 7	633. 5	2. 9
	2005	3 649	1 020	7. 0	119	86. 8	221. 6	–0. 8	649. 8	2. 6
	2006	3 886	1 086	8. 5	125	76. 8	219. 5	–0. 9	664. 0	2. 2
	2007	4 568	1 277	19. 1	132	108. 9	217. 2	–1. 1	676. 0	1. 8
印度	1980	870	229	6. 7	18	15. 6	272 127. 5	…	692 637. 3	…
	1990	1 208	318	5. 5	42	15. 7	326 416. 3	1. 6	862 161. 6	2. 1
	2000	1 718	453	4. 0	100	27. 4	365 267. 9	0. 7	1 042 590. 0	1. 7
	2003	1 940	512	8. 4	112	30. 9	371 591. 6	0. 5	1 095 767. 0	1. 6
	2004	2 071	546	8. 3	117	37. 9	373 069. 2	0. 4	1 113 283. 0	1. 6
	2005	2 234	589	9. 4	122	42. 5	374 117. 6	0. 3	1 130 618. 0	1. 6
	2006	2 416	637	9. 7	129	47. 4	374 707. 7	0. 2	1 147 746. 0	1. 5
	2007	2 600	686	9. 1	137	45. 7	374 885. 2	–	1 164 671. 0	1. 5
马尔代夫	1990	…	…	…	52	…	101. 7	…	215. 5	…
	2000	3 460	2 287	4. 8	100	161. 1	108. 6	–1. 7	272. 2	1. 6
	2003	3 948	2 610	8. 5	99	153. 0	101. 3	–2. 5	284. 4	1. 4
	2004	4 257	2 815	9. 5	105	172. 7	98. 6	–2. 7	288. 4	1. 4
	2005	3 996	2 642	–4. 6	108	…	95. 9	–2. 7	292. 4	1. 4
	2006	4 679	3 093	19. 1	112	…	93. 3	–2. 7	296. 5	1. 4
	2007	4 907	3 244	6. 6	120	…	90. 8	–2. 7	300. 7	1. 4
尼泊尔	1980	564	140	–2. 3	15	30. 3	6 389. 5	…	15 057. 5	…
	1990	710	177	4. 6	41	32. 2	8 105. 0	2. 3	19 104. 7	2. 4
	2000	905	225	6. 2	100	55. 7	10 008. 6	1. 7	24 431. 8	2. 4
	2003	926	230	3. 9	110	44. 2	10 431. 0	1. 2	26 122. 6	2. 2
	2004	950	236	4. 7	115	46. 1	10 534. 5	1. 0	26 675. 9	2. 1
	2005	960	239	3. 1	120	44. 1	10 614. 5	0. 8	27 221. 5	2. 0
	2006	976	243	3. 7	130	44. 8	10 670. 3	0. 5	27 758. 3	2. 0
	2007	991	246	3. 2	138	44. 4	10 703. 7	0. 3	28 286. 7	1. 9
巴基斯坦	1980	1 191	330	10. 2	21	36. 6	36 125. 0	…	82 609. 2	…
	1990	1 678	465	4. 5	42	38. 9	50 269. 8	3. 0	115 776. 0	2. 9
	2000	1 931	536	4. 3	100	28. 1	61 158. 7	1. 3	148 132. 4	2. 5
	2003	1 983	550	4. 8	110	32. 8	62 856. 4	0. 8	158 693. 7	2. 3
	2004	2 078	576	7. 4	115	30. 3	63 361. 9	0. 8	162 223. 9	2. 2
	2005	2 184	606	7. 7	126	35. 3	63 921. 5	0. 9	165 815. 8	2. 2
	2006	2 272	630	6. 2	136	38. 5	64 548. 1	1. 0	169 469. 7	2. 2
	2007	2 357	654	6. 0	147	35. 3	65 234. 4	1. 1	173 177. 5	2. 2
斯里兰卡	1980	1 533	436	5. 8	13	87. 0	5 385. 6	…	15 059. 7	…
	1990	2 018	574	6. 4	40	68. 2	5 522. 5	–0. 2	17 290. 3	1. 3
	2000	3 068	873	6. 0	100	88. 6	4 992. 9	–1. 4	18 767. 1	0. 6
	2003	3 233	920	5. 9	136	75. 3	4 843. 2	–0. 8	19 196. 8	0. 8
	2004	3 373	959	5. 4	149	79. 5	4 818. 4	–0. 5	19 361. 6	0. 9
	2005	3 546	1 009	6. 2	165	73. 6	4 808. 8	–0. 2	19 530. 7	0. 9
	2006	3 776	1 074	7. 7	181	71. 3	4 814. 7	0. 1	19 703. 9	0. 9
	2007	4 007	1 140	6. 8	210	68. 8	4 835. 1	0. 4	19 881. 5	0. 9

	年份	宏观经济指标					人口指标			
		经 PPP 统一后的人均 GDP（2005 年定值美元）	人均 GDP（2000 年定值美元）	GDP 增长率（年度百分比）	CPI	贸易（GDP 的百分比）	0—14 岁的人口（千人）	0—14 岁人口的增长率（百分比）	总人口（千人）	总人口增长率（百分比）
东南亚										
文莱达鲁萨兰国	1980	79 032	29 915	-7.0	…	105.0	74.5	…	193.0	…
	1990	49 438	18 713	1.1	82	99.1	88.6	1.2	257.0	2.9
	2000	47 543	17 996	2.8	100	103.2	104.2	1.0	333.5	2.3
	2003	48 694	18 432	2.9	99	105.3	106.3	0.5	355.5	2.1
	2004	47 851	18 113	0.5	99	100.6	106.6	0.3	362.8	2.0
	2005	46 991	17 787	0.4	101	97.5	106.9	0.2	370.1	2.0
	2006	48 015	18 175	4.4	101	97.0	107.1	0.2	377.4	2.0
	2007	47 407	17 944	0.6	101	95.5	107.2	0.1	384.9	2.0
柬埔寨	1990	…	…	…	6	…	4 326.4	…	9 690.1	…
	2000	1 009	293	8.8	100	111.6	5 345.1	-0.5	12 759.8	2.0
	2003	1 195	347	8.5	105	123.1	5 234.9	-0.8	13 432.1	1.6
	2004	1 296	377	10.3	109	134.5	5 187.6	-0.9	13 646.8	1.6
	2005	1 443	419	13.3	115	136.8	5 135.1	-1.0	13 866.1	1.6
	2006	1 572	457	10.8	120	144.6	5 078.8	-1.1	14 091.8	1.6
	2007	1 702	495	10.2	128	138.3	5 021.9	-1.1	14 323.8	1.6
东帝汶	1990	…	…	…	…	…	295.3	…	740.2	…
	2000	914	406	13.7	100	…	402.5	2.5	815.3	0.5
	2003	729	324	0.1	116	…	434.8	2.6	907.5	4.7
	2004	720	320	4.2	120	…	446.3	2.7	950.7	4.8
	2005	725	322	6.2	122	…	458.2	2.7	991.6	4.3
	2006	648	288	-5.8	127	…	470.5	2.7	1 028.9	3.8
	2007	677	301	7.8	139	…	483.2	2.7	1 064.1	3.4
印度尼西亚	1980	1 345	397	8.7	13	54.4	59 304.6	…	146 582.0	…
	1990	2 077	612	9.0	29	49.1	63 519.9	0.1	177 385.1	1.7
	2000	2 714	800	4.9	100	71.4	62 268.4	-0.2	205 280.3	1.4
	2003	2 959	872	4.8	133	53.6	62 190.9	-	213 655.5	1.3
	2004	3 066	904	5.0	141	59.8	62 221.8	-	216 443.3	1.3
	2005	3 197	943	5.7	156	64.0	62 241.0	-	219 210.3	1.3
	2006	3 336	983	5.5	176	56.7	62 241.5	-	221 953.7	1.3
	2007	3 506	1 034	6.3	187	54.7	62 224.6	-	224 669.6	1.2
老挝人民民主共和国	1990	1 012	231	5.6	8	35.8	1 836.4	2.8	4 206.6	2.9
	2000	1 452	332	5.8	100	74.0	2 326.8	1.4	5 403.3	2.1
	2003	1 643	376	6.1	138	62.5	2 362.2	0.2	5 690.1	1.6
	2004	1 721	394	6.4	152	73.1	2 362.8	-	5 782.5	1.6
	2005	1 814	415	7.1	163	77.4	2 363.4	-	5 879.9	1.7
	2006	1 929	441	8.1	174	86.4	2 365.2	0.1	5 983.5	1.8
	2007	2 044	468	7.9	182	90.7	2 367.8	0.1	6 092.3	1.8
马来西亚	1980	4 891	1 919	7.4	51	111.0	5 412.8	…	13 763.4	…
	1990	6 646	2 608	9.0	71	147.0	6 770.3	2.2	18 103.3	2.8
	2000	10 271	4 030	8.9	100	220.4	7 789.1	0.7	23 273.6	2.3
	2003	10 833	4 251	5.8	104	194.2	7 952.5	0.7	24 714.7	1.9
	2004	11 355	4 455	6.8	106	210.4	7 997.3	0.6	25 173.8	1.9
	2005	11 746	4 609	5.3	109	212.1	8 033.3	0.4	25 633.4	1.8
	2006	12 205	4 789	5.8	113	211.2	8 059.7	0.3	26 094.7	1.8
	2007	12 766	5 009	6.3	115	200.1	8 078.1	0.2	26 555.7	1.8
缅甸	1980	366	…	7.9	4	22.0	13 532.7	…	33 561.2	…
	1990	345	…	2.8	11	7.5	14 945.1	0.1	40 844.5	1.6
	2000	582	…	9.8	100	…	14 022.4	-1.0	46 609.8	1.0
	2003	803	…	13.8	266	…	13 696.2	-0.7	47 680.9	0.7
	2004	820	…	3.0	276	…	13 618.2	-0.6	48 000.2	0.7
	2005	854	…	5.0	305	…	13 551.5	-0.5	48 345.4	0.7
	2006	…	…	…	386	…	13 495.4	-0.4	48 723.3	0.8
	2007	…	…	…	513	…	13 451.5	-0.3	49 129.5	0.8
菲律宾	1980	2 619	989	5.1	13	52.0	20 743.0	…	48 111.9	…
	1990	2 431	918	3.0	43	60.8	25 408.1	1.9	62 427.5	2.5
	2000	2 637	996	6.0	100	108.9	29 334.1	1.0	77 689.4	2.0
	2003	2 761	1 043	4.9	114	105.2	30 025.2	0.7	82 344.0	1.9
	2004	2 877	1 087	6.4	121	105.5	30 218.8	0.6	83 911.4	1.9
	2005	2 959	1 118	5.0	130	99.3	30 409.2	0.6	85 495.9	1.9
	2006	3 058	1 155	5.4	138	95.2	30 599.5	0.6	87 099.1	1.9
	2007	3 217	1 215	7.2	142	84.8	30 788.7	0.6	88 718.2	1.9

	年份	宏观经济指标					人口指标			
		经 PPP 统一后的人均 GDP（2005 年定值美元）	人均 GDP（2000 年定值美元）	GDP 增长率（年度百分比）	CPI	贸易（GDP 的百分比）	0—14 岁的人口（千人）	0—14 岁人口的增长率（百分比）	总人口（千人）	总人口增长率（百分比）
新加坡	1980	14 654	9 043	9.7	68	…	653.3	…	2 414.5	…
	1990	23 754	14 658	9.2	84	…	647.4	1.1	3 016.4	2.4
	2000	37 304	23 019	10.1	100	…	874.9	1.1	4 018.3	2.2
	2003	38 414	23 704	3.5	101	397.4	862.0	−1.2	4 154.1	0.8
	2004	41 347	25 514	9.0	103	425.5	848.8	−1.5	4 198.8	1.1
	2005	43 334	26 740	7.3	103	448.3	834.6	−1.7	4 267.0	1.6
	2006	45 430	28 033	8.2	104	462.5	820.2	−1.7	4 364.2	2.3
	2007	46 939	28 964	7.7	106	433.0	805.3	−1.8	4 484.6	2.8
泰国	1980	2 255	796	5.2	49	54.5	18 642.1	…	47 263.8	…
	1990	4 140	1 462	11.2	64	75.8	17 007.8	−1.1	56 673.0	1.4
	2000	5 729	2 023	4.8	100	124.9	15 673.9	−0.9	62 346.8	0.8
	2003	6 449	2 277	7.1	104	124.6	15 334.1	−0.7	64 522.9	1.2
	2004	6 810	2 405	6.3	107	136.5	15 232.2	−0.7	65 278.7	1.2
	2005	7 069	2 496	4.5	112	148.2	15 127.5	−0.7	65 945.7	1.0
	2006	7 378	2 605	5.1	117	143.4	15 017.6	−0.7	66 506.6	0.9
	2007	7 682	2 713	4.8	120	139.0	14 905.5	−0.7	66 979.4	0.7
越南	1990	902	227	5.1	24	81.3	26 130.0	1.3	66 247.5	2.0
	2000	1 597	402	6.8	100	112.5	26 329.8	−1.1	78 663.3	1.4
	2003	1 883	473	7.3	107	126.9	25 349.1	−1.4	81 951.8	1.3
	2004	2 002	503	7.8	116	139.0	24 963.7	−1.5	83 024.2	1.3
	2005	2 143	539	8.4	125	142.9	24 540.5	−1.7	84 074.1	1.3
	2006	2 291	576	8.2	135	152.2	24 076.6	−1.9	85 100.9	1.2
	2007	2 455	617	8.5	146	167.0	23 586.2	−2.0	86 107.5	1.2
拉丁美洲和加勒比地区										
加勒比地区										
安提瓜和巴布达	1980	6 026	3 671	8.6	50	154.0	…	…	…	…
	1990	12 695	7 734	2.5	77	175.9	…	…	…	…
	2000	14 223	8 665	3.3	100	145.1	…	…	…	…
	2003	14 640	8 919	5.2	106	131.7	…	…	…	…
	2004	15 476	9 429	7.2	108	133.5	…	…	…	…
	2005	15 950	9 718	4.4	111	130.8	…	…	…	…
	2006	18 023	10 981	14.4	113	141.5	…	…	…	…
	2007	17 651	10 754	−1.2	114	…	…	…	…	…
阿鲁巴	1990	…	…	12.0	…	…	15.8	1.4	63.2	1.6
	2000	…	…	3.7	…	…	20.4	1.2	90.7	2.1
	2003	…	18 448	1.6	…	…	21.1	0.9	97.1	2.3
	2004	…	…	…	…	…	21.2	0.5	99.2	2.1
	2005	…	…	…	…	…	21.2	0.2	101.0	1.9
	2006	…	…	…	…	…	21.2	−0.2	102.7	1.6
	2007	…	…	…	…	…	21.1	−0.5	104.2	1.4
巴哈马	1980	…	14 284	6.5	46	133.3	80.7	…	210.1	…
	1990	…	15 910	−1.6	78	110.1	83.5	0.4	255.6	1.8
	2000	…	16 507	1.9	100	110.6	89.7	0.1	304.8	1.5
	2003	…	16 529	1.9	107	96.2	89.9	–	317.4	1.3
	2004	…	16 783	2.8	108	102.0	89.7	−0.1	321.5	1.3
	2005	…	16 723	0.9	111	…	89.5	−0.3	325.5	1.3
	2006	…	17 081	3.4	113	…	89.0	−0.5	329.6	1.2
	2007	…	17 354	2.8	116	…	88.5	−0.6	333.6	1.2
巴巴多斯	1980	…	7 810	4.7	43	142.2	73.2	…	249.0	…
	1990	…	8 058	−4.8	75	100.8	62.4	−1.5	259.7	0.2
	2000	…	8 883	2.3	100	107.5	52.8	−2.3	251.7	−0.3
	2003	…	…	…	103	107.2	49.3	−2.2	252.0	0.2
	2004	…	…	…	104	110.6	48.2	−2.1	252.6	0.3
	2005	16 957	…	…	111	117.8	47.3	−2.0	253.3	0.3
	2006	…	…	…	119	…	46.4	−1.9	253.9	0.3
	2007	…	…	…	124	…	45.6	−1.7	254.5	0.3
百慕大	1980	…	46 553	7.9	…	…	…	…	…	…
	1990	…	46 822	–	…	…	…	…	…	…
	2000	…	56 459	2.9	…	…	…	…	…	…
	2003	…	61 179	2.9	…	…	…	…	…	…
	2004	…	63 116	3.6	…	…	…	…	…	…
	2005	…	66 224	5.3	…	…	…	…	…	…
	2006	…	69 636	5.5	…	…	…	…	…	…

	年份	宏观经济指标					人口指标			
		经PPP统一后的人均GDP（2005年定值美元）	人均GDP（2000年定值美元）	GDP增长率（年度百分比）	CPI	贸易（GDP的百分比）	0—14岁的人口（千人）	0—14岁人口的增长率（百分比）	总人口（千人）	总人口增长率（百分比）
	2007	…	72 637	4.6	…	…	…	…	…	…
古巴	1990	…	…	…	…	…	2 384.5	…	10 587.1	…
	2000	…	…	5.6	…	…	2 284.6	-1.3	11 086.8	0.3
	2003	…	…	3.8	…	…	2 219.8	-0.9	11 161.4	0.2
	2004	…	…	5.4	…	…	2 196.1	-1.1	11 179.9	0.2
	2005	…	…	…	…	…	2 165.1	-1.4	11 193.2	0.1
	2006	…	…	…	…	…	2 125.8	-1.8	11 201.1	0.1
	2007	…	…	…	…	…	2 080.1	-2.1	11 204.4	-
多米尼克	1980	3 419	1 839	14.3	52	114.6	…	…	…	…
	1990	5 829	3 135	5.3	81	135.1	…	…	…	…
	2000	7 069	3 802	0.7	100	120.8	…	…	…	…
	2003	6 684	3 595	2.2	103	101.6	…	…	…	…
	2004	7 086	3 811	6.4	106	106.7	…	…	…	…
	2005	7 263	3 906	3.3	107	106.7	…	…	…	…
	2006	7 454	4 009	3.2	110	108.5	…	…	…	…
	2007	…	…	…	114	…	…	…	…	…
多米尼加共和国	1980	3 238	1 477	8.0	5	48.1	2 534.5	…	5 926.9	…
	1990	3 330	1 519	-5.5	37	77.5	2 835.4	1.2	7 373.7	2.1
	2000	4 957	2 261	8.1	100	99.7	3 084.9	0.4	8 829.8	1.6
	2003	5 014	2 287	-1.9	146	106.6	3 125.3	0.4	9 252.0	1.5
	2004	5 032	2 296	2.0	221	99.3	3 137.0	0.4	9 392.9	1.5
	2005	5 415	2 471	9.3	230	71.7	3 147.1	0.3	9 533.4	1.5
	2006	5 904	2 694	10.7	248	72.8	3 155.4	0.3	9 673.7	1.5
	2007	6 333	2 889	8.5	263	75.9	3 162.2	0.2	9 813.7	1.4
格林纳达	1980	3 143	1 870	-0.4	48	126.7	35.6	…	88.9	…
	1990	4 994	2 972	5.2	79	105.2	37.4	-0.2	96.2	-0.6
	2000	6 854	4 079	7.7	100	133.3	35.4	-2.2	101.2	0.1
	2003	6 883	4 096	6.5	105	109.3	32.5	-3.0	101.9	0.3
	2004	6 372	3 792	-6.5	107	120.1	31.5	-2.9	102.2	0.3
	2005	7 137	4 247	12.8	111	109.0	30.7	-2.6	102.5	0.3
	2006	6 741	4 011	-5.2	116	99.0	30.1	-2.2	102.8	0.3
	2007	6 936	4 127	3.0	120	…	29.5	-1.7	103.2	0.3
圭亚那	1980	2 028	820	1.7	1	174.9	318.3	…	776.1	…
	1990	1 497	605	-3.0	21	142.6	273.9	-1.9	749.2	-0.3
	2000	2 401	970	-1.4	100	206.8	231.9	-0.9	756.3	-
	2003	2 445	988	-1.0	115	189.6	234.8	0.9	760.9	0.3
	2004	2 521	1 019	3.3	120	201.5	236.4	0.7	762.7	0.2
	2005	2 463	995	-2.2	128	211.8	236.8	0.2	763.8	0.2
	2006	2 406	973	-2.4	137	…	235.8	-0.4	764.3	0.1
	2007	2 628	1 062	9.1	154	…	233.5	-1.0	764.1	-
海地	1980	2 133	804	7.6	9	52.1	2 338.8	…	5 691.3	…
	1990	1 638	618	-0.1	17	37.5	3 065.1	2.3	7 107.9	2.1
	2000	1 190	449	0.4	100	43.9	3 484.5	0.6	8 647.9	1.8
	2003	1 122	423	0.4	161	62.1	3 541.4	0.5	9 105.5	1.7
	2004	1 066	402	-3.5	207	57.2	3 559.1	0.5	9 257.1	1.7
	2005	1 068	403	1.8	242	55.6	3 576.4	0.5	9 410.0	1.7
	2006	1 075	406	2.3	276	57.4	3 593.8	0.5	9 564.4	1.6
	2007	1 090	411	3.2	301	45.4	3 611.4	0.5	9 720.1	1.6
牙买加	1980	4 430	2 385	-5.7	2	102.1	858.4	…	2 133.2	…
	1990	5 146	2 771	4.2	11	99.9	833.0	-0.4	2 364.0	0.6
	2000	5 758	3 100	0.6	100	96.6	844.0	0.1	2 567.6	0.8
	2003	6 007	3 234	2.7	126	98.0	844.9	-	2 630.8	0.8
	2004	6 042	3 253	1.1	143	102.4	842.8	-0.2	2 650.2	0.7
	2005	6 122	3 296	1.8	165	102.0	838.3	-0.5	2 667.7	0.7
	2006	6 221	3 349	2.1	179	108.8	831.3	-0.8	2 682.8	0.6
	2007	5 741	3 091	-7.3	195	…	822.1	-1.1	2 696.0	0.5
荷属安的列斯	1990	…	…	…	…	…	49.9	-0.1	190.6	0.7
	2000	…	…	…	…	…	44.6	-2.3	180.7	-0.7
	2003	…	…	…	…	…	43.1	-0.6	182.3	0.7
	2004	…	…	…	…	…	42.9	-0.5	184.2	1.0
	2005	…	…	…	…	…	42.6	-0.6	186.5	1.2
	2006	…	…	…	…	…	42.3	-0.7	189.1	1.4
	2007	…	…	…	…	…	42.0	-0.7	192.1	1.6

	年份	宏观经济指标					人口指标			
		经 PPP 统一后的人均 GDP（2005 年定值美元）	人均 GDP（2000 年定值美元）	GDP 增长率（年度百分比）	CPI	贸易（GDP 的百分比）	0—14 岁的人口（千人）	0—14 岁人口的增长率（百分比）	总人口（千人）	总人口增长率（百分比）
波多黎各	1980	…	9 002	1.5	…	137.7	1 009.3	…	3 196.5	…
	1990	…	11 582	3.8	…	…	959.8	−0.8	3 527.8	0.9
	2000	…	15 998	2.4	…	173.2	908.5	−0.8	3 818.7	0.5
	2003	…	…	…	…	…	876.3	−1.3	3 876.8	0.5
	2004	…	…	…	…	…	864.1	−1.4	3 895.0	0.5
	2005	…	…	…	…	…	852.2	−1.4	3 912.9	0.5
	2006	…	…	…	…	…	840.9	−1.3	3 930.4	0.4
	2007	…	…	…	…	…	830.0	−1.3	3 947.8	0.4
圣基茨和尼维斯	1980	4 628	2 931	8.2	53	164.0	…	…	…	…
	1990	8 247	5 223	2.3	72	134.9	…	…	…	…
	2000	11 738	7 434	2.8	100	121.1	…	…	…	…
	2003	11 515	7 292	0.5	107	117.8	…	…	…	…
	2004	12 541	7 942	9.6	109	113.2	…	…	…	…
	2005	12 858	8 143	4.7	113	113.5	…	…	…	…
	2006	13 346	8 452	4.6	122	99.6	…	…	…	…
	2007	13 675	8 660	3.3	128	…	…	…	…	…
圣卢西亚	1980	4 090	2 121	…	49	161.2	51.8	…	118.1	…
	1990	6 980	3 619	23.5	73	156.7	50.6	−0.1	138.4	1.6
	2000	8 147	4 224	−0.2	100	124.9	50.7	−0.8	157.2	1.2
	2003	7 998	4 147	3.0	106	121.2	48.6	−1.6	162.0	1.0
	2004	8 439	4 376	6.7	108	125.7	47.8	−1.6	163.6	1.0
	2005	8 930	4 630	7.3	112	117.6	47.1	−1.5	165.2	1.0
	2006	9 061	4 698	2.2	115	124.7	46.5	−1.3	166.9	1.0
	2007	9 242	4 792	3.2	117	…	46.0	−1.1	168.6	1.0
圣文森特和格林纳丁斯	1980	2 651	1 363	2.0	51	160.1	43.9	…	100.4	…
	1990	4 369	2 246	5.0	78	142.6	40.8	−0.8	107.4	0.4
	2000	5 614	2 886	1.8	100	113.5	34.0	−1.8	107.9	–
	2003	5 970	3 069	3.2	102	108.5	32.1	−1.8	108.3	0.2
	2004	6 302	3 240	6.2	105	110.0	31.5	−1.8	108.5	0.2
	2005	6 431	3 306	2.6	109	110.0	31.0	−1.6	108.7	0.2
	2006	6 839	3 516	6.9	112	…	30.6	−1.5	108.9	0.1
	2007	7 263	3 734	6.7	120	…	30.1	−1.4	109.0	0.1
苏里南	1980	6 681	2 604	−5.3	–	143.0	145.9	…	365.7	…
	1990	5 318	2 073	−0.5	–	86.5	135.4	0.6	406.7	1.6
	2000	5 244	2 044	−0.1	100	52.9	142.9	0.5	467.2	1.4
	2003	5 954	2 321	6.0	199	65.3	146.6	1.0	487.3	1.4
	2004	6 389	2 490	8.0	217	73.8	147.9	0.9	493.7	1.3
	2005	6 702	2 612	5.6	238	76.3	148.9	0.7	499.8	1.2
	2006	7 044	2 746	5.8	265	…	149.6	0.5	505.3	1.1
	2007	7 378	2 876	5.3	282	…	150.1	0.3	510.4	1.0
特立尼达和多巴哥	1980	14 425	6 925	10.4	21	89.4	370.4	…	1 081.8	…
	1990	10 164	4 879	1.5	60	74.0	417.0	0.2	1 218.8	0.6
	2000	13 061	6 270	6.1	100	104.6	338.9	−3.6	1 295.1	0.4
	2003	16 626	7 982	14.4	114	89.5	305.4	−3.3	1 309.1	0.3
	2004	17 862	8 575	7.8	118	94.8	296.5	−2.9	1 313.6	0.3
	2005	18 886	9 067	6.1	126	110.6	289.2	−2.5	1 318.3	0.4
	2006	21 115	10 137	12.2	137	102.9	283.7	−1.9	1 323.2	0.4
	2007	22 199	10 657	5.5	148	94.7	280.0	−1.3	1 328.2	0.4
中美洲										
伯利兹	1980	3 342	1 981	15.2	56	124.0	66.5	…	143.8	…
	1990	4 181	2 478	10.6	83	122.3	82.5	2.5	189.8	2.9
	2000	5 618	3 330	12.2	100	126.3	102.1	1.2	251.5	2.5
	2003	6 183	3 665	9.3	106	119.5	105.3	0.9	270.0	2.3
	2004	6 266	3 714	4.6	109	109.4	106.1	0.8	276.2	2.3
	2005	6 254	3 707	3.1	113	117.3	106.7	0.6	282.3	2.2
	2006	6 418	3 804	4.7	118	123.2	107.2	0.4	288.4	2.2
	2007	6 359	3 769	1.2	121	121.6	107.5	0.3	294.5	2.1
哥斯达黎加	1980	6 368	3 184	0.8	2	63.3	886.2	…	2 348.6	…
	1990	6 228	3 114	3.9	23	66.5	1 104.3	2.4	3 078.3	2.6
	2000	8 117	4 059	1.8	100	94.4	1 247.4	0.4	3 930.9	2.3
	2003	8 451	4 226	6.4	133	95.2	1 242.3	−0.4	4 180.3	2.0
	2004	8 652	4 326	4.3	149	95.7	1 235.6	−0.5	4 256.4	1.8
	2005	9 004	4 502	5.9	170	102.5	1 227.3	−0.7	4 328.4	1.7
	2006	9 636	4 818	8.8	189	104.4	1 217.3	−0.8	4 395.7	1.6
	2007	10 239	5 120	7.8	207	102.4	1 206.0	−0.9	4 458.8	1.4

	年份	宏观经济指标					人口指标			
		经 PPP 统一后的人均 GDP（2005 年定值美元）	人均 GDP（2000 年定值美元）	GDP 增长率（年度百分比）	CPI	贸易（GDP 的百分比）	0—14 岁的人口（千人）	0—14 岁人口的增长率（百分比）	总人口（千人）	总人口增长率（百分比）
萨尔瓦多	1980	4 453	1 898	-11.8	8	67.4	2 082.1	…	4 662.5	…
	1990	3 844	1 638	4.8	47	49.8	2 176.2	-0.1	5 329.7	1.4
	2000	4 974	2 120	2.2	100	69.8	2 216.6	-0.2	5 945.3	0.5
	2003	5 060	2 157	2.3	108	70.0	2 175.5	-0.8	6 016.8	0.3
	2004	5 082	2 166	1.9	113	72.9	2 153.0	-1.0	6 037.2	0.3
	2005	5 167	2 202	3.1	118	71.7	2 126.3	-1.2	6 058.6	0.4
	2006	5 308	2 262	4.2	123	74.0	2 095.8	-1.4	6 081.7	0.4
	2007	5 481	2 336	4.7	128	76.2	2 061.8	-1.6	6 106.8	0.4
危地马拉	1980	3 886	1 685	3.8	9	47.1	3 183.6	…	7 015.7	…
	1990	3 337	1 447	3.1	34	45.9	4 043.2	2.1	8 910.1	2.3
	2000	3 963	1 718	3.6	100	49.1	4 947.7	2.0	11 230.7	2.4
	2003	4 011	1 739	2.5	123	66.0	5 268.8	2.1	12 091.0	2.5
	2004	4 035	1 749	3.2	132	69.1	5 378.1	2.1	12 396.9	2.5
	2005	4 064	1 762	3.3	144	66.0	5 484.4	2.0	12 709.7	2.5
	2006	4 174	1 810	5.3	153	66.9	5 586.8	1.9	13 028.6	2.5
	2007	4 308	1 868	5.7	164	68.1	5 685.4	1.8	13 353.8	2.5
洪都拉斯	1980	2 815	1 114	0.7	9	81.3	1 707.3	…	3 634.5	…
	1990	2 657	1 051	0.1	19	77.1	2 228.9	2.5	4 901.2	2.9
	2000	2 898	1 147	5.7	100	120.4	2 642.5	1.0	6 230.0	2.1
	2003	3 044	1 205	4.5	127	122.2	2 710.4	0.8	6 621.7	2.0
	2004	3 171	1 255	6.2	137	135.5	2 728.5	0.7	6 755.9	2.0
	2005	3 298	1 305	6.1	150	136.5	2 744.4	0.6	6 892.7	2.0
	2006	3 438	1 360	6.3	158	131.5	2 758.1	0.5	7 032.1	2.0
	2007	3 585	1 419	6.3	169	129.9	2 770.0	0.4	7 174.1	2.0
墨西哥	1980	10 402	5 114	9.2	–	23.7	30 776.6	…	68 872.2	…
	1990	10 101	4 966	5.1	19	38.3	32 129.7	0.1	83 404.0	2.0
	2000	12 071	5 935	6.6	100	63.9	32 949.6	–	99 530.6	1.5
	2003	11 944	5 872	1.4	117	52.2	32 694.3	-0.4	103 165.2	1.1
	2004	12 298	6 046	4.0	122	55.0	32 532.1	-0.5	104 250.5	1.1
	2005	12 563	6 177	3.2	127	55.8	32 334.1	-0.6	105 329.6	1.0
	2006	13 025	6 404	4.8	132	57.5	32 099.7	-0.7	106 410.8	1.0
	2007	13 307	6 543	3.2	137	58.2	31 830.9	-0.8	107 486.8	1.0
尼加拉瓜	1980	2 725	993	4.6	…	67.5	1 531.2	…	3 250.5	…
	1990	1 869	681	-0.1	17	71.3	1 902.5	1.6	4 137.8	2.3
	2000	2 115	771	4.1	100	75.0	2 086.7	–	5 100.9	1.6
	2003	2 157	786	2.5	116	76.0	2 076.8	-0.3	5 318.0	1.3
	2004	2 243	817	5.3	126	82.2	2 069.6	-0.3	5 386.4	1.3
	2005	2 311	842	4.3	138	87.8	2 060.8	-0.4	5 455.2	1.3
	2006	2 366	862	3.7	150	92.1	2 050.3	-0.5	5 524.7	1.3
	2007	2 427	884	3.9	167	100.4	2 038.7	-0.6	5 595.1	1.3
巴拿马	1980	6 571	3 176	1.1	74	186.9	789.5	…	1 950.6	…
	1990	6 085	2 942	8.1	89	165.4	848.2	0.8	2 412.6	2.1
	2000	8 149	3 939	2.7	100	142.4	939.7	1.0	2 950.8	1.9
	2003	8 257	3 992	4.2	102	122.1	965.3	0.8	3 119.5	1.8
	2004	8 721	4 216	7.5	102	131.5	973.2	0.8	3 175.6	1.8
	2005	9 186	4 440	7.2	105	144.5	981.1	0.8	3 231.6	1.8
	2006	9 799	4 737	8.5	108	146.2	989.0	0.8	3 287.6	1.7
	2007	10 757	5 200	11.5	112	155.0	996.9	0.8	3 343.3	1.7
南美洲										
阿根廷	1980	10 089	7 551	4.2	…	11.5	8 495.0	…	28 153.8	…
	1990	7 472	5 593	-2.4	23	15.0	9 852.8	0.9	32 497.5	1.4
	2000	10 292	7 703	-0.8	100	22.4	10 216.3	0.2	36 938.7	1.1
	2003	9 263	6 932	8.8	141	39.2	10 192.6	-0.2	38 023.5	0.9
	2004	10 003	7 486	9.0	148	43.4	10 170.9	-0.2	38 372.0	0.9
	2005	10 815	8 094	9.2	162	44.3	10 153.0	-0.2	38 731.6	0.9
	2006	11 615	8 693	8.5	179	43.9	10 140.5	-0.1	39 105.3	1.0
	2007	12 502	9 357	8.7	195	45.0	10 132.1	-0.1	39 490.5	1.0
玻利维亚	1980	3 777	1 071	-1.4	…	46.8	2 278.4	…	5 356.0	…
	1990	3 069	870	4.6	42	46.7	2 729.8	2.0	6 670.6	2.3
	2000	3 563	1 010	2.5	100	45.6	3 292.6	1.5	8 317.4	2.1
	2003	3 590	1 017	2.7	106	52.0	3 427.3	1.3	8 835.4	2.0
	2004	3 667	1 039	4.2	111	57.5	3 465.3	1.1	9 009.2	2.0
	2005	3 758	1 065	4.4	117	66.6	3 497.7	0.9	9 182.1	1.9
	2006	3 865	1 095	4.8	122	70.7	3 524.0	0.8	9 353.8	1.9
	2007	3 972	1 126	4.6	132	76.1	3 544.6	0.6	9 524.5	1.8

	年份	宏观经济指标					人口指标			
		经 PPP 统一后的人均 GDP（2005 年定值美元）	人均 GDP（2000 年定值美元）	GDP 增长率（年度百分比）	CPI	贸易（GDP 的百分比）	0—14 岁的人口（千人）	0—14 岁人口的增长率（百分比）	总人口（千人）	总人口增长率（百分比）
巴西	1980	7 573	3 539	9.1	…	20.4	46 317.9	…	121 618.4	…
	1990	7 181	3 356	-4.3	–	15.2	52 776.5	0.5	149 570.5	1.7
	2000	7 921	3 702	4.3	100	21.7	51 558.2	-0.3	174 174.5	1.5
	2003	7 983	3 731	1.1	133	27.1	51 399.4	–	181 537.4	1.3
	2004	8 324	3 890	5.7	142	29.0	51 354.3	-0.1	183 863.5	1.3
	2005	8 471	3 959	3.2	151	26.6	51 256.7	-0.2	186 074.6	1.2
	2006	8 673	4 053	3.8	158	26.3	51 101.1	-0.3	188 158.4	1.1
	2007	9 034	4 222	5.4	164	26.2	50 889.5	-0.4	190 120.0	1.0
智利	1980	5 369	2 501	8.1	6	49.8	3 689.9	…	11 181.4	…
	1990	6 589	3 070	3.7	41	64.5	3 942.4	1.5	13 190.5	1.8
	2000	10 475	4 880	4.5	100	61.3	4 280.0	-0.5	15 418.7	1.2
	2003	11 110	5 176	3.9	109	68.9	4 159.2	-1.1	15 954.7	1.1
	2004	11 655	5 430	6.0	110	72.3	4 107.4	-1.2	16 126.8	1.1
	2005	12 173	5 671	5.6	114	74.1	4 054.1	-1.3	16 297.5	1.1
	2006	12 596	5 868	4.3	118	76.5	4 000.2	-1.3	16 467.3	1.0
	2007	13 108	6 107	5.1	123	80.4	3 946.6	-1.3	16 636.1	1.0
哥伦比亚	1980	5 163	1 898	4.1	2	31.8	10 984.1	…	26 890.7	…
	1990	6 023	2 214	6.0	16	35.4	12 144.0	1.2	33 203.9	2.0
	2000	6 433	2 364	2.9	100	36.3	13 060.4	0.4	39 772.9	1.7
	2003	6 720	2 470	4.6	123	39.5	13 193.5	0.3	41 741.3	1.6
	2004	6 934	2 548	4.7	130	38.7	13 225.6	0.2	42 394.9	1.6
	2005	7 231	2 658	5.7	137	38.3	13 252.2	0.2	43 049.3	1.5
	2006	7 635	2 806	6.9	143	39.8	13 273.5	0.2	43 704.5	1.5
	2007	8 109	2 980	7.5	151	37.9	13 290.0	0.1	44 359.5	1.5
厄瓜多尔	1980	5 794	1 367	4.4	–	52.0	3 407.9	…	7 964.3	…
	1990	5 501	1 298	2.7	3	65.0	4 001.7	1.1	10 278.5	2.3
	2000	5 491	1 295	2.8	100	68.1	4 238.9	0.3	12 310.3	1.4
	2003	6 018	1 420	3.6	167	53.5	4 259.8	0.1	12 773.5	1.2
	2004	6 426	1 516	8.0	172	57.1	4 261.3	–	12 919.4	1.1
	2005	6 737	1 589	6.0	175	62.7	4 260.2	–	13 062.5	1.1
	2006	6 925	1 634	3.9	181	67.5	4 256.9	-0.1	13 203.0	1.1
	2007	7 035	1 660	2.6	185	68.1	4 251.2	-0.1	13 341.8	1.1
巴拉圭	1980	4 152	1 448	14.8	4	44.0	1 359.8	…	3 198.8	…
	1990	4 028	1 405	3.1	28	72.7	1 758.9	2.5	4 249.7	2.7
	2000	3 792	1 323	-3.3	100	87.2	2 042.4	0.8	5 350.2	2.1
	2003	3 782	1 319	3.8	135	98.8	2 088.8	0.7	5 682.0	2.0
	2004	3 864	1 348	4.1	141	96.0	2 102.5	0.7	5 793.0	2.0
	2005	3 900	1 360	2.9	151	106.8	2 115.1	0.6	5 904.2	1.9
	2006	3 989	1 392	4.3	165	111.9	2 126.8	0.6	6 015.4	1.9
	2007	4 186	1 460	6.8	179	104.8	2 137.7	0.5	6 126.6	1.8
秘鲁	1980	6 070	2 256	3.1	…	41.8	7 263.0	…	17 328.5	…
	1990	4 461	1 658	-5.1	4	29.6	8 337.0	1.1	21 776.1	2.1
	2000	5 586	2 077	3.0	100	34.2	8 866.0	0.3	26 004.2	1.5
	2003	5 891	2 190	4.0	104	35.5	8 899.7	–	27 130.7	1.4
	2004	6 112	2 272	5.0	108	39.3	8 898.3	–	27 487.4	1.3
	2005	6 454	2 399	6.8	110	44.3	8 893.4	-0.1	27 835.9	1.3
	2006	6 874	2 555	7.7	112	48.4	8 885.4	-0.1	28 176.0	1.2
	2007	7 400	2 751	8.9	114	51.3	8 874.3	-0.1	28 508.5	1.2
乌拉圭	1980	7 475	5 282	5.8	–	35.7	785.1	…	2 915.8	…
	1990	6 995	4 943	0.3	5	41.6	808.8	-0.1	3 110.0	0.7
	2000	8 862	6 262	-1.4	100	40.3	815.3	–	3 321.0	0.4
	2003	7 777	5 495	2.2	142	50.6	803.1	-0.7	3 325.6	-0.1
	2004	8 700	6 148	11.8	155	60.5	796.8	-0.8	3 324.0	–
	2005	9 266	6 548	6.6	162	59.5	790.4	-0.8	3 325.3	–
	2006	9 888	6 987	7.0	173	60.2	784.0	-0.8	3 330.5	0.2
	2007	10 592	7 485	7.4	187	59.1	777.6	-0.8	3 338.7	0.2
委内瑞拉玻利瓦尔共和国	1980	11 552	5 820	-4.4	–	50.6	6 139.6	…	15 096.5	…
	1990	9 574	4 823	6.5	3	59.6	7 505.1	1.8	19 740.8	2.5
	2000	9 564	4 819	3.7	100	47.9	8 231.8	0.5	24 407.7	1.9
	2003	7 873	3 967	-7.8	181	50.6	8 317.6	0.3	25 797.3	1.8
	2004	9 151	4 610	18.3	220	55.4	8 342.6	0.3	26 261.5	1.8
	2005	9 924	5 000	10.3	255	60.1	8 371.0	0.3	26 726.1	1.8
	2006	10 767	5 425	10.3	290	57.1	8 404.0	0.4	27 191.1	1.7
	2007	11 480	5 784	8.4	344	55.7	8 440.9	0.4	27 656.2	1.7

	年份	宏观经济指标					人口指标			
		经PPP统一后的人均GDP（2005年定值美元）	人均GDP（2000年定值美元）	GDP增长率（年度百分比）	CPI	贸易（GDP的百分比）	0—14岁的人口（千人）	0—14岁人口的增长率（百分比）	总人口（千人）	总人口增长率（百分比）
非洲										
北非										
阿尔及利亚	1980	6 358	1 876	0.8	9	64.7	8 622.6	…	18 811.2	…
	1990	6 215	1 834	0.8	22	48.4	10 879.1	1.4	25 282.5	2.5
	2000	6 087	1 796	2.2	100	62.5	10 395.2	−1.7	30 506.1	1.4
	2003	6 688	1 973	6.9	108	62.1	9 955.7	−1.3	31 885.4	1.5
	2004	6 931	2 045	5.2	112	65.7	9 841.4	−1.1	32 366.1	1.5
	2005	7 176	2 117	5.1	114	71.9	9 740.7	−1.0	32 854.5	1.5
	2006	7 196	2 123	1.8	117	70.6	9 653.2	−0.9	33 351.5	1.5
	2007	7 310	2 157	3.1	121	70.2	9 583.2	−0.7	33 858.2	1.5
埃及	1980	2 474	882	10.0	8	73.4	18 744.5	…	44 433.0	…
	1990	3 337	1 189	5.7	43	52.8	24 444.1	2.1	57 784.9	2.4
	2000	4 211	1 501	5.4	100	39.0	25 889.2	–	70 173.8	1.9
	2003	4 361	1 554	3.2	108	46.2	25 685.4	−0.3	74 296.3	1.9
	2004	4 458	1 589	4.1	117	57.8	25 660.1	−0.1	75 718.4	1.9
	2005	4 574	1 630	4.5	127	63.0	25 724.5	0.3	77 154.4	1.9
	2006	4 801	1 711	6.8	133	61.5	25 893.0	0.7	78 602.1	1.9
	2007	5 052	1 800	7.1	147	65.1	26 151.8	1.0	80 060.5	1.9
利比亚	1990	…	…	…	57	70.8	1 887.1	…	4 364.6	…
	2000	11 870	6 453	1.1	100	50.2	1 719.8	−0.6	5 346.4	2.1
	2003	11 719	6 371	−2.8	80	…	1 745.7	1.0	5 684.8	2.1
	2004	12 057	6 555	5.0	81	…	1 769.1	1.3	5 802.7	2.1
	2005	12 560	6 828	6.3	84	…	1 796.4	1.5	5 922.8	2.1
	2006	12 949	7 040	5.2	85	…	1 827.3	1.7	6 045.0	2.1
	2007	13 565	7 375	6.8	90	…	1 861.6	1.9	6 169.0	2.1
摩洛哥	1980	2 375	1 036	3.6	34	44.1	8 311.8	…	19 566.9	…
	1990	2 780	1 213	4.0	67	58.3	9 872.6	0.9	24 807.7	1.9
	2000	2 980	1 301	1.6	100	61.3	9 698.8	−1.0	28 827.1	1.2
	2003	3 395	1 482	6.3	105	60.2	9 398.5	−1.0	29 820.8	1.1
	2004	3 520	1 536	4.8	106	63.7	9 309.4	−0.9	30 151.8	1.1
	2005	3 589	1 566	3.0	107	70.2	9 233.5	−0.8	30 495.0	1.1
	2006	3 822	1 668	7.8	111	73.9	9 173.0	−0.7	30 853.0	1.2
	2007	3 880	1 693	2.7	113	80.7	9 128.1	−0.5	31 224.1	1.2
苏丹	1980	1 052	281	1.5	–	33.7	9 195.9	…	20 509.1	…
	1990	1 019	272	−5.5	1	11.1	11 920.2	2.1	27 091.4	2.4
	2000	1 387	371	8.4	100	33.0	14 723.4	1.8	34 904.0	2.3
	2003	1 564	418	7.1	122	33.6	15 366.2	1.3	37 142.2	2.0
	2004	1 612	431	5.1	133	39.1	15 558.8	1.3	37 899.8	2.0
	2005	1 679	449	6.3	144	46.3	15 753.1	1.2	38 698.5	2.1
	2006	1 829	489	11.3	154	44.0	15 952.0	1.3	39 545.1	2.2
	2007	1 970	527	10.2	167	44.0	16 152.4	1.3	40 432.3	2.2
突尼斯	1980	3 617	1 351	7.4	29	85.8	2 711.2	…	6 457.1	…
	1990	4 019	1 501	7.9	65	94.2	3 129.6	0.7	8 214.9	2.1
	2000	5 444	2 033	4.7	100	92.7	2 841.7	−1.9	9 452.0	1.0
	2003	5 958	2 225	5.6	108	91.5	2 651.6	−2.4	9 706.0	0.9
	2004	6 259	2 337	6.0	111	96.8	2 589.6	−2.3	9 790.3	0.9
	2005	6 445	2 407	4.0	114	99.8	2 534.0	−2.2	9 878.4	0.9
	2006	6 743	2 518	5.7	119	103.1	2 485.6	−1.9	9 971.3	0.9
	2007	7 102	2 652	6.3	123	110.7	2 444.7	−1.6	10 068.6	1.0
撒哈拉以南非洲										
东非										
布隆迪	1980	430	135	1.0	12	32.1	1 847.5	…	4 130.0	…
	1990	483	152	3.5	24	35.6	2 574.9	3.2	5 681.3	2.5
	2000	338	106	−0.9	100	27.7	2 993.1	0.5	6 472.6	1.5
	2003	325	102	−1.2	119	36.1	3 025.1	0.3	6 955.7	2.8
	2004	329	103	4.8	129	43.5	3 038.3	0.4	7 162.1	3.0
	2005	319	100	0.9	146	56.7	3 056.7	0.6	7 378.1	3.0
	2006	323	102	5.1	150	58.7	3 081.0	0.8	7 603.5	3.1
	2007	322	101	3.6	163	…	3 111.3	1.0	7 838.0	3.1

	年份	宏观经济指标					人口指标			
		经 PPP 统一后的人均 GDP（2005 年定值美元）	人均 GDP（2000 年定值美元）	GDP 增长率（年度百分比）	CPI	贸易（GDP 的百分比）	0—14 岁的人口（千人）	0—14 岁人口的增长率（百分比）	总人口（千人）	总人口增长率（百分比）
科摩罗	1980	1 183	405	…	50	60. 6	152. 9	…	328. 8	…
	1990	1 215	416	5. 1	68	51. 4	202. 4	1. 6	437. 8	2. 5
	2000	1 093	374	0. 9	100	49. 3	219. 4	0. 7	552. 0	2. 2
	2003	1 131	387	2. 5	113	47. 6	228. 1	1. 6	589. 5	2. 2
	2004	1 105	378	−0. 2	119	45. 2	232. 1	1. 8	602. 7	2. 2
	2005	1 127	386	4. 2	122	47. 2	236. 6	1. 9	616. 5	2. 3
	2006	1 117	382	1. 2	126	47. 3	241. 5	2. 1	630. 8	2. 3
	2007	1 080	369	−1. 0	132	51. 3	246. 8	2. 2	645. 6	2. 3
吉布提	1990	2 745	1 177	…	…	132. 3	246. 6	…	560. 3	…
	2000	1 761	755	0. 4	100	85. 4	300. 4	1. 7	729. 6	2. 9
	2003	1 788	767	3. 2	104	89. 0	307. 7	0. 5	777. 1	1. 9
	2004	1 824	783	3. 8	108	91. 1	308. 7	0. 3	790. 8	1. 8
	2005	1 850	793	3. 2	111	91. 6	309. 4	0. 2	804. 9	1. 8
	2006	1 905	817	4. 8	115	97. 2	310. 1	0. 2	819. 5	1. 8
	2007	1 946	835	4. 0	121	137. 1	310. 7	0. 2	834. 3	1. 8
厄立特里亚	1990	…	…	…	…	…	1 462. 8	…	3 157. 9	…
	2000	681	172	−13. 1	100	96. 9	1 635. 2	2. 2	3 657. 3	3. 6
	2003	656	166	−2. 7	164	83. 5	1 767. 1	2. 8	4 134. 4	4. 3
	2004	639	161	1. 5	206	77. 5	1 818. 4	2. 9	4 306. 5	4. 2
	2005	630	159	2. 6	231	57. 3	1 872. 4	3. 0	4 473. 1	3. 9
	2006	602	152	−1. 0	266	42. 8	1 928. 6	3. 0	4 631. 0	3. 5
	2007	591	149	1. 3	291	40. 7	1 986. 5	3. 0	4 781. 2	3. 2
埃塞俄比亚	1990	549	130	2. 7	50	14. 4	21 765. 4	3. 7	48 292. 4	3. 4
	2000	526	124	6. 1	100	36. 0	30 031. 8	2. 5	65 514. 6	2. 7
	2003	521	123	−2. 2	101	40. 7	32 131. 3	2. 2	70 880. 7	2. 6
	2004	577	136	13. 6	110	46. 5	32 799. 6	2. 1	72 746. 2	2. 6
	2005	628	149	11. 8	117	50. 6	33 459. 9	2. 0	74 660. 9	2. 6
	2006	679	161	10. 9	132	50. 5	34 113. 2	2. 0	76 627. 7	2. 6
	2007	736	174	11. 1	153	45. 1	34 759. 8	1. 9	78 646. 1	2. 6
肯尼亚	1980	1 378	435	5. 6	8	65. 4	8 128. 4	…	16 261. 5	…
	1990	1 425	450	4. 2	23	57. 0	11 470. 5	2. 7	23 433. 4	3. 5
	2000	1 287	406	0. 6	100	53. 3	13 890. 3	1. 7	31 440. 6	2. 6
	2003	1 279	404	2. 9	118	54. 1	14 663. 9	1. 9	33 991. 6	2. 6
	2004	1 309	413	5. 1	132	59. 5	14 970. 1	2. 1	34 890. 4	2. 6
	2005	1 349	426	5. 8	146	64. 4	15 315. 3	2. 3	35 816. 8	2. 7
	2006	1 398	441	6. 4	167	63. 1	15 702. 0	2. 5	36 771. 6	2. 7
	2007	1 456	460	7. 0	183	63. 5	16 125. 5	2. 7	37 754. 7	2. 7
马达加斯加	1980	1 225	342	0. 8	4	43. 1	3 954. 9	…	8 604. 2	…
	1990	972	271	3. 1	22	44. 6	5 039. 2	2. 8	11 273. 0	3. 0
	2000	858	240	4. 8	100	68. 7	6 896. 6	3. 1	15 275. 4	3. 0
	2003	800	223	9. 8	123	55. 2	7 457. 5	2. 4	16 656. 7	2. 9
	2004	819	229	5. 3	140	80. 1	7 629. 0	2. 3	17 131. 3	2. 8
	2005	833	233	4. 6	166	68. 0	7 796. 5	2. 2	17 614. 3	2. 8
	2006	852	238	5. 0	184	71. 0	7 959. 9	2. 1	18 105. 4	2. 8
	2007	881	246	6. 2	203	76. 8	8 118. 3	2. 0	18 604. 4	2. 8
马拉维	1980	756	161	0. 4	2	63. 6	2 936. 4	…	6 214. 8	…
	1990	618	132	5. 7	7	57. 2	4 416. 0	3. 2	9 451. 5	3. 9
	2000	705	150	1. 6	100	60. 9	5 431. 7	3. 9	11 831. 4	3. 3
	2003	629	134	6. 3	164	81. 4	6 016. 8	3. 3	12 911. 8	2. 9
	2004	648	138	5. 7	182	68. 2	6 204. 7	3. 1	13 277. 5	2. 8
	2005	648	138	2. 6	211	63. 7	6 387. 3	2. 9	13 654. 5	2. 8
	2006	683	145	8. 2	240	61. 6	6 563. 1	2. 8	14 042. 5	2. 8
	2007	719	153	7. 9	259	68. 5	6 731. 0	2. 6	14 439. 5	2. 8
毛里求斯	1980	3 561	1 572	…	20	104. 4	344. 1	…	966. 0	…
	1990	5 742	2 535	5. 8	48	135. 6	306. 1	−0. 7	1 056. 3	1. 0
	2000	8 530	3 766	4. 0	100	127. 3	311. 1	–	1 194. 8	1. 1
	2003	9 263	4 089	3. 2	117	116. 0	312. 2	0. 1	1 230. 8	1. 0
	2004	9 616	4 245	4. 7	122	111. 1	311. 5	−0. 2	1 241. 9	0. 9
	2005	9 975	4 403	4. 6	128	117. 4	309. 6	−0. 6	1 252. 3	0. 8
	2006	10 254	4 527	3. 6	140	127. 4	306. 3	−1. 1	1 262. 0	0. 8
	2007	10 668	4 709	4. 7	152	132. 9	301. 8	−1. 5	1 271. 1	0. 7

	年份	宏观经济指标					人口指标			
		经 PPP 统一后的人均 GDP（2005 年定值美元）	人均 GDP（2000 年定值美元）	GDP 增长率（年度百分比）	CPI	贸易（GDP 的百分比）	0—14 岁的人口（千人）	0—14 岁人口的增长率（百分比）	总人口（千人）	总人口增长率（百分比）
莫桑比克	1980	440	203	…	–	38.2	5 323.3	…	12 138.1	…
	1990	400	185	1.0	8	44.2	6 307.0	1.4	13 543.2	1.3
	2000	506	234	1.1	100	54.5	7 968.4	2.8	18 249.4	2.7
	2003	606	280	6.0	144	74.2	8 689.1	3.0	19 783.6	2.7
	2004	639	295	7.9	163	72.8	8 938.5	2.9	20 310.6	2.7
	2005	677	312	8.4	173	75.2	9 182.0	2.7	20 834.4	2.6
	2006	720	332	8.5	196	87.3	9 417.1	2.6	21 353.5	2.5
	2007	758	350	7.3	212	84.2	9 643.7	2.4	21 869.4	2.4
卢旺达	1980	794	263	9.0	15	40.8	2 413.8	…	5 197.0	…
	1990	692	229	-2.4	22	19.7	3 517.6	–	7 150.3	-0.4
	2000	640	212	8.1	100	34.4	3 643.8	5.3	7 957.8	6.9
	2003	709	235	0.3	113	34.0	3 785.9	–	8 685.5	1.7
	2004	735	244	5.3	127	36.2	3 789.3	0.1	8 819.7	1.5
	2005	772	256	7.1	138	37.1	3 823.0	0.9	8 992.1	2.0
	2006	794	263	5.5	150	36.8	3 892.5	1.8	9 210.0	2.4
	2007	818	271	6.0	164	38.2	3 987.4	2.4	9 454.5	2.7
塞舌尔	1980	9 471	4 532	-4.2	61	147.1	…	…	…	…
	1990	11 798	5 645	7.0	80	129.2	…	…	…	…
	2000	15 838	7 579	4.3	100	159.6	…	…	…	…
	2003	14 447	6 913	-5.9	110	179.1	…	…	…	…
	2004	14 086	6 740	-2.9	114	193.7	…	…	…	…
	2005	14 187	6 789	1.2	115	224.9	…	…	…	…
	2006	14 639	7 005	5.3	113	244.5	…	…	…	…
	2007	15 482	7 408	6.3	119	316.7	…	…	…	…
索马里	1980	…	…	-3.9	…	121.7	2 973.3	…	6 433.5	…
	1990	…	…	-1.5	…	47.5	2 932.1	0.1	6 596.0	0.4
	2000	…	…	…	…	…	3 265.3	3.3	7 394.2	2.9
	2003	…	…	…	…	…	3 547.8	2.6	7 974.5	2.4
	2004	…	…	…	…	…	3 637.7	2.5	8 163.6	2.4
	2005	…	…	…	…	…	3 728.9	2.5	8 354.0	2.3
	2006	…	…	…	…	…	3 820.6	2.5	8 543.8	2.3
	2007	…	…	…	…	…	3 911.7	2.4	8 732.6	2.2
坦桑尼亚联合共和国	1990	859	267	7.0	17	50.1	11 696.8	3.0	25 454.6	3.3
	2000	864	268	5.1	100	41.0	15 270.9	2.4	34 131.3	2.6
	2003	963	299	5.7	115	46.0	16 468.5	2.6	36 929.7	2.7
	2004	1 002	311	6.7	120	51.8	16 915.7	2.7	37 945.5	2.8
	2005	1 049	326	7.4	125	48.4	17 390.3	2.8	39 007.4	2.8
	2006	1 092	339	6.7	134	49.7	17 892.3	2.9	40 117.2	2.8
	2007	1 141	354	7.1	143	…	18 420.8	3.0	41 276.2	2.9
乌干达	1980	…	…	…	–	45.5	6 030.1	…	12 655.4	…
	1990	557	180	6.5	30	26.6	8 525.9	3.9	17 730.9	3.6
	2000	775	251	5.6	100	33.1	12 079.5	3.3	24 432.8	3.1
	2003	839	272	6.6	108	37.0	13 296.1	3.2	26 890.4	3.3
	2004	868	281	6.8	114	39.4	13 722.6	3.2	27 778.9	3.3
	2005	893	289	6.3	123	39.5	14 157.7	3.2	28 699.3	3.3
	2006	958	310	10.8	131	44.2	14 600.7	3.1	29 651.7	3.3
	2007	1 000	324	7.9	140	47.8	15 051.8	3.1	30 637.5	3.3
赞比亚	1980	1 526	459	3.0	–	86.8	2 735.1	…	5 774.2	…
	1990	1 239	373	-0.5	1	72.5	3 613.1	2.6	7 910.3	3.0
	2000	1 029	310	3.6	100	68.6	4 734.4	2.9	10 467.3	2.6
	2003	1 107	333	5.7	181	69.8	5 130.4	2.7	11 219.0	2.2
	2004	1 146	345	5.4	213	79.6	5 265.4	2.6	11 472.3	2.3
	2005	1 183	356	5.2	252	69.6	5 403.8	2.6	11 738.4	2.3
	2006	1 233	371	6.2	275	67.4	5 546.0	2.6	12 019.5	2.4
	2007	1 283	386	6.0	304	78.1	5 690.8	2.6	12 313.9	2.4
津巴布韦	1980	…	601	14.4	2	49.9	3 563.4	…	7 282.3	…
	1990	…	642	7.0	6	45.7	4 818.2	2.2	10 461.1	3.0
	2000	…	585	-7.9	100	72.2	5 258.1	-0.2	12 455.4	0.7
	2003	…	477	-10.4	1 881	55.3	5 183.7	-0.6	12 510.2	-0.1
	2004	…	455	-3.8	8 462	95.0	5 149.4	-0.7	12 492.3	-0.1
	2005	…	428	-5.3	28 587	129.8	5 114.0	-0.7	12 475.1	-0.1
	2006	…	…	…	319 222	…	5 078.3	-0.7	12 459.4	-0.1
	2007	…	…	…	33 686 020	…	5 043.9	-0.7	12 449.2	-0.1

	年份	宏观经济指标					人口指标			
		经PPP统一后的人均GDP（2005年定值美元）	人均GDP（2000年定值美元）	GDP增长率（年度百分比）	CPI	贸易（GDP的百分比）	0—14岁的人口（千人）	0—14岁人口的增长率（百分比）	总人口（千人）	总人口增长率（百分比）
中非										
安哥拉	1990	3 229	803	-0.3	…	59.8	5 069.2	3.1	10 661.5	2.9
	2000	2 633	655	3.0	100	152.5	6 719.9	2.4	14 279.5	2.8
	2003	2 948	734	3.3	1 047	132.7	7 299.0	2.9	15 646.8	3.2
	2004	3 182	792	11.2	1 502	123.4	7 497.9	2.7	16 135.5	3.1
	2005	3 729	928	20.6	1 847	128.7	7 683.9	2.5	16 617.6	3.0
	2006	4 298	1 069	18.6	2 093	111.7	7 853.3	2.2	17 089.1	2.8
	2007	5 085	1 266	21.1	2 350	110.3	8 009.9	2.0	17 554.6	2.7
喀麦隆	1980	2 014	698	-2.0	32	55.0	4 042.4	…	9 079.8	…
	1990	2 072	718	-6.1	62	37.5	5 545.5	2.9	12 233.0	3.0
	2000	1 832	635	4.2	100	42.9	6 809.4	1.6	15 865.5	2.4
	2003	1 931	669	4.0	110	40.1	7 169.2	1.8	17 017.7	2.4
	2004	1 957	679	3.7	110	39.2	7 298.4	1.8	17 416.7	2.3
	2005	1 959	679	2.3	112	41.9	7 430.8	1.8	17 823.4	2.3
	2006	1 980	686	3.2	118	44.0	7 565.8	1.8	18 237.9	2.3
	2007	2 009	697	3.5	119	43.3	7 703.6	1.8	18 659.9	2.3
中非共和国	1980	933	316	-4.5	44	66.3	958.0	…	2 268.8	…
	1990	800	271	-2.1	68	42.4	1 261.6	2.5	2 928.5	2.3
	2000	734	248	2.3	100	43.9	1 571.0	1.9	3 745.7	2.1
	2003	643	218	-7.6	111	31.5	1 652.7	1.6	3 958.7	1.8
	2004	639	216	1.0	108	32.6	1 678.2	1.5	4 028.6	1.8
	2005	644	218	2.4	111	34.0	1 703.2	1.5	4 101.5	1.8
	2006	658	223	4.0	119	36.0	1 727.8	1.4	4 177.9	1.9
	2007	674	228	4.2	120	37.1	1 751.8	1.4	4 257.4	1.9
乍得	1980	774	144	-6.0	44	45.8	2 035.1	…	4 608.2	…
	1990	970	181	-4.2	65	41.4	2 805.2	3.4	6 105.4	3.2
	2000	878	164	-0.9	100	51.6	3 868.9	3.5	8 401.7	3.5
	2003	1 091	203	14.7	116	83.4	4 312.7	3.7	9 366.0	3.7
	2004	1 407	262	33.6	111	101.8	4 463.9	3.5	9 697.4	3.5
	2005	1 468	274	7.9	115	94.6	4 608.6	3.2	10 018.6	3.3
	2006	1 425	266	0.2	124	101.0	4 745.1	3.0	10 326.2	3.1
	2007	1 395	260	0.6	114	82.9	4 874.6	2.7	10 622.9	2.9
刚果	1980	2 912	969	17.6	51	120.1	817.3	…	1 814.8	…
	1990	3 469	1 154	1.0	49	99.5	1 075.7	2.4	2 446.5	2.9
	2000	3 021	1 005	7.6	100	123.9	1 289.0	1.6	3 035.5	1.9
	2003	3 105	1 033	1.7	106	132.9	1 360.0	1.9	3 260.8	2.6
	2004	3 143	1 046	3.6	109	141.6	1 384.7	1.8	3 341.1	2.5
	2005	3 309	1 101	7.7	112	134.0	1 408.1	1.7	3 416.7	2.3
	2006	3 440	1 145	6.2	117	130.8	1 429.9	1.6	3 486.1	2.0
	2007	3 316	1 103	-1.6	120	115.9	1 450.5	1.4	3 551.1	1.9
刚果民主共和国	1980	750	250	2.2	…	32.8	12 348.2	…	27 170.0	…
	1990	605	202	-6.6	…	58.7	17 449.2	4.2	37 016.1	3.7
	2000	255	85	-6.9	100	43.8	24 438.8	2.5	50 829.3	2.6
	2003	251	84	5.8	646	59.5	26 642.1	3.0	55 590.6	3.2
	2004	259	86	6.6	672	69.5	27 416.6	2.9	57 337.0	3.1
	2005	267	89	6.5	816	70.9	28 157.8	2.7	59 076.8	3.0
	2006	272	91	5.1	924	70.4	28 857.4	2.5	60 799.8	2.9
	2007	282	94	6.5	1 078	67.2	29 525.3	2.3	62 522.8	2.8
赤道几内亚	1990	2 153	611	3.3	53	101.7	147.4	6.2	379.3	3.4
	2000	10 264	2 913	13.5	100	183.9	233.3	2.8	528.9	3.0
	2003	21 171	6 008	13.1	126	172.5	248.4	1.8	576.3	2.8
	2004	27 333	7 756	32.2	131	156.1	252.7	1.8	592.5	2.8
	2005	28 536	8 098	6.9	138	144.4	257.2	1.8	608.8	2.8
	2006	26 322	7 470	-5.6	145	144.7	261.9	1.8	625.4	2.7
	2007	28 923	8 207	12.5	149	149.2	266.7	1.8	642.2	2.7
加蓬	1980	17 026	5 271	2.6	36	96.4	256.6	…	681.6	…
	1990	15 126	4 683	5.2	67	76.9	383.0	3.8	926.4	3.3
	2000	13 845	4 287	-1.9	100	101.7	505.0	1.6	1 233.4	2.4
	2003	13 678	4 235	2.5	104	86.4	522.2	0.9	1 316.0	2.1
	2004	13 633	4 221	1.3	105	94.2	525.9	0.7	1 342.7	2.0
	2005	13 821	4 279	3.0	106	92.4	528.7	0.5	1 369.2	2.0
	2006	13 770	4 263	1.2	105	97.1	530.5	0.3	1 395.6	1.9
	2007	14 323	4 434	5.6	110	100.6	531.5	0.2	1 421.9	1.9

	年份	宏观经济指标					人口指标			
		经 PPP 统一后的人均 GDP（2005 年定值美元）	人均 GDP（2000 年定值美元）	GDP 增长率（年度百分比）	CPI	贸易（GDP 的百分比）	0—14 岁的人口（千人）	0—14 岁人口的增长率（百分比）	总人口（千人）	总人口增长率（百分比）
圣多美和普林西比	1990	…	…	…	5	…	54.2	…	116.1	…
	2000	…	…	…	100	…	59.2	0.9	140.1	1.8
	2003	1 300	…	5.4	131	…	61.7	1.5	147.6	1.7
	2004	1 363	…	6.6	148	…	62.6	1.5	150.1	1.7
	2005	1 416	…	5.7	173	…	63.5	1.4	152.6	1.7
	2006	1 487	…	6.7	213	…	64.2	1.2	155.1	1.6
	2007	1 547	…	6.0	253	…	65.0	1.1	157.6	1.6
南部非洲										
博茨瓦纳	1980	3 323	1 214	12.0	13	119.5	460.3	…	985.1	…
	1990	6 799	2 483	6.8	36	104.8	608.1	1.9	1 351.6	3.0
	2000	9 783	3 573	8.2	100	86.2	656.0	–	1 722.6	1.8
	2003	11 105	4 056	6.0	126	80.7	650.4	−0.4	1 793.6	1.2
	2004	11 660	4 259	6.2	134	78.7	648.3	−0.3	1 815.5	1.2
	2005	12 088	4 415	4.9	146	80.2	646.8	−0.2	1 839.1	1.3
	2006	12 350	4 511	3.4	163	78.9	646.2	−0.1	1 864.8	1.4
	2007	12 847	4 692	5.3	174	83.7	646.5	–	1 892.4	1.5
莱索托	1980	739	280	−2.7	10	131.1	580.5	…	1 295.9	…
	1990	919	348	6.4	37	115.8	720.2	1.5	1 602.3	1.5
	2000	1 196	452	2.3	100	120.3	792.8	0.5	1 888.5	1.6
	2003	1 243	470	2.7	129	153.2	799.2	0.2	1 957.6	1.0
	2004	1 284	486	4.2	135	157.0	800.1	0.1	1 976.5	1.0
	2005	1 311	496	2.9	140	148.3	800.8	0.1	1 995.2	0.9
	2006	1 395	528	7.2	149	148.6	801.5	0.1	2 013.6	0.9
	2007	1 456	551	4.9	161	161.8	802.1	0.1	2 031.7	0.9
纳米比亚	1980	4 348	2 017	…	…	150.0	472.6	…	1 013.3	…
	1990	3 442	1 596	2.5	39	119.3	619.4	2.6	1 416.9	3.8
	2000	3 916	1 816	3.5	100	96.8	747.2	1.3	1 824.0	2.2
	2003	4 226	1 960	3.5	130	106.4	771.0	0.9	1 934.6	1.9
	2004	4 450	2 064	6.6	136	98.0	777.2	0.8	1 971.2	1.9
	2005	4 600	2 133	4.7	139	98.8	782.8	0.7	2 009.0	1.9
	2006	4 671	2 166	2.9	146	110.0	787.7	0.6	2 048.3	2.0
	2007	4 868	2 258	5.9	156	104.5	792.0	0.5	2 088.7	2.0
南非	1980	8 578	3 463	6.6	11	62.7	12 082.8	…	29 075.3	…
	1990	7 807	3 152	−0.3	42	43.0	14 299.4	1.2	36 745.3	2.3
	2000	7 480	3 020	4.2	100	52.8	15 077.6	0.2	44 871.9	1.5
	2003	7 892	3 186	3.1	122	53.8	15 171.5	0.2	46 848.5	1.4
	2004	8 178	3 302	4.9	124	53.8	15 201.4	0.2	47 477.1	1.3
	2005	8 488	3 427	5.0	128	55.7	15 227.0	0.2	48 073.4	1.3
	2006	8 851	3 573	5.4	134	62.6	15 247.8	0.1	48 638.5	1.2
	2007	9 215	3 720	5.1	144	66.4	15 264.5	0.1	49 173.2	1.1
斯威士兰	1980	2 432	832	12.4	11	188.6	294.3	…	603.2	…
	1990	3 922	1 342	9.8	43	127.9	415.8	3.3	864.4	3.5
	2000	4 166	1 425	10.1	100	166.1	480.6	0.3	1 079.7	1.6
	2003	4 208	1 440	3.9	129	209.4	476.2	−0.5	1 107.9	0.6
	2004	4 258	1 457	2.5	133	182.9	473.5	−0.6	1 115.0	0.6
	2005	4 309	1 474	2.2	140	182.5	471.1	−0.5	1 124.4	0.8
	2006	4 401	1 506	2.9	147	171.8	469.1	−0.4	1 136.7	1.1
	2007	4 522	1 547	3.5	159	161.1	467.6	−0.3	1 151.4	1.3
西非										
贝宁	1980	1 104	292	6.8	42	53.1	1 588.2	…	3 559.9	…
	1990	1 029	273	3.2	48	40.6	2 182.9	3.3	4 795.1	3.3
	2000	1 178	312	5.8	100	43.3	2 977.2	3.0	6 659.3	3.2
	2003	1 219	323	3.9	108	40.2	3 248.8	2.9	7 358.1	3.4
	2004	1 217	322	3.1	109	39.4	3 343.7	2.9	7 610.7	3.4
	2005	1 213	321	2.9	115	39.6	3 440.7	2.9	7 867.6	3.4
	2006	1 220	323	3.8	119	…	3 539.7	2.9	8 128.2	3.3
	2007	1 239	328	4.6	121	…	3 640.6	2.8	8 393.1	3.3
布基纳法索	1980	658	161	0.8	46	40.2	3 172.4	…	6 862.4	…
	1990	715	175	−0.6	65	35.4	4 176.2	2.8	8 814.0	2.8
	2000	896	220	1.8	100	34.3	5 465.0	2.7	11 676.2	3.1
	2003	982	241	8.0	109	30.5	5 921.1	2.8	12 853.5	3.3
	2004	995	244	4.6	109	35.0	6 098.8	3.0	13 290.2	3.4
	2005	1 026	252	6.4	116	35.6	6 299.1	3.3	13 747.2	3.4
	2006	1 051	258	5.5	119	38.3	6 524.2	3.6	14 224.6	3.5
	2007	1 061	260	4.0	118	…	6 770.9	3.8	14 721.4	3.5

	年份	宏观经济指标					人口指标			
		经 PPP 统一后的人均 GDP（2005 年定值美元）	人均 GDP（2000 年定值美元）	GDP 增长率（年度百分比）	CPI	贸易（GDP 的百分比）	0—14 岁的人口（千人）	0—14 岁人口的增长率（百分比）	总人口（千人）	总人口增长率（百分比）
佛得角	1990	1 690	852	0.7	56	56.4	167.5	2.7	354.2	2.3
	2000	2 340	1 179	6.6	100	88.9	189.8	0.2	439.0	1.8
	2003	2 514	1 267	6.2	107	98.0	189.3	-0.2	462.4	1.7
	2004	2 438	1 229	-0.7	105	68.6	188.7	-0.4	470.0	1.6
	2005	2 538	1 279	6.5	105	66.8	187.8	-0.5	477.4	1.6
	2006	2 745	1 383	10.7	110	72.2	186.7	-0.6	484.7	1.5
	2007	2 871	1 447	7.0	115	75.0	185.5	-0.6	491.7	1.5
科特迪瓦	1980	2 669	926	-11.0	35	76.2	3 838.9	…	8 419.4	…
	1990	1 871	649	-1.1	56	58.8	5 637.9	3.0	12 610.3	3.7
	2000	1 761	611	-3.7	100	73.8	7 164.5	2.2	17 281.5	2.6
	2003	1 620	562	-1.6	111	80.7	7 635.0	2.1	18 453.4	2.1
	2004	1 622	563	1.8	113	87.9	7 793.8	2.1	18 839.4	2.1
	2005	1 615	560	1.3	117	94.6	7 951.3	2.0	19 244.9	2.2
	2006	1 598	554	0.7	120	95.0	8 107.0	2.0	19 673.4	2.2
	2007	1 596	554	1.7	122	87.5	8 260.8	1.9	20 122.8	2.3
冈比亚	1980	1 071	318	6.3	13	106.3	260.7	…	616.2	…
	1990	1 065	316	3.6	66	131.5	384.5	3.9	895.5	4.0
	2000	1 023	304	5.5	100	104.8	559.4	3.6	1 301.8	3.5
	2003	1 017	302	6.9	133	95.4	617.0	3.2	1 436.3	3.2
	2004	1 056	314	7.1	152	113.1	635.7	3.0	1 481.3	3.1
	2005	1 078	320	5.1	159	102.8	653.9	2.9	1 526.1	3.0
	2006	1 117	332	6.6	163	97.0	671.6	2.7	1 570.9	2.9
	2007	1 157	344	6.3	171	83.1	688.7	2.5	1 615.5	2.8
加纳	1980	952	232	0.5	–	17.6	5 060.6	…	11 026.2	…
	1990	861	210	3.3	10	42.7	6 604.3	2.3	14 967.5	2.8
	2000	1 015	247	3.7	100	116.0	8 062.5	1.6	19 529.3	2.4
	2003	1 083	264	5.2	193	97.3	8 445.2	1.5	20 954.6	2.3
	2004	1 119	272	5.6	218	99.7	8 569.4	1.5	21 435.3	2.3
	2005	1 160	282	5.9	251	89.9	8 690.8	1.4	21 915.2	2.2
	2006	1 209	294	6.4	276	96.8	8 809.0	1.4	22 393.3	2.2
	2007	1 260	307	6.3	306	92.9	8 924.7	1.3	22 871.0	2.1
几内亚	1980	897	336	2.6	3	59.3	2 014.8	…	4 628.5	…
	1990	923	346	4.3	49	64.5	2 740.6	3.8	6 147.1	3.7
	2000	1 012	379	1.9	100	51.5	3 698.6	1.7	8 383.6	2.0
	2003	1 058	397	2.0	116	46.9	3 875.5	1.5	8 870.0	1.9
	2004	1 067	400	2.7	129	46.1	3 936.4	1.6	9 040.5	1.9
	2005	1 081	406	3.3	151	59.4	4 001.1	1.6	9 220.8	2.0
	2006	1 083	406	2.2	198	69.8	4 070.1	1.7	9 411.9	2.1
	2007	1 076	404	1.5	267	76.7	4 143.7	1.8	9 615.1	2.2
几内亚比绍	1980	501	144	-16.0	–	54.5	352.4	…	836.0	…
	1990	635	183	6.1	6	47.0	421.5	1.3	1 022.4	2.4
	2000	545	157	7.5	100	83.4	545.4	2.8	1 303.8	2.3
	2003	460	133	-0.6	97	77.2	593.6	2.9	1 403.0	2.5
	2004	456	132	2.2	98	78.2	610.0	2.8	1 437.9	2.5
	2005	458	132	3.5	104	88.5	626.1	2.6	1 472.6	2.4
	2006	452	130	1.8	104	94.5	641.8	2.5	1 506.9	2.3
	2007	451	130	2.7	108	89.0	657.0	2.4	1 541.0	2.3
利比里亚	1980	1 804	744	-4.1	…	128.7	846.7	…	1 909.9	…
	1990	491	203	-51.0	…	…	978.7	-1.7	2 166.9	-2.0
	2000	443	183	25.7	100	47.5	1 249.4	6.4	2 824.4	6.7
	2003	303	125	-31.3	141	77.3	1 375.8	2.3	3 137.9	2.6
	2004	305	126	2.6	146	88.4	1 408.7	2.4	3 224.6	2.8
	2005	313	129	5.3	156	89.8	1 450.8	3.0	3 334.2	3.4
	2006	324	134	7.8	168	111.9	1 503.9	3.7	3 471.0	4.1
	2007	342	141	9.4	187	117.0	1 564.7	4.0	3 627.3	4.5
马里	1980	896	253	-4.3	49	43.8	3 118.7	…	7 183.3	…
	1990	752	213	-1.9	70	50.9	3 894.3	2.4	8 654.6	2.0
	2000	857	242	3.2	100	66.2	4 787.7	1.8	10 522.9	2.1
	2003	984	278	7.4	109	63.8	5 064.6	1.9	11 277.1	2.4
	2004	975	276	2.2	106	63.1	5 165.3	2.0	11 552.2	2.4
	2005	1 004	284	6.1	112	62.9	5 271.4	2.1	11 832.9	2.4
	2006	1 025	290	5.3	114	72.3	5 382.8	2.1	12 118.1	2.4
	2007	1 023	289	2.8	116	64.3	5 499.5	2.2	12 408.8	2.4

	年份	宏观经济指标					人口指标			
		经 PPP 统一后的人均 GDP（2005 年定值美元）	人均 GDP（2000 年定值美元）	GDP 增长率（年度百分比）	CPI	贸易（GDP 的百分比）	0—14 岁的人口（千人）	0—14 岁人口的增长率（百分比）	总人口（千人）	总人口增长率（百分比）
毛里塔尼亚	1980	1 746	461	3.4	27	103.5	687.1	…	1 525.3	…
	1990	1 589	419	−1.8	61	106.4	885.6	2.4	1 987.9	2.6
	2000	1 597	421	1.9	100	120.5	1 099.1	2.1	2 603.7	2.8
	2003	1 607	424	5.6	119	86.3	1 166.9	2.0	2 830.2	2.8
	2004	1 642	433	5.2	132	110.6	1 189.6	1.9	2 907.8	2.7
	2005	1 684	444	5.4	148	131.6	1 212.2	1.9	2 985.2	2.7
	2006	1 832	483	11.7	157	113.7	1 234.6	1.8	3 062.3	2.6
	2007	1 820	480	1.9	169	122.5	1 256.6	1.8	3 138.9	2.5
尼日尔	1980	925	263	−2.2	46	62.7	2 867.7	…	5 922.2	…
	1990	677	193	−1.3	61	37.0	3 886.0	3.1	7 903.9	3.1
	2000	568	162	−1.4	100	43.5	5 358.6	3.4	11 031.1	3.5
	2003	588	167	4.4	105	42.7	5 939.5	3.6	12 203.1	3.4
	2004	563	160	−0.8	105	44.4	6 164.1	3.8	12 636.0	3.5
	2005	584	166	7.4	113	40.1	6 413.3	4.0	13 101.9	3.7
	2006	593	169	5.2	114	…	6 689.3	4.3	13 603.9	3.8
	2007	592	169	3.2	114	…	6 989.6	4.5	14 139.7	3.9
尼日利亚	1980	1 749	443	4.2	1	48.6	33 260.1	…	74 522.9	…
	1990	1 464	370	8.2	8	72.2	44 542.6	2.5	97 338.3	2.7
	2000	1 456	369	5.4	100	86.0	54 755.0	2.0	124 842.4	2.5
	2003	1 558	394	10.3	153	83.1	58 226.6	2.1	134 269.9	2.4
	2004	1 682	426	10.6	176	75.0	59 450.2	2.1	137 543.6	2.4
	2005	1 731	438	5.4	207	77.6	60 699.0	2.1	140 878.6	2.4
	2006	1 795	454	6.2	225	71.3	61 970.9	2.1	144 273.2	2.4
	2007	1 859	471	5.9	237	70.0	63 258.6	2.1	147 721.8	2.4
塞内加尔	1980	1 412	457	−3.3	38	62.3	2 623.3	…	5 636.0	…
	1990	1 355	439	−0.7	67	57.6	3 528.8	2.8	7 537.8	2.9
	2000	1 403	454	3.2	100	65.1	4 507.2	2.2	9 901.8	2.7
	2003	1 456	471	6.7	105	65.4	4 802.6	2.1	10 707.0	2.6
	2004	1 503	486	5.9	106	65.8	4 904.5	2.1	10 989.5	2.6
	2005	1 547	501	5.6	108	69.5	5 010.1	2.2	11 281.3	2.7
	2006	1 543	499	2.3	110	70.2	5 119.5	2.2	11 582.9	2.7
	2007	1 573	509	4.8	116	67.9	5 232.0	2.2	11 893.3	2.7
塞拉利昂	1980	777	287	4.8	–	61.1	1 342.6	…	3 260.9	…
	1990	672	248	3.4	6	46.2	1 729.4	1.3	4 083.5	1.3
	2000	381	141	3.8	100	57.4	1 774.2	2.6	4 228.2	2.5
	2003	549	203	9.3	106	64.0	2 005.0	4.6	4 732.5	4.2
	2004	565	209	7.5	121	57.2	2 095.6	4.5	4 925.9	4.1
	2005	585	216	7.2	136	61.3	2 182.0	4.1	5 107.0	3.7
	2006	611	226	7.3	149	57.5	2 261.7	3.7	5 270.8	3.2
	2007	641	237	6.8	166	49.3	2 335.8	3.3	5 420.4	2.8
多哥	1980	1 083	346	14.6	39	107.4	1 289.8	…	2 784.6	…
	1990	846	270	−0.2	55	78.8	1 804.2	2.4	3 925.9	2.8
	2000	769	246	−0.8	100	81.5	2 253.0	2.5	5 247.5	3.3
	2003	751	240	2.7	106	81.2	2 390.9	1.8	5 698.1	2.6
	2004	753	241	3.0	107	80.5	2 432.4	1.7	5 843.3	2.5
	2005	742	237	1.2	114	97.5	2 474.2	1.7	5 992.1	2.5
	2006	750	240	3.9	116	104.1	2 516.2	1.7	6 144.9	2.6
	2007	744	238	1.9	117	104.4	2 557.9	1.7	6 300.5	2.5
中东										
巴林	1980	21 807	11 479	…	78	239.3	120.3	…	347.0	…
	1990	17 907	9 427	4.4	92	210.2	155.1	3.4	493.0	3.5
	2000	23 292	12 261	5.3	100	153.8	182.3	1.0	650.0	2.3
	2003	25 707	13 533	7.2	100	145.5	192.7	2.1	695.9	2.3
	2004	26 573	13 989	5.6	102	164.7	196.6	2.0	711.7	2.3
	2005	28 069	14 776	7.8	105	176.0	200.1	1.7	727.6	2.2
	2006	…	…	…	107	172.0	202.9	1.4	743.5	2.2
	2007	…	…	…	110	…	205.3	1.2	759.6	2.2
伊朗伊斯兰共和国	1980	7 087	1 464	−13.2	2	41.5	17 578.2	…	39 329.5	…
	1990	6 254	1 292	13.7	12	37.7	25 506.0	2.0	56 733.2	2.6
	2000	7 667	1 584	5.1	100	40.1	21 394.5	−3.4	66 902.9	1.3
	2003	8 730	1 804	7.1	149	52.9	19 561.1	−2.7	69 226.9	1.1
	2004	9 036	1 867	5.1	172	55.0	19 089.6	−2.4	69 981.7	1.1
	2005	9 314	1 924	4.6	190	57.7	18 685.2	−2.1	70 764.9	1.1
	2006	9 721	2 008	5.9	212	56.9	18 348.7	−1.8	71 584.8	1.2
	2007	10 346	2 137	7.8	251	53.7	18 088.6	−1.4	72 436.7	1.2

	年份	宏观经济指标 经 PPP 统一后的人均 GDP（2005 年定值美元）	人均 GDP（2000 年定值美元）	GDP 增长率（年度百分比）	CPI	贸易（GDP 的百分比）	人口指标 0—14 岁的人口（千人）	0—14 岁人口的增长率（百分比）	总人口（千人）	总人口增长率（百分比）
伊拉克	1990	…	…	…	…	…	8 225.0	…	18 079.4	…
	2000	…	…	-4.3	…	…	10 576.4	2.7	24 652.3	3.1
	2003	…	…	-41.3	…	…	11 340.4	2.2	26 861.9	2.8
	2004	…	…	46.5	203	…	11 577.8	2.1	27 563.6	2.6
	2005	…	…	…	278	…	11 807.8	2.0	28 237.7	2.4
	2006	…	…	…	427	…	12 030.3	1.9	28 876.1	2.3
	2007	…	…	…	558	…	12 243.6	1.8	29 485.9	2.1
约旦	1980	3 977	1 932	19.0	35	124.1	1 099.5	…	2 225.3	…
	1990	3 331	1 618	1.0	71	154.6	1 523.6	3.6	3 254.0	4.9
	2000	3 632	1 764	4.2	100	110.3	1 913.4	1.4	4 853.4	2.2
	2003	3 915	1 901	4.2	105	115.7	2 007.0	1.7	5 245.0	2.8
	2004	4 149	2 015	8.6	109	134.6	2 039.5	1.6	5 399.6	2.9
	2005	4 342	2 109	7.1	113	146.6	2 070.4	1.5	5 565.9	3.1
	2006	4 511	2 191	6.3	120	151.4	2 099.8	1.4	5 746.8	3.3
	2007	4 628	2 248	6.0	126	157.2	2 127.9	1.3	5 940.5	3.4
科威特	1980	39 580	20 286	-20.6	52	112.6	553.3	…	1 374.9	…
	1990	…	…	…	80	103.0	784.8	-0.4	2 143.0	0.9
	2000	33 603	17 223	4.7	100	86.6	579.4	4.6	2 228.4	6.0
	2003	37 379	19 158	17.3	103	86.6	620.2	1.6	2 530.9	3.8
	2004	40 313	20 662	10.7	105	89.3	629.9	1.6	2 617.0	3.4
	2005	43 560	22 326	11.4	109	92.2	641.5	1.8	2 700.0	3.2
	2006	45 152	23 142	6.3	112	89.6	655.0	2.1	2 778.6	2.9
	2007	…	…	…	118	95.5	669.2	2.2	2 851.1	2.6
黎巴嫩	1990	5 267	2 820	26.5	18	117.9	1 062.6	0.1	2 974.3	1.7
	2000	8 328	4 459	1.4	100	50.6	1 150.1	0.2	3 772.3	1.4
	2003	9 016	4 828	4.1	103	54.5	1 141.8	-0.4	3 965.4	1.7
	2004	9 573	5 126	7.5	104	62.0	1 134.3	-0.7	4 027.7	1.6
	2005	9 561	5 119	1.0	104	64.2	1 124.6	-0.9	4 081.6	1.3
	2006	9 456	5 063	–	109	66.6	1 112.7	-1.1	4 125.9	1.1
	2007	9 546	5 111	2.0	114	75.2	1 098.9	-1.2	4 162.5	0.9
阿曼	1980	9 254	4 512	6.0	80	100.3	540.6	…	1 187.4	…
	1990	14 080	6 865	-0.1	95	74.8	813.3	2.6	1 843.0	3.6
	2000	16 963	8 271	5.4	100	90.5	883.1	–	2 402.2	1.8
	2003	18 633	9 085	2.0	99	94.5	884.8	0.1	2 525.8	1.7
	2004	19 476	9 496	5.4	100	99.9	886.0	0.1	2 570.0	1.8
	2005	20 409	9 951	6.0	102	98.7	887.2	0.1	2 617.8	1.9
	2006	21 546	10 506	7.2	105	101.1	888.7	0.2	2 670.1	2.0
	2007	…	…	…	111	…	890.5	0.2	2 726.3	2.1
卡塔尔	2000	62 171	28 797	…	100	89.6	158.5	1.2	616.8	4.6
	2003	60 433	27 993	3.5	104	90.2	152.3	-1.7	731.5	6.9
	2004	69 452	32 170	20.8	111	92.2	152.8	0.4	797.0	9.0
	2005	70 716	32 755	6.1	121	101.7	158.7	3.8	885.4	11.1
	2006	…	…	…	135	95.6	170.7	7.6	1 000.6	13.0
	2007	…	…	…	154	…	187.9	10.1	1 137.6	13.7
沙特阿拉伯	1980	34 599	16 006	6.5	94	90.9	4 257.3	…	9 604.4	…
	1990	19 021	8 799	8.3	92	72.2	6 810.8	3.7	16 258.9	3.7
	2000	19 716	9 121	4.9	100	68.6	7 904.9	0.6	20 808.0	2.7
	2003	20 019	9 261	7.7	100	70.2	8 057.0	0.6	22 495.6	2.6
	2004	20 629	9 543	5.3	100	78.6	8 106.5	0.6	23 059.2	2.5
	2005	21 220	9 816	5.6	101	88.7	8 153.8	0.6	23 612.7	2.4
	2006	21 372	9 887	3.2	103	94.4	8 199.1	0.6	24 152.7	2.3
	2007	21 659	10 020	3.4	107	103.6	8 243.5	0.5	24 680.3	2.2
阿拉伯叙利亚共和国	1980	3 364	1 057	12.0	8	54.8	4 408.5	…	8 971.3	…
	1990	2 945	925	7.6	58	56.3	6 155.7	2.2	12 720.9	3.1
	2000	3 725	1 170	2.7	100	64.0	6 705.4	0.4	16 510.9	2.6
	2003	3 821	1 201	1.6	109	60.0	6 860.0	1.0	17 951.9	2.9
	2004	3 934	1 236	5.8	114	78.3	6 944.7	1.2	18 511.7	3.1
	2005	4 002	1 257	4.5	122	81.0	7 052.0	1.5	19 121.5	3.3
	2006	4 095	1 287	5.1	135	76.4	7 184.0	1.9	19 789.2	3.5
	2007	4 260	1 339	6.6	141	81.9	7 337.6	2.1	20 503.9	3.6

	年份	宏观经济指标					人口指标			
		经 PPP 统一后的人均 GDP（2005 年定值美元）	人均 GDP（2000 年定值美元）	GDP 增长率（年度百分比）	CPI	贸易（GDP 的百分比）	0—14 岁的人口（千人）	0—14 岁人口的增长率（百分比）	总人口（千人）	总人口增长率（百分比）
阿拉伯联合酋长国	1980	95 434	46 606	26. 4	47	112. 4	290. 3	…	1 015. 2	…
	1990	50 886	24 850	17. 5	70	107. 6	557. 9	5. 1	1 867. 1	5. 5
	2000	44 515	21 739	5. 0	100	128. 7	770. 7	1. 7	3 238. 1	5. 6
	2003	44 664	21 812	11. 9	109	144. 1	786. 9	0. 4	3 765. 5	4. 9
	2004	46 907	22 907	9. 7	115	165. 5	792. 1	0. 7	3 932. 8	4. 4
	2005	48 810	23 837	8. 2	122	164. 1	801. 8	1. 2	4 089. 0	4. 0
	2006	51 586	25 192	9. 4	133	159. 1	817. 0	1. 9	4 232. 5	3. 5
	2007	…	…	…	148	…	836. 6	2. 4	4 363. 9	3. 1
也门	1990	1 778	447	…	5	34. 4	6 374. 9	…	12 313. 6	…
	2000	2 064	519	4. 4	100	79. 0	8 773. 7	2. 2	18 181. 7	3. 0
	2003	2 116	532	3. 1	139	79. 4	9 279. 8	1. 8	19 843. 4	2. 9
	2004	2 135	537	4. 0	157	…	9 441. 1	1. 7	20 426. 2	2. 9
	2005	2 189	551	5. 6	172	…	9 606. 1	1. 7	21 023. 7	2. 9
	2006	2 192	551	3. 2	191	…	9 776. 2	1. 8	21 637. 7	2. 9
	2007	2 205	555	3. 6	206	…	9 951. 5	1. 8	22 269. 3	2. 9

附录 B

国际就业状况分类（ICSE—1993）

1958 年，联合国统计委员会通过了以下分类：[1]

(a) *雇主*：运营自己名下的经济型企业，或独立参与某项职业或交易的个人，其雇用了一名或者更多的雇员。某些国家可能会希望根据雇主雇用的人数来对其加以区分。

(b) *自营工作者*：运营自己名下的经济型企业，或独立参与某项职业或交易的个人，其不雇用任何雇员。

(c) *雇员*：为某个公共或私人雇主工作的个人，其收到以工资、薪水、佣金、消费、计件工资率或实物报酬等形式的薪酬。

(d) *无报酬家庭工作者*：通常指那些在居住于同一住所的亲属运营的经济型企业工作的个人，其没有任何报酬。特别地，在某些约定俗成的情况下，对于在并不住在同一住所的亲属运营的经济型企业工作且没有任何报酬的年轻人而言，定义中关于“住在同一住所”的要求将取消。如果有显著数量的无报酬家庭工作者在某一企业工作，且这些企业的运营者是生产合作社成员（被归入分类（e）），则这些无报酬家庭工作者应被单独归入一个子类别。

(e) *生产合作社成员*：积极参与生产合作社活动的该社成员，无论这一合作社属于哪一行业。当该组别在数量上不显著时，则可能取消这一分类，此时生产合作社成员应被归入其他合适的类别中。

(f) *无法按就业状况分类的工作者*：包括其就业状况未知或状况未被合理描述的有经验的工作者，以及过去未被雇用的失业者（即新加入劳动力的人）。如果其信息无法从别处获得的话，应对新加入劳动力的人单独划分一个组别。

1　联合国统计署：《对人口和住房普查的补充原则和建议》，统计文件，电子文件 ST/ESA/STAT/SER./M/67/Add.1（联合国，纽约，1990 年）。

1993 年 1 月，第 15 届国际劳动统计学家大会通过了关于 ICSE 的决议，以下是部分摘录：[2]

Ⅱ　ICSE—93 的组别[3]

4. ICSE—93 由以下组别构成，其定义见第Ⅲ节：

1. 雇员；适用于那些需要而且能够区分“拥有稳定合同的雇员”（包括“常规雇员”）的国家；
2. 雇主；
3. 自营工作者；
4. 生产合作社成员；
5. 无报酬家庭工作者；
6. 无法按就业状况分类的工作者。

Ⅲ　组别定义

5. ICSE—93 中组别的定义包含了“有酬就业”和自雇就业的区别。组别的定义参照了经济风险和/或（雇用合同明确规定或暗含的任职者的）职权类型的一个或多个方面，或者合同对任职者的规定。

6. *有酬就业工作*是指任职者持有明示的（书面或口头）或者隐含的就业合同，约定向其支付基本薪酬，且不受其工作部门（可以是公司、非盈利机构、政府部门，或者家庭）的收入的直接影响。任职者使用的资本设备、信息系统和/或楼宇则部分或全部为他

2　国际劳工组织：第 15 届国际劳动统计学家大会：《大会报告》，CLS/15/1D.6，第一版（国际劳工局，日内瓦，1993 年）。

3　为了语言上的方便，组别的名称和定义的确定方式对应于个人在参考期能只从事一份工作的情况。

人所有，且任职者的工作可能处于所有者或所有者雇用的某些人的直接监督之下，或遵照后两者设立的严格的指导方针（处于“有酬就业工作”下的工作者通常的报酬为工资和薪金，但也可能有销售佣金、计件工资率、奖金，或者实物支付，如食品、住房或培训）。

7. *自雇就业工作*所得的薪酬直接取决于货物和劳务生产所带来的利润（或盈利潜力，这里自用消费被视为利润的一部分。任职者制定运营决策，其会对企业产生影响；或委派他人制定此类决策，但仍对公司的福利负有责任（这里“公司”包括由一人运营的）。

8. *雇员*是指所有拥有符合“有酬就业工作”（比较段落6）定义的工作的人。拥有稳定合同的雇员是指那些在具有延续性的基础上，始终为同一雇主工作的、已经拥有并将持续拥有明示的（书面或口头）或者隐含的就业合同（包括续约合同）的工作者。“在具有延续性的基础上”意味着就业期要长于根据各国国情确定的最低期限（如果允许在最低期限间出现时间间隔，则最高期限同样需要根据各国国情确定）。常规雇员是那些“拥有稳定合同的雇员”，其所就业的组织有义务为其支付相关税费和社会保障缴款，且/或合同关系由各国的国家劳动立法限定。

9. *雇主*指那些自主经营或者与一位或若干合伙人共同工作的工作者，其所从事的工作被定义为“自雇工作”（比较段落7），并且在此职位上，持续聘用一位或多位雇员（比较段落8）来为其工作。“持续聘用”的含义将根据各国国情确定，与“拥有稳定合同的雇员”（比较段落8）的定义保持一致（合伙人可能是也可能不是同一家庭的成员）。

10. *自营工作者*是指那些自主经营或者与一位或若干合伙人共同工作的工作者，其所从事的工作被定义为“自雇工作”（比较段落7），但在参考期内不持续聘用任何雇员（比较段落8）为其工作。需要指出的是，在参考期内，属于这一组别的工作者可能在不具有延续性的情况下聘用了“雇员”（合伙人可能是也可能不是同一家庭的成员）。

11. *生产合作社成员*是指那些在合作生产货物或服务的过程中从事“自雇工作”（比较段落7）的工作者，在合作社中，每个成员都与其他成员在平等的基础上参与决定企业的生产、销售及/或其他工作的组织流程，以及与其他成员共同确定未来的投资和分配［需要指出的是，生产合作社的“雇员”（比较段落8）不被归入这一组别］。

12. *无报酬家庭工作者*是指那些在家庭亲属经营的市场导向型企业中从事“自雇工作”（比较段落7）的工作者，其不能被认为是合伙人，因为其在企业运营中承担的职责（这里指工作时间或其他根据各国国情确定的因素）无法与该企业的领导者相提并论（特别地，在某些约定俗成的情况下，对于在并不住在同一住所的亲属运营的经济型企业工作且没有任何报酬的年轻人而言，定义中关于“住在同一住所”的要求将取消）。

13. 无法按就业状况分类的工作者包括那些相关资料不足和/或不能将其归为以上任何类别的人员。

IV 特定组别的统计处理

14. 本节概述了对特定工作者组别的可能的统计处理。某些组别代表了ICSE—93中特定类别的子类别或子集。其他组别可能跨越了一个或多个此种类别。各国可能需要并且能够区分一个或多个组别，尤其是组别（a），并且能够根据国家需要创建新的组别。

（a）*非公司企业的所有者—经理人*是在非公司企业拥有职位的工作者，其（1）独立或与其他家庭成员或若干合伙人拥有企业的控制权；（2）拥有代表企业与其他组织签署合约的权利，并有权雇用或解雇企业中的“带薪就业者”，只受制于相关国家立法的监管，以及经该组织董事会表决或约定的规章。劳动力市场、经济和社会统计数据的使用者可能对这些工作者的最佳归类是否为“有酬就业”（比较段落6）或者“自雇就业”抱有不同的看法，因为这些工作者的部分薪酬是以与有酬就业工作类似的方式收取的，但其在企业的职权和义务比那些“自雇就业”工作者要大，这相对于“雇员”来说更为明显（注意，举例而言，将其归类为“雇主”可与“国民账户体系”中对其的分类保持一致，但在劳动力市场分析中，其最好被归类为“雇主”或“自营工作者”）。因此，各国应该根据其统计数据使用者的需要和它们的数据收集可能性而致力于单独确定这一组别。这也将便利国际比较。

附录 C

所有经济活动的国际标准行业分类（ISIC 第二版，1968 年）[1]

第一大类　农业、狩猎业、林业和渔业

11　农业和狩猎业

　111　农业和畜牧业

　112　农业服务

　113　狩猎、捕捉及其推广

12　林业和伐木业

　121　林业

　122　伐木业

13　130　渔业

第二大类　采矿和采石业

21　210　煤矿开采

22　220　原油和天然气生产

23　230　金属矿开采

29　290　其他矿开采

第三大类　制造业

31　食品、饮料和烟草制造业

　311—312　食品制造业

　313　饮料业

　314　烟草制造业

32　纺织、服装和皮革业

　321　纺织品制造业

　322　服装（不包括鞋类）制造业

　323　皮革和皮革制品、皮革替代品和毛皮制造业（不包括鞋类和服装）

　324　鞋类制造业（不包括硬质或模制的橡胶或塑料鞋）

33　木料和木制品制造业（包括家具）

　331　木料以及硬木和软木制造业（不包括家具）

　332　家具和家用设施制造业（不包括以金属为主的家具设备）

34　纸和纸制品制造业，印刷和出版业

　341　纸和纸制品制造业

　342　印刷、出版及相关产业

35　化学品和化工、石油、煤炭、橡胶和塑料产品制造业

　351　工业化学品制造业

　352　其他化工产品制造业

　353　石油提炼

　354　其他石油和煤炭产品制造业

　355　橡胶产品制造业

　356　未另行分类的塑料产品制造业

36　非金属矿产品制造业（不包括石油和煤炭产品）

　361　陶土、陶瓷和陶器制造业

　362　玻璃和玻璃制品制造业

　369　其他非金属矿产品制造业

37　黑色金属产业

　371　钢铁业

　372　有色金属业

38　金属构件、机器设备制造业

　381　金属构件制造业（不包括机器设备）

　382　机器制造业（不包括电器）

　383　电机仪表、器械和供电设备制造业

　384　运输设备制造业

　385　未另行分类的专用设备、科研设备、测量设备，以及摄影器械和光学物品制造业

30　390　其他制造业

第四大类　电力、燃气及水的生产和供应业

41　410　电、气和蒸气

42　420　给水工程和供水

1　此分类包括大类（1 位数码）、类（2 位数码）、大组（3 位数码）和组（4 位数码）；组的详细内容未在本附录中单独给出。全文详见联合国：《统计论文集》，M 系列，第 4 卷，第 2 版（纽约，1968 年）。

第五大类　建筑业

50 500　建筑业

第六大类　批发和零售贸易业以及餐馆和旅馆业

61 610　批发贸易业

62 620　零售贸易业

63　餐馆和旅馆业

631　餐馆、咖啡馆业以及其他饮食业

632　旅馆、公寓、宿营和其他寄宿业

第七大类　运输、仓储和通信业

71　运输和仓储业

711　地面运输业

712　水上运输业

713　空中运输业

719　与运输相关的其他服务业

72 720　通信业

第八大类　金融、保险、房地产和经营服务业

81 810　金融业

82 820　保险业

83　房地产和经营服务业

831　房地产业

832　经营服务业（不包括机器设备租赁业）

833　机器设备租赁业

第九大类　社区、社会和个人服务业

91 910　公共行政和防务

92 920　卫生保健及类似服务

93　社会及相关社区服务

931　教育服务

932　科研

933　医疗、口腔及其他卫生保健和兽医服务

934　福利

935　商业、专业和劳动协会

939　其他社会及其相关社区服务

94　娱乐和文化服务

941　电影和其他娱乐服务

942　图书馆、博物馆、植物园和动物园，以及其他地方未列入的文化服务

949　未另行分类的消遣和娱乐服务

95　个人和家庭服务

951　未另行分类的维修服务

952　洗衣店、洗衣服务，以及保洁和印染业

953　家庭服务

959　其他个人服务

96 960　国际及其他享有治外法权的机构

第零大类　其他

00 000　其他

附录 C（续）

所有经济活动的国际标准行业分类（ISIC 第三版，1990 年）[1]

门类 A　农业、狩猎业和林业

01　农业、狩猎业及其相关服务活动

02　林业、伐木及其相关服务活动

门类 B　渔业

05　渔业，渔业养殖场和养鱼农场的经营，渔业的附属服务活动

门类 C　采矿和采石业

10　煤炭和褐煤的开采；泥炭的提取

11　原油和天然气的提取；石油和天然气提取的附属服务活动（不包括勘探）

12　铀矿和钍矿的开采

13　金属矿的开采

14　其他采矿和采石业

门类 D　制造业

15　食品和饮料制造业

16　烟草制造业

17　纺织品制造业

18　服装制造业；毛皮加工和印染业

19　皮革鞣制和皮革服装制作；行李箱、手提包、鞍马具、挽具和鞋类制造业

20　木材以及木材、软木制品制造业（不包括家具）；麦秆和编制材料物品制造业

21　纸和纸制品制造业

22　出版印刷及记录媒体的复制

23　焦碳、精炼石油产品和核燃料的制造

24　化学制品和化工产品制造业

25　橡胶和塑料产品制造业

26　其他非金属矿产品制造业

27　黑色金属制造业

28　金属构件制造业（不包括机器设备）

29　未另行分类的机器设备制造业

30　办公设备、会计和计算设备制造业

31　未另行分类的电气设备和仪表制造业

32　无线电、电视和电讯设备以及仪表制造业

33　医疗仪器、精密仪器和光学仪器、钟表制造业

34　机动车、拖车和半拖车制造业

35　其他运输设备制造业

36　家具制造业；未另行分类的制造业

37　回收业

门类 E　电力、燃气及水的生产和供应业

40　电、气、蒸气和热水供给

41　水的收集、净化和配给

门类 F　建筑业

45　建筑业

门类 G　批发和零售业；汽车、摩托车及个人和家庭用品的维修

50　汽车和摩托车的销售、保养及维修；机动车燃料的零售

51　批发贸易和委托贸易（不包括机动车和摩托车）

52　零售贸易（不包括汽车和摩托车）；个人和家庭用品的维修

门类 H　餐馆和旅馆业

53　餐馆和旅馆业

门类 I　运输、仓储和通信业

60　地面运输业；管道运输业

1　详细内容见联合国：统计论文集，M 系列，第 4 卷，第 2 版（纽约，1990 年）；http：//unstats. un. org/unsd/cr/registry/。

61 水上运输业
62 空中运输业
63 支持性和辅助运输活动；旅行社活动
64 邮政和电信

门类 J 金融中介业

65 金融中介（不包括保险金和养老金的筹措）
66 保险金和养老金的筹措（不包括强制性的社会保障）
67 金融中介的辅助性活动

门类 K 房地产、租赁和经营活动

70 房地产活动
71 无操作员的机器设备以及个人及家庭用品的租赁
72 计算机及相关活动
73 研究和开发
74 其他经营活动

门类 L 公共行政和防务；强制性社会保障

75 公共行政和防务；强制性社会保障

门类 M 教育

80 教育

门类 N 卫生保健和社会工作

85 卫生保健和社会工作

门类 O 其他社区、社会和个人服务活动

90 污水和垃圾处理、公共卫生及其类似活动
91 未另行分类的会员组织活动
92 娱乐、文化和体育活动
93 其他服务性活动

门类 P 有雇员的私人家庭

95 有雇员的私人家庭

门类 Q 享有治外法权的组织和团体

99 享有治外法权的组织和团体

附加 X 类 无法按经济活动分类的行业

附录 D

国际教育标准分类（ISCED—97）

X：未受过教育

受教育少于一年

0 级：学前教育

该阶段的教育项目主要旨在为 3 岁及以上的儿童引入学校类型的环境，其是以学校或中心为基础的。

1 级：初等教育或基础教育的第一阶段

课程以单元或项目为基础，旨在使学生在阅读、写作、算术方面打下良好的基础，对诸如历史、地理、自然科学、艺术、音乐等其他学科也有着初步了解，还可能引入宗教的入门知识。在约定俗成或法定的情况下，儿童于 5—7 岁时开始接受初等教育。1 级教育原则上涵盖 6 年的全日制教育。此外，成人扫盲教育也归于初等教育。

2 级：初级的中等教育或基础教育的第二阶段

课程的设置旨在完成由 1 级开始的基础教育。其通常基于更加具有主题导向的模式，经常由来自某一专业领域的老师对班级进行指导。这一级教育的结束通常对应着强制教育的结束。

该阶段项目可以根据之后的教育内容或其教育方向进行细分。

2A：直接进入 3 级（3A 或 3B），后者最终导向高等教育；

2B：直接进入 3C 级；

2C：直接进入劳动力市场。

2 级教育的项目也可根据自身的定位分为 3 类：（i）通识教育，主要目的是更为深入地了解某一个或某一组学科，特别是（但不一定）为进一步的教育做准备；（ii）职前或预先技术教育，旨在为职业或技术教育项目做准备；（iii）职业或技术教育，主要目的是为某一特定职业或行业培养必要的技能，此项教育的成功完成将使人获得进入劳动力市场的相应的职业资格。

3 级：高级的中等教育

此类教育项目的入学条件通常是完成 9 年的全日制教育（从 1 级初期开始），并完成 2 级的教育。因此，入学年龄通常为 15 岁或 16 岁。从中可以看到，该阶段更为专业化，老师的资质和专业化程度也更高。

在 2 级，项目可根据之后的教育内容或其教育方向进行细分。

3A：直接进入 5A 级；

3B：直接进入 5B 级；

3C：并不旨在直接进入 5A 或 5B 级，而是直接进入劳动力市场或其他 3 级教育项目。

4 级：非高等教育的大专教育

4 级的教育跨越高级的中等教育（3 级）和大专教育。由于教育内容的原因，其不能被视作高等教育项目，因为其通常并不显著地比 3 级高级，而是拓宽成功完成 3 级项目参与者的知识面。这些项目通常具有相当于 6 个月到 2 年之间的全日制教育时间。该阶段的教育项目可根据之后的教育内容或其教育方向进行细分。

4A：直接进入 5 级；

4B：无法进入 5B 级（主要是为进入劳动力市场而设置）；

项目的定位分类和 2 级与 3 级相同。

5级：高等教育的第一阶段（不能直接获得高等研究资格）

进入5级项目通常需要成功完成3A级、3B级项目，或类似4A级的资质。5级项目被分为两个类别。

5A：该阶段的课程以理论为主，目的是为进入高等研究院所或从事需要高等技能的职业（如医学、牙科，建筑等）做充分准备。其最低的理论积累期相当于全日制的3年，但通常时间为4年以上；

5B：项目通常以实践或职业为导向，主要旨在获取就业于特定职业或行业所必须的实践和专业技能，成功完成该项目的参与者通常拥有进入劳动力市场的相应的资质。该项目的时间通常比5A级短，最低时限相当于全日制的2年，而且并不能直接获得参与高等研究项目的资格。

6级：高等教育的第二阶段（可获得高等研究资格）

该阶段的教育旨在进行高等研究和原创性研究，而并非仅基于课程和工作。其通常需要提交具有可出版资质的专业或学位论文，后者是原创性的研究，代表了对知识领域的重大贡献。

?：没有说明的教育水平。

注：

1　可在联合国教科文组织的网站（www.uis.unesco.org）上获得英文、法文、西班牙文和俄文的ISCED—97全文。

2　为了保持3级教育水平与劳动力市场平行的结构，建议将4级分为4A、4B、4C三个子类。虽然ISCED—97没有正式使用子类4C，但其被联合国教科文组织、经济合作与发展组织、欧盟统计局用于教育体系的数据收集中。

附录 D（续）

国际教育标准分类（ISCED—76）

X：未受过教育

受教育少于一年

0 级：1 级之前的教育

在幼儿园、托儿所或婴儿班所接受的教育。

1 级：一级教育

项目的宗旨是使学生在阅读、写作、算术方面打下良好的基础，并对其他学科（如国家历史、地理、自然科学、社会科学、艺术、音乐和宗教入门）有初步了解。儿童于5—7 岁时开始进入此类教育项目的学习。成人扫盲教育也归于 1 级教育。

2 级：二级教育第一阶段

该阶段是第一级的基础项目的延续，但引入了更多专业性内容。这期间出现了少许的专业化，部分学生在这一阶段有机会投入更多精力在某些类型的学科上，如商业或技术学科。职业项目旨在为特定职业提供培训，其常常涉及相对而言属于非技术类的工作，同时其还包括为技术性行业和手工业提供进一步教育的学徒教育。

3 级：二级教育第二阶段

在这一级，通识教育仍然是课程的主要内容，不过出现了独立课程，专业化程度也更高。同样被归入 3 级的还包括由主要从特定职业角度侧重学徒项目的学科组成，入学要求是接受过 8 年的全日制教育，或接受过基础教育并具备证明能够掌握这一级学科能力的职业经验。

5 级：三级教育第一阶段，获得一项证书，但并不等同于首个大学学位

这种类型的项目通常以“实用性”为导向，目的是培养特定职业领域的人才（如高级技工、教师、护士，以及生产管理人员等）。

6 级：三级教育第一阶段，可获得首个大学学位或同等资质

这种类型的项目通常最后可获得第一个大学学位，如“学士学位”、“执照”等；以及获得第一个专业学位，如在完成医学、工程、法律等学科的学业后授予“博士学位”。

7 级：三级教育第二阶段

此种项目可获得研究生学位或同等资质。这种类型的项目通常要求获得第一个大学学位或同等资质。其旨在反映特定学科领域的专业化程度。

9 级：无法定义的教育水平

没有任何入学要求的教育项目。

?：没有说明的教育水平

附录 E
KILM 数据的可及性

以下的表格总结了针对全球、国家和地区的指标的可及性。首先是根据地区和亚地区组别进行的总结（表 E1），其清点了拥有所有指标相关数据的国家。覆盖范围从 KILM 表 1（劳动力参与率）的超过 190 个国家到 KILM 17（每小时薪酬成本）的 32 个国家。接下来的表格是根据选定的国家列示的（表 E2）。每一列中的数字代表各国拥有某一指标数据的最近年份。例如，KILM 表 3 中的“07”表示该指标的最新数据是 2007 年的[1]。这些表格代表了国际劳工组织总部到目前为止的数据收集结果，这些数据主要来自国际性的数据库。国际劳工组织希望在其驻地机构的协助下扩大指标的覆盖范围，并且其总部将进一步致力于从国家性出版物中查找数据。

劳动力市场关键指标指引

KILM 1. 劳动力参与率
KILM 2. 就业人口比率
KILM 3. 就业状况
KILM 4. 按部门划分的就业
KILM 5. 非全日制工作者
KILM 6. 工时
KILM 7. 非正规部门就业
KILM 8. 失业
KILM 9. 青年失业
KILM 10. 长期失业
KILM 11. 按受教育程度划分的失业
KILM 12. 与工作时间相关的不充分就业
KILM 13. 非经济活动率
KILM 14. 受教育程度和文盲
KILM 15. 制造业工资指数
KILM 16. 职业工资和收入
KILM 17. 每小时薪酬成本
KILM 18. 劳动生产率
KILM 19. 就业弹性
KILM 20. 贫困、工作贫困和收入分配

1 这对于标明印刷版的覆盖约束而言相当重要，正如“KILM 指南”中所指出的那样。印刷版 KILM 包含 1980 年、1990 年、2000 年数据，和/或 2000 年之后的五年中的最新数据。KILM 交互式软件和在线版本包含所有可获取的数据。

表 E1 全球层面、地区和亚地区层面 KILM 数据的可获取程度

	KILM No.																			
	1	2	3	4	5	6	7	8	9	10	11	12	13	14	15	16	17	18	19	20
发达经济体和欧盟	**43**	**40**	**38**	**40**	**36**	**35**	**4**	**45**	**41**	**35**	**37**	**30**	**36**	**37**	**39**	**31**	**27**	**37**	**36**	**10**
欧盟	28	28	27	27	28	26	4	28	28	27	27	21	27	27	26	21	19	28	27	10
北美洲	2	2	2	2	2	2	…	2	2	2	2	2	2	2	2	2	2	2	2	…
其他发达经济体	8	6	6	8	3	4	…	10	7	3	5	4	4	5	7	6	4	4	4	…
西欧（非欧盟）	5	4	3	3	3	3	…	5	4	3	3	3	3	3	4	2	2	3	3	…
中欧、东南欧（非欧盟）和独联体	20	20	14	17	9	10	11	21	14	4	14	3	18	18	15	8	…	18	17	17
中欧和东南欧	**8**	**8**	**6**	**7**	**4**	**4**	**3**	**10**	**6**	**2**	**5**	**1**	**6**	**6**	**5**	**1**	**…**	**6**	**5**	**5**
独立国家联合体（独联体）	12	12	8	10	5	6	8	11	8	2	9	2	12	12	10	7	…	12	12	12
亚洲和太平洋地区	**41**	**40**	**28**	**31**	**6**	**11**	**10**	**39**	**34**	**1**	**17**	**4**	**34**	**29**	**20**	**19**	**6**	**16**	**25**	**17**
东亚	7	7	5	6	2	3	1	6	6	1	5	1	6	6	6	5	3	4	5	2
太平洋岛国	15	14	8	9	…	1	1	15	13	…	2	…	9	5	5	5	…	…	3	1
南亚	8	8	6	6	2	4	4	8	7	…	4	1	8	8	3	2	1	4	7	6
东南亚	11	11	9	10	2	3	4	10	8	…	6	2	11	10	6	7	2	8	10	8
拉丁美洲和加勒比地区	**47**	**44**	**40**	**44**	**25**	**29**	**19**	**45**	**42**	**15**	**32**	**16**	**35**	**40**	**27**	**29**	**3**	**17**	**26**	**24**
加勒比地区	27	25	22	26	10	11	3	26	23	9	15	2	16	21	12	15	…	5	8	7
中美洲	8	8	8	8	8	8	6	8	8	5	7	6	8	8	6	7	1	3	8	7
南美洲	12	11	10	10	7	10	10	11	11	1	10	8	11	11	9	7	2	9	10	10
非洲	**55**	**55**	**30**	**32**	**6**	**5**	**21**	**50**	**33**	**2**	**17**	**2**	**53**	**50**	**17**	**20**	**…**	**25**	**48**	**46**
北非	6	6	4	5	…	…	2	5	4	…	3	…	6	6	3	4	…	5	6	4
撒哈拉以南非洲	49	49	26	27	6	5	19	45	29	2	14	2	47	44	14	16	…	20	42	42
中东	**13**	**13**	**7**	**12**	**…**	**…**	**2**	**13**	**10**	**…**	**9**	**…**	**13**	**13**	**6**	**4**	**…**	**11**	**11**	**3**
合计	**219**	**212**	**157**	**176**	**82**	**90**	**67**	**213**	**174**	**57**	**126**	**55**	**189**	**187**	**124**	**111**	**36**	**124**	**163**	**117**

表 E2 KILM 数据的可获取程度，按照经济体和最新年份划分

	KILM No.																			
	1	2	3	4	5	6	7	8	9	10	11	12	13	14	15	16	17	18	19	20
发达经济体和欧盟																				
欧盟																				
奥地利	08	08	08	08	08	08	…	08	08	08	07	08	08	07	07	02	07	08	…	…
比利时	08	08	08	08	08	08	…	08	08	08	06	08	08	03	06	…	07	08	…	…
保加利亚	08	08	08	07	08	04	…	08	08	08	07	99	08	07	06	02	…	08	…	03
塞浦路斯	08	08	08	08	08	04	…	08	08	07	07	…	08	07	06	06	…	08	…	…
捷克共和国	08	08	08	08	08	08	…	08	08	08	07	08	08	07	06	07	07	08	…	96
丹麦	08	08	08	08	08	08	…	08	08	08	07	08	08	03	06	06	07	08	…	…
爱沙尼亚	08	08	08	08	08	03	…	08	08	04	07	…	08	07	05	97	…	08	…	04
芬兰	08	08	08	08	08	08	…	08	08	08	07	08	08	07	06	06	07	08	…	…
法国	08	08	08	08	08	08	…	08	08	08	07	08	08	07	05	…	07	08	…	…
德国	08	08	08	08	08	08	…	08	08	08	07	08	08	07	06	…	07	08	…	…
前德意志联邦共和国（西德）	90	90	…	…	90	…	…	94	90	90	…	…	…	…	…	…	…	90	…	…
希腊	08	08	08	08	08	08	…	08	08	08	07	08	08	07	02	…	07	08	…	…
匈牙利	08	08	08	08	08	08	…	08	08	08	07	08	08	07	07	07	07	08	…	04
爱尔兰	08	08	08	08	08	08	…	08	08	08	07	08	08	07	06	84	07	08	…	…
意大利	08	08	08	08	08	08	…	08	08	08	07	08	08	07	…	07	07	08	…	…
拉脱维亚	08	08	08	08	08	…	99	08	08	08	07	99	08	07	07	05	…	08	…	04
立陶宛	08	08	08	08	08	04	00	08	08	05	07	…	08	07	07	06	…	08	…	04
卢森堡	08	08	08	08	08	08	…	08	08	08	07	08	08	07	07	06	07	08	…	…
马耳他	08	08	08	08	08	04	…	08	08	…	07	…	08	07	07	…	…	08	…	…
荷兰	08	08	08	08	08	08	…	08	08	08	07	08	08	05	05	90	07	08	…	…
波兰	08	08	08	07	08	08	98	08	08	08	07	08	08	07	07	06	07	08	…	05
葡萄牙	08	08	08	08	08	08	…	08	08	08	07	08	08	07	07	06	07	08	…	…
罗马尼亚	08	08	08	08	08	04	…	08	08	08	07	…	08	07	06	05	…	08	…	05
斯洛伐克	08	08	08	08	08	08	99	08	08	08	07	08	08	07	07	06	07	08	…	96
斯洛文尼亚	08	08	08	07	08	04	…	08	08	08	07	…	08	07	07	97	…	08	…	04
西班牙	08	08	08	08	08	08	…	08	08	08	07	08	08	07	07	…	07	08	…	…
瑞典	08	08	08	07	08	08	…	08	08	08	07	08	08	07	07	95	07	08	…	…
英国	08	08	08	08	08	08	…	08	08	08	07	07	08	07	07	07	07	08	…	…
北美洲																				
加拿大	08	08	07	07	08	08	…	08	07	08	07	08	08	07	07	07	07	08	…	…
美国	08	08	07	07	08	08	…	08	07	08	07	08	08	07	07	06	07	08	…	…
其他发达经济体																				
澳大利亚	08	08	07	07	08	08	…	08	07	08	07	08	08	07	06	06	07	08	…	…
法罗群岛	…	…	…	05	…	…	…	05	05	…	…	…	…	…	…	…	…	…	…	…
直布罗陀	01	…	…	…	…	…	…	07	91	…	…	…	…	…	07	91	…	…	…	…
格陵兰	…	…	…	…	…	…	…	06	…	…	…	…	…	…	…	…	…	…	…	…
马恩岛	06	06	01	06	…	…	…	06	06	…	…	…	…	…	07	88	…	…	…	…
以色列	08	08	07	07	…	04	…	08	07	…	07	99	08	07	06	…	07	08	…	…
日本	08	08	07	07	08	08	…	08	07	08	07	08	08	07	07	07	07	08	…	…
新西兰	08	08	07	07	08	08	…	08	07	08	07	08	08	07	06	…	07	08	…	…
圣皮埃尔和密克隆	82	…	…	89	…	…	…	93	…	…	…	…	…	…	…	91	…	…	…	…
圣马力诺	03	98	07	07	…	…	…	07	…	…	07	…	…	02	04	05	…	…	…	…

	KILM No.																			
	1	2	3	4	5	6	7	8	9	10	11	12	13	14	15	16	17	18	19	20
西欧（非欧盟）																				
安道尔	…	…	…	…	…	…	…	…	…	…	…	…	…	…	07	…	…	…	…	…
冰岛	08	08	07	07	08	08	…	08	08	08	02	02	08	02	07	07	…	08	…	…
列支敦士登	80	…	…	…	…	…	…	04	…	…	…	…	…	…	…	…	…	…	…	…
摩纳哥	00	00	…	…	…	…	…	00	00	…	…	…	…	…	…	…	…	…	…	…
挪威	08	08	08	08	08	08	…	08	08	08	07	08	08	07	07	07	07	08	…	…
瑞士	08	08	07	07	08	08	…	08	08	08	07	08	08	07	06	…	07	08	…	…
中欧、东南欧（非欧盟）和独联体																				
中欧和东南欧																				
阿尔巴尼亚	08	08	…	06	01	01	…	06	01	…	02	…	08	07	06	…	…	08	…	05
波斯尼亚和黑塞哥维那	08	08	07	…	…	…	…	08	07	…	07	…	08	07	…	…	…	08	…	04
克罗地亚	08	08	07	07	07	04	97	08	08	07	07	…	08	07	06	…	…	08	…	05
前德意志民主共和国（东德）	…	…	…	94	…	…	…	94	…	…	…	…	…	…	…	…	…	…	…	…
科索沃	…	…	…	…	…	…	…	08	…	…	…	…	…	…	…	…	…	…	…	…
前南马其顿	08	08	07	07	03	03	99	08	07	…	…	…	08	07	07	…	…	08	…	03
黑山	05	05	05	05	…	…	…	05	…	…	05	…	…	05	…	…	…	…	…	…
塞尔维亚	07	07	07	07	…	…	…	08	07	…	…	…	…	…	07	…	…	…	…	…
塞尔维亚和黑山共和国	08	08	…	…	…	…	…	03	…	…	…	…	08	…	…	…	…	08	…	…
土耳其	08	08	08	08	08	07	00	08	08	08	07	04	08	07	05	92	…	08	…	05
独立国家联合体（CIS）																				
亚美尼亚	08	08	07	06	01	04	…	07	01	01	07	01	08	07	07	…	…	08	…	03
阿塞拜疆	08	08	07	07	03	03	01	07	07	…	07	…	08	07	07	05	…	08	…	05
白俄罗斯	08	08	…	…	…	…	…	08	…	…	07	…	08	07	94	07	…	08	…	05
格鲁吉亚	08	08	07	07	04	04	99	07	07	…	07	…	08	07	06	…	…	08	…	05
哈萨克斯坦	08	08	04	04	…	…	95	04	04	…	04	…	08	07	05	04	…	08	…	03
吉尔吉斯斯坦	08	08	06	06	…	…	03	06	06	…	06	…	08	07	06	02	…	08	…	05
摩尔多瓦共和国	08	08	07	07	…	04	04	08	07	…	…	…	08	07	07	07	…	08	…	04
俄罗斯联邦	08	08	07	07	04	04	01	08	07	98	07	98	08	07	07	07	…	08	…	05
塔吉克斯坦	08	08	…	04	…	…	…	05	…	…	07	…	08	07	97	…	…	08	…	04
土库曼斯坦	08	08	…	…	…	…	99	…	…	…	…	…	08	07	…	…	…	08	…	98
乌克兰	08	08	07	07	03	03	04	08	07	…	07	…	08	07	07	99	…	08	…	05
乌兹别克斯坦	08	08	…	99	…	…	…	03	…	…	…	…	08	00	…	…	…	08	…	03
亚洲和太平洋地区																				
东亚																				
中国	08	08	…	07	…	…	…	07	94	…	…	…	08	07	07	06	…	08	…	05
中国香港	08	08	07	07	…	92	…	08	07	…	07	02	08	07	07	07	07	08	…	…
朝鲜	08	08	…	…	…	…	…	…	…	…	…	…	08	…	…	…	…	…	…	…
韩国	08	08	07	07	08	07	…	08	07	08	07	…	08	07	07	06	07	08	…	…
中国澳门	08	08	07	07	04	04	99	08	07	…	07	…	08	07	07	07	…	…	…	…
蒙古	08	08	03	07	…	…	…	07	03	…	04	…	08	07	05	…	…	…	…	05
中国台湾省	05	08	07	07	…	…	…	08	07	…	07	…	…	07	07	04	07	08	…	…
太平洋岛国																				
美属萨摩亚	00	00	90	90	…	…	…	00	90	…	…	…	…	…	…	84	…	…	…	…
库克群岛	01	01	…	…	…	…	…	01	91	…	…	…	…	…	…	…	…	…	…	…
斐济	08	08	05	…	…	94	90	05	96	…	05	…	08	…	04	88	…	…	…	…
法属波利尼西亚	08	02	02	02	…	…	…	02	02	…	…	…	08	…	03	90	…	…	…	…

	KILM No.																			
	1	2	3	4	5	6	7	8	9	10	11	12	13	14	15	16	17	18	19	20
关岛	08	88	…	…	…	…	…	00	87	…	…	…	08	…	07	89	…	…	…	…
基里巴斯	00	00	…	00	…	…	…	…	…	…	…	…	…	…	…	…	…	…	…	…
马绍尔群岛	…	…	99	99	…	…	…	99	99	…	…	…	…	…	…	…	…	…	…	…
新喀里多尼亚	08	96	96	96	…	…	…	08	96	…	96	…	08	04	…	…	…	…	…	…
纽埃岛	01	01	…	01	…	…	…	02	01	…	…	…	…	…	…	…	…	…	…	…
北马里亚纳	03	03	…	95	…	…	…	03	03	…	…	…	…	…	…	…	…	…	…	…
巴布亚新几内亚	08	08	…	00	…	…	…	00	00	…	…	…	08	07	…	96	…	…	…	96
萨摩亚	08	01	01	…	…	…	…	01	01	…	…	…	08	07	…	…	…	…	…	…
所罗门群岛	08	08	…	…	…	…	…	99	99	…	…	…	08	…	96	…	…	…	…	…
汤加	08	96	96	03	…	…	…	03	03	…	…	…	08	07	94	…	…	…	…	…
图瓦卢	02	02	02	…	…	…	…	04	…	…	…	…	…	…	…	…	…	…	…	…
瓦努阿图	08	…	…	…	…	…	…	99	…	…	…	…	08	07	…	…	…	…	…	…
南亚																				
阿富汗	08	08	…	…	…	…	…	05	…	…	…	…	08	00	…	…	…	…	…	…
孟加拉国	08	08	05	05	…	94	93	05	05	…	05	…	08	07	…	…	…	08	…	05
不丹	08	08	05	05	…	…	…	05	05	…	…	…	08	05	…	…	…	…	…	03
印度	08	08	…	…	…	…	00	07	04	…	05	…	08	07	05	…	…	08	…	05
马尔代夫	08	08	00	06	…	…	…	06	06	…	…	…	08	07	…	…	…	…	…	…
尼泊尔	08	08	01	01	…	94	99	01	99	…	…	…	08	07	…	…	…	…	…	04
巴基斯坦	08	08	07	07	03	03	04	07	07	…	07	00	08	07	02	04	…	08	…	05
斯里兰卡	08	08	07	07	03	03	…	08	07	…	07	…	08	07	07	00	07	08	…	02
东南亚																				
文莱达鲁萨兰国	08	08	91	01	…	…	…	03	…	…	03	…	08	07	…	02	…	…	…	…
柬埔寨	08	08	04	01	…	…	…	04	01	…	…	…	08	07	…	…	…	08	…	04
东帝汶	08	08	…	…	…	…	…	…	…	…	…	…	08	…	…	…	…	…	…	01
印度尼西亚	08	08	07	07	03	03	99	08	07	…	07	…	08	07	01	06	…	08	…	05
老挝人民民主共和国	08	08	95	95	…	…	…	05	95	…	…	…	08	05	…	…	…	…	…	02
马来西亚	08	08	07	07	…	94	…	08	07	…	07	…	08	07	01	95	…	08	…	04
缅甸	08	08	…	98	…	…	96	07	…	…	…	…	08	00	05	07	…	08	…	…
菲律宾	08	08	07	07	…	…	95	08	07	…	07	01	08	07	07	06	07	08	…	06
新加坡	08	08	07	07	…	…	…	08	07	…	07	…	08	07	07	06	07	08	…	…
泰国	08	08	07	07	00	00	02	08	07	…	07	00	08	07	03	06	…	08	…	04
越南	08	08	04	04	…	…	…	04	04	…	…	…	08	99	…	…	…	08	…	06
拉丁美洲和加勒比地区																				
加勒比地区																				
安圭拉	01	01	01	01	…	…	…	02	01	…	01	…	…	01	95	00	…	…	…	…
安提瓜和巴布达	02	01	91	01	…	…	…	01	01	…	…	…	…	04	…	96	…	…	…	…
阿鲁巴	97	91	97	97	94	94	…	97	97	97	97	…	…	07	…	…	…	…	…	…
巴哈马	08	08	04	07	02	02	…	07	07	99	07	…	08	06	…	04	…	…	…	…
巴巴多斯	08	08	04	04	99	…	98	04	03	01	03	…	08	03	91	95	…	08	…	…
百慕大	00	00	…	00	…	…	…	00	00	…	00	…	…	00	06	00	…	…	…	…
英属维吉尼亚群岛	94	91	91	91	91	…	…	91	91	…	91	…	…	91	94	…	…	…	…	…
开曼群岛	07	07	07	07	…	…	…	07	07	…	…	…	…	07	…	…	…	…	…	…
古巴	08	08	07	07	…	…	…	07	07	…	07	…	08	07	07	07	…	…	…	…
多米尼克	01	01	01	01	97	97	…	01	01	97	97	…	…	97	…	…	…	…	…	…
多米尼加共和国	08	08	07	07	03	03	04	07	07	00	07	07	08	07	04	…	…	08	…	06

	KILM No.																			
	1	2	3	4	5	6	7	8	9	10	11	12	13	14	15	16	17	18	19	20
格拉纳达	98	98	98	98	98	98	…	98	98	…	…	…	…	…	…	95	…	…	…	…
瓜德罗普	08	08	…	80	…	…	…	07	06	…	…	93	08	99	…	91	…	…	…	…
圭亚那	08	08	92	02	…	…	…	02	02	…	…	…	08	…	…	…	…	…	…	98
海地	08	08	90	99	…	…	…	99	99	…	…	…	08	82	…	…	…	…	…	01
牙买加	08	08	06	06	…	02	96	08	06	01	06	…	08	07	02	…	…	08	…	04
马提尼克	08	08	…	90	…	…	…	07	07	…	…	…	08	99	…	…	…	…	…	…
蒙特塞拉特	80	91	91	91	…	…	…	87	…	…	…	…	…	…	…	…	…	…	…	…
荷兰属安的列斯	08	08	07	07	98	98	…	07	07	98	07	…	08	07	00	89	…	…	…	…
波多黎各	08	08	07	07	…	…	…	08	07	…	…	…	08	…	07	06	…	…	…	…
圣基茨和尼维斯	91	91	01	84	…	01	…	…	…	…	…	…	…	01	…	00	…	…	…	…
圣卢西亚	08	03	00	04	…	…	…	04	04	…	00	…	08	00	03	91	…	08	…	95
圣文森特和格林纳丁斯	08	…	91	01	…	01	…	91	91	…	91	…	08	91	02	03	…	…	…	…
苏里南	08	08	98	04	98	98	…	04	04	98	97	…	08	07	…	98	…	…	…	99
特立尼达和多巴哥	08	08	05	05	02	02	…	07	05	01	02	…	08	07	02	00	…	08	…	92
特克斯和凯科斯群岛	05	05	…	05	…	…	…	05	…	…	…	…	…	…	…	…	…	…	…	…
美属维吉尼亚群岛	08	…	…	…	…	…	…	97	…	…	…	…	08	…	…	…	…	…	…	…
中美洲																				
伯利兹	08	08	05	05	99	99	…	05	05	99	05	…	08	05	…	93	…	…	…	…
哥斯达黎加	08	08	07	07	03	03	05	07	07	01	07	07	08	07	07	07	…	08	…	05
萨尔瓦多	08	08	06	06	03	03	05	06	06	96	98	07	08	07	07	07	…	…	…	05
危地马拉	08	08	02	06	03	04	…	06	94	…	…	04	08	07	06	98	…	08	…	06
洪都拉斯	08	08	05	05	03	03	03	06	05	…	98	07	08	07	…	95	…	…	…	06
墨西哥	08	08	07	07	04	08	05	08	07	08	07	…	08	07	07	07	07	08	…	06
尼加拉瓜	08	08	06	06	03	03	05	06	06	…	06	07	08	05	06	02	…	…	…	05
巴拿马	08	08	07	07	04	04	03	07	07	01	07	07	08	07	07	…	…	…	…	06
南美洲																				
阿根廷	08	08	06	06	04	04	01	06	06	…	06	06	08	07	06	…	07	08	…	06
玻利维亚	08	08	02	02	02	02	05	02	02	…	00	06	08	07	00	97	…	08	…	05
巴西	08	08	06	06	…	99	01	08	06	…	06	…	08	07	02	06	07	08	…	07
智利	08	08	07	07	00	00	00	08	07	95	07	…	08	07	05	…	…	08	…	06
哥伦比亚	08	08	07	07	…	99	04	08	07	…	07	07	08	07	07	90	…	08	…	06
厄瓜多尔	08	08	06	06	02	02	01	08	06	…	06	08	08	07	04	…	…	08	…	07
福克兰群岛（马尔维纳斯）	96	…	…	…	…	…	…	…	…	…	…	…	…	…	…	…	…	…	…	…
法属圭亚那	08	99	…	…	…	…	…	07	07	…	…	93	08	99	…	91	…	…	…	…
巴拉圭	08	08	07	07	03	03	06	07	07	…	07	01	08	07	03	…	…	…	…	07
秘鲁	08	08	07	07	…	04	06	07	07	…	07	07	08	07	07	06	…	08	…	06
乌拉圭	08	08	07	07	04	04	05	08	07	…	07	06	08	07	01	95	…	08	…	06
委内瑞拉玻利瓦尔共和国	08	08	07	07	03	03	06	08	07	…	99	…	08	07	…	01	…	08	…	06
非洲																				
北非																				
阿尔及利亚	08	08	04	04	…	…	…	07	06	…	04	…	08	07	96	02	…	08	…	95
埃及	08	08	06	06	…	…	03	08	06	…	…	…	08	06	06	00	…	08	…	04
利比亚	08	08	…	86	…	…	…	…	…	…	…	…	08	07	…	…	…	…	…	…
摩洛哥	08	08	07	06	…	…	…	08	07	…	05	…	08	07	…	…	…	08	…	07
苏丹	08	08	…	…	…	…	…	92	…	…	…	…	08	00	92	93	…	08	…	…
突尼斯	08	08	03	89	…	…	97	05	05	…	05	…	08	07	…	97	…	08	…	00

	KILM No.																			
	1	2	3	4	5	6	7	8	9	10	11	12	13	14	15	16	17	18	19	20
撒哈拉以南非洲																				
东非																				
布隆迪	08	08	…	…	…	…	…	99	90	…	…	…	08	00	…	92	…	…	…	06
科摩罗	08	08	…	…	…	…	…	91	…	…	…	…	08	07	…	…	…	…	…	04
吉布提	08	91	91	…	…	…	…	91	…	…	91	…	08	…	…	…	…	…	…	02
厄立特里亚	08	08	…	…	…	…	…	84	…	…	…	…	08	07	…	…	…	…	…	94
埃塞俄比亚	08	08	06	06	04	04	99	06	06	…	05	…	08	07	…	…	…	08	…	05
肯尼亚	08	08	…	…	…	…	99	99	…	…	…	…	08	00	97	85	…	08	…	05
马达加斯加	08	08	05	05	01	01	95	05	05	…	05	…	08	05	…	…	…	08	…	05
马拉维	08	08	87	…	…	…	…	04	83	…	…	…	08	07	95	02	…	08	…	04
毛里求斯	08	08	07	07	04	04	97	08	07	…	07	…	08	07	07	07	…	…	…	…
莫桑比克	08	08	…	…	…	…	…	97	…	…	…	…	08	07	…	…	…	08	…	03
留尼汪	08	08	…	…	…	…	…	07	07	…	99	…	08	99	…	…	…	…	…	…
卢旺达	08	08	96	89	…	…	…	96	96	…	00	…	08	00	97	…	…	…	…	00
塞舌尔	05	05	87	…	…	…	…	05	02	…	…	…	…	02	07	91	…	…	…	…
索马里	08	08	…	…	…	…	…	…	…	…	…	…	08	…	…	…	…	…	…	…
坦桑尼亚联合共和国	08	08	06	06	00	00	91	06	06	…	…	…	08	07	…	…	…	08	…	01
乌干达	08	08	03	03	…	…	93	03	92	…	…	…	08	07	…	…	…	08	…	05
赞比亚	08	08	03	00	…	…	93	00	00	…	…	…	08	07	83	06	…	08	…	04
津巴布韦	08	08	02	99	99	99	93	04	02	…	99	…	08	07	02	…	…	08	…	96
中非																				
安哥拉	08	08	…	92	…	…	…	96	…	…	…	…	08	01	…	…	…	08	…	00
喀麦隆	08	08	01	01	…	…	93	01	…	…	…	…	08	01	…	…	…	08	…	01
中非共和国	08	08	…	…	…	…	03	95	…	…	95	…	08	00	…	89	…	…	…	03
乍得	08	08	93	93	…	…	…	93	…	…	93	…	08	07	…	99	…	…	…	03
刚果	08	08	…	…	…	…	…	…	…	…	…	…	08	84	…	…	…	…	…	05
刚果民主共和国	08	08	…	…	…	…	…	…	…	…	…	…	08	01	…	…	…	08	…	05
赤道几内亚	08	08	83	83	…	…	…	83	…	…	…	…	08	00	…	…	…	…	…	…
加蓬	08	08	93	93	…	…	…	93	93	…	93	…	08	07	…	95	…	…	…	05
圣多美和普林西比	08	00	91	00	…	…	…	06	91	…	…	…	08	07	…	…	…	…	…	…
南部非洲																				
博茨瓦纳	08	08	03	05	…	…	96	06	06	95	03	…	08	07	06	84	…	…	…	93
莱索托	08	08	99	99	…	…	…	99	99	…	…	…	08	01	…	…	…	…	…	03
纳米比亚	08	08	04	04	…	…	…	04	04	97	…	97	08	07	…	97	…	…	…	93
南非	08	08	07	07	99	…	04	08	07	…	07	99	08	07	07	94	…	08	…	00
斯威士兰	08	08	97	…	…	…	…	97	97	…	…	…	08	07	00	…	…	…	…	01
西非																				
贝宁	08	08	…	…	…	…	99	02	02	…	…	…	08	07	…	…	…	…	…	03
布基纳法索	08	08	94	94	…	…	…	00	85	…	00	…	08	07	…	87	…	08	…	03
佛得角	08	08	00	…	…	…	…	95	90	…	…	…	08	07	…	…	…	…	…	01
科特迪瓦	08	08	…	…	…	…	96	98	…	…	…	…	08	00	…	…	…	08	…	02
冈比亚	08	08	…	93	…	…	93	…	…	…	…	…	08	…	98	…	…	…	…	03
加纳	08	08	…	99	…	…	97	00	00	…	…	…	08	07	91	…	…	08	…	05
几内亚	08	08	…	94	…	…	…	94	…	…	…	…	08	03	96	…	…	…	…	03
几内亚比绍	08	08	…	…	…	…	…	83	…	…	…	…	08	…	…	…	…	…	…	02
利比里亚	08	08	…	…	…	…	…	07	07	…	…	…	08	07	…	…	…	…	…	07

	KILM No.																			
	1	2	3	4	5	6	7	8	9	10	11	12	13	14	15	16	17	18	19	20
马里	08	08	04	04	…	…	04	04	…	…	…	…	08	06	…	…	…	08	…	06
毛里塔尼亚	08	08	…	…	…	…	…	00	…	…	…	…	08	07	…	…	…	…	…	00
尼日尔	08	08	…	…	…	…	95	01	01	…	…	…	08	05	…	…	…	08	…	05
尼日利亚	08	08	…	86	…	…	…	93	86	…	…	…	08	07	…	97	…	08	…	04
圣赫勒拿	98	98	…	98	…	…	…	06	98	…	…	…	…	…	02	07	…	…	…	…
塞内加尔	08	08	91	06	…	…	96	06	06	…	06	…	08	06	…	…	…	08	…	05
塞拉利昂	08	08	04	04	…	…	…	04	04	…	…	…	08	07	…	…	…	…	…	04
多哥	08	08	…	…	…	…	…	85	…	…	…	…	08	00	…	98	…	…	…	06
中东																				
巴林	08	08	…	01	…	…	…	07	01	…	07	…	08	07	07	06	…	08	…	…
伊朗伊斯兰共和国	08	08	07	07	…	…	96	07	07	…	05	…	08	07	02	…	…	08	…	05
伊拉克	08	08	…	04	…	…	…	04	…	…	…	…	08	00	…	…	…	08	…	…
约旦	08	08	…	03	…	…	…	08	…	…	…	…	08	05	05	06	…	08	…	06
科威特	08	08	…	03	…	…	…	06	83	…	06	…	08	07	00	…	…	08	…	…
黎巴嫩	08	08	…	…	…	…	…	04	04	…	…	…	08	07	…	…	…	…	…	…
阿曼	08	08	00	00	…	…	…	96	…	…	96	…	08	07	…	…	…	08	…	…
巴基斯坦被占领土	08	08	06	07	…	…	…	08	07	…	07	…	08	07	07	…	…	…	…	…
卡塔尔	08	08	04	06	…	…	…	04	04	…	97	…	08	07	07	…	…	08	…	…
沙特阿拉伯	08	08	…	07	…	…	…	07	07	…	07	…	08	07	…	…	…	08	…	…
阿拉伯叙利亚共和国	08	08	01	03	…	…	03	03	03	…	02	…	08	07	…	95	…	08	…	…
阿拉伯联合酋长国	08	08	05	05	…	…	…	05	05	…	05	…	08	05	…	…	…	08	…	…
也门	08	08	99	99	…	…	…	99	99	…	…	…	08	07	…	96	…	08	…	05